八閩文庫

福建文獻集成

吴格 主编

續編 經部 二〇

八閩文庫

文獻集成 220

海峡出版發行集團
THE STRAITS PUBLISHING & DISTRIBUTING GROUP
福建人民出版社

本册目次

刻四書便蒙講述十一卷（卷一至卷四）

［明］福清盧一誠撰

日本内閣文庫藏明萬曆二十一年刻本

刻四書便蒙講述十一卷，明盧一誠撰。一誠（一五三二—一五九六），字誠之，號溪南，福清人。萬曆十一年（一五八三）進士。授行人司副、司正，轉南京户部郎中，出知潮州府，卒於任。葉向高蒼霞草卷一七有明中順大夫潮州府知府盧公墓志銘。

一誠爲理學名臣，篤經書，尤嗜宋儒語録。萬曆間撰是書時，姚江之學已大行，而不爲所移。乾隆福州府志載：「白下士大夫俎豆新建王守仁，招入社講學，謝不往，曰：吾不能口誦程朱而心叛之也。」蓋明以朱學爲正統，其初百年間，儒者多其支裔，恪遵矩矱，無敢背馳。自白沙、姚江分其門户，與之對峙，垂至嘉萬，其統已微。士子遷於異説，程朱訓注，棄等弁髦。當其時不變者，蔡文莊清其一也。清有四書蒙引，其弟子陳琛復作四書淺説。琛同時有林希元，「未及蔡文莊之門，所學皆文莊之學也」（閩中理學淵源考卷六三），撰四書存疑。三子者，皆以閩人而能守朱子之學。一誠以少讀章句集注，即以此三書發蒙，長課生徒，亦取三書爲正旨，然「蔡博而詳，或苦其多；林約而精，或病其寡；陳簡而文，又略於講意，皆不便於童蒙之訓習也」，因「參考三氏，各究旨歸，多者摘其要，寡者補其遺，文者闡其意，又兼採别家，互相訂證，間亦竊附己意，著爲講述，以授兒輩」。則是書本爲訓蒙而作，議論一本朱子，與當時風氣，格不相入。

全書體例，據大學、中庸、論語、孟子爲次，僅標章名，不録原文，參取三書之説，條分縷析，輳聚如輻。如大學首章，先云「此章是孔子聖經，曾子因經著傳，故先述此，以爲大學首篇」，輒依朱子所定經傳之目，其下詳釋各句，平易精實，俱有條理。間或揭櫫三書與朱傳立異之處，如「康誥曰克明德」章，曰：「『克明德』，『克明』二字連讀，『德』即明德也。或問重克字，謂人皆不能而文王獨能，蒙引、存疑俱不然其説。」或標三書所辨舊説，如於「皆自明也」句云：「末句總結。三書『自明』謂明己之德，對新民之德看，勿作『爲仁由己』説。」則緣玉溪盧氏以「爲仁由己」釋「自明」，四書大全採以入小注，而三家皆有駁辭。或砭他説，如大學「在親民」，朱子訂作「新民」而陽明讀從古本，乃云：「『在親民』，親當作新，王陽明即作親字。但『明德』傳中三節俱言『明』，『新民』傳中三節俱言『新』，還作新字爲是。」至謂「蒙引、存疑『新民』俱兼養説，謂不養無以施教，故『平天下』章兼理財，或問云『不惟有以化之，而又有以處之』是也。要其實，新字只是教，如『勞來匡直』之類」，則於三氏説亦微存匡益矣。

是書後傳佈日本，復經刊刻，臺灣「央圖」、日本愛媛大學附屬圖書館、足利學校遺跡圖書館俱藏日本慶安四年（一六五一）書林道伴刊本。原書卷五第六十一葉、第八十三葉，卷八第十七葉，卷十第三十一葉有破損，茲據日本内閣文庫所藏別本（索書號：二七七—〇〇七二）配補。（金曉東）

刻四書講述敘

國朝分經取士一冠之以四書而其宗旨則以朱氏傳註為功令故弘成正嘉之世一時理學諸名儒相與發明傳註以覺来學者則有蔡氏蒙引林氏存疑陳氏淺説雖其意趣或不盡同總之不詭于正故天下奉之為標的迄于今未改也邇来士習險

頗爭尚恠誕甚乃尸祝莊列而弁髦訓註
毀呂左馬而敝帚程朱學者始不復尊三
氏而四書正旨幾乎裂矣予少讀章句其
所聞於父兄師友者惟三氏說及長課生
徒其所日相探討者亦惟三氏說顧蔡傳
而詳或若其多林約而精或病其寡陳簡
而文又畧於講意皆不便於童蒙之訓習

也於是參考三氏各究旨歸多者摘其要寡者補其遺文者闡其意又兼採別家互相訂證間亦竊附己意著為講述以授兒輩蓋非敢謂集三氏而折其衷亦庶乎一開卷而三氏要領俱在其於發蒙也或不無少補矣乎若夫理學奥眇則茫乎未有得也其尚有俟於聞道君子而質問焉

萬曆癸巳夏六月

賜進士第南京户部江西清吏司郎中三山

盧一誠書

刻四書便蒙講述卷一

閩後學癸未進士未人盧一誠　著
國子生　伯儒　編次
男
庠生　伯雋　伯華
伯宋　伯勳　同閱

大學之道　章

此章是孔子聖經曾子因經著傳故先述此以為大學首篇全章則近道矣分上是統論大學之綱而結其有序下是詳論大學之目而結其有要

大學是大人之學對小子之學言之人生十五以上便要學那脩己治人大道理故曰大學道謂當然之道故明德三句註用三个

當字

明德是体新民是用止至善是体用之極此聖人標揭大學用功綱領在此三者要之明德以新民為全功而不止至善亦非所以明德而新民也揔是一个明德便包括宇宙內事

在明明德德者得也上明字是用功下明字是本体明即不昧二字虛靈所以不昧也惟虛故靈虛則能具衆理靈則能應萬事是人之所得乎天者本如是也故曰明德氣拘是稟賦之初物蔽是情欲之後物欲亦因氣拘而蔽蔽則昏矣然其本体之明未嘗息也如鏡為塵垢所蔽去垢依舊還光故學者當因未息之機盡其去垢之力以復本明之体所謂因所發而遂明之也如中庸致曲一般明德工夫或問謂知啓其端行踐其實即格致誠正意但未

可指實

在親民親當作新王陽明即作親字但明德傳中三節俱言明新民傳中三節俱言新還作新字為是蓋民有明德但舊為氣習所染都把明德汚壞了然其本体之明亦未嘗息也如衣為泥汚洗濯依舊還新故學者當推己德之明使民亦明其明德盡革舊染而一新之是謂新民蒙引存疑新民俱兼養說謂不養無以施教故平天下章兼理財或問云不惟有以化之而又有以處之是也要其實新字只是教如勞來匡直之類觀下文明明德於天下便見明與新只一理故明德亦言新曰苟日新是也新民亦言明曰明明德於天下是也但於己當自克其氣拘物蔽之昏故明對昏言則屬己德民視上轉移有倍染之舊故新對舊言則屬民德

至善天理當然之極如明德極純無一理不備新民極徧無一夫不獲這是極致去處是謂至善明德新民內便有止至善道理非謂先明德新民後來方求造極也但恐人不識真的即以小善小康自足故又申言此句

新民止至善蒙引以上之新民言存疑或問以民之自新言愚意民可使由不可使知安能人人自新皆到至善還蒙引為是觀傳云親賢樂利便見

止字有二義曰必至是未至以為標準不當止而止不可也曰不遷是既至以為歸宿當止而不止不可也

知止節是推至善之所由止緊要重知止二字止即上文止至善止字知非徒知上面有求知工夫必由學問思辨以至融會貫通

真見天理之極為明德新民所當止是謂知止既知所止即得所止更無漸進次第定靜安慮特推言相因之妙非如志學從心善信聖神為有等級也

定謂見得天理真的而趨向專一不惑他岐是也靜謂心中專主一个天理絕無物欲紛擾是也安謂純理無欲所處自然舒泰是也慮謂遇事從容以理斟酌詳審不差是也只一知止而定靜安慮莫非天理之至則以此明德即到明德當然之極以此新民即到新民當然之極是謂得止至善

定而靜志對心看靜而安心對身看安而慮身對事看其實不外一心心安則身安應事亦本於心也時文講安字多就心言但考或問蒙引俱作身之所處或又云即居之安似與靜無別

物是見成物件明德已也新民人也分明兩件相形故曰物事是用功幹事起於知止收於能得做成這一件事故曰事本是根本末是枝葉由明德而新民是有這根本方有這枝葉故曰本末始是起頭終是煞尾由知止而能得是那裏煞尾從這裏起頭故曰終始本始是先做的工夫末終是後做的工夫故曰先後能知得先後次序當先的先做當後的後做則德可明民可新止可知而得便是近大學之道

知所先後知字與知止知字不同上知字前面已有積累工夫此知字後面方有進為工夫

蒙引說第二節不可與首節對看第三節乃以物事平言事亦物中之事也特以其皆有先後故兩對之

明明德於天下蒙引存疑皆以明德屬已循云行其道於天下或問謂使人各誠其意各正其心似以明德屬天下看註語氣還屬天下然實本己之明德以明之故曰明明德於天下且冠明德於天下國家之上又見新民即是使民各明其德而我之明德即是新民的樣子故八條目總是一个明德貫到底但自家心身意知上做工夫則曰明明德使天下國家人各做工夫則曰新民明明德於天下是使四方八表各得分願較若畫一無有不均故曰平

治不亂也京師之中朝廷之上紀綱刑政井井不亂乃可推之天下一槩遵行故平天下必先治國

齊不參差也一家中內外大小長幼尊卑各洽其情各安其分截然整齊無有參差乃可倡率國人使之視效故治國必先齊家

修治而去之也吾之身舉動好惡不能無偏必克去偏向之累盡協當然之則乃可表正家人使之率從教訓故齊家必先脩身

正無偏倚也心體廓然大公物來順應本無不正人惟意必於先固我於後心始倚著一偏必絕去倚著之偏歸于本體之正乃能管束此身隨所應接自無偏向故修身必先正心

誠實也意謂念頭萌動之微蓋寂然不動感而遂通此人心體用動靜之全惟念慮已動應感未著是非善惡惟已獨知所謂意也必研審萌動之幾實用克治之力善意則實力以充之惡意則實力以去之意念隱微之際絕無苟且徇人之偽則反之存主必不梏大公之體推之感通自不乖順應之用此心始無偏倚矣故正心必先誠意

致推極也與致曲致廣大之致一般知是心之靈覺謂良知也人生本來都有靈覺但聖人不為氣拘物蔽故不待致知而曰生知衆人有所蔽塞則昏昧無知然其本心未嘗無一隙之明必因其明處漸漸推而極之使本然靈覺毫無蔽塞是謂致知知致則是非善惡了然明白意念所萌必能實為善而去惡故誠意必先致知

格至也謂極處也物事也猶件也天地間件件都有个理件件窮到盡頭去處無所不格即知到盡頭去處而無所不致故致知又在格物此句不着先字蓋人心具此物理物理原在人心非有二也故格一件物理就是知了一件非若心身意知之有等級也但以理言是逐件工夫則謂格物以心言是全體工夫則謂致知

先儒謂誠意為人鬼關言誠則光明為人欺則暗昧為鬼格致為

予覺關言格而知如夢而覺不格而不知如夢而不覺故格物致知是入大學第一門路

物格一節是覆說上節之意見其所以當先也一說上節是逆推工夫下節是順推功效亦通時文以先後二字應上知所先後未是上文先是明德知止後是新民能得此先後通言八條目似不相蒙然若斷章命題則隨題立意不妨

物格知至只一件事雖著一後字但言相因非有漸進工夫知至以下句句都要工夫蓋知既致又必戒自欺而後意誠意既誠又必去心之有所而后心正心既正又必不辟於好惡而後身修身既脩又必仁讓教家而后家齊家既齊又必教國人然後國治國既治又必絜矩以處天下而后天下平觀各傳自見若不消工夫

一直到底則只一格致便完了大學事業必不然矣

脩身以上為明明德明德者吾所得于天虛靈不昧具衆理而應萬事是也虛靈是心心之發動是意心之靈覺是知所具之衆理是物揔是得之于天故謂明德身包心意知物脩身是收括格致誠正工夫為明明德揔目而家國天下皆本于此故曰一是以脩身為本齊家以下為新民家亦曰民者自身以外便屬在人所謂刑于寡妻至于兄弟以御于家邦皆舉此以加彼也故槩謂新民物格知至是知所止意誠以下明德新民皆得所止是謂止於至善

自天子一節是就八條目中舉其一以揔括之曰脩身則格致誠正皆在其中曰為本則齊治均平皆由此出故自天子至庶人一切皆當格致誠正以脩其身而為齊治平之本自字至字內諸侯

大夫士皆在盖上下皆有天下國家之責即吾儒分内亦當堯舜告民故總曰爲本

末鄭承脩身爲本而反言之重本亂而末不可治下二句正是末不治盖身不脩則不能教家而所厚者薄安能治國平天下而所薄者厚乎是本亂而末必不治益見脩身爲本總結八條目之意不可以脩身齊家平重本是身末是家國天下天下本在國國本在家既謂之末對身而言耳厚是家薄是國天下聖人以天下爲家何得言薄對家而言耳

康誥曰克明德　章

克明德克明二字連讀德即明德也或問重克字謂人皆不能而文王獨能蒙引存疑俱不然其說

明命謂人心虛靈皆天所與但自人得之謂明德自天賦之謂明命諟指明命言顧諟謂心心念念照管這介明命見他常在目前未嘗頃刻相離如參前倚衡一般日新又新便是顧諟工夫

峻德謂天所命之明德萬理各具不加毫末何等峻大克明只是盡天理之極無一毫虧欠淺說光四表格上下又推出一層未是

一說堯文性之之聖故但曰克明無工夫湯反之之聖故有顧諟工夫然兢業臨保亦安能一日忘顧諟哉故文敬止湯聖敬堯欽恭其心一也

三書所引亦有序首節泛言明德二節言明德工夫三節言明德止至善然正講不必用

末句總結三書自明謂明己之德對新民之德看勿作為仁由己說

湯之盤銘曰　章

首節言新民之本是明德二節正言新民之事三節言新民之極是止至善蓋体用原不相離至善道理只在明德新民中故上章明德便有止善意但未及新民只云自明此章則原始要終備言之矣

盤是沐浴器具人之洗心去惡恰似洗身去垢一般故作銘於盤以自警新即是明德但因新民而推本言之故引自新之詞明德註云氣拘物蔽此註云舊染之汚亦對新言

苟字重看陷溺已久一旦翻然悔悟真切實欲去舊從新所謂誠也日一日也與一日用其力於仁一般日日以無甚別但日日承苟日来恐暫萌之天理難勝久蔽之人欲故必日日新又日承日日来恐竊發之人欲或間常明之天理故必又日新揔是不可一

日間漸之意工夫且勿露格致誠正只依或問存養省察講可也
作新民作字即經文新民新字新民二字連讀言自新之民也或
說謂人心雖蔽于欲天理有時發見是民自新之機蒙引存疑謂
民染商俗已久及武王更化皆有自新之機二說俱通可無用之
作謂提撕警覺鼓舞作興使民亹亹為善如勞來匡直等語是也
舊說兼養講養亦民為善之資耳
其命維新根能新其德以及於民來見其為自新新民之極也上
兩引新字一屬己一屬民此引一新字乃指言其極以起下句非
謂湯能自新不能新民武能新民不能新命文王自新新民又能
新命也
末節君子指新民者言無所不用其極自新新民並講意重新民

上淺說云自新以新民為極新民以新命為極蒙引存疑云自新不極無以新民新民不極無以新命還依蒙引為是若自新必以新民為極則孔子不得位豈謂自新未極若新民必以新命為極又是有意揣度天命且於卿大夫之新民說不通泥說云日新不已以盡天理之極振作其民亦盡天理之極至於天命之新有不期然而然者此淂用極之說

詩云邦畿千里　章

全章上三節明至善之當止下二節指明德新民止至善之實

邦畿節止字以居止言即民有所止以明物各有當止之處見明德新民兩物皆有當止之至善也物猶物有本末之物

緡蠻節止字以棲止言即鳥知所止以明人當知所止之處見明

德新民之人皆當知至善之當止也人不如鳥人字泛講
穆穆節止字以止至善言即文王之為君臣父子無不止於至善
見明德新民之欲止至善者皆當以文王為法
敬止止字詩詞無意義引此全重止字敬與止敬敬字不同包括
得廣即下文五件亦舉其目之大者一說熈光明也暗指明德敬
止指明德止至善未是
仁未是至善仁之極處是至善為君而一政之惠一物之愛皆可
言仁未可言止必盡仁之道直到盡頭去處無以復加方是止仁
下四句放此講五个止字俱勿入文王事實盖舉其一二不能盡
其全也與人交謂上使下下事上有交道也不專指交友信亦不
是期會約信之謂

仁敬孝慈信皆是天理人倫當然之極文王之止非能于性分之内毫末有加也特盡其當然之極耳註云究其精微之蘊于五者之中究之或問曰得其名而不渀其所以名則仁為姑息敬為阿諛孝或陷父慈或敗子信為尾生之類是也推類以盡其餘于五者之外推之或問曰傳之所陳姑以見止至善之凡例其於大倫且鈌其二苟不推類以通之何以盡天下之理哉一說謂推此類以明德新民非也蓋此節只是止至善準則學者知此則知明德新民皆有所止以之明德則止明德之至善以之新民則止新民之至善一說以仁敬孝慈信入下二節講亦非也

淇澳節言明德止至善到民不能忘便是新民前王節言新民止至善其所以新民亦根明德中来

道學以知言自脩以行言是求止至善之功恂慄以心言威儀以容言是得止至善之驗民不能忘是指言至善之止而嘆其感人之妙也實字即至善二字

切琢是治之有緒磋磨是益致其精治骨角與治玉石者切之琢之成个片段模樣又再加磨鑢以求精美學者講習討論研窮義理已有條緒又要窮到精細去處便與切而復磋一般自修者省察克治把私意去得乾淨又細加防檢要光明瑩潔無一毫疵累便與琢而復磨一般總是進進不已工夫要做到精密不可以講習省察為有緒討論克治為致精

瑟嚴密也嚴即其嚴乎之嚴謂警畏也密即宥密之密不踈放也揔是一私不容意僩武毅也强以勝欲為武堅忍有常為毅總是

一息無間意蓋學問極精自脩極密即此精密處純是一个天理
絕無私意妄念則此心惺惺常在天理更無放逸間歇何等敬畏
兢業是謂恂慄這恂慄無隙可入便是嚴密無間可息便是武毅
故曰瑟僴人惟心中嚴敬則發見出來自然可畏可象是謂威儀
此與中庸形著明孟子睟盎一般故曰赫喧宣著盛大不必分貼
切磋是把這理欲研審得十分明白琢磨是把這私欲磨刮得十
分淨盡都是求个天理當然之極至善之所以得皆由于此故曰
求止之功恂慄是裏面天理操存見至善已得於心威儀是外面
天理呈露見至善所得都發在身上此是內外合一之機未有心
純天理而外無有道氣象使氣象不見可畏必其涵養未至也故
曰得止之驗得處就是驗對上求字看

盛德至善不平看重至善上言盛德止於至善也至善只是天理極致由學問自修之功以至恂慄天理盡得于心便是至善真的威儀特恂慄之緒餘耳大學之道新民當先明德明德當止至善至善之實即是恂慄恂慄者敬而已故曰三綱領為大學之要明德為綱領之要敬之一字又為明德之要

此節釋明德止至善即是條目工夫切磋是格致琢磨是誠意恂慄是心正威儀是身脩

親賢是澤及君子君子各得其所樂利是澤及小人小人各得其所其賢其親其樂其利是先王遺澤賢之親之樂之利之是后人各被其澤人被其澤不是新民止至善所以使人被其澤是新民止至善

賢謂先王制禮作樂置天下於賢善之歸後世賢者都守其謨訓以善治其身是賢其賢親謂先王創業垂統為子孫萬世之計後世王者都藉其燕翼以繼序不忘是親其親樂謂先王聚民之欲使民欣懽和暢故后民賴其和平之福而相安無事是樂其樂利謂先王制民之産使民安居粒食故后民藉其田里之遺而利益無窮是利其利此以沒世不忘揔承上言君子小人皆被先王遺澤皆不忘乎先王也一說樂利分教養謂明倫立教使民懽愛和樂亦通

賢是有位之人親是子孫子孫君王者既曰新民盖自身而外皆屬人亦猶條目齊家之意

子曰聽訟吾猶人也　章

首二句是孔子之言以下是曾子釋言無情句釋無訟大畏句釋使民無訟大字是註中自然二字若刑驅勢迫使人畏服亦小矣釋本末勿以聽訟為末使民無訟為本只使民無訟內有本末無訟是新民末也使之無訟是明德本也此字指孔子二句觀此便知物有本末非謂孔子知本也

大學十傳多一釋本末又無釋終始疑上下文有缺誤前輩或以知止二節併此作釋格致未知何據

此謂知本　章

上句是前章末語下句又是結語此必有脫誤故朱子補格致傳所謂至理也是釋格致之義蓋人心至盡也是推格致之由是以至其極是許致知在格物之功用力之久至無不明矣是着物格

而后知至之驗末二句揔結格致之意

表裏精粗勿以表與粗為當然裏與精為所以然蒙引曰凡所當然各有表裏精粗則各有所以然之故浅說曰表是大槩揔括裏是內面節目粗是日用易見之迹精是委曲細微之妙如為子是物孝是物之理孝一字包括為子之道曰表中間許多條件曰裏温凊定省人所共知曰粗視于無形聽于無聲養志愉色之類甚是深微曰精表裏中又各有精粗心之全躰以具衆理言大用以應萬事言

所謂誠其意　章

此章首節言誠意之要在謹獨中二節甚言獨之當謹末節結言意之當誠不可以閒居節為戒潤身節為勸亦不可以閒居節為

自欺潤身斷為自慊又不可謂不誠既有其弊能誠豈無其驗毋自欺四句是釋誠意之義此之謂與所謂相呼應謹獨一句指言下手用功所在蓋意者心之所發人所不知即獨也謹獨者即於心之所發而戒自欺戒自欺就是求自慊自慊就是意誠更無兩層不可以毋自欺為功自慊為效謹獨為要亦不可如蒙引以毋自欺為誠意自慊為意誠亦不可以兩个自字為獨蓋自欺是我自欺我非以欺人自慊是我自快足非為人快足皆非獨知之義自欺承格致来已曉得善惡分明但自家明知是善不肯為善自家明知是惡不肯去惡把本心之明都瞞昧了是謂自欺毋禁止詞謂既知是善莫欺了好善本心要實用其力以好之恰似好好色的要求必得一般這叫做自慊了好善之心既知是惡莫欺了

惡惡本心要實用其力以惡之恰似惡惡臭的要決去一般這吽做自慊了惡惡之心慊快足也如其所求為快滿其所願為足這快足都非徇外為人所謂自也

人於善惡全然不明不是自欺但自欺亦知之未至也知既至則深知篤好有不用其力不已也故毋自欺者不可就丟格致工夫所謂先明諸心然後力行求至明以察幾然後健以致決自是截斷不得

必慎其獨是指言戒自欺工夫只在獨知處下手蓋善惡初動惟巳獨知此處就要決去而求必得絕去自欺念頭是謂謹獨幾字不是獨獨之中有幾也故曰謹于此而審其幾此字指獨言審幾是審善惡之幾非審欺慊之幾蓋一念之萌只有善惡兩端未有

欺慊並動戒了自欺方是自慊

閒居獨處也以地言大文獨字俱以意言蓋即小人不謹獨之獘明君子之當謹獨故借地之獨以明心之獨耳閒居為不善一說只是心中欲為不善未是蓋小人瞞了别人分明做的都是不善向人前又要撫掩畢竟瞞人不得無一件遮掩得過便如肺肝盡見一般揜不善而著其善小人亦知善當為與惡當去此非從格致中来一點良知未泯也

誠於中形於外古語似兼善惡此節只就惡言方於此謂二字有根着為不善無所不至此謂惡誠于中人視巳如見肺肝此謂惡形於外或謂自來未有以惡言誠然誠是虛字如仁不仁皆言道吉凶皆言德之類

曾子節是平日之言非為誠意而發因作傳而引言之故再提曾子曰此承上節言小人不能掩惡見幽獨之甚可畏也十目十手舉其全數言多也指視兼善惡講言為善于幽獨不求人知而人自知為惡於幽獨惟恐人知而人亦知皆一毫遮掩不得故曰嚴此節幽獨應上閒居亦以地言指視應上如見肺肝皆以人言或謂自己心裏指視如莫見莫顯一般亦通

末節結上文言謹獨則意誠意誠則有德有德則潤身故君子必謹獨以誠其意

德謂理得于心毋自欺則實力去惡而人欲日消實力為善而天理日長理之所得即德也心皆天理則一物不礙蕩蕩寬廣而見之四躰俯仰自如何往而不安舒故曰潤身德是善實於中潤身

是形於外躰胖正是潤身根心廣来言有德則心廣心廣故躰胖
所謂德潤身也時文以心廣謂身潤于內躰胖謂身潤于外便於
註實中形外說不通
心廣是心正躰胖是身脩誠意之后尚有正脩工夫、如何便心廣
躰胖葢傳者之言逐章皆究極而論故論誠意之極便到心廣躰
胖地位即心之有所身之辟亦當用力然比戒欺工夫較省耳
誠意一章上不連格致下不連正心獨另一傳葢有見誠意為自
脩之首格致特以開其端耳而心之所以正身之所以脩實由於
此故此章好惡貫徹大學終始好而知惡惡而知美為脩齊之幾
民好好之民惡惡之為治平之幾故曰王道本於誠意其要只在慎獨
所謂脩身在正其心　章

首節言心不正次節言身不脩末節結言脩身在於正心此謂應轉所謂看

正心之心與心有所心字不異正心之正與不得其正正字不同上正字兼體用下正字專言用蓋大公順應心之體用也喜怒憂懼皆心之用當其未發謂之中固無不正之有及其發而中節謂之和亦無不得其正惟夫方寸之中有欲未靜本原之地無主不虛故于事物之來不能隨感而應或意必于事先或固我于事后是心裏有那一件全未消化故曰有所有所則用之所行皆非順應之常所以不得其正

忿懥是怒心恐懼是怕心好樂是喜心憂患是愁心不得其正非謂不當喜怒不當憂懼也蓋誠意之后已是當喜當怒當憂當懼

但少密察工夫不能虛以待之與化俱徂這心係累那一件那一件便不無過當處故曰欲動情勝而用失其正

有所二字或問曰應之不能無失又不能與之俱徂蒙引曰未至而預期既至而偏主既往而凝滯淺說曰有所即偏主也預期在有所之先凝滯在有所之後看来三者之心相因而有只分事前事後如意必固我一般亦盡有所之義

心不在承上不得其正来心之用既已不正心之體亦為所累所謂至虛至靈具衆理而應萬事者不復有存矣如有所忿懥則心係於忿懥即為忿懥所引而去有所好樂憂患恐懼皆然故曰不在言馳逐於外不在裏面猶主人隨客出外不在家也心既不在則主宰已失無以管束此身故視不見聽不聞食不知味此三句

亦舉類以見其餘推之大而綱常倫理小而食息起居皆無一得其理所以謂身不脩註中檢字不當修字身有所檢故脩視而不見或謂見其形不見其理下句放此此說似太深只是人不用心雖眼前底物恍惚未嘗看見對人說話心思別事聽得不甚分曉遇飲食時心有所係全然不知其味此自是常情不必深說正心工夫容察此心而敬以直之也能於感物之時察其喜怒憂懼之發務去有所之累不為情欲所勝則順應之用不乖大公之躰自在然後此心常存身有所檢而脩矣故曰脩身在正其心或謂意誠以後安有忿懥等失至不見不聞之甚乎蓋傳者逐件要下工夫故釋誠意則言不謹獨之弊什正心則言心不在之弊釋脩身則言好惡之辟釋齊治則言貪戾作亂釋治平則言為天

下偬皆各言其弊之所極使人各用其力若曰一意誠便無不正之心以下遞去都不消用功則大學之道只曰誠意足矣又何條目之詳耶

所謂齊家在脩其身　章

此章上二節言身不脩之弊末節言家不齊之由不可以首節為身不脩次節為家不齊亦不可以首節為好惡之偏次節為偏之為害蓋諺曰二句只是引證好惡之偏俱是言身不脩齊家意在言外

忿懥四者與親愛五者皆本於心而應乎事或以屬心或以屬身何也蓋上章自心之所存主言下章自身之所應接言存主中有所係累故以言心之病應接時有所偏向故以言身之失

辟非謂不當親愛不當賤惡也正心之後已是當愛當惡但意向偏着一邊稍失當然之則故愛不知惡惡不知美所以為辟

親是親近薰炙愛是欣慕喜樂賤是卑鄙惡是憎疾畏是嚴憚敬是加禮哀憐也矜恤也敖着尊已而凌人惰着忽人而肆已或謂敖惰凶德何以亦有當然之則盖其親與舊未至可親而愛其德與位未至可畏而敬其窮未至可哀其惡未至可賤其言無足去取其行無足是非則視之泛然如途人又如取瑟之歌隱几之卧亦因人之可敖而敖之此亦人情當然安得槩謂凶德

親愛畏敬哀矜是好辟則不知其惡賤惡傲惰是惡辟則不知其美莫知子之惡證上好不知惡莫知苗之碩證上惡不知美取下兩个知字應上兩个知字見好惡有偏便是身不脩故不可以齊

其家一說親愛等人俱是家人好惡不偏只是善處家人此說太拘蓋凡接人應物用情偏向的人此身便不公不正何以表正家人不専是處家偏僻

此章好惡直從如好好色如惡惡臭上来正心章之喜怒憂懼大約亦只是好惡兩端治國章之求諸人非諸人平天下章之好民所好惡民所惡皆自此推之故曰壹是脩身為本

通上三章言雖不一約之曰自欺曰有所曰而辟皆指切實病源所在故誠正修工夫揔是去一个實病

所謂治國必先齊其家　章

全章故治國在齊其家分上是詳齊治之事而通結之下是咏齊治之理而申結之

首節所謂至成教于國是釋言脩身教家則國可教孝弟慈三句推家國同然之理康誥節引言理本自然一家仁節著教成於國之效堯舜節承一人定國言必修身教家而後國可治也四節揔重一教字故曰家不可教而能教人者無之又曰成教於國孝弟慈教之道也心誠求教之本也一家仁讓教家也一國仁讓教國也貪戾則家不可教作亂則國不可教曰帥曰求曰非皆所以教也故引詩疊言教國人見此章以教為主教不專是感化中有許多命令政教故曰所令又曰喻諸人然不脩身以感之雖有命令家喻戶曉教亦無自而成故齊家治國揔離不得身凡言家俱有身在其中

傳上下章皆曰在獨此章曰必先或文法更端未必別有主意不

可滌為之說
其家不可教謂身不脩教不得衆人循言身不行道不行於妻子
之類自家人既教不得怎能教得別人曰無之者決言沒有此理
也不出家言不出教家之道而自成教於國一説謂身不出家似
欠教意
孝者三句言家國一理孝弟慈屬家言事君事長使衆屬國言君
不相違然孝是家中事親道理而國之所以事君者即此理弟是
家中事兄道理而國之所以事長者即此理慈是家中恤孤道理
而國之所以使衆者即此理可見家國之理原無兩樣所以不出
教家之道而自可教國也三句只講一理後補脩身教家意蒙引
存疑謂孝弟慈以教家則能事君事長使衆以教國人依此是專

言諸侯大夫之齊治而於帝王親睦九族平章百姓道理說不通淺說謂孝弟慈以教家則能教國人以事君事長使衆依此則使衆又屬君長非所謂教成于下也只是孝弟慈爲家國通用之理人能以是脩身則可以教家人孝弟慈即可以教國人孝弟慈觀下文一家仁讓則一國仁讓便見

康誥節只說母之保子如字輕即保子者不學而能是慈幼之心出於自然則孝弟之自然可知推廣者非推慈幼以及孝弟亦非推孝弟慈以廣之事君事長使衆蓋欲人識不假强爲之端而推廣之以盡孝弟慈之理乃可以立家國之教

一家仁讓中有脩身教家意一國仁讓中有教國意興仁興讓就是教成教成就是效不是教成了而後有興仁興讓之效仁讓俱

無孝弟慈父子兄弟長幼之間懽然以情相洽是仁秩然以禮相接是讓書曰百姓不親五品不遜親遜即仁讓意淺說以孝慈為仁弟為讓未是與謂觀感興起蓋上人脩身教家即以是教國國人見人君這等處家便動了孝弟慈良心所以教之即從莫不效他所為故曰興仁興讓

貪謂好利多取仁之反也戾謂悖理亂常讓之反也一人指君身就處家上看作亂不仁不讓之甚也仁讓言一家貪戾言一人或問謂善必積而後成惡雖小而可懼

機弩機也弩矢迅速都由機處撥動一動了機便止住不得如此

指一家一人言此謂二句是古語一言僨事証貪戾意一人定國証仁讓意

堯舜節淺說主政令言然人君教國自有法制禁令如求諸人非諸人皆有所令但立教之本則曰帥曰好曰有諸己無諸己還歸重修身非謂此節專重政令

仁對暴言包讓在內暴應上貪戾一說謂仁政暴政未是帥謂以身表率天下如大將率領萬軍一般即以所好令人也故民從之中要補教家意蓋本身好仁就是以仁率人先要家人從了然後令民皆仁民見上所好在仁即從其仁本身好暴就是以暴率人家人先自從了雖欲令民不為暴民見上所好在暴即從其暴所令反其所好而民不從兩承上文言堯舜設若不好仁而令民以仁桀紂好暴設若令民不暴皆所令反所好故民不從有諸己二句即以所好令民求之非之喻之俱是令意

求責也非罪也有諸己是自己有孝弟慈之善然後責他人爲善無諸己是自己無不孝不弟不慈之惡然後罪人爲惡兩个己字是身兩个人字是國人中間要補教家意朱韋齊曰有諸己不必求諸人以爲求諸人而有諸己不可也無諸己不必非諸人以爲非諸人而無諸己不可也吕東萊曰大學之意在於無諸己不在非諸人欲學者非人之時當思無諸己之戒不可恃無諸己之論以爲非諸人之資

藏猶居也藏身猶云處己喻人猶云叫人恕字承上三句言治己而後治人責人如其責己是也假如己無善而求人爲善己有惡而非人爲惡是所令不如所好所以自處者不恕矣決無能叫人爲善去惡之理

大學新民是推明德以及人此章恕字所謂推巳及人也無忠做恕不出上章誠意正心皆是忠下章絜矩即是恕之推廣然恕有二義一則推其治巳者以治人此章之指一則推其愛巳者以愛人所謂巳所不欲勿施于人乃平天下章之指

故治國在齊其家中要補脩身意

桃夭三節宜家人宜兄弟足法俱要根脩身講兩教國人俱當推開講時文宜家人即教國人為夫婦宜兄弟即教國人為兄弟未是蓋斷章引詩即取齊家意義家齊而後可以教國亦泛言其理耳非一節專教夫婦一節專教兄弟也儀表也自巳做父子做兄弟件件都好足以為人表則所謂儀不忒也父子兄弟以家言為父子兄弟以身言民法以國人言此謂治國在齊其家此指三詩

蓋上文已盡齊治之意復屢引詩以詠嘆之故又指詩詞而申結如此

所謂平天下在治其國　章

全章二節分上是揭平天下之要而釋其義下是詳言以廣其意樂只節至失國言絜矩大端在好惡慎德節至貨悖言好惡大端在不專利秦誓節至驕泰申言好惡註云明上文所引南山有臺節南山之意生財節至末申言不專利註云因上文有土有財而言觀總註云與民同好惡而不專其利觀或問以好惡義利並言可見一說以好惡為絜矩總冒下分理財用人兩段生財以下又歸重理財一說以上兩段分理財用人末段兼理財用人謂聚斂亦小人也此皆於朱註或問無據故凡講絜矩講大道只可入好惡不可入理財用人講好惡亦不可入理財用人作限細看大文

自見

前章釋治國詳言齊家此章釋平天下只以老老三句引起絜矩以下俱發揮絜矩不言治國盖齊治雖一理尚有內外限隔故教家教國相待而成治國與天下則只一事但有廣狹之分耳故把一恕來演作絜矩便不消再講治國然言齊治不離脩身言治平亦曰慎德曰仁曰忠信直從誠意正心上推來可見明德新民總不相離聖賢言雖廣慱未嘗不精密

上老老三句是家齊而國治民指國人言見人心之所同指天下人言知天下人心與國人心一般則知所以處天下即以處國之道處之故曰是以有絜矩之道矩是為方之器四角周正完滿無一偏缺人心同然與此一樣故借矩字當心字心即孝弟慈之心

也絜矩猶云度心這裏便有處之之術所謂道也以己度人所以處人者如其處己以一人度千萬人所以處彼者如其處此要使天下人心各遂孝弟慈之願上下四旁均齊方正就如工人以矩度物使長短廣狹無不方正一樣故絜矩為平天下要道

前章齊治俱重教此章絜矩反覆理財似詳于養畧于教何也盖首節孝弟慈即教國之教公好惡而不專利要使人人各遂孝弟慈之願總一樣教但處之比國為詳耳

所惡節是釋絜矩字義只是一个恕所惡是己所不欲毋以是勿施於人上下左右前後而吾當其中盡一身之所處矣曰使曰事曰先曰從曰交要隨其所處彼此如一而無缺然不滿之願這叫做絜矩之道此之謂是指言絜矩意義如此非謂平天下之道盡

于此也專言所惡即惡而好可知故下文引詩並言好惡

樂只三節總言好惡以明絜矩之道樂只節是能絜矩之得節南山節是不能絜矩之失殷未喪師節兩結上文得衆結公好惡得國結為民父母失衆結好惡之辟失國結為天下僇凡曰結者皆總上文而約言之不可以上二節為得衆失衆下一節為得國失國

民好好之民惡惡之即與聚勿施意蒙引曰遂其孝弟慈之願民所好也則平其政以處之使各遂其願不得遂孝弟慈之願民所惡也則早為之所不使之不得遂這好惡泛講下文能愛能惡則專言用人以明公之極為民父母兼君愛民如子民愛君如父母二意

有國者不可不慎謂人君好惡係天下安危國家得失故也辟偏

也好以已不好民之好是好之偏惡以已不惡民之惡是惡之偏
偏則害及天下禍歸一人故為天下僇這辟字亦泛講下文好民
所惡惡民所好則專言用人以明私之極

道得衆二句指平天下君子說勿依淺說作殷之先王說蓋凡引
詩而釋者俱就本章言不就詩言得衆即公好惡即是絜
矩失衆即是辟辟即是不能絜矩註云能存此心而不失即公好
惡之心也與民同欲自不能已起下文理財意故下註云財者人
所同欲

胡氏曰好惡二字已見誠意脩身二章誠意章是好惡其在己者
脩身章是好惡其在人者此章則推之以好惡天下人也誠意章
主慎獨好惡誠而無偽此章主絜矩好惡公而不私脩身章言好

惡辟不足以齊家此章言好惡辟不足以平天下

慎德節至舅犯節詳言不可聚財以失人心盖民之所以遂其好惡者只此財用君子所以與民同好惡者亦只此財用故於好惡中提出理財一件見其為絜矩第一緊要大端

先慎乎德承不可不慎来言慎之所當先者尤在于德德即明德絜矩即新民故慎德為絜矩之本慎德工夫即是格致誠正有德下須補絜矩意人土財用一下並至非有漸次但土是人所居的地方故有人則有土財是土所出的賦稅故有土則有財用是財所供給故有財則有用財用只一事自賦稅所入曰財自府庫所出曰用

德者本也二句承上文言有德不患無財是德為治之本根財因

有德而致是財為治之末務不可謂德是財之本
外本謂不知慎德内末謂但知重財爭奪是民與君爭而奪其所
有君不慎德惟財是聚則民起而爭奪者皆上以爭鬭導民而教
之刧奪也内末是財聚爭民施奪是民散民散則財不終聚觀奪
字可見下文悖出即是申明此意財散民聚句是反言以見之財
散不是施財只是不聚財於上民聚亦只是民不爭奪
言悖節重貨悖上循詩與躰悖入即内末悖出即爭奪
慎德節是理財能絜矩之得則天命之得可知外本至悖出是理
財不能絜矩之失則天命之失可知故引康誥以結之此因上文
文王詩而言上言國之得失由衆之得失此言衆之得失由絜矩
之得失命當衆字看人心即天命也善謂慎德而能絜矩得是得

衆而得天命不善謂聚財而不能絜矩失是失衆而失天命

楚書兩節重兩个無以為寶言不內末也惟善為宝仁親為宝便

是不外本意

秦誓節至驕泰是因樂只南山二節言好惡公私此又極言之而

决其幾於心

秦誓節是舉个可好可惡之人見君天下者當絜矩以公好惡惟

仁人節是能絜矩而好惡極公者好人所惡節是不能絜矩而好

惡極私者見賢節亦未能絜矩而好惡出入公私之間者

斷斷兮無他技一直讀見其誠一之至非謂有德無才也如有容

是狀其心之休休與恂恂似不能言一般非謂如物之有容也曰

斷斷又曰休休見人心惟誠則公有技以才言彥聖以德言不啻

若自其口出尤甚於若巳有之違之俾不通尤甚於娼嫉以惡之盖以其賢之大小而異其愛之之心彼妬忌之人見小賢則輕惡之見大賢則重惡之亦自有淺深寔能容寔字重看言中心之誠而非聲音笑貌之迹也子孫黎民蒙引存疑俱讀子孫為句謂霸主重保子孫而黎民因利之耳然斷章援引即並重亦通蘇東坡云前一人似房玄齡後一人似李林甫故太宗用玄齡而興玄宗用林甫而亂用人可不謹哉

仁人是平天下者以君言上節兩樣人俱是大臣放流是下文能退迸四夷是下文能遠仁人所惡如此則所愛可知愛人指好賢利國之人對妨賢病國之人看不是有才有德之人下節賢不賢亦然

見賢不能舉又不能先是以輕易怠忽之心待好賢利國之人故曰命見不善不能退又不能遠是以優游涵容之道待妨賢病國之人故曰過註謂知所愛惡未盡其道為君子而未仁然善善不能用惡惡不能去則郭公所以亡也其始雖非拂人之性其終可以亡國安得為君子

見賢節是未仁好人所惡節是不仁之甚皆不能與民同好惡者故惟仁人得好惡之正為能盡絜矩之道

大道絜矩也脩己是慎德治人是公好惡絜矩只是治人而其本在脩己故兼言之這道理操約及廣立湯蕩平平非私意小智之為非私恩小惠之施故曰大道

忠是盡己信是循物物理也總一心但有內外之分自其心存

於中而無不盡曰忠自其心發於外而無所違曰信蒙引以子顧
孝為心父欲孝為物之理盡孝事親為盡巳之孝心不違乎孝之
理似以忠信分人巳故存疑非之忠信只是一个誠誠則私偽不
萌萬理皆實能慎德而巳可脩矣推以及人必知千萬人之心即
巳之心以巳之心為千萬人之心好無私好惡無私惡而人可治
矣故得絜矩之大道
驕矜高與盡巳相反必不切實泰侈肆與循物相反必不收斂總
是一个偽偽則徇私滅公恣欲害理不能慎德而巳不脩安能推
心度物同民好惡而治民也故失絜矩之大道
章內三言得失文王節言國之得失由人心康誥節言人心得失
由絜矩大道節言絜矩得失由吾心所謂加切着善不善切于得衆

失衆忠信驕泰又切於善不善天理存亡之幾即忠信驕泰崼
生財有大道至末復因有土有財而言謂人君固不可聚財然自
有个生財大道理若只管說不聚財都無生之之道如何有土便
有財用故末復詳言之以見不必聚斂小術自有義中之利
生財是生國之財觀註曰足國下文曰府庫財可見大道即生之
衆四句蓋財以生而豐亦以食而耗以爲而成亦以用而竭故生
衆爲疾是務本勤道也自在下言食寡用舒是節用儉道也自在
上言務本則有以開財之源節用則有以止財之流故以天下之
人生天下之財以天下之財供天下之用其藏富於民即所以藏
富於國所謂百姓足君孰與不足是也故曰則財恒足
生謂田賦所出也國中遊手遊食人等盡驅之歸于田畝則許多

人耕田即有許多賦稅是生之衆食謂官府祿食也朝有冗濫僥倖官員都要裁革則去了許多冗員即省了許多供給是食之寡為謂民之耕作疾速也遇耕作時不要役使妨工使民趁著農忙時早完了耕作事務是為之疾用謂君之費用舒緩也每歲計量天下錢穀所入多少以為所出之數要留些慢用不可一下便用盡了是用之舒一說舒裕也謂存積有餘之意亦通但此節以衆對寡以疾對舒於緩急之義尤切為疾是急急做用舒是緩緩用恒常也以此四件生財則三年有一年之積九年有三年之積遞至三十年百年常常這等蓄積常常這等充足是謂恒足

仁者一節承上生財來言仁者公心故生財有道不專聚財乃能得民之心因以尊榮其身是以財發身此絜矩之得者即上財散

民聚意不仁者心私故生財無道只管聚財民即起而爭奪即以亡身是以身發財此不絜矩之失者即上財聚民散意仁者散財非有意發身但民因財散而尊親之是發身以散財之故也不仁者發財亦非本意舍身但商紂以自焚而起鉅橋鹿臺之富德宗以出走而豐瓊林大盈之積恰如捺命求財的一般

上好仁節承上言以財發身之效好仁之仁即仁者之仁自君身言曰仁者自愛民言曰好仁好仁即散財也好義以下一直說歸重財上言君好仁而財散于下則民必好義而財無悖出也終事即好義財無悖出即終事觀註自見時文以好義作一頭下分兩脚殊失意旨

能愛能惡曰仁人以財發身又曰仁人不仁者反是仁天理也不

仁人欲也可見絜矩得失只在理欲之間
孟獻子之言由下推上由小推大意重聚斂上下節小人即聚斂之臣故引此以起下文
凡食祿之家皆已享民供給不可侵奪民利鷄豚牛羊皆民利也祭鷄豚畜牛羊是自己奪民之利畜聚斂之臣是用人奪民之利畜馬乘只言鷄豚者士初試為大夫未必能畜牛羊伐氷言牛羊者卿大夫以上又不止謀及鷄豚矣百乘言聚斂之臣此是有采地者采地所出已自足用又用家臣於采地外多方裒取也不察不畜就是義俱有絜矩意
長國家務財用以君言必自小人導之為之聚斂也彼為善之言小人以聚斂為善策也長國家而用此人是使此人為國家也災

害並至三句言聚歛之為害如此

此為國不以利為利以義為利上以義理言謂上人不可奪民利

下以利害言謂奪民利之有禍所以當以義為利以義為利即仁

者以財發身意但自其愛民而不聚財謂仁自其循理而不爭利

謂義

一卷終

四書便蒙講述卷二

閩後學　未人　盧一誠　著

天命之謂性　章

全章首節分上是推言道之大原下是詳言躰道之極功

首節釋性道教名義揔是明道所自来道也者二節言不離道工

大喜怒節明道不可離之意致中和節言躰道效驗

性道教名目從来有的非子思創此三字但以學者不識意義故

首發明之使人曉得名義端的方知下手用工

何謂性天之生人氣以成形便與以所生之理人即得之以為心

這心之理是有生時天所賦與就如命令我一般所以叫做性故

性字從心從生謂心之生理也理在天為元亨利貞命于人為仁

義禮智之性性只是理註以陰陽五行言者理非氣無所附也健順五常根陰陽五行謂得其氣中之理非專以氣稟言也五行是陰陽條件五常是健順條件仁禮屬健為陽義智屬順為陰

何謂道人得天理為性並無一毫私欲就將性中天理率其自然以應萬事萬物便是日用閒常行的大路所以叫做道率性依程子作私意未萌之先勿依呂氏作人力修為之後

何謂教天命率性理雖同然而氣稟不齊故有賢智愚不肖之異聖人把當然道理為一定法則品節那不齊之稟要使賢智俯就下來行這當然之道愚不肖企及上去也行這當然之道所以叫做教脩道言以道品節氣稟非品節乎道也道本大中何待品節氣稟有過不及故以中道品節之禮樂刑政皆品節之具要緊下

手工夫只是下文戒懼謹獨

性道教兼人物言自物言之蜂蟻君臣虎狼父子之類是性牛當耕馬當乘之類是道斧斤以時數罟不入之類是教自人言之天以元命人人得之為仁是性率仁之性為父子之親是道有不率者又以慈孝導之是教餘倣此但此章重躰道只要責備于人朱子所解舉道理之全而言耳作文不必入物講

天命之性就氣中不雜氣質而言也孟子所謂性善是也率性之道就應感上指其不拘于氣禀不蔽于人欲者言也脩道之教即是教人變化氣質克去人欲之污也三句雖平意重道上性是道所從出教是道所由成故下文只說道字而性教在内

道也者二句是言道不可離是故君子合下節言不離道工夫

日用事物當然之理正解道字皆性之德而具於心原天命来講
無物不有二句說所以不可離無物不有便一物不可離道無時
不然便一時不可離道須臾時也註兼物言盖物時時皆有言時
則包物在内不可離就人不可離道說看就道說則是道不離于
人於不可二字說不去可離非道句反言以决之也舊本則是外
物而非道今本則豈率性之謂總是一意盖曰外物便有不用時
節就如裘葛水火不用時亦離得他道即跟着心性如何離得設
若可離則是外物豈率性之道

戒慎二句是平時存養工夫以躰道全功言觀註常字是不專言
静雖字則所覩聞可知矣不覩不聞是未與物接時候即下文未
發之意若有應感耳目便有所屬而有覩聞矣戒慎恐懼總是敬

畏不必分戒慎為敬恐懼為畏其屬不覩不聞亦無分別意義一說不睹不聞指道言與無聲無臭一般戒懼與視于無形聽于無聲一般此說太深只是物交未感此心兢業常存天理惟恐失之如大學恂慄論語終食等語便是戒懼時文以不睹不聞為須臾此尤難通蓋自所覩至不覩自所聞至不聞更無一時一刻不戒懼方為須臾不離道

莫見節是有感時再加省察工夫以全功中尤要者言隱是地之暗昧微是事之細微形迹未露一念方萌這去處何等暗昧這事幾何等細微然人雖不知已則獨知善念惡念自家見得甚明比他人看見尤為真切是天下更無顯見而過於此隱者更無明顯而過於此微者所謂獨也君子既嘗戒懼並無頃刻放下於此萌

動時候又加仔細檢點果是天理念頭則力擴充之或是人欲念頭則力遏絶之不使一毫私欲潛滋隱微之中以至應物差謬而離道之遠也

莫見莫顯是人不得而知不睹不聞是已亦不得而知戒懼言存天理未感時衆欲未交存理自可以無欲慎獨言遏人欲有感時欲或竊發遏欲正所以存理故謹獨是戒懼中第一緊要關防譬如城門時當防護固守遇有生面人来更加盤詰盤詰即所以防守也原非兩事

此章慎獨比大學較精此此是戒惧中天理已存萌動時再加意檢察彼是格致後理欲初明發動處方着力克治

舊說存養省察分動靜平看與分貼中和相應未是蓋上節是故

君子根道不可離來是不離道工夫已盡此二句註云自戒懼而約之以至至靜之中觀自字至字隱然有自動至靜之意孟子存心養性亦兼動靜説下節故君子根隱微來謂要緊工夫尤在獨知故又揭謹獨言之看大文自見大學正心兼體用動靜誠意獨言發動之初此章戒懼兼動靜慎獨指言發動之初明德體道工夫揔是一理先儒謂存養是主人翁省察是奴婢亦此意也下節中和雖平講然中為大本是全體道理和為達道是大本中生出來致中是戒懼全功致和是獨中尤加精細則雖中和並對與全功尤要之説原不相妨

喜怒節即性情明道不可離之意言道之體用即在人之性情性情不能一日無道如何須臾可離

喜怒哀樂以情言人生而静之初未與物接原無四者名目這是未發時候中如廳堂中央不偏着左右前後一様未發謂中時文云喜怒未發不偏着喜怒爲中如此則喜怒既發便偏着喜怒何以爲和當云未有喜怒安有喜怒之偏未有哀樂安有哀樂之偏只一个天理渾然在虚靈中間所以叫做中

節是天理在中有條理有品節莫非當然之則是也與克己復禮禮字同意發不中節便與中相悖何以謂和發皆中節則件件皆天理之中已發之後與未發之先一毫不相乖戾恰似人之和合一般所以叫做和

大本謂這个天理在中雖無形聲而天下日事萬化都從這裏出去如樹之千枝萬葉從根裏生来一般所謂本也即達道之本也

大本說得廣不專喜怒哀樂如止四者則七情尚缺其三安能盡許多道理

達道謂這个合中之和不是一人私有的天下古今人人都有應感人人都當由這天理當然之節恰似通行的大路一般所謂達也亦不專是喜怒哀樂

中性也即是天命和情也即是率性大本是道之體達道是道之用道之體用不外心之性情不戒懼則全體以失性虧而本不立不謹獨則幾微以失情乖而用不行所以君子必戒懼謹獨而不離道於須臾

致推極也非戒懼謹獨功猶未致此又加功以推極之也只是上面工夫做到極處故合言以結之曰致註中約字如以約失之者

鮮之約謂斂束也精字如隨事精察而力行之精謂細密也自所
睹聞日加收斂至於不覩不聞至靜之處絶無偏倚是謂致中自
獨知處細加密察至於應感出來都無一毫差謬是謂致和這中
和道理吾所受於天地與萬物同出一原者也致中則大本立吾
心先自正了天地之心亦由此正故各安其位致和則達道行吾
氣先自順了萬物之氣亦由此順故各遂其生依註分貼可也但
致中便包和意不致和何以為中言心便包得氣氣不順何以言
心正天地便包萬物萬物不育何以為天地位原是合一道理故
以位育兼承中和亦通
致中和只是盡一个心其效即至位育此亦極論其理耳蓋人心
之理即天地萬物之理盡吾心之理即盡天地萬物之理一心盡

天地之理則天地之造化在吾心吾以心斡旋之自可以裁成天地一心盡萬物之理則萬物之性命在吾心吾以心愛養之自可以輔相民物古聖人在上所以能使天地平成民物康阜者非能必之于天地万物必於盡吾心之理也若孔子為中和之極而不得成位育之化則元會運世之一變耳然卒開萬世之太平亦未為非位育之大驗也

中是天命之性和是率性之道致中和便是脩道之教位育有裁成輔相意亦教也

此章是中庸一大支以下十章是節解以終此章之義二章言君子中庸小人則反之三章言不惟小人反之凡民皆鮮能之四章言民所以鮮能由生禀之偏故不明不行五章言不明之端六章

言舜之智而後可明七章言不行之端八章言回之仁而後可行
九章言不明不行所以不可能十章言夫子告子路之勇而後可
能十一章則通言智仁勇以結之

仲尼曰君子中庸　章

中庸二字原是聖人説話子思引之著為此書故以名篇首章子
思之言未有庸字所謂中和即此章之中無偏無倚是未發之中
無過不及是已發之中即和也這个中是平常道理故曰中庸
君子中庸兼内外言時中之中又專屬外故註云君子之德當内
看言君子所以中庸者以其戒慎恐懼内有君子之德故能未發
而不偏不倚又謹獨于動以至應物之際皆隨時處中故能已發
而無過不及此所以中庸也一説君子即指上文君子不當德字

時中兼內外但既曰隨時便是應感未發之中如何處得似與註
相悖
小人之中庸只依王肅本勿依或問作小人自以為中庸小人之
心對君子之德君子理得于心故言德小人心無其理故但言心
肆欲妄行是無忌憚對時中看蓋著一行字便是應事了
中庸其至矣乎　章
中庸兼躰用此獨言過不及者過不及都自偏倚中來言用而躰
在其中至謂極致一毫增減不得人所同得是天命之性初無難
事是率性之道但性道雖無不同凡民待教而興世教衰謂聖人
不作無有脩道之教故民之資禀太過者無教以裁之則過焉而
鮮能中庸資禀不及者無教以引之則不及焉而鮮能中庸故曰

民鮮能久矣能字兼知行鮮能是不明不行所以鮮能詳在下章曰民鮮能又曰中庸不可能又曰惟聖者能之於此益見中庸為至能之一字非聖人不敢當則不能豈獨凡民也

道之不行也　章

全章上節言道之弊由生禀之偏下節言禀之偏由不察之故道是中庸之道明與行是交互工夫不明不行是相因弊病中道不行便是賢之過不肖之不及卻又云智者過愚者不及蓋由此兩樣人都不知中道所在故行的都不是中道譬如認不得路頭如何走得是路故曰道之不行我知其由不明也中道不明便是智之過愚之不及卻又云賢者過不肖者不及蓋由此兩樣人都未曾行那中道所以不識中道端的譬如那路頭不曾走過何由

認得故曰道之不明我知其由不行也

中道所在原無太過不及自智者視之以為平常無奇則過此中以求知愚者視之又以為精微難盡知之常不及乎中賢者視之以為不足驚世駭俗過此中以求行不肖者視之又以為高遠難至行之常不及乎中故知之過者以為不足行而不及知者又不求所以行行之過者以為不足知而不及行者又不求所以知此道之所以不明不行也或問謂智者惟知是務而不行賢者惟行是務而不知此說未是

人莫不飲食二句近說就當道看似太粗淺還依舊作譬喻說中道在日用事物之間猶正味在飲食之內人孰不日用應事接物鮮能知中道所在猶人孰不飲食鮮能知正味所在惟日用飲食

而不察其正味故富貴則過於貪饕貧賤則害於饑渴惟日用應感而不察其中道故賢智則高明自恃而失之過愚不肖則卑下自卑而失之不及此生稟所以偏也察字工夫在明與行前面包戒懼謹獨在內一說飲食譬道正味譬中謂人由乎道而不察其中也亦通

道其不行矣乎

道謂中道人之所行不太過則不及中道其不行矣此承上章道之不行一句所以不行由不明也因起下章言舜之智以明道而後道可行

舜其大知也與　章

大智是合天下之智以為智好問以下乃智之所以大者不是大

智實事觀註自見

問察非恐有不知與言之不可忽也聖人心與道一隨所感觸莫非至理自然問察之好然着一好字則惓惓求益皆聖人不自足之誠心察從問来曰邇言則非邇者可知

隱惡是廣大揚善是光明隱惡從問察来非有心致人樂告也聖人量宏自然能容人過聖人心公自然不掩人善人之樂告亦然為感動而不自知

執兩端是擇之審用中是行之至根揚善一邊来惡者不必擇矣舜非待擇善固執也聖心權度自有以折衆論之衷而隨感隨應若決江河莫之能禦也兩端舉首尾而中間所該甚多故曰衆論非兩可之說執兩端非執兩說之半而用其中間蓋均是善言執

為過孰為不及孰為中議論許多吾執着不同的衆論自這頭到那頭斟酌參考取其中者用之如一人有功當賞或云賞百金或云五十金或云十金則執此衆說自極少以至極多者擇之少者為中則用少多者為中則用多所謂用中也用中於民是用民之中存疑謂用此中以行于民似非本註取諸人之意盖帝王問察與所執而用者孰非天下民物之事必曰用之于民似太泥其斯以為舜言聰明不用而取諸人權度精切而用諸己此所以為舜之大智註云知之無過不及只是用中問察隱揚皆所以擇其中也或問謂不恃聰明而取諸人非智者之過孰兩端以用中非愚者之不及末矣

人皆曰予知　章

此承上章大智而言不智則道不明所以不明由不行也因起下章言面之仁以行道而後道可明

知禍而不知避況能擇而不能守重下段正意如詩興體

罟擭陷阱是借捕取禽獸的機關以狀禍機如聲色貨利之類可以喪身亡國便是禍機所伏人貪利欲卒取禍敗是自家為利所驅入于禍機之中所謂莫知避也禍之所在任是至愚不肯納於其中安有知而不避也知禍是予智一句不知避是下二句言人皆自謂我有智識能知禍机所伏然行險僥倖自莫知避則本心昏昧甚矣如何說知禍之智以例下句言人皆自謂我有智識能擇中庸然不能期月守之則亦未為真知就與不擇的一般如何說能擇之智講擇乎中庸勿講真擇下文不能守正講其不擇能

凡守皆言仁此以不能守為不智猶孟子智之實知斯二者弗去是也然服膺勿失又以言回之仁可見守字便有仁意但仁不能守即智及之亦雖得必失安得為智故此章直以不守為不智

回之為人也　章

此章重守勿以擇守平看但守須根擇來上章能擇不能守則所擇非真知故為不智此章能擇而能守則所擇皆實踐故為仁回之為人就行講言隨其行事皆擇中庸而守之也擇乎中庸不當知工夫真知在擇守之前觀註故字可見蓋惟真知故能擇守擇則知之精也是臨行時詳審工夫得一善即行之所得勿失即守其所得之善故曰行之無過不及善即中也得一善非只一个善謂今日得一善今日守之明日得一善明日守之隨行隨擇隨

得而隨守也亦非一得乎善之説服膺把這所得中庸之善著之
心胸間有須臾不可離意
行之無過不及即是弗失中庸擇則中庸之所以得也或問以擇
乎中庸為行之無過服膺勿失謂行無不及未是

天下國家可均也　章

此承上章必舜之智而後道明回之仁而後道行見中庸之不可
能因起下章必夫子告子路之勇乃為智精仁熟而中庸可能
天下三句是舉世間三件最難事人却做得容易形中庸只是平
易道理却又甚是難做三者亦智仁勇之事蒙引存疑謂不必分
貼然三言有次第分貼無妨或以夫子常言未有此意朱子因子
思引來以智仁勇貼之不知此十章皆是夫子之言安知非平日議

論原有智仁勇之說子思輯其言以成書乎
可均可辭可蹈兼資之近力能勉二意天下國家最難均然資近
于明敏者勉力以均之則均之無難爵禄最難辭然資近于廉潔
者勉力以辭之　則辭之無難白刃最難蹈然資近于果敢者勉力
以蹈之則蹈之　無難惟是中庸道理雖是易知易從若不甚難然
道理極至非資之近者所能到道理精玅非力能勉者所可幾苟
智未精仁未熟一毫私意未盡去欲其不失之過不失之不及而
能中庸不可得矣此民之所以鮮能
三者皆倚于一偏一說謂或偏于智或偏于仁或偏于勇所以可
能中庸則兼智仁勇所以不可能依此則舜偏于智回偏于仁不
得為中庸乎還是三者不必中庸之說均天下國家如管仲治齊

蕭何[illegible]漢則易如平章協和則難辭爵祿如魯仲連却秦原憲辭粟則易如夷齊不食周粟則難蹈白刃如召忽荀息則易如龍逢比干則難故可均可辭可蹈皆是不必合於中庸者但中庸不可能便說得廣非專言三者之中庸也或謂中庸非力勉者可能乃又曰力行近乎仁曰勉強而行之何也曰果能實用其力豈有不能之理

子路問強　章

承上章中庸不可能必勇而後能之勇非有加仁智之外即智必如舜仁必如回絕無一毫人欲之私便是義理之勇所以能中庸通章強字即是勇強即是个勝字南方之強以含忍勝人北方之強以果敢勝人君子之強以理自勝其人欲之私

寛柔二句忍人之所不能忍這个柔弱亦是度量勝人故曰強然風氣雖弱猶是忠厚之道故曰君子居之言亦君子所處也

寛不迫隘柔不峻厲揔是不拒人意寛柔以教不當教者亦教之不報無道當報者亦不報之聖人則教人不倦亦有不屑教誨犯而不校亦有以直報怨與此不同

衽金革非真以金革為衽席也習而安之雖死亦甘故借衽字為言此直是強勇過人故曰強者居之

南北之強只是地土風氣不同方一方也謂局于一處也不是氣質用事之說盖氣禀強弱南方亦有強的北方亦有弱的難以地方槩論君子亦是南北方人但能不囿習俗故可同可異可窮可達至大至剛塞乎天地豈可以方拘之哉

和是與人同中立與人異或以常變分未是盖和固是處常中立
不專處變如舉世皆濁我獨清天下非之而不顧等語皆是
和以處衆不飭廉隅其弊必至與俗浮沉君子雖不忤世戾俗却
又不同流合汚是和而不流
中立中字非無過不及之中謂四旁無所依附孑然獨立中間也
執持不堅必以人不附已即變了倚那一邊君子實見得是始終
這等中立再不倚着傍邊以附別人是中立不倚
和不流是一轉語中立不倚是一直語流亦是和但和之弊也不
流是和而無弊倚便是不中立不倚是這个中立到底或以惠之
和為不流夷之清為不倚似之但此章重中庸可能夷齊尚有隘
不恭之失未盡合於中庸或應上南北二節或又牵合致中和之

說俱未是

塞對通言窮居之時阨塞未通士常卄澹泊勵節操至於得志便有逸樂之念而怠心生有威福之念而驕心生有身家之念而利心生有得失之念而畏心生把未達時所守一切變了君子達時依舊是未達時志節是有道不變塞

無道時只是困窮至死不變勿作死生禍患說猶死而後已一般常情不堪貧苦便棄了生平所守放溢為非君子雖是極窮亦以義命自守直至于死不肯變了平生志節所謂貧賤不能移也一說兼處窮處變謂遯世不悔殺身成仁皆是似多一件事

強哉矯重四个不字曰流曰倚曰變皆人欲之私不流不倚不變皆勝其人欲之私勝私便是理義大勇故曰強哉矯

索隱行怪　章

上數章分智仁勇此章合言以結之勇只就仁智上看索隱是知之過行怪是行之過這便是不當強而強勇之過也遵道而行是智及之半途而廢是行不逮行未及亦是知未真這便是當強不強勇之不及也知依中庸是智行依中庸是仁直至遯世不悔皆是不賴勇而裕如

中庸之道高極于神化性命而其實不出子臣弟友好異者或高談玄虛遺棄人倫又或以避兄離母為廉割股廬墓為孝皆所謂隱怪也索隱必行怪行怪必索隱自是相因人情喜新此等人便能欺世盜名故後世有稱述之者然非中道故聖人不為

遵道而行根擇善來已曉得中道所在循而行之但行至半途把

道丢了不行這便是力量不足此言行之未至亦縁知之未真所以欿已即已是智仁勇之不及者吾弗能已便是至誠無息但聖人不以此自任只是深知篤好欲罷不能意

首節之過是賢智次節之不及不可謂愚不肖盖既知中道而行似非愚之冥然無覺不肖之悍然不顧也但云過與不及便是

君子依乎中庸承首節是知行俱無太過遯世不見知不悔承次節是知行俱無不及不言勇者不頼勇也然不悔是純亦不已有一息尚存不容少懈之意勇在其中

依字與遵字不同遵者以我循道猶與道為二依如依仁之依謂相依不違與道為一也

惟聖者能之夫子謙不以聖自居然吾弗為之矣便是依乎中庸

吾弗能已便是遯世不見知而不悔其實亦安得而辭耶

君子之道費而隱　章

全章首節言道用廣而躰微下三節皆詳言用廣而躰在言外

君子之道只重道講不重君子但道惟聖人君子爲能体之故不曰聖人之道則曰君子之道費猶費用之費言浩繁也道在天下流行散殊無物不有無時不然何等廣傳所謂費也而其所以然者則視不見聽不聞至隱而不可知耳或講費而又隱是費外又有一隱或講費原於隱又似隱而費皆非語意此章重費上講所謂費而隱者只是道之用廣而不知其所以然也故下文皆言費而不言隱蓋隱不可知又何從而言耶

中庸以中和言道躰用又以費隱言道躰用蓋中以天命言無聲

無臭即是隱和以率性言無往不在即是費或謂中和俱是費未是但首章是道在人心故體用在未發已發之間此章是道在天地故用可言而體不可言

夫婦之愚一節說盡費了引詩是明其意末節是結上文

夫婦與知與能是語道之小聖人天地不能是語道之大故君子二句只是申言或作推開說謂揔論道體自然則所謂大小又何所指

夫婦猶言匹夫匹婦也天地間人不是男子便是婦人故以夫婦該之與知與能勿專言交感但日用人倫常事如愛親敬長耕鑿井臼之類任是極愚不肖的何人不知何人不能這都是良知良能率性自然可見道何嘗遺於夫婦

及其至也舉道之全躰非舉道之精妙也精妙處不知不能便不是聖人全躰與上節躰微之躰不同此是用之全躰上是用之本躰

聖人不能知謂時之所限有物在于古者居今不及見地之所拘有事在于彼者在此不及聞皆是聖人不能知處可見道安能盡知不能行謂時值其變或阻大行之頭如孔子不得位勢不能徧或歉兼濟之難如堯舜病博濟皆是聖人不能行處可見道安能盡行

夫婦能知能行是萬分中有一分聖人不知不能是萬分中欠一分

天地二句是因聖人再推上一層甚言道之難盡耳大字以道言不以形言覆載生成之偏如物之所產或南有北無歲之所收或東豐西歉此處雨或彼處不雨彼處旱或此處不旱皆是天地偏

處或謂職司有偏天能覆不能載地能載不能覆未是寒暑災祥之不正如當寒而暑當暑而寒善不降祥惡不降災皆是故人皆有憾可見天地猶有許多不足要能盡道

此數句只形容道無不在非責天地以體道亦非責聖人以盡知盡能也盖聖人所知所能者此心之理其所不知不能者皆不必知不必能也所以異於賢智之過也天地雖有憾有聖人以賛其不及此化之所以不過也故以道之費言則天地聖人不能盡以天地聖人言則已極乎道之分量

故君子

語大者語君子之道大也非君子語道之大也語小放此

大莫能載言物之大者尚有更大的出其外便承載得他道極其大雖天地聖人不能盡孰有能出其外而載之小莫能破言物之

小者倘有更少的入其中便破得他如髮猶可分縷猶可折之類道極其小雖愚夫婦至為微細亦所不遺更無一毫罅漏孰有能入其内而破之蓋凡外面躰統可觀者中或空踈裏面纖悉具備者外又不周徧道極大而又極小無外而又無内所以為費故此二句便說盡道理

詩云節明上文大小之意統言之極天淵皆道是大莫能載細言之一鳶魚亦道是小莫能破察昭著也言上下天淵之間飛者躍者昭昭然皆道之發見也飛躍就是道不可謂所以飛躍者道也蓋道只是率性鳶飛戾天率飛之性而上之是道察于上魚躍于淵率躍之性而下之是道察于下極上極下都是率性之道無往不察若曰所以飛躍即隱矣上下察不專指鳶魚凡淵之上天之

下若飛躍之類皆是

此借鳶魚以明道見得天地間隨處充滿如此活潑如此昭著就這眼前無不是道學者當無時無處不用其力也與川上之嘆一意註云活潑潑地謂有事勿忘則此心常存洞見道體無所滞礙便是活潑豈必親見飛躍而後為活潑耶

君子之道節造端是結莫能破意及其至是結莫能載意造端是起頭去處及其至是盡頭去處自起頭極徹處至盡頭極大處無非道之昭察所以為費

端緒也造始也造端言道之端緒始見於夫婦之知能也夫婦知能即是道對天地特其端緒耳察乎天地察字即上下察察字但此對造端言專是大一邊上文則包大小言

通篇俱言費到末總補隱意若單講一節則逐節補之觀註可見

此章申明首章道不可離之意蓋愚不肖且有知能吾未至於愚不肖者可不求以知行之乎聖人且不能盡吾去聖人遠甚者可不百倍其功乎天地猶有憾吾得是理于天地者可不盡道以賛化育乎鳶魚莫非道吾與萬物同體者可不盡道使鳥獸咸若乎可見道不可須臾離也故結意用造端二字隱然示人求端用力便有行遠自邇登高自卑意

此章是一大支下八章是節解或言費之大或言費之小或兼費隱皆發明此章之意

道不遠人　章

首節言人不可遠人以為道下三節皆不遠人以為道之事

道只是率性人性中便是道何嘗遠人若人之為道者不從性上率出來別求个高遠的做工夫這便不喚作率性之道此就賢智者言或謂道不遠於子臣弟友之人未是

不遠人人字泛指人身言人之為道人字指求道者言人之為道為字與為仁由已為字一般不可為道為字與復禮為仁為字一般

伐柯三節俱明首節之意治人之道即在人身道不遠人也以人之道治人不遠人以為道也以己度人心無不同道不遠人也己不欲勿施於人不遠人以為道也責人者皆道之當然道不遠人也反之自責而自修不遠人以為道也註作治人愛人責人亦因張子成說而用之耳細看章内幾个遠字似非三平首節言道不遠人人不可遠人為道引詩正明道之不遠忠恕一句指言道不

遠于心末節責人責已即忠恕之事便是不遠人為道工夫
代柯二句引言不遠者猶以為遠有彼此之別也道之在人則無
彼此故曰不遠以人治人謂夫婦能知能行道是各人原有的就
以人能知的教人知以人能行的教人行人若改了不知不行之
失都能知能行了便罷不必復以難知難行者責之所謂改而止
也止非不教也只仍前教他不加責以所難便是
忠恕違道不遠道即不遠人之道事物當然之理率性之謂也人
多由私心間隔不忠不恕所以不合天理與道去遠故惟盡心而
忠推心而恕盡去了私心則心中便是天理所行皆合于當然故
曰違道不遠曰不遠猶未為一也蓋率性自然原無私意去了私
意總是近道積久純熟則與所性為一矣時文以勉然與自然不

遠未是

施諸己二句即是恕註曰忠恕之事無忠做恕不出也蒙引以不願為忠未是只當於恕上看出忠意蓋推心為恕盡吾心以度之便是忠若心不盡何以能推不推亦未見其盡心

君子之道四節上半是聖人自言未能君子之道下半是言君子躰道之實首尾兩句君子一樣看註云君子言行如此則非聖人自稱明矣時文以上為聖人自責下為聖人自修淺說蒙引俱無此說

所求求字與求諸人求字一般謂責人也求乎子不是責己子謂責人之為子者當孝以事親而反諸己之事親則未能孝也下三句放此庸德以下言君子之道我皆未能乃君子之於道何如哉

庸即中庸之庸常道也子臣弟友是人倫常道故行之為庸德言之為庸言不曰庸行而曰庸德者就君子言謂行道而有得于心也庸言就責人看謹者擇其可非可否之可謂必已所有者而後責人所謂謹也有所不足二句只是言行工夫做到至處言無一毫有餘于行行無一毫不足于言所以言行相顧為慥慥君子曰篤實者言君子實有是道也聖人未能故以此自責則必以此自脩

君子素其位而行　章

首節言君子盡分而無容心中三節是詳其事末節是結其意

素位而行以事言不願乎外以心言心即在事中不是兩項謂居這个位只做這个事再無別个心總是一時舊說謂一正一反非也蓋位之所在便有當為道理君子因見在所居之位但知為所

當為而盡乎其道巳耳此外更復何慕何求

素富貴二節註取上節四个素字為素位下節五个不字為不願外然無入不自得便是不願外意正巳便是素位意亦分不得行乎富貴是行道濟時行乎貧賤是守道固窮行乎夷狄是杭節虜廷行乎患難是蒙難正志夷狄亦是患難但患難對安樂言夷狄對中國言是患難之尤難者如蘇子卿十九年匈奴之類或作忠信行於蠻貊雖之夷狄不可棄也似稍差四句只富貴是順境餘皆逆境亦見天下事不如意者常多猶吉凶悔吝吉一而已入謂入其境也隨其所入境界不論順逆只管為所當為自家心裡無所不足所謂自得也自得是足乎巳無待於外意要知所得者何物與所樂何事一般只是一个天理一說自得推廣說不止上

文四事亦通

在上位在下位即素位也上下字活看遇下人我為上遇上人我為下不特貴賤兩樣人陵下是恃勢作威以害下人求其順我也援上是攀援結納以要上人求其庇我也正己盡己也不陵下則盡上位所當行之道無所求于下不援上則盡下位所當行之道無所求于上無怨根不求來有求不得則怨矣上不怨天二句正講無怨盖凡正己者只要責己都不責人故無怨尤

易謂平易安穩凡理所當為者如平穩大道其理不當為者皆險道也易者得之常不得則為命故君子素位是居易不願外是俟命險者不得之常得之則為幸故小人行險便不素位僥倖便是願外此節已括盡上文之意末節引言以結之重反諸身一句反

身則不求人不求人便是正已正已便是素位君子泛言不必指
素位君子

君子之道譬如行遠　章

首節言進道有序下二節引言以明其意

君子之道就進為有序講觀自邇行遠自卑登高便有漸進意如
位育之化由於戒懼不顯之德始於為已之類一說君子之道專
以道言譬如二句方講進為似兩截不連續一說謂自近而遠自
卑而高作道無不在說又於行字登字無義

引詩二節不是譬喻只舉目前一事以明遠邇高卑之意亦非謂
此足以盡道也一家中父母最尊故以言道高遠兄弟妻子皆卑
故以言道卑近順父母由和妻子宜兄弟故以言道遠自邇高自

卑之意一說孝弟一理無有以父母為高遠者二節俱是卑近言外補行遠登高意

鬼神之為德　章

全章末節分上詳論鬼神盛德以氣言末推其本於誠以理言首節泛言鬼神德盛二節詳言盛德重躰物上三節四節詳言躰物正見盛德

鬼神天地功用造化之迹也天地是形躰天施地生是功用天地功用能造天下之無而向於有能化天下之有而歸于無消息盈虛昭昭可見是造化之迹這功用造化總是一个屈伸故名曰鬼神鬼神二氣之良能二氣陰陽也陰陽不是鬼神陰陽之屈伸往来是鬼神這都是氣機自然默用故曰良能其實一物通承二氣一

氣對言之陰為鬼陽為神單言之陰有鬼神陽亦有鬼神蓋程子但言功用造化未指言陰陽張子但言陰陽二氣未見一氣故朱子又以一物盡之鬼神之義始備

為德德字虚看與中庸為德一例性情功效俱是借言不必認真觀猶言二字可見盛字遞下微顯意然微字安見其盛還重顯一邊但根微来故只以不見二句引起以下俱發揮体物

鬼神氣也氣無形故視不見而物之有形者皆由氣而生氣無聲故聽不聞而物之有聲者皆由氣而出天地間無一物不由氣生成是氣乃物之主宰而為之躰也躰物無終始言陰陽氣聚則物皆發荣滋長是躰物之始陰陽氣散則物皆帰根復命是体物之終合言之始物是神終物是鬼分言之始物是陽終物是陰詳言

之天陽而地陰日陽而月陰暑陽而寒陰晝陽而夜陰男陽而女陰精陽而血陰寤陽而寐陰生陽而死陰總無一不是陰陽便無一不是鬼神故曰體物而不可遺

鬼神於天地為用而於物為體蓋天地非氣無以運行故曰用萬物非氣無以造命故曰體然其所以為物之体者正所以為天地之用也天地猶家主鬼神猶管家幹人幹家為體代主人營幹為用

使天下節就鬼神中指出祭祀之神來說如人家祖先之類註引孔子之言亦言人之既死者非天地功用之鬼神也但焄蒿悽愴之氣亦莫非陰陽之氣魄歸地陰也鬼也魂歸天陽也神也鬼神不同陰陽之氣則同故其靈應猶可為體物之驗

使天下使字便見得鬼神之靈若非威靈感動安能使人畏敬奉

祭又安能發見昭著如此耶然其所以能使人者非徒鬼神之靈也人之身皆天地鬼神所生是心之靈與鬼神之靈原相係屬故其分之相屬者自有反本之思如天子於天地諸侯於社稷大夫於五祀士於其先皆分之相屬者分相屬則心之靈亦相通若有以使之也齋明是内之敬盛服是外之敬齋齋一也明明潔也當祭祀時念慮靜專精神凝聚絕無他念紛雜所謂齋明也盛服亦是本分常服但要鮮潔如致美黻冕之類内外一敬則吾心之靈足以感動鬼神之靈故鬼神之氣與吾身之氣相係屬者自隨感而應無往不在曰上曰左右言不拘方所皆如或見之也既能使人盡誠又能觸處皆應使非體物不遺何以能此

詩云節引言以明上文曰不可度明洋洋如在意曰矧可射明齋

明盛服意一說以微於祭微於詩平看未是

末節微之顯一直講不可掩如此指顯字言鬼神不見不聞若是微矣乃體物不遺又顯而不可掩何哉蓋有實理為主故微者不為虛無能顯而不可揜如此也誠以理言註曰陰陽合散無非實者又以氣言蓋氣之實者以理在其中太極動而生陽靜而生陰陰陽各一太極故其合也實有是合其散也實有是散其合散皆實也故合而能散散而復合如無一理為之主宰則所謂不見不聞者類皆渺茫虛偽安能合而始散而終終而復始若是哉故此章皆論氣而末句復歸于理

舜其大孝也與　章

首節言舜之大孝在德福之全下四節詳言以德致福之理蓋非

全福無以為大孝非德無以致全福要歸還重德上故首言德為聖人又兩以大德必其福是德為人之所可自盡則大孝亦人之所能自致也由庸行之常以至其極是言德之極致非謂必為天子而後為大孝

孝本人子無窮之心而或格于有限之力舜能舉所欲致之心與所難致之分兼得之以事其親古今無有能及之者故曰大孝自古以聖人為天子者尚多獨舜以匹夫致位天子使其父以匹夫為天子父尤非大德不能故獨稱大孝

德為聖人顯親者至矣尊為天子尊親者至矣富有四海養親者至矣宗廟享之為親報本者至矣子孫保之為親垂裕者至矣故曰大孝享謂享于天子之祭保只是世有爵邑此五句且平言下節

方重德講以明致福之本
故大德節重必字看蓋福雖人所難得有德則理所必致故聖人吉凶禍福皆責己祿位名壽不必應轉上節蓋祿位雖是尊富而名壽與宗廟子孫不相協蒙引謂此節只泛論其理末節方就舜講然註解壽句即稱舜年似非泛論末節是承天道詩詞而結之也
因材而篤謂因其材質之異而異其所加也一說篤厚俱是好邊栽者培之傾者使不培是因材而加厚亦通栽謂根本完固傾謂根本敗壞本固者能受氣故氣至而聚日見滋長曰培本壞者不能受氣故氣反而散日見凋瘁曰覆覆反也天以陰陽之氣並施萬物曷嘗分別栽傾只是物之受氣不齊故榮瘁自別若或培之覆之耳觀註氣至氣反可見栽字專就植物講蒙引兼動物似於

培字無義

天道詩詞二節不必逐節補舜到末節總結觀故字可見言舜之大德是物之栽也是令德之君子也則必得祿位名壽者亦栽培天申之定理耳受命即尊為天子等句

無憂者其惟文王乎　章

此章三節言三聖人之事莫非當然之道

聖人之心未嘗一日不憂勤況文王視民如傷望道未見日昃不暇食何以稱無憂哉蓋以所遇言之與舜無為一般舜前後有人以君臣言故獨無為文王前後有人以父子言故獨無憂如堯舜無賢子舜禹無賢父則皆遇之不幸耳或謂此家事也何獨無憂世之心哉曰王季積功累仁武王善繼善述何莫非天下國家之

許則所謂無憂者豈獨在家庭父子間哉此見文王承父之道以付諸其子猶舜承堯以命禹皆一中之授受也使作者非道之當然後人何以無改述者非道之當然前人何以無慮故文王之無憂皆道之所在

二節言武王纘緒壹戎衣以下言纘緒之事三章言周公成先德追王以下言成先德之事周之先以服事殷武之伐紂周公之制禮而曰纘緒成德者此即善繼善述之意謂因其時酌其理曲躰先人之心而為所當為故武周之事亦皆道之所在

纘緒繼其先業也故下章以為繼述實事或謂繼其世序亦通

壹戎衣重壹字見當時天命人心已盡歸周武王不得已而應之故一舉即有天下循會朝清明之意不失顯名非謂因有天下而

得顯名也看不失二字顯名是武王原有的不因伐君而失也可
見為順天應人之舉
周公成文武之德舊説謂文王限於勢而不得為武王限于時而
不及為故周公成之此説未是蓋武王既有天下則文王之所當
為如制禮等事皆武王之責但以末年受命未及舉行周公一切
為武王之所未為皆代武王以成文之志者也故揔之曰成文武
之德德者理得于心而見諸行事也周公所為之事即使文武生
當其時理所當為不過如此故曰成德註三个推字皆所謂成也
追王是推文武之意上祀是推大王王季之意亦文武之意斯禮
以下是推己及人雖周公自推亦推文武以孝治天下之意
大王原號太公王季原字季歷因舊號而追稱曰王是謂追王不

言文王者武王已追王之矣文王既王而太王王季未王文王之心弗安也故推其意而追王之太王王季既王而先公未享王禮太王王季之心弗安也故又推其意而上祀之追王則必祀以天子之禮但曰上祀則追王弗及也追王止於太王註以為王迹所起似未盡其義蓋周公制禮是成王時遡至太王為高祖以上則五世服盡廟祭當祧追王安得而槩及之若歲時祀禮則不可以世數限故自組紺以上及於無窮

斯禮只承上祀下只管到祭以大夫言推上祀之禮以及士大夫使皆因分以祀其先葬祭相須故幷言之葬用死者之爵安死者之心祭用生者之祿盡生者之心只言士大夫不及諸侯庶人者諸侯繼世有國庶人繼世無位父子同躰不待言也推此則父子

世為大夫世為士亦可知矣
期之喪以下是制為喪禮以及天下期喪達乎大夫親不敵貴也三年喪達乎天子貴不敵親也此兩達字自庶人而達之上達乎諸侯達字自天子而達之下
期喪諸父昆弟之喪也大夫之貴猶不得而臣之故為之服但比常人少降耳諸侯則得而臣之故絕不為服三年喪如父為長子嫡孫為祖皆是其達乎天子者則專指父母言

武王周公其達孝矣乎　章

全章二節分上言武周繼述之善下皆自其制禮者言之
達孝註解道稱且引達尊為証甚明時文作達乎諸侯大夫說要與通乎上下一意未是蓋人之所以通稱正以孝之達於天下使

非推己及人制為禮法使一本之愛人人得盡亦安能使天下人
心翕然稱之哉須會註意始得
夫孝節是提孝總冒志事只一件但自心所欲為而言曰志自事
所當為而言曰事志則意慮相承故曰繼事則推行有迹故曰述
善字重變通講先人未為此事亦未有此志吾隨其時度其分酌
其理使先人而在今日其所志所事不過如此便是善繼善述如
必成其已形之志襲其已往之迹雖為繼述亦世守之常耳安得
稱善哉故武周纘緒制禮皆先人志事所無者夫子獨取其繼述
之善
春秋節言祀神之禮宗廟節言祭禮中待人之義踐其位節結上
兩節曰孝之至也已括盡上文末節又言所制祀禮其義甚遠總

見善繼述之孝註云禮制通乎上下非以祖廟節尊祖考為通乎上宗廟節待臣子為通于下亦非以兩節天子庶人上下皆可通行又非謂郊禘行於天子祫嘗通乎天下盖通章制禮俱主上言通乎下意在言外推廣如諸侯以下各有祖廟但宗器有重輕裳衣有差等士庶雖無官爵亦有昭穆皆使之隨分盡情如上章所云達乎諸侯大夫及士庶人是也

春秋謂履雨露而怵惕履霜露而悽愴故為祭祀時候或謂四時皆祭錯舉省文亦通祖廟四句只就天子講註解祖廟備舉諸侯數等涵通乎下意非謂四句皆講數等人也脩是洒掃整潔陳宗器是示世守之意設裳衣是使神有所棲薦時食是隨時申敬

宗廟節序昭穆是親親序爵是貴貴序事是賢賢逮賤是下下序

齒是老老序爵是異姓若同姓之爵則昭穆中已有序矣燕毛只是同姓序事逮賤俱兼同姓異姓

序昭穆序子孫與祭者站立之昭穆也宗廟定位太祖與昭穆皆東向但居南者屬陽明為昭居北者屬陰幽為穆惟太祫時則太祖居中東向取昭穆之主旁列兩邊南北向居北向南為昭居南向北為穆此章宗廟之禮以祫祭言與祭子孫亦照祖宗世系以次相序旁立左右兩班故曰序生者之昭穆也群昭群穆不是群一行之昭群一行之穆也有一世之昭有三世之昭有五世之昭是謂群昭有二世之穆有四世之穆有六世之穆是謂群穆序之者昭同則同班而昭之在孫者不得進而列祖之班穆同則同班而穆之在祖者不得退而列孫之班方見世序明白昭穆中亦序

齒爵兄弟同昭則論爵爵同則又論齒

按文王曰穆考武王曰昭考又曰管蔡成霍為文之昭邢晉應韓為武之穆蓋文王為穆其子當為昭是昭出于文故曰文昭武王為昭其子當為穆是穆出於武故曰武穆

序爵公侯是列國之君卿大夫是王朝之臣言公侯則伯子男可知言卿大夫則士可知

序事各執事也宗是掌宗廟者周禮宗伯宗人之類祝如今讀祝者周禮大祝小祝之類有司如今司帛司酌之類賢謂德行之優儀文之熟其為賢能堪為其事故序其事以辨之

旅衆也凡弟之長賔之長皆是所謂上也賤即兄弟與賔之子弟卑幼者所謂下也宗廟之中以有事為榮卑幼子弟行禮時未有

執事故於祭畢旅酬時使兄弟之弟子與賓之弟子各為長者
舉觶是下為上也則彼亦有所事事以申斯須之敬故曰逮賤賤
亦位之末貴者但此與辨貴賤之賤不同彼以位卑者言此以年
少者言舊說謂序爵則賤者在所畧故以此逮之似未是
燕毛是祭禮已畢衆賓皆退獨留同姓燕之于寢毛髮別長幼蒙
引謂人多不能徧問其年但以毛髮別坐次非也蓋子姓雖多世
系素明稱謂素定且序昭穆已有長幼至於燕則因之何至不知
其年也但彼時尚有親同論爵爵同則論齒此則雖公侯年少者
亦序於子男長者之下但論毛髮年齒一槩不論貴賤故曰燕毛
所以序齒也若不問其年惟視其髮則弟有髮白者可以上於兄
姪有髮白者可以加於叔乎此非武周之禮明矣舊說謂序事辨

賢則老者在所簡故以此燕之亦未是
踐其位三句總結上二節故所尊二句分結上二節事死二句是
說孝意以其孝之自盡曰至以其孝之通稱曰達
位是主祭助祭等人自群公至百執事站立位次禮是祭中行的
享献儀文樂是祭中作的聲歌舞列這位與禮樂皆先王祭祀所
必有者武周主祭天子助祭辟公與侯位不同禮用九献與六献
不同樂用八佾與六佾不同然使先王而在今日其位之所設禮
之所行樂之所奏當亦如此是所踐的即先王之位所行的即先
王之禮所奏的即先王之樂此就是善繼善述位禮樂即上兩節
中俱有
祭祀之位禮樂皆先王所以尊其祖考而親其子孫臣庶者武周

所制一因乎先王其為脩祖廟等事是敬先王所尊之祖考也其為序昭穆等事是愛先王所親之臣子也先王所敬亦敬之先王所愛亦愛之是先王死矣事之如生先王亡矣事之如存其志其事無一不体其心而為之所以為繼述之善所以為孝之至

郊社禘又以所制祀礼之大者言之上四句言祭礼之義下三句極言義之深遠

郊祭天是天子獨行之礼社祭地是上下通行之礼此礼何義也所以祀上天后土為萬民而報其生成之德也五年一禘是天子獨行之礼四時有嘗是上下通行之礼此礼何義也所以祀其先人至始祖所自出而報其功德之遠也兩个所以釋礼之義即下句義字礼義互文言郊社礼之義禘嘗礼之義也明其義是真知

所以祀上帝所以祀其先道理這便是真能仁孝的人仁則必能躰天地好生之心而以仁育萬民孝則必能推祖宗一躰之念而以孝治天下所以治國如視諸掌蓋幽明神人總是一理未有仁孝與天地鬼神相感通而猶不足以理人也夫以明祭之義即易于治國如此可見武周制礼意義何等深遠明字不指武周蓋武周便是作者之聖明則述之而已指後人言

哀公問政　章

全章人存政舉是綱領誠是旨歸自人道敏政至知所以治天下國家言人存而後政舉曰在人曰尊賢是有臣曰脩身曰脩道曰三德曰三近是有君自凡為天下國家至所以行之者一言政舉本於人存曰修身曰行之者一是有君曰尊賢曰敬体是有臣凡

事豫則立至末詳言誠身之事見君身能誠則能取人而政舉矣所以一篇獨詳言脩身曰脩身以道曰脩身不可不事親曰知斯三者知所以脩身曰齊明盛服所以脩身曰不明乎善不誠乎身其言疊出不一然以道是達道仁以事親是達德誠是行道之要三近是入德之功敬是脩身之事擇執是求誠之功學問思辨篤行是擇執之功困勉百倍其功總是入三近之功言雖浩繁而旨要脉絡未嘗不貫

其人存文武之人也兼君臣言有君之賢如文武有臣之賢如文武所用之人便是人存則取文武方策之典章君主其綱臣理其目修廢舉墜補弊捄偏政可舉矣政息非方策之政滅息也只空載方策無人舉行便是息

講上　卷之二　十二

人道即上文人存敏政即上文政舉此節重敏字言以人立政甚易深有望于人存也舊說上二句言舉政之易下二句言政尤易舉然曰舉便離人不得令以下句頂上二句即指所敏之樹以例政之敏

故為政在人至知天是由得人推本君身及夫仁義禮之所以脩身者故君子節申上兩節而言

為政在人人字與人存人字不同彼兼君臣此專以臣言賢臣得而分理有人然後庶務畢舉故曰為政在人君身正而藻鑑不爽然後委任得人故曰取人以身人有此身便有日用人倫之道以此道範圍其身然後其身始正故曰脩身以道道具於心心之真切懇至即為仁以此仁浹洽於人倫日用之間然後其道始盡故

曰脩道以仁此二句一項事非先以道脩身後以仁來脩道也如事親以孝要成个人子是以孝道脩身而父子之間即藹然有真實懇惻之心便是仁而孝道盡矣脩道二字與脩道謂教一般彼以當然之道品節人之氣禀此以當然之道脩治其身皆謂脩之以道非謂脩此道也蓋曰脩身以道身而脩之以道者尤在以仁道即五達道仁即三達德之一智勇皆始終此仁而已修道以仁即天下達道五所以行之者三之意蓋從道字入精講生个仁來又從仁字推廣講生个義禮來又以智勇湊仁為三德相須交盡其道始備蒙引以知人知天為智似不必然

仁者人也人即是身蓋仁為天地生物之心而人得之以生者若無那生物之心便無我此身有我此身便有那生物之心所謂生

理也故謂仁即是人此與孟子仁也者人也稍不同彼以心之德言故註曰人之所以為人之理此以愛之理言故曰具此生理自然便有惻怛慈愛之意人字內就涵愛意方起得親親為大言無所不愛中惟愛親為最大也存疑謂親親即是父母泥下文事親之言蒙引謂親親有殺便不止父母故于下文事親亦兼諸父昆弟意二說蒙引為是蒙引以親親較仁民愛物為大存疑以親親較五達道為大蓋君臣朋友中間儘有許多事如仁民愛物亦在君道之內二說存疑為是大字與實字不同實是心之最精切者大是包涵道理最多者親親已有達道之二凡夫婦君臣朋友之愛都該括于此故曰大

義者宜也謂事物當然之理蓋仁即是理以心之所具言義則裁

制此理之宜以事之所處言故仁必有義義所以成仁也尊賢為大亦勿與事君敬長較言只對五達道較之盖五達道皆當處之得宜而惟尊賢為宜之大何者宜師而師之何者宜友而友之則義理日相講明凡五達道當然之宜都包括于此故曰大

禮所生也禮謂天理節文盖仁是生理義是理之所宜禮即此理之節文無過不及者也故親親有父母有諸父昆弟隆殺不同尊賢有大賢有次賢等級不同這都是天理自然生出来當厚而厚不容一毫不及當薄而薄不容一毫太過所以仁不兼愛義不混施與禮之實節文斯二者一意

故君子節承上兩節為政在人取人以身見君身是取人立政之本故為政君子不可不脩身

脩身以道脩道以仁而親親為大是親親為第一緊要故脩身不可不事親這事親即上親親不專是父母故下文知天有等殺意親親是達道中最大者尊賢乃所以為親親之助而五達道皆賴以講明故事親不可不知人知人者知其賢而尊之便是宜思知人帶事親來方起得等殺意知天內等殺平承天即禮也以等殺為理之斷文曰禮以等殺為理之自然曰天知天是以仁修道推到極細工夫與下文天道揔是一理此以天道之散見言故分而為等殺彼以天道之統會言故揔之曰誠觀所以行之者一可見達道中便有誠者天道意

天下之達道節是因上文脩身之說而詳言之上言脩身以道未言何道故因事親而舉君臣以下備言之上言脩道以仁未及全

德故舉智勇為仁之所以始終者備言之卒歸於誠即智仁勇之實也以其道之肫肫懇至而言曰仁以其道之慥慥篤實而言曰誠

君臣五句不必言君臣有義之道君臣就是道盖言君臣便有義意天下未有有君無臣亦未有有臣無君者此便是古今共由道理餘倣此朋友獨言交若父子兄弟皆天合夫婦亦終不可解君臣無所逃于天地之間獨朋友在所交而已

智仁勇是人所同得於天之理故曰達德惟有是同得之達德所以能行那共由之達道知此体此強此總是一个行字盖修道以仁是行工夫知以開行之端強以要行之極故揔之曰所以行一說行字虛看猶言由道未是三个此字指達道言

一者誠也只是智仁勇皆實非三者之外又有一个誠但以達德

之名目言則有三以達德之皆實言則惟一不曰誠而曰一者應
上三五而言非不貳之名也所以行即上文所以行俱是行道上
言所以行達道者在三德下言三德所以行、達道者在一實
或生而知節別言達德所以行達道有三樣人而知之成功則一
便見達德之同知行分智仁勇主以分言六个之字指達道三个
知字行字俱是知行已成了兩个一也特從上面評斷之耳所謂
一者非謂學困利勉就與生知安行一般蓋言知達道有三樣人
要於達道之能知則一行達道有三樣人要於達道之能行則一
三樣是所禀之氣不齊則一是所得之理不異故曰達德
好學節言入達德之事蓋上節是智仁勇之已成者有此三等此
節是智仁勇之未能者求以入之之事存疑謂困勉而下又有此

一等人未是蓋三等之外便是困而不學焉有好學力行猶下困勉一等乎故下文百倍其功即為困勉之人然亦不可指此為困勉之功蓋上節是工夫做成了此節是下手做工夫雖學利者亦是此事故傳學五者學利困勉俱同功但一十百千不同耳

愚者自是私者徇欲懦者甘為人下此便是自暴自棄所以終不可入德好學是學之不厭則義理漸漸開明愚可破矣故近智力行是黽勉躬行則人欲漸漸消磨私可忘矣故近仁知耻是耻智不如人必發憤好學耻仁不如人必發憤力行則志氣漸漸奮勵而懦可起矣故近勇近者未即是達德而可進於達德者也

知斯三者與知所先後知字一般不是徒知是真知好學力行知耻逐件用功則達德可近而達道可行故知所以脩身脩身下面

要補取人立政意治人治天下國家一滚說更不用推廣節次盖天下國家只是一樣道德知三近則知以道德脩身由是取人立政即知推道德以及人而天下國家舉而措之裕如矣

自人道敏政至此言政舉在有君有臣得臣又在君身脩身在達道行道在達德入德卻在三近故自三近直推到治天下國家中間以德行道以身取人俱包括在內下文九經承治天下國家來盖脩身以裏則治乎已者嚴密而精詳脩身以外則治乎人者廣愽而周徧知斯三者一節是過接脉絡最緊要處

凡為天下國家有九經因上文脩身則知所以治天下國家故備言治天下國家尚有許多事節即以脩身為首盖前面工夫皆為脩身而設後面條件皆自修身而推故言達道達德三近總結以

脩身言九經而起于脩身猶大學脩身為明德之終新民之始般
經常也兼常久平常二意言非新奇可喜之續自有恒久不易之
規故曰經脩身九句列言其目然自有次序故又言序
尊賢即尊賢為大與大臣群臣不同謂師之友之非臣之也脩身
道進言脩身之道因賢人講明而益進也親親即親親為大意敬
大臣躰群臣即取人意子庶民以下即為政意然經雖有九其實
不出脩身尊賢親親親親而已曰敬曰体自尊賢推之曰子來曰懷柔
自親親推之九句虛講勿太露下節事意
脩身則道立節言九經之效齊明盛服節言九經之事先言效後
言事所以歆動哀公欲其件件舉行
道立之道即是達道蓋以道修身身脩則道無不盡可為天下國

家取則循云其為父子兄弟足法也
不惑以理言不眩以事言其實事莫非理理不離事但尊賢主于
講明義理如講官一般故云不疑於理敬大臣主於委任國政如
政府一般故云不迷于事不惑是先事明理不眩是以理處事
報禮重禮字就君言盖以四體待群臣君之禮厚矣故士之感恩
而報其禮者亦厚也百姓勸謂君以子待民民亦歡然競勸以親
其上如父母然
財用足財謂貨財用謂器用百工各供其器只是用兼財言者農
末相資也農以粟易器則用足工以器易財則財足
四方歸是行旅願出其途以民言天下畏是大邦懷德小邦畏威
以君言畏如大畏民志之畏謂感其德不敢悖玩威從德上睞生

齊明是內潔其念慮盛服是外肅其衣冠俱以靜言蓋服雖在外未屬應接亦靜也非禮不動以動言凡視聽言動皆是人身檢束則循理而脩放肆則縱欲而不脩齊明盛服所以斂飭于靜而身有所主非禮不動所以檢制于動而身不妄為這便是脩身摠之一敬而已此從身上直指一个脩字故曰脩身之事違道違德皆其脩之方法條件也能敬則何德不脩何道不行故曰道立或謂以道以仁是脩于為學之時以禮猶云非禮是脩于臨民之時未是

去讒遠色賤貨三平講貴德另講德即賢也以其人而言曰賢以其行而言曰德德是君子讒是小人德是理色是欲德是義貨是利君子小人不兩立理欲義利不並行必去而讒邪遠而女色賤而貨財專一貴重有德的賢人則君子理義之好不為利欲所間

沮賢者自樂為之用矣這是激勸賢人的事

親是我本支骨肉富貴不與共享好惡不與同情則恩情衰薄而親離矣必尊其位以貴之重其祿以富之同其好惡而不拂其情則諸父昆弟孰不親戴於我這是激勸親親的事此句加一親字輕看不必作勸人各親其親

大臣是輔養君德者若煩以簿書細事則無暇論道且失大体必多設屬官任他使令這等優禮使彼位望尊重得以從容輔養這是激勸大臣的事

士即群臣也分卑則勢隔而情不通官小則祿薄無以養廉必忠信以待之而推心置腹重祿以養之而俯仰有資則既無疑畏之慮又無內顧之苦自然盡心盡力這是勸士的事

時使或農隙之時或至冬乃役之時皆是薄斂非減去正賦只什一之外毫不加重是也此則既不盡其力以遂欲逸之願又不盡其財以遂欲富之願百姓孰不鼓舞感戴這是勸百姓的事

省視也試校也餼氣是牲口廩是廩米日省是省他一日勤惰月試是校他一月勤惰勤的餼廩多些惰的餼廩少些要與他事功相稱則勤者益奮惰者亦趋于勤矣這是勸百工的事

以上六段俱用勸字雖涵效意還重自上勸下說故為尊親敬體子来之事不可作他自相勸觀百姓勸與勸百姓便見下文懷柔不用勸字亦少變文法耳或謂以上皆屬扵我者故可以勸以下非我所屬者故但懷柔之未必然

遠人是四方使客人等歸去時則授旌節以送之使關津不得阻

滞初来時則豐委積以迎之使凡百皆有資給善者嘉美之而因能授任不能者矜恕之不強其所不堪如此欵待周悉則遠人皆得歡心這是柔遠人的事

絕世是有國無人則取旁支以繼之廢國是有人無國則再舉其子孫而封之亂是本國政亂如三桓僭妄家臣倍叛之類治其亂謂振頹法紀使上下相安危是迫于他國如齊將築薛滕甚恐之類持其危謂扶弱抑強使大小相恤比年小聘使大夫来三年大聘使卿来五年一朝諸侯自来燕之厚如湛露不醉無歸賜之厚如采薇路車乘馬納貢薄是隨其方物所出不責以所無朝聘以時則不匱其力而諸侯不疲於奔命厚往薄来則不匱其財而諸侯不難于供億這是懷諸侯的事

所以行之者一與上文的一樣三達德五達道是脩身大法行之只一个誠九經是立政大法行之亦只一个誠故誠是通篇人存政舉旨歸下文獨詳言之

凡事二節存疑以前定四句與在下位節俱作素定不講立誠然言事行道不言誠則所謂前定何物也淺說上下節俱作先立乎誠然曰誠以誠身誠以明善又說不去今按上節註云凡事皆欲先立乎誠如下文所云下文即言事行道四句當依淺說入立誠講下節註云此以在下位推言素定之意當依存疑只以在下位之、當素定明誠之當先立也一說上節為在上位下節為在下位一說在下位一節總作豫于誠身俱未是

凡事承上兩个所以行來指道德九經言豫即上兩个一字一是

誠以理言豫是立誠以功言念慮未動事物未交豫先有立誠工夫則實心素存實理素具德可修道可行經亦可舉是謂事豫則言事行道非道德九經之外別有四者只是言此則為言措此于天下則為事行此于一身則為行此皆當然之理則為道這道字比達道道字較泛說不專五倫前定是言行事道之先此誠已素定了所謂豫也不跲困疚窮所謂立也

跲躓也猶跌倒也言先立誠則皆實言理順詞達屈拆不倒故曰不跲困對通看不困與在邦必達在家必達一般不疚與内省不疚無惡于志一般不窮與泛應曲當左右逢原一般

在下位節句句俱有素定意但歸重末句蓋此章言誠當豫工夫只是擇執故自獲上治民推至誠身見件件皆所當豫直到誠身

明善處結果末三節俱為明誠而言

在下位不素獲上則無以安其位而行其志民不可得而治矣故獲上當豫欲獲上不素信友則志行不孚名譽不聞不獲乎上矣故信友當豫欲信友不素順親則所厚者薄無所不薄不信乎友矣故順親當豫欲順親不素誠身則有事親之名無愛親之實不順乎親矣故誠身當豫欲誠身不素明善則未能真知安能實踐不誠乎身矣故明善當豫以上節節推來皆所當豫而推本在明善以誠身則欲凡事之立者誠可不豫乎哉

前云思脩身不可不事親是事親為脩身裡面工夫此云不誠身不順乎親是誠身又為事親前面工夫蓋以細密言曰誠故非誠身無以順親以躰統言曰脩故非事親又無以脩身細看總是一理

善謂天命人心本然即是实理明善是知得实理分明不為私妄所惑則必能实用其力实理盡見諸躬行便是誠身此與知至而后意誠一般下文擇執即是明誠

誠者天道節勿以天人聖贤平看重誠之講天道特推本言之耳承上文言誠身必先明善何也蓋誠為天道誠之則存乎人故惟聖人純乎天道不思不勉則不消明善誠身工夫誠之者必先擇善而後固執所以誠身有道　道在明善

天道非泛言在天之道就人身上講言真实無妄之誠乃天所賦我的道理與天命謂性一般不思不勉則性之之聖也中謂行合于理得謂理得于心不勉三句只一正一反謂不待思勉实從容自然也若不勉句即講自然則從容句似重疊了中道通承二句

一說兩个中字一樣只就行邊看謂聖人知上工夫少只于行上見其從容亦通

擇善而固執者一而字便見工夫次序上曰明善此曰擇者自理之已得而真知之曰明自理之未得而精察之曰擇擇即明之工夫上曰誠身此曰固執者執守堅固方為實踐是固執亦即誠身工夫故曰必擇善而後可以明善必固執而後可以誠身然又必擇善而後可以固執所以不明乎善則不誠乎身

誠者先言中而後言得自誠明之性也誠之者先言擇而後言執自明誠之教也聖賢安勉于此已分故下十一章都發明天道人道

博學節是列言誠之之目學利困勉皆此工夫但學利用功稍易困勉用功更難故下節獨言百倍之功而末以愚柔結之不可泥

註以上節為學利是智仁之事下節謂困勉是勇之事
愽學四句是擇善篤行一句是固執擇欲其精故其目詳而盡守欲其約故其目一而要先學問思辨而後篤行非完了擇的工夫而後行也知一分便行一分所謂多聞擇其善而從之執其兩端用其中于民都是隨擇隨行但擇在行之先耳
愽學如愽學于文一般問是學有疑處便問之於人審謂反覆詳細也思是把所學所問者自家心中細想其理然思之遠則泛而不切思之深則鑿而過苦故又當慎也辨與問不同謂思得其理又要自己叅酌于心辨別而行故擇善到明辨處便是行了此四件只愽學畧在問辨之先下三句即隨問隨思隨辨更無節次先後

篤厚而力也厚有專心致志之義力有自強不息之義又篤字從竹從馬謂以竹策馬其行不已也便是固意固執以行言不專是動邊如静時戒慎恐懼亦是躬行工夫所謂仁能守之即天理常存于心是也故固執篤行兼動静言

有弗學五句是要其成以志言人一能四句是百倍以功言人一人十指學利講己百己千則指困勉講

果能此道承上兩節愚柔二字只是困勉一邊要補況未必愚意方說雖字有力且於學利意完足必明必強不可謂就是不思不勉只與及其成功一也同意蓋中之得之地位可到終不免有思勉意思在故湯武猶是反之之聖

自誠明謂之性　章

此承上章天道人道不是誠明兩平只重誠講上二句言誠有性教之異下二句要其同歸于誠舊說以下申上未是

自誠明句言誠者曰誠明即不勉而中不思而得也自明誠句言誠之者曰明誠即擇善而固執也誠明之誠不是由明善以入之誠中便有明了這誠是合下生成的故謂之性明誠之誠是由明善以入之而後能誠其身這誠是工夫做成的故謂之教自由也由誠明有性之名由明誠有教之名猶云由太虛有天之名之類

一說由誠而明謂性由明而誠謂教

誠則明二句上句承性來以誠言下句承教來以至於誠言蓋誠明謂性是本來能誠的人誠裡原有明了固不待明善而誠矣明誠謂教本來非能誠的人然能先明乎善則亦可以至於誠矣即

至誠能化致曲亦不異於至誠之意蓋天命之性原無不誠但為氣拘物蔽遂奪于偽然其本眞之良有未嘗息者故能明善即至於誠性所同也誠明謂性明誠雖是教亦謂復性

此章一大支下十一章是節解或言天道或言人道皆發明此章之意

惟天下至誠為能盡其性　章

至誠句截為能直管到尾自盡性而極言之也天道以自然言

不徒曰誠而曰至誠不徒曰至誠而曰天下至誠蓋誠之至極無復可加故尊其名號如此至誠中盡已盡人盡物參天贊化都包括完了故盡性以下只一項事雖一句承一句文勢相因更無積漸節次

性即是誠眞實無妄之理是天所與我而具于心所謂性也至誠德極其實則天所與我之理毫無虧欠是謂盡性盡字至字一般以人而言天下莫加曰至以理而言毫髮無欠曰盡至誠就是盡性非謂至誠了方去盡性察之由之都是自然即不勉而中句二人物之性都是天所付畀與我的實理一般吾性既盡則人物之性皆完具性中故以此理治人使人人各全其所得于天之理是盡人性以此理育物使物物各全其所得于天之理是盡物性人物俱要知明處當裁其過引其不及所以盡人也取之有時用之有節所以盡物也知之明根察之來處之當根由之來然于已言察之由之于人物但曰知明處當蓋在我者不可一毫不盡而以人治人則攺而止況於物乎

化育二字即造化二字化是化其有者以歸于無育是生其無者以向于有天地消息盈虛化育人物但能與之以性不能使之盡性至誠能盡人物之性則能助化育之所不及大有功扵天地便可與天地並立為三參賛只一事以其功用言曰賛以其定位言曰參蓋天地化育只是一个實理故鬼神躰物而曰誠不可揜人得天地之實理以為性是性中原有个天地化育至誠盡性則天地實理非有餘至誠實理非不足參之賛之是盡性到極去處不參賛猶未足為盡性也故參之曰三才要之只一理

其次致曲　章

全章二句截誠則形以下總是思誠極功人道以用功言

其次承上章謂至誠之次也至誠盡性全躰皆誠其次者必從一

偏推致以會其全然後有誠這有誠中已具變化底道理但未可即謂至誠明著動變鄧鄧尚有不息工夫故德以積而益全則發以漸而益盛直至于化則不異至誠矣

曲偏也私偽蔽錮天理寖微然一點真心尚未泯滅偶有發動其幾甚微所謂曲也如見孺子入井而惻隱見嘑蹴而羞惡之類致者因其一隙之明用功推到至極如由不忍達之所忍由不為達之所為之類則工夫漸漸推擴私偽漸漸消磨實理漸漸克滿是謂曲能有誠一說自一念之仁推之以滿仁之量又自仁推之以滿義禮智之量方為全體此說未是蓋良心在人隨感而動義禮智之端亦有時感發非必自一仁而偏求其端也註謂自其偏而悉推致之以各造其極觀各字可見合之則為全體矣

誠則形外對內言但言發外未言形之事業著則形之顯也猶是一身上看明則著之盛也註云光輝發越即孟子光輝謂大之說便有暢四肢發事業意但未可言感人動則人心感動變則民行丕變化則有莫知所以然者自形至化句句相因總不離个誠字著誠之著也明誠之明也動誠之動也變誠之變也化亦誠之化也舊說以形著明謂誠之發于一身動變化謂誠之及于天下但形是誠之始發化是誠之極妙還當另講中間著明動變分人己可也謂之化則上忘其明著之迹下泯其動變之機這便是盡人物之性參贊化育地位非容易可到惟天下至誠能之如上章所云致曲至能化則亦上章之至誠矣

至誠之道　章

首二句言至誠前知下皆詳言前知而賛之也此曰天道即誠則明矣之意前知知其理也事雖未来幾則已動常人蔽于私欲不能明理雖事幾已著尚不能悟况未来乎至誠心極静虛一私不留渾然天理自然靈覺故凡吉凶禍福未至之前惟以理推之後来悉如所料是謂前知此與讖諱術數不同彼純任術此純任理也禎祥是龜龍麟鳳景星慶雲之類妖孽是物恠人妖日食地震之類見蓍龜動四體不專承興亡言禍福畧推廣説蓍龜知人禍福以象數言四體知人禍福以人事言此數句言理之可知善不善二句言至誠前知國将興福将至是好事故曰善國将亡禍将至是不好事故曰不善至誠不待善之既至預先知其為善以禎祥蓍龜之吉四體之得知之也不待不善之既至預先知其為不善

以妖孽蓍龜之凶四體之失知之也一說禎祥等是善至誠先知其為福未是一說禎祥未見之先至誠先知其有此善似深一層一說善不善就人看言人順理為善有致福之理至誠先知其必有禎祥此又是外意

至誠如神只是知來蓋凡吉凶禍福人之耳目心思所不及知者鬼神都先知了至誠能知未來便與鬼神一般要之鬼神躰物是誠不可揜至誠前知是誠則明矣揔是一个實理一說鬼神司吉凶禍福之柄至誠前知就是鬼神福善禍淫一理此說亦太深

誠者自成也　章

首節推當誠之原下二節言能誠之妙誠之二字重看故曰道人

誠者自成以實理之賦于人言是誠者天道意而道自道以人之

躰此實理言是誠之者人道意

自成一說泥註物字謂大而天地與天地所有之物近而吾身與吾身所為之事皆以誠而成此說似不切原人一說泥註心字謂實心為孝方成个孝實心為弟方成个弟此說又涉用功俱未是盖誠是有生之初與形俱賦而人得之以為心有此心方成个人無此心則只是血肉之軀何以成其為人是誠為人之所以自成之理見得合下生来原有此誠所以躰誠之道為人之所當自道也兩个自字上曰所以自是自己本有的與非由外鑠我一般下曰所當自是自己當為的與為仁由己而由人乎哉一般

誠者物之終始即上自成意舊說得是理二句是解物之始所得之理既盡二句是解物之終人之心一有不實三句是解不誠無

物或謂此是物之始終非物之終始也天下之物二句揔解物之終始所得之理既盡二句是解不誠無物得是理二句是反起不誠無物人之心一有不實三句是反起誠之為貴二說俱通未知孰是今多依前說兩个物字不同上物字說得廣下物字專就事言一說兩物字一様謂誠者事之終始不誠即無是事與註相背

君子誠之為貴誠之二字連讀與前章誠之者一様即擇善固執是也蓋致曲章工夫在致曲二字此章工夫在誠之二字自道是言其所以當誠之也今因朱註畧一之字即讀之為貴謬矣乃為有以自成三句便是成已故下文曰非自緣上文而言

誠者非自成已二句言成已所以成物下文五句推言一貫之妙蓋成已是仁成物是智皆性之德内外合一之道所以誠能成已

時措之自能成物也故時措句正應轉所以成物句

成己成物與明德新民立己立人達己達人一樣只說道理非言感化成己則德無不實僞妄盡去就是純理無私之仁成物則察民之故類物之情就是知明處當之智性之德也見得仁智總是一原道理仁雖在內為智之體未嘗不合于外智雖在外為仁之用未嘗不合於內所以誠得于內既能成己而時措于外自能成物故曰非自成己而已所以成物也舊說時乎成己則成己時乎成物則成物未是蓋道不可離豈有不成己之時且成己不可謂措于事智又不可謂得于己還就成物說為長與時出一般

故至誠無息章

全章故至誠六節詳言至誠功用配乎天地天地之道三節即天

地以明至誠無息之用末節引詩以明至誠無息之意一說前段言至誠後段言天地末言天人合一未是

故至誠至久言聖人之德只一項事無積累工夫徵則悠遠至高明言聖人之業亦一項事亦無積漸節次中間遞言則字要皆相因之理固非先不息而後有久亦非先悠遠而後有高厚

至誠便無息無息就是久蓋誠之未至者未免有虛假處即此一些虛假真心便間斷了如顏子不違仁只三月亦是有間至誠絕無虛假即無間斷此德何等常久久與無息俱在至誠二字內但自始至終此誠無時間歇則曰無息自後觀前此誠無時不然則曰久久即不息總計之名或問以無息為聖人之德不息為君子自強非也

久則徵與誠則形一般只外對內言悠遠博厚高明即是徵故註云此皆以其驗於外者言之悠遠繫承久來蓋以久而徵故其徵者亦久也悠遠則博厚以所積言博厚則高明以所發言其實徵字內都有了但相因之勢如此悠是從容不迫遠是經久永函博是東漸西被厚是淪肌浹髓高是巍乎成功明是煥有文章二句相承俱渾講時文謂悠則博遠則厚博則高厚則明未是

博厚載物二節分躰用總就業上看但自業之立於我則高厚悠久屬聖人為躰自功之及於物則覆載生成屬天下為用蓋上文博厚高明悠遠內便有覆載成了至此始提出來故配地節即足上載物一節載物節即上悠遠節非謂　先博厚而後能載物先載物而後能配地也餘句倣此

慱厚能奠麗群生而安養之是所以載也高明能怙冒群生使有所帡幪是所以覆也悠久即高明慱厚之有常能使物各得其所是所以成也覆載成俱借天地字樣狀至誠功用之盛只可就至誠講同天地意即于講後補之然此亦因慱厚高明而分别象類非真有一高明以覆之慱厚以載之如天地設位然

悠遠致高厚而高厚又悠久此與上文不息則久一意蓋德無一息之間則其存諸中者何久也以悠遠而致高厚之業則業之高厚者何久也以久字替遠字根上文久字来見得有在中之久而後有功業之久故曰無内外而言

慱厚配地緊承上節言至誠之慱厚有以載物則其慱厚配地矣蓋因用之同以見躰躰即用中之躰也其實只是慱厚載物有以

配地雖不分軆用可也但上節主載物言下節主博厚言故別之耳高明悠久二句倣此

如此節緊承配地一節不通會上文盖配地配天即是載物覆物所配也成兼變章無為即不見不動

地道光大品彙各正曰章至誠奠麗所及民物燦然各歸條理亦章也天道時行萬彙更新曰變至誠怙冒所至天下翕然歸化向風亦變也天地不毀覆載有常曰成至誠悠久成物即成也此皆盛德自然過化存神之妙不待表暴不待鼓舞不待經營故曰不見不動無為夫至誠所徵便有政教曰無為者只是順理應物不用私智如禹之行所無事一般非謂全無作為也

天地之道三節上節言天地誠一不貳生物句且輕看二節言由

不貳而能極盛三節言由極盛而能生物觀註甚明蒙引以不貳應不息則又慱厚節應徵則悠遠節今夫天節應載物節與註意同或以上二節分躰用或以下二節分体用要與同躰同用相照應未是

為物之物指天地言生物之物指天地所生者言不貳只是一字即當誠看猶所以行之者一一即誠也註所以字不必泥不測是所以然不可知也非生物之多不測

慱也厚也三句兼形躰性情講各極其盛非謂極慱極厚也謂慱而又厚慱厚而又悠久天道亦然是各極之意

今夫天節詳言生物不測承不貳極盛來及其無窮等語舉全体也非謂由昭昭而積于無窮也天地山川雖四段然山川即天地

閒物之最大者天地所生之物不在山則在水故又從中指言之卷石是一塊小石寶藏是寶重藏蓄如金玉之類黿似鱉而大鼉似魚有足蛟似龍無角貨財凡有用之財可以交易生利者皆是

末節只是明至誠無息一句純即至誠不已即無息純亦不已即至誠無息之意講此句即就文王講與既無虛假自無間斷一樣言外補同天意不可謂文王之純亦天之不已也文王所以為文只是言文王所以為文王與天之所以為天一例或謂文章之文由純而發未是

大哉聖人之道　章

全章首五節言聖道之行于人尊德性節言躰道之功居上節言得道之效

大哉聖人之道只就道講勿就聖人盡道講但道非聖人不能盡故曰聖人之道此與君子之道費而隱同意洋洋二節即大莫能載小莫能破兩个大哉一樣蓋至小處亦無非道正見道之大處

洋洋節以道之大段規模言發育萬物言萬有不齊之物皆道所生即躰物不遺意峻極于天言自地以至于天皆道所極即察乎天地意此見道理充滿廣遠無外故曰洋洋

優優節以道之節目精細言道即理也天理自然之節文即為禮禮儀如冠昏喪祭吉凶軍賓嘉之類其目三百件件是道威儀如升降裼襲進退揖讓之類其目三千亦件件是道此見道理各足纖悉無間故曰優優前篇語小以夫婦之與知與能此章語小以禮之三千三百蓋禮即居室日用所必有雖愚夫愚婦可使由者

但彼以人之至小言此以事之至小言
優優洋洋雖分大小其實高下散殊禮制已行三千三百即發育
峻極中抽出來非二理也細論之發育又是峻極中抽出來三千
又是三百中抽出來大小之中各有大小所以為道之妙
待其人而後行人即至德之人至德即尊德性道問學是也有尊
德性之人則心躰宏大而後能行無外之道有道問學之人則義
理精密而後能行無間之道苟不至德緊接上句猶云苟非其人
之意獨言德不兼學者道問學正是尊德性工夫所謂學問無他
求其放心即此意也故由學問以尊德性則為至德言脩德以凝
道便該學在內凝字與行字不同槩言之曰行細言之曰凝聚謂
道理會聚不渙散成謂道理完成無欠缺

故君子節首一句是下四句綱領尊德性是存心躰之本然未有
力行工夫道問學是窮事理之當然兼行意在內致廣大極高明
温故敦厚俱是存心屬尊德性尽精微道中庸知新崇礼俱是致
知屬道問學盖道体至大人得之為心心躰亦至大不存此心之
大何以極此道之大故當存心然道雖至大無微不入事事物物
何者非道不由問學以知之何以極此道之細故當致知心不存
則胷中先自汩亂安能窮至事物之理故非存心無以致知知不
致則事物之理不明安能全吾所受之理故存心又不可不致知
德性謂所得于天以為心之生理即其發育峻極一般大而三千
三百亦已完具于中尊謂敬之如天地神明兢業保守惟恐失墜
這工夫全在心上學問不専是講習討論凡精察体驗皆是道由

也由問學之功謂因粗以致精由偏以會全因三千三百以窮發育峻極之原得其理而操持涵養之是道問學乃所以尊德性也蓋德性所具之理即問學所知之理而問學所致之知即德性中之良知非心與知判然兩物存與致截然兩事也但尊德性是全躰工夫與戒慎恐懼以全天命之性一般道問學是細密工夫與大學格致以正心誠意一般

廣大是心之虛能具衆理但為私意遮蔽便狹小了故必盡去私意所以致德性之廣大也然所具衆理本自精微人或心曾廣大往往踈畧欠仔細又必由問學以析衆理雖至精至微毫髮不差則廣大者不踈矣高明是心之靈能應萬事但為私欲汚累便卑暗了故必盡絕私欲所以極德性之高明也然應事道理本自中

庸人或心地高明又往往放曠欠規矩又必由問學以擇中庸凡百處爭無太過不及之謬則高明者不蕩矣道中庸是行亦屬致知者中有精擇工夫

麄是無所不及大是無所不包觀天地大生廣生亦自有別精對粗言微對大言高是超然常伸明是烱然不昧中是不偏庸是平常致字盡字極字俱是做到盡頭工夫故註曰一毫曰毫釐惟道中庸只是從大路上走不落兩旁蹊徑故但曰無謬私意私欲一樣但意由中生欲自外感

致廣大如四門洞開八荒我闥極高明如鵬摶萬里鳳翔千仞盡精微如繭絲牛毛秋毫必析道中庸如繩墨矩矱尺寸不踰

故者舊所知是本来良知不温便遺忘了必常常涵泳以全本然

之知則德性中已自開明所以求知者有機然義理無窮不問學以求新得聰明終亦有限又必於理所未知者日知一日而每有新得則聞見日廣故者為之益充矣厚淳厚也是本來良能不敦便澆薄了必常常培養以全本然之能則德性中渾朴未漓忠信可以學禮然礼節無窮不問學以謹之只是一个朴实頭又必於節文所未謹者日謹一日而愈積愈崇則約之以礼厚者為之益固矣礼即礼儀威儀之礼精微是礼之至詳至細中庸是礼之无過不及知新是知此礼之理也崇礼是行亦屬致知者中有考究工夫易曰礼卑此曰崇礼者卑以所循言崇以所積言故曰循理則礼卑如地而業廣廣即崇也

人之心有体便有用故全其心之躰存心也廓其心之用亦存心

也知不徒知在知而行之故盡知其理致知也行其所知亦致知也廣大是心之體故盡精微就心上致知高明是心之用故道中庸就行上致知良知是心之体故知新就心上致知良能是心之用故崇禮就行上致知此所謂內外交養知行合一舊說以存心為內致知為外似未盡

致廣大等件屬尊德性所以極道体之大即此全体中細者森然已具盡精微等件屬道問學所以極道体之細細者不遺全體始無欠缺非大自大小自小其工夫專極其大其工夫專極其小也註云大小相資首尾相應只是一下用功但有全體處又有細微處有起手處便有結果處故總之曰脩德凝道

末節言君子道凝于心處上下治亂無往不宜也上下盡所居之

位矣治亂盡所遇之時矣不驕是以道治民不倍是以道安分足以興是以道用世足以容是以道免禍興起在位謂自家起而得位不是感動在位之人引詩揔承四句其此之謂其君子處上下治亂皆宜之謂與一說只承默足以容未是

愚而好自用　章

全章首節引言為下而倍之戒中三節詳推不可倍之意末節復引言為下不倍之法蒙引淺說俱以末二節分貼首節三句未是一說自用自專以在上言生今反古以在下言亦未是

首節德位時三平勿以生今反古承上二句一說有位者無德不可自用有德者無位不可自專或有德無位有位無德俱是無時不可生今反古此意卻察然與雖有其位節相似下文便不消再

講一說無位而又愚乃好自用無德而又賤乃好自專愚賤而生今乃又反古此意重為下而倍却是然與雖有其位節又相反二說俱不必用只宜三句開說言外補為下不倍意

非天子三節反覆推言議禮制度考文必天子而後可見為下者當安同軌同文同倫之分不可倍也禮如名分之等級服制之隆殺吉凶慶吊之往來進退揖讓之多寡皆是度如建丑建子之正尚赤尚白之色律度量衡之式服冕車旗之章皆是文如聲音句讀點畫形象皆是議之制之考之謂稽考停當斟酌得宜立定品式限制須示天下後世使人知所遵守此非有聖人之德居天子之位值興革之時者何以能此

禮與度畧同非禮何緣有度非度則禮不可見故曰禮有節文度

數之詳言禮則該度矣但以節文言曰禮以器數言曰度

今天下節謂周家時制至今遵守見天下一統為下者孰敢倍之

一說今指周對夏商言一說謂當時軌文或同行則不同倫矣此

云然若為時王諱也俱未必然度專言車舉一以見其餘也不言

車同而曰軌同以轍迹為驗也文專言書兼聲音形象言禮專言

倫倫序也貴賤親疎相接有躰便有次序

雖有其位節言禮樂不及度文蓋禮樂是通奪字包度文在内故

解禮者曰制度文為單言禮又包得樂故末節言禮不及樂

夏禮節即聖人猶且從周見為下不可倍非專承生今反古一邉

夏禮曰說無從而學也殷禮曰學宋存故也孔子周人其先殷人

故皆曰學註云三代之禮孔子皆學舉大槩耳今用之則既非杞

之無徵又非宋之僅存孔子安得不從周乎註云旣不得位則從周而已設若得位必斟酌三代之禮以立百世之法不但從之也已

王天下有三重焉　章

全章首節言王者盡制則民寡過中四節詳其事末節結其意上焉者一節反言以起下文本諸身二節詳言有三重動而世一節詳言民寡過末節如此是結本諸身二節有譽是結動而世一節

王天下是始受命為天子如禹湯文武改革創制之君非繼統守成者有三重有字重看根德位時來所謂惟天子得而有之也寡過重上之人使民寡過國不異政二句是人得寡過之由過即自用自專反古之過蓋上有三重之制則人皆同軌同文同倫敢有犯此過者鮮矣故曰寡過

上焉者是有德位而非時以前王言下焉者是有德而無時位以匹夫言但夏商孔子不可入正講不言無德者見德尤為本無時位且不能行三重無德不待言矣兩个善字俱根德来一曰其禮雖善是已制之禮一曰雖善于禮是未制之禮不信言上之不足取信于下不從言下之不從乎上故不曰民不信而曰民不從不信不從則不能使民寡過矣

君子之道節重道字俱以理言知天節重知字蓋以理制作隨處皆合都緣知得透徹故制作皆理

本諸身以德言徵諸庶民以時位言此章言居上不驕德即上章至德君子之議禮制度考文皆自德性學問中發揮出来故曰本諸身然無時位則民不信從故有德而以時位行之則庶民之信從

為有徵矣天地有迹我立于此與彼相叅故曰建鬼神無形明之所為與幽默契故曰質三王往矣以今稽古故曰考后聖未作以今待後故曰俟本字徵字不對考建等字看對不謬不悖等字看謂道本諸身道徵諸民道不謬于三王道不悖于天地之類不謬非一、符合因革損益因乎時順乎理即是不謬若必其皆同則商之制已不沿于夏周之制亦多變乎商後之人何以不謬於三王哉俟後聖與此一意

天地以道言不以形躰定位言天地謂陰陽晝夜鬼神即陰陽有消長晝夜有升降故曰天地功用造化之迹既言天地復曰鬼神天地言其道鬼神則道之妙用也不悖謂仁義寬嚴之施即陰陽寒暑之理無疑謂通變損益之權即屈伸往來之機自有分別

本諸身以下雖曰六事然重本諸身一句徵者本諸身而徵之也考者建者本諸身而考之建之也質者俟者本諸身而質之俟之也蓋民庶雖愚降衷之理同天地雖大易簡之理同鬼神雖幽變化之理同先王後聖雖異世綱常之理同故道本諸身得其理矣則安往而不相合

知天一節是推本其所以隨處皆合者知其理故也知非泛泛知之所謂巨細精粗無毫髮之不盡也惟盡知其理故做出三重無往非理自無往不合知天則制作合乎天理天之理盡于鬼神故不疑天地亦天之理也又何悖乎知人則制作當乎人心人之理盡于聖人故不惑三王亦人之理也又何謬乎知天知人本諸身中已有了知似專屬問學然知天則能事天知人則能盡人亦未

甞不是尊德性但天人只一理知天即知人之至所謂知其性則知天是也惟知人而至于知天故制作當人情便是合天理非有兩項

動而世一節是言三重之道為人所信從而民得以寡過動是舉三重而措之天下言謂號令是動而見之言也行謂政事是動而見之行也道率由也率由其行以為遵守之章程故曰法率由其言以為取正之准的故曰則遠是封疆以外政教所不及者聞其風而有慕心故曰有望近是封域以內政教所素行者習其令而無惡心故曰不厭勿以近為畿甸遠為邦國舊說動而世三句為後世寡過遠有望二句為當時寡過看來世為天下四字當時後世俱已有了遠近似通言當時後世只是上下縱橫文法

詩云節在彼二句證君子之道無往不合即本諸身二節所謂如此庶幾二句証君子之道使民信從即動而世一節所謂有譽故君子之三重未有不六事盡善如此而能世法世則有望不厭蚤有譽于天下也

仲尼祖述堯舜　章

此章首二節言聖人會道之全而擬諸天地末節指言天地之道以明之也大意謂仲尼祖述憲章上律下襲兼內外該本末其辟如天地之覆載四時日月之錯行代明乎何也萬物覆載錯行代明只是大德敦化小德川流仲尼會帝王天地之道而一理渾然就是敦化泛應曲當就是川流故曰辟如天地四時日月蓋以此也一說辟如節是同天地末節是同天地之所以大末是蓋末二

節只一項事但上節虛下節實
祖述祖而述之若子孫承祖宗之統緒憲章憲法其章若臣子奉
大君之法令道即精一執中法即謨訓功烈然齊政命官律度量
衡堯舜何嘗無法緝熙敬止勝怠勝欲文武何莫非道但道學始
自堯舜故言道法制至周大備故言法祖述憲章各從所重言耳之
律天時是隨時變通其迹不拘若天時之無常候故曰法其自然
之運襲水土是隨寓而安其理不易若水土之有定形故曰因其
一定之理其實天時之道即水土之道但自其理無定用謂上律
自其事有定理謂下襲
內外本末蒙引謂不可分貼大德小德然內與本是心外與末是
事註著此四字分明自大德小德看出來

辟如節言聖人之德即就上節而擬其盛上二句言不遺下二句言不已勿以上為一理渾然下為泛應曲當恐于大德小德相犯講辟如且勿認實只宜虛講下文指出大德小德正見同天地處故曰言天地之道以見取譬之意

無不覆幬持載言覆載萬物也故下文曰萬物並育錯行謂更迭而行春了夏秋了冬更迭不息也代替也日往月来月往日来相輪替而明也

並育二句是天地之大小德二句是所以不害不悖並育並行故曰所以為大

不相害謂動自動植自植大成大小成小不相假借不相淩奪是也道行也四時日月皆行于天不相悖謂寒暑相推春不與夏悖

秋不與冬悖日月相推晝不與夜悖夜不與晝悖非謂四時與日
月不悖也
大德小德德字活看不必應上聖人之德天地之德安有大小只
是一理分合太極分陰陽陰陽分五行五行分萬象愈析愈細是
謂小德萬象一五行五行一陰陽陰陽一太極統有宗會有元是
謂大德
川流是敦化之所流出者二之為日月四之為四時萬之為萬物
如一原分為萬川支派明白其流不息也敦厚也謂涵蓄深厚也
化即川流敦化是敦此川流之化凡日月四時萬物皆涵蓄於其
中也根本盛大猶云天下太本其出無窮正解化字敦化是總躰
渾涵所以並育並行川流是散殊分別所以不害不悖這正講所

以為大時文川流句就講所以不害不悖敦化句就講所以並育

並行所以大又另講一番未是

惟天下至聖　章

全章首節言至聖備德之全下三節即其積中發外之盛而極言之

聰明睿智并四德皆就心講有臨并容執敬別皆就事講德蘊于心未見于事然應事道理具足于心故皆云足以

聰是心無所壅明是心無所蔽不止耳目見聞之末睿是心無不通智是心無不知亦不假思慮推測之勞這是氣質清粹合下生来自然如此故曰生知之質質包下四者亦德也故註曰五者德之

寬是心之恢弘裕是心之紓徐温是心之和厚柔是心之慈順這都是仁德仁具于心則量弘而民胞物與何所不包故足以有容

發是心之奮而不靡弛強是心之競而不退縮剛是心之果而不屈撓毅是心之堅而不間斷這都是義德義具于心則守固而應事裁物何所不斷故足以有執

齊是心之齊一莊是心之嚴肅中是心不偏倚正是心無邪曲這都是禮德禮具于心則事無大小人無衆寡無一敢慢故足以有文是心之燦然有章理是心之井然有條密是心之詳細不疎察是心之辨析不疑這都是智德智具于心則人之賢否事之是非何所不辨故足以有別

睿智之智與禮智之智一以資禀言一以德性言似有分別然其實無二理朱子曰只是一个智

仁義禮智即包在生知中容執敬別亦是有臨內事但總言其人

曰聰明睿智詳言其德曰仁義禮智槩言居上曰有臨詳言臨下之事曰容執敬別

溥博節承上言五者之德既備則積于中自發于外如天節上二句是擬其積之盛下三句是驗其發之時不可以上節為充積發見下節為極盛當可蓋上節已是極盛天淵特以譬之時即當可之謂

溥是周徧言理無不備博是廣濶言理無不該淵是靜深言其朕莫窺泉是有本言其出不窮溥博是寛裕等件無一不有淵泉是容執等件皆蘊於此所謂本也此皆以心之充積言之上文五个足以俱在此中時出則隨其時之所處各出其心德以應之無往而不宜耳

天無物不覆聖心無徳不備故溥傳如天淵至深而流不竭聖心至靜而用不窮故淵泉如淵見言行是上文出字敬信悅是上文時意使非時見而見時言而言時行而行安能使民敬信悅若是哉故曰驗其出之時見是容貌言是號令行是政事三平看一說見兼言行敬兼信悅與動而世為天下道一例亦通

末節聲名從敬信悅上來故同是以二字尊親就敬信悅中見之言天下敬悅聖人都要尊他做天子親他做父母莫不尊親即照應莫不敬信悅意舟車等語不可作蠻貊以外

上文曰如天末曰配天天只是無所不覆巳耳上以德無不全如之言體之同天此以化無不被配之言用之同天此聖人所以為天道

此章言聰明睿智又分出仁義禮智又于四德上細分許多條目又自發用上講所以為小德川流非謂五者為小德也下章所云全在裏面充較渾淪故為大德敦化

惟天下至誠為能經綸　章

首節言至誠功用自然中節中言其盛末節極贊其妙

經綸三句皆根一个誠来曰盡當然之實是誠能經綸曰無一毫人欲之偽是誠能立本曰與極誠無妄有默契焉是誠能知化誠是渾淪統體三者俱以心言故為大德敦化功用只是一个能字與功業之功體用之用不同

大經是人倫曰天下大經者五品人倫乃經常大道天下人所同也經綸天下大經不是經綸天下人大經只就聖人身上講言至

誠于大經經之綸之各盡其實可以為天下取法也經是理而分
之綸是比而合之只是一个大經但分言之父盡父道子盡子道
君盡君道臣盡臣道條緒分别井井不亂則為經合言之父子以
情相親君臣以義相洽各聯其類惟合無間則為綸經之綸之盡
心盡分都是眞實絶無虛偽是謂盡其當然之實此非至誠不能
大本是人性曰天下大本者性中純是天理而千變萬化皆從此
出所謂中者天下大本是也誠有未至則人欲之偽得以間乎天
理而全躰虧欠大本不立矣至誠無偽則天理完具不為一毫人
欲所搖奪而萬事萬物之理皆統于此是謂立天下之大本
化育謂天以陰陽五行化生萬物氣以成形理亦賦焉理即大本
也人各得之以為徤順五常之德五常即五品大經也這化育只

是為物不貳生物不測底道理誠而已矣人惟心有私偽即與天地不相似如何理會得來惟至誠極誠無妄心中都是化育之理便與天地相為默契不但聞見之知已也此與孟子知性知天知字不同彼是窮理此是合天存疑謂化育是大經大本所從出知化育即自經綸立本知之

夫焉有所倚只根誠來誠則自然經綸自然立本自然知化不倚靠那思勉而後能所謂誠則無事是也

仁天淵以心言即上文三件肫肫淵淵浩浩言其盛也至誠經綸皆慈愛惻怛之實這便是聖心之仁肫肫極言其仁之懇至耳至誠立本探之莫測用之不窮這便是聖心之淵淵淵極言其淵之静深耳至誠知化全體太極包羅萬象這便是聖心之天浩浩極

言其天之廣大耳其淵其天與其仁一例若曰肫肫乎其心之仁也淵淵乎其心之淵也浩浩乎其心之天也

末節極言妙之難知聰明聖智以質言不曰睿而曰聖睿作聖也天德以仁義礼智言四者是性之德而曰天德者天命之謂性也固字直管到天德揔是一个至聖蒙引以天德即聰明聖智存疑以天德是至誠俱與前章至聖一節不相協其孰能知之盖人非至聖必非極誠則于經綸必不能盡其实安能知肫肫自然之妙於大本必不能不奪于私安能知淵淵自然之妙於化育必不能與之默契安能知浩浩自然之妙故惟聖人能知聖人以其有至誠之心也

至誠至聖蒙引斷作兩人看来只是一个人至聖以發見言至誠

以存主言道以包括渾淪言德以細微精密言存主渾淪以細微之見而益精故曰至誠之道非至聖不能知發見精微皆自存主渾淪做出來故曰至聖之德非至誠不能為其實非兩項道理

前章聰明睿智仁義礼智固是小德川流然溥慱淵泉便是敦化此章經綸立本知化固是大德敦化然五品人倫萬理畢具便是川流可見一本萬殊道理自是截斷不得

詩曰衣錦尚絅　章

全章首節是下學立心之始下五節是推之以至其極

首節重為己看故註但云下学立心知幾是知其幾之在己故學必求諸己謹幾即為己下文謹獨即謹幾屋漏節是謹於幾之未形益見為己之密故揔註只云下学為己謹獨之事馴致乎篤恭

之盛
尚絅是借詩詞以明君子惡文一的不重釋詩是立心為己總腦
盖惡文之著則必務實無文故闇然有實故日章闇然日章就學
者言闇然根尚絅来就外面講日章根衣錦来就闇然裏面講不
可謂內有闇然之實然後外有日章之文也亦不可認日章為在
內盖自外觀之只見闇然不炫其美然心中務實似錦在其中一
般故即此闇然中其美自不可掩便日見章明章即美之著也若
無美于中則闇然只是个朴實頭何謂日章
君子闇然若無其美而其美自著故曰日章小人的然其有其美
而其美實無故曰日亡此為己為人之别
淡簡温是闇然不厭而文且理是日章即就淡簡温中見之註云

錄之美在中非以不厭文理為中存之美謂有美在中故不厭而文且理也蒙引云謂淡中却不厭簡中却文溫中却理則可謂外淡而內不厭外簡而內文外溫而內理則不可淡簡溫只是一箇闇然但自其冲素不尚奇詭異曰淡自其要約無煩文縟節曰簡自其和易無圭角崖岸曰溫然惟實心為己則實心所存其美自在就淡看不見其淺自有深長旨趣是謂不厭就簡看不見其疎自然順理成章是謂文就溫看不見其混自然是非明白是謂理這不厭文理是在中之美彰彰莫揜故曰日章簡而文文字與文之著文字不同彼言虛文此言成文知遠三句是知幾固不可謂先知幾而後去為己亦不可謂先有為己之心而後能知幾蓋知幾為己只一項事但為己以心言知

幾以識見言君子立心主本只要為已又曉得天下道理其幾都在于已而為之盖力故為已所以必審幾謹幾即所以為已也註云知所謹即云下文謹獨之事則謹獨即謹幾也一說知所謹無謹獨敬信謹獨即知所謹之一半未是盖謹即是幾但由此謹到幾之未動處方是密為已之功

遠近人對已言知遠而在物有從違由近而在身有得失風自身對心言知風之在身有得失由自之在心有邪正身為風化之原故曰風心為事所自出故曰自顯微亦身心也知微而在心之邪正必顯為在身之得失一說知微一句兼上二句則近風皆是身于上句為微于下句為顯似不甚通觀註上句曰彼此下二句俱曰内外則風自微顯一樣明矣但近是身裏面亦兼得心顯是身

外面亦兼得物當通融看三知字非徒知也知得天下之幾都在心身則為學工夫只要心身上實用其力故知遠之近必謹于近知風之自必謹于自知微之顯必謹于微這便是為己實學

可與入德註帶知所謹言似单承知幾一邊然謹處便是為己自通承上文所謂德者註云前章言聖人之德極其盛此自下學立心推之以至其極則所入者至聖之德也至聖之德是天道極致此章不顯篤恭是天載無聲則入德者是入到不顯篤恭地位故註曰至德淵微曰德愈遠皆此德也可與二字未便到極但入德已有門路自此可以馴致如下文正言入德之事一節深一節

潛伏四節前兩節言謹獨敬信是為己之功已密益密總是近自微處做工夫後兩節言民勸民威天下平是為己之效已遠愈遠

總是遠風顯處見功化蓋人所不見而已獨知者幾也大學解謹獨曰于此而審其幾中庸首章解謹獨曰幾則已動故以謹獨為謹上文之幾所以為已也不言不動而皆敬信是幾之未動亦無不謹其為已益密矣到此就是篤恭地位故下文不賞不怒天下平之效是一直功化如曲能有成直到變化一般非敬信時恭猶未篤僅有勸威之化至後篤恭乃有天下平之效也

潛伏孔昭是人所不見即莫顯莫見意內省二句即君子必慎其獨意君子所以不可及二句是足上意舊說內省二句作見成講就是不可及其惟人所不見句講謹獨工夫看來謹獨是省察內省即省察于內不疚無惡即戒自欺求自慊工夫不可及還推開說言潛伏孔昭獨之當謹如此故君子內省于獨知之地果天理

之念則擴充之果人欲之念則遏絶之務使內不疚病而無惡于志初非徇外而為人也是君子所以德業至盛而人不可及者正惟于人所不見處而用功內省故耳

屋漏節是念慮未萌不惟人所不見亦已所不見也敬信是存養工夫與戒慎不覩恐懼不聞同意不專言靜謂自動而謹至於不動自言而謹至於不言無一息而不敬信也此比動察愈見精細故曰為己之功益加密矣

中庸首章是全功中尤慎于切要故先戒懼而後謹獨此章是從切要處做到全功故先謹獨而後敬信存疑以首章戒懼為動靜之全此章敬信專言靜而不言動未必然蓋首章言體道道以統體言故自天命推到教上是工夫自原頭做来所謂自天而人也

此章言入德德以進爲言故自下學爲己做到上天之載是工夫從下面做上去所謂自人而天也存疑以首章爲始學事此章爲成德事亦未必然蒙引曰論工夫次第先戒懼後謹獨論工夫踈密先謹獨後存養

奏假節承上節言爲己之功既密則德已深而效已遠故不待賞怒而民自勸威也不賞不怒是無言意民勸民威是靡爭意

不顯節承上節言德愈深而效愈遠篤恭非有加於敬信之外特言其淵微之極天下平非有加於勸威之外特忘其勸威之迹篤恭不顯其敬也不言不動形迹不露而心常敬信不可窺測所謂不顯篤恭也不曰篤敬而曰篤恭者恭主容言恭存于中未嘗暴著外若無恭是也若敬則心常惺惺不容一息間斷并此無之便是

寂戚故只言恭而不言敬天下平即天地位萬物育意

予懷明德節言不顯之德未易形容必天載乃可以形容其妙蓋明德而曰聲色不大若甚微矣然以孔子言之聲色乃化民末務今曰不大則猶有聲色者存是亦顯耳故未足以形容不顯聲是號令色是儀容化民之本在德故此為末耳德曰如毛又微矣然又自以為如毛則猶有可以比德者是亦顯耳故亦未足以形容不顯舊說毛猶有倫類之可擬則如毛亦未為不顯也亦通但看註意當是前說為長聲臭俱有氣無形已極微妙猶曰無之則微而又微妙而又妙故惟此可以言不顯至矣者謂形容不顯至此方謂極至而無以加矣

中庸一書不言入德則言成德此一章自始學直推到至極地位

所謂一部小中庸也所謂工夫即首章戒懼謹獨之事所謂極致即首章中和位育之事且自人道推到天道實通管中間三大支之意章內為己語意都要歸重誠上誠者天之道也中庸一書始之以天終之以天不外一个誠字自然而誠者天也誠之為者人而天也故曰誠為一篇之樞紐

二卷終

諱述

卷

七十

四書便蒙講述卷三

閩後學　未人　盧一誠　著

子曰學而時習之　章

此論語第一章聖人教人為學學為君子而已全章以首節為主舊說以成己成物成德三平講或以首二節對看末節另講俱未是蓋人性皆善學所以明善而復性也以善及人故朋来性所同也然所性分定知不知不足為加損又必不知不慍乃為君子故君子只是盡性

學只是知行效先覺以致知力行也或以朱註明善復初分知行循中庸明善誠身分擇守或以明善該知行猶大學明德該格致誠正二說俱通時習即所學工夫時時溫習不少休歇或謂今日

格一物明日格一物此是積累之功非重習之義也說謂工夫純熟義理融洽獨覺其妙默然欣喜到此地位自然日進而樂而君子直馴致之耳所謂其進自不能已中間便含蓄到底蒙引淺說謂見意趣而樂學似說悅太淺故存疑非之

學而能悅性善已全吾亦先覺矣人同此善則信從者衆惟信故從也言遠方舉遠以見近也樂者樂吾學之不孤斯道之有托也說樂俱是心但學習在我有獨得自足之機故曰悅在心朋自外来有發舒暢達之象故曰樂在外

聖人論學言躰必及用故首曰學習繼曰朋来大學之明德新民中庸之中和位育皆躰用也但曾思極論其理賢人說聖人事造道之言也夫子據身之所處說自己事有德之言也

人不知註曰雖樂於及人不見是而無悶故蒙引存疑俱作無朋来說然人字所該自廣似不專指朋友一說君不舉相不推亦通蓋夫子在當時其徒已足以相樂又曰莫我知也夫意可知矣慍含怒意怒意畧不少含便是湛然太虛浮雲之心所謂有天下不與樂亦在其中地位亦不過此君子者德之成學之至也進此而上則無所容力所謂從之末由已夫子教人特就學之所可進者言之耳蓋吾之所能盡力者曰學求而可得者曰悅而朋之来人之知皆遇也特有順逆耳順之則樂逆之亦不慍而吾習益純吾悅益深畧不為之欣戚此為君子而已矣使無朋来必學而未悅或不知而慍亦非深於悅也故由悅而君子一路直透此間蔡氏析衷云學習而朋来朋来又須有進不止學習之舊朋来時未必

不慍又進去方能不慍此說似覺費力

夫子此章俱是自道首節是學不厭次節是誨不倦末節是不怨不尤知我其天之意故三曰不亦曰乎皆謙退不敢質言也

有子曰其為人也孝弟章

此論語第二章聖人教人學為君子其大端在仁切務在孝弟故次記有子之言上節言孝弟之人無不順下節指其為仁之本犯上作亂皆不順之事孝弟乃和順之人故不為之也犯上不但犯名義即言色稍稍忿戾欠恭謹亦是人雖至性孝弟而氣禀學問或有小疵未必絕無此事故曰鮮若作亂則決無矣

夫人能孝弟自不為非如此孝弟可不務哉蓋凡事皆當務本本立而後道生吾所謂孝弟也者非為仁之本與故欲為仁當務孝

弟本謂道理無窮必有根原能於根原處見之明守之固專力圖之不以汗漫分心是謂務本本根立定無所搖奪則道理種種皆由此出猶樹根培固發為千枝萬葉是謂道生此二句泛言註中凡事字該得廣下文乃指仁道之本言之為仁言行仁也與克復為仁不同彼言心之德此言愛之理仁無不愛極之若天覆地載其原乃出於一念之和順是天地間極大道理總之不失其良心而已孩提無不愛親及長無不敬兄固心之良也全其良心不奪於欲則存之為德充之即為愛仁民愛物舉而措之耳是謂為仁之本

本與始有辨原頭為本对末言起手為始对終言大學物有本末事有終始可見仁之原頭在孝弟務孝弟是為仁之起手處也聖

門以仁立教而下手工夫只在務孝弟孝弟固人皆可能也何仁
者之難見哉失所務而喪其本心故也
子曰巧言令色鮮矣仁
此論語第三章聖人教人為仁只在務本而仁之鮮則務外故耳
故下數章皆務本之意
心常存之謂仁巧令之人只要言色上好則心馳於外而不復存
便是鮮仁註曰人欲肆而本心之德亡巧令即人欲也心不存即
德亡也不必作後一層說
巧令鮮仁故木訥近仁又曰有德不必有言堂堂難與並為仁意
皆相發
論語言巧言令色者二一病其馳心之失一恥其立心之邪或引

而同之謂此人心不可測爲鮮仁未是

曾子曰吾日三省　章

此曾子省身之學皆於心之欺省之也忠者盡己不忠欺人也信者實心不信欺友也習者專心致志不習欺師也以此三件欺心事隨吾身所交接而日日省之故曰省身乎疑詞有無不自信也有則改無則勉此是省身實功大學傳所謂毋自欺也

人以事謀於我成敗可否所倚伏也吾必爲之揆諸天理度諸人心參酌諸時勢竭其心思智慮之所及務爲周悉萬全方是忠謀儻苟且鹵莽之不若己事之深計熟慮便是不忠交而不信大文無言字凡貌不由衷言不顧行終不如始皆是傳而不習不但誦說凡立志不堅信道不篤不尊所聞不行所知皆是如顏子請事斯

語亦足以發乃可言習

三省是隨事精察也改之勉之力行也一貫之唯皆由此進蒙引存疑謂一貫之後凡事皆當於心獨此三者見有未信故省之此説未是蓋曾之一唯與顔之卓爾到此皆所謂從之末由者豈復有不忠不信之處乎其答門人曰夫子之道忠恕而已矣則豈不自信耶或謂曾子無所不省獨三者何也蓋三事為日用最切尤常情所易忽故加省念焉

子曰道千乘之国　章

此章歷言治国之要有五皆自君心言之故曰亦務本之意敬謂處事無忽心信謂臨民無欺心節謂用財無侈心愛謂待人無忍心以時謂無自便妨民之心

道治也治而理之有紀有條各得其當是也敬謂作一事即專心一事兢兢業業務要停當更無他處故曰主一無適或作適莫之適未是信謂布一令不朝更夕改行一政不虛言無實皆是存疑謂期會約信未是節用非一切減省也節者理之品節當理而用於不當用者裁省之是謂有節不然而出納之吝則政之惡也愛人之人說得廣凡百官萬民皆是亦不可專就臣說使民以時與不違農時之時不同此謂四時之隙彼謂至冬乃役也一說古之役民龍見戒事火見致用昏正而栽日至而畢是冬為一歲農隙時也蒐苗獮狩是三時農隙時也亦通五者平看不必泥而字反覆相因與以敬為本俱是外意

子曰弟子入則孝　章

此章言弟子之職先脩行而後學文也盖始學之功當先培植性行乃可從事學問若由學問思辨而篤行之則聖學全功耳

孝弟只是晨昏定省行止疾徐等類出弟不止兄長鄉黨宗族俱是盖此以父兄分出入小子家養事也又以父兄公卿分出入大人成徳事也謹謂行有常度凡動作起居皆遵守規矩而不變易信謂言有實事心口如一泛愛謂凡所交與無一憎人自便之意親仁謂衆人中有賢者則相與親密以求切磋之益行此等事有餘暇日便把六藝詩書做工夫是謂餘力學文餘力非修行已至也但不奉親長不接衆人便是學文亦非專究孝弟謹信親愛道理但此道理亦在其中

子夏曰賢賢易色　章

此子夏歷言厚於人倫者而決其為已學也易色竭力致身有信
揔是一个誠
易色謂人心好色最誠賢賢之心切於好色則誠矣或謂好賢心勝則好色心衰或謂初間好色見賢乃易初心俱未是竭力謂理所當為分所得為凡吾力可能者無所不盡極之如舜盡事親之道亦是但必皆如舜而後為竭力則難為孝矣致身不專死節凡事關君德去就爭之事係安危死生當之蓋有保身之士所不為者吾獨為之都不顧身之利害便是言而有信或言必由衷或諾而必踐或必要不忘皆是
吾必謂之學一說此人雖質美未學然只此就是學了何必讀書一說人雖說他未學我必謂之已學儻未學何以能此看子夏本

意是主生質講朱子恐因此廢學故替他補務學意今依註說爲名

君子不重則不威　章

此章言君子之學先有其質而兼盡其功也以首節學字爲主威重是固學基址主忠信即是學勝友是學之輔改過是去學之病四者相須而並重也作文以內外人已四平講無妨存疑云威重如田地忠信如種子勝友如培養改過如芟艾

不重是自己舉動輕率不威是人亦輕易之不見可畏學不外知行不固謂雖得必失也蓋輕浮躁率之人必無沉潛涵養之功故立心無常工夫作輟不能保其所有也

忠信是實心爲己凡所知行皆無虛偽主是專一無出入也人必威重乃可固學所謂學非他也只專主一个忠信而已

毋友不如已或謂彼勝已者不將以我為不如乎曰不如已之友
非盡絕之特恍不若已則非求益矣故當以為戒豈不可者拒之
意乎蓋以擇交言則毋友不如已以全交言則嘉善而矜不能
上言主忠信既為善不為惡矣此復言過者無心失理或未盡無
但遂過則惡滋長矣故勿憚改可也或諱而不認或認而不改或
改而不速皆憚也勿憚改須有風雷之勇

慎終追遠民德歸厚矣

此言上以厚道自盡則人皆化於厚矣終是父母初死遠是祖宗
世遠一說父母方死為終既久為遠慎不苟且也凡附身附棺必
誠必信不使有後日之悔是也追追思也思其居處思其笑語之
類是也慎終曰盡其禮非謂誠可無也親之方喪孰不哀痛但倉

皇周章礼文或簡故欲礼與哀俱盡追遠曰盡誠非謂礼可無也
葬祭有期礼物預備但徒事虛文誠意全無故欲誠與礼俱盡
厚謂愛親敬祖皆天理人情不容已民性本厚也習俗澆漓漸失
其性惟上以是倡之則民有觀感皆知慎終皆知追遠故曰歸厚
歸往也望而趨之以為向往也一說歸還也謂既失於薄復還于
厚如父出而歸也

子禽問於子貢　章

此論夫子聞政子禽謂與可也求不可也子貢謂求非也與亦非
也蓋夫子德容默感時君奚求也時君為夫子德容所感動又奚
與也末句特借言以明其非求非真謂夫子之求與人異也
溫良恭儉讓子貢隨所接而形容之耳盛德自然之發雖夫子亦

不自知也如有意作為以致人敬信則亦求矣安能使人神於感
哉以得字執求與言無心也故曰過化存神之妙
温良相似温以不暴厲言良以不矯激言恭讓相似恭以持已不
慢言讓以待人不驕言儉是不侈然自放之謂

父在觀其志　章

此章通就觀人子看上二句是觀人子於父之存歿下句是觀行
者又必於三年也存疑謂上是觀人下是觀子未是蓋視以察安
觀人豈無正法乃於人父之存歿觀之乎

父在無行可見但觀其志而知此子之為人父沒有行可見則觀
其行而知此子之為人行之惡者毋論已其善者又必三年無改
於父之道乃可為孝使父沒即改是平日有自專之志幸親之歿

而改之所行雖善亦不得為孝矣或曰所行既善必道所當改即奮厲蓋從惟恐不速何必三年蓋衰絰之中未能忘親縱有不是何忍遽改故於此尤足以觀人子之用心

此必人子父在時不相合父歿遂改所為其事固善聖人不甚許之故為此言

有子曰礼之用　章

此章上節言礼貴和下節言不可徒和欲人用其中也

礼者天理之節文二句是言礼之全不專言礼之躰躰嚴用和皆在其中用謂礼之為用非人之用礼也礼不能自行曰用便著人去行礼但用對躰言則屬礼而不屬人矣和謂父坐子立君尊臣卑何等嚴肅然皆天理自然莫不心安意肯無拘迫難堪之苦此

為得礼之本而可貴也先王之道道字即是礼礼人所共由之道也斯指和言美謂善美無弊與貴字不同由之由於和也言先王之礼為天下後世共由之道者亦惟以和而非以強世所以推之皆準傳之無弊而天下後世礼之小者大者無不安然由之無所勉強也或說作先王之礼由於和

有所不行謂行不通也而和之和與為貴之和不同蓋但知當和而専一於和歡謔褻慢踰檢敗防即尊卑坐立蕩然不顧則非節文儀則之本然矣如何通得故曰不可行

有子曰信近於義　章

此言人之言行交際皆以謹始而善終也信恭因是始可復遠耻可宗是終近義是謹言於始則終必可復無悔也近礼是謹行於

始則終必遠耻無悔也因不失親是謹交際於始則終必可宗無悔也

信不合義後來欲復之則非義不復則失信其悔必矣苟息之死亦失於初之過許也故約信必當以義恭所以敬人安有恥辱盖致恭本有當然之節不可過不可不及也恥由心生辱自外至過者諂瀆自知愧赧然他人見之亦有輕侮之心不及者怠慢人必斥辱然自家失礼不無慚愧之意故欲遠恥辱必恭而近礼因是偶然相依時暫而交淺宗是終身依歸時久而交深因失其親是依介不可親近之人後來欲宗之則匪人不宗又無以全交故必不失親而後可人於僻近間何以擇其可親亦觀其言動意氣而己宗是宗之為法非主於其家

張子曰君子寧言之不顧不規規於非義之信寧身被困辱不徇人以非礼之恭寧孤立無助不失身於可賤之人原為此章而發而主意不同

君子食無求飽　章

此章舊說無求安飽是立志篤敏事慎言是用功專就正有道是趋向正好學總承三項看来學只是言行敏慎勤勤勉勉便是好先之篤志欲專敏慎之功後之就正並求言事之善是無一念一息不在於學故謂之好如以好學分承三段則不求安飽所求者何物就正有道所正者何事而槩謂好學所好者何學也

無求安飽非必不安不飽也志有所在不暇求此也有在謂在敏事慎言敏恐事之不足於言也慎恐言之有餘於行也平看不必

泥而字存疑事中無知行道者理之當然有道之人言行皆當然之理故就之以正吾之言行取正於理也

好學謂一心於學不知其他終身於學惟日不足是也看上文只是此意夫子嘗自謂好學不過曰不厭曰忘食忘憂不知老之將至云爾

子貢曰貧而無諂　章

全章首節分上是因其能守而進之下是因其能悟而與之

無諂無驕只就貧富上做工夫揔是一个守樂與好礼全不就貧富上做工夫揔是一个忘

無諂是知我貧也即把定志節不肯求人無驕是知我富也即謹守礼法不敢侈蕩此其心不免為貧富所動特著力強制使無二

者之病耳故夫子僅可之貧而樂非樂乎貧也吾心自廣吾躰自胖更不知我是貧人富而好禮非因富而知禮義也吾自有古吾安處之吾自有理吾樂循之耳不知我是富人是所謂超乎貧富之外者也彼知有貧富者視此何如故曰未若

樂與好禮只是一个理蓋禮即理也心廣躰胖即處善循理人也但處貧多不堪其憂故以樂屬貧如其富則此樂即為好禮處富多鮮克由禮故以好禮屬富如其貧則好禮即所謂樂其實非兩様也特自所處言之耳

如切如磋二句以斈言子貢自負所守見夫子以為未至遂知斈不可自足故引詩言致知之斈如切復磋力行之斈如琢復磨其即夫子無諂無驕未若樂與好礼之謂與斯指夫子之言

始可與言詩謂詩多微婉必如賜善悟纔可與之言也往已言者是貧富之論來未言者是切磋琢磨之論一說夫子已言者處貧富一事耳此外所當知當行之理無窮其學不可自足此皆未言也知來知得廣不但以知詩言

不患人之不已知　章

知人不是務爲方人知其是非邪正便有從善去惡之功若我有善而人不知不必患也

知人亦不易倘理不明見不真未有不以是爲非以邪爲正者故學者所當深患

爲政以德　章

此章上句是言有本之治下句是擬無爲之化

政正也德得也立法出令以正人必以躬行有得者出之如以孝正人必行孝道而有得以弟正人必行弟道而有得之類這德本是天下同然的道理以德為政則有以感發人心之同故不待刑威智術而端拱於上天下自然歸附就如北辰不動而衆星旋向之一般

為政而以德則非徒法彼外德言政者權謀之說也以德而為政則非徒善彼離政言德者清淨之說也故夫子一言盡為政道之

既曰為政又曰無為何也蓋以德之政順理自然不費智力如禹之治水順水之道而曰行所無事是也

凡天無星處皆辰也北辰有五星從旁取一小星以便識認謂之北極即太乙星也以星言曰太乙以所居之處言曰北極以衆星

皆動此獨不動言曰天樞衆星拱謂北辰居然不動而四面衆星隨天旋轉若環向之狀

詩三百　章

詩之義只是欲人得性情之正就三百篇中取出一言以盡蓋其義魯頌思無邪之言是已思性情也無邪正也詩言微婉未有明白指出性情之正惟此言為明為直指詩或因事而發未有該括正性情全旨惟此言為盡為全體故曰一言以蔽之

詩言善以感人善心詩言惡以懲人逸志歸於使人得性情之正人指誦讀者思無邪一言約盡詩教要在正人性情而已

古詩三千此言三百則刪詩以後語也或謂風詩多淫何不刪之則所刪者何詩也蓋太師採風美惡並陳被之聲樂淫雅雜奏故

夫子於樂絶其聲於詩録其詞皆所以垂鑒戒也故曰詩可以觀
便删詩而獨存其善是詩有勸而無戒非作經之意矣

道之以政　章

此論治道感化之辨道政齊刑以刑政為主故民相率以逃於刑政之外道德齊禮以德禮為主故民相率以歸於德禮之中專用刑政徒法也專用德禮非徒善也德以道之布其具於政禮以齊之厲其法於刑即為政以德之意

人君為治只欲民為善去惡而已道是引民為善齊是欲民一齊為善曰免曰格皆是民善但法令之民無所觀感無為善之心惟畏嚴刑而不敢為故曰免德教之民有所觀感有為善之心自循禮法而至於善故曰格有恥無恥皆以心言

淺深厚薄言所感之異然由於生稟故齊以禮謂懸品式議制度
使人有所循守賢者不可過不肖不可不及一一皆歸於善也有
恥而曰且格則亦有恥而不格者蓋昏弱人自愧其非或不能奮
發剛明人自知其非或不肯回向故久必有以至於善

吾十有五　章

此聖人自叙學之所進有十年工夫方有十年造詣志學是初用
功立不惑知命耳順從心皆言造詣上面各有工夫耳順從心雖
不費力然優游俟化有事勿忘亦是

學無知行是明德新民之學志是一心向前決於勇往重爲之不
厭句凡學不能實用其力都是無志故士先責志
立謂站定根脚搖動不得方志學時未必不移於他岐加十五年

厲志勇爲工夫到三十方守得堅定物欲不能奪矣這時便不消把著志了所謂可與立也不惑以後漸入可與權境界

不惑謂見道分明方而立時於理未必盡融加十年窮理工夫到四十方於事物當然道理洞然無疑此添雖開所謂信也這時便不消著力守住

天命是天道賦物乃事理所從出者方不惑時猶未知所以然加十年探本工夫到五十方知得天命源頭所謂知天地之化育也視不惑尤精矣

耳順謂吾之心萬理皆備觸處洞然故耳有所聞不待思索即與心通而無所違也知命之後十年優游涵泳則日益純熟故六十而耳順

從心不踰矩謂吾之心萬理皆過泛應曲當故心有所欲不待擬議即與矩合而無所過也耳順之後又十年優游涵泳故七十而從心所欲不踰矩矩方正之謂也行欲方故曰矩

不思而得不勉而中只一項事乃前後十年何也蓋言造極以漸有行雖於知之意不然天縱聖人生知安行安有履歷次序哉章內知行不必泥言知則行在其中言行則知在其中然亦不可句句兼知行

全章以學為路逕以矩為到家矩者當然不易之理大學所謂至善也志學志此矩也而立學以守此矩也不惑學以明此矩也知命學以精此矩也耳順學以神會此矩也終之以不踰則學止至善矣夫子一生好學不知老之將至其心實如此註言示人二意

寔夫子不厭工夫

孟懿子問孝　章

首節無違且勿講出背理夫子恐其認作從親之令故語樊遲以發無違之旨礼理也即不背於理之理自礼之當然不易曰理自理之秩然有節曰礼自天子至庶人事親葬祭皆有當然品節不可過不可不及所謂礼也人皆知不及為違礼不知太過尤為違礼三家之僭分是也生事以礼是始無違葬祭以礼是終無違總是分所得為而為之便是此礼與周公成先德之礼一般夫子得位制礼大畧如此三家之僭無所逃矣

孟武伯問孝　章

此章之孝重在躰父母愛子之心謹疾正所以體其心也言雖為

武伯而發然礼謂孝者敬身為大孟子謂不失其身而能事親曾子不敢毀傷臨終而啓手足其為孝道甚大為人子皆所當知

子游問孝　章

此章之孝在養而能敬敬即在養中非言敬而廢養也能養亦異於世俗之五不孝故曰今之孝者但全無誠意則為不敬人於犬馬何嘗不養只是少敬養父母而不敬與此奚異蓋一忽其心勢所必至也子游之失豈至是哉夫子甚言之使警諸心且以垂世教耳

子夏問孝　章

此言事親最難一个好容色蓋愉色婉容都根深愛中来尚無深愛矯強不得故孝之所難在此不在服勞奉養問也服勞奉養可

以力勉可以財具未必深愛與否故未足為孝

告子游重敬告子夏重愛愛即敬也以其懇切不容已為愛以其謹慎不敢苟為敬未有愛而不敬敬而非愛也游夏只在外面求孝故示以反諸心之愛敬亦未有愛敬而不能奉養服勞也

呂涇野曰前兩告大夫一循理一守身其詞婉後兩告門人一愛親一敬親其詞直

吾與回言終日章

此論顏子之悟道以上句起下句與回非助我章語氣一般或謂前抑後揚或謂始疑終信或謂上是愚於貌下是不愚於心或謂上是悟道下是躰道俱不然

與言終日夫子蓋以回之可與語上故盡言以告之與鄙夫兩端

之謁不同意不相背是不違正意如愚帶不違講只云有聽受無問難全不會因言生疑便如昏昧無覺的人一樣退顔子退也私不止尚獨但不進見請問時皆是觀註中日用動静語默可見發非把夫子一句話来做一件事只是默識心融觸處洞然凡所躬行無一不合於理便無一非發揮夫子所言的道理故曰顔子善發聖人之蘊不愚兼天資學力或以深潛純粹只是資禀看来不違地位與耳順特一間耳此必是欲罷不能以後事自是學力到

視其所以　章

此詳論觀人之法首句以事言大槩看人善惡二句以意言就善邊看人誠偽三句以心言就誠邊看人安勉要看一个人直要看到底方定得君子小人不可謂上一句觀君子小人下兩句專觀

君子蓋所由未善即所爲雖善亦小人也所安未善即所由雖善亦未保其爲君子也人焉廋哉只就這一个人其善惡邪正至是决無所匿故重言以深信之㡬是指出小人隱情蓋凡以小人冒君子之行者皆由巧於藏匿故能欺世盗名昔以此法觀之即少有未安無不洞察隱情之術安所用哉此夫子待衰世意也存疑曰齊桓尊周以力假仁所由未善也唐太宗納諫懲隋之亡終有殺田舍翁之敗露非其心之所安也

温故而知新　章

此言致知當求心得非教人爲師之法也然曰可以爲師者謂心得之學義理盡融閏則不足以限之即爲師以解疑待問可也

新只在故之中故不温何以知新亦有温故而不知新者皆由心

胸拘滯記一件只是一件故識見有限能於舊聞尋繹古趣每知所未知便是新得日有所得而無不通則所學在我其應不窮故曰可以為師

温故知新與聞一知二俱是觸類旁通之見但知新較見得廣知二則分數亦有限矣然謂知新亦非鉤索穿鑿以求新奇也聖賢言語含蓄深遠平正中自有至理愈玩味愈見意趣便是新得若索故求新以啓隱恠者之好異比之温故而不能知新者其害尤大矣

君子不器

君子以人品言用無不周正講不器躰無不具是推用之原勿以此句當君子

人之一心本具衆理而應萬事君子為能學問以充之而衆理無所虧欠故能泛應曲當不局於一用已也若冉求之藝亦能隨事應變而未得為不器者只是資性所近而學未足故耳

器一物之用也優於趙魏不可為滕薛長於治郡而損於為相可為社稷之器而非百里之材皆器耳必若可乘田委吏亦可司寇攝相可俎豆亦可軍旅方是不器

子貢問君子　章

此章重行看行於未言之先非欲言乃試諸行以預為言之之地言於既行之後非行了就發諸言以暴其行之之實蓋凡理所可言者皆所當行人多徒言而行不逮吾惟勉於力行一一都要實踐然後時或可言則從而言之耳

古有不言而躬行故德修於身雖不見諸言可也而後從之何哉蓋有德者亦必有言既已行了或以自述或以教人言亦自不可廢曰從之者無意於言不得已而言出者也

一說以行其所言為先以言其所行為後與先難後獲之先後一意與註相背

君子周而不比　章

周比俱是與人親厚相以而實不同周非盡人而愛之也惟理所當愛者皆與我親厚即有踈薄必其不當愛也非以私心棄之也何害為周比非所愛之寡也不顧理之是非惟私意相徇者無不與之親厚縱所愛甚衆只是私相黨附為比而已矣故親厚一也君子以公理不以情是周不是比小人以私情不以理是比不周

學而不思則罔　章

身爲其事曰學心求其理曰思學而思則事得其理學有所見以爲明不思雖日習其事全不通曉道理此心亦茫然無得故曰罔思而學則理缺于事思有所據以爲安不學雖日窮其理皆懸空妄想全無實落未見安穩故曰殆學思俱兼知行不可以學屬行思屬知亦不可專以講習討論爲學

攻乎異端　章

異端者別立門户竊名號以鼓惑天下天下不知其爲非但自聖賢中正觀之則別是一端耳攻乎異端謂學要向那一邊求精則正理息滅心術敗壞其害大矣一說以之治己則害心身以之率人則害風俗亦通

孔子時楊墨未出佛教未入老子亦未為道教其曰異端即議論與吾道不同者皆是後世楊墨佛老盛行於世人但知此輩為異端而不知名為吾儒私立意見者皆孔子所謂異端也

由誨女知之乎　章

子路強不知以為知非明知不是強要遮飾也乃認理未真偏執意見如見南子往佛肸之類彼皆自謂見得極是然由夫子言之則強所不知也故示以求知之道只要曉得那个我知了那个我未知這便是心極明白所謂知也是知也雖無註二意然無自欺之蔽是本意由此求知只宜帶講但不可少耳子路惟恐有聞聞過則喜何等高明一生只為強不知錯了故終有死輒之誤

子張學干祿　章

學干祿非學爲求祿之道謂其學將以得祿也子張好高豈學干
爲祿計哉亦名利之念未忘耳
聞見不多無以廣言行之資疑殆不闕無以擇言行之是其餘不
慎即言行雖是或未免輕易之失故三者兼盡乃無尤悔寡字輕
看不必說未盡無尤自外至言不當而人罪之也悔由中生行不
當而心自恨也然取尤之言能無愧悔有悔之行咎責必多尤悔
亦相因而有祿在其中謂學者只要脩其言行則志行孚信名譽
着聞這中便自有得祿之理何待外求子張之失只在干字故夫
子告以不求自至欲其自修而已
何爲則民服　章
人君服民在服其心好直惡枉斯民直道而行之心也故舉錯順

民之公好公惡則服拂民之公好公惡則不服服者心服其是也非歸往之謂蓋民心即天理也順理為直故舉其人之順理者便順民心逆理為枉故舉其人之逆理者便逆民心諸衆也用直者專則衆枉不能勝一直故直一舉而衆枉皆錯用枉者專則衆直不能勝一枉故枉一舉而衆直皆錯不可以諸字作語助詞

季康子問使民敬忠以勸章

康子之問在使字要驅民以從已夫子答之在則字要盡已以感莊以容貌言然亦由心之恭敬非色莊也孝謂道之以德德以感民民莫不盡心慈謂結之以恩恩以聯民民亦莫不盡心故孝慈則忠勸不止所舉所教之人舉一善凡為善者莫不奮欲一不能

凡為不能者莫不勉方見感化意教不能亦非家喻户曉只是教令便是

子奚不為政　章

國君更始之日正君子有為之會乃定公初年孔子不仕故或人疑之小註謂夫子不仕待價而沽一也季氏逐君二也陽貨作亂三也此意有難顯言故託詞以告之懷寶迷邦之問或與此同時

書云孝乎省文也孝友平看存疑說惟孝了便友於兄弟似皆註施于有政書本作國政依此章作家政是亦為政言以孝友處家使尊卑長幼內外大小截然皆歸於正便是為政勿作正家亦可正國說

或人所謂為政是得位秉政夫子所謂為政是正已正人故曰至

理亦不外是

人而無信章

信誠實也不專就言說行與子張問行之行一般不知其可一說謂信無之不可何也以其不可行也一說謂無信之不可行就與車無輗軏之難行一般但通其何以行即帶車說

子張問十世　章

子張之問意在得數夫子只據理答之四个可知也一樣通兼因革淺說存疑以中間二可知也只承損益未是夏禮殷禮與吾學夏禮殷禮之禮不同彼所謂禮即此所謂損益也禮謂綱常五常謂親義序別信註作仁義禮智信當會意看夫子雖未繼周然斟酌百王亦有一代因革如行夏時數語即所

損益也百世可知蓋信於理耳乃一繼而秦禮法澌滅豈料其變至此哉今觀漢唐而下所因雖未盡合而綱常顛撲不破所革雖未合宜皆不出前人經畫而迭為興廢則夫子之言雖千萬世猶信也

非其鬼而祭之　章

此章一是不當為而為一是當為而不為上節重非字下節重見字蓋鬼神之祭曷嘗不是祭非其鬼必有徼求故曰諂義之未見猶或有待既見不為委靡可知故曰無勇

非其鬼謂如淫祠邪魅非宗廟社稷正神皆非理所當祭如庶人祭五祀大夫祭山川諸侯祭郊禘皆非分所當祭

祭鬼為義似不相倫而實相須蓋專意媚神者必不勇於為義而

怠於力行者多瀆神以徼福故合而言之與務民義遠鬼神一意

孔子謂季氏　章

季氏八佾大夫直僭天子蓋由魯君所用皆天子禮樂季氏亦視而用之本以僭魯不知其為逼周也是可忍謂無君大事他尚忍為則凡違己自便剝民欺君何事不忍為也一說謂這等無君大罪尚容忍過了都不糾正其他小罪孰不可忍乎

三家者以雍徹　章

雍徹之義有諸侯助祭故歌曰相維辟公有天子主祭故歌曰天子穆穆三家助祭以陪臣主祭以大夫何義而歌此歌乎故夫子惡其僭而斥其無知堂廟堂也上章庭亦是廟庭室外為堂堂前為庭舞者在庭歌者在堂

既灌而往吾不欲觀其詞娓奚取三家之堂其詞切君臣之義也

魯之僭礼程子歸咎於成王伯禽賜受之非蔡氏拆衷辨云按呂春秋惠公請郊廟之礼於周天子使史角往報之天子蓋平王也使成王已賜則惠公又何請乎其曰天子使史角往報蓋猶未許也平王且不許而謂成王賜之乎然則僭從何始春秋桓五年書大雩僭雩自桓始閔二年書禘於莊公僭禘自閔始僖三十一年書卜郊僭郊自僖始魯頌乃命魯公但曰土田附庸十有八年莊公之子僖公始有郊祀則不出於成王之賜明矣第緣魯之君臣自知犯天下萬世之公議借成王伯禽之說以自文後世襲其說而不察耳

人而不仁　章

仁人心也和敬為礼樂之本揔是一个心不以心而行礼則無敬
無敬則交際皆虛文不成个礼要行這礼不得不以心而作樂則
無和無和則聲容皆虛設不成个樂要行這樂不得曰如礼樂何
猶言使他不動没柰他何也存疑云非扞格而不勝則勉為而失屡

林放問礼之本　章

林放之問其子成不同曰質而已者該不得文曰本則末在其中
大哉問正意重礼之全躰句時方逐末是所以大之之故末節指
禮之本以告之儉戚是也儉是朴素真心儀文物采由此而出戚
是慘怛至情麻衰哭踊由此而生此儉戚所以為本問本所以為大
禮貴得中本末兼備夫子何獨取儉戚也觀寧字蓋有不得已之
意然儉戚是本奢易不是末是末之流弊也

禮與喪不可以吉凶對講禮說得廣喪亦在其中註只用一禮字貫可見

夷狄之有君　章

夫子春秋內中國而外夷狄此乃嘆夷狄之有君不似中國之無君所以甚傷中國非取夷狄也

季氏旅於泰山　章

旅是將旅意已決而事未行惟未行故夫子責冉求之救惟已決故冉求諒其不能救嗚呼歎其不救而必祭名分之大變也曾謂一句言神必不享季氏或知自止蓋微寓救正之意責冉有意亦在其中

旅太山則責冉有伐顓臾則責冉有冉有之用事可知矣而皆弗

救故曰非吾徒也泰山之知同於林放蕭墻之憂甚于顓臾季氏

聞之或者其可止乎

夫子兩言季氏一言三家乃曰不仁不能行禮樂無君不如夷狄

其言哀痛激切所以發亂臣賊子者至矣

君子無所爭　章

全章首句言無爭下二句即有爭之地以見其無爭

揖讓直貫至而飲揖耦揖也讓揖而讓也升升堂而射也出次一

揖當階一揖及階一揖是始事而揖讓如此下自堂而下也飲復

升堂而飲也下則相揖以降升飲則勝者揖不勝者是終事揖讓

如此

首句無爭之爭泛言末句其爭之爭指射言首句君子泛言君子

之人末句君子指射有君子之德

子夏之疑只疑素以為絢一句註以倩盼之美質為素是說逸詩

子夏問曰　章

本旨

上節言繪後下節言禮後知其所後則必有為之先者矣林放之問本先有質而後有文與此一意夫子論詩全未想到論禮而子夏即悟及此故曰起予

夏禮吾能言之　章

大獻不足杞宋無徵夏殷之禮夫子又何以能言之也盖周監二代二代之禮多在周禮之中夫子考古證今類能言之曰此為禹之制此為湯之制但其載籍既已不傳小大又無所識此言之所

以無徵也足則吾能徵之便有斟酌而行之意觀夏時殷輅等語則夫子損益四代大畧已可見矣此章之嘆蓋嘆夏殷之禮不與周禮並傳也

此曰宋不足徵又曰有宋存焉蓋宋於周為近所傳之舊比杞猶有一二但彼重當代之制即世近而有存者猶為非時故曰有宋存焉此重二代之禮概傷文獻之不足故曰宋不足徵

禘自既灌　章

夫子不欲觀禘意在僭祭其云既灌而往者婉詞以為魯諱也不然魯之君臣凡祭皆然何獨禘哉觀下文不答或人之問可見

或問禘之說　章

夫子不知禘一以禘義深遠或人未易知一以不王不禘魯僭所

當諦然明言禘義即彰魯之僭還是諦魯爲重故下文言知禘之易治正以明禘義之難知若不專爲魯發者其實以魯之故有難以顯言耳蓋知其說者必真是仁孝誠敬之人真有報本追遠之心苟非心與理之所安者不敢非分僭妄以陷祖考於不義祖考亦安然享之以此處事何事不由於理以此治人何人不孚於心故於天下易易也彼僭者必不知則神且不享何以服人即欲治国其可得乎故觀禘義之難知而魯之失自見矣指其掌言明且易也理在目前曰明機猶反掌曰易

祭如在　章

上句祭字對下句祭神便是祭祖先祖爇考妣言是在家之祭外神天地山川等皆是是在官之祭

如在當活看有其心即有其理耳盖吾身精神即祖考精神致吾精神以聚祖考精神則性靈所動如或見之雖無先祖而吾心有先祖也外神雖多揔是天地之氣以吾身之氣而聚天地之氣則氣機所凝如或見之雖無外神而吾心有外神也孝敬只一个心以所祭之神不同故分言之

如不祭只是不得致如在之誠兼先祖外神

王孫賈問曰　章

五祀月令春祀戶夏祀竈中祀中霤秋祀門冬祀行一說謂門竈中霤行井謂門與戶同用不必重井與竈同功不可缺

凡五祀祭於本所不可展盡禮儀近於褻止祭於奧又非神所棲故先設主祭於其所而後迎尸以祭於奧盖求神之道也竈陘竈

門外平直可頓業處
奥常尊而非祭主喻君尊而無權竈卑而當時用事喻權臣卑而得用故謂媚奧不如媚竈喻結於君不如附權臣也夫子事君盡禮人以為諂故賈以媚君不如媚已諷之不然言媚奧媚竈皆不是也至尊能禍福人自有天在得罪于天雖媚奧媚竈不能免也天即理謂天者理而已矣非以理字當天字看天對奧竈還是蒼蒼之天故逆理則獲罪於天無所禱言禍必不免
賈言媚不順理也故以理折之言奧竈自謂有權也故以天壓之夫子一言固以折奸雄之口亦以服奸雄之心
周監於二代 章
二代之禮是夏禮吾能言之禮監謂視其過而損之視其不及而

盖之損盖非損其忠質之過盖其文之不及也時勢既殊情僞日變有行于古不可行于今則當損有可行於今未嘗行於古則當盖是以典章制度咸正罔鈌所謂郁郁文質彬彬是也非以文字對忠質言蓋忠質文亦後人隱括三代禮皆而别言之非三王自立名目以示天下好尚也吾從周即從先進兼制作之善時王之制兩意

子入太廟章

此必夫子初入太廟時聖人於禮固無不知然制度器數掌之有司亦有未及知者或知之而不敢自信故聞其名必欲識其物講之於平昔必慎之於臨時此所以每事問也非自以爲知而故意問之也

礼者敬而已矣每事問乃敬謹之至即此敬謹便是礼便是知礼

或人何足以知之

或人譏夫子不知礼又稱其為鄹人之子其詞傲夫子答之只曰是礼也何等和氣孟子於王驩曰我欲行礼等語則英氣盡露矣

射不主皮　章

古者武射貫革礼射不貫革春秋尚兵爭礼射亦貫革故夫子發此歎

為力不同科蓋礼射觀德貫革則人力不齊德何由見此所以不主貫革古之道依註以武王散軍郊射時言

子貢欲去告朔　章

此章子貢欲去寄礼之文聖人示以存禮之意

朔蘇也既晦之日死而復生有蘇之義故名朔十二月之朔天子頒之諸侯諸侯藏之祖廟每月告朔請而行之是尊君尊祖之大礼故用特羊魯不告朔而餼羊猶供虛費無益子貢惜之是也但夫子之見有大焉蓋羊存則禮之名尚存羊去則禮之名遂滅故欲愛惜此礼不可使羊去而礼遂無聞也使得為東周便有舉行之意於此見聖賢用心之大小

事君盡礼　章

礼是事君當然之理不可過不可不及盡礼是盡其理之所當為故曰非有加也盡是分以內加是分以外當時君弱臣強僭慢成風夫子拜必下過位色勃入門鞠躬君召不俟駕皆臣子之礼所當然自簡慢者視之故以為諂

或勸伊川加禮近貴伊川曰何不責以盡禮而責以加禮禮盡則已豈有加也與此意同

定公問君使臣　章

定公問事使便是君逸臣勞君尊臣卑意重責臣夫子對以各盡其道以禮是君道當然無論臣之忠我與否以忠是臣道當然無論君之禮我與否所謂各欲自盡也呂尹二註俱言外意

禮舊說只是敬躰意今作正名分戒僭越說使臣不專遣使舊說只是委任意今作驅率駕馭說俱未知是否

禮是心不忽忠是心不欺只一个心因上下而異名耳故臣亦有禮事君盡禮是也惟忠則禮盡君亦有忠忠信重祿是也禮由忠而出

關雎哀而不淫　章

哀樂就宮人說勿指文王蓋中宮之得失係國家之治亂故宮人被文王之化而樂得聖配道其憂樂之情如此不淫在宜其有見之不傷在不能無見之俱重后妃之德上小註憂止於輾轉反側而不涕泗滂沱樂止於琴瑟鐘鼓而不沉湎淫泆此背朱註

哀公問社　章

古者之社與國俱立故社稷危重於君君不仁則不保社稷社稷危則變置其君哀公之問宰我以此正對則既得立社本意且可警悟人君柰何不知而妄對

松栢栗是偶因時地所宜樹之以棲神原無取義且夏社用松能使天下之社皆松乎松栢皆無義獨以栗為戰栗此宰我或因借

說或出已見而附會此言說者乃謂宰我傷魯之弱欲其用威以制三家此又是替宰我附會

成事三句甚言其不足責所以深責之也說特言之而已諫有救止之意遂是事未成而勢不可回既往一句承上蓋已成已遂皆過去事故曰往說之諫之皆罪責他故曰咎

管仲之器小哉　章

此章首句是小管仲之器下兩節見器之所以小器是局量規模小是褊淺卑狹局量以中容受言如盛水盤盂大的容多水小的容少水規模以外面造就言如做成床屋大的濶幾尺小的窄幾尺講器小只用此兩句不能正身脩德等意俱未露故或人疑之

儉約之人多吝嗇狹小故疑器小為儉知禮之人多禮儀盛備故疑奢為知禮以夫子譏管仲而或人必為辨釋如此功利之入人深矣三歸宮室之奢也官事不攝祿食之奢也塞門僭邦君尊己之禮也反坫僭邦君尊賓之禮也此只答不儉不知禮之問非直言器小然其淺中狹量纔有小功業便以為驚天動地肆然無所顧忌而入於奢僭其器小可知矣

反坫古者席地故坫在地下高一尺而反爵於其上

子語魯太師　章

此章首句言樂之節奏可知下是詳言其節奏也中分三節始作一也從之一也以成一也翕如純如畧有後先純如皦如繹如只一時無後先

樂必八音合同而奏乃為大成故曰翕然八音最難和協必清濁相濟高下相協金不戾於石絲不戾於竹故曰純然八音尤易混亂又必金是金石是石分分曉曉不相雜亂故曰皦然八音奏於各手又易間斷又必金石絲竹旋相為宮此作彼繼彼絶此續故曰繹成謂自始至此一成也一奏為一成九奏為九成

儀封人請見　章

封人請見夫子已與楚狂沮溺之自絶者不同且曰未嘗不得見君子則平素可知矣雖其見聖人而請問之語不傳然出而語人乃能推天意之有在知吾道之不終窮不惟知聖亦知天矣乃夫子終於喪者非其言不驗也天不以夫子覺當時而以夫子覺萬世封人之言猶信從者謂夫子隨行門人為木鐸是行道以覺世

之昏迷得位是得輔相之位猶孟子舍我其誰之意非謂夫子為帝王也

子謂韶盡美　章

此章論韶武之樂情文不同於其功德辨之也

美善俱就樂言美是外面聲容善是裡面所以為聲容者帝王功成作樂舜紹堯致治武伐紂救民其成功之溢於聲容者皆為盡美然就其聲容而細觀之舜本是性之之德而成功又以揖遜故所以為聲容者皆雍容和平之極又盡善也武本是反之之德而成功又以征誅故所以為聲容者不免發揚蹈厲之氣未盡善也

註揖遜征誅二句即應轉紹堯伐紂二句上並言其功故皆稱美下本其德之性反而別其功之禪伐故有善未善之分一說美專

言功善專言德一說謂美善皆兼功德俱與註相背
此品題韶武優劣與稱太伯文王至德湯武順天應人同意所以
嚴君臣名分之防至深遠矣
居上不寬　章
寬敬哀是居上爲禮臨喪的大根本大本好了然後看他所行如
上之條教政令禮之威儀進退喪之棺衾殯葬或得或失有可觀
也苟不寬不敬不哀則大本俱已喪了將以何者看他所行得失
言得與失不必論也寬敬哀皆以心言然亦於外上見之如哀痛
迫切固是心而顏色之戚哭泣之哀皆是觀以所行言當活看一
說謂觀其寬敬哀之過不及似大拘
里仁爲美　章

里仁是善良忠厚的里借還重薰陶成德看如王烈居鄉訟者望廬而返君實堯夫居衆鄉人為不善惟恐聞知里有仁人之能厚俗如此故擇里者所必居也舊說兼周卹保爱講亦通焉得智言不知其美昧於所擇便是本心不明故不得為智

不仁者不可以久處約　章

不仁字對下文安仁利仁字看盖不仁者失其本心不可以處約樂安仁者心一於理利仁者心求其理此二等人方可以處約樂安利俱就心講處約樂意在無適不然不易所守中補之一說仁者智者對上不仁者安利就是不濫不淫對上不可處約樂未是

不仁之人本心喪失約與樂宜不可一日處者而曰不可久長何也盖〻暫處約雖不能無怨或猶未濫久則心日戚一日其濫必矣

暫處樂雖不能無驕或猶未遽久則心日放一日其遽必矣

仁者是不待勉強純乎天理安然而仁者也非謂仁者而後能安仁也智者未能與仁為一然真知仁之為美而深嗜篤好必欲得之若嗜利然是智者而後能利仁也故曰安仁者一利仁者二

惟仁者　章

程子所謂公正公是仁者無私心正是好惡當於理能字只是當理

苟志於仁　章

此重一苟字人惟志仁未誠故理欲有時出入未能全然無惡惟心誠在於仁則但向於理不向於欲一切悖理之事必不肯為故曰無惡無惡言必無也未必無過舉意在言外

富與貴　章

此章論君子於仁無時無處不用其力無時無處通管全章不必一一分取舍存養純用力中細看出來富貴貧賤是大関節處用力故云取舍之分明終食造次顛沛是至微細處用力故云存養之功密交互意不重

富貴不以道如孔子得衛卿貧賤不以道如孔子不得位之類審富貴則心不為富貴所蕩安貧賤則心不為貧賤所困所謂仁也所以為君子貪之厭之即心溺於欲而去仁矣何以名君子

違仁應上去仁言君子不但富貴貧賤之間不去仁也即終食之間亦不違仁心不以終食不存也雖造次亦必於仁心不以造次不存也雖顛沛亦必於仁心不以顛沛不存也二必字俱指仁

終食猶言一頓飯無終食違仁是不以頃刻違仁猶言不須臾離

也一說就飲食上用工夫以夫子莱羨凡祭為証未是造次二句正是無終食違仁一說三平看終食暫也造次急也顛沛變也揔是無時無處而不于仁亦通

我未見好仁　章

此章首節言仁之難得下二節反覆嘆人之不力於仁章内首曰我未見好仁人次曰我未見力不足三曰我未之見言未見人之用力于仁反覆嘆息皆於三个未見字勉人耳

好仁惡不仁只是一个人蓋理欲不並立未有好乎此不惡乎彼也朱子謂好仁是資性渾厚惻隱之心較多惡不仁是資性剛毅羞惡之心較多又謂顔子無嫉惡不仁之事是好仁者孟子數辨不仁者之情狀是惡不仁者存疑云好仁者非不惡不仁也祗見

仁之可好未見不仁之乗間而可惡故專一好惡不仁者非不好仁也仁未即為我得不仁又乗間為害故專一惡按此皆作兩樣人看未知是否

無以尚不使加身是好惡到盡頭去處再無一毫不好不惡者故曰成德

此言未見好仁惡不仁又曰見善如不及見不善如探湯吾見其人矣何也盖此以所造之極言彼以所趨之正言且善不善字尚淺仁不仁字較深自是不同

用力是用力於好惡力足是能好能惡便好到無以尚惡到不使加身亦只在用力間耳非謂欲仁則仁即此而在也

盖有句輕意重未見上盖以世間或有昏弱之人我並未嘗見之

其所見者皆不用力者也註謂偶未之見又謂不敢終以為易此
皆婉曲細密之說

人之過也　章

蒙引曰此緣人之議論君子太刻少有過當便不原其心而深責之故發此論人黨君子小人類是愛恕厚薄仁無仁不仁看但語意重君子一邊蓋過本是不仁乃亦有過而仁者便是為君子原情一說只作君子之仁似與黨字不相照應

朝聞道　章

朝聞非一朝偶聞也乃平日學力積累見得十分透徹躬行已到至極處遂一旦豁然了悟方為聞道惟卓爾一貫是以當之若冉閔之德行游夏之文學由之升堂點之言志皆未可語此夕死可

矣活看只甚言能聞道即死亦不徒也所以深警不聞道者雖久生何益

士志於道　章

此章志道較志道據德章稍淺些凡言有志於學皆是志於道便要心思精專只知有道不知其他方可與議倘恥衣食之惡便是借心俗見於道未嘗著力何足與議哉議是擬議而行之非口說見之所及曰識意之所趣曰趣恥惡衣食是所見所趣只在口體之奉卑陋甚矣

君子之於天下也　章

此章三句只是一正一反語氣勿作惟虛心而後能順理

適莫只作一个人看如適於仕者莫於隱則以仕為可隱為不可

適於隱者莫於仕則以隱爲可仕爲不可君子心中無此两樣意思但看義當仕即仕當隱即隱耳或以適是主意有爲的人莫是主意不爲的人如由也兼人求也退之類便作两个人看未是從義中亦何嘗不適莫蓋所適者義所莫者不義便以義名不以適莫名耳

君子懷德　章

懷以心言此言君子小人立心不同懷德無所爲而爲善自不溺於所安懷刑有所畏而爲善見利不敢貪得懷土戀已之有雖棄德不顧然未能遽善猶未肆惡也懷惠利人之有雖犯刑不顧則無所忌憚而肆惡矣是懷德懷刑之君子不同而懷土懷惠之小人亦異然懷刑之心漸久則人欲日消亦終進於懷德懷土之心

漸勝則天理日微亦終流於懷惠若懷惠者能反而懷刑懷土者能反而懷德則小人又未嘗不可變為君子也

放於利　章

放於利不止貪財凡事都要自己便宜皆是利多怨不但受害之人有所不堪即不受害者亦有所不平故怨者多怨多則害己者至矣

能以禮讓　章

此為當時禮文繁盛僭祀日多而發禮是品節讓是真誠恭遜所謂辭讓之心禮之實也如君尊臣卑是禮君不挾其尊常存抑畏之懷臣自安於卑絕無凌犯之念是讓父子兄弟夫婦朋友類此禮讓為國言見之於身施之於政凡舉動制度之間皆無一毫忽

慢驕惰之失則民感格於君之真誠自尊信於君之矩範各安其分無敢踰越而國治矣時說作士讓為大夫大夫讓為卿耕讓畔行讓路只是影一讓字未是知禮何言無讓便不成个禮又何以為國

此章讓字可與和為貴和字參看

不患無位　章

無位莫已知皆以性分之外言故不必患患所以立求為可知工夫全在為己聖人只就上句撥轉來說非教他求位求名之方也與告子張學干祿同意

名與位皆學者所動心故小人儒為人只此兩念未忘耳且位因人知而得有可知之實即所以立位二者又未始不相閑故夫子

並戒之一說上戒仕者下戒學者又謂上戒富貴者下戒功名者俱未是

參乎吾道　章

此章上節是曾子默契傳心之旨下節是曾子善發傳心之蘊天下之道散求之萬事萬理反求之萬理一心曾子隨事精察力行知得件件是理但於千頭萬緒中意其必有歸一者求之未得其旨也夫子知其學久功深將有得於一者故告之曰吾之道只把一件貫得千千萬萬參知之乎曾子一聞此言正與所求未得者默契即應之曰唯蓋不復疑所謂一者為何物故信之深而應之速也門人不知所謂一見曾子之唯必其深知之者故問曰所謂一貫何也曾子以一理渾然其妙難言故借學者所嘗聞者語

之曰夫子一貫之道只是盡一个心而推之事物忠恕而已矣以一个心發明夫子之一最為明白故門人亦不復再問

聖人本一心以應萬事本非待於盡而推也曾子學求諸心自家躰貼出来以聖人之道不過如此故借二字以明之曰一貫即是忠恕無他物也或謂夫子之道即學者之忠恕又曰一貫自然之忠恕忠恕勉然之一貫俱欠渾融

中心謂忠是一推心謂恕便有貫底意思一說忠恕即一也以忠恕處事謂一貫引一言終身行之其恕乎為証不知彼謂一言一个字也此謂一貫一个心也忠恕兩字分明有躰用内外如只當一字則所謂推者何為也既謂之一何以兩字當之乎大意謂一以貫之即盡一心以推之要一直滚講或謂忠配一恕配貫或謂

一以貫萬是本忠行恕萬原於一是緣恕求忠俱欠渾融

一貫是言其理忠恕便是工夫要到一貫地位須從忠恕下手此以知曾子之實學矣

君子喻於義

喻字非淺淺知之要就行處看凡事之來只曉得憑公理行是喻義只曉得憑私欲行是喻利如辭受取予出處去就或公或私是義利大界限其或迹是心非迹非心是或有所為而為無所為而為亦是義利幾微所謂喻者直曉到盡頭去處此君子小人所以分也

見賢思齊焉　章

此示人因人反己之學與三人行章同意思省俱重用心上思齊

便有必為的工夫內省便有必改的工夫故皆可以進德然非自家先有為善之心見賢豈能思齊非先有去惡之心見不賢豈能內省今人見賢或憚而遠之忌其形已見不賢或狎而親之不覺陷於其中皆緣為善去惡之志不先立

老子曰善人不善人之師不善人善人之資意與此異

事父母幾諫　章

此章言人子不幸當父母有過不敢直諫又不得不諫故始終諫諍始終婉順既不忍咈逆其親又不敢姑息其親凡所為幾諫者極難耳

幾微也只詞氣聲色柔怡卑下便是或謂伺其可入之幾而諫之似與註指不遠者不違幾諫之初也初諫而後不諫是違初幾諫

而後顯諫亦是當須兼二意不怨依舊幾諫如初所謂熟諫也
此言人子幾諫到底是孝子之有深愛者乃能如是不然辭色之
間必不和平且從則諫不從則不諫怒而諫益難矣
父子以情親故曰悅則復諫君臣以義合故曰信而後諫

父母在不遠遊　章

不遠遊兼二意已思親不置則不忍遠遊恐親念我不忘則不敢
遠遊　遊必有方遊字蒙引存疑俱作遠遊說亦兼二意欲親知
已所在安其常也召已則必至防其變也揔是人子曲躰親心

父母之年　章

知年非徒曉得歲月幾多是常把父母之年記在心頭故喜懼都
從記憶中來意重懼一邊盖惟懼心勝則愛日之誠日切一日無

所不用其情矣

古者言之不出　章

此章重一恥字惟以行不及言為恥則必急於躬行而不敢輕易其言所謂先行其言而後從之者也言古以警今之學者

以約失之者鮮矣

約謂收斂不放凡人過失多者皆由放肆故惟收斂檢束之人必能謹守規矩所為自少差失鮮字活看不必說失未盡無一說約即約之以禮似又深一層蒙引謂約未必皆中庸亦與奢寧儉之意此說未必然蓋約是收斂其心心存故事鮮失畧與志仁無惡一般但較淺些若寧儉則只是欲人省約耳

君子欲訥　章

欲是君子用心要如此非戒勉之詞欲訥懼其有餘有防守檢制之意欲敏懼其不足有奮勵勇敢之意然訥言乃所以敏行敏行不得不訥言自是相關

德不孤　章

此章只作一正一反說註中首二句已盡本文之義㒸引存疑以上句泛論其理下句指言有德之人似太泥註

德必有鄰夫子道其常以勉人脩德耳若夫有德之士遯世不見知舉世無與同者亦豈盡無哉然不見知於當時必見知於後世亦是鄰處

事君數斯辱　章

數煩瀆也人臣不可一諫塞責而遽去明友亦豈可一言不入而

遠絕哉須是反覆諫之而不聽至於煩瀆乃當自裁

事君交友欲其無過忠信之心也有過則諫亦其情分所當為耳胡氏求榮求親之說亦從踈辱字影出来殊微有弊事君不可數也父母有過則號泣而隨導友不可數也兄弟有過則涕泣而道恩義不同也

子謂公冶長　章

夫子妻長不言素行之賢但以縲絏之事為人所訴病而明其非罪則平日素行可知矣其妻容亦不言謹行之賢但以不廢免禍稱之則平日之言行能謹可知矣故取其可妻全在賢行雖無計較利害之心然曰非其罪曰免刑戮則全身保家之意亦在其中聖人之為女重配固如此

子謂子賤　章

夫子以君子許子賤推本於魯之多君子見子賤能尊師取友乃德所由成也不重魯之多賢意按子賤為單父宰所父事三人所兄事五人所友十一人此尊賢取友之驗

夫子稱魯多君子又以許子賤乃曰得見君子斯可矣何又嘆其難也蓋此謂君子只是德性淳篤一邊人如南容一言尚德便稱君子彼所願見之君子則才全德備下聖人一等者也以下章觀之賜之器未得為君子子賤之君子又未為不器則君子固有別矣

賜也何如　章

子貢嘗問君子夫子告以先行其言見以君子與子賤而問已何如夫子即許其器想其躬行必有所不足而聰明才辨則可以有為

瑚璉為宗廟盛黍稷是貴重飾以玉是華美器貴重而華美則非凡材也第未為不器耳意此或未聞性道之先乎講瑚璉不宜入得聞性道

賜因子賤之與而以已為問由因顔淵之與而以行三軍為問皆因以自考也夫子與賜之器而抑由之勇無非達材之教

雍也仁而不佞　章

仲弓是重厚簡默底人重厚是大體簡默是語言或人以是為仁而病其不佞不可以厚重為仁簡默為不佞

佞夫子所惡也而世俗以為賢故或人以不佞病雍之短耳夫子重言佞之何用蓋深警之也禦猶禦敵之禦給足也抵敵人以言語而隨取隨辯是謂口給屢憎於人之人正人也

不倦之人亦不訥近仁然雖不務外未必全躰不息故夫子不以雍為仁全躰是萬理咸備不息是一息無間此惟克復弘毅者可以當此雍之德行或未免於日月至焉耳

子使漆雕開　章

夫子以仕使開豈不知其未信但以其才不下由求則使之仕耳如必待信而後仕是天下無可仕之人也若學者立志則必信而後可子路使子羔為宰夫子責之又飾詞以求勝此其見出開下信是於義理見得十分透徹絶無毫髮之疑凡事来便有定見不為利害所搖惑開要到此方可出仕倘於理未能如此則性分内虧欠尚多何暇為仕即仕亦未必應務停當此其識趣便有明德新民止至善規模夫子以其立志遠大必益篤於學將来學之所

進與仕之所就皆未可量故說之

曾點言志見得天理流行隨處充滿日用皆樂何必於仕開之不仕見得天理充滿毫不可虧一有未信何暇於仕故皆曰已見大意又曰見道分明謂知得理之當信又知得自家之未信

道不行　章

夫子傷道之不行託言欲浮海以避世以子路能從已謂其勇於義必不以流離困苦二其心耳此皆假設之言子路以為實然而喜之故夫子譏其無所取材一說好勇二句泛講言外補本章意亦通存疑以浮海為欲行道於海外以子路之喜為自畫未然

孟武伯問子路　章

孟武伯問三子之仁夫子皆不之許而各稱其才蓋舉長則短自

見歟三子勉其所未至也仁者德藴於心純乎理也才者用見於外禀於氣也人各隨資禀做出其才氣皆能幹事但未必純是天理且能乎此或不能乎彼仁則天理渾然泛應曲當故三子才各有所見而仁則不知也

治賦就用兵講謂兵食俱足不患饑饉師旅訓練以時可使有勇知方是也

千室之邑為之長百乘之家為之臣皆有民社之寄者故皆曰宰為宰是修政立事足國裕民

與賓客言不但言語好亦要禮節威儀可觀故可應荅賓客

此章言三子之才與三子言志一般可見聖人明於知人固無輕許三子當於自知亦無虚言

子謂子貢曰　章

聖門穎悟自回而下莫如賜故夫子較賜以回蓋以回望賜也賜自知不如又知所得分量之淺深此其識見便可進於回故夫子與之

十與二非鐵定數目只是始終彼此借言耳聞一理曉得萬理是知無不盡故曰知十因此事曉得彼事則所知有限故只曰知二明睿推測俱兼天資學力講知非淺淺知之知一分便行一分此以知二子之造詣矣

凡人昧於自知則不知求進雖於自屈則不肯求進此賜弗如回之言夫子所以許其進也

宰予晝寢　章

此章戒勉宰予上節責其志不立下節責其行不逮晝寢亦偶一見耳夫子以其平日志氣昏惰故因此而切責之彼其平日亦曾有篤志力行說話今乃昏惰如此又因是而知言之不可信也

凡學者所以可進皆緣志先立而勇於行宰予志不勝氣而言不顧行夫子既以為不足責又明言因予而改信言之失其警之也至矣何獨不知慚憤奮勵而卒為朽木糞土也哉

吾未見剛　章

剛是純乎天理一私不留見之定守之固凡百利害禍福皆不足以撓惑其中故曰堅強不屈此是說剛正意講未見剛且勿盡發到根也總上二方可發揮

申根想是个強勇底人或人不知義理血氣之辨故以為剛而不知其為慾也慾焉得剛言有慾即非剛蓋勇不能克己力不能制私為欲所屈撓難以剛名也一說人有嗜慾而後委靡喪氣不能為剛似作兩截講恐非註中語意

聖門若克復弘毅可以語剛夫子之嘆或亦顏之既死曾之尚幼時乎若子路則尚無取裁而仕季氏伐顓臾猶未免於欲矣

我不欲人　章

子貢以博施濟衆為仁不知立達與俱即是仁故此章之自任非明言任仁只一無字講太自然夫子乃抑之曰爾所言就是仁者之事非爾所及也借曰吾欲勿加諸人則夫子所告一言終身行與能近取譬可謂仁之方是也蓋仁與恕只在無與勿之間故仁

未可以輕許強恕乃所以求仁也夫子之抑子貢正欲其知所求耶

夫子之文章　章

此子貢陳聞性道深知其聞之不易故發此歎聞非淺淺聽聞與朝聞道之聞一般謂理會了悟之也蓋以夫子文章之教無行不與日以昭示乎人故學者得以理會其旨性道之教待人而傳不輕以啓發乎人故學者不得以領悟其妙

文章德之見乎外德即性道之得於心也時行物生無非天理流行之實聖人作止語默無非妙道精義之發是文章即性道中物特就其著者言之耳呂涇野云遺却性道而求文章恐涉於粗迹離却文章而求性道又入於窈冥此是体用一原顯微無間的道理故不聞性道而曰得聞文章亦文章之皮面耳

天道以在天言爲元亨利貞性即天之所與我者以在人言爲仁義禮智本是一理但以所屬而異名耳不可得聞不專指性道微妙重不輕教上然所以不輕教者則以理之微妙故也

性與天道既著一言字則亦未嘗不以示人又不可得聞何也蓋子罕言命與仁中人以下不可語上則言固不輕傳也且與回言終日非獨私言之也呼曾子而告以一貫門人又非不共聞也乃不違而唯者獨二子則繼言之而能會悟者鮮矣子貢此歎其殆聞一貫之後而已進於知二者乎

子路有聞　章

此節記子路之力行重一恐字未之能行句輕非真有未行也推其心倘有未行即恐復聞恐中便有急行之意三句口氣一直緊

說不可斷

子路學已升堂全在力行然卒不得其死則好勇而不好學也故曰無所取裁又曰有父兄在盖抑而裁之耳

子貢問曰孔文子　章

文子素行即孔姞一事便可議故子貢疑之夫子非取文子但明言當時所以謚為文者以其勤學好問有合謚法故得此謚古者謚以尊名節以一惠言取其一節以均謚惠也文子之文亦一節之文耳

敏而好學孔頴亦不過此不恥下問大舜亦不過此文子能之只為一善盖就文子之學問而言耳

子產有君子之道四　章

君子道全德備不止四者就子產而言即有四件合君子之道故夫子指而稱之

行己以一身之應接言恭是謙下遜讓不矜不伐如辭邑見稱於子羽為善必歸於子皮是也事上凡立朝執政與交際辭命皆是敬謂兢業小心恪共謹畏如內息公族之爭外事大国以禮是也惠愛利也愛根於心利施於外養民惠如植田疇教子弟之類故曰古之遺愛又曰惠人使驅使也義謂區處整齊使之不亂如正章服別封洫井伍之類故曰子產為政不專於寬

拆衷講求事上不敬則行己之恭為虛文使民不義則養民之惠為姑息然行己恭則事上之敬非容悦之私養民惠則使民之義毋厲己之怨

註謂數其事而責之其所善者多數其事而稱之猶有所未至以是别文仲子産尚未甚當蓋既已三不仁三不智他善何用既有四君子之道即有未至亦小失也大都臧文仲安能及子産

晏平仲　章

交久敬衰有二意一謂久則易狎而礼貎簡褻一謂久則易厭而情意懈怠惟始終其礼不褻其意不懈是久而敬也所以不相嫌隙不相疎薄可以全交終始此之謂善交

夫子在齊與平仲交者八年想亦未嘗不敬夫子乃書社之封平仲固沮之而夫子猶取其善交可見聖人之量

臧文仲居蔡　章

知所務之謂智文仲謟瀆鬼神必不務民義是當務者不務不當

務着反務之失其是非之本心矣故不得為智
蔡大龜也大龜出蔡地故名蔡作室藏龜已是不急之務山節藻
梲又畫飾以崇重之是一心只倚着鬼神以希福其惑可知故雖
以智名而夫子直斥其不智
文仲三不仁下展禽廢六官妾織蒲是也廢致也謂致六官以稅
行客也三不智作虛器縱逆祀祀爰居是也虛器即居蔡逆祀躋
僖公也爰居鳥名宿東門三日不去文仲祀之
令尹子文　章
子張好為苟難故以二子制行之高為仁夫子皆取其行而未信
其心可見心術所當辨而仁不可輕許
忠是知有国不知有身揔承喜怒不形二句盖無喜慍是不以一

身之得失為欣戚告新是重国家之政不以巳之去位忘其心故謂之忠一說忠只承下一邊未安

清是潔身文子去亂不使敍逆大惡得汚其身故謂之清

仁是當理無私心一有私心便非當理此句當一直看不可以當理屬事無私屬心二子之行雖高未知其心之果純天理而無一毫之私否也安可以仁名之故曰焉得仁

仁者心純乎理忠清是一節之行故忠者未必仁仁則無不忠清者未必仁仁則無不清如比干之忠為三仁伯夷之清為得仁彼其心既無私故謂忠清即仁可也非但若二子之忠清也且考他書所載子文知有楚不知有周責以春秋尊王之義則不忠文子知有巳不知有齊責以春秋討賊之義則不清彼其心未必無私

即忠清亦安能無議哉
此章焉得仁與孟武伯章不知其仁不同蓋彼爲全德之仁以三子日月至焉而未必其全體此爲一事之仁以二子忠清之行未必其無私

季文子三思　章

三思非三次思也謂思已審又展轉無已也再思是先仔細思量一番又斟酌詳審一番如是而行自然停當斯亦可矣可勿作可行說言思至再亦可也三則惑矣蓋天下事只一个理人之應事能以理斷之則是非可否再思而已審若以私意揣之則利害得喪萬變而不窮此再之所以爲可而三之所以反惑也
蒙引曰聖人此言爲中人而發若理明人雖思數次不惑愚鈍人

必思數次而後知不在此論

甯武子邦有道　章

此章以智形愚以可及形不可及歸重下句不可平看

文公無道武子相時而動是智當時安常無事未見過人故曰可及一說謂有道而仕智能足以幹濟但治平無事幹濟從容有智能者皆能爲之是謂可及此說似深一層成公無道國運艱險智者莫不知避武子竭力周旋不度時勢冐然爲之是愚然卒保其身以濟其君蓋有智者所不能爲武子能之故不可及或謂武子所爲假使君喪身殉亦豈易及然視死如歸慷慨之士往往有之聖人貴成天下之事不貴徒死天下之事故必保身濟君方不可及古之豪傑善自韜晦以濟大事如留侯之爲韓梁公之爲唐皆

不可及之愚也彼陳蕃王允非不烈然而死惟不能為武子之愚
故徒殺其身而甚國之難君子有遺議焉程子以沉晦免患為愚
故謂比干不當愚
按衛侯出奔元咺奉武叔攝位衛侯復入前驅殺武叔而元咺遂
奔訟衛侯於晉晉文伸元咺而屈衛侯執之歸于京師寘之深室
甯子納槖饘焉晉侯又使醫衍酖衛侯甯子貨醫使薄其酖復納玉
於王與晉侯皆十瑴王乃什衛侯衛侯使周冶殺元咺
子在陳曰　全
夫子周流四方見道不行於當時欲成就後學以傳道於來世又
不得中行之士故在陳發歸與之歎欲歸而裁乎狂士也
吾黨小子只是狂士簡連狂看盖志大之人便畧於事也斐然成

章言狂士志意高遠亦成个規模躰段與成章後達不同不知所裁言不知以中道自裁也淺說以成章申言狂不知所裁申言簡存疑以不知所裁謂夫子周流四方未暇裁正俱未當中行而下惟此等人最高不裁故為狂士若裁之又非由求之輩可及狷者則又次一等矣然参也竟以魯得而志大言大之輩無聞焉則終於不裁故也

伯夷叔齊　章

夷齊以清介名而此章獨稱其量可與柳下惠不以三公易其介章参看

不念舊惡言惡其惡非惡其人故其惡所改即不念其舊此見伯夷度量之廣希即不甚非人少也聖人公惡宜無所怨今曰用希

則亦未為無怨何也蓋既是惡人豈無私心當見惡時安能不怨
及其不念而後什然故怨亦不甚也
孰謂微生高　章
微生高有直名夫子以一事之小即斷其不直蓋衆好而必察也
直者平心順理之謂其取予有無當率真應物今曲意徇物掠美
市恩如此則心之私曲行之虚偽可知安得為直
巧言令色　章
此兩樣人皆枉以為心者君子立身所以俯仰無愧不過存此心
之直而已今其險媚如此故聖人深以為恥讓言附於古之賢人
人之言色礼貌皆有當然之則不可太過巧令足恭務為容悦過
於卑諂全不由衷是謂邪媚人既有怨便當絶交既與之交便當

忌怨乃友其人又匿其怨此深情厚貌使人莫測其中是謂奸險

存疑匿怨作乘間而動似太深

邪媚奸險雖分兩歧然巧令之人中多機變亦奸也匿怨之人外飾虛情亦媚也大凡邪媚之人中必險奸險之人外必媚

顏淵季路侍　章

此章言志揔是一介仁仁人心也人得天地之心以為心本與萬物為一躰故聖賢之志皆與物共要之盡此心而已存疑曰子路以物與物共顏子以善與物共夫子物各付物不較量於物我之間人之病在於有已有已則物我大分明雖至親骨肉不免係吝况朋友乎子路車裘朋友與共只要克去鄙吝有我之私此等胸次高明洒落看破勢利故曰亞於浴沂

善是德有於己勞是功及於人無施無伐是見得善為性所固有
勞為分所當為人人得而有之人人得而為之何足施伐
車裘共敝亦是善勞但把做自已美事便有些施伐意思如聞從
我之稱而喜聞不忮之稱而終身誦之類顏子素能克已全不以
善勞動心視車裘之共特善中一善耳時文以子路去一吝心顏
子去一驕心是由回太無分別
老少朋友天下只有此三等人安信懷是各人自有之理各人願
欲之心聖人隨其身之所接送彼所願欲之心聽其物之自來與
以所自有之理真如造化普物無心而無一物不得其所也
子路至貧未有車裘設使他日有之欲共敝無憾顏子自視未有
善勞設使他日有之欲無施伐故俱着一願字夫子所志天下國

家皆可通行即今日就有下手處故不着頭字其與點即是此意

已矣乎　章

此章重自訟勿以見過訟過乎看蓋訟雖自見中來然見過易訟過難見而不訟者多矣故聖人所未見是見而能訟的人

自訟謂口不說出心裡悔悟日自責罰不與人知即此一念耻憤懲創深切最是改過妙机存疑謂是慎獨工夫但獨是謹於過之未形訟是悔於過之已着

十室之邑　章

質屬行忠信是性行純篤故曰美質與盡己之忠有諸己之信稍差

人不忠信則稟賦已自澆薄即此一念便難入道安能好學惟有

忠信之質其根基已自好了然不好學只是一个朴實頭而踈畧經直不見義理精微安能聞道故必好學以充其質也不好學有二弊一是自恃一是自怠

三卷終

刻四書便蒙講述卷四

閩後學未人　盧一誠　著

雍也可使南面　章

此章以南面許仲弓又深然其論簡可為居上臨民之大法

可使南面非為天子也即可使為卑可使從政之類凡居官皆南面聽治稱君。雍有君上之度。故可南面。度字重。簡上看。謂躰度也

註兼寬洪蓋寬大之人必不煩瑣故并及之。

仲弓問子桑伯子蓋諒夫子許我必以簡又不可顯問已之簡故即伯子以探之使夫子不取伯子必嫌其簡之過則其取我必以其簡之可也故有是問可也簡存疑謂可那个簡淺說謂簡也可蒙引謂可也以其簡語氣依在疑為是作文依蒙引為便夫子忠

厚不欲直斥人因雍之問而姑可之雍不喻僅可之意而謂夫子取伯子故有太簡之論一說謂仲弓認可字為可居南面似太淺

居是心之存主行是事之推行居敬行簡一項事不可謂平日自修時居敬到臨民時行簡蓋心中謹嚴有所主宰而見之行事獨持躰要不瑣屑於煩細是謂居敬行簡心中忽畧無所主宰而見之行事任意弛肆并躰要而盡廢之是謂居簡行簡

居敬一說兼內外以有主屬心自治嚴屬身未是還當以心為主不亦可乎勿作可居南面言簡之可也對下文太字看蓋簡有二義有簡要之簡有簡畧之簡居敬以行之得其要也則事治而民安故曰可居簡以行之過於畧也則事廢而民玩故曰太可則可居南面太則不可居南面矣

拆衷曰禮即敬也和即簡也和須在禮之中做出若禮外為和是知和而和多一和字簡須在敬之中做出若敬外為簡是居簡行簡多一簡字

雍之言然義居敬之論正合夫子取仲弓意居簡之論正合夫子僅可伯子意故深然其言

仲弓問仁夫子告以主敬其使雍南面雍即以居敬之簡自許可見聖門教學皆非虚言

哀公問弟子　章

顔子一生學力全在克己克己是學孜孜矻矻必克到盡處然後已是謂好學怒過皆已也不遷不貳不是下手克己是克己工夫已到了觀註至於二字可見善非好學安能克己非克己安能到

不遷不貳故小註謂好學之驗也

遷怒不是怒這个人移去怒那个人只是見那个人時怒這个人意思尚未化就如一人而言本怒他這个事到那个事来這怒心猶在便是遷怒若曰怒於室而色於市則淺矣不遷怒是與化俱徂無一毫留滯所以為克已之至

過是心過所謂顔子無形顯之過也不貳是念慮稍差便能絶去再不復萌觀非禮勿視等語俱是未萌上用工夫

今也則亡二句俱就弟子說不可以上句指在門下句槩論天下

子華使於齊　章

此二事未必一時記者以辭受取予互相發故併為一章揔以義為卞子華為夫子使義也家苟至乏夫子義必周之矣請而少與

之止於義也而自與五秉何義也故責之曰周急不繼富周之義也繼之則不義宰有常祿義也苟不當受夫子義不與之矣與而必九百義不可少也而受職辭祿何義哉故教之曰與爾鄰里鄉黨與之義也辭之則不義盖求疑於惠思疑於廉惟以義斷之二者皆非也故不當與而與雖少與亦有未安當與而與雖多與亦不為過聖人之用財一視夫義而已

蘇氏有言我可以與而其人不可以取君子不與我可以取而其人不可以與君子不取今其與否皆出於聖人二子宜深信之則可以無與可以無辭矣何其果於自信而不信其師也然其厚於處友廉於持身亦是聖門人物

子謂仲弓　章

此是夫子私論若呼而語之雖稱子之賢反彰父之惡固非人子所樂聞亦非聖人隱惡之意也且夫子借言意不甚顯記者以其為仲弓而發故曰謂仲弓

犁牛之子人或嫌其所出然其色既騂且角周正是中犧牲之用者神其肯舍之哉用舍皆就人言而曰山川其舍言祭山川所必用也一說謂山川之神必不舍此而他享未然

回也其心三月　章

仁即人之所以為心之理違謂離而去之也心與仁相渾涵本自不違惟心為欲間則理離於心故必常存天理無纖毫私欲間雜則心完具此理理常在此心未嘗少離是謂心不違仁顏子克復功深故能三月如此

至謂到其境界一日之内心存天理不間於欲便一日到仁之境界一月之内心存天理不間於欲便一月到仁之境界而已矣若言諸子涵養未純存亡靡定只是日月至而已安能如顏子三月之久也

三月不違非餘月皆違日月一至非餘日餘月皆不至也蓋天理之心到三月方少間斷便是三月之仁或一日即一間斷或一月即一間斷便是日月至之仁有間斷便接續上来三月的續来又至三月日月至的續来又只是一日一月蓋其天資學力不同故至仁分量自别夫子獨稱回蓋以勵諸子也

顏子三月之仁非限定月數蓋天道元氣周流而四時節候亦或少變聖人天理渾然如元氣顏子未達一間未能如元氣貫徹四

時故借天道小變之節而約言三月之久見聖人為一元之仁顏子為四時之仁

內外賓主之辨存疑云三月不違時理在內為主欲在外為賓少間時則欲在內為主理在外為賓日月至時理在內為主欲在外為賓少間時亦欲在內為主理在外為賓一說顏子理為主欲為賓諸子欲為主理為賓似看諸子大抵非所以語冉閔諸賢

季康子問仲由　章

為政者君故大夫曰從政果達藝以平素才品言凡事成於斷而敗於猶豫故才貴果凡事行於通而阻於固滯故才貴達凡事利于善應而病於無能故才貴藝此見三子才皆適用聖人隨材器使

果足性資剛決遇事善斷從政則必能決疑定難奮發敢為達是

性資明敏事理曉暢從政則必能相機度宜達權濟變藝是性資
工巧處事有方從政則必能理繁治劇多能應務故皆何有
求也退是藝而不果故用之聚斂[illegible]出於[illegible]也與所取材則果
而不達故用之死輒昧於理也[illegible]藝然猶未免於貨殖則
三子之才皆未純乎理故曰不知也
季氏使閔子騫　章
季氏使閔子為宰只欲得一高賢為私家之重不是欲行其道閔
子以為不義之富貴故辭之當是時士之仕未有不於大夫之家
故夫子不責冉有仕季氏而只責其聚斂乃閔子必不肯就何哉
蓋不命於公朝而命於私家非義也費為季氏私邑宰為季氏私
臣非職也季氏專政不臣諫則不行去則難處非人也此亡一辭也

可以見閔子之德行
善為我辭務動彼之聽不激彼之怒其詞婉如不可辭至於再来
則我必去之他境其詞決此見誾誾氣象與長府章語氣一般所
謂有德者必有言也

伯牛有疾　章

自牖執其手是與之永訣下是痛惜之詞勿以為永訣之矣
執手而與之訣見師弟之情自牖而執其手避南面之礼痛惜之
詞不一而足蓋重其人之賢諉其死於命也斯人以素行言不止
稱其謹疾然觀其素行則能謹疾必矣
孔門德行僅四人一以短命死一以惡疾死豈所謂衷周中和之
氣有限養得仲尼已是多者與故惟顏子之死謂之天喪伯牛之

死謂之命蓋氣運之厄皆非自致彼不盡其道而死者不可以言
天命也
賢哉回也　章
顔子之樂非樂乎貧而澹薄自甘也亦非樂乎道而安飽不暇也
蒙引曰君子無入不自得以在〻皆天理也顔子克已既盡心中
皆是天理天理隨處充滿心即無往不樂就簞瓢陋巷中此樂自
在未嘗有所改移非所得之深所養之粹超乎貧之外者何以能
此故曰賢哉回也
顔子非樂簞瓢雖簞瓢而樂亦不改夫子非樂蔬水雖蔬水而樂
未嘗不在皆所謂窮居不損也使其富貴則有天下而不與即是
此心故曰顔子優於湯武

程子受學周子令尋孔顔樂處所樂何事當從何而尋之蓋人所以戚戚不樂只為私欲擺脫不開耳孔顔樂處只是私意淨盡天理昭融自無一毫係累程子曰人能克己則仰不愧俯不怍心廣躰胖其樂可知即此尋樂便自得其門戶

非不說子之道　章

冉有因夫子稱回之賢自謂力之不足即此自諉之言便無求進之意故夫子以畫責之畫指平日言非指此兩言為畫然味此言亦可見畫處

中道而廢夫子特以狀力不足之人非以此為可諉也中庸曰吾弗能已則半途豈可廢哉蒙引以二廢字不同彼謂自廢此謂不得不廢看来都是不得不廢故中庸觧廢字亦曰力之不足但學

者用功豈可自謂無可柰何便休了此處正當猛省
夫子之道其理則仁義礼智其具則礼樂刑政其文則易詩書春秋其切要不外人倫日用動靜語默衣服飲食之間惟顔子真知其然故就博文約礼上求之乃能至於不改其樂之地豈有力不足哉求說之而畫便是自棄豈為真說若說之真切則欲罷不能雖欲自畫不可得也

子謂子夏曰　章

君子小人皆謂之儒以所習之事同也但有學為自己心身絕無外慕之心是君子儒有學為徇名逐利絕無近裡着己之實是小人儒故儒一也而立心誠偽不同如此學者不可不辨子夏病在近小必卑鄙計利故夫子直以小人戒之

子游為武城宰　章

武城魯下邑是魯君管下之邑非三家私邑也

得人非得人以輔政是得个邑中好人與之往來議論以為心身德業之助如子賤治單父得五人而師事之之類註中為政以人才為先句與此稍差

行不由徑似得於所聞非公事不至則得於所見子游取滅明非專取二事然即二事亦可以概生平動必以正有以自守俱推開說方盡他素行

觀二事見滅明所養觀以二事取滅明見子游所養昔宋王素論命相必求宦官宮妾不知名之人司馬光取諫官必取不通書問者為之從古剛明正大之士其取人類如此

孟之反　章

凡軍進以前為勇退以後為勇故軍前曰啓軍後曰殿〻所以衛追殺之鋒而全敗軍之命功亦不小矣反以師敗國辱臣子負罪乃以此為功心實不安故為自掩之言如此

不伐際要在將入門處蓋當衆人屬目之時惟恐其歸功於己故托為策馬之言使人皆知馬之罪正以掩己之功

莊周稱孟子反必聞老氏柔弱謙下之風者觀其殿而不伐則戰勝不伐可知矣夫子取之蓋為世之好勝競功者愧也

不有祝鮀之佞　章

上古盛時貴行而不貴言好德而不好色世之衰也則好諛悅色故不有祝鮀之口才則無以投人之好不有宋朝之美色則無以

致人之悅難乎免於今世之憎疾矣俗習之偷至此夫子所以傷之也祝鮀為祝之官名鮀夫子嘗取其可治宗廟而茲以為佞鄙其人也

不有二字直貫下而字當作與字看雖免只是憎疾不必作禍患說

誰能出不由戶　章

戶人之日用所必由故借以形道道蓋當由不難由說誰能何莫語氣寀相叫應方得推嘆意怪非怪其由戶而不由道怪其道本可由人何莫由之也

質勝文　章

此夫子傷時文勝故為維世之論雖野史並言意重下句

質是忠信誠慤在內為本文是威儀物彩在外為末一片真心實

意沒有一毫文彩謂質勝文這便是田野村夫老實真率文無可觀故曰野外面文物整齊絕無些毫實心謂文勝質這便是記事史官抄寫故事不由中出故曰史

彬彬與文猶質質猶文不同須知質為主本以文輔之蒙引所謂七分質三分文是也相雜謂文質並用適均謂輕重本末得宜註云損有餘補不足蓋言文勝質者文有餘而質不足質勝文者質有餘而文不足故當損此以補彼非謂裁多益寡相等而無輕重也

人之生也直　章

生理者人之有生心具此理故性字從心從生則生理即性也所性之理本自誠實中正無纖毫假偽私曲便是直與性善大畧相似蒙引說聰明慈孝說生有是物必有是則即為有生之理若不

聰不明不慈不孝即為失其生理則罔矣此說近是存疑謂此只可言善不可言直要就是非好惡說如直道而行舉直錯枉之直一般此則順理之直非生理之直也或又就惻隱羞惡說此則率性之直非本性之直也蓋有生之初本性生理原來正直有生之後能率性而行順理不枉則全生無愧倘悪逆悖理棄天滅性是罔也宜喪其生矣然猶不死此夫子所謂幸免也

此與朝聞道夕死可章參看見人之生死奚足論哉聞道雖死亦可不直雖生亦幸故君子寧死於聞道毋寧生於幸免聖人喫緊為人莫切於此

知之者　章

此章第言學者於道所造淺深不同勉進之意在言外三之字俱

猶道言、
知謂知道之當求所謂先明諸心知所往也如人方曉路頭猶未
行將去好謂深知篤好實用其力必欲求得此道與利仁利字一
般樂謂有得於道心與理融怡然順適無所强拂如樂以忘憂樂
斯二者之類與不改其樂不愧不怍之樂稍差些蓋彼所謂樂得
道以後之樂比所謂樂正是樂得其道
知者未常求好則求之矣是知不如好好者未嘗得樂則得之矣
是好不如樂故知而不好非真知也然不知亦何以能好好而不
樂非真好也然不好亦何以能樂學者欲好必先於知知又必至
於好欲樂必先於好好又必至於樂則循序造極於道其庶矣

中人以上章

語上是聖人至教必擇人而後傳也理本無精粗上下雖鄙夫必竭兩端又何擇而語之以上哉蓋學者才品不同道理難以槩示有可直告以微妙者有可僅告以顯淺者故克復以告顏子訒言則以告司馬牛一貫以告曾子文行忠信則以告群弟子此語上可不可之別

中人上下兼天資學力言天下中材最多故以中人為率上焉者非是上智只較中人更高些便是高明的人下焉者非是下愚只較中人更低些便是凡庸底人高明人語之以上則我之言易入彼之受如響故可語凡庸人語之以上則机不相投教為躐等故不可語然中人上下固有可語不可語乃在中人何如蓋能勉則進為中之上不勉則退為中之下未有撑住中流不進不退者顧

人自處何如耳夫子此言正欲人勉爲受教之地

樊遲問知　章

智者理明而不惑務民義遠鬼神則真見義理之當然而不惑於禍福之不可知何其明也是謂智仁者心公而不私先難後獲則盡其理之不易盡而無心於效之所當得何其公也是謂仁

民義是日用人倫之理務謂專力而無所分

既敬鬼神又曰遠之何也蓋鬼神之說最爲茫昧以爲有者多親而媚之以爲無者又慢而褻之惟神明所在當祭則祭不靠他求福免禍若一毫不與相干涉是敬而遠也

難謂天理難盡人心難純萌一私即虧一理是全體難私一息萌動理即一息間斷是不息難故曰任重而道遠舉之莫能勝行之

莫能至蓋言難也

獲亦是常理用功克己己克便是獲用功復礼礼復便是獲但不可先有此心如未為而先期其獲方為而即責其獲旣為而筭計其獲皆獲心勝也即此就是私勝而功必有所間阻何以為仁先難後獲非先所為其所難後來收其所獲蓋言急於所難而緩於所獲也先如必先四者先字一般急也後如後其食後其君後字一般不急也

智以有所務言故曰事仁以無所為言故曰心要之所先之難即所務之義無瀆神之心即無計獲之心仁智原非兩物心事亦難分別但自所見之定而言則為智自所養之純而言則為仁

智者樂水　章

此章骨子在動靜二字情由躰而生動故樂水靜故樂山效由躰而致動故樂靜故壽觀註中皆用故字可見存疑以動靜先入樂水樂山中衆引以樂水樂山見動靜俱說故字不得

樂水樂山非溺情癖好也境與心會則心與寓適聖人亦大槩别人品格而言其情之各有契合耳非樂水者不知山之趣而樂山者有所嫌於水也

動謂心無固滯與理俱融就如水之流盈一般故其樂水也動相契也靜謂心無紛擾與理相安就如山之凝定一般故其樂山也靜相謀也然水之澄蓄何動非靜山之發生何靜非動故智者動貞于理動亦靜也仁者靜虛而明靜亦動也

樂謂明理的人事到立應無所掛牽心常快活動之效也壽謂無

欲的人精神不耗貞元完固永保天年靜之效也然靜中有動壽者未嘗不樂動中有靜樂者未嘗不壽但樂係於己即患難事变紛然可憂而心無悒怍亦無入而不自得壽係於天則其數必有不可得而齊者君子亦道其常而已

此仁智是成德聖人特就性之所近言其躰段各别情效亦異非一偏之仁智也

齊一變　章

此章以道字為主言齊至道之難魯至道之易由其政俗美惡不同故也

道是先王之道太公之治齊周公之治魯皆是道也其後齊尚霸政流為功利夸詐之俗太公之道漸滅盡矣魯政微弱尚有礼教

信義之風而周公之道未泯但多廢墜耳変齊須更張一番變功
功利為礼教變夸詐為信義豈可以至魯至今日之魯也若昔之
魯即道矣變魯不須更張只要整頓一番廢者舉之墜者修之即
依然昔之礼教信義便是至道
齊之難變以壞於伯習則啚伯本以興衰而適以病國魯之易變
由存乎王道則王道雖微猶足以扶國家於既斃矣夫子此言非以
齊難變而不變之也亦非只欲變齊至魯已也還要皆變之於道
但魯以一變齊必再變此可以觀施為緩急之序
變魯何以至道昔齊仲孫湫謂魯秉周礼晉韓宣子謂周礼盡在
魯故子〻曰舍魯何適曰吾為東周觀其為政於魯一年而四方則
之男女別途路不拾遺誅正卯隳三都至道之机已可見矣惜女

樂一阻可勝嘆哉

觚不觚　章

此章非専言觚借一觚以傷世之空名無實者欲人顧名而思義也上觚字以器言不觚觚字以形制言觚哉而觚字指器而重嘆之言失其制安得此名也故為政必以正名為先意在言外

宰我問曰仁者雖告之曰　章

可逝是使他往救井中之人不可陷是不可使他自身陷入井中以救人何也仁者切於愛人亦未甞無覺凡事可欺以理之所有不可罔以理之所無人有墜井之理墜井有可救之理是可得而欺之故可逝若自家入井欲捄出井中之人是理之所無不可得而罔之故不可陷存疑可逝輕看可欺不可罔俱觧不可陷意

宰我好仁不好學其蔽也愚故憂爲仁之陷害然子路好勇凡事都向前勇爲但有未是處故曰不好學宰我於仁未嘗向前爲之訛慮及有害則豈惟不好學盖亦不好仁矣

君子博學於文　章

博文謂窮萬理以盡此心之量是求道入門工夫約禮謂守一理以爲脩身之則是躰道實踐工夫故可以弗畔於道

文不止載道之文如夫子之文章威儀文詞之文也文不在玆禮樂名物之文也則以學文詩書六藝之文也此道理散見天地間千端萬緒極其浩博必窮搜廣採一一考窮一一理會是謂博學於文

禮即理也文雖千端萬緒揔是一个當然之理有繩墨可守必把

所博之文會歸一理收拾在心身上來凡百躬行只守着這一个理無一些踰越是謂約之以禮

博文是知約禮是行論先後知為先論輕重行為重此即顔子博約工夫孟子博學詳說約專以知言與此不同

先博後約非博文完了方去約禮一面博以求知一面約而行之知得一分即行一分若待博文盡畢而後約禮則文何時可了且當博文之日豈能全無行事故知行是並進工夫但為之自有次序

畔離畔也即中庸離道之離但離只是稍稍分開畔則去遠矣弗畔而還乎承博文則盡道之散殊以為約之地約禮則造道之歸宿以收博之功故弗畔道但博文是方下手處未為不畔必做到約禮方為不畔蓋理會於一道上於中自博而約則得其一自文

而禮則歸於中此是串畔要旨顏子見道卓爾意亦如此特以不
先博文何由約禮故當並承程註只重約故圈外

子見南子　章

見南子是見小君常禮子路以其人有淫行故不悅否謂非禮也
聖人謂我所見苟不合禮則天厭棄之重言以自誓非懼人疑已
而為重誓以自解也蓋深警子路之不相信欲其深思以得耳
蒙引謂子見南子意欲得行於衛存疑謂或有行道之機看來辭
謝不得已而後見亦待陽貨之類耳聖人縱急於行道豈欲因一
婦人耶

予欲無言曰天何言哉莫我知也曰知我其天於畏匡曰天未喪
斯文於桓魋曰天生德於予於媚竈曰獲罪於天於見南子曰天

厥之聖人動静常變無一非天乃每每言之若亦自信以警人耳

一說南子即南蒯子路不悅與往公山佛肸同意此說甚好但恐

無所考

中庸之為德　章

此章講同中庸曰民鮮無能字言人之有中庸者少矣尋言鮮絕

無可知

如有博施於民　章

此子貢求仁於遠以事功言夫子示以求仁於近以心体言

施謂恩出於我濟謂人被其恩我所施者博則濟於人者衆何如

可謂仁乎子貢猶疑其未仁也何事於仁夫子言此不只是仁必也

其聖人乎蓋仁言其理一念之公亦仁也愛及一物亦仁也豈必

博濟而後可聖則造仁之盡處無一念不公無一物不愛或者其能博濟乎乎疑詞謂聖人亦未必也故以堯舜猶病足之病只是聖人之心無窮歉然有所不足非謂堯舜之民果有未濟也要之世雖極治安能無一物不得其所即洪水爲患而巢窟之民其盡安乎此勢之難及澤之難徧聖人誠有所不能者非獨其心病也一說仁者雖有其理未必兼得其分必德位兼隆之聖人能之此說亦通但以博濟言仁此中就有勢分聖人特論其地位不止是仁還是聖人耳

夫仁者一節指言其心人已無間所謂仁體也欲字直貫下不可於已欲立讀斷言立已即欲立人達已即欲達人只此公心便是仁施之博不博濟之衆不衆毋論已舊說立是養達是教近說立

達俱兼教養一說兼内外内立其心外安其身皆立也心無不得用無不利皆達也此亦教養之意

能近取譬言立達與俱仁者之心至近也求仁者能近取吾欲立欲達之心譬他人欲立欲達之心推而及之則所以為立達與俱之仁者即在取譬間得之這近取便可叫做仁之方法蓋仁者心公而不私近取譬則私去而心即公豈不是為仁的法門

夫仁二節不可以上節為自然之仁下節謂未至於仁者勉以至之只是上節言仁者之心狀其體也下節言為仁當求於心示其方也苟得其方以全此心體即一物無濟何害為仁不然雖功蓋天下豈仁者事哉是故一匡非仁而陋巷為仁

此章與賜也非爾所及一言終身行之參看見子貢為仁要在恕

上用功故夫子屢告之

述而不作　章

述而不作固是夫子謙詞然易則賛之詩書則删之禮樂則定之春秋則脩之實未嘗有所作也但當時無夫子今亦安有六经此其功則倍於作矣故曰夫子賢於堯舜

信而好古惟信故好故註但曰信古即包好意在内此句是推所以不作盖古人所作其理已備吾惟深信其理而篤好之真見其無容於作故但述之而已夫以天縱聖人豈不能創一家言與古人爭傳乃篤信古道無容再作此固謙詞要之六经常道也常道在人心亘萬古不可改易即聖王革命創制亦殷因夏周因殷矣夫子傳道来學又安所事作哉故惟一推明之示天下後世以經常

之道已耳倘外常道而別有著作其不為道德為南華也者幾希

老彭亦信古賢人也豈可與夫子比數乃比之而且曰竊謙之至也

默而識之　章

三句平看俱是心上用功默識是心之自得不厭是心不自足不倦是心不自私然亦有序蓋存諸心矣而久或厭怠不可也篤於學矣而誨或有倦不可也故淺說彖引俱有相承意思一說默識以心言不厭以功言誨總承上一說默識直貫下謂以此而學以此而誨此皆作文法俱通

默識謂不事口耳誦說只心中默默理會常常念不忘故曰心得之學學不厭不專講習之學要就心身上講

夫子嘗辭仁聖而以不厭不倦自居此皆曰何有總是謙也誨人

不覺詞之益遜也

德之不脩　章

此四者日新之要日新日進也脩德則德日崇講學則學日明徙義則義日積改過則過日無故曰日新

德就心得看脩治而去之也去其心之私以全吾所得於天之理是謂脩德學而曰講就講習討論上看是窮理工夫與大學道學中庸道問學一般徙義改不善是兩項事不是互言徙義是未嘗有遷凡有所為都移向義上行改過是既為不義着力改畫一番摠是力行工夫

四者雖平然脩德為主下三件俱脩德裡面事講學明德之理也徙義崇德之功也改不善去德之累也但作文還是四平憂全在

四个不字不脩則憂德棄不講則憂學荒不徙則憂善喪不改則憂惡長這憂中便有兢兢業業必求無憂而後已

子之燕居　章

燕居除非見君承祭時候凡閒常居處皆是申申以容言是緊一身舉止夭夭以色言是面上顏色申夭謂舒和怡愉平居無堂廟森嚴禮法拘檢氣象合當如此語意似對嚴厲看程註兼不放肆不嚴厲然語亦有重輕謂他人不放肆則必嚴厲夫子固不放肆亦不見嚴厲恰像申申夭夭模樣兩如字有形容不盡之意

甚矣吾衰　章

衰是氣衰盖人氣盛則志壯存向有行道之志常有周公之夢今周公之夢不復則行道之志已灰豈不是血氣衰了不夢是衰久

矣是甚盖自傷志之不得遂而嘆其衰老也存疑作志衰看盖註中並無氣字一曰志欲行道一曰無是心皆以志言不必泥心無老少身老則衰之說觀聖人吾已矣夫歸與歸與皆自絶望於行道即謂行道志衰亦可

夫子不夢文武而夢周公臣道也行周公之道以舉文武之政夢周公即夢文武或曰夫子衰矣倘或見用能復作周公事業乎存疑曰太公八十尚作許大事況夫子乎特患時無文武耳苟有用我志氣固自在也

志於道　章

此章論學要會其全又要循序總以心為主志道是心之所往者正據德是守其心之所得依仁是心純乎理游藝亦養心之功

道謂日用人倫當然之理是一條大路非旁蹊曲徑學者立志要確然定見向這大路上走不被人引誘蹊徑裡去此是為學第一根基

德即所志之道行之有得於心者據如據險之據謂隨其心之所得一一牢固看守不使得而復失所謂得一善服膺弗失是已

仁即所據之德由一理以會其全故曰心之全德依相周旋而不離也天理既全日加涵養不使一息間斷如君子無終食違仁節

仁與德一理但有偏全蓋一得亦德也德不全何以為仁依與據同功但有生熟蓋據方着力守之得一則守其一得十則守其十依則瞬存息養無頃刻不與之俱也或謂既仁了又何消依曰一息少疎私欲竊發便是不仁如顏子三月不違猶有少間時也故

當依仁

藝至理所寓即道德仁之散見也依仁而後游藝豈前此都無學文工夫蓋方至道之時所謂知此而心必之者已自格致中來未有徒存心而不致知者但到依仁而後亦不可丟着此藝更當游玩於此以為養心應務之資蓋仁則心極靜虛湛然無事若不游泳六藝玩味理趣又恐別生私念且亦踈於應用是故養心應務之助游藝尤不可闕也時說第云本既立不可廢末內既純不可遺外似影響

自行束脩　章

人性皆善教人者無不欲其入於善但人不知來學則已苟知來學自行束脩至薄以上及於至厚則礼雖不同來教之心一也故

聖人未嘗無誨蓋重在教人為善故惟視來教之誠而不計禮之厚薄

不憤不啓　章

此章三平看不憤不悱不以三隅反是無受教之地不啓不發不復是不輕教蒙引淺說以下句承上二句謂舉一隅即是啓發能悟則再啓發之此程子圈外之說

憤懣也悱屈抑狀求通未得則其心憤然欲言未能則其口悱然此其机皆將有所得故可啓發啓是自意上開之發是自詞上達之這憤悱只是一端机栝啓發亦是因其一端而教之與時雨之教不同若以曾子為憤悱一貫為啓發是說低了曾子

憤悱是兩樣人然机亦相須蓋凡欲言未能都由求通未得而不

得於心必不得於言但以其心不遂則為憤以其言不出則為悱
一隅三隅非限定四樣只是相類可以反証之狀反謂還答也吾
舉一以示之彼即以其相似者還答於我便是能悟底人故可復
告或曰既能三隅反何須復告蓋義理無窮千端萬緒雖能聞一
而知二也必更端而再告

子食於有喪　章

此兩記聖人性情之正皆哀有喪也故食於其側則不飽哭於是
日則不歌蓋食旨不甘聞樂不樂此孝子居喪之心天理人情之
至也聖人心純天理隨觸而動即以人子之心為心故其用情如此

子謂顔淵　章

此章上段進顔子於化下段抑子路之勇蓋顔子行藏已幾於無

心子路自負便有意於必行

用行舍藏重兩个則字孟子稱孔子曰可仕則仕可止則止夫子謂顏子曰用之則行舍之則藏皆言隨時而無成心也蓋世固有不用求行亦有用而不行者固有舍而不藏亦有不舍求藏者雖清濁不同而適莫則一惟用之則行無心於行舍之則藏無心於藏無心於行故舍之則又藏無心於藏故用之則又行此所謂行無輙迹聖之時者也顏子未達一間夫子即與其有是蓋進之耳

行藏以身言非以道言與是與共不是與許下文誰與亦是與共

夫子嘗曰道之將行將廢命也又曰得之不得有命此註云命不足道何也蓋命之為言警門人也聖人之心天理自然命自我立豈問命乎故愚者不知命而喪乎義賢者知命而制之以義聖人

與命相忘而無適非義

子路行三軍之問與從浮海之喜皆是自負其勇勇亦學者不可無但子路病在好上故夫子深抑之

死而無悔謂自擬必死而其心無悔此人視死如歸似有萬人必往之氣然不知斟酌事幾徒殺其身無益於事辱國債師行必由之故不可與行三軍臨事二句以平日素行言上重懼字下重成字言臨事而能懼謀事而能斷所謂善用勇者也行三軍要二句無有盖懼事是謹畏底人不能斷則必自沮多重發而喪其功成謀是明決底人不能懼則必自恃或輕為而至於敗故須兼此二者乃可與行三軍或謂子路勇決未嘗無斷只是欠懼曰好謀能成在斷之以理由好勇不好學多於理上未精故有死輙之事

富而可求　章

此章為中人發兩吾字聖人借己以警人非自言己志也不可求以命言從所好以義言蓋命既不可取必則亦安於義而已何必舍吾所好之義營營於不可求之富以徒取執鞭之辱哉世人自處求富豈但甘為執鞭凡百卑汚苟賤何所不至夫子特以有命警之使人知其無益而自止若賢者則曰不以其道得之不處也豈徒以命不可求而不肯自辱乎故曰此為中人而發

子之所慎　章

此三事非一類記者約三字為一章言一係於神一係於國一係於身這三件大事皆夫子所深謹者非謂夫子獨謹此三者亦非謂無所不謹此其尤要也慎意兼吉凶兩邊齋食遷坐謹齊也饋

藥不敢嘗謹疾也告子路行三軍謹戰也

子在齊聞韶　章

子在齊聞韶舊說謂舜之後敬仲奔齊故韶在齊蔡氏折衷辨云季札聘魯請觀周樂見舞韶箾嘆其天覆地載則魯有韶舊矣齊景公二十一年師摯自魯適齊夫子亦是年適齊明年夫子與太師論樂聞韶音齊之有韶自摯始此說有據可從

三月不知肉味言學樂之專也學樂不是把樂来作只是玩味其聲音考究其情文三月言久也不知肉味非三月絕不食肉亦非食肉而不知味存疑謂心專於學別念不足以移之或當食不令人設肉或設肉而不甚用故門人以為不知肉味

不啚一句是學得其妙想像慨慕以為平日只說韶樂不擬其妙

之至於如此於斯不言何狀有形容難盡之意中入美善無盡

夫子爲衛君　章

衛國之事當時但知蒯聵之罪不可以有社稷而嫡孫承重輙所當立不知拒父之罪安可逃也爲助也非助他拒蒯聵只是賛許其事冉有見衛皆與輙不能無疑欲折衷於夫子之一言故問子貢子貢亦必問而後知時論之惑人深矣

子貢以居其邦不非大夫故不直問衛事而以古人之相反者探之倘夫子以遜國爲是則必以爭國爲非古之賢人且未講遜國只說人品大都是不賢者則爭國之人品可知矣

子貢又以夫子賢齊夷必以遜國使其出於激發過中之行未必脫然無所怨悔則賢人之遜且未能忘情衛君之爭或可以少恕

也故問怨乎則指出遜國來閒但勿用扣馬一邊仁是天理人心

夷齊之讓一要尊父命一要重天倫皆求合天理而當人心卒之天倫得全其重父命得遂其尊則理順而心亦安是謂求仁得仁凡怨皆生於求之不得求而得之何怨之有此見夷齊遜國皆理得心安則爭國者逆理忍心可知矣

子貢以夫子既賢其人又諒其無怨則讓國之事乃所深與而輒之爭國其必所不與矣故曰夫子不為也此亦見子貢之善悟若子路則終以為是而反以正名為迂毋惑乎繼之以死也

夫子賢夷齊而春秋於季札來聘不稱公子何不與其讓也胡傳曰叔齊之賢不加伯夷孤竹舍長立幼私心也諸樊兄弟無及季札父兄奉奉立札公心也以其私故讓為得仁為夫子所賢以其

公故讓為生亂為春秋所貶

飯疏食　章

此章樂貧賤輕富貴不平看蓋人情困苦不堪無切切想着富貴雖不義得之亦所不顧聖人雖處困極亦無不樂富貴何足以入其心哉直浮雲視之耳

樂是吾心本來有的但為私欲所累故多戚戚豈惟貧賤即富貴患得患失亦嘗不快於心聖人心純天理絶無私累隨地自得何往不樂故雖疏水曲肱之困此樂亦在其中也觀亦字便見在在皆樂此中亦樂

此樂與顔子之樂一般蓋顔子非樂簞瓢陋巷自有之樂雖簞瓢陋巷未嘗改也夫子非樂疏水曲肱自有之樂雖疏食曲肱無不

在也但曰亦在是安仁曰不改是不違仁地位自別
浮雲之来往全無與於太虛之躰富貴之有無亦無與於聖人之
心故曰不義富貴於我如浮雲言任其去来於我何有也然亦自
不義者言耳倘富貴而義便當用之則行聖人豈為荷貴之果哉
但不義富貴視如浮雲則義而富貴亦如固有此舜禹所以有天
下不與

加我數年　章

易時也隨時變易以從道也故其為書備天時人事之理吉凶消
長以天時言進退存亡以人事言如乾初九陽在下天時也占曰
勿用人事也天有是時則人有是事盡人之事以應天之時此易
道所以無過也

學易居則觀其象而玩其詞動則觀其變而玩其占是也曰卒以學易則前此已嘗學之但道理難盡故須假數年以終其功可以無過言功深於易則明理識時知天時之或吉或長而人事以進以存則理當為而為之必無後時而靡之過知天時之或凶或消而人事以退以亡則理不當為而不為必無先時而動之過曰無大過者言小過未必盡無謙詞也

孔子聖之時者動與天合一身皆易何待於學亦何過之云乃其言曰學易又曰假年曰學而可以無過又曰無大過此固謙詞然實其俛焉孶孶之心也於此見聖人必學易而後無過是易不可不學於此見聖人必假年以卒學易是易尤不可易學

子所雅言　章

性情政事節文皆學者日用不能無故詩以養之書以道之禮以謹之皆夫子常言以教人蓋自日用所切者而獨詳之耳詩書誦讀之已耳禮而曰執不徒誦說還就躬行心身上教人持守故雅言之教不可際謂窮經在四教詩書是文執禮便是行易道精微春秋史外傳心要典樂在詩禮之中故皆不列雅言

葉公問孔子　章

子路不對兼註二意一以葉公不知孔子一以聖人未易名言其為人也一節夫子言我無他異只是个好學底人汝何不告之此語教子路之意居多葉公恐未足語此

發憤二句俱兼知行心有未通身有未躰皆理之未得心之既通身之既躰皆理之已得云爾承上三句聖人一身只是一个天理

未得則求之既得則樂之有未樂則又求之又求則又樂之只此
憤樂相因更無別項嗜好又無些子係累故忘食忘憂忘年如此
聖人萬理畢具安有未得然望道未見故嘗曰我無能焉曰丘未
能一曰何有於我曰是吾憂也豈不是未得而憤意思
全躰至極純亦不已揔補蓋聖人篤學到老是天下之理無所不
全亦無不極其至又無一息之或間不可以發憤二句貼全躰不
知老一句貼純
我非生而知之　章
人得天地之理以為心故人心之靈莫不有知但氣禀昏濁義理
蒙蔽故須學以去蔽而後能知聖人氣質清明無所遮蔽義理昭
然不待學力是謂生知乃不以自任固是謙虛然聖心無窮望道

未見每每切於好事彼其忘食忘憂問礼問官之類自是敏求實事

好古敏求並重蓋好不切則求不力然不力於求亦徒好而已勿看輕好古偏重敏求然作文須直講不可兩平

古人所傳具載方冊皆義理所在聖人好古而求之件件理會要得古人之所以用心研窮其精微要妙之歸考究其因革損益之故亦求知此義理而已尹氏謂敏求只是礼樂名物陽明又謂礼樂名物無関作聖之功學知只知此義理看来礼樂名物亦何者而非義理求義理而但曰致此心之良知則何所着落故聖門博約並用則此章求知之旨可識矣

子不語怪力亂神

不曰言而曰語不惟不自言雖問亦不答也怪力亂非理之正恐

敗壞人之心志神又理之渺茫恐人馳騖於不可測之境故皆不語学者知其非告語之所及則必不留心於此是亦教戒也然春秋記災異簒亂戰伐之事而易礼嘗論鬼神何也蓋言不可輕以示人亦必筆之以為世訓

三人行　章

師只是長善救失人苟有心於修省則無往非為善去惡之資故

三人行必有我師

同行不但同路凡同事皆是一同行間何以知人之善不善蓋或聞其平素名行或見其一時動止皆有分別從效其善也改不從其惡也與内省而改已之失不同從則我之有善因他善者他便是我長善之師改則我之無惡因他不善者他便是我救失之師

是謂我師由此推之兩人皆善善亦我師兩人皆惡惡亦我師或同一人行有善有惡亦皆我師蓋從之改之雖因乎彼而必從必改則我爲善去惡之實心也苟有是心則獨行時一念而善即加勉一念不善即克去豈不是能自得師故曰心爲嚴師

天生德於予　章

夫子周流至宋桓司馬忌而欲殺之門人都惧不免夫子曰我之德天所生也天既賦我以如是之德則必有意於我彼人也安能違天哉吾故知桓魋無柰我何也夫子平日不居乎聖此則以德自負以天自處蓋亦慰門人以警強暴耳

公伯寮欲害子路夫子猶委之命使知所以自安也桓魋匡人欲害已則不委之命而信之天蓋知吾身爲斯道興喪所係决非強

暴所能害故斷然任之如此然必微服過宋者亦為斯道愛惜此身盡人事以順天意耳

二三子以我為隱章

門人疑夫子高深之道都不發出教人意必有所秘而不傳故以為隱殊不知夫子文章皆妙道精義之發時行物生即天理流行之實故顏子求之視聽言動而見卓爾曾子求之隨事力行而唯一貫皆自行上躰夫子之教故自能得其高深也下此者不知求之於行而徒欲得高深之論夫子欲其躰認於日用躬行之間以自得於言外故曰吾無行而不與二三子是丘也與昭示也行對言看昭對隱看言雖隱而行則昭是則丘之所以為教也觀鄉黨一篇可見註作止語默或云不宜入講中只言外補之然作文入

講無妨

夫子之教有可得聞有不可得聞有可語上有不可語上而終日之言惟穎一貫之呼惟曾果無隱矣乎蓋教本無行不與而脉教則有不同故亦因人而傳耳學者不勉為受教之地而病其隱何弗思甚哉

子以四教　章

夫子之教大要只此四件文是窮理行是履事忠是學文脩行心無不實信是學文脩行事無不實知行内外是謂四教註曰存忠信言文行皆當以忠信為主也不是揔作一件

聖人教人惟博文約禮二事又加忠信列為四目何也蓋知行是下手工夫而為己為人不同聖人教人務實每於主忠信之訓獨

加切焉故記忠信與知行並重

聖人吾不得而見　章

此章帰重有恒蓋自聖人而下思及其次皆不可得而獨屬望於此末又慨有恒之難傷時之益偷也舊説謂知無恒之人則知有恒之義未是

聖人君子以學言蓋有其質而成之以學乃能造道極致故不稱其質而言學聖人之學至誠無息是也君子之學遜志時敏是也善人有恒以質言蓋有其質而未充之以學故學無可稱而言質善人之質粹美不殘迹自不為惡有恒之質謹厚未必皆善而立心不二兩不得而見固嘆其難兩斯可矣亦有願見而不可必之意

無而為有三句只是形容虛夸之狀如語言張大容止浮夸之人

便無實以繼不能有常時說以學問道德入講蒙引謂此涉於學非以論質然作文入講無妨如本無是善曰無有善未實曰虛少有所得未該衆善曰約或作錢財說尤非

此與不得中行而與章參看有恒是循邊人但循者已用學力有恒全是未學時文云由有恒而善人此句未妥蓋善人有恒俱是未學有恒不學徒質何以進於善人使其既學則又不為未學之善人夫子因聖人難得而思君子即思人之可以為君子而進聖人者惟此兩樣資質但善人資質極好如可欲之善充之即為大人為聖人亦未易得有恒只是个朴實頭雖其質不如善人而立心專一工夫有常勉之亦可為君子為聖人故不得善人而思有恒屬望深矣

子釣而不綱　章

古聖王所以能使鳥獸魚鼈咸若者只是取之有時用之有節夫子為養與祭而釣弋取之時也不綱不射宿用之節也不綱是不盡物取之不射宿是不出其不意蓋緣好生心勝故於取物之中即寓愛物之仁此便是萬物一体與大舜不虐無告文王惠鮮鰥寡同一机軸

蓋有不知而作　章

此章上言我無不知而作下言我之所以有知聖人安行而曰無妄作聖人生知而曰知之次皆是謙詞一說上段是謙下是示人求知之方似大泥註一說作謂著作亦未是

聞見皆兼今古言不可以聞是古見是今亦不可謂聞見專是前

言徃行聞見皆取諸外以為擇識之資擇識皆求諸心以審聞見之是

擇是斟酌審擇而行從之便是作意思識謂記憶扵心不忘多聞擇善而從惡者未嘗不識多見而識其從也必擇夫善存疑曰擇是臨行再審工夫識是平日蓄積工夫又曰多聞亦可識多見亦可擇而從須互觀之始得

知之次與學知次於生知不同盖彼以質之學與不學言此以知之至與未至言雖未能實知其理絶無毫髮之疑亦可以次於知矣

互鄉難與言　章

聖人與人為善苟可以教不必皆才子弟故見互鄉童子門人以

亙鄉惡俗童子必非善人故疑其不當見潔脩治也謂童子求見有欲去舊染而自潔之意人潔己一句提起與其潔二句對與其進二句一是不保既往一是不逆將來唯何甚句揔承上一說童子進而來見吾即與其進而見之不與其退而為不善也何必峻拒不見而為已甚哉蓋彼既悟平日之非而潔己以進則我但與其今日之潔不保其前日之非此所以當與其進也此說亦通但朱註不可悖

仁遠乎哉 章

仁遠一句虛講心之德非在外意提在下句上面蓋凡有求之未必得得之未必速皆在外而不在我者故謂之遠仁在心者也吾惟不欲仁則已苟欲仁則於心求之即於心得之豈遠乎哉欲仁

仁至重反求上中間還有工夫只是求而得得而速便是不遠時
文就指欲字當仁字全不消求之而得似說仁太淺易了
陳司敗　章
全章首節是因司敗之問而以善歸君下二節是因司敗之譏而
以過歸已
司敗知禮之問是持一娶同姓之事以觀夫子之公論夫子知禮
之答亦知有娶同姓之失但以異國之臣問吾國之君又不顯言
同姓之事其對之宜如此
黨是偏私庇護司敗以夫子偏護昭公全無公論故以為黨蓋同
姓百世不通婚姻者周道也魯周公之後吳太伯之後皆姬姓今
昭公娶吳是同姓為婚又假詞掩飾不曰吳孟姬而曰吳孟子子

宋姓也以子易姬本以自諱其失而係子於吳又以自彰其非故
司敗以公為不知禮而疑夫子之黨此其評昭公固為不易之論
而疑夫子則不知其用心之極
夫子聞司敗之言全無所辯但曰這實是我之過失我一有過人
必知之則將改畫於後不亦幸乎即此受以為過吳孟子之事不
待辯矣既不失君父之私諱亦不廢天下之公論既以正婚姻之
大倫又以全臣子之大義是非之公忠厚之情俱得矣

子與人歌章

與人歌兩人共歌也反之者使彼再歌彼自歌也所以盡其善亦
不亂其善也和之者我亦再歌我自歌也所以喜其善亦深替其
善也反而後和見其從容必求再歌見其懇至不矜吾之善見其

謙遜必盡彼之善見其審密使彼得見所長見不掩人善一事而
衆善集矣

文莫吾猶人　章

文與言稍別謂文理成章工於言者也莫吾猶人謂疑或可以及人謙而不敢直任之詞躬行謂所言之理以身行之這是个篤實君子所謂勉其實者躬行是也言而不能行則虛矣未之有得不是行而無得言未一見諸行也

聖人之文為萬世經訓其行從心所欲不踰矩乃曰文莫猶人行未有得揔是謙詞然曰猶人見言易而在所緩曰未得見行難而在所急勉人之意深矣

若聖與仁　章

誠也

仁聖是自然地位不厭不倦皆勉然以求至夫子辭其自然而以勉然自處公西華以此正是仁聖之實故嘆其難能非夫子辭其名而直任其實也

仁聖一理也聖人亦豈有加於心德人道之外哉特造仁之極耳心德全而人道備仁便是具體聖人但以其純理名之曰仁以其至極名之曰聖一說聖是化仁是大似太分別存疑謂仁以理言聖則盡仁之謂又只是一个人

為是自學為仁聖誨是教人為仁聖夫聖非思勉所可及仁非全體不息不足以當之要學他從何下手蓋心德人所同得人道人皆可能就此用功念念有得事事皆道則由偏而全由守而化致曲可以為至誠善信可以為聖神皆是進為實功聖人教人為仁

聖非虛語也可謂云已矣言只可謂我不厭不倦外此更無可稱不厭不倦固夫子悅焉日有孜孜之心然非至誠無息純亦不已者不足以語此彼見理未真存心未純則工夫必有間斷故曰正唯弟子不能學也

子疾病子路請禱　章

禱之禮從古有之但出於臣子迫切至情則可若聞於病者則不免有徼神之心故子路欲為夫子禱未為非禮而失在於請便是不知聖人聖人不信其有亦不直斥其無反詰之曰有諸此言便含不欲禱之意姑以試子路之見耳子路不思即應之曰有又以誄為証夫子知其未達乃止之曰丘之禱久矣則今日無事于禱矣蓋自信以警悟子路亦使天下後世不可因我而廢禱所以為

聖人之言

聖人與天地合德鬼神且不能違何待於禱且殀壽不二知命不憂又奚以禱為其曰禱久蓋與天生德於予天未喪斯文同一以天自處之意註云未嘗有過無善可遷不可作夫子自言口氣只云我平日所為有過必改有善必遷不敢一毫獲罪於神其禱已有素矣此便見不必祈神之佑且示人當務人道不可諂瀆鬼神

奢則不孫　章

禮只是一个中過乎中制而恣肆侈飾曰奢不及中制而專務省約曰儉不遜不順理也奢則不循禮法凌節犯分其弊為不遜儉則惜費尚簡鄙陋無文其弊為固固與不遜雖皆失中然就兩樣較來不遜則防閑決潰綱常踰越為害甚大固則尚有朴野之遺

又無僭越之罪未為甚害故與其不遜也寧固三歸反坫鏤簋朱紘是不孫豚肩不掩豆狐裘三十年是固

此章大旨與荅林放同但寧儉重本講猶取其可以得禮之全寧固重弊講姑取其不甚潰禮之防不得已而救時意益切矣奢儉之失夫子屢並言之乃舜授禹稱克儉尹告太甲以儉德永圖何也蓋彼所謂儉皆儉之中非儉之固也

君子坦蕩蕩　章

此以君子小人之心言坦字不對長字坦是平順自在蕩蕩是無所往而不坦平長常也戚戚是心裡多憂蓋凡天理則平坦寬大都是順適境界人欲則崎嶇險仄都是憂危境界君子之心純乎理不役於得失利害故隨寓坦然天寬地濶何所往而不自在是

謂坦蕩蕩小人心逐於欲日以患得患失為念故常常這等憂患那有快活時候是謂長戚戚　蓋人欲是苦海天理是坦途去了那長戚戚便是个坦蕩蕩

子溫而厲　章

此記聖人平日接人氣象非朝參燕居之容可與君子三變章參看

中和二字勿以溫不猛安為和厲威恭為出　蓋溫而能厲為溫之中和威而不猛為威之中和恭而安為恭之中和未有一偏而可為中和也但陰陽則自有分

註中德性以理言氣質以氣言全体渾然是德性之理無所虧陰陽合德是氣質之稟無所偏此容貌所以中和也

溫而厲非以厲濟溫只是溫之中見其厲耳三句皆然

泰伯其可謂至德　章

至德謂經常不易盡道無歉太伯之讓商蓋立君之經萬世不易盡臣之道一毫無歉故稱至德其稱文王亦此意也湯武革命雖曰順天應人然權變之宜而非極致之理故曰慚德又曰未盡善

講太伯至德重讓天下帯無得而稱意不可以三讓無稱並重以天下讓只是可取不取三讓非三次讓謂固遜也當時太王傳位季歷而太伯逃避人但見其讓弟而不知其讓商故民無得而稱

註謂太王有翦商之志而太伯不從疑此或據之史記但當太王時去武丁未遠尚未有紂何以遽欲翦商魯頌所言亦本周業始於太王此時已有翦商之勢非言太王之心也存疑引金仁山胡雙湖之說辯之審矣

朱子曰太王之欲立聖子賢孫爲其道足以濟天下非有愛憎利欲之私是以太伯去之不爲徇王季受之不爲貪親終不赴毀傷肢體不爲不孝處君臣父子之變而不失乎中庸所以爲至德

恭而無禮　章

禮者天理當然之節中而已矣恭慎勇直皆美德然各有當然之理不可不及亦不可太過此章重過一邊言無禮以節其過則有勞葸亂絞之弊

勞即病於夏畦葸即畏首畏尾亂即犯上作亂絞即証父攘羊絞曰急切謂褊急不能容忍聞人過即急急揭之于人也

此與六蔽章參看此言有美德而不以理彼言有美德而不學以明其理故皆有弊

君子篤於親　章

此節另爲一章張註不必用吳氏及愚按以爲曾子之言亦無據

君子以在位言親不專父母凡九族皆是篤親所謂尊其位重其祿同其好惡是也故舊無異姓大臣不遺謂有功必録有罪必宥所謂無大故則不棄是也親與故親疎不同篤與不遺亦自有重輕篤親念故俱是仁厚之道勿以上句爲仁下句爲厚

曾子有疾　章

身者親之枝也敢不敬乎曾子平日守身臨終召門人開衾以視手足自幸其得以保全至言其所以保之之難者只是戰戰兢兢臨深履薄則一敬之外無他道也以此知曾子保身存心之要法雖堯舜兢業何以加此觀其易簀猶在啓手足之後信所謂仁爲

己任死而後已者弘毅之學是可見其大矣故曰躰其受而歸全者參乎

曾子有疾孟敬子問之　章

曾子言曰一節蓋將教敬子恐其怨而不識故自謂將死善言以警其聽

人窮反本謂有生之初人性本善後來徇欲遂喪其本至死則氣消欲盡復還本性故言善

君子指在位言道字兼本末即籩豆亦在其中但末非所重君子所重乎道之本只此三件最是緊要故爲敬子言之

容實而貌虛以一身言粗厲是不和放肆是不敬厲非嚴厲謂粗率也放肆如箕踞之類一說暴是剛者之過慢是柔者之過

顏實而色厲自面上言正字不甚重對動出看但比動出二字稍着力蓋人多脩飾外面少有自實心發出如色厲內荏色取行違色莊令色之類皆是故又貴近信辭實而氣盛鄙凡陋也其失小倍背理也其失大動正出三字無工夫工夫在遠與近上緊要是三个斯字言動容貌便要遠暴慢正顏色便要近信出詞氣便要遠鄙倍這裡就有操存省察之意以此居上為脩身之要以此臨民為立政之本要與本是君子最重者故曰所貴乎道者三籩豆是礼數亦莫非道但無関於脩身立政之大故委之有司而已想敬子為人必留心器數而忽於心身故曾子將死而深警之然實垂訓之格言

以能問於不能　章

此是顔子既死曾子追思之言以能四句言學不校一句言量從事言其能為此事非謂其用功於此也蒙引以上四句為知下一句為行未是

能是能知能行多是無不知無不行不可以能為行多為知有實二句揔承上一說有若無承以能句實若虛承以多句亦通

以能二句是下問若無二句是本其心之虛也一說於下問而見其虛心亦通或謂四句閑說恐頭緒太多字樣難别

不校非自護其短亦非自處其長盖心胸濶大萬物一躰即有横逆之来恬然視之心中都不曾計其孰短孰長方為不校孟氏三自反則有校短長意思然亦非大故故不校不然是所謂不報無

道也
此見顏子之學極其虛故能無伐善無施勞見道卓爾循以末由爲憂此見顏子之量極其弘故能不遷怒不改其樂用則行舍則藏這便是聖人地位特未達一間耳曾子之弘毅亦庶乎此故深旣慕之

可以託六尺之孤　章

託孤寄命臨大節作一項事看一說有寄命而非託孤者如高宗諒陰百官聽於冢宰之類有臨大節而非託孤寄命者如張巡許遠文天祥之類然此未爲事變難處之極無以見才節兼全之難國有長君而吾輔之非難也惟先王無祿孤方六尺而吾以身受顧命之託時或中外危疑奸豪覬覦乃能盡力調護凡養德保身

惟我所效使宗社國家屹然有賴此非有過人之才不可
長君制命委我以國非難也惟孤方六尺莫能親政而吾以身當
攝政之寄時或宦戚竊弄權豪阻撓乃能主持國是凡伸縮建明
惟我所出使上下奉行帖然無梗此非有過人之才不可
託孤寄命幸無大變而吾從容斡濟於其間非難也苟變生倉卒
禍起蕭墻而吾規避苟容即舍幼孤棄國政如宗社何如先君之
託何抑欲竭力周旋不避艱險則生死旦夕此最大関係處所謂
大節也若臨此際能確有定見卓有定守不依違於利害所以輔
孤攝政者可生可殺而不可奪此非有過人之節不能
君子二句重下句蓋設為疑詞以決之也人有才而無節或當主
少國疑未必不為亂小人也有節而無才則事變之來不過拚首

就劉何濟於事亦匹夫之諒耳故有才有節則為君子君子成德之稱才德之用也節德之守也兼有之德之全也故曰君子曾子是能守的人此章雖才節並言意還重節言人有如此才亦須有節乃為君子故程子獨以節操言之

士不可以不弘毅　章

此以心學望士曾子只是一个仁

弘毅俱以心言弘是量謂心能寬容不以一善自足毅是守謂心能堅執不以半途自廢任是擔當道是履歷負个重擔要歷涉那遠途是謂任重而道遠這重任須大力量包攬無遺的方擔得去所以要弘這遠道須鐵心腸堅忍不變的方行得到所以要毅任重而道不遠弘矣猶可不毅道遠而任不重毅矣猶可不弘任重

而道遠所以要弘毅俱有故曰士不可以不弘毅
仁者心之全德兼四端統萬善流行貫徹無間可容息者也人以
一行一善自樹立亦謂之任但不重耳惟把這仁来自任凡吾所
具之理都要身体力行不使一毫虧欠則四端萬善盡以身負荷
之豈不是極重的任負這仁本是無窮盡的道理任仁要行到盡
頭去處不肯少休直至死纔罷了則終其身再無歇息駐足之期
豈不是極遠的道途蓋仁道至大非全躰不息不足以當之任重
是全躰不弘則隘道遠是不息不毅則止此士所以不可不弘毅
人之有生同得天地之理以爲心命之曰仁仁本天所賦也天付
人以重任便賦个弘天要人行遠道便賦个毅弘毅亦皆我原有
的與仁俱賦者也只爲人自小了便不弘自餒了便不毅就把个

擔子丢在路頭所以擔走不到皆坐此耳倘肯把自家擔子要自家擔去又要行那則力量也自擔得起亦自到得盡處

故曰有能一日用其力矣乎我未見力不足者

此章見曾子一生供案田三省以至一唯任仁也臨終啓手足易簀而斃死而後已也看其精力全是弘毅二字或謂曾子守約毅處爲多然隨事精察而力行非弘而何

興於詩章

此章言心學之助興立成皆以心言詩是誦讀禮便是執守樂便是聲容不可以三者爲緊經工夫

興是心之感動見善而知好見惡而知惡是也人心寂然無感則不發惟詩之爲言易知其感人也易入學者之初能於此誦讀之

則誦其所美油然動好善之心誦其所刺油然動惡惡之心是心之所以興起而不容已者於詩得之也是謂興於詩與詩可以興一般

立是心之執持善在所必存惡在所必去是也人心易放無檢則不存惟禮以恭敬辭遜為本以節文度數為末學者於好善惡上之後能於此循守之則內可以防閑心志而不敢散逸外可以繩束舉動而不敢縱肆是心所以卓然堅定不為事物所奪者於禮得之也是謂立於禮與不學禮無以立一般

成是心之純熟善斯成性纖惡悉除是也人心易間天理難純涵養少疎鄙吝復萌又何自而成哉惟樂有聲律之節有舞蹈之容可以養性而陶情學者於好善去惡之後能於此涵泳而優游之

則仁日益熟義日益精道德日益和順是心之所以從容順適無
一毫之勉強者於樂得之也是謂成於樂
此叙學之始終只是个學之助若論本領工夫自有志學志道二
章非專於詩禮樂上用功蒙引謂興詩是志道時事立禮是據德
時事成樂是依仁時事小註謂三者俱是游藝工夫游藝亦養心
之助也
民可使由之　章
此為凡民而言君子則知之至行之盡知其當然又覺其所以然
豈君百姓之日用不知亦何待於上之使耶
理皆人所當由亦皆人所當知當知之理即當由之理豈有可由
而不可知哉但性善雖同氣禀或拘惟性同故民可使由惟氣拘

故民不可使知如父當慈子當孝是个日用常道就是庸衆人也

可，引他這路上行至於所以當慈孝為天命人心之本然者如何

叫他理會得来孟子謂行不著習不察終身由之不知其道曰行

曰習是由曰著曰察是知彼就民上講故曰由之而不知此重使

民上講故曰可使由不可使知

民可使由則不使之由固非民不可使知則強使之知亦非亦在

上之人使之何如耳此與以人治人改而止同意

好勇疾貧　章

此兩言亂之所由生一是自為亂一是致人為亂

好勇而不疾貧則安分自守疾貧而非好勇之人則委靡自甘皆

不能為亂惟人本好勇加以疾貧則以忿疾之心而逞暴横之氣

以敢為之惡而成苟得之非逆理悖常何所不為故曰亂也
不仁之人原能為亂但疾之不甚則彼方尚見容而不肆其惡且無深恨而未發其毒惟疾之已甚使彼無所容則窮蹙已極益暴戾以肆兇蓄恨既深將橫惡以求逞是不仁之亂疾不仁者致之也亦曰亂也疾不仁本是好人然已甚反以致亂故君子待小人不惡而嚴
上句好勇疾貧雖平重然此章兩个亂字皆由兩个疾字上是疾自己貧便自能為亂下是疾他人不仁便能致他為亂

如有周公之才　章

此言有才者貴有居才之德徒有才而無德即周公才美且不足觀況不如周公者乎

驕是以人不能而誇已獨能吝是欲已獨能不欲人皆能其餘指才美言盖德為本則才其餘也驕吝則大本已喪故其餘才美皆不足觀

驕吝相因是言外意然二者之心有必俱有盖欲已獨能便以此誇人欲要誇人便不欲人皆能凡以能以學以勢以財皆是朱子曰吝之所有乃驕之所恃也驕而不吝無以保其驕吝而不驕無所用其吝此盈於虚者所以必歉於實而歉於實者所以必盈於虚

三年學　章

學所以為已也一念及於利祿便是為人學不志於穀以心言謂工夫專去力學心中全不想那利祿故曰不志三年言久也不易得非不可得見之意言此人見定守定無私無累實是世間罕有的

如之何可易得也孔門自顔曾冉閔之下皆未可語此

篤信好學　章

此章首節分上言學守之全下言攸往之利末節特反言之也

篤信句言學守死句言守篤信是學中之守善道是守中之學不可以篤信守死為守好學善道為學蓋信者信其是有知的工夫守者執之堅有行的工夫

篤信四件相因並重不篤信則志向不專必不能用心於學故必篤信然後能好學然不好學則義理不明或至於偏信故篤信又不可不好學不守死則無所操持何以能善其道故必守死而後能善道然不善道則死非其正亦徒死耳故守死又不可不善道然守死善道又自篤信好學中來蓋所信者專然後遇事能以死

守之而不移故曰守死者篤信之效所學者正然後臨死能以道斷之而不差故曰善道者好學之功此又見有學而後有守也篤深厚牢固也信不疑也道理所在自見其是確然信之不爲議論紛紜所搖惑是謂篤信學明理也格物致知務講究是非之真不使非所信而信是謂好學守死非必皆死也遇事之來心有把持堅然守之雖死生在前不肯變易是謂守死道當然也即吾所守又要順天理之正合人心之公足以扶綱常而立名節不爲匹夫之硜硜是謂善道鄭氏曰許行陳相非不篤信曰好學未也荀息召忽非不守死曰善道未也

危邦一節言篤信好學則知出處去就之義守死善道則得出處去就之正故不入不居則見則隱皆得其宜

危邦是天命人心已去不可挽回之邦臣子處此無可去之義在外則不入之亂是紀綱刑政已紊猶未危也君子見幾便當早去此而不去到危時又去不得然為臣子亦須反覆諫之不聽乃可危不入則非危者入矣亂不居則非亂者居矣還有就邉在故曰去就之義潔或云潔只說去亂然不苟就亦潔也孟子曰或去或不去歸潔其身而已

天下有道是舉世皆無危亂正君子得志行道之日故見無道是舉世皆危亂也不入不居尚去此就彼亂世無可入可居之邦故避世而隱故曰出處之分明

末節承有道則見二句而反言之見無學無守者不能善於出處則去就可知矣邦即天下與上節邦字不同無可行之道不偏言

學無能守之節不偏言守二句俱兼無學無守言其曰行道曰守節所遇之時然也

註云君子全德學守兼全也宋儒謂此兩句是吾儒八字箴

不在其位　章

謀謂議而為之非私論得失也必在位有職任則政事可否吾與有責故當預謀若不在其位則分不相干即當理亂不聞乃欲侵預其事為之籌畫區處必如是而為之出位越分甚矣故不謀其政乃夫子嘗曰雖不吾以吾其與聞何也蓋聖人係天下之重居父母之邦故國有大政自當相聞然但曰與聞則不為之謀可知若夫窮居先天下之憂匹夫懷當世之慮則又為預養而非謀政也

此節與君子素位而行君子思不出其位意畧不同蒙引曰此自

下之不可諫上言由此推之天子不當治三公之職諸侯不當理大夫之政左不得侵右右不得侵左皆是

師摯之始　章

此為魯之樂官逾河蹈海以去亂師摯已不在魯故追思而嘆之夫子自衛反魯正樂適師摯在官之初當時殘闕者補之失次者序之詩樂盡皆釐正而關雎為樂之卒章自始作以至於卒條理節奏無不備舉洋洋乎美盛哉真可盈溢於人之聽聞而今不可見矣夫子所以慨嘆也

亂雜也樂終之雜聲也樂奏既成檃括其篇章之大要以卒之故曰亂大武之樂成於武王然實本於后妃文王之德脩身正家之化故關雎為詩首篇而樂之既卒則歌此以揔括其成使人知王

業所本而象成之樂有所自也是謂關雎之亂洋洋盈耳不專言亂自始至亂揔之見其美盛也一說謂終之美盛則始之美盛可知一說謂樂至亂而成不要其成無以見其美盛

狂而不直　章

人性本善氣禀不齊狂侗悾悾皆氣拘之病然性真未漓亦必各有其德狂之病矜高誇肆然却徑情率真全無屈曲詭秘其德為直侗之病昏愚無知然却謹厚循守不敢刻薄躁妄其德為愿悾悾之病拙劣無材然却朴實顓慤不為變詐机械其德為信這三樣人若有此德苟能克之以學即變其氣質無難也今皆染於氣習之惡狂不直侗不愿悾悾不信則其德已喪其性盡漓喜終不可入病終不可反為天地間棄才耳故曰吾不知之矣外而絕之

之詞

學如不及　章

此章依舊說上句是功下句是心言人之力學黽勉向前猛然若追亡不及模樣這等用功宜無不可得者彼其心猶且皇皇然惟恐其不得也上重一个如字是狀其奮進之勢下重一个恐字是狀其勤厲之心惟有如不及之功故猶恐失之心益切惟有猶恐失之心故如不及之功益力

二句雖分功與心只是一項一時事一面這等用功就一面這等存心這个存心就用功上見之非謂這一時用功那一時用心也亦非謂上是未得而求道下是既得而守道

巍巍乎舜禹之有天下也　章

此節只作一句讀巍巍處截不得有天下也亦截不得作文口氣
於巍巍乎畧斷

凡人識量卑小者即一命之榮猶盛其氣而驕其志巍巍乎高明
廣大舜禹兩个聖人有天下之尊貴乃視之漠然與已不相干涉
此何等度量何等心胸所以為巍巍

有天下不與非不管顧天下只不把富貴来動意氣作威作勢若我
之不有天下若天下無與于我便是獨言舜禹者以其匹夫一旦
有天下喜出望外其不動心為尤難故獨稱之

大哉堯之為君　章

此章大哉一句分下即其德不可名而僅有可見者總見其為大
不可以大哉句只管一節亦不可以難名為躰可見為用又不可

以難名是德可見是業
巍巍乎惟天以下一直講只是配天之德難名也勿以上為配天
下為民忘其德
惟天為大自無不覆幬言惟堯則之亦自德之廣被於人言蕩蕩
自則天中来註中故字可見盖惟德之廣被如天一般故無處非
堯之德何廣遠也無能名謂欲言其廣遠而不能盡如言天之高
不能言其幾萬丈言天之廣不能言其幾萬里也時文以德就心
身上講以無能名謂精微藴奥難以窺測皆非也
成功一節言堯德蕩蕩難以名言其可得而見者僅僅是成功文
章而已成功如百姓昭明黎民於變之類文章謂禮樂制度如命
皋夔羲和所典之類成功是治治功所就卓越千古故曰巍巍文

章是政政跡所著亘古不磨故曰煥

德與成功文章原非兩項猶存神過化一般盖治功之成都由禮樂法度設施得宜是文章乃所以成功也德之所以廣被於人皆因禮樂法度而行之以成治功但功成則有象文章則有迹故皆可見德則黙運於文章之内以為成功之本故不可名猶所謂化可見神不可見也如以德與文章成功判為兩物則舍禮樂法度德何以能被於人乎故曰堯舜之道不以仁政不能平治天下

成功二句疑當一直說若曰巍巍乎治功之有成也覩其煥然光明之文章便是但兩个其有相對故舊說俱兩平看

舜有臣五人　章

此章是論周家之事上段是嘆周才之盛下段是賛周德之至

才難不其然乎孔子因武王之言而信之也記者以有唐虞爲盛之言故並列二代之才於章首

才難二意虞周曠世一見固是才難十人數且不足亦是才難

唐虞之際兼氣化德化言蓋堯生於前而舜繼之舜生於後而堯開之聖神繼作後先濟美德教翔洽豪傑應運故有五人之盛於

斯斯字指十人言謂自古人才惟唐虞五人比我周十人爲差盛耳其他皆不及我周也五人盛於十人人才不以多寡爲盛衰蓋亂臣中惟周召可比五人餘皆不及一說不作唐虞尤盛於周但云唐虞之際人才極盛繼此則惟我周爲盛一說才難承上二節

唐虞二句應舜臣五人言二代交會乃有此五人爲盛是才難婦人二句應亂臣十人言十人不足中間有个婦人亦才難此皆非

註意

末節與上文似不相屬但註已解定故合為一章過文只輕輕點過不可謂武王之治亂不若文王之不取亦不可謂輔世固貴以才維世尤貴於德亦不可以經權立說

三分有二大約謂當時天下歸周過半註以九州分定則三分似為所立此不可入講服事謂臣服敬事之也天下雖多歸周文王則以尺地莫非商有即吾西伯亦商臣也乃盡率歸己之國以事殷全無取之之心故曰至德與稱太伯同意

禹吾無間然　章

此章贊禹之德無可議於豐儉之中言之無間非謂禹之行事當時不議其非蓋言我觀於禹欲指摘其一二而議論之並無一些

罅隙故曰吾無間然

飲食是日用常供膳食孝鬼神謂犧牲粢盛甚是豐潔衣服是身上常御服飾黻冕祭服也一說謂臨朝承祭通用極說只作朝服謂此句是待諸侯之豐恐背註宮室凡殿宇宮闕皆是當時尚是茅茨土堦之舊故其制甚卑溝洫田間水道旱時蓄水澇時洩水盡力謂不愛己力亦豐也

凡人一於儉者當豐處亦儉這儉便可議一於豐者當儉處亦豐這豐便可議禹於奉身用度一切省約而待民事神則極豐厚是宜儉而儉不儉於所當豐不得議其為陋宜豐而豐不豐於所當儉不得議其為侈故無間然

衣食宮室是日用常事豐儉得宜即識時務者皆能之夫子稱大

聖人之無間獨此三者何哉蓋人心惟危道心惟微惟精惟一允執厥中修衣食崇宮室人心也菲之惡之卑之道心也慢神虐民人心也致孝致美於神盡力於民道心也辨此之謂精守此之謂一皆是執中道理做出來故夫子稱其無間亦聖人傳心要法

或謂人君富有四海何歉不遂故孝鬼神非難菲飲食為難美黻冕非難惡衣服為難力溝洫非難卑宮室為難禹之明德書獨稱其克儉夫子并言其豐何哉蓋節制謹度之君未有不欲神勤民而謂祭為無益謂民不足畏此所以窮奢極欲無不至也故必知所當豐而後謂聖人無間然之儉後世忍燒羊之思惜蛤蜊之費非不菲飲食衣不曳地服必三澣非不惡衣服一臺不為一殿不營非不卑宮室然於神民處却未盡合宜故多可議

夫子稱堯曰大哉，稱舜曰君哉，稱禹則但曰無間，故曰禹入聖域而不優以此。

子罕　章

罕言非絶口不言，但不常言耳。命仁皆正理，乃與利一樣罕言，何也？蓋言利恐壞學者之趨，言命仁恐學者之未易及。一防其溺於卑近，一戒其馳於高遠，故罕言，皆夫子至教。

利不止財利，凡要便宜處皆是利。與義相反。言利只計其何如為利，何如為不利，適不論理之是非，則害義甚矣，故罕言。其曰小人喻於利，曰放於利多怨，則嚴為之防也。然於易屢言利，何也？蓋利貞之利，非專利之利，是利而得正，所謂利物以和義是也。衆經曰我將言其不利，這便是言利。

命兼理氣以理言則聲臭盡無與妙莫測入將外人道而索玄虛以氣言則吉凶禍福參差雜揉人將諉氣數而廢人事故罕言其曰五十而知天命言理也自述之詞曰不知命無以為君子言數也欲人安命之詞曰道之興廢命也得之不得有命又各有為而發俱非常言

仁道至大言全體則一理虧欠不可為仁言不息則一息間斷不可為仁故罕言其屢答問仁者皆求仁之功非論仁本體惟立達一節是狀仁之體然非常言也

命仁只一理以性之所具為仁以天之所賦為命所謂性與天道是也不可得而聞罕言故耳

達巷　章

黨人所謂博學專指才藝言大哉只管博學以博學為大與太宰
以多能為聖一般義之也無所成名言其泛學不成一家惜之也
聖人道大莫能名黨人不知故以為惜
吾何執只承無所成名一邊博學之譽全不承認是承之以謙
御射皆夫子多能餘事而今曰執之又只曰執御說者謂射以觀
德必志正躰直者而後能而御為尤易此非正意蓋射是君子之
事而御為人役尤甚卑賤故聖人謙處之
麻冕禮也　章
此章意重末節聖人深慨拜上之失禮故即冕服以形之決言其
不可從耳非並言俗之變禮有從有不從也
冕而用麻細密難成用純則省約易就以純易麻雖變古之禮而

厭煩䟽省亦無害於義即同偕可也故從衆

君在堂上臣拜於堂下此堂陛尊卑至為嚴肅一毫不可踰越今臣拜堂上則僭迫已極慢也甚矣當時君弱臣強敢為驕慢如此聖人不曰君之微而曰臣之泰正臣道也吾觀入門鞠躬過位色勃升堂屏氣聖人豈以君之不振而廢禮哉故曰事君盡禮人以為諂即違衆從下之意

治忽之幾漸不可長聖人之防貴於未然拜上不已必至竊命竊命不已必至耦國耦國不已必不奪不厭而後已其弊可勝言哉矧自平王下堂其始也微厥後天子致胙宰孔親臨其中也假又後河陽出狩射王中肩其終也横夫子逆知其勢將必至此故借麻冕以申明耳豈專為冕服評哉

子絶四　章

意必固我只是一个私心但以事前事後觀之則有四个名目事未至先有个億度意見横於胸中是起於意這个意見斷然必成不肯挽回是遂於必事过了這个意必尚執滞胸中未嘗消化是留於固這意必固滞皆自家私見全非天下公理是成於我四者相因有則俱有意是我之根萌我是意之結實必固是助成有我之意故曰只是一个私心聖人之心渾然天理只是無私未應事時是這天理便無意必私心既應事時亦是這天理便無固我私心是謂絶四

子絶四只是廓然大公物來順應故其始也任理而發其繼也順理而行其既也與理俱化其終也與理俱止湛然一太虚而已後

世學聖人而不得其方有欲息念慮以求此心之靜不知思慮不可息也有欲絶去外物而專求諸心不知外物不可絶也有患作主不定只管念一中字不知心不可制縛也然則如之何曰莫若克己

子畏於匡 章

夫子上承堯舜以來相傳之道統而斷自文王既沒以文王之道即堯舜以來之道也文道之顯也不曰道而曰文任其粗迹者故曰謙詞然禮樂制度達者之事文王得志行乎中國者也夫子自任文之在茲尚有復興文王之道為東周之意故淺說謂使我見用興起斯文是也

天之未喪斯文頂上文不在茲言我得與文王之文是天未欲喪

此文也天既未喪此文則我之身斯文所係天爲斯文而生我必爲斯文而佑我匡人安得而害之哉聖人與天合德故自信如此

大宰問於子貢　章

全章上二節是子貢答太宰言聖之不在於藝下是夫子謙言藝之非聖

太宰所謂多能非經天緯地建功立業之才特鈎弋射御之事耳以多能爲聖以聖人即是多能也

天縱以全德言德不止心德即經濟之才亦德之用也多能特技藝耳道之全體本無不該故聖德緒餘亦兼此而皆能也固猶實也夫子實是天縱之聖蒙引固對又看亦通將者不敢自必之詞以天縱而兼多能謂聖人不專在能也

太宰知我乎存疑作知我看謂其辭天縱之言任多能之稱也淺說作不知我看謂其以多能為聖不知其由於習也二說俱太死煞還作疑詞為是吾少也賤故多能鄙事言多能係於所習而非性生見其非所以為聖也君子多乎哉不多也言君子不以多能為貴見其不足以為聖也都是曉太宰意一說謂上段釋子貢天縱多能之說下段釋太宰多能為聖之說似與太宰知我句不相蒙然上是謙以多能自處下是不以多能率人教子貢之意亦在其中蓋君子既不貴多能則所以文為聖人者必有所重也

牢曰節吳氏以為夫子言時琴牢在側因述所聞以証蒙引只作門人記牢之言俱通

吾有知乎哉章

此聖人謙言已無所知但教人則無不尽也然非無所不知何以能尽言教人即此便見有知之实

註云人雖至愚觧空空如也就鄙夫說不敢不尽觧叩兩端而竭就夫子說兩端道之尽處竭謂尽言以告鄙夫空空何必即竭兩端盖告之以易知易行而至理自不外是所謂叩者言語下而上之理即發動於此語粗而精之理即發動於此便是兩端竭尽無餘一說空空就夫子說言鄙夫来問時此心未有知識空空如也但叩他自知的為之剖决兩端耳此說背註不可從一說叩作叩鄙夫說謂發動憤悱之机而後尽吾兩端以告之此一句兩截亦未是

鳳鳥不至　章

鳳圖之瑞不出則舜文伏羲之聖不興聖王不興則天下莫能宗予道終於不行矣故曰吾已矣夫嘆其不得遇聖王以行吾道也非謂無聖王之瑞不得自為帝王也盖孔子平日只欲行周公之道此與甚矣吾衰同意

子見齊衰

人見有爵誰不尊敬有所畏也至於齊衰與瞽則無畏而慢之矣夫子見此兩樣人與尊有爵一般誠敬故門人并記之且冠齊衰於冕者之上見聖人重孝子之哀不以勢分先天性也瞽則廢疾之人其與冕者並敬已見聖人萬物一躰使疲癃殘疾各得其所之意況可先於冕乎一說聖人見齊衰者冕衣裳者雖少雖瞽亦必作必趨此背註且割裂大文

見之必作是我坐而彼過其前則必起以待之不敢安坐失礼也雖少亦然長者可知過之必趋是彼坐而我過其前則必疾趋不敢煩他與我為礼也毋論少長

貴貴雖人情之常然聖人之敬亦與常情不同盖常人有畏其貴而敬之者有歆其貴而敬之者有屈於貴而不得不敬者聖人非迫於分隨感而應出於天理人情之自然所以為無所為而為之心

顔淵喟然嘆章

此顔子學既有得故追嘆聖道高妙由聖教而得之也首節是先難之故下二節是後得之由末句是自幸得見聖道已到無所用力之地非謂終歎於化也故註但云學之所至一説顔子既得聖道始終皆嘆其難然此章重歸功聖人不重終嘆其難意

仰之四句重道之高妙不重求道之難故註云深知夫子之道無窮盡無方躰而嘆之皆就道上講彌高彌堅是無窮盡前後恍惚是無方体仰鑽瞻不可着力作求道工夫工夫在博約竭才上道只是一个中那有高堅前後但自其無階可升則以為高自其無門可入則以為堅自其無定象可執則以為前後在前在後非前後皆道兩在無方所也前是相對後是相背言方幾相對在前忽焉即背而去要拿住他不得所以為妙

循〻節言聖道高妙如此何以引而進之乎夫子之教循〻有次序善引進乎人既博我以文又約我以礼其循〻善誘如此先博後約是大段次序一般博文即一般約礼文漸〻博礼亦漸漸約中間又自有序

文之散殊雖博總是一个當然之理不曰理而曰禮謂無過不及有規模繩墨可循守者隨所躬行只守着這一个理别無他物便是約約禮之禮即復禮之禮彼以莫非天理言此以揔是一理君子博學於文約之以禮這是夫子嘗示門人非獨私一顔子但惟顔子獨能躰之故曰博我約我若謂夫子以文禮博約我也欲罷句是悅之深言從事博約之教孜孜矻矻直欲向前歇已而不能已既竭句是力之盡言悅之既深求之益切所以博之約之者才力都用盡了卓爾句是所見益親言這等竭才乃親見聖道恰似有所立而卓於吾前一般所謂卓爾非高堅者卓然見其高堅前後者卓然見其前後蓋聖道只是一个天理未博約之先茫然渙然若見其為高堅為前後及博約之後既有以窮此理又有

以躰此理則躰驗功深理會真切就於日用行事之間無往不與理相遇若站在目前認得十分端的是謂卓爾如是形狀模樣非譙詞時說謂博文則因文見道約禮則因禮見道未是盖仰鑽瞻忽未領其要約之以禮所謂要也自博文工夫做到約禮上來得其要領旨歸方為見道卓爾若兩邊平承則博文只是發端工夫未及躬行如何即有卓見曾子隨事精察至唯一貫乃為體道得其要也末由是無所用其力蓋以我見道猶二之也從之欲道皆在我我即是道與之為一也這是神化地位非着力可到無由而從之也第優游以俟之耳顏子言我賴夫子之教得以自盡其力直到卓爾田地而今不消用力了這都從循循善誘中來所以歸功聖人

此章是顔子一生供案精神竭力盡在博約二字以十五志學章參看其與耳順從心未違一間耳

子疾病章

大夫老而致仕不得有家臣無禄故也子路以夫子嘗為大夫將以大夫之禮喪夫子故欲使門人為臣此舉非本心行詐但以理斷之無而為有便是欺詐久矣哉勿作平生素行只就病時言猶云多日也詐是已所為欺是掩於人人不可掩故以欺天責之深拆其用意之差不可與天知與天厭之獲罪於天同意

家臣有無不足為夫子重輕而死於二三子之手猶愈於死家臣之手何必家臣縱無君臣禮葬亦不死於道路得正寢矣何必家臣故末節皆曉之以不必然之故

子路請禱夫子從容答之其使門人爲臣乃厲其詞而切責之何也蓋禱以至情待我理循可恕家臣以非禮加我心甚不安至於予死道路之言其怪之也深矣

聖人造次不離於正況生死之際乎故厚葬顔淵則責門人無臣有臣則責子路處已處人皆要於其當不以厚爲貴也乃童子於大夫之簀尚能力爭於危篤之時而子路反加夫子以非禮之喪則其見又出童子下矣

有美玉於斯　章

此章問答只就玉講出處意俱在言外

美玉是喻夫子之德藏與沽是探夫子出處夫子承求善賈而沽一句答曰玉還要沽的是然當待賈不可求也子貢之問未在一

个求字夫子以待字替他便見行道之心未嘗不切但不敢自輕其道耳此問疑與子奚不爲政懷寶而迷邦同時不然夫子周流四方微生尚以爲栖栖子貢何乃有韞匵之疑也

子欲居九夷　章

九夷九種之夷畎夷于夷黃夷方夷西夷赤夷玄夷風夷陌夷居九夷不必作行道説何陋之有一説作用夏變夷天下無不可化之人何嫌其陋一説作身在是則道在是道之所在與偕相安不見其陋俱通

吾自衛反魯　章

此章勿依蒙引以詩樂平看當重正樂上講末一句即是樂正古人之詩皆被諸管絃朝廷之樂則歌雅宗廟之樂則歌頌雅頌即

樂章也殘缺失次即是雅頌註曰詩樂言作樂所歌之詩也孔子周流列國參互考訂以知其説故自衛歸魯一釐正之殘缺者補失次者序使雅頌各得其所即是樂正此與師摯章謂太師章都是正樂意

出則事公卿章

事公卿是貴貴忠敬也事父兄是長長孝友也喪事必勉是慎終內盡其哀外盡其禮也不爲酒困是謹度內不喪德外不喪儀也此四者皆日用人倫常事而以爲何有於我故曰事愈卑而意愈切

子在川上曰章

天下之道無往不在本然之体一息無間然惟川流最爲易見子在川上見其流行之機因得其本然道体故嘆曰水之逝者如此

夫其往過來續不舍晝夜無一息之停也逝指水言言水即言道
也不可謂道之逝者如此水也二句一氣直講如斯即不舍晝夜
言其不舍晝夜有如此也流而不息便是道躰本然示人躰道之
意在言外故自此以下皆勉人進學不已

吾未見好德　章

此必有為而言好德兼人已二意或自已脩德無斂求篤好之切
或見人有德無愛慕尊敬之誠皆是好德不如好色

譬如為山　章

此章言學之進止其機皆决於已也上段言垂成自廢是終之機
下段言初學自勵是始之機
譬如上先講正意吾止吾往就山言止字進字俱是用功未成一

簣其成甚易於此即止而不肯用功這都是自家止了誰人阻他方覆一簣成山甚難於此奮然用功要一層進一層這也是自家做去誰人使他

少一簣而止尚棄前功況方覆一簣者可自止乎方一簣而進尚可有成況未成一簣者可不進乎故學要自強於始又要不息於終

語之而不惰章

不惰就力行講心解是所以力行凡人不肯實用其力者皆緣心中未甚曉悟故惰顏子不違是心解亦足以發是力行故曰不惰

兼天資學力講

不惰二字似淺易然始終不惰便是至誠無息故聖門惟一顔子若顔息自畫畫猶悅紛華者皆有惰心如何及得顔子

子謂顏淵曰　章

顏苦孔之卓工夫已無可進此所謂進非言卓爾以前蓋末由之後去聖人一間耳夫子見其即有進於聖人之機而不能已胡天不假年以死也故惜之或說進而不止即欲罷不能一般似未得死後追嘆語意張子曰未見聖人之止此又是一說

苗而不秀　章

苗喻始學秀喻發達實喻成就有矣夫或然之詞由苗而秀其常也而不秀或有之由秀而實其常也而不實或有之人有始學而不發達是苗不秀有發達而不成就是秀不實大意歸重史上勉學者當要其成也與孟子五谷不熟章同意

苗不秀秀不實兼天時人事言學亦有天資人力不齊故以為喻

存疑謂惜顔之死看註意還重勉人

後生可畏　章

後生句虛説焉知来者句正是可畏蓋年富則進學有餘日力強則進學有餘功足以積學有待這裡便有及時勉學工夫所以将来如我今日斯亦不足畏就是這个後生若年富而自蹉跎力強而自懈怠挨到四十五十不以善聞於人則向雖可畏今不足畏矣勿以後生可畏與老不足畏平看

無聞是德業無可稱述不專是名譽或作朝聞道之聞亦通

此章只是戒勉後生不可失時廢學非謂老而不必學也古人云老而好學如秉燭之明孰與夜行故有老而益壯不知老之将至者不可因五十不足畏之言而自棄也

法語之言章

此章諫君道友教人皆可通用重責受言者緊要在改繹上繹亦是改但言不直指其非故必尋繹其意而後知改

法言非忿激直撞是據理而言詞嚴義正不肯少徇故曰法法者正也巽言非曲意徇情是以理諭之委曲微婉不徑直取忤故曰巽巽者順也能無不得不然之詞法言則人屈於理之無所逃意的不從然雖服彼所言之是不能改其所為之非何取於從故貴改巽言則人樂於我之無所拂意的不悅然雖喜其言之無忤不能繹其所言之意以改其失何取於悅故貴繹

不從而不改不悅而不繹或其心未悟猶望其悟也悅不繹從不改則既知其非而不肯用力終於不改不繹矣此所以末如之何

主忠信　章

此章重出然前帶威重為一章重全功上此以忠信作主重進學不已上

三軍可奪帥　章

此章以至難奪者有時可奪引起至易奪者有不可奪與天下国家可均章文意一般

以一師統三軍以三軍衛一師如何可奪蓋三軍之勇在人在人者不可必故力有所不齊心有所不一則勇者能撓之智者能間之三軍之氣少阻主帥之擒不難故可奪帥匹夫是煢煢孤身志是微微意向即以威力嚇之宜無難奪然匹夫之志在我我有見我自主張誰能惑之我有守我自把持誰能搖之固有可生可殺

可榮可辱而志不可使奪者故不可奪志此不專就處變上講顏之為仁由己曾之死而後已孟之富貴不能淫貧賤不能移威武不能屈皆是志立得定一說三軍之可奪者帥也匹夫之不可奪者志也

蔡氏析衷云古今節婦之見於傳記甚多而孤寒失志埋沒不揚與身陷囚虜刎頸投河無聞於後者又不知其幾則匹婦不可奪志尤多於匹夫也故曰丈夫失道道在婦人嗚呼可以丈夫不如婦人乎

衣敝縕袍　章

此章上二節因其可進而與之末一節因其自足而警之

貧富念頭是學者一大關看透此關不為世情打動方是入道基

耻乃可向進子路資識極好一切勢利動他不得故縕袍狐貉並立相形人情最為易動彼獨不耻則是安已之貧而不慕乎富故可進道引詩証其可以進道也忮是嫉人之有心懷妒害求是恥已之無心切貪欲貧人見富強者必忮弱者必求求而不得忮是以生此二念相因而有子路之不恥是絕無此念故夫子援此以贊美之

終身誦是常常念這兩句詩有自負意思是字指不忮求道謂這亦道理所在也但進此而上尚有無窮的道理此何足為盡善哉貧而不改其樂不義富貴視如浮雲這便是上去境界

歲寒　章

此言世變然後見君子之節操猶歲寒然後見松柏之節操春夏

之時群芳爭妍無以見松栢之獨秀至歲寒剝落之後乃見耳然其直節勁幹雖在春夏日未嘗不與百卉異也太平之世相安無事無以見君子之獨立至變故利害之際乃見耳然其見定守固雖在無事時未嘗不與庸衆異也故曰平居有不忮不求之士則臨難有伏節死義之臣倘君子平日與小人無異亦和同之士耳豈有常而淵淵變則烈烈也哉夫子之言亦觀人於盤根錯節之意耳

後凋非謂松栢之凋後於百卉凋字指百卉言言松栢挺然在後不與百卉同凋

智者不惑　章

此章言進學之序故以智為先三句平看亦重有序

惑憂懼俱以心言智者明乎義理不為私欲所蔽故是非可否心裡都無疑了是智不惑仁者純乎天理不以利欲為念故利害得失心裡都不愁他是仁不憂勇者天理自強有以勝人欲之私故智精則不疑何懼仁熟則不憂何懼是勇不懼

可與共學　章

共學等字是學者所造與者與之共為此事也可與未可與言與人者當因其所造之高下

共學是知所用力以求道但未必力之所用向前而往者果是當然之正路故曰未可與適道蒙引謂共學只是有志無工夫一說共學只是知適道方是行俱未必然

適道是正路上向往但恐所守不定半途而廢根脚站得不住故

曰未可與立

立是守得堅固不爲事物搖奪但恐膠常蹈故不能斟酌時宜遇變而通故曰未可與權〻是聖人地位所謂從心所欲不踰矩也

唐棣之華　章

詩之所謂思者以人言故曰遠夫子所謂思者以理言故曰何遠學者不能反求諸心每病於道之遠人故夫子借詩詞而反之詩曰爾思則反之曰未思詩曰遠而則反之曰何遠示人反思之意深矣

未之思二句一說未之思也誠思之則欲仁仁至何遠之有一說特人未之思耳理果何遠之有哉依〻下說語氣尤緊切

孔子於鄉黨　章

此記夫子處鄉黨朝廟言貌不同前一節重不言上後一節重言上貌即言中見之不可謂恂恂是貌似不能言是言不可謂便便是言唯謹是貌

恂恂二句直説信實之貌非容貌也似不能言正狀恂恂蓋父兄宗族所在則我有子弟之分故謙卑遜順不以賢智先人當如此

便便二句直説重便便上唯謹帯講便便明辨也詳問是在宗廟極言是在朝廷盖宗廟礼法所在朝廷政事所出我有臣子之分故當盡言如此但不敢放耳

朝與下大夫言　章

全章前一節是接下後一節是事上不可以上下大夫為上下上大夫是尊於夫子者下大夫是與夫子平等者夫子時為下大夫

非爲中大夫也君未視朝則與同列私相議論或國政或時事皆不能無言與已平輩者言可以直遂即據理言之無所委曲是謂侃侃分尊於我者言不可以直遂雖理所當言亦要委曲和說是謂誾誾

踧踖是敬有戰兢不寧之意與與是自適有從容中節之意凡人過於驚惶者多跼蹐倉皇禮度不免失錯夫子踧踖而又與與所謂恭而安也

君召使擯　章

此章記夫子爲擯一節言被命之敬二節言傳命之敬三節言迎賓之敬四節言送賓之敬存疑作三段看以中二節俱是行禮之敬

古者兩君相見各選禮儀閑習之臣爲之擯相在主謂之擯言接

待賓客也在賓謂之相言相輔行礼也
君召使擯是召命適至夫子一聞召命頓改常容故顔色勃然變
動步履躩然盤辟盤是盤旋辟是退避有欵進而不能的模樣
揖謂拱手所與立謂同為擯者左右六子時為次擯也蓋主之擯
有三上擯次擯末擯賓之介胡亦有三上介次介末介主有命傳
於上擯上擯傳次擯次擯傳末擯末擯傳末介以次遞傳至賓々
有命以次遞傳至主亦然上擯尊居右末擯卑居左故傳君命而
出則揖所與立之末擯而左其手傳賓命而入則揖所與立之上
擯而右其手然手左而身亦左則外向而背君手右而身亦右則
内向而背賓夫子拱手左右身皆不動故其衣前後襜然整齊敬
只是襜如若左右手則凡為次擯皆然

趨進謂主人延賓以入擯隨其後趨入以供役也人疾趨則敞其手掉其臂夫子張拱端好如鳥展舒兩翼一般其趨蹌而中礼如此這是行礼之時

賓退謂主人送賓就館方佇立以待夫子必復命於君曰賓已去不復回顧了則君之敬可少舒矣這是礼畢之後

入公門　章

此記夫子在朝之容以出入對看四節分上段三層入門過位升堂皆言入時漸近於君而敬有加下段亦三層降等沒階復位皆言出時漸遠於君而敬不忘一說全章以入門過位升堂出降四段平看亦無妨

鞠躬二句一直講如不容正鞠躬之状言曲身而行恰似公門低

小容不得此身模樣盖一入公門便肅然起敬不敢仰視直行其狀如此

立不中門二句是入門時事立謂行時暫停站立中門謂棖闑之間君出入處也人臣則由闑右而行凡隨君出入皆不敢行中門或自暫立則人所易忽者夫子亦不敢中門而立其不行不待言矣履閾而行是大不敬况君之門乎故不履閾

位謂君之虛位在門之內屏之外故曰門屏之間謂外朝也堂內朝也臣升堂必由此經過故曰過位人多以虛位忽之夫子不以君不在而不敬言似不足謂收歛不肆恰似不能出聲一般

升堂提起攝齊鞠躬屏氣俱升堂時事攝齊鞠躬謂摳衣而上其身曲然似是一事然攝齊是防其失容鞠躬是謹其身容亦有兩

意屏氣謂逼近至尊斂肅謹畏盡屏氣息恰似沒有鼻息一般似不息尤敬於似不足似不足尤敬於如不容故曰漸近而敬有加

末節出字對上入公門看非出門也謂朝儀已畢轉身而出也逞顏色怡怡謂纔降一等即把鞠躬屏氣容色稍稍舒放不消那等戰懼便是怡怡趨走就位也人臣朝班之位都在堦下下盡堦則走就位以疾為敬也復位復朝班之位也趨翼踧踖尤終之以敬但比之似不足似不息則有間矣故曰漸遠而敬不忘

執圭　章

此章記夫子為君聘於鄰国之礼首一節是聘礼專言敬後二節是享礼專言和蓋聘則尊君之命非敬無以盡其禮享則達君之意非和無以通其情故聖人和敬並用各當其可也如此

首節執圭二字貫一節鞠躬六句皆執圭之事鞠躬二句總言身容上如揖四句皆就鞠躬時言之如揖如授是手容勃如是色容如有循是足容該一身矣

如不勝謂執着人君命圭重君之命曲身而行恰似力不能舉的一般上下謂手執圭而上下也揖拱揖也授以物與人也執圭而高其手恰似與人拱揖一般執圭而低其手恰似以物與人一般戰色如有戰懼之色一說謂如臨戰陣之色皆通足縮縮如有循謂舉足促狹不敢放步如緣物不離地一般足縮視足躩似尤加敬蓋手有所執故也

門之大入之如不容圭之輕執之如不勝氣之屏曰似不息足之縮曰如有循門人之善形容聖人也如此

享禮是君之公禮圭璧庭實皆是此圭與所執之圭不同蓋執圭以通信仍帶還君圭璧獻而受之不返也庭實皮幣車馬之類此是道達主君情意故有和悅容色
私覿是己之私禮私禮亦及卿大夫茲言君不及臣者重君命也愉愉又和非有加於享禮之和但享禮猶是君事私覿全是己事故愈和矣

君子不以紺緅飾　章

此記孔子衣服之制凡色所宜用時所宜服與所制服式皆謂之制夫子服色以正冬夏以時表裡相稱長短適宜吉凶有節當用則用不當用則不用莫不有一定之制故門人於一衣一服無不記之

飾領緣也領是首之領緣是身之緣紺是深青色以飾齋服取齋
遠之義緅是淺紅色以飾練服取節哀順變之義常服以紺飾則
嫌其疑於祭以緅飾則嫌其疑於喪故不以為飾重喪祭也不為
飾則不以為服可知
紅南方間色紫北方間色皆婦人女子之服不以為褻服則不以
為朝祭之服可知
當暑一節是夏葛之宜緇衣至以居是冬裘之宜寢衣節錯簡
當暑以絺綌為單衣又恐其褻必先着裡衣表絺綌而出之於外
欲不見躰也
緇衣句是視朝之服素衣句是視朔聘享之服黃衣句是視蜡之
服視朝用常服故尚黑聘享欲潔故尚素大蜡息民用土色故尚

黄服羔裘以緇衣裼之服麑裘以素衣裼之服狐裘以黄衣裼之內外之色相稱也衣以裼裘是衣在裘之上然猶少露其裘故曰裘之裼也見美也若上加襲衣則裘不露矣若謂裘在裼衣之外是表裘也記曰表裘不入公門豈可視朝祭乎

褻裘長取其溫也短右袂取其便也狐貉二獸名以其皮為私居之裘取其溫厚也一說謂出裘欲輕居裘欲重未必然

佩是男子之飾佩玉以比德佩觿礪以備用惟居喪則去之聖人除是居喪之外無所不佩

帷裳是朝祭之服下裳用全幅如帷故不殺縫但於腰間為襞積使狹以就腰耳使非帷裳之公服則必用殺縫别朝祭也殺者取布全幅三分斜裁之狹者皆向上為腰闊者皆向下為齊故腰之

袂減下齊一半齊之濶加上腰一倍則不用襞積而旁有斜裁之殺縫所謂必殺若深衣之類是也、

羔裘玄冠皆吉服故不以弔哀死也

吉月朝服而朝不以致仕忘居也只是服公服北面而拜於家一說作入朝見君恐致仕之臣無與朝班之禮、

齊必有明衣　章

此記孔子謹齊明衣寢衣是致絜變食遷坐是變常總是盡敬、

明衣謂齊之、日恐常服不潔另做一件明衣沐浴既畢則服之曰明者取明潔其躰之義以布為之取其素不欲華飾也、

寢衣謂齊之夜不可着明衣而寢亦不可解衣而寢又另做一件寢衣長一身有半取其半以覆足

變食謂不用平日常食之物遷坐謂不居平日常坐之處

食不厭精　章

此記聖人飲食之節凡多寡美惡之宜衛生傷生之謹自奉頒賜之常皆有節度故門人於一飲一食無不記之

凡食與膾不欲精細則貪多必欲精細則求美故聖人未嘗必欲如是但不厭之而已

食饐節皆傷生之戒色惡臭惡猶未餒敗也失飪特烹調失節猶未惡也不時謂當食之物或非其時此皆人所常犯者聖人必謹之

割不正節皆不苟食之意食肉用醬如食魚膾用芥醬食濡魚用卵醬食濡雞濡鼈用醓醬各有所宜不得則不食

肉雖多節皆有節之意肉不勝食氣是食肉有節酒不及亂是飲

酒有節蓋食肉過多欲養生而反傷生酒而及亂欲洽情而反恣
情故皆節之
沽酒市脯不食是衛生之嚴不撤薑食是養生之周不多食之說
不必承薑食
公胙不留神之惠故不宿家胙不褻神之餘故不出三日公私之
別也此聖人頒賜於人亦各有節重敬神上
食不語是飲食事寢不言帶講不語雖問不答也不言不自發言
也食自含哺言非絡食之謂此節重心存不他講傷人意不用必
薄物必祭則無不祭之食祭而必敬則無不敬之祭二意俱重但
當直講不必對
席不正不坐

此記聖人心存於正雖小不忽席非酒席之席凡席地而坐皆是

鄉人飲酒　章

此記孔子居鄉上一節是夫子飲於鄉人之家以為賓言有敬長意下一節是鄉人儺於夫子之家以為主言有敬賓意

斯出二字言未出不敢先既出不敢後便有行則行止則止之意所以為敬長者

儺是鄉人之禮阼階是主人所立者鄉人到夫子家逐疫夫子為主人必朝服而立於阼階所以同俗而不為矯亦以致敬而不敢慢一說謂衆人逐疫於家恐祖先五祀不安故服朝服使神依已此意不重只重敬鄉人上

問人於他邦　章

此記夫子與人交之誠意上節是夫子問候於人則拜送以致敬下節是他人饋送夫子則拜受而致情

遣使問人則再拜以送之蓋敬其所問之人欲其道達己意如親見一般故拜使者即拜其人也

禮賜車則乘以拜賜衣則服以拜賜食則嘗以拜康子饋藥夫子敬大夫之賜當拜受而嘗之但藥不可苟用即飲恐非所以謹疾置之不飲又虛人之賜不惟我之意不達於彼而彼亦不能無惑於我故對使拜受直告之曰丘未達藥性且不敢嘗蓋敬人之賜而明己之意也衞生之謹交際之誠皆見矣

廄焚　章

馬廄被焚常情多是問馬夫子貴人賤畜之意不覺於乍忽之際

發之𦣲引曰畢竟亦問及馬但初問意尤重人所以迥出常情有賴安排用意所為者

君賜食　章

此章記夫子事君之禮首節是君賜食於夫子二節是夫子侍食於君三節是君來夫子之家視疾四節是夫子去應君召捴是盡禮

賜食熟食也餕餘不可薦諸祖故嘗之君賜不可遷須頒諸人故先嘗之嘗君之賜儼如對君故正席先嘗重敬君講賜腥則熟以薦之榮君之賜也賜生則畜之仁君之惠也皆重尊君上然於其先嘗見遠人之恩於其薦也見奉先之孝於其畜也見育物之仁一敬君而衆善備矣

人君每食必置品物於豆間以祭始為飲食之人膳夫每品皆為

君先嘗之夫子侍食於君君祭則已不祭而先飯不敢以客禮自居而以膳夫之職自處也

禮病者寢北牖下面東首君問疾則遷於南牖下亦必東首雖病不可褻服見君故加朝服於身引大帶於上不以疾廢禮也

君命召即步行以趨君命已出而車駕隨之不敢緩也

朋友死　章

此記孔子交朋友之義上節以施於朋友者言義所當殯也下節以受於朋友者言義所不當拜也故曰朋友以義合又曰有通財之義然必能不利人之車馬而後能殯無所歸之友蓋以義自處則能以義處人

朋友之饋節重不拜車馬不重拜祭肉蓋朋友饋送惟祭肉則拜

敬祖考也除非祭肉雖車馬至重之物亦是通財常事直受之而不拜重其義不重其物也

寢不尸　章

此記夫子容貌之變首節是處已見齊衰至而作是接人末節是敬天

不尸謂不過於肆中有舒布四體意不容謂不過於拘中有非惰意方見聖人氣象

見齊衰三等人與前章同意狎是常見之人非素不相識者褻是私見之地非大廷廣衆之所變是改其常容以貌是加禮貌不必分重輕狎必變非狎可知褻必以貌非褻可知

式謂古人乘車遇有所敬則俯而憑於車前之横木夫子在車見

凶服則式之見負版則式之一以哀有喪一以重民數也負版是
人物版籍如今黃冊一般
迅烈必變不必講衣服冠而坐只是敬天之怒變其常容有警懼
不寧之意
升車　章
全章升車二字貫至末上節是方升車下節是既升車故註總曰
升車之容
執綏凡升車者皆然但夫子獨能正立蒙引以心躰正貼正立誠
意肅恭貼執綏未是
不內顧曲禮謂立視五巂式視馬尾顧不過轂是也不疾言謂言
不急遽聲容肅也不親指謂指不妄動手容恭也三者重不失容

講不惑人意輕〻

色斯舉　章

此章二説邢氏作三嗅其氣却関孔子身上講但雉為子路所執與上文色斯舉不符劉氏作二戞其聲似與色斯舉相應又不関孔子身上故朱子缺其疑而邢説在前

色舉去之速也喻人之見幾而作可以去則去翔集就之審也喻人之審擇所處可以就則就

山梁山脊也時謂飲啄得時共謂共而向之若有取之之意三嗅而作謂三鳴而去此見色舉之一端矣作文還依此説尤見上下文意相蒙

八閩文庫

福建文獻集成

續編 經部 二一

吴格 主編

文獻集成 221

海峽出版發行集團
THE STRAITS PUBLISHING & DISTRIBUTING GROUP
福建人民出版社

本册目次

刻四書便蒙講述十一卷（卷五至卷八）

〔明〕福清盧一誠撰

日本内閣文庫藏明萬曆二十一年刻本

四書便蒙講述卷五

閩後學　未人　盧一誠　著

先進於禮樂　章

上節夫子述時人失中之論下節自言其用中盖以身挽時之趨也進猶言輩非以輩字訓進字謂先一輩人進去後一輩人又進来先進指文武成康之世後進指今周末盖以古視今則今爲後耳禮樂不止制度凡身之所用皆是經禮三百曲禮三千皆禮也聲音養其耳采色養其目歌詠養其性情舞蹈養其血脉皆樂也野人君子時論以文言之鄙率固陋全無文彩是郊野村人文章絅發禮節周詳是士夫君子周之先世本夏商之忠質而潤色其未備正文質彬彬君子也其后繁文侈靡溢乎中制之外遂謂先

進不足於文而鄙之曰野人謂后進文彩可觀而稱之曰君子不知其所謂野人者乃所謂中而所謂君子者則所謂過也故夫子曰吾從先進蓋欲挽所趨之過而歸之中耳如假如也禮樂不可斯須去身而曰如用者蓋有欲爲東周制禮作樂與天下共由之意故設爲假如之言耶用之即所謂用之鄉人用之邦國用之朝廷用之宗廟之類從先進與吾從周意同中庸取從周以証爲下不倍亦斷章之義耳觀其言曰周監於二代郁郁乎文哉則所謂從者隱然有斟酌損益擇中而從之意非但若下之從上已也故如用意含蓄甚廣

從我於陳蔡　章

上節是聖人追思與難之賢下節是門人記其所思之人

衛靈公問陳孔子不對適陳遂入蔡陳蔡連界近楚楚昭王聘孔子陳蔡大夫發兵圍之所謂厄於陳蔡間也當時及門之賢追隨於顛沛流離之際皆不忍去其後或存或沒或歸或仕各散去不復在門夫子想起那時相從情義慨然感念故發此嘆

德行節分别四科以紀所思之人亦大槩記其尤著者耳不然聖教多術何止四科七十子之服孔子又何啻十人然亦非所謂十哲也今觀顏子爲四配又别取以足十數則十哲非當時之論明矣

德是心所得行是身所行德行者得諸心見諸行事非判然兩件也言是自言立論建白之類語是答述應對辭命之類政是事之綱事是政之目文是詞理成章學是講習淹貫然四科雖並設而德行無所不該三者皆德行之緒餘也

德行如顏之仁閔之孝仲弓之簡亦足以槩其大矣獨冉牛無所指乃因夫子斯人之惜而以謹疾爲德行未是言語如子貢天階日月之喻禮樂德政之談誠善說詞而宰我言社言短喪失言甚多獨有賢於堯舜一語耳然夫子嘗曰聽其言而觀其行則其能言亦自可見政事如由之治賦求之爲宰彼其果與藝誠於從政乎何有惜以政事之才施之季氏若求也聚斂則尤可罪耳文學如賢賢易色數語曰必謂之學如以禮樂爲教曰得諸學道之說則二子之所謂學殊異乎后世詞章之學矣

此節重記其人不重因材立教意蓋聖門教人德行爲本言語政事文學則隨時而發固未嘗分定其科以教其人但諸弟子所造未必皆如顏閔而就其質之所近亦各有一長故記者爲之列其

等耳然亦自與難之時言之至於性道有得一貫與聞則言語不足以限子貢車裘共敝縕袍不恥則政事不足以盡子路教人不先傳後倦取滅明以二事游夏亦豈徒文學之士已哉說者謂顏淵優於冉閔宰我劣於子貢子路賢於冉有子游又未及子夏此則學者品題之論非追思本意

回也非助我也　章

此夫子深喜回之心悟首句特假設之詞非真憾其無所助我也助不是補助其所不及也○黄鍾未嘗有聲由扣乃有聲聖人未嘗有知由問乃有知故凡有所疑問而發其知者皆助也回於夫子所言默識心通欣然領受並無一疑以相問難奚以發夫子未發之意哉故曰非助我

此與不違如愚同意不違便是悅不悅便是違蓋人之艴然不樂者皆緣意之相背而其心相契合未有不懽然相得也故彼曰終日不違而設言其如愚非先疑而後信此曰無所不悅而設言其非助我非先憾而後喜

孝哉閔子騫

夫子獨言孝而註兼孝友緣昆弟之文而帶言之耳要之孝友二理未有孝而不友者此當活看不可謂父母稱孝昆弟稱友或謂閔子之友皆順父母之心友亦孝也此亦曲說

人謂衆人凡父母昆弟之外皆是此句重公論看蓋父母昆弟情多私昵即稱孝友未必皆公令外人所稱與其父母昆弟所稱者畧無少間則非親昵之私明矣故以信閔子之孝一說閔子處父

子兄弟之變最難浮其惟心故委曲承順人皆以爲難而父母未必喜或積誠感動父母以爲喜而外人未必信此内外交稱夫子所以信閔子之孝也是説亦通但大文與註俱非平重語氣註積于中指閔子着于外指人無間言勿以父母昆弟爲中外人爲

論語一書夫子並不字門人而獨字閔子何也或謂聖人言語不拘則何獨僅見於此或謂閔子有過人之賢則回參豈出其下或謂閔子門人所記此説近是

聖門曾子尤以孝稱觀孝經問答獨屬於參孟子謂事親若曾子可也乃於此獨稱閔子豈當時曾子尚幼閔子之行已成與

南容三復白圭

三復非三次讀也是常常熟誦反復不厭使知自警之意不靡免

禍即粘謹言說所謂言足以興默足以容是也范註兼謹行似多一層故置圈外然謹言便斟酌可行與否謹行亦在其中

夫子妻南容以容之能謹言故記者紀其事於首非謂必擇謹言者而后妻之也觀其妻公冶長又不專在謹言

季康子問弟子

此與對哀公同中少二句蓋對君不可不詳若大夫則言其槩耳

顏淵死顏路請子 章

顏路欲為子之椁以其賢也已不能舉而請夫子賣車以其恩義兼至也此皆以情言耳不知顏子貧也以理言葬可以無椁夫子大夫也以分言行不可無車故夫子借鯉死為辭便見視回猶子意才不才以回鯉較言鯉固非不才子也但視回不及耳吾不徒行

數句俱就不舍車於鯉講末補不可舍車於回意蓋鯉死不為槨吾之待子如此倘又為回之槨是不以待子者待回也待回必若待子之得宜情義何等懇切若曰吾既不舍車於子又安肯舍車於回便非聖人口氣或問車若可舍或不必舍車而自有餘財夫子亦為顏子槨乎曰不為也觀門人厚葬夫子重以為責且嘆其不得視猶子意可知矣

顏淵死子曰噫

夫子身任斯道之統其所屬望以為身后托者獨顏回耳設夫子先死舉斯道盡寄之回雖謂不死可也今回死則道無傳道絕是夫子死耳故發痛悼之聲而重嘆其喪予是回之所係於斯道之興喪豈其微哉

顏淵死子哭之慟

子哭之慟自門人見者言之夫子不自知也子慟矣門人欲夫子節哀非譏其過也有慟乎夫子不覺而自疑也非夫人之爲慟而誰爲言雖慟亦宜也宜慟之意即喪予之意皆爲道惜非徒惜其死也

顏淵死門人欲厚葬章

門人蒙引作顏子門人欲厚葬是門人之情子曰不可以理止之也夫子不可顏路以爲可故竟從厚葬是路之葬回不如夫子葬鯉之得宜故夫子以猶父自居嘆其不得視猶子隱然歸其責於父也然不曰非我也顏路也而曰夫二三子也亦過不歸親之意視予猶父就平素言教則相信動則相依有事則趨有難則赴真

若子之於父不以頃刻忘贍依故夫子平日待之亦若子然不得視猶子就厚葬一事言觀不得二字為曰吾欲以子視回有不得自遂之意故直歸之於二三子

大凡喪葬之禮要使死者心安而后生者為無憾耳顏子樂乎貧者豈以厚葬為安乎路與二三子惟知盡已之情不恤其心之不安於地下蓋欲厚顏子不知所以為厚也夫子用情要於理無遺憾故喪予雖慼而請車則必拒慟哭雖哀而厚葬則不可蓋情有所甚厚義有所宜處義安則情亦安此所以為厚於顏子也子路欲使家臣治喪曾元之不欲易簀二三子之見耳由夫子觀之則其罪為欺天其愛為姑息以此知忠臣孝子之所以厚其君親者當必有道而不徒以非禮之厚為貴矣

季路問事鬼神

事鬼神凡祖宗五祀山川社稷之類皆是事人凡親〻長〻貴〻尊賢之類皆是

問事鬼神問所以事之者何道問死問人所以死者何故此皆幽渺之說然亦事之不可已理之不可遺者故皆為切問

上段兩箇能字是行工夫以誠心言下段兩箇知字是知工夫以明理言事人只是一箇誠〻可以事人則亦可以事鬼欲事鬼者先事人可也不問事人而問事鬼故夫子曰未能事人焉能事鬼非不告以事鬼也欲其求事鬼之道於事人正所以告之事鬼也生只是一箇氣〻聚之而生則散之而死欲知死者先知生可也不問生而問死故夫子曰未知生焉知死非不告以死也欲其求

死之故於生正所以告之死也故曰不告乃所以深告也但夫子口氣未可露盡誠氣聚意當於言外補之然作文入講不妨

此章之論非謂事鬼難於事人知死難于知生也謂事人即所以事鬼知生即所以知死理本相通而不容間然必能事人而后能事鬼知生而后知死事亦有序而不可躐

閔子侍側

上節記聖人樂群賢之氣象下節并及其警子路之旨

三子氣象就侍側時見之俱以剛德言誾誾是含蓄其剛而不露剛中也行行是剛之盡露者侃侃是剛之微露者子樂是樂其皆有剛明氣象而可以有為也蓋道體甚大非剛毅英明底人不能擔當得起故惟剛為足以進道彼謹厚愿人不能振拔夫子蓋嘗

悪之而每以未見剛為嘆乃四子氣象若此則其力量材品皆可向進故夫子樂之非樂其終於此也樂其可教以進於中行也其取狂狷亦是此意他日傳道卒得之孔敎之曾子謂非剛德之所就乎

冉有是懦弱底人彼固自以為力不足乃其氣象則與子貢同侃侃何哉想其容貌詞氣亦有挺拔正直風味但未能奮然必為故夫子以爲退又以為畫

若由也不得其死夫子就行〻上看出来故危詞以警之使知变其氣質也乃卒死孔悝之難由亦不能善用其勇矣不得其死謂其剛勇太過必有非所死而死者非不得正寢之謂然先儒謂結纓一節有行一不義殺一不辜而得天下不為之心學者不可認

不得其死之言與盆成括足殺其軀一例

魯人為長府　章

此閔子議魯事而夫子與之則長府之不當為明矣乃其事無見於經傳得非因斯言而止之與

為長府非創始也魯原有長府今不安其舊欲改造之動衆興工其勞費有同於創故記者題其事曰魯人為長府為字便有譏意

閔子上句言舊有可因曰如何者有從容討議之意下句言作不可改曰何必者是的確決斷之詞義直而和言婉而正不惟適當事理之宜亦足感動在位之聽既不失誾誾侃侃之風又深契節用愛人之旨故夫子與之曰夫人不言言必有中不言空說不妄發二句俱觧有中

此章詞氣與答季氏一類彼曰善曰必在汶上此曰何如曰何必改作俱是和而能厲非真有德行者不能一說謂先疑詞後決詞未是

由之瑟章

此章上是病子路之氣質下是取子路之造詣

北鄙謂北方郊野多肅殺之氣故聲之不和者謂北鄙之聲夫子之門而由之鼓瑟其聲若此性之過剛可知矣夫子斥之欲其变化氣質涵養德性以歸於中和非麾諸門墻之外也門人因此遂不敬之似未識夫子之意故夫子稱其升堂見由之有可敬而鼓瑟一事未足病也

道之光明正大猶居之堂精微蘊奥猶居之室其實室即在堂裏

面精蘊即在光大裏面非有二也但學者於道有由光大而直見其精蘊者是升堂而入室也或精蘊未見而立心制作已造於光大者是升堂而未入室也子路學造升堂特未入室其地位儘高安可因一事而忽之哉升堂如緼袍不恥車裘共敝喜從浮海使民有勇知方此皆高人一等若終身誦之無所取裁其言不讓以正名為迂則其見理未精是未入室也但此節重升堂講方見夫子取子路以釋門人意

或謂入室是聖人地位否曰未也顏之卓爾曾之一貫見得道理精細便是入室子路猶未到此耳若聖人地位則堂與室皆吾故物出入自在雖顏子亦從之末由豈容易可到

子貢問師與商章

首節別言二子之偏末節斷言失中之同
高廣底人要能人所難能是師也過謹守底人其弊常在狹小是
商也不及過不及俱從中字較出来故註直云過中末句是因一
愈字評斷之言其失一般何可以分優劣也時說首節不露中字
謂子貢不知過為過中謂其過乎商故有師愈之問此說未是彼
子貢何等頴悟豈不知過不及之為非中而錯認至此哉特以過
中者材力有餘稱賢智不及者材力不足稱愚不肖故疑過之為
愈也夫子則斷之曰力有餘者於中已過與力不足者於中未及
總是一様失中安得謂師愈哉故曰過猶不及註中賢智愚不肖
存疑謂泛論不指二子然二子亦脫不得二科故蒙引以柴也愚
来看

過與不及其失等耳倘歆至中則過者力有餘退而就之似易不肖者力不前勉而進之似難然不及者猶有企慕向進之意志篤力堅或可望其至過者敢為高論無所忌憚歆其悔悟而挽回之甚難故聖人惡隱怪孟子病助長皆戒夫過者

季氏富於周公

此章上節是冉求罪案蓋周公以天子叔父有輔相大功其封於魯也山川土田附庸當時千八百國無有踰其富者季氏專魯乃盡奪公家之祿歸之私室擬諸周公初封之富不啻過之此皆攘君剝民之所致者故不義富貴之家曾閔之徒羞恥仕之冉求顧樂為之臣亦已下矣夫子不此之責亦庶幾能匡救其過明正其分則未為無益於吾道也乃旅太山則不救伐顓臾則與謀且為

聚斂而附益之故其罪爲黨惡聚斂積聚其所斂於民者聖人以此責求重在害民以助不義不在季氏之甚富也借曰富而未甚亦可聚斂以益之乎

非吾徒所謂麾之門墻之外也聖門之徒居則以名節自矜出則以君民爲念冉求仕不義之大夫又黨君之惡而貽民之害似非名教中人故曰非吾徒也甚絶之之詞鳴鼓暴著其罪使人共聞也攻之攻擊其非使知省改也使門人者朋友有責善之義故使鳴鼓以攻之也既絶之又攻之意猶望其改圖所以爲聖人愛人無已

柴也愚

四子之偏是合下生来性資各有欠處能就欠處加起工夫皆可

以為全材故夫子語之使知自勵
性顓厚的多膠滯欠变通曰愚性謹恪的多遲鈍欠敏捷曰魯性脩飾的多虛咢欠誠实曰辟性率真的多粗借欠文彩曰喭四字各有好處但欠處當用工夫变愚用明理工夫变魯用勉強工夫变辟用存誠工夫变喭用崇雅工夫則皆可以去其偏而全其好觀參以魯淂可知矣或以參獨傳道遂謂曾之質高於三子豈知四者偏則一般但曾子學到而能变其質三子學未到而質難变耳假使師之才高由之兼人能隨事精察而力行之則何辟此喭之不可变哉故曰氣質之用小學問之功大
愚魯辟喭俱不必講四子实事註引家語云云亦記柴之為人可以想見他愚非以此證愚之实

愚與魯好處畧相似病處則稍不同愚是見得泥些魯是做得慢
些辟與喭正相反辟工於文而少質喭過於質而少文

回也其庶乎

庶乎言其幾與道為一也顏子自謂雖欲從之正欲與道為一而
末由也已故曰庶乎此即一間未達之意屢空言其心專於道全
不營々求富故常至於空匱曰屢者非儘日空乏也充足之日亦
有但空乏之時候居多故曰屢空近道安貧兩開說或云安貧正是
近道似皆註

不受命謂貧富有命而賜貨殖以求富是不安受天命也殖是生
聚之意程子謂子貢高識豈規々貨利哉但於豐約之間不能無
留情耳愚意貨殖二字便有經營之術豈但計較之心此見賜不

如回之安貧也樂道帶安貧不是應近道億則屢中亦疑意言其才識但能料事多中耳未能如回之近道也屢中非事事俱中但中處亦居多故曰屢中

此章較賜劣於回而僅取其才識有激而進之之意倘充其億中之識去其貨殖之心則由無諂而進於樂何道之不可近哉卒之得聞性與天道亦非復不受命之賜矣

子張問善人之道

子張問善人之道與浩生問何為善一不同彼問其人此問其道孟子曰可欲之謂善言其人也此曰不踐迹不入於室言其道也

質美未學是善人品格惟質美故不必蹈襲舊法而意見暗合自無為惡之事是不踐迹惟未學故於義理未甚透徹而所為雖善

未必皆天理當然之極是不入於室善人之為道蓋如此二句直

講重質美上於善字為切作文不可兩平

踐迹只是庸人入室便是聖人惟不踐迹又不入室既不是下等庸人又未是上等聖人所以叫做善人時說云不踐迹是所以為善人不入室是所以止於善人此語未是蓋此二句總答子張所以為善人只就善人眼前講非量他終身彼其資質本自做聖人胚胎亦非全無一些學力但未至耳使能學而求至則由善信而美大而聖神豈終不可入室耶不入於室與未入於室。同子路學已升堂望見室了但未之入耳是相近之詞善人猶未至堂難以望室而入曰不入者是相遠之詞觀此見子路是箇君子不止善人結纓之事安可與從子敖同日語耶

論篤是與　章
篤字重看謂不但言不可信即言之誠篤者亦未必非偽也言以誠稱而猶防其偽則欺人者愈巧觀人者愈密而世道益可憂矣
與者與其為君子也言如是篤實心亦如是篤實這便是有德有言的君子言如是篤實心不如是篤實這只是外面粧成老實模樣非色莊而何儻以其人之論篤即以君子與之安知果君子者乎安知非色莊者乎兩個乎字是疑詞重色莊一邊見其不可輕與
論篤只是言色莊又是貌〻即於言上見之故註云不可以言貌取人

子路問聞斯行諸
聞斯行諸一〻語勇者之所樂怯者之所畏也由以爲問欲得一言

之與以決其敢爲之勇求以爲問欲得一言之不與以安於不爲之便此所問雖同而意則異要皆從性質偏處發出來故夫子各有以矯之因其敢爲而示之以稟命使進者退因其不爲而示之以急行使退者進猶之陰症投陽劑陽症投陰劑要於救其病而已

有父兄在不但謂禮當稟命謂當告於父兄裁決可否而後行也

此兩問未必同日想子路以力行自負先發此問而夫子抑之冉求嘗諉於力不足正欲以此自解故復有是問豈知其答之不然乎夫稟命誠恭也求何嘗無父兄急行誠勇也由何可以獨諉此其所答之異必有意存焉乃二子不能自求其故故公西華兩舉以爲問夫子因發其意以告之

求也退由也兼人俱就材質上講曰進曰退是從中處較出來約

之於義理之中〻指理言勿謂由以稟命為中求以急行為中蓋道以中為至不可過不可不及材力兼人者於中或稍過故抑而退之以就於中資稟謙退者於中或未及故鼓而進之以企於中進退二字要以中裁成二子而已乃二子卒歸於偏此中行所以難也然兼人者猶足以自立而退者終於不振觀車裘共敝緼袍不恥其視為畫為聚歛者何如哉故升堂之許鳴鼓之攻軒輊蓋較然矣或謂冉求侃〻夫子亦樂其剛直此則病其退何也蓋彼以氣象言若侃然可取此以躬行言則退然不及故以急行進之

子畏於匡

吾以女為死只是疑其為匡人所害子在回何敢死謂夫子無恙回無可死之義便當遠害以全身何敢輕一死哉而死字意稍不

同夫子所謂死謂死生在匡人回所謂死謂死生在自己此見聖賢不以死為貴而以不苟死為貴

蔡氏拆衷或曰夫子設遇難回有顏路在亦可死乎曰三事如一惟其所在則致死可也或曰他弟子未若回恩義之至亦可死乎曰夫子之待諸子無厚薄寧有可以無死者乎或曰夫子哭回之慟嘆其喪予嘆其不得視猶子明與他弟子不同則弟子之死難獨無所分乎曰夫子之痛回為道計也苟不與於斯道雖鯉死不慟然則諸子死夫子之難何可有所擇哉

季子然問仲由　章

此章具臣分上段因其以二子誇人而輕其非大臣所以抑季然下段因其歆二子從已而許其有大節所以拆季氏

二子仕季氏品格已在顔閔下矣季然方藉聖門之高第以為重而自多其得臣二子故有此問不知夫子之深有不滿也故答曰

曾由與求之問其言若輕二子其意實抑季然

所謂大臣節道字重看以正道事君而不狥其所欲是仕也以道君或不從則不可仕即止而不仕是止也以道終始去就一於道而不苟大臣之風節蓋如此 此雖就二子所不足言 其實古來大臣皆不出此伊尹輔太甲周公相成王皆從道而不從欲故能成其君為令主儻當時道不相合即無可去之義亦必有所以自盡者由求纔所事者正未必有此事業故曰具臣

然則從之者與季然意便不好夫子要使他警悟故厲其詞以應之曰弑父與君亦不從也其言若取二子其意實折季氏不臣之

心弑逆不從亦非容易做得蓋变故之際除不從便是死怕死即是從此非有定見定力不能斷然以死自决由求雖非大臣然其氣節决不為亂臣故夫子深許其不從然只曰弑逆不從則他事尚不能保如聚斂伐顓臾旅太山其從者亦多矣故曰具臣

子路使子羔為費宰　章

此章上段是子路所舉之非夫子責其為害下段是子路言學之謬夫子斥其為佞

成人有兄死不為衰者聞子羔將為成宰遂為衰此其德足感人即治費亦無不可夫子何責由之深也說者謂費邑數畔難治子羔不足以堪之未是此當與漆雕開未信參看開之才可仕而自知其未信夫子悅其篤志於學羔之學未可仕不自知其未信故

夫子責子路之使亦欲其篤於學也子路遂謂民社皆可為學而不必讀書這是强詞抵塞不知仕與學理固相通然必讀書稽古先明乎治人事神之理如盡廢其書而以民社為學則經綸施設何所措手譬之未能操刀而使割希不傷指矣故夫子深斥之

賊夫人之子只就害己說言質美未學遽使之仕則質由此壞學由此廢內有害於己之德理有未明政亦未通外有害於己之業是賊害這個人子不可作貽害天下國家說

佞口給也子路使子羔原無不必讀書之意因夫子責之遂飾詞以文其非是不要於理不根於心但取辯於口以禦人耳故夫子不辨其言之非而獨斥其佞則言之失自見矣

季路曾晳　章

全章則何以哉分上是誘群賢言志下是因言志而有所獨許又因而各許之也

以吾一日節且未說言志只誘之忘分以盡言居則節始說言志欵其言乎平居之所自負也夫子嘗於武伯之問具以才對知諸子固有素矣爲此問者蓋以觀自信何如而諸子所言皆是實事故皆許之不可謂先有此章之問而後述以告武伯也

則何以哉是指言用世之志與盍各言爾志之問不同故三子各就用處言之由亦非復車裘共敝之對

子路率爾首對但以率爾承之其狀輕遽便與鏗爾舍瑟不同千乘是大國攝乎大國之間亦只是勢均力敵非冇大於千乘者攝謂兩邊皆大國而吾處乎其中勢相頡頏動有牽制被他管束不

得自如此是勢之極難者加以師旅不勝調發之煩因以饑饉更有流離之苦此又時之極難者當此時勢兩難之秋即能支持目前不即危斃可矣乃能三年間使民有勇知方此豈可以易言哉子路何等力量何等材畧故自任其難如此由也為之兼政教俱有必三年者亦古者三載考績之意有勇知方重使字看盖迫於饑寒則民心索然無果毅之氣苦於兵荒則民心思亂奚暇治禮義故必有善政以足衣食而后能使民有勇必有善教以明禮義而後能使民知方或有政無教則民即有勇未必不犯上作亂故必政教兼舉而後能使民有勇且知方夫子哂之非哂其自負太過亦非徒哂其率爾哂其材能展盡詞氣激昂畧無雍容含蓄之意子路任大國具兼教養冉求任小國不任大國任富不任教雖因

他見晒故為遜詞然其力量亦只是如此觀夫子許由以千乘治賦許求以百乘為宰其材品自是不同求也為之只是制田里薄稅斂食以時用以禮等事故三年而民可使足或謂求聚斂必剥其民何以足之蓋其藝能理財自有所以足之之道故自負如此禮樂以教化言君子身有禮樂故能以此立教使民興於禮樂求不能任而以俟君子泛言之也然亦默有推讓公西赤之意

冉求不任禮樂而以俟君子使赤亦然承之是以君子自居故先為遜詞而任其學禮樂者宗廟是諸侯祭祀祖考會同是諸侯朝會天子時見曰會不以常期見也衆頫曰同王十二年不巡狩則六服一齊並見皆就朝天子講不是兩君相見之禮或云朝天子

何處贊君行禮曰諸侯朝王必有為之輔行者中間應酬調度皆是相端章甫或謂諸侯服此以朝祭或謂相者服此以贊禮小註謂古者君相皆得服之則此服未審何據今就西赤講為順須為小相須得相君祭祀相君會同周旋贊助於禮法之場以觀其所謂禮樂這就是學小者謙詞猶言淺大夫之后不可謂諸侯相見末擯末介為小相

鏗爾一說連上讀謂鼓瑟方歇餘音鏗然一說連下讀謂以手推瑟而起鏗然有聲看来瑟方閒歇餘音尚存即推而起似一連際讀不可斷一說謂瑟希鏗然是節奏比樂舍瑟而作是容止比禮此亦因上文禮樂牽强附會原非正意此是先叙曾點氣象與率爾不同觀其舍瑟作起婉曲遜避及夫子慰之然后盡言這動静

何等從容

撰具也三子所言三子之所素具也異乎三子之撰言我所素具

與三子撰也曾點此言隱然低視三子有不規規事為之意但其

詞氣若遜全不見自負圭角

亦各言其志也與下節不同此節重曾點講歆誘其未言者下節

重三子講並許其已言者

暮春數句俱是樂其日用之常暮春時之可樂者是常得之時童

冠人之同樂者是常接之人浴風歸詠隨時與人以為樂者是常

為之事這所志即在目前與為國為民全不相涉故曰異三子撰之

莫春三月其時猶寒但地有溫泉故可浴上巳三月之第一巳日

也童冠不必作在門弟子只泛言有這等人便與他共樂詠歸不

必作興盡知止只是風浴之餘如此歸味要於順適其情而已天地間道理充滿無少欠缺若逝者如斯鳶飛魚躍皆此理也曾點見得觸處皆理無往不樂故其言志不出所居之位而隨時自得物我無間便有天地同流萬物得所之妙所謂已見大意蓋如此然只是見得全無隨事精察力行工夫故行不掩言卒于狂而已吾與點也通管上文動靜從容至上下同流之妙夫子問志原在用世點全不以功名為念乃獨深與之何也蓋人惟有見於理胷中無累則簞瓢陋巷此心老安少懷亦此心堯舜事業周公制作亦皆此心故三子見得勢分有難易有大小曾點見得性分無窮達無内外三子所具待人而行尚取必於他日曾點所具反已自足即今日而可行以三子而得用即局於一君一國之小曾點充

拓得去能使四海之内無一物不得其所便是堯舜氣象則所望於門弟子之用世者孰有過於此哉故曰吾與點也夫三子者之言何如點非欲品題三子高下。意以夫子與巳必不與三子也子曰亦各言其志則皆與之矣。蓋三子所言皆實事但不如點見得濶大故獨與點者所以廣三子之見點雖見得甚廣然未必如三子真才實能故各與三子者所以實曾點之行為國以禮禮即理也與天理流行之理一般蓋日用常行莫非此理為國之道亦是天理時措雖有掀天揭地事業要皆理所當為非於性分外有所加益子路不達此理以能自負盡展底蘊若有加於性分之外為人之所不能為故曰不讓此夫子所以哂也時說禮主於辭遜不讓只是少謙遜似太粗淺求赤非邦兩問點以由之不讓只是為邦自任故疑曰子皆為邦又何不見哂也夫子各以是邦答之而皆無貶詞則知所以哂由者不在為邦在乎言之太露耳。

子路所任是大國諸侯冉求所任是小國諸侯公西華為相亦是諸侯之事但謙處夫相耳非諸侯而何只是相諸侯非實為諸侯也即非邦也者之意言皆君國之事也

顔淵問仁　章

顔淵問仁問如何是仁夫子告以克己復禮便是仁這个仁其效甚速至大要做這仁其機又在我無難顔子聞此即悟了理欲機関但未知克己工夫從那一件下手故問其目夫子告以視聽言動禁其非禮便是克己工夫顔子就請事斯語語即非禮四句不

管上節

此章論仁即克己二字便盡了禮即是天理仁即是天理周流所以為天理之害者一念之己私也故克一私便復一理理盡復便是仁非克己外更有復禮工夫○亦非禮外更有仁○

克猶克敵之克謂我能勝彼也復猶恢復之復謂還我所有也吾原有土地虜據而奪之必兵力足以勝虜使虜無所容則吾之土地復為吾有吾原有天理私誘而奪之必工夫足以勝私使私無所容則吾之天理復為吾有故克即所以為復也

己謂身之私欲着个身字說己字分明是人己之己蓋先有己有人者便是私心故人心不可以有己也○夫子絕四卒於無我我即己也去了一念己心則何所不公何事非理故克己所以復礼也

禮者天理之節文不曰理而曰禮就事上講謂事事各有天理條緒燦然不相混淆所謂節文也故克己是念慮上用功復禮則曰事皆天理蓋人未應事念慮寂然何從而克有感而動念慮始生一有己私即便克去則隨事而應件件都依本來天理便是復禮事皆天理則天理之在吾心者並無一毫虧欠而心德渾全便是為仁為仁猶曰謂之仁也與下文為仁由己為字不同

復禮之禮與約禮之禮一樣曰約以禮不曰約以理就行上講此曰復禮亦就事講觀下文視聽言動非事而何故曰日用之間莫非天理流行可見聖賢之學隨事存心方是實落工夫如外事物而言克己即墮体黜聰離形去智為虛無寂滅者流豈顏子之心學乎

一日克已復禮與上句克已復禮不同上以用功言克已以復禮也下以成功言已克而禮復也一日與一日用其力之一日亦不同彼謂一日工夫尚在後面此謂一日工夫都在前面言平日克已力到功深至於一日已無不克禮無不復即一旦豁然貫通之意歸與也是歸許之歸非歸附之歸言克復工夫一日到這地位不但自家信得是仁就天下人人誰不稱許是仁盖天下人只是一樣心天下心只是一樣理復吾心所自有之理便是復人心所同有之理故凡有此心此理者皆以仁歸之也一日極言其速天下極言其大或謂此必達而在上聖人方做得来曰此以理言如中和位育亦只是泛論道理假使必求何人真做此事則孔子豈不中和何曾位育顔子陋巷又何歸仁至今耶

爲仁由己爲字著力看即上文克復工夫由己而不由人言機之無難也盖由人者勢難自遂由己者機可自決己吾己也我要克便克了禮吾禮也我要復便復了何難之有然由己爲之則易由己不爲之則難亦有戒勉之意故註曰日日克之不以爲難則仁不可勝用矣此是由己本意

由己之己與克己之己意似不同總是人己相對之己克之者言當無私於己由之者言當盡其在己己欲立不立人己欲達不達人這便是私己有諸己而后求諸人無諸己而后非諸人這便是盡己私己之己不可有故當克盡己之己不可無故當由

顏子請問其目彼於己之當克禮之當復一聞即悟不消再問故直請克己條件以從事耳非禮四句夫子開列條件以示之非禮

即己也以心言勿即克也以禁於心言然非禮雖是心却因感而生勿雖是禁於心却皆隨事檢察那一件念慮差失便從那一件禁止使外無感觸何以有非禮之念即欲禁止從何下手夫子何以必曰視聽言動云耶

非禮勿視不可謂非禮之色勿視謂當視時少有非禮念頭即便禁止勿萌了這是克己一件聽言動放此蓋人之一身日用應感只是視聽言動而莫不有天理當然之則所謂禮也一有非禮之念四者便失其則必一一檢點一一禁絕務盡去其所謂非禮者則視聽言動無不中禮而禮復矣故克己為仁之目無出此四者然論四者之用視為急視而非禮即開目便錯了故為首句次聽次言次動論四者之司動為大舉一身之容皆是動不止耳目口

之各具一官也故為末句包視聽言在中或謂四句即洪範五事之四乃不及思何也蓋思者心也洪範言思以心行乎四者之間四勿不言思而四者皆以心為主其旨一而已

顏子深潛純粹約禮又竭其才夫子乃以非禮戒之者只是微過不是顯過其所謂勿亦是纔發於心便能絕去如曰目不視非禮之色耳不聽非禮之聲口不道非禮之言身不為非禮之動此即稍知義理自防者猶能勉之曾謂回之心不違仁而克己工夫若是粗淺也哉故觀此當知顏子心學

不敏敏字兼明健看見得敏捷是明明則能察理欲之幾行得敏速是健健則能致克復之决此惟顏子足以當之而曰不敏謙詞也請事斯語謂以四勿之語見諸行事而用力於視聽言動之間

也斯語中所以克己在此所以由己在此所以致天下歸仁亦在此顔子自知力足以勝之故直以請事自任

仲弓問仁　章

此告仲弓以敬恕爲仁敬以持己是存心工夫恕以及物是推心工夫兩者俱心上用功不可分体用亦勿分心之德愛之理見賓則冠裳在前便有拘檢誰敢放肆承祭則神明在上便有畏惧誰敢怠玩此皆人心所必敬者若出門則舉止由我前無所拘未有不自肆者使民則操縱由我上無所畏未有不自驕者能於出門時其心常檢就如見大賓時一般則無地不敬可知使民時其心常畏就如承大祭時一般則無人不敬可知故舉此兩句爲操心要法非謂下手用功即此兩處如上章所云視聽言動也舊説

賔祭之大敬亦大似看大字太拘
己所不欲勿施於人勿字即上章之勿有禁止意其所不欲者勿
施則其所欲必施矣己欲立而立人己欲達而達人皆施其所欲
者都由此一念推去故能取譬為仁之方
私意無所容而心德全是講仁字承上両邊来盖心之所以不仁
只因私意為累敬則防檢日密一毫放逸之私無所容故心以存
而益純恕則物我並視一毫自利之私無所容故心以推而益公
此所謂心德全而為仁也此章之仁全在両如字一勿字着力
邦家無怨根私意無所容来盖吾心無私即有以當乎人心之公
故無怨此與天下歸仁一意但其氣象廣狹不同二子之所造自
見矣一説以邦居家之先亦家難而天下易之意

出門二句何等謹嚴拘束程子謂看其氣象便須心廣体胖者蓋心一於敬便是天理無一毫私欲牽掛其氣象合當如此又曰唯謹獨便是守之之法蓋出門使民雖人所共見而一念敬畏則我所獨持故唯謹獨便是守此如見賓如承祭之法

乾道坤道何也蓋克復是直前奮發工夫有健道焉故曰乾敬恕是靜專持養工夫有順道焉故曰坤

司馬牛問仁章

訒字有二義忍謂含忍不發難謂發之不易總是言不輕出若有所忍而難發也此句且勿露心存不放到為之難句發之

司馬牛病在言躁皆由心放夫子告以訒言為仁欲其知所操心也牛不知訒言是存心而以為強閉故有不足之問

為之難重存心講蓋惟心存敬畏不敢放肆遇事之來兢兢然惟恐其不易為即欲發言則必躊躇斟酌欲言而不敢言安得而不訒也得無二字有不得不然之意此見言之訒由為之難為之難由心之存心存則仁在是矣故曰仁者其言也訒存疑曰義理難明疑似之間只爭毫末皆人所難辨克己最難斯須不謹卒陷於人欲之危尤人所難當為之難須兼此兩意

一說訒言是四勿之一蒙引以為未是蓋訒是心上工夫訒是言上工夫一說訒言是顧行存疑以為未是蓋顧是既行而後言訒是難行而不言

以上問仁三章或告以克復或告以敬恕或告以訒言皆因人材質就其最切處指示下手工夫使之有所持循據守材高者不得

驚於高遠不及者亦可勉強企及此聖門之斈都是實事非若后世借存養名目以為談說之資已也

司馬牛問君子

此夫子以不憂懼為君子自牛之所處言之下文推言其所以無憂懼有使知自省之意

憂愁悶也懼驚怕也皆自禍患言不必分禍之已至未至存疑以憂為愁禍患之至懼謂禍患至而驚恐然憂則必懼懼則益憂但用情則有兩様如有所憂患有所恐懼亦兩言之也此憂懼與仁者不憂勇者不懼稍不同彼泛言窮通得喪此專指禍患為牛之憂魋言也撅魋已為亂牛恐禍將及已則憂懼俱是禍患未至一邊

君子全德之稱不憂不懼只是大膽不怕事底人或亦勉強排遣

而然如何就是君子故牛有不足之問

内省不疚以平素言疚病也是自家心裏不快不疚與自慊一般蓋由平日所為事事皆合於理故能内省於心並無一些不快則理得心安何有於憂理直氣壯何有於懼蓋我無取禍之道禍患自不加於我固不待憂懼縱有事變不測非我自致我亦無憾又何必憂懼此雖為牛言之然心地到此即無入不自得氣象故曰君子向魋作乱牛未能自信其得免於禍故夫子告以内省使之自反於己果無愧心即兄之惡安能累其弟之賢如其心有愧則其及也豈憂懼所能免哉此語蓋微有警省之意然其兄関弓射人其弟當涕泣道之即使内省無疚亦安能恝然無一家痛迫切之情哉此四海兄弟之言所以為寛牛之憂而不免於滯也夫子

之意亦知牛之無可柰何但欲自盡其在我焉耳

司馬牛憂曰

此章富貴在天分上是慰以安命下是勉以脩已

憂曰含愁而言也牛有兄而曰獨無以其為亂必有取死之道故以為憂乎夏之言總是寬其憂耳蓋知命而安則不必憂脩已而人皆愛敬又不消憂二意俱重

有命謂有生之初鑄定不可移易在天謂蒼蒼然主其權不在人為一屬死生一屬富貴互文耳其實有命便在天在天便是命不是兩物子夏述此言只取天命二字謂無兄弟亦天命也勿以死生謂雖將死

恭敬二句重無失有禮上蓋敬非難無失為難恭非難有禮為難

敬無失則持己謹密始終如一自然人之愛敬恭有禮則接人謙遜無過不及人亦自愛敬於我愛敬通乎二句不必分四海兄弟就愛敬上看此言亦是同胞道理但天下理一分殊雖有他人豈如我同父假如四海人當得自家兄弟則無愛矣故曰意真語滞

子張問明

譖愬俱是虛情惟明者能察之但驟而譖人則詞不掩誑緩而愬己則怨不激衷此猶易察也惟譖以浸潤愬以膚受則用心甚巧而為術甚深其情最為難察於此察之所以為明之遠

浸潤之譖是慢慢譖以緩入人也緩則人不自覺入之漸即信之深其譖行矣膚受之愬是切切愬以急激人也急則人不及詳忿之深即發之暴其愬行矣故必察之而後二者不行焉不行一說

主聽者言謂不行其譛愬也一説主譛愬者言謂其訐不行也還主譛愬説爲是蓋此章論明只重能察其情彼以浸潤来吾察其情則其譛不行彼以膚受来吾察其情則其愬不行此非至明而何若曰聽者不行其譛愬是不替他仇害其人發洩其冤又後一層事

子張只問明夫子并以遠告之明裏便有遠意遠即明之至也然意義㧾須分別明是心体無蔽故註曰心之明言可謂明也遠是察物無遺微曖畢照故註曰不蔽於近言可謂遠也譬如日月有明容光必照照即明之遠也其實只是一个日月但自本体言爲明自明之所及言爲照明遠二義此可以觀

子貢問政　章

此章首節論政之經有食有兵尤不可無信下二節論政之權去
食去兵終不可去信

兵食信三者皆自為民言之足食是民之倉廩足兵是民之守衛
信是民心相信而不叛也

足食足兵俱就見成言為政工夫在足字上面制田里而生之廣
薄稅歛而取之廉此足食之政也故民食足比卒伍以定其數時
訓練以習其法此足兵之政也故民兵足然古者兵農合一無事
而耕為比閭族黨有事而戰即伍兩卒旅故食足而兵亦足然兵
車起於田賦而民有飢色必不勇於戰鬭故先足食而後足兵民
信是民之信我非我施信於民也教化行謂教化得行非至此方
行教化也蓋當制產之日便教以暇日脩其孝弟忠信故民衣食

既足即有勇知方莫不親上死長信於我而不叛矣如平日全無教化即兵食雖足民安知所謂禮義而相與親愛其上哉故以成效言民信在兵食既足之後。以為政言施信在兵食未足之先。

必不得已而去於斯三者如寇敵交侵飢饉薦至欲棄城不守則信去欲仗信守城令民出粟養兵則民間罄乏而食去欲不令民給兵則兵又缺食散亡而兵去是三者必去其一也而何者當先

子曰去兵盖食足則民有生氣信孚則民有死心即無兵而守固矣故三者去一兵為先

必不得已而去於斯二者如人心固守但城中食盡欲得食全生必須棄城而信去欲保城全信又無從得食而食去是二者必去其一也而何者當先子曰去食盖無食必死死人所皆有也無信

則雖生無以自立不若死之為安故二者去一食為先寧死不失信於民使民亦寧死不失信於我此言信不可去重上人以身先之之意

夫子論政兵食足而民自信孟子乃曰米粟非不多也兵革非不堅利也委而去之何哉蓋孟子所言是足國之兵食者故失民心而民叛夫子所言是足民之兵食者故得民心而民信

此章始終重一信字論其常信當結于兵食未足之先論其變信當存於兵食既去之后子貢以三者並用其中必有獨急者故一不得已而求去其一再不得已而求去其一夫亦究其變之所極以觀人心之可變否也夫子答之若執權衡而較輕重故一變去一寧無兵不可無信再變去一寧無食不可無信至於無食乃生

死存亡之頃乾坤何等時耶猶曰無信不立見國家不可一日無人心人心不可一日無信義為政者之所重益可知矣是子貢之問常而不忘其變其為慮也深夫子之答權而不失其經其為教也遠此聖門有用實學豈徒善問善答已耶

棘子成曰章

此章子成論質之獨重子貢論文質之平重曰獨重者非不動於救時而失之一偏病在而已字曰平重者非不幾於中道而失之無等病在猶字彼儉戚之論非不崇質而為禮之本所以非子成之偏重野史之論非不並用而文質彬彬所以非子貢之無等子成此論與林放問禮之本同意但其立言不若放之無弊彼曰本者謂必先有質而後有文此謂質而已者謂只要有質不要有

文所以為矯時之過

惜乎貫下駟不及舌是惜其失言也君子之説句輕講

文猶質二句子貢因他説何以文為則曰文也與質一般不容少輕何可盡去因他説質而已矣則曰質只與文一般不容少重何可獨用假如獨存其質盡去其文則君子小人何以辨哉虎豹喻君子是縉紳士夫犬羊喻小人是郊野細民皮喻質毛喻文盡去毛而存皮則皮都一樣安辨其孰為虎豹孰為犬羊盡去文而存質則質都一樣安辨其孰為君子孰為小人此棘子成之言所以為失子貢矯之是也然虎豹犬羊雖以毛辨而皮其本也皮之不存毛將安附即使毛去而皮存其皮亦自有辨君子小人雖以文辨而質其本也質之不立文將焉用即使文去而質存其質亦自

有辨故質以為主文以輔之七分質三分文而后本末輕重皆得其宜安可兩重並稱無所軒輊於其間哉此子貢之言所以胥失之也

章內三个君子不同首節君子言君子之人尚質也以人言次節君子言尚質之說君子也以德言末節以虎豹喻君子言以文而異於徒質之小人也以位言

哀公問於有若　章

此章哀公求足國之道有若對以足民乃所以足國

用不足國用也哀公知年飢而國不足乃欲加賦于民以足國用不知年飢而民尤不足正賦且不能辨況加賦乎故有若以盡徹告之謂只當節用不必加賦

徹法兼貢助貢法十中取一助法十外取一註只云君得其一民得其九者非專言貢亦言其大率耳

二什二也魯有履畝之稅什一外又逐畝各取其一是什二也公欲加賦於什二之外有若要他行什一之法即稅畝猶當去之故

哀公曰什二猶不足如之何其什一

百姓足四句要見君民一体無獨富獨貧之理孰與二字言君之貧富非君所能自為民皆得而與之也徹行而民足則與君以足其誰以不足與之徹不行而民不足則與君以不足其誰以足與之是君之足不足其机皆係于民民之足不足其機又係於徹此徹之所以當行也

百姓足君孰與不足非以民之有餘爲君之不足也制産分田徹

有成法鄉遂用貢都鄙用助民之積當裕則賦不後時君之廪常盈則國無乏用此之謂民與君以足

年飢用不足當是正賦不登令曰二吾猶不足則民之所入已十二矣縱非飢歲其數之取盈亦不過此何又不足用也小註謂哀公十二三年皆有螽又連年用兵於邾又有齊警疑即此時與當是時用若甚急有若乃以徹告其說似迂然究竟必民足食而后賦稅有所出決無不徹而足之理倘衆此下令行徹盡革稅畝以甦民困徐圖國賦之充亦未為緩也然則何以救目前只是節用如荒政省禮之類則事皆減省不用安見其不足也苟不思節用猶欲加賦民其何以堪之哉故孰與之言若謂君之貧富攸懸于民即欲享用由己胡可得也所以警哀公深矣

註云軍国之須言千乘之国以軍計也其中如朝覲會同祭祀兵革宴賞服御之費皆為軍国之須不專以軍旅言

子張問崇德　章

理之得于心謂德如何積之使崇理之疑于心謂惑如何辨之使明二者皆是心学

主忠信徙義崇德也勿以忠信謂心上崇德徙義謂事上崇德蓋德只是得其理義即理也徙一義即得一理徙義是崇德下手工夫然不實心為善如何能著实下工故以忠信為主或忠信而義不能徙又只是一朴实頭全無進步故又貴徙義主忠信則有為善实心進德基址已先立定是謂本立徙義則日加向善工夫日日皆有实得是謂日新故曰崇德也此見崇德实功全在徙義徙

義根本尤在忠信主忠信而徙義則德崇矣譬如蓋屋主忠信是地基徙義是工作工作勤則屋成然不有地基工作何施譬如耕田主忠信是種子徙義是耕耘耕耘力則苗長然不有種子耕耘何施故論用力徙義為實論立本忠信為先二者俱重語意須一直講

愛之欲其生四句只是一个人是惑也憑註兩承上文上重欲其看下重既又看蓋愛悪人之常情死生則有定分乃愛人而欲生之悪人而欲死之是以不可必之生死為可以惟吾所欲蔽於私而昧於理固已惑矣且又不能自定既愛欲其生又悪欲其死情欲交戰意見昏乱則惑之甚也能知此是惑即可謂辨惑矣

齊景公問政　章

景公問政意在正人夫子以人道大經告之言君臣父子各得其

正則可以正人此便是政事根本
上君字是人君下君字是當一个君中間便有盡道意不可以君
君謂君盡君道臣父子放此
斥言可以折獄　章
斥言我之斥言也折獄謂獄情折開兩邊以斥言之間能使獄者信服是非曲直即判兩途此非忠信明决者不能其由也與入忠信明决講忠信則人不忍欺明决則人不敢欺故言出而人信服之不待其辭之畢也但講由忠信明决不可入實事門人記其無宿諾正見由平素忠信明决所以取信於人也践言不欺是忠信急於践而不宿是明决
聽訟吾猶人也

此因稱子路折獄恐人以聽訟為賢故言其不難而必無訟為貴
蓋聽訟是民上求治只是塞其末流無訟重使字看是於身上求
治全在正其本原大學所謂明德大畏民志所以使之也

子張問政

居是存諸心無倦是常存此心行是發於事以忠是事本於心始
終如一重終字看表裏如一重裏字看此二句雖平只是一个心
言政之行當以實心而實心為政又要持久也小註以上為立本
下為達用未是

君子成人之美

此言君子小人所成之異由其立心不同也君子存心也厚所好
者善故於人為善則誘掖獎勸要成他好事於人為惡則規戒阻

抑要使他不得遂小人存心也薄所好者悪故於人之將爲善則拂抑以阻之既爲善則謗毀以敗之於人之未爲悪則逢迎之以啓其不善之心既爲悪則賛助之以堅其不善之志皆反乎君子之所成也故曰反是是字即上二句

誘掖奬勸不是訓成字是成之工夫誘掖是成於未爲之先奬勸是成於既爲之后誘是以言開導之掖是以身扶持之奬是許所已能勸是勉其所未能

君子成人之美卒亦自成其美小人成人之悪卒亦自陷於悪

季康子問政

康子問政意在正人夫子答之重在正已

政者正也是解政字義且虛說下二句方就康子身上說要他正

已以正人所謂政也

政者正也存疑只作正人家引淺說俱兼正已還兼說方盡子帥以正只一个僣分便不正了何以帥人他如告之以善告之以不欲告之以孝慈之類皆以身帥示之也

季康子患盜問於孔子

患盜患民之盜故問所以弭之夫子直言子不為盜乃所以弭民之盜也民為盜只是攘竊其利君貪欲亦是剝奪民利未有君以利倡而民不爭於利者故惟不欲而盜自止此正本清源之道是弭盜要法雖賞不竊假設之言明其必不為盜也蒙引曰季氏竊柄盜於國也康子奪嫡盜於家也此便是魯之大盜何以責民為盜

季康子問政

此章康子意在任刑欲殺惡人以成善人夫子意在任德欲化惡
人以為善人
無道之人有道之妨也故康子欲殺無道以成就有道但所謂無
道非皆叛乱悪逆不可赦者猶可教而為善特上無以感之耳故
夫子以為不必殺子欲善二句明焉用殺意君子德風二句明欲
善民善意欲善是欲自已為善民善兼有道無道說君子小人之
德德字輕看以位分言君子主感故猶風小人主應故猶草此二
句感應分講末句方言感則必應故曰子欲善而民善
夫子三告康子總一意自心之無邪為正自心之無悪為善自心
之無貪為不欲更以臨之以莊章參看可見康子心身未好如何
為政

子張問士　章

子張問達不是問達字義是問士如何能達註德孚於人而人信之是解達字全義即質直一節意子張所問只要行無不得未知德孚本旨夫子知其認達錯了故詰之曰甚麽樣你叫做達盖將發其務外之病而救之也子張果以邦家必聞為言故扶直斥其非是聞非達二句是別誠偽之幾下二節是詳誠偽之實故曰既明辨之又詳言之一說是聞二句虛講下節乃言誠偽亦通

質直以心言質是真實無偽直是平順無曲故曰內主忠信忠信總是心不必分貼質直一說忠信訓直字主訓質字以忠信為主本是以直為質幹如義以為質之質好義以行言謂凡事都要就義上做非徒好也故曰所行合宜察言觀色以接物言凡人相接

有為人所不滿者每於詞色見之我之質直好義未敢自信故接
人時又必審察其詞色也慮以下人以自牧言慮思慮也下人指下
人也念慮中真實下人非虛文也此雖四項工夫其實只一个脩
德質直是實心為善好義方下手用工觀察下人是詳審周密工
夫故總曰自脩之事自脩於內與內主忠信時說作兩樣看一對
所行分內外一對家邦分內外看來德心德也內只是心所行合
宜亦求此心無愧兩內字殊無兩樣
在邦必達在家必達只一个實德行將去自無一處窒礙蓋實心
實理人心所同我雖不求聞知人自信之故也達字內自有聞意
如天下歸仁何嘗不是聲名但無心得之故以達言
色取仁而行違謂外貌粧飾全是道理考其行事都與道理相背

蓋仁者心之德本在內也不以心存而以色取不得之於內而取之於外一斥仁都是假的所以行與仁違色字不止容貌凡外面可見處都是色上言好義此言取仁仁義總一理特誠偽不同耳居居仁也仁既是假便非己物自家心裏必有不安乃偃然居之全不疑其非真有無所忌憚甚矣色取便非質直行違便非好義居之不疑便非觀察下人淺說以色取謂似質直而心實險詐似好義而心實好利未是

在邦必聞在家必聞謂此等人做出這般模樣欺瞞世間一切無識之人盡為鼓惑翕然稱道也有名譽著聞但無實德終必敗露故必達者未嘗無聞必聞者決不能達

色取二句是小人之尤子張雖務外疑不至此然少誠實則未能

質直好苟難則未能好義務矜高則未能下人出乎此必入乎彼
故夫子深警之耳

樊遲從遊於舞雩

樊遲此問皆是心學夫子以其皆切于為己故善其問然三項工夫亦自相須崇德是全吾心之善脩慝是去吾心之惡去惡乃所以全善也辨惑又是去吾心之蔽使知為善去惡故能勉於崇德脩慝則惑庶乎可無矣然脩慝辨惑又皆崇德內事

事謂脩德之事得謂理得之德以脩德之事為務而不計其得則功專心純而理之得於心者日積而不自知是謂崇德

攻其惡攻字最有力盖惡匿于心潛藏隱伏倘不力攻何以能去然攻己而又攻人則功有所分己之惡亦鹵莽而不暇治故必專

攻己惡都不攻人之惡則勇猛精專心之惡一切除去不得藏匿
是謂脩慝
忘身及親勿平看當以一朝小忿與及親大禍相對蓋忿曰一朝
便非終身不共戴天之恨乃忘身以鬪之至於禍及其親而不顧
是蔽於忿而昧於理故謂之惑能知此之謂惑便是辨辨則有以
懲忿矣
樊遲近利則不能後得鄙畧則不能攻己惡粗猛則不能懲小忿
故夫子皆因其病而藥之
樊遲問仁　章
此章上是夫子示仁智合一之旨下是子夏發仁智合一之意
仁言其施智言其務皆以用言之然不公何以能愛不明何以能

知言用而体在其中
樊遲未達意以愛人則無論賢不肖似有病於精擇之智知人則賢不肖必有分別又有妨於愽施之愛是用仁則難為智用智則難為仁未知何以能並用而不相悖
舉直節因遲未達而合言仁智蓋知其直而舉則人爭慕為直知其枉而錯則人爭耻為枉是枉之所以化為直者舉錯之明使之也仁者愛人不過欲其同歸於善而枉直一明即能使枉為直則知以成愛愛資於知二者相為用如此何相悖哉但夫子尚未明言故遲猶未喻
樊遲退而見子夏蓋未喻夫子合一之旨疑舉直二句都是言智又疑使枉者直似非言智但未悟其為仁耳故直以問智為言何

謂也是單問能使枉者直一句何以謂智也
富哉言乎富謂包之廣也子夏就悟得使枉者直是仁故曰富哉
夫子之言不止言智下文因舉禹湯之事以明之
舉皐陶舉伊尹是舉直不舉的便是錯不仁者遠言盡化為仁若
見遠去不是投四裔迸四夷之說
伊皐之舉即舉直錯枉知人之智也不仁者遠即使枉者直愛人
之仁也子夏不曾聞前面知人愛人之言舉直二句又未露仁智
樊遲又只說問智乃曉得夫子言兼仁智亦可謂善悟矣
夫子言直子夏言仁只是一理順理謂直便是仁逆理謂枉便是
不仁知此則愛人之仁亦只是使人同歸於理而已
子夏問友

此章論友重義看忠告善道是以義自盡知止無辱是以義自裁

忠告謂朋友有過盡吾一片心告他無一些欺隱善道又將好言語曉諭他要委曲以動彼之聽也告非難忠告為難道非難善道為難忠告非難忠告而又善道為難蓋善道而不忠告則言雖婉曲或不由衷忠告而不善道則言雖懇切又不能入故必盡心相告而善以道之此謂道友之義不可謂言不行也止謂止而不告也吾既忠告善道彼猶不聽吾言則義不可言矣即當見幾而止毋以數見疏而自辱也然此處亦不可輕果是忠告善道不可乃可以止如漫然道之一言塞責即藉口毋自辱之說亦何以盡義乎一說不可謂不可交止謂不與之交亦通

君子以文會友

此章憑註兩開說上句是知下句是行皆不可無友也蒙引一說云君子之以文會友者正欲取友以輔仁耳意甚好但與註背以文會友只是會友論文與取友輔仁一樣文者道之散殊不止載籍自家博學於文已有明理工夫但恐意見偏曲即將這文来會聚朋友相與講究義理是謂以文會友仁者心之德爲仁只在心上輔仁不是助我用功只要好朋友與切劘磋磨以涵養氣質薫陶德性這便是以友輔仁

此兩言友之當重要曉得是學之助若本領工夫全在自己以文會友是自已致力於文特會友以講之以友輔仁是自家心上求仁特取友以輔之故觀友之爲輔則知己之爲主矣倘己不力徒靠朋友譬如行者足不自舉即多扶掖亦安能進步哉曾子之意

謂自己工夫既盡朋友亦不可無非謂道明德進皆在友而不在已也

子路問政

此告子路爲政始終重在身上無倦只是先勞非有加也

先勞是兩件事民行孝弟之類屬教先謂引之也欲民實行必躬行于上以引導之如道之以德是也民事農桑之類屬養勞勞已也欲民作事必身任其勞以倡率之如此行勸課皆是不令而行

雖勞不怨正見其當先勞也不是先勞之效

無倦言他無所益但先勞無倦可也蓋先勞皆不便于已故人情多勤始怠終且子路好勇又不能持久故以此告之此雖非有加於先勞然上節只言身帥此則進之於久亦所以益之也

仲弓爲季氏宰

此章上是歷示仲弓爲政之要下是因問而廣其薦賢之量
先有司三句平重但末節專問賢才故註以賢才一句兼上二句
有司得人承先有司句而政益脩承赦小過句一説以首句爲主
小過謂有司小過賢才謂有司賢才未是
先有司謂凡事各有司存必先使他各治其職而宰特爲之考成
可也使件件都要自家親理則不惟日不暇給而体統亦甚褻矣
故先有司是政之大体過悞也無心之過法所當原况小過乎故
惟大過無赦小過則赦之可也然書曰宥過無大則大過亦寛之
可也蓋赦宥不同赦者直放而不問宥則輕減之而已易曰君子
以赦過宥罪此赦宥之别賢才是未用賢才舉者舉之爲有司使

皆在位在職也
焉知賢才而舉之仲弓要天下賢才盡舉於我而後可夫子告以
汝所知之賢才女從而舉之女所不知之賢才他人有知之者誰
肯舍之不舉這便是賢才皆得所舉矣必盡知於我而舉之哉此
三句蒙引存疑俱依程子語意方見用心之公淺說作人之告我
又一說作感召所使俱未是
仲弓把賢才作私已的故欲盡舉於已夫子把賢才作公共的故
欲各舉於人即此公私之間便見用心大小程子嚴其辨而極言
之至於可以興邦可以喪邦其幾可不慎哉
衛君待子而為政　章
此章必也正名截上是指言為政之所當先下是極論名之所以

當正名不正二節是推言不正名之獘末節言君子所以必正名

為政字屬衛君不屬孔子故隔一而字

必也正名乎要見先字意以答子將奚先之問言我若輔衛君為政其必先正衛君之名矣乎必决詞乎疑詞言决要正名而不敢質言也夫君方待我為政我即欲先正其君其不可成必矣故蒙引謂正名一句便見孔子必不仕衛之意

父廟曰禰蒯聵未死不稱禰故曰不父其父而禰其祖

有是哉子之迂也連讀一句言君是其迂也不可于有是哉斷句

子路知正名之說决不可行其以為迂未為無見但不知此名之當正終不免有與輒之心故夫子直斥其野

名不正一句斷言不順以下二節極言獘之所至皆從名不正來

名不正名字不是名分之名是稱名之名故與實對然所稱之名即名分之名分即實也稱之即名也出公以父為仇以祖為父合下名不正了即叫父為仇叫祖為父如何說得通故曰言不順言既不順則叫做仇的實不是仇乃要拒他叫做父的實不是父乃要禰他這事体如何去得故曰事不成禮樂不是制度聲容就身上行的得其理而和便是禮樂事既不成則父子祖孫之間都錯亂無序乖戾不和故曰禮樂不興禮樂不興則失其理而不和凡百政事都是亂做罰者未必惡惡者又未必罰故曰刑罰不中政事不止刑罰獨言刑罰者舉害之尤重言之也刑罰不中則惡者益肆為善者無所恃即欲舉手投足莫知趋避将安所措置哉故曰無所措手足

施之政事與事不成事字不同上事字就名講此事字就政講故君子節承上文言名不正則言不順所以君子不名則已名則必要言順我可呼而彼可應斯可也言不順則事不成所以君子不言則已言則必要事成上可作而下可從斯可也不曰事而曰行包禮樂刑政在內兩个必字重看正名意都在這一字着力君子於其言一句只是足上兩句蓋名必可言言此名者也言必可行行此言者也故當中挑出一言字以足之曰君子但於其言無所苟焉而已名必可言是言之於既名之後者無所苟言必可行是言之於未行之先者無所苟蓋名之正不正只是實不實而已言無所苟即是名當其實言即名也無所苟即正也一事苟即名不正其餘皆苟即言不順以下皆是故末一句要應轉首句必

也正名之意言為政君子只是言無所苟正名而已矣曰而已者
言正名之外無餘法也或謂末句責子路之失言未是
朱子嘗論衛國當時之事只看輒之心何如耳輒既有拒父之心
無論已若有避父之心則衛之臣子必當以義拒蒯聵而輔之若
其必辭即請命而更立君可矣設或輒賢而國人不聽其去又當
權輕重以處之不然則逃之而已看來為輒者只當把父子為重
如舜逃海濱而忘天下如夷齊合國而去聽國人立其中子然後
其道始盡

樊遲請學稼　章

樊遲學稼圃只是以細民之事自處必求其說而治之故夫子直
斥其小人欲其學大人之學也或謂遲有欲為神農之言之意或

謂遲有沮溺自食其力之意俱未然
不如老農老圃非謂不如彼之精于農圃也只云吾有吾之學不
似老農老圃之學使遲即問何學則礼義自當面示惜不能問故
於其既出言之使知學為大人之事非恐其直求老農老圃而學也
上好礼三句重好字看謂深知篤好就從禮義信上做工夫方是
好礼就持身講則是臨之以莊方與民敬相應與上好礼則民易
使之礼畧不同好義就處事講如舉直錯枉皆是民服謂服其當
也好信就實心講五德言信貫乎仁義礼智之中信以成之亦成
乎義礼邀此所謂信只是上面礼義皆實也用情亦只是上面敬
服皆實情
四方之民襁負而至即敬服用情之民上是心悅下是來歸焉用

稼只是當務其大何用以小為也不必說有人為之稼圃

樊遲請學稼必是窮時若已仕則不暇耕矣夫子告之皆是為民上者事蓋吾儒体用之學使當如此故孔言為學有大人之事不待學稼孟子言為治有大人之事不待並耕其理一也

誦詩三百章

詩本人情該物理可以驗風俗見政治此是本旨非為為政言也但為政者不過明情理善政治而已故誦詩者必達於政達謂行無滯碍非徒知也其言溫厚和平長於風諭此亦詩之本旨非為為使言也但為使者不過要善辭命不剛取禍不柔取辱而已故誦詩者必能言也能言凡酬酢應對皆是不但出使獨以出使言者舉其最難耳專對獨對也使有正有介正不能對則介助之惟

善言者獨自能對不用衆介之助也

誦詩所以能達能言者非徒熟誦如流已也要尋繹旨趣体認會悟讀其言得其意即見諸行故能以政則達以對則專無徃而不可也賜也達於從政何有又使於四方不辱君命彼盖嘗可與言詩者皆得之悟處居多若口耳是徇全無心觧力行工夫亦何以能達能言哉故曰雖多亦奚以為以用也言奚用誦詩為也

其身正不令而行

治道以身不以言民心從好不從令故身正則不令而行身不正則雖令不從即所謂以身教者從以言教者訟也訟是退有後言

此節通上下言不專指當時諸侯大夫上之所以行其政教者共能盡去號令但不躬行於上何以令行禁止故必身正則令無不

行其曰不令而行者猶所謂雖賞不竊設言之耳不可死殺泥不令二字其身不正者或驅以嚴令人亦安敢不從曰雖令不從者亦無以服其心耳

魯衛之政

此言二國之政自其衰亂言之也魯衛本兄弟之國及其衰也一則祿去公室政逮大夫君臣之權移一則不父其父而禰其祖父子之實紊法紀陵替二國一般故夫子借兄弟二字以明乱政相似不可得而軒輊也

夫子夢寐行周公之道大都屬意魯衛至道之評富教之論其望不甚殷哉而行以膰肉居而擊磬何不獲已也魯衛之望絕興周之志窮矣此言政之兄弟蓋不徒慨二國之衰亦自傷其無所往

也故曰孔子不悅於魯衛

子謂衛公子荆

此稱公子荆善居室只是一个知足之心善居室猶言善處家也三有字泛指錢財器物不專指所居之室三个苟字正是善處矣字亦不虚有心安于此絶無過求之意

合是凡物都湊聚了但未甚齊備完是齊備無欠但未盡美美是齊備者又極精好蒙引以始有即是合則下文富有如何就是美淺説以始有未是合但子荆所欲易足即曰苟合苟者聊且粗畧言未合而聊以為合也還淺説為是

由合而完而美是循序無欲速合曰苟合完曰苟完美曰苟美是有節不求盡美累其心　總承上

子適衛

庶矣哉一句有感慨意蓋衛土衆民君子欲之況夫子欲行其道尤深屬意於衛者乃一入其境而見民之庶蓋深幸其富而教之者有其機又深慨其富而教之者無其人故發此嘆冉有知夫子之嘆不是徒嘆必有意於庶者故一問何加而得其富再問何加而得其教可謂善發其蘊矣上曰既庶是據見在言下曰既富是設言之耳庶而加以富富而加以教於此見王道之大成必先以富加於庶而后以教加於富於此見王道之有序

制田里是富民之具薄賦斂是富民之法田謂一夫百畝之田食所出也里謂一夫五畝之宅衣所出也賦出徒役斂出租稅

立學校是教民之具明禮義是教民之法閭有塾黨有庠術有序

國有學皆學校也六德六行六藝皆禮義也

衛之始封康叔受引養引恬之命以保乂斯民受孝弟之命以作新斯民富教法程尚有可據田里學校豈得盡無但世衰政廢敗壞已多或田里雖存而經界不正或學校徒設而禮義不脩獨所謂民之庶者尚在也故夫子重有感耳惜衛有可施之地夫子又有善施之道而衛君不能授之以政可勝嘆哉

苟有用我

用我非淺淺用之必委以國授以政言必聽計必從晏嬰不能沮女樂不能移方為信用之專所以得行其道

可謂紀綱布也朞月用我使得展施則廢者舉墜者脩大綱小紀次第整頓斯亦可矣然尚未成功故可也二字有僅可未盡語氣

有成謂朞月之後用我益專再加積漸工夫至於三年則化行俗美民康物阜治功已做成就猶言樂之一成也

此章記於適衛之后註謂為衛而發則所謂治功者不過富教二事可也如田里學校賦斂礼義之法布約施令一一舉行便是至於民皆足衣足食興仁興讓無不得其所則有成矣

朞月三年聖人度其力量如此曰三年者大約亦三載考成之意子路三年可使有勇知方冉求三年可使足民夫子三年有成雖其作用不同治效逈別然皆自信其力量實做得來非空言也或謂聖人立斯立道斯行又何用朞月三年蓋彼言其盛德感應過化存神之妙此言其見用實效計時可必之期倘非有綏來動和之德亦安能必有成於三年耶若夫五年七年必為政於天下此

又是孟子力量真實做得雖其年比子路冉有為遲而其效較有勇知方為大蓋亦時勢然耳

善人為邦百年

善人是志仁無惡者不必泥質美未學說百年父子孫相继之数勝殘去殺一直講有殘須用殺盡化殘暴之人使不為悪便無人犯法刑殺都不用了此古語也曰善人則身之所帥者正曰百年則德之所入者深故可以勝殘去殺其言不誠然乎哉

此章計善人之分量其德之所積與化之所成當是如此或以上章三年有成下章必世后仁評斷之謂亦可二字有不足善人之意似不必然

如有王者必世而后仁

王者謂聖人受命而興是有德有位有時之王者仁字要体認不是仁政之仁蓋仁政仁字只是愛對忍而言與此不同或泥註禮樂仁義等字尊以教言謂興仁之仁亦差了註云教化浹也謂以聖人之德居天子之位政教並行至於一世之久然後恩意德澤漸漬淪浹無一處壅閼而不流通無一人阻隔而不霑被是之謂仁譬如人心不仁只為私意間隔故必天理流貫一私無間是心之仁又如手足痿痺不仁只為氣血壅滯故必元氣流貫血脉無間是身之仁如此体認始得

王者與善人品格自是迥別故曰必世則不待百年曰仁又不止勝殘去殺然三年有成亦可謂仁乎又何速也程子謂有成與仁不同似亦未然蓋此節槩論王者成化之期是以理言上節聖人

自度用世之效是以時言如孟子談王道許多節次而其自許則曰王齊反手倘亦時勢之謂乎

苟正其身矣

此章正身專就臣說觀從政二字是言為大夫若然正身雖專言臣而正人只是民不可兼君

冉子退朝

家臣見大夫亦曰朝晏不是日暮但比常時為遲耳季氏以大夫專魯之政又不與同列謀於公朝而獨與家臣謀於私朝其僭甚矣冉有不正其僭又與其謀則凡季氏所為之非不可謂冉有皆無責也夫子詰以何晏若陽為不知者求直以有政而對全不知議政之為僭故夫子諷之曰國政當議於公朝今不議於公朝而

議於私朝此必季氏私事也如有政則吾雖不見用亦當與聞柰
何其不聞乎夫子知所議實是國政而曰事者謂其以國政為私
事也抑季氏教冉有俱在此一言
政事二字単言之只一樣並言之大綱為政細目為事此章以國
事為政家事為事
夫子明知是政乃陽以為家事魏徵明知太宗所指是昭陵乃陽
以為獻陵故其語意相似
定公問一言　章
此定公求興喪於一言夫子各舉其言以對之敬肆之間而已盖
為君難何等恐懼言莫予違何等快樂乃其懼也反以興其樂也
反以喪猶所謂生於憂患死於安樂也蒙引謂兩个一言不同興

邦一言人言也喪邦一言自言也

人之言只取為君難一句為臣不易帶言之耳時文如知為君之難多併臣入講則是二言矣

如知為君之難知字內要重戰兢數句不但淺淺知之也興邦不止新興之邦即守成業致盛治皆是

予無樂乎為君是有邦者之言一言只是莫予違一句

如其善善字就言看合天理當人心便是善不亦善善字就善言看出其善言則上不為驕從其善言則下不為諂故曰善不喪邦意在言外補之不可以善字謂邦不喪

此章興喪雖曰一言其實只是一心知為君難中有敬謹意言莫予違中有驕肆意敬肆皆心也然人亦有言從善如登從惡如崩

又曰成立之難如升天覆墜之易如燎毛則又易於所以喪而難於所以興也人君察此益信為君之難

葉公問政

此告葉公為政在得民心得民心不是政所以得處便是政然不可以悅來謂政之效葉公以縣尹僭稱公所為必多不當人心故告以此

遠近自天子言畿內為近海隅為遠自諸侯言國中為近外國為遠葉公一縣耳只縣治之內為近是政教所已及者故被澤而悅縣治之外為遠是政教所未及者故聞風而來兩个其字指為政者言聞風是聞被澤之風来即盡歸乎來之意

政在近悅則近有不悅必政之所及失近者之心政在遠來則遠

有不來必政之所聞失遠者之心故言政者不必於近悅遠之上更求所以致之者何故只看吾政之施遠近人心何如就是爲政

子夏爲莒父宰

此章言爲政當戒近小上二句虛說下二句乃推究其獘正見近小所以當戒子夏病在近小故告之以此

欲速是責效旦夕要成就得快爲政當推行有漸毋以欲速爲也見小利是見得小小成就便以爲利爲政當規模宏遠毋見小利爲也蓋欲速的人本要速成然急遽無序反窒礙難行畢竟都成不得辟如兩日路要一日行則車敝馬疲如何到得而末路不前其遲又不止兩日是謂欲速不達此所以不可欲速見小的人只利目前簡便貪些小可便宜都無大規模手段如何成得大事如

人惜些小費便躭悮了大謀爭些小利便釀成了大禍皆是見小利則大事不成此所以不可見小利然二病亦相須欲速成便圖小就見小利都因欲速不達亦是不成人未有近而不小小而不近者小註黃氏曰事之遲速有自然之次第事之大小有本然之分量蒙引淺說皆用之存疑以為未是

葉公語孔子

直者順理之謂要於合天理而已註兼言人情以父子相隱言也大都人之情有二有天理內之情有天理外之情理外之情情也非理也理不順便不為直葉公所謂證父攘羊是也理內之情情也即理也理順便是直夫子所謂父子相隱是也

夫子所謂吾黨雖與葉公之黨對言然當看得廣猶云吾道之黨

不但謂吾鄉之黨
盡言無隱是直之正義相隱非直也然以情理酌之又反為直故
不曰是直也而曰直在其中凡曰在其中者皆反言也如寡尤寡
悔本不求祿而曰祿在其中學問思辨本不是仁而曰仁在其中
之類
聖人以父子相隱為直然石碏不隱其子厚李璀不隱其父懷光
君子亦與之何也弑逆大惡其事尤重於父子之情也或謂以父
殺子碏固無愧以子告父璀似欠安然恐君為父所害既非叛父
輔君其后又能死之亦庶乎不逆於理矣但使能於父未叛之先
以死諍之或亦可回不然則繼以死使君亦知為之備不尤兩全
而無害乎

樊遲問仁

恭敬忠俱以心言恭是心不慢敬是心不忽忠是心不欺心常存方是仁故又曰雖之夷狄不可棄也如心存于居處仁便在居處心存于執事仁便在執事心存于與人仁便在與人然能恭而未能敬能敬而未能忠能恭敬忠又未能固守勿失於心猶未純也故通一章而言乃謂之仁蒙引以恭敬忠謂各盡其理似只存心時說又謂心存於居處即理得於居處又多一層

居處不専指獨居凡臨民接物身所安頓處皆是

恭敬二字並言之一主容一主事獨言恭則該敬篤恭是也獨言敬則該恭脩巳以敬是也恭敬原無甚别但居處以持身言故曰恭執事以操心言故曰敬忠對信言即是盡巳此言與人而曰忠

便該得信如與朋友交而有信亦忠也

夷狄只言其遠不必作忠難看之夷狄不可棄是極言恭敬忠工夫一處不可放下非要他夷狄上用功觀雖字可見

子貢問曰　章

子貢問士意在以才自負夫子首取行已而兼言夫才子貢猶以全士而下或有取於才士者故再三問之乃夫子兩有所取皆在行已一邊則士固必有所重而才不足貴明矣子貢又以今之從政為問宜夫子直斥其為斗筲也

有耻謂一切非道非義之事皆羞耻而不肯為此其志節便與一介不取不與行一不義而得天下不為一般士之才不專使事特舉一事之難者言之亦微指子貢不辱命不專是能言無舉動處

事皆是可 謂士矣兩承上行已有恥志有所不為也使命不辱才足以有為也志是本才是末本末兼全故為士之上也然雖兼才志而有恥為先使行而無恥即有才不足觀也有恥而無才猶不失為本立自守之士如下兩節所稱云盖任事在才所以養其才者志氣也世固有知恥之士其才或不長於為使未有無恥之人能重主威壯國勢而奉使不辱也故士先重志

孝弟節是行已大端比之本末兼全者只是本立一邊故為士之次信果節是行已小節比之本末兼全者一無足觀僅僅是一个自守故又為士之次

宗族鄉黨分稱孝弟互文也然孝只行于父母于宗族為切弟道無往不在凡所處皆有長幼故泛言鄉黨互文中亦自有意義以

孝弟為士之次本立無才可見也然此孝弟只是一端若論大道理則孝弟為仁之本堯舜之道孝弟此豈在有恥下哉蒙引謂有恥中該了孝弟孝弟中該不得有恥特舉其大者耳

言行亦行已之大者但不論理之是非可否而必信必果則不通時宜偏執已見識量淺狹只是硜硜小人耳然與變詐反覆之人不同猶是有恥一邊故亦不失為士之次

今之從政謂為大夫也子貢意以其才各有所長獨不可謂士乎夫子直以斗筲鄙之謂其孝弟無足稱道言行無足品騭行已既不有恥雖小有才不足錄也安可筭於士之列哉此因子貢之問愈下所以警之者深矣

不得中行而與之

中行者有遠大之志而能實踐有特立之節而知變通既非志過高而行不及亦非守過嚴而智不及是謂中道聖門惟顏曾足以語此夫子嘆其不得其顏之既死曾之尚幼時乎

與授也猶以物授人也註解作教字蓋得其人而授之以道如以一貫授曾子亦教也故五教第一件是時雨化中行而下有三樣人曰狂曰狷曰愿狂近於肆狷近於拘俱有病痛獨愿人醇謹無可舉刺然既無向上之志又無自立之操不能振拔有為却不如狂狷志節尚可裁激以進於中行故曰不得中行而與必也狂狷乎一說中行狂狷皆就資質看與謂教而成之也言不得中行之質而教欲得狂狷之質而教也但既曰中行當是資學俱至徒質無學何以歸於中道狂狷亦非全不知學者但資質高處居多故

只得其一偏思狂狷者非取其狂狷取其有是質能加以學將来可為中行而與之也與還是語上之教

狂者志極高而行不掩狷者智未及而守有餘是解狂狷全義此曰進取曰有所不為俱就好邊講不足意在言外激厲裁抑通承狂狷狂者抑其志之過而厲其行之不及狷者抑其守之過而厲其智之不及則皆可以進於中道不可謂裁抑其狂激厲其狷也

進取欲進而取之即其志嘐嘐動稱古人是也有所不為與行已有恥一般此兩人論材品則狂高於狷論結果則狷實於狂故朱註二句詞有抑揚謂狂者志雖極高行實不掩卒於狂而已狷者智雖未及守則有餘終亦可以自立此便有與其狂也寧狷之意

一說狂是剛狷是柔未是狂銳于進狷堅于守俱是剛底人惟剛

可以進德故夫子思之觀閔子諸賢侍側各有剛明氣象而子樂之意可見矣然曾點之狂原憲之狷皆不與斯道之傳學不足也曾子篤學則以魯而得其宗豈非狷之所成乎

南人有言曰　章

此夫子一述南人無恒之戒而深取其言之善一述易卦不恒之戒而深警人之不占恒是常心有恒是不二其心夫子於善人之下每致思之故兩述無恒以戒人見人不可不恒也

無恒之人虛偽無實反覆變詐為巫則不可以交鬼神為醫則不可以寄死生故不可作巫醫無恒凡事皆不可獨言巫醫者南人之俗語云耳夫子善其言便不專在巫醫言無所往而可也

不恒其德或承之羞承進也羞辱自外至故曰進此二句是易之

占辭人之無恒者亦不玩夫易之占辭尚玩其占豈不知無恒之恥羞忒一說無恒取羞不待占筮而信然大全蒙引存疑俱依此說但悖朱註

君子和而不同

此與比周驕泰一般皆迹似而實不同者和同俱是不相違背但以理相爭而不違便是公心謂之和以情相狥而不違便是私情謂之同君子處人都是理無乖戾是和不是同小人處人只是情相阿比是同不是和只在公私之間而已一說君子和矣然和而能介又不同也小人同矣然見利則爭又不和也此便是兩截意

存疑曰和全在義理上理之所在此唱彼和中間或有是非不令處但是者之心本主於理彼以非為是者特意見小偏其心亦未

嘗不在於理此之謂和故曰無乖戾之心心字極含蓄言事不同而心同也同全在私意上彼意所是吾即以為是只要彼此相同更不論道理是與不是故曰有阿比之意意字亦不苟言但以私意相阿奉也朱子曰和是公底同同是私底和

鄉人皆好之

此章俱就賢一邊講鄉人皆惡亦問其賢也子貢欲以衆之好惡觀其人之賢夫子則以類之好惡觀其人之賢

盛德之人必見稱于衆鄉人皆好若可謂賢矣不知一鄉未必皆善人也以此為賢則同流合汙者或以愿得之未可也高行之士多不諧於俗鄉人皆惡若可謂賢矣不知一鄉未必皆不善人也以此為賢則忤世戾俗者或以激得之未可也還就鄉人中看他

孰善孰不善善者之所好必其人實有是善不善者之所惡必其人不為不善如此可謂賢矣使善者好而惡者不惡則必有苟合之行雖好以一鄉何取也惡者惡而善者不好則必無可好之實雖惡以一鄉何取也故鄉人皆好不如鄉人之善者好之鄉人皆惡不如鄉人之不善者惡之

子貢欲取人於衆衆惡亦衰世之意也或謂夫子以衆好為未可故子貢反其說以求之謂不得之好必得之惡似未必然

此與衆好必察衆惡必察不同彼所謂惡孰不賢者言此所謂惡孰賢者言

君子易事而難說也

大文先言易事而后難說註先言公而后恕因下二句而順解之

也說之不以道不悅也是公公則不可干以私故難悅及其使人也器之是恕恕則不責備於人故易事不可謂公惟故不悅非道惟恕故使人以器亦不可以公恕入易事難悅中講

易事則平易近人亦宜易說難說則威嚴難犯亦宜難事乃易事而又難悅何也蓋事是人之事君子以待人言悅是君子之悅人以持已言持已貴嚴而公待人貴寬而恕使嚴以持已亦嚴以責人則責人是刻所以持已者亦是刻非公也使寬以待人亦寬以持已則持已是私所以待人者亦是私非恕也故公則必恕恕則必公未有非道不悅者而不公道器使亦未有隨材器使者可以私意相干所以君子易事而難說小人邪媚易於諛悅然必不如意輒苛責過求使人不堪小人刻薄難於奉承然善伺其意巧為

迎合即懽然相得所以難事而易説

君子泰而不驕

驕泰相似只在理欲分别察理不精未有不以驕為泰故夫子指言之曰君子是泰不是驕小人是驕不是泰一説謂君子心廣體胖泰矣然無恃才負勢之態又不驕小人志得意滿驕矣然有患得患失之心又不泰似兩截意

驕泰俱就氣象上看却根心裏循理逞欲生来存疑曰泰是有道德者氣象盖内省不疚自然俯仰無愧怍故曰安舒驕是負才勢者氣象盖才能勢位迫於己便作氣勢作模樣故曰矜肆安是快活自在無倉皇之態舒是從容和緩無急迫之狀總自天理之心發出来矜是矜誇逞其負恃之氣肆是放肆縱乎禮法之外總自

人欲之心發出来

泰即是坦蕩蕩之君子驕不似長戚戚小人何也盖驕肆是欲之人便不能一日忘利害得失之心故以心言則曰戚戚以氣象言則曰驕其實即一个小人

剛毅木訥近仁

剛是堅強不屈就本体講毅是堅忍有常就作用講木是質朴無文就容貌講訥是遲鈍不辨就言語講剛毅是高明底人得剛性居多木訥是沉潛底人得柔性居多故剛者必毅木者多訥雖是四者只是兩邊蒙引以訥不專是言只是似不能言不如言貌對看為是觀巧言令色鮮仁益見

仁心之理也純理是仁而委靡者多屈於欲心存是仁而華辨者

多馳於外其去仁遠矣惟剛毅則不屈於物欲於純理之仁為近木訥則不至於外馳於存心之仁為近此就質之所近而別言之其實理不外於心心存即理得只一个仁非有兩樣近仁猶二之也但不遠耳然必從此實下求仁工夫方可至仁若不充之以學安能與仁為一執此與求仁莫近不同者此以質言彼以功言

子路剛勇便不以勢利動心冉求懦弱則多貪欲故近仁必須剛毅堂堂乎張難並為仁故近仁必須木訥

子路問曰

切切就情意講有至誠懇惻之意偲偲就言語講有忠告善道之意怡怡就容色講發乎情意行乎言語之間有藹然一團和氣之意三者兼有則剛柔相濟恩義兩盡故曰可謂士矣然朋友以義

合不切偲則有善柔之損兄弟以恩合不怡怡則有傷恩之禍故
又貴別其所施也別所施非切偲中全無一些怡怡怡怡中全無
一些切偲但當知所重耳子路粗率故切偲不足剛勇故怡怡不
足夫子以所短者告之欲其進於中和也然觀夫子所謂士者不
過兄弟朋友之間與夫行己事君孝弟言行則士之所貴可知矣
豈獨為由賜言哉

善人教民七年

善人與勝殘去殺善人一般即戎謂用之為兵也以善人而教民
躬行以率先之至誠以感動之至於七年則民皆深於感戴而習
於法令故可以即戎夫教民本不為即戎而教但教成則可以即
戎蓋孝弟忠信是人倫常理務農是治生常業講武亦農隙常事

皆平時所當教者然教以孝弟忠信則民知親上死長有顧戰之心教以務農則衣食足而民果銳有敢戰之氣教以講武則民習於坐作擊刺又知戰之法故雖用之即戎可也曰七年者既度善人力量又度時勢所至必七年而后可也夫以善人教民猶必七年乃可即戎則非善人或善人之教未七年其不可即戎必矣子路三年能使民有勇知方似又在善人之上

以不教民戰

此章教民即上章之教特因上章而反言之耳棄之者謂民不知教戰必敗亡是棄其民也此見民教則可以戰不教則不可以戰雖教中亦有講武然教化意為重使民無忠愛之心即習於戰陣有不敗乎哉

憲問恥

原憲狷介是行己有耻者其爲此問盖以己之志而質諸夫子耳夫子以其志有所不爲其才不足以有爲故以邦有道穀之耻與邦無道穀之耻並言之所以廣其志而進之於才也

邦有道穀是無有爲之才而尸位素餐邦無道穀是無能守之節而貪位慕禄夫子告原憲重才一邊言無才之可恥亦猶無節之可恥也然意雖重有爲必兩句並言者爲學者立訓耳蒙引曰自原憲聞之當以有爲爲重自學者聞之當以有守爲先盖未有不自守而能有爲者故曰人有不爲也而後可以有爲

子貢以才自負其問士也夫子先有耻之志而后使命之才原憲以志自負其問耻也夫子先無才之耻而後無志之恥盖皆激厲

其所不足裁抑其所偏長達材之教於此可見

克伐怨欲不行

原憲以制私為仁是以己所能來問但不直說自己如子貢貧富之問一般夫子答之亦不說他只據理而言暗寓勉進之意

克伐怨欲俱以心言克伐二者相因好勝便自矜自矜便好勝怨忿恨也忿一時之忿恨終身之恨即忿之留也四者不行謂已發於心以力制之使不行出來憲以此為物欲不行故問可為仁乎亦隱然有自負其難之意

可以為難就力制看蓋四者伏於隱微發於感觸機關一動不至恣肆潰裂不止也於此硬阻得住使不發作非志堅力壯者不能故曰可以為難然特制伏之而已四者之心猶在也潛藏不化已

非湛然本体防檢少懈將必乘間復動豈所謂己私盡去天理流
行也哉故曰仁則吾不知也　註中天理渾然等句聖人尚未講出
但作文亦不拘
不行與克己異者克己是克之使不畱於中如去草而絕其根所
以為仁不行是制之使不發於外如以石壓草所以未仁可以為
難語氣不是取原憲微有抑之之意言但可謂之難不可謂之仁
也若曰此升堂語氣便是取子路言既已升堂但未入室耳夫子
詞氣抑揚俱有深意
士而懷居
懷居與懷土一般居謂身所安也小之聲色飲食大之利達富貴
凡便吾意而欲安於此者皆謂之居不專謂宮室居處所責乎士

者謂其不徇己之便惟義所在則遷之所以異於常人若於意所便安處戀戀不舍則惟私情之牽不能日遷於善何以脫凡近而進高明故不足以為士　蒙引曰此為士之周流列國或于其國不當留乃顧戀而不肯去故為此言愚意更當寬說凡為仕為學皆是

邦有道危言

此言君子處世行不可變而言當隨時也行就持己說治必以正亂必以正何可變也言就應世說可直則直可遜則遜亦視夫時而已饒氏謂國有道不變塞國無道至死不變是行無時不危之意國有道言足以興國無道默足以容是言有時而遜之意

危高峻也危言危行亦不出常理之外但自世俗卑下者視之見其危耳若出常理之外便過激了然雖常理亦是人不敢行而彼

獨行人不敢言而彼獨言人皆怵於勢利而有慎心彼獨不顧死死生利害了然以理自持而立於危禍之地故着一危字

此章或以在位者言謂無道言遜非緘默保身只是委曲巽婉以明君之意或以在下位者言謂言責之臣便無遜言避禍之理看來是槩論君子處世言行當知時宜不必泥定一邊士處濁世孤介絶俗自立物表然不必激言取禍如徐稺子問國事不答是也其或當官立朝不幸而遇變亂則抗節致忠死生以之然盡言殺身或無益於國其言亦當少遜又如孔子問陳則去女樂則去行亦危矣而對陽貨公孫賈言亦未嘗不遜此類皆是

有德者必有言

此論言勇是有德仁者之所必有亦不必其皆有德仁重兩个必

字不必字必決詞不必疑詞中之必發於外決之也外之未可盡信其中疑之也

理得之謂德有德則以其理之得于心者發之為言必然順理成章故有言然亦有言語井井未必皆理之實得于心者言有可以偽為也故不必有德德與言只一个理猶根本與英華只一个樹言不必有德者剪綵之花也英是華之未吐華是英之已開

純理之謂仁有仁則以其心之無私者見之於為必然理直氣壯故有勇然亦有慷慨敢為未必皆心之合理者血氣之勇也故不必有仁

上句德仁就是下句德仁下句言勇不是上句言勇上是有德仁者之言勇下是無德仁者之言勇此見天下未有有德而無言即

以言觀德可也然有言無德者亦有之則因言信德不可也天下未有有仁而無勇即以勇觀仁可也然有勇無仁者亦有之則因勇信仁不可也脩巳者固當務德仁之實不可以言勇欺人觀人者尤當察德仁之實不可以言勇信人

德是理之得仁是德之全以據德依仁觀之偏全淺深自見言是言勇是行亦有難易緩急

南宮适問於孔子

羿善射是技過人者奡盪舟是力過人者一為其臣寒浞所殺一為其君少康所誅皆為不得其死禹稷躬稼一平水土以開稼穡[illegible]協一為農師以親稼穡之事故皆曰躬稼或曰躬稼只是稷不[illegible]平土省文也猶禹稷三過其門而不入之類此言禹稷德之及

有功於天下萬世故曰禹之明德遠矣曰立我烝民莫匪爾
極皆言德也德盛必厚報故禹身有天下稷至子孫有天下
言羿奡以比當世有權力意其必有殺身之禍言禹稷以比孔子
意其必有天下之報南宮此問隱然有誅權力尊聖德意夫子斥
羿奡恐嫌于傷時贊禹稷恐疑于自任故有難於答俟其既出而
與之君子就人品言尚德就心術言人之所以為君子以其心之
尚德也故兩个若人雖並言之而意實一串
當時三家專魯田恒篡齊六卿分晉皆老死牖下而夫子周流四
方卒老于行適之言果足信乎然亂賊亟紀千載戮辱尊崇王祀
萬世遺榮則亦終不誣矣
君子而不仁者有矣夫

此言君子亦有不仁偶失之也故曰有矣夫其詞疑小人斷不能仁不可偶得也故曰未有其詞决

仁者無私心而合天理非全体不息者不足以語之故一理未能猶非全体一念有間猶非不息君子而有不仁蓋自毫髮少差者言之也小人則梏亡已甚蔽錮已深一事合理且未能况全体乎一時合理且未能况不息乎即有平旦之氣不勝旦晝之害偶有一隙之明又復多欲之擾豈有能仁也哉要之君子未仁不失為君子小人不仁終於小人而已

愛之能勿勞乎

能勿二字决詞言父之心要愛其子必要成之為遠大之器其能不勞乎必勞之也勞正所以為愛不勞則非愛矣臣之心要忠其

君必要納之於明聖之歸其能不誨乎必諫之也誨正所以為忠不誨則非忠矣愛忠以心言勞誨以事言未有有是心而無是事亦未有無是事而謂其有是心也或謂迹相反而實相成未是蒙引一說愛不止父愛子如兄愛弟君愛民皆是忠不止臣忠君如子亦有盡忠於父士亦有盡忠於友皆是

為命裨諶草創之

為命句斷裨諶以下是四賢共成其美也蓋國有辭命所以交鄰事大辭紛息爭者況以蕞尒之鄭介大國之間無日不奔命倘不善其辭何以自固哉故夫子深取四賢之辭命而鄭君之兼收並用亦可見矣

草謂畧為大意創謂造立体製討謂搜尋典故論謂講議可否脩

謂減其太繁飾謂增其太簡潤色謂化陳為新易俚為雅辭以立意為主裨諶是善于造謀者故使之草創然規体雖立未必盡合典故世叔是熟于典故者故使之討論然典故雖合未必詞無繁簡子羽是工于去取者故使之脩飾然詞雖無過不及未必文彩可觀子產是言有文章者故使之潤色蒙引云此見四賢公心体國物我無間畧有虞廷九官各濟其能之風故世叔討論裨諶不以為嫌子產潤色子羽不以為病夫子取之豈徒以辭命已耶

或問子產

子產子西管仲皆當時名大夫故或人並舉而問之夫子於子產取其心於管仲取其功於子西則外之便是春秋斷案

惠人以心言謂子產之政雖嚴而其心以愛人為主如黜侈汰是

豐民財崇恭儉是裕民用作封洫是休民力鑄刑書是遏民奸無一件不是愛民故曰惠人或謂以嚴濟寬未是

彼哉是彼我之彼猶云彼其之子彼何人斯此雖未嘗直鄙其人然曰彼哉而不復有言則外之之意見矣註中實事不可入講

人也只云此人也下文乃言人服其功不可謂此有功人也曰此人便是內之之辭桓公奪騈邑三百以與管仲為其有功也伯氏窮約終身無怨言服其功也故夫子不言其功但言人心之服管仲則仲之功自見

貧而無怨難

難易兼事勢人情言貧逆境也于事勢困苦于人情不堪於此能安于義命畧無怨懟不平之意非有得于道者不能故為人之所

難富順境也于事勢快樂于人情便安於此能禮法自持不放蕩於檢制之外即稍知義理者能之故為人之所易無驕與無諂對茲曰無怨雖未即是樂已進於無諂矣故難易雖是常情而無怨地位稍高於無驕夫子之意自有軒輊若但以貧富分難易則能決死生於危迫之際而不免計豊約於宴安之時又何貧易而富難也故人當勉其難亦不可忽其易

孟公綽為趙魏老

孟公綽為魯大夫夫子病其任之不當故謂其優於趙魏老則不可為大夫明矣謂其不可為滕薛大夫則不可為魯大夫又明矣不言魯而言滕薛不顯斥之也或曰魯之衰弱與滕薛無異故托言之

趙魏大家無諸侯徵求之事其勢重家臣之長無有司官守之責其望尊此惟守靜持重者亦足養重而鎮俗公綽廉靜寡欲人也故為之則優滕薛國小當有大國之擾其政繁大夫位高身任一國之事其責重此非長於泛應足以理繁治劇者不能公綽短於才故不可為

此章一以惜公綽之所長非所任一以病魯之所任非所長使夫子用之則必器使而不枉其才矣

子路問成人章

成人成一个人也人得天地之理以生原是衆理完具中和不偏一有欠缺一有偏駁便不成个人故必兼四子之長而文以禮樂乃謂成人

臧武仲四人當時以智廉勇藝名者若字直貫下四句言其智如武仲廉如公綽勇如莊子藝如冉求則窮理養心力行泛應亦既兼衆長矣然猶恐其有過不及必以礼文之使之中正不偏又恐其勉強拘迫渣滓或未盡化必以樂文之使其從容和順此即孟子所謂礼樂之實是也

亦可以為成人時文兩承謂兼四子也是成人文礼樂也是成人未是蓋兼四子只是坯朴文礼樂方是盡善兼四子而不文以礼樂非成人也朱註才全德備四句都根礼樂來方說得渾然粹然如以材全二句貼四子中正二句貼礼樂便於渾然句說不通渾然無迹是体統粹然無弊是精微四者在中為德見於外為文德成文見皆文以礼樂所致也蒙引以智廉為德勇藝為才未是知

仁勇達德也四者得于心俱是德見于事俱是才不必分析見義三句皆是忠信之實蓋忠信只是一个實心思義是實心輕財授命是實心死難久要不忘是實心踐言故皆曰忠信或以授命為忠久要為信則思義句無着落蒙引以思義為公綽之廉授命為莊子之勇則久要句無着落只泛言忠信便是此於四子中才智且有未備又無礼楽工夫夫子亦以為成人者只取一个忠信不失其本心之實而已可見聖門之教只要務實亦思有恒之意上節亦可以為成人對聖人言下節亦可以為成人對上節言一說下節是子路之言何必然與何必讀書何必公山氏語氣相似若作聖人之言是以子路所能者沮其進也此說亦通但朱註已不用胡氏之說蒙引謂子路自言便是終身誦之夫子不應無後語

子問公叔文子

時人所称却是一偏之士但亦人情所難夫子未必文子能否故不信而問之也公明賈所對全是時中之聖又為賢者所難夫子必文子未能及此但不直言其非故曰其然豈其然乎豈字便有不然之意其字乎字尚是未必然之詞聖人語氣微婉忠厚類如此大全以其然為微疑豈其然為深疑蒙引非之

時然後言数語貫以文子未能絕去言笑取與故以告者為過而不自知其尤過也然以其言觀之文子其亦寡言寡笑寡取者乎故雖非聖人時措之宜必是廉靜寡默之士

臧武仲以防求為後

此章武仲罪案全在以防二字以者挾也挾一个防来求其君為

我立後從則避邑以去否則據邑以叛以恐嚇君示以不得不從故曰要
人君得罪出奔立後與否惟君所命仲之請已自不是但夫子以為要君只罪他據邑不罪他請後當時單詞全不以防為言人皆不知其要然身既在防而后有請其意明有所挾故夫子之言為誅意

晉文公譎而不正

此章評斷二公譎正皆以事言若其心則皆不正矣桓之正亦非王者正道特比晉文其名義稍正耳故曰彼善於此晉之譎而曰甚見桓非不譎特未甚耳發其隱是發行事之隱非心術之隱
二公覇業莫大於攘夷故註各舉伐楚一事言之在晉文則楚圍

宋也伐曹衛以致楚師之救楚釋宋也復曹衛以攜二國之交其詭道如此在齊桓則楚未服也執言王祭而責以不供之罪楚既服也退師召陵而責以如師之盟其伏義如此他如于溫之會以臣召君翟泉之盟以下陵上皆文之譎之類葵丘之盟明王者大禁首止之盟定世子大法皆桓之正之類

桓公殺公子糾

未仁乎與註雖未得為仁人俱以心之理言如其仁與註有仁之功俱以愛之施言

五伯桓文為盛桓比文尤為近正當時督率諸侯使歸約束只是信義服人故不以兵車此皆管仲輔相之功也仁謂仲之利澤及人即一匡天下民受其賜之意如其仁謂當時誰有如仲之仁即

徹管仲吾其被髮之意一説謂忽之死寧如仲之仁未是子路論心術病仲之未仁夫子論事功又與仲之仁何也亦以事糾非正其初可以無死後来又有大功故姑取其有仁者之功不必責其無仁者之心若所事者正理當死而求生即有大功何足贖哉故觀匹夫為諒之言則知可以無死矣觀溝瀆莫知之言則知有功為仁矣然終不以不死為仁者君臣一日綱常萬古其為後世慮深遠矣彼王魏者柰何口實管仲耶

子路此問隱然是召忽而薄管仲夫子雖取管仲又未嘗直非召忽故子路他日有死輒之事豈知忽之失不在死糾而在輔糾由之失亦不在死輒而在仕輒

管仲非仁者與

子路未仁之問在不死夫子不言其不死之是但許其不死之功

子貢非仁之問在又相夫子不言其相桓之是但許其相桓之功

末節只承上節而反言之言仲之有功豈若徒死之無闗也不可以上節答又相句下節答不能死句

又相疑其事仇也不知糾既可以無死則桓非不可事之君不死糾既不爲忘君則事桓亦不爲事仇然夫子兩章並無評断但以有功言之其意微矣

一匡句是功在天下到今句是功在后世匡正也尊周室以正君臣之分攘夷狄以正華夷之分是謂一匡至今人皆知臣之不可無君夷之不可謀夏總是受管仲之賜被髪句不単承攘夷言當時若無管仲一匡之功則天下已無君臣華夷名分就與夷狄一

般此見管仲利澤甚大不可以為未仁

末節只言管仲不為無益之死非指召忽之死謂無益也諒只是硜硜必死意不必作死糾全信說

夫子每護管仲孟子又深罪之何也蓋夫子時天下已不知有王仲能尊周故與之孟子時天下又皆趨霸恐仲之功利入人故闢之然孟子之闢仲以其不知王道則孔子亦嘗以器小譏之矣

公叔文子之臣

先是公叔文子家臣後為大夫名僎者文子知其賢遂薦之於朝與己同進為公朝之臣夫以己之私臣而薦於公朝是不蔽賢也以家臣之賤使與己同升是不忌賢也即此一事便順理成章故曰可以謂文矣文子謚文原不為薦僎夫子聞薦僎事稱其無愧

於文也文是成章只順理二字所謂錫民爵位與三善俱不必入講

子言衛靈公之無道

靈公無道謂彝倫不叙綱紀不張其喪宜矣然而不喪者獨恃有三人在耳故夫子推言其故以答康子非取靈公亦非取三人仲叔圉三人皆夫子素所不與者但各有一長靈公能各因其長而用之故皆得盡其才治賓客得人則朝聘有禮能和睦于邦國治宗廟得人則禮法嚴整能係屬乎人心治軍旅得人則緩急有備敵國亦不敢窺此所以不喪也使所用非所長所長非所用則任使不當舉措多乖即有道之君喪且不免況無道乎

其言之不怍

凡人有必為之志惟恐言不能行每有愧怍之心則必度其能為

者而後言之故爲之也易若張大其言全無愧怍是無必爲之志而不自度其能否欲見之於爲以踐其言豈不難哉此與爲之難言得無訒言之不出恥躬不逮先行其言而後從之俱一意

陳成子弒簡公　章

此章聖人欲舉討賊之大義既見沮於魯之君又見沮於魯臣古者鄰國有賊方伯連帥帥師討之故齊田恒弒君夫子以討賊請於哀公夫子時已致仕而必告者亦嘗爲大夫也告必沐浴者重其事也

公曰告夫三子是哀公使夫子之言君曰告夫三子者是夫子述哀公之言上曰不敢不告是夫子出而自言下曰不敢不告是夫子應三家之言

當時三家專魯哀公不得自專故因夫子之請而曰告夫三子若難之也夫以操一國之命討不能以大義驅率其臣而以可否之權聽於三子於此見魯之君不君當時齊田氏魯三家聲勢相倚夫子豈不知告之無益然必之三子告者重君命也三子果以為不可彼其視一國之命討若已私物徑然自決其可否不復謀之於君於此見魯之臣不臣魯之君臣若此夫子雖急於大義且柰何哉一為君言曰吾從大夫之後不敢不告夫以大夫且然為君者獨何心哉一為臣言曰吾從大夫之後不敢不告夫以大夫之後且然當國政者又獨何心哉蒙引曰孔子於義重矣此事果可先發後聞則夫子亦為之不待胡氏發其所不及

子路問事君

勿欺也而犯之分明兩句上句就心看包得廣下句就言看只是諫諍言人臣事君凡事皆當盡心勿有一毫欺罔君有過失即犯顏諫諍不可欺而不言也語氣一直講勿以忠與直兩對一說犯即勿欺之實蒙引作一句讀謂勿欺以犯之俱於文意未順子路勿欺上不足如使門人為臣亦欺也伐顓臾不能諫即犯亦不能故范註在圈外然斥言折獄小邾射信其要而無盟孔悝之難死且不避豈有欺而不能犯哉夫子之教亦大臣以道事君之意

君子上達

此究言君子小人之所至天理人欲之間而已達字有積漸至極之義上達是漸漸進到極高去處下達是漸漸落到極低去處朱子曰君子一日長進似一日小人一日一日沉淪似一日

天理原自高明君子心無私欲只憑天理做去日積月累直到天理當然之極是謂日進高明人欲便自汙下小人不顧義理只要遂其情欲至於極卑之事無所不為是謂日究汙下究極也

古之學者為己

古今人之學都一般故皆稱學者猶君子小人皆稱曰儒但其心則有誠偽耳古之人學為致知學為力行學為進德脩業只要成自己心身盡自己性分全無一毫求知於人以要名利故曰為己今之人亦如是致知如是力行如是進德脩業全不為自家心身性分只要人知可以得名得利故曰為人是學雖同而立心不同則所以為學亦自有別

程子曰古之學者為己今之學者為人吾以為古之仕者為人今

之仕者為己其學為己則其仕必為人其學為人則其仕必為己此與成物喪己之説互相發或謂仕之為人者即學之為己也如人溺己溺人飢己飢古人皆是了自家心性此又發程子未發之意

蘧伯玉使人於孔子

伯玉使人非僕隸之屬是於臣屬中擇其賢者使之如吳使趙咨之類觀其對夫子一言不可謂非知德之人夫子知伯玉深矣乃問其何為何也蓋聖賢進脩一日有一日工夫夫子别伯玉不知幾時意其脩為必有異於昔所親見者故以為問

欲寡其過而未能繄作一句讀欲字未能字俱就伯玉心上講言其省身克己一心只要寡過猶心常歉然恐其未能也未能如望

道未見猶恐失之一般非使者謙以爲未能
不曰無過而曰寡過已卑矣猶曰未能是使之言愈卑也以寡過
歸其主賢已彰矣猶以未能爲歉是主之賢益彰也夫所貴乎使
者謂其能善道主人之心也彼好爲稱揚者或溢其美而過於卑
約者又掩其善此人詞若甚卑實以彰主之賢故夫子重美之曰
使乎使乎取其使之言則信其主之行可知矣使者出蒙引作出
就歟含

君子思不出其位

此艮卦象詞或曾子常稱之故記者以爲曾子之言
位以身之所處言即中庸素位之位思以心言即中庸願外之願
言身之所處在是心之所思即在是初不出其所居之位而别有

所思也這思裏便有心安于此為所當為意思在此即素位而行不願乎外同意要看得廣存疑云當食思食當寢思寢當生思生當死思死為君思仁為臣思敬貧賤思行乎貧賤富貴思行乎富貴皆是若身為鄉人而思為聖賢身在今世而思友千古身在一室而思天地四方身在匹夫而思國家天下則又不得以出位病之矣

君子恥其言而過其行

聖人於言行每每致意如曰敏曰慎曰訥曰敏之類此又曰恥曰過愈見警惕激厲之意恥即恥躬不逮之恥過猶行過乎恭之過言何可恥以其有餘於行為恥恥則惟恐其過而收歛益至行何可過以其有餘於言為過過則惟恐不及而奮猛益力如說七分

要行十分是過其行若說十分只行七分則言可恥矣須知過字
只是較言為過不然道止于中行安可過耶

君子道者三

此章言成德故以仁為先若前章言進德則智仁勇便有次序
道言也不可以言字就當謙字但曰自道便是謙意

君子道者三我無能焉仁智勇達德也君子之道四丘未能一焉
子臣弟友達道也道德人所同有夫子皆曰未能其言雖是自責
其意實欲勉人

子貢方人

方人亦窮理之事但專務為此則心馳於外而自治或疎故夫子
深抑子貢賜也賢乎哉二句俱是抑之之詞不可謂先褒後貶賢

謂自治有餘而後方人也以賢稱賜似若褒之然乎哉二字明是疑其非賢非所以褒之也不暇謂急於自治不暇方人也以不暇自貶若非斥賜然聖人且不暇而謂賜暇之哉亦所以抑之也使賜反思其非賢又自知其不暇則方人之不必務見矣

子貢方人分明是用心較量好為評隲故曰專務此夫子所以警也不然是非邪正亦學者所當辨夫子嘗以不知人為患矣故方人雖非所務亦不可無知人之明

不患人之不已知

此言君子不患無名而患無實已知知已之所能也能即所以為人知也不患已有能而人不知則無為人之心惟患已不能無以見知於人則有為已之實夫子此類屢變文以言之總是教人務實

不逆詐

此言不用其明而明無不照三句只一正一反與無適無莫三句語氣相類謂人之欺疑不以逆億得之而以先覺得之猶不必把火照物而火在此物無不照也楊氏分誠明又曰未有誠而不明是必不逆億而後能先覺似未必然新安陳氏又分先事臨事亦未是蓋未應事時無所交接何消逆億必物交于前乃有欺疑而逆億始生於此不逆億就知其欺疑只一時事安有先事臨事之分賢兼天資學力言蓋凡已見自用者多逆億之私而明有未至者又無先覺之見茲不逆億既無私意小智自能先覺又不墮小人術中是天資高而明睿畢照學問深而義理洞達故曰賢

微生畝謂孔子

栖栖猶言依東依西佞謂好口阿人取容也微生亦高隱之士見孔子周流四方而斥其栖栖為佞可謂甚倨矣聖人以其為齒德達尊故正言答之曰非敢礼之恭也曰疾固言之直也疾固謂疾夫執一不通之事非疾夫執一不通之人恐面傷微生也然其意實指之故曰警之者深矣

驥不稱其力

此以驥喻君子見德之為貴也驥能千里豈不有力然所以名為驥者却不在力而在德德謂調良閑習不齧不踶易於控御也然則君子之才非不出衆而所以名為君子亦唯德耳有才無德安在為君子哉當時以才相尚故夫子寓言於驥

或曰以德報德

以直報怨至公也依蒙引説理當愛取者即愛取之而不念其怨理當憎舍者即憎舍之而不避其嫌全不干着怨上是謂至公存疑謂理當愛取者是不當報便不報理當憎舍者是當報便報之此説猶是私意

以德報德謂其人可愛取者固得以從其厚其或可憎舍者亦當委曲以全吾私此於至公中有加厚意方得報德之平

愛憎取舍勿平看有愛憎方有取舍取舍從愛憎中來此不但人君用人為然相與皆有愛憎與人交亦是取絶交亦是舍

或謂以直報怨設若君父之仇其人亦可愛取何如曰此孝子忠臣之用心不在報怨之例春秋曰父不受誅子復仇可也周禮曰殺人而義者無仇則當報不當報又自有公理不可易者

或謂以德報德設若撓公法全私恩亦可乎曰須把情法參酌代他着力周旋以全吾厚便是以德報之倘法上十分難去決不可賣法狥情蒙引曰報德固當厚亦顧道理何如

莫我知也夫　章

此章重教子貢上故自嘆以發其問下節示以莫知之故骨子在下學二字使之知所用力不求人知而求天知也

不怨天三句一串緊連不必斷不怨不尤便是反己反己便自脩下學即自脩下手工夫非下學外別有自脩也上達即下學裏面得之非下學這个人事又上達那个天理也聖人用舍行藏上律天時安有所謂不怨不尤不學而能與天合一又安有所謂自下而上哉故知此語為子貢發耳

下學以人事言上達以天理言天理即人事之天理非二物也人倫日用事事物物各有當然道理都是天命流行賦予萬物者所謂天理也此理即在人事中不待外求但須從人事件件用功力到功深乃能悟到事物所以當然之故是謂下學上達達者日進一日之謂非一蹴可至故曰循序漸進言學循其序以漸上進也蒙引謂積累愈多脫然有悟是達存疑謂窮理力行日有所得是達須兼二意方盡上達之義一說事即理也學一事即達一理愚意此是超悟之說非漸進之謂也聖人學無徑造之理自其與知與能可得而用功者為下為人事便以學言自其精微極致無所容力必待心悟者為上為天理便以達言由其學於下以至達於上雖其用功以至心悟中間自有許多節次故曰下學而上達觀

隔一而字則非一頓工夫明矣如以超悟為達則理無上下又孰學而孰達哉

知我其天乎言我之所學如此即是平平人事何以異人而致其知或者天其知我乎天指蒼蒼之天勿作理字看蓋蒼蒼之天只是一个理聖人所學而達者即此天理故自諒其見知於天註人不及知而天獨知此是朱子体貼出来非夫子自家口氣

公伯寮愬子路

寮愬子路譖其短也季孫惑志於寮因其愬而疑子路也景伯不勝憤憤欲殺寮以暴其罪不免有尤人之意夫子以命為言則景伯不必誅寮寮不必愬子路子路亦不必惧寮之愬所以曉景伯安子路警伯寮皆此一言

道之將行二句泛說末句乃指寮之愬言之命謂道之或行或廢皆有生之初天所賦予分定而不可易非人所能為也故不曰天而曰命在天為天賦於我為命不可作氣運說其如命何言道行有命則寮不能使之廢道廢有命則寮之愬行亦為命所使耳其如命何

夫子為政欲裁季氏之僭妄當時出藏甲墮郈費者子路也子路若得志於魯便是道行之機寮故以愬沮之若季氏因此不用子路則道廢矣此其興廢在人夫子且柰之何哉故決於命以解之耳夫子言己則曰匡人其如予何桓魋其如予何蓋以天自處故能有以自信言子路則曰公伯寮其如命何蓋以命慰人使知有以自安吾故知聖人不言命命為衆人言也

賢者避世

此列言隱者次第非以人品優劣言也世世地言色大小不同故叙其次耳一說避世即天下無道則隱不待出而後去者見之早而處之高其上矣避地即亂邦不居之人雖不若不出之高然不待有故而去其見猶早也避色則見君之顏色不善而後去已不若避地之為早避言則與君議論不合而後去又不若避色之為早故三用其次以別之雖非有褒貶於其間然亦不無高下之等今以夫子亦嘗避言避色遂不敢少有軒輕豈其然乎此說儘可但註已有程說

夫子因問陳而行是辟言因視鴈而去是避色於魯不可則之齊於衛不可則之宋亦是避地但未嘗一日忘天下豈不能為避世

其心有所不忍也至於歸與之嘆欲浮海欲居九夷亦隱然避世之思

作者七人矣

此嘆賢人隱遁之多曰起而隱去可見是原在位者今始隱去向未有七人今始有七人天地閉賢人隱聖人之憂深矣

子路宿於晨門

奚自或云從何人而来或云從何處而来自孔氏或云自其家来或云從其人来俱通

知其不可而為之此語未甞不是但非所以語聖人蓋聖人之心猶天地天地不以窮冬隆寒而廢生物之意聖人不以世亂時危而忘行道之心其視天下無不可為之時非知其不可而猶為之

也至於甚矣吾衰吾已矣夫始知其不可為矣

子擊磬于衛

有心哉擊磬乎只一句讀言有心於世哉斯人之擊磬乎蒙引存疑俱兩句讀言斯人有心於世哉看他擊磬便見語氣似截斷孔子欲行周公之道舍魯何適無望於魯則屬意於衛衛而又不可焉其望窮矣此在衛所以擊磬也荷蕢聞其聲知其有心此豈山野村夫全不留心世務者哉觀其鄙孔子為硜硜而曰莫已知也斯已而已則是知其不可而不為之人也聖人亦深知此輩之賢故曰果哉末之難矣欲其相與為乎難也他日於接輿則下車與言於丈人則告以君臣之義於沮溺則亍以天下有道丘不與易意皆如此

深則厲二句蒙引謂不必用詩云然此實詩詞註亦取原詩解之

當作詩看

硜硜專確之意果亦確也荷蕢以孔子爲專確謂其一於出而不知隱孔子以荷蕢爲果確謂其一於隱而不知出皆言其執一不變通也然荷蕢之所謂硜只一偏之見孔子之所謂果則大中論

書云高宗

高宗之喪其父小乙也諒陰蔡氏曰諒梁也陰闇也闇謂廬即倚廬之義君薨不必兼諸侯蓋諸侯無冢宰且高宗只是天子

子張疑人君不容三年不言夫子告以百官聽於冢宰故君得三年不言蓋古之人君心純乎孝故宅憂而不暇于有言古臣心純乎忠故攝政而不嫌於代言自古皆然豈獨高宗哉

禍亂意正講不必用後世不行三年之喪乃以禍乱藉口耳

上好礼則民易使也

礼就名分看如君臣父子長幼尊卑之類上好礼依存疑說謂已名分都要停當又立品式條科令人遵守見有礼於父兄長上者樂奬之見無礼於父兄長上者痛懲之自一身之躬行至政令之頒布惟礼是尚是謂好礼或專就辨分說則全無觀感或專就君身說又於礼違分定隔一層

易使謂上好礼則觀感有自鼓舞有方民皆知有名分惟上所使即安於分所當然而樂為之趨全無一些勉強故曰易使一說使不是役使與使民也義使字一樣謂驅使駕馭之也亦通

子路問君子

此章總腦是脩巳以敬一句就盡君子之道下兩因其不足而發明之

脩巳以敬言以敬來脩巳也巳字說得廣盖吾之一身萬化本原性分之內天地一休四海九州何者而不屬巳故人與百姓總在巳中俱有了脩即大學脩身之脩治而去之也謂去其身之不正以歸於正也工夫全在敬上敬兼動靜內外說把這敬來脩這个身則絶去慢易私意不容心皆天理性分無欠全俻大用渾然完具故安人安百姓總在修巳俱有了子路未達此理謂君子德業至盛當不止於脩巳故有不足之問夫子以安人安百姓告之只是脩巳裏面抽出来不是從外加添人對巳言一人人也千萬人亦人也安人中巳涵安百姓意但因子路看人字窄了故又舉百姓

言之謂脩已以敬就將去安人也是這个敬不但一已也就將去
安百姓也是這个敬不但一人也所以脩巳以敬便盡了君子道之
兩个如斯而已上斯字指脩巳言謂其限于巳而未施也下斯字
指安人言謂其限于人而未廣也子路雖未會敬涵体用亦知君
子道理必不止脩巳故夫子爲之極論其理堯舜猶病言脩巳敬
至於安百姓其理甚大雖至聖猶難安可謂敬不足以盡君子
脩巳以安人安百姓非以敬工夫漸漸加進只是充積愈盛則自
然及物如中和位育至誠能化篤恭天下平一般總是潜孚默感
聖神功化之妙淺說以施爲之當教養之事入講未是盖人能脩
巳則應事接物各各得宜未嘗盡無處置但及物之機則淵微之
應有神存乎其間豈在制度事迹之粗耶

上下一於恭敬上謂君子下指人共百姓謂我能敬則人之感化皆敬也此体信達順之道聰明睿智皆由是出以此事天饗帝此字是字俱指敬言体信敬即致中也達順敬即致和也聰明睿智所由出敬能生明也事天享帝敬可以格天也

原壤夷俟

原壤母死而歌孔子置而弗問乃於身倨而責之深何也蓋大過而責之則當絕交故借小過以示懲猶將冀其改以全其厚聖人之曲處故人如此不但有容物之仁亦且有成物之智

看以杖叩脛則壤當是孔子後輩乃責以老而不死者是責其將来之意言幼既不遜長又無述則當速死若到老不死是賊而已

或謂此章責老者不遜下章責幼者不遜故相次記之未必然

闕黨童子將命

或疑夫子寵異童子夫子示以抑之也非寵之也童子禮當隅坐隨行乃居位並行此非求益也是欲速躋成人之列故使之傳命以給使令抑之也然使童子因此而習溫恭揖讓之教消好高欲速之念則益亦大矣

聖人之於童子進互鄉以作其善抑闕黨以儆其過無非教也

五卷終

四書便蒙講述卷六

閩後學 未人 盧一誠 著

衛靈公問陳 章

此章首節是當行而行無所顧慮下二節是處困而亨無所怨悔當時列國兵爭靈公問陳亦時務所甚急但欲用夫子而行其道則必有所當重者而首問及此豈夫子望衛之心哉然猶以俎豆之事啓之蓋禮之可以為國也故欲發其問而姑有所待耳公竟不再問故遂行

俎以載牲體豆以盛菹醢祭祀燕享通用之器禮有許多條件祭享亦有許多儀文度數言俎豆者舉一以該其餘也孔子自少以知禮聞故曰嘗聞然夾谷之會以兵加萊人為齊侯懼費人之亂

命将士伐之而貴人上又嘗曰我戰則克亦豈不知軍旅𢦏但皆不得已而應變非若俎豆之常學也故直以未學拒之明日遂行史記載仰視蜚鴈即此時也但不必入此中講

在陳絕粮或謂遭圍之厄上下無交蒙引謂只是無盤費之類從者病莫能興或謂病所遭之窮莫能興起在位或謂只是餓而病卧不能起未知孰是

愠見含愠而見夫子也子路學已升堂何至一絕粮而怨見詞色𢦏想此時所處必是人情所甚不堪自非深於知德者安能了無介意故愠見之地亦未可輕議

君子亦有窮乎謂盛德之人宜為天所佑何應困窮至此豈知窮通有命適際不常君子固有窮時也但能隨寓而安雖窮不濫若

小人窮則濫矣固守意只於不濫中見之不可以固窮為固守也
子路之愠奚至於濫夫子豈直以小人斥之哉但極言窮之當安
耳盖子路以人事責天命故夫子欲其以義而處命

賜也女以予為多學而識之者與　章

多學多見多聞也識謂記其所見聞也凡所學者皆以心記之故
曰多學而識要一直講不可兩平子貢學多而能識夫子以其未
知所本故以已學識為問盖将發其疑而示之本也
然非與子貢有得之機全在非與二字彼見夫子之言即忽然想
起意其必有要約根本不在多學而識但未能信然故非之而疑
其詞此非積學功至安有此疑哉疑便是悟悟便是有得乃迎其
機以告之曰予誠非多學而識也予一以貫之耳

一貫非守着這一件全不用學識工夫是於學識中得个總腦源頭便自然貫通而不為徒慱耳盖萬事萬物之理原于一心人惟心有所蔽漫然求之事物則千端萬緒泛無統紀聖人心本虛明本原洞然其於事事物物直把一心照之何所不徹故隨學隨識總是此心之所會通所謂一貫也學者心未開明於事物窮究探討直到通曉明盡始知心中原有此理所謂因萬求一者也子貢用功於萬將有開明之機故夫子啓其疑悟直以要領示之使得其所謂一者而不必於務慱也子貢雖未能如曾子之唯然亦無門人何謂之問則亦已默會於言意之表矣

此與曾子一貫雖知行不同然知得便行得能行必能知工夫亦自相須但曾子已見諸行故直告之子貢猶從知上得来必先發

以學識而後告之也然不以告顔子者彼其天資甚高一得博約之教即從約上竭才而親見其一於卓尔豈待語之而后得哉由知德者鮮矣

此爲子路愠見故呼而告之知德者鮮泛講不專指子路德謂理得於已即行道有得之德知字包行在内觀身有之而知意味之真則非徒知明矣知德謂義理實有諸已知得意味真切一切外物世味俱不足以入其心如孔尼陳蔡而絃歌不絶顔在陋巷而不改其樂舜禹有天下不與皆是蓋内爲重則外爲輕彼固得之深而知之真矣子路愠見是於小小利害便覺動心可見所得者淺故夫子以是警之知德與朝聞道一般上面俱有深造工夫

無爲而治

此稱舜無為與稱文王無憂一般俱以遭際之盛言之固不可謂聖人皆有為惟舜獨無為亦不可謂聖人皆無為惟舜為尤盛無為為字與無為而成有心無為為字不同彼是作意之為聖人實無有也此是當為之為但既有人以為之故舜得以無為耳無為而治根盛德來盛德是本領紹堯得賢是機會本領聖人所皆有機會聖人所難遇舜既有盛德又兼有兩段機會故謂無為若無盛德即得機會其能治乎紹堯則舜所當為者堯既為之於前舜特享其成於后耳得人則舜所欲為者衆賢又為之於下舜特享其成於上耳故曰其舜也與夫何為哉二句正講舜之無為言其紹堯得人如此舜亦何所作為哉亦惟儼然拱手端坐於南面之上而已曰而已矣者言自恭己之外無他事所謂無為也時說

謂即其無所為而求其有可見未是

孔子稱舜曰無為而治老氏自稱亦曰我無為而天下化然舜無為而以恭己居敬之簡也老氏無為而以清淨居簡之簡也

子張問行　章

此示子張以行之之道在於誠言忠信一節是示以誠之可行叅前一節是示以存誠之功

忠信分看言必由中是忠言必可復是信如単言忠則該信言思忠是也単言信則該忠言而有信是也篤敬亦分看謹厚不浮是篤戒慎不肆是敬俱就躬行上説或謂篤是待人以厚敬是持己以嚴未是或以篤恭例看謂敦篤其敬即敬而無失意亦通

行曰蠻貊舉遠以見近也不行曰州里舉近以見遠也要看兩个

雖字

參前二句是教他下手用功全在心上盖此忠信篤敬不可臨時求之要於未言未行之先常常懷念在心無往而不見之未嘗頃刻少離則此心不忘忠信即無言而不忠信亦無言而不可行此心不忘篤敬即無行而不篤敬亦無行而不可行故曰夫然後行立謂站立在輿謂行道在車上立則參前是站住時也見此理在輿倚衡是走動時也見此理舉此兩端總見無時無處而非忠信篤敬猶所謂見堯于羹見堯于墻之意參前不可認作卓爾卓爾是得道之日理會于心觸處自見參前是用功之時心切于理常目在之卓爾是逢原之機參前是顧諟之意當仔細體認不可恍惚書諸紳自言忠信至夫然後行皆書之識不忘也然必識之欲其

不忘是猶慮其忘也曷若識之於心如所謂參前倚衡者乎不以心識而以紳識無是紳即無是心矣子張務外故知書紳亦外飾耳倘能請事斯語即以見諸躬行紳不書可也

此章與問達同意夫子告之大指亦相似學者以二章參看則所以達之邦家行之遠近者誠之外無他道也亦求諸心而已

直哉史魚　章

此兩稱衛大夫之賢一稱其直一稱其君子原非品題高下但即而較之直是一節之善君子是全德之稱優劣亦自可見

直謂守正不屈史魚有道如矢無道如矢一秉直道不少變於治亂之世故曰直哉如矢焉行看不專是言勿泥註尸諫

君子謂隨時合道伯玉有道則仕無道則卷懷相時而動不失乎

治亂之宜故曰君子哉卷懷是收歛其身而藏之不指道言可字見其當退即退畧無顧戀猶云可止則止之意

此兩節有道無道雖平言然意有重輕如矢不難於有道而難於無道有道而仕非難無道而卷懷為難伯玉因時屈伸庶幾用行舍藏即於可卷懷見之史魚能屈而不能伸恐無道未必可卷懷也故未盡君子之道

可與言而不與之言

可與言如人之虛心受善又如中人以上可以語上之類可與言不與之言是差看了那个人不免忽畧之失故曰失人不可與言而與之言是差說了這个語不免輕易之失故曰失言失人是不知其可與言失言是不知其不可與言皆智不足也惟智者明義

理識時宜權衡素定藻鑑素精知其人之可與言即與之言固不失人知其人之不可與言即不與之言亦不失言

失人者慎言不出似不失言然不當默而默亦失言矣失言者盡言相告似不失人然語之非其人亦失人矣總是與人言不得宜失則俱失未有失之於人得之於言亦未有失之於言得之於人也但聖人各就語默一邊指其失耳

此章作教人說或謂泛論與人交接之道恐無指歸或謂兼告君說亦未是蒙引曰此章用工不在語默而在知人知人在居敬窮理

志士仁人

此二句一反一正仁者心之理也當死求生便忍心害理是謂害仁當死而死便心安理得是謂成仁故志士仁人不以生害仁必

以死成仁也仁人是安仁志士是利仁或慷慨殺身或從容就義總是求合於理安於心而無所愧焉耳故皆謂成仁

微子不死而曰仁理不當死也管仲不死不曰未仁理可以無死也聖人於生死之際亦必酌其處死之宜豈槩以殺身為仁哉如仁槩在殺身則結纓者不謂不得其死矣存疑云孔曰成仁孟曰取義仁者心所安義者理所宜註所謂當死者即義之宜也可見聖賢言無二理

子貢問為仁

凡問者皆曰仁此獨言為仁問所以為之之功也聖人不告以下手用功之實而告之以資於人為其悅不若已耳

大夫分尊故曰事士與我並輩故曰友大夫之仁已發於事業故

曰賢士未為大夫但言本色故曰仁然居仁則大人之事備矣曰嚴憚曰切磋因大夫士而言非以賢與仁分别

仁是心之理為仁只要此理常存於心事大夫之賢見他所為莫非天理而吾仰其德位自生嚴憚此心日加收斂不敢一毫放逸便是仁是大夫固為仁之資也友其士之仁見他躬行莫非天理而吾與之共事日相切磋此心亦有所警省常常以天理自檢不敢一毫放肆便是仁是士亦為仁之資也時文以事大夫為觀法其德業友士為效法其工夫俱未是

此言為仁全在資人然須自家奮勵方能受益故曰以友輔仁則以已為主可知矣不然已之不力既已無志於仁即日與賢士大夫相周旋亦如仁何哉此為仁由已所以告顔子而子張所以難

並為仁也

顏淵問為邦章

聖門所問皆曰政聖人亦各因其人之所當為者告之耳顏子一問便曰為邦彼其博約克復王道体段已具有所施為便非一君一國之小自是力量所到非虛問也故聖人備舉法戒之大者告之便是帝王治天下極大道理

行夏時四句有次序首須正朔次正車旗次正服色及治定功成而後作樂

夏時正朔之時也易言治曆明時以春夏秋冬言天時也書言敬授人時以耕耘收獲言農時也俱與此時字不同建立也斗柄所立處也周正建子生物之功未著商正建丑改歲之義未明獨夏

正建寅以歲首而當孟春是謂時正以三陽之候發育萬物猶政
令也是謂令善故必行夏時
春王正月之說有謂時月俱改者漢孔安國鄭康成也有謂改時
不改月者宋程伊川胡文定也有謂時月俱不改者蔡九峯也看
來春夏秋冬十二月各屬四時天道一定時月決無可改之理其
建子建丑者特取是月為正朔凡一年朝覲燕賀俱從此月為始
非以冬為春以十一月為正月也觀書云惟元祀十有二月與夫
豳風七月小雅四月惟夏其時月不改明矣但四時以春為首夏
之建寅以首月首時為正朔尤得其正故夫子作春秋凡書元年
不於十一月必於每歲正月曰春者明其為歲首之月也曰王者
明其為周天王之月也行夏之時已見筆削之間設若得位創制

便欲依此而行故首舉以告顏子

輅殷之車名凡車專尚朴素者多不辨等威飾以金玉雖可辨等又過侈易敗惟殷輅朴素渾堅而等威未嘗不辨就殷尚質中擇一件獨此最為得中故乘之

冕祭服之冠祭服本當致美冠尤加衆体之上雖極華麗亦不為過惟周冕制度儀等極為詳備精美就周尚文中擇一件獨此最為得中故服之

韶舞樂容也兼樂音在內以其盡善盡美故樂取諸韶

鄭衛皆淫聲獨言鄭者聲之淫甚於衛也說見小註

佞人危人國家從古為患舜咨十二牧終於難壬人命九官終於堲讒說故夫子論為邦以遠佞人終焉

此章總是一个中字兼時時之中也殷輅質之中也周冕文之中也韶樂中和之極也鄭聲不中之聲佞人不中之人故放遠之去其所以害乎中也然四代禮樂有關於治者尚多舉其一以例其餘害治之戒亦不止一端去其太甚者耳

人無遠慮

遠近即久近也以時言不以地言註中几席千里借言之也慮憂俱以心言慮是心中計畫憂是心中煩惱遠慮謂當事來要作久遠深長之計必求周悉萬全無釁可乘則垂之經久永無禍患所以無憂若遇事苟且只管目前便宜都不計慮長久則事不停當便生禍端近在旦夕煩惱且不能免豈待遠而後見哉故曰人無遠慮必有近憂遠慮不是計量他日利害百計預防之也只是盡

吾今日之天理而已事苟合理行之萬世而無患故有遠慮者亦無遠憂何況於近苟不合理行之出門便有碍故無遠慮者即有近憂何況於遠

已矣乎吾未見好德

前篇無已矣三字故註曰恐其終不得見而嘆之似猶有望也此曰已矣乎則絕望矣故註曰嘆其終不得見也

臧文仲其竊位

此譏文仲竊位以其不薦柳下惠也蓋竊人之物者恐人見而奪之竊人之位者恐賢者見用形已之短已不得以安其位而見奪於人故抑之使不得升使已得久居其位就如盜得陰據一般故曰竊一說為大夫不能薦賢位不稱而心有愧便是竊位亦通

公叔文子能薦大夫僎與文仲不薦柳下惠而皆曰文何也蓋二人謚文皆以他善但文子有薦賢美事故謂其可以為文文仲或可以而有蔽賢之失則以竊位譏之耳

躬自厚

夫子見世之取怨於人者都因自家苟且又厚望別人故言責己厚而責人薄則遠怨矣自厚謂自己心身行事都要做到盡處不敢一毫苟且放過至於他人苟一善可取則取之雖有不足不必苛責所謂薄也責己厚則身益脩己無致怨之端責人薄則人易從又無歛怨之由故可遠怨然此非懼人怨己而為此以遠之也亦非自待過高而薄其人以為不足責也君子盡其在我道當如是所求乎子以事父未能聖人自脩工夫亦不過此遠怨亦言其

理耳韓子原毀篇是廣此章之意怨則必毀毀是怨之口

不曰如之何

如之何是商量未定之意道言之者謂凡事之来是非可否不知如何是好必熟思審處或這樣好或那樣好心中反覆籌度必停當而後敢行然後事可無償若但率意妄行更不仔細思量此事當如之何當如之何則果於自用其事必敗聖人亦無如之何矣末句或作人言不入說與不繹不改吾末如之何一般或作事不可救說與雖有善者無如之何一般俱通然處事固不可不審亦不可三思後行以理熟思要於其當可耳

群居終日

群居人之衆也終日時之久也群居而且終日正義重聚樂之會

使以文會友言皆及義以友輔仁不行小慧則豈惟免患亦可進德乃終日所言都不及義理吾相與行那小小智巧之事則於辟邪侈之心日甚一日行險僥倖之機日熟一日名檢不飭心術大壞豈惟無以入德亦將不免患害難矣哉言入德難免患難也或謂無以入德便難免禍恐偏了

言不及義二句分言行並承群居一句一說言不及義承群居行小慧是自家未是入德免患並承上兩句小註無以入德承言不及義將有患害承好行小慧亦未是

君子義以為質

義以為質四句一說謂義以幹事禮以行義遜以出禮信以成遜則信成與義不相干未是一說依程註以三个之字俱指義謂禮

以行義遜以出義信以成義則三者全不相濟亦未是一說以三个之字俱指事謂義以幹事礼以行事遜以出事信以成事則四者遜須用功亦未是還以首句為主下三句相須以成之俱是處事時工夫必先以義為事之幹又須行之以礼礼以行義又須出之以遜礼遜以濟義又須成之以信知此相資方為處事盡善

義者理之宜也質幹猶墻之基址凡事不先合義則根基已自壞了礼遜信安所用之故必是非可否權衡斟酌合天理當人心然後敢動則當為而為己無一毫不是事之基址就此立定是謂義以為質此於事上工夫大約究了七八分故皆曰義之與比即此便了再無後語此章下面乃有許多工夫要亦於義中細言之耳

礼者無過不及之謂所為雖是然有過者有不及者故必於義所

當爲之事以禮節文之不使一毫太過不使一毫不及要於義理之中而後可是禮以行之也

遜蒙引作遜順無拘滋說謂禮以行義恐拘束過嚴必從和順之心出來全無一些拘迫而自從容於義理是遜以出之也存疑作恭敬辭遜則於禮相妨或曰讓者禮之實又於信相妨俱未是

行如路上行的一般出如家中出來一般禮行如行的是正路不是偏曲遜出如行這正路是心安意肯不是被人勉強出來

信實也成是結果工夫禮遜濟義使不以信則總歸虛僞終無結果又必實心實理貫徹終始義禮遜皆有實落結煞全無一毫虛僞是信以成之也五常之信原是虛字此所謂信亦只是義禮遜之實而已非三者之外又別有信

君子哉以人言不以道言註云君子之道是上面四句言君子處事之道如此信乎為君子人也

君子病無能

此與不患人之不已知患其不能一般但上下句變文耳病猶患也

君子疾沒世

此非教人求名正重實上看沒世無名是平生無為善之實故君子疾之疾其無實之可名也沒世是做一世人猶云終身不可作蓋棺論定無善可稱說亦不可作身沒之后湮滅不稱說陽明作名不稱實恐與註背

君子求諸已

此章以人已別君子小人與為已為人章畧不同彼專就為學工

夫言此教說得盡豈知所求乎子以事父未能如愛人不親反其仁等類皆是然内外誠僞之幾則與為己為人同一心術

君子矜而不争

矜謂莊嚴以持己言争謂忿戾矜之過也群謂和合以處衆言黨謂阿比群之流也大凡持己過嚴者多忿世戾俗故矜則必争與衆太狎者多同流合汙故群則必黨君子矜以自持不過嚴其在我焉耳初未嘗孤介絶物與世相戾而為争也群以處衆不過平易近人焉耳初未嘗自失其正阿附於世而為黨也矜不争是守己而不失人不争就是群意群不黨是待人而不失己不黨就是矜意總是嚴而能和和而能嚴隨其所處各得其宜與威不猛和不流及君子三變一般非夫子其孰能之

君子不以言舉人

此章以言字作主言不可以輕取亦不可以併棄也二句一意而互言之謂人有不善而其言善者不可以其言之善而遂舉其人亦不可以其人之不善而并廢其言也取其言又不舉其人於此見用人貴審廢其人又不廢其言於此見取善貴周要之不以人廢言但取其言已耳不以言舉人即言之可取不舉也夫以言不可廢之人而其人終於不可舉雖能言何益哉聖人之不貴言也如是

有一言而可以終身行

一言一个字也終身終一世也把一个字來行之一世此其道甚約而其推甚廣子貢之問可謂知要矣夫子即以恕之一字告之

已所不欲勿施於人恕也恕即心也一言即一心也但學者須有推之之功故不曰忠而曰恕恕所以推此忠無忠做恕不出也不曰仁而曰恕恕所以求此仁仁則無待於推矣

恕所以終身可行者蓋身與天下相酬酢人已盡之矣人與已心都一般人與已之心欲都一般但知有已不知有人拂其所甚欲加之以所不堪即行之一日不可也已所不欲勿施於人則其施於人者必已所欲也以已所欲施之於人人之欲何所不遂人之心何所不得吾之行亦安往而不通哉故曰一言而可終身行其恕乎

吾之於人也

上節聖人自言以公心待天下下節以天下之有公心

毀壞也人之惡未甚而誣之以敗壞其名是也若言人實惡安得爲毀譽名也人之善未實而遽以其名加之是也若言人實善安得爲譽故曰毀譽者一人之私也誰毀誰譽言我稱人之惡必得其眞果於誰而毀乎揚人之善必得其實果於斯而譽乎如有所譽二句正言其無譽試驗也人之善未著而吾先言其善后來其人爲善果足以驗吾言是有試也知其有試而後譽則方其譽時謂之譽可也及其試時不得謂之譽矣譽且無之况於毀乎註云聖人善善之速而不敢苟謂預知其善而先言之何速也亦必有試而後言之又安敢苟也若夫人之有惡雖逆料其必然亦不先言之矣故曰善善長惡惡短樂道之人善惡稱人之惡朱子曰聖人有先褒之善無預貶之惡蓋此意也

斯民民字即吾之於人人字註中無所私曲之民民字即斯民民字非指三代之民直無私曲也直道而行謂善其善惡其惡一以至公之道行之一毫無所私曲也聖人言我所以無毀譽者蓋以今此之民即三代所以直道而行之民其善其惡自有是非之公我亦安得枉其是非之實而有所毀譽哉此非聖人畏公議而后無毀譽也特言天理人心至今猶古自有不容私耳春秋一書榮辱褒貶命德討罪至公無私豈非無所毀譽之信史歟

存疑三代指君言直道而行謂君以直道行于民善其善惡其惡其字指民言謂今此之民乃三代之君所以直道而善其善惡其惡之民不可得而枉也此說所以二字有味但語氣難發揮

吾猶及史之闕文

此聖人於厚道之僅存者嘆其盡亡看猶字便見悼時益偷意史闕文是不敢自是馬借人是不敢自私此皆謙厚之風聖人初時猶及見之後來并此俱無故嘆曰今亡矣夫夫以向之及見僅此二事較之大道為公之世已為偷薄今且無之偷薄不益甚哉故觀二事可知時變之大

巧言亂德

此二句似不相類只用兩个乱字為一章巧言亂德是這人巧言那聽人亂德小不忍亂大謀是自家不忍就自家亂謀存疑曰德者人之德謀者已之謀巧言能害人所守小不忍能害已所謀德謂理得于已而所守之正如執德據德之德巧言變亂是非能使聽者執持不定如以是為非則真是者不能自信不免為非所

奪以非為是則真非者不能自信不免為是所奪是謂亂德然亦
德之淺者耳周于德者邪世不能乱則豈惑於一言之巧哉
謀大事的必於小小動情處忍耐得過乃能隱忍以成大謀若小
者有所不忍如婦人不能忍其愛則事以姑息而沮匹夫不能忍
其忿則事以輕躁而敗是謂亂大謀婦人之仁是不能堅忍匹夫
之勇是不能含忍此皆形狀小不忍兩樣子非小不忍句内有兩
个人在

衆悪之

衆悪衆好其間果出於公者亦多然有不盡然者故曰或蔽於私
或者未必無之詞蓋其初只一二人之見倡為毁譽之首而衆口
雷同即随聲附和遂據此以為公論不知衆人皆未嘗察之也故

曰衆好惡之必察焉有同俗汚人為衆所悦者有特立高士為衆所憎者有以一二節行而槩其平生者有以一二過失而并棄其他美者有行事不善而其情可矜者有所舉甚正而其心不然者皆必察之迹可疑必究諸心事可疑必揆諸理名可疑必覈其實言可疑必考其行果如衆之所論亦與衆同好惡之矣如其不然則人之所惡吾所取也人之所好吾所否也豈敢苟同於衆哉然此非仁人不能也衆惡如孔子之於公冶長孟子之於匡章衆好如孔之於微生高孟之於陳仲子

人能弘道

此言体道之責在人上句重看下句特反言之不可兩對

道者人之所以為人之理無窮盡無方体本至大也人能全盡斯

道則道大而人亦大只爲私欲間隔道不能弘人亦自小了故欲擴充推廣以弘大其道是人之能也道豈能自擴自推以弘大其人哉如天地萬物皆道道何大也人能中和体道以致位育之化便是參賛大人道豈能自位天地自育萬物大其人爲參賛之人哉故曰人能弘大其道道不能弘大其人時文云弘道在人非道能使人弘之則弘字俱屬道便於弘人說不通

弘道工夫只是去此心之私欲以滿其天理之分量非於本然之外有所加也蒙引言文王止仁止敬未嘗加性之外是也廓非廓其一端以至于全只是去其狹小此心者如致廣大極高明之類

大全道兼体用註只云道体蒙引云廓而大之便是用看来体用原不相離道体是体段之体不對用言廓雖自用上見之亦道体

之本然也但不可以体用平言

過而不改

過而能改即不謂之過不改則其過遂成斯謂過矣上過字虛猶未必成過下過字實鐵定不可改巳

吾嘗終日不食

此聖人自言徒思無益欲人之務學也以思是不學之思不如學是有思之學不然又是學而不思矣思以心言學以功言終日不食終日思也終夜不寢終夜思也這等費盡心思都不實用其力畢竟想像測度全無實落懸虛恍惚精神徒費思亦何益乎哉不如學也要根思講言徒思無益不如思而學之也學兼知行註曰遜志自得志者心之所之也遜者不凌節之謂遜志爲學

則講習躬行体驗真切有實得無遺忘是自得也較之徒思其益大矣故曰思不如學

君子謀道不謀食

此章三叚看首一句言君子学謀乎道中二句言有得祿之理末二句言無求祿之心既言理又言心見君子但求盡其心不取必於理所以專於謀道而不他

謀以事言謂其事營營於此也憂以心言謂其心汲汲於此也憂還在謀之先言君子之學但經營求道不經營求食然雖謀道不謀食而食却在道之中不待求而自至也但君子本心只是憂道之不得而謀以得之初非憂食之不得而謀道以為得祿計也首尾兩句相足總見君子之心純乎道而已

知及之　章

此聖人以全德望天下知及仁守是心身工夫莊臨是本身臨民工夫動禮是治民工夫學要徹始徹終徹內徹外徹本徹末方是全德如本有不立則末不可盡或立本而不盡其末德亦未全也章內及之守之得之失之四之字指理言蒞之動之二之字指民言

知及知識之所及也仁不日行而曰守守比行尤深謂行其所知有所得而守之不專就知說無私欲是仁字無以間之是守字知此理而私欲有間是不能仁以守之也則雖行之有得終必失之無以實有諸己矣所以知及之後必仁守而后可此是知行合一工夫

知及仁守則所知者在我而不失亦非專就知說謂所知之理皆

体於身私欲不得以間之所謂厚於内也蒞雖涉民猶是本身觀瞻上用功不莊則不重不威人將玩之而不敬矣所以知及仁守之后必莊蒞而后可此是内外合一工夫

嘗觀恂慄威儀德容相為表裏乃智仁交養於内如何外又不莊蓋明理無私之人氣習少有未純或脱畧容止之間亦未免有不莊處故齊明盛服非礼不動正衣冠尊瞻視皆外面加功謹飭不敢斯須不莊不敬非謂仁守之后全無事於脩為也

動民蒙引謂號令本措令民作事興行是也不可謂後使其民如蒐苗獮狩之類礼是天理節文無過不及之差就君子身上説與智仁莊一例言知及仁守莊蒞本身俱已善矣若以身動民而設施措置未免有些太過不及不能盡合天理之節文亦未為盡善

也未善是氣禀斈問猶未粹然無疵也氣禀斈問二節俱有勿以
不莊為質之疵不以礼為斈之疵上註云氣習之偏包斈在內動
不以礼猶為未善所以知及仁守莊莅之后又必以礼動民而后
可此是体用合一工夫

君子不可小知

此言君子小人之辨當於大小觀之君子不可以小者知之而可
以大受所以為君子不取其大而病其小則失之於君子矣小人
不可以大者受之而可以小者知其入所以為小人取其小而遂
信其大則失之於小人矣一說謂各取其長君子取其大小人取
其小非也論語一書每別君子小人或義利對或人己對此以大
小對皆辨其心術趨向之相反使人知所從違也豈有取小人之

長哉不可泥註以害大意

小謂智能技藝之末君子所志遠大務知要一切瑣屑細務都不用心理會小人好行小慧務為私智小小技藝皆能習而通之故小可以知小人不可以知君子大謂綱常大道理宇宙大責任輔世長民大事業托孤寄命大變故惟君子資性高明學問淵深心術純正操守堅定方有大力量擔當得起小人淺衷陿量雖有小小智巧一遇大事便怵於利害落膽喪魄莫知措手故大惟君子可受小人則不可以受

君子以材德言小人以器量言器即材之所成量即德之所充

民之於仁也

上二句言仁之甚切下二句言仁之無害總見人當力于仁

甚於水火註兼二意水火外物而仁在己是在己尤重于在外無水火不過害身無仁則失其心是心害尤大于身害故曰仁甚水火未見蹈仁而死又就甚於水火中指出利害以較之言水火甚切猶有時害人仁甚切又不害人蓋見仁甚水火或謂殺身成仁者非蹈仁而死乎蓋此亦其變也況身死而心不死死固所以為生也寧戕憂為仁之陷害則愚矣

當仁不讓於師

當謂擔當要擔當做仁便着力去做不可有所遜讓言師者師為人之所必推遜者也雖師不讓他可知矣

凡讓皆起於爭凡爭皆外物也仁者吾所自有吾自為之非於人有所爭又於人何所讓但為仁不力者往往有所推諉故甚言師

亦不讓以激之耳

君子貞而不諒

貞諒與驕泰和同一般皆就相似中別其不同也貞是正而固諒是固而不正固守一樣而正不正有辨故夫子曰君子是貞不是諒勿以貞為守正不諒為執權權意就貞中有了不諒特反言之謂君子凡事可經可權可常可變惟理之是而守之初非不擇於理而守之也貞如言不必信行不必果惟義所在是也諒如言必信行必果硜硜然是也信果相似但義不義不同便是貞諒之別

事君敬其事

敬事後食不是先盡其事而后計功受祿言但知敬事不計祿食也敬與敬事而信之敬同謂主一無適也後與后獲之后同謂不

急也人臣事君一心只要替朝廷幹事不敢一毫苟且此外無他念慮就是當得祿食也不緊要未嘗急急計較之也臣有常祿後食非不要祿食但心不在此耳世有不能任事但知祿食者亦有為利祿而効忠者皆未明乎後食之義也

有教無類

類謂善惡不同雖是氣習之染亦根氣稟中來蓋人之所稟本有清濁厚薄故其習便有賢愚美惡然本然之性未嘗不同有以教則皆可以反而為善故君子教人必欲與之同歸于善更不論其類之善惡也蒙引曰此自教者立心而言故不當論若人則亦有下愚不移教而不改者耳豈皆可入于善哉

道不同

道謂所由之路善惡謂君子小人以人品言邪正謂吾儒異端以學術言爲代也爲謀與爲人謀而不忠之爲一般言君子行的是君子道與小人不同固不能代小人謀事小人行的是小人道與君子不同亦不能代君子謀事是謂不相爲謀謀謂出謀發慮以心言彼其趋向不同識見議論必不相協安能相與合心以謀成其事也

辭達而已矣

辭字該得廣凡出納君命聘問鄰国與夫著作撰述皆是意未達則求達既達不可復有所加故曰而巳矣者言達之外不必他求也不曰達理而曰達意辭由意出意達則順理而成章矣富則詞煩而意冗麗則詞藻而意晦故不必以是爲工

師冕見　　章

師冕見是來見夫子夫子出門迎之以入方其及階則告之曰階使知所升也既升階而及坐席則告之曰席使知所就坐也師冕既坐及衆人皆坐則歷舉在坐之人以告之曰某人在斯某人在斯使知其人之所在得以伸其敬而與之言也

與師言之即上節階席其其之言非别與之説話也子張謂夫子隨師冕之所寓皆有言以詔之是道之所在與夫子曰然下句乃指其道而言之古者瞽必有相吾與師言相師之道當如是也於此見聖人矜不成人要使無一人不得其所所謂老安少懷即此氣象此與子見齊衰章或謂論語一部意思盡在此二章蓋論語以求仁為要此二章皆聖人萬物一体之心所謂仁也

季氏將伐顓臾章

全章首句提起記事之詞也下三段問荅一段由求問伐国夫子責其不可二段冉求諉罪夫子責其有罪三段冉求飾詞夫子責其不能輔之以正首一問兼由求下二問单是冉求夫子三次責之獨呼求之名至未方帶由一言可見求尤用事

季氏將伐顓臾將者議已定而事未举也有事以顓臾為事也必告孔子者二子之心亦不自安也見孔子而以冉有先季路可見求之與謀夫子責其不能救而以由先於求則責備賢者之意

無乃爾是過與爾指冉求過謂與謀之過

先王三句平重周先王封顓臾於東蒙山下使主其祭其立国有自来矣則不可伐且在魯邦域之中非敵国外患者比則不必伐

社稷魯君社稷也顓臾為魯附庸是魯公家之臣不在季氏管轄之内又非季氏所當伐不可伐以理言不必伐以勢言不當伐以分言何以伐為總承上三句

附庸乃天子之臣而附于大国何以為魯之臣詩曰俾侯于東錫之山川土田附庸則為公家臣属明矣

冉求答問初意尚未必伐顓臾之為非及夫子責其不可乃委咎于季氏而曰吾二臣者皆不欲也故夫子深責之周任節責其不諫則當去虎兕節責其不去則不能委咎

陳力五句蒙引俱作周任言持危扶顛即陳力意不能陳力猶相瞽者危不持顛不扶無用彼相為也乃不能去安能辞其責

爾言過指二臣不欲之言此與上節過字不同上是與謀之過此

是誘罪之過與下文是誰之過過字亦不同此是失言之過下是失守之過虎兕二句言子既不去便有官守乃使季氏妄伐人国不能防閑調護是虎兕在柙而逸龜玉在櫝而毁非典守之過誰過哉求於是無所辭矣龜玉未詳蒙引曰龜亦宝也易曰十朋之龜大宝也

今夫顓臾節冉有被夫子深責乃假飾其詞言其當伐非本意也曰固者謂在彼有難克之勢曰近費者謂於我有侵迫之虞今日不取必為季氏子孫他日之憂所以伐之也前既推辞以為不欲将掩其與謀之失此又飾詞以為當伐明言其所謀之是語言相背直情畢露故夫子又責之疾夫一節直悪其飾詞之　非有国有家以下　皆因其飾詞而攻之曰患寡患貧指其意在貪欲非為

子孫也曰不均不和警以憂在蕭墻不在子孫也
君子疾夫卻作一句讀言惡夫舍貪欲不言而為飾飼也此欲字
與夫子欲之欲字不同上以愛欲言此以貪欲言
有國是諸侯有家是大夫因魯君季氏而言不患寡二句言其不
必患啓以所當患也均無貧三句言貧寡所以不必患不均不和
所以當患寡以民言貧以財言均以分言安以心言季氏貪顓臾
人民欲取以自益是患寡也然民歸季氏魯君無民上下之分便
不均平故曰不患寡而患不均季氏貪顓臾土地欲多其賦稅以
自富是患貧也然財入私家君無所有君心不甘臣亦豈能自安
故曰不患貧而患不安均即君十卿祿之類君祿卿祿上下均平
則君得君之所當得臣得臣之所當得不見其為貧矣不均便一

富一貧就生出一个不和來均而無貧則上下不相争奪所謂和也和而不争何須人衆君不必加多以勝乎臣臣不必加多以勝乎君不見其為寡矣無貧無寡是賦税統屬各有分限當得實不貧寡時諺云雖貧不見其貧雖寡不見其寡本是不和則争奪起衆者勝寡寡者自危就生出一个不安來和而無寡則君不疑臣之逼臣不疑君之凌所謂上下相安也安則上保乎下下附乎上釁孽不生永無傾覆之患

既曰不患寡而患不均又不曰均無寡既曰不患貧而患不安又不曰安無貧何也蓋自所患而言不在貧寡而在不均安自所以無貧寡而言則始於均而終於安故均在無貧寡之先安在無貧寡之後和自無貧生來以致無寡又在無貧寡中間患寡患貧必

欲已有餘而人不足則始于不均中於不和終于不安因焉得不傾乎此理勢相須如此若曰均無寡安無貧便失序矣此節似泛論道理暗指季氏存疑直指季氏說均和安兼魯君季氏無貧亦兼君臣重季氏邊無寡無傾俱就季氏講

夫如是指均無貧三句謂內治脩也遠人泛說下節遠人方指顓臾則此節亦是泛論脩文德與脩內治不同內治是處置之法文德是感化之道蒙引曰文德是仁義如君君臣臣父父子子之類言文德者對武功言也內治脩則遠人宜服即有不服亦當脩德以來之不可用兵既來則安謂順其欲不強其所不堪則來者亦自不叛亦不必用兵之意

今由與求二節通責由求蓋上文責其與謀故獨呼冉求此七責其

不能正君子路亦與有責故併及之不能來是不修文德不能守是不脩內治分崩離析謂大夫分公室之有家臣又分大夫之有

曰四分公室者一說謂魯君三家分而為四一說謂公室所有君得其一季氏得其三未知孰是謀動干戈指伐顓臾言蕭墻非季氏管轄則曰遠人為魯君屬國則曰邦內大夫而伐君之屬國以自益其貧寡不均不和甚矣爭端一開內變將作故有蕭牆之憂

憂字與子孫憂相應言季孫之憂不在子孫之遠而在蕭墻之近

此章重季氏僭魯而二子不能救正之意蓋征伐天子大權顓臾即有罪季氏當請命于魯魯當請命于天子天子命魯魯命季氏伐之可也今季氏自伐之是征伐自大夫出不惟無魯亦無周矣故夫子切責二子所以深誅季氏也乃由求竟無引過之詞何哉

然始是其非終不聞其果伐或亦因夫子之言而止與

天下有道　章

此章通論天下之勢總是慨當世無道不專為魯發禮樂以制作言征伐以威令言自天子出者由天子總攬權柄自已裁定頒布出來天下莫不遵行無敢變易專擅此是有道世界法尊而人信之所以長久而不失也無道以下逓相僭亂皆不久而失之只一　自諸侯出其弊便至於此蓋諸侯可以僭天子則大夫亦可以僭諸侯大夫可以僭諸侯則倍臣亦可以僭大夫陪臣可以僭大夫則他人又可以奪陪臣世未有僭而不失者十世五世三世逆愈甚則失愈遠大約世數如此亦以理與勢斷其久近

國命即天子礼樂征伐曰國何也天子不得自專都出自諸侯大

夫則只是侯國之物不復爲天子之器故曰國命然不曰自陪臣出何也天子無權權歸諸侯則諸侯出之諸侯無權權歸大夫則大夫出之大夫微弱陪臣乃從中把持制其出入是國命猶出自大夫而陪臣實專主之故不曰出而曰執

政不在大夫因當時國政皆在大夫而言政即礼樂征伐不在大夫者天子有道諸侯無僭則大夫自不敢專故曰不在大夫則不在諸侯可知陪臣又不必言矣若謂政在諸侯不在大夫則諸侯之政即僭天子也豈有道之世乎

庶人不議以上無失政也失字即希不失之失上無失政承政不在大夫來言天子操其政柄不失之於諸侯故不在大夫陪臣益不敢侵矣庶人安得議其非乎蒙引謂上字通指天子諸侯大夫

則是諸侯僭天子能不失政於大夫大夫僭諸侯能不失政於陪臣亦可謂有道之世而使人不議乎

止齋陳氏曰此章備春秋之終始礼樂征伐自天子出是春秋以前時世自諸侯出隱桓莊閔之春秋也自大夫出僖文宣成之春秋也陪臣執國命襄昭定哀之春秋也

禄之去公室　章

此章專論魯事承上章自大夫出而言謂大夫專政之日久則知其失政之日近

禄與政雖是兩事然有禄便有政禄去公室便政逮大夫互言之耳五世四世是公之傳世與大夫傳世長短不齊南軒謂后一世而政逮大夫淺說亦謂自宣公後越一世而武子始執政此皆無

攷故蒙引存疑俱不用南軒說

祿去公室謂三家分魯魯君無民賦稅盡入私家而公室之祿去矣三桓之子孫微以五世希不失之數計之今既四世將微可知其後桓子果為家臣楊虎所執

益者三友　章

直是責善無隱諒是信實不欺多聞是該博今古友直則聞其過是箴規之益友諒則進於誠是觀摩之益友多聞則進於明是講習之益故曰益者三友

直諒不同直就盡言看諒就實行看諒與不諒之諒意異而字義同彼以堅確欠變通言此以誠確無變詐言

三益之說朱註亦各就其人而指言之其實友此三者皆有薰陶

漸染之益皆有嚴憚切磋之益皆有興起慕效之益非鐵定一人只一益也況直者必諒諒者安有不直直諒者豈全無聞見有聞見之實者豈非直諒之人大約友一个好人便其益無方

便辟是儀容上便習便佞是言語上便習故註以兩个習字訓兩个便字善柔謂善能柔媚也故註以工字訓善字猶言專工也書經解便辟謂便者順人所欲辟者避人所惡此與註悖故存疑以為可用蒙引以為不可用

益者三樂　章

禮是制度樂是聲容聲容亦有品節樂節之者喜好這制度聲容之節兼內外言蒙引曰講明不置存之熟是非不謬守之正存疑曰內主和敬外主節文度數益字亦兼內外內有以養其莊敬和

樂之心外有以善威儀節奏之文是也
樂道人之善謂見人善言善行就喜好稱道他這裏便有見賢思齊之意勉修企及之功故益樂多賢友謂直諒多聞等人就喜好與他交遊便過失日聞誠明日進故益
驕樂以驕爲樂也宴樂以宴爲樂也樂驕樂言動恣肆不拘束於義理之中與節禮樂相反樂佚遊好爲遊玩博奕之類善言無從而入與道人善相反樂宴樂溺於飲食聲色之類日與小人相親狎與多賢友相反故皆損
此與上章後三者俱反前三者朱註亦分别損益相反之意其實辟佞善柔驕宴佚遊只是各件不好未必句句照應
侍於君子有三愆章

言未及謂君子之問未及我或槩問而有年長者在皆未可言也於此而言則有躁之愆言及之謂君子之問及我或長者已對以次及我皆可言也於此而不言則有隱之愆未見顔色謂言已及我但君子之顔色不在我亦未可言也乃不觀顔色而遽言之則有瞽之愆瞽無目者不能觀色便是無目察言即在觀色中三愆總是言不得宜躁失之急隱失之秘瞽又直突欠斟酌此皆學問疎淺心思忽畧故語默失節如此侍君子者要不犯此失當自平日涵養中求之

君子有三戒章

三戒是人之自少至老皆所當戒夫子特因血氣有盛衰各指其尤甚者言之耳血氣未定易動于情故少之戒在色血氣方剛易

逞于忿故壯之戒在鬬血衰既衰則英氣消磨身家念重故老之
戒在得得謂非義理所當得者豪傑之士率多晚年變節亦緣老
来有貪得心
聖人少而志學壯而不惑老而耳順不踰矩蓋其志氣安定不為
血氣所動故德業與時俱進不知老之將至也
君子有三畏　章
畏天命三句大文平看註以下二句承上一句似只是一个畏天
命然雖是一理工夫自有三項畏天命是統括全功畏大人聖言
是細密條件故曰三畏
天命即天命謂性是也畏天命即尊德性是也畏者兢兢業業惟
恐失其付畀之重凡所以戒慎恐懼者無一毫之敢忽也大人聖

言皆天命所當畏畏大人畏聖言皆所以畏天命不可以大人為天命之所存聖言為天命之所寓大人是德位俱尊者畏之者恐天理有失獲罪于有道先生聖人之言是垂世立教者畏之者惟恐天理有失獲罪于古先明訓故此兩句皆根畏天命來觀下節語意自見

君子三畏只是一个主敬心學也不曰敬而曰畏畏比敬尤為警切凡人不敬者皆起於無所畏故畏則為君子不畏則為小人

生而知之者上也

此章分別氣質等第言上者不可多得下者皆緣不學其次則可學而能見人之當務學也章内三个之字俱指義理言

生知謂不假於學自然知此義理此是上等資質清粹之極絶無

歟濁者斈知謂生未能知必待於斈而後知此義理此是次等資質困斈謂斈未能即知必待困心衡慮而后知此義理此又是次等資質兩个次字俱對上字看但斈知者稟得精粹邊較多而駁濁少些其為力也易故曰次困知者稟得駁濁邊較多而清粹少些其為力也難故曰又次然及其知之一也則氣稟雖異性無不同韓子乃謂性有三品非也困而不斈非困斈外又有一等人品只是一个困底人斈之則為又次不斈則為最下故三等之外即為下愚是困而不斈人也或謂困而可斈則下愚何謂不移蓋此等人決不肯斈故雖聖人與居不能化而入也

君子有九思　章

九思一說謂隨事而存其心一說謂隨事而求其理看來思者心

也所思的便是理非有二也這思字不是空想就有工夫
視不為物所蔽曰明聽不為物所壅曰聰思明思聰去其壅蔽工
夫即是非理勿視非理勿聽得其理則物不得而壅蔽之便是思
明思聰存疑曰思明豈但目前所接之物凡天地万物之理治亂
興衰之故皆欲去其蔽求得其理思聰豈但目前所言凡師友之
教戒君臣之論諫往昔之獻納皆欲去其壅求得其理折衷說曰
有為氣質所壅蔽有為私欲所壅蔽有為讒邪所壅蔽皆須去之
然後能全其聰明此兩者是九思中第一大件故列於首
色對貌看一是見於面一是全身而言[illegible]之所發恐有暴厉之色
故思溫身之容動恐有惰慢之氣故思恭只溫便戒暴厉思恭便
戒惰慢俱有工夫

言對事者一是言一是行言不根心則虛偽故思忠事不專心則苟且故思敬思裏便有忠信篤敬工夫敬與恭對恭主容敬主事

以上六件俱是日用常事思量要好以下三件又是不好事思量要好疑謂疑惑是心不明也不質問何以能明故思問便有辨惑工夫忿謂怨恨是心不平也慮到忘身及親處便不敢逞故思難便有懲忿工夫得謂財利是心所易動者然當得與否有義存焉故思義便有懲貪工夫

九思各專其一遇一件則思一件總之只一个理念念在心這事來也思得其理那事來也思得其理本其要以九言之而其餘可例推矣若九件思量九樣道理則頭緒紛錯胷中夾雜思聰時豈能無視思敬時豈能不言况九者之外又不止九者乎

見善如不及　章

此聖人以古語望今人有可得而見者好惡之誠有不可得而見者出處之正感慨意在重下節

善不善就自己身上看如好仁惡不仁之類勿作善人不善人說如不及惟恐其不得也如探湯惟恐其為累也是謂好惡之誠註中真知二字是推言誠好惡之原不是解兩个見字此與無以尚之不使加身不同者彼為所造之極故未見此為所守之正故見其人

志與道只一物自未仕時求其道則為志自既仕時達其志則為道行義對隱居看只是出仕所謂君子之仕行其義也求志達道說看謂平居時預先計畫天下国家事到得官日便發揮做去此

說非也道合体用學先爲己君子平日只是窮理力行居仁由義進德脩業這裏有民胞物與參賛位育道理在所謂求志也一出而仕即以所學本而措之任他天下国家大事都憑這道理而行所謂達道也伊尹在莘野只是一介不苟弗顧弗視何曾想那伐夏救民及三聘而出便做堯舜君民大事業此求志達道之說註謂顏子庶幾伊呂自隱而未見言之耳

上節先言見其人謂有是人也故以所見之人合於古之語而幸其有下節先言聞其語謂無是人也故以所聞之語求於今之人而慨其無俱有感慨意思好惡言其立心苟能實用其力便是有誠當時世道澆漓人心多偽夫子蓋甚傷之然此等人間或有見故曰吾見其人蓋僅有之詞出處言其時宜此非時中者不能當

時用行舍藏聖人以為惟我與顏而伯玉出處合於君子猶未知於聖賢何如也故曰未見其人則絕無之意聖人慨世之意蓋如此非謂上節人品低而易得下節人品高而難求一說謂誠於好惡之人能求志未必能達道故為一偏之士一說謂求志是求其好善惡惡之心達道是達其好善惡惡之道俱未然

齊景公有馬千駟　章

此章言人之所重不在富而在德齊景公無可稱重死之日看言當時那等富貴身死日人便不稱況到今乎富之不足重也如此夷齊可稱重到于今看言當時那等窮餓至今世遠人猶稱頌況當日乎道德之為重也如此其斯之謂以詩言之詩曰誠不以富亦祇以異其不取景公之富而取夷齊道德之謂與

陳亢問於伯魚　章

異聞謂聖人教子必與他人不同當有聞人之所不聞者故曰異獨立非群弟子進見請問之時此正可以異聞乃一曰学詩曰学礼皆平日所雅言者故曰聞斯二者言二者之外無聞也

詩本人情該物理学之能使人事理通達其為教温柔敦厚学之能使人心氣和平故能言礼有節文度数之詳学之能使人品節詳明其為教恭儉莊敬学之能使人德性堅定故能立学詩文也只是誦讀学礼行也便有執守意故曰詩書執礼案引以詩礼分博約恐非本旨

始而獨立無異教継而獨立又無異教夫子始終是一个公心始疑其異聞謂夫子有心于厚終疑其遠子謂夫子有心于薄陳亢

始終是一个私意蓋九在聖門至是方喜其得聞詩礼則平日常教且未有得宜其淺陋如此

邦君之妻

此章重正名意小註謂嫡妾不正而發未必然

舊說以上三句稱於本国下二句稱於外国兩對看未是當以首句為主作一頭下四句承上作兩脚重三个君夫人看蓋君者一国之尊也国君之妻君稱之曰夫人則與君有同尊矣故其在本国夫人雖自謙曰小童而邦之人共尊之皆稱之曰君夫人從君所稱之夫人也其稱諸異国夫人雖自謙曰寡小君而異邦之人共尊之亦稱之曰君夫人從君所稱之夫人也惟君稱之曰夫人謂其與已同尊故人皆稱之曰夫人而必係之君謂其與君同尊

也於本國但謙曰小童或時為對君之稱於異邦則曰寡小君亦自表其為君夫人而謙言其小也如此方正夫人之名亦見尊君之意

陽貨欲見孔子　章

此記孔子待陽貨上節是曲答其禮下節是順答其言皆不悪而嚴之道

陽貨欲見孔子欲諷之仕已也孔子不肯往見不欲仕貨之意也歸孔子豚何以知其瞰亡曰若不亡則孔子何消往拜且貨若非有意瞰亡孔子亦何消瞰彼之亡陽貨非大夫而援大夫之禮以饋孔子蓋彼既專政實以大夫自居也故夫子亦以大夫之禮應之直往拜恐墮彼之計不往拜恐失已之禮亦瞰亡而拜則既不

失巳之禮亦不墮彼之計所以為稱也稱者斟酌事宜當如此報答所謂稱物平施也非謂彼以瞰亡来我以瞰亡往為相稱遇諸塗是既拜而歸遇諸塗中也倘未拜而遇當隨之俱往矣且貨若不知夫子瞰亡拜巳相接詞氣不應如是倨慢

陽貨盛氣以迎夫子呼而来之有尒予之稱倨亦甚矣然其言亦不敢肆既稱其寶又惜其失時既期以仁智又諷之速仕蓋聖人盛德感人雖暴慢亦不敢犯也將仕且然未必之詞則既不拂彼之意又不失我之守所以為聖人之言蓋陽貨之言都說孔子孔子之言都不說自家所謂據理答之若不諭其意者或謂懷寶至歳不我與是陽貨自為問答之詞未必然

胡氏曰陽貨欲見而遽見之非中也有餽而不往拜非中也不瞰

亡而中其討非中也遇諸途而避之則絶之甚非中也理之直者其辭易於不遜非中也辭之遜而或有所詘非中也聖人不絶物亦不狥物從容不迫又剛直不詘所以為時中之妙

性相近也

此所謂性兼氣質而言看一兼字便是以理為主特兼乎氣耳不可以此性為氣質之性蓋專論理則性善皆同不但相近專論氣則禀受不齊又不相近故主理而兼氣言之則曰性相近也註云以其初而言初者太極本然之理也如氣之清濁雖不同而本然之良知則一特知之蚤暮差些質之粹駁不同而本然之良能則一特行之難易差些不甚遠也惟習有善有不善智愚賢不肖始大相遠矣習相遠不但善者習善與惡相遠即惡者習善亦日遠

於惡不但惡者習惡與善相遠即善者習惡亦日遠於善以此見善惡皆係於習不可諉之性也

惟上智

此是上章未盡之意就性近習遠中抽出来亦有性不相近不習而自相遠者上智下愚是也不移謂生下一定善惡不以習移也上智決不肯習惡故不能移而為惡下愚決不肯習善故不能移而為善除這兩樣人外其餘性皆相近而可移於習者觀惟字可見然此亦就氣質而指其懸絶者言之其實太極之理不以上智下愚而有二也惟狂克念作聖惟聖罔念作狂移不移之機亦視念不念何如耳夫子嘗曰困而不學民斯為下則學之豈終為下愚乎彼上智者亦何嘗不孜孜于學耶以此益信性近而習遠

子之武城　章

全章上二節是因其善治而喜之下二節是因其篤信而嘉之絃歌〻聲叶於絃也礼樂不專絃歌惟礼樂為教故邑皆絃歌莞爾而笑一句斷是喜之之色曰割雞一句是戲之之詞當時已無礼樂之化夫子創見于武城而深喜之故不覺形於詞色亦以觀其自信何如

君子學道二句是夫子平日之言道不專礼樂礼樂道之一端耳然中庸言大哉聖道曰礼儀威儀孟子〻論道原仁義而歸于礼樂則礼樂亦可以該道即專指礼樂講亦通

君子學道則有以擴民胞物與之心故愛人小人學道則有以明上下尊卑之分故易使此見上下皆不可不學道武城雖小亦當

以道教之也不可以子游礼樂為教貼君子學道邑人絃歌貼小
人學道

偃之言是重呼二三子講恐其惑於割鷄之言遂謂小邑果不必
用大道故是偃之言而自以為戲所以觧其惑也

公山弗擾以費畔　章

弗擾雖畔臣其召夫子却是誠意欲借聖人為重與陽貨用計召
見欲助已為乱者不同故夫子欲往然終不往者想亦知其必不
能有為也

為東周言以周道行于魯也周室衰微綱常名分俱已廢墜夫子
設若得用則將復振此道因桓以正魯因魯以尊周使陪臣不得
僭大夫大夫不得僭魯君魯君不得僭周天子一切綱常名分復

舉於魯是昔之周為西周今之魯為東周也弗擾即能用夫子未必就能為東周但其欲往之意便要如此到臨時又度其時勢

子張問仁於孔子　章

能行五者於天下只是存心無間與居處恭一節同意勿作体察善而無間蓋事各有理理具於心心有不存理即不得故能存五者之心而行於天下則心存而理得矣故曰為仁能行五者是全体工夫行於天下是不息工夫為仁總承上心存理得是講仁字恭寬信敏惠五字俱就事上存心心存於持己而不慢謂恭心存於容物而不隘謂寬心存于處人而不欺謂信心存于作事而不怠謂敏心存于厚下而不刻謂惠五者之效皆居民上之事或子張時已出仕故語之使知自考也大全恭者仁之着等句未是

佛肸召子欲往　章

不善不入之說固夫子常言堅白之說亦是常言看不曰二字便見言我固嘗有那等說話不又有這等說話堅白是借字來形容道德勿就物講堅謂貞固專確與鑽彌堅之堅同白謂瑩粹潔淨與皜皜不可尚意同不磷不淄皆言人之不能損己也匏瓜繫而不食是物之不能通變者言我磨不磷湼不淄即應佛肸之召無傷也豈能執一固守不達權變如匏瓜之繫而不食哉一說匏瓜節是示己當為世用意不粘着上文

子路所聞可以律君子不可以律聖人夫子所言在聖人則可在君子則不可學者看子路不悦氣象便是學已升堂但不知聖人達權之意是未入室也

夫子於魯則曰為東周於晉但曰不能免已蓋志欲行周公之道
屬望於魯尤切就使他国得行亦必正魯以尊周虛斎謂夫子欲
往公山佛肸而卒不往意者權詞遜避姑應于召命始至之興

由也女聞六言　章

六言是六个字蔽遮蔽也理本大中只為私意遮隔却任一偏意
見做去如面前正路被一物遮住乃從傍走所謂蔽也六言皆美
德而各有蔽理不明故也好學是明理工夫一說謂竟悟其理之
是非未是其蔽也愚言其蔽是愚勿云為愚所蔽下五句放此
好仁以愛人言不明理則必有不當愛而愛如入井救人之類其
蔽是愚好智以博物言不明理則必有不當知而知至於窮高極
遠如莊列之類其蔽是蕩好信是踐言不背不明理則必有不當

信而信只管自家踐約都不恤他人利害其蔽是賊賊者害人之
名註物字不必泥好直是盡言无隱不明理則必有不當而直直径
情急切如證父攘羊之類其蔽是絞好勇是奮猛敢為不明理則
必血氣自恃至於悖逆横行無所不為其蔽是乱好剛是堅強不
屈不明理則則必肆己傲物輕躁妄動其蔽是狂
此與恭而無礼章參看就理而言曰礼就明理而言曰學要之六德
六樣總是一个理六蔽亦總是一个理不明能明這一个理則一
理貫通隨處中節當仁當智當信當直當勇當剛皆可以无蔽或
問六蔽皆緣不學亦是氣質之偏否曰氣習自是不好充之以學
何至錮蔽故曰氣質之用小學問之功大

小子何莫學夫詩 一章

此章首句言詩之當學下皆言學詩之益見其所以當學

興以心言觀以行言詩有美惡便有美刺學之則有以感發其好善惡惡之心是謂可興亦可以自考其行事之得失是謂可觀群以處常言怨以處變言詩人性情之正有和而正者有怨而正者學之則可以常而處衆不至於流是謂可群可以變而處怨不至於怒是謂可怨註二句與上二句一例俱就學者言

事父二句以人倫言多識一句以物理言人倫詩无不備獨言事父事君舉其重者他可知矣詩又該載鳥獸草木之名故學之緒餘又可以資多識

王厚齋曰格物之學莫過於詩關關之鳩摯有別也呦呦之鹿食相呼也德如鳲鳩言均一也德如羔羊取純潔也仁如騶虞不嗜

殺也鴛鴦在梁得所止也桑扈啄粟失其性也倉庚陽之候也鳴鵙明之兆也蒹葭霜露变也桃虫拚飛化也鶴鳴九臯聲聞于野誠不可揜也鳶飛戾天魚躍于淵道无不在也南有喬木正女之操也隰有荷華君子之德也匪鱣匪鮪避危難也匪兕匪虎慨劳役也蓼莪棠棣知孝友也蘩蘋行葦見忠信也葛屨褊而羔裘怠也蟋蟀儉而蜉蝣奢也園有樹檀其下維穀美必有悪也周原膴膴堇荼如飴悪可為美也黍以為稷心眩於視也蠅以為鷄心惑於聽也綠竹猗猗文章著也皎皎白駒賢人隱也贈以芍藥貽我握椒芳馨之辱也焉得諼草言采其蝱憂思之深也柞棫斯拔侯新侯蒸盛衰之象也鳳凰于飛雉罹于羅治乱之符也相鼠碩鼠夷悪也采葛采苓傷讒也引伸而觸類之有多識之益矣

子謂伯魚

為猶學也猶言治詩也周南是文王后妃閨門之化召南是南国諸侯夫人大夫妻被文王后妃之化故皆為脩身正家之事不學則修齊道理全不通曉其何以行之国與天下哉正墻面如正面對墻而立也一物無所見言知有所蔽一步不可行言行有所跲

禮云禮云

此言禮樂不專於末見本之有在也講中且未可露和敬蓋非玉帛何以為禮非鍾鼓何以為樂此固必不可無者但謂礼樂專在于此則失其本矣故夫子曰礼之為言玉帛即謂礼乎哉樂之為言鍾鼓即為樂乎哉乎哉二字語意含蓄礼不止玉帛必有所以將此玉帛者樂不止鍾鼓必有所以發此鍾鼓者故由心之敬而

將之以玉帛是謂禮由心之和而發之以鍾鼓是謂樂此與人而不仁如禮何章互看彼言心不仁不可為禮樂見禮樂不在玉帛鍾鼓此言玉帛鍾鼓不是禮樂見禮樂必本於心

色厲而內荏

色與色荏色取之色同色厲謂外面假做嚴厲模樣若確然有守衆然有為其心實見利則屈見害則惧何等柔弱此是無剛之實竊剛之名譬諸小人中穿窬之盜一般蓋穿窬盜物惟恐人知色厲內荏盜名而惟恐人知假飾欺人情狀相類故直譬之亦惡似是之意似剛非剛則曰盜似德非德則曰賊聖人誅偽之嚴如此

鄉愿德之賊也

鄉謂鄉俗鄉人稱愿便非士君子公論蓋本非真實謹厚但同流

合汚故俗人以為謹厚也孟子說鄉愿數句甚得情狀賊害也以德非德反乱乎德則為德之害似忠信而非忠信便乱了真忠信是害忠信之德似廉潔而非廉潔便乱了真廉潔是害廉潔之德

道聽而塗說

道是眼前路塗是前頭路言路上纔聽得一句好話到前途就向人說是棄其德也德謂行道有得聞一善言即心求其理務見諸行以求實得便是成德道聽途說則雖有所聞不能潛心實体何以實有諸已故曰德之棄言自棄之也

鄙夫可與事君　章

鄙夫不可與事君不必說到弒父與君只是患得患失一心但知富貴不知有君便不可與事君患得患其不能得也必营营以求之

患失患其既得而失也必營營以保之無所不至就患失之心極言之吮癰舐痔是極等卑汚事弑父與君是極等悖逆事惟起于一念患失皆將無所不為又安望其忘身家輕富貴而為君為国乎哉故曰鄙夫不可與事君

古者民有三疾　章

疾謂合下禀性欠和平底人此與中和醇厚者已去遠矣今之世不見上古淳民已為習俗之衰乃併其所謂疾民而無之故言此以傷俗之益衰

狂矜愚疾之名也肆廉直疾之實也志願高者多偏於嚬達故不拘小節是肆所以為狂之疾也不肆而蕩則非狂古之狂疾今無之夫持守嚴者多偏於耿介故稜角峭厲是廉所以為矜之疾

也不蕭而忿戾則非矜古之矜疾今無之矣蔽昧不明者多偏於自是故徑情自遂是直所以為愚之疾也不直而詐則非愚古之愚疾今無之矣故曰古者民有二疾今也或是之亡

蕩與肆之別一是畧小節一是踰大閑忿戾與蕭之別一是峻卩一是凌人此等相似而實不同者是似古之狂矜而無狂矜之疾詐與直之別一是不用機關一是專用機械此相反之甚者今之人以為智而夫子以為愚謂其挾私妄作蔽於理而心不明則誠愚也是反古之愚而無愚之疾

夫子此章重在慨世若在門之徒則猶有古風者曾點狂而肆者也原憲矜而蕭者也高柴愚而直者也

惡紫之奪朱也

此悪似是而非者上二句起下一句重悪利口說
朱色淡紫色艷二者並列人必取紫而棄朱故紫能奪朱雅聲淡
鄭聲淫二者並奏人必取鄭而棄雅故鄭能亂雅利口之人變乱
是非正理反為所奪亦猶是也覆邦家又下一層不與奪朱乱雅
相對孟子曰悪利口恐其亂信是對亂雅意

予欲無言　章

此與無行不與章同意彼謂教之無隱于行此謂教之無待于言
皆欲學者不求于言而求于行也子貢以不言為何述猶未能求
諸言語之外故夫子以天之理明之天不言而時行物生莫非天
理發見流行之實聖人不言而一動一静莫非妙道精義之發故
觀時物則知天理之所存不必以言求天道觀動静則知道義之

所存亦不必以言求聖教此夫子所以欲無言時行物生總是天理發見流行勿以物生貼發見四時貼流行

此章專為子貢而發上焉者忘言以會道不必示之以無言下焉者因言以求道未可示之以無言惟子貢之智足以及此故語以發之與莫我知也夫一般知我其天天何言哉皆使之深思而得其理惜子貢未能如曾之唯也然終於得聞天道亦庶乎因此有得矣

孺悲欲見孔子

孺悲嘗學士喪礼於孔子此之欲見非初見也想必有所以得罪者恐彼不自知其過故托疾辭之又取瑟而歌使知其非疾庶幾有所警省而改也所以為不屑教誨

將命存疑作孺悲傳命而入之人謂孺悲求見必先使人通於聖人聖人說稱有疾其人將命出戶聖人鼓瑟使將命者聞之以告孺悲蒙引作聖人傳命而出之人謂孺悲求見必至其門聖人使人以疾辭他就在內鼓瑟使孺悲自聞之若孺悲將命者既見聖人便知非疾又何待鼓瑟二說蒙引為長

孔子嘗見互鄉童子而不見孺悲何也蓋童子向未嘗見而今見之以其有自絜之机孺悲向已受學而今拒之必其有可絕之道

宰我問三年之喪章

全章首三節是宰我言喪之當短下三節是夫子發其情而警之

三年不為礼節言三年喪不可行舊穀節言期年喪可行

宰我所謂礼玉帛之礼所謂樂鍾鼓之樂故居喪則必廢之若論

礼樂本意則喪礼礼之大也哀樂中節樂之大也礼樂豈廢于居喪
舊穀二句言穀一年一變鑽燧一句言取火一年一變見居喪亦
當一年一變也故曰期可已矣榆柳青屬木棗杏赤屬火桑柘黃
屬土柞楢白屬金槐檀黑屬水皆可為火者所謂燧也故隨時取
之猶云春鑽榆柳之木以取火之類
食夫稻一節未言不忍其親但曰女安使知反諸心而不安自得
其所以不忍者而宰我不察女安則為一節因其不察乃發不忍
其親之端猶未明言其所以不忍者而宰我又不悟末節乃指言
三年之愛正所以不忍之故所謂本心也故探其本而直斥其不仁
食稻衣錦就期年外說期年內彼亦知其不可矣故註云期年始
食菜果要絰不除無食稻衣錦之理稻對錦言是米之精美者居

喪食粥粗飯服齊衰欲短喪便用稻錦故夫子以為女安乎宰我只要回護前説全不反思於心故曰安

女安則為與故不為也兩个為字俱是為食稻衣錦再言女安則為深責之也存疑故不為也作不為食旨聞樂居處説亦通

不仁謂失其本心也人子有三年之愛於父母故報之以三年之喪此不忍其親之本心所謂仁也宰我欲短喪全不念三年之愛是喪失此心忍於薄其親也故曰不仁

古者居喪寢苫枕塊不脱絰帶廬于寢外不入中門饘粥蔬水不御酒肉故宰我欲短之謂其過苦不堪也今居喪者酒肉内寢無異平時所異者麻裳而已則名為三年未必能如宰我之期也安可以今之三年喪而輕議宰我

飽食終日

無所用心之人玩時廢業一毫無所脩為未有不入於邪僻者故曰難矣哉此與前章意同彼是用其心于不善此是置其心于不用皆不可以進德而且有患害也不有博奕二句要識甚言無所用心之不可意

君子尚勇乎

君子尚勇子路問得粗了故夫子直以亂盜警之若問強則先告以南北而終之以君子

義以為尚只就義說勿粘勇字如曰義當勇則勇義不當勇則不勇是就勇上看出義主乎勇也只云義當為則為義不當為則不為為便是勇不為便是無勇是就義上看出勇主乎義也上二个

君子以德言下君子小人以位言曰亂曰盜亦以地位不同總是知有勇不知有義非謂義不當勇也

既曰好勇不好學其蔽也亂又曰勇而無禮則亂此曰有勇無義爲亂可見勇而不亂者必其有禮義也而其功則自好學得之

君子亦有惡乎章

君子亦有惡乎不專重惡邊子貢以仁者愛人惡則有妨於愛故問亦有惡乎正善善長惡惡短之意夫子告以好善惡惡天下公心君子豈能無惡但於當惡者惡之耳故舉所惡四事皆理之當惡者

稱人惡是人之有惡而播揚之者所謂言人不善是也下訕上是上之無短而謗毀之者下流說得寬不專指下民如兩人俱在位

位卑者亦是下流勇以奮發有為言無禮是於理不合便為不當為必至犯上作亂果敢以剛決無畏言窒是於理不通便執拗自用妄作而不顧

智勇直皆美德也明于燭理曰智乃伺察人之動靜自謂於人情偽無不知是以徼為智非智也見義必為曰勇乃逞其血氣凌犯在上之人自謂於人無所畏是以不遜為勇非勇也正言無隱曰直乃攻發人之陰私自謂於人之惡無所諱是以訐為直非直也

夫子所惡是明白不是者其惡易知其害人易見子貢所惡是以是實非者其欺人之機甚隱而害人之禍尤深要之都緣本心為氣習所蔽故各隨其氣禀以為惡

惟女子小人

臣妾僕隸等人皆不知義理而惟情欲之求故最難管待恐過嚴而情或不通嘗觀而近之則分褻而易侮必至於凌犯不遜恐太狎而分或不肅又拒而遠之則情孤而失望必至於怨恨不平近之不可遠之不可所以為難養也莊與慈偏用不得須二者並用方免近遠之失慈以畜之又莊以消其不遜之心莊以涖之又慈以聯其易怨之志此善養之道也然近疑于慈遠疑于莊以近為慈則莊不畏以遠為莊則慈不孚此又用情者所當辨

年四十而見惡

人生四十則前此壯時將過後此漸漸向衰故成德斷以此時於此猶有惡行見惡於人則善之未遷者終不及遷過之未改者終不及改亦終於此而已

此與後生可畏章同意其詞更爲警切無聞但無善可稱見惡則有惡可惡不足畏只輕之之詞其終也則絶之之意故彼猶帶言五十此則即四十而決之也雖然遽伯玉五十而知四九之非衛武公九十詔於國曰無以老耄舍我朱子謂人雖八十亦當硬寨將去況四十乎倘見惡後能一噴醒翻然改圖亦皆可以有進安可以聖人之言自棄耶

微子去之　章

商紂無道微子箕子比干皆諫微子諫不聽見事勢不可爲遂去之以存宗祀箕子諫紂紂辱而囚之猶未殺之也比干諫紂紂則怒而殺之記者但曰比干諫而死謂其以諫死也三句次第只以所處輕重敘之死甚于奴奴甚于去也若事之後先則考諸記傳

或謂微子去於比干既殺之后或謂比干死於箕子為奴之前皆無的據當時多以比干為無議於微子或議其去於箕子或議其奴故夫子原其心而斷之曰三仁仁以愛言就愛君愛國講然此皆天理當然臣子之心所欲自盡者故亦曰心之德三人之行不同同於真愛國家各自心安理得則可謂不咈乎愛之理而心德全矣故曰仁

柳下惠為士師

柳下惠數言總是明己不必去之意言我之所以三黜為直道也直道世所難容使必以是事人雖往他國亦是見黜何所往而可哉若要不黜必須枉道倘或枉道事人雖魯亦不我黜又何必去

父母之邦此見三黜不去不以為辱是惠之和處必以直道而不自失又是惠之介處先儒謂滿天下無可事之國亦是不恭

齊景公待孔子

此景公議所以待孔子之禮非面語孔子也乃自告其臣有商量猶豫之意言魯待季氏最厚待孟氏則薄吾欲以魯君待季氏之禮待孔子則不能以待孟氏之禮待之又不可以季孟之間待之則吾量其可能亦不薄於孔子矣夫國君好賢即舉國待之亦未為過況季氏之禮乎乃以季孟之間則已非至道之誠又曰吾老矣不能用是無意於賢可知矣故孔子行行意總承上重不能用有倘欲用之即待以季孟未甚薄也夫子固嘗有公養際可之仕而何去齊之亟哉用謂用其人非用其道但用其人正以行其道

不能用便是道不可行景公此言亦晏嬰沮之耳

齊人歸女樂

齊不用孔子孔子反而用於魯三月而魯大治齊又惧其并己而用計以阻之故歸女樂於魯歸者君臣俱有不是專歸桓子但當時政在大夫其受與否都是桓子主張故曰季桓子受之是為魯君受之也自是君臣溺於聲色怠于政事君三日不視朝臣三日不往朝則簡賢棄礼不足有為可知矣故孔子行一說溺於色必疎於賢是簡賢不朝是棄礼一說就待孔子說如膰肉不至之類此孔子行與上節不同上是接淅而行可速而速也此是以膰肉行有遲遲不忍之意講須斟酌註云不俟終日只言决于去魯非謂其速于去也

楚狂接輿歌　章

楚狂接輿謂楚有狂士迎孔子之車歌而過其前也此輩深隱藏匿姓名不傳記者特因其事提以為號如晨門荷蕢之類

接輿之歌既比以鳳而又疑其衰既勸其止而又慮其殆是亦知尊孔子者但其趨不同耳夫子聞其歌遂下車欲與之言只是天下有道丘不與易君子之仕行其義也之意接輿趨而避之是急避之也故不得與之言

長沮桀溺　章

長沮桀溺亦非人名如接輿之類長沮謂永于沮止而不出桀溺謂決于沉溺而不起

是魯孔丘與有是知其不可而為之之意但未顯言耳是知津矣

便明白識他周流四方自知津處何待問也故不告
問桀溺子路意長沮不告桀溺或告之也蒙引曰子路問長沮之時桀溺必見之長沮答子路之言桀溺必聞之故不問孔丘只問仲由是魯孔丘之徒與謂在車者是孔丘你是他弟子與就滋不當從避人意一說謂魯孔丘之徒有名仲由者你即其人與此語意未是

滔滔者天下皆是謂人皆趨惡不可反而為善國皆趨乱不可反而為治如水滔滔然流而不反也誰可以變惡為善變乱為治也抑此二句是譏孔子不當出辟人謂此不合則去之彼辟此人就彼人猶與其可與易也辟世是視一世無可與之人無可往之國皆不可與易者也與其從辟人之士徒勞無功豈若從我辟世而

優游自得乎哉此二句是識子路不當從孔子

鳥獸不可與同群言人非鳥獸不能高飛遠走便當與斯人為徒

豈可絕人逃世以為潔哉此二句是破他辟世二句丘不與易言

有道之世人皆已善國皆已治何用變易正謂無道故欲易惡為

善易亂為治耳此二句是破他滔滔二句斯人人字與而誰誰字

俱兼君民看

子路從而后　章

全章見其二子斷上是遇隱者見其明長幼之節下是述聖意而

示以君臣之義

子路對長沮嘗名其師以長沮問其為誰也對丈人只稱夫子以

丈人不問為誰也想丈人已知其為孔子故不問而直譏之

丈人識孔子何等倨傲子路行行乃肯謙謹拱立盖知其為賢而敬之也丈人始雖甚倨感子路之敬亦自起敬止宿為黍見其二子禮待何等慇懃亦知子路之賢也及其既返逆知其必復來即先去之至則行與趨而避皆急於遠去之意盖其果於避世不可挽回故不欲與言

子路以夫子之意反見丈人而丈人不在乃述夫子之言於其家不仕無義一句是一節總腦下文皆反覆言義之不可廢也長幼之節緣見二子來是因明以通之言長幼君臣是一般人倫奈何不廢彼而廢此我不可作輕長幼重君臣說君臣之義上字不是事君以義即事君就是義與下文行其義同意乱大倫只是君臣註兼五倫帶言之耳道之不行二句甚言義之為重雖知道不行

亦嘗仕也看註雖字便見註中然謂之義數句又推出一層忘義
義字與行義々字不同
逸民伯夷叔齊　章
逸民無位之稱柳下惠雖小官亦曰遺逸不怨是也前列七人後
不言朱張想其人是逸民之流而行無聞耳
不降志不辱身不專就去周說只是平生所為如伯夷非其君
不事一節皆是亦不可依新安以非君不事為不降志不立惡人
之朝為不辱身蓋立志欲高少屈則為降立身欲潔少屈則為辱
要之降志便辱身々辱都由志降亦非兩事
柳下惠降志辱身非自失也只是守不拘行不峻與夷齊不類耳
蒙引存疑謂三黜不去是惠之降辱其粹氣確不可拔是言中倫

雖三黜而不枉道是行中慮
降志辱身緣不降不辱而言隱居放言又緣中倫中慮而言隱居
獨善不合人心之公似非中慮之行矣放言自廢不循義理之常
似非中倫之言矣然其隱居也合道之清其放言也合道之權如
虞仲讓季歷而避位是清也斷髮文身示不復用是權也
講三節俱不必實事夷齊節叔齊無實事惠連節少連無實事虞
仲夷逸節夷逸無實事俱不入講為是
末節蒙引存疑淺說皆云夷齊仲逸以隱為可仕為不可惠連以
仕為可隱為不可此說非也逸民都就隱講豈有仕意柳下惠雖
為士師亦屢見黜與不仕一般少連又無可考若就七人中獨指
一人為仕便與逸民大旨相戾且此篇三仁三黜兩孔子行與接

與沮溺丈人而繼以逸民又在師摯適齊之前大柢皆不遇隱去之意而非聖人用行舍藏之本心也故曰我則異於是無可無不可說者因註仕止久速遂於逸民中分隱仕失其旨矣一說謂夫子兼七人之行於一身此亢難通無可無不可與無適無莫一般非漫然無所可否也只是或仕或隱隨時取中無期必偏主之意文雖兩平意重不必隱逸一邊故以為自異於逸民

大師摯適齊　章

夫子自衛反魯而正樂一時樂官皆識樂之正及魯益衰三桓僭妄諸樂官皆知其不可故自大師而下相率盡去是所以去者由識樂之正所以識樂之正者由夫子正樂之功此所謂俄頃功化也然觀大師摯乃孔子所語以樂者擊磬襄又孔子所從學琴者

則知此輩皆賢而隱於伶官者矣

齊楚秦蔡皆曰適是去此適彼似避地之意河漢海皆曰入是深入不返似避世之意

魯樂之興也大師為之長其去魯也大師爲之先故干繚缺所適之国異叔武陽襄所入之地殊皆大師倡之也作文當首句謂

周公謂魯公

此伯禽封國之始周公訓戒之詞四者皆忠厚之道

親是本支族屬皆祖宗一脉遺棄之則骨肉疎離所厚者薄矣故當不弛其親尊其位重其祿同其好惡便是不弛之道大臣是君所倚以爲腹心者不用則怨故當有以用之不使其怨乎不見用也信之篤任之專不惑於讒邪不間於貨色便是用之之道存疑

曰亦不可怕他怨而怠用之須識此意故舊之家是先世有大功德者除是惡逆大故不得已而棄之無大故則不可棄也子孫賢者官之不賢者禄之便是不棄之道人才國之利器若一人而責其才之備則天下無全人矣故無責備於一人可也取其所長棄其所短隨才而器使之是無求備之道此章是魯始封之事記者敘於魯衰之后傷今思古之意也

周有八士

此記周室人才之盛重皆賢意萃於一家生於一母産於四乳又皆賢若此豈不盛哉此不知何時人而記者敘此亦傷今思古之意

士見危致命

見危致命是害不爲免見得思義是利不爲得祭思敬是追遠之

誠喪思哀是慎終之感死生義利最是學者大閑節敬祖愛親又天理人情不容已者故此四者為士之大節曰其可已者言此而可止也但士之分量尚不止此故朱子以庶乎二字補之見危致命不言思此句著不得思字故不與下三句相類蒙引謂即致其命不暇致思存疑又謂不思得無傷勇耶此皆因下三句深求上句殊非自然理會之意一說見危致命處變而決于一旦思義敬哀處常而思於平時然曰見危見得是皆隨時感遇而處之亦安有一旦平時之分

執德不弘節旨

執德有所得而執之也弘是不以一得自足信道有所聞而信之也篤是不為他岐所惑弘篤俱以心言弘謂存心之廣不弘則隘

其心以有所得即自滿足安能全体衆善故德孤篤謂持心之堅不篤則疑其心方有所信又自搖惑安能實体於已故道廢蒙引以執德信道分知行存疑謂信道篤不止於知亦有守意在焉能爲有無甚輕之之詞蓋人之所以貴重於世者道德也德孤道廢故有無不足爲重輕

子路終身誦子貢以無諂驕爲至是執德不弘宰我憂爲仁陷害冉求中道而廢是信道不篤

子夏之門人問交於子張　章

君子尊賢二句是聞於夫子之言我之大賢四句是子張自言不可拒人之意言賢善固當尊嘉衆不能亦當矜容大賢固不應拒人不賢又拒人不得總是破他不可者拒之說

賢是成德之稱善只一長可取衆對賢言只是平常不能對善言則有短處尊是敬礼加隆嘉特稱許之耳容是汎汎包涵矜則有憐恤之意蓋人品不同故所以待之亦異

子夏篤信謹守故擇交欲嚴子張才高意廣故納交欲博一病於必有所拒一病於必無所拒故必若朱註之言然后無弊

雖小道必有可觀

小道亦皆理之所在於用各有所濟故必有可觀看一必字便見此道雖小决不可廢但局于一事滯于一用推之不可以治天下国家故致遠則有所不通是以君子不為也農圃亦曰小道以樹藝栽種之法言之不是農圃之利若以利言則是生養天下之大道安可謂不致遠也

日知其所亡

所亡所能俱兼知行不可以上句屬知下句屬行所亡是未能知未能行者所能是能知能行者知所亡非徒知也便有求之之功無忘所能是求而有得即勿失之便有守之之功曰日知曰月無忘互言之也自一月而拆之一日有一日工夫則曰日自一日而積之一月有一月工夫則曰月總是專心於學如此而日如此而月無一息少懈故曰好學

博學而篤志

此以致知言仁致知非仁仁在致知之中也博學四件平重勿以博學為綱下三者爲目

博學是始初下手工夫篤志是專心致志於學切問是篤志爲學

有不自信者必問之又要切己不可泛濫近思是即其問之所得者反思于心又要近裏着己不可騖于虚遠此四者工夫相因亦有次序仁在其中言此致知之事若非力行之仁然仁者心也心專于學問思辨則不馳於外而存於内存之熟便是仁仁當活看剛毅木訥立心好的也是仁學問思辨用心專的也是仁曰近曰在其中皆未即謂之仁也或謂致知是仁便不消力行耶存疑曰工夫到此力行亦已過半

百工居肆

此章兼註兩意不居肆則不能成事不成事又何貴居肆故工必居肆又要成事不學則不能致道不致道又何貴於學故君子必學又要致道學兼知行致道謂造道之極也存疑曰二說雖兼然

以前說為主蒙引曰畢竟居肆與李分数較重

小人之过也必文

君子之过人皆見之只為不肯自文所以為君子小人自知有过乃曲為文飾以自掩覆是謂自欺此比过而不改者尤為小人蓋不改者只是這一个过文者又於這个过外多了自欺故曰重其过

君子有三變

此言君子氣象三變似指孔子言與温而厲章同意望遠望之也即近即之也儼謂貌莊而礼恭温謂色温而氣和厲謂詞嚴而義正自遠望之見其儼然若不可得而近矣自近即之又見其温然可得而親也然雖可親其言又甚嚴正聽者無不畏憚故曰三變此皆自人見之而然君子則不自知也君子不自知只是未嘗作

意而為若以時措之發見當可亦自有不敢苟者夫子在鄉黨恂恂在朝廟便便與上大夫言誾誾與下大夫言侃侃升堂屏氣降階怡怡豈全無斟酌於其間耶

君子信而後勞

信謂誠意惻怛而人信之此非一朝夕所能必其孚之有素也君子平素孚信於上下非專為欲勞欲諫之地但相信既深則遇勞民時民自不怨其厲遇諫君時君自不疑其謗蓋至誠未有不動也若以勞之故而后施信於民以諫之故而后施信於君則有為而為自家先已不誠安望上下之感動哉故信而後勞則可因勞而後信則不可信而後諫則可因諫而后信則不可此又使民事君者所當知

子產為政民欲殺之是未信而勞初猶未信其後乃信也比干諫而死是未信而諫非比干不誠紂不信也

大德不踰閑

大德是綱常倫理之類閑謂界限防閑一定而不可踰越者小德是食息起居應對進退之類然亦有規矩限制可入而不可出也子夏言人於大德苟能約束於閑之内而不踰越於閑之外則既立乎其大矣至於小德或出於閑之外或入於閑之内而未盡合理亦無害也閑只是理出入亦只是出入於理子夏此言似有病故饒氏謂用以觀人則可用以律己則不可

子夏之門人小子　章

此子游譏子夏教之無本子夏因自明教之有序

末謂細末小節本謂緊要根本洒埽應對是小事所謂末也則所謂本當是大事正心誠意之事子夏以威儀容節教人全無心身工夫故子游譏其本之則無蒙引曰子游以小事大事分本末差了此但可以分先後不可以分本末子夏以始卒二字替他識見高於子游集註只用本末據子游之言耳蔡氏折衷曰本是本根末是枝葉先有本而后有末如明德為本新民為末是也豈有先大事而後小事乎故小事大事可分大小不可分本末

君子之道一節子夏言教人之道當如此非先不教之以本也孰先傳二句言教者無心於本末先後之分辟諸草木三句言因事者所至而不敢以未至者誣之也有始有卒二句言本始就及其終更無先后次序這便是聖人一以貫之者若門人小子則當漸

進可遽以是責之哉不以聖人之事責小子而因所造以教之實非有先傳後倦於其間乃子游以我為無本不亦過乎

沈氏說曰洒掃應對進退若一一從天命之性發出來皆中其節便是天下大本便是形而上者便是精義入神便是可到聖人處便是大學之事乎游分本末為二因未知此子夏分先後始卒亦未深知

仕而優則學

此兩句平重言仕者學者皆當先盡其事而后及其餘當仕之日仕是事學是餘不盡仕之事而遽及於學則職不盡故必仕優而后學當學之日學是事仕是餘不盡學之事而遽及於仕則仕不裕故必學優而後仕仕優而學則知識益長施為益當故所以資

其仕者深學優而仕則壯之所行皆幼之所學故所以驗其學着見
仕優則學非當初皆未嘗學至仕優而後學也蓋本由學優而仕
到仕優而又學耳若不學而仕何以能優故兩句雖平意盖重學
言必學優而後仕仕優又不可不學君子始終一於學而已
兩優字不同仕優只是暇日學優是所藴有餘兩仕兩學字亦不
同上句仕字是居官盡職下句仕字是出仕做官下句學字是泛
言知行全不干仕意上句學字雖不離知行亦就仕上窮究其理耳

喪致乎哀而止

致哀謂盡哀之極也當時喪禮日趨繁文夫子曰臨喪不哀吾何
以觀之哉又曰與其易也寧戚子游所謂致哀亦崇本之意也但
而止二字若曰止於致哀此外不須一些儀文與君子質而已矣

意同背不免矯時之過者故徽有簡畧之病曾子曰慎終子曰喪事不敢不勉則哀之外更有所當盡者如三日而殯附于身者必誠必信三月而葬附於棺者必誠必信之類

吾友張也

子張才高意廣好為苟難能為人所不能為是難能也然少誠實惻怛之意則虛偽無情心馳于外故曰未仁此所謂仁未便是全体不息之仁只就務外上講如木訥近仁巧令鮮仁之意

堂堂乎張也

人必近裏着已方能實心用功故可與為仁堂堂若子張只緣務外自高則於已無虛心下問之意而体認密察之功疎不可輔而為仁於人無惻怛俯就之誠而切偲觀感之學廢亦不可輔人之

仁故難與並為仁一說務外故不可輔之為仁自高故不能輔人之仁

子游之言只識子張未仁未見自家為仁意思曾子之言便是自家要為仁惜子張之難與並為耳聖門朋友責善此兩章最切警

吾聞諸夫子未有自致者

致與子游致哀之致同人于他事未有能自致者情不甚切故不用其極也必親喪為能自致者以其哀痛慘怛發于真情所不能已故必致乎其極也於此而猶不自致必其無人心者矣者乎字語氣似有感動諷切意一說此為常人而言若中人以上凡理所當盡者皆能自盡豈獨親喪為能致也

吾聞諸夫子孟莊子之孝

莊子之孝不止不改臣不改政兩事但他若生事盡禮死事盡思此皆人所可能獨此兩事為難能也盖父沒則子得以自專況居位者又操可為之權故用人便要別用一番新進行政便要更張一番此皆忍於死其親者莊子獨能不改其父之臣與政非其臣與政皆不可改其心有所不忍故也夫以用人行政之大皆已所得專為之日猶常存乎不忍死親之心此所以為難能然其不改亦以獻子所用所行皆善人善政之不必改者故不改為孝若其不善則盖愆幹蠱尤孝之大者故元祐之改熙寧為是而紹聖之紹述則非矣

孟氏使陽膚為士師

上失其道是使之無道教之無素故民情義乖離不相維繫其散

久矣夫民惟以情義相維繫故無忿爭鬬訟之事今而離散如此則或迫於不得已而犯法或陷于不知而犯法不得已由使之無道不知由教之無素是犯法者民所以致之犯法者上失道也苟得其情當憐其無知原其不得已惻然引咎于上而体恤乎下若將爲之開釋惟恐其不可得者不可幸其情之得恝然置之于死也蓋獄而得情則情真罪當喜之亦不爲過然得情而喜則苛求之意或溢于法度之外得情而哀則不忍之心常流於法度之中哀喜之間仁忍之心判然故必曰勿喜要有此心耳

紂之不善

此章非爲紂改釋重在警人不可置身下流以聚惡名也下流地之下爲衆流所聚如人品之下爲衆惡所聚也居安身之所也言

紂之不善豈如人言之甚只緣他一置其身於不善之地人便以不善目之天下惡名皆於紂乎歸耳所以君子惡夫下流而不居之也

君子之過也

君子之過如日月之食作一頭下兩句作兩脚正見如日月之食蓋日月不能掩其食未有食而不復君子不欲掩其過未有過而不改方其有過也人皆見之就與日月食時天下共見一般及其改也人皆仰之就與日月食而復了天下共仰一般故曰君子之過如日月之食一說過也二句就日月說末補君子如日月意然過字更字俱說日月不得一說謂君子之過如日月之食人皆見之與末句兩對看又多了過也二字

衛公孫問於子貢　章

仲尼焉學公孫朝見夫子於礼樂制度名物之類無所不通不識其所從學故問於子貢子貢告大宰謂縱諸天此又言學諸人蓋朝所謂學非大宰所謂多能故以多能為天縱餘事而以學謂得諸文武之道此所謂道只是謨訓礼樂之類不是心源道統若論道統則曰祖述堯舜憲章文武豈於賢不賢而學之也孟子曰孔子聞而知之此便是道統

謨訓是言語功烈是事業禮樂文章是法制夫子為周臣子只於憲章處就得道之傳　故此章道字與文不在茲文字同意

未墜於地在人是一正一反墜地便不在人在人便未墜地大是道之統會綱領小是道之節目條件賢者識大是道在賢人不賢

者識小是道在不賢人學大如問礼老聃之類學小如問琴師襄之類馬不學應他爲學之意盖道之所在都是學學之所在都是師安見其所從學耶

叔孫武叔語大夫於朝　章

宮墻宮是墻裏面堂室墻是宮外面垣墻其宮淺者墻卑其宮廣者墻高故但言墻之及肩數仞而墻以內宮室淺深自見矣以其墻卑而從外窺見宮中之美此子貢之賢所以易見以其墻高而從外不見宮中之美此夫子之聖所以難知

宗廟之美二句是借宮室中事物形容聖道宗廟喻聖道之精粹故曰美百官喻聖道之詳備故曰富此皆在數仞墻裏外面無從窺見必須得門而入方見得中之富美但此門非容易可入人之

得入其門者蓋寡矣武叔夫嘗入門不見所謂富美者其為此言
何怪其然故曰夫子之云不亦宜乎
夫子之牆數仞學者多不得其門而入豈深藏固秘以限人之進
哉無行不與洞然開可入之門而人不知所以入之耳故顏以克
復入雍以敬恕入參以弘毅入賜以多學而識入乃有見於高堅
有見於敬簡有見於一貫有見於性與天道皆得其所謂富美者
人患不入耳何患無門
子貢論回與己曰知十知二論夫子與己曰及肩數仞高下分數
斷然不爽此皆穎悟通達故品隲確當然亦得之方人來
叔孫武叔毀仲尼　章
仲尼日月對丘陵看言高也不一里明意猶可踰無得而踰俱就人

講勿就丘陵日月譬言他人高若丘陵則他人之高人得而過之夫子高若日月則夫子之高又孰得而過之凡人可毀多生于不足不足多生於可踰仲尼無可踰則無不足無不足則安得而毀之故毀夫子者適以自絕其何傷於日月乎多見其不知自量

陳子禽謂子貢曰　章

君子一言節是責子禽之失言下二節正言夫子與天一般子以為豈賢於我豈非失言之甚耶

夫子之不可及節只言化不可為下節詳言神化之妙正是化不可為故曰如之何其可及應轉上文不可及而言時說講不可及謂生知安行專以德言下節得邦家專以業言則末一句便應轉上節不得看來上節化不可為內德業俱有孟子大而化註云德

業至盛泯然無復可見之迹是也下節即是業之神化而德在其中不言德而言業亦猶堯德難言而言其成功文章之意

階升是一層進一層有漸次而上之意化不可漸而進猶天不可以漸而上故用一階字不然只當曰猶天之不可升也

得邦家不是身為人君只得位柄国皆是立是養道是教綏是立之固動是道之深立如種樹入地綏如培養深厚道如引人行道動如使之踴躍爭進斯立是遂其生斯來則遠至邇安斯行是從其教斯和則於變時雍總是下二句深於上二句或謂道立綏動四件開說則教養之外綏動似無着落生榮二句只於上四句得之此言夫子神化天地同流只四个斯字或云聖人自言期月而可二年有成安得如此神速曰所謂速者只言感則必應其機甚

神豈謂旦夕歲月間耶

堯曰咨爾舜　章

全章末節截上是詳叙帝王之事下是總斷帝王之道章内錯舉堯舜湯武或以言或以事莫非道之所在不必節節以中字做骨子然論道理則湯武誓師與所以反夏商之政皆中也亦不可以咨命誓師做骨子誓師盡不得湯武事總註更有施於政事一句堯命舜重執中一句天之曆数句是推言當執中之故四海二句是堯言不執中之禍舜命禹亦重一个中字是以堯所命者命之也不必用虞書全文人心惟危等句

予小子履六句是湯請命之詞見伐桀之舉出于天朕躬有罪四句是湯告諸侯之詞見天下之責在于巳然請命之詞亦是述之

以告諸侯簡在帝心蒙引存疑兩承討罪命德淺說單承帝臣俱通

大賚二句蒙引依註說言周大賞賚天下非人人而厚之惟善人是厚而已存疑淺說俱以賚為汎賚百姓富為加厚善人亦通

雖有周親二句是以人心斷其有克商之理百姓有過二句亦以天下為己責與湯罪在朕躬同意

權有五以稱物重輕量有五以量物多寡紂時多過其制故謹之凡在官與在民之權量皆較定中則革其過而歸於平法度如禮樂制度之屬時皆錯繆隳壞故審之要使因革損益各得其當而后可廢官是先王設官分職時有廢而不存者故脩之盡復其舊是收復已廢之官非收用已廢之人也四方政行推廣說政不止上面三件

滅國是有子孫而國土已滅者則興復其國而再封之絕世是國未滅而繼世無人者則立旁支子孫以繼之逸民是商所擯棄之賢人則舉用之釋箕子之囚復商容之位此亦記其最著者當時逸民想不止此兩人天下之民歸心亦推廣說不必專就上面三等人

所重民食喪祭食以厚生喪以送死祭以報本皆民所甚急者故武王重之所以務本業厚人倫也五教是武成全文不必入講

以上堯舜湯武之道或咨命或誓告或施于政事雖各不同總之不外寬信敏公四者此但汎言不必指上文何者是寬何者是信

此篇具載群聖人之言與庸以明聖學所傳一於是是即中也使夫子得邦家亦是此道故後單答子張問政即所以繼堯舜湯武

子張問於孔子章

君子惠而不費五句平看但作文以首句另講勞對欲講泰對威講看下文五段文法便見惠勞欲泰威皆是政不費不怨不貪不驕不猛所謂美也

因民利即田里樹畜之類此亦上人經理區畫故民以爲惠然其利是民所自有的不由上人分予所以爲不費

可勞而勞或以播穀乘屋言或以鑿池築城言或兼二者言還依存疑就城池說爲是播穀乘屋乃民已事於勞怨不甚切兼言亦不通蓋鑿池築城皆以爲民不得已而用之故雖勞而民不怨

欲仁就政講不可作心之德亦不作恩愛一邊只是施爲措注要合天理當人心便是欲仁欲仁即得仁是欲吾所自有而無所慕

於外非貪欲也得吾所自有而無所取於人非貪得也故曰欲而
不貪欲本屬心而曰為政對貪言也貪最政之大害而常生于欲
必無欲而后不貪乃有不貪之欲所以為政之美
衆寡是人大小是事俱就政言無敢慢是安舒自得
無敢慢何等兢業何以曰泰對驕言也放肆底人恃才負勢矜己
傲人便是驕敬謹底人無負恃之態只要心安理得自然心廣体
胖所以為泰而不驕
正衣冠是服尊瞻視是容儼然承上二句俱就居民上者言故下
人望而畏之也畏有出於威勢所驅迫者便是猛君子正己率下
全不恃勢作威望着自然畏服所以為威而不猛
不教而殺言平日未嘗教民為善乃遽殺其為惡者是陷民不知

殘酷不仁甚矣故曰虐不戒視成與慢令致期畧相似但不戒非有意害人只是先時未嘗預告臨期就要視成急遽迫逼是言政之無序者故曰暴慢令是故意遲慢其令于前即刻期以責于后有心悞人以陷之于罪是言其心之害人者故曰賊猶之與人言均之與人也即當速與乃吝於出納而不果則非為政之体故曰有司有司全未悪但為政而為有司之事則悪矣盖有司為人守財故不得自如為政者予奪之權在我而其吝若此豈惟失体抑亦害事故註舉項羽為言垂戒深矣與人是出不與就是納吝重出字看納特帶言之耳蒙引謂出于此納于彼似未是

夫子論政每因人施教獨此章美悪詳備畧與荅為邦同意似非為子張言也故以記諸帝王之后總是一中盡之固不可損某件

合湯某件命武亦不可指某句為寬某句為信

不知命　章

此章重三个知字一是知其在天一是知其在己一是知其在人

知命非泛泛知之要當利害之際確然知有分命而安于自然之数決不趍利避害方是君子不知命則見害必避見利必趍識見操惑心術敗壞何以為君子此所謂命與死生有命一様俱就禍福言不是天命謂性之命

知礼亦非泛泛知之要知何者可行何者不可行而率履不越執守堅固故能立不知礼則不辨可否是耳目無所加不識進止是手足無所措其何以立此立字與立於禮立字一様

知言亦非泛泛知之要因人之言知其言之所以然如孟子知言

一般至於其言則是其人則非其言則非其人則是亦皆有以知之故能知人不知言則言之是者不辨其爲是何以知人之正言之非者不辨其爲非何以知人之邪故曰無以知人

三節平看勿作一頭兩脚註曰知此三者君子之事備此君子之言不是無以爲君子之君子

聖人教人要於使人爲君子故論語一書首篇以君子終篇以君子而一日不愠不取必于人一日知命不取必於天則君子之所以爲君子又可知矣

六卷終

四書便蒙講述卷七

閩後學 未人 盧一誠 著

孟子見梁惠王 章

孟子見梁惠王意重行道不重答其禮蓋惠王厚幣不是聘禮孟子只汎汎招賢欲得申商蘇張之徒以富強其國耳孟子將以王道遊說列國故乘此機會一往見之以試其道之可行與否乃惠王但以蘇張輩待之一見便以利國為問利其國不止富強觀註類字可見然戰國所最大都不外二者惠王病根只此利之一字所謂先生之號則不可也

何必曰利一節是孟子格君大指只此兩言便盡了曰何必曰而已矣皆斷然以彼為不可言此為不可不言直從理欲大界分剖

明白正大剴切以箴警君心真是聖賢告君之言其實七篇大旨亦不出此所以為書首章

仁義俱兼體用心之德心之制是體愛之理事之宜是用若以仁對義仁又是體義是用存疑以殺一不辜取非其有應上富強說殊未盡仁義之旨

何以利吾國節言求利之害明何必曰利之意末有仁節言仁義之利明亦有仁義之意末節結上兩節之意直指王以警之

何以利吾國至國危言求利之害萬乘之國至不饜正言國危何以利吾國指王亦將有以利吾國之言此言一出人皆效尤大夫便要利家士庶人便要利身交征利謂上下交相取也王要利便取之於下士庶人要利便取之於上大夫要利便上取於君下取

於民故曰交征國危即下文弒奪之禍千乘之家是天子公卿千乘之國是諸侯公卿受地視侯故皆曰千乘公卿千乘對萬乘而言則為臣諸侯千乘對百乘而言則為君故萬乘言國則千乘言家千乘言國則百乘言家君臣之别也此章本言侯國曰萬乘者帯言之耳萬取千千取百只是君十鄉禄之意言公卿之禄有萬乘十分之一便是取千大夫之禄有千乘十分之一便是取百非謂公卿取於天子大夫取於諸侯也盖萬乘千乘之地有數公卿大夫之人甚多若俱從中取來則盡天子諸侯之地不足以待諸侯大夫矣采地采官也因官食地曰采後義先利義即十分取一是也以義言則十而取一其分可以自安以利言則我一彼十其心以為未足故千乘不言義而言利必弒萬乘之君而奪之百乘

不言義而言利必弒千乘之君而奪之所謂國危也
仁屬事親義屬事君亦自愛之理事之宜舉其大者以類言之耳
非謂仁者不急君義者不愛親也此節上面要提人君躬行仁義
與上節何以利吾國相應則其下化之不遺親後君與上節大夫
士庶交征利而弒奪相應一說此節泛論仁義自然之利全不干
着惠王言外補躬行而化之意亦通
仁不遺親親是各人父母仁義未嘗不利非謂仁是父母之利義
是君之利還俱就躬行人君言蓋君行仁義則大夫士庶莫不棄
利而悅仁義或懷之以事親或懷之以事君徧國中皆孝子忠臣
國之利孰大於此况人知愛親必知親上所謂孝者所以事君也
故註揔以親戴於已言之一說親亦指君謂民之於君有父之親

有君之尊不遺親就是不遺若此意雖新恐於論仁大道理未當
上言利則其下化之皆言利畢竟害歸於上上言仁義則其下化
之皆仁義畢竟又有親戴之利此孟子分別利害兩途不是何必
曰利亦有仁義全旨但從中摘出利害深切著明以警惠王耳須
知仁義為天理之公雖無利猶不可不言而況其利若此利為人
欲之私雖無害猶不可言而況其害若此故末又重言以叮嚀之
孟子見梁惠王王立於沼上　章
賢者亦樂此乎賢者指君言與賢者亦有此樂之賢者不同樂此
此字指所顧之鴻鴈麋鹿言
賢者而後樂此言能享此樂也不賢者雖有此不樂言有此樂不
能享也所以能享由與民同樂所以不能享由不與民同樂但此

意未可露出兩个此字便含下文臺池鳥獸魚鱉意在內詩云節明賢者而後樂此意湯誓節明不賢者雖有此不樂意

文王以民力為臺以下是孟子釋詩之意民歡樂之總言加以美名樂其所有皆歡樂中事與民偕樂不是臺沼之樂與民共之就平日發政施仁講士農工商各得其所鰥寡孤獨尤在所恤便是人人皆得此樂故曰偕樂舊程文云咸和之政素孚於治岐之日勿亟之令又布於經始之時蒙引非之蓋非有平素之仁雖臨時令以勿亟亦安得民之子來哉故能樂一句即而後樂此之謂

日指桀言日君象也桀以日自比謂其不亡也民曰是日曷喪惟恐其不速亡也女指日言不言桀而言日不敢斥言耳民欲與偕亡二句書詞原無此意孟子即其言而以己意釋之雖有臺池鳥

獸豈能獨樂即有此不樂之謂

孟子與時君言有君以為可而直以為不可者如利國之問曰何必曰利桓文之問曰臣未之聞是也有君自疑其不可而反以為無傷者如賢者而後樂此王之好樂甚民猶以為小民惟恐王之不好勇與夫太王好色公劉好貨之類是也蓋義利王覇是萬世大防故世之所趨拒之不得不嚴臺池鳥獸鐘鼓苑囿貨色是一人私情君方自以為愧而吾直攻其所短則善言無自而入故不縱其欲亦不拂其欲而委曲婉轉欲引而歸諸義理之中所以格其非心而擴其善心者此所謂善引君也

寡人之於國　章

全章二節分上是因惠王望小惠之得民而抑之下是示以得民

之在行王道

河内凶數句是盡心於民之事惠王以此自負而謂隣國之不如便冀望鄰民来歸而不見加多故有此問何也二字有歸罪歲凶意若將曰歲凶為殃雖盡心無如之何乎不知不檢不發大政既失顛所移者民間之衆所就者不凶之地舉此以就彼安得人人盡移取彼以給此安能人人盡給日亦不足所濟幾何民之餓莩轉死者將不可計尚安望乎隣民之我歸哉

棄甲曳兵喻不行王道百步喻隣國不恤其民五十步喻惠王能行小惠五十步笑百步喻惠王望民多於隣國惠王亦知其不可故孟子因其明以通之

棄甲以身被甲難走故棄之曳兵兵不提起以手曳之利於走也

猶可以禦追者

不違農時節未有法制只因民利自然而撙節愛養以收一時人心故曰王道之始五畝之宅節則為民區畫法制品節至詳至備便是經常不易之道

農時與論語使民以時不同彼是農隙之時使之講武如蒐苗獮狩之類此是耕耘收穫之時農事既畢至冬乃役如鑿池築城之類谷兼五穀或泥春耕夏耘只就稻說似太泥

洿池不同地勢原自卑下者為洿鑿之以瀦水者為池

山林不同高者為山平者為林斧斤兩物斧是斧頭斤刀也厲禁厲與禁也厲是物有藩界禁是守者禁令澤梁無禁不禁民之取而有厲禁禁民之非時而取也

五穀魚鱉以為飲食材木以為宮室是養生無憾五穀魚鱉以供祭祀材木以備棺槨是送死無憾此時法制未備只就目前安揷其民使生計稍立人心不至渙散然後慢慢創制立法以畫經久所以為王道之始王道是下一節必先以此預立基址而後王道可行故曰始非謂此節亦王道也觀後章告齊宣王制產等事則可見

五畝之宅二畝半在田曰廬春夏居之二畝半在邑曰里秋冬居之墻下植桑蠶在田者言帛出於桑五十衣之然曰桑麻即壯者之衣亦出於此曰五十者舉重而言耳

豚稚豕也彘牝豕也孕指豚狗彘字指鷄以其卵生也

百畝之田一夫受田百畝也勿奪其時即上農時之時此與不違異者彼是暫順其時此是立定其法也數口無饑兼老少言蓋肉帛

只可供老若朝夕饔飧則上父母下妻子皆不可缺也
庠序只鄉學非國學也教字該得廣不止孝弟凡五倫皆是但孝弟尤爲人倫首務故又申重之非謂庠序之教只申此二義也頒是半白白是純白不負戴謂民知孝則其子任勞而父不負戴民知悌則其弟任勞而兄不負戴道路之上舉無頒白負戴之人矣
七十衣帛食肉只是老年不可無肉帛非謂少壯者皆不用也然其立法未五十者不衣未七十者不食亦使人知老之為重得一肉帛必先以遺其父母而後老者始無失肉帛矣
七十衣帛食肉内要補不負戴意黎民不饑不寒内要補知孝悌意方見教養完備所以爲王天下之道教養是王道全功先養後教是王道次序先帛後肉先老後少又是養之次序

制田里教樹畜立庠序皆是法制法制所以品節之也勿以五畝等爲法制庠序爲品節亦勿以五畝百畝爲法制無失其時勿奪其時爲品節法制品節即是裁成輔相之道故曰王道之成

不知檢就平日虐政不能制產言不知發就目前歲凶不能發賑言非我也歲也是歸罪歲凶無罪歲要先發倉廩以救目前之急徐立法制以舉王道之全則天下民至就可王天下豈但多於鄰國

寡人願安承教　章

此章首句是惠王欵求教中二節是孟子發其本心之明後二節皆攻其虐政之失

安如察其所安之安言誠心承教而非有所勉也承教要求別教不是承上章之教然豈知王道之常行虐政之當去前言已盡寧

復有他說乎故孟子即以上章末節之意甚言以警之蓋興一利莫若除一害去虐政便是施仁政此即所以教之也惜惠王不能奮然改圖又以報怨為問悪在其為頤安承教乎

殺人以梃二節先發其所明見虐政殺人無異梃刃也然虐政同於梃刃特言其致人於死耳若以其害較之一梃只着一手一刃只殺一人虐政行於國則殺一國行於天下則殺天下况梃刃之來猶可趨避虐政之出無路可逃此其禍奚啻梃刃哉故曰苛政猛於虎毒於蛇非虛語也

庖有肥肉一節指虐政殘民之事獸相食一節言殘民非居上之道仲尼一節言殘民非仁人之心

肥肉肥馬自是人君合用的但厚歛於民以養之便是虐政以致

民之饑色餓莩便是殺人所謂率獸食人言以其所不愛殺其所
愛也亦因狗彘食人食而甚言其害耳
獸相食句是即物之可惡引起害政之尤可惡行政政字虛講不
免率獸食人方是害政害民惡在為民父母句是激觸其惻隱之
本心有父母之責者可以省矣
為其象人句即作俑之不仁引起使民饑死之尤不仁象人而用
不必說到殺人殉葬之漸只是大像人形用之以葬便是無不忍
之心所以惡其無後此非真殺人者猶惡之如此況率獸食人實
使民饑以死者乎末句是直斥其無惻隱之本心有人心者可以
警矣

晉國天下莫強　章

此章首節是惠王畜報怨之策下五節是孟子示致王之道

晉國天下莫強就先人言東敗於齊西喪地於秦南辱於楚就自身言寡人恥之者謂寡人貽耻於先人也死者指先人勿指太子申與戰死者洒雪也言欲為死者雪恥也惠王此問忿憤慚恨昔將卧薪嘗膽欲得策士謀臣滅此而後朝食乃孟子以行仁政告之宜其以為迂也豈知報怨便要興王與王便要行政道無出於此者

地方百里而可以王以是一章大旨故末又勉之以勿疑也曰百里則堂堂千里之梁不待言矣曰可王則區區報怨之事不必言矣可王根行仁政講但未可着實下節施仁政於民正推可王之故

仁政不只省刑薄歛兩事但此其目之最大者且惠王言政最是

嚴刑重歛故特告之省刑就當時之太煩者省之薄歛就當時之太重者薄之非謂減省中制也深易謂盡力也暇日耕耨餘暇之日也孝是事父者悌是事兄者忠信是孝弟之有實心實行者事長上亦是孝弟忠信傳曰孝者所以事君弟者所以事長是也勿以孝弟為事父兄忠信為事長上蓋深耕易耨田畝既治則衣食充足便可脩治禮義總自省刑薄歛中來省刑罰則民不苦於法網之密薄稅歛則民不困於徵求之擾故得以盡力耕耨而以暇日脩孝弟忠信由是有勇知方莫不尊君親上而樂於效死雖秦楚大國可使制梃以撻之矣制梃甚言勝敵之易即下文無敵意但此言我之民可以勝彼下句彼之民不敢敵我故曰無敵蒙引謂仁政兼教養省刑罰至事長上俱是施仁政與不奪其民時節

相對然奪民時亦自煩刑重歛中來還依註說為當

奪其民時謂刑煩而民不安生歛重而民不足用終日疲於奔命不得及時作事是上奪之也故使之不得耕耨以至父母妻子凍餒離散下面要補不暇治禮義意陷溺其民即奪民時一節以彼之民若此而以我尊君親上之民往而征之夫誰與我為敵哉此所以制梃可撻也誰與王敵不是敵我不過是自不與我為敵以心言勿以勢言此所謂仁者無敵也地方百里而可以王亦以仁者無敵故耳王請勿疑是勿疑百里可王之言非仁者無敵語

孟子見梁襄王　章

孟子見襄王此是嗣位之初孟子意以道之不行於惠王者猶可望於嗣君故見之乃一見問便知王之不足有為然其所與言者

皆有関於治道故出而語人不似人君不見所畏俱是容貌詞氣

勿以上二句為容貌卒然問為詞氣然觀卒然二字亦是言動粗率

惡乎定至末問荅三叚定於一一叚是一章大㫖孰能一之一叚

就君言孰能與之一叚就民言皆申定于一意

一謂一統天下無二君君無二政礼樂征伐出於天子此之謂一

統則紛紛戰争自是可定故曰定于一

孰能一之王意地醜德齊莫能相尚天下無能一之君也不知仁

者無敵百里可王故孟子曰不嗜殺人者能一之不嗜就心言有

是心必有是政故可以一天下

孰能與之王意分土分民各有封疆天下無可一之民也不知民

心無常惟德是與故孟子曰天下莫不與也王知夫苗以下正明

莫不與意旱稿喻今人嗜殺雲雨喻不嗜殺人苗興喻民歸苗以久旱之後而得雲雨故浡然而興民以憔悴虐政之後而得不嗜殺人之君故翕然而歸引領而望以欲歸之心言猶水就下以必歸之勢言上孰能禦之以苗興言下誰能禦之以民歸言此論民莫不與雖重不嗜殺人亦以時勢言之即惟此時為然之意不然以湯武之仁而不遇桀紂亦何以一天下

齊桓晉文之事　章

全章首二節分上是抑霸功之問下是推王道之詳此章首言無以則王末言然而不王未之有也中間作三大段看總是發揮是心足王之意第一段自德何如至知王之不忍是直指是心足王為此篇大指第二段自齊国褊小至君子遠庖厨是欲王察識此

心以終上文是心之意而察識大指在見牛未見羊一句第三段自有復於王至末俱是欲王擴充此心以終上文足王之意而擴充大指在善推所為一句自有復於王至末又作三段看第一段自有復於王至老吾老一節言不王之故在不推恩而示以推恩之可王第二段自權然後至發政施仁一節言不推恩之故在求大欲而示以仁政可以得大欲第三段自無恒産至末言仁政不外制産而詳示以制産之法制産即是仁政行仁政即是推恩推恩則老幼各得其所總是上文足王之意蓋王道只在保民保民在不忍之心心在察識而反求之反求而得又在擴充善推推恩在行仁政仁政在制民産制産即所以保民也故王道下手實事歸結是五畝之宅一節孟子所以告齊梁之君皆不外此

齊桓晉文之事事不是功謂經營覇功之事宣王此問便要做其事跡而舉行之即是求大欲意孟子直黜覇功而謂仲尼所不道見吾之學術相傳更有正大事業故啓之曰無已則王乎王字勿云王道謂王天下也對覇字看伯天下是謂諸侯之長而人皆其次王天下是謂諸侯之君而人皆其臣要王天下便自有道孟子以此鼓動齊王王亦欣然慕效故問曰德何如則可以王此德字虚說非謂王天下之本在德也孟子答他即以保民為德保民二字摠括王天下大意即下文老幼得所衣帛食肉不饑不寒是也

而王速莫能禦讀一句

若寡人者可以保民乎哉有自歎自疑之意孟子曰可引而進之也臣聞以下是即王行事以証可之之意吾字在不忍觳觫一句

下面是心足王知王不忍都從此句發出一篇許多議論

塗鍾釁郤曰釁猶治亂而曰亂也釁鍾非牛血不可羊血釁不得

鍾王心只是不忍牛死即云以羊替他未嘗計慮到此若無罪而

就死地指牛之觳觫畏死若無罪然一說謂若無罪人但下文若

隱其無罪分明是就牛說

是心足王一句是即愛牛之事直指而言以為通章議論張本心

即不忍觳觫之心時說心字虛說未露出不忍恐妨下句看來上

面已有不忍觳觫說話即當入講下句是設為愛與不忍兩端以

啓王察識自與上不相妨

百姓為愛二句是設言以疑之欲王反思而得其心齊國褊小數

語王全不能察識牛羊何擇一句又設言以難之欲王再思而得

其心足誠何心數語王又不能察識見牛未見羊一句乃撥動他當日心事王始戚戚復萌知是心為不忍之心也齊王本不能察只為孟子節節誘引而此心始覺然又不知足王之故在於擴充故問所以合於王者何也註中得其本心前日之心此心不從外得皆是心足王之心

百姓為愛一句孟子故設疑難然亦明言知王不忍使王信其非愛而自得其所謂不忍者即問所以足王之故則後面辨難曲折俱不必用只直以老老幼幼之言發政施仁之事五畝百畝之制次第告之耳惜不能反思不忍之故但以愛之為嫌自猜自疑畢自家心事不着故孟子不得不多為辨難

齊國雖褊小一句是不認為愛之言然曰誠有百姓者猶自疑也

即不忍其觳觫三句是自認不忍之言然着一即字只是因孟子所述而順之猶未信也故再以何擇難之便無以自解

以小易大二句言百姓不知王之不忍所以皆以王為愛王若隱其無罪二句言無罪則牛羊何擇所以百姓不知王之不忍齊王本心原非愛財亦知當日不忍觳觫只為牛羊何擇一句難倒了自家心裡亦解不得故笑曰是誠何心哉是字即是心足王是字孟子以是心為可王王自不知是心為何心是不能反求而得也

我非愛其財一句或作自信說言我實非愛財而易之以羊也或作自疑說言我若非愛財何故易之以羊也或作疑信說言我實非愛財不知何為易之以羊也後說更勝

無傷耑百姓為愛之言仁術至遠庖廚也皆推明無傷之意是乃

仁術是字指以羊易牛仁就發用上講術謂善處巧法重曲全不忍之心講觀註云無以處之則此心雖發而不得施可見勿以牛得全鍾得釁平講已見牛曰心言心已感物而動也未見羊曰理言有可愛之理而未動於心也理字便含蓄無窮意味蓋理所當愛者何限但見牛則不忍乎牛見羊則不忍乎羊推而至於十百千萬凡有可愛者見之便有不忍之心此心之所以當察識而擴充也

君子之於禽獸四句是預養其不忍之心蓋礼所當用禽獸不得不殺但於聞見之間常存不忍上句重見字下句重聞字見其生不忍見其死所以遠庖厨而不見其死聞其聲不忍食其肉所以遠庖厨而不聞其聲則既不觸動不忍之心而礼亦不廢所以廣

為仁之術也王之仁術使鐘得以釁即君子以禮用禽獸之心以羊易之即遠庖厨不忍見死聞聲之心所以合於君子

王說一節戚戚分上是已識此心之機下是未知足王之旨夫我乃行指以羊易牛之事夫子言之指見牛未見羊之言曰吾心曰我心皆是心足王之心因牛羊何擇一言打倒了而曰不得吾心因見牛未見羊一言撥醒了而曰我心戚戚蓋此心不忍是自家原有的故孟子發他真機使復萌動若從外得來事過了便不在這裡亦安能戚戚耶於此見齊王已識本心之真使因此反求而知親親仁民皆在此心一擴充之便是可王乃不知所以反本而推故問此心所以合於王者何也王字應是心足王王字音存疑讀平聲作王者讀未是

反本而推謂反愛物之本於仁民反仁民之本於親親反親親之本於吾心又推吾心以親親推親親以仁民推仁民以愛物是也

一說謂反其本心而推之於治

有復於王至末通是発揮此心所以合於王之意实事在老吾老一節骨子是善推所為一句言善推此心即所以王也齊王愛牛而不愛民是不能善推故先以恩及禽獸功不至於百姓発其不王之故後以興兵搆怨求大欲発其功不至於百姓之病根末乃以五畝一節教他制産使老幼各得其所正是善推此心所以合於王也

有復於王一節獨何與分上是喻其能愛物不能保民下是喻其不能保民之故舉百鈞舉一羽以輕重言察秋毫見輿薪以大小

言恩及禽獸功至百姓以緩急難易言能其緩者難者不能其急者易者是舉重不能盡輕見小不能見大之類故孟子先發王之所明而詰之曰獨何與後乃推言其故全在不用二字即所謂不為也用恩與推恩不同用謂用之於親用之於民用之於物推謂由親而民由民而物

挾太山八句泛論不能不為形狀王之不王四句指言王之不為此與上節總是辨詰其不能擴充上節言恩之不推而責其不為此節言恩之易推而不推正以明其不為

老吾老一節承上文不王之故由於不推恩因示以推恩之可王也曰老老幼幼以及人老幼曰推恩曰善推所為皆所謂擴充此心也末節五畝之宅等事正是老老幼幼之法曰天下可運於掌

曰保四海曰大過人皆所謂合於王也末節然而不王未之有也
正應天下運掌之意故此一節荅此心所以合於王大意已盡了
下文又發其病而詳示之耳

老吾老四句是言推恩之易治不是言恩之易推老老幼幼根心
上推來及人老幼推吾老幼之心以及之也天下可運於掌言老
幼人人各得其所只在一推心間耳何難之有引詩釋之曰言舉
斯心正以明吾之老幼人之老幼皆推吾心以及之也故以推恩
保四海一句揔括上文大過人應保四海看善推所為應推恩看
言能推恩足以保四海古人所以保四海而大過人者正以其善
推恩耳自其因心及人曰恩自其推恩見諸行事曰所為自恩之
由心而出曰推自由心而親由親而民由民而物曰善推此節只

是老幼註補云又推其餘及於愛物文意始備孟子反覆欵王擴充此心至是始説出推字又加一善字則自近及遠自易及難使是擴充善法齊王反其所爲而愛及於遠難恩不加於近易則恩之不推推之不善其何以保民而王乎故重詰之曰今王恩及禽獸功不至於百姓獨何與此與上文意相呼應上曰獨何與推其故在不用恩此曰獨何與以起下文推其故在興兵構怨興兵構怨正是不用恩之故故上下只是一意但上是啓其不能擴充之端下是指其不能擴充之實註云推本再問是推其本於求大欲之心而再問其故也

權然後一節承上獨何與欵王自度之於心興甲兵一節又指出心之所快使王度其是否與獨何與相應上是問其何故下是疑

為此故欲王將殺人殺牛二事彼此稱量自知長短輕重之所在矣
物皆然承權度二句一說推開說亦通心之當度甚於物就應物
上看輕重長短之難齊以物言本然之權度以心言蓋權度成器
安有輕重長短因物來而稱量之則輕重長短可知人心虛湛亦
安有輕重長短因物來而以心稱量之則輕重長短自見但權度
稱物不過銖兩尺寸之間人心應物則萬變不窮權度一差不過銖
兩尺寸之失人心一差其失豈特一物乎哉故曰心為甚今王恩
及禽獸而功不至於百姓是當重而輕當長而短故孟子欲其度
之於心
抑王興甲兵五節是攻其心之所快以發其求大欲之心因指其
事甚言求之之難且懼之以後災而後示以發政施仁見王因求

大欲所以恩不至於百姓必反之而推恩百姓乃可以得大欲

興甲兵三事乎看或以下二句俱根興甲兵來或以上二句皆是

搆怨諸侯俱無妨士臣是本国士臣諸侯是敵国諸侯

將以求吾所大欲王因孟子攻擊切中自知輕重長短之失乃發

出真心來說言此三事皆出於不得已而非以是為快也此見恩

之所以不至於百姓為興兵也所以興兵為求大欲也齊王不能

擴充以合於王病根只在此一句

上曰否吾何快於是是字指興兵三事下曰否吾不為是也是字

指肥甘五事

辟土地四句平看然四者亦相因而有以若所為是興兵三事求

若所欲是辟土地四事齊王所欲與廣土衆民君子欲之者何異

但君子公天下以為心便要與民同欲故以發政施仁求之齊王惟知富強只要自快其欲故以興兵構怨求之公私理欲之間此王不王之所以分

緣木求魚以理言而决其難得以一服八以勢言而决其有災

小不敵大謂土地寡不敵衆謂人民弱不敵強謂兵力

蓋亦反其本矣與前註反其本而推之不同下文則盡反其本矣又與此不同此是反求大欲之本於發政施仁下是反發政施仁之本於制民常產

發政施仁勿平看言發於政者皆施之以仁也使字貫下五句重欲字講與天下引領而望一般孰能禦之方是來歸與民歸之猶水就下一般民歸便是得大欲意勿以上五句為民歸孰能禦為

説述

辟土地等事

孟子因王不能察識既以見牛未見羊發其本心之真又因王不能擴充復推不王之故在不用恩而示以推恩之序又推不用恩之故在求大欲而示以施仁之效反覆開導真足感動王心王亦翻然請教有見諸施行之意故孟子告以制産便是發政施仁推恩致王實事而何王之竟不能一試耶

惛有二義昏昧是不能知昏惰是不能行進於是是字指發政施仁講不能進言自家不能向前徑進必須有人輔助故願夫子輔吾志教我教之以政何如而發仁何如而施試之者欲以所教試一發而施之也齊王此言與惠王願安承教不同蓋惠王病痛在厚歛近於卑鄙其願教也在王道既陳之後若有與其俯就之意

故孟子深責其害政先以斯求羽於宣王病痛在興兵近於英發其願教也在攻擊大欲之後若有翻然向上之意故孟子直告以制產即欲見諸行事

無恒產一節言恒產之不可無見仁政當先制產明君一節言制產不制產之得失五畝一節乃詳言制產之法以示之

恒產是五畝百畝之產之類恒心是孝弟親長之心之類但此節講中未可用惟士為能特影起民之非士恒產决不可無也放是始離於道辟是浸淫邪是成惡侈則益肆矣罔民謂民陷於罪以放辟邪侈放辟邪侈以無恒心無恒心以君不制產君不制產以陷民於無知而致之必死與羅網禽獸欺其不見而取之一般所謂罔民也仁人在位不可罔民則恒產不可以不制矣

明君制民之產謂區畫有經分授有法是也制字即制度品節之意就是下文五畝等事但此節講中亦未可用必使貫下四句仰事二句言制產足以供老幼樂歲二句言制產足以禮豐凶驅而之善驅字輕說未可講立學設教意只說因有恒心與下救死二句相對

今也制民之產不是制產之法與明君不同謂明君之產有制今時之產無制如經畫不定分授不均是也觀樂歲而曰苦便見不均不平必是兼并多取之苦亦無制故耳

五畝之宅一節詳言制產之法五畝至無饑是詳言有恒產應上制民之產意謹庠序至道路是詳言有恒心應上驅而之善意恒心因恒產而後有故只云此制民之產之法也此與告惠王意畧

不同彼汎論王道教養平言此專言制產重養邊看
老者衣帛食肉是上文老老之法黎民不饑不寒是上文幼幼之法一制產而老幼俱得其所所謂發政施仁推恩而可以王者其事莫要於此

孟子此章千萬言然揔是一个心字保民而王只在不忍之心見牛而已發者此心也未見羊而未發者此心也始求之而不得者此心也既而戚戚復萌者此心也老老幼幼擧此心也善推所為推此心也長短輕重度之以此心也興兵搆怨為快此心之蔽也發政施仁心之仁也制民產以復恒心推吾心使天下各得其心也先觀是心足王一言已見心之當推後觀心為甚一言尤見心之當度苟能度而推之則天下運掌運之以此心也保民而王保

之以此心也惜為求大欲一念所累始於不度終於不推則此心存亡之机亦在理欲之間耳有是心者可不戒哉

莊暴見孟子　章

全章首節分上是因齊臣之問而發同樂之端下是因齊君之慚而詳同樂之效

莊暴見孟子是特意来見以問齊王好樂之是非暴未有以對意恐甚好恐好樂之是而吾以為否則阻君之善恐好樂之非而吾以為可又逢君之悪故自家主意不定好樂何如意重有妨於治一邊

王之好樂甚甚極也言無所不樂也就是與民同樂意但未發出

莊暴不能再問孟子恐他錯認甚字本旨故自見於王以發之

王變乎色是慚見於色寡人二句是慚見於言此亦良心之萌自知所好不正故孟子不拂其欲而引之於同樂也

今之樂猶古之樂承上二句言古樂好之甚可以近治今樂好之甚亦可以近治范氏謂與民同樂之意則無古今之異是也若謂古樂此鍾鼓管籥今樂亦此鍾鼓管籥似無意味

齊王好樂本是世俗之好見孟子以近治許之似出意外不知所謂甚者何說也故曰可得聞與是欲聞甚之之說孟子先以兩項人情發其本心之明而後以好樂甚告之

獨樂不若與人則與人甚於獨樂與少樂不若與衆則與衆甚於與少孟子兩問孰樂且未可露出甚意及王兩知其不若則知所謂甚不甚者只在同樂不同樂之間耳臣請為王言樂為言好樂

之甚也蹙頞節不與民同樂是好樂不甚喜色節與民同樂是好
樂甚末節今王與民同樂則王是好樂甚齊其庶幾之意
鐘鼓曰聲管籥曰音互文也或曰聲成文者謂之音齊王好樂只
是聲音又及田獵者田獵亦君之樂事想齊王或嘗以此爲樂故
併言之
疾首蹙頞是愁怨之色相告是愁怨之言父子不相見二句正是
此極
欣欣喜色是歡喜之色相告是歡喜之言曰庶幾曰何以語氣際
相叫應時說用不然二字蒙引以爲可用存疑以爲不可用
與民同樂不與民同樂俱就平日行政講不是聲音遊觀之樂與
民共之也不與民同者聲音遊觀惟自縱其逸欲政荒民散初不

恤其窮困是君樂而民不樂好樂不甚者也所以怨讟之心積之有素蹙頞之告隨感輒見何以庶幾於治與民同者聲音遊觀不獨自快其歡發政施仁使民各得其所是君樂而民亦樂好樂甚者也所以欣歡之心積之有素喜色之告隨感輒見可以庶幾於治一說人君獨樂見百姓這等蹙頞亦豈能樂是好之不甚人君不但獨樂見百姓這等喜色豈不轉加歡樂這是好之甚似又深一層說

文王之囿　章

時齊囿四十里必有病其大者而献諫之臣或引文王七十里之囿以解之故王有此問孟子對以於傳有之實不知其何所載當是三分有二只是人心歸附土地猶尚屬商安有遊觀之囿地方

等於次國此其後視桀之棄田為囿抑過矣張南軒謂只是文王苑囿所及民以為文王之囿以蒭蕘得往知其然也若認此作靈囿之囿誤矣孟子只要發下面公私意故不辨有無而曰於傳有之蒭蕘是人之為樵者雉兎是人之為獵者俱是活字勿指囿中蒭蕘雉兎言與民同之承上二句民以為小不亦宜乎言以一國之人共七十里之囿宜其以為小也若云囿之所出有限民之所取無窮似民見利而不見義若云民愛其上恐囿之小不足以充玩樂又似驩虞之民

殺麋鹿如殺人之罪言殺人抵命殺麋鹿亦抵命其罪如殺人之重也阱謂坎地作阱以物為餌置之阱上欺禽獸無知誘之入阱陷而取之也國囿禁嚴小民無知見麋鹿而竊取之便坐以法是

以麋鹿為餌以囿為阱也民以為大不亦宜乎言以四十里之囿為陷民之阱阱大則害大宜民之病其大也

惠王率獸食人孟子特甚言厚歛之害非真有此事也宣王為獸殺人便是實事一是重歛一是嚴刑其為虐政一也

交隣國有道乎　章

全章三節分上是示以交隣之道下是勉以大勇之仔總註能懲小忿三句貼上半段能養大勇三句貼下半段大意以安民為主仁之恤小智之事大皆不殘民以逞欲與民相安於無事然或小國虐民則為伐密之師以安之不失為仁者之勇即不恤小無傷也大國虐民則為伐紂之師以安之不失為智者之勇即不事大無傷也故睦隣以息民小忿固不可逞除暴以救民大勇尤不可

無當仁而仁當智而智又當勇而勇則不惟可以善隣國而亦可以安天下

齊宣王欲與秦楚諸大国争雄長而小國若滕薛輩又多不服日見侵陵不恭不免喪敗之禍故問所以脩和講好之道

有謂有道且虛講下文仁智正講有道交隣國之小者則有仁者事小之道交隣国之大者則有智者事大之道湯文王太王句踐皆指盡道之人是故字可見

寛洪是能容惻怛是能愛俱以心言明義理是當然識時勢是不得不然此仁智所以能事大事小也事小不止是不恭之小國雖不恭者而亦事之事大不止是侵陵之大國雖侵陵者而亦事之看兩个雖字可見註云自不能已矣 不敢廢便是安勉意當留在

樂天畏天內講

文王事昆夷詩大雅緜所載只是肆不殄厥愠一節經註亦曰蓋已為文王之時孟子後章又曰肆不殄厥愠亦不隕厥問文王也疑即此事獯鬻狄人是太王居邠時事及其去岐又為昆夷所擾則寖是文王時矣

樂天畏天只是一个理自其無所驅迫中心誠愛小国是心安於理渾然无計較勢力之念則曰樂天自其度德量力不與強大相抗是以理自守猶有勢在但勢所當為亦理也則曰畏天樂天者大公体物能容天下不恭之小国而不忍侵陵則包含徧覆無一人不在容保之內故能保天下畏天者謹礼怕法惟恐得罪於侵陵之大国而不敢不恭則不啓釁召禍可保国之无事故能保其

国保天下還是那所未有故曰氣象言廣大難量也保一国只是保所已有故曰規模言分限有定也

或謂樂天畏天只因大国小国而分非仁者可以居大国而不宜於小智者可以居小国而不優於大保国保天下亦因国之大小非以仁智之淺深別優劣也曰不然仁智地位自是不同以大事小者理在勢之外仁者純理而忘勢安之也以小事大者理在勢之中智者量勢而循理勉之也安之者若居小国必能事大勉之者若居大国未必能事小則其所保之分量亦安能无廣狹之分耶

詩云節引言以明畏天保国言外須補樂天保天下意

大哉言謂仁智交隣之道可以保国保天下好勇則不能忍侵陵之辱以事大亦不能容不恭之侮以恤小故雖大其言而不能用

此雖是王之病處亦見他自知之明故孟子復以大勇進之
王請無好小勇即下文匹夫之勇王請大之即下文文王武王之勇故曰此匹夫之勇此文王之勇此武王之勇文法自相照應兩个請字亦相叫應

上言此匹夫之勇又足之曰敵一人者也正見其勇之小下言此文王武王之勇又足之曰一怒而安天下之民正以見其勇之大勿以安民為大勇之效

一怒安民俱就上文看整旅遏密是一怒以对天下是安民天降下民至厥志是書詞一人衡行二句是釋書之意恥衡行而必誅之便是一怒安民一人衡行指紂言以書詞作君作師推之可見或謂假設之言非也

武王亦一怒而安天下之民亦字对文王言今王亦一怒而安天下之民亦字对文武言此一節正是王請大之之意

齊宣王見孟子於雪宮　章

全章三節分上是因王之誇而啓之以公樂下是述先世之事以告之

離宮別宮也賢者亦有此樂不可云窮居賢者亦有此樂乎恐傷孟子只云我以此處夫子則賢者亦有此樂乎盖誇其礼遇之隆也故曰其詞驕孟子曰有有言賢者當有此樂也此樂原非賢者所宜有但要引之與民同樂故直任之曰有以起人人皆有之意不可以人皆有此樂一句當大文有字人不得非不得雪宮之樂是各人安居宮室之樂與民同樂亦非以雪宮之樂與民共之是行

仁政使民各得所樂孟子言此樂不但賢者有之民不得則非其上見人君亦當與民同之也

不得而非其上一節兩个非字雖平其意重下一邊言民固不可不安分君亦不可不恤民要歸責君上見其當與民同樂

樂民之樂一節言與民同樂之效憂則樂之反也與民同樂必與民同其所不樂故兼憂言樂民之樂是所欲與聚使民有得所之樂憂民之憂是所惡勿施使民無失所之憂其樂其憂兩其字指君言亦樂亦憂是以類而應也樂君之樂如樂其有麋鹿魚鼈之類憂君之憂如吾王庶幾無疾病之類不必作敵国外患說樂以天下時說兼君民講言君樂民民樂君遍天下同此樂也一說只重民樂君一邊言民樂君之樂則君之樂不以一己獨樂而以天

下共樂此說較是憂以天下放此

景公問晏子亦聞古省方觀民之說故欲比先王觀而所謂轉附朝儛瑯琊之遊便有不安世俗之意

善哉問善其有志於法先王也此一節正舉先王觀之事以告之

天子適諸侯至無非事者是為事遊觀春省耕至為諸侯度是為民遊觀就含末節為民為事意

巡所狩述所職不是釋巡狩述職之義正說有事而行也無非事承上兩句省耕省歛又在巡狩述職之外周制十二年一巡狩六年一朝省耕省歛則每歲春秋巡行郊野非巡狩之巡也蔡引兼天子諸侯講淺說專指天子講以夏諺只稱王故也不知天子省天子畿內諸侯省諸侯畿內夏諺天子畿民之諺也故稱吾王又

曰為諸侯度則諸侯各省其畿內亦可見矣巡蕪說為是補助皆
是發倉廩以助之春以補其耕種之資秋以助其收入之歉夏諺
只帶省耕省斂不承巡狩巡職遊與豫一意自巡省而行謂之遊
自暇逸而出謂之豫休與助一意自上有所與謂之助自下被其
惠謂之休或云休安息也亦通二句疊言咏歌之体也
巡狩巡職本非遊觀省耕省斂亦豈遊豫晏子乃以答遊觀之問
者蓋暫輟戎務出行郊野亦謂之遊但是先王遊觀而非轉附朝
儛之觀故景公卒不果行而以興發為事亦庶幾先王觀之遺
今也不然一節是舉今時之弊與先王相反師行七句俱非為事
為民流連二句言其害之大也
粮食師之食也餓不食承粮食勞不息承師行睊睊二句承弗食

弗息言民困之極相與怨謗其君即所謂作慝也方命虐民揔承上五句言天子建侯立国皆以為民而使民至此是逆天子之命而殘虐其民也飲食若流不止行師之粮泛言諸侯飲食皆虐民事也為諸侯憂與上諸侯不同上是天子之諸侯下是諸侯之附庸

泛流下一節是釋流連荒亡之義上二句是借行舟之狀以釋流連下二句是指從獸樂酒之事以釋荒亡非謂行舟之樂與從獸樂酒一般上重忘反二字是不知止之意下重無厭二字是不知足之意流謂下流不返連謂留連不斷荒謂廢時亡謂失事分貼從獸樂酒者釋其義耳非謂從獸不失事而樂酒不廢時也

按此晏子之言亦即互憂樂之說省其不足不給是憂民之憂故民惟恐王之不遊不豫是亦互憂其憂補助之而以休以助是樂民之

樂故民亦幸君之遊豫是亦樂其樂若流連荒亡則樂已之樂而樂專在上弗食弗息則不憂民之憂而憂專在下故曰為諸侯憂

曰無流連之樂其於憂樂之旨亦著明矣

惟君所行雖以兩端使人主自裁其意重法先王一邊蓋景公之問在比先王觀故晏子以今規之當今流連先王之觀無流連當今荒亡先王之觀無荒亡是非利害昭然可覩在君審而行之耳

此分明示以斟酌是非權度利害要他擇善而行非謂任其所行也

大戒謂布告国人出舍有不安深宮且便於省民之意大戒出舍是為事興發補助是為民君臣相悦只當於景公悦下補晏子悦意蓋景公悦晏子之言而行之則晏子必悦景公之行其言不可以善哉問為晏子悦

為我作君臣相悅之樂是景公之言蓋徵招角招是也是孟子指景公所作之樂其意在民事畜君何尤是樂章之詞畜君者好君也是孟子釋樂詩之意謂晏子之愛君

徵招角招招舜樂也子在齊聞韶齊有韶樂舊矣故景公所作之樂亦稱韶樂有五音不能缺一獨言徵角者宮為君則君悅臣矣商為臣則臣悅君矣羽為物比民事尤細故獨舉民事二音以見其餘非謂樂之止作徵羽也或謂孟子時樂皆亡失只存二音未必然

畜君何尤原非韶詩蓋以新詩而被之舊樂也景公遊觀之問亦是欸心之萌晏子既止其轉附朝儛之行又成其舍郊興發之舉可謂能止君之欲矣故其詩曰人臣畜止其君之欲其心則何過

哉孟子又釋之曰好君也好字與詩小雅人之好我之好同

孟子羞稱桓文嘗言不為管仲乃稱述晏子何也蓋其言深切時弊其事尤可為法孟子亦欲王悅吾同樂之言或效舍郊興發之所為故述而告之耳若謂以晏子自比而以景公望王則豈所為管晏不足為而非堯舜不陳於王前耶

人皆謂我毀明堂章

全章三節分上是因齊王欲毀明堂而示之以行王政下是兩因其有疾而勉之

古者天子巡狩四嶽俱有明堂此明堂在齊境内是東方巡狩之堂人皆謂王毀之者謂天子不復巡狩諸侯又不當居故也毀諸已乎意重毀一邊孟子不欲毀明堂亦是愛礼存羊但夫子存羊

尚有望周之意孟子存明堂則無望周之心事雖同而意則異
王者之堂王者發政施仁之堂也要居明堂須行王政孟子欲齊
行王政故以勿毀明堂告之行王政不是教他就居明堂以行政
要平時能行仁政然後天與人歸可以居明堂耳
耕者九一是待農之仁仕者世祿是待仕之仁關譏不征是待商
之仁澤梁無禁是公利之仁罪人不孥是省刑之仁鰥是男無所
配以為室者寡是女無所歸以為家者獨是男女不育而承事無
人者孤是男女皆少而怙恃無人者故皆曰無告文王發政施仁
通管上文勿以發政施仁指耕者五句必先四者指鰥寡四句亦
謂先行鰥寡等政後行耕者等政謂仁政一起發施但於其間尤
加意窮民耳先字只當重字看非先後之先

好貨則多取賦農必重待士必薄市必征梁必禁窮民必不恤好色則蠱惑奢侈卒亦歸於好貨故齊王兩知有疾皆自謂不能行王政孟子兩引詩俱斷章引來公劉好貨無實事可見只於民之富足見之積倉槖糧俱就民看非公劉推好貨之心以及人民安得有此居積之富哉太王好色尤無實事只於爰及姜女見之因生出當時士女俱無怨曠使非太王推好色之心以及人民亦安得無怨曠之士女哉故好貨與民同能如公劉之民皆富足好色與民同能如太王之民無怨曠便是能行王政便可以王天下

孟子此章曲為引君之詞似非法語之言然大指在與民同之亦未嘗不正蓋貨色雖是欲心然非一人之欲也不與民同只要自利自樂則為私能與民同欲人共利共樂則為公因其私心之萌

示以公心之推自是正大道理非曲說也惜齊王知大交隣之言
而安於好勇之疾知善王政之言而安於好貨好色之疾竟不見
有所改畫豈非說不繹從不改吾末如之何者乎

孟子謂齊宣王曰王之臣章

此章二節分上是設言友誼臣職之失而王知所處見其明於責
人下是直言君道之失而王難於言見其昧於自責

托妻子於其友是托他照管其友都不管他衣食故妻子凍餒則
如之何言為王臣者當何以處此友王曰棄之謂當絕此友也

士師不能治士則如之何只泛言為君者何以處此士師勿指齊
王言王曰已之言當罷此士師也

孟子欲箴王不治之失先設此二事以問之是有心之問王皆隨

問而答是無心之答孟子既得他處人之明乃以自家事直攻之看他如何答應故問曰四境之内不治則如之何此意雖指王只作泛問如之何者只泛言有君如此當何以處之也王知此問為我而發使能受以為過則曰此寡人之罪也或能虚心下問則曰寡人願安承教此皆不能乃顧左右以釋其愧言他事以亂其詞其不足與有為可知矣故孟子不復與言他事

孟子見齊宣王曰所謂故國　章

全章首一節分上是較故國之所重而箴其失下是詳用賢之道而廣其意

古者立國必樹名木如三槐九棘之類歲久則木喬故謂喬木為故國君新立之國何以有此齊自太公建國以来必有喬木上以

此自貶爲故國孟子以王輕視臣下故以世臣較之言國之所以稱故不以喬木稱而以世臣稱也

世臣不是卿大夫之世官是世世信任之賢臣也一說世是臣之世謂人臣世世臣於君也如伊陟召穆之類一說世是君之世謂人君世世以爲臣也只先朝親信一人後世皆倚任之如累朝元老之類按此以喬木較世臣似前說是以親臣爲世臣似後說是蒙引存疑皆主前說

親臣是君所親信以爲腹心者如商伊傅齊管晏之類他日以爲世臣即此人也王無親臣安有世臣昔者所進二句正講王無親臣所進不只泛泛進用之人是所親幸以寄腹心者而亦亡去不知故曰王無親臣

吾何以識其不才而舍之不是追言前日亡去之人要預識後日
再進之人盖以今所亡去者我初不識其不才而誤用之故不以
亡去為意今後用人不知更有何道預先識其不才即舍之不用
使所用者皆才可以信之為親臣而無亡去不知之失也
國君進賢節上二句言進賢之慎下三句推其所以當慎如不得
已即下文慎字不慎則卑踰尊疏踰戚所以如不得已而慎之也
進賢賢字對上不才看進字對上舍字看如不得已正所以識其
才也不得已非真不得已重如字看謂此賢必是要用又不敢遽
用遲疑反覆審之又審恰似逼我用他欲已而不可得一般故曰
如不得已尊卑以勢位言疏戚以委任言將使者未然之事今日
進賢而加之上位所謂尊也尊非其人又將取一个卑的替他而

尊者反下是卑踰尊今日進賢而委之腹心所謂戚也戚非其人又將取一个疏的替他而戚者反疏是疏踰戚此其名分失常躰統甚褻皆緣始之不慎所使所以進賢之初當如不得已

左右皆曰賢一節正是如不得已之事下段去之非去在位之人卽是有進便有退上半是進賢之慎下半是退不賢之慎退者亦要甚慎使賢者亦不至誤退故註曰賢者知之深任之重觧上半段不賢者不得以幸進觧下半段若作在位不賢之人又是始進不慎致有卑疏之踰似與如不得已意相悖

左右皆曰二段看未可忽聽語意似專重察上然不有衆論其何以察但不可徒徇人言而不酌以獨見故詢之於衆察之於獨俱是如不得已

左右皆曰可殺節就用刑講註解明白天命是上節天討是此節
蓋齊王刑殺如為阱國中之類想多不合公論故孟子因說進賢
之慎并以用刑之慎告之張南軒作不賢之甚如四凶者殺之恐
未是
如此承上二條為民父母與民同好惡也好是進賢惡是刑殺一
說好是賢之可進與人之不可殺者惡是不賢之可退與人之可
殺者亦通一說只重進賢一邊恐非承上之意

湯放桀　章

放伐二字是成語故答曰於傳有之齊王以放伐為弑便有口實
湯武之意故孟子深明其非弑所以深警之也
仁以心言義以事言賊仁謂凶暴淫虐滅絕天理如作炮烙之刑

斮朝涉之脛剖賢人之心焚炙忠賢刳剔孕婦之類賊義謂顛倒錯亂傷敗彝倫如沉湎酒色播棄黎老昵比罪人囚奴正士郊社不修宗廟不享作奇技淫巧以悅婦人之類以其忍心害理謂之賊以其非爲妄作謂之殘言紂不言桀者因書有獨夫紂之語故言紂可以觀桀不重紂罪浮於桀之意

象引曰孟子以一誅字換一弒字以一獨夫字換一君字見得湯武爲天下除殘賊其非弒君明矣然德非湯武是以殘賊攻殘賊也故有以燕伐燕之罪

爲巨室

此章二節平看總是諷王不任賢故兩言姑舍女所學而從我只是一意上言爲室大於用木爲國不大於用賢下言愛玉付之玉

人愛國不付之賢人蒙引說上是任賢不如任木下是愛國不如愛玉中用過文云不任賢是不愛國也然爲巨室即爲國意命玉人即任賢意似不宜分上下節爲兩截事一說上是治國不如治室下是愛國不如愛玉又不重用賢亦未是

幼而學之只是仁義壯而欲行言欲壯而行之也賢者所學者大而王欲小之大小二字緣上文大木斲而小之照出來

雖萬鎰言價直之少以國家視璞玉故萬鎰爲輕教字即當上文使字看言治國家欲賢者從我何以不同於使玉人琢玉之愼重哉何以異與上節則何如語氣一般上言爲室任木則欲其大爲國任賢乃欲其小何也下言治玉則使玉人治國則不使賢者何也一說教字重看何以異不異也謂教賢者舍所學以從我與教

王人琢玉一般似說太深

齊人伐燕勝之　章

全章二節分上是齊王欲取燕而托之於天下是孟子示以當決之於人

齊人勝燕乃燕人自亂齊乘機幸勝耳宣王乃以天意自負欲併取燕孟子知燕之人心不服於齊故舉悅與不悅以請其自觀王竟不聽而取之其後燕人畔可知其不悅王故甚慙於孟子宣王之問雖有取之勿取兩端然曰取之何如意重取上孟子之對雖有取之勿取兩端然曰亦運而已意重勿取上

取之而燕民悅與不悅就齊王講下文引武王文王是撥取與不取之人以証之也不可云武王有取商之心幸商民之悅而取之

文王有取商之心恐商民不悅而不取恐傷聖人心事

末節承上文言燕之人心如此正見其不可取也前六句言民心歸仁後二句言當行仁政以慰其心不然則民心去矣安得而取之哉此是齊始勝燕孟子教以行仁政只是收拾人心如漢高入關約法除秦苛政之類如水二句孟子逆料其必有殺父兄毀宗廟等事而知民心之必不悅耳兩如字蒙引作假如之如不是如似之如

齊人伐燕取之　章

全章何以待之分上是齊王求待敵之策下是孟子發啓敵之故因示以止敵之道

齊人伐燕取之諸侯將謀救燕此是記事書法春秋凡書取者未

有不為暴凡書救者未有不為義此二句便見是非公案多謀是爲之者衆亦見公舉將謀是衆議巳決事尚未行何以待之歟止兵於未發也臣聞二句是此章大指湯一征一節是詳七十里為政今燕一節是詳千里畏人應上多謀寡人意末節是教王止兵應上何以待之意王問寢兵之計尚欲得燕孟子示以寢兵之策只是棄燕

湯一征至後我是書詞民望之至大悅是孟子釋書之意民望二句是師未至而望之切歸市至大悅是師既至而悅之深徯我后二句又引書詞總証民望民悅二意

東征西怨南征北怨言夷狄者舉遠以見近也望雲霓謂望雲而欲其雨望霓又懼其不雨猶民望湯之來又恐其不來也

今燕虐其民至如之何其可也是無以慰燕民之望天下固畏至動天下之兵也是有以致諸侯之謀今燕二句與湯征葛無異民將以為拯已三句與民望雲霓無異若殺父兄四句則與誅君弔民異矣故曰如之何其可也天下畏齊以平日言畏忌也仁政推開說不但不殺父兄等事殺父兄等事是殘虐其民也動天下之兵動字指齊王看言天下固已畏忌齊强但無詞以為兵端今取燕倍地又不行仁政而行殘虐故諸侯得執以為詞是天下之兵王自有以動之也故不免千里畏人

王速出令節重置君上速字見勢不可緩對下文及字看言速速出令猶可及止稍緩則無及矣反旄倪四句正出令中事旄是父兄倪是子弟上曰若殺是將殺之也故當反之而勿殺重器亦是

將遷未遷故當止之而勿遷一說父兄已殺不可復生而旄倪係
累者反之宗廟已毀不可復完重器欲遷者止之但上句旄字說
不通置君謂謀燕之衆立燕之君土地人民盡還於燕而吾一無
所利則可以自解於天下而天下諸侯不得以救燕爲口實猶可
及其兵之未發而止之故待敵之策莫急於此王竟不聽其言此
燕所以畔也

鄒與魯鬨　章

全章首節分上是穆公罪民之不忠於上下是孟子推失民之故
因示以得民之道穆公意在咎民孟子意在咎已
不誅則疾視長上只要正今日疾視不救之罪不是懲戒後日意
如何則可言誅之不可不誅不可當何如處之而後可

挨鄒今之小邑也當日雖以國稱其地方不滿百里有司何官若是其多一鬬而死即三十餘人其不死者又豈止此耶且鋒鏑之下何官死之多而民無一死耶抑三十餘人皆死義耶又何官之多義而民無一義耶似不可曉

凶年至殘下也是指其當政之失而言其積怨於民曾子曰至無尤焉是即其報施之理而言其不可歸咎於民

凶年凡疾痛皆是饑歲只是五穀不熟上慢兼君有司不發倉廩是君慢莫以告是有司慢出爾反爾曾子泛言兼怨德俱有孟子引之重怨邊講今而後得反指疾視長上對上慢殘下看言上平曰以慢殘出之故民今日以疾視反之也

君行仁政不言有司蓋君為有司表率故獨重其責於君耳仁政

訖平日講發倉廪亦仁政中一事耳親上死長家引謂上兼君有司長只是有司存疑謂親上是平時死長是危難之時淺説以長與上是應上文長上俱作有司親與死俱作危難之時但親以心言死以身言看註云有司愛民民亦愛之似淺說較是

滕小國也問於齊楚　章

上節是滕君求依人之策下節是孟子示以自固之啚

滕本楚之屬國而近於齊日為兩大所侵陵並事之則力不能支不事之又難以自存欲擇一而強者事之竭力結好既免於事者之伐而憑恃庇護不事者亦不敢窺故問齊楚孰為可事此徒知倚一強國之可以暫安而不知依人之不足恃也故孟子欲以自立之策

是謀猶事齊事楚之謀有一即下文守義一策鑿池築城一說是
浚其所未深增其所未高一說謂城池是先人所建非臨時鑿築
特死守之耳故曰世守也後說較是與民守之兼君民講效死指
君言有守義意註曰國君死社稷故致死以守國勿去指民言根
愛民來註曰民亦為之死守而不去非深得其心不能也不守義
則不能效死不愛民則不能使民勿去君效義而有死心民愛君
而無叛意其存與亡則聽之於天小國所以處大國此外更無餘
法故曰是則可為一理之所可為而力不與也

齊人將築薛章

首節是滕君懼大國之侵下二節是孟子示以遷國之策

上章之問主於依人此章之問又甚畏人摠是無自強之志如何

則可言何以免吞併之患也
太王不得已見下章言事之不免戰之不能故不得已而去也
茍為善節依存疑說為善至則天也是泛論其理末二句方指滕
君或謂全節俱就滕君講則末句為善與首句為善似疊了
為善蒙引存疑俱作遷國說蓋避難而去不殘民以逞這裡就有
愛民意非善而何淺說以遷國之後脩德行仁為善又多一層子
孫必有王承太王事來以理必之耳不是計功謀利之私創始造
也垂傳後也此地向未有國吾始遷於此創立基業傳與後人世
世相承以為統緒蓋自我建之為業自後人承之為統為可繼是
遷國圖存為所當為不失其正使後世憑此而繼續之耳中間只
是保民意蓋國非民不立故因民歸以遷國遷國正所以全民後

世繼之亦繼其土地人民而保守之耳若夫成功應轉後世有王意言能爲善後世固必有王但君子創業只為後世可繼而已若有王與否則天也安敢必哉君如彼何是不得已意疆為善是遷國意言勢既不敵便不當殘民以戰只管遷國猶存以保其民如太王可也故曰彊為善而已曰而已者自此之外更無別策

上章言效死要與民共守此章言遷國要為善保民可見民為國本得民則守可也遷亦可也不得民則守不可也遷亦不可也然欲與民守必深得民心欲與民遷必民從如歸市乃今棄薛之禍甚急齊楚之事又處置不暇全無救急之計只管要他為民安能臨時固結使民共守從遷而不叛哉況當時國土已無間曠不知遷將何之孟子之策不甚迂耶盖聖賢所論論其理耳理所可為

只有一策前章盡之矣因其再問以遷國告之謂自死守而外除非遷國不可遷國豈易為哉遷國不易則惟是死守而已故曰無已則有一焉遷國是第二策也非策之正也下章請擇雖曰二者然要他自度力量只重死守一邊

滕小國也竭力　章

全章末一句分上是舉遷守之兩端下是示以決所擇也

二三子何患無君無君就失地言有君就遷國言蓋往遷他國不與之爭則雖失其地其君猶在故曰何患無君我將去之示民以去歟與之偕行也一說謂與民告別不強之從已似非遷國之意

仁人也以平日言不專是屬耆老數語蓋數語雖亦一時仁言而民之所以感戴樂從則以孚之有素也

請擇於斯二者還重死守上看盖太王之權惟太王能行之文公於民未必浔之有素而滕勢之弱亦終無以自存使不量度而效遷國之為恐流離失所不惟無以立國且失守邦之常法矣故孟子欲公之自擇欲其量力擇而處之也量力便是死守

魯平公將出　章

全章首節截上是孟子將有所遇而見沮於人下是因門人之告而歸之於天

平公將見孟子想是樂正子嘗道其賢乘輿已駕臧倉豈不知所往但欲沮君之行故陽為不知以示其言之無心乃舉禮義之失以短之使吾言可信而君必不果行小人之所以巧於用譖也禮義說得廣不專指喪禮

前以士二句泛言治喪之禮三鼎二句專就祭言是喪禮中之大者三鼎豚魚腊五鼎羊豕魚腊膚一說上二句虛說下二句是指其實亦通

貧富不同一句正明其非踰使時皆貧而獨厚於母時皆富而獨薄於父便謂之踰孟子喪父是貧時無財不可以為悅喪母是富時得之為有財此棺槨衣衾所以不同不得謂之踰也

行或使二句泛論人之出處行是遇止是不遇非人所能即天也吾之不遇三句乃以天自安一說行或使之指克告於君君為來見止或尼之指臧倉沮君君不果來未是

不遇魯侯遇字不止乘輿一見須是諫行言聽如所謂王欲用予則天下舉安方是得遇不然孟子於齊梁見之屢矣乃曰不遇何

耶天也以氣數言與道之將行命也命字不同命謂非今所能移
天謂非我所能必
此章以天字作主臧倉是人為之害樂正子不免尤人之心孟子
以天破之亦警伯寮曉景伯之意

夫子當路　章

全章四節分上是明霸之不足為下是言王之所以易
當路謂主持國柄政由己出如當要路頭往來所必經一般管仲
晏子之功且勿入若霸君題講可復許乎問孟子敢自許否丑把
管晏看得太高猶疑孟子或不能為可見功利入人之深
或問曾西節重曾西不為管仲見已不為管晏之意子路意輕
或人兩問孰賢以人品言蹙然是不安之意見於色先子所畏正

言其不安之意艴然是不悦之意見於色管仲得君數句正言其不悦之意

先子所畏不是曾西謙詞曾子質魯曾見子路剛果勇為自是畏服故曾西蹙然不敢當註謂曾西曾子之孫一說曾申字子西曾子之子未知孰是

得君得其君之信任也桓公信任獨一管仲故曰專行乎國政國政由之以行也始於郊迎終於為相四十餘年故曰久功謂建立事績烈謂事績烈然顯著也此句承上二句得君不專猶曰其志不售行政不久猶曰其施弗竟專則施為由我志得盡展久則積累已深道宜大行乃不能推行王道僅僅霸業所就故曰功烈之卑蓋曾西以霸術比王道則以功為卑夫子以利澤在當時則以

功為大

管仲曾西之所不為不可謂曾西且不為而我為之乎只云曾西與我同一學術彼既不為我肯為之乎单言管仲者據所引曾西而言未補不為晏子意故下文丑問又曰管仲晏子猶不足為

霸以功言顯以名言桓公以威令服天下為之盟主故曰霸景公未嘗為天下主盟但其聲名著於諸侯故曰顯猶不足為與可復許乎相叫應謂我之意尚未必能為管晏乃夫子之言猶以為不足為與畢竟看管晏高了故不信孟子之言

以其君霸以其君顯與以齊王三个以字重看猶國風不我以之以謂能扶持其君也言彼以其君霸以其君顯我以其君王猶反手也

惑滋甚根不爲管晏來言管晏不足爲弟子固已惑矣又曰王齊反手則其惑益甚曰洽曰大行應上王齊意曰百年曰武周繼之應上反手意言以文王聖人之德又百年之壽又必武周繼之若是其難乃能洽於天下教化大行今曰王齊反手何若是易也文王不足法與上管晏不足爲相呌應謂既以管晏爲不足爲亦將以文王爲不足法與

然後大行承武王克商周公制作兩邊勿專以制作爲教化大行蓋丑所謂未洽只是三分有二所謂大行只是一統揔承爲是蒙引曰武王政化大行周公教化大行

文王何可當以德言之所以難王以時勢耳由湯至於武丁至父而後失言時雖尺地至百里起言勢之難是以難揔承上言所以致

王之難一說是以難只承勢難對故久後失講亦通

時難作三段看由湯至難變也一段是人心戴商之舊武丁至猶有存者一段是中興遺澤之遠微子至輔相一段是衆賢維持之力故久而後失之也揔承上三段存疑分三段以由湯至難變一段言商之初武丁至運掌一段言商之中紂去武丁至輔相一段言商之末

舊臣之家舊民之俗以在下言風化之善政事之美以在上言曰遺曰流皆自中興而來微子微仲是兩人揔是五賢

齊人有言至末是言王齊反手之意雖兼德講意重時勢故引乘勢待時兩言以起下文

夏后節言齊有其勢而德行之易與文王之德而難於勢者不同

仁政即德也政謂政畐言地已廣不待再開闢民已衆不待再聚且王者節言齊有其時而德行之易與文王之德而難於時者不同易爲飲食根仁政講謂憔悴之民易於施德不待深仁厚澤循饑餓之民易於飲食不待其美也

孔子節引言德行之易德即仁政亦要根心講如以德行仁之德流行謂政教頒布都從心德而推便是德之流行速字只講德之神化且勿粘時勢意

末節結上三節當今之時即王者不作一節萬乘之國即夏后殷周一節行仁政即德之流行一節以此時勢行此甚速之德故民悅之猶解倒懸便是王天下之易事半功倍應文王不足法意見得文王無時勢之資故百年而不足齊有時勢之便即半古而有

餘豈以文王為不足法哉

通章時字不同曰待時曰甚於此時俱單言時曰今時則易然曰惟此時為然俱兼言勢

此章大指言伯功不足為王道有可致揔是以德為主而時勢以運之管晏有時勢而無德故止於霸孟子有德又有時勢故可以王王伯之分全在德文王有德而無時勢故難孟子有德又有時勢故易難易之分又在時勢卒之王不可致而難者反易則天之未欲平治天下也故寧為王道而不就不以管晏而成名

夫子加齊之卿相　章

全章至何謂知言一節分上是詳言不動心之事下是詳推願斈孔子之意

上半以四十不動心一句作主下作三段看一段至曾子守約見孟子不動心其原在於循理一段至反動其心見孟子不動心其畧在於養氣一段至必從吾言見孟子不動心其詳又在養氣知言下半作二段看宰我子貢至顏學孔子見孟子不居聖人而願學孔子伯夷伊尹若是班至未見孔子之盛孟子所以願學

加齊卿相即當路意由此霸王言由卿相之位得行其道而成霸王也如此即是居卿相致伯王所謂任大責重也丑以孟子未敢擔當故問動心否乎動心即疑懼意丑畢竟是功利之習故此問終不脫一霸字

我四十不動心想孟子遊齊梁俱是四十之後故王嘗稱叟茲曰四十言我自那時已不動心不待今日也四十亦非鐵定年時

大約以道明德立之時槩言之耳不動心就見成講工夫都在前面便逐言知養氣意蓋道明必得於知言故心不以疑動德立必得於養氣故心不以懼動孟子本孔曾知言是格致工夫養氣是誠正工夫得位行道則齊治均平本而措之矣卿相王伯安足動心

若是一節上句是丑借勇士以贊不動心之難下句是孟子借辨士以明不動心之不難若是是字是不難是字俱指不動心言

孟賁力士與孟子心本不相類丑蓋借之以形孟子制心不動其力過於孟賁孟子知其以不動心為力制故直斥力制其心之不難非真謂不難也謂如告子之不動心者不難也講是不難句且勿露力制意告子句乃言強制之易正見其不難先我先字不必云未至四十只言告子不動心比我較快些可見是制之而已制

之不難則其所難蓋非力制之謂矣

不動心有道乎只是泛問存疑謂指孟子告子問之則下文問夫子告子之不動心又似多了曰有言有道也心有主即是道入講無妨但此有主與有主則實不同彼是專主於理此兼理氣俱有故下文黝舍亦謂有主

北宮黝數節歷言不動心有道只是有主黝有不動心之道是必勝為主舍有不動心之道是無懼為主曾有不動心之道是自反為主言黝舍則告子可知言曾子則孟子可知故雖未嘗自言不動心之道而其原蓋在於此

北宮黝孟施舍皆曰養勇謂自負其勇猶言蘊蓄也

不膚撓不目逃謂膚不至被刺而撓目不至被刺而逃若已被刺

而不撓不逃便是受辱了且決無是理市朝衆所共見故撻為甚辱一毫受挫於人即若撻市朝之甚辱便有不忍耳受必欲報復之意不受於褐寬博四句重萬乘一邊無嚴一句摠承上惡聲二句正是無嚴轉應不以一毫挫於人意言不受辱於褐夫未足為勇雖萬乘之君亦不受辱刺褐夫未足為勇雖萬乘之君刺之亦若褐夫故視天下諸侯皆無足畏諸侯一有惡聲至於我必反而報之不肯以一毫受辱也一說不受於褐寬博二句作無大無小俱不怕惡聲至兼諸侯褐夫未是褐賤服也寬博亦曰賤服非歛束之法服也

孟施舍節俱是述舍之言視不勝一句就是無懼量敵五句正言無懼之意量敵而進慮勝而會此正所謂臨事而懼者舍主於無

懼乃以為無勇而畏三軍故不為此只要勇往直前都不計筭勝敗以夫子行三軍之道視之便是暴虎馮河死而無悔者

舍似曾子黝似子夏其人品甚不相類只以人已二字槩其氣象之近似耳此二句只說二子之勇不同且未說到優劣處故曰未知孰賢下句乃斷云舍之守約也舍之守約只以黝較之為約耳黝務勝人在人者不可必倘有勝於我者能無動心舍專守已在已者得以自主都不管勝不勝只守着一个無懼而心自不動故比黝為得其要

聞大勇於夫子是曾子以大勇自負大字重自縮上看非以敵千萬人為大也自反不縮便無勇雖褐寬慱而揣之者以吾之理不直也況非褐寬慱乎自反而縮便是勇雖千萬人而往之者以吾

之理直也況非千萬人乎看兩个雖字可見此言勇與不勇視理之直與不直自反而縮便是直養集義等意千萬人吾往便是塞天地等意一說謂不縮而惴是以退為勇所謂南方之強得其中自縮而往是以進為勇所謂北方之強得其中未是惴便動心往便不動心此見曾子之不動心以自反為主則不主必勝而理可常勝不主無懼而理無可懼就是內省不疚何憂何懼一般所以為大勇

曾子守約約字不對上句氣字看對上節守約看言舍雖守約只是氣耳又不如曾子守理為尤要也蓋以氣為守都不論理曲直倘彼直而我曲安能無懼以理為主則理直可以奪彼之氣雖強有力者不得而勝之故曾之守尤約於舍

舍約於黝以己與人較曾約於舍以理與氣較此爲孟子不動心之原只是一个理知言知此理也養氣養此理也故曰下文詳之

孟子歷言黝舍曾子不動心之道而已與告子可以類見丑猶未知故問夫子四十不動心告子先夫子不動心其所謂有道者何在孟子即以告子不動心之道告之則亦可即此反觀丑猶未知故復有惡乎長之問

不得於言四句是誦告子之言勿求於氣可以下是斷以己意見得告子之言不可者固不可可者亦是僅可揔之皆不可也

言以理達爲得不得於言如言性不達性之理言事不達事之理此皆由中心義理不明正當反求於心審思明辨使理明而達之於言可也然必費心思揣度心便動了故告子常舍置其言不反

求其理於心所以制其心使之不動也這言字蒙引存疑淺說俱作已之言與知言之言不同何謂知言註云不得於言勿求於心何以知天下之言而無疑哉蒙引解曰告子於已之言不能求其理如何能於天下之言知其理孟子於天下之言究極其理則已之言可知矣

心以理安為得不得於心如應事接人道理差失自家心裡不快正當奮然用力改過謝愆以補其失而後心始安也然用氣力亦費心思心便動了故告子只管制住此心任他差失再不求助於氣以動其心

勿求於心恐直動其心勿求於氣恐氣反動其心此告子所以不動心之速也蓋不得於心而求於氣必心安而後不動不得於言

而求於心必心明而後不動便費許多積累工夫到不動地位甚遲告子勿求於心勿求於氣都不費一些工夫只消一強制便不動心故曰速與先我不動心先字一意

不得於心勿求於氣可蓋心本也氣末也不以末擾動其本是猶知本之為重故曰可然此亦就勿求於心較之猶為彼善於此若急於本正意便是持志工夫

不得於言勿求於心不可蓋言外也心内也外之有失都緣裡頭不明乃於外既不通曉於内又不求通則昏昧蔽塞終無開明之日故斷曰不可

夫志氣之帥六句承勿求於氣可來言亦未為可也蓋告子以心為急氣為緩故孟子言心固為急氣亦不可緩曰帥曰充曰至曰

次曰持曰無暴雖並言之然意重氣一邊觀註中固字亦字語意自見言志固為氣之帥氣亦為軆之充故志固為至氣即次之人固當持志亦不可不養其氣告子乃不得於心遂勿求於氣亦豈得為可

夫志氣之帥也上皆言心而此曰志志即心所向也心有向往氣為之役如大將指揮士卒聽命一般故曰帥氣體之充也體是身體人滿身遍體都是氣之運用故曰充其所運用皆是聽命於志對帥而言則為卒徒志至氣次承上二句次即次也謂氣與志緊緊相連非有等級相遠也

持其志謂心有所之當敬謹操持不可妄有向往而氣以為志之用者又當循理而行無以妄動害之是謂無暴其氣正所以為持

志之助也時文講持志就是存心殊欠躰認存心是寂然不動涵養本原工夫持志是心有所之閑邪存誠工夫總是一个心工夫亦總是一个敬但用工時候不同耳暴害也無暴即直養無害勿正勿忘勿助意

此六句内外本末交相培養本是志末是氣與上文本末字同内是心與上文内字亦同但外字上指言此指氣為不同耳

告子以不得於言勿求於心強制其心則孟子之得於言而自然不動大畧可知告子以不得於心勿求於氣強制其心則孟子之求於氣而自然不動大畧可知故不必明言知言養氣而已見不動心之畧丑不知而復問下文乃詳告之以其故

再問至次丑把次字看低謂氣與志相遠似不必養孟子復以交

勝互動之机告之見志氣不可偏廢以足上文持志無暴氣之意
志一是有心故曰所向氣一是不由於心故曰所在此二句舊說
俱兼善惡看如心欲為善作為便善心欲為惡作為便惡是志一
動氣淺說曰視惡色聽淫聲則此心為之荒亡聞善言見善行則
此心為之感發放肆箕踞而怠惰之心自生手足恭重而敬謹之
心愈篤是氣一動志又一說專就不善邊講却不如以志氣互講
都不黏着善惡更好如心欲視而目從之心欲行而足隨之便是
志動氣或目專於視而心反為所移足一於行而心反為所引便
是氣動志且勿論視之邪正行之是非何如
志一二句雖互言然看註固字亦字還重下一句與上氣帥六句
一意總是破他勿求於氣之非

蹶趨動心此特舉其易見者以明氣一動志之一端其實氣一動志是專一任氣非如蹶趨之卒然動心也蹶趨一說平看顛躓謂蹶疾行謂趨之一說直看謂行之顛躓由疾趨也俱通

丑見孟子斷告子之非便曉得孟子必有所長於告子故問其所長何在孟子詳告以長於告子之故知言養氣是也觀兩个我字便見所長意上文以氣對志分內外此以養氣對知言養氣裡面有持志意看集義以慊於心都是持養工夫

知言知天下人之言也因其言究其理識其是非得失之所以然如下文詖詞數句是知其非與失之所以然也蒙引曰是非以義理言得失以利害言看来上註曰又求其理此註曰究極其理又曰明夫道義則是非得失俱是理若因下文害政害事之說即以

得失為利害恐未必然

浩然之氣氣即所謂躰之充也恐人以浩然之氣非躰之充之氣故指而解之曰充滿於身之氣皆浩然也亦勿以躰之充就當浩然看盛大以無外言是至大意流行以不息言是至剛意一說盛大是躰段流行是功用未是蓋浩然只是躰段善養之而後有功用也善養即是復初此氣之初本自浩然故曰吾氣順而不害依舊這箇浩然便是復初便是善養

知言則非不得於言故心不以疑而動養氣則非勿求於氣故心不以懼而動此孟子之不動心所以長於告子也然知言養氣亦非判然兩項知言是以心明理養氣是以理養心故養氣曰配道義知言曰明道義總是一理不明理則不能循理而行不循理以

生氣亦未為知理之深者此是知行相因工夫先曰知言後曰養
氣亦見知行有序

敢問何謂浩然之氣問氣何以為浩然也難言非不與之言謂浩
然二字難以名言也蓋氣無形聲心所獨得孟子盖真有之而深
知其妙故歎其難言與顔子見道卓爾而嘆其高堅子貢得聞性
道而嘆其難聞一般

至大一節言氣之躰段躰段即至大至剛一句這剛大本躰原来
充塞天地直養之則本躰不虧依舊充塞天地所謂浩然盖如此
至大是極盛大天地間隨甚麽大事都做得来故曰初無限量至
剛是極剛勁隨甚麽大事都驚動挫折他不得故曰不可屈撓豪
引以居廣居三句經綸大經三句推之四海四句為至大以富貴

不淫三句和而不流四句儀秦失其辨數句為至剛這氣涵理在内理本發育峻極故氣亦充塞天地有以養之不失其理便是原初剛大之氣便充塞於天地之間

直養即是集義無害即是勿正勿忘勿助但此處且輕講工夫俱在下面此節言見成躰段亦必曰直養者盖合下生來氣本剛大到塞天地時都由直養後方纔得見如生時有這本躰長來都不善養如何見得充塞處

配義與道亦根直養說來言能直養以成此氣而塞於天地則天地間當為之事即以氣合於道義而為之助所謂配也塞天地無可見正於配道義見之配道義便是塞天地實事倘氣在一身都不動作施為何處見得充塞

道者天理自然是見成道理義者人心裁制是作事要合道理如在物為理處物為義了般這道義原来與氣俱賦本渾合無間養氣則剛大不虧道義亦與之俱全所謂合也隨道義之所當為吾氣便奮然為之所謂助也要曉得道義與氣原不相離合而助之只是一理若曰氣既養成然後從外面取个道義来合之以行便失旨了李延平謂氣與道義一滚出来是合意氣把道義襯貼起来是助意

無是餒也無謂無是氣餒謂躰不充不配道義在餒字上面蓋氣本人之充滿於身如目視耳聽手持足行皆是氣之運用氣不養成則不剛不大即手足耳目間氣不充滿而索然沮喪無有勇為力量雖道義之所當為者亦疑懼而不足有為矣上文知言謂無

疑養氣謂無懼此言氣餒而註無疑懼見得道義所為皆從知中出来未有惧而不由於疑也所以知言養氣非兩項工夫

兩言其為氣也上以禀受言下以養成言舊說以体段功用對看塞天地雖由直養亦是本躰如此一說至大至剛是体段直養之則剛大可塞天地剛大可配道義不然則餒不足配道義而塞天地矣故註言躰段只在剛大一句配道義註中又無功用字樣不宜以躰用對看此說較是

是集義一節言始養之功對上文養成看言養之成理固賴氣以配養之始氣實資理以生見道義與氣終始相離不得上兼道義下單言集義者盡據理而言自然為道裁制為義據用功而言只就事上求合於理即可言義言義而道在其中是字對非字看集

字對襲字看生字對取字看集是事事合義襲是一事偶然合義生是從裡面生出來取是從外面取入來故義不曰行而曰集言不可偶也氣不曰取而曰生言不可強也

集義集謂積聚也今日積一義明日積二義件件合義無一毫不是處則理直氣壯剛大之氣都從中心無愧生出來故曰集義所生義襲謂偶有一件行得合義便把來做氣勢都不怕人要掩人不知以取剛大之氣如用兵掩襲取勝一般豈知偶然一義其餘不合義者尚多人或以所短折之便愧屈了安能取剛大之氣故曰非義襲而取行有不慊一句正明非義襲而取之意慊於心只是義合義則心慊不合義則心不慊心不慊則餒不充氣自沮喪安能剛大所以非義襲而取之也是心之慊不慊由義之集不集

可見義與心相粘着義之在心而不在外明矣借曰義與心不相干如何行不合義心便不慊耶我故曰告子未嘗知義以其外之也既以義為外不知義之在心則必不集義以慊其心亦何以生浩然之氣哉故强制之斈即所謂襲取也

必有事焉一節詳言集義養氣之節度無若宋人以下又深戒助長之弊

有事以集義為事也纔去集義就預期這氣何時而充是謂正預期其充而或不充便把工夫放下不復有事是謂忘其或不忘有事又用氣力矯強做个剛大出來是謂助長忘與助皆自正來或有正而忘者或有正而不忘乃助之者故養氣者但當以集義為事為所當為勿預期其效之當得久之氣當自充其或未充即當

如此集義勿忘其所有事然但可不忘所事不可作為以助氣之長也蒙引曰但能集義以到底正忘助三病俱無若有是病則先正而後忘助無之者一發俱無非先勿正而後勿忘先勿忘而後勿助也集義不忘是從義於上做工夫故愈用力則愈積善助長是從氣上做工夫都不顧理之可否故專任血氣即喪了義理之正所謂無益而又害也

必有事四句以首句作主勿正勿忘勿助只是一个有事故曰集義節度正忘助皆義襲也有事未幾即欲計功是襲取其或不忘又欲助長亦是襲取或以有事勿正對勿忘勿助作兩橛看似未得語意一說有事謂事事合義念念合義蒙引曰義者制事之宜無事時只守着心雖說做義須是以義制事存疑心字連上勿正

讀時說連下勿忘讀未知孰是

養氣工夫一言之曰集義二言之曰直養無害四言之曰有事勿正勿忘勿助其實一而已集義即直養工夫有事四句即集義節度集義為事是直養勿正勿忘勿助是毋害蓋有事是義上着力便是直正助是氣上着力便是害

無若宋人以下甚言助長之害天下之不助苗長一句指養氣者言以為無益四句不是並言忘助之害以忘為害形助之害見助之害甚於忘也故曰非徒無益而又害之正打轉上文無益意無益是氣未能充即有事無益也舍之是丢了有事工夫不復求充然雖不充只是畏縮不敢勇往若再集義充養起來剛大本体依舊還在故雖曰無益未為害也助長是氣未能充只管矯強造作

凡事猛逞向前全無畏憚然事未合理必至事勢窮蹙便沮挫屈抑把氣都銷喪了一到銷喪再充養不起故不徒無益而又有害譬如諫官一人畏縮不敢言然未嘗自喪君肯奮發或有時敢言未可知也一人不顧義理只管矯激直諫待君父怒起把義理整折他便懾伏惶懼喪氣乞憐終身不敢擡頭講話豈不甚害

以上數節俱是善養浩然之氣骨子只是一个理根原從曾子反身循理而來循理為直故揔名之曰直養集義集此理也有事事此理也慊於心理以慊之也正忘助皆理之害也至大至剛理生之也塞乎天地理塞之也配義與道配此理也先之曰知言亦知此理也告子不得於言不得於心皆不達此理者故孟子之所以長於告子亦其理長耳

何謂知言一節是孟子知言之事詖詞四句是知其言之所由弊下四句是究其弊之所極而决言之也

知言謂知其是非得失之所以然詖淫邪遁皆言之非也蔽陷離窮皆非之所以然也因言之非而知其所以非故曰知言勿作知心講

詖謂始初只説得一偏不説得全故曰詖惟為一偏之説必務辨傳以濟其私便放蕩不根故其詞淫詞既放蕩一發為邪僻之論不復律以正理故其詞邪邪則屈於正理不得不變説以求勝如變杞柳而湍水之類故其詞遁此四者相因言之病也蔽謂心中有所遮隔不明只見得一偏是也蔽錮已深終莫能悟是謂陷陷溺已極一切背却正理叛去愈遠是謂離叛去正理便屈於理而

不可通是謂窮此四者相因心之失也見人之言只說得一偏而為詖使知他心裡只見得一偏必有所遮隔而為蔽如楊氏說義不說仁必為為我所蔽墨氏說仁不說義必為兼愛所蔽之類見人之言詖之甚而為淫便知他心裡蔽之甚而為陷見人之言淫之深而為邪便知他心裡陷之深而為離見人之言邪之極而為遁便知他心裡離之極而為窮詖有許多般樣蔽亦有許多般樣

蒙引曰看他詞如何樣詖便知他心如何樣蔽非泛然知其有蔽已也淫邪遁亦然

生於其心謂蔽陷離窮生於心也心既蔽陷離窮則不但詞有詖淫邪遁之病即設施之間大綱自是不正便是害政大綱既壞節目亦俱差了便是害事上句曰生其端緒下句曰發其迹著聖人

復起二句只承政事四句言此理斷然不可易也觀註云又知其
害於政事之决然便與詖詞四句不相干
害政害事無先後大綱既壞節目便無不差故知言章先政而後
事節目既差綱領總是不好故好辨章先事而後政須知政事是
一下壞了不必泥先後之說蒙引歸一之說必先政而後事必從
吾言非矜其言之必信明其理之必然也
註曰非心通於道而無疑於天下之理者其孰能之此總講一節
道以統躰言理以道之散殊言通於道而無疑於理則心胷洞徹
如明鏡一般所謂人在堂上也則於人言之詖淫邪遁即知其心
之蔽陷離窮又知其心之必害於政事所謂辨堂下人曲直也人
在堂上只是識見超出人上有位人則能辨善惡而賞罰之無位

人亦能辨善惡而褒貶之皆是辨堂下曲直

宰我子貢一節丑承知言養氣來以聖稱孟子是何言一節孟子不敢以聖自居子夏子游一節丑又以賢稱孟子姑舍是一句孟子不欲以賢自處伯夷伊尹一節丑以孟子於聖人既所不居於賢人又所不欲必是一偏之全孟子又以為不同道而惟願學孔子也

善為説詞有言者未必有德也故以例孟子知言善言德行有德者自必有言也重實有德行者故以例孟子養氣孔子兼之兼説詞德行而有也然猶自謂詞命不能乃孟子以知言養氣自負故丑以既聖稱之

是何言即既聖之言也孟子不敢當聖只宜引到教不倦也住又

引以下數節何也蓋明孔子實既聖而猶不自聖益見已之不敢當
學是學聖人之道教是以聖人之道教人觀論語註中便見自明
及物正解仁智二字言不厭就是自明之智不倦就是及物之仁
不必泥所以二字作推原說
一體具體是借身體體字來講聖人全體着也門弟子或以言語
或以威儀或以政事或以文學各得其一節是謂一體或於全體
都已具備但未若聖人神化不可限量是謂具體而微顔子亞聖
未達一間所謂具體而微是也冉閔雖大賢亦未必具體丑特以
賢與大賢別言之耳
姑舍是姑且也姑且置之言不欲以是自居也顔子地位儘高孟
子非有所不足也特其取法欲高顔子猶未是聖人耳

不同道與姑舍是有分別彼謂尚未至聖姑舍之耳此謂雖已造聖又其道與我不同也一說謂夷尹與孔子不同道蒙引存疑皆非之

治則進伯夷無實事特併言之耳不可以盡歸乎來為治則進盖此是就養非仕進也亂亦進伊尹亦無實事似亦併言盖當桀之亂隱居莘野非湯三聘決不肯出其就桀者湯使之耳今以就湯為治則進就桀為亂亦進殊未妥

仕止以出處言久速以去就言願學孔子不可把一偏時中意品別優劣只云夷尹與我不同道孔子便與我同道故願學之看皆古聖人吾未能有行語氣何等渾融含蓄若將優劣意明白說出丑亦不應再問了

伯夷伊尹於孔子至末總明孔子尤盛以見顯學之意若是班氏
皆古聖人來而問其同見孟子說得甚異又問然則有同孟子乃
舉三端以言其同既得其同又要問所以異孟子又引三言以見
其異

自有生民以來未有孔子言不惟夷尹不得而同自古聖人皆不
能及也兼道德事功看或行造其極不能兼全乎衆理或德會其
全事功僅止於一時未有如夫子道德功業之尤盛也舊說專以
事功言恐論道德便了堯舜然堯舜德同夫子又非萬世事功便
是一邊不如夫子之一說專以時中言謂未有如孔子仕止久速之
時也尤太拘泥

然則有同與承未有孔子來言孔子雖聖之尤盛夷尹亦是聖人

亦有同否孟子曰有言有同也得百里二句言德之盛可以取天下是根本之同行一不義三句言心之正不苟於取天下是節目之同是則同一句總承上蓋聖人所以為聖根本全在德上而義利取予又立心最大關節故凡聖人此處皆同孟子亦指此而斷夷尹孔子之必同耳俱不必以事實入講

夫子賢於堯舜以事功言蓋堯舜治天下功在一時若非夫子推明其道以垂教萬世萬世亦安知有堯舜哉這便見夫子事功勝於堯舜遠甚

禮與政原是一樣自其見於當日之設施則為政自其垂於後世之訓典則為禮故見其所垂於後世之禮便知其當時所見之政如見汚尊杯飲之禮則知上古朴畧之政見簠簋籩豆之禮則知

後世尚文之政 這礼即夏禮殷禮周禮之禮樂所以象功亦所以彰德如舜之樂以象紹堯之功然性之之德寓之武之樂以象伐紂之功然反之之德寓之故聞其樂之遺於後世便知其當日所存之德不言功者謂心術性情之微於樂亦可以知之功不待言也莫之能違謂以此聞見之禮樂差等百世以上王者之德政孰優孰劣無有能遁其情也自生民以来未有夫子夫子未嘗制禮作樂何以盛於百王只是斟酌垂憲足為萬世禮樂之准便是萬世德政故曰尤盛一說温良恭儉見於鄉黨一篇皆夫子之禮也則其施於政者可知聞韶於齊擊磬於衛絃歌於陳俎太許不所賛師摯洋洋盈耳皆夫子之樂也則其德之盛可知子貢親炙見聞故賛其獨盛此說亦有理然不言禮樂垂憲萬世終難說德

政尤盛百王
豈惟民哉起下文類字意聖人之於民亦類也應上豈惟民意出類二句言聖人之異於人以踐形盡性言自生民二句言夫子尤異於聖人以道德事功言出類以所生言拔萃以所處言兩句雖平其實由出類故能拔萃
蔡氏折衷云三子之言朱子尊信程子俱主事功說蒙引非之蓋姑舍是不同道既以道德言其問有同又以德盛心正告之及問所以異乃又告以事功何耶使三子之言皆主事功何無一言及之而知德知政出類拔萃等語尤難槩屬事功且以出類拔萃為聖人之道德未有盛於夫子又為夫子之事功則自相矛盾況孟子以三子不同道而願學孔子顧獨學其事功乎必不然矣按蔡

氏此辨甚悉今當以守我一節依程註作事功說子貢節作德政
說有若節兼道德事功說
以力假仁者霸　章
全章上節言王霸之心有誠偽下節推其所應者亦有誠偽兩節
語氣抑揚要重王一邊言以力假仁之霸必有大国若以德行仁
之王則何待大国哉故湯七十里文王百里皆不待大也伯者以
力服人恃力不贍耳若王者以德服人則豈力不贍哉中心悅而
誠服就如七十子服孔子一般詩曰無思不服即心服之謂也
無其心而為其事謂之假由乎中而出乎外謂之行兩仁字不專
是恩愛只合理便是仁假仁如齊桓本無實心尊周但藉兵力之
盛借尊周名義壓服諸侯如召陵責楚之類是謂以力假仁此霸

者也霸者若非土地甲兵強盛何以有力可假故必有大国行仁謂天理实得於心所謂德也即以心之所得者推而行之凡為政為教無不合天理當人心是謂以德行仁此王者也王者心理自可感人豈藉土地甲兵之強盛哉故不待大王字存疑淺說俱平聲讀對上霸字俱就人言

湯以七十里為政於天下是湯不待大文王循方百里起而三分有二周家王業实成於此是文王不待大

以力假仁是心之偽以德行仁是心之誠這裡便有服人意故下文承上即別言服者之心亦有誠偽不同蒙引以下節解上節然畢竟是感應兩項

以德服人是以德致人之服非以德壓服人也與以善服人不同

心悅誠服悅以心言心悅而服便是誠服非心本不服屈於力而偽服也獨以服孔子比者孔子無勢力見服之者皆誠心也是譬喻心服之狀引詩取一思字又是引証心服之說時文以君道師道作眼作兩証看似未妥一説以服孔子為服之誠無思不服為服之廣尤不是

仁則榮　章

全章首節是決榮辱之機仁則榮二句是一章大指第二節三節是詳言仁則榮第四節是詳言不仁則辱禍福一句結上兩節末兩引言以証其意

仁謂存諸心見諸事循乎天理為所當為是也不循乎理而恣己徇欲便是不仁仁不仁是榮辱所分之機則惡辱便要居仁乃居不

仁辱其能免哉循惡濕而居下言居下決無免濕之理見居不仁
決無免辱之理此與是循惡醉而強酒猶弓人而恥為弓一意俱
是勉當時諸侯行仁
如惡根上文惡辱來莫如直貫到明其政刑是進之以彊仁也貴
德尊士一直說士即有德之人言貴重有德而尊顯其人也賢者
能者俱是德在位在職俱是尊貴註解賢為德能為才才者德之
用也五命曰尊賢育才以彰有德是德亦兼賢才論語曰才難是
才又兼德蒙引存疑俱是此說在位在職中且勿講正君善俗偱
政立事故註用足以二字下文明政刑正是正君善俗偱政立事
国家閒暇是敵国無釁兵戈不興時候及是時要趁着此時急急
去明政刑不可蹉了日子所謂維日不足之意明謂斟酌詳審辨

別不差是也明政是酌其因革損益之宜明刑是辨其輕重出入之等此一句正是彊仁之事蓋戰国不仁之君大抵皆重政淫刑故孟子以仁勉之只在明其政刑尊賢使能所以相與共為此仁者不可以上二句亦是彊仁之事時文仁徹於尊賢仁徹於使能此語未是大国必畏謂政刑既明則舉措合理人心咸服便有尊君親上樂於效死制梃可撻秦楚之意故雖大国必畏之矣明政刑是仁大国必畏是榮故曰仁則榮

詩迨天一句証及是時徹彼二句証明其政刑今此二句証大国必畏為此詩四句俱作孔子言知道泛說勿作知治国家之道下文言其說可以治国家正見其為知道也講能治国家不可入尊賢使能明其政刑恐孔子未有此意只講思患預防便了

般樂謂縱欲則玩物喪志不暇去明政刑怠傲謂偷安則志氣昏
惰不肯去明政刑蒙引曰般樂屬動怠傲屬靜要般樂怠教亦須
閑暇時為之若国家多事亦般樂怠敖不得故曰及是時亦有維
日不足意當時七国交争無日休息或稍閑暇又急急般樂怠敖
以快其欲都不思預収賢能以明政刑則政荒刑濫民散国危喪
敗之禍皆其自取是自求禍也般樂怠傲是不仁自求禍是辱故
曰不仁則辱
禍福一句總結上文重自字看榮是福辱是禍仁與不仁皆自己
也禍福之来由仁不仁故曰自己求之與後章自取同意或謂自
由也便與自求禍自字兩樣兩引言俱重兩个自字自求多福明
福自已求之意自作孽明禍自已求之意

尊賢使能　章

全章五節分上是歷言王道之得民下是勉時君行王道而王士是民之望者得民亦必先得士以為民望故王政五事待士為首尊賢是禮貌有加不但委任之也使能是随材器使亦非兼無禮貌但比賢者有間耳俊傑一句即足上句德是賢才是能在位即尊使之位悅字願字俱以心言未即立其朝也下四句意同

市字閒字耕者字廛字俱徵讀斷

廛市宅也本是布字今作賦其地看便是活字想戰國時不論市之逐末多少只管廛貸并征故孟子言王政之待市於逐末多者則賦其宅而不征其貨於逐末少者則不賦其宅但治以法法謂治其争訟平其物價

譏而不征就道路之關看勿與廛而不征相混旅與商不同居市曰商出塗曰旅

助而不稅即耕者九一之法詳在方里而井一節

廛無夫里之布廛字與廛而不征廛字不同彼為城市交易之宅受稅者商賈居之此為城市人家之宅不受稅者百姓居之周制宅不種桑麻者罰里布民無常業者罰夫家之征此所設以警游惰者市居之民難種桑麻則勿使出一里二十五家之布市居之民雖不交易必有本業則勿使出一夫百畝之稅一家力役之征是謂廛無夫里之布夫字內貼一家字布字內貼一稅字征字攙註解里布在先作文還依大文以夫字為先天下之民民字不兼士農多是商旅一邊人蓋當時貨與廛并取故孟子先講上一條

又廛與夫里併取故孟子後講此一條曰商悅曰民悅皆自市居之人言之所謂頭受一廛而為氓是也

信能行此五者信字重看言實能行之非虛文也鄰国之民熱上數等人看仰之若父母即心悅頓歸意彼既仰我為父母則彼是我之子弟鄰国之君率之以攻我是率子弟攻父母决無濟事之理此所以無敵於天下天吏謂奉行天命者無敵天下即為受命而興之王者故决言其未有不王也

人皆有不忍人之心　章

全章二節分上是指言良心之皆有惟聖人為能充下是推言良心之必有而勉人當知所充所以謂四節終看節之意凡有四端一節終次節之意舊說此章為當時諸侯而發緣中間自賊賊君

等語且以前後章推之可見然其說理精密當與性善等章參
人皆有不忍人之心不忍害人之心也只是一个生字天地以生
為德人以生為心故害人自有所不忍見孺子入井而皆惻隱便
是生之之心
先王一節正明心之皆有言先王運掌之治亦惟此不忍之心推
之非心之獨異於人也但衆人不能推耳與人皆有之賢者能勿
喪聖人先得我心之所同然一意有不忍人之心斯有不忍人之
政斯字重看是心緐完其隨感即應自然流出無待於推之意政
不外教養運掌言天下之治即以心運之無難也
所以謂一節是驗良心之皆有乍見二字形容真心最切使非真
心偶觸之間安能發動如是之速耶怵惕惻隱四字不平看怵惕

是自已驚動惻隱是痛傷入井之人故只以惻隱為不忍人之心
這惻隱裡便要救他非所以三句言是心之發出於倉卒非有安
排計較也不是内交也不是要譽也不是惡不仁之聲所以謂之
真心要譽是求那好聲名惡其聲是嫌那不好聲名總是為名之
心内交有市恩望報意似是為利之心
孟子乍見孺子一節說惻隱之心痛切一簞食一豆羹一節說羞
惡之心痛切只看此兩章得力便不失了本心
由是觀節承上文斷言不忍之心人所必有是字指乍見一事言
見人必有怵惕惻隱之心無是心非人也羞惡辭讓是非又皆惻
隱之發而隨事異名者故有惻隱之心則三者之心皆所必有若
殘忍之人便頑鈍無耻傲慢不恭昏昧不明無所不至矣故三者

統於惻隱總名曰不忍之心惻隱等俱是情不曰情而曰心心統
性情者也
端謂有物在中而緒見於外也仁之全體渾然在心而其端緒微
見於惻隱故惻隱是仁之端下三句放此此與上節雖四件平言
要把惻隱作主上節以惻隱生羞惡辭讓是非此節以仁包義礼
智方承上乍見有脉絡
惻隱仁之端也四句是即情而指其為性之發惻隱之心仁也四
句是即情而知其所性之蘊
人有四端猶有四體不是泛言天下無一人無四體亦無一人無
四端也謂人之端必有四一不備不可以為心猶人之體必有四
一不完不可以為人故此二句是結上面由惻隱而悉數羞惡辭

讓是非之意
端之發見甚微功夫全在充上所謂致曲也自謂不能自不能充
也是不能充其不忍之心以行不忍之政謂其君不能謂君不能
充也是不能勉其君充不忍之心以行不忍之政賊害也有善端
之發而卒不充必有物欲奪之與平旦之氣旦晝梏亡一般久之
其端亦寖消滅豈不甚為心害故曰賊
凡有四端一節始達分上是指言擴充之功下是極言能充之量
凡有四端於我凡字我字俱不可輕看我謂四端在我不從外得
凡謂隨處發見不但暫萌當發見時必須察識知得這是善端方
可用力擴充故重一知字知得一念善端便要即此推廣使念念
皆善件件皆善以充滿吾本然之量故重一擴字充之者擴則充

不擴則不充也蓋善端在我莫非全躰只為端之所發不能擴充故物蔽日甚本躰漸虧苟知擴之則善念所擴無有壅遏本躰在中引之即動隨感隨應莫非天理有勃然不能自已者就如火之始燃其焰不止泉之始達其流不止一般誠能擴充至於火燃泉達如此則本然之量既已充滿四海雖大無難保矣若不能充雖父母至近而本心已喪亦安能事之乎如惻隱是仁之端知而擴之自一念之愛推廣之無所不愛則愛心日以盛長可以充滿其本然之仁而仁足以保四海矣義礼智放此舊說上段作始充看謂充其四端之發註中即此此字指四端言下段作遂充看謂充其火燃泉達之機註中如此此字指燃達言看来未是上既云擴而充之則火燃泉達便是漸漸充滿下云苟能充之只足上意不

是再用工夫但上言求充如克巳復礼為仁一般下言巳充如一日克巳復礼一般存疑曰知擴是用功之始能充是用功之成揔是一項直透工夫非謂有始充之功又有再充之功

矢人豈不仁於函人　章

全章首節分上言術之當擇下皆勉之以擇仁也孔子二節是示以不擇仁之辱如恥之二節是示以為仁之機

矢人一節承上章人皆有不忍人之心来言惻隱之心人皆有之但為所之不慎而失其心也矢人惟恐不傷人必傷人而後其術始精便是不仁函人惟恐傷人必不傷人而後其術始精便是仁其實矢人之心豈不仁於函人哉術使然也巫利人之生匠利人之死兩个利字即惟恐意見其用心之異亦為術所使非匠人之

不仁於巫人也彖引曰軍人得矢以射賊亦仁也賊人得甲以自衛則函人亦助雹矣巫人祈祝多罔生幸免匠人為棺免使委於溝壑亦仁也此言外意故術不可不慎推開說就入仁無妨言矢函巫匠只為術之不同遂有仁不仁之分故凡為術者皆當審擇毋以不仁之術自處也此術字與仁術術字不同彼訓作巧此當訓作習謂藝之所習也與習相遠同意

里仁二句非論語正意彼以擇里言此以擇仁言夫仁二句釋里仁為美意莫之禦二句釋不處仁焉得智意

天人二句不是一在於天一在於人都就人身上講如誠者天道誠之者人道一般上是天之所以與我以所受言故曰爵猶人臣受爵於君下是我之所以自處以所居言故曰宅猶居宅不可一

日離其实只一个理

尊爵兼得之最先兼統四者二意最先不是先得仁而後得義礼智盖仁是天地生物之心有是心方有是人是謂最先除却一仁字只可云兼統三者又曰四者何也盖天地生物之心不専是一个仁仁義礼智皆在其中蒙引曰有仁之德有仁之義有仁之礼有仁之智是謂兼統仁義礼智皆天所與皆謂之爵惟仁最先而又兼統故比義礼智則為尊爵安宅註云本心全躰之德亦根最先兼統来說言心德之全都是天理自然之安无人欲陷溺之危人當常在其中而不可離故曰安宅

莫之禦而不仁重自棄上故下文即言為仁由己

上節是不智也言本心昏昧不知擇仁就不仁前面講下節不仁

不智言私欲蔽錮昏愚愈甚就不仁後面講無礼無義又根不智來只因一不仁便不智便不知礼義可見羞悪辭讓是非揔是一个惻隱之心

人役謂仁智禮義俱無則無自強之道彼以強大服我而我當為之役於此而恥為役決不可免猶弓人而耻為弓矢人而恥為矢其能免乎哉故欲恥為役便當為仁為仁則智礼義皆有而脩德自強可以不為人役矣存疑曰為弓矢習於小藝不能有為以服役乎人故弓矢人自以為恥

上言是不智也欲人以是非之心而擇為仁之術下言如恥之欲人以羞悪之心而決為仁之機

仁者如射就入由己意講射者正已至末俱言射者反己之事以

明仁者如射之意

此章為當時諸侯而發可與仁則榮章參看反求諸己即禍福自己求之意莫如為仁亦不外莫如貴德尊士等意尊爵安宅亦為時君不仁甘處卑辱以致危亡不能自尊自安故深明仁道之大使知擇仁而處可以安富尊榮而免為人役之卑且危也

子路人告之以有過　章

子路樂善全在一喜字人情吝於改過便要掩飾見人說他不是心便不樂子路勇於為善有不善即要速改故以得聞為喜心實喜之也所以為樂善之誠

大禹樂善全在一拜字蓋聖人居天子之位何等尊重一聞善言毋論貴賤皆拜受之不少憚於自屈此非實心好善安能勉強得

来所以為樂善之誠註云不待有過便見高子路一着聞過則喜誠矣然猶知不善在己而善在人聞言則拜誠矣然猶知善在人而不善在己是皆未忘乎人己之間故雖有所取未有所與也大舜有大自善與人同直到與人為善歸結言舜之公善人己兩忘取人之善就以善與人較禹子路之取善為尤大也故末句莫大正應轉有大意兩个大字一樣

善與人同善字不是舜之善是个天下公理舜以善為天下公共道理不是我的也不是別人的故不為己有與人同之便是公天下之善而不私非謂以己所有之善而與別人同也舍己二句正講善與人同似是一直語意但註解兩平而以為同善之目條件也是把二句作二件看然意亦交互上句是以己從人下句是

取人為已故下文只承取諸人為善亦盡兩句之意
舍巳從人舍字即無係吝是也凡人視善為巳私物一有未善使要曲護使善獨帰於我舍不得就去從人是謂係吝舜不以善為巳有即未善亦何損於巳就舍之以從其善何係吝之有或謂舜如何有未善人之善亦安能加舜盖聖人虛心常若不足見人一善便要樂取看大智章居深山章俱是講聖人之心
耕稼一節只是足上節意言舜自窮至達自始至終無所往而不取人為善非另有一意
與人為善與字對取字看本是取他善來助我他因此益勸於善又是我把善去助他所謂與也許是奬勸意助是誘掖意兩个人字不是鉄定取那个人之善就與那个人為善要看淂活

取謂從外入来與謂從内出去此曰取人與人者亦借二字以明人己交成之理非謂取諸外以為我亦非謂出諸内以與人也善雖取諸人其實即我所自有之善特因人而發與善雖在我其實即人所自有之善特因我而發此舜之善與人同所以無内無外無人無己不自知其為取亦不自知其為與也孟子特為之形容其大耳

君子莫大一句專指舜言一說作禹子路亦有之未是蓋與人為善正舜所以大於禹子路也看首尾照應語意自明揔註在人者猶於己數句亦只是言舜不必泥賢字無彼此之間彼此以人己言非以舜禹子路為彼此也

伯夷非其君不事　章

伯夷節非其君至塗炭是述其行推惡惡至不屑是推其心一段深一段看不立惡人之朝深於非其君不事事君有委質之義立朝特居其國而已不與惡人言深於非其友不處交友有締結之義與言特暫相對而已孟子又推其心言不特惡人不與之言雖其冠不正未惡也而亦去之不特惡人之朝不肯立雖善其辭命來為失禮而亦不受之不屑就根不受來其意實總承上總見其惡惡之極或謂善其辭命不受是夷實事未知是否

柳下惠節不羞至不憫是述其行爾為爾至援而止又述其言而推其行皆言其和事汚君為小官而亦不隱賢和也直道難容至於阨窮遺佚而不怨憫亦和也爾我不拘雖處裸裎之側不以為浼亦和也援而止之不是惠實事但以內由與偕推之其和至於

如此不屑去根援而止來其意亦總承上總見其和易之極或以不自失爲惠之介未是蓋孟子言和者之全猶孔子言清者之量皆是闡出見清和之爲聖此是指其有弊見清和之非中未可入介意講

此兩節只平平叙他行實未可講他不好處末節乃指其弊而斷其不可由隘是示人不廣擧天下皆無可與似非寬大包容之量不恭是肆然自適擧天下皆無足校似有玩慢簡率之意隘不恭不必説未流之弊就是一偏之弊或偏於清不兼得和即爲隘惠偏於和不兼得清即爲不恭若清而不隘便有和意和而恭便有清意如矜而不爭便有群意群而不黨便有矜意這便是時中無弊之行君子不由淺説謂由其清不由其隘由其和不由其不恭

未是蓋由夷之清未有不隘由惠之和未有不不恭故不由者不由夷之偏清必由乎清而和者不由惠之偏和必由乎和而清者這便自寓願學孔子意

此章與逸民章我則異於是同意孔子述夷惠之偏而自言無一偏之行有示則意是聖人有德之言孟子斷夷惠之偏而言君子不由一偏之行有取則意是賢人造道之言故觀其所不由則其所由者必無可無不可者也

七卷終

四書便蒙講述卷八

閩後學　未人　盧一誠　著

天時不如地利　章

首節是一章大指兩句不平看重人和上言天時不如地利地利又不如人和總是天時地利皆不如人和也第二節言天時不可勝第三節言地利不守必敗亦是不勝末二節言人和之必勝可見人和為重戰國時兵家大率皆尚天時地利至驅不教之民以戰往往自取敗亡故孟子獨重人和欲人以民心為本也

天時　時謂時日支干孤虛旺相　時謂四時指十二月言日謂時之日也支謂子丑之類干謂甲乙之類時日各有支干支干有孤虛旺相孤謂空亡如甲子旬空戌亥之類虛謂子實則毋虛如甲乙木

實則壬癸水虛丙丁火實則甲乙木虛之類旺相旺是主相是輔如春水旺木生火則火相之夏火旺火生土則土相之之類

三里之城節申言天時不如地利三里七里城郭之最小者然亦可恃以自固雖曠日久攻得好天時亦難破他可見地利較勝過天時曠日持久只就環而攻上看

城非不高節申言地利不如人和城池險阻又有兵革米粟這地利盡可負恃然人心不和不肯死守即棄而叛去可見人和較勝過地利兵革粟米亦曰地利其地所出之利也故凡言地之勝必曰帶甲數萬粮餉不絕堅以革言利以兵言下文單言兵革之利省文也

天時不如地利以攻言地利不如人和以守言然難攻則守可知

難守則攻可知用兵總不外攻守二者

域民節正言人和不是推言人和之本於得道盡惟得道多助至於天下順之便是人和順即和也總是同心服從無携貳乖離之意得道如省刑罰一節貴德尊士一節皆是天下順即足上句言助而至於天下順多之至也親戚叛句亦然

末節言人和之可戰以所順攻所叛是以人和而戰也有不戰戰必勝與上攻之不勝委而去之反對看見得人和之必勝非若天時地利之不足恃也

孟子將朝王章

全章二節截上是示不應召之意於齊君下是明不應召之意於齊臣

孟子於齊為卿其去也曰致為臣亦既自處臣子之列矣然曰賓師何也蓋古之賓臣師臣非人臣之外別有賓師只就人臣中道德高厚者待以殊常之礼即其位謂之臣即其躰貌隆重謂之賓師况孟子未嘗受禄者乎故本欲朝王在孟子以臣自處則可使人召見在齊王以臣礼處孟子則不可且其托疾意又不誠故孟子亦以疾辭所以啓王尊德樂道不可以富爵而輕天下士也或謂托疾是欲其相稱未是

如就見如字蒙引淺說俱作徃字看存疑作若字看朝將視朝上朝字謂明朝也孟子本要明日朝王王又先日来召故不果

明日出弔於東郭氏孟子恐王以為真疾故弔於齊大夫家使王聞之知其非疾必求不赴之故而悟已之不當召公孫丑不識此

意故疑其不可孟子亦不以本意告之使自悟也
王使人問疾醫來果以孟子為真疾使仲子直以出吊告之則托疾之意可達於王景丑氏可無宿矣乃權辭以對復要於路既慮孟子失礼又慮自已失言則非疾之請終於不白而警君之意晦矣
問疾醫來是兩項人一是問安人一是治病人數人要路處歸路之多也
不得已而之景丑氏謂歸來則已意不明造朝則大義不可故不得已而宿景丑氏以明其意不重失仲子之言上
大倫有五獨言君臣父子者本為君臣而言特以父子形之見主敬之倫與主恩並大也未見所以敬王微指聞召不赴特未明言
孟子陽為不諭而以不言仁義為不敬景丑乃直指其事以責之

故孟子下文詳言不應召之意曾子一節言已不可應召大有為三節言王不可召已

云爾指何是與言仁義之言莫大乎是是字指無以仁義與王言堯舜之道即是仁義齊人不與王言仁義是謂其君不能謂之賊孟子非仁義不陳是陳善閉邪謂之敬故曰齊人莫如我敬王也此固陽為不諭敬王之說其實譏規景丑之意見臣當以陳善為敬不當以承順為恭

非此之謂此字指仁義不與王言援礼以責孟子正發上節未見敬王之意景子此言乃人臣律令孟子之不應召正謂不當以臣禮律我故以齒德自負而曰不召之臣

豈謂是與是字指礼之所云引曾子之言重德上看下文三逹尊

正明是或一道之意言德而又兼乎齒也

吾何慊乎哉以相敵言彼有富我有仁抵敵得他彼有爵我有義抵敵得他何慊於彼哉彼以我以不兩平重我邊講仁者兼四端統萬善體無不具用無不周所以與富相敵義者有裁制合時宜常伸萬物之上不屈萬物之下所以與爵相敵然此亦激於世之輕仁義重富爵而為是言耳其實與富爵安能敵仁義

天下有達尊三承上或一道來言彼謂仁義無歉於富爵者正謂德之與爵均一達尊故也齒亦達尊之一孟子又是年尊故因論德而併言之耳朝廷三句是申言達尊不是隨在致隆之意若作隨在致隆則齊王於孟子安有鄉黨之交耶故末句只以一二較多寡更不論朝廷鄉黨與輔世長民

輔世世字主君言君以御世臣所以輔之也長民居民之上為之長也一說只作濟世安民講一說輔世謂維持世教如闢楊墨之類俱未妥

故將大有為之君將字重看言將欲有為先要有不可召之臣然後能有為也必有所不召之臣不是臣之自重不為所召是君之尊重其臣不肯召他有謀一句正是不召言我要去就他不要召他來就我所謂尊德樂道當如是也不如是則不足有為矣講大有為不必兼伯意只重王邊講德就賢者所蘊言如居仁由義是也道就賢者所施言如治平之具是也其實治平之具不外仁義只是一理

學焉而後臣之不是先前以之為師後來以之為臣只是始終所

從受學之臣也與臣其所受教臣字一意桓湯並言只為下文不為管仲張本

地醜德齊德謂功業也不好臣其所受教便是無從學之臣

管仲且猶不可召二句見我尚不肯為管仲而王之待我尤不若桓公安望其相與有為耶

此章骨子始終是仁義為主上言我之敬君在言仁義不當應君之召下言我之不應召是守仁義不是失禮於君然既曰莫如我敬王又曰惡得有其一慢其二既曰不如是不足有為又曰不為管仲終不免有此英氣

前日於齊王餽兼金章

夫子必居一於此陳臻意坐定有一件不是故孟子以皆是答之是

字不當義字看只對上兩非字看言其皆是而無一非也所以皆是則以適於義耳

在宋將遠行是有處也其致餽之辭曰贐則非貨矣於此見受宋之是在薛有戒心是有處也其致餽之辭曰聞戒則非貨矣於此見受薛之是於齊無遠行戒心之事是無處也其致餽無餽贐聞戒之辭是貨之而已君子不可以貨取故不受於此見不受齊之為是

遠行是將行之時聞戒是出疆之際二在字非在宋薛之國而未去也特言當其時耳於齊則尚在於齊而未去廩人庖人皆可繼也餽金何名哉曰未有處則我無所處與彼無以處我皆在其中矣處猶據也彼無所據以為致餽之詞我無所據以為受餽之名

故曰無處餽利也謂以利交也取致也猶言餌也以利賂人誘也受賄如以餌取魚而網之是謂貨取君子見得思義一介不苟豈可以貨取乎

此與居鄒章參看此有受有不受皆合於義彼皆受之而有見有不見亦皆合義可見聖賢辭受進止之間只要求一个是而已

孟子之平陸　章

全章三節分上是直言以責齊臣而齊臣知其罪下是述言以諷齊君而齊君知其罪

首二節是責其失職而距心委罪於君第三節是責其不去而距心歸罪於已

戟枝兵也雙枝曰戟单枝曰戈失伍不在伍也此必就行師時言

故失伍即當殺若平時訓練雖三不在伍亦未至可殺子之失伍指失職言人臣以民為職不能保民便是失職與士不在伍一般故曰失伍亦多矣子之民五句正言失伍之事此非距心之所得為言倉廩府庫皆君之有興發補助皆君之事則民之轉死溝壑皆君失政使然非我所得專為也

為之牧牧字以人言求牧牧字以地言牧地謂草場也芻刈去草也牛羊日飼之以牧夜飼之以芻求牧與芻而不得喻民之失所反諸其人喻致事而去反其民於君立視其死喻居位不去而坐視民困孟子非以去責距心言不去則不得辭其責也距心自知其罪亦非以不去為罪言我既不去則民之失所誠無所逃罪安得專諉之君哉

邑有先君之廟曰都蒙引曰邑嘗為先君所都後遷之他乃只為
邑故猶有廟在而稱都為王誦之是記者之詞非孟子請為王誦
也誦己責距心之言與距心諉罪於王及自任其罪之言則王亦
知民之失所誠我之罪果非距心所得為矣故曰此則寡人之罪
也三節三个此字俱指講竝數語看

孟子謂蚔鼃曰　章

全章二節分上是孟子以臣道責人下是孟子以師道自處
似也虛講為其可以言正是似意既為可言而請士師而又數月
不言豈王之刑罰皆中未可以言歟孟子以此責蚔鼃只是激他
言不是教他去然要盡言便有聽則留不聽則去之意在
蚔鼃諫於王是行孟子之言不用而去是會孟子之意

蚔鼃之去是人臣律令不可以此律孟子齊人不知以此譏孟子之不去為蚔鼃則善兼使之言使之去二意自為則吾不知单是不去一意

蚔鼃是言責之官官守如距心之類不得其職謂職不得自專非不稱職也不得其言謂言不見用非不盡言也孟子在齊不受禄故無官守言責之寄進退綽綽承齊人之譏只重退一邊然進意亦重言其進由我固非強之使來則其退由我亦不能迫之使去豈不綽綽然自如哉盖其不受禄不應召原不以臣禮進故其濡滯不去自與人臣律令不相妨使其進也由人所招致則其退也亦安能由我故曰趙孟之所貴趙孟能賤之自是綽綽不得

孟子為卿於齊 章

上節見孟子待小人之迹甚嚴下節見孟子待小人之詞甚婉嚴處見其危行婉處見其言遜得孔子待陽貨家法

孟子為卿於齊不必說是客卿分明居卿之位但不受祿故齊王以賓師禮待之茲因弔滕欲借重孟子以卿職而往故先提孟子為卿出弔下文乃曰王使蓋大夫輔行覲王使二字猶屬王驩則知孟子為卿王非以臣禮使之也朝暮見兼往返言曰反齊滕之路不言往者謂自往而反也存疑以朝暮見為往反齊滕之路為反未必然行事是出弔所當行之事如儀文器數揖讓交際類

位不為小見非隅於勢而不得言路不為近見非迫於時而不及言乃往反不與一言行事故丑以為疑夫既或治二句只是托詞非本意也本意是不肯與小人言

有司解或字不指王驩王驩副使亦卿也有司是辦使事之人即

籩豆之事則有司存之有司

孟子而絶王驩入弔公行不與之言不私言也故謂不當言而托

諸禮出弔於滕不與之言不公言也故謂不必言而托諸事皆不

惡而嚴之意

孟子自齊葬於魯　章

全章首節分上是門人疑孟子葬母之過厚下是孟子詳明其為

盡心也通章以盡於人心一句作主總是破他木若以美之疑古

者一節言先王之制要使人盡心所以木欲其美不得一節言得

之有財正我得盡其心而非木之過美且比化一節言木之美乃

所以盡其心吾聞一節言木之不美則薄其親而心不盡悅字恔

字皆盡心之意
木若以美充虞是疑其過厚非疑其過制孟子言古之棺槨亦非
引古制以釋過制之疑只是反覆言其盡心以明當厚之意中古
數句不重尺寸制度重木之盡美講盡於人心全在棺之堅厚久
遠所以木當以美也堅厚久遠不平言惟其堅厚所以久遠
得之謂法制得爲即自天子達於庶人之制也不得不可爲悅而
心不盡無財不可爲悅而心不盡得之而又有財古人皆以木之
美者而盡其心吾何爲不以木之美者而盡吾心乎此見孟子貧
富不同之意所謂不可爲悅者微指葬父而言則非後喪踰前喪
益見矣
且比化者無使土親膚即上註堅厚久遠之意於人心獨無恔乎

正應轉然後盡於人心

君子不以天下儉其親言物天下物也親吾親也於所當盡心之時而不自盡是為天下愛惜財物而薄吾之親也故君子不以天下儉吾親知君子不薄其親則吾之當厚親明矣木之美豈為過哉儉其親之言兼生事葬祭皆是此物字不專指棺木

沈同以其私問曰　章

此章上節論燕可伐下節論齊不可伐燕此非一時說話但未伐燕之先因有沈同之荅故既伐燕之後遂有或問之疑記者因合為一章

燕之可伐重子噲二句有仕於此以下即爵祿私相授受例子噲私相授受所以見燕可伐齊不可伐燕重為天吏一句今有殺人

以下即殺人非士師不可例伐國非天吏不可所以見齊不可伐燕

沈同以其私問或出己意或王陰使皆不可知然齊伐燕而或疑孟子之勸以因此問則沈同亦必齊臣之用事者

子噲二句重不得二字諸侯土地人民受之天子傳之先君子噲不得專之而私與子之亦不得專之而私受乃不由王命徑相授受便是無君之罪所以可伐何以異於是是字指爵祿私授受而言言子噲子之以國私授受何以異於以爵祿私授受也

沈同之問以私不以公問燕而不及齊故燕之可伐孟子所宜荅齊之不可伐燕孟子所不宜言齊人乃知燕之可伐不知己之不可以伐燕故其伐燕也不免有孟子勸齊之疑

殺人人字是被殺之人人可殺人字是殺人之人

此章見燕之與國齊之伐燕均為得罪於天一非堯舜而行堯舜之事是妄干天命故有可伐之罪而亡一非湯武而興湯武之師是借干天討故有必敗之勢而畔

燕人畔　章

全章二節分上是齊臣援古人之事以文君之過下是孟子明古人之心而責其文過

王蒙引以為湣王據史記以燕畔之年言之存疑以為宣王據朱註以甚慚之詞言之今以勝燕取燕數章參看還是宣王始問孟子既告以當順民心再問孟子又告以置君後去言皆不用以致燕畔所以甚慚若是湣王安有此言

陳賈問周公分明曉得是不知而使特欲以不智之過歸周公以釋齊王不知燕人畔之過不仁意輕

然則聖人且有過與只是不智之過陳賈此問不明言齊事與孟子問我齊王一般孟子知其必為齊王解慚故先明周公之心而後責其文過

周公之過不亦宜乎宜謂天理人情所不免故有過方是聖人之心若無此過必是逆探兄惡便非聖人用心蓋周公只知愛兄即以心相信把兄弟形迹都忘了不惟不疑其叛亦不曾說到不叛處故使之不疑宜有是過也賈問周公有過意孟子必以聖人不能無過答之便要替王回護不知孟子以過為宜則他人之過必非所宜矣此答便非賈意料所及

且古之君子從諱不指周公過則改之不是周公之過周公之過
是不當改不必改故曰宜今之君子亦從諱勿指王亦勿指陳賈
責王責賈之意俱在言外註云責賈者對賈言也
過則改之一句虛講下言民皆見之民皆仰之正見無所掩護明
白改過所以為古君子之過也今之過既順之不改又為辭以掩
覆之所謂小人之過必文也雖并責王意還重責賈賈見孟子所
對既出意外而言今之文過又切中其罪故終不言齊王之事

孟子致為臣而歸　章

全章首節是孟子去國次節是王欲繼見而言其不敢以下是因
王復留而言其不可揔重道不行上以利誘意輕蓋誘之以利便
是不用其道故不可留

致為臣而歸致猶棄也還也孟子在齊雖不受祿然居卿位亦臣
也棄却卿位送還人君故曰致臣
得侍君之謙詞同朝指諸臣言一說謂得侍孟子與之同朝未是
請干請也謂請見於王也不敢請有推辭之意見自守之義固所
願有屬望之意見愛君之仁
他日王謂時子覩他日二字見孟子欲歸時齊王就見全無留意
及見遲遲不去猶望王反予另一日又托時子留之看此留尚是
未出晝之先有欲為王留行者便是既出晝之後
王謂時子之言所以處孟子者未為不可然不能行道於在齊之
日乃欲繼見於去齊之後不能追悔其前日之非乃欲勉強為他
日之留不能尊之於朝廷之上乃欲居之於當國之中不能曰其

君用之乃但曰子弟從之不能原其初不受祿之心乃欲誘之以萬鍾之利故孟子以為不可或謂齊王既知孟子只要行道何不以行道之意留之而徒萬鍾矜式之云耶曰孟子之言當時之君皆以為迂而齊王屢言有疾亦自知其不能用故不以虛言招致其留孟子數句皆是真心實事此亦見天資朴實處

養弟子以萬鍾見孟子遊齊梁門人從遊者相與周旋故後車數十從者數百其弟子居多也養以萬鍾只是資其館穀之費非官祿也諸大夫指有位者言國人指無位者言矜式只使人敬仰之而已亦非為卿時賓師之礼

時子惡知其不可正意在道不行義不可留上但明言此意便是要他行道便是求售故難顯言知使以下俱非不可正意只承萬

鍾來言我非欲富不可效子叔疑壟斷之所為也

使已使字是假使之使使其使字是使令之使孰不字對獨字看壟斷者既得於此又得於彼子叔疑不得於此求得於彼似不相同然總是求利之心蓋不得此入欲得彼者原其心未嘗不欲得此而又取彼也孟子道既不行是不得於此而又受祿是求得於彼故以子叔疑自況存疑以辭十萬為不得於此受萬為求得於彼未是

古之為市一節上四句言古人無征商之法下是因罔利而有征商之弊有司者治之治以法而不征其貨也征商自賤丈夫始亦惡其逐利而征以抑之不重征貨意登壟而左右望只是借言罔利形狀其實壟上一望所見幾何聰視所及安能皆市須會意看

孟子此言俱是對陳子講欲陳子以此言於時子時子以此復命於王王或反予而欲用之則所謂予日望之者猶或可慰乃不復再留此所以三宿而出也

孟子去齊宿於晝　章

全章首節是孟子去國有所寓次節是絕留行之人三四節是明其所以絕之之意

孟子致臣其去不速故王以萬鐘留其去又宿於晝故客又為王留及以濡滯譏之乃言行道本意曰王如用予天下舉安則向之不應於客而難言於時子者皆於尹士發之矣

有欲為王留行者是不由王命徑自替王來留坐而言、其所留之意也孟子不應而卧絕其無王命之夫非絕其坐而言之失無人子思之側這人是君命所使以伺候賢者之人無是人則繆公誠意不達於子思而子思去矣無人繆公之側這人是教其君待賢之人無是人則不能維持調護繆公以待賢而泄柳申詳去矣上例言客非齊王所使以達誠意者下例言客不能教王以留賢總是責他自為留行之失泄柳申詳其賢不比孟子特其事可例以責留行者故併引之非欲王以二子之礼待己也故下文只云子為長者慮而不及子思

子絕長者只是自為留行而無王命使我欲留不得也　所以絕我也長者絕子指臥而不應言此二句不是兩詰之詞也　謂子先絕我非我先絕子也

孟子去齊尹士語人曰　章

全章首節截上是尹士譏孟子去齊之不速下是孟子詳發其不忍去之心以抑尹士

尹士之譏雖三意並言却重在濡滯上意以今日既然要去當時何為而來當時既來得不是今日又何為去之不速並不悅茲字重看言孟子平日所為我皆悅服獨於此處不悅之耳

尹士惡知予三節總是辯濡滯意首只予所欲中畧辯不明干澤二意欲字指行道言謂我之千里見王欲行其道固非干澤亦非逆料王之不可為湯武也予不得已句承上文言本欲行道去非得已所以不忍遽去便見非濡滯意下二節俱發明此意

予三宿而出晝一節言方出晝之時不忍舍王如此王庶幾改之三句是推循以為速之意出晝而王不予追一節言既出晝之後

不忍舍王如此王猶足用為善六句是推豈舍王之意兩个庶幾
改一般但一是三宿時心事一是浩然歸時心事
王猶足用為善軏王本身言不是猶可以為善國豈徒齊民安二
句正是足用為善之意予日望之日字重看言予無日不望齊也
在書三宿是望之也出晝望其追亦望之也不追又豈舍王猶望
之也見孟子未嘗一日忘行道之心故屬望於齊惓惓如此
予豈若小丈夫一節不是直斥尹士只言已不為小丈夫之為與
夫子疾固口氣一般小人應小丈夫講尹士聞孟子之言便知君
子用心與我不同故自知其為小人
尹士兹不悅之譏亦知尊孟子卒又耳於自責其人品亦高矣故
孟子行道之欲不忍舍王之意尽吐衷情使之聞之若時子若留

行者皆不言其本意必其人不可與言者且身尚在齊時亦未可言也汲汲本心指千里見王是予所欲言惓惓餘意指予不得已予日望之言

孟子去齊充虞路問　章

全章首節是充虞疑孟子不豫中三節是孟子明其所以不豫末節又言其未嘗不豫也

孟子去齊不豫與孔子不悅於魯衛同意孔子欲行道只屬望魯衛孟子欲行道只屬望一齊於此不遇而皆不樂聖賢畏天命悲人窮之心也充虞不知以爲怨天尤人故孟子以時言之彼一時以平常無事言此一時以不遇故去言當此不遇故去之時乃吾道興廢世道汚隆所係不能不為之深憂者即有不豫豈為怨尤

故不當以平日之常言而律今日之遇也五百年二節正明所以
不豫意
五百年二節重王者興意蓋孟子坐定一个名世了特患無王者
之君耳故上節言必有王者則必有名世之輔下節言今無王者
則無以展名世之業與孔子明王不作天下莫能宗予一意
五百年亦以貞元氣數大約言之兩个必有字重看言决不過期
也故下文以過其數為可憂以其數承五百年言以其時又以當
今極亂而言總見王者當興而今無王者使我不得一有所為以
立名世功業所以不能無不豫也
吾何為不豫兩承上言王者不興使我不遇於齊是天未欲平治
天下也天固無如之何亦俟之而已如有王者興欲平治天下則

當今之名世亦能舍我是我猶足以自信亦安之而已吾何為不豫哉一說單承如欲平治來夫天未欲平治句只喚起下文之辭謂孟子雖去辭猶有望治之意故自負自解如此且謂朱註語意亦只承一邊未知是否

此章舊說以上二節為憂世之志末一節為樂天之誠愚意竟屬所問是樂天之誠孟子所言皆憂世之志末節言天意未必而治具在我正所以自樹其憂世之志非以此為樂天之誠也彼一時當樂天則不怨不尤此一時當憂世則有不豫色所以為並行不悖蔡氏拆裹去三條皆是憂世樂天只於吾何為不豫言外會意此說亦是蓋何為不豫裡面便隱然有不怨不尤之意

孟子去齊居休章

此章丑疑孟子之不受祿孟子因言所以不受祿之故於崇節言見王即有去志所以不受祿有師命節言久於齊非我志所以雖不去亦不受祿兩个志字一樣言其志欲去齊不欲久於齊也有師命不可以請朱子主義言新安主勢言存疑謂賓師雖不與臣同然國方有事亦不可飄然而去況其勢亦有不得去者是兼二意或謂孟子還有屬望齊王意尚不忍舍去不然去亦不鄭矣

此篇記孟子去齊者五始曰致臣猶未去也既曰宿晝去矣猶在境內也及出晝猶望其追不免濡滯之譏及不追去而在途又不無不豫之色又其後則居休矣孟子英氣不肯少徇乃獨於齊戀戀焉此亦孔子遲遲去魯之心也當時鄒為父母國力微不能有為晉仕國也梁惠而下襄尤劣矣秦楚吳越雖強又皆僭僞之國

非孟子所欲見者至於滕則壤地褊小魯又平公不見則所深屬意而庶幾一遇者舍齊何適哉故王霸之陳遊觀之告與夫好勇好貨好色之箴何諄諄也乃三宿而去之行竟遠乎千里而来之心則所謂天下舉安舍我其誰者無所徃矣此所以遅回顧戀不能無不豫也或謂孟子於滕於梁皆以卑礼幣聘而見乃其見齊不聞礼聘無亦自来見之乎曰孟子不見諸侯乃諸門人以為過者豈其於齊獨不守此義哉但不知初見當屬何篇朱註偶未之考耳不然雪宫之館賓師之位召之不来也而問疾致臣而去也而就見而曰願見曰得侍又懃懃焉豈其初無一礼聘哉必不然矣

滕文公為世子　章

此章首二節分上是因世子求見而示以性善下是因世子有疑

而勉以必為

世子太子也或謂天子之子為太子諸侯之子為世子非也周公立教世子之法成王亦稱世子則世子太子為天子諸侯之子通稱矣敖氏曰古天子之嫡子稱世子如王世子聽於冢宰三年盟王世子於首止之類諸侯之子亦稱太子如晉太子申生齊太子光之類漢天子嫡子稱皇太子諸王之子稱太子如皇太子殺梁王太子之類金元庶子亦稱太子如四太子兀朮之類

將之楚過宋而見孟子見其不以交鄰為重而以見賢為急

孟子道性善一節是門人撮記孟子告世子之大旨當時所道所稱必有許多說話不能悉記而約言其旨如此每道性善不止一言也稱堯舜亦是每稱言堯舜至聖亦不外此性之善故每道性

善必每稱堯舜證仁義不假外求句貼道性善聖人可學而至句
貼稱堯舜性有五德獨言仁義者舉此以該彼也程子先善後惡
等語亦不盡然如邪正曲直之類

孟子遇諸侯多矣而獨與世子言性善皆在門所未嘗聞者無亦
傾蓋之頃即見其資之可進於道而直以堯舜望之乎顧當時功
利錮蔽性學不明一聞堯舜之說必駭且笑雖世子亦安能無疑
孟子乃申之以道一之旨證之以三子之言又決之以奮發有為
之戕則世子之疑始釋矣不然何以能行三年之喪而井地之問
亦惓惓耶

世子復見孟子蓋疑性善堯舜之說高遠難行意必別有卑近易
行者故復求見孟子但以道一告之見性無二善堯舜實不難為

也道一即是性一故註云大同一性但不可指道字當作性字道畧就行邊講因世子求易行之道故不曰性一而曰道一如率性謂道是也以其理之所具謂性以其理之當行謂道雖有兩名只一个理而已矣者言無復他說也

成覸三段總是發明道一之說吾何畏彼是彼丈夫與我丈夫只一个道有為亦若是是舜與予只一个道周公豈欺我是周公與文王只一个道要把性善入講彼之與我舜之與予文王之與周公若非同一性善何以無畏何以有為若是何以信文王之可師哉故引此以明道一正見人性皆善堯舜可為之意

猶可以為善國指國言且勿入奮發意下文引書乃勉之以奮發也人有痼疾必服毒藥使心中潰亂頭目昏暈方能除疾如人為

氣拘物蔽必大發憤大刻苦方能振拔有為若悠悠因循安能濟事故孟子引此以勉滕君瞑眩喻自克意疾瘳喻去惡意為善善字是上文性善之善不是善國之善安於卑近與上註卑近易行一樣俱指不師聖賢言不指國勢弱小言

滕定公薨　章

全章三節分上是世子欲行喪禮而見阻于人下是世子定行喪禮而能感乎人世子兩問一是不忘性善之心一是不能自信之心孟子兩荅只是一个盡心即上章性善之旨

昔者孟子嘗與我言二句不可輕看這是文公行三年喪之根本都自過宋一見中來

親喪固所自盡一句是孟子教文公行三年喪之大旨引曾子之

言見心之當盡三年之喪三句正盡心之事自天子二句言古今貴賤皆所當盡心也下文曰不可他求曰是在世子總是自盡自盡二字就有責他盡其在我由不得他人之意重本心上講

諸侯之禮吾未之學非謂今所言者不是諸侯之禮此句正與下文自天子達於庶人句相對應言諸侯之禮吾雖未學然三年喪禮乃自天子達於庶人所通行者則諸侯在天子之下庶人之上必是此禮無疑矣三年之喪一句重看戰國時此禮久廢故先以喪必三年告之齊疏二句是三年喪中之事自天子二句勿以古今貴賤平講言三年喪禮天子庶人通行此三代之所同也所以要滕君自盡

定為三年之喪只是世子自定尚未布之臣下觀下文居廬事可

見然君行此禮則臣下皆當從之喪便要三年服便要齊疏食便要飦粥群然以為不便故父兄百官皆不欲也吾宗國以下正言不欲之意

魯先君莫行三年喪必是伯禽以後之君滕先君亦莫行三年喪亦必非始封之君但喪禮廢壞沿襲已久父兄百官不究根原誤認為周公創制之法故引志從先祖之言又為之解曰有所受若斷以三年喪非古先之法而不知先君所行皆非始初立法本意曰吾有所受之也曰字為解志者言吾字指先祖言意以志之所謂喪祭從先祖者蓋曰先祖喪祭之禮有所傳受故也

再謂然友蓋欲從父兄百官之欲又違孟子之教欲行孟子之教又拂父兄百官之心此其機亦甚危疑故再問孟子然但知自責

未嘗有人其賢亦可知矣恐其不能盡於大事與上自盡相應言
孟子謂我自盡我恐其不能自盡也
孟子曰然指父兄百官不我足言謂此礼舉於久廢之後而人皆
不欲誠是也不可他求謂只當斷然自盡莫管父兄百官不欲他
當自化引孔子言正明感應之意君薨至先之也是叙居喪感人
之事有好至必偃是推言感人之理皆孔子言也是在世子一句
是語畢叮嚀要他斷然自盡不可諉之他人
世子曰然指不可他求言是誠在我承是在世子来而直任之也
五月居廬得於卽位而哭之言未有命戒得於聽於冢宰之言顔
色之戚哭泣之哀得於歠粥面深墨之言百官族人以世子為知
礼則從世子行三年喪可知矣四方来觀則近者可知弔者大悅

皆四方之人則父兄百官之悅尤可知于此可以驗人性之皆善

滕文公問為國章

全章新子之國分上是告滕君以民事之務下是告滕臣以民事之詳大旨以民事不可緩一句為主民事只是農事農事只在助法上半總論助法當行正是急民之事斈校特行助之後所當行耳下半總論經界曰常制曰形躰皆所以行助法而急民事貢法特兼言國中所當行耳故曰有恒產曰取民有制曰莫善於助曰雖周亦助曰自經界始曰請野九一而助曰百姓親睦曰方里而井總歸重急民事行助法上若以教對養以貢對助殊失立言輕重之旨

滕文公問為國此是文公初即位即禮聘孟子至國而問之也問

為國問所以立國之道

民事暗措制產行助就含常心常祿所係之意故不可緩此一句是通章本旨引詩言民之自急其事見君之當急民事民之為道一節言民陷罪由無恒心無恒心由無恒產不制產便是罔民見民事所以當急

是故賢君一節承上文言罔民便非仁君故仁君必不罔民恭儉以德言礼下取民有制以所施言觀註則能二字可見勿以為恭儉之實礼下涵制祿意取民有制涵制產意皆是助法中事皆所以不緩民事也勿以礼下涵斈校意蓋自民事不可緩至雖周亦助都是重民事斈校乃養民之成功所謂驅而之善者不在民事不可緩之內

陽虎節重爲富不仁一句言不制產至於困民便是爲富不仁應上文焉有仁人意以見制產不可緩也」

夏后氏節言三代制產之法正見其不緩民事

夏每人授田五十畝而以貢法取民殷每人授田七十畝而以助法取民周每人授田百畝而以徹法取民五十七十百畝是制民常產而貢而助而徹是取之之法貢助徹且輕講如通为合作計畝均分借力助耕等意俱留在徹也藉也講存疑曰井田之法自古已然夏人一夫五十畝一井授十八家殷人一夫七十畝一井授十二家周人一夫百畝一井授八家

其實皆什一也實對名看貢助徹其名雖殊其實總是什一貢法每人貢五畝於五十畝之中是十分中取其一分助法除公田廬

舍外每人助耕七畝於七十畝之外是十分外取其一分周人鄉遂用貢之什一都鄙用助之什一故曰其實皆什一
徹者徹也謂通也均也通非通用貢助之謂只是通力合作有通徹之義計畝均分有均徹之義助者藉也亦是此法但商人原名爲助便以助取義周人更名爲徹便以徹取義故曰雖周亦助
龍子節俱作龍子之言以首一句爲主下文極言貢法之弊正見助法之善所以當行校數歲之中以爲常亦是大禹舊法但當時必有察豐歉行補助之政後来不善用法只拘定此數必於取盈故其弊如此非禹之法之弊也多取之不爲虐是設辭非謂樂歲當加多於常數之外也則寡取之只是未嘗加多非謂於常數之內而又少之也將終歲勤動至轉乎溝壑正是民盻盻之意

世祿節言滕既行世祿不可不行助法蓋世祿出於公田不行助法則無公田世祿無所從出必是加賦於民便非取民有制所以行世祿便當行助法註云食其公田之入是正解世祿本意非解滕固行之世祿也後段制產必養君子皆根此句

詩云節言助法通行於周見滕亦所當行蓋周人所行都是助法但於國中難行去處兼貢法行之耳故觀公田之詩而知周之用助則助法不獨行於殷也治地之法孰善於此

設為庠序節承上言助法既行則民有恒產因有恒心故又不可無教首一句以設為二字提頭是指文公當設學以教民以下詳言古制見學以明倫所係甚重故助法之後必所當設也

庠序學校非欲文公兼設四學蓋並舉之聽其自擇一名耳

養老為義養庶老國老皆是按有虞氏養國老於上庠養庶老於下庠夏后氏養國老於東序養庶老於西序殷人養國老於右學養庶老於左學周人養國老於東膠養庶老於虞庠則學以養老不獨周為然而曰庠曰序曰膠名亦不一孟子亦舉其槩耳教民為義如六德六行六藝皆是習射為義如志正躰直弓矢審固比禮比樂皆是重觀德上

皆所以明人倫重鄉學國學言三代之學雖各取一義以為名其實揔是教人明倫明者聯師儒群子弟申明大義昭示於衆使人曉然知倫理之為重也人倫明於上際根上句來作三代之學說小民親於下親字不异親上之親是民之自親與百姓不親親字一樣兼五倫俱有亦不但是父子之親時文以末二句為勉滕君

未是

為王者師或謂只是助法註曰仁政就是下文经界然能養而不能教似非王政之全還兼教養為是滕之教養皆取法三代則有志三代之治者便要取法於滕故以王者師許之

子力行之亦兼教養說新子之國以文王新命例觀雖今日未即有天下而國勢自此漸大後來必有受天命而興者

孟子於齊梁每言天下不王未之有也至於滕但曰為王者師曰新子之國不曰而可以王何也蓋既無湯武之德又無時勢之資即勉力為之僅可至此豈若王齊反手之易哉然則其所許齊梁者自是實事不為空言惜宣惠之不足有為也

使畢戰問井地是文公要行助法故問其詳正经界就是井地即

方里而井一節意仁政指分田制禄言欲行分田制禄之仁政便要正經界經界既正則分田制禄之政可定也一說仁政亦兼教養說

經界只是畫為井字每井界定九區每區界定百畝溝塗封植界限明白無多寡廣狹之差是也此而不正則田之所授無定分而豪強者得以兼并是井地不均賦之所入無定法而貪暴者得以多取是穀禄不平故必經界既正而後分其田於民以為野人之養無不均之井地制其禄於公以為君子之養無不平之穀禄是可坐而定也田與禄雖分君子野人然只是一个井外八區分授野人是井地均中一區為公田不稅私田是穀禄平暴君汚吏即豪強貪暴等人慢其經界欲以遂兼并多取之私故必有以正之

無君子莫治野人見制祿不可無無野人莫養君子見分田不可無詞若兩平意重分田上蓋當時君子之祿養或過而野人之常産多不足故並言之言祿固所當制而田尤所當分誠於分田之中而制祿則井地均而穀祿平矣

請野九一而助五節歸重行助法上國中一句正言貢法之不可通行也當時郊野國中一槩貢法又不止什一故孟子別而言之謂郊野平曠之地田可井授當行九一而助之法惟郊内鄉遂之地田不可井或間行貢法亦當止於什一不可過也語意抑揚要重助講不是兩法不可偏廢之意然合二句就是徹法

請野一節是分田制祿常法助法民得其八是分田君得其一是制祿貢法民得其九是分田自賦其一是制祿

鄉以下二節是常法外加厚之法圭田餘夫田都是井田中之田如公田一區百畝兩分之則為五十畝私田一區百畝四分之則為二十五畝若是鄉遂用貢之地則惟較合畝數而足之耳蒙引曰此二項田非井田法外之制是分田制祿常制之外也圭田祭田也惟士無田則亦不祭即此田也鄉以上食祿已厚故不必益之鄉以下食祿寖薄故於常制之外復加以圭田使有所資以奉祭祀也士若失位則無此田故以不祭為弔或謂卿大夫之既死者與其子孫以奉祀之田未是

死徙無出鄉節言井田民俗之善以見助法當行不是言井田之效鄉田鄉字即根無出鄉鄉字言無出鄉者以鄉之田同井故也

出入一句以處常言守望二句以處變言百姓親睦總承上三句

方里一節詳井田形躰之制即請野九一而助之意備細言之耳方里而井是形躰井九百畝至敢治私事皆形躰中之制度九百畝是畝數之制中公田一區外八家八區是九一之制同養公田是助耕之制先公事而後私事是公私先後之制別野人雖是省文亦見野人當養君子君子當享野人之養野人自不得與君子同耳作文不可以野人君子平講

此其大略蒙引總承仁政必自經界始至所以別野人淺說只承方里一節看來上文雖許多說話皆是泛論其理只方里節是井田助法實事專承此節為是朱註曰詳言對上文經界看上文只言法之當行未及形躰制度此節乃備言之故曰詳孟子曰大略對下文潤澤看蓋要行助法便要斟酌時勢仔細參詳吾言不足

以盡之故曰畧

潤澤謂温潤滑澤即貟融活潑之意如行之欲便於今又要不失古先王之意于理為必不可易又要于情為不甚拂參酌古今量度時宜融會變通使彼此情偕古今理勢一無窒礙方是潤澤此二字孟子謂在君與子而不言其所謂潤澤者何如盖能使人規矩不能使人巧也

通章骨子在民事不可緩下手實工在方里而井一節機栝在潤澤二字盖重民事只在行助法故先告文公以制民常產之意行助法只在正經界故後告畢戰以分田制祿之法方里一節所以制產行助分田制祿其詳皆在於此舉而行之師其意不泥其法是在夫人潤澤之而已

有為神農之言者許行　章

全章第三節分上是許行陳相欲以異說壞孟子之法下分兩段自許子必種粟至不用於耕是孟子闢許行並耕之非自吾聞用夏至末是孟子闢陳相倍師之失許子必種粟至不用於耕又作兩段至天下通義分上論農工不能相兼是以民生日用之常拆其並耕之說下論堯舜不暇耕不必耕是以聖人治天下之事拆其並耕之非吾聞用夏變夷至末又作兩段至亦為不善變分上是責其倍陳良之失下是責其從許子之失一說通章末二節分上俱是闢並耕之非下是闢治市之非末是陳相初見孟子只說並耕原無言價說話及孟子責以倍師乃舉市價之說以明許子之可從孟子因闢其道之不可從正見其不當棄陳良而學許行

也蓋闢並耕所以明君道使萬世之為治者知所戒闢倍師所以明師道使萬世之為學者知所戒故孟子之功不在禹下豈獨闢楊墨已耶

有為神農之言者著一為字則所稱便非神農之言是許行造言而托之神農者下文並耕數句是也蓋許行本野人之流又生蠻夷之地見孟子分別君子野人遂為此說以壞其法實非感化而歸滕也仁政指分田制祿言受廛為氓承仁政來歟分一夫之田宅便有躬耕種粟之意觀其徒衣褐不服尊貴之服捆屨織席以為食都要自食其力這等行事便是為並耕饔飧之說張本

陳相歸滕初心卻是感化而來觀其三稱文公為聖人與許行仁政一言意自不同其負耒耜亦出疆不舍之常耳但見不定學不

回遂為許行所惑即悅而奉之也蒙引謂負耒耜亦是食力之意與捆屨織席有相入之機故一見而悅亦通

許行並耕之說其難行亦甚易知如何能鼓惑當時雖陳相誦法周孔者亦棄所奉以從之何哉蓋緣戰國之君厚斂其民以自尊養人不堪其勞苦一聞並耕之治孰不以為可喜而不知其造為此說乃欲阻文公井田之行其為王道之害不少也孟子談仁義則楊墨為之蠹論井田則許行為之角道性善則告子為之梗倘不深抵而力辨之幾何不胥天下為異端哉故曰予豈好辨予不得已也

陳相道許行之言正所謂神農之言者聞道神農之道也賢者暗指神農饔飧而治言自為饔飧而兼治民事也厲民自養喻壞無

野人莫養君子之說言當自食以治野人不當受野人之養受其
養便是厲民此言雖刺滕君其意實攻孟子
許子必種粟一節歷詰耕之不能兼者以為辨折之地以粟易械
器二節乃即耕之不能兼工者深折其治之不能兼耕總見無並
耕之理當堯之時二節言聖人不暇耕堯以不得舜三節言聖人
不必耕總見無並耕之事
種粟節首一問先發許子之必耕下歷問皆詰以耕之不可兼一
以衣問彼逃之衣褐謂不取於布也然褐亦須織且一身豈能盡
褐即此便可折他孟子姑置之又以冠問得其粟易之說至以害
於耕為言則其詞已窮即此便折倒了孟子猶且置之又以釜甑
問又得其粟易之說則不消再問已知害耕之旨不可爽於前矣

下節即承粟易之說而言其不相屬復以許子不憚煩折之直至彼無所辭自謂百工之事不可耕且為然後以治天下不可耕且為破之則彼之言始屈而吾之說伸矣

以粟易械器四句兩个屬字應上厲民自養講言粟與械器相易皆不為厲則人君以治易野人之養亦豈為厲民哉且許子何不為陶冶數句又要發他耕不可兼工之語以見彼此不得不相易其不為厲益明矣

然則治天下一句緊承不可耕且為來言百工之事耕固不能兼為況治天下之事其勞逸煩簡視百工何如獨可以耕而兼為之哉下文正言治與耕不能相兼而引古人相濟之言以証之也大人之事指治言小人之事指耕言有大人之事便兼不得小人之

事有小人之事便兼不得大人之事且一人之身數句正言不能兼之故就小人講言小人一身百為俱備而欲自為尚不能兼況大人而能兼小人之事哉或勞心六句皆古語朱註恐人只以上二句頂故曰下四句為申繹之詞故又足之曰此四句皆古語引此以証上文大人小人之事見大人以治易食小人以養易治皆所以相濟而非以相厲則治天下而不並耕豈為厲民以自養哉
此一節有大人之事二句是辨許並耕之大旨種粟至此三節皆以小人之事不能相兼而折並耕當堯以下五節皆以大人之事不能兼小人之事而折並耕
堯獨憂之承上文只憂洪水不必包無養無教意舉舜敷治只是治水養與教皆治水以後漸次舉行之事故此節只管治水

堯只舉一舜所謂人君命一相也益禹皆是舜使則稷契亦當以
舜使貫下所謂一相舉賢才也
當時洪水橫流草木暢茂道途皆梗塞不通而逼人之禽獸又巢
穴其中而不可避使非先焚山澤使禽獸逃匿亦安得施治水之
功哉故舜先命益掌火其有功於治水亦不細也
九河濟漯在西北淮泗汝漢在東南排決疏瀹不是新鑿水道只
是尋其舊跡以通壅塞使水得由此歸於江海耳故曰禹之治水
水之道也可得而食肴可得二字未就是穀熟民育禹八年二句
極言當時治水之急難以並耕雖欲耕得乎只承禹不燕益
后稷教民稼穡承中國可得而食來亦要提舜使意言洪水既平
可以為粒食之地然後舜乃使稷教民稼穡教以耕耘收穫之節

也教民樹藝五穀以分別五穀而樹藝之也故五穀熟則民人育

聖人有憂兼堯舜講使契為司徒堯命舜舜使契也然使契雖在

舜而命契之詞則係於放勳蓋堯為天子舜特攝政故耳

教以人倫至有信是命契以立教之道勞之來之至振德是命契

以敷教之方

人倫即人之有道父子有親五句正是人倫曰有親曰有義曰有

序有別有信正與有道相應且勿云父子教之有親也

勞謂民之勤力於人倫者則慰而勞之也來謂民之趨向於人倫

者則引而來之也匡謂立心之背乎人倫者為邪則匡而正之也

直謂行事之反乎人倫者為枉則矯而直之也輔翼二句承上二

句言此勞來匡直皆所以輔之使立翼之使行使自得其秉彝之

性也振德一句承上四句言此勞來匡直輔翼皆所以惠之也
然尤慮其既得復失又必提撕警覺而加惠焉所謂振德也
聖人之憂民應轉聖人有憂之而暇耕乎只承命契不兼稷一說
應轉堯獨憂之揔承上二節看來上節已結雖欲耕得乎一句則
此句只當繳本節為順蒙引曰上節只承禹此節只承契似於益
稷有欠然古人文字不拘取其意足耳且言禹契事獨詳且急其
於不暇耕意尤切故舉一二可該其餘也
當堯二節皆言得人之事堯不得舜二節承上言不得人之憂所
憂者大則小者不必憂矣故不用心於耕上言益稷契無皐陶此
又言皐陶而無稷契亦古人文字不拘
分人以財一節是推言憂不得人之意上半重仁字以忠惠形之

言得人所係甚大所以憂不得人下半重難字以天下與人形之言得人以仁天下甚難所以憂不得人

惠忠分教養看得人亦為教民養民故以二者引起為天下得人即就堯舜說不必泥之說觀註可見恩惠廣大便不止謂惠教化無窮便不止謂忠故曰仁

以天下與人易非輕以天下與之也謂既得人而以天下與之非難惟未得人而為天下求之為難倘不難於得而易於與則所與匪人其害豈不大哉為天下得人難謂得其人則可以仁天下不得其人則不可以仁天下擇不精恐邪正莫辨信不篤恐忠讒相間故曰難

孔子一節引言堯舜之治只是用心得人而不用心於耕以証上

丈不必耕之意大哉君哉等語不重贊其德業之盛只取無能名而不與兩句反起用心一句言大哉堯而曰無名是忘言之化君哉舜而曰不與是無心之治似皆無所用心者不知堯舜之治豈無所用心哉特不用於耕耳用心只是堯憂不得舜二句

自當堯之時至此三結語曰雖欲耕得乎曰而暇耕乎曰亦不用於耕耳總收拾治天下獨可耕且為一句已闢倒許行之說故下文專責陳相

吾聞一節是責陳相倍師昔者二節是援聖門不倍師以証倍師學夷之失吾聞出於幽谷二節是引詩以斷倍師學夷之非

用夏變夷二句是責倍師大旨陳良楚人也能學周孔之道是用夏變夷許行亦楚人也陳相反從而學之是變於夷

彼所謂豪傑之士一說彼指陳良謂彼陳良者所謂豪傑之士也
一說彼指楚謂陳良者彼楚國所謂豪傑之士也後說似有抑陳
良之意還前說爲是
孔子没一節是詳言聖門師死不倍以責陳相師死遂倍之失蒙
引淺說作三叚看一言門人不倍師一言子貢不倍師一言曾子
不倍師存疑又作四叚看言三子亦不倍師看來上數句不甚重
只是叙事以起曾子尊信夫子之意不倍師只重曾子講言曾子
於有若之似其師者猶不肯事陳相於許行之反其師者乃從而
學之故下文只曰亦異於曾子通不干涉上文
三子欲以師礼事有若只爲思慕其師欲假有若以寄其情不知
論道德則有若不能彷彿夫子論氣象相似則如泥塑形像一般

此豈惟失所以尊孔子亦非所以處有若故曾子斷以爲不可江漢二句是形容夫子道德潔白皜皜句足上二句言夫子道德是江漢濯出來的秋陽暴出來的明著光輝何等潔白皜皜乎無以尚也潔白謂一疵不存萬理明浄是也明著光輝總是潔白意一說明著貼江漢光輝貼秋陽潔白兼承上亦通

非先王之道一說作是非之非一說作非毀之非俱通

出於幽谷遷於喬木是用夏變夷意暗指陳良下喬木入幽谷是變於夷意明指陳相戎狄二句直指其變於夷故曰不善變

從許子之道則市價不貳是陳相被孟子攻擊又托言許行所以可從見已所學之是從許子之道相率爲僞是孟子因陳相假托又極言許行所以不可從見陳相所學之非爲僞與無僞相應

則價相若等句只論長短輕重多寡大小都不論美惡精粗如長者多者重者大者俱一樣價短者少者輕者小者俱一樣價不是長與短同價

物之不齊兼氣化參差人事巧拙有倍一倍也[illegible]自

一倍誰去見其不齊相去遠甚也勿以[illegible]

萬便只是什倍而已精粗即美惡精粗[illegible]

巨屨小屨同價此與上文不同上是大[illegible]價[illegible]

是巨與小同價以比精美與粗惡同價亦[illegible]作以為喻

耳相率為偽言人不肯為其精美而競以濫惡相欺則本欲無偽

益以長偽故不可以治國家

許行始托神農君民並耕之說欲齊人也不[illegible]小之等不

可以相兼又托神農市價不二之說欲齊物也不知物有精粗之等不可以強同乃孟子詳拆而深闢之而陳相終不省悟卒使仁政壞於二人惜哉或謂滕近楚滕行仁政而楚懼故許行自楚歸滕此齊人歸女樂之術也未知是否

墨者夷之　章

全章首節分上是因夷子求見而托詞以觀其意下是因夷子又求見而盡言以啓其悟蓋夷子求見本欲向慕吾道而不安於墨教孟子知其可與進也然不輕於一見曰我且往見而未嘗往也曰吾今則可以見又未嘗見也乃於徐子往復之間而盡言以正之卒致夷子之憮然彼其求教之誠已切於未言之先故其受教之勇即服於相正之後耳若陳相之心已向許行雖面相辨析而

安能得其退聽耶

夷子不來是孟子之言謂夷子不必自來也

直正也欲見吾道之是必先正彼說之非故曰不直則道不見

墨之治喪二句是責其兼愛之非所以攻夷子所學之蔽葬其親厚二句是詰其厚葬之故所以發夷子本心之明但因明通蔽意亦一串不可兩平儒者之道三句是夷子援儒入墨以拒孟子之非已解上以薄為道一邊愛無差等二句是夷子推墨附儒以釋已厚葬之意解上以賤事親一邊然愛無差等一句承上起下意亦一串不可兩平夫夷子五句言君保赤子之非兼愛以闢援儒入墨之非且天生物三句言施由親始之為二本以闢推墨附儒之非上下語意自相照應

以薄為道與葬其親厚厚對薄者非是不貴與所賤事親貴對賤看以薄為貴便以厚為賤乃教縱其薄又葬從其厚此便是心不自安處使能即此而反求其不忍之故則知厚之為是而薄之為非而儒墨辨矣惜未能一言頓悟故有下文推援之說

若保赤子是儒者之言愛無差等是墨者之教夷子援儒者若保赤子之言入於墨者愛無差等之教見儒亦兼愛不可以墨為薄又推墨者愛無差等之教而曰施由親始以附於儒者之愛親見己之厚葬而非以賤事親此皆為厚薄貴賤之說所攻擊無所逃避又未得本心故展轉推援如此所謂遁辭也

赤子匍匐二句解　如保赤子意義非真謂愛兄之子若鄰之赤子也是儒者之道未嘗兼愛安可援之以入於墨且天之生物言人

生只有一个父母獨與他人不同墨者愛無差等視他人無異父母便是二本其曰施由親始特施此無差等之愛而始於親與儒者一本之愛不同安可推之以附於儒蓋儒者之道只是理一分殊故凡子鄰子父母路人必有差等夷子以兼愛為學而施愛猶知先後此其本心天理猶未盡泯故孟子反覆告之如此所謂直之也一説此節俱是辨他援儒入墨之非下節方是辨他推墨附儒之非未是

一本本字謂物之所從以出也人物之生受氣於父成形於母其所從出只是一本此自然之理皆天所命故曰天使

雲峯胡氏曰夷子之學墨非也而葬其親厚此一厚字猶行得是愛無差等施由親始夷子之言非也然此一始字猶説得是所以

可因其明而教之

蓋上世一節深言哀痛至情之不容已以明上文一本之意以發其厚葬之本心故夷子憮然受命都由此感激出来

非為人泚一説謂非為他人看見我面目而發此泚也乃我中心痛切自然發此泚於面目耳一説謂非為他人看見我親暴露而發此泚也乃我自家痛親中心自達於面目耳此兩説意不甚異揔是言其非有所為而然猶非所以内交三句一般一説謂非為他人見之而然為己見之而然也又一説謂非為他人泚也為吾之至親泚也此兩説俱喚下句不起註中非為他人之他人對己之中心言在他人之他人對己之至親言不可混作一樣歸反虆裡而掩之根非為人泚来蓋泚者不忍之心誠發於中推之者不忍

之事速盡於外有是心即有是事皆是一本至情仁人孝子只作人子說亦必有道必以厚為道不以薄為貴矣

憮然有覺今是昨非之意命之矣揔括上意蓋孟子憫夷子陷溺之久故以薄道責之而彼始知兼愛之為非取夷子悔悟之新故以一本發之而彼始知厚葬之為是此所以勇於受教也

蔡氏拆衷云許行並耕之說欲以其君下同於庶人墨子兼愛之說欲以其親泛同於路人皆非聖人之道而自為一端孟子所以深闢之也

陳代曰不見諸侯　章

陳代以不見諸侯為小節他把王霸看得大故把不見諸侯看小了以王謂為伊周以霸謂為管晏一說謂以其君王以其君霸亦

通志之言只枉尺直尋一句宜若可為是陳代之意謂以志觀之則一見諸侯而成覇王宜若可為也

齊景公一節孟子引言以明不可枉見之意且夫枉尺三節俱明枉尺直尋之非且夫節甚言枉尺直尋之不可簡子節至枉道從彼例言君子不為枉尺直尋之事且子過矣三句決言枉尺無直尋之理蒙引曰陳代之意欲孟子屈守以伸道孟子引虞人言不可自屈其守引王良言不可屈守以徇人末言所守一屈無能伸道之理

不忘二句是活句只合定拚了死不顧利害不是定要死溝壑喪其元志士勇士俱贊虞人勿泥將殺一句定以虞人為勇士

枉尺直尋孟子直[illegible]一个利字以見義之不可如不論義而論利

則雖枉尋直尺小將不顧而為之乎此是窮其流弊而極言之如
苟為後義而先利不奪不饜苟患失之無所不至之類
趙簡子節言詭遇以獲禽王良有所不可以例枉尺而直尋君子
有所不為範我馳驅四句是王良面對簡子自明不可之意不失
其馳二句不可以射御平看重射一邊
詭遇謂巧計御車以遇禽也凡田獵前面驅禽而来或左或右不
必皆正我馳驅自有正法在射者左顧右盼迎而射之不善射者
但當頭来的方射得中其左右来的俱不能中御者因他左右不
能迎射乃舍馳車正法使彼得遇禽而獲之也蒙引謂設機取捷
不循馳道又謂出其不意無弋不射宿之意俱未然
與射者比是枉尺意得禽獸若丘陵是直尋意此在御者且羞為

之況君子往見諸侯以成王覇而可為乎此皆以義理斷之見枉尺直尋之不可且子過矣指枉尺直尋之言枉已未有能直人言自見諸侯未有能成王覇之理此又以利害斷之見枉尺不可以直尋

景春曰公孫衍張儀　章

一怒非自已能懼諸侯是說諸侯以興兵而他國諸侯莫不畏懼安居非自已安居能熄天下是說諸侯以罷兵而戰争不興天下安熄此其喜怒係天下安危故景春以為大丈夫

以順為正二句俱是禮言孟子謂景春學禮意重此句丈夫之冠二句亦非全無所謂因講大丈夫故以此句起下文言女子之命與丈夫不同見二子之為妾婦不得為丈夫也阿諛取容正是順

從竊取權勢從人以竊之也故一時威靈氣焰皆自君之欵而得之所以爲妾婦之道妾婦對丈夫看丈夫是從自己做的妾婦由不得自己是順從他人做的仁義礼在已者也權勢在人者也

廣居正位大道俱是借字不是譬喻蒙引云三句有次序一是宅心一是立身一是處事三个天下字不閑盖皆第一等的直到至極處謂至廣至正至大天下莫能加也朱子曰此心廓然無一毫私意直與天地同量是居廣居到得自家立身更無些子不當理便是立正位推之於事更無些子不合宜便是行大道

仁曰安宅又曰廣居存疑曰自其安固不危爲安宅自其寬大有容爲廣居是也又曰心之德爲安宅愛之理爲廣居未是時說講廣居只就愛講亦未是還是大公不私兼體用俱有

居廣居必不禍諸侯毒蒼生以就一已私計立正位必不致身於汚賤而盜弄權勢行大道必不爲縱橫闔押之事得志五句俱以仁義禮貫之行其道〻字與行大道〻字不同

此章論大丈夫是孟子以生平所得者自負然太山岩〻氣象亦自可見

周霄問曰古之君子仕乎　章

全章舍其耒耜分上言君子所以急於仕下言君子所以難於仕周霄本欲問孟子難仕故先以仕探之及孟子答以欲仕之急而後直問難仕之故孟子不仕本意只在惡不由其道一句

三月無君則皇〻載贄以未仕者言重行道意三月無君則弔以已仕而失位者言量祭祀意然亦因所引之言而各解其意其實

君子之急於仕只是汲々行道非爲祭祀計也祭祀特仕中一儀
不以急乎四節上是周霄問無君則弔之故々孟子以士之失位
譬諸侯失国諸侯耕助八句言諸侯失国惟士無田七句言士失
位見其猶失国也下是周霄問出疆載贄之故孟子以士之仕譬
農夫之耕農夫一句言耕者必負耒耜下補仕者必載贄見其猶
農夫也此是對待文法但煩簡不拘耳
諸侯耕助四句是礼文出記祭義犧牲不成四句是孟子解礼惟
士無田二句是礼文出記王制牲殺器皿四句是孟子解礼亦不
足弔乎只承士一邉應上不以急乎
蚕本是世婦蘊成然後獻之夫人令曰夫人蚕繅者夫人主之也
使世婦者夫人使之一也副褘二物副編髮爲之所以覆首[illegible]

為之采盖以綴於衣三盆手者置繭盆中而手三次淹之每淹以手振出其緒

士無田不祭謂不仕則不得公田之入也或曰無田則荐荐者春荐韭夏荐麥秋荐黍冬荐稻既無田矣何稻可荐蒙引曰祭必備諸品荐只取一物之新其事簡雖無田可以貿易

不敢以宴是心不自安勿作神不自安饒氏曰三月無君則弔此為士先有位後無位者言之四時各有祭失位三月便廢一祭故弔者弔其不得祭非弔其不得君也

農夫出疆只是出而于田便帶耒耜以往一說作農之欲耕必須耒耜往他鄉以求可耕之地與士載贄出疆一意未是

未嘗不欲仕二句是此章大指上半言仕之急是未嘗不欲仕下

節言仕之難是惡不由其道故雖三月無君則弔苟非其道即廢
祭亦不恤也雖三月皇皇必載贄苟非其道即不委質爲臣亦不
恤也其言曰古之人其意即是自謂
周霄此章之問與子貢美玉章同意孟子荅之亦即沽哉沽哉我
待價之意
彭更問曰後車數十乘　章
全章首節分上是因彭更疑傳食之太而明其非太下是因彭更
責士之無功而言其有功當食
傳食是當時諸侯禮遇孟子之隆故隨其所至皆有供億從者之
多亦得食其食若養弟子以萬鐘又是常數之祿故不可受
舜受堯一句一說謂舜受堯天下之養似不必然蓋孟子只舉一

簞食之至小與受天下之至大以例傳食之非泰耳子以為太與下文否字相叫應孟子曰子以舜為太乎彭更曰不以舜為太也一說謂子以我為太乎則否字便應不轉

通功易事皆得食於子是有功者皆有常食繼往開来不得食於子是有大功者未獲大報故曰尊梓匠輪輿而輕為仁義尊就得食講輕就不得食講

守先王之道淺說只承孝弟蒙引存疑謂承孝弟而所該尚廣如井田學校喪禮之類皆是然以下文仁義觀之只是孝弟仁之實事親是也義之實從兄是也天下之道皆原孝弟故孟子七篇不外仁義即井田等事總在仁義之内一說入孝出弟繼往開来平看未是

彭更以士之未仕爲無功不知其有功於吾道故被輕仁義之說折倒了遂不言功而言志孟子先折以食不於志而於功後折以有志無功者之不食則食志之說又窮而士之有功當食益見毀瓦畫墁是無用的人拿起瓦便多毀破不能墁飾墻壁又縱橫畫於其上爲害大矣彼爲此藝原是志於求食而其藝不成反至有害如此主人必不食之矣或說有意害人殊無此理蒙引曰其志將以求食二句尚可解曰此乃病狂喪心之人孰藝以求食者必無此事孟子必將應之曰然則子固以藝食之矣非食功而何

萬章問曰宋小國也　章

萬章見宋滅滕伐薛敗齊楚魏之兵遂以爲誅君弔民之王政不知宋畜霸且不成況於王乎然孟子於滕曰君如彼何哉曰新子

之國於宋曰齊楚何畏焉曰四海歆以爲君則湯武之事所以告齊梁者亦以許宋矣惜宋之不能專任孟子而不可以有爲也

湯居亳三節言葛伯有可征之罪而湯爲弔民伐罪之師有攸不爲臣二節言商有可伐之罪而武爲弔民伐罪之師

老弱饋食是亳之老弱率其民是葛之民此之謂是童子以黍肉餉葛伯率而奪之之謂也

匹夫匹婦一說作童子父母爲其父母復子之仇也一說只作童子爲童子一个人復仇也下說較是

十一征征葛亦在內東面至望雨是湯師未征之前歸市至雨降大悅是湯師既征之後徯我后是証前段後來無罰是証後段湯之行王政全在時雨句引書正明民望民悅之意

有攸不爲臣至大邑周是引書言武王能救乎民故能得乎民其
君子至取其殘是釋書言武王能得乎民由其能救乎民紹繼也
謂始事商而繼事周也君子指將帥言小人指士卒言其君子四
句應轉匪厥二句救民水火應轉東征二句取殘以君言救民以
民言武之行王政全在取其殘句引太誓正明取其殘之意于湯
有光勿云勝過成湯只是伐紂之功比伐桀同一烈光也
書武成曰恭天成命肆予東征綏厥士女惟其士女篚厥玄黃昭
我周王天休震動用附我大邑周按此東征指紂今曰助紂之臣
書太誓曰取彼凶殘我伐用張于湯有光文亦小異按蔡傳凶殘
亦指紂依此解殘民亦不專一紂並當以書言爲正
湯[illegible][illegible][illegible]天下如後仕而誅君弔民是行王政故民大悦徯我后是

四海之內歆以為君武綏厥士女救民水火是行王政故臣附於周迎君子迎小人是四海之內歆以為君宋不能行湯武之王政安能使四海之內舉首而望之哉此所以不免齊楚之畏也

孟子謂戴不勝曰　章

戴不勝是孰宋政者薛居州必不勝所薦觀謂字使字可見孟子此章非責其薦居州之無益歆其多薦如居州者以成正君之功一齊人傳之一段喻下文皆非薛居州意引而置之莊嶽一段喻下皆薛居州意莊嶽以專言數年以久言長幼以齒言尊卑以位言誰與為善誰與為不善言王所皆善人王雖欲為不善誰與之共為也王所皆不善人王雖欲為善誰與之共為也故曰一薛居州獨如宋王何言獨一居州其他皆小人也

嘗謂衆君子之間置一小人猶足以蔽主而敗類況一君子而當衆小人且不能安其身如正君何是故一董仲舒不能善武帝一陸贄不能善德宗一程頤不能善哲宗皆不久而遂去矣然四凶非不衆於舜無損三仁非不多於紂無益亦視君心信任何如耳使於君子信之篤任之專則一正足以勝百邪不然雖百居州亦如王何

此章前後兩論宋事一言不行王政一言不行什一不去關市正是不行王政此言小人之衆乃王政之所以不行

不見諸侯何義也　章

全章首節是指言不見諸侯之義下是歷援古人言行以明之

古者不為臣不見是因他問不見諸侯之義直指其義以告之只

此一言便盡了下三節引言或見或不見自有中道不可過亦不可不及家引曰古者雖不為臣不見然亦惟何甚迫斯可見矣如孔子之於陽貨何嘗絶之不見但不可淪於汚賤如曾子子路之所譏也

段干木泄柳皆不為臣者亦是義不當見孟子乃以為已甚以其求見者之迫故耳使當時諸侯有能迫見孟子如文侯繆公之切則孟子豈為閉門踰垣之甚哉按段干木卒為文侯之師泄柳卒為繆公之臣則亦未嘗終拒之也孟子特自初之不見言之耳

陽貨本非大夫以陪臣僭為大夫故以大夫之礼自處夫子都不與較只因其来而荅之耳先来加礼即是饋豚豈得不見即是往拜拜即見也一說陽貨若不瞯亡而先来求見之迫則孔子豈得

不面見之而乃亦瞰亡哉此說蒙引存疑俱不從蓋孟子只重往拜與上文已甚相照應故註云明可見之節便是不為已甚意曾子所識是貌之卑賤以自喪者病于夏畦甚憐之之詞子路所識是言之卑賤以自喪若非由所知甚鄙之之詞此二者皆喪已求合之狀故以例枉見諸侯之卑汚也君子指二子言所養可知謂觀於此言則其以仁以義不慊於晉楚之富不忮不求不恥于狐貉之立皆可見矣豈皆不待其求之迫切礼之先加而自往見之哉

此章前言二子之行是失之太過者後引二子之言是識其不及者中間舉孔子之事以明其中意自相貫言有求見之迫者固不當過甚當如孔子之得中使無求見之迫安可為脅肩未同之所

為哉便見當時之君求見不切孟子豈肯枉見以自卑耶故曰未嘗不欲仕又惡不由其道又曰不敢請耳固所願也

什一去關市之征　章

什一只講好一邊須補今時厚歛意去關市之征只講不好一邊須補先王不征意不可以什一作興利去関征作除害總是除弊法以行良法意輕之者畧減今日厚歛之數然猶在什一之外畧減今日征商之數猶未盡行不征之法然後已則盡去厚歛而行什一盡去関市之征而不征之也

未節存疑淺說俱就正意講蒙引一說就攘鷄講以上文未有結煞然既另為一節便不帶攘鷄註云知義理之不可而不速改與月攘何異分明就弊政講已止也即上文然後已已字

張南軒曰君子之遠不義也如惡惡臭其不邇也如探湯其不敢須臾處如坐塗炭而其從義也如饑渴之於飲食蓋見之明決之勇以爲不如是不足以根拔而自新也士之持身于改過遷善之際而爲盈之之說則終身汩沒於過失之中人臣謀國於革弊復古之事而爲盈之之說則終陷於因循苟且之域故自修身至治國智仁勇之三德缺一不可也

外人皆稱夫子好辯　章

全章末二句分上是以闢邪之責自任下是以闢邪之責望人

予豈好辯哉予不得已也此二句是一章大指一治一亂正是不得已之故然治亂並言意重亂一邊有洪水之亂禹不得不治洪水有夷狄猛獸之亂周公不得不兼夷狄驅猛獸有簒弑之亂孔

子不得不作春秋有邪說之亂孟不不得不闢楊墨末乃總結禹抑洪水一節而以承三聖自任見三聖反亂為治皆不得已而有為此吾所以不得已而有辯也故卒之曰予豈好辯予不得已以終首句之意

一治一亂兼氣化人事大全謂堯之治純是氣化孔孟之治純是人事未是蓋氣化人事原不相離故天有是時則人有是事人有是事則天有是時洪水雖是氣化亦由前此人事未修作春秋距楊墨雖是人事而天生大聖大賢以開萬世之治氣化亦未嘗無此可見其亂也皆氣化之衰人事之失其治也皆以人事幹回氣化者也禹周以人事致氣化之隆運而在上故其道行孔孟以人事挾氣化之否窮而在下故其說長氣化人事反覆相尋言氣化

有盛復有衰衰而復盛人事有得復有失失而復得是以世道有治復有亂亂而復治故曰反覆大全謂氣化盛衰人事於是乎生人事得失氣化於是乎轉謂之反覆蒙引非之

堯禹一治一亂非堯亂而禹治也只就洪水一件爲亂皆堯禹以前事堯乃命禹治之禹之治即堯之治也商周一治一亂是紂之大亂周公治之也孔孟一亂一治其亂在當時其治又在萬世

洪水氾濫國中皆爲蛇龍所居故民無所定居下者二句正是民無所定下是卑濕處故架木以爲巢居上是高燥處故掘窟以爲穴居所謂木處而巔巢是也土處而病窟是也此一亂固是氣化之衰然亦人事之失故堯曰警予亦未嘗不求諸人事

禹掘地二句是用功處水由地中行五句是成功處因水氾濫逆

行故掘而注之海因蛇龍居之故驅而放之道水由地中行言水得其治也險阻既遠根掘地來鳥獸害消根驅蛇龍來人得平土而居應上民無所定言民至是方得定居不復為巢為窟矣然水害獸害雖是兩事不平重蓋由水汎濫故蛇龍居之必險阻既遠而後鳥獸害消意當重治水講

水由地中行由江淮河漢而行也江之治自岷山始隹之治自桐栢始河之治自積石始漢之治自嶓冢始此四水皆天也開闢所造設者非禹始掘而有也但壅塞者多故水不循道而汎濫逆行禹亦尋其故道而疏瀹排決以去其壅塞則水皆由此而行不復氾濫國中矣此一治是禹以人事挽回氣化

暴君代作非一君也壞宮室至禽獸至俱是暴君代作實事宮室

與田皆民所有者汚池園囿皆君所以為樂者壞民之宮室為君汚池棄民之田為君園囿故民無所安息衣食邪説暴行又作或謂暴行即壞宮室數句邪説所以為暴行也然邪説二字似不甚通或謂另是一意故著一又字然下文園囿汚池沛澤多似只是上意大全存疑俱主前説蒙引一説云壞宮室等句主君言邪説句通乎上下不止上文存疑觧曰上如紂之為君下如飛廉之為臣

自堯舜沒至紂治亂非一蒙引曰不及桀之亂湯之治者舉其尤甚耳蓋紂之亂甚於桀武之功難於湯大全亦曰堯舜既沒暴君非一而大壞極亂至紂無以復加故直推至紂言之此一亂固是人事之失亦是氣化之衰

周公相武王誅紂二字是總冒伐奄至五十以紂之黨與言是除

其人之為民害者驅虎豹一句以紂園囿之所養言是除其物之為民害者天下大悅總承上引書正明周公之功言其誅紂囿所以相武王而成其烈亦所以終文王之謨故丕顯丕承咸正無缺皆周公輔相之力也勿以大悅以上謂致治之功在一時書曰以下謂致治之功在萬世

啓佑二字平看啓是開其知佑是助其行正無缺亦平看正是正大無私無缺是完備無欠上文所言是兼驅之功引書又是制作之功蓋誅紂而後自有輔相功業不然夷狄雖兼而諸夏禮義之教未復異類雖驅而生人之類未盡安全安可謂謨烈盡善而百姓盡寧哉此一治是周公以人事挽回氣化

邪說暴行有作有又也又對紂看謂紂既作今又作也弒君二句

正是邪說暴行弒君者有之弒父者有之有之二字非謂天下皆弒逆之人謂其或有之也為弒逆之事是暴行言弒逆之事是邪說前此之亂不過戕民之生此則傷壞人倫賊人之性其禍又慘矣此一亂又是氣化人事之俱厄者

孔子懼為世道懼也天子之事就惇典庸礼命德討罪講典經常也君臣父子兄弟夫婦不可紊其典常是謂惇典註曰厚典避宋光宗諱也禮節文也朝聘會同婚姻祭祀燕享皆當合乎節文是謂庸禮合此典禮者為德則褒獎之是謂命德悖此典礼者為罪則貶斥之是謂討罪此皆自天子出者夫子作春秋即於筆削褒貶之間寓惇庸命討之法故曰天子之事折衷說云但曰天子之事不曰天子之權則非以權而命討之但以道而是非之註中權

字是就罪孔子者言耳事與權自當有辨
知我二句皆根天子之事來觀是故二字可見孔子言知我罪我原無天子之事意孟子以春秋為天子之事故引言知我罪我之說皆起於此也知我以君子言罪我以小人言忠臣孝子欲扶綱常立世教深以此書為幸故諒孔子之心為慮深遠所謂知也亂臣賊子欲肆篡弒之欲畏此書之妨己故譏孔子不當以匹夫僭天子之權所謂罪也
此一治不是當時便治了只是治法之垂而父子君臣之倫賴以不墜是亦治也亂臣賊子懼亦是將來亂賊蓋誅死者於前懼生者於後故曰致治之法垂於萬世雖專言人事然當此周衰生一夫子以扶世道亦是氣化

聖王不作節至禽獸也分上是楊墨為教之非下是楊墨為害之大處士是無位而有重名者放倡其邪術可以鼓惑天下指楊墨言横議不循理之議指為我兼愛言邪說即横議之不循正理者自其倡議於已以煽惑人心曰横議自其偏任已見而離叛正理曰邪說

無君無父非楊墨便有弑逆君父之心亦非究其末流之弊但就為我言惟知有已自一身而外雖君亦不致重即是無君就兼愛言無所不愛盡天下皆然雖父亦不加厚即是無父弑逆是形迹上無君父人皆知之或有不忍為者有不敢為者兼愛為我是心術裡無君父人不覺而溺於其中故曰甚於簒弑之罪禽獸指楊墨心術言之率獸二句方是極言其弊

孔子之道楊墨之道俱指仁義言但孔子之仁義理一而分殊理一則仁矣而未嘗不義分殊則義矣而未嘗不仁楊墨之仁義舉一而廢百為我則似義而害仁兼愛則似仁而害義故楊墨之道不息是邪説誣民則孔子之道不著是仁義充塞

率獸食人人將相食謂楊墨倡禽獸之教以蠱壞人心別人皆陷於禽獸而自相殘賊蒙引曰或問天下皆歸楊墨則皆為我兼愛何至相食荅曰勢之所激也今把根心之仁義既充塞了外面別做个假仁義則人心之欲如此不齊安能相安於為我兼愛而不群起以相劘相刃耶故極其弊必至大亂然後已如晉尚清談遂啓夷狄亂華梁武事佛而社稷丘墟是也

吾為此懼指邪説言閑攔阻也先聖指孔子道指仁義仁義之道

都被楊墨引去孟子要攔住先聖仁義之道不使盡流於楊墨所以必距楊墨也放淫詞正是距楊墨淫詞放則邪說不得作矣淫詞橫議總是邪說害政害事蒙引曰二次先後不必強為之說大抵害政者亦能害事害事者亦能害政

此一治不可作孟子自負致治只云楊墨害人心術此一大亂其氣化人事之厄比篡弑尤甚故我之閑聖道距楊墨亦欵撥亂以反之治庶幾盡人事而氣化可扶也便是一治意思

當堯之時至此叙禹周孔子與已反亂為治之事至禹抑洪水節乃總括上文言三聖當亂世皆任其責予亦安得不繼三聖而與楊墨辨哉故結之曰予豈好辨予不得已也

周公兼夷狄五十國中必有夷狄舉重以見輕也大全謂奄國亦

是淮夷孔子作春秋誅亂賊非特書弒君三十六也治弒也治諸侯之辱也治大夫也治陪臣也治夷也凡無王者皆亂賊也懼不是懼刑是本心天理未泯懼其莫逃於天下萬世是非之公也

詩云節指言楊墨之亂見已當任其責故下節曰我亦欲正人心亦字對三聖看言彼既各任撥亂之責我亦欲任撥亂之責以承之也正人心是總冒息邪說所以正人心也距詖行二句皆息邪說之目承三聖總承上

正人心非正楊墨也謂天下心術都被楊墨壞了故欲以聖道挽回人心使各復其仁義之良是正之也然楊墨壞人心術皆邪說之為害邪與正原不兩立邪說不息人心何緣得正故欲正人心必息邪說邪說見於行則為詖行見於詞則為淫詞距之放之皆

所以息邪說也蒙引曰正人心四句有序蓋人心不正以邪說乘間而入邪說得入其行必詖行既詖則互相倡和又有一片淫詞故必距詖放淫息邪說以正人心也淺說作四句平看未是以承三聖顯然有任世道之意然不承堯舜而承禹不承文武而承周公明臣道也亦猶孔子欲行周公之道意

能言距楊墨二句是責望人人同距甚欲吾說之勝故曰有能為此距楊墨之言者是亦聖人之徒也距楊墨亦只是言距楊墨亦是距蓋距如距敵是着力與之角勝言如談敵但言其距者之是也言距者之是則必以所距者為非故曰聖人之徒則非楊墨之徒矣此與天下之言不歸楊則歸墨相照應

春秋誅首惡其法尤嚴於亂賊之黨此義行為惡者孤矣孟子闢

邪說其意尤望於同距之徒此義衍而闢邪者衆矣

陳仲子豈不誠廉士　章

全章首節分上是匡章即仲子所守而稱其廉下是孟子斷其所守難充以見其非廉

匡章此問原無居食兩端但見他在於陵時有食井李一事以世家子弟若節如此即以為廉也孟子乃因居食兩端斷之既曰不食兄祿不居兄室又曰以妻則食以於陵則居便見其不得為廉

通章廉字俱就仲子之廉講只註云有分辨不苟取廉字是正意若以此辨之即一言便折倒了孟子姑置弗辨惟就彼所守之廉詳推其難充則非廉之正不待言矣仲子惡能廉非謂其不廉謂仲子之廉亦惡能自盡也盡其操必如蚓人惡能如蚓哉夫蚓一

節明其不能如蚓世家二節斷所守難充正見不能如蚓註中然
後可以為廉未能如蚓之廉滿其志而後得為廉俱就仲子之廉
講若論廉之正則雖居食皆伯夷而避兄離母居食皆無求而遁
世絶人亦豈得為廉哉
於齊國之中必以仲子為巨擘不是許之之詞微有抑之之意言
其待為齊士中之巨擘耳安得為廉士也
上食槁壤二句言蚓之無求於人仲子所居六句言居食有待於
人且未知合義與否則安能如蚓之無求也
是何傷哉言居食之出於伯夷與否亦何傷哉彼身自織屨與妻
辟纑以易之則皆取足於已而自食其力即所從來之或夷或蹠
奚論也一說何傷謂何傷於廉亦通一說易之兼居食俱有然下

文只言以妻則食似以易食為是
處於於陵是不居兄之室出而哇之是不食兄之食然食出於兄
而實毋之所與棄兄之食即棄毋之食故下文即以毋妻並遡
以毋則不食四句是總括上文而斷之見其不能充也類即毋之
食兄之室之類言毋食不食則凡如毋食之類者一無所食而後
為克兄室不居則凡如兄室之類者一無所居而後為充乃又食
妻之食居於陵之居是至於食之類未盡充即不居不食之操未盡
充故知其不能如蚓也故曰仲子悪能廉
此章與仲子不義與之齊國參看彼以君臣上下大義直斷之見
其廉之小此以仲子自己操守窮詰之見其廉之難合觀之見仲
子縱充其操不過簞豆之小廉況小廉之操亦不能充者乎

或謂伯夷之清亦不能無居食安可以此病仲子之廉也曰不然伯夷全父子兄弟之倫其不食周粟又以明君臣之分此其義至大也故其清足以風百世仲子無親戚君臣上下所喪者大矣餘何足論哉居食之辨孟子特窮其守耳非必欲仲子之如蚓亦非必欲究其居食之果出於伯夷也

余隱之曰仲子兄非不友孰使之避毋非不慈孰使之離朱子曰即使不慈不友亦無逃去之理觀舜之為法於天下則知之矣

八卷終

八閩文庫

文獻集成
222

福建文獻集成

續編 經部 二二二

吴格 主編

福建人民出版社
海峽出版發行集團
THE STRAITS PUBLISHING & DISTRIBUTING GROUP

本册目次

刻四書便蒙講述十一卷（卷九至卷一一）

［明］福清盧一誠撰

日本内閣文庫藏明萬曆二十一年刻本

四書便蒙講述卷九

閩後學　末人　盧一誠　著

離婁之明　章

全章可謂智乎分上段言爲治不可無法下段言君臣當各任其責細分作四段看四箇故曰俱是孟子各段結語非古語也離婁節言舍仁政不能成治今有仁心節言當時不能致治由不行仁政徒善節結言仁政之不可無也不愆節言遵仁政決可以致治既竭節言仁政所以當遵爲高節結言不遵仁政之非智也惟仁節言君當行仁政而不可不仁上無道揆節甚言不仁之禍城郭節結言不仁之必喪也泄泄節言臣當輔君行仁政而不可沓沓事君無義節正言沓沓之非責難節結言臣之不可賊君也存疑

以首四節言舍法無以成治聖人二節言法所由立治所當因似
於兩箇故曰未見歸結
首節言凡事皆有法度規矩是成方圓法度六律是正五音法度
仁政是治天下法度無法度皆不可成故以規矩六律例言仁政
離婁莊子云離朱之目疑即其人
師曠晉樂師晉聞楚師師曠曰不害吾驟歌北風又歌南風南風
不競楚必無功果然衛靈公將之晉至濮水夜半聞琴聲召師涓
曰為我審之見晉平公請奏之師涓援琴鼓之未終師曠止之曰
此亡國之音師延所作也武王伐紂師延東走自投濮水故聞此
聲者必於濮水此皆曠之聰處六律是器五音是聲必托律以吹
出聲然后音節可辯如無六律則出聲無具何以辨清濁高下故

不能正五音此與爲方圓頗不同方圓以形言無規矩亦或可爲但不合分寸五音以氣言無六律則無音矣何從而正

黄黄泉也鍾種也陽氣種于黄泉萌孽萬物曰黄鍾太大也簇湊聚也陽氣長萬物大聚而生曰太簇蕤微也賓不主也陰氣微小陽不用之曰蕤賓姑故也洗鮮也萬物去故就新而鮮明曰姑洗夷傷也則法也陰長則萬物始傷被刑法曰夷則射終也物隨陰而終隨陽而起無有終窮曰無射呂助也陽方生而陰助之曰大呂萬物孚甲種類分出又當陰陽相夾曰夾鍾萬物盡旅而西行又陽氣成長助陰成功曰仲呂林衆也萬物成就種類衆盛曰林鍾南任也懷妊之義陰任陽功助陽成功曰南呂應和也應和陽功收而聚之曰應鍾

五音最濁為宮稍濁為商半清濁為角稍清為徵最清為羽十二律管長者聲濁短者聲清五音高下無定準必以律管短長定之故曰六律正五音蒙引云八十一數之黃鍾正夫音之宮五十四數之林鍾正夫音之徵七十二數之太簇正夫音之商四十八數之南呂正夫音之羽六十四數之姑洗正夫音之角以此旋相為宮莫不皆然不言呂而言律陽統陰也

堯舜之道道字對聰明巧看指仁心言仁政兼教養講平治天下兼當時後世講或問孟子是心足王專言心此又重政何也朱子曰彼言心亦擴充于政如篇末發政制產則非專恃此心此言先王之法亦由心思而繼之豈專是政哉

仁政只對仁心後兼仁聞者即仁心之聲聞也民不被其澤二句

即不能平治天下不行先王之道句即不以仁政此道字與上節
道字不同上以心言此以政言
徒善二句承上文而結言之意重上句然下句亦非閑說孟子此
章重政講恐人把心看輕故補此句以足其意上曰有仁心不行
先王之道下曰竭心思繼之以政皆不可徒法意也引程子上句
證徒善不可下句證徒法不可徒善結不以仁政不足為政結不
能平治天下為政政字與仁政政字不同彼就政言此就治言
詩云節是上下文過脉處承上言不行先王仁政即不能平治天
下故能遵先王仁政未有不平治天下也下文乃言先王仁政所
以當遵不遵者所以為不智
先王之法咸正罔缺惟正故遵之則不過差惟無缺故遵之則不

遺忘而過過字兼懲忘即不能平治不澤當時不法後世意

既竭目力節言先王之法所以不窮都緣因心而推見有仁心者當遵其法故以目力耳力例言心思

聖人是上古創制立法聖人不是離婁等人離婁等人皆用聖人所制之法者繼續也以法繼心則其用不窮猶以子繼父則其傳不絕故既竭耳目心思即以法度接續之以永其傳也繼之以規矩準繩以為方圓平直大全蒙引俱讀準繩斷存疑讀到平直斷為是看下文六律正五音如何斷得註其用不窮貼不可勝用所被者廣貼仁覆天下時講謂聖人竭目力亦自做得方圓平直竭耳力亦自辨得五音竭心思亦自可以仁民但無法以繼之則自聖人而為者即自聖人而止不足以徧天下及后世故必繼之以

法也此說未是蓋用耳目而無法從何制器而審音用心思而無法亦從何仁及於人聖人竭盡目力要做方圓平直不可無法因想出箇規矩準繩來做得方圓平直就制這規矩準繩之法以繼目力而天下後世皆依此以為方圓平直其用不可窮矣聖人竭盡耳力要正五音不可無法因想出箇六律來正得五音就制這六律之法以繼耳力而天下後世皆依此以正五音其用不可窮矣聖人竭盡心思要仁覆天下不可無法因想出教養仁政來可以仁天下就行這不忍人之政以繼心思而天下後世皆被此仁政之澤而仁覆天下矣此見聖人制器審音之法竭耳目之力做出來聖人不忍人之政竭心思做出來則其法安有不善所以遵之者必無過也

為高節因字即上文遵字因先王之道與遵先王之法相呌應言遵先王之道則無過智者柰何不遵先王之道乎便見君臣當任其責故用是以二字過下文

惟仁仁字重仁政講然須根仁心来仁聞亦仁心之徵也故兼言之不仁播惡即是無道揆一節

上無道揆節重首一句下五句皆根首句来上指君下自君以下皆是不專指臣朝是舉朝不專指君工是百官君子是有位者不必兼君小人是無位細民存疑下指臣言君子兼君言

道揆即是仁政上以義理揆度事物而政之所行皆得其宜則合天理當人心下人誰不以法自守惟上無道揆不以義理率人則下無法守盡越于理法之外矣蒙引謂下無法守是為上所奪而

不得行其法存疑非之謂人君雖不行道何嘗不欲以法守責人乃奪下之職而不與其守法也只是上妄為則下妄作便是朝不信道四句皆是無法守觀不信守犯字可見若謂朝與君子俱無君說則犯與不信無道揆中已有之似不甚通註以不信道犯義承無道揆以不信度犯刑承無法守亦以朝與君子皆上边人道與義皆屬道一边工與小人皆下边人度與刑皆屬法一边故以類分貼之耳非[illegible]只無道揆一句是不仁無法守以下俱是播惡盖無道揆是君之惡自上而布之下臣民皆相效為惡是播惡于衆朝不信道惡布于朝矣工不信度惡布于工矣君子犯義惡布于君子矣小人犯刑惡布于小人矣始為一人之惡終為天下之惡故曰播惡之禍浅說以無道揆一边三句為不仁無法守

一边三句為播悪尤未是

朝謂廟堂之上如執政近幸之類見君無道都不依道理而行這是無法守總腦處工謂內外大小衙門見君無道舉朝不信亦都不依法度而行則天下官盡無法守矣君子通指朝與工言信義行于君子故不守法只是犯義刑雖不加理則有咎也小人自官而下盡乎人矣刑戮加于小人故不守法便是犯刑一干名義即置之罪辟矣四句雖平言然下二句似根上二句来惟不信故犯之也上二句工又根朝来下二句小人又根君子来揔之皆下無法守根上無道揆来所謂由君而朝廷而百官而萬民是也国之所存者幸通承上文

城郭二句特国之不強田野二句特国之不富皆於朝綱国法未

甚敗壞故不爲災害上無礼指無道揆道理也礼、理之節文也下無學指無法守學即效法之謂一説上無礼兼君臣未是

詩曰節引言以起人臣當任其責方蹶承上文來言君既無道国將喪亡人臣當急于救正不可怠緩也沓沓是當時方言孟子釋言詩所謂泄泄即時語所謂沓沓下文乃以沓沓言之事君無義今不能責難陳善意進退無礼淺説依蒙引前説謂進退動静但知趨走承順存疑依蒙引後説謂去就還前説較是言則非先王之道即上文先王之道仁政是也

責難陳善俱指仁政言以仁心行仁政事莫有難者責難不是苦口逆耳强所不能足以極苛之事望其君如非堯舜之道不陳于王前之意不然曰運掌曰折枝曰于王何有皆行仁政中事何嘗

以為難而責之也以仁心行仁政道莫有善者此道不明君心日
向于邪必開陳善道明白曉諭使君心感動邪心自然禁止是陳
善所以閑邪也若不以道閑之而直攻其非言亦無自而入矣蒙
引曰責難是大規模陳善是裏面工夫恭字亦包了敬愚謂单言
恭包得敬单言敬亦包得恭並言之恭多主容敬多主心責難以
事言是極其尊礼其君故曰尊君之大閑邪以心言是真心誠愛
其君故曰敬君之至恭意較濶大敬意較細密謂吾君不能謂其
不能以仁心行仁政也便不責難陳善便是不恭不敬故曰賊
規矩方圓之至也
全章二節分上是示人當法堯舜下是示人當戒幽厲孔子一節
承上起下仁不仁是通篇骨子法堯舜是仁戒幽厲是戒不仁

此承上章君臣各任其責言君當法堯臣當法舜治民事君即以仁心行仁政是也下文仁不仁即上章仁不仁意暴民之禍即揣悪意

至字即盡字方圓之理盡于規矩人倫之理盡于聖人故曰至極淺說云大中至正無一毫之過差盡善盡美無一毫之虧欠是也取法意在言外人倫無五倫講下文只言君臣者此章本為當時君臣而發先以人倫之至起之見堯舜為君臣之至后人所當取法也時文人倫只以君臣入講淺說過文云人倫莫大於君臣俱未是一說上言人倫之至下言仁不仁見聖人盡倫只是一箇仁故曰修道以仁經綸為仁

欲為君盡君道連一句讀言為君欲盡其道也不可欲為君斷句

盡字與上至字相應言堯舜能盡君臣之道故欲盡君臣之道者當法堯舜也舜事君堯治民只以仁心仁政入講觀首章言堯舜之道不以仁政不能平治天下可見

道二仁與不仁泛説法堯舜意當作孟子補之仁是結上文法堯舜意不仁是起下文不法堯舜意不法堯舜則幽厲矣存疑云此是舉理欲之防以曉人下是著縱欲之戒以警人

暴其民另向即不以仁心行仁政是也甚字對不甚看名之曰幽厲總承上不仁之禍必至於此指惡謚不能改講幽是宣王子厲是宣王父不言桀紂而言幽厲舉近者以為戒也故引詩言鑒之不遠不遠言殷紂之鑒近在夏桀即今之鑒近在幽厲之謂也上段兼言君臣下段專言君見為臣者亦不得辭其責

三代之得天下

全章二節分上是决言仁不仁之機下是甚言不仁之禍

三代節言天下得失以仁不仁国之廢興節言国之得失亦以仁不仁廢猶未亡興則不止於存也存亡就廢興中說大夫士庶猶末国字說不得士庶只於亦然下補之故下文自天子直至庶人皆有不仁之禍死亡通承上文不專是不保四体惡死亡而樂不仁死亡必不可免猶惡醉强酒醉必不可免此與是猶惡濕居下猶弓人而恥為弓同意皆欲動人 首惡之心引之以進于仁也言外便有如惡之莫如為仁莫如貴德尊士意

此承上章之意而推言之是承仁不仁之說自天子推至士庶人也

愛人不親反其仁

此章首二節詳自治之功而極言其效末節引詩以明之

仁是愛之貞切智是治之精明敬是礼之誠實愛人而人不親必其所以爲愛者或非惻怛懇至乎故反其仁治人而人不治必其所以爲治者或非知明處當乎故反其智礼人而人不答必其所以爲禮者或非由中誠心乎故反其敬三反字内俱有自治工夫不但反其末能而遂已也

行有不得二句乃全蒙引存疑淺說俱推廣說觀皆字益字可見蒙引云愛人治人禮人亦說盡了然以所接之人則盡矣以事物則未盡也存疑云脩身尚有許多事天下尚有許多人非容易可了反求内便有自治工夫其身正根自治益詳來天下歸不特我

親我治我答已也盖曰親曰答猶是吾愛禮所及者曰歸則雖愛禮所不及者皆聞風而來矣

引詩取自求二字言多福由于自求以證天下歸由于反求之意

此承上章如惡之莫如爲仁仁者反求諸己而已

人有恒言

此章末句分上是推恒言之有序下是推其言之所未及

恒言但曰天下國家不知這四字自有次序其言天下而繼以國者謂天下之本在國也其言國而繼以家者謂國之本在家也然恒言但及于家不知家又有本故又推其本於身也身雖只帶家言其意總承上盖身修則家齊而國與天下舉而措之是天下國家之本皆在身也蒙引謂註前一箇推言指上兩句是推天下國

之本后一箇推言指通章是推天下國家之本故曰自天子至庶人一是皆以修身為本此承上章身正而言

為政不難

全章首句分不淂罪直到末正言所以不難為政含下德教洋溢意末句德教洋溢要繳為政意德教洋溢即天下悅服天下悅服只在先服巨室服巨室只在修身身在我也一修之以服巨室使能德教洋溢為政何難之有勿以為政在服巨室為不難

不淂罪非曲意奉承不敢取忤之謂也是自家本身端正無一不合天理當人心使彼無以執吾短而歸咎于我自然無所怨怒故能淂其悅服不淂罪自我之不取怨于彼而言巨室慕自彼之不怨怒于我而言巨室是國人所取信最為難服者今旣悅服則一

國慕天下慕一起俱到不消積漸德教溢乎四海只就天下慕講不是天下慕了而後德教溢乎四海也但慕字自天下之服我而言德字自我之施于天下而言觀註自見德教二字不平謂教令之行皆德也

巨室大全謂世臣非一代之臣大家是尊貴之家作兩項人愚意大家二字是解巨室二字世臣之家即大家也如晉六卿魯三桓都是孟子見當時爲政者多被巨室把持掣肘皆以身不正故也故云修身以服巨室亦有爲之言此亦承上章天下國家之本在身言人能修身則由巨室而國而天下不難矣

天下有道　章

全三節分總註不能自強二句是上叚意修德行仁二句是下叚

意首節舉言天之當順引景公以証順天之事令也節慨當時不能順天知恥節承上言德之當修引文王以証修德之事令也節慨當時不能修德然上下段意亦相照言無德則當順天以為人役恥為人役則當脩德然後可以役人雖兩段並言意重自强一邊先言順天聽命特以動其恥心引之以進于自强也脩德以君身言行仁即德之推以及人也

賢根德来有德即賢也但德以所得言賢以人品言惟所得有大小故人品亦有大小强弱根大小来大小以國言强弱以力言惟國有大小故力有强弱有道之世人皆修德則位必稱德故賢德之小者見役於賢德之大者更不論力之大小强弱無道之世人不脩德只是論力故勢力之弱小者見役於勢力之强大者斯二

若指有道無道言或以二者只是小役大二句謂有道之世無順逆可言然舜之有苗啓之有扈非逆天耶

大德大賢即是天子在上諸侯以下或六德或三德皆其小者勿云諸侯役于天子大夫役于諸侯士役于大夫

天無理勢言天即是理然勢到不得不然處亦是理故曰理勢當然有道以德相役固是理然有勢在無道以力相役固是勢然有理在此與樂天畏天天字一樣彼雖專言理而勢在其中順天謂有道而安于賢德之不足無道而安於勢力之不足反是則逆天矣以下節觀之此章只重無道講然有道一邊亦非閑說言不能脩德則爲勢力之小當順無道之天是上段意尚能脩德則爲賢德之大可回有道之天是下段意故節節註中脩德字俱一樣

能令是役人受命是役于人天下勢不兩持不役人便役于人故景公女吳是安于弱小而能聽命所謂順天也引此以起今時不能聽命意

小國師大國是效其般樂怠敖而不能自强則既無賢德便當安於弱小乃不肯受强大之教命是猶弟子恥受命于先師雖欲不受不可得也恥字起下文如恥意師大國起下文師文王意言既不順天命恥爲强大之役便當師文王莫師大國

上言小國師大國下言師文王又兼大國五年何也盖上以順天言只弱小一邊下以脩德爲政言則大小皆當自强或謂大國亦有爲强國所役者或謂是小國中差大者俱太拘

師文王是修德行仁爲政天下便是天下有道意曰道自我行是

賢德在我可以役人曰大國反為吾役則大小强弱非所論矣五年七年以時勢言之亦是孟子自度其能如此若孔子作用曰朞月曰三年則又不用五年七年矣

引詩言文王可師重一仁字衆指其麗不億言詩詞無仁字但以商衆盡歸文王便見文王之仁雖衆不能敵他故孔子贊之曰仁不可為衆言難為衆去抵當他國君二句依蒙引俱作孔子之言但略推開說勿專指文王

款無敵而不以仁見當今不能修德決無無敵之理猶執熱而不以濯熱決不可得而執也濯在執熱之先不是執熱而后以濯以正意例之自見

此章骨子是箇德字結果是箇天字天與德總一箇理德修則理

在我我即是天而人當順我德不脩則理在天天能制我而我當順天

不仁者可與言哉

全章首節分上是言不仁之禍下是明其自取也總註心存是仁心不存是不仁仁者睹禍于未萌故曰審得失之幾幾微也不仁者昏迷于已見故曰無以辨存亡之著如危災亡明白可見彼反以為安利而樂也

安其危非知其危而安之謂人以為危彼不知其危而反以為安下二句亦然此皆私欲蔽固失其本心故顛倒錯亂如此蒙引以般樂怠敖為危流連荒亡為災凶暴淫虐為致亡又引興兵構怨為危率獸食人為災土地糜爛其民為致亡似未然人君好為不

善無以固人心而𢦤天命是危道也國家以安爲吉利以危爲灾禍灾禍一至敗亡立見即所謂致亡也不必各尋一事以別字樣但當三平講亦不必如大全以末一句承上二句存疑謂灾深於危亡深於灾亦只作一意無分別不可與言謂彼自以爲安而我告之曰危必不見信下二句亦然

孺子之歌托物寓言原無自取意孔子味其言方看出自取道理二斯字便是自取孺子主人言孔子主水言輔氏曰不仁之人雖忠言至論無自而入聖人之人雖常言俗語聲入心通

夫人必自侮以下是孟子因孔子自取之說指言不仁之禍皆其自取也自侮是不仁之身自毀是不仁之家自伐是不仁之國自者言自己有取侮取毀取伐之道也引大甲重自作孽一句以証

自取之意

自作孽自求多福孟子皆兩引之總是禍福無不自己求意

桀紂之失天下也

全章三節分上是論仁可以得民下是慨當時不能志仁通章機括是民心得民本領是仁得之失之曰欲曰惡俱以民心言所欲所畏歸之去之俱以仁不仁言

首節是即天下所由失以推天下所由得得民心推到仁處便見失民心由於不仁所欲二句仁也欲惡是民心與聚勿施是得民心得民心便是得民故承之曰民之歸仁

所欲不止飽煖安逸凡舉錯用舍皆是所惡亦然聚致也猶聚集之聚言民之欲非一端無一不為之致也勿施亦然下註所欲所畏

與此歆字不同

民之歸仁二節是一正一反意言民之所欲在仁所畏便在不仁所歸在仁所去便在不仁蓋撫則后虐則仇叛乎此必附乎彼彼者召而來之此者敺而去之此不容兩立之勢所必至也故蒙引以兩條只一項事

民之歸仁節重民之欲仁意上文言得民已是民歸了此言其所以歸仁以其所欲在仁也水之就下二句是喻其欲歸之情不是狀其必歸之勢水欲下故就下獸欲壙故走壙民欲仁故歸仁

爲淵敺魚節承上文言民既欲仁則不仁必其所畏適爲仁者敺民耳観故字可見上二句例下一句桀紂爲湯武敺民便見所以失民而失天下皆以不仁爲之敺也首尾自相照應

歸仁節先言正意後喻兩句敺魚節先喻兩句后言正意此起伏
顛倒文法承上起下意自聯絡
今天下節承上節言好仁便是湯武諸侯皆為之敺便是桀紂雖
欲無王句應轉得天下意
猶七年之病二句是極言當今時勢之難苟為不畜二句言當急
為之圖苟不急圖死亡必不免矣七年之病是久病難愈者喻民
困之久難以遽甦三年之艾是久艾難得者喻深仁厚澤難以遽
積然及今急為畜艾積之或為乾久猶可及其病之未死而救之
及今急為施仁積之或為深厚猶可及其民之未亡而蘇之苟于
此猶不畜艾則三年之艾終不可得七年之病終不可起于此猶
不施仁則深厚之澤終無所積久困之民安望其蘇哉故曰不志

於仁則終身憂辱以陷於死亡引詩其何能淑即不志于仁之謂
載胥反溺即陷于死亡之謂

自暴者不可與有言也

首節分上言人之自絕於道下言道切于人而自絕者之可哀也

通章以仁義爲主

自暴言禮義自棄言仁義蒙引曰禮義字淺仁義字深自暴者知猶未能故以禮義淺言之自棄者猶有所知故以仁義並言之然禮義理義也泛言理義亦該得仁似無甚分別

自暴自棄二項人一說自棄勝過自暴謂其猶知仁義也一說自棄者終不能爲自暴是剛底人倘有覺悟尚能奮發猶勝自棄要之俱是下愚自暴者終是剛愎不可轉移自棄者終是委靡不可

振作不可以優劣論
自暴曰不可有言根言非禮義來于言更切自棄曰不可有為根自謂不能來于為更切其實兩人俱不可有言有為存疑云與言不可況有為乎不可有為則不可有言可知矣中庸由不明故不行由不行故不明此智愚賢不肖交互之弊也自暴似愚人故有言屬知講自棄似不肖人故有為屬行講

安宅一節言道本固有見暴棄之人未嘗無仁義皆自絕之耳安字正字重看宅而曰安見當居而不可曠路而曰正見當由而不可舍此二句要看固有二字仁本固有是吾自有之宅也義本固有是吾自有之路也故暴此謂自暴棄此謂自棄

曠安宅二句總承暴棄二等人不必拘上註自棄兼仁義自暴專

言禮義哀哉二字見得自有而自絕之所以甚可哀也有令人警
省意思朱子曰曠安宅而不居則必放僻邪侈而居其不安之宅
舍正路而不由則必行險僥倖而由其不正之路

道在邇　章

此章二句分上是嘆人求道之過下是指言道之所在註親長在
人為甚邇二句正解親其親三句見所謂在邇在易者只在親長
之間故曰而道初不外是也不言事者事即所以行道非道外事也
親親長長天下平不必作感化說天下即項上人人看平即項上
親親長長看人各有親人各親之人各有長人各長之天下便無
一不孝不弟之人非平而何此見天下甚遠只是一个親長道何
邇也平天下甚難只在親親長長事何易也邇不是家庭之近謂

良知良能性所固有不待外求故曰邇與道不遠人一意

蒙引曰此論道術也當時楊氏以為我不較為天下平墨氏以兼愛不私為天下平管晏謂知可以平天下申商謂法可以平天下故孟子以為皆亂天下也惟求諸性分之間一親長而天下平矣

居下位　　章

首節分上是推言感人之本于誠下是言能誠之妙于感人

中庸論素定句句皆重預意此章總歸重誠身故末節以動物繳轉上意游氏註亦以誠貫上數句

天道不指在天言是言理之在我者皆天所賦予也思誠不是空思這裡就有工夫只是明善以誠身而已中庸曰誠之工夫在擇守然必擇善而後固執此章曰思誠工夫在明誠然必明善而後

誠身所謂人道也

至誠依中庸說是至極無以復加之意觀由能有誠便與至誠能化不異可見思誠便到得至誠地位一說由思誠而至于誠也似與中庸至字兩樣動物只繳上悅親信友獲上治民為切一說推開說亦通

伯夷避紂　章

二節分上是推文王所以得人心下是勉時君之師文王作興二字蒙引淺說分讀存疑連讀看註中用个皆字似是兩讀之義

文王行仁政不止養老但老者来歸則以其善養老耳至于其子焉往則士農工商莫不来歸便見文王仁政無所不行獨言養老

者以得人心在先收人望故特舉二老為言耳說者謂孟子論平天下不外親長諭王道不外五十七十衣帛食肉故制田里教樹畜皆以道妻子使養其老則文王得民只在一善養老然九一世祿等政獨非治岐之政乎此章重得人望看

伯夷歸文王乃諫武王伐紂太公歸文王又佐武王伐紂伯夷之諫左右欲兵之又得太公救免二賢所見不同如此一則憫天下無君一則恐萬世無君所謂不同道其趨一也

大老謂齒德俱尊然意重德上

諸侯有行文王之政當推廣說不止是行養老之政必為政于天下便是人望先歸天下亦皆盡歸應上文其子焉往意

求也為季氏宰　章

全章二節分上是即聚斂之可惡例強兵之尤可惡下是斷其罪之為尤大也一說以善戰服上刑應上強戰以闢草萊任土地應上冉求聚斂未是

不行仁政指君言而富之指臣言謂君不行仁政為臣者又聚斂以富之也故註曰富其君者奪民之財耳為之強戰亦指臣言罪不容于死指臣之為君強戰者

善戰服上刑根罪不容于死來觀故字可見兩个次字俱是次上刑不是斷次亦不是又次此以殺人斷罪善戰者身親殺人故服上刑連諸侯闢草任地者皆未親身殺人故次之其實善戰之禍皆由連諸侯結構出來而闢草任地大壞先王之法貽害萬世罪尤浮于善戰者特以未嘗身為殺人之事故次其罪于善戰之下

所以甚上刑者之無以加也總重責強戰意

存乎人者莫良于眸子　章

存乎人句就人觀人講言在人一身最好觀人是眸子也不能掩惡句正言可以觀人胷中正四句正言不能掩惡專言掩惡者惡則欲掩善則何假于掩胷中正則眸子瞭無心于見而精明自見也胷中不正則眸子眊雖有心于掩而昏散亦見也見于目善惡俱有掩則專就惡一邊故曰眸子不能掩其惡總明莫良之意

眸子是心神之會人寐則神處于心寤則神動于目以目觀人觀其神而已神之所動一毫矯飾不得與言可偽為者不同孟子并以聽言觀之不是兩句平重人焉廋哉亦不兩承當歸重眸子講謂言雖心之所發猶可偽為故聽其言未足盡人必觀其眸子之

或瞭或眊則胷中之正不正無所匿矣然觀眸子亦不易必吾之心正吾之眸子精明而後可以觀人之眸子不然取人之鑑已昏即眸子亦安知其孰瞭孰眊哉故曰患不知人也

眸子之論前聖所未發最是觀人捷徑然其術亦巧矣亦未可槩其平生學者甚欲知人明白簡易之法只是知言正當精細之法必視以觀由察安而後可

恭者不侮人　章

此章上二句指恭儉之實下是言無實之不可偽為也淺說依大全以恭儉作實德不侮奪作實事未是恭儉只是名目不侮奪正是實德蓋名之為恭者必實有不侮人之德如或侮人惡得為恭侮人而名之曰恭特聲音笑貌之偽恭耳恭豈可以偽為哉儉放此

侮人奪人蒙引大全兼二說一是本國不能禮下取民有制一是外國無故加之以兵無故侵其土地如此方說侮奪二字明盡惟恐不順惟恐人之不蒙逆其侮奪欲侮奪人之甚也

聲音是詞氣如號令之間都是恭儉說話笑貌是顏色如舉動之際做恭儉的模樣此皆盜名襲取之為然實不可掩故曰豈可以聲音笑貌為哉

淳于髠曰　章

首節分上是荅言禮之有時可變下是自言道之決不可變通章重一權字援嫂時避嫌為輕救溺為重故權輕重則當援嫂出處時守道為重成功為輕故權輕重則當守道孟子所論遇變而不失其常權在道之內髠所論欲舍常道而濟事功權在道之外

髡欲譏孟子從權以援天下故設此難先所問是禮之常後所問
是禮之變意在陷變先以常引起知孟子必以不親爲禮援溺爲
權欲後得權之說而以援天下譏之不知道援手援自是不同則
權有當用有不當用安可廢道而以從權也故手援天下一語便
拆倒他髡亦再辯不得
註遠別二字非謂遠乎別也蒙引曰遠嫌別疑
直巳守道非便是濟時是所以濟時之具也枉道徇人便是失巳
亦安能濟時
淳于髡博學強記學無所主嘗兩見惠王屏左右侍其言髡終
不言王怪之以髡對客曰吾前見王王志在驅逐後見王王志在聲
音是以默然客以報王王曰髡聖人也先有獻善馬者未及視會

先生至後有献謳未及試亦會先生至寡人雖屛人然私心在彼有之後見連語三日三夜然亦不能用也

君子之不教子何也　章

勢不行也勢字對理對情看父之于子理非不當教然勢有不能通其理情非不欲教然勢有不能遂其情著一勢字便是情理之窮處故易一　而教所以盡其情理而善處勢者也易字活看只是以子從教于人非必與人相易其子也全父子之恩亦不失為教兩意俱重父子責善根易子而教來只重父責子意

末節只串上節之意上節言相夷則惡故必易子而教末節言不易子而教便離則不祥應轉上意離即相夷也不祥即惡也離對合看父子相責則不相合故曰離祥對異看父子不相合此非常

理所宜有故曰不祥
責善責字重看分明是要他如此不如此心便乖忤故離若爭父則下氣怡色以勸之耳戒子則譬曉訓諭以警之耳安能傷恩大全曰此養恩于父子之際而以責善望師友仁篤而義行也又曰父之于子固然然不賢之子亦當自教戒若懼其傷恩而不教及其不肖則曰子之賢不肖皆天也此所謂慈而敗子矣蒙引云易子而教只為父未必皆賢子未必皆孝蓋以危心處之若責善則危道矣愚意危字似太嫌疑恐非天性之愛

事孰為大　章

首節分上論親身為事守之大因推事親尤在守身下論親身為事守之本因舉善守身者之能事親也蓋此章為事親而發以守

身為事親之要以曾子為事親之則曾子最能守身故也

上言身親為事守之大下言身親為事守之本正見其所以為大也大以包括言謂事守道理親身都該括盡了本以根原言謂事守工夫都從親身做出去惟事守皆從親身推去故親身便該盡事守道理如林放問礼之本便為問之大蓋得其本則全体在其中非大而何

事自其有所奉承而不違者言守自其有所執持而不失者言不失其身正是守身守身而能事親非謂謹守之人而後能奉三牲之養也只是不虧父母遺体不貽父母羞辱就是善事親若失其身便虧体辱親即日奉三牲亦非能事親也虧体是身体髮膚有所毀傷辱親是身為不善貽父母羞辱一説虧体即是辱親亦通

必請所與是見在盤飧中物必曰有是厨下未出者一个必字重看請所與是迎親志于未形曰有是順親志于已發故曰養志蓋父有及物之志本是合理曾子順之都是順親于道不然便是從親之令矣曾子養志卻不在酒食間特舉此見例耳如戰戰兢兢仁為己任皆養志之大者曾元一段是舉个養口體的以形曾子不可平講觀文法自見

事親若曾子可也不可作極至說亦不可作僅可說只是平平評斷上意言曾子可謂能事親也勉人意在言外若字輕看程子意不必入正講大全曰曾子養志則不欲子之失身者父志之大也其能持守此身可知矣故講曾子首末須補守身意方與上文不失其身而能事親相應

人不足與適也章

此章二句分謂人臣事君不必正其末而當正其本

適過也間非也謂用人中間有一二不是可指摘處行政中間有一二罅隙可議處故曰適間不足適不足間非任他不是都不理他謂用人之非行政之失根原皆由君心之非去君心之非以歸于正則用人行政自然無可適間若不格其心之非而徒適間其用人行政之非則人愈適而非愈多政愈間而失愈甚將有不勝其適間矣故人不必適政不必間惟當格君心之非

格正也去其非以正之也大人以德言是正己而物正者大人格君心全是潛孚默感不在言語之間然亦有開道的道理故曰陳善閉邪伊川所謂至誠以感動之盡力以扶持之明義理以致其

知枉蔽惑以誠其意是也

不仁不義不正總是非心正字包仁義總言之曰正分言之曰仁義故註只言正該仁義在内莫不仁莫不義莫不正蒙引存疑淺說俱作用人行政說一正君而国定句是足上意正君即足上君仁君義君正意国定即足上莫不仁莫不義莫不正意一字重看與首二句相呌應言只一正君而国自定何必適其用人間其行政也一說莫不仁三句俱就君心講国定方講用人行政

有不虞之譽　章

此言毀譽之失真者兩个有字活看盖行足以致譽而得之者固多間亦有不虞而得譽者行足以取毀而致之者固多間亦有求全而得毁者註曰毀譽之言未必皆實則固有實者但未必盡然也

不虞不是自己量度是他人擬度他無可致譽求全便是自己修為要求無一毫玷缺譽而不虞如無源之水涸可立待雖見悅于衆人實見訾于君子毀而求全如指玉為石久當自明雖不悅于衆人實見取于君子故聞人之譽勿喜譽已而喜則毀者至聞人之毀勿怒毀已而怒則譽者至此脩己與觀人者皆所當知

人之易其言也　章

此言人之輕易其言以其無責故也故必有責而後不敢易其言責是言語一失被人徵色發聲而罪責之也此為常人而論若君子之謹言則豈有責而後能哉

人之患在好為人師

此戒人不可有自足之心自足意全在一好字師之所以為人患者

其病坐此不然學問有餘人資于已而以彼應之何患之有

樂正子從于子敖之齊　章

首句是樂正子苟于所從下因孟子責以不早見長者而勇于自責也

樂正子来齊本是来見孟子只與子敖同来故註曰從之行彼其意只要省輿馬餱糧之費以為無甚𨻶一要不知因失其親便是比之匪人故孟子責之或謂有從子敖求用之意恐未必然子亦未見我不徒責其見之不早分明責以他有所從則我不必見可也但其意含蓄未露故正子不知曰先生何為出此言則不惟不知失身之罪并遲慢之罪亦不知矣孟子且未責其失身姑以来久見遲責之欲彼之自悟也克有罪是自認遲慢之罪然猶

未悟失身之非故下文乃正責之

子之從于子敖來　章

學古之道則其守身當嚴擇人必謹乃以餔糧小費失身于匪人

故孟子直責以餔啜見其所圖者小所失者大有負于古道多矣

此語隱然有非吾徒之意正子乃不知罪所以爲信之不足

不孝有三　章

此章論舜不告而娶之爲孝先以大不孝發其端非論不孝之事

而以舜証之也

三不孝皆是正路上差與世俗五不孝不同就三者中而斷其不

孝最大者尤歸重無後以起下文大舜行權意

存疑曰不告而娶是舜之用權處權所以稱物輕重以継嗣與稟

命稱量之則稟命輕而繼嗣為重故欲全宗祀之大事自不得均稟命之末節是之謂舍其輕而取其重得其重可以蓋其輕此不告所以猶告也蓋告而後娶固是孝不告而娶亦是孝猶告謂其同歸于孝也

蒙引曰此章不告而娶只可論理要非實事戰國人多妄言如癰疽割亨自鬻之類甚多至乎焚廩等語耶妄尤甚孟子大槩以義理及己意評折之不暇一一核實耳又如瞽瞍殺人只告以竊逃之理皆未必當于事實不告而娶之論大抵類此蓋考之尚書舜既克諧以孝瞽瞍允若而後四岳舉之堯乃妻之豈有不告而娶瞽瞍亦何禁之哉此二嫂治棲之說所以不經之甚無是理無是事也孟子之說但為人子行權者示訓耳

仁之實　章

全章肯節分上是仁義原乎孝弟下是智禮樂躰乎孝弟一說通章總作道原于孝弟看然五件分為兩節便有兩意大全曰前二實字就人本心看後三實字就人用工看又曰此章有經緯仁義是經智禮樂是緯當依此說為是

事親從兄為仁義之實只是良心真切仁何所不愛然愛他人安有如愛親真切故事親為仁之實義何所不敬然敬他人安有如敬兄真切故從兄為義之實實字對華字看此為愛敬之實根于心而不可解發乎性而不容偽外此皆愛敬之英華枝葉發見于事業之間而非實也時文謂事親則仁民愛物皆從此出是把實字當本字未是註引有子之言亦舉以見例非以本為實也蒙引

云往常以實字對用字不知事親從兄亦是用但于用中獨為真切耳盖愛便是用如愛親愛民愛物皆用也而莫有切于愛親故曰仁之實註謂良心之發最為切近發字非用而何

智禮樂三段平看智禮樂皆所以躰道者其實只在躰孝弟上然必知明守固然後可加品節工夫故先智而後禮必節文精熟然後從容和順于道德故先禮而後樂工夫尤自有序

智無所不知無所不守然皆其華也惟于事親從兄二者真知其當愛而愛之不忘真知其當敬而敬之不忘這便是智之切近精實處知之弗去勿平講意重知上弗去是守其所知故曰智之實易言智曰貞固貞正也知之正守之固也

禮無所不節無所不文然皆其華也惟于事親從兄二者節其情

不使大過濟以文不使不及這便是禮之切近精實處孝弟惟恐不盡何過可節蓋人情無已徇情則流故當節之孝弟皆懇切真心何用文之蓋徑情直行便太簡畧故又當文之

樂無所不樂或以養其耳目或以養其血脉皆其華也惟于事親從兄一肴發于由衷無所勉強拘迫則其愛其敬油然自生有不能自已其愛敬即手舞足蹈莫非愛敬形見這便是樂之切近精實處樂斯二者一句總包下文樂則生以下皆是樂之妙處非樂之後纔以漸而至也凡事不由本心所樂只外面勉強便無一些生意既無生意欵已即已既有已時安能觸處皆然惟事親從兄都是心之良知良能一毫無所勉強故樂而生生而恶可已恶可已而不知足蹈手舞皆真心一滚出来更不須節節費力不知手

舜足蹈非不知其舞蹈謂不知舞蹈之為孝弟也此個是心迹兩忘形神俱化地位與成于樂一般

通章實字雖兩意總是一个良心仁義之實在孝弟良心而已知孝弟而弗去是良心上真知節文孝弟是良心上節文樂孝弟而惡可已是良心上真樂可見天下無心外之道舜道者亦於心求之而已

天下大悅　章

上節言舜輕天下而重于親下節言舜善事親而因化天下然惟有輕天下之心而為孝心之純所以有定天下之化而為孝道極之父子之親是性分上最為真切不可觧于其心者天下是外物都與己性分不相干故雖天下大悅而歸己這等快心大事舜視之

輕猶草芥全不動心只要得親順親以盡吾性分而已　説只是
怡色柔聲先意承志使其心歡悦順親則諭親於道自不相遺此
非平素感動使親心合理者不能比得親尤難故得親曰為人泛
言之也順親曰為子則益密矣蓋父子不相得甚是忤逆無以自
立于天地間便不成个人然或委曲悦親未能諭之于道雖不似
忤逆而子道尚未全盡亦不可為子存疑云順親者必諭于道而
後可若親未歸于道安能心與之一與之一是阿意也蒙引云
不違觧順字諭于道是順前工夫不可為人便與禽獸無異不可
為子便與路人無異此皆性分中所虧之大者舜之心惟知以此
為憂一切外物都動他不得所以草芥天下
舜盡事親之道兼得親順親講然重在順上蓋舜欲親心之悦何

難正以瞽瞍至頑使之心與道合為難瞽瞍底豫然得順講亦重順一邊蓋一向最不合道今為舜之精誠感動潛消頑性漸漸歸道理中所謂烝烝乂不格奸也天下化天下之父子者定俱根底豫來故兩以瞽瞍底豫並提定即于化上見之非先化而後定也但自其感動于上而興孝興慈謂之化屬心上看自其盡倫于下而止孝止慈謂之定屬分上看化與定雖並言父子然意重子邊此之謂大孝此字通承上文言舜事親之孝本為一人底豫而化又廣為天下之化本為一家底豫而定又廣為天下之定則其孝不止一身一家之孝故曰大孝

舜生于諸馮　章

末節分上是斷二聖之同道下是推群聖之道皆同

東夷西夷之人一是東邊人一是西邊人曰夷者只是中國邊方之地非謂舜文皆夷人也

若合符節非得志行道之同謂道之行于中国者同也舜文行事安能盡同只是隨時隨分處之各當于理便是同不必入舜文事實講若取一二事同的便有許多不同處如常而君臣或變而父子順而父子或逆而君臣大者尚甚不同況其小乎故凡講聖賢同處俱與禹稷顏回曾子子思同道一般

此言道一獨舉舜文者非獨舉其盛亦非舉時地之最遠者特舉一二以例其餘耳故下文槩言先後聖人無不一也先聖自文王而先不獨一舜舜之先又有聖人後聖自舜而後不獨文王文之後又有聖人揆度也是比度之度不是料度之度揆一是以道度

聖人之皆一不足以舜文而度他聖人也蓋以時揆聖人先後不同以勢揆聖人遠近不同惟以道揆聖人必無先後遠近之不同皆若舜文之合符節也蒙引云以舜文比度道固相合若以他聖人比度道亦何有不合淺説云道至于中不容有二致人至于聖不容有兩心此而不同亦不足爲聖人矣

子產聽鄭国之政　章

全章惠而不知爲政分此一向是孟子斷子產之案下三節皆詳言之也通章以政字爲主記者首提聽鄭国之政孟子即識其不知爲政徒杠節正言王政故君子當平其政若以乘輿濟人爲政者日亦不足矣

子產聽鄭國之政聽斷也舉國之政皆屬聽斷則政柄在手凡事

皆所得為即脩橋梁無不可者何為以巳之乘輿濟人也記者書法使有譏貶之意乘輿濟人存疑謂子產乘輿已濟適民有涉水者就以乘輿濟之蒙引謂二水無橋子產各捨一車以濟人然以下文行辟人推之存疑為是

惠而不知為政惠字與孔子惠人惠字不同此惠字就是譏他觀註曰私曰小可見勿作美其惠而譏其不知為政政字說得廣徒杠與梁特政中一事也公平正大以躰言政之躰段也綱紀法度以施言政之施為也不可以躰屬心施屬事一說惠謂有不忍人之心不知為政謂無不忍人之事未是徒杠節言不用乘輿濟人平其政二句言不必乘輿濟人焉得人人而濟至末言乘輿不能盡濟乎人總明子產不知為政

十一月徒杠成謂農功初畢徒役未能盡舉故易成者可成十二
月輿梁成謂農功盡畢徒役可以盡舉故難成者亦成蒙引謂二
橋一時動工徒杠工少一月而成輿梁工多兩月而成亦通
君子平其政推廣說不止橋梁一事平謂均齊方正如王道平平
一般淺說作平易不新奇未是行辟人可也看可也二字非謂能
平其政必要辟除行人言雖辟人亦不為過也何必以乘輿濟之
況國中之水涉之者衆安能悉以乘輿濟之哉當涉者衆謂人之
涉水者衆勿謂水之當涉者衆國中之水就指溱洧
末節推開說不必指子產每人而悅便是私惠日亦不足應上焉
得人人而濟意言為政者不能以私惠盡悅乎人子產乃以私惠
悅人所以不知為政

孟子謂齊宣王曰　章

首節分上是極論報施之理下是推其所以為服之故

手足腹心氣本相屬用亦相須未有腹心不欲護手足手足不欲衛腹心也故以喻君臣情誼之最厚者犬馬国人是君臣相維以迹而不相躰以心者以其有豢養常典故無怨以其無愛敬實心故無德土芥寇仇則君臣相為殘賊矣土是踐踏芥是斬艾斬艾尤甚于踐踏也寇是竊害仇是積恨仇尤深于寇也蒙引謂以寇為仇未然

此論報施之理專為警齊王而發可與為君言不可與人臣言也蓋父雖不慈子不可不孝君雖無禮臣不可不忠故豫讓国士衆人之言君子且以為非安有計君之施而厚薄其報哉且合則從

不合則去臣之義也君以犬馬土芥待我可去則去之矣国人之視已非臣子所宜為即義不可去有死無二可也視君寇仇不曰亂臣賊子乎聖人為臣則曰天王聖明兮臣罪當誅大全曰此只是説个大都報應若忠臣不當以此自處

齊王疑孟子之言大甚指寇仇言援礼為問意以既去之君尚且有服況見在之君可以寇仇之乎註以道去君而未絕句未可露出下文孟子正發明之

諫是君有過而諫言是因事建言膏澤句承上文言諫得用而道行也膏油也澤水也皆能潤物者故借為恩惠及民字義有故而去儀礼云三諫不從待放于郊則其故似只是言諫不用然觀下文諫不行言不聽又曰有故而去則其故又似在言諫之外蒙引

謂平時諫行言聽偶因一時一事議論不合而去朱子曰有故而去非大義所係不必深為之説去字儀礼作歸其宗廟然曰先于所往又似去之他国故蒙引不作歸宗説

先于所往既欲人收用之何故不自用耶且去此事彼是事二君之臣乃君又為之先容何耶此其故有不可知要皆戰国之習似非君臣通論

三有礼皆去後之礼導出疆是護衛之礼先所往是推揚之礼去三年而後收田里是属望之礼如此則為之服只承三有礼来應轉舊君更切蓋古之臣以道去君而未絶者爵禄尚有列于朝出入尚有詔于国故礼皆有服孟子歷言其厚亦發明報施之意耳蒙引通承上文亦通然不可以在国去国並重

諫不行言不聽便可去了又何待有故蓋亦一時未遽去遇有故
而遂去也搏執之極于所往去日遂收田里此皆與三有礼相反
便是土芥視臣故爲臣之視仇寇仇則情義盡絶何服之有晉錮
欒盈兩會諸侯使勿收用之也

無罪而殺士　章

此論君子當見幾避禍蓋禍之来其幾先見無罪殺士即殺大夫
之幾故大夫可見幾而去無罪戮民即殺士之幾故士可見幾而
徙曰可以者言此時便當去禍猶未迫身也若禍既迫身則欲去
不可得矣去與徙不必分別或謂有位曰去無位曰徙輔氏曰此
明夷之初所以不食而行遯之初所以有厲尾之戒孔子往趙所
以至河而反也然特論其常耳而時位不同處之亦異若執此說

以為臣則苟免者多矣張南軒曰有国者聞此言悚然不可失士大夫之心故衛士歌北風未成衛有狄禍

君仁莫不仁　章

此二句重出與上章一意君仁君義指心言莫不仁莫不義存疑就用人行政言但上章重人臣正君此章重人君正心為小異耳淺説以莫不仁莫不義謂天下化于仁義未是

非礼之礼　章

此言礼義不合于中者大人弗為也大人是君子而時中可與權之人也重察理之精講存疑曰全非礼義者是為人全不在道理上更不説礼義的人非礼義之礼義者是為人猶在道理上但躰認差了不是礼義却以為礼義耳蒙引曰礼如恭敬辭讓與玉帛

儀文皆是義如辭受取予去就死生皆是是禮義也加之錙銖則太過減之毫髮則不及不可狗名不可泥迹有可于古不可于今者有可于人不可于己者察理少有不精則名是而實非若多矣如門人無娣喪亦拱而尚右曾子未小歛而襲裘以吊門人厚葬顔淵皆非禮之禮也冉子請粟原憲辭祿子路死輙皆非義之義也故惟大人弗為之註隨事二句通兼礼義大全以上句貼礼下句貼義未是蓋朱子用此兩句要把礼義兼時與事非把時事貼禮與義

中也養不中　章

此章重責父兄之教子弟上三句言當有以養之下四句言不當有以棄之中以德言才以能言中也才也指父兄謂賢也不中不

才指子弟謂不肖也養非安然俟之也淺說云抑其過引其不及開其昏聾其惰勿急求其成是也書曰敷教在寬寬即養之義如父兄賢而中矣子弟不能自其中則當養其不中父兄賢而才矣子弟不能肖其才則當養其不才養之有漸久當自化故子弟雖不中不才亦樂有父兄之中而才者能成己之中與才也樂時未即成中與才但已開明曉悟故幸其終能成已棄字非全不教他只與養字相反謂急迫以求其成旦夕以責其效見其難教而遽絕之是也賢不肖不能以寸不是抑揚太過之論蓋中才道理人性同具但氣禀不齊覺有先後自非下愚皆可漸摩而進自家的是中了一定能養人之不中自家的是才了一定能養人之不才苟于子弟之不中不才者而遽棄之則不中者固不肖而中者不

能俯就以成人之中亦中而太過者安得謂賢不才者固不肖而才者不能委曲以成人之才亦未為全才者安得謂賢故曰相去不能以寸此即過猶不及意

人有不為也　章

人有不為重知所擇講人于是非可否擇之素精少有非道非義斷然不為則當為不當為胷中已自定了一遇理所當為時所可為任他甚麼大事皆能奮然為之尚何疑懼之有蒙引云不為者時義之不當為也可以有為者時義之當為也淺說存疑俱作窮達說未是

言人之不善　章

隱悪者忠厚之道亦遠害之道孔子曰悪稱人之惡專以義理言

此曰言人不善知後患何焉以利害言後患不但恐人亦言已不善凡中傷之隱毒横逆之顯禍皆是此必有為之言若居言責者當不在此例

仲尼不為已甚者

仲尼盡道之極者人皆以為能人之所不能其異于人已甚也不知道之所在本不可加仲尼所為要皆理之當然固吾分之所當為亦吾力之所能為未嘗于本分之外有加毫末也何已甚之有此與依乎中庸一意兼知行説不止待陽貨見南子之類

大人者言不必信　章

二三敢德言固貴信然必于信則有不當信而信者果確無難行固貴果然必于果則有不當果而果者惟大人則言不必信而惟

其義〻在而信亦在行不必果而惟其義〻在而果亦在信果二字亦好但不論合義與否而先意期必便是有心私見義字非全不信果但義然後信果便是順理時宜此與義之與比章參看兩个必字即適莫意

大人者不失　章

赤子之心人之初心也大人通達萬變無所不知無所不能與赤子良知良能之初地位相去遠甚人遂謂大人之異于人必有加于赤子之初心故孟子指言大人只是不失赤子初心非有所加也蓋赤子本來純一無偽及有知覺情竇日開私偽百出盡失其初故卒為小人惟能全其純一本性不為私偽所奪則良知不失即此良知中萬理畢具充之何所不知良能不失即此良能中萬

事能廣充之何所不能此所以為大人也註云擴而充之即不失
二字內充養工夫非先不失了而後再加擴充以極其大也譬之
穀其初即一根苗惟即此苗培溉之不使枯槁便漸漸由秀而實
是穀之所以秀實只是不失原初苗譬之水其初即一原泉惟即
此泉疏導之不使壅塞便漸漸盈科赴海是水之所以赴海只是
不失原初泉人心其初即一良知良能惟即此良心保養之不使
氣拘物蔽自然聰明漸開剛大漸長是人之所以通達萬變只是
不失原初心故曰人須要復其初
人之心原與天地一般大大人不失赤子之心即是不失天地之
心天地之心誠而已故由不貳不息而生物不測天地之所以為
大也人得天地之心以為心亦誠而已故由純一無偽而通達萬

變大人之所以與天地同其大也知大人之大只是一个誠則知所以不失赤子之心其工夫只是存誠

蒙引曰非謂大人只不失赤子之心重擴充上不然指赤子為大人可乎初則純一終則通達萬變蓋一故能萬〻從一生此理最好

養生者不足以當大事章

此非謂養生之當輕特較送死之尤重耳兩个當字依存疑去聲讀當大事不當大事只在常變之間而已常則從容而可預備變則急遽不能周察常則有缺猶可補變則一失而莫追此送死之事所以比養生尤為緊要

送死之事凡殯而附身葬而附棺皆是人子事親到此是盡頭日子此而不用其情則無所用其情矣故曾子曰慎終夫子曰喪事

不敢不勉皆送死當大事之意

君子深造之以道　章

首二句分上言君子學欲自得下是詳自得之妙見所以欲其自造道也深不已也道方也自自然也得得其理也奮發用力以求深進而不已其功又必循其進之之序而不躐等者蓋欲循序漸進積累功深自然領悟而得其理于心也深造以道並重蓋深造而不以道則勇于求進而不得方法便急遽無序固不能自得以道而不深造則雖知循序而因循鹵莽又無不已工夫亦不能自得故必深造而又以道乃能有以自得也註云有所持循即是循序又見下手工夫以道邊較重些

深造以道工夫不外知行用力致知必求其知之至用力躬行必

求其行之盡是深造也統之則先知而後行分之則先知其當然而後知其所以然先行其近易而後行其遠難是以道也如此積累久久自然曉悟有以得其理于知久久自然純熟有以得其理于行是自得也自得謂從容不費力如朱子牝鷄抱卵出雛之譬是也一説自得謂獨得似與註悖

深造有深求其原之意而必以道求之自得居安資深皆所造已深而会其原故隨所取而逢之也

居處也安不搖動也如物之搶奪而得者終非已物或勉強借來亦不久取去皆不能安而有之也惟自得之則理之在已者以心藏之百感外物皆不能奪故曰居安

資藉也藉其中之所有以為用也深無窮盡也如物不屬已有循

未藏得穩當安可得無窮之用惟自得而居安則理之在巳者物不能拏即藉為應用資本何可窮也故曰資深

取之左右取諸心也逢其原值其心之理也原即資深也如家中財物尚有欠缺欲從中取之以用于外多有遇不着處惟居安而資深則理之在巳何所不具隨所應接取吾心之理以應之都遇着這裡原有了故曰逢原蓋資深是未應用時內者足豫乎外逢原是既應用時外者逢值乎內總是所得而居之理非二物也

左右蒙引存疑俱指心言時文多就事講未是看註至近二字便見然心安有左右亦自事上生來如這事來取之心遇着這个理那事來取之心又遇着那个理故曰非一處者無方之謂

通篇之字俱指理言得之者心得其理也居之者居此理于心也

資之者資心之理以應用也取之者隨事而取諸心之理皆相值也原本也即心之理也原是心中本有的道理逢原是取之心中撞着那本有的道理大全以深造以道為自得工夫居安以下為自得效驗未是蓋深造以道是求之之功得處即是驗居安以下皆自得之妙處居安即得也对求而言則曰得得之為已有則曰居資之資此得也逢之逢此得也故此章之論即夫子一貫之旨自得居安資深者一也逢其原則一以貫之矣

博學而詳說之　章

博學于文不止詩書六藝之文凡天地法象古今名物皆是詳說其理是說其文之理又仔細精詳也博學詳說並重但不可平講看下反約只點詳說一边如深造以道並重亦不可平講看下自

得似只粘以道一边
反循還也天下道理慱却從約裡生出来故學者窮理約須從慱
的反入去如人從家裡出外終必從外而反于家也反説約謂説
而反于約也慱學而詳説其理直欲融会貫通反而説到理所從
出之地而得其至約之原是謂反約
約或謂易之時書之中礼之毋不敬詩之思無邪或謂日月星辰
不一而為天之理一水火土石不同而為地之理一或謂仁之約
為愛義之約為宜俱未是這約是渾然一理在天為太極在人為
心道理千條萬緒都由此出斈者慱斈窮理要窮到会歸去處只
是一心貫徹更無許多頭目方謂心得所謂約也此與約礼約字
不同彼以行言此以知言然工夫雖有別所謂約之于心則一耳

博學詳説必至于約而後已固見不可徒博然將反説約必先博學而後能約見不可徑約

深造章兼知行是曾子一貫此章專言知是子貢一貫然雖知行不同其所謂一只是一様若各以其一貫之又是二个一矣

以善服人者　章

以善服人與以善養人其心固兩様其善亦不同以善服人只是做一个好事要去壓服別人全不見得善是我之當為此伯者之為也如齊桓會首止而定王世子晉文盟踐土而率諸侯朝王之類當時諸侯雖皆服他然皆不出中心之誠故曰未有能服人者也以善養人便見得善是我之當為亦人之所當共為故不以善為己私分要與人同歸于善此王者之為也如湯之于葛遺之牛

于是湯之于桀進伊尹以輔之之類當時全無意去服人然以七十里而為政便自然能服天下

以善養人與中也養不中養字一樣有涵育薰陶俟其自化之意其見人之善也猶飽煖安逸之在吾身必開道誘掖惟恐其或失之其見人不善也猶疾痛疴癢之在吾身必誨諭勸率惟恐其不遷于善是之謂養大舜善與人同亦不過此蒙引曰此為時君而發曰服人曰養人人字俱指平等人言存疑曰人字雖指平等其曰服天下則說得大了又不止平等人

言無實不祥　章

此章依註前說兩个實字一樣看蔽賢者字就言說方與上言字相應蔽賢之言以賢為不肖以不肖為賢則禍及生民害及國家

故足以當不祥之實

仲尼亟稱於水　章

首節是徐子究聖人取水之意下是孟子發取水之旨而箴其失孔子取水是指道體即川上之嘆是也孟子為警徐子故以有本立説然雖非孔子本旨至理亦不外是

原泉二字是提个水之原頭即有本意混混不舍是不已盈科後進是有漸放乎四海是至極總自原泉中来有本一句足上文有本指原泉二字如是指混混以下數句是之取應轉何取於水意

註人有實行數語當與下文人無實行數語俱補在聲聞過情上面方起得一个故字

無本與原泉反雨集與混混反溝澮皆盈與盈科後進反涸可立

待與放乎四海及聲聞過情情實也實不足而其名過之故曰虛譽朱子曰爲善無真實懇惻之意爲學而苟且徇人皆是無實此句泛說不必直作徐子然其意則指之也

蒙引曰孔子言水之不舍晝夜明道躰之不已孟子言水之不舍晝夜喻人爲之不已孔子發天理之本然而人事當然自見于言外孟子指人事之當然爲徐子言未及于語上也

人之所以異於禽獸者幾希　章

全章首句分上是指人物所分之幾下是別言人有存否聖人則不待存而自無不存

幾希少異也謂人與物只是一樣理氣特偏正通塞之間爲少異耳蓋以形言人有耳目口鼻物亦有耳目口鼻以氣言人有知覺

運動物亦有知覺運動以性言人有君臣父子物亦有君臣父子件件都同無甚相遠但物則或有角而無齒或附翼而兩足人則五官並運百体從心物則馬止能馳牛止能耕人則百爲萬感酬應不窮物則虎狼父子蜂蟻君臣鴻鴈兄弟雎鳩夫婦人則五常具備萬善不虧是人得其正而通故一點性靈神明不測物得其偏而塞故有些明處不能相通人與禽獸不同只爭這些子而已故曰幾希幾希者危之也非小之也存得這些子便與禽獸兩樣去了這些子便與禽獸一般孟子喚醒人心夢覺之関指出人物分開岐路來有若此兩字之痛切也

幾希雖形性並言其實重性上講盖性即心之理心即躰之大心有是理故能虛靈而以思爲職其所以異于禽獸只此一點良心

耳蒙引云人之異于禽獸全是心心之不同虛靈知覺也所以不同得形氣之正也朱子云形氣之正亦該得心故君子存之存此心也書曰道心惟微道心即性之理微即幾希之謂庶民去之謂肆情徇欲喪失了一點虛靈便是去這些異于禽獸者君子存之謂遏欲存理保全了一點虛靈便是存這些異于禽獸者去之則形雖人而性不盡無以為萬物之靈存之則盡其性無愧于形有以伸萬物之上存與去都在性上以此見幾希重性一邊故下文仁義即幾希也非性而何

陳氏曰知之是存之之門戰兢惕厲是存之之功全所受之正即所謂存也

庶物人倫是理之在倫物者幾希之性所散見也仁義是理之在

心者幾希之性所統會也其實只一个理自仁義之各具于物而言則為物理自仁義之各具于倫而言則為倫理自倫物之理得之于心為心之德則為仁自倫物之理制之于心為事之宜則為義庶物不止動植之類蒙引云一身之視聽言動一家之閨門內外在鄉之耕桑賦役在官之錢穀甲兵刑名度數皆是故註曰物事物也明察非聖人有意詳畧盖理有緩急知之自如此也庶物至賾安能一一仔細但識其理而已故曰明人倫則理之最切要者一毫不盡分便有欠處必須詳細精密故曰察明如大明畢照之明察如察秋毫之察舜之明察都是氣質清明義理昭著不待思索不用工夫故曰生知

由仁義行非行仁義謂仁義充足于心任他行去都是全無一毫

費力非以仁義為美件件要依他行而不敢失也故曰安行倫物二句以知言即知其所以為仁義也仁義二句以行言即行之于倫物也其實只一个心自心之虛靈無所不照為知自心之虛靈無所不運為行舜之心不待存而自存故其知行亦不待思勉而自然如此蒙引云四句可分知行不可謂知行有後先存心工夫只是戰兢惕厲四字舜不待存非謂不戰兢惕厲也危微精一兢兢業業正是戰兢惕厲心法下章數聖人相傳只此兢惕一心但舜之兢惕非有懲于衆人之失而懼其同于禽獸也天理常存自無一息不見其兢惕耳若君子存之不免有惟恐失意思在

此章是心學之源以心言幾希是綱仁義是目倫物又仁義之目以心學言存之是綱明之察之行之是目衆人不能知不能行不

能全夫仁義倫物之理故去其所謂幾希君子致知力行能全夫仁義倫物之理故存其所謂幾希舜則生知安行故于仁義倫物之幾希不待存而無不存也一說衆人不知故去之君子知之故存之大舜生知故由仁義行此非正說

禹惡旨酒　章

此章歷叙群聖心法各即其勤厲者言之非各舉其盛也所舉就事講其實皆以心言禹以好惡對一是遏欲之心一是存理之心湯以持己用人對一是心之正一是心之公文王以愛民求道對都是心不自足武王以遠近對都是心不少怠周公兼三王以未得既得對都是心之勤敏總根上章舜來見千聖相傳不過存此幾希之心而已

惡旨酒只是去个欲心好善言只是充个善心此二事所該甚廣
便見禹切切然惟恐徇欲失理所以為憂勤惕厲之心
執中謂已之所行只守着一个中不敢有過不及立賢無方謂所
用之人惟賢即立之于位不問親疎貴賤之類于已既守之約于
人又求之廣切切然惟恐一有不正不公所以為憂勤惕厲之心
或以用人對行政言亦通
視民如傷便是民已無傷望道如未見便是道已有見只為愛民
深求道切其心不自滿足故視之如有傷望之如未見也觀註两
箇已字猶字便見心之無窮所以為憂勤惕厲之心
遠邇俱兼人與事言存疑曰侍御僕從之在左右人之邇也賢人
在側陋及親賢在藩屏之外人之遠也日用飲息起居事之邇也

生民休戚國家利害在千里之外數年之後事之遠也泄字兼親狎忽畧之意德盛仁至總承不必分貼遠邇只是存心敬謹念慮周詳于人最易狎者而獨不泄于人最易遺者而獨不忘所以為憂勤惕厲之心

以上四條以人言是三代之王故曰三王以事言則四聖之事故曰四事兼三王施四事一直說不可對講言思兼三王之四事而施之也思兼不可謂集大成不合蒙引淺說存疑俱就四事之外看謂四事無不合之可言也看註語意似只是四事不合大全饒氏亦看註兩个事字一般似亦有理蓋四事為古今所同者心之[illegible]至于舉行時豈無時勢有礙處故又須思其理而後可行其事也若以子丑寅貢助徹忠質文等為不合似皆制度粗迹而非

勤厲之事疑未必然仰者以臣仰慕乎君以今仰追乎古皆曰仰思謂思其理也得謂得其因勢隨時之理也蓋古之事未必一一可行但即今之時與分其理所當為者不過如此是亦一得也思其理以心言故曰夜以繼日言日與夜皆思也急于行以事言故曰坐以待旦夜則無事可行也總皆切切于思又切切于行其思與行即是思兼以施四事故憂勤惕厲通承一節不專重下段

王者之迹熄　章

首節分上是原春秋之書所由作下是推春秋之義所由定首所由作由迹熄而詩亡義所由定因魯史而筆削

王迹謂王者政教號令有迹可見也平王東遷政令不行于天下則天下無王者之迹故曰迹熄詩雅詩也王者有政令天下諸侯

莫不来享来朝于是有燕享朝會之樂歌與公卿大夫之献納自
政令之迹既熄則朝會之典不行故無朝會燕享等詩而公卿大
夫亦無献納黍離之音節体裁與列国無異王者之詩已降為風
此雅詩所以亡也詩亡則君不能令其臣臣不肯尊其君上下倒
置綱常大壞亂臣賊子接踵當世孔子懼而後作春秋盖不能與
王迹以復大雅庶幾明王迹以垂戒將来耳
下二節歸重其義則丘竊取一句言春秋本是魯史與晉楚諸史
一般其義則自孔子斷之此所以為孔子之書
晉之乘三句平講一也總承上意重春秋盖以晉楚之史例魯之
史見其均為記事之書孔子特因舊文而脩之耳晉之乘或曰記
載時事之名為是但趙註在前說者多從之楚之檮杌取一凶人

之號以名史義在記惡垂戒而已春秋每年四時各有記事特錯舉二時以為書名

末節三个其字俱指春秋上二句輕重末句事謂文中所載之事春秋列國之事皆有獨言五霸又獨言桓文舉其尤盛耳文即記事之文史官隨時記之也義者因其事有是非故其文有筆削而善善惡惡一以理斷之而合其宜之謂也事與文皆魯史之舊義則孔子所自裁故其言曰則丘竊取之矣取字蒙引訓曰裁定也竊者謙言不敢自任即竊比老彭之竊大全蔡氏以有德無位為竊註引公羊丘有罪之語亦是此意

春秋文因魯史何謂筆削或謂筆者取其文筆之於書削者義無所取則削去而不書或謂某年某月某事雖因舊文而書國書人

書官書名或書弑或不書弑或書及或不書及皆是筆削不但削

而不書也二說似宜兼用

上章歷舉群聖之事皆存幾希之在己者孔子作春秋使萬世知有君臣父子等倫是天理賴是常存人心賴是不死萬世之幾希亦賴以存故孔子之功為尤大

君子之澤　章

此章上節槩言人之遺澤見孔子之澤未斬下節言己得其澤而聞道于人

君子小人俱指人之賢者但以有位無位別言之耳澤猶流風餘韻輔氏曰流風以風喻之餘韻以聲喻之蒙引曰澤本水之餘潤也即是德業之遺于後者註引楊氏服制非正解五世而斬之義

蓋以服制至五世而絕約言君子小人之澤亦五世而絕耳五世袒免無正服也袒身去飾也免狀如冠檀弓註云以布廣一寸從項上而前交于額謂肉袒而着免也

下節言孔子之澤本萬世不斬況予去孔子尤在五世之内則其澤常存猶有親承其澤者故予雖未為之徒猶得私淑諸人也人謂子思之徒並　丨明　子思徒弟私淑諸人謂孟子竊其善以治身於子思之徒弟亦未嘗親授業于子思也

此承上三章而以私淑繼孔子之後分明是見知自任勿作聞知說蓋子思親身庭訓而孟子得傳其道其傳尚近故以五世為言與去聖人之世若此其未遠同意

可以取　章

此章歷舉失中之害三句雖平然首一句是不及後二句是太過人但知傷廉為害不知傷惠傷勇亦為害故以不及形太過見不及固不可太過亦不可觀註固字反字可見過取亦是過曰不及者過取是不肖邊人過與過死是賢智邊人故曰過猶不及朱子曰孟子此章却是恐人過與過死陳氏曰此章為賢者過之發而兩个可以後此者為是蓋先以為可恐簡率而未的後以為不可則詳審而無差此亦孔子再斯可之意也乃竟從其初未定之見所以皆有所傷傷廉直說言不廉也傷惠傷勇反說言雖惠非惠雖勇非勇也若陳仲子之廉則是廉之過者便與傷惠傷勇一般

逢蒙學射于羿章

此章首節斷羿之取禍為有罪下節即孺子之能取友而免禍見

羿所以有罪

羿遷于窮石故為有窮之君張南軒曰羿簒夏自立使蒙以義討
雖嘗李射何罪之有惟以私忌殺之故為殺其師耳孟子不罪蒙
而罪羿蒙之罪不待言也是亦羿有罪一句是此章断案含不知
人意故下文以孺子之事明之公明儀四句舊説謂與孟子問答
之言一説宜若無罪是孟子引公明儀之言薄乎云爾是孟子推
公明儀宜若之意盖以公明儀古人不得與孟子相問答也按公
明儀乃子夏弟子則與孟子同時亦未可知今讀其書若無是亦
羿有罪之言則宜若無罪之疑從何而来還作問荅為是
蒙引曰孺子之侵衛將以攻人也見勢未利而遁去故衛追之或
曰迎擊者非也

庾公之斯學射于尹公至取友必端是庾公未至時孺子豫度之如此則尹公之取信于孺子固有素矣小人學射至反害夫子是庾公既至時語于孺子者如此則尹公之取信于孺子果不誣矣乘矢四矢也古人一乘車必駕四馬故四矢謂乘矢發矢以全公義去金令不傷人以全私恩此見師以及師庾公報德之厚也況親授業如羿者而忍殺之乎友以觀友孺子料人之知也況親受業如蒙者而不知之乎故曰羿有罪焉罪在取友者也

程子曰庾斯事孟子只取其不背師耳若國之安危在此一舉則殺之可也舍之而無害于國權輕重可也何用虛發四矢哉朱註謂其事皆無足論特以取友而言耳

西子蒙不潔章

上節言人性本善而或染于氣習之惡則為喪善故以西子不潔喻之有概惜之意下節言人雖染于氣習之惡而能反乎人性之善則為自新故以惡人齊戒喻之有激發之意二節並言見善而自喪則歸于惡惡而自新則進于善只在一念轉移之間與舜跖之分同意蔡引曰此是設言非實事也其辭以貌言其意以行言

天下之言性也　章

全章首節分上言理本自然下言智者當順其自然也智即是性世之好用私智者其原多由于昧性故孟子指夫性之自然而惡夫鑿以為智者之非性也

首節故與利不並重故字虛輕看利字實重看謂以故言性若當以利為本也故猶故事故紙之故謂見于行事已往之舊迹也所

性之理雖無形而難知而發見之故則有迹而可見故言性者但言其故則知其爲性之發而性之理可知也然故之迹有善有惡善者順其自然謂之利惡者逆其自然則非利矣言故而不以利則故有惡者遂以性爲惡故有善惡相雜者遂以性爲善惡混安可以故論性也故論性以故者除却逆惡不言惟本其率性自然而爲利者言之則觀故之善而性之善可知也如言水之性于其流必其流之就下者乃爲水之性若過顙在山則豈水之性哉故曰天下之言性則故而已故者以利爲本

註解性字先兼言人物自得天之理而言人與物俱有後單言事物自以理應事而言只是人其實事物之理即所得以生之理但未發是性故則其理已見于事故曰言其故而理自明末節註云

事物之近豈有不得其理正是此理

此與乃若其情一節參看故即乃若其情利即可以為善但以心之發動言曰情以事之成迹言曰故以其率性自然而不為惡曰善以其順性自然而無所逆曰利總是即情明性之說或以惻隱羞惡為故見孺子不受嘑蹴為利未是蓋惻隱羞惡是善一邊了即為利也觀孟子以情善驗性善即以惻隱數語實之可見

所惡于智二節承以利為本來上節即治水之行所無事見大智當順而不當鑿下節即天道之不難知見事理甚順又不必鑿俱是言故之利明知者當求利于故也新安以上節言自然專承利下節言已然專承故似未是

所惡于智節二句分上言小智之可惡下言當法乎大智也而不

如智者作一様看但上虛講下實講亦行其所無事即申言若禹行水則智亦大即應轉無惡于智言大智又何惡耶

鑿穿木之名不順木之理而鑿之猶漢書言鑿空也在人則無是理而以意知強爲之謂也苟有此理而行則順矣如智者若禹之行水不是比喻是舉行水一事以爲處事者之例

禹之行水既曰行矣便有所事而曰無事何也盖水本有見成故道以下爲流其勢甚順但不無壅塞禹特因其便而行之未嘗以已見用事所謂禹之治水水之道也故曰無事若築隄設障則鑿而有所事矣

禹之治水濬鑿之功由下以及上故始於冀兖以治河濟之下流次及青楊以治江淮之下流下流既殺漸治其上次荊次豫次梁

而雍地最高水患最少故獨後此濬鑿之序也疏道之功自上而達下故禹貢導山者四導水者九皆自西北極于東南順其就下之勢自源徂流而無壅遏之患此疏導之序也淺説云先决川以距海後决畎澮以距川皆行所無事也

如智者亦行所無事就處事上講既曰處事又曰無事盖以事處事順天理之自然不以一毫己見與之故亦曰無事則其智亦如禹之大矣兩亦字俱照禹講

天言高而星辰言遠者惟高故遠星辰附麗于天高之上故望之見其遠也其故承上二句天與星辰之故也其實天之蒼蒼何故可尋只是星辰盖天有運行則星辰之躔度次舍隨時旋轉如看天某星躔某處夏秋冬又在某處是天度全憑星辰推出來故已

然之迹全在星辰所謂天無體以星辰為體天無次以星辰為次是也求其故只觀星辰已往度數如某星躔某處為冬至推而上之某星躔某處則為夏至又推而上之舊年冬某星某處舊年夏某星某處又推而上之年年如此積筭則十年而百百年而千千年而萬其星辰度次皆可推求故日至曆元之在上古者可坐而致也坐致二字見其故甚是易推即是利意

日至謂年月日時皆會于甲子也但上古以前未有子丑甲乙只就一陽之月初一日朔夜半時候以起甲子為甲子年月日時是謂曆元六甲一週若復有甲子年月日時則在癸亥年十一月矣

千歲日至就已往看蒙引云既推已往而得其源頭然後把源頭推其未来此是論理看書不必如此千歲大約言其久也其實推

尋曆元何止千歲

此節即天道高遠之甚苟求其故其理甚順尚可坐致況事物之理在日用間非若天道之高遠者誠即其已然求之其理亦未有不順者又安用以鑿為耶

公行子有子之喪　章

全章不與右師言分上是孟子不徇王驩以非礼之恭下是因其不說而援礼以曉之也援礼不是托詞此時所重却在礼雖非王驩亦不與言與驩言自是衆人失處但孟子當時之望驩欲借以為重見他人皆來親附獨憤孟子之輕已故孟子之言所以明朝廷之礼亦以儆衆人之失也然非驩之不悅亦不明言若其待小人不惡而嚴則于弔滕之往返已可見矣

公行子有子之喪一説謂其子死也一説子爵也謂公行子死爲子爵之喪也一説謂其親死身爲孝子親喪也俱無所據以後説較勝蒙引云公行是主班行之官蓋以官爲氏詩云殊異乎公行可見

右師官名往弔以君命弔也觀朝廷二句可見不然大夫之家焉得行朝廷之禮耶進是進右師來就已謂以色而招之來也雖以未就位時言大槩是位尊于右師者就是以己而就右師雖以既就位時言大槩是右師平輩與位卑于右師者蓋嬖幸之勢人皆趨之故各致其親附如此孟子不與右師言蒙引云此是未就位已就位始終不與之言也雖以爲簡分明怪其不附已是只以衆人待孟子多少無禮

礼朝廷之礼也若以君命則君命所在即朝廷所在故卿大夫階列位次俱依朝廷之礼位是本身站立位次只巳一人階是行列階級一階有許多人此章本重與言兼相揖者接礼成文言之耳一說與言者必與揖揖而後言亦通位或左或右各有定次故不歷位而相與言然望見顔色未必不拱揖也階或上下或東西各有定級故不踰階而相揖則不得與言益可知矣孟子在齊為卿當在卿之階王驩爲滕攝卿以行則平時尚在大夫之階是孟子之階還在右師之上我欲行礼通承上二句註單言歷位然又曰位不同階亦是兼承未就位而進與之言則右師踰階而歷巳之位既就位而就與之言則巳踰階而歷右師之位故不敢失此不歷位不踰階之礼也異怪也非謂異于礼也言以我行礼為簡不

亦怪異之甚乎

君子之所以異於人者　章

全章何難分上是詳言君子存心之容下是申言有遠憂而無近患大旨是存心二字仁礼是存心總目愛人二節是存心于報施之常横逆三節是存心于報施之變有終身之憂承常變不忘来無一朝之患承變不足校来總是申言存心

心是人所同有的君子原不異人但人有是心多不能存君子所以異人獨以其能存此心耳存謂心常在内而不忘失也這工夫即終食不違造次顛沛必于是之意如下文三自反終身憂正是存心之容處小註作處心說似太輕了仁礼指心言勿指理言觀下忠字即仁礼之盡心也自愛心而言曰仁自敬心而言曰礼以

愛為心而一念無所私是以仁存心以敬為心而一念無所慢是以礼存心不可云以仁礼之理存于心也仁礼存心兼內外常變言但以其在心上做工夫故總之曰存

愛人二句言仁礼之施施吾所存之心也固所以存心也愛敬仁礼只是一物但自未接人而言曰仁礼是愛敬之蘊自既接人而言曰愛敬是仁礼之施

恆愛二句言仁礼之驗驗吾所存之心也亦所以存心也恆常也對變看不對暫看我愛敬人人亦愛敬我此常理也故觀人之愛敬可以驗吾之仁礼不然必其仁礼未至也仁礼至而人不愛敬則變耳

有人于此三節是施而不驗恐施之未盡故以仁礼自反反吾所

存之心也尤所以存心也忠即是仁礼盡心輔氏曰一息不存一物不體便是不盡其心夫以仁礼存心而愛敬夫人至其不驗又反求諸己直到自盡無愧然後以妄人待之存心如此何等周密三自反反仁也反礼也反忠也看大文明白一說三謂三節未是横逆謂強暴不順理也我有愛敬之施而人無恒愛恒敬之報即為横逆輔氏曰強暴横也不順理逆也此物字指横逆言横逆由是只是前面横逆未嘗悔改不是愈甚之說妄人謂不可以仁礼感化是無人心者故謂之禽獸非罪之也似有哀憐之意何難置之不校也當横逆來時心中忖度計較不能自信亦被他難了至此則自信其是真見不是之在彼何必計較胷中而為其所難哉曰何難亦非棄之也猶不已其愛敬之施蓋吾盡吾是安可以

彼之非而遂廢吾之愛敬也所以為存心之害
何難與犯而不校稍不同彼是忘人之非物我無間此是知人之非圭角猶存朱子曰自反所以自修學者事也不校不見可校成德事也然自反之功謹嚴精切正學者所當用心若自反未至而以不校為高恐無修省之實而陷于苟且頹敗之域矣
是故君子一節承上文言有終身之憂通承存心謂常以仁礼存心變以仁礼存心終身惟此仁礼而已無一朝之患承横逆来謂得愛敬之恒固當無患即有横逆亦不足校又何患也乃若所憂一句頂終身之憂舜人也至如舜而已詳言所以有終身之憂若夫君子一句頂無一朝之患非仁無為至末詳言所以無一朝之患註存心不苟貼終身之憂故無後患貼無一朝之患憂自內出

患自外來無患非能保患之不至謂心無媿不以為患也
舜為法可傳只就仁礼盡道講蒙引曰上可以化頑嚚下可以化
傲弟是能感化橫逆者故可法可傳未免鄉人是仁礼未至猶不
免橫逆之來如舜而已工夫只是仁礼以仁礼存心而愛敬夫人
或無其驗又反其仁礼又反其仁礼之忠則仁礼亦庶乎可傳可
法便是如舜
非仁無為二句要兼上文忠意存疑只說外說未是蓋為與行雖
在外其實不離存心故蒙引兼內外看如有一朝之患上面要講
無患意方起得如有二字蓋仁礼既無不盡自當恒愛恒敬已無
致患之道假如偶然有患君子亦不以為患也通節四个患字舊
說一朝之患患字作禍患說乃君所患君子不患患字作憂患說

此章見人只是一个心君子之異人只此存心仁礼即心也愛敬心之發也恒愛恒敬感應之常心也橫逆失其心者也自反反諸心求以自盡也禽獸何難信乎心而他不恤也終身之憂心不敢一息之不存也憂况如舜舜與我同一心也故心存則為聖人為君子不存則為鄉人為妄人操舍存亡之閒而人品懸絕若此斈者之于心可不慎耶

禹稷當平世　章

全章同道分上是斷聖賢之同道下是詳言道之所以為同

平世自唐虞交會之盛言天下猶未平自洪水橫流一事言自不相悖三過不入朱子曰此須酌量緩急如閔君国危急事只得奔赴君命就使家有父母不見亦無妨此只是禹事今曰禹稷饒氏

以爲常言蒙引以爲易地皆然愚意古人文字不拘如禹稷躬稼一般往往皆是

孔子賢顔子事見論語其賢禹稷無所見但詩書中如無間然之稱思文之頌皆是賢之禹稷顔回同道一句是此章大旨禹思二節言所遇不同而處之各當所以爲同道末二節只是譬喻兩曰可也正言理當如此以明同道之意

同道謂當理同也道只是當然之理理只在當爲之時平世之時理當救民禹稷過門不入因隨時而合當然之理亂世之時理當修己顔子簞瓢陋巷亦隨時而合當然之理事迹不同而當理則一故曰同道或謂修己即救民之施救民即修己之藴未是

禹思一節單言禹稷所處一邊末須補顔子方耙得易地皆然意

思字以心言是指禹稷身任其責急字以事言即應轉上文過門不入由字依註作猶說禹之心思我為司空而水土未平是天下溺的恰似我溺他一般稷之心思我為農師而稼穡未播是天下饑的恰似我饑他一般惟其任饑溺之責如此是以救其饑溺如是其三過不入之急也若顏子無饑溺之責則其樂于陋巷亦宜矣設若禹稷居顏子之地不任水土不任稼穡則亦能樂其樂而豈專于救民其救民者彼之時理固然耳設若顏子居禹稷之地或為司空或為農師則亦能憂其憂而豈專于修已其修已者彼之時理亦當然耳故曰禹稷顏回同道末二節一喻禹稷之當救民一喻顏子之當修已總是上文之意

今有同室節鬬者帶上句讀救之帶下句讀被髮纓冠還沐時不

及束髮冐冠于所被之髮結纓而往也

同室是情義親密休戚相關者故以喻禹稷有天下饑溺之責鄉鄰是情義疎薄休戚無預者故以喻顏子無天下饑溺之責被髮纓冠在同室則可在鄉鄰則不可故以喻三過不入在禹稷則可在顏子則不可觀兩个可也便是道

同道本就事言孟子屢提心講存疑曰心道之所從出也聖賢心無私主故隨寓盡道若人各一其心如楊氏為我墨氏兼愛則各滯於一而不適於道不得為同矣此說是蒙引謂道主在心者言浅說謂道之存於心俱未當

匡章通国皆稱不孝焉　章

首節是門人疑齊士之當絕二節是孟子詳其無可絕之行後二

節皆原其有可矜之情

既曰匡章又曰章子匡是姓章子是字

通国皆稱不孝似為公論與之遊不絕之也礼貌又加敬之也公都子不是疑孟子之非意其必有獨見故以為問

五不孝之序從輕漸説至重一不孝只是怠惰二不孝則為驕佚比之怠惰稍律矣三不孝則溺于私利比之驕佚其心尤為不善好貨財私妻子不平看謂好以貨財私于妻子而忘其父毋也然巳上皆是缺养猶未辱親四不孝則荒淫聲色貽辱于親罪尤大于缺养然猶未取禍也五不孝則忿戾逞凶禍及父毋罪尤甚于辱親此五件章子並未犯那一條故曰有一于是乎

夫章子子父責善至賊恩之大言章子所以蒙不孝之名只因責

善見其以善道親已有厚親之意夫章子豈不欲有夫妻至罪之
大者言章子得罪之後又能自責見其以過歸已又無罪親之心
是則章子一句總承上不偏承本節而已矣者言自此之外别無
過失也
子父責善一節指章子所以與父不相遇以責善也責善朋友之
道一節推責善所以與父不相遇以賊恩也蓋朋友以義合故可
責善合則留不合則去父子以恩合故不可責善責善則離離則
天性之恩絕矣章子以朋友之道施之父子固宜其不相遇也饒
氏曰先言子父就章子以子責父而言後言父子泛言之也
夫妻子毋之屬子章子之子也毋章子之妻也出妻去其妻也屏
子自家被逐在外而子在家也屬猶云家屬得罪之罪指責善言

罪之大之罪指受妻子之养言如是指出妻屏子言

按章子雖非世俗之不孝然徒知責善不知幾諫既未能盡道于始徒知不受妻之养不知怨慕以回親之心又未能盡道于終則亦未免為不孝也但歆父為善心猶可原終身不受养志猶可哀故孟子與遊而礼貌之亦觀過知仁之意

孟子于匡章之不孝是衆惡必察于陳仲子之廉是衆好必察然仲子避兄離母匡章乃喜其廉則其出妻屏子無亦苦節矯情與之相類乎但一以苦節蒙惡名故為之白其心一以苦節獲美名故為之抑其過總是至仁至公之心至仁謂無私蔽于已至公謂不苟責于人

曾子居武城　章

全章同道分與禹稷顏回章一例

無寓人與修我墻屋等語蒙引謂語守舍者或謂語武城大夫看來只是對或人言或人亦武城人但不必泥定大夫守舍者一右議其不當去既去又不當反此是私議非對曾子言也故曾子無答詞沈猶行自以所見辭之耳忠敬分內外一是盡心一是盡礼負芻或作負芻氏或作負芻國不可作采薪之人作亂沈猶是偶與沈猶行同姓不是自謂沈猶之家七十人不重人多上末用與謂曾子率之而去也沈猶行蓋曉得為賓師意故對左右言之如此曾子節言待先生就有師意子思節言君誰與守就有臣音子思未嘗死難註云死難者有為君死之心也同道是孟子因其事而斷之下六句正詳其所以為同

師對臣看父兄對微看微卑也父兄只當一尊字盖以師視子弟則為尊以臣視君則為卑非謂子思官職卑微也既曰父兄無死子弟之理故寇至而去寇退而反師之道當然也既委質為臣無遇難而逃之理故與君同守而不去臣之道當然也事迹不同當然之理則一故曰同道

儲子曰王使人瞯夫子　章

此章不必入形性講盖孟子形容王嘗見之固不必瞯性又無形不可得而瞯王所瞯者但欲窺其動靜作止何如耳果有以異盖已知其異于人猶未甚信故瞯其果然否也孟子自言不異于人勿云形性之同但云我之所為非有甚高異常之事耳以堯舜為言見大聖人亦無甚異于人王以我為異乎此即人皆可為堯舜

之意所以進儲子而引齊王也

齊人有一妻一妾　章

上節是節齊人可羞之行下節是例言求利者之可羞

處室居家也良人婦人謂夫為良人非善人也出對處字看反對出字看必饜酒肉一句含下文乞墦意問所與二句含下文驕妻妾意其妻告其妾至饜足之道一段是妻妾不信其行而窺其所以饜酒肉之故見未得而乞哀如此其妻歸告其妾至驕其妻妾一段是妻妾已鄙其行彼猶以則盡富貴驕之見既得而驕人如此大意只此兩段下文求富貴利達亦此兩意

君子指道義之君子由常人觀之必以今之富貴者可以榮其妻妾未知其可羞由仕者自觀必以我之富貴可以為妻妾之奉亦

不自知其羞惟由守道君子觀之則今之求富貴者未得而昏夜乞哀自視不勝其小固即墦閒祭餘之乞既得而驕人白日自視不勝其大亦即施施外來之驕使妻妾見之其不羞而泣者鮮矣

此章模寫求富貴醜態固極可羞抑孰知不食嗟來不屑蹴爾在乞乞猶然有恥而哀求富貴無所不至殆有甚于乞墦者盖墦間祭餘乞則與之與者未為失也富貴利達下以是乞于上上以是饜之歆則昔之懸爵祿以詔功德者今以與乞丐之夫為醉飽之糜與者亦甚可羞矣其夫乞墦其妻見而羞泣妻妾猶未辱也其於富貴利達妻妾且藉以為榮寵使蘇秦一乞即得相印豈有不下機之妻哉則妻妾亦甚可羞矣嗟夫乞者不羞與者不羞其夫不羞其妻妾又不羞則世道可醜又在乞墦下矣其能免于道

義君子之所羞泣耶

舜往于田　章

首節分上是指言聖人之怨慕下是詳言怨慕之實而贊之也通章大旨只怨慕二字

旻閔也天之閔下只于覆幬上見之故曰仁覆閔下爲旻天怨慕二字且空說來可露怨已慕親意故萬章誤認怨爲怨親孟子乃詳言怨已之不得乎親而思慕之也

然則舜怨乎指怨父母言孟子引公明高之言又推公明高立言之意以明怨非怨親怨已之不得乎親也慕即在怨之中怨已之不得親即慕親而欲得之也于旻天于父母勿平看

夫公明以孝子之心數句依存疑說謂孝子之心既不得乎親不

能若是恝然無愁以為我竭力耕田亦惟供為子職而已父母之不我愛必是子職有未盡但不知其罪何在何自得以致畐之也此便是怨已之意怨在已則慕在親兩字拆斷不得

帝使其子二節上是言怨慕之事下是推怨慕之心文勢似一正一反各節俱重末二句上言不順父母之憂下言惟順父母可以解憂意相叫應

不順父母與不順乎親不可為子順字一般如窮人無所歸即父毋不我愛二句之意蓋不得乎親又不知何罪此心徬徨失措無所歸着如窮人出入無主一般何等怨慕追切之甚如窮人只是怨怨其不順必思以順之便是慕

天下之士悦之一節承上文言不順父母其憂如窮人無所歸如

此則推舜之心必順于父母而後窮人之歸可解也人悅好色富貴何足以解此憂哉人悅應上多就句好色應上二女句富貴應上胥天下而遷句百官九男牛羊倉廩亦在其中

末節總言終身之慕而贊其為大孝獨言慕者親未得則怨而慕親既得只是慕之而已終身通言得親之後故即着一慕字大全以上三節為怨此節為慕未是

人少一句是指言人之本心下三句皆是移此心以他慕所謂因物有遷失其本心也終身慕只是本心到老不改便是舜五十而慕即知其為終身者人至五十少艾妻子事君俱經歷過了過此以往情欲漸消此時猶慕則終身慕可知

前章以底豫能化為大孝此章以終身慕為大孝彼謂所及之廣

以孝道言此謂所存之純以孝心言蓋惟有純心之大孝故有感化之大孝至于中庸大孝則又合天人言之不獨感人已也

詩云娶妻如之何 章

二節分上是處父子之變而不失其常下是處兄弟之變而不失其常一說上是夫婦之變下是兄弟之變父母皆在其中未是大倫以繼嗣言與前章無後一意懟是取疾怨于父母大全作怨父母未是

帝亦知告焉則不得妻一句讀舊說帝妻舜而不告只是不告瞽瞍或謂天子妻人無告而不得之理還是帝妻舜而聽舜之不告者亦知舜之告焉而不得妻也此意甚好但又添一聽字不如舊說為順蓋告于瞽瞍瞽瞍有不樂之心舜欲從君之命又恐違親

便妻不成設但以君治之亦不告而妻也若曰無是理則此章之論皆有不可強通者矣

忸怩是記者之言蓋象有愧心便有慙色舜亦不覺之耳臣庶汝治是舜喜弟之來以富貴與共之意非托以國家人民之責也觀下章封有庳意便見存疑作看視說亦無着落象憂二句略推開說不專只此一事見聖人待弟至情憂喜渾然無間雖知其將殺已亦忘之也就此章欝陶句是象喜臣庶汝治是舜喜象憂句只是帶言不必於本文求之大全以象疾舜為象憂舜憂其何以使象至此為亦憂未是

偽喜謂既知殺已而猶喜之似為偽意此以常人之心度聖人也聖人心純天理孝友一念惻怛真誠何計其他故孟子直曰誠喜

君子可欺二句承上起下只是泛言不可指子產亦不可指舜誠實也信信其言也喜喜其來也象雖無愛兄之心而其愛兄之言皆天理人情所可信者就打動舜一點真心即實信其言而喜之把平日殺己之事都忘了故曰誠信而喜奚偽焉若此心未忘而曰情理不得不然便有偽的意思在

舜于瞽瞍處父母之變則不告而娶有以全人道之大倫于象處兄弟之變則憂喜與同有以全天性之至愛故聖人為人倫之至

弟此章之說甚不可通天子以女妻人播告臣民奚待子之告而娶君之告而妻耶瞽瞍雖頑亦豈能拒天子之妻其子耶且書言釐降二女在底豫之後則所謂告不得娶與告不得妻無是理也倉廩牛羊既皆天子所命象雖至傲安敢殺兄而奪君之賜至以

天子之女治棲乎且史言鮮愠弦琴在爲帝之後則所謂倉廩父母琴弤朕若無是理也况焚廩捐階曰捍笠而下浚井謨蓋曰從旁而出其說猶甚謬妄孟子特就事以明聖人倫理之盡故不辨其事之有無耳

象日以殺舜爲事　章

首節分中節承封之也見聖人待弟之厚末節承或曰放焉是聖人處弟之曲盡其厚通章大旨是親愛二字

立爲天子則放之萬章疑其當誅以放爲過厚孟子言舜不但放之而且封之或者不知以爲放也

蒙引云幽州北裔崇山南裔三危西裔羽山東裔所謂投諸四裔也流放殺殛隨罪之輕重而異法書曰竄三苗此曰殺寘之死地

即赦之也殛書解拘囚困苦此解同誅拘囚不赦亦誅之也四罪謂罪此四人而誅之也天下咸服服其用刑之當罪也

仁人固如是乎帶下二句讀言他人之不仁則誅弟之不仁則封安得為仁人然曰他人曰弟自當有辨故孟子即以為仁人

仁人于弟五句泛言不藏怒不宿怨勿云有怒不藏有怨不宿也謂可怒不怒可怨不怨直是無怨無怒也曰不藏宿者封放皆後來事全不知前日怨怒故云不藏不宿耳怒不平也怨懷恨也蒙引曰怨深于怒以一時可怒之事積之則為怨也親愛屬富貴不是互言親對踈愛對忍貴賤異則埶分懸隔是踈之也故親欲其貴其身逸樂不恤弟之困苦是忍之也故愛欲其富

萬章所謂仁人以公言孟子所謂仁人以愛言公固不私其親愛

則不薄其親萬章徒知有公或失于愛孟子雖只言愛實出于公蓋象之惡在一身則私忿不足以勝天性之親若管蔡之惡在天下則私親又不足以勝天下之法故舜周之處兄弟不同其為愛為公一也

末節解或人誤以為放之意以明聖人曲全親愛之情蓋富貴固所以親愛之也使吏治國而安享賦稅亦所以親愛之也使彼不得虐民不至得罪公法始終得全其好尤所以親愛之也且不煩以政事使得源源而來尤親愛之至也故註曰既不失親愛之心又曰親愛之無已這親愛字都根上節親愛二字來見舜只重親愛其弟而使吏代治不得暴民皆是處置得宜以全其愛前一節言恩仁之至也此一節委曲以善用其恩義之盡也義正所以成

仁也要重仁看方見天合之親以恩為主

故謂之放辭或曰放意豈得暴彼民應有庳奚罪意言象雖不仁不得以暴有庳之民則舜不誅象未為不仁也雖然又轉一意言使吏治國不但使象不得暴民又欲使象無治國之責得以源源來見也此來見與朝貢之期不同不及貢二句存疑不字直貫下朝貢即有政事謂不及朝貢以政事之時而後接有庳之君凡遇暇時皆可見也蒙引淺說不及貢斷句謂朝貢見諸侯則什政事接有庳則不及朝貢之期即以政事見之也二說存疑較勝一說不及貢謂不拘時而見不以政謂不拘事而見未是此之謂指常常而見源源而來之謂

咸丘蒙問曰語云盛德之士　章

全章此語誠然分上是門人疑臣君臣父之非下是孟子屢引以
破其惑也堯老舜攝至二天子是辨臣君之惑普天至末是辨臣
父之惑勿以末節另看
語云直到岌岌乎止盛德三句又是造此語者述古成語以譏舜
也但古語本意以臣子自當見化于君父惟盛德者反能化其君
父不為君父之不善所化所謂君不得而臣父不得而子如末節
所云是也造語者以已意差說謂不得以君為臣不得以父為子
舜臣堯是以君為臣臣瞽瞍是以父為子孟子不暇辨其說之差
只辨其臣父臣君之誣末節乃就瞽瞍一邊明解其說以示之岌
岌謂人倫乖亂指君臣父子言此語誠然與齊東之語兩語字即
上文語云語字通承盛德之士至岌岌乎止齊東野人只是斥其

非君子之言不必實以為齊語
堯老舜攝是孟子斷言堯在時舜未為天子則其不臣堯即此一句已盡了引堯典孔子之言都是明此一句引堯典見無臣堯之事引孔子言見無臣堯之理舜既為天子三句總括上文
一說百姓句是畿內民為之服者四海句是畿外民不為之服者未是總言四海百姓服堯喪如考妣喪考妣便不作樂
二天子蒙引云堯未死舜為天子堯死又以天子待堯豈不是二天子存疑以為不是蓋堯在時果以位禪舜舜為天子而堯退閒及堯死得不以天子之礼待之耶且舜為天子而以天子之礼服堯喪何為是二天子似說不通所謂二天子者放勳徂落天下為服三年喪坐定是个天子而舜又為天子豈不是兩个天子天下

無兩天子之理便見堯在時舜未為天子既未為天子亦何自臣堯耶

引詩重莫非王臣一句咸丘蒙既知舜不臣堯即知其不臣瞽瞍故援詩詞而問瞽瞍何以非臣是詩一句直斥其引詩之非勞于王事四句是原其作詩之由說詩四句是示以讀詩之法如以詞六句是拆其泥詩之病如非王臣詞也賢勞志也靡有孑遺詞也憂旱志也泥王臣之詞則謂天子真可臣父而失不得養父母之志泥孑遺之詞則謂周真無遺民而失憂旱之志志與意不同志自作詩者言所謂詩言志是也意自讀詩者言所謂意會是也逆迎也謂迎合也以讀者自家之意思迎作者之志而合之也是謂得之謂得說詩之法

孝子之至四句歸重養親上蓋尊養相須未有為天子父而不以天下養者故養之至乃為尊之至尊養之至乃為孝之至分言之尊是尊養是養總言之以養為尊亦可此之謂指尊養之至言此言舜為天子乃得尊親養親而為孝之至豈有以父為臣之理

說詩一節詳析其引詩之非見無臣父之說孝子一節又言舜以尊養為至孝見無臣父之理末節解咸丘蒙所稱古語之誤亦以見無臣父之理

祇載一句見瞽瞍夔夔齊栗一句瞽瞍亦允若便是見化于子不能化其子反為子所化此所謂父不得而子之說也獨解此句不言君臣者蓋可說瞽瞍不能以不善及其子難說堯不能以不善及其臣聖賢說話就其通者言之耳且二語成說只是泛講孟子

因其以是議舜故即瞽瞍以解一句

堯以天下與舜有諸　章

首節分上言舜有天下不由于人下是詳言其由于天

天子不能以天下與人一句是此章大指觀不能二字便見天子主張不得則必有為之主者天也天不可見只于民心見之故章内或專言天便包民心或專言人便是驗天意或天人平言總見天人一理天是大綱民是骨子

天與之空講於不言一節詳言天與之實以行事示之空講堯薦舜四句詳言示以行事之實天受民受空講使之主祭六句詳言天受人受之實天與意至此盡了故繳云天子不能以天下與人舜相堯節又言始終皆天末節引以證之見民心即天也

行與事一般但自其出乎身謂行自其加乎民謂事如下文主祭主事俱是事皆自舜身上做出来便是行示之者謂不言而示之以意也舜之行事無不如頭便是天示以與舜之意

天子能薦人六句重上二句下四句例言之耳能薦而不能必便見天下之與非天子所能為也堯薦舜于天暴舜于民俱兼行事講但不可入實下文主祭主事正言其實也天受民受亦不可渉神享民安意

主祭如誠敬之心是行所以處夫品物度數是事主事如躬行身率是行所以施之紀綱文章是事神享如類于上帝等語民安如五典克從等語

天與指天受言人與指民受　言俱應轉上文天與意上單言天與

此兼言人與人與即所以見天與也故總繳首句曰天子不能以
天下與人
舜相堯至天也言舜爲相之久皆天所使堯崩至故曰天也言人
心歸舜正見天意故末節引言天意即在民心一說上至天也應
上天受是以前事見天屬意之久下至天也應上人受是以後事
見民歸心之切似亦牽強
舜相堯二十八載中間行事如主祭主事都是歷年多則天受人
受愈久愈固這都非人力所能是天爲之也蒙引云此章天字十
有六惟此天字以氣數言餘皆以理言包民心在内
謳歌長聲爲歌短聲爲謳謂天下歌咏舜德非舜面前来歌也
故曰天也不是應本節天也直應第二節天與之句盖以上詳論

天與之意至此詳觀民心實見其為天與故總言以結上文

末節此之謂指朝覲訟獄謳歌歸舜即天與舜之謂也引言雖証

上節其實總承過章蓋天以行事示與舜之意歸重神享民安神

享尤于民安見之朝覲訟獄謳歌俱是民安之實故引言以証民

心與舜即為天之與舜也

人有言至於禹而德衰　章

二節分上是原聖人禪繼出於天下是推明其意而結言之

否謂人言之非也不然謂禹之傳子非德衰也

天與賢二句是一章大指舜薦禹至從舜也言天與賢之事禹薦

益至吾君之子也言天與子之事朋朱至民久言天所以與賢啓

賢至末久言天所以與子舜禹益數句總括上文天與之意存疑

說天與賢二句只提一天字舜薦禹至從舜言民心從禹禹薦益至吾君之子言民心不從益丹朱至民久言民心所以從禹啓賢至未久言民心所以不從益舜禹益數句結言皆天也應轉上文天與意此說亦可淺說舜禹益數句推深一層說未必然不言堯薦舜者巳見上章

吾君之子重賢上不重先世功德若重先世則朱均先世豈少功德哉然看繼世而有天下一節亦畧帶功德來講蓋其子苟不若朱均則天必與之耳講君之子不必太着賢意恐涉下文敬承

商均書無所據蒙引謂出于史記

歷年多二句不可平講惟歷年之多故施澤之久

啓賢另讀對上不肖看能敬正是賢承繼禹之道根能敬來帝王

相傳心法只是个敬非敬則不能承繼之也
朱均不肖人心已向于賢舜禹相久人心盖向於賢以相久之賢而遇不肖之子此天所以與賢舜禹所以有天下啓賢能敬人心已向于子盖相未久人心盖向于子以子之賢而遇未久之相此天所以與子益所以不有天下
相去久遠兼歷年少講如賢不肖例
皆天也天指氣數言註曰以理言者蓋天理運行其興亡成敗自有定數數即理也理運于天則曰天賦之于人而數不可移則曰命命亦指氣數言非天命謂性之命
莫之為爲字對致字俱属人講而為爲字對至字俱屬天講吾無所作為已自做見成了這便是天做的是謂莫為而為吾無以致

之他自然來到了這便是命裡原有的是謂莫致而至為與致不同存疑云為即所以致之如為善便致福為惡便致禍分明為在先致在後此兩句是泛言言外補舜禹益意或就指舜禹益言亦通

匹夫繼世兩條是推明禹益之事伊尹周公二節只申明繼世一條

匹夫而有天下言有德矣又須有薦有德無薦故仲尼不有天下

繼世而有天下根上文來言有德矣有薦矣又須嗣君不賢若有薦而嗣君未若桀紂則益伊尹周公亦不有天下此見禹之所以不與益非益無德也非禹不薦也特以啟賢耳一說匹夫節照上與賢言仲尼雖有舜禹之德而天不與賢故無天子之薦而不有天下繼世節照上與子言益伊周雖有舜禹之德而天欲與子故

嗣君不若桀紂而不有天下觀匹夫繼世兩句提頭可見然以通章大旨會之似不然上段是舉堯舜傳賢出于天明禹之傳子亦出于天又其事而對言之見禹非德衰下段是數伊周以賢嗣不有天下明益亦以賢嗣不有天下例其事而類言之見禹非德衰故匹夫兩條雖平提而意實一串言不與賢而與子也

天之所廢必若桀紂朱均有桀紂之惡乎而廢之者以舜禹大聖天所必與故也啓之賢則足以當益又非但以其僅不若桀紂而不廢之也其曰廢必桀紂者亦泛言繼世常理耳夫天欲立君為民稍有不德當急求賢聖以代之乃必若桀紂而後廢何哉蓋廢立改革之際為天人擾攘之會雖天亦不輕變動即以聖賢之臣輔中常之君與天下相安無事亦為民之心也故所廢者縱桀

外丙二年二句朱註凡舉二說皆當從前但此說還依程子為是
蓋伊尹放太甲只是諒陰三年事聽于冢宰故藉此放之于桐使
居憂于祖墓所有所感動而修省也喪畢則復歸之耳若顛然放
之便當更立一君伊尹又不自立豈謂天下三年無君乎依此可
見年即歲也湯崩時長子太丁已死次子外丙仲壬皆幼太甲長
孫承重當立但以其顛覆典刑故假諒陰之制以放之耳上三年
連上句讀下三年連下句讀自怨以心言自艾以事言處仁對遷
義分內外與居仁由義一般復歸于亳便是伊尹不有天下
伊尹節言不有天下之事以本文有事實也周公節言不有天下
之意以其無事實但意與伊尹相類耳
其義一也義即是宜宜即是公理聖人禪繼各合天理之宜毫無

私意故曰義一註云皆天命也根上文末聖人之無私皆所以順天命也天命不是義順天命便是義既謂之義便見禹非德衰此章本是問禹孟子答之上通唐虞下及商周總論其至公無私之心故末引孔子一節括盡帝王禪繼大旨

人有言伊尹以割烹要湯有諸　章

全章救民分上是詳聖人出處之正下是深辨其要君之誣通章大旨在堯舜之道耕莘節言尹窮居之養皆堯舜之道囂囂節言尹始進之難皆堯舜之道幡然至救民言尹之抱負設施皆堯舜之道吾未聞節決言正天下必無辱己之事吾聞節結言以堯舜之道得君非辱己也末節引言以證伐夏救民之事言能正天下則決無辱己可知矣

蒙引曰割烹宰割烹調也厨人之事戰國求富貴之徒造此言以
誣聖賢而便已私也
伊尹耕于有莘二句以所樂言非其義八句以所守言所樂所守
不平看亦不可以所守為樂道之實蓋樂字包得廣是神交意會
心與道一之意非其義數句乃即一二所守見行事之無往而非
樂道也註以誦詩讀書為欣慕愛樂是指堯舜之道載于詩書非
以誦讀為樂也
樂堯舜之道道字包得廣如下文君民意都在内非其道道字只
指應事接物時言道本無二但所指不同也道義二字即在物為
理處物為義之説朱子云道義兼舉体用而言蓋道合躰用義即
合道之宜也饒氏謂道是躰義是用末是先言非其義而後言非

其道兩句不平謂事之不合時宜便不成个道理便非堯舜之道禄以天下等句自富貴之極大者言一介等句自取予之極小者言言自極大至極小便見無一而非道義也禄之猶言官之爵之也繫馬馬必用繫也一介猶言一根草惟一介不苟故能輕視千駟惟不輕取人故能不輕與人伊尹格天事業全在一介不取上故曰人有不為而後可以有為

囂囂數語是重于始進恐湯未必果可有為倘一聘即出後若不合進退難處不若不出之為愈也故其心實不敢受幣聘或謂托言以觀湯意誠否未是蓋聖人未遇時但知若將終身原無安排等待之心後來事業亦時到則應之耳舜居深山尹耕莘野便是此意若其心欲出姑退托以堅其求便非聖人之心

伊尹弗顧天下不受湯聘似亦以隱為高何以稱任蓋天下弗顧者志在于道不在富貴聘不輕出者直已守道正為濟時之具此所謂任也若有富貴之心則所以為天下者輕矣故尹惟弗視富貴弗輕受幣故後來功業許大皆緣這裡做去

幡然改改其初之囂囂也聖人雖有若將終身之心亦無執一不通之意故用行舍藏無可不可湯三往聘則尊德樂道之誠可與有為可知矣此所以幡然變其初心也

與我處畎畝節是伊尹應聘之言天之生此民節是伊尹自言應聘之意思天下之民數句是孟子推伊尹應聘之心故總繳之曰自任之重所以成伐夏救民之功

三个吾豈若與上節我豈若相呌應上以樂道對幣聘一是分內

一是分外下以應聘對樂道一是兼善一是獨善當囂囂然之時但知樂道則以內外較重輕故幣聘豈若畎畝之為得當幡然之時又欲行道則以公私較重輕故畎畝豈若應聘之為大

堯舜其君欲君為放勳重華之君堯舜其民欲民為協和風動之民親見一向承上二句兩个使字有力若曰君民堯舜吾得而使之必見其成此便是任底意思

天生此民節與上俱一時言上三句推天之生聖人為不苟下三句表己之承天意為不輕

先知覺後知先覺覺後覺曰天使者非諄諄然命之也天以聞值之氣獨鍾于聖人而後知後覺賴以啓發若天使之然也中間一覺字知與醒一般緣寐者本有能寤之神故與之即醒耳知謂識

其當然自顯而易見者言故曰事即理之見於事也覺謂悟其所以然自微而難知者言故曰理即事物所以當然之理也聖人一理貫通直窮到底故直曰先覺不必言知若民則可使由不可使知者安能盡覺之哉先後二字活看只是生人之初聖人知覺無蔽凡人知覺有蔽及聖人既覺之而後蔽去始有知覺對聖人言則為後耳

天民承天生此民句先覺承使先知先覺句言我于此民中已盡得此道然道亦此民所同有特為氣禀所拘而未覺故將以此道覺此民斯道即天所賦之理所謂堯舜之道畎畝之所樂皆不外此覺斯民覺字兼知覺二意民字不必兼君講下文匹夫匹婦亦只是民盖致君事業全在澤民堯舜其民即所以堯舜其君也非

予覺之而誰是斷然自任天下之意孟子當今之世舍我其誰亦是此意但伊尹自任于王者興之日故濟世之功大孟子自任於王者不興之日故憂世之志切

思天下至如此是推言伊尹之心而斷其自任之重故就湯二句是指言伊尹之事而見其自任之重

思以心言根上文伊尹之言而推其心也天下字匹夫匹婦字堯舜字皆形容任重意蓋天下至大也匹夫匹婦至微也堯舜之澤至仁也以天下之大一夫婦之微不被堯舜之至仁似亦無害而尹之心即以推内為憂何等自任之重自任謂以一世民物盡要自己擔當故曰重如此緊承思天下三句然此三句是該括上三節意則自任一句通承上文亦可觀吾使是君吾使是民非予覺

而誰那一句不是自任

堯舜之澤推開說不專指上文知覺凡教養皆是

就湯而說承自任來觀故字可見說湯非一出即說觀五就湯五

就桀想是未就時事說湯伐夏是使君爲堯舜救民救溝中之民

使被堯舜之澤是使民爲堯舜此所謂正天下也

吾未聞二句因正天下而斷其無辱已聖人之行四句言其潔已

之同于聖人

辱已指割烹言正天下指伐夏救民言一枉已且不能正人況割

烹辱已而能伐夏以正天下乎其必無此事明矣

聖人泛講遠近以出處言去不去以去就言歸要歸也歸潔其身

雖四平講意重近不去邊蓋人知遠者去者之爲潔不知可近而

近可就而就亦潔也故曰歸潔其身而已矣潔與辱對看言聖人皆要潔身伊尹安肯辱已其必無此事又明矣

吾聞一節總結上文言尹之應聘皆是堯舜之道借一个要字来析他言其以堯舜之道要非以割烹要也講者勿云真以道去要湯恐説要字死煞了如詩曰干祿豈弟 文王豈真以豈弟干祿乎此當意會

伊訓節引以証伐夏救民之事見尹能 正天下決無辱已輔氏曰此伊尹所自言可見自任之重其不屑枉道以要君必矣

或謂孔子於衛主癰疽 章

首節分上是斥誣聖之非下是詳辨其 無苟主之理第二節即孔子在衛不苟主見齊衛無主癰疽之理第三節即孔子當阨不苟

主見乎時無主癰疽之理第四節言君子小人各有類見孔子與癰疽大不相類决不主之也所以盡上兩節之意

戰國時求富貴者多因匪人干進如商鞅因景監見孝公之類乃每每誣聖賢以藉口雖孔子大聖猶有此議故孟子深為之辨

于衛主顏讎由至有命是叙其主賢臣而不主倖臣孔子進以禮至無命是推言以斷其不主癰疽舉衛可以例齊也

兄弟女兄弟也衛卿可得彌子以富貴餌之欲孔子更主於我孔子曰有命亦寬容不直拒之意不然聖人豈待决于命哉此有命指衛卿之得言下有命泛言得失

進以禮小註謂三揖而進固非也存疑謂遜之致敬而有礼則礼屬於人不屬於己與義不相對亦未妥註云礼主于辭遜只是從

容不遷進意義是斷然決去無係戀意得之不得曰有命須上進
退說進之而得有命非我所能必吾何為不以礼而輕于進退之
而不得有命非我所能免吾何為不以義而難于退礼義是守其
在己者得失是安其在天者惟知安其在天故益守其在己聖人
義命相忘此言特曉子路以發彌子耳主癰疽與侍人瘠環則當
退不退是無義也不當得而求得是無命也此重退邊講故只言
義不是言義以該礼
孔子不悅於魯衛是不悅於魯而適衛與靈公不合又適宋要而
殺之要于路而殺之也微服過宋避桓魋要殺之害司城宋官名
貞子宋大夫時去宋仕陳為陳侯周臣故孔子過宋至陳而主之
勿作孔子為陳臣此節重當阨一句言當阨難猶擇所主況齊衛

無事之時有主癰疽之事哉

觀近臣二句蓋賢否講所爲主主人也所主主於人也爲君子主其人必君子也爲小人主其人必小人也故觀近臣之賢否以其所爲主主于君子家其人必君子也主于小人家其人必小人也故觀遠臣之賢否以其所主孔子與癰疽君子小人迥別若是孔子必不主癰疽若主癰疽便不是孔子

或曰百里奚自鬻于秦　章

首節分上是斥好事之誣下是即其事推其理而斷其無干主之汚也第二節是即去虞入秦之由見其非以自鬻干主而進第三節反覆推明事理見其賢智如此必無自鬻干主之事

五羊之皮謂以身賣于養牲者而得之也食牛爲養牲者食牛也

要秦穆公謂以羊皮使用干求而進也

百里奚事秦事實無所考孟子即以去虞一事斷之重百里奚不諫一句下文反覆推明都從這句推去

晋人假伐虢之道即藏并虞之術虞公貪璧馬之利遂忘輔車之勢宫之奇諫之是也乃虞公不用故百里奚不諫孟子叙此亦以明奚入秦之由見其無干主之事耳若論君臣之義當以宫之奇為正故春秋三傳載假道事只有宫之奇並無百里奚則所謂入秦者想當時必有所聞而非無據也

知虞公不可諫一節大段是賢智兩意前段正意重首一个智後面三个智皆明上面一个智後段正意重末一个賢前面一个賢是起下面一个賢勿以智作四股賢作兩股

年已七十言其老成諳練如此乃不知食牛干主為汙此便是不智了然即其行事觀之不諫是智先去是智相秦是智有此三者之智豈有不知干主為汙哉淺說曰溥虞公而不費一詞不失知人之明知虞公而不及於難不失保身之哲知穆公可與有為而就之謀不失擇君之智

顯其君即以其右顯之顯如三置晋君一救荆禍併國二十遂伯西戎是也傳後世謂歷康至景歷悼至孝皆憑其先世之威靈也奚有此功業其賢可知自鬻以成其君乃不賢者所為奚之賢既如此而肯為乎哉

智以所知言賢以所為言以奚之智推之必知自鬻之為非以奚之賢推之必不為自鬻之事因有以推無即此以明彼此孟子所

以善辨也

蒙引云假道之事分明諫者為是若知其不可諫何不早去必待假道而後去是危邦不入亂邦不居奚既失於前危而不持顛而不扶奚又失於後孟子何取哉蓋取其智只取去虞入秦一節前此弗論取其賢只取相秦有功一節前此弗論如孔子取管仲般百里奚人品與伊尹不同然自鬻之要與割烹之要其所係於出處類相類故曰皆聖賢出處之大節

萬章此篇皆戰国之人托聖賢以自便蓋不孝不友者或托於舜以國私授受者或托于唐虞乞墦壟斷者或托於伊奚諂媚倖臣者或托於孔子故孟子一以聖賢至公之心斷之以破其説

九卷終

四書便蒙講述卷十

閩後學 未人 盧一誠 著

孟子曰伯夷目不視惡色　章

全章聖之時分上是述古人之行而断其為聖下是推大聖之所以異於群聖

伯夷一節比前篇為詳声色二句以身之視聽言非其君四句以世之出處言横政六句以所居所處言自視聽推至出處之大又自出處推至處鄉之小一段密一段

声色説得廣不止女色声樂伯夷無治則進實事以亂則退推之也横政所出以朝廷言横民所止以鄉借言横猶未亂也然亦不居鄉里常人猶非横也然亦不與處當紂之時三句總承上文紂

之時声色皆悪君民皆非政俗皆橫濁乱之世也故伯夷隱居以待其清此清字非聖之清清字此以世言彼以行言廉是有分辨定見也立志是能特立定守也頑是昏昧而溺于利與廉相反懦是柔靡而屈於欲與立志相反伯夷之行廉而有立者也故能化頑夫為廉懦夫為立志

伊尹節何事二句是述尹之言治亦進二句是孟子因言而指其行天生此民七句又是述尹之言思天下五句是孟子因言而推其心然下段推其自任之重正以明上段治亦進之意

柳下惠節見前篇進不隱賢二句舊說一正一反直道即賢也一說賢與道有別有才有德皆賢也人或以君汙位甲而不盡所長彼則不隱賢責難陳善事君之道進禮退義杜釘之道人或以君

汙位卑而至于廢道彼則必以道此說未知是否遺佚阨窮承直
道難容來遺佚不用也阨窮困不用而窮困也
寬以量言敦以行言鄙是褊細與寬反薄是澆刻與敦反惠之行
寬而敦者也故能化鄙夫爲寬薄夫爲敦
新安曰凡言風者皆謂不行於當時而流風餘韻足以聳動後世
也故夷惠皆言風伊尹道已行則不言風孔子又如泰和元氣萬
古不息風不足以盡之也
孔子去齊以晏嬰之沮也欲去即去一炊時候亦不少待其去魯
以女樂之受也雖決于去必待不致膰而后行故曰遲遲然此言
亦因子路趣行而曉之去父母一句是孟子解遲遲意對去他國
看仕止久速四句即去国一端槩言終身之行也淺說曰去齊可

速也去魯可久也去齊魯而不仕可處也方其在齊魯可仕也存
疑謂去之速去之遲去而隱處不去而仕俱就本節言恐太拘還
推開講爲是
已上四節只是各叙其事未可着清任和時四字入講下節孟子
乃以四字該括其行而各斷其爲聖
清任和時四句只是各言其聖末句雖另講只可云時清時任時
和不可斷言孔之時異於三子之偏也恐侵下節集成意
聖兼造極自然二意註曰無所雜者清之極是造極意曰勉而清
非聖人之清是自然意故曰不思不勉而至者也
聖之時根天時時字來如曰四時行焉曰上律天時總是隨時之
義若天之春夏秋冬迭運而不爽者也故以時名孔子即以天名

孔子雖指仕止久速其實所該甚廣

集大成一節即樂以明孔子之全與于三子之偏全謂聖智俱全是謂大成偏謂所知一偏所造一偏是謂小成智譬一節即射以明孔子之所以全見三子之所以偏所以全謂聖由於智是巧力俱足所以偏謂智蔽於始行缺於終是力有餘而巧不足

集大成是樂之名目借來以擬孔子之全德集大成也者六句正講樂之大成始條理也者四句明孔子之謂大成

孔子集大成只就時上言之蓋變易運用隨時迭出則衆理萬善統會全備但自其出三子而無不宜謂之時自其兼三子而無不備謂之集講時字且勿露集意講集字即粘着時意體貼便是

折衷云清任和是孟子名之三子不自知其一於清任和也若自

知之則已覺其行之偏而必求其全矣集大成亦是孟子擬之非孔子見三子之偏而必求其全也若曰孔子取而集之則三子不生于前孔子將何所成乎必不然矣

金声而玉振之非舉終始二音即爲大成言其間衆音條理無不集合也曰始條理者謂金声以後條理皆自此引起曰終條理者謂玉振以前條理皆從此收拾何樂不備何音不齊故謂之集大成始終字指金玉言條理字指衆音言若一音自爲始終則只是一音條理便是小成不得謂之集矣

樂有八音金石絲竹匏土革木清濁高下有條有理未奏之先必先擊鎛鍾一声然後衆音以次而作是以一金引起衆音謂始條理既奏之後臨了擊特磬一声衆音由此俱止是以一玉收殺衆

音謂終條理按書曰合止柷敔柷以合樂爲始敔以止樂爲終此又曰金玉終始何也或曰柷敔皆木音是一音終始此爲全樂是八音終始未知是否

智是知之明聖是行之成就蒙引曰智知也知所到處也聖極也行之結果處也智聖是見成名目知行是工夫先以智明諸心而後以聖造其極自始至終中間清任和許多道理無所不備亦猶先以金声而後以玉振自始至終中間衆音許多條理無所不備故曰孔子之謂集大成

智譬一節是發明聖智二字之義上二句虛講下三句實講大意謂孔子聖智之全所以異於三子之偏何哉智譬如射之巧聖譬如射之力蓋射者之至全在力聖亦所至之極者故譬則力也射

者之中不在力而在巧智亦所中之精者故譬則巧也以此見孔子聖智兼全是巧力俱足故至而中之所以為大成三子行雖造聖而智有未全是力有餘而巧不足故至而未必中所以為一偏舊說以上二句為明聖智之義下三句為推其聖由於智未是

由射百步之外由字勿作猶字說

折衷云三子巧不足非全無巧也只謂無聖人全智之巧耳其力有餘亦從其一偏成就見其有餘耳畢竟其力豈可與孔子同哉

北宮錡問曰　章

全章二節分上是自叙所聞周制之畧下是述其畧以示之戰国之時諸侯放恣周制廢墜爵禄多失其舊故錡為此問慨然有傷今思古之意

諸侯惡其害己是推其詳不可得聞之由籍謂該載爵祿冊籍也兼併是侵占土地俸祿踰制與班祿相侶故惡班祿之制害己而必去班祿之籍僭竊是越分干名等級紊亂與班爵相侶故惡班爵之制害己而必去班爵之籍籍去故詳不得聞也聞其畧畧字對詳看下文所述爵位并次祿地畝數不為不詳乃曰畧者盖殘編斷簡所載未必悉備老師宿儒所傳未必精核故曰畧

天子一位一節對天子之制六節看上是班爵之制下是班祿之制天子一位五等是班爵之制通于天下君一位六等是班爵之制通於國中天子之制一節屬五等　是班祿之制通於天下天子之卿五節屬六等是班祿之制通於國中

五等專就君之爵言上自天子下至子男皆君也六等兼君臣之

爵言君是天子公侯伯子男臣是卿大夫上中下士故施於国中

兼王國侯國言

位雖逐句平言然五等當以天子一位為主以下国君漸次而降六等當以君一句為主以下臣屬漸次而降蒙引云位猶級也子男同一位猶郎中員外皆五品但有正從若序立班次則子必在男之上大全引註疏觧公侯共字義此意不重

天子之制一句提起而百里七十里五十里則歷數之末帶附庸一句天子之卿一節提起而大国次國小国則歷數之末帶耕者一節作文須如此對

天子之制地方千里地方二字不連讀方正也言四面方正皆千里也看下句皆方百里便見論爵公侯不同論祿公侯不異者位

雖各一分土則同耳其或地不足五十里則祿食之入有限覲君之費不給故朝聘會同不能自達於天子則附大国以姓名通或近公侯則附公侯或近伯子男則附伯子男是四等外猶有附庸也庸字或訓城謂以城附大国為屬国或訓功謂以功附大国而奏于王或訓常謂以附大国為常今多主功說

按武成列爵維五是公侯伯子男今合子男為一而添天子為五等分土維三是大国次国小国今添天子為四等彼所云爵土皆出自天子分列故不言天子此所謂爵祿通有爵祿者而言故兼言天子然亦孟子以意言之未必盡合周制故曰聞其略

天子之卿言天子国中卿大夫士受祿之制大国次国小国三節言公侯伯子男国中卿大夫士受祿之制

天子之卿受地并句存疑謂皆在王畿之内然論其理只是俸禄之數與公侯伯子男受地所出之數一般若各要受地則天子畿内三公九卿二十七大夫八十一元士安有許多地耶卿曰視侯不言公公侯同禄故也不言中下者想其受禄視附庸也

侯伯子男皆国之君卿并受禄視之此是尊王朝之意見畿内之臣即同畿外之君

大国三節雖各有君十卿禄句然却重臣講不重君禄但以君禄為準耳盖君禄已見上文故也十卿禄與天子千里卿禄視侯百里一般所謂萬取千千取百是也卿以上三国異者禄厚則少殺之恐地不足供也大夫以下三国同者禄薄則不殺之恐不能自給也殺之是義所以節国之用不殺是仁所以養臣之廉

大國次國小國各三卿五大夫上中下士各九人府六人史十二人徒一百二十人府史胥徒皆庶人在官者府掌藏史掌書胥掌追呼徒掌服役徐氏註卿大夫士田許多畝可食許多人只據下文一夫百畝可食九人起數耳

耕者所獲一節是以農夫所食五等例庶人在官之等不重耕講重發明代耕意耕者以勤惰分五等在官者以職之煩簡事之難易分五等故曰以是為差言以耕之所食為差等也下士則只食九人無八人以下之等耕者所獲言所得百畝之田非謂耕田之所收獲也糞多就是力勤

此章所述與周禮王制不同然王制周礼多出漢儒附會或其說猶在孟子後耳先儒謂當以孟子為準而缺孟子之所未詳

井田封建皆周制之大者孟子言助法大畧而以潤澤責其君臣言爵祿大畧乃無所屬望何也蓋滕君實欵見之於行北宮錡但欵考其制耳告錡即文獻不足之嘆告滕即告問為邦之意

敢問友　章

首節分上是言交友之所重下是歷引古之善交者而斷其為義也通章骨子在友德上不挾根友德来

不挾長三句言交友之道在不挾友也者三句推言所以不可挾之意挾兼有與恃二意不有則何所挾有而不恃亦非挾也故兼言之意却重在恃上一說平講有謂心矜于中恃謂氣盈于外未必然不挾即末節敬意浅說謂心欵誠而貌欵敬是也

友其德德指所友之人言然友彼之德亦以成己之德也所友既

在于德倘有挾心彼肯為我友哉故不可以有挾也新安曰三者之中挾貴尤人情易犯故下四節皆是不挾貴者自貴之小推至貴之大見天子且不可挾況有國有家乎貴且不可挾況長與兄弟乎挾兄弟不但恃其衆多還有恃勢意

孟獻子節勿以獻子忘勢與五人忘人之勢平重蓋五人視獻子之家如無有內重故外輕也如有獻子之家便把他富貴當事欲資其勢而利其有則非賢矣故忘人之勢正是五人賢處所謂德也獻子所以忘勢而與之友全重在此此見獻子友德而不挾大夫之貴

費惠公節重師友二句末句帶講蒙引云此舉成語以明不挾不以所師所事皆為友也據此只重顏般一句然師亦友之尊者但

事我則非友耳或謂事我亦是友如賢者在位能者在職之類未必然此見惠公友德而不挾小國之貴

晉平公卽重敬賢者之命上自入云則入至不敢不飽皆敬其命也入云則入有未云不敢入旣云不敢不入二意坐食亦然蔬食菜羹未嘗不飽見其不以富貴輕貧賤之食不敢不飽是孟子推其未嘗不飽之心此見平公友德而不挾大國之貴然終於此以下輕看只是據理而斷其未盡耳不可以能盡待賢之禮未盡用賢之道平看王公尊賢與士不同者用與不用耳此章只重友講不重用意

舜尚見帝以匹夫上見天子也館甥享舜皆堯待舜之禮二室謂別宮非正宮也享舜享於舜也迭爲賓主言堯旣館舜於副宮亦

時就副宮而享其食中間來往嘗更迭為賓主總見勢分相忘之意舊說始而館舜是堯為主舜為賓既而享舜是舜為主堯為賓似太拘蓋所享即所館之室何為館之為賓享之則為主乎是天子友匹夫言天子與匹夫為賓主固所以友之也此見堯之友德而不挾天子之貴此節只極言不挾之至與平公不同不是承王公尊賢而舉此以實之也蓋此章只重交友故但曰賓主未嘗言天位與共意若後章意重舉賢則曰加諸上位便指其為王公之尊賢讀者當會各章本旨

以上四節皆是用上敬下未兼言用下敬上者重其義一意蓋貴貴為義人皆知之不知尊賢為義與貴貴一樣不可輕重于其間也故知貴貴之義則貴益不可挾知尊賢之義則德益所當友此

與德爵同爲達尊仁義無慊富爵同意

用上敬下不是用上之禮以敬下只是以上敬下總註單言天子

友匹夫舉重以見輕也

嘗觀貴貴尊賢其義固一然君固不當自貴而不尊賢賢亦不可

羨人之貴而不自尊堯舜尚矣若五人無獻子之家亥唐命其君

坐入皆不羨其貴而無失其可尊惟不羨其貴故貴者不敢挾惟

無失其可尊故上人益尊之不然自卑以趨富貴則貴人亦卑視

之寧能無挾也乎哉故曰秦之士賤非上賤之也世之以賢自負

者愼毋自失其尊而徒尤人之挾貴云

敢問交際何心也　章

全章五節分上是詳論交際可受之義下是因論仕魯以明交際

之意不可以辭受進退平看通章以義字為主蒙引曰此章之旨
萬章始終以為當卻孟子始終以為當受而辨義之精全在充類
至義之盡一條
禮儀幣帛不兩平幣帛之交即禮儀也恭就心講應上何心看言
交際之心恭敬之心也恭指餽物者言或人餽我或我餽人皆是
故註曰相交接不恭指拒物者言
曰其所取之者義乎曰其取諸民之不義也兩个曰字俱受賜者
心中自度之言
尊者賜之泛講不必指當時諸侯其所取之者義乎不義乎是計
度尊者取此物以賜我不知合義與否也而後受之承義一邊下
補卻意承不義一邊言義則受不義則卻也因其不義而卻之是

卻其物而輕其人便是不恭所以不卻也然尊賜不可却正意在交以道二句若不以道不以禮則一介不取一簞食不可受安得徇尊者之命以為恭哉

辭卻是直言其從来之不義而卻之心卻是心裏度其從来之不義不敢直言而托他辭以卻之也萬章必以不義為當卻故敢不卻以詞而却以心不卻以直辭而卻以他辭不知所謂不恭心之不恭也辭雖托而心卻其不恭依舊在心裏其交以道三句孟子言不必計所從来而卻之以心但交接以道以礼便當受之必曰孔子者舉禮義中正之極以為可受之凖也道謂理之當然是所賜有名義礼謂理之節文是行之無過不及亦有交以道不接以礼是儀不及物亦有接以禮不交以道是無處而餽故禮與道俱斯

無害于義雖孔子亦受之矣

殺人顛越既殺了將尸擲而棄之盡奪其貨也閔然頑然也此正所謂禦人國門之外者是所當即誅之人如之何受其貨乎殷受夏十四字闕文可也若以此命題依大全說一謂理所當受雖殷周之受天下所不辭也禦得之貨如何可受一謂禦得之人不教而誅此夏殷周相承之法至今為烈如何受其賜乎

萬章發問本為諸侯賜不可受及孟子以為不必卻乃直言其禦禦以見受之為不是也君子受之暗指孟子講

子以為有王者作至充類至義之盡作理法二段看而詞氣亦抑揚貫串蓋以法而論必待教而後誅則不同於禦人之盜明矣若謂其為盜必以理而論至於充類至義之盡而后可然亦非真盜

也豈遽同于禦人哉

充類禦人之類、也、禦人是大不義之盜充其類至于義之盡頭去處雖一毫不當爲得則取非其有亦是得不當得與不義一類謂之盜可也然以義理之至極律之則爲盜而其實非盜謂之猶禦可乎此一句固是責人之薄亦是析理之精胡氏曰逆取同其奪屬人同其殺積禍成大同於不畏死罔怨日深同於罔不譈所謂殺人以刃與政有以異乎故義盡無不同待教則有異折衷謂此說便是同盜不待充義之盡孟子還要推到盡處猶未便爲眞盜非、謂義盡無不同也

孔子亦獵較只是用獵較所得之物以祭非自徃田獵相較也獵較從趙氏說較謂角逐而相奪也獵較猶可卽孔子仕魯其無害

於義者猶且從俗況諸侯寔非猶禦其賜亦無害於義何為不受之乎受其賜應轉斯君子受之不可作孔子說

事道奚獵較謂以道為事便當移風易俗乃尚從獵較是不以道易天下也孟子謂孔子默寓變俗之權欲先正其本使俗自正也

簿書二句不是一正一反上句是器有定數言立一簿書開載合用祭器限定此數不用多也下句是物有常品言器中所用只是常物不要四方珍異以供簿書所正之器也既不用異物則不必盡取四方難繼之物獵者知其無用自不相較奪矣故獵較不必當自廢也此聖人潛消默奪之權所以陰革獵較之弊者取必目前改革太驟便非聖人作用妙處

奚不去也謂孔子既不能革弊乃委曲陰為如此是道不可行于

義便不當畱孟子謂孔子欲試行道之端於簿書正祭器之外如豚羔不飾價男女別于途三月魯大治皆試行道之端於人而微較一事且姑置之耳不然人方未知聖道之果可行吾輒舉其小者亟亟整頓之人心未孚而已駭弊未及革而身已不見用矣豈大聖人之作為乎一說為之兆只衛簿書二句未是

為之兆是為道不行而去未嘗三年淹亦是為道總明事道之意

註去不輕貼為之兆未嘗不决貼無三年淹

末節因論孔子仕魯并言所仕有此三者見行可固是事道際可公養雖非欲行其道然接以礼養以禄或亦有以用我寔其道之可行亦是事道

見行可是事定公不言君而曰桓子者桓子專魯用不用由桓子

也故桓子受女樂孔子行矣桓子將死謂康子曰使仲尼去而魯
不治者由我故也

桓子僭竊之臣靈公孝公皆無道之君聖人皆仕之者其心切于
為天下故爲可以行道不必皆賢君相也亦見不為已甚意

一說全章末節截首節至五節論辭受第六節論出處見行可一
句驗事道明出處意際可二句論交際明辭受意此說未是蓋三
个仕字俱承仕魯来都屬出處註以見行可指兆足以行者以其
事與間餽不類故承上節言之際可公養明是交際間餽則以為
不卻之一驗也前後文意自相照應

此章之問為當時諸侯不義取民孟子受宋受薛餽食諸侯者有
可疑又濡滯不去亦不知所為故孟子所答俱默寓自明意思前

後以孔子為主見我之或受或不受或去或不去皆義之所在與孔子一般是亦頗學之意或謂此章屢問由粗及精由此及彼自辭受以及出處一節深一節似非萬章所及孟子答之委曲細密亦似非所以告萬章者先儒謂七篇皆孟子所自作其問答皆設為此言理或然與

仕非為貧也　章

此章首節言為貧而仕中三節言祿仕所宜居之職而證以孔子末節推言所以宜居易稱之職

當時有居高位要厚祿而道不行輒以家貧親老自解人亦以為貧之故恕之豈知既不行道便不當做行道之官豈可居行道之位而竊為貧之祿乎孟子此論蓋為貧而為祿者發

首節下二句此上二句言仕本非為貧不得已亦有為貧時候與娶妻本非為養不得已亦有為養時候一般非為貧重行道上有時為貧因家貧親老非為養重繼嗣上有時為養因不能親操井臼第二節言為貧而仕當居卑第三節言居卑所宜之職第四節舉孔子以為準

尊卑以爵言貧富以祿言惟爵有尊卑故祿有貧富為貧而仕已非出處之正只得一卑官少資薄祿以養其親可耳

辭尊居卑果何官為所宜居惟是抱關擊柝可也抱關所主以掌門者職在盤詰奸細以警其出識察異常以警其入擊柝所主以行夜者職在初昏擊木警人行將旦擊木聽人行蒙引只作一箇官抱關是守關之吏擊柝即守關者所為之事亦通貧雖為祿而

仕亦要稱職方可得祿抱關擊拆職最易稱故所宜居

孔子節言聖人嘗為賤官只取其職易稱會計牛羊二句重稱職意而已矣者言此外更無他事所以易稱也會總其數也計稟其目也

位卑二句明所以當居卑貧並乎本朝二句明所以當辭尊富罪指出位言恥指廢道言位卑言高則有罪祿仕非有意於言高者故寧處夫卑位立本朝而不行道則有恥祿仕本無意於行道者故寧不立夫本朝總見當辭尊富而居卑貧之意然兩句雖平意實二串言位卑無取乎言高故所當居者居尊便有行道之責安可竊祿耶

士之不託諸侯何也　章

全章三節分上言士所以自處下言君所以待士士之自處在餽可受賜不可受君之待士在餽可常君命不可常然士所以不託諸侯正為諸侯不能待士大旨尤重君一邊故末節推待士之極歸重能舉必若堯之於舜而後可

諸侯失國出奔遂託于他國食其廩餼盖其職同而祿同分所當然是禮也士無爵士不得比諸侯尚託諸侯而食其祿是以士庶之賤僭擬邦君之奉非分所當然非礼也此所以不託於諸侯

受之何義言託之既不可餽之又可受是受必有義其義何在也

君之于民也固周之正指義之所在盖君有周民之義士之未仕即民也君餽之粟亦周之耳故其義可受

周恤人之急也餽以物與人與周同意是惠出特典多寡隨時故

無常數賜謂賞賚之賜或隨職分為隆殺或因等級為多寡故有常數惟有常數必有常職者而后可受無常職而受之便犯非其分故以為不恭不恭只是越禮即應轉上文非禮意

首三節文意相承蒙引云無常職而賜于上則為士而託於諸侯矣故士以託諸侯為不敢者正緣無常職而賜于上為不恭也黃氏說謂上不敢也是不敢當君之禮下不敢也是不敢當臣之禮細看未是

引繆公以明餽可常繼但君命不可常也繆公初時繼其餽又常以君命既失養賢之道于始後来不以君命即不繼其餽又失養賢之道於終故孟子斷其為不能養也能養是抑揚語意言人君悅賢重在能舉本不重能養繆公不惟不能舉且不能養安可謂

悅賢乎子思不悅摽使者出之再拜不受而斥其爲犬馬之畜此
便是賢者英氣若聖人雖蒸豚之餽屢之亦無一毫圭角
以君命將之一節承上能養意堯之於舜一節承上能舉意言養
賢道當如此然必以能舉爲極至
始不以君命則失于簡故肉粟之餽以君命將之是盡養賢之道
于始后常以君命則失于煩故庖廩人之繼不將以君命是盡養
賢之道于終子思三句是推其不悅之意見繆公之不能養
繼粟繼肉似亦有常數然只喚做餽不喚做常祿故可受
百官牛羊倉廩一舉而盡與之似非數數將以君命而繼粟繼肉
又不待言上位是上相之位不是天子位
敢問不見諸侯何義　章

全章二節分上是示以不見諸侯之道下是詳明不可往見之意首二節礼義二字是不見諸侯大旨且君之欲見一節是反詰人君見賢之故見其不可召士繆公一節是即子思之言明不往見之意齊景公三節是即虞人之事明不往見之意義路禮門一節是推言士之所以不往見只為禮義所以不見為禮往見為不義末節言與孔子在官不同總是申明首二節之意

國都乃市井所在故士居於國者名曰市井之臣郊野乃草莽所生故士居於野者名曰草莽之臣雖稱為臣只是庶人與執贄在位之臣不同故安庶人之分不敢見于諸侯此禮之當然也禮不敢見便是不見諸侯之義

上節問不見諸侯以士言之孟子乃以為庶人故生一召字言既

為庶人則君得以召之顧召役則往召見而又不往何也蓋以分言曰庶人以道言曰士庶人而從召則安分是分之所宜故往役為義士而從召則失道非礼之所宜故往見為不義此士字與下文士以旂士字不同此是未仕者彼是既仕者

先問何義乃答以礼上既言礼此又言義蓋礼理也義理之宜也合理便得宜故守不見之礼則為義不守礼而往見則為不義不義緣無礼而生也下文詳推總明往見不義意

且君之欲見也根萬章君欲見之一句來詰以欲見之意及得其為賢為多聞之說乃以其言折之以明不可召見之意蓋既為多聞便是師師無可召之理既為其賢又無見賢而召之理此所以不可召也下文乃引古人以明之存疑此節作孟子自為問答

多聞以識見言僞知邊賢以造詣言屬行邊以德則子事我德熏
多聞與賢言於多聞曰師於賢只言召亦互言之耳不必分別高
下曰而況曰吾未聞皆决言無可召之理
繆公之言自以為過把一友字看重其詞驕子思之言循以為未
足把一友字看輕其詞亢然孟子推子思之言又益峻厲似就自
巳地位說話
引虞人一節重非招不往看招召也虞人雖死不赴非招之招故
孔子贊美之
招虞人以皮冠以其所事者招之也庶人以旃旃質素無文象庶
人之無文采也士以旂交龍曰旂象士之能變化也大夫以旌旌
有文彩象大夫變化成文也古人之招各有取義若此通帛只用

全帛不加飾旌與旂皆用帛而加飾矣一說四句俱就田獵時言緣大全引左傳有此說也蒙引淺說皆從之愚意還是泛言不專指田獵時事

以大夫之招四句是隱括上文引起况乎一句言以貴者之招招賤者賤者尚且不往况以不賢人之招招賢者賢者其肯往哉人君召士本為其賢曰不賢人之招何也蓋召而可往只是庶人不是賢人以是施之賢者便是以庶人招之不以賢者招之也故因虞人之事推言之曰以士之招招庶人庶人必不敢往况以庶人之招招士士其可往乎哉

一說引繆公事言君不可召士引景公事言士不可赴召未是還俱重士講存疑說繆公節言賢者不可召景公三節言賢者必不

赴召皆明往見不義之意
見賢人之道或近而就見或遠而聘幣皆是欲見而不以其道是以不賢人之招招之賢者必不往見矣所謂欲入而閉之門也路與門有別路是一條平坦無崎嶇邪險之徑是也門是方正廉隅出入有關鎖防閑是也義以正大無邪曲言故曰路礼以品節不可踰言故曰門皆就賢者身上講程文以義為進賢之路礼為未賢之門似非賢者所守之礼義礼義兩物總是一个人心天理但自理之節文言曰禮自事之合理言曰義君子能由是路出入是門就平日講言其平素學問躬行只是一个礼義件件都要礼義上走安肯往見諸侯為非礼非義之事耶此與不見諸侯礼也往見不義也意相照應引詩証能由是路則出入是門可以例觀

此章大旨始終重道看前段重為其多聞為其賢二句是召之欵見賢為道而見之也召見則輕其道矣後段重由義路出入禮門二句是賢之所以自處惟此道也應召則枉其道矣惟道不可輕故不可召士惟道不可枉故不可應召盖道為重而分為輕故也分在為民則召之往役士以道高固不可以民驅之分在為臣則召之不俟駕士以道重又不可以臣律之故知道與分之別則上之所以待士與士之所以自待俱無所失矣上章論士不託諸侯以所食而言而周與賜別此章論士不見諸侯以所往而言而役與召別皆道與分之辨也

一鄉之善士　章

上節是取友之盡乎今下節是取友之進于古尚友只承下節尚

論一遍觀註云非止一世之士可見
一鄉善士謂己之善蓋一鄉也便可友善蓋一鄉之士淺說謂盡
友一鄉中之善士則上下兩个善士似不一様未是或謂善蓋一
鄉則一鄉皆出其下有友不如己之嫌或謂[illegible]一鄉必求善蓋
一鄉者友之恐終難得未免孤立似皆太拘蓋友只是同氣類而
已我所造到那裏便有那等人與我氣類相求所謂善蓋一鄉者
亦是一鄉所推服之人非謂一鄉中再無此人也如今會元狀元
皆天下一人然在吾前者在吾后者亦豈無可友者乎推此則鄉
國可例言矣但我不是此等人則此輩不與我友故必有進善之
資方能取人之善註曰隨其高下以我之所造言是三个上句以
爲覆狹以所友之人言是三个下句

尚論謂友天下之善士未足又進而上之論古之人也誦詩四句正是尚論舊説言行平看未是要重論世講蓋古人既往何緣與之為友彼其言載在詩書吾取而誦讀之不可不知其為人之實也是以要論當世行事之迹這尚論古人便是尚友兩个尚字論字要一樣看論古人即是論世進而上論即進而尚友上下文意叫應明白細看自見註既又二字自有抑揚重輕不可泥

論世不是空講如止講論即是誦讀遂有躬行取法之意蓋友之義不過德業相勸過失相規而已吾誦讀古人詩書論其當世行事之得者即法而行之古人便是我勸善之友論其當世行事之失者即戒而不行古人便是我規過之友此是不以人友而以善友善無窮友亦無窮所以為尚友也行事得失即是善與不善

此論進其取友之道只重由今而進之古不必以首節三句為循序漸進

齊宣王問卿章

全章有異姓之卿分上別言卿之不同下示以不同之事言貴戚之行事有徵懼齊王意言異姓之行事有規戒齊王意孟子時為異姓卿也此亦微示去意而王不悟故致臣而歸

問卿是問卿之官何為非問卿為何官何卿之問是詰其問何若卿非謂何故有卿之問

貴戚之卿以宗廟較君君為輕宗廟為重故君可易宗廟不可亡然必大過而后可異姓之卿以臣視君君為尊臣為卑故臣可去君不可易即無大過亦當自決矣大過如淫虐凶暴顛倒錯亂之

類有過即一行一動之失皆是二卿俱重反覆二字方見至誠懇惻有不得已之意若一言以塞責則易位爲簒而去爲避難矣故論臣子大義至於可易位可以去必反覆諫之而不聽乃可然委任權力何以不同蓋三仁無阿衡之托而紂之才智自攬威權此貴戚所以難於易位也霍光親受武帝顧命權在貴戚之右當時貴戚又不預朝政擁立之事雖異姓亦安得自諉乎故曰不同大全引張華所以見屈于張林以証不能反覆而諫又不能去也事見綱目蒙引備載之

告子曰性猶杞柳也　章

首節是告子論性之妄下節是孟子闢其妄而究其爲害之深

告子一篇孟子論性論情論才論心獨詳其曰白馬白人曰飲湯

飲水曰麰麥芻豢曰山木牛羊曰暴寒鴻鵠曰熊魚雞犬曰桐梓指背曰爵有天人曰体有大小曰杯水車薪曰五穀荑稗反覆譬喻至精至密大都以性善爲主故與告子論性四章置諸篇首而以杞柳爲首章虛齋曰孟子論性善其辨甚力蓋此一字差則天下之事皆廢矣堯舜執中只是性善成湯降衷若有恒性即天命之謂性也性善之説有自来矣若曰性惡曰善惡混則世間不仁不義無父無君之事何不可爲此孟子所以諄諄于此

性者人生所禀之天理此解性字正意非解告子所謂性也義字上當補仁字告子謂人性只是空虛本無仁義恰似杞柳只是木頭本無杯棬一般仁義是後来做就的非人性本有恰似杯棬是後来做就的非杞柳本有一般故以人性矯揉造作做个仁義恰

似以杞柳矯揉造作做个杯棬一般告子此言以性本無善善是性外的病在一个為字

桮棬正韻云桮飯盂也亦酒器也棬字從木從卷亦桮屬矯者矯曲使直揉者揉直使曲矯揉乃所以造作也

蒙引云仁義即性也孩提愛親仁也長而敬兄義也故曰率性謂道未聞以性為仁義也若曰以性為仁義則是人生以後却于性上另栽个仁義而性之本來惡矣蓋告子認氣為性謂性只是知覺運動而無所謂仁義也故有是說

子能順杞柳之性四句孟子只闢他一為字上二句以順字反折為字之非言順木性不能為桮棬順人性即可謂仁義可見仁義非有待於為也明矣下二句以戕賊二字直折為字之非言為桮

棬必戕賊杞柳為仁義亦戕賊人性乎可見仁義非戕賊人而為之也又明矣如此辨析為字便說不通此杞柳之說所以屈也

禍仁義承上如必戕賊人性以為仁義則人誰肯為仁義棄仁義不為就是仁義之禍不重害性意如重害性便是禍性非禍仁義

性猶湍水也　章

首節告子言性無定体下二節孟子言性有定体而逆者失之

告子前章以性本惡為之而後善此章以性本無善惡善惡隨人所為亦少变前說矣揚子善惡混之說以善惡皆性所有而係于脩告子以善惡皆性所無而生於習故近之

湍水急水也水急旋轉勢未有定是謂波流瀠洄決諸東方二句言湍水其東西在所決耳人性無分二句言性猶湍水其善惡在

所習耳此雖少變戕賊之說然決字尚在人力畢竟有為字意思但此章告子意重性無定体故於水中取一湍字為喻孟子直用一个下字便槩盡天下水性把他湍字拆倒了告子再說東西不得

人性之善四句言性一定是善上句正言性善下句反言以決之

一說上句重善字言性之本然下句重無有字言性之同然亦通

一說上是有善應無分于善下是無惡應無分于不善未是

今夫水節以天下猶有悪一邊人須着說破方不碍人無有不善本旨其性亦猶是與是豈水之性相呼應言水過顙在山是搏激之勢使然非性也人為不善亦猶水為搏激所使豈其性哉

總註性本善四句勿分貼上下節性本善是人性之善四句本無

惡即就善上互言之逆之為惡是今夫水一節順之一句即就逆
邊對言之大意只謂人性一定是善逆之則不善也一定是善便
破他無分于善之說逆之則不善便破他無分不善之說
水無上下亦有清濁其下而清者是善其下而濁者是惡則氣禀
不齊也程子曰清固水也濁亦不可不謂之水善固性也惡亦不
可不謂之性此以氣質之性言孟子曰人無有不善水無有不下
此以義理之性言

生之謂性　章

首句是告子以氣為性下二節是孟子詰其意而折其非
生字不是知覺運動生對死看生則有知覺運動死則無矣故註
着所以二字知覺屬知運動屬能告子以此為有生自然即是性

不知生之謂氣生之理謂性故性字從心從生謂人心生理也以生為性只見得性字半邊故告子論性之差病根都在此句存疑云告子以生為性故見得人生只是知覺運動未有善後來為之方善故有杞柳之說又見得人生知覺運動一般未分善惡後來習之方有善惡故有湍水之說又見得人有知覺運動皆能甘食悅色故有食色性之說所以前後論性大指皆不出此

生之謂性註人物二字是解生字正意告子且未說出孟子正要攻他人物無別恐他逃其說謂專言人而不言物便折他不倒故先以白之謂白詰之倘彼以凡白皆謂白則必以凡生皆為性而人與物正同此生者就此可以折他又恐彼逃其說謂專言同類不言異類猶折他不倒故復以白羽白雪白玉之不同類者實之

倘彼以異類之白同爲白則必以異類之生同爲性而人與物正同生異類者以此摭他始無所辭故直以犬牛猶人摭之使犬牛與人不異則生即謂性如犬牛與人不同安得以生爲性哉告子雖善辯決不可以人同於犬牛又無以自解於白之謂白之説而其理屈而不能對蓋其兩答曰然皆不察孟子展辯之意不想其理之不可通只要回護生之謂性所謂不得於言勿求於心也

然則二字緊承曰然二字言人物靈蠢大不相同正猶玉羽雪大不相類如不論其類但論其白謂玉羽雪全無分別則不論其理但論其生而犬牛與人亦何所分別哉三个性字即應轉生之爲性ヒ字犬之性一句只是帯講重下一句故註只以犬牛對人言之蒙引云註以犬羊渾解以人性獨善也其實犬亦安能爲牛之

事雖物亦有不能盡同者矣

胡氏曰常論理同氣異此章論理異氣同何也蓋自本原言太極流行理之同也但人得氣之正物得氣之偏氣之異也既得氣以生則皆有知覺運動氣之同也但得氣之全者全体太極得氣之偏者各具太極理之異也愚意太極同理矣故知能之良人物皆有是氣之同即理之同為之也雜揉其氣矣故禀有通塞心有靈蠢即理有明蔽是理之異即氣之異為之也故曰二之則不是

食色性也　章

此章孟子因告子論仁義之謬而獨辨其義外之尤謬中二節因告子明義外之說即其言而辨之末二節因告子申義外之說即其明而通之總是辨義外之非不可把仁對看

食色性也即生之謂性意知其可甘可悅知覺也甘之悅之運動也仁義是性開說即愛食色之心生于內觀之可見仁主于愛愛皆在內而非外也即食色可愛之宜由于外觀之可見義主于宜宜皆在外而非內也

食色是感欲而動者以此論性謬矣以愛言仁不知謂愛之理言心之愛不知謂心之德論仁又謬矣仁之愛是惻隱此所謂愛只是愛欲論愛亦謬矣孟子以論性之非上章已深折之論仁雖非言內則是亦不必辨獨義外之謬尤甚故獨辨之

何以謂仁內義外只問義外一邊言仁義皆內也以仁為內何謂以義為外乎故告子只答義外我長只是稱其長非敬之也非有長於我便是從其長於外從其白於外便是非有白於我互文也

告子此言但知長與白在外謂可以一切義外不知白有白馬白人長有長馬長人不同又但知長之謂長謂可以明義外不知有長者長之不同故孟子即以其說攻之

白馬之白一節兩明義外之非上四句闢其以白比長之非見長馬長人不同皆是心中裁制義之非外明矣下二句詰以長者長之之辨見義不在長者而在長之是敬由心出義之非外尤明矣告子雖善辨必不能以長人同於長馬又安能以長者為義乎

長者就彼言是人之有年者長之者就我言是敬其人之有年者俱指人說看下文長楚人二句可見存疑兼人為說未是

吾弟一節重義一邊特以仁反對之言以長為悅者全在外非以我為悅者比也以我為悅謂愛之所主不在于人而主於我之心

我心所悅則愛之我心所不悅則不愛故謂仁在內以長為悅謂敬之所主不在於我而在於彼之長凡遇長者皆在所悅故謂義在外蒙引云吾弟則愛秦人之弟不愛所主在我故惟我所擇可見愛生於內長楚人之長亦長吾之長所主不在我故惟長是視可見宜由于外內外之辨要把我與長挑剔明白方可說仁義

嗜炙節因他以甘食論性知嗜炙之出於心則必知敬長之出於心故即所明以通之物指炙言亦有然亦字對長楚人二句看言長楚人之長無以異於長吾長夫人固有然矣嗜秦人之炙無以異於嗜吾炙夫物亦有然者然則一句斷言以長為悅之非亦有外亦字對炙看言炙固在外矣嗜之亦在外與長固在外矣敬之亦在外與即炙之嗜在我非以炙為悅見長之敬在我非以長為

恍知其非以長爲悦則知義之非外矣

一說告子以義爲外全在事之宜上孟子以義爲内全在心之制上愚意不然制即所以爲宜也就事言曰宜就心言曰制不宜于事曷見其制不制於心何以能宜制與宜非兩截也告子𦂳知以宜言義則必以義爲外矣告子只就事物言義故曰彼長孟子是就制宜言義故曰長之

孟子問公都子　章

首二節分上是公都子以己意答義内之問下是得孟子之意而發明義内之說

孟子上章議論季子聞而未信故有此問分明主告子之說可見異說惑人之深

行吾二字重看言義主于敬長皆行吾心之敬以敬之也是敬長在心故孟子謂義爲内此一句亦自長之之説會悟出来但未達隨時制宜之旨故無以自解於季子之難及孟子示以庸敬斯須則季子再難即有以破之矣

敬以親疎爲隆殺敬兄只爲兄親而鄉人疎也勿云鄉人長于兄不多酌以賓主爲後先先酌鄉人只爲鄉人賓而伯兄主也勿云鄉人年長于兄所敬在此指伯兄而長在彼指鄉人果在外非由内言吾心不得自主推視在外者以爲轉移故以義果非内也不知其所以轉移者皆内心出倘非裁之於心何不先酌伯兄而敬鄉人乎使答以在此在彼皆因心制宜則義之非外明矣惜公都子見未及此故不能答

孟子辨他所敬在此二句大旨在庸敬二句故以敬叔父敬弟辨詰之彼將曰在位位是尸位弟爲尸在祖考之位則叔父與我皆子孫也所以敬弟不敬叔父者敬祖考故也非以卑踰尊也子亦曰在位位是賓位鄉人在賓客之位則伯兄與我皆主人也所以先酌鄉人不酌伯兄者敬賓客故也非以疏踰戚也此見敬叔父是常事敬弟特以其暫在尸位敬兄是常事敬鄉人特以其暫在賓位故庸敬一句以敬叔父例之明所敬在此意斯須一句以敬弟例之明所長在彼意或彼或此或暫或常因時制宜皆由中出義豈在外哉淺說謂因時制宜二句孟子且未說出若既說明則季子下文不應再辨愚意行吾敬之言即由中出之意季子辨且不置即使孟子明言豈能釋然蓋孟子以爲制宜由中季子終以

爲轉移由外也蒙引曰敬叔父敬弟孟子始終重敬上謂我之施
敬於彼也季子始終重叔父弟上謂敬之因彼而生也及以飲水
飲湯曉之始知所敬由我而不復辨
飲水飲湯亦因其甘食之明而通之此二句從庸敬二句體貼出
來言湯與水有外矣酌其冬夏之宜而飲之亦在外與倘非由我
斟酌時宜則湯何以飲于冬水何以飲于夏哉可見叔父與弟在
外矣酌其常暫之宜而敬之亦在外與倘非由我因人裁制則弟
何以敬于暫叔父何以敬于常哉知此則所敬在此所長在彼之
旨益明矣
此兩章孟子辨義極精總不外一个心蓋以義爲外是以性中無
義是性無善之説故孟子獨明義之在心則知義之爲性而非以

性為義而性善之說益明矣
公都子屈於季子之辨孟子解之大旨在庸敬二句屋廬子屈於任人之辨孟子解之大旨在紾兄一節應答辨折不假思索非理深見到何以能此

公都子曰告子曰性無善　章

前四節是公都子質論性之說後四節是孟子詳明性善而引言以徵之乃若其情二節大意已盡惻隱節是申明此意末節是引詩証此意情與才皆性之用此章言性即用以明體與天下之言性則故而已矣同意

三說一是告子兩是或曰或人泛言不通指告子一曰善惡俱無重兩个無字言本體空虛一曰可善可惡重兩个為字言其習于

人一曰善惡一定重兩个有字言其定于天總要破孟子專論性善之說看來告子一說即杞柳之喻謬固甚矣或以習言亦性近習遠之意或以一定言亦智愚不移之意似未甚謬然皆主氣禀而言孟子直以理折之故只曰性善則三說皆非矣

文武興一句明可以為善幽厲興一句明可以為不善此即湍水之說謂或人此說與告子湍水之說一意非指實告子

以堯為君一句明有性不善不可移而善以瞽瞍為父至比干明有性善不可移而惡紂為兄之子自微子比干言之故註以為紂叔父曰為兄之子言分親則惡易染曰且以為君言勢尊則惡易行而皆不能変其善以此見有性善

然則彼皆非與猶意其或有一是也以三說為或是則猶以性善

為未是當時邪說誣民孟子獨道性善故雖賢如滕文公不無反楚之疑高弟如公都子不無三說之惑異說入人深矣

乃若其情節是即情善以論性善為善為字當謂字看言人之情皆可以謂善則知人之性無有不善此乃吾所以謂性善也蒙引云性既是善則無善無不善之說非矣性但可為善則可以為善可以為不善之說非矣性既皆善則有性善有性不善之說非矣

若夫為不善節因論情但可為善乃猶有不善底人恐人歸咎于才故言非才之罪以破之非才則非性而性之善益見

此兩節語意相承非判然上以情明性下以才明性也蓋性是體情是用以是性運而為情便是才故情但可以為善此所謂性善也若為不善豈其才之運性為情者不能為善哉物欲陷之耳如

仁性也惻隱情也是仁能為惻隱則才也人能充惻隱之心是盡其才或有惻隱之心而終失之即不能盡其才故曰非才之罪也蒙引一說仁性也惻隱情也以之親親仁民愛物才也又一說仁性也見入井怵惕惻隱情也趨而救之才也或又一說有不忍人之心是情斯有不忍人之政是才俱把情與才兩樣看未是存疑云性是心之理情是性之動才是性之能動如見孺子惻隱情也其能如此才也若堯舜之仁能覆天下齊宣之仁僅及一牛則才有強弱也此說得之

惻隱之心人皆有之八句申上乃若其情二句惻隱之心仁也八句申上乃所謂善一句仁義禮智至不能盡其才申上若夫為不善二句

人皆有之皆字重看見但可為善意仁也是即惻隱以見性之仁
與仁之端不同義禮智放此
皆有就情講同然也固有就性講本然也不有本然之性安有同然之情故因情之皆有而知性之固有也曰我是自家分内的對外字看曰固有是有生見成的對鑠字看當時性悪義外之說皆以仁義為外來故孟子指其為自有見人當反思而求之也弗思弗求便是不盡其才豈無才之罪哉思以心言求以力言思在求之前有求必有思故上言思該得求下言求該得思或相倍蓰承舍失一邊言失之為悪去得之為善者其遠至於無筭也不思不求不盡其才言為欲所蔽不能擴充其善端也如不思夫仁之固有以求充夫惻隱之端則其殘忍為悪非才之不能為惻隱也不

能盡其才以充之也義禮智放此

引詩云民之秉彝指性言好是懿德指情言郎詩與聖言觀之見性善故其情善此吾所以即情善以明性善

物則該得廣註舉耳目父子之類舉一二以該其餘也秉彝懿德俱指物則非二物也但自物而言曰則則者法也理之中正而不過也自民秉之曰彝彝者常也理之恒久而不易也自德之可行曰懿懿者美也理得于心至美而可嘉也三者名不同總是性之理好之便是情引此重好是懿德一句明乃若其情可以爲善之意知道就性情講故有物至末皆孔子之言上句重必字下句重故字孟子本意言外補之

富歲子弟多賴　章

首節分上是槩言降才之同下是推言人心之同以見之要看陷溺其心與心所同然首尾兩个心字相應首言人之為暴由心之陷溺非降才殊也下文先以物類例言聖人與我同類即以口耳目之同推至心之同然見聖人與我同心所謂與我同類也則其多暴者亦此心陷溺耳豈降才殊哉舊說首節一頭下分兩脚逢彖二節即物類之同例人類之同以明降才不殊龍子五節即衆体之同推大體之同亦明降才不殊上下文意似不貫串

多賴多暴多字須斟酌講言不必盡然亦多是如此賴字對陷溺看不對暴字暴字對善看不對賴字講多暴且勿入無賴意到陷溺中講之富歲一句直對凶歲至然也言富歲子弟固未必盡皆為善然有所賴藉為善者多矣凶歲子弟亦未必盡皆為暴乃為

暴者多豈其降才與富歲子弟殊哉無所賴藉而陷溺其心使然耳曰降才不曰降性何也天命謂性感物情動才即性之能動者言才便該得性情具善暴俱屬作為于才尤切然既曰降才又不曰陷溺其才而曰心何也蓋所降自有生之初言故曰才以其為性之能也所溺自有覺之後言故曰心以其為性之統也故下文詳推心之同然以明降才之同

麰麥一節即一物以起下節凡字故凡同類一節因即凡物以例聖人與我無不同也

麰麥節上半言同者三同地同時同熟是正言以見其性之同下半言所以不同者三地利天澤人事是反言以見非性之不同然不可以下三項應上三項蓋人事一句與熟同不類也雖有不同

謂所收之豐歉多寡也不齊二字摠頂上三件謂地之肥磽不齊雨露之厚薄不齊人事之勤惰不齊也

孟子言性無不善必言不善一邊曰豈人之情曰非才之罪言水無不下必言不下一邊曰搏而躍之激而行之言麰麥無不同必言不同一邊曰地有肥磽雨露人事不齊蓋必如此說破方可解性善之說

故凡字承麰麥來言麰麥一類其性之同如此則凡物之同類者其性無不相似也同一山類性之峙相似同一水類性之流相似同一鳥類性之飛相似同一獸類性之走相似然則同一人類性之善有不相似乎哉必曰聖人舉其至者言之耳一說同類以形言相似以性言聖人與我同類亦專言形未是蓋類循品彙之

類只當个人字不可单言形即性同亦在其中

故龍子節是引言足同以起口耳目之同故末節只結口耳目而不言足以其為引語也故字承聖人與我同類来言聖人類無不同所以龍子有足同之説屨之相似二句蒙引作孟子之言或謂一節皆龍子之言未是此節承上節只説相似下文三節便入性講觀易牙節明言性與人殊則耳目可推矣因足同而知口耳目之同因口耳目之同而知心之同聖人之心即我之心非與我同類而何

易牙先得一句正是同嗜言我之嗜與易牙同但易牙先得之耳

如使口之于味四句是反言以明同嗜之意期猶約也易牙所謂之味天下同以為美如期約然

末節故曰不是古語只是結語口耳目對心看味聲色對理義看口有所同嗜是味耳有所同聽是声目有所同美是色心有所同然是理義以口耳目推出心来不是譬喻是即此以例彼耳一說口耳目是同得天地之氣以為形固見聖人與我同類心是同得天地之理以為性亦見聖人與我同類来是還重心講。

在物謂理自心之所具言是見成的處物為義自心之裁度事理言是裁制出来分體用看總之皆性所有故人心無不然之聖人一句正是同然言聖人亦不過同此理義但先得之耳重同講不重先字先得謂先知先覺行意亦在其中故理義二句是收束同然之意故字亦似結語悅即然也悅我心言見悅于我心也其實是我心之悅理義猶芻豢言其悅之同非言其悅之妙牛羊草食

故曰芻犬豕飯食故曰豢

牛山之木嘗美矣　章

此章以山木明人心而示人以存養也首節以山木言斧斤伐之猶有萌蘖牧以牛羊則失養矣次節以人心言放其良心猶有幾希梏以旦晝則失養矣山之濯濯人之不遠禽獸俱根後半段講勿以失養于初失養于後平承三節總言人心山木係于所養得養是養其萌蘖幾希失養即牛羊旦晝之害四節引孔子言以明當養之意

可以為美與當美相應一是斧斤未伐之前一是斧斤既伐之後

若彼濯濯與萌蘖相應一是牛羊未牧之前一是牛羊既牧之後

郊于大國国大則伐之者衆郊近則伐之者易日夜所息謂是日

之夜與下節夜氣一例勿云日也生息亠似也生息註中皆字謂花物皆生非謂日夜皆生也但看早起花多開草多青又夜間多露則夜之息可知矣牛羊一句是害山木盡處蓋向之伐猶傷其枝幹今之牧盡絕其根萌也濯濯是萌蘖盡無則不但失其美矣山以生物為性濯濯全無生理豈山之性哉牛羊之為害耳

二節與首節例看豈無仁義良心对嘗美看亦猶斧斤三句对可以為美看幾希对萌蘖看旦晝梏亡对牛羊看違禽獸不遠对濯濯看

雖存乎人者蒙引曰雖然存乎人者豈無仁義之心哉似無來由存疑曰雖字與下文放字相呼應當以上節例之嘗美一句是就山木不美之後言其前此之美也豈無仁義之心亦就良心既放

之後言其前此未嘗無良心也人字就不好人說雖字便說得通
以下文與人相近人字照看可見
良心即上文仁義之心良如良知良能良貴之良謂本然之善也
放謂放失而去也仁為惻隱義為羞惡此是本然善心若為殘忍
為無恥則善心亡失于外不復在內故曰放所以放其良心指物
欲言物欲是伐心斧斤也旦日也旦旦言伐之非一也可以為美
指木言亦猶直貫下三句
日夜是日之夜故下文只曰夜氣與旦晝相对一說謂日裏也生
但夜來生得多似未然日夜所息謂良心雖放其本然生理未盡
泯滅到中夜靜時神閑氣定善心不無萌動若復有所生息所以
平旦醒覺未與物接一夜所生善心猶知好善惡惡此時清明光

景與良心不放之人有些相近故曰幾希
息生也自内而生也氣定于稟如何生得蓋日來物擾心溷濁氣
已喪夜則物退心淨此氣復清便似再生如井水終日人汲其水
已濁夜無人汲其水復清一般舊說云心虛而善可入未是
好惡兼仁義好仁義是公好惡不仁不義是公惡一說好為愛是
仁惡為羞惡是義未是
幾希微也少也此指天理未泯之機人心不死之良見人所以異
于禽獸正在于此若能即此充養則仁義不可勝用就是聖賢之
心柰何又梏亡之哉孟子喫緊為人只此幾希二字
旦天早也是旦旦之旦不是平旦之旦晝日中也梏械也即桎梏
之梏猶云殘害也梏亡謂梏而亡之也亡者亡其幾希之萌也平

旦猶知好善旦晝又不爲善平旦猶知惡惡旦晝却又爲惡則所生之幾希此其盡亡矣反覆謂相尋無已也註晝之所爲四句觧反覆之意展轉二字觧反覆之義晝之所爲既害夜之所息似今日之爲害昨夜之息夜之所息又不勝晝之所爲似今夜之息復爲明日所害觀註既及二字可見蒙引下二句即足上二句似是一正一反不見反覆意存疑只謂今日梏之明日梏之日日梏之亦說註未明夜氣即夜所生息之氣也存对亡看日間梏亡反覆旦甚則理絶心死夜來亦無善念之萌所謂平旦幾希不復生息矣故曰夜氣不足以存

旦晝四句是害人心盡處夜氣不存則不但放其良心而已放猶出也出者猶可復歸故夜尚有息不存謂死也死者不可復生故

生理晝絶遠禽獸不遠對與人相近看向有夜氣則好惡之公備
近于人今無夜氣則好惡拂人之性即近于禽獸蓋禽獸有知無
良人無良心其所存者亦只是知覺運動故與禽獸不遠
既曰平旦之氣又曰夜氣氣一也自其生息于夜曰夜氣自其清
明于旦曰平旦之氣此氣之生即為良心孟子論心不求諸晝而
求諸夜何也蓋晝有應接心多馳騁氣或紛擾理必汨沒故以良
心之亡歸諸旦晝之梏夜無應酬心不馳騁氣稍寂靜理或漸萌
故以良心之生歸諸日夜之息學者存養能於中夜思之則亦可
反求而得其本心矣故雞鳴而起孳孳善利乃舜跖所以分
情與才一般好惡是情能好惡即是才人見遠禽獸不遠以為才
之不能好惡不知好惡是情之自然不遠禽獸豈人之情也哉梏

之反覆使然耳不曰性而曰情與才緣上文好惡而言然即情而
性可知矣
此節以仁義二字為主良心仁義之心也幾希仁義之幾希也亾
者亡幾希之仁義也禽獸無仁義者也才所以為仁義情則仁義
之端也仁義性也
茍得其養節通承上二節物字兼山木人心然意重心講養是養
于已伐已放之後謂木之萌蘖不牧以牛羊心之幾希不梏以旦
晝是得所養也則萌蘖者盛長幾希者擴充木與心無不長矣如
牛羊牧之旦晝梏之是失所養也則萌蘖者濯濯幾希者禽獸木
與心無不消矣此見消長之機惟在所養安可歸咎于才耶
操則存一節俱作孔子之言上四句虛講且勿露心字末句乃指

其為心也或以末句為孟子言未是
操則存舍則亡言其存其亡係乎操舍之間也出入無時莫知其
鄉就操舍存亡見之存則為入亡則為出惟在操舍耳豈有定時
出則在外入則在內亦惟在操舍耳豈有定處惟心之謂惟字重
看見人身上更無別物可以當此也註神明不測指心言不指出
入二句蓋神明心之本体俱是好一边出入便有不好一边得失
之易二句指操舍四句言得而失之甚易保其所得甚難非謂得
亦易失亦易也操則存明得養則長意舍則亡明失養則消意此
見心之當操而不當舍以明養之當得而不當失

毋或乎王之不智也　章

首一句言齊王之無以成德下二節兩推德之所以無成皆由小

人恭之以惡也雖有節言王不親君子而親小人以常與暫对今夫節言王不信君子而信小人以專與雜对一日暴是暫親君子十日寒是常親小人不專心致志是信君子不專思鴻鵠將至是為小人所雜孟子以暴日自喻以寒日喻小人以奕秋自喻以鴻鵠喻小人無非慨王之不能親信以致君德之無成也然所以不親正由於不信上下節意亦相因浅說云君子進見之時少者由王聽信之不專也但作文兩对無妨

暴是陽氣主生寒是陰氣主殺一暴十寒殺氣多生氣少故雖易生之物亦未有能生也況物之難生者乎王之有萌就孟子進見時言如善哉之稱輔志之頑戚戚之心皆因孟子啓發而動所謂有萌也孟子退而王雖陳賈輩日在左右諂諛雜進則良心之萌

旋節沮喪雖孟子亦如之何哉析衆說云小人之術巧而善入其投君之好也深君子之道正而難親每苦于機之不相投故一日之暴如水投石而十日之寒已浸灌而不可解十寒之後縱復得一日之暴而其寒已深暴亦無力況又繼之以十寒乎

專心是所主專一致志是所向要到至極處一人輕看只重下一人雖字將字思字俱有意智字與首節智字不同彼以成德言此以生稟言一說鴻鵠不指小人指声色貨利之類然小人諂諛其君非声色貨利何以惑之即以鴻鵠指小人此等事亦在其中

魚我所欲也　章

全章六節分上是論人皆有良心而驗其實下是推人所以失良心而致其嘆一說依總註五節分然決死生二句只是末節相形

之意不是兩對

首節舍生取義且虛講第二節言所以舍生取義以其有好義惡不義之良心也第三節反言人無良心必不能舍生取義第四節中言人惟有良心是以舍生取義也第五節言良心人所皆有第六節即乞人道人以驗其皆有

二者不可得兼謂全生則害義全義則損生不可以兼得也蓋義當生則全生即以全義便可得兼義不當生則取義便要舍生故不可得兼上蔡云義重于生則舍生取義生重于義則舍義取生此說有病義安有可舍之理耶只是義在于死則死義在不死則不死無往而非義可也舍生亦不專是君父之難觀下文飲食亦有死生故曰餓死事極小失節事極大

次節釋所以舍生取義之意生對死欲義對惡不義互文也生所欲死所惡是欲惡未甚者釋所以舍生意甚于生甚于死是欲惡甚者釋所以取義意不可謂上半釋舍生下半釋取義兩个甚字重看是酌輕重明取舍緊要機關三節四節只反覆推明此意所欲有甚於生所惡有甚於死是羞惡之心即理義之心也理義民之秉彝故為人所皆有賢者能勿喪正是言其皆有與聖人先得我心一意賢者暗指取義舍生者言

一簞食一豆羹言物之至微得則生不得則死言事之至急道人乞人言人之至賤嘑爾蹴爾言與之至無禮以至微之物當至急之時但無禮之極雖至賤之人亦寧死而不肯受可見欲惡甚于生死之心此等人亦未嘗無不獨賢者有也一說不受不屑為舍

生取義之實一說上數節為舍生取義之大此一節為舍生取義之小俱未是

蹴尔比嘑尔尤甚乞人比道人尤賤不屑比不受尤為憤激

萬鍾節推人所以喪良心之由講中且勿露喪心意至末句失其本心方指言之

萬鍾對簞豆看輕重不同何加對生死看緩急不同物重則不當輕受事緩則不必苟受乃禮義不辨而受之此必有所為下三句乃指言其故為字貫下三句

首節曰取義此又曰禮義何也死生主於決斷故單言義辭受主于遜讓故兼言禮其實禮理也義理之宜也乞人道人于辭受中關死生故可以明舍生取義而註亦曰惡無禮禮中有義也禮義

重在辨上蓋凡取與辭受當理與否不辨安能得宜伊尹一介不取千駟不受能辨故也彼嘑蹴不受猶知所辨乃受萬鍾而不辨礼義何耶何加猶云沒要緊也凡物有係于生死則有加無係于生死則無加有加便不可已無加便可以已故下文曰可已即何加意宮室三件皆是歆心要遂其歆非萬鍾不可故不顧礼義而受之此羞惡之心所由失也拆衷云窮乏得我不失厚道何至與宮室妻妾皆謂歆心蓋俸祿所出有限窮乏求索何已必歆人人德我非分外橫取何以能諧故君子見定守固雖室人徧讁亦不遑恤豈必盡得窮乏之心

鄉為身死即把上節不受嘑蹴與受萬鍾相形而慨其喪心也蓋當那等危迫時猶有羞惡本心到宴安時亦可已不已豈非失其

本心耶鄉為今為語意際相呼應似即是一个人或謂乞人道人如何就說萬鍾只取兩事緩急相較向字今字只當彼此字看亦通但孟子議論多是設詞不必實事即作一个人亦可

可以已指宮室三件不指萬鍾言宮室可以無美妻妾可以無奉窮乏可以無得我是皆可已也既皆可已奚必萬鍾故可已與何加意相照應但萬鍾以物之在外言則曰加三者以欲之在我言則曰已本心即上文欲惡有甚於生死之心所謂秉彝義理之良心也生死之時甚不可已乃能不受嘑蹴之食是本心未失也三者之欲甚可以已乃受此無礼義之萬鍾便是失了羞惡本心而前日不受不屑之良盡泯而不復存矣此一句結束一章大旨惕然令人深省註中幾个衆人俱指失本心者言

一說簞食節是辭所當辭萬鍾節是受不當受末節合言天理存于変故人欲縱于宴安是失其本心此說似非全章大旨此與山木章俱論良心存亡得失前章以存養言此章以取舍言工夫亦相須互發

仁人心也　章

二節分上是言仁義之切而嘆其失下是示人以求仁也

仁生理也心活物也心所以活動不死以生理完具故能虛灵明覺若無是理亦一塊血肉耳何以能靈故不曰心之理即曰人心言心為酬酢萬変之主仁即酬酢萬変之心見人不可一日無是心也若曰仁具于心是以這个心具那个理不免于二之也註曰反而名之蓋本是所具者乃以為具之者故曰反名

義路與道若大路不同彼是喻言此是借言蓋路為往來常行之道義為應感常行之道皆日用不可離者故即路名義就把義當貞做路非譬喻也

心與路人皆知其切于人而不知其為仁與義故孟子兩指言之見仁義于人甚切但人路語意與人心不同心是指其實而言路是借其名而言

仁義並言仁是體故心以所主言義是用故路以所行言細分之仁義亦各有體用仁者心之德是體即心之惺惺不昧愛之理是用即心之生生不息義者心之制是體即路之本體平直事之宜是用即路之古今共由然曰心之制即人心之心則義之體即是仁心為酬酢萬变之主則酬酢萬变即是義分言之雖有二摠言

之只一心故下文只言求放心則仁存而義在其中矣不然人心人路内外判然不幾於仁内義外之説耶

放與舍有别心就内看出而不歸之謂放路就外看棄而不取之謂舍這心是自家本有的這路是自家當行的乃自家放之舍之所以可哀然路之舍多由心之放故下文專言求放心

鷄犬節是即鷄犬之知求例言人心不可不知求註弗思意只可言外補之

學問節一説謂學問以求放心一説謂學問由於求放心一説謂學問多端大要在求放心今多依末一説

放心如旦晝之梏亡歲之溺鴻鵠之思萬鍾之受皆是求放心非自外求入來亦非另拿這个心去求那个心只是已放之心自思

反求不復再放是也蓋心逐物而出便是放然其本然之良猶未盡泯所貴學問者在辨理欲之幾加克復之力使心知收斂不為外物誘引出去便是求放心如蕩子被人引去外遊及知其非便思歸來盡絕此輩不復再出是昔之蕩今之歸只是這一个人則昔之放今之求亦只是這一个心放心求則心常存學問之事畢矣豈必誇多鬬靡為哉而已矣正足上無他意

道章四个心字一樣俱指仁言求放心只求不失吾仁而已心存即仁存仁存義亦存矣或謂先求放心而後可以求仁則上文所謂放其心者果何心也

今有無名之指　章

疾痛害事兩開看秦楚之路孟子鄒人視秦楚為遠非自秦至楚也

此與前章皆儆人之喪心鷄犬放則知求心放則不知求指不若人則知惡心不若人則不知惡皆嘆其不知輕重也

拱把之桐梓　章

身不是形體内而心志外而動容皆是養身如主敬以養其内愼動以養其外皆是盖人之一身備三綱五常兼四端萬善可以參三才可以靈萬物乃養之不若桐梓豈愛身輕于桐梓哉弗思甚矣思是自思此身所係之重非思身與桐梓輕重之辨也誠思之則知身不可失必思無愧天地必思要做聖賢所以養之者當無所不至矣

孟子嘗言養性養心又曰養氣此乃言養身盖細言之有數者摠言之則皆身舉一身而數者在其中矣或喻以鷄犬或喻以山木

或喻以揠苗其亦與桐梓之喻互相發者與
孟子三言弗思獨此曰甚者身尤顯明易知乃不知養尤極昏昧
故甚言之所以警人至矣

人之於身也　章

全章二節分上是示人當審所養而詳其實下是反覆戒人之失
養也一說首節分上是示人當審所養下是詳言不可不善養以
明首節之意亦通蒙引云首節善不善含下大人小人意輕重含
下大小貴賤意二節正言體之重輕與養之得失場師節是賤害
貴一指節是小害大飲食之人至末是戒人不可以小害大賤害
貴之意

人之于身身字兼心志口腹講故曰兼愛兼養看一兼字便見口

腹亦所當養但不可專養乎此以害心志也無尺寸之膚二句即足上兼所愛二句所以考其善不善三句承兼養來言養固當兼尤不可不審也善是得養不善是失養已即身也要考所養善否只就自身上審其輕重不必他求而已矣者即應轉豈有他意此三句是一章大旨以下數節皆推明此意

體有貴賤二句指言身有重輕所謂于己取之也養其小二句即發明善不善意

貴謂主帥獨尊賤謂聽命卒徒大謂無不兼統小謂各司一職賤小如耳目皆是但此章專言飲食故註獨以口腹解之無以小害大二句講須斟酌言小固當兼養但無以小害大賤固當兼養但無以賤害貴若曰無養小害大無養賤害貴則是欲人絕食枵腹

以養心十無是理矣養其大是先立其大而小不能奪之意若專
養口腹不顧心志便是養小不言貴賤者緣下文大人小人只着
得大小二字然講中亦須補貴賤意
場師二節蒙引云此兩節正是養小為小人但未說出至飲食之
人節方說出與不揣其本二節起取食之重一節相似
一指喻口腹肩背喻心非以肩背為大体也很疾人疾急也非謂
病也很多疑惟恐失身故善顧疾走則不能回顧人至亦不見終
至失身故以為失肩背之喻
飲食之人則人賤之即賤場師很疾人意為其養小失大正應轉
小害大賤害貴意上句曰賤兼大小講下句曰小大亦兼貴賤講
專養口腹不但是飲食饜足如見富貴而祭顧以飢渴為心害皆是

末節承上文而反言之設使養小能不失大則口腹之養固亦無害但養小無不失大之理此小之所以不可養也須體貼註意

黄氏曰此章只言小人一邊自見大人循下章只言大人一邊自見小人

公都子曰鈞是人也　章

公都子此問緣上章大人小人之説而詳究之孟子所答尤為精細上未説心字此言心又言思故上註曰心志志即心之所向便涵思意上言口腹此言耳目蓋皆小體足以累心故隨在立教使人知口腹為小体則當養其大不可逐逐于飲食知耳目為小體則當立其大不可役役于声色

從其大體二句從字重看大體主持得定小體隨他運用是以小

從大故其人亦大大體主持不得只隨小體轉移是以大從小故其人亦小如心為主耳目為役是謂從其大體心不能役耳目反為耳目所役是謂從其小体從字與上章養字不同養是下手用功從是用功後事大体小体存疑實講耳目心以註有明解淺說不講耳目心以公都子尚有再問看来實講還是盖言大体小体未言所以為大小言從其大体小体未言所從者何如故公都子再問之耳目之官四句言其所以為小體心之官三句言其所以為大體先立其大三句言從其大体為大人言外補從其小体為小人意

蔽于物物字指外物言物交物上物字即蔽于物之物下物字指耳目言引之而去謂声来引耳耳與声去色来引目目與色去只

緣他但知視聽全不能思其當理與否故声色足以引之而已矣
者言如此而已也故曰小體謂所職者小也
心之官則思言以思專職也這思字且勿說工夫只說心體自然
之用思則得二句亦只講職之得失非講用功與否譬如衙門有
官在便事事皆行沒官在便事事皆廢註曰凡事物之來說得廣
不專指声色曰物不能蔽就心講非蔽耳目也此見心能思不為
物蔽與耳目不思而蔽于物不同故曰大体謂所職者大也
大体小体之分只在思不思之間是人之所以為人只一个心心
之所以為心只一个思思之于人大矣故孟子示人每每於思上
着力曰弗思曰弗思甚皆要人反求諸心也
此天之所與我見合下生来耳目便當從心心便當役耳目不可

一失其職也立其大便是用功立還在思之前故註曰有以立之則事無不思非謂立字即當思字曰先立者人心感物而動便恐爲物所奪必于未感之前預先立定此心則隨其所感小者皆不能奪也立以平時言奪以應感時言小不能奪便是從大体立如本立道生三十而立之立論其工夫則孔子所謂操存孟子所謂寡欲求放心與夫精一克復之類皆是

小者不能奪當推廣說不專指耳目但看一節文意前后大小緊相叫應故註只云耳目之欲不能奪之其實人身應接最要處全在耳目故孔子言克己言九思皆以視聽爲先召公戒成王曰不役耳目百度維貞此而不奪則四肢百体各得其職矣

有天爵者　章

首節論爵有天人之別下兩節慨古今人之不相及然天爵人爵意不兩平言天爵較人爵之不足重古人今人意亦不兩平言古人嘆今人之不然

天爵非謂天與之爵只是自然可貴非人所能貴賤與下章人人有貴于己一意人爵謂貴賤皆人使然由不得自己與下章趙孟所貴趙孟能賤一意然天爵曰自然亦是所性分定原来得之於天者如仁者天之尊爵是也但彼謂天人以人對天言有賦受之別此謂天人以己對人言則内外之分

仁義兼體用道理已盡了忠信即是實有仁義盡諸心而見諸事者也善即仁義忠信樂善不倦即樂此仁義之實無一息之間斷也蒙引謂樂則生生惡可已處方見得尊貴意若尋常之樂亦未

足貴也天爵總承兩句要實只仁義二字觀下章飽仁義可見
古之人脩其天爵只知居仁由義主忠信亹亹不倦以為性分當
然不知分外更有人爵緣此可以得之也然德脩望尊實大声宏
人爵不求而自至故曰從之從隨也言隨天爵而來也今之人也
學仁義也學忠信也學樂善然非其真心只為非此不可得人爵
故脩此以求之則有意為善善必不誠方其為之之時已有棄之
之機及人爵一得遂不顧天爵盡舉而棄之豈知天爵既棄人爵
亦安得而保哉惑之甚總承上蓋惟為要人爵以脩天爵故既得
人爵而即棄天爵雖有二意總是一事不可泥註以上二句為惑
下二句為甚惑
人爵從與要人爵固有求不求之別然兩个脩天爵其實亦異古

人於人爵未從之先只知天爵是我所當脩不為無人爵而要及人爵既從之後亦只知天爵是我所當脩不為有人爵而棄是如終把天爵為重今人修天爵于未得人爵之先固為無人爵而脩棄天爵于既得人爵之後又為有人爵而棄是始終把人爵為重此孔子所謂古今學者為己為人之別也至於終亦必亡便是其終至於喪已大全或問曰亦有修天爵而人爵不從亦有棄天爵而人爵不亡何也新安陳氏曰脩天爵有得人爵之理其不得者上之遺賢棄天爵有失人爵之理其不失者下之幸免朱子曰後世廢天爵以要人爵則尤獘於戰國矣

欲貴者人之同心也　章

首節分上言人不知在己之貴下推言在己者所以為良貴通章

天旨是人人有貴於己一句骨子是仁義二字

欲貴貴字泛講言人心孰不欲貴哉顧但知有貴在人而不知有貴在己者亦弗思耳舊說欲貴謂欲在人之貴亦通貴於己謂己所自有之貴即良貴也弗思只是物蔽勿悪氣拘

中郎言人皆不是良貴末節乃指言貴于己者似一反一正語意

舊說中節項欲貴人之同心末節項人人有貴于己兩對看題

趙氏為晋世卿故稱為趙孟趙孟最有權于晋故能貴人賤人此二句正明非良貴意良貴則貴不由人人亦不得而賤之矣

飽仁義謂仁義道理滿足完備也聞譽即仁義之聞譽總是一理但自其充實于內則曰飽自其昭著于外則曰聞譽令聞非過情之聞廣譽即令聞之所播者遠也此皆吾所固有自然尊貴所謂

有貴於己者是良貴也所以不願在人之貴膏粱文繡是人貴者之衣食暗指趙孟不願則人不能以膏粱文繡貴我又安能奪之而賤我耶膏粱以嗜味言故對仁義飽足文繡以彩色言故對聞譽昭著仁義聞譽不願膏粱文繡即仁義無歉富爵意似以窮居對貴顯者言然大行不加有天下不與亦是弗願之心

上章言脩天爵則人爵從之此章言貴乎己不願人貴見得脩天爵固有得人爵之理君子則無願人爵之心

仁之勝不仁也　章

首二句截上是論仁勝不仁下是甚言為仁不力之弊

仁不仁新安謂當時諸侯南軒謂理欲今依新安說蒙引云仁不仁以兩人言非以事言上節註人字對我字指不仁之人下節註

此人人字即我也指為仁不力之人

水能勝火必然之理仁之必勝不仁亦猶是也然車薪之火甚烈一杯之水甚微以甚微之水救甚烈之火勢必不熄不熄則謂水真不能勝火不仁之害甚烈不力之仁甚微以甚微之仁救甚烈之害勢必不勝不勝則謂仁真不能勝不仁此議一興則不仁者之心不以仁能勝我而有所畏益以不能勝我而有所恃是我助之為不仁也故曰此又與於不仁之甚者也又字甚字俱着力看既不能勝而復助之故曰又因我不能勝而不仁益逞故曰甚亦終必亡勿作亡国看只是亡其所為之仁也盖始之為仁固將以勝不仁及不能勝亦自厭棄而不復為并前所得杯水之仁而亡之矣既助彼之為不仁亦亡我所為之仁總是為仁不力所致見

人不可不力於為仁

五穀者種之美者也　章

此言仁之當熟即五穀之不可不熟例言之亦字對五穀看言穀固在于熟仁亦在於熟也仁兼體用講一說謂穀可以養人喻仁可以育物便偏于要一邊未是蓋仁是人心生理五穀是有生意者故曰仁人心也又曰心如穀種即美種喻仁之說熟字勿作用工就既成之後言謂天理流行純熟無間是也工夫在熟之前面方到得熟地位求熟工夫如四勿二如無時無處不用其力之類恃其美并他道二意並重恃其美者忽之以為易并他道者諉之以為難皆仁之所以不熟也他道如百家衆技農圃醫卜之屬蒙引曰五穀不熟不如荑稗便見五穀之不及熟為可恨而非有慕

于義稱也

羿之教人射　章

此章兩節即藝以喻斈見教者斈者皆必以法也性道不明斈術日非驚高遠者厭常而欲舍其法安卑近者苦難而欲毀其法故教不立而斈無成也此兩節俱重法講教與斈不兩平觀亦字可見言教必有法斈者當從之也正講俱就藝言未補聖斈正意斈只是知行如堯舜精一孔顏博約皆法也上節曰必志下節曰必以蓋彀以心之所期言故曰志規矩以器之所示言故曰以

此為斈之廢法而言欲以法相授受然所以望人之意豈徒法哉曰君子引而不發躍如也所以示人求于彀率之外曰梓匠輪輿能使人規矩不能使人巧所以示人求于規矩之外

任人有問屋廬子章

全章礼重分上是門人因任人理欲之問而以正對下是屈于偏較之辨孟子詳示以辨折之意

任人兩問礼與食色是預擬礼食親迎之說先以此發其問端知必答以礼重而後可逞其辨屋廬子兩曰礼重皆據理答之不虞其有飢死不得妻之難也所以屈于辨不能對

礼重是理欲大較礼所以節制乎食者無礼則食為貪饕故礼重于食礼所以防閑乎色者無礼則色為淫亂故礼重于色

不以禮食蒙引謂如其嗟可去其謝可食之類不親迎朱子謂如凶荒殺礼多昏之類任人此問亦一種道理但以身之生死後之絕續與礼相較其意主於礼輕恐有徇情廢理之弊故孟子不得

不辨

于答是也何有是字指礼食親迎之問不揣三節是折他所問之非徃應一節方是答他曰紾兄臂摟處子者緣他把一个死看重乃謂食重於礼故以食之大失礼者折之則死為輕而礼為重緣他把一个廢大倫看重乃謂色重於礼故以色之大失礼者折之則廢大倫為輕而礼為重必如此方可以屈其辨

不揣二節蒙引存疑皆云只是一意總言其不可偏較然語氣似一正一反上節是據任人之說而喻之言偏較則欲重於理下節是反任人之說而喻之言理欲當論大分豈偏較之謂哉取食一節乃明折偏較之失理欲不得其平之甚也

寸木喻食色岑樓喻礼本喻大分末喻偏較金喻礼羽喻食色以

大分言鈞金喻礼之輕與羽喻食色之重以偏較言礼與食色不論大分但較其一偏則食色反重于礼猶寸木岑樓不平其下但齊其上則寸木反高于岑樓殊不知礼之重於食色謂其大分也豈謂以礼之至輕與食色之至重而較之之謂哉猶金重于羽謂其本質也豈謂以金之一鈞與羽之一輿而較之之謂哉信如任人所云取食色之至重與礼之至輕者而較之則奚翅食重色重已哉蓋所謂重輕者謂事勢皆不可已特緩急少差分數皆不可無特多寡少差此輕重之別也如以飢而死與礼食比以廢大倫與親迎比則礼將至於必不可有食色將至於必不可無豈但差有重輕已哉故曰奚翅食重奚翅色重上節可使字此節取比字皆是偏見上節豈謂字此節奚翅字俱是大公論

徃應一節是因任人以重較輕故以並重者較之飢而死是食重紾兄臂是礼重則將紾之乎便有寧飢而死而兄臂决不可紾雖當生死所係之際畢竟是礼重于食廢人倫是色重摟處子是礼重則將摟之乎便有寧廢人倫而處子决不可摟雖當不娶無後之際畢竟是礼重于色

此章屋廬子所論是論其常任人所難是設其变與嫂溺手援同意使以權荅之亦足以觧其說但恐至於廢經故孟子以礼之变與食色之变並較之益見礼重是变終不可失其常也總註義理是礼事物是食色大分謂礼重而食色輕其中又自有輕重謂食色有輕亦有重礼有重亦有輕錯綜謂經緯斟酌謂浅深不可枉尺直尋以輕重有大分不可膠柱調瑟以其中又自有輕重

曹交問曰人皆可以為堯舜〻章

全章末二節分上是言聖人可為而示以為之之方下是示以反求于已也通章大旨只、一个為字工夫在孝弟二字亦為之而已與弗為耳所不為也俱應為堯舜意行堯之行歸而求之曰行曰求皆所以為之也徐行節言為之只在孝弟服堯節俱就孝弟講歸而求之求此孝弟也

人皆可以為堯舜是古語有諸問其有此理否非問其有此言也曰然是然其有可為之理非然其有是言也可為之理只是性善孝弟即是性故曰歸而求之則性分之內萬理畢備是也但然字且虛講下文乃發明之

交聞文王一節是自負形体類湯文乃湯文皆能為堯舜而我不

能故有食粟之嘆曰而已者言止于食粟無他能也如何則可便是以不勝為患

奚有于是是字指形体亦為匕字即為堯舜為字言不在形体只在作為也有人于此數句例言為不為之別人字貫下只作一个人看然則二字緊承有力人來言為烏獲就是烏獲見為堯舜就是堯舜為有力人為無力人為烏獲三个為字俱當謂字看與亦為為字不同夫人豈以弗勝為患就為堯舜講

徐行一節言為堯舜在于孝弟乃獨言弟又只言行止疾徐蓋為曹交之病發也堯舜之道孝弟而已不可謂道由孝弟而推只是道盡于孝弟蓋率性為道孝弟是天性自然故即此便可盡道雖堯舜不能有加也

服堯三句都就孝弟講蓋堯舜只是一理衣冠言動循理便是孝弟便是堯孝經論卿大夫之孝曰非先王法服不敢服非先王法言不敢言非先王法行不敢行亦此意也

徐行即言弟要補孝意服堯即言堯要補舜意舉桀對堯言者天下道理只此兩途不是堯便是桀可不慎哉此見為堯為桀皆在我而不由人正所謂亦為而已之意章内幾个而已矣俱重亦為之而已矣言堯舜只在于為更無他事孝弟而已矣言為堯舜只在孝弟更無他道是堯而已矣言能孝弟就是堯舜更不必他求首尾文意自是貫串總見不在形体故曰奚有于是

鄒君一說謂鄒国之君一說謂孟子今多依前說願留受業蓋求所以為堯舜者蒙引曰見于鄒君而曰假館可以受業而曰願留

味交語意似未見決然輔氏以為有富貴氣習朱子亦以為有挾
貴求安之意故曰求道不篤

道若大路蒙引謂不專指孝弟然事親從兄天下之道皆原于此
堯舜之道曰孝弟而已則專指孝弟亦足盡道觀下文歸而求之
只曰事親敬長之間蓋見矣豈難知哉就道講不就路講不難知
內便包不難行意歸而求之対頭留看言不必留此當歸而自求
也有餘師推廣說言性分之內萬理皆備孝弟既得隨處皆道故
曰有餘

總註云曹交事長之礼既不至於前數節見得求道之心又不篤
于後二節見得

高子曰小弁小人之詩　章

全章首節是高子以怨爲小人之詩下四節分而脚一明怨之爲仁一明怨之爲孝然仁所以爲孝也總見非小人之詩

高子以怨爲小人之詩謂其處父子之变其言不温厚和平也蒙引曰所謂怨者即註所謂哀痛迫切之情非直指怨親然觀其詩曰何辜于天我罪伊何曰君子秉心維其忍之分明是怨其親

固哉高叟非以小弁爲怨之謂固以怨爲小人之爲固

有人越人曰己曰兄蒙引作四个人看射之之字指有人於此之人談笑道之者開陳利害是非而隨其聽否也涕泣道之者其言哀痛迫切而必欲省改也疏之之字指越人戚之之字指其兄所謂親親也小弁之怨所謂垂涕泣而道者故曰親親親親是愛心之發故曰仁一説親親即是仁亦通豈有仁人而謂之小人乎蒙

引曰高子以為小人之詩正以其處父子之間而薄之孟子以為仁人之詩又正以其處父子之間而取之

凱風之親其過只家人門户之耻故曰過小小弁之親其過實宗社存亡所係故曰過大然此亦明二詩怨不怨之故耳其實七子之母敗倫傷化蒙引謂如褒姒武韋皆能亡國其過亦豈小哉

愈疏愈字重看蓋父棄其子固已疏我我又不以為意則益以疏亂故曰不孝磯激石也水比子石比母水之不能容石一激即呼號有声循子之不能容母一有小過而即怨也蒙引曰愈疏不孝此小弁之所以怨不可磯亦不孝此凱風之所以不怨雖均之為親之過而過有小大怨不怨各有攸當此孟子所以善說詩

五十而慕註解怨慕亦是借辭其實五十登庸之後舜已無怨矣

但舜之怨是怨已不得乎親小弁之怨是怨親不容乎已用情已自不同況戌申之役至忘父仇則平王于舜豈不大相懸絕哉孟子引之特以明怨之未為小人非以小弁擬舜也

宋牼將之楚　章

全章我將言其不利分上是遇游說之士而得其所說之旨下是斥所說之非而進之以仁義之道

遇于石丘是不期之遇宋牼亦時之望者故孟子稱之為先生

二王我將有所遇遇合也謂言聽計從也將者且然未必之詞

指與號一般自意見之出于已曰指自名目之示于人曰號孟子未得其號故求其指既得其旨遂斥其號之不可只病一利字

不利謂興兵構怨不利于国爭地殺人不利于民故欲說而罷之

也此其意亦欲安天下于無事與縱橫之徒連結攻伐者不侔故曰志大但以不利爲言則人必求其所利至于求利又須興兵將旋罷而旋搆矣是利端之開即害機之伏孟子直見到底故以號爲不可宋牼之見則未之及也諸家引曰言其不利似未甚遠於理孟子力排之者欲因是而開二王以仁義之道故即一利字而究論之如此

先生以利一句是指言先生之號秦楚之王悅于利至未有不亡是詳言其不可下節以仁義示之要他換个好名號亦何必曰利

亦有仁義而已之意但彼因其言利而以仁義反之此因其言不利而以仁義換之意同而語少異

說之以利則曰搆兵不利罷兵之爲利說之以仁義則曰搆兵不

仁不義衆兵之爲仁義一是論利害不論義理故利風一倡人皆
懷利而去仁義一是論義理不論利害故仁義風行人皆懷仁義
而去利此理欲公私之辨所以爲成敗存亡之幾
蒙引云三軍之師以將言就在上人看三軍之士以卒伍言就在
下人看一説師衆也是三軍總名士自將校以至卒伍皆是下文
人臣子弟即是三軍之士此説較勝
懷以心言如懷德懷土之懷〻利懷仁義之別只是有所爲無所
爲之間如同一事君也不以爲分義當然而有所希冀便是懷个
利心但以爲分誼當然絶無一毫希冀便是懷个仁義心一説謂
把利之道去事君把仁義之道去事君未是存疑説得極當事父
事兄做此相接謂我懷利事君〻必以利靡我是君與臣相接以

利我擕仁義事君〻必以仁義信我是君與臣相接以仁義父子兄弟放此

孟子居鄒章

全章不見儲子分上是孟子報礼之異下是門人得其肯而發之首節是記事之詞曰居曰處曰處守曰為相便見書法蒙引曰居鄒是常居處平陸是暫處〻〻之對出言君出外而弟為之居守有賜當受卻之不恭故二幣俱受人不来見則無答礼故俱不報或謂儲子既當来見今但幣亦似不可受不知儲子本非惡人幣交亦餽以礼受之未為不可但之齊不見以示其意耳

得間謂有可問之隙非謂孟子有可議之隙也兩句平問意云云

子為其為相屋廬子亦設為問難非實有為相之疑

屋廬子之問就儲子一邊以見季子孟子之荅亦就儲子一邊以見季子蓋儲子可來不來為儀不及物而不成享則季子不得來而不來便見儀及物而成享矣

引書重一个志字釋書重一个成字書以不用志于享曰不享孟子釋之曰不役志于享即謂之不享何也謂其有享之物無享之志名雖為享而實不成享故也我之不見儲子亦以其不成享耳豈為為相哉一說謂不見儲子為其不成享也以此為其二字應上為其為相似亦有理但註已解釋書還依常說

屋廬子悅與上文屋廬子喜相應上是度其處此必有義理以問之有機為喜下是得其所處果有義理以問之有得為喜

或問之是問其成享不成享之故非問其見不見之故季子不得

之鄒一句是屋廬子解其成享不成享之故輔氏曰不得之鄒是制于禮者得之平陸是簡于禮者制于禮者欲為而不得簡于禮者可為而不欲此成享不成享所以異也

淳于髡曰　章

此章時人屢譏孟子孟子屢引古人以自明首譏其未仁孟子明其為仁中譏其無益孟子明其有益末譏其非賢孟子斥其不識賢名實二字只是一件名譽即事功之譽猶俗云功名也先後二字是緩急之意不是前後之謂為人註解救民未加上下又兼君言蒙引曰非得君何以能行之於民夫子在三卿之中是不欲自為而非後名實者之比名實未加於上下而去是未能為人又不成先名實者之功仁者固如此乎存疑云髡以天下之道出處而已

出便是出處便是處方是仁若既出了不能成事又去之既不成自為又不成為人兩無所成便不得為仁一說只承而去一邊謂非救民之仁未是

大國三卿齊僭稱王而卿仍大國故曰三卿孟子時為客卿故曰在三卿之中存疑云孟子之去蓋為不肯枉道求合此意有難以語髡者故下文引三聖之事特以明心之無私耳

居下位三段叙三聖人事與別處不同緣他自為為人來講爽不事不肖之君是自為一邊人柳事不肖之君尹事賢君亦事不肖俱是為人一邊人此見三子不同道總是自為為人兩途而已蒙引以夷為去惠為就尹有去有就似未是蓋尹湯桀皆就則去字說不得一說夷重于處尹重于出惠托出以處亦未是道以身之

所由言趨以心之所向言如各人各行一條路其心同期于到家而已三子或去或就均之心公而理得故曰仁故曰趨一君子亦仁二句不專指三子只泛言之孟子自寓意在言外

仁就心講輔氏以無私屬心合理屬事蒙引非之曰此是就事上指出心不可分内外朱子凡解仁字曰當理而無私心曰無私欲而有其德俱是一正一反非分内外也存疑云人亦有心公而事不合理亦有事合理而出于私心似太分别

爲政是相臣柄國政者爲臣是群臣布列庶位者若是乎賢者二句不專指公儀子并只泛言之暗寓譏孟子意

百里奚二句重用不用意不用賢則亡二句是即虞之亡見魯之所以削而不亡正以諸賢之力不可謂賢者無益于國也孟子自

寓意在言外

有諸中必形諸外不專指王豹等人爲其事一句泛言君子事者已之所爲功者效之及物是故無賢二句亦泛言暗寓孟子、非賢意爲魯司寇不用以受女樂不能用其道也從而祭當受女樂持道後即有郊祭之事非孔子往從祭也爲肉爲無禮俱不知孔子去國之意乃孔子二句正是去國之意上句欲字下句不欲字是兩意不是一正一反上曰微罪行是欲罪已之意下曰不茍去是不欲失已之意

微罪說甚多蒙引曰人臣去國不絜其名一膰肉不至而即去使人咎其以細故去國是孔子之微罪也孔子不欲顯君相受女樂之失故欲以已之微罪行然雖細故亦其故也去而有故則在已

亦有辭于去而不為茍矣一說何為去國以膰肉不至何為不致膰以已有微罪一說受女樂是君相大失不致膰是君相微罪一說罪字即君相之失微字即不欲顯今多依蒙引說見幾二句不必分貼微罪二句蒙引曰設若當時致膰孔子尚可畱乎但君相既溺于女樂則失政廢禮自有百孔千瘡何患無辭可去决不久淹也

君子所為二句註指孔子講蒙引淺說俱作泛言

存疑云孟子去齊亦必有故而不欲顯言只托夷尹惠以曉之髡猶不悟乃引孔子之事則其意益見矣然竟不言其事亦明決忠厚之意

五霸者三王之罪人也　章

首節律五覇諸侯大夫之罪下三節是詳言得罪之實得罪謂犯法也五覇犯三王之法故得罪三王今諸侯犯五覇之法故得罪五覇今大夫逢其君以犯法之悪故得罪于今諸侯

天子適諸侯至六師移之言三王之法摟諸侯以伐諸侯言五覇犯法討而不伐二句是承上起下之詞

天子適諸侯至助不給一段另看入其疆至移之依註貼巡狩述職省耕省斂只是補助無賞罰征討之事故不復詳

巡守十二年一舉述職五年一行此周制也今曰三王以三代禮制至周大備言周亦該得三王省耕省斂兼天子諸侯講

土地是原未為田者田野是既為田者闢有新墾之功治則不荒其舊而已尊賢與俊傑在位不可混看蒙引曰尊賢重有德也俊

傑在位是布列庶職也時文以養老對尊賢俊傑在位未是
土地荒蕪蕪田野在内則有讓不言其實或謂以慶地推之亦必
削地或謂王者善〻長惡〻短未必削地愚意惡〻短之説固未
必然但不可徑入削地以對上文只泛言可也
貶爵如公貶為侯之類削地如百里削為七十里之類爵土本相
因亦有貶爵而不削地者罪未甚也且貶爵削地亦必易世旋復
移之者誅其人而更立之非滅其國也変更也置立也
是故天子二句承上文言討是出令討罪伐是帥師親行方伯連
帥只一个諸侯無事為一方之伯伯者長也有事為三軍之帥連
者挾與国而偕行也天子但出令討罪而不行師是討而不伐諸
侯但承命行師而不出令是伐而不討此見三王之法征伐自天

子出諸侯不得而專五覇乃專征伐不由天子之命所以爲三王
罪人摟牽也牽引之義亦連帥之意但合諸侯約與国俱無天子
之命是以出令之討自專也蒙引曰五覇伐諸侯而必摟諸侯者
亦欲藉衆議以爲公此覇之所以假仁即所以無王也
自天子適諸侯至六師移之不止討伐一事下言五覇之罪獨指
討伐蓋數事俱違法討伐乃其大者耳
五覇桓公爲盛至言歸于好言五覇禁令今之諸侯二句言其犯
禁故謂罪人
五覇獨言桓公擧其尤盛者束牲二句言威信服人不事誓盟正
見其爲盛五命非桓公自制特因天子之禁而申明之耳會諸侯
必申天子之禁見桓公借天子以令諸侯所以威信服人而爲盟

主註云壹明蒙引曰壹者定也大全謂一意明禁未是

初命脩身正家之要再命用人畜治之事三命柔遠能邇之道四命六命天討之法五命睦鄰尊王之義自家而國自近而遠亦有次序

誅不孝禁同盟之為子者無易樹子禁同盟之為父者無以妾為妻禁同盟之為夫者諸侯樹子亦請命天子而立故既立不得擅易三事俱是正家然非脩身不能故云脩身正家之要一說孝是脩身妻子是正家未是

彰有德通承賢才亦德之用也育才非庠序教育是用之在職如忠信重祿之類

老幼以本国人言賓旅以外国人言賓是使客旅是行商曰敬曰

慈曰無忘待之亦自有別

士無世官之士是已仕者取士必得之士是未仕者官無世恐匪人也官無攝恐廢事也取士必得爵人不敢濫也無專殺大夫刑人不敢專也諸侯之大夫亦請命天子而立故有罪亦必請于天子而後可殺

曲防委曲設法以防旱澇也曲即壅塞激之法防謂旱時防其流于外澇時激出于外又防其入也一說壅泉是專小利激水是病鄰國一說泉水利于已則壅塞而激之以歸于內是專小利泉水不利于已則壅而激之以歸于外是病鄰國然利已便病人總是一事遏糴亦是專利病鄰但曲防是貽鄰之病遏糴是不恤鄰之病皆非所以睦鄰者故並禁之無專封與上無專殺俱是尊王意封國

謂諸侯封邑謂大夫

言歸于好言助語詞歸于好謂各無犯禁同歸于善之意大全謂修好無構怨未是一說歸謂歸國尤非

祈衷云桓公五命自盟之巳自犯之其何以服諸侯公薨而公子爭立是樹子未定也父沒如此父在可知安在其誅不孝乎內嬖如夫人者六人則以妾為妻矣邢封衛滅遂之類皆不以告事命不已多乎此皆正脩之功未講其所禁令皆假仁義以文之耳

長君之惡謂君惡巳著不能諫止順而從之使君不知改而其惡日長此諂佞阿諛之臣也過起于君罪猶可恕故曰罪小逢君之惡謂君惡未形乃逆探其意而迎合之其惡遂發而不可制此傾險奸邪之臣也導君為惡罪不容逭故曰罪大惡即犯上文五禁

其實不外富国強兵尊君富国則民有餓莩尊君強兵則野有暴骨是諸侯之悪大夫實為之此大夫所以為諸侯罪人也罪大罪小不平言以長悪形逢悪見其罪尤大耳非謂長悪觧罪也

此章孟子為王覇不辨而大道将湮功罪無法而小人益肆欲声罪致討則位不在已坐視而不為之防則天命可畏故昭王黜覇顯功誅時奸以言代文告之詞以法定古今之罪誠得春秋傾否之義孔氏誅心之法

魯欲使慎子為将軍　章

全章末節分上是詳言伐国之非下是責以事君之道蒙引以殃民與然且不可對看天子之地三節明不可意徒取諸彼一節明殃民意當道須上不可志仁須上殃民存疑亦以天子四節分貼

上二節俱未是蓋戰而殃民本為不可伐南陽雖不殃民理亦不可天子之地三節正言理之不可即不殃民仁者不為況必殃民者乎上下語意貫串不可分開仁與道亦不必分貼

魯欲使慎子一句是記事題詞曰欲者將舉而未行之詞曰欲使慎子便見慎子欲為魯使之意所謂君不向道不志於仁而求為之強戰是也故末節獨以事君之道責之

不教民而用謂之殃民謂民不知教戰必敗亡是陷民于死也故曰殃民殃民者者字作人字看不容于堯舜之世言此人是堯舜罪人也輔氏謂殃民之事堯舜所不容未是

一戰勝齊節承上節而反言之上以利害言必無能勝之理此以是非言縱能勝亦不可也況未必一戰能勝者乎當時人趨功利

但知富強只恐戰不能勝孟子直以戰勝亦可斥之是專論義理不論功利戰国策士之見安能及此故滑釐所不識也

天子之地節重諸侯一邊帶言天子不千里不百里俱言不可不及見不可過意蓋不及千里無以待諸侯則必千里者取其足以待諸侯而止耳不及百里無以守宗廟典籍則必百里者取其足以守典籍而止耳故皆不可過

待諸侯謂朝覲聘問則有燕享之儀有錫予之典故非千里不足以待之宗廟典籍典常制也籍方冊也諸侯祭祀會同之制受之天子載之方策藏之宗廟故曰宗廟典籍非以宗廟為祭祀而典言會同也

周公一節承上節諸侯不百里而言見其止於百里也獨言齊魯

者推本二国始封之制見魯不可伐齊ㄴ非魯所當伐也両个方
百里與上下節方百里一樣循方里而井之方謂四方皆百里也
蒙引謂方止也未是止意在儉字内
魯方百里者五便是吞并得来有王者作混一土宇明正封疆與
滅継絶衰多益寡即當去其四以復周公之舊況可復有南陽乎
在所損益兩乎字雖是疑詞意重損上
徒取諸彼以與此應轉一戰勝齊意然且仁者不為應轉然且不
可意兩个然且一樣況于殺人應轉殃民意以上皆言伐齊不可
是責使慎子者末節言事君是專責慎子為其所使者
君子事君節重務字看引字直貫下而已矣者言專務以當道志
仁引君外此無他事也道以事言當道謂直向正道而行仁以心

言志仁謂念慮惟在于仁蒙引以道與仁分應上文謂事合于道
則遠制以爭地在所不為心存于仁則興兵以殃民在所不忍看
來道與仁只一个理非有二也道即仁之發仁即道之蘊自其不
為爭地殃民之事則曰道自其不萠爭地殃民之心則曰仁分貼
似未是一說引君當道即是志仁而已故上文单言仁者亦未是
看下章君不向道二句自是兩平一說有當道而不志仁有志仁
而不合道者亦未是

此章與季氏將伐顓臾一例皆欲舉而未行其勢猶可止也孔子
言顓臾不可伐而責由求不能輔君脩德孟子言南陽不可伐而
責慎子不能引君當道皆仁義之言也卒之伐顓臾取南陽之事
無見經傳得非因斯言而止者乎若宋牼說秦楚罷兵但曰不利

故其號為不可

今之事君者　章

此承上章末節而言見今之事君者皆非君子所以事君也上二節是述其謀國之害下一節是決其亡國之速

首節是富國之臣次節是強國之臣我能為君云云是二臣自負之言闢土地二句約與國二句俱直講辟謂開墾田土多增賦稅使府庫日充非增拓境土之謂約與國謂要結和好之國併力與兵使戰必勝也當時之君惟以富強責其臣臣亦惟以富強引其君故有能為君富強者今之君皆以為良臣不知由古仁義之世觀之此等人皆民賊也君不向道數句正說民賊之意向道志仁平講小註謂不志仁乃不向道之實只是桀指君之最無道者人

臣為無道之君求富則民財益竭為無道之君求強戰則民力益困故曰民賊

由今之道二句指君言今之道今之俗即富強是也自其行富強之事曰道自其習富強之風曰俗曰由曰無變一直說言由其道而相習不變也存疑作互文謂由今之俗無變今之道亦可似未是雖與之天下雖字重看言此道決不可以得天下縱與之亦不能一朝居也便見有必不得天下之意蓋得天下者得其民也以富強得天下是以賊民之道得之則君富而民貧民貧而君安能獨富君強而民疲民疲而君安能自強故人心離散國本已搖豪傑起而奪之歎一朝居得乎今以秦隋觀之孟子之言顧不驗哉賈誼謂攻守勢異陸賈謂逆取順守豈其然耶

白圭曰吾欲二十而取一章

全章末節分上是詳辨輕賦之不可下是示以中正之法淺說以子之道貊道節言輕賦可行于夷狄萬室之國節言輕賦難行于中國夫貊節詳言輕賦所以可行于夷狄今居中國節詳言輕賦所以難行于中國陶以寡節因其詞而直拆其輕賦之難末節牽堯舜以示中道看來語意亦自貫串貊道二節相承畧言輕賦乃夷狄之道不可行于中国夫貊二節亦相承是詳言輕賦足用于夷狄不足用于中國所以不可行末乃拆其非而示之

二十取一白圭欲以居積致富之術施之國家只是一个儉嗇而不知其道之難行也

萬室之国節設喻以牖其明因以攻其蔽也則可乎詰其可通與

否非詰其足用與否白圭曰不可言行不通也器不足用正明不可之意一說此節作孟子自為問答未必然

五穀不生二句言地之所出有限本不可以多取無城郭至有司言国之所費不多又不必於多取故二十取一而足蓋無城郭宮室則省營建構造無宗廟祭祀則省犧牲粢盛無諸侯幣帛饔飧則省朝會餽餉無百官有司則省祿食故不必多取

去人倫註不言宮室城郭畧之也祭祀即上文宗廟祭祀交際即上文幣帛饔飧添君臣二字緣人倫難來且宮室等事皆屬君臣事也或以君臣二字當城郭宮室未是如之何其可與則可乎相應下節乃指其言而直拆之明如何其可之意況無君子不言人倫存疑曰人倫由君子而立或云歸重百官有司大約古人文字

不拘或與舉重見輕或舉此該彼不必強為之說作文補人倫意迥可

末節以堯舜為言蓋既言輕賦之不可恐人又從而重之故言堯舜以示之中又言桀以防其過所以為無弊之論

輕堯舜之道坐定是个貊了今欲輕之又是一貊故為小貊重堯舜之道坐定是个桀了今欲重之又是一桀故為小桀詞雖兩平意重下句言賦固不可輕然尤不可重也講須斟酌

白圭曰丹之治水也　章

此白圭自負治水之功孟子深斥其言之過禹之治水至仁人所惡言圭治水與禹甚異正見其言之過吾子過矣與上子過矣相應蒙引云不必謂子之言過只謂子過矣以其失言也亦通

愈于禹謂隄防一築遂無水患不待四乘之勞八年之久故自謂

比禹為勝而不知其為害也

水之道不是水故道只是就下之道故註解作性蒙引謂註不宜添个順字只當講水之道自見順水之性若着順字便屬人了然曰治水自是屬人不着順字如何治得即行所無事觀之之非人行而何

壑謂下地受水處也海是地勢最下者禹之治水排決疏瀹皆注之于海是以海為受水之壑白圭築泉激水使其水歸于隣國是以隣国為受水之壑以海為壑順水也　以隣国為壑逆水也水歸于海則天下受其利水歸于隣国則我受其利隣国受其害利人仁人也害人則不仁矣故曰水逆行言逆也曰洚水者洪水言害也曰仁人所惡言不仁也仁人即指禹言此見禹與白圭仁不仁之分只在順逆利害之間則圭當為禹罪人矣乃曰愈于禹不亦

害哉故孟子重斥其過

君子不亮惡乎執

亮主心言是平日素定工夫執主事言是臨時決斷工夫其實只一个理心信于理無所疑惑則遇事執持得定非利害变故所能奪也倘於理之詳所未能確然信之則于事之来其何所執持而斷然不易哉如未信其是何以執之而必為未信其非何以執之而必不為故必亮而後能執亮不是貞而不諒之諒彼所謂諒是固而不正此所謂亮是正而固即貞也執與足以有執之執同孟子嘗曰大人不必信果此謂不可不諒何也彼謂不信于理者故不可有此謂信于理者故不可無一說亮謂實心不亮惡乎執與人而無信其何以行一般似于亮執意義不甚切

魯欲使樂正子為政　章

首節分上是喜門人之見用下是因問而明其所以喜

為政不是從政是柄國政者喜而不寐此見聖賢公天下之心不必其道行于已况正子之道即孟子之道正子道得行亦孟子之道行矣故喜之如此樂正子强乎至其為人也好善言所以可喜在好善好善足乎至末言好善所以可喜

强是有力量者智慮是有心計者多聞識是廣見博聞者當時為政只尚此三者正子皆所不足故丑歷問之而孟子皆曰否則正子所尚非世俗之才可知矣

其為人也好善善以理言不以人言觀下文來告以善可見

好善優於天下盧講夫苟好善一節正明優于天下意

夫苟好善泛講凡理之可欲者皆是有以好之必能舍己從人虛
心受善則誠意感動人心鼓舞四海之内皆以千里為輕而来告
以善輕易也不以千里為遠難也告善為重故千里為輕言千里
則非千里可知由是以天下善理天下事豈不有餘裕哉故曰優
於天下一說好善謂好強智聞識之善告以善即強智聞識者来
告不知三者正孟子所不取正子所不尚使所好而来盡皆此輩
則是蕭世俗之長而非以自別于世俗也不必入講
則人將曰人字拒人人字士止士字俱指善者言訑訑予既已知
一說謂人將曰彼不好善者訑訑自足予既已知其為人矣一說
謂人將曰彼不好善者訑訑自足自謂天下事予既已知之矣二
說俱通声音顏色只就訑訑二字見之勿以訑訑為顏色予既已

知為声音士止千里之外與上輕千里對看皆言其遠者以見近
也諛諂面諛只一个人害良曰諛諛者必諂諂即諛也曰諛而必
不然曰面諛此等人至而與之居則所聞皆非善言所為皆非善
事國欲治得乎而天下可知矣
陳子曰古之君子何如則仕　章
孟子出處與時俗不同門弟子每求之于古曰古之君子仕乎曰
仕而不受祿古之道與曰古之君子何如則仕皆以古道觀孟子
就三去三皆答何如則仕之意就是始仕者去是仕不終者
迎之致敬節重行其言上勿以行其言與致敬有禮平重就只承
行其言一邊去只承言弗行一邊迎是接遇非出迎也致敬是心
有禮是文有致敬而不有礼如肴餽薫金之類有有禮而不致敬

如儲子滕文之類言將行其言兩个言字一樣俱是賢者之言浅說謂人君許其將行道也恐未然此節謂見行可之仕只重行道亦必先言致敬有禮者先接見而後及言議亦記事之法

其次節無行道之意只是敬禮故曰際可禮貌衰不必至甚但稍異相見之初便見衰

末節去就無所見但受其所周是仕意故曰公養然止于免死亦暫受耳便是去意行其道即上節行其言從其言又是因事納誨之言飢餓于我土地即朝不食數句蒙引曰何故有此困窮只為君不我用耳所謂孔子厄於陳蔡無上下之交正為此也

此章三仕首以言之行不行為去就仕之正也其次其下兩節一不得已而觀其礼貌又不得已而受其賜豈仕者之本心哉盖舉

世莫能行吾言有能接我以礼貌恤我之困窮者亦未必非行道之機也故君子猶以為可就

舜發于畎畝之中　章

末節分上是歷言亨由于困下是决言成敗之機首節叙聖賢由困而亨次節言天困聖賢正所以亨之也三節言中人必有過而後改亦困而亨也四節言国家必有憂患而後不亡亦困而亨也末乃决言生全皆由憂患反言死亡由於安樂决其幾以警人耳

或以首三節為生於憂患第四節為死於安樂未是

舜獨言發傳說以下皆曰舉君臣之別也作文當首句另講下五句叙言之或以王佐霸佐對亦通

大任指君相是人指舜等將字必先字所以字語氣要相呼應

若其心志四句是困于身空乏一句總承三句身字包心志筋骨體膚而言行拂亂一句是困于事行與爲不同言事之所行與心所欲爲相背使是事不遂意故曰拂亂

動心是仁義固有之良心但蔽于逸欲則其機泯所謂道心惟微也故必困苦而後能動動者竦動之而勃然不可遏也忍性是氣禀之性即性也有命之性如声色臭味之類雖上智不能無者但恣于逸欲則其情肆所謂人心惟危也故必困苦而後能忍忍者堅忍之而澹然無所嗜也能才能也良能亦人所必有但安于逸欲則經歷不廣世故不達雖有所能終亦有限故必困苦之而後有所增益益者日知其所未知日行其所未行才能日見增進也

動心則天理日長忍性則人欲日消是成其德增益不能則有以

周天下之用是達其才才德是大任之所由勝困苦是才德之所由成故天將降人以大任而必困之者正所以成其才德也存疑云空乏是身体受困拂亂是行事受困動心徵艾深而肯性見也忍性經嘗慣而嗜欲淡也增益不能操心危慮患深故達也供本空乏拂乱中来故自苦心志而下要皆天意所在

人恒過中人也有過而后能改此為中人而言困衡徵發申上恒過意後喻後作申上能改意困衡以在已言心慮已之心慮也徵發以在人言声色人之声色也困心是憂鬱之不能什衡慮是思索之不能通徵色是為人所忿恚發声是為人所詬詈不能謹於平日必事勢窮蹙而困心衡慮然後有所激而發故曰作是改過之機得之于已者不能燭於幾微必事理暴著而徵色發声然后

有所警而悟故曰喻是以過之機得之于人者作是行喻是知然未有不喻而作亦未有作而不由於喻者自是相因工夫

法家法字與法語法字一樣法度之家即世臣大家拂士是左右輔弼之士比法家次些法家是世為仕者拂士是方為仕者敵國外患兩項蒙引謂武仲據防伍員在吳外患非敵國也入有法家拂士則嘗聞逆耳之言出有敵國外患則嘗懷儆惧之心所謂困也故其國不亡若無此等則君臣日以驕諂上下溺於宴安未有不亡者恒常也言亡者其常也

末節生死二字活看如國亡身危名辱雖不死亦死道也故註以全字貼生字以亡字貼死字若發若舉若改過若国不亡皆自憂患而得生道則知不憂患而安樂皆死道也此蓋為人處困輒自

沮喪不能振拔故決言以激之耳若君子自處豈必困而後進德
貧賤憂戚玉女于成富貴福澤厚吾之生則憂患固生全之地安
樂豈死亡之階學者當隨在進脩可也

教亦多術矣　章

首句言教術之廣下二句言不屑之教亦是教正見教術之廣一
說多術為成德達材之類不屑教誨亦多術中之一術亦通
予不屑之教誨非謂不屑教之也謂以不屑為教誨也吾不以其
人為潔而拒絕之其人若感此退自脩省則脩省之機即于拒絶
得之是予之不屑實教誨之也故曰教亦多術

十卷終

四書便蒙講述卷十一

閩後學 未人 盧一誠 著

孟子曰盡其心者 章

全章首節是窮理之智中節是履事之仁末節是仁智之極通章骨子只一个天字心性皆天所命者故盡心知性以知天存心養性以事天便是立命循云窮理盡性而至命揔是一串到底工夫

盡心是推極其量知性是窮究其理知天是窮到理之源頭存養曰盡心知性有後先存心養性無後先

人心全體具衆理而應萬事性即其所具之理也惟於物理有一件弗知便於心體有一毫弗盡須知得萬事萬物之理無一件不到有以為應事之本則於心之所以具衆理而應萬事者充塞完

滿無所欠缺是謂盡心由於知性也盡字無工夫只完全之義工夫在知性上做然到知性亦就成功言故註曰知性則物格之事

知性知天天即性所從出所謂天命謂性是也窮性之理以盡心之量直窮到理所從出天命流行賦與萬物處便是知天非性之外有天知性之外又有知天也知天亦無工夫工夫在知性前

此節只重知性二字天為性之原故由知性而極言之則曰知天心為性之統故以知性而統言之則曰盡心盡心揔在知性知天之後知性未至於知天亦未為盡心也

存心謂操其固有之良不奪於外物之誘養性謂順其自然之理不戕以人為之私工夫俱兼動静存疑云静亦定動亦定存心也應事接物順其理而不悖事物未感守其理而不失養性也

存心與盡心不同盡是推極其量似大心之義存是收歛不放似小心之義養性養字與直養無害之養同

盡心知性一串講存心養性兩平講然雖平講其實養性之外亦無存心工夫盖心之所以常存只是不失其理舍天理而言存心則禪之空耳故心以存理理以養心自是一滚工夫豈可以存養為兩項事

所以事天謂心也性也皆天所與我也存之養之不敢有失則所以奉承乎天者無所違矣故曰事天

知天即孔子所謂知天命事天即孔子所謂畏天命

拼衷云存心養性與知性工夫一齊並做其叙于後者知此行為先耳其實心豈可一時不存性豈可一時不養若待心已盡而後

存性巳知而後養則未盡未知時而可不存不養乎時文謂心旣盡矣又不可不存性旣知矣又不可不養未是

殀壽不貳根知性講脩身即是存養蓋死生壽殀最人所易惑窮理至于殀壽不貳則見理精到數不足以惑之所以為知天之至存養脩身惟以俟死則有一息尚存不容少懈之意所以為事天以終身然雖承上兩節意實一串言知性知天不以殀壽貳心而惟存心養性脩身俟死而後巳也

所以立命命謂天命上文二天字即是命命以理言立者植立不墜之意立命不是立理謂知天之至事天之純則天理全盡無少虧欠而所命於我者皆不失其付畀之重故曰立命若天以是理命我我不能全之便把這命都廢墜了其何能立

此章前二節分言知行後一節合言知行蓋不知性無以為存養之地然知性而不存養則事理雖窮心體未淨理義或少蔽於物欲即知性亦疎矣不存養無以踐知性之實然存養而不知性則心體雖淨識見未融人欲或錯認為天理即存養亦雜矣知性未至于殀壽不貳必不能至死而脩身存養未至於脩身俟死必不免有疑于殀壽故須知行交脩仁智並進知天必要其至事天必極其純乃所以為立命

莫非命也　章

此承上章末句立命而言立命只言理此兼言氣又言正命非正命皆以足上章未盡之意

首節言君子順受正命次節正是順受正命末二節言如此為正

命如此爲非正命見君子所以必順其正不以不正之命自誘也

通章大旨重順受其正一句下皆反覆以明當順受其正之意

莫非命也非謂命之正不正皆命也無上語即曰莫非分明承上

章末言人之心性天所賦與固命也人之吉凶禍福天所默定亦

莫非命也故此命字主氣數言與天命謂性命字不同然雖氣數

理亦寓焉必順乎天理而偶值乎無所逃之數其謂之命正也或

逆乎天理而自罹于不能免之數其謂之命非正也君子脩身俟

死惟盡乎理之在我至於吉凶禍福則聽乎莫致而至之命故曰

順受其正

是故知命承順受其正來命即正命也岩墻必能壓人立其下以

自取死便非莫致而至之命故知正命者必不立岩墻之下以取

覆壓之禍所以為順受其正也立岩墻不是實事特借人易曉者

以例行險僥倖之類

盡道而死不但舍生取義殺身成仁之類凡寿命考終朝聞夕死

存順沒寧皆是如冉之疾顏之短皆莫致而至者故曰正命

桎手械梏足械皆拘囚罪人刑具也人之違法獲罪受刑致死雖

其凶禍亦自有數然禍由自致如立岩墻一般非所謂莫致而至

者故曰非正命非正命而死獨言桎梏亦舉人之易曉者耳蓋凡

伐性喪生凶暴致死者皆桎梏之類

此章命雖以氣言然曰順受其正曰盡道而死皆以理為主與殀

寿不貳脩身俟死相發明即所謂立命也故曰發末句未盡之意

求則得之　章

此章指言在我在外之辨示人當審所求也大旨重一求字求則得求有道三句俱虛講求在我求在外句正指言有益無益之實

是求有益一句兄上求則得二句言得與不得係人求與不求可見求便有得是謂有益益即得也非得之而後有益也求在我指仁義礼智言註云凡性所有只是凡四者皆性所有非推廣四者之外也盖人之所性四者已盡天下之理此皆我所自有要求便在這裏故求在我為有益於得

是求無益一句兄上求有道二句此二句雖兩平實一意言有道不可妄求即求之又有命不可必得可見得不係於求求而無所得何益之有蒙引云求有道非謂以道求之也求便不是道以道只是不求求即妄矣上節以舍失對求得此節只言求與得盖在

外者趙註說舍失也求在外指富貴利達言註云凡外物只是凡此皆外物也亦不必推廣說人之富貴利達其窮通得喪之機係于天而用舍予奪之權係于人由不得自己故求在外爲無益得曰在我雖求之無益亦所當求況又有益於得乎曰在外雖求之有益亦不當求況又無益於得乎故孟子深明内外之幾使人知有益而自勵又知無益而自止則於脩身順命之學其庶矣

萬物皆備於我矣

此章首言所性之理中言能誠之妙末言求仁之方誠與仁只一个理總在萬物皆備之中但自理之實而不妄曰誠自理之公而不私曰仁誠者實有是理自然無私固不待勉強而樂未能誠者不免有私便要勉強去私以求仁仁即所以爲誠也

萬物指理言我指人身言人有此身便有此理萬般俱備一無欠缺是謂萬物皆備于我不曰理而曰物理皆在物物莫非理故天以理上人則凡萬物各具之理那一件非性分內所有故曰此理之本然也君臣父子事物細微俱以物言而理在其中如言父子是仁之理在我言君臣是義之理在我之類

反身身字即上句我字誠即上句所備之理皆實也理備于我原無不實今反于我實理原在則不待勉強推心即順理而行自無不利所謂樂也樂就心講如樂則生樂字一般

反身而誠如子實有孝之理今反之為子實有是孝之類註如惡惡臭二句只例一个實字謂實有是理與實好實惡一般

強恕強字對上樂字看樂是自然強是勉然未能為誠者之自然

則必勉然以求之下手工夫只在恕上恕是推己及人即於萬物
皆備之理求之如所求乎子所求乎臣等事皆是
仁是無私心恕是勉強要去私心去其心之有私者以求其心之
無私故求仁之功惟恕為近之
此二節是誠著誠之之別乃不曰求誠又曰求仁何也仁便無私
無私便理無不實求仁即所以求誠也
行之而不著
此章嘆人昧道之衆行習以事言著察以理言終身由項上行習
不知道項上不著不察者字就事說勿就人說
身為其事之謂行習則行之熟也明知其理之謂著察則著之精
也習深於行察深於着行不著是為其事而不能明其理之所當

然習不察是行之久或知當然又不能究其理之所以然則雖終其身行且習于斯道之中而不知其道處甚多蒙引云行如父坐子立彼見父亦立君受臣拜彼見君亦拜但不知理之當立而當拜也是謂不著其或習行之亦知其當立當拜至于所以然者出於天命之性非有安排矯強則未之知也是謂不察盖道有當然便有所以然知當然必知到所以當然乃為知道如不知所以然即知所當然亦皮膚也故繫曰不知道衆字重看或謂此為百姓日用而不知者發愚意不然民可使由不可使知豈必責之以著察哉不著不察凡賢智之過愚不肖之不及皆是即莫不飲食鮮能知味之意

人不可以無恥

此章上两个無耻是不知耻者就不好邊講末一个無耻是無可耻者就好邊講通章四个耻字上三个俱是愧耻之耻以心言末一个另是耻辱之耻以行言其實亦是心無可耻不必兩樣看無耻之耻言以無耻為耻也以無耻為耻則必不為無耻之事終身無復有可耻矣終身無耻只由一耻之力以此見耻不可無無耻之耻非謂做過無耻之事而自知羞耻也只是行巳有耻之人於凡不仁不智無禮無義一切無耻等事皆知耻而不為則所為必無復可耻故曰無耻矣

耻之於人大矣

耻者羞惡之心良心也耻之于人大只是一个良心存之則進於聖賢二句正講大字下文無耻不若人非人則禽獸矣可見耻之

所係甚大

巧是变詐總名变詐是巧之實也機是借字以狀巧变者之術械是繫繫手足刑具巧变之人多用機心暗張械繫使人籠絡于陷阱之中而不覺所謂机变之巧也此乃君子所深耻彼方且自謂得計無一毫羞愧之心無耻甚矣曰無所用耻見耻亦他所本有特不用之耳不耻不若人承無所用耻来蒙引曰但無耻一事不如人則凡事皆不顧禮義之非而無所不為矣何若人有無耻亦多端獨言机变者當時人尚智謀士習險詐奸心詭行朝君暮仇反覆百計以鑽權利恬然志得意滿不自知其無耻之盡喪也孟子獨以此為無耻見心術一壞人品已下他尚何論哉故曰何若人有

古之賢王　章

此章言古之君臣皆重道而不重勢語雖兩平意重賢士一邊善是道德士所有也勢是富貴君所有也天下國家之治惟道德可致而富貴權利士不可以此竊于君君亦不可以此媒士故道在于士有所當重古賢王樂之古賢士亦自樂之而不為高亢勢在于君有所當輕古賢王自忘之古賢士亦忘君之勢而不為簡傲何獨不然一句承上句反言之言賢王好善矣賢士何獨無所好乎其所樂者已之道即賢王所好之道也賢王忘勢矣賢士何獨無所忘乎其所忘者人之勢即賢王所自忘之勢也賢王先言好善賢士先言樂道則勢之輕亦自可見一說何獨不然謂何獨不好善忘勢乎亦通蒙引云好字淺樂字深善字細道字大愚意

樂與好淺深當自有別善與道似不宜分細大善即道也自吾樂其理而言曰道自人慕其道而名之曰善致敬盡礼應好善忘勢意不得見不得臣應樂道忘人之勢意言非有好善忘勢之君則樂道忘勢之賢士不肯見而臣也意似兩承其實重賢士邊曰見且不可得況得而臣之與上不可得而況可召同一自負之意俱見岩岩氣象致敬以心言盡禮以儀言分內外看

相反謂一好在巳一又好在人一忘在人一又忘在巳相成謂好善忘勢之君正好夫樂道忘人之勢者樂道忘人之勢者必得好善忘勢之君而後臣便是以道相與而有成也言古以見今之不然當時君恃勢而慢道士又枉道以趨勢士趨勢則君益驕君慢道則士益鄙孟子獨以古賢士自待而不遇古賢王所以傷之也

孟子謂宋句踐章

全章二節分上是指言游說之道在囂囂下是詳言囂囂之善大旨在尊德樂義一句能尊德樂義則人知不知皆囂囂知不知皆囂囂則不失已不失人因舉古人以示之準也

人知是言聽計從人不知是言不見用囂囂以心言戰國策士游說諸侯用則志得意滿不勝其喜不用則垂首喪氣不勝其悲故孟子以囂囂語之人知之囂囂我之心自若也不因以喜人不知亦囂囂我之心自若也不因以悲總是以我為重把知與不知都看輕了此非平日有得有守何以能此故復以尊德樂義示之註無欲自得即下節意

德謂理之得于心義謂合夫理之宜尊謂恭敬奉持不敢失也樂

謂欣慕愛樂不忍舍也蒙引云德如孝弟忠信之得于己義如進退取予之不苟尊德則天理在我有以自重而人爵無足為重輕樂義則正理不失有以自安而人欲無足為加損故能知也囂囂不知也囂囂斯可以囂囂矣自重自安是自得不慕人爵不徇人欲是無欲

窮不失義兼德言達不離道兼德義言此兩句是尊德樂義見於行事之實非尊德樂義之實事也尊德樂義俱是心是平日常用工夫不專在出處不失義不離道則言其見之出處亦以德義行之窮不失義窮此尊德樂義也達不離道達此尊德樂義也窮達亦根知不知來但不可指不知為窮知為達觀故士二字便當推開看

士得已民不失望承上文言尊德樂義見於行事如此則何所往而不善也得已是士之未出不失乎已之所自有以此德義也不失望是士之既出不失乎民之所素仰亦此德義也古人一節正言得已不失望之實

澤是德義之澤脩身以德義自脩也善即是德義獨善兼善即上二句脩身而獨善是謂得已澤民而兼善是謂民不失望此言得已不失望之實而不失義不離道意在其中

脩身見於世重有實可見與求為可知疾沒世而名不稱同意

此章本語游說至末似泛論出處全與游說無干想句踐亦當時游士之賢者故因游說之道而進之以出處之正

待文王而後興者

此章不是較凡民豪傑優劣是勉人要做豪傑勿以無教自誘故激之曰待文王之教而後興者凡民耳若夫豪傑之士雖無文王猶興豈凡民可得而同哉下二句重看言凡民特以起豪傑耳教獨稱文王以詩書所載文王尤著作人也興是興起為善感動以志意言奮發以作為言豪傑是出衆異常之稱註云有過人之才智是也才以能言智以知言又云有上智之資無物欲之累乃推言才智所以過人者上智以稟受之初言無欲以知覺之後言

雖無文王猶興看雖字猶字則有文王而興不待言矣

降衷秉彝凡民與豪傑一樣但凡民為氣拘物蔽不有啓發不知善之當為不有倡導不能力於為善故必待教而後興豪傑之資上智既不為氣所拘心無欲累又不為物所蔽天理渾全隨感皆

奮故不待教而自興要之揔是性善凡民非性善何以教之即興
興者以因性而牖故也豪傑非性善何以不教而興興者以所性
自足故也文王亦只是一个性教之善亦只是一个盡性豪傑無
文王猶興非謂文教可少也性中元自有文王也故曰彼丈夫也
我丈夫也吾何畏彼哉舜人也我亦人也有為者亦若是此便是
真豪傑若以智謀機權相雄長而自負當世豪傑則奸術詭行斵
性喪心其品又在凡民下矣蓋凡民教而能興猶與困而不學民
斯為下者不同倘因而勉之愚可明柔可強未必不為豪傑彼以
機巧為豪傑者則不待教而當即誅豈孟子所謂豪傑哉故有志
豪傑者當于性善求之

附之以韓魏之家

韓魏之家當時所稱富貴之極者附益非既富而復益之也謂貧窮之人一旦加以韓魏之家則驟得富貴尤宜易盈乃能自視欿然所以為過人遠歟然非謂韓魏富貴不滿其願也一說謂加之以富貴彼乃自視富貴為外物欿然略無滿足侈大之意一說謂加之以富貴而彼自視心身性分欿然猶以為不足略不以富貴動心看來前說較順輕富貴裡面便有重內意後說似覺費力過人遠就欿然上言其內重外輕識見遠過乎人勿以人品言

以佚道使民

此兩舉人君所以服民心皆以不得已之心服之也蓋君之於民本欲佚之不得已而使其所當使是以佚道使之非厲也故其民雖勞亦諒其心而不怨君之於民本欲生之不得已而殺其所當

殺是以生道殺之非忍也故其民雖死亦諒其心而不怨殺此蒙
引最後舊說存疑以為然今從之歟佚歟生以心言勞之殺之以
當為之事言怨就所勞所殺之人言不怨要看不得已三字
播穀乘屋存疑謂此乃民事非係君事何謂使民亦豈為勞怨雖
註有之亦不必用今用鑿池築城等事尤通
殺民只憑下章殺之不怨一例看殺人殺此人也不怨即被殺之
人以生道殺民猶云求其生而不得始死之也雖死不怨猶云罪
人不尤其上知罪之在己也一說謂殺惡人以生善人所殺者暴
所生者衆是以生道殺之也此於雖死不怨說不通一說謂與兵
伐暴以生斯民鋒刃之下有死之者是以生道殺之也此又與上
句不相類俱不必從

覇者之民　章

此章首節別言王民之異於覇中節詳王民之實末節賛王道之大通章重王者講首以覇民驩虞形王民氣象之大末以覇道小補形王道德業之大

驩虞歡喜也覇者因人不足而施恩故其民喜王者至仁無恩民亦不知所以廣大自得有皡皡氣象講皡皡只就氣象上形容其似不可着一實事恐犯下節下節正是皡皡實事

刑政教王者之治不外此三者不怨不庸不知為所謂皡皡如也只是个無心而已感者無心意在其中豊民註明白

夫君子節蒙引曰此不是説不怨不庸以前事亦不是説不怨不庸以後事只就上節而直賛其道之大如此存神過化非兩般物

存疑云政教所及民即感化是過化聖人施政教心中要民感化而民就化是存神過謂身所經歷非真以身盡歷天下也政教皆身所施為対心所存主言則曰身勿泥耕陶等語德業二字蒙引以德屬神業屬化存疑謂神化俱是業德即業之精蘊也存疑為是同流不是相參言同其運行也天運行於上而物不知其為資始此神化也地運行于下而物不知其為資生此神化也王者運行于中而民不知刑政教之為功亦此神化也此謂君子神化上下與天地同其運行故曰同流上曰王者以位言此曰君子以德言小補謂物之有罅漏而補塞之也伯者於民寒然後為之衣飢然後為之食小小補之而已王道之神化豈若伯之小補乎哉

仁言不如仁声之入人深也　章

此論治道感人之浅深上三節並言仁声善教尤能感人末一節单言善教深於善政則仁声深於仁言可知矣

仁聲重实字看使非实有是仁何以有此声譽仁言只是説得仁厚未有实事入人如雨之入土驟則入浅徐則入深言與声皆曰仁皆可入人然仁言出於已未必皆实仁声播于人已有所試未必实者驟感于一旦有所試者素孚於平日故仁言不如仁声之入人深

政與教皆曰善皆可得民然法制禁令之善其所得於民者浅道德齊礼之善其所得於民者深是善政不如善教之尤為得民也

上言仁声仁言之浅深無後語意可盡発此言善教善政之浅深其实在下節且宜虚講制外格心意亦未可発盡

善政民畏郎舊説作两項看兩明政不如教之意蒙引亦云民畏民愛與得民心得民財是兩意民畏不足以該得財得民心亦不止愛君謂有恒心也存疑亦謂民愛是教之初感得民心是教之既成俱未是要把此節兩个得民應上待民一樣看蓋善政以法一民民畏之而不敢犯善教以理感民民愛之而不忍忘畏則守法奉貢所得者民之財愛則親上死長所得者民之心得民財不如得民心故謂善政不如善教之得民也要之善政者未必有教未有教善而政不善故有畏而不愛者未有愛而不畏有得財而不得心者未有得心而不得財此政教治效淺深之大致也然詳論政教而不詳仁言仁声者仁言即政令之頒仁声即教化之實知政不如教則言不如声亦在其中

此序王霸後章見當時為治者多偽為于声音笑貌之間而致詳於法制禁令之末故發此論示人當知所重也然不可以仁言善政為霸仁声善教為王盖伯王是誠偽相反政教言声特淺深不同耳

人之所不學而能　章

此章首二節論知能之良而指其實末節明其所以為仁義也大旨重仁義看仁義即在愛敬愛敬都是良知良能見仁義是所性自然而非以人性為仁義也

知能得之學慮便非所性自然惟不學而能乃是所性良能不慮而知乃是所性良知即孩童觀之何學而何慮哉然無不知親之可愛而能愛之無不知兄之可敬而能敬之此便是良知良能孩

提之愛只是曉依顧慕稍長之敬只是行止疾徐不必講太深

親親二句謂親親就是仁敬長就是義不可謂仁義之發達之天下指愛親敬長根上節無不二字來仁義原是天下公理愛敬知能之良亦達之天下無不同此所以為仁義也達即達德達字愛敬是情知能是才仁義是性以愛敬之知能為仁義即乃若其情可以為善乃所謂善之意故知仁義為知能之良則知性善矣

舜之居深山之中　章

幾希句分上是聖人迹與人同下是心與人異俱就居深山時看幾希無甚異也不曰無異而曰無甚異見聖人窮居時氣象自是異人但據居遊之迹與野人不見迥別故曰幾希一說幾希指心言與人之所以異於禽獸者幾希一樣謂聖人迹同野人所以異

者心也此說恐非本旨且既說心異於人便於及其二字說不去聞善見善若決江河非聞而急聽見而急行之謂只狀聖心感通了悟神速便是一說應感就是行存疑云聞諸即悟而用其言之善見善行即悟而用其行之善愚意應感雖有行意却是後一層事未可着實入講

至虛至明以心言萬理畢具以理言人心有一分私欲便欠一分天理惟虛則一欲不留惟明則一欲不蔽所以天理渾然完具凡外面所言所行之理皆裡面所具之理故隨所見聞適相契合感之即應無所滯礙若江河之水停蓄持滿一決沛然孰能禦之

無為其所不為

此言充羞惡之心而義之道盡矣不為不欲是羞惡之心無為無

欲是充羞惡之心羞惡之心義也故能充此心即足以盡義
良心人所皆有見不好事孰無不為不欲之心但到利欲在前却
又自謂無妨為之欲之者多矣必因發見之端即加擴充之力心
有所不為一切無為之心有所不欲一切無欲之兩無字要說得
廣與人皆有所不為達之於其所為同意
為與欲雖分內外俱以心言不為不欲只是一个心自其應事之幾
方動乎念曰欲自其念慮之動已屬乎事曰為無為無欲俱是應
事時就心上用功註云禮義制之正是無為無欲工夫此本言義
而兼言禮禮即理也理之宜即義也以理制心即充義也
無為所不為則所為皆當然之理無欲所不欲則所欲皆當然之
理所為所欲皆合理義只如此而已註謂義不可勝用正講如此

而已一說謂充義之功如此而已便於不可勝用說不去程文謂自脩之道盡于此存疑謂為人之道盡于此俱說開了未是

孟子教人擴充四端而言義尤多如人役之耻嘑蹴之耻登壟乞墦之耻穿窬爾汝之耻皆不為不欲之類此兩言乃其大端耳蓋其生平得力全在集義故喫緊為人如此

人之有德慧術智

德慧就心思講術智就處事講不可分知行存疑云在心之理謂之德慧聰也德慧者其德之聰有以灼事理于未然處事之方謂之術智巧也術智者其術之巧有以善事理之當然恒存乎疢疾謂德慧術智常在疢疾中來也疢疾謂災患之事下節乃舉其人以實之或謂恒存乎疢疾之人未是註動心忍性二句渾講勿以

動心句貼德慧增益句貼術智

操心二句是疢疾達是德慧術智因疢疾而德慧術智惟孤臣蘖子爲然獨字重看不得君親就是疢疾非不得君親後別有災患也蓋中外勢隔則忠悃難達而天威之喜怒不測嫡庶隙開則骨肉已疎而左右之媒蘖易起此最臣子所不幸而岌岌自危者便是疢疾操心危是恐已得罪凛然持戰兢惕厲之心慮患深是慎人陷已百般爲思患預防之計心危則必求立已於無過之地而不敢少肆慮深則務爲周悉萬全之畫而不敢少疎所以心思益精處置益審而達于事理也

有事君人者　章

有事君人者有事君之人也事是君爲容悅言其不爲天下國家

計專務為取容取悦也容悦二字屬君講人臣阿徇其君要求君之容我逢迎其君要求君之悦我故曰以為容悦為容是長君之惡者為悦是逢君之惡者

安社稷天民大人是提个人臣名號皆是事君人者除了容悦的不足道其善事君者有此三等

以安社稷為悦不必説是悦君亦不必説是自悦只借上節悦字形容他千方百計專務安國與小人千方百計專務悦君其心之惓惓一般存疑謂以安社稷為容悦言亦有弊

天民是全盡天理之民或謂天之民非世之凡民似太拘逵可行而後行可字重看可行則行不可行則不行不肯少貶其道正欵大行于天下使枉道徇人則為失巳其何以行于天下哉天下對

國看行于天下則舉世皆安與安社稷自別

大人就是聖人正己無工夫只是德之極盛物兼君民物正方不費力上不煩諷議君感其德而自正下不勞經畫民感其德而自正不必安社稷而無乎不安不必達可行而無乎不行此過化存神德業至盛臣道於斯極矣

此章捴註品題明白社稷臣不如天民者志在立功恐有不顧時義處天民不如大人者伊尹之任自與孔子之時不同

君子有三樂　章

君子三樂王天下不與存一說王天下只是勢位不是行道君子性分之樂有三不在王天下之勢一說王天下即下章中天下定四海其道大行但所性不存故指出性分中三樂而王天下之樂

不在此數今多依前説

父母二句只是天倫無虧至䪨以遂便是人間第一件可樂蒙引謂俱存可以致養無故可以致吾友樂謂樂斯二者之樂似深一層故存疑以為未是無故亦多端或夭死或患難或相遠或不睦皆故也

仰不愧二句重克已看克已工夫在不愧怍前面天與人只一个理吾能克已則天所賦于我之理我能全之于天何愧我所同于人之理我能盡之于人何怍不愧怍則心廣體胖此可以爲二件樂

英才以資質言謂才之英敏也育養也教育二字直講謂教人克已而從容涵養以俟其化是教而育之也註所樂乎已即是二樂時文兼天倫講未是斯明道傳於人澤及於天下後世君子所願

孰大於是此是第三件可樂
三樂只是三件非有次第但一樂爲親二樂爲巳三樂爲人故以
此爲序或以一樂居二樂三樂之先謂孝弟爲仁之本未是
舜竊負而逃訢然忘天下則一樂而王天下不與存可知行一不
義而得天下不爲則二樂而王天下不與存可知古帝王今皆安
在獨孔孟教澤至今猶存則三樂而王天下不與存可知
廣土衆民　章
全章三節分上言所性不在欲樂末節詳言所性之藴
廣土衆民中天下定四海俱是得勢行道但有廣狹故欲樂不同
欲字浅樂字深總之皆非所性
土不廣則所及者狹民不衆則所濟者寡必廣土衆民其澤乃可

遠施故君子欲之欲者欲其施澤之遠也然其施未博其澤有限

故所樂不在是

中天下不是東西南北中央只是中天地而主民物便是定平定

也如道之生養遂教之倫理明治之爭奪息皆是二句是一直語

意時說云中天下不止廣土定四海不止衆民亦通斯則道行天

下澤被四海不但遠施已也故君子樂之樂者樂其道之大行也

然樂行之遇非降衷之秉故所性不在是

君子所性只着大行一邊蕪窮居者不是帯言言大行猶是不大

行亦猶是大行只是所樂註曰其道大行是也合通衆所欲所樂

亦通加添也損減也合下分得少些便要添他合下分得多些便

要減他所性分定無一毫不足要添些不得無一毫有餘要減些

不得此大行窮居所以不能加損也分定分者分也人性是天所分予故曰天命謂性定謂合下分来道理件〻具備件〻切要賦受一定不可那移如分田百畝分數一定是謂分定所以窮達外来加損不得

末節言所性之蘊蘊字即根心一句生色以下是言其發見自然之妙一説蘊字徧管一節根心生色俱就身看対大行窮居則為蘊亦通

根于心根字重看如樹木根深枝葉自然榮茂四德完具於心充積深厚百感外物不能揺奪是謂根心註云氣質清明無物欲之累似無工夫然涵養操存之功亦自不少生於色生字亦有味見自根本中發生出来外面矯強不得與生悪可已一般生色該下

三句不止言面睟盎不言而喻揔是四德呈露要發自然意
不言而喻只是形狀个動容周旋自然中礼非实言而实喻也小
註曰手容恭不待教他恭而自然恭足容重不待教他重而自然
重亦講得明白此句只帶四体註云發而見於外者不待言而無
不順似通承生色以下此當會意
此章大行不加上章王天下不與存大畧一意然上以傳道之樂
為性分内此以行道之樂為性分外何也傳道無假于勢对勢而
言則為性以内是孟子所能為的大行尚待勢位对性而言則為
性以外是孟子所不能為的故分定一句孟子立定根脚把所性
看重始能不以大行窮居動心公卿大夫則以為不如天爵膏粱
文繡則以為不如飽仁義惧諸侯安天下則以為不如廣居正位

大道堂高數仞食前方丈則以為不如在我皆古之制揔是彼無所加我無所損之意

伯夷避紂　章

首節言二老歸文王之善養下二節推言文王養老所以為善天下有善養老二句推開説巳字就仁人講

五畝之宅一節詳言文王養老之政末節繳轉伯夷太公所謂西伯善養老即此養老之政也所謂指二老吾聞之言制田里指五畝百畝教樹畜指桑蠶鷄彘導妻子指匹夫匹婦使養其老總承三句五十至末正推明所以為善養此之謂此字指制田里三句言老無帛不煖則失養無肉不飽則失養文王所以善養使老無凍餒者即此制田里教樹畜導妻子使養其老之謂也一説五畝

節淺言治岐之政且勿講養老末節乃指言養老之善但上兩曰老者下節肉帛正明此意則上節即為養老之政明矣

制田里三句不可平講言制田里教樹畜皆導妻子以養老也蓋田則可耕里則可蚕樹以出帛畜以出肉皆妻子所能為者故制之教之所以導之使養老也

易其田疇　章

首二節言足民之政末節言民之所以興仁大旨重民之仁看仁是民之恒心民有恒心都從富足中来故兩舉足民以先之

易田疇節是開財之源食以時節是節財之流俱就上之政講易田疇是令民力農務本而生之衆薄稅歛是賦民不過什一而取之寡食以時是令民朝饔夕飧毋得冗食用以禮是令民冠昏喪

祭無得冗用民可使富承開財來以所入之裕言使富謂上使之也財不可勝用承節財來以所出之裕言惟富故足用也蓋富而不節用亦易竭故必節之而後其用不盡食以時推其類如數罟不入果實未熟皆是用以禮推其類如鷄豚以養老烹宰以宴祭皆是

此章開財節財與大學務本節用不同彼云生衆為疾即此章易田疇彼云食寡用舒就君言此章食用就民言蓋彼重足國此重足民故所生源頭雖同所節各就重處言之

民非水火數句只說个至足引起菽粟如水火意使菽粟如水火即是首二節而民焉有不仁就為善講如明倫理興禮義皆是大全謂推有餘補不足無慳吝不仁未是

孔子登東山章

首二節言聖道大而有本末節言學之者必以漸而至

首節前二句言孔子自處之高視下益小後二句言人見孔子之大而小者不足觀註兩个小字一樣一就孔子所視言一就人之所見言然人見孔子之大亦根孔子所處之高来觀故字可見

登東山泰山不是實事只是借来形容聖人所處地位之高亦不可作譬喻道高意總起在一國則高出一國而一國為小在天下則高出天下而天下為小一說小魯是道集大成小乎一偏之聖小天下是教垂萬世小乎一世之聖亦通一說小魯是小賢人小天下是小聖人未是從来未有以孔子與賢人較大小觀海二句亦是借来形容孔子之大聖門泛說勿指孔子但单出此句即就

孔子講無妨一說東山二句是比體觀海二句是興體末是
觀水節亦借来形容聖道大必有本欲觀水之源本必于瀾觀之
無源何以有是瀾也故觀于瀾則知其本于源矣欲觀日月本體
之明必于容光之照觀之無明何以有是光也故觀容光之照則
知其本于明矣欲觀聖道之本必于其大觀之無本何以有是大
也故觀于大則知其必有所以為大之本矣蒙引云瀾正是大源
即是本必照正是大明即是本非源與明之外又有本也在聖人
則泛應曲當是大一理渾然是本本最難言惟于大處觀之
流水節言學之者必以其漸乃能至成章是以漸達是能至非謂
成章而達為以漸也成章與斐然成章不同彼謂成章只是成个
大段此謂成章工夫都在前面謂漸〻用功至於充積深厚而文

章著見如致曲至於明着善信至於光輝是也故到此地位便達于聖人之道達謂足此通彼通彼即達字足此承成章来與盈科後進例看或謂由用以探其體或謂由本以及其大為足此通彼之義俱未是大與本原無二理若達便一齊理會非有後先只是先成章了便達于大而有本之道

鷄鳴而起　章

首二節是別言人品之分末節是指其幾而決言之

鷄鳴而起是平旦未與物接之時孳孳是念慮發動急急要做的事徒循云黨類當鷄鳴醒覺之時或動个好念頭孳孳要做好事便是好一邊人或動个不好念頭孳孳要做不好事便是不好一邊人舜跖是與舉一个大聖大惡之極者言之耳一説孳孳之為自

鷄鳴早起至旦暮所為皆是然以此別舜跖便較着懸絶不消着一間字只是念慮微為便謂孳孳但鷄鳴已有此心則旦晝所為亦可知矣善凡屬乎天理所當為與無所為而為者皆是利不止財利凡屬乎己私所不當為與有所為而為者皆是舜之徒未即是舜只是舜一路人跖之徒亦然

末節只就上二節而决其所分之幾舜與跖之分項上舜徒跖徒言善與利之間項上孳孳為善為利言一說只作舜跖由善利而分為舜為跖意在言外一說上二節謂相遠下一節謂相近俱是未間謂一念初動只有善利兩端發見甚微不此則彼只差些見如路頭分界去處所爭甚近或從那一路走或從這一路走終乃相遠此善利之間舜跖所由分也存疑謂發動之初二者相並在此

中間謂之間然善心發見自是正路利心亦萌即是傍路此周子胡氏論幾所以有得失也相並中間之說恐亦有弊又謂間比曾子之獨周子之幾後一層亦未然

楊子取為我　章

前三節是各舉三子之偏後一節是惡其害道之甚

取為我是僅僅為个自已都不管他人故雖拔己一毛所損甚微而可利天下所益甚廣彼亦愛惜此身而不為之推此則損不止一毛利不及天下其不為可知矣是楊子執為我之一如此

兼愛是不論甚麽人都要愛他更無差等故雖摩頂放踵盡舍了一身而可利天下彼亦不惜此身而為之推此則利天下而不盡損其身其無不為可知矣是墨子執為我之一如此摩突其頂小

註解突為纇或作摩滅之義又與突字相背
一毛頂踵而皆曰利天下只是借言一个身一言身之毫末一言
身之全體俱對天下看見得楊子只為一个身都不知天下墨子
只知有天下都不顧一个身故皆曰執一
道只是理一分殊惟理一則何物非我何我非物本無所謂我也
為我則無見於理一惟分殊則親〻仁民〻愛物本自不可兼
也兼愛則無見於分殊彼盡見世人多捐棄其身以營〻于名利
故以為我自異見世人多自私自利視膜外如胡越故以兼愛自
異非即有無父無君之心不知道無偏重偏則害道其弊不至於
禽獸不止也故孟子深闢之
子莫執中彼見楊墨各執一偏為非中故度二者之間為我不如

楊之盡忘天下兼愛不如墨之盡棄其身要一半為我一半兼愛就兩邊中央而執之也執中為近非真取其近道是抑揚其詞以起無權意蓋曰執中似非二子之偏而於中道為近不知中無定體隨時而在要權輕重行之不可執也如時當為我則為我為中兼不得為人顏子簞瓢陋巷是也時當兼愛則兼愛為中兼不得為我禹稷過門不入是也此皆量重稱輕變通合宜是之謂權子莫乃欲執兩邊之中是當為我時又半欲兼愛不能稱為我之重以合道之清當兼愛時又半欲為我不能稱兼愛之重以合道之任故曰無權譬如夏葛冬裘時至則變易之假使一專用葛則不宜冬一專用裘則不宜夏一執裘葛之中則冬何用半葛夏何用半裘是謂無權無權則其所執之中與二子所執之偏一樣譬如

廳堂一要執左邊不肯從右一要執右邊不肯從左一要執中央不肯左右均之為執一也

執中一字堯發之舜禹承之湯亦守之乃子莫執中孟子例其害于楊墨何也聖人所執是有權之中故為道統子莫所執是無權之中故為道賊

末節言執一之可惡以執一之害道也賊道且虛講舉一廢百正是賊道賊害也為我害仁非取其義正以似義非義故為仁之害真義則不害仁兼愛害義非取其仁正以似仁非仁故為義之害真仁則不害義執中害時中亦以似中非中故也舉一廢百對一言多寡之極數耳仁義時中之道千变萬化其端不窮故曰百三子各執其一而道之百端舉皆廢壞所以為賊道舊說為我害

仁仁之百端廢兼愛害義義之百端廢依此則廢仁未廢義廢義未廢仁何謂廢百當知害仁亦不得為義害義亦不得為仁害時中亦不得為仁義只為執一而仁義中道一齊俱廢了是謂舉一廢百

孟子本闢楊墨此以子莫並言蓋人知楊墨之害不知子莫之害楊墨之害易見子莫之害難辨故並著之以衛道皆不得已也

飢者甘食章

甘食甘飲謂不待其美而以為甘也口腹甘于飲食只為飢渴所害故不暇擇而失其正味人心甘于富貴亦為貧賤所害故不暇擇而失其正理此以口腹之害例言人心之害非謂飢渴害人心也無以飢渴之害為心害是借飢渴二字當貧賤二字言無以貧賤

害心如無以飢渴害口腹是也不可謂飢渴即是貧賤亦不可謂以口腹害心不及人不爲憂憂患也人處貧賤志卑氣餒皆患其不及人惟能不以貧賤沮喪其心則不患其不及人也及人兼識見涵養講

此與附以韓魏之家章同意一是不爲富貴所加一是不爲貧賤所損不及人不爲憂即過人遠意但及人語氣與過人稍差

柳下惠不以三公易其介

不以三公易其介非謂堅之介不屑乎三公也只是借个三公来狀其持守堅介就把三公換他不得猶云一日養不以三公換之意與祿以天下弗顧語意不同註所述以證惠之介皆孔孟所稱惠之和者不知惠所以爲聖之和正以有介在也和而無介則和

之流非和之聖矣然人皆知惠之和是其顯者不知惠之介是其幽者孟子不稱其和獨稱其介是顯者微之幽者闡之與孔子稱伯夷之量同意

有爲者辟若掘井

有爲者截正意總講在前辟若直管到末不可于掘井截言有爲者必期于成功使不要其成則前功盡棄辟若掘井者必期于得泉使掘至九仞而不及泉猶爲自棄其井也況未至九仞乎然則有爲至於垂成而止者其爲自棄何以異此此與爲山未成一簣止吾止也同意有爲蒙引兼爲學爲治時說專主爲學亦通

堯舜性之也　章

一節論帝王霸誠僞不同下節深嘆僞者之不知反三个之字俱

指道言道只是仁義性即自誠明之性所性而有者也身即身体力行之身假如借物未用一般堯舜性之言天性自有仁義湯武身之言脩身以體仁義之道而復其性也五霸假之言心存貪欲乃借仁義之名以行其私失其性而不脩其身者也性與身雖安勉不同總是一个誠性是誠者天道身是誠之者人道假則不誠無物為偽而已矣然使知亟反則悔悟奮發以脩其身性亦或可復也乃久假不歸惡知非有此所以卒于霸而不可入堯舜之道蒙引曰五伯性中元亦有仁義乃舍其真者外尋个假的以自文是可嘆也

歸反還也不歸非謂不歸于真謂不以所假者還之而不用也以其所假者暫用而歸之是覺得這假的原非已有以其所假者就

當自家已物久用而不歸都不覺這假的不是已有是謂久假不歸惡知其非有也二句只一串意或云假是欺人惡知非有是自欺未是自欺欺人總在假中惡知非有是假之熟而忘其為欺也

伊尹曰予不狎

上二節是丑疑尹之迹下一節是孟諒尹之心重志字看

予是伊尹自謂不順指太甲予不狎于不順謂予不欲習見于不順義理之嗣君也書經解云予不欲其君習見于不順義理之人故放之于桐使見祖墓而興思與此解不同上民大悅悅其不得播惡于衆下民大悅悅其得下膏澤於民皆重伊尹講賢者之為人臣泛言不專指伊尹有伊尹之志二句承賢者為人臣言亦推開說伊尹之志只是一个無私存疑云味則可二字亦是處變權

可之意非人臣正法
詩云不素飧兮
不耕而食即無功而食意君子居是國數句正言士之有功而非素飧也淺說云此君子是未爲臣者然只居是國亦是仕意用之從之皆仕中事也以孟子爲卿推之可見孟子爲卿亦嘗受祿註云無功食祿或非常數之祿只是傳食如君餽之粟之類其君用之不是用其身只是用其言與子弟從之對看言君子在人國中言皆治道故君用之則安富尊榮是上有功于君動皆至教故子弟從之則孝弟忠信是下有功於民小註謂用則有功於君不用則有功於民未是安謂國祚寧固富謂國計充實尊謂臣民具瞻榮謂中外無侮此章論士之功是一時之功其曰入孝出弟守先

王之道以待後之學者便是萬世之功其不為無功而食一也

王子墊問曰　章

全章二節分上言士之事在尚志下指其尚志之實末句大人之事與士何事事字恁麼看見得尚志備大人之事便是士有所事勿謂士無事而惟有志也

士為四民之首既不肯為農工商賈之事士為草莽之臣又不得為公卿大夫之事故王子以何事為問亦不耕而食之意

心所欲為之謂志尚謂高尚非隱居高尚之謂謂身雖卑微志則高大未得行大人之道已有欲為意向不當為小人之事其所欲為實出其上是謂尚志

居仁由義要講他日得位時仁義方謂之志若論士之未遇豈無

為仁義工夫但此主于尚志故以大人之仁義言耳

殺一無罪四句泛論非仁非義居惡在四句方講尚志言殺一無罪非仁也士之志則所居在仁而非仁之事有所不為非其有而取非義也士之志則所由在義而非義之事有所不為旧說殺無罪四句謂志中籌度之語曰我若得志必不為非仁義之事則此句已說盡尚志便不消居惡在四句居以所存言謂存諸心者必体天地好生之德路以所行言謂見諸事者必循天理裁制之宜

大人事偹謂居仁中已偹大人育天下之事由義中已偹大人正天下之事可見士惟尚志便偹了大人之事安可謂士無所事也

註中體用二字不必分貼仁義仁義蘊于已是体措于民便是用居由中都包括盡了故曰体用已偹

仲子不義與之齊國

是舍簞食豆羹之義也分上是斷其所守之小下是病其所虧之大仲子無讓国實事但以不居不食推之設若與之齊國必不肯受人便以為大節而信其賢孟子獨以此為小廉即與舍个簞食豆羹之小一般講舍簞食句勿入矯名意但對下文大倫即為小耳使大倫不虧則與三以天下讓祿以天下弗顧何異

人莫大大字以大罪言信其大大字以大節言親戚君臣上下大倫也故人之罪莫大於亡親戚君臣上下仲子辟兄離母是亡親戚不食君祿是亡君臣乃以所守之小廉即信其大節奚可哉信其大信字與人皆信信字相應看

桃應問曰 章

此章非實事是桃應設問以觀聖人用心之極孟子不論事之有無只隨其所問各舉用心之極以答之人臣以執法為忠自執法而外皆非所用心者故法有所當重雖天子之父且不可赦況其下乎執法至此乃為人臣用心之極人子以愛親為孝自愛親而外皆非所用心者故親有所當重雖天下之大且不足卹況其他乎愛親至此乃為人子用心之極故曰天理之極人倫之至天下無難處之事

則如之何據下文執之而已與舜如之何觀之似專為皐陶但朱註舜皐並言今從之孟子之答必先皐陶者際承殺人而言

執之而已一說謂執法一說謂執瞽瞍然執瞽瞍即執法也

夫有所受之一說謂受之於天一說謂受之于堯一說兼言之今依

受于天說

竊負而逃把天下棄了與父俱逃遵海濱而處要到僻遠處使皐陶無得而執也訢然樂樂其得全吾親即終身焉已矣

小註朱子曰此只論聖賢之心耳權制有未暇論然到不得已處亦須変通又曰亦須陷有此心方能為是權制若無此心便從權制去則不可蒙引謂皐陶執舜之父如以孫執祖之例皐陶若要執舜亦安得竊而逃去舜若逃去一時天地神人皆無主則此章之論不可強通者多矣只是設言以論聖賢之心如總註所云

孟子自范之齊　章

全章廣居分喟然發嘆之意全在居天下之廣居因見王子而有感耳非歎羡勢位之居養也

大哉居乎就能移氣体講見其所係之大上言居養下獨言養有是居便兼得養夫非盡人之子連下文宮室等一串看註特以所居不同數句總補在其居使然內與人同非謂宮室制度之同也只是人居宮室彼亦居宮室之類蒙引云多與人同便見終有不同處

居廣居之能移人即睟面盎背四體不言而喻氣象况字以執分性分相形講章內幾个居字都與廣居居字相照看

引魯君事以證王子魯君以声言王子以氣体言總是居養所移

此無他二句作孟子言勿作守者言

食而弗愛　章

全章二節分上言待賢當敬而指其實下言無實之不能畱賢或

謂上節泛論交際末節即國君待賢以証之未是
食弗愛愛弗敬歸重敬上故下文只言恭敬獸畜比豕交頗勝蓋
猶知愛也
恭敬以心言所謂恭敬者是幣帛未將之先已有此心心即恭敬
之實也一說幣帛指上節愛字恭敬指上節敬字未是盖幣帛交
際即上文交字畜字恭敬即敬字敬深於愛言敬便該得愛恭敬
無實是有幣帛而無未將之心也無實即虛矣虛拘便是豕交獸
畜故賢者不可留此孟子見當時國君虛禮待賢全無實心直以
豕交獸畜視之亦子思犬馬畜伋之意

形色天性也

形色重形字看色即形之運用如耳目手足是形嚬笑動靜是色

形便有色色即形上見之故下文只曰踐形形色天性言形色中都是天理非塊然血肉之軀也性是心之生理這生理是天所付予就于成形時自然而有故註云自然之理非以自然字解天字聖人是有形有性中極等人品惟字重看踐形只是盡性非兩項事言惟聖人然後能盡性以踐形也踐形猶踐言之踐如是而言即如是而行是謂踐言天如是而賦其理我如是而全其理是謂踐形如耳目形也視聽色也聰明即是天性聖人視聽能全聰明之性則無負耳目之形故曰踐形一說形兼大體小體然先立大体便是存心養性說不得踐形一說形色天性與有物有則一例兼父子慈孝講然於形色字說不去俱未是時文上句形對色講下句踐形又以色對股尤難通

齊宣王欲短喪　章

首二節分上是因門人附短喪之說而責其非下是因門人證短喪之說而釋其意

亦教之以孝弟一說只是教紾兄者此于孝字無着落然文意却順故註承本文先言兄不可戾帯言喪不可短一說孝是教短喪者弟是教紾兄者此于孝弟有着落然正意喻意扭作一句文意似不甚順今考蒙引浅說俱主前說從之盖孝弟一理總是天理人情之不容已者故於紾兄逆理之人必以倫理之大者教之其實孝字亦含短喪意但不可分貼

若此者何如要看註是非二字丑意期喪為非則請數月者尤非請數月為是則為期者亦是故援此以自解是欲終之一句見得

傳為王子請之是謂夫莫之禁一句見得丑為齊王言之非盖不得為而為則數月為多心欲盡而勢不自遂故也得為而不為則期年為少勢莫阻而心不自盡故也

君子之所以教者五

君子所以教者五所以字含人品時地意人品高下如時雨化最高成德達材次之答問又次之相去遠近後先只私淑一句遠近以地言先後以時言五者俱重教講化字成字達字答字皆教也私淑艾亦教所及也四樣人品俱兼天資學力看舊說時雨答問兼言資學成德達材專言天資未是盖材德雖因資禀學力亦自有淺深

時雨化者不先不後適當其可之謂謂天分已高學力又到將有

所得但欲達未達及此時而迪機啓之便豁然領悟所謂化也如終日告顔子而不違一貫告曾子而曰唯皆時至而化也如時未至而遽以是告之是強之也非化之也故此一教妙在時字

德是天資純粹而學欲自脩者則因而成之涵育薰陶去其偏以進于全去其疵纇而一于粹美也如閔之孝雍之簡子賤之君子南容之尚德皆德之可成者才是天資明敏而學欲有爲者則因而達之開道誘掖因其能擴其所未能因其所長約之以歸于正也如由之治賦求之足民赤之禮樂賜之億中皆才之可達者答問是天資凡下學力未充不可強以難知難能惟因其疑問而答之以解其惑而通其蔽也如善哉問大哉問鄙夫之問皆隨其人而告語之耳

私淑艾或時相後也相遠不能及門受業但聞君子之道于人竊以善治其身則雖非君子親教亦君子之道所成就是亦教也故并言之始足以盡君子之教蒙引以陳亢夷之是近而同時者孟子於孔子是遠而不同時者淺說以陳亢夷之是地遠近孟子乎孔子是時後先未知孰是但不可認私淑為聞知

此五者一句申言首句註成大成小不必分貼上五句

道則高矣美矣　章

高美二字不平看言道之高者美也覩登天字不可及字俱是高意美即在高之中何不使彼至孳孳也一句讀彼字指道言或指學者未是

大匠二節文意相承言教有成法不可為拙者而貶在不拙者之

自得其妙也上蕉匠射下獨言射取引發二字與教人相似耳
引弓之法期于至彀故可告發矢之機妙在心手故不可告然雖
引而不發而發矢之妙已昭著于引弓之間若踴躍而見於前也
躍如以理言引發雖指弓矢亦就道理講如知行是為學之法可
以教人所謂引也神化是所得之妙不可以教人所謂不發也然
神化道理即着見于知行之内所謂躍如也盖教與道非二物妙
與法非兩端故言法而理在其中
中道而立承上句來道主立教者言即上高美之道中道照上登
天者言此道若高遠難求是太過非中也若卑近易求是不及非
中也今引弓之法可以言傳既非高遠難求則無太過不發之妙
必由心悟又非卑近易求則無不及故曰中道而立見非若登天

之難也能者從之能只是悟對拙字看學者過用其心欲强探不
發之蘊則苦于難非能也不用其心徒拘守引弓之迹則徇于易
非能也惟不求之難不求之易因其所告之言默喻其不告之意
是謂能者則能于引弓之中體認躍如之理自領會其不發之妙
中道於是乎可從矣從之即論語雖欲從之一般言與道爲一也
對上不可幾及看從則及之矣或謂從由也由所引而得其不發
也亦通

天下有道　章

上節言君子治亂不離乎道下節深有慨于枉道者

殉隨也有道之世身當見用便將道隨身出去是道不離身無道
之世道必難行便將身隨道歸來是身不離道揔見道與身不相

離意忍註云以死相從是說殉字不重此意守道殉人是身出而道不行道屈而身不退都把道棄了只管隨人以就功名所謂舍所學以從之也此孟子所以守不見諸侯之義而不肯為

彭更之在門也

若在所礼意在貴與賓上蓋以國君之弟而知來夲亦貴而且賢者不知孟子之不答正以其挾此二者故也蓋凡來學便要虚心求教不可先有恃心有一恃心便是不誠便非重道如挾貴是恃其有爵挾賢是恃其有能挾長是恃其有齒挾勳勞是恃其有功挾故是恃其有舊皆先有一个輕忽之心故皆所不答滕更只有二挾孟子並言五者亦槩論不輕施教之端欲受教者知所警耳然使其人退悔而脩身亦不屑之教誨也

於不可已而已者　章

蒙引云不可已而已以處事言所厚者薄以待人言進銳以脩爲言自是三項但上二項是不及下一項是太過時文進銳項上二件殊非本旨

不可已是事有關於綱常倫理之大者此而已之則小者可知故無所不已所厚是人有關於恩義骨肉之至者此而薄之則疏者可知故無所不薄

進銳退速非到退時方見其弊銳時便是弊了蓋不量心力急于求進意氣太盛勢必易衰不待退時而後知也

君子之於物也

此章是一反一正言君子用恩不混所施必有其等也註有序字

只是輕重厚薄之等不是先后之序盖民比物為貴親比民為厚爱浅于仁仁泛于親等級次第不可混乱所謂序也若曰先親親而後仁民則非此章之旨蒙引云此章宜先排个親字民字物字在這裏然后以親仁爱三字擇所宜施者施之以親字付之于親以仁字付之于民以爱字付之于物則各得其分矣又云理一者親民物皆所當爱分殊者親仁爱自有差等一説上半弗仁弗親是分殊下半親仁爱是理一看来分殊自理一分来理一即分殊上見之故註曰統而言之則皆仁言理一也分而言之則有序言分殊也不必分貼上下段

智者無不知也　章

上節言仁智之有要下節慨人之不知要

無不知無不愛以智仁之全體言急先務急親賢以智仁之切要言先務以事言親賢以人言急先務則綱舉目張不求徧物而物自徧故雖智如堯舜亦不必徧物而惟急先務也況智非堯舜者乎急親賢則得人弘化不求徧愛而愛自徧故雖仁如堯舜亦不必徧愛而惟急親賢也況仁非堯舜者乎蒙引云堯舜急先務如曆象治水舉相去凶之類急親賢如堯憂不得舜舜憂不得禹皐之類愚意此章兩个務字當一樣看上言先務當急下言親賢正是急務智以知言是知當務在親賢仁以行言是急親賢之先務故上曰當務為急下曰急親賢為務上下務字緊相呌應若以本文親賢實事別尋一二件為先務以對之似亦虛實不類且所謂舉相去凶非親賢乎細看文意自見

不能三年之喪二句重察字放飯二句重問字上以輕重言下以大小言不察重而察輕是不知重之當務不問大而問小是不知大之當務故揔承之曰此之謂不知務此節是喻言末補仁智不知務意或謂舉一二件不知務者以為戒看来所舉二事皆於仁智無干即作喻說為是

不仁哉梁惠王也 章

仁者以其所愛四句是泛論言外補惠王不仁正是以其所不愛及其所愛

民物本皆所愛而曰所不愛者輕重厚薄之間理一分殊之說也以所愛及所不愛不重有序只見其無所不愛故曰仁以所不愛及所愛便見其一無所愛故曰不仁

何謂非問何謂不仁問何謂以其所不愛及其所愛孟子乃指其事以告之末句此之謂正應轉何謂

以民較土地民其所愛土地所不愛也以子較民子其所愛民其所不愛也惠王只要爭地民命都不愛惜敗了又復决戰至用太子徇于軍中被人虜去殺了這兩件都是以所不愛及其所愛存疑曰惠王本意不是驅子弟于死地但兵敗被殺似驅之耳

春秋無義戰　章

上節言聖經不義諸侯之戰下節正明無義戰之意

春秋指春秋經非謂春秋時也觀註云每書可見無義戰謂春秋一經中無有與其合義之戰非謂戰者無義也不義其戰重擅兵意但未可殚盡下節正明一个擅字彼善三句非取其善正見其

無義戰善非謂戰者之善謂聖經之所稱善也與義字同意言以彼較此或有畧加稱善而不甚貶者亦有之矣如召陵之戰善其尊王城濮之戰善其遏楚是非不僅取之也然一則書遂以譏其專一則書及以誅其意亦未以為盡合于義而與之夫其所善者尤未盡與況所不善者乎故曰春秋無義戰

征者上伐下節正解所以無義戰意蓋征伐之命自天子出諸侯有罪則天子出命以討之方伯連帥奉命以伐之諸侯不得自相攻伐春秋之戰皆不稟命天子以諸侯而伐諸侯所以為無義戰此一言斷盡春秋諸侯兵爭之罪或謂征與伐何別蒙引曰有不義之伐無不義之征

盡信書　章

此章大旨重末節首言書不可信引起武成不足信末節正是不足信之实

盡信書或專就書經講蒙引謂泛論載事之詞俱通

武成取二三策無所指註云奉天伐暴發政施仁亦言其槩耳二三云者謂可信者少不可信者多故下文舉漂杵一言以實之

仁人一句泛言至仁指武王不仁指紂血流漂杵武成文也孟子即此一句見武成不可盡信書多矣獨舉武成一篇武成篇文多矣獨舉血流漂杵一句孟子非不識書本意也懼後世疑武王爲紂所敵又恐不仁者以武王不能敵紂而藉口故反書意而設爲此章之論

有人曰我善爲陳　章

此章首節著善戰之罪下四節皆明仁者之不用戰見善戰之為不仁所以為大罪也国君節言仁者無敵要戰何用湯武二節舉無敵之事以證之末節明所以無敵之意總見不用善戰

我善為陳為戰是事君者為君強戰之言孟子嘗曰民賊又曰服上刑皆大罪之意陳是行列隊伍之設戰是兵刃鋒鏑之交陳以備戰戰以用陳故单言戰亦該得陳

国君好仁天下無敵夫既無敵則安用戰陳為也湯是好仁之君民望之曰奚為後我便是無敵武王是好仁之君若崩厥角稽首便是無敵蒙引云湯武二事俱是無敵然即此亦見武不如湯湯未至而民已信之武王必待既至告諭而后民心始安也

革車輜重之車載器械財貨衣装者虎賁乃一兩之長而總百人

者蒙引云三百兩三千人言其不盛兵威也便見無用戰陳之善
殷民稽首不但以無畏寧尒一言還重感之有素意
征之爲言正一節正解好仁之君所以無敵全在各欲正已一句
民爲暴君所害各欲仁者正已之国故義兵一至莫不歸之何用
戰乎不用戰就是無敵無敵則善陳善戰皆無所用彼以是自負
不仁甚矣故曰大罪
以上四章皆爲戰国兵争而發一以惠王之戰爲不仁一以春秋
之戰爲無義一以武王至仁必無血流漂杵之事一以湯武好仁
必不用善陳善戰之人皆以救其獘也
梓匠輪輿
此爲教人者言重能使不能使有能使便可以言傳不能使便必

由心悟存疑云規矩是爲方員之法百工授受不能外者然有爲之而精好有爲之而粗惡則在人之巧與拙也巧是心思意致妙乎規矩之間莊子所謂不疾不徐不甘不苦得之于手應之於心口不能言有數存焉臣不能喻臣之子臣之子不能受之於臣是也故曰不能使人巧

致知力行有法可循是規矩顏之卓尔曾之一唯方是巧此非真積力久不能到此教者安能使之也然學者要到巧處亦不外規矩中求之舍規矩而求巧則逆巧矣

此與大匠誨人章參看彼重規矩上言是學之之法此重巧上言是得之之妙

羿之彀率節奏也

此章狀舜之心重固有終身二句要看兩个若字當其貧賤時全不見一些介意恰似將貧賤安然終身一般及其富貴時又不見一些動心恰似這富貴是他素有的一般若終身因舜後來富貴狀其心之不想富貴若固有因舜先時貧賤狀其心之不改貧賤蓋其心渾然天理把富貴貧賤一切視若無有故大行不加窮居不損所性分定故也若常人之情當貧賤時一日不能堪惟想那富貴一旦驟得富貴便作氣勢損改了貧賤素心此皆内不足而以外為重輕着也蒙引云草蔬菜也被袗衣鼓琴作三項看及其二字亦不輕見其由貧賤而富貴之意

吾今而後知殺人親

親指父兄言殺人父兄人亦殺我父兄雖非下手自殺實與自殺

無異但換一手耳殺人親殺之與自殺其親以此見殺人親之為重

也然必有為而言

古之為關也　章

兩个關字一樣兩个暴字不同禦暴恐異言異服之人潛入國都生亂故譏察以禦之是人之暴為暴謂征稅出入之貨剥取其民而自為暴虐也關一也古以察非常不惟官不暴且以止人之暴是謂仁政今以征商賈不惟不能止暴而官反自為暴是謂暴政即此推之當時之為暴者獨一關乎哉

身不行道

上二句以身帥言是身教下二句以出令言是言教上道字泛論躬行道理下道字專言使人道理不行于妻子道不行也不能行

于妻子令不行也自身行的都不循道理要把道理責人就自家妻子也行不得出令使人不以道理當然就自家妻子也使他不動言妻子者舉至親至近而踈遠可知也

周于利者

此以周于利例言周于德如富潤屋例德潤身一般勿以利用正德平講周于德浅說云理明氣充存疑云定見定力蒙引云識到守到揔是一意亂如紫亂朱鄭乱雅之乱謂其道欵以相勝其術欵以争雄最易惑人心志而奪其所守者於此而能不乱非德之充積有餘其孰能之戰国時楊墨横議伯術競興邪世也非孟子王道精熟仁義充足幾何不為所乱哉此是孟子自信之言

好名之人

讓千乘之国簞食豆羹見於色當實事說不是設言好名之人要從極大處取名故矯其眞情以干虛譽實能讓国至於簞豆微細不甚注意便矯飾不及不覺眞情敗露而見于色見色兼喜怒觀註得失可見蘇子曰能碎千金之壁不覺失声于破釜即此意

不信仁賢　章

三節平看一善人一善教一善政然註以仁賢為本作文當首節另講下二節對講蓋仁賢者明礼義而優於政事者也不信而国空虛則無仁賢以興礼義而上下亂無仁賢以理政事而財用不足空虛非眞無人也有而不見信用與無有一般故曰空虛蒙引云賢是有德之稱兼才看仁則德之首也無礼義是名分綱紀不立故上下不辨民志不定便是亂蒙引曰礼必有義〻即所以為

禮之理也政是綱事是目国無政事即生之無道三句則財源不開財流不節故不足

不仁而得國者有之

不仁得國是上以威力脅其君下以智術愚其民故亦有幸而得國者若天下之廣萬民之衆以力脅之則難制以術愚之則易窮安有得天下之理哉有之矣疑詞其實亦未必得未之有則決其必無也孟子以前無不仁得天下之事故其言如此自秦以後亦有之然皆一再傳而失則其言未為不信

民為貴

首節第言君民社稷之重輕下三節詳言以明之此為時君南面自驕而草菅視民故發此論

得乎丘民節言民為貴蓋天子極其尊貴然必得民心而後能為可見民尤貴于天子若得天子不過為諸侯得諸侯不過為大夫皆不能如得民之為天子也以下二句形上一句蓋見民為貴意

諸侯危社稷節言君為輕變更也置立也諸侯主社稷者若暴虐無道不能為社稷作主則更立賢君以主之是社稷不可更而君可更見君輕于社稷也則輕于民益見矣

犧牲既成節言社稷次之犧牲粢盛皆所以祭社稷者以時是春祈秋報社稷為民而立人無失礼于社稷則當為民禦災捍患乃旱暵水溢災患相仍是社稷不能為民作主則毀其壇壝而更立之是民不可更而社稷可更見社稷雖重于君尤輕于民也

土能生穀穀非土不生故社稷同功均利總為壇以祀之壇壝循

壇墠〻除地也亦場也築起者為壇壝其場也八蜡一先嗇二司嗇三百種四農五郵表畷六貓虎七坊八水庸

聖人百世之師也

此章二句分以首尾两个聖人字相應首言惟聖人能師百世末言師百世非聖人不能

聖人行造其極之謂彼其備之當時只是自盡其道非計後人之慕效但行既造極則其道理自可感動人心有愈遠而不磨者故謂聖人為百世之師開伯夷之風六句正言百世之師奮乎二句申上六句非聖人一句斷夷惠之為聖人也末句又即遠以推近蓋通章俱論後世便見當時之親炙者尤易興起也

奮乎百世之上指夷惠百世之下莫不興起指頑夫廉夫等句聞者

即上兩个聞字此所謂聞亦非淺〻聞之是尚論古人而有志者故能興起如此感動以志意言奮發以作為言

百世師不言孔子者朱子曰孔子道大德中而無迹故學之者終身鑽仰而不足二子志潔行高而迹著故慕之者一時感慨而有餘不言伊尹者汪氏曰澤已及當時也

仁也者人也

此章專為道言仁也者人也只起合言之意言仁切于人道只是合人與仁可見道不遠人率性之謂道也仁是性以人合之是率性故曰道舊說謂釋道與仁之義似于上句未當

仁生理也天生人必與以生生之理是仁乃人之所以為人之理也有此人便有此仁無此仁便不得為人是仁與人本非有二也

故單言仁則理不屬人孰爲之率由單言人則形不得理又何所
率循非道也惟合仁與人言之則理得人以運行人之所行莫非
天理是謂當然之道此仁是專言之仁包義礼智信言如仁理也
父子人也以父子合仁言之是有親之道義礼智信放此合而言
言字只當謂字看存疑謂古今聖賢之語道者似太深

孔子之去魯

此章雖重出然與前篇先後詳畧不同去父母国之道去他国之
道俱是孟子釋之之辭上是即其言而釋其意下是即其事而什
其意

君子之戹於陳蔡

戹於陳蔡是絕粮時事無上下之交只是君臣不知待賢之礼史

記謂陳蔡發兵圍之蒙引以為不足信不可入講

稽大不理于口　章

不理于口猶云不容于衆口大者甚辭蒙引云理賴也不賴于口言壞于衆口也為人所壞則不足賴若賴得他則不為所壞矣

士憎茲多口增依註作益字多口謂衆訕也曰士便與常人不同故多覔借之累益為衆口所訕也此句正見無傷之意然指出士字可見稽之未得為士此士字暗指文王孔子引詩言文王孔子不免於謗正見士憎茲多口之實詩詞與二聖人全不相涉只憑足以當之便是然兩引意亦相承上言孔子雖聖猶未免於見慍下言文王雖見慍亦何損于声聞正見無傷之意孟子以此告貉稽非貞以謗議為不足恤欲其反觀內省必有孔子文王之德雖

謗議何損如德之未至則當自責以自脩不可專咎之人言也

賢者以其昭昭

此即明德新民之論昭昭是明明德也以其字有推己及人意兩个使字重看上使字以身帥言是化之也則不令而行下使字以命令言是驅之也則雖令不從

山徑之蹊間

山徑喻心中二句喻通塞之機末句指高子之蔽其心介然對為間言成路對茅塞言見通塞之機不在于久即在倏忽頃刻之間人心操之則存廓然具衆理而應萬事則為成路舍之即亡而百感外物皆來蔽之則為茅塞一念之間不理則欲倏忽之頃不通則塞學者過欲存理之功當不可頃刻間斷也

禹之声尚文王之声　章

高子以禹樂之追蠡為用之者多形文樂之不追蠡必用之者少見禹之樂過於文王之樂孟子以城門之軌由日久車多所致喻禹樂之追蠡由歲久用多所致形文樂之不追蠡由歲之未久見禹之樂非過於文王之樂然此亦因高子之言而解之耳其實樂之優劣自有情文功德之辨高子不足以語此故孟子不與詰之

齊饑陳臻曰　章

齊飢是記事之詞國人句是陳臻述國人之私情殆不可復是臻以已意疑其不可

衆皆悦即有衆逐虎之衆士者笑即善士之類孟子昔日勸王與馮婦昔日搏虎可否本自不同茲曰是為馮婦只見今日當以義

自守不可取悦于衆国人而為士君子所訕笑也此亦必道不行

而將去時故為此言

口之於味也　章

此兩節孟子示人安命盡性之學各自其所重者勉之上節性字屬氣命字屬理下節命字屬氣性字屬理然理氣本不相離性命原非二物故註云此二條皆性所有而命于天可見上節言性也而下節之命正是氣質之性上節言有命而下節之有性亦是分定之命但就命而言屬之天便難必得故口鼻五者當聽命就性而言屬之我便當自盡故仁義五者當重性世人以前五者為性必欲求之以後五者為命不肯致力故孟子于前則伸命而抑性于後則伸性而抑命能于前五者不謂性則人欲日消後五者之

性蓋盡能于後五者不謂命則天理日全前五者之命自安此性命合一之學也

口之于味五者皆氣稟所有雖上智不能無所謂性也然貧賤則願不能遂富貴則欲不可縱是有命存焉這命裡就有理在君子不謂性只是以理制欲不求必得如貧賤則不濫富貴則不淫之類性也性字與忍性性字一般有命命字與得之不得曰有命命字一般不謂性則謂命故能安命而忍性蒙引云此五者分明是氣質之性雖所謂人心也可見孟子雖不言氣質之性亦未嘗不知氣質之性所以千句萬句只說性善者總是伸此抑彼耳

仁之於父子四句各指其理之屬于人聖人句以上句例之當作天道之於聖人天道蒙引謂仁義礼智之全体存疑謂仁義礼智

之所自出然觀論語性與天道註曰天理自然之本体則全体中便有自出意有至有不至并句所謂命也命之所禀有厚薄清濁不同故于仁義礼智天道有至不至并句一說命兼所值言以註有晏嬰之說然以愚按正說觀之只是所禀不必兼所值純與不純一說謂仁至義盡礼恭智哲是聖人而聖人未必皆純一說有至并是純有不至并是不純看来前說為長仁不至義不盡礼不恭智不哲何足以為聖人純不純如堯舜湯武之性及夷惠孔子之偏全自是不同有性即天命謂性之性盖命之所禀雖不同而本然之理則厚而清者非有餘薄而濁者非不足所謂性也君子不謂命則謂性矣謂性則必以其諸已者自盡不謂命則不以禀諸天者自諉厚清者不敢恃其氣質之美薄濁者必欲变其氣質

之悪故能善反其所禀之命而復其本然之性

性命之說自古有之孟子对舉互言只要人遏欲存理欲遏則不徇前五者之性而能循理以安命理存則不限后五者之命而能寡欲以盡性

浩生不害問曰　章

全章信人也分上是指正子之為人下是推其極而斷其所造通章以善字為主信即善之实美即善之全大即善之發聖即大之化神即聖也只一个善始為人之可欲者此理終為人之不可知者此理善非粗浅神非空虛在有此善者力行以至之耳

善人信人空講不可說出善信意義亦不可露善有餘信不足意

何謂善二句正問善信之義非問正子何以謂善信也

可欲欲字是人見而欲之不是己之自欲蓋善為天理人心之公故民之秉彝好是懿德見善無有不欲見惡無有不惡令其為人立心制行處己接物合天理當人心人但見其可欲而不見其可惡是謂善人有諸己即善有諸己有实有也实有可欲之善不是虛假是謂信人本文只言有善註兼如惡惡臭只狀一实字然曰实有善亦必实無惡矣此二句答何謂善信已盡正子為人然美大聖神只是善信充去正子有此二者尚可進步故下文推極之以勉其所未能

充实根有諸己來言实有是善力行不已至於充滿積实無一欠缺則衆善悉有粹然無不善之雜凡殊外道理俱完備此中無待外求是謂美人蒙引云充实二字平講不可謂充之至於实也愚

意由信而美不能充推極工夫但充字只當作滿字說不必作擴字說充滿便積实亦不似兩平

光輝根充实来充实是和順積中美在其中光輝是英華彂外暢四肢彂事業大蕪内外一說美以内言大以外言即是光輝未是看大文光輝連充实用而字帶過正言由内而外表裏俱盛德業無以復加是謂大人德是充实業是光輝

化根大字来非大之外另有化也只是德業之盛者盡泯其迹則甚信充積至此是造極地位是謂聖人

不可知與化字不同化以在已無可見之迹言不可知以在人莫測其妙言神即是聖非聖之上又有神也但自其地之造極曰聖自其幾之莫測曰神蒙引作兩個人看謂有聖而可知者有聖而

而不可知者愚意聖而可知者未化故也化而聖則皆不可知矣武湯不及堯舜夷惠不及孔子皆緣未化今曰大而能化則聖即是神神與化豈有二乎

二之中中字謂自善至信相去之中間也正子于善則已過于信則未及故曰二之中觀註有子教之說可見或謂在中之中亦通

逃墨必歸於楊　章

逃墨一句俱重歸儒上楊一逃而歸儒墨再逃而歸儒故註曰反正之漸言以漸而歸也吾儒仁義理一而分殊是謂正道楊墨執為我而兼愛則為異端茲欲反而歸正墨必逃楊而後至非楊之賢于墨也叛正雖同所由之路則異故度其逃歸之勢楊比墨為稍近耳

逃是悔其所學之非欲逃而他往也但楊氏太簡近實苟厭簡而逃即稍寬一步其勢易就于中故歸儒墨氏務外不情苟厭煩而逃即稍歛一步其勢必就于實故歸楊言必歸楊而後能歸儒非與其終于楊也此與斉一変章文法畧相似而意不同彼謂變而至道有難易齊魯自有美惡此謂逃而歸儒有難易楊墨則無高下然畢竟近實者易以挽回益見聖人寧儉寧俏之意

歸斯受只是儒受異端不可兼楊之受墨受之有收而教意要看註憫取二字言不辯其往事之失即以今之来歸而受之也盖異端溺於所習其来也豈無悔悟不安思以自還之意吾儒但以其一言之近是一念之近正即取其新不究其舊與其進而且誘其来可也使不受之而必咎其往則絕之已甚既以孤其向善之心

示之不廣又以塞其將來之路吾恐攻異端者彼此相逃終不歸於吾道之中而歸吾儒者執無所容又將反而復于其故矣此豈獨異端之過吾儒亦與有責也

今之與楊墨辯此楊墨指來歸者言辯是辯其前日之失也彼既來歸又辯其非而不之受則與追放豚者既入其笠又從而招之何以異哉異端是已放之豚追之可也逃歸是入笠之豚招之不可也此見孟子距楊墨雖嚴未嘗不望其反所以為聖賢無我之心總註仁至是待之恕義盡是距之嚴

有布縷之征　章

布縷之征出五畝之宅粟米之征出百畝之田力役之征農工畢則役之也用一緩二是每時即取其一非時者則緩之緩者非不

取也待時至而後取也于用處見取民之義上不至於病国于緩處見恤民之仁下不至于病民此是三代取民定法戰国時征歛無藝或一時併取其二或一時盡取其三又有分外之征故孟子歷舉古法而深著今之為害

有殍有字活看是間或有之未必盡然之詞若民盡殍則尤甚於父子離

兩稅謂夏秋二稅三限蒙引謂唐楊炎之法夏稅盡六月秋稅盡十一月涉三時也存疑謂宋法夏稅至十月歷夏秋冬三時秋稅至明年二月歷秋冬春三時二說未知孰是

諸侯之寶三

諸侯土地受之天子傳之先君是土地至重所當寶一也何以守

位曰人后非民罔使是人民至重所當寶二也若所以守土地而
理人民者又在政事是政事至重所當寶三也寶土地則必固守
境土不敢構兵而失地寶人民則必愛惜民命不敢糜爛而土芥
之寶政事則必當國家閒暇及時明其政刑不敢般樂怠敖矣若
寶珠玉則玩物喪志必不脩政事不愛人民失土地而不恤矣故
殃必及身

盆成括仕於齊　章

小才而未聞大道必恃才恃才必妄作固自有殺身之理然非仕
則才無所逞禍未必遽及故孟子於其仕齊即料盆成括之死其
後果如其言

孟子之滕　章

館人即上宫主人或人非館人也子以為竊屨来存疑以為来滕蒙引以為来學令依存疑説設科即設教也教人者當因其材故别為科條以教之往是前日不善来是今日向善而来故註只云雖夫子不能保其往自該得来不拒意受之便是不拒或人此言於竊屨事尚未釋然但以為從者縱有此事亦非夫子所能保也然其言近道故録之

人皆有所不忍章

首二節分上是示人擴充仁義之端下是詳言充義之類

有所不忍不為乃隨感而發之真心如見入井而怵惕不受嘑蹴之類人所皆有之心也但為氣拘物蔽則於他事或有忍之為之者多矣誠能推此不忍真心達之於所忍者而亦不忍便是仁推

此不為真心達之於所為者而亦不為便是義仁義以全體言不忍不為以仁義之端言即其一端而達之則由偏以會其全故曰仁義

次節即申首節意無欲害人之心即有所不忍無穿窬之心即有所不為但上節重兩个達字此節重兩个充字惟達故充觀能推則能滿語意自見新安云達如道水自畎澮達之川自川達之海充如水達海而充滿其中不可勝用與上節仁也義也意亦不同上是推仁義之端而會其全体此是滿仁義之量而用之不盡不勝用自仁也義也中來

人能充無受尔汝二節俱申言充無穿窬之心以上並言仁義以下單言義者仁只是心只一條路線義多屬事其用甚廣而穿窬

之為類又甚微故獨詳之
尔汝輕賤之稱人之貪昧隱忍而甘受之者亦穿窬之類也然其中必有慚忿不肯受之實是謂無受尔汝之實實貞心也是不為之心即無欲穿窬之心能即此充之凡非道非義之事有中心所不安者皆不肯受則無往而不為義矣無往非義即不可勝用意
一說謂自無欲穿窬之心充之至於尔汝不受似不甚順
以言餂人者寓奸黠于便佞以不言餂人者匿機巧于隱默皆心術曖昧使人不測是亦穿窬之類也充無穿窬之心者直充至此類而悉去之乃為能充之盡
此二節一就辭受言以貪昧隱忍為穿窬一就語默言以便佞隱默為穿窬皆充類至義之盡也但所謂充者上節是從無受尔汝

充出去下節是從無穿窬充入來看上下文意自見然此亦舉一
二件以例其餘若此類者尚多皆所當充也

言近而指遠　章

末節分上是指言道之善而詳其實下是病人之不知要
善言善道舊說以遠近博約平說末是看末節病人不務守約可
見言道之善俱重有要講善謂正當無弊也言遠而不近則寡要
或近而其指不遠亦未領其要也惟所言甚近而意之所指又甚
遠則言焉得其切近要領之所在而該括自廣是有要之言言之
無弊者也是謂善言道博而不約則寡要或約而其施不博亦要
之未得也惟所守甚約而施之所及又甚博則守焉得其本原体
要之所在而推行自廣是有要之道道之無弊者也是謂善道

君子之言君子之守二段是詳言言近指遠守約施博之實舊說謂惟君子能盡其道未是蓋近莫近於目前之帶遠莫遠於無窮之道言不外目前而道之無窮盡者存焉何近而遠也是謂言近而指遠約莫約於一身之小博莫博於天下之大守不外脩身而天下可平何約而博也是謂守約而施博

道在天地間無窮無盡隨處充滿就眼前至近無一非道如夫婦便是察天地之道親長便是平天下之道風浴童冠便是萬物得所之道洒埽應對便是精義入神之道君子言的只目前近事而旨意涵蓋大道理皆在其中是不下帶而道存也帶是借言以狀至近井泉說云不下帶心也心為至近言心而道在其中此非註意未可從

脩身是守約工夫天下平雖亦有施為然感化意為重

芸人之田只是責人芸田以下句所求于人例看可見所求二句就正意講謂責天下人各脩其身而不自脩其身也一說須上芸田說與此之謂不知務一般蒙引以為不是

此章並舉善言善道末乃單言不守約何也蓋言道原無二理善道之道即道存之道約即守其所謂近者傳即施其所謂遠者故言守約而善言在其中一說善言是教以師道言善道是治以君道言未是

堯舜性者也　章

首節別言聖人性反之異下二節詳其事以見之然皆非堯舜湯武實事只是泛言性反之事見其所以異也

性者與性之不同性之之字指道言性者謂本性就是聖人得全于天謂得于天者全也得之全無一些汚壞故不假脩為生成是个聖人所謂性者也反之與身之亦不同身之之字指道言反之之字指性言謂復其所得于天之性也曰反則前此汚壞可知矣身字便是反之工夫

動容一節首句另講是盛德自然下三句三平講亦皆自然之事看註自見不可作四平說亦勿以下三句為首句盛德之目

動容舉一身而言周旋曲折也容貌之動至于細微曲折無不中礼則大者可知蒙引以動容為顏貌周旋為動須未是盛德之至只是自然不待勉強勿作推原說德與禮只一理自理得于心謂之德自天理節文謂之禮聖人天理渾全隨感而應從心所欲無

不合理是謂盛德之至

哭死爲生便出于勉强惟性之者能自然哀死故非爲生

經德蒙引云常行也常行一循乎正理無所邪曲乃率性而行自然不回非勉强要做好人以求聞達而得利祿也

信謂行顧其言必信非期必之必乃必然之必正行正字與有事勿正之正同謂預期也言語必信無一不踐其實乃率性而言自然與行相合非以預期其行而勉爲信實之言以副之也

君子行法以俟命法謂天理當然一定而不易者命謂吉凶禍福在天不可必者行法是循乎理之所當爲俟命是聽乎天之所難必法如動容之礼哭死之哀經德之正言語之信皆是上節自然而然則不必行法而法自我出不必俟命而命自我立所以爲性

之之聖此節雖非自然而然亦非有為而為如哭死雖未能自然而哀亦非為生經德雖未能自然不回亦非干祿言信雖未能自然必信亦非正行所以為反之之聖

說大人則藐之　章

此章主說者言曰藐大人者藐其巍巍也說大人者見其為巍巍則畏縮而不敢盡言不見其為巍巍則舒展而得以自盡故當藐之而勿視其巍巍然

堂高二句是大人宮室之美食前二句是大人供御之盛般樂三句是大人宴遊之侈皆所謂巍巍也我得志皆所不為是藐之之意在我皆古之制即居仁由義入孝出弟居廣居等句皆是吾何畏彼與仁義無歉於富爵同意使在我無古之制安能無畏其巍巍

巍也

後車十乘得志弗為乃傳食諸侯後車數十乘何也蓋此皆門徒從游者當時國君以此待之非孟子自家富貴

朱子曰孟子非教人去藐大人只教人勿視巍巍耳今人不是畏大人只是畏其巍巍若能勿視巍巍不失其畏大人之心乃是眞能畏大人者

養心莫善於寡欲　章

養心養字即下文存字謂涵養此心而存之不放也欲即口鼻耳目四肢之類人心至虛至靈其所以放而不存失其所養者欲誘之也惟寡欲則不使欲動情勝以誘其心而虛靈本体自常存而不失故養心莫善於寡欲寡欲即是養心工夫非寡欲之外又有

謂也

所謂養心也

欲即舜所謂人心雖聖人不能無但聖人雖不能盡絕飲食声色之欲而其心未嘗一有係累故曰無欲常人則役役于欲未得則必欲得之既得則縱而無節故曰多欲吾之心未能如聖人之無欲安可如衆人之多欲故必有以寡之寡之云者非絕去之謂亦非減省幾分之謂惟于外欲有感内欲方萌之時點檢此心以理制之務合于當然之則不至縱肆過度是謂寡欲欲以理寡則心常主於理而不馳於欲常見其在内不見其在外雖有不存焉者寡矣如欲之所動不能制之以理縱其情而不知節則心日役于欲常見其在外不見其在内雖有存焉者寡矣存便是得養不存便是失養心之存不存只係于欲之寡不寡故曰養心莫善於寡

欲兩个寡矣與鮮矣仁一般言寡則絶無可知一説寡欲者未必
無忽微之人欲多欲者亦或有幾希之天理此說固是然看雖有
語意似是决無之詞一說多寡以分數言謂人欲之分數多則天
理之分數寡天理之分數多則人欲之分數寡此說尤非

曾皙嗜羊棗　章

曾子不食羊棗重不忍二字盖見羊棗便思親所嗜故不忍食故
於養志見其生事盡力於此見其死事盡思
丑以曾皙亦必嗜膾炙曾子何為忍食膾炙而不忍食羊棗孟子
以同獨解之便說盡曾子本心惟膾炙為人所同嗜則曾子以衆
人視膾炙思親之心無所觸而未形惟羊棗為皙所獨嗜則曾子
見羊棗如見其父思親之心有所感而即動此所以食膾炙而不

食羊棗諱名不諱姓是借言以喻同獨之意存疑謂親之姓名未是盖親名何待言諱親姓即已姓也只泛說為當

萬章曰孔子在陳　章

全章是又其次分上是詳推聖人思狂狷之意見傳道之望殷下是詳推聖人惡鄉愿之意見衛道之情切

狂簡是狂者之簡狂謂志大即下嘐嘐意簡謂畧于事即下行不掩意但此處且宜輕講不可盡發狂簡是名目進取不忘其初是狀其為人進取是狂士本來禀性不忘其初言其素性舊習未能忘也一說進取申言狂字不忘其初申言簡字未是

萬章援在陳一章為問故只言狂孟子援不得中行一章答他故并言狷不可必得二句孟子釋言以答何思狂士之意其次專指

狂言

何如斯可謂狂是問狂之人孟子歷指數人以告之講琴張曾皙

註中事實不必用且牧皮又無事實只虛講爲是

何以謂之狂是問狂之行孟子因詳其志行以告之即狂簡二字意其志對其行看嘐嘐承其志未註兼志大言大者志每于言見之動稱古人是言大即此就是志大夷平也承古之人來緣他說得忒高了且以日用常行道理平平考之其行亦未如其言也

狂者又不可得即因上必也狂狷之言并發其思狷之意不屑不潔言不屑爲不潔之事即有所不爲意是又其次是又中道之次也一說上言不可必得故思其次是次于中行此言又不可得又思其次是次于狂者但狂狷資品難分高下究竟有成又是狷者

似不可為狂之次

中行而下只有狂狷二樣人激厲裁抑尚可進于中行此外乃有不狂不狷似中道而實為中道之害者名曰鄉愿孔子以為德之賊德即中道也故萬章繼狂狷之論復以為問

何以是嘐嘐至善斯可是鄉愿之志閹然一句是鄉愿之行是鄉愿也總承上一說只承閹然句亦通蓋閹然亦根譏狂譏狷形狀出來

何以是嘐嘐至古之人是譏狂之言行何為踽踽至善斯可是譏狷之言一說生斯世二句頂上古之人看又是譏狂善斯可一句頂上踽涼看又是譏狷似瑣碎譏狂譏狷非鄉愿實有是言乃孟子因論狂狷設為此言以狀其無狂狷之志節耳

踽踽凉凉總是獨立無親之意一說踽踽是獨立凉凉是無所親厚亦通

閹然是韜晦藏匿之意不為狂之嘐嘐則無高遠之見必卑污不為狷之踽踽則無孤介之操必一於委隨但見閹然戢匿心機收斂圭角只要媚世取悅使个个都說我是好人此鄉愿之行也此一句說盡鄉愿為人下文同流數句總是此意

非之是大槩說他不好刺之是指摘其失非之刺之是人心公惡之真無舉無刺是鄉愿機械之秘流俗就一鄉言汚世舉一世言

蒙引曰非字輕刺字重流俗狹汚世廣忠信以立心言故曰居廉潔以制行言故曰行衆皆悅即流俗汚世之衆也自以為是與居之不疑一般鄉愿病痛全在此一句堯舜之道即中道也狂者因

其志而裁之脩者因其守而進之皆可以入堯舜之道鄉愿以徃爲不是以脩爲不是只管自以闇然爲是都無悔悟反正之意安能振拔有爲故終不可以入堯舜之道故曰德之賊總承一節究竟只不可入道一句便是害德

惡似是而非一節明其所以賊德以似是之亂德也首句是總冒下數句歷指其目歸重鄉愿一句惡莠等句特舉類見例耳

佞與利口俱是口才似無甚異乃一曰亂義一曰亂信今當以信義別之則佞與利口自當有辨義就事看信就言看佞與義對是強辨口才利口與信對是妄誕口才如所做的本不是義乃強辨飾非粧成一片道理恰似不義的一般不知者遂以爲是義是亂義非義故謂亂義如所說的本無是事乃口舌捷便做成一片說

誑恰似實有是事一般不知者遂以為實然是似信非信故謂乱信或謂佞人才智胷中有方畧利口人無多心機只是口舌尖利似未然佞者禦人以口給即是利口利口之覆邦家即是佞人殆单言之則佞與利口一也似不宜有分程氏曰佞者才智之稱其言捷慧而黠攻之無以破其說故不正而亂義利口者辯詐之名其言便而捷核之無以得其實故不實而乱信

自何以嘐嘐至此四節總明鄉愿德之賊一句前一節是說鄉愿後二節是說賊德見聖人所以惡鄉愿者只為似是而非盖聖人之所謂賊乃鄉人之所謂愿聖人之所謂可惡乃衆人之所以皆悅甚矣似是之惑人也歎息似是之邪當明真是之正是故君子貴反經

君子兼有德有位言經常道也即君臣父子日用人倫之常道也反復也歸也經常之道被似是邪說誘引叛去必歆挽而回之復還于正所謂反也反經不是空言要有定見有定守不惑于邪而力持其正先之以躬行身帥以端表正之原布之于禮樂刑政以立趨向之極使天下曉然知常道之為是不為邪說所引而去是謂反經經正以下庶民興無邪慝俱不費力盖經是民之秉彝人人本性所固有者特無以正之則無所觀感而良心晦蝕不知所興茲反經而經正則有以發其固有之良而導之于共由之路民皆感動奮發以歸于正所謂興也註善字即是常道經與邪慝原不兩立民既興起于此則必不惑於彼雖有邪慝不得行於天下將不攻而自息斯無邪慝矣邪慝推開說不專指鄉愿觀註屬空

可見

此章首言中道末言常道即堯舜之道也得此道則謂之德總之不外一个是狂狷未是而貞則可以進乎此道鄉愿似是而偽則有以害乎此道故聖人思狂狷而惡鄉愿無非為消之心

由堯舜至於湯　章

全章三節分上是叙群聖之道所由傳下是憂后聖之道失其傳

大意重見知上見得孟子以見知自任意

堯舜至湯五百餘歲湯何以得傳堯舜之道蓋由當時若禹皐陶見而知堯舜之道以推廣於後故湯有所考據因得聞而知堯舜之道也若禹皐若湯二句不宜平講下二節語意同

禹皐見而知之蔡引云精一執中之旨舜親傳于禹天叙天秩天

命天討之謨皐陶之有功於道亦大矣其見知堯舜之道如此
伊尹萊朱見而知之蔡引云尹與湯咸有一德萊朱即仲虺也懋
昭大德建中于民以禮制心以義制事皆虺發之其見知湯之道
如此
太公望散宜生見而知之敬義夾持見於丹書是太公見而知此
道也散宜生書傳無載
湯文孔子皆天生至聖為一代斯道之主道体默契發自心源性
靈固非有所聞而後知亦非有所考于見知而後聞也但湯文之
道即堯舜之道孔子之道即湯文之道其統緒相承上流下接而
見知者實為之先故孟子歷叙其傳如此
見知是面相授受者聞知是心相領會者知是得其真傳非淺淺

知之也朱子曰禹皋皆名世之士伊尹太公又湯文之師非必見知得之此曰見知聞知者蓋以同時言則斯道之統臣當以君為主以異世言則斯道之傳後聖當以前聖為師

由孔子而來四句以時言近聖人二句以地言然而無有一句以見知言則亦無有一句以聞知言言時近地近此時宜有見而知者乃無有見知孔子之道如禹皋之於堯舜伊萊之于湯呂散之於文則五百餘歲之後聖遠言湮又豈有聞知孔子之道如湯之於堯舜文王之于湯孔子之於文王者乎孟子言此慨然有憂道傷時之意見在已不得辭見知之責而欲以俟聞知于後也

析襄說云時說此章必以見知為先末是孟子之言前只云某是見知某是聞知道統一脉相承從來兩項人不斷至末節嘆今世

已無見知其脉已断了則後世諒必無聞知也朱註意亦如此非
謂聞知者必待見知以啓之也此說最是
此為孟子卒章與堯曰為論語終篇同意俱是以道統自任

卷十一終

慧眼山房説書二十卷（卷一至卷三）

[明]龍溪陳天定撰

日本内閣文庫藏明刻本

慧眼山房説書二十卷，明陳天定撰。天定字祝皇，一字慧生，室名慧眼山房，龍溪人。天啓五年（一六二五）進士。崇禎四年（一六三一）授行人。甲申後遁跡深山。撰有慧眼山房説書、松石軒讀史、慧山詩文全集等，多散佚，輯評慧眼山房原本古今文小品八卷。

明永樂間胡廣等奉敕撰四書大全，因元倪士毅四書輯釋稍加增損，頒行天下，爲後來四書講章之濫觴，是書蓋其流衍。前有崇禎元年自敘，謂孔曾思孟之書，一加訓詁，輒爲支離裂積，其童而習之，即苦牽纏，至天啓甲子、乙丑間，兩闈聯捷，遂退就揣摩，優柔經術，用成此編。

全書不録經文，僅標章名，其下纂輯衆説，若朱子、饒雙峰、宋潛溪、林次崖、李卓吾、湯霍林、葛屺瞻、沈無回、徐儆弦、李衷一等，「百家具列，或合爲美，或孤乃行，或删繁而就約，或導鬱以增華，理擘肌分，要如其渾融透脱而止，詞之詳簡，所不具論」，亦多述己意，皆偏主義理。大要以朱子爲本，然頗見依違。若朱子以大學「聽訟」章釋「本末」，以「格致」闕文，故别爲補傳。是書乃依方遜齋説，以「聽訟」即「格物致知」之傳，復申演其義，以爲物不能盡格，格物只在知本，知本即是知至，已越朱學之軌轍。至如言「誠原是心之本體」，「格物之訓，從朱子則流爲逐物，從陽明則流爲落空，看來朱子窮理之説，非教人舍卻良知，而就物作活計也。物從何格，即是以知格之。陽明曰意之所在爲物，格是格其不正以歸于正，然亦何嘗教人屏卻見聞，而孤守空空一良知乎」，「若能於心身内之物洞徹無疑，則自能於天下國家之物乘□立破，豈不直捷易簡，何至有末學之弊，以窮理爲逐物也」云云，則又折衷朱王矣。蓋其時王學流被既廣，士子熏習，不能免於浸染。是書亦兼述制義，以爲帖括取用，故偶或蹈於空疏之習。然所陳所採，不乏明備精醇者，是其可取之處。

是書日本内閣文庫藏明刻本二部。其一爲高野山釋迦文院舊藏（索書號：二七七一九三），五册，書封題「陳氏説書」，卷端題「閩漳陳天定慧生甫著」，版心上鐫「陳氏説書」，半葉九行，行二十四字，四周單邊，即本書據以影印者。另一爲中川忠英舊藏，曾歸昌平坂學問所（索書號：二七七一一〇五），八册，卷端題「閩陳慧生先生著」，下署校正者名氏，均天定門生，各卷不一，版心上鐫「慧眼解」，半葉九行，行二十字，四周單邊，單魚尾，鈐有「家在九峰高處」、「中川之姓」、「中川家藏書印」等印。龍谷大學大宫圖書館亦藏是書，原係寫字臺文庫舊藏。國内僅知漳州市圖書館藏有殘本，存卷七至八、十九至二十。

（金曉東）

敘

余好書。然好渾融透脫之書。君好支離習氣之書。孔曾思孟。渾融透脫之書也。加以訓詁。其爲支離習氣如多矣。余

幼頗彰從訓蒙師時只善貫
纏。翻肝倒肚。涉之些涉。知古人
大旨之所存。而識膠未充。務得
訂可。篆句樣摩。淺從太史林
鶴昭兄遊。畔運風會。揣命之力

有加焉。是不謂余堪與語耶。斯金鏡法。我宿緣。椽緣意湊。神理亦融。玄知玄盡。夫秋風之。墜葉。而春水之流冰也。以故余雖屢發。歡嘯。而躋顯素巨。行形九回，竟自致乎康莊。幸不隸之後人，深師友恩澤焉。可謂也。子丑之闈，一偉再僥。書斯余信是用，退就揣摩，以酬激經綸。嫻當世之務。念昔賢半部經郛康濟大業，豈能越四聖人之書而歸之手。且亦前塋靈所書數也。像而柔之，托始端在茲矣。然而寸臆雖搜，百家其列。哉合為美哉。孫乃訓哉刪繁而就約。或菁鬱以揮華。理解肌分。要。如其渾融透脫而止。詞之詳著。以見之諸篇。夫道統千秋。人心一日。聖賢無爛窩之格。豪傑非婍婀之功。閒人必誅。惡賊難逃。滴滴之流。痛心疾首。爰本天以繩僞。乃說鬼而懲奸。余自不覺其言之長也。間嘗與顧牡其兄。輿言及此。其謂共韙。是書之成。所以代余

又

若飲乎。因取其壯其與寳臚
足。念忠云。余不大謬。經術。經世。
唯。日新。富有。靜觀。知。一見深
湛純粹。余寳誦之發覆其源
就正。不特此卷之小言也。而取

材搜佚之事。則實向楊濬蔣兄借書。兄緗帙甚富。彩筆亦豪。鳳翔文園將為有日。余故資以著說。均君、敢、忌、承、自云。

戊辰仲秋望後之日

陳天定書于慧眼山房

七年

脩身爲本

慧眼山房說書卷之一　大學全

閩漳陳天定慧生甫著

聖經

只看脩身爲本一句便見大學主意大字對本字看孟子曰守孰爲大守身爲大又曰守身守之本也正與此相印首節三停滬下隱隱歸重明德了梁無知曰上二句列其事下一句指其竅葢以明新並提似分作兩椿渾歸止善便即明即新以明德爲主了不可如舊說明新分作兩箇至善亦不得如新說單以止善屬明德遺却新民一邊也知止節孔穎達疏云靜謂止至

善之事繫粘止善句極是定靜安慮正描寫止善光景提出知
字以爲關鑰註云止者必至於是而不遷之意還不如經文定
靜安慮四字之見映也看來大學開口至此隱〻歸重明德便
是隱〻一修身爲本了故提一本字爲大學關目是起語非結
語也下文身心意知家國天下等所謂物也格致誠正修齊治
平等所謂事也六先字六後字正是知所先後而始于格致終
于治平結以修身爲本與前節歸重明德遥相應大學之所爲
大者本焉而已矣
通章只重明〻德〻曰明知是已羅近溪曰明字從日從月天

之所以為天者以其有日月也人之心則天也心之有知則日月也以知疏明極是格物以致知正明明德下手工夫由此誠意正心而脩身是謂明明德而為齊治平之本也到得齊治平則明明德於天下而新民矣經文已自疏得明白時解錯甚且明字新字只好寬說箇模樣工夫還在下文也若止至善則經文又以定靜安慮疏之提一知字衆妙俱呈即明即新渾淪合一了非有一樣明德的定靜安慮又有一樣新民的定靜安慮也可見至善只是一箇恰好完成的名目止字亦不得說甚工夫

[illegible]

鄭孩如曰朱註氣拘物蔽數語祗是說牿亡人的明明德不曾說得聖人明明德此明明德三字通上下言兖明顧諟緝熙此聖人之明明德也

定是止之凝一處靜是止之證寂處安是止之閒遠處慮是止之員照處穩是一箇止的光景而得力在一知字知處便是止處此蓋格物後知至地位而誠正脩齊治平一以貫之者也此等固不得分却明新然不得如時說單屬明德謂此皆心學無與於人者夫聖學無偏枯定靜安三字妙在日涉天下國家之故而此心不亂至慮之一字註謂處事精詳雖似太外了要

亦明中之晶光而天下國家之所以待璣者也渾看為是

本末如根達于葉終始如尾起于首本末只一物終始只一事

重一本字

不曰平天下而曰明明德於天下把新民挿入明德之中德體

原如是也是知治國者明明德于國齊家者明明德于家也堯

典云光被四表光屬堯不屬四表此明明德屬乎天下者不屬

天下註云使天下皆有以明其明德則明德屬天下矣與本文

差些蔡虛齋曰明明德于天下猶言行其道於天下較得之矣

下先國國先家只以廣狹遠近為序本只在身無參差前截下

卷一　三

治平二傳自見

傳釋脩身在正心只虛撮身心相關之理又不曾釋正心在誠意看來誠意之後委別無正心之功也註云意者心之所發時說遂云心該靜動意者動之端又曰心無善惡意動纔有善惡靜處無可致力故於初動處防之如此說殊欠了中庸未發之中一段學問故宋儒於此處欲補一敬字亦正疑其缺存養工夫也且心之所發是情了居業錄云意者心有專主之謂嘗登之有云意有根有苗隱然含者謂之意根猶屬於靜若意之苗則發于識根動而七情別矣何使中無善惡之根安得動而忽

起善惡哉故意不專屬動亦屬靜善惡不專屬意亦屬心心不隨意為生滅意則根心為動靜數語遂甚看來吾人滿心是意睡時夢時意根猶在剔出意字來是敲骨見髓了不止是關門防賊了然則誠意者誠于其根非誠于其端也故傳以慎獨釋之慎獨即是致知易云顏子有不善未嘗不知知之未嘗復行此箇知字大明中天魑魅罔逃如好色如惡臭都是一刀兩段學問非克伐怨欲不行就情識上打點隄防瑣碎也又說甚麼靜存動省乎

誠原是心之本體意而曰誠單就好邊說正指其最初一念如

易云幾者動之微吉之先見最初一念只有吉那有凶後人添一凶字來便有對待而意落第二念矣

葛屺瞻曰知在心乃性靈之了照知在意乃情識之分別致知根識意來宜單就意說蓋心知未易處露而意知當下可提也

夫分別之知與了照之知有二乎使分別而不能了照則其知煩矣看來致知還是用了照之知姚元素曰意有兩岐知惟獨照極是故傳以慎獨代致知正恐人逐之分別遂不識意即是心以情識當之而求誠于意苗不求誠於意根也

格物之訓從朱子則流為逐物從陽明則流為落空看來朱子

窮理之說非教人舍卻良知而就物作活計也物從何格即是以知格之陽明曰意之所在為物格是格其不正以歸于正故曰無善無惡者心之體有善有惡者意之動知善知惡是良知為善去惡是格物然亦何嘗教人屏卻見聞而孤守空空一良知乎王龍溪曰致知在格物猶云欲致良知在天下國家實事上致之云耳鄒子知言有云明德即是知明明德即是致知新民之外無明明德故格物之外無致知欲明明德者在致知故欲明明德於天下者在格物以致其知也亦自周旋得好看來格致之關可損可漸可粗可精可零可總只要看一格字是活朱

註便無病昔妙喜謂張子韶曰公知格物未知物格所謂摩圍玩月紋生角象被雷驚花入牙於格處思已過半張子韶至徑山與馮給事諸公議格物妙喜曰公祇知有格物而不知有物格子韶茫然妙喜大笑子韶曰師能開諭乎妙喜曰不見小說載唐人有從安祿山者其人先為閬守有畫像在為明皇幸蜀見之怒令侍臣以劍擊其首時閬守居陝西首忽墮地子韶聞之遂大悟題不動軒壁曰子韶格物妙喜物格欲識一貫兩箇五百

上下兩節文勢瀾翻上節由明德於天下說到格物一層擕入

一層如深淵取寶令人胆裏且格物兩字何等精實洗礦空
之蘂下節由物格說到天下平一層濬下一層如順水放船令
人神曠且物格兩字何等圓融大掃支離之障真聖於文者也
本字對末字看只是家國天下之本若心意知等則括于脩身
之中李見羅謂齊治平不以身為本則流于雜伯誠正格致不
以身為本則流于頑空此道學家提宗說話非大學本旨也觀
下本亂末治句便見厚薄二句承本亂來身不脩則家不齊況
國與天下乎看来聖人道理周家提起家来無有意思觀治平
二傳皆言孝弟慈則治國平天下只是處置得天下人孝弟慈

無缺而已天子以孝弟慈起化庶人以孝弟慈承化合為一家合為國與天下則天子庶人均有天下國家之責者也孟子曰家之本在身是皆以脩身為本於此了然

傳一釋明明德

三引書只要說皆自明一句重一皆字正釋經文在明明德一簡在字湯霍林曰此章不是釋明明德是釋大學之道在明明德從邇而上宛搭一皆字血脈是說現成榜樣非翻說當日工夫吳李子曰周書統言之商書原其始虞書要其終講錄云康誥只平平說大甲較說得密堯典又說得濶却似有原有委有

條理安排得滴水不漏微玩之儘堪咀嚼

初問云顧諟是及觀內照明命是何物可以及觀內照的只是內省此處明處若謂以心去顧諟明命則心是一物明命又是一物誤矣

廣韻云諟正也審也貼顧字說亦好孔安國曰諟是也即吾斯未能信斯字意加一是字于明命看更虛活蘇子瞻曰以言許人曰諟則又湯顧命而命許之矣語氣似拗却有微理可會

自明自字猶云本來面目還他本來面目無欠無餘之意加此

一自字明明德之義了然此傳有善釋經處

傳二釋新民

極字即至善至字用極是止至善如何用極却早是明明德了首節新新不已正是用極樣子三王都是用極的不是至新命而後為極但安排箇自新新民新命又都似有頭有尾此道理融貫處也末節是責成後之君子催人上路非評徃窠也

朱子語類徐仁父問湯之盤銘是明德事而今屬之作新民之上意者申言新民必本於在我之自新也曰然莊子言語道而非其序則非道矣

苟字註訓作誠是極吃力字眼愚意苟字有轉下撥轉之意若海無邊回頭是岸正妙在快捷也又字舊說以保任言矣無障謂學問不長則消豈有中立之理還是日進一日較新與饒雙峯曰所新雖在民作而新之機實在我之新機有息則彼之新機亦息矣王觀濤曰作新民非民已先新而我作之也乃振作簡能新之民來

古人言道必稱天極是有源本學問天之命我者德所以為民猶是也伊尹曰使先知覺後知使先覺覺後覺天之立君意正如此若能搏挽民風豈不克當天意故言明明德必言及顧命

卷一　八

陳氏講義

爲○言新民之自必言及新命金仁山謂文王新命只就當日民

風日新日異說如光于四方顯于西土之謂不必推到興王上

似太拘

黄貞父曰無所不用猶孟子謂凡可以得生者何不用也惱殺

容徹底之語

傳三釋止至善

經言知止。傳何以別言敬止。敬字正是知字。故曰緝熈敬止緝

熈者緝其熈也。是常醒此知意正頂上文於止知其所止句來

下恂慄即是此箇敬威儀即此敬之外現者敬處便是止處了。

便是盛德而至善。親賢樂利，都是盛德中事。下節正申上節

上虛，撮其理而下指言之也。

首節影起止字，細看又有明新之意。邦畿為民所止，非單指邦畿內之民也。惟皇建極，萬方繫命，如所云商邑翼翼，四方之極也。豈不是具明新二意？二節詩只言止，孔子却說出知字來，正見止非糊鶻，有知纔有止。無知便不得止了。故曰知之一字，衆妙之門。若敬止之文王，常醒此知者也。一止而衆妙呈，分為仁敬孝慈信，合只是一箇敬止。月落萬川，處處皆圓也。須知仁敬孝慈信是明德，仁敬孝慈信之所施，便是新民。即明即新，渾淪

一致了後之君子用學脩工夫完此敬躰正是醒此知躰而親賢樂利一盛德以貫之亦不得把明新分作兩項以兩節分配也

楊後所曰於止知其所止此提人之語非贊鳥之詞因引黃鳥之詩乃提人曰於止知其所止可以人而不如鳥乎乃借鳥策人非謂鳥知止而人反不如也知是何等學問乃人所通微入聖之路以之許蠢而不是偏而不全之鳥決無是理

與國人交如虞芮質成之類還是交鄰勿看作君民恐礙為君句

林次崖曰學是理欲上剖拆得十分細脩是刮除得十分淨省来二意相連並進學脩亦是合一的若以八條目言之學脩可渾配格致恂慄可配誠正威儀可配身脩親賢樂利又可渾配齊治平也

君子既云後賢後王則親賢亦宜兼後賢後王時說親其親都單說後王說殊不知孔子之於堯舜徑云祖述亦可稱祖則賢獨不可以稱親乎樂利兩意亦相關樂者太平之風利者太平之事也四其字都指先王親賢樂利早已括在仁敬孝慈信等裏面了

傳四釋本末近作釋格致

首一句且丟一邊無情二句一串提下。点宜作歇後語。大畏大學屬君不屬民猶言有大手段懾服他也。耳虛說以養末句口氣。知本知字連讀猶云洞燭化原耳言孔子此言正為知本者言之也。大畏句重看與君子之慎獨同一探本之論

宋潛溪學士曰綱與目之名無有所謂本末者何必傳以釋之方遜齋先生曰以聽訟釋本末律以前後之例不類合為一章而觀之與孟子堯舜知不徧物之言正相發明其為致知格物之傳奚惑焉

按此章直作格致傳。近說亦然。而分疏多未明朗。惟方先生知不徧物之論最破的。今請演之。見得致知在格物者非盡天下國家之物而格之也。天下國家之物豈能盡格得來多見多聞竟是含本逐末了。豈知格物只是要知這箇本物格只是曾知這箇本知本便是知至了。疊語接下以知至詳知本。寬以知本釋物格也。看來傳者釋經直是轉法華手。如此傳只用經文現成一箇本字于經文格字多少發明。經文格字妙在以物合我滿地上都是藥草。此傳本字妙在以我御物。明鏡裏石窖纖塵若能格心身知之物洞徹無疑。則自能於天下國家之物等

立破豈不直捷易簡何至有末學之弊以破窮理為逐物也耶推

郭象註莊吾尤心折曾氏十傳

傳五釋格致

朱子作闕文故有補傳今依方先生說則此傳不必補矣

傳六釋誠意

單提一句所謂誠其意者不云誠意在致知又下章不見誠正

合傳看兩慎獨即致知心廣即心正致知正心二義已兼見備

也蓋心意知三字同條共貫外却意而言心則心為槁木矣以

意言心精于心者也外却知而言意則意為飛塵矣以知言意

精于意者也荀子有言偷則自行使之則謀朱子解曰偷心是
不知不覺自走去的不由自家使的使之則謀這都是好底心
由自家使的潙山禪師云其參禪幾年了至今不會斷得這流
注想此即所謂偷則自行之心也若論此章獨字正是使之則
謀的燗燗有知豈不是謀的由自家使豈不是獨的慎獨便意
誠義微矣
開口毋自欺三字大意已了了欺字藏一知字正照獨字看慎
獨即是無自欺上槩論箇規矩下責成之也
知至後作麼有欺如何時說都謂自欺其知者來自欺的人總

卷一　十二

是不會致知的或曰如此則該云自昧何言自欺答曰大學所謂知即顏子有不善未嘗不知〻之未嘗復行之知此箇知字如何着得欺與不欺今此自欺的人要說他不知便罔昧可憐了不足怪了何得坐以欺字罪案要說他知又豈有胸中了〻一向糊行之理若說他半知半不知則此知全不得力亦算得甚麽知字也看來一知一欺毫釐千里決不涉入自欺云者欺其知致之知非欺其已致之知也欺其本來不容斷滅之知非欺其格致後大事了畢之知也本不曾知故有欺病本來有知故謂自欺

本来之知正是獨知遇色知好遇臭知惡何等直捷爽快指點極親切在小人則厭然一念正是本來之知發不及覺與作見入井一般所謂獨也向使小人出其機智與君子並驅則是非必且至指無論外面爭鬪漂脉中點竄見得是而以君子為不然也無論小人君子亦有然者何則此皆情識上分別之知非獨知也情識之知分別混淆獨躰之知靈光了照淪于情識君子有自欺之時遍出靈光小人無自欺之地傳以慎獨代致知精言知哉

鄭孩如曰知貫乎前後無論真妄已分未分而知皆在焉而兹

之所慎乃在於最初一念猶太極之未判也獨者一而無對之稱於此不慎俄而分途則有惡以爲之對一者判矣故遂有下文小人之事

惟獨中小人不得自欺故曰誠於中形於外此二語究極一箇獨字面目厭然一念正是誠處予所謂本來之知不容斷滅者此也所謂自欺其知正欺此知此知一提自欺不得欺人亦不得矣即誠即形都是心靈變現語獨至此直令鬼哭神號不從是揭小人以爲戒

指視節厎說承慎獨說下指箇慎底光景接下潤身去亦直提

若依舊說然宜作咏嘆咨嗟以勝人當慎之意切勿再把誠形來實〻填塞了也

說出心廣體胖便把正脩田地都括盡了可見意誠便心正身脩了故以德字與之下文心之未正身之未脩總是意之未誠耳饒氏曰下二章蒙言心不正身不脩之病而不言所以治病之方只已具於此章故也

抽出好惡兩關直到平天下處都是這箇好惡最宜着眼

傳七釋正心脩身

忿懥等字甚煩重都是不好字目有所二字只襯貼之詞時說

重發所字謬甚身有之身亦不宜改作心這等都是從軀殼起念的不從空明流出故有此病心不在焉即頂不正說下不在者不在正處如云緣邊走也不見不聞不知味全身顛倒矣如何得脩身心之相關如此

饒雙峰曰忿者怒之甚懥者怒之留許白雲曰好樂則喜與樂也但好樂字有力而近於欲恐懼憂患皆哀之類也但恐而至懼憂而至患皆有過當意

泰屯潭曰有所是執有不在是落空蓋而蹊逕隙妄竄而真自現也如楞嚴徵心一段李卓吾亦謂此乃明心圖有所在固非心

無所在紛非心於此明得則思正矣附以備見

傳八釋脩身齊家

親愛等件只是好惡兩字不知惡不知美只就現游說不是後來改換了而我之好惡執着不化也好惡乃身之行于家者不脩不齊渾淪自見知字最重能致知便與此等辟發

以上二章都是借箇常情以描寫心與身之與家相關之意不是誠意後及有忿懥等情及好惡等辟也舊說為誠意後作周旋都要說得極微極細求工反拙癡人前固不可說夢

傳九釋齊家治國

精擅旨訣

此章頭緒無多，說者自作葛藤。只看其為父子兄弟足法二句，大意了了。先須把事君、事長、使衆一層意放在一邊，勿把來攙纏，便迎刃節解也。所言事使者，欲令國治，當令事使之間各得其宜，而要不外孝弟慈。得之見得治國君子只消教民以孝弟慈，此孝弟慈是根心的，不學而能，一觸俱動，興則俱興了。心誠求數語，正是指點出真心以為聯屬家國之血脈，非為事君等句作註腳也。此節最宜着眼，見得孝弟慈是吾人真心，我一家有此孝弟慈，一國亦同有此孝弟慈。只怕我自家先看未盡，為統求人非人，便把此真心都埋沒了。何也？從好不從令，民情類

然也引三詩咏嘆而結以足法民法着父子兄弟四字孝弟慈之教本自可知矣

從來說此章書有三箇把手孝者三句分明是列教之目言孝者所以事君之子欲教人事君只消教人以孝便了弟慈做此本自明白而今徒云家國一理含糊不朗及無以安頓事使一層意一把手也康誥節引如保赤子一句下面只說保赤子了以明慈之不待學而能例看孝弟之不待學而能是根心之物一呼立應以起下興仁興讓之意如保如字本不曾就着以發議論而今反為此字粘帶把使衆來纏又把事君事長再來

照二句

陳[illegible]詩書

纏二把手也至末三引詩二關一關歸結在其爲父子兄弟二

向只還他孝弟慈而今於桃夭一詩添出夫婦一意豈知宜家

只從説引詩只槩説箇大意能必件件擬合耶三把手也去此

三把手一路坦然矣又章內字眼頗多總不外孝弟慈三字把

來融會對照好歹都括盡如仁是孝弟慈之讓然慶讓是孝弟

慈之秩然處以兩字括曰仁曰讓以一字括又直曰仁無許多

枝葉也

脩身以上都是學之事齊家治國方是教之事故拈出教字其

家不可教無可爲教家之具也念身不脩意孝者所以事君直

只破世述

從脩字看出

是即孝即恕當念與恕非移孝作恕之說弟慈亦然心誠求誠字是真心自然不容已處不是用力字一家仁讓所謂其家可教也含身脩意但不要于頭上安頭帥天下如將帥之帥改作率字不如本字端重其儀不忒下即以法字頂之即仿法字看詩云儀式刑惝滿也

時說如心為恕解甚沾滯看来恕字只是不責人之意聖賢學問都是反求之己見自己不是處多見別人不是處少故能自脩無缺而和氣薰蒸潛移嘿奪喻人於不知也有後求無後非即先難後獲敬事後食之後只嘗飽喫食無不分心於求人非

此二意

妙

[illegible]

人也若謂因欲求非而先用功於有無大似以善服人便不

心服了若謂已有已無矣我如是都要強人如是大似衣輕煖

而責人之寒食粱肉而責人之飢多見其不相諒也有此二見

便礙是想便與人多檐礙去此二見纔海濶天空揚後所先生

言之甚悉最宜熟玩

揚復所曰有諸已二句乃君子心地自相語如此言必有諸已

而後可求諸人不然何以求人必無諸己而後可非諸人不然

何以非人蓋只求有諸己無諸己非真欲求諸人非諸人也所

以下設曰戲乎自不然有諸已而真去求入無諸已而真去非

刻出藏人露旅極矣刻治極矣何以為藏何以為總也哉

傳十釋治國平天下

此章文勢如流水行雲，原無段落。中間三言得失，乃儆策之詞，不曰得執為分截用人、理財二意，只牽連注入，無端。只要識箇大意可矣。首言絜矩，是平天下的作用，責實在好民好惡民惡二句，不外下理財用人之意。然其源頭則在慎德，故喝出先慎德來。中間自有財說到去，嫋嫋若斷若續，蛛絲馬跡，隱隱可會。正不得把理財用人截斷兩處也。末言忠信則能慎德，後事慎德即慎獨，忠信即意誠。慎德而忠信，即慎獨而意誠也。看來慎德還高忠信一層忠信又高絜矩一層本傳於此二大意皆着力提唱叮嚀君子而慎德着一先字正此章大頭腦但提出慎德作主大意了然矣生財以下說出去聚斂來把理財用心攪作一團了人皆知之皆言之矣

平天下只是要平箇財生財正是散財無二層意不專于己而與民同之即此是散即此是生中間許多處置總為孝弟慈的物料處置也不然仰事俯育用箇甚麽故用人與理財不對須云用人以理財又須知媢嫉與聚斂臣總是一箇人本文上明說使為國家菑不是梱國重臣了這樣的人最是有些伎倆最

是會媢忌如王安石吕惠卿等做出青苗手實便壞却多少正人君子則媢嫉與聚斂臣之合為一人可知矣

今且將絜矩慎德忠信三大意槩作三大段自上老老節至殷之未喪師節作一大段本文唱曰是以君子有絜矩之道以下都説絜矩了首提興孝興弟不倍三句見得孝弟慈人心同然當有以處之使遂其欲故貴絜之以矩絜字有處置在內不是空空一比勘的上下前後左右六箇位分明盡也絜矩圖要活看單言惡者去惡則好全也以下去媢嫉去聚斂都是用惡以成好故以好民好惡民惡言之責以父母惕以具瞻而聳言

峻命之得失然甚精微有國者奈何不慎

自先慎乎德節至究必逮夫身節作一大段本文喝曰是故君子先慎乎德以下都從慎德說去慎字承上不可不慎來慎之於與民好惡猶後也慎之於德故曰先正從獨處慎之所言有人亦承得衆來言有土亦承得國來聖賢道理融貫遂順口濡出有財有用來開下文許多說話此上下相生之法也至楚書二節亦是双挑文法上結務德不務財之意下開用人之端遂接以秦誓而致意于去娼嫉一派說話過接甚奇若斷〻推勘則惟善為寶句已為明說用人了只仁親語無下落然從來

援引點只緊說個大意不必擬定下落也宜下文言子孫黎民之利于寶字極相關于仁親意亦相照時說謂楚書二節結上理財秦誓以下說用人遂破碎不貫矣吳妙廬同絜矩大學終事也其始必有事爲乾離之合爲同人用離則明而不蔽體乾則公而不私用離者致知格物體乾者誠意正心于先慎乎德甚有發明

人土財用都是君子現成的所言有者保守勿失之意本末兩字攜作兩開看本謂本計末謂末務看此瞻直作德者財之本財者德之末看出一脈相生極是蓋平天下只伏個財如何把

作末務輕也。

高中玄曰：爭民施奪，謂爭民之財，而先施其奪於民也。民豈不以奪報我乎？下文遂從民散說到悖出，叠叠相承。于而是故字有理會，勝註。

斷斷休休，總是天清日霽、波恬浪靜之意，一直看下。葛屺瞻曰：斷斷，斬截也，不見一毫沾滯；休休，閒遠也，不見一念煩擾。較渾融繆當。時曰：斷斷是剛決意，休休是和柔意，剛柔不偏相道也。焉不妨如有容，寔能容，及寔描寫只是一意，而文法則上呼下應。寔字重看，與下實不能容，皆刻骨之談。

放流媢嫉緣能容得有容便培植許多人才而子孫黎民僉受其福豈不是能愛人了相以能容成能保君以能惡成能愛中國之內斷不可使媢嫉居之以貽害於此土也如此愛惡正辭民情行之若見賢而不舉不先見不善而不退不遠便是好惡拂人之性一直說下非有兩層

命訓為慢近直作命字看屬賢人身上說所謂嘆我生之不辰哀朕時之不當也不責君而慨賢人甚悽惋但下過字又屬君說覺兩邊不相照看來君相造命不言命雖賢才用舍關國家理亂氣數要為君者能自作主便不被氣數顛倒了命字與

過字總是一味顛倒不能自作主張之意
只看好惡拂人性一語便見是驕泰的人了好民好惡民惡豈
是驕泰的能得上文辟則為天下僇正是這箇人看來此段括
出好惡兩字上關着絜矩下關着忠信一片渾成文字都從這
裏點眼
自君子有大道節到末節作一大段本文唱曰是故君子有大
道必忠信以得之以下都從忠信說去能忠信便能絜矩一味
真懇便與民痛癢相關了其實根能慎德來細看此段正申慎
德前段之意蓋言慎德便含忠信在內言有財便含生財在內

言去媢嫉，使令去聚斂，在內但上段說得寬大，下段說得嚴密。

下段即上段的註疏也。

吳季子曰：聖賢議論雖高而不虛，雖正而不迂。大學卒章深以聚斂為戒，使他人言此，則但知財之不可聚，而不知財之不可無。議論激而趨於一偏，天下後世始病其難行矣。聖賢既闢聚財之非，則必曉之以生財之道。蓋民生日用有不容一日闕者，顧聖賢自有生財之道，非若暴君污吏浚民以自殖也。知正大之道可以生財，則所憂者不在乎財。置而言利之徒不得乘此以援其隙矣。

財恒足或言君足。或言民足。大似一家人自分汝我。以財發身把財來發身也正指上生財說。不是丟却財以身發財則將身狥財矣。便是丟却身了。

終事舊説指君之事。近謂輸將之事。勘向財上去。又謂始輸之終守之是箇終事。作引起末句。一直看〻好。

下此謂國不以利為利二句。正申上此謂國二句之意。上虛下實。勿拆作兩樣看。

細看齊治〻平二傳。都歸重主德上。齊治合傳言身處則家在其中。言家處則皆根身說來。總是脩身為本也。然猶可尋家國相關語意。至此章治平。總不見分析。總籠歸一慎德一事之內。上。自明德下及新民全經括盡而實際在用人理財二意又不是空疏浮泛大頭巾套訣中關或言國或言天下矣口成文初無定執最是聖賢道理究溢處若後人釋經便件件區分毫不敢淡入矣且如此章要摘定釋平天下在治國縱釋得十分開析其如脩身為本何參之

說書卷之一終

慧眼山房說書卷之二 中庸

天命章起達孝章止

閩漳陳天定慧生甫著

天命章

通章只勘天命二字得破便于脩道處了了命如命脈之命詩曰維天之命於穆不已此天命絕好註疏也其在於人為獨不睹不聞之中莫見莫顯存焉昭昭靈靈却不落昏沉又不落掉舉這個去處正是命之不已處這個正是人之真性王陽明曰不睹不聞是本體戒慎恐懼是工夫又曰戒慎恐懼亦是本體可見即脩即率不曾于性上加些子也中和則慎獨後境地乃

既脩之完養而教之所以行也位育正是教這箇教字包政教
等件在內如所云裁成輔相爲耳不徒是教人一事教不外脩
成己成物原是合下一套學問非盡性而至命孰與于斯
若槩說性則有許多襍揉如孟子所云聲色安佚之性與宋儒
所云氣質之性這等如何率得今直指命言性便是至精至粹
的故從此率却便是道看來氣質之性與聲色等之性亦原于
天然此特天之游氣而非天之醇氣也天向一中分造化定有
個真去處這個名爲天命言天不言命不正言性不言天命亦
不清也論吾人性中之命除却獨知全無是處終日播弄精魂

無論遂邪趨妄說使都在名理上打點點是睹聞邊事與天命淺交涉子思子拈出天命來示人脩道之方其手性學微矣脩與率非兩件率是本體脩是工夫率是工夫中本體脩是本體中工夫於天命上不增一毫是率於天命上不減一毫便是脩了下慎獨正是脩教字直指位育方完得盡性內事舊說于脩道處差些新說將教字改作學字看却又隘也

不可離兩節下節申上節之意獨即不睹不聞慎即戒慎恐懼莫見莫顯二句即不可離註疏也此不可是人真念頭上一點過不去所在單單一點良知更無絲毫夾襍趋藪絕色睹聞双

泯故謂之獨看来自家良知果是昭晰這點念頭過不去處何等隱微何等見顯豈不是自然的戒慎恐懼了本體工夫一齊俱到余故謂之性中之命而率于此率即脩于此脩也

所不覩不必說合眼即睹而所不睹者自在所不聞不必說掩耳即聞而所不聞者自在二所字極妙自性躰言非自時境言

古德云竹影掃階塵不起月輪穿海水無痕

論性初本是中和的只為世人不會慎獨便把這中和打壞了無論發處不能中節就使未發亦如病瘫的一般症候未来却早病根隱隱也惟慎獨後纔有中和緊粘慎獨說下為是大本

見地高明

二句為下位育張本。天下兩字即天地萬物也。中為大本，併包天地萬物之本也。和為達道，闡通天地萬物之道也。故致中和便天地位萬物育了。自是寔理寔事，不要懸空說向上去，且語氣承接甚明。致字、立字、不必另樣功，已在慎獨處也。拈出喜怒哀樂四箇字，是說性實際處，猶大學誠意章之言好惡也。大學言出好惡，便連治平都貫得去。此章言出喜怒哀樂，便連位育都揮得來。不則慎獨為空玄矣。已發未發，朱子原有兩說，以已未發為二時者，註說也。一說未發即在已發之中，所云發而未嘗發，猶睹聞之即不睹不聞也。看來兩說俱可識得性

發之已未發非二則時境之已未發有二雖分寔合何妨也乎
哉
朱子曰自有生即有知識其間初無湏刻停息然有所謂未
發之中寂然不動者夫豈以日用流行者為已發而指夫暫而
休息不與事接之際為未發時耶嘗試以此求之則泯然無覺
之中似非虛明應物之體而幾微之際一有覺焉則又便為已
發而非寂然之謂蓋愈求而愈不可見于是退而驗之于日用
之間則凡感之而通觸之而覺蓋有渾然全體應物而不窮者
是乃天地流行生生不已之机雖日用之間萬起萬滅而其寂

然之本體則未嘗不寂然也所謂未發如是而已夫豈別有一物限于一時拘于一處而可以謂之中哉

按此章只重慎獨即大學之慎獨也俱就歷歷孤明諸緣不對一點良知而言舊泥大學一意字遂把獨字為意中端倪以此章獨字為靜中之動對上不睹不聞作兩橛遂有靜存動省之言也然則大學果欠一戒懼工夫乎先輩以慎獨中戒懼當矣但須知不睹聞非昏默本文上明說莫見莫顯了與大學之言知何異也嘗登之曰大學以慎獨言誠意正恐人未誠意于正心之外必落于幾後而好惡難及其真如此看來與不睹聞

又何異也。舊屺瞻有心知意知之說，前已辨之。二書獨字斷作心知看，意知之知，于獨知差一層矣。

君子中庸章

此章口氣甚明，但不要添上說小人反中庸，下說小人之中庸也。正為小人混于中庸，故用反字別之，則小人之中庸句不必復添一反字矣。本文君子而時中，正言君子是時中的；小人而無忌憚，正言小人是無忌憚的。兩而字何等直截，如何添出君子之德、小人之心來，并着一又字，作兩層也。髙中玄曰：除却無忌憚，何以為小人之心？足破其惑矣。又時中時字，正與無忌憚對照隨時取中正是戒慎恐懼處今云時中上一層還有戒懼之功不免頭上安頭是以時中為事境而不知事境之即心境也豈知慎獨工夫無寂感無動靜即已發而未發在即睹聞而不睹聞存隨時取中都是良知做主才情意識都用不着觀變度務豈容一毫私意參于其閒如唐虞揖讓湯武征誅作用不同歸于恰當有何奇特處這個時處極是庸處故以時中疏中庸析理甚精寔揭出君子一段戒懼的心把與小人看不會轟雷頂門一震也順本文看去大意便得

中庸其至章

況無面目首句夫子反覆中庸獨見其妙究地贊出此一句語氣小頓轉眼當世不勝感慨故曰民鮮能久矣看來夫子此語一片婆心久矣二字嘆人鮮能正醒人能也

道之不行章

此章即上章註疏合智愚賢不肖幾様人都是錯的故曰鮮能其實非鮮能也鮮知也易曰仁者見之謂仁智者見之謂智百姓日用而不知君子之道鮮矣仁智之見同于百姓之不知之豈易言哉或曰既日用矣而何以不知也答曰中庸言率性之道必先指出天命之性来正恐人悞認率性而以一種情識當

之運着惺惺胡亂做去緣何不迷昧一生也故非有慎獨之功
不可以言率性非有知味之學不可以言飲食慎獨之功知味
之學也莫見莫顯獨之為知也至矣總接得大命而無憾於率
性此知一徹千錯萬錯所以明行兩字都括在此知一字之中
後人把知行分作兩項猶未夢見此知在烏識明行合一餘
不明便不行了不行便不明了故以智愚屬不行邊以賢不肖
屬不明邊交互說去正是明行合一也時說由不明故不行由
不行故不明着一轉便差了此且賢智之過總是見不到耳故
總謂之不知味註中不足知不足行之說不可從又末節註中

[illegible]

察字亦替不得知字

末節只就上節意咏嘆一番無限提醒在莫不飲食一句釋云貪迷衣領珠亦此意也大率是寓言之辭與風人遺興相似冷冷活々徑將道字抹殺亦可有謂飲食即道者粘帶可憎有謂以飲食喻道者亦比擬可厭矣

道其不行章

其字夫字即慨嘆即提醒

舜其大知章

此章以中字作主稱大智還就用中上見問察隱揚揔是用中

内事紛之只是一個擇字撇下情識虛心觀理極豁達處正其
極精細處以其于中恰合故謂大智不自用之說非正旨
問察須看一好字程子曰造道既深雖闇常人言語淺近事莫
非義理是也隱惡揚善如向陽之木自長背陽之木自消舜何
容心爲又須知隱字不是隱藏洪爐點雪與俱化矣并那惡亦
無停消處鄭孩如曰惡字亦不是悖謬不善之言如物有美惡
之惡蓋其粗觕而不入精粹者而端者不一之謂是個虛貿處
執一便極執而纔活這等都是極善的但事理萬變全靠着一
邊不得也即孔子之所謂時孟子之所謂權也執字如云提得

卷二　七

起放得下操縱自如非可以量度言也用其中于民亦不可云用民之中這中還是舜作主如善与人同亦是舜之善与人同也故曰用其中但出于民心之同而非一人之私如鏡納影有大捐合處如丹點鉄有大冶化處故曰用其中于民譚子有言謂水之涵天也不知實天之涵水也水涵天是民境地天涵水是舜境地即此用中句意也其斯以為舜句口氣自上文拖下不要回轉又不可添出大智以上都是說大智了此句只虛活咏嘆有揖作人榜樣意

看来中庸言致中則致之於獨此言用中則用之於民非有兩

意中原是庸的一人之中天下人之中也吾人心量本何包裹得来貫串得去且如一件事審到恰好處何我何人何聖何愚只有句恰好處做而已豈不是心量如此渾同的一有意識便分畛域便據不能舍距不能從了如何做得恰好則心量固而意量局也故心知与意知有辨在心了照獨中無邊際之知也在意分別則獨從落一層之知也舜之大智正用着獨知而致中用中又君必以舜用訓之矣

人皆曰予智章

朱註以上段況下段近作兩開看上是不能擇下是不能守上

是索隱行怪的下是半塗而廢的亦有理但依朱註以上段罟
獲陷阱照下段擇不能守映發極有趣見得中庸以外都是坑
塹這個人錯腳在那裏去了哀之醒之俱在言外
病痛俱在予智上所謂意見用事也誰驅誰納正予智驅之納
之也擇不能守不是守不得牢還是擇不得精總之意見用事
彼所謂擇即彼所謂智耳然則何以亦謂之中庸也曰此正天
命流行不已處闡提佛性靈根不斷也又且海闊魚躍天空鳥
飛中庸如彼其大也何却一予智者參

回之為人章

說出為人二字便是中庸真種子這個人字直根着天命之謂性說來這個為字便合着率性之謂道脩道之謂教說來語畧意詳字法神品也擇字對下一字看擇非合理欲而擇之也毫釐之辨正在天理中同原異派處分別出來蓋去其不一以歸于一也一如惟精惟一之一是此善大統會處不是零碎工夫看来語善到此便是模着繼之者善了把為人的命根都拿住了下拳拳服膺不得說甚吃力服字即伸依乎中庸依字看得力工夫早已在擇處也

天下國家章

以上三件形容出下一件極妙上三件是得樹攀枝的依傍得來下一件是懸崖撒手的湊泊不上上下須對照不要截斷又須知不可能是說中庸之妙非說其難以難阻人非聖人意也

子路問強章

只要看一而字而者對我之稱即我之轉名也這個而字是直從天命說來欲其探討本來面目即添出所當強當字便錯矣天命之謂性未發謂中發而中節謂和不剛不柔有何南北風氣之累其落于南北者習重而性微也故偏剛偏柔風氣囿之宋儒謂學以變化氣質為先立言亦妙然不如此章一個而字探

詩本來之爲微也
通章重中和兩字下兩不変都跟中和說下
寛柔以教謂以寛柔立個教門猶佛家所謂法門也
居字根方字来總是圍于方之意
先從南方說起又云君子居之与北之強者居之下字亦有高
低所謂高明柔克隱隱爲子路下針
中和即天命章之中和時說謂中字帶一立字便不是未發之
中看来中者天下之大本也下言立天下之大本則以立字襯
中字儘有微理可會袁七澤曰和者已發易流今不流而還其

源中者未發未發則四空無着意識不能緣情念不能到處君
子安住其中不依倚一物且隨所遇之有道無道一無所交非
聖人其孰能之故曰強哉矯說流字立字倚字甚貫無可從
來了凡曰易言雷雨之動滿盈水在雷上雨意塞于天地之間
雨一作則塞意亡矣君子之經綸取象於此精神一點滴洩則
塞意亡矣故以不變塞為難按宋詩有云須臾歷滿三農望却
欽神功寂若無寂若二字塞意始終未嘗亡也正可作塞字註
疏吳因之亦云塞者務內之學即首章之不睹聞末章之闇然
意若徒云不為富貴利達所移則南之以忍勝人北之視死如

歸。彼豈以富貴易其心者哉。

無道不變於不變內着不得些子。吳因之曰論語不曰堅乎磨而不磷不曰白乎涅而不淄聖人之遇磨涅也有不磷而已矣未嘗磨而益堅也有不淄而已矣未嘗涅而益白也不磷不淄所謂不變者也。益堅益白則動於氣矣。如此者總可抹倒南北之強。當國無道横政所出横民所止無一處一事不可以激吾之意氣一為所激。便較平日愈加慷慨。愈加挺持。東漢顧厨俊及之禍可鑒也。聖人曰邦無道危行言遜可謂至死不變者非中和之養其孰能之。

索隱行怪章

李卓吾曰此章是中庸圖吳無障云通章只形容得一中字首兩節兩吾字活帶特借自己以發明中道不是自叙口氣方文伯曰吾弗為之矣不重在表己之不為只是說這個決不可為吾弗能已矣不重在表已之不已只是說這個真机自有住手不得處一不當為一不能已便有一個依的境地隱隱與末節相關豈不是安排箇中庸圖了末節末句神情甚遠索須理會梁無知曰聖者與聖人不同聖人有定屬之名聖者無定屬之名亦在人為之耳蓋就上君子而直指之分明有自勉勉

之意非退託不敢任也與上文不為不已處同一婆心細玩之自見

隱怪處說有述中庸處說遯世不見知則半塗之廢的為名心所使也此學問中第一病痛中庸鮮能正坐此故說到此條不明不行的病根刮骨刮髓說盡矣

遯世與避世不同避在世外遯在世中中庸之理那一毫不與世人相入而世人業重障深當面錯過及若中庸遯之者然世自迷衣領之珠故使中庸懷被褐之玉若論究竟統同則跡睽而性合也魯登之曰照千生之因地者緣不必結于一生培萬

世之道基者各不必成于一世不悔之意蓋如此若認作掉頭撒手並不顧人便是異學了

君子之道費而隱章

此章書說者皆知重一費字及問其何以為費則曰滿天地間都是道如莊子所云瓦礫溲溺是道一般如此看来大似撒潑又曰與知與能是費不知不能見道大于聖人亦是費天地有憾見道大于天地都是費是則費矣但問中庸原為隱怪下針如何說出聖人不知能来為渠推波助瀾則又曰聖人不知能正聖人不為隱怪處然則聖人知能之外必皆非正理如何把

妙詮能世歸說向翻訂截鐵

来說費既把来說費則聖人所不知能亦必是皆正理也如何聖人於正理上反有隱漏無惑乎隱怪之紛紛矣朱子曰聖人不知能都是無緊要的無緊要三字反說得不鄭重了然則至字亦是無緊要的了子思子此言反汗漫葛藤了也且天地不盡道之說亦甚糊鶻道原於天如何子勝其母須知有憾正是天地之大處所謂不與聖人同憂者也使天地一一無憾何消君子主持三界惟心正於有憾處顯出君子大手段此章首句提出君子之道来便宜句句貼着君子身上說中間數演許多到末節結穴只是造端夫婦與察乎天地數語而已約而言

訬

之只是說君子之道基于與知與能而極于不知不能也何一也
此不知不能正所以補天地之憾而察乎天地處子思子明言
及其至也察乎天地此至即不知不能之至此天地即有憾之
天地此察即上下之察是子思子明以聖人不知能為察乎天
地而補天地之憾也蓋有天地有憾而鑿與知與能之良者燾
亂固多守與知與能之樸者補救亦少君子之道須是基于與
知與能而極于不知不能總能建立乾坤而參贊化育愚嘗循
覽古今數大聖人顯化真箇有所不知不能世人見短反為他
廻護遮掩豈知聖人顯化正在彼不知不能之中或杌緣和郵

每留餘以啟新或德業偏專偏擅長而盡戢不知不能處即在所知所能處任天而動應節而行活潑潑地鳶飛魚躍一觸如此不知不能非察乎天地而何蓋其至自如此而要自與知與能者及之不得判作兩層此君子之道所為費也細玩本文當自得

何謂費答曰端造乎夫婦至察乎天地是已何謂端造乎夫婦答曰與知與能是已何謂至察乎天地答曰及其至而聖人不知不能天地猶有憾是已天地憾矣聖人不知能矣這等不周不全何謂察答曰天地之憾正以遍露出聖人的知能聖人之

不知不能正以洗發出天地的憾今但合數聖人而觀則此之所知能必且或為彼之所不知不能余故謂机緣之未到與德業之偶專者此也這等天地便不無憾了而要之此數聖人皆君子也則其不知不能皆君子之道之所至也動而愈出矣故不窮憾正在此察即在此譬如人家果使父兄做得完成子弟便消優游坐食了成甚家道惟手眼各出机軸互異就不知不能處相摩相盪纔不是混帳的天地故上曰及其至也聖人不知不能而天地有憾下曰及其至也察乎天地上下比勘了然矣且子思子指出察字来天机實實現前具足故以飛躍言之

飛躍處便是道聖人之不知能足聖人之與鳶俱飛與魚俱躍
也鳶不能躍魚不能飛而道之察處不曾感于聖人何疑哉
費如費用之費謂之隱者所以贊費之妙也表了凡曰使費而
可見則費有窮時矣隱只贊費非費之中別有隱也觀下文單
單一個察字可見耿天臺曰鳶飛魚躍即吾與知與能者察手
上下也余亦曰鳶飛魚躍即聖人之所不知不能者察手上下
也微此一個察字將聖人之所不知不能的真個是隱〻怪〻
的了真個是沒緊要的了如此說費全不中用也費字全体察
字疏明察故莫載滿目天机有何邊圍察故莫破滿目天机有

卷二　十五

何滲漏瓔枝寸寸是實旃檀片片是香以此思費過半矣而可以字而亦有字一猶字都要看得圓活正是形容道之費處而括以兩言曰語大語小正語費也大小亦模擬之詞總是說道之費無邊闊無滲漏再復括以一言曰察說到察字把與知與能極渾沌的都說得活活靈動把不知不能極神奇的都說得昭昭現前當下即是直指當真又不必設為道外道中而以莫載莫破言之矣末節造端數語判決直捷造端句不消贅解了察乎天地一句收得上文滴水不漏意圓語圓可謂斧子納須彌者也

醉

首云君子之道，末云君子之道，中提故君子三字，宜作逗點斷，句。讀。下語大語小，猶云就其大者小者而語之耳。非君子自語也。與下言其上下察，言字一般。

孔穎達疏云：聖人之德上至於天，則鳶飛戾天，是翱翔得所，聖人之德下至于地，則魚躍于淵，是游泳得所，言聖人之德上下明察。此說與今時異，然于位育之理有合，且說出聖人之德來。亦可為不知不能處轉一解也。

說端說至，全躰俱備了，中間及字最宜着眼。董日鑄曰：夫婦日用而不知，君子知之而與夫婦同其日用，故在夫婦只是端而

忠恕是曾氏一生大得力處

在君子便是至又曰知夫婦之與知即聖人之所不知〻夫婦之與能即聖人之所不能此君子之即端即至也子及字較有理會參之

道不遠人章

開口說箇道不遠人便自疏以忠恕違道不遠大意了然矣後為忠恕作疏曰施諸己而不願亦勿施於人下文四個所求的正是所願的以此事君父兄而交友即是以此所願的施之也方為盡人而合道家語孔子曰君子有三恕有君不能事有臣而求其使非恕也有親不能孝有子而求其報非恕也有兄不

能敬有弟而求其順非恕也士能明于三恕之本則可謂端身

矣與此章正相印

此章只為以人治人四箇字眩惑便葛藤不了愚意治人猶云教人蓋學術大總持在君子允倫君子之道者皆治于君子者也章內着三箇君子字筋脈可會首曰君子以人治人中曰君子之道四末曰君子胡不慥慥爾總是揭個君子以為標的君子以人治人者言君子教人去忠恕也君子之道四者言忠恕之道四也子臣弟友倫莫大為故以四者言之也君子胡不慥慥爾者言君子都是忠恕的見得君子教人去忠恕吾人受君子

之教都要去忠恕也但看得以人治人四字明白一路葛藤不斬自清矣為子臣弟友之人宜盡子臣弟友之道而道不外忠恕得之故曰不遠人君子教人只是要不顧勿施照忠恕做去改其不忠不恕之習則此外無餘事矣無餘事謂之止即合着道意非不苛責人之說

忠恕二字渾看下施諸己二句正是忠恕註腳舊以為單屬恕而謂非忠做恕不出悞矣違道不遠亦照上不遠看便明勿泥一違字別生枝節也

世人說忠說孝說悌說信總沒依據今直云把這所求乎子的去事父則明明有個標準反觀自得之矣君兄友亦然故夫子自說未能寔未能也即下不敢之心統統自勉者也不是作謙連下一直看

庸德固須行庸言又何須謹大抵鶩遠的人行未得一尺言先過一大若寔說寔脩的人縱得十分造詣必曰譚何容易也下不敢不勉正是行不敢盡正是謹但看有餘二字便知謹的工夫連下言行相顧都是一脈相生遂句卸下耳非有層次也慥慥寔說寔脩之謂言看寔向忠恕裏做也胡不二字口氣甚

婉言君子胡有不慥慥的正夫子自勉意石渠拾遺有云我致謹于言行如此凡為學之君子胡不言行相顧乎作勉人說亦有理註偶改胡字作豈字硬此而時說遂若夫子自贊矣斡旋不來并欲改庸德以下都屬君子說再補夫子自勉意於末句下一字之差違碍若此

君子素其位章

此章書如攢花簇錦一般橫鋪平抹層次無可推尋側出轉生字眼不必扭揑如上節言富貴等項下節只言在上在下不相照一也上句言正己而不求于人則無怨下句又言不怨天不

尤人二字添出天字来怨字添出尤字来不相照二也且天人既已並言下節復言天不言人單說俟命一個命字如此錯綜可謂天花亂墜但要識取正己兩字為總意可矣首云素其位而行正向此正己處行之也吾人自入世外邊的境遇順逆榮枯不齊都不由我作主獨此一己把柄在我我要他正他便着正了無論世人顛倒我不得即造物之羅籠我不得位有萬變已無兩更推排不移豫養素定故謂之素猶易所謂素履也是最平平坦坦的故又謂之易總之只是一正己能正己故無入而不自得者得自言自我做得主非逍遙闊曠之謂也末引

射而言及求諸身正與己字相應着一失字最有味失對上得
字稍戰兢惕厲不自謂得乃所以得之也此聖賢着己功夫非
空談任運者比也。
素字有數說一云質素是無緣染意。一云淡素是無歆艷意。一
云平素。是若固有若終身無加損意。數說皆相通。予獨指素履
說。六爻數說相通。其外其字。蓋指位中之外非位外之外。參之

君子之道譬如行遠章

每怪世人影响。好說囫圇話。如此章明言行遠自邇。登高自卑。
雖是借用字眼。中間必自兩字煞甚吃力。固非由邇及遠由卑

及高一步挨一步漸次做去也非即邇即遠即卑即高把高遠作虛位都併在卑邇之中而頓室皆稱之謂也且妻子合兄弟翁父母順謂之卑邇則可謂之即卑邇即高遠則自家而國而天下尚有許多作用如篤恭之天下平至聖之莫不尊親豈好合并所能盡的縱道理渾淪會說得口頭圓滑于實際上總說不去也須知高遠是高遠卑通是卑通的々不混但吾人切寔工夫則不可馳騖高遠必須向卑通上做引詩及聖言正教人向卑邇上做也單々說卑通並無高遠夾帶々不必于臨了處補出至若舊說以好合既翁為卑邇以父母順為高遠則斷々

不通之論、決不可從、

鬼神之為德章

中庸一書、都是教人存誠、首言慎獨存誠也。但誠字未經點出。於此章啟之、又自鬼神說來、最宜着眼。高中玄曰此章不是言鬼神、是即鬼神以明莫顯乎微之義耳。李卓吾亦云指點出誠字与人看是也。看来此章鬼神亦不是說宇宙間寬泛的鬼神、都從人心不自昧處指出、即人心的鬼神也。鬼神兩字只當一天字看、可鬼神之德、德字只當天命一命字看、可弗見弗聞而躰物不遺、宛然盡出天命圖是不睹不聞的種子、而戒慎恐懼的大源頭也三句渾看不作轉語點不作層語蔡虛齋曰不見不聞是躰物之妙不可見聞非別有個不見不聞者為之躰也躰字猶云作骨子一般躰物雖泛言已是說人心有鬼神了祭祀節指點極親切使字極妙有不知其所以然而然之意正人心之神為之也齋明盛服就是存誠的樣子參之譚玉懷曰人從陰陽變合而来原与鬼神合躰所謂誠者天之道也只因有生後參以偽妄便失却立命根基惟承祭時念最真非由作意故就此指點見微顯之無間也引詩節点不比別處泛引此詩本言君子謹微之學不可度句包弗見弗聞三句在內極好印

詭刻可射句極重正惕人存誠也遂點出誠字來曰夫微之顯誠之不可掩如此夫微字顯字誠字都就人心說微即不睹聞顯即莫顯都就人心的鬼神烱烱不自昧處說也譚玉懷曰不睹聞之地微矣然念伏神與俱潛念起神與俱現此人心中一段不可磨滅之精誠怎揜藏埋沒得君子所以慎其獨也本章言鬼神意蓋如此解者說向造化上去悞矣

印古心語曰墟墓興哀宗廟欽吾之良心也良心者誠也可作此章註疏

舜其大孝章

聖賢不徼福如何大孝詳說獲福或曰舜之獲福正所以孝親也如為天子父以天下養享其親之自出保其親之苗裔都是孝處吁以是言孝常布無權哉或曰舜以德獲福非福也福歸于德福亦是德聖賢言理不言數天之眷舜乃本乎受用初不以福言也祇穀福字亦有見然於天親合一之原德命關通之故槩未有勝也則論孝茫然矣須知吾人受形于親即合下受德于天了七尺之軀鞠育的是我爺娘方寸之地稟賦的是我大爺娘記曰孝者事天明事地察身體髮膚受于父母不敢毀傷矧天生之德乎孟子曰不失其身而能事其親者吾聞之矣

失其身而能事其親者吾未之聞也是此章言德意也或曰如
此則德為聖人一句足矣何又以尊富享保言之曰此維天眷
德而以德事天之旨也栽培傾覆闡之詳矣此章二節以下皆
推闡泛論把德命闡通之故說得滿地天花不粘舜說而句〻
是舜不粘孝說而句〻見孝絕頂之談論孝莫暢于此而猶有
以舜德為顯親之孝者卑〻乎不及格矣
張文定公曰受命於天惟舜無怍也受眷于天惟舜無弗至也
舜其父事天乎宜其為天之鍾愛子矣雖然以聖人之德天子
之貴富饗宗廟而庇子孫於孝無損焉耳矣舜非古之中庸君

于哉。

李衷一曰、大德即聖人之德、或欲專就大孝上看、却泥、祿、位、名、壽看、來還在爲天子以後之福、爲天子者祿位固所自有、未必件件完備、合此四句看、分明有篤厚申重稠疊無已之意。

按孔穎達疏、篤字兼禍福說、善者因厚其福、舜禹是也、惡者因厚其毒、桀紂是也、正與栽培傾覆應。舊說亦從之、又云宜民謂宜養萬民、宜人謂宜官人、其德如此。故受祿于天、下二句作受祿之實看。語脈甚順、勝註可從也、

語云、升不受斗、兩邊恰好曰受。

無憂章

通章重子述為是父作只伴說如人家受父蔭的不憂厥父憂厥子也下纘緒成德乃子述之詳文所以無憂也又須知武周不並重本文单說以武王為子則所重可知矣蓋家有長子謂之家督代殷有天下武功爛為厥惟艱哉周公制作則皆武王有天下後事耳以武周並提非有也今且問文王之憂〻的甚麽則知武王之述〻的甚麽詩曰文王有聲遹駿有聲遹求厥寧遹觀厥成文王烝哉文憂止此矣書曰天降下民作之君作之師惟曰其助上帝寵之四方此武

王代商本旨也。文王之憂只在寧民。武王代商以釋文王之憂，
亦只在寧民。聖人從讓不同，其主於寧民均也。下文周公成德，
亦正是成此寧民之德。詩曰：載戢干戈，載櫜弓矢，我求懿德，肆
于時夏，允懿德孰大于孝，而以孝治天下，又孰有大于制為追
王上祀喪葬祭之禮哉。況約辨聖有云：聖人遺情忘己，常以兼
濟為念，若不登九五之位，則其道不行，非以黃屋玉璽為尊貴
也。文王造周而未集，武王集之而未成，周公雖無王位，而父兄
二聖之烈，不可以不終。若不泰示聖功，制禮作樂，則太平之業
不著，二聖之美不彰。看出三聖人都是兼濟一念，極有眼。今看

此章書。亦宜提受命兩字作主。天之立君。本以為民。受命云者。受寧民之命。非因時取利而驟登大寶之謂也。玩一末字。何昔低徊迫而後起。奉天不違。正是君子時中。處君則為無忌憚小人的借口矣。

纘緒。一作侯封說。言其初只是恪守侯封。並無越望之意。接下當作轉語。一作王業說。書云大王肇基王迹。王季其勤王家。我文考文王克成厥勳是也。此後人進論之詞。推前人心事。自不妨。一作世德說。蓋積功累仁之事。余所謂寧民者也。較渾融得之。

一戎衣見不勞再舉意使非紂惡既稔何得容易乃爾即此便見武王無利天下之心顯名所以不失也鄧二泉曰言身則心猶歉焉言不失亦危矣哉徐徽弦曰言顯名亦見隱微有不滿處文人筆舌可畏非揄揚本旨

尊富享保雖與舜同然在舜處則覺穩穩帖帖都是吉祥善事在武王處則覺發揚蹈厲有大作為意在

周家世篤忠貞武王代商出于不得已宗廟享之監其不得已之心也自古篡弒之奸不再世而亡五代朝君暮虜安在其為子孫謀也八百年祚綿武之子若孫夫豈偶然因果之說斷斷

不誣。

人君以寧民為德，有撥亂，便不可無保治，撥亂以兵，保治以禮，天理人情，非禮孰為秩之，夫禮行而孝興焉，使情順理安而風俗篤焉，故能引養引恬，保至治而不亂，此文武未成之德所以有賴于周公也。周公多才多藝，就使武王未崩，周家大制作亦自必經他手，但在居攝之時，則責尤重耳。愚謂武王得天下以正，故公之制作有光，公之善述，皆武之善述也。故曰以武王為子，不言周公，武可括公也。

追王上祀，非獨以近遠為親疏，相其功德有差為觀，上纘緒與

言大王〻季文王可見、

按孔穎達疏斯禮〻字即頂上祀先公以天子之禮〻字來下文祭以大夫祭以士皆是做上祀之意而使人得緣分以自盡故謂達重祭禮上葬禮陪說喪禮則因祭而及之耳愚意追王上祀宜兩平斯禮宜摠承王觀濤曰追王不槩及便有葬以士之義上祀及先公便有祭以大夫之義較得之然細看亦瑣屑所謂達者錫類之仁以孝治天下也渾看為是把追王上祀來擬合及不見大意若喪葬祭三項則斷宜並重偏側之法便于剪題豈正旨也哉、

卷二　廿六

武王周公章

通章以達孝兩字為主達字即化裁盡變之意下善繼善述善字正達字註解也所制祀禮正是繼述之善處春秋二節禘嘗之事已盡末又兼郊社言者享帝享親無二理天子之孝也孝經子曰昔者明王事父孝故事天明事母孝故事地察又曰孝莫大於嚴父嚴父莫大於配天以論郊社蔽之矣夫向也嘗今也禘向也社今也郊皆前王所未有而武周順時因勢本情理而為之非善繼述而何故謂之達孝亦可見時中一大鴛譜系知

按達孝別有二說一作達乎諸侯大夫及士庶人之達如組

廟註中天子七諸侯五等是也通章都作禮制之達上下說不專指天子或云專指天子以下則自此而推之甚是牽捏一作貫徹通達說通祖考通子孫臣庶并通天地無處不是孝思通達的心覺糊鶻不可從

志事相因下文都是述事而繼志在其中

事物類考曰唐虞五廟夏后因之至商而七謂三昭三穆與祖之廟七也周兼文武二祧故九廟鄭康成註曰宗器祭器也與朱註異可備覽又曰裳衣設之當以授尸極是禮稽命潛曰三年一祫五年一禘以衣服想見其容色三日齋思親

志意想見所好喜然後入廟想見容色一語甚窈渺可從也

按註宗廟之禮左昭右穆子孫亦以為序解極明朗鄭孩如拘下文亦有宗廟之禮一句都把作虛看於序昭穆句內兼祖考子孫二意終牽捏須知此昭穆一序正示子孫以一體之義世系不亂便是敦睦大机栝也序爵外則公侯伯子男內則公卿大夫士辨賢只説賢一邊説不是辨其賢否蓋以其事付其人寔因其人請其事也豈不是辨別他賢出來旅酬之飲不是燕飲是飲福之飲註中舉觶非各勸其長飲也只洗爵更酌而歸于其長其長將此爵往勸他人燕毛ゝ字只作老人説以毛髮

別坐次說甚俚看来序昭穆等件把親以貴以賢以与夫慈幼敬老皆是治國的大規模廟中都括盡了所謂廟中有天下之象也每下句宜拓開一步說出大意着眼

踐位節重愛敬二句蓋上二節皆是愛敬行處而此則表其為敬先王之所尊愛先王之所親見其為善繼善述也愛敬之行有禮樂以將之禮樂又是因位而起惟其位之易侯而王故其禮則易三獻而九獻樂則易六佾而八佾踐位一句是此節綱領五其字指先王說因時用中不是將沒作有下接以事死二句極有力說到此真可歌可涕字字骨血許多制作都不是硬

穀子矣。

敬愛雖兩提。須識得以祖宗為主。

表了。凡曰主宰曰帝。尊無與並。故曰上。郊祭天祀其覆物之帝

也。社祭地祀其載物之帝也。不言后土非省文。

吳因之曰郊廟之禮出自武周特創。本上善繼善述來。必曰所

以祀上帝祀乎先者蓋王者有這一段崇天禮地。尊祖敬宗的

意思。凝結于中。而無以自將。特假此禮以將之。乃仁人孝子之

心不容自已者。只云報天地祖宗便粗。

禮與義不相離。語云禮以義起是也。郊社之禮禘嘗之義只還

他禮義便了不要双纏說出禮義兩字便見化裁通變之妙正達字大名理也治國句贊其弘遠都是實際語以序昭穆節觀之可見大要此章只以敬所尊愛所親二意貫串則知尊祖敬天理物治民都是一派流出的原無幽明兩項並曰鬼神難事人民易療以難推易而謂之視掌哉癡人前固說不得夢矣

說書卷之二終

慧眼山房說書卷之三 中庸 問政章至尚絅章

閩漳陳天定慧生甫著

哀公問政章

通章以脩身為主而親親尊賢則其中大關目學問思辨行則下手工夫也五達道九經不越親賢二意如君臣朋友尊賢也父子夫婦昆弟親親也等殺列乎其間矣九經首提脩身次尊賢次親親大關目已領出下敬大臣二句則自尊賢而推之子庶民四句則自親親而推之亦不越五達道所陳其括於親賢均也中間兩着所行之者一道用此經亦用此在身為道在

天下國家為經道屬人存經屬政舉本無二理這個一字虛活點關最是靈動註訓作誠字姚承菴直訓作仁字看来誠即是仁至誠經綸大經原是肫肫其仁的也觀說仁便說智勇說誠便說明強字字對針可見矣若夫學問思辨行則直渾承上三近来側重困勉邊勿分其節屬學利其節屬困勉也大意既得重仁亦可重誠亦可總之以脩身為主說仁說誠一以貫矣劈頭說個人存政舉一章總冒子大意括盡了急以道字襯接見得所謂人存者其人之道存耳達道字即脩身以道之道藏仁字在內以地道形之正取其生生之意也下說政似蒲蘆乃

發明上二句意爲仁字點眼非泛述之說蓋蒲盧含有生機爲地則敏文武之政原出自文武之仁此如蒲盧含有生机一般以仁遇仁生机相湊豈不甚敏此人道所爲貴也反覆說来只要說下節一個仁字上下節相承細玩便見其人存指文武也文武豈可以臣言只渾言文武之人重君說爲是觀下仁者人也一句豊鎬面目儼爾未散

袁了凡曰取人以身不但君不明無以知人縱知其爲賢而君身不正亦未有能用之者當有感召之机在

道即五達道之道仁即三達德之仁脩道以仁非遺卻智勇言

仁便包得智勇言知勇則亦不過成就此仁而已自人存至此揔重一仁字復推出親賢二意為下達道九經冐子下不可不脩身節申上節作一小結首句脩身只提起之詞不可如註寔填出為政在人取人以身得下知人句不好轉折也事親知人二句最重蓋仁以親親為大而義以成仁尊賢亦為大也末句知天則揔為知人而說天郎禮也照註作等殺看自好但宜單提一等字勿把殺字来纏可也時說從作理字看覺影响又或打轉脩身謂郎是取人以身之學終不免繚繞于上下文語脈大欠清在

把人當仁極搔着痒處但以血肉之軀言人謂即人是仁終貫鮮說鄭孩如曰此人即君臣父子夫婦昆弟朋友之人當其為父子時便喚作父子之人所以喚作父子者以其仁也若無個仁名父子實不父子矣是名之為人寔為仁了故曰仁者人也如此則凡五倫之人皆仁之所在而惟親親為大者以其為人之最親而愛有獨隆也數語徹甚且于倫道以仁句然發得甚暢明

義字註訓作分別事理須在心之制宜上言之若解做事物之宜便是義外尊賢為大正在輔仁處見生字只當發見字看有

[illegible]

出於自然。不待安排布置。意等殺處。即是禮。非謂禮生出此等殺也。所字貴着眼。

按親賢二意。條理甚翻覆。脩身以事親為要。位置不移矣。而上言取人在脩身之后。下言知人在脩身之前。說来說去。參錯無端。須曉得交脩並進之意。不可拘泥。自生纏擾也。又近說知人作仁者人也人字看。知天天字從人字推上一層作天命天字看。與下文明善誠身相照。下文人道天道。即從此天人二字領去。尔有理。然既云脩身不可以不事親。如此訓解知人。反似事親不可以不脩身也。語脈欠順。從註為妥。

五達道都根着身字說。指以親賢二意。前已言之。提出五樣名目。不說出親敬序別信等道。所謂有物有則。人外無道也。而言所以行之。不是三之外又別有一。二即三之粹然者也。吳無障曰稍有虛妄參入其中。這妄機便與天理相對成二。便不喚做一。故上而虞廷之精一。又上而天地之為物不二。只是這一字。不說出誠字來。極渾融。不則此處出誠字。終與仁字兩大相窒。此處直作仁字看。又於九經處費周折。文字有虛點之而員寔。點之而礙者。此類是也。知之行之。只重知行上。不重生安學利困勉。且生安等。只約

畧頓漸之名不必問其分別下處也宋儒氣質之說非究極之
論如生前之因千生所結生後之習傳染所移頓漸根原未易
綫析聖人為困勉者加鞭故權立階級隨立而隨掃之非實以
階級言也
參元漫語云在知識上論確然有此三等若在本躰上論自聖
人以至途人俱是生知其學知困知在去蔽之功有難有易耳
疏意亦云若非性分上原帶得聖人躰段來雖困亦不能通雖
勉亦不能利矣安能及其知之而成功一耶疑問云此節重困
勉上下節好學三句正說困勉事

二近爲行達道而設達道之行即行于天下國家君臣父子夫婦昆弟朋友道在是經即在是了九經即達道內之條脩身治人原無兩件數個知字只共一個知數個所以字只共一個所以並不煩推致也觀九經處又從脩身說起可見

經如經緯之經以經言之蓋統舉其大者若其緯之以文章制度則有方策存焉把九經直作方策所布未是陳北溪曰經有九其實總是三件合來又歸一件數大臣軆群臣從尊賢說来子庶民来百工柔遠人懷諸侯從親親說来而親親從尊賢又從脩身說来如此看甚有把柄於下文所以行之者一單覷着身

陸[illegible]讀書

上領去有理

道立猶云道凝乃盡道之説添出可為民表較落一層不惑屬理不賅屬事則有見蓋賢人論道大臣秉政道在事先故以理言之此平日啟沃之功格心第一務古先王所最重而後世不復行者也至元老主張盈庭方可不亂自関大體註中小臣不得撓句最可味

天下畏以字言天下不言諸侯宜推開説是諸侯擁護而內外莫敢侮意

齋者純一明者瑩淨二字極重是撰本澄源之學盛服則齋明

中之不可缺者。形神交揖古人作繪垂裳之制有以也。非禮不動動字推開看。凡百云為皆是。二句順遞。多太鑿捏。縱籠會意。謂以禮字作主亦可。勸親親者。我親彼彼亦親我。郎上不怨意。各親其親。與諸勸不類。官盛官字。還是朝廷庶官。不是宰相屬官。今且依屬官說亦可。盛字任字並重。盛而不任使。是事歸臺閣。而三公反掣肘也。遠人該賓客商旅游士在內。時說送迎指賓旅。嘉矜專指游士。嘉者因能而授之任。矜者器使之不求其其倫也。亦可。餘俱易解不贅。

一字依吳無障說解在前。

凡事節接所以行之者一說下言這個一不是襲取可能的一還要豫非別有個豫在一前也必言豫者只爲要說個明善工夫而吃緊催併之詞又非謂治民豫於獲上獲上豫於信友信友豫於事親事親豫於誠身誠身豫於明善節節有個豫也言行事道四項亦只宜虛拈活看總是要演出一個豫字来璀璨動人聖賢道理充滿文字大波瀾亦大渠自虛者實之精神滿愊我却實者虛之脈理一綫也僥人當自解

信友獲上有同寅協恭意不徒資其引援順親順字即孟子書不順乎親之順蓋及之孩提之初而呼吸一無間也子身親身

原是一躰參以僞妄二躰分矣作如此謬戾始何順得孟子以守身為孝然此意也明善誠身只一事非先知後行之說明非明曉乃明凈也洗凈這個善躰無絲毫夾襍耳作明曉說便似向事物上研窮而知行作兩項矣

袁了凡曰此節與君子不可不脩身節互相映發前事親知人等項皆為脩身而設此信友順親等項皆待誠身而盡前說思脩身不可不事親則事親在脩身之先此說不誠乎身不順乎親則脩身又在順親之先矣前說思事親不可不知人則知人在順親之先此說不順乎親不信乎友則事親又在信友之先

矣說得周密如此
從明善明字剖出擇執從擇執兩字剖出學問思辨行可見知行合一之功明善明字不得專以知言也吴無障曰擇善工夫正在固執上見極有理所謂飢不食烏喙人不蹈水火只為知之真故守之固也觀擇執中央着個而字可會看來善何待擇只是要擇個善如云尋討本來面目一般此善即繼善之善上言誠者天之道也正是此個善此善原是不思不勉的任真而出何假思維信心而行何勞勉強一念如此便是一念聖人一日如此便是一日聖人標出聖人來非懸階級正以表求誠之

鵠耳。祝石林曰：不思不勉之謂誠，赤子不慮不學之良是也。擇善者擇此不思不勉而已矣，固執者不失此不思不勉而已矣。若以不思不勉推為聖人分上事，而不復思其所不思，勉其所不勉，便失却本來，不可謂善，不可謂誠。袁七澤曰：聖人說不思不勉，然是不得已之言，終擬議如何不思不勉，已是思矣，勉矣。學問思辨行，昔乃是以楔出楔，到得明強地位，與誠合一，向來功力摠不相干，如置物篋中，忽已忘之，遠搜垣墻之内，殆徧矣，一旦復得於篋中，政不關搜尋之力也。數說參解甚微，都看得不思不勉是善躰，在聖非增，在凡非減，功有頓漸，躰無二致，可

謂暗室一灯楊貞復嘗以二詩發明之敢附備覽

天道惟誠不用疑却須人道始誠之欲由人道歸天道應使

先知覺後知赤子良知原不慮聖人中道即何思此机日用

人人是認得真時更是誰

一樣風光處處同誰因彼此自分封既知飛躍皆吾性却謂

愚柔有別功氣質標題原宋語誠明色目自中庸中庸宋語

都推却半夜敲來何處鍾

從來而誠者而誠之者上屬理說下屬人說若依前當念聖人

之說則上下俱可以理言矣吳無障俱作屬人說亦自直截其

言曰天字不与僞妄對，正与作爲勉強對，隱含下不思不勉意在。言天下有一毋誠者，此總是天用事，一切不事人爲，是爲天道。有一毋誠之者，猛力善及，都是盡人事以合天，是爲人道。何也？謂之誠者，是不思不勉，從容中道之聖也，豈非天道乎？謂之誠之者，是擇善而固執之者也，豈非人道乎？

拈出學問思辨行，如醫家撮藥一帖，烹服時只混成個碗湯，無許多種味也。愽字對下能字，不曰弗愽弗措，而曰弗能弗措，則愽非誇多鬭靡之謂也。審字對下知字看，慎字對下得字看，其義自見。明字篤字上下相照不移，自不待言。下文百倍其功正承弗措之意而吃緊言之結以果能兩字都是一派相承說話正困勉之事而三底的寔寔落落課程也故曰必明正應智字曰必強正應勇字合明強而為誠正合智勇而為仁也余所謂說仁亦可說誠亦可一以貫之者如此

自誠明章

舊說以性教分安勉說誠明處要極現成說明誠處要極吃力而末二句則判其同歸此定旨也但道理渾融徑直作一身說亦無不可所謂性者以本體言也所謂教者以工夫言也吾人性受於天本無不誠有誠便有明了蓋性中不滅之靈光而莫

見莫顯之真知所由出也這個明字即是天命章莫見莫顯個獨字論本躰則此莫見莫顯的〻從物与無妄而涵論工夫則此物与無妄的〻從莫見莫顯而説率性功在慎獨誠明〻誠即本躰即工夫性教兩字允宜以一身言也末二句指出誠明合一之妙如楞嚴所云妙明〻妙一躰孤山註云即寂而照曰明妙明即照而寂曰明妙指出二字合一来而本躰工夫橫説竪説折説交説無不融之矣尚友軒臆言云至誠之道其猶日乎誠之者其猶月之望乎其明復則其躰復依舊説看而指點極瑩

袁了凡曰天下學者只有二病稍窺見得性中光景者即謂色色現成不煩脩證凡有作為皆是外道更不信有悟門此是執性尊信聖教者又謂當刻苦磨煉盡力脩持全不信無為而成不行而至之理此是執教皆非也故子思分明指出二路示人而發其同歸之旨見得二路總是一路按此則自誠明句經重明字亦可蓋外明言誠則誠落頑空也成甚麼性自明誠句經重誠字亦可蓋外誠言明則明墮識解也成甚麼教於末二句合一之旨亦順此等道理去處正不妨月落萬川處處員也

自註訓作由。如張子云由太虛有天之名。是起語。不是用力語。兩則字一樣直捉。註却說得一緊一漫了差些。天命章說到位育故教字主及人說此章只說明誠是一己分內事則教字只好當學字看勿因此以例彼

唯天下至誠章

通章重盡性一句下盡人性盡物性總是盡性內事。孟子曰萬物皆備於我矣與人與物築着磕着性机運動那一處不相關而且摶挽吹噓果是精無不貫氣無不流挈人物而游于一真無妄之天故謂之盡人物性而贊天地化育也玩一化字多少

神妙在時說謂化者自有而無育者自無而有卻太分拆化育云者育人與物之妙不可知所謂化也中間裁成輔相作用處自不可少然論盡則俱盡的境地還在大源頭上包併莊生藐姑射之言可會也贊字果是有助參字果是少我不得章首已言天下至誠了于至誠上着天下兩字便見是首出庶物與天地參的了着眼

其次致曲章

楊復所曰曲字如轉一灣徐玄扈曰曲字如石壓筍斜出蓋至誠之人天机條暢是橫衝直撞的其次則未免閼鬱吐一真丁

群妄之中左牽右制宜其曲也然這個曲竟是真机在屈必伸一往而達楊子有云途雖曲而通諸夏川雖曲而通諸海曲能有誠有其致之端不誣也下形著動变非誠之驗乃誠之積而不能自已者根心生色曰形日新月盛曰著由著而明則精光益溢露輝映及物了故以動字頂之動鼓舞也变脫換也化渾融也人之脩德其始也欲去惡從善其既也並善亦欲化去所謂泥沙着眼不得金玉屑亦着眼不得也動变化雖事業上說要即在致曲身上見玩末句能化二字屬己身不屬民物也當云動物变物化物不可倒云物動物变物化末句即是賛致曲

猶云他不是個至誠豈能如此不必別尋個至誠來比並餘說甚多約畧融會只此為妥

孔頴達疏云初漸謂之變變時新舊兩體俱有變盡舊體而有新體謂之化如月令鳩化為鷹鷹之時非復鳩也

至誠之道章

此章書細玩口氣一滚趕下從舊說以善不善頂上作禍福說文勢甚順而既云禍福又云善不善字眼似重複或曰言禍便有無限不好處言福便有無限好處只虛虛就光景氣象上說似得之而於前知之理終欠把柄從新說則善不善直作人心

善惡說所謂善為福基惡為禍門於理甚長然文勢反拗捩蓋
碍在于禍福句一頓言禎祥妖孽蓍頊皆禍福之將至者也此
處着知不可謂先知者知之於禎祥妖孽蓍龜四體之先則
善不善是也如此看來与本文一滾口氣大不相貼反覆思維
是說自優但不要拗捩了禍福句須知說禍福着將至兩字便
是有至有不必至了其有至者善不善之所成也其有不必至
者善不善之所轉也故禍福將至數亦渺茫惟善不善可以決
之此至誠所以前知而操于禍福先也或曰如此則降祥降殃
儒者習言之何必至誠且至誠是有善無不善的轉禍為福之

論豈宜相加而倘謂善不善屬之他人則吾又不知至誠之轉移何術也曰此據理之談而至誠盡人合天之所不能違也人心惟危道心惟微克念作聖罔念作狂至誠豈自謂有善而無不善哉至誠勘善不善極細故其勘禍福亦極細勘善不善之為禍福先極細故其轉移禍福亦極細諺如禎祥妖孽蓍龜四躰聖帝明王自不敢忽君子晝之所為夜必卜諸夢寐況昭昭禍福之幾乎彼其福不敢玩禍不敢忽見理確而脩德勤至誠之為知也至矣又善不善事或屬人難道不屬至誠匡救的古人戒雉雊規穀拱都是至誠轉移中事至誠前知原不是空空

個只妙處有主張斡旋在那裡也可見神以善不善判決禍福誠以禍福先之善不善判決神之禍福而因以旋轉禍福故曰如神此是平平正正大道故直曰道而不言術與數也顧涇陽曰不說至誠之人而說至誠之道極是凡今之庸人于他人之是非利害無不預先知之只為自己不在局內無一毫我私參入其中便自眼清此即所云至誠之道也至誠前知徵也夫

誠者自成章

此章書依蘇紫溪許敬菴說為是紫溪曰首節為成己而發次

陸氏說書

節為成物而發末節則合上下言之敬菴曰成自成而道自道總是責成於己然有己必有物而物皆統於吾之一誠故曰誠者物之終始不誠無物如君臣父子夫婦昆弟朋友之間一有不誠便皆牽隔此不誠無物也故誠所以成己即所以成物而物字一例看甚直截但如時說以次節申首節以次節物字申首節自字單就己說亦無不可物之相物我與物皆物也只要識得物我同源之意則上下截看固不害其混同也通章大頭腦歸重性之一言本一而枝自貫源合而流自會成己成物分排不開所以而字最宜洗發着眼矣

朱子曰、誠雖是自然底道理、然、却、須、你、自、去、做、始、得。又曰、誠者物之終始、泛說、若不誠無物、這不、守、是誰、不他。須、有、個、人、在看。不字太吃力、而、於自成自道之旨、甚、有、理、會、參之。

袁七澤曰、誠之在物、如空在諸相中、春在花木裡。張彥陵曰、不言始終、而言終始、循環無端、見誠之未嘗息也。譚玉懷曰、終始者、終其所始、是有結果之義、謂不失賦畀之初也、亦得之。張侗初曰、誠如人一身、然何謂仁、一身之血脈元氣也。何謂智、一處痛癢、滿身皆知、血脈元氣之覺處也。仁智俱誠之別名、誠已成物而分疏之、不是權原。鄧定宇曰、合外內、猶云無外、無內、合

者渾合之謂也或作合外於內看点好但不要倒轉正外內可
以己物言不可以仁知言也索要斟酌張文定公曰時措之宜
單指成物說已無時而不成物則因時而應這個時字極妙成
物机權都在於此所謂明鏡當臺明珠在掌胡來胡現漢來漢
現隨根應机教化一切衆生現作一切世衆生之事業如響應
殼無有處所是也點出這個時字來便可會出所以成物的去
處隱隱有個智字意在絕好註疏不似後儒只說得囫圇話也

故至誠無息章

通章重無息一句下面說出許多功用根原只在無息猶天地

處說出生物許多奇觀根原只在不貳也引詩言於穆不已即是不貳言不顯之純即是無息把上文向意双提咏嘆一番見其合一不是推進一層意着眼在所以為天為文兩個所以字聖天配合之源可知矣

至誠兩字只是聖人個名目至誠無息者言至誠之心其真机無時息也是一句渾成話註云既無虛假自無間斷覺扐截了些久者總計不息之名連上句一氣下不要痕跡并透下徵處亦不要層次中間歷悠遠并件而及于載物覆物成物以配天地承接次第甚明但就本文逐過別不要生枝節也不見不動

無為渾宥為是即夫爲有所倚意分屬天地不可從
徵字有妙理既言悠遠愽厚高明了豈無種種作用而曰不見
不動無為者無息中之經綸依然拔德机也今且看徵字與見
字動字為字別在何處張侗初曰天地不貳見之於河嶽日星
昆虫草木萌發生而無盡者天地之不已也若以於穆為不已
則天地之生机寂矣至誠不息見之于愽厚高明悠久變化而
無窮者至誠之不已也若以不顯為不已則至誠之妙用掩矣
蓋發乃是未發成物乃為自成從來本躰未有不見之作用者
至誠許多作用都是本躰流行處故謂之徵而不落見動為也

後儒修談事功如脫枝之葉与本幹絕不相粘焉識徵字義之
無為而成以上大意已完後說出天地來与至誠映照一番節
節相應為物不二与無息應博厚高明悠久与悠遠博厚高明
應萬物覆萬物載与載物覆物成物應不貳貳字不是數目是
夾襍不渾粹之意不測者生物之妙不可測也應上不見不動
無為意博厚高明悠久明說天地之道便於是法象是從儀象
區分之後向於生物上說以化机言之所謂小德川流者也下
文說山說水都是天地生物處言載華嶽振河海是其義也
昭昭而曰多見無處而非天也即此便有難測意及其云者非

積累之説猶曰論其全體云爾。
姚承菴曰：天命流行，物與無妄，至誠只是合天之命耳。故引維天之命来。至誠之博厚高明悠久通是文，而不息則久是文之所以為文。此不顯二字，即首章莫顯乎微〻字，與上於穆同一幽深玄遠之意。改作豈不顯哉，悮矣。按承菴此説，文字正與微字相應。或就一心經緯言，則直論本體，又不俟先説外邊轉説入内来也，亦可從。
吳因之曰：文王之所以為文，直貫至純亦不已，不宜另説趣。蓋德至不已，是最上一乘境界。然惟純則亦不已，無二無雜，即便

無始無終了總說德說若云文之純亦如天道之不已便差

大哉聖人之道章

通章以尊德性句為主道問學正是尊德性工夫道由也謂由此以尊之也廣大精微高明中庸故與新厚與禮皆德性所有者致之盡之極之道之溫之而知敦之而崇皆道問學以全此德性事末節可上可下可治可亂無往不宜則德脩而道凝為者也與首言道待人而行相應

盈天地間皆物則皆道自地以上皆是物之彌漫處則皆是道之布濩處發育兩句串看峻極就發育上見非兩截事下三百

門人誦書

三千正指發育的實際言之謂之優優見兩謂洋洋者不是空

殻子也記曰天高地下萬物散殊而禮制行焉可作此兩節註

疏

解大紳曰發育萬物是聖人裁成輔相事俓屬聖人說亦好且

透下禮制去亦直捷

優優明說大不得說小三千即三百中之曲折行道凝道無兩

項於此凝即於此行便見不是才情播弄的

廣大精微高明中庸每句中似兩意互足然理實相貫袁了凡

曰性體即廣大而洞徹一塵即精微而括包六合致与盡工夫

一時合用非判截也程子亦云不極乎高明不可謂中庸中庸者高明之極也理則極高明行之只是中庸看出合一之意来横說豎說又何不可

温故知新知由于温也敦厚崇禮敦所以崇也作兩截工夫不是故者猶云故物指性躰言厚亦性也書曰惟民生厚因物有遷故須敦老曰禮者忠信之薄道之華而亂之首都為不能敦厚便流在器數之末了如何崇得

不驕不倍下二章有發明不贅

說出足興足容来許大作用而括之以一言一默直恁平常看

来君子樞机惟言與行而言處作用實占得多其與世相摩植

觸之惟言處占得分數多也書曰敷奏以言記曰先資之言子

曰言寡尤祿在其中又曰有道危言無道遜言聖賢談理切實

故指出興容于語嘿之間吉躁閑其眷禍福介其机言頗不重

歟時說興容都說向張大玄渺上去竟屬影响也

明揩明字即明德之明揩者明之照机也是從性躰放光不是

從世途偷眼然而世途逢吉之術竟未有如性光之為恰者學

間以入世為大義易一書聖賢有憂患鳥福輕禍重正不得諉

為適然之數保身之說宜其合上下治亂言之也就入世無虞

說為要近作以道成身保守即完全無戲之意照上凝道凝守看點得然意見拘些且以下章災身處反照舊說宏遠矣

按此章先輩都重禮說甚有理會觀劈頭自發育說起而收拾在三百三千則本章之重禮可知矣遡本于性是此禮大源頭其假途問學而有致者盡者極者道者前所云尊性工夫也德合其所為尊則皆吾故物日從事問學以尊之則新知日生凡此皆以敦吾厚而崇此三百三千之禮耶言崇者合于德性而尊也下不驕不倍足興足容正禮之所在所稱明哲保身正用溫故知新之明而保吾動容周旋中禮之身也甚直截可從

愚而好自用章

通章葛藤只為首節錯看做三項不知生今反古之人即是自用自專之人而自專之人又即是自用之人病根在一愚字照上明哲看便見明哲便為下不倍愚好自用便不安于賤而好自專此小聰明跳躍不禁邪說橫議動引古昔托于渺茫不可知之鄉實把復古的名目為護身符以便其胡行亂走若春秋戰國時處士行徑可鑑也故夫子劈頭罵他愚看惺惺之僕子不值一文錢已雷轟膽喪了又斷出他伎倆只是靠着反古殊不知今有今世王制懍然議禮制度考文非天子孰敢干之奉出

天子來極鄭重本章大旨重在賤不可自專非天子節正言賤
不敢專也遂以今天下言之把王制說得堂堂皇皇要認得是
盛世之思不可錯添入衰世之感透下文義一片相連側重在
有德無位不敢作禮樂句觀一亦字可見不則孔子大聖人也
有德無位尚安于賤而從周惟謹夫其說夏學殷豈無可以標
奇反古者乎信乎賤之不可自專而為下不倍明哲之所以保
身也
制度者制為之度度如車旗宮室衣服貴賤有等之類下言同
軌其一也同倫倫字虛看不是五倫是禮中秩然有序意有宋

存爲其禮存也對上徵字看說個有宋存則其存者亦無幾矣夏殷且然何況邈古處士以古識今可見只是馬扁

王天下有三重章

前章爲在下位者言故重位此章爲在上位者言故重德大旨重本諸身一句而時說泥無徵不尊二意遂以德位時三平言之豈知無徵不尊乃反照之詞惟其無徵不尊故善不得力今曰王天下者則明是時王建極了有徵有尊了所憂者無令德耶文義甚明具眼自見故於劈頭處說個有三重這個三重是王天下者所固有的何消說有々之云都道不虛行本諸身而

後看也本諸身徵諸庶民一串看正以本諸身者從之添入位
時不是下文倫言制作之善而括以言行最是寬際語言行都
身之樞机君子宰治在身上連經綸不在議禮制度考文上添
防打點也末節言如此有譽此字正指本諸身而言居上位而
本身徵民是不敢飾民聽睹是不敢輕易制作以一切机權把
持天下盖篤恭天下平之上理而修德行道之極思也故曰居
上不驕
徵諸庶民徵字極妙三重不本諸身則外面制作都是愚民罔
民的把如何与民作趨向惟有本諸身纔可徵諸民今說這個

徵字且不要便說民信從只粘上句說下屬君子身上看透下

而可考可建可質可俟一派相承直題至有望不厭總完得徵

字之意總是箇民信從而天下之所以寡過也王聖俞曰章中

道字最重天地鬼神三王後聖俱不是掬之形迹上擬合俱以

理論所謂道也蓋道字雖指三重而既謂之道則非指三重之

迹言而指制作之精神言也若於迹上求合豈能一一盡同

曰考曰建曰質曰俟只形容無往不宜之意焦漪園曰其制作

之善謂天降地出可謂我裁成天地之道輔相天地之宜亦可

謂鬼設神施可謂我洩鬼神之秘可謂我率由先王之舊章述

而不作可謂我斟酌三王之制度而損益得宜亦可謂我立百王之大法而萬世無弊可謂後聖有作補偏救弊莫非傳我之精神亦可說得字字員爽一洗滯障

知天知人是本諸身內精蘊前說本諸身已包含在裏面了此只點出以贊其妙承上接下要摸手取勢不要作推原說梗礙語脈

動兼言行道兼法則註解自明遠近二句即就天下中抽言之所謂世者贊其可久也勿泥此一字以當時後世分黃貞父曰遠近亦不要分地域只是隨在皆覩意如觀絕代佳人遠近皆

好

佳

上章所出愚字，此章讚出知天知人知字，正與明對，意應。

仲尼祖述堯舜章

吾人以凡窺聖，如以管窺天，豈能測知大聖人舉足下足所在。今只據子思子數言體會，便見大意。蓋子思子極力贊仲尼，只是說個大字；極力贊仲尼之大，只是說個與天地合德；極力贊個與天地合德，只是說個祖述憲章四語而已。達四語實實落落，較可理會，大意都打盡了。下文說天地，乃不過形容之詞，中有敦化一句，隱隱金針度人，然不可作推原說，及失却渾成語氣以通章語氣只是贊其大非推原其所以大也贊其大所以大在其中推原其所以大則說破無餘味矣時說每着推原如云並育二句是天地之大小德二句是天地之所以為大又云小德川流是天地之大大德敦化是天地之所以為大作此等語不勝憒厭量知並育四句闡闡遞下所謂小德大德者只就並育並行中一分一合言之一氣闡生趕到末句並不費手脚並不費回顧轉腦於所以為三字要想出遠神切莫粘帶畱蹇虛空了也又須知贊天地即是贊仲尼鏡花水月絕好贊法參之

余平生最不喜說影响話祖述憲章註以道法分屬極的當但須曉得法即是道耳至上律下襲云是法其自然之運因其一定之理亦儘明暢蓋寔寔落落在天時水土上說非如今人丟却天時水土等字單以自然一定四個字了帳也陳北溪曰律天時如仕止久速皆當其可襲水土如用舍行藏隨遇而安意非不是然却把天時水土等字輕輕丟在一邊了徐玄扈曰當如此便如此當如彼便如彼其機皆圓故曰上律當如此定如此當如彼定如彼其守甚方故曰下襲其理一也意又非不是然蓋把天時水土等字丟在東洋大海裏去了一虛百虛影响

莫有甚爲者矣憲意律天時的是律天之時如易云先天而天不違後先而奉若天時是也時字所包甚廣彼仕止久速特因時之一端天時自是天時非可經以仕止久速言也水土兩字合來只是地之一字然不言地而言水土者地之理盡于水土也管子水地篇言聖人之治世樞在水其別水甚詳周官職方氏記九州之異物產人情悉載其中其別土亦甚詳是知君子素位敦仁經邦化俗咸必由之襲水土的是襲水土朱子引居魯逢掖居宋章甫之類雖粗淺於理較近今只解作畢法地已是糊鶻了況并作借用字眼一味談空去也子思子印泥

畫地之説爲影响人打混久矣

表了凡曰祖者斷自唐虞爲始也述則不作矣細看述有闡揚光大意漢註曰憲法也章明也觧極朗簡端録曰律如六律之律天時之運無一息之停必法之如律然後妙契否則粗矣近連下襲作範圍參賛意看亦好又重衣曰襲蓋服之而不違也兵法攻其無備亦曰襲陰符有云其盜机也天下莫能見莫能知語雖不馴可参襲字之義

四時日月天地之宜也錯行代明正覆載也事不可兩乎並育承覆載並行承明行看爲妥以並行句觀之則錯行代明重在

他字、錯字、行明兩字、輕些、敦化川流、非有兩個德、敦化在川流之前、川流之後、川流之中、三合無際、流處正是化處、而有敦者存爲、空在色裏、敦在化裏也、且如祖述憲章、上律下襲、用各不同、這是川流、若看到渾淪合一處、無許多條件也、敦化之義、依稀可想。

鄭孩如曰、道即物之道也、以本物言、曰物、以物理之流行言、曰道、將道林曰、天地間有物、必有道、物與道原分不得、以物觀之、不獨具形骸含情識者是物、四時日月亦物也、其爲物不二、天地猶謂之物、而況四時日月乎、以道觀之、不獨四時

日月是道即飛潛動植莫不有至理在焉萬物並育而不相害道並行而不相悖總是一意而淺深言之耳亦一見可參

按中庸一書子思為明中而作未發已發之義闡乎妙哉其言之矣即於次章接以仲尼時中之言明以中之統屬仲尼也以下發揮至道把古今穿懷演得簇錦攢花總為中字點綴東風面而其德備於仲尼故茲以仲尼言之首提祖述句極宜着眼是中所自始也文武之法則皆本此中而行之者天時水土律之襲之有範圍不過之意然過用中川流敦化則已未發之謂也此二語是子思子作中庸大本領處家學淵源掩映千古參

唯天下至聖章

此章書無可分截但就本文逼過便得大旨重在聰明睿智足以有臨二句下仁義禮智即聰明睿智中所涵之德其容執敬別即有臨中事也這個聰明睿智作看之似偏屬智一邊而謂兼總四德者虛靈之體人受乎天以具衆理而應萬事即大學中之明德是個敦化大德非如文理密察等對寬裕溫柔等共湊十六字為川流之德也看来朱子所疏明德數言極可作此節註疏而此節註乃云聰明睿智四者生知之質不乃多矣足字是十分完滿之意本文自以溥博淵泉時出六個字說之極

暢溥者裡面充實慱者外邊闊闊淵訓靜深止水爲淵也泉訓
有本原泉源混混也淵泉兩字是借用不是取譬合此溥慱淵泉
四個字只描得足字一個字而其妙又在時出時即時中之時
容執敬別個中妙用應務無方不可窮也又須知時出與溥慱
淵泉無二境無二時如已發之于未發云爾遂粘此出字演個
見言行來見字本訣得言行表了凡曰見如見龍之見即聖人
出而萬物睹意說得有氣象時說以容貌言者拘也敬信悅尊
親是一套說話非有淺深大要當提中國作主凡有血氣言民
而物在其中所謂尊親亦以性量言語云親生之君成之則凡

真慧
書
真慧
眼

生成于至聖性量之中者皆尊親至聖者也至聖之有臨如此末句配天是贊詞細玩本文口氣自聰明睿智句直趕至此配字意總承全章不只單承末節又不可倒提配天起來跌接故曰而字及似此章為配天作註脚大謬大謬索宜斟酌

睿屬動以研幾言智屬静以寂照言書云思曰睿睿作聖易曰智以藏往蓋睿本于思而智妙于藏動静之義可見矣

唯天下至誠章

此章書妙在末一節似贊非贊當於固聰明聖智達天德八個字中通得求誠消息不可死在句下錯認做讚歎至誠玄妙語

也子思原天立教，極是杪根之談，開口說天命，臨了說天載，中間發明天德甚備，而要不外於穆不已與無聲無臭之兩言，是知天德原不是昏昏沉沉可以摸索的，又不是閃閃爍爍可以擬議的，除卻聰明聖智，全無入處，然靠着聰明聖智，一味潑撒，又只是落見聞思慮窠臼裏了，便是有所倚了，上文個倚字，下文個固字，正對針。張侗初曰：有倚是假，無倚是真，實不虛，所謂固也。可見至誠是個聰明聖智達天德的，故曰夫焉有所倚，鴛譜金針，和盤托出矣。

論至誠本是達天的，而先從經綸說起者，書曰天秩天敘，經也所在惟天也外卻入倫有何天道蓋子思針砭隱怪大意盡于道不遠人一章所稱子臣弟友與夫婦湊作五倫下面說大孝達孝以及五達道九經三百三千之屬無非為此經綸大經一句註腳此一句收上數百句下文說個固聰明聖智正要人在人倫日用上實託實修不逞浮巧不生狂慧如夫子之所云庸行庸謹做成慥慥君子是其義也但這個經綸不是外邊零碎做得落根處還有大本即上所云中者天下之大本也中涵于性性原于天天命之謂性又須知到化育方是窮源學問故本文層層剝入至于知化而後已知化者達天者也知字與立字

經綸字都不費力都是一串渾成道理而偏寫至誠能事則略
分做三項如此非有三也末句無所倚即就上文大意渾看不
是推進一步
肫肫節是即無所倚而狀之肫肫其仁慈祥之至也淵淵其淵
深潛之至也浩浩其天空洞之至也分配經綸三句而理本
貫肫肫淵淵究來只是浩浩
此章言聰明睿知此章言聰明聖智聖即睿也書有睿作聖之
義合二章觀之聰明聖智其爲天之所珍也審矣以即達天倚
也云乎哉

詩曰衣錦尚絅章

中庸以天命提宗，到此章後以天載收局，前後照應，所當着眼。首提闇然日章，是通章骨子。闇者微也，微者獨也。闇然如今人說暗地裏自家做一般，故下文說出謹微内省之學來，猶前所云慎獨。袁了凡曰：吾人一身不過視聽言動，首章言不睹不聞，此章言不動不言盡之矣。不動而敬，不言而信，即所云戒懼二句。最重内省之學，正在此所謂闇也。至不賞勸不怒威而篤恭天下平，所謂章也。天下平猶前所云位育節相照，細玩便見。此本是合天學問，至此恰完得天命之性，故以無聲無臭言之。

蓋章不離闇上章言固聰明聖智而達天德已開其端了把許多賢智隱怪無忌憚的小人都向闇然二字裹抹殺

此章書余所不解於舊說者數處如淡簡溫六句註云有為已之心而又知此三者又字作麽解此舊說所以有為已知幾分作兩項之說也按朱子有云如此淡簡溫入細做工夫故能有下文三知故字又作麽解豈非謂小人逐外則此幾不能知而君子務內則此幾能知之乎細玩此說亦有理然何如刪却故字直云為已而燭其幾一直看下之為徑也王觀濤曰君子之道闇然而日章淡而不厭簡而文溫而理所謂德也知三者可

以八矣以淡簡溫三句為闇然之寔以遠自微三句為示人闇然下手工夫上下兩截不殊作粘搭語尤為快爽又如潛伏四節、前二節、上云人所不見下文不動敬不言信正是內省工夫上虛下寔非有兩路、彰明、也楊貞復嘗提此說極了當而舊說分作動靜存省、悞矣後二節說到不賞民勸不怒民威已是登峯造極境地而舊說拘勸威二字謂有勸威存為還未是天下平然則所言天下平者果能渾卻勸威而渾若標枝野鹿然乎恐、古今以來無是理也且不賞不怒亦何嘗無賞怒五服五章五刑五用必欲廢之棄之不能但就敬信處斡化机則雖有賞

有怒依然是不曾賞不會怒故謂之不賞不怒若夫下民勸威
則化机所格自有不能無者姚承菴曰恭即敬信篤恭即不動
而敬不言而信王觀濤曰天下平即踵上不賞不怒言之明是
結束上文非有淺深兩層至末節三引詩又同一例非有低昂
王觀濤曰聲色之於以化民末也正以暢周詩不大之旨非抑
之也可見有倫之言亦以暢德輶如毛之旨盖德超于倫而毛
猶有倫于輶字之義何居明是形容不盡不得已而備用字眼
之詞何嘗從以毛擬德乎子思子盖謂德至篤恭而天下平則
超聲臭色迥絶倫類附于虛合于漠渾是天載了故詩一曰不

大聲以色正為聲色之以化民末也曰德輶如毛正為毛之
有倫未易以擬德輶故到此地位恰合着無聲無臭之天載淵
乎妙哉遂擊節而贊之曰至贊德也非贊詩語德也猶說于三
詩前聯後揭錯把不大為小大之大認作尚留些子而如毛如
字認作寔寔落落以毛擬德矣癡絕極絕豈不令人笑殺乎
淡簡溫合不厭文理是一串非而截總是形容闇然之義其日
章意則直至天下平始見之
說近自而字都為要說個微字微中有顯指獨知而言歷歷孤
明炯炯不昧正敬信之源頭而本躰工夫一齊到者也故下以

問說書

潛伏孔昭詎之即是莫顯乎微之顯勿說向外邊去舊說以微

頂近自得矣以顯頂風遠正倒成文忘無意味

君子不可及照後盛德大業看

湯霍林曰敬色化民末病在一以字如有德以主之則敬色亦

不顯矣

大學標心中庸表性只一慎獨切莫爭辯

說書卷之三終

八閩文庫

八閩文庫
文獻集成
223

福建文獻集成

吴格 主编

續編 經部 二二三

海峽出版發行集團
THE STRAITS PUBLISHING & DISTRIBUTING GROUP
福建人民出版社

本册目次

慧眼山房説書二十卷（卷四至卷一〇）

［明］龍溪陳天定撰

日本内閣文庫藏明刻本

陳氏說書

慧眼山房說書卷之四　論語

學而第一　為政第二

閩漳陳天定慧生甫著

學而時習章

通章重時習為是悅樂不慍而君子則皆時習內自得的光景着三個不亦乎口氣正要人自家想像尋討着也鄒東廓曰聖門之教只在性情上做工夫慍則戚戚悅樂則蕩蕩毫釐千里之辨在此是即以悅樂不慍為學地也混些胡氏曰悅樂慍情也皆性之所發也能復其性之善而情自無不善則學習之功大矣提學習作腦較的當

按註云既學而又時習以學字為實字而習字為虛字遂起後人摸象之疑陸象山曰論語中都無頭柄說話如學而時習之不知所謂習者何事王龍溪解之曰古人理會心性只家常事啟口便說學而時習之不必說如何是學着来學字竟是虛字而學中真消息則孔子已捻時習二字內罄盡何也凡有作為都是外物不免生硬若我原初故物則安安帖帖無走作無拘會我與我周旋久矣故曰習這個習處總不離時楊貞復所拈現前當下之說是也楊慈湖曰坐如尸坐時習也立如齋立時習也最說得活潑孔子一生做成一個聖之時只是這個時

羅近溪曰學固在習習尤貴時可見時習處正是學學而時習之是一句渾成語既學又習之訓一程斷作兩程行也悅字在時習裏見試將現前當下之說玩味一番鮮粘釋縛冷煖自知矣

漢詁皇氏謂學有三時一身中時如內則云十年學書計十有三年學樂誦詩舞勺十五成童舞象是也二年中時如王制云春秋教以禮樂冬夏教以詩書又文王世子云春誦夏絃秋學禮冬讀書是也三日中時如學記云君子之於學也藏焉脩焉息焉遊焉日日所習是也極漫衍然說得條暢可

倫一觀

周季侯曰：昔人云，十人同食，一人獨飽，而九人不下咽。吾之所悅，雖深，亦安得達于外耶？朋來而樂，淺言之，似與人與衆之恒情；深言之，則善與人同之本體。況無回曰：學妙於時習，自然與天地萬物相通，即一人不來，自有天下歸仁之象。然不可謂來者便是知。大抵學得盡處，其獨得之妙，不可持以語人，人之亦豈盡解得。如孔子之在當時，三千七十，豈不朋來，然欲無言，則子貢疑之；見南子，則子路不悅。故曰知我者其天乎。不怨不尤，又何嘗因之而生慍。此是學問中

必有之理不到此不是真學問

按漢詁不慍有二解一云古之學者爲己故不慍人之不知此常解也一云君子易事不求備于一人故教誨之道有鈍根不能解者君子恕之而不慍此說有合誨人不倦之旨羅近溪亦云君子之心直是要天下萬世相通人有不知必反已以求爲可知而後已于人何慍爲沇無回曰此是道理但此處不必如此說君子有終身自反之功亦有毅然獨信之處當與中庸遯世不悔易不見是而無悶同看數說俱可沇說較正當

時說朋来兩節在時習之後又泥註云君子成德之名遂劈頭

便說學者學為君子而已以說樂不慍作對以君子一句作揑甚乖語脈王漢治曰為學最忌名心有一念參涉名上去便不是性命之學千古學術之真偽純駁全在此處分不慍不是成德之極劈頭為學劈頭便是為人不知不慍之學若契初未能人不知而不慍則當其悅樂之時尚有慍在乎而何以謂之悅樂也不知不慍徹始徹終帖在性命故曰君子把三節語看作一時一處大洗宿暈渾融可挹

其為人也孝弟章

陸象山幼讀論語便疑有子此言支離蓋以犯上作亂是極多

事一尋常人不爲何可以之論孝弟曾岷瞻曰此說固是但有子不過借此形起下孝弟爲仁之本意不必過執也愚意有子所言箇是入微仁不仁之別正在於好不好之分葉無知曰天下豈有好犯上作亂之理但不孝不弟之人腔子都是殺机一念不已又續一念習慣自然真如好之者然犯上作亂從不好說來正是從心苗處拈出正是說他仁也周季侯曰此處已隱隱說個爲仁之本了故下便接君子務本務本二句意雖暗指孝弟然須渾說方不礙下文纖語氣未講孝弟二語須即就上文兩個不好意翻寫不必添出民胞物與等語蓋前暗埋本字

此乃明明叫出須見得孝弟鄭重之意為人為仁正相照應不必認定為字死講註中訓作行仁不過恐人誤認孝弟為仁之本便把仁看作枝葉了也今但依沈無回以本作心之根柢處則仁譬猶全樹孝弟猶全樹之根此根包孕千枝萬葉無不聯貫當躰具足若說施由親始則枝葉各離及不貟滿蓋前輩說道生亦都作生活看生活于中故孝弟為仁之本發生于外則仁為枝葉乎不然矣總之有子看得孝弟極大一念非天一念非理一物失所皆非孝也非由孝弟後推而及民物也

巧言令色章

巧言不是便佞是會粧點得好聽他嘴頭極像仁的令色不是側媚是會粉飾得好看他面孔極像仁的惟其極像故夫子以鮮仁破之何則仁乃一團生意自然流出無許安排布置也此是辨仁家旨若彼便佞側媚的人則與仁絶無交涉何足論

吾日三省吾身章

人身除却與人交接及師友傳習之外更有何事故三省的是以此三者省之不必別解身字最重不忠不信不習人惟錯認作欺人的所以朦昧過日子曾子認得是自己病痛便一毫苟且不得也三乎字關心之詞正是省處省之云者當下便照隨

照便化着不得改勉二字註云改勉大似迴想做過去的事了
差些且留予之意只慮不想不信不習此孔子學如不及文三
望道未見之心也若曰無則加勉寬泛矣鄭孩如曰瞞人不過
的不待言瞞已不過的亦不待言所省只在幾微恍惚不自覺
處不自覺三字極妙但怕其有怠敢誑無照本文看去自得之
朱子云人但才見是別人事便自不如已事切了若是計較利
害猶只是因利害上起這病猶是輕惟是未計較利害時已自
有私意這個病却是重些些是才有這個軀殼子便自私了佛
氏所謂流注想是也所謂流注者便是不知不覺流射到那裡

去其端甚微直是要省

傳即千聖道統之傳習即時習之習習字前已言之以習接傳者繼往開來之學不外夫溫故知新之功也朱子非不知此義而必云傳謂受於師習謂熟於己所以推尊孔聖而且古人尊師重傳言不忘本自如此

二程語類云傳不習乎不習而傳與人也漢詁云傳惡穿鑿亦與意異註附參

道千乘之國章

朱子語類曰敬事而信是節用愛人使民以時之本而敬又是

信之本可見重敬說者本之晦翁不為異也觀敬字着一事字便透下幾項在裏面矣這個事字最妙敬無形也因事而見聖賢不役心以應事未嘗遺事而守心躰用合一所異于空玄也故謂之敬事如敬敷五教之類隨舉一事隨把一心對付他獅子捉象捉兎俱用全力曰信則此敬之不浮者而已王伯判于誠偽信字關頭自微而金石四時之信亦括其中節用不止在匪頒好用須從吾身節制將去愛人所包者廣使民時謂農隙之時按農隙四時皆有不徒是至冬乃後之也又周禮均人職云凡均力政以時上下豐年則用三日中年用二日無年用

日此時也推而廣之六月棲棲戎車既飭以生道殺佚道勞而無怨非時乎時之為義大矣寛說自長至章中數個而字文勢雖仄落作助語詞帶過為妥一着扭捏便糾紛不是不是

弟子入則孝章

此章以弟子起語全是責成為父兄者重在孝弟二字下謹信與汎愛親仁都是孝弟中一團真懇之意以孝弟作臘可也句句要切弟子身上說不要太深餘力則以學文則字甚緊不令之一刻放空也葛屺瞻曰說話雖有次第功夫却是一齊做的餘力學文者隨所行空隙即去學文則一日之間其為學文亦

多矣。非必事事俱完方去學也。王宇泰曰。以學文以上數者而學之於文也。行則求之於行。學文則求之於文。所求者惟此一事。更無餘事。有味乎以之一字也。看出文行合一之旨來。德性學問。渾融一致。可省鵞湖朱陸異同之辨矣。

賢賢易色章

此聖賢論學最切實語。張南軒曰。子夏之意。非謂能如是則不待夫學也。蓋所貴乎學者。在此不在彼。欲學者務其本也。章中曰賢賢。曰事父母。曰事君。曰與朋友交。語語實際。皆實下手學處。雖曰未學。吾必謂之學矣。與雖曰不要君吾不信也口氣同是反復抑揚確然深信之詞註較未是、易色二字可謂備極形容說者多沾滯惟葛屺瞻、看易字作以彼之美易置于此爲妥蓋世之可好者莫如色今孳孳好賢豈不是如美色一般豈不是把色移在賢上了字法新異大較不出如好好色之意

朱子曰致其身如送這個身與他憑他將來如何使

君子不重章

通章只重主忠信一句首節重字即指忠信而言僞心輕浮真心凝鎮此重與不重之分也不重不威猶恂慄之於威儀云爾

非氣質之說學則不固與則學不固有辨重就是學別無二事也李卓吾曰首節及言病也次節是對病之藥極是楊慈湖曰忠信吾之心是即吾之主本非吾心外復有忠信也而人不自知其為吾之主故夫子明以告之使勿外求勿外求一語甚有客義楞嚴經所謂来往為客常住為主是也擇友改過二項則皆主忠信内事朱子曰人自是要臨深以為高悅不若己學人通病此言無友重友之者不重友也君子看彼天下盡皆勝我童子可問襄剡可師何人可拒且友而必待勝我者而後訂則人將拒我如之何其拒人乎勿憚二字亦就心上看不闗改之

難易憚如小兒護痛分憚如猛虎決蹯是皆以忠信之心行之節段似零碎細看便貫串參

慎終追遠章

慎終追遠只是一個孝孝以感孝故民德歸厚如孝弟之不好犯上作亂是其義也慎對忽看猶楚辭荒忽之忽乃哀迷之際照管恐有不及非輕忽也追字大段屬祭祀上然泛作平日不忘祖親看亦可歸字妙書曰惟民生厚因物有遷厚乃民之本性向離之而今反之故曰歸

夫子至於是邦章

得如鍼之於石桴之於鼓人已兩忘求與與俱着不得末二語只是形容其得之之妙鏡花水月非真以求處較量言之也即子禽以求與二端商畧之是摸擬不着之詞何嘗疑却夫子是求所云五德譬如日光觀者見有五色安有五色大槩是渾然的氣象楊龜山曰物有圭角者多刺人眼君子處世當渾然如天成則人不厭棄之亦此意也謝顯道曰有忿懥之心必不温有忮尅之心必不良有欲上之心必不恭有廣肆之心必不儉有物我之心必不讓數語刺骨之談心法世法吾人所當着眼

父在觀其志章

通章總是表孝。總是勉人子之不忘親。父在父沒相推說下。不而平三年無改。正所云父沒觀其行也。觀志亦宜照無改意看。朱子曰。孝子之處心親雖有存沒之間。而其心一如父在。不敢自專。故夫子直指其不忍之心。推見至隱。不必主事言。高中玄曰。此言孝子之道。非所論於善惡也。父有不善。即其在日猶當幾諫而請改。況可踵而行之以成其惡。與三年無改者。但言其久。而不改耳。非謂三年之後改也。然則父之道謂何。曰道。行也。謂平生之所常行者也。如一事而有從有違。一人而有厚有薄。以至居室之所安。臧獲之所用。即父之於子不能同也。惟孝子實有不忍死親之心。哀慕誠切。必有易其平日。便覺心痛。古云父母之所愛亦愛之。父母之所敬亦敬之。至于犬馬盡然。此三年無改之說也。聖人說改。為改處之改。而宋儒以為改過之改。故其言不能自達。

禮之用章

春秋之時。名分凌替。都籍口於和。把禮節打壞了。故有子為是探本之言。通章以下節作主。因為有下節主意。乃發出上節議論。總是重節上下一意。非兩救語。

朱子曰。禮如此甚嚴。分毫不可犯。何處有個和。須知吾心安處。

便是和。如入公門鞠躬。須如此方安。不如此便不安。便是不和。以此見至嚴便是至和。處不分兩截看。又曰。如升降揖遜。天下有當然之理。但此理無形影。故作此禮文畫出個天理與人看。使有規矩。可以憑據。看出和節合一處。字字骨血。時說嫌心安兩字為淺。遂作真意浹洽看亦好。但真意浹洽。都是心安中物。有一毫不出于心安。何能洽哉。此節和字。只要照下節字發中庸書曰。發而皆中節。謂之和。是此章好註脚。

鄭孩如曰。用字非躰用之用。亦非吾人去用禮。即水之洋溢流行於天地間。可識用之義矣。這用是活字。高中玄曰。用猶行也。

觀下文有所不行亦不可行可見和為貴亦不是須要和的意思禮本自和分開不得若看為貴兩字太吃力便似有禮外之和了

小大者事也小事大事各有經曲俗以小大分貼經曲誤矣知和二句一氣讀鄭孩如曰以禮節非以此物節彼物也此和發得中節而已若謂討個禮來節和則禮與和為二物矣愚意和本坐於禮中然知和而和之人却把和頓放在禮外了明明二物就說以此物節彼物無不可也故上節只說一個和字不說出個節字和即是節不待說也下節說和說節若判作兩件看

然因病立言聖賢道理周密如此末句亦字正點上有所一字看婉婉轉轉為和字申辯善心具見

按漢詁此章言禮樂相須為用所言和即樂也禮樂合一妙理妙論

信近於義章

此章依朱子說大約皆是交際交際之初合下便思量到無弊處但非拘儒曲謹之行沈無囬曰曰近曰可曰不失曰亦可道理儘融通廣大是也周季侯亦曰此三種都是好事都是有慕賢豪長者之所為而未便皆得聖賢究竟道理故有子為一點

破之又非必計較後来也張雨若曰天下只有個道理始終攧撲不破執一無獘之道便是善始善終易曰君子上交不諂下交不瀆其知幾乎幾者動之微吉之先見者也又須知這昔非臨時可取辦的鄭孩如曰須是平日有精義立禮知人學問方能如此若素無原本到交際時方欲謹慎便鶻突倉皇無個着落所以學當理會其頭腦

朱子以恭太過則卑而可恥不及則亢而取辱不知此禮字專爲當時足恭者設戒只主太過一邊說而恥辱二字相連不得分

君子食無求飽章

通章重敏事，是正旨。然須把五句作一句讀，纔有理會。且事字與行字不同。楊復所曰：說事便真有一件事在，如農之耕，如女之織，非漫言也。吾輩試思所學何事，識得箇事，即欲不敏不得，即欲不忘安飽、不慎言、不訥正有道焉，不得。著學字與事字斟好字精神便見。

註云心有在而不暇及，却似無求安飽之外另有箇學了也。近說無求安飽正是學，極好。蓋從根源打淨，清清楚楚，全無世味之念，豈不是學？然而子路誦不忮不求之詩以終身，夫子再加

針劉清脩刻苦之士於大道正遠在今但把不求安飽便當了
學則下文所稱敏慎就正謂何張侗初曰不求安飽而敏于事
此中幾微有內外賓主之辨若以居食害道而着一毫淡薄意
思便將簡淡泊與事相對不是自然本躰功夫便為外為賓若
自食自飽自居自安而吾泊然無心其間只時時刻刻是箇潔
淨本躰便是孟子所云勿忘勿助必有事的學問此則為內為
主要從此處默默細勘
葛屺瞻曰士君子主持世教若一味箝口結舌世道何賴夫子
豈令人為此只因人說話多不顧前後於學問中事原非實副

這地而信口高談便決不能反身去做就此以觀道學之書說得平實者倒能實踐說得玄虛者倒未必實踐所謂過頭話好說過頭事難做也故須慎慎言專為敏事而設其他論言行處總是一例

周季侯曰就正有道不是這此敏事慎言是從心上精微處討對同

貧而無諂章

自禪宗熾而聖賢吃緊躬實工夫幾不復明且如此章時說俱重知字所謂諂境有涯而悟門無際者也意非不是然在此時

已作口頭禪濫觴了一虛百蕩感何可言愚意此章實際語顯在切磋琢磨告字內陳白沙曰夫子所言樂與好禮此心躰上不知經幾磨練方能到此田地夫子特舉其現成者告之子貢便即其現成田地想見其中磨練工夫故悟及於切磋琢磨而曰其斯之謂蓋有猛省求進意夫子所以深與之也此說蓋祖之蘇穎濱極是的當但穎濱解往來處與朱傳異則截以從註為妥

蘇穎濱曰貧而樂富而好禮雖欲驕諂不可得子貢聞之而悟曰士之至於此者抑其切磋琢磨之功至也與孔子曰告

諸往而知来者、舉其成功告之、而知其所從来、所謂聞一以知二也。

時說又云貧富是借論偶爾舉似。下文只虛〻活〻說箇義理無窮盡。然則君子之欲不處、惡不去、為終食不違仁非欲以貧富論學、實理寔事、何不可也。至夫守不如化之說、尤為老厭頗

涇陽曰無諂無驕、還在人面上、點檢、樂與好禮、却就自心上受用。即此有為已為人之分。不但安勉精粗之不同也。人已兩字、雖未恰、却有披尋看来無諂心下有不肯意、無驕心下有不可意、一段曠爽、儘會空得世味。但未知根源上打得乾〻淨〻否。

學問至樂與好禮便覺十分深穩沉潛純粹非自心中打得乾淨無寸絲粘掛何能發得這地分所以當用切磋琢磨之功也切磋琢磨的須就治心說無諂無驕此心尚自刮磨不盡斯字正指心躰所當磋磨去處非謂無諂不如樂無驕不如好禮之謂也鄭孩如主岆說余甚喜之時說扯入禪机与舊說論學知詩之解均無當

與言詩二句口氣拖下重下句不可指下句把折轉語詩蓋夫子見他引詩遂順口一句有領非關詩也往來二字註解原不差舍卻貧富二節語則往來二字更何所指時說謂時時有往

時々有來前一番為往，後一番為來，語非不工，却在昔字安頓。何處何不云所告的俱屬往，所知的纔屬來之為微也。須知夫子此言是鼓舞他，不徒是讚揚他。大意既得，何必拘往來二字說玄說渺。

不患人之章

袁了凡曰：知人照人，不已知。看當單就好邊說，凡不知賢，賢々不知聖，彼之學問高我一尺，我便不能測矣。此全是自己學問有虧，良知未廓，病切己身，故當患。從違法戒之誤，還是下一層。

為政以德章

此章不重無為意重居得其所意開口便說為政分明是有為了如何却說無為須知天躰運轉不停而北辰為天之樞如輪之轂如磑之臍動之中有不動存為則為政可知矣爾雅釋文云北極謂之北辰郭璞曰北極天中以正四時極中也辰時也以其居天之中故曰北極以正四時故曰北辰郭璞二語可作居所註疏為政以德之義依希可見

袁了凡曰朱傳此處政字只言正人之不正至下道之以政方說法制禁令極有理可見為政以德不用法制禁令只是以身止人如作則建極之意愚謂法制禁令自不可少故不曰以德

為政而曰為政以德可見未嘗廢政但所重不在此耳

詩三百章

此章書有數解一主表彰詩教說文心雕龍曰詩者持也持人性情三百之蔽義歸無邪持之為訓有符焉爾許敬庵曰風俗邪先王為政令以防之行事邪先王為禮制以一之至於思慮於微渺非政令禁制所可及則採集詩歌使之一唱三嘆以興起其勸懲之念而歸於正蓋思者聲詩所由起也以其出於人之思者入於人之思自易為功耳直向人一點靈源處激發感動潛移默奪轉来一主示人學詩實受用說周季侯曰一部全

卷四 十七

詩只是使人思無邪學詩者須求之理會性情乃為真心寔用而不徒誦習之粗一主夫子自明刪詩之意說鄭孩如曰夫子刪詩勸懲兹列而主意歸于使人思無邪故其録詩之正者不必言其録詩之邪者亦如春秋直書亂賊非以懼既往懼將来也與表彰詩教之說畧同一主示人心經說徐玄扈曰思無邪不必泥是駉篇之詞蓋詩之歌詠美刺乃從人之心思而生人心思上苟能無邪是美刺所不到之境而吾心先得之也全詩俱括在此一點心思上来故思無邪一言足盡詩之義此在心上論詩若必以駉篇之思無邪蔽詩而不以吾心之思無邪蔽

詩此經生之學而非儒者之心學也與學詩受用之說畧同鄉肇敏曰味此章却是教人無邪思而觸詩以發之明快脫灑可了以前數說之案

張洞初曰思無邪者第二念也今人山歌里諺都依當念當境說出畧加粧點便失本情便是邪然則三百篇不傳於學士之口而傳於里巷田夫久矣又曰春花生花於不見之處當春而花非為炫色也秋蟲幽吟於不聞之境當秋而吟非求賞音也故全天於聲氣之中而造秘於工拙之外此亦思無邪之義也是說清新饒有別致錄之餘說與朱傳牾者

不録

三百不是言其多言其全也。蔽字亦不是該愽于紛言一部全經句句字字皆是這個意耳。

道之以政章

重一耻字。凡人去惡從善。全憑這羞惡之心。為人上者把百姓這點心提得出。則去惡從善。自如走坂之丸。住不得也。政刑之主。亦都是要民好的。但子帥以正底意思却無。故百姓只管逃閑。這點耻心提不出。德禮之主。亦少不得政刑。如五倫中吉凶軍賓嘉品秩隆殺之儀。節其太過。文其不及。是之謂禮。而切此頒布著爲成式令天下遵守則謂之政禮與政亦非兩物但曰禮則教示之意多曰政則禁戒之意多此其别也孔子謂衛將軍文子曰以禮齊民譬之於御則轡也以刑齊民譬之於御則鞭也執轡於此而動於彼御之良也無轡而用策則馬失道矣有味夫執此動彼之言也予所謂提得出者也然要在先道之以德王觀濤曰德是人主躬行的禮則是人主制來使民照他行的禮即德內物漢疏謂此章爲言爲政以德之効極有見道古錄云齊之以禮不是約束强之使從我只就其力之所能爲與心之所欲爲勢之所必爲者以聽之則千萬其人者各得

其千萬人之心，千萬其心者各遂其千萬人之欲，天地之所因
材而篤也，大成大小成小，天下更有一物之不得其所者哉，是
之謂至齊，是之謂以禮。世儒不知禮為人心之所同然，本是一
個千變萬化活活潑潑之理，而執之以為一定不可易之物，故
又不知齊為何等，而故欲強而齊之，是以雖有德之主亦不免
於政刑之用也。吁，禮之不講久矣。說禮字極易簡博大，可玩。
漢疏云：格，正也。與朱傳亦勝。

吾十有五章

葛屺瞻曰：此夫子自敘一生所學，由粗入精，由精入化，總為學

中有此漸進之階級至於十年一進夫子必無虛言今就其言揣之志學如有一好山水處要去看玩去如身到其境不惑如就中境致一一看遍知天命如將山川風物創始緣由俱已識透至知天命已無可進步過此止逐漸消化之耳或疑耳順從心總是化境何又有十年之隔曰耳順在知一邊無形迹者化之易不踰矩在行一邊有形迹者化之難中間分際涉入處竟自難窺固不必泥於分析亦不必強爲渾融

學字照下文看便見孟武強曰學何學矩也矩何矩天命也提天命作主自當

楊慈湖曰明乎己故之通乎物故不惑

筆解韓曰天命深微仲尼五十學易窮理盡性以至於命故曰知天命學易二字可玩

耳順只是道理爛熟不假思惟之義如列子云廢心而用形或謂順對拂看凡人之情聞善言而悅聞不善言而拂者其常也在賢人尤甚伯夷耳不聽惡聲未化故也耳順如鑑之明於物無擇妍媸在彼而吾之本體自如無拒却亦無容留也或又謂耳順非特聞人之言語雖風雷禽鳥一切有聲之物接于耳無不悟其妙張子聞驢之意亦如此

顏壯其曰心原是矩吾人所為梗者非心也以塵境積為塵識假名曰心至聖人方恰好是個心從心則矩矣率性則道矣故仁義禮智必說個根于心方是性脈

周季侯曰說個矩字不落玄空說個不踰見得聖人兢兢不放非自神之言然非便結局之言

孟懿子問孝章

違非虐字即左傳昭德塞違之違明是說要不背於理但理字却囫圇話提出禮字來便見是天之所秩王之所制纔劃然慄然

卷四　廿一

陳氏說書

王宇泰曰胡氏謂得爲而不爲與不得爲而爲之均於不孝三家之僭所謂不得爲而爲之者也然既不知禮則餘所得爲者又皆因陋循俗而不知有所謂禮者多矣蓋過於僭而不及處即在其中

孟武伯問孝章

王觀濤曰惟字只惓惓戀戀之意不作獨字看湯霍林曰疾字不專是疾病有一毫不在名檢上即是疾語要隱然警惕三家

子游問孝章

袁了凡曰六珍下珍三品曰鷄豕犬是以犬爲重上珍三品曰

羊牛馬是以馬為重故大夫無故不殺犬豕又大祭則血馬沉璧用牲之大者莫若犬馬然今之倫物以行孝者至于犬馬皆能備之養親之禮無復可加矣至於二字所包者廣不加之以敬而心尊其親則何以別于世俗之孝乎若以養犬馬比養恐不然迴護自好爲此瞻回只爲世人相沿成習若不痛與說破何由提醒故以養犬馬與養父母對較正使舉世相安不覺者一時聞此猛然怵惕正不必曲爲回護照註說亦自好

記曰嚴威儼恪成人之道也非所以事親也至親無文如何說個敬字須知敬非儀文度數之謂視於無形聽於無聲推之而

如事天明事地察則敬可知矣且如一養而曾子曾元意中所以待其親者何如敬不敬之判相去萬里

子夏問孝章

李卓吾曰色難者言以色爲第一義也非真以色爲難也楊後所曰非謂人子不能有真色謂人子當以真色爲難若服勞奉養易易耳不足言孝也不然孩提赤子見父母便嘻嘻而笑啞啞而言渾身都是天機滿面都是真愛有何難哉有何難哉

吾與回言終日章

通章語氣婉轉都是一派歡喜之詞惟其喜之也深故其稱之

也婉劈頭說不違便是無言不悅光景但一直說破便不見意味故抑揚其詞以寫之如愚只形容他兀然嗒然的模樣不作疑亦不作贊私不定獨處但非進見請問之時便了退省非真屬地去窺瞷他大抵是心上人便時時放不意下長以要看眼足發如時雨化一般生意充滿勃鬱於中而暢茂條達于外謂非造化之力不可謂盡出於造化亦不可亦字承上如愚來是婉語不是將就語寬緩其詞大有潛思徐玩口不能描之意不愚只談還他不愚添出明敏昔話便不是

吳無障曰若說私為非進見請問之時則退字足矣又贊一私

卷四　廿三

字何爲燕居獨處之時也有私大庭廣衆之地也有私千軍萬馬之中也有私私獨也真我畢露之會也光光有我在四旁更無可借力支撐處或時值倉卒而閑藏掩護所不及施或事關性情而聰明智慧所不得用或喜怒哀樂之未發而點檢無從或上下四旁之輻輳而照顧難遍這時節靠不得把持弄不得氣力此寔本事實臟腑透見之際故曰私私如今言真面目一般觀人而於其私人焉廋哉故曰察其所安安與不安人之私也

朱子曰顔子於聖人所爭只一蹩故夫子指點他便與他相湊

所以嘿識心融不消再問也融消融如雪在湯中若不融一句只是一句如何發得出來如人喫物若不消只生在肚裏如何滋益軀膚又曰亦足以發是聽得夫子說話便能發明於日用躬行之間如告以非禮勿視聽言動顏子受之不復更問退而省察所為直是視聽言動無非禮也問于何處見之曰于睟面盎背皆見之主躬行說是實際語

近李卓吾楊復所諸先生謂省私是從退後想其覿面時光景私字猶云獨得之妙發字就不違時一段精神勃勃說如爐中養活火光焰俱無却不是死灰況無面目如愚足發是夫子形

陶[illegible]讀書

容之詞非果有兩境也退省意亦不欲泥看即在如愚中一眼

覷進猶云迫而視之也更自洒脫

視其所以章

以由安是囫圇一件非三件一事之間一人之身同時都具視

觀察亦是一時齊到的着眼

春秋傳曰能左右之曰以是用力字意猶云作用由來歷也同

一作用而來歷不同如同一學業或因道德或因功名或因利

祿來歷又不同也安字妙如語云安頓處一般對偷飾所得及

防檢所得到言語又云人不安于僑而安于家

温故而知新章

重温故上今且問故是何物張侗初曰逝者如斯不舍晝夜理會他源頭從何處來種樹畜養不見其長有時而大理會他本根從何處滋息則做可知矣温字如丹經所云文武火也虛焰是助灰滅是忘勿助勿忘是温字真口訣温之而新知日起新即在故之中知不出温之外也可以為師是極形容所知之無盡處不要泥然却亦實理寔事

君子不器章

此心學也能造萬法而了無一法故曰不器

子貢問君子章

先後二字。備極形容。然一執煞。便不免意見語滯。大要只是發人貴行不貴言。言君子敘〻在行。是個不說空頭話的。語曰不言而躬行。最得先字之意。歐陽子曰。脩諸身矣。不見諸言可也。最得後字之意。

君子周而不比章

普偏偏黨註解明盡

學而不思章

罔者心下不明白殆者心下沒依據分言其病。正是對下藥。

鄭孩如曰吾人行住坐卧日用飲食在在天則莫非學處但要思耳一思則蒼蒼翠竹莫非般若鬱鬱黄花盡是真如有等真明人離此蹈脚處別用尋索則去流於荒唐而無歸矣學處思思處學併歸一路此聖門學脈也又曰優其事之謂學非博稽載籍之謂也博稽載籍竟屬思頃下蓋所謂學者別有在博稽以証此學耳去聖日遠而此學流於聞見俗學矣

攻乎異端章

陸象山曰今人類指佛老為異端孔子時佛教未入中國雖有老子其說未著却指那個為異端蓋異與同對雖同師堯舜而

所學之端緒與堯舜不同即是異端何止佛老哉或問如何是異端對曰子先理會得同的一端則凡異此者皆爲異端柰了凡曰聖人本来只有此一理千古聖賢只有此一路同此者謂之同德異此者謂之異端端是端倪乃微細難辨處一毫有差千里相隔

攻異端只就本人說非異端一個人攻異端者又一個人也斯字悚甚楊復所曰要人消於未然

由誨汝知之章

舊說屈子路強不知以爲知寃甚以子路之高明豈有冒[illegible]

理只是他心粗不肯沉潛理會耳顧涇陽曰知的曉得是知却易不知的曉得是不知却難如子見南子衛先正名必有個道理在子路本自不知却便不悦便以為迂此正不知為知之也夫子不能每事救正特向頂門上着針曰由誨汝知之乎謂必於本心知不知處洞然後些子鶻突乃謂之知之耳若但任自家意思見以為如此便道如此見以為不如此便道不如此自汝視之橫說豎說無所不可何等惺惺自有識者視之都是紐揑去吾也詿謂瞞心冒認故以為自欺吾意還是那知不知處未能一一曉然耳所為守重看要自家心裡細勘明明白白之

意即貼着首句知之兩字說此解甚對針

餘說尚有數解鄭孩如曰聞見之知不知有加損此心之知其知知具不知無加損夫子教子路將與無加損的認作知之本色與便是真性命所在蓋學脉也看兩為字如吃飯穿衣直說本躰王龍溪曰知不知原是兩條判開路頭知之為知之要行着習察不可含糊將就過去不知為不知要滌玄去智不可尋討墝攪過來看兩為字如透爪裂齦狠下工夫袁了凡曰這件事愚者可與知聖人亦有所不知原是道理如此人惟馳求心不歇將謂別有玄妙故目前所知者不肯認以為知其所不知

者又不肯安于不知信耳目不信本心所以聞見愈博而本心愈塞夫子教子路知之者還他知不知者還他不知這便是知乎何等直截何等簡易放下知與不知如穿雲皓月騰騰任運是隨緣安樂法袁七澤曰吾人良知本無不知不可以知更求於知譬如握手作拳則名為拳不名為手將知求知則名為妄不名為知人知知之知而不知不知之知也昔人謂知之一字衆妙之門而又有謂知之一字衆禍之門者通此二說始得夫子論知之義討出不知之知如空中明鏡纖影不留是息妄情然機數說皆有妙理但與子路不對附參

子張學干祿章

干非干求之干乃干涉之干急於自見涉在那邊去也豈有聖門高弟而干求利祿的理要其病根總在多聞多見處夫子若不從此說起心決不服且學問亦須索從這裡過即病即藥夫子的是化工手眼闕慎二字最重乃子張所欠者相推說下不必側重餘即所闕之餘即是不疑不殆的不必穿鑿慎乃十分詳審之意一段闇然工夫只欲求學問停當然亦已停當了明明無尤悔而猶曰寡者不自滿假之心也祿在其中對干字看如夫子溫良恭儉讓以得之一般舊說做言揚行舉太覺攙時

說作所求在此所得及在彼如云出自意表太避忌撿之夫子看祿在學中直恁平常吾人尚看祿在學外遂費周折矣無障曰博洽雄辯之士最能塗人耳目聾人聽聞必闕疑慎言而後寡尤何也辯博之徒可以驚四筵不可以驚獨座莊子曰能服人之口不能服人之心人不心服所謂尤也寡悔更易見自恃閱歷今古憑才妄動者一時馳騁豈不快意馳騁者過快意者息至靜之中才氣不得施而良知躍然愧怍生矣故曰悔又曰只一個祿字有其心是為人欲有其具是為天理曰在其中者有其具也全不論得與不得學干祿是患無位患莫己

問曰讀書
知祿在其中是患所以主求爲可知必有祿在其中一句總見
天理精微處故曰理欲同行異情
何爲則民服章
進賢退不肖原是朝野一片公心故民之服不服只在一舉措
間
季康子問使民章
三則字正須使字說時說相沿作不侍使者大有厲氣
楊復所曰臨之以莊不是粧模做樣也的有主敬之學在
緣施可以得報以慈使忠義易見樹標可以作則以孝使忠義

雖明大學云孝者所以事君也是把孝與他作樣子意鄭申甫曰孝不但自已孝於親慈不但慈於衆如老吾老以及人之老是以孝治天下幼吾幼以及人之幼是以慈治天下以孝治天下一語遠下則忠更不費周折舉善句不贅

子奚不為政章

袁了凡曰季孫意如逐昭公而主定公孝友之道泯矣故當其初年孔子不仕或人疑之故引君陳孝友之書以告之蓋能秉孝友之道以正一家之人則不出户庭是亦為政何以出仕乃為政乎諷魯之意深矣

劈頭言孝則友字只好粘孝說下不可並提施於有政註作家政按尚書蔡傳作邦政作家政者以下句是亦為政屬政于家故也然作邦政說於下句是亦為政口氣婉轉更有味李南黎曰君陳能推孝心以友于兄弟是以能施政于邦由書之言觀之則政之施於邦者即孝之行于家者為之耳見得孝在則政在也末句掉語甚婉褭字焉妙言即此便是那有別個在註着何必居位四字忒板煞

人而無信章

蘇子由曰我與物為二君子之欲交於物也非信無自入矣譬

如車。輪輿既具。牛馬既設。然而判然二物也。夫將何以行之。惟為之輗軏以交之。而後輪輿得藉於牛馬也。輗軏轅端持軛者也。車牛馬得輗軏而交。我與物得信而交。金石之堅。天地之遠。苟有誠信。無所不通。吾然後知信之為輗軏也。

按此說於輗軏兩字綽有味。然忒偏在世途上說。總為認行字作外景。故以信為交物之具。豈知胞有重關。心有天游。絲白不全。則觸機成礙。通塞之故。豈獨世途。須合內外景觀之始得。又直不知兩字與末何以兩字緊緊呼應。似猜似詰。正不要故煞。

子張問十世章

問世正是問禮正是問禮之損益處不則空空問十世問個甚麼下因字不重重損益字衰了凡曰將来之不可知者以世變之無常故子張以十世為難而夫子謂百世可知者以窮則變變則通通生於變變生於窮窮生於常則無常而未始不有常也故昔之極重而不還者即為將来所莪賊之端而其所頹廢而不振者便為新主所增脩之處試思今日之所餘者何在不足者何在則後世之所損益可知而損之不已以至于頹廢而不振益之不已以至于極重而不還則後為後世所損益之端又可知矣如秦之廢封建而郡縣此損益之至大而後世之所

根者。然、也、窮、而、變、變、而、通。勢、之、所、趨。而、不、得、不、然、也。此、以、意、卜、
度、之、真、是、百、世、如、見、而況聖人窮聖極数。坐照千萬世無前後
際者乎。

繼周不是說祚統。是說、繼、周、而、損、益。湯霍林曰。據、當、日、俗、尚、風、
氣也、須、要、損、益、一、番、直、有、因、時、制、宜、意、在

非其鬼而祭之章

兩項似判開細看則病痛共是一路。總、為、見、理、不、明。故、筋、隶、骨、
髓被禍福二箇字驅使耳。時、說、提、義、字、作、綱、自、可。

說書卷之四終

慧眼山房說書　卷四　二一

慧眼山房說書卷之五

論語　八佾第三　里仁第四

閩漳陳天定慧生甫著

孔子謂季氏章

忍字悚甚。如今罵人心腸硬一般。孰不句。只足上句意。刻痛之言。不勝咬齒矣。或作退一步看。反鬆緩了些。或作進一步看。則弑父與君。非夫子所忍言也。

三家者章

提出天子兩字。便是春秋書法。但夫子口氣甚冷婉。只要還他閒閒把雍詩諷咏一遍。而喚以奚取。教他自想。這等沒意義的還是罷得罷不得。

原旨云大夫不得祖諸侯公廟之設於私家非禮也由三桓始也三家皆祖桓公而立廟故得襲用魯廟之禮樂而借天子按明堂位云成王命魯公世世祀周公以天子之禮樂先儒嘗辨之即有之亦賜周公耳非賜群公也季氏即祖桓公安得借而用。

人而不仁章

周官掌禮樂以春官極有妙理乾元一點布濩域中自然有品節自然有和氣洋溢仁與禮樂原是拆不開的大是探本之言。

林放問禮章

張侗初曰實梓土鼓禮本自儉哀痛慘怛禮本自戚奢自儉出易從戚來豈不是禮之本註中却多一轉楊復所曰禮原本末詞句奢易都是末儉戚都是本因其問禮之本故與之說寧儉寧戚二寧字有救世意非酌取之詞儉非纖嗇乃朴寔悃誠戚非哀毀乃哀痛慘怛鄒犖敏曰說一句禮與其奢也寧儉已是完了又拈出喪禮一句疏明上句陳國敞曰當時人心風俗無別可救惟是哀痛一念或可轉其紛靡去奢莫近于此

夷狄之有君章

春秋尊華外夷何取於夷狄之有君君字還屬中國說不屬夷狄蓋四海一君明是尊周也如云夷狄猶知中國之有君不似諸夏以大夫諸侯僭天子反不知有君也觀管仲責楚包茅不貢可見矣

有君即左傳不有寡君之義

季氏旅於泰山章

着一救字如起死回生一般悚甚易以諫止等字便寬泛嗚呼二語正是求不能救而夫子代他救無限痛腸在嗚呼一聲歎

人、者、固、應、如、此。

君子無所爭章

並、看、一、讓、字。讓者、爭、之、反。拈個别来。分明。是。畫出。可。爭。的。樣。子。

執。着。便。痴。必守承無所ㄣ字。說。是活弄語言。君子無所爭無人、

無、我、世、間、一、切、事、俱、不、較、矣。若。尋。他。爭。除。非。是。射。何也。射者人、

已、相、形、之、場、而、勝、負、相、猜、之、境、也。今一以揖讓行之。則未嘗無、

人、己、而、不、競、人、己。未、嘗、無、勝、負、而、不、激、勝、負。這。般。兩。下。揖。讓。還。

只。一。味。和。平。其、爭、也、畢、竟、是、箇、君、子。猶、言、爭、無、所、爭、云、爾。臨。爭。

之。事。無。爭。之。心。君子之所以為無爭也。即射可以明之矣。

按射禮每三人為一耦將射時出位及際行至階下各一揖共三揖然後升堂是揖讓而升也。於是發失以射射畢一揖而下堂復位是揖讓而下也。衆耦鄉射畢勝者與不勝者又照前三揖升堂不勝者自取酒立飲示罰是揖讓而飲也。升下飲揖讓共有三節。

巧笑倩兮章

此章以重質立旨是正論。然須曉得文質不相離之意。如素以為絢一句為字的有可商。若謂素即是絢充把素來當絢不免失之徑遂其流為野。若謂素猶未絢又把絢來助素不免失之添揑其流爲史質文文勝之弊夫子固言之此子夏所以致疑於爲之一言也乃夫子示之以後則隱然一脉相生而主輔自見便悟得質文不容偏廢訖今日之雕繪滿眼亦以有爲之老者在爲便見大中至正之文與質矣恍然而曰禮後不是抹殺禮正深於求禮也夫子一生綜禮正爲這些〻子却被子夏撞破安得不深與之

義府云笑與盼皆素也巧與美即絢也巧與美不掛於粉飾而即出於笑與盼則全素是絢全絢是素也子夏之見及此而問詞不露夫子以其平日在文學之科欲挽而歸之質故曰繪事

後素子夏即繼之曰禮後乎夫仁之在禮猶春之在草木使春在前草木在後則血脉斷春不能榮草木而草木不能顯春仁之非先而禮之非後猶是也故曰三千三百無一事非仁也又曰一日克己復禮天下歸仁焉又曰人而不仁如禮何乎者不然之詞蓋言禮之不可為後而非悟禮之為後也他日歐子游之不當以先後分本末即是此意此正夫子受用處然其答問時念不到此而子夏及之故曰起予者商也始可與言詩已矣此說本楊慈湖絕頂之談迥異時說

因他問詩遂順口直領許以與言詩此聖人化工之筆時說謂

崇雅黜浮詩教也綜歸重質之意作文救飢法不得不爾

夏禮吾能言之章

通章只是惜夏殷禮之無徵非有別意將說周監二代因文勝而思之謂欲以夏殷古禮損當世之文而寤其言之莫為徵人不見信是用慨嘆大是蛇足可厭葛屺瞻曰本文只說夏禮殷禮謂何又扯個周禮來夫一朝自有一朝制作何不嘗泯耶禮栽為先朝便甘棄置也且徵只是要徵禮豈為徵言王觀濤曰文獻不足非全無所謂存十一於千百也夫惟其有十一之存故有可據以為言惟千百只有此十一之存故無可據以為徵

當時如老聃萇弘郯子之流，識大識小，列國未必無人。孔子嘗得師而問之。又他處載籍亦必有留遺零星錯出互見爲者。大聖人絶世聰明，一理通萬理徹，能言所由起也。然欲其處處詳明，考成一代之典，自當尋其後人。而杞宋弱，文獻彫殘，徵自無從耳。此就非古先王制作而忍全若此，無限低佃臨了處一句信憑。

禘自既灌章

禘祭之始也。於此不欲觀，是開首便不要觀也。其云既灌而往，蓋不顧見終其事之意。

或問禘章

鄭孩如曰不王不禘魯事蓋甚非矣或人窮究其說即司敗問昭公知禮之意夫子若為魯諱若不為魯諱茀曰不知也隱詞微諷非謂其學識淺近不能知乃是齟齬不可曉之意不能替他解說耳既而曰知其說者云云意亦露矣不說之說矣李衷一曰知其說不是空空知知得即便行得了說於天下隱然見是天子事行得二字甚妙蓋推到禘說明白諸侯不敢僭天子大夫不敢僭諸侯禮達分定便有天下掌上之理但此乃夫子腹底意說書者要十分含蓄方得夫子婉轉口氣

按朱子語類云禘是追遠之中又追遠報本之中又報本祖宗以来千數百年元是這一氣相傳天子七廟聖人之心猶不滿故又推始祖自出之帝以始祖配之蔡虛齋曰禘之說大旨只是先王以天下養之心推之以及其至遠之祖周季侯曰這種心腸直要追到渺茫不可渺識之際尋求至此天下之大真正只如一滴骨血何親何疏何遠何近姓張姓李總是一家識得此意便成至治一勺微波直歸涯下一縧雲氣直到微茫禘之一言真是聖賢精微之學莫粗粗看去也張侗初曰有言說處非意之精微也問禘之說禘可言耶故聖人只說個知知則其

默默會心處血脈源頭自然相接其於天下只在那漸更有[illegible]說可舉聖人之言禘也微乎不用諱魯之說而耽禘論禘發出甚深微妙義可玩

祭如在章

要味三個如字如不祭之心即如在之心王觀濤曰上記事下記言總見夫子祭祀之誠意非引孔子之言作記也朱子曰人之氣傳於子孫如木之氣傳於實此實之傳不泯則其生木雖枯毀無餘而氣之在木者猶自若也從實事推之自見意味楊慈湖曰人之所以為人者以其神也神無形無形故

無限量易大傳言範圍天地之化中庸言聖人之道發育萬物
可見天下萬世之人皆僃範圍天地發育萬物而人自不知也
知人之心神無方無體無所不在則知鬼神亦無所不在孔子
自信故亦信鬼神以爲鬼神實在非意之也鄭狹如曰如在如
神在此是寔事殷人尚鬼故致神人雜揉今人絕天地通却把
祭祀做荒誕看窮神化之學亦晦

與其媚於奧章

原旨云夫子說一個天字便壓倒了奧與竈朱註天即理也又
覺氣緩了姚元素曰天之一言大有含蓄正是默寓尊君之意

亦一見

李卓吾曰說一婿字便獲罪於天矣

周監於二代章

袁了凡曰夏尚忠商尚質周尚文乃漢儒附會之詞天下自質而日趨於文唐虞視結繩已為文夏商視唐虞則又文周公制禮作樂經制大備豈以繁文縟節導天下哉因天下日趨於文故事為之制曲為之防蓋酌文之中以救質之濫也曰監則斟酌損益之謂非加增添飾之謂也曰郁郁則文質合宜之謂非以文滅質之謂也故孔子從周即從先進之意豈從其繁文縟

節哉

子入太廟章

陽明云聖人之心只有個天理便有許多節文出來不知而問亦是天理節文所在故曰是禮也若自以為敬謹之至則是聖人亦去不得個矜字矣況無四闌之曰聖人動容周旋中禮遇一事則一事之節文生為宗廟生欽墟墓哀常人猶然況聖人乎入每事問是有所不能已于衷故問焉便是節文之所在也但聖人渾身是禮初不自知因或人之譏始自而想亦覺不錯故曰是禮也猶師冕章節節是道然亦不覺因子張拈出便見

是道耳舊說千番回護不免有抵對或人意大失聖人心事無回拱說慧甚湫甚可謂絕頂最上乘之談

按子入太廟必是初筮仕而始助祭之時其每事問明為有所不知故問葛屺瞻曰夫子平日或考究於載籍或博問於識者固是預先曉得至入廟時則凡器數儀文之屬實未嘗親見故夫子於禮說他不知也不是說他知也不是蓋知原有聞而知有見而知平日只是聞而知之此時正以所聞證於所見乃見而知之也不曾見過的原該問問就是禮記云入境問禁入國問俗入門問諱可見入廟問禮豈不是禮乎乎說去自好時說

謂惟天子有太廟魯僭非禮夫子以佯問諷之相沿已久亦是一見可從

又按太廟周公廟也魯公稱世室群公稱宮誌以備考

射不主皮章

喬君求曰民不知戰不可與從事於危民皆好戰不可與從事於安群士於鄉而習於射示不忘武意也然主於中不主於貫革蓋爭之中而示之以不爭正先王洽和民俗處沉無面曰較射性情發越之際也而郎以不尚力為閑情止性之方古人作一事便寓一深意夫子所以嘆想之

通章只要婉轉低細發出祝嘏加之意不須添出德字古字亦只宜渾說不必專指周初又按射是禮射不是武射武射者自須貫華

子貢欲去告朔章

去羊之見蓋有激之談猶老子云言者身之文也身既隱矣焉用文之是深惜其羊之不為禮用也故夫子曰賜也爾愛其羊其字當玩指告朔而言我愛其禮即告朔的羊是告朔的禮也王宇泰曰即羊為禮可以知繁纓矣顧名思義正堪無限低細不消說到興復上

延葛屺瞻依舊作惜賫說。謂不要看得一羊為小費。既供之自民。其間園牧之耗。輸納之勞。胥吏之賄。至不可言。現今北地供馬一匹。價值幾何。常至破人家產。往在南都見一浙人來輸絹不過十餘疋。乃經由內庫。分外誅求。守候數月。至稱貸以償。安見曩時無此賠累。況魯國正當虛耗之日。於此搜剔一番。亦是節用之一道。聖賢所見雖大小不同。而無非為國。何必曲為附會。亦一見可從。

講錄曰。古者諸侯各自紀元。天子所存只有正朔。君又併朔不告。朔諸侯但知自專。而不復知有天子矣。夫子存羊之說。其亦尊周之意也歟。袁了凡曰、古者每月之政、皆載于朔、如月令之類、人君告而行之、關係最大、蓋以萬幾之煩、而一人親理之、明有不到、則權移于近習、禍亂之源、往往在此、故簡其節、敬其事、月朔朝廟、還坐正位、合群吏而計之、事敬而禮成、以故告特羊、是堂可廢哉。

聘禮註云、牲生曰餼、匏葉箋云、腥曰餼、附考、

事君盡禮章

當時不是誣君子爲諂、他心中驕亢慣了、實見得事君之禮不過如此、何必費許多曲折、另是一番人心、便另有一番道理、可

慨可慨。

定公問君使臣章

易泰之一卦，聖人郝於此處發揮明白，此萬世不易之經，非一時機權之論也。說禮說忠，只要就大道理看。還思二典命岳牧往欽之辭，周先三鹿鳴四牡之詠，敬恭溫厚，至今使人興起。當時被其禮數者，安得不為之盡力？忠只是盡心，此是王道聖學。各欲自盡，則泰交成矣。時說禮字忠字，欲就杜借安分上說，作規魯之失，意覺牵強。聖人說話明〻白〻，是正經大道理，應不若是之譎。

關雎樂而章

李卓吾曰關雎之詩未得則展轉反側其神傷也既得則鍾鼓琴瑟其樂淫也夫子改曰不淫不傷蓋所有慟乎之説也非夫人之為慟而誰慟

蘇紫溪曰此贊樂非贊詩也孔子正樂値師摯在官之初而以關雎為樂之卒章其曰樂而不淫哀而不傷正所謂關雎之亂洋洋乎盈耳也凡樂之作樂之過則蕩爲而淫哀之過則慘爲而傷惟關雎則聽其和緩之聲而不見其蕩聽其悲思之聲而不見其慘此和平之樂所以可爲雅頌之卒章也

附參

哀公問社章

此章若泛說，則是夫子好生之心，故深責宰我使民戰栗之言。成事三句，猶詩所稱斯言之玷不可為也云爾。若切魯事說，則古者戮人於社，公之問社，明是欲去三家而不敢正言，宰我知其意，而亦以隱答，為其曰使民戰栗，正以誅戮言之也，勸其決也。夫三家之亂，惟礼可以已之，不可以誅戮。察昭公乾侯之事，可為龜鑑。其後公又欲以越伐魯而去三家，卒為所逐，以至失邦，然後知聖人之慮遠也。成事、遂事、既往，俱指魯事根深黨援。

政逮祿去。非一朝一夕之故。累何從以一決遲哉。曷此瞻曰成是事已做成。遂是雖未成決定要做的。既往則已做過頭。此即現在未來過去三意。表了凡曰成事遂事既往同是一事。而曰說曰諫曰咎。則有淺深。敷陳曰說。諍諷曰諫。責望曰咎。宰我一言。而具三意。但說其當嚴。而諫其不嚴與咎其失嚴之意皆在焉。夫子倫患其意。故歷指而責之。

管仲之器小章

器小二字。包括管仲一生。從本領上論。下奢而犯禮則不過隨或人之問而援理應之。乃仲之小處。非器小正案也。馮具區曰

卷五　十三

仲郎儉郎知禮無解于器小此解甚卓葛屺瞻曰今人兩下問
荅漸漸說開亦是常事那見末後二語定根着開首一句像如
今做時文的一般
袁七澤曰人在天地中天地在空虛中空虛在道中若一泡之
在大海耳然人能包羅空虛位育天地者非人之能乃道之能
不明夫道即極撇揭之業特一泡中出生之微塵小泡故曰管
仲之器小哉藉令仲能源頭上清徹一番即無一匡九合之功
其器何嘗不大孟子曰中天下而立定四海之民君子樂之所
性不存焉昔人又謂堯舜事業如一點浮雲過大虛況幺麽霸

業乎。

梁無知曰。然則二字口氣極急。胸中先有成見。故先以管仲儉乎探之。管仲不儉。或人亦知之。得夫子說他不儉。即以知禮歸之。只是一個護短之心耳。蓋儉還似器小。知禮則不器小矣。此或人解仲意也。

按說苑云管仲築三歸之臺以自傷于民。自傷云者即蕭何請田宅自污之意。功名之際。豪傑類有深心。又建功成名。是高視闊步素性豪華的人。亦自消受寂寞不得也。故塞門反坫仲亦不覺其踰。若備官一節。則當時會盟征伐樞在。竅竅事旁午

的的常用許多人是乃仲大經濟處未可槩詆

子語魯大師章

味夫子語勢蓋惺正樂而語之之辭可知只就截音節奏上說記云審聲以知音審音以知樂是也其字婉妙有想像摹寫的意下數如字正與此其字應蓋純節奏之間示以優柔平中之妙寫出可知光景奕奕生動時說謂掌故猶存則太師早已知了何消再講又同元聲在天地間指人心說則亦是空虛浮泛明理不明數大頭巾無據之談

翕不止是齊鳴有神氣翕聚無浮散不揖之病純廣韻云粹也

許多變渾成一派沒有不合腔的攙襍在內也皦廣韻云明也皦也每變自為一音件々分曉也繹說文云抽絲也聯絡之義此音湊着彼音互相接續更無間斷也一時而衆妙備非有先後以成言如此純皦繹方成個樂不如此便不成樂了以字是用力以字

儀封人章

此章依朱傳得位設教說則木鐸句與何患句呼應甚緊於無道也久矣句作亂極思治看承接甚順但與夫子一生結局不合故時說直看作垂教萬世議論亦大第未審於上二句作何

承接豈非謂無道已久當得夫子提命一番纔能豁長夜之旦。天正以喪厚夫子矣。夫何患然吾不知斯立斯行斯來斯和之。聖得邦家而為之還無柰無道之久何而必待失位託之空言。乃為克有濟也。又說夫子周流到處提醒如木鐸徇于道路一般則益迂腐可咲。及覆語氣從註為妥。葛岷瞻辨之甚晰摠之。封人以木鐸着眼便是曉得在茲之文則其把得位來寬慰二三子自超尋常萬萬矣。

岷瞻湖南講孟師尹問木鐸照夫子終身看似只是主文教而不必兼得位荅曰口氣中原不必說得位若究其實則亦不礙

夫子果不必得位，便只宜安坐洙泗杏壇講解些道理，教了何消周流列國，無君則皇皇，即如相魯三月，便羔豚不飾價，男女別於途，難道不相魯能得，假使夫子得位行道天下也如此一樣了。蓋無位則信從我的方可教誨，不信從的便化他不得，有位則借政令以施德化，文教方行得廣，所以夫子之欲得位如此，二三子之望夫子如此，則封人之慰安二三子也如此。今人做官只曉得要銀子好做人家，戴紗帽好驚壓人，別沒個為天下為百姓的念頭，將小人心事來看聖人，所以諱言得位，曰封人大有識見的，如此看則夫子不得位，封人不說了虛話麼？曰

慧眼山房說書　卷五　十六

作道封人之言不驗便無見識者夫子到臨殁方說明王不興而天下孰能宗予當時周流一生不早休歇難道也是沒見識蒙文通曰他說平日所見之人甚多猶言閱人多矣言外便有物色英雄之意想其木鐸之見久已定之胸中獨未得其人是以求見夫子

子謂韶盡美章

高中玄曰樂也者象成者也王者功成作樂韶武之作各象其成盡善未盡善以徳讓言非言德之性及葛屺瞻曰韶以繼為義盖取紹堯致治其中遜位命官與夫九功惟叙九叙惟歌真

有雍容廣大意思武以象武功之成如總干山立自一成以至六成皆伐紂戡亂之事未免有發揚蹈厲氣象這是盡善未盡善之分方士亮問曰孟子言堯舜性湯武反則舜武德原有別故集註兼揖讓性反今但言揖讓而不及德何故答曰樂中如紹堯戡商寺原只象功而不及其德蓋德難以形容即於功處可見解勝註但揖讓兩字夫子口中亦不曾說破講還要渾

夏古訥曰善亦不過是美之極處分屬情文者非

居上不寬章

王觀濤曰譬如一篇文字主意先差則詞之工拙皆可勿論

里仁為美章

或說不處句推開說云居里且以仁為美況於宅心而可以不仁乎即孟子廣居安宅之意葛屺瞻曰看一里字緊接一擇字明是直言擇里夫子也是穿衣吃飯住房子的人難道到處都只說心躰再沒些世情上的話蓋里而曰仁不惟可相為資藉亦且有好樣得看可互相摩益故謂之美擇者擇所處之住居也今人於住居誰不要擇好的然多為生計便利而仁里反未必處雖擇了還是錯故以不知喚醒其所擇疏人情挑動之耳

胡致堂曰里居也居仁如里安仁者也予亦主此說

不仁者事

葛躬瞻曰：仁乃人心中一團生趣，得此則如陽和到處，一切陰沉愁慘之氣頓消，最是人生討受用處。仁者、知者心下會受用這仁，故曰安曰利，常得逍遥。不仁者心下不會受用這仁，便長被境緣顛倒，故久約久樂都成煩惱。約在收斂一邊，凡事不得舒展；樂在暢快一邊，凡事都得如意，不專指貧富。不可久處者，心下挨不日子過也。不仁的人暫時收斂還好忍耐，日子長久便覺十分束縛，鬱悶難堪。如今沒學識的人，要他衣食節省些，人情世故躲面上好看的事少做些，他定道沒光采，沒意味，難

以度日了又使暫時遣意非不快活日子長久厭飫起来翻覺
苦腦如今富貴的人博奕飲酒及諸戲耍的事件件去做由他
中無自得故尋此許多閑事打諢過去及至興盡意索還更淒
然總是日長難遣無聊之故耳兩不可久處專在他當下本心
自受用處說濫與淫又是難過後生出来的安仁是他心與仁
為一安遣在仁上利仁是看得達仁有便宜貪利着他既安且
利何等受用又安問約樂哉
表了凡曰一私不累之謂仁真性無私本自廓然仁者之人與
仁為一純是天理用事對境忘緣亦無緣可忘隨緣任真亦無

真可任如目視耳聽不借他力所謂安仁這個道理人人可能不是絶德時人不悟妄自涉塵處處染着知者識得破見目前順逆境累皆因緣分定無可脫離無可欣羨惟有這個道理得則脫于塵埃之外失則淪于世緣之中真是有益又精之則見種種貧富窮達皆是眼前光景過眼即空總来不實惟有這個道理乃是性命之源受用無盡真可愛可求又精之則見約樂在境欣厭在心吾無所欣厭之心約樂又從何起見得分明治生産業皆與實理不相違背此件工夫真是便宜遞遞推之其利無盡

安原好過利但去處有不仁與仁知相對不必又將仁智較量

唯仁者章

葛屺瞻曰仁者以天下為一體見人有好處就如自身有盛飾一般愛護他見人有不好處就如自身有垢穢一般嫌憎他真是心裡割不下手裡止不住孔子於顏淵之死至哭之慟拚改三月便誅少正卯此正痛癢相關自不容已若是不仁的人與天下看得水冷好也與我無相干不好也與我無相干與人無淡落得自討便宜那裡肯用好惡非全無好惡所好惡只徇己私不因人起念即與其人無干

徐儆弦曰。着一箇字。有許多活動善處在内。

茍志於仁章

葛屺瞻曰。此是提宗學問。人心不好念頭。那一時沒此萌動。若在惡上。掃除滅得。東邊西邊又起。有何了期。人只要立志〻向。果在仁上。則一心定着。不得而念。那一念自氷消霧釋。何處可夾他出來。茍者或然之詞。着力在志字矣字。而不在茍字。袁了凡曰。茍字是劈頭說話。要說得輕便。不要重遲。方見此心之妙。

富與貴章

通章着眼在欲惡二字言不處不去而先言出欲惡者拔根之論以明仁也表了凡曰凡人平日方寸間所以憧憧往来不得寧謐只為慕富貴厭貧賤之念休歇不下耳縱能打破此關而欲惡之情隱然猶在即能輕富貴卑貧賤亦未必皆為仁人蓋眼前種種修持只在世上揀得一件好事来做總屬欲情邊遁跡深山草衣木食避盡繁華總是厭惡的心腸茲不處不去承歡惡来分明是斬斷俗情無欲無惡清清楚楚地故謂之曰仁下無終食之間違仁者無欲無惡之念終身焉耳矣湯霍林曰富貴貧賤是個一生歷履造次顛沛是富貴貧賤中的遭遇境

界上下相足之詞不必又分層級

湖南講曰夫子說富與貴是人情所欲的我須克除這欲不以道得便不處他貧與賤是人情所惡的我須克除這惡不以道得也不去他若君子去了這克除欲惡的仁怎麼成得個君子既是君子他一心只在仁上操練與他做成一個沒有一頓飯間違背這仁就是遇着造次極忙促的時候也必定於是仁遇着顛沛極傾危的時候也必定於是仁念念皆仁那有心情向到富貴貧賤處

我未見好仁章

通章重力足兩字總是望人之用力于仁李卓吾曰無以尚之不使不仁者加乎其身正是用力足處俱說易並無夾帶雜字在裡面首節怪嘆之詞下二節鼓舞激勸之詞無限屬望故詞氣不勝婉轉

好仁惡不仁不是兩項觀其爲仁矣句則惡不仁總是爲仁所以下文只說用其力於仁

王觀濤曰無以尚之人多與不使加身混看誤將註物字認作物欲便差須將仁看做極高極美極可好的物事寢食夢想必與之俱更無有可壓在仁上面的是極形容其好之真處或曰

無尚云者情見既無理見亦無迥然獨湛添一念不得正是工夫無拖帶慶吳因之曰不使加身須玩不使兩字裡邊有個物在不放他入来有甚物在上文無以尚之之好是也如難水既滿則他水自不能灌去了凡曰不曰加心而曰加身原仁非心也種種邪謬皆自外来只因情見牽纏遂被沉没本来心性原不動搖如虚空一般故不仁者只能加身不能加心也

湖南講王師濟問一日用力於仁與欲仁仁至同否荅曰同而異欲仁仁至是一念提醒處提時便来不提便放只可指點本體當不得實落受用一日用力是着實工夫實落去好惡而必

使之無尚不加也這纔是我受用所在不則良心不死或平旦之清明乍見之感觸豈無一念好仁一念惡不仁夫子何以感嘆未見

蓋有之矣就上文鬆轉語頭甚活我未之見説緣何我却未見作疑恠的口氣自洒然

人之過也章

註云黨類也好有好一類歹有歹一類今曰過各於其黨則判開兩路明明有好的在那邊不容槩沒矣吳無障曰各於其黨須透着仁字說言過一也有過在於仁之外者有過在於仁之

中者。類頗不殊哉。其類既殊。其人自別。柰何槩以過棄人而今仁人抱不白之痛也。

四書商諸生講過字俱就有心在過講去季侯曰太看得煞了過字該得有心無心兩項。本文與註中俱活。時文就吾心一邊煞講。似以過爲必不可少之物矣。

朝聞道章

此章書依儒家說。則是不虛生之旨。邵康節曰。與其虛過死萬遍也似未曾生一般。依禪家說。則是了生死之旨黃檗禪師曰。預前若不打徹。臘月三十日到來。管取你熱亂。

士志於道章

既忘道矣緣何又恥惡衣惡食葛屺瞻曰志乃作意向前恥乃無心偶露作意猶可矜持無心殆難針砭王龍溪曰易溺者凡心難忘者習見掃除不淨如留污濁於淨器中雖投以甘露亦化而為惡水

君子之於天下章

袁了凡曰此論君子盡性由義之學非就一事言也義不在外而在內一感一應一張一弛皆求慊於吾心之謂義人都在事上求義故有格式有方所縱行得十分停當終有遷莫之意居

子求義於心故妄動不居隨方順應時行時止無所執着剗却義外之見於本章極有發明

之於天下四字宜玩易曰天下何思何慮又曰無思也無為也寂然不動感而遂通天下之故可以窺之於天下之旨矣可以窺義比之旨矣又無適莫三句文勢接得甚緊語本圓圓稍下註脚便破碎謂無適莫之外另有個義在是騎驢覓驢了謂無適莫即是比義是無舵之船無星之秤將悠悠忽忽如水上葫蘆了也且適莫在心不在事若在事上決難不靠一邊其義之與比句又不可倒轉作比義作比義便適莫矣

君子懷德章

湖南講云懷者懷抱即詩所謂有女懷春眠思夢想都在這上面直形容他精神情狀出来德是理之得於心者土是身之所安者刑是刑法惟恐做犯法的事惠是恩惠小人愛之以德及不喜歡只指望些恩惠到他便好

孟師尹問懷刑有謂是先民典刑不知其意已該於懷德內而懷刑只宜從刑罰上說人只見士大夫少有麗於法者以為刑罰非所以論君子不知只是罰不及耳不是不犯如今做官的除俸薪外少取分毫及問人罪名少有不當皆有應坐之條就

是做秀才的能一一守得卧碑上約束者有幾要通身不犯着刑亦是難事若君子豈肯犯而倖免只宜以刑罰解為當屺瞻吞曰此最說得痛快

放於利章

註云放依也謂循其道途因其曲折也一云讀如字謂放開做將去無提防拘束着也這個人既要占便宜誰人吃得他虧能無怨乎

能以禮讓章

禮讓二字相連枯槓帶仁原是拆不開的但宇宙間未嘗能一

日癈禮而讓則未易言。講此題者少不得一番挑剔。左傳曰讓者禮之主也。孔子問禮老子。老子曰去子驕氣與子淫態。驕氣淫態都是節文太多處添出来。真正節文便是太和元氣。不驕不淫。此是老子精言禮處。後人以為箴砭尼父則非也。孔子所謂能以禮讓為國即此意。

讓主君言。總有頭惱。書云允恭克讓是已。如禮何見負禮也。句下即截住。不要添出不能為國。

不患無位章

立屬位說。總是實際語。要玩所以兩字。不徒曰立。而曰所以立。

蓋從其經綸之所從出處言之。為可知為字要玩。可知謂可以當人之知。非謂可以致人之知。若欲致人知。則依舊是喚名了。

参乎章

夏九範曰。此章不要看深了。一即暗指忠恕言也。但曾子不待開明。而門人未解。因指出告之。大意不過如此。高中玄曰。貫之義人誰不知。門人惟不知所謂一。故曾子曰。夫子所謂一者。即學者之忠恕是也。曾子於大學說藏身之恕。至治國平天下。只是一個絜矩。非一以貫而何。李卓吾曰。天下有忠恕之人。有一處不貫通否。乃知曾子之唯。實見到此處矣。今人看此都瞶瞶。

門人誌

沆無兩曰一雖不㐌殺指何物。却實是指一件。非玄虛說個一。

也。曾子以平日素用力之忠恕合之。故曰唯曰忠恕而已矣。或

曰何以見曾子平日用力忠恕。曰觀三省章與大學一書可見。

聖門學者用功。各有欛柄。如後儒或主敬或主靜或主致知。

所主既透。自然能貫。古今無二理也。唯是唯忠恕之即一非唯

在一。而以忠恕詮之也。若云唯在一則既落於數。一便生二。二

生三。三生萬。不得不曰一。一殊名。推到玄虛太始之鄉矣。

不曰以一貫之。而曰一以貫之。功在一字。而不在以字也。得一

則貫矣。更欲口點脚不得。若云把一去貫萬。便涉勉強。

此章說甚多甚支離可厭今一洗之不復贅辨

喻字如魚飲水冷煖自知覺易于淄澠之辨猶下一着

君子喻於義章

見賢思齊章

李卓吾曰參苓鉈砒都是藥張侗初曰思省是我性靈做主賢不賢都是借境葛屺瞻曰見只是偶然看見於偶然看見時便要思齊內省討求實益到自身上

事父母幾諫章

此章話有三轉到底只是一幾諫沈無回回幾諫所重不在言

亦不必不以言也但知通章總是幾諫便無所不可一說幾諫
時猶用口舌但不致唐突耳至敬不違是以將順爲匡救淑勞
不怨是以憂慕爲匡救法這裡口舌都不用了所謂言諫不可
而以心諫者也還進初頭幾諫一步出裏一要旨亦可參
葛屺瞻曰易云幾者動之微幾諫是諫於過之微動不待形迹
之着也惟諫於微處故父母不從亦默窺其志向不待徵色發
聲方知又敬者服勞奉養愈益小心不敢違背着他凡諫人過
的若破面爭執便再難挽回故須把過失放下且順他意思勞
者父母使我以不堪的事極其勞苦我亦只是依順再沒有嗟

怨如此則自始至終一味將順那裡見得是諫但看大舜遇瞽父母頑嚚他何曾有一句說父母不是只是祗載見瞽瞍夔齋慄這是又敬不違既使之完廩浚井亦只慕着父母這是勞而不怨而瞽瞍亦允若畢竟被舜感化了這正是善用幾諫的樣子

時說謂不違是不違幾諫之初照舊去幾諫支甚勞是諫得委曲費氣力照不違看豈知人子諫親就要多費氣力那得言勞強欲融會不如舊說理長

父母在章

葛屺瞻曰、男子生而桑弧蓬矢以射四方。爲得無遊。明說不遠遊。則非絕不遊。第不遊於遠處耳。遊必有方。即近遊亦必有個方所、總是欲其音問相通、緩急易赴也。遊如問道經商、皆得自由者、仕宦郎聽命於君。然古人多有因養親而乞郡。其爲就近可知。

父母之年章

葛屺瞻曰、父母之年、人子那有不知、只是不在心上、忽畧過了。知則常常醒覺、從年上見得他壽日增則可喜、見得他年日過則可懼。喜與懼若各有所寄、情猶易遣。今喜的即是懼的、兩念合在一處，又要他壽，又怕他壽，真難為情。

一云：年者，日改月變之容止也；知者，覺察也。附參。

古者言之章 恥是痴物，帶恥而靈，又是活物，滑恥而靜。人曰恥躬不逮也，一不出便為甚日日逐之，精進耳。

恥字重，恐俊不住，時全賴這點心制着。蓋因當時無所用恥，而以此心儆惕之，見得過頭話易說，若說得一句，定要行得一句。撫躬自省，泚然汗下，知語意如此，不是閒評古人。

以約失之章

鄭猿如同約，以心言約字，徹上徹下，隨人地位所至，此一字皆受用。為呲瞻曰：此是虛冒頭話，隨處可訣，如為學做事皆是。

君子欲訥章

欲字只箏了砭了之意。時說謂澗然銳然之想。在言行前亦已成口頭話套了。又須知訥敏是合併的。若一心訥言一心敏行。意分兩頭便沒處下手

德不孤章

四書商諸生問有隣還是論理否。李侯同此自是實事。世人儘有脩名主節高自標持。卻只成得一家之業。縱然動人欣慕。終與人心不洽。惟德之于人如飢食渴飲。不期其合而自合。此人心之同躰。故真脩德者自然不孤。必有人來親附。有隣。獨言有

幫手不要說至千秋百世話頭爲此瞻之云如犇之成都成聚孔子之七十子從遊皆可實証非是虛論其理

事君數斯辱章

此章書舊說謂教人以不合則去之義周季侯駁之謂示人以諫君規友之方極的當見得事君交友訣在大頭腦上着力不宜在瑣碎上叨叨絮絮若以細小治之之務而數諫數責必取辱恥疏何益之有而斯字極悚仄蹈着危機箭已離弦無逃閃理

一說數字無所指所謂自廣況無面曰處君臣朋友與父子兄

弟不同禮有不得不拘嫌有不得不避情有可用而不可深事有可知而不可與若一味見得臣當忠友當直只管盡情施將去不顧我不當與人不可堪處便是數不止言語而已推開一步然猶在忠直上說葛屺瞻曰數頻數也或言語之瑣屑禮文之繁瀆求請之無厭皆是事君交友固要相親然亦自有一定界限若至於數則無以起敬而反以取厭辱與疏不免了故禮云君子不盡人之情不竭人之歡以全交也又推開一步在種種世情上說了要亦實理寔事䏻切可從

說書卷之五終

慧眼山房說書卷之六 論語

公冶長第五 雍也第六

閩漳陳天定慧生甫著

子謂公冶長章

此章擇婿意不甚重要得記者比事連篇之意輔慶源曰君子有隱微之過於暗室屋漏之中則其心愧恥若撻於市朝不幸而遇無妄之災則雖市朝之刑裔夷之竄皆受之而無愧也南容免禍亂世亦免夫由己致之者爾正好與縲絏非其罪例看學者省此可得立身法

可妻是論其素行縲絏非罪則因其有此一事而解之不廢免

於刑戮觀三復白圭似根證言三復章明曰以兄子妻之矣

子謂子賤章

舊說歸功多賢把子賤之君子看作全靠別人了時說挽歸自己又把鹿澤之功一縣丟下在那邊乙卯闈場爲幹旋末二句不勝決裂若論聖人以咨嗟嘆息之意寓歡欣鼓舞之情則末二語還是說好朋友不可少更含蓄有味

子賤宰單父父事者三人兄事者五人所友者十一人皆教子賤以治人之道鳴琴而治民不忍欺取友之益於斯可見

賜也何如章

通章就用世之才言。器者言其可用，瑚璉者言其可大用也。是與之之詞，着一貶語便蠢。

雍也仁而章

高岷瞻曰：春秋時國君多稱不佞，即佞猶不敢承當，可見當時所重在佞，而仁則不知為何物。或人許雍以仁，意不重仁，在病其不佞。禦是談鋒交熾，此往彼来，如禦款然。給是捷給言，不由衷，只睹口頭快便。當時既重佞，何又屢憎？蓋一時被他說倒，然道有本事，但心中却是不服，仍憎惡他。不知其仁，夫子評諸弟子俱是如此。凡日月至者，雖以直許其仁也，然此意不重，而重

在倭之不可為故再言為用倭以决之

小爾雅云倭才也朱子語類曰倭只是捷給辯口者古人所説皆如此後世方以諂解之

子使漆雕開章

斯字有指理者有指心者又有懸虛無指如今人言這個東西者頤仲恭曰斯字即指仕字言我於仕尚信不過耳何必説玄説妙葛屺瞻曰凡斯字原是虛字必承上文有所指此即指仕言信是信得這仕過起頭如何做事業後來如何結束一一見得的確如伊尹莘野三聘即動堯舜君民之想末後做來悉符

所言這方與作信後人出仕其貪饕富貴固不必論既建功業不過試之而已試得着成了些事試不着即壞了事也不定此以人之國僥倖着既如此謂何反使開仕想開必有一節之長如由果求藝亦足有為開卻不肯自安說到信上畢竟要把宇宙事業筭定着數方做這是何等志向何等識見故子說掃盡時說談空之障快絕

張子韶頌云心地寥寥揣摑時自家痛痒自家知直將痛痒從人說笑殺含糊鯀面儒

道不行章

裁字妙用行舍藏大聖人正自有無窮化裁在裡面此處全用着精細心不是一味爽亮可判斷的子路是一刀兩斷的人看當時天下事勢已破十二分見夫子戀戀不決不知惹他幾番懊惱一聞浮海之言撞着他機彀便恐癢不禁眉動色飛了行藏妙理全未可与深言且如當日世界尽全靠得夫子一兩人出頭支持君果銳然一决掉頭不顧了便是不識時務的故曰由也好勇無所取裁

今且想浮海數言夫子多少低徊在肚子裡雖説要隱去其實做不來便可見化裁之妙

孟武伯章

聖門以求仁為宗而仁道深微由求赤三子功夫的有未粹夫子他日明曰其餘日月至矣但此處口氣虛員只好說這是他心裡事我不曉得便有味切不要把日月至意來填又隨人指出他才具似与問仁不相照葛屺瞻曰武伯是有用人之柄的正宜隨才器使何必舍三子之可知而索其不可知推開說自脫洒孫侗初曰難道三子這樣才具不是仁難道三子這樣才具便是仁虛虛活活正可想出不知光景學者于此正可想出仁的光景尤妙

卷六　四

千乘之邑長、國所置者、百乘之家臣、大夫所置者、皆宰也、公西華習於禮樂、不在言語之科、其與賓客言、重禮容、上不重言語、上故以束帶立朝、而冠之言、乃傳命之言、傳命應對、贊君令無失禮、與不能專對不辱君命之言爲不激不懦者不同、

女與回也章

此章書說者說玄說渺、都傍禪机、又把子貢來汝抑我揚、七倒八顛、不知平平看去、較有實義、蓋子貢說出知十知二、約畧是大悟小悟之意、其差數如此、其源頭可知、然而知病識藥轉境非遥、夫子所以急用反跌法印可之也、張子韶頌云、豈是於回

謂之嗲

粗粗如只緣聞處尚多煉若還真個能聞一安得其他更有論

透宗之談自是端木子頂門一針

時說甚多惟喬岷瞻以虛心說較平實講云後世看顏子因夫

子有許多稱贊皆知愈於子貢若在當時則顏子如愚深潛不

露而子貢聰明外見且有謂賢於仲尼者何况顏子故夫子以

孰愈令其自己校勘乃子貢一聞此言不勝退屈將兩下見地

一一證明勝心浮氣氷消霧釋其還推測之聰明而歸德性之

證悟然即在此爽然若失時矣故夫子即就其言而玩味之說

個弗如復申其言而勸奬之說個吾與女弗如以退機為進機

此夫子鉗錘之妙用也看眼在何處望兩一語較無時障可從
一字十字二字總是形容樂似之詞孰看便癡聞字知字都是
好字眼欲一槩掃却余未敢奉命

宰予晝寢章

以朽木糞牆責晝寢極形容其頹惰廢弛之象意可謂盡矣乃
念宰予和順素以勤學自期何得怠廢乃爾故復更端而為聽
言觀行之說息而復起趕上一鞭無限痛刻兩人字俱暗指宰
予與傷今思古意絶不相干又单〻責一宰予多牽聯春秋之
世為是須知夫子原未嘗失眼於始亦未嘗密網於今懊惱無

聊之言能不勝其拖驟耶

吾未見剛章

蓋岷瞻曰剛與勇異勇是作用之發舒剛乃本體之堅定辟如一物火燒不燋水浸不爛刀斫不入鎚擊不碎真是無可柰何得他世人心體若此便是不滛不移不屈的體段乃可擔當世道肩荷乾坤夫子所以思見慾者心之所欲凡富貴功名情欲嗜好不拘那一件要着他的便被他牽得鼻去壓得頭低只得跟了他轉動誰不自要主張實是沒柰何處故謂之焉得此與剛正氷炭相反

又曹奏續問有說人心無物常伸今為慾所據即此已極柔靡不必說到發見於理較細答曰已發未發須有分別那未發只在念頭上慾便是他念頭這裡軟了如何硬得起若到發見處則有真剛僞剛之辨然意氣雖或激昂既是假的卻作不得准曰看來根定是假的曰那得見得他假人也有真心要剛只是心上還有一二剛不下他剛的所在固多自動他不得若中着那一窾割不下處卻又不知不覺被引了去因一節而壞其全躰則有之非可以一念之餒而謂他念之皆僞也

我不欲人章

葛屺瞻曰。此與己所不欲勿施於人一樣。總之是恕。蓋所求未能。夫子猶以為歎。子貢如何便能到得。徐玄扈曰子貢曰欲心欲之也。夫子曰及身至之也。蓋曰譚何容易。試以身躰之。能到此地否。袁了凡曰勉而進之非抑而限之。李卓吾曰推他上路

夫子之文章章

葛屺瞻曰文章是文彩之成章凡一身威儀六經刪述皆是性是人心所具之性天道是上天所運行之道聞者外來之觸發感而忽通者也言性與天道則夫子未嘗不說但人只作一句說話聽過那便能心下理會得文章不定是說的倒可得聞言

性。與。天。道。却。是。說。了。倒。不。可。得。聞。這、分、明、謂、道、在、心、悟、不、在、言、傳、也。此。性。與。天。道。既。說。不。可。得。聞。不。必。訓。解。明。白。文、章、雖、即、性、與、天、道、之、着、見。然。既。兩。邊。說。開。正。要。彼。此。相。形。也。何。必。附。會。為。一。

按文章性道。子貢明以撥開兩條。被今人捏做一個。故曰不可、聞者、即在可聞之中。一句囫圇話。認影為形。縱云萬紫千紅摠是春。其如等閒不識東風面。何又性與天道。與字作麼解。朱子小學云。元亨利貞。天道之常。仁義禮智。人道之綱。此雖是訓蒙語。亦自歷歷不渾。就如夫子四十不惑。難道不是盡性光景。然必到五十來纔認做知天命。則性與命中央一線地在大事了畢之人。饒有分曉。難道與字作吾道一以貫之套語抹却也。摠之翻空易巧。推剥子貢者。尚未夢見子貢在䌫實難工。説子貢實實落落。開拆説。如許見地自難耳。

子路有聞章

三句一氣讀。便有理會。乃描神之筆。鏡花水月。非是實事。增减一字不得。下註脚一字不得。只要畫出子路急行。追追趕趕若不及之狀。若把力量有限。壅積難副。荀語插入。便痴。

孔文子章

鄒臣虎曰此章要見得學問為重非區區論謚法

子謂子産章

夫子明是十二分贊子産時説却謂其有未至高中玄曰行己事君治民之理已具是四者而謂其於聖賢之學槩乎未有聞也亦刻矣

有行己恭一句便不是無頭學問若此處有虧做出事業安能光明俊偉

晏平仲章

吳因之曰凡相傾相諂之風多起於交道不終嫌隙互生至標

榜誣毀結黨擠排而禍貽家國故因平仲寓意云敬有二意一曰不狎一曰不驕李見羅曰只敬了便諸釁不拔諸疑不作友朋疑間之端雖多其弊總自不敬生来父字包在敬字内惟其敬所以能久

臧文仲章

緣文仲當時有智名故為是盤詰之詞訛他惑於鬼神一事冷冷剌之古說謂大夫不藏龜多是道他僭則夫子該道他不仁了何止不智或曰國有守龜仲實為國而居之夫判國事而沾沾丐靈于龜遂為隆崇焉得智

令尹子文章

未知兩字甚婉蓋慎重之詞闕疑于心跡之閒不敢懸斷此觀人着視以之內所以究極于觀由察安也時說因註中有不知尊王不知討賊之事據以斷其非仁看仁字何啻千里萬里高中玄曰仁在心上不在事跡上子張以事跡信二子之仁而朱子以事跡証二子之不仁其未識仁均也曰仁体何如曰觀過可以知仁而忠清未可以知仁則知仁矣噫微矣哉

季文子章

李卓吾曰三疑也再決也要知三不是三遭再不是兩次于觀

濤曰三思不是三次思只反覆思之不已夫子不與文子同時乃聞其事而評之以立善惡之則耳不專為文子發也斯可猶言儘殺了一般

甯武子章

葛屺瞻曰武子未嘗仕文公有道無道俱是成公時當其君臣相安國家無事便是邦有道當其君臣相訟流離在外便是邦無道有道之時武子無事可指要知有道則智乃影起無道則愚句其知可及也是影起愚不可及句不必認作實語其愚從何處見蓋武子若稍露一班必為晉人所忌如何肯容我與君

周旋。今從君於難。至於士榮殺。鉞莊子刖。而武子猶不被害。又至於薄橐饘貨醫衍。晉人終不為疑。則其机權之妙。必有裝呆作癡深自晦藏者。而正假此以陰行其謀。乃巧於用智處。故其愚為不可及。

武子果是會做作。但須曉得是鐵胆銅肝。不是秘術陶講。與老子知雄守雌知白守黑之見自不同。

子在陳章

或疑子在陳。顏閔諸賢見在從遊。何以反思魯之狂士。曰不然。吾黨者寬詞也。從遊亦在其中。非必專指在魯者言也。大意是言道雖不行而歸洙泗未嘗無事業也連說歸與兩字有激奮而來的意思口氣直提到所以裁之眉動色飛千載如見自狂簡句趕到末都是說狂的好處一派相連即狂便簡即簡便章高曠廓落安肯傍人瑣屑事此如鳳凰翔於千仞一舉與卑汚齷齪看自不同故曰斐然成章々譬如一段錦裁之譬如一段錦剪裁來做成衣服不知兩字簡々一溜說下言他這等好片段但未曉得剪裁方法蓋其爐錘之妙說着口欲垂涎切不可以文害詞執煞不知字一筆抹壞他也裁之々法妙在所以字內正聖人傳道微密處隨根應緣方難定執此是不可思議之

秘扯入高明中庸昔語令明眼人笑殺。湖南講吳士文問狂簡非中行何以能成章答曰天下人騎兩頭馬的甚多如講書者又要營利出家者又要吟詩逃禪者又要做官七上八落不成片段惟狂簡的一味向在廣大高明一邊更無甲瑣夾襍便已成了片段故謂之成章

伯夷叔齊章

周季侯曰不念舊惡原無實錄止就他心境上摹出怨是用希又就他不念處摹出此聖人追想之言舊惡舊字如飛影馳輪忽爲過去之辭隨惡即空若說到改與感上正未免有心矣夷

齋心境如雁過長空影沉寒水雁無留蹤之意水無戀影之心不念不怨而遷不動

二程語類云此是清者之量錢肇陽曰正好見他清處不必說個量字他心躰澄徹無一毫渣滓惡來則見惡去則消全不起念甯復留念萬丈澄潭無一物留于其間只是個一清徹底

孰謂微生高章

周季侯曰古來只爲周旋世故念頭壞多少人品假如微生乞醯一事何苦委婉方便却只是蒡二個念頭便非當下本念故夫子有感於其事而嘆之不動在識微生指點要人不向轉念

卷六　十二

去加了一分周旋意思

葛屺瞻曰世人之大利大害處再不肯爲人周旋偏是緊要所在於人不必益於己不必損如乞醯之類看最會搪抹人此只是陪奉世情的套子而世又以爲美事在里里隨俗者不足道素以直名如微生高而亦爲此便可說異蓋就其極沒要緊處亦自與生平大節解說不去以冷語點破世情之難脫也不必因此一節說把高生平都說壞此說又進時說一步越數句甚可玩

巧言令色章

上一項可耻易知下一項可恥難見上項是依阿淟涊不成氣的人故其可恥易知若下一項則有寃必報時勢未便姑與周旋而待其後以剸仇人之腹豈不是烈丈夫的所為如何謂其可恥及覆思惟爭差只在磨字磨者有生之氣無死之心吞吞恐恐被他壓得住牽得去所謂及顏事仇恬不知醜者也若時移勢異伈人差跌未必無報復之萹然初心原不及此識者已誅其意倘光景不殊日復一日受恩深處則往事何知為便是甘作他家鷄犬了其人必且搖搖擺擺自謂于世法中占得便宜巧令足恭於斯為甚一副老面皮謂成個人麼嗚呼此作春

秋者所為急以恥心提之也懼亂賊之極思也

一說巧令是學為謙德的人匿怨而友是學為厚道的人都說

淺淺說以防鄉愿之根亦一見可參

顔淵季路章

葛屺瞻曰聖賢分量自是大小不同不必較量宋騏問時說夫子之志無待二子之志有待是否荅曰若說二子有待則寸絲粒米朋友可共何必裘馬編橋渡蟻皆為陰隲善勞寧必在大安見顔子子路之有待若說夫子無待則春秋列國紛爭夫子無號令之權眼見殺人如草菅如何能使天下老幼朋友舉得

其所又安見夫子之無待此真空頭學究話曰然則若何曰隨分自盡則俱無待滿足其量則俱有待

吳因之曰車裘共敝頗類俠的氣味然自聖賢志之便成公物之心此只在心躰上辨別周季侯曰顏子起手便從性靈悟入故其言俱從性地無渣滓上說方孟旋曰非是有善而不伐不見有善之可伐也非是有勞而不施不見有勞之可施也而無字直是若無若虛氣象若在施伐上打練何以為顏子沈無面曰夫子開口時滿乾坤皆是生意其實老安友信少懷堯舜之有病而天地之有憾也佘時則正見其充滿愚意聖人廣大心

腸雖說得是因物付物，然亦須發得懇惻。永嘉集云：利他未普，自益未圓，安有堯舜病天地憾的物事，而謂聖人絕不安排爲？當下可了去也。彼見二贅有頤聖人無顧而爲有待無待云者，真大頭巾空套語矣。

已矣乎章

周季侯曰：聖人凡說吾未見已矣乎，這等語氣，俱是致望之意。假如見過內訟，自然該應如此。不要先說難了，首須提人既有過，即內照之明，自應隨過而起。人既覺過，即克治之勇，自應隨覺而生，故見過而訟。吾嘗以之望人，而今遂已矣乎。鄒肇敏曰已矣乎。猶云終不然罷了耶。李卓吾曰要見極矣。見過內自訟作一句渾淪讀。重自訟意為是。若拈見字或內字來作眼。便平地起堆。

十室之邑章

高岷瞻曰易云忠信所以進德。則忠信便是學。謂何又須好學。這點忠信的心。煞是怪異。不去操練他。不過是個不調謊不扯扈頭的老實漢。鄉村愚夫愚婦何常少。來若去操練他到至誠田地。便可盡性而參贊。而學正所以操練之也。鄭孩如曰忠信是學脉。鄒東廓曰好學是保任忠信的工夫。忠信之外別無有窮理之學不如兩字。非是自誇奬。欲勉人以學。將自己做個榜樣耳。

說個十室必有似尚有不稟忠信之人。此蓋習氣障重。真心不能呈露。其實本躰無人不具。

雍也可使章

通章揔是論簡。夫子原是許雍之簡。雍之問辨。是要個簡字分曉。夫子然他。正許其辨得透也。當以南面二字提綱。南面者臨民之位。今各衙門皆然。可也簡可字與可使可字一例。言他㸃可居南面。也字下畧斷。簡字另讀。正指出其可之故。多事不如省事清淨無為較之煩苛者猶差勝也乃雍則深疑其簡之不同故以居為辨而究極于居敬之可與上文二可字相應蜘絲不斷可玩蓋居敬的人乃吾儒兢業之學居簡的人則伯子清淨之教彼亦自有一種學術堪與民休息如漢文帝用黃老以治其效可見然於帝王經世之法有間終不免疏失故以為太簡字字暗敲伯子以洗滌上文可也二字之神為南面者立一程闡出心法甚微故曰雍之言然

四書商諸生問居敬者自然行簡否季侯曰行字內正有工夫說不得自然然居敬者却便可簡其簡處亦只是敬嘗讀王文

肅集曰太上寄精神于事其次借事鍊精神最下者為之役君子精神無處不貫惟有無小大無衆寡無敢慢之心而後能多事化少有事化無其行簡處全從他精神縝密上來人但見其練綢繆目却不知其空閑處俱是精神留注到處也若只要求簡簡之一字誤世多矣

按居簡時說都作偷安怠荒看惟葛屺瞻認作黃老清淨之術極有見其湖南講云蕭敬明問居簡行簡何謂非偷安怠荒否曰怠荒的他只簡了政事何嘗不苛於誅求煩於供奉耶曾簡得此當如曹參師蓋公黃老之言一遵蕭何約束日飲醇酒而

不事々者雖未幾卒起七國之変不能如周公之赤舄几几制禮作樂以開太平而漢治亦幾小康其簡非絕無足取者矣細玩太簡二字此解甚的切不可一筆抹壞他以掩夫子寬収伯子之意

哀公問弟子章

不遷怒明是不遷其怒不貳過明是不貳其過今曰此心常定常一不為怒所遷過所貳則當云不遷于怒不貳于過口氣全欠順在愚意遷之與貳只宜依舊就怒與過上說但要看得精細不可如朱註甲乙前後之粗曾子曰犯而不較遷之義堪於

較字參之。吾人當怒而怒。天理人情所不容無。要如其怒而止。則分数所應得位置所恰當。更無絲毫走作。又何遷爲。而今加一較之之心。便是轉出第二念了。便是於當怒之理可怒之情走作多々了。不似其恰當的位置應得的分数。所謂遷也。顏子不較。故謂之不遷。易曰有不善未嘗不知。知之未嘗復行。此則不貳過之義也。顏子得力全在知上。旋起旋覺。旋覺旋化。更不留滞。有何参錯。以復行復字觧貳字義尤易明矣。張侗初曰幽溪鹿迺皆還緑。深樹雲来鳥不知。此等心觧。非深于學者能乎。

湖南講李明睿問有說不遷貳在得手之後有說在做工夫之

時看来做工夫時如此則得手時亦如此似無兩概答曰用功時吃力些得手時輕便些其實無兩

子華使於齊章

葛屺瞻曰弟之於師有服勤之誼粟原不必與君之於臣有養廉之典祿原不必辭然夫子何故不值說破必還就其語只因冉子為朋友母請粟是一片熱心遽說不當與冉子心下終難恝然且弟子中萬一有貧窮的執為定例便不通融惟說赤家自富不須繼他冉求纔放得心下原還是狷介的人彼看身外皆為長物粟至九百窮措大塞破屋子矣無所取用反覺障眼

若把來周鄰里鄉黨豈特九百便千萬也不嫌多原憲方纔放得心下總之不律以理之所制而通以情之所安乃聖人化裁二子妙處

不當與而又與之釜不當益而又益之庾恰似聖人曲意狥人了然因冉子來請便自有變通之義在聖人之權也楊慈湖曰此與堯試鯀同道堯之所以如天孔子所以亦如天也

張彥陵曰乘肥衣輕之赤其為毋氏慮也必周矣若必待旁人以請粟置赤何地夫子不惟裁冉子之惠并欲成子華之孝

李卓吾曰看五個與字乃知向作辭與看者不是亦一見

子謂仲弓章

合舉賢才章看似是教仲弓以用人之道泛論世類難拘坊不要染着仲弓身上

回也其心章

提出心字妙甚此正是覿面相呈處周季侯曰心猶鏡仁則鏡之明明與鏡豈容分別顏子從心上得力鏡體全現故仁常顯而不違其餘諸子於知見情識上拂拭鏡體未全磨時漸明仍復漸昏終不能久孟子曰仁人心也說仁極精今須參得何者是心則顏子之不違仁密機自見當念直取學脈的與諸人不

同。

三月不違如三年學不志穀之例。不成三月以後便違了。云三月者天道小変之候約畧其時之久言之也日月至云如所云日計月計極形容其去来不定之詞徐徹弦曰不違者我不違之也机在我至者彼之自至也機在仁隱然内外主賓之辨

季康子問仲由章

蔡虚齋曰果則足以决大疑定大事於俄頃之際達則事至物来於可否之間迎刃而觧觸幾而應藝則措注設施應用不窮矣故於従政乎何有

徐巖泉曰三子非全是才皆從學問中來夫子所許在學問也不專在才也

季氏使閔子章

春秋時卿大夫皆公族世官士惟不仕則已仕則未有不仕於大夫者即孔子為魯司寇亦由季桓子仕之由求俱仕其門不以為非閔子之不欲仕或自有主意所謂以吾之不可學柳下惠之可其斯為善學孔子者歟始終都是決詞特有道之言自介溫婉非婉辭于始而決辭于終也在汶上亦只是要高蹈遠引非大夫命不越境之謂

伯牛有疾章

漢疏云牛有惡疾不欲人見故孔子從牖執其手斯人乃論其生平不止謹疾一節

賢哉回也章

季彭山曰其字本其所自有者而言沉無回曰要知他自有樂在特不因之而改耳與夫子樂在其中矣同

張無垢頌云把樂商量便粗孔顔相對嘴都盧分明香在梅花上尋到梅花香又無譚苑醍醐云有問不改其樂所樂何事曰且問子人不堪其憂所憂何事知世人之所憂則知顔子之

所樂矣傳云古有居巖穴而神不遺末世有為萬乘而日憂悲此我輩文字禪不須下一轉語也

又師門求正牘云孔顏曾點之樂處無乃異乎曰樂處本同而躰段則異也孔顏之樂仁躰也曾點之樂智躰也仁必合智而成聖智或掩仁而為狂躰仁而樂用行舍藏無所不可躰智而樂憂世之心薄矣仁躰兩字的當可玩

非不悅子章

袁了凡曰中道而廢是姑諉冉子所謂力不足者而解其義虛摹個樣子非謂世間實有此等人陸象山曰譬如一個擔子盡

卷六　廿一

力擔去前面不桼何却住無怪今自不近前却說道擡不起豈
有此理
沉無回曰夫子曰吾道一以貫之曾子曰唯夫子之道忠恕而
已矣是不以夫子之道爲二也冉求曰非不悅子之道是顯然
推卸另標個夫子之道來即此是鑄窺得不盡

汝爲君子儒章

對子夏下藥當規模廣狹說舊以真僞立論不對針
王龍溪曰子夏篤信聖人規模狹隘步趨未嘗敢一毫激
昂開展言必信行必果是個硜硜小人局段故孔子進之以爲

君子君子便是不器便能坦蕩自由顏子之絕塵而奔曾子之自反而縮皆自出手眼何嘗有樣子學得來方是古人自信之學

子游爲武城章

吴無障曰要識得子游敢時之意子游取士亦甚驚人孔子說視以觀由察安何等細密子游却在走路上觀人何其迂也非公事不見亦是繁閑處然亦無甚卓絕過人二者總來只是一個方字爲何世風日下滔滔不還只爲自抱於員一呀以旋轉滑溜通变趋時爲尚所以弄得人心風俗十分狼狽故子游獨

卷六　廿二

取一等寧方毋員世俗所稱喜之人為士林赤幟此挽回世道人心之意

得人只是說得個賢人不是要取他來輔政所謂不知天下之人不足以宰天下不知一邑之人不足以宰一邑是也公事註云如欲射讀法之類則分明是禮法的事切不可謂看個政事以開干謁之門

孟之反不伐章

按當時三家怙權同惡其啟釁兆孽罪已不待言一旦難至觀望逗遛各自為計使齊師直抵近郊如入無人之境孟氏之師

又先奔此國家之恥反所深慚而抱痛者何能居此區區歟後之功哉夫子嘉其不伐隱是致罪三家非徒爲居功者樹一程也

又按孟之反與琴張子桑戶爲友及蓋宗老氏守雌處後之學者也茲不伐所由來歟附覽

不有祝鮀章

嘆當時無一正人而惟佞色之好爲必相鮀與朝者恨非爲不能鮀與朝者惜

葛屺瞻曰看不有而有文法分明是相反語氣美色還抵不得

佞口過蓋舉人情之極好者以形狀好佞之尤甚也春秋時如列國所尚專在詞令其間說得近理固有而強詞文過者亦多至於戰國蘇張輩立談取卿相流弊遂不可救而當時風已熾矣故夫子深致嘆傷之意側重佞上可從

誰能出不由戶

此是提醒語非怪嘆語精神在誰能兩字上湯霍林曰言由戶是個道的影子如言誰人自外於道而何故乃不由道也不可以戶對道亦不可以戶例道即人莫不飲食二句意

湖南講張殷甫開既說舍道便行不通謂何不由道的一楸也

在世上做人答曰人雖不背由道然其矯情者能假借名義卽愚夫愚婦亦有與知與能少不得有些合道處所以還行得去未至全塞若全不由道念念乖張事事悖戾自然人容你不得一刻也行不通可見世上沒有全不由道的然非賢智之過卽愚不肖之不及與道不恰好亦總謂之不由

一說何莫與小子何莫學夫詩二字同是勸而勉之之詞

質勝文章

時說重質遂有七分質三分文之解大可噴飯這件物事怎麼分派得開又認質為內文為外文則外矣以質為內而認以忠

信誠慤乃是極好的如何及嫵其野姚承庵曰記云禮有以質
爲貴者有以文爲貴者此質文二字皆從外邊説故以偏勝者
爲野史而彬彬者爲君子須知文質皆本此心來而質文之用
明能宜相濟而有可偏勝王觀濤曰凡持身涉世無處不有質
文只朴實不浮華便是質不得以忠信誠慤言野史字只借説
彬彬亦非質多文少之謂一洗套障可從
葛屺瞻曰質是質朴正有尊卑貴賤相接之躰段文是文彩相
接處又有登降揖遜周旋進及之儀也人若凡事只存大躰段
一味率真行去把像文都略過了這是質勝文連質也不像個

質蓋裝一物方纔像一物如子路說有是哉子之迂雖他愛師好意卻出言粗率不成個弟子躰段這不謂之質謂之野了野如村夫俗子一般若凡事專尚儀文舉止言動裝成個好看套子把体段都掩過了這是文勝質連文也不像個文蓋裝一物必要像一物如為子者見父母深拱大揖十分謙讓又豈成個兒子模樣這不謂之文謂之史了周官有胥史掌文書但知有載籍而不知其中之事實者文與質再離開不得的集註云彬彬猶班班物相雜而適均之貌惟文質間雜相和適均方纔不是野史是個君子君子只照上野史文看李南黎曰非指人言

指道言如是云云。

人之生也章

四書商徐𢋨律講曰：兩個生字一樣看，緊相呼應。天地之生机，惟直遂始暢，屈曲即鬱矣。故人之生本直，絕無委曲夾帶將來。說直字要與生字相關。下句方有情。季侯曰：此論極的。嘗讀東坡曰：天之生物必直，其曲必有故，非生之理也。木之曲也，或抑之；水之曲也，或礙之。水不礙，木不抑，未嘗不直也。凡物皆然，而況于人乎。

葛屺瞻曰：直之反為曲，乃云罔者，要將直作曲。必須把本心匿

過外面裝個虛套哄人而中實無有故謂之罔

知之者章

葛屺瞻曰知之好之樂之是何物究竟是道固不必填實亦不必諱避世上人只為七尺之軀百年之計作生涯昏昏懂懂那知有這一件事若知得有這件事真可趨宇宙而獨立亘今古而不磨明明一條大路好去着脚此那不知的好多了知固必能好然好則無以尚之拚命要去得他知的人只是見得有此種道理尚未曾做故不如好之者到能好此那空空曉得的又好了好固必能樂然樂則遂其所好受用着他滋味好的人雖

十分貪慕而未得到手齟齬亦所不免故不如樂之者玉觀濤曰好即求其所知而志向專一樂即得其所好而自趣融液矣一貫事而有淺深非三等人而有高下也詩云欲窮千里目更上一層樓是此不如的極好註䟽

中人以上章

葛屺瞻曰語上是形而上者性與天道是也其實形上之道不離形下之器但必下學盡時方能上達中人上下正因學之能盡與不盡而分也中人浮沉於學與不學之間可彼可此若中人以上則下學功夫已做過正將趨乘而上所以一指點便能

領會好與他說得中人以下他不會做下學功夫就做還未到
憤悱處即與之語上去只作一句說話聽過自不可與他邊說
蓋學力未到之人倒是不與說破只道有個巧妙方法可使一
闖即悟還肯着實尋求待他遜處鑽研至於精處加竭餘有出
頭日子若預先明說他以為若難而不求即以為容易而玩忽
矣只看當初曾子必待忠恕功夫已到方纔語以一貫爾以一
呼便唯其餘弟子曾子雖告以一貫能領會者幾人
按天下惟中人最多說個以上便是上一流人了除却中人不
算了中人以下則連中下二根在內本文本義不過如此屺瞻

謂其浮沉於學與不學之間可彼可此則以上以下都作活境看可謂頰上益三毛又本文只有語上意無語下意道原無本末凡聖人所語莫非上也添出語下來便不是

樊遲問智章

夫子以務民義敬遠鬼神為智以先難後獲為仁本是一片渾成語時說或單提務義先難而綴敬遠後獲以足其意或兼提敬遠後獲與務義先難上下兩敲合說謂夫子是擧其最難剖判最易夾襍者言之豎義各別作文剪題不得不分要知說民義自必連着鬼神說難自必連着獲其敬遠處正見其務義處

其後獲處正見其先雖處理無兩濟意極周匝或單或兼但從渾成一片脚着去便得

不徒曰義而曰民義以其衆所共由天下之通義也袁了凡曰已之民也舍己而以民言之者不執一人之私見耳務字要照智字看行着習察所由與百姓之日用不知者異這等工夫都是以人合天之學務字內無限精微在易曰大人者與天地合其德與日月合其明與四時合其序與鬼神合其吉凶中庸曰質諸鬼神而無疑知天也此敬遠鬼神之旨也不說到敬遠鬼神便是知人而不知天無頭學問了則民義之幾乎粗或曰鬼

問諸

神特民義中之一端恐其易惑特拈之是未窺夫天人之際而諱避鬼神拘儒之臆也豈知夫子所言遠字原不是一向撇却尊而不親故其尊之也至鄭淡如曰遠緣是敬近則褻矣是絶妙轉語先難二字不可以克伐怨欲不行當難字作倒克復關頭原不是放開撒漫的物事古人用功得手真如絶後再甦一脫把毛骨一齊換過豈不是個極難的故曰先努力向前珍重珍重也但恐承當太早終久是腳塗學問不能勾實實學用故教以耐心守待而無襲取則後獲之說也時說解後獲亦謂一向撒却太稿了葛屺瞻曰若盡毋求向後纔能有獲又是絶妙

轉語

智者樂水章

此章書只好就本文虛活朗誦一過便意趣躍然一下註脚来紋纏葛藤滿紙矣如仁智兩樣夫子明明判開何必又吾攙餡周季侯曰性根初無分別造詣各有專門以解慧入曰智以涵養入曰仁世間實有此兩種人而今時說欲捏作一人謂仁智總是一心之內所標仁者從吾心之寂然一物不染處言所標智者從吾心之豁然萬物皆通處言擬其豁然則有水的景象動的意思樂的受用擬其寂然則有山的景象靜的意思壽的

受用作此和會意非不工然不如順照本文實實落落而開之為徹也動靜亦然時說扭互令人悶懣至本文大意則此動靜二字較是何智實際語上云樂水樂山不過從動靜映出下云樂壽又不過從動靜推來而語氣開乙遍下不得纏手纏脚下許多樹纏關節也總之首二句是虛境中二句是實義末二句則旁皇周浹言之傳神寫照首尾四句尤為靈動并中央一段亦化得不極不精聖人道理充溢如天花散布了無根蒂如此說着都看得死煞了忘沒味

按漢疏此章極鮮得有妙理疏樂水云智者樂運其才智以治

世如水流而不知已疏樂山云仁者如山之安固自然不動而萬物生焉如此看纔是盡性之學人已兼成不作自了僕疏動靜云日進故動無欲故靜日進與無欲四字邃甚奧甚疏樂壽云智者自得其志故樂性靜者多壽考亦可謂之要言不煩今試將此等意融會入講豈不勝時說訓詁氣萬萬乎

蔡丘子曰見山思靜見水思動人之常也

小荀子或問仁者壽何也曰仁者內不傷性外不傷物上不違天下不違人處正居中形神和故咎徵不至而休嘉集之壽之術也曰顏冉何曰命也麥不終夏花不濟春如和氣何

雖云其短長亦在其中矣徐幹中論曰詩云萬有千歲眉壽無有害人豈有萬壽千歲者皆令德之謂也由此觀之仁者壽豈不信哉

麽一變章

變無障曰要玩本文二一字一非再變一變之謂二國受病已深一旦欲更變其俗這不是尋常都且作用故曰一變玩這個一字真有沉船破釜精神一刀兩段氣力若但改顏換面小小補塞其罅漏須下不得此字且如麽人雄其富強遲其變詐方自爲得計巧欲反而入於義理之純朴非脫胎換骨不可其難易

深中學者閱讀之病

見君魯猶有先王之遺風特欲脩舉廢墜似不甚費力不知貴乃玩愒偷惰已成痼疾蓋筋骸脈絡緩而不收精神意況耗而不續矣須重新整頓一番其軀殼雖洗髓脫胎換骨其意思直須洗腸滌胃所謂若藥不瞑眩厥疾不瘳者也故皆謂之一變初無難易之分

又曰改過遷善者當下便要改到聖賢地位豈有先下一截去甚工夫待脚跟立定又一半工夫做聖賢耶齊一變不至道而至魯然則當其一變之時主何等意向何等工夫曰齊魯之一變同也其意向皆以至道為歸其工夫都是至道的着數但君

相由得自己的是政事由不得自己的是人心風俗齊之更化者雖以純正粹白之心為極溺救焚之計而舉國人心方濡染淪洽於權謀功利之中豈能一朝脫然拔去病根而頓還大道乎則僅可至魯而已至魯至道皆以人心風俗言若朝廷政事則無至魯至道之分

湖南講王師濟閭時說謂去齊之伯功勢必微弱與魯一般如病者虛火既退必至瘦瘠再加調養方纔如故是否此膻答曰夫子嘗謂苟有用我朞月而可三年有成豈有將人強大之國反變作弱小之理曰然則何以謂一變至魯曰至魯之說乃如

其禮制非如其國勢也以道字看來總是以先王之禮制律之

胡雙峰曰先儒云王伯之辨莫如孟子不知夫子此章所以辨王伯者嚴矣道王道也

觚不觚章

楊升庵曰古人置器必尚象一觚雖小而輕變古制不師先王已有秦人開阡陌廢井田焚詩書尚法律之漸矣觚哉之嘆與春秋大復古而譏變法同旨

仁者雖告之章

張侗初曰從井救人從來無此痴人只是見得仁者有個窮處

要尋緊處逢生活昔有一叅禪者問曰譬如有人口咬樹藤兩手撒開懸崖百丈下面有人問曰如何是祖師西来意若應他喪身亡命若不答他辜負了他来問意却是如何禪師荅曰請你在未咬樹時節問

李卓吾曰宰我借從井問夫子之出處耳逼真言語之科

綴可欺二句于可逝二句之下推開一步說義理極大故曰好仁不好學其蔽也愚胡雲峰曰愛不足以盡仁〻者必能愛覺不可以名仁仁者必能覺聖人所以仁天下而不窮者以其覺也去愚之學正有無限活変靈醒在中庸以成己屬仁成物屬

智意亦如此。

君子博學章

按舊說博約判作兩橛。漢疏博學句謂博學於先王之遺文。約禮句謂因禮以自檢約。仁山金氏曰博是廣博見聞。約是收束身心。自明白正大。及陽明知行合一之說興。而頓掃博約並提窠臼。謂約禮是主意。博文是工夫。理之可見者爲文。理之隱微不可見者爲禮。欲此心存乎天理。須就理之可見處用功。蓋約即在博之中。禮即在文之中。文禮渾合融成一片。無界段支離之可言。故曰弗畔。畔畔田畔也。彼此觭分之義。弗畔只就文禮中着弁道字亦不必出直截痛快開後人無限心靈雖然將巧必朴吾甚憂渾沌之鑿死也因檢舊疏不無追憶先民之遺徐巖泉曰博學於文不是夫子先教人用心于汗漫乃謂天地間仰觀俯察莫非道正指點至近可見處袁了凡曰古聖王之遺文總是教人收心復性而已學之不博或偏主一說或自執一見皆足害事看博學皆有妙義可玩葛屺瞻曰凡自古至今嘉言善行斐然成章者皆謂之文即此文而裁其過中失正歸於至當又謂之禮文與禮不是兩物博學屬之文止是多其聞見既考究一邊說約禮則視聽言動悉準之規矩乃其反身實

殘處也。融合舊新說，大可為兩家騎驛。解順〻。

子見南子章

李見羅曰：南子請見，亦只好德沽名之意。夫子見之，所謂不為已甚，不輕絕人者也。若云有見小君之禮，則求其說而不得，又從為之辭。真西山曰：子路不悅，蓋以己之力量觀聖人也。賢人守節，自該如此。李卓吾曰：要知子路不悅，全從夫子拒彌子來。謂既曰有命矣，緣何又見南子？今考夫子終身不曾仕衛，想見其到底不肯干求，豈有一毫利之而見南子以干進哉？時說謂見南子以委曲感化，求行道之机，正坐着否字，正犯着天厭，可

殺

張子韶頌云未識机鋒莫浪猜行藏吾只許顏回苟能用我吾何慊不惜因渠也一來此語字字毒藥當一棒打殺為世道防也

中庸之為德章

書言中不言庸後世以中為難行故夫子加以庸之一字既庸矣又何以民鮮久李卓吾曰大道甚夷而民好徑

張子韶頌云子思曾發用中机此道須臾不可離率性自然難損益要之何慮亦何思率性二語無上正諦至在此解然

似覺貢活

在此矣

如有博施章

周季侯曰：博施濟衆，原是仁者之極思。子貢此問，志量甚大，但以此求仁，便失本領。夫子示以求諸已，便有從入之方，立達取譬二節，上下一意相承，無仁恕之分。

何事於仁，似於事字下口氣畧斷，言此何苛事，而於仁者一流人求之，接下二句，活呼活應，總是形容施濟之難普，不要煞极。

湖南講紫世埏問仁之道極大，豈又有聖人加於其上呢？瞻荅曰：觀夫子平日只教人為仁，不曾教人為聖，則仁與聖必有分

卷六

三五

陸氏讀書

蓋仁者雖以天地萬物為一躰然力量所能為固無不施濟其或時勢有礙便只好自盡其心甚至殺身成仁者有之若聖人則作用在思議之外必有旋轉乾坤手段變理造化經綸博施濟衆實是能得自古聖人在天子之位者其施濟固不必說在夫之聖止有舜與孔子舜則玄德升聞格天協帝以至四方風動孔子則倡明道學以振起聾瞶且刪述六經垂訓萬世其所施濟亦何嘗不博且衆哉是聖人之心躰雖不加於仁者而仁者之作用未必能如聖人乃仁與聖之別也曰既是聖人能博濟何以堯舜猶病曰施雖博而猶有不盡之施衆雖濟而猶有

不盡之衆事無了期則心亦無了期故不當執事以求爲恰當
因心而盡
衷了凡曰堯舜猶病就心說世界無窮即極施廣濟安能滿吾
之願聖人之心原是如此若不思博濟決非仁聖一躰之心若
謂吾能博濟然決非仁聖無窮之心張侗初曰堯舜猶病正是
仁的生机立人達人都在此
立達字義虛說立者不顛仆之意達者不壅塞之意拈已帶人
絶無等待看兩而字是何等血脉可知已身雖微萬物之情皆
倫何近如之近字正頂已字近取譬謂近取自身之欲而譬之

於人也可謂仁之方明是說可以施可以濟了非謂為仁者無事於施濟也方字妙甚分明有此準則可憑舍而求之博衆有何根抵有何紀極

一說近謂吾身貼近處即覿面相逢之人之境是也取譬者隨身所接取來譬到我身上湊着便做在家滿家在國滿國在天下滿天下矣正與博衆相反看出一見可從

說書卷之六終

慧眼山房說書卷之七　論語

述而第七　泰伯第八

閩漳陳天定慧生甫著

述而不作章

葛屺瞻曰：述是纘述，或刪正，或闡明，無非傳前人之意。作則自出意見，發人所未發。這全在有信心人。惟自己眼孔淺，不識得人好處，乃敢硬作主張，別說道理。若真信得及，自覺古人說得有味，抽繹不盡，那敢言作。老是老聃，彭是彭祖。竊比者，見得老彭能述而不作，是大有識見人，私心要去學他。心虛語婉，還似未敢承當，然切不要泥。

李文節曰：舊以信而好古為述而不作的緣故，似多一層。不如一直說下，下句足上句，信字極動着眼。

默而識之章

葛屺瞻曰：夫子原自說學不厭、誨不倦，而此却不居者，學誨根默識來，另是一種微妙學問。也識是歷歷分明識得他破，默則不用語言指點，從心下參提，而默默詎悟者。人心必藉文字攀援、語言幫襯，方好延挨過去。今一切剗除，便自己功夫難做，容易厭苦；教人方法難施，容易倦怠。夫子平日多聞多見是學，不默，總欲無言，而弟子以為何述是誨，又不默。何有於我，此是實語。蓋默識者，不立語言文字，直見性。踈遠人只以機鋒撥動，而心會。世間原有此一種法門。夫子雖能為此，而機緣有異，作用不同，徒嘆羨之，以致其遜謝之意云爾。

又紫世基問：無行不與，一貫之呼，難道不是默識？吡瞻荅曰：夫子欲無行不與，而弟子反以為隱，其可與默識契者僅有顏曾矣，益見默識之難也。曰：顏子既可與默識，何為又終日與言？豈夫子果不欲默識乎？曰：默識不止不說話，但不把這件說破。曰：此種學問從何人始？曰：高宗時恭默思道，莊子亦言目擊道存，使人意消，便是。曰：既是種妙學問，何為夫子不用？曰：夫子欲以身為法式。接引世人。世間中下人多類非忘言所能領畧。教人既不能默。則為學亦不能默。故每自居。指好古并退處於學知。寧下其身。以為接引之階梯。初學之榜樣。譬如無懷葛天結繩而治。夫子豈不道他好。然世變江河自不可行。只好崇尚周官之禮法而已。

屺瞻此說慧甚醒甚。識字讀如字亦好。林次崖曰。晦翁主默記之說。蓋懲象山頓悟之言也。

德之不脩章

周季侯曰。要躬吾憂句說人只在躬面上安排。儘可安穩過日。

若真正從自家身心上仔細檢點有多少過不得去處故聖人説吾憂實是有憂脩德四句要看得細本跡上有些毫走作些毫滲漏縱事事循規只是邊幅功夫喚不得脩德要把千古道術自我提醒聖賢血脈自我承接説一句便可做得一句論一番便可受用一番若只口荅耳領説食不飽如何喚得講學義字極微從字極淺推移任運之妙賢智之所不及排豪杰之所不及湊者也註中見善二字還欠的鄭申甫曰不善宜照顏子有不善未嘗不知知之未嘗復行那樣不善看纔是入微之學葛屺瞻曰德是吾心所得之理而未免為氣拘物蔽所損故須

脩〻者整之使完好也衰了凡曰脩者沿而去之〻謂凡脩德
只用減不用增坡仙云醫師只有除翳法無求明法是也亦一
見參之
四句脩德為本為要脩德故去講學徙義改不善則講學的實
事而脩德之目也憂是心神攢聚處汲〻彶〻唯日不足若認
待不能而後憂謬矣

子之燕居章

燕安息也非忙碌有事時便是申〻是舒展的意思夭〻是和
說的意思程子謂申〻字說不盡更着夭〻字亦有味但還他

兩平屯安。鄭孩如曰此處正好着眼。謂聖人此時有工夫不得。謂聖人此時無工夫又不得。謂有工夫此時無加工處。謂無工夫。則一發懶散去了。正好于此時觀聖人時習之學。莊子熊經鳥申。冀奉傳欠申。皆此申字與伸字同義。禹貢厥草惟夭。夭夭少長也。詩云桃之夭夭。又少好貌。

甚矣吾衰章

鄭孩如曰聖人之志。到老不衰。謂氣衰亦不是。聖人氣化為神。不受制於陰陽。然則云何。曰聖人嘆吾道之衰也。老婆心切。每於夢兆卜道興衰。久無好夢。憂其道之不行矣。然則奈吾字何

曰聖人与道為躰把這道直作吾身物事認道作吾在聖人亦
不自知之也
表了凡曰呂覽諸書載孔子好學夜則親夢見周公而禀學爲
此中人所難信然却是實理千聖一心本無間隔我心融徹則
所慕之古人自然于夢中影現譬猶萬頃澄潭忽見遠山之影
遠山不來澄潭不去而二者覿面相逢此是實事
張子韶頌云向也於公隔一重尋思常在夢魂中如今面見
心相識伱自西行我自東看衰字是相落歸根不是衰荷敗
柳雖非本義却有微机倫玩

志於道章

無名天地之始性躰中有何名自聖人理趣融深就中標別這個是道這個是德這個是仁這個是藝隨為學人指點出光景有個志境有個據境有個依境有個游境以一樣名理配一樣光景四於字間〻對針所謂如魚飲水冷煖自知者也今時說作吃緊示人功夫則志據處尚可云志不於道有差訛據不於德有僻頗倒而言之尚可云有道不志為自暴有德不據為自棄至依仁游藝處便轉動不得了摠之夫子是一句囫圇話後人割破不開扯個架子方謂轉得語頭可嘆〻〻順文躰會去

[illegible]

作絲毫不可也又四句平平判開明眼人自會看得疎疎朗朗

側提一句作主并次第後先之說俱不是

時說志者望的而趨據者札地而守道是真正路頭德則行道

而實有所得按漢註云志慕也道不可躰故志之而已疏云道

者虛通無擁自然之謂也王弼曰道者無之稱也無不通也無

不由也況之曰道寂然無躰不可為象是道不可躰故但志慕

而已註又云據杖也德有成形故可據疏云德者得也寀然至

無則謂之道離無入有而成形器是謂德部若愚老子解序曰

孔子志於道緣道無形故據於德以德為基本此雖沿柱下之

言。却有微義可參倫玩
楊慈湖曰仁覺也覺非思為既曰覺又曰非思為正好想仁的
面目。正好想依的神情時說沿襲以化境言之却腐氣又謂據
字如手執扶依字如身穿衣亦只擬得二三分
吾人不明道遂把藝看作粗了不免於游字費解衰了凡曰浮
在水面曰游沉在水底曰溺超悟乎上而不汩沒乎下故曰游
意非不是然在夫子當時語意則未嘗說藝之有不好處而示
人以此極溺之法也直与道德仁並提本末精粗融為一致並
是絕好字眼游字只照志字據字依字一例看去便得。

自行束脩章

束脩照註說自好意。只是望人來學，非是不計禮之厚薄也。

不憤不啟章

葛岷瞻曰，憤者心去求通，被物障住，鬱勃不堪，如暗室之索光者，啟則開其戶，而洞然四達也。悱字從心，該在心裏看，悱者心已要通，却又有微障在前，忽隱忽露，技癢難忍，如弦矢之待發者，發則撥其矢，而一往破的也。一隅三隅，借用字眼，大要是觸類旁通之意，復則再與別論他事也。三者及此，俱不與他輕說，蓋說破太早，承當無地，反易沮人，疑端塞人悟門，無益而有損。

故耶

三須開說一說以舉一隅領上啟發啟發之妙正在于舉一隅也而又未能以三隅反竟是未悟則亦不復一說有憤然後可啟啟之矣有悱然後可發發之矣有能舉一隅而以三隅反然後可復相因說下亦一見然不如三開為妥後者更端之謂或作印決說出鄭申甫

子食於有喪章

孫淮海曰以食旨不甘之心為心故不飽以聞樂不樂之心為心故不歌

用之則行章

葛屺瞻曰用行舍藏指道言用如用物能使用他便把胸中蘊蓄一齊展布出来若舍了不用便把蓋世經綸盡数收藏了去藏即卷而懷之之義也妙處在兩則字暴虎馮河借来說使氣殺身的人臨事即指戰事懼且好謀者不敢輕忽而多筭求勝以成就其事也夫子嘗許由治賦此何不与蓋子路是個不怕死的一將之任已其有餘若懼事成謀則王者之師動出萬全夫子所謂我戰則必克者也因問而荅与上用舍各不相蒙

愚意此章雖上下不相蒙然道理通融針鋒對照處亦儘可着

躰會。且如用則行，舍則藏，本是應得底物事。分應緣任運，未易能應手應心者，豈少絕世聰明，拚一刀兩段哉？乾之飛潛也耶？于惕观爻，研幾聖賢有惧心矣。善乎莊子庖丁解牛之言也。彼節者有間，而刀刃無厚，以無厚入有間，恢恢乎游刃有餘地。然至于族，見其難為，怵然為戒，視為止，行為遲，動刀甚微，謋然已解，如土委地。此臨事而惧、好謀而成之說也，而即用行舍藏之說也。彼以兩則字，謂進退洒然無係吝者，可謂徒讀逍遙游，未識養生主矣。

有是猶云能然，不必另解。好謀而成，只完得一個惧字。時說以

平日言不抱定行師点好

富而可求章

葛屺瞻曰世間儘有痴呆懵懂僕坐享千鍾聰明伶俐人貧窮白首富之不可求人誰不曉然却又攘攘去求真是不會筭計故夫子教人去思筭可求不可求而相敲打而如字最活果可求便不難執鞭如不可求便只該從好自己酌量討個便宜路走好乃是心下自得處擾擾萬緒如焚如冰何若放下身心安閒自在此好即具在吾心只須依從更不必外求為之猛然喚醒

袁了凡曰吾字最有味獨玩本来馳求盡歇

子之所慎章

萬屺瞻曰三者事躰重大齋以交神明必此心凝聚方能感通戰以决勝負必此心鎮定方能謀畫疾以處死生必此心精爽方能去住無憾三慎揔一事心之學實實落落說自正大時說極穿鑿可厭

子在齊章

況無面曰形容不得者形容則淺夫子贊韶曰不圖為樂之至於斯也記者記夫子之聞韶而曰三月不知肉味皆形容不得

語後人曰夫子如何贊韶之妙夫子如何好韶而至於忘味便是癡人爭夢矣

周季侯曰不當語氣猶俗言從何處得来乃贊嘆不盡之詞着一周折便不是

鄭經如曰邵子云唐虞者其中天而興乎堯舜者其應運而生乎大舜生時正值天地中數正鍾天地中氣而具性生玄德故其作樂正合天地中聲開之者可以因其聲而融其氣因其氣而化其神孔子元有移易造化手段一橦着晴地換胎奪神去矣欲知孔子贊嘆不圖之妙可於音容羨善之間求之哉

按夫子有云韶者舜之遺音也溫潤以和如南風之至其為音如寒暑風雨之動物説苑孔子至齊郭門之外遇一嬰兒挈一壺相與俱行其視精其心正其行端孔子謂御曰趣驅之趣驅之韶樂方作孔子至彼聞韶三月不知肉味故樂非獨樂人也又以正人大矣哉

夫子為衛君章

通章以仁字主案周季侯曰國人擁輒拒瞶于道理上儘説得去卻于本心上畢竟過不去所謂于汝安乎斷然不能安也故子貢推究到心上夫子拈出一仁字隱隱指出此公案

阮阮許

王季重曰有父子而後有君臣衛人但知國不可無君故當立輒智如子貢而不能無為衛君之疑則君之一字誤之舊說衛以父子爭夷齊以兄弟遜其事可反觀不知夷齊之所急原不在兄弟而在父子夷欲尊父之遺命而齊亦欲善成其父之治命遜國事小則兄弟輕君仍重全父志大則寧可無君洪稍可無父必如是而后可定衛君之罪明夫子不為衛君之心

吳無障曰冉有子貢之疑決非為嫡孫當立之說既拒親父何論嫡孫但當時蒯聵得罪於父衛人不以為君而公子郢又不肯受使輒不立則衛之社稷不祀與國家為重或者父子為輕

顏悟如子貢而未能決以此夷齊之讓亦以國聽之仲子此時未暇念及國之存亡事久之后徐思前日之讓幾成亡國矣不能無怨悔故有怨乎一問不知先人世守之土雖重然必先論父子兄弟后論社稷彼仲子之立不立係孤竹之祀不祀以視尊父命重天倫此猶其小者耳由此觀之衛輒固不得據存國之義以贖其逋天之罪明矣故曰夫子不為也

張侗初曰求仁得仁如何謂是得須從求仁起念源頭上默默驗過無絲毫倚着無絲毫虧欠纔謂得仁夷齊遜國只為天性上見得真切故夫子說他無怨須知千古忠臣烈士殺身捨生

要從此處鑪錘得過蓋成仁取義原不是矜氣尚名只為從先
明無欲而出所以一點報答君父直視為尋常穀粟事不貪
生不怖死也不須定要殉生也不須定要速死殉生速死只了
得矜名尚氣的事於吾無欲源頭絕無干預君必須捨生成仁
便有個生死在念仁義着生死做甚如何得在吾手豈不關象
山道吾這裏是刀鋸鼎鑊的學問逢刀便斷遇鑊便銷而此光
明無欲本性無斷無銷快然充滿轉生死而不為生死轉變是
個了當學問豈不是得仁

按此章東齋事從來皆主讓國說近鄒臣虎時義主齋周駡華

事說亦有見謂衛輒拒父舉世非之豈以夫子而猶持其是但時方在衛不無忌諱心知其非而姑為庇覆亦用世之微權也二賢之疑在此及問夷齊而夫子一則曰賢再則曰仁獨觀昭曠之原掃盡依違之見商周何時鼎革何事夫子素號從周之民者也不難舉夷齊而亟稱之天下事尚何所忌諱哉是非有定知罪奚豢彼隨俗俛仰而成敗論人者非聖人之徒也大為千古人吐氣快絶〻〻

飯蔬食章

首二句只閒〻敘過初不說困極及人不堪我獨樂之語亦字

活甚妙甚末二句舊説与上文判開作兩截不是時説謂從樂中看出正可想見點在的光景張而若曰若被他外邊一動裡面多少勞攘説理自得然在夫子曰氣則只好還他閒閒放開去方有遠神也或拈義字參樂字然不免平地起堆

朱子曰樂亦在其中此樂與貧富自不相干是別自有樂處如氣壯底人遇熱不怕遇寒不怕氣虛則爲所動矣聖人之心無時不樂如元氣流行天地之間無一處之不到無一時之或息豈以貧富貴賤之異而有所輕重于其間哉

空峒子曰洪子曰不義而富且貴於我如浮雲漢以下儒者只

說富貴始得露過矣斯中庸之解也。

加我數年章

葛屺瞻曰：孔子五十知天命，易者窮理至命之書，與此五十正相合。加我數年者，謂學易未竟，再加數年工夫。註疏謂四十之時也。易之占辭，大抵言無咎，無咎者善補過，故學易可無大過。若以他人看夫子，似無過已不足道者，而夫子却止言無大過。今觀其五十知天命，則未五十時，猶有與天命不相脗合處。夫子即視為重大失錯，既知天命矣，而猶有未耳順，未從心，則又皆視為細微之失，即所謂塵沙惑者也。蓋謂之過者，不必果有錯悞即於道理上必待照瞭視之耳順從心尚是一重障礙他人至知命必以為極則矣而夫子猶有潜維默歎而不能自已者此所以望道未見而卒為大而化之之聖也演云夫子說目今學易未了須加我数年到五十歲時都把去習學易理也好曉得善補過的方法没有重大過失了詮釋明快一洗時說支離

周季庚曰學不探原從依傍道理終滯格套其于天地变化之妙吾心無思無為之躰終不相合此便是過夫子真正覺得性躰貞融理事無碍些毫意思了不可涉故深有味于易而言之

乾鑿度孔子曰易者易也變易也不易也管三成德為道苞籥易者其德也光明四通簡易立節日月星辰布設張列通精無門藏神無穴不煩不擾澹泊不失此其易也變易者其氣也天地不變不能通氣五行迭終四時更廢君臣取象變節相移能消者息必專者敗此其變易也不易者其位也故易者天地人之道也奧甚可玩

淮海逸語曰五十學易非五十之年學易是以五十之理數學易也大衍之數五十河圖中之所虛也惟五与十參天兩地而倚數合參与兩成五衍之成十五者十其五十者五其

十參伍錯綜易之理數盡於是矣。袁了凡曰：玩本文以字此說似是、

子所雅言章

周季侯曰這三經足該人一生。試看人一生。那一處不該着性情那一處不該着節文那一處不該着政事就一時而變態屢生就一人而機宜各換其中精微委曲真日日言之不盡日日言之有味到處不離乎三經安得不常言之雅言全重切于日用意除却日用之實即函關之五千言西竺之三大藏其文雖煩却只一句可道盡也

禮可持循故云執本文義只與詩書三項並提不必泥此一字別費周折

張侗初曰詩書執禮聖人何嘗日日挂口頭只是聖人開口處總是詩書執禮耳吳無障先生論此題亦曰喭云好曲唱不得三遍若聖人日日稱詩書執禮豈不扯淡覺尖新甲子塲卷多從之

葉公問孔子章

葛屺瞻曰子路不對或以聖道難言人亦未易解耳在夫子則以接引為心正要他說與人道發憤是發起狠來死心要做這

件事樂是心下暢快只知有這件妙處故至忘食忘憂此中更無他念摻入便老之將至一併都忘了甚言憤樂之心專而不二用也云爾者言其為人所可云者此爾不實說用功何如得手何如處說個光景是乃不描皮骨而描神情者

憤樂二境註分未得已得委是沾滯時說謂聖心一也自其有一段奮起的精神曰發憤自其有一段融液的机趣曰樂驟開之儘會擺脫反復思惟則不免夫口頭員滑之病而又有為憤樂循環之說者憤了樂樂了憤此亦如註所云以是二者日有孳孳乃學人情見以擬大事了畢之人愚未敢謂然也袁七澤

謂孔子十五以後，五十以前，尚未知本命元辰所在，拚命向前，皆其發憤之日。至知命以從耳順從心，纖毫不掛，心境蕩然，樂可知矣，更有何事發憤乎哉？如註所云，則是孔子一生累憤累樂，而道可以零碎學，零碎得矣，有是理哉？截夫子一生作憤樂二境說，似駭人，然自是大聖人的課程，非可以吾人起滅工夫及小疑小悟，大疑大悟之境槩也。今且依文詮解，就字演數，則虛虛活活，還他得，但不要如循環之費事。其憤樂大意，總是說他好學，却不露出學字。然只還他為人而字便了。

吳無障曰：不知老句，不是矻矻窮年之謂，聖人說只句話，極有

着

意思凡人知老將至百凡事躰便都放下聖人越老越精神越鼓舞則無老無少無始無終竟沒個住頭全要想他總忘不已的意思夏古訥曰不知老句只領着忘食忘憂中形容出來非另推開一步

我非生章

葛屺瞻曰生知者纔舉念便曉得恰象生來便知的好古敏求是將古人所發明者上緊精研去求通曉求亦不是向人求乞將借古人識見觸我心靈耳此夫子明以學知自認難道果非生知要曉得知有兩樣有參悟之知有印証之知生知是參悟

之知學知是印證之知叅悟者非得印證終無憑據夫子只把印證的作准不把叅悟的作准故自道如此

又馬之駿問好古敏求還是備學問磨去障蔽否答曰余是解發自心的靈光如火藥之在爆竹內中原具有火性待外面火來引着藥線火力到時自爆地一聲重重障礙一時粉碎

子不語章

亭屺瞻曰與人講論爲語怪異勇力叛亂非理之正固所不談鬼神雖正而理不易曉亦難輕說然春秋載災異戰加篡弑易繫辭言鬼神則著述中未嘗不發明而獨不以之告人故謂之

不語。

陸象山曰、夫子只是不語、非謂無也。若力与亂、分明是有、神怪豈獨無之、人以雙瞳之微、所矚甚遠。亦怪矣。苟不明道、則一身之間、無非怪。但玩而不察耳。

三人行章

着眼在一我字、所貴能自得師、特借人以為鏡。

湖南講李佐問天下大抵皆中人、只三人中那便有善不善、且其善不善之分數孰多孰少、同行時處難曉得、如何下擇的工夫。屺瞻答曰、此正不必管其人之果善果不善并善不善之分數即以不相識的人偶相遇着他或說得一句好話行得一件好事便是個好樣子他或說一句不好話行一件不好事便是個不好樣子即一時互見而俱可參觀

天生德章

語云聖人無死地聖人之氣不與兵氣合也然何以卻又微服過宋此正可想盡人合天之學

二三子章

高岷瞻曰夫子因諸弟子從言語相求特以躬行示之教他實實效法是真切語隱字照下行字及看應指着言一落語言有

說得的有說不得的說使說得也須要人解得徒以言求及覺
有隱有不隱若行則見做在身上二三子逐日与夫子相處件
件都是眼見的端得那一些子只照這樣子去做便是傳与大
家的所在了故提一句是丘也見得說的還不是丘惟這行的
沒一些躲閃沒一些幫襯沒一些遮蓋赤條〻只這身子這個
纔是丘二三子不可當面錯過漢云夫子說二三子道我為有
隱藏麼我實沒有隱藏於你們我日常所做的事你們大家都
看見的我沒有一件不把你們去做樣子這行的正寔、是丘按時說無行不與是性天流露不容秘藏的道理莊子所謂目擊而道存也無行猶云無往行字非對言之行隱字亦只對顯不對言屺瞻謂此乃向上一機豈可懸示二三子故提躬行之說極切當然而向上一机古来心印竟不可不拈也徐玄扈曰道體觸目而在正欲學者會其天机若說可以步趨而得與語言觀聖人者何異此一轉語最可思曾記晦堂問山谷無隱之義山谷註釋再三終不然其說時暑退涼生秋香滿院堂因問曰聞木樨花香乎曰聞堂曰吾無隱乎爾山谷乃服又龍潭侍天皇問曰某自到来不蒙指示心要皇曰汝擎茶來吾為汝接

汝禮拜時吾為汝合掌何處不指示心要潭低頭良久曰見則直
下便見擬思即差直下擬思一語把無行不與天机逗盡參矣
說無行不與盡矣又找以是丘也一句不可看作拖帶語指點
親切囑付殷勤着眼

子以四教章

分明是四教任後人扯開揑合或有先後或無先後或作隨根
領畧或作隨機造就總無不可

善人吾不得章

章中兩個子曰明是說歇了又說意則暗渡語則截分其以恒

為作聖之基意藏在次節子曰上俯思仰嘆一段神情兮把聖恒來首尾交纏將渾成口氣鑿開了鍇甚又謂歷恒而善人而君子而後聖人則益費手脚墮葛藤了周季侯謂夫子發言之旨全在末節而斯可矣正從難乎句發脈來見得人有恒心便人人可做聖人却自被習心埋沒將聖人種子撇向深坑豈不深可痛惜思之思之安得讓過聖人便謂千古絕德不可到乎論理自當然不如順照本文把兩個子曰截分晴渡上下不糾纏之為快也葛屺瞻講朗甚錄玩

講云聖人君子以造品言聖人是大而化之道本全具而又渾

於無迹君子則於道內必有一節到家或全矣而未化惟君子能造聖人故思及之非謂得君子便可無聖人也善人有恆以存心言品或未能遽優心則不可有損善人是其心全躰皆善更無惡念之襍有恆雖未必盡合於善但他向善的念頭確然堅定能恆久而不易夫善人誠不易得有恆似十室可能何以亦動得見之想此皆為人自己做壞故下文說為有為盈為泰皆指其作為言也亡是一些沒有及為有的事虛雖已有些尚未滿盈及為盈的事約僅足自完尚未至溢出及為泰的事這都做了過頭的學問爬得高跌得重功夫便有作輟心地便有

捉倒必定要退轉如何能常有常盈常泰故難乎有恒大有嘆息之意蓋此非以論常人乃爲用功學問而不蹈實地者發藥也兩兩判開只拈出品未易優心不可損二語爲上下暗渡語脈是解書傳神手

又按論語稱善人者三一則云不踐跡亦不入於室一則云爲邦百年亦可以勝殘去殺看來這個善人天分甚高力量甚大其與聖人並提有旨也世間除却聖人是金玉相追琢章算個資學並優的聖人說湮學問一途不甚爛腐窟穴劈空御世完推善人在吾儒則曾晳輩之狂在帝王則不事詩書豁達大度

昔之主以視君子雖造詣遠不及而其英英出奇卓然高視濶武恐為君子者亦或未能也總之聖人君子是論諸善人有恒是論贊各就相近者言之彼謂歷有恒而善人已是少眼況謂歷善人而君子不又顛倒見乎兩不得見出是企想之詞不要執煞云為者三句時說作空描個模樣出好末句倒接難乎兩字在上無限婆心李卓吾曰恐人餓了本錢出不得門

子釣章

眉批瞻曰欲生惡死人與物本有同情耿彼形軀供我口腹決

非仁者之心，但自茹毛飲血以來，相習成俗，聖人處難立異，以馴世，故只把竿釣不用網罟，弋夫不射宿鳥，於用殺之中，仍存不殺之術，一以曲全萬物之命，一以微示好生之心，一以默寓夫轉移世俗之機，即孟子之所謂仁術焉爾。

蓋有不知章

四書商諸生問聖人如何教人從聞見求知，季侯曰：聞見上無知，却能觸發吾知，若不從聞見上做起功夫，有何着落，惟寔寔參驗，將此一點靈明充拓開衍，隨擇隨通隨識隨徹，我之知緣不墮落懸空，緣有寔証，不知而作，正犯了自謂上知的病，夫子特地為他下這一劑使之虛心下氣做些次根的工夫次對生知而言入門雖殊總之是一家人可進隨而上非有懸絕之等故曰次也不是落第二乘話頭或云次郎庶幾之意更洒然

愚意此章書當重擇識擇是甚麼擇識是甚麼識分明是吾良知做主故能行乎聞見之途而不亂若除却擇識則聞見之知竟非真知故謂之曰不知明是須他聞見來故敢作時說解不知為一空然無聞見之人空無聞見而敢肆冥行恐無斯理管蠡弋獲惟高明者正為

問不知而作或是述作朱子曰只是作事

互鄉難與言章

表了凡曰此章原無錯簡與其進也三句緊着童子說人潔己三句推開說玩人字童子之在其中而所指則廣矣註謂退是將來往是前日然玩保守之意恐租之只是去後耳

仁遠乎哉章

葛屺瞻曰此只論仁本體不論仁造詣仁具於吾心而欲乃心之所發欲仁之欲即是仁更無兩念故欲仁斯仁至言其至速而無等待也蓋本體最是活潑原操則存舍則亡呼吸之閒光景倏異若寔究造詣則非千鎚萬鍊不能成就自當别論學者

固不可當念蹉過又不可虛景承當

朱子曰至如易言來後寬非自外而來也

陳司敗問章

四書商諸生謂聖人前後語言多少照顧多少妙處季侯曰吾意不然聖人語意本自圓活不着粘帶却被後人生出意見瞻前顧後又覺死煞只如司敗一問原自渾然知禮之答即微夫子自宜如此後因司敗摘出娶吳一件禮上說去不得自索認以為過聖人于前後問荅總無照顧記者正于此處覷得聖人圓融活潑故筆以傳後諸君皆意便似後來君子黨曰矣

問昭公娶同姓、朱子曰、此非昭公故爲之也、當時吳盛彊中國無伯主、昭公亦是藉其勢不得已之故、況不曰孟姬而曰孟子、昭公已自知其非矣、吳氏曰、疑謂之孟子者、魯人諱之而謂之吳孟子、當時譏諷之語也。

苟有兩字甚虛活、但不要如時說騎墻之解、謂夫子還是認過、還是不認過也、這等鄉愿口頭、余深惡之、又本文只說有過人知可幸、見公論不掩、是一大快心事、聖人之無意必固我如此、謂人知之、我可因而改過、便是痴人前說夢了、謂人知之是我心曲光明無遮掩處、幾乎剜肉作瘡。

子與人歌章

葛屺瞻曰后夔典樂曰歌詠言春秋列國君臣相見及燕享皆歌詩以相贈荅蓋歌可以洩性情之微通彼我之志感人莫切於此者善則當乎音節適乎性情也此時若就與他同歌便聲相混了學來不仔細必使反轉再歌而後和之照依他歌一遍此只是詳於取善之意玩本文必字而後字此說重使反是意

朱子曰今人與那人說話那人正說得好自家便從中截斷如云自己理會不消說之類只此類看聖人是甚氣象

韓詩章句曰有章曲曰歌爾雅曰聲比于琴瑟曰歌徒歌曰

謡、亦謂之咢、

文莫吾猶章

葛屺瞻曰、凡語言文字、皆謂之文、莫訓無、莫吾猶人者、無乃與人相似、未便不如人也、蓋一偏於文、即生平作用、千古義理、皆只在口頭筆底、不為難事、惟行則步步着在身上、些毫放不得、空着不得、假最不易、盡故遜之為躬行君子而不敢自居、是以文行兩相形狀之語、

若聖與仁章

四書商、姚繼涑講曰、夫子不自居聖仁、只以好學示人、李侯曰、

謂以好學示人是也謂不自居聖仁却不然夫子正要以仁聖
引人如何自家反着推千夫子正為人看得仁聖太高似終不
可學者故接引之曰若聖與仁吾豈敢謂便到却此不厭不倦
我可自盡是入不必生而聖仁而聖與仁未嘗不可為也蓋把
一段孳孳不已精神點與人看正欲人躰此為入德入聖之門
若字與抑字相通前二句雖說不敢正隱然有自任之意絕非
推調口氣又曰不厭不倦把做題目在手裡做不得諸弟子皆
知學夫子之不厭學夫子之不倦却不知夫子之所學為何物
所當有事若為何事安能真不厭不倦也公西華想已窺到此

際故曰正惟弟子不能學也此其師弟之間相觸者固甚微矣為誨只還他為還他誨便好若指定云為是為仁聖誨是誨人以仁聖忒校煞正惟弟子不能學處只就心躰難綫上描寫勿纏繞仁聖字更為洒脫

子疾病章

葛屺瞻曰當時皆以祈求禮拜為禱全不知禱之本意故以有諸為誄問集註曰誄者哀死而述其行之詞天曰神地曰祇禱者悔過遷善以祈神之祐也禱既是悔過遷善則夫子平時那有一念不對之天地不對之神明何待這時方纔去禱人若平

日不曾自檢點造成惡業到病時怎麼還挽回得來故特說個
久矣以儆省人要及早自身上打點不在臨時向神明禮拜

奢則不遜章

此甚言奢之為害以為世道防非等閑把奢儉較量語也春秋
時名分倒置皆由文勝使然奢僭相因聖人有憫乎其言矣

君子坦蕩蕩章

蕩蕩如汪洋千頃浩無涯際對戚戚看一舒一窘見矣坦蕩蕩
者無適而不蕩蕩也對長字看猶云無起倒一献是一句渾成
話時說重坦字作平字解猶佛言心地平則一切世界皆平也

而蕩蕩則形容其坦。亦一見。夫子此言。見得一個落得自快活。一個落得自討苦吃。無限提醒在。

子溫而厲章

葛屺瞻曰溫如天氣之漸舒。使人望和光而欲就。厲則又覺凜烈。肅然手足之俱斂。爲威者凝然岳峙。望而畏之。不猛則又非有意氣之相加也。恭爲舉止端莊。安則道途自在。即端莊亦難定執矣。數字俱相反而並舉言之。總是非一端能執。非一言可肖之意。若夫德備中和。則自是聖人好處。且不消稱贊。吳興閔曰此章只有威猛二字相反。若溫厲恭安。是最好字眼。如何說

卷七　廿七

相反。答曰：正惟好字眼道他不像。故這樣說來，那樣說去，反復相形，乃為大而化之之聖。一說温之恰好處，便是厲；威之恰好處，便是不猛；恭之恰好處，便是安。厲也，不猛也，安也，正見温威恭之妙去。可從。

泰伯其可謂章

四書商諸生問三以天下讓，從來讓商讓周，諸說紛紛，畢竟如何。李僕曰：泰伯三讓，原無實録，更說讓天下，益無影響。夫子提破這句，只是從後推原，尚論商周之際，覺得泰伯當時這去委婉恰好，畧無形迹，微意所在，有非名言意擬所可測識者，故徬徨追想而深嘆之諸生又問畢竟泰伯之去爲何曰泰伯先知之聖看得世運有改商爲周之日故超然遠遊自脫于外這時不惟凡人不知即太王王季恐未便識到此夫子要亦隱會這意故一爲拈出畢竟不欲說破也翦商不從之說不可泥

或疑泰伯讓商天下竟歸之周已則忠矣而以不忠貽之弟与弟之子孫可謂義乎余謂武王代商是後天而奉天時的太伯讓商則先天而天弗違的事到頭來聖人不得自由而其且然未然之際幾先之哲可自解免吾惟盡吾心而已且如文王服事武王伐之父子不相謀于至德無損也此至德亦宜照文王

者說君臣之義上說註解自當不必他求或曰文之至德伯所
早知也伯讓周郎讓商也亦費解不可從
三讓只是固讓三者滿數也時解鑿甚

恭而無禮章

上下節不相連但既合為一章亦自有微理可會李卓吾曰忠信之人可以學禮敦厚以崇禮便是此篇文字血脈楊復所曰上面說禮不可無然禮非繁縟乃從厚起曰篤於親曰故舊不遺只是一個厚所以為禮之根也莊忠甫曰昔夫子嘗對冉有曰君子之行也度於禮施取其厚事舉其中正此章之意

玉篇畏懼曰葸亦作諰說文思之意也魯靈光賦心憁憁以發悸與葸同廣韻絞縛也玉篇繞也左傳杜註切也朱子謂如繩兩頭絞得緊都不寛舒也爾雅偷佻也說文苟且也。亦作媮廣韻薄也

曾子有疾章

此章舊主軀受全歸說。全歸云者。非徒以手足之不毀傷言也。曾子有言不虧其軀。不辱其身。可謂全矣。這是踐形盡性的大道理。即形是性。以身顯道。是此章啟手足之旨也。進三生死得力無恐怖說。啟手足者。欲弟子觀其臨終之安適也。古云生死

岸頭不是臨時處置人一生逕嗜趨好茫不知老臘月三十日到不免手忙脚亂故特示以平日省身之法說他一向擔干係到此時纔得放心蓋有平日省身之嚴而後有此臨時逍遙之適也呼小子大家細看臨時得力果自何来可不猛省

戰兢兩字甚重乃吾性躰流行沒些子放鬆處非恐懼憂患之謂免郎是免此戰兢着而今而後兩字最可玩舊說謂一息尚存此志不容少懈近說謂浩然自慊意與孔子曳杖逍遙氣象一般

曾子有疾孟敬童

論本文本義明說所貴乎道者三則下遠暴慢等三者正是道遠近二字正是所貴乎道之工夫鄭氏註云此道謂禮也極簡當楊復所曰此真聖賢之言只在容貌顏色辭氣之間而安民之畧已具矣石渠主意云斯猶須也是用力的字中玄問辨錄云斯字有力言纔動容貌就要遠暴慢色與辭亦然蓋脩身之事不可放一些空隙也寔〻就容貌顏色辭氣上說何等正大今時說秪為看容貌等忒淺故欲提道字寧於三者之先竊此瞻曰這是就養成后說功夫則在前一層所貴乎道者三言君子所以貴乎道者為有三件好處下面三斯字三矣字口氣極

際謂一動一正一出就遠者遠近者近正見其有得於道而可貴意吳因之曰遠近字皆無工夫三箇斯字如响應聲如影隨形須平時心上做得個欛柄故能如此若學問無根臨時襲取縱十分脩飾只做得堂堂乎張也細看有許多暴慢等根在湯霍杯曰遠暴慢等不是道謂有得乎道則容貌等項都到恰好處鄭申甫曰三是得所貴之符驗有貴於三者之先者只是一個數說皆着斯字作自然而然此前說就容貌等用力之觧較有頭腦然在前說則自明白典雅渾含有味如此數說混誣幾鑿矣商之

容貌指一身而言。顏色則其見於面者。正字與動字一例。大要是整頓的意思。但不要說得喫力。或云正猶正當。當喜而憂。當憂而喜。君子謂之不祥。故顏色各有正當處。近信者。由中心達於面目而不為虛飾也。辭氣不專是言語。乃發言時之氣象。鄙倍舊註云鄙凡陋也倍乖戾也與氣字極貼。朱子改之曰信與背同謂背理也說背理。於辭通於氣欠通矣。末二句是形容活語。切不要泥。蓋以事字映醒道字。以有司字映醒君子字。舉一籩豆。凡百瑣務皆縣其中。總見君子持世。須得有大綱領。非是一向事皆不去照管。亦非是自然就緒之說。只是有人去做不

卷七　三一

必煩胥瑟也

以能問於不能章

吳無障曰上半截有嘆羨追思意與泛論不同當時若直將吾友說起便不見得此一段光景唯虛提事在前而因以想像吾友則婉轉之思便溢于言外周季侯曰曾子把自家比照到顏子心境上去覺得其造詣之妙故追而思之不是鋪敘他學問語意全重在若無若虛上但虛無光景無可摹寫須索從他好問說來方可想像這段意思此曾子善形容處若無二句承上二句點破他心事不作推原說犯而不校正好想像得他虛無

光景出但語氣切不可粘帶

問只是說一切事間大要是千慮一得之意鄭孩如謂不能寡能之人天真未破一顆如意珠尚在衣中到有可採慧眼人遇之便向採去矣蓋不能中有真能至多出于至寡不能之能即聖人無以加至寡之多即大千世界無以容聖賢正在此些子印記不在見聞條件上撈摸此學脈也大暢玄風可繹有無虛實即能與不能多與寡之義時說謂虛無是性躰若之一言猶隔影響則痴甚不可從犯而不校者平白地衝犯將來不與他比量是非忘之至也吾友定指顏子從事于斯舊說作能事看

猶云從這裡過曷呲瞻則謂是照此用力徐時泰問曰從事是用功犯而不校猶可說得至多問寡能問不能若有一分要如此念頭便是作偽矣呲瞻答曰用功只是克已人若常存一欲然不自足的心遇人自然肯問豈定是學他這般去問亦饒理可從也其寄想吾友不勝思慕之願李卓吾曰非但追思昔者而已自家今日亦要下手矣

按楊慈湖謂以能問於不能數語盡出孔門氣象吾友云者孔門諸賢大畧如此歐陽宗一亦云此蓋孔門諸賢之所從事而曾子稱之以示其門弟子吾友不專指顏子蓋主用功

之說則從事字乃入德之方非成德之驗也何必指定顏子等而且孔門學脈亦于茲可見矣

可以託六尺章

可以三句一串渾說下一句貫上二句惟不可奪纔是可以託可以寄並無才節兩層意舊說以才節並言者非也時說重節亦不免與才字作對終偏而不全朱子所譏徒有其節雖死何益也宜渾渾串說不露才節字為妥君子二句絕妙贊法此本是大學問大涵養的人而後世學術不明經濟名臣與聖賢理學判為二路孰有知其君子者曾子獨道他是君子蓋深許其

[illegible]書

必從學問中來而不會若自其口出也表出此一流人大可為

道學解嘲

六尺年十五也古人以二歲半為一尺百里公侯之國命威命

也陪臣執國命是也託孤必兼寄命是一套事大節以事變言

如云擔大干係主少國疑存亡關于呼吸是何等大干係他却

把持得定斡旋得來故曰不可奪非止不喪一身之守拚個死

了事而已

士不可以不弘毅章

弘毅即是仁不是把弘毅去任仁蓋仁以為己任與以仁為己

任不同。若說以仁為己任，便似有己外之仁；又便似把弘毅去任仁。今曰仁以為己任，即己即仁，所云任者，只是直任此本弘本毅之心；所云任而不已者，只是不已此常弘常毅之心也。不弘不毅，便是不仁；弘毅則全體不息而仁矣。筆洞生曰：弘毅即仁中之名目也。極破的。又弘毅兩個字點折不開，毅即是弘之有終，道遠即是任重之煞尾。舊說分配者非。

王陽明曰：仁，人心也。心體本是弘毅，不弘不毅者，私欲蔽之耳。弘非有所擴而大之也，毅非有所作而強之也。此曾子窮理之本，真見仁體而後有是言。學者徒知不可不弘毅，而不知窮理

之本惟擴而大之以為弘作而强之以為毅足以出於一時意氣之私而去仁道尚遠也此實公私義利之辨

興於詩章

夫子只渾渾說出三句囫圇話後人却費註腳葛屺瞻曰興立成雖由自心而借資則在詩禮樂當時詩禮樂未經表章故特贊其所益之大以勸勉人非重經學上說張個初曰興立成原是在我若我無興机何取三百我無主躰何藉儀文我無一片渾成本躰何取音樂要知三者都是借耳却有個靈明觸動處

鄭孩如曰古者之教十年學幼儀十三學樂誦詩舞勺成童舞

象二十始學禮舞大夏終其身游乎六藝之途矣聖人恐其滯於形器而無超然自得之妙與吾心性命毫不相干故提出主意以曉學徒此又重心學上說細玩本文本意的是示人經學之益夫所謂益者正為彼靈明觸動超然自得者言之明明是興立成在於詩禮樂若夫學人之有靈有不靈則學人使然非詩禮樂之咎也周季侯曰夫子從詩禮樂上拈出人心學要人把此心放在這三件上還要見得詩禮樂之重極得旨

余舊嘗以東坡琴偈解此章三個於字偈曰若言弦上有琴聲放在匣中何不鳴若言聲在指頭上何不於君指上聽自謂參

得玄理令仔細看来還不如歸功經學較有實際這等玄理則合於句下之機夫子所引而不發者也若觭重心學看輕了詩禮樂便是清談禍世之僞可不畏哉

興詩立禮理易見成樂意難知鄭孩如曰此處大要尋思看在動容上得力不在動容上得力如云在動容上得力則樂工盡聖人矣若不在動容上得力則所藉以成者何在蓋得其樂意樂理樂神耳禮樂不可斯須去身左宮徵右徵角行中肆夏步中采齊進揖退揖玉佩鏘鳴皆樂也不止賓射享會所奏者是皆所以消其鄙暴之氣養其雍容之度而潛以陶其中和之性

平日激發底意氣矜持底勁力緣分到時一段元和真串心入心來不覺不知與之俱化但見義理忻洽和順從容無所勉強後了性初完〻成〻樂到手仁到手也大抵興詩如飲酒發性立禮如餌丹煉精成樂如服氣出神服氣安有實物耶此處着此氣力不得然不自知若可知便非真境興立成境地有淺深詩禮樂之學則分不得先後只還他三個得力處便了

民可使由章

此章書有數解皆有妙義倫錄之以盡胸

卷七　三六

著舊續聞云使字與孟子不能使人巧義同聖人能以理曉人
至於知處貴乎自得非口耳可傳授初間云聖人只設得學校
庠序司徒之官而已知在人心須自致力聖人真無下手處可
不可如云能不能解自平安
葛屺瞻曰民與士別原沒有做聖賢的念頭此昔人只教他由
立定格式如孝悌忠信之類實落去做做得一件是一件到有
益處若使之知與他講解長了他虛見便及把實地功夫忽略
過了倒無益而有損可不可者該與不該也二語正相呼應乃
重行輕解之意此念只論庸衆人若豪傑之士則自能一超直

入知行並到安有兩路故特標其名而曰民不可作不談說把知字看得有利害了

莊忠甫曰聖人之治民也其政有權有實實者聖人之本教也權者聖人之術教也術教者借之輔行其本教者也如教民忠君敬親者實也因忠君而至不得齒路馬因敬親而至式齋牛使人若曰牛馬且不可犯況其真乎此權教也權者立之以僞而行之以誠使民以為固然而由之可也若明言其權以示人則人以為僞而不肯由矣故老子曰民難治以其知多又曰國之利器不可以示人此是御世密机看知字一發有利害了

湯義仍曰此節正要使民知之意曰使則有約束振作之方故但可齊民行而不可以強民知欲民知者須涵泳漸磨待其意喻神悟行之到處便為知既可行豈有不可知者人君以先覺覺後覺不至于民知則作師之道終歟然此事豈可以氣力強得故曰不可分明欲在上者涵泳默化使民知之非謂民不可使知而聽其行不著習不察也亦非謂民本闇闇蚩蚩不可鑿混沌之竅也把題義轉得尖新而一段盡物兼成之意亦採可

鄭申甫知新日録云使由不使知王民之所以皥皥也利之而不庸殺之而不怨民日遷善而不知為之者無所歸恩無所歸

怨也不知也民之質矣日用飲食不識不知順帝之則耕田而食鑿井而飲帝力何有於我哉不知也若使民知爲則歡娛之政矣非王道也貶却知字而說得自正大且包教養在內於理亦全

又學脈新說云此是夫子漏洩天機之語可由不可知造化人物皆然易傳曰天下何思何慮日往月來寒往暑來尺蠖之屈龍蛇之蟄皆可由而不可知者也自人身言之爪生髮長筋轉脈搖皆可由而不可知者也孩提之童不學不慮知愛知敬極而至於大而化之聖皆可由而不可知者也或曰夫婦之愚可

以與知爲何為了其不可使知也曰政其知處而不可知也交媾之事男女〻之若其注胎而孕胎完而生能自知乎嗚呼天道妙也悟此可以成聖通玄民者人也非專指顓蒙之民也雖聖人有所不知爲亦此人也使亦非人使之乃自不能不使也使字不着力不能使之知亦不能使之不由說得極宏遠淵乎妙哉觀止矣

好勇疾貧章

觀靜子曰二等樣人在上者皆當善處之以無致亂李南黎曰君子於天下之勇者馴擾而安養之以無使失所於不仁者優

容而教導之以不絶其自新凡以杜乱也

如有周公之才章

葛屺瞻曰周公能制禮作樂其自言亦謂旦多才故才美莫如公驕者炫所有而陵人吝者歷所有而忌人如字使字皆假設之詞以甚言驕吝之不可有其餘正指美才只驕吝一件其餘許多好處都不足觀蓋天下之可觀者必非一覽能盡如山廻水曲一番轉折一番光景令人應接不暇惟周公既有美才而又赤舄几几勤施四方能拾来天下之才且成就天下之才集思廣益作用不可勝量所以可觀一存驕吝則有才者既不供

其所長無才者又欲形其所短只獨自一個做得甚事其餘貫
是都沒用的了不是還有才所故抑之之意
其餘是口頭活語時說謂才是性地之緒餘覺費周旋

三年學章

三年是活字或云古人三年視離經辨志謂之小成故驗學者
以三年為期說三年不惟時久亦有學成技癢意至者意之所
至念頭默默打此經過也不必別解穀註訓祿葛毗瞻泛指求
能說亦可不易得如俗稱難得乃深与之之詞非謂世果無其
人也

篤信好學章

此章只重好學善道而善道又根於好學來惟好學故善道李卓吾曰危邦節正是守死善道處亦正是篤信好學處末節不過反言以繳之耳張侗初曰篤信之人又要好學圓融而不拘執也守死之人又要善道中正而不偏枯也所以能危不入亂不居有道見無道隱此都從學力道力來不然便屬可恥周季侯曰出處去就這是士人一生的大局段這局段須從心性上打合若不仔細參研徹底融會縱饒有識有力做成豪傑手段畢竟不是聖賢結果故夫子說人須篤信卻又要好學人須守

死却又要善道有這學術識見才不錯了有這道力々量才不偏了所以或去或就或出或處之間憑地果決却又憑地斟酌彼有道貧賤無道富貴的人儘自謂信得過守得正却不知墮落幾千丈矣這一章總于世勘驗出人心性功夫只指學道而字何等明快鄒肇敏曰此章只宜拈一道字作主學正學道也尤簡當

守死猶言至死不變是極言其守之固死字不必泥或云守死者把個死執持得定欛柄在手也善道如善吾生善吾死之善於道理上安々帖不相違戾也王宇泰曰不入不居則隱則

見是無危地矣何以曰守死善道者能之蓋亦謂有此等人方能辨此等事也若不是守死善道的人貧賤便能移富貴便能淫何以能不入不居則見則隱哉

湖南講楊初復問無道則隱此終非第一乘人孔子轍環天下席不暇煖那時那一國是有道的他決不肯隱去吧瞻答曰孔子若不隱便須立人之朝擔人之爵何為日〻奔走道途此正就孔子可驗如臨河之嘆不入危邦也仰視蜚鴈而去不居亂邦也見行可方仕受女樂即行有道則見無道則隱也

有道棄無道境故可恥恥者正恥其不好學也學道專為着甚

……讀書

歷來參

不在其位章

葛屺瞻曰位之有政郎令諸司之職掌也謀謂審算其機密着數身在事外其中利病未必深嘗且含己為人則自己職分不免踈畧故不謀李衷一曰謀有干預之意與空〻議論者不同

師摯之始章

鄭孩如曰此是師摯去後夫子有感而追思之故着一始字師摯在官之始正夫子正樂之時也亂有二義一是篇義既成撮其大要以為亂辭楚詞亂曰之亂是也是以辭言一是詩凡幾

章曲終則变章亂節如今人唱曲皆有拍以節曲首数段皆一様節節皆舒緩到末後滚曲一段則疊拍促節是為亂節章昭曰曲終乃更变章亂節是也是以音言奏樂時凡幾篇並奏則以末後一篇為亂如单奏一篇則以末章為亂答問編云三百篇末章皆為亂其獨曰關雎之亂者舉一以例餘也言且莫說篇篇皆美只奏關雎一篇至卒章其聲已洋洋盈耳也今據孔子正樂主樂言則是凡樂篇皆必以關雎為亂蓋取其樂而不淫哀而不傷為王化始基故也而教其子必使其為二南亦此意

或云武王作下武之樂而推原王業之根本於文王故以關雎為亂關雎之亂原是舊譜未審何據

狂而不直章

葛屺瞻曰狂者志在慕古信心直行不直便會委曲而與狂反侗如年幼未識世務的怕去惹事愿者謹慤之意不愿便會放肆而與侗反悾悾淺些本事的怕去弄虛頭不信便會說謊而與悾悾反否不知之者狂不像個狂侗不像個侗悾悾不像個悾悾識認他不來乃不可方物之人也究其實則備狂侗悾之名以肆其不直不愿不信之詐者故夫子深惡而斥之

一說這三個是因習喪其本來面目難乎有恒今也或是之亡皆此意

學如不及章

二句總是狀為學之心作一氣讀非有兩層如不及是趕上前猶恐失是怕落後失非得失之失相失在後趕他不上也李卓吾曰是要人如此揚後所曰訓詞

一說學汲汲如不及猶且恐或失之況意惰而不汲汲者乎出漢疏與文選向註

巍巍乎章

牛春宇曰巍巍乎三字貫下做一句讀只是聖心常定漠然無所動于其中意郝子知言曰緣他自有個真境在與外物毫不粘帶黄貞甫曰有天下不與譬如太虚未嘗遺天地萬物而實無一物之留也終着情識便與矣孔子無意必固我神明獨契故表而出之王摩詰詩云曾是巢由淺始知堯舜深蒼生詎有物黄屋如喬林是絶好註疏

舊説有以憂勤言者亦非正義王觀濤曰天下主任言不主民言不被勢位壓倒故曰巍巍的當葛屺瞻謂舜禹之有天下出其有功德而受禪自已無一毫希冀説本漢疏前漢書顔師古

註又謂舜禹之有天下，委任賢臣以成其功，而不身親其事，二說皆理偏，不如朱註說爲妥。

八　哉堯之爲君章

章中只爲有無能名三個字，遂把古今人眼盡都障煞。朱子因而深視無名，淺視成功文章，分爲兩段，大錯大錯。今人知看作上下一套矣，猶倚着無名上作解，謂功至巍巍，文章至煥，民烏乎名之，直與物之戴天而不知天一般，意非不是，然細看無能名竟是贊詞，直從則天句帶下，乃以下句足上句，謂堯之則天而蕩蕩無能名則可，謂堯之以蕩蕩無能名爲則天則不可也。

且無能名非幽深之說是言其廣運而不可以一德名耳虛心玩嚼明眼人直提則天作主把無能名句綴帶較時說孰正孰偏也大要此章劈首從爲君說起則下面正是說堯爲君除却成功文章君作麽爲了李卓吾曰末節正是則天實際處可謂一針見血之談又時說見夫子說堯爲君如許大遂把則天之言不信改作配天謂天如許大堯亦如許大與之平等非法天也吁既同如許大矣則謂之同法天有何不可愚謂堯之爲君直是法天君若天之子也子雖齊聖不先於父爲君而不法天終成戲論法天而不至於成功之巍巍文章之煥則其則處未

全而其為處處未滿有味夫巍乎煥乎之言也彼以無能名
為堯則天之大者逐其贊詞而不知實際語也
王觀濤曰贊堯成功兼言文章者何也無文章功不高也廷杖
撲爲可以肅官然失廉讓之教鬻爵列肆可以生財然有苟且
之累推此而言則文章經國非虛言也
張子韶頌云巍巍蕩蕩仰神光賢智奸邪混一朝無物不歸
吾造化去天安得尚遑遑是絕好贊觀者着眼

舜有臣五人章

此章書說者多晦昧姚承菴曰此不是並贊周家才德之盛夫

子原是論才而周及於德論武而周及於文蓋曰禪遜遠矣周之德無媿爲而濟濟多士不得輔治平僅以戡禍亂則其所遭不幸耳意致特深非可以才德兩椿板板並提言也且夫子若是果稱周才則宜明贊周才之盛何故自才難興感又以九人而已歸與並不贊揚明是嘆惜周才故為是婉轉也但此節最難蹤解一者口氣周折則不得來二者微意隱含亦不得出其口氣講得明快莫如葛屺瞻湖南講云舜有臣五人而天下治安武王說予有理國的臣十箇人孔子觀此嘆說自古道才難不其信然麼看了唐虞交會之際而朝共得五人覺於斯周

十八的為更盛然還有個邑姜婦人在數內其實只得九人嚴了以極盛之朝而猶未滿十人之數豈不是個難的盛即指五人十人言謂十人數盛於五人也照下九人句通是計筭人數口氣極穩順極玲瓏可從蓋採之吳洪度解而實本自漢疏然其中微意猶未醒發會見周李侯制義云天生衆才即生一才以為衆才之宗世不乏才而才以才際有不得不難者有如虞之際唐宗舜而才已合矣若乃周之際殷宗武而才終分爲蓋自殷周之際畫為兩代而遘亂者判二統故開治者數十人才之難也夫非其時為之乎向使殷有令主東齋無宛心於海上

比干不泣血於重泉，箕子非因育於奴伍。數聖人者一時並起，與九人同心合濟，其才寧少讓唐虞哉？著眼在唐虞之際四字，而嬈嬈轉轉發出所以不滿十人之故，句中有眼，字中有機，是有心人之識也。至夫九人句下徑接三分節，本無過文，緣夫子當時俯思仰嘆，不勝褒然，轉念想到德上，遂衝口說來，不知其所以然而然，非可以筆墨蹊徑尋也。承庵謂因論才而及德，因論武而及文，因之一字得之矣。迂見若此，請質之高明。渾說個周之德，極有微意。爲阮瞻曰：不欲單指文王，來以別武王耳。徐時泰問：周字謂不欲單指文王以別于武王，竊意周字亙與唐虞相對若武王伐紂乃應天順人似不必避忌此贍咨曰果爾則何以稱事殷者為至德曰時至事起。紂惡既貫盈。即文王亦必伐之矣。曰文王時。紂惡何嘗不甚。而克終臣節。安見其日後必行放伐。以周旋武王之故。而誣揑文王可乎。曰然則應天順人之義何居。曰以愚見揣之。夫子論武王原有兩意。自商紂播惡。四海受其毒痡。仁人賓所不忍。不得已而伐暴救民。天之立君以為民也。而武王意在救民。非富天下。故云湯武革命。順乎天而應乎人。然當時若文王尚在。則必曲為維持。如獻地以請除烙刑之類。至使如燬之民。猶懷孔邇。則天下未必不蒙其庇而吾亦相安於臣節之常似伐暴救民較之又落第二着故他日論樂謂武盡美未盡善蓋天下善事雖同其中尚有等級武王誠為聖德而兩稱至德必歸之不有天下之文王太伯如孟子所謂聖人之上復有神人自難強同而必欲混為一律此乃小儒周旋之曲見終令人糊塗附會而安得豁然於心也

一說武王十三年以前亦只是以服事殷故槩而贊之曰周之德味一周字聖人之意可想出頤涇陽說可參

禹吾無間然章

曾與友人論此章、問余以無間之義、謂是每件事、而各分張無間、是兩件事、而相比併無間、余茫然不知所謂、余所知者、只是無間然一語、囫圇贊詞而已、無間然云者、君道做得純全盡善盡美、無些子可議也、猶稱德之稱、因懿文武之謨烈、稱無缺憾、以贊嘆中三段事、非以中三段事為無間然作註脚也、天之立君、原使之為天地宗廟之主、与夫天下國家之寄、非使之自佚而已、今禹約己以奉神民、仁孝之經、寔可為百世程、其于君道最為完美、故夫子重加贊歎、若不啻自口出、而此事連類、則係行文之法、非豐儉適宜之謂也、此如賢哉回也一章、首尾亦下

贊詞看是以賢哉贊歎不改其樂看是以不改其樂為賢哉下

註脚乃欲于無間字生發議論豈不逐小巧而忘大道乎

李卓吾曰非贊禹也為後世君人者立法也妙絕

黻以黻膝冕則冠之有旒者事神臨民之服也觀瞻宜肅故致

美溝洫田間水道溝小洫大方里為井井間有溝十里為成成

間有洫也按書禹濬川距海濬畎澮距川是疏田間之水滙川

而入于海可見盡力溝洫固農務所關而治水之宜極為急可

識矣豈徒一旱澇蓄洩之故哉

讀書卷之七終

慧眼山房說書卷之八 論語

子罕第九 鄉黨第十

閩漳陳天定慧生甫著

子罕言章

原夫子本意只是不欲人溺於卑汙騖於高遠如今學者卑則談利欲高則談性命古今通病不出二端記者不欲以理欲混說故着兩個與字雅俗不倫用別之也但為有兩個與字後人遂生出別腸或謂此三者聖人何嘗不言只是要把利與命與仁並言則聖人罕言之也蓋天理人欲不容一口而談此唐虞分別人心道心之意或謂學記云善教者使人繼其志其言也

約而達、微而臧、罕、譬、而、論、可謂繼志矣、約微罕三字、各具一義、罕乃張兎之網、月令畢罕出門、即此罕也、有、機、巧、意。罕言二字。非、言、非、不、言、非、少、言。乃、委、曲、機、權、之、言、也。佛、家、所謂、善巧、方、便、也。蓋利者人心之蠱賊酖毒、此不可言矣、若命若仁、非不可言、而、其、本、躰、玄、深、微、妙。難、以、直、言。故、罕、巧、言、之。有、時、而、合、利、與、命、言。如大德受命。道之將行命也之類。有時、合、利、與、仁、言。如先難後獲之類。蓋、命、之、真、躰、不、可、言。而、兼、利、言、出、氣、數、之、命、莫、為、莫、致、處。以、令、人、推、尋、到、無、聲、無、臭、處、真、命。仁、之、真、躰、不、可、言。而、兼、利、言、出、功、効、之、仁、由、克、復、敬、恕、中、来。令、人、推、尋、到、生、理、還、元、處、真、仁。盖皆令之因角知牛。因煙知火。開其門徑以引人之悟入。揣其影照以俟人之迎真。借言之而非正言之也。婉言之而非直言之也。是以謂罕譬。是之謂善巧方便。故能使人曉喻而繼其志。二說皆有意然不如舊說爲妥所謂道甚夷而人好徑者也。

曰命曰仁猶云性與天道。其寔仁之真根帶處即是命。叅

達巷黨人章

此章書若用平心虛心細看亦不煩支節盖黨人爲夫子寫真。自應說得曠渺。夫子爲門弟子說法。自應說得平寔。夫子不云

乎下學而上達張南軒曰夫子但舉一藝自居而於藝之中復居其次以見大道無所不在數語卓甚明是教門弟子踏寔地去做庶幾免夫望洋之歎也不然何以他日教人亦必先回博學於文時說支甚閼甚不勝障眼謹錄舊周二說舊大有玄機可會周則和合新舊說而酌之亦穩貼可參也

舊呢膳曰大哉者嘆其造詣之廣大既博學便好名得却又無所成名把博學的都融化了渾然無迹違正是大而化之之聖黨人乃深知夫子者夫子聞然言若說他是則嫌於過自承當若付之不荅則遇然真知己豈容默默於是對門弟子將射御

相較而願執手御因說大把個極小的對他因說慱把個極不慱的對他因說無所成名把個極可指名的對他蓋天下道理大莫載者即是小莫破無大無小拈来便是只因黨人議論已說到極精妙處若再求精妙便說不去除是翻到極粗淺處纔另有一番議論一重光景這正是夫子與黨人机鋒相對其言若不加照會近於戲論而真到家人自兩兩心照所謂得其意不必泥其詞者舉央以告門弟子豈亦欲其因之領會乎

諸生張用揖講曰聖學無執夫子只借執字點醒黨人季侯曰此言已是但說尚未透只把太宰章叅看便明太宰聖夫子以

慧眼山房說書　卷八　三

門人記者
多能。黨人大夫子以博學。俱是學問失本領處。夫子于太宰則以莊語破之。曰君子不多。于黨人則以微言諱之。曰吾何執。蓋黨人錯處。全在一博字。若曰大哉無所成名。即夫子之賛堯不過如此矣。惟黨人錯認博學是大。故夫子及將博字引歸執字。大意謂人惟無事於博。故空洞之中。得以息心於何有。倘必求期博學則一能一技。逐件俱要去做。執御也可。執射也可。件件可執。即執盡天下。只如射御一能。吾又何必去取于其閒哉。即謂我一執御之人可矣。蓋黨人看得博學恁大。夫子説来只做得一執御之人。何等渺小。可見一博則便落方隅。便不得爲大

夫子本意全在語氣之外正如今人所說掉語也似不必將名
字牽涉

麻冕禮也章

此章有二說一上下節平提一側重下節王漢冶曰此章俱是
維禮之防不可以小形大說天下之亂從僭生僭從奢生從儉
之意亦即從下之意也二項並看無輕重徐玄扈曰此儉只是
省約非敦朴之謂古人之不省約乃其所以朴也夫子特為其
無害于義耳非與奢寧儉之旨又曰要知麻冕之變亦不甚佳
人心漸薄日趨簡便麻冕與拜下也只一齊都来的如使兩者

俱不愛聖人必不以彼易此王觀濤曰儉是省工夫非省財用
不與奢字對王順伯曰大抵古人作事不苟簡試觀古器与後
来者異矣二谷適園集云麻冕純冕制度文為也拜下拜上三
綱也聖人因華于斯可見徐說以下皆側重下節較正當

子絕四章

本文明說絕四則四項宜平開不必側重亦不必如終始循環
之說絕者斷絕也猶云前後際斷是一絲不掛語非用力語繞
而言之只是一虛子所自云無可無不可也張侗初四箴闡檡
甚深妙敬錄以誦

人心如種亦名幺荷發不依種懂懂實多妄乘真起其名曰意

何思而思何慮而慮何以絕意曰惟其誠誠能順應意乃不生

是意非無亦化而正譬種既真稗非其性微芽不察虞在斧柯

養一之危因其所無

人心衡物輕重之間物各自至我不為先有其先之心為必制

信果害理適莫害事何以去必曰惟義主有主事來無主事始

心既主一環應無窮譬量錙銖歷聽惟中偏則生殺定亦累虛

勿將勿迎厥躰空如

心如虛舟憑水去住住固無心來亦不繫孰為維繫固則使然

門□說

如鑰斯啟，如城斯堅。何以釋固，曰安厥止。不遷者性，不膠者理。

性既有常，物原無住。如柁轉波，波與柁逝。妄認妄執，芥蒂胷巳。

握固虛衷，解于無始。

心如大海，物同一滴。即滴即海，何我何物。孰分別是，寔惟我心。

內眕其性，外眕其形。何以克我，曰惟誠己。我盡我性，人性盡矣。

混然大我，小我自捐。如水徧滿，誰辨百川。彼藩彼籬，亦私亦利。

廓然大公，充滿天地。

子畏於匡章

文即是道，以其經天緯地，故曰文，非有二也。註謂文為是道之題者已屬膚談而遂以禮樂制度當之則非天子不議禮不制度不考文爲下不倍夫子何敢干爲而在茲之云乎或謂夫子當時明覩着天意生已扶持一世文教以補作君作師之任故其自云雖不敢作禮樂而其寔刪定贊脩自已亦推諉不得此在茲意也然爾時夫子行藏尚未判也子曰我欲託之空言不如見之行事之深切而著明也直至兩楹之奠方說天下其孰宗予奈何遽以閒居著述一片冷氈地一團訓詁氣寃殺夫子仔細看来刪定贊脩乃是夫子末後一着絕處逢生不得已之計以斯言文將夫子栖栖皇皇老婆心盡都抹卻抵掌頓盼東周

事業蓋世大文章盡都丟却此宋儒識見之陋把古今君相道統盡攘歸自己大頭巾去也孟子有云由文王至於孔子五百有餘歲若孔子則聞而知之今且問知是知個甚麼圓陀〻光爍〻天下之至文也善夫子思子之言也嗚呼不顯文王之德之純文所以為文也外此而降本流末禮樂制度刪定贊脩隨机示現聖賢應跡直寄焉已爾豈真所為在茲之文乎論在茲之文者其必以孟子聞知之言為正至若夫子所云未喪則虛齋蔡先生謂是夫子尚望其逮非只欲著書以傳後而已大爲東周之願吐氣余深喜之以其不腐也

一說言文而獨承文王疑指周易易演於文王發明天道之秘夫子贊易必已深明其理心與天通故能援天自信而以文為在茲又文演易時亦在羑里与夫子畏匡之遇正相似

附參

夫子明說無畏如何說他畏此最可味后死對文王既沒而言簡端錄云孔子生文王之後曰後生者宜也而曰後死者何居道成于生事定于死二語卓絕李卓吾曰夫子自云為后死則以文王為先生矣趣絕葛屺瞻曰後死謂後我而死者指萬世讀書種子言亦自好

太宰問於子貢章

朱子語類云太宰以多能爲聖固不是若要形容聖人地位則子貢之言爲盡蓋聖主於德固不在多能然聖人未有不多能者夫子以多能不可以律人故言君子不多尚德而不尚藝之意李衷一曰夫子以多能爲鄙事只在釣弋獵較等上看多與不多乃精粗上下之別非博約煩簡之謂迩來以多聞多見爲多能而以一貫爲不多畢竟非不貴多能本旨引牢之言點一藝字重在以藝証多能不重以不試証少賤蘇紫溪曰道形而上藝形而下一上一下之間聖人之所重可見矣

李卓吾曰夫子以多能為賤為鄙則多能非聖可知矣太宰識得斯意故向子貢致疑曰夫子聖者與何其多能也蓋謂聖必不多能耳子貢見不及斯後以又多能對則其不知孔子已極矣故孔子曰太宰知我乎分明謂子貢不知我也何後之解書者決不肯信孔夫子親口語乎可嘆可嘆按太宰所問的是以多能為聖其口氣周折則為是摸捉夫子不着之詞遽謂之聖人知已敢慨然抹殺多能愚未敢信為然也且太宰知我句着一乎字乃叫起下文牽連不斷語故衮了亢直解作知我所以多能之故偷下文而蹴之最為眼明而時說知與不知皆非語

意至子貢天縱之言。則自是寔理不磨。聖又多能。解亦無病。今
李說嫌其夾帶。而王宇泰且謂多即不多。不多即多。非不多而
多不存。非多而不多不顯。多與不多。血脈不斷。子貢謂聖又多
能。則多能在聖外。而血脈斷矣。不似又嫌其判隔乎。無病生病。
談理家吹毛之態。大抵然也。
鄭孩如曰。此章先要認個聖學明白。然後乃知多不多之有聖。
者。明通之號。孔叢子曰。心之精神是謂聖。認得是明通。是心之
精神。則多與不多。總不干聖中事。又曰學成聖之時。許多神變
若夫聖胎一點而已。這聖胎說不多。萬物皆備說多。只是一點

人人皆有學者緣不知自己有聖故左摸右索不得數語釋書千古學脈吾人所當着眼。

吾有知乎章

此章大旨以張橫渠之言為的謂洪鍾未嘗有聲由叩乃有聲聖心未嘗有知由問乃有知疑問轉之曰由叩乃有聲卒亦無聲由問乃有知卒亦無知本義畫出揚復所曰清流明鏡便是本體八字允簡盡若論語氣則祝石林謂禪家纔下一語便恐一語為塵忙下一語掃之六經掃語亦自不少如曰識曰知又曰不識不知曰再思九思曰百慮千慮又曰何思何慮至吾有

知乎哉無知也應口即掃何其迅捷今由掃之之机以推愚意末三句亦是掃語蓋說他無知疑一向昏昏默默了緣何又對着鄙夫洋洋纚纚乃爾這等机鋒感有可味若如時說以末三句䟽解無知則逗盡無餘縕反生一重粘帶也照尔時玲瓏語脉可謂然否

空空照舊屬鄙夫說為妄迂說指夫子則隔句跳轉語氣終不順兩端即鄙夫所問之兩端喬此聽曰人若自信得過併心一路何消問得既來問必他胸中懷着兩端不能自決此說的當

愚又意兩端如中庸之兩端都就活機上看撥翻出他活机來

不令執死煞也月落萬川不妨別解其字獨字俱是無知其者
無我相獨若無留識出徐玄扈說談理極精然切不要入在夫
子口氣內參
四書爾諸生聞此章諸說紛紛意旨畢竟如何李侯曰只因天
下只憑看自己聰明見解便把一團空洞的道理都攙攪到自
己身上去了卻不知尋索自心本無起知之處洞觀躰原自
虛空我從何處躲根知從何處盛主彼我之間一片俱是員融
無礙鏡空水止光景我只從中一為叩擊本自完全本自恰好
何等了當卻欲取天下之公藏作自己的家珍何不一自聽之

卷八　十

也空空二字只是想像道理空空似不着夫子与鄙夫上從空空字遠出無知大有玄想尤快絕可從

鳳鳥不至章

總是嘆道不行而說者則各極才人之致周季侯曰夫子只為往聖當時預先有此休和之兆使今日吾道將興亦當有如鳳至如圖出為吾先兆者而今皆杳然是以浩嘆若真冀鳳圖之至是痴人前說夢矣葛屺瞻曰鳳鳥以呈瑞河圖以顯数聖人行道以濟天下其出也俱有所為原是一類的故出則俱出既無鳳鳥河圖則夫子在世亦徒然矣蓋以己比鳳鳥河圖而嘆

好

其無行道之兆也亦必說到明王不作上徐玄扈曰聖人欲以人事回氣化而今無如氣化何故曰吾已矣夫李卓吾曰夫子婆心真至此地極象如今急功名者欲得一好夢也不能安得不必焦說已正見其不已處各指一機無限懸腸皆可玩又曾登之曰此夫子慨道不行而起贊易續文之想也易作於伏羲演於文王文王時鳳鳴岐山伏羲時龍馬負圖出於河皆文明之瑞今無此瑞吾道莫宗矣斯文未喪義文二聖之作有不容於不述者此夫子言外意也然一見可參

按漢書董仲舒云自悲可致此物而身卑賤不得致也然語尤

雋。楊後所曰、夫子心期原自不小、直至沾袍之涕、其感歎深矣。

〇子見齊衰章

恭敬惻隱之心、人皆有之、惟聖人能全之。

四書商諸生問昔人云齊衰服冕二章一部論語只恁地看這是何意、李侯曰嘗讀維摩詰經維摩詰受供瓔珞分作二分持一分施會中最下乞人持一分奉難勝如來皆大善薩平等心也。聖人于此三種絕不起一分別念頭必作必趍等于大悲聖人之心、于此正可想見。

張侗初曰聖人畏大人故見冕者必趍、因其可敬而敬之、於戲、

何與此際渾然自在風波不起孟子藐大人故曰我何畏彼胸中有個我在便是賢人岩岩氣象

顏淵喟然歎章

通章俱是歎聖道之妙首尾一意劈頭喝起高堅前後衝口而出正是欲從末由的景況是悟後讚歎語不是說初頭沒依據語也最妙在喟然歎三字蓋記者會得顏子欲從末由這般景況故以此擬其神情絕有可會仰之鑽之瞻之即是末節從之彌高彌堅在前在後即是末節末由緣是悟後天機噴薄故元氣淋漓一篇文字如貞下起元循環無端也舊謂顏苦孔之卓

者非謂顔未達一間者又非道躰虛員活潑原自如此文王望
道未見夫子云過此以往未之或知又何疑於顔子
按博文約禮之教孔門成法非爲顔子私也但顔子則獨覺其得力耳而博文總以約禮功夫合一又非兩項括而言之則夫子所云非禮勿視聽言動是也視聽言動總範於一禮豈不是約的而有可視可聽可言可動則燦然盈於兩間凡百日用之云爲與四威儀所揖六藝所習并古今之嘉言善行載籍所略垂莫非文也豈不是博的王陽明謂約禮是博文的主意博文是約禮的工夫盡之矣今看此章書直提禮字作主亦可郝著

知言曰、約禮只是主敬。泗門傳授心法、不外此。論語中說敬說禮詞旨襍見、蓋以敬履事之謂禮、以禮操心之謂敬。儒道宗旨就綱紀倫物上着脚、故由禮入。蔡覺軒曰、不說窮理、不說格物、說博文。文字上該乎理、而心之理尤顯。下該乎物、而心之物尤精。說個禮字、便有檢束、便有規矩準繩。若徒說理字、便泛了。此兩條皆實際語、可繹。李卓吾曰、如有所立卓爾、即禮也、不屬懸空。但猶有禮在、所以仰之彌高、鑽之彌堅、瞻之忽後、從之末由。并然禮而化之、則幾矣。按朱子有云、卓爾是聖心之大本、立於然以酬酢萬變處。金仁山曰、卓爾者、凡事各有不偏不倚無過

是實際話非懸空說話

不及的道理其曰如若非謂似見似未見蓋此等地位非可以言語意象求故以如言之如此看來明是由博歸約由文見禮而視聽言動于此受繩受束也故曰不知禮無以立也又曰立於禮直指禮說何等真切但云并此禮而化之則孟子書云動容周旋中禮盛德之至徹始徹終禮竟非滯象而時說徑欲劉却禮字謂禮乃見道之階梯卓爾時都用不著肯侮聖教可恨可恨又其講末由處謂是離文禮不得靠文禮又不得此口嘴上生涯隔靴搔癢幾何不令明眼人咲殺乎

才字即孟子書盡其才之才曰盡其才正可作此竭字註疏乃

性機流行無可歇手處。如真陽發于重泉之下。不違不休。非由氣魄上支撑作爲上奏洎也。表七澤謂才是最不好的方寸裡。有此一副能思維能解會的伎倆。便使人弄得七顛八倒。眼見虛花。撮着銷磨之意。擠到銷磨總詎得本地風光。忒奇如有所立卓爾。妙在一如字。透欲從末由。一片光景。非兩截。孫淮海曰。欲從末由。就是卓立之分明處。非卓立後又有此一段光景也。快絕。

子疾病章

梁無知曰。此與不肯厚塟顏子共一個念頭。蓋君道師道夫子知其有分何必復借君道以為重臣之手二三子之手語極可味嘗登之曰夫子嘗從大夫之後則以臣禮治其喪亦非無辭但春秋之作全在誅竊以正名分而影用大夫之喪禮乃身自犯之則何以矯三家之僭而討陳桓也故切責由如此二說皆有理梁說本出卓吾可為後世追封文宣王改正嘗說則萬世正名之經而當時杜僭之防也

有美玉於斯章

沉無囘曰聖人無一日不思用世子貢豈不見得美玉之論非諷其沽也是商量如何應用之詞但不免微動于意夫子則用

行含藏無一日忘天下而未嘗先與一天下用我之時故以聖
之時者也
李卓吾曰此見聖賢都急于度世非子貢求而孔子待也但玩
沽之哉沽之哉口角自見楊復所曰夫子用世心腸如此其急
而有以待賈為觀望者亦大可笑已
子欲居九夷章
方文伯曰夫子憤激時事言反不如居九夷罷即夷狄且有君
話頭而又難以語或人故何陋之云總非寔語八却實々去擲
摩他便差李卓吾曰君子居之四字極活意若謂如君子居之

亦不顧其陋不陋也。先輩謂當問其居不居。不當問其陋不陋。最爲得之。若說素夷狄行乎夷狄。獨不能素中國行乎中國乎。若說用夏變夷。獨不能變齊魯至道乎。都有礙。

說原東方曰夷。舊稱俗仁而壽。東夷傳云天性柔順易以道御。有君子不死之國。初學記云子欲居九夷。從鳳嬉。宋均曰鳳遇亂則潛居九夷。

吾自衛反魯章

葛屺瞻曰夫子以定公十四年去魯應聘諸國至哀十一年自衛反魯此不言正樂之事而但言正樂之時想其平日亦必陸

續考訂直至自衛反魯日方纔樂歸於正以見正樂非一朝之功也雅頌是詩歌即樂章也各得其所是雅還之雅頌還之頌中間又各序次妥帖柴世基問正樂說者紛紛或謂篇章失次或謂僭越失宜或謂舉雅頌則國風在其中或謂列國多不正之風故只言雅頌孰是孰非答曰篇章既定則僭越自見總是一套事國風原非樂章只二南入樂舉雅頌已見大槩矣數說俱可該得

玩自衛反魯然後樂正語意不惟敘述他積累功夫亦見刪述之事是末後一著初心豈遽止此哉

卜子夏曰言天下之事形四方之風謂之雅。雅者正也。言王政之所廢興也。政有小大。故有小雅焉。有大雅焉。頌者美盛德之形容。以其成功告於神明者也。

出則事公卿章

此與庸德之行不敢不勉之意同。徐玄扈曰看二則字二不字。須有個大頭腦在。湯霍林曰何有於我。正在日用細微處。自家點檢簡非謙也。

王宇泰曰孟子說徐行後長。可以為堯舜。衆人亦未必個個傲慢也。有徐行後長的。如何只是堯舜能孝弟。此等處皆當致思。

古人稱堯欽明文思安安允恭克讓舜濬哲文明溫恭允塞堯舜性之也動容周旋中禮盛德之至也夫子事父兄公卿決不至失禮惟是當下一念至誠為難如允恭克讓安安根於欽明文思中来溫恭根於文明中来乃是盛德自然便是堯舜的孝弟今人躰面点多不失然一念之微不知與盛德自然何啻天壤於此見孔門之學平定中最精微

按喪與其易也寧戚夫子之言也而註云不敢不勉豈心中哀戚可偽為乎鄭孩如曰須玩一事字以禮言故用勉極有理蓋古人制禮甚嚴使賢者俯而就不肖者企而及禮者中正之道

問曰論

也非可以賢不肖之性情為之觀聖門免喪與之琴而或成聲

不成聲爲性情自別然皆作而言曰先王制禮不敢過也不敢

不及也此不敢不勉之義也達生者流誕吾儒守禮為惡知禮

意縱情任性而勉之意荒矣

不為酒困粗者亦是極易事然古聖賢戒酒如賓筵酒誥字字

嚴客何等隄防厥初儀狄作酒禹飲而甘之曰後世必有以酒

忘其國者遂疎儀狄而絕旨酒甘之一趣可危也哉若推到精

微則必如夫子之無量不及亂方為不困不思不勉令德令儀

這等觴政非聖人其孰能之吁此豈易言哉

子在川上章

曷屺瞻曰在川上發嘆則逝者所指在水而寓意寔在化機如斯夫不舍晝夜謂是遠等不舍晝夜常逝而無住也逝只是言其去不言其來蓋宇宙化機更無停待即在吾一身爪生髮長筋轉脈搓由生而長而壯而衰而老以至於死那一刻不崩生那一刻不遷謝方來的即是過去的有了一刻便沒了一刻常人戀景着物而君子獨識其無常故對境則能空幻執之緣觀化則能通不已之命說學則能歷時幾之勑夫子蓋默契於中而觸目警心無如川流故於此特爲拈示

張侗初曰：昔者伏羲之作卦也，觀象天地，取物取身，皆是也。然而皆不是也。至于劃然一畫，則天地萬物鳥獸與身之所不能盡者，而於無描畫中強為描畫，畢竟個中非言所能傳矣。所以聖人曰時習之、知之、好之、樂之，而不言所習所知所好所樂者謂何也，不可言也。漆雕開則曰吾斯，子貢則曰其斯，孔子在川上歎曰逝者如斯。須知在川言川，聖人眼前都是伏羲先天畫卦意也。如見鳶歎鳶，見魚嘆魚，只鳶魚便有至妙不可名言者存，故曰斯，又曰如斯。逝而不舍，無頭無尾，無晝無夜，生生日新，世便是真光景真血脈矣。故曰天地之道渾而不積，不積者進之謂也聖人寔會得眼前都是不留礙不停息的轉眼便去轉眼便新活潑潑遂於川上偶一洩露之是爲聖人之時非晝夜之謂也往與來相接之處有真血脈真光景存焉悟此可以言不舍

李南黎曰舍如字舍於郊之舍止息也今讀音捨者非按朱子楚詞辯證亦云爾當從之

吾未見好德章

葛屺瞻曰民之秉彝好是懿德天下焉有不好德即如今人聞得人行好事那箇不讚但念頭終是放鬆還可抛捨得下惟好

色之心最為真切要好德如好色便不易得故以為未見

譬如為山章

萬屺瞻曰而譬字上原無寔指若以聖門專重為學即指學言亦可吾止吾往從而個一貫中看出少一簣無幾而反不加功終一簣無幾而反去用力這豈是人強得的成敗由于一念自已真推托不得周季侯曰一是譴責深罪他一是勸奬誘掖他全是言當進不當止與為仁由已話頭不同

張侗初曰若先說進後說止便是強弩之末無轉勢惟先說止隨後說個進衰而從說絕而復生有無限鼓舞人意思在

語之而不惰章

李卓吾曰不惰就在語之處李衷一曰語時精神醒發流暢活動勃之乎不能自已處便是不惰蓋描出妙解的形狀若與不解人語如水沃石一味昏懂無醒發便是惰了令人看不惰通作平日力行說或又謂聞語即奮然欲行擦一行字全不像語之不惰口氣

子謂顏淵章

葛屺瞻曰此是顏子既沒而進惜之詞進止即與前為山之進止同義進了不已若天假之年更不知如何造就哩李卓吾曰

陳氏說書

進開塲也止結局也指大休歇之地說亦一見說亦本之朱子謂顔子未到那成就結果處也

謝顯道曰人所以不進者何只爲未有根試看庭前荼蘼花只爲有根在故一年長盛於一年根字可參着眼

苗而不秀章

不秀不寔二不字歸咎人放不要干連天時王漢治曰此夫子要人根本上用功苗不秀不寔者根本不培也培養根本生意完固苗而秀秀而實矣張雨若曰秀實相連說下意則歸重實上採春華而忘秋實學之大病也竪義各好若論口氣則只

宜虛員挑發出二個有矣夫然甚警省

後生可畏章

葛屺瞻曰後生是年少的料他不定便可畏憚今是指後生目前他將来正好上進急見得不如今日無聞只是聲聞四十五十無聞則壯盛之精神虛度衰老豈能後奮因向後時光日短料得他定故以為不足畏曾覩文聞聞字或謂即聞道之聞若聲聞則孔子深嚴聞達之辨安肯以此望人答曰此只要較量年歲之少壯以警醒人原不在辨别名寔且就聲聞說於常情更為易動夫子所謂聞定非無實者不必為他周旋

卷八　廿一

法語之言章

葛屺瞻曰法如法度據理直斷鑿然不易能無從乎者特審問他還會得不從麽蓋為理所屈難以強辨雖欲不從而不能也然此不過當面應承與行事尚無干涉必須將從前做的盡行改除方為可貴巽是遜入我所言與彼意而不相拂若深中其情者彼一時不及思想頓覺辭順即欲不悅而不能然我要挽回他的本意原未明說繹如抽絲須反覆抽繹我意思出来方為可貴吾末如之何者難處正在從諛上蓋使說話不中竅猶可別作商量今既從既悅是已將他撥動了却又不改不繹全

無寔濟則更有甚麼方法可另去轉易得他

李卓吾曰巽與之言與字最妙即以法語之言巽與之言耳不然捨法便無以正人後三語深望人改與繹也單剩藥方末如之何不重我言之窮全重彼不可救正挽回意

三軍可奪帥章

李卓吾曰三軍奪帥也非易事借此以極其形容耳如方言上山擒虎易開口告人難之意擒虎豈是易事洪氏曰志者氣之帥也故以爲喻王守泰曰此所謂志謂守其道而不渝如虞人非其招不往之類是也若守認私意而不知從義則是失其所

主。豈志不可奪之謂哉。

衣敝縕袍章

葛屺瞻曰。子路未必有相形不耻之事。夫子想見他心胸高卓。必能為此。故設言以期許之。忮是嫉妬人之有。求是求乞人之有。人一有忮求。便根基已壞。學問何處着手。惟去此二念。則心胸空闊。骨力堅勁。那些好事做不來。故說何用不臧。此衛風雄雉之詩。引之以印可予子路。終身誦之。過信夫子許已。便道學問功夫只該趂長在此做了。道字虛。即指不忮不求一事。而前既云臧。後復云不臧着何。蓋因子路能得不忮不求。本是造道根器他或自己忽畧過了不善用其所長故卒爾印可曰何用不藏使之當下知所認取既知其藏正須去用乘機向進乃即就此處盤桓終身學問及被他留連住了故忽爾掃除曰何足以藏使之無處住足步步催趲上前一與一奪俱是扎鉗陶鑄之妙

柴世埏問同一不忮不求謂何前云藏而要取後云不藏而要捨捨與還未豁然荅曰道理雖只一個造詣要在轉關不忮不求是貨利關未過此關爲鬼爲蜮爲禽獸爲凡民無非卑污瞹昧之境與關以外爲聖賢爲君子悉是光明正大之域子路已

過此關了，但自忽而不覺，若茫茫無根奔之人。故夫子特地喚醒。然既過此關，便須直搗長驅，取中原以定鼎，乃高踞關頭，像言百二之勝，則山河雖固，非復真主規模矣。故夫子把他好處又為一掃，曰玩用字，正要將他好處去用，方可求進步。如何又掃去，曰單為終身誦之，便覺受用了他目前好過，正恐容易蹉跎，唯是撤耆棄甯，再無站脚所在方淺。柰何只得攢行前去，頂羽伐秦，沉船破釜，持三日糧，示士卒必死。夫船與釜豈是可捨的，然不如是，人有偷心，那便得有鉅鹿之勝。所以蘇季子云：使我有洛陽田二頃，安能佩六國相印哉。嗟乎，人品學問事功莫不皆然。有志者可為一省。一說何足以慽正發明得何用不慽內意。李卓吾曰：教他去想是道也，緣何便足以慽？不是竟說不慽，竟說不慽，便是兩舌。王觀濤曰：味一周字，見得由此推之，卻可事事盡善。原是誘掖獎勸，使他一氣趕上，尋一日千里之程，他卻明珠歇脚，員處還欠了，遂猛着針劄，把前意提醒一番，非有兩也。徐玄扈曰：用者階梯之意，足者歸宿之意，二語簡盡。

歲寒章

李卓吾曰：意在言外，無限感慨。

湖南講張㤭問松栢比君子是何等樣人岶瞻答曰所指甚廣其大者無如臣子之於國家當其平居無事君子談道義小人亦談道義君子談氣節小人亦談氣節口頭都會說好話鋒面上都會做好事君子自不求人知而肉眼又不能預識混在裡面何由別白及一當死生利害處有抱頭鼠竄的有醜顏改節的惟君子挺然不變然後共相嘆服但趂初既不知他君子即有本事無由展布及事已做壞始委之君子挽回甚難就使挽回得來費盡多少心力君子在世上真是吃苦得多可長嘆者然後知三字最有意味

知者不惑章

周季侯曰：此章意，却是要勉人進脩。三句須要貼發言口氣。惑與憂懼，這三種妄情，隨念而起，便似根本之障。却不知心體上原不曾夾帶此三種来，若從心體一照，本境現前，諸情自歇。爾只看知者何曾得有惑，仁者何曾得有憂，勇者何曾得有懼。人不自去參認，只說外累難除，真辜負此一片好田地矣。吕毗瞻曰：知者、仁者、勇者，是舉其造成之品；不惑、不憂、不懼，是究其受用之實。惑乃猜疑，正與知之有識見者相反；憂乃愁慽，正與仁之一團生趣者相反；懼乃畏怯，正與勇之浩然充塞者相反。

故必不受此累方見知仁勇之實受用處而後品不虛立也李卓吾亦云使人自考二說皆有意一勉之一究之且道是同是別

可與共學章

倪貽伯曰可與未可與乃比論之詞不主施教上說註謂可與共為此事不免費詞矣衡釋解之曰如經云應以其身得度即現其身而為說法葛屺瞻曰與猶許或機緣將到而指引之或造詣已至而即可之皆能導註之欝然不如推開泛論不粘着施教上之為經也學以求道今曰可共學而未可適道則所學

是何事時説謂恐其路頭有差則邪正不分之人恐與之共學亦未可也愚意形而上者謂之道形而下者謂之器學不窺形上降本流末雖在正路上走於大道還遠在子游所以訓子夏之門入小子也且如孔門身通六藝者七十二人這都是可與共學的然必如游夏之徒纔是可與適道的子游本末與子夏始卒之論皆窺得大道消息着眼在形上一層不似餘子徒以六藝聞也若鑿鑿有把柄八折九廻大能自作主張則顏曾諸賢又纔是個可與立地位曾子曰士不可不弘毅非立而何顏子曰如有所立卓爾較高些然猶未離乎立之位也至推之一

字則未易言當屬之無可無不可之孔子矣故曰孔子聖之時
者也雖實而談孔子四十以前尚未能權直至七十從心不踰
矩方是懸崖撒手學問中間堦級在大事了畢之人自知之故
說得如此明白不混帳大要立之與權如孟子云充實之謂美
充寔而有光輝之謂大大而化之之謂聖立是確然有守之義
權是變動不居之義與常變權經意總不相涉自時說添出經
字來便起無限葛藤謂權不離經則混然無別謂權必及經則
又長奸雄之見生出大敗壞切不可也古德有云明珠歇脚員
還欠即可立未可權之說也權只對立而言經字何處放着經

却包

排之論工而支離轉甚矣

棠棣之華章

要曉得是借詩言而反之空〻翻個思字語意員脫似相粘似不相粘若說情說性說人說理為他兩邊分疏則舟行而劍已遠矣其口氣猶云只是不思耶得有遠中間更著一字不得若說未之思所以遠誠能思便不遠意味斬然反不見空翻活趣了

孔子於鄉黨章

李卓吾曰只現於字其在字便見是個時中之聖葛屺瞻曰此

[illegible]論[illegible]
於相爻處見其妙凡居鄉恂〻如處子者臨事時亦不能有所
建白當官遇事敢言者即居鄉時亦好出頭管閑事惟夫子處
之各得其宜李九我曰便〻者多出於恂 今士大夫居鄉而
求多于鄉人至其立朝卻持祿養交臨事不敢出一語進而匡
緘嘿容身者必退而以氣焰加人者也葛說高似李〻說痛似
葛李所云下流不足道矣葛所云賢者正未免也時中之宜非
聖人其孰能之
恂〻二句連讀與斷〻兮無他技文法一般似不能言即于恂
恂內見之恂〻註云信實貌漢註云溫恭之貌二意可合說便

便言二句重便便上謹只帶說亦即於便便內見之

朝與下大夫言章

葛屺瞻曰朝照下君在看則此乃君未視朝諸大夫待漏之際此時正有政事要商確廣韻侃侃強直也又和樂貌說文誾誾和悅而諍也是侃侃以剛而帶和誾誾以和而帶剛如今人以剛為主的便見了上大夫也要將正氣去壓他以和為主的便見了下大夫也要將謙虛去周旋他唯夫子為能各得其當踧踖足之恭謹而不自安與與又容與自得而無不安之態亦是相及之意哉云與與在踧踖內見只是一個意象所謂恭而安

也亦好

侯國之制只有上大夫下大夫無中大夫夫子時或為上為下皆不可知舊說謂夫子為中大夫者誤

君召使擯章

賓有介主有擯皆以傳道語言者也首節君召是被命之初次節揖所以立主賓方見時也夫子時為次擯有末擯居左上擯居右傳君命以次達賓則揖末擯左其手傳賓命以次達主則揖上擯右其手此係常禮凡為次擯者皆然但在他人便不免身子轉動衣裳易參差夫子却端整不歪邪所以衣之前後襜

如襜即令斂膝以襜之斂而不動象衣之整而不搖也然時主賓俱在門外舊說謂傳命出入者非趨進節君延賓入相隨趨進爾時想正有事也翼如端拱貌賓退則禮畢矣退而就館非辭歸其國也復命云者註云紓君敬也

入公門章

總見得夫子事君盡禮關節處本文已提綴明白順文鋪敘可也時說以出入二字作眼者大非出乃由堂而出非出公門本不與入對如何把來作眼又謂自入門至升堂是進之時自出堂至復位是退之時進而近君敬則愈加退而遠君敬亦不忘

愈加不忘二語甚有病且退就班位朝儀所關天威不違咫尺非可以遠言也今且順本文看去節節皆禮之當然令他人處然恐亦不得不敬但夫子則恁地從容耳

入公門是進朝而入君之門主與行皆入門中事行之所至即主也非停待止息之謂過位是經過君之外位在門屏之間外朝也內朝在堂如今朝廷亦有御門之時君雖不在空位現設着也升堂正要面君出是已面君而從堂內出也堂之階有七級其下庭中班位列爲一等一級也下階氣舒而喜靖獻之忱得以自効故怡怡後階下盡階趨走就位也謂就班次之位[illegible]

位又將對君行禮。故蹴踖。

執圭章

此章以聘為主。享與覿皆聘中之事。輕此而覿又輕於享。要以通二國之情。情洽而礼成。為世法使然。此等處正不得板煞。

圭是諸侯始封時天子所命之圭。聘問鄰國則使大夫執以通信。上下執時手微有高低也。揖即前揖所以主之揖。謂拱手也。授以物與人也。高不過揖。低不過授。約畧一個手與心齊。不亢不誑之意。然寔本之禮制。礼曰。執天子之器則上衡。國君平衡。大夫綏之。士提之。所謂平衡者。正手與心齊也。然則執而太高

卷八　三十

不幾于上陵執而太甲不幾於下替乎分寸之間綱常所係矣草草者過也享禮私覿皆有禮物余所嘆世法使然者也葛屺瞻謂享禮是將主君之禮來享獻此鄰國之君私覿則只是私見非必以禮物送蓋欲避卻私交之名且本文無明說不必添入極是雖然有例不除這等禮頭被高公革卻快絶快絶

漢疏上謂授玉時宜敬故如揖下謂既授玉而降雖不執玉猶如授時不忘敬也正蒙曰上堂如揖恭也下堂如授其容舒也附考

君子不以紺緅飾章

按孔註紺係齋服緅係練服之飾神人異道吉凶異宜故有別今考緅是絳色練服是小祥後喪服如何用絳色爲飾朱子亦謂之不可曉又齋用玄衣紺色不是玄以紺爲齋服恐未必爾陳新安曰此二色似赤非赤均爲不正故不以爲飾紅紫今爲朝服而當時褻尚不衣則其不用之爲正服可知大全張子曰自隋煬帝征遼令百官以戎服從一品賜紫次朱次青後世遂沿爲朝服也按釋名曰紫疵也非正色五色之疵瑕以惑人者也湛甘泉曰禮服亦間有間色非止五方之色緣褻服是裏衣不用紅紫嫌其太艷耳附參

[illegible][illegible]詩[illegible]

緇衣三句楊復所曰此非夫子創爲蓋遵古制也羔裘服以視朝先王欲勵人臣之節故取物之群而不黨者麛裘服以聘享先王欲脩鄰國之好故取物之善接其類者狐裘服以息民先王欲陰報本故取物之不忘首丘者而緇衣素衣黄衣又別以宜之雖曰尚絅之初心寔寓辨色之深意按衣以裼裘裘在内衣在外也禮曰表裘不入公門若裘在衣上便是表裘便不可用之視朝聘享苛廢矣

埤雅曰羔性群而不黨禮書曰鹿之爲物善接其類而麛入出於天性白虎通曰狐死首丘不忘本也

褻裘飾加一褻字以別上羔裘等之禮服寢衣孔註曰今之被也不必是齋時用其記在褻裘之下亦非錯簡狐貉以居正指褻裘一事

王逸曰行清潔者佩芳德光明者佩玉能解結者佩觽能决疑者佩玦孔子德無不備故無所不佩李卓吾曰道學原重外飾蓋自古然矣而豈知聖人之不然乎古者男子出行不離劍佩遠行不離弓矢日逐不離觿玦佩玉名為隨身之用事親之物其寔思患豫防文武兼設可使由而不可使知之道也與丘田寓兵同括矣意不在文飾特假名為飾耳後人昧其寔也以是

為美飾而矜之。務內者從而生厭曰。是皆欲為修觀者。何益之有。故於今並不設備。而文武遂判。非但文士不知武備。至於武人居常走謁。亦效文裝矣。寬衣博帶。雍雍如也。肅肅如也。一旦有儆。豈特文人束手。武人亦寧可用耶。卓吾此論甚有關。敬錄之

帷裳朝祭之服。裳用全幅如帷。謂之帷裳。蓋襵其上以就腰。即今之裙。殺乃降殺。斜裁不用。襵以別於朝祭之服。非徒省費

詩曰。二月初吉。周書曰。正月之吉。皆指月朔而言。孔安國曰。君子舉事尚早。故以朔為吉也。朝服。孔氏以為皮弁服。鄭康成曰

皮弁服。厓與君視朔之服也。王宇泰曰孔子於吉月必朝服而朝。蓋致仕不忘其君。而孔鄭俱以朝服為皮弁服者其或以魯君不視朔。而服視朔之服以存禮乎。

齋必有明衣章

高岷瞻曰齋是將祭而齋。明衣不曾有所污染潔淨之衣。以布為之。變食是不飲酒茹葷。遷坐另移一處居住。總是要潔之意。此記夫子謹齋之事。

禮書曰。明衣之袂屬幅而不削。明衣之裳前三後四而不辟積。衣之長也下膝。與要廣者異矣。裳之長也及足跗。與無見

膚者異矣

食不厭精章

通章散〻遞下關鎖在不多句精神在必齋字最宜看眼旁頭

不厭二句甚說得渾成難道這兩件他人是厭的但一有[illegible]願之意又說不得不厭或云厭即飫也謂不至於厭飫餒敗爾雅註云魚爛自內發如腹之餒肉腐自外入如兵之敗臭氣也對色言不時朱子謂如漢語穿插嶺峯鬱養強熟之類攀炊以槩非專言植物也漢疏又云不時謂非朝夕日中時附考割宰割也祀大夫無故不殺牛士無故不殺犬豕無故而殺謂之不正

之割記此以見夫子之好生註云切肉不方正者陋矣其醬肴一其字禮記內則中有數醯醬隨所用而不同唯酒無量者一量字量者節制之義無量不及亂所以為難若有量不亂何難之有輔慶源曰此亦聖人從心所欲不踰矩之一端也沽酒鄭康成訓為榷沽之沽朱註從之毛氏詩註謂一宿酒曰沽蓋酒以久為貴周禮昔酒取其久也鄭玄酒正職註云既有米麴之數又有功沽之巧孔穎達疏云功沽謂善惡附考薑者五辛之一五辛皆臭惟薑不臭故不撤只是於推却非頻食之謂註着些又嘗有詩頌之云薑云能損心此謗誰與雪請誦去穢功神

明看朝徹則朱子果有味守其言之矣不多食句泛說着此一
語零〻星〻却可收上數十語把聖人節飲食衛生之經一句
包盡篇中關目妙品〻〻祭於公三節則自飲食而推之祭於
公是助祭〻肉是家祭註解明楊後所曰祭肉不出三日即申
上不宿肉也凡祭先一日殺牲祭又一日若再宿肉是出三日
矣故復申之曰祭肉不出三日出三日不食之矣附考食不語
謂含哺時非終食都不語與寢不言同是一個定靜之念故異
及之易曰君子以愼言語節飲食如此看來節飲食愼言語原
不是兩項也疏食菜羹一例看祀原有疏祭之文玉藻

云瓜祭上環食中棄所操所以祭者君子不忘本始造飲食之人有德必酧之也末句必齊如也本義只綴于食祭之下然先祭後食此齊之念何一處忘之以上節節皆聖人敬觧之流行此一句又可收通章數十句意子所云無終食之間違仁者也

席不正不坐章

[illegible]須活看勿泥坐住一件楊復所曰此正其從心不踰處不可謂之不安于不正亦不可謂之自檢于正聖人大居正不遺于坐記者不過得其標耳

鄉人飲酒章

王道之行以禮教始禮教之行以居鄉始此二條正聖人歎化
教事斯出斯字重未出而先非徐行之道既出而後非隨行之
道儺古禮也先王有逐疫之令朝服而立尊王制也阼階主人
之位所以答鄉人也葛屺瞻曰大夫朝服而祭故用朝服以歆
鬼神按古聖賢以神道設教定看得幽明一理今人不參得此
理遂以鬼神為誕荒而夫子朝服之意疑其無當費許多詞說
矣

問人於他邦章

拜非拜使者乃遙拜所問之人藥未達而不敢嘗亦人常情但

必以情告乃見其不欺李卓吾曰只是一個至誠要在倉卒不及詐較處看若斟酌於貴人賤畜之間則何異說憂

廄焚章

君賜食章

葛屺瞻曰正席先嘗如對君侍食先自拜賜餘乃以及人耳腥為生肉熟而薦之是以奉先之孝廣君惠畜之則終於不殺矣是以宥物之仁廣君惠侍食於君君祭先飯謂夫子侍食時君祭造食之人獨先祭飯而他饌居其後爲此必夫子為舉饌以

導之乃重穀食之意耳疾者東首以受生氣因卧不能起故加朝服于身引大帶于上一如見君之禮不俟駕行聞命即趋而聽駕之至不因駕并待也此記夫子荅君加禮之事

按禮君前賜食必嘗以拜然後食蓋急於領君惠而謝之不敢待食畢而後謝此賜食乃君遣使送到家而孔子亦正席先嘗若對君然所以為敬也先嘗對後食而言先字方有着落較勝註先嘗而後頒賜之說附考

袁了凡曰食以飯為主不敢以他物先之故侍食於君君祭已當供饌不敢供他饌而先供飯焉亦不敢以黍雪桃之意

也。若君未食而先飯。恐無此理。舊説本此。白帖註云禮君子寢恒東首東首生氣可見東首不獨病時為然又何獨君視之而後然也。時説謂臣椄君於阼階病不能而東首亦阼階之義穿鑿甚

朋友死章

一生一死。乃見交情。一富一貧。乃見交態。自利交風熾。而轉盼乖睽。所以不存亡易其心者寡矣。無歸我殯。子可謂不愧死友者矣。車馬不拜。只重不拜意。舉祭肉者正以形容車馬之不拜也。車馬且然。又何論涓滴之區區乎。

三七

寢不尸章

寢不尸謂寢卧不展布手足似死人居不容謂居處不矜飾容儀率其自然狎者素所親狎謂與我素熟者褻者一時燕見謂非在公所而在私居燕閒之時貌則加以容色也式憑車前橫木以致敬負版持戶口版籍者民數所関也盛饌過於侈靡與從儉之心相拂故變色作起以致不安之意迅雷風烈造化相為剝擊與中和之養相拂故變其常度以致欽若之意

張個初曰大舜烈風雷雨弗迷中流一柁仲尼迅雷風烈必變把得柁牢故大舜兢兢業業仲尼樂在其中古來聖人戰兢郎

自在自在即戰兢會得此意便可有天下而不與入磨涅而不化

升車必正立章

正立執綏重正立上不內顧疾言親指重失容上惑人意輕些時說以正字提綱貫下也好但須看得神理活動若徒認作目容端口容靜手容恭便如泥塑木偶人一猷不是聖境

色斯舉矣章

通章重一時字色舉翔集正是時處記者會夫子嘆雉之意而先撮其義可謂善於立言不則夫子口中只囫圇說個時字冉

欲着一分疏不得也共猶拱向之拱嗅訓雉鳴為是作即斯舉
本文本義只如此鄭狹如謂子路非有不善之色鳥何為因之
而作曰三嗅而後作則其作亦從容閒暇矣與前之色舉意氣
自是不同前之色舉見幾而作之時也此之嗅作優游暇豫順
適化機之時也無不可以觀時命意亦好今仔細參出時字消
息則惟有此優游暇豫順適化機之時而後有此見幾而作之
時幾先之哲豈勞勞趨避者所能之亦時說一向講利害上去
看時字亦忒淺矣
李卓吾曰分明一則禪語若認作實事便是呆了色斯舉矣可

以仕而仕可以速而速也翔而後集可以處而處可以久而久也曰山梁見非廟堂也曰雌雉見非帝王也曰子路見非用之則行舍之則藏者也的是宣聖一幅真容的是宣聖一部寔譜正與學而時習之處閑應記論語者聖手也讀論語者從來都是瞎子我今指出孔子又活矣快活快活

按鄉黨一篇自鄉黨至升車叙夫子言貌衣食行止交接可謂曲折周盡矣然終是有形之可見者耳恐讀者泥之物而不神故於末處拈出一時字見夫子隨其日用活潑潑地初無一毫意必固我於其間也分明說夫子是個時中之聖而記者又不

問□說書

敢自作贊語。以夫子平時之嘆雌雉者終爲夫子現身指點書

出與大衆看最拈得虛活晦堂禪師聞木犀香之義亦如是

說書卷之八 終

陳氏說書

慧眼山房說書卷之九論語

先進第十一　顔淵第十二

閩漳陳天定慧生甫著

先進於禮樂章

此章舊說以中字立論謂先進是文質之中夫子從之從其中也及張江陵主試命此題始翻卻中字改用質字蓋文敝則救之以質說中便寬泛了不切當世務不如質字之精勁有力剖腸洗胃為對症藥有光彩也江陵烘眼真足以霸又舊說於首節謂是述時人之所論下節則表己意言之高中玄曰先進四句明是子曰如何謂是述時人之論夏九範曰非必當時有

是言只就當時看来意向如此間〻幹貼時人語意説来見得
一樣極朴茂像是野人一樣極華贍像是君子並不説他所言
的不是輕〻用一如字撥轉發出從先之議上加則字甚斬截
而口氣承如字来似与他商畧一般又甚委婉此聖人老婆心
之言也融會新舊説二公為妥矣近李卓吾楊復所先生又謂
首節的係夫子自言説野人的是野人説君子的是君子但用
之而從先進則夫子自有主張在問答主張曰只從其有餘地
而已説更有截然於野人君子之解猶未明也野人的是野人
君子的是君子則先進應不指周初而後進應不指周末矣舊

屺瞻曰、先進後進、畢竟何指。觀表記內子曰、虞夏之質、殷周之文至矣、虞夏之文不勝其質、殷周之質不勝其文。又曰、後世雖有作者、虞帝弗可及也已矣。以此推之、則此之禮樂、乃綜論前代、而以虞夏為先進、周初為後進也。不明言何時、而以先進後進、晦其詞、或者不欲指斥當代耳。質勝文則野、故以先進為野人。文質彬彬、然後君子、故以後進為君子。蓋此亦周初郁郁之文、而非末世也。從先進、是從虞夏。想夫子生當周末、見郁郁之流弊、利而巧、文而不慚、賊而蔽、故欲以質挽文、而動先進之想。平日雖說從周、至論為邦、則韶舞夏時、斟酌四代、原不專主於

閒自論書

周如用之者用乃操禮樂之權而以整齊天下如則心欲然而未敢以為必然也然所從既在先進乃反以野人目先進以君子稱後進抑揚其詞正與乎日寧儉寧固語意相類如此上下古今踢翻窠臼的是隻眼快絕多多

按禮樂不可斯須去身用字只就目前說夫子無一時一處不從先進而設為如字虛活話頭者提醒世人故婉轉而言之此膽因改先進周初後進周末之說以四代鑒義則從先字有礙時制故以用為乘權制作有待而為若吾身則自有常用禮樂不在此論也系

孫奕示兒編云先進指三代而上後進指三代而下也謂三代而上教行俗美而礼樂達天下雖野人亦能之況君子乎三代而下政異俗殊而禮樂有壞闕惟君子能之野人則莫之能行也所以君子必欲從三代之盛時也看野人君子有別解附參

從我於陳蔡章

夫子与諸賢相從患難自然有一段不能忘情處皆不及門或仕或歸或沒未可知無限淒其記者列德行等四科把當時与難諸賢一一數出亦甚悲惋楊復所曰人若能看得記者之詞

悲惋出方可与語文章之神肖哉斯言着眼〻〻而衰亍凡謂聖人重道不重情所以興思還是為諸賢各有所造非不忘相從患難之說彼豈以聖人獨無情乎況不忘相從之雅則定是為其賢此何煩說出也須知英賢濟〻在相從時固亦有一段景況然總括在情字之中不必泥是重道而不重情

德行是學有所得而寔見諸行言語是說得事理明暢鑿〻不磨政事是區畫有方民得其理文學是博古通今有文釆學問還他四科便是切不可妄加品第并生端攙越

回也非助我章

葛屺瞻曰、助我亦是寔話、聖人之心、寂然不動、感而遂通、胸中雖縕許多道理、若是無人辨駁、正如洪鍾、不叩、則不鳴、惟多一番問難、便多一番辨析、光景愈新、顔子說去無不快活、並不見有詰問、夫子亦便寂然無所觸發矣、夫子每讚顔子、若如愚、不愚之類、俱不可一句直說、用抑揚語頓跌出來、盡因一語稱讚不盡、故曲為形容若此、

湯霍林曰、二句一串說、以上句想像下句、非以下句回護上句、

楊復所曰、無所不悅、從一言中宛轉無盡也、非言言悅之謂、然言言中則又遂言宛轉無盡矣、

孝哉閔子騫章

李卓吾曰、悲喜之詞。悲喜二字、甚刺心、楊復齋曰、還重人、不間、上句因閔子有後母之事。而重父母昆弟也。雖然畢竟人不間。原從父母昆弟來。愚謂閔子之難。在父母昆弟今反含蓄不言。而託言於人不間者。意甚可思。何以故。處人骨肉之間。必至其可受故。

袁了凡曰、孔門弟子無稱字者、此獨云、孝哉閔子騫。乃內外素有是稱也。下句言字正與上相應。

南容三復白圭章

按南容從孔子適周，見老子。老子曰：聰明深察而近於死者，好譏議人者也；博辯宏遠而危其身者，好發人之惡者也。遂三復白圭，夫子當時妻容，亦曰邦有道不廢，邦無道免於刑戮。不廢免刑，全仗此章三復。作疏不斷斷，不知容爲員滑工巧何許人矣。記者記此章，大有意思。所以發明不廢免刑一段公案，其在提躬，則惡佞與禁躁之旨；其在處世，則好盡言以招見殺者之箴乎。

季康子問弟子章

好學只宜空說，以告康子，從略也。

顏淵死章

李卓吾曰顏路請子之車以為之椁欲以命車為椁也蓋以其子有王佐之才生不得沾一命之榮故欲以此寵榮之耳此亦世俗常情正與子路以門人為臣一般見識但夫子看得自家與顏回俱是木鐸中人師道與君道並重教澤與治澤齊長何必又假此也故有才不才之說云爾楊復所曰分明說為之椁矣又說賣以買椁真窮秀才見識也若欲賣車以買椁門人且厚葬之矣獨不能買一椁乎

天喪予章

葛屺瞻曰夫子何以云喪予蓋夫子抱道於身身有盡而道欲傳傳道處即其身也然這個不是口說得與人的必在那人自去證悟方能承受以此求之千百人中亦無一二幸有一個顏子夫子將以堯舜來相傳道脉一肩付他身上自此燈燈相續正未有已忽然早死教夫子有口對誰言有心事對誰托今人老年獨子一旦喪去只為家事沒人承當老骨頭沒人收拾尚且痛傷欲絶况此傳法之嗣千古道脉絶續所關教夫子如何不痛苦之極故直以為天喪予

李空同曰非止悼傳亦以占廢也凡王之興天必興之佐孟子

所謂其間必有名世者。故益稷佐禹。尹朱佐湯。呂佐文武。天豫生之。雖鳥冰牛巷空桑寂濱。必全成之而寘之王側。夫聖門王佐。止顏子一人耳。今也早死。不天喪予而誰喪哉。

子哭之慟章

李卓吾曰。非夫人之為慟而誰為。一語慟極了。

門人欲厚葬章

楊復所曰。厚葬必踰分也。故夫子深痛之。不然。若、僅、棺、椁、衣衾、之美。亦夫子之心也。何為如此。

季路問事鬼神章

李卓吾曰：季路摸到暗裡去，夫子領出亮處來。周季侯曰：人鬼原是一道，生死本是一條。夫子不以正言告之，而以反語醒之，使之恍然尋其本元而悟其來路。所謂不語之告，無言之傳。口氣須要引而不發。

葛屺瞻曰：問事鬼神，是問奉事鬼神的方法，不是論鬼神之理。人與鬼神原只一個。人是活的鬼，鬼是死的人。事人如父兄君長之類，有聲音可接，有笑貌可親，有情欲嗜好可將順，有心思志慮可斡貼，我能感通得來。方於那已死的，能思其笑語，思其居處，洋洋如在，無不感通。這事鬼別無方法，只能事人便是。未能事人為能事鬼問死是問死去的情狀生死亦不是兩個生從死處來死從生處去人在生眼怎麼能看耳怎麼能聽鼻怎麼能嗅口怎麼能言心怎麼能思想這裡面甚是古怪定有個生活的東西若止將耳目口鼻與方寸肉團一切形氣之類認作是生一朝死到謂何俱各蠢然且這一種生活的又向那裡去今人昏昏懂懂過了日子誰識得這生活的東西若識得時總是知生死去為有為無為升為沉不須更問自了了分明矣未能知生為能知死

王陽明傳習錄蕭惠問死生之道先生曰知晝夜即知死生問

晝夜之道。曰知晝則知夜。曰晝亦有所不知乎。先生曰。汝能知晝乎。懵懵而興。蠢蠢而食。行不著。習不察。終日昏昏。只是夢晝。惟息有養。瞬有存。此心惺惺。常明。天理無一息間斷。才是能知晝。這便是天德。便是通乎晝夜之道。而知更有甚麼死生。

閔子侍側章

葛屺瞻曰。誾誾以和而帶剛。侃侃以剛而帶和。行行則純是剛氣。更無和處矣。三者氣象。誾誾侃侃。俱從中行。而剛亦有擔當。皆是任道之器。故子樂。就這樂時。覺得子路過剛。有不得其死的模樣。復以為嘆。然者或然之詞。初不料言之果中也。

漢疏鄭注云樂各盡其性盡性即率真之意大有光景可會勝時說以劉任道遠甚。

魯人為長府章

李卓吾曰、師第一唱一和都是為魯之蒼生沈無田曰凡救政之興有其幾而未有其形者君子言之太早攻之太銳不足以止之而反激之使行閔子不斥改長府之非而第言舊貫之不必改夫子亦不深言閔子之意而第言夫人之有言必中老成謀國憂深慮危矣學者不可不知此意。

魯人指當事者言府是藏貨財的長乃其名貫所藏錢数也為

長府原欲加賦故曰仍舊貫不作事字訓更指切如之何二語口氣從容而厲非有兩折夫人不言只撇起語頭着解便痴

由之瑟章

堂室二字根門字逗来大要是廣大精微之意重升堂句末句只帶說

家語子路鼓瑟孔子聞之謂冉有曰先王之制音也奏中聲以為節流入於南不歸於北南者生育之鄉北者殺伐之域昔舜造南風之聲其興也勃焉紂為北鄙之聲其廢也忽焉由也無意先王之制而習夫亡國之聲豈能保七尺之身哉

冉有以告子路子路自悔不食以至骨立子曰過而能改其進矣知

子貢問師與商章

論道理揔是以中字立案但今在兩頭盤詰生發議論則隱却中字不點破更有味吳無障曰子張是寬綽的人常透頭些故曰過子夏是局促的人常欠缺些故曰不及過也就像不及盖即此透頭處正是他欠缺處都不恰好病揔是一般也王觀濤曰過不及兩人各自開說勿較量過猶不及倒說不可平說不可着二子說亦不可

李卓吾曰然則師愈子貢却是自家供狀過猶不及夫子亦下子貢鉗鍾此意却好然亦不要把子貢的主意一向偏護在師無風起浪生出許多支節也

季氏富於周公章

嘗疑冉求聖門高弟豈有聚歛附益之理楊復所曰求不過欲行其足民之志耳此語甚好緣是他學術未純一仕季氏便欲以政事之才施之爲之處置調度實以爲職分當如此亦其才畧素優恐癈不禁故也荀彧之於瞞嚴尤之於莽劉毅之于寄奴彼豈不才畧蓋世者哉語云功之首罪之魁是所戒也又云

忍。痛。易。忍。癢。難。尚。慎。旃。哉。且。權。門。欲。舉。事。必。納。吾。徒。以。為。黨。正。人。君。子。興。望。所。屬。彼。有。取。爾。也。而。謀。畧。出。群。才。智。拔。萃。聖。賢。緒。餘。吾。徒。寔。有。可。覌。昔。卻。克。夫。不。肯。傳。數。學。與。邢。恕。曰。徒。長。奸。雄。吁。吾。徒。之。足。為。世。利。世。害。也。如。此。嗚。歔。之。攻。夫。子。豈。得。已。哉。

旅次漫語云、季氏富於周公、周公、猶魯也、猶諺云敵國富也。周公宜富之說。殆非至論。

柴也愚章

葛。屺、瞻、曰、愚、者、愚、昧、不、聰、明、魯者遲鈍不敏捷。辟訓屏除。與、闢、同。是、要、躰、面、闊、大、施、設、開、去。喭訓粗俗、亦作諺、乃、俗、而、無、文、采、者這皆是回子受病處夫子為他指點正如醫者治病必各言其所患何病使人好用對治方法後來惟曾子一呼輒唯最為斂捷正以其能克去此魯耳此必夫子平時零碎議論門人彙記於此故不用子曰字冠首

柴世基問魯字與愚辟喭等字並說畢竟是不好字面程子謂參也竟以魯得之此言何故荅曰若論參唯一貫時何等斂捷功深力到之後後安得以魯言惟起初原是魯的後來能变得轉變見學力之到若謂得道及由於魯則魯原是好的曾子亦生成是個曾子矣何貴於學

回也其庶章

此章依舊說為妥由庶說到屢空自內說出由貨殖說到億中自外說入內外相關最可會顏子一起進門便從淡漠而入故能聰明不事意見俱銷任他外境蕭條只似不相干一般屢空二字焉甚蓋不言其安貧若何而只點出一貧光景便自脩然子貢貨殖只為其億為其屢中李卓吾曰億則屢中正貨殖的本錢是也大都性天淡漠處自與貧相宜才識熾然處便與富相涉億字是病根夫子意中自要破除子貢此病但本文語氣還似說他好見他這等聰明試進而求之尋討着屢空一種倫

然無累光景豈不自在何用此營營為也當子貢才識熾然之日特地把個第一冷淡的下他一劑縱然聰明過人也須頓地銷歇四書商主此說的當中一二語稍滯爲易之新說空猶虛也以心境言屢空即日損之意猶言損之又損以至於無耳本出漢疏朱子嫌其沿柱下之說故易以今註又云貨殖即左傳學殖之殖以學問積累言之觧殖字鑿甚葛屺瞻謂屢空斷指心境與屢中對而貨殖向則指其不近道一事與庶乎照不與屢空對玩本文此說有理語氣亦條利可從演云夫子說回也其殆庶幾差不多了他心下能得時常空虛不為

物累若賜則不順受天命還把貨財生殖焉然有所猜度却時
常會中是這等聰明怎可將来錯用商云孟師尹問空字考之
五經四書曾未見有賛心躰者郎論語有空空如也又是指鄙
夫乃不好字面似屢空只仍舊安貧之說較妥荅曰空字從心
躰上看其說有三一則詁之本文屢空原與屢中相對而貨殖
是帶過的話不與屢空對屢中既指心則屢空亦必指心矣一
則顔子生平如無善勞等大槩已造於空而安貧特其一節郎
有賢哉之語乃借人憂以剔出其樂亦是狀其心躰而非特賞
安貧也一則考字義空乃活套字凡虛無者俱可言空若作虛

貧屢空二字太生拗在四書內亦無此解惟作心躰有鄙夫空空如也雖彼此高下各異而其從心上說只一般且空既是活套字則亦以活套之心躰當之貧則舉一廢百不盡空字之義矣徐時泰曰三義貼書旨誠為的確但恐心躰之空於聖學終不相肖曰易云天下何思何慮詩云文王不識不知上天之載無聲無臭非空而何但未能充塞而先言空則不免為口頭禪是則與聖學刺謬耳曰然則貨殖何又從貨上說曰此明有貨字安得抹殺而以學殖為解蓋殖貨正是不近道一事乃與庶乎相照而不必從屢空牽帶者也又王師濂問億字終是子貢

一生大病夫子指破他要他去億歸空恐此不是稱許的話吞
回玩屢中明是稱之億字好多宜活看億即思慮定靜安後尚
不廢思慮蓋對已得手的要他掃去億度對未得手的亦須借
億度為研摩今以子貢分量及屢中語氣照看要知畢竟是稱
詞也

子張問善人章

四書商諸生朱廷祚問入室還須靠蹤迹否從來時文都如此
做宗建曰子張因夫子再三致意善人故特來質問是有歆仰
善人之意故夫子卻揚而抑之曰不踐迹者言這一種人生來

血脈甚真絶不依墻傍壁從人脚下炮討生涯却也未能一往入神便到深微田地從他不踐不入處絶可想出他這道理此非聖人不能形容善人入骨也迹是古人炮格子聖賢學問豈在格子上模擬若靠着迹終不能入室矣不踐迹下不必如註中又添一轉語

李卓吾曰大人之學止於至善至善者無善之謂也無善則無迹何有於踐非但不必踐亦踐之而不得爲者也入室亦從不踐迹處入微来不可同惟不踐迹故未入於室也善人加學問則入室矣學亦非世儒之所謂學也若世儒之學只是教他踐

迹。

論篤是與章

人知浮言不可信。乃論篤亦不可信。此夫子警切之詞。色字所該甚廣。凡形於外者謂之色。莊是莊重。正與篤字照

子路問聞斯行章

況無回曰凡行自有時中之妙用。二子各以氣質之成見障之。故不得見耳。夫子一進之。一退之。成見去而其中之神明变化自生矣。非謂求必進而由必退也。若一於進退又是執一矣。

葛屺瞻曰由求俱是問行夫子雖一進一退總是要他行得恰

好非謂由能兼人獨不欲其行也有父兄在殊無稟命之說記云父母在不許友以死以此推之父兄在者凡事俱須照顧前後不宜直前遽行只是要加躊躇之意兼人謂一人才力能兼數人之長若果行得停當有何不可其寔銳進者未免粗疎故以退之〻法救其失蓋凡教人不在益其所長而在攻其所短此正化裁之妙也

周季侯曰子路兼人之勇更無人攔擋得他何等果決却只知向前絶不知有個斟酌商量說父兄在默〻令他自去消化蓋子路平素行事儘有不照着夫子處則有父兄二字甚有味也

子畏於匡章

疑問補云、匡人其如予何。夫子知天意。必不死於匡人之手。子在回何敢死。顏子知夫子。必不死於匡人。可見聖賢自信處。又云死生道理。聖賢見得極分明。故顏子雖在後。能參得夫子不死之心。

顏子曰、子在、回何敢死、而夫子曰、吾以女為死矣、非顏子能知夫子。夫子反不能知顏子也。夫子喜極之詞。顏子確信之對。

季子然問仲由章

葛屺曕曰、夫子平日語多和、而獨此最為激烈、必有其故、想子然之父意如逐昭公則子然亦必素蓄無君之心者故於其間由求謂不以道事君又謂不從弑逆皆以陰旂其不臣之心耳以道仕君單單只把個道更不用别法也不可則止君不以道爲可我即止而不仕也具臣乃是知效一官能辨一職非止倫臣數之説

願若群問冉有會從聚歛誠爲非道事君若仲由是最剛果的人何亦爲此想或出於見所不到也答曰旅泰山作丘賦之類想春秋時安於習見亦不覺得是十分僭逆的事故且容他過去觀子路以正名爲迂未嘗無通俗之見然伐顓臾而夫子獨

責冉求。則子路之不與其事又可知。

子路使子羔章

葛屺瞻曰成人有喪兄而不為衰者聞子羔將為宰乃衰則其朴素之資素孚於人子路使為費宰不為無見夫子何便說賊夫人之子看下何必讀書然後為學則子羔乃質美未學者仕學雖是一理然必豫先理會方可施之於民社若臨事漫嘗則悮己悮人寧必無之子路本非為佞者但其言似是而非而信口直談不加理會有類於佞故以平日之惡佞懸坐之蓋佞必子路所深惡欲使惕然有省而要非夫子真實語也

一說子路使子羔宰費有隱收費權之意但費是個巖邑季氏所倚為固者宰此之人必有異樣才諝端得季氏過轉得季氏來總堪建立功勛今以未學之子羔為之其之應变之才可知且如由求仕季之門季所欲為中心豈樂從之一落彀中縛手縛脚觀旅泰山而對曰不能則由求之自賊多矣又何況拘攣局曲之羔乎子路不詳察夫子賊之一言徒引寬套道理來抵應激得夫子滿肚悶懣而其意既不可以明剖其事又不可以深論沒柰何罵他是佞都是借說其寔佞字与子路毫不相干切不可錯却太認真也着眼

子路曾皙章

通章都是用世之心更無別念融會大意把為國以礼一句作綱拈個禮字來點睛極是周季侯說極暢敬錄之分為三大段餘說可參及句觧字觧附於各段下以便觀者覽焉

諸生徐肇律問這一章從來講者紛紛畢竟有何寔義李侯曰從古聖賢用世俱不敢辨臨時須是平日各自有些本錢方好上路漆雕開曰吾斯之未能信斯是甚麼道理夫子曰則何以哉以是甚麼抱負正此閒居無事之日好急急商量寔寔勾當勾當得定方是現成手段的的確確拏得倒底作用出來皆有

成就夫子之期月三年孟子之五年七年聖賢有這般學術直下承當便敢定這般期限非若後世臨軍學劍因病檢方閙時閙去却待忙時總忙也三子強兵富國為相儐有本錢却只本領上少些頭腦故夫子不去抹殺亦復不置贊賞其意微矣本領二字正指禮字或問求亦語言謙讓似可謂之達禮朱子曰二子只曉得禮之皮膚不曉得禮之微妙

古者三載考績故由求皆以三年為限揖鈐東也千乘之國已是大國而復云攝乎大國者如當時魯衛之於晉楚是也方疏云義方子路當々做去与伯者作內政寄軍令氣象自

別但其志太激昂未免有當先急遽之狀故夫子謂之不讓
而記者大是着眼以率尒加之正連下所言都見其率尒也
不則齒先諸子自應首對何率尒之有禮樂主化民說化行
俗美人有相讓之風也顧學以平日言顧為小相則顧以所
學者而見之行也舊說顧為小相以學禮樂恐祀樂不是臨
時學的宗廟只就諸侯之宗廟說會同亦如春秋所書諸侯
自相會同之類方於小相說得去若云諸侯助祭于天子廟
與會同於天子則諸侯見天子無帶從人贊相之祀而所云
相者諸侯自為之詩云相維辟公是也以匹夫而僭望爲諸

侯。分外妄想必不然。又時說禮無大小相之文愚考之禮鄉為上擯大夫承擯士紹擯又卿為上介大夫次介士末介想是謙詞不敢為上擯上介之卿願為承擯紹擯次介末介之大夫士耳附考

諸生又問曾點之与又復如何季侯曰從來心性功名不作兩截。世有大經濟者須從心性上討得生活方能用世出世無所不絶。昔賢以唐虞揖讓等之杯酒湯武征誅等之局棊這是何等意況須要知得此理處處周圓自跬步而九州瞬息而終身小而一起一息一言一動以至天高地下魚游鳥飛草生木長

帝禪王傳莫非此理貫徹圓通何待安排何煩假借今日不消
借之明日此事不消移之彼事元無成見可以預參參無死局
可以先定曾點此時實實見得到此故其靜動之際從容如此
其所言志則止舉現在只說眼前任他才名搶攘制作紛紜總
来只各做得一件却不如三三兩兩弄水乘風這敘意趣領會
得遠包括得全古来豪傑人多只為知此意者絶少所以把個
渾淪世界弄得多少不清不靜把個現成萬物弄得多少不安
不閑總有經畧于唐虞三代恁地懸絶今只勘曾點數言直恁
自在畧無意必這便是千古聖賢寔寔受用風光便是千古聖

賢賢經綸手段此正心性功名打做一團妙用夫子止為及門諸子猶思用世却未了得此趣亦竟有懷莫語而點之言志忽尒觸之故不覺為之興嘆耳凡人撥着痒處不覺手舞足跳不能自已喟然之與亦撥着夫子痒處也

撥着痒處正撥着為國以禮處李衷一曰夫子與點正與其從容自得與禮意合可以出而應世非與其流連光景無意於用也

葛屺瞻曰夫子從人知說來原是用世念頭至三子言富強禮樂遂個個有許多作用說得行不得夫子一一聽過未免

二十

問曰[illegible]

心下鬱悶。到點說向童冠偕春浴沂風詠。目前有這許多快活。不覺動其師徒樂聚居常名教之適。滿懷鬱結。至此一放。故喟然嘆說吾與點也。喟然有個鬱而忽舒之意與點要與他一同快活也。此說亦伶利然不如周說之宏。餘說尚多大要畧同葛說不贅

浴沂如後世於上巳日迎流盥手。略潔衣以除其垢。非裸浴也。韓退之疑為沿字之誤正嫌浴字之褻耳

諸生又問曾皙後一段意味又若何李侯曰喟然之嘆已稱莫逆。却亦未曾討得聖人意中事出故曾皙之後雖聞三子實是

未窺聖意迨至夫子說出為國以禮分明將自家一副致治手段說出與他令世有知夫子者挾此以往唐虞景象宛然在眼這種經綸便是性分定際才力意見一毫湊泊不上此正喟然一嘆大本領處曾點鮮得此意卻疑求赤三子于此意味尚未領會故以為邦微問而夫子卻兩許之正謂二子於謙讓之意尚有可想不重許其有才許其有才而尚知以讓出之不至全無機括耳玩此一段商量語味悠遠座中之琴雩下之風至今恍然不散也

此段大意捲盡漢疏包云為國以禮禮貴讓子路言不讓故

咲之孔云明皆為邦之事與子路同。徒咲子路不讓。李褁一曰禮字即是讓字流行于一身而發揮于家國天下無時無處無之能曉得春風沂水一段從容自在處是禮意便知為國以禮的道理字字真切與周說印可繹也

王季木曰卿大夫而下有都宮而無宗廟附庸而下有通閭而無會同所以獨說是諸侯事。

顏淵問仁章

每怪世人講書亦逐高低情面。如此章書分明是腳踏寔地斬釘截鐵語。顏子當日已曾自下註腳說是約我以禮何等真切

今惟看顏子是亞聖遂把夫子所與言的都認作極玄極渺了如克己兩字夫子自以回忽釋之看是吃力不吃力否朱子有云說文勿字似旗脚此旗一麾三軍盡退又云顏子力量大聖人便教他一刀斬斷此四勿克己正鮮也今時說解四勿謂在吾人須極力做一場在顏子則有意無意之間於己字看要做極細於克字看要做極輕極輕極細論之誠工但以愚觀之謂顏子工夫直直截截如洪爐點雪則可謂顏子工夫在有意無意之間如青蜓點水則不可也一虛百蕩支節彌多或謂顏子天資高邁夫子不憂其不超脫不廣大而憂其向超脫廣大處

求。沒把柄。言為仁不必遠求。只就爾當身。把這己私克去。後還天理。這便是仁了。又謂夫子告顏子四勿。意重視聽言動四字。不重勿字。顏子嘗說夫子高堅前後。看夫子忒遠大了。夫子謂仁只在視聽言動閒。工夫至近至簡。皆眼前事。此二條皆翻深作箋套也。把聖賢提宗透頂工夫。看作救弊補偏方法。想頭絕癡。可咲。至若克己由己。而己字。上下本開張不交纏。顛淫陽曰克己之己對禮言。由己之己對人言。本文自明白。非禮勿視等克己也。請事斯語由己也。不須添一註脚矣。今無風起浪。謂歹是此己。好亦是此己。仙家舍七情無還丹。禪家舍無明無佛性。

故說克己，又說由己，理雖不錯，然細玩夫子語中，何曾暇說到此，幸千萬勿打葛藤也。去此数種支離，順本文朗讀一過，自得之。

葛屺瞻曰：己字禮字，照下文看，己即是視聽言動，於此要件〻適意，認作自家，與人分別，故以為己。克者戰勝之謂，能降伏得他下也。禮即是當視當聽當言當動的條理，如不合條理，自心下亦必有所不安。即就言一端例看，人若說話不停當，必口中囁嚅，臉上發赤，可見人自己本有個條理在。復者，我之故物，一向為己所屏，遂今則復歸還之也。克復工夫是一套做得，觀下非禮勿視苟勿視必律以禮則克己乃以禮克之如奉大將以討叛逆者逆禮復則百躰悉受節制而已則化而為禮矣克己復禮乃是為仁功夫故謂克己復禮為仁一日克己二句正申解為仁意一日者前此雖做工夫未能得手還計不得程途筭不得日子惟到一日耳目口躰忽然都喪從心所欲不踰矩是乃功夫得手時候這一日方纔好筭得克復的日子也克了己復了禮我與人相通不隔自必能使天下歸仁謂何必要說到天下蓋仁原以天下為一躰舍了天下即無處寄我之仁正如火寄於木必火燃方是火到必天下皆歸於仁中方為完此一

躰之分量方是為仁天下歸仁全由克己來故說為仁由己而由人乎哉乎哉語氣蓋深有味於克己之得力而為咏嘆之詞也夫子論仁至此真是直截痛快顏子便要下手去做故問功夫的條目夫子又就已上分別出視聽言動來如見色要視聞聲要聽不好的話要說不好的事要做像了自己意思不顧道理如何這皆是不以禮而以己者謂之非禮勿者教他着力檢制顏子此時亦必在未約禮前也不云以禮去視聽言動而云非禮勿視聽言動俱用禁止字義者正應着上邊的克己然句句有個禮字在則復禮亦即含於其中矣請事斯語謂請從事

於這四勿的言語通章看来仁的分量必包乎天下而仁的動夫惟在於自克分量全由功夫做来故於論克己猶為詳切

又鄭尚友問聖功貴動靜無間今夫子以視聽言動告顏子似單在動邊着力倘視聽言動未接時功夫不幾停閣而無所施耶答曰子果以人有不視聽言動時乎夫人要離視聽言動除是死去若生則無一刻能斷絕者睡夢之間一呼即醒是無時不聞合眼之時猶能見暗是無時不視言不必宣之口凡擬議欲言皆是動不必見之行凡食息起居皆是然此論理則然若夫子語意又不必爾正教顏子實實在視聽言動處檢點惟其

有視聽言動可擬方無容躬閱無容襲取功夫乃為確寔若高標性命而動容未免失禮者恐非夫子之所立訓也屺瞻此說甚平寔故從之餘說尚多如蘭嵎駁不錄錄其中有玄理者以備參張侗初曰聖人論仁大都言一一者一𣪊爆破之意又曰聖人指出個渾渾成成金躰時來告顏子如人元氣畢備生成一個完人矣識得是真人便要與他點面目所謂三年不點睛點則飛去四勿是點破為仁真面目也以此解目字自奇周季侯曰去其非禮便即是禮禮原非有實相可以舉似所謂有去翳法無予明法也嘗登之云朱子云勿者禁止之詞

是人心之所以為主而勝私復禮之機也愚謂人心之主不在勿而在禮克義則在勿字中禮常為主自能炤非幾之萌而克之不然雖欲禁止非禮而無及矣顏子不遠復其主全在幾先蓋勿從禮出禮不從勿出二條逗出金針可謂轉法華手皆可玩

仲弓問仁章

葛屺瞻曰不欲勿施正為仁的實事必從見賔承祭說来者蓋人若心事放縱為能躰貼人情必須一心對副着他如見賔承祭遇着爵位德望的人在面前或天地鬼神鑒臨於上此時自

然一心對副今把出門使民人情所最易忽的俱與見大賓承大祭一般則此心時時提撕更無放逸之處矣這正是推心的張本不欲勿施即將心去體貼人我所不願的不要把去施與他邦家無怨又根上不欲勿施來能得如此體貼人情自然到處無怨如其未然則不欲勿施者猶未盡也此與天下歸仁一例亦是見他為仁處但天下說得廣在邦在家不過隨身之所到因彼此功夫有頓漸故感通亦有廣狹耳仲弓請事斯語其功夫誠不同於顏子然其直下承當卻亦無異

楊復所曰先儒云無忠做恕不出今亦云無敬做恕不出雖然

忠敬亦非二物。

司馬牛問仁章

藹屺瞻曰訒即忍意乃頓住在口而不直出其言也訒根仁都來是說養成的說倒不是初學所能想牛平日必是好說話的夫子特指點個仁的模樣使牛默會牛卻不去思想道是訒言為易而少之夫子即就其意說為仁果覺得艱難即要不訒言自不得不訒了言外見得口頭會說的還只是一團浮氣未會摸着他的就裡哩周季侯曰只想首句仁者二字便有下落司馬牛卻不理會到此為之難者非慎重圖難之謂也忉人之心

如人飲水冷煖自知一一當做的事實實體貼于心行過一步終是一步做得一尺又有一尺這裡真正有許多難處全是揣寫出他心上一種深知苦辣意思註中事不為句似未盡且似落下一層了

司馬牛問君子章

葛屺瞻曰憂是憂愁懼是懼怕不憂不懼根君子來亦是就造成的說其所以能然處全在下內省不疚內省是自己心下查考人在暗室屋漏中做了虧心的事別人未必曉得自己如有疚病一般排遣不去故須要心下查考沒有一些病痛則此心

快然自慊。有甚麼憂。自反而縮。有甚麼懼。這何憂何懼。從内省說来。只在自心上論。若境遇豈能必無。但雖有。如飄風之過於我心。毫無關涉矣。内省怎麼便能不疚。要見還有平時克治功夫。但此在言外不曾道及。

四書商。諸生問不疚之義。李侯曰。要看得細。不疚。從他心苗隱微處勘。世上儘有事可對大庭質聖賢。却自家查来。覺自有過不得去處。凡事須是仔細省察。心上打得過。方能不憂不懼。兼着。仁義道德。只討個題目做去。未便能不憂懼也。

司馬牛憂曰章

李卓吾曰、司馬牛多言而躁。其兄弟又凶頑不道之人。料必兄弟不相能者。人皆有兄弟我獨亡、憂其將害己也。故子夏以死生有命富貴在天慰之。又教以處之之法、謂只待以恭敬疎者可親。況親者乃及疎乎。蓋勸其兄弟和睦也。宋儒竟謂認他人爲兄弟、何必自家兄弟、這叫做離間骨肉。敬照下與人恭看、則敬單屬於己。敬原是好的、只要常常如此、無有缺失、與人恭、却有未必當處。故須有禮以節文之。了凡刪正云、此立命格天之道也。極可玩。一說向魋欲害宋公作亂、其謀已成、無可挽回之術。只有避難而去一着故稱四海皆兄弟以語之。敬恭二句。正教以自全之策也。其後雖叛宋奔衛、牛致其邑與珪焉而適齊、雖自衛奔齊、牛又致其邑而適吳不悅於吳而及魯、趙簡子召之、陳成子亦召之不往、卒於魯郭門之外然則牛於敬恭之訓。庶幾其能奉以周旋者矣。

子張問明章

四書商、諸生講明則自遠下段即頂上段說來、李侯曰、明與遠雖無兩層然兩對須作兩番呼喚。方盡神情。蓋子張之求在遠、而夫子却以近處之激破之故特地說此反復叮嚀之語。上段是實落說下段則就上文而形容之註解極得吳因之先生謂遠非旁燭遠到之謂乃精微深邃之謂是從心境上模寫全要看註不蔽于近句不蔽于近何以為遠大凡遠處易看惟近處每看不破且如天地鬼神往古來今雖甚幽渺寥廓然于我初無情識所牽愛憎所動故聰明可用而探索可窮惟耳目見聞之近毁譽是非之間以情觸情以識技識聰明有所不能用察識有所不及施這等去處必非揣摩物情可得全是胸中原無情根始能使情中之影一下銷鎔胸中原無識種始能使識上之緣粘搭不上此其心境之精瑩了徹視夫探賾索隱鉤深致

遠之明何可同日而語故曰可謂遠也已矣如鏡之明者不必往燭萬形而其能不昏翳處却便是遠也此章若不善看將率天下都在照上用功不在磨鏡上用功謂能疑為明何啻千里不行而字靜甚猶云觸之不動其所以不行全是本體空明之盡故曰體寂若太虛用照同白日若在譖愬上料理其不行處或正是行無有是處

子貢問政章

通章重信夫子初以兵食信並言原看作一團如未有府庫財非其財及有勇知方之類言信便離不得兵食言兵食之處假

離不得信周季侯曰上之教信未嘗不在議食議兵之時而民之信上大約必在食足兵足之後是也子貢竊得此意欲就中揭出大緊要的以見王道之別於伯功吾儒作用之別於富强遂將這一團中別個三之二之夫子是囫圇說子貢是拆肉還母拆骨還父說而存去生于其間爲蓋窮一時之變以定萬古之經直推到此時此處別無游移別無閃變然後知信之所關大也非直以應變之策言也後世如張睢陽以孤城弱卒當百萬新集之師是去兵到後來羅雀掘鼠是去食而至卒無一人敢數者是終不去信的樣子說到去食大半拚着死了故申言

自古皆有死民無信不立千古生死立案如山信得過一刀兩斷聖賢之重信如此

況無囬云曰足則上教民信意已具故下即承之矣二字使外信而兵食可以議足便是齊桓之內政商君之阡陌耳此末世之富強豈聖人之所謂兵食乎鄒肇敏云之矣二字最可玩味蓋曰足食則食固已足矣曰足兵則兵固已足矣止曰信民為知民之已信乎未信耶必懇而視其民亦既信之矣然後可為政如他日以近悅遠來言政語意亦如此其教信功夫自是有素然此處口氣不重淺說道理融貫鄒說口氣明白可參玩

去兵去食兩去字活看，猶云必得那一件不是用力字。若曰自我去之，便欠通。須知夫子於不得已時還重信，亦不是大頭巾迂闊之談。李南黎曰：平居固當結之以信，危急尤當鼓之以信。蓋安常時兵食信係從容積累工夫，時到危急，所謂兵與食者則權宜處置之術，所謂信者則臨時激發之機。天經地義，何人可忘，一提便醒。古英雄拯救扶傾，都覷得此一着。爲子死孝，爲臣死忠，伏信以立所相維不解也。若沒了信，則見利必趨，見害必避，子叛父，臣叛君，土崩瓦解，鳥獸散矣。故曰民無信不立。嗚呼！臣子所以立

心即國家所以立命萬不得已之秋非此信何由濟哉死事成事莫不在茲古聖賢不腐也

棘子成章

四書商諸生問子貢之言畢竟有病否季侯曰須要曉得文不是個虛文世界全靠着這文扶持從來聖賢無掃除文物之論夫子之從周也正從其郁郁之文試想郁郁兩字生趣躍然只為後人生趣蕭索壞了此文罪固不在文也棘子成只把文認做虛文故欲去之子貢卻謂質文相離不得譬如皮之有毛一毛孔中具有生意其潤澤處正顯得質地之美今若把文一

起撇下這質便是枯槁之質虎豹犬羊等之一鞹鞹則有何分辨哉夫至君子一無辨于小人將世敎于此盡壞而又何能以質挽回世道耶此論甚確有何病痛

文與質是拆不開的生来合着更無可分故謂之文猶質質猶文其取譬於虎豹之正為虎豹之皮與毛是原相附的此千古文質定衡也李卓吾曰上節快談下節定案又上節君子二字宜重看是有移風易俗之責者下君子小人無辨意正與前君子相照前後語氣兩相呼應須得圓醒為妙

葛屺瞻曰文是文飾如服物采章登降揖遜之類燦然有可

觀美質則質素止存本質而無增飾也棘子成要去文存質
亦與夫子寧儉意相似但不免矯俗太過故子貢以失言惜
之文質總下虎豹二句看文如虎豹的皮有文彩質如犬羊
的皮無文彩皆因乎其質肖乎其形如在士君子則須從文
倫物倫儀方成觀美若純任本質便無以別等威而明幹綂
在細民則止能任質僿野率真自得其便若加了文彩反張
惶跼蹐不成個模樣故文之不可易為質即猶質之不可易
為文質之不可易為文亦猶文之不可易為質假如虎豹之
皮原有文彩的若要去了文彩便不成其為虎豹犬羊之皮

原無文彩的若要添此文彩亦不成其為犬羊故為虎豹之鞟猶犬羊之鞟此猶字與上猶字頂針一直接下正所謂鳧脛雖短續之則憂鶴脛雖長斷之則悲各適其適而非可相易以見文質皆宜並存不可偏去若如舊說須於質猶文下補一去文存質話頭不免費辭旋且一然猶字如何又作兩看大約鞟即是皮鞟字即與皮字互用去毛之訓雖見於說文不必拘也亦一見參

哀公問於有若章

葛屺瞻曰徹法乃井田之制君臣一體有通徹之義故名徹魯

當初亦是行徹自宣公有履畝之稅遂畝又加一倍則是十分取二矣君孰與不足分明是百姓皆出賦稅與君然亦不外徹法惟正之供百姓若足則飽食煖衣仰事俯育俱已有餘何苦不輸課與君若百姓不足則飢寒迫身救死不暇雖日加鞭笞亦不能應矣君民一體事勢必然非徒虛論其理著蕭敖明問君孰與不足還是君民一體則緩急有賴過變必能分外輸助若只是惟正之供則何為二猶不足也荅曰先王量入為出所立稅法原自足供國用後世鑄山煑海算商告緡雖利孔百出而天地生財實只此數盈於彼者虧於此倒把正額錢糧又拖

下了果使正額錢糧一一辦納國家自然勾用古人一年耕有三年之蓄若遇變而求助於民間則亦國非其國矣愚按哀公以年饑而憂用不足然最可思想是年饑民多拖欠賦無所出故是用憂耳若使民賦不逋則年饑亦何与公事而憂用不足也此瞻以輸納為言極是又其間於有若亦非意欲加賦只是欲有若區畫一籌可於原取十分之二者婉轉取盈以足國用耳有若深知然意而為是探本之論見得賦重則民貧民已貧矣一旦年饑而民益貧輸納寔難捴無別處置也盡徹之言与民足君足之解似反實正似迂實切彼泛以君民一體道理論

此章足不足者都不從年饑二字想過話到機宜處實理實事
毗瞻較有眼
又四書商諸生問盍徹之論雖是至理却似遠于經濟否李侯
曰用徹之時人無獨富亦無獨貧一年之入常足以偹幾年之
用故雖遇飢荒不憂窘匱徹所以為恒足之法盍徹之旨正欲
哀公通上下而計之不求為偏足而求為共足不圖為一人之
用而圖為一國之用一徹之中有多少均調劑量之義此實
救貧國之良策也公却不喻此意故復深言一躰之意動之使
公恍然而悟君民原是一躰貧富不容偏分將上与下自有交

通均適之成式在又何忍復奪貧以益富也當時公室四分季氏專富這等去處儘好裁量有子之意其深遠矣按此説本出洪氏謂公之不足非不足也什取其二不歸於公室而歸於三家也以春秋傳考之良然或曰如此則雖徹而何補於哀公之不足耶曰徹法行則自一夫百畝者而上之士大夫卿各有差等以至於君什卿祿之制皆可以次第而舉蓋不惟野人之井地均而君子之穀祿亦平矣所謂一徹而百度舉者也鄭申甫曰輕賦自公始則民歸於公而三家之權漸收矣此有若合當之意而不明言者也不然則有若乃頭巾腐譚此説亦濶大可

參。

子張問崇德章

葛屺瞻曰忠信總是一實心主者將他做主張乃學問根基處。義則隨事合宜原無定在。又須遷徙以從之。忠信與義而全則主輔相須。而可直造至誠無息精義入神地位。故以為崇德。謂德日積之而高也。愛其人則欲其生惡其人則欲其死只此已不是謂何又說既欲其生又欲其死這是挑醒惑字意說人之生死且不消論。只你心裡既要他生又要他死。可見你心怎作不得主張。自生顛倒。卻不是惑。知其惑則知所以辨惑。故不復

言辨字誠不以富二句當作錯簡

愚按夫子以欲生欲死四句說惑極淺極深總是極言愛惡根之不可有耳哉輩不要瞞心講話試平平舉着除却情識不生無欲惡時便羅纏有愛便有欲其生的意想纏有惡便有欲其死的意想而既有愛便不免流溢而有惡既有欲其生便不免翻覆而有欲其死深重處是墮落刼旋轉處是輪廻因世之自謂賢人君子者比比然也欲除却惑當除却愛惡欲除却惡當先除却愛愛根難割惑所自來也痛哉

齊景公問政章

門□詩云

葛屺瞻曰集註云是時景公失政而大夫陳氏厚施於國景公又多內嬖而不立太子其君臣父子之間皆失其道故夫子告之以此上君臣父子四字是其名下君臣父子四字是其實總是要盡其實不可忝其名姚承菴曰此即正名於衛之意李卓吾曰聖人之言順理平鋪似無意者而極切來聞者膏肓故不覺聽之骨悚流無面曰景公此時所謂危葉易風驚禽易落時也故聞夫子之言感慨咨嗟幾與牛山之淚同其酸哽

片言章

葛屺瞻曰片言猶單詞不必言之多也折是折斷開來凡獄詞

必各伸其說爭做一團。我判其曲直。折開作兩處。可以折獄者。是折去就服。不復更爭也。其由也與大槩料由繇得而記前因。以無宿諾實之。子路有所許諾於人。就去做了。不肯歇宿其言。何等誠確。故他說出的話。人自信服了。如今做官的。只爲人平時信他不過。所問事本未必盡差。卻多生猜度。或道他聽分上。或道他通賄賂。轉告不休。若平日原信他是個誠實不說謊的官。則問下事來。一定信從。便不十分如意。也只得干休罷了。記者以無宿諾證折獄。真深得聽訟之法。況無固曰。子路無宿諾句最好。無宿諾與折獄有何相干。須於

此句中想出一個活子路方知片言可以折獄之妙

聽訟章

玩必也乎三字寄想甚深甚遠李卓吾云弘頤又使字大着精神有轉移之妙在但不說破

子張問政章

葛屺瞻曰兩之字即指上政字居是心之宰政處無倦者精神不令倦怠也行乃施之於政以忠則將我本心去為之如今人為政何嘗不着精神但他精神多用在結納要津殊纏世態對百姓及以為厭苦挨得過便了懶去留心及至行出來又不過

因襲格套鋪排軀而不肯將本心做事故夫子提個無倦以忠要人全把精神心術去為政

君子成人章

葛屺瞻曰成美成惡只爭個從世道起念從一己起念而作用遂分美與世道有濟惡與世道有妨君子不勝關切故美的多方去培植務成就他惡的多方去救正使他不得成就在己則不惜身家於人無不避恩怨必欲盡人皆美而無惡方為快意小人則惟知有己正引惡以為濟而惧美之相妨故與君子相反

季康子問政章

凡有國家者俱有政俱未必曉得解說政字其字畫從正字音又從正乃端正之義此句只渾然解釋人已皆揖其中而責成於上還在下帥字內書曰表正萬邦上者表也下者影也表正則影正矣與此章同意

季康子患盜章

疑問補云盜生於欲季氏有欲而竊國是國之盜康子有欲而奪嫡是家之盜如何能止民之盜四書商諸生只講上廉則民自感化故不為盜季侯曰此言尚未着痛痒此須要想個着落

大率民之多盜多由不足民之多貧又多由上之過取一有貪官而民之騷然不能安其故業者多矣安得無盜耶只一不欲留了地方多少元氣保全了地方多少人家水寬則魚長官清則民安不欲一法纔見得真是止盜良方莫迂濶視之也葛屺瞻曰今人呼他為盜必然面赤誰肯樂為只因在上的有欲尅剝小民既饑寒迫身旦夕難忍又見食肉衣錦儼然簪裾以臨其上者且不惜廉恥要錢小民更何顧惜於是相率為盜若上不欲則下不竊乃必然之應不容爽者按屺瞻此說是會疑問補四書商而總之然玩本文口氣甚直截則剋剝一意似不對

針只依疑問補作小民會學樣一意可也又賞之一字本是形容話頭但照下欲殺意看来則賞字亦有意言外見有適然而賞之不竊豈有那然而罰之能禁者乎此聖人微詞也

如殺無道章

為政二字重看便見主張在手意欲善民善其機甚捷全在為政二字上描寫来下三句正見為政者之易於鼓人德風德草德猶行也猶云行事是虚位上即如字不必改尚字而加尚意自在其中

王宇泰曰康子緫説個殺字孔子便説個善字来換他康子欲

殺惡人以成就善人孔子便欲化惡人以爲善人吳氏所謂康子殺心如火夫子以清冷之水沃之

子張問士章

此章書總是真僞之辨質直三句一團實意色取二句一味虛哄時說提仁義兩字作綱亦恰好所以一邊說義一邊說仁者謂義則方整而仁却員融也愚意方整兩字以解義未甚恰義字內有多少員融在觀下察言兩句可見真正學問無校斂之理義與仁有何方員分別王漢治曰仁義一道也義卽仁之有宜者也極是但達者以質直好之便是脚踏實地的人之生也

直原是本質々者無粉飾之謂與下色取色字相及色則非其
質矣不直矣沓舊續聞云學者當以質直為本維摩經言直心
是菩薩淨土楞嚴經亦言三世諸佛皆以直心成等正覺因地
不直果招迂曲真偽關頭只在此處徒以方員分仁義者非也
下觀察等向兩節字々相反總根好義取仁作一套今但把仁
義兩大名理作綱而指出直字作案於聞達分途打蛇七寸
葛屺瞻曰子張所問之達夫子疑他是聞所以反詰問之得其
邦家必聞之言而後與他剖判是聞不是達達如水之盈科後
進足此通彼漸々通達之意聞是傳聞一人傳兩兩人傳三傳

了開去其實未必有此事質乃本質宅心的所在要徑直不可有一毫委曲這質直全是好義觀察的張本若無此質直則做来雖合義即与色取仁無異矣然天下直性的人每認真太過不近人情處分未必合宜所以要好義觀察下人亦是好義中事蓋義從人起不從我起察人的語言觀人的顏色把思慮去下人正降心以躰貼人情得了人情不是一味奉承義中自有斟酌調停之妙凡此皆以善成其直者質直則我的心既無枉曲而好義下人則人的心又無拂戾自然人都道好處處通得開去在邦在家俱必達了色不只是顏色凡顯露在躰面上為

人所見的俱是取仁者向人前做得十分親愛也行雖誤一身

既對邑言便將人見一邊別出乃是人所不着眼處行違則与

仁相悖違即恐心害理的事亦儘去做矣然此若自己膽怯便

不免露出破綻巧處專在居之不疑自謂處世道理合當如此

儼然以仁者自認更無疑惑這既能熟面向人又能矯情鎮物

人都被他哄過也都道好所以在邦在家亦俱必聞

郭昺泰問義字不專屬外如必察言觀色方為好義則此心向

人情上揣摩似乎義襲而取矣岷瞻答曰孟子云義內也非外

也固然易又云義以方外却是謂何洪應纘曰看下以字是把

義去方外方如騏曰義以制事而制事處總不外此心曰此心
是斡旋話而不知本文自不消斡旋凡看書若滯在一句一字
上尋道理不去理會前後文如何得通徹蓋義以方外不是單
舉的根上敬以直內說來即此察言觀色亦是承着質直大抵
直率的人只愁不會委曲那怕他迎合人情但肯在人情上躰
貼便是自己不存適莫正善於此義者
程汝揚問色與行既以人見不見分別似外邊能得哭人而切
身處未必能克己者故終成其僞岷瞻荅曰如此便似管子之
一匡天下而身爲奢僭者夫子業許其仁難以僞言此還是媚

[illegible][illegible][illegible]書

世之鄉原專在軀面上打點凡可表暴取名處雖已亦必能克凡不可表暴取名處即人亦未必能愛只以見不見分別較於真偽為歟

曾登之曰子張之學病在不務實故夫子告之皆篤實之事愚考子張質最近仁夫子稱之曰自吾得師前有輝後有光蓋有善與人同之度而不以猶介為高者其干祿其求聞此欲公其身於天下也使在今日則皆目為萬物一軀之聖學矣夫子所以嚴為之檢者為其仁度近於識而辟習亦易入於偽也好義下人正子張之能事特分量為雜濫耳唯質直稍有未足而亦

必無色取行違之過。則以其疑似而防之。此聖門慎獨之教也。後儒不察。而嚴之狥外為人過矣。

樊遲從遊章

葛屺瞻曰以遊觀時為考德問業之地故夫子善其問事即進德功夫得是得理於心既做工夫豈不要得但求得太驟便恐做事鹵莽不着實故須當先做進德的事急急趲上前去至於得則直放在後面待他大候自到不去輕易承當則德自日漸造高了這是崇德慝是惡之匿於心者最易護短若攻時少有分心便被他躲過只一心攻己之惡更不分心去攻人之惡慝

方搜剔得盡無處藏匿這是脩慝一朝之忿不關終身不過霎時語言不合意氣相左只須忍耐片時便好過了他却縱着氣性使去把身及親都忘了不暇照顧仔細思量着甚要緊這正是惑

按大全朱子云凡人為所當為而無為利之心這意思便自高遠纔為些小利害小便宜這意思便卑下了先事後得所以是崇德此以意趣言之說亦超脫今吧膽主寬待火候之說則較有實義陳同甫有言夫取巢於未熟與既熟相去不過旬日之間而真味遠矣東坡猪肉頌云寬着水緩着火火候足時味自

美是此段註疏也而鄭申甫則又云德者得也得有原得有後得原得者即明德仁義禮智所得於天與生俱生者是此德原自具足原無增減安得言崇若後得者乃是包攬外面聞見之知為助道資糧若無本領為之却於本來面目上添設鉛粉故先哲云道求日減不求日增則似不用崇意謂此崇字不訓增崇而訓尊崇即中庸尊德性尊字乃崇奉不敢失墜意然樊遲并見未到此未免有增崇之意故告之以先事後得樊遲方望多得而夫子劈頭斬斷其得根令之放後後者棄置不顧之意非姑後稍緩之意曰先事而又曰後得則亦是無事之事孟子

曰必有事焉而勿正心勿忘勿助長也正助即計得之意心常勿忘惺惺不息勿雜別念即是先事孟子曰君子深造之以道欲其自得之也得曰自得則非人力搜索之所得可知而所得亦不過本來面目而得無其得又可知惟認個德字差事字亦差而與孔聖傳授學脈遠矣說別有微義參之

按無攻人之惡照舊說看來只是形容一個用志不分朱子曰緫檢點他人自家這裏便跡是也細玩此句終豈無確下落或謂惡從何生皆從人己對立交加而生又覺太粘帶了或謂人平日多見他人所行有不是明明在心試一反己自思人所痛

處我皆有之轉一念來自攻一一無所逃而悪不容匿矣又於無攻二字口氣放開不蹭着了楊復所曰應悪之匿于心者攻之自無暇及于人之悪明矣何必言之曰人之悪非必他人之悪也攻己之悪而有為人之念皆攻人之悪非攻其悪也故曰攻其悪無攻人之悪此解的當但時文未有從者備參

按一朝之忿二語說来甚刻畫舊說順文敷演未有發明恐粗視之便与好勇鬭狠以危父母同觀非孔門細密工夫精視之則了凡所云論是非不論利害人心惟怒為難制忿不及懲則蕩情戕性是不知有身也不能抑情制性而傷其身是亦親之

孥也作與周折論理誠工但於本文本義果恰肯否愚未敢謂然也愚意夫子此言總是極言忿之不可縱古人謂忿如火牛一片無明火按納不下燒天燒地果是把身命二親都不復顧了實有與理與事所謂黑風飄墮羅剎國者也嗔念化毒蛇佛家尤戒聖賢懲忿都如此

陳定宇曰自治其惡与自懲其忿皆崇德中所當為之事

樊遲問仁章

葛屺瞻曰仁智皆心之德但因他愛故說是仁因他知故說是智正是指其躰段不在作用上說樊遲未達照下吾見夫子問

知看只是未達知智不識怎麽樣方能知人也夫子說舉直錯諸枉正是荅他知人因而說能使枉者直達仁也都說了但夫子不曾分別明白所以樊遲猶未達不免於子夏之問子夏便曉得這句話包括得廣故嘆其富不仁者遠是不仁之人皆化為仁若遠去了一般舉皐陶伊尹是解舉直錯諸枉不仁者遠是解能使枉者直言下要得舉似咏嘆之趣見夫子此言無限包括不止單說個智所以樊遲就曉得了

柴世埏問愛人知人何以謂是仁智之躰段荅曰子試丟却愛人知人别尋個仁智躰段來看曰能愛能知的心即是躰曰此

謂本軆誠然謂軆段未然能愛能知若無所愛所知以為寄則藏於未發乃是渾然之性故云本軆是仁知之同源處也今既分別言之則必念各有屬而岐途矣孟子以不忍人之心言仁不單云心而必云不忍人之心是即愛人之謂舍此則仁更無舉似處知為是非之心亦然曰畢竟所愛所知之人卻在外邊曰萬物皆備於我矣如謂宇宙民物在外而索之身內則所謂愛者將愛我心肝脾胃五臟六腑而所謂知者將知我爪生髮長筋轉脈搖耶蓋宇宙民物雖在外寔吾心能愛能知之所寄念頭起處即已遍乎六合矣安得別之為外而指為作用曰覺

人知人既是躰仁智之用是甚麼曰用則見於事若如舉直錯枉是知之用能使枉直是仁之用

王五咸問未達謂疑知之妨於仁似亦有見答曰若疑智之妨仁則告以能使枉者直正是知以成仁極爲分曉何又有子夏之問且吾見夫子問知向他原只指着知上要得又牽扯仁來

曰既如此則夫子止告以舉直錯枉足矣何又言能使枉者直

曰此必係成語故連舉之且尋常問答間因此及彼者亦多二語意義相屬安在不可以類及耶

舊說牽纏欝甚葛說大快人可從故備錄之或謂遲一聞舉錯

二言已領悟了故其見子夏隱却問仁不言顓言問智藏頭提臉以試子夏相印證耳子夏隨知其富則言智而仁在其中智仁相成的的不爽逢与子夏相印意如此上說較可通餘說愈鑽愈晦幾令人悶殺矣

子貢問友章

葛屺瞻曰對朋友不要只在口頭須剖肝露膽去告他然又恐他依不得更須善巧引道當於理而遣於情說得妥帖方便如此既盡了心又盡了法他猶以為不可乃是怙惡不悛的人只諫止了不再去告且道矣自辱不定是他來辱我即此言輕聽

厭便辱沒了自已
陸鳴勳問不可則止還只止其忠告善道抑竟與之絕交荅曰止之字義只是止其忠告善道究實論之則世豈有不忠告不善道而可言朋友者乎雖未必明言告絕業已心棄之矣曰如此恐於朋友太恝然無情曰若只一不可便絕則果是恝然要須看上忠告善道盖已情真意竭百計相規而竟不得其一入矣子莫謂不可則止恝然且去理會忠告善道鄭尚友曰人亦有一時執迷而積久方悟者若不聽而遽絕何以開其自新乎曰此即所謂積誠以悟之寬歲月以待之已該在善道內且因

絕而得悟，未必非不屑之教誨也。曰：朋友相處，尋常些小過失，寧必無各執己見者？若不可，亦須至絕交乎？曰：若小過則言之不聽，直置之矣，又何必忠告善道？惟忠告善道，故其事在必欲挽回而不可已者也。愚謂此瞻此說甚決截，甚見大意。時說謂不可則止，不是棄之，是徐以觀其後，亦善道中之一件也，較有周旋。雖然，今熱血人看此，且道是別是同。

以文會友章

玩本文口氣，上一句是工夫，下一句是主意。言以文會友，正欲以友輔仁。蓋仁在文中，如春在枝紅蕊中，血脈在四肢中，文與仁非二物也。但不得朋友來講習討究，則機鋒不起，而生趣不開。仁亦幾乎不能自見。此豈非離群蹇滯，孤而無輔故乎？可見為仁之事，雖由我自主張，而相與輔助，則藉於友之力居多。不然雖日守在死本子上，無為也。此以文會友之不可以已也。而友字上下牽搭，當提出重看，呼應甚直截。

說書卷之九終

慧眼山房說書卷之十 論語

子路第十三 憲問第十四

閩漳陳天定慧生甫著

子路問政章

曷此瞻曰、先之勞之、語意不知何指、即須上為政便是。政要率先、如所令、當先其所好也。政要勤勞、如自朝至於日中昃不遑暇食也。此只論為政的人。子路看得先勞容易、故請增益、不知進銳者必退速。其中正有可慮。無倦者、即先勞之無倦也。此全靠一團精神為主、精神若有倦。雖外面依着格套去做、中實懶散無味。精神必不足以鼓動矣。故須要無倦。此不在事之作輟。

問所謂書
而全以心之勤惰論也
初問云凡氣質剛明的人一味任才使氣未免在條章約束上
責人處過多而於自責處畧了故夫子教以先勞從自身做起
講録云勇者喜於有為如何又易得倦曰喜于有為只是個意
氣程子曰這一點意氣能幾時須要無所喜無所厭只平常
常幹得去纔是無倦
李南黎曰非有人已一躰之心雖欲勉爲以爲名而鼓舞易倦
非真能先勞者也人已一躰四字真切可參

仲弓爲季氏宰章

姚承庵曰論政者貴識躰先有司三句是政之大躰舉尒所知而所不知者付之他人亦舉賢才之大躰

葛屺瞻曰有司乃各有所司先則儘着他去做待後來報成於我可者允從不可者駁正固未始廢總理也過已是無心之失小則其失更微故直赦除不問赦止小過則大者寔未嘗縱也賢有德才有能舉則從衆人中舉之在位也三句本各開平說第舉賢才一着獨難故又有爲知之問然賢才雖不能盡知但將爾所知者舉之則人亦各各有知誰肯棄捨以人之知遍我之不知便知無不遍矣此是教以知賢才之法非謂其私而以

只要文義乃痛快便好

公廣之也。

陳定宇曰為政當以分任有司為先赦有司之小過則常人可以自勉舉有司之賢才則非常之才可以自見按蘇子瞻有云有司既立則責有所歸然當赦其小過則賢才可得而舉惟庸人与姦人為無過如張禹胡廣李林甫盧杞是也昔小過不赦則賢才避罪不暇而此等人出矣作一串看非正旨然却有深論

問季侯曰為知賢才一問當下便引賢才為一躰此真若已有之其心好之之真心也夫子却告以舉爾所知者言爾只自盡

你心不憂人不能盡心，正所以寔其一躰之視而破其耳目之藩也。舉所知中有多少，雖盡處只此處壅蔽悉開，舉一人與舉千萬人同是這副心腸，何憂不盡知耶？仲弓之問，哭不得小夫子点。不只教他与人公共，只教他自家自盡其心。若一起手便把賢才看做公共的，反為人開一推干門户。

衛君待子章

葛屺瞻曰：待子為政，是設為之詞，以探夫子策衛之先着。正名者，當時衛輙不父其父而禰其祖，故欲正父子之名，其間作用胡氏謂廢輙立郢，此誠不通（真不通）。惟陽明子所論，謂使其父子感化

交相遜國而奉蒯聵為太公廡為逆之必也是斷無出此之意
然下一乎字又是沉吟之辭心裡要如此然料衛君之難從耳
有名不正至無所措手足歷舉名不正之害皆是泛論即以衛
事實之言不順如衛輒以父為仇則號令國中赴告列國出口
必不順當事不成如輒拒父而終見逐後雖復入又奔宋而死
於越終弗克成事事得其序之謂禮而今以孫祢祖以子拒父
次序安在事得其和之謂樂而今以子仇父父亦仇子和順安
在禮樂不興起矣逆親者無罪順親者加刑刑罰不中矣欲從
逆而悖於理欲不從逆而罹於法民無所措手足矣以衛事証

之言〻有可據者名之必可言也應前名不正則言不順言之
必可行也應前言不順則事不成君子於其言無所苟而已矣
無所苟即是正字語意而已矣見只是一個正名便了更無別
法即是必也語意又承前必也正名乎相呼應愚按事不成事
乎補云事躰接上言字下禮樂字方對針事不成者把父做個
讎與兵拒他把祖來做父承其國豈成個事躰叱瞻見逐奔宋
苑越之論似差些刑罰不中亦如今犯父与犯祖罪不同科葛
名色不正至論刑之際欲從犯父律乎欲從犯祖律乎詐有罪
之子而以孫罪當之出入輕重俱失其平而民疑惑眩瞀何所

措手足。此謄謂逆親者無罪，順親者加刑，恐無是理。餘句則皆
的當可從。必商。
又柴世基問正名，以陽明先生所論庶為近之，果如陽明之說，
必須以至誠相感，一則痛哭奔泣，一則感動底豫，此在聖人當
日作用，雖不可知，但以父不父、子不子之衛國，一旦忽便能到
此，備此法行不去，當更有何法。答曰：此言良是，當日父子相爭，
已為常人之所不為，而痛哭底豫，父子相讓，又乃賢人以上事，
蒯聵、衛輒，實亦未能。然此法既行不去，當更思其次，或夫子一
遣乱衛輒，動以父子之情，使知天下無無父之國，定訣郄迎其

父一邊說蒯聵雖以亡國之人義不可復主社稷縱因為子之請請其回國而蒯聵自當讓位於子中間又令衛之群臣百姓決要衛輒君國而以太公奉蒯聵以此想當日事勢輒之恐於據國拒父總以父得國已必失位如其不失位而但奉養其親則誰無父子之情者蒯聵之必於興兵爭國總以子得國父可強求而代如其見臣民既不與已而回來又得太公之養則又誰無擇便之知者如此則蒯聵與輒必各相聽從而正名之法或出於此歟曰如此調停極善但似父子之間不以至誠相感而以術相用矣曰在自己處父子之間自當以誠不以術至為

卷十

五

他人父子閒調停我這點要他和好的心雖道不是出於誠而
當下善巧方便不妨有作用之妙與其任他兩下廝殺如寇仇
何如少用機權令父子早得相安也夫子無可無不可夫
何常法豈如世之拘執名義而強人以必不能從者哉方如騏
曰昔唐肅宗既復東京遣使請上皇還京師上謂李泌曰朕已
表請上皇東歸朕當還東宮復脩人子之職泌曰上皇不來矣
上驚問故泌曰理勢自然上曰為之柰何泌曰今請更為群臣
賀表言自馬嵬請留靈武勸進今日成功聖上思戀晨昏請速
還京師就孝養之意則可矣上即使泌草表立命中使奉以入

對針

蜀。其後成都使還。言上皇初得上表。彷徨不能食。欲不歸。及群臣表至。乃大喜。命食作樂。下誥定行日。上白李泌告之曰。皆卿力也。然在肅宗。雖未必出于誠意。然李鄴侯處人父子之間。權情度勢。庶幾愛而不拂于經矣。似與先生之說意有同者。曰。是。

樊遲請學稼章

流無田。曰。有說。遲之問。如許行之學。有說意在於不仕。看來未必有此二意。聖人之學。有本有末。大本既立。而徐及其餘。便是游藝。若於大本上學問尚未穩貼。一起講求其所不必講求。便是倒行逆施。故曰小人。周季侯曰。老農老圃。分明見得不是君

着眼在本

眼前事道得切

子之所托業其悟樊遲者至矣然樊遲胸中畢竟有個癖在故又特為點出小人兩字以破其學問種子下節全要把大人經世大學意說得透徹時文只講上下感應話頭便顛奴失郎鄭

申甫曰君子所志決矣雖未仕而所學者皆上人聯屬天下之道區區稼圃小人之事何足學之故曰焉用稼非謂代耕有人故不必用也

申甫說中着雖未仕三字甚可玩所言上者吾輩熟勿便以斯世斯民為念便要做得居人上的事業非必待達而在位方為上也禮義信不論窮達皆所當務

誦詩章

集註曰。詩本人情。該物理。可以驗風俗之盛衰。見政治之得失。其言溫厚和平。長於風諭。故誦之者。必達於政。而能言也。專對者。正使自能應對。不藉介使之助。須知達與專對。非是誦詩時便要思量。如此誦詩。而有得。則左右逢源。自無所不可。漢疏云。此章言學貴達用。達用二字。是實際語。今時主心得說。終不出其範圍。誦謂諷誦。按周禮註云。倍文曰諷。以聲節之曰誦。

其身正章

湖南講沈廷松閒世之身不正而以嚴令驅民者民亦烏敢不順何謂雖令不從毗瞻荅曰從正身看來則令乃令之以正者驅以事不敢不從而驅以正終不可強然此非獨民之敢玩上也即自己出令亦原未有真寔要民爲善之意

魯衛之政章

魯衛本兄弟之國夫子借此二字以寓諷歎語意都渾厚作者不可傷其神

子謂衛公子荆章

沈無回曰子荆善處全在三苟字三矣字苟即今俗語將就胡

亂歟也矣是止於是而不復遐望之謂非其胸中識得破見得淡安餂若此昔人云若要了時何時了若肯休時便好休二語最可味四書商諸生問公子荊得力全在恬淡季侯曰恬淡不是輕易到得須要用意掃除只看子荊三個苟字心中有多少譬喻多少斟酌在今人只一味向前故無滿足之日若能回頭一轉當下便已滿足掃除二字尤為近情義華所當着眼

按季札適衛說公子荊等以為衛多君子則子荊人品原佳居室特其一事又合是湊合籠來即是少有完是件件齊備即是富有美則更加精緻矣隨眼前所得都看為適分視世之營營

若不足要爬上去者，何雷霄壞。

子適衛章

夫子存心天下，故偶觸衛民，忽發庶矣之嘆，便有得民而治之意，富與教，則爲治不易之經也。沈無回曰：想夫子出口時，真是經綸滿宇宙。

苟有用我章

李卓吾曰：老婆心切。又曰：鑿鑿可據，豈浪言者。沈無回曰：可与有成不得說如何可如何有成。蓋列國規模不同，聖人作用亦非後人所能億度，但其自信得過，至一時必有一時之效耳。想他說時真是如指其當四書商諸生講曰世都疑夫子之學一時不效故自家說出期效季侯曰此却未盡余意當時沮溺丈人輩看得天下滔滔必無可轉故寧其身棄置不用此雖是他高尚幽憤却亦是他手段不濟譬如有個危病者中醫望之却走有良醫者獨自坐定與他下方約定他幾時能飲幾時能起幾時全然無恙全是其術高也夫子此言寔寔見得當世時局儘可挽回故斟酌于朞月三年之間定個程期此雖其技癢之言然非只以此解當年累世之嘲也。

按本文口氣寔提重三年句但朞月句亦不容輕湯霍林曰當

時亦有用夫子者。惜其不久。故云用我期月便已可了。然特僅可耳。必至三年庶幾有成。蓋恨不得終三年淹也。看朞月句太輕了。又費周折文義。

善人為邦章

舊岷瞻曰。殘正與善相反。本要梗化。惟善人一味慈祥。又加以百年之久。浸灌成俗。殘暴那裡還使得出來。是已為善人所勝過了。殺本禁殘。殘〻勝殺自可去。玩亦可二字。舉世未必盡然。正如漢文帝之幾至刑措者也。與引古語而嘆以為寔然。要亦聖久不得而思及善人之意。

李卓吾曰殺字慘甚又曰誠哉是言非贊言也贊人也周季侯曰時至春秋專尚殘酷一片俱是殺業世界夫子慘然有痛于心故慨然遐想古人之言謂不必聖王制世便得善人亦可以勝殘去殺此一字一滴淚也誠哉一句全要躰貼此意說得懇惻若只着贊嘆口氣恐猶未盡

楊復所曰可笑人每說此以為父子相繼或以為先後相繼都看為邦百年呆了為邦百年只說他遺風流韻之久耳豈真百年為邦也哉鄭孩如曰味夫子感嘆語氣謂除非善人為邦百年不能洗此殺毒那裡得善人百年乎甚傷之之詞也都作活

看、各可參、

如有王者章

葛屺瞻曰、王者是大樣開天御世之主。彼時經綸草昧。始之以生聚。繼之以休養教訓。一時自做不及。必盡王者的一世而後仁。仁者厚生正德。盡人歸于立達。正如周公輔成王制禮作樂太和在成周宇宙間者。

蔡氏曰、仁必自中作、而非自外入、是以聖人不急迫以期其必仁。而每漸摩以俟其自化、說出王者不急迫之意可玩、

苟正其身章

疑問云其身正是泛言君卿大夫此專指從政者夫子語季康子曰子帥以正云是此意

冉子退朝章

當時求與季氏議者委係是政故據實以對洗無田曰季氏恬然不知政之不當議於私門冉有亦恬然不知議于私門者當是事不當是政此恬然之意漸不可長故夫子故意顯白言之不獨警季氏悟冉有亦欲使此義之不晦於天地間耳此便是作春秋心事

陳錫玄曰議於私室者多是陰謀秘計若到公朝恐為公論所

原而不敢發且或幾事不容而害成也夫子此處又特攻冉有狗私之罪亦是拆李氏不臣之心為綱常社稷計遠矣哉此論亦痛刻

葛屺瞻曰退朝退自公朝政是國政事是家事禮大夫雖致仕猶得與聞國政而獻納為季氏專魯不使告老者得聞故夫子佯為其事以隱刺之異註附參

定公問一言章

章內為君二字是欄柄張侗初曰定公問興喪只求之言聖人論興喪却在為君上指點大意只是一個為君難後面予言莫

達便是不知為君難處與喪皆決於此

葛屺瞻曰數幾字都訓作庶幾言相近也定公求興邦於一言望得太易故以不可幾難其詞忽然轉入人言頓跌出如知為君難一句於不可幾者以此獨幾之見此一言關係最為吃緊如知為君之難自然如集木如履冰不敢稍忽邪何不興之有不必詳數為君多費詞說及失一言之旨唯其言而莫之違本是不好的話又開出善不善兩路以相形無限提醒章內數幾字數如字皆婉轉曲折不為執一之論正使定公徐思而自得耳

不易從難處分來。重君也。

葉公問政章

只閑上說如此方是政。所以悅之來之者在言外。葛屺瞻曰近悅遠來教他體察民情。天下最易感者是民。未有民不喜悅向慕。而可言為政者。故於民情向背處。便可得為政之方。沈襲問悅來畢竟是政之效夫子何不舉其事以告答曰昔子貢會執此為問夫子云。夫荊地廣而都狹。民有離心。莫安其居。故云政在悅近而來遠。其言蓋有所為也。

無欲速章

葛屺瞻曰欲速是念頭急速不循次第只要完事得快見小利是些小利益看在眼裡放捨不下既欲速必過頭一步去做不肯腳踏實地不知空缺所在即為病端終被他牽絆住做不通達見小利則精神力量盡局於所見之中外狀遂不及照管大事不能成就此兩者乃為政之通弊

吾黨有直躬章

葛屺瞻曰直本無隱何以相隱為直蓋父一定不忍言子之過子一定不忍言父之過其本心也若訟說出来不是沽名即是避禍把本心盡行曲折埋沒而後有此惟欲隱即隱直達本心

別無委曲雖是隱而直卻在其中矣是脫去形迹而猶挑其一點不容已之至情真刺骨之論

四書商諸生謂天理只在人情中父子相隱人情如此卻是天理故為直季侯曰此論未透貼合人情正與直字相反若以合人情為直則微生乞醯夫子何以不謂之直乎直者率其最初萌一念而出之者也纔落第二念早已有轉折矣若父子相隱卒然憂愧之中亦自如此不必着擬議而後隱也故曰直在其中註不求為直四字說得直捷醒快

高中玄曰聖人之道至虛靈圓活隨直觀本體不滯方隅是

故不以無所不知為知而直以知之為知之不知為不知為知不以無所不言為直而以父為子隱子為父隱為直乃徑指其精魂所在而形骸不足言也後人不得聖人微旨往往於其虛靈處為之塡塞於其活潑處為之滯塞乃以為學聖人也豈不遠哉

樊遲問仁章

李衷一曰仁渾然而已無可指名恭敬忠字則隨境遇而表出個操持之意若云持此以為約束之地則心一物仁一物便屬支離葛屺瞻曰居處執事與人已盡所值之境蓋仁在心不可

捉摸故就境上指點使功夫有所持循恭是端莊而不褻狎敬是嚴恪而不懈慢忠是真寔而不欺僞恭敬忠乃是仁之散見異名者湯霍林曰通節須打成一片看末句乃是從上三句而緊然之詞猶造次顛沛必於是意

焦弱侯曰夫子於遲非恐其不恭而誨之恭也以其不知仁而因事以覺之也蓋不知恭即仁則有恭有不恭知恭即仁則無之而不仁所謂雖之夷狄不可棄也不可棄者即道不可須臾離之謂也此說有微義參之

行已有恥章

通章只重行己更不論才斗筲之人豈是無才只是不識行己為何物便不足算衰了凡曰賜也達其才足以有為而夫子欲其不為故教以有恥不辱君命是有恥中作用之一端下二節亦是行己中事姚承庵曰子貢人品甚高豈是每問愈下渠見當時從政者以士自命心竊不滿為故先問士夫子說行己有恥而次以孝弟又次以信果則知士非行誼果不足列于士君子之林也至問今之從政而第曰斗筲之人子貢之疑釋然

王觀濤曰當操行之際常提撕一點恥心而以綱常名節自砥礪至不辱君命亦根有恥來不依阿淟涊以喪節而于主君之

命有光有格不来麾不去的氣槩
鄭狭如曰孝弟為仁之本孟子以孝弟盡堯舜之道而此乃第
于有恥之次何也岳餐微以性量情量言孝弟若是性地上做
出来的便自通神明塞天地橫四海自情上生出的只是宗族
鄉黨稱之而已所以不及有恥之士也恥之一字從心脈真蔕
上得来乃見性地分此便能做得堯舜的孝弟萬行兼該故為
士之上
葛屺瞻曰斗筲是市儈之人即俗所謂提籃把秤者蓋深歎當
世從政只是一個無恥舊訓斗筲為器小欠切

不得中行章

四書商諸生謂道脈托于中行夫子之思狂狷正是欲進之于中行季侯曰如此説亦不礙理却看得狂狷淺了吾意夫子此論直是剖判出千古任道的派非不得已而思其次也千古道派除却狂狷兩條更無站脚處中行學問須是養成不是一起便到得故從來聖人俱是狂狷做的不得中行者言中行不易得非謂時代之降無中行也夫子以狂狷兩路收盡世間有道種子又以狂狷兩路絶盡世間假冒種子所謂與之者言以千斤擔子交付之也這擔子非狂者擔當不成非狷者撑扶不住

蓋斯道的派。斷斷不在世間窠臼之中。拘名義之套也。進取猶云邁往。即充拓得開之意。有所不為。有所字非就事上說。胸中持定有個不為的意思。在這都是說他好處。不可夾說此子不足。李卓吾曰。進取有所不為。不是訓釋狂猬。有味乎其言之也。

今人所謂狷。大抵是指謹愿一輩人。不知狷者必乎已而謹愿者役於物。品格自是不同。

人而無恒章

鄭狹如曰。恒即維皇上帝。降衷下民。若有恒性之恒。孟子言恒心是也以不從業說不是李卓吾曰不可以作巫醫真可羞楊復所曰不占字勿太泥因上面所引是易之語故曰不占如子路終身誦之內上面是詩之語故說誦也周李侯曰起就方言黙醒却又拈出聖訓俱要得慨然發想惕然儆動人意悅在言外方妙一無可作自進於羞正以此點動人良心末句与弗思耳以氣彷彿要說得醒發不得煞講徐玄扈曰不占只重取羞不重占上羞可羞之事郎至愚不能甘故特提醒之使知無恒取羞雖欲不恒不可得矣只將個占字輕輕打動他本來愧思之念令自改圖不是着寔教人去占也

唐荊川曰恒本人心常理古今凡聖不增不減惟有占不占是以有能恒不能恒之別而恒道實未嘗去人也人能得其常理雖一曲藝未嘗不與心學相通爲醫則必能究性命之源爲巫則必能極鬼神之情狀如古神農重黎之徒皆以聖賢精微之學爲醫巫師所謂因源而得委也若能知無恒之不可及而求之心念念在有恒上着功夫亦可以因委而泝源如古巫咸醫和之徒因巫醫而知道是也聖人提醒人心只在一占字易曰君子居則觀其象而玩其詞動則觀其變而玩其占所謂占者豈揲蓍布卦乃爲占哉此恒心之存主處則爲居此恒心之應

用處則為動，神明在我，知幾而動，是無時無處不占也。不占則神明失矣，幾微昧矣。是可謂之恒乎？而又何事之可為乎？着寔說個占字，亦可玩。論巫醫處，更見徹上徹下之學。

和而不同章

葛屺瞻曰：和如太和元氣，寒不至於慄肌，熱不至於炙手。與人溫和可親，絕無乖戾相爐之意。同如雷同，窺瞷人精神意向，與他依附，做一團，絕無界限，可以自立。這和同迹相似而寔異，故從君子小人以別之。鄭樵謙問：晏子所謂和，謂君可臣否，如五味五音之相濟，似更明白。答曰：然。和同正要相似處別他出來。

若如晏子之說，則和与同形迹顯然不合，何用夫子別白？曰：晏子所論既不是，則和与同究竟似無別白。曰：都俞吁咈皆是和。若晏子則究取相及，只在吁咈一邊，故未為完義，其所論同却是。

左傳：齊侯至自田，晏子侍于遄臺，子猶馳而造焉。公曰：惟據与我和夫。晏子對曰：據亦同也，焉得為和？公曰：和与同異乎？對曰：異。和如羹焉，水火醯醢鹽梅以烹魚肉，燀之以薪，宰夫和之，齊之以味，濟其不及，以洩其過，君子食之，以平其心。若以水濟水，誰能食之？若琴瑟之專一，誰能聽之？同之不可也。

如是

按何晏註云、君子心和、然其所見各異、故曰不同、小人所嗜好者同、然各爭利、故曰不和、可謂簡要、今人說淵說玄、竟不出範圍也、

鄉人皆好之章

兩何如、俱是問他好處、葛屺瞻曰、一鄉之皆好、皆惡、無全是、亦無全非、子貢非不曉得、特設為兩端、以發夫子之論、至於鄉人之善者好、不善者惡、則同己者悅、異己者憎、其人之有善而無惡、可知、此乃為定論

楊復所曰子貢是何等眼孔欲取人于鄉人皆惡之中令人見一二人說此人不好便為吠聲之犬矣要之子貢亦見得鄉人眼孔不可與論天下之士耳故夫子亦止曰未可不說不可也曰未可者不如不善者惡之之為穩也李卓吾曰不善惡人亦是贊嘆頂祝不善者何嘗不善哉

君子易事章

葛屺瞻曰兩字及其字俱轉語周季侯曰此有相形互見之妙愈要說得活動從易中影出難來從難中影出易來不必別處兩開口氣一說通章以道字為主或難或易君子小人各只是

一條心腸攙從道與不道上差別此說得之但口氣則婉轉為妙也

不悅是人自不能悅薛敬軒曰有欲則人得乘之惟無欲彼無自而入

徐岩泉曰器使處亦是他萬物一體之愛如目視耳聽手持足行苟可以共成吾事則已矣豈必責備此皆是至公處恕不足以盡之說無回曰器之謂因材造就尚是第二念君子之心萬理咸備隨其所授物各付物不違其則所謂明於庶物盡人倫之至

泰而不驕章

看此瞻曰泰是自得仰不愧俯不怍此身絕無牽絆而舒卷自如驕是傲人任人有好處他只不放在眼裡一味把浮氣狂態凌駕過去此亦流相似而寔不同

以書裔諸生開驕泰之意李侯曰和同周比從處人言驕泰就處已言驕泰俱有充然自足之意却細看自不同此小人亦自主門墻之人尸居之不疑逍遙自適俱是驕一分析

剛毅木訥章

李衷一曰剛毅木訥不以資質言以真心未漓言李卓吾曰要

知剛毅木訥都是仁〻則并無剛毅木訥矣於近字思可過半

鄭申甫曰仁躰難知亦難名故夫子罕言此指其相近似者令人一轉叅而仁躰可得也剛毅木訥仁之影子也剛是堅確不屈底意思毅是堅持不息底意思木是質朴無文采底意思訥是遲鈍無口舌底意思一則不屈於物欲一則不分於外馳進入裡面說便是仁〻生理也剛毅木訥生理之專一而翕聚者也故近仁此說有別解亦可味

切〻偲〻章

葛屺瞻曰切〻如刀之切物情義關切絕不放寬德〻訓告之

詳勉總不忽畧。怡怡譪然和悅。如字頂上三樣是他氣象如此。氣象乃學問養成。非一蹴可到。似在子路所難。故言之。朋友以道義相交。不是道義就不該交了。可以盡情深求得。故屬切切偲偲。兄弟是走不開的。若責備太嚴。他不能相從。反傷和氣。故屬怡怡。

鄒肇敏曰此章語氣上虛下實與能行五者同一章法。蓋既告以五者。雖子張不問。亦必點出恭寬信敏惠來。此處切切偲偲二句。止是發端。原非了語。後二句方是寔說。註中恐混於所施較多一轉。李九我曰切偲用于朋友怡怡用於兄弟本來道理是如此聖人只據本旹道理平直言之初無截定不容相混之意張侗初曰士元是太極養的人切切偲偲不過渾成齒盡閒友兄弟之是自然流出肖物而付耳有分別處易見無分別處難知數說可參舊張說尤員總之末二句只就上文溜下緫着一周拆語便錯了也

一說朋友二句是形容語所謂切偲者當如朋友之切偲所謂怡怡者當如兄弟之怡怡就上面如字而暢言之点可參

善人教民章

葛屺瞻曰善人教民不是教他講武乃教他為善而脩其孝弟

忠信者也教至七年之久民亦為善所感能得親上死長可以即戎玩亦可字原非專為即戎而發蓋舉一件極難的事以見善教之得民耳

周季侯曰亦可以三字有斟酌慎重之意

以不教民章

教字即上文教字

憲問恥章

王觀濤曰不必偏重有道只平平說去而輕重自見覺語意渾然鄭申甫曰若說有道無道皆要有為則只云徒穀恥也足矣

多着有道無道字何為畢竟註說為穩當愚意本文着有道無道四字乃見聖賢隨時作用寔際處若只云徒祿便寃鶻時說兩平看自有關係可從也

四書商諸生沈金鑑講云兩語平說總是進憲以真實有為意愚季侯曰雖只此意却也要說得醒快原憲是個狷介的人豈愛他慕祿但憲看得恥字狹小只一潔脩便了夫子却看得恥字廣大言人非只食祿為可恥也正惟食祿而有媿于祿者方為可恥假如邦有道正該用世却只食些祿全無撑持邦無道須思濟時却只食些祿全無挽回這總是恥若只把一不食祿

躲閃過了一生，安見其能免恥耶。蓋恥在俗情中者易見，恥在名節中者難知。原憲之潔脩，只好免得庸衆人的恥，夫子卻進之以聖賢豪杰之大恥也。須知有道而為巢許，無道而為沮溺，皆躲不過一恥字。夫子此言，真令千古清流一輩人無處站脚矣。張侗初曰：人在穀之外做個潔白光明，有何難事？只在穀裏頭安身，素富貴行乎富貴，到處用得，纔是難也。葛屺瞻曰：為仕則有道當建明，無道當拯濟，即不仕而其具亦須發辨，那一時不有事做。單言一穀者，絶不做事，時時只吃些飲過日子也。此不但食君祿，即家食亦是穀字，只照本文不必

作祿字解因憲有守無用故以此恥箴之肴穀字別解大意𠫭

栢雷

莊忠甫曰人之行有合則必有所不合故治世之所用亂世之所必黜也庸君之所收賢君之所必棄也若入有道之邦而見用入無道之邦而又復見用焉其人必有希世度務覌時俯仰而無所執持者矣故以為可恥昔馮道事十君四姓無所不獲其寵至以瘋頑老子自居以長樂老叙自喜真不復知人間有廉恥事者矣故邦有道穀邦無道穀此而言者可合而不可分也此說又諸賢尋味所不到拈出大快人也

克伐怨欲章

四書商諸生說金鑑講可以為難不是抹殺原憲亦是引進他仁則吾不知要他轉向本領工去須說得渾融季侯曰此論極是不行功力儘難原憲打從此處用功亦未便能得在憲正有志去此四情常恐不能故想像而商于夫子曰如能克伐怨欲不行這也就可為仁了此正是難詞也夫子亦寘寘覺得此種功夫多少若難故曰可以為難矣不曰未仁而曰仁則吾不知其詞甚微只言功夫當不得本體也諸友試拈一克字自及誰是去得這字者只畧有爭各競氣之心便涉于克從來賢人即

去此一字者亦覺甚少如何容易說得余嘗譬之克伐四者不行正如韓淮陰背水之戰漢高祖垓下之追殺得外寇蕩然海内便得廓清却又須定都關中制禮約法方纔稱得治平然這齊斷殺正是第一緊功今乃先去掃之曰無主腦功夫豈不寬殺第一功臣耶

徐玄扈曰不行與四勿有甚分別何緣便斷他是強制聖人以為是誠難矣然要看本原處如何若其不行出于自然便是仁若出于勉然便未仁而其自然與否未可知則仁與否亦未可知也不知是未究之辭

此章說者甚多大要以不離情識直見本體為極則論理則是但未免於不行上加吹索竟是生事賴周徐二說洗之王漢治曰兵法云戰而勝之非善也不戰而勝之善之善者也二語最簡當

士而懷居章

王觀濤曰居不止居室凡一切適意之境宅身其中有令人怠怠不忍舍者皆居也

朱子曰士君子要為聖賢豈是塊然守定在此一室自古無閉門獨坐的聖賢迥異時解卓其

邦有道章

周季侯曰有道無道不要將治亂二字混看過了從来世界靠着道脈主持治統道統不分兩截所云有道之世者元氣流貫門户不生世間只在這條路上故只須直任本躰而出之危者兩虛無倚不倚名不傍節之謂也若無道之世蹊徑分岐意見各别世間邪路上走的多當這時節須索善行其用方于世道有可挽回故危行如常而言上須遜盖委曲以伸吾之直此處無道一秘妙訣也

管登之曰道以中庸為至何取於危曰此論中古以後之世也

大道隱而天下家雖稱治朝亦有滔滔日下之勢君子欲以先進易後進言行安得而不危哉和而不流中立而不倚此危行也非意氣激昂之謂

口義云行在己故無時而不危言加於人故有時而遜所謂遜者不是委曲遷就以求售其說蓋亂世多小人小人之心雖蔽然亦有可開明處不務開明其心而徒伸吾之直不惟無益於彼而我亦為失言矣若自卑以求售其說君子不為也

有德者章

疑問云要味必字不必字夫子說此一段不重言與勇全是要

人充養在內

葛屺瞻曰德本躬行原不消在口裡說然就把來說亦是他心裡寔有的如數自家寶了了分明必定有言若只在口裡會說或只那裡聽過見過非從中心發出故不必有德仁與天下為一躰若抑遏我一躰之念便如自身受傷激發起來其孰能禦必定有勇若只外面激發或是假借名義未必出於中心故不必有仁此蓋恐言勇之亂德仁而欲人之探其本也

南宮适章

四書商諸生蔡奕璠講曰不說羿奡篡弒而言善射盪舟不說

禹稷有大功德而言躬稼閒〻拈出而重公案極有氣焰的恁地扯淡極勞苦的到底顯榮可見成敗利鈍一毫不由人安排所可安排者惟有反身脩德而已此已是將世間禍福一筆掃除了夫子不荅南宮适出而人相視莫逆于心其默慨者深矣末却說出尚德二語全把此意點醒世上這種爭權競力之人絶無傳時尊已話頭季侯曰說得極醒凡看這等書意先要在字句之外躰貼聖賢一番情神自然意味不同

陳抱冲曰十一篇言內于未死之前故曰不得其死然期詞也此述二人于既死之後故止曰不得其死斷詞也何文定

玉文憲以然字作轉語與下見尚德之意。
夏九範曰躬稼是說他微時事不指平水土教稼穡言。
李卓吾曰夫子不荅非有所忌諱也契之深也君子哉若人尚
德哉若人贊不容口也已從不荅處釀之矣。
君子而不仁章
況無田曰此是論仁不是論君子小人四書商諸生胡公陶講
此章還側重小人一邊李侯曰語氣合讀如此但此處君子小
人不在人品上說就以心言人縱有兢業之心猶不能無出入
一涉放肆良心都喪盡矣不是絕小人要得微動人意見君子

閒氏說書

尚須常提醒。何可一墮足于小人耶。

有矣夫只想像猜度之詞。不得着寔說如何不仁。

能勿字乎字是商度之詞這一段要歇ゝ不得的心真好難過

愛之章。

爲命章

暠岨瞻曰草創是創始個草藁起来。討論是討求他典故。議論他當否。脩飾謂冗濫者脩除。不足者增飾。潤色謂潤澤而不枯槁。采色而不質素。東里子產所居之地。一詞命而備諸賢之長。誠可謂盡善。故應對賓客鮮有敗事。

高中玄曰四子不止各有所長能濟國事其人品心術之美皆可具見何以故曰妬人之長而護己之短有官之大患也而在同官共事之人為尤甚今觀四子各據其見既不嫌於見己之長裁定於人又不以為形己之短則是同心共濟唯知有君而己非夫有體國之誠意忘己之公心者孰能若是

王元美曰鄭國是子產執政按左傳裨諶三人皆子產所薦叔向云子產有詞諸侯賴之可見子產能用三子之長不得槩作四平

或問子產章

葛屺瞻曰此總是徵題闡幽之意子產之治鄭禁侈崇儉作封
洫鑄刑書政本尚嚴然以鄭之侈縱不如是不足以挽回其風
俗保全其生命實是愛他故謂之惠人子西能改紀讓國本楚
之賢大夫夫子都置不道而但曰彼哉彼哉猶言是他那裡蓋
雖有好處總非我臭味中人也其意必為楚國僭王而其大夫
不能救正故併外之人也猶言是個人品真所謂頂天立地漢
子奪伯氏駢邑不是奪以與仲乃伯氏有罪而仲奪之夫管仲
北伐西戎南摧勁楚一匡九合功業爛焉夫子他皆不論而獨
言此蓋以威勢屈人之力易以處置服人之心難後世唯諸葛

武侯能使李平致死廖立垂泣令伯氏沒齒無怨則管氏生平作用夫豈徒假仁仗義已哉亦自有以深服人心處

漢疏人也猶詩所謂伊人朱子曰猶莊子所謂之人也

舊說無怨言謂伯氏服仲之功吳無障曰末節聖人本意只是欲明管仲為有功之人却不直說特取駢邑一事為言最是善形容處太史公作史頗得此法遂成千古絕調

貧而無怨章

朱子曰世有處貧賤而無失一旦富貴則失其本心難易之論有時而不然此蓋未知無怨之味也所謂處貧賤而無失特未

見其失于外耳能保其中之無怨耶蓋一毫有所不平于中皆怨也故貧而無諂易貧而無怨難無怨則漸進于樂矣

按大慧有云逆境界易打順境界難打逆我意者定省少時便過了順境界直是無你廻避處如磁石与鐵相偶彼此不覺合作一處去此語与此章互看我輩更有得力處

孟公綽章

林次崖曰公綽廉靜寡欲而短于才聖人分明是說公綽不可為滕薛大夫却不直說而說滕薛不說他短先覔他長處所以為聖人之言高中玄曰為趙魏老尚優況小於趙魏者乎為滕薛

快

大夫不可況大於滕薛者乃諷魯意在言外

子路問成人章

通章重文之以禮樂意上段是子路之所不足下段是子路之所已至語意若曰今之人而能是只是足矣而非所望于子也乎欲成人必進而文之以禮樂而後可今字對子路說不對古字說

若臧武仲至文之以禮樂作一句讀方得語意揚後所曰要看頂上一若字謂如四子之知廉勇藝隨有一樣俱可文之以禮樂俱可為成人也故可以為成人矣上面下一亦字此亦字正

卷十 三一

與若字相應若字活甚不說完兼四子之長然後可文之以禮樂也禮樂是丹頭知廉勇藝是銅鐵丹頭既到所接皆化何必銅鐵色色俱備哉顏性其曰禮樂是心體自有的本來中和原不消纖取知廉勇藝方討禮樂也如四子之知廉勇藝都是鉛染要一一做他此心便落後倆了涵養愈費力且此心若渾然是禮樂便自靈明自潔淨自奮迅自川流何緊妙不該須一一湊泊之哉況無間同全節只是進子路以禮樂不重四子上舉四子者指個影像便之自成取欲同文之以禮樂不曰禮樂以文之是渾將四子推入禮樂中去不復見有四子在也譬如衆

花釀蜜成則無花藥味調羹成則無味莊子有云夫無莊之失其美賁育之失其勇黃帝之失其智皆在鑪錘之間耳夫子意蓋如此張子韶頌云當知禮樂非文具乃是其間造化名可謂妙得禮樂之蘊者矣

嘗登之曰才藝何必多兼即欲兼之亦不必以卞莊之勇益子路也敍得醒快

翁子先曰禮實是三千三百之經曲樂實是五音六律之殼古人成童舞象學籥誦詩禮樂未嘗斯須去身所以陶鎔氣質化其才知伎倆而歸於德性端在於此故曰立於禮成於

樂令學者動云文以吾心之中和便是無把柄學問此說余
甚喜之寘寘落落何必談空澗也
生平之言非止約信已也是平生期待之言如志道德者期周
孔志功名者期伊呂久之時移勢变事不從心往往退步此便
是無骨幹久要不忘則一生之操履可知
末節曰字乃少閒而夫子自更端之詞也如佛經復次之例一
說是子路之言論世而互相商確非自表其所能也夫子造就
之意深子路感慨之念切附參

子問公叔章

王溪治曰不言不笑不取即斷滅苦空之人亦無之故夫子不信公明賈不識不知道少一個中庸來只時然後人不厭六字曲盡中庸妙處曰時然後見得言笑取俱無心也順而應之耳曰人不厭無可豔慕躍悅捨人也人不厭之耳正所謂中庸不可能道理此語若與愚不肖之人道不覺若與賢智之人道亦不覺夫子一聞遂覺得曰其然豈其然乎貧子掘地拾得金不覺富人覺之曰金

徐玄扈曰時方巧令成風貪冒不忌夫子傷之意文子當有其實儘可風世乃賈目以時中更加人一等矣夫子亦不意當世

有此等人故曰其然豈其然若曰文子之賢一至此乎夫亦驚愕歎賞爲耳若逆料其不能殊非聖人之度

李卓吾曰夫子是樂取之詞非猜疑之語揚後所曰向來以此二語爲訊文子如此則聖人爲一尖薄男人矣豈有此理不過說到時言樂笑義取搔着夫子癢處不自覺其言之如此歡忻踴躍耳與文子有何交涉

臧武仲章

防武仲故邑爲後立後也武仲請後以無廢二勳請名詛亦正詞亦遜人亦原之矣但中間一段要挾的情與人勘破夫子作

春秋以誅心爲亂賊防何可恕此一邊故獨從如防上誅其意書曰以防求爲後于魯以防者從則避邑違則據叛仲目中無魯矣這二字便是春秋書法

晉文公章

況無囬曰二公正譎各就其生平大局看来如此不堪細論亦不當指定一二事論李卓吾曰夫子已明說齊桓公正而不譎矣今人定要翻案何不肯信夫子至此訂釋云按齊桓内行多不正而晉文頗稱謹飭夫子爲春秋明大義故畧其小而重其大此尚論者所當知也

桓公殺公子糾章

李卓吾曰不以兵車所全者大矣非仁而何葛屺瞻曰如其仁言那個像得他的仁是極歎賞之詞時說支甚可厭朱子曰九之為糾展喜其詭也說者直以為九會諸侯至數桓公之會不止于九則又為之說曰衣裳之會九餘則兵車之會也可謂鑿矣

管仲非仁章

一匡天下句重看此仲大本領大經濟處名分躰統昭昭乎揭日月而行之而謂仲假仗者寃也陳眉公曰仲劈頭主意便欲

尊周若挾天子以令諸侯猶是仲第二念嘗登之曰仲本非假者不得已而過假仁之君乃遷就以為功此器之所以小也可謂仲極知心之談此處談一匡宜寬〻說匡字解不得夾着此皃假仗致掩義舉不揚天下二字亦當着眼見得仲之相桓為公也非為私也下被髮左衽漢疏云時無管仲則君不君臣不臣中國皆為夷狄正與匡字應時說謂仲尊周之績莫大攘夷被髮左衽者封豕長蛇薦食上國也較不如漢疏之見大意匡夫匡婦節及諒以見仲死之不可輕而說得甚斬截則當時仲之於糾其不可律以君臣之義又可知矣不然世豈有為臣死

卷十　三五

忠而謂之匹夫匹婦者哉

按仲之事糾，蓋春秋時門下客之例。又考管子書，仲与鮑叔牙、台忽均有安齋之志者也。叔忽之才皆不及仲，其安齋以安天下。此意惟仲藏之，叔忽恐不及知。要之此三人者，同功一体之人也。周旋二公子之間，以求成事。叔奉小白，忽奉糾，各〻不移，而仲則身在糾，心在小白。曰國人惡子糾之母，以及公子糾；公子小白無母，國人憐之，事未可知。又曰小白無小智，惕而有大慮，非夷吾莫能用小白也。是其着眼既殊，用心亦異，無論君臣之義非所以相律，故如私交死黨之節，仲亦不肯以自繩矣。由賜二賢亦知仲與紂之非君若臣也特春秋時節俠盛行死事之槩堂獨君臣未免沿當世之見以此病仲觀其言曰未仁乎曰非仁欲從容推駁未嘗一槩抹殺仲也若果云忘君事仇則二賢家犬且不食仲之餘便當欲殺欲剮欲言其罪何所商確而尚置疑獄哉惟二賢原不以君臣律仲故夫子說出九合一匡如許大功勞來便把私交死黨一槩節俠壓倒了丈夫子生世便當英英烈烈扶王定國戡亂救民留天地生生之心作孳天一柱之業區區節俠果匹夫匹婦之所為也而蓬心小儒猶謂夫子錄仲之功姑寬其節吁嗚大節之有虧雖百功其何贖

[illegible]

行一不義殺一不辜得天下而不為此古聖賢律令也又何以釋二賢之疑乎

公叔文子之臣章

周季侯曰衛人謚文子曾無有人議及此事故夫子特為拈出這重公案言只此一事便可以為文了須訪其出處光明上描寫不必牽扯光耀國家等語李卓吾曰因他謚文子故曰可以為文矣文字不必太泥總之極其許可之詞此說尤覺得宜情妙得題神可繹

子言衛靈公章

李卓吾曰人之有関於國如此又曰貧家勤掃地醜女淨梳頭也救得一半蔡虛齋曰孔子言靈公無道而又特取其用人其所用之人皆平日所不與者而又不沒其才此可見聖人至公之心

饒雙峰曰治賓客得人則無失禮于鄰國而不至啓釁召禍治軍旅得人則緩急有備而敵國不敢窺治宗廟得人則籩豆靜嘉神人胥悦尤繫屬人心之本

其言之不怍章

李卓吾曰為之也難斷其不為也言之不怍者聞此其能無怍

卷十　三七

乎注中無必為之志一句極刺肩一說天下惟深沉的人事都
藏在肚子裏一向話不說出此正是為之精神骨力所含蓄處
若盡撳弄在口嘴上說許大話的一些也沒幹盡狂躁之人全
幹不得事也此說更好

陳成子弒簡公章

管東溟曰或疑田氏得民久矣齊強魯弱討恒能必濟乎曰傳
引夫子告君之言曰恒弒君民之不與者半以魯之衆加齊之
半可克也此度德量力之言非謀也獨疑三家之不肯討恒一
恒入知之夫子何不量机而極告曰夫子有言志在春秋此正

志之所在也。告而從，可以匡齊；告而不從，亦可以警魯。請討之功不小矣。葛屺瞻曰：「兩言從大夫之後，不敢不告，見無君之賊，臣子所共誅。即去位猶然，而況現居其職。沐浴一告，雖於齊事無濟，亦足奪三家之魄矣。此種道理，真不可不存於天下。明知其不行，而不容已。」

子路問事君章

王漢治曰：「必勿欺而後能犯，必勿欺而後可犯。人臣苟有一毫利害之私，便藏了一毫為主之心，則於犯顏敢諫之事有所不能行，此欺而不能犯者也。亦有欺而犯者，非一。世間有一種實

無忠愛之心而買譽沽名敢於犯上者又有一種實出忠愛而
言之激切過當或本心未十分明徹而強言者皆欺而犯也以
勿欺之心而犯信而後諫諫而必聽矣愚按欺字所該甚廣彼
懷利害之私而囁嚅不能犯者不必道其在買譽沽名激切過
當心下未明徹之外尚有一種饒氏曰勿欺甚難須是平日實
落下慎獨工夫表裏如一方能如此令人自家好色好貨却諫
其君勿好色好貨皆是欺此說甚刺骨然与子路不對李卓吾
以知之所不到便是欺不然子路安得有欺乎此專以心下未
明徹一種言之雖不偏不全却是子路頂門一針又犯字下得

甚很似亦是勸奬之詞時說謂犯是子路所素優者觀其不諫顓臾之伐則亦未盡優為故夫子下一犯字以決其氣記云事君有犯無隱犯顏敢諫古人原視為本等事說得如許平常今人多忌諱此一字亦覺刺眼矣

君子上達章

葛屺瞻曰達者是此通彼之謂上達下達各就所向一層一層達去蓋造詣全在人品上分是君子路頭的人則由善信以至美大聖神只管從上達是小人路頭的人則由幾希以至違禽獸不遠只管從下達而者俱處於急流難返之勢故上達如登

陸氏讀書

九層之臺上一級更有一級光景把前面的盡覺不足觀必直詣其巔後已下達如下臺然一級又落一級只因從上者矜持從下者放肆必直至平地而始快

李南黎曰此當与孟子利与善之間照看理欲初分只在一個路頭分別在轉身上下之間耳王漢治曰只在起脚一步差

古之學者章

為己為人依舊說為妥後漢書范曄云為己者因心以會道為人者憑譽以顯物二語簡當張侗初曰善不必使人感但一念恰好者善也惡不必使人恨但一念過不去者惡也只此是為

已為人之別洗發得醒快

蘧伯玉章

周季侯曰伯玉使人于夫子便見得聖賢自有一段心相通處在也夫子問以何為夫子正欲于形迹之外考其心使者寡過未能之語不言其行事而言其心境其窺于伯玉者微而呈于夫子者盡矣故其出而曰使乎使乎恍若面質伯玉之心于當下也通篇要寫得聖賢相契光景意出方妙欲寡一語尤要得從旁描寫口氣不得只就實講

君子思章

鄭孩如曰此位字舊以素位之位言富貴貧賤等位是也然此語原出艮卦象辭以吾心之真位言象所謂止其所之所字中庸所謂知止之止字由此言之思不出位之位就体言性也素位之位就用言性之所率也兼言之亦可而以性為宗未嘗稿思未嘗馳思聖門真正之學按位字以心境言亦有兩解一主常躰不易說王龍溪曰人心一點靈機變通周流為道屢遷而常躰不易譬之日月之明往來無停機而未嘗有所動思不出位與未發之中同義蓋發而未嘗發思而未嘗思也此一說也一主隨感而應說周季侯曰此位字如不踰矩矩字要看得活

隨時隨處自有隨感而應之妙因乎當然順乎固然畧不得增減些子頗壯其曰舉足有舉足恰好處食飯穿衣有喫飯穿衣恰好處此恰好處乃良知也思從此發竅還從此合竅豈有出其位者乎又一說也二說會来總是一說細玩便見并舊說可該涵也

君子恥其言章

葛屺瞻曰恥言過行不止要言行相顧乃故為抑揚矯輕警惰之意言易失之有餘凡屬口頭的言語容易空說過視他為可羞恥的行易失之不足凡做事要比言過頭一步如此兩下低

陜的讀書

昂方縿扯得個直

一說言而過其行是誕言也君子恥之猶云恥躬之不逮也

本出漢疏時說亦有從之者

君子道者三章

葛屺瞻曰不憂不惑不懼乃是仁智勇實受用處若只虛襲其迹未見為難惟實體到以上受用真覺難到故嘆以為未能而歷數言之道由也乃身之所由自道之字與君子道者道字相應子貢因夫子推開在君子身上故說這正是夫子自己所由的蓋嗜利之深者惟日不足嗜道之深者亦惟日不足惟其有

之故不自覺如此

按屺瞻此說本之姚承菴謂不說君子之道三說君子道者三則道字作活字看訓作由字似有理下自道ㄋ字與上道字相應亦得中含汲ㄋ用功望道未見之意甚有深義今恐忤註則且依舊說上君子道者三直作君子之道看理亦平妥至自道則猶云自說身上話蓋聖心常虛故也謂謙已誨人不是謂聖人并仁智勇而化之輕易看君子了又不是張侗初曰不憂不懼不惑原是夫子自寫心得之言說無能說自道其無能都是夢語侗初下此一轉語甚見大意李卓吾亦云夫子于此垂涎

極。矣。切不可輕易看了仁智勇。騰一味口頭員滑也。

子貢方人章

須知子貢之方人。與世人臧否人物者不同。彼直把做學問內一件事看。然畢竟非切己之學。故夫子把不暇二字喚醒他。若曰汝自有脩己緊要的工夫在。何暇為此。却不直說。而曰賜也賢乎哉。若謂汝果脩已已至。而暇為此乎。至說不暇。又轉在自己身上。詞不迫切。而意已獨至。總是把自治一着換他方人賢與。不暇。要說得虛活。

王漢治曰。子曰患不知人。何以病子貢之方人。患不知人者。患己之不知人也。在己上求。子貢方人。舍己而逐人矣。夫子所以病之。張子韶頌云。區區用意在方人。所得從來未必真。我則於斯誠不暇。枉勞億度費精神。如此看。与患不知人之學。同條共貫。總不相礙。可參可繹也。

不患人之章

患不已知。乃是要人知其所能。能者可知之實也。就他的患轉向人來時說。欲把知字都抹殺了。太不近情。但又不可云求能以為知地。須要斟酌。

不逆詐章

湖南講洪嗣彥問時說謂先覺全由不逆不億靜以待動故能
預先覺得此瞻答曰世間不逆不億的被人欺詐儘多怎見便
能先覺且抑亦字乃反上之語如何作一直相承解此只為要
討先覺的緣故泥定本文去求不知由不逆不億而得先覺顯
竟反說施了惟不逆不億而倒會先覺其能覺之妙虛虛含在
言外更可想像標指見月癡人前怎可道得鄭孩如曰此章要
看得好世間多心的人揣摩逆億未必一一奇中先把自己心
術打壞了但儒家有一種迂濶話謂誠便生明此理固然但亦
有老實頭人心無機械而為人所愚弄者不少則誠所以能生

明的境分亦未易言夫子言自斟酌故用抑亦二字其立言之
意要人知得元有此個境分但要如何闖入乃得記曰至誠之
道可以前知又曰至誠如神又曰志氣如神有開必先易曰知
幾其神乎吾人心躰本自靈明本自徹天徹地通神通鬼如一
摩尼珠然然甚麼彀得此顆珠到手即儒家十分刮淨能了得
事障亦後添上理障終為有物竟有翳在未得真誠原躰如何
發出無作妙明夫子於抉微微點醒人而又無喫力處難言難
言祇當自會也愚按此章題神全在數個虛活字眼上抑亦二
字商鄭二公說得虛空粉碎矣末句是字乎字正与抑亦相應

卷十　四四

陽明說書

亦宜轉得圓靈不要把十分欵賞語塡塞去也大要爲是世人以逆億爲賢故夫子說出此一種不逆億的来喚醒他謂世俗賢夫逆億者以其覺也今乃不逆不億一味忘机似易被人哄去却又會先覺這昔坐照更爲難得是無乃爲賢乎冷冷諷問似與他商確一番切不可執煞至賢之一字亦不可極講明眼人自得之

矣無障曰覺字與億逆二字正緊緊相對覺如覺痛覺痒覺飢覺寒皆感而自應觸而自知初不由念慮不經思索者也如色交而目見聲交而耳聞此覺之說也視之聽之則非覺之謂矣

正是不逆不億處覺則未有不先氣至而應月暈則風礎潤則雨禎祥早見妖孽先萌先覺之義眙然矣解覺字甚精然論到口氣斷宜頓挫婉轉為妙王陽明曰此是夫子教人致良知非教人以是存心而專欲覺人之詐與不信也千古正脉一口道破可玩

徵生畝章

王守泰曰聖人以萬物為一躰以天下得所為極致仕止久速如天地四時之變化而常以生物為心故疾固葛屺瞻曰固者守々守着自己要討個乾淨不肯稍加變通以為天下這等的

……諺云

人也不出自私自利窠窟中心腸最為可惡疑問云非敢為佞也疾固也全是明自己心事非疾畆之固也

驥不稱其力章

葛屺瞻曰提起一驥而云稱與不稱者正稱其為驥也凡馬即有力亦足貴然不稱為驥既謂之驥便一出空群雖德力並有而所稱只在德不在力如人而稱為君子亦雖是才德俱有然只道他心地好不道他才調高力是走得路遠德是走得馴良

以德報怨章

吳無障曰或人意雖厚却有一怨字未消有一報字未化聖人

以直報怨只是抹倒他怨字報字所謂廓然太公者也報怨報德異施如造化之因物付物栽培傾覆豈有計較其間哉物来順應何報之有世人有心于薄或人有心于厚聖人無心若區較量于怨德之間而欲求其平原是一報一復圈套非惟無以服或人且無以服世人矣

朱子曰夫有怨有德人情所不能無而報之各有當然天理之不能已也顧德有大小皆所當報而怨則有公私曲直之不同以直云者不以私害公不以曲勝直當報則報不必報則止一視天理之當然而不以己之私意加焉是則雖曰報怨而豈害

其為公平忠厚哉此說正當亦剴切註中愛憎取捨一以公心行
之非妥但寛泛者非所以為報也且有怨者愛憎取捨一以公
心行之彼無怨無德者又何以處解狐之薦祁伯惟其才也寧
兮送之曰怨子如初則其本情也孔明之斬馬謖惟其罪也既
斬而厚撫其子則其本情也夫各有當而已況君父之仇不共
戴天兄弟之仇不共國安能與無怨無德者同一律乎萬中或
駁之極是近王宇泰李衷一葛屺瞻又皆祖註說謂不曰以怨
報怨而曰以直報怨正謂怨欲其忘當與無怨無德者一般相
待纔是仁人君子之用心若君父兄弟之仇非常異變當不在

然論也以直報者無怨的如此待他有怨的亦如此待他一味只是公直報字乃承上報字文法来非欲其必報也愚意以直報怨明明報怨矣當報則報不必報則止朱子二言判定今或主于必報說祇為視怨字太重或主于不必報說祇為視怨字太輕然而意俱涵在夫子語中側重側輕此學人之成心非夫子虛員語氣也若夫以直報怨寔是以怨報怨所謂因之者也儻不準其怨之所由来以為報則直字何處着脚而夫子必以直言之則祇為怨有公私報鮮能直公私曲直之辨宋子又已道破了但把平心虛心判却輕重之見看出直字来便得

莫我知章

葛屺瞻曰夫子說莫我知是他心下自有獨知之契所在沒人曉得故為此嘆以發子貢之問從不怨天不尤人說到下學者凡學者怨尤之念打不過必不能於闇修着力也下學乃不在高明而在卑下處如對衾影對妻子闇室屋漏之中做反躬切己的學問上即指天由近自徹功夫徹無聲無臭之天載達者是此通彼下學做得盡自然通徹上去如舉火者但下面加薪則火自上炎此即夫子知天命時事也惟我能達於他所以他能曉得我知我者其天乎此乎字詞雖婉而寔決人果信得有

天在則昊天曰明及爾出王一舉一動俱可自信方能不怨尤方能下學若不信此便隱微中必多瞞昧而向人耳目前為鋪張矣此正學問誠偽一大關頭故夫子欲發此而先不免有莫知之嘆然非子貢亦未足以語此也說得平實可從尤喜其講天知處不落想像影响套特講下學拈高明畢下一語稍覺多事不如舊解之渾然也

周李侯曰子云不怨不尤而莫知一嘆卻似怨尤之意何也曰此非言人不我知也言反觀之我何處可以當人之知也蓋因明以闇然之旨指醒子貢所謂龍德而隱遯世不見知而不悔

者此句正好想像不怨不尤光景李侯此説極可訂訛但又須
知得不怨不尤句不須上莫知来謂莫我知而不怨尤便千里
萬重明是説出劈頭清楚洗淨學源也學從不怨尤始怨天尤
人者則不學安得達
袁七澤曰當時談道術者未嘗不貴上達而索之高遠求之苟
難以其未嘗知天耳不知除却下學更無上達此義愈淺愈深
誰知之者其惟天乎夫天何心乎何言乎此其知豈在情量解
會問耶惟世有知天者然後信天之知孔子世有信天之知孔
子者然後信上達在下學内且能信己躬内時上達世界内

人人上達特習而不察耳程子亦云下學人事便是上達天理然習而不察則亦不能以上達却甚分曉考亭曰循序漸進似非聖人一貫之學矣重下學說是實義而判斷朱程之言尤是學脈一針李卓吾曰學以求達此語甚不當既說離下學無上達則即學即達即下即上然下學自是下學上達自是上達若即下學便以為上達亦不可也若別有求達之學則剜肉作瘡尤為揠苗之甚矣離學者非即學者亦非然則夫子何自而上達乎不曰即學即達不曰離學而達亦不曰學以求達而但曰下學而上達何其意圓語員令人心領神會而自默識于言意

陳臣說書

之中也与衷說互相發明學達關頭思過半矣

公伯寮章

葛屺瞻曰子服景伯將一身之進退歸罪于人夫子把這都略過却換個道之興廢委命於天可見士君子進退上關天意全不為我一身則得失毀譽俱可置之度外矣王明齋問子路本非王佐且仕於季氏一家臣耳夫子何直以道之興廢為言齋氏謂孔子為政於魯大率欲裁季氏之僭而勇於承令以出藏甲墮郈費者子路也公伯寮愬子路固將假此以阻孔子故孔子有吾道興廢之說荅曰君子之仕原以行道即些小出處無

非與道相關是何等大樣而乃作此小見

賢者辟世章

賢者提一箇頭下皆賢者非有等第遞言其次有愈轉愈窮愈懸愈迫之意鄭孩如曰辟字與隱字不同即辟世亦是待請時至則仕矣非果於隱也與巢許輩不同王漢治曰辟者純是用的心隱者純是不用的心味辟之一字中間有許多仁愛處有許多員轉處有許多艱苦處有許多深慮處

沈無回曰玩詞意當是轍環不遇將及魯而自哀傷之詞夫子平日不滿辟世之士至此翻覺其是而尊之曰賢者若曰當今

之世亦不容使人不辟耳如其次皆非有意于辟者也然周流於魯衛陳蔡之郊可謂用手只可謂之避地而已矣去就於豈鴻群婢之故又可謂用乎亦只可謂之辟色辟言而已矣究竟出不得一個辟字栖栖皇皇何爲何如辟世之爲勇決哉始猶欲接言通情以回辟世之轍至此轉從而賢之嘆之無聊甚矣与叙逸民而以己殿之同意

作者章

蒙引曰此孔子憂世之言作乃見幾而作之作味其語意有天地閉賢人隱之傷言好人去了恁多怎生好

作字大猛省有奮起果決意在不可徒以隱字當之

子路宿於石門章

葛屺瞻曰晨門之言似近於譏然而道夫子心事則極切蓋賢人一見世道不可為便歇手遠去唯聖人於天下如慈父遇子之疾明知必不可療決不忍不投以藥而坐聽其亡故曰天下有道丘不與易也夫子行徑端不外此

王漢冶曰正惟知其不可而為之所以為聖人知其不可而欲為者聖人仁愛之心也知其不可而能為者聖人神化之妙也孔子之為僅見魯定公司寇揖相之時俱是為於不可何嘗是

卷十　五一

爲於可聖人神化足以觀矣此豈隱士所能識

子擊磬章

李卓吾曰此人亦奇當是大有心人一聞磬聲遂動當世之想既而叅以後念故作違心之語夫子知之以果哉末之難矣挑之又爲此人增一擊矣

葛屺瞻曰果哉者一刀兩斷撒手得快這只是看着世間風色好做方做不好做便休有甚煩難夫子只爲不肯拋撇世人故費了無限心力受了無限劬勞真是獨爲其難者一腔心事誰人曉得況無而曰夫子曰果哉亦儘有知肯賁處果哉與由也

好勇過我相似末之難矣是果哉轉語作一句讀便無味

表了凡曰用之則行舍之則藏夫子之學也今聞人識已不知止而以為果哉末難則是舍之而不肯藏矣豈理也哉苟貲先說有心哉既曰莫已知也斯已而已矣是欲其已此心也不知君子隱居求志身雖可退而此心不可一日不存於天下顏子窮居陋巷其心不減禹稷過門不入此心不加遯世而與用世之心相合所以為難今果欲已其心何難之有

書云高宗章

不言謂不言及政事總已註訓作總攝已職既是已職何用攝

也。蓋所謂已者，是通自己衙門大小官員而言。總已，謂百官各總率其官屬職事以聽於冢宰也。

嘗登之曰：周公當成王諒陰之日，負扆以朝諸侯，而流言起。則此制亦猶本也。是以康王繼畢即位，而漢文遂起以日易月之制。爲蓋亦時勢之所必至者。今不可及矣。竊謂服制奪于世，炎哀戚本乎至情，但於二十七日之後，以衰服御外朝，而以縞服居內殿，其猶諒陰之遺意歟。

吳無障曰：孔子特就居喪常禮論，其實高宗不言，有恭默思道以監中興之業，意在朝諸侯有天下，猶運之掌。正此三年不言者為之也。

上好禮章

葛屺瞻曰：禮以辨上下。定民志。上之使下。下之事上。皆不外此。惟只在禮文上鋪排。所以不能動人。若上能好禮。原出於中心之樂為。則下必易使。亦出於中心之從順。精神相感。不容與者。

子路問君子章

葛屺瞻曰：已有耳目口鼻四肢。便有聲色臭味安佚。終日馳逐不休。纔放下又却昏沉去。把這已都丟壞了。故須要倏然去修整他。把個甚麼。乃以敬。常提儆若思一段光景。為主於内。既不

使昏沉又不使放逸則非僻無由干而養成此精明之軀已方

緣脩整得停當此學者提宗之一法也然這個敬若只了得自

已無与於人乃是個小人儒為得為君子故子路復問之而夫

子為發其蘊已与人境界原相對待功夫又相合一如已在家

則与一家之人相對已在國与天下則与國与天下之人相對

即在深山靜養亦必有一二件俗決無閉門塞竇而獨處於一

室者已之所行即是人之所受更無兩截又我脩已是這個敬

人与百姓各各脩已亦只是這個敬雖功夫在人自盡而所以

感通則效總不外此已為式樣故脩已者即可以之安人以之

安百姓至於人與百姓之不同者乃所值之境有廣狹非己有

異脩也夫脩己固能安百姓而要以百姓至繁寧保無一夫之

失所堯舜在上猶有其咨以此為病可見安百姓又無着手處

功夫只在脩己語意仍打轉到己上程開祚問堯舜猶病畢竟

是安百姓的事做不盡抑只是心上猶以為歉荅曰心與事無

兩概古聖人在上豈徒使百姓有所教養而止必欲人人俱為

聖賢與我一樣唐虞之世雖云户咸可封亦有五品未遜堯舜

之心如何慊得惟安百姓之事雖了而安百姓之念亦與之俱

不了所以為聖人無息之心然事雖未竟而心則無虧矣方如

驤曰然則時解謂堯舜猶病正是堯舜敬脩處似亦是曰理雖是而以貼本文語意却費轉折猶病只說安百姓之難要歸其功於脩己

周季侯曰安人安百姓不重人與百姓上只要顯得此己之量無所不該發出脩己以敬一句裏面意以安人以安百姓言以安人為脩己以安百姓為脩己與以敬以字無異這樣脩己盖合天地萬物以成其為脩者也若云脩己則自足以安百姓便有兩層了

李卓吾曰據子路之問品地儘高與問為邪近矣又曰兩如斯

而已乎見子路之外王一堯舜其猶病諸見孔子之内聖

原壤章

況無回曰原壤是老莊之流夷俟正禮堂為我設之意彼方視父子兄弟少長生死皆若浮萍之相值而不關情者故夫子以立身之道徹動之乎卓吾曰一頭罵一頭打孔夫子直恁慈悲

闕黨章

王漢冶曰將命是个好事故或人以益疑之此童子亦要做好看亦知向上者不為嬰兒之態而有大人之志是個聰明伶俐的人其居位與先生並行亦是為聰明穎敏所使也夫子見其

才性之美有足嘉而矜浮之氣所當變故抑而教之

李卓吾曰在居位並行處見其欲速成非不隅坐隨行也若是不隅坐隨行一步牛小斷矣何以將命

說書卷之十終

八閩文庫

文獻集成
224

福建文獻集成

續編/經部 二四

吴格 主编

海峽出版發行集團
THE STRAITS PUBLISHING & DISTRIBUTING GROUP
福建人民出版社

本册目次

慧眼山房説書二十卷（卷一一至卷一七）

［明］龍溪陳天定撰

日本内閣文庫藏明刻本

慧眼山房說書卷之十一

論語　衛靈公第十五　季氏第十六

閩漳陳天定慧生甫著

衛靈公問陳章

四書商諸生問俎豆一對着甚關係還只是抹殺他問陳之心啓季侯答曰靈公一生錯處俱在禮教上故對以俎豆正是夫子救時手段欲使靈公深思而自悟之耳若只主脩文不脩武諸頭便是後儒迂遠腐論矣他時子路之問子曰正名要見衛國到底受病只在禮節去處備靈公當時能悟俎豆之語何至有衛輙後來父子相爭之禍耶按講録云人君爲國必右文左

武言文便有休養生息之象言武便有耗蠹愁慘之象靈公見夫子郎問軍陳便文武失序生殺倒施故夫子以俎豆易卻軍旅之事孟子見梁王以仁義易卻富強之利直是聖門嫡傳此說自正大今周說敲切衛事論亦崇宏餘說小巧不贅

高中玄曰問在陳絕糧是當行而行無所顧慮否曰非也只是無上下之交耳人之為道也居必有積倉行必有餱糧豈有當行就行更不照管日用以至於絕粮豈不迂乎迂非聖人也愚嘗謂宋儒遠人情以為理使人無所適從此類皆是

疑問云子路慍見之問卽不悅南子之見公山佛肸之意然未

免於此動氣要是於性命中見得未分曉故夫子曉以君子固窮小人窮斯濫矣二語窮通非人所能必君子所可必者自家有主張處一而化齊不為外所搖奪耳一為外所搖奪即濫於本分之外即謂之濫非是放溢為非愆意小人斯濫只是泛論個不成氣的人以勸勉君子並非譏刺子路不聞周旋更見大道理又固窮二字朱子謂固有窮時程子謂固守其窮朱子之說恰對上有之問今玩下句即承以小人斯濫去隱隱照得固守意在言外何必把固字與濫字對覈且固作固有看又見得任運達觀與時伸縮之義此固守着力更進一步矣

多學而識章

玩本文語氣一字是對多學字說貫字是對識字說多學而識學得一件纔識得一件乃是無頭學問故夫子特為喚醒識字舊讀作志近讀如字讀作志字大有不能融化意在讀如字覺有員機然不如貫字之頓妙訂釋云或疑多學而識之亦以萬殊歸一本也與一貫何殊同兆從性地之徹與不徹而分也徹則識不用事而一以貫之未徹則猶有擬議安排之意在雖亦諸一而猶未離乎識也此讀如字之說也大全朱子同子貢之學亦博矣然意其特於一事一物之中各有以知其理之當然

而未能知夫萬理之爲一而廓然無所不通也聖人以此告之使之知所謂衆理者本一理也以是而貫通之則天下事物之多皆不外乎是而無不通矣說儘平實但着以是而貫通之一句終非本文一以貫之意員語員本義葛屺瞻曰一貫原無實義隨人所提如曾子之忠恕顔子之約禮在子貢則聞性與天道俱是此亦聖門提宗法也以聞性天道爲子貢之一貫大是大是訂釋所云多與一之分在性地徹與不徹之際者也特在夫子口中渾含不露却撞破了子貢天機遂默然領受而無言也不則說心說理竟屬一句囫圇咬不破語又爭執于多與一

或先或後或即或離，并扯曾子一貫章，或行或知來說，滿幅葛纏，與子貢有何交涉。最可咲者，夫子明說多學而識之是非，後人尚費斡補，與當日喚醒子貢本義有何交涉。然非與，疑信之間，正是子貢恍然悟處，故夫子急為印証表了。凡謂然非與，猶云然則非歟，疑信總在一句中，重疑一邊，勿折看，似不如舊說之有情況，然大意亦差不遠。又丹鉛總錄云：然非與，子貢非不知也，蓋辭讓而對，事師之理也。鬻子對文王、武王、成王皆曰唯疑，當方唯而亦疑乎，對君之躰也。大史公對曰唯唯否否，蓋古之對友亦如此，又可以証此解，亦可備一見。

由知德章

葛屺瞻曰：夫子於子路，每以知覺他，只因他聞斯行諸，遇着好事便做，更不加理會。如德則自心所得，必須細心體認，方纔見得親切，豈是躁心浮氣可曉得的？故夫子呼其名，而以知德之鮮警之，與愠見不相干涉。

無為而治章

葛屺瞻曰：當時舜巡方覲岳，五刑七政，許多作為，夫子却說無為，單為要跌出恭己正南面句。恭己只是個撥危微精一允執厥中，舜感化天下，一生精神全在此處，縱有許多作為，都是粗

卷十一　四

迹宜可置之不道，故說無為，是乃取精而畧其粗者也。洪嗣夔問，舊謂紹堯致治，而又得人以任衆職，故無為，今何不用？答曰，得人任職，自古聖君皆然，何獨以此託舜？至謂紹堯，則凡堯之事，當時無一非舜代者，乃反以堯為，而舜不為，恐非據實之論。方如驥問，者二典，舜之所為最多，無為終難貼不來。答曰，此語意損挫之法，如顏子助夫子，定不在起予之後，乃反說他非助。單為要跌出無言不說意來，看書若執定死字尋求，安能探其言外之旨？此說字字員靈，餘說皆可抹却。

子張問行章

葛屺瞻曰問行是要行得通言不獨信而加以忠者乃句句從心苗發出絶無虛花行不獨敬而加以篤者乃貼身着實做去畧不放鬆忠就貫在信裏篤就貫在敬裏我把敬信待人人也把敬信待我雖至遠的蠻貊也行得通反此則州里至近也行不通然此敬信又不是臨時襲取得的須要念念提醒立則參前在輿則倚衡時常見他在面前此二句要合看乃無時無處而不然凡人說話句句老實有一處不老實雖對吾言者本自可信亦信他不過行件件謹慎有一件不謹慎雖吾見其所行者本自可托亦不肯托他必須參前倚衡絶無間斷方纔人俱

信托行得通達。故說夫然後行。子張書紳亦即參前倚衡之意。此說甚平實餘說提宗豎解不出此說範圍大要謂言行從忠信篤敬流出忠信篤敬不依言行而有夫子既告他言行要信敬又恐他只在言行上着脚沒有本領須要時時處處有見於此躰方是不言而信不動而敬薛方山曰先明忠信篤敬躰段自知參前倚衡功夫云何曰忠信篤敬乃吾心之躰至真至一者也從真處而言謂之忠信從一處而行謂之篤敬此躰存則常見常見即參前倚衡矣嘗登之曰其字虛指性躰蓋忠信篤敬之歸着處也非以忠信篤敬爲意象而想見之也徐徵弦曰

參前倚衡只是見得理如此若把一個忠信篤敬常着在眼前
與司馬温公常念一中字相似便是執着故論參倚之見當在
勿忘勿助之間李卓吾曰參前倚衡節申得極妙不然竟有以
忠信篤敬求行者矣數說驟看之似深舊說一層細看則忠信
篤敬豈可執以為見之物所見者忠信篤敬之理耳既謂之理
非心躰性躰而何提出本領是
我朝諸儒有功聖學處但本文本義則自渾淪融液上下節相
足再致叮嚀無許多推剝也楊復所又謂忠信篤敬是誠意誠
身二見字是致知明善道學家提唱自尒順文敷義則正不必

爾。

書紳、與希倚之見大有別。但末學初機、未能舍筏直下、亦不要抹卻。

直哉史魚章

王漢治曰、二節俱重下句。可卷而懷之。可字要玩。可者伸縮以時、不執一轍之謂。懷字其中有物在。夫子並稱二子之美、非為品題二子也。但就夫子之言觀之、則不能無高下。李卓吾曰、各成其是、勿置軒輊。

可與言章

葛屺瞻曰此在立教上說。可與言是他胸中有一段憤悱光景一加指點其人即可成就若不與言便將好人拋棄了不可與言是他胸中原無一段憤悱光景且不與說破。向後還有商量。若即與言便將好話拋棄了知者是能識可與言不可與言之機括者。故人言皆無所失。沈無回曰志字極妙。合二句看。方見智者應物如良醫施鍼。鍼〻入竅。

志士仁人章

志士仁人依註作兩人看自好朱子語類曰曾見人解殺身成仁言殺身者。所以全性命之理人當殺身時何暇更思量我是全性命之理只為死便是生便不是不過就一個是至於全其性命之理乃是旁人看他說底話又曰殺身成仁亦只是義當殺身即是成仁若為成仁而殺身便只是利心又曰生死是大關節要之功夫卻不全在那一節上學者須是於日用之間不問事之大小皆欲即於義理之安然後臨生死之際庶幾不差若平時應事義理合如此處都放過到臨大節未有不可奪也字〻真切於無有兩字真血脈處大有發明大是頂天立地文字也

子貢問為仁章

喬岷瞻曰：人之德性，全藉師友以琢磨，故以士大夫之仁賢比於百工斧鑿之器。是皆能開拓我心胸，消鎔我氣質，而使之成器者。事即以師事之也。說個居是邦，隨到一處，便要親師取友，不可一時放捨仁賢。雖以賢屬行，仁屬心，其實可互見者。譚貞默問：空空對着士大夫之賢仁，他人自好，於己有何干涉？還須有由己一段功夫在言外。答曰：由己固不可缺，夫子且只就資人一邊說，亦自不輕。但看不肖的人閒居為不善，無所不至，一遇君子，便暢然動心，使他時時有君子相對，必終自做一好人了。不特此也，亦有平時極肯用功的，只閉門獨處，終是三家村

卷十一　八

學究成就得来不過一獨善之士惟遇當世名公林下高士聆其議論丰采觀其容貌德氣不知消了多少鄙吝之心開了多少高朗之識況朝夕与處則潛移默化真有莫知其然而然者故學之不講夫子為憂以友輔仁曾子所尚每惓惓於此今世人托言為仁由己而不肯親師取友若非孤僻長傲即是怠惰自荒吾見其德之無成而終于不肖之歸也此說真切不浮時說夾着由己一意在內今人厭嘰得此洗之快哉

顔淵問為邦章

此章書規模極大根本極嚴放遠二語的是典謨訓戒爾艱保

泰之會自不必言獨是鋪陳四代禮樂處或信有未及璧議紛紛王陽明曰顏子具體聖人渠於為邦的大本大原都已完備夫子知之特恐其制度文為外面末節或有疎略故就他不足處幫補說若在他人必不爾也他人只去行了夏時乘了殷輅服了周冕作了韶舞天下便治得否馮貞白駁之曰四代禮樂郎王天下者三重中所議所制之事言三重者三之所係重也三重非末節安得以四代禮樂為末節而輕視之哉如始皇以智力把持天下亦能終其身冨强豈可謂其不能治天下只為其建亥不行夏時鼓缶烏烏不作韶舞便覺乖戾急迫無三代

和緩氣象漢文以黃老經治天下亦能致其國于治安豈可謂其不能治天下只為其禮樂謙讓未遑不改正朔不易服色凡所為皆襲秦故所以卒止于漢而不能齊肩于三代之上也夫子以四代禮樂告顏子蓋以四代望之也夫子不是以區區治天下望顏子直是欲以顏子為虞夏商周之治細思之若無此等氣象便是功利便是伯術此駁甚當四書商又云諸生問為治窾竅儘多如何只把這幾件說季侯曰善制治者須要看大氣運所在從古聖人立國只就氣運轉關去處畧一提撥便覺世風丕變譬之善醫入者不斤斤于膚色皮理之間只把緊關

竅穴之處。畧一投針。自覺元氣周匝。百病可拯。此等机括。非聖賢神通妙手不能理會。夫子此番每事各舉其一。畧為指點大意。四海大業。觸類可通。若只執定數件。謂治已盡于此。是向痴人前說夢矣。此說甚高。但恐淺人執此。又一向離題。把聖人鄭重之言。都作輕拈活套子撇却。是又為翻空者開一猶也。不可不可商之。

按孔叢子子思問。夏數得天。堯舜之所同也。殷周王征伐革命。以應乎天。因改正朔。是堯舜禹以來同正建寅。殷周革之。以迭新理。或然欲夫征禪雖殊。天人不改。必欲以改朔新天下之耳

日將遞建遞差豈獨秦之亥朔已乎微夫子之言吾不知所終
也已由今觀夏時已成故夻遂不見大聖人斟酌之妙而一言
垂訓萬世為經伊誰之憲謂行夏時小故耶大史公曰孔子正
夏時學者多傳夏小正此無他歲首一正月令因為蓋雨暘寒
燠日星風雷飛潛動植榮枯變化無不具紀則而行之王政民
事燦如也此又行夏時之說也非徒以一歲首言之也殷輅周
冕文質各宜堂堂皇皇明天子之所崇也今亦為經夫子道破
習聞習見遂覺無奇而試思秦火以來古先王制作煨燼殆盡
小儒脩補不雅不衷雖一車旗服飾之微亦不勝聚訟為夫孰

能定此文質之衡以知與禮樂立制度果非小儒之所能也又此二項夫子只單〻就天子說起是何等識力降而諸侯大夫士庶人服食器用物采文章孰不括于其中宋書禮制有云秦閱三代之車猶取殷制古曰桑根車秦曰金根車也漢氏因秦之舊亦為乘輿曰桑根金根者言桑色黃如金也南史齊制云殷有瑞因乘鉤而制車因桑根而為色古所謂器車也孝經援神契云德至山陵則山出根車應載萬物說雖不經而自秦歷漢不改則殷輅之宜于天子車也審矣禮曰周人上輿而孔子猶取殷輅是殷之質勝于周也又言禹致美乎黻冕而論冕以

周為貴是周之文勝于夏也蓋不能無損益于其間焉若夫樂
則韶舞此句又未易承當許敬庵曰夫子得邦家而為之其心
躋斯世于唐虞之域乎高中玄曰樂以象成舜之樂所以象舜
之成也而吾今用之則何象為揔之一代帝王自有一代功德
代不相襲要如盡美盡善而止豈易言也哉玩一則字分明在
治定功成之後豈易言也哉
丹鉛總錄云論語鄭聲淫淫者聲之過也水溢於平曰淫水雨
過于節曰淫雨聲濫于樂曰淫聲一也鄭聲淫者鄭國作樂之
聲過于淫非謂鄭詩皆淫也後世失之解鄭風皆為淫詩謬矣

葛屺瞻曰佞人殆〻字指心事言心事叵測口蜜腹劍令人無可倚依直是危殆汪德沛問佞人若見用必至國家危殆何只以心事言荅曰危殆國家是其害之究竟處今直指佞人心事較更貼切

人無遠慮章

葛屺瞻曰凡謀事須放寬一着局內的將局外相形照看方於局內見得親切所謂足之所踐於其所不踐者人無遠慮道是眼前不涉好放鬆得近憂者算不寬餘目前便被逼迫立見壞事也

鄭孩如曰凡為當慮處豈可說遠一苟玩愒人偷取目前之安以為未有形似叫做遠慮耳遠慮二字最是僉夫誤人深坑夫子特地喝破之莫說此是遠慮無此遠慮憂即在近矣可以為遠而忽之哉一言斬斷此二字莫使人開口萌念

已矣乎章

蔡虛齋曰未見猶冀見之也已矣乎三字警人之意尤深李卓吾曰加已矣乎望之愈切矣不作絕望看

臧文仲章

葛屺瞻曰凡不當得而有之者謂之竊文仲位居大夫力可薦

賢乃知賢不舉連他的位也是不當居的故以為竊位然魯之為大夫者非一而獨罪文仲其亦責備賢者之意與蔣茂憲問時說謂文仲恐柳下惠形已故夫子窺破其隱情而以竊位罪之似於竊字較覈答曰文仲亦是賢大夫此太深文

躬自厚章

李卓吾曰不為遠怨而薄責於人理合如此且躬自厚必薄責人勢亦如此沈無回曰此章只重躬自厚薄責于人即在躬自厚內金臺商訂云只緣自不用功所以常見人非若自反誠切用功縝密見人非處自漸少又宋人云學至于不責人則幾矣

正是此意。若洒然分作兩事。則看人做落。亦豈君子成己成物之心乎。便說不去。又曰。君子非有心于避怨也。人之有怨于我。必我有不釋於人者焉。即此便是人己之心不能相通處。故必至于遠怨而後見自脩之至耳。夫子告仲弓以敬恕。而必以邦家無怨驗之。亦是此意。

不曰如之何章

葛屺瞻曰。如之何。是怎麼樣處。心口間自作商量。我方纔好為他商量得。三個如之何。一樣意思。這不是胡行。便是撒懶的人。故難為他處。又續筆乘一說云。人之於道以憤悱而通。如之何如之何者憤悱之象也不如此即善啟發如聖人亦無如之何矣管子曰思之思之又重思之思之不通鬼神將通之魏伯陽曰千周萬徧兮爛紛紛其可覩鬼神或告人兮魂靈忽自悟噫非嘗困衡于思者孰知其味哉沈無田曰此說較細但只就事境上說語氣更近

群居終日章

此章書粗看似淺淡細看便一字一血深切我輩伶利人的病痛古人進德脩業時時刻刻皆有功夫以友輔仁所共言的皆是正經的大道理把這個智慧用在大道理上佛氏有云為一

大事出現于世而頂門一針則在般若智此大慧之說也我輩
伶利人福緣不淺根器亦別既不消如農工商賈奔走衣食亦
不肯如鑽利求名等輩忙忙碌碌於道途還有個清閒之日可
以坐遣而索居不得引類招朋綽趣打諢方過得日子仔細想
來都是一派歪邪議論那裡有些正經終日撚弄都是些小聰
明矣新可喜出人意表之事機鋒迭起眉旺色飛尒時儘覺快
活興闌時如許拂鬱顔壯其謂余曰君子惡慘然若不終日良
友藥石之言余愧死矣子曰難矣哉難之云者正指其快活時
無限拂鬱而慘然若不終日者言之也哀之也至矣便當洗胃刮

腸把從前積習一齊換過，攢時累刻，逼拶挨尋，討出大慧去處，參善知識，以求員陀陀光爍爍的境分。不則一失足為千古恨，再回頭是百年身，奈何奈何，時不待人，珍重珍重也。嗚呼，難之一字，是現前生地獄，身在獄中，恬不知轉。慧之一字，是貧兒衣領珠，衣裡有珠，忙不知覺。夫慧則一為而已，小用之則小，大用之則大，無明佛性也，煩惱菩提也，其知之乎。

君子義以為質章

此章主精義說為妥，有楊為張三先生說可參。楊貞復曰：此君子就養成的說，學至於君子，則資深逢源，淵泉時出，如萬斛之泉隨地而出或瀨或湍或淵或流隨在得名水何心哉禮義孫信自旁人觀之有是四者之名耳君子不知也一心以應事而衆妙畢呈于前矣末句是贊詞葛屺瞻曰質如作用之有幹質君子專倚靠着義為主故把他做個質幹然光光只有個義於作用時或闊略而條理未必精詳故要節文的禮或急遽而氣象未必沖和故要謙順的孫或遷從不常而始終未必合一故又要成始成終的信人皆以君子必能喻義不知只一義還成不得必須禮孫信共成就這義方不為硜硜的小人故謂之君子此蓋以精義之學責成於君子也張侗初曰義即性幹也廓

然順應無思無為行出成摠是一性如幹生枝摠是一樹若不依此義行處都是曲謹出處都是足恭信處都是小信摠饒局面周徧氣象員成還是個硜硜小人不根性地安得謂之君子

按葛說以禮遜信成個義張說以個義主禮遜信是同是別不出夫子開開遞下一氣呵成口中也揚說隨在得名之解尤見大意雖不單指義而見地甚員於精義之旨過半矣

君子病無能章

葛屺瞻曰此與不患人之不己知患其不能也只顛倒一下然冠以君子乃是發明君子心事與泛常提醒人者不同

病沒世章

稱字時說或作去聲讀乃相稱之稱沈無回曰古人原不將名實分作兩事。後世棄實鶩名。故名之一字。有許多廻避。姚元素曰君子不矜能。亦不諱能。不干名。亦不辭名。聖人之言自是平等。只舊說爲妥也。所言沒世亦只是做人及時修德意。饒雙峯曰言沒世者。蓋棺事已定。生前或可干名。沒後却裝點不得。非正旨。却令人汗下。毒哉。

君子求諸己章

蔣屺瞻曰求者有所不足而乞以益之也君子即是大人者得

自己無所不有，道德固從性具，事業亦非外邀，自己所用不盡，故只求己。小人是極小的人，看得自己一毫没有，富貴在人掌握，毀譽在人齒頰，不靠人便難過活，故只求人。同一求，而在己在人，人品爲之迥絶。王師濟問高中玄謂：君子行有不得者皆反求諸己，小人不免尤人，似説得親切。荅曰：此亦求中一節事。

君子矜而不爭章

葛屺瞻曰：矜如執玉捧盈，有矜持之意，欲嚴己之守，恐怕人來混我，便要與人相爭。群是一夥人共處，絶無分辨，欲廣己之量，恐怕生了嫌隙，便要與人爲黨。惟這矜不爭，群不黨，務相濟而界限各分總見其矜群妙處或曰矜自不爭群自不黨或曰不爭是其矜不黨是其群与本文而字口氣未貼按而字本帶過之詞作一直看亦不妨然細玩夫子此言實是為矜群者立法非挑轉話頭以嚴界限不可也舊說得之

不以言舉人章

晏九範曰兩句都就言善而人未善者言葛屺瞻曰言與人原不相蒙故亦當各自為論如楚巫臣之諫納夏姬其自為謀則過人畢竟是不好的而為君謀則忠言畢竟是好的袁了凡曰此章重聽言一邊說

有一言章

葛屺瞻曰其恕乎乃玩此一字有深味不盡意不欲勿施雖訓恕字而其實可行意亦見蓋人終身無一日能離得人若我去待人像得望人待我的念頭只此方法那一刻行不去李卓吾曰己所不欲勿施于人八個字說得津津有味又曰說到恕字自住口不得

吾之於人章

楊復所曰誰毀誰譽與無毀無譽不同誰毀猶言毀得那個也誰譽猶言譽得那個也正與斯民也三代之所以直道而行也

相應人推看二誰字不透并三代處亦鶻突過了周季侯曰誰
毀誰譽者言于誰而毀于誰而譽也之於人三字正與下斯民
也相通聖人正要把自己之心還之天下人之公心絕不自留
一見故拈一誰字見非己所可得而與也所以直道而行所以
二字從他本性上說須知民自三代至今無有一個不直者但
須從其根源上看耳蓋此瞻演云夫子說我於天下的人那個
曾傷毀那個曾稱譽倘或有所稱譽的就他目前料他日後必
定已是有試驗過了不獨我是這等就是這許多百姓從三代
來自古到今都是把這無毀無譽的直道相為通行也那一個

好杜得的黄學顏閔三代直道而行還指三代之君以撫待民
說覺於之所以三字有着落答曰三代特言其時之久原未見
有指禹湯文武意且春秋亦周代也即目前已訣於其內矣直
道原無一日不在人心安得獨歸於君之待民之所以直道而
行猶云把這直道去行着力在以字之所不過虛衍之耳
據舊說上下節過文處謂吾何以無毀譽正以斯民皆直無所
容吾之毀譽耳甚費周折今嘗說着不獨我是這等句作渡較
得自然愚別有臆見末節似是咨嗟想慕的語氣言這等百姓
是三代爾時所直道而行的百姓傷今思古意在言外有古然

卷十一　十九

今何獨不然之意陡爾憑吊不用過文更似有遠神商之說個試字便是有証據的了不是憑空臆斷的蓋就目前一節驗之而料其後之必然也如見人圍棋了無倦色及安置器物各得其所知他能克敵之類此等慧胸慧眼也惟公虛者能之襟一私心當場便挫過難矣哉

吾猶及史章

猶及兩字甚傷感見得這兩項事到如今隔有幾時眼裡就一變了可憐可憐

旅次湯語曰史闕文不忍盡書也為尊諱為親諱為賢諱故有

闕忠厚之道也必欲詳書史職雖盡而仁恕遠矣此解深遠然如舊說不敢傳疑以誤人亦自好孔子書夏五便是闕文樣子

巧言亂德章

按舊說巧言是他人之言亂德是亂己之德見得巧言不可惑與下小不忍之不可有對看正亦立德立功者以審幾之學說甚正大近謂二亂俱從自心生為巧言所亂只是入德不深為小不忍所亂只是識見不徹推剝自好然却深一層了李卓吾同二病都是自家一失之浮一失之躁浮字直指巧言是以巧言為自己言同小不忍自己一側看也躁字又單指匹夫之勇

卷十一　二十

而言。袁了凡曰其言一巧。心便外馳。即是曰是。非曰非。已非心
得之真矣。似有德而寔非德故亂。蓋不但亂人之心術。併已之
心術亦亂也。故巧言當戒。忍有二義。不能忍決是婦人之仁。不能
忍耐是匹夫之勇。須重忍耐一邊。方與書有忍有濟之意合。說
同卓吾葛屺瞻湖南講曰德本辯于言。言可揆揮心德。有言固
是好廢。但言若巧了。便口頭十分伶利。似是實非。真偽難辨。倒
滑亂了心德。如鄉愿固是一種。卻不盡然。子路使子羔為費宰。
而云有民人社稷為學。不必讀書。據理論。何嘗不是。使來學者
操刀。傷人必多。是亦謂之亂德。謀李生於不忍。心內慈祥。不忍

有所傷害。方能為謀以保全之。不忍亦是好處。但小的不忍則昵在一事一物之微。煦煦為恩。而于天下的謀畧。俱不及照顧。顧此忘彼。倒淆亂了重大的圖謀。如孔明勸劉先主取荊州。先主不忍。這豈不是顧惜名義。然不取則英雄無用武之地。便不足以定王業。而彼亦終不能以自全。則不取即是亂大謀。柴煌曰小不忍舊有二義。匹夫之勇何以不用。曰匹夫之勇乃一逞而事即決裂。當是敗謀。與亂謀貼不着。亂者似是而非。惟婦人之仁。得之是屺瞻又單指小不忍為婦人之仁而於巧言處着真偽難辨等語。似亦主為聽言者言之也。愚謂本章二句都從舊說為妥。吾人看書，遇舊說有極平妥處，切不可翻。非大有礙于理，切不可易也。

衆惡之章

胡氏曰：察者，詳審之謂。非謂衆人之好惡皆非也。孫淮海曰：必字非作意矯強，只是順是非之理，以定取捨之公耳。周季侯曰：衆惡衆好，大槩亦可觀人，但少不得一察，以見聖人仔細斟酌之意，而必字不要太說煞了。

人能弘道章

周季侯曰：兩語一正一反，下語直喚醒上語耳。人字莫認作太高弘道莫看得迂濶了試想吾人隨時隨地那一處不是道之流行那一刻不是道之鼓舞皆是弘道作用故曰人能弘道實是合智愚賢不肖之人而默動之也若以人字專歸聖賢以弘字只說位育參贊等語則聖人此語索然無味此題處無生活日子矣愚謂聖賢是吾人本等事不得謂之太高參贊位育是吾道本色物不得謂之迂濶今論弘道離不得以參贊位育等言然擧侯主意則主于普度一切亦自好饒雙峰曰此道字就自家心上說若就道體上說則道自際天蟠地何待人弘愚謂際天蟠地之道與自家心上道果有二乎若無有二不悉處分

陸[illegible]詩

別葛屺瞻曰易云一陰一陽之謂道既有陰陽便有盈虛消息之數陰陽適得其平則道之運行方通達而無閼若畧有過不及處便窒礙不通故在天則雨暘寒燠失時在地則山崩川竭在人則愚蠢疾病在物則夭札疵厲此皆數值其窮即道亦無可柰何而惟人之致中和者能以位以育這是弘道之所以然處此又見際天蟠地之道待人弘也而謂專以心躰言者陋矣至末一句李侯謂是喚醒上語已極解頤而說者又極力推剝亦可倫觀王觀濤曰非道弘人解作非道自弘誤也弘人明是大其人如為聖為賢之類論成功之後道豈不能大其人但就

用功時說須人自家擴充道原著力不得耿天臺曰言人能弘
道足矣又言非道弘人若蓋君子之大〻於道則人亦以道而
弘究竟乃人弘之耳此言豈爲藐視形骸而高譚性命者發欲
藐視形骸高談性命二語大可參較勝觀濤主用功時之說李
卓吾曰此與由仁義行非行仁義相表裡或不解曰道從人出
非有道而後人弘之也猶仁義從彝出非有仁義而後彝行之
也顏壯其亦云此是喚人認取自家身莫向外拋棄極破的可
玩而愚又嘗拈此章向道學家作謔語謂此是夫子打罵道學
之言人弘道者真正道學也道弘人者假道學也真正道學道

門[illegible]謂

待之而弘假道學則附道以弘者也吃齋的便說他是佛呪水書符的便說他是道戴大頭巾談道德性命的便說他是孔孟有一毫交涉否子曰非道弘人把假道學掃盡矣斯言似戲有切事情觀者無謂余太橫哉

過而不改章

湖南講演云夫子說偶錯的過還算不得數惟不改去便牢牢留在身上這纔實落喚做過了鄭鼎泰開過字既以無心偶錯為訓則到不改便為有心矣何止加之以過而不加之以惡吝曰此正謂一改之下過已全無以見改之有益至不改之為惡

非惡則事隨輕重姑不論及李卓吾曰放條大路大慈大悲

吾嘗終日章

吴無障曰首兩句似從別人身上說來謂今天下之言思者恁是思得真切到忘饑忘寢住了然反而驗之我當初也是這樣思畢竟後用罷了可見天下道理懸空想像不得須着實學之方可吾嘗二字要在虛中想看張彥陵曰學之一字正為吾思者指點路頭切莫執着切莫以思學合一并語混過愚謂本章語氣重學則宜重學以思學合一并語斡補本文甚是惡道彥陵掃之是也然欲并學字抹却則亦不然商之

李卓吾曰致知必在格物盡性必在窮理孔子已見驗之矣彼講心學者何如直截痛快斬盡葛纏誠千秋手眼也

君子謀道章

葛屺瞻曰謀是求得而經營憂是未得而愁戚憂即是謀的主意耕也餒在其中謀食的倒未必得食學也祿在其中謀道的倒未必不得食々之得不得全不關於謀不謀只宜併心一路向着道上故君子惟憂道不憂貧此句頂上一直說下蓋爲世之求道者恐飢寒爲累而分心于生計故言此以破其惑徐世溥問時說謂祿雖即在學中然君子只憂道不憂貧似更得君

子無為而為之心答曰食乃生死所關賢如子路絕糧慍見似治生之念學者所難盡除故夫子就人情畱謀處開曉之不得又將道理來硬禁也且舊說須用一然字作轉語翻下口氣点覺不順

知及之章

葛屺瞻曰數之字總不外此道但不必填實知謂之及是識見已到那盡頭處仁以守言乃力行之仁而非指渾然本體也不以仁便當下未能真懇拳拳弗捨所知的守他不住故雖得必失智及仁守了謂何還不能莊涖這是急于脩意而脩容處不

卷十一　廿五

問內說書
及照顧不知從民不端莊無以動他作肅之心民便不起敬於
我知及仁守從從了謂何又動不以禮這是只去道之以德而
齊礼處未能精察不知無禮便無規矩準繩教民如何去做善
者純粹無疵此于曲成萬物處尚有疵漏故未為善也此章自
知及翻出仁守又自仁守翻出從從又自從從翻出動礼逐層
挑發正如新篡解釋亦須逐層躰貼方得
孟師尹問仁知只在心裡做亦好何必定要從從得民之敬答
曰敬不是要壓服人民心惟敬能尊信我方纔去動得他來若
不敬便精神不相會揖何以為感動得張本施鑑問功夫只是

自身上難做既知仁莊涖了請何還有動民不以礼處咎曰世間原有々躲無用者或臨朝恭默而勞来匡直之教實所未聞又或如黃老之學以礼為忠信之薄而有意忽之亦不可知張卓然問此章或以知及貫或以仁守貫何如答曰此皆出自已見滐劉本文試順文虛心一讀何苦傷筋動骨

按屺瞻此說甚的當嘗見漢䟽李充云夫知及以得其失也蕩仁守以靜其失也寬莊涖以威其失也猛故必須礼然後和之数語尤簡切張無垢語錄云或問所見所守二者孰難無垢曰所見難或曰今學者有所見而不能守則併其所見而喪之曰

不然只見不到故爾今人知水之溺火之烈未有無故而入水
火見之審也設陷穽而蒙以錦繡玩而蹈之者多矣彼見畫虎
而畏者久則狎之一日遇其真則喪膽失魄終身不敢入山林
其理可見此語透宗然誤人亦不少古德有言五百年後明道
者多行道者少有悟無脩蕩所由來也夫所謂見到者爲一徹
盡徹者言之也此已是大事了畢之人當初用功不知如許勘
訟如許保任方得到此田地而謂可一蹴能爭哉葦机淺根劣
念念有起倒天機運漏時常不了了分明嗜欲千般東捏西蘸
一際之光旋就熄滅蕩之一言真毒害刺我心也書曰温而栗

記者記吾夫子亦曰溫而厲此可見溫之有不厲不栗者矣今曰仁之失也寬誠切理之談也每見道學先生都主一味収斂如濕如灰如春行冬令傳所云水柔而易狎爲者也故其彈壓人群摶挽流品全不得力此無他學問到涵養時収花結果意多外邊手稜多襯不起然後知夫子莊莅之言之爲要也至於之失猛禮以和之此語尤可躰會王觀濤曰禮字要看得細如一條教也張弛寬猛之合節一號令也緩急輕重之得宜無往非禮重哉去以禮動民說徐岩泉曰禮是天理之節文本心上大中至正合于人情恰好處如云天下難得者兄弟易求者田

[illegible]

地便能令晉明兄弟叩頭此正把長幼之禮去鼓動他若臨民一味莊重而動民處尚少此機括便亦未盡李卓吾道古錄講齊之以禮亦謂是個千變萬化活活潑潑之理使大以成大小以成小談之也詳矣可參觀本章大旨逐節推尋自見妙義而心粗氣浮只欲作統籠語混過不亦妄乎

不可小知章

葛屺瞻曰小知是一節的長能得見知大受是盡量付託他能得承受受如委以事權傳以道脈俱是不專指才用一邊得此法則君子小人俱無不盡之餘矣

李卓吾曰：不可小知，猶言不可思議。大受正在不可小知處。若曰于細事未必可觀，何以為君子？萬中玄曰：不可小知者，言不可以小事知之，非不能也。蓋不能不足以為短，而能之亦不足以為長，所以知君子者不可以此也。豈以君子必但務其大者，而細事便不可觀乎。

民之于仁章

李衷一曰：通章一意，正將水火蹈而死來發明仁甚于水火，非謂上較緩急而下方較利害也。但死生字至下方露耳。王漢冶曰：待以生時水火不可無，蹈以死時水火又不可有，仁則不然。

可見民之于仁甚於水火也徐鴻洲曰蹈水火則死蹈仁不死
亦似泰較利害與耕餒學祿意同蓋聖人勉人以學未必偶爲
賢智立論要其惓惓之心無非欲使衆人皆向道志仁而已水
水條着一民字亦或有意此説甚平寔但要曉得通章只是一
意勿添一況字作兩截
李卓吾曰末二句有無限感慨竟作仁甚水火註脚却不孤
負此老一片婆心此語大可細會參之葛屺瞻曰民之于仁
也甚于水火虛起下文水火見有蹈而死的未見有蹈仁而
死的是畏仁甚于畏水火也蹈仁而死乃殺身成仁者人莫

背爲故未之見耳甚求大作畏避説本出二程類語附覽

當仁不讓章

不讓於師只是形容一當字吴因之曰不讓于師可與吾未見
力不足者叅看讓不是謙遜讓者膽怯之意怕自家氣魄小力
量弱此事非小可還讓大力量的做此之謂讓舉師而言者師
多賢于弟子弟子多不如師故舉師以見其餘顏子請事斯語
毅然仁以爲己任不亦勇乎可謂不讓者也冉有曰非不説子
之道力不足也此可爲當仁者戒

葛屺瞻曰仁無一息可離而云當仁者是事機所值適當爲

[illegible]

仁、時、候、也。此、處、稍、有、退、讓。便、轉、聘、失、之。故雖謙遜讓的師。也不讓他。按漢疏云、當行仁之事、不復讓於師、言、行、仁、急。屺瞻說本此、

貞而不諒章

按漢疏、貞、正也、諒、小信也、此、章、貴、正、道、而、輕、小、信。自脩當、葛屺瞻、曰、貞為守正不移。易、以、貞、配、時、之、冬、者。取、其、重、陰、沍、寒。而生意、終、不、滅、息。乃、堅、貞、之、義。諒、謂、照、察。是、心、事。要、人、照、察。即所謂埀、諒者君子、取、必、於、照、察。則、吾、心、無、可、自、信。而、闇、然、內、脩、之、守、恐、亦、不、能、堅、固、矣。故、不、為、此。々說諒字。本出增韻。謂衆信曰諒。

又照察也看来照察二字甚切小信的病痛不則此處處者何為哉

事君敬其事章

蔼屺瞻曰敬其事是一心對付在所事上凡我職業不敢少忽既已盡瘁于君便要希圖厚報這也不是純臣之節又須將訣得的食直拋棄于後全不放上心来爵之崇卑食因之以厚薄故单以食言

有教無類章

蔼屺瞻曰類之不同由各趨所向而莫知統一也教則學宗於

一正可化異歸同更安有黨類有無二字緊緊呼應演云夫子說有晝一的教法自必無群分的黨類化人只在善教洪天泰問學者造詣不同安得無類以別之答曰類字只論人趨向之同異若造詣則淺深高下政須因材而教安能取齊

道不同章

葛屺瞻曰道是趨的路謀即從其所趨而為之圖謀故謀必因道若道不同則彼之苦心得力我不曉得我之苦心得力彼不曉得無論各執所見而不相下即相下而肯綮未嘗終難借箸故不相為謀此不必善惡邪正之迥異即如洛蜀之黨朱陸之

辨亦是
李卓吾曰此是病語亦是藥語鄭申甫曰此節重主張道術意
分門別戶聚徒爭訟若方員之不相入非大道之公也統一聖
真使家無異教人無異學是在主持世道而已矣又一說太史
公伯夷傳曰道不同不相為謀亦各成其是也謂天下道理原
是如此自然不相合一苟得於道何必強求其同二意可並存
合亦有病分亦有病合亦是藥分亦是藥參之

辭達章

徐儆弦曰玩達字有行乎其所當行意玩而已矣字有止乎其

所不得不止意。張侗初曰、辭達而已矣、達、有個、本、在、惟、有、本、故、達、而、能、止、也。

四書商諸生問達字、只是明白意思否、李侯曰、千、古、來、文、人、完、全、得、一、個、達、字者。其、實、不、多。達字勿容易看過了。真正文章。大之緒述聖賢。小之宣寫政事。一經一緯。各有所主。此詞之意也。果、能、將、此、意、暢、達、得、出。則、一、言、一、字。俱、是、真、正、性、命。真、正、經、濟。于、此、之、外。豈、能、更、有、添、加。故、曰、而、已、矣。若、說、只、取、一、個、達、意。則膚、淺、之、意。亦、何、足、達。縱、達、得、何、與、于、辭、耶。故。講。達。字。不。可。帶。輕。忽。話。頭。

師晃見章

周季侯曰道非有名可示非有法可取舉足動步日由其中明眼暗眼共此一路聖人日行其道實不知其為道也師晃之見一被子張喝出便以為相師之道若當階及席時知其為道而擬之則破碎甚矣記此者似已悟得無行不與之意故其描寫恍然煞有餘味

明儒經翼問上蔡講一部論語訟以師晃一章之義王龍溪曰一部論語為未悟者說所謂相師之道也故曰及階及席其在斯其在斯一一指向他說若為明眼人說即成剩語非立教之

旨矣張侗初曰一部論語都是千萬世盲人階席聖人明白指點出來只為人不肯信受耳其實師冕見階見席原不在眼故仍是師冕做主聖人不過相他今人須要信受自己做得主方許信受聖人指點階席

季氏將伐顓臾章

夫子平日所言俱簡此獨繁悉維持宗國之心情見乎詞矣首提先王兩字極重明以周天子壓他邦域二句相連既在邦內就是社稷之臣魯頌云錫之山川土田附庸可見顓臾雖非魯臣却是魯之社稷臣亦與魯相為存亡意中著一且字作轉

語似分二層分大意當以先王為主引周任節見汝不欲就該力諫以去又說虎兕龜玉之出毀見汝不去就不得辭其責也有國有家暗指魯與季孫寡是人民貧是財用均非相等之謂正要君臣一邊得其分方是均平安乃君臣安于本等更無越分之思不患寡二句是述所聞均無貧三句乃以己意釋之均則各享其有量入為出自然勻他用度故無貧和則各撫其民各載其主自然勻他使令故無寡安則君臣相信如腹心手足之互為依倚故無傾從均安內生出一和字又加以無傾二字總是事勢相因之必然語自錯雜不必強為聯絡夫如是直

頂上不患貧寡而患不均不安意文德如舞干羽而有苗格即均安之極也遠人舊指顓臾對魯爲社稷臣對季氏即爲遠人即近主泛説按蘇氏考究云定公十八年子路爲季氏宰哀公十一年冉求爲季氏宰則伐顓臾在季康子之世哀公七年季康子伐邾以及吳寇故曰遠人不服而不能來也十五年公孫宿以成叛故曰邦分崩離析而不能守也若以顓臾爲遠人則下不該言謀動干戈於邦内矣況上分明曰在邦域之中而此又以之爲遠人不自相矛盾乎分崩離析四字合看是時四分魯國季氏取二孟孫叔孫各取一家臣如陽虎輩又各屢叛果是

分崩離析也。憂在蕭墻，如云亥生肘腋，正應轉必為子孫憂句。煞是悚然。

李卓吾曰：兩人同來，而夫子只責冉求，知子路之來也，冉有使之〻也。蓋子路是個真人，不知其中關棙子，夫子則知之矣。及冉有曰：吾二臣有分罪于子路意，夫子到底只是說求〻，躲閃不得，無可柰何，只得直陳供狀，曰今不取，後世必為子孫憂，此求與季氏之密謀可知已。夫子于是累及子路，而遂言季孫之憂不在顓臾，而在蕭墻之內，嗚呼，使季孫聞之，不驚魂喪魄也哉。且將怨冉有不謀蕭墻之內，而謀顓臾，以為非忠于我矣。夫子真神于炙惡者哉。

西疇常言云季氏將伐顓臾由求同見而請問爲夫子未荅而獨求以責之蓋主是役者求也求因聞持危扶顛之戒而後獨陳夫近費當取之說夫子何以遂知其主是役哉爲兵謀者先聚斂聖門嘗鳴鼓以攻求之罪矣然則子路不與謀歟曰不與謀則不同請矣蓋求寔倡而由和之也宜夫子並目之爲具臣也。

天下有道章

蔿屺瞻曰此承上季氏之伐顓臾又起下政逮於大夫而自巳

不免非議他故先通論天下順逆之勢歸到政不在大夫庶人不議蓋單為大夫之專政而發而庶人則衆多之口出於公論不必定指卑下之人也況無四曰獨言政不在大夫者明是目擊時弊而發曰庶人不議隱然有傷作春秋之意使天下有道我庶人也亦何為冒知我罪我之嫌而輕議天子之事哉

按此章本是慨嘆無道而始之以有道終之以有道寄意特深最妙在由十世至五世已說到盡處了復以有道言之所謂往而必復陂而必平者也李卓吾曰上二節明誅臣子下二節隱責君父又曰讀下二節分明追求禍本有無限感慨怨慕之意

此說更有眼。寔本之顧涇陽先生謂一部春秋大旨在此。

祿之去公室章

此即以上章五世之理斷之。定公五年陽貨已囚桓子，孫微，當作已然看。故夫是已然之詞。

簡端錄云：祿，福也。洪範曰：惟辟作福，惟辟作威，此之謂也。言福則威在其中矣。威福，人君之政柄也。祿即是政，祿去便是政逮了。五世四世之不齊，公與三家對照，世數不齊也。舊謂祿指財賦說，則必四分公室而盡征之，此是襄公時事。五世歷宣成襄昭定，當宣公時，三家未嘗分魯，據之不合。附考

益者三友章

沈無回曰夫子只閒閒說友之益者三損者三如此如此而友之則益矣如此此而友之則損矣只如此說而人之當趨益而不趨損已在其中矣今人必重看友字謂不友如何得益不友如何得損非不有意却非當日語氣又曰直諒三句不與下三句拘牽作對下章三樂做此

葛毗瞻曰友乃臭味之合最易漸染故為益為損者在友而受益受損者即在我矣直者是謂是非謂非直遂而無委曲諒者他皆以信待人相諒而不當猜嫌多聞者所聞博洽即之不窮

辟是開辟裝模作樣施設開來便則辟得便捷略無勉強也柔是軟熟一味順從人善則柔得善巧安安帖帖略無破綻也便佞亦是佞得便捷我與這幾樣朋友相處便損益迥異故取友不可不慎

益者三樂章

樂乃喜樂情趣之所能戀則德性亦因之轉移故所樂邪正而損益即隨之禮樂不是鍾鼓玉帛即在吾身禮則舉止之間都有個準繩而不越其矩樂則樂不淫哀不傷七情之用發皆中節而不損其和節禮樂者因禮樂有自然之節而我能合之也

道人之善，猶作稱道說。世人樂敗毀成，視此何苛心腸。爲屺瞻作引導說。是人有好處，我去引導，要成人之美。然好今且從舊說，嚴多賢友，即直諒多聞。驕樂是以驕傲爲樂，如攀止之放縱，服飾器用之僭。後佚游是游之淫佚於外而不知止，如流連荒亡之類。宴樂是樂之宴溺于中而不得出，如酡酒嗜色之類。與佚游似有沉浮之別。

李卓吾曰：此二篇末後叫益矣損矣二字，有萬千叮嚀，萬千告戒之意。正所云言有盡而意無窮也。

侍於君子章

姚承菴曰語云承顏接辭侍於君子全在承其顏色一不承其顏色曰躁曰隱曰瞽之愆所不免矣載觀曲禮侍於長者一篇豈獨言語之間當致敬謹長者一起居一動靜皆須躰察此最能收攝其身心王觀濤曰察言觀色正恐自家失言非迎合喜怒之謂語云事其大夫之賢者正是此意葛屺瞻曰愆是過愆只發言不停當便有此三樣顏色此言更微言之及不及則就他說話間便曉得了若顏色則有言未及倒及向着我有言及了其意尚別有所向或時值厭不樂聽我言這須仔細看他故說個見字鄭孩如曰不光明之謂隱隱字有深窄若淺淺隱字

亦未甚道躁以亂言隱以心術言瞽以見識言王漢治曰隱字亦勿說大不好如暗昧險側之說只藏匿不拔心見識便是又曰匿藏不吐孤大人之傾聽隱也漢治說較得之

君子有三戒章

蔦屺瞻曰戒者所以止惡防非而不敢有犯者也其重大的有三件而皆因乎血氣人之身氣聚方生氣貫徹於周身而血乃爲之營衛是血氣即人的身子人只爲戀着這身自少而壯而老心都爲他遷轉少時血氣方在發生有流動之意故亦得凝定色正情之流動者壯時血氣充足有盈溢之意故爲剛强鬭

正情之盈溢者。老則血氣日漸消減。既已衰弱。不能有所作為。惟愁用度不足。要討些利益。此特各就所重言。而其實無時不當戒者。有此戒則血氣方不得用事。而惟以神明為主。造道乃有其基。

曾覲文問羅近溪說色非徒床幃情慾之謂。凡境之所遇物之所觸有形可見者皆色也。鬪非徒攘臂用壯之謂。凡才能藝術與物相競常欲上人之心者皆鬪也。得非徒殖貨懷貲之謂。凡一生幹當可便其身圖者皆是也。如此說開。似得君子無時不戒慎之意。答曰在君子自脩。誠要充類之盡。但此為垂戒世人。

則正宜畧去微細提出重大者方能悚惕人故本文只説個色關得只須實落還他個色關得此是人品立腳所在步步須從此踏實説躰面話容易當身做正難人試去自反看此三者已打得過何妨愈求愈細如其於此尚費商量則其他正不須提起多怪今人説話每欲居聖人之先而行事仍又蹈聖人所戒也

君子有三畏章

葛岷瞻曰人之敢於悖善從惡皆起於無所畏畏者心有所憚而不敢肆也天謂何有命乃是上帝之心欲人為善去惡如命

今一般詩云皇矣上帝臨下有赫上帝臨汝無貳爾心正此謂也人只因不見不聞便信不及君子則一心畏着他不敢背違大人是行可為法者聖人之言載於六經是言可為則者畏之皆是不敢違背之意小人不知天命而不畏正道破世人通病他若知有天命則福善禍淫赫赫在上如何敢不畏惟實是不曉得道天地間決沒這等道理乃敢於放肆此其人如醯雞在甕而不知天地之大尒故謂之小人大人聖言非小人所能狎侮者但他不知尊信妄加非議即是狎侮曾觀文問不知不畏來必定是愚下之人者狎侮字此小人大似無忌憚者答曰是

世間儘有才學高一世的人只於天命鑒臨之義信不及便外面行事十分好一至情室屋漏以莫予云遘不覺放鬆縱放鬆則狎侮所必至矣

絡闌編曰小人之狎大人非侮慢之謂也窺之以私心則非道而欲以悅之伺之以有間則非分而欲以干之然意亦好

舊說因有小人不知天命句并三畏亦以天命貫下時說因開首有三畏句并小人亦以三樣平開其寔畏不畏之分究其原固必起于天命之知不知但此是主意本文自有語氣上節三開下節及下各不相妨

生而知之章

葛屺瞻曰兩個知字指着甚麼若說是見聞之考據連生知也不能廢學了這乃是中心有悟而自透其覺性者也覺性誰人不有但落在氣質上有蔽與不蔽之分生知者一毫無蔽生下来便會曉得學知者不免有蔽乃假闢見功夫以磨鍊出這覺性来困學者因困欝不能通達始去為學也不說個知之還未必到得能知但既肯為學便向後有個出頭日子這三種人上的固是首出了次與又次亦即次于上等不甚懸絕總是一類的人民斯為下總是不肯之歸語氣重在學上以勉人知所務

學之蘊

萬曰佳問覺性可以主宰氣質謂何及因氣質而有明昧答曰覺性在人本至靈但無氣則無所乘是氣乃載覺性者既落于氣則陰陽運行便有不齊行得平和則清行得駁雜則濁氣清便呈露其覺性氣濁便埋沒其覺性譬之覺性是燈上之火氣是燈中之油油清則火光必明亮油濁則火光必晦昧其覺性雖可以主宰氣而又不得不隨氣以為轉移魏士準問覺性人人有的於何見得答曰即如至愚不肖之人他也會穿衣吃飯門裡出路上走這都是自己覺性在那裡照管他終不曉得

道理這也當不得是知曰此如夜明珠不用以照車十乘而置之廁中然不可不謂之夜明珠也

鄭孩如曰知原人所自有只要人知得此知也此章三知字乃是吾有知而吾自惺之耳此知不屬先天亦不屬後天說後天亦得說先天亦得要合而會之方得初間不知後來乃知若似有個知去知他若問所從來畢竟是本知自知耳故須合而觀之

羅近溪曰知有兩等有本諸德性者有出諸覺悟者此章三知字當屬覺悟看三之字却屬之德性也蓋論德性之良知良能原是通古今一聖愚人人具足然雖聖人亦必待感觸覺悟

方纔受用但以其覺悟之速使衆生成使然其次則稍遲緩若德性即困知亦與生知一般後世錯看知字遂疑德性亦有氣質之雜而孟子性善之言更無一人信得過是以縱去學問亦如導泉而無其源種樹而無其根徒勞心力難望其流通充長也已二條透甚可與葛說相發明玩之

君子有九思章

李卓吾曰此是訓君子當有此九思不是贊君子能有此九思

楊復所曰此指人以知之路也教他零碎思去自有一個囫圇知迸出來聞之觀性善禪師如此葛屺瞻曰思雖在一心而以

之撿身頭逐處分心所謂一致而百慮舉其大者有九也明聽
温恭忠敬問難義等字政須着寔躰認方是九件若只重看思
字便止一思矣這或未感而起念以静察或現感而隨所值以
動觀皆是然在養成者未必如此乃是就為學之君子而教以
隨處撿點之方也然飛聞視聽等俱根于心君子若逐件去思
寧無此得彼失若九者一時並思心又不給着來九思還只是
一思此心提得惺惺到處自能管攝也荅曰然心固要提得惺
惺隨感亦須撿察就視一端如看書時思想如何看得明白即
是思明又以視聽並觀現今聽講係心一邊眼裡看着書一邊

耳裡又聽着講到思明思聰亦有併集時固不可謂九思並用一時亦不可謂一思足了九事劉邦彥曰如此則九思必各隨所感纔有未感時其思寔止惺惺而無偏也曰未感時或偶然思起一件亦不可謂無曾子每日三省其身豈三事皆為見值也劉紹煒曰此乃將迎之心而非廓然大公之躰矣曰將迎用在正理上亦無妨然前講謂非養成君子正以此故

饒雙峯曰九思有次節視聽色貌言就自身說事疑忿得就事上說

困學紀聞云四勿九思皆以視為先見弓以為虵見寢石以

為伏虎視汨其心也閱周者黍稷不分念親者莪蒿莫辨心戚其視也吳均心目論以動神者心亂心者目陰符經心生於物死於物機在目蔡季通釋其義曰老子曰不見可欲使心不亂西方論六根六識必先曰眼曰色均是意也此非本章正旨都是實義我輩不可不知也

見善如不及章

葛屺瞻曰此以古語律今人而嘆其不逮有思慕之意如不及一心要疑上去如探湯惟恐傷害及我真是脩潔其身一塵不染者但只在自身獨善無益于世故其人猶易得所見能与所

聞相符隱居雖無事可做而志向則宜尋求所謂做秀才時便以天下為己任者行義是去出仕行其君臣之義道所求之志于此通達出來此是以一身而關乎世道之大故其人不易得所見不能符于所聞大約夫子主意不以潔身為高而以濟世為急其持論往往如此

張侗初讀書印問如何是求志達道曰道為天地萬物一體者也達如源泉之達達于四海天地萬物海也好善如不及惡不善如探湯源也此等人是見得極分明執持得極堅固撥得源頭極清非可易得只是想他尚有個善惡分別相在未離己身

上着力恐他未透出天地萬物一夥關頭其實求志達道只此
肇根基人也求志之人當下便曉得好惡原不是完滿我一人
分量的當求的時節便有好善而共還天下於善惡惡而與天
下皆化其惡念頭只此意念種子既真生意亦大一當行義如
時至氣行即鬯茂條達矣義者變而通之與時宜之不通于時
宜便是沉淵枯槁蓋好善惡惡分明堅執的人大抵類沉淵枯
槁只為不行義不變通方員差別在毫釐間為天下為一身即
從此分矣惟求志行義者能以我好惡真實源頭達之於天地
萬物而作用徧滿無窮極也蓋好善惡惡只謂之好惡而謂之

道若達之方謂之道大而覺好惡之為小也故夫子曰見曰未見

表了凡曰隱字即潛龍的潛字身退而名未晦不可言隱名晦而技能光采未盡收斂不可言隱居有安止之意與行字對能隱居矣而求志甚難君子志在天下國家身可隱而此志常要流通一時不求便與天下國家間隔矣窮則念念不漏達則念念不差方是此志究竟處若只說守其所達之道殊未盡然道字最可味蓋行義而止建立功名廣施德澤猶在作用上着力道者率性之謂措置不合乎天真設施不本諸性命則雖天下

國家可均皆非達道也此所以未見其人

按隱居行義即是出處二字之意葛說甚了當張袁二先生却看深一層了李文節云隱居行義俱非閑語隱居乃所以求其志行義乃所以達其道此亦主張袁二說之見也看來二句兩以字亦只是用力語見其一出一處不虛耳作此說太費周折但於好惡出處大關頭滿口道破的是正眼正脉參之

齊景公有馬章

葛屺瞻曰世人慕富貴輕貧賤當富貴則氣揚當貧賤則氣餒不知人生在世富貴也煞眼過的貧賤也煞眼過的惟此名稱

垂之身後歷千百世而不磨。人若把這富貴與名稱合將來看。
便覺眼界也空闊心量也開廣自不為目前境遇所動故夫子
將一個極富的齊景公與一個極貧的夷齊對說乃借來做個
影子非論齊景與夷齊之好歹也其斯之謂與姑作錯簡
按其斯之謂與舊批誠不以富二句安補在上所謂異者高節
清風迥異於流俗也李卓吾曰其斯之謂與夫子必有所指特
借夷齊作樣言之此解甚高細玩之無限遠神在口雖不言意
見悲婉也屺瞻作錯簡自是闕疑之意又有一說與徐時泰别
商謂齊景公上無子曰字分明與上合為一章乃引夷齊以証

求志達道者。先從見善如不及見不善如探湯說起。他潔身誠得。然只了自己。未足為難。故謂所見與所聞相合。若隱居求志。行義達道。是以一身之潔。而培植宇宙間莫大綱常。乃為難得。故謂所見未能如其所聞。以夷齊合看。隱居是隱于首陽。求志是返求其所志。而寄慨于神農虞夏之歸。即不降其志者。行義是行其天冠地屨不可倒置之義。達道是直達其所守之道。寧甘餓死而不移。即叩馬之諫。太公亦以義人目之。可見。下引景公之富而無稱。以形起夷齊之餓而有述。惟夷齊至今見稱。所以這言語夫子得聞。然世多齊景之湮沒。而能為夷齊者寡〻。

故未見其人也其斯之謂與郎揜求志達道之人且與上交恰
相呼應徐時泰問夷齊不食周粟餓死首陽似屬潔身守義之
士引以証求志達道似不相應答曰夷齊潔身與投淵洗耳之
流自不同也始為父子之情讓國繼為君臣之義餓死所全在
千古經常豈專為一身清潔故夫子常稱其求仁得仁正取其
于世道有裨而乃謂僅足當潔身則豈惟錯看夷齊並且未識
仁道也曰行義達道畢竟是出仕曰義無定在故無適無莫方
能比義當仕而仕以効令共不可偏廢之誼當不仕而不仕以
伸冠履不可倒置之分其義一也若達道則以身殉道能使道

無貶損即謂之達矣豈必行政将獻而後達哉

陳亢問於伯魚章

而獨立處敘述如畫此是伯魚最善形容處作文須要摸寫得法乃佳遠與異等一私心陳亢到底不曾明白或曰詩禮夫子之雅言但向也習而不察一得於提醒則恍如有得遠字只對私厚而言君子不私厚其子亦足破世人異同之小見豈不是長了一見識不說壞陳亢亦自好

輔慶源曰詩本人情該物理故學之者事理通達其為教溫厚和平使人不絞不訐故學之者心氣和平事理通達則無脊塞

之惠心氣和平則無躁急之失此其所以能言禮有三千三百之用其序截然而不可亂故學之者品節詳明其爲教恭儉莊敬使人不淫不悍故學之者德性堅定品節詳明則義精而莫之惑德性堅定則守固而莫之搖此其所以能立

邦君之妻章

邦君之妻四字是通節綱領而君稱之曰夫人一語是正二段綱領下文而君夫人俱因君所尊而尊之正名定分全在君稱之三字上黄葵峰曰夫人與君敵躰雖君猶稱曰夫人而況於邦人況於異邦人乎小童小君處俱不重錢肇陽曰邦君之

妻君稱之必曰夫人示敵躰也自夫人之號一出而妻孌之屬
皆不敢望矣故夫人稱雖曰小童乎而邦人稱之則必曰君夫
人蓋夫人而繫之君尊夫人亦所以尊君也夫人稱諸異邦雖
曰寡小君乎而異邦、稱之亦必曰君夫人蓋稱君夫人而曰
亦尊吾國亦所以自尊其國也夫人之號一定而內外遠近躰
統森嚴蓋如此此便是齊家治國之一端
蔡虛齋曰邦人稱之曰君夫人猶言主夫人也此君字與小君
之君同不可曰君之夫人戰國所謂君王后者正是此義粵士
雅曰說者謂諸侯相饗夫人亦得與焉故寡小君之號乃其自

稱也以吾度之彼諸侯稱諸異邦亦止曰寡人必其臣始曰寡君而謂夫人得以小君自命乎且語氣原根邦人稱之來其義自見

按漢疏此章謂是明嫡庶之分蔡丘之命曰無以妾為妻理誠然也時說謂春秋多僭侯或僭王則夫人或僭后大夫或僭侯則大夫妻或僭夫人此等必有之而況內政不脩尤彰穢種種者乎愚意此章鄭重在數個夫人字分明有崇奉孫隆之意見為君者不可不致愛敬而為夫人者不可不自為愛敬也二意較重餘說似不切況無田曰此必夫子平日所言而門人記之

[illegible]

無疑猶詩人陳古義以見今之不然也或曰此章附于衛靈公

篇之末豈因南子而發歟俎豆嘗聞其在僮僮夙夜之際乎

旨卷之十一終

慧眼山房說書卷之十二 論語

陽貨第十七 微子第十八

閩漳陳天定慧生甫著

陽貨欲見孔子章

李卓吾曰到底是個孔子不見張個初曰山鬼之伎倆有盡老僧之不聞不見無窮此是孔子待陽貨法周季侯曰貨之瞷亡餽豚是把正經禮法來束聖人而夫子卻只游戲三昧偏不執着死法應他他餽禮便荅其禮他瞷亡亦時其亡偶遇諸途隨口荅應全似沒甚緊要一般即陽貨一片机心已不覺忽然銷歇識此意者圓融無得真應世之神龍也若後世賢者一遇奸

邪執定死法多少苦心只討得個不自在往往反為邪人所破

亦不善學聖人者矣

葛屺瞻曰時其亡謂出外不在家時也然只是不欲面見之意非為相稱演云孔子探他出亡時候往去拜荅蓋總不出孟子瞰亡之說極的當可厭時說每于此等處故作低昂顧涇陽曰味時其亡時字渾然天机真是孔子氣象瞰字便有痕迹楊復所曰時適值其時也乃時中之聖本來面目何故孟子以為亦瞰其亡也而往拜之分明只說得孟子自家話原不會說着孔子葉文通謂孔子若是瞰亡不獨貌似陽虎笑倒為快論而青

浦楊長倩後作頌曰當時若說魯竊瞰何不途中預避之尤為暢絕此等說皆好聽不中用一味說謊行不得也李南黎曰陽貨瞰孔子不在而歸之豚此以術要孔子尚其小失其非大夫而欲以大夫之事自居此失之大處故孔子亦瞰亡往拜直是不以大夫之禮處之如此看多少堂堂正大若如舊說內不失己之禮外不中彼之計便不免經營轉閃非聖人氣象何謂不以大夫之禮處之蓋若真大夫則不當瞯亡往拜矣此正如今人望門投帖一般在平葦中猶是忽略正与舊說印快絕快絕又筆解韓昌黎曰時當為待古音亦作峙南人音作遲其寔待

問說書

爲得雖未必甬然却可破世儒之惑余平生最厭好聽不中用

的話偶解是題幾欲捧殺

李卓吾曰第三叅綠用孔子字妙〻或問前面懷其寶而迷其

邦可謂仁乎曰不可處應着孔子曰三字何故至此乃始說孔

子曰哉曰前面没論原不說到孔子身上故不着孔子字及至

日月逝矣歲不我与已說到孔子身上矣故着孔子字此記者

之妙也

性相近章

況無囬了孔子雖不說善却其所以相近者何物李卓吾曰原

是說性善倒為程朱註腳看壞了近字可恨閻季侯曰此章語頭自因有相遠者說來人只認遠者是性故夫子只說性何嘗不近其相遠者習耳相近正如孟子好惡與人相近一般此處論性是從人習中拈出故說個近近字從遠字生出時文煞說相合既少活動而註中添出氣質二字何不即說習字為直捷也按漢疏有云此章言君子當慎所習性謂人所稟受以生者也禾為外物所感則人皆相似是相近也既為外物所感則習以性成若習于善則為君子若習于惡則為小人是相遠也故君子慎所習此說甚明盡宋說紛紛愈鑽愈纏愈密愈拙時說

卷十二 三

勇有別解大都泥却近字故作周旋也李衷一曰言人性皆善大抵相同解近字可謂簡要嗚呼夫子以渾淪之詞發統同之省而後人及錯認作拖帶非得一刀兩段如孟夫子性善之言余烏乎正之功不在禹下信然哉

唯上智章

楊復所曰既曰性近矣使又有此不移之兩人所謂相近者安在此論習也非論性也性無智愚智愚者習也智習而上愚習而下則習之極而疑於性矣不知正是習之遠之極處而性之近者自若也夫子恐人執其上下已成之迹而遂疑性有善有不

善故復周匝言之必如此說方無病按朱子有云習與性成而至于相遠固有不移之理又云以聖言觀之則曰不移而已不曰不可移也以程子之言考之則以其不肯移而後不可移爾以不移爲習遠復所本此近葛屺瞻講又謂上智是全露其性的下愚是牢錮于習的蓋世原有生知之聖而無生而不善之人斟酌于性習而立言大意總不爭差若夫氣質之說則降本流末頑奴失郎斷斷乎不可從也

張無垢語錄問上智與下愚不移如中庸云雖愚必明則是可移也徃徃不得其說意以爲困而不學民斯爲下矣不曰愚而

曰下愚以其不學故愚而愈下耳此所以不移也困而學之安知其不克念作聖乎無垢曰此說有理

謹按此二章夫子明性善之旨亟矣而不善躰會則未有不流為告子時三說之訛者宋儒苦心參尋不得已而為天地之性氣質之性二端以曉人觀者當自融通鄭孩如曰氣質之性即具天地之性天地之性亦自氣質之性中看出固不可謂宋儒定說有二個性也如說太極陰陽豈謂陰陽外別討個太極然說個太極又說個陰陽亦何傷蓋即陰陽而為太極者指其不離而言也說太極超乎陰陽者指其不雜而言也氣質之性指

其不雜而言則爲天地之性矣又曰性即氣即性須審氣從何來莫是從天地之氣來若從天地來何有不善又曰今思之雖天地亦有殄戾之氣不能皆善其所謂善者乃指正氣而言耳然則指人之正氣而言亦無不善也今人有疑於性即氣之說者蓋未免以偏駁之氣混而言之耳如火能熱物亦能焚物其能熱者正氣也能焚者習氣也烏得以此而疑彼哉數條數暢大可爲宋儒功臣然而宋儒枯氣質之說竟歸艾艾未能參夫天人之爻以剖性習之源鄭尚友問屺瞻曰下愚單屬習亦有生來下愚的此又何解曰但以有生後論誠有不可解者即

孟子謂孩提愛親，亦不過借事指點耳。若小兒愛母，寬專為乳哺，如易子而養之，則小兒必愛乳母不愛生母矣，此等處豈得便謂是性。要必有個來因，說了你也難信，須索自討分曉。管東溟曰：性學之不明，為真性與習性混也。真性不待言，已易言習性。人非一劫之人，今生所習習與性成，流入多生，便成習性，釋氏謂之染污識性，而先儒命為氣質之性。儒家但以一生論人，故曰形而後有氣質之性，豈知真性固從無始劫來，習性亦從無量劫中染來，既從多劫染來，亦從多劫化去，故赤子未離母腹而善惡之質已成矣。因地一聲之後，唯上智與下愚不移，其餘未有不可移者。黄季狴曰習非時習之習。今謂人云習氣未除即此習字而無慧根在內如佛所謂識神皆與生俱來不可移易者天生烝民同一秉彜槩言之也有囫地一聲而即是上智即是下愚者何習遠之也如白樂天七月識之無二字固是他生帶來揚食我生而狼子野心亦是他生帶來只舉此二人一是上智一是下愚何相遠乎故遂接之曰唯上智與下愚不移上節為下節而發也二節一氣讀總見性善袁小倫曰論性者必以夫子之言合佛氏之言而後其說始明吾求其明而已即天下萬世我罪亦不惜也蓋人性之初未有不善者而習則有善有不善吾所謂習非一生之習也乃多生之習也多生習于善則善如多生習仁故生而慈祥多生習義故生而正直等是也多生習惡則惡如多生習不仁故生而刻薄多生習不義故生而邪曲等是也習之重者不可移善重而值惡習惡重而值善習亦不能遷也上智下愚是也習之輕者可移善輕而習于惡則惡惡輕而習于善則善無不可遷也中人是也是善與惡皆習也即易善易惡亦習也于性何與性如太虛至善者也善惡俱不得有善如慶雲惡如同雲皆生滅于天躰之中耳然則以何者為性曰性不可言也姑言之言其大則山河世界皆

性中物也而指為一身之內者非也性如海也形色如漚也性之大海既結為形色之一漚則一漚之中而全海隱隱具為但去漚之所以凝結者而海躰可復矣去其填塞此海者而虛去其郭蔽此海者而靈虛靈之性圓而全潮在我矣曰悟所以覺之也曰脩所以練之也皆所以復此無善無惡之躰者也無善無惡者千萬世不化之性而不善有惡者千萬世相沿之習染何以習之善為性之善哉數說甚透宗儒論一生佛論多生氣質之說不如識神之說遠矣而使二章書玲玲瓏瓏不費周折誰謂佛氏不陰有助於聖教乎

子之武城章

管東溟曰。莞爾之中。夫子含有微意。爲舉國不興禮樂。而獨用于武城。何異于一葦障狂瀾。故戲謂若不必用者。然此傷時之感也。使子游之絃歌用于周公未衰三家未僭之先。夫子此戲亦無着落。徐鴻洲曰。夫子牛刀之語。不是小武城。正恨不得用之天下耳。有無限深情未自任爲戲。一腔心事。終難顯言。竟不說破。都作傷時看。想頭自好。李卓吾曰。割鷄句乃是夫子喜極故。反言之。平平看尤好。

徐岩泉曰。或者見絃歌二字。將道字泥定在禮樂上。禮樂豈不是道但道字該得大禮樂亦道中事猶絃歌亦禮樂中事王宇泰曰律呂之學世儒紛紛攷究不過器數之末即得心應手聞音而知治亂擊甌而協宮商亦与大道無涉孔門一絃歌便曰君子學道則愛人小人學道則易使要知如何絃歌便是道又如何便是愛人易使王漢治曰這是子游見得禮樂端的處不把這玉帛升降作禮鍾鼓絃歌作樂直就大道人心上看出禮樂本來實相中正無少偏倚和平無所乖戾既形而上之道蓋子藝矣愚意古人學有本領故看得禮樂便是道今人轉貫分疏則禮樂之學不明是二是一信不及故也然參究處自不可

[illegible]

少葛屺瞻曰學道雖是平日言語子游引來郎指着禮樂既學禮樂則性情養得和平愛人易使隨分各盡易地皆然矣自了當可從

末節呼二三子亦有意欲以道易天下并望之二三子令其共記此語也

程氏通義曰絃歌絃且歌也絃琴瑟之絃謂絲轂与肉轂相和馮厚齋曰城以武名乃岩險用武之地以左傳考之可見習俗尚武子游乃能以道化民變甲冑為絃歌夫子所以喜之附覽

公山弗擾章

楊慈湖曰夫子東周之想無日不思用行一旦有人知以禮召恍若吾道有興機不覺本懷觸發故欣然欲往乃情之所寄耳即子路不言亦知其決不往也若云借叛臣以施轉移妙用殆不其然同季侯曰夫子一生用世機括正好在公山佛肸兩章參得其欲往者非真欲往特無聊之思耳此卻不好說得其寄言于東周特因子路不悅而為此慨然興寄之言非真辭說欲往之意也即堅白二語亦只就子路不善不入之說答他其實欲往之心原不在此匏瓜一節不必有所趨不必有所指夫子

卷十二 九

一生行徑。知之者希。夫亦慨然有無窮之感也夫。

李卓吾曰吾其為東周乎。言必為西周不為東周也。本朝楊升菴得之。袁了凡曰註言興周道于東方亦不錯。但說書者俱謂夫子欲興周道于魯。則不會其尊周之本意矣。

　子張問仁章

葛屺瞻曰仁本在一心。而言行五者於天下者。蓋仁以天下為一體。一體中不可使有一處少滯。致成痿痺之患。但仁體廣大。沒個導引方法。終難貫通。故就中分出五件。使他各就經絡以為引導。恭寬信敏惠。乃五者名目。不備得衆人任有功足以使人指天下言蓋行仁若只有我這邊沒有人這邊終莫不得能行必須我以此感彼以此應精神各貫徹而絕無壅閼方緣是能行五者於天下方是一體的仁吳應科問有謂不侮得衆等不當作効驗說者是否答曰今人只是肚腸小併効驗二字怕說不知所謂効驗者乃就所應而詮驗之謂此感彼應理勢自然因不侮得衆乃以驗我之恭寬但不可不盡其在我而先以責應耳果識得効驗二字破便說何妨

沈無回曰觀子張問行問達論交蓋以天地萬物一體爲學問者也患不在枯守一心正患不以本體實勘之宇宙故夫子告

問[illegible]

之以能行五者於天下恭寬信敏惠豈是知了便是的須是平日有一段篤實工夫方能發皆中節有感必應若是故又說下五句見未至於此猶未可謂能行也總是鞭子張以近裏與論行論達亦同意指實勸說甚與子張對症

溪既云已若恭以接人人亦恭以待已故不見侮慢

佛肸召章

蔡虛齋曰上曰然有是言也指君子不入之言也下不曰四句言獨無有堅不磷白不緇之言乎彼一說此又一說也王龍溪曰天下之堅莫如玉天下之白莫如雪未有不可得而磨涅者

以其有形有色故不免於汙壞所謂器也夫子是從無處安身
立命心同太虛超乎形色之外故不可得而磷緇所謂不器也
故曰吾豈匏瓜也哉其旨微矣疑問補曰游立軒云不為匏瓜
見可為則為如其不可則操縱之權固在我矣非止言吾當為
世用而已此語何等員融按堅白之說只是極形容個不受浼
之意何必說是器是道是有形是無形然謂夫子向無處安身
立命則實有妙理可繹也不為匏瓜說出操縱之權来則自是
進時說一步快絶郝子知言云儒非曲謹小廉之謂論語一書
中多處世机權如見南子應公山佛肸可知聖學無方但一粒

種子真入水不濕入火不焚此說甚宏遠甚真切信知言哉

袁了凡曰註以匏為瓠非也瓠甘匏苦苦匏但可係之腰以渡水而不可食國語叔向曰苦匏不材於人共濟而已此一說佐或謂天有匏瓜星繫即日月星辰繫焉之繫繫天而不可食說却詭僻難從

湖南講陸鳴勳問夫子於公山佛肸之召既說該往仍又不去是何言行之不相顧也答曰其欲往者一時濟世之熱腸而究竟事勢難行只索又住了手曰聖人於當下乃亦有見不到處必待轉念方纔停當耶曰此上事勢未必能行而情自難恝者

往往有之此但可住手不可灰心如聾見象有思君之言便要百官與治究竟亦不曾行得曰公山佛肸夫子於他有何不可恝處曰借公山佛肸便可行自己的道救濟一世何謂可恝雖然即公山佛肸聖心亦無棄人按漢疏江熙有云夫子豈實之公山佛肸乎欲往之意以示無係以觀門人之意如欲居夷乘桴浮于海耳子路見形而不及道故聞乘桴而喜聞之公山而不說安得聖人之趣此等鑿解甚空靈時賢尋味尚未及也錄玩

由也汝聞章

葛屺瞻曰六言即是仁智信直勇剛蔽是遮蔽乃遂所好而蔽於一偏者蓋天下道理雖具在自心而處置之方必全備于古今之事变惟好學則諳練日多見得完全方練穩當而不學者必有蔽如好仁一味要救濟人不度德量力欠有分曉即是愚騃好智一味要有智解鑿空杜撰絕無憑據蕩者如水之蕩漾而無邊際也好信一味要言語不爽便理勢行不去的也拘執前言不肯轉移未免害事故謂之賊好直一味要行得直遂便情理該得容隱的必忍不住盡數逼迫出来故謂之絞勇與剛相似勇屬加人一邊剛屬自任一邊好勇一味要奮發便是名

分所制的也去越過必至犯上作亂好鬬一味要擔當便是力量不到的也去承認必至高自矜許而狂六言本美德而以不學俱成蔽甚矣學之不可已也

袁七澤曰仁者見之謂之仁智者見之謂之智何以不得與于君子耶曰正謂其偏有所見耳好仁好智好信好直好勇好剛亦非學與何以曰不好學也曰謂其偏有所好耳有所見則有所不見矣有所好則有所不好矣擔當非道揀擇非學故不能與之道而不免於蔽然則如之何而後可曰忘其見則道集矣剗其好則學全矣所以道一翳在眼空花亂墜重好仁等好

字上看可參

四書商諸生問六蔽全從六個好字上來性理上着不得分毫健羨也然意是否季侯曰論理亦是但此處蔽字原與言字相對六言者六個話頭也這六件把做話頭拈弄不得須是參研自心使我靈明迸露到處逢源遇着慈祥處即謂之仁遇着朗照處即謂之智以至信直勇剛亦復如是故君子終身有六德之用而實未嘗有六言之名若只羨慕六個話頭有一話頭即有一番情見為之湊泊即有一番影似為之障礙纏開門户即是墻垣所謂六蔽也夫子劈頭一語直是提出子路於萬嶂之

中向後一一剖出病症，使他自返。病雖有六，良藥只在學字。一味既挼，百病皆失，非有學以治愚，復有學以治蕩也。又曰：讀此一章，須知千古聖賢偶提一字，只是設教影子。後來大儒談敬談仁談良知，亦是這般意思。到後學人却終身執此做過話頭，其入粗者只向口耳中打過，而其入深者且舉一生精力盡擲之虛光景影似之中，可惜也。重言字說有理，拈出提話頭三字，來疏言字精，又甚切道學先生門風病痛。論學處亦確。朱敬軒曰：學一而已，焉有六學？與此印，皆直截透宗之談。

按漢儒有云：學者心之白日。以解此章去蔽之旨，勝註疏萬萬。

也。

小子何莫章

此極言學詩之益、以誘人、集註曰、興、感發志意。觀、考見得失。群、和而不流。怨、怨ゝ而不怒。人倫之道、詩無不備。事君父、舉重而言。其緒餘又足以資多識。疑問曰、學字重、全是要他于諷詠中深加躰會工夫。故下文下可以、遠之、邇之、多識等字、不然、吾之學猶未至也。主示人學詩之法。說其實、不出益字之意。細玩便見。

徐徽弦曰、六經皆稽實待虛之言。苟讀書者有所感發、則興觀群怨、事父事君、隨所玩習、皆有所得。如王子擊好晨風而慈父感悟裴安祖講鹿鳴而兄弟同食晨風鹿鳴亦豈父子兄弟之詩乎以其詩指興觀以其詩指群怨以其詩指定事父事君者陋矣又曰三百篇一鳥一獸一草一木莫不有取義如易之列象非偶然者後世格物之學不明所以不能多識而詩意亦湮故後世之詩無興爲按通志畧有云詩之本在聲聲之本在興鳥獸草木乃發興之本漢儒言詩既不論聲又不知興故鳥獸草木之學廢愚謂古人學有披尋故多識如此後人操窮理盡性之說而以虛無爲宗實學不行可慨也且如不能多識而使詩之興躰亡則六義中已一缺陷世界矣虛見相高實用益少

天下事盡然也余又可勝慨哉

汝為周南章

沈無回曰二南皆被化後所作此治象也非治本也夫子教子為二南豈教其求之於二南正教他遡入本原来果於此通透則家國天下自然打作一節更無阻間周季侯曰宇宙萬化起于閨門只看二南所咏只是家室平常之事而由邇達遠無所不化實在于此夫子實實覺得其中机括難㑀故直為伯魚提出下二語特地喚醒不可不為之意要把面墻句看得口氣鄭重聖人訓子懇切意思便自躍然

李衷一曰為是救其理而身躬力行不徒講誦李卓吾曰孔子言學言為孟子方言誦字又曰矣乎是訓詞非問詞

李南黎曰周召皆岐周故地文王委二公分治其化行于南國在文王所屬之外及孔子叙詩乃分其化地屬周公治者曰周南屬召公治者曰召南實皆文王之化也

禮云禮云章

不說出敬字和字而宛宛咏嘆意味便覺深長

色厲章

婦不潔者多佞舌吏不潔者多倨傲色厲正從内荏處來醜在

荏不在厲也註中無實盜名之解却走一線李卓吾曰色厲内荏便是小人了何必又譬之小人這一轉語尤毒士君子要于肝胆内骨梁壁得起靠外邊大模大樣不得也

鄉愿章

葛屺瞻曰原與愿同原慤本是好處而合以鄉則是脩細謹而要鄉曲之譽者鄉人未必皆善所稱量盡當以此得名必非真品德之賊謂把德都偷竊了正指他居之似忠信行之似廉潔處也

艾南英問鄉原之忠信廉潔若全是躲而假飾而所行實有不

忠信、不廉潔處、必然露出破綻、誰人無眼、何以能無剌無非、答曰、此疑得最是、鄉原行事、必是能忠信廉潔的。曰既如此、又何以謂之似。曰此當連同流俗合污世看。堯舜孔子之道、必以天下為一躬、要人人學好、鄉原只把自己行事、做成忠信廉潔、而不以此去待人、如流俗污世也、便順從着他、聽他混帳、相處得來。即此便見他全無物我俱成實意、只要騙人喜歡便了。故誅其心。而以為奄然媚世、併忠信廉潔、亦俱謂之似而非真也。紫世埏曰、世間豈有真廉潔真忠信、而猶同流合污、閹然媚世者。從古來未見有此人。曰、史稱馮道生平臥不設床席、止一束芻。

所得俸與僕廝同飲食有掠美女相遺者寘別室而訪歸之歲飢出所有周鄉里而躬自耕野負薪對君屢以善言勸導此何等忠信廉潔而當世亦遂無賢愚皆仰之為元老易主郎迎順偃仰自適畧無愧色又何其同流合汚而闒然善媚也千古來鄉原亦不易做惟馮道所行最為酷肖若後世則以善宦而小廉曲謹邀世俗之譽者亦或有之要不過得鄉原之具體而已曰如馮道則後世皆知唾罵恐未必能如鄉原之欺世曰正為後世纔知唾罵當時實盡被其欺若非人望所歸如史所稱仰為元老則何以累朝皆尊禮之而不加擯斥曰鄉原既能真忠

信真廉潔如此欺世夫子又以何法識他曰有何奇術只看他同流合汚而無與人爲善之念便是一針刺骨足爲西秦照膽之鏡

道聽章

周季侯曰道聽塗說只是形容他入耳出口畧無停蓄的景像莫認實說爲叱瞻曰道塗俱是路總是隨聞隨說之意聞得了須放到心上理會方得他受用若急急說出這只在口頭賣弄一番便抛過故謂之棄

鄙夫章

葛屺瞻曰鄙如村鄙是無大見識的狀亦不為至惡只因見識小了知有一身不知有家國天下故患得患失至於患失而無所不至則或要結奸黨或讒害忠良或蠱惑君心而流毒天下種種奸惡本非初意樂為無柰事權所在放捨不得便畢竟到這田地故事君者當辨鄙夫於早

況無因曰謂之鄙夫則識見庸陋志趣卑污非夫世之大奸大惡也故人多鄙之亦忽之唯鄙且忽之故以為不可與事君然亦不必其不與事君孰知未得患得既得患失而充其患失之心遂至於無所不至始之所謂鄙夫者真天下之大奸也真天

下之大惡也蘇子瞻告神宗曰臣始以為鄙夫之患失不過備位以苟容及觀李斯憂蒙恬之奪其權則立二世以亡秦盧杞憂懷光之數其惡則誤德宗以再亂其心本于患失其禍乃至于喪邦可為此章注疏

方文伯曰以為臣之事君者皆為身謀而不為君謀故特舉鄙夫為戒非真戒人不可與之共事君也細玩甚得旨當從之

古者民有三疾章

葛屺瞻曰凡所習失其和平者皆為疾病不必定是氣禀生成肆是陳列要做狂的進取不免高視闊步把未到的好事都攬

敢開來，蕩則蕩溢不收，越過堤防，連不好事也放開去做，麁是稜角要矜持，不免露了稜角。凡自守處或欠渾融，忿戾便一味忿怒，與世乖戾，不合要去凌人了，直是直遂，因為愚了沒見識，不會委曲周旋，只得傍實行去，詐則便哄騙人，反要弄虛頭，而已矣。總須上三件，謂狂矜愚的疾，倒底是為蕩為忿戾為詐這苟罷了，原病都復不得來，甚有嘆息之意。吳孔先問：既謂之病，即屬不好，一邊夫子何以取之？答曰：只為世人於好處，未免作偽，除是不好的疾，尚或率真，夫子正要就真病處去下鉗鎚，那料世人又會粧假病症候，不明，沒處下手。

夫子直是許多傷感故付之而已矣一嘆

惡紫章

此猶詩之興體以二也字呼一者字主下一句王漢治曰謂紫似朱非朱而亂朱鄭聲似雅非雅而亂雅非是紫何曾似朱鄭何曾似雅樂只朱色淡而紫色艷紫与朱並列決然壓過朱雅聲淡而鄭聲淫鄭与雅並列決然壓過雅利口之人變亂是非与奪朱奪雅對覆邦家又推出一步看利口利字可怕所謂口頰舌鋒能割斷是非之正理者也与偽又不同蓋此瞽謂覆是翻覆正以奪字亂字對把極大的邦家被他口舌翻覆轉了覆

今為犯之多刻入山

好

亡意自在其中。惡意覆直作覆亡看亦好，所以會覆邦家的緣故，已暗寄在奪朱亂雅樂句內了。盖上二句是影語，拈出奪朱亂雅樂來，而利口之邪能勝正自不待言，故直頂上二句而謂利口之覆亡邦家。此文字晚帶妙法也，細玩便得。

予欲無言章

周季偉曰：此章書意須從言語外想像始得。欲無言者，欲人求之言外也。不言何述一問，儘有悟頭。除却言語，從何處討消息？非子貢之机鋒，和敢便開此口也。天何言哉一答，畧一指出無言光景，使子貢恍然求之言外。只好作個影子，渾渾指點着，不得分析解說之語嘗見講義謂夫子以顯然可見者示子貢使之述道于行生其言宛然無味夫四時萬物從何可述若認着行生與認着言語一般執着其去欲無言之旨遠矣鄭孩如曰此孔子一口說破真訣也其曰予欲無言即是言了然泥文字謂孔子欲廢言說者固非即謂言不能盡又謂道自顯現不待言說者亦非深契蓋道體無聲無臭不睹不聞直是言說不到處說得的便不是道無言二字說盡道真下文時行物生所以行所以生處真是說不得默識自悟乃有入聖消息袁七澤曰子曰予欲無言夫孔子生平自言及答問俱是逗學者机應所

[illegible]

知量所謂舌頭談而不談者豈至此然後欲無言哉學者須委

悉吾夫子不開口處喫緊為人方是真脈又曰世人欲向四時

行百物生處見天之心諸弟子欲向動靜語默處見孔子之心

殆全見全不見也窺月於千溪萬派見春于萬紫千紅謂非月

非春不可謂即月即春亦不可看無言與行生皆有妙義可繹

餘杭政禪師有問師以禪名乃不談禪何也曰徒費言語吾懶

寧暇曲折但日夜煩萬象為數演耳今且問數演的是甚麼便

不逐萬象數演去也

葛屺瞻曰夫子欲無言之意只是要人務實行教者親做個樣

子與人看。學者照他樣子去做。總不在口裡虛說。所謂做的是真。說的是假也。然本意夫子不會道出。子貢雖曉得。因要發其隱。故有不言何述之問。天原不曾有斁。何嘗說話。四時行。是四時各循其令。時至即行。更無有愆期失候。而歇息者。百物生。是百物各得其氣。具形質以有生。更無有氣候已至而烕息者。此皆是天之所為。天何言哉。與上句同意。以喻夫子。四時行。即為之不厭。而躬無惰行。百物生。即誨人不倦。而人皆速肖。天何言。即默而識之也。正意猶云我有何言說。只是自己實落做去。你們也照樣去做。我有何言說。

註疏曰。人若無言。但有其行不亡

可手此說得旨、按筆解韓云、仲尼非無言也、特設此以誘子貢、
明言語科未能忘言、至於嘿識、故云、天何言哉、激子貢使廻印、
德行科也、漢疏云、四時遞行、百物皆依時而生、作一串看、荀說
本此、其論無行不與章、亦此意、拈出實義來、亦一見、可從、

孺悲欲見章

集註曰、孺悲嘗學士喪禮於孔子、當是時必有以得罪者、故辭
以疾、而又使知其非疾、以警教之、

宰我問三年章

删農漫語云、宰我憂禮壞樂崩、正是不知禮樂之本、食旨不甘、

等句正是禮樂之本馮厚齋曰宰我所惜者禮樂也夫子所責者仁也人而不仁如禮樂何愚意宰我所言本是借提話柄不足深求又夫子尒時說得如許淒惋有何閒功與宰我談道學來蓋禮樂一段公案夫子已撇開一邊只以真性揭着他心窩大可揮淚也章中安字覺字是極刺心語予不生於空桑夫非盡人之子歟深恩難報此不安奉養之心所由來也三年之喪於情自不容已而或者性輕習重勉循禮制三年帶孝披麻而期中已食旨聞樂居處宴然如故是又三年喪之虛文不如予期年喪之實行也何也予認安于期外則予之不安于期內可

知也豈亦有觸於此而欲人共勉其實者欤大抵厚薄之性人所禀真有不同觀子夏子張終喪鼓琴有成聲不成聲之别自可槩推牢我天稟原薄自反哀情至期已盡故問短喪正本禮之所制者言之若曰禮生于心者也心既散矣僞禮何為魯悼公之喪孟敬子曰勉而為瘠毋乃使人疑樂正子春之母死五日不食曰吾悔之自吾母而不得吾情吾惡乎用吾情謂勉強過禮也不情之惡賢者所深戒由衷之言不為詐隱予所以為孔門高弟也夫子亦背知其哀情已盡故痛為喚醒使之後萌想予之心當有戚戚者焉是夫子痛以續予之哀非麤以繩

予所謂也學學骨血參一道學家繩尺語便錯
漢疏繆協云宰我屈己以明道此亦爲宰我護短之詞無甚意
味
　宋史趙師氏傳帝問鑽燧改火曰古之聖王舉動必順天時
　所以四時變火隨木色近世漸務苟簡以爲非治具而遂廢
　之至其萬事皆不如古
　　飽食終日章
難矣哉只作冷語猶言難度得日子也說到博奕猶賢處則難
之意可想鄭淡泉曰危之也惜之也乃所以警之也不如惜之

東氏說書　卷十二　廿四

一意味長李文節曰飽食終日無所用心到博奕便用心然則
終日之間心從何處來無他用與不用耳心若能回頭轉腦都
如博奕之用心則虛靈知覺無處不到戒慎恐懼無時不然入
聖亦不難矣此是一個提醒人心的大机括孟子引好貨好色
之心達於天德也此遠

君子亦尚勇章

存疑曰義以為上除却勇不道而勇自在其中乃大勇也
原旨曰子路問得甚粗夫子以為亂為盜答之應處亦粗此必
初見夫子時事及後問強則不然矣

君子亦有惡章

此是聖賢維持雅道處，吾人氣節議論，自是撐當世道的物事，但貴以太和元氣行之，其次則須正氣，一參以戾氣而刻薄險鷙，把氣節議論都爲敗壞雅道之具。稱惡訕上，大槩屬議論一邊；無禮果敢，大槩屬氣節一邊。激者訐者倚以爲智直，則就稱惡之訕上而推之；不遜者自以爲勇，則就無禮之窒而推之。揔皆雅道之所不載，而其人皆躍治不祥者也。舊說上是真小人，下是僞君子。細看下節等人，亦無作僞之意，彼此認煞是自家好處。但夫子是太和元氣的，故着眼在淳澆靜躁之分，而子貢則是正氣的故着眼在貞邪之辨綜而言之則家語所云忠遜而陰行僻而堅言偽而辨記醜而博順非而澤有一於此不免君子之誅其少正卯之流者欲是寔免夫聖賢之惡乎

周海門先生曰下流訕上此語人都錯會都看做惡居下而訕上者古之聖賢猶設鞉鐸以引下人之諫上有過惡居下者訕之亦不合惡須要看一流字蓋下流不長進之人而敢上訕英雄豪傑而以可惡也愚意上下就位分說亦不妨禮云為尊者諱為親者諱為賢者諱尊者之諱等于親賢如之何其可訕乎君子敦崇雅道自如此

唯女子章

近之遠之不可斟酌于不近不遠之間又可乎哉易曰畜臣妾吉又曰得童僕貞〻且吉非于近不近遠不遠求之也用情不過其則猶是治標正身不過乎物是乃所以清其源也戒之哉

年四十章

見惡是必有惡行与四十無關有別

微子去之章

湖南講但宗皐問微子抱祭器歸周說者皆以為存宗祀果否答曰左傳逢伯對楚子云昔武王克商微子面縛啣璧以見武

王親釋其縛受其璧祝而命之觀此則微子歸周乃在武王克商時此所謂去特去其位而遯于野即微子所云吾家耄遜于荒者時方慮國破家亡身之不保何知武王後封于宋而不斬其先王宗祀哉後人見微子去便要為他討個好題目做以當時事勢度之恐未必有此念也孫儀曰微子之去既不為存宗祀則當以生死殉社稷何為不諫曰微子為帝乙長子箕子向嘗勸帝乙立微子微子若諫紂必生疑觀箕子云詔王子出迪我舊云刻子則明微以遠嫌去位蓋無益于事徒殺其身即仁者不為也又史稱微子數諫不聽則當時亦未必不諫但不若

諫耳但宗傳曰然則箕子何為不諫曰史記宋世家紂為象箸箕子諫不聽則箕子亦非不諫者偶有比干剖心之事遂以佯狂被囚既囚且奴則不復能再諫矣

夏九範曰殷有三仁焉只是賛嘆之詞非辨其迹異而心同也但迹異心同意自在其中徐徽弦曰商書微子篇末云自靖人自獻於先王蔡氏傳云靖安也各安其義之所當盡以自達其志於先王使無愧于神明而已二語之間三子之仁見矣筆洞生曰三仁而係之於殷如陶潛書晉處士以其心乎晉也三臣當日惟比干殺身見白于人心箕奴迹于苟活微去不免為降

敵者藉口逮其後箕受朝鮮之封而微且尹東夏乘白馬以賓于周則然二子似乎周得而有之幾不為殷有矣然朝鮮之主天留洪範之一脈也而讀繫馬之詩則微子終是不為周有之矣

按漢疏云仁者愛人三人行異而同稱仁以其俱在憂亂寧民然意極好先輩有云愛之理即薰然天地生物之心皐陶稷契處明聖之朝志同道合此愛得以自遂宣暢而條達及于天下微箕比干遭君父之不幸然愛不得以自遂不勝其愛君憂國切至之誠不得已而各得所以自處之義語云天之立君所以

為民知天之所以立君則知后之所以忠君舍寧民而言忠愛余未之前聞此以知漢疏之自宏也

柳下惠章

四書商諸生問惠不去之意若何李侯曰惠之不去惠自有不妨于黜者此意却難與或人言之故只就所云去者而以直道枉道商之不過無聊之辭耳須說得有風致方妙一說玩父母之邦四字惠明是不忍去魯命意亦好然不如周說不妨於黜一語柳下風流千載如見也

王觀濤曰直道枉道泛說而刑罰亦在其中饒雙峰曰三黜想

因諫刑罰不中而然。楊復所曰：民命至重，乃有以非道殺人者乎？若非柳下惠直道事人，以身當之，不知枉殺却多少人矣。為士師而三黜，所全多矣。聖賢在位有益于人，大率如此。他日曾子又謂陽膚曰：上失其道，民散久矣。如得其情，則哀矜而勿喜。說至此，雖欲不以直道事人，自不能也。字字真切，實貼着刑罰上說，自藹然。

齊景公章

況無回曰：景公欲以季孟之間待孔子，亦不為薄。既而曰：吾老矣，不能用也，則當年累世之諫入而治心懷矣。孔子之行止在於此。今人必欲說壞時君。故併季孟之間。亦說他不是。使景公以季氏待孔子。孔子豈遂樂而安之乎。

按史記云晏嬰譖孔子。謂孔子盛容飾。繁登降之禮。趨詳之節。累世不能殫其學。當年不能究其禮。君欲用之以移齊俗。非所以先細民也。先輩深辨其不然。晏子賢大夫也。善與人交。孔子稱之。柰何又譖孔子。今慎勿因景公吾老之言相牽扯。可。又漢疏云若季氏則吾不能。以其有田氏專政故也。然語却可會。

齊人歸女樂章

陳氏讀詩

蔦屺瞻曰女樂亦是魯君受之獨指季桓子者權在季氏公不
能自主也君相躭於晏樂必不能行孔子之道故孔子行吳德
冀聞夫子之去只為道不行乃其歌云彼婦之口可以出走覺
有畏譏之意何故荅曰齊人歸女樂原為要譏聞夫子則此意
似亦不無

按孔子行師已送之孔子歌曰彼婦之口可以出走彼婦之
謁可以死敗蓋優哉游哉維以卒歲師已以告桓子喟然曰
夫子罪我以群婢故也夫又作猗蘭操詞云習習谷風以陰
以雨之子于歸遠送于野何彼蒼天不得其所逍遙九州無

有定處世人闇蔽不知賢者年紀逝邁一身將老哭歎此操

千載猶酸鼻何當時之君相獨阨人乎

況無回曰季桓子之用孔子亦知其非附己者然不無任德之心不料甫得政而墮三都出藏甲慮無不強魯而弱季者桓子根之深獨其所持正又進用由己去之若無策耳齊人窺見是意故敢於行間而不虞不受桓子亦樂於齊之是間故明明受其餌而不辭外借隙于鄰國內分謗于主君而陰以快其強國削家之憾此意夫子窺之深矣即女樂不至亦必不能竟其施于魯使郊而膰爲夫子猶行也不然桓子果誤於一時則夫子

陋[illegible]說書

行矣。可以悟矣。引躬自責以及優游之駕可也。寧待燔之日而始悔不用耶。記魯論者不曰魯君受之，曰季桓子受之，三日不朝，孔子行。若与魯君無与者，明乎季桓子之行孔子也。

楚狂章

鳳於舜文時一再至，是聖王之瑞。故以非時而見爲德衰。下焉只渾渾說鳳，不可說鳳兮，又說猶可，其詞意聯而語散，若歌躲也。葛屺瞻曰：接輿既欲諷夫子隱，則夫子与言之意亦必欲諫之仕。蓋彼此各欲伸其意者。時說謂鏡中看花，未知其所言何事，忠無謂。

李卓吾曰：孔非哀鳳，狂寔猶龍。又曰：讀此如到異境，遇異人，數目後飄飄欲僊。樂哉！高士傳云：楚狂姓陸名通，字接輿。

長沮桀溺章

執輿，即執轡。本子路為御，因問津，而夫子代之。避人是此處不好，避之他去；避世則盡一世皆避矣，非斯人無與，世何能避？有道不與易，見易之正，以其滔滔也。聖人仁天下之心，此最悽婉。楊後所同人之識見不同如此。在桀溺以為滔滔者天下皆是也，而誰以易之？在夫子以為天下有道，丘不與易也。顧涇陽先生有言：天下有一毫不可為，豪杰不肯犯手；天下有一毫可為，

聖賢不肯放手說盡兩家矣

問云是魯孔丘與、正指、其為辟人之士、是魯孔丘之徒與、正指、其為從辟人之士、辟人兩字似刺似憐、所謂諱窮而窮不免求通而通不得者也、痛哉毒哉、

子路從而後章

此章以隱字仕字作眼、重君臣之義四字、隱者主於潔身、所執甚正、今曰不仕無義、便形當不起、洮然汗下矣、何謂義、以倫理言、故上曰不仕無義、下曰潔身亂倫、可合看、葛屺瞻曰、不仕無義者、一人總理于上、衆人分理于下、方能使天下安居樂業、各

保其室家而共成世界若只聽一人孤立大家皆隱遁去則治理無人亂且主見即山林亦豈能以獨樂哉故君令臣共乃天下古今之通義着義字甚真切治亂安危之故天之所以立君人之所以奉君盡此矣君臣一倫的從這裏生来不可不記取也鄭頤如曰天子不仕天下亦自有君臣義何嘗廢但當時雖有君臣其寔僭竊猶亂不成個君臣必得夫子出来整頓一番方成個君臣夫子爾時直是擔當經世一件大事後来見不可得遂寄其事於春秋誅討亂賊以筆舌代斧鉞都是行君臣之義處此又不拘仕不仕要識得此意着行字又甚真切且如此

行義即是行道了也。妙甚。襲應身曰仕不徒是遇合有委曲周旋栖栖皇皇意在肯仕字。好所云仕隱正從這等心腸去處分別不然愚未見春秋素王之有異於隱也

倪伯昭曰以素不識面之人當岐路相逢之際而卒然問曰子見夫子乎子路之問亦莽矣第夫子威儀動盪迥異常人原不難識而逆想丈人之來其高峻風標亦非僅一荷蓧之夫而已所以待子路甚倨而子路益恭蓋此時蚤已知其隱者不然豈應孟浪乃爾

楊復所曰四體兩句是丈人自家專業之語言我四體一不勤

五穀就不分了我只好管我耕者之事那得閒工夫管偷夫子自是一時光景抵對語緣何便說責偷子路不勤四體不分五穀也未見不論何人而都責他耕田的理思之可發大笑

沈無田曰投淵洗耳隱者之心也作露倏藏隱者之章也大凡隱者多跡晦而用奇楚狂之歌而過也知孔子之必下也丈人之雞黍見二子也知子路之必反也故設其局以自發舒其崎嶇歷落之態使天下萬世知我為非常人耳必以為諷孔子招子路未必然也後世如魯連却帝秦發聊矢蹈東海不復見同是一局

逸民章

沈無回曰逸民中間有三點不去及端拱南面以君吴者恐不可曰無位之稱曰逸民者猶言天地閒之討便宜人也彼見曉不可為不以其身上擔子但以得行其志為快若孔子則欲以有道易無道將身與世不分作兩世可不可即我之可不可也如何逸得故曰我則異於是揚復所曰此處勿作道理觀如毋意毋必毋箏須也只是夫子不忘天下不忍以其身為逸民耳然事勢如此人不敢定其身不為逸民也大抵是無聊賴之語

逸民漢蹤云節行超逸也勝註志與身非有兩項盟於心爲志

見於行為身。夷齊不降辱，易明，不贅。惠連降辱。惠有三黜不去
事，連無可考。大要只是和光混俗。中倫中慮，然細處世上亦不激
不隨，說不是空空的。倫者有次第而不躁率，慮者有詳審而不
鹵莽。書曰：慮善以動。易曰：研諸慮。大學曰：安而後能慮。慮之為
言，皆精於思之謂也。其斯而已矣，謂他好處專在這個所在。記
稱少連善居喪，想其言行亦必與惠同也。隱居放逸，不會仕。虞
仲後為句吳長，初時採藥荊蠻，則隱之時居多。或曰隱居約居
也，雖為君長而瀟然寒約，無異下民。逸嘗有言：吾譬則牛也，寧
服軛以耕於野，豈忍被繡入廟而為犧乎。此足見其放浪處。或

曰放置也不復言世務也出包註中清易解不䕸中權若即廢是權當時合誼一廢而二子居無可廢之勢倘一拘常守轍人亦不能廢之權變也宜也合二意乃足逸民之行如此若夫子則異於是各出手眼從非所總也無可無不可五字成文當渾合以會其意不當分析以求其義葛屺瞻曰此必因目擊沮溺大人之流感懷千古故引逸民以發論謂自古高人不乏卓行可風但我不定要去學他做甚世的事記者記此於沮溺大人之後非無謂也

按篇中先提子曰兩字兩謂字不知作何安頓黄葵峰曰惠

連降志辱身人謂之也中倫中慮則夫子論斷之也仲逸隱居放言八謂之也中清中權則夫子論斷之也是夫子用翻案法也或又於謂字作夫子口中活轉話頭其語氣似拈弄一般商之又朱張無論斷王鄧曰朱張字子弓荀卿謂通則一天下窮則獨立貴名仲尼子弓是也邢昺氏曰朱張行与孔子同故不論其行石渠意見補缺云聖人於伯夷等六人作三等而品題之而獨不評論朱張者可見逸民之稱其七子者蓋傳自往昔非始於孔子也若始於孔子孔子何以不知朱張之為人而不評論也二說各一見無關大旨錄以俻

覽

大師摯章

馬岷瞻曰去此之彼為適。是避地者。一往不出為入。是避世者。

大師魯樂官之長亞飯三飯四飯以樂侑食之官鼓擊鼓者播鼗搖小鼓者少師樂官之佐摯干繚缺方叔武陽襄皆人名也河漢海乃河漢海之濱人民稀少處隱跡於此人必因夫子正樂。而伶官皆識三桓之僭。故各遠去以避亂。

蔡虛齋曰侑勸也脾好音樂。故以此勸之。

江氏曰記此篇繫齊人歸女樂後。不無微意。

周公謂魯公章

此伯禽就國。周公餙遣之詞。楊復所曰只是忠厚二字盡之矣。近葛屺瞻謂忠厚二字与不施親不廢故誠說得去至于大臣不稱其任方且為之議去若說存忠厚而亦使彼不怨用人之際不擇其能而漫云無求倫如此姑息可乎欲以樹人二字易之何以故百足之蟲。至死不僵。以扶之者衆也。周家大封同姓。正所以廣我藩屏。在天下如此。一國可知。故舊是世臣与我同休戚。此那朝臣暮去者不同。保全得他。亦是以為之扞衛。若大臣之不怨不以。用人之無求倫。其為樹人又所易見者矣。看来

[illegible]

大臣二句亦不脫忠厚二字之意。此瞻所駁亦硬靠一邊說話也。

林次崖曰、不使大臣怨乎、不以、不是、怕他怨、方用他。古人任則不疑、而疑則不任。豈有置之大臣之位、而但使之奉行文書為職業、又持小臣之察以防之哉。又湖南講周之偉問大臣定是以道事君的、如何因不以便至于怨。答曰、大臣以安社稷為悅、則為得不以不安社稷為愁。既使忠肝義膽毫無用處、怎禁得不嗟嘆。這怨字正與舜怨慕之怨相同。

況無面曰、周公之治魯也、尊尊而親親。太公曰後世其衰矣。然語世傳之後人見魯之式微或歸咎于貽謀之過不知魯之可以一變至道者皆其忠厚之餘澤而其漸至式微者則子孫不能守先世之典刑耳故記者于魯事自非賢人散亡之後而記開國之語使知魯之所以衰非其先世之過不然論語非周書也胡為而記此乎

周有八士章

楊復所曰不必定是一乳兩子只言其盛罷了葛屺瞻曰周才不止八士但以其產於一家則為希有此文武時人記者蓋追慕周初人才之盛也

按人物考、八士南宮氏、文王時皆為虞官、國語云、文王詢於八虞、汲冢周書克殷解云、乃命南宮忽、振鹿臺之粟、乃命南宮伯達、遷九鼎、蓋南宮忽即仲忽、南宮伯達即伯達、尚書有南宮适、即伯适也、是八士乃文武時人。

說書卷之十二終

慧眼山房說書卷之十三　論語

子張第十九　堯曰第二十

閩漳陳天定慧生甫著

士見危章

姚承菴曰士君子立身須大節目理會一過令無毫髮之歉方可自立見危致命分明死忠死孝見得思義分明一介不取祭思敬則無不恪喪思哀則無不致士若是可謂大節無愧矣其可已矣者深許之〻詞

楊復所曰下三句有思字獨見危句無思字見聖賢文字之妙蓋此處容不得思一思身家之念便起如何致得命成愚謂三

個思字亦不可一樣泥着如見得思義可說他斟酌意出祭思敬喪思哀便是合下迸露的了而喪又不同于祭思敬即思是敬如禮思成之思思哀即哀是思此際再不容一思也不則哀涉乎僞爲矣若論到真切處得便自有義祭便自有敬喪便自有哀三個思字均一良知之瑩然也無論思敬思哀用着良知即思義亦用着良知是第一念不是第二念利義關頭豈容一想識於其間哉

執德不弘

四書商諸生問執德信道之義季俟曰執德欲弘者眼中着不

得一毫金屑也信道欲篤者心中着不得一毫魔氣也苟非弘則執且為方隅意見而無關性命非篤則信且為空華影像而雖語脩持這實係道脈之偏全學術之真偽故急為提破末二句只為這一種未弘未篤之人偏要以主張一世自任故曰焉能為有無以掃破其習學者讀此兩句真可自省

葛屺瞻曰弘且篤者道德賴以恢張賴以肩荷有之足為道德重無之足為道德憂若不弘不篤半上半落的雖彼自謂道德中人其實有無絶沒點關係枉自執德信道一場為有為亡即承上道德不必又推到世道上口氣緊湊可從

子夏之門人章

鄭孩如曰、子夏之門人、蓋先問其師、得個可者与之、不可者拒之、之說在心裡、覺得拒与交大相矛盾、心裡懷疑、故再質於子張也。子張便把個尊字嘉字還他交字、而以容字替他拒字、蓋友貴三益、所交者須是賢与善、其庸衆不能者、雖不足交、而亦不可顯然拒絕、所謂泛愛衆而親仁也。有容之中有别、有别之中有容。不可以親賢之故、而太峻立門戶耳、其實意自有輕重。非謂薰猶同器、賢否雜處、爲交道當然也。要看得好。我之大賢五句、另抽出單說、切切不可有拒字名目、今人都把子張之言認做泛交便不是嘗登之曰有容有拒者君子擇交之常矩有容無拒者聖人翕受之大德言若相反義實相成子夏之門人說以交道問子張則因其不足而進之正愛人以德之道也訓詁家不必又持一說以稽其言之弊袁了凡曰子張之言分明勝似子夏訊其有過高之弊而責倫之過矣三說的當嘗說尤闡得伶利時說左袒子夏極是見小可厭

宋史趙師氏傳帝問子夏子張所言交道孰勝曰聖哲之道含覆廣大與天地參善者有以進德惡者俾之改行子張之言爲優然論極妥且於以告君尤宜余也

雖小道章

鄭玄註曰小道如今諸子家言葛屺瞻曰春秋時九流百家爭鳴凡道術之出於旁門而不軌正大者即為小道此亦必有一段精神一種作用非絕無可觀者致遠是以其道推而致遠如搏捖天地陶鑄民物印訖前聖後聖泥則如途泥之陷物而不能前進所以不為彼而為此也夫子常戒子夏為小人儒參所言如此必已進於君子而學務其大矣

楊復所曰如何喚做致遠小道致不得遠必大道方可致遠又如何喚做大道然性命微言勿隨註脚草草看過周季侯曰致

遠恐泥只為他源頭上未得融通所以未免拘礙若能從心性映徹如撒銀之珠無處不員入大入小各不相礙何至有泥沈無囬曰此只就小道上說若聖人一以貫萬則執御游藝亦道也

日知其所亡章

葛屺瞻曰好學者惟日孜孜重在日月字上每日每月俱如此也知本在吾心而不觸則不發若所本無者故要日逐知其所亡已知的即是能每月總計又常常在心不遺忘了日知或藉見聞觸發自心而月無忘則止從自心溫養如拳拳服膺者遂

日有逐日工夫逐月有逐月工夫無一時肯虛度故謂之好學

雷霆問日知何謂必藉見聞答曰若自心參提則須積久而一

朝頓悟未必日日有知惟日知故料其必以聞見啟心知者也

邢士俊曰如此則終非徹悟之學有何益處曰月無忘而溫養

之久則亦必有豁然大徹時在中人以下用學知工夫的只得

如此周季侯曰學人須想所忘所能這是何物日知無忘如何

下手雖有聰明之人終日在知解上盤桓情識上照管縱然播

弄得極精彩極玄妙於學問本領多無交涉所知所忘只在吾

尋常日用之間認取躰貼擧眼動步皆是誌心他人處境便是

君子覺塲此之學問方是血脈不斷方是真正精神葛說極平寔周說拈日用兩字參透日用之義更趨趨玄著

按蘇子瞻有云古之學者其所亡與其所能皆可以一二數而日月見也如今世之學其所亡者果何物而所能者果何事欤

翻空峭快自可人時說有讀亡如字作操存舍亡之亡者不必從

博學而篤志章

求仁只是存心拿定存心便有忘助之病息則泯矣今學志問思事事加功寬寬養去心從何處走作然亦不是將心覓心故

曰仁在其中楊復所曰仁在其中如鏡中看花且道所學所志所問所思是仁即學即志即問即思是仁離學離志離問離思別是仁參之〻〻自有覿面相逢日子鄭申甫曰復所三項都用得

葛屺瞻曰博學無所不學取之極廣篤志則又志向懇到不使必涉于浮泛切問如刀切物割析開來辨之極深近思則又思想傍着貼緊處不使必涉于幽渺仁之躰段必吾心與宇宙會為一源今博學切問則廣收之宇宙即是博文篤志近思又約近之吾心即是約禮然正求仁之方但以其方用功夫而未詣

本躰故僅以在中為言說得平實切問句頗異常說亦可參又王光濟問思謂何要近答曰人之一心原包乎宇宙近思非教他放在腔子裡但看于道理上何如傍乎理雖索之六合之外亦是為近離乎理雖求之耳目之前亦是為遠王守泰曰游宄夫問陰陽不測之謂神程子云公是揀擇来問是疑後問此意極好吾斯之未能信為不會疑爾從疑情上問即是切問從疑情上思即是近思若不曾起疑情而泛泛問之何昔不切漫天漫地思之何昔不近故有參話頭一生不透者不曾起疑情故也說切問近思極有妙理疑情兩字的是學問

生死關慎無以禪宗見擯可也。

百工居肆章

周季侯曰：此題須得口氣，首先從成事致道提起，便易明白。如云百工何以成事，居肆以成其事也；君子何以致道，學以致其道者也。如此則兩以字亦得恰好，不犯註中二說糾纏之病。又曰學以致道，意自重在學上。人若不能實學，縱駕說玄妙，總之無益，只是搭得些虛架子，弄得些虛光景，于道毫無涉也。

楊復所曰：不說成其器而說成其事，極可思。蓋成事者，成吾所習之事也。技藝已成，巧法在我，器正從此出。若成得一件只一

件耳濟得甚麼然則學以致道從可知矣

致即致中和致廣大之致本是充擴得盡意蘇子瞻則云道可致而不可求何謂致孫武曰善戰者致人而不致于人孔子曰百工居肆以成其事君子學以致其道莫之求而自至斯以為致也歟南方多沒人日與水居也七歲而能涉十歲而能浮十五而能沒矣夫沒者豈苟然哉必將有得于水之道者日與水居則十五而得其道生不識水則雖壯見舟而畏之故北方之勇者問于沒人而求其所以沒以其言試之河未有不溺者也故凡不學而務求之者北方之學沒者也此說致字殊妙

小人之過章

徐巖泉曰看一必字見小人自欺之心

君子有三變章

徐岩泉曰變也者神妙莫測人不知其然也養不完全則言貌之間滯於辭色不免有偏今嚴中有溫溫中有厲是何等完粹可畏可象盛德光輝自是如此非轉轉變幻之謂

君子信而後勞章

葛屺瞻曰兩信字不但我施信于他亦要他信得我過真知我之勞與諫乃出於忠愛一念有萬不得已者而非好事也本結

則不免以為厲且謗。故事使之際必以至誠動物為先。留大廷問信字謂要他信得我過。恐難強得。且又多添一轉。吝曰若除去他信我邊。單就我說。則下文未信以為厲。已是那個道厲我。

按子夏此言是特論個平常盡善盡美的道理。如此信字以人信言極是。世徒見箕子比干君未我信而不容不諫。子產為政。民欲殺之。民未我信而不容不勞。遂謂信只盟心。不在徵人。專靠着濟变一邊。却不省平平常常近情的大道理矣。

大德不踰章

周季侯曰。子夏謹守之士。非謂小德真可出入。語氣只謂人能

陸氏說書

立其大者。即小德未盡合。猶可耳。下句正形容大德不可踰閑。

姚元素曰。出入字要說得好。今人俱說得出字。不說得入字。蓋言大德可入不可出。故曰不踰閑。若小德則或出或入。要亦不至蕩然於閑之外。何不可哉。

一說此是子夏悟後語。鄭東郭曰。當其未悟時。只在小德上點檢。必信必果。硜硜小家當。故夫子以小人儒箴之。及其悟也。從大德上點檢。而千變萬化皆是。故曰大德敦化。小德川流。李卓吾曰。出入形容其活動耳。楊復所曰。映公見地圓矣。附參

子夏之門人章

此章書說者或並賅游夏謂其於本末俱不免分析或謂子夏以始卒代本末卻曉得同條共貫之義較子游有別李文節曰子游子夏之學俱是分本末為兩段事皆非也本就在末裏頭聖人教人都是灑掃應對進退下學的事其精義入神則待學者自悟之耳孰謂末之外別有本之可言耶張侗初曰洒掃應對進退便是形而上者何始何卒而分本末先後二說並賅游夏耿子庸曰子游疑子夏教人本之則無此子游初悟語當是邊見子夏所駁識得本末一貫是子夏悟後語楊復所曰本末原不是兩樣木之根本便是本木之枝葉便是末故本末二字

[illegible]由說書
俱從木字一點者生意也共一點收藏在木之下故成本字共
一點發散在木之上故成末字曰區以別者猶言明白也說道
只看草木便知本末是一不是二矣君子之道九句總是說本
末是一有末便有本以破子游支離之見耳周季侯曰以始卒
代本末極妥三說黜子游而伸子夏愚意始卒兩字比本末而
字見地有何爭差且如本末合一之解在游夏二賢所見恐亦
不落後儒之下今細看子游所識明是因病發藥恐子夏門徒
降本逐末了忘卻向上一机故猛示立地成佛掃除階級之旨
並不識本末之為一乎子夏則實為爾時門徒盡屬中材未明

語上姑為是循序之法經所謂漸教者也本末合一又所不必
言矣葛屺瞻曰子游之言可接上根人子夏之言可接下根人
兩說俱當並用持衡正當
當洒掃句當字猶云承當孰先孰後孰字指着受教的人方于
譬諸草木句直接得下區字說文謂品在匚中品衆也匚隱藏
也禮記區萌達註草木之叢生者也叢即衆意草木叢生其品
有別學者所至淺深不同故以為譬蘇子由曰區如瓜疇芋區
之區古史云善乎子夏之教人也始於灑掃應對進退而不急
於道使其來者自盡於學日引月長而道自至譬如農夫之殖

草木別為之區溉種而時耨之風雨既至小大甘苦莫不咸得
其性而農夫無所用巧也世之教者聞道不明而急於夸世非
性命道德不出於口雖禮樂政刑有所不言矣而況於灑掃應
對進退也哉教者未必知而學未必信務為大言以相欺天下
之偽自是而起此子夏所謂誣也解區字別一見而璧義甚快
解誣字亦微湖南講云誣者力量未到強以不能平向地寬枉
了他亦醒切有始有卒是一齊了手意朱子語類曰不是自始
徹到終乃是合下便始終齊備此惟聖人能之安可望之子小
袁七澤曰有始有卒者其惟聖人乎約理而論則豈惟聖人為

然百姓日用間着衣喫飯行住坐卧何嘗不舉始該卒乎蓋理外無事事外無理處處皆顯真實義塵塵盡是本来人也所以程子曰洒掃應對与精義入神貫通只一理雖洒掃應對只看所以然如何學者誠知洒掃應對之所以然則下學上達一以貫之之指亦思過半矣此解非本義然千古正脉亦不可不知也

仕而優章

葛屺瞻曰仕是治人乃行治己的學問學是治己乃求治人的方法優者所事已充足而力尚有餘也仕學本一理相因若一

味治人有空閑力量不去身心上整理雖做得些事業本原畢竟有虧此一類人管晏是也若一味治己便學問空閑不去見之作用雖自己身心有得不過成個自了漢此一類人荷蕢接與是也故仕優便學學優便仕二者不可偏廢兩則字語氣最緊按此說本出大全問仕優而不學則無以進德學優而不仕則無以及物仕優而不學固無足議者學優而不仕亦非聖人之中道也故二者皆非也仕優不學如源伯魯之不說學是也學優不仕如荷蓧丈人之流是也子夏之言似為時而發其言雖反覆相因而各有所指或以為仕而有餘則又學學而有餘

則又仕。如此則其序當云學而優則仕，仕而優則學。今反之則知非相對之辭也。朱子曰：舊亦嘗疑兩句此序顛倒。今云各有所指，甚佳。又按則字如此看，口氣甚妥。時說謂仕優而後學，學優而後仕，解則字作後字，芥滯多矣。又有解則字作即字者，亦一發混帳。

汪調鼎問：一說側重在學邊，似得夫子重學輕祿之旨。答曰：若側在學邊，兩則字須各一口氣，如何相打得轉。只為世人貪慕富貴，將仕做壞，故持論者必重學輕祿以立隄防。若孔門所論之仕，原是行義，便仕學並重何妨。程開仕曰：仕學語氣固無低昂但兩優字終覺有別仕之優止是一時有餘力即學之優必是全功有餘力方仕曰固亦是但如使漆雕開仕及言由賜求可從政似未必全功有餘恐亦難盡拘也

喪致乎哀章

葛屺瞻曰子游平日素考究喪禮而嫌獨偏言哀者亦是重本輕末之意況無回曰哀者喪之本情也能致乎喪則情文之備不待言矣而止者不滿其哀之量不止也

一說止即易之止其所書之安厥止入心有止而自昧之智慮為之祟也惟當父母之喪天崩地陷飽且不知而奚他知

慮之有止體寬然矣蓋哀慟已極而不可謂之動也原讓登之木之歌及而用之彼自以為不動其動也彌甚故孔子名之曰賊噫非知道者未易辨也出焦漪園奇而有意可玩

吾友張也章

曾登之曰難能者服其才量之宏大未仁者病其心德之未純未之為言亦謂在若有若無之間而非以為不仁也諸子皆稱日月至焉而獨以不仁料子張者蓋仰其才高而有責備之意

葛屺瞻曰仁之體段極高廣其樞紐處極精實為難能正是子張為仁處他在仁的體段上恢擴亦不易能但不還歸精實故

附[illegible]言書

以未仁規之未者謂及約之有待而非直絕之也為難能正是病痛處然口氣還似贊他一般故着然而二字作轉語切不要一口直罵硬煞了也

堂堂乎張章

葛屺瞻曰堂堂即升堂之堂此言其造詣之高廣正是仁的氣象難與並為仁謂只好他是這等做入學他不得故難與一同為仁此褒許之中微寓刺意蓋亦欲以及約規之耳唐時關請說為子張務外自高觀其思敬思哀信道求篤此言懇來必然答曰是務外自高乃一弄虛頭妄人耳何以為難能何以為堂

堂、且夫子教人、必因病發藥、若果務外、正當教之近裏工夫、何乎、其問仁、反告以行五者乎天下、要必其材品宏邁、允為大受之器、故以仁之全體挈付之、但其局面圖好、而於克己處或未精密、於是朋友間復相為規切、然欲因其長而成就之為可、因一二貶語、遂併其所褒者、但一槩抹殺也。

嘗發之曰、子張問仁、夫子進以恭寬信敏惠之德、其論友道則曰、於人何所不容、質之近仁可知矣、子游獨謂其未仁、曾子又謂其難並為仁、何也、曰、子張有善人之體段、而心欠密、有聖人之光輝、而用欠藏、動多於靜、用過其體者也、在夫子則以仁師

卷十三　十四

[illegible]
之而顏子子貢則以仁友之矣子游重本曾子守約皆謹嚴之
學也而曾子尤爲纖密與子張之濶大正相反故不能與之並
而爲仁然子張嘗強曾子事有若亦嘗好高而不可輔者必有
與之並爲仁者爲特不可與曾子並爲仁耳觀此言則曾子從
友輔仁之學亦進于子夏之可者與不可者拒而其引進門人
不無遜于回賜可知矣

吾聞諸夫子章

饒雙峰曰乎字有感動人底意思事親莫大於送死生之際人當
如此而猶有不能如此聖人所以寓微意而感動之若說人入

能自盡則聖人之發此言似乎無味。將同春曰味必也及乎字口氣欲人自反能自盡與否也。踏曰彼臨喪而未必自致者是識何心。唐士雅曰詩云是究是圖亶其然乎。正此乎字之意。一說胡氏曰聖人指此示人使之自識其良心非專為喪禮發也。陳錫玄闡之曰此與孟子說乍見孺子入井同意此不為喪禮而發是即親喪一事以提醒人自致之心彼不為孺子而發是即入井一事以提醒人不忍之心聖賢因明通蔽之教類如此。

孟莊子之孝章

朱子語類問孟莊子何以謂之難能曰這個便是難能處人固有用父之臣者然稍拂他私意便自容不得亦有行父之政者於私欲稍有不便處自行不得古今似此者甚多如唐太宗為高宗擇許多人如長孫無忌褚遂良之徒高宗因立武昭儀事便不能用又季文子相三君無衣帛之妾無食粟之馬到季武子便不如此便是不能行父之政以此知孟莊子豈不為難能

按莊子父獻子賢大夫也其臣與政本不當改但人情意見不同取捨從違互相拂戾世之號為賢人君子者比比然矣以此而行乎父子之間雖非更絃亦有翻局難得莊子之父子一心渾

然無間若此。故夫子獨稱其難。蓋就己心与親思細微罅隙不自覺上論。非徒以事迹之相仍言也。

孟氏使陽膚章

葛屺瞻曰、失道不外于教養之乖方。民散者。既乏衣食以生養。又無禮儀為隄防。心各離散而不相維係也。情乃犯罪的情實。得情則可以定罪。而我無枉縱於彼矣。然所以致此實有可原。故為之哀矜而勿喜。此一念中。有多少詳慎寬恤之意。含於無盡。最可深味。

王師濟問民之犯罪、既由失道則救世者正宜於此加意。謂何止為哀矜。空空一念、然何濟于事乎。答曰此正從

卷十三　十六

源頭處撥動。果存是心。則盡道自不容已。無限作用。皆從此流出矣。然又有說。或士師所司者止刑獄。而盡道非力所能。知有哀矜。則亡其殺不辜寧失不經。士師之道亦可無忝也。

胡雲峰曰集註情義乖離不相維繫、字釋一散字情相維繫不忍離義相維繫不可離

紂之不善章

葛屺瞻曰此非寬紂之惡。乃以下流儆人。君子惡居下流。是本意。而特借紂以形起之耳。下流地形卑下之處。衆流所歸。人之處不善。而惡名咸聚。亦猶是也。

一說張南軒曰紂不道極矣惟其日累月成以至貫盈猶川流居下而衆水歸之據此則紂之不善也下當添一始字方說得去

君子之過章

葛屺瞻曰如日月之食只是個不遮掩皆見皆仰處便是凡人不但過要遮掩即改亦要遮掩蓋恐有後日之改便顯出前面的過來總是一團曖昧心腸惟君子則過與更俱聽人一齊看見易見爲仰者其見更時更有欽向之心也處過如此心事益見光明過何足以損君子

[illegible]

楊復所曰更不作改義如一更二更之更猶言再一會也如時移世易移易字項蓋君子之過原不是過人見謂過耳如日月之食原不是食人見謂食耳必須人始知其非過而生敬仰之心若有過而改何仰之有愚意更就是更過何必以更為君子諱而盡護飾君子撻到無過去也且過字對更而言明係必更的過了與周公之過了子之過無可更者判不相侔而為他護飾愈工愈把他光明正大之心體愈不白矣作此周旋悶甚厭甚識哉

衛公孫朝章

葛屺瞻曰道獨言文武者堯舜以来相傳之道在于文武且堯舜世遠易湮而文武為當代之制故謂之未墜集註指禮樂文章即易詩書周禮可考而知也未經夫子刪述之前原散寄在人賢是有識見的不賢是没識見的大小乃大綱細目無人不有則無人不學無人不學則無人非師如問禮問官入太廟每事問俱是李調鼎問文武之道既即是堯舜以来相傳之道則此乃指流行之道脉恐不當以禮樂文章言答曰若指流行之道脉則當祖述堯舜矣何以言文武言文武即有憲章意且未墜而識於人亦似有物可指如制作之類者故以禮樂文章言

為是曰分了識大識小似大者指流行之至理小者乃指制作之粗迹曰至理只在心悟粗迹乃可學既有個賢不賢可分頭去學總是粗迹夫子善會之則皆至理矣曰如此則夫子尊從心悟足矣又何必學人曰道器原不是兩物如學琴師襄而得文王之為人得文王為人本至理非學琴亦無由得也又况禮樂文章可忽視哉如此正見聖人妙契千古處若必示以至理纔知至理又何以為聖人此說甚的當朱子或問亦謂此固好高者所不樂聞然其文義不適如此

一說公孫朝問為學是只見得夫子學識一邊故疑其必有

来歷子貢以道字應也所見便大此個道從天地開闢来傳之文武昭孚如日月之行天未之或墜在人者在其人之自得師也即中庸待其人而後行意其人自得師便統承文武了睛指夫子言賢者識其大者三句是擬起下二句語頭不是頂上說在人以明未墜識字不音志讀如字曉暢解悟之謂也猶易云仁者見之謂仁智者見之謂智莫不有文武之道為群飲於河各充其量云爾若夫子則不止賢者而其所識兼大小顯微在其中乃文武之道完完全全承受来非如賢不賢之囿於一偏一曲爾也此等契悟豈由人指授得来

故曰夫子爲不學而亦何常師之有所謂在人者如此若說
在人是賢與不賢之人則爲不學是學於賢不賢之人意便
不暢便非子貢識見了解在人句有別解附參而其大意則
不出李所問與葛所駁也
李卓吾曰分明說他師文武而語自員妙況無回曰賢不賢自
分夫子自合自賢不賢識之有大小自夫子學之無大小張侗
初曰江水印月而月在江盂水受月而月在盂月無大小不應
作江水盂水看賢不賢之識亦如是袁了凡曰學賢者是常事
學不賢者此惟孔子能之亦惟子貢知之正如察邇言問狂瞽

得其一隅觸其全體得其疑似沛若江河此是大學問賦講求不要像了多學多識須摹寫他會悟歸約得其精實處方是聖學數語皆透徹可參

子貢賢於仲尼章

此不重譽子貢重毀仲尼子貢宮墻之論倒重夫子一邊宮墻以下只就宮墻說並無一句寬語而高下已判然宮墻二字不平宮之墻也故下只粘墻字說去宗廟百官亦只是影語如世說云入宗廟中琅琅但見禮樂器是也不得拈定宗廟百官說

朱子曰聖人固自難知如子貢在當時想是大段明辨果斷通

曉事務款動得人孔子自謂達不如賜勇不如由焦漪園曰賜
不足於深厚而才美易見故人知其賢夫子深藏若虛而容貌
若愚故人難知其全

因領錄云宗廟之美所以昭誠感百官之富所以充治才明
有禮樂有鬼神人心萬物皆備性無不有學無不全得其
本則誠生神得其大則才立事子貢諸徒性學之功粗立其
美其富色色淺露孔子仁熟聖至并其美富蘊化無方妙道
之極也有別解附闕

毀仲尼章

朱子曰、日、月、之、喻。但、取、其、至、高。不、在、明、意。

李卓吾曰、無以為也、說得最妙、叔孫認真毀仲尼為不用不知其毀無用也。却不枉做了小人。葛屺瞻曰、不可毀、是毀他不得。看下、日、月、可見。日月無踰、言其高、何傷、亦謂不能抑之使卑也。不知量、不知已與日月相懸之分量來了。凡曰量、是量度聖人可毀不可毀、若以為不自知其分量、則已之分量有餘、便可毀人耶。恐非、吳無障曰、不知量、還是不知自量、是何等人、却去毀仲尼。如以管窺天、以蠡測海。天可窺乎、海可測乎。若說不揣量、聖人分量亦淺淡無味矣。吳說較得、

子禽謂子貢章

葛屺瞻曰天之不可階而升以喻夫子之不可及此只虛說形容還未明顯故又以得邦家狀之夫子神化之妙雖無處不達而得邦家則作用方顯尤人所易見也所謂者必古有此語立是植立在道中即輔翼之而使自得者行是在道上行走即無及無側遵王之路者綏訓安来是来歸附于我即舞干羽而有苗格者和是踴躍順從于我即協和萬邦黎民於變時雍者妙處全在斯字此有感彼即應莫知其然而然非心思之可測度非作用之可擬議誠有如天之無階以升者然故再言如之何

其可及以應轉前意

鄭尚友問猶天之不可階而升畢竟于夫子身上如何體貼答曰只就天體貼便是子貢于夫子比之以宗廟之美百官之富日月之不可踰天之不可升皆因就夫子身上實說不易明故特借所易見者以形狀若必于夫子身上更求如何是宗廟如何是百官如何是日月与天恐非子貢指點群愚之意曰既都是虛喻謂何又說綏来動和等曰亦須說些實事纔於虛處說得真實曰夫子原不曾得邦家即綏来動和等亦是虛話又於何處見得真實曰夫子相魯三月如別途不飾價等便有許多

感化人處妙雖未足盡夫子萬一而亦畧露緒餘矣窺一班而
知豹安在不可見得邦家之作用也洪度曰有謂子貢不把本
體處論夫子只論到作用上還是其識見不到處曰因為本躰
難見故說到作用正要人從作用處窺本躰又道是只說作用
不說本躰這等遜塊之見怎麼去攬到識田裡來曰舊說原謂
天之不可升是狀本躰立之斯立等是狀作用似扵意義更覺
周匝曰如之何其可及明与夫子之不可及相為呼應則中間
立之斯立等与天之不可階升自必無二意若本躰之不言則
古人說話點頭應腦指東識西正見他悠長不盡之味豈如今

人欄江綑文字件〻裝進乃為完美也愚謂本躰作用原非兩
截物事此瞻說自當又嘗聳之云聖人分量亦别固有異聖人
之心躰而作用未必神者亦未可謂之至聖故又推及夫子之
得邦家以究其用矣意更奭足破俗見之拘攣
大全朱子曰生榮死哀范氏所謂生則天下歌誦死則如喪考
妣者是也沈無回曰生榮死哀是狀聖人關係一世之象聖人
生而天下皆立皆行皆來皆和真如太陽一出而萬物欣〻都
有生色豈不是榮聖人死而天下皆不立不行不來不和真如
太陽一沒天地慘闇萬物俱有愁苦之狀豈不是哀亦自說得

有光景。

堯曰咨爾舜章

講錄云此章不要以中字貫湯武放伐事雖莫非中然不必瑣瑣配合李褢一曰帝王施爲不同其道則寬信敏公盡之矣記者以此盡帝王之道而又尋一中字以總寬信敏公及生支節林次崖曰蒙引謂四者堯舜禹湯武之所同愚謂此必夫子所常言故記者就而綴之于後以盡此章所叙之意蔦此膽曰寬則得衆以下是孔子平日論仁之言即所告子張者其無子曰如前引湯武之言亦未嘗有湯武字也蓋自堯以一中授舜

道統已開其先矣然必以四海困窮爲念是中乃所以行仁者自此湯承天討罪心切萬方武布政寧民係情天下皆不外此仁而夫子亦每以仁道設教豈有得于一中之傳而行之者欲記者於論語末篇歷叙堯舜禹湯武而終以孔子之言道統之傳端必有屬矣此解甚高拈出中以行仁一語自是帝王學脈真骨血攜以中字貫不免架疊今以仁字補及見渾融妙絶快絶西江水一口吸盡也但恐小儒執此成滯則還他本色寬敏信公四個字亦自好處領出記者詮綴大意可矣

首言曆數在躬是遺大投艱意投以艱大故歎息而言之曆數

朱子謂帝王相傳次第若曆之歲月日時有先後之序所以知
其屬於此人者亦以德知之非若後世讖緯圖籙之說時說則
謂曆數者曆中之數也數所以推曆者也聖人之為治不過欽
天厚人而已堯欽若昊天首重曆象故以禪位為曆數在躬亦
正大可從執中三句意一串以四海句接執中句極可味明德
親民原無兩層也杜宛陵曰此中即民受天地之中以生的中
字正指此靈明而言這點靈明徹上下被四表四海乃工夫所
用之寔地離却四海則人情物理痿痺不貫四海困窮而天祿
永終矣後儒單提執中為聖學而遺棄下二句致聖祖一躰之

學不傳徃徃樂于趨悟以附會二氏知見謬以千里矣葛屺瞻曰執中功夫雖在心而其運用則在事存于心而見之行事則政平人和天下舉得其所四海困窮正是不能執中處天祿永終永字重語意斬然甚吃力舜亦以命禹此句最高記者識見最透人心道心精一之訓揔為執中而設先聖相傳更無別法只有這些子

予小子履至罪在朕躬是湯放桀而告諸侯之辭簡在帝心以上則追述其伐桀時告天的語言以起下文語氣似斷實連意有兩段話無兩頭有罪指桀言不赦不敢稽天討也帝臣舊指

當時諸侯說不蔽謂聽天命所歸已不敢利天下而蔽之簡在
句見上文正謂天命之所歸也延舉子文俱作旁求俊人說相
沿已久理亦寬大可從或又以簡在双承上有罪帝臣二意謂
其善其惡天皆知之如點閱過一般予敢赦之蔽之乎不可從
末段發出罪己之言所謂其興也勃焉金仁山曰萬方有罪皆
一人敎之不豫處之失宜朱子謂此意是成湯見得
大賚至食喪祭是武王事中惟周親四句係武王伐紂時誓詞
蓋零碎錯綜湊成一段事寔也大賚記云散鹿臺財發鉅橋粟
善人是富尤加厚善人也徐儆弦曰紂爲天下逋逃主所用皆

惡人武王勝商便去加厚善人把做第一件事如漢高入關除秦苛法做是帝王收拾人心的要術周親蔡註周至也紂雖有至親之臣不如周仁人之可恃按書受有億萬夷人離心離德予有亂臣十人同心同德雖有周親不如仁人玩上下文蔡註得之葛屺瞻曰周親是周同姓之親仁人是有德之賢者謂賢賢猶勝親親不私於所親也曾觀文謂做講與書不合恐失來歷答曰亂臣十人中原有同姓異姓惟賢賢勝于親親公而不私乃能同心同德與書本文自不忤也漢疏亦云親而不賢不忠則誅之管蔡是也仁人謂微子箕子來則用之做時嘗蔡

事未有而狀不如意甚切百姓有過在予一人即萬方有罪罪在朕躬之意舊謂過責也百姓畏虐望救責武王不即拯己於水火以見伐商無可辭之理按書本義實如此附考權量兼在官在民者言謹之則在官者不得過取於民而民間所用輕重大小無各得其平也法度從說凡以上御下畫一之式俱謂法而其間細微節次則為度審者詳明而不紊也廢官或是有官無人或是人不稱官脩整一番使之各舉其職興滅國繼絕世舊謂有子孫無爵土者裂土封之有爵土無子孫者尋旁支續之高祀贍謂滅國雖有子孫當宜不聞應否而濫復絕世若有

爵土其國人自能尋旁支以續何待武王蓋滅國乃見滅之國必出於紂之肆惡而非其罪者故當興絕世乃久絕之世必帝王曾有功德而其子孫失國不能世守廟祀者故當繼有理可從記云封黃帝後于薊封堯後于祝封舜後于陳封禹後于杞封湯後于宋等是也逸民如微箕商容之類重民食喪祭書本云重民五教惟食喪祭五教五倫也食不足喪祭不得自盡五倫墮矣當依此意來發所云重者有政以使民得食得喪得祭有禮以使民行之於食於喪於祭幽明始終至此皆無憾也末節總括上文以夫子之言括者統承帝王意也

子張問於孔子章

五美四惡、論政之法戒獨詳、四惡平列、時說牽揑不来、於五美處、見有欲仁一語、可處活談、括關通上下文、遂欲單提作綱郤無風起浪、了不必爾、張南軒曰、惠不費、勞不怨、施於人者也、欲不貪、泰不驕、威不猛、存于己者也、此則作文檃括法、丙辰會墨、已各極致、今無可煩也、因民所利、不專是生財、凡民所便利處、皆是。勞、不專是工作之役。凡教、民去做的、皆是。因字擇字重、因故不費、於己無損。擇故不怨、於民無厲。王道本乎人情、固然也。欲仁就政上說。當以兼濟天下言之。得仁者。果於天下有濟也。

欲雖在心而此章論政徒善不足以為政非可以懸空言也這不是要着人的又為得為貪泰不驕陵頗費挑剔李文節曰君子常有從容暇豫安舒自得之意是之謂泰而其迹似於放曠佚樂恣情玩世有疑於驕然惟其坦平未嘗慢一人輕一物故無尤無悔無愧無怍常快然自得而泰而豈驕之謂乎泰與驕迹相似而實相反君子泰而不驕非泰而不流於驕也最易得透徹處不猛取決于衣冠瞻視之間此古聖賢認理切實處湖南講王光濟問君子之威應須從心上生如何在衣冠處檢點荅曰正衣冠非正歪斜之說如今時尚之服或淫巧可觀佚非

存心正大者。鮮不為俗所染。至瞻視間若胸中稍有不端。則以搒獚頑盻。如小人之厭然。如何能尊重。故此衣冠之正。瞻視之尊。甚不易得。五美如此四惡一在殺一在視成一在致期一在與人皆。行政所必有。即聖王豈能廢茲。但是不教不戒慢令就去行法把該緩的及急了出納之吝把該急的反緩了緩急失宜便有害前三項不消說末一項沮功急善。興怨生疑。正自不必。非徒一失躰之愆也。不戒慢令相似不戒是全無令的。慢令明是有了。但懶緩不着緊耳。猶之與人謂一般樣與人。前後一個與。到。底。必。不。得。也。出納爲岜瞻謂是出此納彼。即與字意。太周折焦漪園謂與人本是出却又云納者要出而又納。正見其吝處。太宰強姚承菴謂出是給出納是收納如該給發的錢粮人方枵腹待哺而故為壅塞不即給發該上納的錢粮人正在倉庫守候而故為抑勒延遲不即與批回害多少人害多少事是又以出納為二項。與上句與人不合。愚意古人文字凡槩舉現成處。不無夾帶。出納二字乃現成牽連字眼。偶爾綴来。正不似後人拘牽句敲字櫛也。有司對為政者看。

不知命章

三知字並提還他三平自的當。或提命字作綱亦可。或又謂知命至命也。知禮盡性也知言窮理也窮理盡性以至於命。從下節遞串起來。或又謂知命知其在天者知禮知其在我者知言知其在人者利害不能動乎外。而後可以修諸己。義理有以養乎內。而後可以察諸人。從首節遞串下去。各拈一見。互有發明。但在夫子渾成語氣中。則俱不必爾。袁七澤曰命字即天命之謂性之命。學者所學何事。而不知天命雖行誼極其完。樹建極其偉。亦只是日用不知之百姓耳。百姓日用而不知。故君子之道鮮矣。故曰不知命無以為君子。昔孔子自謂五十而知天命。蓋君子之難成也如此。按舊說命字指氣数言朱子曰今人開口亦解說一飲一啄自有定分及遇小小利害便生趨避計較之心古人刀鋸在前鼎鑊在後視之如無者只緣見道理都不見那刀鋸鼎鑊解自平實今時說多依七澤亦自精微又韓昌黎曰命謂窮理盡性以至於命也非止窮達公孫文子曰脩心而不知命猶無室而歸與時說印記云禮釋回增美質其在人也如竹箭之有筠也如松柏之有心也筠竹膚青慶堅而有力釋回增美四字甚簡當徐岩泉曰禮是性靈中原有的節度文章立號性靈扶植上見註云耳目所加手足所措感淺了也袁七澤曰禮即是克己復禮之禮不

知禮即渾是人欲之私其身類然屈於萬物之下而顛且仆矣故曰不知禮無以立解自宝徹然註說玄乎實祇是耳目手足等項還要遡到心上去

王宇泰曰知命知禮盡矣而又終之以知言何也聖王不作道術多岐夫子生於春秋之時不得已而刪述六經以垂憲萬世即平日訓戒問答無非言也但言之平正精實者如布帛菽粟會無奇巧可見而異端曲學巧言亂德者方紛然雜出乎其間學者于言之是非不能知即人之邪正不能辨而學術趨向將淆亂而莫知適從矣弟子記此篇終以詔來學須知得聖人之

言。必、以、聖、人、為、依、歸、而、不、為、異、端、曲、學、所、眩。其他審察言詞。鑑別人品。雖亦學者事。而微意似不在此。讀者詳爲此意忒好要點括在舊說意中。非有而也。

岳餐微曰。此、處、提、掇、學、庸、言、性、命、言、禮、的、大、指、末、點、知、言、一、段。特、開、孟、氏、得、統、消、息。出真正手眼。不得容易看過。

說書卷之十三終

陳氏說書

慧眼山房說書卷之十四孟子

梁惠王章句上 章句下

閩漳陳天定慧生甫著

孟子見梁惠王章

鄭申甫曰：王問有以利吾國，利猶利益，即所謂安富尊榮者，不是閑利殖貨來，便為不好話。孟子故借來話頭，將他推倒一邊，閃出個仁義字比賽他，來乘機入頭，奪胎換骨之法也。先儒謂如富國強兵之類，若孟子所謂穀不可勝食，制梃以撻秦楚，豈不亦是富強，何有不是？乃知孟子是欲展現出仁義寶貝，故就他個利字，駁其稱謂題目不好，而以吾好題目，換彼題目爾。

所謂先生之志則大矣先生之號則不可者也利之初何便至弑奪第推其末流必至於此故熟其源頭塞之也標出個利字從利上做許多不好標出個仁義字從仁義上做許多好稱謂題目不可不慎也故云何必曰利末又云王亦曰仁義而已矣字眼在曰字即宋牼之號之字

李卓吾曰初見便去攔截他為其根氣劣耳若在齊王便轉展接引矣湯霍林曰梁王之非不止在利又在利吾國三字他只曉得有我便不知有大夫士庶故孟子急以仁義挽他仁義便是大公無我之心

萬乘六句正當時已然事以說國危見得以利則相通而相凌如此我所云國危非臆言也如文侯斯與趙韓分晉即惠王祖此其左券下五句接此咏嘆一番甚警醒中間點個義字来透下節文理關通呼應甚緊蓋上面說危說弑說奪遺親後君極矣若仁義則斷未有此際〻垗摟可會二都也正應大夫士庶說時說着一過文謂且以仁義言之大不識文字伸縮映帶之法

或疑仁義躬行便了何必提之在口而云亦曰仁義揚後所曰曰仁義者猶言以此為號也一國俱以此為趨向躬行且不足

此解亦是

言、況說提之在口乎。

沈無回曰、未有仁義二句、舊說謂不可出一利字、以孟子不言利、說仁義未嘗不利、是孟子亦言之也、此解甚迂、戰國之君、中於利者已深、欲以空〻之仁義奪之、其誰信為、且孟子好勇好貨好色、猶不憚以引君而豈諱言仁義之利、故再曰何必曰利、正見自有仁義之利在何必沾〻言利為也、孟子引誘時君多此類、不可不知。

王立於沼上章

鄭申甫曰、沼上鴻鹿之顧、惠王慚其非賢者之樂、故有此問孟子為之抹蓋其嘶而置對更翻轉出一意来謂賢者而後樂此可謂善於引君其言曲而中矣其所謂賢者之樂亦第援靈臺詩幾語就中想像出個樂意如此因更推上一層謂文王平時與民偕樂故民相與樂之而能享其樂也麀鹿之伏濯白鳥之鶴々魚躍之於牣忘機禽魚上遊文王之天真是好個樂景而文王之對時育物從容自得下遊禽魚之天亦於在靈囿在靈沼在字看出一段意思而民之樂文王之樂則在于不日子来於臺沼而又加以靈之美名於禽魚可樂處而寫出王在二字以形容其桓撫盻睞之狀忻幸其君有此樂之意隱々言表最

隨口說書。
好玩味若湯誓節說不賢有姓不樂之意痛快斬截令人悚慄。
許白雲曰靈臺之作所以候日景占星象望雲物也其下有圓
圓中有沼併以游觀爾孝經援神契曰靈臺所以宣德察微其
謂之靈者時說謂是以速成靈之按毛傳云神之精明者曰靈
文王化行似神之精明故以名焉說苑曰積恩為愛積愛為仁
積仁為靈靈臺所以為靈者積仁也解靈字自與楊復所云此
臺沼也民自為之民自忘之故以為靈這便是聖世神瑞又何
別言祥瑞哉亦洒脫
湯霍林曰與民偕樂不必說到我有臺沼民有田里總只心躰

明淨渾渾忘物忘我鳥獸也是樂草木也是樂百姓熙熙皞皞也是樂擴然大公畧無些毫私意間隔獨守此個守何等氣象慘薄於仁義與不仁義之分能樂不能樂只就樂上說且別歡愁勿說興廢而興廢亦即在其中

螢雪叢談云賈挺說孟子引得杜詩為記文王為臺沼而民樂之正是丈人屋上烏人好烏亦好若桀紂瑤臺瓊室正是君看墻頭桃樹花盡是行人眼中血蓋由人情所感而然爾

寡人之於國章

鄭申甫曰梁惠王平時不能行王道以藏富于民臨時又失發廩振救燃眉而圖之移民移粟且其所移者君移之耶民自移耶夫飢地之民避荒趍熟傭丐度日與豐地之民自發所齎于飢地爰賣乃民自爲計於君何與且欲移而無資以移與欲粟而無錢以買者又何以處而弟煩詔令移民其處就食移粟其處爰賣一片虛文畫餅譚梅何言盡心而亦豈當得惠小惠二字惠王且未當得起何望民多王道非救荒急策乃平時豫爲之平時既失其策猝然飢歉發倉廩救燃眉已爲下策況又不能乎不違農時節正行王道富國足民之寬政經制已備至下

節則就中興教化耳勿奪其時即上節不違農時句內事再提之要挑出無飢一句以為既富而可教地非到此更加一番經制而上文猶為未了公事也王道之始始字非始創未竟之謂乃得民心始基王業萌端於此舊說上節經制亦備為王道之始下節經制加詳為王道之成非也凡看話俱就話情所重處祇看孟子為看荒政故急呵出穀不勝食句不然則如看齊宣王五畝之宅云云說起教養齊備不消贅上一節矣

徐徹弦曰盡心焉耳矣便是梁王的病根假如不違農時兩條自有許多設施措置法制禁令今全無施為只是一個盡心便

是有其心無其政與宣王不忍一牛之心一般
況無間曰謹庠序謹字以學術言學術之邪正人心風化所由
關謹之者一出于天命人心之正而一切異端如楊墨之類不
使些須夾雜其間也就所教之中又舉孝弟申明之孝弟乃孟
子仁義大頭腦處於此處得力則仁義沛然性善之本躰呈露
矣一說申重明也上而衣帛食肉必五十七十者導其妻子使
養其老且用飲食無非教也不待庠序而孝弟之義已明矣故
欲其申之出了凡刪正之不妨但玩文義則申字似根謹字
湯霍林曰梁王病根正在狗彘食人食觀下章庖有肥肉可見

然既不知檢吏須有便宜立法乃不知發倉廩徒移民閒之粟畢竟濟甚事語意重發一邊

顧安承教章

況無面曰人主之不能行王道由於真心不動真心不動故不知政之可以殺人孟子因王之承教緊承狗彘節一一挑發翻出其病根猶以為未甚切故以為民父母四字感動之尤恐其不必省後以無後二字警懼之人思及於此即八珍在前騠駃在御亦將閣匕而不忍食蹄足而不忍乘者矣動得此不忍之心方可與言王道是孟子善起說病手段亦是孟子性善宗旨

一部孟子只如此看。

無後二字似剌東耿事。

為其象人而用之本義止此不曾說到殺人殉葬之漸處須照此說得甚輕則使民飢而死處方懇切。

晉國天下莫強章

流無回曰惠王急於報怨不暇顧民之瘼孟子教他不可性急姑且就省刑薄斂休養生息俟其力全而後用之以我整暇收彼疲敝有不戰之必無敵矣句踐十年生聚十年教訓卒以沼吳正用此法孟子正教以報怨之長策非是要他欲民不報怨

也。孟子於戰國之君。大抵乘其所欲而引道之。不似宋人之迂

闊。

寡人恥之、先、強、後、弱、貽、恥、于、先人也。所謂、爲、先人羞也。下顧此死者一洗之、洗其恥也。地方百里、方字、僅足之意。惠王喪敗之餘、氣甚餒。故以百里、可王激之。所以百里可王者在施仁政。而仁政、則在省刑罰薄稅斂。深耕易耨。省刑薄斂之貽也。觀下彼奪其民時、使不得耕耨、可見。暇日化國之日舒以長。非空閑之暇。如說孝弟忠信。必待耕耨之間而後脩。使欠通。忠信泛說。孝弟屬父兄。忠信不得專屬長上。制梃可撻、尔、聽似虛恍。撻者下

文則情形指掌矣中着兩彼字語意本直翻作兩折絃促無儒

青大可想見爾時掀髯指畫之態說來鑿鑿可據就謂孟夫子

迂闊不中事情也哉

徐媺弦曰當時專事富強不顧其民孟子開口只道省刑薄斂

急急與戰國策士相反然至於深耕易耨則富然在其中制梃

可撻則強又才必不在論事則制梃可撻之言可疑論理則仁

者無敵之言可信

孟子見梁襄王章

李卓吾曰殺人而曰嗜最能打動人心又曰出語人最有意味

正為今天下之人牧未有不嗜殺人者故為今天下之人牧告
再人牧字亦妙牧者養也反以之殺人乎說至此暴者亦當仁
矣
惡乎定謂天下如何而後能定舊謂待何人而定不是一天下
混一也土宇分割治兵相攻故不能定混為一統則定矣本義
止此許白雲曰定於一明謂統天下為一家孟子見天下之勢
而知其必至於此蓋自古立為君長則建封之法行黃帝置大
監〻千萬國夏會諸侯於塗山執玉帛亦萬國湯受命其存者
三千餘國武王時千八百國至孟子時相雄長者止七國再勢

必至舉天下郡縣之而後已至於秦漢孟子之言即驗但秦猶嗜殺人故雖一而不能定至漢乃定也發出封建郡縣之議亦宏遠孰能與之字舊指民言近指列國君言去國叛君有禁孰肯把國與我而不知彼之嗜殺處皆其與我處楊後所曰天下莫不與此語甚奇而寔至平今夫天下之人牧未有不嗜殺人者也則是都以天下與人矣但無敢之者再若有一个不嗜殺人者出來真有如水之就下者吁戰國之人牧亦甚危矣未有而字與莫不而字正應與字即為湯武毆民毆字意較趣

蘇桓晉文章

通章以貴王賤伯立論齊王志伯畐故開口便問桓文如下文闢朝蒞撫等話是也孟子急以王道易之非故為低昂裝道學家門面王道在保民保民在不忍以不忍心行不忍政而推恩以制產使老老幼幼各得所天此仲尼之學以仁為宗而其徒傳之以上接堯舜湯武之脉者也非可以桓文參也桓文假伕彼豈真有個心在為民内多欲而外施仁義與仲尼學術天壤不同故仲尼之徒絕口不道及他此自寘錄非空談也張南軒曰行仁政非欲傾國以自利也惟以民困為己任為吾所當為而天下自歸心焉夫欲朝秦楚蒞中國自世俗言則為有志自

卷十四 九

閱[illegible]讀書

聖賢觀之苟不本乎天理是皆出于忮求矜伐之私耳郝仲輿

制義亦謂齊王大欲脫不得肥甘輕煖等見蓋以長駕遠馭之

菑為窮奢極欲之計絕未嘗一心想到民生利病上雖空泛看

闢朝蒞撫于王道混一規模絕不相關而且如此心一萌殺人

不眨眼荼毒生靈盈城戰野是誰之俑則桓文之事為之祟也

又非惟不克濟也災亦隨之舉天下之大勢可見矣聖賢愛民

而忠于謀人國故致嚴若此豈徒曰貴王賤伯一大頭巾迂腐

之云乎

無以以字註解作已石渠解作用蓋去彼取此之義但古人

詞多淡遠無以作無已猶云且更言之似更有味王讀如字與伯字對不必作去聲餘倣此齊王個是有根器人說到王便拈出德字來保民正是德非德先而保民後問答語氣可見

章中不忍兩字極重是保民的根原自胡齕節起至無傷節極力敲剔無非為不忍兩字洗發這兩字不忍寄之一牛其旋起旋藏事甚小而此不忍一牛之心總源自不忍心甚大語云見煙知火見角知牛見一葉之欣欣而全樹生機可知矣此段生機正如乍見入井怵惕惻隱一舦直撓痛快無牽掣無夾襍故

陳氏讀書

王道萌孕于兹此性善之宗而孟子談王道之準也外此則假
伏雖工伯局不足言矣且同是易牛一事出于不忍便可以王
是驚天動地的使出于以小易大之愛便不值一文錢了跡同
心與天地懸隔如此吁可畏哉理欲關頭聖賢所慎自須挑剔
一番勿謂以王為愛之言為作舌頭瀾翻去也又見牛未見羊
然昔閑窺亦好出在孟子躲貼口中不出在齊王區處意中忙
不及覺處正可以見天理之流行使王爾時計其孰為見孰為
未見孰為見而不可忍孰為未見而聊可或忍之則滿腹機械
便是殺人禍本夫爭地爭城之慘王豈及見之哉不然矣是知

仁術字就本體言不就作用言就本體之自然圓映言不就作用之轉變權巧言仁不是死煞的古人指心為虛靈之物靈之一言所謂術也非謂途有窒礙而旁行以求通真如孟子所云牛羊何擇把來心上商量一番而曰見牛未見羊以心猶目以目觀心掉向一邊不顧也余竊謂是誠何心之疑正是千古真人真心亦不知其孰為見孰為未見孰為見而不可忍孰為未見而可忍而然見與未見之窾行乎天机渾淪活潑古所云不識不知順帝之則者也爾時一團真趣正自彌天塞地故孟子謂之無傷而以君子遠庖厨印之遠庖厨者不忍見物一

卷十四　十一

心毫不欲有一殺機得現于吾前也非謂掉向一邊任從嗽哄而無畏也如時說謂禮不可廢心又不忍藉此以兩全是又教王以自欺而為後之人開一忍法矣内多欲而外施仁義非此言為之備哉

我非愛其財斷讀接下句自解之而自訴之

李衷一曰見牛未見羊亦齊王一時偶觸于牛全不想到羊之觫死處便把羊來易他令王再一想則羊亦惻然可隱矣孟子隱王以未見的為可殺故又說個遠庖廚分明是撥轉齊王之機括朱子曰齊王之不忍施于見聞所及若仁民之心豈為其

不見之故、而忍以無罪殺之哉。

遠庖廚註着豫養一意甚好、如看刑人、眼慣便不見慘、打人手滑打殉了、便不動心、不忍之心日忘日去矣、是以君子遠之。楊復所曰、要看君子二字、君子是有仁民之責者、當養其生機、杜其殺機、遠庖廚者、亦為無限生靈性命計耳、非為食其肉計也、若小人、便日日操刀入廚、亦無能害一人也、故君子二字最為吃緊。

以上一打一解、通搬出不忍情景、已無餘蘊。說到見牛未見羊處、真如絕後再甦一般、乃是捉賊見贓、休錯認做原情讀、短故

能使聞者洒然汗出而自覺其戚戚此戚戚何心也即當日堂
上天機綻開忭不及覺之心也何其精瑩何其淋漓王若常存
牛戚戚于心中便一草一木不忍傷而況于民乎保民即在牛
王即在牛而猶疑牛心之所以合于王者何則明是不為豈曰
不能故孟子復為之較難易揣輕重商長短而括以兩言曰惡
及禽獸功不至于百姓令渠自反自知見得恩及禽獸決無功
不至百姓之理所謂是心足王者牛也全要看出詰問機鋒若
寘認做愛民是易的愛物是難的并泥責其輕重長短之倒置
為失推恩之序則大是鈍僕非解人也且吾老吾幼人老人幼

寡妻兄弟家邦。由親及民。全舉其數。一套滔出。然無推恩之序之意。善推然不在序。以斯加彼推之謂也。能以斯加彼而毫無壅閼。善推之謂也。斯指自心。彼指寡妻兄弟家邦。下着而已兩字明甚。不煩擬合。推恩固易〻也。一座語意。總是言保民之易。以鼓舞王。故曰折枝。曰舉一羽。曰見輿薪。曰天下可運掌。曰大過人豈有他。括而言之。只是推恩足以保四海一句。而兩詰以恩及禽獸。功不至於百姓。謂能愛物不能愛民。斷無此理。以釋不能之疑。本義只此矣。若夫親〻而仁民。仁民而愛物。天然位置不爽。聖賢道理熟。說來便作一套。非謂教王先去仁民了

眼氏說書　卷十四　十二

而後去愛物又先去親親了而後去仁民也孟子看作一套後
人看作三坎大錯大錯序之一字與本義絶不相干
李文節同善推只是無欲以蔽其心則親親仁民愛物之理隨
感而現推衍之下自然毫髮不爽無容一毫調停斟酌于其間
數語甚好王之不忍觳牛若爾時無欲故也有欲則興兵搆怨
士臣之危皆所不及恤矣又曰心之度物在於及觀齊王之不
能度只爲此心馳騖於外間有發見處旋復爲私意所窒王請
度之欲其反觀也反觀則衆不蔽而仁民愛物之心從此達矣
故一度字是善推之要數語又甚好下文而言及本正教以度

正教以善推之法本謂本心孟子曰人皆有不忍人之心然不忍人之心本心也王曰吾何快于是將以求吾所大欲也明明不忍直以欲故而自喪其不忍然之謂失其本心其不忍釁牛一事則本心也湯霍林曰不忍一念乃王之本心然心王所自有而為欲所蔽遂致種種作用俱錯故而揭及本二字以打動之逐步推來總之要王察識然心以為推恩地故曰是心足王兩本字不必分疏張南軒曰孟子非使王以其愛物者及人蓋使之因愛物以循其本得其所謂本者以親親仁民愛物數語亦甚好可作反本註疏勝集註遠甚

論齊王不能愛民處還不止一端興兵特其甚者而此事最慘正好與不忍觳牛而念對觳楊復所曰此等事說怵于心猶殺人言嗜也言下最能令人心動而其意在求大欲又與伯王之僭相延正好乘機挑撥徐玄扈曰孟子說保民而王齊王反以欲王之故不能保民然等關竅絕好打跌故孟子特揭言之其實保民在制產王不能愛民正在不知制產所謂功不至于百姓者不推恩以制產也興兵一難還是機鋒上語泥興兵一件事為不能愛民之實亦屬鈍眼

楊復所曰王之諸臣皆足以供之然語極惡極妙見得王之

諸臣不過能供耳目口軆之欲耳若欲求大欲還須天下士

上只虛說及本無寔下手處故王曰吾惛不能進于是矣制產以下遂指掌言之重揭及本回龍顧祖法別無異解五畝節制產之寔也衣帛食肉二句正所謂老吾老以及人之老幼吾幼以及人之幼也制產庠序不平看觀制民之產二節可見然而不王者未之有又何有于桓文之事

莊暴見孟子章

然從論好樂引君仁民也甚字是骨子與民同樂是要字寔事能與民同樂而古今樂有何差隔沈無田曰古今樂之不相涉

者制度聲容也其意思源頭總是宣暢其和心王曰先王樂世

俗樂是論樂之文孟子曰今樂由古樂是論樂之情直窮到作

樂之本今王四句一樣唱起大有意思在觀鍾鼓管籥車馬羽

旄無兩樣而一以歡呼一以愁恨則樂可知矣何古何今只能

與民同便得非是遷就引君語

獨樂樂節模寫甚的樣子以為同的張本甚靈宕推及田獵來

情景益宏暢聖賢道理充溢如此

文王之囿章

此從論囿引君仁民也於傳有之只是乘機引撥將錯就錯語

不必認真。朱子謂文囿七十里，當在三分有二之後，鈍甚。蘇子由、張南軒謂是文王蒐苗所及，民指名之，觀芻蕘雉兔者往可見，亦太費詞說。近嘗疑之，又謂周都岐豐，山林多于平原，囿雖七十里，未嘗奪民耕稼之地。齊都營丘，郊關之內方四十里，雖有山林可依，亦必侵民之耕地爲觀。蘇秦說齊曰：臨淄之地，車轂擊，人肩摩，則營丘之郊可知矣。然意亦要知得，但以備見聞，於本旨無甚切也。總之七十里囿有無，皆不足辨，祗爲要說一向與民同之，遂借來作話柄，以開誘王。不則一囿而民皆取給，爲其餘能幾何，所不爲童土者幾希矣。且以君之囿衆芻樵獵陸氏諸書。於躬亦甚褻。斷無是理。民以為小。不是嫌其小。亦不是忘其大。此等光景。原不作大小觀也。特因王若是其大句。遂生出民以為小來。而解之如此條

岩泉曰。與民同之。分明天地氣象。圍中所有草木欣欣然。禽獸喁喁然。總是一團生意。無限民以為小。亦只是這意思解頤。

交鄰國章

鄭申甫曰。易之水地比。大象曰。先王以建萬國親諸侯。其建萬國親諸侯。非為諸侯也。以比民也。聖人之交鄰國。非為隣也。以為天下也。聖人之視天下皆吾一家。無鄰也。無彼我大小之別。

欲其與相保相安胥之大道之域與之同春而已矣交有二順
以禮交逆以兵交皆交也而要之保天下安天下則交之道也
以是道為交則文令武令禮交兵交惟所用之矣自非夫不得
已而殘命尋戈我民何罪即鄰國之民亦何罪講信脩睦所休
養容保多矣即其以小事大雖同大小之不敵然亦屈節為恭
生彼實大國于吾為尊禮自不宜與之抗況彼未有釁無得罪
于民而逞螳臂為殘民之舉乎是故仁智之交鄰不同其主意
在于保天下保一國則其道也其事小也豈為姑博提攜之名
其事大也豈為苟免敗亡之禍乎至其不幸而不可事而有罪

于天下百姓則聖人亦不得株守事大事小之禮而以交之伐家武之恥衛之勇行之矣其不終于事小而以遏密之道行之也則為仁者之勇其不終于事大而以恥衛之道衛之也則為智者之勇揔之為天下而已矣仁智交以交大勇交以武皆交也非交隣也以交天下也是交隣之道也按此章初說交隣後論勇則說伐隣且說及伐君矣分明就他雄心猛畧引到王天下去前後撒開何須扭捏但說書好扭捏亦習套然也其以安民為主則道理自正當愚意天之立君揔以為民樂天者樂此而已畏天者畏此而已書曰天降下民作之君作之師惟曰其

勛上帝。罷之四方。是樂天畏天的正角。註云理勢當然尚屬隔靴。既欲捏通章作一團則請以天字冠其首其亦可也

李袁一曰畏天不但不敢挑釁兼有兢兢自治意在引詩畏天之威單証畏天不及樂天古人文字多是不拘而且即此亦可以明彼張彥陵曰合事大事小而總歸于天所以折人主無忌憚之念合樂天畏天而總歸于畏所以奪人主好勝之氣合國與天下而總歸于保所以破人主忿爭之習不必泥究畏天字單主保國說亦不必補出樂天來此說自見大意然本義原不爾。

閉門讀書

寡人侵阮原不是來侵周但文王時爲方伯而寡人乃擅侵阮倘不爲戡定相吞相併害之滋蔓將無已是天下之憂也故一過寡而天下望慰豈惟阮民安天下之民舉安武王恥之恥字妙分明爲上帝荷擔豈爲一己圖榮知此恥則近勇矣

見孟子於雪宮章

齊王之問與梁王沼上同孟子之對即賢者而後樂此之意其所以能樂此者在推己之樂與民同而不使非其上耳引齊舊事亦重法先王上不是數他法齊景先王賢者也賢者樂以知

下故有均樂觀游豫之歎可見矣舊以賢屬孟子前後不相照
應且雪宮本王所居見孟子于雪宮謂在雪宮接見孟子于是倒
裝句法舊謂以雪宮館孟子不是
樂以天下二句合籠上文憂樂融化君民表一個混同名字楚
人失兮楚人得之去其楚而已矣去其人而已矣即此義
景公四節總以先王二字貫景公志比先王觀故晏子備陳先
王之觀而旁及今時之弊隨結之曰先王無流連之樂荒亡之
行緊承曰惟君所行正進之以法先王非以古法今弊聽其自
擇又遠諸侯一節重省耕省斂上巡狩述職是先王游觀之大

者故統言之語意謂先王游觀陰是巡狩述職各有大事方行未有無事而空行者其餘非春省耕則秋省斂如夏諺所歌求有若今之流連荒亡者也故景公悅之而行正舉省耕省斂之典也與巡狩述職絕不相干

為事為民只渾渾見為事即所以為民無非事者只是承上起下語不可因下徵招角招為事為民二意分無非事者以上為為事省耕二句為為民省耕省斂蒙引兼天子諸侯說淺說專指天子以夏諺只稱王故也按夏諺是天子畿民之諺天子自省畿內故稱吾王而末句云為諸侯度則諸侯之各省其畿內

亦互見矣。兼說為長游豫一意疊言乃歌辭言游便豫言助便休爰文叶韻無二項又按管子書春曰游秋曰豫文選亦云春游以發生啟諸蟄于潛戶秋豫以收成觀豐年之多稌似以春秋別附考

方命即是方先王之命先王建侯本以為民今但觀補助歌曰為諸侯度則今時之游之害其方先王也多矣為諸侯憂指其屬國如附庸邑長之類與上侯度侯字不同意反無厭節就是古虞人箴一猷咏嘆淫佚使人主悚心動聽不是覆解上文大戒先發號令也出舍示不敢安于深宮且亦便省耕也此是

陳氏讀書

景公春游故只說補不足正從春省耕而補不足來今行文者都夾助不給在內則景公鄭居半年尽甚難過日子可發一咲徵招角招正景公新作之樂其稱招者韶樂在齋倣舊音節為之非奏籥也樂書云舜作歌以動天命其要在康庶事制瑟以歌南風其要在阜民財樂以韶名即此意按樂兼五音徵招角招之不是專用此二音只是以二音為宮耳又五音中宮為君商為臣既云君臣相悅何不即被以宮商之聲而曰徵招角招者以見相悅本意在此也畜君何尤即徵招角招樂中之詩畜字妙景公口說此先王觀其心竊隱情則逐逐在時弊上去易

大畜曰童牛之牿元吉言止之于初也止君之欲止天下之惡人同謂之畜盛而後禁則扞格難勝止之于初如童牛而加牿則元吉矣為臣者不可不知此法晏子苦心千載具見而孟子又以好君解之是何等懇腸借客規諷竟以客收局大奇傳載景公游海上踰時弗反其好弋至欲誅典禽吏其飲酒則至終夜之樂忘反無厭晏子所為畜与微此畜也轉附朝儛之區幾何不為從禽之地遵海而南放于琅琊流連寧有既乎

毀明堂章

明堂之制始於周始終以周家事說見王業所由興明堂之本原悉見了治岐節從正道上說如兵家之用正好貨好色節從別道上說歸正道如兵家之用奇沉無四曰天子巡狩四岳朝諸侯于方岳之下故泰山下有明堂孟子不與王論當毀不當毀而言行王政則不必毀總是誘進之詞徐鴻洲曰孔子尊王室於春秋孟子陳王道于戰國大聖大賢各因時勢所宜為濟世安民大計古帝王禪代征誅本意亦只如此昔有人問陸象山云孟子說諸侯行王道以代天位如何解後世疑其教暴奪之罪答曰民為貴社稷次之君為

輕象山稱之曰曠古以來無此議論又曰伯夷不見此理武王見得此理故當春秋而不獎王室便是無君當戰國而仍執仁管仲之成案便是不識時務時說猶謂行王政則可輔周中興而天子巡狩之典得後故不必毀拘儒小見真不識時務先斯四者不是後先之先只是心上更着緊人君不發政施仁則已一行仁政便自九一井事以逮收養鰥寡孤獨一齊並舉無有二時

李卓吾曰孟子只為要仁民之心極了隨他如何解避都要引他仁民上來所讀詩書只供他一時取用故公劉可說他好貨

問曰說書

太王可說他好色只要齊王與民同之耳不必曾他寬枉古人否也王觀濤曰魯人獵較孔子亦獵較好貨好色之對從孔門中得來

明堂制不可考義亦甚淆大約謂是天子臨御之堂又為享祀之所如詩註祀文王于明堂以配上帝是也臨御與享祀豈可混為一堂當其享祀天子輟朝讓居於理欠通蔡邕謂太廟太室明堂太學辟雍名異而寔同則益紕如其言是北廟之旁廡南夷之館房也又傳稱十二月遷居十二室恭己南面豈有逐月遷居旁室受朝之理若云寢室則未聞以明

堂旁為王宮也。援神契云、明堂天子布政之宮。今只依此說於本章行王政意自協。

王之臣章

只欲說一句四境不治。緩排兩喻說來。詞極婉。又泛言四境。不指切王之四境。孟子可謂綿裏鋪針善諷無拂聽者矣。而王竟撇開不理。顧左右而言他。是諱疾忌醫牙關緊閉全不受藥者也。此時此景其在將去齊之日乎。說者猶以天資朴實原之。大是護短。

所謂故國章

細玩為民父母一句則進賢之慎揔以為民必自故國說起者世主不知有民莫不知有國從其所愛者開之也以世臣起親臣亦是敲擊機語今說者僉謂此臣一進則今為親臣後為世臣而為民父母之主民心固國脉培國於是乎故矣談理自得而本文語氣散散遲落則正不爾妙在隨答閒遞轉臨了處冷冷出一句可以為民父母青鳥家薄處逢生正此義

蘇子瞻曰世臣蓋功烈已著於時德望已信於人譬之喬木封殖愛養自拱把以至合抱非一日之故也平居無事商功利課殿最誠不如新進之士至緩急之際決大策定大衆呼之則来

擇之則散。惟世臣巨室為能爾。

踰尊踰戚。舊謂有傳國躰主論亦大。這謂踰者升進之義。所進之賢本是卑的疏的而進之尊戚是踰尊踰戚也。言將尊戚任之極重大的付托故不可不慎。接上句如不得已來口氣亦直截。愚意踰尊踰戚即是上無親臣之意。波纔有言陛下用人如積薪再後來者居上。屢屢更親臣何由得故不可不慎。下文數個然後字正是慎處。正是如不得已。廢其不以左右大夫為據而以國人據者此在廟廷當機之言也。

進賢本是用一邊然兼言舍以用舍相連故如欲進一人時便

陳氏說書

有許多議論有一番說可的又有一番說不可的理勢固然故合舉之又舜誅四凶孔子誅少正卯傳曰惟仁人放流之迸諸四裔誅逐之典用舍之所不廢也連殺是一套事時說謂以用刑之典形進賢忒淺

為民父母看然後可以四字極鄭重然是鍥鑿教王處

湯放桀章

戰國時生民塗炭已極孟子切於救民故每談湯武詞多激切湯武直是敢做孟子直是敢說時說或謂君必如桀紂方是一夫臣必如湯武方可誅一夫隱折齊王學樣之心扶維綱常然

論自不可少

一夫紂本出武王誓師詞書曰獨夫紂洪惟作威是也其云一夫即衆叛親離之意梁無知曰天之立君以為萬民主正欲其仁此萬民耳既不能則謂之一夫矣一夫猶言自了僕也只顧自家一個身子並不顧別人如何立于民上自然要殺却此人矣以天之立君形容一夫來談理極大孟子以誅字易弒字正本此天之立君意來故易謂之湯武順天而應人

為臣室章

兩節總是反覆諷王不任賢意無淺深劈頭說個為臣室便是

影喻為國了能勝任不能勝任二句極重正所謂不能任賢不知愛國也不知愛國意與節已盡了着則何如三字語意了而不了以起下文更端着意在敎玉人彫琢玉句敎字正與上使字對曰使是直委任他則是敎他不過令曰舍所學而從我則是儀欲敎之矣敎字惡甚漢疏云君子不得施所學以治國家及使從己所敎以治之是敎玉人彫琢玉也朱子語類云玉人自會琢玉何須敎他賢者自有所學何用敎他舍其所學是朱子亦依漢疏揭敎字與使字對而以何以異為譬詞也宋史張載傳載謂王安石曰公如敎玉人琢玉則宜有不受命者矣正

用此說。今人不善會註，不看語類，遂把教字直作使字看，而以何以為詰詞，以異字為愛國家異於愛玉，不知註云是愛國家不如愛玉，乃統收全節語意，不是句解此處一錯，遂謂上節是責王不能用賢，下節是責王不知愛國。今按語脉，還是上節責其不能用賢以愛國，下節則申其不能用賢意，以教玉人琢玉微詞諷之，正承則何如三字而令其冷冷自三思也。他日又曰好臣其所教，而不好臣其所受教，正此教字記佐趣絶恨絶嘗發之曰：士幼學在仁義，而戰國之主一切以功利之說求之，故曰姑舍所學而從我，曰教玉人彫琢玉。

楊復所曰一秀才來問雖萬鎰還是說多還是說少曰是說少秀才大驗曰萬鎰還是少那吁秀才度量識見如此如何治得國家所謂幼學不過五六兩束脩所謂壯行不過趂剝得百姓幾千兩賍罰銀子耳萬鎰如何又是多

齊人伐燕章

新安陳氏曰齊王言天命孟子欲其以人心觀天命欲知天命當觀人心欲得人心當施仁政燕之可取不可取決之以此足矣鄭掞如曰孟子素欲王齊豈嫌齊王之取燕但欲其取之以道雖說為取與勿取兩端其實敎以悅民正是取之之道時王

宜弔恤問孤。興賢賚善。如武王克商之後。一段施爲。以收拾民心。則民安于齊而可以行武王之事矣。不知出此而殺係遷毀。肆虐以朋得意。是民避一水火而就一水火。益深益熱也。如之何其可乎。當時燕民簞壺以迎王師。亦望齊爲湯武之事。未有不悅齊之意。正在人心。天意未定之秋。正好施恩。而齊王不能。遂至于敗。故其後甚慙于孟子。非慙其不從勿取之言。乃慙其不從悅民之言也。時說主勿取。卻以成敗論人。非孟子正旨。引文武。只做個証驗。不必深爲別白。

李卓吾曰。簞食壺漿數語說得明白。豈真人力不至于此。可醒。

大夢

如水如大雨如字乃假如之如事則已是實事了話則故為玲瓏活轉不犯實位如設言一般下文亦云若殺其父兄若字正與此如字同伴為口頭擬議無限喚醒

諸侯將謀救燕章

論當日事宜行仁政以收燕民燕民悅則取之此是上策其次則度德量力存燕是中策齊而失之諸侯兵有辭矣繞以復燕名我以存燕謝非速出令不可故孟子歷數其殺係毀遷之虐而先以簞食壺漿此段光景與雲霓之望不殊自失事機所以

應之者與歸市一段光景大異今已不可復為而猶復戀燕不背釋雖有智者亦安能為王策乎天下信之信字妙還是平日行仁政使然看此一語隱答王平日不能行仁政也勝燕而行仁政已是後着況不行乎恨恨

鄒與魯閧章

軍中着君之民三字極警醒據鄒穆公所見有司是他的私人民使與他沒絲毫介帶了故孟子特為申明一段使他不得推却此正是行仁政之本也初聞云愛惜其民之情自相聯屬入只為一體之仁見得未透所以尊卑貴賤絕不相涉而尹地生

問內說書生之理自然開隔手足之捍頭目也血氣相貫也豈痿痺所能君行仁政則一躰周流親上死長不期然而然此是實理實事

張侗初曰孟子告穆公打動全在君行仁政上至於官民報施還是偏舉備着蓋行仁政總以患民若真認為怕出爾反爾而後行則仁政之意荒矣

凶年泛指兵凶疾疫之類饑歲則專是歲不熟上慢殘下一說上不以民為意而殘下慢者不着緊之意上字兼君與有司而側重有司邊一說上慢謂上慢其君與下殘其民對專指有司正誅其莫與告不恭之罪出爾反爾就不好一邊說仁政寬說

發眼亦在其中。親上死長。承、疾、視、長、上、來。斷、指、有、司。

滕小國章

梁無知曰、此、非、不、得、已、之、辭、也。當、自、滕、之、為、滕。只、有、這、條、可、做。一、定、之、辭。非、不、得、已、之、辭。不、特、滕、也。凡、小、國、之、君、皆、然。天、之、立、君、以、為、民、也。如、事、齊、事、楚。百、姓、吃、虧、不、可、言、已。與、民、守、之、效、死、而、民、弗、去。修、道。此、內、有、多、少、利、民、福、國、之、事。不、然、何、以、使、得、效、死、弗、去、也。故、聖、賢、之、學。只、是、仁、民、為、主。不、論、時、之、常、變。國、之、大、小、也。

李卓吾曰、事齊事楚。只、為、自、家、利、害、而、已。說到效死而民弗去。

方知為百姓耳孟子非真欲其不事齊楚也只借此提醒其一點為民之心云下二章俱此意

齊人將築薛章

引太王節只是相寬慰之詞以起下為善意見得強鄰迫逼太王首當之矣不獨滕也至于不得已而遷岐亦是計無如何君且如彼何古今一撥惟有強為善一策而已因太王肇基王迹故引為善有王來以相鼓舞以明為善之利與上遷國意絕不相粘初非教公遷國亦非公有遷國之心而止其遷國

按詩亶父遷岐氣象甚雄偉詞度周原物力土宜神謀人事

莫不備至，又甚整暇，果是擇而取之。不則狼狽遷國，初無定算，一流離瑣尾之客而已。令狄人再迫岐山，可柰何？且邠有狄，岐亦有。衷肆不殄厥慍之詩可考也。太王必熟審此，想邠地近狄，泌漠颺脫，非興王所居，而岐山王氣蒼鬱，可以立都。詩云：乃眷西顧，此惟與宅。太王此行，決非草草，亦料狄決不能至，即至亦必有以禦之，故毅然去邠以居，非擇取之而何？未幾昆夷遠適，狄又可知矣。孟子所言，對滕文共抱腕耳。

李卓吾曰：強為善便是效死而民弗去的源頭與處，說得極明白。梁無知曰：而已矣者，別無他着也，正與則有一為相表裏，益為君者舍却仁民別無可為上面效死而民弗去是暗說仁民此處強為善而已矣是明說仁民孟子之學只是如此豈若今人依阿以趨世隨時以遷變者哉張侗初曰以滕蕞爾小國孟子要他行井田立學校期之以三代堯舜之業全然不提齊楚強大起正是精神斜注在與民守死強為善上盡我本分不必畏強大脩我寔事不必計成功是立國堂堂正正一着數不專在城池遷徙上布算子也故當時之君以為迂遠而不切于情事

創業垂統二句或即指為善說或主國祚說余意業統是國祚創之垂之則在國脉無二說而渾融之可此是泛論為善主意

切不可指遷國言。謂是國自我遷則業自我創也。

竭力以事大國章

李卓吾曰當時文公恐無可去之地。只有一死而已。又何擇。徐徽強曰教人去死甚難。故教之自擇。沈無回曰孟子叙太王遷國有許多委曲不忍去之意。述或人效死之說。直捷斬截。意自可見。

或疑惟智者為能以小事大孟子獨不聽滕文事齊楚而教之死守者何也。曰太王句踐皆內強其國而外事人。滕文弱而淺謀其倚人為命。非智者之局也。故教之死守以立國。虞齋曰滕

[illegible]
文不患不能事人特患不能自立其論良是
歷言事狄不免正以破竭力事大之失算然在太王則寔有遠
智非起初不知斂誅欲勉事以求免也卻與狄勢無兩存太王
早知之遷岐之策久蓄胸中而特念此事不可明民安土重遷
人之常情也我欲不事狄而驟遷其誰與我即事狄而不至于
且再且三小民不知大計利害見遲誰肯轉動惟至于無可事
數窮理極了情已盡了計無復之了然後告以狄人之所欲者
吾土地其土地之不存民將安附各惜身家欲脫俘虜相率從
遷不待驅自行矣狄忿狃于再三之事稍緩其毒太王得從容

以去。點出他意外，故無進迫之患。故曰太王事獯鬻，而千萬世稱之曰智，非苟然也。若起初一味屈伏，到臨了一着，方知其欲吾土地，便是痴僕，何能做得遷岐肇基王迹許大事乎。何患無君，正是率民共遷之詞。舊說謂與民相決別，大痴大痴。苟無民，何以立國。而且祖宗數百年赤子，忍弃之狄人，有人心者，肯為之乎。

魯平公將出章

楊復所曰：或去或守，俱要仁民而已。讀君子不以其所養者害人與效死勿去二語，上二章意更了然。

楊復所曰聖賢于境緣所值每每撥天自信非無聊自解之辭
聖賢直見得我身乃上天囑付之身非關小可一行一止都有
相之者故于讒邪小人都視作我奔走服役之奴豈直不尤之
已哉夏雲渠曰行或使止或尼而或字有莫之爲而爲意此便
猶天鄭申甫曰遇字不止乘輿一見須是諫行言聽如所謂王
如用于天下之民舉安方是愚意樂克痛着心在見不見孟子
萬着眼在遇不遇孟子于齊梁諸君固未嘗不見之也可謂遇
乎如此則雖邀得平公百見亦何益此自係天未欲平治天下
小人此小伎倆豈能與天平治事

梁無知曰有司未知所之此臧倉諛邪之所由入也見賢國之大事君之盛舉何不命有司所之惟其不命有司所之則君心可知已故書法曰將出將者且然而未必之詞是安得不來臧倉之譖乎

愚按貧富不同之辭克可謂明且盡矣而公竟不回其聽何也嘗見王宇春制義謂倉非以厚母薄父譖正以先貧後富譖之之若謂夫孟子之所以致此富者胡爲乎來也蓋孟子喪母在仕齊之日卿祿不受矣王餽兼金又辭矣安所取而能富而孟子爾時頗受諸侯交際即其徒萬章輩尚有禦人

國門之疑想爾時然一事不無掛人齒頰孟子嘗曰萬鍾則不辨禮義而受之萬鍾于我何加焉倉故竊以繩之曰禮義由賢者出正睛指然昔事為致富之因而萬鍾辨禮義之案繩人者即所以自繩也倉險人也以為明白說出克必一番訟言其理必直惟坐以後喪踰前喪則厚毋薄父之嫌孟子必承受不起克急欲解之必自招一先貧後富來落在彀中永不復脫矣況無兩曰臧倉之譖甚巧而樂正子貧富不同之解正墮其計中豈謂然與聊識以備覽

說書卷之十四終

慧眼山房說書卷之十五　孟子　公孫丑章句上章句下

閩漳陳天定慧生甫著

夫子當路于齊章

以齊王以字正對以伯以顯着此賽手段功誰高誰低見矣德其本也時勢其所乘也而能乘此時勢以致王則全在德上有德故論得時勢時勢德不平而時勢兩字又不平勢字總落在時字之中聖賢肆口成文意趣流動武丁節及復抽掣文勢如後浪催前浪極有精彩總以見文王混一之難功不要以時勢截夏后二節言有地有民與文王百里起對王者不作之疏憔

悴虐政之甚與商之賢聖繼作家俗風政猶存對而總提以今時則易然總收以惟此時為然則勢字落在時字之中可知矣時說截分時勢忒破碎

論王霸之分在德而此章比賽語意則直論功德大則功大故直較以功窺之丑曰管仲晏子之功可復許乎直與孟子論功也故引曾西之言而畀其功因其有文王未洽之疑故又為之指陳時勢而云事半功倍這個功字正與管仲晏子之功〻字比賽前後照應明〻以功烈相較初非德高于管功不及管故為作惡而作是言也楊龜山曰管仲之功子路未必能之然子

路範我馳驅者也管仲詭遇耳人若知王良蓋與嬖奚比而得禽獸雖若丘陵弗為之意則管仲自然不足道此說自許但謂管仲之功子路未必能是尚信功烈卑之言不過矣霸道如碔砆之於玉其德既降其功自卑令管晏生于孟子之時且做得王否子路會面孟子同是王道一流人以王視霸自然看不上眼即火候淺深不一而要之丹頭既真正如王謝子弟衣冠舉止綽有門風不似婢作夫人鼠披荷葉也論者猶心掛兩頭排徊于德功之際信功烈卑不過長齊人說氣燄孔門威風大頭巾腐殺哉

蔡虛齋曰或人初擬曾西于子路因其不敢當乃始以管仲擬之見優公孫丑多矣楊複所曰玩然則二字豈特孟子曾西不道管仲乎即或人亦知輕重矣雖然此亦孟子文筆抑揚之所至耳豈真有或人如許問

或疑管晏當孟子時固微不出王孟子當管晏時恐亦微不出王則貴王賤霸之說何居曰此當以文王觀之丑謂文王未洽致疑齊王不知文王雖未洽而文王爾時之德之功豈不勝管晏萬萬乎夫王霸之相懸遠矣非以為天子為方伯言也以力假仁者霸以德行仁者王此王霸律令也春秋時畫王則嫌子

無王而行王之道以輔王則何嫌于王文王其準也文王時為方伯與桓文並伯同伐密伐崇與桓文等茍霸之行事同服事之節與尊周亦畧同獨其聿求厥寧聿觀厥成以德行仁為天下民生饑渴計則不同耳故曰為人君止于仁而後世以王道歸之則安見恪守侯封者之不可以王也當周之衰會大夫寔始創霸論者謂爾時事機恰好以霸局行當王不成則胥霸失之矣然則文王非欲以不忍心行不忍政救民水火出國古今亦共得為者為兼併之謀則碍周為發政施仁之舉則未嘗碍周也蓋碍莫碍于文王時矣猶委曲以行其仁故史謂之陰行

善今管氏之為齊富強謀也甚工然有一事非出于假仁而救焚拯溺寔為生民利害計為者乎彼其初未嘗不有心于天下也希世度務遂陽施陰設行之如救邢救衛丼謀貪于見德恐于覲炎無論非正心誠意者之所為爾時生民正不知吃虧多少出是誰之懲也功安得不卑又安得與文王較德而論烈也余竊謂戰國時可以王春秋時亦可以王戰國時王學湯武春秋時王學文王而總歸于救民之憔悴言念飢渴中心憯然孔門學術於斯亦可見矣

賢聖繼作一世湯二世太甲處仁遷義三世沃丁受咎單之

訓。遷、伊、尹、故、事。六世太戊、脩、德、而、祥、桑、兔。十世祖乙、以、河、決、害、遷、都、于、耿。十六世盤庚、又、以、河、決、害、遷、于、亳。十九世至武丁。夢、得、良、弼。戒、雉、雊。伐、鬼、方。合爲七作。而武丁繼小辛小乙二王後。商道已衰。諸侯多不朝。武丁用、人、脩、政。諸、侯、復、朝。紂去武丁。則、入、世、也。

風、俗、是、一、件。在。上。爲。風。在。下。爲。俗。刪正云、德行之速、本、時、勢、易、說。孔子未必有此意。引之者然也。若不本時勢說。則、文、王、之、百、年、未、洽、者。胡、其、不、速、欲。夏九範曰、德之流行、粘、下、文、說。謂德本易行。況復乘此時勢乎。如此看方

於文王分上無碍余謂孟子說到飢易食渴易飲處精神倍王偶爾拈来有一氣呵成之致正不及如此點檢善會其意可也

不動心章

通章以不動心為主知言養氣為目顧學孔子為宗知言養氣雖因告子所短而言其寔他生平得力寔在此必吃力揞告子者告子當時以心學鳴儘自險絕驟聽其言儘自直截高妙然正如佛家所云外道闢心學晦明不淺也孔孟心學只是集義自反縮行無不慊于心而氣於此養言即於此知所以說到知言處寥寥數語直舉其現成境界言之正以其工夫盡於養氣

處故也首引曾子所聞就是通章骨子知言養氣願學孔子而不動心之學所異於告子者只自反而縮一言和盤托出矣不動心一問丑見不淺董思白曰丑不是論事功是問心學加齊數語是承上章王業說來撇過一邊歸重到心來所云不動註以恐懼疑惑釋之疑惑及知言恐懼及養氣此是註細心處近說嫌其粗謂不動心是大行不加之意張侗初曰太虛空明纖雲不足為碍五嶽廣大微塵不足為多一切事業都是性靈做出其寔所過即化於性靈上不添毫厘如纖雲過太虛微塵散五嶽本自寂若又何動心看来孟子不動心境界的是如此

讀書

就丑所問恐未必到然還是註得開自也四十不動即孔子四

十不惑年分學術淵源於斯可見過孟賁遠亦是形容語不可

認真是不難則孟子自養成後做得了手故看得直截說得輕

快別無異辭告子先不動先之一字便見峻險便見與善養之

學不同下文極力鼓剔已埋根在此也

論不動心之學總在知言養氣而知言源頭工夫總歸併用在

養氣內故引曾子大勇之言以明不動心之道勇曰大勇即氣

之所謂浩然者也其自反而縮一邊即下直養無害而塞乎天

地之間意自反而不縮一邊即下行有不慊於心則餒意四自

口氣甚斬截。揔以形容氣隨理轉的摸樣。以明其不可不縮。嘿。
寓養守之意。上引點。舍遞約入来。各冠之以養勇明乎自反。
而縮亦曾子之所養勇也。語脉若隱若現。細玩便見。然則所云
不動心有道者遵何道哉。養勇為而已。養勇即是養氣。故又同
守氣。勇即氣也。養即守也。舍之守約於點。曾子之守約於舍。皆
從氣上論。約字俱作虛字看。守約者言其所守約也。曾子之守
約與上孟施舍之守約一例。時說謂曾子守理約於舍之守氣。
添出理字来與氣字對。不是。且亦把守氣看錯了也。是知守氣
即養勇。養勇即養氣。此個氣字為下浩然之氣張本。此個養字

為下直養無害善養浩然之氣張本而中引一個縮字極重為
下直字義字張本漢疏有云縮義也記云古之冠也縮縫今之
冠也衡縫則縮者理之直也是知縮訓義也數語徹甚曾子自
反之縮即是直養即是集義養字正從集字見嗚呼養豈易言
哉
是無障曰黝舍二節不是寔敘他行事總是極形容話頭看一
思字視字正模寫他意在必勝的光景舉舍所言亦是想像他
無懼為主而代為之言耳要知黝舍不重只借黝舍引到曾子
上去李文節曰不撓不逃是孟子畫出黝挺身瞋目之狀或云

被剃而不撓不逃則無此理或云其勇不可犯不至於被剃而撓且逃則又多一層不似孟子語氣舍似曾子有下文自反爲証不必解顯似子夏則無可証舊以篤信聖人言大不類延以出見紛華盛麗而悦言亦不侔大約這兩個似字只依稀說入己兩字上形容說得着寬便癡鄭申甫曰此粗人本不宜與聖門比擬孟子只借之引入曾子說自家一段話耳不然針無線引了徐玄扈曰孟子何嘗取舍頓挫抑揚是文字轉軸處

褐寬博不惴舊說謂豈不惴即不惴不可得意新說謂屈去惴他

問曰說書

惴字猶云恐喝。不惴寬博即不侮鰥寡意。

鶴林玉露宗杲論禪云譬如人載一車兵器弄了一件又取出一件來弄便不是殺人手段我則只有寸鐵便可殺人。朱文公亦善其說。自吾儒言之。曾子之守約。寸鐵殺人者也。

丑問不動心有道。而孟子告以曾子之守約。正告以不動心之道也只有此道更無他道而外道之告子。能先孟子不動心。則異學傍門。誠不可不辨。今擬得勿求四語。的是峻險。時說多認做一味實鵰冥然悍然之人。全與告子不相似。果如此一味實鵰。亦安然安神定魄。而先孟子不動心也。則引他杞柳湍水

之言爲詖謂與苛處都是不得於言而告子不肯求之於心故
屢變說以求勝若然則豈惟不得於言亦且是不得於心豈惟
是不得言而勿求心亦且是不得心而求助氣爾時心境何苛
驚惶矣惜何以稱不動心而儼然于心學樹一幟耶且如此求
助氣又與所云勿求不合而今按杞柳湍水之言竟是一派無
變說也先輩辨之詳矣則有解之者曰告子所云不得於言非
告子自家言也照下知言看此言乃他人語言不得於言是于
聽言時剖決不得來不是于吐言時暢發不得去若吐言暢發
不得去想告子亦無不及求於心之理惟言係他人故告子得

憑他不得含糊過去不欲以不得之故加一番尋研勞我在內之心一番勞擾不得於心無非在應事接物靈臺外錯上說靈臺外錯無非求氣之所能助自不消說到多求氣此是外境所擾事變得失偶爾驚心心下怔忡不得穩故世人盡以當用著氣來硬作主張而告子謂加一硬主張之氣心下越發不得穩以氣助心病上添病一意撒開不向氣上充援無只是憑他不得隨順過去便了也此說儘會周旋但未審如何出脫兩個不得關則此結絡不可解謂動心何則又有解之者曰此告子教人定心捷法也告子為世人未得定心入手故教之以把持捷

經要自心做得主外邊是非都不要管若告子自謂則謂吾言
已得心已得　奚崔肯認然二過然說亦伶俐但謂告子以然
教人則告子之必先以然用功可推也二項工夫果如時說余
未見其有可以不動處譬欲病人外邊一晌動頭目便暈全不
許晌動病患益深以是求告子不亦淺乎而且丑以不動心問
自應以不動心答以是而言告子不動心不亦罔乎余竊謂告
子外義者也其言性以無善無不善為宗則告子之不動心的
從無處作欄柄儒宗在善故自心而貫之于事告子宗在無故
屏事而守之于心其教近自然異悍夫之强持其法主放下非

闢儒之拘執今細按之夫所謂不得於言勿求於心者此個心
非明了覺知之心而不得於言時強欲分別之心也所謂不得
於心勿求於氣者此個氣非盛大流行之氣而不得於心時雖
欲挺動之氣也吾儒之不得言而求心者多矣其不得心而求
氣者亦復不少然告子之所嘗也告子之學守心爲主彼見夫
世之不得心而求氣者降本逐末竟無是處心病自心醫如之
何其求之于氣也縱欲挺動竟不得挺動惟洒然放下如古德
所云當念慮紛飛之時瀅心照寂然紛飛之念從何而生然欲
制紛飛之念從何而起生無所生起無所起一切皆空根源斬

斷再欲着些毫挺動不掇動不可得氣之一字何處着脚然後知告子之勿求氣者告子之所以轉不得心為得心也是告子不動心之訣也若夫言有不得而求於心聖賢格物窮理自然要脚踏寔地固未嘗不用此於言不得之前亦未嘗不用此於言不得之際而告子則又高之謂此強欲分別之心竟非明了覺知心也洒然放下如脱千百斤重枷或曰如此竟亦不能得分别何曰告子不得于言勿求于心正謂此言不得時且勿執以求於心非謂平日地盡死灰去槁木去心上事全不理會也又教外别傳寔有此勿求一法先儒見人静坐便云善學一先

輩住山百日掃絶見聞屏除思慮心冷冷地將平日能分別的不能分別的一齊放下豁然有省取觀平日未澈之書而想平日未剖之案無不了了禪門尤多用此熟謂不急分別者之竟不能大分別也是又告子之轉不得為得法也謂之不動心的是不動的是先孟子而不動何也其机鋒險峻取効固自提也先輩亦謂告子是一大禪宗信然然而孟子必於其言一可之一不可之則以此不得言而求心自是正理內外通徹自是寬暢蕩平法門聖賢脚踏實地自不欲以險絶一機流毒悞世意蓋如此朱子有云告子不動心之法只就心上理會堅持

其心。言、與、氣、都、不、理、會。心上理會一語。當不究了告子又兩睦

子靜教。人。不。讀。書。不。求。義。理。嘿。坐。澄。心。此。正。是。義。外。今觀告子

不、得、勿、求。正、好、以、子、靜、數、語、為、証。而時議滬註冥然悍然之語。

謂、告、子、全、不、會、有、心、上、功、夫。則、未、得、告、子。而、已、為、告、子、所、窮、唉、

也。

羅近溪曰、告子曰、不得于言：勿求于心、把、心、在、言、外。另、作、一、件、

物、事、也。曰、不、得、於、心、勿、求、於、氣、把、心、在、氣、外。另、覓、一、個、去、處、也。

有。個。去。處。便。好。尋。覓。有。件。物。事。便。好。把。捉。其、與、孟、子、渾、融、活、潑、

之、心、自、是、兩、樣。錢緒山曰、告子言性無善無不善。他。見。這。個。性。

東氏說書　卷十五　十一

軆元來不動有動處都在物感上於我性軆淡不相涉故將心
與言與氣分作三路遂成內外二截纖顯兩用一切感應俱亡
無情李彭山曰告子之勿求是遺棄事物不以累心乃自然宗
旨不費分毫氣力謂之强制卻非告子勿求之學
據孟子判斷不可的是不可則可的必是可如何時說卻謂可
者僅可而有所未盡之詞而以下無暴數語謂是孟子闢勿求
於氣之非且謂勿求氣者之是暴其氣耶按朱子解勿求氣云
告子謂失之於心則既心上整理不復更求於氣此解甚明孟
子無暴功在直養之云是集義所生者初未嘗既氣求之告子

不得勿求之言何可非也且心之不得其受病皆在氣受病既不在氣而徒求之於氣何能有濟人少而勇老而怯少而盛老而衰共氣之大凡也若不能自心主張而徒仗氣撑持則壯時之所矜老時或失推而廣之初筮仕時之所矜宦成時或失名未立功未見時之所矜名立功見時或失朝盈暮竭勇怯盛衰之數何限心上無素養浮氣挺勁終不得力是知告子勿求之說的有見不似俗儒之方寸無主迷浪旋生隨氣為生滅也聖賢之學莫不本心故特為之即可而其幾微之辨則在心與境理與事外內離合之界告子離之孱氣以守心孟子合之調

問曰讀書

心而御氣故有持志無暴氣之說也然是孟子自表宗風非於

可字再翻一未了案本文丑所問明曰夫子之不動心與告子

之不動心可得聞與夫志氣之帥也以下說是吞他夫子不動

心之間緣渠未解故復以知言養氣言之非兩層也洪覺山曰

無暴其氣則是求於氣則不是故以為可說的當時說再將可

字翻出來盡可來件纏慣甚又坐告子以暴氣一揆不倫不理

會古人學術專在字句下影响比擬可厭莫甚

心之所之謂志發心言志者以心之生机言之也猶論性而言

情也論性則言情論心則言志然正是孟子渾融活潑處告子

言心都從寂然不動處說此處氣自不得泝孟子言心拈出志字来便与氣脉貫絲聯相呼應不隔差或問朱子曰志与氣如何分别荅曰如喜怒有一件事在這裡便合當審處是當喜當怒若當喜必須喜若當怒也須怒此便是持志若喜得過分一向喜怒得過分一向怒則氣便粗暴了便是暴氣志反為其所動看持志無暴氣不是一不是二甚有分曉而合當審處一句又可識義字意是知集義一言寔貫得持志無暴氣兩句在裡面也若論到工夫合一處則無暴氣頭腦全在持志下文說集義欲其行慊於心即持志也而氣自生于其中非無暴如何故

卷十五　十三

時說盡括出員融套語。把無暴氣盡括持志內。謂一持志便一了百了無暴氣處全無工夫不知孟子所云行慊於心這個行字何容打𣁾彼豈謂念起念𣁾之間是行而目視耳聽手持足行不是行乎夫志氣之帥也氣體之充也目耳手足是體視聽持行是氣欲視欲聽欲持欲行之心則是志制而宜爲則謂之義朱子不云乎義者心之制事之宜也心境一致理事一齊舉一義字而志與氣一以貫之矣可見言集義便該得持志無暴氣偏言持志便是外義何則對氣而偏舉志則志乃單單在內之物而境際事際掉在一邊不捐也看來集義集字妙正在行處見曰行曰心分之而乃以合則持志無暴氣亦分之而乃以合蹶趨之論心境理事倍見周匝古人行則有佩玉在車則聞和鸞之敎諸如此類今人必厭其煩瑣而古人必繞繞行之識見氣之動志不少而內外關通所以無暴氣而裨益夫持志者不淺也不是一不是二透得此關心學過半矣

志至氣次舊解猶云第一第二卽無甚低昂之意近云至到也次舍也如春秋師次於某之次言隨志以俱到也楊升菴曰思氷而寒思火而熱驚而汗出哀而泪下此志至氣次之驗較有妙理會登之曰志氣旣相次齊到則持志卽是無暴氣且意不

應有二項工夫問已極細孟子又從蹶趨上點出氣之動志來
則細而又細矣所謂細而又細者余所謂不是一不是二者也
王陽明與友人書曰汝云寧不了事不可不加培養是分了事
與培養爲兩件便有不得於心勿求於氣之病數語妙甚可與
持志無暴氣作印
李東一曰志一動氣一動志或兼好不好說或專就不好邊
說不知志本是心之所之不一則渙散無其帥氣本自周流不
動則枯槁無其充故志可一而氣不可一氣可動而志不可動
也志之動氣令氣發越充滿氣之動志則心躁必不寧且下云

蹶者趨者而反動其心把來証氣一動志之不好處則志一動氣之為好也可反照矣讀書錄亦云志動氣多為理氣動志多為欲又蘇潁濱亦作是解可從也知言養氣就現成說其實知處養處無二源緣告子分言字氣字與心字作對自成一外義之學故孟子亦順他言字氣字判開而打併向心上去源頭工夫只有一集義內外合一寬暢蕩平與告子自不同然真孟子長處也大要聖賢學問只是打併透內外二關世儒襲之於外從外邊做起而不由內涵養出來則不獨外之所發舒者無當而內邊受病亦多其高者不過是

助長外資見聞廓而詡之內憑意氣振而張之末世之號為賢人君子者比比然也然而坐之以襲必不任受然大較只是襲以助為襲疵還偽陽其餘又有作偽一種另零碎補綴一種症俱屬陰不足言矣異學守之於內一意照管裡面而遺其外驟看似直捷然裡面終不免拘迫精神命脈必不暢則告子之外義是或問曰告子外義矣能把義撇開盡冥行不顧乎曰不然然則告子何以云義外也曰告子外義何嘗不向義上行如荀子言性惡何嘗教人學惡言禮為偽何嘗教人毀卻禮也告子以無主宗謂性體是本來不動的因物付物何煩安排而義以

因時制宜得名容有去來鄭嘗自若故外之不得勿求四語詵是外義公案若持志無暴氣法門則分明是內外併了故八字着腳而曰是集義所生者集之為言孟子已自跳滑明白曰行有不慊於心則餒矣以行慊心集之之謂也心只一霎行有千變故須集集得時則點點滴滴都落在學士眼裏也勿謂是繁難工夫曾子隨事精察以領一貫之傳功正在此夫一貫虛机也隨事精察實課也實者虛之夫子一貫之傳乃點眼法而非謂曾子隨事精察有不妥處故剗而去之也余嘗謂言心不言行則為告子之義外言行不言心則為世儒之義襲曾子自

及而縮所自反處日用云為豈止一端而總謂之縮則隨事精察之間務以百行慊一心然豈不是集的而實以一心宰百行又不是沒頭腦的學問所由與義襲者異聖賢立言滴水不漏若不剗却義襲一派集義法門幾何而不為異學所竊訕也饒雙峯曰先說義與道後不及道者蓋道是體義是用體上無做工夫處故只說集義王觀濤曰告子外義只冥守其空虛無用之心故矯之必有事為見不落空條自須回觀行有不慊於心句則知有事々字在行上見所以心字本文置在必有事為而勿正句下數條皆可玩與註合註解集義甚妥正好與告子對

針而世儒強欲排擊謂朱子所解集義還是義襲集義在心不在行在源頭處混合不在支流處歸併此番披剝自不可少然與告子不對針好高爭勝不免太縣入心竅棄去爲告子推波助瀾也且謂告子外義是義襲則益可咲又有以忘助二端擬告子看與告子有一毫交涉否

說到浩然處孟子亦不覺神旺故一則曰其爲氣也再則曰其爲氣也何苛淋漓其寔下節即申上節意配道義正見其塞乎天地處故謂之浩然而還完其剛大之軀非有加也最妙在開端以難言也喝起鄭重其詞深切有味時解板甚痴甚塞字即上

問[illegible]說[illegible]
文躰之充〻字意西銘云天地之塞是吾躰知天地為一躰乃
見真充塞面目不然軀殼外誰是吾氣孟子說出此句指點人
認扞天地生我元初氣又歸宗配字註謂合而有助此意本出
於李延平先生曰配是襯貼起来朱子謂襯貼二字極親切蓋
道義是虛的物得這氣襯貼起来便張大無所不達又曰氣與
道義一滚出来朱子謂此說得道理好配字原不是兩物相補
襯是一滚發出来近揚升庵單取合字嫌助字有痕商之無是
餒也是指氣餒指人心之任道義處言以道義說不得餒故時
說是指道義餒指氣與下行有不慊於心則餒一例接上句却

拘不必從此配此塞皆從養成後見之直養無害是現成境故於下文復指出集義之功直養直字與上自反而縮之字應養字與上養勇二養字應直養無害是謂善養其曰吾浩然之氣者即曾子所聞大勇於夫子者也義即直集義所生即直養惟其生之故曰養之夫養則何害之有無害二字正于養字內見非直養了又須無害作兩層也下云非徒無益而又害之正應此害字看来只是指助長直養而無害是說勿助長以集義也養字生字長字義類一派相連所戒助長猶莊子懲益生黃季殁曰自必有事以下共十

四字作一氣讀有事之事集義是已前節詳之矣以助長生于
期必之心故說勿正又再申之曰只是勿忘其所有事而已切
不可作為以助其長也是以下文只承助長說去正忘助三字
堂容並舉分拈時義云正而不得則忘矣忘又不可則助矣又
云正忘助皆譏而助尤甚皆不得肯綮本文只重勿助長三字
無別旨也古今賢人君子惟脫不得助長一機名為集義實是
義襲而外義之學始得以性宗直截勝之儒門末學取識于二
氏獘正坐此嗚呼以助為襲氣何以能浩然也而且嘵嘵然以
害氣鳴詖淫邪遁恒必出之其流且為禍世學術事功原非兩

頃氣之所發莫大於言凡義理未明而好立言以主張道術者皆助長之弊而禍人家國之本也說到政事處正與上伯王意應着數個害字蜘絲馬跡隱隱可會害政事之害即非徒無益而又害之之害觀者自得之今但玩天下之不助苗長者寡句古今弊習怎能逃得聖賢心眼頂門一針如許棒喝

正訓豫期想是古人慣用字莊子云子正為名我正為利公羊傳云師出不正反戰不正勝皆期必之義

清風氏曰宋儒謂能知言則先辨別得道義之是非而後可以集義以養氣今儒謂能集義以慊於心則無不得於心之事斯

無不得於言之理然工夫一時俱到不必分疏
詖淫邪遁四言皆談道之言蔽陷離窮四病皆見道之病持有
故言成理非止空言惑世而已學術殺人慘於矛戟彼豈明知
其害及政事而為之哉見有所偏坐在蔽而不覺耳朱子語類
云孟子知言只是知其從偏處始鄭申甫曰凡異端之流只見
得一偏故其詞因之偏既為一偏之論則必辨博以濟其說故
其詞淫淫如水之浸淫衍溢也蓋為偏見陷溺浸淫而然然雖
偏見猶依傍名理及其陷溺既久則名理亦不復依傍勇於背
而去之与道全無干涉了而其詞純是一片邪說心亦竊為而

不可通自家說亦不去矣不免變其說以自解脫遁閃以避攻擊四者相因的的從其偏處始也謂孟子之知知其從偏處始者是矣蘋類濱曰詖必有所蔽淫必有所陷邪必有所離苟能知之發其蔽平其陷解其離未有不服者也不服則遁遁必有所窮要之於其所窮而執之此孟子之所以服諸子也說出闢邪說大作用來可与朱子參一指起手一指收功側重首尾兩字皆可玩

饒雙峯曰當看四個所字如看病相似詖淫邪遁是病症蔽陷離窮是病源四所字是病源之所在正所謂生于其心者也着

眼

愈謂四子會解云孟子知言不是知人言因告子不得于言勿求於心謂其不知言所由來我則知言之失不自失也詖淫邪遁皆由蔽陷離窮何得任其失而勿之求也後丑以善言詞贊孟子豈謂其知人言贊之乎流無回曰然論驟看極似精確但謂之知言正不當尚分人我行果無不得於心領微內外一以貫之未有能知人言而於己言反有不知者但天下自有一種小歇脚之人內及之心亦無大愧自家言語亦粗能知一旦衆言淆亂禍亂潛藏便不能一一剖斷如覩目前然可謂之知言

乎故必如孟子方可謂之知言知言斷當以知人言爲深妙俞氏反淺矣

以上説知言養氣已傾囊倒篋了此下洋洋纚纚約言之只是願學孔子一句意學人取法貴上纔遜第一等事與别人做便是自棄所以姑舍群賢不同列聖旁引三子推尊孔子之言使人太開心目自思以得之然祇可虛員意會不可以道德事功求也其拈出仕止久速亦是囫圇咬不破的公案原不曾執然學時説謂願學孔子是學時中錢肇陽曰時中云者時清而清時任而任也若從清任形迹上模倣其所爲時得之原是夷尹之

行失之及成鶻突之形咸何學問要知夫子所以能時中者緣此心意必固我徹底掃淨瑩瑩潔潔純是一片圓明境界無非將自家一點靈明之竅活活潑潑處尋求昔人云個個人心有仲尼蓋非以仲尼學仲尼以吾心學仲尼也只從孔子身上學不從自家身上學則亦失孟子所為願學之意矣近李衷一謂願學孔子是學孔子之教學孟子知言養氣工夫如集義有事勿忘勿助學何嘗厭如距淫息邪守先王之道以待後之學者教何嘗倦分明是欲做孔子事功出來又曰舉朝諸侯有天下與得天下不為是為贊孔子事功張本蓋只就得位論孔子縱能

高出夷尹，未必能賢二帝，高百王。正以其不爲君、不有天下，而删述六經，做出萬世的事業，故以爲生民未有。此說甚拘甚腐。宰我三子之言，本極虛員，說者故以删述意蹟之灰極窒礙。蓋求其源而不得，遂推波測瀾，向若而望洋也。錢肇陽曰：孔子删述之業，亦不過從迹上論耳，要在於其所以删述處求之。所以删述處，是其一念靈明，超千聖，徹古今，此所云賢于堯舜者也。講錄云：孟子三引言，忽直追崇之詞，究竟其所與安在？曰：在智譬則巧節，正與錢說即但今本文既不明剖，則且照三言虛員讚歎，豁人心目可也。道德事功等語，斷斷不可用。余竊謂吾人

未能窺孔聖之所以異且先理三聖之所以同行一不義殺一
不辜得天下而不為夫非以自反不縮之故乎人會之閔王伯
之辨都從這裏判分紛々看過也孟子一生只有此些子本領
然正是孟子談仁義處卞聖同源的々在茲而其中巧力之妙
則仕止久速四句孟子已微逗其端了由仁義行非行仁義神
机恍可捫也鴛鴦繡出從君看不把金針度与人孟子顧學自
是早得金針訣的人
善為說辭善為人陳說物情世務下辭命一節々在其中善言
德行重德行上註中身有二字最貼切以身說他人事未便十

分像以己說自己事則十分親切矣所謂有德者必有言也但丑識淺以為顔冉優於德行只就德行上說得親切有味而已若馳辭應對有許多縱橫變動在顔冉必有未能還讓予賜見二邊總不能相兼意

申甫曰夫子以不厭不倦辭聖之名子貢却即此印出仁智又即以仁智証聖大有妙悟學不厭者無學之學也一黍靈天輪日轂日滾轉於湛虛之舍烱烱不昧無時或息此是真此是智教不倦者無言之教也四時自行百物自生一腔生日撒弄出来點綴於千紅萬紫以恣人探翫此是真教此是

仁蓋就本躰上言之今人說智便落識解邊說仁便落愛緣邊差了聖脈了

況無面曰一躰猶言一肢注未融愚意聖道員融無跡而三子者不免各就其所見而守之以為宗如子夏之誠篤子游之重本子張之廣大俱不能絕塵而奔無門戶可見故後儒遂謂聖門之一体若具体而微則已無一不肖所爭者神情渺忽之間耳須知亦是公孫丑見地一体亦不可說壞故曰敢問所安

姑舍是姑字甚婉非厭薄群賢也舍字對安字看欲窮千里目更上一層樓小休歇果是不濟事不同道這語感壽千聖一心

一理更於同處討出不同是何等心眼易曰同歸而殊塗非解人不足語此

千古聖賢不動心總是一個集義得百里之地而君之六句正可想見集義之學正可想見不動心之境

二程類語謂孫覺曰諸葛武侯有儒者氣象覺曰不然聖賢行一不義殺一不辜雖得天下不爲武侯區區保完一國不知殺了多少人曰行一不義殺一不辜以利一己則不可若以天下之力誅天下之賊殺戮雖多亦何害

東嘉史氏曰孟子既曰智足以知聖人又曰汙不至阿其所好

詞氣之間揚而若抑抑而後揚皆所以極明其言之可信蓋世間自有明足以知人而不能無所阿私者則其言猶未可信也故必如集注假使汙下之說然後下句足以倫上句未盡之意々味深長按古註汙字連上讀孫奕亦見編云汙小也三子之智可以知聖人之小者疑問汙作深言知其隱微深邃處說皆牽強又輔慶源謂古人文法多顛倒錯綜用汙不至阿其所好言不至汙而阿其所好耳又或以汙字為決字之誤說似直截然不如註解之婉折

王龍溪曰堯舜未易賢也釋者指事功而言殆非本旨夫人之

情得於親炙者其情密而屬意深得于傳聞者其情疏而用意
渺況門人受夫子之教耳目所染濡精神所鎔鑄中心誠服同
於罔極之恩比之疏淡似若有間故不覺稱誦至於如此門人
亦不得而自知也其曰不至阿其所好亦若有慨於中者矣此
亦人之常情不必更生別議孟子歷敘聖統自堯舜至於孔子
則曰聞而知之夫子自謂信而好古堯舜其祖述者也若論事
功唐虞之際巍巍蕩蕩精一執中開萬世心學之源欲以區區
删述攬之盡淺之乎知言也
見其禮五句時說俱指孔子言耿子庸因孔子見先王之禮即

[illegible]曰詩言

知其政聞先王之樂即知其德差等百王無可違忒非其虛靈

洞徹之極何以有此所以擅生民未有之盛按朱子原有此說

但云不如把見禮五句屬子貢之為順蓋子貢自覔百王不能

達其所見其政其德可于其禮其樂知之百王之差數睹矣以

觀夫子果是迥別故直斷其為生民未有註解得之時說又以

刪述言夫子之禮樂揔是一時萬世等套談子貢語儘虛員不

如是腐

禮有煩簡政有文質樂有美善德有性及推類可見

丘月林曰豈惟民哉猶言民誠如此物亦宜然蓋欲溢衍言之

以暢其説夏九範曰類也正以甚言其不類也不類意只在類也內不待添足接以出類拔萃即是説孔子文勢貫下細玩便見俗以出類拔萃泛屬聖人再翻説孔子出聖人之類拔聖人之萃來大非大非又揚復所曰豈惟民哉此語直與聖人之于民亦類也一語相應麒麟數語伴説耳言聖人尚未為出類出類者獨一孔子豈惟民句非獨凡民不可與孔子同日語聖人亦不可與孔子同日語也何也聖人之于民亦類也下故接以出類拔萃而謂未有盛於孔子亦直截玩之

以力假仁章

紂王伯千古定衡也二節一意反復德字心字正相應下節只

申上節意非有感應兩層

朱子曰以德行仁德非止謂有救民於水火之誠心這德字說

得來闊是自己身上事都做得來是無一不備了所以行出來

便是仁且如湯不邇聲色不殖貨利至彰信兆民是先有前面

底方能彰信兆民救民水火之中若無前面底雖欲救民不可

得也武王亶聰明作元后是亶聰明方能作元后救民水火之

中若無這亶聰明雖欲救民其道何由

講錄云孔子布衣耳初無勢力驅民尤見以德之意刪正云無

思不服言無一人底心思不服即誠服之謂

仁則榮章

看提則榮則辱兩則字見禍福一絲不爽便含自求意今且看仁不仁兩樣人的意氣汲汲惟日不足謂之自求豈不信然最重在國家閒暇一句極好處在此極不好處亦在此焦漪園曰國家閒暇可謂無事了然須存個有事的心康節子以太平時為飲酒酩酊開花離披時候晦菴子以為適去處危亡只是一閒要兢兢如捧盤水方可保得

貴德尊士一串看言所貴者德而尊有德之士也下賢能正是

士尊之在位在職正是貴德賢在位能在職註訓兩開饒双峯
作一串看謂賢能兩開則賢者是個無能的人蓋賢者所能却
不同就其開使能數教者在數教之位能治獄者在治獄之位
既有其位便有其職天下豈有無職之位豈有無能之賢此說
亦是但士君子有德望尊而不可煩以事者三公坐而論道是
也孟子為齊客卿亦是在位而不在職
國家事一日二日萬幾摠說不得閒暇閒暇云者指無敵國外
患言
迨訓及此詩周公所作正般成王以及是時者未陰雨句映閒

暇。徽桑土二句映用賢能以明政刑一民二句映大國畏孔子
賛之與周公同意
　正韻般旋也運也書曰念茲在茲即永言之義
　　尊賢使能章
看天吏兩字通章當以天字冠天之立君原以為民王政以得
民心為本五憐字最重如此纔不負天委任故謂之天吏〻字
奇猶言人牧〻字以法均神品
士為四民之首當另提俊傑句即足上句
市廛而不征二句市字提起斷讀廛市肆也是宛字今作活字

者謂取其廛之稅法市官之法以有易無有司者治之是已先王重本抑末市上逐末者多則廛以抑之少則只爲他平治物價便了并不必廛

一說市司之法不徒是平物價如奇異侈靡僭僞等禁皆是有犯禁者貨物應沒入官本文法字即是把貨物沒官也既以犯法沒貨入官如何又要他停貨地錢故曰法而不廛出黄葵峰說異註今且依註說而解法字蓋禁奇異等件又自妥

饒双峯曰關譏之制凡衆途所會之地則立關以限之行旅有

節傳方可度關以其藉考其來歷以防姦宄節是使者所持之節傳如今脚引及州縣移文

廛無夫里之布其廛字与上廛字不同上廛是市肆即前朝後市商人於日中來其貿易者其廛是城邑之廛在王城左右盖王城畫如井形中一區為王宮前一區為外朝外朝左宗廟右社稷后一區為市其左右三區即民廛也士及工賈游旅居之又有村落之廛農夫所居即五畝宅樹桑者亦名廛与其廛無干上文一言商一言農其獨言䣊見爲城邑左右之民廛与上市廛切不要混

夫里之布按註夫字与里布對上廛字提起斷讀謂是廛無夫
家之征廛無里之布考夫家里布本是三件夫征粟米之征百
畝田稅也一夫受田百畝應納若干粮謂之夫征里布〻縷之
征五畝宅稅也里即制其田里之里即五畝宅五畝宅墻下樹
桑應納若干布謂之里布家征即力役之征本文無家字似不
必添出又先王懲游惰之民夫征里布本是責其應納的物事
緣渠游手游食故仍責之以夫征緣渠不種桑麻故仍責之以
里布照應納的責納便是罰非分外加罰也註看里字為二十
五家之里訓里布為是責其出一里二千五家之布不已酷與

蓋本之鄭氏說朱子語類亦自謂不可考斷不可從黃葵峯又謂夫里之布一句串讀夫里二字相連謂一夫所受五畝宅里應納布縷之布也里布原以罰村落宅不種桑麻者城邑之宅原無隙地可種故不應罰此說甚直截朱說本據周禮周禮出於漢儒附會者多恐未可盡信順文直解認字讀字黃說較無破綻又按周禮夫里之布原分作夫布里布地官載師職云凡宅不毛者有里布閭師職云凡無職者出夫布布幣各其制布參即書廣二寸長四寸以為幣貿易貨物謂之泉布非布縷之布本不與夫征對若欲依周禮說則夫布里布合為夫里之布

文義亦甚順。豈朱子未之考耶。

氓字從亡從民，乃民之新本土，而占籍於他國者。陳相願受一廛而為氓，可証。

人皆有不忍章

此章書脈絡甚分明，波瀾甚播蕩，天德王道，胞浹無痕。總是勸君人者，充其不忍之心，以保四海。稍費詮會，只在首言不忍，單屬仁邊，下兼舉四端，名目錯出，時說大旨，捏合乃以不忍揔括四端，云不忍是生生處，有些生生，緣能惻隱羞惡辭讓是非，隨應而見，皆不忍之別名。究其解釋，竟是從惻隱處婉轉說將去。

至譬之四時，謂仁如春，春祇是一生生之氣，夏則生之長，秋則生之收，冬則生之藏，婉轉說去，終未吐暢。愚意聖賢道理融液，仁統四端論理自是一套事，但專言之則包四者，並言則各是一事，或專或並，肆口成文，何所不可，而又有以不忍為是忍不住者，忍不住惻隱，忍不住羞惡，忍不住辭讓是非，同謂不忍，不知本文明說不忍人相連三個字，人字作何樸滅，謬甚。又首提先王以不忍心行不忍政，明是示後人擴充的樣本，下說擴充處，政字反不說出，亦費詮會。謂充不是充之於政，則帝王無空玄之學；謂充即是充之於政，則世儒好談現成保任，皆言且嫵朱子推拓的話為支節翻敬經從政上委悉擴充功夫也或又謂先王心字下政字上着一斯字一爆直透到底今人少間便歇去故要擴充然則先王之心與政不須時而後人之心与政分兩截乎將先充而後行乎又必不然矣且充之真訣只在知梁無知曰知字最吃緊不知自不能擴充也知之自不能不擴充也知即是充非知了又另有一番充故曰知皆擴而充之矣此個皆字即与上皆有二皆字應見得人人有知人人皆能擴充此真指金針訣也若論到本體渾成處則帝堯克明峻德之時四海保合已在一念中時雍風動特其粗迹若論到作用

暢滿處則明德親民無二致試看怎見入井而怵惕惻隱便帶
有救之之意不然則空空在肚子裏人何由知爾時間不容髮
乍見便救更不容瞬息停留故不須說出救字而救意已自明
也然是本來良知有餘有用天德王道脗浹無痕的去處保四
海之妙其在斯乎其在斯乎湯霍林曰人皆有不忍人之心而
不能充之政者畢竟是良知蔽錮不忍心早汩沒了不忍處便
是知處乍見怵惕非良知而何故特把一知字提醒他然說字
字真切拈出乍見是良知可謂一針見血語徑云充之於政胆
識亦奇世儒好談心學信然不及也

梁無知曰不曰人皆有仁心而曰人皆有不忍人之心最妙說仁心人便曰聖賢分上事說不忍人之心及之方寸之中便亦得此見立言之妙

李袁一曰先王有不忍人之心斯有不忍人之政看個斯字何等迅捷何等快便何煩思量何有停待就是下文之怵惕惻隱其不期然而然火始燃泉始達其自然而不容不然亦是此斯的氣勢鄭申甫曰斯字絕思慮絕安排稍歇一歇便是義襲非由仁義行矣與乍見光景隔別羅念菴曰乍見孺子乃孟子指點真心示人正以未有納交要譽惡聲之念無三念處始是真

心其後擴充正欲時時是此心時時無雜念方可與堯舜相對

李彭山曰內交等本不是惡但從軀殼上起念則已雜人欲之

私矣袁七澤曰謂之乍見隨感輒應那有毫髮許別意摻入正

所謂第一念也蓋此個離元明本體不遠不曾轉入第二念禪

家謂之現量若夢二念是比量非現量矣禪家又謂之想元若

第三念便是想不是元矣此是九轉靈丹一點則瓦礫皆黃金

堯舜得此一點將滿世界化為雍熙風動故曰治天下可運於

掌上

石竹林曰石中有火擊之乃見今人乍見孺子入井莫不有怵

惕惻隱之心孟子特於石火見處點之欲人因擊之火悟火在石中不擊亦有此說甚好可作端字跳程子云以惻隱知其有仁跳得明徹考亭詩云問渠那得清如許惟有源頭活水來正是耑端字意又云始悟真源行不到倚筇隨處弄潺湲須可識充的消息又云只看雲斷成飛雨不道雲從雨處來耑并可識保四海的消息矣合玩三詩端字深義悉見下火燃泉達二始字並與耑端字照

火燃言其燎原也尤言其有種也泉達言其放海也尤言其有源也火有真種泉有真源燎原放海不必言矣然畢竟真種真

源何在曰上面一知字便是知處全在端上作見節指點極親切湯霍林良知之說可玩

夫人豈不仁章

此章書勉人爲仁泛說亦可主君道說亦可泛說則人役兩字猶云孱人賤行以人品言非以勢分言其所云恥以搁心不昧言非以受氣不過言世之不仁而優高席膴者正自無限不論品而論勢余未見其果爲人役而可恥也獨其搁心處愧赧不昧則惟恐不傷人一念天理賊絕如所云四德俱無且謂成個人麼則恥自必有耳主君道說則狀役即小役大弱役強之役

然恥乃恥受命之恥明是為人所役然不仁則辱在其章明較著者首云慎術蓋然失函巫匠而推之泛說則學術事功皆是學術事功一差殺人自不少楊墨申韓之禍可鑒也主君道說則失函巫匠初本同一仁祗緣異術心隨以轉戰國諸侯初亦与先王同一不忍之心祗緣習于富強之術遂興兵危士臣而不顧慈恐關頭有潛移其命而不得自由故惕之以不可不慎末云仁者如射直說得如許攻苦可見為仁之効緩而難見若然世之仁少不仁多有以哉泛說則槩是勤勤及己之意如存心章之三自反其証也主君道說則當時諸侯忿爭惟恐不得

勝己。日尋干戈以求勝。此最是傷人禍本。故為說此不中不怨一段。沖懷以破其怨爭之習。古人順天應人之師。正是正己而後發。有不貢則脩德。有不享則脩文。正是不中不怨。勝己而及求諸己。此為仁律令也。中間尊爵安危二句。尤是性宗最宜着眼。二句要相承合看。方有血脈。把天人之蘊滿口道破。把天德王道之旨亦和盤托出也。古今並列四德。此獨于個中判低昂。推仁為尊。是何等胆識。仔細推尋。天地以好生為德。果單單是這個生機。令人相生相養而莫之或傷。就生生之醒動處則謂智。有觸必覺。有喚必回。智字總落在仁字之中。如何得与仁並。

位置至夫秉礼蹈義則皆受名受數于此不忍傷人之心而因
之以為讓為者也故曰元者善之長也是尊爵之說也下不仁
不智無礼無義直作一派掃括語明是勘破仁為尊爵故下語
如此斬截須知囫地一般生机滿前相生相養莫不由斯此机
一刻不聯貫便于父子兄弟夫婦朋友之間情乖理外捱捱靡
定了而其身亦戚戚而靡所騁真個無安身立命處實理實事
更不必談理欲真妄等語說玄說妙去也且天之立君本以為
民夫亦欲其相生相養莫之或傷也云爾撫后虐仇自所不免
安危之故自天子達於庶人可知也以人從觀之審矣天為慮

人之危而不安也授之仁以安之天為慮天下人之危而不安也授君之仁以安之而使君因得食報以自安天人理相接尊爵安宅義相承及是則為人役是烏可不慎哉嗚呼始也差在傷人終也若為人役是傷人者即還而以之自傷也自家吃虧又何便宜之有烏可以不慎哉

鄭申甫曰註云仁者天地生物之心得之最先此句以解仁字甚妙以訓尊爵則不是蓋仁者生也人生以後便洩氣了便非仁之本來面目惟夫最初一點入天交緘之際所謂人主而靜於此處認仁纔勘得性諦延平先生欲人於未發時觀氣象是

陳氏讀書

也此處乃為真仁真性王伯之辨亦當于此求之此時未有一物即所謂無以尚之之体故曰尊爵人當以此歸宗為安身立命之所故曰安宅若謂有天理之安無人欲之危猶落第二義

此說別有徵義可參但註所云最先猶云第一件即未能或先之先非後先之先解尊爵原不錯

弓人二句漢疏云既為人所役而恥為人所役是若作弓矢之人不知擇術而恥為弓矢也直貼擇術意緊切

子路人告章

聖賢樂善無窮由由禹說到舜分明有進而上之之意但不要

說低了由禹其寔善與人同境地在由禹的有所未到講中口氣桃剔要見得由禹已是大了至舜又另有一種廓落處耳又些句猛力一喝游神甚曠遠不要作較量語大字自在舜與別人無干正與後莫大乎與人為善大字相照若謂大于由禹便屬較量粘手帶腳多矣不是與人為善中上善與人同兩與字一例為善為字亦屬舜不屬人粘上取人為善兩為字一例註別作兩樣却多一番說話

善與人同須識得善原是與人同的善者天下之公理源頭原無汝我聖人合得善之源頭故亦無汝我但凡人不能無我則

已立而盼生爲人不能從人祇緣有已大聲把個已一搥打破
直是無已對世人各執之私則聲似大有掃除在故狀之曰舍
即舍即從非有兩項下樂取句疊上句口氣一直提下又非有
兩層牛春字曰舍已正所以從人從人即所以取人合來只是
個取諸人故下文止言無非取諸人者得之矣遂粘此向打轉
善与人同見聖心空洞無有我應緣隨机信手拈来那箕是誰
之善只嘗取用真是個與人為善的為善在我取諸人以為善
却似公共為之應善與人同口氣迴環可見而此等善量真個
廓落無際遂順口作掉語以申贊其大更不必畫蛇添足捧成

已成物意

若依註說則取人為善是成己與人為善是成物兩意互是疑問云始說舍己從人樂取於人以為善是善與人同後說取諸人以為善是與人為善也亦是善與人同故曰大舜有大為善與人同其口氣遞疊則要輕員斂妙蓋舜本意只是取人而與人為善乃孟子再疊一意以贊揚之所以申明其大切忌作拖帶語也徐儆弦曰人情有能而弗效心必生疑其志便阻余見聖人用他的善必自喜自信益勸于善而不能已璧義平寔然却嫌腐隘吳無障曰與人為善只假此以深著其樂取乃虛活

問曰詩云
形容之辭非謂天下有意為善以求取于舜只是囿于歡忻鼓
舞之內者陶融漸染不覺其意氣踴躍耳看與字較圓脫王觀
濤曰舜忘其聖智而遊于衆人之天人亦忘其顓蒙而遊于聖
人之天若舜開其途與之進闢其門而與之歸也註云與猶許
也譬如文王之囿與民同之亦是文王許他人來樵獵一般看
與字尤極渾融時義多從之融會新舊說幾於無痕可從也

伯夷非其君不事章

沈無田曰此章大旨非論夷惠正以發明願學之意原旨云孟
子於孔子則曰願學於夷惠則曰不由大有權度在楊復所曰

不由夷惠只是不顧學隘不恭亦非駁辭數條極得旨舊說謂隘不恭是夷惠之流弊蓋錯認作駁辭遂多一周折也其訓不由則謂是由夷之清而不由其隘由惠之和而不由其不恭豈知夷惠之隘不恭原不在清和之外乎鄭中甫曰伯夷隘二句要看得好制行如此循迹而觀不為隘與不恭乎非駁夷惠乃以見夷惠之不易學也君子不由即魯男子以吾之不可學柳下惠之可意非真不由善於由者也此說儘會斡旋而璧義員巧照本文竟差一線本文上面如許形容歸結在兩箇不屑明明畫出隘不恭來明明道破兩人的心事循迹而觀之論非

至言也且謂不由非真不由亦屬綺語延張侗初諸公則又謂二子受病全在兩不屑不屑處不屑就者以其人爲不屑就也不屑去者以其人爲不屑去也聖人以天地萬物爲一體如何可着一不屑人念頭故曰君子不由此說及失之太重把清和二聖隱〻着作陳仲阮步兵之流一味遺世了也顔壯其曰聖人心源通是以物爲躰若有私已便不是聖人若有人醉獨醒人獨獨清與視人不足較之心皆私已也何以爲聖不由夷惠固是顧學孔子其實夷惠與夫子亦同心躰只各認一邊做成規模微有執着未甚活潑渾化耳說正當可從又疑問云此章說伯

夷以非其君不事起語說柳下惠以不羞汙君起語條末一束以就字一東以去字是自歸在論去就非論清和也斷夷惠本文字面曰隘曰不恭端的是隘是不恭非其流之弊之說孟子論夷惠凡數見各有所謂然只論去就而斷其不可由然則君子何由交以道接以禮斯受之而已矣兆足以行矣而不行而後去未嘗終三年淹也是其準則與漢儒論出處曰不夷不惠君子居身之珍也躰認却勝宋儒單指去就說亦直截可省諸說周折斡旋之苦但集大成章明說清和亦以事使苛意說起今单說去就竟是偏鋒又不如寬說之為大也至破流弊之說

則依文行文還他斷案斷々乎不可易

叙衛惠兩節口氣似散落轉折呼應却甚明時說謂上一節繫一節下一節寬一節畫作層次反不見文字翻騰之妙

鄭申甫曰不羞汙君六句要一連看惟不羞不卑故不隱賢而必以道雖至於遺阨而不怨不憫若有羞之卑之々意本事必不肯盡展而一遺遺阨不免怨憫矣不隱賢二句相足必以道即不隱賢又曰援而止以諸侯言與不羞汙君應與伯夷不屑就一例此說與疑問論去就之解相印

徐玄扈曰爾為爾我為我如許分別故見得人不能浼所以能

和若只漫無分別放身自隨是箇同流合汙之人安得謂聖

天時不如地利章

焦漪園曰章首言人和已含得道意人豈有無道而能和者哉條揔是極言人和之當得不是推人和之本在推得道觀故曰二字可見故曰是承接之詞不是推原之詞方文伯曰得道多助如何便是人和蓋和對戚看戰國時只曉得用威嚴以懾服民志若域限他禁錮他一般不知大道如春風和氣盎然宇宙間若得道民自然感孚自是悅服豈不是和張彥陵曰聖章揔欲人君固結人心特借用兵之事以明之極得肯

問曰

天時所該甚廣如布策挾蠱吹角聽律觀星候氣望雲占風

等皆是註云時日干支孤虛旺相却未盡

高城深池是地利米粟兵革幫助之見地利益壯意

漢號云得道之君何向不平君子之道貴不戰耳如其當戰

則勝矣猶不戰有別解

孟子將朝王章

此章要見得孟子是敬王不是傲王故將大有為之君二句極

提得醒透疑問補云齊宣足用為善亦以大有為之君有待以

將不居之臣待孟子乃托疾以召見豈禮也孟子以是婉辭而

使知聞爲後章云王庶幾改之又曰王如用予則豈徒齊民安天下之民舉安雖至去齊之日猶惓惓以大有爲望之也可通前後章看會孟子所以不應召之意楊復所曰此等處非孟子自重也不如此到底不能行仁義之學以仁民耳可謂孟子極知心之談

首三節段段見孟子欲悟王處托疾未幾即出弔於東郭此何等熱腸公孫丑豈不知孟子意者但似嫌太徑耳至孟仲子之對情理亦合如此使其寔以非疾往弔對豈人情也哉且謂王有問疾之勤亦不當太阻其意故促之造朝而孟子悟王懇念

竟不得以自明故不得已而之景丑氏宿非以仲子要故及与
景子喋〻不休則圭角似稍露而肝腸已盡吐矣
堯舜之道仁義而已矣故上曰仁義下曰堯舜之道末引伊尹
正以其樂堯舜之道也不爲管仲亦從此處别
仁義正是德〻者行道而有得之稱也下尊德与輔世長民德
字應樂道与堯舜之道〻字應說輔世長民便含下大有爲之
業了李南黎曰輔世對御世者言輔世長民串說謂輔御世之
君以長育斯民也延李袁一謂輔世不要做用世看長民不要
做治民看如此便靠朝廷上達尊是無所抗壓之尊爵至朝廷

是爵之無二上者，齒至鄉黨之極高年，是齒之無二上者，都是無可抗壓的。輔世長民，若就用世治民看，便須靠朝廷爵位方做得去，便有朝廷可抗壓他。尊夫足稱達尊。輔世是主持世道的，如爾云參天地之化，關盛衰之運是也。長民是表率民心的，如爾云立百代之人極，開斯世之聾聵是也。這等人，乾坤賴以不毁，生民賴以不滅，不是為人臣子祇做的事，分明是為賓師的事。下文不可召之臣，正是這个人，故曰莫如德。孟子直是把師道與君道並看，同是一尊，同是兩大，無分毫遜避，央說自好。然不如照下大有為看，直作得位行政說，於大意亦無礙，且不

東氏說書　卷十五　四三

致把治統道統截然分兩件也其引曾子所云以仁敵富以義敵爵即經用輔世長民意亦可漢疏云晉楚之富以其有所施而已然我之仁固足以有施矣晉楚之爵以其有所制而已然我之義固足以有制矣時說仁統四端兼萬善故以當富義伸於物表故以當爵單說名理較不如漢疏宏遠大抵聖賢之學原貴其有用若無輔世長民大有為之業則彼富我仁彼爵我義彼一我二紛紛比賽一團迂腐氣令人厭殺

惡得有其一二句只是上達尊意言爵特尊之一惡得自以為尊而慢其二視齒與德皆出其下哉時說直作孟子自言欠渾

此不如是二句玩與有爲一與字程註謂是賢人之心度其君如此較有眼先學後臣先後字不必泥只是尊禮而且委任之不是先爲師後爲臣也臣字亦不是卑之之詞時說謂此後即先事後得敬事後食之後轉費周折矣

德齊之德以所就功業言管仲且猶不可召承上桓公之於管仲重桓公上不重管仲上

徐儆弦曰非堯舜之道不敢以陳於王前是下之人不敢湯之於伊尹桓公之於管仲則不敢召是上之人不敢上不敢召下不敢陳此正是君臣主敬景丑何足以語此

嘗登之曰古者天子不召師孟子避事齊宣蓋以師道自處而亦不敢過執故將朝王而因王之以托疾召見及辭之以疾而以出弔東郭示無疾其迹近亢其心寔有大不得已者在日後受祿不受祿之幾決於此矣蓋就見則真以不召之臣待之後雖位以客卿寔師也召見則猶以半賓半臣之閒待之後雖假名賓師終臣也君子慎於始進不得不如然耳然於齊宣未使人之先卻欲先朝王者何也不敢以古之帝師自處也何以不敢曰古之以道師帝王者多從民閒相與如赤松廣成務光之屬其徒雖受天命為天子而其師猶堅

不事王侯之節天子欲有問焉安得而不就之德既下衰師臣亦降一等如武王之師太公成王之師周公先學後臣雖不與群辟序爵於北面之班然坐西面以論道而易師生之斡矣孟子道雖足以師諸侯而敵故以帝師之躰自居乎哉但觀孔子之歷聘諸侯載贄以求見者則寔進一格戰國時德固衰於春秋而不召師之氣似稍振七雄之中以折節下士致萬乘者四其餘亦畏遊說之口慕下士之風而效尤之智者觀未萌便知秦後尊君卑臣有君無師之漸從此起矣孟子正當其世欲存古者師臣之餼羊不得不自處於卑

師半臣之間以根洙泗一脈夫處臣道者必以事君盡禮為恭而翼飛龍之統處師道者或以重道忘勢示節而冒亢龍之嫌此非孔子之不幸乃孟子之不幸也

前日於齋章

玩通章問答語意須歸重辭齋一邊未有處處字即處物為義之處字法斷然屬自家說不屬他人人人儘有貸剝未交而假托名義有詞者只憑他有詞便落小人之計此不可不知貸取二字或狠人知取貸不知反為貸取如魚吞餌倒是為餌所籠致也慚愧慚愧

沉無回曰嘗疑齊宣百鎰之餽非尋常交際也或者覬其有去志而以羈縻之如後章中國授室養弟子以萬鍾欲如是而受之則墮其計中矣假令果出於誠心則身為客卿受其百鎰亦是交以道接以禮視宋薛一過都而受其五十七十者似更有名孟子亦何必峻却之唯其意未欲明言故曰未有處耳然曰不可以貨取則已隱然言下矣故為兵餽之是孟子叙事之詞

孟子之平陸章

徐岩泉曰此與士師不能治士章同一個機軸徐儆弦曰然則

子之失伍也亦多矣文勢接得甚緊然非距心之所得為也已含着寡人之罪也一句至然則寡人之罪也又含距心不得為意若曰然則寡人之罪誠哉非距心之所得為也然法了而不了真有雋永意味在通章宜重諷王上

謹按

太祖高皇帝有言民飢而俟奏請道途往反遠者動經數月飢殍者多矣自今天下有司飢年先發粟以貸民然後奏聞大哉王言是萬世為人牧之法也芻牧不待人求而人人皆可汲黯矣何距心不得為之有哉又宋神宗時新法嚴切諸賢

欲引去邵康節謂此乃賢者所當盡力之時蓋寬一分則民
受一分之賜如鮮于侁上不害法中不廢親下不傷民是其
準也一命之士存心愛物於人必有所濟若一切諉之不得
為則民又何賴以此觀之為政不可拘於法而一諉之不得
為也易曰益之用凶事無咎量宜應卒若汲黯之矯制賑河
內亦無咎也可徒曰去之云乎須知孟子不是責距心以不
去直以去竊其罪耳蓋欲距心為於不得為之時而其為王
誦之直是為距心申請一番使其非距心所得為者盡得為
之也嗚呼捄荒無奇策後之君若臣者讀

高皇帝之言。可以鑒矣。

漢疏云軍法五人爲伍而以下士一人爲之長持戟之士。伍長也。所以保衛其伍者也。不能保衛其伍。故一日三失。如平陸大夫所以保衛其邑之民者也。不能保衛其邑之民。故老弱轉溝壑。旺者散四方。均不稱職。是以爲此。今俗說謂持戟之士即是軍卒失伍是這個軍卒不在伍誤矣去之以軍法從事也。求牧與芻。是求之於主人。非自家尋覓。見椎不在我。臆非距心所得爲意。芻草牧牧地也註是指牧場今時說謂牧是晝之所養。芻是夜之所飼。亦有理。爲都左傳謂邑有先

君之廟者曰都註從之但既云爲都者五恐無五處俱立廟之理周禮謂縣爲都是也

孟子謂蚳鼃章

朱子語類問賓師之禮如何曰當時有所謂客卿者是也大槩尊禮之而不居職任事召之則不往入却爲使出弔於滕鄭申甫曰賓師若不在事亦非不在事故其進退別是一種道理饒雙峯曰餘裕是寬緩不迫之意賓師從容規諷以漸而入如今朋友相似少爲不入亦當去但寬得些子不如那有官守言責者恁地逼迫不得其職不得其言則目下便着休李南黎曰賓

師在位事之外主於感格諷諭感格諷諭非急迫終切所為也
理自談綽裕不得不綽裕非謂我在事外可以處闊塞責也餘
裕之意孟子到亦未甚說破數條皆就實師立論自平安湯霍
林曰進退綽綽與孔子果哉末之難矣意同有官守言責者他
所執一事所守一方不得便可去孟子把世道人心擔當自我
直有不去不安欲去不忍兢兢若不得自由正是我可餘裕而
自有不得餘裕者冷然言外姚承菴曰孟子謂蚳鼃居官守職
之事也去就聽命於官其自處濟時行道之事也出處聽命於
道所以不同二段發出行道大意來極淵密湯說更凄婉張彀

卿曰孟子當時雖爲客卿與有官守言責者不同然亦無有身在事外便可淹留不去不曾道行不行只孟子從容有待諷使蚳鼃言之言若見用則鼃之言猶己之言也言若不用孟子亦必繼之鼃雖去尚有一鼃也如不用則亦去矣若孟子先言不用定須去無有繼之可惜齊王好大資無人耐煩開導耳但孟子此意不好語人而以無官守言責爲解非公都子所知也當以王庶幾改之予日望之予豈若是小丈夫然哉參看此意亦尖巧可謂婉而多風

解醒編云官守言責今人不辨久矣當以蠡靈丘而請士師

附白論語

明之古者封疆之臣或守一郡或守一邑各有土地人民之寄謂之官守朝廷之臣為腹心耳目凡有所見皆得上聞謂之言責故曰人臣遠而諫則諂也近而不諫則尸利也此士師之請謂之可以言也後世補闕拾遺另設一官遂將部寺諸臣皆目為官守而非言責異乎孟子之所云矣

出弔於滕章

行事使事也既係使事便是國家大事了如何容得個諂臣挿嘴於其間孟子之不與言不徒為能家矜氣節直是為國家惜躰統其託言予或治則意有難言為者矣

齊卿猶云漢使是沽用字眼不必云擁卿以行或治或字指餘辯人後言

自齊葬于魯節

當時墨氏道興世風趨薄喪禮多不循其制故見孟子治木共駭其美孟子故舉其心之不容已者示之然後盡於人心句最重曰悅曰恔盡心之謂也末云不以天下儉其親尚儉之欵墨欵也謂孟子此章爲闢墨大議論可也

天下二字亦朴古王氏中說載太原府君一布被二十年不易曰無爲費天下也一記不曰財而曰天下猶俗言錢鈔是

倘來的古人達觀如此。

沈同以其私問章

私字是書法在同之問或王陰使之以探質孟子亦未可知但爾時同自以其私問若泛問商確也者何與齊事使同爾時以王命問則孟子知其為王意便防他以燕伐燕天吏之說亦不待彼如疊問而後陳矣燕可伐齊非可伐燕之人聖賢持衡不苟非若後世功名之士喜功鬬捷欲攘臂而仍之也看不告於王與亦無王命則噲之之罪只重無王謹以天子先君並言縣樂全理勿泥下人可殺與頂殺人之人時指燕齊

燕人畔章

鄭申甫曰陳賈引周公為王釋慝側在智一邊蓋為燕事之難料也不知周公兄弟之間明以情擡炔乃天理人情含得有的過與處他人自是不同且古人不能免於有過却過而能改却與今人之順之又從為之辭不同過與今人異處過又與今人異也陳賈泛問周公事肚裏暗為齊王諱端却不露出孟子亦知其發言必有所為但亦據現聞情理答之古之君子七句泛言不指周公今之君子亦泛言不指陳賈周公之過已自做成不可改的故過則改之還是泛指為是順之為之辭亦以今人

卷十五

五一

當要

[illegible]

自已言不可替孟子作聰明指是為他人順為他人辭也就語

還語渾渾說而陳賈之為齊王順為齊王辭已暗折矣藏許多

話要說被兩段話剌中膏肓不敢說了

又曰知而使之是不仁也即鄭莊公惡養天倫使陷於罪而因

以剪之意又如萬章所云在弟則封之有庳之人奚罪為意然

此句伴說引起不背意

周王繩曰管叔之畔蓋萌於既使之後而非蘊於未使之先似

誤疑摘政之非順又或誤認後商之為忠也事出偶然平日未

有端倪周公如何逆得他

講録云如日月之食是於過則改之上又説個不自諱與下豈徒順之二句正相對俱是進一層話

大全汪氏云周公後來却誅管蔡以安天下是周公改過處然則齊王殺戮係累已大不是後來能聽孟子反其旄倪止其重器之策以収復之然亦是改者而齊王不能以致燕畔而動諸侯之兵過而又過安得援周公以爲辭汪説本誤疏

孟子致爲臣章

楊復所曰不敢請耳固所願也孟子欲留之意已吞吐於此矣至論龍斷處更爲悲惋更爲排徊更爲吐露惜當時君若臣都

洞破當日齊宣心事如見

不能得之意言之外耳吁索解人真不易得王觀濤曰孟子既非欲富所欲為甚的行道之志隱躍言表絕可思吳無障曰孟子之歸本是可以去則去而味他日二字亦有遲遲其行之意然齊王一見開口便說不識可以繼此而得見乎顯然欲聽他去了其託時子之留亦是見他遷延不去故又謬為此說不然則既見之時何故絕無留意且其所為留者又只處之當國之中不置之朝廷之上使諸大夫國人有所矜式卻遺了其君用之一邊分明見孟子迂闊難用而姑使之坐鎮雅俗以要尊賢之空名呂成公曰齊王之意以為孟子止可為國

人矜式未必可以為政仁山金氏曰史記齊王喜文學游說之
士皆賜列第為上大夫不治而議論是以齊稷下學士且數百
千人是宣王欲以然處孟子宜孟子之不受也最可恨者又
在要之以萬鍾管登之曰王言養弟子以萬鍾而孟子却言辭
十萬而受萬似乎不為弟子辭而為己辭曰養弟子是齊宣之
隱語辭萬鍾是孟子之直詞也
私龍斷私字在己與子弟上看即市捨家意與獨於富貴獨字
應
賤丈夫三字罵得惡狠堂堂七尺軀怠受得一賤字起鬚眉婦

陋曰說書
人士木衣冠未若是癰

宿於晝章

時說重無王命上愚意其時孟子非可草草留即以王命來亦必看其如何舉動如所謂王庶幾改之則必反予云者而後可若云有王命便可留則前日時子之言非王命乎其曰為長者慮而不及子思亦非指留行一事子思見留於穆公非臨去留也蓋是責其平日孟子有言吾見亦罕矣吾退而寒之者至矣孤忠莫與獨正難容一則曰無人再則曰無人一則曰不能安再則曰不能安凄惋之情千載固如見也向使齋庭有一二同

閃眼

心同德為之左右維持則孟子必可以不去即去亦可復留今
也不然徒欲於孤臣去國瀕自淒涼之際弄嘴調唇挽其去駕
而且問與一留也即孟子輟轅以待客能使王擁篲而先之矣
偏不能使王擁篲而先則孟子有何臉皮今據書法為王留行
則似客能得之於王者而孟子亦同子為長者慮引子思二段
來明身得客是君側親臣平日以能關說於王故責之如與其
如此說殊有意味
慇且重也否則無權無力而妄稱為正留行乃是一莽男子最
不曉事之人又何以責其為長者慮乎七篇孟子自作而於與
隱容之名想必有所諱絕之之意非徒以其無王命也俗說復

東氏說書　卷五　五四

有謂其不當坐言者，益堪捧腹。

沈無回曰：有人乎子思之側，有人乎繆公之側，非待子思隆而待泄柳申詳簡也。子思師道也，泄柳申詳臣道也，事躰自是不同。孟子在齋，以賓師自處，故下獨舉子爲長者慮而不及子思。

按師道臣道說本漢疏，漢疏解爲長者慮二句亦却不勸王使我得行道，極得旨。

尹士語人章

沈無回曰：尹士識孟子在濡滯一節，上二項不過伴說，故孟子亦只辨濡滯一節。孟子一腔心事全在王由足用爲善，王如用

改字新解

予則豈徒齊民安天下之民舉安數句所以留連顧盼有許多
捨不得處
王庶幾改之王如改諸則必反予望王於未出畫之前予雖然
豈舍王哉王庶幾改之予日望之望王於路出畫之後
註云所改必指一事卻太泥時說謂是改其功利之習亦覺粘
帶欠員延百方家問荅謂改字孟子已自解明了王如用予是
也孟子平日所言王皆稱善只是不肯實用之耳改字正從此
處見
或問既已去齊如何又望其追彥陵氏曰此正醫家所謂劫藥

也孟子居鄒日久鄒王只是虛文相待悠悠緩緩過了日子無着寔用孟子意孟子所以無柰何用這等救藥救得轉就活救不轉則竟付之無可柰何而已要見得惓惓處

嘗登之曰尹士見孟子平日氣岸軒昂意其諫而不受則去去必窮日之力不知居廣居立正位行大道之君子必以生民之休戚為重輕不在一身氣節上也尹士亦君子路上人故聞言即以小人自居加人數等矣

充虞路問章

疑問云不怨不尤是聖賢一生心事悲天憫人是聖賢一生擔

嘗孟子說彼一時此一時始就充虞所聞見時言之耳五百年二句俱下必有字見自古明良遇合有一定之期以開治平於天下今數已過時已可而不得一王者以開泰夫天未欲平治天下也夫字極有感慨如欲平治天下則當今之名世為誰吾何為不豫哉唯其不然所以不免於不豫耳此轉足夫天未欲平治天下意以明已之所以不豫非憂世樂天之說

濮陽貞菴曰彼一時為君子脩身者言凡有不得於天不合於人者惟反求諸己耳今日所遭之時則天變人窮於此而決非止一身之事者政不得不為吾道悲而寔非怨天尤人也顏壯

其曰不豫者悲天憫人也正聖人與物同春之意與怨尤私念原無干涉充虞大認錯

李卓吾曰如欲平治四語正說不豫之故特其語勢及耳有以為樂天之說者直發一笑

去齋居休章

鄭申甫曰孟子不受齊祿去就得以自由最是他高處然亦以志不欲留而後受其祿便不免苟祿故確然不受既位在賓師國雖被兵要去自去曰不可以請者非為上下戒嚴無暇故亦非為道途梗塞難行故一入其國被其款遇亦自有個情誼難

道、便、置、休、戚、度、外。且、就、中、效、個、計、策、退、兵、息、民、亦、自、合、得、的。又
齊之時勢儘可有為。王猶足用為善。屬望之意。終是惓惓。
一見思去、又何出晝之遲遲、顧涇陽曰、出晝者愛民之仁。居休
者料君之智。合看二章。正、孟、子、仁、智、並、行、不、悖、處、也。然則足用
為善之說。又何居。沈無回曰、孟、子、明、知、齊、王、之、不、足、有、為。而當
時他國諸君。王猶較勝。猶名能下士。時勢之強。亦無過齊。故曰
王猶足用為善。意可見矣。學者當知聖賢之救亂世。如慈母之
伏兎子。有一分未絕。亦不肯丟手。吳便是孔子知其不可而為
之。天下有道。丘不與易的家法。又李卓吾楊復所、則謂居休是

說書

無聊之談勿作寱話看廣陵朱文學曰出畫者真情也居休者托言也非老於閱世者不知這一段苦情梁溪顧本来又曰居休者真心也出畫者妄念也妄念到底不遂所以說出真心耳二說都有見與顧沈二公說是同是別有心人自照之矣

說書卷之十五終

慧眼山房說書卷之十六 孟子

滕文公章句上章句下

閩漳陳天定慧生甫著

孟子道性善章

通章都是勉世子為堯舜意。其道性善，乃是揭出為堯舜的源頭。人性皆善，故皆可以為堯舜。稱堯舜者，稱人皆可為堯舜也。看下文成覸一節可見。謂稱之以証性善，設有稱桀紂以証性惡者，將桀紂何。世子復見，亦非疑性善，以為人性雖善，亦如何便做得堯舜，故孟子以道一決之。道一亦不要粘指性善，粘性善說，則道字直指性，一字直指善。夫道一而已矣，猶言夫性善而

已矣終是囫圇咬不破語意孟子云道一猶孔子云道二自
其出與入彼之間則曰二自其單單只有一路行無可走閃則
曰一一之云者有這個無別個也真正路頭差一線不可得是
以成瞷諸人如許狠力下手蓋真見夫道之一故耐受瞑眩而
不疑引來據是証堯舜之可為謂以証道一者久不是未云善
國應轉性善善字性命事功一以貫之下章喪禮井田學校皆
性善作用處不似後儒分作兩截令堯舜大學術腐殺也
士翼云孟子曰性善猶曰玉之溫金之堅善即性也後人謂性
兼理氣是性自為一節而中涵二者故孟子言約而精後人詞

費而支伊川曰性即理也至言哉

説無面曰前後聖多矣必稱堯舜者何堯舜性之之聖隨其運量不假安排全體呈出本來面目以之証性善最為恰合若反之之聖徹帶學知利行之意不免稍費推測孟子察今人性善必於作見嘑蹴時求之可想見必稱堯舜之意説亦深妙但謂以堯舜証性善終不如可為堯舜之説直截了當

李卓吾評過宋句云有根復見句云懸勤疑吾言句云寬屈

道一依舊説則道乃虛活字面性命道德之總名這道字正指性不必拘於中庸性道之分亦只好就道字還他不必拈出性

字古人文字寬渾不粘皮帶骨而意已足妙只在一唱

吳無障曰舜何人也予何人也有敢作敢為的氣象與舜人也

我亦人也自忖自憂的光景不同又曰周公嘗有文王我師之

言此在周公不足異伱看公明儀恁地位而曰周公豈欺我哉

全要摸寫得信周公意象出

鄭申甫曰善國善字與性善二字一路線脉不但如下章新命

之意亦是自盡其性以盡人之性全一國皆化為善如下章親

睦友助等而民為堯舜之民意

原旨云孟子引若藥二句早已慮到了觀下二章可見欲行喪

禮便有父兄百官來沮他欲行井田便有許行來壞他非勇往不顧安能行得所以一則曰是在世子再則曰子力行之皆是此章末二句之意

按朱子答梁文叔書曰近看孟子見人即道性善稱堯舜是第一義若于此看得透信得及直下便是聖賢便無一毫人欲之私做得病痛若信不及孟子又說第二節工夫又只引成覸顏淵公明儀三段說話教人如此發憤勇猛向前日用之間不得留存一毫人欲之私在這裡此外更無别法不然即是畫脂鏤氷無真實得力處數語慧絕痛絕千古密義未易與下根談

也。

滕定公薨章

疑問云世子問性善之說牢記在心值親之喪真性發見故有之鄒之問通章緊要全在親喪固所自盡一句曰不可他求曰是在世子堅其所當自盡也曰是誠在我信其所當自盡也於是五月居廬未有命戒果能自盡其君薨聽於冢宰之禮顏色之戚哭泣之哀果能自盡其歠粥而深墨即位而哭之禮至可謂曰知弔者大悅則又自盡者之所感動也即此便見人性之本善處。

大全朱子云孟子答滕文公喪禮不說到細碎上只說個大本大經自盡其心喪禮之大本也三年齋疏歠粥喪禮之大經也孟子生戰國不得見先王全經然學識其大者故其考論制度雖若疏濶而於大本大經之際則有不可得而亂者以是為主而酌乎人情世變以文之則禮雖先王未之有亦可以義起矣後世議禮者不明乎此常以其度數節文之小不倫而不敢為卒以就乎大不倫而後已此劉向所以深嘆之也

魯不行三年之喪後人輕之非周公法也志之先祖立法之祖也父兄百官之所謂先祖則以壞法為祖矣天下事每每至此

問[illegible]詩書
可勝一咲。吾有所受之。异代為先祖教後人之詞。
未嘗學問非素行不足取信於人謂不曾講禮不曉得其禮透
徹處所以今日欲行三年喪不足壓父兄百官之議馳馬試劍
粘未嘗學問說
不可以他求漢疏云不可用他事求喪尚哀惟當以哀感之耳
較勝
李卓吾曰此可以得末世之人心為始之為梗者未嘗不本之
心服也有衰世之志直欲不顧無有不成者也

問為國章

通章只重民事不可緩一句民事之急莫過於制產制產在後
周初所相沿之助法行助法在正定經界前段以世祿並言
其寬世祿與助法相為表裏世祿行則助法不得不行後段以
制祿並言其寬穀祿亦即井地中公田撥其穀以為祿分田始
可制祿非二事也庠序一條說恒產既制而恒心可復與後言
井地而說至百姓親睦意同總只重民事上舊說以恭儉作禮
下取民根子下分君子小人圭田餘夫之田與禮下取民相應
大失輕重
鄭申甫曰民事不可緩主在上言七月之詩雖說民間自急乃

陳氏説書

周公替逌民說話獻成王使知稼穡艱難乃上之急之也

爲有仁人在位先發公不忍人之心以爲行政之地然孟子說

話根節處曰仁人又曰賢君賢君仁者也後云暴君汙吏正及

然

禮下取於民有制觀下無君子莫治野人無野人莫養君子舊

說自安意本相須捴歸于民事之不緩但勢要側落下引三代

什一制正是有制

問三代受田多寡不同如何朱子曰陳氏謂夏時洪水方平可

耕之地少至商而寖廣周而大備徐氏謂古者民約故田少而

用足後世彌文而用廣故授田之際隨時加爲又曰嘗疑先王疆理天下之初做許多畎溝澮洫之類大段費力若自五十而增爲七十自七十而增爲百畝則田間許多疆理都合更改恐無此理徐徽弦曰朱子之疑似矣然天下國家多壞極而有事周之徹法自宣公爰之自商鞅壞之其餘諸國亦無存者前此而夏商孟子不云乎堯舜既沒暴君代作棄田以爲園囿以此觀之則夏之貢壞於孔甲殷殄故殷不得不助殷之助壞於紂故周不得不徹如殷周之際疆界尚在先王豈好爲是紛更哉解得明徹又鄭申甫謂夏后氏尺長殷人尺短周人尺又短則

周之百畝無增于夏之五十畝也亦要知得

徹者徹也二句不徒是釋其義是釋其制徹以徹為制助以助為制下云較數歲之中以為常則貢制也文法錯綜觀者遂曠謂不釋貢矣或曰校数歲之中以為常此行貢之弊貢法之初必有與時推移凖豊歉為高下者如何謂此是釋貢制答曰若無常法則高下於何折衷

貢助徹本是一田於民所受田而納其税則謂貢猶今之計畝取租也就中抽出公田一分籍民力以耕而收其租則謂助猶今之就田分税也徹則註兼貢助謂一夫受田百畝鄉遂用貢

法十夫有溝鄉遂國中也下云國中什一使自賦是也都鄙周
助法八家同井都鄙野也下云請野九一而助是也故時說謂
孟子是行周之徹但註解徹者徹也句謂合作均分貢無公田
既鄉遂用貢法無公田了合作均分之說何居鄭申甫謂即于
十夫同溝之田而合作以均分耳殊不知助徹有增賦無變法
公劉殷諸侯也其詩曰徹田為粮則當時亦謂助為徹矣但周
家立國之始更新其名以為一代之制雖周亦助孟子明明說
破原不兼貢使徹法而兼助與貢也則孟子只云行周之徹法
足矣何消云請野九一而助國中什一使自賦乎奘明係孟子

獨裁非周制也又有以孟子爲暗合者益可咲
助徹既相沿如何又以一籍一徹别其制曰殷周同行井田同
是籍民力以助耕公田但曰籍則助耕之外民各自盡其力自
作自收儘自領直雖其中相親愛之民亦不無彼此相通然未
嘗揭之爲制周則以徹制教民通力合作以計畝均分不論公
田私田都要通融出力做去如豳風七月之章与周頌徂隰徂
畛十千維耦之咏可見也民心雍睦千載無兩然則孟子何以
不用徹而用助也曰人心不古推諉多而自占便宜者亦不少
矣則不若助之自作自收各自盡其力之爲愈也且看當時已

爰徹為貢了是何情弊想亦是君虐民窮敝疲不贍民益不相
通而公田之入徹故爰徹為貢以取盈孟子之用助孟子之精
於救徹也爰徹為貢自魯宣之稅畝已蹢當時用之民困寔深
故下文深明其害不徒是泛論古法
皆什一大槩言之不必甚泥細筭則貢法是十分中取一助法
是九分中取一下云九一而助什一自賦甚明白徹助相沿亦
是九分取一蓋貢法每夫授田五十畝以五畝稅貢故曰什一
自賦助法則每夫授田七十畝又共幇公田七十畝以七十畝
公田穀輸官徹法則每夫授田百畝又共幇公田百畝以百畝

公田穀輸官。為公者一。為私者八。非九一而何。或云貢法是什內之一助法徹法是什外之一如一夫授田百畝此是算做十的外公田百畝八家合作每人該得田十畝此是算做一的一在什外。是又十一分而取一矣。故林氏謂助法是什一分取一。賦輕于貢。不知助与徹寔是九分取一。賦重於貢。何也據公田百畝分八家助耕十畝總算只有八十畝。此外二十畝丟在何處。則又云餘二十畝以為廬舍。審如是則公田不滿百畝。而私田百畝外。又加有廬舍二畝半。与非九百畝。八家皆私百畝。同養公田之例不合。不知八家同養公田。大槩是通融做去。如何截定得十畝玉海辨之詳矣蔡氏曰助法九取其一似重於貢但助法公私田各別歲有豐歉君民自任之所取雖多而民無與似重而寔輕貢法無公田稅悉取之于民立為定規豐歉不苛毫無贏縮所取雖寡而民已病似輕而寔重什一之義當以此通融活筭不則會筭不會除增減皆不準校數歲之中以為常貢法初時已是如此但行之必有員撥以年之豐歉為高下想亦是有減而無增也後人奉行便熟然失立法意矣而況周衰諸侯變徹為貢以取盈焉者尋龍子所譏乃周衰諸侯私變之貢非禹貢也孟子引之則痛論當時用貢

之弊見不可藉口殷人而曰貢者古先王之良法也行助則豐歉君民共之無有爭矣

滕有世祿當初必是行助法来今不行助法而行世祿將安取之無制之取傷民必多周字最可味禮下取於民有制法相須也分田制祿汲汲于經界之正政為要匆匆草草看過

蹟周亦助助徹相沿之制提得明白內含勸勉意

按先儒謂井田廢于開阡陌今觀雖周亦助一言則井田之廢已久非商鞅壞也鞅爾行秦法耳何嘗及於六國既未嘗及六國則阡陌宜無恙中公外私之制一目可瞭奚俟影嚮

想像詆諸大田之詩而後知周之亦助也哉董日鑄曰歎開阡陌乃田閒廬舍之基與田水蓄洩之道聖人所饒而不取為萬世無窮之利者歎悉闢之為一時之富則田若闢而寔為磽确之漸其究至於盡為莬萑如治河者不饒其地以與河而爭河之居是以河患與民終始此歎罪也而以為井田廢於歎則當去籍之日廢久矣於歎何誅

庠序學校是聚衆三代教民之法如此非使文公並設四學也若滕只用一鄉學一國學足矣古者國學唯天子之都諸侯之國都有之鄉學則隨在而立鄉里子弟之秀者以次升之於國

學而待用。其不然者則歸之農。
鄉學迺建。異名亦有微義。要承唐虞。揖遜之後。欲与天下相安
於禮讓之內。教之六德六行。故曰校。殷當革命之後。欲消天下
干戈之習。教之習射觀德。故曰序。周道尊尊而親親。欲与天下
共囿於尊親之化。教之養老尚齒。故曰庠。國學無異名者。一道
同風統名之曰學。取義自大。無可異也。異則单有所拈。及失一
道同風意矣。
人倫明於上。主設教說猶云胎揭小民親於下。即書云百姓不
親之親。

王者師猶云法之可久是贊不嘗口了透下新國一氣相承提下註泥師字卻謂未必能興王業則新子之國怎說得去且亦不宜說出此敗興話

要行助法故問井地惟助法有井故也井字形就是經界畢戰豈不曉得緊關在一正字蓋井地之行利於下而不利於上觀暴君汙吏必慢其經界意可見上文世祿滕固行之註云惟助法未行故取於民者無制解極有眼而此節註豪強兼并貪暴多取皆應指暴君汙吏而言見得祿食之家不利於井地其欲慢經界以侵牟者本情也故曰穀祿曰分田制祿而壞地節又

提君子野人意来隱〻與世祿應意盖謂分田而後可以制祿
不宜恣暴汙之多取也正字重有執法秉公毅然不屈不狥意
孟子既如此説下文却開圭田一項隱〻處置他使勿阻撓經
界但不可説出
漢疏云穀祿穀所以爲祿也或云穀祿分貽野人君子亦可
左傳有云井衍沃牧臯隰井即助法牧即貢法衍沃用井以平
曠故臯隰用牧以險阻故即此請野九一而助國中什一使自
賦之意但旁主國因山川形便或在臯隰或在衍沃未必國中
專險阻野外專平曠也以今郡縣觀之可見而滕地四面平衍

並無山陵林麓在內此節大旨蓋以助為主惟國中行不去處
始用貢法蓋附郭民居稠密雖有空地難畫井田而國中之為
地幾何原不得與野並論須審主言輕重之辨
圭田餘夫田是常法外加厚的然雖在常法外而分田即有此
田制祿即有此祿亦分田制祿一時事
祭求于潔故謂祭為圭秩有崇卑孝思無二故不論卿大夫士
縣以五十畝須學殖解云圭田是卿大夫士已死而使其子孫
奉祀之田若當卿大夫士之身則其祿田亦足以祭何必更與
以圭田乎但未審於何措處想亦如後世大臣祭資於正供錢

粮內和朱子謂以公田充是也。古者仕後世官。盡一定法亦不難。而今世大臣祿資。以品秩制之。或興或否。或寡或多。却有酌量。餘夫田則每夫受田百畝。年六十傳之長子。次子便是餘夫。民生日繁。此二十五畝。不知措處何所。愚意長子承父百畝。此外餘夫幇作可也。如詩云主伯亞旅是其証也。又或溢而為士工商。亦無不可。今縣以二十五畝須。雖云八家內八丁互有消長。剩田可給。終是對折不過董日鑄曰未室弱弟不令服勞父兄之疇。而示之異處。闊畧於同胞之訓。而責親睦於同鄉異姓之家。抑豈先王寓教於養之旨乎。駁得是又云餘夫。閒民也。周

禮閭民轉移執事是即庶人在官而因取公田二十五畝之入以為代耕之祿云爾異註駭聽録以備覽

守望相助井田寓兵之法已見一班

王觀濤曰井田原不曾截然方正但書上說得方正耳如古說王畿千里外為九服四面各五百里說得裁紙剪帛相似實不盡然也不是說古人虚言大抵死法筭活法行

董日鑄曰後儒泥井田之制截若棋局動云阡陌非古不可復井不知自有土以来其田之或短或長或規或方隨水溝洫以賦形象此聖人所必不能矩之使若井字者也何今古之有井

問曰讀書
田之制在籍不在田夏后殷周之異制其更新處正在籍不在
田譬之易主更業在司契佃冊之易而田如故也肯無畝而更
置阡陌乎然則曷重乎經界曰經界者籍中之經界而非田中
之經界也何以界名語有限也何以井名語畫一也一里之中
或餘於九百之數或不足於數通而計之夫而授之九者在民
一者在官環而同養則名之爲井不亦可乎方里之云第爲之
彷彿如學筭者之槩例胡可泥此說似有理但驟云在籍不在
田恐駭聽也
姚承菴曰先公而後私正見野人之分宜養君子乃所以別其

爲野人不必添一君子解㚐已先破許行並耕之說矣

丹鉛摠錄云孟子周末人也公田私田說已不詳乃引詩而想像之似隔世事故曰㚐其大畧又曰嘗聞其畧蓋諸侯之滅去其籍已經攫撤于夏桀之焚黄圖導執路於秦政之燒詩書矣孟子之畧言之蓋慎之也荀子便謂孟子畧法先王而不知其統

饒雙峯曰前面記的是個硬局子須要多通得合人情宜土俗方是潤澤〻〻非文飾之謂乃是和軟的意思温潤滑澤方可行得吳無障曰當時助法之廢已久一旦振舉也直頭行不得

問曰[illegible]

須多方委曲變通乃可。孟子什一使自賦已明開潤澤之端矣。此復云然不是結斷口氣蓋文公使畢戰問井地不徒問其形躰併問所以運用之方故孟子論法而併及其用法然後畫井地之間始無餘旨。

張侗初曰吾過滕縣見碑刻滕文公行井田處呀然失嘆莞爾五十里乃欲做出許大事濟得幾何不知此正是孟子所謂有為者亦若是也三代王政于問為國章特詳又不是要他死煞遵守却又說個潤澤有神明變通意思在此原為千古定個立國大經綸非專為滕文公告也第滕文公而為之則亦可為三

代耳。人皆可以為堯舜，又何國不可為王代耶？李卓吾曰：孟子要在滕國做起，亦買田一區之意。

有為神農章

通章以闢並耕為主，責倍師亦從並耕帶下。末段闢同價，則因其所通而搭之，不並重。

大全朱子曰：許行君臣並耕、市不二價之說，以易考之，二者皆神農之所為也。當時民淳事簡，容或有如許行之說者。及乎世變風移，至于唐虞之際，則雖神農復生，亦當隨時以立政，而不容固守其舊矣。況許行之妄，乃欲以是而行於戰國之時乎？

[illegible][illegible]讀書

為字是書法、見、是、捏、造、的。

衣褐、示標于朴茂、有、剗、除、章、来、意。捆織為食、明、是、標、自、食、其、力、

了。

陳相寃是為慕政而歸。不此許行為壞法而来。祗因識見不足。

把持不定。一見許行。便棄却陳良而同歸于壞亂。徐微弦謂行

所狹者神農之言、相所貿者耒耜、機、緣、相、湊。先、有、根、于、在、身、裡。

文、邪、說、感、而、易、入。是成敗論人也、又或謂文公為世子時、也、楚、

過宋、饑、着、英、異。楚、宋、患、之。一開行仁政。各遣人来破阻。行自楚

至。相辛自宋至。不、謀、而、合。一、見、遂、親。戰國深机詭術。或有此理。

但以大公至正不億逆之心觀之則此說大是深文〻公〻之處大公至正之心也沒有不是處有倉廩府庫便以為厲民意若謂且不消說起分田制祿只此一件便不是了打蛇打頭剗草除根之法

吴無障曰凡辨難攻詰須拿定一件做眼目則其理勝而辭達如此章闢並耕只拿自身且不能兼這一着為難端看他何等間架何等次第鄭申甫曰要詰他不能相兼先把種粟後食做引此許行本等事合做的次將衣冠詰他何不自織賺他以粟易害耕二句來已可施辨後將釜甑鐵耕盡他一身所資用一

卷十六

[illegible]
把詰之隱々見得一農夫尚有許多事躲而治天下可知又縣
他以粟易一句来因說穀粟械器交易之不為相屬且破他屬
民自養句後抽引翻倒攻詰其交易之不憚煩陳相到此遮攔
不得一口吐出百工之事固不可畊且為遂以治天下獨可耕
且為拚之天羅地網妖怪莫脫矣及覆讀玩有開局有波瀾有
擒縱盡文字之妙
屬陶冶屬農夫屬字本屬民自養屬字来治天下治人治于人
治字本饔飧而治々字来食人食于人本並耕而食々字来
治天下三字極重正所謂大人之事治之々事在勞心故曰勞

心治人下引堯舜數聖人來重堯舜上中間聖人字皆指堯舜結云堯以不得舜為己憂舜以不得禹臯陶為己憂又引孔子贊堯舜之言可見數處字正與勞心應

百工之所為備言一身備百工之用也衣食器械所以資給者一件必不得率天下而路言紛忙不暇給也

掌火為治水張本重治水上按禹治水多與益謀舜曰咨爾費贊禹功禹曰非禹能成亦大費為輔大費益名益所著有山海經即輔禹治水時所睹記者又淮自不與江通決淮泗而注之江朱子謂是大綱自然說去三過不入總是懷襄之患未除十

……說書
分忙迫家不得顧方于下句雖欲耕手振得起且与上文治天
下獨可耕且為意照得轉說者多寸斡盡其意說好聽再非正
旨也
說后稷教民稼穡見只教民為
字与有道有字應有者固有也倫係固有故教曰使自得謂還
其固有不從外遻得也從門入者不是家珍惟其自得故曰德
振之云者鼓舞振動使之常惺而奮起也註訓振德為加惠之
自為親義別序信數有
即上面勞來其意謂勞來匡直輔翼不一而足亦順暢
勞來以勸其善匡直以糾其惡輔翼以助其不及作三平看

上言益禹稷契下言禹臯陶古人文字不拘如此或云益補禹
治水而稷司稼詩謂之纘禹之緒則單言禹已該得益稷了刑
以弼教言契不言臯陶則教之一章不全故補言之可謂滴水
不漏
鄭申甫曰財必自分所分有幾善必自教所教有幾惠亦有阻
格忠亦有壅遏故未可以言仁惟為天下得人則財以天下分
無不徧之惠善以天下教無不盡之心真如元氣周遍一身而
無痿痺偏枯之處也故曰仁以天下與人非禪天下之謂也乃
人既得而畀之以教養之任以經理天下之謂也未得之先要

[illegible]說書

揀擇所謂勞於求賢也故難一得其人推誠以任之逸於任人

垂拱而治矣故易

袁了凡曰以天下与人豈是易事正欲借來形出得人以見堯舜之憂尤爲難得蓋其功之大直至仁天下安真人君所難〻是贊語不作知人不易看亦一見

引孔子之言見法天盡君堯舜許多事躰振契下豈無所用心句盡未入謂蕩〻無名是忘言之化天下不与是無心之治似皆無所用其心者以及契用心之語亦可從鄭申甫曰孔子所言無不用於耕之意而孟子借言翻弄表出其意無中生有大

妙ゝゝ
況無回曰子夏子游子張欲事有若不可說壞了祭法用𠂉思
祖考而不得見則以弟以孫為之三子事有若之心亦然意也
與曾子各見其是袁了凡曰門人尊有若只在言行氣象上觀
曾子信夫子直就心躰上說便見曾子之不可及明儒經翼貢
氏云吾人日用處何嘗與聖人別只微處不同門人以有若言
貌似夫子然就日用處看曾子不可却向根源上看饒他言貌
與聖人一樣只一點靈根未淨未是江漢秋陽則何啻天壤然
學要知微之顯方可善乎陸子靜之言至是雖夫子亦不能逃

於曾子矣
曰義云三子之尊有若蓋欲資其潤澤藉其明照曾子說惟
夫子如江漢秋陽可以濯物暴物也如有若地位方將受濯
於江漢受暴於秋陽豈有餘波可以潤物餘光可以照物而
使當濯物暴物之任哉解自空快特異亦可參
詩云七月鳴鴃〻應陰而動者也加以鴃舌諭行之以邪害正
猶陰害陽也
饒雙峯曰許子齊物價與並耕意似便是剖斗折衡而民不爭
之說沈無回曰許子精粗同價亦自有說彼正謂使舉世但爲

其粗不為其精相安太朴巧僞自不生耳此等議論新奇高妙陳相安得不動

日中為市始于神農故許子倡齊價之説意欲除僞適以長僞孟子以物情破之審矣最妙在巨屨小屨一詰直以大小比精粗因言還言所謂以子之矛而攻子之盾者也治國家句重通章所關皆是治國家事

古人二歲半為一尺五尺是十二歲以上者

李卓吾曰許行之言高于孟子十倍見之實事不如孟子亦十倍不止也所以孔孟之道只是個中行不為過高難行之事也

陸[illegible]讀書

學者于此須辨之不然便害天下事不小

墨者夷之章

楊復所曰妙在以其明通其蔽李卓吾曰只在他真心上打轉所以易轉

夷子厚葬一節是他真心不自已處孟子故以所賤事親激之石不繫爆不得火出來下引上世掩埋事正從此處參契一本之愛真心自不容已末憮然處光景絕可想亦真心不自已處也一本故也使之二本是關兼愛骨子

沇無回曰夷之愛病在愛無差等一句愛無差等則施由親始

亦只施得些無差等之愛耳所以為二本若只說施由親始便與吾儒主愛自親始無異二本是戲劇他話說出一本撼他胸膛又說個二本潑他腮臉有人心者到些淚下不禁矣

陳代章

功利二字相連世人畫功衹緣計利只是借功字說好聽耳如陳代欲孟子急濟世疑若非貪慕富貴者之所為孟子直斷其為利是極勘破世情語且問枉的是甚麼枉者枉道也道豈是可枉的義利關頭走作一線不得而其寔枉己直人斷無瀆理

[illegible]讀書

天下溺援之以道與直人律令也道外無功王伯何在究止便于貪富貴而已功乎利乎急迯得孟子照妖鏡後之人於此不勘破則未有不惑於功名之說者也

晦庵文集云熹嘗語此閒朋孟子一生忍窮受餓費盡心力只破得枉尺直尋四字今日諸賢苦心勞力費盡言語只成就枉尺直尋四字不知諸訛在甚麼處可仰屋嘆

宜若小然朱子訓作小節對王伯大事業言代所見然也而不意極狀出骨力不坐拚一死如何做得轟烈来往尋直尺就其言而窮之如茍為后義而先利不奪不厭茍患失之無所不至

之類這等大決裂如何可爲雖道便爲利而亦隱恐爲之故曰而利亦可爲與是計其不義而不可爲非計其不利而不可爲也時說以得不償失言非是

王良豢賤工之詐大是不平或以告良亦爲良不平耳請復是欲自顯其奇明明嵗辭乘一着不是他屈法處

按星經王良五星在奎北爲天帝馭官說者謂其善御也托精于星想正直爲神理或然欲又按良爲九方甄子甄亦善御附考

鄭申甫曰孟子終身守不見諸侯之義直是枉己不能直人一

節勘得透與吞淳于髡子欲手援天下之意同

公孫衍張儀章

儀衍一場氣焰被孟子說破不直一文錢末節是大丈夫贊即是孟子自贊光明俊偉與盤旋人腳跟下者自不同

儀衍皆衛人俗云衍從儀衛者誤亦未嘗肯安居一怒一喜只狀其播揚震盪處孟子引禮原重大夫邊蓋因講大丈夫故以妝椄契且與末句大丈夫相照應丈夫之冠也父命之不言所命何事真西山同命之以守如下節所云是也極有眼時說緣孟子說儀衍是妾婦遂謂引禮重下段丈夫一段作帶過反後

趣味以順為正二句亦只粘上女子而儀衍之妾婦自在帷張侗初曰春秋一代仕宦孔子只題兩字曰斗筲戰國一時利達孟子只題兩字曰妾婦非是聖賢輕世亦是當時人物躰質如此

李九我曰居廣居三句純是德性都就心躰上説心無狹小便是居廣居心無偏倚便是立正位心無邪僻便是由大道不必以仁義禮實之下孟說居天下之廣居者予亦然盧未人曰三個天下字不開蓋皆第一等極到處至廣至正至大天下莫能加也一氣提下至不遷不移不屈都一脉相生勿畫層但把以

順為正句反照得轉便是此書之解

周霄問章

張彥陵曰周霄數問重君子之難仕何也一句數答重未嘗不欲仕也又惡不由其道二句只攝此三句便了一章大旨沈無回曰周霄全在進取上論孟子拈出一道字便見汲汲皇皇無非為道與答陳代章同意

按三月無君則弔是已仕而失位者故下云士之失位引孔子三月無君亦是已仕失位不作未仕看夫已仕而失位猶且皇皇而弔則未仕豈不為世用當也乎是自家憂戚不樂意非他

人字字即不以急乎句可想見

諸侯耕助四句及惟士無田二句節叙禮文餘皆孟子解禮如此耕助諸侯耕籍田行三推禮而庶人助以終畝蠶繅取蠶繅之繹蠶為絲也註云繅三盆手置蚕盆中而手三次淹之每淹以手振出其緒粢黍稷也在器為盛牲殺特殺之牲皿則所以覆器者四時有祭三月應一祭而今不得祭故弔

盧未人曰禮云士無田不祭又云無田則薦〻者春薦韭夏薦麥秋薦黍冬薦稻既無田矣何稻可薦曰祭必備諸品薦只取一物之新其事簡雖無田可以貿易

士之仕也三句不作而截正將農之不舍耒耜顯出仕之必載質耒猶農夫之耕訛下句見舊謂士之欲仕如農之欲耕悞矣疑問補云士出疆以為仕也農士出疆為耕也農夫豈為出疆及舍其耒耜哉則可知士之載贄矣洗發明暢末節易明不贅

後車數十乘章

鄭申甫曰彭更如問與王子墊士何事公孫丑不素飧之問同一見識豈惟謂士不當無事而食其亦未知君子主持世道之功孟子詰以舜受堯之天下更難應之曰否意中固謂舜是有事者若士無事而食與舜不同固不可也不知繼往開來之功

不少讓於舜乎於此有人焉句極重此字要味當聖道大明時
未甚闗切當戰國橫議時有個人能衛聖正道方見是功求段
併在論功裡去
堯舜之道孝弟而已矣首言堯舜本非爲孝弟開端下言孝弟
則實可爲堯舜合脉此篆理員映處
傳食是驛傳之傳通功通字妙彼此交相濟也餘粟餘布積而
無所用意見不得不通毀瓦畫墁求食是設詞不必泥墁墻餙
也畫之則破紋矣
嘗登之曰士之後車数十從者数百其端實起於戰國之說客

故彭更泰之病其無事而食此言良是然孟子為斯道斯民計不能徒步而委身於萬乘之前故特借策士一時傳食之餘餕以冀一遇此意固自不可直露故不得已而寄之功所以重士價動諸侯王嚮慕之意

宋小國章

為匹夫匹婦復讐救民於水火之中是行王政實錄

况無田曰按國策王偃時有雀生鸇於城之陬史占之曰小而生大必霸天下王大喜欲霸之速成乃射天笞地焚斬社稷罵國老諫臣為無顏之冠以示勇剖傴之背鍥朝涉之脛又呂覽

載其齊師近而諱言其至殺使者之報至者三此一妄庸人耳
即滅滕代薛取淮北之地果能為匹夫佗餉如湯之伐葛者乎
果有士女可綏如武之取殘者乎萬章稱其行王政不知所指
當是假仁假義如襄王之不擒二毛不鼓不成列等耳不知無
湯武不得已之心而用兵秪自速其禍也君子謂宋之亡不待
遂觀侯之舘之日而知之也
歷叙湯之憫葛真天地不棄一物之心要知舉一葛而天下之
為葛者尚多為匹夫匹婦復仇乃槩天下而言
有攸不惟臣註謂是助紂為虐而不為周臣者盖指飛廉惡来

之屬黃癸峰謂是人心叛紂離心離德者衆如下文君子小人
可見亦好紹繼也紹我周王昔事商而今繼事周也殘捐紂言
於湯有光即娩美之義徐儆弦謂武之事賡之湯而無媿湯之
心驗之武而益顯兼爲湯洗慙德意尤見巧思
孔安國疏云天謂之玄地謂之黃武王能革紂之否而泰之是
能如天地之覆載以養民者也故迎師者篚厥玄黃
原旨云前引湯事太多後得于湯有光一句文字便有關鎖便
打成一片便不排比便不至前重後輕此是文字妙處

謂戴不勝章

疑問云一君子難成正君之功自來如吳周公簡任師保而慎及綴衣虎賁成王稱有周令主可謂萬世以人事君者法理解云天下未嘗無人須要當路者有知人之明用人之量不勝知用人以相其君矣而未知求正君之全功非病于明必病于公故孟子從而廣之

不見諸侯章

通章俱重不見意由是觀之合段干以下而言時說單指曾子子路一段然君子句亦宜推開從說蓋孟子自言也泄無四回段干木二子不可說壞他是皆已甚迫斯可以見矣

[illegible]

孟子於千載之下目擊君貴士賤之成風又自負學問之大覺有不必如踰垣閉門之甚者故仰体當日情事而云然在二子固是士之正

陽貨先豈得不見說者錯認饋豚是先往拜是見於豈得二字大費周旋言孔子是為祀屈出於不得已也使陽貨不先來加禮則孔子亦不見之矣要挽婦不見上叟九範曰孔子見貨全是聖人應变處如何做得準則立意自好然接貨瞰亡饋豚原不是個禮大夫有賜於士不得受於其家則往拜其門此大夫祀也貨何人斯而僭擬大夫祀乎說者謂貨專大夫事故以大

大禮自居則一發可恨春秋一書嚴爲亂賊防如之何其以大夫禮寬一貨也寬猶不可況屈乎且貨以假竊來其用大夫禮尚未穩而今夫子以即真答則貨之僭爾爲大夫也穩矣大聖人舉動豈宜草草若然看來瞰亡往拜夫子原未嘗輕見貨也着瞰亡兩字正以表夫子不見貨之由陽貨先二句乃是說言轉掉剩意謂貨當時若不用許多伎倆只單單用一味朴誠先加禮而求見爲孔子亦豈得不見大搶白他一場扯淡語意甚明如何錯解妙等大禮所關余不得不辨

陳[illegible]讀書

疑問云欲得權豪之心不知費多少精神打點故云病于夏畦赧赧然是其神明獨覺中自欺不得處

吳無障曰由是二字最有意味要玩當初枉直尺尋手援天下之人只為看得區區名義不直甚麼緊要即如色咲假人未同而語看來都是應世小節不害通融乃二賢或比之夏畦或病其赧赧然則吾身有必不可毀之廉隅世路有必不可由之徑實故曰君子之所養可知已矣不曰君子之所守而曰君子之所養何也守或着意養則卓然自是得定拿得住非徒以氣節為高者也說個養字不惟愧死脅肩諂笑之徒且破卻段干泄

栁二人之病

戴盈之章

通章以義字為主時說農商怨叛及日復一日因循無已時寺意皆旁出如此則是論利害了不是論義最妙在攘雞一喻以非義激之罵他為盜為賊良心自動末節只就攘雞帶下說之諷刺不實鼓盈之更有遠神

嘗登之曰孟子之論正矣論到委曲調停處吾亦未敢盡以盈之之說為非

好辯章

不得已三字是一章大旨陳新安曰學者當深察孟子所以不得已之心韓子曰如古無聖人人類之滅久矣知此則知聖賢之所以不得已處鄭申甫曰不得已正与好字對好則非不得已不得已則非好莊子有曰迫而後動不得已而後應下文禹周孔子嘗不得已而不已者也非不得已而有功則爲生事非不得已而有言則爲好辨矣大抵世界將就維持得過聖人亦且安靜且天下更有任其責者亦不消勇往出頭惟世已值亂而吾又爲天所注任此大擔更誰替我擔得伊尹故曰非予覺之而誰也孟子說此天下之生久矣二句大有深意天心仁愛

本欲常治無亂而圖於氣數天亦不能有違而常生聖人以擬
其後然則天之有意乎生民而使之撥亂而反治也安得避好
辨之名誘天之責而不任乎孟子之承三聖也亦所以承天也
原旨云篇中叙世道之变愈趋愈下一变而為洪水猶是氣化
居多又一变為夷狄猛獸則人事俱失不止氣化矣然猶上層
下也又一变而弒父弒君則下逆上矣然弒君者止亂臣弒父
者止賊子耳又一变而楊朱墨翟則人人亂賊而率獸食人矣
不特世变而然聖賢之所以救之者亦一節難似一節洪水雖
大費力聖君在上諸賢夾輔禹行所無事便成永賴之功周公

附[illegible]

却稍難以臣伐君毅然謀動干戈多少難處然猶有權柄在手所以易做若孔子則匹夫無權徒以空言維世之衰已是口頭上生涯不及見之行事深切著明了然亂賊禍猶顯楊墨禍更隱孟子呶呶口說人誰信他所以一人之力挽回不來又去望於一世之人曰能言距楊墨者聖人之徒也俯仰千古孟子最難

初問云氣化盛衰人事得失平對不得凡人事得失即係氣化盛衰矣聖人挽回氣化之大力無非是脩人事以回天意

講録云堯時洪水是洪荒之初氣化使然天非以警堯堯亦無

可警者堯乃不諉於氣化而曰警余聖人之懼災如此春秋災異必書正是堯之心事後世忽災異而不懼喜祥瑞而好談堯之心事蔑如矣

按書曰洚水警余是舜命禹之詞警余是舜自言洚水者洪水也言舜所云洚水即堯時之洪水見得水來得大兩大聖入都被他嚇得荒補出舜來極有意下亦云堯舜既沒文法極周匝

由地中行如俗言歸港一般江漢南條水河淮北條水是也二字指今日安流以見當時禹功後世立國則倚江漢為天塹而

門[illegible]讀書

河淮之利漕運所関孟子單指四水必非無見

堯舜至紂時許多治亂然至紂為尤甚故前此皆略不言亦見

周公到此亦大費力萬不得已了

邪說暴行又作与下春秋時之邪說暴行有作不同此邪說是倡為一種以下奉上之說辨言亂政者也暴行即諸色橫歛峻刑之法承上文暴君来故曰又作傍緣為奸聳湧益甚也下春秋時之邪說即弑逆之邪說臣子動於弑逆皆見君父有不是處創造一種道理文飾其奸暴行即弑逆承上句世衰道微来昔未嘗有而今始有之故曰有作下弑君者有弑父者有三有

字相項說去本不錯

徐玄扈曰孟子說禹周公孔子皆以在下者言以下者言以見已承三聖之意其實周公相武王節原以武王為主引書亦只言文武謨烈之垂以詔當時天下之大治便可何必拘〻牵合周公也但言文武則周公輔相之功自在其中矣

誅紂二字是捴冒引書所云則書旨原兼誅紂後制禮作樂興道致太平在內但玆只引来以贊上文戡亂一節章則只宜渾渾說去不必闡明復添枝葉又伐奄是相成王時事今只槩言相武王亦不必泥

文王始謀造周。故美其謀。武王功成業就。故美其業。
要看孔子懼一懼字。此何等擔當。聖人生天下之心。不得已。如
此。後吾為此懼。與此應。
不曰春秋天子之權。而曰天子之事。事與權。當有辨。高中玄曰。
東遷之後。天下不復尊周。列國各自有制。故其為史。亦皆自紀
其所行之事。無復天子之政令矣。孔子作春秋。考文武之憲章。
而托之乎魯史。筆削褒貶。一以為準。以明天子之法。是為天子
之事。徐玄扈曰。天子之事。只是奉行天子之事。如禹治水。奉行
唐天子之事。周公兼驅。乃奉行周天子之事。非自行天子事也。

若權自我假是戒首也何以令天下
鄭孩如曰天子之事胡氏以惇典庸禮命德討罪八字括之方
完孟子言春秋無義戰及討而不伐及此弒逆以討罪言若他
書盟于首止天王狩于河陽築王姬之館賢季友等皆惇典庸
禮命德事也春秋所書括此四項而作經本意乃為亂逆而作
蓋因典禮命德不明故有弒逆之禍而惇之庸之命之亦爾以
止弒逆於未萌其為亂賊防非特書弒君三十六條而已
知我罪我卽是不得已與好辨而意知我者諒其不得已也罪
我者不諒其不得已而以為好盡言彰人過也孟子引此亦是

表其不得已以好辨見稱于人之意時說謂亂賊惡之故見罪
意太寬泛或云以假權為罪則孔子未嘗假權何罪之有且自
納破綻而與亂賊以有辭極辣且拙不可不可又删正云知我
罪我雖不同而要皆有所警於人心重在都有所警上不重在
罪我而未盡知也此意亦好但細玩終與本意不叶商之
聖人不作無以統一聖真於是諸侯放恣於道德之外處士因
得各逞其私說上以投合世主下以蠱惑末俗蓋當時燕齊築
宮擁篲迎賓揖士如碣石稷下迂談之士不一而楊墨為盛
嘗登之曰春秋亂臣賊子之踵肩皆起于無父無君之一念而

人心之有是念非根於為我則根於兼愛從古及今學脉孰有迸于為我兼愛之兩端楊墨特其中之斐然成章而為民表者耳楊氏不以一毛利天下必急洗心而後錫類之傑也其流必先身而後君故曰無君墨子能以摩頂放踵利天下必捐身家以濟蒼生之豪也其流必狥物而遺親故曰無父小心齋劄記云墨氏言仁豈能有加於聖人之仁楊氏言義豈能有加於聖人之義乃被其充塞何也曰二氏倒邊做[illegible]得奇怡有一段精神能動人吾聖人隨時順應做得平也無可喜也無可驚人是之只如常所以收他不住相率去而之彼曰試舉看曰墨氏之

仁至於摩頂放踵利天下亦為之是甚麼樣慈悲聖人親親而仁民仁民而愛物及若多所分別然楊氏之義至於拔一毛而利天下不為是恁麼樣清淨聖人立必欲俱立達必欲俱達及若多所撓攪然故曰惡紫奪朱惡鄭奪雅豈唯亂之又能奪之何若朱不如紫之艷雅不如鄭之濃也為我兼愛之能奪吾仁義亦若是

距楊墨正所以閑先聖道上曰楊墨之道不熄孔子之道不著熄之須用距距者抵拒之使不得闌入閑之義也放淫辭不正是距處淫辭者邪說淫溢之辭謂其汪洋泛濫而無際也邪說

必溪辭乃能惑人故欲放溪辭以剷邪說者不得作於其心
是探本之論下故曰我欲正人心害事害政則揭其禍而極言
之
再將三聖人咏嘆一番以起下承三聖意極有精彩是文法提
掇照耀處
詠紂伐奄不會說有夷狄或云中國而行夷道皆夷也蛮癡國
五十內烏知其無又趙氏謂奄國在淮夷之北則是亦夷矣
孔子懼作春秋春秋成而亂臣賊子懼兩懼字中間一亂一治
今須知亂賊所懼直懼甚麼時說謂其見書而知懼則所懼者

既是有所為而非真心且其所懼能及於好名之人而不及於勃然不顧名義之人又以為春秋書其名脅持恐動人而使之懼矣又只說得董狐南史之作用而非所語於聖人撥轉人心之妙机且如其說其弊將使亂臣賊子彌縫益密以逃名而避跡為害不小唐荊川曰亂賊之作必有邪說以階之春秋着眼在此特與辨別題目使是非了然亂臣賊子其禍為氣所使昧了是非遂迷却本来君父秉彝之心惡力甚劲刑戮且不顧又何暇怕見書但有人一與指點是非中其骨髓則不覺回心一而心後手脚都軟便自動憚不得蓋其真心如此所謂懼也懼

亏不慎之間，是忠臣孝子亂臣賊子之大機括，翻覆如反掌。大易之所辨，而春秋之所以震無咎也。如善醫者下針，中其竅穴，則麻痺之人，即時便知痛癢。春秋一言，中亂臣賊子痛癢處，即亂臣賊子使自回心，是以能懼。

我亦欲正人心，至承三聖，一氣讀。湯霍林曰：孟子敘述禹周等，而復揭禹抑洪水一段，緊接我亦欲正人心，分明以禹周孔子自任。然前曰使禹治之，先提起堯作主，見主事在君；周公相武王，亦提起武王作主。孔子時周天子既衰微矣，而猶曰天子之事，猶擁他虛名，總鎮壓得人來，見得轉世道全在上邊，人及到

孟子時列國分爭已無天子之權可假況到此時無父無君人
心亦不有上人上人爲得重孟子便假先聖做個名色好鬧動
他良心是又以惠周公孔子爲主事之權也李衷一曰孟子距
楊墨雖云承三聖其實重學孔子一邊此意亦要知得
入心不正所以邪說得乘間而入邪說既入行亦從而詖矣行
既詖於是互相倡和又有一段淫辭成一篇說話
詖言距楊墨或云把言去距他或云能提及距之一言作把言
去距他与好辨相照較好聖人之徒猶言是吾道中人惓惓勸
獎溢于言表要發得有遠神不要呆講鄭申甫曰孟子所言盡

自謂辨得猶未狠何言好乎可謂妙得言外之旨

陳仲子章

通章都是偏鋒非正論緣仲子是個不情的人故以不情之事窮之不情之事如何會充得故上段責以樹築之必皆伯夷而下段責以於陵之亦不可居妻易之亦不可食一片不情說話太苛太刻在仲子則箕不得苛刻戲劇他一場納敗令谿刻之夫廻想自家所為倒是扯淡妙妙

仲子為能廉這廉字就仲子所認所據的說即下所兩云蚓而後可蚓而後充其操者也下又云是尚為能充其類乎兩能字

相應。以矛攻盾。憑他自家說亦不來。原不待律以大中至正之矩。

論正理。則匡章何傷。數言自是論康的正案。取必于己。他亦何能知。為但以解仲子。卻不是這等公道。藥不是仲子吃的。仲子意本是要辟兄。其至于離母者。辟兄之事為之也。着此四字。仲子承當不起矣。而此章反不以此責之。側攻倒跌。原係孟子勝場。

說書卷之十六終

陳氏說書

慧眼山房說書卷之十七　孟子

離婁章句上　章四下

閩漳陳天定慧生甫著

離婁之明章

别處論政多重心，然獨重法為當時諸侯有善端而不能用故又細考當時諸侯師心自用聽其臣紛更舊制如商鞅変法之類可見故孟子惓惓責以遵先王而末云城郭兵甲田野貨財無非破富強之說然師心自用之本而長君逢君变亂舊章之源也將通章細玩便知旨歸旋開旋晦之病較猶差些子

疑問補云然章鄒氏分作三截亦是但聖賢說話是一口氣下

何嘗說一段住了又說一段此章總是論為治者在實行先王之仁政故從仁心仁聞說到為仁者宜在高位而其臣不可泄〻耳先王之道先王之法凡四見是通章提綴語總是責成君臣之詞不必太為分截

規矩六律總是前古聖人所制彼離婁等特用法者耳非主法者也與謁耳目之聖不同借來引起堯舜如詩興体至堯舜之仁政則法多創始非必因襲前代

按六律共十二管內六呂屬陰以陽統陰故不言呂而謂之六律歲十二月故律十二管盖述天地自然氣数以聲通之

聲成文則謂之音律所節也
堯舜之道對明巧看即至神至聖之意舊屬心思說自然時說
泥下先王之道〻字欲融作一側轉費詞說
董思白曰仁心仁政非有二也有是心即有是政觀下文既竭
心思而即繼之以不忍人之政可見仁心仁聞之仁不過一時
之感觸聲聞耳与堯舜之道聖人之心思不同所謂徒善也若
是真有實心自然住手不得此意非本章所重然不可不知
徒法句帶說一說有仁心仁聞而不行仁政則其善為徒善而
其平日所鋪張設施之法亦為徒法蓋合雙美離兩傷也

慾是錯謬酌量有欠妥處忘是掛漏照管有不周處慾忘揔是過若遵先王之法則酌量無不妥照管無不周決無疎過

蔡虛齋曰竭心思非懸空思之而已如欲仁得仁欲字俱有寔事工夫在又曰或謂聖人若只竭心思而不繼以仁政則仁自聖人而起亦自聖人而止非也仁政不用雖聖人亦何能覆天下

一說聖人既竭目力爲繼之以規矩準繩既竭耳力爲繼之以六律皆當句絕下以爲方員平直不可勝用正五音不可勝用与仁覆天下三段文勢相協

智字妙。世主變亂舊章，都是負其些小聰明，豈知成法可因。如上文所云，古聖人制作何等周至。諺云：不小智不大愚，正為此等。智者善因，是以成其仁而宜高位。播惡猶云流毒。義在下文。無法守以下皆是。而自上無道揆播之。無道揆者，上之一身無道揆，謂不把此道理去揆事，下無法守。在下之人因上無道揆，而不知所遵守。朝不信道，則舉朝綱皆不正。工不信度，則凡各衙門事體皆無定準，漸說開來，凡有位之人皆違道而行，無不犯義。由是至於細民皆犯法，而為亦莫不犯刑。散散說去，不糾纏為妙。

城郭等句非較量形容之詞當時不行仁政祗緣要畱這些富強故恃破也上無禮應上無道撥下無學應下無法守道撥內有許多權衡有條有理合乎天理人情之宜所謂禮也學即效法之義賊民興應上犯刑喪無日矣應上國之所存者幸而免起下天之方蹶意

泄泄猶沓沓不徒是釋其義玩一猶字覆轍相仍千古同慨

由事君進退說到言非先王之道作一套看事君無義句渾說係起語進退不是去就正以事君言即進思盡忠退思補過之

進退無禮云者不恭不敬無事君之禮也於何處見之於非先王之道見之歸重在此一句觀下所云敬恭可見

大全朱子曰恭與敬大槩也一般只是恭意思較闊大敬意思較細密責難之恭是先立個大志以帝王之道為必可信必可行陳善閉邪即是做那責難底工夫問所謂陳善閉邪者柰何曰君有邪心所當閉也然不知所以閉之之道而逆閉之則動有矯拂之患其言不可得而入矣故必為之開陳善道使之曉然知善道之所在則所謂邪者亦不難乎閉之矣孟子与時君論事多類此所以自謂敬王

玩通章語氣責臣之意居多當時諸侯儘有仁心仁聞可以行先王道者而其臣不能陳善又尊之播惡故孟子發此論觀結句吾君不能謂之賊則意可知矣

規矩方員章

楊復所曰不爲堯舜便爲幽厲無中立之路梁無知曰二者皆法堯舜而已矣而已矣者見再無別法也下面不以舜之所以事堯事君不敬其君者也不以堯之所以治民治民賊其民者也更解得直截孟子學問政事如此豈漫無本領者彼謂不能爲堯舜者定知其幽厲也下半篇文字更奇

焦澹園曰此章之意專在為民欲君法堯者欲其仁民也欲臣法舜者欲其以仁民之道輔君也故繼以暴民之說末段似遺却臣但君臣相須其君如此其臣獨非人乎則不敬莫大乎是

三代之得天下章

語意以諸侯為主唱出國之所以廢興存亡者亦然是大旨側重處而後抱天子大夫士庶人來伴說極痛快淋漓無限喚醒在

愛人不親章

疑問云當時之君好責人而忘自責且毋小設施便求效驗少有不應輒便尤人故孟子只教以反求二字愛人不親治人不治禮人不答非人心之難爲感由我感之者之未至反其仁及其智及其敬全不責人只知責己以正其身其身正則天下之愛敬且治者已先在我故曰天下歸之天下歸不遠于身而其歸亦不出于正身之外此是實理引詩專重一自字愛人不親者仁未至也視民如傷痛瘝迺身如上章既獨心思繼之以不忍人之政則仁至矣治人不治者物情事勢格礙處置失宜故也故當講求義理磨礲心鏡而及其智非所謂机械

鈎探之智也。禮不荅人字与上人字一例，以礼下言，礼接臣下而不得其股肱心膂之報，或其文貌徒靡靡而不足以激發其忠赤也。故及其敷衍有不得二句，總上言之，不必推出，蓋三者已盡之矣。時說作推廣者非，皆者無滲漏也，非推廣之義。天下歸之則無不我愛我治我敬焉者矣。

自求多福引以証天下歸。說者多援皇建有極歛福錫福之意，亦儘恰合，然較之古人文字寬渾之妙，終不免粘帶，別出手眼洗脱他一番乃可。

人有恒言章

鄭申甫曰孟子特就恒言中推出個本字來不重有序意恒言亦無意思只以大小相承而言然亦說到家止為孟子一抽翻出使自有意味說無四曰說一所房子便有個人在說天下國家便有個身在恒言郎未之明言而意已躍躍可思矣孟子特剔出言之耳舊說謂恒言不知其本之所在似未是莊忠甫曰天下國家其勢相離離而繫之使合所以使人共聞而並悟也家之與身其勢相合合而隱之使離所以使人獨觀而自得也其恒言所以不言身之意也不言身者貴身于天下國家也置天下國家于身之內則可使草木昆虫聮為肺腑置身于天下

國家于身之內則可使喘息呼吸通于胡越故身者不可与天下國家並言者也看恒言一說深似一說皆有妙義可參卓吾評尤簡盡曰好註腳着眼〻〻

為政不難章

鄭申甫曰自有封建便有世家與國粘皮帶骨生来去不得底好時作支幹蕃扞得力在此不好時削弱公室作禍亦在此國君稍有志者必欲去之而不得其機括乃益甚反授了太阿之柄一世政教梗塞不行故孟子指點他一機括在不得罪巨室此不得罪三字要看得好看得不好則是一意隨順以水濟水

矣其根原蓋在正身自治上使彼無所捨我而更服我之一段端正無缺潛有以拊其奸竊之心而不覺與肝鬲腎腸委輸於我此本國人所屬耳目而其權力氣炎又足以震耀擬動之故巨室慕而國人隨以慕也大抵巨室所以能逼竊者固是強宗力大耦國能要脅其民亦是人君自處多有不是處借彼題目而有辭于國人也除是君身端正無所得罪彼何所借以鼓煽其民乎到其慕時翻得他力上之德教奉行而宣布之故有沛溢四海之效也机要在不得罪巨室不得罪在正身操術甚約何難之有不知此而欲以智力馭之則難矣

此章文法甚掩映前云不得罪不云其所以不得罪接以慕字見其從感動上來又作麼感動不說破于臨了處點出德教二字可知握樞全在德慕者慕其德也為政以德其身正不令而行不得罪之旨如此

天下有道章

此孟子激發當時諸侯以自強之策其從有道說起極有深意正望諸侯好仁無敵而轉無道為有道也不是作無道一段引子天下有道小德役於大德小賢役於大賢文王之臣商孫子殷士裸將便是天下無道小役於大弱役於強齊景公之涕出

女吳便是可見有道無道亦不關于仁不仁之所成而已夫國
君好仁天下無敵二句極喝得醒快是一篇緊要激發語
斯二者天也三句舊說謂天者理勢之當然有道之天以理言
無道之天以勢言勢處於無可柰何便非人之所能為便是天
了不論理而論勢此語大錯無道之天強大者不消說彼小弱
者亦何嘗有道故曰今也小國師大國此其不仁之慾全生根
德賢之世愚正恐不免夫先道之誅也敢言役乎如此則見役
於強大已是便宜的按理自合得匪枉也第謂以俛首受役為
順天則似非聖賢勸世語故時說景公一節截上順天不相敎

轉從他彿出勾當挑逗下文耶寧可謂一快愚嘗与友人講此
書則又測斯二者天也句不是說受役之爲天之心仁愛天下
原是要有治無亂的而世人聰於邊樂不激不奮不善不画生
機太濃則生机交盡斯治亂之所以相尋而天心仁愛之所以
不能已也歲有冬所以開春日有夕所以開旦祖父鞭撻兒孫
欲兒孫長進耳天意其在斯乎是故順之則存逆之則亡順逆
之間仁與不仁而已矣宜欲以景公承逆天文王承順天須自
謂得旨而今細把本章玩味覺舊說更紆拚有致斯二者天也
三句局定使不得轉動透至小國師大國節全入垂首喪氣別

無可喘息出頭處然後教以免恥之方如絕後再甦葛藤打透置身于萬丈壁立之高峰是何等痛快最妙在天命靡常一語把斯二者天也三句一齊掃却而直示以國君好仁天下無敵夫安見無道天之必順而小大弱強為無道天一成之局不可轉乎李泌有云君相造命不言命是此輩秘旨而先局之以順天存逆天亡是挑激機語不是教戒法語兵法所謂置之死地而後生亡地而後存也繫鈴解鈴孟子妙有机鋒令說者惟不曉机語妙用而受役之為順無道天也遂諱言之矣

攷傳記闔廬伐齊大克取景公女為長子名終纍者婦女曰

夜思家哭為之造齋門死葬西虞山化為白龍而逝化龍事
雖不經而齋門之怨則千古有餘恨焉且以為後世和親者
之備皇室嬪於穹廬掖庭降於沙漠嬿冶之姿毀節異類垢
辱尚恐言哉
絶物猶云敗道言不如默則必招侵伐而立見敗亡正與上逆
天者亡意應如恥之何以又兼大國言蓋大國亦有不能自強
而為人所役者如齊桓時則齊強而晉楚弱晉文時則晉強而
秦齊弱是也且景公事可鑒也侯服裸將係武王時事而天眷
寔完於文王故以為文王事文王由方百里起勢不在大與強

陳白說書

也而能行仁以克膺天命則不惟轉小為大轉弱為強亦且轉無道之天為德賢有道之天矣最証得猛醒仁不可為衆雖有人衆到仁人之前皆使不得執熱逝濯ゝ在執前不在執後熱字以強大之氣焰言同執則降伏得他倒矣

不仁者章

本要與之言却從不可與言說起屬望之意更般安危利災樂亡彼既安之利之樂之我烏乎言之雖然其危其災其所以亡這三個其字如何可出脫的蚨之謂自取明ゝ攬禍上身譴臣拂士欲茹恐一言不可得矣苦哉痛哉

危災亦是一套意不必太分別不仁而可與言兩句還寓傷嘆之情以動其轉移之機不止是反決掉語孺子歌本說可字孔子指出斯字來便有趣味蓋此可係水之自取非孺子可之也妙在點破關竅不是解詩清濁並拈自負妙時說泥著章旨欲側重濁一邊及粘帶局促矣

桀紂之失天下章

新安陳氏曰此章綱領在一仁字仁民之要在所欲與聚所惡勿施能如是則可以謂之好仁而不仁者將毆民以歸之其王天下也孰禦大旨如此至提唱唱嘆之妙則章中無限殺活觀

者宜細着眼去不仁正以歸仁毆民節即足上歸仁節意非有兩層玩承接處一故字可見七年病時說作喻民困已極求三年艾喻當行深仁以救之今玩本文則七年病還是喻時君之暴虐已甚敗亡將至意思三年艾是喻行深仁以自救非喻救民下茍為不畜四句正申上意快求快求遲則不救也畜字妙這個藥非臨時倖辦的累年桀紂一旦湯武必決不得之數也但要知是勉之之詞不是難之之詞語云讀書如服藥多力自行可與此參看

自暴章

上二自字下二入字正相應自家有寶自不知惜却從何處尋立命貼脚的去安援危去正援邪這樣顛倒真可哀可哀

朱子曰自暴是剛惡自棄是柔惡

禮義猶云道理是寬套字面仁義二字乃寔落故下只申言仁義或云孔子曰克己復礼為仁言礼即是言仁亦可

道在爾章

張侗初曰道費自然行所無事人〻親其親長其長而天下平順日用之常然因民心之自有人〻渾穆處〻春風何曾纖毫

明白詳言

動念費力此正是易簡之謂道

集註云親長在人為甚迩親之長之在人為甚易二語明切此是孟子提唱仁義處親々仁也敬長義也其談道術即以此闢楊墨而力挽率獸食人之憂其談治術則以此告齊梁諸君如五畝宅等所云皆是撥置人々親長的机括故曰天欲平治天下當世舍我其誰孟子本領都在此大學治平二傳盡於孝弟慈千古聖賢本領都在此

居下位章

通章重一誠字首節文法々與大學欲明々德於天下節相似徹

自明明德於天下說到脩身步步遡下總以脩身爲主而格致誠正則係脩身底事始自獲上說到誠身亦步步遡下總以誠身爲主而明善則係誠身底事末云至誠動物至字由思誠來是善已明的完滿地位物字則總攝親友君民在裡面中點天人兩字極吃緊揭出誠的根原始孟子道性善歸宗之學誠是一條針透首透尾的理本直挈文則散布雖云獲上以治民信友以獲上批親以信友各各有道實無二道都是這點真心貫將去

鄭申甫曰曾子云父母全而生之子全而歸之可爲孝矣西銘

云窮神則善繼其志知化則善述其事不愧屋漏為無忝存心養性為匪懈故事天即所以事親事親即所以事天知此可以知誠身悅親之旨

大學言誠意先致知此言誠身先明善絕可參書曰惟精惟一惟精者乃所以惟一也一則誠矣精一無二事明誠無二境下拈出思字尤是暗室一灯書曰思曰睿睿作聖明字正用着這個思字後儒知行對待之說夫憂見此思在明非明而善非善誠非誠矣禪家轉識為智極深微可會識耶智耶於思字參過半矣

衷了凡曰明善不是即事窮理不求理于心而求于事乃世儒義襲之學善即繼善之善乃性之德原非揣摩分別之所能及者嗚呼揣摩分別不及矣向何處通得明的消息乎微乎微乎天道之一言也張侗初曰誠一善也善一天也天道無思無為人道有思有為而後于無思無為不明乎善則善却有思有為而不還返于無為之天或有着力形色而反礙其天性者天性不識形色盡是虛空自己一身微不能動何況動人故曰誠身貴明善明善明其天字妙甚有思無思二語亦可為思誠思字轉法華宗鏡録云箭穿石虎非功力之所能醉徧三軍

閒[illegible]說書

豈麴蘗之所造筍抽寒谷非陽和之所生魚躍氷河豈綱罟之所致悉為心感顯然靈通誠在然動在然貫以天也

明善是明誰個善玩一乎字隱々運出天人相接的消息來也下故接以天道人道非亦誠有天人蓋原人之本有誠耳誠者天之道即性善說然以其賦於人者言之天在人中人不過完而踐之耳與自成自道一例末節喚言動物之必本於誠而深明思誠之功不可已不作效驗說

伯夷辟紂章

講錄云此章不為文王說是勉諸侯行文王之政重末節鄭申

甫曰、制其田里、教之樹畜、導其妻子、使養其老、此文王之政、求孟子所以告齊梁者、當時見爲迂闊無奇、孟子津津此一着、謂鼓動者莫與王大機括在此、不可草草看、此孟子立言意也、要得此意、方有神情、

夏雲渠曰、孟子論仁政之得民多矣、此又提出伯二老來說、蓋晴以自負、

時說紂播棄黎老、養老之政廢、文王以服事殷、能脩舉虐先王之政、故二老來歸、是歸商也、非歸周也、不然於伯夷便說不去、況無四曰、此亦後人推原之辭、當時商周之勢未分、其在周也

猶在商也紂虐而文王仁則去彼就此聖人無庸心也如春秋
時孔子不仕周而仕列國亦復何心之有
按二老歸周太公實在位伯夷絕無著聞管登之曰伯夷以
遜孤竹之國出其避紂也恐紂以名羅之也一旦遇文而見
勳業不但難為中子之得父國亦難為叔齊之受父命矣故
文王養其志而不命以位太公以達可行之願出其避紂也
恐紂以位刼之也一旦被刼而艱去就不但難如膠鬲之歸
仁亦難如夷齊之遠暴矣故文王養其身而困顯其身大聖
人之曲盡人性如此其後又鷹揚扣馬結轍不同鶴林玉露

所謂水火相濟鹽梅相成如三仁之自靖自獻各為世間辨

一大事無負文王之所養也我

章皇帝有云太公之心在一時伯夷之心在萬世無非為生民

計也真知二老之心者矣

漢疏云天以七紀故曰七年楊復所曰此非漫言也亦莫計其

農桑教養之時而已矣

求也為季氏宰章

戰國以善戰者為第一等良臣故孟子痛發之首以富國引起

末以連諸侯闢草萊任土地陪說無非甚善戰者之罪又富強

相為表裏并按及彼亦所以剗其巔也最妙在君不行仁政王
字是歇後語言外有欲補君盡大事何不補以行仁意着眼
章中爭地爭城四字極重是殺人的禍本故曰率土地而食人
肉此語狠甚土地者霸王之業也盡霸王之業非行仁其孰有
濟不行仁政一語孟子惘乎其言之矣
說到盈野盈城處鐵人亦自慘心唐詩云憑君莫話封侯事一
將成功萬骨枯有人心者猛氣雄畧應氷釋矣罪不容于死猶
云死有餘辜是極痛恨之詞着一計筭便癡上刑句提起兩次
之皆次于上刑此畧戰作兩等非三等鄭申甫曰連結諸侯此

有所連必彼有所抗〻不得便戰矣其連之所以戰之也然以其未便戰也故次之孟子曰入其疆土地闢田野治則有慶土地荒蕪則有讓今以辟草萊任土地為罪而次於善戰何也可慶者為民墾田富民者也可誅者為君墾田富國者也盡把闢曠之地開來斂民之稅只要富國不令民有一些便饒乃累世無窮之禍破壞井田正是此輩而其人所經畫亦總以為戰爭之資但非親為戰者故亦次之三者總是一條路上人輕重之律則孟子定盤星一絲不爽

存乎人者章

莫良〻字只頂上句存乎人者說來未說到觀人去而觀人意
自寓其中存乎人者亦只從指一身之所具不必深解靈樞經
云目者心使心者神之舍也目以神用光衆体賅存之中眸子
所為良也鄭申甫曰良即良知良能之良乃靈活之意愚謂靈
活二字猶云動乎天機而不自已耳似只說得影像未甚剴切
良字猶云良心這個物事極秉公極執正雖經陷溺之後到底
良心不死這個物事亦不昧然則非眸子良也人心良也光處
樞有參出性命根源玅〻看過良字直照下文正字看可也
是有善無惡之元神經萬變而不移不泯爲者也下不能掩其

惡。正是良處。胸中不正則眸子眊。正是不能掩其惡也。胸中正則眸子瞭。是帶過語。不平本意重在惡邊。透下聽言觀眸子而人焉廋。都在惡一邊說。聽言觀眸子以其言而質之於眸子。亦一串不平。不知言無以知人。以言觀人。自是正法。然不良之人。言或覆之矣。故必取其良心不死處。究針追魂攝魄。大是十殿閻羅鏡也。又張南軒有言。學者讀此不惟得觀人之方。并可得檢身之要。私心邪氣一有於中。眸眸乎。不容掩矣。可畏也哉。

陸象山嘗舉鈎是人也韋教詹子南曰須是使心官不曠其職子南因是便收拾操持夜以繼日如此半月一日下樓忽

陸

覺此心澄瑩象山逆而視曰此理已顯也問何以知之曰占之眸子而已無際和尚在朱居士家住居士曰我見和尚坐得好問如何見得曰汝素常坐禪眼不定今番眼似定也陰符經曰机在目這裏關竅甚微理會得便是回光返照之學

恭者不侮章

此章為以聲音笑貌竊恭儉之名者發鄭申甫曰驕貪之名人所不樂居也而本性寔好侮好奪故外而粧飾恭儉模樣而裡面寔欲人陰順其欲如今撫按上司豈不外示恭儉公禁諭屈餽遺然下官稍有氣岸拜跪稍不如禮暮夜金不至者隨陰中

之以法蓋教與心違外欲襲取恭儉之名內欲陰遂其敖使天
下不奉其令而奉其意巧於偽奪者也其實豈有不敢露豈可
以聲音笑貌為哉再無有名利兩得之理又曰惟恐不順四字
心頭暗裏事恐人不曉得不順我意不免掀擒出来禁恐不得
不免露手露脚被人看笑心中十分慞慞情狀被孟子畫出來
說鬧得痛快儉字以廉儉言照不奪人就取邊說甚對針時說
謂儉是撙節惜費不奪人就與邊說其奪人而飾為儉者所謂
以屯膏為惜費也言與不言取終覺欠妥惟恐不順以究竟破
綻言自好一說謂是欲得人之順已以掩偽奪之跡成恭儉之

[illegible]名。作、當、境、護、惜、一、段、隱、情、言。亦婉妙可從。

劉元城曰、世以明皇初節儉、後奢侈、疑相去遼絶、此語非也只是一箇見識耳。夫錦繡珠玉世之所有、已即不用何至焚之。焚之又必於殿前此好名之弊也。好名之心衰。則其奢侈必甚。故當時識者見其焚珠玉。知其必有末年之弊。極指切世主膏肓。可參此章旨。

男女授受章

說出天下溺援之以道。大本領大機宜一口道盡了。何等堂堂皇皇。所云權者特因嫂溺之言。偶爾拈出耳。本是沒緊要所在。

今時說故把權字来與道字𠞰剝攀葛附藤精神反不吐暢且謂孟子所說權〻在禮中便是道髡所認權〻在禮外便不是道老學究喃〻講說豈不令千載炙輠機警人笑殺也俗儒認字讀字那曉得覿面機鋒一團迂腐氣岩〻氣象幾為厭殺禮男女非祭非喪不相授器其相授則女授以篚其無篚則皆坐奠之而後取之

手援助糙上援嫂說下本是睽帶語不可實解時說謂離道則援天下無其具大似空手痴甚周海門曰孟子曰〻以道援天下而淳于髡不知是必手援天下而後知也故曰子欲手援天

下乎蓋孟子自任未嘗不援天下之溺也解得醒快可從

君子不教子章

易子而教遺就外傳也傳云教子者教之以義方弗納於邪処
之於子何嘗不教但與師傅之教嚴加整齊約束者自是不同
況無田曰聖賢論教子而曰易子與養中才之論皆成就人者
苦心處

夫子未出於正何所據而云然懟詞也亦見人家教子貴匪梟
倡率感諭之力居多若威嚴督責則付之外傳矣

事孰為大章

新安陳氏曰此章前以守身為事親之本所以論其理及後寔之以事則惟舉曾子之事親而守身不及焉雖曾子之戰兢臨履得正而斃尤善守身而辭未之及集註於此一節只曰此承上文事親言之然觀曾子養志如此惟恐一毫拂其親之志欲子之不失其身尤父志之大者一飲食間尚體承親志如此則立身行己閒其能謹守此身以承親志不言可知矣張侗初曰曾子養志只在守身所與必請是守身內影様無意中做出所謂色難者是也鄒東廓曰只看数必字非曾子不能曾子直以己心親心聯貫為一無一念不在親無一時不在親就是一頓

陳白讀書

飯一餕餘亦看做親意所在纔能如此常常問非一時口頭偶勉強來與文王一日三朝問膳同分明是視於無形聽於無聲錫類不匱之孝豈不守身者能得鄭申甫曰曾子守身以事親意孟子不曾說破然看其能推所親公物之懷直是己身體貼出來自家己拿得仁字殼手滿腔皆是春意故有可推耳細味之自見有守身意藏在裡面沈無回曰養志之本不外守身但守猶在我而養則以我通于親養志而守身之理精矣數條皆可玩把養志守身說得虛空粉碎也

事孰為大守孰為大是叫起語不必以君長等意相形孰不為

事孰不為守亦然其守身為大字照下養志意駁俗說謂遺父母以令名與下養志不貼且粗了

黃葵峯曰或問孟子何不直引曾子謹身脩身之事以著其養志以應上文而瑣引酒食事見例曰孟子正因世之事親者但知養口體耳不知守身為養親之志方可謂之能事親也故引曾子曾元之事以明之白帖註載穆寧訓諸子曰君子之事親養志為大吾志直道而已茍枉道而三牲五鼎非吾養也即此章意此意亦自好但古人文字寬渾正不以字字貼切為工孔子稱管仲奪駢邑一事為人也之案並不及

其一匡九合之勳業與然同例錢受之又云自古豪傑親老
家貧失身于祿養者多有毛義捧檄色喜亦然意也但人子
必不失其身而後可論孝故曰不失其身而能事其親者吾
聞之矣失其身而事其親者未之聞也如曾子敝裘耕魯豈
有富貴口體之養而孟子獨稱養志正以其未嘗失身于魯
衛閭也故曰事親若曾子可也可見不能守身如曾子便是
不能養志以之事親斷不可也說同蔡峰非正旨然學者亦
不可不知然等議論廉頑立懦大有關係在
耿子庸曰人家父母質性意趣同者易事乃曾子故惴謹守

約人也遐想曾晳之意與襟度高邁恢瀾与曾子迥然不同跡其言志樂与人同必吁群聯類以為常其所樂与未必一一為曾子所樂与者而每食必請所与問有餘必曰有豈不難哉蓋曾子惟父意之承而已無意也無意則無已矣即此推之凡所以守身崇德以承親志者何弗用耶質性意趣之論極尖新要皆是能窮經歷驗貼語

管登之曰養志養口驗學者亦毋太泥其許先儒有言曾子父子相反蓋曾晳之學瀾畧曾子之學謹愿曾元亦有所受於曾子也曾子啟衷而耕其貧可知徵請應餘正委曲以承

巧頭

問的說書

父志耳非力有餘也其平生以忠恕体一貫能忠於父必能恕其子故曾元之不請必先有所受而然其問有無曰亡則見平日之不問者其常而問者暫也曾子以直道刑家亦不与子之餘亡曰有而元遂直遂以應之耳曾子誠養志之教子元亦非養口体而不養志之子也孟子欲標曾子養志為萬世法不得不抑曾元持論公平附贅

事親若曾子者可語意猶說如此總是訟爾若字只貼曾子身上說是評騭之詞勅人意在後註看若字太重了可字明是許之之詞圓不可用至極等字把人子分內事做個驚天動地的

亦不可如程子僅可之說看低了曾子正語意亦費周折太刻了也

人不足與適章

國是莫大乎人政人適政間自是不可少的然而非其本也而不足處正觀在格心一着見所重在此不在彼格字依漢疏訓正朱子亦云格如合格之格謂使之歸于正也下正字應此格字攝仁義言之莫不兩字一表本体說耶純粹之意如足色紋銀畧無毫鑒銅鉛夾襍的一表作用說有体便有用暗攝人政而言末云國定國是定也人不待適政不待間了風恬浪靜絕

無適之間之了煩且兩持而不下紛爭而不息也一字矣字甚
了當直截与上兩不足相呼應
高中玄曰問大人能格君心之非曰大人者見龍在田天下文
明者也其顯仰聞望既足以起人君之敬信而消釋其邪心矣
於是乎引之以大道養之以中和感之以至誠需之以寬裕積
久而化習能喻諸德而歸諸道也曰其作用何如曰難言也在
未萌不在已萌在未事不在已事視於無形聽於無聲默而成
之不言而信則格心之功也易之禦寇於蒙牿牛於童皆是義
也曰不以言語開導之乎曰朝夕納誨以輔台德則開導爲要

但貴乎迎其未然之机使之豫止而罔覺潜順而不知為妙再曰不以規諫乎曰亦安能無然又自有納約自牖之道孔子曰吾從其諷者記曰靜而正之上弗知也粗而翹之又不急為也此亦大人之事也但以治其本原為主不恃此耳曰既云君仁莫不仁君義莫不義又云君正莫不正謂何曰煦煦者非不仁然不可謂仁也孑孑者非不義然不可謂義也能愛人能惡人以大德不以小惠仁之正也無偏無黨王道蕩蕩義之正也是謂龍德正中故德博而化也曰大人之格君亦有本乎曰有只在自己心上做

有不虞之譽章

此章依註說為長。虞字求字都屬自己說。不虞云者無因至前也。求全云者自反無缺也。見得毀譽有這樣不根的。修己觀人如何憑做準。餘說甚多。大都轉側出之以見奇。不贅。餘說求全亦與註解不遠。惟李卓吾解作責備即吹毛求疵之求。異註附覽。

易言章

此章亦依註說為長。責過責也。謂失言之懲也。或云責責實也。如循名責實之責。即審己量力之意。或云責任責也。天下任事

難談事易錢不出家言与之病不着即言恐之也

人之患章

玩口氣似說是人之通病蓋論假易生故也最猛快處是打破道學先生的招牌

樂正子從於子敖章

李卓吾曰要知樂正子差處都在從子敖之齋上不然即舍館定然後見孟子亦不妨也漫然曰克有罪猶在舍館上看迹故下文復明与言之

孟子謂樂正子章

餔啜、掐、道路、所需、言。徒字、亦、刻、亦、婉。可味。學古之道四字甚重、得道、深則、世味、淡、孟子、有言、在我者、皆古之制也。是他藐大人、的本領。

張侗初曰、聖賢欲有為於天下、須要立定脚跟、其於小人一毫假借不得。孟子不与右師言、而樂正子從之來、恐他畧習員通、便忘却邪正二字。故憑、ゝ喚醒他、伊尹一介不取、孟子泰山巖巖、皆慎之於微也。

不孝有三章

此章与上孟獨夫章、皆天理人欲之最精析處、這等所為、去不、

忠不孝者幾何危乎微乎故孟子特為剔出

總是言孝弟貫天下之道李卓吾曰都收歸孝弟來大是大是

仁之實章

又曰樂則生矣生則惡可已也惡可已則不知足之蹈之手之舞之分明畫出是也二字揚復所曰好文章并孝弟二字亦不言只說事親從兄正恐人作道理解

實字如果實之實對華字看即有子本字意本者根也根能抽枝發葉實者粒實也實能抽芽吐華然玩本章意似重還元反樸上不重抽芽吐華上細嚼便見仁義禮智樂之發華無不覈

無不敬無不知無不節文無不樂而其精寔乃在孝弟五平說
知斯二者知字是孩提時即帶来的弗去正所以為知饑之知
食寒之知衣能去得否不是知了一層弗去又一層節文兩字
合看分分貼過不及無過不及總是節其無過不及而燦然可
觀則是文也又須知本文是說節文斯二者不是說斯二者之
節文節文係死字提節文於斯二者之頂便是活字死字在外
面晨昏定省等處見又屬迹了活字則就節文根原上說以心
言之樂則生矣生字猶云生活不是生發之生而生發意亦在
其中乃樂之活潑潑地妙融流動底意合下五句總是一個樂

非有次第人到樂時便自不覺不知足輕手快與孝弟的人
見親長在前有喚便應有令便行鼓舞踴躍豈不如此輕快
自智至樂說得有如許爐錘似非出于學問者不能然總之是
福本体非表功夫業愁縉曰知斯二者是元初不容參錯沉之一
竅自為含蓄節文斯二者是元初不容參錯之一脉自為調劑
樂斯二者是元初不容湮鬱之一機自為動盪焦漪園曰此章
只作道理說不知工夫又如何做王陽明謂做得工夫是本体
合得本体是工夫若云本体外別有工夫便是人性為仁義之
說矣

張侗初解寔字對名字看仁義礼智樂都是箇名這箇名都從孝弟上分出来事親為仁從兄為義知此為智節文此為禮樂此為樂都無寔義若論寔義只是事親從兄自知自節文自樂是天性自然有的亦性之謂道可名而性不可名也不作華實之實尤覺得空快亦可從

天下大悅章

勝窒趣讀甚奇是立言妙品草芥悅歸明是輕富貴天性動則世味擺脫孟子真切摘點處後章亦言富貴不足以解憂一証今時說謂悅歸者歸其孝也而舜不自以為孝故作草芥觀非

經富貴之說崔晃肚腸見徇意字如許可厭可厭下不得乎親

四句極慘淡淋漓是舜千載第一知己所謂舜盡事親之道者

狀也王永啓曰得與順何別從承事上悅親心為得從道理上

合親心為順得以為順之地而順可施順乃為得之精而得始

愜得有形順無象得可知順不覺有象而可知者事職其能無

象而不覺者道神其用故曰舜盡事親之道極說得粉碎末贊

以大孝明承上天下化意來但要看與上底豫做一個精神流

貫不露痕跡為妙提盡道句作主耳鄭申甫曰記云夫孝置之

而塞乎天地溥之而橫乎四海施之後世而無朝夕孝之分量

如此滿得分量始非一身一家之孝合天下以成其孝而謂之
大孝孟子以孝弟盡堯舜之道謂此蓋透性而言不然則王祥
孟宗之孝岳食徵所謂情量者也人但知孝弟道大而不叅勘
到此豈足以言性學哉極說得深宏今時說故欲挽歸舜自己
身上謂舜大孝不在化天下上而在得親順親上是尚信得親
順親之與天下化一性通徹處不及也又是雀兒肚腸教他再
放開肚皮一些兒亦不敢
真西山曰舜所值者至難事之親也然積誠感動不以父母為
不是而自引以為己之愆惟見自己之不是而已世縱有難事

之親豈得有如瞽瞍者故瞽瞍底豫而天下之為人子者皆知無不可事之親惟患為子者未盡事親之道耳孰有不勉於為孝者哉是故罪己而不非其親者仁人孝子之心也怨親而不反諸己者亂臣賊子之志也後之或遇難事之親者其必以舜為法此說字字真切正野人初得鹿蕉食時也

化以機言定以處所言緣機倪之撥轉遂得處所脉本相承其大意則一歟

舜生於諸馮章

堯舜君臣一堂文武父子繼體其餘聖人時地相去亦不如舜

[illegible]
文之隔遠故特以舜文言之李卓吾曰借舜文為話柄耳非寔
說舜文也極有眼夷者鄙也東夷西夷猶云東鄙西鄙非夷狄
之夷中國猶云天下亦非中國夷狄對舉之中國行乎中國行
處有萬變怎麽合得因時用中固是活局論恰適不論雷同
以一二事揆者謬矣觀下揆字可見漢疏云揆量也揆一言聖
人之量度同也揆字屬聖人說故曰其揆口氣甚明勝註孟子
測云心也若萬事之揆也符節言其驗也用也揆言其度也體
也蓋指聖人之所以度量天下者言事有古今量度生焉按圖
索驥膠柱鼓瑟竟無是處夫孰知不一者之為一而垂合者之

在至不合乎得志兩字甚重不曰得位而曰得志位者所以行
其志也非一身之私圖也向與廣參合便見萬物一體之學溥
博淵泉而時出之相機投竅揆裕如矣又何不合之有子曰隱
居以求其志行義以達其道達道者達志者也是得志之說也
所志既真所行自合先聖後聖猶旦暮遇之也本搨開發說粘
着舞文上結便不是

符節本二物符者篆刻文字而中分之古用竹故字從竹後
世則易以金銀銅鉄并詭鑄物象以示秘用處亦不一要以
防偽若圭璋之判合史稱魏公子竊符卧內漢高帝剖符封

功臣是也。節亦以竹為之，或用金玉，柄長二尺，有旄。乃出使於外所執以為信者。史稱蘇武節是也。周礼八節中一名符節，係析竹所為。蓋影中分之義得名也。与此章符節不同。註混為一物，誤矣。

子產聽鄭國之政章

通章是論政体，不是論子產。政字着眼。但提個政字來，便見是大模大樣的，了自有紀綱法度區畫處置，使天下之民無不耳是，於中上無施惠之名，而下廣受其賜，此政体也。故謂之平。謂其無有餘不足，而普徧以均平也。曰亦不足，便是不平了。若論到根源去處則欸所說平尚是政平未是平政書訣以偏側取妍平不平之故可知矣拈出愧字正是作小惠的賊賍沽恩買譽何等凹凸起倒在便早是不平了平之為詐濟煦無奇之謂也

章首一句是書法張侗初曰既說聽鄭國之政便須無偏無黨不令人喜不令人怒蕩蕩平平做出來若不可狥之情不可繼之恩總是歡虞小補豈關王道故但謂之惠不謂之政

高中玄曰乘輿濟人子産特偶然為之如道遇餓殍飼以簞食非日携簞食於途索餓殍而救之也孟子恐人崇尚小惠有乖

大体故借然以立論按朱子有云子產之才之學於先王之政雖有所未盡然其橋梁之修蓋有餘力為惠之及人亦有大於乘輿之濟者矣孟子慮後之為政者或慢而效之將有廢公道以市私恩者故致譏以警其微亦拔本塞源意也然論甚公平惠而不知為政的是借事立言非正斷也徒杠一節亦只是承濟人說來泛論個經畫原不是責子產不修橋梁子產治鄭封洫廬井無不脩豈獨缺一橋梁不脩者乎朱子謂其修有餘力者當也又攷溱洧二水合流平時纔及縢春夏暴漲奔騰數十似橋不可施理或然歟然本不足深論但放寬將去便字字詰

眼稍一粘着步，窒碍也。漢蹶惠而不知為政，言子産雖有恩惠及人，然而不知行其不忍人之政而濟人矣。郤有味，詞亦婉挿不徑。

李南黎曰：十一月十二月，註作九月十月，未是。商周於夏時俱改年不改月，見於詩書，歷歷可考。不知朱子何見皆要倒轉兩個月。且謂九月十月農功已畢，亦不相干。先王修橋梁，原為春水泛濫，豫以待之。若冬時水凍，雖寒亦尚可涉。故十一月十二月始為之，不必在九月也。註謂時將寒沍，有橋梁則民不患徒涉，是未知先王修橋梁意也。又杠字註訓方橋。

盖如方策之方。單板也。與梁則湊板為之。徒杠通僻道。與梁通孔道者。二役一時並舉。但工有煩簡。故成有先後。覌成字可見民未病涉要看一未字見防於未然之意。

狥情者必先體辟人一語勿艸艸看過人人而濟每人而悅二語照應甚明。中看故字承接一套看上下相承說為妙時說鳥得人人而濟之承上辟人句以体言每人而悅日亦不足則日進一步以勢言不如一套之渾成日亦不足日字當活看詩曰降爾遐福惟日不足如人多日少之說則豈可謂福多日少乎細認便見。

君之視臣章

楊復所曰說膏澤下於民則天之立君臣之事君俱可知矣李卓吾曰全虧膏澤下於民膏澤不下於民兩語不然羲不成話王元美謂可對為君者說不可對為臣者說極是極是漢疏云無為於其內者腹心也有為於其外者手足也君臣相須猶一體也極親切

諫是閉邪言是陳善渾融看亦可膏澤屬君說臣無私恩天風天雨非風雨所得尸也其所以下於民則直從明良泰交神髓上淪洽不是行一諫去一弊聽一言與一利零碎上見有故而

去。自。有。他。故。非。與。君。不。合。也。要、活、看。求、其、所、以、然、則、碍、矣。下、有、
故、而、去、則、明、是、可、去、而、婉、託、有、故、以、行、如、孔、子、之、以、膰、肉、去、義、
也。亦。情。也。君、子、忠、厚、之、至、也。三、有、礼、即、動、慇、懃、有、加、無、已、意。
不、必、數、着、三、項。

先於其所往、註謂稱道其賢、蔡虛齋以為疑、云設他國來詰、
既賢何不用、則何以置對、一說不是稱道其賢、乃替他辨白、
所以去、故非為得罪見棄云爾。愚謂此說、都是看有故而去、
有此疑碍、又不考春秋戰國時仕宦轉徙、原非一國一君、此
往彼來、此棄彼收、原無禁忌、安見此國不用、而他國盡懸戚、

寀嗻之也。又詰之慮。大是板人。黃葵峰又謂先即導字意。不但護送出疆。而直護送到其所往之國。一以防剽掠。一以防阻抑也。亦不如註說也。有關係。

田祿里居。公辭也。

無罪而殺士章

漢疏云。惡傷其類。視其下等。惧次及也。

史記。孔子將西見趙簡子。至河。聞其殺竇鳴犢舜華也。喟曰。美哉水。洋洋乎。丘之不濟此。命也夫。子貢趨而問。孔子曰。丘聞之也。刳胎殺夭。則麒麟不至郊。竭澤涸魚。則蛟龍不合陰陽。

陳明說書

覆巢毀卵則鳳凰不翔何則君子諱傷其類也夫鳥獸之於

不義也尚知辟之而況乎丘哉乃還息乎陬鄉作陬操以哀之

君仁莫不仁章

此章專戒人君其向解則依格心章說亦不妨張侗初曰仁主

覆露義主裁割仁義雙行生殺並用帝王之道也

非禮之禮章

王觀濤曰至非無是者易見而是中之非難明鮮不誤認而誤

執之重在察理精上李卓吾曰說禮義中原有小人妙論妙論

又曰大人者由仁義行非行仁義也行仁義便有非礼之礼非

義之義矣此說較微覺察理猶非卞論張侗初曰禮義是真性
靈不是死名目大人從性体流出都是禮義非依傍礼義上尋
個是礼是義也是且不有又安得有非禮非義之礼義耶鮑焦
枯而季子讓仲由勇而荀息忠只為先有個礼義在執以為是
不覺已蹈於非與卓吾說相發明暢甚

中也養不中章

此示人教子弟方法天性不可損傷當与責善章參看書曰敷
教在寬寬之一途教之準也而況在骨肉之間乎故其法須用
養註曰養者涵育薰陶俟其自化也涵育容受不急迫意薰陶

日常親習為觀化意如養花木培壅灌溉不徐不疾自然於
向榮天融性洽中以德性言不剛暴亦不柔軟未可便言無過
不及才以才調言屬聰明強幹邊樂有賢父兄樂字從養字來
乃條暢融通無辛苦艱難意亦猶木之向榮也不養則棄新安
陳氏曰急迫以求之見其未化遽以不可教而舍之是棄之也
父兄而棄其子弟子弟固不中吾亦成甚性氣亦何以異於子
弟之不中子弟信不才吾有子弟而不能教亦不才相去何能
以寸要知此是極責備之詞着較量語便痴
楊復所曰不肖不指子弟說此語根上樂有賢父兄也來盡

說人樂有賢父兄者，以其能養子弟耳。若棄之不養，則為父兄之不肖者何以異哉。人亦何樂乎有父兄之賢也。此不肖指父兄，終覺刺眼，愚意相去不能以寸，猶俗云汝豈和他是一般人，所謂極責備之詞也。時說又謂一脉相關，有一疼痒，百骸皆受傷，以此齊其賢不肖，談理細矣，提扨則狹。

人有不為章

天地之情聚，翕聚則不能發散，不專一則不能直遂，有為的力量全養在不為裏。荆軻傳云其為人智深而勇沉，王弇洲曰深所以藏智而出之使不測，沉所以養勇而發之使必遂，此意極

可理會又蘇子云惟天下之至勇爲能怯惟天下之至動爲能靜更轉得圓妙看眼而後兩字猶云方纔乃一机一脉之用非層次得先後時也

言人之不善章

盡言以貽人過國武子所以見殺也後患主報復說自悚然沉無回謂言人不善的滿腔都是殺机不有奇禍必有奇窮推開看不粘定報復意見亦大然不如報復之說之悚人

仲尼不爲章

此章有數解漢疏及張南軒主處世說疏曰仲尼殫邪以正正

斯可矣故不欲為已甚孟子所以識踰垣閉門者也南軒曰夫
子非不欲為已甚自不至已甚也何也聖人範圍天地而不過
況應曲當而不過其則其不為已甚者固天則之所存也世徒
見吝陽貨見南子等為不為已甚獨不思靈公問陳明日遂行
季桓子受女樂不朝晃而行七日而誅少正卯聞陳恒弑君沐
浴請討此謂之已甚可乎不深求聖人之權度徒竊語之近似
以文奸此賊仁義之尤者也集註引楊氏本分外不加毫末之
言則槩主學術說如子臣弟友庸德之行庸言之謹便是郎克
舜人皆可為之意蔡虛齋亦謂聖人不求奇取異孟子此句最

虛涵說得盡處世之說還偏而不全也張侗初曰道只是恰好略着意過一分便是已甚孟子見當時廣如陳仲子賦法如白圭並耕如許行仁義如楊墨都是過一分的所以說箇仲尼不為已甚救他不應作中庸隱怪解也然亦主學術說然皆謂揭以救世來有直看作贊語者近李袁一始看作贊語謂此是孟子贊孔子之至聖處不是說孔子為平易聖人也故註云非孟子不能以是稱之此解實卓千古覺諸說俱在範圍

言不必信章

信果自是好的但必之則傷義大人惟義所在則不必於信而

自常信矣不必於果而自常果矣象山云義是個大世界必信必果是箇小蹊徑解得快徹

李卓吾曰正好与言必信行必果硜硜然小人哉參看

不失赤子章

此章書諸前輩大儒已拈得粉碎愚尤愛李崆峒先生數語謂如草木之萌芽出土時分量已具但能培之使足耳非能矯之使增也可謂簡要初問亦云赤子之心是精金足色情識一開銅攙鉛和矣極透截餘說備錄於後斬葛扶藤一洗宋儒支節之障

揚復所曰一友問大人不失赤子之心註云大人之心通達萬变赤子之心純一無偽却似大人赤子兩様的心何也曰孟子此言本極明白不須註解若無註解公必不作此疑問又生一番講說既須講說最怕題外生意如何題外生意孟子只說大人者不失其赤子之心者也今於大人字下添之心字又以通達萬变贊之赤子之心本是個無不知愛親敬兄的又以純一無偽贊之是謂題外生意說得好聽却起萬世千層疑障學者聞說通達萬变便作通達萬変的想於平常地生許多机智聞說純一無偽便作純一無偽的想於活潑地加許多綑縛二見

交馳何時休歇于今要說直將大人赤子体貼理會將來大人便箇大人的人不失赤子之心便是不失個愛親敬長不慮而知不學而能的心劃却大人之心數個字直截快甚

張侗初曰赤子与孩提不同赤子纔離于胞胎以其赤身故曰赤子孩提知愛知敬已落知能赤子渾沌初剖塊然純樸無知無能一天命之性老子所謂如嬰兒之未孩者是也赤子是未發孩提是已發赤子之心一失而求完未有能完者也大人只是個不失從混沌中立根基無知識無技能無分別愛憎渾渾論論只保任此赤子之心無知而自無不知無能而自無不能

無分別而自有分別之條理。千轉萬變皆從無中發竅。所謂情
順萬事而無情。夫無情之謂赤子矣。若說擴充便添蛇足。按混
沌立基數語出杜靜臺。侗初述之以判明赤子孩提之異同。極
有密義。參
袁石浦曰。赤子之心無分別無取捨。所謂第一念也。大人事業
只用第一念有餘裕矣。故曰大人者不失其赤子之心者也。然
熾然分別取捨。亦未嘗失赤子之心。又當知有這個道理。始解
甚真甚微。亦可繹
吳康齋曰。孟子所論大人者數章。當以不失赤子之心為主。

好。

惟不失赤子之心所以真机運用便能破信果之累便能得礼義之中便能格君便能正物着眼

養生者章

送死是人子養生的盡頭故特重之

君子深造章

此章要認個逢原字与深造以道深字道字自得自字相關合這個原字正其深處惟其原本甚深欲得之者須是用個深造工夫然雖要深造却又非勁力能得須是以道之猶路也行路的必循序漸進一步便跨不到且少一步不得必有事焉勿

忘勿助是也如此方能自得自得者得自本其家珍非從外
得寶珠在貧子袖中一旦撿得曰自得亦自然得也菓熟蒂落
雛成穀脫不由人力曰自得造之不深淺掘焉能及泉造不以
道鬱懸失其真味深造而又以道故自得也自得了認得本来
面目大悟徹底一得永得更不復失如鑛已成金不復還為鑛
矣故居之安居者居其所得也如居財之居與居住之居稍別
俗說着寧謐靜定等語者非也居處便是資處如居財的要做
經紀有資本一般所造深則所資深淵淵其淵主本不窮矣到
此時滿目是道與處不可以見天真不但見吾裡而深處是吾

家珍信手拈来頭頭是道翠竹黄花揔是真如左之左之右之右之又何所取而不与原相值乎然子思子察道于鳶魚之境也居安資深逢原皆自得後一時光景無有節次自得之妙如然故君子欲其自得之也深造以道工夫自所不容已矣

註以進〻不已釋深造以進為之方釋道極有見凡入根器不同得力亦異時節因緣毫不可強方便精進亦各從其致也以字内有許多遲速頓漸在朱子語類謂是循道以進循之一字可謂妙徹以字之神世無一蹴便到之聖賢顔子由愽約而証末由曾子由忠恕而証一貫這就是深造以道的様子道為虚

位故朱子以進為之方釋之豈是無主腦工夫乎杜元凱有云優而柔之使自求之厭而飫之使自趨之若江海之浸膏澤之潤渙然氷釋怡然理順然後為得也先儒愛其言謂與孟子自得之旨有合聖賢立言各有所為若只為速化者立針道字以徹底解為妥時說過慮其沒主腦謂道即率性之道以真正路頭言之恐深造之或差故直揭性宗嚴以絕其脈也與下向自得意味應甚不叶不玩聖賢語趣動以性諦相籠機填趣索幾全人悶殺也哉

博學而詳說章

然是亦人博約的口訣博從約裡來故究亦從約裡反〻還也
謂還歸本体其主腦處即其歸宿處也朱子嘗嫌楊子雲多聞
則守之以約多聞了又要一個約守他守之一字果是痕迹博
約無二理學問未融時一個是一個纔融了便合做一個博到
通貫處便是約不是通貫了又去裏面別尋討個約也中間分
際只爭個融与未融可見理要參証只爭個勘得破与勘不得
破也故其法要在詳說〻之詳者非詳於口舌之浩衍而詳於
心下之明徹愈詳愈約然則其詳之也非所以反說約乎二說
字上下相粘呼應甚緊甚醒反之一机絕不費一絲氣力何也

其得力處已盡於說之詳也。梁無知曰：詳說詳字妙。學問若不詳說，斷無反約之理。故孔子曰：學之不講，是吾憂也。彼不知者謂學在躬行而已，何用講說，與嘗門外人之言耳。博約是死名理，位置詳說是活名理，機鋒說處活，則博約處俱活；則博約合死，則博約分一邊浩繁，一邊徑省，百忙裡揑不來也。

以善服人章

觀末句心服兩字，則上面能服與不能服皆就心上說。人字指敵國看為是。以善服人，齊桓會首止、晉文盟踐土是也。以善養人，湯於葛遺之牛羊，又使人往為之耕是也。以善養人而天下服。要其為心服不消說了。以善服人桓文假仁伏義。躍秦楚之強。亦不敢与之相抗。然到底心裏不曾服。王伯之分於斯見矣。或有就本國看者。則人字直指本國之臣民。自古聰明雄毅之主。每忌臣下勝己。而以己之善震而矜之。炫才耀能。欲令臣子無出其右。如隋煬帝善詞賦。薛道衡以空庭落燕泥佳句致殺。可見。惟大聖若虛若谷。不但不以己之善去服人。且以己之善去養人。以人之善納于己善中。浸淫薰鑄。使彼之善有所自見。而且使其未純者養之以至于純。如大舜善与人同。取人而因以与人為善是也。漢文之於賈生。亦其次者。二說交融。渾出之

[illegible]

尤好養字濶亦裕着眼

言無寔不祥章

而寔字作一例看口氣甚難調轉一說言無有寔不祥者謂任是那樣不好的語言總筭不得不祥惟蔽賢的語言總筭是個不祥一說言無寔者是個不祥而又有一種不祥之寔謂明是不祥却說得甚似寔變亂是非倒置黑白此之無寔之不祥更為難辨也然惟蔽賢之言當之二說皆可後一說長些

仲尼亟稱章

通章俱就水上泛論末二句纔找到學問來其寔上面有本無

本已隱躍含吐點眼了故末二句只用找足之詞又要曉得盖子此言是隨機說法孔子之稱水不專在此

鄭申甫曰重原泉有本不動漸進不舍晝夜盈科放海句乃形容其長流不竭之意其所以能如是者有本故也無此則不能矣學從根本上做起踏着寔地性命上築基自然充滿流溢出來暢於四肢發於事業叩之不窮用之不竭無本領工夫外面掇拾個影子暴得聲譽立刻敗露矣故聲聞過其情寔君子之所恥也恥其不繼也登東山章不盈科不行亦是寔意盖着坎滿積乃行即坎卦中寔有孚之義

人之所以異章

此章提出幾希係千古聖賢種子所言君子存之合下四章相連在內而下數章于每人身上或渾括以數語或單舉其一稟湊成一幅道統圖聖賢道理融液体用合一以此而言存幾希極為了義要以滴血沁骨則妙尤在引舜來抉出明察一機翻透由仁義行非行仁義一案須知由仁義行与行仁義正是存去關頭曰由仁義行則仁義在人中我固有之者也曰行仁義則仁義在人外鑠我者也依傍名理視背馳者幾何行仁即去仁之端行義即去義之路究而言之其行時已早是去時矣舜

也謂其不從幾希認取而以仁義為名理向名理上塗抹搜換
而去之也然是千古作聖頂門針然處一差千錯萬錯故孟子
特為抉示其竅妙則在明察仁義者倫物中所涵固有之理萬
物皆倫於我物與人原是牽連不判的而倫曰人倫與生俱來
自不必說行之藹然則曰仁行之秩然則曰義且看然仁義處
所人中乎人外乎人之所異於禽獸者幾希仁義在人幾希可
想也然謂仁義為幾希則可而徑謂幾希為仁義則人不可張
侗初曰幾希即仁義然透入明察言之也鄭申甫曰仁義非幾
希所以行仁義處是幾希然剔出明察言之也明于庶物明然

幾希於庶物也察於人倫察此幾希於人倫也大舜見得倫物
即是幾希故明察處便是行是為由仁義行衆人見得倫物只
蓋倫物故幾希之体不現即周旋日用總謂之行仁義引舜明
察正是示以存之法非二也禹湯而下諸聖人都是明察
都是由仁義行豈曰反之而為行仁義爭不待存之說着便
是本体工夫合一之旨意員語滯後人被瞎却也
揚復兩曰人與禽獸同得天地氣以成形同得天地理以成性
莫不自靈相蠢自貴相賤而人自以為靈且貴者生於有我之
私非通論也記曰誠者天之道誠之者人之道誠者物之終始

君子誠之爲貴夫誠者人與物之所同顧物不能誠之而人道則能誠之與其所以異與學者牽於文義謂誠者爲聖誠之者爲賢不知聖賢皆出於誠之而有分量之不同若一任其誠而不能誠之則衆人所以自同於萬物而與禽獸無異者也日用不知終身由不知天道自然本無餘欠惜不能知而失乎人道之當然聖凡人物之分存乎一知之間而已矣袁石浦曰謂人之所以異於禽獸者靈知乎則血氣之屬必有知禽獸固未嘗異於人謂禽獸之所以異於人者妄知乎則一切凡民出作入息何者非妄人又未嘗異於禽獸也然則所謂幾希者安在乎

曰人與禽獸共由此道而可使之知者獨人耳此其所以異也
裴公休曰鬼神沉幽愁之苦鳥獸懷獝狘之悲可以整心慮趣
正覺者惟人道為能耳人之異於禽獸只在一知舜明於庶物
察於人倫則為千古之極聖百姓行矣而不著習矣而不察則
為襟裾之禽獸然則知與不知所係甚大也人聞罵之為禽獸
者誰不攘臂自我觀之宜急求脫禽獸之寔不必怒其名也二
先生以知字立論正照於明察二字看極湫極真誌亦以知
不知判存去正謂此
幾希兩字形容性体妙甚猶云這些子人之所以異於禽獸者

幾希謂止爭這些子畫言之非經言之乃是指這些好的說話
下云庶民去之君子存之這些好的四字本出朱子即惟微意
註云幾希少也如此看今時說却解做差不多則轉微而言危
走却道心一線而錯說向人心邊去了也蓋幾與希與微本合
義老子曰視之不見曰希聽之不聞曰夷搏之不得曰微三者
不可致詰故混而為一易謂之密詩謂之穆論語謂之默大學
謂之獨中庸又謂之未發之中而虞廷括之以一道心之微王
陽明謂微字乃微妙之微非微少之微幾希者微妙之謂也然
亦不妨說少此妙處原不曾多惟少故妙惟妙故又少而能多

曰精曰一皆少皆妙之謂也孟子言幾希者三二義皆具又幾希二字渾言之微妙義析言之則幾字覺義希字少義幾警幾覺然處針鋒上一點耳一閃便過不可控執以其是物不可控執無著力處故但曰存之是其義也要之幾有二樣說莫晰於周子有分善分惡之幾周子謂誠無為幾善惡是也有〻無動靜之幾周子謂寂然不動者誠感而遂通者神動而未形有無之間者幾是也孟子所言即此有無之幾此幾即誠神關通之竅此曰道心緣是善不與惡對易曰幾者動之微吉之先見者也不與凶對此幾自無而有一往直遂出來只一條路無非善

者必濊思為即動以人即為旁竇別徑而為人心之惟危者知幾者五此幾頭攝而歸之寂然不動之誠肆而達其感而遂通之神用拌誠神幾句而為一則謂之聖人周子謂誠神幾曰聖人是也是又則存之之說也鄭申甫解甚詳今節纂之以倫玩知行合一由仁義行即從明察裡一溜出來非兩層明如鏡之照察是照得纖悉起照處非有麤細應緣隨機則然爾

按溪疏有云小人去其異於禽獸之心所以為小人君子存其異於禽獸之心所以為君子所謂異於禽獸之心者仁義是也舜能明於庶物之無知而存乎異於禽獸之心詳察人

倫由仁義之道而行之時說一謂明察是洞察人倫之別于庶物本然蓋以人倫應上人字而庶物應上禽獸亦自刻露黃氏日抄又謂人物皆天之所賦明於庶物則知自異于物矣應上文人異禽獸幾希之言人皆為物之靈察於人倫則又知自異於衆人矣應上文庶民去之君子存之之言既明於庶物又察於人倫然其所以能由仁義行偏竅亦可醒目

附覽

禹惡旨酒章

三王四事凡例甚寬渾無不該括穴竅甚玲瓏無不互通其

中惟旨酒一節差可執定指數餘曰中曰賢曰道曰民曰邇曰遠皆無不該括互通也然何以每條必繫于各人之下若截不相涉者謂類舉其盛不是謂舉一以槩餘又不是想是詩書所載原有成文孟子特會意節畧之以為三王寔錄如今疏儀狄拜昌言懋德建中旁招俊乂汎邇緝熙貽謀燕翼之類紀載現可考明係隱括紀載之詞非有杜撰另標簡深意也順文衍文照各條詮釋明暢可也中幾個名物字畫千古治法幾個工夫字畫千古心法周公之思兼以心法統治法也合之共是存幾希從入之門思字尤要

許大神禹孟子直於好惡二字斷盡着眼〻執中即允執其中
之中說心學說舊作衍跋對下句用人看不是立賢無方〻字
舊以世類說楊升庵曰虞憂用人止於世族左傳八元八凱皆
高陽高辛之才子至湯始廣其途故商書一則曰敷求哲人再
則曰旁招俊乂伊尹萊朱巫賢傳說皆以賢非以親舊也自後
周以親〻為重異姓為輕至其末年魯之三桓鄭之七穆楚之
昭景屈子孫盤據茍裔禪祚東晉六朝又鍾其弊南之王謝地
之崔盧雖貪武蠢褫皆據顯位并韶侯景皆憤族姓之下次釀
人亂五賢無方真萬世不易之良法矣近泛指登進之途說亦

好如傷或云如已有傷即痌瘝乃身意看来不如做若有傷看
求治無已更形容得視民之心出未之見或云道不可見即不
墮落知見意看来不如做未有見看聖不自聖更形容得望道
之心出又漢疏云視民如傷者雍容不動擾也此意絕大未有
拈者迩遠道人与事言蘇老泉曰聖人之心如潮水上来灣坳
浦溆一時皆到無有遠迩最形得親切朱子稱之
講錄云晦庵以四事作上四條之事四條何足以盡三王事盡
三王本是四個人事是四個人的事故謂之四事此說甚好但
謂上四條不足以盡三王事則不然其中凡例無不括彼此窺

究無不通細嚼便見也有不合与幸而得當活看斟酌損益在

公當時自有巧心非后人所能度想在施處費力觀待旦句急

要見之於行則不合之故可知矣理雖一致事有千端就如立

賢無方一句囫圇話說出來甚容易今要如何去立總無方便

要如何養如何教如何選舉區處周詳正自費力也天下事皆

然囫圇話搃用不得

李卓吾曰思字即明察之竅三王四事亦無窒跡可擬只是要

明察而已矣

王者之迹熄章

重一義字以尊王說章中王伯二意是閱目漢疏云王者迹熄則所存者特伯者之迹而已提破其事則齊桓晉文意甚醒消無而曰一史所書桓文之事耳才經孔子之取是非顯向於天下如讀詩而了然於美刺之際也謂春秋為逸詩也可謂桓文之事即王者之迹也亦可春秋其可以無作乎

足所履為迹王迹即禮樂征伐之權天子所以行於天下的事跡註訓政教號令自要衰了凡謂迹是轍迹平王東遷不復巡狩轍迹不及於天下故曰迹熄亦一見

金華王氏曰王者之迹熄而詩亡非曰王者之詩亡也凡言詩

東人說書　卷十九　五二

風雅頌俱在其中非獨以為雅也竊意王制有云天子五年一
巡狩太師陳詩以觀民風自昭王膠楚澤之舟穆王迴徐方之
馭而巡狩絶迹諸侯豈復有陳詩之事哉民風之善惡既不得
知其見於三百篇者又多東遷以後之詩無乃得於樂工之所
傳誦而已至夫子時傳誦者又不可得益不足以盡著諸國民
風之善惡然後因魯史以備載諸國之行事不待褒貶而善惡
有明故詩與春秋体異而用則同王河汾窺見此意直以春秋
詩書同曰三史其義深矣按時說王迹熄是作春秋的骨子詩
亡只見得王迹熄不甚重此語大痴春秋之作為王迹熄此本

待言者。然撥亂反正。單覷着是非一途。人心不死。故可藉以提君臣之義。因王迹熄而詩亡。政頹衰教湮也。因詩亡而後春秋作。理明則教復矣。教復而後政可維也。是則夫子作春秋意也。本文着一而字。然後字承接。緣起甚明。詩亡兩字。豈是贅綴字眼。顧涇陽曰。但看春秋有是非。詩有美刺。便見春秋所以續詩之義。二經始終之際。正人心幾希絕續之介。有旨哉。

焦弱侯曰。解者謂黍離降爲國風。風雅軆製不同。若今詩所謂選也。律也。歌也。曲也。試寘黍離於二雅之中。聲果同乎。倘以平王政教不行。降雅爲風。則正月之篇曰。赫赫宗周。褒似

陟白詩書

疵之。因幽王以後詩也。又列於雅何哉。故其聲風也。即二南

亦繫之風。其聲雅也。即正月亦繫之雅。政不以此為升降也。

晉乘節遡未經筆削之前春秋之同於列國史如此以見一經

筆削閱係便不同。口氣直觀着竊取向隱為義字伏案樂晉楚

者例其餘也乘取紀載。檮杌取懲惡。李南黎謂乘記車馬之役。

檮杌記傷害之禍。亦一見

鄭申甫曰春秋所載不止桓文而曰其事則齊桓晉文何也曰

不必盡桓文事。以與桓文一類耳。春秋始終爭五伯者也。孟子

曰五伯者摟諸侯以伐諸侯者也。摟諸侯以伐諸侯之事。桓文

未與前已有之而未盛桓文既興以後世纏行之而寔謂首於桓文故統曰桓文之事也其文則魯史舊文非仲尼所作而至其因文著義有仍而筆之者有削而去之者大書特書不一書一二字寓其褒貶書國書人書官書氏書字書名等義類則孔氏之所取也何言乎取也王迹既熄伯畐迭興伯畐興而王迹之熄益甚王制諸侯不得擅相誅伐天子命為方伯然後得專征今桓文無方伯之命而行方伯之事功於世罪亦於世孔子曰微管仲吾其被髮左衽矣世其功也然不能請命而以其權還之天子世其罪也故夫子於世立義著褒貶焉所以嘘王迹

孟一

於既熄而存幾希之人心者也

竊取竊字如竊比老彭之竊只是口頭謙抑一段溫良的語氣

今人行文亦動曰竊意曰竊謂本無甚關要可笑說者皆於

此鑽研至為位不在而道在之說若謂位不在為竊取則犯非

其分所竊為僭竊孔子之罪大矣為下不倍之謂何道在而可

以竊取予詎知春秋之筆只可言是非不可言賞罰賞罰者天

子之權也此不可借是非則人人得而言之此乃天下之公論

也何僭之有孔子本是口頭謙後人看作許大吃力抑言之則

為偷竊而不揚亢言之則為僭竊而不遜矣試問他一個僭聖

言的重大罪過。

李卓吾曰、春秋一書。亦不過提人明察之竅耳。正恐人為禽獸也。

君子之澤章

凡人有所遺於後者、皆澤也。教澤德澤惠澤。可以滋潤後人者、皆是。世數遠則漸泯滅竭盡。無論君子小人。大約五世而斬。君子小人以位言。孟之於孔。猶在五世內。記稱孔子沒至孟子遊梁時、方百四十餘年、而孟子已老。知孟子之沾孔澤、不在三世、必在四世矣。可怪今人好說大話。動云吾心有真孔子。百世猶

若見之而孟子欲〻以五世之內有幸如此道本天學本古傳

之在師〻之權所以比德於天君親也且以一介元聖之夫暗

言前哲猶曰恨不與此人同時而況孟子於孔子有不動親炙

之慕者乎

高中玄曰註云澤謂流風餘韻也流風餘韻百世聞者猶興起

安得五世斬乎且孟子專爲孔子言孔子之道萬世一日何流

風餘韻之足云王端毅公曰澤色澤也猶記所謂手澤口澤也

五世之內其人雖不可見然曾見其人者猶有存焉其形容音

响尚有稱述之者至於五世則見其人者亦皆已殁而形容音

响不可復知矣故約皆五世而斬私淑諸人正幸在五世内從徒字說下極可玩有欲躍自附意蓋曰予之去孔子僅百年顯未得於親炙而親炙孔子者尚有其人余得師之竊孔子之教以自淑焉藏未沫灵响可親未及門而津津乎有及門之契矣非若世遠言湮而想像之下不得真者也看澤字亦好說更淋漓剴切

按孔子殁子思已二十六歲距孟子生時亦近百年鑑則史傳受業子思之門人或係門人之門人未可知若親受子思之門而乃曰私淑諸人則孟子乃倍師之尤者何以責陳相

哉

私淑私字猶云自己下功師不能傳之於弟子為仁由己與孟子極得力處然切不要謄在孟子口中謄在孟子口中便是揣本了不可不可不可且細玩語氣知有無限讚歎在

李卓吾曰私淑諸人豈真有所禀承者哉亦自明自察而已矣

以上數章朱子以戰兢惕厲貫卓吾以明察貫較好

可以取章

鄭申甫曰天下道理有明白決定不可者與何消說有一種道理騎掛在兩可之間最難擇精守定如孟子於齊祿〻以養賢

受之未為不可然而孟子志在行道不為虛受此可以取可以
無取而不取者也若他人雖見及此而以為名目與害隨狗而
取之矣是固以為無傷於廉而不知其為寔傷廉也○如冉子
之於子華朋友通財亦何不可然為師服役又非貧乏其寔可
以無與者冉子與之則傷惠矣子路之於孔悝食焉不避其難
是亦可死然出公拒父不正則亦可以無死而亦死之則傷勇
矣廉惠勇道理自有精微恰好處擇之貴精而持之貴定微忽
疑似之間未易言也孟子示人以精義之學按此說本出張
南軒暨義極妥今註說則謂之初自許再自疑而語類中又引

孔子再斯可矣之言為証則是不當取也不當与也不當死也而犯之直謂之非廉非惠非勇可也奚啻傷而已乎

逢蒙學射章

通章只重夫尹公之他端人也其取友必端矣三句方以類聚物以群分同聲相應同氣相求使羿而端人也則必得端人而教之不至有反射之殃矣孟子言若為取友意實在羿之作逆知此便見孟子皮裏春秋

引公明儀之言而斷之是文字轉折處一呼一應都似對面商畧一般妙品

以夫子之道反害夫子曰不忍以師故廢君之事曰不敢不廢與不忍之心合而君臣師友之義始全

抽矢扣輪去其金就矢袋中抽出矢扣於車輪之上以去其鏃全不害人乘矢四矢也車一乘四馬故謂四爲乘

西子章

無章依註說爲長惟聖罔念作狂惟狂克念作聖蒙不潔齋戒沐浴俱是假如忽聞變其常也餘說尚多一取天人二意看則謂生資之不可任一取淨垢二意看則謂不屑不潔齋戒神明之心不可忘一作上下節相連側重下節看其語氣與論語爲山

章先說止後說進者同聖賢望人自然好話留在末處

天下之言性章

此章是論性密諦所言智者指性之一點靈光言也性之失由於智之鑿故老子欲絕聖去智其寔良知良能不學不慮這一點靈光原是沒造作的言性者須討個故物來看纔可識性依而行之便是莫大的神通了何也這個故物即這沒造作的是也利即是故非有兩層故者以利為本乃是從故中指點出來非周折口氣下鑿字正與利字照莊子有言倏忽鑿而混沌死混沌者故之謂也故非已然之迹如下水之故亦非水所已行

之迹天与星辰之故亦非天與星辰所已行之迹皆指其本来原有着耳猶云本来面目鑿之則死然智之所以可惡而本来灵光不与焉禅家轉識為智義与然同陽明致良知之説早已逗在然也微矣哉

鄭申甫曰此章大要着眼方知孟子言性善下落常説孟子以情善明性不知情有善有不善便無關交了惟此章説故而曰故者以利為本是明謂故亦有利有不利也要當以利為本即故之利亦屬情未便是性蓋欲即利處推上一層根頭則可以知性矣此照已然之迹説看来孟子以故言性是

直究根原之論今以已然之迹言故大似躡跡尋牛口氣亦

費周析參之

蘇紫溪曰性本至靜實未嘗不通於事雖至紛冗皆統括於性以有為〻應迹以明覺為自然則神感神應而天下裕如矣所謂視有事若無事者此也透甚說出体用一機性總不是枯槁的引禹治水亦不是譬喻禹之治水乃正其用智處正是性光布護處用智之事莫大于治水是標個準則

治水明曆二意似兩平上下節口氣相承則側落相足為是況無四曰莫難治者如水而循其利便可以得其故莫難測者如

天之高星辰之遠而得其故自可以見其利所以者何故与利不容分故也說亦條暢然末節口氣寔承上節口氣側落今作兩平分利故兩字来穿插竟屬偏鋒照本義不叶苟求其故只言故不言利可見故与利不是兩件

原旨云天無作以日月星辰為躰星辰之位舍不可名以日月之纏度為名日能一日一周天故又舍月而獨言日日至長日之至也冬至之時日短極而長始至故謂之日至造曆者每歲以日至之日為數始傳所謂履端於始序則不忒者是也又必推至上元太初之時歲月日時皆甲子以為曆元

則七曜之行皆會於牽牛之次無復盈縮餘分曆書所稱日月合璧五星連珠是也簡端録云天開於子天之元也日月星辰皆天也有不起於子者是故歲月日時皆在甲子七曜于是乎同垣是為曆元漢疏云致至也知其日至在何日也

公行子章

初問云我欲行朝廷之禮是孟子借個大題目壓倒他其寔遠小人之意舊説謂時卿大夫以王命往弔故稱朝廷近説卿大夫位階各有定分在朝廷如此往出弔亦宜如此不必云以王命弔稱朝廷也位是本身貼立位次階是職啣同等班列

李卓吾曰許多人与他言未嘗悅孟子一人不与之言便不悅的是妙人与言衆人豈不自愧又曰衆人知有右師右師又知有孟子人還為衆人之所知者爭抑為右師之所知者爭衆人之所知者權柄不在我為之不易也右師之所知者权柄在我為之不難也

君子所以異章

存心二字是一篇骨子工夫不出三自反憂之一字極扶出自反精神所謂存焉者幾也蓋君子以仁礼存心不只是自家身上討好正欲合天下於仁礼之中以成萬物一体之學我果能

識揚挖攻

語及予之宗

盡則瞽瞍傲象可化何況橫逆其不能感化橫逆正我之仁禮有未盡處故深以不如舜為憂君子所以異於人者如此

郝子知言云愛人者人恒愛敬人者人恒敬君子豈先施而望報哉必如是而後萬物與我一體耳愛人不親反仁禮人不答反敬君子豈望報而計施哉必如是而後我與萬物一體耳但人已立達堯舜病諸天地之大人猶憾焉故曰君子有終身之憂此之不能不可以盡責之君子此之不憂則非君子之用心矣

陳眉公曰羅仲素云子弒父臣弒君只是見君父有不是處若

一味見人不是則兄弟朋友妻子以至僮僕到處可憎故每事自反真一帖清涼散也士翼云人當平居亦知自反而不責人一旦遭橫逆之來怒激氣涌忘其舊志肆其新忿必求報復而後已故曰學至於不責人盡矣蓋功深而心平識定而量宏譬之千仞之淵豈石所能激而鳴乎

忠非出於仁禮之外仁禮無一毫之不盡即忠也

李卓吾曰或謂以禽獸待橫逆亦覺不忠厚然假仁厚之言了這正是君子大度量處若狀視以為人計較之念決不能忘又曰今何禽獸之多也亦何鄉人之多也鄉人去禽獸幾何哉人

陳□評書

欲免為鄉人惟有喫虧而已矣彼禽獸者不必与之較也此如犬咬人一口難道人亦去咬犬一口不成鄭申甫曰虛舟觸舟雖褊心之人不怒禽獸無知當虛舟一觝看此說甚好時說有周旋過甚者大費塗抹

古今善處橫逆者無如舜故引來作準則語云道高一尺魔高一丈有瞽瞍傲象乃成其為舜有橫逆乃成其為君子於此着眼學問更有進步處文字瀾翻把上文三自反闡得如此淋漓痛快大奇大奇

禹稷當平世章

平世亂世是書法平世見天下一家之象而時可以出亂世見天下隔絶之象而時可以處〇禹稷顔子之地也禹稷顔子之所乗以出以處不同者也其易之而皆然則道也禹稷顔子之所挾以爲出爲處無不同者也同道本就根原上看孟子却不説破却就應迹上説〻他易地則皆然今且問是作麽易得儀秦之輩沮溺之徒蕭爰爲我之學欲再易寸歩不得矣着眼着眼下同室意應平世鄉鄰意應亂世各就兩邊開説言其所以異而易之〻義躍乎其中不言同而同自見細會之便可識孔子所以爲聖之時便可識孔子所以賢之〻意

由己饑溺節只爲禹稷下註脚不及顔子處接云禹稷顔子易地則皆然極可會今古無自了之聖賢禹稷之思即顔子之思也特地有不同耳若論到根源處顔子不改其樂已收禹稷許多生意在箇中矣禹稷由己飢溺之仁不過即顔子樂体抽暢之非有二也其寔此章不重禹稷之能爲顔子而重顔子之能爲禹稷与孔子論顔子用行舍藏之見同

由己由字即自字言自我致之也全在責任上看所以顔子不得而同若止以心言則聖賢更無兩樣故曰易地則皆然下兩可也處最員妙易地則皆然也

徐傚玹曰同室有鬬者下箇救之二字可見同室無不救之理究而言之雖纓冠而救之亦可也鄉鄰有鬬者無救之二字可見鄉鄰之鬬無必救之理乃突然被髮纓冠而往救之則惑也究而言之雖閉戶可也味一往字是多少勞攘不情

通國皆稱章

章子爲責善故得罪於父出於厚親之意是猶可原到得罪後又知自責所以孟子不苟擯之出妻屏子避外不敢歸家也以已既不得養父遂避外不敢歸家就妻子養寓自責意焉出非休出之出子者章子之子母則章子妻也屬即家屬眷屬之屬

是則章子而已矣。烏有一於是乎應見其無可擯也。
按章子之母啓得罪其父其父殺之埋馬棧之下後齊威王使章子將禦秦勉之曰全兵而還必更葬將軍之母對曰臣非不能更塟臣母也臣之母得罪臣之父臣之父未命而死故不敢欺。此章所云責善豈當其父母之反目而號泣諫之與抑欲其母之不終棄也而以改塟祈之父歟噫章子之言亦可哀矣。而威王亦謂其為子不忍欺死父豈為臣欺生君哉任之不疑卒破秦軍

徐岩泉曰孟子不絕匡章亦因章之心有不自安處欲成就之

耳道不自安處是良知一點天理之明也從此開通使有可以成就之理聖賢不輕絶人只爲人人皆具此知多困屈於無所啓之也但不知匡章究竟若何意不可考矣

曹子居武城章

無寓人於室及脩我墻屋等語皆語其守舍之人左右所言係門人私議沈猶行亦門人也自以其所見解之沈猶姓沈猶即前曰其家被負芻之禍者或云不是闕之

沈無田曰或云此章重子思邊似無謂予意孟子以賓師居齊於齊國之事未屑屑然也景丑氏之徒嘗以君命召不俟

駕責之不知為賓為臣道同地異孔門自有家法故借此章發之李卓吾亦云總為自家下註脚

張侗初曰顏子未嘗不胼胝禹稷未嘗不簞瓢武城亦有捍禦之勞臣衛國亦有先幾之高士隨時員轉到處靈通開此眼界方知書冊上古人都是活局

王使人瞯章

沈無回曰只重何以異於人哉一句堯舜句輕帶說此語原是口頭話或云孟子每陳堯舜王疑之故以是破他亦可然不如輕帶之妙有機鋒也何以異於人亦要得衛口喝破語氣不

要寔填痴講又只好就事爲上說與瞷意對形性之觧與此絕不相干

齊人章

富貴利達君子耻言之加一求字求上又加所以字千態萬狀皆在就中矣又不寔說破他狀箇乞人来作影子劈空撰出刻書如畫一個人轉幻做兩個人鄭申甫曰寔是富貴人喚做乞人恍惚是乞人定睛看却又是富貴人一撻傳奇哄堂絕倒通章只重由君子观之一句上文乞人情狀都是由君子观他故疊如此故云其不可令妻妾見不則彼人自不知蓋一夥向

閒閒說書
火乞兒到津羨他濡沫他殘點餘瀝矣
朱履之客何施〻也所以求者則函谷之雞工部之郎何施〻
也所以求者則山庄之犬孟子乞人之譏不為刻矣南嶽師云
富貴利達難保不作東郭之骨祇存其所嗜之餘以待來墦間
者現在之求可泣已往未來皆可泣一塲春夢人何苦自勞碌
哉髑髏不媚青蠅弔客亦且井之朝市之行尸余未見其[illegible][illegible]
墦間之英魄也
獨言齊者功利之俗孟子所最切齒也閒月亦奇
說書卷之十七 終

八閩文庫

福建文獻集成

續編 經部 二五

吴格 主編

海峽出版發行集團
THE STRAITS PUBLISHING & DISTRIBUTING GROUP
福建人民出版社

本册目次

慧眼山房説書二十卷（卷一八至卷二〇）

［明］龍溪陳天定撰

日本内閣文庫藏明刻本

慧眼山房說書卷之十八孟子　萬章章句上章句下

閩漳陳天定慧生甫著

舜往于田章

怨慕兩字渾淪拆不開。怨即是慕。慕之迫切處。下文以憂字代之。極醒。怨在慕中。不與慕對。今時說謂怨者戚戚若有歎。慕者皇皇若有求。發開平提。大痴大錯。又萬章所疑舜怨。非疑其怨親也。謂人子只管盡職。添些懊惱。便不是。故引公明高不若是恝之言解之。恝無愁貌。正與怨字對。凡人處世。外邊順逆不可必。可必者盡其在我而已。然外誠不必着懊惱。至於父子。這一種

領直法便用不得舜是用憂也章所疑正坐是怨舜所憂正坐
不若是恝楊子有云事父母而知其不足者其舜乎章中憂字
極重怨字頗險憂字則平穩所以解章之疑也
漢疏云爾雅秋曰旻天[illegible]陰氣也以其情主乎憫故訴之琹
操云舜耕歷山思慕父母見鳩與母俱飛相哺益以感思因
作歌虞帝之迹操中為多不倫錄又符瑞志云舜耕歷山夢
眉長與髮等說荒泒不經豈天憐其孝故錫之以祥與
王觀濤曰我只竭力耕田供為子職而已父母之不我愛于我
何事正所謂恝也孝子之心不若是也文法與予豈若是小丈

二說俱有意思但上說于上文無脉爲肯

夫然哉一節同本文語氣寔如此舊說謂舜言竭力耕田不過子職之一而已矣孝聚百順其他失處甚多不識父母之不我愛在那一件作徘徊自問引發質憲看亦不妨

按四岳薦舜瞍已允若今曰為不順於父母如窮人無所歸何也大抵此篇孟子答章蒙等不惟多據理不暇推敲之詞亦每多形容擬議之旨不如是不足以窮事理以極致而見聖賢之用心讀者勿以辭害意可也詮叙處本文明白不贅

二女路史云妃以盲婭以瑩盲即娥皇瑩即女英後舜陟方死蒼梧二女從死江湘間離騷九歌所稱湘君湘夫人者也

眼山房說書　卷十八　二

娥皇正妃，故曰君；女英次妃，故降曰夫人。胥天下而遷之，胥即聿來胥宇之胥，共視也。遷之，禪之也。五十而慕。按舜三十徵庸，說到五十，少艾、妻子、得君，都歷過了。舜之慕親如此之節，即此上節意。許多遭際，總在五十年中。時說誤看作二段。誦此時瞍已允若了，無可怨者。講五十而慕[illegible]，怨字不可出分上不順父母、無可解憂為怨。此節為慕，不惟看怨慕二字不徹，看文字變化机軸亦不徹。怨在慕中，極言舜慕，則歷山之怨，其不得恝可知。帝使其子以下，皆極力摹寫有是心，不必有是事。何也？當岳薦之時，瞍已允若了也。歷山之怨，非岳薦

時也第舜於畎畝之中不可與往田混看明眼人審之

娶妻如之何章

按書師錫帝曰有鰥在下曰虞舜瞽子父頑母嚚象傲克諧以孝烝烝乂不格姦帝曰我其試哉女于時觀厥刑于二女釐降二女于溈汭嬪于虞則舜尚二女之時瞍亦允若而象亦化其傲矣微獨焚廩浚井之事無之即不告而娶亦未必非後人添設之談也孟子只欲發明聖人處變之心故就事論事如此耳真西山云使其有是處之不過如此可謂善讀古人書者矣瞍既怨舜未必懟其無後這個懟字何處來承曰從天性本然

處然承下以愛兄之道來愛字亦如此看顔壯其曰此聖孝之
獨洞精微處在他人只知從命為謹而已王祥章子元德秀陽
城諸人終是一節若聖人猶隔祇緣此去處未及然承不免有
過不及
告焉則不得妻堯舜為舜地處人骨肉之間有應委曲非慮瞍
之逆命也
高祖大風破圍康王泥馬渡河古來真天子靈異多矣况舜哉
天休震動神明駭赫充倉子之言不虛也時說着意研尋以人
然天大亦不語怪之旨也余仁山曰捐階謂已下階去也出謂

已出也完廩已下去而後焚之後井已出去而瞍從而揜之蓋舜之事親小杖則受大杖則走不欲使親有殺子之惡完廩浚井隨即捐出而瞍不知焚之揜之則不及矣李卓吾曰使完廩者父母也焚廩者瞽瞍也只一瞽瞍娭舜之所以得免為廩上灰也出從而揜之娭句尤明白蓋雖惑於後妻而父子之恩原不泯斷到死生之際自有以斡旋之瞍儘有經濟儘善調停即謂之慈父可也娭其所以終底豫也歟

竹書紀年註云父母焚廩舜服鳥工衣飛去使浚井舜服龍工衣而出說誕不經但今河中府有舜井二井相連謂是歷

空旁出者宋真宗名之為廣孝泉史記云舜完廩浚井皆誅之二女得不死稗編金履祥云虞氏自幕以下皆有國瞍係國君殺舜之事其奪嫡之謀乎又烈女傳云舜有女弟繫与二嫂諧附攷

鄭申甫曰在牀琴牀字坐牀也非卧牀今交椅亦名交牀琴書云舜為五絃琴歌南風之詩又思操耕歷山操五老彈並是舜製趙註云弤彤弓也天子彤弓堯欲禪舜天下故賜之彤弓徐儆弦曰堯事舜九男二女百官牛羊倉廩備衆欲分耿牛羊等物未及百官舜却擇其未及者言之撰此者巧甚

況無田曰惟茲臣庶汝其于予治而他日封之有庳侯吏治其國使不得暴民聖人之順應曲當如此故曰察於人倫騐之者曰此臣庶應係宮中之臣庶易曰畜臣妾吉臣妾者僕妾之謂也非百官之臣若云百官則茲乃堯命舜治者舜如何命得象治愚意堯使百官事舜連牛羊倉廩而言則此百官正是臣僕如後世典籤消人之類註解原不錯舜此語原非蓋浪

象憂二句總是說個至愛渾洽之意憂喜亦不要尋著落二句摘映閑合判開講又不是旅次漫語云舜視象彷若孩提然來

嘗責以知識余亦云舜與象仍若孩提然未嘗恭以知識

説出象憂亦憂象喜亦喜來明是照常無隙的兄弟如何謂其

僞喜撫是代舜懷着殺己一事物而不化也今但設一未嘗謀

蓋之象父不見舜一見舜而曰鬱陶思君舜喜乎不喜乎愛兄

之道與父母懟無後之心天性大常舜未嘗見有毫髮異也如

子產之信校人亦從自己如生大常中流出取証舜喜極爲真

切而時説尚有信孟子不及者表出舜許多机權來些小聰明

是烏識舜與象大常無隙之妙哉

只爲説亦憂亦喜而亦字太輕快遂起章僞喜之疑余請解之

如下章所云不藏怒不宿怨處亦憂亦喜之情其暢然而無積予雖然与世俗言則不藏不宿較有可捉摸處若以言大聖人渾洽之性非亦憂亦喜不足傳其神也

象日以殺舜章

重親愛二字其封之是親愛其封之而善有以處之無非為保

看親愛痛快

全地亦是親愛雖然一轉更說得怨又是親愛仁人之於弟如此

四凶之罪在天下象之罪在一家處之不同此理甚易曉而孟子不言以親愛言者原情定罪此世法之觀非天性之論也且

萬章劈頭以殺舜問明是代舜藏怒宿怨其慮及害民乃轉側旁意不知舜之於斯已有以處之矣若親愛之心不篤即害民之慮適為藏怒宿怨口寔天性之謂何而徒以世法槩也不藏怒不宿怨二語把萬章代舜的一肚不平盡渙然氷釋了故但言親愛而章所稱害民之慮竟不道及章亦不復執以其意在此不在彼也

怒怨二字據理之談不藏不宿則為對世人藏宿而言若仁人之心則已無可怒無可怨矣

按左傳列四凶共工係少皥氏不才子天下謂之窮奇驩兜

係帝鴻氏不才子天下謂之渾敦三苗係縉雲氏不才子天下謂之饕餮鯀係顓頊氏不才子天下謂之檮杌四凶皆望族也堯畱之以待舜所以度其始伸其權也書載帝曰疇咨若予采驩兜曰共工方鳩僝功帝曰吁静言庸違象恭滔天工之罪於斯可見兜之比周亦於斯可考矣三苗負固不服書稱禹徂征三旬逆命益賛禹班師帝乃誕敷文德舞干羽于两階七旬有苗格其所以致討之由則禹之誓師詞可覈也曰蠢茲有苗昏迷不恭侮慢自賢反道敗德君子在野小人在位民棄不保天降之咎極渾含正大罪狀自昭而呂刑

所載又云苗民弗用靈制以刑爰始淫爲劓刵椓黥是淫刑以逞大傷帝衷矜下民心者左傳又云貪於飲食冒于貨賄侵欲崇侈聚斂積實不念孤寡不恤窮匱貪与暴並宜其及也故墨子隨巢子金匱論衡等書載三苗之亡五穀變種雨血三朝三月不見日龍生廟犬哭市鬼哭郊斯降咎之云乎博物志謂堯讓天下於虞苗民非之帝殺有苗之民是以舜興師爲箝天下口也齊東野人之語也離騷經云鯀婞直以亡身兮終然夭乎羽之野左傳亦謂鯀不可教訓不知話言告之則頑舍之則嚚傲很明德以亂天常而竟直蔽之以方

命圮族咈四岳之舉遲以九載夫亦憐其才也云爾而鯀堯拗僻深負帝恩跡其築堤與城捍禦洚洞大是彝僝九載績用不成罪狀既彰罔攸赦而海內經則云鯀竊帝之息壤以湮洪水不待帝命帝是用殛之語已詭呂氏春秋又云鯀欲得三公怒於堯曰得天之道者帝得地之道者三公今我得地之道而不以我為三公以堯為失論怒其猛獸欲以為亂舜於是殛之副之以吳刀竹書紀年又云堯欲禪舜共工鯀諫以為不可舜即位流之殛之皆誕妄可恨攷鯀殛後左傳載其神化為黃熊入于羽淵杜註熊獸名或云化為黃能乃

三足鱉也拾遺記云化為玄魚海民歲祠鯀廟常見玄魚与
蛟龍躍出鷩謂河精摠之強炎之魄或能致異未可知然而
禹且殛之矣禹治水行適日月之墟惟不殘羽山之地痛哉
又按殺苗殛鯀非身刀鋸也放流係書原文殺書作竄竄者
竄其君也其民之来格者則分處之故又曰分北三苗殛則
亦惟貶逐而禁錮之耳非真如呂氏所云副之以吳刀者出
州北裔也崇山南裔也三危西裔也羽山東裔也左傳曰投
之四裔以禦魑魅是其據也
不得有為於其國豈得暴彼民哉論理正對着有庳奚罪之問

目之至
記憂
心扶
口扶

今上文卻不說出於閭放者何也出之與聖賢拆理極精處這等處置還屬世法不論天性而論此法于事理愈顯愈近于真心愈晦愈遠矣今惟先提出天性來淋漓慘怛然後以世法補之則此處置周密處處都是親愛布護處與後世之法馭術籠者自不同也然猶恐涉在世法邊去急轉到常常而見接歸親愛上來大舜懇腸虧孟子扶得出哉

諸侯見君必待朝貢之期其朝則以政所謂朝於天子曰述職者也政在貢中非兩須不及貢以政作一句讀截以政帶下句者不是

按舜都蒲坂。有庳今隸湖廣又廣西。有象祠。皆非中土。金仁
山謂古者萬國各世其地。舜欲封象。必不忍奪以與之。亦視
九州之閒。因用錫食邑。理或然歟。雖然如此而欲其常常見
之也難矣。竟不可解。俟考
李卓吾曰。象不得有為於其國。此數語。遂為後世封藩之式。
真仁人之言。其利溥也。不然。藩王暴民之禍。不忍言矣。張侗
初曰。象之待舜。一片誠心。至於封象。則委曲籌畫。滴水不漏。
可見帝王之待藩國。情中有法。義中有仁。天下萬世所當取
法。

咸丘蒙章

破臣堯之說在堯老而舜攝句破臣父之說在為天子父以天下養句據理弦窠甚明白正大末節尤轉得靈宕妙甚況無問曰君不得而臣父不得而子古語本是形容臣子之盛德當世遂倡說臣堯臣父即人心敢於萌出一段意思人口敢於述出一段議論便是無父無君人心之衰狄猛獸矣孟子侃侃辨析義正詞嚴顯是為戰國人心重關一字帝故曰孟子之功不在三聖下

二十八載是舜攝位的年數百姓如喪考妣三年指有位者古

者民無姓有姓者皆有爵有土者也如喪考妣三年為君斬衰二年也禮也若庶人則不及之故四海但遏密八音而已下云率諸侯以為竟三年喪諸侯即百姓三年喪即如喪考妣三年照應甚明

賢勞猶云會勞賢者勞而最甚之意詩云大夫不均我從事獨賢語自微婉若云我以賢才而勞苦便板煞無味且亦非詩人渾厚語意矣

賢勞志也莫非王臣辭也憂旱志也靡有孑遺辭也故辭不可執也逆者前去迎候不敢自必而一聽之於彼先入之見不横

尋微之論

於胸中也爲天子父以天下養見得舜做天子又有許多尊養在尊養以做天子而隆豈曰天性以勢分而格乎舜既爲天子敢問瞽瞍之非臣而何駿子轉灣不得一咲一咲

引永言孝思二語看一永字據蒙之見舜一做天子勢分所格孝思於此民矣故以永孝示之要取破瞽父之疑劈透玲瓏爲佳切不要鑽理生障維則是賛詞重舜孝之至可爲則上若云則舜便費周折是爲父不得而子語氣与堯舜之道要湯一例蓋父之化其子常也而今反之若難爲之外者古語所云其斯

東氏先集　卷十八　十一

之謂與理真語真大顯精彩

堯以天下與舜章

李卓吾曰問答俱妙總之塞天下後世纂逆者口寔耳逼真經濟文字顧涇陽曰此問極奇極妙此事載之經傳無可疑者何用問爲蓋天子不能以天下與人此至論也非萬章之問不得發耳若說天子能以天下与人則可与者亦可取矣亦可奪矣以与之名文奪之寔以欺天下禍何可言哉聖賢念至此故一一杜絶之

通章只重天與而天與都就人歸上見得故末引太誓之言此

議論最有根據處不則暗奸天位而僞託符命者不必矣仔細看來也既得萬章諄諄然命之乎一詰這句話驟看似癡其實不癡正爲僞託符命者置案也下分主祭主事二項平提實亦不平非事治百姓安神亦必不享也最妙在說朝覲訟獄謳歌之歸是天人爲天所轉天以人而傳太誓有言民意即天意無大聖人功德及民而暗奸天位其誰與我漢魏以來奸雄覆轍歷歷不爽噫可鑒也哉或曰如此則其如誦莽功德者何曰誦莽功德者雖多亦難道盡買得天下人心去也以太誓相証尤密匝揖讓征誅統之皆天所授聖人何容心之有孟子之杜塞

逆者至矣

堯曰咨爾舜天之曆數在爾躬天与之説蓋有自来非劈空杜

撰也

行自我言事自及於天下言朱敬軒曰行之於身即措之天下

之條幹措之天下即行之於身之枝葉要之條幹枝葉又必有

根本存焉精一危微是其本也根本之論非章旨所關然亦不

可不知

按書玄德升聞乃命以位慎徽五典五典克從納于百揆百

揆時叙賓于四門四門穆穆納于大麓烈風雷雨弗迷堯皆

徽、庸、後、事。正月上日受終于文祖、在璿璣玉衡。以齊七政。肆類于上帝。禋于六宗。望于山川。徧于群神。輯五瑞、既月、乃日覲四岳群牧、班瑞于群后。歲二月、東巡守、至于岱宗、柴、望秩于山川、肆覲東后、五玉三帛二生一死贄、協時月、正日、同律度量衡。脩五禮、如五器、卒乃復。五月南巡守、至于南岳、如岱禮。八月西巡守至于西岳、如初。十有一月朔巡守、至于北岳、如西禮。歸格于藝祖、用特。五載一巡守。群后四朝。敷奏以言。明試以功。車服以庸。肇十有二州。封十有二川。濬川。象以典刑。流宥五刑。鞭作官刑。朴作教刑。金作贖刑。眚災肆赦。怙終

賊刑欽哉欽哉惟刑之恤哉流共工于幽州放驩兜于崇山
竄三苗于三危殛鯀于羽山四罪而天下咸服然皆攝政後
事合觀之而神享事治民安可見矣
二十有八載見施澤久意然功德在人不可以假借者也天也
至故曰天也二天字相呼應舜得天下由於朝覲訟獄謳歌之
歸而朝覲訟獄謳歌之歸由於久居相位施澤之久天寔為之
以行與事示之矣故曰人為天所轉天以人而傳嗚呼以然言
天豈容一毫睛奸於其間哉
居宫逼子寫出後世奸雄伎倆殆盡直令鬼哭神號篆字書法

凜然若豫知有漢魏以來事者夫征誅之導纂也易見而揖讓之導纂也難知此無他可與則可奪奪則必巧託之於與噲之之事已為左券雖百世可知也

至於禹而德衰章

此章以繼世節之言為的天之所廢必若桀紂此知天格言也賢子不數有不肖子亦不數有但得中才之子已可守成而天下禔福矣若推以與賢恐賢未必得而大奸伺之不幾為爭之藪而亂之階乎傳子正局亦穩局此三代所以家天下而不疑也天也天喜正不喜奇樂穩不樂險揖遜之事偶一示現焉耳

矣蓋時當洪荒非二大聖臣繼起不能底定其自平成以前不
具論就平成以後賴以為君而纘堯之緒憂勤拮据以開萬古
太平者正未有已也此二聖臣者又功成名立天下見之從民
之欲挈擔以付民安為固然何奇與險之虞乎是故朱均之不
肖天寔為二聖臣當之也何也此開蒙闢混之時非守成中主
時也為時則不然矣經數大聖人劈畫之餘經緯已倫得中才
而君之可以不敢而文明既闢智巧潛生人漸知有天子之貴
有天下者之樂睥睨神奸生心何極若不早與判定畫一傳子
成規瞻烏逐鹿代且四起也天下之亂亦何時而已乎天故生

一啓以訟益若曰有子而若啓也者是亦賢矣何必其臣之賢之為賢而子賢獨非賢乎益稍順與賢之局為與子之局民用不疑而寔翻與賢之規為與子之規斷自禹始天下用是以不爭不亂也且夫堯舜禹之禪與繼也非身有未了案而身后聽人為之者也受終于文祖受命神宗生而禪之矣禹無是為則謳謌與賢與子非出於堯舜禹之聖裁而悠悠忽忽聽天下人之左右袒而趋之乎然則朝覲訟獄謳歌者之言非與曰此又自寔錄也人為天所轉而人不自知也夫堯舜禹知之矣知其必有是而聖裁發也隱禹之聖裁者何世不可與深言所以免

德衰之議也

堯舜禹禪繼生前已定堯崩而舜避舜崩而禹避不幾爲僞讓乎益避尤屬無謂此蘇子由所以有不度德之譏也近焦漪園謂舜禹之避蓋以待胤子之遷居宮逼子是簒孟子已爲下註脚也益避則如伊尹復辟而告歸周公以成王冠而告明農之類古之賢臣罔以寵利居成功見蓋如此獨是七年未久之說余有猜焉益與舜禹比肩事堯三朝勳業豈不顯爍而以爲施澤未久者何哉豈前此光輝盡爲舜與禹所掩歟火映日而無光理固然也益避後事不可攷越絶書稱益死之後啓歲善犧

牲以祠之故曰夏啓善攘於益史稱啓達於君臣之義斯之謂乎

堯舜禹傳心止是一敬危微精一之言敬爲統之矣啓之賢以其敬也如丹朱之不肖只是一傲是故禹戒舜以無若丹朱傲而放齊惧謂之啓明堯曰吁嚚訟可乎知子莫若父有恫乎其言之哉今相臺志有帝子夜游臺而路史稱帝悲之為制奕棋以閑其情則當年之淫佚可知也啇均不可攷路史稱其喜歌舜大約與朱類吳越春秋云啓尊禹貢之美悉九州之土以種五穀書有扈氏怠棄三正啓命伐之大戰于甘遂滅有扈氏復

陳旧訓書

昭夏功能敬者自若然也。彼不肖者。抑何以為君哉。

講録云。吾君之子不重吾君之有功德重子之賢足以肖吾君

上恐妨堯舜也。

通章只一天字陡說個命字亦只是天命者天之命也天猶君

也。命則其靈爽也。不要太分疏。

匹夫四節連絡說見得匹夫而有天下。必有舜禹之德。而又有

天子薦之。又須繼世之君如桀紂之不肖有舜禹之德而無天

子之薦。不免為仲尼即有其薦矣。而繼世不如桀紂。亦不免為

伊尹周公。三人俱不重。特借以明益之不有天下。

外丙二年仲壬四年以趙註為長時太甲幼未可立故立一君而天奪之速者意在太甲也然後則甲長可立矣事理甚明今以年為歲則二歲弟不應叙在四歲兄之前明是即位紀年之年丙兄而任弟也放桐放字亦是訛傳嘗於桐宮密邇先王其訓無俾世迷書有明文放字大不可訓時說以為藉諒陰之制百官總已以聽於冢宰則与丙任即位紀年不合且喪無越紼然等處置竟不妥想伊尹相湯君臣之際洽若家人未必有後世之嫌也諒陰之解以避放也尹未嘗放又何解焉求其說而不得又從為之辭余所不喜

伊尹述其事而周公虛攝大意此虛實相生法且伊尹二節本借客形主而猶益之於夏又是借主形客可見文之變幻處大奇大奇引孔子禪繼二言亦取得上文滴水不漏義字妙與時宜之〻謂義余所謂洪荒闢後與洪荒未闢前時勢自是不同者也故曰天也說個義字天機漏盡矣又何衰乎禹德

割烹要湯章

此章辨伊尹全在始進之正上而必本其窮之所養推其達之所施無非明始進之必正也章中關目以正天下為樂而正天下則以樂堯舜之道為脈其樂堯舜道則又以先覺〻字為籥

伊尹聖之任者也跡其説湯之事有類夫急功者之所為世故
汙之以盖醜而不知尹之説湯以救民也憂不伐則民不生故
朕載自亳之言吐之不懸不悚有一毫非本於内溝而為規崇
覬利計爲者乎割烹之誣但用正天下一語掃卻矣最妙在堯
舜揖讓而尹翻之為征誅事不相仍而今一則曰堯舜其君堯
舜其民再則曰匹夫匹婦被堯舜之澤其機總於正天下而用
券於承天征誅之与揖讓尹了然不見異也以此知學步邯鄲
者之不足与言尹樂也且夫尹一莘野之夫耳而所樂者乃堯
舜道人當襏襫塗泥之日無端而起一君想無端而起一民想

無端而起一揖讓征誅想于位不亦溢于顚不亦虛乎若謂誦讀寤歌如朱子所云須一〻學来以為樂機則不員若謂飲食作息之間都是道這都是樂如楊亀山所云理似渾全却又苦無把柄也小堂考索云夫堯舜之道豈有物可玩而樂之乎即其耕於有莘之野是已此農夫田父之所日用而尹之樂有在乎是若尹則所謂知之者也知之一字較有理會尹固曰予天民之先覺者也惟覺故樂〻處便是覺處覺性體也此一字創自尹拈大是見性之談在唐虞謂之危微精一尹寔契之故以覺名焉然則尹之所為樂可知也已夫在物為理處物為義〻

自現前者言之耳而有一非義則與堯舜之道不叶故曰非其
義也非其道也非義即非道豈遠乎哉樂豈外乎哉蓋自尹
透然覺機而明德新民一以貫之彼其由天下千駟勘至一介
活潑地看做一條故由耕莘以至伐夏救民亦活潑地看做一
榛齊之于道而揖讓征誅若春夏秋冬之以四時行也于以承
天而正天下遠近去就其奚以為拘樂莫大焉本章雖為割
烹而發亦宜曉得聖人潔身還是聖人身分不虧不視不取不
與及辭聘等事宜說得寬暢洒落不可太說向繩趨矩步邊去
及以傷其神也

楚辭天問云緣鵠飾玉后帝是饗王逸註謂尹因緣烹鵠鳥之羹脩玉鼎以事湯呂氏春秋亦謂尹說湯以至味湯曰可得而爲乎對曰君之國小不足以具之爲天下然後可具其辭甚辨不具載楊升庵曰古書多譬况記稱尹負鼎干湯謂尹負鼎鼐之才也猶書云逕衡耳橫議者遂謂尹爲庖人然則尹曰逕衡其亦舞秤權之市魁乎

禄之以天下四句統見樂堯舜內事大全朱子曰人之氣質不同器識有異或務大而忽小或拘小而遺大故必兼舉言之然後足以見其德之全愚竊謂如此然後足以見其覺之全

囂囂然曰幡然改曰両曰字是孟子推尹之意而云前後掩映抑揚其詞直恁形容非尹寔有是言也其初之辭聘亦係孟子形容之若說以試湯拙甚矣或謂涵養大則出處自不可輕亦是极話近有一說謂尹在莘野既度世又度君又度己知己一出便須做出放君易姓的事來故綳細頗惜而不忍就其意却高可謂頰上益三毛也沈無回駁其早計然則草廬三分古豪傑早見無不皆然豈得盡謂之未卯而求時夜者哉吾身親見以設施言孔子曰我欲托之空言不如見之行事之深切而著明也是底意

徐岩泉曰知是全体覺乃知之初萌鄭申甫曰覺只是知中事知渾而覺耿知員而覺茫雖昏迷然知体未嘗不在如人雖大睡原有不与之俱睡者精神員含在中故一呼便醒知通睡醒覺是寤后景按覺有二音一音角訓悟也曉也明也一音教訓寤也二說俱指訓寤註謂知是知其當然覺是覺其所以然則從訓悟之解知淺而覺深矣要以三覺字看作一例則徐鄭之說較精警

上云以斯道覺斯民下云匹夫匹婦被堯舜澤尹之所謂澤精矣哉能養而不能教便不是聖賢手段

南嶽氏曰放桀之事湯猶有慙德而尹直任之曰朕載自亳胆極大力極雄大都見得極到故敢如此若在形迹上躲閃便是見道未透處嗚呼非先覺之尹其孰能之乎

或謂孔子章

通章以禮義兩字為主引衛事相拚極妙癰疽之權弗重于唉挑矯章者也引過宋事又極妙在忙如此在閒可知祀義之守不以得失生死動其心則好事者之誣不攻而自破矣末引观人之法貞邪臭味果斷斷乎不可移於衛主顏讎由一語截住大有根據灼然亦屹然其賢不偏孜

但孔叢子載其善事親子路義之後以非罪執子路請以金贖二三子悉納金焉則其人之卓犖可知也子路素不悅南子之見然却以彌子之言告說者遂費揣摩或謂其憤而不平則太動氣或謂其欲員以就之則看低了子路要之然亦師弟告語之常難道彌子說得不是子路盡風過耳不及聞之盡從肚子裏藏却也然等處正不必着解

李南黎曰孔子所謂命乃一世氣數之命即孟子推五百年天欲平治大數非如世人一身祿命之命

大全朱子曰三揖而進一辭而退進以禮揖讓辭遜退以義剛

決果斷徐玄扈曰進以禮退以義只是可進而進可退而退一用舍行藏之妙若泥定難進易退便是有意矣此說卻高但孔子是無可無不可的而今出自孟子便不妨着此挺拗所謂以吾之不可學柳下惠之可者也朱子又曰聖人以義處命本不待斷以命也曰有命對弥子瑕言之也此說却極了聖賢恬守禮義正惟此得失關勘得十分破故能擺脫如此何必諱言命高中玄曰命之當然處便是義如用舍是命則行則藏便是義惟義所在則惟命所在宋儒聖人安義命不是道之說不免支離此說看到義命合一處亦好然必說到義命合一處尚是諱

陳白話言

言命也。不必諱，不必諱得失、關未破，正恐礼義還做不得也。主

不悅於魯衛，是不悅於魯而適衛，又復不悅於衛，是以適宋。不

悅兩字妙。尼父一肚皮果是不合時宜，亦可為着主一解嘲矣。

而且習禮樹下，何與桓司馬事？豈道學取厭乎？佛高一尺，魔高

一丈，宜其寱也。孔之樹，與伯之寮愬，並足千古。

按史記，孔子去魯適衛，又過宋至陳，主司城貞子。時貞子正為

陳侯周臣。然司城，宋官名也，本即司空，以宋武公諱改之。貞子

仕陳，不應稱司城。或者貞子仕陳后，乃去之宋而為是官；或貞

子先仕宋而今乃仕陳，記者猶敘其舊銜也。闕里志、年譜諸書

則云孔子過宋後適衛又去鄭適陳因為陳侯周臣今考論語孔子無與陳侯語者孟子論孔子行可際可公養三仕亦無及陳者當依史記說為是臣字重志其非覊旅伴人之流也且謚以貞子定係端人時孔子當阨擇主猶如此方以類聚物以群分針芥果是不爽宋権奸之斥正人也徑曰居停主人勿復言豈亦未聞夫觀遠臣近臣之說乎夫煩他讚歎快絶

百里奚章

此章議論都從虛處起却說得確然有據大妙大奇智賢兩字

是閑目而賢根於智偖大勳業非智不能成也且文勢散落不要乎又知廢知興都由知默中生來不諫一句是一章發論本子着眼上文叙列假道一段至宫之奇句無非爲奚不諫地倫言贖貨慢諫正以見奚不諫之爲智也能智而賢豈有自鬻干君之事就品趣上判斷手眼極高文法亦靈宕

按食牛之事奚必有之英雄失路偃蹇嶔崎甘爲人役亦適丁其時也但謂以干君則大不倫莊子有云百里奚爵祿不入其心故飯牛而牛肥此語極有深識呂氏春秋謂奚未遇之時飯牛於秦公孫枝得之獻諸穆公請屬事焉以飯牛爲未遇時事

經。妥而又以公孫枝薦為進身之階遇合亦甚正大。當爲賓實
録。史記趙良則謂奚聞穆公之賢而欲見行而無資自鬻於秦
客被褐食牛期年穆公知之舉之牛口之下加之百姓之上良
囿以奚謝商君之因嬖人見也。自鬻於秦客。不過因之至秦。非
有撩徑之為。邀倖門之為鑽也。其聞穆公之賢而欲見則是實
録。英雄擇主無足猜者。説苑謂穆公使賈人載鹽賈人買奚以
五羖羊之皮使將車之秦穆公觀鹽見奚牛肥問曰任重道遠
以險而牛何以肥對曰食飲以時使之不以暴有險先後之
以身是以肥也。公以為賢從公孫枝之讓擢為上卿此説與養

陸內言書

牲家之說稍異其以賈人為公所使也若大為奚標撮台山然亦不介而孚不謀而合干之說未萌也至張溫自理表則直云奚欲干穆公公好牛因賃官以養牛牛蹄上乘肉三寸公使奮息視牛入言之公不信終至蹌請之公乃視牛察之則賢人也遂與同車而出是則奚真以自鬻食牛干穆公也章所述正是溫說鬻養牲家正所謂賃官也公好牛故以食牛干之也嗚呼奚食牛一瑣事耳士未致身青雲時易為辱耳而緣飾以為干君至刻畫若此宇經三寫烏焉成馬其五羖大夫之謂乎

又按宮之奇之諫詞極詳盡如輔車相依脣亡齒寒虢虞之表

也虢亡虞必隨之及將虢是滅何愛於虞等語情理若指掌而公不悟公之不可諫也明矣奚不諫果是智人且晉之始謀亦忌奇不忌奚謂奇必諫不及奚也則奚與奇之所處必有不同者矣傳又載奚與奇相語謂子盡子心吾行吾志恐後人增飾之詞未可信說者又謂晉時強大可為晉敵者莫如秦奚相秦三置晉君乃是為虞報仇與子房始終為韓故事同欲以此了奚不諫之局終屬牽強尚論者商之（痛快）

末節文勢瀾翻細看則一脉看書者切不要散亂作文者又切不要扭捏着眼着眼

伯夷目不視章

通章重孔子聖之時句而時之妙在于智巧作聖秘密藏也盖子一口道破大妙章中語脈遞疊自聖之時句以前不消說以後亦聯絡関生切忌畫層打斷又單承孔子說去超：獨出切忌四顛轉腦再把三聖来纏其前四節所叙清任和時之案已具叙三聖只平：說至孔子節獨着孔子也三箇字便有鄭重意在五節判斷一字不移孔子嘗評或惠而曰我則異於是無可無不可茲以時字揭案大有淵源也遂接以孔子之謂集大成巧一句喝起有萬丈之勢截住有千斤之力爾時游神甚瞻

所以尊孔子者至矣集字就時字見講時字且勿露集字意講集字即粘時字意躰貼便得大成條樂譜借來用下故以金聲玉振釋之金聲為大成之樂始條理自金一聲衆音之條理無不以此始是為大始玉振為大成之樂終條理自玉一振衆音之條理無不以此終是為大終孔子之智無不燭聖無不狀亦如是故曰智之事聖之事言此大始大終者孔子智聖之能事也是之謂集大成也此處只就大字形容而說始與終義則相連非由金聲之大始亦安有玉振之大終聖妙于智中間消息亦儘已逗露了再承說智聖譬以巧力其義益見作聖全憑悟

門書曰思曰睿睿作聖記曰心之精神是為聖孔聖之時由孔
聖之智集大成之妙其在斯乎特地表出中字應轉時字所謂
從心所欲不踰矩也末節即申上節雖語有次第不可凌躐早
淺其旨致末節不得力其實非兩層也又只單說孔子與三聖
無干今時說却苦苦分別謂三聖如何小成如何巧不足如何
未中徒費辭說葛藤蒲絲也朱子射紅心之譬已不能員王陽
明馬步射之譬亦勞且拙矣
伯夷只有亂則退無治則進兩句合看相形之詞伊尹何事非
君何使非民他力量大提得起放得下見自任意不則不羞汚

君及淡柳下惠之和矣又上孟隘不恭章言不屑就不屑去與
言不忍居不忍去孟子見地儘員然大要當以不忍為主古今
無遺世之聖賢這樣心腸與伊尹內溝之思何殊其言風者道
不行於當時而流風溢為百世師也尹有勳業故不言風孔子
則如太和元氣之流行風又不足以言之矣
孔子本不可以事數仕處久速亦因上敘三聖而及之論仕處
久速又以去齊魯兩楷作例標指見月之義也四可以字便是
時四而字便是因時本文所說時字不在四可以字之時而在
因四可以而字之時要渾四句看不要拆看要離四句看不要

執看時字之竅丹家所謂活子午也一日中有仕處久速一刻
中有仕處久速脉脉運轉如珠走盤盤無頓歇珠無止息淵乎
妙哉是之謂時又安時字粘著聖字對清任和看還是統論聖
人之德就聖心全體上說非如他處時字只以所遇言者時說
謂其時清而清時任而任時和而和如撒水銀非不粒粒員却
不曉得粒粒員的是一箇且如三聖之清任和亦是因爾時當
清當任當和而應之耳難道他畫熟然不識時所微分者朴散
為器器不能又為朴結撒還爾爾也傳子者云聖人之道如天
地諸子之異如四時四時相及天地合而通焉今看孔聖之時

當就元氣渾淪處看始得

鄭申甫曰聖之時時字乃孟子上個孔子聖號不可說孔子隨時亦不可說孔子聖合乎時乃是直以時名其聖耳三子之行雖各極其至然皆落在一邊故皆可以一行名曰清曰任曰和若孔子則隨時迭出環中以應無窮不可以一行名清任和攬做一團了無色相如溫涼寒暑各司其一合而言之曰時故上其號曰聖之時按聖字是統籠成德之名四聖人本是聖孟子特加以清任和時之號重下四字不重聖字不可倒轉作清任和時之聖謂是極清極任極和極時也

集大成句承上時字致贊三聖各走一路孔聖則殊塗而同歸
矣就大包小不是湊小成大其集之之妙則直到揭出智字始
灼
林次崖曰大成與小成相對樂有八音金石絲竹匏土革木
獨奏一音爲小成並奏八音乃大合樂爲大成獨奏一音則
一音自爲始終並奏八音則金爲始玉爲終今攷樂無一音
獨奏之理一音自爲一成竟屬臆說黄葵峰曰八音並奏爲
一成還是小成書云簫韶九成者太成也金聲玉振不是就
然以爲大成言樂集大成不外金聲玉振而已一成此金聲

王振、集至九成而為大成、亦必金聲玉振、亦猶孔子數總群聖大全、不外聖智而已、此說益荒、與本文忤、滋惑矣、李南黎曰、註云獨奏一音、則一音自為始終、是人人分手而奏之時、集大成則合人人共奏、而總其成之時、譬如俗樂、當分奏時管者只是奏管、絃者只是奏絃、及總籠合奏時、則管必欲合於絃、絃必欲合於管、而襍比以成音矣、是謂集大成、自初成以至九成、皆不離此一個大成、非必集九成而後為大成也、如此說較可通、集大成只是個全樂、註中獨奏一音數語不明白、遂令人疑有一音樂矣、一音何足以成樂哉。

以時言則清任和猶四時中之一時以樂言則清任和猶金後
玉前八音中之一音此等本不宜分剖姑順世情點破以見例
至巧力節則本文單從孔子智聖說下三聖之巧所不及孔聖
處分數精微非吾人所能窺且亦覺蛇足矣不可不可
通明為聖聖即智也本不可拆就聖中揭出智字則聖渾而智
譬晶瑩朗耀聖之精爽顯在智矣聖如月落萬川處處皆員智
如月之有明也孟子以智論聖意也開苗結果只是這個智豈
曰智屬審察而聖屬踐履也哉最妙在以巧力証智聖把智聖
併在一圈臨了處言其至爾力其中非爾力不點出巧字而巧

力合一之旨更覺員切口氣猶云這裡徒靠力不得見不可脱
巧而言力也以斯知上句聖譬則力原是粘智譬則巧巧字說
下謂譬則巧中之力非白着氣力本文口氣極掩映靈活不善
會之則智巧聖力二句判開不相粘聖只是白着氣力兩其至
爾力二句當汶云至爾力中爾巧巧力作兩橛智聖作兩截矣
今但依本文躍趣挑弄便見消息休要把力字硬殺聖字了也
張侗初曰孟子以智說時以巧証智正獨見聖人先天處何謂
巧太空無翳明鏡無塵不起念頭不落邊際胸中完完全全有
個正鵠這個就是一團元氣輕輕脱脱發處都中紅心雖然用

力原不着力也善形容可玩孟子願學孔子意盡于此章他處都是說皮此章獨說髓巧力數言金針訣度盡矣智是性地牟尼珠孔子示人則謂之致知人不于此修持竟醉夢死豈徒是与三聖較量語乎余故必欲洗之為快而陸窕府經云巧力之喻是孟子自擬作聖之功曰由射於百步之外係望道的光景曰其至爾力其中非爾力係欲從末由的光景蓋孔子之聖非力可擬力則人巧則天也若照舊說着在孔子身則二爾字全不見生趣且何所指乎此說快絕按張南軒先生亦欲截智聖以下為言學者之事所以學

為聖人者極是妙解而今且依時説賛孔子作榜樣亦正當但要透出這意象来總有遠神也夲

周室班爵祿章

重尊王意以天子為主爵祿之班天子班之也天子一位二節是班爵之制天子之制地方千里六節是班祿之制天子一位六句統言班爵之通於天下者君一位七句分言班爵之施於國中者也天子之制節通言班祿之通於天下者天子之卿五節分言班祿之施於國中者也天子一位天子地方千里二句當另提起不與下混書云列爵惟五分土惟三班爵只是公侯

伯子男今添天子作六等班祿只是公侯百里伯七十里子男五十里今添天子千里作四等作主也亦作例也蛇無頭不行是則孟子尊王意也周衰王室既卑諸侯去籍以便私圖然有畧可聞識者猶得稽其制焉有制可稽則僭竊兼并之罪可繩孟子此言便是一部春秋筆文亦高古似周禮

天子一位另提君一位亦須另提君不与臣同也此君字是天子公侯伯子男下卿大夫士等則其臣也燕王國侯國言故曰施於國中位級也子男同一位者猶今郎中員外皆五品但有正從若序立班次則子必在男之上

地方千里地字另讀方字帶下讀方正也言四面方正皆千里也看下句皆方百里可見附庸〻字從功訓為長周禮民功曰庸附庸云者以治民之功附達於天子如諸侯之述職也王官受地視外諸侯以為例一捍禦一補弼功相準也入為王朝之卿士出為列國之諸侯秩相齒也且以天子重亦居重取經之義受地則是受田地采地也非百里七十里五十里之地天子畿內方千里安得有許多分地蓋侯田三萬二千畝伯田二萬四千畝子男田一萬六千畝王官受田如之百里七十里五十里特侯伯等所轄之境卿大夫士等祿皆取給於其中矣

大國次國小國之地上文已明茲復提者君為臣綱亦所以作主作例也卿祿有穀大夫以下祿無穀者祿厚而不為之穀則地之所出不足以供祿寖薄矣而復為之穀則臣之所養不足以有給小荀子有云公祿之則私利生私利生則庶者匱而貪者豐〻貪生利匱庶賊公是亂也先王重之下士與庶人在官者同祿要活者與猶許也乃活算之詞蓋下士寔受田百畝本不曾有差儼是上農夫了庶人在官者事有煩簡祿以為差如上次以下農夫之勤惰有數等煩簡準以起例是其差也又庶人在官者只是受祿不曾有田故活算之曰與若訓作共便執

然有差無差之别不可不知末節不重因上文說同禄而來說

明同禄之中有不同處故又說此一節

王制一夫授田百畝一夫猶云一户非止一夫一婦也百畝

之糞糞治也龍子言糞其田老子言却走馬以糞皆作虐字看

末節叙農夫纖嗇極矣腐甚肆甚朴甚老甚余酷愛之太史公

酒肉帳經手皆為佳製不及也且封建井田相表裏又書籍之

日經界不正便致穀禄不均孟子叙此大有微意雖本節本旨

不在此然亦不可不知

敢問友章

論友直說到泰交上妙甚天之立君以為民也非賢則孰與助為理乎天位天職天祿天字甚重此友賢正旨也否則拆節亦何益盖予見時君不能用賢故論友及此不覺淋漓挽腕然絲於此而已矣善讀書是攄一章轉語頭非獨少平公也上文自孟獻子疊疊進一步說來文勢直趨其節當以堯舜節為主所云友德不挾貴者如此今時說欲護平公將天位數語作輕拖帶過甚是見小又謂本章只重交友後溢衍及天子攄是極言富貴之

不可挾拘儒板煞果不可與談夢

趙註不挾兄弟謂兄弟之有富貴者

王觀濤曰無獻子之家者視之若無也不重五人重獻子樂与忘勢者友鄭申甫曰此章重在貴者不挾何為詳出五人無獻子之家來蓋重勢者不足友則忘勢而足友者必不可以挾友也王順長息則事我者也意亦猶子思顏般非順息流也可有挾心而以順息擬乎与獻子則不与之友矣一樣言外要見士原忘勢所来何可以勢挾歸重友士者不可挾意

韓詩外傳云晉平公游於河曰安得賢士与之樂此也舟人盍胥對曰君惟不好士耳何患乎無士也公曰吾門左右客千人可謂不好士乎胥曰鴻鵠一舉千里所恃在六翮耳今

君之食客千人有六翮之用乎將背上之毛腹上之毳也公於是造亥唐稽康高士傳云亥唐高恪寡素晉國悼之平公与唐坐腓痛足痺不敢伸唐出叔向入公伸一足言之向不悅公曰子欲貴乎吾爵子子欲富乎吾祿子夫亥先生乃無欲也吾非正坐無以養之子何不悅乎公然言亦費惠公之意也然而公卒不能用唐豈不負唐六翮之用乎其云無欲則大可味所謂無獻於之家者也賈太傳有云使神龍可係而羈兮亦何異夫犬羊有欲無欲之間士貴賤決于此矣孟子着此一句大占地步着眼

舊說帝舘甥於貳室是堯主舜賓亦饗舜亦有時而就饗於舜
是舜主堯賓故曰迭為賓主時說嫌其褻謂舘甥貳室居之也
饗舜養之也非就饗於舜亦者又詞既居之又養之耳迭更也
更君臣禮為賓主禮也愚意亦字迭字照舊解甚順饗舜作就
饗於舜亦無妨後世人主臨幸大臣家上觴進食其歡洽亦有
然者但賓主字迭字要活看如宋王岐公被恩遇都下盛傳天
子請客與就是賓主畧去名分交相往來與就是迭為賓主只
不要分那時賓那時主耳若以迭訓更謂是更其君臣之禮字
義終梗且諱卻迭能諱卻賓主乎古君臣之義甚相不嫌褻也

末節氣象甚岸偉直以尊賢頡頏貴從何處看來曰從天位天職天祿天字看來輔世長民莫如德弗與共位治職則政失其理四海困窮天祿永終矣故曰友也者友其德也不可以有挾也本天以論交此千古未有之論孟子眼孔直如許大

敢問交際章

通章重事道上交際之受正以為行道之機當時諸侯以下士相高已成習套然惟其習則可親則可接風氣之所趨機緣係之矣舍此一途寧有可遇合焉者乎此當日情事也故孟子亦乘其折節之虛意以為接言通情之階而寬論其用物之所

從來與孔子爲兆同一皆心以皇如見也語脉廻環妙有巧趣上論交際而忽及于孔子之事魯下論孔子仕魯而并及于際可公養若竊以自況者但貼詮口氣還要渾然只寬寬說孔子之二仕委曲如此而交際之不應都明矣時說直以際可公養撓足受交際意卻太拘迫

劈頭問交際何心似突鶻是不突鶻章見時主已不能行吾道徒用此不義之物來相交際是直爲甚麼蓋以爲習套而可卻也不欲受之意已寓矣蓋子答以爲恭淺淺就事論事然亦見得是時主有敬賢之心這個機緣還有可乘不欲卻之之意亦

已寓矣以下章屢欲卻孟子屢不欲卻既不欲經卻又不欲婉
卻章故狠着受樂一雖以伸其必欲卻之之見其寔猶樂數言
還不是章本意章本意直謂時主不能行吾道而交際無益拚
一清楚直截不卻何為有孟子亦復就事論事按情擬法謂不
若是其而引孔子從獵較以明之委曲苦腸吞吐大半矣章蠢
曰孔子非事道歟是則章之所以必欲卻也孟謂行道者不宜
多此一番委曲隨順世情於道之行廢何關孔子不宜如此之
婉轉孟子亦不宜如此之周折也豈知天下事原不可以經情
行乎遇合机緣非委曲其奚有濟故遂倫言孔子之為兆而弃

及於三仕之委曲。

道者、交際之有名者也。禮即其中之儀文一套事。殷受夏十四字本作闕文夏九範謂誅樂之法三代相受不待詞說於今為烈嚴憲炳不磨也樂得之貨如之何其可受曾說得一孔子亦獵較只是不禁止他非逐隊而趨之也獵較之弊由於祭品之競奇以簿正之則器有常品而然風可坐息矣孔子之機權如然何用憂憂與魯人爭耶。輩以為奚不去還是嫌他委曲不知孔子道大莫容只為當時一夥沒見識人震之若再加以已甚吾恐孔子不能一日安其身矣道可復行乎惟謂機丟權小同於俗而中寓變俗之數不急急於更張夫人必樂其可從而有此可展其大行之略是行道之端也故謂之兆而孔子之為此苦心悉矣至於不行而後去則孔子且柰何既曰兆足以行矣又曰而不行而後去譬如不起之人良醫用好藥亦累轉得二三分竟是不起的或云吾兆本足以行而世人卒不能行足以二字乃有反無闕之詞亦可

三仕都是委曲將就做去只行可原不是十分好底但者於季桓子三字便見時說誤以為大行不知此正是上節孔子仕魯時也孔子本仕於定公而茲言於季桓子何也當時季氏執國

栖定公亦自做主不是孔子相魯皆由桓子及桓子受女樂孔子便行矣此等仕路既不是逐流隨波亦不是操戈入室從地跌者從地起也是於季桓子之意也孝公註云出公輒則拒父之人不該稱孝薛方山疑為公子郢則郢又未嘗為君姑闕以俟攷

仕非為貧章

孟子見當時之仕者居尊享富而不行其道藉口貧仕以自解故發此論言欲貧仕則當辭尊富欲居尊富則當行道前云仕非為貧也明明見仕原是為行道的一口道破了末云立乎人

之本朝而道不行耻也。然句最重。是發論本旨。與首句應。責人行道。不是為貧仕。致詳也。

辭尊居卑，辭富居貧，為乎與之，而為乎辭之，只是言其審擇之宜。如此。又復舉抱關擊柝作例者，恐卑貧不極，行道之責猶洗割不盡也。孔子之為委吏乘田，是其準也。而而已矣，舊說訓易稍言，此外別無事時說作着實辦事較好。然兩意俱兼得。位卑四句一直看。歸重下二句。言位卑則無事於言高。若立乎人之本朝，便有行道之責，為可以貧仕而自諉乎。

抱關擊柝是一事。抱守也。抱關是官名。守關者莫大于夜柝。

易曰重門擊柝以待暴客是也或云抱關司出入擊柝司晨昏柝字從木是木器木蘭詩有朔氣傳金柝滿岳謂刀斗爲金柝如大銅點亦是則巡警之具不徒是木柝矣委吏非掌倉廩者周礼委人掌斂稍聚甸及縣都之聚有薪以給炊爨有芻以給牛馬有大材以供張事張即帳字凡祭祀賓客喪紀及行師路事皆委人供之會計即會計此類乘田牧官也掌養牛羊者以牛爲重故曰乘田以牛駕車耕籍田也茁生育也壯肥也長大也

張侗初曰駟馬高蓋其憂方大一命之士苟存心於愛物於人

必有所濟蓋膴仕固當盡心薄祿亦難消受也孔子不鄙委吏不羞乘田謹筦籥時孳息無職不舉無事不修正以心存行道小用亦大用之兆小官亦大官之積也朝廷之上無可不屑爲之官朝廷之官無可爲且而不必盡之職事人自負官何負人故爲朝廷做事者要隨分自盡爲失隴望隴得隴望蜀念頭全不在行道即小官且不可居況大官乎字字真切可玩

不託諸侯章

通章重舉不重養曰不託諸侯曰不受賜只是一不受祿此一常祿也自君之与士曰賜自士之受于君曰託非有二也本章

問荅想是居鄉不受祿時事孟子之不受祿寔以君不能用而以祿縻之竟是要去終亦不受其養其荅萬章雖曰不敢當諸侯禮与臣礼分是如此其意全在悦賢不能舉上及章再問如何斯可謂養因說繼餽不將命而遂及於堯之舉舜主意露矣中間英氣勃　寄懷甚曠甚遠詩曰云誰之思西方美人是孟子稱堯舜意也領太初曰士之分則訊也德則賢也君而訊之上不敢自同于君下亦何敢自同于臣君而賢之不惟當有養之之道又當有舉之之道能養則不必借名於周能舉則又何必借名於養哉故終之以堯舜以示則說痛快可繹

不託諸侯即是不受賜而曰託於諸侯者此託字從諸侯寄食得名諸侯出奔他國非臣也而以客禮自處食主人廩餼名曰託士出游人國未委贄亦非臣也而食人祿影借此名色僭莫甚焉故曰非禮其實只是賜之有常數明是臣祿了與餽之無常數者不同故不可受且賜是以尊惠下之名餽則平等交際之名未爲臣而受祿賜士固非分未爲臣而以臣臨之君亦太倨其有受有不受分明不受牢籠意不好所言而曰吾以詆自處而受其周善辭也

亟餽鼎肉不悅只是不合亟問蓋亟問是屢以君命將之也摽

使不受，何必於卒然見聖賢發之，不暴處摽之，只請出在外，非逐去也。稽首再拜，聖賢竟是何等氣象。臺無餽，踐云繆公愠也，太淺。還是知愧意，但悟則猶未也。公不能養指上亟問事，下文子思以為鼎肉使己僕僕爾亟拜，非養君子之道，解極明。指臺無餽，說者不是，不知者以為〻肉，正是此等小見。繼粟繼肉，當以下節百官牛羊倉廩備向照看，擬置人役常川聽候，供其匱乏。初頭以君命將之，此自不可少的。將之者何？開具個人役，供給件數也。以後便不消頻頻了，恐勞賢也。竞之百官亦臺人、輿人、庖人、廩人之屬，然時專以養言，後舉而加之上

陳詩書

位即徽五典納百揆之位也不是禪位說禪位之位便是士以

天下為觀矣何可

不見諸侯章

通章以禮義兩字作骨首云庶人不傳贄為臣不敢見於諸侯

禮也牒個禮字從後義也從見不義也牒個義字後以義路礼

門雙綰安排甚恰好標之士為庶人而德則師在我則當安庶

人之卑見之不敢在君則當致事師之隆召之不可非臣所得

擬也孔子往召時為臣也故同以其官召之与不傳贄為臣向

應姿文法照映處而英氣跌宕撇髯淋漓還重君之不可召士

細玩便見。

且君之欲見之也，何爲也哉。這一喝潮頭甚高，大議論排山捲海而來，波瀾萬丈，天搖地撼矣。不則拘於往役，不往見之辨徑自守，士氣亦不揚也。爲其多聞也，爲其賢也，章所見不低。而孟子遂接去，大展門風，自家珍寶，不好賣弄，有買主到，便死妨粧模作樣。語云：士屈于不知己，而伸于知己。就他欲見心事拆之，此議論最發揚處也。以上猶有酸氣，到此大豁妙。多聞與賢，統就一人身上說，爲人所資，可備顧問，則曰多聞；自己大涵養大作用，則曰賢。

子思氣槩甚偉，曰古之人有言，曰事之云乎，豈曰友之云乎，游
神曠遠，若對繆公，若不對繆公，大似拄笏看西山爽氣時也。孟
子先着不悅兩字，妙得其神，若憂以事友爭互酸腐矣。事之
云乎二句，又不是拟古人之言，謂古人有言，且說是箇事之云
乎，豈說是個友之云乎，猶俗云汝曾見人是怎麼講來，灑氣全
在兩乎字。下文又翻孟子洗發一番，所謂在我則當安庶人之
卑，在君則當致事師之隆者也。求友不得二句，大占地步，泰山
岩岩，可見。

按孔叢子，曾子謂子思曰，昔者吾從夫子游於諸侯，夫子未

嘗失人臣之禮也今吾觀子有僻世主之色無乃不容乎子思曰時移世異各有宜也當吾先君周制雖毀君臣固位上下相持夫欲行其道不執禮以求之則不能入也今天下諸侯方欲力爭競招英雄以自輔翊此乃得士則昌失士則亡之秋也伋於此時不自高人將下吾不自貴人將賤吾舜禹揖讓湯武用師非故相詭乃各時也此語大表英雄孟子不往見之意的是如此夫有所受之也孔子不俟駕之意的是如彼孟子不好說破故援禮以解尚論者其知之

說到不可忍處與高了話頭益旺了遂引虞人一段來助談鋒

越狠越快至説出以不賢人之招〻賢人幾乎動氣然亦怪他
動氣不得也欲入而閉之門又是罵世主不曉事蓋亦以斷〻
不可召一刀兩段絶之也至矣

柳河東守道論云守道不如守官非聖人之言也官也者道之
器也離之非也夫皮冠者虞人之物也物者道之準也守其物
由其準而後其道存焉苟舍之是失道也凡聖人之所以為經
紀為名物無非道者命之曰官〻足以行吾道云爾未有守官
而失道守道而失官之事者也是非聖人之言果矣評虞人以
知道真得孔子取之〻意

按通帛曰旃周尚赤通用赤色之帛別無文飾也取質素之義旃与旌亦是用赤帛為之但旃則畫以交龍而旌則標以析羽帛而加之飾焉交龍者畫二龍一升一降取變化之義析羽注於干首有華采取文明之義用之各有攸當又此士是已仕者上中下士之士非上文未傳贄為臣之士未為臣則庶人也有辨

禮義兩字總攝上文不可召之意謂之路門何等拘檢豈許汝胡行亂走的如往見諸侯便是走到曲徑邪竇裡去差却路門矣但亦要拓開寬說方見淵宏又禮義是一物就制事言則曰

禮就檢身言則曰義實無二也路門亦是借用字眼不必云如
路一般如門一般下樓以君子由路出入門由字出入字雖從
路門字生來卻亦有盤旋迴蕩千萬變不離其宗之旨蓋禮義
中節有許多曲折朱子語類云易云精義入神以致用也義至
于精則應事接物之間無一非義不問小事大事千變萬化改
頭換面出來自家應副他如利刀快劍相似迎刃而解件件判
作兩片去孟子平生受用都是得這個氣力數語極精細可會
然此處要說大局不要說密致要說出泰山喬嶽不要說出繭
絲牛毛看一惟字是何等地步堂堂皇皇要絲毫假借不得也

引詩履視之言雙綰禮義凡引証都是槩說大意泥着路字側

承便痴視者却顧之義禮義之為世坊也如此

當事有官職則往召又是禮義了要不可以之律士

一鄉之善士章

此友善圖也圖欲表個凡例不得不畫層次其寔無層次圖是

死的機是活的善會之則方寸中羅萬象一室内晤千秋矣豈

曰御鄉與國與天下而漸進之以友古人者乎渾看勿拆看斯

得之

下節口氣迴翔易觧上節口氣澎湃頗難體貼朱註謂善蓋一

鄉方能友一鄉國天下亦然於斯字神情竟差一針且蓋字全
不安細玩本文斯字何等快捷以身取人是其理也門內有君
子門外君子至是其神也本文只就現成光景說得如此不介
而乎不謀而合標出神而理在其中矣非眼明手快不能體貼
出也下節尚論古人處亦自有個把柄正照着斯字關通自家
人品不到此即與聖賢覿面亦自當面蹉過了也上下節照映
上要寔者虛之口氣既澎湃蹴寔中不要沾滯下要虛者實之
口氣既廻翔翻空中不要浮泛能反覆映着舊說亦無病但為
通其碍可也

一說孟子教人見善便友如貪賈入市見物便收看斯字有趣但須於上句善士字直作下句善士字看都屬人說提起上句處覺突鶻近鄭申甫謂此章論取友之道全在志氣趣向上說我志向微何等人便友何等友志向愈大取法愈高如我之志向欲做一鄉善士則去友一鄉之善士矣欲做一國善士則去友一國之善士矣天下做此重在我欲與友意照下文以友天下之善士為未足句看來鄉國天下善士皆其心中注切望想如此等人也此說本疑問補其自一鄉迤至天下亦有不自足意李南黎亦謂以友天下為未足句正

陳[illegible]讀書
是立志處与一鄉之善士等句是一例文法似破的可從參
之
論世知人不在誦讀外但不論世不可謂知人不可謂誦讀故
教人于誦讀中加一段推磨工夫張侗初曰詩書死語耳論世
為詩書種種活矣蓋世變而行事亦變其不變者意也孔顏之
樂不在蔬水簞瓢伊尹之高不在一介不取大舜之孝不在激
棄天下孟子之巖巖不在不為臣不見若不得古人之意都是
食生不化依樣畫葫蘆當境當身辦用不着該身而處易地而
觀我做古人古人做不得我全在自己開眼目古人交道椅相

知之得方是真得也故誦詩讀書要知其人與甚李卓吾曰今世士人亦誦詩亦讀書亦曰論古人然非論古人也乃識評古人也甚之裂疵古人也於古人無損於已無益固知孟子知人之說精洪覺山曰神之所往故卷尚醒甚本文四其字一樣着眼便有消息參

袁了凡曰昔孔子學琴於師襄五日而不進襄曰可以益矣子曰丘得其音矣未得其數也又五日曰丘得其數矣未得其理也又五日曰丘得其理矣未知其人也又五日曰丘知其人矣頎然而長黜然而黑眼如望羊有四國之志意者其文王乎襄

遜席拜曰此文王操也夫琴小物也孔子因而知其人今誦其詩讀其書不知其人可乎若以知其人為知其行事之寔又是讀書考究矣先曰又尚論古之人則誦詩讀書皆是尚論中事然由誦讀而潛神冥會直与古人覿面親炙于曠世之前是不徒取考究而直取其曠世之感矣噫微矣哉時說有以取法言者亦腐浅

問卿章

反覆之三字最重積誠以感動盡力以抗捭懇懇惻惻直致無可用情處然後可以議易位議去不則猶未可也又貴戚卿必

侍大過加諫餘則有與姓鄉在亦父子之間不責善責善則離
之意也大過必是關于宗社若易位正爲宗社計若異
姓卿則不論君大小過皆當諫矣一是行權以定國一是守經
以潔身皆適於同姓異姓之義而已矣
李卓吾曰加王勃然至色定請問一段一篇文字便字字活眼
處處生動直欲飛去曾東濱曰王勃然變乎色而孟子慰之曰
王勿異也王問臣臣不敢不以正對此可驗其善養浩然之氣
王色定然後請問異姓之卿此可驗其足用爲善
說書卷之十八終

慧眼山房說書卷之十九　孟子

告子章句上　章句下

閩漳陳天定慧生甫著

性猶杞柳章

此章闢告子在爲字破案。告子謂性無仁義，必待爲。孟子謂性即仁義，不待爲。大意止此。然却不實說與他爭，轉從爲字分別順與戕賊，似與他商量一般，按定是戕賊了，一刀劈去，別爲之說，不撞自破矣。以戕賊代爲字，此孟子殺人手段也。蓋孟子論性以善爲宗，故曰由仁義行，非行仁義。告子論性以無善無不善爲宗，故曰以人性爲仁義。彼謂生之謂性，空空白白，只個知

覺運動有甚麼善與不善不善皆其爲而後有着也杞柳之
説猶言躰質渾淪即無字之旨但此章説仁義且就無善一邊
看至下章湍水東西之説則并無不善意俱闡矣其寔非変説
也註曰性者人生所稟之天理也此是性善之性與告子所云
性無干告子所云性即其所認生之謂性之性降衷秉彜等字
用不着也初但以義屬栝棬繼亦兼仁而曰以人性爲仁義猶
以杞柳爲栝棬何也告子標仁爲内特對義外言之寔亦執内
不甚牢都以爲性後添設的物事拼在性外不知其逕在性中
我固有之也非由外鑠我也何順如之而可以戕賊之栝棬擬

乎代為字以戕賊不怕告子不縮舌矣然亦還是告子心軟大痛惜仁義不肯禍仁義者故孟子得用此救劑也倘稍而為倏忽鑿混沌死直以仁義為戕賊也者則桀何曰此孟子絕妙殺伏也告子為之之說不止其不溪而為戕賊者幾希矣被孟子截住說破便嗒然興索了攻毒者益之以毒潰則散也此等霹靂機鋒煙飛灰滅在告子不及知也惟不及知故使人之意也消禍字承戕賊說亦是機鋒上語屈他戕賊便是禍他註謂人將以為害性而不肯為大痴大板為字亦犯着忌諱不可也

性猶湍水章

湍水即杞柳之見但上章說無善無惡說無善無不善其說更
明非有走作與或之可以為善可以為不善自不混孟子闢他
只就他說東西中指出上下來告子便動不得故曰故者以利
為本而再暢其決之之說以至搏激然則乃可謂之戕賊矣而
可使字正可對上章以人性為仁義以字為字看人無有不善
水無有不下夫孰使之而為也乎哉
大乘起信論云海水與波非一非異波因風動非水性動若
風止時波動即滅非水性滅衆生亦爾自性清淨心因無明
風動起識波浪妙理堪與然參

生之謂性章

告子以知覺運動言性。孟子謂此則人與物何異。大意如此。至知覺運動之所以是性處。未及與告子言之也。歟後語不要板煞。

此告子論性宗旨也。所謂認之以為無善無不善者也。初看似精微。禪家問如何是佛。曰見性成佛。如何是性。曰作用是性。此亦生之謂性也。但彼則寔看得明微。故曰在胎為身。處世為人。在眼曰見。在耳曰聞。在鼻辨香。在口談論。在手提携。在足運奔。徧現具該沙界。收攝在一微塵。識者知是佛性。不識喚作精魂。

看末後二語則生之謂性說精矣湫矣告子倘于此處明徹則其無善無不善之說當亦精且湫也是離根塵絕思慮之境也然告子寔未足以語此而其言係意病非語病語無可駁當驗其語之意故以白之謂白而探之探他究鶻与否而告子采應曰然復以白羽白雪白玉探之再定他究鶻不轉動而告子又應曰然告子之所謂然亦明謂在眼曰見在耳曰聞在鼻辨香在口談論在手提携在足運奔之具足物來則順應之而已叩其中無一有也猶彼白而我白之從其白於外也其說近於麼心而用形而寔以守心為主何也彼視心為空空洞洞之物內

團裡只有此些子知覺運動不惟惡不帶來善亦不帶來故敢以無立宗而撥置仁義謂人性上不可挂一物凡是則告子又以精魂為佛性矣認生大蠢認性太頑認無太斷滅古德云狗子有佛性又云狗子無佛性此處大可參孟子曰人之所以異於禽獸者幾希則既觀其深矣嗚呼使蠢動含靈而無有佛性也古聖賢亦無以盡人而盡物矣使蠢動含靈而皆有佛性也何古來稱大聖至神發育萬物而峻極於天者必出於人類之中而物不与焉故曰仁也者人也形色天性也以此論生以此生論性人与物則必有分矣而向上一机蠢動含靈皆有佛性

之旨亦就此可參透見性之入七穿八洞由有生以遡無生由無生以貫有生狗子有佛性亦可狗子無佛性亦可同中見異異中見同然于然不然于不然豈不揮灑任意而被犬羊數語一勘遂着轉語不得者耽易曰繼之者善也成之者性也孟子言性善言其繼之者人性以上不容說故孟子以情驗性斷其為善然庸言天命謂性究歸于無聲無臭則展也其無善無不善焉乃孟子能剖之於幾希而確見夫人之所以異於禽獸則以生後券生前所拈性善反是精的反是真無本躰截自蠢動含靈皆有佛性不言可也告子認性太蠢以精魂為佛性反落

向後一節所拈性無善無不善反是粗的又安能闢楊無字公案而曰作用是性蠢動含靈皆有佛性也哉極則語被告子究鶻打壞賴瞿曇氏一抉

或問生之謂性此語本無病程子諸先儒亦已言之矣楊復所謂借生以顯性則可執生以當性則不可然則生之謂性是一是二還須活會告子之病無乃坐在執乎曰告子之病坐在認生太領還是差不是執也余聞之儒佛言性之旨譬之明珠均為蚌產也儒謂珠由內出生於蚌胎佛謂珠由外入寄在蚌胎此可識生與性之解矣若告子者遺其珠者也問羅近溪惜大

問者謂書

牛人一勘告子不遂然之何也曰自性善說來當不然之曰人之所以異於禽獸者幾希自性無善無不善說來當然之曰蠢動含靈皆有佛性然非告子所知也告子認無字原錯是為頑空外道斷常見也

張侗初曰告子說生之謂性亦不妨只是不曉得頭腦凡人信口說的任意行的皆云此是你我心性出來此正生之謂性也然却有箇頭腦若依我性靈一說出來行將去便是自然天則其寔性靈亦只是這口裡說的身子行的故孟子亦曰形色天性也與生之謂性何爭幾何醒甚

袁七澤曰告子云生之謂性〻躰也性發而為情曰生用也若論性躰則凡有血氣無不同者固無分人与犬牛矣正猶白之謂白無不同也若發而為生於是各〻不同如人食芻豢牛食草犬食穢以至昏處莫不各異正猶白羽之異於白雪白雪之異於白玉也告子不知性躰而以生之謂性則雖欲同之而不可得矣故孟子舉雪羽玉之不同者以詰之而告子又强同之至於人与犬牛即三尺童子知其嗜好之不同也而告子猶能强同之乎是以彼雖强辨亦無可措詞矣雖然性無同異因異立同異既不立同亦何有哉又孟子性善之與義也別有微解

性躰數句，亦即蠢動含靈皆有佛性之說。

食色性也章

此章時說甚紛甚支，今不復詳辨，惡其纏也。且就大旨劈去告子曰生之謂性，然告子一生把柄處，今曰食色性也，所謂生之謂性者也。墮地思乳，開眼見光，甘食悅色，都是生机，不假安排處，性之為性止此矣。善惡都不帶來，其流而濫觴則為惡，其節而從繩則為善，性無有也。告子以性為無善無不善，故標此見例。仁內也，非外也；義外也，非內也，所謂以人性為仁義者也。食色是標例語，仁義數句本挨開說，但且依食色以見例。何謂仁

苷之悅之〻謂仁就不假安排處濡下一坎然猶與初機相粘
故曰內何謂義苷之悅之〻宜之謂義就不假安排處濡下二
坎全與初機不相粘了故曰外譬之樹然性則樹也義則樹之
葉之華之菓仁則葉華菓與樹連綴之蒂〻以上屬樹蒂以下
則自飄自落與樹分離遠矣仁內義外總是說以人性為仁義
言性中無有此也此是告子極校勘極自覓得意語而竪義高
奇話頭稍未亮孟子故且詰他令其自吐得明白後可以一搶
打破而告子以為是因彼者也夫然之因之者其誰也彼長而
我長之則明有長之者矣往反數交其説遂詘揺之孟子肴得

全樹由根貫將去性與仁與義是一團的告子分作三坎亦有見然終不得謂蒂下之物懸空而自葉自華自菓者也

孟子曰仁天之尊爵也易曰元者善之長也告子曰仁内也義外也且看差別在何處若純備看不破而徒云仁義一物也仁内而義豈獨外乎則并尊爵善長之言亦可疑矣

張虛舟先生嘗有義外解太約謂持錢往市就價還錢非我所得主也而我所得主正在岆就價還錢之中蓋愈暢其外之説内益顯矣觀者勿謂袒告子也

朱子語類云白馬之白二句看來孟子此荅亦未盡謂白馬白

人不異豈可也彼白而我白之我以為白亦出於吾心之分
別矣此駁正是孟子意惟白馬與白人有別故曰異於白馬之
白也無以異於白人之白也句頂異於兩字非衍非有闕文正
怪詰語氣與下句不識兩字相映謂白馬白人不異長馬長人
不同不可例論者非也
白馬白人與嗜炙本非根食色發論却分映得恰好亦奇特說
謂告子以食色為性故因其所明而通之絕妙機語反解得痴
了痴人前不可說夢苦哉本章痴解類此甚多大障人心眼痛
哉

孟季子問公都子章

舊以因時制宜說甚微標外之理者主因標內之理者主制公
都子行吾敬三個字儘會說但靠着制邊因理未圓故被孟季
子把因邊側跌孟子則教以因中顯制孟季子還把舊伎倆來
弄却不知制在因中公都子此時已七穿八洞了故一指詰理
遂顯也時說却嫌因字轉動欲拈庸敬一語標出大常謂敬兄
不比於敬鄉人牒定不移內說乃伸然何以冬湯夏水之解還
是因理不待牒定不移遂破堅壘也因中顯制舊說宏遠矣大
常之說局哉

行吾敬句從長之者義乎句悟來撰得甚醒提反被季子跌倒飲湯飲水數句則嗜炙牙後慧也却拖帶反能跌倒季子何也先儒有云凡問要開拆問不要圇圇問余亦謂曉人者要開拆說不要圇圇說又覿面機鋒倒跌法第一妙如因邊一理季子所晰也制在因中就因中顯之朗如矣孟子在位數句正教此法其拆告子先用此法不則如大常之說則敬兄不比於鄉人長吾長亦不比於長楚長一句硬話塞將去彼必以為常則常矣還有鄉還有楚只常得一半也惟繞籠說來任汝說如何因應却離我主裁不得理圓意圓語圓纔得透曉到透曉後則

在位數句亦是拖帶反不如行吾敬句簡醒直截矣
彼將曰在位故也弟在尸位子亦曰在位故也鄉人在賓客之
位祭必有尸神依祖考皆然此云弟為尸則單以祖考言之

公都子曰告子曰章

性根也情芽也才則其中之生意也才字多与情字對本文惻
隱羞惡辭讓是非屬情仁義禮智屬性才則隱躍想之初無寔
位引物則之詩亦然則屬性所謂秉彝懿德也好屬情中逕一
才字細會亦見情譬刀之鋒才譬刀之能殺活殺活於何處取
就鋒處取非就鋒處取也就刀性利處取也以鋒顯利以情証

性而善思過半矣情才並提者不是引詩而溯之於天則天命之謂性宗旨也

三說各有所見然束於所見羣盲摸象或得其首或得其尾或得其背或得其牙決裂全軆不能觀其會通後二說不足道告子以無立宗說頗高却被生之謂性章幾句話露了馬脚認知覺運動遺其靈妙處反淺矣

按釋氏有云不思善不思惡蓋示人於思慮未起時尋取本來面目且亦金玉屑着眼不得也老氏無為宗旨源頭與釋氏同故曰知善之為善斯不善矣是無字絕妙公案也告子

宗無其學以勿求入手似亦有本但僅得頑空二字一向勿
求入外道斷常之見畧似二氏寔大不侔王陽明亦云無善
無惡者心之體談者病之然寔不是告子派頭陽明之無活
無也萬象無所不有而不得太虛光亮亮之無也告子之無
死無也暗地中間非無一物而一無所見黑漆漆之無也烏
可比而同之乎鄭申甫辨之甚詳此條節畧

我理既顯彼理自詘孟子故不憂憂與三說爭也但看乃若字
可以為字乃所謂字孟子以情証性何等勘尋精安袁七澤曰
性雖言說不可見見之於初發之情譬如論月之全則第二月

是月以至光彩隨地或長或斜或偏或方亦莫非月何也無真月則無餘月故皆是月論月之幹則隨地光影非月第二月亦非月何也惟一月真餘皆是妄故皆非不若指第二月為近之何也第二月離月非遠雖曰幻妄躰相全同也論性亦然為其不可指示而遂取念外生念千狀萬態者以當之愈遠愈失其真不若指第一念為近之何也第一念離性未遠雖曰情識尚屬自然也孟子專提第一念以惻隱羞惡辭讓是非為仁義禮智蓋嘗取證於孩提少長之年乍見入井之時嘑爾蹴爾之頃而其論王道亦決之不忍觳觫之一機揔歸之曰性善可謂

香中爇其牛頭水中飲其甘露者矣砥柱中流云或問性情才三者曰三者總是一性情者性之卒然而動不假思慮不假安排而勃發於不可禦者也就其勃發處自有一種處置一種運用則謂才非無思慮也思慮而不假於思慮也非無安排也安排而不假於安排也初心所迫而現流自性躰稍緩第二念便萌所云納交要譽惡其聲是也又稍緩第二念後又起一念則狥人欲滅天理而於初心大相遠矣性坐此埋不能盡其才非才之罪也以情証性指點極分明將性善盡出了陳希夷曰情者性之彰也是底言今談者執泥言辭謂孟子只是言情善未

會言性善反增一障李卓吾識其鈍僅當矣
則可以為善舊以為二字連讀即謂字意近拈為字對若夫為不善為字張侗初曰性無為也動於情則有為矣凡人所本有者可為也其所本無不可為也乃若其情則可為善矣善性本有也若夫為不善則性所無矣故曰非才之罪也按莊子云性之動謂之為郭象註云以性自動故稱為耳此乃真為非有為也正可與此處為字即湯霍林曰可以為三字就是他才幹處
看出才字極好於下節口氣挑映迴環亦醒利
夏九範曰公都子所問三說總是疑人之有不善孟子豈容

卷十九　十二

籠統荅他安情字不是泛指人情謂只就不善人觀。而其情致所向。必有可以為善者在。即此幾微之天。可以窺性之本善也。觀下節緊承之曰。若夫為不善非才之罪也。意自明白。下節緊覆上節。乃一正一反之詞。非有兩項。上節以人之意向言。故曰情。下節以人之作為言。自應傳而曰才。俗謂上以情証性善下以才証性善者謬甚惻隱羞惡辭讓是非之心人皆有之都就分數少的一邊說。都就不善人而窺其幾微之善以証其天。引烝民節拈出好是懿德句。到底是說乃若具情可以為善。於不善中說善。機鋒乃對。若籠統許他必善。

則世皆堯舜文武微子比干乃可其如瞍象桀紂幽厲何欲以拆三說而服其心難矣此說乍看似豁目細看則亦偏窄且告子未嘗以不善疑性也

鄭申甫曰三說一是無善無惡一是定善定惡一是可善可惡孟子是就可善可惡一條破之而三說俱破乃若其情二節單單破性可以為善可以為不善二句言此是情不是性性本天然無為者也為便非性不但為不善者非性即為善者亦非性其可以為善者情也非性也乃其所以為之者則性之善也可以為惻隱為羞惡為辭讓是非而寔本於性中

之仁義礼智如鑛中有金煉得成金性中原自有善故為得
出来吾所謂性善也註云人之情本但可以為善而不可以
為悪不可以為悪句可刪去說到情上當縣不可以為悪乎
只是可以為善便自見情之所原本者善矣今夫服牛乘馬
雖人為之然人未有服衆虎豹狗豕者其為得来亦自其性
有的以此意看之話意乃活所云可以為善者是如此若夫
為不善亦情之動於物者為之由於弗思舍失之故而不可
以罪性之才性之本善固自若也如蓮出汙泥中不受染也
所云可以為不善者又是如此真性不善固不動善亦不動

是謂至善若說可以為善則善与不善對可以為善有可以為不善為之對矣故或人以說性孟子換入個情邊去極有深意今人但知孟子以情善明性善不知其亦以情之不善明性善也此說大奇為亂其語之滞以倫參

惻隱之心節語氣相承不断不要割裂以分貼性情才最可味者前篇於四者言端而此不言端因用以著其本体所以証性也前欲人擴充此欲人体認不同也鑠字奇莊云純樸不殘孰為仁義鑠字即所稱殘純樸者仁義是吾性合下物如何這等枉他我固有之也叮嚀囑付懇矣拈出思字又示人金針訣然

問曰請言

是作聖容藏盡其才者正從此處得外此皆肓倏而瞎鍊也且

問如何求如何則得則之一字直參性躰稍費尋求便不是性

矣

韓嬰云卵之性為雛不粥不孚則不成為雛繭之性為絲不淪

不練則不成為絲有才而不能盡亦復如是

溯出天字如黃河之水天上來以孔子之言作案門風亦大有

物必有則我固有之者也就物上說莫非渣滓無論軀殼即心

亦是肉團子也就則上說莫非妙明無論色身之內即山河大

地以縣其中所有名物性量悉包之徧現具該沙界收攝在一

微塵隨舉一物，吾則在焉。有物有則，妙正在於六根五顯五蘊皆空處見之。然萬物皆備於我，不可不與形色天性而並參也。則者，不增不減之義。秉之則為彝。書曰：天降衷於下民，若有恒性，彝之謂也。懿德，四德也，仁義禮智，非由外鑠我也，何懿如之。好則歡欣順適之意也。理義之悅心，猶芻豢之悅口，自善自為情，為性所溢，然時亦何能已，是以為道性善之鼻祖。

詩詞渾，孔子贊詞醒。孔子於詩詞未嘗有翻譯也，只用而三字作襯語：有物有則句間襯一必字，民之秉彝句下襯一也字，好是懿德句上襯一故字，便源源委委，剔透朗耀，果是聖手。後人

陳氏說書

解書費許多氣力不實鶻便拖帶不割裂便牽合葛藤纏繞根幹反爲蒙翳柰何

富歲子弟章

此章亦是論性善無性字出而首曰天之降才就是性了章中都是說心其寔說心即說性非有二也時說謂性不可見而心可指陳故以心言之蠢甚矣最重在同然理義句此一章寔際語也自陥溺句提出心字畀覰在這處而故作歇脚別起話頭者曉人之法要開拆說不要囫圇說也故由物類以例人類復由人身以例人心則同然之境趣昭矣最妙在何獨至於人而

疑之至於心獨無所同然乎二句挑撥石人亦醒大意既明槩東以理義悅心起煞極可會以一同字破降才爾殊之疑枝葉雖多大約只是上章好是懿德一句意而所云降才亦是暢發上章非才之罪之案也

註訓賴謂有所賴藉而為善時說故謂賴字不對暴字對下陷溺字愚意賴字明說賴藉則說破無味以下數句轉折都無味今人指浮蕩不肖者為無賴則賴字即善字意正與暴字對於降才句挑剔緫有活眼

雖有不同反上不皆熟說上云其地同下又云地有肥磽地字

大槩說相去不數武肥磽儘有各別且以地同而加以樹之時又同雨露何私其乃有偏澤也豈向背之勢高下之宜移步換形而飲和亦各異乎此以皆熟齊麥性也姚承菴取才字貫謂麥之生熟麥之才也同類相似悉以才言亦醒警

故凡同類者舉相似也何獨至於人而疑之言人與人本同類降才於天必相似棲云聖人與我同類者大是歇後語不說破相似而相似之意在言下極虛涵活挑時文直解作同性誤矣且相似意言下亦不宜徑截說出下文口同嗜耳同聽目同美正承同類說去直至心同然處相似意乃顯如何徑於此句截

住說破也

李卓吾曰聖人与我同類置聖人於我下此人皆可以為堯舜更說得直截矣人皆可以為堯舜猶以堯舜作主而以我為之聖人与我同類直以我作主而以聖人同之下聖人先得我心之所同然亦此意

上以物類引起人類下以人身引起人心已極委婉而於人身中又先用足同以引起口同耳同目同諸躰足為粗口耳目則皆有靈皆心之用也漸次比喻由粗說到精婆心具見矣

同然〻字然否之然不是虛字對嗜字聽字美字看即所謂悅

也然與悅字義有淺深本節則意無淺深理義同然此如今處一件事苟當於理則此心必安人亦以為當然悅乎不悅乎便可見

在物為理處物為義二語極精又恐人認理為在物反是外了故又足之曰體用之謂也王陽明一派宗旨直說理不在物夫山河大地皆性量中物理豈在物乎然山河大地既皆性量中物理豈不在物乎蘭蓀當門不得不鋤在物處物亦烏乎無之孔子曰清斯濯纓濁斯濯足矣自取之也孔子未嘗謂理非在物也謂理不在物者還恐人看物在心外不得已為救世之言

也故曰心一也心之在物為理心之處物為義

曰先得即非獨得要於先中見同不要着力闡發又以見異若

論到分際則古云先知先覺果是有個先處楊復所有云只言

来復後不道伏羲前先字之義畧可識矣大要是直接着太初

之意消息因緣且不要說〻出則生後之先可以有陷溺無陷

溺言而生前之先作麼解得雖道聖愚混然無別如其有別雖

道可以氣質腐談糊模抹去也今且就字還字虛〻活〻還個

先字以了前降才不殊之案可也其欲以警陷溺則以衆人不

知認取保任而聖人獨合下認取保任得之為先亦可也生前

之先本旨所不重且言之亦滋惑矣

鄭申甫曰既已理義同然矣却又如何説得之有先後朱子以先知先覺釋之大可參勘先字即楞嚴經逆流逆字衆人之知順而知之也所謂日用而不察也聖人之知逆而知之也自知上逆到無知反本還元不是知覺無理義知覺吾所以然理義者理義屬後天渣滓衆人亦知得矣所以然理義處屬先天靈明可以見性源焉

愚按耳目口陰符經謂之三要孟子以三要顯心亦大有竅義在善會之則可以知衆人陷溺之因而聖人先得之故矣

明心之人耳目口莫非心也故曰旋爾聞機曰旋見循元曰還昧旋元不則根塵蘊界相因而起其所陷溺豈特一生然哉陀那微細識習氣成暴流習所從来遠矣嗚呼一生之有無陷溺易知也多生之有無陷溺難知也孟子云陷溺即習遠之說其云先得夫亦上智不移之旨也氣質之談豈足以盡不移之理哉認取保任又属生後生前一段消息焉可証也或曰如此則其如放下屠刀立地成佛者何曰然善元也是不隨習性遷流而蠢動含靈皆有佛性者也聖人之先得得者然也若其先之則固係習性矣孟子道性善不重習而

重元不重先而重得提心以為耳目之宰其挽習而歸元也摯哉

牛山之木章

此章總是惕人以存心其云放心則承上章陷溺意來未放之心當存既放之心尤當存故於放後特詳焉沈無回曰山木人心俱重下半段牛羊不從而牧之萌蘖之生日充日長矣梏之不反覆平旦之氣日清日明矣世少不放之心然放後之存々不可已也章中三存字相須要看饒雙峰曰前云存乎人者說然心本來存繼云夜氣不足以存說人不能存終云操則存教

人去存之在操得其養無不長是放字對針藥也所拈夜氣
類壯其謂是示人認真心之不容泯可以致力操存只旦晝不
梏便了不是從夜氣上喫力極明白正大時說卻費參尋謂然
即未發之中人當於此勘性命關頭若不細勘永斷作聖脈路
蓋本之李延平亦密諦也按朱子有云孟子大意要人於旦晝
時不為事物所梏人心能操則常存豈特夜半平旦壯其本然
又云平旦之氣便是旦晝做工夫的樣子極簡盡雖有談玄說
湫不出其範圍矣
梁無知曰以其郊於大國然句要着眼斧斤牛羊所自來也吾

人亦有為大國者在人試考之善乎老子之言曰不見可欲使
心不亂亦避大國之意也
日夜所息息字陸象山訓作歇息朱子訓作生息袁了凡曰天
地之情不翕聚則不能發散故物之生不休歇則不能發榮二
義本合張侗初曰息者生氣非止氣也草木暢於花葉而晦於
根寧有一刻不生有一刻不息者乎只是草木自花葉至根通
是元氣流轉元氣不全生亦不生息亦不息矣孟子說個日夜
便是個通乎晝夜而知須知此氣時時生時時息如日月之代
明潮汐之往來即其息處純是生生不已機括就出作時亦自

有入息在非專以入為息也有道之人日：應酬俱有個安頓道理忙時能暇煩時能簡陽明先生師旅倥偬尚有講學不輟然非出作時是入息乎說息字精甚盧未人曰日夜所息謂是日之夜與下節夜氣一例但看早起花多開草多青又夜間多滋則其夜之所息可知矣鄭申甫曰其日夜之所息平旦之氣當作一句讀夜者日之夜也夜間生息至於平旦則為旦氣然總然夜氣息之也故下文只云其夜氣不足以存不復言旦氣矣重夜字說是朱子曰氣日裏也生夜間也生只是日間生的隨手耗散了夜間的聚在那裡所以平旦有些子可見譬如一

井水終日攪動便渾了至夜稍靜便有清水出指點親切又可
見歇息之與生息二義合也
雖存乎人者豈無仁義之心哉此二句從既放之後追論起來
故用雖字蓋據今而言仁義之心似乎無矣雖然若循本而論
存乎人者豈遂無是心哉心曰良心自然而然不假學慮之謂
下夜氣不足以存與此存字應都就心說
詩云白日若不落紅塵應更深夜氣之說可為浩歎莊子云其
寐也魂交其覺也形開與接為構日與心鬭是可以見梏亡之
慘矣孟子為放心者指出夜氣悲喜駢集老婆心切也然則操

存之士。然夜氣不足言乎。邵康節云、冬至子之半、天心無改移
原是性命密諦。楚辭云、無滑汝魂兮彼將自然、一氣孔神兮於
中夜存、虛以待之兮、無為之先。夜氣之靈妙、斯可識矣。
平旦平字兩分之義、謂自夜向旦、欲分未分時也。書謂之昧爽。
幾希却是說少。然亦見心靈微妙義焉。
鄧豁渠曰、睡着不做夢時、然是沒粘帶去處、言思路絕、煙火泯
滅、五丁不能致力、六賊不能窺測、人安得不睡時有此消息耶。
平旦雖未與物接、然獼猴正醒、却已落覺寤、獨頭非緣過去即
緣未來、但不至東跳西撲之極耳。故曰好惡與人相近也者幾

希人所謂本来人也袁七澤曰學者只愁不識猢猻本来面孔
耳若也識得决不賎跳蹼而貴安静矣即熾然好悪却与睡着
不做夢時一般此轉細甚個初出作有入息亦此意
季彭山曰山是無情之物故本山之生理而以其材言性心是
有霊之物故本人之感物而以其才言情
沈無回曰苟得其養節只空〻說此是文章軟處若拘〻以山
木人心入講則末節不得力矣
朱子語類云操則存四句狀人心是個難把捉的物事而人不
可不操出入便是上面存亡入則是在這裏出則亡失了亡不

是無只是却走作逐物去入非彼心既出復自外入逐物之心暫息則此心未嘗不在蓋人心緣境如看一物心便在外看了即便在此数語甚精於孟子引言意亦緊切講録云引孔子之言只是言心得失易而保守難見不可不養非是贊心之妙依朱說極妥王陽明一派則直說是贊心謂此心活潑神變無方如明珠走盤終日員轉不停而未嘗離於盤出入無時二句正指出本心真頭面與人看以示操心之的出入是表個員妙意非以操為入舍為出入為存出為亡也操如操舟操兵之操操舟則中流自在不礙風波操兵則奇正五花鐘鼓寂若操非死

法存亦活機若執定則為典要不可以適變矣此說高妙然於
章旨竟挨泛些鄭申甫則又為之和會謂孔子本是贊心孟子
引來則得失易保守難意切不可撇卻心本個活物有主而活
此無時無鄉者天下之至神也無主而活此無時無鄉者天下
之至險也操之烏可已乎可謂善作兩家騎驛脊矣要以警入
放心則朱說原自長
操字對放字看自須喫力王門宗旨擬之操舟操兵所以破執
而顯圓也然余更欲遮圓而顯執溈山問懶安云汝十二時中
當何所務安云牧牛山云汝作麼生牧安云一囬入草去驀鼻

棧將回山云汝真牧牛也大慧云學道人制惡念當如懶安之牧牛則久久自純熟矣操心者不應如是乎

范淳夫女讀孟子曰孟子誤矣心豈有出入伊川聞之曰此女雖不識孟子卻識心陽明一派皆是祖此

無惑乎王章

二節摠一意摠是說王之踈君子而親小人重不專心致志上寒雖在退而寒之根則已在見時也小人巧而善入君子正不爲逢一日之暴如水投石十日之寒則浸淫浹洽於其中而不可解矣臨了二語打轉不智以翻騰爲倒映冷甚痛甚

以詩讀書

易生兩字亦是提醒人處是道性善之旨也

魚我所欲章

把生死關勘破富貴關絕妙絕妙人有身之生死不顧而身外之種種變緣尚足戀者乎提醒人本心字字汗字字血矣通章以義字作主

取生舍義不是勉人之辭蓋人心本然如此下三節反覆指點個甚字則取生舍義人心本然之權度也數折翻弄真一捆一條痕一掌一把血尤妙在埋過義字不出極空極醒由是兩字作句讀是字指甚而言本心也人皆有之者也

上云賢者勿喪下云失其本心正照看

沈無回曰不受嗟蹴之心如電光忽過景不及控正与乍見一觖稍落第二念則擾〻萬慮而来必不受矣此不受的人与下受無礼義之萬鍾的人作一人看愚意作一人看太泥非一人也一心也心一則人亦可一如此則謂之一人其可也何加猶云没要緊得失無係於生死也下云可已即何加意不要説性分名理話轉添晦纏

窮乏得我正是戰國時習氣勿錯認做學道

末節一唱一嘆只在身死両字着眼以生死関勘破富貴関直

恁扯淡本心字極痛切應皆有句通章浩氣滿紙覺双眸烱烱射入。

仁人心也章

開口雖說仁義摠來只是論心分言之有仁有義合言之是一個心最妙是轉換處吊起含其路而不由倒按放其心而不知求便統融作一個了道理透文字奇歸結在示人以求放心切不要把學問之道在內纏擾玩上文有得之中點一知字尤是金針訣勿艸艸看。

首節語氣如仁之實事親是也義之實從兄是也一般並不曾

為仁義作註腳何也彼論孝弟此論心也楞嚴七處徵心理甚邃謂汝心汝身暨山河大地皆員妙明心中物此所云心蓋指妙明而言若圜外竅中而繫于肝胆間者血肉也非心也病狂之夫謂之喪心豈與圜外而竅中者乎知此則知仁乃是心心非血肉之謂也程子謂心如穀種仁則其生之性上蔡謂活者為仁死者為不仁桃杏之核可種而生者謂之仁言其有生生之意曰種曰核却似有皮殼的故須於其中探出生生則連皮帶殼總是俱活朱子所言仁者心之德也於心中剥出一德字這個心字還有皮殼與孟子所言心還隔

一層孟子直曰仁人心也無皮無殻純是妙明惟楞嚴所徵爲破的

中庸云率性之謂道註云道猶路也此路字如此看帶心字血脉說下義即仁之隨機應緣有條有理者也非兩平

孟子明說學問之道無他求其放心而已矣何等直截今說者却謂另有個學問去求放心則是世儒考古今通世变之學而與心躰全不相干又謂先求放心而後從事學問則前之所求不過徒守空寂之見而後之學問又自墮于支離之習矣又謂求放心是學問之主亦覺拖帶揔之一纒便攙視爾時棒喝何

啻千里萬里。

朱子云求放心也不是外面求得個放心來只是求時便在如我欲仁斯仁至矣只是欲仁便是仁了又云求放心非以一心求一心只求時便是已收之心雖放去千萬之遠只一收便在此他本無去來也數語直截註語遠不及楊子危言云或問心既放矣何處求之曰荀子云亡箴者終日求之而不得其得之非目益明也眸而見之也心亦然佛書有云蹶者因地而仆亦因地而起外地求起萬無此理然則求放心者豈外於此心乎數語亦直截可與朱子印也大抵孟子示人求放心是輕〻提

陳氏說書

醒令人覺其心之放而存之耳上面知字極得力錢氏謂毋求諸已放之心求之心之未放尤轉得妙先儒乃謂將已放之心約之使反復入心來似失孟子之意故白沙云疑孟失求心可謂有助於孟子矣

無名之指章

總是提醒人求心之詞不若人三字極冷極痛舊以屈伸兩字作眼謂必心屈於物欲不能伸於萬物之上解自平寔曾登之謂是發人好勝之我心易而為羞惡之真心然却厲偏鋒矣疾痛害事與不遠秦楚之路句亦可參心病害則甚大而心病自

心醫路豈遠乎哉人盡一求之

拱把之桐梓章

吳無障曰此章所以二字便是一章精神非思甚全要拿定這所以處說得透世俗之養者以養為養也以養為養者其迹順而易見所以養者以不養為養也以不養為養者其勢逆而難知世俗之養者養其生而有盡之身也養其生而有盡者既快於有形而易見所以養者養其生而不死之身也養其生而不死者受用於無形而難知故不思則不得也所謂思若只向養處摸索也不濟事須先從身上要看破蓋人皆知血肉之軀之

為身而不知此雖不可謂之非身又不可即謂之身也乃人之真身必有在焉能思身之所以為真然後能思養之所以為養則亦未講於慎思而已矣

愛身不若桐梓便是不愛了然明了却是愛的此孟子挑發機語也顔壯其則謂病根原坐在愛把此幻妄之身太着情了一切無明皆從愛起貪饕倫物而決性命之情彼方謂養身之周孟子都喚做不知養謂不知所以養也佛家謂因愛生憂因憂生怖欲斷生死輪迴先斷貪欲及除愛渴此愛豈不悞事而世人愛緣深重直下要他斬斷亦雖即念無念之法只是一思默

默回照今者安身生於何處身非委形而有無形者存則養非在倫物而在無物也明矣真人淡泊獨與道俱不愛之愛不養之養也思與知正相關此說真切可玩又按本文思字本只就不若桐梓處淺淺提喚此却顯出金針訣大是類上三毛吳無障說亦然

人之於身章

上章說不知所以養正為此養小之失養小內流品甚夥而統謂之飲食之人咸狠矣聖賢看世味中人果是不直半文錢也其實聖賢養大亦不是槁情滅性的薰愛薰養道理自合如此

[illegible]

槁情欲性小乘之學非聖賢所務也但須得其所以養則能得其所以蕪先儒有云世人喫飯從脊梁上過我喫飯從肚裡過養小莫非養大妙正在無有失耳無失則口腹非尺寸之膚趙

註所云亦以懷其道德也形神無二理大小無二機枯槁既不着貪污亦不生蕪之妙其若斯乎

貴賤大小渾說不要填貴賤與大小就字訓字畧以等級分量言之下只云養大養小已矣却貴賤兩字不纏了又于賤場師一點則人賤之再點文法甚錯綜可愛執着則拘

註云狼善顧疾則不能按說文狼高前廣後善顧其後史稱

司馬懿有狼顧之相謂能轉頭視于背後也疾想是疾走不能想如詩所稱跋胡疐尾者蓋以此物本能視背而今不能故以為失肩背之喻又眷小失大之人其躁競徬徨正坐一疾字記云豹熏狼貪夫惟其熏也是以能恐餓霧中而成文于七日狼則貪貪則疾疾則跋胡疐尾所自來烏是養小之鑒也埤雅又云狼性貪暴爭食以養口體而常以害其身害身之説不知何所指然如此則誠可謂疾矣狼疾猶言狼的病痛是活字不必以善顧不能頓言也於章旨亦貼切倫孩

惟口腹有饑渴之害人心亦皆有害飲食之人以饑渴害心豈

者也故曰小人若夫大人養其心者靈光湛然百骸從令即饑食渴飲都是飲食之正故曰無有失也則口腹豈適為尺寸之膚哉此節議論極妙不然定有以稿情滅性為大人者矣

末節或作設言以決其必失意亦好但味或短些不如前說之害

鈞是人也章

通章重一思字先立乎其大思是也這思不是臨時卜度的玩耳目之官不思心之官則思二語可見思是合下靈光非物來而後擬也故曰先立立者卓然精明之謂也細會之只是非禮

勿視聽的道理章内有新舊二説各有短長舊説觧從大小體極纏謂小體從大體大體從小體以後葛藤都緣此起新説作兩開謂從者我從之也趋向奉承之意從其大體是我從其大體憑他為主不敢干爲從其小體是我從其小體憑他為主不敢制焉極伶俐當矣舊説耳目之官句起至不思則不得也句止説小體大體此天之所以我者雙承小大體先立句以下説從其大體為大人耳目之官不思至不思則不得也參互交説耳目之官不思而蔽于物三句便見耳目非心不能自主心之官則思三句言頃刻心失其權便物交而引於物不思則不得

所以說書
正其物交而引於物之事也引非徒引耳目直引心即下文所
謂奪得非徒心得并耳目皆得此處看得合一下文先立乎其
大則其小者不能奪也便透徹省力此說良是但看引字得字
理雖融通詞竟拖帶論語脉位置分數還有乘除不可侵也此
天之所与我者雙承中又必提起大體作主終絆手腳新說則
謂問是兩開答亦是兩開耳目之官句起至則引之而已矣說
從其小體為小人心之官句起至此為大人而已矣說從其大
體為大人觀起語耳目之官心之官結語兩而已矣可見引字
只是引耳目引耳去聽引目去視也得字只是心得其職蓋官

不事〻則不稱職矣此天之所与我者此字指心說又伶俐但欲截作兩段覺割裂愚意本節文勢頓跌甚明果是至不得也向畧頓一頓但不要如舊說之分截引字得字則依新說作引耳目勿牽連心作心得其職勿牽連耳目為是蓋耳目被引去視聽則心之被引不消說的心得其職則耳目之并得其職亦不消說的語脉自有位置分數切忌拖帶也看來此段六句總是說箇思字要緊下接云此天之所与我者此字頂思字說下極清楚極响亮若如舊說雙承小大躰則不清楚响亮矣新說指心彼原截自心官以下作一橛割裂全節作兩橛也亦未妥

附録諸書

先立二句前已提破了不贅和合新舊説頗費折衷觀者詳之

袁七澤曰耳目之官不思而蔽於物夫當耳聽物目視物之際是渠自見自聽而無關于心耶心之官則思夫觸物遇境由耳聽目見乃思耳又豈心自思而無關于耳目耶必不容不疑者這重公案拈出大妙楊復所曰心天君也無聲無臭而能宰攝衆形耳目之視聽莫非心也而以爲有小體大體之分者蓋爲未能先立其大者言若能先立其大則耳目正是大躰所謂形色天性是也形色便是天性目視耳聽便是心思更無兩物衆人之物交而引与聖人之過化存神一也大者立則爲過化存

神大者不立則為物交而引思則得不思則不得此屬天機之自然心不在焉則視而不見聽而不聞食而不知其味天機自合如此孔子在齊聞韶則三月不知肉味亦与吾人一般只為孔子先立其大若在衆人未免物交而引此事在人識取更無餘法且如衆人与聖人共飲食聖人口〻飲食都是養其大体衆人口〻飲食都是養其小体以聖人識取其大而大者先立也故曰所以考其善不善者於己取之而已立非矜持把握之謂也這重公案翻出又極妙知此則知思的消息立的消息矣

崔後渠曰外思而言立非告子之強制則釋氏之悟空把而端

陸氏說書

來塞住了個中消息又正好尋覓也

漢疏物交物句既蔽於物則已亦已失矣已已失則是亦為物

而已失已兩字妙

本節句句喫力無一字可挨泛此天之所與我者一句尤鄭重

朗讀一過堂堂皇皇大的血脉精神現此矣是性善極好註脚

陸象山一生只是個先立乎其大者或譏其此外別無伎倆

象山曰誠然象山有此伎倆正自不少

有天爵者章

玩本章文勢趨末似宜重既得人爵而棄其天爵二句李世人

情不可以理欲繩要字亦且恕他但得其倚而勿棄斯可矣故曰則慼之甚者也無限怪歎語意全倒在這邊而嚇以終亦必亡正惟理欲之不及繩者可以得失動也言為人爵計天爵亦不可以一日不倚此係孟子不得已委曲喚人之詞

天爵二字是創談想從維皇寵綏處化來天爵一也古則只管自家倚而人爵從之今則假這個倚的色目以要人爵蓋同一鄉舉里選之典而淳漓真僞迥不同矣吁如此倚那得不棄

仁義忠信樂善不倦八字連珠看詩所云有物有則好是懿德者也仁義括盡性理忠信就仁義之真寔處言之非有二也合

而名之則曰善中有一段活潑冲融的意思則曰樂善不倦樂趣也在樂內非有進步揔是天生合下帶来的皆屬先天非緣情想如齊王之不忍一牛今人惻隱孺子入井之際生趣真如鳶飛魚躍一般豈不是樂善不倦

徐岩泉曰纔棄天爵則所為不在天理上有損於民無補於君能保祿位者幾人終亦必亡之自寔理寔事非故作惡而為是言

欲貴者章

談良貴全在末節吐暢說幾分若若氣象何妨今說者都作假涵養謂兩不顧只是內足無求之意不要帶輕忽的話頭愚謂

內重外輕道理合得如此拚不在心裡便丟不在眼裡只是更不要作彼此較量小家語耳令聞廣譽與噭名又無干說者又苦苦避忌周折反不吐暢何哉

飽乎仁義一句獨良貴理已盡令聞廣譽施於身包在飽乎仁義一句內才可兩撇開說其抽添播弄本文神情具足并不可割製扭捏何謂飽上文樂善不倦是也連下令聞廣譽本來受用上天賦予原自不貧君子特完而葆之耳故謂之良貴聞譽說施身正貼己字意人之膏粱人之文繡人字正以形貴於己己字所以不顧所以字甚喫力從上句討出化書所謂貧有所

倚退有所恃者也

仁勝不仁章

此章指點極真切把令之為仁者一段情弊搜来道破更容何處推諉快絶人心只有一仁更無不仁勝之一言還是随順世情指點語理欲関頭大分如此而令之為仁者悠悠泥泥却似以些小塞責不則亦嘗試之而已謂之不勝正是他推諉的口實他何嘗有心為仁故直罵以与於不仁之甚与幫助也言不仁本無這等氣焰而汝却去幫助他如舉桔槹者那一頭本低汝故揭之使高恨甚之詞終亦必亡理根都打断了可憐可憐

言外要得哀憫意勿徒作據理判斷扯淡也初問云仁与不仁只是一箇念頭仁翻轉便不仁矣非兩者對待也仁勝不仁直是要勝他使他不起他便不得起要勝二字有眼不妨纇上三毛

五穀者章

袁了凡曰此不是取荑稗甚言五穀之不可不熟耳徒恃其種之美耳為他道之有成注非本旨夏雲渠曰孟子只說為仁不熟歸於無用不必添出個他道以比荑稗也且出於仁便是不仁孰為他道張侗初曰熟處難言只在日至之時凡培植灌溉

閱讀書可用力處還是人功若到日至便屬天然矣此仁之妙境也

羿之教人射章

此章舊以法不可廢說自正當上達之妙不離下學傳其可傳而不可傳者在其中矣心靈無限說者各拈一机姚承庵作崇正學說謂吾道如射之彀匠之規矩天下莫能外也意亦高李南黎謂此篇俱是論性此章即用性意揔結彀者百步命中皆由此出規矩者千樣萬式皆由以出吾性猶是故以爲此爲尤切近鄭申甫則又謂彀乎滿[illegible]滿彀而後能及遠不然不中的矣志即志于學之志精專期赴不自限足之意學者發軔便當

以極等事為期起孟子開口便道堯舜學必學孔子志彀之說也規所以為員也矩所以為方也不由規矩何以做得方員堯舜之聖如何做得孟子性善仁義孝弟所以為堯舜規矩之說也上下節作相連看於志字以字較有參尋可繹也又李卓吾張侗初謂本文說個學者明是說學為聖人之道者何謂是學射學匠上一句是引起語下一句是寔話亦一見附參

任人有問章

講錄云任人是取食色之重者與禮之輕者而比之偏在一邊了故見得食色重孟子是取食色之重者與禮之重者而比之

而下都平了故見得禮為尤重

蔡虛齋曰不以禮食則得食如其嗟也可去其謝也可食之類不親迎則不得妻謂其家貧不能具六禮之類朱子謂古者國有凶荒則殺禮而多婚蓋貧窮不能備親迎之禮法許如此

梁無知曰觀上面兩個禮重胸中儘井井但被任人設難一時不能對他蓋能了了於心未能了了於口也非謂其真疑食色之重也下云於答是也何有亦指在答上

鄭申甫曰禮與食色本不待校以大分言也本與本揣末與末齊也若任人之論是不揣其本而齊其末之說也方寸之木之

高於岑樓闕其宜也吾人所以較禮與食色者豈若是之謂哉金重於羽者豈一鉤金與一輿羽之謂哉二節總一意而一正一反言之言如是較則失其平欲得其平不可如是較也必欲如是較是取食色之重者與禮之輕者而比之將率人至於滅禮是相有無之勢非止相輕重之勢也奚翅食重奚翅色重重不足以言之矣如不以一輕一重較而以並輕並重較則大分見以紾兄臂對餓死以摟處子對不得妻說而重較也而禮得其常伸之分矣何難於荅是乎

鉤帶鉤也所以束帶者金為之傳稱管仲射小白中鉤即此

鉤

顧涇陽曰禮與食色無有二也食者禮之著於養人者也色者禮之著於生人者也岐而二之皆非也禮無所不重食色而附於禮則食色亦重否則輕夫戕性廢倫猶借之守禮也數語徹甚本文較禮於食色而究其論禮則俱在食色上論義可見矣盡未人曰食色以禮為重輕不與禮相為重輕至言哉

曹交章

此章議論宜淺不宜深堯舜之道孝弟而已矣是通章骨子語極直截輕省切忌拖帶其以徐行標之尤顯李南黎所謂從後

長一點真心流出不假安排者也服〻言〻行〻義与徐行同乃跟上孝弟而致叮嚀之詞孝弟之人橫来豎去莫非堯舜源頭合則件〻合源頭差則件〻差也是堯是桀兩而已矣正与孝弟而已矣應知字極喫緊外知而言為便是盲僻瞎做了然在孟子口中亦只是輕拈活弄聖賢道理融液知行合一說来自如此而於以示人則早是梭了金針訣也曺交可兒所問極有根器勿貶為是

楊復所曰孟子一生道性善稱堯舜是其大宗旨曺交一問深契其衷故喜之特甚說得極簡極易以撼動之又就他来見時

執禮謙恭徐行後長處說即此便是孝弟即此便是堯舜不必他有作為而堯舜之道在曹交已能為之矣曹交見孟子指點得他一身輕快所以輕心就學而願假館受業孟子卻欲乘機以速其悟說道此道原無等待原不必向人求索明白現前至易至簡自身便是師適間教汝徐行者是師否如何舍卻自身之師而師受業哉孟子平生指點學人更無如此直截親切者蓋曹交天資之美過訪之誠發問之大有以得之今解者似以曹交作個痴人不知九尺四寸之言乃彼丈夫我丈夫之意正其刻厲真切處也且自曹至鄒未有館舍假館受業亦何不是

人徒見孟子有服堯言堯行堯之語而過猜其衣冠言動之不循理亦寬矣

人皆可以為堯舜有諸曰然須知曹交不是泛然問孟子不是泛然答

曹交原不在形體上求聖其從十尺九尺處說来者只云形類湯文空負九尺四寸軀也食粟而已如何則可愧得熱惱得荒了故孟子慰之以奚有於是亦為之而已矣即下夫人豈以弗勝為患哉二句意是字栺弗勝之患舊觧錯甚

無力人有力人全在一念委靡奮發上見以勇怯之無常徵用

力之在我意員機活執着便痴
曲禮云庚人之贊匜謂鷙也字本作鴟省作匜
陸象山云聖人教人只是日用上開端如孟子言徐行後長可
為堯舜不成在長者後行便是堯舜怎生做得堯舜樣事須是
就上面着工夫愚意上面着工夫五字不言可也言之又增一
周折矣尹和靖曰孝弟之道非堯舜不能盡如視於無形聽於
無聲事父孝故事天明事母孝故事地察直是通於神明光於
四海非大聖人不能盡說理極精然照爾時覿面機鋒却有些
不肖爾時正說歸寞地言汝勿看堯舜之道大遠了只此孝弟

而已矣欲為堯舜但為孝弟此外別無剩法鄭申甫曰世上多有孝弟之人而未見能為堯舜且如衣服言動若無個本領亦祇聲貌之似其去真堯舜益遠矣近岳殷微先生說得好一黍真精却在末節豈難知哉一個知字却從孝弟轉上良知去處恍見真性面目而吾心真堯舜在是矣此說自好但係談理家提唱孟子誘曹交正無此披剝也所翻服言行之案亦與象山見同此為逐外騖末者防與本旨絕不相干切不要扯着

小弁章

三百篇怨者多矣高子獨致譏乎小弁以其處父子間而薄之

也不知孟子之所以取之正以其為父子幽王廢嫡立庶天性之恩絕而危亡之禍成為之子者能恕然乎小弁之所以不得不怨也亦涕泣乎兄閔兮者也而必以凱風律之宗社之變與帷薄之羞其親過之大小豈得同哉故曰小弁之怨親〻也親親仁也小弁親之過大者也親之過大而不怨是愈疏也疏字應上親〻大要即恕字之意上段得下段而愈明末引舜之慕為怨字作証見得有此慕則不得不有此怨〻處正是慕處是孝是仁而高子者理蔽於方情趨於恕徒欲執拘理以束至情不亦固乎

越人與其兄所射總射有人於外之人而已則係從旁勸解之或欲把兩已字俱作被射之人看謂小弁見廢於其父如弟之見射於其兄終覺牽強且人將射己而談笑當之於理全欠通

註云磯水激石也石以此毋水以此子乃水怒非石怒也按說文磯石激水也照文義看來較註還順些

宋牼將之楚章

徐徵弦曰挽回世道之具在賢者而所寄以挽回世道之機在策士故孟子特惓惓於宋牼大學衍義曰戰國構兵之禍烈矣

宋牼欲一言而罷之豈非生民之福而仁人之所甚願者哉頤
利端一開君臣父子兄弟將惟利是趨春秋弑君三十六大抵
皆見利而動其禍又有甚於搆兵者是以聖賢不得不嚴其防
也金仁山曰孟子尊敬宋牼取其救世之心也闢其言利救其
學識之淺也夫救牼所以救世仁人之言其利溥哉
指大指也敷演況譬其說雖詳大指不過一字號即指也但有
倡召之義指則隱約藏於胸號則顯揭呼於世矣
殃民非仁過取非義俗說以詮仁義亦得雖然以此而投於戰
國之君憂憂乎難哉聖賢力量大機權活觀其所以告齊梁者

擒縱闔闢別有妙手區〻映民過取四個字不足以言之也且
夫言利則怵之以亡言仁義則歆之以王孟子之剖利不利也
詳矣亦孰謂其擠利不言者乎仁義未嘗不利雖腐談孟子殺
活人竟必用数一亡一王就是教宋牼以仁義說的話本勿泥
作談論看過
三軍之士即頂三軍之師說俱兼將卒蒙引師指卒士指將性
諦師兼將卒士獨指卒皆未妥下為人臣為人子為人弟又即
頂三軍之士說戰國時兵与民尚未分說個三軍之士則國人
亦大槩括其中矣懷如懷德懷土等之懷拳〻在心若或據之

問 詳

也懷利懷仁義以事之別只在有所覩無所覩之間相接是活用字眼故利与仁義皆云相接但懷利相接即是交征蚰蜒蛇蝎聚為一區互相吞噬也懷仁義相接則寔有血脉貫串在祥沴自不同矣

吴無障曰上言臣懷利以事君子弟懷利以事父兄下只合言君臣父子兄弟懷利以相接却又添出去仁義何也懷利相接處那緊要全在去仁義人心苟未至斬絶其於君父兄猶必有一念顧惡而不忍背之〻一意惟決去仁義無復良心而後惟利是視不復知君父兄為何物矣必不可有為去必不可無為

懷全要說得去字醒然後懷字十分精神下節懷仁義相接巧處亦全在去利此說挑剔有眼又去利只說去利去仁義加一終字有味梁無知曰利所本無者也仁義所固有者也去本無者去之而已固有何可去乎蓋去猶望其復來終去永無望矣此鄭重之辭亦痛惜之語也

按宋牼尹文子弟子也作華山之冠以自表其道術以情欲寡淺為內以禁兵寢攻為外荀子述其言曰明見侮之不辱使人不鬬又曰人之情欲寡而皆以己之情欲為多是過也故不累於俗不飾於物不苟於人不忮於衆願天下之安寧

以活民命上說下教雖天下不取強聒而不舍莊子所稱圖傲乎救世之士者也而孟子歎呼以先生其仁天下之心有同焉爾矣豈特年長之故哉

孟子居鄒章

通章重不見儲子一邊首節是叙事中書法曰居鄒曰處守見季子不得之鄒也曰處平陸曰為相見儲子得之平陸也不報者不往見以荅其礼也後有見有不見是終有報有不報矣引書享多儀四句而找以一言曰為其不成享也舊說是釋書而不見儲子之意在言外近說為其不成享与為其為相〻應明

是說儲子了。又惟不役志於享一句。書自釋其曰不享意已明徹。不消再釋也。儀字舊作禮意說。即下志字。儲子與季子均以幣交而季子欲來不得來則寔意已致。儲子得來而不來則虛文無益。然其別也。近鄭申甫謂儀與物何辨。如今幣交物也。親來致幣。與遣人致幣。是其將物之儀也。書曰享多儀是指然行禮進退揖讓之儀。享貴多儀。若物多儀簡。是為儀不及物。曰不享。蓋以不役志於享。故簡於儀。惟簡于儀。則雖有物以享。與不享同。舊解禮意〻字。乃從此志字生來。然志字乃儀之本。不可以儀作志字看。儲子物非少也。而不親致簡於儀矣。是不役志

[illegible]
於享矣爲其爲相之問專指儲子孟子爲不成享之答亦專指
儲子然均是幣交均是不親致而一成享一不成享此或人之
所以疑而問也故屋廬子以不得之鄒得之平陸曉之季子儲
子物同儀亦同以所處之地而別其成享与不成享季子之儀
只合得如此非簡也儲子爲得与之相例論哉
連得問矣喜其請教有地有端也不是挺得破綻爲其爲相与
此故設爲問詞非寔話姚元素謂爲相乃執國權君子避遠權
勢所不輕見故以爲問亦是周旋語
齊之君臣挾貴傲賢王以召臨已不能就見矣儲子又復敢爾

孟子故以不見拆之不成享三字直恁搶白快哉

先名實者章

通章重仁賢二字而賢又歸重在一個仁千古無遺世之聖賢自為即為人人之蘊為人即自為之施人己蕪成所謂仁也初非截然兩事安得分為二途必如髡之截然以先後名寔分之則為人特管晏之事功而自為乃沮桀之行徑矣夷尹惠仁人也而所趨不同夷似一於自為尹与惠似一於為人惠之功業遠不及尹則其為人之名寔亦大有晦顯焉倘若以名寔未加為非仁則夷惠一無所見而尹當浮沉五就之間何碌碌也雖後

来功澂天壤而有以謝湯無以謝桀恐亦無以迯于無益人國
而為其事無其功之謂也不知功之所成在於用龍黃鵠而責
其無千仞之翼絆良驥而縄其無千里之材不亦寃乎孟子名
寃未加於齋祇緣不用故其反之以此心人臣而無媿也彼所謂
仁人君子者也孔子去魯之事可以觀矣士君子到不用時類
皆迹不足以暴心毀人以自全君子所不恐也而一段委曲周
至仁亦露其一班夫衆人為乎議之自覧肆訕三折意只一線
首曰名寃未加再曰無益於國三曰為事無功中間被孟子大
議論打断婉轉開生竟以無功詆焉孟子終不欲自暴屢托古

八佾見意章內數君用字另開周君子亦仁而已矣仁之兼用也易知其藏於不用也難見故曰君子之所為衆人固不識也仁固衆人之所以不識也

名實二字相連名聲譽也實事功也聲譽由事功而著而有事功者必有聲譽只渾淪合看不要拆開

柳巖齋曰夷尹惠三子之仁照名實未加看不論名實之著不著均之萬物一體之心

尹五就桀是就湯以後事既為湯出了便當以湯之心為心就桀者湯使之就望桀改過而遷善也孫武子遂謂湯遣尹為閒

於桀誣聖甚矣。柳子厚又謂就桀為欲速其功。以湯臣而桀君也，其行仁較便。贊曰，聖有伊尹。思德於民。往歸湯之仁。曰仁則仁矣。非久不親，退思其速之道。宜夏是因。就焉不可。復反亳殷。猶不忍其遲。亟往以觀，廢狂作聖。一日勝。殘至千萬，冀一卒無其端。五往不疲。其心乃安。遂升自陑。黜桀尊湯。遺民以完。大人。無形。與道為偶。道之為大。為人父母。大矣伊尹。惟聖之首。既得其仁，猶病其久。恒人所疑。我之所大。嗚呼遠哉。志以為誨。詞雖美，竟屬臆測，非尹心也。

為政相也。為臣庶官也。魯削未必冥錄，孟子卻置不辨，只以大意發明用賢之益削何可得削字泛論不粘魯事彼此兩部各以伸其意而已非喋喋翻罨録也又髡云若是乎賢者之無益於人國也是弄乖話髡原不以無益為賢觀下文可見若是乎三字多少輕薄蓋訕儒術之跡而盛名之下為難副也

説苑公儀子相魯池淵不税蒙山不賦苛令不布曰吾已閉心何閑於門史記又稱其耆魚而卻餽不受食茹美拔其園葵棄之見其家織布好疾棄其家婦燔其機不欲與下民爭利也相業必有可觀又子思未嘗臣魯繆此皆附會之説不足據

謳歌本一類。說文咏詩曰歌。而謳則似加以曲折。善哭變俗、只是人化之、而篤於夫婦之倫。謂貞而皆善哭、却板話、淇、衛水名、河西、即衛地、衛在河之西、故云河西、高唐、齊西邑名、本是齊右、却別云齊右者、由高唐一帶言之也、華周杞梁、齊大夫、同戰死於莒、周妻無攷、梁妻則傳載其貞而知禮。枕夫尸城下。哭動路人。莫不揮淚。十日城為之崩。辭莊公之郊弔公請其室。成禮乃去。自以上無父。中無夫。下無子。內無所依以見誠。外無所倚以立節。赴淄水死。說苑則兼言二妻、但事不倫詳。只槩言其城阤而崩焉。

引孔子事着不用二字出孟子微詞也魯人為肉為無禮之議正甚慨孔子微罪之心孔子固不欲使人知也人亦不能知孟子去齊一腔委曲與去魯類亦安在使髡必知之乎三蒙訊而不顯解宛然孔子家法

憂古內曰不稅冕而行不遽稅也即遲遲吾行意莫錯認作急遽

微罪二句舊說為長罪屬君相微對顯看隱晦之義也以女樂去則君相罪彰以膰肉去則君相受女樂之罪隱矣不欲為苟去去與上句意相足蓋是時孔子雖不以女樂去而畢竟欲去偏

於去之時不說一名目漫然以行人必追論其去之之因而君相之罪亦反以明事理相因處必萬全不是上一句以全君全相下一句亦以全己之去就作兩層也時說或改上句謂微罪是孔子擔個自家不是蓋膰肉不至而遂行似欠忠厚即所謂忠臣去國不絜其名者也或改下句謂不苟去只是不於受女樂時怒然去總是不悻悻以揚君相之失便了命意皆好但舊說已自妥照文義看來亦暢亦婉不必翻也

五霸者章

此章文勢趨末一節重一節蓋為今之諸侯大夫而發而責大

夫意尤重或欲提五霸作主謂無王之罪五霸寔始奸之歟今諸侯大夫所以敢恣肆而濫觴也非正旨詳之自見七篇中專論王霸以德以力之辨皞皞歡虞之分抉之細矣而無王一案未經道及此案竟不可少故此章及之識力甚高許多霸畜只用一句摟諸侯以伐諸侯斷盡此孟子之長於春秋也

自天子至移之總言王章炳赫威福之權出自天子諸侯罔敢專焉緊接是故二句以立罪五霸之案大意止此若瑣瑣分截其為巡狩其為述職其為賞罰其為征伐而賞罰只伴說意歸

陳氏讀書

重於征伐亦渙散不警策矣討而不伐天子出命聲其罪命方
伯連師伐之不親伐也討字從言出命之義伐字從戈乃方伯
連帥躬秉斧鉞奉命以從事焉若致討之命則固聲之乎天子
矣非諸侯所敢干也方伯連帥一也無事爲一方伯有事爲三
軍帥連者挾與國而偕也五霸之摟諸侯伐諸侯正竊連帥之
意而未嘗承有天子之命是以討自專而天子自爲也無王莫
甚焉這一句要緊々與上二句相照罪案便昭據律讞決可謂
平允

省耕二句綴於巡狩述職之下註分入彊段應巡狩不朝段應

述職此二句遂無所屬今細玩上文語氣則此二句與巡狩述職原是一套事而下入疆必首察其土田聯接亦甚有情先王褒建侯國總以為民巡以此巡述以此述而威福行於其間討伐所由來也可作贅剩語妙：帶過乎

按五霸孔疏謂夏昆吾商豕韋大彭周齊桓晉文趙註謂齊桓晉文秦穆宋襄楚莊按伐之事昆吾等不可考桓文以下則桓率諸侯以伐蔡文率諸侯以滅曹穆率諸侯以伐晉襄率諸侯以伐楚莊率諸侯以伐陳其彰彰較著者風俗通謠書則直黜穆襄莊大約謂穆不主盟而襄辱為屬莊僭為幾

皆無尊事王室之功焉得霸王弇州劄記欲升昆吾豕韋大彭未知可否附覽

五禁皆天子之禁桓公特修明之而已非創禁也然是桓公創霸第一勝着所謂挾天子以令諸侯者也其禁首綱常次旌別次綏柔次用舍刑殺次修睦分封極是鄭重而囑以言歸於好還可見其正大心腸時說謂圖霸須用兵用兵須有名有名莫大於伐逆命之國故先申天子禁然後日用兵張本然以論晉文以下人則可以論桓公恐多一層意

周禮天官玉府職云若合諸侯則共珠槃玉敦槃敦皆器名槃

盛牛耳敦盛血，蓋割牛耳取血，歃之以盟也。司盟之官北面讀誓書，告神，傳敦血，授當歃者，既歃，乃坎其牲，加誓書於牲上，埋之。若有違背，欲神降殃咎如此牲。時桓恃其威德，故但束縛牲而不殺，但於牲上加此五命之書，不用歃血。

無易樹子，重一樹字。樹，立也。兼當立已立二義。傳曰：立子以貴不以長，謂嫡也。立嫡以長不以賢，謂均為嫡子，必以長也。所以塞爭，憎杜篡亂也。是其為當立者乎。當立而立之，則又已告於天子矣。安可以擅易。桓不能用，是以五公子爭立，而尸蟲出於戶也。嗚呼，正修缺而內嬖多，不夫不父不子。初命之禁，桓首犯

之矣霸業頓灰凄凉萬古傷哉

彰德雙承尊育育非教育即在職而忠信重祿之類或作教育

說亦不妨但不要低昂賢才謂使人知才不及德是所以顯有

德郤費周折了也賓旅二項卿大夫為賓庶人為旅世官恐爵

及惡德又春秋譏世卿其害有至于耦國易祚者如周道親親

尊尊之弊不可以不更也官事無攝極識机宜侵与曠皆自攝

生勿因孔子非儉之言誤國家大躰也古者刑不上大夫殺之

已非得已而可專乎其立也請於天子則其殺也亦必請於天

子曲防有二項防以蓄水亦以障水旱則蓄之使不得出澇則

陣之使不得入而鄭有嗟謁澤皆滔天者矣曲者多方設法之意也記稱桓公塞九河為一河春秋緯云移河為界在齊呂填閼八流以自廣此其貽害直在百世是此禁桓又犯之也遏糴即今之閉糴管子輕重篇嘗教桓以式璧聘新成囷京者二家勸民藏穀惧穀之流於諸侯也是陰行遏糴之寔而諱其名者也封亦有二項一封國諸侯也一封邑大夫也今未知桓之遷邢封衛滅遂果告於天子否也歸好〻字如今人言學好之好

以上句義易解者不贅

犯五禁緊〻與上文相呼應方見其罪這便是惡了而其臣方

陋日詩書

且逢之百献挑撥未見意而表異未見欲而彫琢貽害不亦深

乎夫長君之臣巽懊阿奉彼所謂容容者也匡救則不能挑引

亦何敢乎雖然今且功之矣何罪爲良臣民賊合下數章觀之

尤快大要指富強諸人言也

魯欲使慎子章

重一仁字仁之所行則爲道道不與仁乎殃民非仁違制過取

亦非仁重殃民上過取不與殃民平俗說當道承過取應上勝

齊不可志仁承殺人應上殃民不知孟子云徒取諸彼以與此

然且仁者不爲是明以過取爲非仁也中間申明王制乃因慎

子不滿不可之言而釋之曰氣抑揚摠重殃民故曰況於殺人以求之乎一將功成萬骨枯仁人不忍聞也當道志仁二句一串提到底以道與仁平提者不是

不教民而用之謂之殃民即以不教民戰是為棄之之說時魯因齊湣王之亂欲使慎子伐齊取南陽係乘危利險倉卒興謀孟子云不教民亦據事論事之詞非謂魯有教練之師便可以戰也

慎子名到滑釐即禽滑釐墨子弟子也墨子書公輸子為楚設械將以攻宋墨子見楚王与公輸子鬬九攻九拒之術公輸子欲殺墨子謂墨子殺則宋莫能守可攻也墨子已遣滑

鼇等持守器在宋城待楚對王洩其謀王乃止則滑鼇必是善用兵者慎子尚其道故於此推之曰滑鼇所不識註似失攷典禮也籍方冊也諸侯典礼如祭祀會同之類受之天子載之方冊藏之宗廟故云宗廟之典籍註故以祭祀會同常制釋之非以宗廟為祭祀而帶言及會同也或曰宗廟猶云先君周公為方百里太公亦為方百里亦字妙便見有此不可益被不可損意一字掩映精神烱然

按左傳云昔周公太公股肱王室夾輔成王成王勞之而賜之盟曰世世子孫無相害也載在盟府太師職之柳下惠云

齊魯之始封也，相與出周南門，刲羊而約曰：自後有敢相攻者，令其罪若此刲羊矣。子孫後竟相攻，可嘆可嘆。

道者仁之發，仁者道之存，當道志仁本是一團的，而口氣自務引其君趨直貫至而已止，亦淺。有轉折頓跌，作一句讀，總像謂務要引其君，教他事事在正路上走，此心所向純全一個天理，總了得帳。蓋孟子此語全以浩氣行之，不似時文費許多打疊。此引字雖帶婉曲，然亦不宜太說軟，致以傷題神。玩志於仁一於字，口氣趨下，重重志仁，徒云當道志仁，便兩提硬煞矣。

今之事君者章

陳氏讀書

此章專罪人臣闢与充一串盡地力則有財也約与戰一串合与國之力則可以決勝也看我能等語何等利嘴撩牙自以為取天下之策在此矣所謂今之大夫皆逢君之惡者也不知此等經營如毒藥猛獸賊其民未有不反中其身及其子孫者即与天下不能一朝居何也其國雖富強而民心先已失也孟子之言至於秦而驗矣末節極痛快激切見欲圖大業必須變今富強之俗始得鄉道志仁是一天下之本也而今之事君者不然故曰今之大夫今之諸侯之罪人也口氣似与上慎子章相因而發可合看

理財治兵國家大事君若卿道志仁此事正須講究在孟子之言自有斟酌由今道即是無變今俗行為道習以成風為俗其寔一也

二十取一章

此章與闢許行同意重無君子上引貉言城郭等項而下則歸之人倫君子末又專歸之君子言人倫則該得城郭等項言君子則該得人倫蓋君子者維持此人倫者也首云萬室之邑一人陶則可乎後云陶以寡且不可以為國況無君子乎可知萬室一陶是喻孤君孤君不足以治一國故先王設官分職祿於

門內詩書

是乎制焉而中土物力沃饒不比於貉之脊壤用以酌取畫為什一中正之規重病民輕病國中國之治誠不可以貉之道治也書曰成賦中邦中邦者中國也孟子適滕國躰故其闢並耕也以君闢二十取一也以君子

今居中國去人倫無君子與無字只頂上無百官有司無字說來遂痛言其不可以為國見君子斷不可無而所以供君子之用者其可缺哉遂以貉桀接言承上起下語脉甚明

末節用桀伴說可謂滴水不漏李卓吾曰無與二語反為富桀者口寔矣時說謂賦輕則將轉而加重又太深文却多一層意

惟鄭申甫謂圭欲輕賦其寔欲行桑孔商賈之術蓋其嗇儉貿易居積致富治〻自喜欲以其術施之於國所云二十取一亦如桑孔云不加賦而國用足也不知害及甚於加賦堯舜什一之法蓋酌量於多寡之間為經久可常之道如何易得古今惟文景三十稅一亦自富饒然惟文景可耳武帝三十稅一未嘗有加而均輸之害天下騷然此以知圭之術行必貉桀共一途也孟子貉桀之論不為無意此說較好可從

愚按東西漢均是三十稅一光武詔云頃者師旅未解故行什一之稅今粮儲差積其令三十稅一如舊制是三十稅一

漢家經常之制也不知當時國用何以能足如白圭心計之臣又可少乎哉

丹之治水章

此可以見萬世治河之策亦可以見萬世河害之源韓非子云白圭之行堤也塞其穴圭只是以隄壅之而已此鯀故智也鯀當堯時天下一家此壅彼瀦竟要注處益鼓洪水之災罪是用見而圭當戰國時綉錯區分壅之出境使不內入即私謂便宜治治自見德焉不知以隄壅水其為逆也多矣隣亦何辜而代承其壑乎水逆行謂之洚水就爾時壅水言之洚水者洪水也

則祀古来水害相比例以見其毒此語作看似深文然自戰國
互相壅激神禹所疏填𨶒無存漢武以来日治日決迄今無安
流視洪水之害爭毀何也仁人所惡應不為一時矣然幸有孟
子之言明諭後世曰禹之治水水之道也道路也天地脉絡陰
陽閼會水所必由之路也由道則歸海故曰禹以四海為壑宋
太祖曰夏后治水但言導河至海隨山濬川未聞力制湍流廣
營高岸自戰國專利湮塞故道以小妨大以私害公九河之制
遂隳歷代之患雖拜神宗曰後世以事治水故常有礙以道治
水順其所向遷徙城邑以避之復有何患雖禹復生不過如此

[illegible]

太上因之其次利導之最下者與之爭愚以為治河之三策也

君子不亮章

朱子謂說文無亮字故借諒字釋之曰亮信也與諒同蓋如直諒之諒是好字面易所云貞固是以幹事者也先儒多謂諒是不好字面如匹夫匹婦之為諒君子貞而不諒諒小信也不亮即不諒張橫渠曰惡字去聲讀言君子不為小信惡其執一而不通也李湘洲曰君子不為小信又何所固執乎然又能權之意也然皆異註不可從按漢蹤云亮信也言亮不言信者亮之義其体在信其用在明指個明字極可會而書舜典有亮采之

文義本訓明明則經以明釋之尤好疑問云亮乃明亮之亮心体
上明明白白然後可以固執不渝故曰君子不亮惡乎執此說
破的彝典有現據而朱子云古無亮字豈偶未之考乎

魯欲使樂正子章

鄭申甫曰為政是舉一國之政听其秉理乃國之大臣也強以
力量言用之擔當知慮以明慧言用之籌畧多聞識以博覽言
用之參稽成典然皆一人之才或此長彼短好善則不必能不
必不能但兼收而並用之則皆我之能故好善為優優若包舉
有餘之意在下輕千里來告上見此句渾含且漫說破訑訑節

一叚尤痛快詘詘摹其狀予已知之矣乃摹詘詘者之言詘詘於天下事理我都曉得了即以強智多聞自炫露意彼亦何嘗明言距人然人睹此容貌接此聲音已暗裡縮卷沉吟其氣已陰折逆拒人於千里之外令其畏足而不前矣正士退則壬士進有過不聞好勝自賢理亂之幾決在於此

袁七澤曰好善与強知慮多聞識正相違強智多聞必沾沾自好豈能好人耶故無他技乃能有容莊忠甫曰好善之人非必盡無強知多聞也強智多聞歛之而不露也有師曠之聰方能借衆耳以決清濁有離朱之明方能借衆目以別玄黄使聾瞽

之夫而倚人為耳目惑滋甚矣二說可合看顏壯其曰正子不以強知多聞著非正子之不足乃正子之善下相臣貴量不貴才君之所以擇相之所以事君俱可知矣舊說詘詘予已知之矣作人言猶史稱司馬昭之心路人知之者蓋言其詘詘有素也今人致不滿之詞亦云他做人是怎麼模樣我豈不曉得似於文義較順

古之君子章

此章有二說或謂陳子疑君子之雖仕而孟子以君子之去就員融告之所就三不拘一途以就也所去三不槩一途以去也

陳白讀書

如下所列委曲俱見或謂陳子疑當時之不可仕而孟子以君子之去就明白告之雖言委曲而方正寛寓其中蓋行道之心形迹所不必拘不屑之志生死所不顧易即至於免死亦所謂存其身以有待也看而已矣三字何等限制孟子嘗曰君子未嘗不欲仕也又悪不由其道此章所論即此意

三者物所小滿之數也凡不一之詞皆曰三不必泥是三件所數去就首一項以道為去就次一項以禮為去就末節全是去全無就了故周之不同可就而曰可受這一項難算做就是知就三之三不是一二三也其次其下亦就所遇之不同説非論

人品高下也

迎之只是接遇非郊迎致敬以有禮一串看中着一以字敬在心而禮則其文也言將言字發語辭或作君有言以許其行陋矣禮貌相連字猶言禮文漢疏禮指敬貌指和謂顔色和順有樂賢之容却太分拆吾大者不能行其道即上所云行其言又不能從其言也與行其言之言不同上言字即數陳王道如孟子所以告齊梁者行其言即為行其道矣然乃因事納誨之言耳悔過意重惟其能悔故可受然受曰亦可豈得已也哉

舜發於畎畝章

本章疊々說去束以憂患安樂二語詮敘極明可無側枯別解然細玩大意似當以大任節為主聖賢之興多貧賤非必生而即有々國之榮也中人又非所以自處且人恒過節亦只是反覆申明上節動忍增益之意人字該得甚廣不必單指中人章內心性字極緊要大任節又當以此為主

原旨云舜曰發傅說以下曰舉君相之別也發者奮谷己舉者拔自人

按傅岩在虞虢之界通道所經有澗水壞道常使胥靡刑人築護之說貧代築供食韓非子云傅說轉鬻註云轉次而傭

故曰鬻今傅岩有聖人窟卽說隱處也拾遺記云說賃為赭衣舂於深岩以自給夢乘雲繞日而行筮得利建侯之卦歲餘殷以玉帛聘為阿衡而高宗舉之亦以夢帝賚良弼形求惟肖異哉文粹馮用之權論云高宗知傅說之賢欲委之代天取於皂隸之徒儀於百辟之上慮群情弗愜事難以濟故稱夢得賢相乃刻像而求之商之中興賴善權之主也殷人尚鬼太上因之此論不虛也又觀象賦云傅說登天而乘尾註云傅說一星在尾後莊子云道可傳而不可受可得而不可見傅說得之以相武丁奄有天下乘東維騎箕尾而比于

列星然則說果自帝側來乎不然死何以託精于星也築岩
之事紀載甚昭此言版築蓋有所本版墻版也築杵也楊升
菴謂說築傅岩如卜築之築孟子此言亦誤勇于翻案者也
膠鬲鬻販魚鹽文王舉之以事紂武王克紂鬲復歸周事紂
之役大似尹之就桀呂氏春秋謂文王沒武王立使叔旦就
膠鬲而與之盟說不經又謂武王伐殷至鮪水殷使膠鬲候
周師武王告之期將以甲子至於殷郊鬲行天雨日夜不休
武王疾行不輟謂鬲已以甲子期報其主矣今甲子不至是
令鬲不信也吾疾行以救鬲之死也鬲為文武所重如此

士刑官也皐陶為士一証盖指其請罔事也仲亦曰臣無忘其在檻車坎壈極矣

孫叔敖名饒叔敖其字蔿賈之子也幼殺枝首蛇有陰德為相棧車牝馬糲餅菜羹枯魚之膳冬羔裘夏葛衣憂國忘私乘馬三年不別牝牡殁齒無分銖之蓄破玉玦不以財宝遺子孫身死子貧負薪豫戒其子請封寢丘無受利地三為相不祟三去相不憂莊子書肩吾所問視子之鼻間栩栩然者相業所著莫大于收九澤之利以懋潤國家傳稱其激沮水作雲夢大澤池焉虞丘子薦之謂秀羸而多能其性無欲知

讀書

人哉初莊王罷朝而晏樊姬問之曰與賢相語不知其晚也
姬曰賢相為誰曰虞丘子姬掩口咲曰為相數十年未聞進一
賢安得為賢遂薦叔敖〻前與沈尹莖為友游郢三年聲聞
不加尹莖勸之歸耕自放藪寞之濱俟其時也
百里奚飯牛事前已辨之爵祿不入其心故飯牛而牛肥詩
曰大隱〻市朝如奚者吾謂之市隱焉
君相大福也聖賢不以為大福而以為大任是何等心眼張侗
初曰天下大擔子都是天生箇人來擔當人須要着得自己大
厄窮厄不能困者皆其富貴不能淫者也若困厄時不能自持

卽富貴當身有何幹濟天正以此生死關陶鑄人要人自立聖賢承之便造許多心性事業出來心靈而能應故貴動動者寧極而活潑也性寂而能止故貴忍忍者多化而藏密也卽此便是增益其所不能數語快甚本文必先字与所以字相應而所以字又屬聖賢不屬天讀天如此困聖賢乃聖賢之心所以動性所以忍不能所以增益也此處聖賢正自有磨鍊在徐徽弦曰無志人受天磨難便倒有志人受天磨難益奮此所以動忍增益之義也若謂天之困之所以動之忍之增益之則聖賢太顢直矣心性舊解頗痴侗初說極瑩了凡亦云孟子嘗言不動

[illegible]內言書

心而此言動心者不動由動中出震撼之極轉見恬愉也孟子
道性善而此曰忍性者不但食色之性當忍而天命之性亦宜
忍收斂愈密睿智愈通也增益不能舊作才能說自安但理則
根心性來詞亦不要纏擾眼明手快作法始員焉
此節文勢甚澎湃要依倣疊々散落不破碎又不扭揑為佳鄭
申甫以空乏其身總承苦心志勞筋骨餓體膚終覺扭揑空乏
繫指服用不充與上文一例遞過為是若欲總承則以拂亂句
維上四句亦何不可然大不必也動忍增益舊說分應上文動
心配苦心志忍性配勞餓空乏增益不能配拂亂所為亦自恰

好然理病破碎時說增益由動忍予稍嫌其犯手又謂忍性由動心則扭捏甚矣直以動忍為即是增益如侗初之說亦大圓圖就中斟酌以歸重心性上去余所以貴手眼也

問聖賢有何不能曰如瞽瞍未底豫時就是舜所不能處嗚呼

士之達也天不言以行與事示之而已矣士之窮也行拂亂其所為能不能豈由人哉雖然有說焉為農荒年為賈折閱必在天者也當鍛鍊時分勁挺到磨礲處發光輝必在人者也天人相勝乃相成也管子造事而窮鮑叔知之謂時有利有不利管子終身以為恩主而猶未知謝恩于大恩主也

陳氏說書

動恐增益事莫大於過故特以過言之此聖賢反己親切處不則如苦勞餓乏拂亂等困未有不可誘而咎天也人字槩指人情自聖賢而下皆包得此節即申上節兩節相足意趣乃完下節推論至國家極淋漓痛快合富貴與貧賤總不能脫此耐苦一局收上大任意尤密匝張侗初所云凡窮厄不能困者皆其富貴不能淫者也舊說擺開三段一大任一中人一國家忒無把柄

困於心憂鬱不能自舒衡於慮思索不能自通困心衡慮只在已了知有過故曰作徵聲發色是徵於人而方知有過故曰喻

困心衡慮徵色發聲非過唯自失錯點檢不到以致於困心衡
慮徵色發聲處是過也
法家法字與法語之言法字同謂世臣以法規君者拂士不必
改作弼士拂即拂逆忠言逆耳利於行其為拂也多矣敵國外
患一串看左傳范文子云自非聖人外寧必有內憂無敵國外
患即所謂外寧也或云敵國是相敵之國如秦楚之搆兵外患
是意外之患如奸宄之竊發亦可兩無字本屬國家說時說謂
是君心自無之不把這兩件在心上也要意亦要知
末節無限叮嚀然後知三字正從世人痴夢中大喚醒一番生

死字極猛省語云老貪生佛怖死吾人悠悠泛泛不自策勵大都坐生死念昏耳若知憂患安樂之為人生死關則舍死趨生詎堪自汩沒哉今又須知生死是甚麽莊子有云哀莫哀於心死生死關頭非從心性理會不可也羅念菴曰聖賢居危臨變莫不省躬改過霜雪不凝則生意不歛精神不固則作用不力孟子論天將降大任節盡之然此却有深办由道術中料理則為聖學由世態中料理則為俗情世人往往拆節於隕穫諂俗於員熟以為增益在是不亦左乎嗚呼以此言增益視生死何關哉護生須用殺殺盡始安居孟子原不以生趣誘人歟美也

有味夫改過之言申動忍之旨也怖死貪生急向心性取之

教亦多術章

術路也引誘人之路也不止一端故曰多術虛喝以起下文下不屑教正是多術正以見君子多方曲成之意是亦兩字多字恍可見若徒謂是多術中之一術則槁索沒趣味矣疏云學而見賤恥之大者激而厲之能者以改教誨之方或抑或引同歸殊塗成之則一極簡古可誦

說書卷之十九終

慧眼山房說書卷之二十　孟子　盡心章句上章句下

閩漳陳天定慧生甫著

盡其心章

李卓吾曰首節先說心性天是一箇不是三箇下面便教人下手故有兩所以字鄭申甫曰性者心之理也而其大原出於天盡其心者二句言性即是心性不在心外也知其性則知天二句言性即是天天不在性外也雖盡心句有現成工夫在內然主意却重在發明合一之理次節存心養性事天乃其下手工夫末節工夫造極直做到立命境地我即天天即我功行圓滿

陳氏說書

矣。娛說伶利點化首節寬者虛之剪裁亦妙但細玩本義則首節却是以成功言統總論也次節吃緊揭出工夫末節則找言工夫之完滿其寔三節只是一節說盡心知性已含得存養修身在內了說知天已含得事天立命在內了次節末節總以中明首節意一意自爲洗發無許多條幹也李鄭之說便於剪題則自輕圓可採焉。

心性本一致時說或重心或重性徒費爭執重心說者謂性無爲心有爲須是由盡心而知性下存心養性亦是由存心而養性也蓋本漢疏重性說者謂性即心中所具之理盡心者盡此

而已若不知何以能盡心須由於知性下存心養性殀壽不貳脩身以俟之都是知性裡事一徹盡徹此大源頭學問也蓋本朱說而暢之愚意孟子主張性學重性說為長盡心由於知性朱說自不可易存其心以養其性則養為主意而存為工夫串重性上理尤其易明者提知性以貫全章此解甚卓或曰盡心知性就盡心中表出個知性來口氣儘員然不如朱說之有頭腦有着落

大全朱子曰人能盡其心者只為知其性文義與得其民者得其心也相似

筆乘或問李彥平孟子盡心之說曰一念不動便是盡心或人未悟曰人生而靜天之性也感於物而動性之情也人之真性了無一物或一翳之情不之覺若不爲物所動則妄情欲念廓然自除非盡心而何

袁七澤曰心量之大非數等譬喻之所及也心生虛空虛空立世界所以道空生大覺中如海一漚發則心量之大何如哉而人乃取物交物之影相認之爲心如人夢爲蟻渺渺然蟻也而不知其寔人也衆人心括虛空而誤以爲在形骸之內方寸之間何嘗人之自惑爲蟻乎其咎安在在不知性知性則微雲散

而太清朗泡沫消而大海澄有不盡其心量者乎故曰盡其心者知其性也知其性則性之所從來亦無不知矣繼天之命於穆不已上天之載無聲無臭所謂性之所從來也

張洪陽曰心則曰存性則曰養存者操而持之可施之心不可施之性也養者順而適之可施之性不可施之心也夫心則有人心道心矣豈性而亦有人與道之別乎心則有出入矣豈性而亦有出與入之殊乎故論心則曰出入無時莫知其鄉論性則曰大行不加窮居不損明心有存亡性無增减也譬如鏡然心鏡也鏡之明則性也塵垢則鏡昏拭之而昏者明矣心有昏

明謂性有昏明可乎譬諸水然心水也水之下則性也搏激則水逆導之而逆者順矣心有順逆謂性有順逆可乎是故性有善無惡而心則可以為善亦可以為惡其善也可以言性亦可以言心而其惡也但可以言習心不可以言習性有習心則必操之而後存故曰存無習性則不待操而自無不存故曰養此心性之辨存養之分也說得八面玲瓏而養之妙由於存可知盡之妙由於知亦可知矣

殀壽不貳二句串說世間最難割着惟生死事一切禍福趨避都由此起此處不二則窮通得喪皆不足以動其心矣是呸喉

下着一刀者也。然亦不是任運自樂，天云我無柰命何，委順以待終，命無柰我何。方寸如虛空，虛空非可執之物，如何敵得生死。箇中欄柄，正在脩身裡認取也。張兩若曰：殀壽不貳，非我不貳於殀壽，乃殀壽不能貳我。自有千古不老、萬刼不壞者在。天地有銷歇，而我這個無銷歇，何貳之有。蓋直從脩身內撐持造化，生滅不及，獨往獨來，故云立命。此說甚透宗，或疑其近禪。吁，理苟至矣，雖禪何妨。不貳法門，直是超生死的，否則使吾之存養而逐生死凋也者，心性亦不直半文錢矣。誰爲我身而乃以一世之脩短了局乎？觀者無謂余援儒而入釋可也。

陸門讀書

身即心性脩即存養非有兩項而必於下手言心性者尋脉貫
徹此身乃不為蠹滯也於得手言身者結果貫穿此心與性乃
不為空滅也下字亦有斤兩楊復所曰存養節是春生夏長的
光景脩身節是秋收冬藏的手段李卓吾曰事天時天做主立
命時我做主語皆明了可會然大意總以一存養貫之蓋至此
而後為盡心非知性者烏足語此本章先輩詮解甚多約畧以
此為妥

莫非命也章

疑問補云此承上文正說殀壽不貳脩身以俟之之事曰殀曰

壽莫非命也而有正命在是宜脩身以順受者故緊承説知命

者不立於巖墻之下巖墻之下必死之地也立乎其下可謂順

受其正乎蓋死一也盡道而死者是為正命桎梏死者非正命

也然閒辨得明白則終其身但知存心養性以事天殀壽曾不

得以貳其心是所謂脩身以俟之者也是所以立命也朱子謂

殀末句未盡之旨極當

黄季踆曰人生殀壽莫非命也君子不謂命也順其正而已矣

正者天命流行物與無妄之命不隨生而存不隨死而亡者也

虚空有盡然道無盡曰盡其道則存養到頭心性無一毫虧欠

閱[illegible]說書

記所謂子全而歸之是也以此而死乃夕死可矣之死非順受正命而何巖墻桎梏不止畏壓溺一切醉生夢死抱衾影之幽慚與草木同朽腐雖老牖下何異巖墻雖周身無憾何殊桎梏

王充論衡云魯城門久朽欲傾孔子過之趨而疾行左右曰久矣孔子曰惡其久也君子有不幸而無有幸小人有幸而無不幸

求則得之章

以有益無益撥轉內外之關重有益無益上在我在外字不必填蓋章旨是以內外別所求非指內外之寔也兩則字得失轉

閑甚捷喚人甚精警求之有道句見不可以非道求要透出是求無益意此句頗難挑剔時說故倒重得之有命句而不知非道之求得者幾人吾祇見讀書中者多挾本子中者少也只此便見是無益若其得之則固曰有命矣命本是得的多了一着劳攘徒枉做了小人何益

在我在外本兩開然理未始不相合子張學干祿是求在外的夫子教以祿在其中則在外者皆在我求之有道此內外合併機也詩曰豈弟君子求福不回我乎外乎主命之學可識矣袁了凡曰仁義禮智固在寸衷行道濟時亦由心造元

命固自我作多福亦自我求蓋本之雲谷師寔則孟子言外意也道字如此看名理甚大若但云名節不可棄分義不可越徑徑自守恐亦未足以言天人之際矣

萬物皆備章

道章以仁字作主皆備是仁體反身而誠頂皆備說下樂是仁越強恕則求仁工夫也但倒提出仁字血脈便聯貫末句迴環亦自得勢且省却誠字仁字許多分疏在

萬物皆備於我以萬物為一體也渾天渾地渾人渾物而為一大身也要見我即物物即我我之為我者萬物而已不可以物

與我分為二反似先說離了然後說向合上去也仁躰原是如此

陸子靜教徐仲誠思皆倫之義數目對云如鏡中觀花子靜因說與云此事不在他求在仲誠身上指點可謂親切語云睇秋月明而知閨婦思閨林葉响而知舟人驚月明葉响此何与閨婦舟人事即閨婦思舟人驚亦何与知之者事萬物倫我於斯可會矣雖然此亦鏡中觀花義也釋典有云色身外泊山河虛空大地咸是妙明真心中物以詮皆倫是無上正諦

反身而誠猶曰觀我而倫反字粘上文說下非着一毫氣力或云反如易逆數之逆不隨情識順漾出去反攝性光還返入来

[illegible]讀書

亦可誠者真實之義於皆倫的去處實實證果毫無影渙也樂

則皆倫的盎溢光景生心飛躍分明是仁者氣象

張雨若曰仁者萬物一躰痛癢相關不仁之人如手足痿痺麻木強恕是就其麻木處下針欲他知痛癢也痛癢既知則我與物仍不相間隔而仁近矣朱子曰私意既去則萬物自無缺欠

洪覺山曰恕無強也對反身而誠言謂之強知恕之躰則所強者皆恕之流行看恕字極真蓋從皆倫上參來即恕即仁可破俗儒誤分仁恕之見

行之而不著章

通章一氣通疊末句只頂上二句說下作怪欵喚醒語非有轉折行暫習久者淺察深字義稍殊揔一由字知字攝之不知而由是不能不由非能由也若能由便是知了故曰百姓日用而不知聖人知之而与百姓同其日用知是生人命根隨班逐混果是醉夢一生可惜可惜

憨山道者緒言云游魚不知海飛鳥不知空凡民不知道藉若知道豈為凡民哉吾意善躰道者身若魚鳥心若海空近之矣

人不可以無耻章

無耻之耻以無耻為耻也知耻也無耻矣無可耻也以耻去耻

人不可以無恥如此四恥字一例看

恥之於人大章

重機變之巧句語云巧詐不如拙誠拙多誠巧多詐漢陰丈人所以斥機心也當時巧詐成風故孟子以恥醒之

鄭申甫曰戰國時可恥之人二其一乞墦厭人也其一縱橫捭闔為機變之巧儀秦輩是也然章似特為儀秦輩發蓋乞墦之可恥人或知之機變之事彼人且自謂得計人亦從而賢之而孟子獨以為可恥其所以為可恥者蓋其弄盡機關計較只為心帶上這些子若說破無異乞墦之為而瞞昧良心又甚焉者

也。靜夜思來，大是可恥。

古之賢王章

註云：君當屈己以下賢士，不枉道而求利勢，若相反，寔則相成。數語甚好。嚴子陵祠記云：非光先生不能成光武之大，非光武豈能遂先生之高哉？是此意，而文字錯綜可愛。何獨不然四個字，轉筆活甚，英氣奕奕，得相反相成一段佳話，洗發為快。

鄭申甫曰：此章語氣重在士邊，蓋為當時之朝秦暮燕、輕自炫鬻者發也。何獨不然，言何獨無所好、無所忘也。樂其道而忘人之勢，是下數語顯顯昂昂，明見得士自不輕，上安得輕之？何獨

閱[illegible]說書

賢王打上叫照倒重于此間之士也貴非獨上貴之士亦知自貴焉秦之士也賤非獨上賤之士亦輕自賤焉古賢王固知重士亦士自重有以致之故兩成其賢後王固驕士亦士自卑有以得之故兩成其不賢孟子此言責士意居多隱隱以古賢士自負得旨可從

孟子謂宋句踐章

此孟子為句踐瞻換俗骨度說士入賢關也說士多不識德義惟欲其言之是售徙徙以人知不知為欣戚孟子故以囂囂醒之囂囂註云無欲自得四字渾看大要如考槃在澗碩人之寬

一個寬字尊德樂義聖賢大本領原不為游說設以下亦只暢發囂囂之意雖窮達字緣知不知生來然亦寬說出處游說在所囂也末節寄懷古人与孔子求志達道之慨同一曠遠

理一也自其凝厚縝密處言之為德屬涵養邊自其嚴毅方正處言之為義屬操持邊

得已二字妙猶云故吾以義言已以不失言得渾身是名理鑄成的何得何失大可想見樂處望字亦妙古云盛名之下其實難副正惟此不失義之難而達必離道處士之盜虛久也

既曰脩身見於世如何又曰獨善其身固知非自了僕已也珠

藏澤自媚玉蘊山含輝是兩句合解大要以師道言如入孝出
弟守先王之道以待後之學者便是
上蔡謝子云天下皆亂而已獨治不害為太平蜀士楊肩吾云
天下雖不治平而吾國未嘗不治平者岐周是也一國雖不治
平而吾家未嘗不治平者曾閔是也一家雖不治平而吾身未
嘗不治平者舜周公是也以詮脩身見世極朗切
鄒東郭曰獨善兼善人當識取善字本體獨時善不曾減兼時
善不曾添故陋巷簞瓢与平水土樹稼穡同道

待文王章

待文王無文王以志言非以時言即使豪傑生文王之時亦不必師文王也揔之有待則為凡民無待則為豪傑孟子此言揔是欲激凡民為豪傑非有分別之見

詩云倬彼雲漢為章於天周王壽考遐不作人又云鳶飛戾天魚躍於淵豈弟君子遐不作人譽髦斯士古今人所以欣有德有造而深發夫生不同時之感也無待而興亦不可作輕忽語抹了文王

附之以韓魏章

吳無障曰附字極重附益也附贅懸疣非關本色榮華来去脱

陳氏說書

衣着衣以其外物故曰附對本來言孟子甲晉楚藐夫人一生學問得力處全在此一字看得附字透便會豁然不然其不為韓魏所顛倒者鮮矣

以佚道使民章

沈無回曰使民殺民出於自為皆人欲也出於不得已皆天理也上下相与往來於天理之中安得有怨者道字甚精蓋根極上心而言而云出於不得已則事雖亦寓其中使民註云播穀乘屋之類播穀乘屋是民事不可云使民疑問謂如修城池葺武倫之類是也殺民註云除害去惡之類按易云說以犯難民

忘其死犯難一意不可少鄭申甫亦謂不致死一番生不得生之之道即在殺字內如此看於雖死不怨殺者兩情理更順

霸者之民章

通章讚歎王道口氣甚渾淪磅礴從民情說起而主意歸結在王者身上重過化存神句然却不是推原一層語只是就上文而淫佚咏嘆之李卓吾曰末節不勝涎之垂矣有眼

南華談治道有恬愉兩言此云驩虞即愉字意然較薄較淺云皞皞即恬字意然較與較宏皞皞譬如雨露之草木驩虞譬如桔槔之夏畦次節正詮他皞皞處不怨不庸不知譬如草木之

陸時詩書

遇秋則凋而不知誰為之虔劉遇春則榮而不知誰為之亭毒焉

漢疏云驩虞虞度無患然後為驩愚意謂可驩亦可虞有机

桯不自在意或云其驩處可虞謂有痕迹也照下化神者好

管登之曰利之而不庸日遷善而不知為之者固其所矣殺則

黃帝斬蚩尤以後事也上古神武不殺即堯舜誅四凶而天下

咸服曷貴焉曰王者原無一毫殺心特因生民之殺運至而後

起殺猶不殺也上帝豈有殺心哉然雷霆擊物之威不必羲皇

之前無有也惟後王殺人而致人怨則以求達天德故耳故語

王風之皞皞者但言生人而人忘其所以生未為神化必言殺

人而人忘其所以殺方見其神化
疑問云神化是虛字眼孟子曰有如時雨化之者此所過者化之說也易曰神者妙萬物而爲言者也此所存者神之說也然過化處即是神存神處即是化又非二物不可作德業分解
大全朱子云過不必爲經行之地凡身之所臨政之所及風聲氣俗之所被皆謂之過勝註又云所存者神是誠於此而動於彼誠字解得好張橫渠云惟性性爲存神物物爲過化性性物物四字詮理甚大先儒實學非後人浮薄訓詁氣可幾也朱子又云上下與天地同流重鑄一番過相似小補只是逐片逐些

子補綴此語亦精瑩可玩。

曰過曰存字法皆神品過字妙極輕圓存字妙極深穩過如竹

影掃堦月輪穿海化理已具存如懷珠鱗紫戴玉角班神理已

具不化不神則不可謂過謂存矣古云絶迹易無行地難可想

見過字之義汝何与人偕来之衆可想見存字之義流字奇甚

將一個高〻〻下〻〻硬殼的天地看做個活〻的佛書天地山河

都成金色世界義政如此

一說所過者化以所存者神也論理則是但本文鋪叙之旨則

不然

心

仁言不如章

鄭申甫曰仁一也而言與聲異焉言者出於上之口發德音下明詔以興政明教故其一時亦能聳動得人然亦上之不可缺者然無寔以繼之故其入淺仁聲則由寔政寔教浹洽而頌聲作口碑載道播自民間故其入人為深仁言仁聲皆由善政善教中來而入人有淺深者虛寔之辨也善政善教得民又有淺深下段指言之下節只說善政善教得民不消更說仁言仁聲以滋糾纏

又曰民畏民愛句引起得民財得民心意謹守制度不敢驕奢

陝西說書

淫泆乃自畏也非畏上威之謂也有此畏心上下朝野之間自少耗費陰饒暗殖自非億計其得民財也非聚斂以歸上帑也王者以天下為一家民之足即君之足且官府法度精密奸人不得竄手乾沒固亦上下俱足不止藏富於民也民畏即得民財自畏中生也民愛即得民心即愛即心矣又曰善政非專為財設也而財自得如今惟户部是理財若吏禮兵刑工法度精密人束於法自無冗濫漏卮耗蠹之弊年間陰積羸餘何可勝數後章無政事則財用不足即此政字不然流入於桑孔之說矣善教亦不專指司徒五礼五樂之教即在善政中真心寔

且是好看

意處便是政即所以教民乃謂善教者亦是將此政更加諄諭告戒與民三申五令使民曉然知所以然民心與君相孚自然不犯畏又不足言矣上段與總旨皆疏暢可玩不貶善政尤有眼

張南軒曰善政立而後善教可行所謂富而教之者也孟子論得民心必歸之善教蓋至此而後為得民之至此意亦好政教原是同條共貫的況明曰得民安可貶乎

人之所不學章

砥柱中流云孟子七篇論性居多此章不露一性字而於論性尤深切著明即性即仁即性即義不假學習不假思慮此人生

知能之良各稟乎天而毫無矯捏者也特以仁義藏於人心無可指示故就親親長長知能最切近處以見其本來親親長長到知誘物化以後又不能盡然故又就孩提稍長之時無不知愛無不知敬以見其本來蓋天下儘有不愛其親之人然未有不愛其親之孩提者儘有不敬其兄之人然未有不敬其兄之稍長者是皆由此仁義之理具足性靈與心俱生當處員滿知此愛敬原係良知不須研討能此愛敬原係良能不待安排所以不獨一孩提稍長然也而天下之孩提稍長無不然護令其性本無仁義又何以是知能之良達之天下盡然哉或以物欲

汩之有然有不然，豈其性之初原無良知良能者哉？當此而性善之理可識矣。不學不慮四字最重。

張侗初曰：石中有火，一擊便見；性中有良，一觸便知。良善也，性也。良知猶言善知，性知也。一涉思慮，即為知識矣。近世陽明舉良知，只要人因知以悟良耳。而後人種種強解，却認知以為良，不將良字幷混入知字看乎？久矣，義學之溺人也。

知能是合一的，观上兩字横開下，獨云知可見。

達，如達道、達德之達，即上無不兩字，乃倒轉逆結文法。或云達猶充也。愛親一念可以充之天下而無不愛，敬長一念可以充之天下而無不敬仁覆天下義正天下皆此一念達之也亦可萬以約曰乾坤只是一個生理太和元氣故愛敬是乾坤骨髓生人命脈從這些子結聚方成人故生來便會愛敬不是生後始發此竅也孟子深於易從資始處看透這消息故斷言性善說理甚真甚大可繹

舜之居深山章

易曰無思也無爲也寂然不動感而遂通天下之故非天下之至神其孰能與於斯正此章之意其口氣與吾与回言終日章絶相類俱一往一來反覆讚歎之詞揔是狀舜之心境字面不

得過泥
居深山是舜實跡然所標則借言獨言居深山者取靜處之義
也若推廣言之則舜自耕稼陶漁以至為帝無一息非居深山
故其德曰玄德然個深字正好以玄字証取木石鹿豕句要看
一与字群深山中之所見所聞何一非木石何一非鹿豕木石
居者亦木石也鹿豕游者亦鹿豕也与居与游則舜而已矣異
於野人是說異實說不異聖凡之隔異何待云而然時嗒然穆
然則有如老子云常德不離復歸于嬰兒其異幾何口氣輕
拈活弄大可會幾希字時說俱拈覺性論理自是然不如空說

玄暢之解

陵[illegible]說書

之便於轉筍且神理更員映也及其字似轉實帶分不得寂感 又是

善言善行總舜心之故物故能若決江河以聖心原是江河也

若溝澮何決乎今且看此言此行与木石鹿豕別在何處此見

此聞与〻居与游別在何處便可想見此其息深〻的意象

陳抱沖曰孟子三言幾希總此一點覺性異於禽獸聖凡同

具之靈覺也与人相近凡夫僅存之真覺也異於深山野人

大聖秘藏之大覺也其為覺性均也張侗初曰与居与游者

幾希也見聞莫禦只此幾希

鄭申甫曰深山野人所言所行不過耕鑿之事日用之常說非

政教禮樂之猷亦無談天雕龍之論更何善言善行動得大舜舍己而從之乎噫此非凡人之所能知也其所謂善舜知之而他人不知也不惟他人不知即深山野人自亦不知也野人率乎口而為言皆天機率乎性而為行皆天則舜於此有慧心焉有法眼焉所取在簑笠黎黑之外矣更有進於九官十二牧焉者矣雖然深山野人猶曰人也舜見鹿豕舍己而從焉舜見木石舍己而從焉是安有言有行也哉噫此道微矣欲於何闢喙乎當問之周茂叔之窗艸張子厚之鳴驢

無為其所不為章

此是孟子把當下良知提醒人不為不欲此良知也今人壞了事都是自罔昧埋沒這點心為所不為欲所不欲不思我自家原明白既不為矣緣何又糊塗為了我自家原明白既不欲矣緣何又糊塗欲了卻不可咲如今再無別法只是無為其所不為無欲其所不欲從此截斷直〻捷〻何等輕脫了當故曰如此而已矣易簡工夫終久大支離事業必浮沉世每疑陽明良知之說今且看孔孟話頭那一處不是說良知

人之有德慧章

此可与舜發於畎畝章參看德慧術智此命根也而多從疢疾

得之正所謂生乎憂患也人若沒有些慧些知生亦死也凡叢有些慧些智死亦生也然則疢疾于人果何知哉指孤孽是極疢疾的真切樣子

德慧是德中之慧術智是術中之智術心術也或云處事之方為術亦可德無慧則知經而不知權術無智則可常而不可變些是性地灵耀如鏡明如火光大聖賢豪傑作用非小慧与私智者流也疢疾漢疏謂是人之有小疢常罣在身不去者小字不必泥罣在身不去四字極好世人身經險阻大都誘之遭遇悠悠忽忽過了若認做自己身上的病痛則精神自專一自周

到種種慧智皆從此露故曰恒存乎疢疾存者謂有所安頓而不失也以孤孽明之正謂君父之倫理無可逃臣子之義責無可諉欲推推不去自己身上病痛如何去得操危慮深豈徒為免禍計亦欲以成其君父也達字兼知明處當臣子所當盡者說所謂德慧術智者如此

有事君人者章

此章統論人品容悅臣不足言由社稷臣而上之要當以大人為極則中間層累以氣要亭亭獨出如後浪推前浪切不可着些此撥駁其前以開後反失寬渾磅礴之致大不妙也其用審

悅開端。李卓吾比之皂隸開道，可謂善喻。然細玩寔有深意。古云道德功名富貴士品之所以三也。志於富貴而欲望為聖賢豪傑庸可幾乎。從此處斬斷源頭始清。有志為第一人者，請先除容悅一段利欲根乃可。

容悅以見容於君為悅也。對下以安社稷為悅可見。註橫看不是以安社稷為悅，渾心渾身都是社稷了。謂之社稷臣不虛矣。

天民字奇。伊尹曰予天民之先覺者也。就民中而稱先覺語暢而大要係民於天。不言先覺而先覺意寓在天字之中。升民字亦英異語，嶄而雄。可衍句要認於天下三個字。偏安小補之術

陟[illegible]說書

天民不輕試也伊遇湯呂遇文豈非其逢終身于耕釣耳大人

如易乾所云九五九二之大人二与五均大人也見龍在田天

下文明在朝在野皆然也大人不專以有位言正己物正亦何

嘗不在洙泗之濱刪正贊修之業乎正己兩字重楊復所曰足

跛者謂地不平目眇者謂色不鮮地未嘗不平色未嘗不鮮也

下大人一等者未免求之地色惟大人直自足与目求之孔子

所謂不怨天不尤人下學而上達蓋學至大人其德愈盛其心

愈下不求正物惟求正己以正而物無不正矣極醒切可玩

君子有三樂章

此是名教中樂事世人談樂事至王天下極矣孟子却讒君子有三樂而王天下不與存有字妙內重則外輕我固有者非以王天下為細而弁髦之也弁髦天下便是巢許矣所列三樂還他三件為正或欲提中節作主謂不愧不怍方是真樂方可對父母兄弟方可見天下英才不則胸有愧怍處父母兄弟之間亦不得樂其樂矣雖得英才亦何以為教而有此樂哉或欲提首節作主謂三樂只一孝弟俱存無故非徒以天倫無缺為樂而以得盡孝弟為樂也不愧不怍根原在此育英之樂亦以孝弟錫類而為樂也二說可互通論理固是但本文洒洒落落說

陳氏説言

来分之而乃以合扭題駘講皆套習本義正不爾也且得盡孝弟意係是合下的不須别解既曰君子自能盡其在我所不可必者天而已還是得天之幸為可樂其以三樂高視王天下臨了復説無限唱嘆翶翔千仞之槩鬚髯忽忽欲勤正非徒一禪結也玩之

无西山曰王天下不徒是有天下有天下只是位謂之王者位在而道亦在也即下章所云中天下而立定四海之民其道大行君子之所樂者但以三樂視之則些事猶是性分外事故直謂之不與存猶言不在其數爲爾

無故々字該得闊閱墻之埤彎弓之妄皆是不愧作就現成者言之程子推本克己較多　層才曰英如草木之英其中生意正貴善涵濡爲故不但曰穀而曰育英字顯甚

廣土衆民章

通章以所性無加損為主其孟子自言也孔孟一脈聯衡千古正在其否則窮居亦氣短矣自欲樂說來見聖賢無偏枯之學大行之業性量所彌綸也而其性真原不粘着勳業上譬如千紅萬紫都係本根發現而其本根豈在紅紫開落間乎性者天之分也從生從心有其生則有其心有其心則有其仁義禮智

門[illegible]謂言
貼貼相麗仁義禮智固原是根心的而世人之剗其根恭多矣
此定性之境所以歸君子也惟定有根本來無不具足惟根乃
定實理纔見完成要不過滿吾分焉而已生色以下性机噴薄
此便是大行的規模了易曰暢于四肢發於事業所暢即所發
非有岐也睟面盎背施体不出一身而聖作物睹之氣已倫蓋
真定即真行此足以中天下矣不必立其位也此足以定四海
矣不必有其民也所謂無加損者如此若區區求之形体中而
漫云大行窮居無加損不為自了僕乎
廣土衆民大行之籍也猶未見之於行故但云欲廣衆是活字

即以當天下四海，亦得不必說其狹于天下四海也。爭若在一定字，蓋定則盡己性而盡人物之性矣。以其大行，故云樂中天下，亦是活字。宅中圖大，見非偏安一隅也。然亦不必是帝王輔主致治，伊周的事業便是。

表七澤曰：中天下而立，定四海之民，然堯舜之業也。而以論之於性，則纖雲之于太虛也，微塵之于五嶽也。世人駭時雍風動之績，而不究堯舜廣大之心，是見纖雲而不見太虛，見微塵而不見五嶽者也。然莊生所以比之于井蛙歟。

曰加，如眼中着屑，眼中豈可着屑；曰損，如肉上剜瘡，肉上豈可

句句實理

[illegible]說書

剜瘡分字猶云躰量即詩稱物則〻字也但說性便見分但說

分便見定但說定便見無可加損要知惟定故無可加損不是

以無可加損為定

君子所性仁義禮智根於心不可與上節看作兩層仁義禮智

根於心即是君子所性不可謂仁義禮智之性又根於心也根

字內有工夫然此只據其現成言之性體如是君子只恰〻如

是也睟然二句就精神看不就形骸看曰睟然見於面盎於背

當貼在仁義禮智上論不貼在面上背上論盎者溢發之意與

見面見字同活看不得其意遂成肥胖之象殊可哭不言而喻

形容順應之妙泥言字則痴張侗初曰心地也性種子也種子入土元氣自發中天下定四海只是此睟面盎背不言而喻於四體的作用不言而喻者信手拈來不煩思議事業與心靈一片滚出也孟子言生色生字極好人須辨個生生之根

善養老章

離婁章言二老歸周係天下之望而善養老之政未詳茲故詳之中節最重五畝之宅三段即孟子所以告當世主而世主莫有行之者故從文王善養老說起發此一節經濟譚譚指言文

閱四書

王之善養老正如此前呌後應中段安揷自己方畧脉絡甚明見得己所常言皆關雎麟趾之心周官之法度諸侯有能行此仁人必為己歸七年之内必為政於天下不是哄人話

善養善字要玩看五畝節何等濶綽氣象大要是因民之利惠而不費故括以制其田里四句見非家賜而户給之也王伯之分在此

八口無飢雖說民然老者糧食亦在此内且少壯者必無飢矣能盡力於孝弟亦為養老地也

易其田疇章

也為當時人主政不恤民而發通章重使有菽粟如水火令而
以使之足在首二節內民足則知禮義有不由他不仁者恒產
恒心有則俱有自然之理也教化意又後一層要添
易其田疇易字屬上不違農時使得盡力於農畝所以易之也
疇一井也薄稅斂即什一之制食時用禮雖民自食自用寔上
有以教之非時不妄食非禮不妄用侈僭之費其為漏卮也實
多聖賢節嗇甚密而經制甚密天道人事兼而舉焉全不見有
節嗇之名此等大可會水火一喻極是親切韓非子云飢之春
幼弟不饟穰之秋疏客必食民情大抵然矣既富方穀足民其

要也哉

孔子登東山章

此章以徐自溟說為的首節登山觀海統龍自境界說次節觀瀾有明則直指心精言也末節成章故達完此心精便是聖境本義如此註說謂聖道大而有本進之必以其漸本是極融會寬渾語後人執之遂成千劫繫驢橛永不脫也不得不洗之矣登山二語無層次只是在一國則高一國在天下則高天下所謂為魯國之儒一人為天下之儒一人也東山不及泰山高聖道却無兩樣接下難言意一氣勿斷惟聖人所處者如此其高

故人之見之者如此其大本文故字合明

講錄云言以闡道難為言即是難為道此言是有道者之言不是小可尋常之言猶難為水者亦是江淮河漢之水小小之水可與海較量乎

一說難為水難以水測之也難為言難以言語形容之也不如照舊說為長

觀水觀字承上觀海意來徒駭望洋而不探討心精則聖境亦郛廓矣故教以觀水之法觀水觀瀾此是歇後語漢疏云瀾水大波也這個瀾從何處來觀水者但就這去處着眼則水可知

又何有望洋之歎哉日月有明二句口氣与上兩句妙有迎送
蓋承觀瀾之意而發之上下相足容光必照側則水之瀾容光
必照實原於日月之明側則水之所以瀾也側卸倒映合說出
孔聖一段心精脉只一串平提水与日月觀者誤矣
孔聖心精觀水節已描寫得盡已為下成章兩字立張本了章
字指心躰之瑩粹處言成章云者如鍛銀之足色而成絲也致
曲至於明著善信至於光輝其時矣故達以盈科作引者成
章以前有無限積累在此行文擒映法也本章純用比興躰一
唱三歎之妙擒映甚活切不要扭捏以實其神觀者審之

雞鳴而起章

書曰鳥獸孳尾孳者生息之義也孳〻在一念萌動上說要說得絕輕絕渺方於末節間字有神若如註說作勤勉則善利判然間字意挑不出也又間非中間出於入彼間不容髮中無可跕脚處要說得極細極險出危微之旨而聖賢慎獨之學也舜与蹠之分提舜字在上可味蓋以舜為主也下後云利与善之分提利字在上何也翳去明來病除体復善本虛位故於和防之焉

頹壯具曰善利出入處甚精細微有毫釐形骸自擇便宜之心

縱饒揀得好事來做皆是有爲而爲亦利而已吾儒有志者每々落此圈套故學莫先義利之辨不然其不以跖爲舜者鮮矣此意本出大全朱子而洗發得嚴醒看聞字烱々懔人

楊子取爲我章

孟子闢楊墨者多矣此又兼言子莫寔爲闢子莫而發以楊墨倚伴引也楊氏冷腸墨氏熱腹所執一邊孟子故爲形容其曰拔一毛與摩頂放踵者不是極言其爲我兼愛正謂一主爲我便不復及人一主兼愛便不復顧己顯他是執一意下斷子莫曰猶執一也正與此兩節末語隱相關應末節以舉一廢百著

案議論大門風亦大異端特吾百之一乃欲持其一以与吾百者角湫乎哉其以圍於樊也

取如取必之取言楊子主意如安摩頂放踵自頂摩起以至於踵舉全身言也墨子宗禹其學近于大同自有所本楊子宗老亦係清高絕俗之士与世人自私自利者不侔

子莫執中這中字在何處討曰如貢者校數歲之中以為常那個中字執中為近之是將抑故揚語不可着實說近道執中無權中与權本非兩個緣有子莫之中故別出權字以破宗之是蓋中立本虛活萬用不窮權正是虛靈活潑處如顏子獨樂禹稷救世

為我為人不同，歸于中。權之者當也。仁義要中，中要權輕重分数，随地随時，千変萬轉，銖兩絲毫，千頭萬緒。若限定一個，則其餘皆廢矣。註謂為我害仁，兼愛害義，執中者害于時中，乃大槩言之。其實仁廢則義亦非義，廢則仁亦非中，廢則仁義皆非。信心銘曰：至道無難，惟嫌揀擇。但莫憎愛，洞然明白。執心之為道害久矣。

饑者甘食章

安就世味中推究，人心受累處，人心亦皆有害，就是上饑渴之害。本文明說人能無以饑渴之害為心害，饑渴念頭放不下還至失其良心。貧賤富貴其大焉者也。就世味上說爲妥，推闡泛說，又寬泛沒趣。

梁無知曰：只爲其字壞了人，若在不饑渴者觀之，方將嘔吐之不遑，實乃其之乎世事無不如此，可憐可憐。或問如何方不饑渴，曰：既醉以酒，既飽以德，人何曾饑渴來。

柳下惠章

李卓吾曰：千古隻眼。若皮相柳下，幾是一個混帳漢，那知其介如此。徐玄扈曰：此雖微顯闡幽，然其介處亦只在和上見得他如綿裹鐵，說中最有分曉。

有為者章

此章有兩說舊兼學術事功言近緒以心學言較好主心學說不及泉亦有兩解舊謂水在地中只為土掩着理在心中只為私意掩着沙泥漸去則源頭漸近學者然要克己淘得此心十分潔淨方得源頭溥博淵泉而時出之矣若一歇手前功盡棄近謂泉者水之源也如不及泉非掘未至於泉如乃糊亂空掘不及認個泉脉掘之也認得泉脉來至九仞亦成井不得泉脉自深過九仞亦無用無頭學問究竟何益較好須知及泉不及泉早從為處認人當思有為者為此怎麼方可商量及泉不及泉

堯舜性之章

舉帝王之誠以別伯者之偽只論真假不可于性身別個低昂口氣就身之也句一截便得肯綮況無四曰三之字不要指定一件性則渾身是性身則渾身是身假則渾身是假矣舊說指作仁義有何趣味

初問云堯舜以冰盤盛水也水即冰冰即水無殼者也湯武以晶盤盛水也雖內外一色尚有殼存焉堯舜無迹湯武有迹堯舜無渣滓湯武有渣滓堯舜無色累湯武有色累性之身之安可為喻

閱白說書

朱子曰性之性字虛只是合下禀得合下便将来受用

久假不歸八字或作歸于其真如久客之歸家或謂以所假歸之而不用如借物者還歸之其人也皆可悪知非有係從旁提醒之詞言汝這樣久假不歸殊不知原非汝有悪知两字有無限慨嘆挑撥在舊說徑斥其習慣了一味混帳認真忒棖熱

伊尹曰章

此章借尹立案所以樹人臣不軌之防首問賢者两字已是推開泛論了下則可則篡都不粘尹說志字重要自家念頭打揭過進魂揖魄两邊判開如森羅殿鞫對一毫躲閃不得

書云、惟嗣王不惠于阿衡。不惠即兹不順。又云、王惟庸罔聞念。庸即兹狎狎者、輕忽之意也。言他輕忽不順我、我不可使之輕忽口氣。如兹註說時說俱欠妥。營桐非放君、前已辨之。陳越石太甲論云、日蝕不昳、河清難俟、中原之鹿將軼、時乘之龍待駕。於旦業何如哉。况乎躬非金石、而冐霧露、如懷失國之詬、以損其身、則弑君之謗、消無日矣。兹論甚悽惻、放之一字萬萬不可訓。今看孟子語氣、則可句何等斟酌、則篡句何等斬截。則篡云者、謂一放便是篡、不篡猶篡。後人那得似尹、伊尹之志四個字、豈為人開後門也。又徐儆弦云、

有伊尹之志則可謂放君亦得復辟亦得無所不可也無伊尹
之志則簒謂日久遷延浸起睥睨之心漸成騎虎之勢不至于
簒不止也自古奸雄或初無簒弑之心而至後不得不然者只
緣胸中無一個爲天下爲社稷之志所以如此看可字簒字補
異然寔切于事情省悽惻可玩
趙氏悳曰孟子論夷惠言其隘與不恭尹獨不言其弊所謂
無尹之志則簒即此任之弊也其慮天下後世遠矣
不素餐章
唐士雅曰素餐之論原非欲君子必耕而食即以傳食諸侯勉

實以自好

恭意之管登之曰古人不仕即耕故孔門除閔流之弟子外多躬耕者戰國之多傳食游士非古也丑問意良古二說可參士雅又曰其君其子弟二其字根上是國但曰居便見非仕既非仕便見用之只是用其言如告文公行井田之類從之只是從其教如使國人矜式之類俱作已然事方見有功張彥陵曰此孟子自家期許之詞若曰其君只是不用則便有功於君其子弟只是不從則便有功於子弟養其身以有待便是有功當世處若因其不用不從而混迹畎畝之中主持世教之責又誰任之居是國三字亦可味隱然有坐鎮之意二說亦可參黃

[illegible]

貞父曰上孟守先待後只說得子弟從之一邊要卻以其君用之配說君用而安富尊榮之功顯易見君不用而孝弟忠信之功默在子弟者隱難知而路相形見得用即有功于君不用亦有功于民正君子所爲不素餐處盖丑說不素餐以事功言孟子說不素餐以道德言事功有售不售道德則無往而非用也愚意聖賢出處皆有功上段虛下段實双提合說口氣自寬大貞父要說較當唐說太寔張說太虛然貞父說亦稍犯側勢還要渾渾照本文双提語氣發揮着一分疏便小家明眼人酌之

士何事章

首尾兩事字相應。曰士何事。曰大人之事備矣。見士所事乃大人之事。蘊於志。宇宙大經綸那一件不從心上做起。若只在事功上着脚。根基便淺了。是知即志即事。大字正與尚字照。非志虛而事實也。徐徵弦曰尚志未涉于事。只將大人之事料理於心而已。卻看作二時大錯大錯。通章以仁義兩字作骨子重看。

尚志。謂不卑污其志。尚字有加上曰尚志。下曰仁義而已矣。不是說士志于仁義。仁義正士之志也。尚字意說而已矣。內想見殺一無罪四句。泥論道理。居惡在四句。正說其尚志處。大人之

事倫矣不是倫他日大人之事今日懷抱即今日之大人他日設施即他日之大人原無增減此孟子自占地步處

舊說殺一無罪四句謂志中擬議籌度之詞亦好但接下文覺梗此不如作活論之為鬆且活也且亦不可謂擬議以需後時

或曰一士耳何以云殺無罪曰處士橫議率獸食人一怒而諸侯懼皆能殺人孟子說居仁由義正對此等人言

仲子不義章

盧未人曰仲子無讓國寔事但以不食不居推之而知其必能為此也是舍簞食豆羹之義也不重矯名意讓國誠非小事但

以下文大倫對之。即為小耳。便大倫不虧。則与三以天下讓祿
以天下弗顧何異。
人皆信之謂皆以為大節而信其賢也。故下曰信其大者。人莫
大焉亡親戚君臣上下。一句讀焉字只當一於字註中多一罪字。

桃應問曰章

李卓吾曰此處問答甚奇道理甚正非是弟子不能問非是師
亦不能答也若在俗儒當桃應問處定答之曰此時瞽瞍業已
底豫想不殺人了如此便許多道理許多經濟一筆都勾聖臣
守法聖子愛親種種方便後人那知楊復所曰人多謂孟子此

陳氏讀書
等問頭不必荅他不知胸中無真忠臣宗法之見与真孝子愛
親之心者決不能荅桃應此等問頭極妙既得孟子議論仁至
義盡後世為臣為子者俱有所持循矣按朱子有云聖賢之心
合下是如此權制有未暇論然到極不得已處亦須有個變通
出来此方是天理人情之至若合下無如此的心其初便從權
制去則不可此說甚當此章只論聖賢處變之心事之有無非
所論也衛輒惟無此心所以做得錯哀哉
漢疏云奉法承天政不可枉大孝全父遺棄天下虞舜之道殆
將若此以承天鮮有所受極好又單拈舜道不与皐陶作對眼

亦高卓。

敝屣之說。即草芥之義。總由天下不足以解憂參考。

自范之齊章

通章重況居天下之廣居一句。前說王子爲居廣居而啓其端。後言魯君爲居廣居而暢其說。孟子平日以廣居自負。因王子觸發起來。遂不覺其反覆感嘆若此。

居移氣二句。係觸發語。要躰貼出喟然嘆口氣。謂吾乃今知居之移氣。而養之移躰也。神情直嘗至況居廣居句止。若止爲王子提此兩句。有何趣味。居養一串。言居則養在其中。地位曰居

誠中享用曰養氣是氣象躰是躰態亦一串移非前後改移也
氣躰隨尊居學養而異較常人如改換一觥
李卓吾曰孟子曰三字最有光景盖孟子既嘆而又言也張敬
夫鄒志完俱以為羨文殊不知文字傳神之妙後面突入魯君
一段尤奇前不單薄後有波瀾孟子文字每于此等處擅場
廣居虛說為妙朱註指仁漢疏兼仁義然不如不填之活魯君
節時說皆作旁証愚意竊於此非吾君句別有觀破自古居廣
居者不一人之不一局孔孟以韋布聯衡千古迨視之其與帝
王卿相寧不殊也乃其居廣居自不殊則其移氣移躰亦不錄

故曰君子所性仁義禮智根於心其生色也睟然見於面盎於背施於四體四體不言而喻雖大行不加焉雖窮居不損焉此無他居相似也有質之意隱躍言表矣

呼於垤澤謂至門而有所號呼非呼守門者守者所云蓋為見其聲之似我君而嘆異之俗說謂呼為呼門守者之言為從門內猜度大可嗤

食而弗愛章

疑問云上節恭敬是下節實字下節恭敬是上節幣字講錄云恭敬而無實是徒以幣帛為恭敬而未將之先無此實心正所

問曰論書
謂豕交獸畜之也。故君子不可以虛拘。蔡虛齋云。言君子不可
得而虛拘。非謂君子不可拘於此也。既是君子。自能去矣。
○形色天性章
本章語氣甚醒脫。說者自生糾纏。今只還他醒脫語氣。斷搓便
了。形色天性。言形色便是天性。語氣要把形色兩字提得高高。
方於末句踐形叫得起。見形色不是空空的形色。有物有則。形
不可不踐也。惟聖人然後可以踐形。兜轉甚活甚緊。言形不可
不踐。非聖人則不踐也。見為聖人纔不負此堂堂七尺軀。意添
一襯語便索。今時說講首句。不曉得提起形色兩字。把形性合

一語交互說去講末句不曉得活緊挽轉清楚還他踐形添出盡性來空者填之明者翳之柰何柰何

形色天性也即性善之旨惟聖人然後可以踐形即人可以爲堯舜之旨色字妙正指形之靈官處言天性栓燃見矣朱子謂一顰一笑皆有至理是也不則死人亦有軀殼色是臭東西了踐者填實之義即反身而誠個誠字踐形攄現成言之工夫在作堅內玩惟字然後字可灼時說頗多別解以其非正旨不贅

齊宣王欲短喪章

漢疏云禮斷三年莫可損益富貴怠厭思減不得富貴一語剩

陳[illegible]說書

甚來矣。鮮曰，抱無窮之慕者，視三年猶一日；拘有限之分者，得一日為三年，真切可玩。

教之孝弟，只承紾兄臂者說，教短喪在言外。

○君子之所以教章

舊說列教品於私淑艾節說不去，近說別教術亦於私淑艾節說不去。愚意是表教力，自如時雨化至荅問，係君子的教力，不待言。私淑艾的，亦係君子教力所及，否則私淑艾亦無從矣。若列教品，私淑艾中正有莫大聖賢，當置何品？別教術，則私淑艾又在人，君子未嘗別標一術以待之也。力字渾而員，術字嚮的

碍本文所以兩字亦要渾不要苦一苦則碍离之首尾兩嘆極鄭重可玩

鄭申甫曰記云當其可之謂時惟時故化時字妙時雨之化物也說是雨力雨固不能化未培之艸木說非雨力則有已培之草木而不能自化到有時巡雨相湊物亦無所歸功雨亦不任受德教者如磁引鐵學者如雛脫殼或粒丹黍米隻言半偈或睟運風化棒喝無言

王觀濤曰朱子謂德是天資純粹者財是天資明敏者不兼學力說恐兼亦不妨成對虧言達對滯言成字薰陶醞釀意多達

陸[illegible][illegible]書

則開其義理。壯其氣力。挑撥疏暢之意多也。

張南軒曰。成德達財中。答問固在。而此則專謂答其來問者。雖

鄙夫〇亦竭兩端之教也。〇按答問所括甚廣。但既与上面数項分

提。便須別白。且中亦有未及師承。而来相荅問者。如孔子於魯

人林放等問之類。

私淑艾。私字即陰字意。或同時而相去不遠〇如孟子之于夷之〇

或不同時而其生也後〇如孟子所謂予私淑諸人〇艾。艾艸也言

淑又言艾者。斬絶自新〇去惡正所以從善也。

〇道則高矣章

此章是說教法。丑欲孟子貶教。非欲其貶道也。故孟子答以引而不發。而有繩墨彀率之論。與發明道體無干。高矣美矣。言其高者美也。重在高看。下登天句可見。引而不發。引字發字明屬教法說。引謂引導。抽其緒也。發則徹底發明之矣。引弓不發矢之解。大可咲。躍如猶云活現。即在引而不發之內。中道而立。即是躍如中現出光景。道猶路。立猶站立。中者標的之義。中道而立。謂標的宛宛在前。非非難非易之說。引而不發。道妙固不容說。但學者教者。亦有以是為机權處。如康節學於李之才。請曰。願微露其端。毋竟其說。香巖拜潙山曰

只重他當初不与我說破今禪家猶有之儒家則說了又說反
擔却人靈明矣

天下有道章

殉字奇猶云死緊跟定也隨他起倒相跟不離之義以道殉身
道与身顯也以身殉道身与道晦也以道殉乎人是倒語道豈
是殉人之物古德云不可以佛法作人情語意類此來開兩字
亦怪歎亦憤恨嬉咲怒罵悉熟之矣

滕更之在門章

須知不荅是荅析其情心亦不屑之數誨也有二要空說鏡花

水月方圓妙

挟貴不是我貴了不怕你不我答是他心中道吾貴的脈忘了貴來下學有要意思便是挟〻賢同要舊說直作挟其貴挟其賢亦可如今貴介公子顕考秀才獎習可見挟長只恃其年之大非必長於師也挟有勲勞謂有功勞在師身邊挟故謂已為師有舊好二項是討伴之意或云勲勞不必其在師者凡功業皆是要意犯挟賢故不必是故舊如故家之故要意犯挟貴不如舊說長

不可已而已章

閱內說書

疑問云人該做的決已不得該厚的決薄不得該從容做的決性急不得此三者皆說人情所必至者以示戒非過不及之說撒開三平甚洒脫李卓吾作兩路攔截說其進處又補前二者之缺亦好

鄭申甫曰不可已該括甚寬如吾身做人大節目所在与國家興創大利害所在皆是所厚易明不費進銳亦不用別處討或是見事不可已不相度机宜猛力盡銳做去或見情所當厚拚捨割腹傾貲陪他勢必神耗力竭後無以繼其退反速

君子之於物章

此章口氣直下中間用一字過文不得細玩之上二句虛提懸說界似歇後語下二句始明白分解乃下解上格無有兩層物用愛愛惜不暴殄意仁則有痌瘝意親則又仁之更加懇切意此是本等分數非算計也而字員甚都是一脉関通可融弗字之板不則弗仁弗親亦太着迹矣

智者無不知章

盧未人曰仁智兩務字當一樣看上言當務為急下言親賢正是急務蓋仁智原是互用分言之則有知有愛合言之急親賢為務則當務之急自無不舉耳未只結在不知務上語意自見

鄭申甫曰智所以用仁也仁所以踐智也智者之先務何在即
親賢智者之急先務何在即急親賢如曆象禮樂明刑等事有
人替我知了吾坐一堂之上不必察察事爲而可以照燭乎四
海之遠矣不必徧爲撫循而可以覃被乎九州之外矣若徧物
而察之徧人而愛之徒敝其精力耳寧可徧乎故知務二字括
盡仁智之道孟子教人君當於此挈要論語舉直錯枉亦仁智
合言一証佐

儀禮侍食於君子無放飯疏云手就器中取飯若黏着手不
得拂放本器中人所穢也當棄餘於篚無篚棄餘於會會簋

蓋也註說誤禮記濡肉齒決乾肉不齒決疏云濡濕也濕軟不可用手擘故用齒斷而食之乾肉脯屬也堅肕不可齒斷須用手擘註說亦未盡

不仁哉梁惠王章

漢疏云此章言發政施仁一國被恩好戰輕民灾及所親著魏王以戒人君疑問云所不愛所愛只以土地對子弟說註以土地之故及其民以民之故及其子弟便不痛切說叢云自此以下四章大抵爲時君好戰而發

李卓吾曰公孫丑曰何謂也以下發揮孟子之意耳非丑問

[illegible][illegible]說書

而孟子答也何謂也三字發端之詞公羊傳等亦多此文法

春秋無義戰章

按註春秋指聖經非以時言義字着力言聖經無有義其戰者中有假借名義如齊桓侵蔡伐楚及晉文城濮之戰之類較他人他事雖若善亦難道不是諸侯相伐也不稟王命而擅用其師則均為不義而已矣征者上伐下也句最重是斷案的律令

盡信書章

此章專為血流漂杵一言而發首節特個引子此句書本係寔錄仁者雖曰無敵亦無兵不血及之理且紂衆若林而飛廉諸

臣咆烋其間豈便肯不戰而下戰國殺機方熾孟子恐人藉口故直破之而曰盡信書不如無書々字漢疏直指尚書今說泛指紀載之書

大全問血流標杵乃前途倒戈之所為荀子以為殺之者皆商人也非周人也而孟子不信何哉朱子曰此亦拔本塞源之論蓋雖殺者非我而亦不忍言也徐玄扈曰楚人失弓楚人得之苟不免于殺人則商人自相殺与武王殺之也何異然後知聖賢之慮遠矣

我善為陳章

[illegible][illegible]詩書

當時戰爭日起生民之塗炭甚矣世之逢君者反借戰陳為進身之階殃民命削國脉罪何可言不知國君原自有無敵之法只在好仁湯武其鏡也揣時度德而决夫焉用戰各欲正己之民情可棄孟子言豈迂濶李卓吾曰如此說来善陳善戰的却不大是扯淡

崩角獸角下觸也取垂向下之意

梓匠輪輿章

巧不在規矩之外而規矩非巧也能者是巧不能者是規矩而已矣張侗初曰規矩之用至于範圍天地自古及今無一人能

盡其用故巧莫巧于規矩何以能与人者不能使人巧尋聲言也已

按曾輅有云物不精不為神數不妙不為術故精者神之所合妙者智之所遇合之幾微可以性通難以言論又莊子輪扁謂桓公曰斲輪不疾不徐得之于手應之于心口不能言有數存焉臣不能以喻臣之子臣之子亦不能受之于臣數語皆有妙理極可參

舜之飯糗章

輔慶源曰貧富貴賤皆外物之儻來寄也聖人盡性故湛然無

所欲戚其閒鄭申甫曰大舜只是得個定性不加損底到手若將終身不損也人雖貧賤猶冀後日富貴若將終身更不希望無一毫厭惡求脫之意大舜皷得無損了不自知其為貧賤也以為是能無損而安之者猶是損也若固有之者不加也人暴富貴縱驕持肚裏亦有欣幸之意若平素生富貴家看做合得縱極享用猶若平淡大舜皷得無加了不自知其為富貴也以為是無能加而持之者猶是加也生平始終一境猶未足以觀人一逆境一順境并而萃於一人之身而不加不損乃見浮雲任交太虛不動之天沉無回曰大行不加窮居不損是孟子一

生學力自質處此章與禹稷顏子章俱隱ゝ欲露

吾今而後知章

此吾儒說因果處口氣俱作已事之詞今而後知恰似豁然大悟語提醒人最爲深至末劫殺機憤盈報復循環憯不知畏聖賢憫之因果之說於是乎生爲孟子發此于戰國與蓮花座上人所提時節因緣同一愴惻

古之爲閑章

此爲當時横征而發從欒暴處挑出爲暴來無限怪嘆壞法之感慨然惻然近說稍異謂世之儆也徃ゝ借古人之美意而行

陳氏詩言

今人之厲政衰世之法莫不如此此為借法以行私者說亦好況無四曰戰國七雄並列此疆彼界關吏借口奸宄之往來以肆其虐其暴當不止征其貨已也故孟子以為厲政而欲去之若後世四海一家之天下利不在農而在商不征商何以輕農稅不重農何以固邦本迂儒無泥其言為俊傑咲極有意見可玩

身不行道章

此即正己物正之理以妻子言者亦即脩身齊家之旨也

周於利者章

周是件件皆到事事皆精之謂若有一毫未備則不可謂之周

矣邪世与亂世不同治亂以政言邪正以道言世衰道微邪説暴行有作是也不能亂如孔子之在春秋孟子之在戰國方是

好名之人章

原旨云名与利相較則可以舍利而取名緣他好利根子原在身子裡不曾拔去所以簞食豆羹見於色疑問云苟非其人四字喝極醒其人謂真能讓國之人

張侗初曰人有失千金之璧而色不變者其有貴于千金之璧者也何則其不受忻戚于物者是吾之真寶也已好名之人受忻戚于名先已喪其家寶故簞豆亂其心而色動此説甚妙知

阿[illegible]詩書

此便可得集義之學

不信仁賢章

以仁賢為主不信仁賢矣又安有禮義有政事后二節正是空虛信字醲深德文字之謂信

鄭申甫曰政事不專在理財上但無政事則無句拝無稽查許多乾沒冒破安能給足說詳在善政得民財章

不仁而得國章

亡國之君如齊韓趙魏皆是以不仁得國者而又欲以不仁得天下孟子因其有欲取天下之志而進之以仁因為之說皆

蓋寬其往事而嚴示之以一倖無二僥也非徒以廣狹言之也
輔慶源曰不仁而得天下書操司馬氏及五代之君皆是也鄒
氏斷以得天下必如三代而後可得孟子之旨矣

民爲貴章

大學衍義云君者神人之主君爲貴社稷次之民又次之乃其
常也而孟子顛反言之何哉戰國之君視民如草芥不知廢興
存亡皆此焉出故其言若此張南軒曰人君惟恃崇高之勢而
忽下民之微故肆其私欲輕失人心以危其社稷使其知民之
貴社稷次之而已不與焉則必兢兢業業不敢自恃惟懼其失

閱白諸書

之也則民心得而社稷可保矣

丘民三節是總發民為貴社稷次之君為輕之意總歸于重民

危社稷根匱民來變置社稷亦所以為民非各為分釋若作各

一節釋一句意便散緩不得立言之旨

得丘民三字作匹夫匹婦解只說得民心便了不必管他衆寡

變置諸侯係天子事不可云其臣變置之伊霍舉動世不常有

也變置社稷作遷其壇壝為是蓋示更新之義程伊川謂易其

人按左傳有云烈山氏之子曰柱為稷自夏以上祀之周棄亦

為稷自商以來祀之祭法烈山作厲山柱作農說同此疏云夏

末湯遭大旱七年欲變置社稷故廢農祀棄此說係附會稷與之功不及棄湯用改正非必以旱災變置故也農可變而祀棄棄可變而祀誰乎朱子駁之當矣又陳後山叢談云句容有盜改置社稷而盜止下邳多盜遷社稷于南山之上盜亦衰息此雖近於青烏家之言然實有至理不可謂其厚誣古聖賢洞徹察幽天人之際甚凜變置之典理或然歟謹錄以備考

聖人百世之師章

薑桂大黃之劑雖非中和其去病爲捷此章稱夷惠而深嘆仰之意蓋如此奮字重夷惠亘古精神在此得力末二語不盡贊

陸[illegible]

嘆況於親炙句只是極形容之詞意致如鏡花水月不必和他着落

朱子云孟子願學孔子者也然乃以百世之師歸夷惠何耶孔子道大德中而無迹學之者淺身仰鑽而不足二子志潔行高而迹著慕之者一日感慨而有餘也胡氏云四時之風莫知于春莫濟于秋物無有不動者然而物猶有迹也仲尼元氣也混然無迹矣

仁也者章

王觀濤曰人知下句說個合字不知上句即寓合字意了蓋仁

即人也已自合下不離的豈可離而言之乎故遂接云合而言之道也看一言字只說論道當如此體道意尚在言外朱子云如君臣之義君臣便是人義便是仁盡君臣之義便是道所謂合而言之者也簡要可玩

厄於陳蔡章

李卓吾曰無上下之交言不為浮沉耳非如註說然註說作慨世意亦自好

貉稽章

疑問云有分辨曰理好歹無分辨妄加訾議是謂不理於口士

□□詩書

憎兹多口士為世所憎兹不免多口耳孔子之慍於群小文三之不殄厥慍正見士之為世憎處理作賴字解憎作增字解不敢謂是按舊說理作賴〻聊賴也不理猶云無可柰何亦噫譆有致憎作增則與多字疊矣學殖解云憎兹多口謂見憎於衆多口文法與屢憎於人相類一直說亦得

通章要看一士字引孔子文王来見得士之品甚高分明是止謗莫如自脩之意憂心悄〻不隕厥問二語極重正教以止謗之法也若徒謂謗毀之来置之不足揣不將流為王介甫之不畏人言也耶聖賢之學正不如此

孔子也文王也二也字然有神只為此二詩原非孔子文王之詩今以歸之孔子文王故云然六經皆稽寔待虛之言否獨詩也而詩之風趣尤員然孟子善說詩處漢世韓嬰猶得然意後之釋詩者乃以其詩為其人之作其詩為其人之事於是論詩者皆泥而不通而詩之風趣短矣

賢者以其昭昭章

然節是明新註疏言外無限怪歎兩使字正不必分別只虛活互映為妙

山經之蹊間章

問曰說書

只就山徑上翻出精神末句一點便破山徑數語字字有意須

說得極危慄方是

高子齊人嘗學於孟子去而學他術據其立論如前篇小弁

後章禹文王樂固陋窒塞可見

禹之聲章

況無回曰論樂者會其性情本其功德又諒其時勢然後可以

見作者之精神而定其優劣豈區區在於一器之末乎高子之

問至為淺陋故孟子不與深言但即其說以解之姚承菴曰城

門二句專與追蠡句應言禹鐘之追蠡非一朝之故如城門之

軌非兩馬之力也如文王又千餘年其追蠡亦如禹矣異處在久上不在車所必由上若以城中之軌喻文王是車亦有所不由者而文王之聲真劣於禹矣

筆乘云考字書並無以追為鐘紐者追疑當為搥言禹樂用之者多凡搥擊之處皆摧殘欲絕有如蟲齧之形非獨指鐘也洞天清錄云畫家滴粉令隆起謂之追粉按云追蠡蓋古銅器款文追起者漫滅也釋蠡為絕亦非蓋剝蝕也餘考

齊饑章

只看衆皆悅之其為士者咲之二句便見肯綮莊子云為善無

問六論書

近名邵康節云爲善亦須度力所能行者行之聖賢酌理揣勢甚細甚微有志於救民者不可不知此意

王觀濤曰想初次勸王發棠王必有不樂而強從之者孟子雖於顯言故以搏虎爲喻

口之於味章

天所賦爲命人所受爲性性命本是一個而人皆認作兩件往往并心於欲而暴棄乎理不知人只有個軀殼耳目口鼻四肢皆是靈明發竅處仁義禮智只在裏面非性自性命自命也世人都於耳目口鼻四肢等看得太粗竟亡却天命之精於仁義

禮智又看得太高不知已落在吾禀受之內故孟子從耳目口鼻四肢等表出個天命精微之理來而于仁義禮智中表出他個着落處所窮源以防流躰實而証虛兩不謂處性命豈有岐哉今但將兩節翻映便可識性命之義若依舊說則不性性与命二且性与性二命与命二矣

耳目口鼻四肢五句時說單作性以性也二字揔之畧斷再轉出有命來揔謂性中有命之於兩字絕可想要中正有如許妙明在即性即命須上直指可也仁義禮智節時說做是揔謂命在性中之於兩字又絕可想以仁義等貼在父子等之身而聖

陳□說書

人之於天道正不得離人以言天即命即性何須添一轉折之處

智之於賢者与上於父子等一例言這個名理屬在這個物事

不蕙言賢否者知人則哲原重在惟賢知賢上否所不必論也

仁義禮智俱是天道屬於君臣父子賓主等物事則人人有然

天道何以獨曰聖人之於天道曰然盡人者也人盡而天完貼

貼相麗故以然歸之即然便可以見命也有性焉之旨便可以

見君子不謂命之旨

螢雪叢談云陳洪範問艾軒先生聖人之於天道如何答云

恰是恁地未悟問後問魏聘君答云正如京師人賣床貼恰

周得養

浩生不害問章

通章以善字為主人心只有要善信是初下手的工夫聖神是究竟的地步然亦不過完得繼善之本躰而已答問集云要善字即是性善々字性為固有便是信有諸己性本具足便是美可充寔性自生惡可已便是大有光輝性原不慮不學而應用無方便是化不可為神不可測也只些々子善中包含無限造化故張子曰可欲之謂善聖人之事備焉

善人也信人也豎說非橫說觀下有諸己粘可欲而言可見下

陳氏讀書

詮善信兩句答何謂之問已完而勢不自止連美大聖神一滾說出正以其為性善裏物所謂人皆可以為堯舜者此也性真完攝學問無窮一步進有一步善信豈是可住脚處來節二中四下無限奬勸不僅是臨了掉結語

鄭申甫曰孟子謂人性皆善而獨與正子為善人者在他人不免為氣質所汨沒只可以善名其性未可以善名其人正子天資既粹又未汨于習直可以本性善字予之人而不濟乎天者也人生而靜天之性也感于物而動性之欲也人不能無欲其為欲也可則情如其性而可謂之善人孟子嘗謂樂正子其為

人也好善好者欲也好善則其欲也可矣善雖人性皆有而失于質習此善猶為去來東西世間共公的物來可認為己有樂正子則寔〻落〻為自家可有物事故謂其有諸己而名之曰信人按舊說可欲謂其人可欲今人見人之可愛者便云好人即此意串甫以好善主論亦好又舊說謂正子善有餘而信不足此解却癡蓋被下文二之中〻字所誤不知中非中間之中中即內猶云在這等地位內也串甫以實〻落〻許正子有見信者實也豈其猶有不實者存而待充正謂實處未滿其分量耳此善已無些虛假如粟穀內所有豈有別種但亦要水澤時

候到日米粒乃飽滿充實則粒米飽滿矣此時方可謂美程子云以尾鑠積之雖如丘山無由有光輝若積珠王小積即有小光輝大積即有大光輝今善則珠王也故曰充實而有光之謂大暢於四肢發於事業不可以偏長自一節名矣善信憑天資美以上則憑學力至於聖神則學力亦無所事作聖与脩仙一般非寔有真種鍊不得九轉還丹故善欲其有非脫盡凡胎到不得飛昇境界故大欲其化〻即化其大之迹聖不可知正指其化之至妙者言之也以聖不足以盡之故更着神字而神不出聖外畢竟加聖一等即堯尹孔子可証孔子曰

窮神知化過此以往未之或知是聖人之上固有一等神人也若聖神果是一等則孟子亦不該言四之下矣

視為林曰善信美大聖神有階級無階級人信聖而不可知之神而不信百姓日用而不知之神易曰利用出入民咸用之謂之神夫善一神也誰則信之能信善之為神而後為有諸己而後為信此解甚參徹玩之

逃墨必歸章

逃墨二句一串說到歸儒上曰歸如遊蕩的歸家一般原是我家人如何得不受曰斯者有來即受也曰而已矣者受之之外

無他說也未節正是不能歸斯受而已矣者攻擊太過反堅其不善之念故孟子發歸斯受之之說非徒欲成就楊墨并欲收楊墨以爲用意

徐儆弦曰凡人泛濫不情便厭苦而思返實然一味自爲又於事物上便通不去不得不趍而就中此理勢所必然者非謂楊氏爲逃儒亦非謂墨氏之歸必待歸楊之後也愚按孟子此言是極躰貼滄透語而內外人己之閑學問大本原亦可見矣

有布縷之征章

只一緩急之間而死生所關如此是惠民不必罷征而缺亟不

必重歛也縷之一字原是不費之惠民牧者思之

讀祀疑圖云織麻曰布析絲曰縷蔡虛齋曰古中國爲衣絲麻葛褐四者而已布縷之征只是絲麻布乃夏布麻所成者非木綿布也木綿出於外夷宋元以後乃有之

諸侯之寶三章

張彥陵曰人主之寶必歸之於身而始爲我享人主之身必托之土地人民政事而始得所安政理民和土地闢何寶如之世主以身殉珠玉身且不保何寶之有紂衣珠玉以自焚豈非殷鑒

陳氏說

鄭申甫曰只一寶政事三寶俱得

盆成括章

鄭申甫曰才以道大小自道中煅煉出來則爲大才若不聞道縱智落天地能離萬物絕世奇才俱命之曰小有才而已矣盆成括之才孟子以其未聞道而小之也若果才小發揮不去雖得禍亦未必烈按文士傳孫登謂嵇康曰子識火乎火生而有光而不自用其光人生而有才而不自用其才用光在乎得薪所以保其耀用才在乎識物所以全其年今子才多識寡難乎免於今之世矣識字晶瑩慓甚然亦若非聞大道一言精渾淵

傳為譏訕所從來而利有攸往可無咎也
才士取忌自古皆然孟子料括寬憐插也豈幸其言之中乎哀
之也至矣郭公甫詩云莫向沙邊弄明月夜深無數采珠人吁
可畏哉

孟子之滕章

李卓吾曰或人之言甚有理吾儒之中何所不有豈特一竊屨
而已哉放筆為之三歎張彥陵曰士人蒙無妄之疑不足為害
然世有不肖等輩往往借有道之門墻以自庇於是以吾黨接
引後學之心反意其為盜賊逋逃之藪矣然後世僞學之禁所

陳氏讀書

自來也。敘此章者，與子輿氏毫無干涉。只要學者慎自愛而已。

愚按：此章孟老極服善，筆之於書，正為道學先生示一廓除道學門徒，懸一驅逐也。快絕快絕。

往者不追二句串說，謂不追其既往之失，但來者則受之而不拒。

人皆有所不忍章

足此通彼曰達。不忍達忍，不為達為，本是一機貫將去，非有兩層。只為世人真心易開易滅，雖有不忍不為天然雨露，前後念斧斤自生碍隔打斷，故教之以達。達々之云者，非從忍與為處擲而絕之，直從不忍與不為處推而論之也。其實只是充其不忍不為之心自不至於有恐有為不落轉机工夫許等直截而既曰不恐又曰恐既曰不為又曰為還恐人看作兩層未曉得直截関棙故復申之以充惟充則達充其無欲害人穿窬之心而仁義不可勝用正謂充其不恐不為之心自不至於有恐有為也不可勝用處正是達處與聖賢射馬擒王心訣也不則打點於不恐与恐不為与為之間兩頭照管亦勞且拙矣末二節則单承無穿窬一邊跌宕洗發聖賢吐暢名理期於明盡正不拘拘以仁義作對句字節段多寡恰配而後為工也想孟子爾時說到與神氣噴薄俯視當世媕阿之行直欲殺欲割心熱語濺

千載如見拘儒尋行數墨徒見前面仁義兩〻句停後面錯落
言義不言仁遂費窺測矣厭物哉
無穿窬之心要看一心字明〻說心而俗說不恐屬心不爲屬
事心只一路事則多岐故須充類之盡可咲可咲穿窬字狠甚
刻甚說至無受爾汝之實及以言餂以不言餂則滿世界皆穿
窬矣古德諕〻以去偷心爲學有肯也彼漫受五戒而謂盜決
不犯者何足語此
大全朱子曰看來寔字對名字說不欲人以爾汝之稱加諸我
是惡爾汝之名也然反之於身而去其有可爾汝之行是能充

二說俱快

其德免爾汝之實也若我身有不是處則雖惡人以爾汝相稱亦自有所愧矣此解勝註然註說以外邊隱忍其受內邊慚忿不肯受為實亦真切

鄭申甫曰穿窬之類甚多孟子獨舉爾汝餂人二事蓋暗剌當時縱橫捭闔為機變之巧者以警世趨夫此輩乃當時艷羨以為才子而孟子擠之於穿窬極其醜詆者以其心事不光明即鼠竊畏人知之心也事謹獨之學養浩然之氣烏可以不戒勵

上曰既無穿窬之心下曰是皆穿窬之類也首尾相叫中夾無受爾汝一節極搖擺迎送有致時說提無穿窬作主貫下二節

平提對説俱貼以穿竅極甚士字極重提起逗讀極矜貴喚人

自愛直令洪惚者愧死矣

二語該括盡

言近而指遠章

言與道不平言者言非道也言是平日講論道則行其所以言者由道之約得言之近由道之即約即博得指之遠莫遠于天下天下平至博也近莫近於非身脩身至約也帶而求身之物言不下帶即不離身之意善言善道俱兼身字發便得首末節言字道字不顯出俱籠在內言以明道不以非為道則亦不以非為言矣是時百家繁興馳博騖遠猶其言內不足以治身

而外不足以治天下其所以不足治天下者正由於不足治身故也聖賢學本脩身故言近指遠守約施博記曰視上於面則傲下於帶則戚傾則奸可見視不下帶原是脩身之功舊說覺浮淺

舍田芸田口氣與人莫不飲食也節一欵是影喻非譬喻冠以人病二字極妙百家患痛被孟子一言抉盡主張道術豈徒然也哉

堯舜性者也章

疑問云此言堯舜湯武始别而歸同見人不可不盡其性意性

是人所同有的少有損壞便不是性然卻可脩而復之脩而復之亦性也故湯武与堯舜並稱動容周旋中禮非禮在而聖人中之也聖人舉動處便是禮即由仁義行意所以說盛德之至哭死而哀非為生自是所性之痛悼經德不回非干祿自是所性之蹈履言語必信非正行自是所性之誠實是當所謂性者事行法俟命法字即性之理凡天理所當為的端〻正〻有一規矩準繩在于此一毫不放過終其身行之而此外絕不計較是所謂順受其正者是所以立命者反之〻後亦何以異於性之者哉

講録云首條言堯舜湯武性反之不同下二條汎論性反之事不就堯舜湯武說然堯舜所以為堯舜湯武所以為湯武亦不外是法即性之作用處經德言語動容哀樂之類各有大中至正之則謂之法行法以俟命者盡其在我而非假此以趨避也性之者自然而非有意反之者雖有意而非有所為有意者猶待脩為而只未可以語性有為者則卒歸于功利而不足以復性矣

性者與性之語意不同性之以道言性者以人言反之與身之亦不同要還到元性本色曰反還到本色了猶微有形似在曰

慧眼山房說書　卷二十　六一

身堯舜身無其身。色即是空。故直曰性。動容舉一身而言。周旋則動容中之曲折。盛德之至。不作推原。看只聞〻頂上中禮而言其為盛德之至。在自然上見得。非為生言是真痛非瞞餙生人耳目也。時説嫌其淺。別有曲觧。終不暢。不知吾人據禮而行。都是為世法上。不可少。那一事不是瞞餙生人耳目。無論吊問他喪。多緣格套。就如父母喪這等大變。亦多因循套子做去。語云哀至則哭。何常之有。而今客至則哭。客去則止。起止之閑。與天性有何干涉。雖道不是瞞餙生人耳目也。蓋有離禮不得即禮不得而由仁義行與行仁義兩端默默逗於其際孟子此言直就生人性根上狠下針劄敲髓見血語也痛哉經德干祿這話淺看大不相蒙不知此是聖賢洞破天人之理之談太上感應釋氏因果小聰明而大愚者信不及也而今非以干祿詩所謂求福不回者欲言語必信決定信也非期必之必言必可行之謂信緣正行而信初無不好只多了此照管安排念頭便不是自然而然之聖正字疑間作勿正勿忘之正亦可

鄭申甫曰命字當性字看即天命之謂性命字也乃性字真本色行法以俟其命之自合命不可強合也俟之而已即由勉然

[illegible]
以至自然之義然終不如舊說之寬暢天人之際有理有數談
理而諱數竟是小家
說大人則藐之章
重在我者皆古之制句梁無知曰若在我無古之制漫言藐大
人恐終為蘇蘇歷倒矣或問何為古之制曰得志弗為處便是
自古聖人豈不欲為之哉上念天命下念民心有所制而不敢
為耳凡天下無制之人定是無忌憚之小人
張侗初曰每見高車駟馬駢肩聚觀而車上儼者揚揚作富貴
態觀者有以生其態也若在空山曠野無人之地則蕭態歇矣

大人之能富貴驕人亦因人畏而生其驕也若藐之勿視則王公過之失其貴此說於大人情事甚刺骨漢疏有云以賤說貴惧有蕩心之謂彼陋以寧我神此說於說大人情事甚刺骨然孟子大本領人意不在此故曰在我者皆古之制漢疏又云在我所行皆古聖人所制之法謂恭儉也却解得好端確簡嚴非今人膚浅氣可及

養心莫善章

聖人無欲賢人有欲而能制之此云寡欲即制欲之說謂以道制情不致放縱流溢蓋裁抑消融之義非謂十分欲去了七八

陳□說書
分尚留三兩分在也周子言寡之又寡以至於無此八個字連
珠合看纔完得此一寡字之旨曾子曰虛其欲神將入舍掃除
不潔神乃留處所謂掃除正寡之又寡以至于無以正是寡之
盡頭處半上半下便不是朱子謂如今且要得寡漸至於無則
晝作二時二事不然子此言為不了義矣時說又謂欲者心之
生机乃上智所不能無者寡字妙有節宣調適句停則欲不足
為此心之累而適足為此心活潑之矣聖賢言如滿月萬川皆
員作此別解亦不妨然却非正旨也又宋子牼有云人之情欲
寡而皆以己之情欲為多是過也可見寡是欲的本等分數食

不過適口，居不過容膝，八珍萬户，於我亦何有焉，人能如其本等分數而止，則婚宦雖私，父子君臣於是乎出，舉世欲界外欲談理竟無是處，但一溢其分數，則邪僻生焉，均此一欲，寡則是，多則非，多寡之分，理欲之位也，識此，則當下截然，舊說傷煩時說傷滑，宋子經數言是寡字無上諦，養心妙訣，可繹也，

吳無障曰，養字最有味，說一寡字，那工夫便有許多斟酌，如丹家之養火，慈母之養子，拋捨他不得，柰何他不得，由他性子不得，由我性子不得，其專一，如猫撲鼠，其潰澌，如雞抱卵，精神在若存若亡之間，而工夫有不縱不操之妙，說到這裡，則任其所

陳白説書

之以為汙泥不滓離一切色相以為復於無物羈而禁之如上馬忽而遺之如不繫之舟皆心之賊也只有寡欲一路才是勿忘勿助長道理這才是養心故曰莫善於寡欲若不先看出養字那莫善二字何從發出精神梁無知曰此正聖學之所以別也此欲若竟欲無之其病不小如聖人之朝何必盡去小人只在朝而不見親用自不敢為害又如君子處世何必盡絕小人只不惡而嚴小人自無處生活二段甚精細即欲者心之生机之說玲瓏透快參之

魯晳嗜羊棗章

重不忍二字張侗初曰人子如生如存這點念頭終身不解能物偶動特借羊棗膾炙點出若計較羊棗膾炙便認影子作真人子不忍源頭何曾千里又曰父沒而不能讀父之書母沒而不能執母之器然豈有人子而不讀父書不執母器者乎形容心事固難擬議

然則句意謂膾炙既美于羊棗曾皙亦必嗜膾炙矣曾子何以獨不食羊棗故孟子特揭一獨字以曉之此是孟子体貼語非曾子有較量也

孔子在陳章

此章以中道作主道統之傳始堯舜止有一中即章末所謂經也絶續辨于真似孔子之思狂狷思其真也故曰不得中行而與之必也狂狷乎惡鄉愿惡其似也故曰自以爲是而不可以入堯舜之道孟子拈出反經而已矣可謂得中之嫡派

狂簡兩字連看狂者必簡不簡則不得謂之狂初躰本簡也初字可味世上許多齷齪下流不長進之事都是後來增入今不忘其初所以能簡所以能進取也若一忘其初則瑣瑣屑屑視古人如天上人矣安敢進而取之乎何者此最初第一念乃本來真常心也經也鄉愿惟忘却初心不用把第二節心來周塗

飾愈多洪認愈甚不簡不進取而自墮於不經今看經字當向初字認取不則初机一離而忠信廉潔皆藪偽之資矣真似之介烏可以不慎哉

按此節乃萬章述孔子言問意還影响舊說簡為簡畧不忘其初謂不改其舊都寓不足之詞正与章所問意同但与孔子本意何啻霄壤

章問孔子何思魯之狂士而孟子推其欲紹一中之統可知世無腐爛之聖賢又説狂而連及猖聖賢標格不同徹皮徹骨一例清楚見矣曰其次曰又其次兩次字俱照中行看首次字指

狂上文雖籠說狂猶而語意單承狂士之問下文又着一又字
別之細看自不致紊
何如斯可謂狂與何以謂之狂兩問一意孟子隨指出數個人
來見例章未了了故申請其志嘐嘐句志字微斷逗讀嘐嘐然
曰連讀去人之志常於言見之他志大故言大也動稱古人期
待甚遠或作前與古人看亦好總之一進取之意夷平也夷考
其行謂考其平日之行也古文下字錯綜轉見渾與多如此刪
正云他言志何等高大而平平稽考其行終不能踐其言也看
夷字亦得但以行不掩謂是行不踐言則大不濟事不掩是跡

踈朗朗底模樣。妝正見他簡傲非竹不掩言之說。
既有琴張曾晳等人，緣何又說狂者又不可得？大約是難得不
屑得的意，不屑不潔，要看出他清清楚楚大斬截的骨力，與藏
頭縮脰、拘牽齷齪者似不同。
章單問狂，孟子連說猶，蓋把孔子欲傳中道一片婆心傾囊倒
出也。下文述孔子過我門不入室之言，亦係孟子述之，緣鄉愿
與狂猶一真一假，正是對頭。把孔子惡鄉愿之心，即其取狂猶之
心，故併道及以見意。曰何如斯可謂之鄉愿，方是章言。曰字甚
分明，自分節一悮，遂截過我門等語為是章所述，而開曰字以

別語氣大錯大錯。檢刪正。先得我心。但相沿已久，姑且從俗罷。何以是嘐嘐五句，譏狂。行何為句，譏猶。鄉愿未必寔有是言，只推其意見如此。踽踽是立己嚴峻，涼涼是待人踈薄。踽踽即獨清獨醒意，涼涼是不諧俗，非刻薄也。生斯世三句，鄉愿所自言其志也。善斯可矣，善人以為善也，謂稱其長厚，許其員通也。可矣二字，正与上何以何為相叫應。閹然二句，則孟子頂上斷之，刻畫面孔，蠕蠕欲動，快矣哉。流無面目。鄉愿是一人不敢得罪者，如何卻又譏狂猾狂猾流俗汚世之所不滿也，鄉愿亦從而不滿之。孟子正從他媚世心腸中插出。

從先議云：成周以鄉舉里選取士，春秋時三物之教雖衰，士猶從鄉評中出，非一鄉稱愿之人不足動國君大夫。此鄉愿之流所以盛也。此論甚有本。章謂一鄉皆稱愿人，無所往而不為愿人。正落此身。

自非之無非句起，至衆皆悅之句止，大意只一套，摠是形容善斯可矣一句，意歸重在似。忠信廉潔二句，下文所云似是而非者也。要認一似字，曰似正以其儼然是也。儼然忠信廉潔了，更何流污之迹？時說謂同流合污以媚小人，忠信廉潔以媚君子，

試問此兩頭馬如何騎得鄭申甫田同流合污非流俗污世所
為之事吾亦為之也只是不以為非外面糊塗說好而已其立
身則傈然是忠信廉潔若非忠信廉潔何以無非無刺而不善
人悅之善人亦悅之哉然則何以謂之似耶同忠信廉潔一也
出於待己之心則為真出於逢世之心則為偽此真似之辨也
伯夷見鄉人其冠不正望望然去之矣此真忠信廉潔者也鄉
愿遇之必不去也鄉愿逢世之人也粧扮自己更不嘗別人自
己忠信廉潔無可非刺而更逢人說好到處皆合俗人無見識
便謂此是邪正做人合得如此有合堯舜中行之道非若狂狷

放亢刻厲者流翕然宗之使天下無正氣無公論風俗世道等靡不振莫不由斯故孔子以為亂德而惡之夫逢世而以貪詼之人為之其流毒尤淺逢世而以庸信之人為之其流毒可勝道哉亂字正與上賊字應胡廣之中庸馮道之安樂往事可鑒矣蓄此瞻上論鄉愿說甚痛快可取合看

李南黎曰非之以心言刺之以口言欲非之則無端倪之可舉想無處起也欲刺之則無實迹之可據說無處起也舊說非之以大段言刺之以細節言亦可

堯舜之道應轉前中道個道字必中之鼻祖也

佞者才智之稱其人資性慧黠善為巧說無道理事被他鋪說成個道理攻之而無以破故能亂義利口者快口也人有事囑一口承當更不作遲疑相似有信實人故能亂信舊云利口辯詐之名既名之為辯詐矣烏能亂信耶

鄉愿賊智在兩個似字破似莫若真故君子急反經歐陽永叔所謂脩其本以勝之也真忠信廉潔要從最初第一念認取如狂者之嘐嘐不掩狷者之不屑不潔這便是經縱圭角未融而種子既真堯舜胚胎的的不爛孔子取之即所以反經表狂狷真是真非之常以行于世而深絕乎鄉愿之有是無非大明當

天人人有眼魑魅魍魎何得容於青天白日之下昔周之初以三物式士僞言者有禁僞行者有誅豈真以鄉舉里選柔天下士哉乾美風滋礽心泯斷哀哉痛哉闇之一言也讀聖賢書而爲人國家事者其慎毋無以闇之一言攖孔子之所惡而矣可庶民興之字極妙大有斬然出接意象狂狷不掩不屑正受用此意象鄉愿闇然媚世無陽之人當與穿兩截褪子的㾺賜一而幗

由堯舜至於湯章

李卓吾曰看他文勢提來孟子還是以見知自處還是以聞知

陸白詩言

自處何從來解者曠曠可咲也楊復所曰歷叙堯舜湯文孔子以至於今則其以聞知自處已顯然矣孟子自任之意不敢質言故婉轉隱逗如此鄭申甫曰然而無有乎爾暗指顔曾見知者則亦無有乎爾暗指己聞知者孟子嘗曰予未得為孔子徒也予私淑諸人也其所私淑諸人則其見知者矣朱子特以其世近居近之言猜其寓意見知不知世近居近之言謂此於湯文等之世遠居隔聞知校親切也此說的當可訂舊說自任見知之說然細玩語氣還是自任聞知而歸功於見知袁七澤曰然而無有乎爾則亦無有乎爾孟子蓋謂吾去聖人之世去聖

人之居若此其近較之五百餘歲後聞道義勢矣然不有見知如曾子者我亦安得聞而知之乎其負荷此道可謂勇矣然而兩字如此看纔得旨古人學不忘本得與斯文印慶自幸千載猶可想見

按舊說以孟子為自任見知則不是其重見知說則確是數百年道脉遙傳非得一堂聖賢面相唱歎矣為謨訓以昭來茲後之人亦安所憑而悟入乎時說謂知是精傳眸運的豈在聞見據本文口氣只是某人是見知某人是聞知並平說去未嘗有必如此而後有如此之意也此解乍看似伶利然古今聖賢傳

西[illegible]說書

授血脉的有所本好古敏求孔聖猶然誰謂聞知者之不有資於見知哉孟子自云私淑諸人歸功見知頌言猶懇本文雖見知聞知平叙而提而首云自其至其五百有餘歲則其若斷若續之際見知之所聞繹而流傳者功居多矣今人只為孔子刪述以来百川會海遂忘夫流之所自不知禹皐伊朱望散諸人當日闡揚宗風許大功德而孔孟親口語言亦不信哉本忘師之槩可勝歎哉

堯舜詳在二典湯詳在湯誥文王詳在周易考六經言中者始堯言心者始舜言性者始湯言元者始文孔子集其成則言仁

而孟子繼之以義詳在删述七篇等書此皆剖破混沌与隨機應緣之要語也立宗乘統所從来遠矣

胡氏曰言堯舜見知之人但言禹皐何也考之書稷契不曰謨而禹皐獨曰謨意葢可見况洪範九疇自禹發之天秩天敘五典五禮自皐陶發之其獨列于道統之傳豈虛也哉

陳新安曰菜朱与伊尹並稱而經傳不他見仲虺作誥弘大精微其曰以義制事以禮制心天錫王勇智克寛克仁彰信兆民仁義禮智信皆開端言之而德日新一言又首倡之湯盤銘伊尹咸有一德皆因而述之伊尹相湯虺為左相莱朱即仲虺也

必矣

尚書大傳註云呂尚有勇謀為將散宜生有文德為相散宜生与太公望並稱此亦一証太公丹書有言曰敬勝怠者吉怠勝欲者滅義勝欲者昌欲勝義者亡此非太公孰能發之尚書君奭篇曰惟文王尚克脩和有夏亦惟有若虢叔閎夭散宜生太顛南宮适又曰無能往來茲迪彝教文王蔑德降于國人則迪文王彝教以脩和有夏者散宜生有焉

以上見知諸人湫言懿行班班可考若此豈不大有功於聞知而孟子雖賢亦不應蔑沒了顏魯諸子朱子祇為欲以聞知待

二程故鑿孟子自認見知而不知其非孟子心也或曰如姑舍
是何曰彼言志此言統也言志則自我作祖亦可言統則伯叔
父兄之倫自不可蔑師心之說余豈不知有一段超越因緣
哉道本天學本古聖賢胅ゝ見聞知亦不敢背本之深心也云
爾時說別有標奇余一切遮之不贅

說書卷之二十終

四書翼註論文三十八卷（卷一至卷二）

〔清〕福清張甄陶撰

中國國家圖書館藏清乾隆五十二年刻本

四書翼註論文三十八卷，清張甄陶撰。甄陶（一七一三—一七八〇），字希周，一字惕庵，福清人。乾隆元年（一七三六）舉博學鴻詞科，以補試不合格報罷。九年應順天府鄉試，明年舉進士，改庶吉士，授翰林院編修，歷官廣東、雲南諸縣邑。嘗從方苞受業，先後主講於昆明五華書院、貴州貴山書院、福建鼇峰書院。撰有正學堂五經通解、杜詩詳注集成、松翠堂文集等。

是書作於講學五華書院、貴山書院時。乾隆二十五年（一七六〇）至三十年，甄陶受聘五華書院山長，其間纂成初稿。乾隆三十年移掌貴山書院，又屢加删訂，勒成一書，供生徒傳抄。乾隆四十一年（一七七六）秋，甄陶因病擬退職返鄉，貴州布政使鄭大進捐俸刊行，遂令流佈西南。

全書含大學一卷、中庸三卷、論語二十卷、孟子十四卷。大學遵用朱子改定一經十傳之本，首列「聖經」一章，力證朱子改本有據，揭櫫經文内涵及章節聯繫。中庸依朱子章句分章，又總括爲三支，一至十一章爲第一支，十二至二十章爲第二支，二十一至三十三章爲第三支。論語但據原書編次。三種皆不録原文，僅標各章首句，如大學「康誥曰克明德章」、中庸「仲尼曰君子中庸章」、論語「學而時習之章」，依次講解。惟孟子頂格録全文，旁附蘇洵所作批點，以誌經文之關鍵肯綮，於後低一格爲解。

是書題「翼註論文」，考甄陶自序云「書以翼贊朱注，且時兼制藝之繩墨奥窔言之」，蓋以羽翼朱子四書章句集注爲宗旨，而兼述科舉制義之法。凡例又云「是書不復述朱注」，而「專以闡發注中所涵之奧與注外未盡之詞」，「不做講章腔口」，「於口頭滑熟、人所共曉者，不復贅説，惟其奧衍曲折直達性道淵微，與名物典制前人考核未甚詳備者，必究極言之」；「不牽引大全」，「不及前儒紛紜辨駁之説」，「理蘊必窮其至當，不雜旁蹊，典制盡羅其大醇，別無剩義」；又「博考群書」，「於本章書理外，有可以展拓學人才識處，凡天官地志、國典朝儀、律歷兵刑、户役經費、農圃方技，與二氏旁門、九百虞初諸説，匪不搜採，俾閲此可以觸類兼賅，卓然爲明體達用之才」；又「兼及制義法」，「有解説不出，遇時文可資研究，使透徹者，亦時引之」。可謂義理宗朱而不以爲禁囿，考證詳備而不失於繁冗，涵蘊體用之旨，不掩功利之資。故甄陶自述「是書羅絡群言，囊括衆有，涵茹吐納，匪止一端。不特舉業所必需，即登朝入官，論思獻納，亦可資稽考」。張維屏國朝詩人徵略亦云：「自高頭講章盛行，幾變秀才爲學究。惕庵先生四書翼註論文一書爲習舉業者增其見聞，擴其才識，較之尋常講章實爲遠勝。」

是書版本繁夥。自乾隆四十一年鄭大進刻本出，一時風行滇黔，貴筑知縣凌浩、雲南布政使孫士毅相繼重刻。又有清乾隆五十二年及嘉慶十五年（一八一〇）浙湖竹下書堂刻本、清崇德書院刻本、清敦化堂刻本、清山淵堂刻本。皆屬三十八卷本系統。此外又有三十卷本，分大學一卷、中庸二卷、論語二十卷、孟子七卷，現存如清乾隆間福清張氏刻本、清文秀堂刻本等，皆屬此一系統。今影印之中國國家圖書館藏乾隆五十二年刻本卷一第一、二、三葉殘缺，據日本内閣文庫藏本配補。（王篤堃）

乾隆丁未重鐫

福清張甄陶惕菴氏敬述

四書翼註論文

浙湖竹下書堂敬梓

四書翼註論文者何雲南五華貴州
貴山二省書院講義也講義則曷異
其名曰有故甄陶之生也羸弱多病
先君子孝廉公鍾愛之不使就外傅
凡經書皆自口授又詳細講解不責
以背誦令畧知大意則已惟時語之
曰朱註勿輕讀朱子作四書集註猶
先聖作周易十翼也經旨既闡發無遺

蘊卽辭氣亦與聖言如珪如璋兩相
胖合如壎如箎遙相應和識不足以
及而漫讀之旣日用而不知則此後
難於索解矣　甄陶　因而先從事易書
詩三禮三傳及兩漢八家古文十四
五歲諸書畧上口乃讀註讀下孟註
未畢筆下頗沛然成文旋充博士弟
子員見同學人攤書滿案曰小註曰

語類曰大全曰後入講章雜說謂朱註簡畧非以此附益之不明也亦窮日夜鑽研之毫聯潗湁殊無所得蓄疑而不敢言迨幸成進士叨館選譬彼飛蟲時亦弋獲前事已不復記憶矣越二十年從閒廢中承雲南　督撫二鉅公之聘俾掌五華書院以講學談經為職業復繙前書乃頓覺淺

俗如繞羊腸路百十步不離故處如
食雞蹠啖蔗尾搖脣嚼齒索然無味
以之爲己如東坡先生讀孟東野集
所得不償勞以之爲人如白香山少
傳作詩惟恐竈下老嫗不曉此老嫗
具曉之卒不能詩也一日讀韓文懿
公菼諸儒語錄論謂北宋後僧徒陋
劣乃輿語錄儒者尤而效之所記程

子朱子之語雜以俚俗尚不如鳩摩羅什譯梵書能用爾雅說文可謂有志後之人有能於程朱子之言編次屬辭使粲然成文章而去其語錄之名則可以垂世行遠矣皇清文穎第八卷全文見因而有悟凡與朋徒講說書理必考据經史薈萃羣籍綍以古文之義法求與朱子本註之廣大精微涵茹

原序　三

一切可相發明而後止在五華書院五年粗成稿本乙酉仲冬恭承
恩旨移掌貴州貴山書院復理前說切磋究之辛卯冬再恭承
恩旨曰議敘仍留書院講席乃發前後手稿重加刪定勒成一書覩韓文懿公所云言足志文足言便於講讀尋繹斯亦近之矣夫自朱註行世已五百載

諸儒之疏通者皆以質韓公獨責其不文韓公亦未有成書吾爲發覆成一家言亦不敢自以爲是也雖然子朱子不云乎道之顯者謂之文惟其順理而成章故可以經緯天地昭飾萬物朱子體道以爲文既與聖言並不朽矣吾踵其後博稽詳說之正猶日晶月潔之後勿復以昏霾苦霧滓

翳太清尚行朱子之志乎哉是書有繕清底本留書院傳抄丙申秋以病自黔歸臨行　黔中藩伯鄭退谷先生取清本捐俸刊之以公滇黔二省學者予篋中僅存初稿恐其久而湮漫因命兒子經邦重加編整付之梓人以質於鉅公宿儒深於朱子之學者書以翼贊朱註且時兼制藝之

繩墨奥窔言之故曰翼註論文云

乾隆四十二年歲在丁酉孟春旣望

福清張甄陶惕庵敬述

先聖大賢扶樹世教啟廸民彝之言至朱子盡發厥藴其言明且清讀者能變色易慮心志耳目粹然一出於正安溪李文貞公謁武夷山朱子講堂題句有云天將南宋作東周惟賢知賢

非文貞公不能篤信如此其至
也我
國家政教翔洽景運昌隆貞元會合
亘千古而一遇
列聖相承以道德齊禮之法建其有極
一時近光作覩之盛眞比隆於

古所云見而知之故朱子之學至

國朝其道大光繼朱註有作粲然成文博雅該貫足志而足言者李文貞公榕邨講義四書劄記諸書也秩然不淆遷擇精當易知

而易從者陸清獻公四書大全困勉錄松陽講義諸書也但二家書皆有未備陸清獻公再爲縣令撫字心勞之日多及以御史家居授徒手纂大全悉薙繁蕪惟引蒙存淺達四家爲註脚

可謂簡要矣假年之志未遂於名物典制之考訂未及致詳三魚集內自云大全爲未成之書以此也李文貞學達天人之奥又以門徒江陰楊文定公名時之篤志長洲何義門先生焯之

序　三

博洽互爲參訂極精粹矣政府事繁但識其大不能徹首尾逐章句解釋成完書亦勢使之然學博而義精詞達而理富貫體用兼道器衷文質考訂精詳發揮透徹凡朱子言中之所欲言

言外之所未言至是皆取諸懷
而予之無復遺漏其惟
前輩張惕菴先生四書翼註論
文乎先生性頗異遵承其
尊人誠齋先生家訓學力尤勤
且專弱冠以博學鴻詞徵詣

闕下時方修三禮纂明史盡發天祿石渠之藏令纂修者得縱觀　先生入瀛洲亭取永樂大典三萬卷遍閱之歸而學大進迨後入直史館敭歷外任未嘗一日輟書解組後赴滇黔督撫

之聘主書院講席憫俗說之荒蕪餔糟啜醨互諍聚訟如治絲而棼之名爲遵朱反使朱子之學鬱而不暢晦而不明因用前賢韓文懿公之成說別創義例博徵羣籍繩削以古文章法使

人一覽了然於心且可了然於口與手凡草創討論修飾潤色之奧悉隱括其內待讀者尋繹而自得之不特臨文決科資之如探囊取物卽謀王體斷國論亦由此導其先路有根器之上

士得此書相說以解於立德立
功立言之途可會歸爲一亦可
泒出爲三嗚呼　先生佐佑聖
經翊贊賢傳啟牖後學可謂用
心之極矣此書黔中方伯鄭退
谷先生既捐貲刻於貴州　先

生又自刊之閩中余樂觀其成與天下士共慶快之余又嘗讀
先生正學堂五經通解一百三十四卷凡前儒成說已定者一字不複述惟自漢儒以來無成說與有成說而彼此牴牾前

賢兩存未定者悉稽古而衷一
之無一義不愜當亦無一義無
來歷黔中督學使浙江孫補山
先生題書院講堂云抉五經奧
義文成數萬其旨數千傾倒此
書至矣予服其精博爲之目明

心開方慫恿　先生陸續開雕
以惠後學故并及之謹序
乾隆四十一年歲在丙申仲冬
朔日同館後學鉛山蔣士銓
頓首拜撰

四書自朱子未定章句以前古註疏外作者寥寥卽昌黎韓子論語筆記李文公翺復性書三篇亦各抒所見而止未粲然明備成一家言也朱子既定章句從而敷衍紬繹之見於王圻續

文獻通考自王起巖論語解至
蔡虛齋蒙引共一百四十七家
朱竹垞先生經義考自蔡節蔡
模四書彙疏趙順孫四書集說
以下又三倍其數何作者之多
也豈非抉經之心執聖之權探

源者難爲功因而推波助瀾則
易爲力歟平湖陸清獻公爲
國朝名儒之冠平日篤信朱子其
手定四書大全尤一生精力所
聚擇精而語詳顧於永樂官書
舊本外僅增入五家蔡氏虛齋

蒙引林氏次崖存疑陳氏紫峯淺說李氏貞菴達說皆閩人顧氏麟士說約則吳人也豈以閩人於朱子之學世近居近獨得其眞淸獻公有默契於心者歟

乾隆丙申春余承

恩命藩宣黔省黔中貴山書院院長
張君惕菴閩人也其先　尊人
丁卯科孝廉誠齋先生實閩宿
儒執業漳浦蔡文勤公之門文
勤公深器重之嘗率以聽緒論
於安溪李文貞公惕菴耳濡目

染一出於正性尤嗜學能博究
羣書弱冠以博學鴻詞徵詣
闕下上交於前輩高安朱文端
公李穆堂方望溪三先生盡得
其指授歸而學益進是後入史
館改外任解組後掌滇黔二省

書院前後共十有六年迨余來黔則惕菴已年望稀齡浩然有歸與之興矣余閱其著述最富以甫涖任事繁不能遍閱惟取其平日手錄以示書院諸生所謂四書翼註論文者閱之專以

輔翼朱註爲主於章句外不贅一詞亦於章句內不漏一義簡易有條理仍浩瀚無津涯初學者閱之瞭如也積學者閱之又曠如也奧如也非復諸家講解叠牀上牀架屋下屋俾學者徒

費目力毫無心得之比信乎其
可輔翼朱註也昔李藥師兵法
不襲握奇八陣成式故能得風
后孫吳武侯之秘變而通之可
以百勝房喬魏徵刪定刑統不
字字錄李悝蕭何之舊故切中

情理可以久行顔魯公書字無一筆波戈强學鍾王故能於其意外十二種筆法無不惟肖惟妙上下一千年縱横三萬里非如世人盡學蘭亭面欲换凡骨無金丹也信乎其可輔翼朱註

也黔中險遠又士瘠書籍流布
特少四書講章士人所日習多
從蜀之重慶翻刻綑載而來所
行體註闡註述註諸書潦草淺
謬大有害於學者得此書亟爲
黔士喜慰得未曾有亟謀梓行

以惠後學且以見惕菴善承家訓於朱子之學獨得其宗世有眞酉心聖學清醇雅正如平湖陸清獻公者閱此書則自知之當不河漢余言也

乾隆四十一年七月朔日年家

眷同學弟鄭大進退谷氏頓首拜書

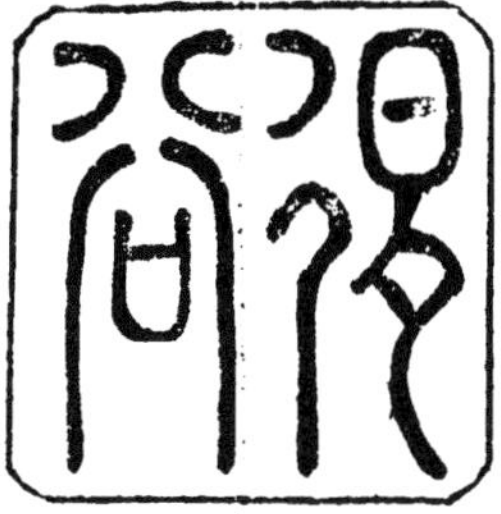

四書翼註論文卷目

卷二十二

微子第十八

卷二十三

子張第十九

卷二十四

堯曰第二十

卷二十五

孟子

梁惠王上

卷二十六

梁惠王下

卷三十八

盡心下

凡例

一是書不復述朱註朱子之作四書集註萃畢生精力致廣大而盡精微極高明而道中庸盡美又盡善矣學者苟能於入塾之初即趨向正路五經三傳與孝經小學通鑑綱目諸書畧皆上口只熟讀朱註已自能文看講章可不看講章亦可此書專以闡發註中所涵之奧與註外未盡之詞爲已能文之士精詣向上一層非慮其朱註明白易曉處尚有所不知也故不復述朱註

一是書不牽引大全昔司馬文正公修資治通鑑先定長編每長編四丈截爲一卷然後刪削以成通鑑通

鑑成則長編爲無用矣大全者朱註之長編也朱子未定集註之先本有四書語類八十卷四書或問三十六卷甚爲繁富及集註成精要已盡前書皆筌蹄也宋儒倪氏承黃勉齋眞西山三先生所藏弃朱子之緒言爲四書輯釋一書以惠後學爲意良厚明永樂間奉勅修四書大全胡廣等盡剽倪書以爲已有此外別無所發明

國朝前輩薄其簡畧屢加增纂如魏文貞公裔介陸清獻公隴其汪氏份黃氏越孫氏見龍王氏步青周氏大璋曹氏憤亦各自成一家言但意在旁搜以多爲貴又瑕瑜不相掩聽人自擇初學見識未定閱此勞而

無功其典物制度應詳考古書者又反不詳備是書理藴必窮其至當不雜旁蹊典制盡羅其大醇別無剩義旣可以大廓學人之才識又精要簡當不荒費其日力瑟彼玉瓚黃流在中何必借陶淵明頭上葛巾向舊酒缸撈漉糟粕耶故是書不牽引大全

一是書不及前儒紛紜辨駁之說文獻通考引朱子語云大學有正經有或問看來看去只看註解卽集註便了又云集註後來改定處多遂與或問不相應又無工夫修得故或問不曾傳出由此推之卽大學中庸二或問已非朱子意之所屬況後儒於集註之外另生枝節攻擊辨難以爲有功於朱註孔孟之時無佛

老開口便詆虛無寂滅朱子安知有王伯安陳白沙連篇累牘都是闢新建艮知江門主靜之非如漢博士書驢券三百字尚不到題與其他一切繭絲牛毛之辨皆冗語贅詞也一不及之

一是書不做講章腔口周書詞尚體要史記文取雅馴左傳云言之無文行之不遠左邱明氏引夫子之言也自漢至北宋凡註釋四書者繁簡不一文皆雅潔各自成家惟南宋以來禪宗衰敗不能得佛心印乃競作語錄闘機鋒猜啞謎羌無義味飾智驚愚聊以自標異行於彼法耳儒者家流亦復尤而效之章旨節旨既印定入眼口又施以凡猥之詞這個那邊些

兒吃緊纖而近諢質而入俚講章行世愈多學者敝精神於蹇淺而日以益愚由此也是書於口頭滑熟人所共曉者不復贅說惟其奧衍曲折直達性道淵微與名物典制前人考核未甚詳備者必究極言之期為同志同學者含英咀華講德論道之一助不至徒鑽此故紙堆

一是書兼及制義法凡講章家諱言時文恐涉功利陸清獻公困勉錄續困勉錄每引時文孫叶飛前輩五華大全亦時引之蓋講章之汗牛馬充棟宇本為作時文人精心剖析使之無所凝滯易於下筆不則人皆有良知良能此聖賢大道理雖極笨伯人心坎

中亦有五分明白何消如許饒舌今但以陳陳腐語飾道學之士苴於臨文殊無所益是書有解說不出過時文可資研究使透徹者亦時引之但不多及以書之篇幅本有限也功利不關乎此陸清獻李文貞方望溪三先生皆於時文最工亦好以時文印証書理豈爲功利

一是書兼博考羣書李文貞嘗言人必兼通六藝乃能通一藝據班固藝文志六藝易書詩春秋禮樂經爲六也何義門提唱師說以之窮經吳越閒人材丕振予爲再進轉語曰人若不博究羣書則不能明白此四書聖言羣言之海也百川灌輸日夜赴海海潮上

涵江河港汊亦無不充滿聖言與經史子集互相貫通理亦如此是書於本章書理外有可以展拓學人才識處凡天官地志國典朝儀律歷兵刑戸役經費農圃方技與二氏旁門九百虞初諸說匪不搜採俾閱此可以觸類兼賅卓然為明體達用之才不復株守一曲其與本章書理無涉者亦不輒贅所以崇重

聖經鼓勵實學

一是書於本章正文極簡明易曉者不復疏解但按篇次下註缺字若郭景純註爾雅云理所易知缺而不詳別為音圖用祛未窺亦著書通例

一孟子七篇趙岐以為孟子所自著故每章皆有自然

結搆爲天地間絕頂大文字眉山蘇氏只熟此其文遂與韓柳歐陽並稱大家今將孟子語以訓詁體代爲敷陳此人眞不知輕重矣是書將老泉批點原文全錄孟子全文之關鍵肯綮波瀾已一切瞭如惟義理淵微典實奧衍處則詳悉考核論辨期於人皆曉暢不憚詞費

一是書羅絡羣言囊括衆有涵茹吐納匪止一端不特舉業所必需即登朝入官論思獻納亦可資稽考

福清張甄陶惕菴氏敬述
房師仁和錢輿沙夫子鑒定
五華貴山書院同學諸子校訂

大學

聖經

大學中庸本禮記之書中庸禮記第二十九篇大學禮記之二十八篇也大學止是一章朱子表而出之分爲一經十傳詳加註解中庸亦一章分爲三十章乍見之似乎盡改古書定本細心尋繹脉絡次第宛然天成毫無勉强此朱子獨見之知超然直契聖心迥非漢唐諸儒所及即在

北宋諸大儒所見亦不遠此也自是以來遂以學庸語孟稱爲四書大學爲首此首章又大學之首尊爲聖經蓋古學校中國子胄子與凡民俊秀所以受業於父師少師之成法夫子時時述之曾子載筆記之故曰蓋孔子之言而曾子述之其義蘊涵天蓋地廣大悉備詞句則至易至簡易知易從內聖外王之全功修己治人之要道包舉無復賸義矣從前講章過於繁冗道在邇而求諸遠今概不復述但以切直明確之語闡繹之蓋夫子之意本云古者建國君民教學爲先自天子辟雍諸侯頖宮以逮鄉校州序黨庠皆謂之大學里有塾則謂之小學人自小子有造之時既納之小學以毓其德性達其才能及屆成人有德之

候。則升之大學使之講習於修己治人之方俾坐而言之。可起而行以爲司馬司徒論能授官之地此所謂大人之學也今人莫不有志於大人之學可不知其道之所在乎道何在首曰明明德蓋人受天地之中以生得其秀而最靈方寸間湛然虛明有以該仁義禮智之衆理可以應經權常變之萬事所謂明德也但在天之理雖得於己而有生之初氣禀之剛柔厚薄已不能無所拘有生之後人欲之知誘物化實不能無所蔽本明之德却不能一律皆明道在乎有以明之上哲之資兢兢業業有聖性矣復加聖學焉此踐形盡性以明之也中才以下汲汲皇皇就吾德所發見之端而推致之此以明善復初爲明也次曰親民天以陰陽五行化生萬物氣以成形理亦賦焉非止一人人人如此但烝民未必皆能自振拔使先知覺後知使先覺覺後覺則學校中所陶冶人才之任也有修已治人之責者必以天下人各復其性爲已任淸明在躬可以爲萬物之標準此道之以德以新之也設之政教俾有率由而不敢越不得越此齊之以禮以新之也三曰止至善蓋此明德新民之事有全體焉非可以小成自足有大用焉非可以得半自安必求止於至善德不底於聖神猶未得謂之明求成之業耳治不躋於唐虞猶未得謂之新小康之政耳必詣其極以自勉焉而後不負天之所以予我之全量此三者大學之綱領也 三在字即學規之次第要得

指示後學口氣。道字即綱領條目之總名隱涵二意明明德兼生安復執乃何義門先輩之說所見最高朱子既云自唐虞三代之隆莫不有學則禹湯文武周公孔子皆自學中陶冶出來兼生安復執其義乃備饒雙峯所云就甫明而擴充之因已明而繼續之亦可兼採　止至善只就行百里者半九十發揮一番若異端之學功利雜霸之論三代隆時學校中何曾有此說不必入講　次節單提知止文格甚奇此千古爲學之大關鍵知此則思過半矣蓋以常情論之三在字既列爲綱領下即該接古之欲明明德云云何故忽橫亘此兩節空話須印証孟子智譬則巧之說則此理豁然凡事先知而後行知之矣猶恐其不能行故曰有意而不至者有之矣未有無意而至者也若大學之時不先將至善二字認得十分眞確則人各以意爲之勢必明者不可以爲明新者不可以爲新故先提淸知止二字言人欲從事大人之學者必先有學問思辨之勤到融會貫通之候俾胸次瞭然見得明德新民之全體大用卓立於前則志有定向如射之有鵠望之以爲準如客之有家赴之以爲歸則志定矣定則內念不萌無二三之惑外物不搖無紛華之擾洞然廓然此心無不靜矣心靜則身安恬然曠然無入而不自得矣夫聖之必可學唐虞三代之不可不師亦易曉之事只爲此身危疑震撼方寸靡寧所以事至物來不能揆度若安矣何不能慮之有

定靜安一氣貫注無大層級至慮字畧頓此乃記與事終
關所在必共知周於物則辨析得當思過乎微則操存有
主由是以明德無擬議而非天則由是以新民無損益而
非王道可以得所止而無疑矣此得字乃知止知得極精
極熟尚未是施於事爲下文古之欲明明德二節方是得
後之施行次第也人參悟得此節透方信大學有三綱領
益明德新民皆有條目可數止至善句無條目可數定靜
安慮得止至善之條目也因止至善之條目難說特先言
之知此方知朱註此三者大學之綱領也句眞是從孔門
面命耳提得來非後儒依文解義之比　次節巳説得透
徹窮盡三節忽又將明新知得兩兩相提點出先後二字

文格更奇蓋明德新民判然兩件其先後人皆知之知止至定靜安慮得片念之間自相旋轉各有起訖界限其先後人不知也既不知則不免於急遽苟且見小欲速之爲其去道也遠矣故又提醒之曰凡學之規模次第如明新有形體可見者皆物也必德明而後民可新物不有本末乎知止能得有次第可循者皆事也必知所止而後能得所止事不有終始乎學者若不明乎此則迷亂顛倒罔知所以入德若知其所先所後則先自治而後治人先致知而後力行循循然遞進以爲之其近於大人之學大人之事不難矣　今人俱說知易而行難古人爲學却單重知字蓋行之難者所知非眞知也若眞知則行却不是難事

大學始教止是說知中分寸界限綮而不殺盡能如是逐層剖析則此知方是眞知將來德業之淺深事功之醇駁皆於此決之孟子言孔子之智超於三聖故其成就愈於三聖孟子亦自言乃所願則學孔子皆爭此知止二字故曰此章之義發誠以聖巧智力之說則瞭如矣　古人鄉舉里選不尚空言今以科舉取士詞章之學即聖學也須是胸中先有一爲學之規模次第然後從其後而鞭之亦不出數年可以造乎其堂而嚌其胾矣若漫無挾持徒見人飛騰而上便眼熱心忙呻其呫嗶自以爲讀書此不知所先後者也何由至於道乎　古之欲明明德於天下兩節若論明德新民之條目本可一說即明白分作兩節反

覆言之六先六而后皆丁寧鄭重以見其序不可亂功不可缺蓋爲此內聖外王之全功不可凌節逆施尤不可欠缺不滿欲爲此一事必就先事以圖之上流之地分量充足而後可以及其餘若果能先事之圖十分圓足則先知而後行由內以及外由近以及遠漸推漸進亦旋至立應之事故曰王道無近功又曰立之斯立道之斯行無二理也兩節只是一意是因知所先後句棖觸而暢言之不可墮入逆推工夫順言效驗俗解兩節只一節而后字正解所以不可不先之故耳　此兩節理不難曉只是爲作時文起見須知旣有十傳卽須對傳義措詞使節鋒相值泛作議論謂之脫毋過於淺露謂之犯下如說明明德於天

下。須照傳使天下之人皆孝親敬長慈幼。勿墮於習染之偏。各還清明德本來面目。蓋堯舜此明德。黎民亦此明德。到得黎民於變地位。堯舜新民之功。盡堯舜明明德之量纔盡。故不曰欲新其民。而曰欲明明德於天下。天下人之明德。即己之明德。以天下爲己任。廻圏如此。禹下車泣罪。伊尹一夫不獲爲己恥。周公焦勞待旦。孔孟栖栖皇皇。皆以此也。若井田學校與明德於天下。毫不相涉。古者分田制產。畫井分疆。到食衎事時。民咸安其居。樂事勸功。尊君親上。然后興學。此即學校中學規也。又何井田學校之有乎。平天下一傳。全不涉。蓋只是教字。後儒於根本上不明白。妄以己意補足云。不惟有以化之。而又有以處之。沾沾

自得意不知堯舜禹湯賞與此飢寒困苦之民言與仁與
讓哉可謂愚矣倒是體註通於大全說先治其國含立標
準齊教化先齊其家說正倫理篤恩誼先修其身是舉動
合宜措施得當正心是敬以直內虛以應物誠意是向善
必堅去邪必力致知是尊德性以溫故涵泳乎其所已知
道問學以知新日知乎其所未知格物之義紛如聚訟其
實不外頓漸二義爲頓之說者遵古本大學之說以誠意
章直接其所厚者薄而其所薄者厚未之有也曰王道本
乎誠意善惡之謂物辨其好惡之誠與不誠而吾事畢矣
又云格物即格其本末之物其說是也爲漸之說者宗朱
子之傳曰、即凡天下之物莫不因其已知之理而益窮之至於用力之久衆物之表裏精粗無不到此其說亦是也二說相持請以一言蔽之曰果是此人立志只求爲聖爲賢並不從事八比科舉之學則前說直截了當只認爲善去惡四字做透深山窮谷之老僧未嘗不可明心見性耕田鑿井之孝子悌弟未嘗不可爲成人若此人仍欲從事科舉與於修己治人之列則須從朱子之說而後能明於庶物察於人倫處經知宜處變知權血性至誠者爲人之根柢而不足以總括齊家治國平天下之極功也況朱子序文明云學者莫不有以知其性分之所固有職分之所當爲物字只此兩端何嘗不直截了當乎至於或先或後識大識小則人之天資學力與所值之時地亦自不同就

其先務之急講明而切究之即致知在格物矣至於倚傍門戶互相詆欺指陸王爲異學誣朱子爲泛濫皆愚陋之語無庸靡費紙筆　不曰欲致其知者先格其物而曰致知在格物者在物之理與在心之知有內外無層次朱子云欲致吾之知在即物而窮其理正與大學正文語脉恰合人知體會正文而後知朱子之說確乎其不可易也

物格而後知至與上句不同上是用功一物一知萬物萬知皆致知也此是以成功言看淺不得註中言物理之極處無不到人皆不信言安有一人能遍天下之物理知之無不到之理不知此說幷也果是正經學人亦不肯十分冒昧便去擔當天下事故漆雕開吾斯之未能信求所以

信也子夏云學而優則仕求所以優也推之顏子博文孔子好古何嘗不是求到知至至字但學無止境至出而問世亦不是待格完天地間物理然後措之施行各有遭逢並行而不悖伊尹傅說皆伏田野逼之而後起周公爲文王之子文王受命惟中身已分陝而治矣周官三百六十屬至纖至悉何曾宇宙間有遺漏一件人品之相去如九牛毛必以已之所不能便疑古人不應有此言則愚人矣知至而后意誠有兩義有直下之而后知之旣眞行之必力人醉中不蹈水火飢時不服毒腊知之眞也有轉關之而后苟息之忠徒以亂國尾生之信反以敗行殺身知得道理明而后意不至於誤用此知之明而后守固不至於

誤又一說也意心不是兩物意是心之發動處動時既正則靜時亦自不邪心所以檢身心存則不憂於威儀之不類言行之踰閑身者家之表也身修矣言有物行有恒又何憂家人之不率教乎齊家治國是兩事爲治國有紀綱法度禮樂刑政也大學所云治國全是教字率字從字亦只一事古封建之時得百里之地而世守之民從其紀綱政令不待言也只是身不修則家不齊家不齊國亦不可得而治譬如今之土司能壓服其民却不能使其民爲孝子悌弟若身範既端一家效之四境之內化如草偃何難之有國治而后天下平却是兩事爲國只是教字天下却添出絜矩兩字國近而天下遠準情度理因地制宜則治

天下之事也然必國中先立之極然後方伯連師承流以宣其化侯甸要荒鼓舞以近其光此國治而后天下平之實理也古天子只是邦畿千里諸侯之國雖天子亦不能越境而治之非大無道亦不能遽伸大司馬九伐之法只是天子自己與民同好惡而不專其利則諸侯莫不感動恪共服行其政教矣此至易曉之事講章紛紛既不明道理又不識時勢陳言滿紙何以闡明聖道乎學者知此則得之矣　自天子是眞個天下王庶人却不是農民乃指俊士造士之在國學者將來宗子之家相即在其中故曰壹是皆以修身爲本言自天子以至公卿大夫士與凡民之俊秀者皆不可以不修身也匹夫匹婦亦何可不修身

但大學却不是為他而說耳　其本亂一節反詞結束此亦文勢自然蓋常人之情身不行道不行於妻子却要去平天下所謂內欲多而外施仁義如齊桓公漢武帝唐太宗非不勝於庸碌昏迷之輩聖學却不是如此故大學之道必以修身為本至善為歸蓋以此也如此看透不特書理明白即文法亦如山之苞如川之流

大學之書朱子所考定與禮經古本鄭康成孔穎達所註釋未之有也以上聖經一一相同惟未之有也以下古本有此謂知本此謂知之至也下直接所謂誠其意者毋自欺也直截可喜人咸樂之所謂遵朱皆為科舉功令所束非真心悅誠服也亦有見他人於朱子之說

畧有一二異同便憤發爭辨亦貌爲干城禦侮非眞朱子功臣也今先將古本大學原文錄出俾後學覩之實知大學果有錯簡鄭康成孔穎達之說實有不可强通然後知朱子之精心探討果然能於古書脉絡條理一一分明還其次第宛若天成始知朱子於孔門爲眞嫡傳我輩於朱子當眞信服然後於四書道理有灼知眞解不至道聽而塗說矣

古本大學　其本亂而末治者否矣其所厚者薄而其所薄者厚未之有也此謂知本此謂知之至也下便接云所謂誠其意者毋自欺也如惡惡臭如好好色此之謂自謙鄭康成云如好如惡心欲之口不可言謙讀作慊自安靜也古註粗淺如此故君子

必愼其獨也。小人閒居爲不善。無所不至。見君子而后厭然。揜其不善。而著其善。人之視己。如見其肺肝然。則何益矣。此謂誠於中。形於外。故君子必愼其獨也。曾子曰。十目所視。十手所指。其嚴乎。富潤屋。德潤身。心廣體胖。故君子必誠其意。下接詩云。瞻彼淇澳。菉竹猗猗。有斐君子。如切如磋。如琢如磨。瑟兮僩兮。赫兮喧兮。有斐君子。終不可諠兮。如切如磋者。道學也。如琢如磨者。自修也。瑟兮僩兮者。恂慄也。赫兮喧兮者。威儀也。有斐君子。終不可諠兮者。道盛德至善。民之不能忘也。鄭康成云此必廣體胖之詩也。孔氏穎達云此一經廣明誠意之事。詩云。於戲前王不忘。君子賢其賢而親其親。小人樂其樂而利其利。此以沒世不忘

也。孔氏又云，此一經廣明誠意之事。下接

康誥曰，克明德。大甲曰，顧諟天之明命。帝典曰，克明峻德。皆自明也。鄭康成云，皆自明明德也。孔穎達云，明德必誠其意。下接

湯之盤銘曰，苟日新，日日新，又日新。康誥曰，作新民。詩曰，周雖舊邦，其命維新。是故君子無所不用其極。孔穎達云，此一經廣明誠意之事。下接

詩云，邦畿千里，惟民所止。詩云，緡蠻黃鳥，止于丘隅。子曰，於止知其所止，可以人而不如鳥乎。鄭康成云，人當擇禮義而自止處。孔穎達云，誠意在於所止。詩云，穆穆文王，於緝熙敬止。為人君止於仁。為人臣止於敬。為人子止於孝。為人父止於慈。與國人交止於信。鄭康成云，此言文王之德光明敬其所以自止。孔穎達云，文王見此光明之大

則恭敬之竟隱說矣。下接

子曰，聽訟吾猶人也。必也使無訟乎。無情者不得盡其辭，大畏民志。鄭康成云，大畏其心志，使誠其意不敢訟。孔穎達云，惟自誠己意，亦服民使誠其意。

下接

此謂知本。鄭康成云，本，謂誠其意。按經文云，壹是皆以修身爲本。此又以誠意爲本，眞二本矣。古註之乖舛如此。

所謂修身以下至末而止。古本今本相同，不復錄。

按古本大學自所謂誠其意以下至此謂知本以上，文氣實不貫串。鄭註簡畧，本無成見。孔疏一一歸之釋誠意，而置明德新民至善於不論。似大學一書只有誠意一綱領，原文何不曰大學之道在誠其意足矣，何以至列明新止至善三項而作傳者反不置一詞惟於誠意以下六條目詳加解釋賴其末而忘其本乎又何不曰自天子以至於庶人壹是皆以誠意爲本乃曰修身爲本不求之內而求之外令作傳者來添蛇足然後成個跂跂脈脈之蜥蜴乎今就考定今文讀之康誥曰章四明字一皆字必歸之釋明德湯之盤銘章五新字一是故字必歸之釋新民乃有所附麗至邦畿章十止字一至善字不歸之釋止至善則全無着落誠意只是不詐僞此亦粗淺之言設十餘止字不可通之語釋之適以雜之有此文理乎是朱子之分爲三綱領按之古書實實有此三綱領也至本末一何有傳亦可無傳亦可但

經文修身爲本實與大畏民志對針身修而民敬之不敢逞其妄誕爲治者知正已格物可謂知本矣若如孔鄭之說使鼠牙雀角雖刀盡爭之民必誠其意古之君子議道自己置法以民然後下令於流水之源今責之愚夫愚婦皆不愧於暗室屋漏蘇威使民誦五教而天下亂有此大學乎是必應從朱子之考定又添本末一傳也不則此謂知本乃不知本矣致知格物有傳無傳古書原無左驗確証但經文明有欲誠其意先致其知致知在格物兩層二句今作傳之人竟抛却上兩層單從誠意說起亦未必如此鹵莽况此作傳之人既引曾子之言又引爾雅之文如切如磋八何爾雅原文不過曾子子夏之

門徒劉向謂董仲舒伊呂之徒劉歆則謂其淵源所漸尙未及乎游夏若起向歆父子於今擬議朱子必有定論矣縱傳者未爲朱子爲之奚不可從之有若必抹摋格物致知一層方是大學本來面目則夫子不應言好古敏求顏子不應言博文孟子不應言始條理智之事又不應言博學詳說皆非大學之道矣大學乃禮記之書禮記原書一百三十篇本漢書藝文志后蒼戴德戴聖重重刪削乃成今書其缺佚更定當必不少後人不及知朱子考定大學一一有次第反大怪之若不將原委考究明白則所謂遵朱乃依傍門戶非深知朱子之學也是以詳辨之於左俾大學之眞面目見則吾心之眞良知

亦見矣

朱子考定經文

康誥曰克明德章

解經之文謂之傳註釋之詞如春秋則有左傳公羊傳穀梁傳是也詩有毛傳易有程傳亦是此傳體此十傳語皆明淺易曉總是示人以三綱領八條目不可不切實下手之意首章言明德之不可不明吾讀康誥而知之武王封介弟封於康在畿內之地且命之爲司寇作書誥之謂之康誥言惟乃丕顯考文王克明德愼罰今傳文但截取上句言明德人之所同明明德之功往往不能自克以氣拘物蔽不能自振故也惟文王有翼翼之小心有亹亹之全

力能殫其明之之功能全其明之之量雍雍在宮肅肅在廟無地不明也不顯亦臨無射亦保無處不明也光于四方顯于西土文王之明其德如此又讀太甲而知之昔太甲即位之初不明於德伊尹作書以訓之發端便說先王顧諟天之明命以承上下神祇社稷宗廟罔不祗肅言成湯一心只在明德上常目在之如立則見其參於前在輿則見其倚於衡一般靜而存養以禮制心動而省察以義制事即顧諟之實也湯之明其德如此又讀堯典而知之典者常也二帝所爲可爲萬世法故曰帝典帝典言堯之放勳至於光被四表格於上下皆從能明其大德起明德之量本自不小堯加一峻字却與文王湯畧有不同此是

古今出格第一位聖人孔子言惟天爲大惟堯則之他聖人便承當不起措詞須有分別通用不得雖伏羲神農黄帝開天覺世只是年代久遠孔子删書斷自唐虞是萬世之治統道統皆自堯開峻字分量由此着想則得之矣

堯舜性者也自是生知安行文王在母不憂在傳不勤何嘗不是生安但堯却自云耄期倦於勤是堯一生不敢倦此勤字詩言文王只是説勉勉書無逸説文王只是恭儉可見越發是上聖越發乾乾終日懶惰即下愚別無他説

此克字亦只以用力言此言堯之明明德也皆自明也皆字總頂上文單重此字言三聖人時代不同性反亦異而其所以自明其德者事異而功同書所以紀其明明德者

文發而義合皆自明也後人可不以三聖爲法而自勉哉俗說重自字以爲仁由已言不知顏子是門徒可加策勵之語堯湯文王千載以前之上聖今忽云此皆爲仁由己不推諉於人者其詞淺陋不通矣以皆字指點後人使知則效朱子或問語類皆是如此說　按尚書孔安國傳及竹書紀年武王克商先封康叔於康武庚居下都管叔居邶蔡叔居鄘霍叔居衛武王崩武庚畔成王滅之徙封康叔於衛併邶鄘之地屬之故今衛風有邶鄘之名詩皆衛事也凡作康誥文皆作武王誅紂之後口氣勿涉管蔡武庚事

湯之盤銘章

上章釋明德隨文引証先近而後遠此章却有次序言欲新民先要自新如湯然後能如康誥之助王宅天命作新民新民之功又要如文王之近悅遠來天庥滋至連天命也煥然一新方稱得新民分量末節不是總頂上文是言以新民爲己任之君子要效法銘詞與詩書之言自新新民必求造乎其極也　銘詞分始中終要逐句刻劃出境界茍日是割去前汚當前現出斬新日月特地乾坤之意最有力日日是繼續之勿忘勿助使恒久不已之意又日是怕精神衰於末路又提撕奮勉一番張茂先女史箴云人皆知飾其形而不知飾其性語意雙關正用銘詞　作樂以鼓爲節一擊鼓則舞八一舉手赴之如治民者上有

振作則下必率從故曰鼓之舞之之謂作武王克商會朝清明四海之內見聖君在上自然更新向化若六卿百辟能奉宣德化班布條教有以新其耳目壹其心志則民日遷善而不自知矣康誥一篇專言恤刑武王方使之爲司寇明刑所以弼教作新乃其任也井田學校亦是浮詞商之末正周之隆紂以淫酗肆虐敗亡何嘗廢井田學校待武王恢復耶　周封於邰至文王逾千年國可謂舊矣不窋失官大王避狄王季困於塞庫至文王乃爲西伯專征伐氣象煥然一新故曰周雖舊邦其命維新猶之云虞芮質厥成文王蹶厥生豈文王至是復生哉詩人喜鋪張隨手點綴耳其命維新只說敎化行風俗美田野讓畔玉帛

來廷即是不必說天與人歸膺圖受籙之語史記言文王受命改元妄說也　康誥之書本文現在明云王若曰孟侯朕其弟小子封惟乃丕顯考文王肇國在西土其爲武王之言明矣編書者錯簡在金縢大誥微子之命三篇之後孔安國作書傳不知其錯以爲武王崩三監叛武庚誅封微子於宋矣此康誥乃周公封康叔時代武王立言不知通變妄爲之解不知封康有誥改封衛則不必誥矣周公人臣耳位冢宰六卿之長耳太公爲太師位尚在周公之上成王元年封伯禽爲魯侯爵尚在宋公之下踐阼涖政用天子禮樂皆豎儒妄誕之言也毛西河方文輈李牧堂於康誥力主孔傳橫攻蔡註不過欲逞己之博洽不顧

義理所安特附論之俾後人勿爲所惑可也

詩云邦畿千里章

此章宛如時文格式首引商頌元鳥詩影止字如破題次引小雅緡蠻之詩點出知字如承題三節引文王作個至善標準如開講淇澳節乃明德止至善之實前王節乃新民止至善之實正如兩扇時文此亦天造地設爲制藝開先文格也　邦畿言其地尊千里言其地大商邑翼翼四方之極凡朝覲會同與夫仕宦商旅輪蹄輻輳望之而趨所謂會其有極歸其有極人心必止於至善此其象也邦畿二字重頓一者宅中而處遠近朝貢道里適均卽至善影子一者赤縣神州風雨之所會陰陽之所和西都賦云

華實之毛則九州之上腴防禦之阻則天地之隩區固民之所憑以爲安又必止於是而不遷影子林茂鳥知歸自然之理鳥有知人反不知鳥無所蔽人奪於欲惡之私故也可以二字要曲曲摹出激勵之神　穆穆文王是周公述德陳戒於成王之詩道得最親切穆穆深遠不可淺窺即敬德之容緝熙敬止一串直下言文王能繼續心體之光明內無不敬以禮制心故外之所發各安所止以義制事也朱子或問云聖人之心表裏洞然無一毫之蔽故連續光明自無不敬而所止者莫非至善口氣甚明俗說謂緝其敬熙其敬淺陋之解仁敬孝慈信五句先切文王之事實言然後轉出學者於此究其精微之蘊而又推類以

盡其餘則於天下之事皆有以知其所止而無疑矣一層書理便明白蓋此是舉上聖以立人極爲欲知所止者作阿難頂上圓光一閃再閃非徒贊文王也　本章是言明德止至善緝熙即常明也曹誘庭一士時文單提熙字王罕皆先輩擊節歎賞以爲能得眞解　敬字是熙中之敬只說心體中惺惺翼翼不勉而自持不言而自運非嚴恭寅畏一日萬幾之說　仁敬孝皆易講慈字只是德修於身子孫宗族皆化於善別無貽謀燕翼之方不可作天命在吾吾其爲周文王乎口氣　與國人交止於信朱註無明文蔡虛齋蒙引云上之使下下之事上有交道焉易曰上下交而其志同論語云敬事而信即此信字指發號施

令也艾千子云與國人交作朋友之交指友邦冢君凡西伯所屬之諸侯陸稼書云內而師傅外而友邦何屺瞻云即朋友之交也按正文明是與國人交四字今從艾須截去人字從陸從何又須截去國字蔡說於易經有據又與正文相合當從之蓋爲人君止於仁所包甚廣自百官族姓以及西伯所屬之小諸侯俱在內無逸篇云文王不敢盤於遊畋以庶邦惟正之供蔡九峯先生傳註云文王爲西伯所統庶邦皆有常貢春秋有貢於霸主之禮唐猶有送使之制（本唐食貨志）是艾陸之說已包在爲人君句矣此只是就爲人君治民之事又抽出尤切要者言之豳岐舊國君民相信已深文王與國人交又止於信以實心實政相

感字顛尾之魚勞而不怨菁莪之樂喻於不言皆止信之實事也　淇澳節是言明德至盛德至善民不能忘方算明德之止至善不干衛武公事於戲前王節是言新民必到沒世不忘方可算新民之止至善亦不干文武事但今之學者讀聖賢書爲躬行實踐地者如鳳毛麟角世不多見其餘皆爲作時文耳若不將淇澳抑戒賓筵三詩融會貫串則所說切磋瑟僩字面俱是空話若不將左傳周禮熟讀豈得文武周公所以造周之規模足以垂範遺澤於無窮者則親賢樂利亦是空話如以水濟水誰能食之文章豈不貴經訓乃菑畬不可不知此節文義註已字字解清不消復述但如切如琢一層須照治之有緒如磋如磨

須照益致其精恂慄是成功之敬此心卓然精明不爲私欲所搖奪學修之驗也威儀又是恂慄之驗渾身是敬則德輝動於內而民莫不承聽理發諸外而民莫不承順民不能忘以德言沒世不忘以功言勿牽混便是衛武公地位儘高九十猶勤國人謂之睿聖武公亦不是承當此盛德至善不起但向上亦尚有人物措詞勿脫毋亦勿拘泥正須善於斟酌　烈文之詩是成王即位諸侯來助祭與之陳述先王之德使知效法無競維人四方其訓之有覺德行四國順之言盡人道而顯德行則天下化之文武之所以使人不能忘由此道也作傳者引詩而釋之謂文武造周之初演易陳謨受書丹書訪範聖道燦然大明是其

賢也今後人猶得聞而知之遵而守之識大識小斯文未墜非賢其賢乎封建同姓篤厚宗盟是其親也今時猶承其遺澤保其疆土魯衛競爽晉鄭是依非親其親乎厚民之生家給人足相保相賙同井有扶持之愛羔羊朋酒伏臘篤忠愛之風此其樂也今雖王澤寖微遺俗猶在歛幽飲蜡俯敦里黨之歡采葛薇樗猶有昏姻之恤非樂其樂乎制民之產有餘有年五土辨其物宜九職任其世業是其利也今則古制漸更成法猶在東南之畝雖强國不敢擅更什一之征雖苛政無能盡廢非利其利乎今去前王之世遠矣其所留猶令後世之君子小人有所憑依可以保世以滋大胥匡以爲生此所以沒世不忘也後世欲從

事於大學以求盡明德新民之事可不以是爲法哉

子曰聽訟吾猶人章

物有本末人所共曉曾子之門人旣依經以立傳文每繫而不殺因夫子平日常有聽訟不如使無訟之言就此使無訟三字推勘出所以然之故由明德來儼然有正其本萬事理之標準在指點從事於大學者不可不知本之意精神只在詮中我之明德旣明一句即此是本就治獄上說是此一事之本就平天下上說即萬事之本不用更生枝節夫子言民間有訟我能聽之使曲直是非判若黑白分明兩造心服非明決忠信者不能但我猶可以勝其任不爲難也必也使民無訟革而革心痛改險膚譸張之幻

化行俗美耻於鼠牙雀角之爭治道若此乃可貴耳夫子之言若此傳者推而釋之謂民匿其情以虛詞互相取勝我能瞭然見其肺肝已不容易何能使之無訟是必此無情之人忽然天良感動知本心之不可昧長上之不可欺虛誣之詞詘然自止曲不敢以為直偽不可以亂真不得盡其虛誕欺詐之詞此非條教之所勅戒刑罰之所儆懲也必此在上之人道積厥躬有以端風化之本誠能動物復生其愧悔之心而後此無情者不得暢所欲言以滋訟夫齊之以刑詞窮而心不屈德威惟畏情屈而氣乃柔則以志有所畏而且大畏故也為治者知此則可謂知本矣夫使無訟者新民之一事然即此觀之本末先後曉然易

見先自治而後治人則無乎不齊大學之序矣　此章無疑難只此謂知本是指示平天下之人勿認作贊孔子語畏字上面着個大字不是大驚怕是大感格虞芮二國入文王之境行者讓路耕者讓畔曰我等小人不可以履君子之廷漢末王烈德行著於鄉盜牛者被獲謂事主曰刑罰可加幸勿使王彥方知之後數年有人遺物於路見有守其傍以待尋覓者即盜牛人也如此謂之大畏可也

五章闕文

此謂知本　程子曰衍文也

此謂知之至也　朱子謂此句之上別有闕文此特其結語耳　按此上二句古本大學在未之有也之下孔穎達

疏云巳以輕薄待人欲人以厚報語氣粗淺不可以詁聖經又云本謂身也自知其身則知本矣是知之極至也又與壹是句重複則大學應從朱子所考定明矣

朱子補傳　右傳之五章蓋釋格物致知之義而今亡矣閒嘗竊取程子之意以補之曰所謂致知在格物者言欲致吾之知在卽物而窮其理也蓋人心之靈莫不有知而天下之物莫不有理惟於理有未窮故其知有不盡也是以大學始教必使學者卽凡天下之物莫不因其巳知之理而益窮之以求至乎其極至於用力之久而一旦豁然貫通焉則衆物之表裏精粗無不到而吾心之全體大用無不明矣此謂物格此謂知之至也　按朱子考定今文

諸章皆有經傳正文隱相照應明爲結束脈理鑿鑿可尋惟格物一章無現成蹤跡而此謂知之至也句旣空懸無着又與物格而後知至句呼吸可通朱子謂格致有傳固非無據矣況格物二字從古無正解尚書云格于上下格至也格汝禹格來也禮記言有物行有格格式也孟子云格君心之非改正也尚書又云格于皇天感通也詩云有物有則耳目手足也禮云仁人不過乎物定理也孟子云物交物聲色貨利也聖經一章字字分明惟格物二字無確解必謂傳者於易明者反詳說不厭難明之解不措一詞亦不可通之論也況朱子云惟於理有未窮故其知有不盡天下事實實如此禮儀節度之不知則不可以事君

事親事長人情物理之不明則不可以應事接物朝章國典之不明則不可以贊襄機務民情土俗之不諳則不可以綏撫一方不涉典籍風雅之休則文不足以附衆不諳韜鈐紀律之秘則武不足以威敵若曰格物即格此心身意知家國天下之物不知既有意知心身家國天下名目矣又何用格若就此心身家國天下之物以窮其理乎則朱子之說明明不錯也若窮理二字即屬支離即屬義外則弟子行之又行足矣何必學文子羔有民人社稷何必讀書何必謂之佞霍光不學無術未嘗不可輔幼主斛律金指屋角畫諸未嘗不可相偏朝必以是爲天下之達道是見蜀岷山之下有蹲鴟可以療饑謂天下之五穀可以

不生大愚之人也朱子之補格致一傳必應補者也因其已知之理而益窮之的是格字下手性分之所固有職分之所當爲的是物字正面此外亦無可附益司馬溫公謂格物爲扞格外物卽非禮勿視之意宋儒董槐謂知止而後有定至則近道矣下接此謂物格此謂知之至也自爲一章乃大學格致本傳之全文不知此是知止中之節次若卽以當格物之條件則捕風捉影成何大學規條近日李恕谷㩀以周官鄉三物爲物字眞註脚不知智仁聖義中和孝友睦婣任恤禮樂射御書數正是卽物以窮其理之條目耳諸家之見皆在朱子範圍之內枚數之以備異聞可也

所謂誠其意章

朱子自云一生精力全在考定大學一書黄勉齋先生云誠意章乃先師獲麟之筆謂朱子易簀之前猶審定聖經之註將一於善三字改作必自慊而毋自欺也一於善不足綰好色惡臭兩邊必自慊則正單住好惡矣此章朱註字字精詳確當學者熟讀則文義瞭如不必再爲敷衍但講章家於此傳過爲周詳繁重反不明晰如殷深源致書桓温再四開閱反達空函解釋聖經賢傳須其言明且清豈可作此苛繞紛岐之態乎今姑切直言之大學下手自是格物致知爲第一層入門若此人心地先糊塗更說甚正修齊治平乎致知之後道理明矣怕是自知之而自欺之最是没救壞症明知是善矣却不甚好明知是不善却

又爲之此是末末等壞人何也謂他於道理已明更無別法曉悟之也即如律令以監守自盜之罪爲最重在强盜竊盜之上以其自欺情無可恕也誠意者先是破此一關如惡如好二句即就欺字正言之言如此方是不自欺不用叨叨複講　愼獨二字是不自欺把柄　獨即是意愼即是誠心所動念謂之意心所獨知謂之誠勿自欺而求自慊謂之愼非誠意之外又要愼獨也明儒陳眞晟謂誠意是人鬼關愼獨二字乃金鎖匙得此鑰匙乃可開得此關亦罕譬而喻矣　言行不愼是欺人人皆可以指摘之猶知所愧畏好惡不實是欺已若不於發念時省察克治更無可致力矣　小人閒居節此小人是知善之當爲與

惡之當去者但方寸中不能自克憧憧往來紛如亂絲即是閒居爲不善無所不至只是胡思妄想自欺得十分酣暢非外面無所不至也若大惡昭著何可掩亦無可着矣此是做君子不透徹墮落之小人非世俗之濫惡小人也大抵四書中之君子小人皆是僞君子若無狀犯法之小人自有刑書聖賢何用挂齒耶　誠中形外指惡言第二個必愼其獨只是以小人爲戒愼之又愼耳　曾子曰十目所視三句是作傳者引曾子平日之言提撕唱歎獨之不可不愼之意人之視已如見肺肝小人自已慚愧光景十目所視是君子惕厲光景十目十手非實非虛謬云若要人不知除非已莫爲此天下之至言別無他說註中善

惡二字懸空說致知之後惡已去矣只怕他爲善不實則仍流爲小人之歸不是從新又去分別孰意是善孰意是惡也故先儒謂正心章誠意後病痛如官街上錯了路

富潤屋節此緊對小人閒居節一勸一戒甚言意之不可不誠也富潤屋不是重新拆造改換門閭只是內有厚貲則外面氣象光昌流露何義門引史記天官書云候息耗者入國視田疇封疆之整治城郭門戶之潤澤次至車服畜產精華實息者吉虛耗者凶最得其解君子生來五官百骸已有一定豈意誠之後從新改換只氣象不同耳如此說方相比附　德即誠意之效驗體胖即心廣之效驗君子坦蕩蕩又云君子泰而不驕即其事也末句複衍之

詞不過云小人之墮落如此君子之得力如此可以不誠
其意乎無他說也　誠意前不粘致知後不帶正心知意
心本是一物非若他何之可劃清界限也必規規云所謂
正心在誠其意者何嘗不可但方寸地插棘栽籬乃學究
低爛時文不足以爲聖經賢傳矣若謂毋自欺也單刀直
入便是聖學全功仍是以格物致知爲多事與執古本大
學沾沾自喜者同一見解吾不欲附和之王道本於誠意
此原程子之言何嘗曰王道不用致知格物乎

所謂修身在正其心章

誠意是省察正心是存養中庸論由敎入道之大段規模
先靜存後及動察此是言明德新民逐一用工次第既省

察矣又不可以不存養言人能愼獨至有心廣體胖之效則一身之舉動措則正施則行矣經又言所謂修身在正其心何謂哉蓋已發之心不可使之有僞僞則流爲勞而日拙之小人未發之心尤不可使之有偏偏則失其感而遂通之本體即以常人之心觀之事有所不平而忿怒有所難制爲懥亦人之情所不能無一有所爲或先時而將迎或已過而留滯則心爲忿懥所移而失其鑑空衡平之素至若戒心之怵惕爲恐臨事之戰兢爲懼情有所專注爲好心有所獨嗜爲樂事機有當深慮爲憂外虞有當預防爲患皆人情所不能無心若偏於所向則爲所係累牽引非復虛靈之本體不可以具衆理應萬事心不得其正

矣心旣不得其正則其弊又將何所不至哉　時下講章將有所二字與下章之其二字對謂有所偏也緊對心不在焉句謂有所在卽有所不在雖近小巧却有理李安溪謂有所爲虛字不必着相語雖濶大而實非也孔子好古亦好樂也文王作易亦憂患也如何懸坐他則不得其正必坐實有所則字乃得轉身

心不在焉節　人心爲五官百骸之主宰必天君泰然乃百體從令若心爲情所勝欲所動有所在則有所不在矣心旣外馳則身無所檢攝不惟言語之不當舉動之不愼卽小小如視物亦不見聽聲亦不聞食物亦不知味矣又何身之可修何身之能修

此謂修身在正其心節　註云是以君子必察乎此而敬以直之然後此心常存而身無不修也移在此節正文之下書理卽明白　敬以直內而後能義以方外修身在正其心在字註脚不過如此

所謂齊其家章

此亦是以常人之身不修者言之見其舉動顛倒錯亂如此從事大學之道者欲齊家斷斷乎不可以不修身也修身者致禮以治躬視聽言動得其宜度義以制事喜怒哀樂中其節則一家之人感而孚之則而倣之賢者樂善循理不肖者安分守法不至參差錯出此之謂齊若不能修其身則用情失當無一而可如一家之中必有應親愛者

一於親愛應裁之以義而不裁應定之以分而不定而流於褻狎焉有應賤惡者一於賤惡應加體恤而不體恤可以涵容而不涵容過爲忿疾焉有應畏敬者一於畏敬當感悟而不能動之以誠當防閑而不能匡之以禮過於足恭畏葸而辟焉有應哀矜者一於哀矜明知其非而不能檢束應施以刑而故爲憐憫姑息苟且而辟焉至若傲惰本非善舉但有其人名位既甚卑賤才具亦無短長不足動人之作意施禮者則傲惰之情亦所時有乃一於傲惰而不加察焉惰其四肢既不能以禮自處狎侮小人又不能以禮處人尤不可矣夫親愛畏敬哀矜好之屬也今偏於好則其中雖有惡之可惡亦爲好所蔽而不知矣賤惡

傲惰惡之屬也今偏於惡雖有美之可好亦爲惡所蔽而不自知矣用情不當其弊若此若好而能知其惡是好之公而當令人不敢飾非也惡而知其美是惡之嚴而寬令人樂於改過也非見理分明宅心光大之君子其孰能之蓋天下鮮矣

故諺有之曰節　溺愛不明貪得無厭說盡人情世態無可增益一語下只云身之不修若此其家可知且虛歇留下節地位　碩大也詩旣庭且碩指田中之禾癡農夫往往埋怨己之禾不如人之禾長大飽錠非收至家中之後以多爲少也　聖賢雖學不必說到極難只虛公二字便學不上新唐書載魏知古留守東都姚崇之子屢以事干

擾若奏之明皇一日問姚崇卿幾子賢乎今皆安在崇揣得其情即云臣二子在東都皆不肖明皇云卿何以知之崇云魏知古微賤時臣嘗卵翼之今彼在東都臣之子必恃舊恩屢有干預但臣不及知耳明皇欣然謂姚崇無隱而薄知古負恩猶可言也楊士奇子稷綱市利殺人士奇不之知積至百數十條劣蹟達於朝英宗下稷於獄士奇引咎不入閣政柄遂爲王振所竊以不知子惡之故致國是顛倒於奄人之手倒持太阿不可說矣總之閨門之內義不勝恩情有所偏即私意蒙蔽不能虛公矣故曰聖賢難學不必在絕異處

此謂身不修不可以齊其家節　上文只是說身不修不

曾說到家不齊此乃反言以決之言此不軌不物之身家之人既無所取法而其偏好偏惡之舉動又無以服家人之心即欲憑權藉勢薄己而厚責于人曰吾欲齊其家也試問其身之不修如此將何以齊其家哉故曰身修而後家齊此之謂也只是反說不用正解方與其本亂而末治者否矣緊相照應　朱子謂誠意後病痛如官街上錯了路不至墮入陷阱驗得極精但作時文又一番說法此是泛論凡人以示戒非誠意之後又莫知其苗之碩也須縱筆說開莫要粘連着正心誠意講如莊周所云跛鼈蹩膝動彈不得則不成文理矣惟聖罔念作狂誠意之後若不步步檢點仍一敗塗地何難之有桀紂亡國唐明皇亦亡

國晉獻殺申生尹吉甫何嘗不殺伯奇身不修亦何所不至哉

所謂治國章

此章書甚易曉甚不易曉甚易曉者家國本一氣相通上行下效速於影響試觀兩漢以後國改爲郡縣守宰促數更易久者不過三四年黄霸龔遂朱邑之徒皆能行其政教移風易俗韓延壽治東郡二十四縣莫敢以訟言嚮恭卓茂至於路不拾遺物童子有仁心化如此其速也况於封建之世最大如王畿亦不過千里世世守之民服其政久矣一旦有正身率物之君德修於身教洽於家國人豈敢自外亦不能自外蓬生麻中不扶自直勢使然也故治

國不言政只是教字教亦不言如何感動只是速字如保赤子言其事之易也一家仁言其機之捷也其所以速只是喻字所以喻只是恕字有諸己而後求諸人民靡然從之矣血脉一線關通毫無阻礙故曰易曉其所以難曉者只以自明以來凡作講章作時文者不能體認正文又不能領會貫通朱註守其鄉塾固陋之見訛以傳訛謂一家仁四句是成教於國正面不可預先說破謂如保赤子是因慈申言以例孝弟謂孝者所以三句是懸空立解不涉君子並不涉國人於是此章書理半不可通遂難解矣今畧指出梗概再申明其說亦一覽瞭如

所謂治國必先齊其家節　此節之詞最切直言治國必

先齊家以家者國人之所觀法也若身之不修一家之中且反脣相稽令之而不從何能教國故君子必言有物行有恒以修其身而後一家有交如威如之志不言而信不令而行家可教矣家可教則國從之不待出家而成也何以言之君子之教國非令此濟濟之衆蚩蚩之氓一一皆賢希聖聖希天也亦非一一令其至於大而能化之謂聖聖而不可知之謂神也一家之中皆習於孝弟慈謂之家齊一國之中皆化於孝弟慈謂之國治天下之人皆有以遂其孝弟慈謂之天下平而其本由君子之身始君子之所以教於家明發有懷虔七廟五廟三廟之禮自天子諸侯大夫皆有治國之責婉愉致愛敦昏定晨省視膳上下之儀此即國人

之所以孝親匪惟孝親卽所以事君凡所謂不敢犯上不敢作亂以至涖官思敬戰陣思勇所以不辱其親不負其親之理皆在其中矣君子之所以教於家者諸父諸兄敦肥羜肥牡行葦勿踐之歡引年尚齒篤憲老乞言執爵執酳之儀卽國人所以事叔伯長兄匪惟事叔伯長兄卽所以事長如羣居必異席班白不負戴以至出則事公卿必謹攝衣趨隅之諾雖長而從師傅必循負牆避席之節文爵同則尚齒敬達於朝廷頒禽隆長者敬達於軍旅所以事長俱在其中矣君子之所以教於家者屬毛離裏出入必篤顧復之恩能食能言有知卽示義方之訓麟之趾麟之定德義以爲詁謨養不中養不才化裁以爲造就此卽

國人之所以愛子匪惟愛子即所以使衆仁必爲質觸處皆通同類則必觧推下情亦知體恤黨之正閭之師用一用二皆知節嗇以裕其財力于夫長百夫長同袍同澤亦復慰勞以共其苦辛凡說以使民說以犯難之理皆在其中矣此皆君子不必出家而求之民民亦不用出家而求諸君子天良感發交奮而不自知者也故曰不出家而成敎於國也　即云孝者所以事親慈者所以愛子豈不直截却不見孝慈分量之大必至事親孝忠可移於君方是敎孝之成效此即是新民必止至善之模樣也下民無使衆之權此句難解不知分開則天子諸侯與卿大夫皆有敎國之責合之則一人爲主卿大夫上中下士皆有使衆

之權皆天子諸侯之所教矣彼既爲天子諸侯所感發興起其慈心豈肯虐使其民故曰慈者所以使衆也此節是家齊而後國治大關鍵朱子云身修則家可教矣孝弟慈所以修身而教於家者也此是解孝者三句上半截又云然而國之所以事君事長使衆之道不外乎此此解所以事君三句下半截也或謂中間少一人字不敢實指國人此大愚人也正文不云上老老而民興孝上長長而民興弟上恤孤而民不倍乎朱子不云言此三者上行下效捷於影響所謂家齊而國治也有人字乎無人字乎知二五而不知十講章之愚昧如此雖陸當湖李安溪何義門皆隨聲附和必認眞朱註則廬山眞面目自見不待辭費矣

康誥曰節　此節以慈例孝弟講章不通極矣老牛舐犢伏雞摶貍慈子與嗜利同不學而能者也諄諄引書以明之又由是以例孝弟作大學者若是其迂且敝哉康誥是言若保赤子惟民其康乂武王教康叔言汝能以愛子之心愛民則民安且治矣傳者引書只取一如字言此孝弟慈修於家化行於國至易至簡不假強爲如赤子無知痌瘝疾痛不能自言慈母揣之無有不中以心印心天機自動不待學而能也孝弟慈乃天性之自然人人有之上以是感下以是應極不難之事如慈母揣赤子之嗜欲加之意則得矣豈待徵引治術規倣成法哉此即未有學養子而後嫁之說註中明云立教之本不假強爲歸震川儲中

乎制藝皆照註乾隆壬戌會試金甡元墨亦照註俗說斷不可從

一家仁節　此節只重其機如此一句仁讓貪戾平列以察機也定國僨事並引以証機也講書者認作家齊而後國治正面恐講實孝者所以事君三句即佔此篇地位因而將上孝弟慈講作空懸無倚着則一家仁一國興仁一句已透何用許多喧客奪主之詞總是言家教可及於國不惟不假强爲而且其機迅速隱隱透起下文惟恐口是心非所令反其所好耳故下節直接堯舜帥天下以仁此節只是過峽語　講章云仁字指孝弟慈之有恩相接讓指孝弟慈之有禮相維則孝弟慈三句乃教國正面而實理

作講章者亦知之矣胡以忽明忽昧哉　機字是弩矢準頭一發即到所射之處毫忽不差講章謂其肖而不爽迅而不停良是一言僨事証惡之機一人定國証善之機以一言作階畢重一人定國何亦阿諛揣摩之見非書理也

堯舜帥天下節　此又申明機字機之所以速又在喻字民之所以喻又在恕字層層縮入總是修身爲本所謂有諸己而後求諸人也堯舜帥天下是帥之以孝弟慈桀紂帥天下是帥之以不孝不弟不慈然人君無發號施令曉諭民去不孝不弟不慈之理所令仍是好話頭無奈心所不樂百姓早已見破耳有無求非四字俱緊跟孝弟慈歸併到恕字結穴　恕字以如心爲義非寬非嚴不苟不縱

先自治而後治人以修身爲本也其愛人如愛己其所令卽其所好所謂恕也　治國只此一字平天下是絜矩二字卽此恕字展拓開耳　故治國在齊其家緊承上文言家國相通立教之本不難成教之機至速故治國在齊其家言不可先於國求之不可徒於國求之也

詩云桃之夭夭三節　此章言教家之事家必率教而後國人從之此一層未有發明故三引詩繪一家齊樣子言治國之君子不讀此桃夭之詩乎女子之于歸難宜者家人舅姑分尊而情難遽達妾媵人衆而惠不遍孚今此女子年華如桃夭之美盛已沐浴聖君聖后之化徽柔婉順必能宜其家人然則治國之君子亦必有觀型之化正內

之規使閨門之內同心克相修蘋蘩之敬躬桑枲之勤陰教修於內而後可以教國人使夫義婦聽也不讀蓼蕭之詩乎元侯之在國最難宜者兄弟分采地以重祿每有耦國之嫌合族食以聯情亦易啟猜嫌之釁今此君子來朝王室燕笑譽處其在國之日必能宜其兄弟矣然則治國之君子亦必篤手足之情敦骨肉之愛使莫遠具邇相好而無尤和樂且孺因心而篤慶本支睦於內而後可以教國人使兄友而弟恭也不讀鳲鳩之詩乎言此淑人君子帶弁絲騏有德容可仰均正專一有至行可師其儀不差忒可以為四國之典型此言曹叔振鐸善於為政可以正四國君子之欲正是四國豈易易哉必其在家立慈孝之

準。盡友恭之誼。其爲父爲子爲兄爲弟。無一不足以爲法。然后民從而法之。爲人臣者以爲臣。鵠爲人子者以爲子鵠爲人弟者以爲弟鵠。所謂而后民法之也。此謂治國在齊其家。繫頂三詩。不連上文。言治國之君子所以必刑于寡妻。至于兄弟。以御于家邦。此其義也

所謂平天下章

此章詞氣剴切。脈絡分明。蓋平天下。非他只是使家家人人皆仰足以事父母。俯足以畜妻子。各得遂其孝弟慈之願。此之謂天下平。爲上者勿倒行而逆施之。使人人得有餘力餘財。可以自力於爲孝爲弟爲慈之實。謂之天下平其要只在絜矩。絜矩之實。只在與民同好惡。人君所以不

能與民同好惡只在專利所以專利只爲國用不足欲私此府庫財不知其拂人之性菑逮乎身而不自知也是以平天下之君子必因民之所好與之聚之所惡則勿施之愼德以凝天命忠信以順人心行生財之大道以裕家給人足之遠圖勿用聚歛之小人以召災害並至之實禍則得之矣一章大旨瞭然如此

首節　章內所云天下指四海九州所云國指王畿千里之國平天下在治其國謂先將此邦畿千里使之教化興行人皆向善然後去發號令施條教董正四海九州之諸侯使之各治其國故此節仍是言治國之事上老老三句即前章之言覆舉之前章謂之孝弟慈國近只消教但舉

其名此章謂之老老長長恤孤天下遠非有紀綱法度不能可大可久故指其實天子之老老養三老五更於大學天子之長長所謂有兄在禮則然君與公族燕則以齒伯父叔父必隆其名尊位重祿以展其實也天子之慈幼三月擇其慈母大夫士之妻食之八歲入於小學師氏保氏傅之非小民所與知但與之言恤孤所謂幼吾幼以及人之幼視學養死事之孤使之成立仁政先無父之幼勿使饑寒上恤孤而民不倍者各子其子不待教而能惟是小民往往無行誼凡爲親屬撫視孩稚之事初雖勉強旋即棄之赤子匍匐將入井亦有惻怛之心及利有可圖且立而視其死既爲聖天子慈心所感則疾痛相保久暫不渝

庶幾有死者復生生者不愧之風所謂不倍也一國之人心如此天下之人心可知是以平天下之君子以己之心推以度物不惟道立於己使之觀感興起而且政洽於下俾各方正整齊合天下人而絜之總此孝弟慈各得之願也分天下人而絜之貴賤貧富不同所以行其孝弟慈又各有其分君子皆有以遂之則國治而天下平矣　矩之爲物所操至約絜之爲用變化無方天下至大民生異俗剛柔輕重遲速異宜器械異制五味異和王制所陳周官所書至纖至悉一令出而四海承式一法立而百世可遵絜其有定之矩也修其教不易其俗齊其政不易其宜絜其無定之矩也斟酌盡善隨時處中此絜矩之道也格物

致知而後能知此矩誠意正心而後能用此絜此又先一層事

次節　不曰所好於上必以使下而曰所惡何也所好之願不齊無由曲意以徇物所惡之事如一乃可推己以度人君子言之必可行故曰天下之達道無禮不忠註中已下注脚推此則前人之擁阻後面之擠排左右之掣肘皆可以此反觀自見之謂明則無所施而不當此節只解絜矩字意言絜矩之道只是以己心當做民心便是非是立成法於此使人從己也此之謂切實指點之詞

三節　樂只二句天子燕元侯以此贊美之傳者循名以責實取作絜矩二字切實注脚平天下一章只此一節是

正面文字餘旨推波助瀾申明此節而已各得其所有以遂其孝弟慈之分願是好無以爲生不得遂其孝弟慈之分願是惡好之惡之精心區畫實力奉行非知仁勇三者俱備不能也李安溪先正此節制藝云清心以問下民下無不達之隱推恩以保四海衆無不遂之生何屺瞻贊之以爲文章言語與政相符眞讀書人自有懷抱與衆不同也

四節　同好惡是正理不同則偏辟辟則衆人憎疾怨汝詈汝如詩人之刺尹氏怒目視之卽爲僇矣勿說到失國民散猶遠乎身非理不可言未免犯下作時文之格律應如此耳

五節　能與民同好惡則得衆得國辟則失衆失國殷鑒不遠只是敲緊上節　古者有天下必以其祖配天殷人禘嚳而郊冥祖契而宗湯此其事也辟而失國則不克矣書曰故殷禮陟配天多歷年所今俗解但云行政合於天非也

六節　是故君子緊頂上文同好惡如此不同如彼敢不慎乎敢不先慎之乎德即明德古之欲明德於天下者先治其國即絜矩之道也格物致知以清慎字之源誠意正心以盡慎字之實更無他說　有德有人四句張標制藝有原評云四此字是戰戰慄慄之詞向甚喜之今乃知其不然莫難於慎德不敢以一毫私意自蔽不敢以一毫私

欲自絜與驕泰刻刻相反與忠信念念相符益其慎也德旣慎矣人將焉往人旣歸矣土財用又焉往須說得直截明快方見慎德明效大驗何戰戰慄慄之有戰戰慄慄慎德之事不在四此字內　此是平天下之事四海九州本是自有之物人心歸向如禹敷於四海湯式於九圍文王光於四方顯於西土便是有人幅幀旣長蠻夷率服尺地一民皆其有名山大澤不以封便是有土禹貢之物產周官之九賦九貢皆其財祭祀賓旅廩祿燕好匪頒聘問賑恤皆其用若將四方襁負其子文鈔來則此秀才貞懂矣

七節　八節　九節　自古憂貧之天子只有周赧王築

避債之臺耳桀之瑤臺璇室紂之鹿臺鉅橋周幽厲用榮公皇甫之流如賈三倍漢靈之西園議價隋之洛口倉李密因之東都布帛至唐太宗時尚用之不盡唐明皇用宇文融王鉷掊克之徒宋神宗用王安石之策明萬歷中用內監督關稅開銀礦皆財聚於上民散於下悖入悖出如操左券傳者特下德者本也言治天下以德爲本不可不慎若財者治天下之末務治得其道不求而自至之物何是鰓鰓計較至召亂速亡哉其垂戒深切如此

十節　康誥之言以天命儆之善即慎字不善即辟字別無他義

十一節　十二節　言不特平天下之君子即霸國之佐

邊裔之臣皆知不可外本內末也舅犯曰是狐偃教公子重耳之詞言孺子不可乘機圖利蓋重耳倫序本先於夷吾宜有晉國者也但入則必殺奚齊卓子此等事狐偃不欲重耳爲之重耳亦不願爲也其後子孫卒爲盟主終春秋之世天有顯道厥類惟彰　楚書之所謂善鄭康成註禮記一據國語觀射父一據劉向新序昭奚恤也朱子無明文明人作大全但據國語指觀射父左史倚相二人此亦無足深辨隨意行文可也

十三節　十四節　十五節　與民同好惡在不專其利到楚書舅犯二節其理已盡秦誓非平天下之書秦穆公亦非治天下之人不過斷章取義以休休有容之好人引

起媢嫉以惡之不好人專重惟仁人放流之言平天下者既知内本外末還要於同好惡上十分認得清而後不專其利行得透即如秦誓上說那二種人上一種好人宜傾心相信不待言矣後一種不好人必如夫子所云惟仁人之言將此不好人放流之然後此不專利之心不爲所惑可以行絜矩之道否則爲慢爲過又其甚者好惡與人異趨小人既得志則苛政肆行財聚民散菑逮乎身悔之何及節氣上承外本内末下覷必自小人一路草蛇灰線透至章末與用人毫無干涉也爲政在人取人以身修身時即知用人矣何待平天下始言之況古之諸侯自用人齊用管仲晉用趙衰鄭用國僑非天子所投擢楚用令尹子

常費無極曹用公孫疆亦非天子所能禁止也平天下在治其國不過王畿之內家給人足入孝出弟令四方諸侯則而效之又不殖貨利求金求車之使絕跡於侯服厚往薄來之典常篤於王朝輶軒之採木鐸之徇皆令大邦小邦毋封靡於爾邦以尅剝其民諸侯莫敢不敬應則天下平矣用人何嘗非平天下之大事大學所云意不在此秦誓上半節是君子可好樣子下半節是小人可惡樣子惟仁人節是知好惡樣子下二節是不知好惡樣子故朱註總結云自秦誓至此又皆以申言好惡公私之極以明上文所引南山有臺節南山之意書理瞭如　小人文不足以附衆武不足以威敵惟藉言利進身若非先將此輩

放之流之則與民同好惡之實心實政不可得而行也
作時文就文生義須看題目起訖何如若有一个臣謂之
挺然特立者非謂之總領賢奸二種亦非也即皤皤黃髮
之一个臣謂蹇叔也無他技只是不露才休休淡然無欲
粹然至善亦說得是尚有心逸日休一層李林甫妬賢嫉
能古今無比每宿十易其所亦憂愁之極反觀之則容賢
樂善之君子其心地休休可知如字其字不啻字實字本
文出力摹寫作文亦如之果是賢大臣以天下爲己任視
此賢才如何不愛惜史記言蕭何聞韓信亡親自追之不
及以聞漢高帝聞蕭何亡若失左右手不知蕭何聞韓信
亡正若失左右手也小人惟恐人之長形己之短況約鬪

人一善如萬箭攢心杜少陵應制科李林甫恐對策之人斥言其惡諷有司盡黜落之以野無遺賢入賀以字而字俤字實字亦加倍出力字樣有技彥聖一層高一層惡字俤不通字亦一層緊一層子孫黎民自是兩開說內保其子孫外保其黎民金鞭斷折九馬死骨肉不得同馳驅黎民又何用說有求進一層者云以今日之大臣培今日之新進郎以今日之新進又引他日之大臣蕭曹房杜之進賢揚善亦自澤及數世但秦穆公貪利之人不過因三帥並擒隻輪不返痛哭自道悔艾之誠只是單指目前安有如許深謀遠慮哉

十六節　秦誓以下四節都是過峽之詞是故二字不接

近而接遠言得國失國民聚民散呼吸分途若此其機總決於平天下者之寸心心如忠信則得此絜矩之大道心如驕泰則失此絜矩之大道得之則克配上帝失之則爲天下僇有天下之君子可不上顧天命下順人情而慎乎德哉君子只以位言之與慎德之君子不同實心同好惡不專利即忠信不驕與民同好惡欲以財自娛即驕泰勿說迂濶大不類官之語不切題理　　順治壬辰會試第一名程周量廣東詩人也大道以理財用人立說磨勘革去同考主考皆被譴今有傳文數篇皆照註以修己治人立說不可不知

十七節　十八節　十九節　果天子不言有無諸侯不

言多寡卿大夫不言貧富自然財散民聚安若磐石何所不樂又亟亟補此三節似正誼仍復謀利明道不忘計功何也正爲此秦誓曰以下三節指點當痛惡言利之小人辭尙未達故說此三節言財者人之所同欲若在下者不可無在上反不可有殊非通論不知國家雖有必不可缺之用天地亦有必不缺乏之財只要循正理（大道只是正理）布之卽可備於不竭之源何用出於財聚民散之下策所以杜言利之口而堅不專其利之心聖賢立言萬全無弊生之者衆四句條目周官王制豳風左傳言之已詳　以財發身散之以遺福福必集焉以身發財聚之以召禍禍亦立至也貨悖而出非惟貨出身亦殉之衞蒯聵謂巳氏曰勿

殺吾與汝璧已氏答曰殺汝璧將焉往卽謂是矣　有天下以天下爲財山海之饒耕桑所蓄皆其財也有一國以一國爲財附庸小邦之贄幣私田閒田之溢餘皆其財也府庫財所以侈富非所以藏富必以府庫財爲其財則小矣然卽以府庫論亦必上好仁而後下好義好義而後終事終事而後府庫財爲其財疊下三未有爲利令智昏者言之故詞繁而不殺正言之卽上不好仁則下不好義下不好義則事不終召之而不至令之而不從人主能守此府庫財久安長治哉亦不待其詞之畢矣

二十節　此論道理言不可以利爲利古者命士乘車一車兩馬士之制也庶人則徒行爲大夫則兩服之外駕兩

驂焉四牡騑騑周道倭遲亦光榮之遇矣祭於雞豚則鄙命士以下至於老疾皆有用冰之時必待君賜卿大夫以上有喪祭得取冰於凌人不待頒賜伐冰沖沖似爲其家伐者已富厚矣畜及牛羊則已負百乘之家大家采邑一同之廣十成之衆非晉之韓魏齊之高國不能猶畜聚斂之臣剝民自封不仁甚矣君子寧有盜臣盜已之財禍不及下傷民之力將害於國以彼較此此可容彼不可容也宋宰相張齊賢有人執役於其家多年矣統計前後之人無不得一微職以去此人獨不沾及一日此人叩首自陳之齊賢曰爾以吾忘之也汝猶記某年月日吾宴客畢退入私齋爾竊吾銀器數事吾在簾下熟視爾不之知也今

閱十四年矣爾不自審分量吾豈以名器私盜賊之人哉此人駭服哭泣而去齊賢雖名相尚非第一流人物也存心已若此由此觀之孟獻子固非迂濶之談違心之論士君子知所輕重應如此也

二十一節　此以利害禍福言之決不可以利爲利言財聚民散前古已然之局凡人易曉之事惟有小人之利口能中人主之後心以爲由吾之說財用足故百志成可以無所求而不獲人主欣然聽之相得恨晚授以政柄使之爲國家以圖利已非求留害也不知天施地生只有此數上益則下損府庫盈則閭閻虛積至日久怨氣充積召天變爲菑民不聊生賊民與爲亂即欲起善人而用之天命

巳去人心已離亦無如之何矣古今來用人行政之不當女寵之溢尤權臣強藩之窺伺敵國外患之憑凌皆可更改剪除惟有民窮財盡委而去之直是束手無策勢之強莫如秦令之尊莫如明皆坐此也堯之誠舜諄諄然慮四海困窮大學諄諄言財聚則民散長國家而務財用必自小人矣聖謨洋洋雖百世可知也

補生之者四句解

三代以下地大人衆雖聖君賢相不過聽百姓各自謀生但勿擾之足矣老子云我無爲而民自治我無欲而民自正亦切要之論三代以上授田制産之柄操之自上十五以下上所長六十以上上所養須是一一爲之經畫然後

國無貧乏之虞民無流離之患周官一書詳言理財正爲此也大宰以九職任萬民一三農生九穀二園圃毓草木三虞衡作山澤之材四藪牧養蕃鳥獸五百工飭化八材六商賈阜通貨賄七嬪婦化治絲枲八臣妾聚斂疏材九閒民轉移職事所以開民閒生財之途至廣矣大司徒又頒職事十有二於邦國自一曰稼穡二曰樹藝以至十曰學藝十有一曰世事十有二曰服事董率之使趨事赴功實與九職相表裏大司徒以土會辨五地之物生自山林川澤邱陵墳衍原隰各示以動物植物之所宜生財之法至詳矣載師之職又有宅不毛者有里布田不耕者出屋粟民無職事者出夫家之征以重罰隨其後則益知所自

力唐虞官百夏商官倍周則三百六十以至府史胥徒數以萬計寡字不是汰冗員三字可了蓋大臣職要天子不過六卿小臣職繁官事每多兼攝既不廢事亦無棱管司士之職則以功詔祿以久奠食無濫予焉天子至尊必重農事王后之貴亦率婦工自耕籍親蠶省耕省斂無一時不以身董勸民敢不勤而又三時務農無土功之擾豐年三日有手足之寬自一之日于耜二之日舉趾至九月築場十月納稼無非勤動之時則疾矣用之者舒非節嗇之說謂節度分曉氣脈綿長如大府之職關市之賦以待膳服邦中之賦以待賓客邦都之賦以待祭祀家稍之賦以待匪頒井井有條此是節度分曉冢宰制國用必於歲之

杪扐以三十年之通餘九年之蓄按豐荒以為上下故日月以司會計不奢不儉源源相繼謂之氣脈綿長用之如泥沙者非舒忍而不能捨者亦非舒也則財恒足不是府庫充實是國足民足上有大軍大役賓旅賑恤之需內府外府之藏可取資而不竭下有工作征討版幹芻糧之費茨粱倉箱所備可供應而非難須說得光明正大方是平天下之理財

古之財用與今不同古時質樸通工易事所貢於上者粟米之征布縷之征皆是本物今人謂之本色府庫之財布帛菽粟而已有菑阨賑恤之用則鑄錢史稱禹有九年之水鑄荆山之金湯有七年之旱鑄莊山之金以拯民困是也謂之

泉布。周有圜府之法。始名錢。周官外府掌邦布。以供百物。凡王及后世子衣服之用。與凡祭祀賓客喪紀軍旅之需。皆取於此。始爲常制。秦漢以後。皆以錢爲貨。大率以布帛菽粟爲貿易輸納之定法。以錢幣權之。使遠近流通。皆不用銀。漢書食貨志言秦以黃金爲上幣。銅錢爲下幣。銀與珠玉爲器飾而已。漢武帝鑄白金三品爲幣。旋廢不行。舊唐書載唐憲宗元和三年。詔書有云。銅可資於鼓鑄。銀無益於生人。凡採銀坑冶。並宜禁閉。是不用銀。至中唐猶然也。通典言交廣之域。全以金銀交易。則以番舶所聚。從民之便。宋始倚銀。史載仁宗景祐二年。詔福建廣東廣西歲輸緡錢易以銀。是也。自是坑冶漸多。賈舶亦多載銀貿易民間銀乃充犒金人入宋都搜括民間至數千萬兩捆載以去金乃盛行此物金史食貨志載鑄銀爲承安寶貨每兩折錢二貫公私同現錢用又云後銀價日貴泉貨日賤民間皆以銀論價至金之末錢幣不行民間但以銀交易元承金後錢鈔雖通用所重在銀明太祖懲其弊命天下田賦皆收本色又禁民間不得以金銀爲貨交易違者以姦惡論即極刑也製寶鈔行之不過數年漸不能行自成化宏治以後惟用銀錢二物凡輸將貿易多者皆用銀少者用錢此亦攷古者所宜知也

四書翼註論文卷之二

福清張甄陶惕菴氏敬述

房師仁和錢嶼沙夫子鑒定

五華貴山書院同學諸子校訂

中庸

中庸乃禮記篇名。在第三十一篇。從古即有單行與大學。至宋仁宗始表章以賜及第進士者不同。漢書藝文志禮古經外另載中庸說二篇。是也。文獻通考據隋書經籍志梁武帝中庸義疏一卷。伊川程子、亦嘗為中庸解不愜於意。其門人石子重因程子之說。旁搜諸家為中庸集解。朱子已序而傳之。又逾十六年。乃自為章句。朱子已六十矣。

暮年進德所見益高闡暢天人之奧蘊非石書之所及也中庸只是一篇一氣到底非若大學正文原有經傳兩般口氣朱子分爲三十三章欲使後學潛心熟玩其節次脈絡反求諸心庶不至鹵莽從事非原書本有三十三章也然其中層次實枝枝相當節節相承一出自然之妙其總註云其書始言一理言天命之謂性只此一理別無二理也中散爲萬事自君子中庸以下知仁勇之所以能知能行費隱之所以語小語大人之入德由性由教盡倫盡制三重九經小德川流大德敦化皆萬事也末章言人能爲已謹獨則可以直上達天德以詣於無聲無臭之淵微是末復合爲一理也三十三章只一章朱子已明揭其旨以

示人學者先分觀之有以循其序而不亂又合閱之有以極其大而無餘則庶乎知道者

性與天道夫子罕言子思子此書却專言夫子之所罕言陸德明經典釋文云子思居宋作中庸以述祖德葢夫子之時政教雖衰先王之流風餘澤未泯民安於日用飲食之質夫子與諸賢只言孝弟謹信最高至克己復禮主敬行恕而止高深幽遠之說令其深思而自得之非秘而不宣也子思之時百家並起邪說肆行老子以道爲有物混成先天地生屈子亦言道可遇不可求虛以待之毋爲之先列莊二氏揚其波而汩其泥則以道爲窈冥昏默可知不可言之一物與夫子所謂一陰一陽之謂道繼之者善

也成之者性也大相逕庭道其所道既非堯舜禹湯文武周公相傳之所謂道於是於性教無一不錯荀卿言性惡告子言性無仁義必矯枉而後成楊朱墨翟申不害韓非之徒爲我兼愛殘刻堅鷙紛紜雜出惑世誣民子思子於此若不直指道體溯其所從生使天下之人知道之本原出於天而不可易推其所終極使天下之人知天地設位聖人成能所以參三才而育萬物不過盡此日用當然之道即爲聖神功化之極則天以夫子爲木鐸意爲羣言所淆亂有不得聞者矣故此書之詞丁寧鄭重專對異端曲士挾其說以淆性道教之真者掃除廓清比於武事此所以爲發明祖德夫子所罕言之者此書特詳言之也

首章大旨

朱子云首言道之本原出於天而不可易指天命之謂性節其實體備於已指道之不可須臾離次言存養戒懼也省察慎獨也終言聖神功化之極位天地育萬物也惟未發已發一節是由學者存養省察之後聖神功化之前一過文言人之盡道可以位天地育萬物以人之性情即天下之大本達道也朱子語類一條云世間何事不繫在喜怒哀樂上如人君喜一人賞之而民勸怒一人罰之而民威以至哀矜鰥寡樂育人才皆是實理流行裁成輔相之事知此則一章大旨豁如

首節　此節朱註但熟讀百遍自能浹洽於心如飲醍醐

甘露無可再饒舌者但此是對異端之害道者言三之謂是丁寧指示呼寐者而使之寤言彼之所謂性迷惑而不知其源性其所性非性之謂吾所謂性乃指人受天地之中以生得其秀而最靈者所謂受命於天超然異於羣生以氣質爲附麗不與氣質相雜揉天命之謂也夫旣爲天所命則命善而不命惡命正而不命邪可知矣由是形旣生矣神發知矣率其性之仁則有父子慈孝之道率其性之義則有君臣令共之道率其性之禮與智則有接物應事辭讓是非之道在物爲理無可減亦無可加處物爲義措則正而施則行是之謂道坦坦然亘古今而率履不越彼溺於過高之論元虛而不可察識或執一偏之見窒礙

而不可通行何足以謂之道哉夫道既由於性自然萬世無弊然人有生之初既有氣禀習俗之異有生之後復有知誘物化之移道本大同人之所以行此道者則不能無過不及之失繼天立極之聖人率其性之自然爲天下先既道之以德矣又制爲禮樂刑政以變化其氣質之偏開導其物欲之蔽使遠邇高卑皆循循然守吾之範圍曲成以協於道此之謂教有萬古不易之教五典以擾兆民六官以熙庶績有隨時變易之教文質可以異尚張弛不妨互施若夫一切富强功利之說刑名法術之施私智穿鑿並非率性之本然豈可以示教於天下哉之謂二字是由下倒繳之詞朱註蓋人知已之有性以下至末乃朱子後

來改本刻劃微至竟如經生之作時文先賢啓牖後學其苦心若此不可不知　子思此書全爲過不及二種人指示中庸全體大用意不及物註中性道教三層皆兼物字是爲能盡其性則能盡人性盡物性立根非以物並說也作文者只專注人字不必旁牽物亦能率性如虎狼父子蜂蟻君臣聖人亦有及物之教如服牛乘馬斧斤以時入山林數罟不入洿池之類書理所重不在此也　以仁義禮智信分配木金火水土本漢儒董仲舒春秋繁露之說鄭康成註此節亦云木神爲仁金神爲義火神爲禮水神爲信土神爲智孔穎達疏云東方春爲木主施生仁亦主施生秋爲金金主嚴殺義亦主嚴殺夏爲火照物有分別

禮亦主分別，水有內明，不欺於物，信亦不虛詐，土於金木水火無不藏載，所含者衆，智亦所含者衆。按鄭說至精，孔疏之反入粗鹵。蓋天之所以生人，只是此五行之氣，氣之粹精處便是理，所謂神也。如木是春氣，欣欣向榮，觸處皆生機流露，其神也，即其仁也。火爲夏氣，繼離四照，凡物皆炳炳可觀，其神也，即其禮也。金爲秋氣，堅剛足以裁割，其神也，即其義也。水宜屬冬，內明鑒物，其神也，即其智也。土爲寄旺於四時之氣，金木水火非土不載，仁義禮智非信不立，春生夏長秋收冬藏，時刻不爽，信莫大焉，故土神屬信。理無可見，即在氣之中，氣之靈妙精華即神，神即理也。人得五行之氣以生，內則心肝肺脾腎各屬五行，素問之說本於黃帝今醫家用之外之貌言視聽思各屬五行洪範之說本於箕子班固五行志用之三代以上原有此說鄭氏以水屬信土屬智牽合勉强與素問洪範之說不符葢漢儒傳習先師之言泥於所聞不能通變然古人之微言大法亦賴之以傳其功不可沒也朱子云氣以成形而理亦賦簡要渾融本周子太極圖說之旨太極圖說所云得其秀而最靈靈字實根柢於鄭氏神字其言遠有端緒不可不知時文與古文不同以細賦雅潔爲宗此只論理作文不必牽引

二節　三節　性道敎源流上既指點親切此專示人以體道之功言道根於性人之所以爲人全在認得道字與爲切實奉行一身之內外無非道之所充周一事之始終

無非道之所貫注雖欲稍自寬假須臾離之而不可得者也視聽貌言一離道即涉邪妄之私倀倀何之而成虛器矣君臣父子一離道即為虛拘之具泛泛相值而為委形矣世何嘗無離道之人乃人之自暴自棄而道豈可離之物哉若云可離除非一切聲色貨利外緣之所假合權謀術數機心之所流溢是皆非道則可離耳是以體道之君子知天理本無存亡而吾心不無出入刻刻常存敬畏使此心時時與道相循所覩之時如盤盂示銘几杖有箴既戒慎矣即至於嚮晦入息寂無所覩之時而戒慎之念亦然所聞之時古訓是式矇誦有儆既恐懼矣即至萬籟虛寂一無所聞之時而恐懼之念亦然其所以戒慎恐懼總

是提醒此心常存天理不使片念流於物欲之私是則敬以直內靜以立極旣有以定一身之主宰矣至於此心由靜而動之幾未應事而應事之念已動未接物而接物之機已露其一念甫萌方寸獨知處是非善惡自已知之甚眞體道之君子於此尤加謹焉是則擴而充之非則鋤而去之其勇於去私精於克已又如此則存養以培其全體省察以謹其幾微敬義夾持動靜罔閒體道之功如此精密則道本不可離而我亦自不離之矣

四節　此章只分三大段首是本然之理次是常然之功末乃自然之效喜怒哀樂節其過支也言君子所以戒愼恐懼而又必愼其獨者葢以吾心所命於天有仁義禮智

之性率之於道即爲喜怒哀樂之情所關係甚大其未發非一事一物之本而天下之大本也其已發非一事一物之道而天下之達道也其彌綸無際流行無窮如此安得而不敬慎乎未發謂中已發謂和非人人之性情能如此亦非存養省察之後方如此只是懸空指一樣子全在指出中和爲位育二字透過一關也未發本無偏倚安得不謂之中中節自無乖戾安得不謂之和中自是大本和自是達道加天下二字通到天地萬物上只是極力贊歎性情之德爲下節張本明季時文多說成凡人性情都是如此則人人皆可位天地育萬物與惟天下至誠爲能盡其性章相反矣千子說戒懼慎獨之後方可謂之大本達道

毛西河單重愼獨謂愼獨後而後大本可立達道可行說理甚是做時文却用不得蓋遍世界多是利慾薰心舉動舛錯此大本達道須是歸之有學問之人方有着落但作時文若如此下筆在致中和句牀上叠牀屋下架屋入必謂之犯下矣仍以懸空指示大槪爲妥　喜怒哀樂所以謂之大本達道者以其與天地萬物相關通也喜即慶賞怒即刑威哀即子惠困窮樂即泰交豫動俱須看得重大方與下節對針樂記云羽旄干戚先王之所以飾喜也軍旅鈇鉞先王之所以飾怒也即此喜怒也仲尼閒居云無聲之樂志氣不違無服之喪以畜萬邦即此哀樂也一說兼在上在下兩層兩間有大位育一家亦有小位育也亦

通

末節　致中和是由戒懼慎獨起不由戒懼慎獨止註中從戒懼而約之自謹獨而精之此上聖地頭大君分量所以爲聖神功化之極也人於天命之謂性句若曉得透徹則乾坤吾父母民物吾胞與致中致和喜怒哀樂無不中節如何不與天地萬物相關通堯舜於變時雍成康幾致刑措孔子道路不拾遺强國反侵地事不同其效一也即如史中所載一郡一國有循良之吏蝗不入境虎可渡河鄭康成居高密盜賊不入其鄉陽城隱中條山薰其德而善良者幾千人果是德修於身亦不可謂全無功效無論桀紂之時不寧不令天下流離失所即以匹夫論身不行

道不行於妻子一家之中藹然無以樂其生此即不中不和反觀便見大抵聖賢之語俱是實理實事特無志氣之人樂其誕以自小見此等語便茫如河漢耳　不曰可以位天地育萬物而曰位焉育焉是現成說亘古今只是此天地萬物非因吾始位之育之也堯兢兢日致其道舜業業日致其孝文王雍雍在宮肅肅在廟孔子終日乾乾豈曰吾將以位天地育萬物哉自完其性分之所固有職分之所當為而已然其時其地之天地萬物實有與乎時他處不同處便是位焉育焉此指點現在實境也人果能不離道其功效如此道也者其可須臾離哉此書單為明道而作此一章切實指點專言人不可離道解此則書理瞭

如　中庸講章習氣辨論苛繞千百語不能休雖有緊要精語如麻生蓬中殊難別識學者徒敝精神於褰淺胸中筆下毫無實得此書義取簡明抉本經之心瀝羣言之粹融爲一緒令覽者豁然是以不能復雜辨論之語如已探得驪龍頷下珠則餘之鱗甲無庸置意凡不辨論者皆無庸辨論者也今於本章酌指數條以示凡例如王陽明先生以不覩聞爲獨體全在此處用工艾東鄉陸平湖二先生極力闢其謬是矣語却不能舉其要蓋人之離道自覩聞始所謂物交物則引之故必由所覩聞謹之四勿九思即孔門心法也中庸本禮記之書所云不覩不聞正猶視於無形聽於無聲耳子思意中豈有楞嚴經常住眞心標

作密秘宗旨者乎又如近日毛西河檢討紹述其鄉先生劉蕺山念臺之說將戒懼慎獨併爲一節以爲致中和只一慎獨便是汪武曹大全亦辨之不明戒懼本是正心慎獨乃是誠意今但見誠意單傳不連上文便忘却聖經本文先說正心次及誠意可謂達理乎又有一說堯災湯旱乃初年致中和尚未到家之事到得舜舉五臣湯責六事便是中和到成就時天地萬物便一齊位育了此湛甘泉之說尤愚蔽之解聖人有自然之功用天地萬物亦有自然之運數彼應有不位不育之時候聖人無如何也以救民之實政挽造化之不齊此即致中和之實事天地位萬物育之成功也安有謂堯災湯旱爲聖人未中和時所致然則魯

之大有年亦晉桓公所致乎聖言義蘊精深如泛舟入海轉入轉遙但體貼正文口氣認眞一綫說去自然劃然心開若將儒先之偏見冬烘之曲說一一與之爭辨徒費筆墨反爲初學之人增一重障蔽此書只直說正經道理一切攻辨冗語概不復述恐或者以爲疎漏故輒舉數條以示例凡前人所辨論今概不錄者已包舉在內非疎漏也

仲尼曰君子中庸章

堯舜禹之禪受曰執中湯曰建中中字是古聖相傳之道統心法特其體至精而不易識至大靡所不包孔子恐人道在邇而求諸遠特加一庸字言中非他即此極平常之理使人知即吾心應事接物極切實淺近處即精義妙道

之所存而後天下之道術定於一天下之人心亦定於一子思子作中庸一書特以闡明此中庸二字於羣言淆亂之時闢一蕩蕩平平之路定後學之率由上章既以已意揭淸大旨此章引夫子之言標出題目言吾祖仲尼恐人之不克由聖而日趨於詭僻汙下也特立一斯道之準的以示人其言曰人受天地之中莫貴於上達而爲君子然君子非他只是所存所發一一合乎中庸而已莫不善於下達而爲小人小人亦非他只是所存所發一一反乎中庸而已是其人品不啻薰蕕之異而其所以分只爭一念敬肆之分蓋君子之所以爲中庸以其天資粹精學行醇正既成一君子矣而其居心又常存敬畏知天命精微之

理卽在日用酬酢之中識見不敢妄用才力不敢誤騁惟兢兢翼翼隨時以求合於中盡倫盡制必求至當不易知經知權務期斟酌盡善有定之中固以敬畏爲特循無定之中必以敬畏爲變通無一念之稍弛無一事之敢忽此所以爲君子也小人之所以反中庸以其氣拘物染已流於昏昧立心制行復趨於邪僻已成一小人矣其臨事之際又無所忌憚一舉一動惟意之所之不知內省其私或弛或張恃力而自用不復求合於理時而顯背中庸固離經而叛道時而陰違中庸尤近理而亂眞其無一念不以私意自蔽無一事不以私欲自累如此此所以爲小人也仲尼之言如此由此觀之人可不戒懼愼獨以求合乎中

庸哉　君子中庸句與躬行君子相似囫圇折不開言是個君子其居心必無偏倚其行事必無過與不及以君子立中庸之則以下所引舜顏子以至武王周公皆君子也所稱引知能費隱九經三重皆中庸也說得有關係方肯得各章起　時中二字意義說不盡但以易三百八十四爻與論語鄉黨章推之亦可得其大概大全所引禪讓征誅爲稷顏子道理固是如此但此乃中庸第二章行遠自邇發軔之初也不可作張大之說　小人無忌憚不是尋常小人明儒高攀龍云君子一點畏心被王安石滅盡一點恥心被馮道喪盡此顯叛陰違二種小人說得透切之至　子思作中庸本以表揚祖德直至仲尼祖述堯舜章

方露全身此處不稱子曰而稱仲尼以著明祖訓且俾學者共衣德言也周人以諱事神諱名也字無所諱朱子或問引儀禮饋食禮詞云皇祖某子以爲孫字祖之証此本書之義例不可不知　毛西河檢討云哀公誄孔子稱仲父則爲謚矣謚尤尊稱　此下十章言皆孔子之言意則子思之意先於聯絡處說出子思著書關通次第入孔子口中則不必復牽子思之語此作中庸時文之通例卿大夫祭其祖禰於廟謂之少牢饋食禮

子曰中庸其至章

至字若說至精至妙不可幾及則人本難能何用慨嘆是言中庸之德至當不可移易至善不可增減人人皆宜奉

為應事接物之準無如上無倡率則下亦不奮興故民皆鮮能之此能字直貫至唯聖者能之方佳書之脉絡如此

春秋之末教化不修夫子以先知覺後知責無所諉久矣二字所謂以天之道先王之靈不可聽其竟墜於地也非尋常感喟之詞

子曰道之不行章

此章神味在我知之矣句必行知交錯互寫意義乃出若將賢不肖屬行知愚屬知則人人知之矣夫子言中庸之道本易行易明乃人輒不行不明此其故非洞觀物態曲體人情者不能知也我則閱人既多觀世已熟其曲折悉知之矣蓋道必先明諸心乃能力行以求其至今人之斯

以不能行道者非力之怠也由於資性穎悟之士偏於求知以探賾鉤深爲能事於躬行實踐則漠不關心其樸質者於道之精微曲折既熟視若無覩即欲自振其氣亦不知所則傚以爲深造之資矣是智愚雖殊於道之實事皆倀倀乎莫知所率從此道之所以常不行也人之所以不能知道者非識迷也由於資性勇決之人偏於有爲以銳進速成爲詣極於精義入神不肯致力其庸陋者於道之任重道遠既裹足而不前即欲求通於心亦無所憑依以進高明之域矣是賢不肖雖異於道之實理皆昏昏不知所以別擇此道之所以常不行也不得中行而與之道安有行之而著習之而察者哉　人莫不飲食二句不即不

離隨便指點言智愚賢不肖之人皆囿於氣質之偏如此人人皆在道中人人皆在道外譬之人莫不飲食知味者鮮矣此賢智不是頂真賢智此愚不肖亦不是十分下流須說得彼此都不爭多方與莫不二字針鋒相對　飲食不知味道外罕譬之詞李安溪文郎添日用二字併入道中殊不是慨歎本意智愚賢不肖非不能知不能行所知所行不恰合乎道也美飲食者貪饕惡飲食者草率亦俱有味却不是正味洪範五行月令四時各有正味周官飲膳之司內則烹飪之宜想古人於飲食之事自有正味人每因陋就簡不去講究鄉黨飲食一章知味明明有正面若古註所云張華辨魚鮓師曠識勞薪符朗食鵞知黑白

所在食雞知恒半露悽謂之博物可也謂之玩物喪志亦可也與此章不相干涉　人品中行者少非太過即不及何至都不近道只爲世教衰指點無人陶冶無術各以氣質用事不肯俯就仰企以至此耳然不可專以責人若夫豪傑之士雖無文王猶興何至道身道外哉註中道不可離人自不察全是責備之詞察字全是喚醒四種人天經地義察之即能知能行矣

子曰道其不行章

文氣到莫不飲食節已住此却引夫子語重爲慨歎言上有聖賢之君陶化漸學皆可適於平康正直之治下有豪傑之民矯輕警惰亦可以化氣稟習俗之偏今皆不能也

道其不行矣夫只趯起下章必如舜之大知而後道可行耳若單承知愚則人皆曰予知章並無賢不肖字面難於配對若總承四項則回之爲人章又不相聯絡只渾渾說乃得之

子曰舜其大知也與章

子思以人道之序先知而後行今人所以不能行道皆由不知道必也如舜之知而後道可行也夫子嘗言舜矣曰凡人恃一己之聰明雖明哲煌煌旁燭無疆可以言智不可謂之大智惟舜其大知也與葢舜不以濬哲文明生知之質傲天下所不知而其以聲入心通翕受之懷廣衆思以集益凡家國天下之故人人皆有發明經權常變之宜

亦人人各有體會舜必好問以盡其長其嘉謨昌言浹洽於心不待言矣即平常之人淺近之言必虛佇以納於懷又紬繹以盡其理則凡人之告我其是非得失無不瞭然矣舜於其言未是者則秘而不宣使其人不以失言爲愧而阻復告之路其言之是者則播而宣於衆曰此某之所告也則其人以採擇爲榮益殫其樂告之忱如是則天下之理靡有遺矣然衆言雜投其一是一非易於決擇若兩是之中擇一而從此其剖晰於毫釐疑似之界最難舜則權其厚薄輕重參差之兩端而取其至善之中而用之於民是則聚天下之知識以取中不遺一才一藝精吾心之權度以用中莫不萬舉萬當惟舜知故能合天下之知以

爲知惟合天下之知以爲知乃益成舜之大知斯其所以爲舜乎夫子之言舜如此人若能虛心取善如舜之問察隱揚不失之過細心擇善如舜之執兩用中不失之不及道其可行矣夫、人品不同剛愎自用昏庸寡斷此二種愚障不必言亦有聰明過人無所延訪遇事裁決沛然如李德裕張居正一流不過小器易盈算不得聖賢路上人物又有極肯虛衷博訪臨幾裁酌却差一針如韓魏公在中書遇政典因革則曰問東廳（曾公亮諳典故）文章制作則曰問西廳（歐陽文忠長於文）惟國家大事則自決之可謂善下矣范文正告以五路不可興師任福不可專任則不能從以致好水川之敗司馬溫公力反王介甫之弊政蘇文忠告以免

役保甲各有利害不可盡廢亦不肯從也故必葑菲不遺於先權度不差於後方是絕頂人物其斯二字含蓄不盡

好問則裕自用則小伊尹此言攧撲不破然亦有聽人之言而誤者則擇之不精也必問察之先已有智字作骨用中之後乃見大字全身精神須四面周到題理始貫徹

邇言二字須看得好世有淺近之人無淺近之言耕當問奴織當問婢其淺近者乃其不淺近也伊川程子曰人到深造有得之後聞平常言皆有至理惡字不是惡言不當於事理其心則無他也此自該隱舜之能事全在執兩用中四字

子曰人皆曰予知章

此章只是輕遞過文猶云道其不明矣夫殆起下章必如顏子之能守而後道可明也上予知是料事下予知是析理上是實下是主壞在予字與舜舍已從人對勘便見凡不知之人曉得自已不明白者其人有救不知自以爲知其病無醫官解公座古人以爲癡牀言一坐此牀志得意滿如醉如癡不可告語也坐此者勿癡則國與民胥賴之矣利令智昏千古一轍罟擭陷穽之中智人居多可爲三歎　擇乎中庸此擇字輕看擇而不能守者知之未眞也人雖飢不嗜腊毒人雖醉不跌入江河知之眞也　眞知則能行眞行則知益精故曰知行互進

子曰回之爲人章

子思言世人自以爲智其實皆不智然則道終無可明之日必如何而後道可明必也如顏子乎吾夫子嘗稱顏子云中庸爲天下至善之理人旣有志於學孰不願擇而守之但氣稟拘之於先旣有所蔽而不見物欲擾之於後復爲所惑而不定其擇非眞能擇也雖有一知半解非爲巳私牽引而不得盡其才卽爲外緣引誘而不能堅其志則其守非眞能守也惟回之爲人明足以察幾識旣超出於氣稟物欲之上健足以致決力能戰勝於氣稟物欲之閒故其平日格物窮理實能見至善所在擇而識之以畜其德擇而從之以誠其身隨擇隨得隨得隨守精神貫注堅定弗搖如奉持以著於心胸之間兢兢弗失念茲在茲其

見之精而行之力如此可謂知及之仁能守之兼盡博文約禮之功者矣夫子之稱顏回如此必如此之能擇則見理清明非賢者之過體道誠確又非不肖之不及庶乎道可以明也乎夫子言中擇執並重子思意中却重守一邊與舜之大知相對脉絡須分清楚　得一善二句神理緊湊但得一善即拳拳服膺是急受之詞每得一善便拳拳服膺是櫽括之詞　拳拳服膺淺言之只是記得此理熟耳如何算得行蓋眞知即是行不然夏時殷輅天下歸仁簞瓢陋巷中如何行得去

子曰天下國家可均章

此章義例只與道其不行人皆曰予知二章一樣追起下

章必如君子之强而後中庸可能耳蓋中庸之道非知不能擇非仁不能守非勇以貫徹於智仁之中則有始無終頽然中廢與不明不行者等故必先知中庸之不可能而後知自力於所以能此其意也故引夫子之言曰天下之奇節易能至理難企即如天下國家幅順廣大人情紛錯至難均也人若能均得却好如唐虞之時雍風動成周之太和翔洽即中庸在是矣若不論所以均之本領何如事業何如但曰區處得宜而已則自古以來德禮均之政刑均之即霸術權謀亦可以均之不難也爵祿者崇高富貴君子得之樂行其道小人得之以濟其欲人所爭趨至難辭也人若辭之得當如伊尹之樂道千駟弗視如夷齊之

求仁一國弗顧即中庸在是矣若不論所辭之節操如何
心地如何但曰輕視名位而已則自古以來天爵自尊浮
雲富貴者辭之肥遯自樂不嬰世網者辭之即性情矯激
強爲名高者亦可以辭之不難也白刃者死生之關人情
見利則趨有害則避况於冒鋒鏑捐軀命以成其志至難
蹈也人若能蹈之中節如社稷存亡所關則爲龍比之犯
顏直諫綱常倫紀所繫則爲申生之無逃待烹中庸即在
是矣若不論所以蹈之原委如何關係如何但曰不恤軀
命而已則自古以來殺身成仁者蹈之俠氣赴難者蹈之
即匹夫之小諒亦可蹈之不難也至若中庸本平常之理
然隨時處中旣無塗轍可守精義入神更非勉強而幾精

明果銳以求之中庸未嘗不在是往往以有心失之太過和緩優游以俟之中庸亦未嘗不在是人又往往以無心失之不及人所極應能極不可不能者偏不可能故曰中庸其至矣乎世有義精仁熟無一毫人欲之私俾不可能者皆可能乎予曰望之矣夫子之言如此然則自强不息以期於可能是在君子之强耳　不可能是警人不可不能只要義精仁熟王濟之曰論道理既已庸矣何不可能之有只以三可能伴不可能註中智仁勇三字只渾之爲妙十分露相則智仁勇之外又有一智仁勇轉生轇轕

或問申生不自明陷父於不義吾子以與比干並稱將毋謬誤歟曰此小儒不達事理之言西銘以舜與申生並稱

不成西銘有錯舜有退步故可逃申生無退步故不可逃使從重耳之言而辨晉獻公必不聽即聽矣食不甘寢不安申生何以自處楊貴妃被譴出宮唐明皇忿懣不食鞭撻左右高力士知旨夜半開宮門召入即其証也從狐突之言而逃申生在則奚齊不得立必窮之所往將與父戰如戾太子抑仍歸而就死乎臨死辭於狐突惟自引咎非不自明無可明也宗臣無去國之義賈誼以屈原何不歷九州而相君世子無抗父叛父之理議申生陷父於惡其言皆似是而非不足聽也

子路問强章

自知之謂明自見之謂聰自勝之謂强凡知得極精行得

極熟即是强此章只爲唯聖者能之句作過峽護砂不是於舜智顔仁之外另起鑪竈子思之意似云中庸不可能人豈可安於不能是又當以勇輔其仁智耳昔者子路嘗問强蓋欲以剛德進道而未知所以持擇之方也夫子告之曰弱爲柔惡六極居一子之問强是也但强之名同實不同有血氣之强則爲風氣所移習俗所染有南北之殊其由義理生者則爲汝性分中所自有之强汝之意將在何等與即如諄諄誨人固是美事然夏楚可以收威不屑亦是教誨此却不然只一味寬柔遇率教者固寬柔遇不率教者亦寬柔有容乃大美德也然横逆雖亦可容德怨自當有辨此人只是不報小怨固不經心即大故亦置不

問此吳越之秀民文而不懈以有器量自負者也蓋其地風氣柔弱習以成風以退爲進以忍爲高雖非絜矩忠恕之眞傳亦忠厚長者之遺風也君子居之南方之强如此至於北方之强則大相逕庭矣披堅執銳不啻同澤同袍忘身赴難如其日用飲食奮其武怒不過輕生之侶達於義理卽爲衛上之忠此幽并之狹烈剛而好勝以慷慨自許者也蓋北方風氣剛勁習以成俗勇於公戰亦不怯於私鬬世俗之所謂强其本來面目不過如此而强者居之此又一種强法也至若而之當强固必以君子爲法矣君子之强有定識焉有定力焉浩然剛大之氣本於性天非地方之風氣所拘確乎不拔之操由於學問非流俗之習

慣所染處衆以和人所同也和則易流君子則和而不流油油與之偕邪正俱無所阿附從衆而不狥衆怡怡與相下是非一無所苟且同理而不同俗藹然可親之中卽毅然可畏豈不强哉矯乎正以持身理之常也中立每易倚君子則中立而不倚立身則敬義夾持不染於勢利而其力足以永之不倚於始亦不倚於終以道爲體也立朝則寅恭交贊不入於朋黨而其守足以固之不倚於人亦不倚乎已惟義之從也子然孤立之時益表皭然不易之節豈不强哉矯乎達而在上處富貴則易淫君子道隆則從而隆凡塞時所存如堯舜其君堯舜其民之志願通時一一踐其言而不變非徒以淡泊寧靜自許不敢素風也何

强如之窮而在下貧賤則易移君子道汚不從而汚凡平日所守如進以禮退以義之素履造次顛沛以之不惟遯世無悶即使暴君汙吏與夫讒諂之民比黨以危之君子以死生置之度外臨大節確乎其不可奪也何强如之君子之强如此由也勉之矣按夫子之言如此有能篤信不惑以理自勝如君子之强者中庸庶其可明可行矣乎

中立句講章只是用特立孤立字代替說不明白蒙引以伯夷須一家非之而不顧一國非之而不顧擬之亦未是此只是平常事如此人志欲希聖希賢不肯同流合汙即中立也却最難做得徹始徹終不以靡麗紛華移其念亦必以禍福榮辱易其志即倚矣君子一意獨行如雪栢霜

松貫四時而不改柯易葉中立不倚之實義不過如此伯夷扣馬孔子孟子皆無此說不足信也　國有道是順境不變塞何足爲强以瓦注者巧以黄金注者昏人當下僥寒素志氣往往浩然一至顯宦穹官便甘心作寒蟬仗馬只恐跌得重受不起不得不將百鍊鋼化繞指柔亦有志得意滿頓忘前言者楊士奇甫至燕京見滄景德棣間荒蕪滿目著論謂開墾之可得良田十萬頃業無數萬窮民後歷永洪宣三朝從不説起申時行典試中州發策試諸生極言宗藩繁多窮困宜立法變通後爲首輔十四年亦一字不提歸田後所親或問之曰公爲相何以頓忘發策之言申起立曰不知當時何以忙忙過了　韓文公爲古

文於世所不爲之時大得意則人大怪之小得意則人小怪之卒自信不惑起八代之衰直節危言屢起屢仆始終如一此卽中立不倚矣范文公爲秀才時卽以天下爲已任及參知政事所劈畫不出其平日所言居長白山寺斷韲煨粥讀書不輟作賦自嘲云陶家甕內醃成碧綠青黃措大口中嚼出宮商角徵及知平江軍與爲經畧安撫錢帛悉付外庫自奉不異素士卽國有道不變塞矣晞驥之馬亦驥之乘晞顏之人亦顏之徒何必動曰伯夷伊君哉

子曰素隱行怪章

此章緊接民鮮能久矣言中庸之德本人所可能只是氣

拘物蔽相牽相沿曰離於道惟聖人能盡人道智盡仁至
勇自貫徹乎其中舉凡民所鮮能者獨能之人不可不勉
於學聖勉於爲聖也故引夫子之言曰無過不及之謂中
其道理至平實不可厭其平以求奇其程途至重遠亦不
可憚其難而中止若之何世有失之太過者以仁義禮智
之理爲淺近而索於隱或逆推元會運世於千載以上知
人所不可知或預測興衰代嬗於十世以遙知人所不必
知不當知以忠信篤敬之行爲尋常而行乎怪或恃其資
之所近矯情立異爲人之所不可能或昧乎義之所安拂
經亂常爲人之所不當能不必能雖其鈎深探賾之心思
刻苦獨行之詣力不惟當時之人爲所驚駭稱道之不置

即後世亦或有述焉此有心立異欲以欺世盜名者也吾則循循然究心於易象春秋之大訓以求知所當知盡心於倫物言行之定理以求行所當行似此詭異之行徑斷弗爲之矣　此等不必是賢智然不得不被以賢智之名以其好奇而奇之也　素字本難訓詁鄭康成注引司馬法攻城攻其所傃之傃以爲鄉也言此人偝無道之世身鄉幽隱所行却又怪僻於義不可通豈無道之世始有太過之人耶朱子引班固漢書藝文志神仙家十家二百五卷小序文云孔子曰索隱行怪後世有述焉吾不爲之矣顏師古註云索求隱暗之事而行迂怪之道於文義爲順又易繫詞已有索隱字明有証據矣特詳述之以見一字

之義前賢不苟如此　夫子又言此索隱行怪者無與於道者也亦有身在道內而行之不力又失之不及者於道既畧知其涯岸循其塗轍矣而識不足以堅其守志不足以率其氣或內爲嗜慾所誘而改其初心或外爲勢利所誘而頹其素履竟至半塗而廢此甘於自棄與於不爲之甚者也吾則孜孜然格物窮理有無窮之眞味何至忽牽於外誘居仁由義有不息之眞機何至自諉於中道而至不能知不能行哉吾弗能已矣　君子二字只作尋常人字面遵字亦不過遵循非深知篤嗜勤始怠終有名無實此等人亦不是十分愚不肖然不得不被以愚不肖之名謂以其自畀而畀之也　君子依乎中庸二句是君子中

庸全身君子做到結果成熟即聖人矣君子篤恭而天下平與至誠至聖本不甚分別中庸一書義例如此言惟有無過不及之君子居心極純粹制行極正大靜而涵養動而省察皆與中庸之理相依附務民之義步趨不涉於奇衺執道之權仁義自臻於精熟在上位則準此中庸之道以致遠經方在下位即守此中庸之道以守先待後雖世人知德者鮮而君子守道不渝即遯世不見知而不悔焉唯聖人之心無一毫私累既能擇而不爲隱怪又能守而不廢於半塗者而後能之吾雖志焉未逮亦不敢不勉矣夫子之言如此然則有志於中庸之道者必如吾夫子體知仁勇三德之全則庶乎可以詣君子中庸之域矣　前

人文字多重遯世不見知句非也既云中庸其至矣乎則依乎中庸已是絕頂造詣既能依乎中庸則所行自無可悔何至以阨窮動心子畏於匡曰文不在茲乎即不悔眞面目非安貧樂道之說也顧涇陽云不悔與不慍有別慍者是已而非人悔者徇人而忘已不慍者自反之至不悔者自信之至也王罕皆先輩云依乎中庸即不悔之由不悔正依乎中庸之實註雖兩開正文只是一串直下

八闽文库

福建文獻集成

續編 經部 二六

吴格 主编

文獻集成 226

海峽出版發行集團
THE STRAITS PUBLISHING & DISTRIBUTING GROUP
福建人民出版社

本册目次

四書翼註論文三十八卷（卷三至卷一五）

〔清〕福清張甄陶撰

中國國家圖書館藏清乾隆五十二年刻本

中庸

君子之道費而隱章

此是中庸第二支至哀公問政章止大意是言此率性之道本於天命之性無物不有無時不然自男女居室之間最淺最近之事以至鬼神之幽與上聖之制作治天下國家之大經大法無非此中庸之道人知其無物不有則隨事而致精知其無時不然則隨時而自力能如是則生知安行之資困能得道中道卽學知利行困知勉行者皆可至於成功之一知此則此一支大旨瞭然單重費字隱者費中之妙贊美費字之詞猶未舉無聲無臭贊不賞而勸

不怒而威篤恭而天下平之妙也不然索隱既不可以爲道又攙入隱字自亂其例矣講章云重費不重隱非不重隱費可言隱不可言也此下皆言費至大德敦化方露隱字至其孰能知之與上天之載則隱字透露其實即費即隱拆開不得　子思子言率性之道本於天成於教實體備於時中之君子故吾言道必屬之君子君子之道其體發微而不可見其用充周而不可窮殆費而隱乎人倫物則無一事之非道富有之謂大業而所以富有者不可窺也往過來續無一息之非道日新之謂盛德而所以日新者莫能測也道之體用一原顯微無間如此今試舉費之實跡約畧言之謂道難知則雖夫婦中之愚者不肖者亦

可以與知與能乎道愛親敬長即仁禮之全心日用飲食即羣黎之徧德耒耜杵臼爻易之事本於象數樹藝織紝烹飪之秘合乎陰陽謂之無與於道不可也至於道之全量不唯尋常人知行他不盡即以聖人之無所不知不能耳目之所不及則有所不知矣時勢之所阻隔則有所不能矣非唯聖人以天地之大也範圍不過曲成不遺可謂體物各得其所矣而此載天履地之人仍不免有或抱憾者天地無知之何謂道有窮天地聖人不足以盡之謂道無窮愚夫愚婦亦足以窺之道之費也如此而隱在其中矣

侯氏以問禮問官証不知非也博學之審問之正是所知吾不如老農老圃與莊周所云六合以外聖人存而

不論此不知之証孔子不得位証不能亦非也位不關孔子事當云堯舜病博施濟衆武王不能多材多藝非聖人窮於道道不爲聖人所窮方見得覺字身分　天地即道也故曰一陰一陽之謂道又曰乾道變化各正性命今反將天地也算入不能盡道之例此不可爲典要之詞但祁寒暑雨堯災湯旱天地被人憾却不少此則天地之所不能自主也今夫蹶者趨者是氣也而反動其心此人本意本不如此然不謂之履錯則不可講章以大字指化育上說不指形體之大極是　道無大小語道則有大小洋洋乎發育萬物峻極於天愈充拓則愈廣大優優大哉禮儀三百威儀三千愈剖析則愈精微誰能載焉破焉非載道

即道破道即道萬物一太極物物一太極一泒浮詞可作註腳詩云鳶飛戾天二句只是現前指出此兩件言自天以下自地以上或靈或蠢但有形體即具知覺即有性情率性之道在是天命之性即在是上下昭察如此人當觸目有警不可日用不知也但凡羽毛鱗介之物皆具君臣父子兄弟亦畧知仁義禮智草木至無知矣橋梓可喻慈孝麻竹亦有牝牡夫婦之愚不肖與知與能亦猶此矣上節說道已經周匝又復說此煞於君子之道四字有關會不是信口添設至於水流山峙時行物生與此節不相涉此是體物而不可遺非上下察也　此章言道體是君子身上道體非天地間道體也中庸言天地之道正面在博

也厚也節不可將君子之道至誠之道聖人之道俱算作天地之道末節是總結上文言道無所不在自小處言之則造端夫婦道從日用飲食良知良能處起脚根也自大處言之則察乎天地道至上清下寧萬物莫不咸若處見全量也　此章以知能言道與知與能即是造端及其至也即聖人之所知所能經綸參贊之事業察乎天地也若如俗解所云自夫婦起至天地止中間有名無名有象無象莫非是道是又將鳶飛魚躍複說一遍殊不成語此節即畧說體道功夫不妨　此節語近重複最難理會胡思泉時文亦是籠統說云智者見之莫非是智仁者見之莫非是仁等語羅文止作則從君子身上說體道云理起於

陰陽則天地間性情形體之屬抄分毫末靡不由此同也靡不由此異也倫生於男女則天地間禮樂刑政所經幽明上下靡不由此分也靡不由此合也人倫之事通神明之事通男女之事類天地之情類云云艾千子駁之以爲何不就君子之用工處言汪思廻云正面宜專言道體君子用工意在題後一層蓋此節從前講章與時文只是複衍上文羅文止先生講題已有把柄但細讀正文道有何造端造端用力字面有工夫者也艾說自不錯但恐拘泥講章者信不及先就道體說再引入君子用工則兩面皆圓足矣詩詞二句鄭康成詩箋是言文王之德上蟠下際物各得所孔穎達詩疏以鳶飛喻莠民遠去魚躍喻髦士

奮與朱子詩傳但云鳶之飛可以戾天魚之躍可以至淵文王之壽考豈不能作人乎哉子思所引又於三家與賦比三義毫不干涉可見詩原無一定註腳隨人引用故曰詩無達詁易無達占春秋無達例文中子語今讀詩壘守朱註則古註不寓目稍窺古註便欲與朱傳對壘樹敵皆固哉高叟一流耳

子曰道不遠人章

子思因上章言道之費詞較濶大恐人不知於切近處用力特下不遠二字所以不遠即是忠恕所以施此忠恕即在子臣弟友上見本一線聯貫註中引張子正蒙分三項與本文語氣隔一層從之可即以不遠人一氣說去亦可

夫子言率性之道不必遠處求之即此人倫日用之間知所當知行所當行便是道若遠人而求之則是索隱則是行怪不可以爲道矣蓋道非惟不遠即當身便是故伐柯之詩言所執之柯即是所伐之柯之則可謂寓目斯在矣然到底是兩物若人之爲道即身而具人人共此同然之理亦人人各有當然之分故古來修道立教之君子所以治人者不必以我治之即以人治人其所偏倚處扶翼之使歸於正所缺陷處啟廸之使會於全改其氣拘物蔽之私各得天命謂性之正於是焉止矣由是觀之在君子謂之以人治人在受治於君子者即以巳治巳也夫何遠之有○此節不是言君子不苛責於人只是言道不外求而

得顏子仲弓司馬牛均問仁而所答不同孟懿子武伯子游子夏均問孝而所答又不同在夫子豈不是以人治人在諸子豈不是以已治已故盡已斯謂忠推已斯謂恕能忠恕斯謂之君子特言步行難須是慥慥篤實方能行此庸德謹此庸言耳道豈遠乎哉通章大旨只是如此　改而止不是得半即止言人之外不可增添也仁者人也合而言之道也是人在即道在非若執柯伐柯還要造作一番只怕以不忠之心行不恕之事則天命之性自我離之而道始遠矣緊相貫注　考工記云車人爲車柯長三尺博三寸厚一寸有半車轂長半柯其圍一柯有半是柯之長短之則即車之則山有木工則度之執柯伐柯定是兩

柯人有性人自率之以人治人仍止一人不忠不恕則匪人也能忠能恕則近道矣語氣絲毫隔截不得　論語云夫子之道忠恕而已矣是忠恕即道也此云違道不遠非子思之忠恕淺於曾子之忠恕所謂言豈一端而已夫各有當也不是眞有個道在此忠恕違之不遠不過隨口云道者廓然大公物來順應人以私欲自累私意自蔽遂望之不見若能克其自私自利之邪心一本於天命謂性之道心而忠矣即由此忠推之爲恕雖未即廓然大公所存已不私亦未即物來順應而所應已不謬縱未與道爲一不過安勉之分亦所差不遠如欲仁仁至又曰求仁莫近焉須活看勿粘滯施諸已二句言忠不可見所可見者行

恕之事不過勿以巳所不願之事施之於人則得之矣道眞不遠於人也　末節是言忠恕言之甚易行之却難吾夫子且不以之自居必推之行之力言之謹之君子人必能如君子之言行相顧慥慥篤實則道不遠人人亦不遠道可以素位而行循序漸進矣大旨如此　中庸有兩般口氣在子思意中其未能一只是引夫子平日自謙之言以明如君子之篤實方能盡道之費耳在夫子口中却眞是慊然不自足反巳自責之詞須是說得懇至纔肖語氣

○前古聖人生在氣運極盛時惟孔子在氣運衰處生此天意也三歲而孤其母死殯於五父之衢纔十八歲即事母之日亦短矣舜之底豫文王之無憂孔子無可措手周

公召公協恭寅亮創太平之治魯定公用孔子而不知哀
公知孔子而不用孔子却不敢明君父之過自以微罪行
想寸衷亦眞有引咎處伯尼有足疾不能承祭則夫子事
兄之心亦必有一分不快暢可知惟其師晏嬰兄子產友
蘧伯玉道誼之交頗無深憾耳然千古聖人賢人正人人
抱此歉然有憾之心方可以扶天綱而立人紀若訑訑之
聲音顏色曰予國已盡道此則妄人矣此四段若作通章
文只須輕點若逐句文塡實夫子口氣正須欵欵懇懇句
句認眞　名分卑者便是臣左傳云天子建國諸侯立家
卿置側室大夫有貳宗士有隸子弟庶人工商皆有僕圉
即其臣也　父君兄三倫不言施報朋友則言施報矣然

待其厚施於己而後報之則市道交也故曰先施之德業相勸過失相規爵位相先貨財相通患難相周恤皆其施之實也　庸德之行以下另作一轉言某之所未能皆君子之所已能學者既知道不遠人則當如君子之存心篤實蓋君子以子臣弟友之理體之於身則爲庸行不矜奇立異或至於太過不進銳退速而失之不及惟循循庸德之行焉至於子臣弟友之理宜之於口亦言所當言之庸言也但言易放而行難踐浮言勝則實力歉必謹之又謹焉凡人之情學然後知不足使未躬行孰不自以爲能行惟君子既從事於行則時時知其行有不足而不敢不勉未能力行亦不知其言之有餘惟君子深知行中之程途

不足乃覺言中之分數有餘損之又損如是乎其不敢盡也故君子之言非空言兢兢必顧其行以躬行爲議論忠孝非托浮夸以道德爲詞章性道非同虛渺君子之行皆實行兢兢然日顧其言事不爽其所期非有名而無實理必要其所至寧勤始而怠終是則夙夜孜孜精神無一息之弛驚意氣無一念之虛浮豈不慥慥乎哉夫子言道不遠人而力贊君子體道之實心至於如此之精密則於道之費隱可以察之無不明由之無不盡矣　有餘不足俱非實症是慥慥之君子眼中心上自已推勘出來一步緊一步予思因費字太寬所以引夫子之言指個不遠使人求之近勵篤實之功即優入聖賢之域矣其大意如此　一

夫子意中似是先有慥慥之君子乃言道不遠人而人每離道只緣此人不篤實責人重以周待已輕以約全與道相遠了若能篤實則人已互勘爲與誨祇一心也言行相符中與外無二致也只此忠恕二字道在是矣　此章照張子註三平則零星凑不上以施諸已而不願亦勿施於人節作主則一氣渾成葢上節以人治人與下節所求未能反已自責皆恕之事能恕則忠忠則大本立而達道行中庸之可能在是矣

君子素其位章

此與下章皆圖足人之爲道句言爲道之人截斷前後際則窮通順逆皆有當盡之分不可出位覬覦統聯前後際

則遠邇高卑自有漸進之功不可躐等速成素其位而行
行字中分量無窮不過在上在下程途無盡要必自邇自
卑富貴貧賤諸境時時無非下學時時無非上達非如講
章所云上章就處境言下章就爲學言除却素位而行何
處更有行遠登高之路子臣弟友視聽言動都是位富貴
四項乃隨便指點非是位盡於此四者灑掃應對弟子之
素位而行也若泥此作卑邇以精義入神爲高遠於理未
嘗不是但不能該貫會通則非中庸書眞命脉　素富貴
由制節謹度不敢縱逸起此是卑邇也到得公遜碩膚赤
舃几几宜民宜人受祿於天便是高遠餘皆可以例推
居民本中云達則兼善天下得志澤加於民此是行乎富

貴不驕不淫不足以盡之窮則獨善其身修身見於世此是行乎貧賤不諂不懾不足以盡之言忠信行篤敬此行乎夷狄內文明外柔順此行乎患難也朱子以為說得確實　自得非逍遙自在言道盡於心無歉也　不願外即素位再敲緊一句在上位下位即素位再切指一番言位中有己不可忘卻此字反去求人致荒素位之實事實心也　陵下慿勢廹其媚己援上獻媚求其庇己求而不得則怨不惟在下位者怨天尤人在上位者亦有甚焉總是拋荒職業只要自私自利素位即是正己註中隨文立義偶分兩對理只一串　上不怨天二句不是安命守分之說言君子惟知己中性分之所固有職分之所當為力行

不暇其他妄念一切破除也　居易訓平地人能盡道隨處皆平不特富貴是坦途貧賤夷狄患難皆平蕩道路小人之心貧賤常思富貴富貴必履危機夷狄患難更不可問矣

子曰射有似乎君子章

夫子口中只言射似君子子思意中却是言君子似射反求即是正已行有不得皆反求諸已其身正而天下歸之此即素位而行行遠自邇之了義也須先淸夫子口氣然後轉入君子似射文格當如此　射而不中只得咎已此勢之不得不然非射之心似君子射之事似君子也君子反求則有自責自修不敢不勉之實力非射可比也　註

中畫布曰正，言大射也；棲皮曰鵠，言賓射也。周官考工記梓人爲侯，張五采之侯，則遠國屬。註：五采，中朱，次白，次蒼，次黃，次黑。諸侯來朝，王張此以行賓射之禮，故云遠國屬。此言正也。正即鴊，古字從鳥，小而飛疾。又云張皮侯而棲鵠，則春以功。註：諸侯春貢士於王，王因大射，擇其能中者與之助祭。中多，則諸侯有慶賞，故曰春以功。鵠即鴻鵠，飛直而遠，皆是借以名侯。侯皆以布爲之，高廣皆一丈八尺，此係中棲獸皮一塊六尺，謂之鵠。天子、諸侯、卿大夫、士皆有賓射。諸侯三正，去蒼去黃；卿大夫士皆二正，去白，只朱黑二色。天子、諸侯、卿大夫皆有大射，士無大射，但用子弟助祭，不得擇人也。射有五：大射、賓射、燕射、鄉射（鄉飲酒行射禮）、武射（田獵分禽於澤宮）。侯有三：皮侯（鵠）、布侯（正）、獸侯（亦以布爲之，天子畫龍，諸侯畫麋，卿大夫畫虎豹，士畫鹿豕，惟燕射用之。鄉射、武射皆用皮侯）。大

射天子侯九十步諸侯七十步卿大夫五十步步遠者鵠
大步近者鵠小燕射之侯皆五十步

君子之道章

道字是進爲之方與費隱章不同道無卑邇高遠用工處即是卑邇得力處即高遠必自者言人當從切實處用工不可馳騖高遠若脚下無實地一步行不去尙何行遠登高之有莫卑邇於謹信易曰言行君子之所以動天地莫卑邇於孝弟孟子言堯舜之道孝弟而已道無大小無遠近無遠邇是高卑立言者不得不如此措詞耳　妻子本人合却自疎而日親不患其不親恐其無節琴瑟古樂和而有節也兄弟以天合却由近而漸遠不患其過親患其貌

合耽者說之浹洽處在周公作此詩意重兄弟邊夫子讀此詩亦畧重兄弟言此人旣好合其妻子和而有節又友愛於兄弟樂且無厭則一家之中宜兄宜弟妻孥聚首和氣薰蒸父母必然安樂之矣夫子意中絕不知有遠邇高卑子思借來引喻言順父母是大難事舜夔夔齋慄周公嚴父配天大孝不匱中孝用勞小孝用力皆不過求一順字今合妻子宜兄弟乃可以得之豈非行遠必自邇登高必自卑之一証耶　常棣之詩毛序言周公閔管蔡之失道而作左傳引富辰之言則云昔周公弔二叔之不咸封建親戚以藩屏周召穆公恐周德之不類故糾合宗族於成周而作常棣之詩杜預釋左傳云周公作之召穆公歌

之也二公之詩俱爲兄弟起見妻子好合是言人於妻子固能好合如鼓瑟琴矣然必須兄弟既翕和樂且耽則內釁不生外侮不作而後可稱得宜爾室家樂爾妻孥也故曰是究是圖亶其然乎言試以我言思之然乎不然乎此章舉義只云妻子兄弟俱是卑邇順父母則高遠矣斷章取義非本詩正解不可不知　說苑言堯問舜曰人情何如舜曰人情不美又何問焉妻子具而孝衰於親爵祿得而忠衰於君嗜欲得而信衰於友人情不美又何問焉眞天下之至言人以妻孥誶詬貽父母憂者甚罕不睦於兄弟相煎太急堂上不安比比皆然必壎篪之協吹一如琴瑟之調和而後父母之心暢然愉快此天下之定理也安

溪李文貞言人以父母之心爲心無不友之兄弟以祖宗之心爲心無不親之族人以天地之心爲心無不愛之民物其言可與西銘相表裏特附著之

子曰鬼神之爲德章

中庸自首章以後只言人事此章忽及鬼神似乎難曉其實道理最平只是將天命之謂性句再闡明一番蓋天與人潤絶所以交關只是陰陽二氣一動一靜互爲其根由此四時行焉百物生焉人得其秀而最靈物得其駁而具體無非此陰陽也此陰陽之靈卽鬼神此鬼神之本體卽誠周子通書云大哉乾元萬物資始誠之原也乾道變化各正性命誠斯立焉卽體物而不可遺直截義諦也天地

間無一物非鬼神，卽無一非誠，故曰誠者物之終始，不誠無物。子思言此，專欲人以實心體此實理，而後可以格天。舜可以盡倫，文王武王周公可以制禮作樂，達孝章可以人存政舉。故曰君子誠之爲貴。子思之意如此，非空空贊鬼神能使人敬畏奉承也。知此則書理毫無遮障。

誠只是實理，無理則無氣，無氣則無人無物。理者氣之先天也，不是一，亦不是二，視之而不見，聽之而不聞，是此物。造化之樞紐，品彙之根柢，亦是此物。知其解者，猶旦暮遇之也。子思引夫子之言，言道之大原出於天，天道分陰分陽，互爲對待，流行卷舒，以生養萬物，其功用謂之鬼神。至矣哉鬼神之爲德，至無而涵至有，至虛而統至實，其盛矣乎。德字指性情功效屈伸消長循環無端是其性情充周布濩變化不窮是其功效此鬼神即陰陽二字替身與季路問事鬼神章不同視之而不見三句只是一句言鬼神無形而能形天下之形無聲而能聲天下之聲日往則月來水流而山峙人事有代謝而成古今物類隨溫肅以爲舒慘無非物也即無非鬼神爲之體而不可遺也其盛之實如此故以祭祀觀之郊而天神格廟而人鬼享能使天下之人心目間洋洋乎如見有至尊享祭者臨之在上從而與饗者在其左右夫鬼神幽矣渺矣何能使人心若此葢人心之敬畏動於不自知即鬼神之靈爽周於無所間此亦體物不可遺之一驗也匪惟祭祀即以人心言之抑戒之詩所言

乃謹爾侯度自力威儀之事乃云神之格思不可度思矧可射思是暗室屋漏之中時時刻刻皆有鬼神鑒之臨之天體物不遺及爾出王及爾游衍心怵然知戒毋敢馳驅毋敢戲渝又體物不遺之一驗也　夫微之顯節是直指體物不遺之故卽微卽顯卽鬼神卽誠言此乃實理之發見昭著無少欠闕有如此夫無少間斷有如此夫　此章夫子本言鬼神之德皆誠之不可揜子思引來是言迹莫奇於鬼神理莫顯於鬼神一一皆實理況庸近之事如子臣弟友日用言行仁敬孝慈之彌綸制度典章之昭布無一非誠可知天既賦此實理人若不體之以實心則是棄天褻天之甚者也可不勉哉精神直貫到思誠者人之道

也。句。纔住。　天下雷行。物與無妄。此不可揜之無欠闕處。維天之命。於穆不已。此不可揜之無間斷處。　諸儒講說皆云先有理而後有氣。惟仇滄柱先生云。天地間只一氣之流行。以動靜分別陰陽。故有二氣。其氣之屈伸消長自然而然者。即理也。非先有理而後有氣。宋儒析理氣爲二。終屬可疑。即周子所謂太極動而生陽。靜而生陰。原非先有太極而後有陰陽。蓋太極初不離乎陰陽。乃指陰陽之極粹者謂之太極耳。又諸家將文皆以鬼神屬氣化。惟儲中子以人心之一動一靜。一呼一吸。皆鬼神。鬼神之屈伸。即五事之作止。鬼神之萃渙。即五品之分合。其言另出手眼。而皆當於理。今因兩家而詳說之。曰。凡天地間之物。

陽不生獨陰不成故曰大哉乾元萬物資始此陽也又曰至哉坤元萬物資生卽陰也又曰地道承天以時行地氣卽天氣實一氣也此一氣中之剛健中正純粹精處卽理理不可見在氣之中氣之所賦理卽依之故曰氣以成形而理亦賦焉旣是卽氣卽理則凡物宜皆純粹至善矣如何又有誠有不誠則以此一氣之升降飛揚未嘗止息一闔一闢一卷一舒有溫有涼有舒有慘有霽有晦有厚有薄因而有偏倚駁雜人物乘氣以生邪正善惡分焉則氣之所爲非理之所爲人之所爲非天之所爲也然人到底得氣中之剛健中正純粹精處較多最虛最靈故能善反之以復其性物則不能其氣滯濁不虛靈故也此剛健中

正純粹精七字是孔子註解乾元二字眞實義蘊堯舜禹謂之道心湯謂之恒性孔子子思孟子謂之誠謂之至善又曰性善周子曰太極又曰無極無極即視之而不見聽之而不聞太極即體物而不可遺洋洋如在可見可聞矣朱子云太極者自然之理也動靜者所乘之機也理與機非二亦非一理與氣有微顯無先後故曰夫微之顯侁氏之說是也人身血陰而氣陽魂陽而魄陰此即鬼神者二氣之良能確實証據故人之作事周匝者曰有精神作事泛散無成者謂之神不守舍人爲萬物之靈體物自是先體此物豈有專去體禽獸昆蟲草木之理儲中子先輩之說亦是也特爲作時文計太透露即犯誠者自成章實義

且渾之其實道理本是如此又前人有一說欲重剏可射
思言人當常存敬畏開下半篇人道之誠汪氏大全駁之
方文輈王罕皆潘立夫三家皆力持前說並附論之與其
重可射句遷就正文不如於體物句藏人字在內爲眞實
義解　此章鬼神只是二氣誠只是一理卽氣卽理只是
指點體道之人不可虛假閒斷祭祀一節只當宗廟二字
與下節屢漏隱隱相對總是指點盛字証明體物不遺須
認眞德字德無不實卽誠之不可揜也與他處言鬼神不
同大意以極奇之鬼神指出極平實之誠字爲索隱行怪
者喚醒迷途也　前後各章言道皆有涯岸惟此章無窮盡
無方體故曰兼費隱包小大講章以體物爲大祭祀爲小

分鬼神而二之。曲士之見不可從。

子曰舜其大孝章

此章正解只照總註此由庸行之常推之以極其至見道之用廣也再無別說子思引夫子之論舜以明費之大者曰人之百行莫先於孝但往往不能充其量惟舜也底豫說親立倫常之極至誠感神備遭際之隆其斯謂之大孝也與何以言之人非德不足以榮親舜則生知安行至德天亶於先成邑成都元德升聞於後而德爲聖人非位不足以尊親舜則尊爲天子非富不足以養親舜則富有四海非饗宗廟保子孫不足以安親舜則宗廟饗之子孫保之甚矣舜孝之大也　許白雲云舜其大孝句是綱德爲

聖人五句皆孝之目也此言極是講章家見三德字滿目迷離因而各爲曲說俞長城云德爲聖人句猶下文必得其名耳可斬盡葛藤　宗廟句蘇東坡謂舜受堯之天下不自立廟非也書云祖考來格是舜之祖考故云虞賓在位賓丹朱也正如微子朝周謂之有客若堯之宗廟丹朱乃唐祭主非虞賓矣鄭康成據禮緯謂虞立五廟亦非也七世之廟雖本商書六宗之祭張髦註以爲三昭三穆亦非虞書確據但以理推之天子諸侯自有降殺若並祭五廟何以別尊卑若降殺以兩則諸侯只應立三廟祭不及曾祖卿大夫便無廟其說不得通矣孔安國註受命於神宗據帝繫謂舜立七廟黃帝爲始祖顓頊窮蟬爲二祧敬

康句望蟜牛瞽瞍爲四親當從此說　方文輈時文以五廟七廟分二股杭大宗知師說之騎墻另作一文以立七廟奏九成作對以此推之備百物萃萬國皆可對也何必騎墻　子孫虞思封虞妻二姚於少康胡公封陳備三恪於陶正有嬀之後將育於姜田橫歸朝三齊始殄舜之子孫福祚永矣田橫事作時文不可牽引　夫子又言舜之孝如此其大豈倖而致之乃舜之孝德自有以必之耳故字緊頂上文此節本可不說只爲壽字上文未提及耳　此節講章多有作推開者朱註云舜年百有十歲則明明指舜矣何必推開　故天之生物物字包下兩途總見天之無私若偏於栽培一邊則末節便爲冗贅　詩曰嘉樂一節詩贊成

王天不是亘古今只裁培一舜大德必受命亦不是又指舜受命爲天子言惟天眷德有德者天必祐之禹湯文武皆受命周召之佐太平夫子之爲萬世師皆受命也此節推開說方見道之費不然亘古今只此一人道不費矣保其身身其康强也佑其行聖敬日躋也命之綏萬邦致刑措也申之卜世三十卜年七百也惟德動天惟天眷德有虞既然於周爲盛此之謂故大德者必受命也　註中受命爲天子何李安溪馮文子何屺瞻皆不從此說　此章紛紜只爲孝字包括不得德字不知四岳之薦堯之聞益之贊孟子之闡明舜德只是一孝字豈講章暨儒其見又高於古聖大賢欲虞帝引爲知己耶德爲聖人故大德

此二德總是孝字替身末故大德此德字推開說不必粘孝字以又隔成王一節也天之眷周何減於虞正須展拓方見得贊之大

子曰無憂者其惟文王乎章

此章夫子只是贊周之世德子思引之以明道之費文王周公皆能盡中庸之德所以盡處不同所謂君子而時中也　古今來大聖人朝乾夕惕何嘗無憂文王居幽有操演易有詞更多憂矣只是忠厚之舊邦休祥之景命恰恰到文王遭逢極盛於性分人倫快然自足迴非前後聖之所能幾所以爲無憂也父作於前文王有以承其美子述於後文王有以開其先兼道統治法言曹慎云文王誕登

道岸兌則克明克類以作之子則敬勝義勝以述之文王
適求厥成兌則克長克君以作之子則作君作師以述之
二句中大有實事非安然享福謂之無憂也　纘緒只是
言其常纘積功累仁之成緒不關克殷上一戎衣何方是
言應天順人另作一轉誅獨夫紂無愆德以爲口實身不
失天下之顯名也　曹憤云纘道統之緒太王帝遷明德
王季帝度其心文王順帝之則武王則以丹書訪道洪範
陳疇者纘之纘治法之緒太王肇基王迹王季其勤王家
文王修和有夏武王則以仁如麟趾法本周官者纘之
宗廟饗之亦只是七廟周懿王時乃立文世室周孝王時
乃立武世室謂之百世不祧之廟武王時文王王季太王

組紺爲四親高圉亞圉爲二祧后稷爲太祖武王八十六爲天子九十三而崩制作之事有不暇給周公成之有成王在補出方妥當　德字指制度典章一切潤色太平之事若如講章所云尊親之孝錫類之仁說理則通作文則犯下矣　追王不言文王武王戴王伐商牧野功成祭告已追王矣太王王季思義未及周公成之武成於太王王季皆稱王乃史臣追紀之詞　追王是改題木主稱尊號家崇三仞之封尸用九章之服上祀只是祭用九獻樂舞八佾士不易號尸不易服親親之殺上洽祖禰亦然示民有終正天理之至若如講章諸家之說兼功德權之武成明云我先王建邦啟土公劉克篤前烈豈無功德韓昌黎

朱子議禘祫祧廟皆論親疏世數不及功業以祖宗非子孫所評量輕重也斯禮也單頂上祀古無以子孫貴追封之說追王非諸侯以下所可行也葬用死者之爵前古已然不須周公制作以上祀推之重祭用生者之祿父爲大夫子爲士葬以大夫祭以士減其禮矣却謂之推恩者士亦有祿位可以自盡其心若靡以大夫之虛文子反惶悚不寧矣此正周公善體人子之心不言庶人制禮皆以士起故曰禮不下庶人　錢鶴灘湯若士皆有成文補父子俱爲大夫俱爲士二層其實此有前人成禮與周公制作何干惟徐思曠文單重祭又側重祭以大夫邊乃合書理期之喪從祭又推到喪服言期服以下可以貴減殺父

母之喪上下從同似是預杜後世挾貴而欲短喪者晏平仲居喪室老以爲非大夫之禮晏子曰惟卿爲大夫可見位高則居喪漸不如禮亦側重貴不敵親就期之喪旁親之期世父母（即伯父）叔父母兄弟之屬大夫有降爲大功者以貴殺也諸侯絶服皆其臣也正統之期祖父祖母雖天子亦服但天子諸侯無有父在居其位者若祖母則父旣殁傳重之服皆三年矣　禮檀弓云縣子瑣曰古者不降上下各以其親（註古謂殷時）滕伯父爲孟虎齊衰其叔父也（註伯父殷時滕君）　儀禮喪服傳云尊同則得服其親始封之君不臣諸父昆弟封君之子不臣諸父而臣昆弟封君之孫盡臣諸父昆弟（凡不爲臣者皆服有臣道則不服）　按儀禮降服圖凡貴同則皆

服諸侯之世叔父爲諸侯兄弟爲諸侯皆相爲服姑姊妹嫁於諸侯亦皆服其服大夫亦然惟大夫之世叔父兄弟爲士者大夫降服大功又云諸侯絶旁期卿大夫絶緦朱子云上古簡畧未有許多貴貴降殺之禮周公立爲定制更不可易　按古人封建諸侯世及以爲禮卿大夫亦有傳重若不嚴貴賤之辨無以定民志而杜亂萌晉代欲倣此制摯虞駁之以古之諸侯臣諸父昆弟今之諸侯不同乎古其尊未全不宜絶旁期從之　人子居官追崇其親唐始有之見於文苑英華如郭子儀杜佑田宏正皆贈其祖父官畧卑於其人至宋則及曾祖且官階與其子同自明迄今虛階加級皆許崇封進而愈隆亦孝理之日上

也

子曰武王周公章

此與大孝章同是引夫子贊武王周公之言以明贊之大者項安世曰舜爲人道之極天下莫能加周爲王道之備萬世無以易此古之盡倫盡制者皆舉以爲天下之訓

夫孝者緊承上節指武周之所以爲孝以其善於持守又善於變通入指文王善之實只照下節負荷其所已成鎬京辟雍即其僾見愾聞之志變通其所未備周官儀禮無非紹闡衣德之心前人成文皆以取天下爲善是與一戎衣不失顯名重複矣不必從

春秋修其祖廟廟以太祖爲主居中正北左昭右穆以次

而南各自立廟外環以牆曰都宫犆祭則歷七廟遍祭之
祫祭則六廟主皆列祭于太祖大祫則已祧未祧之主皆
合祭于太祖修者正廟之掃除丹堊宗伯掌之祧廟之掃
除丹堊守祧掌之陳其宗器有二義時祭所陳彝尊在阼
犧尊在西懸鼓在東醴醆在下缶門外壺門內是也大祭
禘祫所陳註引顧命之詞是也此周官天府所掌設其裳衣
周官守祧之職掌先王先公之遺服將祭祀出以授尸先
王袞冕衣九章先公鷩冕衣七章薦其時食註所引周官
庖人之職是四時調和之宜尚有四時應薦之物月令春
食麥與羊夏食菽與雞秋食犬與麻冬食黍與彘是也春
薦韭秋薦麥韭以卵麥以魚庶人之禮亦可作時文陪襯

宗廟之禮講章云胥一節任啓運前輩云註中左爲昭右爲穆乃指宗廟之禮其子孫亦以爲序乃正解所以序昭穆也甚明白　序昭穆是父在前子在後孫又在子之後公羊傳云周公拜于前魯公拜于後正是此意王守溪時文乃作子孫亦以東西向爲昭穆大誤任翼聖時文兼序爵之意云世同則親不敵貴弟或可以先兄世異則貴不敵親父必不可以後子其意以阼階子姓之班每班首必以爵尊者領之與西階序爵者相當本周官冢人掌墓域之法禮記云宗廟之中以爵爲位崇德也宗人授事以爵爲官尊賢也意正如此　序爵兼王畿之公卿大夫士與外服之公侯伯子男專指異姓列於西階者呂氏云相

維辟公天子穆穆此外服之助祭者濟濟多士秉文之德此王畿之助祭者龜山楊氏以尸飲五王爵獻卿尸飲七以瑤爵獻大夫尸飲九以散爵獻士及羣有司非爵字正解宗廟中似此甚多但可作時文陪襯耳其實正面只指大小臣工說　序事如太宰贊玉幣司徒奉牛牲宗伯涖祼鬯此大事用大賢也鬱人掌祼司尊彝掌六尊六彝司士割牲工祝致告此小事用小賢也祭必擇賓中多與於祭已無不賢者矣　旅酬下爲上　祭之日賓與兄弟之弟子皆來觀禮賓弟子西階下北面立兄弟弟子阼階下北面立九獻禮成天子旣飲福酒將均惠於衆人上嗣登餕受爵遂致爵於長賓此時有司設兩尊於堂下主人子天

不爲主長兄弟代之取薦南之觶酌酒先自飲古凡勸酒必先自飲謂之導飲乃酌以獻長賓謂之獻賓拜受飲訖取薦北之觶酌以酬長兄弟謂之酢長兄弟又導飲酌以飲長賓乃謂之酬於是兄弟之弟子各洗爵取酒於東方之尊先導飲乃酌酒各舉觶於其長皆拜送兄弟答拜其觶置之薦南未飲註中旅衆也指兄弟之衆弟子也酬導飲也言衆弟子爲父兄導飲勸父兄飲以明長幼齒孝弟從前之序立無所事者至是得以伸其敬於父兄故曰所以逮賤也賤與幼也此旅酬之始事賓乃取薦北之觶酬衆兄弟衆兄弟乃取弟子所舉之觶導飲遍酬衆賓於是互相酬酢詩所云獻酬交錯也卒受者實觶於篚此示將畢事意於是賓弟子與兄弟弟子

又各酌酒於其尊皆奠飲拜送其長皆答拜又勸一遍謂之無算爵是時衆賓衆兄弟各將所舉之觶奠飲勸酬惟意所欲交錯已遍無算爵此旅酬之終事於是尸餕祝告利成尸出廟門有司徹尸俎異姓之賓隨尸俎出同姓者留燕於寢逮賤須兼賓弟子兄弟弟子但兄弟之弟子在先註中引鄭康成舊註未改正又天子旅酬無所考大全取儀禮特牲饋食禮証之本文既破碎難解諸儒據原文附會皆不可通今取文獻通考與續儀禮經傳通解以意通之使成文理可據以臨文其瑣細之辨不足道也　燕毛是祭畢之後有司徹尸俎賓俎各歸於其家其館於是宰夫徹天子之胙俎與尸祝兄弟之庶羞非祭品旅酬下酒之殽也於後寢留

同姓燕此時不序爵不序事專論長幼亦以昭穆序昭穆同則老者居前此時擇異姓一人爲賓故行葦之詩曰序賓以賢天子自爲主人故詩云曾孫維主獻酬歡洽謂之厭厭夜飲不醉無歸於是老者率衆子弟降自西階小大稽首祝君壽考而退次日繹祭行賓尸之禮　踐其位三句其字皆指文王文王之位禮樂皆諸侯也今以天子之位禮樂歸之文王者積功累仁命新而邦已非舊應天順人理至而數不能違武周會朝清明之心即文王有二服事之心一出大公至正惟天所命而已雖謂先聖後聖其揆一可也敬其所尊承春秋節奉先之敬愛其所親承宗廟節待下之周總是體文王心以爲心所以爲善繼善述

也

郊社之禮節　着意在所以字類上帝立冢土古巳有郊社觀七世稱三宗古巳有宗廟何以歸之武周之達孝葢夏商時禮制未備至武王周公推致愛致慤之忱事天明而事地察廣繼養追孝之念仁率祖而義率親其禮無所不備皆仁孝誠敬之至人能明乎此則其人之仁孝誠敬亦庶幾武周治國何難之有宗廟句上巳再見此節又云宗廟之禮若說不出道理即是重複錢紹文有此二句文專指禮制與行處言之云宗以報德而繼祖繼禰有大與小之分廟以薦馨而議遷議毀有祧不祧之異猶以分薦則季歷古公以上得專東向之尊祫以合食團陶皇僕以

下。俱列思文之俤。推之南郊配稷。明堂宗考。云云。頗能指出異同。爲所以二字出色。附之以備覽夏商之禮畧周乃極詳。故曰郁郁乎文哉。如冬至報本則尚質。季秋宗祀於明堂則尚文。洛誥祀於新邑牛一則甚簡。大司樂祀地方澤八變而地祇格則甚隆。長發殷之大禘配祭及於阿衡。周則五年一祭。譽東向以稷配之。不及羣祖。凡典章明備處。皆武周所創。中多有奥義。故曰其數可陳也。其義難知也。郊有四。正月上辛祈穀。孟夏大雩。季秋大饗於明堂。以冬至之郊爲主。社有五。民閒之社曰置社。侯國曰侯社。王爲羣姓立社曰太社。王自立社曰王社。以方澤之祭地爲尊。禘祫皆大祭。禘尤尊。以專及始祖所出。禴祠烝皆時祭嘗爲大以萬物告成也須搜剔出一番與衍曲折方見武周盡制之妙不則前人已有成例踵而行之何必張皇其說哉章末另補子思口氣言武周制作盡善盡美皆不出中庸之道蓋道之費如此此中庸之通例　祭祀通例　禮宗廟之祭公羊傳曰春曰祠夏曰禘秋曰嘗冬曰烝是爲時祭此夏殷之禮周以禘與大祭名同改夏祭曰礿周禮以祠夏享先王詩禴祠烝嘗于君先王是也禴禘皆以仲月始殺而嘗（左傳註云建酉之月）閉蟄而烝（註建亥之月）是爲時祭公羊傳五年而再殷祭（註三年一祫五年一禘）是爲大祭祫祭者毀廟之主陳於太祖未毀祖廟之主升食於太祖謂之大祫王制天子犆礿祫禘祫嘗祫烝祫謂之時祫（七廟各祭祭皆九獻日力）

不暇給。春特祭以明恭。三時皆合祭於太祖。所以節强力肅敬之心。使不至于怠倦也。祭之先。射於澤宮。選士。中者乃得與於祭。前期十日。太宰誓戒百官散齋七日。致齋三日。祭之前日。大宗伯眡滌濯。涖玉鬯。省牲鑊。小史序昭穆之簠簋。司几筵設莞席黼純。玉几。天府陳國之玉鎮、大器。與庸設筍虡。肆師展器告備。此皆先一日陳設。春秋節指此。子入太廟每事問指此。祭之日。王袞冕入。立於阼。后副褘入。立於東房。尸袞冕入。王不迎尸別嫌也。尸席於室。王以圭瓚鬱鬯獻尸。尸取以祼地。是爲一獻。后以璋瓚鬱鬯獻尸。尸受以祼地。是爲亞獻。祼畢。尸卽席。王祖而迎牲。卿大夫贊幣以從。王執鸞刀。割牲。啓其毛。取血膋燔之。以玉爵獻尸。后薦籩豆。是爲三獻。禮運三獻腥指此。后以瑤爵益齊。亞獻。是爲四獻。

朝踐之事畢（朝早辰踐行列方祭排列之事）乃行饋食之禮（以下可飲食故云饋食）將此牛羊犬豕解而烹之此時尸適於小幄王慰於小次僎備王復位迎主出於室（以上謂之室事以下謂之堂事）列於堂祝迎尸坐於主北王以玉爵獻后薦籩豆是爲五獻禮運謂之五獻熟前此獻酒尸皆不飲祭之啐之奠之以示敬此乃飲之王乃洗玉爵以獻卿故云尸飲五王以玉爵獻卿此時祝以孝告（即今讀祝文其詞云孝孫某敢用某物致薦歲事云云）后以瑤爵獻尸是爲六獻王酌玉爵獻尸內宗代后薦加籩加豆是爲七獻此時王以瑤爵獻大夫后又以瑤爵獻尸是爲八獻於是王酳尸（奉酒與尸漱口）尸酢王后酳尸尸酢后嘏以慈告（即今之飲福受胙其詞云皇尸命工祝致多福於汝孝孫使汝受祿於天云云）於是助祭之諸侯與執事

者共酌酒獻尸是爲九獻此時以散爵獻士九獻禮畢於是君之長嫡當受代者登舉祝史於尸未入時先奠於鉶南之爵以獻尸尸酢之所謂發獻受爵以上嗣禮畢於是主人酌酒勸賓兄弟弟子各舉觶於其長謂之旅酬此旅酬時仍有三加之禮先是長兄弟洗觚加爵於尸次則衆兄弟加爵又次則衆賓加爵謂之三加三加既畢賓之弟子乃與兄弟弟子各舉觶於其長隨意勸酬謂之無算爵既訖尸卒食尸起君與卿二人餕卿起大夫六人餕大夫起士八人餕士起百官各執其具以出陳於堂下有司徹俎按古禮至繁今畧疏通其節次如此

哀公問政章

此章子思之意是引夫子之言見率性之道大德至道無所不備人之盡道則有天道人道兩途是中庸中間一大關鍵上半結上下半起下夫子意中只是其人存則其政舉一句是主意上半皆人存下半皆政舉凡事豫則立以下仍是言人存雖愚必明仍歸到政舉此問政之辭非講學也

哀公問政節　夫子言魯之行政與他國不同以公固周文武子孫也文王武王以緝熙執競之上聖作述相承綱舉目張盡美盡善今故府所存方策所書皆是物也但徒法不能以自行若有君有臣不愆不忘之識足以率由舊章勵精出治之才足以紹復大業就方策所載舉而措之

不難矣若昏且惰則人亡人亡則政息矣　古者以竹冊紀事儀禮聘禮公與卿圖事書百名字也以上書於方不及百名書於策人字君爲主臣輔之存字照明強亡字照愚柔

人道敏政節　人道人之才能也敏政易於立政敏樹易於生物夫政也者另一轉言文武之政乃物之最易生者葢周官周制斟酌時宜協和土俗苟得奉行之人立收振興之效世言王道無近功者謬矣語中存一人字在方與下節相關　蒲是蒲草盧是蒹葭沈存中筆談云蒲葦不擇地而生藝蒲葦者遂之而已朱子之所本也與地道敏樹聯相承接鄭康成古註云蒲盧即蜾蠃取他蟲視之變

爲己子楊升菴毛西河皆主舊說且云家語有天道敏生故取蜾蠃之速化不知巳無子而育他蟲正不速化矣漢儒解經鈍窒如此

故爲政在人節　言人存政舉其易如此若有君而無臣則上作而下不應故必得人以佐理但賢人不肯苟就必君身咸正無缺而後賢人相與有成故必先責成於出治之君而不可徒諉之輔政之臣者也人君必於率性之道先見端於人之大倫者能各盡其理各得其分而後謂之修身修身必以道也道者一世所共由必吾心生生不已之眞機全理流行貫注於肇修人紀之中肫肫有恩以相愛秩秩有序以相維而後修道不爲具文故修道必以仁

也此仁字單偏在愛之理無此則道為虛繫照誠字

仁者人也節　此節只為修道以仁句下註脚由仁中有裁制之宜謂之義由仁義中有自然之節文謂之禮仍縮到修道上不是仁義禮三項平列大意是言修道以仁此仁非由外鑠我乃是天以大生之德好生之心雜然流行物與无妄人得其秀而最靈因而各得此生生不已之眞涵之於內遇物即有惻怛慈祥之念是乃人之所以為人也故凡是人則必仁仁則必博愛愛之所施莫大於愛親蓋親乃吾身所由以生知愛之良致孝之實乃良心之發最為切近而眞實者故曰仁者人也親親為大此親親專指父母繫對不可以不知人句到親親之殺句是第二層

方推出九族　由仁而行而宜之爲義在物爲理本有不易之則處物爲義必循曲當之經如是而後措施無所不當義非他即吾之行事能合乎事之宜之謂也然使賢人在前反不知敬之隆之則先失其是非之本心哪乎輕重之物理其他又何足計較故義之所裁必以尊賢爲大能尊賢則以我虛懷隆禮之忱收彼啟心沃心之效不但宜於一事而且宜於事事矣故曰尊賢爲大夫此修道以仁之實莫大於親親其次在尊賢由是而推之既知孝親則上治祖禰旁治昆弟下治子孫親親有殺焉既知敬賢則大賢吾師之其次吾友之又其次吾得而用之尊賢有等焉此皆自然而然非以意厚薄輕重乃禮中應有此節文

次序自然發現於外故曰禮所生也　瞿昆湖云生字只作發現解曹憫云親親是仁親親之殺是禮尊賢是義尊賢之等是禮不可牽纏俗說作禮生等殺等殺生禮等語

末須說明由仁而知裁制即是義由仁義而有節文即是禮義禮即仁中自然之經緯分數故修道以仁乃修身立政之統紀此節說得切實下文直接君子不可以不修身句精神方醒豁

故君子節　此一節疊下四不可以不鄭重責成人存政舉實理實事全在於此以知天結之欲公在格物窮理切實處下手也講章皆不得其解今一依朱註分疏之爲政在人取人以身則修身爲立政之本苟徒曰吾得賢才而

用之足矣不知有主治者而後輔治者得以宣力也苟徒曰吾取典章而布之可矣不知有實心而後實政得以流行也故君子欲置法以民必先議道自已不可以不修身敬以直内無一念之少疎義以方外無一事之敢忽則身修矣身修則道立然蹈道廸德不外一身而至德要道無加於孝苟不能事親大倫尙有所缺百行又何足言必也愉色婉容備寢門之孝變盡倫盡制合境内之懽心則能事親矣夫人君之事親與臣僚士庶不同小孝用力中孝用勞自竭其力而已人君之事親理大而物博位崇而禮隆宮闈調護不能無藉於老成儀節講明不能無資於耆碩則日與正人賢士居以涵養其德性講習乎義理而後

養體養志之思日增於篤摯繼志述事之孝不誤於所施則思事親不可以不知人也夫爲政在人取人以身至於知人則修身之事盡矣然道可以講習而知德可以勉强而能惟知人之明爲不可學則慮知人以事親者又不可以不知天也道之大原出於天若志氣昧沒學識淺陋則莫窮其蘊必居敬以端其本窮理以致其實於降衷恒性天秩天敍之精微皆知其所當然而不容已與所以然而不可易則所以施之親親尊賢爲殺爲等無一不協其宜人道敏政已得其本其他乃可以徐陳也　此修身與九經修身非二亦非一五達道合方是一身字三達德合方是一修字九經之修乃政事中一條對下八件而言故非

一但爲政只一人安有兩身此君臣父子之身卽齊明盛服之身耳安得謂二若將敦篤於天倫人紀之語覆述一遍上複修身以道下犯天下之達道五豈不誤作時文者故以敬義該括修身之義然修身之要實不外此　孩提之童無不知愛其親豈待知人而後愛親夫子爲天子諸侯言之也漢高帝有叔孫通方知尊太公爲太上皇唐有昌黎宋有朱子禘祫祧毀之儀方有所折衷有張留侯李鄴侯惠帝德宗方不至決裂濮議尚可兩全國有人焉故也明嘉靖間之大禮楊廷和不能作事諉始失之於先張璁桂萼意在阿諂禍及縉紳國無人焉故也讀經而不讀史則此等處無從說起　或問楊廷和猥相也何謂其不

能作事謀始曰武宗大漸之時先下詔援殷人兄終弟及與唐宋元三朝典例立世宗爲皇太弟奉孝宗之祀仍遜一藩王入繼興獻王使如魯祀周公以天子禮樂世宗半明半昧一庸人耳非棄天下如敝蹝者也必奉詔奉詔之後即使尊其所生勢不能已甚獻諂者亦無以爲辭今既引祖訓旁支入繼大統援人以柄矣又欲强之稱孝宗爲父興獻王爲伯理不可行不待張桂而後能攻之也張桂詞正意則奉迎新主耳故曰與仁同功其仁未可知與仁同過然後其仁可知也不負孝宗者不得謂其非君子無如言不順何

天下之達道五節　此下條分縷析不過覆解上文只重

一一字三近字言修身以道但舉其統耳覆按其實則道有以人合有以天合天下之達道有五焉修道以仁亦舉其概耳實課其功或導乎其先或持之於後所以行之益有三焉國於天地必有與立君者出令者也臣者行君之令而致之民者也君止仁臣止敬君以禮臣以忠道之一也人倫之大君臣主敬父子主恩爲父者以義方燕翼樹昌後之基爲子者以孝敬亢宗效維城之固父子之道又其一也天子諸侯理陽敎正位於外后夫人理陰事正位於內夫婦又人治之大者男先於女奉神靈之統端冕以迎而不爲過陰統乎陽贊宮闈之政小童自牧而不爲卑此夫婦之道也以天合者父子之外又有兄弟麟趾振振

封建大屏藩之衛棣萼韡韡脊令敦急難之恩則兄弟又達道之一人合者君臣之外兼及朋友同道爲朋僚采有寅恭之誼用上敬下帝王敦賓主之文則朋友之道又達道之一也亘古亘今徹上徹下總是此五倫相維相繫故日達必須貼朝廷上說方是問政不則使契爲司徒節道理與此節無異　上文但云修道以仁此又添出知勇言仁須有知以別之而後慈和之念運以精明不混於所施有勇以持之而後愷悌之懷兼之果斷不廢於中道故知仁勇均爲天下之達德以達德行達道又須辨一副眞心乾健不息無念不出於天理純粹無欲凡事皆合於王道修身修道之要不外此矣

或生而知之節　註中謂達道也四字認清人之才分不一九牛毛一角麟不是過也如何可一只爲總是此君臣父子五倫本一任憑他才識參差到此不得不一堯舜是仁君太甲成王德成之後皆仁君也舜與文王是孝子曾子閔子仲子皆孝子也如何不是一若是泛指學問說則下論之文與此無涉矣　困知與勉行一樣解說有作困心衡慮而後去求知者非也是用苦困之功而後能知之困知勉行地位儘高中行之選方當得學知利行參也魯由也喭即困勉矣世界庸劣之徒不在此數

好學近乎知節　好學力行知恥是上好字面註中此言未及乎達德二句須善體會上文三或字是現成人物二

一字是已成功效此乃未成就之人方去用功未能一之先求近之不特困勉要好學力行學利者又何嘗不好學力行耶不可作困知勉行之下另有此一等人物　好學是卽物以窮其理非明哲煌煌旁燭無疆之智達道却非此不知力行是黽勉以求其行非私欲淨盡從心不踰之仁達道却非此不行知耻是以不能知不能行爲耻卽是立志正勇之眞機特比上聖之資自然神動天隨不須從後鞭策者不同耳然知行此達道必由此起不可說得粗淺何屺瞻謂哀公有遜謝語夫子復告以中人以下入德之門亦不是更端求益必先爲遜詞乃禮也豈眞哀公愚柔若眞愚柔如此長篇娓娓夫子爲失言矣家語有公曰

夫子之言美矣至矣寡人固不足以成之夫子又告公以此故上有子曰二字本上有錯簡非子曰衍文知恥是言生安學利皆能知能行我何以獨不然此之謂立志若以人能生安己不能之爲恥則謬矣我猶未免爲鄉人是則可憂也此知字註脚

知斯三者節　知斯三知好學力行知恥也達德旣有下手則達道自行修身以道不外是矣故云則知所以修身能修身則與聚勿施之事不外以知仁勇行之故能治人由近及遠範圍曲成之業不外此知仁勇推之故曰知所以治人則知所以治天下國家矣以上俱言人存以下方言政舉治人是言推己及人齊家治國之事治天下國家

則知明處當平天下之事

凡爲天下國家節　文武之政布在方策自是悉數不能終其物故曰郁郁乎文哉夫子語其大指其要立九經之目一是至當而不可易一是有序而不可紊非本有一書謂之九經也時文油腔輕作經若曰仇滄柱陸稼書二先生深以爲非不可不知　此修身緊照齊明盛服二句乃九經之目所謂先自治而後治人勿說成修身以道相似尊賢有二一是當其爲師則弗臣如文王之得太公武王之訪箕子是也一卽大臣之賢者另尊禮之三公官不必備惟其人是也此親親在尊賢之後是敦本支聯九族照下尊其位三句與上文親親在尊賢之先者不同　考工

記攻木之工七輪輿弓廬匠車梓攻金之工六築冶鳧㮚段桃攻皮之工五函鮑韗韋裘設色之工五畫繢鍾筐㡛刮磨之工五玉楖雕矢磬摶埴之工二陶旊也來字有二義一是來其人使居肆勿散處管子所謂羣萃州處不見異而遷一是來其心使各精其技業勿墮于苦窳苟簡傲惡及不中度不中量　賓旅二項賓是往來取道及來求仕者如觀近臣遠臣之類勿說入朝聘界內旅即商賈柔字有二義賓客則恩禮兼至謂之懷柔商賈則體恤備至謂之撫柔九經是文武之政皆以天子說亦兼諸侯方是告哀公之語懷諸侯自是樂天者保天下之事方伯盟主皆有懷小之責滕薛倪役于宋小邾屬于魯任宿勾須顓

臾爲曾附庸皆大國所當懷也
修身則道立何屺瞻先輩云是上老老而民興孝三句不
惑是講道論德曰與賢人居自然氣質淸明義理昭著不
眩是謀而善斷井井有條理士是小臣之別名元士中士
下士也君使臣以禮豈是責報奮興感激士人之天良也
百姓勸是尊君親上樂事勸功講章以財力並說不是什
一天下之中正豈子庶民反爲取財計耶註中農末相資
是說民之財用足倘有上之財用足一層未說國有六職
工居一焉是一大事令工人萃處各精其藝則範金合土
營繕匠作之事無一不精禮記上無乏用百工乃遂正指
此也觀禮記月令監工日號與周官考工之屬三十國之

所用無一不藉於工有用之謂財衣服器械之類皆財也
漢史言漢宣帝綜核名實文章政事法理之士咸精其能
至于技巧器械工匠元成間亦鮮能及之諸葛丞相傳贊
言其庶事精練物理其本此亦爲政之所當盡心也天下
畏是震動恪共大邦畏其力小邦懷其德蠻夷之長梯航
所及莫不向化也
齊明是二義齊卽齋戒之齋純一也明者精明不昏惰所
以修內盛服非法服不敢服所以修外非禮不動合內外
兼修之服之不衷是修身一大缺事周官司服屬之宗伯
司裘屬之太宰太僕掌正位亦掌朝服小臣爲前驅亦掌
燕服弁師屨人其職甚備以修身也　讒色貨與德對敵

欲伸德必先去此三者然後好德之心有始有終世亦有不能去讒色貨却知好德如齊桓公晉武帝唐明皇後皆一敗塗地可以鑒矣　尊其位三何朱子云尊之欲其貴愛之欲其富兄弟昏姻欲其無相遠李安溪先生云此三句即親親之殺尊位如周公爲冢宰康叔爲司寇聃季爲司空指親而且賢者重祿是周官遂人疏中所云親王子母弟采地與公同處而百里大都之地次疏者采地與卿同處而五十里小都之地更疏者采地與大夫同處而二十五里鄉鄙之地此親而不必盡賢者同其好惡指疏屬而又無才德可取則但與共吉凶哀樂而已　同其好惡好指好事同樂祭則酺燕服則合食雖及庶人冠取妻必告惡指惡事同

憂死必賻刑必宥[文王世子三宥然後制刑]災患必恤是也　官盛任事不是多設家臣任彼之指揮太宰掌治官其屬六十有三司徒掌教官其屬七十有九宗伯掌禮官其屬七十有三一大臣統其成衆小臣分其任董率以責其成功所以任使也管庫之士籩豆之司彼之家臣方策之布不爲此設

忠信重祿頗難解忠信待之以實心祿則一定之額無可重者毛西河以爲取其忠信者另重其祿此言非也以能詔事以久奠食安有意輕意重之理蓋古之祿實有不重者王事靡遺室人徧謫此不給祿或祿不足以贍其家也卽如漢祿至厚有二千石中二千石比二千石之稱亦非眞給後漢書百官表只有大將軍三公奉[卽俸字]至厚

中二千石以下即有名無實千石月奉八十斛兩斛一石是不及五百石矣六百石月奉七十斛不及四百石矣又云凡諸受奉皆半錢半穀荀綽晉百官表云漢延平中漢安帝年號中二千石奉錢月九千米七十二斛大減於前宋初祿尤薄王元之至云處泰甘泉之近臣幾作若敖之餒鬼陸放翁得祠祿以官庫酒榨布袋抵之見於詩明初給祿得棉布則喜得紙鈔百十貫不及現錢一貫之用縱皂隸採柴薪而取其貲見楊士奇傳今祿至厚外官養廉以千萬計內官加雙俸人日戴天而不知天之高特群萃之小臣位卑人君往往視為無足輕重忠信者推心置腹不輕有猜疑嫌棄也班祿有定制無為小臣加亟之理有定之廩給

足周其家計無定之賜予勿吝於匪頒即重祿也　送往迎來待節委積俱有之往者未嘗無飲食之供特憂其阻滯故重符節來者未嘗無符傳之驗尤恐其缺乏故特重委積周官秋官懷方氏掌來遠方之民達節以送迎之治其館舍委積飲食司關有內外之送令則以節傳出納之是往來皆有符節委積也小行人掌天下之六節道路用旌節門關用符節貨賄用璽節皆兼迎送言之至山國用虎節土國用人節澤國用龍節此則王朝出使之命節非所以施於遠人惟環人以路節達之遠方門關無譏送必及疆則專指送往之事遺人掌邦之委積郊野之委積以待賓客野鄙之委積以待羇旅鄭康成註羇旅指過行寄

止者未嘗專屬迎來十里有廬廬有飲食三十里有宿宿
有路室路室有委五十里有市市有候館候館有積委積牲牢
薪芻禾米之屬惟掌訝之官專主迎賓侯有卿訝卿有大夫訝大
夫有士訝入疆有前驅宿則令聚欜則專屬迎來之事
嘉事是豈能授事矜不能是棄短匿瑕指流寓之久者不
如此存恤之則流離失所矣聖王之用心周到如此繼
絕世國在而無人武王封周章使繼泰伯成王既誅武庚
封微子於宋是也舉廢國人在而無國封夏后之後於杞
封舜之後於陳是也治亂是正其君臣辨其嫡庶俾不至
篡奪持危是拯其災害衛其小弱使不至速亡興滅繼絕
非王者不能治亂持危大國亦可行之齊桓公遷衛邢寧

魯難晉文公救宋晉悼戍杞魯僖公復何須皆其事也唐虞五年一朝周改六年春朝以圖事秋覲以比功夏宗以陳謨冬遇以協慮皆在六年之期比年小聘大夫行用五介三年大聘卿行用七介特聘曰聘衆聘曰覜小聘曰問大聘曰殷皆不外三年比年之制不數以節其力時見以通其情此是方策所陳只據尙書周官六年五服一朝又六年王乃時巡之制即是左傳所云歲聘以志業間朝以講禮再朝而會以示威此晉定公爲盟主徵朝之禮周禮大行人職侯服歲一見甸服二歲一見男服三歲一見采服四歲一見衛服五歲一見周禮乃未行之書只作陪襯可也　路車乘馬衮冕及黼彤弓之貺湛露之饗皆厚往

九貢不過絲枲纖纊六幣以合圭璋璧琮庭實旅百各以其國之所有無難得之貨卽潮來　按九貢之目在周官太宰之職一曰祀貢註謂犧牲菁茅之屬二曰嬪貢註嬪女事也絲枲之屬三曰器貢石磬丹漆之屬四曰幣貢玉馬皮幣之屬五曰財貢栝柏篠簜之屬六曰貨貢金錫龜貝之屬七曰服貢絺紵纖纊之屬八曰斿貢羽毛璣組之屬九曰物貢魚鹽橘柚之屬皆各國所產土物無奇絕之珍也

凡爲天下國家節　複述一遍只體出一字一節是誠却說破不得只以一字還之言有此一副眞心實意貫徹乎凡九經之中洋溢于九經之際然後可行否則方策俱在何

以謂之人亡政息不一故也
凡事豫則立二節　上言一字者再誠之不可不立大旨已明恐君猶未喻再切實指點箇豫字豫者先知其理而素定之即下文擇善固執之根也凡事均指達道達德九經豫字是豫此一講明有素持守有素謂之豫有此一則達道達德九經皆歸實際謂之立無此則具文空名謂之廢以三者宣之口爲言未言而言之理前定則不至詞窮中阻而跲矣以三者施之於人謂之事未事而事之理前定則不至勢窒難行而困矣以三者體之於身謂之行未行而行之理前定則不至內省抱慚而疚矣合言事行總謂之道能一一前定則全體立大用行可以守常可以應

變而不窮矣一之不可不豫如此一即是誠豫即是去僞此處只應直接曰君欲修身不立誠則身不可得而修即可矣又層層從在下位說起何也凡聖言之所以開愚昧而馴頑梗全是納約自牖四字使不因人之所明而通之雖苦心苦口而人不能喻故將在下位者指出待君深思而自得之李夔溪先生云言下位者不敢斥君君子於其所尊弗敢質徹之至也按此亦未必即是夫子之意但可以爲大臣陳善之法特附記之　古者鄉舉里選一曰六行孝友睦婣任恤二曰六德智仁聖義中和三曰六藝禮樂射御書數合乎此則鄉人推之閭師黨正鄉大夫舉之故獲上自信友信友自順親順親自誠身誠身自明善三

代以下決科以糊名易書不必信友保薦由大臣貴近不必順親此書遂說不明陳臨川大士劉黃岡克猷二先生文字猶得其解

誠者天之道節　上文層層推勘到明善誠身道理已透徹完足人存政舉只是以實心行實政而已此又推上一層正是勸公懿貞省勉處益人亦知凡事不可不實必不知人之實心皆本於天之實理使爲氣拘物蔽雜以虛僞則棄天褻天而不可以爲人必其知行並進求盡人以合天然後能盡人道盡人道則合乎天道矣雖見識才分不同其歸則一從此直至果能此道一氣貫注思知人不可以不知天正指此也首尾精神摶捖毫無滲漏　元亨利

貞之命流行自天繼之者善天道之自然也仁義禮智之理賦之於人成之者性天道之本然也天命之謂性無分毫不實故曰誠者天之道也使有一毫之私僞夾雜則非天之所以爲天矣夫在天無不實之理在人何以反有不實之心則氣質拘之於先人欲蔽之於後必先去其所不誠以復於誠是謂誠之者變化氣質人道之所以贊天也克治物欲人道之所以事天也率性之謂道必先去妄以存眞故曰誠之者人之道也夫有此本然之天道謂之誠者則亦有自然合於本然之天道謂之誠者之人其知生知其行安行察之無不明而未嘗力爭於疑似是非之界由之無不至而不必有警心策力之難非其不欲思勉天

亶之聰明與天縱之才力本不消如此此則從容中道之聖人也夫既有此當然之人道謂之誠之者則亦必有用力求合於天道謂之誠之者之人未能生知必擇善以明善未能安行必固執以誠身此則人之所當共由而不容自諉者也　此天道是人心之天道非專言氣化從容中道聖人也是言人皆可以作聖惟此則入聖域而最優所謂從容中道之聖人也方留得下二層照應上及其成功一也

博學之至末節　生知安行無塗轍可循不必言矣擇善固執之實人之所當從事者必也先從博學起蓋善之爲途至廣不博以求之則得於此而遺於彼後日精義入神

之事無所據以爲基必博求於天地名物之故無窒乎其源且博涉乎錯綜參伍之途以盡乎其變而後原原本本殫見洽聞善之理犂然具陳矣夫未學之人無疑也學而後明者自覺昧者亦自知乃有疑疑則思問非徒虛懷請益之謂也必盡取吾心所窒礙者盡列陳以俟彼之開導又取其所開導者再發覆以徐待其引伸則庶乎以吾之所見參以人之所見而善之理無不明矣既學且問乃可以用吾思盤恃人言以爲質不如內反之必而靜吾心以凝思又必飭之以慎思必先之於近勿探賾而索隱反蹟日用之常思必守乎其位漸循序以致精乃協至當之理則善之實餉之人者可實授之已矣由是而再辨之思者

是非得失之所以然已有定形於方寸辨者毫釐疑似之
或未盡尤必剖析於微茫思恍諸心辨研諸慮恍諸心則
學問之得可爲實據研諸慮則思之所得尤極精詳所明
之善可以見諸施行矣由是以其眞知篤以實力善之實
爲器重爲道遠取數多不可躐等而進則循循以行之按
其節序而不敢過善之途士希賢賢希聖聖希天不可半
途而止則汲汲以行之罄其量而不敢不及也如是則擇
之明執之固盡人可以合天學知利行者之事也若夫困
知勉行者之從事於擇善固執亦不外此學問思辨行之
次第博審愼明篤之功力但其途較難其心較迫其志亦
須較奮除是不關達道達德九經可以弗學則已耳若善

之所在不可不擇不執者則彼既依其途必詣其奧必竟其程由是而問焉思焉辨焉必嶄其善之有得於心不肯有名而無實必求其善之完乎其量不肯勤始而怠終學利之人一可能已則百之學利之人十可能已則千之志之堅氣之銳百倍于人則困知勉行之事也　學問次第逐一相承問思是已與人交關思辨是慮與得交關俱緊頂善字不則一切通用之詞俱可移掇本是勸困勉者百倍其功何以反說有弗學弗問此弗字只是輕逗過言須是不關緊要之事可以弗學弗問者便不必留心若是擇善固執之事豈可以一毫惜力如此說有弗二字乃有着落。

果能此道節　最重果字人都是空言從事誰肯心口如一始終不惰有此大志氣大工夫何患不成就箇大人物雖曰愚乎百倍其功以擇善豈猶不能明善明乎善則理無不燭必明矣雖曰柔乎百倍其功以固執豈猶不可誠身誠乎身則私皆退聽必强矣誠者不思而得誠之者思之而亦得誠者不勉而中誠之者勉而亦中由是而誠立誠立則豫豫則達道實爲身之軌範非爲虛器也達德實乃心之彝秉非徒美名也九經實吾身之綱紀非僅典章條教也身修則人存人存則政舉於治天下國家何有哉夫子告哀公之言如此道具於文武之政無所不備無所不包知此其兼費隱包小大可知

此章詞繁意簡只是人存政舉一句該之人之所以存一誠字該之擇善固執誠之入手事百倍之功必強必明人存之的也時文有以愚柔目哀公者大謬無此告公之體只泛說

四書翼註論文卷之四

中庸

自誠明章

此是中庸第三支道之全體大用上章已經說盡只是人之體道有生安學利困勉之不同其實知之成功則一恐人之求道自信不過困而又將天道人道並提以下五章逐一比較如貝多寶樹枝枝相對葉葉相當所以堅學利困勉之心自誠明道理容易曉側重自明誠一邊專爲尊德性而道問學者鞭策也自誠明無層次一齊並到實有是仁豈不知仁之曲折實有是義豈不知義之隱微所性而有不待外求故謂之性天命之性本人所同具但人皆

氣拘物蔽惟自誠明者能全其量則不得不以其名予之自明誠則有功夫先知後行深知天理之實則求理必眞深知人欲之汚則去欲必力由學而知功以漸進故謂之教修道之教人所共遵但多有名無實惟自明誠者實致其功則不得不以其事歸之夫此二人者一逸一勞一頓一漸區以別矣其實天德王道之要統於一誠彼所性而有者從高視下一覽無遺動於必所莫解其見最眞得其理所從生其末莫遁不必積累以求明固自無不明矣若乃由教而入者溯流窮源循序可達知天命之至微而力持之則衆理歸懷而微者可著知人欲之至危而力守之則私欲退聽而危者可安明善於固執之先明爲誠之始

事篤行於學問之後誠即明之全功明亦可以至於誠矣明有兩途誠只一理學利困勉者又何歉於生知安行乎哉　此章朱子語類一條云此性字便是性之也此教字便是學之也與天命之謂性修道之謂教字義不同雲峯胡氏云此性字即天命之性但天命之性人物所同此則性者之事聖人所獨也教字即修道之教但教是聖人事此則由教而入學者事也各家大全兩存其說前人作制藝亦各隨所見但教學自是兩事章句既云由教而入則語類不足憑矣賢人之學由教而入所由者將非堯舜禹湯文武周公孔子之教歟非修道之教又何所指歟自應緊項首章性教二字來脉方清楚　兩則字都是決詞據

正文讀下。自然一直一曲。一緩一急。亦不須有意造作。

惟天下至誠章

此與下章相對。言天命之性。雖人所同得。却不能同盡。只爲誠字實心欠一分。則性中之實理實事。亦欠一分。中和位育之功用。遂不見於世。惟天下至誠。天亶聰明。生焉安焉之質。既生是使獨。自強不息。知至行盡之力。復善於承天。爲能仰觀俯察。以通神明之德。凡性之所涵仁義禮智。察之無一理之不精也。崇效卑法。以宏利用之才。凡性之所發。容執敬別。由之無一事之不至也。是則天命之性。惟至誠能全盡之矣。夫人受天地之中以生。性之分量。無所不包。性之功用。亦無所不舉。既能盡性矣。不特體立而用行而且篤近以舉遠由是而盡人之性匡直輔翼有以明天下之人倫使之有親有義紀綱法度有以遂人心之善念使之興孝興仁由是又推之以盡物性其性之有益於人者則撙節而調馴之使物遂其性人亦資其利賴其性之有害於人者則防範而斂戢之使物革其性而人乃底於安全夫物性最難盡者也既族類之各異復冥頑而不靈乃至誠於盡性之功能兼舉而並包之如此是天地以化育生人生物而不能一一爲之曲成不遺變通盡利者至誠能爲天地贊之使人物皆於天地無所憾此其裁成輔相之能直可與天地相參天地先至誠以定位而非有餘至誠後天地以成能而非不足矣此參天地之能事生

知安行之所以獨絶也　此是開天明道首出庶物之聖人故至誠上加天下二字李代雲講章以一國一鄉襯之詞氣近陋然點醒天下二字亦前人所未發又時文家開口便云性者人物一源非我所得私云云以爲打通人巳之性盡則皆盡此大謬也惟天下至誠遠則羲農軒轅近則堯舜此亘古今一遇之聖人無所挾而徑造非如世上所云喜怒哀樂得其正便可推彼而注茲推巳以及物者也又有以作君作師配謂孔子與天地參亦非是在今日觀之夫子賢於堯舜子思所言能盡物之性則可以贊天地之化育指制器尚象平地成天教稼穡有相之道驅蛇龍而放之菹者也到仲尼祖述章方是贊揚祖德立言有

序不必攙雜。方望溪說與天地參云在人物則戴高履厚卽繼之以尊親在天地則上清下寧兼託於貞一最好

其次致曲章

此章句句與上章緊對繪出成功之一爲學利困勉者鼓其邁往其次字與惟天下字對致曲與能盡字對形著明與能盡其性對動變化與盡人性盡物性對惟天下至誠爲能化句是曠然還想致曲之功能與贊化育者無異不復言其次而直謂之天下至誠矣亘今亘古止此五達道三達德九經參贊者此物變化者亦此物成功則一何必畏難立言之指如此　其次致曲是聖學下手工夫孟子謂之若火然泉達擴充之足保四海朱子謂明明德者因

其所發而遂明之皆子思之教也天命之謂性定有見端
發現處然后可以省察存養擴充此人道也就此曲事事
致之時時致之積小以高大融會而貫通卽有誠矣曲是
不好字面不能如至誠之廓然虛明四通八達則曲矣却
是好字面有此然后有間可入厚於仁者薄於義優於德
者短於才就此間處入手到得成就都是誠不名曲特迤
所由來仍謂之曲能有誠言有此誠皆有此曲之能不致
曲矣以得此哉誠是充實形著明是充實而有光輝積中
發外心廣體胖是形容止可觀作事可法是著赫喧威儀
見乎外令聞廣譽施於身是明侻滄柱先輩云此三句外
見一步顯爍一步正是裏面誠字一步充拓一步　明則

勤是道履篤實德輝流布可以感動人遷善去惡之心勤則變人旣爲我動必有從事之實力滌其舊染之污去其苟安之習一變而爲善行美俗也變則化日新而月異積久成自然民日遷善比戶可封也此化字是最難之事最上之境界是致曲者所可幾湯不邇不殖武王敬勝義勝中宗高宗不敢荒寧成王祗勤於德夙夜不逮其致治之隆亦無異於將蘿風動也何必言其次哉彼安而能之此勉而能之人又奚爲而不自勉哉此人道也　天下至誠合下生來已是天縱之聖其兢兢業業默運於方寸知之而不可言也堯最勤故曰耄期倦於勤孔子最勤故曰不知老之將至特人不之知致曲是無窮盡工夫有層次可

指卽進而彌上亦有層次可指註中積而至於能化積學仍有工夫但非若從前刻苦耳到惟天下至誠句直是一樣如河鯉登龍門寸寸攀躋大不容易到得一躍成龍不復更名赤鯉

至誠之道章

此章與誠者自成章緊緊相對亦側重下節言誠者天之道有前知之明誠之者人之道亦有成物之知前知之明先天而天弗違善必先知之不善必先知之故至誠如神成物之知後天而奉天時得時措之宜勿以善小而不爲勿以不善小而爲之與治同道罔不興與至誠殊途而合轍矣人何不自勉哉朱註於此章云言天道也史伯璿云

此以誠之者之智發明人道大旨只是如此　亘古亘今世界只此一理理以氣爲附麗因而有盈虛消長氣以數爲節度因而有治亂興衰有造物者司之未然之時已前定矣人却不能前知即如國家將興則必有禎有祥如四靈爲畜之類見乎蓍龜則必有大同之吉動乎四體則必有定命之符是皆爲福善之屬也國家將亡則必有妖孽如物怪人妖見於蓍龜必有不從之逆動乎四體必有傲惰之徵是皆爲禍不善之屬也庸人彼昏不知孰視若無覩智士以意逆料屢中而難懲惟天下至誠其爲道也其心至虛虛則寂然不動有以待天下之感其德至實實則感而遂通天下之故有以決天下之疑凡此將興將亡之

朕兆至誠或有藉於此以觸其幾或無藉於此自觸其隱未有福也而福將至以其善也至誠則知其興矣未有禍也而禍將至以其不善至誠則知其亡矣夫此興亡禍福鬼神之所爲而至誠與鬼神合其德善與善迎逆續乎天庥固可持盈而保泰即不善與善迎消弭以人事亦可反災而爲祥至誠之前知如此誠精故明殆毫忽之不爽幾微故幽又朕兆之難窺誠者之能事也　古人重卜筮洪範以稽疑列於九疇又最重龜龜從筮逆猶可作內不言筮從龜逆筮輕於龜也左傳所載繇詞皆龜書也龜之繇千二百筮但三百八十四爻故曰筮短龜長　動乎四體鄭康成云龜之四足蓋古卜人之法春占後左夏占前左

秋占前右冬占後右皆以火灼之朱子改爲執玉高卑不
至二句重複毛西河凡是四書皆故與朱註爲難惟信服
此註又益以晉惠公受玉惰楚莫敖屈瑕舉趾高成肅公
受脤不敬晉厲公視高而步遠諸條意者詞有所窮不得
不降心相從歟附誌以備一覽　前知極是無用只龜可
以二字神聰明正直而一一者無欲也故前知筮朽草龜
不食又朽甲也人謀及卜筮非筮草龜甲能前知蓋藉無
欲之靈物以通於神神亦託無欲之靈物以告之至誠無
欲與鬼神同故可以前知若有欲而前知必受其殃史書
方技所載非惟無益災及其身京房翼奉眭孟之類不可
勝數居顯位而篤信術士者每不令終徒爲所愚老子曰

前識者道之華而愚之首可以爲戒也 易經卜筮之書也夫子忽改元亨利貞四字曰元者善之長亨者嘉之會利者義之和貞者事之幹易前知爲寡過古民愚朴不厭其瀆神後人知巧日滋不務民義則不知矣

誠者自成章

此章單注成物知也二句與上章前知相照言天道之智不可幾及人道之智亦可得措施之宜也不則誠者人之道修道以仁已經說透此何消重複總言智之天人合一也 誠字即天命之性道字即率性之道兩句一串說下言大哉乾元萬物資始只此眞實無妄之理天得之成位乎上地得之成位乎下人得之成位乎中人若非此實理

則不得稱爲天地之心萬物之靈矣是此誠之實理非人所得之以自成其人者乎則由此實理而踐之於身施之於事在人倫則爲仁敬孝慈之道在物則則爲聰明恭重之道非人所當自行不可推諉者乎此節註與語類異說語類言上句孤立懸空是天地人一切在內註中言誠以心言明指人身又云道以理言用也是明以誠爲體矣朱子前後兩說當從註以註經再三審定也但作時文單拈實心便與自道不大分別曹諤庭於首句分作二層先言天地萬物中幅乃歸重人身最要註中心字亦不必十分拘泥君子誠之爲貴方是一片實心也

誠者物之終始與體物不可遺理同正是能始能終之物指造化萬物徹始徹

終之物事。指人無非太和之所保合、無妄之所流行。若人不能誠，則與天所以生人之理相反。僞爲慈孝則無父子矣，僞爲忠信則無君臣朋友矣，僞爲聰明恭重則與不能視聽持行者等矣。是以擇善固執之君子，察天命之本然與人心之固有，時時以此實心體此實理。誠之於一物未交，則以存養爲貴，而不聞亦式，不見是圖也；誠之於萬物紛投，則以省察爲貴，而大閑必謹，細行不渝也。如是則有物有物，則誠爲自成，道爲自道矣。　註中所得之理既盡三句，是涉筆泛論，只在物之終始上說，作時文者不必提及。物之終正是誠之始，貞下起元，冬藏春發，非是所得之理既盡則是物亦盡而無有也。此是註錯，不可一味奉承附和。

誠者非自成己節　言君子誠之爲貴貴其成己也若不誠無物則自己一身尚爲虛器何論其他若旣能踐自道之實完自成之量而自成己矣則成物之理已在其中葢己之倫紀旣正則正己可以率人所以表正乎物使之君臣父子夫婦兄弟朋友各藹然有恩以相接秩然有序以相維者卽己示之鵠矣己之物則旣端則類情可以通德所以陶冶夫物使之耳目口鼻心知百體由順正以行其義勿蕩檢以納於邪者卽己立之極矣夫物在外者也君子自成己而已何以及物葢天命之性己與物皆統屬性中不誠則不能盡性物固外矣己亦非內旣誠則性中之

粹然無私即吾身克巳復禮成巳之仁性中之炯然獨覺即吾身知明處當成物之智推巳及物體立用行總此一性之德初無外內之殊謂仁爲內固矣謂智爲外智即性也性安有外謂仁成巳爲內固矣謂智成物爲外智之成物均之性之德也性之德又安有外是盍合外之成物正以完內成巳之分量體用一原顯微無閒之道也既仁智之兼備何措施之不宜以之爲巳則順以祥以之爲人則愛以公以之爲天下國家則無所施而不當至誠如神之智可以極數以知來誠之者成物之知亦可以窮變而通久天道人道其成功又豈不合一哉　仁之非外不待言只爭一智字耳須從知之成物說起方是合外內之道此

何有語妙勿但作知仁合一內外不分膚淺之詞

故至誠無息章

此章亦是與下章相對言天道之勇只是至誠自然不息與天行同健人道之勇則須尊德性而道問學盡人力而爲之天道之勇至於配天配地悠久無疆人道之勇亦可以居上下咸宜朱註明分天道人道史氏伯璿於此章云以誠者之勇明天道也至下章見居上不驕爲下不倍結束得小配不上覆載成物遂閣筆不敢下左共詞曰此章兼贊之大小發明人道近文離矣夫天人合一亦是大概豈必五鴻六鳧彼此均停覩不見不動無爲只是堯舜足以當之禹卑宮菲飲卽是不驕湯武身之巳屬學利商之

三宗周成康皆居上不驕周召畢公君陳皆爲下不倍從周憲章孔子亦在不倍之列何不可配上節　此二章仍照天道人道分應三達德之事方全　故字緊頂盡性前知二章言誠者之仁智如此故其勇亦非尋常擬議所及蓋天下紛飾之治其氣易衰作輟之私所施立匱惟誠之至者天德粹精無一私之雜揉聖功乾惕無一隙之停留動靜互根通復相循總是此實理實心兩相淪浹何息之有夫人心有出入存亡則其德不恒勢不能久旣不息矣日新之盛德彌引而彌光富有之大業愈積而愈有由前而順推之見其無息由後而逆數之則久矣夫積中而不能發外修巳而不及物非勢不行欲速則不達也旣久矣

仁熟義精既有無窮之積累由微之著自有難秘之機緘由是而事業發皇由是而聲名洋溢皆謂之徵　徵字仍是言天德徵則悠遠方是言王道此處界限須劃清

徵則悠遠節　此徵字是至誠無息所徵其徵也即其悠遠非兩層事言天德之積中既非旦夕之計王道之發外豈圖淺近之圖其惇大成裕不取必於小效近功氣象不迫有常有漸其悠也其庶績咸熙皆預籌及天下萬世精神周到可大可久其遠也既悠遠矣由是久於其道天下化成東漸西被朔南暨訖而博服教畏神淪肌浹髓而厚既博厚矣由是成功不著煥有文章首出庶物下觀作覩而高光被四表咸與維新而明　至誠無息之功只一時

並到所謂立之斯立道之斯行所存者神所過者化非有先後三則字立言之次第不得不如此也作時文則不然層層融貫乃有話說博厚是悠遠之積高明是博厚之發緊照註中二字作眼　此節只虛寫一塡入井田學校禮樂等語下節三所以字更無可說矣

博厚所以節　上是就至誠說事功此是就物之被至誠造就者說言四海八埏千秋萬世如此其總總紛紛遙遙無窮極也乃無一人不蒙至誠之澤被至誠之化者何哉蓋生民有欲非至博至厚則無以給之惟至誠之博厚不惟親賢有以育君子而且樂利有以賙小人民胞物與之量實容保無外此其所以載物也民志不齊非至高至明

則無以臨之惟至誠之高明不獨賢智陶以禮樂而且推
會澤以文章道德齊禮之化實能至冒蒼生此其所以覆
物也而且此載物覆物者皆非讙虞之澤小補之功漸仁
摩義耄期不見其倦勸食德飲和百世猶蒙其利賴政教
成於上風俗成於下則至誠之悠久非即其所以成物者
乎　此節方可實講功業仍不可犯天覆地載字面
博厚配地節　此一節最難措筆複說博厚高明便連上
若說天地如何博厚高明至誠如何配之便犯下前人多
是先言天地能載物覆物天覆地載總是無疆然後轉入
至誠之博厚高明悠久可以配之俱不用十成切實字眼
以留天地之道博也厚也一節地步　此節貌實而神虛

只就覆載成三字寫得透徹言安全之於整危之後勞徠之於流離之際亦可以載物其載也不足以配地惟至誠之載物極其博厚六府孔修五倫攸敘舉一世而躋之仁壽之域豈不可以配地才智足以超乎其上教化可以啓乎其蒙皆足以覆物其覆也未必足以配天惟至誠之覆物極其高明乃聖乃神聲教覃及六字文炳文蔚離明照於四方舉一世而函蓋於在宥之中豈不可以配天功勳足以濟一時法度足以垂奕世亦可以成物其成也未必可以配天地之無疆惟至誠之博厚高明極其悠久德洋恩溥應地無疆者一世所賴即萬世所永賴智周道濟與天同運者一代所率由即百代所率由豈不配天地之無

疆乎哉如此說則道理清楚自不犯下亦不用作吆喝油
腔
如此者節　此節只是現成指點誠字之妙不是又進一
解言人若不誠則事事造作不勝煩擾若至誠自無息矣
天地無心而成化聖人有心而無爲井田學校治具畢張
如此乎其有條有理可謂齊矣至誠未嘗有張皇之迹董
戒匡直遷善両化如此乎其日新月盛而變也至誠未嘗
有奮勉之勞道洽政治巍巍乎其有成功見而莫不敬言
而莫不信行而莫不說至誠非以恩結之也百年享其利
百年服其神百年尊其教至誠非以術馭之也順應乎其
所自然變通乎其所不得已其成也殆無爲而成也地道

合章乾道變化天得一以成位乎上地得一以成位乎下皆不見不動無為也至誠一一如之誠者之勇如此此生安之上聖所以獨絕于天下也　見而章動而變為而成亦非不好但至誠郤不消如此所以不消如此誠之極也

聖人之治天下設官分職課績責成與人同且有勤於人者小心於人者不然何以謂之兢兢業業一日二日萬幾但只是天理上安排絕無私心計較便是不見不動無為舜之垂衣禹之行水皆是如此不可誤認　自此以上皆言聖人似天地以下言天地似聖人亦須劃出疆界

天地之道可一言節　何義門云此一節對至誠無息節博也厚也節對久則徵節今夫天節對博厚所以載物三

節蓋以至誠配天地須窮出根源方可取信今索性將天地之道不過一誠層層指出則躡窟探根此外更無疑義矣以下鋪張繁富總以誠字作骨末節乃雙收總結恰如兩扇時文結尾天地豈可一言而盡道字却一言可盡所謂造化之樞紐品彙之根柢也天地明是兩物其爲物却是一物一者一以生物爲心也此程子之語朱子同此說天地除生物之外別無他心天道下濟地道卑而上行凝成一氣即是一團實理無物不有無一隙之空曠無時不然無一息之間斷不貳者此不測者即此亘古亘今徹上徹下總此一誠字瀰綸運轉知天地則知至誠所以配天地

天地之道博也厚也節　此節復言天地之道李安溪先

生云上道字是無聲無臭道之體也此道字是分陰分陽道之行也愚意亦不必如此拘泥大意只是言天地之道貳則可測可測則不能極其盛今天地之道誠一不貳如此所以各極其盛六也字總是摹擬一盛字蒙引謂博厚等字不指形體須以性情言王罕皆前輩謂須以化工言方與下節生物之功又竅備中子時文先從形體說起引入性情如云天地之道六合八荒博矣千仞三泉厚矣直方之德悠而益大安貞之道積而彌凝每兼言之李安溪說高也明也云蒼蒼其正色耶峻德已寓於崇隆之中視下其休光耶明命即赫然於下土之上說悠久云推行有祈神以運而無跡闔闢常理以常而不敝皆兼兩層此

是不貳之後不測之前交關夾縫語適應上文配天配地無疆見天地一至誠也

今夫天節　天地山水安有大小次第立言起伏之勢正如此耳斯昭昭之多即所云坐井觀天從小處引起也

日月所會之次舍爲辰漢書律歷志在丑曰星紀即斗牛子曰元枵即虛危亥曰營諏即室壁是也　日月星各爲一天各自運行各自升降謂之繫者統屬於天依天之體以爲升降循天之度以爲運行即繫也　日月五星行度可考二十八宿古謂其不動其實七十年亦行一度隋以後謂之歲差今西學謂之恒星行　天有九重本離騷天問圜則九重孰營度之是也自地以上皆天也最下爲月天次水星天

次金星天次日天次火星天次木星天次土星天近者行速月一月一周天遠者行緩土星二十八歲一周天再上爲恒星天即二十八宿其行度最緩七十年始行一度其周天之數莫可考最上爲宗動天此天不動日月五星之天依之以行所謂日月繫焉繫於此也文獻通考朱子全書畧言之惟梅定九歷學疑問能詳其說　五金玉石生於山魚鹽龜貝生於水山未嘗無貨財水未嘗無寶藏各舉所重也　古人以龜爲寶以貝爲貨秦始用錢刀爲幣　王罕皆先輩云華嶽是兩山與河海對本毛西河云周官職方氏九鎮河南豫州其山鎮曰華山正西雍州其山鎮曰嶽山註吳嶽也在西河之西按今輿圖在鳳翔府隴州界

嵩山在豫周官不引乃引華山亦不可解但其說有據姑附存之

詩云維天之命節　此是總結天地至誠總是一誠天之所以爲天不已而已不已即無息也文王之所以爲聖人純而已純即誠也至誠無息合天與聖人一以貫之矣又何疑焉　純者無一毫私意之蔽無一念私欲之雜也文王是自然如此故曰不思不勉詩言文王皆言用力曰不聞亦式不諫亦入又曰不顯亦臨又曰亹亹又曰於緝熙猶夫子之聖子貢以爲天縱夫子自言之則曰其爲人也發憤忘食云云所謂不思不勉之聖人即乾乾終日之聖人學者知此乃可進於道矣

大哉聖人之道章

此章是言誠之者之勇大旨是言誠者之聖人只辨一箇至誠自然無息所謂智之盡仁之至不賴勇而裕如也誠之者則須尊德性而後可盡聖道之洋洋道問學然後可盡聖道之優優不無安勉之分然誠者配地配天悠久無疆誠之者亦可以居上居下各當其可居上不驕殷三宗周成康不倍者周召仲山甫尹吉甫孔子顏曾也古今聖賢兢兢業業戰戰慄慄總是為天地立心為生民立命為前聖繼絕學為萬世開太平達而在上平章百姓協和萬邦窮而在下守先王之道以待後之學者其事一也知得此理則大旨豁然　大哉聖人之道朱子明云包下文兩

節而言是洋洋優優總是聖人之道今講章時文俱以洋洋屬之造化優優屬之聖人誤也中庸言道分三項講章總是混而爲一君子之道費而隱屬之天地則天地之大也二句說不通矣聖人之道屬之天地則峻極於天又說不通惟有天地之道博也厚也一節是正言天地之道今皆比而同之無極太極顯仁藏用一片浮詞未曾入思議在

中庸言道俱是率性之道非言雲行雨施鳶飛魚躍也此大哉聖人之道言聖人有盡性之仁前知之知無息之勇凡道之全體大用皆聖人一身體備之矣豈不大哉

洋洋乎發育萬物峻極於天卽致中和天地位萬物育也卽盡人物之性與天地參也上古聖人首出庶物開天

明道與修金木水火土穀之六府與正德利用厚生之三事使天下之人相生相養相保聚於無窮其功德不可思議故曰峻極於天中古聖人監於前聖創制顯庸定爲吉凶軍賓嘉之五禮詳爲冠婚喪祭鄉飲酒士相見與夫宗廟宮室器用衣服朝聘會盟射御之條目使天下之人察之由之服習之以自別自貴於萬物故曰禮儀三百威儀三千若將上節貼天地則正文明云大哉聖人之道朱註又云包下文兩節而言俱反背矣

待其人而後行節　從來講章皆黏此節不透以爲若兩節俱屬聖人聖人即其人矣何待之有於是勉强遷就以大者屬之天地以小者屬之聖人於朱註總結上兩節又

說不去不知聖人曠古而一遇道却不能自行故曰非道宏人文武之政布在方策發育峻極者此三百三千亦此舉而措之足矣何故又曰其人亡則其政息修道以仁尊德性也思知人不可以不知天道問學也此待其人之說也

此章之說由朱子語類一條云或問聖人之道發育萬物峻極於天朱子曰即春生夏長秋收冬藏便是聖人之道不成須是聖人使他發育峻極方是聖人之道蔡虛齋蒙引以不成二字連下讀王鏊時文亦以二字連下讀鳶飛魚躍原有依樣葫蘆寫之而已至峻極句則詞有所窮天自發育又云峻極於天文義且不妥何論其他乎夏允彝傳鼎銓時文皆作聖人事業說韓慕廬先生評傳鼎

銓文道云命都盡性至命別無所謂峻極汪武曹引解縉之言曰禮儀威儀亦屬聖人所作何故道之大者乃屬天地道之細者乃屬聖人此言可作金箴刮眼矣苟不至德至道不凝焉只與上文一正一反待其心體廣大之人然後可行道之洋洋待其識見精密之人然後可以行道之優優不則天地萬物自如位育不世見其人胸襟淺狹不足凝道之全也三千三百如故禮教不代興其人識見粗疎不足凝道之細也

故君子尊德性而道學問節八道不可離亦不虛行是故誠之者之君子欲德修於身以凝此洋洋優優之道必存心與致知交盡其功其存心也則尊德性爲先事蓋皇降

之衷受之爲性行之有得則以德名之此不可不尊也涵養擴充以理爲主氣不足以齊之以命爲先而情不足以擾之無敢戲渝無敢馳驅若此乎其虛靜以葆其天良也其致知也則道問學爲實功先覺所爲效之爲學資之於人問亦有助焉此不可以不道也一本寓於萬殊由博以反約天命具於物則即器以見道日有所就月有所將若此乎勤敏以盡其人功也再進詳其條目其尊德性也知吾性萬物皆備本廣大也以意必固我之私蔽之則狹小矣必也主敬以立其大存誠以協於一完其所受於天之分量而又恐廣心浩大之有遺忘也又晰理而盡其精微爲遇物必格精義入神則吾心之廣大益無所蔽其道問

學文如此其尊德性也知吾心超然物表本高明也以耳目口鼻之欲累之則卑暗矣必也不殖不邇不役志於紛華希聖希天惟玩心於理義葆其所稟於天之本體而又恐聰明特達或隣於好異也處事則道乎中庸焉喜怒哀樂之則擇之必精循天理之自然子臣弟友之規操之必謹合人心之公是則吾心之高明益無所偏其道問學又如此其尊德性也則溫故焉人心之靈莫不有其所已知君子固而存之勿隨得而隨失時而習之勿歷久而漸忘有覺之明既立矣又道問學因所知而益求所未知探討於詩書之林研辨乎仁義之途則耳目之知與德性之知合其尊德性也必敦厚焉大德不踰人必有所已能君子

主之以忠信不雜於外誘之私守之以質直日充其本然之善是能之德固矣而又道問學因已能益求其所未能有恭敬之內心必將之以節文有甘白之本質又資之以陶淑則天稟之能與人謀之能合是則存心以盡乎道體之大加之以察識而益精致知以盡乎道體之細培之以涵養而益熟德自我備而道亦無不凝矣洋洋優優豈不有待於尊德性而道問學之君子哉尊德性句是主却虛其目在下只就字面疏剔勿占下文各句而字最重有一層又有一層工夫細針密縷即是勇勇即是好學不倦非血氣之剛也

是故居上不驕節　不驕指爲天子者守成之君也爲下

指人臣言與默容皆指在下者明是明於理哲是哲於事保身不陷於不義非遜以求容也此節須緊承位育經曲德性問學到得成就時時中妙用無入而不自得國有道言足以興伊尹傅說周召也國無道默足以容即孔子與顏曾孟子也不要說得小樣不但配不上上章亦引下章不起曹憤四書詳說云此言君子以勇强道李安溪先生云三百三千待人後行何故說到居上居下有道無道正爲孔子發其端耳　默字是易事却與興者並稱子思子於此有微意孔穎達云比干諫而死孔子稱殷有三仁焉洩冶亦諫而死但云民之多辟無自立辟世有朝不坐燕不與處昏亂之時危言極諭無濟於事自隕厥身眛於行

藏之義道不足也知進退存亡而不失其正中庸之微旨
如此

子曰愚而好自用章

此緊承爲下不倍專重雖有其德一邊周末文勝處士橫議人人自以爲有德不知此正賤而自專生今反古也秦氏焚坑已伏於此子思若預爲消弭計無道秦之禍不及孔氏亦至誠如神先見之明歟　愚賤要說得好有德而非聖人便是愚有位而非天子便是賤自用自專只爲奈此古之道三字不下愚儒食古不化反裁其身夫子有痛乎其言之作三種人說可作一種人說亦可　非天子節先言議禮次制度考文今天下節先言同軌次同文同倫

文義錯綜。徐壇長云：自天子言之，議道自己，必經緯人倫無所失，而後簡擧用，謹書契，由大及小而不失其序，道德所以一也。自天子言之，風行於下，必法度典章莫之悖，而後重禮教，序彝倫，由粗及精，而乃觀厥成，風俗所以同也。能得立言之旨。　非天子，指聖人在天子之位創業之君，堯、禹、商湯、周武也。此皆學知利行之聖人。若成康守成，即是雖有其位，界內德雖可比宗祖，而非其時，變通則可，創作則非矣。三綱五常，萬世如一，不須議。議者，斟酌其親疏貴賤相接之體也。如爵同尚齒，外朝以官，宗伯掌邦禮，太僕正朝儀之屬。度不足一。車軌，凡律度量衡、服物采章皆是。文書名，書即字畫，名即字聲也。有節次可循者謂之度，如一命至九命車旗服宮室各有等殺圭有躬桓蒲穀冕有衮鷩毳絺黹有羔雁之殊鼎有三五之别　朱子云古者不甚識字字易得差所以每歲使大行人之屬巡行天下考正之被古時科斗書篆籀本繁重又以竹木書之次則縑帛只是互相摹寫易於朽蠧亦易於差訛非如今刻板刷之遍布宇内所以考文爲大事周官保氏之教首重六書大行人屬瞽史諭書名外史掌達書名於四方皆考文也以板刻書始於五代之後唐至宋仁宗乃命國子監校刻五經正義頒行天下有功後世不可不知　天子二字有德位時三字在内非聖人則無德聖人而不在天子之位則無權有德與位而非開創之時變易舊章則滋事故惟王

天下者有三重也今天下三字不是極盛之時只是紀綱法度變易不得同軌同文同倫不是心悅誠服一道同風只是自己臆造則行不去不得不同然即此足見不倍之實周之禮度文至秦政李斯始改之文武之澤遠矣

軌只是八尺輪崇六尺有六寸以其輪崇爲之車廣兩旁加七寸以行地正八尺矣經涂九軌也國中環涂七軌遶城之涂野涂五軌也郊外其數皆同考工記匠人營國涂度以軌註云七尺只就不行車之實地度之車八爲車云轍廣六尺蒙上文柏車二柯之文一牛所駕小車非田車兵車乘車也

杞至春秋衰微已極宋尚是上公之爵故詞有抑揚從周有二先進得中不可不從時王之制不敢不從也以孔

子作不倍之準的所以正千古之人心以三重之聖人爲不驕之準的所以建千古之皇極故人道之誠不驕不倍與天道之誠配地配天合而爲一

王天下有三重章

此章是說居上不驕創制顯庸之天子就業之聖人須藏修德凝道四字在内不驕二字方有來歷不然是一片鋪揚之詞頌押不驕殊不相稱矣精神聚注未有不如此句住　首節最重有字有位有德之大力能主持一世之氣運有經曲之小心能與酌萬物之機宜是以監古準今須此三重於天下其難其慎匯一念之敬忽盡善盡美可百世而共由則天下之人愚不肖者順帝之則而不敢不及賢

知者遵王之路亦不敢過其亦可以寡過矣　上焉者節只是輕點過文託月烘雲見王天下內德位時三者皆備也上焉下焉不必實指若子思口中說吾祖豈不聖人不信從則癡人矣又與上文從周矛盾

故君子之道節　道字即三重本諸身禮度文以修身爲本議禮必吾身隆禮而由禮制度必吾身聲律而身度考文必吾身能上觀天文以察變下觀人文以化成則措正施行之大本已立矣然後徵諸庶民以庶民箕風畢雨之民情徵吾斂福錫民之主德其動皆不懸徯志則化而裁之推而行之如向或面從退有後言則改而更張之必期此三重萬全無弊可行永久考之三王則議禮與夏造殷

因周監有變通而無悖戾制度與尙忠尙質尙文有損益而無過差考文與渾渾噩噩郁郁有斕明而無淆雜則宜古矣建之天地議禮則崇效天卑法地大綱無不昭察也制度則陽數奇陰數偶小紀無不精詳也考文則經乎上緯乎下煥乎有章可以化民成俗也至幽莫如鬼神以禮度文質之郊焉而天神格廟焉而人鬼饗禮樂之進反協於陰陽嶽瀆之儀節比於公侯龜筮之朕兆告於爻象吾所議制考皆可信之幽至遠莫如百世以禮度文俟之後之觀今亦由今之視昔禮有損益尊卑則同度有增減等殺則同文有繁簡音義則同吾所議制考皆可信之於後君子以不驕之道德發而爲不謬不悖不疑不惑之政事

其於寡民過也則庶幾乎　何屺瞻云建諸天地所謂天高地下萬物散殊而禮制行流而不息合同而化而樂興質諸鬼神郊焉而天神格廟焉而人鬼饗著以屈伸往來微顯言之則仍是建諸天地耳其言明確因用其意分疏之　王罕皆曰此一節是逐層考證須像箇不驕神氣不可說是成效與天下道三何侵犯

質諸鬼神而無疑知天也節　此是就上文再進一步推勘之詞言君子之制作盡善俱自尊德性而道問學中來非逞臆創造天地有名象可比擬鬼神則幽矣君子何以質之無疑由其知天也下學可以達天德禮曰天秩虞曰天敘文曰天文道之大原出於天君子既知其所以然鬼

神天之効職者也又何疑焉三王有典籍可追尋百世則
泝矣君子何以俟之由其知人也盡性所以立人極禮即
人紀度即人官文即人文心之大公達於後君子又知其
所當然所必然矣聖人人之拔萃者也又何惑焉
是故君子動而世爲節　世指世世今天下之世君異代
則與百世何低節三而字輕快言有不動動即世以爲道
其脈理仍須不驕來言天子修德凝道建中和之極自然
下觀而化道法則三字寡過之實禮所云百姓則君以自
治事君以自顯也遠有望指外服之諸侯四裔之遠人言
近即畿內之臣民也不驕成效如此
詩曰在彼節　末節無所關係不過借譽字引起未有不

如此句言王天下之君子垂鴻名于不朽熙美號於無窮本有不從修德凝道致之此不驕之準的也如此二字是兢兢業業精益求精本諸身以下六句隱括之詞鄭重分明不是淫佚詠歎　有客之詩微子助祭於周彼指宋國此指朝班庶幾夙夜勉勵之詞

仲尼祖述堯舜章

中庸分三支首支是明行交進二支是體用一原三支乃交逾合一道理已說透此章是另起蓋子思之作中庸全欲挽回素隱行怪與半途而廢二種人使之依乎中庸奉仲尼示之標準述祖德以立人極也大意是言仲尼集道法之成合清寧之撰故以匹夫爲百世師道莫隆於堯舜

仲尼則祖述之危微之旨承以克復也精一之傳統以歸約也法莫備於文武仲尼則憲章之周官周禮獨監夏殷世識大識小猶未顯承也是前聖之道法皆賴仲尼而傳也乾行有自然之運仲尼則上律之任止久速與時偕行也坤元有一定之理仲尼則下襲之用舍行藏應地無疆也聖德之盛無可比擬其道濟天下以一心而實體萬理如天地之無不持載其知周萬物以一心虛涵萬理如天地之無不覆幬其顯仁藏用時措得宜如四時之錯行其不厭不倦至誠無息如日月之代明大哉仲尼可謂廣大配天地變通配四時陰陽之義配日月堯舜文武所裁成輔相參贊位育之事皆萃於仲尼矣然則欲知仲尼之大

者請以天地之大明之今夫天高地下萬物散殊並育於其間至眾矣飛潛動植各以類聚亦各以羣分不相害也寒往暑來日往月來道並行於其間至變也相推而歲生相禪而明生不相悖也所以然者天地有小德以爲川流故能並育並行而各正性命也天地有大德以爲敦化故能不害不悖而保合太和也天地之所以爲大全是有大德以裕於先萬古有常貞之運小德以給其欲萬物無不遂之生仲尼之從心所欲從應曲當即天地之小德始終條理集厥大成即天地之大德人知天地即知仲尼矣欲依乎中庸之道舍此安適歸哉

此章簡易明白毫無疑義只是各家講章到天地之所以

爲大句便細然而止不敢再說到仲尼語氣有始無終惟
備中子前輩全章文明言仲尼時措之宜即其小德根心
之妙即其大德人欲學聖人之盡倫盡制須是求之小德
人欲學聖人之盡性至命須是求之大德語氣完備書理
豁然蓋此章與至誠無息章一樣機軸先言至誠似天地
後言天地似至誠只少純亦不已一節耳必待說出一節
找之此人眞舉一隅不能三隅反矣　道字不是道理之
道與萬物一樣說天有九道赤白青黑各二黄道在中日
月行之以成晝夜寒暑月天在下日天在上共行此道兩
不相涉所以不相悖日行黄道月行青赤黑白四道出入
於黄道與日會所會之次謂之辰日在上望日行道在地

下。地影上照掩月。月爲之食。月在下。朔日行道在天上。月體遮日。日爲之食。其食在下之人仰之則然。凌虛倒影。視之渺乎不相涉也。救護修省。聖人以神道設教。非小儒之所知也。此書經緯考靈曜之說。朱子注離騷。蔡氏注書經。俱引之

惟天下至聖章

大德小德只此一德。至聖至誠只此一人。此章就中庸之道放之則彌六合者言之。次章以中庸之道卷之則退藏於密者言之。此章逐字分疏。要像箇川流。下章一氣渾淪。要像箇敦化。無他疑義。　聰明睿知是生知之質。知先行後。有此生知之質。自然發行。不是知字。文理密察方是知字。仁義禮知之德。聖凡皆有。生知之質。上聖所獨。言天以

貞元會合之元氣鍾於首出庶物之至聖盡成已成物之性。膺作君作師之責。其聰無不聞。明無不見。睿無不通。知無不知。羣生仰之不可攀躋。亦莫不屈服。謂之有臨。易知臨大君之宜即此。睿屬悟性。神以知來。知屬記性。智以藏往。寬者民胞物與。裕者停大悠遠。溫者和氣遍物。柔者因機順應。天德之大生。發者機應於心。沛然莫禦。強者志帥其氣。浩然常伸。剛者無欲。夷險一致。毅者有守。久暫不渝。此天德之健行。齊者神明靜一。穆若交神。莊者舉止端嚴。儼若蒞衆。無過不及之謂中。立極於四方。不偏不倚之謂正。貞慤於百度。此天德之肅穆。足以有敬者。不待勉之而後敬。無衆寡。無小大。祗一視也。文者合章蕃德輝光日新理者揆幾綜事肆應曲當密者洗心退藏淵乎不可淺測察者研幾析理秩然不可蔽蒙別者別事理之宜此天德之離照　此節一總做即是大德敦化犯下溥博淵泉作時文者不可不知

溥博淵泉節　仁義禮智無一不備謂之周徧分量至足謂之廣淵　蘊藏莫測謂之靜深措施不匱謂之有本時出隨時出之咸宜無缺時時出之泛應不窮指發外處言川流之質下節只詠歎此節如天如淵即溥博淵泉莫不敬信說即以時出之詞有先後意只一層　見指動作威儀行則禮樂刑政敬信說是敬信說其仁義禮智溢泛鋪揚即莫不尊親矣

是以聲名節　此是就敬信說推廣言之舟車所至六句
一氣趕下至凡有血氣句總頂所至所通所覆所載所照
所隊皆有人在故曰凡有血氣者梯山航海慕義歸仁卽
莫不尊親若云血氣二字所包者廣麟遊鳳儀芝草生階
屆軼指佞獻諛之詞吾所不取　故曰配天句可以印證
峻極於天就聖人之道說不是天道下來發育萬物又上
去峻極於天　也尊親句儲中子文兼堯舜仲尼言之全章
文作學者口　氣則可若一二句題作子思口氣則今日之
事彼亦不能　預知之只說堯舜湯武奇肱之車越裳之雉
卽莫不尊親　之實蹟也　人力所通指舟車窮處縋險鑿
幽搜出他人　物來不定是遠處揚荆之地泰伯逃之便不

可踪跡今則富庶極繁盛之區夫差鑿邗溝爲之耳武陵漁父見桃源之隱便是神仙夜郎即今之遵義自問孰與漢大西蜀本禹之所生忽然中閉李白謂之不與秦塞通人煙天竺國隔大雪山慕唐太宗之化遣使來朝十年始達今之西洋國慕義入臣其人可來不可回以海中一山中峙彼處來可順而下回則不能逆而上矣故人力所通所包最廣　李安溪云經文有次第兩極之下日月已微嚴霜寒露所鍾亦莫不有物焉故須言霜露所隊按此非時文所急但以讀書爲格物窮理之學則不可坐井觀天今就其說引伸之天體至圓地亦至圓非一塊方棋局也日月緣地體斜行相隱避爲光明非一在上一在下也天

體九重最上第一重是宗動天又曰常靜天此天緣古不動不可思議其下八重純是剛風層層團結層層運動束此地體西學謂之地毬佛書謂之須彌山此毬此山横斜俯仰曲折皆有人物環繞而居日月只在中間斜對處環繞運行中國處赤道之下黄道之中在北極出地三十六度上謂之赤縣神州風雨所會陰陽所和聖賢所生此是大地中一最勝處其餘附地而居不可勝數今航海來朝貢貿易諸國亦是近中國處其不近中國或偶一至或竟不能至甚多日月互爲照臨各以行道之所及以爲晝夜長短時令寒暑中國之所謂晝正異方之夜及中國之夜彼則晝矣由日月經行遲速使然亦有日月所不恒照之

處湯若望西歷謂北極之下春分後皆晝秋分後皆夜南極之下秋分後皆晝春分後皆夜是一年只有半年照之也文獻通考載骨利幹之北渡海夜甚短自昏煮羊胛未熟便已天明是一日之中只有二時照之也惟有霜露是地氣所騰至空中爲剛風所阻反墜而下春夏融而爲露秋冬凝而爲霜處處皆然人得此霜露之澤一生一成乃可依之以生安溪先生謂兩極之下日月甚微乃指此也此本古天官周髀之說今西洋天文家用之安溪精於天官家其言引而不發上罕皆先輩引入四書滙參恐學人不知其詳特疏通之如此　或問何義門先生謂聰明睿知是大底智主於合藏文理密察是從幹上分枝生來

主於分別今子但云聰明睿知不是知字乃是生知之質必生知方能安行又云下文文理密察乃是智字何也曰仁義禮智信所性之德自上聖以至凡夫皆然故孟子言必稱堯舜又云人皆可以爲堯舜以天地之爲物不貳本無兩樣分與聖凡也至若人之有臨不足有臨全在此生知之質上定差等不但至聖臨天下至於血氣莫不尊親凡臨于夫者此聰明睿知定要過於千夫臨萬夫者必要過於萬夫否則小人而乘君子之器爲人所患不勝其害此不可以空言說以一二事證之蘇文忠公言張子房與項羽言如水投石莫之受也與漢高祖言如石投水莫之逆也是人之睿知適不相同也聞見錄載歐陽文忠與夏

竦同遊山寺一僧雖誦法華經不成誦為其師所撻問之誦幾何時曰七年矣二人憫之約各取一部誦之法華經僅七卷夏竦一晝夜而成誦歐公誦之七日成誦皆一字不遺是人之聰明又迥不相同也至聖若非先有此生知之質伏羲何以仰觀俯察開萬世道統神農何以別五穀嘗百草立萬物之命黃帝何以正名百物辨日月星辰之百度定山川河岳之名義此非良心發見四字可了天授非人力也但人之所以為人却不希罕他天授非人力只要懋此良心盡得人道便是堯是聖君朝乾夕惕皆聖君也舜是孝子養志承顏皆孝子也五達道一三達德一故曰及其成功一也即如讀書作文亦學問一大事往往有

甚聰明終日博奕好飲酒無所成就者亦有不甚聰慧却勤而不輟一時不見功日久又有好處則人定可以勝天所以爲萬物之靈也中庸一書全是爲困知勉行學知利行人說法生安之聖只是定箇標準不是以之望人此是學問大關鍵不可不知也

惟天下至誠章

此節前章川流中指其心體謂之大德敦化川流易見故曰莫不尊親敦化難知故曰苟不固聰明聖智達天德者其孰能知之行文筆勢自然如此非是令前章之至聖來知此章之至誠也　惟天下至誠句緊對聰明睿知彼言發用虛靈之極此言存主確實之極無一理而非天德之

粹精無一念而非天德之行。健謂之天下至誠。經只是定名分。綸只是聯恩義。却是爲能二字甚格。此即堯之克明峻德以親九族。舜之克諧以孝。以一已盡人倫之至。即爲天下後世立人倫之極。有道德齊禮之教。有興仁興讓之化。有禮樂刑政之成規。有匡直輔翼之至意。使世界之人各有恩以相接。有義以相維。故不曰一已之大經。而曰天下之大經也。大本只是中也者天下之大本。更無二本。却是立字不同。所謂仁義禮知根於心。清明在躬。本無私欲之擾。日躋聖敬。復加培養之功。喜怒哀樂之未發。湛然凝一而不搖。經權常變之互投。沛然四施而不匱。所謂立天下之大本也。知天地之化育。頗難領畧。天地化育何用至誠知之元亨誠之通利貞誠之復此是周子易通子思于載以前何從依口學舌講章時文無聊之計耳必要說得像個話則乾卦爻辭所謂大人與天地合其德與日月合其明與四時合其序與鬼神合其吉凶此之謂知也知他有何用處畫奇偶以前民用節律呂以宣和氣歷象日月星辰敬授人時作訛成易得其序撫五辰齊七政慶賞刑罰得其施是也此之謂至誠心通造化下文浩浩其天即此便是無用摹寫他虛腔　夫焉有所倚生知安行之聖人覺世牖民經天緯地之事皆內斷於心無所挾而徑造不倚於成理而後知之不倚於成法而後能之也

肫肫其仁二節　是就上節三事再贊一遍言經綸之仁

非若凡人察識擴充使之聯屬煦煦之仁乃一元之運浹洽於所不自知流貫於所不得已肫肫乎其懇摯之仁也立本之淵非若凡人涵養操存使之澄止泠泠之淵乃萬理之源探之而無有窮感之而無不通淵淵乎其靜深之淵也知化育之知非若凡人循數推理以求測乎天道昭昭之天乃體天合撰逆覩消息盈虛之故先天而天弗違曲盡裁成輔相之宜後天而奉天時聖心即天心浩浩乎其天也至誠之心體聖而不可知之謂神不可以常理測如此苟非上聖之人實有是聰明聖智之實能上達天德無思無爲之妙極誠無妄之源孰能知其肫肫淵淵浩浩之無涯際無窮極哉只極贊至誠之難知至聖至誠不必

强爲分别。此兩章大旨是因祖述章言仲尼兼有天地之大德小德。夫子之大德小德。當子思之時。人不能如今日之家喻戶曉也。故又說出兩章。欲知小德川流。觀至聖之過化可矣。欲知大德敦化。觀至誠之存神可矣。語氣只好收到天地上。便住。勿牽入祖述章反生支節。聖人之道晦於一時。顯於萬世。乃天使之然。必於當日先說成莫不尊親。則不待漢高祖過魯祀以太牢。聖道始顯。漢武帝以董子仲舒之言黜諸子百家。不許與孔子之言並重。聖教始行矣。

詩曰衣錦尚絅章

此章乃中庸總結大意。是言中庸之爲德。其大用則小德川流之至聖有血氣莫不尊親是矣其全體則大德敦化之至誠非聰明聖智者不知其妙是矣然有成德之效必有所以入德之方入德之方須是實心爲已勿徇外爲人只要認眞極不難事詩不有衣錦尚絅之語乎夫錦衣之文者也何必尚之以絅葢古人心存篤實極其收斂錦衣雖文惡其太著以吾適體之安爲人悅目之具則心馳於外而自治者疎矣是以君子之致知內極精明外無炫耀君子之力行內自黽勉外絕浮夸亦如衣錦之尚絅也夫尚絅則闇然矣而錦在內美在其中日新而不敝豈不日章乎若小人則惟知有錦日暴著之錦既敝矣文於何有所以的然而日亡爲人故也君子惟爲已故其日用言行

之閒言皆庸言行皆庸行無新奇詭異可喜淡而已然其言雖庸而皆根至理行雖庸而皆屬當然所見甚眞則言中之名理不可易所發無僞則行中之眞意無有窮至庸也而趣味不厭焉言無枝葉行無繁飾無紛紜纖瑣之態簡而已然言質而當則和順未嘗不發爲英華行恭而安則從容未嘗不中其儀節至約也而含章可貞焉又以其應事接物觀之未嘗逆意以察事未嘗峭厲以自持溫而已然事至而義呈其變化會通之故未嘗不自喻於心物交而情見其賢否是非之形未嘗不洞鑑其隱至和平也而自然有條理焉君子爲已之學誠中而形外如此蓋其平日之所用心不在外而在內不在顯而在微知遠之幾

在近天下國家之有治忽由吾身之所行有得失也知風之幾在自凡風采風度之著於身者有是非由心之所存有邪正也知道之不可離者莫顯乎微而誠之不可掩者夫微之顯故其立志惟在潛修用功惟在切己由是而下學上達可與入德矣　天道人道總是一誠不爲己則立誠之根絶矣巧言令色色取行違只爲欲著其文耳註中爲己二字最重知爲己自必謹幾近自微皆己也爲己有實功非以空言從事知遠三句即爲己之實功一串說講章周折俱添設也知微之顯另一口氣與上二句不同須另轉塡入存誠去僞正心修身切實工夫方可接可與入德書理關鍵如此　王澍困學錄云知遠三句是將下文

天下平效驗逆收到慎獨工夫潛伏孔昭微之顯也言動敬信風之自也勸威化起無言百辟儀刑惟德遠之近也解書甚細但此處只重知字若貪張皇話涉功效反佔下文矣亦不可不知

詩云潛雖伏矣節　此下五節一氣相聯近自微之功密而益密遠風顯之驗著而益著正與致曲章相似此節言入德之方先在慎獨下節言既知慎獨必加存養而後醇乎其醇也首章先靜存而後動察成德之次第末章先動察而及靜存下學之樞機　潛雖伏二句是說魚伏可見豈禍亂不可知此引來全不是本詩之說言一念雖伏其幾甚晦君子小人只爭此處內省其爲人欲而遏之天理

而存之則天理可以察識而擴充人欲不至潛滋而暗長自然無惡於志矣然則君子之所以為君子只在此方寸獨知之地人所不見處使其少縱即逝則亦悔不可追矣慎獨之功可少忽哉　志者入德之初心無疚者不負此初心也不可及三字不重重其惟二字畢爭此一念也

詩云相在爾室節　此承上節遞說去君子將言將動之時既常省察不睹不聞之地猶切閑存詩不云乎言相爾在室之時當兢兢業業庶不愧於屋漏言學當不欺暗室也故下學上達之君子無間隱微常存敬畏動固敬即不動而亦敬焉言固信即不言而亦信焉是則為己之功無一息之間斷無一事之容缺矣

詩曰奏假無言節　成巳之功上文已盡此下皆言所以成物也言君子爲巳其純如此則其德可以及人詩烈祖篇言主祭之湯孫進格於祖宗之時極其誠敬助祭之羣臣自然肅肅穆穆不待丁寧誥誡由此觀之一敬之所感既有其效君子德修於身充積極其盛斯民自然下觀而化善者民性所本有感於君子而自遷之豈待賞乎惡者民性所本無感於君子而自去之豈待怒乎益不怒而民之愧耻有甚於鈇鉞之威者矣　人各有天良至誠而不動者未之有也不要勦曲說補賞威不可廢所重不在此也

詩曰不顯惟德節　緊承上節君子德盛不惟化民即可

以平天下詩周頌烈文之篇言天子有幽深不可窺測之德諸侯奉爲儀刑由此觀之上作則下應表正則影端自然之理也是故爲己知幾之君子戒懼慎獨之修詣於至極則中和位育之效驗於不言此時雍雍在宮肅肅在廟其恭也不由勉强矜持益篤恭也既篤恭則天下自平矣天下平即不賞不怒上再推廣一層遷善去惡不知誰之所爲漸摩於仁義陶淑於禮樂蕩蕩平平遵道遵路也此俱是就自然說見德盛化成之妙即致曲章惟天下至誠爲能化也人道之成功與天道之成功合一成周之時道洽政治澤潤生民刑措不用與唐虞之時雍風動亦不殊矣不要補出以關雎麟趾之意行周官周禮之法一層

正與不大聲色何窒礙　此章與天命章緊對一起一收此即首章天地位萬物育文理到此便住下節只是贊不顯篤恭之妙非又進一層

詩云予懷明德節　中庸之極功全在上節此非再進亦不另起只是形容不顯篤恭蓋以首節只是爲已知幾四字恐人看得平常所以一連三引詩鄭重言之言由此做得透便是聖而不可知之謂神不可不勉也大意是言君子之德至於篤恭而天下平吾何以形容其盛哉將引皇矣之詩贊之則夫子平日嘗有言曰言語號令典章物采非不足以化民但此是化民之末務其本不在此也不大乃是不在聲色上張皇仍未離聲色不足以贊其妙將引

烝民之詩以贊之欲仁仁至德輕如毛亦庶乎善於形容矣但猶有物可以擬議亦未足以擬無思無不通不習無不利之妙也必若文王之詩所言上天之載無聲無臭乃可以形容不顯之德之至耳蓋風雨雷霆皆天之聲也而不貳之載則無聲蒙霧溫凉皆天之臭也而不已之載則無臭天賦予萬物各正性命之時本以此無聲無臭者降命於人人盡達天之後亦以此無聲無臭者退藏於密以反乎其初與天合德無可形容乃其所以善於形容以此詩贊不顯庶可以形容盛德之極至矣然其功必自下學之為已始學者可不勉哉　至矣是贊德不是贊詩天命實無聲臭可言推勘至此中庸之德存神過化與天地同

流乃可以見道之全量非言道以杳冥昏默為奇也一章八引詩文格奇絕純是鼓舞困勉學利之人使之希聖所謂興於詩也

卷之四

四書翼註論文卷之五

福清張甄陶惕菴氏敬述

房師仁和錢嶼沙夫子鑒定

玉華 貴山 書院同學諸子校訂

論語學而第一

學而時習之章

道之大原出於天。聖人爲天地立心。爲生民立命。爲前聖繼絕學。爲萬世開太平。只是全盡此仁義禮智信五字。所以能全盡此五字。又只是此一學字。學之所以有得力。又只認眞此時習二字。論語二十篇。以此章爲導源星宿之始。學者讀書明理之第一義也。學字•何晏古註。只是誦習兩字朱子始改作明善復初今便遵此作鐵板註脚不必再加轉語明善卽是知博學審問慎思明辨也復初卽是篤行時習之卽是知行竝進說是心與理相涵而所知益精身與事相安而所能益固此四語朱子語類所載不亦是指點人向學之詞言人之所以學而無得於心者都緣時作時止怠廢而無成或助或忘雜施而失序耳若能精專於此學之精微不可驟致我則漸以習之學之廣大不可自畫我則勤以習之則其中日就月將亹亹上達之妙必有自得於心欣欣向榮而不能已者不亦說乎旣說之則中之所得日益深外之所及亦日益廣不特已說之人亦說之矣斯時必有同類之朋自遠方來以所學與我相質證此心

此理之同既不差池其臭味見知聞知之道復有繼續於薪傳此時敬義立而德不孤必有暢然滿志者矣不亦樂乎然是學中之效彌推則彌廣學中之詣愈進則愈高處其常而秉彝其好德之良不以弛乾乾之內力値其變衆人鮮知德之雅亦不以萌悄悄之憂心其見識高明德性堅定至於如此不亦居然成德之君子乎人能篤志於學則德日修業日廣與年俱進其益無方至於如此人可不務勉於時習之功哉語氣全是鼓舞人向上去三不亦乎過來人現前指點欲其深思而自得之

唐虞只言心湯方言性伊尹萊朱方言仁言義言禮智信傳說始言學惟學遜志務時敏厥修乃來卽首節先路之導也荀卿亦云

學之數始於誦詩終於學禮其事則始於爲士終於爲聖
人亦已得其準的程子顏子好學論所云約其情以復於
性乃得入手處朱子闡明以明善復初精深簡要曠若發
矇矣　凡道理不明白處一反勘便瞭然發然後禁則扞
格而不勝時過然後學則勤苦而難成定是不說獨學而
無與有言而不信定是不樂一凡人譽之自以爲有餘一
凡人毁之自以爲不足定不是君子則正面自明白　梁
皇侃云時字有三義一身中時十三學樂誦詩成童舞象
二十而冠始學禮是也一年中時春秋教以禮樂冬夏教
以詩書是也一日中時君子之於學藏焉修焉遊焉息焉
是也說時字甚周匝或疑與明善復初不相融洽不知明

善捨詩書禮樂從何處明起不明善又復何初子所雅言詩書執禮又云五十以學易夫子明明教人讀書謂讀書非學者妄談也特後學不可坐井觀天只將琴瑟竹册名山風雨膚淺之詞晦却聖賢眞實理解耳　朋字重同道爲朋人者凡人也如叔孫武叔桓魋之類不過偶然事但爲此等人動氣便非君子　遠方二字亦不可落空註中衆字緊對此二字所謂得天下英才而教育之也　不慍只是德性深厚不爲外物所動別無他說

有子曰其爲人也章

堯克明俊德以親九族然後平章百姓協和萬邦舜克諧以孝蒸蒸乂而後愼徽五典五典克從納於百揆百揆時

敍故曰堯舜之道孝弟而已矣有子曷不鄭重言之先從極粗說起何也此以救時也春秋時犯上作亂之事靡國蔑有人皆以爲患却不知導民於孝弟以淸其源有子慭然憂之故先就此指點言此狠傲亂常之人始則幼不肯事長賤不肯事貴不肖不肯事賢犯上而已後乃溢而妄行甚至無父無君而動於惡人皆以爲患久矣不知此皆由不孝不弟習慣此暴戾强梁之氣性積漸而然若有人於此其事親也孝其事長也弟則循循然鮮子弟之過必凜凜然守忠敬之則犯上且無況作亂乎夫國無亂民治之盛也只是家家有孝子悌弟便成此氣象可見允升於大猷亦不難事只要操其本萬事理矣是以化民成物之

君子不修談移風易俗必慎身修思永之圖明體達用之君子不馳心上際下蟠惟審自卑自邇之節專力於本根之地一切節目條理足此達彼自然生發理則然勢則然也我所言孝弟豈非爲仁之本歟人能篤於孝弟則由親親而仁民仁民而愛物舉而措之不難矣孝弟可忽乎哉

君子務本二句朱子有兩說一云此兩句泛說以起下句所以集註加一凡字一云本立則道隨而生如事親孝故忠可移於君事兄弟故順可移於長是仍指孝弟也論道理只一直說下實於孝弟之外另尋個本不得大學治國平天下兩章都是孝弟慈說起此外無二本也若爲作時文起見直說則犯下須少虛含往見一坊刻竟以良知

良能作本。只不露孝弟字面。似爲得之。　此章道理至明白。圈外註與講章紛紜辨論。皆卮言也。外道參禪。尚欲得佛心印。學者讀聖賢書。不能躡月窟探天根。調老婆舌。叨叨絮絮以爲繭絲牛毛細心辨論。陋之甚也。

子曰巧言令色鮮矣仁章

聖學莫重於求仁。求仁必求諸己。若求諸外。則小人之歸。何仁之有。此巧令字面甚細。巧言非利口覆邦。令色非脅肩諂笑。却是裝一仁者之言。仁者之色。只不由中出。務以悅人耳。夫務以悅人。欲人以爲仁者也。豈知自有識者觀之。鮮矣仁乎。只將剛毅木訥章一對勘便知。　此是論語記夫子之言第二章。非其種者。鋤而去之。若稂莠與嘉禾

竝生則禾必不茂此示學人治心之學也

曾子曰吾日三省章

此是毋自欺之學朱子云不忠則欺人不信則欺友不習則欺師其實皆自欺也自治誠切故每日以此三者自省此剖露誠意之學與學者共勉之耳　忠須兼理之是非事之可否一一透徹信是心口如一始終如一習是溫故知新心解力行非僅僅傳習而已身字此章眼目此身以內切近之事所以爲守約也困勉錄有爲天地立心者此身云云說得太過火與此章不相稱此只是就人所易忽者而省之正曾子小心慎密處不必作張皇之態　省即省察能省察方能克治有則改之無則加勉此克治也

續困勉錄載胡統虞云人身至大者君親省不及此何也曰惟最大故不必省三者近於尋常故不可不省何屺瞻讀書記載安溪李文貞說云省察功夫必加於人所易忽之處乃爲至精至密人爲己謀無不盡心即爲己之所親厚者謀亦無不盡心至於爲人謀則有盡心不盡心者矣人於父兄不敢不信於君上不敢不信於朋友則有信有不信矣人於自己苦心力索所得未有不習若師門所傳授出口入耳同學共聞則容有不習者矣於此日加省察不惟日用要務皆反身而誠即他人易忽處工夫亦不遺漏方見曾子工夫精熟　按說書有二種只爲作時文起見守前說足矣不必增入後說反近拖沓若頂真說理則

胡李二說不可不知但李說亦有滲漏曾子之所傳論語所爲一貫大學之三綱領八條目此師門傳授出口入耳却與他人不同不可不知

道千乘之國章

學而一册皆言務本此治國之本也治國之事多端提綱絜要只此五者精神在兩而字一以字乃提撕鄭重之詞非轉灣虛字　千乘何晏古註二說一馬融云司馬法六尺爲步步百爲畝畝百爲夫夫三爲屋三百畝屋三爲井九百畝井十爲通九千畝通十爲成九萬畝成出革車一乘由此積算九十萬畝乃出十乘九百萬畝乃出百乘九千萬畝乃出千乘也九萬畝出車一乘是以九百家出兵車一乘步

卒七十二人甲士三人又有牛車一乘掌糗糧衣裝炊爨二十五人是九家出一人除去公田一分八百家出一百人也一說包咸云方里而井十井爲乘百里之國適千乘也此說百里以開方計之爲方百里者百乃萬里也故出車千乘其實乃八十家出一百人耳何不置可否但云融依周禮包依王制孟子義疑兩存其說言趙岐註孟子於此義有疑兩存之指梁惠王章

敬事二字拆不開敬大事不泄邇不忘遠持盈保泰憂盛危明是也敬小事齊明盛服非禮不動出門如賓承事如祭是也不要說敬天尊祖勿二勿三空話信是信於民凡發號令用賞罰皆必誠必信民可遵守不朝更夕改有名無實不要說實心實政空話康熙壬子科王文肅名安國主福建鄉試評元作云敬信二字通場

無到題語惟此得之前輩說書字字踏實地如此　節用二意清心寡慾不作無益一也量入爲出用之得當二也救災恤患亦是節用非縮嗇之謂　愛人兼百官族姓待臣以禮御衆有恩也　使民以時指至冬乃役之何晏古註云不妨農務邢昺疏引左傳云凡土功龍見而畢務角亢星九月晨見東方農務始畢戒事也戒民以度土功之事火見而致用心星九月末見南方致畚鍤之屬水昏正而栽定之方中十月也栽植板幹日至而畢冬至陽動則竣功王制云用民之力歲不過三日周官均人職云凡均力政以歲上下豐年公旬用三日爲中年公旬用二日爲無年公旬用一日爲公旬公事旬用三日二日一日也凶札則無力政免役也今講章謂四時有隙各得使民乃錯會朱子四時農隙講武

之說講武另一事不指使民周禮謂惟田與追胥捕罪人竭作此一二日卽畢之事與使民何涉古者城郭宮室皆用民力故必愼之又愼春秋所書工作皆不時也時則不書魯定哀作南門築蛇囿則書不時也魯僖公作泮宮閟宮得其時則不書矣　兵爲凶事一方有警四面皆從安得俟時小雅楊柳依依春亦出師六月棲棲夏亦出師此章使民但指土功不必据此爲蠻觸之鬭　按千乘二說若作時文空言從事二說竟可並用以示華贍必欲窮理馬說爲長八百家出一百人馬三匹牛十二頭又自備衣糧大率七八家供一兵民已疲矣故兵法謂興師十萬則奔走於道路者七十萬家若如包氏之說八十家出一百人

家家出兵又家家自任其費民力不支不敗何待必無此事

馬融所引乃班固漢書刑法志之文古司馬之法也今武經有司馬法一種乃齊景公將帥司馬穰苴述古兵法並無此語又每車一乘甲士三人步卒七十二人鄭康成註周官何休註公羊傳皆有之孫武作戰篇云凡用兵之法馳車千乘革車千乘帶甲十萬杜牧註云馳車戰車也革車輜車也司馬法馳車一乘甲士三人步卒七十二人輜車一乘炊家子十人固守衣裝五人廐養五人樵汲五人是合二乘一百人爲一隊也宋人王次點云蔡季通每論此事以攷周禮王制皆合是車一乘實一百人

弟子入則孝章

蒙以養正聖功也着意在弟子二字年華方富聰明日啟易以上達者弟子見解未定情識漸開易以爲非者亦弟子故弟子不可不知所趨向爲父兄者教弟子尤不可不知所培養主意如此　孝弟只淺說曲禮內則弟子職諸篇所云定省溫凊之事洒掃應對之節便是謹是循弟子本分不輕狂佻達信只是不虛詐欺誑汎愛卽禮所云在醜夷不爭謂不憎嫌同類也親仁却是敬有德之人學記所謂敬業樂羣博習親師也則字而字俱是着力字面餘力是一事之餘一日之暇定有空曠處卽去講求格物窮理之事不可虛此餘力也　文註中指詩書所以明其理也禮樂射御書數所以習其事也弟子將來成德之全體

大用俱在學文二字則字是無餘不可後行而先文有餘不可專此而遺彼也　尹氏曰文藝末也不是此文字是古聖相傳所以經緯三才裁成庶務者堯曰文思舜曰文明周公制作郁郁乎文豈可說作末字尹氏以詩賦詞章坐實詩書六藝誤矣　此弟子亦不是幼稚大概十年出就外傳至二十弱冠皆可謂之弟子　文該道藝不可說太粗淺

子夏曰賢賢易色章

此章單重學字卜子恐人誤認華於言語長於記誦爲學特指此學之切實標準示人言學求如是而已若果有人巳能如此卽眞正學人矣雖有求全之毀嫉善之徒以未

學誣他我必爲之辨清楚曰此必巳學而後能如此也陽城爲國子司業、告諸生曰諸君子所以學爲忠與孝也此是聖門嫡傳易色竭力致身俱十分難事言而有信似易易矣其實遇同志友說素心話一加檢核隨郎遺忘不相照應者甚多若非時時檢點此信字不爲我有也四者人倫之大眞知力行是之謂學此外無學矣博聞强記下筆成章何嘗不是學學之正面却不在此此章語氣本渾然直下竝無弊病不消紛紛斡旋添補　大學之道此學字徹古徹今別無異說始於格物致知是讀書也終於平天下是爲政也總是此學字此學字宗旨又只是孝弟慈三字以自巳之孝弟慈倡帥一國之人俱爲孝弟慈謂之恕則可以治國以自已之孝弟慈體貼天下之人使之各遂其孝弟慈謂之絜矩絜矩可以平天下是人倫之外別無學術非讀書亦別無以明人倫時有古今人有敏鈍夫子博學多能皐夔稷契所讀何書均之學中先師先聖也後人倚朱陸門戶互相攻擊指顔子博文約禮之教曰此朱門之學騖外者也指孟子良知良能之語曰此陽明之教逃禪者也雖曰已學吾必謂之未矣

君子不重則不威章

此章書理只是四平主敬存誠輔仁改過程子所云自修之道當如是也次序則備於游氏之註不必又尋俗說或以學串或重忠信　君子只是學者字面重威只是衣冠

正。瞻視莊。學問之道。以變化氣質爲先。若輕浮不穩。重則心不靜細。不深沉。讀書窮理。必隨得而隨失。省察克治。必乍密而乍疏。志向雖高。見識雖敏。亦不能成就。以其非載道之器也。故爲學先在此檢點。起忠信須合下便有。但必威重。後此忠信方靠得做。主成德之功。能誠自然無不敬。入德之序。必主敬而後能存誠。理本如此。忠信俱指實心。不貳謂忠。不欺謂信。心如是則事從之。非必主忠事主信也。朱子於大學註云。發已自盡爲忠。謂念之發於已者皆自竭盡。不肯苟且。循物無違爲信。物指理言。循其理之當然。不敢自欺。致有不實不盡。此便是信。不指踐言說而言之必信。自然已包舉在內。　友不如已則臨深以爲高加少以爲委誠敬之功勢且半途而廢以友輔仁一大事也過字要看得細中心斯須不瑟僩外貌斯須不赫喧便是過卽須警醒速改他不可畏難不可苟安此四項有層次無輕重

曾子曰慎終追遠章

此章指公卿大夫有化民成俗之責者居喪不如禮祭祀不盡誠敬下民罔所視效相率入於偷薄故言若長民之人能慎終追遠則民德自歸於厚蘇老泉蘇氏族譜亭記言吾鄉風俗之壞皆自其鄉之望人聞人開之卽此意也登高而呼聲非加疾其勢便也惟民生厚使之歸於其舊不大難事只視在上所爲耳孔安國舊說是喪盡其哀祭

盡其敬朱子改作喪盡其禮葢附身附棺勿之有悔始是愼哀不足言愼追祭祀人皆敬必如祭義所說僾然如見愾然如聞思其飲食思其笑語始是誠誠方是追遠朱子高出前儒在義理精微處若名物制度漢唐諸儒功不可誣

子禽問於子貢章

齊景公問政葉公問政此是虛心求教不叫做聞政聞政只淺淺看陸稼書先生云邦之治亂安危必聞之俗之貞淫奢儉必聞之君臣之淑慝臧否必聞之先世之典章制度必聞之此是不知不覺自然到耳根上來禮入境而問禁入國而問俗開口去問便是求求亦尋常字面不可說

得十分汚下。但夫子却不消如此邦君傾心相信。一一就正。呌做與邦君實亦不能如此非求非與自然到來呌做得端木子所以語言妙天下也溫良恭儉讓只是和氣謙德四字註中破作十字又包裹作敬信二字作制藝者或遜字分疏或單說大意俱不甚關繫要只要說得聖人盛德感人如春風一到寒沍流澌化雨所滋枯荄起色邦君賢愚不等無不心說誠服則子禽之必字子貢之以字兩面都見。　儉字難解晏子御車之妻窺見晏子意念深矣抑然有以自下是其儉也御者意氣揚揚自得則不儉矣趙文子退然如不勝衣亦近之　不但大聖人人皆敬信即明道程子考亭朱子宋神宗孝宗何嘗不相信後漸漸

不然天運使然聖人亦人耳後天而奉天時將如彼何哉

史記言夫子以詩書禮樂教弟子三千人身通六藝者七十人弟子列傳又引夫子之言云身通六藝者七十人皆異能之士也是子禽亦在異能之數不要看得太壞將求與二句說得十分不雅　文震孟云以邦君之敬信卒不能用聖人夫非限聖人限衰周也邦君不能用聖人猶知敬信聖人夫非露人情露人性也說得透徹之極

父在觀其志章

此是指當時卿大夫其親始没即有所變置紛更自以市名者言道字可南可北可由可不由非大有害之事不改亦可緩改亦可亟亟改之則不可若害於而家凶於而國

之事亦執此言大則爲蔡京之誤宋小則如高拱之怙非高拱不肯改嘉靖之敝政事在明史易曰幹父用譽承以德也亦夫子之言讀書須四面都到始得　宋哲宗最認眞無改於父之道可謂孝矣十字宮中有一桌殘舊矣宣仁太后囑近侍易一新者後次見此桌仍在問何不易哲宗曰是爺爺用的宣仁太慟而出蓋彼惟以用小人爲不改父之臣沿弊政爲不改父之政與宣仁所爲大不相合也當時亦有以此告司馬文正者文正毅然曰天若祚宋必無此事況太皇太后以母改子也此語亦錯只當云此皆先帝遺意因驟崩不及措置吾但遵行之耳如此庶不激其怒蘇文忠最曉事於司馬光神道碑以用光出神宗之意引唐太宗出

李勣以遺高宗爲比又云二聖之知公也知之於旣同先帝之知公也知之於方興敵臣尤以先帝爲難呂惠卿貶官制詞云先帝始以帝堯之仁姑試伯鯀終以孔子之聖不信宰予步步留餘地却亦幾于不免國之將亡有物以蔽之非可以口舌爭也明世宗末年朝政敝壞彌留之際徐華亭階謀之張居正令擬遺詔改之其畧云朕冲齡即位夕惕朝乾政事本無闕失後因多病意求長生遂爲方士所愚所行多誤蓋欲成美端在後人宜將方士郎正刑章直諫諸臣歿者優恤生者錄用諸不在遺詔中推此從事詔下朝野號慟感激蓋失此機則難措手矣惟高拱大不平以爲武王反商政不過釋箕子囚封比干墓式商容

閫耳。未有一一改易者。與大獄。必欲陷華亭。後爲張居正所傾。高拱踉蹌歸。乃止。拱死而無子。人之用心好惡顛倒如此。

有子曰禮之用章

此章王罕皆先正說得最明。其言曰、周末文勝。實意寖微。病之者至以禮爲忠信之薄。而亂之首。欲從而廢之。有子特爲揭出禮中之和。以見禮本於天理之自然。人心之所共安。其從事繁文。拘牽瑣褻。爲人所厭苦者。由於知禮而不知和。實則並未嘗知禮也。於是有一種恣睢放蕩之人。矯枉過正。知和而和。其弊至於廢禮。尚不如彼繁難拘苦者。不至於敗常而亂俗。其意以爲可行。不知其亦不可行也亦字有一層伴引非憑空下此一字　禮之體不可見吉凶軍賓嘉三百三千皆其用也其用皆是嚴皆是敬却皆是和朝廷之儀君尊而臣卑閨門之內父坐而子立賓客之接自卑以尊人飲食之讓處惡而就下如此則心安不如此即剛暴之夫亦惶恐慚恧而匿所據此所謂和也惟其禮之用和如此所以可貴先王之道道字即禮字先王之制此禮措之則正施之則行垂之百世而無弊所以爲美小而衣服飲食應對進退大而安上全下立綱陳紀無不由之禮之可行久矣何至有所不行哉然禮可行今人之行禮却有所不行以其徒知繁難拘苦者不足與言禮却不知其脫畧恣睢更非所以爲和厭踵事增華之不

實並內心之恭敬而忘之鄙拘文牽義之失眞又併外心之防檢而踰之拜上以爲聯情夷俟以爲率眞不衣冠以爲適體惟意所爲不復以禮節之任情失性有害於道較以拘迂瑣褻爲禮者尤甚是徒知非禮之禮之不可行而不知此非禮之和亦不可行也語意全對子桑伯子原壤一輩人說法不然人而無禮賦相鼠以詔之足矣何用與之言和不和哉　荀卿不知性却知禮史記禮書全錄荀子以成文者也荀言禮以養人爲本其用在視聽言動之閒蓋言人之視聽言動有禮則可以養其性情此正是和字眞解方靈皐先生喈好荀子之文於此題制義云外無所致而中必懕故勞苦恭敬乃所以養安荷近其物而情

亦生故儀節溫文亦所以適性說和字比諸家講章爲透切矣　註中程子謝氏兼樂字立說與題之語氣不相蒙備一說可矣不必曲爲附會

有子曰信近於義章

此與曾子吾日三省章同意皆是移下一層於人所易忽處照心檢點言綱常倫理之大固當辨義即與人約信亦不可信口輕諾恐後來或限于力或害於義有不能相顧處必斟酌使近於義則可以踐言進退出處之交自當守禮即致恭於人亦不可率意而行恐亢而近驕卑而近諂有取耻辱處必裁度使合於禮則可以無悔事師取友之際自必擇人即偶然因依也要審擇其可親與否庶日後

形迹漸密情意漸孚不涉比匪而可以宗主之矣語只淺處說　致恭而不近禮傲則人怒是取辱也諂則人鄙之自思亦可耻　因謂偶爾因緣朱子謂先主之於劉表是也宗是日後宗主他觀遠臣以其所主觀近臣以其所爲主朱子謂孔子之於蘧伯玉顏讐由是也汪武曹大全有一條七十子之宗孔子十亂之宗周公與本書宗字大不相干不必贅其鬧熱引入筆下

君子食無求飽章

此是繪畫一好學人模樣語氣雖有三層實一貫直下人若志在溫飽更說甚學然亦有淡泊寡營不能於言行上實力用工者亦有知所用力而錯認路頭者必無求而又

敏慎敏慎。又能就正。乃算得好學之人。松陽講義謂曰知其所亡章。於不息見其好。此章於不雜處見其好。全副精神。注在此學字。所謂好仁者無以尚之也。事字兼學問思辨行五件。敏即百倍之功也。何屺瞻謂重敏於事三字。前後際皆歸併此。何而字直貫到底。亦是一解。無求飽安。不關貧富。在心上見。心專學上。自不暇求飽求安耳。有道即言坊行表之人。空言無可就正。何義門重敏於事之說良是。

子貢曰貧而無諂章

此章大旨。義理無窮四字。包括得盡。文境却如山重水複疑無路。柳暗花明又一村。只將正文涵泳。有會於心書理躍如矣沾沾說章旨節旨重某句某句作蜂房各自開戶牖識見者至此章全無所用之其實他章亦然聖賢亦人耳有疑即問隨問即答豈爲此咬文嚼字小生先約定章旨節旨而後開口哉

有學問有以自守而後能無諂知義理有以自防而後能無驕可也二字不可輕看子路原憲可謂無諂顏子彈琴詠風曾子閉門歌商頌聲出金石則樂矣晏平仲蘧伯玉隨武子可謂無驕衛武公飲酒溫克畢公克勤小物可謂好禮矣不必定是周公學有眞得仰不愧於天俯不怍於人如何不樂富何嘗不樂卻顯不出藍縷蕭條乃追出樂字眞面造次必依仁由義謂之好禮非折節謙下也貧何嘗不好禮豫大豐亨乃見好禮眞

面正如畫家烘雲託月此第一月烺然天上非微雲點綴畫他不出　其斯之謂斯字指可也未若仍是指樂與好禮此巳是第一流人物捨此泛說悟機化境又悟何事化何事只莫太粘煞耳告往是言處境知來是悟爲學此章不怕無靈機妙悟却怕作一泒拾瀋捕風之態令人可厭始可言詩不是說今日始可與言詩是言賜之見地名通如此始可與言詩古人詩三百篇無註腳非如今毛傳鄭箋朱註一一分疏只是用得着便好有美一人清揚婉兮邂逅相遇適我願兮孔子不是言男女相遇言程子賢人不易覯也鵲之彊彊人之無良我以爲君伯有不是言衛宣無行言趙孟不能自強甘心與楚迭爲盟主此令尹

子圍弒君之賊。乃今我以爲君也。端木子此章。却引證得通。不比中庸潛雖伏矣。魚比人心坎。衣錦尚絅。女人服飾。比興文之著。太離題脫母。董仲舒春秋繁露。言易無達古。詩無達詁。春秋無達例。達者一定之說。今以時文取士。說皆有定。非前之比。

子曰不患人之不己知章

凡人騖外之心。都是患人不己知。此念不除。則一動一言。皆從求知於人起。見眞小人矣。凡人愚昧之蔽。以不知人爲極。在位不知人。不能進賢退不肖。何以圖政。爲學不知人。不能親賢取友。何以成身。此爲倒用其心者。正言之最重。不患二字。言一味自治。不可分心也。古人在明處取士大司徒之職以鄉三物教萬民三年而賓興之一曰六德智仁聖義中和也二曰六行孝友睦婣任恤也三曰六藝禮樂射御書數也此皆顯然易曉之事若再加一點求知之心則所行皆僞莊周言儒以詩禮發冢修其天爵以要人爵此念最汚下故不患莫知之說夫子屢言之欲其無所爲而爲之肺肝如雪方承當得君子人與四字今文章取士糊名易書却是暗處雖有患莫己知之念其勢不能自達心地到乾淨謂古多君子今多小人者此不識時務之言也今人爲學開口便說人不知而不慍惟有大不通一路否則學而時習之人必知之矣然其中却有君子小人之分非三代兩漢之書不敢觀非聖人之志不敢存

其根深者其實遂其膏沃者其光華仁義之人其言藹如此卽君子爲己之學來書不讀遊談無根又酷好此千佛名經登科錄也虞誠頂禮因而勦襲成文墨卷活剝生吞其一股一句或併其聲音笑貌一一肖之優孟衣冠令人失笑此則掩耳盜鈴穿窬之最拙最下非小人而何然由前之說人知者百之九十餘不知者一二而已由後之說人知者百有二三餘皆人不知也乃無學者甘心溺於其中不求出路故曰小人枉作小人

四書翼註論文卷之六

論語　爲政第二

爲政以德章

此言治貴端本正與箕子言皇建其有極會其有極歸其有極召公言王敬作所同意其身正而天下歸之道理實是如此前後聖言若合符節爲政二字一頓言人君之爲政者若平日於仁義禮智信之天性仁敬孝慈信之人紀躬行實踐有得於心由是發號施令立綱陳紀在上行之却是政在下見之却都是德非徒政也如是則謂之爲政以德首句語氣只到此便住太露便死下如是則德修於身下觀而化譬如北辰居周天之至中宅紫垣之尊位四輔四星擁其後勾

陳六星衛其前穆穆然居其所而已初不見其環轉運行也而三垣五緯二十八宿與夫有名有象之星千二百六十無名之星萬有一千二百五十無不四面環繞歸嚮拱衛之者居得其所故也爲政以德不賞而民勸不怒而民威其象亦猶此矣　困勉錄引李毅侯云德是我所獨得亦是人所同得故其綰結之妙不可測識如此說得着

或問註中明言北辰北極天之樞也朱子語類又言北辰是極星邊無星處惟此處不動講章皆言北辰北極是兩件宜何從曰從註註非朱子之言乃爾雅釋天篇云北極謂之北辰原文也爾雅或云周公所作是孔子引周公之言即云子夏所作是子夏釋孔子之言也此說之定久矣

安有用邵康節天無星處是辰來翻案之理況惟北辰即是北極故與爲政相關史記天官書云中宮天極星其一明者帝乙常居也史記索隱引緯書云中宮大帝其精北極含元出氣流精生一文獻通考云北極五星天樞至尊天運無窮三光迭耀惟此極星千古不移故云居其所而衆星拱之（此是隋志中李淳風語）是從古皆作此解蓋中宮五星有帝星有后星有庶子星太子星皆人之精惟此天樞一星是天之精謂之天乙又曰大帝此萬靈之主宰統馭周天之星故居所而衆星拱之惟其是個天子諸侯故德修而民化之可以無爲而治若不拱此星反拱無星是萬國衣冠不拱至尊而拱九天之閶闔也豈閶闔亦能修德乎況

星皆名辰辰者時也觀之可以知時故曰撫於五辰卽四時也火星謂之大辰水星謂之辰日月所會謂之辰左傳尙書所載甚明何用將此辰字易改若云必須辰不動方配得註無爲天下歸五字此大誤矣從地下觀天凡昭昭者皆動日動月動五星動二十八宿亦動七十年移一度謂之歲差中宮五星亦動此星卽在北斗之前初昏時斗柄在天中宮星一一可數夜半斗沉西則此中宮星皆不見矣是極星亦動也蒼蒼者皆不動不特北辰倘之蒼蒼者不動凡蒼蒼者皆不動也動則無此世界矣今詳言之爲大惑者一解天本積氣層層包裹自爲運行各不相涉屈原天問篇曰圜則九重孰營度之此其證也第一層去地最近爲月

天第二層水星天第三層金星天第四層日天此天適中日力最大發育萬物春生夏長秋收冬藏全在此日天運轉第五層火星天第六層木星天第七層土星天第八層二十八宿天大抵去地近則運轉速故月二十七日一周天十二月從月得名也日居中行稍緩三百六十有五日一周天則成歲矣歲者從日得名去地愈遠則愈緩土星二十八歲一周天二十八宿之動古莫能知但見中星堯典與月令大不相同李淳風以意推之謂之歲差元郭守敬乃知之立度謂之恒星行七十二年移一度約二萬餘年始一周天第九層謂之宗動天此即北辰居其所矣古今無古法謂之不動其實亦動北斗不見此亦不見未嘗

凝然如故也再上一層謂之常靜天此即蒼蒼之天眞不動矣惟最下有不動之地故可載此人此物最上有不動之天故可載此地若蒼蒼一動則地即翻覆必謂周天皆動惟此極星傍一塊不動爲天之樞紐又大錯天樞據天文志是北極名後人錯認作樞紐天何用此樞紐乎九層運轉遲速不同此樞紐屬之何天則詞窮矣常靜天無星附麗只是蒼蒼此蒼蒼不動故諸天可依此立算布度可以推測宋人沈括著夢溪筆談已有其說云天必有天殼不動如道路不動乃可以算人行之遲速若道路一動人不能行無可算矣近西洋人始暢言之云如江河不動乃可算船之大小行之遲速若以此船算彼船何從知之故

曰凡蒼蒼之天皆不動邵子之言不可據以改周公子夏之書明矣　或又問大全中有云北極出地三十六度諸星常見不隱南極入地三十六度諸星常隱不見今唐詩屢云南極老人星又云春分之旦見於丙秋分之旦見於丁是可見也曰此亦有故地形圓裒高下不同去北極遠近亦不同元史載郭守敬爲太史令嘗遣官四出測量北極今北京北極出地四十二度餘各有差無正值三十六度者南極星宋史中興天文志云南極低不可見其精魄浮於上爲老人星稍高故可見然亦不常見每以春分秋分候之見則以爲瑞然南極亦非不可見入海則見漢書藝文志有海上星占近西洋人浮海而來盡見海中諸星

其圖列南極四星其傍有鶴星孔雀星條名義不雅馴不悉錄

凡講書要明白到底故曰審問之慎思之明辨之作文不然只擇中知以下所共知言之雅者說去故曰多聞闕疑慎言其餘則寡尤此講義辨析甚多畧示其凡例如此

詩三百一言以蔽之章

此是夫子刪詩後下一斷語欲小子學詩者知所用心也詩三百便由他三百要一言以蔽之何用一是言先王以詩立教之旨趣一示小子以詩之功用如此知所得力而後知所用力詩自然是有正有邪所以下此一語作子午定盤針必如呂東萊先生之說曰詩人以無邪之思作之

後人當以無邪之思讀之興觀羣怨事君父多識已七處徵心矣七處徵心語出楞嚴經偶戲用之何用又豎此一指頭禪畫蛇添足詩猶史也故曰王者之迹熄而詩亡詩亡然後春秋作若詩皆有正而無邪豈春秋亦有是而無非耶知讀春秋之法則知此章之解朱傳所註鄭風亦有一二章失之太過者但必如馬端臨力主呂氏之解極口爲淫夫訴冤則大謬矣

刪詩之說本史記謂古詩三千篇十存其一亦未必然今萃左傳儀禮戴禮國語諸書逸詩不及三十篇餘所引皆在三百篇中詩之底本原無三千篇可知歐陽子以爲章刪其句句刪其字庶或近之詩必美惡並陳而後可以見風俗之盛衰政事之得失猶修史者必正邪善

敗。並敘而傳之。無單修一部貞觀政要令人效法之理。知此則可與言詩矣。

道之以德章

此章口氣低昂讀之自見。註亦字字明白。不消複衍。但齊之以禮四字須曉。凡大關係所有愚不肖之人一毫不肯自盡。賢智者又有心討好。所以不齊。以禮一之則齊矣。檀弓載子夏既免喪而見。予之琴和之而不和。彈之而不成聲。作而曰。哀未忘也。先王制禮而弗敢過焉。子張既免喪而見。予之琴和之而和。彈之而成聲。作而曰。先王制禮不敢不至焉。此即齊字一証。　此政刑是正路之政刑。管仲之政。亦本周公。子產之刑。亦本皋陶。但無大本領。效只劉

免罪而已不能比戶可封也無耻不是寡廉鮮耻畏子不敢畏子不奔亦守法之民較之天良自見不肯墮落者相去遠矣功利之政刻酷之刑非此章語

吾十有五章

夫子兩楹夢奠之歲乃魯哀公十六年據公羊傳七十四歲史記則七十三此言已在暮年歷數所閱歷進德之序以示學者一片婆心　按註中有言此一以示學者當優游涵泳不可躐等而進一以示學者當日就月將不可半塗而廢兩路透徹眞覺聖人片片赤心而前流過數語極精妙實可以代聖人喉舌益亟者有凌躐之弊怠者存自畫之心盡去其亟心則優游涵泳矣振起其怠氣則日就

月將矣學者可不勉哉　志學指全體大用智譬則巧也此時已看定矩字七十方從心耳立是富貴不能淫三句不惑即是知權無毫釐疑似之差知天命只是天命之謂性此外別無天命但必如時文所云知仁義禮智即天之元亨利貞則大隨元亨利貞大吉而利於正也孔子改爲仁義禮智言占驗之事可以已矣只從仁義禮智做去便是非以此四字爲天命也一陰一陽之道繼之者善也成之者性也此却是天命眞面目古人鄉舉里選只重言行此事擱起一邊又無許多書籍識道學故知之難今人入考場便作理題知之久矣非今人皆强不知以爲知也只是知之不能行此何無可解兔耳順是子貢章一貫從心

是曾子章一貫此是現在得力謂聖人到八九十歲猶有進境亦謬說也松柏也有到一二千歲者只是盤旋偃蹇無直上至天閒者堯一百十六歲召公一百三十多歲仍是此堯此召公讀書須有確見不要只跟着人說　凡是聖人合下便生知安行合下便朝乾夕惕凡是愚不肖合下便不能知不能行合下便自暴自棄一定之理據夫子自言是有工夫方有進步朱子語類於志學後云加十五年進修持守之功於立後云加十年玩索涵養之功於不惑後云充積十年所知益精於知命後云若用力若不用力於耳順後云無所用力從容自到一一體驗不差　易云君子進德修業欲及時也不是單指少年衛武公耄而

好學蘧伯玉寡過未能皆近百歲矣。堯卻云耄期倦於勤予猶及見鄂文端朱文端方望溪三先生皆七旬矣。仍手不廢書。其學識仍如五六十歲時無大進者則古聖賢亦如此耳此三君子亦到古賢地位矣。

孟懿子問孝章

左傳云昭德塞違又云有嘉德而無違心違自是悖理無違自是不悖於理作文者因下文有樊遲一問不敢說理恐碍下文非也理字一面說孟懿子一面不懂公室覩豐碑三家視桓楹龍盾陬塗設撥舞八佾歌雍彼豈曰吾僭矣哉以為理固如此也俗士以非理為理極多夫子因樊遲引伸言中之旨并借樊遲補言外之義也說理字可得

毛西河檢討專攻朱註引其友朱鹿田之說謂勿違其親之命蓋孟僖子病不能相禮臨終屬其子學禮於夫子孟僖子卒夫子十六歲二子甫八九歲耳至長始來學夫子告以爾謹記爾父之言不可違也予謂此說以助談柄可矣若教人作時文禮字正犯下聯逃之爲攤講章即欲耴者發一大噱

孟武伯問孝章

不曰守身爲孝反從對面說上統誇子弟不知愛身入理語聽不進去或者愛親有一隙之明因所明通之納約自牖之義也

子游問孝章

養字二音一音痒其詞至輕孟子謂中也養不中才也養不才上施於下之詞今有場師舍其梧檟養其貳棘義亦如之一音漾其詞至隆檀弓事君有犯無隱左右就養有方下奉乎上之詞供奉曰供養百官表少府掌山林池澤之賦以給供養受人之供養曰養禮運君者所養也非養人者也子游文學之英夫子對之豈曰爾養親不敬與養犬馬何殊何曾見子游不敬作此詆突粗醜此爲今之孝者發一感喟耳言今人但能出氣力奉侍父母便自謂能孝矣不思自人子以下輿隸僕從郎至犬馬之無知皆能出氣力以奉侍人但不能恭敬如其子耳若能養而敬不至人子何以別於犬馬乎此棒喝已承受不起若如後之

說擬之不倫不可出諸其口矣古註包咸二說前說云犬能守禦馬以負乘皆能養人此正解從漾音後又云愛而不敬獸畜之也此是附解朱子刪其前解用後解自是錯誤國君養士不敬可以犬馬比人子養親不敬何可以犬馬比此不待辨而明者也况普天下皆人子曾有幾個不養其親曾有幾個養其親便自謂今之孝者古今用此語皆作漾音無敢作養犬馬解者見於史冊古文甚多君子之過如日月之食人皆見之何必勉強附會君子不文過小人代之文此何理哉

子夏問孝章

此章古註包咸曰承順其親之顏色爲難朱子解得是蓋

色非難根心爲難舜夔夔齊慄瞽亦允若敬之至也老萊子衣綵詐跌作小兒啼父母破顏一笑愛之至也此色難乎不難禮云嚴威儼恪非所以事親也成人之道也子夏此病承受得起故夫子問其病而藥之有事弟子服其勞卽上章皆能有養也養之讀漾其義甚明方靈皋前輩云四人問同而答異所以治其人之道卽在其人之身以人治人其義如此

吾與回言終日章

此章語氣最難體會如愚不是好字面卽不愚亦不是上好字面將默識心融納入如愚先說透則退省二句全屬無謂將如愚不愚說作先疑後信夫子於顏子又何消先

疑後信。且於與言終日四字亦粘不上矣。雖老宿如唐荆川全章文。仍跳不出先疑後信窠臼以四面把截實難下筆也。大抵總是贊詞到底須將愚字看得好則亦足自有根苗語氣自然靈活不用作描頭畫角之陋矣。夫子言良賈深藏若虛君子盛德容貌若愚此氣象於交遊朋徒中罕克覯之惟回也於吾傳道請業吾津津然終日言之回默默然亦終日聽之不見其有所疑亦不知其有所悟殆如愚人者焉及回既退而吾考察其學業吾與之言博文回則能心領神會於詩書易象之奥吾與之言約禮回則能躬行實踐於視聽言動之間如賜之言學而悟詩商之言詩而悟禮其聰明才識足以起予助我始能發吾言者以回之默默沉沉而竟亦足以發也然則其如愚也非愚也乃沉潛之識足以領受吾言之旨於言中淵嘿之資併能旁通吾言之蘊於言外不違而發比違而發者更進一解矣吾安得盡吾門如回之不愚而與之終日言也哉想語氣應是如此如愚不愚俱不用十分纒擾省察學業是師門定理不然則由之瑟亦不必過而問之講章紛紛辨論俱是贅說唐荆川文只一筆云及其既退而省其私也但見其以無所不悅之心而體以服膺弗失之力只此便是大全諸家所說俱無把柄令人無可措筆何義門王罕皆二先輩說特分曉再爲闡發明暢與深於斯道者商之

視其所以章

眞小人一望而知不至錯認錯認者僞君子也三層遞下只是破一僞字果是中心安仁何不可開誠相信之有人焉廋哉二句重複言不特其僞無所匿即安勉之分亦無所匿不特淺露之人不能遁即沉深不測之輩亦無所逃吾之洞鑒也　觀其所由句卽插不入惡字只相其爲善之來歷而已

溫故而知新章

講章謂此是學貴心得乃攧撲不破之談古人書籍不多子所雅言詩書執禮易象春秋傳雅者乃肄業及之故字不過如此其中天德王道包孕無窮若溫故而不能知新則此人心坎中竝無源頭活水一汲即竭何可爲師之有

惟時時溫故卽時時知新古訓有定新知不窮此則天性高明又肯用功研索者也可以啓牖後學矣　月無忘其所能是溫故日知其所亡卽是知新若一溫再溫依舊見解如前讀易何用韋編三絕乎聖涯濶於淵海昔之見淺今乃見深異日之所見更深故云學問之功與年俱進這一部四書註朱子改了又改溫故知新不知若干次矣可惜人皆從小讀滑熟了竟不知新奈何　今人與古不同書籍大備又尚文辭有左史倚相子產叔向之材方可華國若昔日之本分人乃今鄉校中沒意智秀才全要知新知新後再去溫故自有見解若此人果曾讀十三經註疏一遍再去讀朱子四書註自然心悅誠服相悅以解此卽

溫故而知新若只向舊窠中求免不能進益

君子不器章

認淸君子二字周公多才多藝位冢宰正百工固是不器臯夔稷契只守一官顏子在陋巷溫溫無所試亦不器也人心虛靈具衆理而應萬事本是不器只是大賢以下雖有學識却不能盡其才惟大賢以上能充其全體大用自然大用大效小用小效無不如志也

子貢問君子章

此章須認子貢問君子五字非泛泛之詞在子貢發問亦不是定云君子自是出言有章德音秩秩但夫子恐其畱心偏重言上特地爲此矯正之詞言欲爲君子先觀君子

之言君子固不是重言亦不是以言爲先以已所行從其後而鞭之蓋君子之所以爲君子精神全在力行上如胸中口中有隱隱可言之事理欲吐之懷抱是卽所謂其言矣君子必將此其言先行之到得果然實踐有據躬行有得然後將此所知之事理欲吐之懷抱暢白於衆與之共勉爲君子此時聞君子之言者一一從而覈之皆其所已行者也在君子只是力行不知先後在旁觀則謂之先行其言而後從之是之謂君子矣行字是知行之行平聲其言是人倫物則可行的胚胎不是空話

君子周而不比章

此是就與人親厚中分別出邪正公私四達爲周君子之

心從天理上發動博愛是周有等殺親疏越發是周朋黨
是比小人從人欲上起見黨同是比即泥愛廣交亦越發
是比此困勉錄有一說此小人不要說得很壞只是見識不
廣大的人忘富貴而不能忘功名則附和之說起同聲華
而不能安寧淡則標榜之局成亦說得細若武三思所云
我不知何者爲君子小人但與我好者便是君子與我惡
者便是小人此等畜類原不足挂齒

學而不思則罔章

人若知行並進或曉得先知而後行則學思原是一事譬
如讀書用着口耳眼即是學用着心管此口耳眼目即思
矣有何分別此是指兩般人說一般是粗魯不肯用心人

終日爲其事却不去想一想見淺不見深誦讀乃古人之糟粕執藝不知道服行只一技之拘迂平日既不融會貫通臨事何能折衷斟酌雖曰學人亦愚人耳此則罔也一般是乖巧希圖逸獲人析理則忘食忘寢不知考信於詩書論事則孰是孰非不復徵實於文獻逞臆而談亦似有剏獲之見師心而動且入於誖謬之途問世既以不安問心亦無以自安此則殆也甞指此二種人

攻乎異端章

仲尼祖述堯舜憲章文武舍此之外卽異端矣以之爲己不能順以祥以之爲人不能愛以公以之爲天下國家不能無所施而不當卽害之大老莊楊墨夫子之時説皆不

行佛氏尤後起俱不必拉雜徵引管仲晏子之書戰國人爲之夫子意中亦不指此

由誨汝知之乎章

强不知以爲知何須看得好子路豈肯無而爲有虛而爲盈只是心直口快見個大概便不去細心推勘不知不覺已到此症陸稼書先生云仲氏能誠意却不能格物致知夫子指其受病使用致知格物之功說得公道自知之謂明自見之謂聰古人原有此語果是內勘得五臟癥結歷歷分明有病便有藥如何非致知大主腦此去障之知由此而求之一轉曰知其所亡勿以半明半昧自足此培明之知二者並重若單認個退步便算眞知何難之有指是

知爲眞知人人皆能之舜亦不消好問孔子亦不消多學敏求矣甚矣明儒之陋也明儒指隆慶戊辰會試諸君知之爲知之何消說却亦有緣故凡有十條我知其三便說知其三則七者不知人人知之矣不如連此三者亦說不知則人不能窺其底蘊此假名士惡習須是去此一層肺肝如雪表裏洞然方好下窮理讀書工夫不然子路未嘗强所知以爲不知也則此爲贅語矣

子張學干祿章

祿之柄不由己何可干果欲干之又奚用學鑽刺夤緣豈用從師負笈記曰子張學干祿求濟世之具欲爲有用之材也故夫子不責備他但告以多聞見以擴其才識闕疑

殆以致其精詳愼言行以協於規矩言能如是則言無口過行無怨惡雖不求祿可以受祿不誣矣易大畜卦不家食吉言士入占此可以食祿於朝不於家也夫子繫象却曰君子以多識前言往行以畜其德蓋士入聞見淺狹則措施乖謬以入國俛倖幾何僥倖而不喪人之國乎此卽告子張之本旨也陸稼書先生言房琯王安石亦嘗涉獵經術不能謹愼遂致貽誤蒼生意似側在愼言其餘八字甚是　郭公夏五月秋七月此非闕疑也時文家淺見下筆便引此此是竹簡脫去塡註不上字蹟何闕之有其言其事一一現在宜於古而不宜於今可行於彼不可行於此則闕之此其義也　陸稼書先生又云古之聖賢身居

富貴皆是不求而自至未嘗有一毫希覬之念也自聖學不明士束髮受書便以干祿爲事終日汲汲都爲此一字差遣一部五經四書幾同商賈之貨只要售得去便罷未嘗思如何有益於身心有益於天下眞可浩歎愚謂此猶古道之言今之學者愈趨愈下一部五經半不寓目一部四書都是潦草只有時文墨卷改頭換面公相抄襲倖而得之所謂乞其餘不足又顧而之他者也豈曰干祿哉

哀公問曰何爲則民服章

服民機括只是公與明此是好德天良迎機自動不與蒙其利被其害相干哀公之時欲服民大不容易只是舉錯得當民情翕然歸於上又無形迹不犯三家猜忌老子云

吾言甚易知甚易行天下莫能知莫能行往往如此

季康子問使民章

季康子性情剛暴使字是欲齊之以刑夫子只是道之以德所說須切卿大夫分上臨之以莊朝班有儀恪之容退食著委蛇之度是也孝字旅送往事居卽告孟懿子生事之以禮三句是也孝與忠何與此正是使字肯綮上知有親則民亦知有君下觀而化理本如此方文翰先輩說生事之孝云南陔不違白華無缺葬祭之孝云大田歌風楚茨應雅最穩切慈是私邑省刑薄斂矜貧恤孤也舉善教不能亦是私邑有鄉校里塾就有選舉之政皆教季康子爲政要務民之敬忠以勸自在其中矣

或謂孔子曰章

孔子不仕雖語或人此朱子透頂識見知此則全章言語俱有着落所謂以權詞爲正理也然不可說定公不孝友定公九年夫子爲中都宰十年相夾谷之會此不仕自爲季平子陽貨耳書云孝乎惟孝友於兄弟施于有政此書詞也孝乎一頓惟孝然後友惟友然後政書之序如此言孝者必友既孝且友則一家之中藹然有恩是仁育之政秩然有序是義正之政是亦爲政是夫子引伸之詞言此固已爲政矣政者正也身範端而家敎肅不出家而成敎於國政卽在是何必析人之圭儋人之爵乃謂爲政乎語氣渾然道理已包括無盡

君陳鄭康成云周公之子伯

禽之弟也成王知之有素故稱其孝友欲其移以治國夫子斷章取義也書本文克施有政施於國政也夫子引之只說作家政

人而無信章

車與牛馬是兩物所以聯絡者輗軏也人與己亦兩物所以相信者心也人而無信失其本心妄誕之流出其言不善千里之外違之況其邇者乎何行之有 大車以載物重故駕牛直出一木名轅長一丈四尺轅上施一橫木謂之軛書肇牽車牛遠服賈又行兵戰陣以之載糗糧衣裝謂之貲重後車是也小車以載人輕故駕馬直出之木十尺名輈詩五楘梁輈是也輈上少曲處亦施一橫木謂之衡用以駕馬凡轅與輈深則折淺則負注若水之注言平直也則利

準利準則久和則安輈欲弧而無折經而無絕進則與馬謀退則與人謀終日馳騁人馬不疲敝惟輈之和也是輗軏不精良尚不可行無之則不成車矣節考工記文

子張問十世可知章

講章云子張欲知來以數夫子以理此言不是子不語怪力亂神切問而近思孔門家法也子張何敢出荒唐之語何義門云子張以世變無窮治道難以預定將欲立百王之大法竟何所守乎如此方是才高意廣人口氣亦與註中事字相符何義門又云不及唐虞夏繼治世者其道同也湯武革命繼亂世者其道變然大經大法不離其舊與時變通者小小損益而已天綱人紀與宇宙爲無窮何不

可知之育其言明確全錄之　觀往知來一定之理如司
天監歷法雖數十百年皆可預定然必上推已往千歲之
日至可坐而至然後下推未來千歲之日至亦可坐而致
益亘古今只此二氣四時亦只此二分二至二十四氣七
十二候推移不動其所損益不過除零補缺三年一閏五
年再閏而已亘古今只此君臣父子夫婦長幼亦只此人
倫物理名分紀綱其所損益不過積重者反之積輕者扶
之而已即如井田封建二者最不可廢其實禹時執玉帛
者萬國秦時只七國國日益少封建自不得不除漢高帝
又封建反者如蝟毛而起周武王時人口千三百萬有奇
西漢元封之盛人口五千九百萬有奇人口日益多井田自

不得不廢。唐太宗復行均田之政。賦用租庸調。唐代宗時卽變爲夏秋兩稅。雖百世可知。卽其事也。易曰。澤火革。君子以治歷明時。治歷者。年年是因。亦年年是革。治天下者。時時是革。亦時時是因。周王旣伐商。盡反商政。革也。曰政由舊。卽因也。亘古今無二理也。

讖緯術數。子張口中無此四字。朱子因十世二字。惑人點淸此四項。作一隄防。俾學者勿誤墮其中。讖是口語。如亡秦者胡。楚雖三戶。亡秦必楚。劉爲卯金之子。光武爲白水眞人。一時流傳。不知所起者也。緯則有書。古書只有五經。却有七緯。益以樂記爲樂經。與孝經。又附以樂緯孝經緯也。術如京房之飛伏納甲。管輅之風角鳥鳴。數則焦延壽之易林。衛嵩之元包。邵子之皇極經世皆數也尚有陋者如六壬禽遁之類不足縷述凡士人涉此非徒無益必反受其不祥古今術士無得免者故曰前識者道之華而愚之首惟緯書中畧有分別其書不知所自起託於孔子之言盛於西漢哀平之際王莽圖移漢祚作僞雜之光武中興自以名應圖讖尤信其說東漢儒者以五經爲外學七緯爲內學隋文帝始焚禁之是書遂無傳今散見於羣籍者天三百六十五度四分度之一尚書緯考靈曜之文也邢昺疏爾雅蔡仲默註尚書皆引之天左旋日月五星右轉黃道一青道出其東赤道出其南亦考靈曜之言蔡氏註閏月四時成歲及月之從星皆引之三統曆三正九章筭法六天五帝三雍明堂辟雍靈臺

九錫郎彤弓旅矢朱戶之錫八能冬至占八友見漢書鄭康成所引以註尚書禮記者皆緯也朱子註楚詞地有八柱孔穴相通易緯括地象之文曰有三足陽烏春秋緯元命苞之文也凡六經中制度名物與僻者多本緯書葢必周秦間博聞之士所著王莽劉歆等蒙之以行詐遂至與妖妄同棄之耳易緯禮緯文獻通考尚存其書名數種此又覽古者所當知也

禮字是此章主腦禮有三禮云禮云此禮與樂對甚輕禮之一體也禮記云人有禮則安無禮則危史記云宰載萬物役使羣動此禮字無所不包扶持此三綱五常不可斯須去者六官統天下之政謂之周禮三千三百備人道之用謂之儀禮自小學以至達天德不外內則少儀中庸

大學統謂之禮記明之會典即明禮也

國朝會典即今禮也禮之包涵廣大如此不可不知

非其鬼而祭之章

毛檢討奇齡言古三禮天神地祇人鬼名各不同周官大宗伯職亦以三者爲別此非其鬼人鬼也非其祖宗誰肯祭之祭亦有之鄭伯請以泰山之祀祀周公欲得許田也衞成公夢康叔曰相奪予享欲祀夏后相甯武子不可而止晉平公寢疾夢黃熊入於寢門用夏郊祀鯀皆恐其爲祟也是諂而已古禮重祭祭必於宗子之家况非我族類者至於祭法以死勤事以勞定國及月令所云百辟卿士有益於民者亦皆人鬼也必其人於禮有應祭而後行之

非是則諂君子上交不諂下交不瀆鄙鬼神亦有界限見義不爲重見字陳恒弑其君既見之矣孔子請討哀公曰告夫三子者氣餒故也季文子爲東門襄仲所指使晏平仲不敢討崔杼皆氣餒也

四書翼註論文卷之七

論語八佾第三

孔子謂季氏章

○廟制正廟爲堂堂後半爲寢前半爲庭如今之前軒歇在堂舞在庭郊特牲云諸侯不敢祖天子大夫不敢祖諸侯而公廟之設于私家非禮也由三桓始也蓋季友爲桓公季子慶父叔牙皆以罪死季友有安國之功爲正卿又爲小宗宗子故季氏祀桓公于私庭魯自惠公請天子之禮樂於周遂僭用之必桓公之廟原是八佾故季氏祭桓公亦用八佾若祀季文子季武子用八佾季氏亦不敢也夫子不責其公廟責其八佾蓋封建之時實有小宗祀大宗

之祖者故左傳云宋祖帝乙鄭祖厲王推此則立廟尚可容但祭用生者之祿季氏祭桓公亦只是四佾鄭祖厲王不聞鄭亦僭禮故夫子斥之忍是容忍言此決不可姑容也君子居是邦不非其大夫夫子以空言詆季氏如爾衡罵曹操何益於事此必孔子攝行相事墮都出甲薄昭公之墓之時併削桓子之家僭妄之禮是以連說此兩章非無故爲此言也陽貨欲殺桓子曾不以爲非諸侯亦不以爲非季氏之膽落矣虎雖出奔方挾齊晉季孫斯懼禍用夫子以慰衆望且以當齊晉也故夫子乘此機會取僭妄干紀之事盡削之墮費墮郈私家不藏甲則無爲亂之資黜其八佾歌雍則人曉然于上下之分矣故三桓漸微曾

不至篡由夫子之爲政也若夫子得國政置之不問遐乃以空言詆之何以爲孔子哉從來諸儒無解此者　佾是八八故曰夫舞所以節八音而宣八風也若如杜預之說則諸侯只宣六風大夫宣四風士宣二風矣服虔說爲是

三家者以雍徹章

前章季氏此說三家只是一處祭桓公則三家之子孫皆來是三家之堂矣　私祭桓公亦歌雍只是貪他詩句堂皇冠冕耳故夫子以奚取二字點破他歌無謂之詩取諂於人雖愚人一說破亦不爲矣方文輈先輩云前章怒罵此章嬉笑甚得神情　註引程子成王周公云云此言非也失在後人與前人何涉成王賜周公以天子禮樂正如

竹書紀年載太甲以太牢祀伊尹漢宣帝以東園秘器斂霍光龍旗虎賁送葬東平獻王及安平王司馬孚皆然非令其子孫俱用此禮世亦不以其事爲非也魯之僭禮起於惠公宋儒劉敞據呂覽辨之甚詳不然雍之詩曰既右烈考文王也亦右文母太姒也周公自作之詩成王卽以賜之周公公然受之其不通文理較三家尤甚矣程子之言理正而詞非也

人而不仁章

此與禮云禮云章一樣彼是喚醒鶩名者故詞緩而味長此是責備僭妄之流故氣嚴而詞厲如禮何言既無一毫恭敬之心則亦不奈此儀文器物何不誠無物理正如此

林放問禮之本章

禮之失在逐末繁縟無實是逐末○即僭妄亦不過逐末○八佾只圖好看歌雍只要好聽○豈眞自以爲天子哉○林放不斥時人之非○反尋其本○其旨甚微○而所包最廣○所謂定哀多微詞也○制禮之本○由於尊卑之定分○恭敬之內心○天高地下○萬物散殊○而禮制行○行禮之本○却是從儉起○八簋九鼎○從歃血茹毛起也○九章十二章○由衣其羽毛起也○九廟五門○由巢居穴處起也○八佾九奏○由蕢桴土鼓起也○禮之始儉而已○由儉而後得中○由得中而後有太過○今反其太過者而使之儉○仍得中矣○此即從先進○非反古初也○人子遭喪○昏迷哀痛而已○絞衾衿冒棺槨○與夫衰麻之等○哭踴

之數祭奠之期皆以漸爲之者。　孔子之喪公西赤爲志。爲子張之喪公明儀爲志焉爲其家治喪也若遇事之初。卽井井有條理則此人全用心在外不知痛於心矣故曰與其易也寧戚。　或問夫子旣曰與其易也寧戚禮又云喪三日而殯凡附于身者必誠必信勿之有悔而已三月而葬凡附于棺者必誠必信勿之有悔而已何也曰此另有說此所謂易指喪儀也若附身附棺惟送死可以當大事人子當此時必節哀忍痛片時親自上前件件檢點若單靠他人必以無爲有以惡爲精有後來之悔林放所問俱指外飾之禮與此不相涉。

夷狄之有君章

有君無君指臣子說春秋之末魯三桓晉六卿齊崔慶陳恒無君極矣夷狄何曾有此所謂南朝多好臣一歲易一主北朝無好臣百歲不易主也春秋夷狄亦有君長戎子駒支潞子嬰兒之類魏絳和戎衛文却狄夷狄皆有成國略與諸夏同

季氏旅於泰山章

魯有大祭四謂正月上辛祈穀於上帝謂之郊非冬至之郊次則祭河海岱三者皆在魯境内先郊祭之故學記文云魯人將有事於上帝必先有事於泰山春秋云不郊猶三望是也此是常祭魯公主之季氏原不敢僭旅者有所祈非常祭也周官大宗伯職以血祭祭五嶽以沉貍祭山林川

澤常祭也又曰國有大故則旅上帝及四望鄭康成註旅陳也陳其祭事以祈焉不如祀事之備也陳祥道禮書曰旅者非常祭也國有凶裁則旅其羣神而祭之蔡蒙旅平荆岐既旅九山刊旅皆於水裁之後祭之其禮陳樂而不懸歆樂而不鼓頒殺於常祭季氏風氣好謟鬼神以求庇季文子伐齊歸作武宮昭公薨於外季平子作煬宮此旅泰山其情可知冉子得政於季氏在哀公十年十一年是時孔子不與政無事權在手故但使冉有救正之救者救其陷於惡也冉子巳得其情勢不可已故曰不能他日夫子有言曰非其鬼而祭之謟也謂季氏也見義不為無勇也謂冉求也

君子無所爭章

此是以君子作標準教學人治心養氣蓋心不公則有爭氣不平則有爭君子民胞物與心則廓然其大公禮節樂和氣則從容而和順爭之根已消滅矣故不曰無爭而曰無所爭言爲君子遍尋一爭之事爭之念而不得何也無其所也若乃必爭之所則除非是大射中多則與於祭中少或不中則不得與於祭身之榮辱所關又數與於祭則其君有慶數不與於祭則其君有讓此是不得不中之所卽是不得不爭之所然其揖讓而升而射畢而下而又罰不勝者而飲無一而不揖讓如此是其雍雍有禮肅肅可觀其爭也仍是君子而非爭也言外隱隱見理有是非事

有得失或綱常倫紀所載或民生國是所關如何得無爭但其爭也無適無莫惟義所在誾誾侃侃得禮之容其心仍是民胞物與之心非黨同伐異也其氣仍是比禮比樂之氣非忿戾矯激也則其爭也君子矣人可不以是爲法乎哉　從古以來小人惟利是圖一味諂媚其無爭也大害事君子倘義往往負氣其有爭也亦害事臧讀書穀博塞以嬉其爲亡羊均也故提出無所二字作標準此君子是學養兼備十成成就之君子勿泛泛淺看　按古禮男子生懸弧於門左以桑弧蓬矢射於四方君使士射不能則辭以疾（射男子所有事不敢云不能也）故射爲大禮周禮儀禮戴記皆有之文繁不勝記畧摘其要曲禮射義云諸侯之射必先

燕禮。古禮上兼下。下不兼上。天子與諸侯同。卿大夫之射必先行鄉飲酒之禮。燕禮所以明君臣之節。鄉飲酒所以明長幼之節。天子以騶虞為節。諸侯以貍首為節。貍首之詩云。曾孫侯氏。四正具舉。小大莫處。御於公所。以燕以射。則燕則譽云云。劉敞以貍首即鵲巢也。古篆字相似。後訛為長。卿大夫以采蘋為節。士以采蘩為節。又曰。天子將祭。先射於澤。澤者所以擇士也。已射於澤。然後射於射宮。中者得與於祭云云。今學宮皆有射圃。即澤宮之制。周禮射人以射法治射儀。王以六耦射三侯。耦只二人。三侯。中者。侯鵠。虎侯熊侯豹侯。三獲之鵠。三容之布。樂以騶虞。九節。五正。侯中心。采畫。諸侯以四耦射二侯。二獲。二容。樂以貍首。七節。三正。孤卿大夫以三耦射一侯。一獲。一容。樂以采蘋。五節。二正。士以三耦射豻侯。一獲。一容。五節。二正。士無大射。此據燕射。

儀禮大射之禮。燕禮將畢。工歌鹿鳴三終。下管新宮三終。乃立司正。〔鄉射人又名司射。〕司射誘射。大史比三耦。〔畿內諸侯四耦二侯。畿外諸侯三耦三侯。〕三耦皆袒決遂。立堂下阼階之東南隅。西向。司射誘射訖。上耦出次。西面揖。旋轉當阼階。北面揖。至階下。北面揖。然後升堂。所謂揖讓而升也。〔註中耦進三揖而後升堂指此。〕升堂南面當序。立於物。〔横木止足。〕以射。樂作。射者容體欲比於禮。〔內志正外體直。〕其節欲比於樂。〔鄉狸首樂章前三節以聽。後四節以射。〕司射命上射曰。毋射獲。毋獵獲。〔欲中中央。〕乃射。上射下射各發四矢。中必取算。故曰坐而獲。中必擊鼓。擊鼓必揚旗。故曰揚旌以賞。偃旌以角。卒射。北面揖。上射先降。下射少右。從之下階。揖。適次。揖。釋弓脫決拾。反位。所謂下也。〔註中射畢揖降指此。〕自是次耦三耦皆揖而升降如上耦三耦射畢司射乃請射於公大射公亦耦遜士之壺下憚勞也公射訖司射乃舉算北面告於公左勝則曰左賢於右若干純右勝亦如之左右鈞則曰左右鈞司射命設豐奠觶之器於西楹勝者之子弟洗觶酌酒奠於豐上勝者袒決遂執弓將上堂復射也不勝者襲右手加弛弓遂以執拊亦出次揖及階揖勝者先登不勝者進北面坐取觶立飲訖仍奠觶於豐遂降適次釋弓反位此飲也註中以俟衆耦皆降勝者乃揖不勝者升取觶立飲指此凡三節皆以揖讓二字貫下揖即讓也故曰其爭也君子射訖徹豐觶祭侯祭侯有祝文天子云惟若寧侯無若女不寧侯不屬於王所故抗而射女彊飲彊食貽女曾孫侯氏百福諸侯祝文無傳司射請復射三耦射如初視算設豐又如初飲不勝亦如初乃酬賓燕相勸酬無算爵

無算樂宵則繼以燭賓醉降階奏陔夏卿大夫皆出公不送公入入國也射在大學大學在郊奏驁夏大射之畧如此

子夏問曰巧笑倩兮章

讀書須是能疑疑而後悟乃有証入處若依口學舌一味滑熟大不濟事未嘗用心故也子夏之問本是句讀未明若將素字一頓理解了然何消此問只是讀得太快遂若即素即絢謂有此倩盼之美即華采之絢副笄六珈象服玉瑱皆可廢也夫子以後字代爲字亦不過訓詁之恒子夏便悟到禮上從不甚關係中通到絕大道理夫子所以亟許之通章起訖皆是言詩只重說詩　古人衣七章皆是繪取其輕淸也裳五章用繡以其下體取重濁旋繪日

月星辰蛟龍亦是繪故考工記先繢畫雜五色後乃[illegible]
畫之事後素功非素質作底則采色無所附麗有忠信之
實心然後此三百三千郁郁彬彬者乃從其後而傳之此
一定之理一倒置則浮夸失實徒爲文具耳故夫子深取
之起予言此是我意中所無而商能思而通之是啓發我
也古無印版成書亦無諸家箋註爾雅詩經之註也略詁
字義而已凡論孟學庸之引詩書無與毛傳相同者蓋各
以意爲之說至子夏乃求其端緒爲之成說詩經大序昭
明文選定爲子夏之文詩序得之子夏門人五傳而至毛
亨毛萇即大毛公小毛公也東漢徐防云刪述六經成於
孔子發明章句始於子夏

夏禮吾能言之章

此所謂禮指制度上說三綱五常百世可知何用文獻徵之武王克商封夏后氏之後於杞投殷之後於宋謂之三賓原使修其禮物作賓王家恪守舊章罔俾廢墜故曰夏之郊也杞也宋之郊也契也是天子之事守也無如子孫不振典籍耗失賢才寥落無可與語者故夫子他日又曰我觀夏道是故之杞而不足徵也吾得夏時焉即夏小正之書我觀殷道是故之宋而不足徵也吾得坤乾焉言二國可考者如是而已春秋所載杞用夷禮宋雖能成國亦無一搏學之人如叔向子產者其文獻可知矣夫子深責杞宋別無他意最重足則能徵子孫守其先業如魯秉周禮並非

難事謹典司之守。搜草澤之書。太史外史各與其職明。文足矣。養老尊賢。謹庠序之教。識大識小。有人則獻足矣。杞宋不克負荷。諄諄望之非。夫子欲自作一書。傳夏殷之禮惜二國之不足徵也。周監二代。夫子憲章文武。夏殷之禮已包括無遺。

禘自既灌章

此章只是責僭之君臣不敬。祭有九獻。灌其初也。此時猶有敬心。過此以往。勉力肅敬之心皆怠惰矣。　按古禮郊壇無灌。用禋燎也。燔柴　宗廟之禮。散齋七日。致齋三日。入廟主祭者盥而酌酒獻尸。尸得之灌地而降神。謂之祼。其禮最重。易曰。盥而不薦。有孚顒若。詩奏假無言。皆指此也。由是而三獻腥。詩所謂執其鸞刀。以啟其毛。取其血膋。周禮謂之朝踐之祭。由是而五獻孰。詩所謂神嗜飲食。禮謂之尸飲五。周禮謂之饋食之祭。由是九獻。禮畢又加獻旅酬。燕同姓於寢。明日索祭於祊。其文至繁。魯人全是不敬。故夫子嘆之。魯禘非禮。朱子言其理耳。春秋之義。爲親者諱。爲尊者諱。爲賢者諱。從不言及禘之非禮。不可不知。不曰魯之禘。是不以魯禘爲非也。不曰禘之灌而曰禘自既灌而往。是未灌方灌之時。猶有可觀。庸人不恒其德。只有此斯須之敬耳。作刺譏微文諷魯事者謬也。

或問禘之說章

禘禮實自難知。且非或人之所當問。故以不知答之。尉頫亦知報本人知孝親乃其常情惟由孝親而孝祖由孝祖而追始祖又由始祖及所自出千祀以上精神不屬非仁孝誠敬之至不足以行之亦非仁孝誠敬之至不足以知之苟知之矣則此人亦武王周公一流人物治天下何難之有前明歸震川 國朝任啟運皆時文大家其文只如此不提及不王不禘蓋夫子不欲觀之禘嚳禘也或問之禘周禘也事各不同祀者一連祀之不可倂混爲一 易謂嚳禘明堂位云季夏六月以禘禮祀周公於太廟牲用白牡元儒黃澤云蓋用殷禮示不敢臣周公也無以文王爲所自出之帝以周公配之文註中所引乃胡氏安國春秋傳閔二年五月吉禘於莊公傳註之詞按莊公以巳未

四書翼註論文　卷之七　十

八月薨辛酉五月甫二十一月即以吉禮祀先公祔廟慶父欲弒公自立爲此短喪之祭下文即書八月公薨春秋紀此志變非譏魯也明云禘於莊公何嘗有祀文王之事胡氏誤也是後書禘祭者僖八年禘於太廟用致夫人志不能正哀姜之罰也昭十五年有事於武宮籥入叔弓卒去樂卒事經不言禘左傳云禘於武宮叔弓涖事云云志變禮也定公八年禘於僖公志躋閔公也皆非祭文王甚魯以盛禮大樂祭於廟皆名禘故左傳記范獻子云魯有禘樂賓祭用之夫子不欲觀乃此禘祭也與大傳不王不禘之說不相干涉杜預以左傳周廟爲文王廟毛氏奇齡又增其名曰出王之廟皆附會之詞魯頌鋪張揚厲至矣

但云皇皇后帝皇祖后稷又云周公皇祖赫赫姜嫄一字不及文王無祭文王之事也○愚爲周禘或人所問是也○喪服小記大傳皆有不王不禘王者禘其始祖所自出以其祖配之下云諸侯及其太祖未有指實祭法云有虞氏禘黃帝而郊嚳祖顓頊而宗堯夏后氏亦禘黃帝而郊鯀祖顓頊而宗禹殷人禘嚳而郊冥祖契而宗湯周人禘嚳而郊稷祖文王而宗武王此周禘也禘五年一舉故其詞先於郊鄭康成誤謂禘大於郊遂引緯書之說祭昊天上帝則以嚳配祭感生帝則以稷配六天五帝頗涉不經爲王肅所駁但王肅亦不明言禘是何祭惟唐人趙匡引大傳之說以証此章已無疑義矣其實此祭法乃周末老儒

因柳下惠識臧文仲祀爰居其詞載為三筴因而附益之惟周禘為實事其虞夏殷禘禮皆推類之詞項安世云此蓋經生用其師說推次而上非有明文可據其言極是何以言之周自后稷卽有部家室諸侯不敢祖天子已千年矣武王有天下若又以嚳為始祖則后稷應列為昭穆於理不可若惟知后稷則民之初生實有本本水源心又不安是以周公祭禮郊后稷而配天宗祀文王於明堂以配上帝天明地察無不備矣又為此五年一舉之大祭蓋不為嚳立廟則后稷得成其始祖又五年一大祭帝嚳以稷配食則后稷之靈亦有以慰其嚴父之志其意至深遠所以難知若虞夏則不然矣一祖窮蟬一祖鯀若卽以窮蟬

鯀爲始祖則顓頊始祖之所自出也若即以顓頊爲始祖則昌意乃始祖所自出也今禘黃帝進退無所據此者儒以意附會之詞虞夏無此禮也周禘與嚳禘之不同也如此

禘是大祭總名祭始祖所自出名禘（即本章之禘）祭太祖亦名禘雍詩毛序云禘太祖也孔穎達云周以后稷爲始祖文王爲太祖其詩云既右烈考文王也亦右文母指太姒也此又一禘也合祭羣廟祧廟亦名禘商頌長發毛序云大禘也其詞有契相土成湯伊尹是列祖功臣俱在正與盤庚大享於先王爾祖其從與享之詞同此祫祭也又一禘也時祭名禘王制夏曰禘左傳寡君之未禘祀皆時祭三年喪畢奉主祔於先君之廟名禘閔二年吉禘是也

有事於宗廟用大禮皆名禘左傳禘於武宮禘於莊公皆是也禘名有六既灌之禘決不是祀文王特詳辨焉

祭如在章　缺

王孫賈問曰章

與其媚於奧二句是諺語故曰何謂也與字寧字秘密推敲此王孫賈一生得力野人獻芹不是公然侮賣夫子提出天字與竈與媚者兩邊俱倒賈亦失魄喪膽矣倚楊國忠若泰山固可羞矣楊國忠又安在獲罪於天王孫賈與行媚者一律科斷講章姝姝媛媛似夫子云我之不敢媚者恐獲罪於天也此大愚人之言近於侮聖

周監於二代章

此是憲章文武。自下註腳。非爲下不倍之說。經天緯地之謂文。郁郁是斟酌盡善。不是讚他絢爛華采。二代本是聖人。故可爲周所監。周公又是個最多材多藝之聖人。故監於二代。郁郁乎文。與舜之大智章一樣意思。今之法度。皆從周也。內之閣部。即三公六卿之制。外之臺省。即方伯三監二牧之制。今之賦稅。視周之什一爲畧輕。今之選舉學校。視周賓興庠序之制爲加詳。五刑之屬。即皐陶所制。遞相損益。禮樂朝廟。一切儀度。皆前古所遞相傳。只取文獻通考讀之。亦頗瞭然。陋儒是古而非今。開口便云三代以下云云。此坐井以觀天。曰天小也。

子入太廟章

禮貴敬愼亦貴周詳每事之問正所以爲禮講章作夫子曰氣云以我爲不知禮我不敢辭若以我每事問爲不知禮則敬愼正所以爲禮也深得其解葢聖人德盛而禮恭其辭氣正如此　周官大宗伯之職大祭祀帥執事而卜日宿眡滌濯省牲鑊小宗伯之職亦云省牲視滌濯告時於王告備於王大司樂之職大祭祀宿縣遂以聲展之是先祭一日必習禮必習樂必省器具夫子入而觀禮如何不問若正祭之日奏假無言豈有逐一咨詢之事此亦夫子少時以乘田委吏入襄百執事之役驟遇其事而問之出於至誠故直任不辭曰是禮若爲司寇則奉大牲攝相事則奉玉爵贊幣不必問或人亦不敢出此言註有雖知

亦問之說亦非也

射不主皮章

非爲紬力傷世之亂列國兵爭不得不以武力自全非得已也古之道慨慕無窮　周官大司徒屬鄉大夫之職賓興之後以五物詢衆庶一曰和（內志正）二曰容（外體直）三曰主皮四曰和容（中不驕不中不懾）五曰興舞（樂必兼舞節此於樂則與舞合）是射正主皮也（射不貫革與無矢同）儀禮鄉射禮正文之外有記記云禮射不主皮主皮之射勝者升又射不勝者降夫子所引正此文少一禮字禮射指大射賓射燕射侯中心曰鵠以皮爲之中而深入則貫革謂之主皮不深入則不貫革不害其爲中也故曰爲力不同科春秋之末雖公卿大夫之禮射

皆主皮矣。夫子既不能易天下。則無責人不應尚力。拱手待斃。此章只重思古不重慨今。只說大射燕射賓射三項。鄉射鄉大夫主之。入射者里黨之俊民。以周禮証之。正主皮。以儀禮考之。是泛論禮射。非指鄉射也。註云散軍兵使歸農也。郊射大學在郊。射必于學也。貫革之射息。只以中爲主。非不許人貫革。武射仍以貫革爲主。　何義門云。古道二字空描不得。復尚貫革四字題中所無。添出不得。蓋記載武王克商。散軍郊射。左東學射貍首。右西學射騶虞。裨冕搢笏。虎賁脫劍。祀乎明堂以教孝。養三老五更以教弟。故能致刑措之盛。遠于成康。此古道之實也。故空描不得。周室既卑。强諸侯日尋爭戰。此時君若臣不習武以娛以嬉

則以社稷予人矣復尙貫革非題中所無聖人不忍言也故不必添出義門之語不明白特詳著之

子貢欲去告朔之餼羊章

告朔大禮尙書所謂敬授人時也周官太史頒告朔於邦國禮記玉藻天子元冕聽朔於南門之外諸侯皮弁聽朔於太廟鄭康成云明堂在國之南天子以特牛告於其神卽春帝太皞其神勾芒之類配以文王武王諸侯以特羊告廟卽以此日視朝謂之視朔又以此日聽此一月之治謂之聽朔蓋朔卽歷書古行事接月令告朔卽兼聽政至重禮也春秋文公六年閏月公不告朔猶朝於廟左傳閏故也蓋閏月無正行之事不以特羊告廟請此朔書猶以

朔日朝於祖十六年書公四不視朔公羊傳云疾故也不告朔亦不朝祖矣十八年文公薨東門遂殺子赤立宣公公委政於遂自是弗躬弗親習以爲常祿之去公室自是始故曰五世矣一聖一賢意在維禮子貢反言夫子正答欲公秉禮勤政勿使政逮大夫也子貢達人何至惜一羊之費意皆在禮也特夫子意思深長耳告朔非甚難之事羊在卽禮在何必議去以激之此亦子貢之褊心也

事君盡禮章

此章與拜下叅看便明

定公問君使臣章

天澤之分定則爲履地天之氣交則爲泰君臣各盡其道

又交盡其道則國安而君寧無餘事矣須從大本大原上說勿入俗腸施報之詞禮爲天秩有情有文忠爲天性實心實事

關雎樂而不淫章

此是欲人識關雎性情之正以自正其性情不是贊古詩最重註中玩其辭審其音二句關雎詩之首當玩其辭樂之終當審其音得其優游平中之妙則二南修身齊家之化三百思無邪之德不外是矣詩本性情不必一律竟有樂而淫者贈芍采蘭伊其相謔之類亦有哀而傷者嘯歌傷懷涕泗滂沱之類惟關雎之詩文王以肅雍宮廟之德式型於寡妻后妃以克贊內治之徽觀感於瞽御宮中之

人被此德盛化神無一不得其性情之正是以化行南國之後追敘天立厥配之初樂則琴瑟鼓鍾而已無鼓舞沉酣也哀則輾轉思維而已無幽憂惻楚也人於請肆簡諒之下口誦心維荷瑟升歌之時沉心領會性情何往而不得其正哉　關雎之詩其說不一申公轅固生韓嬰三家皆云周道衰而關雎作杜預云康王之后佩玉晏起關雎歎之揚雄亦云關雎傷始亂惟毛傳以爲后妃思淑女以配君子求賢而無傷善之心其說較諸家爲優然以女人而求女人寤寐反側此謝安夫人所笑以爲周姥作詩應無此言以其迂也惟朱子直指爲文王之宮人所作出乎特見蓋后夫人之行不侔乎天地則無以奉神靈之統三代

之祖皆古聖人而理萬物之宜齊家治國所關甚大未得如何不哀既得如何不樂其樂其哀非爲己私也如何不得其正與夫子此章之言若合符節朱子亦本匡衡之說然非泛涉諸家亦不知朱註精義入神之妙故學問必由博以反約

哀公問社章

社以報土功本不難知宰我亦不是教君殘民以逞按春秋傳家語史記互考之哀公三年魯廟災孔子在陳聞之歎曰其桓僖乎是年季桓子卒遺言召孔子季康子不可僅召冉求四年亳社災哀公遇災修省其問應在此年是夫子仍在陳也宰我之意以季桓子已死公若勤政自聽斷便可作民之敬矣意本無他但哀公幼君也諷使樹威

見識未定適以害之夫子在外故曰子聞之云云言欲使改正此言已無及矣欲哀公聞之正所以善於改正也古集衆誓戒皆在社詩乃立冡土戎醜攸行於社出兵也左傳陽虎盟三桓於周社盟國人於亳社周官陰訟聽之於亡國之社春秋莊公二年如齊觀社杜預註因社治兵故往觀之是社乃衆之所屬目馬融注尚書有大社惟松東社惟栢西社惟栗是古原有此言宰我因而附會但祿去公室久矣非大有爲之君得非常人之佐則不如相忍爲國易剝卦君子以厚下安宅蓋以一陽爲羣陰所剝惟厚下可以安之宰我之言正與之反魏高貴鄉公以有學自負憤司馬師不臣決意討之王經力爭以爲不可其後

殉君於難。乃王經也。嗚呼、魚不可脫於淵。國之利器不可以假人。權旣旁落。復振之則難爲力矣。　本草經出神農。註則後人所作。蘇頌註云、栗處處有之。兖州與宣州最佳。魯正兖州也。周官大司徒掌制邦國畿疆、設其社稷之壝而樹之田主。各以其野之所宜木。遂以名其社與其野。下又云、以土會之法辨五物。一曰山林。其動物宜毛物。其植物宜皁物。注柞栗之屬　然則周人以栗。魯之所宜。其社亦宜名栗社。宰我以字說。作王介甫先聲。有所本也。不如是何以登言語之科哉。

管仲之器小哉章。

馮夢禎云、此章是惜管仲。不是詆毀他。最得其解。春秋人物只有管仲子產子產相小國功不及天下恭敬惠義自成不朽以生平納躬軌物故也夫子歎美之曰有君子之道四焉管仲大有作爲民到於今受其賜不奈末年志得意滿即此濟弱扶傾之事已做不透徹貫之會江人黃人來盟斷楚旁助所以召陵聽命不敢伐中國者四十年然僖公十三年楚滅江黃即不能救十七年會諸侯於淮爲淮夷病鄫也會即乘機滅項亦不能討易牙豎刁開方三人在君側不能去五子皆非嫡不能擇賢而立反屬孝公於宋襄公所以然者桓公末年頽然自足外虛矜而內廢弛管仲以寵利居功不能救正只圖目前不能憂深慮遠故桓公没而天下不復宗齊夫子統論近世人物只有管

仲尚能尊王庇民，却成就有限，不覺深歎惜之曰管仲之器小哉。若作詆毀抹摋之詞，則不特沒管仲之功，下論諸章俱自相矛盾矣。　器小不必說十分明白，說得狠清，或人不消申辨矣。器是個物事，滿則必溢，是所受小；施之有匱，是所出少，此器小之影。管子生平亦盡是矣。儉不是節嗇，是節約不敢自放也。管仲儉小心，平戎於王室，高國命卿之禮亦不敢受，所以或人疑器小是儉。夫子只說他不儉，不說破器小，以非或人之所知也。或人又轉一灣，殊覺喋喋多口，夫子特下孰不知禮四字斷其復有後言，非說管仲全然無禮也。齊桓主夏盟，小國諸侯必有私覿於管仲之家者，仲亦隨之粧點個諸侯之禮，意主尊賓，不知已陷於僭矣孰不二字有所指大夫奏肆夏由趙文子朝服之以縞由季康子管仲若知禮則若輩皆知禮也或人此辨已脫器小夫子亦只說破不知禮不是証明器小此章只是疑義勿大分明　奢而犯禮器之不大可知夫子却不因此說他器小　許東陽云障蔽內外天子外屏諸侯內屏大夫以簾士以帷本禮記臺門而旅有反坫大夫之僭禮也註文明堂位有崇坫康圭天子之廟飾也又云出尊反坫註云築土爲之在兩楹之間兩君獻酬畢則反爵於其上今大全乃云以木爲之高七寸未詳孰是按鄉飲酒大夫獻酬反爵於篚不以坫也夫子之意只是不欲後世人臣以管仲爲法規規於功利非在管仲吹毛求疵管仲先齊桓而卒桓公末

年小人蒙蔽諸子爭立披猖狼狽非管仲之所知也作文勿入此意

樂其可知章

此章大旨只是審音以知樂一言可蔽而原委特繁魯以周公故備六代之樂本公羊傳隋書許善心云六代雲門咸池大韶大夏大濩大武備三恪二王兼巳所作為六代季札來聘請觀周樂尚一一條理分明自襄公二十九年至哀公十一年夫子自衛反魯逾六十年不無殘闕只一整頓便得非若有司失其傳要重新考訂律呂製制器物者也故只就聲音論大意若謂周禮在魯周樂亦在魯今若欲考訂樂章使之得所整理樂器使之和聲人或以為難以我觀之欲尋制作之源通於德政則奥而

難曉若就器物之內而詳其度數則散而太繁惟就其聲
聽之上可通於樂本下可該乎樂器其實不難知也蓋樂
之節奏有始有從有成其始作也宮懸既設先擊賁鼓以
壹衆志擊鎛鐘以宣衆音柷以起樂於是人聲先唱（樂以人聲爲主故歌者在上）以琴瑟和之以搏拊合之斯時堂上特鐘特磬
以節之堂下編鐘編磬以應之若工與器不相習上與下
不相應則不和必其翕如也樂歌與絲竹合同金石與匏
笙齊一則器齊而聲亦齊由是既備乃奏擊鞞鼓以引衆
鼓八音齊作凡竽管簫簧雅（樂名）頌（樂名）舂牘壎篪控楬之屬
莫不具舉斯時或小大相侵或節奏不分明或斷續不相
聯絡則樂又不和是必純如也大者不攙小者不竄同聲

相應無相奪倫八音如出一音衆器如出一器如是其和也和之中又有分辨宮自爲宮商自爲商成文而不亂抑之則幽揚之則顯大昭而小明則純如之中仍自皦如其分明也分明之中又復相聯續一唱三歎之歌聲纍纍其如貫陽律陰呂之相配亦生生其不窮傾耳以聽之深得乎歌以永言律以和聲之妙精心以察之即通乎流而不息合同而化之神皦如中又如是其繹如也至是而櫟敔以止之擊磬以收之而樂之一闋成矣（此只一闋肄業及之也鄉飲之樂三終郊廟之樂九奏皆由此推之）太師如知此則率其矇瞍眠瞭肄業之時講明其音節服習其器具由技以通於道則斯樂也邦國鄉黨聽之莫不和順朝廷之上用之則莫不和親郊廟之

間同聽之可以饗神而格祖樂何難知之有哉　樂以詩爲主詩爲樂章祭天則昊天有成命祭祖則於穆清廟兩君相見則文王在上燕饗通用則呦呦鹿鳴皆以詩爲主樂者所以宣暢詩之音節也從前講章時文皆粗心混說惟李安溪先生與儲中子先輩始知以人聲爲主今因其意而闡明之知此解則韶武美善之分亦曉然矣　註中謝氏之說以律呂言不及樂聲其意頗晦何義門詆之以爲謝氏不考於經乃本尚書戛擊鳴球搏拊琴瑟以詠一層此始作也下管鼗鼓合止柷敔笙鏞以間又一層此從之也說先後甚是謂謝氏五聲六律句有錯則不是五聲六律一器亦有衆器亦有止歌詩一開口亦有不是待堂

上堂下衆樂皆作方有蕤宮商角徵羽是空名。十二律更空名。詠詩一句。即有喉宮 嘐商 舌角 齒徵 脣羽 之分。喉聲最亮。恐掩他聲。節以黃鐘。絲絃至八十一絲而止。竹聲至九寸而止矣。不可更高更洪。掩却餘聲也。脣聲最微。恐爲他聲所掩。則聽不出矣。節以應鐘。絲絃至四十五絲。竹管至四寸五分止矣。不可更低也。餘皆此類。樂器不一。有一器總包五聲者。琴中絃爲宮。五絃管五音。七絃管七音。悉二十五絃。第一絃即黃鐘宮。第二十五絃黃鐘清聲應之。他皆倣此。有在五聲之外者。學記謂鼓無當五聲。五聲弗得不和。又有各有所屬者。國語伶州鳩云琴瑟尚宮。鐘尚羽。石尚角。又云匏竹利制。則無所屬。又有一定不移者。今編鐘編磬一架十六枚各刻十二律與四清聲名其中厚薄輕重工人以意為之亦不大段分別管底一孔屬宮其餘四孔分屬之商角徵羽大約宮商角徵羽譬一把尺十二律尺之分寸也金石絲竹匏土革木譬如布帛以六律正音是以尺去裁量布帛作衣服即以尺為衣服則誤矣此本不足置議因樂律恐非學人所遽曉特詳言之

儀封人請見章

封人周官大司徒之屬中士也掌國邑社稷壇壝之封聚土曰封以正經界凡祭祀飾其牛牲與閭胥牛人同列其職微矣未見聖則諄諄求見既見聖欣欣為二三子喜又為天下喜非凡人也特封人之所知一時之天夫子之所就萬世之

天木鐸之徇於路則同其識絶出一時隱士之上矣　古者相見必以紹介通殷勤夫子周流封人邂逅逆旅無介紹故鄭重其詞以求自達敬之至也

子謂韶章

此是論樂不是辨聖人優劣欲學者學樂從韶樂服習以收陶情節性之效勿偏於發揚蹈厲恐爲血氣所使也樂以象成武王是除暴救民則樂象之若武王之樂亦學部以求盡善則爲僞矣樂只是此樂六變而天神格用大部九變而人鬼饗用大武盡善求盡善爲以樂養德者擇之也九功惟敘九敘惟歌樂章之美簫韶九成兩階干羽樂音樂容之美如天之無不覆如地之無不載服習之而神

遊其盛外則視端而行直內則恭敬而溫文斯盡善矣於鑠王師是用大介樂章之美九奏喤喤六成濟濟樂音樂容之美淸明象天秋肅勝於春溫廣大象地發强勝於柔順服習之而目覩其事冕而總干會朝見淸明之盛語而道古慙德歎聖人之難故曰未盡善也也字音韻悠長不是爲武王惋惜爲成於樂者審所擇也湯武革命順乎天應乎人今爲之惋歎曰惜乎不如揖讓然則桀紂之作惡民之罹於湯火將立而視其死歟此非夫子論樂之旨也

或問樂以詩爲主語曾太師樂章有李安溪儲中子二君時文可証此韶武章瞿昆湖歸震川　李安溪四篇時文皆世所誦並不言詩也子又謂樂章爲本何歟曰、

樂不徒作，有詩而後樂作。舜不云詩言志歌永言乎。詩言
志，是脫稿之詩，卽祀天敬祖之詩章也。歌永言，是在人口
唱歎之詩，有音節以永之，故曰清廟之瑟，朱絃而疏越，一
唱三歎。一人唱於穆清廟之詩，三歎之，卽今俗樂之帮腔
也。聲依永，鐘磬琴瑟依此人聲也。律和聲，堂上堂下之樂
莫不合律也。夔不云戛擊鳴球搏拊琴瑟以詠乎。戛擊鳴
球，敲金鐘玉磬以起樂也。搏者撫也。拊者，長腰小鼓也。琴
瑟以詠者，荷琴瑟升堂之樂工，口詠此詩，手操此琴瑟也。
樂記不云凡音之起，由人心生也。感於物，故形於聲。聲相
應，故生變。變成方，謂之音。比音而樂之，及干戚羽旄，謂之
樂。陳灝註云：變者，清濁高下變而成歌詩之方法。方者，曲

調也。是明明樂爲詩。本不必論時文之有與無有也。且韶樂亦不是專揖讓。書云、舞干羽于兩階。即韶樂也。干者盾也。舞人左執盾。右執斧。羽者•左手執籥。右手秉翟也。韶爲舜樂。后無以復加。武爲周公所制。亦無以復加。古樂皆不傳。惟韶武之制。百代遵之。漢時以韶舞爲文始之舞。武舞爲五行之舞。祭高帝廟並用之。迄今仍沿其制。凡郊壇宗廟。皆兼文武二舞。惟學校祭先聖。專揚文德以興教化。不及武舞。俗儒不知。便爲武王以武功得天下。故樂未盡善。然則曹丕劉裕。以揖讓得天下。樂則盡善乎。　不但樂之鏗鏘。即詩之音節。樂之節奏。即詩之章句也。今文廟上丁之祭。承祭者自入廟至訖事。樂凡九奏。詠詩九章。迎神一尊幣二。古迎牲今日尊幣初獻三亞獻四終獻五飲福受胙六徹饌七送神八望燎九卽九成九奏也。其詩詞闕里志與省郡志書皆載之。一覽便知郊廟之儀。九獻皆同。韶詩不可考。書云。九敘惟歌。又曰。勸之以九歌。司馬遷樂書云。佚能思初。安能惟始。沐浴膏澤。歌詠勤苦。指此也。武之詩七章。左傳楚莊王之言。今周頌所載。尙有六章。葢亦九章。後乃闕佚耳。

居上不寬章

觀人重本。失其本則無可觀。臨喪不哀。指弔人之喪。若自已居喪不哀。謂之不孝。寘之刑辟可也。何觀之有。子產云。惟有德者能以寬服民。其次莫若猛。夫子却言寬者三此與子張問仁堯曰咨冊末也蓋體仁足以長人此爲政本爲上以此爲基址所謂博厚則高明也易泰九二爻詞周公所作包荒寬裕溫柔也用馮河發强剛毅也朋亡齊莊中正也不遐遺文理密察也其言至矣盡矣爻傳詞夫子所作但云包荒得尙於中行以光大也釋寬之義不及其三前儒無能解者

聖祖仁皇帝欽定周易乃云此爻以包荒爲主聖賢之心無棄物堯舜之道欲並生非包荒則不足體天地之心而盡君師之道然寬非混而無別斷以行之明以周之公以處之然後用舍舉措無不合於中道四者以寬爲本故曰居上不寬吾何以觀之哉

聖謨洋洋。萬世居上之標準也。敬志之。

四書翼註論文卷之八

論語 里仁第四

里仁爲美章

此冊二十七章前七章皆言仁聖人之言非必一時記者編書則有次第此章是從極淺明易曉者引起言居必擇鄰蓋此一里之中風俗仁厚父與父言慈子與子言孝是習尙之美也秀者力於學樸者勤於農是執業之美也人之擇里此爲託居則薰陶漸染子弟易於爲善賙睦保愛緩急可以相依方是正理若有人焉自許有相宅之能卜居之哲或見其里之樸實醇厚不知其仁而不肯處或明知其仁而不樂處甘與奢麗巧詐相依相染則不惟無以

成德亦且不可承世克家此人倘嘵嘵自以爲知也以吾觀之既失其是非之本心又昧於安危之正理焉得爲知乎　專重擇不處仁句張侗初云不擇而不處迷途之子倘有轉機擇之而不處邪徑之人永無出路　通章只是言里言外之意勿露庶與孟子擇術章各淸界限仍須說得稍精細可包得擇術意在內一味寫桃花源欵客朱陳村嫁娶則淺之乎爲言矣

不仁者不可以久處約章

此章言心純乃可以貞遇眼目在兩久字此不仁不是十分狠狽無行誼之尤者只是好名浮慕陽守陰違初處約倘有自愛之心久則靡所不爲而濫暫處樂亦有矜持之

操久則志氣揚溢而淫惟有中心安仁之仁者於天命之精粹固有之元善渾而爲一無所勉强無我得正已之盡安土而敦存誠妙應物之感因物而付處約不自知其約若將終身處樂亦不自知其樂有而不與此無入而不自得者也次則篤志力行之知者其於仁深知篤好明知其爲器重而舉之必欲其勝也明知其爲道遠而行之必欲其至也如皇皇求利惟日不足者焉此其人處約惟知有仁堅確有以自守處樂亦惟知有仁循理而無所驕此不習而無不利者也人能如是之從事於仁由利以幾於安則中心有主外物不得而奪之何境之不可處哉　註中無適不然約亦然樂亦然也不易所守約不易樂亦不易

也從來時文多說安仁利仁門面套話往往脫毋須緊切題界安仁只是純乎天理無人欲之私自然而然如耳目之視聽手足之持行由仁義行非行仁義利仁是知明守固如芻豢之悅我口皆是宇宙第一流人物不是爲處約樂而然却於處約樂中見此人品也勿過抑揚其詞

惟仁者章

精神在一惟字好善惡不善亦人心所同何故專屬之仁者蓋以衆人之心私欲未淨雖天良自具亦何至好惡拂人但非衡品不明卽抑揚過當惟仁者之心鑑空衡平知人則哲旣不爽於纖毫稱物而施又恰當其分量此所以爲能也能字從仁字推勘出來以在己之存遏爲在物之

彰癉無以尚莫能加之全力俱於一能字見之一切賞罰舉錯浮詞且倘擱一邊勿闌入令人生厭

苟志於仁章

此是勉人立志一心不能以二用志在克己復禮自然不涉於邪思志在主敬行恕自然不流於妄動人能堅其所志則仁在其中矣甚言人不可不立志也志字極鄭重苟字極分明註中兩說只重前說此純是鼓舞人向上之詞

富與貴是人之所欲章

前後章言仁皆勸勉之詞惟此章是爲仁正面地位一步高一步工夫亦一節難一節葢仁者心之德不待外求人却是不仁底多只爲此私欲害之私欲之中利字尤甚此

是生死胼牢不可湔拔人能透過此關則仁字已占住七八分然後時時省察時時涵養暫如斯久亦如斯常如斯變亦如斯自然成就箇十全人物謂之君子名稱其實苟此關不透卽口道忠信身依規矩皆色取仁而行違也此章眞實義諦不過如此　不以道之富貴非我不以道去求之乃外來排一箇不以道之富貴如衛君父子之倫不正却要待子爲政齊宣王不能行孟子之道却要養弟子以萬鍾不以道之貧賤亦是無故飛來无妄之疾至於狠狽但富貴不以道萌一念貪戀卽害心貧賤不以道萌一念不平亦卽害心須要不處不去決然分明則此心如青天白日如是謂之君子何歉之有不如此便是去仁別無

他說　無終食之間違仁大全引張子正蒙云晝有爲宵有得瞬有養息有存一言一動皆出於天理之公積累之則爲終身分析之則曰終食由此之彼曰造中道停留曰次只是急遽不暇擇字面人能碎千金之璧不能無失聲於破釜猝不及防也顛沛則患難流離人之本性至此盡情發露此二端不違仁則純乎仁矣　世界眞有聖賢但是講章俗儒是古而非今與他說不淸白管寧渡海遇風自訟生平之過只是科頭三晏起如厠一不冠司馬文正公光病中諵諵只是天下國家之事此造次必於是也范純仁爲章惇所陷安置隨州家人詆怨章惇純仁每每止之及徽宗立召之北歸舟經石漈傾覆衣服盡濕坐石上

顧諸子曰此豈亦章惇所爲哉。蘇東坡先生謫海外。十年得歸。於陽羨買宅。尙未遷入。一日行道中。聞嫠婦哭聲異之、曰此必有難捨之愛。故其聲如此。入扣之。曰吾居此累世。今以宅鬻蘇學士。將遷居。先生默然。歸亟取劵還之。並不取其價。次年遂沒於陽羨。蓋無居也。此卽顚沛必於是矣。後生小子。樂其誕以自小。視聖言宜若登天然。以小人之腹。度君子之心。豈足語此。

我未見好仁章

此章語氣三轉。只一線。總是歎人莫肯用力於仁。激發精神全在有能一日節。蓋仁是美名。誰肯自謂惡仁好不仁者。今却云未之見。豈不似誣賴他。所以懸空說個好惡模樣言滿口贊歎滿口唾棄算不得好惡須是實力從事所以未見然是力不在外欲之即至只是人樂於其名怯於其實都以力不足自諉豈世亦眞有此昏昧懦弱之人力不從心者乎我又何以未之見也不斷之斷詞激浮慕者使之奮勉耳不可作將疑將信油滑腔調

人之過也章

自里仁章以下都是勉人爲仁此章是小結束記者之意言人若爲仁便做錯也有可觀其微意若此　上句各字是連小人在內下句仁字是劃小人在外小人之過良心滅絕其何以觀之哉側重君子　此章是平等好人未能每事盡善却不可沒他好處周公之過孔子之過一是經

事之宜一是變事之權理應如此非過也不可援引來講仁即人心却不可說即心即仁如此則天下皆仁人無不仁者矣孟子曰仁人心也朱子却加心之德分外分明今節錄朱子仁說與眞西山先生之論道心人心則大旨豁然矣　朱子曰天地以生物爲心人之生又各得天地之心以爲心雖心之總攝貫通無所不備一言以蔽曰仁而已蓋天地之心其德有元亨利貞而元無不統其運行爲春夏秋冬而春之氣無所不通故人之心其別有四曰仁義禮智而仁無不包其發爲惻隱羞惡辭讓是非而惻隱無所不貫故論天地之心但曰乾元坤元四德之體用不待悉數而已足論人心之妙則曰仁人心也四德亦不

待遍舉而該蓋仁之爲道乃天地生物之心即物而在性之未發此體已具情之旣發其用不窮誠能體而存之則衆善之源百行之本莫不在是此孔門之教所以必汲汲於求仁也此下詞繁不悉錄　程子曰天地之大德曰生天地絪縕萬物化醇生之謂性萬物之生意最可觀此元者善之長也所謂仁也又曰仁者必愛然指愛爲仁則不可不仁者無所知覺然以知覺爲仁則不可　又曰仁之道只消一箇公字却不可將公喚做仁公而以人心體之故爲仁只爲公則物我兼照所以能恕所以能愛又曰至仁則天地爲一身品物萬形卽四肢百體夫人豈有視四肢百體而不愛者哉聖人仁之至獨能體是心而已　按此册七

章俱是言心之德博施立達等章則言愛之理今雜錄心之德之說仁之源流已明白一半　眞氏西山曰大舜十六字開萬世心學之源後之聖賢更相傳授雖各不同然大抵教人守道心之正而遏人欲之流耳孟子於仁義之心則欲其存而不放本心欲其勿喪赤子之心欲其不失凡此皆守道心之正也易言懲忿窒欲孔子言克己大學言好樂憂患則不得其正孟子言寡欲以小體之養饑渴之害爲喩凡此皆所謂遏人心之流也心一而已由義禮而發無以害之可使與天地參由形氣而發無以檢之至於違禽獸不遠殆也特毫毛之間終焉有霄漢之別此精一之功所以爲聖學之要歟

朝聞道章

道即率性之道踐形而後可以成身盡倫而後可以成人不聞道則不成身不成人真虛生矣反言以決之別無他說　佛氏有朝聞夕死之事此人若參悟久之漸漸了明前境坐亡立脫視爲嬉戲明代學人見緇流便稱師父得梵頁即是聖經甘心學到此地位一遇此題都是脫離生死去來一如後生未涉津梁認以爲真此大謬也彼家之說甚粗淺不過將精神形骸拆開又將內心之精神一一拆開其能視聽言動者謂之塵勞幻影其最秘密一點耿耿不昧者謂之常住真心又謂之心王全力完養此心王勿使耗散昏昧其塵勞幻影聽其隨機應付方寸地已自

分秦越矣又將此形骸看得極可厭不堪都是臭穢合成守着此身便是拖泥帶水一旦撒去眞可側出單行久之久之性情改易覺此身眞是可惜可惡之物要他殘毀此身便可割肉刻心投崖飼虎要他好好撒抛却不容易須到死期將至彼虛靜之久自能前知擂鼓升堂說偈留記以爲了一大事其實積力學得脫離恐怖而已別無他奇其完養之心王從此永歸絕滅無生謂之成佛作祖吾未之見其靈明聚而不散者捨生受生謂之輪廻墮落其人亦別無他奇却聰明稍勝此即其完養之功也佛氏之底裏如是而已然指之爲異端爲邪說却又不是何也天地之大不可以意揣惟此中華三萬里內是神州赤縣得中

和之氣是聖人之教化所治其窮荒絕島大瀛海之外九洲又復九洲其人形骸詭異性情暴虐非梵書彼不能讀非佛說彼不能曉非佛之出奇以耀誕之彼不信從是其虎狼之質互相吞噬則無噍類矣天特生此異人開聖教外之別傳使之有所敬憚恐怖而後可胥匡以生今塞外諸番海島上諸國所崇尚皆佛教也惟西洋國崇尚天主教與迦文爲仇然所尊崇仍是佛寺其所取決國事者仍是緇流則眞不可解中華之人幸生樂土服聖教形骸與精神合而爲一然後能應事接物又必精神與性體合而爲一然後可以修身齊家達於政事若以空門之術行之則敗矣猶以脫離生死爲此章眞實注脚者愚之甚也特

詳論之。此是佛氏第一義。楞嚴經謂之恒河見性。楞伽經謂第八識是心王。圓覺經謂之大光明法。法華經謂之止觀二義。粗言之不過涅槃經謂之白骨觀而已。

士志於道章

士字志字皆須着眼。庸愚之人耻惡衣食宜也。既曰士矣。且志於道。非無知者矣。舜人也。我亦人也。耻其不如舜者。就其如舜者則可矣。乃以衣食之惡爲耻。身陋如此。何足與議。耻字不必說到十分污下。慨時命之不猶。傷我窮之莫知。即耻也。纔與士志於道何不致。脫毋。

君子之於天下也章

此章是言君子應事無私心。而又當於理也。語氣是一直下不着轉折但君子二字下面卻有一頓是個君子平日便有治心之功如鑑之空窮理之識如衡之平凡是天下事來到面前未嘗主於必爲亦未嘗主於必不爲只是此事本有定理照理順應通變守常張弛緩急惟義所在歸於至當而已君子何容心哉語氣不是說君子有活法圓機正說君子有定識定力也

此是指士大夫操得爲之柄者言故不曰事而曰天下彼固有天下之責者也凡人才識明敏者勇往之意多如賈長沙一遇漢文一切事皆欲從頭整理他自是好然更張之害不少見識持重者安靜之意多如曹參只謹守蕭何之舊毫不變更亦自是好然膠固之害亦不少此君子皆差一層此兩種亦自以爲

合義不知未到時中地位即是適莫也不是與最壞一般人妄作妄爲一籌莫展者比較大全諸家與佛老爭辨夫子何嘗知有二氏之學哉

君子懷德章　缺

放於利章　缺

能以禮讓爲國章

此章言爲國以實不以文似爲魯昭公楚靈王一輩於威儀邊幅上極其講究便算作治國之實事不知其虛憍剛愎即禮文上已行不去況論治國哉　讓字是粘着禮字說註中禮之實須玩索凡治國敬天法祖班朝治軍莅民行法無一非禮行禮須有恭敬謙遜之實自然流露抑然

自下兢業不葥像心虛以受人抑畏以通衆志自然上行下效百僚師師虞廷德讓之風岐周質成之盛已髣髴見之於治國之政簡刑清化行俗美何有哉若不能有此謙冲敬遜之實徒仗此笑貌聲音不但治具徒設人心不從於治國無實濟即行禮之間儀文度數無非牽强性情面目自覺不情一身尚不能隆禮由體無如之何矣況爲國乎

讓是不自滿假之實不是辭讓爲國自有名分尊卑如何辭讓得

不患無位章

此是欲人務實而不鶩名只一直說下便是若云實至而名歸則仍是教之患無位患人莫知矣此外無可附益

參乎吾道一以貫之章

此章道理最平實以盡心之功告曾子不是以傳心之妙示曾子曾子曰唯是用力承當與顏子回雖不敏請事斯語口氣一同不是釋迦拈花文殊微笑忠恕而已是直截切指與門人共證明此第一義不是將夫子一貫移下一層亦不是將門人忠恕抬上一層蓋曾子年最少夫子沒時方二十九歲一以貫之非他從心所欲不踰矩也夫子亦三十而立曾子此時安有此水到渠成瓜熟蒂落氣候夫子遽付之以秘密心印且曾子至老方戰戰兢兢何曾得夫子此言便是把柄入手縱橫貫串無不如意謂夫子以盡心之功告曾子則是謂以傳心之妙示曾子則非

堯舜至於孔子相傳道統只是人心惟危道心惟微惟精惟一允執厥中四句十六字除此之外別無道統夫子之所以造就門弟子亦只此四句十六字除此之外別無工夫條目蓋人之所以參天地立人極經緯萬端發育萬物只靠此一寸心再無第二物事只是聖人之心粹然無一毫人欲之私其未發之謂中廓然其大公此一也物來而順應此一以貫之也曾子曰唯即是云參今而後知求之心靜而存養無一刻之可放動而省察無一事之敢忽也此是上一節道理　學者之心有私有私求去私以至於無私中心之謂忠靜專以葆其天良如心之謂恕動直以符乎物則時時涵養此心操存此心擴充此心其始也與

夫子之心一安一勉居然有勞逸之殊偏全之異及其久也由日月至以至於三月不違又由三月不違以至純亦不已亦聖人之心矣此忠恕而已矣之說也此是下半章道理　聖人之應事接物與學者之應事接物境非一境心無兩心聖人無私故不用力學者去私故須用力直截之說不過如此　作時文與說書著書不同須要詁題目求合口氣如曰參乎吾道心而已矣門人雖至愚亦不消問何謂也須是隱隱指點若曰參乎天下萬事萬物紛紜繁賾其變不可勝窮吾之應事非事事測量之也所以貫乎事之宜者一而已矣吾之接物非物物忖度之也所以貫乎物之則者一而已矣藏一心字使曾子可曉門人不

易曉即得之　忠恕二句却不然須是切實指點若曰夫子之道非窮高極遠而不可企及亦非窈冥昏默而不可致思即吾輩之所謂忠恕而已矣此心同此理同一致而百慮殊途而同歸人有聖凡學有精粗道無同異也吾輩亦自勉而已矣道豈遠乎哉術豈多乎哉如此說則子曰吾道曾子曰夫子之道分明只是一樣方是此章眞實義諦　此章以高頭講章俗說解夫子之言總不明白以孟子之言解夫子之言則明白孟子曰萬物皆備於我矣反身而誠樂莫大焉即一以貫之也强恕而行求仁莫近焉即忠恕而已矣此易明也以周子之言解夫子之言又明白易通云聖可學乎曰可曷要曰一爲要一者無欲也無

欲則靜虛動直靜虛則明明則通一也動直則公公則溥卽一以貫之也又易明也其餘一切支冗之詞皆可置之不論　或問註中曾子隨事精察而力行之此用功也夫子知其眞積力久學有所得是以呼而告之明是指點他成功處使之指揮如意今反曰此是教曾子在心上用功何也曰此乃隨聲附會非眞能以朱子之言入思議者也古今只此世界語言文字之繁簡道理之明晦却不相同譬如今人之應事接物是非可否守經行權有古聖之經籍可據有後王之典憲可循有現行之則例可稽有各地方之圖經可考成案可依耇耆可問然猶不能準情酌理因地因時制宜者非必有所蔽窒塞而不明卽心有所偏

明知而故犯仍須於心上求之也古人則不然矣夫子以前無聚徒講學者曾子有子子游子夏之門徒以前無著書者所以應事接物尙書謂之學古入官議事以制學古者卽先王之大訓簡而不詳議事以制是臨事制宜全憑寸心斟酌若不在心上用功使之無私無蔽則無一不失其宜所以夫子親指點使之先立乎其大者權然後知輕重度然後知長短此卽一以貫之頂眞註脚況顏子是聖門第一個人物夫子告之不過非禮勿視聽言動仍是以用功言安有大丹一點瓦礫皆金頓門一開立地成佛之妄說哉或又問心字是釋氏恒談前人諱之只說性字所以自別於異學也今吾子又反之必以心爲主何歟曰此

又不然性不動無可貫心能靜能動動然後貫無智愚皆知之前明文人羅洪先歸有光王樵王鏊皆直指心字未嘗如今日陋劣之徒滿紙替身字面舜只言心湯方言性豈舜爲異學湯乃正學歟大學只言心中庸乃言性又豈大學乃異學中庸乃正學歟且釋氏本書旁行梵頁實不可曉今所流布皆中國文人所翻譯書則釋氏之書理仍前聖之理彼言心吾卽不言心彼言慈悲吾可曰不慈不悲彼戒貪嗔癡吾可曰必貪必嗔必癡乃成正學耶

君子喻於義章

此與懷德章神情互應彼是言情之所戀窮形盡相劃清四項此則言識之所明只此義利兩端曉得十分透徹故

能做得十分圓成君子守義之經達義之權貧賤不能移威武不能屈惟其見得透徹使然小人圖小利得小利圖大利得大利取怨一時遺臭後世亦有由此身名俱喪萬事瓦裂者彼亦不悔非知之深亦不如此也喻義是窮理工夫喻利則揣摩迎合而已言外重喻義言人當如君子於道理上講究精審勿爲小人之歸也　義利明是兩途亦有共一途君子見之謂之義小人見之謂之利譬如乍見孺子將入井君子見之總是惻隱之心小人見之則納交要譽一齊打算都到此處尤宜較勘則不至以詩禮發冢矣　陸象山先生至白鹿書院朱子請升講座說此章當時學人諦聽有感動涕下者其言今性理中備載之大

旨言今科舉之學仕宦之途從事者名雖爲義實則爲利從俗浮沉與時爲俯仰至日月逾邁泯然與艸木俱腐若能有愧懼大決其志乃求涵養磨礪之方隨處自家檢點所謂心誠求之雖不中不遠云云　四書發註言當時理學昌明人知禮義廉耻故能感動其心若嗜利夙成廉耻盡喪雖朱陸在座亦不能感此頑鈍不靈之輩也此言良然

見賢思齊焉章

凡人未見聖若不克見既見聖亦不克由聖從古已然總是有耳目無心肝耳思字內自省字提醒之言勿徇外爲人方有實得也

事父母幾諫章

此三章一連一為爭子一為遊子一為侍養之子各使善體親心以供子職也事親有隱無犯本不言諫只是事父母三字到底先志承歡人子樂事萬不得已惟有幾諫一路委曲小心不可悻悻見於顏面也

父母在章

古者封建之國不過一郡縣之大小仕宦商賈皆在國中本不用遠遊有不得已有方亦可以慰後世不然韓子為歐陽詹哀詞云詹雖不在側其父母之志樂也詹雖在側其父母之志不樂也此為參透世故之言唐人詩話以高城不可見況復城中人為歐陽生憶太原妓思慕成疾如此則詹負其父母矣但詩話多附會不足信據韓子誌歐

陽詹有學行者也自不至此聊附錄為後世之遠遊者無方之方更進一解也

父母之年章

此章無疑義只喜懼二字拆不開父母之年只有可喜喜處即是懼人生如火銷膏終有盡時多一年即是少一年愛日之誠中有人子當自勉之事在

古者言之不出章

言必顧行亦是常事特下古者二字為目前人易其言者頂門一針

以約失之者鮮章

此為恃才縱放者言之略淺一層不是存誠主敬一切公

共膚詞

君子欲訥於言章

只重一欲字一串直下方與他章言行有別困勉錄云欲者矯輕警惰之神也

德不孤章

此爲修德而慮無朋者言之隣字是身分學問彼此相當不是人之秉彝好是懿德之説千里一聖是爲接踵百里一賢是謂比肩隣不若是之易也然固已有隣矣德自是必修即無隣無害況既是德必有隣矣唱予和汝營道同方樂莫大焉即同心而離居尤足証德中獨知之妙日接膝而不相知何足纏擾胸次

子游曰事君數章

子游是文學人立言有體爲賢臣良友示一陳善納誨之方君與友受其益而已亦與有榮焉兩得之道也不是阻人以緘默自全　大臣以道事君不可則止良友之誼忠告而善道之正理不過如此謂必有圓機活法可使頑石點頭言則必從亦無是理張子房與漢高言如以石投水與項羽言如以水投石此由心坎上事張子房即不數亦不能使項羽必從

四書翼註論文卷之九

論語 公冶長第五

子謂公冶長章

此事以事理考之南容之可妻宜在前却從公冶長說起見聖人論人不以世俗之成敗利鈍爲取捨卽引南容之事又見雖擺脫勢利仍以庸言之信庸行之謹爲大關節非跅弛縱恣之流可詡詡然自附牝牡驪黃之外也解此則聖有特識賢有眞品此一冊多品評人物之語皆可準此作定盤星可妻也三字劃斷內有公冶氏行實在家語謂公冶長能忍耻卽因此章附會之詞四書人物考所引齊諧俗說不可沾染筆端茅鹿門文云質頗且秀有砥

名礪行之公志直以端得講學明道之正懸空摹擬與下非其罪隱隱關通却是最重此三字下二句特地爲之剖明不關可妻正面　按左傳孟僖子臨殁屬子孟懿子南宮敬叔師孔子學禮是年孔子方十六歲闕里志云夫子十七歲孟懿子及其弟南容來受業孔子三十五歲敬叔請於魯公以車一乘兩馬從孔子適周問禮老聃訪樂於萇宏歸而門徒益進是及門未有或之先也家語云夫子十九娶幵（音堅）官氏二十生伯魚如次年即生女三十五歲適周此女未及笄也南宮之妻決然在先記先序公冶長有微意按檀弓南宮敬叔反必載寶而朝註云敬叔嘗仕魯以事出奔衞衞靈公請於魯復之故其再反也載寶入

朝慮復出奔有以資緩急非行賂也然則南宮亦非無災無難到公卿者矣聖人只言其理南容世族位所自有故云不廢

子謂子賤章

此章專重子賤能集益魯之多賢不甚重只反看耳眼目在取字入卽上多寶船袖手不出取不得一物也　君子哉若人此句是言爲學勵懋勉之功少成若性臨政有子惠之實民不忍欺此則君子也已　獨學而無友則孤陋而寡聞求知無以開其端欲行無以視之準士苟有志雖無文王猶興但勞苦不若是之速成耳

子貢問曰賜也何如章

此章不連上不必牽纏器不器專重器字適於用之謂才堪其事之謂力此不足謂之器也才德兩優爲宇宙之完人備生民之利用則器稱爲亦不易矣瑚璉句是子貢尚不敢自信又推勘一層因而指實以決之器字中已包得貴重華美在　明堂位云有虞氏之兩敦夏后氏之四璉商之六瑚周之八簋何晏註偶錯朱子仍之作文不妨改正　歸震川全節文　只據明堂位

或曰雍也仁而不佞章

此章重爲用佞句益巧言亂德聖人所深惡時人習染已深以爲有才爲風俗人心起見不得不丁寧鄭重以闢之仲弓問仁告以坤之敬恕分量亞於顏子不知其仁非貶

詞也　佞字在或人口中只當口才二字凡陳說事情據我所見持之有故而言之成理令人洒然傾聽或人之所謂佞也仲弓行簡此却不是專長故或人病之若說成高德儒指野鳥爲鸞封德彝譽嘉樹或人亦不汚下至此屢憎於人此人字是正人聽其言而心不服却無以折之憎之而已若庸人則喜之矣

子使漆雕開章

漆雕開自是有用之才故子使之仕一官一職稱其所長非十分重大開却不欲以此自足與夫子之意相反正所以相成故夫子說之　斯字即修己治人之實包括學術政典一切源流在內書言學古入官左傳言學而後入政

禮記言宦學事師註以從宦從學皆須事師也古人尚實學兵農禮樂刑名錢穀未仕之前皆有一番講究工夫方做不完故曰吾斯之未能信若曰理而已矣懸空之詞何從知其信與未信耶

人之分量不同識趣亦各別一種時文之外茫無所解入仕則以吏爲師吏之外又有幕師之師也一種時文之外亦涉有用之書人情物理亦畧通曉入仕不至茫無把柄則稍高矣一種聰明有餘亦厚於自待伏處之日不特窮經讀史凡應通曉之書如通典通志通考册府元龜歷朝會典律歷韜鈐山經地志一切已見大意一旦决大事沛然如流水范文正公做秀才時便以天下爲已任即此也非出位干預時政家語言滚雕開

好尚書夫子使之仕開曰吾斯之未能信蓋指尚書也家語孔壁所藏但至韋昭始爲之註其出最後往往有因論語而附會者但尚書爲學術政事大原斯亦近之矣作時文勿用此信字要說得精細無學之人不足論亦有有學之人坐而言不可起而行行之則誤者必不虛不細即其所知反以爲障吾斯二字要說得十分認眞十分謹愼　子說只取他當下不自足之一念後來荀卿說漆雕氏之儒却甚平常

道不行章

此章首尾皆道誼相信至深之詞不可作夫子自言之而自悔之反怪他好勇浮海只是隱居伯牙入海學琴能移

我情少師陽擊磬襄入於海。海島皆有居人。但與郊坰隔絕。往來不易。便可理亂不知。不用終日蒿目焦心矣。此境空洞寂寬。非名利心盡化者不肯相從。原是極取子路。極信子路。但用行舍藏。隨處可行。何必定在海上。此則夫子之轉機。非先欲忘世。後又不忍忘世也。好勇不是言其平日好勇。是言其急流勇退之意。反過於我。但天下事乘流則行。遇坎則止。姑因時化裁。何必急急遽行已意乎。只輕淡寫。若說海不可居。世不可忘。則夫子先不應有此言矣。

孟武伯問子路仁乎章

此章只重仁道至大。不可輕許。不重論才。蓋仁為心德。盡人皆當求仁。仁有全量。亦盡人不能全乎其仁。若說子路非仁則没其克己之功若說其已是仁恐反弛其精進之力此正夫子勉子路以仁非疑子路不得爲仁也並武伯又問若又以不知也三字應付則似乎子路不仁夫子爲之諱矣故直答之云君子之觀人也以集思廣益則但取其所長若因才器使則勿窮以所短如仲由剛大之氣可以衛國不論小國即千乘大國治賦有餘至於心曲之内離合絶續或純或未純吾實不能遽知之亦不敢遽許之也亦正是許子路不是貶子路之詞求赤皆如此蓋不欲貶仁之分量以就三子亦不可謂三子之孜孜矻矻無與於仁仁有眞分量三子亦有眞面目分觀之則得矣　古者稅以足食夏后氏五十而貢殷人七十而助周人百畝

而徹是也是就田額十分取一賦以足兵四井為邑四邑為邱四邱為甸六十四井五百九十夫之地實五百一十二家也有戎馬四匹車一乘牛十二頭甲士三人步卒七十五人守衣裝炊爨壯丁二十五人大約兵出於農五家以一人為兵有事而行則干戈糗糧扉屨皆此五家共供一兵惟甲藏於官將出征則受甲其甲之費以市廛之稅為之出通志勸省拊循蓄其孝悌忠信之力蒐苗獮狩習其坐作擊刺之能訓諫有實效調發勿偏枯治賦不易易也管仲子產纔是治賦之才子路才大故特下千乘之國四字下文只云百乘千室可見

四井為邑此是定制故云改邑不改井井無增減邑却有大小不同或十室之邑或邑人三百戶楚昭王欲

以書社六百封孔子亦是六百戶也千室之邑則大矣邑宰治民事家宰治卿大夫家事也　家語弟子行篇云齊莊能肅通而好禮擯相兩君之事篤雅有節此公西赤之行也　內則云男鞶革女鞶絲言男帶皆革女帶皆絲也玉藻云天子素帶朱裏終辟辟緣也以朱爲裏終竟此帶緣之諸侯素帶終辟無朱裏只緣其帶大夫素帶辟垂只緣帶之下垂士練帶下辟只緣其紳居士錦帶有道之士指未仕者弟子縞帶汪氏大全云凡冕服皆素帶若爵弁皮弁朝服元端則皆緇帶此束帶緇帶也束帶容止可觀賓客言詞令足賴也仁之道體無不備用無不周其功自強而不息回也其心三月不違仁其餘日月至焉有定評矣孟武伯本不應問夫子捨不知也亦別無可

答此治賦爲宰與賓客言亦仁中之一節但不可立馬之一體卽謂之馬指吉光片羽卽謂之鳳凰耳若如講章所云勇足以制三軍而不能屈一念之私是以三子爲不仁姑以才抵當也誤矣蓋夫子本不輕許人以仁　孟武伯之問有兩說陸稼書先生云武伯見三子之在聖門所守者正義明道之學所用者存理遏欲之功故疑其爲仁人方文輈則直云當時之人以功名爲道德故於潛心內省者未嘗見問惟三子有所表見卽以爲仁人固如此矣此二說後說爲是蓋武伯若知存理遏欲則不知一對應有理會不必又問矣此其意中必見子路忠信之素有以服人必果斷之才足以綜政務必是仁人告以不知不肯遽

信也故夫子索性以才言之以解其惑

賜也女與回也章

子貢方人夫子卽以顏子方之而子貢自知之明一抑卽悟自克之勇一勘卽明最重何敢望回句何敢二字蹙然不自足之眞心十分流露則平日之比方人物亦非用心在外者矣此可喜也知十知二只是爲何敢二字下註脚精神全在首句　知十知二俱有天資學力二層顏子天資淵粹學力精純於事物之理一開其端卽洞其妙融會貫通沛然無阻所謂卽始見終也舉一隅以三隅反容易之事知二自包括其中矣　子貢天資明敏所以億則屢中旣知前說復理後說所謂因此識彼積漸而通也遲之

又久則於此中本末精粗亦自了然但方聞之時只可謂之知二耳此是平日虛心一一勘量過故一旦精審如此以子貢之高明於自巳分量一毫不自欺所以可貴若一味海行通套謙下之詞何足濟事與其弗如亦只就當下自知自屈處找出後來可以如回反淺乎其言之矣

宰予晝寢章

凡學莫先於立志志立則自足以率氣志不立則氣昏而不清惰而不勤漸就汚下此於朽木糞牆始吾今吾陸稼書先生謂不是謂宰予欺詐言不足信因他志不立則自巳亦做不得主彼尚不能自信吾豈可遽以相信哉　毛西河檢討好主張異說與朱子爲難韓文公論語筆記作

晝寢言宰我好奢繪晝其寢室也毛却不敢主張葢奢侈是外面事責之使改教有所施也必是志氣昏惰方是不可雕正面又非一言可了故又更端以責之毛氏佯作不知而止亦其自知之明也自屈則彼斷然不肯矣　毛氏四書索解論語稽求二書多有可取惟中庸說全屬影響附會無理執拗而已大學說亦可兼存何也古本今本只此大學以意通之理則如一格物不格物存乎其人韓文公言凡醫藥卜筮種樹之書皆當考究此卽格物也不是朱子教之若記苕忘箒記箒苕忘之老比邱送他到格物路上彼亦不能不足置辨但其詞氣忿戾如灌夫罵坐陷頭穴胸何知程李人皆望而畏之其實不可一律論須分

別觀之

吾未見剛章

聖意只是欲人以剛任道與慾辨是因或人之對添出不竝重　心則粹然無私氣則浩然莫禦此之謂剛者任重非此莫能勝道遠非此莫能至集義所生非可貌肖故夫子歎其未見或人以申棖當之棖之慾自是好名故與剛相似若說此慾是聲色貨利或人不若此之愚蓋世間功名節義皆是好事若牵於名心所使而爲之在他人見之都是剛在聖人見之祇是慾矣剛是心無私累爲之必力慾是意有偏好亦爲之必力最易相蒙是以認錯若將凡夫之嗜慾都指作剛是或人以黑爲白太不近理剛爲天

德剛健中正純粹精七字只完一剛字分量極大剛則自然無慾但無慾却不是剛世儘有名位勢利一切淡然却亦不能超賢入聖者只是其氣魄擔荷此道不起慾焉得剛隨問而答不必在慾不慾上苦辨

子貢曰我不欲人之加諸我也章

此章依講章言之只爭勿無兩字勿即是勉子貢所能無即是安子貢所未及也其實聖學有實功豈爭此一虛字人心一爲私意所蔽私欲所累見識則知有己不知有人施爲則惟顧己而不顧人恕是難事故曰强恕而行前日子貢問一言終身可行夫子告之以恕以己所不欲勿施於人解此恕字亦既丁寧周至矣子貢服膺聖言若曰我

不欲人之加諸我我亦欲無加諸人是說也賜方黽勉從事焉則深悉此中甘苦者夫子必深予之今乃欣欣然似告成事於夫子曰我所不欲便欲無施紬然而止此視行恕之功太易非自以爲安仁也夫子迎機截之非爾所及言爾尙須時時省察時時擴充時時勉强方承當得行恕二字卽不欲便無施如此輕快非爾所及也警他不及正鞭策使及非是會稽王將人上樓拔去梯定要他不及也此是程子全書中第二條安溪云云勝於註中所引第一條之說詳述之　子貢志願高往往向上透過一層何事於仁必也聖乎是就仁上要他收斂一成此是就恕上要他匝實一成吾亦欲三字亦是用力之詞但因其看得恕字易易所以下此針砭

子貢曰夫子之文章章

此章詞氣與顏子喟然章正同。俱是深造聖道有得力後。始知聖人善於造就人才。深贊歎之之詞。須靠定教不躐等四字。教不躐等。不是謹守繩墨先淺後深。當其可之謂時。造化發生萬物。大小前後不同。一一生機發越暢茂。即是此理。文章可得聞。亦大不容易。不但性道。陸稼書先生云。聖人之心。至誠至明。至誠故性道文章一齊造就。至明故就可得孰不可得。先後殊施。總是因材而篤。使之各成德器也。文章是威儀文詞。鄉黨一冊。與子之燕居。子溫而厲一章。此威儀也。子所雅言。子以四教。此文詞也。雨化成德達材答問。統在此無行不與之內。淺者見淺。深者見深各有所得而去此可得而聞也性之説見於中庸天道之説見於易繫夫子言之矣然此理至淵微須其人智足以及之則語之爲有益否則徒令其畜疑輕信反荒其下學之功故非其人則不告卽得其人猶必待其時候旣到而後語之是以夫子之言至罕而學者之得聞爲甚稀故曰不可得而聞也不可得不是秘而不宣亦不是聞而不悟人事未盡不足以復性則不與之語性人欲未淨不足以見天則不與之言天道不輕傳於人正以鼓勵後學使之努力爲受教之地也明人時文單重不可得聞今人又多説文章中卽藏有性道在皆是指第二月爲天邊新月也

子路有聞章

此章寫子路勇於力行却盡翻窠臼另作一樣寫法如宋
人畫院寫踏花歸去馬蹄香香字難寫只畫一二蛺蝶逐
馬尾後則香字躍躍矣萬綠叢中紅一點萬字一字又難
寫寫個絕代佳人天寒翠袖薄日暮倚修竹則萬字一字
在前矣此章精神全在有聞未之四字方有所聞已是如
此打算其力行之勇可想而知此是記者憑空摹擬一氣
竦神踴勃勃不可遏抑之子路所以令名無窮也

子貢問曰孔文子何以謂之文也章

性敏位高是孔文子佔得地步便宜他却不以自負肯勤
學好問自不可及非附會遷就爲之詞也作時文者須切

衞之卿大夫一種學問不是聖賢路上亦不似下士芸𢡖則得之

子謂子産章

子產是春秋第一流人物道四是詳述以美之非節取也君子卽古君子上則周公召伯次則仲山甫尹吉甫也四者亦畧盡修身治國之事勿再置不足之詞行已恭是根本大臣當國稍近驕矜則謗議叢之不特害於而家亦且凶於而國子產極有才却一毫不敢露才恃才罕虎率以聽而後敢受政鄉校議執政反導之使言實有抑然自下之念非但執事有恪之恭也行已恭則事上自敬子產却不止進思盡忠退思補過夷險一節捍外衞內以法度

齊强族君權內尊以詞命感大國國體外振其敬非他人所能也晉楚加兵鄭困極矣伍田疇以興地利辨章服以節財用而又輕幣爭承使大國少誅求於我則得以寡取於民衣食滋殖室家相保是其惠也世卿怙侈民習爲俗子產誨其子弟滌消無相譏之風鋤其寇虐萑苻絶取人之盜是其義也春秋賢臣首推管仲子產齊桓公內多慾而外施仁義管仲不免枉尺以直尋謂之器小子產相弱國幼君舉國以聽子產能以德禮自將遂成就一大人物三代以下蕭何可比管仲諸葛相可比子產葛相之品高於蕭何亦不過此恭敬惠義四字耳子產不可及也 仁山金氏曰都鄙如大都三國之一中五之一小九之一師

都建旗縣鄙建旐當時鄭國多强族分食都鄙必多僭侈故限之使各有尊卑也上下有服謂衣冠踰制藏而不敢服故云取我衣冠而褚之田有封洫者當時漸有壞井田開阡陌相侵越兼并者故使民封土爲疆通水爲洫以正疆界廬井有伍者夫三爲屋屋三爲井伍謂五家爲伍使之相親睦守望相助有罪奇衺則相及子產治國之才井井有條理非當世所及註語金氏之解巳明惟都鄙有章全引左傳祭仲之言尚未分析明白國邑雖有大都中都小都之分有章在旗上周官大宗伯司常掌九旗之名物師都建旗交龍爲旗州里建旟鳥隼爲旟縣鄙建旐龜蛇爲旐師都遂人中大夫所屬州長下大夫鄙師上士本分貴賤三公食邑

在都卿食邑在州大夫食邑在縣鄙亦有貴賤建旗建旟
建旐一望而知謂之有章當時不依九旗之式貴賤混淆
子産特申明之大都三國之一中五之一小九之一此是
舊制違文牽引不在其內

晏平仲善與人交章

敬是交之常理眼目在久字所難在此　人字善惡兩邊
都有敬字攧撲不破故曰善崔慶陳鮑季札叔向越石父
晏子之交最雜亦其時地爲之

臧文仲居蔡章

禮諸侯以龜爲寶以圭爲瑞家不寶龜不藏圭不臺門言
有稱也明堂位云山節藻棁複廟重檐天子之廟飾禮器

又云管仲鏤簋朱紘山節藻梲亦賢大夫也而難爲上也是臧文仲此舉諂蔡而又犯禮何如其知以時人皆以爲知舉此詢之非直說其不知聖人詞有包孕　臧武仲以蔡與臧賈臧爲使請立後臧賈卜僭則吉義則否喜曰句僂不予欺也然則臧文仲之知可謂謬種流傳矣

子張問曰令尹子文章

子文之忠知楚而不知周文子之清避禍而非潔已忠清二字亦是節取之詞未知焉得詞不迫切意已透露　周夷王時楚巳僭王至厲王楚懼討復去王號至魯桓時復稱王子文爲楚令尹則魯莊公三十年也是後伐鄭與齊桓爭諸侯召陵之役子文憚管仲故乞盟齊桓稍衰即滅

江黃厥後伐隨執宋襄公皆子文爲之迨以令尹讓子玉爲晉文所敗楚鋒乃挫崔杼以魯襄二十五年弑莊公二十七年宋向戌弭諸侯之兵晉楚之從交相見也陳文子請許之是出亡僅一年耳二十八年齊人討崔杼之黨慶封文子謂其子曰吾其何得其子無宇曰得慶氏之木百車於莊文子曰可愼守也已文子惟利是圖豈眞能捨此十乘哉　文子不知大義入郤廉退三仕三已皆是自己遠引謝政無愠色不難事若以罪累去官卽告人以舊政人亦不信之矣

季文子三思而後行章

吳志載陸遜語諸葛恪世方多難吾子每事必十思恪不

能從卒及於禍思苟得當不厭其詳但季文子生平專爲培植家門清儉乃天性使然非比令尹子文尚能毀家紓國也但此人既負盛名子孫世執政夫子引而不發定哀之際多微詞　明人歸有光黃洪憲王衡只就思論思近人如陳怡庭則枚數季孫行父之失而貶之各隨所見文無定體能自成體卽佳文矣

甯武子邦有道章

甯武之事皆人臣應爲之事智愚二字是時人趨利乘巧下此批評如先進野人後進君子一般議論夫子從而斷之以爲以我觀之倒是其智可及其愚則眞不可及耳若以忠爲愚非聖人之言也　何屺瞻先輩云武子之愚只

是知有其君不知其有身竭力無二心晉怒解成公歸非其意料所及也卽使無濟與士榮鍼莊子同敗亦其心之所甘故曰其愚不可及若必以免身濟君立論則曹之侯獳已得及之矣　註中文公成公之時後人多以武子未仕文公駁註爲誤閱百詩云春秋時父子同朝如欒書欒黶士燮士匄者甚多註不誤也

子在陳章

君子之道用則施諸人舍則傳諸其徒以教後世自是常理歸與之歎乃以年高不欲久棲異國致故里及門人才或有類寙不成者非專爲道不行也夫子十七歲卽有孟懿子兄弟相從二十四歲葬母防墓前門人後至是時從

遊已衆矣何待至是始成就後學耶 按闕里志與孔庭年譜夫子五十五歲於魯大治齊人饋女樂子適衛遂自衛至宋又由宋適陳有匡人之厄既而曰吾以爲陽虎也遂解圍後又反衛 五十九歲自衛適宋桓魋有伐檀削跡之事夫子去之主司城貞子爲陳侯周臣後自陳如蔡又適衛 六十三歲問陳不對自衛適陳時吳楚搆兵於陳夫子遂絶糧既而楚昭王迎夫子欲大用之子西曰非楚之福也夫子遂反衛歸與之嘆應在此次反衛之時停留陳國又歷四年 六十八歲季康子迎孔子歸魯自是不復出 人才之盛陳蔡最多何思魯之狂士因在側之成德已多慮在魯之久不相聞者或偭規矩而改錯也孟

子以琹張曾晳牧皮當之。十哲諸子。不在其列。狂簡非狂狷。彼是兩項。此只一項。志大者不屑小事。此一定氣概。若仍在齷齪瑣事上留心。則其狂不過大言不慚。何足任道。斐然成章。謂廣大成其廣大。高明成其高明。有光輝發越於外。不知所裁。恐其一往豪上。不底於大醇也。　孔子六十八反魯。七十顏淵卒。七十二仲由死於衛。不及門之嘆。蓋在此時。冉有子貢方以國事馳驅。非復向者誾誾侃侃終日侍側矣。

伯夷叔齊不念舊惡章

不是說夷齊量大。是說心公。惡惡是天理上事。非與我有仇有私也。惡既舊。則人新矣。又何惡焉。　惡人亦有天良

不過嗜慾遮蔽果是至公至當雖被之以惡名其心未嘗不服陳壽撰諸葛丞相傳贊云刑政雖峻而無怨者用心平而勸戒明也則伯夷叔齊可知矣

孰謂微生高直章

此是論直非論施惠於人若是濟人利物之事如有人稿餓待斃我自顧蕭然無有即使貸監河侯之粟以濟之何嘗不可必曰我以直聞安得爲汝計則傖父面目矣醯非人必不可少之物也有則與之無則辭之沽沽作此態乎日之得直名者可知矣此言爲存直道非以攻微生高也不負初心之謂直爲臣必忠爲子必孝不仁不義雖小必不爲此之謂直轉灣作第二念即曲矣吾黨父爲子隱

子爲父隱春秋之義爲尊者諱爲親者諱爲賢者諱皆直也粗鹵亂道剛而無禮何直之有故曰惡訐以爲直者

巧言令色足恭章

巧令是諂媚匿怨是陰險然不過不肯公然與之絕仍求親媚之而已非外與結納而陰圖之也夫子既云耻之又引一人爲助蓋失其本心不必在大只此求悅於衆求容於人之念可以無所不至論語第三章卽說巧言令色鮮矣仁鄉愿德之賊卽此輩也　先儒謂左氏浮夸另是一人非此惡巧言之左邱明唐人啖助趙匡始有此說鄭夾漈昌言之大不解事春秋乃一題目且仍舊史之文若無左傳眞斷爛朝報耳不虛美不隱惡直道行而亂臣賊子

懼緊左傳是賴譬如朱子綱目盡去其目只留其綱世界無用之書何勸懲之有左傳所錄乃列國史官舊本述先王之格言大訓左邱明不居功巧言如簧如鄭伯使許叔居東偏晉使呂相絕秦之類左邱明不任過也刑官折獄鈐虛誣之口不使之辨其可行乎左邱之恥正與夫子同必疾此巧言耳況周秦之書迄今俱在安有第二個左邱明左氏即左史倚相之後則南宮适亦泰顛閎夭散宜生之友耶可發一哂克己復禮出門如賓使民如祭左傳皆有之何曾都是巧言令或疑智伯瑤之事後春秋八十年以歲數計之應已一百四五十歲然子夏爲魏文侯師以年考之亦一百三四十歲長年是古人常事安足致疑此只

論理做時文只以左耶明三字還他不必指誰

顔淵季路侍章

此志字與曾晳章彼是說事功此是說志趣聖賢志趣只是仁字程子求仁不違仁安仁如鼎三足無可改鑄但先須將子路一層說得精細不要寫作豪俠一流則仁字融成一線到底子路縕袍負米百里外安有肥馬輕裘惟其如此所以爲志於仁蓋實見天下之物當與天下人共之况於吾友何有芥蔕凡是立人達人博施濟衆俱要先破得一慳字不然半邊伊尹一介不以與人一介必以取諸人囂囂然樂堯舜之道吾不信也顔子是公善自然分量又大一層子路卽時有省見得自巳之志倘小顔子如此

夫子可知夫子萬物一體之懷亦因此一問發之故曰二
三子之嗜學也　有其善喪厥善矜其能喪厥功理固如
此顏子心中却不是如此說彼葢見得天下事無一而非
性分之所固有職分之所當爲實無可伐可施處　夫子
之志不要說得太大似有意籠罩兩賢只就平實處說葢
兩賢皆有願字夫子無願字只是面前實事隨地皆有老
少朋友吾皆有以扶持之綢繆之培養之亦快然於胸矣
几筵康體珍饌從遊是安卽疴癢存恤出入扶持亦是安
德義相友財力相通是信卽話言不食情欵相孚亦是信
顧復恩勤資其成立是懷卽分甘含飴慰其嚬笑亦是懷
隨在盡其心於倫類無所負此聖人之志也若一泒天地

帝王話頭堯舜尚病未能夫子以爲已任空言從事可謂志乎陳之遴評歸太僕文深詆教養膚詞謂之不學徐公純謂杖者出斯出矣卽是安老伯玉使人與之坐卽是信友闕黨童子將命卽是懷幼說雖拘泥此節只是本分不可大言理則然也　仁字是準的然此章却是言志不是言仁不要太露起結作學者口氣則可矣四子侍坐以齒爲序此章變例直稱顏淵季路記者瞭然伯仲之間仲子地位極高後世小夫以成敗論人甚有時文稱子路爲勇士此輩奴隸不知日月之清明者也

已矣乎吾未見能見其過章

改過不吝自是最好却不要托之空言內自訟內字有意

思有不善未嘗不知知之卽不肯甘休如訟者之必勝以復于無過此不可以外求者也魏環溪先生有四種未見人說所未見者及門中皆有之師嚴然後道尊豈必賸後顧前多方迴護夫子只是隨意直說欲使天下後世共知之共聞之非諸賢中眞無此人也顏子不貳過子路人告之以有過則喜豈不是內自訟曾子任重而道遠子路唯恐有聞卽是好仁惡不仁子夏賢賢易色南宮适之尙德豈不是好德如好色惟隱居求志行義達道最難顏子損益四代仲弓南面可使閔子不屑小就斯亦近之矣所謂未見激厲之詞若使沾沾面譽之反頽其志氣後世師道不立後生小子心高氣傲聞正言則逆梗於心不快所以

不成材、

十室之邑章

聖人德盛禮恭惟好學二字十分承認甘苦自知亦以勸勉後學也人皆有良知良能不學則不能擴充之使成其德譬如小兒墮地百骸皆已齊全然可以餐風吃露不須乳哺乎人若不學則雖此良能良知不數年歸于烏有王安石有傷仲永文卽其事也一目三五行一覽可不遺忘此等人吾嘗見之好學者絕塵而奔不學者終無成就如操左契一一不爽　忠信是天資醇謹非言語上忠信好學是反情復性學爲聖賢非咿唔佔畢黃卷青燈也

四書翼註論文卷之十

論語　雍也第六

雍也可使南面章

講章謂此章只重辨簡不重論敬甚是蓋敬是臨民不易定理不消重新張大其詞仲弓之所辨夫子之所許總爲此簡字字面如一來歷不同居敬之簡見識精明當務之謂急器量威重執要以御繁民受和平安靜之福居簡之簡得一而遺其二精神不能兼顧貪逸而憚其勞叢脞而不自知則民受其苟且率略之弊此言不但判斷伯子人品清楚實天下後世南面者之圭臬也故夫子亟然之

雍也可使夫子未言其故寬洪簡重切不可露只就反面

說言爲上有道若過於煩苛紛擾則政令刻急條教瑣碎下民燋然無以樂其生必如雍也不佞昭淵默之度無怨本家語弟子本行篇表寬綽之風庶幾可以臨民乎如此說便透得問子桑伯子句起　諸侯有北面之義文王爲人臣止於敬是也卿大夫亦有南面之權臨之以莊則敬孝慈則忠是也是言仲弓之德行度量可以臨民不可呆滯說成夫子使弟子爲諸侯則詞氣窒礙矣　子桑伯子一時閒人仲弓若問其可以臨民與否夫子自然不是如此答法今只泛常評論則此人性情樂於淸淨言動不尙繁擾亦無惡於天下可也一頓言此人上方不足下比有餘簡字另說此人近簡質簡略一邊覩多疑好事察察爲明縟節繁

詞沾沾自喜者尚爲勝之只言其自爲則可矣陳氏之不可仲弓亦已理會但因上有夫子許已可使之語恐聽者不察亦以伯子爲可則蕩軼坦率以之臨政廢弛之害甚於嚴苛所以亟亟明辨夫子樂其體會夫子言中之意又能闡發夫子意中之言也是以亦亟亟稱許之知其言然則可使正面見可也之不可使背面亦見居只有一敬更無可替書云王敬作所是也行則論當不當不是一定要簡舜兢兢業業一日二日萬幾周公經緯萬端周官儀禮無微不到皐陶言臨下以簡非言行政以簡也此是因可也簡三字渾括大意未指點出不可南面四字仲弓特地作此石分三面路看兩岐之筆曲曲描寫小心翼翼其簡

之所以可也。　居敬而行簡。程子只直下。朱子分作兩層。論。正理兩層爲是。蓋與人不求備。檢身若不及。自是兩事議。道自已置法以民。亦自是兩事。不是居敬則所行自簡但作時文。是依傍儒先成說。求合有司之尺度。不必固執已見。融會兩說於居敬中。埋伏簡字之根。如云。戰兢惕厲之中。於庶政緩急之序。大小之分。皆已卓然精明。不紊于所施矣。而臨事之際。又能舉其大綱。攬其機要。齊其政不易其宜。不更張成法。修其教不易其俗。不矯拂民情。如此則程子朱子之說。兩邊都到　居字有居心之敬。敕天之命是也。有居身之敬。爲國以禮是也　世儒有居敬而不行簡之人。不得謂之不是。諸葛丞相淡泊寧靜。臨政則循名責實庶事精鍊十弩俱發千井齊甃罰二十以上皆親覽之司馬文正公清苦誠恪修資治通鑑草稾盈一屋未嘗有一字草書豈得謂之不好此特就簡上論簡有來歷之簡乃可臨民無來歷者斷然不可耳　居簡而行簡亦不是十分壞症只是此人雖曉得厭薄繁文苛政却於聖帝明王敬天勤民之大本茫無所見但云為治不在多言顧力行何如耳不知條教號令之不肅則上下否塞無可以奉行也但云我無為而民自治我無欲而民自正不知紀綱法度之不詳則愆忘叢集無可以遵守也無乃太簡口氣如此而止若逸樂偷安清狂姿肆阮籍云禮豈為我輩設王衍自云吾儕若不祖尚浮虛天下事亦不至此此

等人何用在聖人之前苦口辨論哉　黃帝老子另是一種學問此是與民休息非居簡行簡之說蕭規曹隨載其清淨民以寧壹漢文帝謙讓未遑網漏於吞舟之魚而吏治蒸蒸不至於姦生民衣食滋殖視蘇威之五教王安石之六官生事妄動不啻麟角牛毛之別不可作矮人觀劇隨口詆譏

哀公問弟子章

此是顏子身後追憶之言故不指其博文約禮惟日不足但指其克己之成效見好學之極功言如此則可謂眞好學矣葢古人之學非若今記誦詞章以求選舉有志者求學爲聖人而已求學聖之方約其情以復於性而已不遷

怒則情化其偏有以協天下之達道不貳過則性復其初有以立天下之大本其造詣至於如此故下文接痛惜之詞二三子非不好學方見其進鼓勵之而已不遽加崇奬此道就人才之成矩也　講家於不遷不改議論極多黄勉齋先生云未怒之先鑑空衡平既怒之後冰消霧釋方過之時纎毫悉照既過之後根株悉拔語極明透無可增益　註中或曰以下乃胡安定瑗爲國子監直講以顏子所好何學論試諸生伊川先生時方十八歲在大學作此論胡驚異之補授學職其全文載性理精義註中云云朱子所節按伊川程子十八歲詣闕下上仁宗皇帝書累數千言陳王道之要以諸葛亮自比試論授學職卽此時也

旋歸洛陽杜門求志遂不應科舉哲宗初立呂公著韓維薦之以布衣輔導授崇政殿說書不牒部請俸亦不爲妻請封附錄之見前賢志操少壯異趣若此

子華使於齊章

此章大旨理財曰義在於得當好施者與其傷惠不若周貧持廉者與其辭祿不若均惠惟義之歸　釜庾雖不多在冉子尚有可請之理在夫子亦有可與可益之道問遺投贈禮之所有但其家本富認眞附益則不必矣　宰有常祿只重毋字廉者不可辭猶貪者之不可請益也隣里鄉黨代爲設法疏通却不甚重然晏子一狐裘三十年父之族無不乘車母之族無不食肉妻之族無凍餒者子之

彰君之惠夫子敎原思有所仿也　閻百詩先生四書釋地謂原思爲宰在先子華使齊在後今覈核其説則不然家語載原思少夫子三十六歲公西赤少四十二歲夫子爲魯司寇原思方十四歲恐未必即能爲宰大抵古書多附會年之相去皆未必眞必是夫子得政之時皆爲公事服勞但出使則所適之國自有致米務之禮不消私家致粟冉子多情有此周折耳　按儀禮聘禮賓至國公使卿韋弁致饔餼米百筥設於中庭門外米三十車車秉有五籔註十籔曰秉十五籔也禾三十車車三秅薪芻倍禾聘禮記十斗曰斛十六斗曰籔十籔曰秉四秉曰筥十筥曰稯十稯曰秅冉子與之粟五秉乃以聘禮所致三分之一餽其母也

子謂仲弓章

古今取士其制不同最不公者莫如魏晉九品中正之設下品無高門上品無寒士閥閱之家互相援引寒畯之士無階而升春秋之時猶是也左傳所載列國卿大夫炳炳麟麟皆公族世家自燕蘆中拔萃者少矣夫子既告仲弓以爾所不知人其舍諸他日又更端語之曰爾爲宰有取士之責凡鄉擧里選惟才是視勿拘於世類俾秀民之能爲士者仍困於農犂牛之子此其義也集註沿何晏邢昺舊說不及改耳父賤行惡家語有之其實家語與他書不同劉向校書多所刪削孔衍力辨未見施行疑其雜也至魏王肅爲之註始顯於世其中多與禮記同者凡論語孝

經所不載亦賴之以傳但王肅亦云其書自漢收秦圖籍呂后取歸私家呂氏既滅散入民間多爲好事者附益則非盡孔氏遺書也內弟子行與七十二弟子解二篇多是因論語所云從而添設今反以据此解論語往往多誤見公冶長章便云公冶長能忍耻見赤也束帶章便云能賓客之事見犂牛章便云父有不善行詞氣淺露一望而知

張南軒先生論語解同此說朱子亦謂其有理脈但求抉出家語是因論語附會一層無以堅朱子之信仍從舊說耳用勿用關仲弓何事而此其父爲牛夫子豈肯出此言仲弓豈肯樂聞此言況仲弓竝非不用之人此語又從何而來此章書决是如此說無可疑者

回也其心三月不違仁章

此是以顏子心德之純激勵諸賢欲其自力於仁不是一褒一貶仁爲心之德德無存亡心則出入無時莫知其鄉一爲私意所蔽私欲所累則馳逐於外與仁違矣惟回也博文以晰理研辨於天理人欲之界者至精克己以治私力持於存理遏欲之交者至決心與理相涵卽無復昏氣以蒙之可逾時而不息理與心相守卽無復雜念以間之雖歷久而彌貞卽至三月之久天運一變而吾心之不變者自如也回之於仁其不違也如此至若其餘亦常從事於博文能晰理以祛人心之妄然淸明旣開心與仁相招者亦昏昧忽乘仁又與心相郄亦嘗從事於約禮能去私

以堅道心之正然乾惕之嚴心與仁絕而復續者斯須之雜仁與心又合而仍離其省察如有程之可數其存養亦有候之可拘有甫涉其途用力甚艱者或一日之內自朝至暮此心卓然有堅定之能而一日之外又莫能自信也即久於其道用心精進者能一月之內歷朔迄晦此心凝然於淡定之天而一月之後仍不可以自必也夫仁即吾心之天理非由外鑠二三子何以不能如回之純粹以精則以識見有疎略功力或間斷故也曷不勉之常研諸心則能長守其湛然至善之體能悅諸慮亦可常依於粹然無欲之天也已　語氣專爲其餘而發　言三月者詞有所窮至三月而止若云純亦不已則以顏子爲聖人矣非三

月之後仍違仁也切不可添此蛇足之說日月之至亦非容易是此一日一月皆與天理相浹洽非偶窺其槩也不可說得輕剩書理之奧不過如此　仁人心也心何至違仁只爲此聲色貨利之私取舍欲惡之擾喜怒哀樂之不中節意必固我之互牽纏引心而出是以違之其實心之德本無存亡如八尺方鏡即塵封鏽蝕如一面黑漆屏風其光明之體自在知得此理則註中內外賓主之辨尚屬第二義不須心苦爲分明也

季康問仲由章

可使也與語氣重政而輕才何有重才而輕政機鋒相對

家語載季桓子將卒遺言召孔子季氏宗人皆不欲曰

吾先子用孔子而不終爲諸侯笑今再用之而又不終是再爲諸侯笑乃召冉求是康子心服意在求由賜之問先賓後主耳　果達易講藝字須說得冠冕博學無方有以裕綜理之能克勤小物可以赴事機之變藝由德性學問中來

季氏使閔子騫爲費宰章

有天民者達可行於天下而後行之千室之邑百乘之家實是不肯俯就但人皆如此則卑官下僚徒得不賢之人人生日困矣益國家之小事乃小民之大事賢人君子視爲不足行其道者下民被其澤乃大有所益也夫子不擇官而仕非曰無可無不可所以行其義以爲後世之標準

也已欲立而立人已欲達而達人苟能通得此念出師邑宰與上卿庸何殊此夫子之行也子路冉有以下則爲時所限舍此別無仕進夫子亦不以爲非顏子曾子閔子則自知甚明視夫子之無施不可者旣有所不能自命甚高如二三子之帖帖就一官一邑又有所不屑士各有志不可強也記者特載此章振淖泥滓之中超出塵埃之外其亦有所羨慕者歟詞氣溫而厲有德必有言也

伯牛有疾章缺

賢哉回也章

此章神理重首尾兩賢哉回也擊節贊嘆流連不已盛推顏子之難也賢字是所造之高所養之粹不堪不改兩面

互夾出賢字此是烘雲托月之法葢人於道德學問所得不多所守不固卽有一知半解欣欣自負一爲貧窶所困無以自存此樂消歸何有矣惟回以如此之境遷其樂也自如是眞明於天性知自貴於萬物者也董子語是眞見其大則心泰心泰則無不足者也賢哉回也殆非他人之所可及也已

樂字須認眞好學是樂字之根樂字正好學之實博文約禮欲罷不能儳焉日有孜孜不知此粗糲之不可口而陋巷蓬戸之不可一朝居也此卽不改其樂正面也若云不是樂道亦不是樂貧胷中自有眞樂則閉關頌酒忍凍吟詩畫趣可參禪悅自賞但凡於物眞有所得皆有可樂卽好色好賭之輩皆人不堪其憂彼方陶陶然

不改其樂者是求深而適淺也　楊文定名時眞能知道者也作此題文只據周子通書樂道之說李安溪何屺瞻皆深視之史記貧而樂作貧而樂道古本有樂道之語

冉求曰非不說子之道章

此章有頂眞見解前人皆未說着冉子乃有才人何至作小兒逃學之語子之道聖學之全體大用也言求非不從事於博文而天地民物之故禮樂器數之繁識不足以會其通非不欲從事於約禮而視聽言動之則經權變化之交學不足以協其矩此之謂力不足也夫子言力不足之人誠亦有之必其識至愚氣至弱勉强不來至於中道而廢資質所限無可奈何今汝也厭致知之繁賾僅得半而

止畏力行之拘苦以小就自安是畫而已矣奈何自誣以爲力不足哉須將子之道三字指高則冉子之退託不爲作僞夫子之責備亦非苛求力不足是指學業無成之人言冉子不可以之自比也與好仁章力不足不同

子謂子夏曰女爲君子儒章

周官儒以道得名乃學行成立衆所宗仰之美名莊周亦云通天地人之道曰儒夫子論儒行十四條儒之名不易居儒之實更不易稱也名實相符則謂之君子否則以其名之美蒙其行之私眞小人儒矣專重女爲二字無爲是反勘之詞不可公然兩對需爲定名亦爲虛位德行言語政事文學皆儒之所有事以小人之心爲之則成鄙儒陋

儒盜儒是以小人害儒之名非儒之中另有小人一門也卽如經術乃儒之事董仲舒劉向卽君子匡衡亦有經術則小人矣訓詁亦儒之事伏生鄭康成卽君子馬融亦有訓詁則小人矣文章亦儒之事韓昌黎歐陽廬陵蘇眉山卽君子許敬宗蔡京之流亦有文章則小人之尤者矣前人有將訓詁詞章皆指爲小人儒此不辨黑白之說此章爲天下後世言不單指子夏子夏於經傳有專門名家之學當時儒名特著故夫子以此告之致知力行正誼明道內自刻苦不求人知君子儒正而不過如此荀卿言正其衣冠齊其顏色嗛然終日不言是子夏氏之賤儒也子夏之門人小子尙不失矩矱較之子張子游二氏尙爲勝之

講章有謂子夏見小恐其周於世故下此針砭其說不可從

子游爲武城宰章

爲天下得人者謂之仁君君相之事邑宰小吏耳夫子此問似乎迂濶講章以資益身心匡救政事表厲風俗爲言亦近之矣未揣其本也古者鄉舉里選得人不得人在爲宰之好尚爲宰取圓通奔競以親暱爲賢則所舉不得人能虛心採察力求方正不苟合之士則所舉皆得其人按周官閭師選士於五比二十五家書其敬敏任恤者上之族族師選士於百家四閭爲族書其孝弟睦婣者上之黨黨正選士於五百家五族爲黨書其德行道藝者上之州州長選士

於二千五百家（五黨為州）歿其德行道藝上於鄉大夫。鄉大夫三年大比（比考校也）考其德行道藝而興其賢能。以禮（鄉飲酒之禮）禮賓之。上於王。王再拜受之。登於天府。此謂使民興賢。出使長之（官于朝）。使民興能。入使治之（為鄉吏如比長隣長族師）。子游武城宰。正州長鄉大夫之任也。故夫子以得人為問。興賢得實。則作育人材。轉移風俗。俱在其中矣。子游之答。言已之所取。必採鄉評（行不由徑）。核實行（非公不至）。寧介毋通。寧迂毋暱。不肯以其人親媚於已。即以為賢。偃庶幾異俗吏之為良。以此耳。全章神氣道理。不過如此。全重子游相士與衆不同。滅明之所以足見重於子游。尚另有德行道藝之全。不沾沾在此兩事也。　糊名易書。校以文藝。　末也。行之千年。不可廢前人言其無私如造化至公如權衡天下士有所倚以不恐由鄉閭舉報達於卿大夫薦揚其孝廉方正賢良者本也行之其弊百出不可道衆皆有私則謂天下無公庾元規此言竝非忿激甚有巧於行私以其私人互相交易凡所謂聞名未識面皆入室交手而得之太史公謂天下不多管仲之賢而多鮑叔之能知人吾於言子亦云　或問如子之說凡薦舉皆不可信乎曰不然蕭何曹參素不相能及蕭何且死所推賢惟參參爲相一守何之成法郭子儀李光弼同爲安思順衙將相惡不交言及安祿山反肅宗擢子儀爲朔方節度使光弼挺身入謁請死子儀倉皇下階相抱痛哭曰今日國破非公不能中興何出此言

立薦之。亦爲節度使。遂犄角平賊。陸宣公知貢舉。訪士於補闕梁肅。肅薦十三人。宣公盡拔之。韓文公。柳子厚。李觀。歐陽詹。卽其人也。此聖賢所爲。豈可槩此凡夫俗子哉。

孟子反不伐章

人之器量不同。下者碌碌無能。稍有能。則沾沾自喜。顏子亞聖。惟願無伐善施勞。舜之贊禹。亦云不矜不伐。孟氏喪師辱國。賴之反在後支吾。及入南門（南門又曰雩門）。人所屬目。以馬疲自掩。器量足嘉矣。故夫子亟稱之。或曰。魯國之法。有隣寇。一子守（上卿季氏）。二子率師從君禦諸境（孟孫叔孫氏）。清之役。齊以郞故伐魯。政在季氏。孟孫叔孫氏不肯出師。冉求方爲季氏宰。專家政。力贊使季氏出師。孟氏見季氏出師。

不得已亦退而蒐乘季氏出師次於雩門待右師郎孟氏五日而後至齊師從右師右師奔郎孟氏左師入齊師齊人宵遁則樊遲請三刻踰溝冉有以武城人三百為私屬用矛入齊師二人之功也微二子曾幾為城下之盟矣夫子恐二人以有功自足故亟稱孟之反進二子也是亦一說

不有祝鮀之佞章

南軒張氏曰必巧言令色而後免於世則中人以下鮮不為之變易矣此聖人之所以歎也南軒先生此說深得聖意但言之未詳聖賢正理只有邦無道危行言孫七字安有免不免之說況春秋時風俗雖頹壞直言正色如晏平仲蘧伯玉之徒皆未嘗不免非盡如彌子分桃見寵雷開

獻諂賜金夫子何故出此言此盖爲世之最下流見直言之不合便極意取巧見正色之不合便細體求容不知鮀與朝天授非人力卿輩學之徒自苦耳揚揚得意以爲免於世矣以我觀之佞不如鮀何待理屈而後詞窮美不如朝何待色衰而後愛弛小人枉作小人耳語氣的是如此

黄石齋先生云道之將行也以汲黯之戇白居易之率不見誅於其主道之將廢也以王嘉之信蕭望之之謹不能保其身免不免非人之所能爲也安有爲鮀與朝以求免者哉此有爲之言也

誰能出不由戸章

此章詞理易明口氣却不甚好領會率性之謂道天下古

今之所共由如家家門戸出入必經不消說得設或果有飛行絶迹出不由戸之人則此言不忠信行不篤敬與夫索隱行怪之流莫由斯道準此例彼亦不足怪何以出皆由戸無一能憑空動而率性又無一能踏實毋亦識趣之過於迷罔行實之不肯著察歟何莫由而不肯由也要合併寫方合怪而歎之語氣若作上輕下重比與之詞反懈弛矣

質勝文則野章

此章是爲野史兩種人指其氣稟習染之偏俾力矯所失以歸於君子之道不是重質輕文亦不是文質各半大意是言人之持躬接物有中道焉有時宜焉是不可以執一

亦不可以偏勝也有如忠信而不學禮則其人舉動言詞質勝於文如耕鑿之夫安於固陋置之禮法之場自覺形穢有如講學而不修德則其人舉動言詞文勝其質如掌文籍之吏但備稽考殊不實心如此者固其氣習有偏亦由學養未到必也尊德性以存心方寸得中和之正道問學以致知臨事妙斟酌之宜文中有質質中有文固彬彬也即宜文而質宜質而文亦彬彬也然後合於君子之道不得謂之野與史矣註中損有餘補不足是文質所以彬彬之故須透切發揮或正說在先或補說在後俱可或文或質行之當可即是彬彬不可泥相雜適均作調和攙雜此是折不開之物如何調和攙雜得孝弟是質定省溫凊

即是文恭敬是質威儀謙遜即是文他皆如此成德之君子無所施而不當本無一彬彬之成見於質中惟野史二種人則當損有餘補不足以協於中道質者之損有餘補不足只是勿任性必降心以考節文文者之損有餘補不足只是勿飾貌須反本以求敦篤專為此二種人說法四術六藝三德九儀轉移風俗化導人材時文作料隨筆所之書理不在此史程子謂是府史胥徒之史掌案牘者也若是內史外史太史何至都不實心此說得之

人之生也直章

天命之謂性生也孩提知愛稍長知敬直也見善必好見惡必惡亦直也以人為害之則罔矣罔是欺詐字面欺其

心也哀莫大於心死而人死次之故曰罔之生也幸而免
謂此人不直之時卽宜死矣今之生存乃幸免也深警之
亦深惡之

知之者不如好之者章

人之入道分數不同兩不如是勉使向前非劃斷界限也
知之深卽能好方知之却不如好好之深自能樂方好之
却不如樂淺深生熟之別也知字却不可看輕入門必由
此尚有不能知者一層在先到知之已有五分地位知之
前有工夫必須窮理格物樂之後有進步不外博文約禮
俱不可不知

中人以上章

人有上中下三般道只是上形而下者謂之器非道也司馬遷孔子世家言門徒三千身通六藝者七十有七人是此七十七人皆中人以上者也上字凡言仁言知言誠言敬皆是不是但指顏子曾子子貢之一貫也以中人爲斷是觀人定理此人本中材見地却明白志氣却向上卽中人以上者語之以修己治人廣大高明之理可以領略得入發揮得出則語爲有益者此人本是中材志氣却不肯自強心力亦不能旁通是中人以下矣材力所不能及固不可以強之識見之所不能到亦不可以誣之不可以語上也吾豈不欲盡人告之無如人各有本量不可一槩而施語氣側重上字不可說中人以下僅可以語下

畫蛇添足之語。

樊遲問知章

此是告樊遲以純粹以精之理。務民之義。敬鬼神而遠之。不特昧中之昧不能惑。即明中之昧亦不能惑。明理之極也。先難而後獲。不特私中之私不足以累之。即公中之私亦不足以累之。純心之極也。臣忠子孝。言物行恒。民之義也。三廟五祀之祭。無豐於暱。龜從筮從之。朕惟稽其疑。可謂智矣。致知力行之事。已千已百而不知疲。勿正勿助之心。徹始徹終而無所攖。可謂仁矣。此是仁智十成分量。不爲樊遲一人。講章粗鄙近利。不可闌入。

知者樂水章

此是夫子心契於仁知之妙而擬諸其形容不必十分拘泥山水動靜俱非不相聯貫之物只是大槩如此倒是樂壽地頭不同意似專爲此二語因而推及性情體段也註中以動靜作主上下鉤貫此是說理作時文則各自分開乾隆庚寅貴州鄉試以樂水樂山二句命題文中以達於事理周流無滯故樂水立說者背以犯下見擯不可不知李安溪先生己丑程文樂水云得其涵物之趣樂山云契其育物之妙只就知仁上講個與山水樂意相關不去牽他動靜兩字　動靜互根不是偏於所向知者經事知常變事知權於事理見得十分透徹雖靜以養心而其變動不居者自如也仁者無然畔援無然歆羨於道德守得十

分堅定雖動以應物而其厚重不遷者自如也知者樂即其動中灑落之趣仁者壽即其靜中寧謐之神理甚易曉壽字是實在有壽不可將名垂後世死而不朽等語入講包咸云性靜者多壽考語簡而該

齊一變至於魯章

此章不是爲魯爭氣全是言齊可危齊外面形勢豈不可觀不知其君臣父子之閒大綱已弛其民俗從利如流若不知所變計將國非其國必能正名定分家施不及國革俗由禮使民知有君尚可爲魯至於魯者非至魯之孱弱至於魯之風俗知尊尊親親也魯從外面觀之衰弱甚矣其寳方策所陳政典俱在閭閻之閒風俗可觀若君自操

其政臣各獻其忠革四分公室之積弊安則無傾復什一而稅之舊規富可與教不特勝於齊雖至於周公造周伯禽封魯之道可也大旨是如此魯昭公沒於外魯再世仍無恙而三桓之子孫微民心知義故也齊景公有馬千駟顯名於諸侯身死之後國爲陳氏民不知義故也孟子言君臣父子兄弟終去仁義懷利以相接未或不亡此之謂也 三年報政之説史記淮南子俱有之黃陶菴有十辨指其謬亦鑿鑿有據但齊有魚鹽之利沃土之民已伏夸詐之根魯介淮夷徐戎有外虞邦瘠土之民莫不好義所以魯昭雖出辱乾侯季孫意如不敢動於惡荀鑠來唁意如衰絰稽顙以對不敢廢臣禮齊則崔杼慶封弑一君復

立一君國不能討聽其自斃陳乞弒荼鮑牧弒陽生如封羊家陳恆弒簡君專有齊國莊周謂之竊鉤者誅竊國者爲諸侯侯之門仁義存言陳氏既得國人皆歌誦之是併仁義之名亦歸於篡弒之門也釀成此禍全在齊景公好色而偷單責備齊桓管仲亦不盡然

觚不觚章

淮南子云一葉落而知秋一壺冰而知寒舉一觚人心之喜圓惡方鶩名失實槩可知矣觚哉觚哉重言以嘆其味無窮　考工記梓人爲飲器勺一升觚二升獻以爵卽勺而酬以觚宣和博古圖觚之製有十六種皆商之製形如今之花瓶上圓下方細腰大口窄而長通身作雲雷饕餮

之紋自足至腰間皆四稜隱起謂之觚觚卽稜也另有上下俱圓之式二此卽周末之觚不觚矣葢人情樂於苟簡削四稜取其圓滑易於執持不知其上下俱圓難安置而易顛覆也夫子於獻酬之際見此觚而嘆之言觚之所以名以其稜也今削其稜尚曰觚哉觚哉　博古圖說酒器在夏曰琖在商曰斝在周曰爵琖字從淺欲其適可斝字兩口戒其喧囂爵從小鳥欲其取小以此推之觚製有稜戒其持廉隅勿迷亂於酒德音從孤欲其和而不流且勿羣飲一易其制名與義背失之矣　木簡之觚急就章謂之奇觚陸機文賦操觚率爾卽今人以粉板作書耳　此物方則易書圓則不便人無削者漢書破觚爲圓亦指酒

器與木簡無涉

宰我問曰井有仁焉章

古註孔安國之說宰我言仁者必濟人於患難深得此章之解宰我子貢同在言語之科其見解志趣必約略相同子貢博施濟衆志在建功立業宰我之意亦欲拯困扶危大旨似釋氏捨身飼餓虎纔圓滿此慈悲之願夫子言爲仁自有正理豈消如此非宰我怕死夫子言仁是生路不妨前去也　仁之靈明處卽智理之自然不消贅說惻隱是非原可相因而見也

君子博學於文章

此示人入道之方須知行並進耳言道在天下散爲萬殊

會於一本以其萬殊也君子必先博學於文凡古人之大訓敎言物理之精微曲折必一一考訂講明了然於心則理無不明矣惟其一本也故所明之理必體會於躬行實踐凡視聽言動必約之以禮焉博以開約之先道之粲然者有據約以踐博之實道之秩然者可遵雖不能從心所欲卽與道爲一也不亦可以弗畔於道乎哉言不當理行不合義謂之畔道君子交致博約之功自不患此只淺淺說　聖門敎人只此兩路進步却不同顏子是自己說出已到一間未達地位博約分量極高此是夫子指示學者規條不用張皇幽渺

子見南子章

史記世家夫子至衛靈公夫人有南子者辭曰四方之君子辱與寡君爲兄弟者必見寡小君寡小君願見孔子辭謝不得已而見之夫人在絺帷中孔子入門北面稽首夫人在絺帷中答拜環珮玉聲璆然孔子曰吾鄉爲弗見見之禮答焉其事如此　按古禮凡聘饗圭璋贈幣皆及后夫人后夫人亦皆有報聘答饗之禮春秋莊二十四年夫人姜氏入大夫宗婦覿同日用幣註云小君至大夫執贄以見宗婦見不同日婦人之贄棗栗脯修今同日同幣志變禮也大夫無不見夫人之禮南子既以禮請夫子卽據禮見之並非遷就亦無嫌疑子路疾惡過嚴夫子矢之以解其惑不用多方附會其說

中庸之爲德也章

子思之所引即夫子此章之言但彼是自著一書闡明道術意在過不及氣稟習俗之偏此則夫子衝口而出專重世教衰民不興行言凡人日用常行之事如孝弟忠信之類行得恰好謂之中庸之德其爲德也譬如規矩爲方圓之準道路示砥矢之則入所當知當行其至當不易矣奈何在上之儀表不立下民無所視傚以致才高者矜奇以離道愚下者率意而妄行中庸之德各鮮能之今已久矣有能振庠序學校之教盡匡直輔翼之方以安民善俗者乎予日望之語氣如此若將至字說作至高至精無以復加則民鮮能之固其宜也又何用慨嘆

子貢問曰如有博施章

此章不爭難易只爭遠近之分子貢從遠處求仁勞而無功近處反阻所從入之路夫子示以近處求之切而易行遠處亦有可漸臻之時非子貢欲爲其遠且大者子告以近且小者也博施己之恩澤所施者博濟衆人之被吾全濟者衆仁聖無大分別但仁人只是成德之稱如何有此大力量聖人則德位時三者兼之然以堯舜之聖但饑之黎民憫惻於先不率之頑愚咨儆於後未嘗自謂德洋恩溥可以封泰岱禪梁父而告成功也仁非他卽心之德爲仁非他卽是以己心度人心痛癢相關物我無間卽仁在是矣然言之易行之難將心取譬不過行恕仁之方已在

其中由此求之汲汲皇皇無有窮期何暇言施濟哉何肥
贍云作三節講何事於仁是聖人事已欲立節是仁人事
能近取譬是求仁事爲仁從求仁始求仁得仁則仁矣若
以天地有憾之事求無憾於吾心美言可聽非事之實也
欲立欲達有實事在非空抱此心欲之也扶持一個人
亦是立人啓廸一個人亦是達人勢力有大小則所及有
多寡不同其心一也必以博濟爲言顏子簞瓢陋巷從何
處下手不得爲仁人矣立達兩項皆兼教養非養則官骸
不立非教則性命不立非養則氣血不達非教則智慮不
達故必兼之　東西南北謂之四方可謂仁之方言此取
譬一念乃爲仁之入路也有此指南車即遠詣越裳氏亦

不難博施濟衆亦由此進之有一講章寄方字作醫方亦有理醫之術始於神農黃帝岐伯湯伊尹其實周秦之醫有術而無方至漢張仲景作傷寒論乃立醫方有方始有君臣佐使加減進退有把柄而後有所發揮爲仁從恕始如醫之有方亦切喻也

四書翼註論文卷十一

論語 述而第七

述而不作章

此是夫子聞人譽已承之以謙之詞蓋夫子贊易刪書詩脩春秋考禮正樂皆是述其述處皆大有功於前聖夫子賢於堯舜宰予既有此論想其事雖述其功則倍於作當時必不止一人之言矣夫子不是推却作字以述自居是緊就此述字中抬高古人剖露自己心事言我一生汲汲孳孳只是傳述古人之道使之義理昭明可大可久祖述堯舜傳述古人之文使之典章不墜綱舉目張憲章文武不敢自以已意着書立說附於作者之林所以如此者誠以古人之

作纘天闡道垂訓覺民已到盡美盡善無以復加處除非是我材本庸下見古而不能信或心不靜專信之而不能好則不免好名立異無知而作我旣於古人之道敏求以規其廣大好學以詣其精微知信而好之矣凡道理之確然不可易者古人旣已載之於書以取驗於萬世我能闡明之斯足矣道理之同然莫能外者古人旣已脩之爲教以興起於人心我但能宣布之斯足矣又何作焉夫昔者商賢大夫曰老彭閱歷久而道益通年壽耆而德彌進非不能有所作者也猶惟以述古爲事彼誠信古好古之深也我之去老彭久矣其學識又遠不如惟有竊比其信好之堅篤之而爲述古之事使古人之道由我而粗傳幸莫

大爲吾之矻矻窮年不敢妄有所作而又不敢不以述自任者也語氣只一味謙到底抬高古字則一切包羅在內不用張大其詞　老彭大戴禮虞德篇有之有二説呂氏春秋云姓錢名鏗在商爲守藏史在周爲柱下史年八百歲恬靜好古籍嘗稱疾不與政以政教大夫以官教士以技教庶人綴以德行不任以言王弼曰老老聃彭彭祖也是兩人論古寔從前説作文則以老彭二字還之勿添入贊羨語

默而識之章

此章是望道未見之懷陸稼書先生云此必聖人因省察之際自歎無欠缺之難也實能道得聖人心事出三者皆

窮理一邊事已得之理存之於心是識默而成之不言而信此地位最高是爛熟於中不待誦說討論然後了了分明也未得之理方研窮之是學不厭者憤樂循環得趣愈深用心彌益精進也以是所識所學之理舉以教人諄諄而命為誨不倦者因材造就教思無窮隨機接引無行不與也人只見得是夫子所已能夫子只見得是我所未能譬如海有滿日則不是海聖心有自足日則不是聖心人若參得此理透則不必又下註脚

德之不修章

此章不是自謙是自任自任是直心直語自謙處方亦是直心直語修德講學遷善改過自聖人以至下學均所有

事不可謙也點清吾字鄭重憂字易終日乾乾夕惕若厲厲字兼憂危二義以身垂訓為萬世學人之標準也　修字兼省察克治講字兼講習討論遷善如風之速改過如雷之疾益動而巽日進無疆此其義也　唐荆川云德雖修猶憂慮大之難致學雖講猶憂精微之難盡善雖徙猶憂道心之微而易息過雖改猶憂人心之危而易肆說得精細些方是聖人分上語

子之燕居章

凡德脩於身之人於應事接物之時其容體隨事以赴機其顏色由中而近信故曰為上可望而知也若閒暇無事樂於平易者必弛縱以自適一於嚴敬者每拘束而自防

皆非盛德之至。惟聖人德盛化成。和順積中。英華發外。自然有恭而安。和而節之妙。申申。不跼蹐也。夭夭。不拘苦也。履道坦坦。心廣而體胖。爾顏怡怡。內和而外悅。爾如也。想像不盡之詞。非二三子之嗜學有以見夫子之杜德機者。亦不能如此形容之。莊子。是殆見吾杜德機也。註。杜。閉也。

甚矣吾衰也章

此章不重夢周公不夢周公。只夫子自嘆其衰之甚也。蓋聖人異於人者。心志也。其血氣非與人盡同。亦不能與人盡不同。堯惟天為大。惟堯則之。天健行不已。堯七十載。已耄期倦於勤矣。孔子七十而從心所欲不踰距。血氣則吾衰也久矣。物理之自然也。人當血氣既衰。雖聖賢上哲遺之以艱大諉之以繁脞亦不能矣屈大夫曰老冉冉其將至兮恐修名之不立彼豈汲汲身後名哉　語云至人無夢其神清無思也其實至人偏有夢古書載黃帝以夢得風后力牧文王得尚父高宗得傅說武王夢帝錫以九齡天之所啓不知其然而然也又云愚人亦無夢不知所思也其實愚人更多夢夢囈語諄諄覺即不自曉了佛書謂之饑火焚蒸情識顛倒亦有故以愚之者如叔孫穆子夢豎牛使之掌家政梁武帝夢天下牧守皆以地獻遂納侯景之降此數所莫能逃有物以趣之周禮以太卜掌夢又有占夢之官知道之君子循理而行以敬將之勿沾沾以小術自熹則得之矣

志於道章

此是聖人示人以爲學之全功當循序漸進又兼該靡遺則內外本末交相培養忽不自知入於聖域矣最重首句此是入德之門若陷於隱怪騖於紛華悔將何及有希賢希聖希天之志必加擇善固執之功使吾之志向必念念在天下之達道子臣弟友之人倫視聽言動之物則天經地義吾循循與之率由如射之有的望之以爲趨則擇術既精可以言得力矣由其道而行之有得於心謂之德使執之不固道何由積於厥躬必有事而勿忘服膺勿失念茲在茲可以據而守之由勉而幾於安由偏而會其全則仁在其中然使其日月至之或在或亡則德雖人所同得

猶非已之真得也必依之焉寂然不動之時萬物具備息之深深以爲道義之門感而遂通之際一息無間達之亹亹以暢性情之德則可謂與仁相依學至是幾於成矣然道會於一本理亦寓於萬殊德仁根於內心養亦資於外物有禮樂之文射御書數之法向者小學之中知其器矣未詣其義適道之際習其事矣未會於微茲復優而游之使自得之博涉以精其故可以應務而有餘玩索以窮其理亦可斂心而不放則道器兩通功可謂之一貫本末具舉學可謂之大成古君子所以明體達用詣道德之精粹必由乎此也序不可亂而功不可缺學者勉之書之語氣如此

禮樂不可斯須去身非依仁後方去游藝但依仁

後方可說得游字耳游字須善於措詞所見旣高游心於物比前不同游者成德之稱也　藝字古人最重周官師氏保氏教國子必以六藝司徒與賢能亦必以六藝大戴記保傅篇古者八歲入小學履小節焉學小藝焉十五歲入大學履大節焉學大藝焉藝字所包甚廣今逐一疏列於左一曰禮其別五吉禮之目十有二　禋祀昊天上帝玉帛牲皆焚之其煙上升曰禋實柴祀日月星辰實牲幣柴焚之無玉槱燎祀風雨師焚牲無幣血祭社稷五祀五岳取血毛薦之貍沉祭山林川澤埋牲幣於山沉牲幣於水疈辜祭四方百物疈辜磔牲體四方百物蜡祭也肆獻祼饋食享先王肆享熟也獻薦腥也祼灌地降神也饋食即獻熟食也禘祭祫祭皆同祠春禴夏嘗秋蒸冬祭先王凡外祭六內祭六　凶禮之目五　喪禮

哀死亡。荒禮恤凶札。弔禮禍烖。禬禮哀圍敗。恤禮哀寇亂。賓禮之目八。春見。夏宗。秋覲。冬遇。時會。殷同。時聘。殷頫。軍禮之目五。大軍征伐。大均遍行丈量。大田蒐獮治兵。大役興大工作。大封正封界杜侵佚。嘉禮之目六。飲食親宗族。婚冠成男女。賓射親故舊。鄉飲酒禮射禮在內。饗飲親賓客。脤膰親兄弟之國。致胙肉。慶賀親異姓之國。按五禮之目至繁。今現在家禮只民間冠婚喪祭。其餘備載會典。二曰樂。其別十二。黃帝樂曰雲門。以祀天神。堯樂曰咸池。以祀地祇。舜樂大韶。以祀四望風師雨師諸神。禹樂大夏。以祀山川。湯樂大濩。以祀姜嫄。武樂大武。以祀后稷至文武。按古樂失傳。惟韶武之遺制仍在。郊壇宗廟。兼用文武之舞。郎部武之樂。郡國孔子廟。惟用文舞。郎部樂也。三曰射。其別五。白矢。矢貫革而過鏃露白。參連。一矢之後連發三矢。剡注。高鏃羽低。剡然而去。襄尺。臣隨君射。退後一尺。井儀。四矢貫侯。形如井字。四曰御。其別五。鳴和鸞。衡鈴曰鸞。式鈴曰和。逐水曲。隨水之曲。不至顛隊。過君表。君所止宿。以車轅表門。過之則下車。舞交衢。車在衢道。旋轉有儀。逐禽左。田獵之車。驅禽從左。便君之射。按古人乘車。故御爲六藝之一。今之騎射。即兼射御二藝。明初科舉。榜發之後。另試騎射筭法三事。後廢不行。今八旗士人先試騎射。騎射不能。則不准入舉場應試。亦古之遺法。五曰書。其別六。詳已註書同文句下。不復贅。六曰數。其別九。一曰方田。以御田疇界域。即今丈田扣筭之法。二曰粟布。以御交易質變。此名小九歸。商販人人能之。三曰衰分。以御貴賤廩稅。此名大九歸。分派官俸兵餉。吏胥人人能之。四曰少廣。以御積冪方圜。即今量倉計粟多寡。十得七八。不可盡信。吏胥亦能之。五曰商功。以御功程積實。此計土方之法。凡開河築堤。必用此法。司工作者皆知之。六曰均輸。以御遠近勞費。即今解送糧餉物料。按程給脚費之法。七曰盈朒。以御隱雜互見。此法以所見之物量度所不見。今算法書中。有問答成法數條。皆不明白。三國志載孫權致大象於曹操。操欲稱其斤重。公子蒼舒曰。置象大船上。刻其水痕所至。稱物以載之。則不校可知矣。操從之。此即其成法也。

八曰方程以御錯揉正負。

正。正數。負。負數也。此法習算者謂之寄等。除零歸總。至粗亦至精。如長短錯出不可算。且先算正數。將奇零之數暫寄之。積至可算。乃歸入總數。歷局以氣盈朔虛暫寄。扣為三年一閏。五年再閏。即其義也。程。齊之使方。以稽其程。

九曰勾股以御廣遠高深。

此算法之極。蓋古聖人制成器以利天下。先為規矩。故曰規矩方圓之至也。規由矩出。所執惟矩。無所不該。周髀算經載商高之答周公曰。數起於方圓。圓出於方。方出於矩。矩出於九九八十一。平矩以正繩。偃矩以望高。覆矩以測深。臥矩以知遠。環矩以為圓。合矩以為方。此禹之所以治天下也。按商高之言。奧不可曉。今粗繹之。數起於九九八十一句最為關鍵。即今人所云。一三為三。三三見九。三九二十七。四九三十六。積之八九七十二。九九八十一。則自一之九之數畢矣。此即勾股之一。股也。一面為勾。兩面為股。三面為弦。四面為矩。得一反三。因此識彼。因而層累積之。盈千累萬。窮高遠而測深厚。可坐而致。程子謂邵康節先生數學。只是加一倍法。指此也。只是就現前一物。以矩測之。由此遞進。一切可算。今尚書周禮註疏所載天地形體廣厚日月星相距之數皆以此得之用勾股仍是下籌積算或用木尺附地揣形或用竿表量竿測影逐漸算之各有成法今顯而易見者二法一曰日晷即土圭今謂之量天尺量日影即知遠近一曰水平以木槽貯水用繩直之即知高下禹之治天下者言禹以勾股測地勢高低從水低處通之入海水患所以速平今之水平即其遺法凡木匠曲尺直處即勾橫處即股由勾至股斜度之即弦謂之線面矩形只三角合兩矩乃成一方西洋人私之只說一半謂之三角算又曰線面李安溪先生深於其學康熙已丑會試以之發策題試士惟李敬堂先生能對之他人不及也

自行束修以上章

不憤不啓不悱不發章

二章只是一章語氣相聯夫子言自設教以來凡謁吾徒而來請莫不叩兩端而竭焉而亦有不啓者其人不憤無志也有不發者其人不悱無能也舉一隅不反三無靈悟

也否則無不有以教之也語氣截不斷　此三項非不屑
教誨之說仍在所誨之列特不啓不發不復耳所謂語之
而不知雖舍之可也待其自强自明仍復有以告之舉一
反三似難事非也四隅只一物如屋有四隅告以東則西
南北三方視此矣此之不知昧没已甚且勿復告以俟其
靈明漸啓乃再理前說也　古者無贄不相見以介紹通
名儀禮僅存十七篇士相見居其一　蓋重禮也贄以羔鴈
幣帛爲盛束脩則微矣此但言來學則教之不是驗其向
學之誠與不誠又有據史記漢書將束脩作束身修行說
者夫人既束身修行矣教之甚宜又何述焉且於自行以
上字皆無着落

子食於有喪者之側二章　缺

子謂顏淵曰章

此是夫子與顏子相信之深兩則字心無繫累樂行憂違惟義之歸並無一毫意必固我之私也若云用之有可行舍之有可藏則語既涉夸爲義反淺山林之士能往而不能返用之不行長沮桀溺之流也廊廟之士知進而不知退舍之不藏管仲晏子是也更上一層是以位置顏子矣不必過爲夸詞　韓慕廬先生文無纖縟展布泉石優游字面只云任人事推遷祗如性分之素參神明之變不爭氣數之權人多不解其何以不實發行藏正面方靈臯先生云一實發便非此題神理　臨事而懼非懼也小心謹

愼不敢以人國僥倖好謀而成智深而勇沉也將者民之司命國之存亡係焉非徒死可以塞責繫對上暴虎二句

富而可求章

不義而富且貴於我如浮雲何待言命此爲癡迷不醒者作欲覺晨鐘東坡先生曰徒教人勿求富人卽廹於聖人而止亦有時復作矣明求之無益如防盜者高其閈閎固其扃鑰盜終不止開門發篋示之以無有廢然反矣此善喻也　執鞭句非是言爲人僕御我亦爲之立言有體何至出此執鞭之士周官條狼氏掌執鞭以趨辟行人王出入八人公六人侯伯四人夾道傳呼較之抱關擊柝者勞且辱矣有志者之所不屑也其職下士故云執鞭之士

子之所慎章　缺

子在齊聞韶章

樂足知德亦可養心是以古人重之夫子一聞韶學之如此其專乃好古敏求樂以忘憂之實以聖心與聖樂相契合處立論乃與盡善章各清面目　漢書云陳公子完犇齊韶樂在焉呂氏春秋云孔子至齊遇童子挈壺其視精其心正其行端謂御者曰車趣之韶樂方作孔子至彼聞之三月不知肉味此史記學之二字所助也韓文公論語解作聞韶音不知肉味程子以聖心不凝滯於物從韓子之說朱註仍從史記　不圖句有兩層意平日先有一定見以爲韶樂可以格祖考儀鳥獸如天無不覆如地無不

載一段議論以爲樂至是無以加矣一旦親聞之另是一番光景眞有心知其妙而口不能名言者故曰不圖言非平日思慮議論之所可知也　韶字兼詩樂舞三項聞字兼耳目二項顧憲成此題文以聲容溢於耳目之外立論評文者疑之汪武曹曰蘇氏云孔子於樂習其音知其數得其志知其人其於文王也見其穆然而深思睪然高望而遠志如王四方其於舜也可知慶源輔氏曰夫子之學韶非但極其聲容節奏之美而已併舜無不覆幬之德與雍熙平成之實而得之不啻身有其事親歷其時也玩此二條則所謂溢於耳目之外可以悠然深悟不必以詞害意也

冉有曰夫子爲衛君乎章

夫子嘗言危邦不入亂邦不居衛父子爭國豈非亂邦夫子何以久居其所父子爭國其曲在子不辨菽麥者亦知之子貢冉有何消問又何消怨乎一難推見其隱事本末未易明此非高頭講章道聽塗說之所能知也按春秋左氏傳事蹟晉定在位世卿擅國誅求無厭厚責賄於諸侯衛靈首叛之從齊景伐晉晉趙鞅忿甚遂伐衛盟於鄟澤使成何涉佗辱衛君挼手及腕衛遂與晉絕魯哀公二年四月丙子衛靈薨六月乙酉趙鞅納蒯聵入於戚相距止六十日刼蒯聵爲質將滅衛以報夙憤也蒯聵既不能如公子夏請無與伐鄭則不得不如蕭正德爲侯景所使公

子郢知其故決不肯立衛人惟有立輒可以保國蓋蒯聵即至愚亦知輒之國即已之國不肯爲趙鞅致死旣入戚即居戚不復入衛此時衛人旣以立輒可以內安蒯聵而外拒趙鞅爲得策故國人多爲之晉惠居秦子圉在國鄭成居晉子髡頑在國邾子居吳子革在國春秋多有此事所以子貢曰諾吾將問之若以子拒父何問之有是年八月趙鞅移圍戚之師與鄭人戰於鐵已勝而歸三年春齊景公使卿國夏與衛大夫石曼姑圍戚其意欲逐蒯聵以取勝於趙鞅時子貢冉有在衛發問當在此時迨秋季桓子卒季康子召冉有歸魯矣夫以齊之强率師圍戚不能有所加於蒯聵得安然居戚者十餘年自是衛輒爲之禦

傳輒亦藉嫡孫當立之說柴立其中央句出莊子傳南子不敢出而戕蒯聵蒯聵亦不得入而害南子故衛人謚輒曰孝公非是衛人盡如令狐潮不識人倫冉有子貢亦忽然有迷罔之疾也以恒情論之相忍可以為國大義何必深求若以伯夷叔齊之賢處此則固有道矣乘齊師之旣退以一旅送南子歸於宋祝之曰生毋相見死毋相哭躬迎蒯聵於戚泣涕避位以讓其父此即求仁得仁即曰蒯聵不良反國之後必不利於其子此正如夷齊餓死首陽意中之事無可怨者計不出此貪國爵而怵禍害徘徊於騎虎之不得中下違心害理律以不仁何所逃罪謂其據國拒父則事蹟實不相符蓋南子未死蒯聵本不敢歸觀其於

魯哀十六年反國告於周天王猶云蒯聵得罪於君父君母竄居於晉是蒯聵本以南子爲母有所顧忌自不入國非輒拒之迨哀公十六年蒯聵通孔姬盟孔悝以入國輒即駕而奔魯奔未數月蒯聵欲召亡君而不果是時距衛靈元年將五十載南子或已死或老無能爲無可考但衛輒不特未嘗憑城抗拒如郭登之於明英宗亦未嘗有防閑猜忌如李輔國之於唐明皇所少者夷齊一讓耳知此首末則怨乎二字一噴一醒如背癢時借麻姑仙鳥爪恰恰對針公羊傳云父可有子子不得有父穀梁云得以王父命辭父命皆傳聞附會之詞篤不疑爲京尹收捕僞衛太子恐衆不服乃云蒯聵出奔衛輒不納春秋是之此是

權詞安衆春秋何嘗有此一筆後儒又云衛輒不孝子路食其祿爲不知義不知子羔亦食輒之祿後儒獨不之貶此又何義耶　荀子子道篇子路問於孔子曰魯大夫練而牀禮耶孔子曰不知也出告子貢子貢入問曰練而牀禮耶孔子曰非禮也子貢出告子路曰夫子無所不知汝問非也禮君子居是邦不非其大夫

飯疏食飲水章

此與顏子簞瓢章不同彼是夫子激賛顏子須說得樂字身分高方襯得賢哉曰氣此章夫子自敘不可似東方朔自譽只好平平言人之境遇不一胸中有眞樂趣不爲物繫累者甚難我與我周旋久矣藏修息游之囿憪何敢有

蕩軼之時仕止久速之隨緣亦未嘗有拂鬱之苦但覺時而專吾學矻矻汲汲殊樂此之不疲也時而適吾性陶陶欵欵又樂足以忘憂也不但處恬愉曠蕩之境而吾樂在即憔悴不適意之甚飯疏食飲水曲肱而枕之樂亦在其中矣若富貴而出於道義則素富貴行乎富貴吾豈必惡此而逃之若不義而富且貴乎人視之爲極得意之場吾視之如浮雲之過太虛毫不爲其所動何足以縈我方寸哉口氣只是如此渾然天理等語作學者口氣用在結末則可　孔子不是都在困境亦在者處亨固樂在其中處困亦在其中正如太和元氣春夏欣欣向榮時固可以觀萬物自得意一到霜雪江寒之候寒松挺翠梅塢飄香尤

足以覘造化之妙此亦在之說也

加我數年章

上古之時生民智識未開不能自適於寡過之途聖人因神物以前民用使之問焉以言可則爲否則止所以寡民過也羣聖繼作理道大明是非可否揆之以理足矣故曰務民之義敬鬼神而遠之玆忽有假年學易之說史記孔子世家言子於易蓋晩而喜之序彖繫象說卦文言嘗讀易韋編至三絶曰假我數年若是則我於易蓋彬彬矣深有感於易理之無窮也易之垂教不過居中得正當位隨時甚易知也體之於身則研窮不盡卒以學易言若窮年用心玩索之當有所得小過不能免若當行而止宜潛而

顯之屬可謂大過亦庶幾免乎此正是作十翼時心契其妙而爲之辭　周易是卜筮趨吉避凶之書元亨利貞者言占得此卦大吉但當利於正易不爲小人謀古聖之教也夫子始以易爲窮理寡過之書言君子行此四德者故曰乾元亨利貞此孔子之易異於伏羲文王周公之易也周子作太極圖說曰君子修之吉小人悖之凶又所以闡明孔子之易也後人以仁義禮智爲性是矣以元亨利貞爲天道轉注之詞一陰一陽之謂道繼之者善也成之者性也性與天道正而止此

子所雅言章

記者編書本有次第假年之歎時已遲暮則平日不輕言

易可知因而憶平日之所常言則惟詩書禮也類皆切於日用四字即得其解禮獨言執誦說之矣兼習其事非但空言也　此是垂教不是傳經禮記乃有經解篇莊周書有六經之名夫子之時尚不聞有詩經書經也禮是經禮曲禮三百三千吉凶軍賓嘉之條件儀禮非全書周禮本名周官魏晉以還乃稱周禮戴禮則夫子之言與前古遺書周秦漢諸儒雜記俱在漢時二戴始編纂爲書執禮之禮本不指此　所字皆字緊相照應言古人之載籍極博夫子垂訓擇其切要詩書禮三者徹上徹下於事理無所不兼該不惟後生小子聞其義可以會於心即賢智英才終身莫能窮其蘊不特天下國家賴其用即日用飲食亦

必守之而後即於安是以子所雅言惟在於此由今日而尋繹前言或因問而答或隨事而語或專指一節或兼舉數端皆此詩書禮之爲雅言也詞氣鄭重廻環如此

葉公問孔子章

聖德配天從何處說起在聖人自視却極平常著曰耄期倦於勤畢生只此勤字夫子言不如某之好學自許亦只此好學兩字熟處難忘本直心直語不是故移下一步接引衆人葉公問孔子問時自有所指此人楚之良臣非不知孔子者但聖道高妙子路難措詞耳葢聖人造詣深言之恐非葉公所知淺言之又不可以淺測夫子因亟亟舉生平好學之專且篤示之窮年殷殷惟望天下同此下學

敏求以漸幾於上達者傾倒出之不爲葉公一人也　聖學日進無疆總是此得未得兩端相尋不已憤中得樂樂中復有憤老冉冉其將至吾乃循環於忘憂忘食之中而不之知也須說得此中有眞趣即得向上一層　或疑聖人生知安行何用發憤不知聖人之所以爲聖人全在以生安之質下行困勉之實功方至於聖惟聖罔念作狂怠之一字誤之也以在齊聞韶章參之此章聖人之不可階而升即在此循循自邇自卑之內乎女奚不曰不是責備子路不告言人之知我不如我之自知女奚不以我爲人之實告之也

我非生而知之章

前人有言聖人實是生知實是好古敏求此聖人至德也不肯居生知只承認好古敏求此聖人至教也其言最是聖人何用自陳腳色履歷全爲接引後學起見此人若不肯好古敏求生知何用劉穆之五官並用張方平一覽不忘不聞爲大聖大賢也況小有姿性者乎　此古字指古今事變與禮樂象數之類蓋仁義禮智仁敬孝慈可以生而知之其餘皆必由學孟子言人之所不學而知愛親敬長也謂即此便可處經知宜處變知權是世界眞有聚寶盆可不耕而食不織而衣也可乎

子不語章　缺

三人行必有章

此是有爲之言。當時必有如曹交願留而受業。意又不堅決藉詞相諉者。夫子言師不在人在己。能擇卽如一行三人。除已不算。此兩人中品詣不一。皆是我師。況推此而尚友古人。就正有道。何患無師乎　一善一惡。活看兩善皆從之。兩不善皆改之。只重擇改兩字　善不善。林亨大先生文只就威儀文詞上說。云威儀抑抑。言論偲偲者。吾取而則效之。其舉動暴慢。言詞鄙倍者。則改之。艾千子以爲確當。似亦從服堯之服。行堯之行章比例來。顧天竣文亦只淺說。

天生德於予章　缺

二三子以我爲隱乎章

此章朱註須作兩層體會上一層二三子以夫子之道高深不可幾及此是立言本旨蓋古人從師非如今人學時文應科舉鄉舉里選只重德行道藝學者學為聖賢學聖賢不在他日用言行事事得當道在是矣二三子多是騖於高遠見性與天道夫子罕言之則以為隱故夫子指示之使求諸近二三子自是知視聽言動即進德修業之實地厥後鄉黨一篇事事留心知動容周旋中禮即盛德之至由此也作止語默無非至教此是朱子語表章聖德說明所以無行不與之故不可作夫子口氣正講若自言我之作止語默無非至教則夸矣是某也乃謙詞言道體事而無不在吾時時省察事事服行而惟恐與道相離蓋一

言一事之不敢苟焉二三子之高明者吾無行而不欲與之相觀摩即知識未及者亦無行不與之相昭示我與二三子日遊斯道之中有何可隱二三子即某之乾乾終日造次不離者靜觀而有得焉則某之爲某在是二三子之學於某者亦在是矣又何隱乎哉太露則似筆伯太晦則似禪機須善於斟酌

子以四教章

此係一定學規所以硬下四字與雅言章稍不同大旨言聖人教人因材造就本無一定而科條節目不過四端蓋學問之道先明諸心知所往然後力行以求其至要必歸之立誠然後成德者有以全其德達材者有以盡其材一

曰文誦詩讀書學易習禮致文之廣大也博學審問愼思明辨盡文之精微也理明矣然後課其踐履之實一曰行子臣弟友之大倫必求其所自盡而黽勉之視聽言動之天則必謹其所不踰而省察之則知行並進有以爲入德之門矣雖然不可不進求其本也本何在一曰忠發已自盡信之源也省察極精邪妄勿稍有萌誠一不貳懇到以用其極則此心無所偏私學文修行之體立矣體立而後用有以行信之循物無違其終事也循物言必循乎物理無違無敢苟且忽畧戒其自欺必求自慊表裏如一始終不移而後學文修行非徇名而失實此四者夫子之所以敎也雖學者材質不同然非此四者無以幾於道在夫子

亦博喻不一要惟此四者屢變而不離其宗學者由是以求之可以入德矣前人多以忠信分實心實事李安溪先生云既有行字則忠信宜俱在心上說其門徒儲在文徐用錫二君皆以大學註發已自盡二句分忠信以體用立義其說較長從之

聖人吾不得而見章

此章是屬望有恒以爲作聖之基末節切指無恒之害最重蓋此種無恒之人貌爲君子善人其實全無實心只是以無爲有以虛爲盈以約爲泰人而若此即自以爲有恒且難乎其有恒矣況進而彌上乎哉　聖人指性之反之二種君子指學利困勉二種俱要與有恒關照善人無甚

可取只借以形無恒者生質不美又不務學耳　聖人不見是言至德之難幾善人未見是言美質之難得只虛說不可入世教衰微等語則與勉人之意相背有無盈虛約泰一例只是浮夸之狀勿將約泰作貧富則與上二句不一類矣　言思忠事思敬時時如此謂之有恒莫容易看美成在久無恒則不能久何以入德專爲馳騖聲華者呼之使覺不則不踐迹亦不入室冉閔游夏之所不屑也何爲歎其未見乎

子釣而不綱章

取物而不盡取不襲取可以得聖人之本心只就小中可以見大勿塡仁至義盡浮泛之說蓋凡人貪饕必綱與弋

宿乃可多取異學兼愛卽釣弋亦所不為聖人有賓祭之需時亦出於釣弋絕機械之巧自不綱不弋宿合之正得聖人恰好處

蓋有不知而作章

聖人示天下以窮理之學從實處起警師心自用之流也上聖天亶於萬事萬物之理實能自得於心無所挾而徑造此曠世一遇者也其次必由學起故夫子言人欲致知以格物為要以我今日有所作為亦庶合宜有所作述亦幾可信人皆以我為上智之資而非也我但不敢如世之自詡聰明無知妄作者耳蓋人有耳目所以長智耳目不用知從何來吾必多聞古人之事擇善而從多見今人

之事善惡並識以待參考大其心以畜德仍遜其志以研精則從違應付皆有所憑依刪定贊修俱有所考究吾之所以求知之學如此雖視上聖生知不無勞逸之殊積累之繁亦可爲知之次也語氣與好古敏求章同專爲不知而作者言之意則不同　作字講家只言作事不言作述其實夫子平生作事只是刪述六經爲大必須多聞多見若應事接物朝與下大夫言侃侃與上大夫言誾誾割不正不食席不正不坐因心作則沛然有餘何必多聞擇其善者而從之多見而識之古人不善之事不必糾纏胸次主善爲師足矣今之人情土俗參錯不齊善惡並識參証考驗原原本本此致知之成法也　註中云雖未能實知

其理實字當是盡字錯誤聞見正是實知若云此不是實知此外另有實知是夫子亦半明半昧冥冥決事也語類亦有一條云知以心言得於聞見者次之亦是記者錯誤此次字是與生知之資分至次不是以德性聞見分至次也尊德性而道問學不是一事亦不是兩事無德性則蠢然一物何能道問學不道問學則無以盡萬物之理何以充拓此德性上古聖人無書可讀亦無人可問自然是憑虛起悟然未始不由聞見而人見奎文而作字因河圖以起數落葉而知爲舟轉蓬而知爲車鳳鳴而諧律呂皆由聞見入也夫子天縱之聖豈不是生知然祖述堯舜憲章文武明明是擇其善而從之可曰此未能實知其理乎必

是盡字之說若曰雖不能如上聖之智周萬物由擇識而求之亦所差不遠矣乃合語氣　唐荆川歸震川二先生皆老於文學亦以聞見之知爲第二等唐有左編序文專陳此說歸則於多聞二句文結尾見之吾以爲不然德性心也聞見耳目也無心則不成人無耳目亦不成人耳之能聞目之能見即心也將刀砍木曰此是第一等此是第二等可乎況德性之知人人有之人人皆居其至何次之有不但人有物亦有之蜂螘敬君不惜性命伏雞愛子不憚猛鷙虎狼雖暴不噬其妃皆德性之知也惟其無聞見之知故終是禽獸人惟有此聞見之知以助此德性故可以位天地育萬物特不可偏於雜博玩物喪志耳今指此

爲第二義曰願聞第一義則惟有皈依釋氏而後名象離詮明代諸儒見不出此

互鄉難與言章

難與言不是爲惡自以爲是不可化誨也旣知求見可與言矣故夫子許其進不計較其從前若何向後若何此聖人之虛公也　接引後學全要平易近人若以高峻絕物則非與人爲善之量王介甫謁周濂溪先生三投刺不得見勃然曰吾獨不能求之六經中耶遂不見而去後介甫自成一種堅僻之學此事聞之先君子不知見於何書錄之以俟詳攷

仁遠乎哉章

心者性之郛郭也心即家性即家中之寶故曰仁者心之德家中之物取之即得何遠之有我欲克己而復禮此一刻之非禮勿視即是仁我欲主敬而行恕此一事之莊涖恕施即是仁精神在乎哉二字爲推諉於仁者警也欲仁最易全仁却難猶家中有此寶物主人翁却不能時時與之相守不免舍之而起又不見矣學至無終食之閒違仁驪龍春暖抱珠眠餓以爲食渴以爲飲又如大鵬金翅鳥即以如意寶珠爲方寸赤心此則仁之全量家中寶物猶爲取譬之詞　我字通人己之稱不是夫子自許至仁之速人皆如此　欲仁之欲即仁此人人口頭滑熟之詞道理實是如此不可盡翻案曰窮年莫殫畢生莫究豈不是

遠夫子言非遠也爾輩無志耳

陳司敗問昭公章

魯昭公年十九即位娶吳之事不見於春秋襄公在時已結婚抑或即位之後憚季氏之強遠娶於吳以求繫援皆不可知至魯哀公十二年春秋書孟子卒左傳言公娶於吳故不書姓死不赴故不稱夫人不反哭故不言葬小君又言孔子弔適季氏季氏不絻喪冠不服放絰而拜是孔子以小君之禮往弔季氏不服喪也其事如此陳是時已滅於楚雖復封之夷於九縣所謂陳蔡不羹也安能自通上國陳司敗爲楚所使適值是事故意暴昭公之短以諂季氏無行之尤者也臣不可貶君但使不答即隳其局亟答之

曰知禮挫其氣也陳司敗知夫子見其肺肝不敢措詞揖巫馬期以洩其忿使夫子別致一詞以自表其失言亦蹙其局惟欣然曰某也幸則司敗之技窮使知君臣大倫根於天性昭公失國一再傳矣孔子猶樂爲之任過見人無禮於君者如鷹鸇之逐鳥雀也季氏尚知懼乎　昭公不能自強遠取於吳爲世所詬病乾侯之難齊晉尚殷勤相恤吳不過而問禮記哀公問婚禮於孔子孔子曰夫婚禮萬世之始也物恥足以振之國恥足以興之言昭公結婚同姓爲國之辱今須擇偶以正不則婚姻之事與國恥何涉措詞太遠矣陳司敗之問全不是如此論所謂反經合道爲權也

子與人歌而善章

聖人樂善之誠註中已曲盡其說但作時文單說取諸人以爲善則詞意太泛粘定歌字又苦偪仄此題無佳文尹明廷韓孝基皆名人也兩有所偏須是先在濶大處說起轉到本題即扣清界限就必使而後曲曲描摹則得之歌者直巳而陳德古人興於詩成於樂皆以歌爲關鍵樂記終於子貢問樂一章專論歌也師乙陳宜歌之詩六頌大雅小雅風商頌即商齊也歌之音節七上如抗下如墜曲如折止如槀木倨中矩句中鉤纍纍乎端如貫珠調性情味義蘊咸於是乎取之故求之詳如此豈與人歌一端他可知矣　使反是令本人再歌一遍善是聲氣之節奏與

雅頌相合

文莫吾猶人章

修詞易力行難夫子交引以爲已任而抑揚其詞似是爲尙文之士下針砭言因文見道易以身體道難如徒以文而已則吾也於仁義禮智之理詩書易象之蘊亦嘗講明而切究之述之以爲書庶不謬古人之旨宜之以立說亦或當今人之心雖不勝人尙可及人若以性分之所固有職分之所當爲一一體之躬而實踐之謂之躬行君子吾嘗以之自考矣視聽言動之正則躬自率循焉而惟覺莫能精子臣弟友之實事躬自效勉焉而始知多所缺本非甚難之事而吾乃無可自信之時乃未之有得也夫吾之

平日尚非徒以空言從事者乃一易一難渺乎其不相及已如此矣今而後惟有俛然日有孜孜以實行自勉求無愧於君子而已寧復馳騖於聲華之選言語之科哉春秋之末實是以文相尚夫子鄭重切實以身立之隄防精神注兩吾字　文字不可說壞方是夫子之文躬行君子四字只渾淪還他不可增添虛字恐成蛇足只是言躬行實踐吾病未能着君子二字爲躬行準的也不云不得而云未之有得言今方在躬行尚未有得正是黽勉非一味謙退

若聖與仁章

此章口氣兩般道理一貫爲不厭夫子只自任好學之勤

而已不知心純之難也誨不倦夫子只自言教人之篤耳不知心公之難也日進而不已又廓然其大公非聖仁而何正惟二字推勘入微公西華之嗜學也　爲誨卽指仁聖仁聖亦須影照爲誨勿但說粹然無欲化不可爲廓落之辭

子疾病章 缺

奢則不孫章

此章專重不孫之害大陸稼書先生云固則無儀文不孫則無名分天下可無儀文不可無名分故與其不孫也寧固

君子坦蕩蕩章

君子無欲無入而不自得小人多欲貧賤常思富貴患得之日長富貴必履危機患失之日尤長所以長戚戚

子溫而厲章

溫而陽舒不偏於陽樂易以近人而廉隅自在謙光以自牧而典型自尊其溫即厲非溫而又厲也威爲陰斂不偏於陰正色以率下非以凌下正容以悟物非以忤物其威也即其不猛非既威而又不猛也聖人陰陽合德若此動容周旋中禮得禮之節如是其恭也出於自然無所勉强又得樂之和聖人之禮樂交至如此非知德之深者孰能如是形容之

四書翼註論文卷之十二

論語泰伯第八

泰伯其可謂至德章

此章有實事前儒未詳考讓商讓周皆非正解今詳辨之傳國之法殷道尊尊一生而一及出左傳一生太子嗣位身後即立同母弟謂所同生也一及者此太子母弟承位之後即傳此母弟自己之子不復傳弟謂世及也泰伯嗣位後次宜及仲雍仲雍之後即雍之子周章宜立者禮也太王遷岐在武丁之五十八祀次年武丁崩帝祖庚立越七祀祖庚崩弟祖甲立書無逸篇所稱則知小人之依能保惠於庶民不敢侮鰥寡肆祖甲之享國三十有三年賢聖

之君六七作此其一也彼時文王尚未生祖甲二十八祀文王始生生有聖德彼時泰伯無子周章之生先後不可知太王播遷之後得此聖孫自慶先業寖昌人情之常非即萌廢立也泰伯承父之志欲讓儲貳於季歷以及文王太王不許宮之奇云泰伯不從是以不祀不從者不從避位之言也太王既不廢泰伯别無讓法乘父之疾託採藥之說挈仲雍同去之荆蠻太王既沒王季雖欲效叔齊之義不可得矣泯然無跡何得而稱此所以爲德之至也此時只是讓國夫子因武王纘成業而有天下謂之讓天下耳文王生三十五年然後季歷受帝乙圭瓚之錫爲西伯文王立承纘西伯之位三十一年而後帝乙崩紂立紂爲

天子三十二年而亡使文王爲西伯之時帝乙立微子啓爲太子則文王一西方諸侯並無服事至德之名武王又安得有伐商之事乎魯頌居岐之陽實始翦商史克不過言周先在豳與狄廹處至太王遷岐山之陽締造方有規模後來翦商之業實始於此耳實始二字文義顯然泰伯只是讓國却不是明讓令王季不得不受舉世皆莫之知視夷齊衆所屬耳目者不同故夷齊稱古之賢人泰伯獨稱至德然非仲雍賢此事亦不能行故仲雍與夷齊同列逸民此書實事實義不過如此邃古之事雖不可知自帝堯以甲辰即位後據邵子皇極經世與竹書紀年參以尚書史記事蹟一一可考特詳序以破羣疑　李安溪云曰

三讓者必泰伯嘗辭避之而太王未之許卒乃託名逃去以遂其志故曰三讓也其事與伯夷同然夷讓於父沒之後則父過旣彰而宗社幾於無主不如泰伯去於事先而泯其迹且無讓名乃所以善處父子兄弟之間而爲德之至也　蔣德峻文云靑宮自以採藥行則寢疾不爲易儲悔此姬宗之太史莫由執簡而書惟伯初不以父命爲詞則季自不以天倫爲愧此商室之逸民未及捫心而計親切有味固天下之公言也　讓商讓周只爲天下二字讓自是難何必天下不天下伯拜稽首讓於夔龍范宣子讓其下皆讓亦豈天下耶

恭而無禮章

無禮是太過而不中理則不成恭愼勇直謂之勞葸亂絞而已亂指作事輕舉暴發內顛倒其紀綱外激成乎禍變非自去爲亂也絞者束縛之名浮躁無以處己攻訐無以處人操之已蹙矣

君子篤於親章

上行下效理之自然吳氏棫以爲曾子之言不與上文相聯

曾子有疾章　缺

曾子有疾孟敬子問之章

孟敬子問疾冀有所聞也貴介世胄頗知自好者其人多昧於大而詳於小故曾子以是告之　道無所不該自性與天道以至籩豆之事皆在舉物恒身範之事三以告之

世卿居位之所貴也。未動未正未出之前有存養，方動方正方出之時知省察，斯遠之近之矣。暴者急遽而任性，慢者弛緩以肆情。信者，臨喪人信其哀，涖官人信其敬，治軍行法人信其威嚴也。辭氣不是一，亦不是二。言之是非可否是辭，其中之輕重疾徐是氣。卒爾卒然，其詞何嘗不是。鄙氣不善，其言淺陋與庸俗無異，是鄙。其言詭誕與義理不符，是倍。籩豆之事亦禮文所在，大夫家有莞庫之司，可以不必留心也。凡米鹽凌雜、刀筆筐篋、簿書胥視此。祭祀燕饗鼎俎所供牲牢魚腊之屬有定數，其事簡。籩實脩脯糗餌，豆實菹醢，有正有加。周官籩人醢人之職，三獻腥則有朝事之籩豆，五獻熟則有饋食之籩豆，又有多寡加減燕饗食諸公之籩豆十有六諸侯十有二大夫以八以六水土之品無所不備其事繁以此爲務則於修身立政之本反有不及致詳者矣　此三者淺言之不過謙和一邊事曾子以爲大事朱子以爲修身之要爲政之本許曾齋曰洪範九疇以貌言視聽思次於五行顏子問仁夫子告以視聽言動而已故曰君子所貴乎道者三凡八行事大乖忤大和合利害成敗關係只在氣貌容色之間少有忽焉則有不可勝言者按曾齋先生發揮朱子之義最透徹前賢吾不能知明末士大夫流風餘韻今猶可攷非無才識學問只是涵養不到好名心太過容貌顏色辭氣大不中節無濟於國徒促其亡然後知曾子之爲至言也　三斯

字前先說有學有養然後轉筆到遠暴慢近信遠鄙倍則得之斯字只當則能字

曾子曰以能問於不能章

此章大旨爲出一宏字顔子幾於無我故心量廣大非曾子之隨事精察亦不能知顔子之心量廣大蓋心量小只見己之有能己之多安肯下人其以能問於不能也由其心慊然不自是而有若無也其以多問於寡也由其心退而不自足而實若虛也顔子若明知之而故問之是僞矣只是樂善無厭虛懷下問之誠觸處流露在曾子則見爲顔子之分量高於此人而猶請問焉是明明以能問於不能也此不能是不能於顔子此寡是寡於顔子同志同業

之中屢有咨諏咨謀之雅非無理之謙也　犯而不校比三自反高一層彼是知人之犯求其故於已顏子是識量廣大當此横逆相犯之時或置之不問或已有處置即不復記憶在心去較量他不遷怒之左証也若說成唾面自乾豈復成顏子民胞物與之殷本不知人之有犯於我無伐無施之篤豈復有所計校於人此顏子之本量　名臣言行錄載王旦在中書寇準在樞密中書移文樞密倒用印信樞密勾此吏人行遣中書不能難也一日樞密亦倒用印信堂吏欣然呈旦旦曰汝道當時樞密院是不是吏曰不是旦曰既不是不可學他不是吏悚然退爲學爲政知此庶異於淺之爲丈夫矣　昔者吾友不是記憶之詞

吾人皆視理義爲有窮惟吾友博文約禮之功密獨知義理之無窮如此乎其抑然自下也人皆以物我爲有間惟吾友克己復禮之功至獨知物我之罔間如此乎其觸之而無動於中也昔者吾與吾友同學深企慕之而未之能迄今邈若河山自揣焉仍未之能也吾友又何可及哉曾子懷賢好學之誠言外言中摹寫不盡

曾子曰可以託六尺之孤章

此章寫一毅字人即高談性命自許賢哲危而不能安亡而不能存倘復何用有才可以託國矣常則寵利居功變則艱危失守亦復一文不值有能明體達用有守有爲以輔幼君則安內靖外君位以固將順匡救君德以成是一

以託六尺之孤以任國政立綱陳紀教養兼修講武修睦強大無侮是可以寄百里之命由此安常處順得君日專行政日久若人固不動聲色可以措社稷於泰山之安磐石之固萬一不幸而宗社多艱禍難猝起或變生肘腋或事際危疑若臣之識見益以精明志氣益以堅定指揮制變君可以危而復安盡瘁匡時民不至亂而被害如是乎其際大節而不可奪也此人也世有盱衡今古評隲人才者由其品而論其心曰君子人與我必暢然滿志亟起而應之曰此眞君子人也學爲君子者求如是可矣

託孤寄命是即大節做得透託孤如伊尹嗣王狎於不順卒能挽回成就之如太公召公當流言之變周公居東能維持

調護感悟成王戡定武庚纔算得不可奪又如厲王流彘共和攝政天下仍復宗周衛武子從君患難君臣兩濟子產周旋晉楚境內晏如卽寄命而不可奪矣若曰其濟君之靈也不濟則以死繼之五技易窮一籌莫展曾子心服不在此人　死天下事易成天下事難古有成言此章專就能成事者言若荀息楊愔自已束手受縛卽是可奪矣又何不可奪之有朱子文集一條正用此說王罕皆先生載入滙參中可以覆按註死生之際須要看徹祭仲爲宋人所執歸而出其君李斯爲趙高所刼矯詔立胡亥只是怕死以致身名俱喪魏公琦自云生平遇大事便以死自處後來幸而獲濟皆天也其實身名俱泰莫如韓魏公士

君子但受人家國即應置死生於度外至誠足以格天人學識足以弭禍變外其身而身存方見所學之有用若張睢陽文文山之事另是一件不在託孤寄命上言各有當也

有託孤寄命自已不萌他心即是不可奪者諸葛丞相是也先主臨崩云嗣子可輔則輔之如其不可君自取之丞相忠藎一節田十五頃桑八百株不別治生以長尺寸死之日府無餘財此即臨大節而不可奪也昭帝即位方十三齡耳霍光輔之能使海內乂安衣食滋殖然當時燕王蓋主變全是以威壓之不能如丞相淡泊寧靜開誠佈公使人無間言也昭帝好色不永年蘇子由責備霍光不能以道事君致於短折光無所辭然使昭帝不夭則光

勳名在蕭曹之上福祚與國始終何至族滅鞠躬盡瘁勿逆覩成敗利鈍人臣龜鑑守此足矣

曾子曰士不可以不宏毅章

此章專重仁以爲己任一句神氣緊項上二章無我之宏只爲此仁字萬物皆備有爲之毅只爲此仁字兼善不遺人而不自命爲士則已若自命爲士則不可不大其心以凝承之又不可不堅其心以永貞之以其任重非一善可稱而又道遠不可半途而廢也任重之實如何天命之性所以與我者純粹而無私我之所以承天全體而不息仁是也士既知之眞信之篤引之以爲己任其元善之體可以包涵萬理不可一理之有缺其至善之用有以經緯萬

事不可一事之或遺其任不亦重乎而又與生俱生欲之而即至以心爲宅放之而即馳造次必於是顛沛必於是始可以爲人倘其畏難而中阻垂成而改操則自暴自棄慢天褻天之甚者也此身存則爲仁之功不可以已其道不亦遠乎今之學者莫不樂乎士之名循其名而責其實則宏與毅非異人任可不勉乎　仁字講章只作心之理能文之士如前明呂潤　國朝王庭皆兼盡性至命胞與立達二義說蓋以心之德行愛之理可爲萬物所託命故曰君子體仁足以長人若只說心體純淨則深山窮谷之老僧一粥不充六根俱斷亦無欲之極矣其可以扶天綱而立人紀乎哉仁字自兼體用二說但此章只是言心不

及功業又不可太作鋪張過分語不可不知　李安溪先生云此三章語氣一連昔者吾友懷顏子也君子人與憶子路也士不可以不宏毅總承上二章言學者欲希賢希聖當學顏子之宏子路之毅也此說先生及門楊文定公名時親筆錄之前輩癸巳會元孫見龍採入五華書院大全此於曾子立言本旨實爲關鍵若作時文則不須此特後學淺識一遇仲子題目到手妄行詆毀因引安溪之言一警瞶瞶　或問子路無成事而死於衛吾子既云臨大節不可奪是能成天下事者也今又自相矛盾何歟曰此正曾子與仲子相信之深亦惟安溪之學足以知二子然後能爲此語顏子居陋巷困於饑寒孟子曰禹稷顏回同

道即仲子可以託孤寄命之說也必如世俗所云拯溺救饑惟墨翟可以濟世託孤寄命必司馬懿可以登牀尚足與議乎今以肉眼觀之仲子自是不濟以道眼觀之人間曾西吾子與子路孰賢蹵然曰吾先子之所畏曾子何畏正指此君子人與二句極口贊歎所以家世相傳耳管仲之事功亦不薄矣曾西以為如彼其卑則曾西之蘊蓄可想顏曾冉閔下逮周程張朱其蘊蓄皆可想也良玉不剖精神見於山川曰天下之至寶不在是可謂有知者乎仲子肺肝如雪並不以死生利害置之胸次惟聖師之從惟道義之歸彼生於春秋之世非畢官下邑無由仕進世不可避天不可逃家貧親老負米於百里之外必責以如顏

閔高蹈則夫子亦不宜爲委吏乘田矣仕於孔悝與仕季氏等耳孔悝在難食其祿者忠其事馳而赴之此一死重於泰山非輕於鴻毛也若必躊躕返顧曰事涉父子一不宜往孔悝必已從蒯聵二不宜往及門門者告以衛公已去三不宜往呂布劉牢之呂文煥劉整叛君賣國之輩人人能之何待此教猱升木之徒作精義入神之解哉

興於詩章

此是從道明德立之後追溯得力之由是順綱說下一逆挈便是詩可以興失體格矣此外無疑義每句皆兼兩層見善知好見賢思齊激昂而不能已所謂興也興必於詩詞義之褒刺分明既動其天良而氣爲之奮音韻之纏綿

泳歎復感於天性而神爲之移則遷善而不自知必詩之力也擇善能執見異不遷貞固而不可摇所謂立也立必於禮齋莊中正以直其内則視聽言動守其官威儀度數以檢其外則祀戎賓嘉所有執莊敬底於日强禮之力也然與乃好善嫉惡之真心由奮迅而漸臻於浹洽立乃爲善去惡之實力由勉强而漸近於自然則謂之成成之得力必於樂矣樂之聲音冲淡和平可以涵養性情使矜平而躁釋樂之舞蹈雍容進反可以調適血氣使神動而天隨剛氣不怒柔氣不懾日底於中正和樂以幾於義精仁熟之妙固又必於樂而得之也學者七歲學幼儀十三學樂誦詩成童舞勺象優而游之厭而飫之初莫知其得力

之所專屬一旦知類通達强立不返而且和順積中英華發外而後悟集益之所由曰此必於詩於禮於樂也今先王雖不作詩禮樂之教一一具在學者其可不盡心哉

興詩立禮好曉成於樂之理甚微蓋古人之教以樂爲第一大事舜教胄子欲其德器粹然至於直溫寬簡不過取必於詩言志歌永言聲依永律和聲八音克諧而已文王世子篇載學校教人之成法不過崇詩書禮樂以造士春秋教以禮樂冬夏教以詩書而已蓋樂音中和之至則其音節悠揚安雅靜聽之可以養人性情太史公樂書謂聞宮音使人溫舒而廣大聞商音使人方正而好義聞角音使人惻隱而愛人聞徵音使人好善而樂施聞羽音使人

整齊而好禮此自古相傳之語蓋實有感動於性術而不自知者樂舞美善之至則其鼓舞動盪服習之可以調人血氣樂記謂執其羽籥干戚習其俯仰詘伸容貌得莊焉行其綴兆要其節奏行列得正焉進退得齊焉成德之士容貌安詳周旋中規矩行步趨走合於采齊肆夏非一朝一夕之故亦由習舞而得之此皆實事非空言也周官大司樂掌成均之法教國中子弟一曰樂德中和祗庸孝友言子弟有得於樂音則中不偏倚和不乖戾祗而致敬庸而有恒而又孝友也一曰樂語興勸善道述古諷諷誦誦陳戒言自言語答人言子弟有得於樂詩則辭氣遠鄙倍所言一一合節也曰樂舞即六代之舞樂師小胥分掌之

以教國子使學其俯仰疾徐周旋進反各盡筋骨之力以赴樂章樂聲抑揚高下起訖之節文以揖遜武以擊刺其微意皆寓於此其條目亦甚多有帗舞全羽 羽舞析羽 皇舞羽染采色 旄舞旄牛尾 干舞干盾也 人舞不執物以手足舞習其事者有所盡心勞其筋骸使不至怠惰廢弛束其血脉使不至猛厲僨起今人不習其事與之語亦莫能知也註中滌蕩邪穢掛淫心不生此何易曉消融渣滓指傲氣不作有學識才能不自負以凌人卽消融渣滓矣此養到事非得力於樂不能歐陽永叔有幽憂之疾受七絃數曲以自陶寫見於送楊寘序文范文正公好彈履霜操人目之爲范履霜猶有古人安絃操縵之遺陶士行爲廣

州督齋中朝暮自運甓蘇東坡先生拄杖以鐵爲之見聯律文
正湜然居寓意微物以習勞亦古人學羽旄干戚之意也
士詩集

或問此章外註程子言道學不明不得詩禮樂之傳故古之成才也易今之成才也難朱子全書一條云後世去古既遠禮樂蕩然所謂成於樂者固不可得然看來看去只是讀書理會貫通只管將來涵泳到浹洽即成熟處亦有此意思二說孰是曰朱子之說是古人載籍鮮少不依詩禮樂之敎條成法則無入德之門今則不然矣一部資治通鑑備載興亡邪正一部名臣言行錄備載嘉言善蹟興何必於詩況詩固在也一部會典吉凶軍賓嘉無不包羅能貫串得來則凡事一一有章程可守至於繁文瑣節

一祭之敬十日致齋又次日繹祭一獻之酬終日百拜渴而不得飲古今異宜不能行亦不可行也惟樂則普天下皆用俗樂惟郊壇宗廟學校仍是古樂然天下之尊統於一非天子則不能備金石絲竹匏土革木之器與瞽瞭矇瞍之官士大夫安得琴瑟不離於側讀書即是樂誦書能變化氣質即成於樂也制藝最足見人之學養人之賢否約畧可決特無知人之明則爲魚目鼠璞所眩耳朱子之說是也

民可使由之章

關鍵在民字理無兩般可使由者未嘗不可使知特不可責之民其識不及其力亦不及也導之使由遵孝弟而知

謹信可謂美俗醇風矣過此而求深則多事

好勇疾貧章

此是爲天下後世說三代之亡皆由女寵不以民貧昭公哀公之於季氏三家疾之已甚亦未致亂東漢晩唐元明始以民窮好勇疾貧者爲亂首饑寒不謀朝夕者起而從之夫子此言爲後世也人而不仁豈可不惡當有以處之勿徒疾之已甚非惟量褊亦且無才竇武陳蕃欲誅宦官張讓等一獄吏之事號召外兵楊一清能誅劉瑾機事密故有成楊左劾魏忠賢疏未上逆之人已知之矣有國有家者欲求久安長治之策思患預防之方一反觀卽得之

如有周公之才之美章

此是爲有才者說法集衆思廣忠益則不驕開誠心布公道則不吝此周公之所以爲周公之才之美也今有人焉才足應務而自恃其才不復諮詢於衆且自秘其才而不肯剖露於人是以匹夫之凶德而兼鄙士之偏心者也彼尙自以爲可觀不知其才皆驕吝之餘也尙何以觀之哉驕吝二字極不好且字一串說不可說驕而不吝猶可云云則近癡矣　周公吐哺握髮來天下士勤施於四方正不驕不吝如有者極小有才之自負盡其量以言之即到此地位亦不足言霍光李德裕王安石張居正皆以驕吝害其身家凶於其國何論之才之美哉

三年學不至於穀章

古無爲學之年即欲求祿之士學記十五入大學比年考校七年小成九年大成然後以漸升於朝則三十左右矣內則之序三十猶博學無方四十而後强仕何三年之有此是指學問已可出仕之人而猶一味下學絕不分心於外所以不易得耳　果是認得學字眞何論三年不三年曰三年者已仕者以此爲考績之期未仕者屆此爲賓賢之會此而不動於心眞是肺肝如雪　至穀有兩層淺學者志在紛華動學者急於展布閔子之辭召漆雕之未信非無其人但不易也

篤信好學章

此章口氣只是一正一反言人有學有守而後進退出處

得其當不則狼狽失據爲世所詬病矣　首節講章都作四平陸稼書先生困勉錄只重好學善道尤妙蓋學即學此道不篤信又焉能好學實一串也陸說得之　有道無道方望溪先生作知其將然而預圖之固是爲學識二字點睛但生於已治已亂之時又安能另翻窠臼自是兼兩層說爲妥邦有道句要看得好有道之世其君登明選公其臣推賢進善而我所挾持仍是致貧賤之具此可耻也不是定去要他富貴傅說不發明王之夢豈肯往求之邦無道之富貴爛羊頭關內侯亦不待學守兼優者而後知所耻矣

不在其位章　缺

師摯之始章

此與自衛反魯一時之言彼是言雅頌得所則朝廷宗廟之樂正此言我正樂之時適師摯能舉其職卽鄉黨之樂亦無不正至於洋洋美盛也師摯之始自是事後追憶之詞但關雎之化所關者大夫子屢言之此重詩樂之美盛可以使人得性情之正修身及家移風善俗非如山巨源歎黃公酒壚尙在故人已往邈若河山也　顧麟士先輩据儀禮將關雎之亂句分四截說是當之至凡燕饗鄉飲酒之禮賓主既卽席樂正先升北面立樂工四人入歌鹿鳴四牡皇皇者華凡歌時鼓瑟和之所謂升歌三終也歌止笙入在堂下磬南句北面立奏南陔白華華黍有聲無詞所

謂笙歌三終也吹笙之時以磬節之故曰笙磬同音笙止
堂上歌魚麗堂下笙由庚堂上歌南有嘉魚堂下笙崇邱
堂上歌南山有臺堂下笙由儀相間而作所謂間歌三終
乃合樂堂上琴堂下笙磬並作曰合樂歌周南召南所謂合樂三終也樂
終謂之亂亂之始工歌關雎笙以鵲巢合工歌葛覃笙以
采蘩合亂之終工歌卷耳笙以采蘋合三樂併作六詩迭
舉故曰洋洋乎盈耳鄉射禮畧合樂節奏二南故不稱亂
夫子言人而不爲周南召南猶正墻面而立令樂之盛如
此則文王后妃之德化猶可想見蓋深慶慰之詞曰師摯
之始者必師摯此時不在官追憶之耳　太師摯適齊章
先儒言三家僭妄樂官去國故孔子歎之併兩事爲一此

言非也師摯賢者也有官守者不得其職則去今樂得所而詩美盛樂官之職得矣又何去焉若云三家僭妄則宜去者莫若孔子孔子反國樂官去之是其潔身高於孔子又不通之論也太師摯適齊是魯定公十四年事季桓子受女樂倡優雜進樂官恥與爲伍故相率而去至哀公十一年十三年矣中間師摯必復反魯適孔子正樂又與共事後師摯或物故或去官夫子追思之故有此語洋洋盈耳猶云餘音未寂决非因師摯適齊發歎也孔庭歷聘記云夫子二十八歲學琴於師襄孔子攝相事與師襄爲樂官後孔子去魯師襄亦去入於海可以爲証

狂而不直章　缺

學如不及章

只是說爲學當勤勤字難名狀以懼字追出勤字講章謂惟其精勤是以警懼惟知警懼愈益精勤專重上句恐失只是力行之時又加提醒一番萬歷甲戌會試孫月峰起講下云學勤斯及而自足於及者終無及學精斯得而自滿於得者終必失也韓慕廬先生云當日以此數語定元如猶二字皆心上事不必分作兩截只合寫爲是

舜禹之有天下章

聖人心量廣大高明此富貴崇高四字皆不在他心上獨稱舜禹者以其起自側微非若世及之君富貴是其本色宜與而不與尤所難也以心入其內謂之與舜則茅茨土

階禹則卑宮菲食忘其所居乃在九五至尊萬方玉石之地是其心全不曉得有天下者應享天下之奉所以謂之不與也若上惕天命下顧民碞舜兢兢業業禹下車泣罪刻刻在心如何不與而不與焉中藏有富貴兩字看得富貴輕所以謂之巍巍此是朱註正解楊龜山先生解禹吾無閒章亦以薄於自奉爲有天下而不與理可互證明人作文多言舜禹視天下甚輕自去自來毫不在心上似比註高曠一層元后作民父母助上帝以綏四方曰吾視之甚輕此言爲妄誕矣舜禹之不與富貴猶孔顔之不與於疏食簞瓢心有所在不在此也反勘即明白

大哉堯之爲君章

夫子贊堯以立君道之極故不曰大哉堯之爲德而曰堯之爲君精神注一爲字德自是主須兼氣數功業言之蓋羲農軒頊之天下到堯一齊整頓地平天成一切完好舜禹湯武不過照此成規隨時損益範圍今古超絕皇王所以謂大哉堯之爲君也邵子謂堯是中天午運之初氣運最隆故皇極經世推衍三代歷數事蹟從堯甲辰即位起此亦有理巍巍乎是贊堯不是贊天惟天爲大是天之德其體無方堯之克明躋于峻極天之德其用不窮堯之廣運萬世永賴朱子謂則字即易與天地準準字與天同大非法天之謂也民無能名認一民字九官十二牧如何不能名百姓則飲和食德不知誰之所爲耳莫不敬莫不信

莫不說何嘗不知感激必舉其欽明恭讓文武聖神條分而縷析之惟廷臣史官爲能民何知焉巍巍成功煥乎文章是就無能名再下一轉語言所見者有此兩項耳成功文章即是政教已包括治道之全却要說得極濶大又極渾化天無心而成化聖人有心而無爲仍歸到無名則天上首尾一氣即是

舜有臣五人章

此是夫子極贊本朝之詞言周不獨才比盛於唐虞德亦無慚於揖讓文是順衍意則逆推先有至德一層然後憶及才難因才難只此十人然後記五臣見虞周並駕凌跨夏商也　才難照五臣來言經天緯地之才從古爲難

三分有二只說文王明人亦有疢武王十三年以前說掩耳盜鈴畫蛇添足耳　盛字有二義五臣皆聖勝於十人多賢其實九官十二牧皆周召畢散之儔此由氣運使然古今不再有言周以征誅致夷齊不仕箕子不臣才遜於唐虞迂儒之見

禹吾無間然章

禹稱神禹功績最大夫子只言其無間傳道只傳心不鋪揚功業也或豐或儉各得其宜看來是小事其實須有上聖生安之德而又刻刻事事留心方能件件恰當倘彼此有一件不合式則道理不融貫心地有疎漏為有間矣再說無間贊慕之深也非飲食句因一孝字遂有謂痛[illegible]之

薄於自奉厚於祭饗者此說非也王裒抱痛嵇紹不仕此是爲權奸所害天倫抱痛不得不然鯀禹之事則有說矣以大臣肩大任九載弗成即不必方命圮族亦應爲法受惡以謝昏墊之民況堯仁好生四凶之罪不過貶竄禹幹父之蠱祀鯀配天光顯極矣猶有餘憾是以鯀不應極也均一治水耳其子治之有功則可受人之天下其父治之有罪則宜無罰如此用心不均甚矣小夫之見非所以測聖人也天神曰神鬼神兼內祀外祀言之武王底商之罪告於皇天后土自稱有道曾孫致孝固祭祀豐潔之通稱

黻冕亦是衣服冕服之始黻服之畢也故亦謂之韠生民之初飲血茹毛衣其羽皮以一皮遮前一皮蔽後後

聖垂衣裳而治。仍存古製。留此前衣。謂之蔽膝。乃最後結束之服。曰黻。冕全身之衣服俱在矣。古人冠。弁。冕。三者通用。夏曰毋追。緇布冠也。私居之服。皮弁稍尊。班朝。治軍。皆服之。冕以承祭祀。與大朝會。覲諸侯。非是不輕服。凡衣服最下為褻服。次深衣。次明衣。稍尊即元端。天子視朔臨朝亦服之。日月星辰山龍華蟲十二章之衣裳。非祭祀肆覲諸侯亦不輕服也。唐文宗朝衣三澣。漢文帝後宮衣不曳地。於禹不為盛節。至祭祀朝諸侯却不然。所以無間也。黻赤色。以韋為之。天子純朱。諸侯黄朱。大夫赤黻。亦作芾。其形刺繡作兩己字相背。取其有別也。黼是斧。取其斷斷斯明。故以兩已相背次之。　宮室與溝洫是兩項。不與上二何同却正是相通古宫室皆用民力春秋所書猶然農隙只此十一月十二月三之日農事即興矣故曰三之日于耜若於農隙經營帝室皇居民即不能盡力溝洫疆界不清蓄洩無備小民欲安此環堵之宫五畝之宅不得矣人君即不茅茨土階何害堯舜不為所以愛民力也西北山多水少全要溝洫深通是以周禮言之最詳其法萬家之中以三百六十家之力專治溝洫免其賦稅詳見文獻通考非是則田汚萊不治矣戰國大開阡陌溝洫之制遂失漢與漕運仰給東南至今猶然三代之時各君其國粟米不通盡力溝洫最為重事故須卑宫室以舒民力俾得專治溝洫也周禮遂人治野夫間有遂廣二尺深二尺遂上有徑小路十夫有

溝廣四尺深四尺溝上有畛界田之路百夫有洫廣八尺深八尺洫上有涂即路塗也千夫有澮廣二尋深二尋澮上有道道容二軌萬夫有川川乃大水不言尺度川上有路路容三軌以達於畿以水佐耕可備旱潦以水佐險可限戎車左傳晉人欲齊人盡東其畝國佐謂惟子戎車是利弗顧土宜非先王之令即其事也　末句再言無閒指稱物平施裒多益寡用心精密說乃總結上文與首句虛冒不同

四書翼註論文卷之十三

論語子罕第九

子罕言利章

此是門弟子從旁記夫子所希罕之言有此三者書之以見意所慎重罕言利是正意二與字是推類及之不是子罕言利命仁也天子不言有無諸侯不言多寡卿大夫不言貧富此利字不是貨賄之利何晏古註云利者義之和也伊川程子亦同此說指爲易利用行師利涉大川之利亦不甚分曉如此則常言言之何罕之有蓋此利即義中之利凡事有便益即是利如事求其可功求其成是有利於已也絕口不談是以誤事爲樂固無此理屢言之則明

道正誼無非求效計功人心反熾矣惠而不費益以興利是有利於人也絕不置議則人不知相存恤亦無此理屢言之則立人達人即以違道干譽道心反晦矣是以夫子最爲慎重不肯輕提及此一字或言利之不可專教人以避怨也或言利之不可喻示人以辨義也此外寥寥罕聞矣至若命者定之自天人不知此則中無所守匪所不爲此宜常常指示以警人之不安命不知命者而亦與利罕言者何也蓋命之理至顯而實至微有定而若無定日言壽夭窮通之有數則人將廢人事而不修日言惠廸逆凶之有權則人反藉善端以邀福是以夫子言人事罕言天命或用舍之交言有命以杜小人之攀附於人德之事言

知命以堅君子之進修非是不數數聞也至若仁爲心德非若命之微渺不可知更宜醇醇言之以鼓勵好仁者何以亦與利同其罕言也蓋仁之全體必粹然無私仁之大用在自强不息知之易行之難日言安仁之不可幾或墮奮勉之志日言至仁之卽在我反荒卑邇之功是以夫子但言下學罕言上達請事斯語則告之非是不輕告也求之己得則許之非是不輕許也三者罕言之意不同其爲不輕於言則一記者能聚精會神而默契之亦可謂善體聖人之至教者矣　命字是氣數人感造物之氣以生便自然如此謂之命若指天命之性便與仁字重複矣

達巷黨人章

此章有二說陸稼書先生言德至聖人無不盡道至聖人無不明聖心則但謙之又謙卑以自收韓慕廬先生則云夫子聞黨人之譽本不敢當又因其言有合於反本責實之說特舉執字以示二三子使專於所業勿馳騖高遠方

望溪先生選

國朝四書文獨取韓作謂聖人語內包涵下學之功專精之意韓能參透此諦今從方說以與諸門弟子句有關照處

黨人之語不可說得太粗淺言孔子問之無所不知試之無所不能其體之所存用之所發可謂優優大哉惜乎其學太博吾轉無以名之蓋以彼蘊蓄浩無端倪使吾得其津涯窮於擬議吾竟不能指一長以目孔子矣語氣是

悔服之至夫子說以我爲博學固不敢當以我爲無所成名則以吾平日未商所執也執者專心致志不見異而遷所以絕出於人可以成名古有神聖之資終身而守一官或累世而傳一業以此之故吾向者不自量度漫欲兼長泛應今以過情之獎譽忽觸守約之素心殆將商所執矣夫六藝之中禮樂最爲廣博書數亦涉淵奧皆難以猝精惟射御爲最近人之事但射亦須禮樂皆得智巧兼致御又較易吾殆將執御以成名矣道無精粗卽器而寓用志不分乃凝於神吾與二三子勉乎哉因黨人之詞贊中又贊故夫子聞之謙而益謙若將博學句作認眞惋惜則黨人殊不相知夫子作此委曲附合之詞不相承貫矣　以

今人觀之射屬武人之事御又極粗夫子過謙竟不可解不知古時射御實是大事管仲射齊桓中鈎魯莊公以金僕姑射南宮長萬晉獻公滅霍滅耿畢萬御戎左傳中凡爲戎御皆卿大夫也禮記僕若降等則受僕人之綏降等者大夫降卿一等士降大夫一等也註中御爲人僕句切莫妄認作僕隸之流文獻通考戶口一條馬貴與序文言古人文事武備身兼數器今人一無所能三孱不足以滿隅知此則知夫子之言俱眞心實語也　古人車戰御爲重事與射一樣戰國始用騎卒步卒平時出入仍乘車車中驂乘一人戎右一人執轡一人皆臣僚也士大夫乘車執御皆門徒與子弟卑幼也兩漢六朝皆然隋煬好行幸

朝臣多扈從始專乘馬然大事仍乘車車四馬至尊六馬輿服志皆可攷宋南渡後始用肩輿明因之力不能具肩輿又怯於騎始用兩輪小車一馬推之此執御者則乃奴僕下人矣

麻冕禮也章

此章與事君盡禮章不同彼乃不知大義淩忽君上之人此是衆人皆然衛文公大帛之冠以爲儉其由來也久矣夫子言我非以衆人爲流俗必與之背亦非以衆人爲公舉而必於狥義可通則通之義當改正則正之矣說得平和些　古冕有五皆用麻弁用皮冠亦用麻士冠禮云古者冠布冠則緇之又云始冠緇布之冠也註引此釋麻冕

恐人以麻冕爲凶服耳。以恒情言之，布自儉，帛乃奢。今以純爲儉，用人力少也。麻質本麤，以二尺二寸之幅，引以二千四百之經，然後績之，用工極難，非經月累日不能成，爲費多矣。絲之經緯出於自然，雖華於麻，用人工則少。飼蠶繅絲出於人巧，麻天産之自然。古人蠶繅以爲祭服，冕獨用麻，存古初以尊元首，不憚人力之勤，故云雖費而不及奢。今人見小，以絲華美而又速成，此無大害，可從則從之，不必固執也。　禮臣拜於君所，凡覲禮、聘禮、燕禮、大射禮、公食大夫禮，皆先在階下再拜稽首，君使擯者或小臣辭焉，延之升，乃升，又在堂上再拜稽首，謂之成拜。以堂下之拜，君辭之，未成拜也。臣必拜下，所以昭敬上之節；君必辭之所以示下濟之謙君臣之分至肅而情亦至通也今但云君既辭之我何必尚此虛文不如徑在堂上拜之爲簡便此則泰矣故不可從　古註疏邢昺引儀禮二條一云燕禮公取臣媵爵以酬賓郎大夫賓降西階下北面再拜稽首公命小臣辭賓乃升成拜此原文　按君與臣燕大夫爲賓膳宰爲主人卿不爲賓別嫌疑也前此賓與主人獻酬拜皆在堂上至君勸臣酒乃下拜明恭故從取媵爵酬賓說起　一云覲禮天子賜侯氏車服侯氏降在兩階之間北面再拜稽首擯者辭延之升乃升成拜此原文　按覲禮侯氏入門奠圭再拜稽首擯者謁謁通辭也此時先拜下不辭之侯氏坐取圭升致命王受玉侯氏又降階東北面再拜稽首擯者延

之曰升乃升成拜而出　臣受君賜亦先拜下癸邱之會宰孔謂天子有後命加勞無下拜是也待君之命而拜上則恭不待君之命而自拜上則泰矣不必下十分放肆字眼

古惟絲麻二物所云絮即絲綿也謂之纊今木棉謂之吉貝唐始有之自外國賈船來始於粤東之瓊儋後乃遍天下見廣東通志謂之棉布古禮三十升布爲朝冠十五升布爲朝衣即元端也深衣裳衣皆白色故麻衣如雪仍曰衣裳楚楚非如後人以白爲嫌也喪冠布六升喪衰布三升二百四十縷則至粗矣期功之服以是爲差故曰衰與其不當物也寧無衰

子絕四章

聖人之心只是廓然其大公物來而順應二語盡之意必固我多爲之名曹憤云此畫月者烘徵雲畫雪者染空地以所可見徵所不見也　毋意者循理而行別無他意毋必者隨事應付不爲成見毋固者迎機順應無所凝滯毋我者大同於物不涉已私也此句最重凡人總是爲我所以凡事不公若劃出此一層雖不中不遠矣此一關不透正心誠意皆空言也

子畏於匡章

聖心最謙危急時忽自任所以安門弟子之心實理亦是如此天將以夫子爲木鐸開萬世太平匡人如何能害之

毛西河檢討云春秋傳魯定公七年魯侵鄭取匡匡是

鄭邑。是時陽虎專政。令季孫孟孫。不假道於衛。反又穿城而躪其地。衛追魯師。公叔文子止之曰、天將多陽虎之惡而斃之。陽虎之爲暴於匡。卽此事。至定公十五年。夫子過匡。顏剋爲僕。卽與虎入匡之人也。故匡人圍之。子路將戰。夫子止之。彈琴三終。匡人辭曰。曩以爲陽虎。而非也。圍解。遂適衛。

道之顯者謂之文。易象尙書詩禮樂諸經是也。漢書六藝。指六經。周官。六藝指禮樂射御書數。註中禮樂制度。代夫子作謙詞。聖心。造次顛沛之時。亦德盛而禮恭。朱子體會聖心。亦無微不入。

太宰問於子貢章

此章與大哉孔子章不同。達巷黨人見地高。所贊出於心悅誠服夫子承之以謙皆實語也吳太宰嚭小人也小有才幹卒亡吳國彼以多能爲聖所見極淺夫子以不多指示之使歛其技能以歸諸道針砭宰嚭之詞末引琴牢見夫子偶爾之詞皆由衷之說謂前後不相背也　魯哀公十一年吳會魯於鄫徵百牢且召季康子康子恐往而見執使子貢往見之宰嚭與子貢交言此其確証也孔子居宋伐檀削迹大不得志無由有太宰贊歎四書釋地云陳有太宰亦錯按檀弓之文傳寫錯誤洪容齋隨筆云夫差使太宰嚭問於陳行人儀也其說確當不易宰嚭之所謂聖不在道德上言夫子之博學無所不知如肅愼之矢專車之骨萍實商羊之謠不知其所自來非聖人不能也何

其多能亦不是射御釣弋夫子自言我戰則克祭則受福文事武備無所不能太宰心服亦指大處譬如宰中都則沈猶氏不敢朝飲其羊三寸之棺四寸之槨四方以為式想其經畫纖悉周備却萊兵只是頃刻先事布置人莫之知宰嚭亦自負有才所以此問色飛眉舞也不是以多能為聖亦不是聖又多能聖指所學多能指見於事者子貢以正答之言子以夫子為聖固也惟是夫子之聖非他人生知安行之聖乃天特縱之使由生知而至於知之至由安行而至行之盡凡古聖人之道統聖人之造詣至吾夫子而會其成猶不知其所究竟其聖方未止蓋天縱之將聖也此即小物不勤瑣事不知彌見聖人之大乃夫子又不

然儒是多能賜又何足以知之所謂聖而不可知之謂神吾夫子之謂矣　聖之分量亦天所命故孟子謂仁之於父子義之於君臣命也伯夷之清伊尹之任柳下之和亦命也夫子之聖則天任夫子自爲之所謂縱也將字不可畧既聖之聖聖有所止將聖之聖聖方未艾此子貢之妙於形容也

子貢之言太其實知夫子莫如此言矣使夫子與之爲謙必曰賜也過矣聖則吾不能令撤此不說直曰太宰知我乎非任亦非遜意在太宰也太宰之所謂聖乃子産叔向師曠之所能不必辭讓但與剖示多能之故非由得已欲宰嚭勿以小才自薦而求之正心誠意之實則四國賴之此夫子言外之微意諸儒竟莫之知少賤多

能乘田委吏簿物細物無不經心也夫子十九歲孟孫已遣子受學二十三歲與南宮敬叔適周問禮訪樂豈日日登山臨水釣弋射獵者乎宰語何至以射御釣弋推服夫子乎君子多乎哉二句是乃正言高論治身則崇正學勿以多聞博涉爲長謀國則尙遠猷勿以小技片長自詡任重而道遠務大而圖艱太宰秉國之鈞此則其事也我之多能乃鬱不得試使然何足羨慕哉夫子之意如此

牢曰子云二說一說夫子爲此言時牢在旁與所聞與夫子此日之言相發明一說是門弟子記夫子此言時又憶及牢平日所述之言與此言相印証二義皆可通總爲不多二字下註脚見夫子之言非出偶然太宰自以叩囊底餘

智足以籠絡曾之肥晉之軼不知范蠡計然巳議其後君子多乎哉不多也千秋如聞丁寧告誡之辭　凡人生貴族處高位雖即足智多能虛懷下問天下事實有意計所不及耳目所不到者楚子謂晉文公民之情僞盡知之矣雖齊桓不能也孟子謂貧賤可增益其所不能大舜傅說亦然堯不能故得舜而後地平天成周公亦有所不能故周官一書大者百世共由小者不可行亦意計有所不及青苗保甲皆本周官豈知窮簷情態微曖與書本上所說不相同有大才而居顯位以不任巳長爲第一義我有所蔽人又不敢言則誤矣

吾有知乎哉章

此是聞人譽己承之以謙非自剖白教人不倦也夫子言我於人之來問者知無不言言無不盡人因以我為無所不知其實知之分量無涯吾之識見有限即能言其畧頗識其肯綮遂可以為有知乎哉無知也然人言嘖嘖亦有自來緣我之所知雖內照之明何敢追跡上智而告人之際不敢不盡心不必賢士大夫虛心下問也即有凡猥之人以事相質其人空空如也本不足震而矜之而所問之事則自有得失是非之兩端我必就其事其言之兩端而剖析發動之竭其本末始終精粗上下而予之使之知可從可違此是彼非無不明白我但盡我本心而已其兩端彼之所自有我又何加焉人皆以我為有知也吾之所言

不出於明而出於誠吾何知乎哉夫子之意首尾縈拂總
是謙辭其字指鄙夫所問之事理

鳳鳥不至章 缺

子見齊衰章 缺

顏淵喟然歎曰章

周子言發聖人之蘊教萬世無窮者顏子也顏子未嘗著
書教人何以尊之如此蓋以此章已經說盡第一節是士
希賢只是見個大槩第二節是賢希聖則有切實下手第
三節是聖希天須是涵泳從容勿忘勿助長此入道層次
已經說盡也入德之門只是先知後行又要知行並進博
文格物致知知以開行之先約禮克己復禮行以踐知之

實體道工夫又已說盡也故曰發聖人之蘊教萬世無窮者顏子也　喟然歎不是望洋若驚駭是學有所得獨契於心欲與天下人共公其自同諧斯遂所以發此歎頭一字須認眞是贊歎非感歎未由也已乃十分快足非力窮智盡之詞之字指夫子之道即至誠無息從心不踰之道也顏子才力大一見即到此知至至之知終終之境地非擬議遙度仰之彌高愈仰愈高道之高明配天非我之奮志殫力便可定其規模也鑽之彌堅道之博厚配地非我之苦思探索便能究其奧蘊也瞻之在前忽焉在後言道之不偏不倚隨時取中非我之亦趨亦步以意揣度便能要約以得其指歸擬議以神其變化也須認註中深知夫

子之道六字　夫子循循善誘人是言道之高妙窮於學
者之思議不窮於聖人教人規模之大節目之詳循循由
易以入難由顯而入微有率由之次第有先後之條貫也
博是開通我之知識危微精一之相傳制度典章之燦設
無一不具於古人之載籍謂之文夫子則使我實力於致
知由多聞多見以求之以至於萬理俱融我既已見道於
萬殊矣又檢束我之身心仁義中正之節文視聽言動之
防檢無一不協於吾身之矩矱謂之禮夫子則使我實心
於力行由操持固執以至於一私不雜我又有以會通於
一本致力之始則先博後約明諸心知所往然後力行以
求其進也用力既久則博約互相發明涵養須用敬進學

在致知也是則道雖極於至難夫子之教則顯於至易道雖神而不可測夫子之教則切而可共循吾日從事焉博約之序旣有脊有倫文禮之功亦得心應手殆欲罷不能鈎深致遠以竭吾才於博閑邪存誠以竭吾才於約於是由博文而尊其所聞則高明矣凡夫子之道所以會於一原主靜以立天下之大本者無不昭然於心目之間由約禮而行其所知則光大矣凡夫子之道所以周乎萬變因心以運天下之達道者無不揭然於心目之際處已治人應事接物雖巨細經權各有不同莫不卓然有精義可尋有成理可據如在吾前而卓爾其無所惑也此大可爲也之界顏子自至之而自知之歷歷言其成效如此　雖欲

從之另作一頓言回此時可以與夫子之道渾合無間而猶不能者何也蓋夫子之精義入神不思而得而回不能不思也夫子之泛應曲當不勉而中而回不能不勉也雖欲幾於夫子之易簡而神不可致思化不可助長安勉殊途莫以冀知化窮神之妙幾微相隔乃以知達天蹟聖之難惟有仍從事於博文以廓其知庶幾義日以精仍從事於約禮以檢其身庶幾仁日以熟此末由者倘可以幸由乎回今蓋未之逮也語氣純是鼓舞歡幸到底須極力摹寫顏子自言學之深造與聖人教人有序層次分明方是喟然神理　顧涇陽憲成云曰從事於博約則善無不明身無不誠所謂殊途同歸時措咸宜之理確有真見是

謂立卓然猶着擬議未化矜持欲從之而未能與之爲一故曰末由也已所謂過此以往未或之知窮神知化德之盛也註云所見益親而又無所用其力眞是深切有味楊起元時文云囘今惟有潛心以體之不以欲從速其功默識以融之不以末由苦其卓亦說得是　此章之義吳才老說得切實言卽是日用行事之間非窈冥昏默也黃勉齋先生申其說曰聖人之道廣大高明不可幾及然亦不過性情之間動容之際飲食起居交際應酬之務君臣父子兄弟夫婦之常出處去就辭受取舍以至於政事設施之間詳味之則此章字字有着落　今人有文字之學有道釋之教古人無是也朴朴實實從聖人便學聖人學聖

人只在人倫日用之間此章之義明則無行不與之義無不明矣　顏子之博約身分高與博學於文約之以禮字面同口氣不同亦須知之

子疾病章　缺

有美玉於斯章

子貢高明豈肯諷夫子自衒此寶玉但說是沽却不肯一毫枉尺直尋說是藏又皇皇道路以玉問君子於其尊勿敢質褻之至也夫子再言沽之哉亦是本心直語韓昌黎云聖賢者時人之耳目言天生聖賢使先知覺後知使先覺覺後覺也時人者聖賢之心生民之憂樂卽聖賢之憂樂天下之民舉安則聖賢之心安矣有玉於斯豈欲抱璞

長終用之則行舍之則藏所以爲待也顏子之外知之者惟孟子故曰孔子聖之時者也

子欲居九夷章

逸論語云子欲居九夷從鳳嬉言鳳遇亂則潛居九夷後漢書東夷傳有九種一曰元菟二曰樂浪三曰高麗四曰滿節五鳧臾六曰索家七曰東屠八曰倭人九曰天鄙今遼東渡海以至東洋諸番國老子爲柱下史周室莫能知故出函谷關居西夷也夫子浮海居夷徒付口語天以夫子道萬世之天下夫子亦自知之雖上下不交天下無邦於心有所不忍　魯哀公賢君也不用夫子勢不能也却知夫子最深修春秋正樂非哀公主持夫子安能取國

史樂器詩章一一審定之問政問禮款款終日夫子暮年安于魯述六經以教萬世哀公之功也人但知漢高帝尊孔子不知有魯哀公其亦貴耳而賤目者歟

吾自衛反魯章

此章正詩正樂講章皆無定見今一依正文朱註分疏之正文但云然後樂正非言正樂也非正樂文曷云樂正以雅頌之樂章不得所則樂失其正今雅頌得所則樂正矣然後者總之之詞言吾之此反有功于周禮也此易明也朱註云詩樂亦頗殘缺失次先詩後樂以正樂由于正詩也何言之樂不至殘缺舜遠矣子猶聞韶雅頌周樂也金石可垂千載琴瑟亦可數百年匏土革木不難更製無殘

缺也雅頌則有殘缺正考父求商頌于周僅有十一篇至孔子時僅存五篇大武之詩楚莊王述之有七章孔子時惟有酌於鑠王師桓屢豐年賚文王既勤止般於皇武王四章南陔六詩有詞無聲新宮河水聲詞俱逸是詩有殘缺也樂有定位堂上之樂琴瑟在御堂下之樂笙鏞以間燕享祭祀歲時肄習何有失次詩則趙文子晉卿之謙謹者猶奏肆夏魯稱秉禮燕使臣乃賦湛露彤弓六月出師秦賦之以贈重耳文王陟降晉歌之以享穆叔其失次甚矣雅頌既殘缺失次則樂之奏者不過聲容鏗鏘舞蹈名實不相符是以樂不正也夫子自衛反魯適師摯爲樂官之長請夫子將樂章重加訂正然後朝廷之樂雅得其正鹿鳴惠下天保敬

君行葦以睦父兄伐木以燕朋友兩君相見則賦文王重
臣專征則賦彤弓杕杜以勞旋皇華以遣使其事其人一
一得所則樂之鼓瑟吹笙以應雅節以特鐘特磬與夫柷
敔簫管之屬無不應節諧聲洋洋盈耳矣宗廟之樂頌得
其正思文奏之南郊配以后稷我將奏之明堂配以文王
天作以祀先公雝詩專祀太祖載芟良耜以祈年勞農賚
酌般桓以巡狩講武其時其地一一得所則樂之考鐘伐
鼓以應頌從以干戚羽旄叶以竽笙箎簧頌鐘頌磬無不
八音繁會喤喤厥聲矣此之謂然後樂正雅頌各得其所
也此由夫子之特見然得之四方士大夫如賓牟賈萇宏
師襄之類亦多故註云周流四方參互考訂以知其說樂

器一成之物無待於正樂音抑揚高下赴樂之節亦不可正惟有雅頌是樂章樂章正則樂自正講章粗鄙不足與言以朱子之註定之則可矣　此章集註外朱子全書無他論解故後人多異說惟許白雲謙引朱子詩傳綱領云漢書禮樂志云王官失業雅頌相錯孔子論而定之故其言如此是雅頌得所即是樂正本朱子之成說也

出則事公卿章

此章義淺不可求深意當時必有賤不肯事貴少不肯事長不肖不肯事賢而又忽略喪紀沉酗於酒德者夫子反言以儆之不然雖曰德盛禮恭不應況而愈下

子在川上曰章

此章指水流而不息見天運至誠無已學者當時時省察用體道之功也註中自此至終篇皆勉人進學不已之詞

吾未見好德如好色章 缺

譬如爲山章

譬如二字已點出正意只重吾字自成自棄總不由人於己取之而已矣

語之而不惰者章

聖門諸賢豈盡語之而惰痛顏子之深也語之以重遠不能請事斯語是惰於擔荷語之以精微不能終日不違是惰於領悟也

子謂顏淵章 缺

苗而不秀章

秀是苗之本等實是秀之本等然須不懈農功若舍之不芸揠之助長則不秀不實固有之矣兩有矣夫甚言苗之不足恃秀之不足恃也

後生可畏章

不如今三字講章作安知不如我今日之所期望言今期望之爲聖賢安知其遂不如我意中所云乎亦善體會語氣陸稼書先生松陽講義作我今日之所知所能安知此後生將來不更勝於我乎邢昺古疏亦云安知其道德不如我今日皆可通用入講時過然後學則勤苦而難成不如及時自勉不足畏儆之也非絕之也果能收之桑榆亦

聖心之所喜

法語之言章

此是博聽言之名而無其實者較不可與言之人自高一等其實正是此症無救藥本心不存以貌相承接彼陷於不知猶冀可挽回萬一以其未有知也此旣從矣旣說矣依然如故將復有何策哉一切進言受言者俱在內不可單指廟廊納誨一事　明神宗末年倦勤一切章奏留中不發其中言語觸犯可以取戾者往往獲免有稱其寬大者一大臣曰不然以言語觸犯取怒猶用心留覽有間可入今一槩不閱無間可入則無望矣其言果驗

三軍可奪帥章

此是望人立志匹夫不可奪說得鄭重綱常節義匹夫認得眞由此爲志士仁人爭光日月者固有之矣三軍之帥衆心不一有一呼而散獨身受擒者勇在人也故曰爲仁由己

衣敝緼袍章

汪信民云人能咬得菜根則百事可做以其甘淡泊有操守則能壁立千仞爲人之所不能爲非以其能甘淡泊便可自足也子路終身誦之此不過一時之事何嘗終身以其沾沾自喜若將終身也是道也言不忮不求之道也何足以臧照上用字用之以進取則臧用之以自多則不臧矣

歲寒然後知松栢章

正意是欲學者必周於德然後知是贊詞言君子平日若無以異於人試之以事變則節操凜然可見以平日識堅守定故也人可不自勉為君子哉　李安溪先生此章文以孔孟程朱守先待後作影蓋歲寒草木凋零乾坤無色賴此松栢磔砢千丈凌霄聳翠撐持到春氣暄和百卉俱菲之時然後松栢舊葉始落新葉已生先儒以剝為人種碩果不食生意在此碩果上種之則又生矣聖道之綿延不墜惟此信道篤而自知明者是賴也安溪先生之所存知此人有不為也而後可以有為信夫

知者不惑章

此章是指點成德之人心無私累其體段如此欲學者勉之到此智仁勇地頭也　勇由知來知明則守自固勇由仁來理直則氣自壯此是最後結束故曰學之序也其實皆指現成之知仁勇言

可與共學章

此是入德層次學者知此可以日進自强教者知此可以因人造就可與未可與指其人言之也資美之人忠信可以學禮奮勉易於見功可與共學爲聖賢然中道改轍者有之矣博文約禮必與之專心致志銳意向前者非是勿與也心無轉退之人可與適道矣然析理不精則見異而遷徙義不勇半途而廢未可與立也擇善固執必與之克

已治私者非是勿與也知明守固之人可與立矣然義必精而後能毫釐不爽仁必熟而後能因應無方用力於持守者未必能隨時處中則可與權之難也道體無窮人才難得有能好學深思精義入神日新而不已者乎吾茲望之矣策勉及門使奮勵交修以造其極非泛說也蔡虛齋以為為以友輔仁者言之說亦相通　反經合道為權公羊傳語以祭仲廢鄭伯忽立突為行權齊東謬語流為丹青自是以權為權變權術字樣至陸宣公贄乃云權之為義取類權衡乃隨時以處中非遷移以適變此程朱之所本也蓋權能進退以度物之輕重喻人心精義入神則能隨事觀理得時措之宜方望溪時文云非謂不易之理至

是而後得其變通乃不易之理至是而後得其歸宿也可謂切當　何晏註邢昺疏皆以此章連下唐棣章爲一言華反而後合思者思其反也反是不思所以爲遠其說附會之極宋儒范祖禹蘇東坡二公始以唐棣自爲一章朱子因之後學不可不知

唐棣之華章

自川上章至此朱子明云皆勉人進學之詞則末之思指思理說亦是但細按自文上半思人下半忽轉作思理同牀異夢殊不關通自當渾說詩人以遠自諉夫子因其言反之所以示教也　思本因遠起忠臣以事其君孝子以事其親三王四事之可以通百世聖人之可以合皆以思

也近則何思之有此思字指時勢有所窮苟能積思以通之亦自有可感動之理若單指思理思而不學則殆原不靠着徒思　此本逸詩非小雅常棣安溪先生文据晉劉宏與齊王冏書云今外患方殷兄弟操戈翻其反而迭爲戎首是猛虎交鬬自效於卞莊者矣以其於兄弟有關合安溪文極佳雖於註少異無大關繫各抒所見亦自不妨以正理論之朱子云小雅常字無唐音爾雅云唐棣栘常棣棣自是兩物按爾雅郭璞註云栘似白楊江東呼爲夫栘棣關西有棣子樹子如櫻桃可食則非小雅之常棣甚明況此詩周公所作孔子又安敢删之耶李岱雲云凡華皆先合而後開唐棣獨先開而後合於思字特有關會附

志之。

四書翼註論文卷之十四

論語　鄉黨第十

孔子於鄉黨章

慶源輔氏言聖人之道無精粗大小大自治國平天下立綱陳紀制禮作樂小則飲食起居容貌詞氣無非天理之自然但愈近則愈密愈細則愈實鄉黨一篇特詳記之所以示聖學之正傳以爲法於後世也按輔氏所言正可爲吾無行而不與二三子者章下一註脚蓋門人一向於高遠神妙中求夫子自經此番提醒乃知聖人作止語默無非至敎此鄉黨之所以作也　困勉錄引蔡伯曦云常人於宗族鄉黨誇逞才辨一到宗廟朝廷典禮政事大關繫

處便不敢措一詞惟聖人則謙謹於居鄉能發揮於宗廟朝廷語默無非天則又云玩上下文勢正應如此解不是兩平分列按此節精神全在其在二字蔡之議論足相印証莊子列御寇篇亦有此語云正考父一命而傴再命而僂三命而俯循牆而走如而夫者另指不孫之人一命而呂鉅驕矜貌再命而車上儛三命而名諸父不孫之至孰協唐許言此人與正考父誰協於堯與許由之道也亦甚與蔡說前于後喁互相應和並錄之

或問鄉黨自是昌平闕里近科山東鄉試元墨徑以宋魯分股何也曰此有所據禮記儒行篇云某少居魯衣縫掖之衣長居宋冠章甫之冠某聞之君子之學也博其服也鄉某不知儒服此即魯宋並稱鄉黨之証又曲禮云去

國三世爵祿有列於朝出入有詔於國若兄弟宗族猶存冠娶妻必反告於宗族此指其人去國其宗族仍在故國有祿者去國三世爵祿無列於朝出入無詔於國惟興之日自己出仕從新國之法孔子遠祖弗父何以有國讓厲公孔父死殤公之難貴戚之卿忠貞之後其有列於朝可知孔子在宋即以宋爲鄉黨非無據也　朱子或問云恂恂訓信實亦有溫恭之意胡一桂云宗廟明辨可以識制度文物之精微升降拜趨之委折朝廷明辨則上之所因革不失理下之所奉行無流弊詳問極言總頂二項　唯謹便是便便一氣直下聖人之詞氣無不明也無不謹也

朝與上大夫章

與上大夫下大夫言已包在上節便便二字內但謀國最要和衷不是一明辨可了又分别位次言之誾誾者明辨處都是謙德和氣意重在此下大夫位相等侃侃即明辨替字不是粗直　踧踖與與兩句合看所謂恭而安也禮大夫辨色入朝君日出而視之故另加君在二字　上大夫卿按禮記註疏諸侯上大夫司徒司馬司空也下大夫五人司徒下二人小宰小司徒司空下二人小司空小司寇司馬下一人小司馬也無大小宗伯非天子不議禮又按左傳魯有三鄉季孫爲司馬孟孫爲司徒叔孫爲司空此上大夫臧紇爲司寇乃小司寇即下大夫也夫子爲魯司寇亦下大夫餘若公子翬求爲太宰夏父弗綦爲宗

伯因事設官本非恒制　天子有卿即冢宰至大司空六官是也有中大夫小宰小司徒之屬諸侯有上下大夫不稱卿無中大夫所以避尊　文勢直下側重君在二字君未視朝則待上下大夫詞氣各異君既視朝一於齋栗專篤敬君而已

君召使擯章

賓有介主有擯介用命數之全如上公則九人昭敬也擯用命數之半謙於賓也　主副曰擯賓副曰介擯介先傳命而後賓主相見君子於其所尊弗敢質敬之至也　卿爲上擯大夫爲承擯士爲紹擯　行人之儀不朝東。不面不夕西。不面不正其主面亦不背客即所謂揖所與立左右手也。手動身不動，故曰衣前後襜如。洪興祖云：非敏給而又安詳者不能。　賓在庫門外直闑西北立，君立庫門外直闑西南，介擯以次傳命。　按此是兩君相見之禮。若卿大夫來聘，亦用擯介，但虛設不傳辭，謂之旅擯。上擯進至末介間通詞，無揖所與立左右手之儀。困勉錄據蒙引引邢昺疏之說如此。　趨進者，賓至廟奠幣，君將拜受幣，夫子趨入贊相也。此下有享禮私覿二事，然後賓辭，君拜送賓，不顧，君命上擯送賓歸館，君俟於朝，上擯反命曰：賓不顧。君始反路寢釋服。夫子以承擯反命，君使攝上擯也。君命固當敬接賓，又邦交之大事，須兼二義。　傳言曰擯，贊禮曰相。

入公門章

按禮天子五門三朝皐門庫門雉門應門路門詩乃立皐門皐門有伉乃立應門應門將將是也此二門太王遷岐所立後世因爲有天下之制諸侯不敢稱但有三門庫門雉門路門也三朝與天子同入公門庫門也門中有闑左右兩扉他國之君來朝則兩扉俱啓賓入自西扉主人入自東扉非是則闔左扉君臣出入皆由右君當尊由右之中臣不當尊出入由右之東西傍棖闑而行故曰不中門禮大夫士出入公門由闑右不踐閾此卿大夫入朝之常禮又云公事自闑西私事自闑東指出聘言行聘饗爲公事自闑西由左也私事卽私覿自闑東則由右矣

過位

庫門之內外朝之位此位常虛詢立君詢遷國則致萬民而問之聽訟朝諸侯亦在此禮天子當宁而立即此位以其竚立故曰宁古禮於朝君臣皆立無獨坐者於燕君臣皆坐無獨立者外朝面三槐三公立焉左九棘九卿立焉左嘉石以平罷民右肺石以達窮民小司寇掌其政朝士掌其法慢立族談者有禁以其不常御故曰君雖不在過之必敬　過此入雉門雉門之內爲治朝常日聽政之處宰夫掌朝法司士正朝儀　升堂升治朝之堂堂高七尺其階七級禮臣朝於君先拜下君辭之乃升成拜所謂攝齊升堂　出出治朝之堂也治朝之內爲路門門內爲路寢即內朝也異姓之臣不得入圖宗人之嘉事與燕同姓

則在是詩所謂在宗載考是也大僕掌復逆小臣正位夫子翼如也見君在治朝不入路門故其儀不著復其位位有二有拜下之位即堂下朝班有治事之位禮國君式黃髮下卿位乃卿大夫治事之所君過則下之示有敬也大抵歷階而升成拜之後君無所咨詢則復拜下之位以俟命若有所咨詢則復治事之位　朝既畢君退適路寢羣臣有所陳則大僕爲之復逆傳言出入無所陳則君使小臣視卿大夫皆退乃反小寢釋服釋朝服

執圭鞠躬如也章

儀禮節略　聘禮將聘君與卿圖事宰書幣宰制國用行人宰衆介載旜受命於朝賈人掌圭璧者啓櫝取圭受宰宰執圭自

公左授使者使者受圭面授上介上介受圭屈繅以授賈
人遂行未入境習儀及境謁關人關人以告君使士請事
遂入至近郊君使卿朝服以束帛勞入國卿致館宰夫設
餐厥明下大夫迎賓於館賓皮弁至於朝乃陳幣賈人執
櫝以俟卿爲上擯大夫爲承擯士爲紹擯擯者出請事公
皮弁迎賓於大門內（卽廟門）賓入門左公再拜賓辟不敢答
拜公揖入每門曲揖及廟門公揖入（主人先入）立中庭擯者隨
公雁行以入負東塾賓立接西塾賈人啓櫝取圭垂繅不
起以授上介上介屈繅授賓賓襲執圭擯者納賓賓入門
左介皆隨入三揖至於階三讓公升堂賓升西楹致君命
公當楣再拜賓三退負序公側襲受玉賓降公側受宰玉

以上執圭擯者出請賓賓裼奉束帛加璧庭實皮則攝之入門左揖讓如初致命公再拜受幣賓出聘夫人用璋享用琮若有言謂有請問因聘達之則加束帛如享禮以上享禮擯者出請事賓奉束帛請覿擯者入告出辭請禮賓以禮飲賓宰夫設筵公出迎賓以入宰夫薦籩豆脯醢賓祭脯醢以柶祭醴公用束帛乘馬禮賓賓再拜受之賓出授上介幣從者受馬以上享禮後私覿前有禮賓之儀賓覿奉束帛總乘馬入門北面再拜稽首奠幣擯者辭賓出擯者出請賓公親受之賓禮辭聽命揖讓如初賓東楹北面振幣授公降階拜公降一等辭升再拜賓降出公側受宰幣擯者出請事上介奉束錦士介四人皆奉錦請覿公親受之如初以上私覿擯者出請事賓告事畢

公親送之及大門内公勞賓賓再拜稽首公荅拜賓出公再拜送賓不顧　此後賓即館君使卿歸饔餼五牢及鼎實腊醢禾米薪芻公禮賓一食再享燕與羞俶獻無常數使卿皮弁還玉於館公館賓賓辟公退賓從請命於朝公辭賓退遂行舍於郊公使卿贈幣使大夫贈介幣士送至於竟　執圭非執桓圭躬圭信圭也此爲封圭朝於王兩君相見則用之人臣出聘不得執封圭周禮典瑞之官瑑圭璋璧琮以頫聘此所執瑑圭也瑑者雕以文也禮以圭璋聘重禮也已聘而還圭璋重禮輕財之義也此圭禮成則反之

朝天子圭與繅皆九寸三采朱白蒼問諸侯朱綠繅八寸凡執玉其有藉者則裼無藉者則襲藉藉以束帛也聘

禮執圭無藉者也其衣襲謂禮衣之外復加表衣既聘而享用圭璧有庭實有束帛以藉之其衣裼裼非裎裼即本色禮衣也　聘義圭璋特達德也特達於堂不假幣帛也

享禮註既聘而享用圭璧另是美玉有庭實按儀禮疏聘君以圭聘夫人以璋享君以璧享夫人以琮全玉爲圭半玉爲璋不言夫人陽統陰也享禮之物甚多故曰庭實旅百以圭璧皮幣爲主故曰束帛加璧尊德也虎豹之皮示服猛也丹漆絲纊竹箭與衆共財也其餘無常貨以國之所有　禮曰朝覲大夫之私覿非禮也此卿大夫從君朝覲於王朝大國人臣無外交故曰非禮此私覿指自奉命出聘言儀禮云奉束錦乘馬左傳楚公子棄疾以錦八束馬四匹私覿

於鄭伯是也於卿大夫亦有私覿以錦四束馬二匹見子產是也　聘禮全是敬享禮私覿則漸和非敬無以成聘問之禮非和無以通聘問之情

君子不以紺緅飾章

考工記染人之職三入爲纁五入爲緅七入爲緇染之又染紺之色無所考邢昺論語疏六入爲緅即紺青色齊服元端宜飾以紺練服熟布宜飾以緅他服不以飾神人異用吉凶異宜以火尅金則赤白合而成紅以水尅火則黑赤合而成紫非五方之正色　緇衣羔裘朝服古禮重羔皮取其黑色合於北方之水人臣朝君必北面故尚之周禮王祀天衮冕服大裘註黑羊皮也詩羔裘逍遙狐裘以朝言檜公

以朝服逍遥不得宜也唐風云羔裘豹袪　註　卿大夫朝服與公同以豹爲袖示别也禮玉藻又云羔裘豹飾緇衣以裼之又助祭於君之服　素衣麑裘鹿善接其類麑尤潔白故視朔與受鄰國之聘君臣皆服之但君之麑以麛爲裘臣不敢純以麛用靑豻褎裼衣在國視朔君臣同用素受聘則臣用綾衣裼以别於君綾蒼黄色　黄衣狐裘臘祭之服禮記疏臘日祭先祖五祀因令民得大飲休農事報土功故以黄爲尚蜡祭十二月索享鬼神皮弁素服而祭與此無涉但蜡祭後乃臘故講章牽混　古人皮以毛向外毛外加衣謂之裼示内外如一故云欲其相稱羔裘以北面敬君爲稱麑裘以精白乃心爲稱狐裘以報土功

爲稱又三者亦常服詩羔羊之皮左傳章甫麑裘又詩狐裘黄黄皆常服也常服亦表裏相稱此節重衣不重裘裼上又加衣謂之襲禮表裘不入公門無裼衣太簡也襲裘不入公門太素也聘禮襲卜筮襲故云執圭不裼至敬不文其襲衣只是元端 褻裘亦裼裼以深衣外之深衣左右皆同內之裘於右手略短俾其輕以便作事今匠局作甲右臂之鐵輕於左即此意不然衣服附在吾身一長一短偏而不舉此何體哉褻字對禮服非私褻也 朝祭法服取其方正故帷裳非帷裳冠乃章甫毋追非絺冕也衣乃深衣非元端之朝服與三章之祭服也殺其服故不嫌於儉 帷裳前三幅以象陽後四幅以象陰非帷裳謂如深

衣之裳以布六幅裁爲十二幅上狹下廣　弔必加弁絰故不用元冠襲裘以弔故不以羔裘按古禮以儉爲本最重羔裘周禮王祭天服大裘即羔裘玉藻國君黼裘以誓省註黑羊皮間白色爲斧文惟誓戒省耕則服之其重羔裘如此狐雖貴於用則輕　吉月有每月之吉詩二月初吉是也只是月朔日有正歲之吉周禮始和月吉是也邢昺疏朝服皮弁服素積緇帶素韠此視朔之服君臣同之子雖致仕國老也故月朔必朝

齊必有明衣章

陳新安云寢不以衾致嚴也半以覆足可寢不可行專其用也　齊必變食有兩義註中不飲酒不茹葷本莊子語

原文云回之家貧不飲酒不茹葷者三月矣可謂齊乎子
曰是祭祀之齊非心齊也此一說也又一說陸氏大全引
顧麟士說約云不茹葷只不食蒜葱之類避不潔之氣非
不食肉也或難之曰葷尚不茹何况於肉曰據周禮以加
牲盛饌爲變食則不飲酒不茹葷猶爲誤引姑闕之可也
按此條本周官王曰一舉文註盛饌又云尙舉王齊日三舉鄭
司農註云齊必變食貫達疏云不食餕餘以遠褻也[illegible]
註周禮者有鄧潛溪王應電郝敬三家皆云日三二字當
是則不二字之誤與下文王有大喪則不舉同例按禮有
五吉凶軍賓嘉祭禮爲吉禮之始其說在大宗伯條斷無與凶一
例降食之理今檢

欽定周禮御案云齊日三舉致其敬潔以交神明故日中及夕皆不餕朝食之餘祭祀吉事不與下文諸凶事同爲不舉也齊必變食有二義避不潔之氣以清其心非常膳之品以助其氣清心所以交神助氣所以愼禮也古禮繁重拜跪登降非強有力不能勝故齊加於常非菲薄飲膳也又禮記玉藻條明云王日食少牢月朔太牢月朔告廟聽朔卽加常食則祭祀變食必從其豐可以互証　居必遷坐亦有二義一是遠內寢一是易常處古人致齊三日其禮最重玉藻云國君齊車羔幦虎犆大夫鹿幦豹犆士齊車鹿幦豹犆士同大夫重祭從其隆　又有齊冠玉藻元冠丹組纓諸侯之齊冠也元冠綦組纓士之齊冠也則飲食起居另有

一番起敬處非如後世以茹素爲善行藉以交神明。

食不厭精章

食不厭精二句不是說夫子於飲食食則不厭其精膾則不厭其細乃是言養人飼人炊爨烹治之法黍稷稻粱穄稽皆可作飯若舂之揉之不取其精則粗糲僅如脫粟亦不足以養人矣牛羊與魚聶而切之不期於細則物而不化反有害於人矣正如作食釋之溲溲蒸之浮浮若水火得既濟之宜則足以養生若用火之過而傷於熱用水之過而傷於濕則雖強以充口體之虛反以釀腹心之疾則不食之矣此何義門讀書記之說甚合理詳錄之　魚爛自內起故曰餒肉腐自外起故曰敗　不時是天時未至

失飪是人事失宜　色惡自是經久所致如荔支譜所云
一日色變二日味變三日色味俱變是也臭是氣味之通
名易云其臭如蘭惡字方是臭穢如牛夜鳴則庮羊冷毛
而毳羶鳥皫色而沙鳴鬱豕望視而交睫腥此物本不佳
有惡氣也若已經臭腐則人自不食何待言之　不時不
食有二義一是不俟其熟如王制所云果實未熟又如非
春而薦黍未夏而薦麥未七月而剝棗之類一是強使之
熟朱子云如漢詔所云穿掘萌芽鬱養強熟之類按漢詔
八字只漢光武十三年詔書云異味不得有未見此
獻非徒有豫養導擇之勞且煩擾吏民云云　詩彼疏斯粺
疏九章算法云粟二石得米十斗為粗糲九斗為粺八斗
為鑿七斗為精　禮內則大夫燕食有脯無膾有膾無脯

又云膾春用葱秋用芥　大傳云牛羊與魚之腥皆聶而切之爲膾麋鹿爲菹野豕爲軒皆聶而不切麕爲辟雞兎爲宛脾皆聶而切之實之醢以柔之　烹調生熟之節何義門先輩云烹欲其熟安有生者朱子異同條辨有云庖人治六獸六禽宜熟也而生之醢人治五齊七菹宜生也而熟之謂失生熟之節　割不正不食亦兼二義如魚曰作之內曰切之圍欲其方正即解折牲體如太牢九個少牢七個個即段也之類脊脅臂臑亦須合於正數　醬周禮膳夫掌王之食醬用一百二十品凡山珍海錯皆謂之醬曲禮醯醬處內食之主也有烹時所用之醬濡鼈醢醬實蓼濡雞醢醬實蓼以制其氣有食時所加之醬魚膾芥醬麋

腥卵醬以調其味各有所宜故曰其醬　惟酒句不是泛陶淵明獨酌頹然須看註中爲人合歡乃指爲賓爲主言主則勸賓賓則酬主若先爲限量則或獻或酬或酢皆不能通其情但以醉爲節此即無量之量也　大酋監酒水泉必香秫稻必齊麴糵必時陶器必良月令　腊人掌脯大者爲膴小者爲胖田獸之乾豆取其上殺鴈魚之腒鱐取其膏香周官　市人作僞皆反之故不食　分祭肉并難事何待三日古禮祭畢皇尸載起主人拜送賓於門外命有司徹賓俎歸之於館本日已分胙　同姓者不分胙留之燕於寢惟同異姓未來助祭則不及歸俎燕私之事始歸胙此何義門之說証以左傳天子使宰孔致齊桓胙相合　同姓既厭厭厭夜飲次日有尸賓之

祭或未及頒胙則第三日必頒之謂其久則不食之矣詩
鳬鷖在涇賓尸也周頌絲衣其紑亦尸賓之祭謂之繹祭
尸以象神不可與燕次日復設祭於祊以賓禮禮尸謂
之賓尸　食不語承上是正意寢不言附說　蘇子由云
古人重本躬祭侯田獵祭貉用火祭爟用師祭禡行祭軷
不但食祭先食先炊而已魚腊不祭不火化也清水醬湆
不祭爲已褻也　王罕階先輩云禮始於飲食置此條於
飲食之末見聖人謹於飲食之源流而以禮節之所謂咏
以行氣氣以實志順性命之理養身養德之詳又有一條
楊氏之說飯稻粱則祭先農菜羹則祭先圃殊不是此已
有方社田祖八蜡之祭每食又祭則已褻矣只用蘇說古

人飲食有法度非若後世但圖口腹曲禮食居左羹居右膾醬處內葱渫處末　內則食齊視春時溫羹齊視夏時熱醬齊視秋時涼飲齊視冬時寒又云士不貳羹胾大夫無秩膳七十而有閣大夫之閣三置魚腊豕大夫之膳十有六膷臐膮炙牛羊豕胾與芥醬魚膾之屬共十六豆上大夫加四爲二十豆有雉兎鶉鷃本來井井有條此章非但愼重衛生亦禮之所在

鄉人飲酒章

鄉飲酒禮有四鄉大夫三歲興賢能一也黨正蜡祭二也州長春秋習射三也鄉大夫飲國中賢者四也有賓有介有司正有樂正鼓瑟吹笙升歌鹿鳴之三間歌笙詩六章

合以二南成禮而出無以意爲先後者此乃鄉人偶然飲酒故夫子以意裁之以杖者出爲節五十杖於家六十杖於鄉七十杖於國八十杖於朝此杖者六十杖鄉者也

又按古無羣飲惟周官族師祭酺條註有因祭酺與其民以長幼相酬酢天官酒正註有非爲國行禮不得用公酒族祭祀社之時醵錢飲酒此二條即鄉人飲酒也國有大慶則聽民聚飲謂之賜酺漢時猶然　儺有三季春命國人儺以畢春氣王畿侯國皆有之不及民季秋天子儺以達秋氣此惟天子爲之季冬命有司大儺旁磔出土牛以送寒氣此儺通上下達於庶人所謂鄉人儺也　廐焚之廐家廐也故退朝始知之若國廐則周官疏三乘爲皁皁

有趣馬三皂爲繫繫有馭夫三繫爲廄廄有僕夫六廄成校校有左右校人之官中大夫也問馬亦殊不可少必家廄耳

君賜食章

已熟曰食禮運所謂熟其殽也已入鼎烹三牲犬雞魚腊膴膮腸膚之屬體解曰腥未熟之物禮運所謂腥其俎指太牢之九箇少牢之七箇特豚之五箇正脊脡脊橫脊肩臂臑膂脛脰之屬所爲數節與麋鹿野豕之胙方同古今考云大夫士之薦無祼與獻腥後熟起熟而薦之正合禮意

侍食於君節

儀禮君食大夫禮正饌加饌皆祭黍稷稻粱徧祭之三牲

之肺不離惟魚腊醬湆不祭○文禮玉藻云若賜之食而君客之則命之祭然後祭先飯辨字卽偏嘗羞飲也漱口而俟此云侍食於君蓋當從容更僕之時值亞飯再飯之候君留之食謂之侍則君自祭夫子於此時恐以客禮自待故於君祭之時取飯先嘗之如宰夫嘗食之爲敬之至也註中所引於本文不切○按公食大夫禮宰夫設筵加席几具饌於東房設六豆韭菹醓醢昌本麋臡菁菹麋臡六簋黍稷稻粱穛糯七鼎七俎牛羊豕魚腊腸胃膚先熟於鼎後升於俎醯醬菹醢大羹湆贊者告具賓升祭告備賓又祭公揖退於廂以俟賓三飯三飲賓禮畢東面再拜稽首有司卷三牲之俎歸於賓館此隣國大夫來聘公食之至本國大夫皆兼有燕饗食之禮燕禮禮記有之

饗食之禮難以詳考此侍食於君與前禮不相涉姑附志之臨文用以作陪襯亦可　式負版句註中圖籍二字何義門云圖是地圖職方氏所掌籍是民數司民所登兼言之亦可古封建之世國地增減不一或並民數上之今尚有丁口黄册每三歲達於朝輿圖地志有更定則上之

升車章

古者車皆立乘惟老人與婦人乘安車則坐車上横一木高五尺與身齊謂之較倚之以爲安故曰寛兮綽兮倚重較兮有敬則俯身又一木下於較高僅三尺俯則憑之故曰國君式黄髮又曰國君撫式大夫下之大夫撫式士下之　古之車從後升車垂二索一曰衣綏綏安也車馳人立則不安有所

持則安矣乘車者執之一曰貳綏又曰散綏僕人執之僕先升以綏授乘車者故禮云僕併轡授綏又云僕人降等則受不然則否此升車非升車之後乃方欲升車之時頃刻之間亦必正立而後執綏以登也　曲禮車上不廣欬不妄指立視五巂車輪一轉曰巂輪高六尺徑一周一丈八尺五巂不遠視止在九丈之內式視馬尾顧不過轂轂車輪曰轂過轂恐掩人私大夫始乘車觀瞻所繫其容如此鄉黨一冊本無疑義者本文不復錄

論語先進第十一

先進於禮樂章

先進禮樂。即是文武成康所傳留。本是彬彬郁郁。後進禮樂。春秋時所行。如朝服之以縞。季康子始也。大夫之奏肆夏。趙文子始也。人情溺於時。趨此奢而犯禮文而不慚者。反以爲君子。衆爭由之。夫子言吾則不然。必先民是程也。如字不是虛字。作若字解。張居正。程文。云夫習俗易以移人。古道乖其所好。世固如此。若我用之則願從先進焉。正合語氣。

從我於陳蔡章

此章有夫子之意有記者之意夫子只不忘患難相從記者却追憶八才之盛言語何以在政事之先封建之時講信修睦全以言詞爲重子産有辭諸侯賴之非口頭油滑也

宰我本末有三説史記言與田常作亂夷其族蘇東坡先生辨其非引李斯上書云田常作亂宰我不從逆以死洪邁容齋隨筆云田常作亂在哀公十四年宰我謂夫子賢於堯舜乃夫子沒後之言前二説皆非此説得之四書釋地有云（此書本朝人閻百詩著）在陳蔡時子游十八歲子夏十九文學已如此

魏華父云檀弓一冊極贊子游優於曾氏（檀弓言子游十四條）朱子作言氏祠堂記云敏於聞道得其精華

後漢書徐防云删述六經本於孔子發明章句始於

子夏洪邁容齋隨筆云易有易傳詩有詩序皆出子夏儀禮喪服一篇子夏所傳春秋莫贊一詞公羊高穀梁赤皆子夏門人　按文獻通考古禮以周公爲先聖孔子爲先師唐太宗始以周公從祀帝王廟奉孔子爲先聖顔子爲先師唐明皇始以此章書所記爲十哲從祀夫子廟堂宋理宗乃以顔曾思孟爲四配四配之下爲十哲

回也非助我章

此章純是喜意勿認真註中有憾二字言教者之言學者多不領會得一質疑問難其識足以助我已不容易回也更非助我之比乃於吾言聲入心通無所不說者也如此一直說即得之

孝哉閔子章

閔子孝在處變近人有極詆此語爲粗俗者按宋史韓琦對英宗云自古帝王獨稱舜孝豈其餘皆不孝耶父母慈而子孝不足言父母不慈子孝乃可貴耳正是此書意不然子路曾子皆以孝著豈其父母昆弟爲之延譽耶　聖門諸賢皆稱名曾子有子稱子以論語乃其門人所記此章乃閔子門人所記非以其孝特尊稱之

南容三復白圭章

擇配語已見前此門人記南容之謹言所以見許於夫子之故非擇配一事又重出也　以中才涉衰世之末流謹言是第一要緊事富鄭公弼人物卓絕矣卧室特書守口

如瓶防意如城後學可以爲法　譚梁生曰南容嘗從孔子適周問禮於老子老子送孔子曰聰明深察而近於死好議人者也博辨宏遠而危其身好發人之惡者也南容實與聞之孔子入周太廟見有金人三緘其口而銘其背曰古之愼言人也戒之哉無多言多言多敗云云孔子顧弟子曰小子識之此亦三復白圭之所由來也　按家語及史記皆有南宮敬叔請於魯公與孔子俱適周魯公與之一乘車兩馬一豎子文云云孔子自周反魯門人稍益進

季康子問弟子章　顏淵死四章

孔子以前聖人皆爲君爲相夫子始窮而在下顏子以前之賢人皆壽考如老聃季札皆百餘歲蘧伯玉晏平仲子

產亦皆耆宿顏子始短折然夫子由此删述六經垂教萬世尊爲先聖顏子亦以發聖人之蘊教萬世無窮尊爲先師蓋窮通修短者數也數後天之事聖賢順而受焉故曰後天而奉天時仁義禮智者理也理先天者也聖賢全盡斯理則命自我立故曰先天而天弗違又曰天且弗違而況於人乎況於鬼神乎橫渠張子云天所性者通極於道氣之昏明不足以蔽之天所命者通極於性遇之吉凶不足以戕之又云性通極於無命其一物耳熟讀此數言可達於天人之際而知所以自力矣　公羊傳云顏淵死子曰噫天喪予天喪予子路死子曰噫天祝予天祝予西狩獲麟子曰噫吾道窮矣何休注云顏淵死在哀公三年史

記云伯魚年五十先孔子而卒司馬承貞史記索隱云此久遠之書年數錯悞未可詳也校其年則顏子死孔子年六十一伯魚死孔子年且七十矣鯉也死王肅以爲設事之詞　國朝閻百詩作四書釋地獨云史記仲尼弟子列傳顏淵少孔子三十歲下當是脫一七字蓋生於魯昭二十八年丁亥卒於魯哀公十三年戊午是年伯魚卒當在前方合顏子三十二歲之數假設之辭不近情理　門人厚葬顏子夫子責之非爲其貧也厚葬本不合理無益死者徒虛地上以實地下墨子言古聖人制葬埋之禮棺三寸足以朽體衣三領足以蔽惡堯葬卭之山滿坎無窆舜葬紀市禹葬會稽下不及泉上無遺臭豈財不足哉左傳

載宋文公卒始厚葬用蜃炭益車馬重器備椁有四阿棺有翰檜君子謂華元樂舉於是乎不臣檀弓載門人葬孔子有自燕來觀者門人謂一日三斬板而已封尚存夫子之志乎哉然則薄葬乃夫子之志顏子卽不貧夫子亦不欲其厚葬也

季路問事鬼神章

此章之義若正言之則曰知事人則知事鬼神矣知生則知死矣何等明白夫子乃反其詞似重有責於子路者子路至孝何至不能事人子路勇於義何至不知生古人無文字決科之事所講明惟日用常行之理大司徒以鄉三物教萬民一曰六德智仁聖義中和也一曰六行孝友婣

睦任恤也一曰六藝禮樂射御書數也能是則三歲以賓禮與之進於朝不能者長爲農夫以沒世子以四教文行忠信而已中庸言道者三率性之謂道喜怒哀樂也道不遠人子臣弟友也天下之達道五父子君臣也精氣爲物游魂爲變通乎晝夜之道而知原始反終故知死生之說則惟繫易一及之顏子終日言博文約禮曾子子貢之一貫者心也皆非一陰一陽無極太極之說也子路自任道之器但强不知爲已知者甚多遽問此殊屬無益故夫子正詞責之使之事人知生足矣勿爲此馳騖高遠之談也今之人以詞章考校得失凡性道之語童而習之老生之常談即古賢之秘密此外無他道矣必謂祭統祭義諸篇、

非所以事鬼神太極圖說西銘二篇非所以知生知死則惟有歸依釋氏而已此可謂下愚必掇拾此人人共曉之言沾沾自喜曰予既知之則又所謂道聽而塗說也

閔子侍側章

困勉錄云兼容貌詞氣說有懷必吐有疑必問三如也皆以剛字作骨惟剛足以任道但不可太露耳　鄉黨冊古註云誾誾中正也侃侃和樂也移解此章最得其理

魯人爲長府章

左傳昭公二十五年公將伐季氏居於長府必其地寬廣可以聚衆非如十萬貫錢可以塞破之屋子也一旦議改作自意在聚斂惟善人能受盡言憑勢剛愎之流與之正

言適以堅其必爲之志耳閔子不說十分切實之論只云仍舊何如若與之婉商者夫子不贊閔子之言却贊其不言以不止止之與紈袴之流所言只可如此故易曰惟君子能通天下之志故亦能成天下之務　春秋於定哀之世作雉門兩觀則書築蛇淵囿則書城西郛城毗城邾瑕則書獨不書爲長府蓋以閔子之言而止

由之瑟章

古之君子以樂養德故云無故琴瑟不離於側子路學道有年不爲優游平中之樂而溺於粗厲猛起之音夫子責之宜矣然是尙有剛明之概視鄭衛淫僻之音則遠矣故曰由也升堂矣未入於室非甫責之又護之也

師商孰賢章

註云賢智之過雖若勝於愚不肖之不及是泛論不是坐實語子夏地位儘高安有如此愚不肖之人只云道貴得中過者所浮之數猶不及者所短之數過者俯就之途猶不及者仰企之途即得之須以過字爲主非是云過猶不及不及猶過也　即如一知也不及者但見目前不足以窺道之全體過者則鶩於幽遠併其在邇在易之理而遺之是與不及者均未有知也一行也不及者拘守咫尺不足發道之大用過者則好爲苟難併其行遠登高之基而失之是與不及者均未有能也子貢自是高明意中偏向師一邊此猶字是破他賢字不特二子聞之可矯其偏造

就子貢亦在此矣

季氏富於周公章

冉有季路侃侃如也不是大段沒品的人如何肯爲季氏聚歛厚齋馮氏云季氏欲用田賦使冉有問於孔子孔子不對冉有曰子爲國老待子以行何以不答孔子曰季孫欲行法則有周公之典在若苟而行又何訪焉冉有不能止卒用田賦故重責之以儆季氏也冉有仕于季氏無能改於其德凡責冉有處皆是責季氏非是聖門果有此大不堪之人靦然十哲之列繩愆糾謬格其非心大是難事爲法受惡固無所逃其責矣

柴也愚章

此是聖人成德達材之教非是訶詆四子不可說得太粗太低言前聖相傳之道我甚樂得中行而與之無如人之氣稟習俗各有所偏如柴與參沉潛之質本近於道乃其氣稟所拘柴也知所以守道而拘執太過不能因時制宜通權達變參也知所以求道而遲鈍不敏不能心領神會捷得速成師與由高明之概已過乎中而習染之偏師則習於威儀誠樸不足由則過於剛直無復涵養如能矯其所偏未嘗不可以入德如遂護其所短將無以異於庸流可不儆哉語氣不過如此　粗俗二字須看得好些困窮而慍見言志而率爾即是喭矣非世之所謂粗俗　知有此病自有此藥不須說破只理會正面

回也其庶乎章

此與女與回也孰愈同一機括子貢方人卽以方人者進之文心兩兩相對文勢却宛轉參差不則兩扇時文不成者書之體庶字是言顏子明睿之資足以詣道之精微健行之力足以體道之廣大否則道無形如何近得　屢空是言其造詣之高如此若稍以世事紛華累心何難身致通顯享豐厚之樂乃恬然處約屢空不改其樂尤難能也

賜不受命是要展才能有所作爲非專指貨殖貨殖亦在其中貨殖亦不可說得太壞古無有喫閒飯讀書者一夫受田百畝且耕且讀三年而通一經年三十而五經立出漢書藝文志顏子亦言有負郭之田五十畝出家語子貢旣不耕

田便須貨殖但一涉世味便有機心漢法舉孝弟力田者入官賈人不許仕宦以農夫無僞田畝無可取巧賈人有僞買賣若不打算竟無利可圖想夫子不滿子貢亦嫌貨殖有機心耳然其才識却甚過人用以求道亦非他人之比也子貢華國之材地位甚高屢中是許他可以近道只欲其如回之淡泊明志則優乎上矣道不在貧富上較量心却有純雜之分此顏子子貢之辨也　賜不受命而貨殖焉此入字最難解人若不安命而圖利此是大不堪病證視愚魯辟喭者已清濁異流如何還與顏子比此有絕大道理不可不知凡人窮通得喪禍福死生以至一飲一啄莫不有命譬如文王以王季為父以武王為子豈是他造作出來孔子少而

孤一生棲棲爲旅人亦不是造作出來皆是命也惟文王
孔子絕不在此計較只盡我所當爲文王亹亹令聞不已
孔子十五志學至七十從心終日乾乾俱到大聖人地位
這叫做所以立命即是所以受命若中智以下之人無一
人不以心力與命鬭何嘗肯受命只是他才力拗命不過
不怕他不受其不肯安命正所以受命也惟子貢才識極
高明知有命却沾沾自喜要自已展布一番如國成敗亦
是命也他却一出存魯亡齊伯越滅吳此亦是命中使然
在賜未免抱負是其才幹做出來即是不受命矣太史公
晏子列傳云國有道即順命國無道即衡命亦此意也而
貨殖句亦在不受命之內但所謂不受命不專指此如貨

殖中一概聽其自然卽是受命若未免有所造作卽是不受命矣農工商賈謂之四民士農之秀者也安得目貨殖爲謀利須要知此理纔沒有障翳貸言之只是云賜要展才未免以治生分心但其才識郤甚高明可以造道也如此說則得之

子張問善人之道章

此道字不必認眞必是當時有天姿甚好不成大器者故發此問夫子言人德之方須是守古人致知力行之成法不能無所挾而徑造惟生知安行之聖人不踐迹而自入於室學知利行以下皆須踐迹然後入室善人天姿好而無學問之功惟天姿好故所行不至畔道然無學問亦不

詣於精微、此所以爲善人亦所以終於善人也、只合逬看、
卽宛然有一道字在內、何以謂之踐迹、書云、學於古訓乃
有獲、詩古訓是式、威儀是力、讀書窮理、制外養中、皆踐迹
也、

論篤是與章

言行相符、十人中有七八、言然而行不然者、十之二三、不
是篤論全不可信、聽言而觀其行、一定之理、不可偏重言
貌、致爲人所愚耳、者乎二字不煞、實須圓活看、

子路問聞斯行章

兩人性情不同、所問來意、本各別、夫子因其所偏而納之
中道、非同問異答也、公西華只在言上比較夫子以進退

二字破之則躍然矣

子畏於匡顏淵後章

後殿後也夫子犯圍而出顏子殿後子之在回知之矣顏子之生夫子尚不知之也彼此皆難後失喜相慰藉之詞毋庸過求其解

季子然章

註中不從君之欲必行己之志十字對季氏下針砭謂其不能止伐顓臾旅泰山也大臣二字自有本量不是一味與其君牴牾便是大臣先補平日正心誠意之德行與難受爵祿之節概（二子仕季氏之家便非大臣所謂大臣者達可行於天下而後行之）及其出而事君以仁育物以義正民（道字原是仁義孟子之言）道合則將順其

美道不合則匡救其惡匡救之而不從則去之如此說則四面周正　其臣亦不是大壞卻足以効其官力足以守其職若持祿苟容者連其臣亦數他不得所謂斗筲之人

冉有不是沒品人子華使於齊章見其輕於財清之役哀公十一年卻見其忠於國不可作矮人觀場隨口混罵孟之反不伐事

大全中一條南軒張氏云云此條大不是荀彧劉穆之正所謂弑父與君亦不從者何可反誣之荀文若漢之侍中劉穆之晉之丹陽尹平日協勸曹操劉裕本以救時靖亂非與之圖漢晉也迨二人功業已成漸萌他志此時阻之亦已無及然卒力持正義皆犯操裕所忌不食死於軍中荀死之明年曹操方封魏公穆之死亦逾年裕方加九

錫王義之有荀葛論以文若與諸葛丞相並稱漢之宗臣劉裕爲穆之請加贈表云臣金蘭之分義感情深何敢以穆之爲臣乎陸汪黄三家大全皆將南軒此條密圈講章之道聽塗說不少此條誣古人尤甚故駁正之

子路使子羔章

賊夫人之子非是子羔不足治費私門邑宰不足行道徒使廢學是賊害之與閔子汝上章對看大旨便明　何必讀書並非廢學之說古人爲學果然不單指讀書一件臯夔稷契無書可讀左史倚相能誦三墳五典八索九邱亦不聞施於有政也子路云有民人焉治民思合乎人情宜乎土俗有社稷焉祀神思修其典禮展其誠敬皆學者分

上事豈必專以挾冊呻吟為學乎此語是言學之途不止讀書非廢書也但子路使子羔本意不過欲為季氏得一良宰又使子羔得祿仕此一副議論乃隨口撰出故夫子不斥其非而惡其佞以其言本不乖謬也學而後入政不聞以政學子路胸中已明白夫子不與之辨　子路錯處最多然人告之有過則喜故雖屢貶斥於夫子而皭然皭然到大賢地位後生小子自以為是聞先生長者之教不怒於言則形於色乃自暴自棄之尤周子比之諱疾忌醫寧滅身而不悟不可不知

子路曾晳章

此章義趣諸家大全附會牽引愈繁冗愈不明倒是體註

得其體要其云與點所以廣三子之見識與三子所以實點之胸襟本是朱子語又云為國以禮二句是通章眼目尤得關鍵信得過則一章義禮瞭然明白矣　聖賢舍明德新民四字別無他志夫子自道不過曰老安少懷友信顏子是聖門第一個人物不過問為邦夫子不過教以酌四代文質之宜防驕淫妨政之漸何嘗以雲淡風輕傍花隨柳為第一義諦只因率爾氣象聖心偶一齟齬冉有錯認是千乘太誇降而就下公西氏又因君子一讓退而處小會點亦另翻別調適然有當聖心與點哂由隨機應付非發問本意也幸而會點心裏明白逐層參証到孰能為之大句全旨畢露乃知夫子所重在為邦三子所長亦在

爲邦知爾何以之問至是始有着落所哂在不讓不在爲邦也與三子之故明與點之故亦明　首節純是謙辭正與率爾二字相反子路才高其任性沒涵養病痛亦不少哂字已伏於此　次節須說得平穩居則曰二句不是爲四子不平技癢只是云據現在而論固未逢一知己如或二句是信其必有設施不妨預先傾吐不是不患無位患所以立之意

子路節

此千乘即魯國影子大國即齊晉師旅即齊師取讙及闡國書伐我戰於艾陵之類饑饉即年饑用不足之類本不大壞故可整頓若十分狼狽如張許之在睢陽顏杲卿之

在平原雖子路不過以死殉之豈有他策哉三年中須設身處地如何經理攝大國須講信修睦以弭其釁勿使交攻加師旅須蒐選銳卒卻敵於外因饑饉須講求荒政荒政十有二在周禮拯民於內而又深耕易耨以務農秋獮冬狩以練兵仰事俯育之有資尊君親上之共奮然後到得有勇知方地位此最難事子路實優爲之故論語稱其片言可以折獄左傳稱邾子不信千乘之國而信子路之一言家語記其治蒲三善冉有公西華皆所不能觀孟武伯問仁章夫子許與分寸一一不爽　率爾不是浮躁眼見魯國孱弱已極自己一腔熱血無處可洒不覺踴躍傾倒出之何以見哂此正是造就子路從來有才不善用無益人國與

無才等且害有甚焉諸葛相之治蜀只是開誠布公集思廣益其云董幼宰事有不合至於十反來相啓告是駁正十次也後交元直勤攻缺失忠武未敢自恃才也郭汾陽再造王室只是一味恭順魚朝恩發其先塚號泣引咎不敢與較其他有才自用誤國僨事者不可枚舉夫子此哂正是十分陶鑄他不可作當面嘲笑　哂之是三子目中看出不是顯然看下文再問尚不明白不可先說得透露

求爾節

若子路言畢子曰然哉然哉冉有亦不添出方六七十如五六十許多閒話只因夫子一哂怕是千乘二字太過退下一層其實是伯子男之民與公侯之民有何分別三年

足民不過是易其田疇一章道理包括已盡別無他奇卻是無才做不徹漢書循吏傳所載黃霸治民方畧纖悉不漏鷄豚葱薤皆有程度婚喪緩急皆有取給及徵爲相則聲名損於治郡時人各有能有不能也冉子精力大畧似黃霸一任一謙全是眞心直語

公西華節

宗廟之事卽魯國宗廟禴祀烝嘗禘祫會同卽魯侯朝於天子其目在周官宗伯職鄭康成注云時見無常期王將有征討之事諸侯旣朝覲王爲壇於國外朝諸侯而命事焉殷衆也十二年王不巡狩六服諸侯盡來朝王亦爲壇而命政焉　魯僖公嘗從晉文朝於王所此後無聞否居

音矣如字是虛擬之詞端者平正之名其衣黑色卽緇衣也衣袂皆二尺二寸上下方直故曰元端此君臣通用之服無可謙章甫緇布冠比弁冕少降亦謙詞小相只是宗廟中祝史會同時承介紹擯之類冉求所指君子是漸民以仁摩民以義移風易俗如子產廬井有伍都鄙有章夫子宰中都路不拾遺之事若此贊禮之相冉子優爲之不可認作冉子不能禮樂以俟公西華也　禮文是爲邦之末節然亦是難事孟僖子相公如楚病不能相禮隨武子晉之名卿聘王所不能辨殽烝孟獻子朝王管敬仲平王室彬彬可觀此亦學問所在不然此等事亦不關輕重

曾點一節

古人進德之序興於詩立於禮成於樂故君子無故琴瑟不離於側然必是夫子未開口說話曾晳已先鼓瑟瑟有聲有譜如鹿鳴四牡皇華皆瑟詩白華以下六篇皆笙詩未完此曲不可中止所以夫子不問他三子答畢點瑟亦希老子視之不見名曰希希者瑟音微也微又如何鏗爾邢昺論語疏云鏗爾舍瑟之音也置瑟於地自已起立故其音鏗然蔡虛齋蒙引謂鏗爾連下讀　異乎三子之撰何屺瞻云是謙詞言三子皆有實用點未之能所以仰酬師旨與三子有異不知可否夫子以何傷應之亦是輕詞言此不妨事只管說也若點自云我有大行不加窮居不損本領與三子不同則小人無忌憚夫子必面斥之學者

須知此理纔好　暮春雖夏正建辰之月浴乎沂世無率衆下水沐浴之賢士韓昌黎改作沿乎沂朱子云祓濯也上巳祓除不祥盥手濯衣即是浴矣童子冠者俱是一時學侶言點迂疎無經濟才幸聞夫子之教藉以獨善其身就現在時令偕諸朋侶流連名勝舒寫懷抱庶幾優哉游哉聊以卒歲語氣正與家語所載顏子云回有負郭之田五十畝彈琴咏風闕夫子之道足以自樂不願仕也相同夫子與點正許其冲虛退託如漆雕開吾斯之未能信子說同是偶然有會於心言爾雖異於三子却與吾樂行憂違安老懷少之念默默相關爾雖不言所以其所以却可取也語氣只是如此不是驚喜其堯舜氣象如獲異寶堯

舜氣象只是治水教稼明倫象刑典禮征三苗曷嘗有春風沂水來　與字分際後儒不知三子早已知之不然曾點對畢三子必進而請曰夫子何與點也三子不置一詞是自信得過又信夫子得過三子高於宋儒多矣　註中只有即其所居之位樂其日用之常是正解其餘俱錯不可附會諸家敷衍累牘連篇可以盡行刊削　聖門高弟顏子生知之亞曾閔以下有體有用者皆是中行琴張曾晳牧皮志大言大而行不掩纔是狂原憲强制之學纔是狷狂狷不如中行朱子明知之故語類一條云今日也浴沂詠歸明日也浴沂詠歸如何合殺楊升菴丹鉛錄云朱子易簀之前悔不改此節註留後學病根不可不知　或

疑朱子之書舉世遵守今子忽另翻案曰不然朱註豈可不從但一百條中亦有二三條錯處君子之過如日月之食不希罕後學汚下阿好如朱子本義與程氏牴牾者十有三四蔡仲默先生註書經亦有與朱子不同處此纔是眞知篤信若一味違心强附其說則朱註徒取信於不分黑白面墻而立之人亦不足貴矣曾點所說與則何以句大不相蒙何得謂其優於三子獨蒙許可乎　講章一派附會　有待無待一條却說得是三子得時展布有待於人曾　自樂其樂無待於外夫子喟然之嘆全是爲此今作時文者又云不是眞不可解　三子者出以曾點謙詞退託無可問也曾晳後却是賢者虛懷葢夫子特地一

番叩擊本是考驗他實地經濟今一一說出又不甚許可煞有可疑此一問正佩服三子非藐視三子也夫子答詞亦如異撰之對無貶卽是褒無非卽是是聖言本簡重哂由一句最得力子路之志何以見哂適出其言不讓四字關係不小爲國以禮是貶論子路之志皆在禮中無禮安能知方只一言字點睛但言不讓耳會點又認千乘是不讓所以問求非邦夫子答之非諸侯而何言求之爲邦與由同也會點又不明白又問赤非邦乎夫子答以宗廟會同非諸侯而何體註云卿大夫以下有都宮無宗廟附庸以下有通問無會同乃何吡贈語大夫三廟卽其私家以牆圍之謂之都宮非敢如魯侯各立廟如太廟世室煬

公之宮仲子之宮也附庸附於諸侯如任宿句須顓臾附於魯僅得通問侯國不敢達於天子不得會同也孰能爲之大句點睛飛去曾皙豁然言有大而能謙則可以爲邦矣古之所謂狂士今之小心人今之狂士乃混子野漢也學人知此胸中乃瞭然　爲邦俱是諸侯之事俱是卿大夫之事管仲之於齊子彥之於鄭即爲邦矣不可認作欲爲諸侯　通章皆是與之之詞註云蓋亦許之蓋亦許之本自明白子路除率爾二字外無不是處明人顧燕詒時文云同一爲邦也逡巡者非乏經綸急遽者自乏涵養旣可得哂由之故於言中富强禮樂不以名業貶長沂水春風斷不以元虛見賞並可得與點之故於言外解得最圓

通明晰

八閩文庫

福建文獻集成

吴格 主編

續編 經部 二七

文獻集成
227

海峽出版發行集團
THE STRAITS PUBLISHING & DISTRIBUTING GROUP
福建人民出版社

本册目次

四書翼註論文三十八卷（卷一六至卷三〇）

［清］福清張甄陶撰

中國國家圖書館藏清乾隆五十二年刻本

四書翼註論文卷之十六

論語　顔淵第十二

克己復禮爲仁章

此章義藴高深詞極明顯只消體認精細是聖人指點大賢語莫說粗淺語即得之不曰去私去欲曰克己須看註身之私欲四字身即下文視聽言動也身之私欲即孟子所云目之於色耳之於聲云云此是與生俱生禹謨所云人心惟危朱子中庸序文所云雖上智不能無人心最難克者此物也克是盡力攻治未發務絕其萌芽方萌即拔其根株古聖終日乾乾夕惕若厲全是爲此此是最高工夫孔顔授受直接惟精惟一之傳不可以奸聲亂色過欲

存理一派膚詞塡塞不曰復理而曰復禮須看註中天理之節文四字既是天理自有箇節文如泉水在山混混不舍晝夜滿一坎纔進一坎即是節遇風行水上自成漣漪即是文孟子言堯舜性者也只云動容周旋中禮盛德之至即此禮字顏子未到生安上聖地位故須克去己之私欲乃復於禮未達一間者此也不言欲而言己見與形氣爲緣不言理而言禮見有規矩可守此是透頂議論須精心入思議乃不至茫無畔岸　克己有三說氣質一也形氣之嗜慾二也人我克伐之私三也朱子以形氣之慾爲主緊對下節蓋氣質之偏如偏剛則躁偏柔則懦顏子中行之選自然無此克伐怨欲顏子願無伐善無施勞何

消又下針砭只是形氣之嗜欲情之所動人不能無朱子比之紅爐上一點雪卽是此物復禮有二說一是無功夫朱子云塵垢旣去則鏡自明瓦礫旣淨則室自淸天理人欲不並立人欲淨盡自然天理流行此一說也一說有工夫朱子云不成克己後便都無工夫又云佛氏竟有能克己者雖謂之無私可也然却不得謂之復禮又一說也後說較周匝但復禮工夫輕耳如郡邑城池爲賊所踞今剿殺淨盡謂之恢復然不免將城池整頓一番一個病人狠狠把藥醫好了謂之平復然不免還要調護元氣只不大段費力不是都沒事也　克己只可作隱語云依形以立憑氣以動之私便是嗜慾等字勿露太明則不必請問其

目矣復禮却須有着落如云莊敬日强復內心之禮威儀中節復外心之禮纔分曉蓋下文只是克己工夫無復禮工夫也　一日克己復禮句一日前有許多積累工夫至此乃充滿圓成之一日天下歸仁須說得平穩人之秉彝好是懿德果是天下第一流人自然天下人心悅誠服何消說得夫子期望顏子最重大故以此語之與仲弓使以自考不同爲仁由己二句只輕輕指點莫作鞭策之詞言己乃身之私欲禮即身之繩檢隨克隨復如屈伸肘惟所指揮豈比由人之事難以措手者哉不必作勿求助于人癡話　請問其目註中天理人欲之際已判然矣二句是大綱挈了大綱到手方可尋他條目做個透徹此四字有

百倍精神　視聽自是外至言動自是內出兩路夾攻克敵之方已全只是說得細些如視遠惟明不明即非禮聽德惟聰不聰便非禮言字只是易與煩便非禮動字只是不思誠不厲志便非禮勿字亦是一萌即覺一覺即消莫作從後而鞭之態

仲弓問仁章

敬恕二字截然分對作文家須按白文口氣分個先後一串說纔是主敬而後心之德立行恕而後愛之用行體立而後用有以行故白文主敬自作對行恕一直說邦家無怨不是去勘驗那邦家是說要到此地位我之主敬行恕纔是實心實事使民二句是毋不敬前後際全身不是單指此二事乾道坤道合解

凡易卦以中爻爲主。孔子學易於乾之九二曰。閑邪存其誠。閑邪卽克己。存其誠卽復禮。故曰乾道。坤之六二曰。敬以直內。卽使民二句。義以方外。卽己所不欲二句。故曰坤道。乾爻健而實。實主誠。坤爻順而虛。虛主敬。坤道承天以時行者也。成德之後。能誠自無不敬。入德之始。必主敬乃可存誠。聖門顏子最明睿。仲弓最重厚。故夫子以乾坤二卦之藴。爲二子告之。　左傳克己復禮仁也。楚靈王事。使民如賓。承事如祭。敬也。郤缺相敬如賓事。不知是左史剽聖言以華其書歟。抑夫子述而不作。凡所說皆古人成語歟。聊附識於此。

司馬牛問仁章

多言而躁四字是家語弟子行篇本文不是朱子因書上多說幾句話以此加之旣有此病痛且就其病而藥之使不敢多言便是克已不多言則精神內斂此心自存卽牛之復禮聖人因材造就以人治人之道如此　註中心存不放是預透立言之旨且勿遽說出一說破卽礙下文矣只是言爾欲爲仁且學現成仁者且學現成仁者之言人知出言有章者仁者而仁者之言却若吐若茹有所忍而不欲發人知口無擇言者仁者而仁者之言反若納若拙有所難而不苟吐子問仁且先學此而可矣　牛之多言而躁是翹然自負視事太輕夫子特懸一仁者氣象使深思而自得廹其不悟然後以爲之難點醒他此難字不是

非知之艱行之彌艱之說乃言凡事皆有至當不易之則非精義入神得時措之宜者不能行得恰好衆人有胸無心見個粗胚隨意擺佈隨口混說仁者之人精神收歛心地清靜如明鏡然一事到來便曉得有個節度分寸須細心與之委蛇然後合乎中道人看仁者恢恢游刃有餘不知仁者之心正其難其愼不敢一毫有苟此時即欲仁者學衆人暢快多言他的深沉之神愼密之心欲不訒而有所不得矣　得無二字亦是懸空令司馬牛自揣量之詞牛之不訒不知難也既知難則爲仁不待外求矣　小兒不怕虎非勝於大人也坐癡耳大人怕虎他却制得虎倒爲之難言之得無訒乎精神如此

司馬牛問君子章

君子有終身之憂戒慎不覩恐懼不聞何嘗不憂不懼爲道存也司馬牛怕爲兄所累惶惑無措眞是可厭夫子以內省不疚四字超度他正是最得力一服清涼散果是道明德立素心皭然與桓魋絲毫不沾染宋公也不肯無故株連人何故日日憂懼乎後來向魋作亂也不曾尋到司馬牛身上只是吳人不喜他他却奔吳趙簡子與魯人爭召之他又死於東門之外這豈不是白白憂懼一場毫無所濟聖人之言只是隨口應付憑你千思萬想跳這一句不出所以爲聖人之言也

司馬牛憂章

諺語謂寬司馬牛之憂其議論與晉惠帝天下饑何不食肉糜一般子夏何至此只一設身處地便瞭然明白譬如司馬氏將此事問吾輩何以答之將答之曰爾曷不告於君而討之此向巢之事非牛爲弟所行今律例卑幼告尊長過犯得實亦問罪謂之干名犯義此古制也或謂周公不誅管蔡乎不知此村學究之言周公未嘗誅管蔡也鴟鴞之詩只是罵武庚害管蔡何嘗說管叔以武庚叛成王自誅管叔周公欲救之而不能故曰原隰裒矣兄弟求矣裒積屍也言喪亂時積屍原隰惟兄弟往求之他人不能孔穎達以唐太宗殺兄弟解書經我之弗辟避字作刑辟之辟以媢之此妄說也又設一答曰曷不去之此說最妥但桓魋是宋公寵嬖他若不大

無狀宋公亦不先下手今禍機未萌先置身局外立視其死亦近薄道捨此二條作第三路想只得曰汝曷不勸止之感悟之則舍恭敬二語亦無可答者試參之　死生有命兄弟之死生有命象生而管叔死其命也富貴在天兄弟之富貴葛藟不能庇其本根如紂遺棄王父母弟則皆不富貴牛羊勿踐行葦如成周之篤厚父兄宗族則皆富貴敬而無失與狠傲人說話方板語一句聽不入須是十分奉承他還聽得進去亦未可定此亦司馬牛爲弟的本分事四海之內皆兄弟不是大通語是說若果到德行成就情意感通雖四海之內人亦信之如季札至自句吳上國名卿皆聯縞紵子太叔死趙簡子爲之出涕憶夫子與

我九言此卽四海之內皆兄弟實證言疎可親何况親者乎道理不過如此桓魋不可化誨子夏將奈之何

子張問明章

子張才高意廣凡居敬窮理則明兼聽並觀則明其說亦早知之非問明也問遠也意欲夫子有奇秘示以知人所未知照人所不照如十世以下千里以外皆可燭照而龜卜之夫子言此不是明也明卽在近處古今來譖愬之所以得志忠孝之所以受害國之所以亡家之所以破何者不困於不明其所以不明何者不因譖愬得行之故能於此不行焉何明如之亦何遠如之遠卽在堂室之內耳目之前師也最之可以修身可以保家可以治國明不必求

之遠能明自無不遠也管仲有言堂下有事十日而君不聞是堂下遠於百里門外有事一月而君不聞則門外遠於千里此外障也浸潤之譖得行膚受之愬得行此是內障人有此二障前有讒而弗見後有賊而不知雖眼見雲表智察淵魚皆謂之雙瞽所以者何一日貪財利令智昏此是沒醫治第一症人不愚我我先坐在大愚谷裡面次曰好色左傳云好其色必授以情晉獻公豈不曉申生不是弒父之人只是心裏愛驪姬不過他欲害太子我亦甘心由他申生豈不曉自辨只是辨了之後此事沒得收場他倒以君父得所爲重自已性命爲輕說來令人隕涕此是千古第一孝子三曰好奉承意有是非贊之如流言無可否應之

如嚮非十分不堪下流安肯如此無如畧有才能又居顯
位便墮入魔障只是好諛有人諛得十分得力得欵便與
之同心同德他譖人愬人都是眞話人來剖辨都是假話
漢武之於江充明世宗之於嚴嵩是也四曰好察程子曰
人若疑心太過必有不肖之心應之此句頗難解言人若
疑心太重必有造言生事之人投其所好然後此人疑彼
人而信此人得以售其術徐邈責范甯云聞遣十五從事
各之一縣從古任羣小爲耳目皆因小忠以售其大不忠
小信以成其大不信昔明德馬皇后平生未嘗顧左右一
言豈有大丈夫而可出此吾友郭復齋上書黃總制云欲
訪察只令衙門人訪衙門人以兵丁訪兵丁如以盜攻盜

不可令訪百姓知以盜攻平民五曰任性便發采芩之詩曰舍旃舍旃苟亦無然言此不分虛實之言且暫擱起不過幾時自然明白不可一時任性發揮後來悔之無及六曰拂人之性明懷宗自恃聰明惡人結黨凡好人人說他好他卽說不好無行人衆所惡他偏暱之善惡不分此又自以爲不行此行焉者尤甚夫此六者良知自現瞖眼七十二科只有去翳方無生明方不可不知

子貢問政章

此章大有關係與他人問政不同顏子問爲邦夫子告之是古今一部文獻通考爲萬世開太平子貢問政夫子告之是一部周官可以制治於未亂保邦於未危皆絕頂議

論下文再問是子貢臨時變卦夫子初告時不計及　足食有家宰大司徒二職在內自九職任萬民以至物土之宜而布其利定一易再易之制通九一什一之竈以至食時用禮豫三十年之積而又貿遷有無以資其乏省耕省歛以作其勤而後食可足也足兵不是今之兵左傳云天生五材民並用之誰能去兵介冑干戈殳矛之類有大司馬一帙在內先是選徒蒐乘再則秣馬厲兵此兵即斧鉞以四井爲邑四邑爲邱之法出長轂芻糧以井地之稅關市之賦備甲冑器械時時訓練件件精良藏器以待謂之足兵不則古者兵出於農上地可任者家三人中地可任者二家五人成數具在何消足他下文去兵是去民矣一反照

即明白。民信之矣是現成之語道理最大春秋之時井田漸壞武備不修用田賦是不知足食蒐于紅魯地是不知足兵惟有庠序學校之制三代相傳無人去毀他父子有親君臣有義數語亦無人去撇倒他信字不甚費力只是衣食不足禮義不生悉索敝賦忠愛漸薄即有信字根苗看他不出惟至足食足兵之後俯仰無憂教化可行然後良心發露處常則獻豜稱兕之衆躋公堂以祝其君遇變如盜馬絕纓之臣赴晉趙以濟其難所以使民信在兵食之先民信之矣却在兵食之後以此之故非足食足兵有工夫民信無工夫也修此三者故全何至到不得已此有大道理在春秋之末大國已横小國勢必無以自存子貢慨然憂之言天下事由我如此展布自然萬無一失萬一倉卒危急之中如鄭伯所云吾向不用子今急而求子此時進退兩難何以處之非是子貢受人家國而圖之忽然弄得到不得已田地也其安易持其未兆易謀以子貢爲魯衛之政曹劌敗齊王孫賈抗晉優爲之何至狼狽如許去兵只須將兵革非不堅利委而去之一反勘却有可去之理去食却是技窮使再下一轉語或如申胥之哭秦庭或如徐偃之奔甌越不則如賓媚人之背城借一不則如勾踐范蠡之事吳儘有話說何故突然曰自古皆有死堵斷後路此正精義入神之論從古聖賢終日乾乾與時偕行止是成就一個是字禹地平天成皐陶明刑弼教伊尹

代夏救民周公制禮作樂孔子棲棲皇皇孟子不肯枉尺直尋以至諸葛相偏扶漢室郭汾陽再造王家張巡許遠南霽雲血戰睢陽岳飛金牌班師文天祥身殉柴市皆是成個是字時不同此是字同俗儒不知此理以爲聖賢妙用必萬舉萬全然後爲神化之極此妄說也舜旣爲瞽瞍之子何能逃去堯家承繼孔子生於魯長於魯何能入周室扶天子而令諸侯事到沒奈何存此希倖萬一之心憧憧往來輾轉回惑不過遺臭萬世而已矣子貢此問正與宰我短喪之問皆假設之詞請正於夫子以立人倫之極爲天下萬世計非宰我眞欲短喪子貢眞束手無策也時文家於去食二字許多造作似怕夫子技窮爲之爭氣大

可一笑

棘子成章

此章與子夏之門人問交章不同卜氏顓孫氏學業相等其論互有短長並進之可也並駁之亦可也棘子成見識不如端木子徒有救俗之心見識窒礙無可行之實已經惜乎二字駟不及舌四字斷倒端木氏兩猶字非不分輕重請問文勝質一章夫子何嘗分輕重來子貢之說自長只主此說不必又添質失之矣白文外閒話一使棘子成曰君子中而已矣何以過爲此禮樂從先進之說固然不易或曰君子樸而已矣何以華爲此禮與奢寧儉之說亦可挽俗今俱不說只說去文存質不知質是物之本底文

卽本底所有自然之光彩當然之品節離開不得　子貢
所云文猶質二句亦不是漫無區別之說是言文固後起
之物正扶質以立有定省温凊坐立之事而後父子之道
親有尊卑拜跪趨蹌之文而後君臣之分著有揖遜辭讓
先後之別而後長幼賓主之情通文之重猶質也質自是
本來面目然必待文以行金玉之渾樸追琢乃可適用粉
地之潔素繪畫乃可成章水泉之淡泊調和乃以可口質
固斷不可少然亦不能廢文以自立質之重猶文也君子
自是文多小人自是質多如物類虎豹本畜物之出衆者
故其文炳然蔚然犬羊之質本賤毛亦不甚華彩自然而
然天之所爲非人所設今必以人力芟薙之使之一律以

監夏監殷之制度悉廢之不舉復反於標枝野鹿之初其可行乎道理本是如此不可一字說子貢不是夏時一車兩馬爲麗殷人益一馬爲驂周人又益一馬爲駟見應劭漢官儀

哀公問於有若章

公與有子商量是後來之事現值年饑不思拯恤反謀加賦哀公愚不至此言現在已不足將來再蹈此轍則如之何　公雖不言加賦別無鬼輸神運之方有若言減賦豈非迂濶牴牾之極一經指點却十分透徹眞有德者必有言也古者什一而稅百里之內以供官是近地之租先供宗廟社稷粢盛之用府史胥徒役食廩餼之需聘使餼

芻禾之費此皆刻需刻應不可稍緩者千里之外以爲御是遠地之租到得遲王之服御膳羞匪頒燕饗賜予之類可遲可速以此供之至於國有大事費俱出於民如征伐捍禦則有車乘甲冑芻糧宮室城池則有板榦工築出境朝覲會同君行師從是二千五百人卿行旅從是五百人扉屨芻糧車乘一一皆民自備行徹法少取於民則民自富一旦國有大事靈臺靈沼庶民子來同澤同袍踴躍而至君即欲約已裕民自甘不足孰肯與君以不足者加賦則多取自然民貧一時服御匪頒非不煥然充裕一旦有大事追呼則民力不前鞭朴則逃亡四出此時君即欲倡豐亨豫大之說作倉廩實府庫充之狀民孰與之言至此

郎下愚之人亦自明白左傳終於哀公二十七年卒無加賦之議蓋以此也　二吾猶不足不是什一而取二註中所引杜預注左傳初稅畝之說誤也左傳只言古者穀出不過藉公羊傳只言重於什一大桀小桀也何嘗有什二字面穀梁傳云非公之去公田而履畝十取一也是仍什一也何嘗有十二來古井田之法九百畝公田居其一井竈葱韭盡取之所謂以二十畝爲民廬舍君只有八十畝也一井之中通力合作私田稼不善則非吏吏往來巡察只令民耕公田致私田荒蕪則責罰此吏公田稼不善則非民若民不耕公田只顧私田則責罰此民法至善也宣公自六年至十五年九年之內三遇旱災民救死不贍只耕私田公田鹵莽滅裂所收實不供用於是

另設一法將此公田也攤勻入私田之內計算凡一井共八百八十畝公收八十八畝之租名色仍是什一已多收十八畝舉成數卽二十畝二猶不足言一井九百畝已多收二十畝也若眞是什而取二一井之田收其一百六十畝亦不待哀公季氏已爲陳氏矣自古至今賦法只有輕於什一之內無重於什一之外將歷代食貨志一閱便知

前輩劉覺岸言有若此對乃興魯之策大是妙論若無故而言減賦三家必不從且有疑心若乘此年饑下片紙哀痛之詞復古制之額境內欣欣如出湯火民心聚於下主權尊於上季氏何待剪除叔孫氏孟氏何用裁制民皆公民則用皆君用矣何論足不足哉惜乎哀公之不能也

不節用則徹不可行不行徹魯亦不能復興其後公欲以越伐魯而去季氏何如此時擢有若以行其言朱註節用以厚民此五字探本之言漢唐諸儒莫能見及

子張問崇德章

首節即易坤六二直方大之義主忠信敬以直內也徙義義以方外也敬義立而德不孤則崇矣程子謂敬義夾持直上達天德是也須說得主忠信則立本有基徙義則進修有序于主字徙字中說出與崇字相關通便明白　他章書以交互爲俗套此卻不然朱子曰主忠信則徙義有實而可據徙義則主忠信有用而日新內外交相培養乃崇德之實理也　次節林次崖存疑以指一人言陸稼書

先生困勉錄以指兩人言汪武曹主陸說愚謂還就一人說乃見其惑葢祝嘏引年之事皆是愛之欲其生屏之四方不及以政示弗故生也明是惡之欲其死此何足以爲惑惟就一人之身方其喜時則愛欲其生及其怒時則惡欲其死然後下二句一旣一又字字有着落而此人之性情顛倒見識昏迷倏忽轉移眞是大惑矣不告以所以辨惑之方知得病症來由眞自有藥醫不消贅說

齊景公問政章

此是天經地義古今不易措詞却須緊切景公君君是憂民勤政權不下移臣臣是盡忠補過分不上僭父父是正已閑家嫡庶有辨子子是亢宗保世堂搆克荷勿只以各

盡其道通用話塡上亦不必單作責備君父之詞爲陳恒孺子荼一輩作爲呂氏者右袒之見　景公一答全推在别人身上彼以爲能君君父父也久矣故曰自知之謂明

片言可以折獄章

蔡虛齋蒙引云忠信明决是子路無宿諾節正解上節勿露困勉錄謂可以二字自有實指說忠信明决亦無妨二說以陸說爲長蓋决獄是大事易云君子以明庶政無敢折獄又云君子以議獄緩死書云伏念五六日至於旬時禮云悉其聰明致其忠愛以盡之無以敏速爲尚者蓋其愼也惟子路心既無欲明又足以燭之可以片言折獄此與家語宰蒲三善之許同旨原是極力稱贊無宿諾是片

言二字註腳蓋此人平日若口惠而實不至則不足取信於人折獄之時雖刺刺千百言情狀已得亦不輸服心輕之故强與之辨也子路平日忠信有言必踐其踐必速人皆知之故不待其詞之畢人皆信之即註中句繹輕千乘之國而重子路一言之意同言而信信在言前此可以之所以然非一味說其快利

聽語吾猶人章

大學所引即此語而地位不同彼是釋本末以無訟爲末使無訟爲本歸重已之明德既明自然有以畏服民之心志上此却是夫子本位語氣明是因說子路忠信明决一連隨口說此等事吾亦能之但我之意不在此必也正德

利用厚生之政修乎上移風易俗之化成於下家給人足自無錐刀之爭與讓興仁永杜囂凌之習自然無訟乃可貴耳若隨事判斷雖得情無枉尚不足爲正本清源之治也

子張問政章

此章無疑義只要認眞居行二字政之始勤終怠由居心時有怠倦之萌政之務各鮮實由行政時有粉飾之意何以爲純王之治倦是指喜有爲而不能持久如唐明王唐憲宗末路改操一流非指畏難苟安者不忠是指內多欲而外施仁義漢武帝唐太宗表裏殊趣一流非指苟簡欺詐者人是對針顓孫氏口氣

君子成人之美章

此章成字誘掖獎勸四字大旨已明誘掖是啓牖其初心獎勸是振作其暮氣不成惡董戒之於未爲之前匡救之於既爲之後小人反是只如正文與君子對勘言小人存心刻薄嫉妬一一與君子相反不必說小人成人之惡不成人之美畫蛇添足語

季康子問政章

此章陸氏大全引沈古疾說云凡書各照本色看如此章正字只說無僭踰無偏頗便是若大人正已物正之說非季孫所及不必高論求深愚謂此說極是政者正也當官之事言柄臣循國典則三事不敢僭上剝下執政謹官常

則百爾何敢倚法作姦是謂孰敢不正與修身端本通詞無涉至謂凡書照本色不止此一章其他皆可類推

季康子患盜章

夫子與上大夫言誾誾如也獨於季孫肥不然蓋哀公幼主季氏世專魯政不以嚴詞折之肥也將肆而無忌又夫子以攝相舊臣今年已七十爲國老可以正言矣此不竊只就知恥上言民之不恥爲盜由爾以貪倡之爾知恥民亦知恥矣賞之不竊自是奇談實屬至理試觀閭閻匹夫匹婦竟有以威脅之決不肯爲不義者則以利誘之決不爲可知矣若云爾欲故多取於民貧而爲盜是第二義

季康子問政於孔子章

子欲善而民善矣此欲字有舉善而教不能則勸工夫在內非空空一欲也精神在子爲政三字言上卿執政化民之柄在手除非不欲民之善則已矣欲之儘有展布何用殺爲君子小人只以位言之君子之德是力量不是道德風是大力量草是沒力量草上之風惟所指揮不敢不從不要說迂腐話　肥也魯大夫竟敢道個殺字驕橫之狀可想方知苟子之不欲與弑父與君之答夫子之嚴詞以斥不得不然

子張問士章

顓孫氏才高意廣豈肯做色取行違一流人只是人若不肯切己用工只知好高鶩外其流弊必至於此夫子直指

迷津全在何哉一詰如醫家治失血症先要破他一塊宿血然後可以去瘀生新不然即日下補劑總是補此一塊癥結何益之有金嘉魚先輩制藝全以何哉節作把柄即是此理　首節註行孚於人四字是朱子註達字正旨子張所問不是如此須照定在邦必聞二句作影子只是言何道之從使人皆信從所行皆快然無阻　質直只是實心無粉飾無回邪好義即是行義能好之而後行必力卻此存心行事已是件件妥當了他卻不敢自以為是惟恐有錯又去察言觀色以驗之蓋吾所行若有不合義則人未免於詞色之間露微微不滿之意察與觀是考驗自家所行不可說作周旋世故上慮以下人慮是思慮人之泰

然自足全是思慮不肯檢點須是刻刻留心一謙字然後吾之存心處事不至失理而人之言與色乃可反觀而有得不然足高氣揚人誰不承奉他言色何從觀察而吾之心實與不實事之合宜不合無從而知之矣層層總是向裏誠能動物則自然之驗也色取仁而行違是僞君子不是眞小人若眞小人一敗塗地有何居之不疑人又何肯稱贊使之名譽著聞乎雲南乙酉鄉試於行違二字坐實不仁不義作醜詆語無不黜落者以其與下文必聞必字窒碍也看書須前後照應關通　此章吃緊關頭只在名實二字句句互相對勘便明白

樊遲從遊章

舞雩句本記事之詞如四子侍坐之例體註却云見舞雩高曠因而想及崇德見有林木蔽映因而想及修慝辨惑亦刻舟求劍之解但一節文就此點染亦一討好之法須說得雅淡些全章書理則不重此　先事後得即先難後獲彼以心無私言故曰可謂仁矣此以識趣高遠言故曰非崇德與蓋於正誼明道之中即伏計功謀利之念此人見識便不高明德何由崇又必有牽制夾雜牆高基下旋進旋退先事後得氣象自然高遠又工夫專一自然日進無疆矣崇字兼此二層　無攻人之惡是不暇外顧分心非禁止之詞　一朝之忿亦不是爲樊遲粗鄙告之以此懲忿窒慾以修身此是正理果然粗鄙近利夫子不曰善

哉問矣

樊遲問仁章

此章愛人是仁字定理無可疑疑團在知人二字妙悟在能使二字樊遲之面墻壁立卽子夏之洞天石室豁然中開人所見各不同不特子夏知足知聖卽樊遲亦不失爲好學深思若仁字預先滲漏分量索然無味矣　首節愛人要說得極濶大知人要說得極精細隱寓大相逕庭之意方有未達二字在內　未達是知得人透賢愚淑慝一一分明則愛人之兼容并包自然行不去夫子微窺其意卽以能使二字解釋其滯無知詞渾而不露遲反生疑所以退見子夏不說問仁只說問知不說知人只說舉直二

句蓋夫子答問知時迎機送解甚屬快利遲誤認作知人舉直錯諸枉能使枉者直三句十字一連直下所以生疑若截作兩橛則轉移之妙亦言下隱然可思矣子夏素以爲絢兮亦是一連直下大抵讀書人忌囫圇吞棗往往如此富哉句道理最大須切實發揮下節引舜湯正以証此句非以此句起舜湯節也須是將能使二字抉出鼓舞之神轉移之速方發得富字分量全章精神團聚在此方顯得子夏大是解人卽樊遲亦不墮愚障不然仁知並行不悖古今一定之理樊遲何至荆棘滿懷　不舉便是錯舉者少不舉者多故曰舉直錯諸枉若塡入稷郊移遂等語不特諸字說不上亦不見能使二字之富辛未會墨郡都

說郊遂弓旌時文蔽門磚不足深較說書須認眞
只重忠字告字善道字止字皆忠字中層次所以全交也

子貢問友章

子貢高明不難盡言夫子特欲其言之得當

曾子曰君子以文章

曾子言堂堂乎張難與並爲仁則他人之賢者與之並爲仁可知須是重顧友字言友之於我所關甚重君子致知力行之事皆有資於朋友如致知之事平日既博學於文矣猶不敢自以爲盡精微之奧必會友以明之與之講習討論賞奇析疑而後知極其眞也其於力行則氣習之偏藉朋友薰陶而得其正慾忘之失藉朋友箴勸以協於中

功力之有間斷。造詣之未精醇。無不賴朋友之提撕鼓舞。而後不廢於中道。不怠於垂成。友之為益如此。可不親賢友以自輔哉。此與小雅伐木之章同旨。所謂相呼以出於幽。朋友之道也。故曰矧伊人矣。不求友生。白文語氣一串。註則兩平。須是融會註意入白文口氣中。不可强正文就註。各家于此題一串作者。多以題中字面不可改易顛倒也。

以文會友有講習切究之益。當仁不讓。須各自承當。朋友除相觀而善外。亦別無夾輔之法

四書翼註論文卷之十七

論語子路第十三

子路問政章

此章體註謂下半截道理已包在上半截上極是蓋先勞二字是做不了的欲民興仁興讓須是我立個標準欲民足衣足食須是我自去督率君子終日乾乾所其無逸却是爲此二字子路性躁好學而不能深思又復請益不知此二字得其環中足矣無能超其象外也故以無倦答之言汝仍去先之勞之可也

仲弓爲季氏宰章

此章來脈是居敬章去路是犂牛章正理只是三平講章

有於先有司三句先作側注賢才句之意又有以先有司句爲主皆非也聖言本隨問而答此時仲弓並未有焉知句在口頭言下夫子如何就去側重賢才若以先有司爲主謂所赦即有司之小過尚屬可通謂所舉即有司之賢才季氏門下賢有司亦不甚多仲弓何至竟茫無把柄突云安知賢才而舉之可謂見小矣大抵仲弓寬洪簡重夫子許以南面此趙魏老之任綽綽優爲故居敬一層如無倦以忠之語不復提及此三句竟是行簡之目先有司者古人設官極繁管氏官事不攝孟敬子籩豆之事則有司存此等筦庫之士比閭族黨之長皆家宰所統攝也故必先之而後省其成季氏私邑既多犴獄必有大過則刑小

過可赦此正恩威並濟政之關鍵周禮自鄉大夫遂士黨正族師皆有三歲與賢能之責此皆考核於家宰然後由季氏以貢之君朝者勿取近而遺遠勿狥名而無實舉之之說如是而已仲弓好賢心切故慮無以盡知一時之賢才夫子言人同此心除非有權柄人妬賢嫉能則人雖知之而不敢言若爾有求賢之實心實事則人皆樂伸其好德之良賢才安有不上聞乎仲弓所慮在知字夫子所重在舉字若知柳下惠之賢而不與立雖知盡一時之賢如何感動得人爾字人字舉字舍字一一血脈關通　爲政在人舉賢是莫大之事春秋之時都是世卿執政只論門第不問賢愚正如魏晉以還以九品中正舉人上品無寒

士若此關不破則各以世類爲嫌賢才不可得而舉矣故曰雖欲勿用山川其舍諸引申此章未竟之旨非仲弓父賤行惡

子路曰衛君待子章

此章關鍵在正名先儒議論皆臆斷耳只將朱註哀公十一年孔子自楚反乎衛一說便明白蓋衛輒之據國至是已九年矣前此名之不正有所不得已故子路仕於衛孔子不以爲非衛孝公致粟六萬孔子受之謂之公養之仕而不傷廉以義有可通也至是則名宜亟正不正則於義更無可通故孔子以是年而歸乎魯事見左傳繼此而渾良夫迫孔悝納蒯聵子路死於難聵入輒奔卒之蒯聵不君爲

戎州人已氏所殺輒復入國後又失政奔宋魯使叔孫舒納之不克卒死於越皆此名不正之爲禍烈也今詳敘之使後學知聖人之言不獨扶天綱立人紀且可救時而弭災迂疎窒礙之說不辨而明按春秋左氏傳魯定公之時齊景公瞰晉失其柄欲乘之而覇諸侯鄭衛二國苦晉政多門先往從之遂搆釁隙定公八年晉趙鞅伐鄭遂侵衛盟衛靈公於鄟澤使涉佗成何捘衛侯之手及腕靈歸而叛晉晉人請改盟弗許遂殺涉佗成何奔燕衛靈終與晉抗晉無如之何王孫賈治軍旅此其事也魯哀公二年四月衛靈卒六月趙鞅卽納蒯聵于戚亂衛以逞宿怨也此時公子郢既不肯立輒若退避使南子立其所私愛以與

蒯聵戕內勝則殺父外勝則殺祖母輒將何以自處惟因國人之請卽乎其位則南子與趙鞅皆不得逞其宿憾名雖不正君子無尤焉至是君國九年以事理揆之距衛靈卽位已五十年南子當亦老且死矣卽不死輒居位日久恩信足以結臣民威刑足以馭奄宦自不患南子爲變于肘腋可以行正名之說莫如此時矣使子路能信夫子之言由孔氏以達於輒洗心悔罪涕泣郊迎復爲父子如初蒯聵自君衛輒仍爲世子誰曰不宜無如人情看破不得總是此利字蒐裘將老不過空言西內刼遷却是實事唐肅宗事流連觀望有識之士始有伯夷叔齊之問正名之論非廢輒也教之讓也彼待我而爲政我教之讓於父夫子之

論明明可行後儒紛紛聚訟皆眼中生翳指擬空華不知是肝經受病耳　禮樂不興是無序禮便不興不和樂便不興此是無形之禮樂非制禮作樂也既是此人行事無序不和自然心粗氣浮好惡不公擬議不當刑罰何以能中刑罰不中則好惡倖逃善良受害弊不可言矣觀漢哀帝不共正統明世宗過尊私親王莽反其道而行之張璁桂萼迎其隙以導之流毒無窮聖言豈非萬古之龜鑑哉

或問南子立其所私愛此語有來歷抑是杜撰曰以理揆之晉申生不過置毒脯中蒯聵公然下手必無此理衛靈公非晉獻比明知此事子虛烏有故縱之走蒯聵明知南子宋女却走之宋所以自明也趙昭儀兄弟淫穢敗露

遂自結于定陶王蒯聵之奔距衛靈之卒僅四年是蓋明知衛侯已老冀殺蒯聵以自結於公子郢不料郢之賢不受其籠絡也捨此而立一無行誼之人宮闈濁亂內外搆兵衛之宗廟不血食矣故曰衛輒之立非得已君子無尤焉不然欒正子從子敖之齊孟子尚痛責之子路食不孝人之祿夫子默無一言有此理哉魯定公十三年衛世子蒯聵出奔宋哀公二年四月衛侯元卒六月晉趙鞅納世子蒯聵於戚十五年子路死於孔悝之難十六年衛侯輒來奔

樊遲請學稼章

古者一夫受田百畝朝出耕暮讀古人書蓋是常事學稼亦不是卽是小人是時樊遲必有治民之責欲精求司嗇田畯之業以阜民財意夫子天縱多能如禹貢辨九土之

性周官别十二壤之宜種植樹藝之秘必有知人所不知者其實夫子自不曾留心於此老農老圃亦是實話非反詞以詆之也樊遲出夫子恐其復就老農老圃以師之則所見者小矣故以好禮好義好信示之使務其大食乃民天自知致其力我輩空言從事安能如終日爲其事者之精能果是行政得宜人心悅服此巡行勸課之事民自樂趨何必作竝耕而食擾擾紛紛之態哉　小人不是以位言之更不是以德言之只是言見識不高曠耳漢書循吏傳言潁川太守黃霸課民耕桑種樹米鹽靡密初若煩碎然霸精力能推行之又言其識事聰明吏民不知所出龔遂爲渤海大守勸民務農桑令口種一樹榆百本韰五十

本葱一畦韭家二母彘五母鷄秋冬課收斂益畜菓實菱
芡勞來循行久之郡中皆有蓄積民以富饒獄訟止息此
亦治民之要事冉有三年足民夫子云非諸侯而何稼圃
何嘗不好只是樊遲資性既不相近禾麻荏粟之樹藝既
非本於性生斷壺剝棗之事宜又非習於世業皇皇然惟
是之圖則鄙矣不如由大道行之自臻上理此章之意如
此章末焉用稼三字須着眼有治民之責纔用得好禮好
義好信着用學稼不着不然一閉門子處之匹士既無名
分何以使民之敬服用情又無幅員何以待襁負其子而
至者無是理也　有友人韓姓曾入　中丞之幕中
丞端人也巡撫中州倣伊尹區田之法此法載漢書食貨志以耤田

數十畝爲之大加糞力日夕耘耔其興勃然久之禾高出且肥如甘蔗以爲一畝可收數鍾矣及秋收刈之皆葉葉如秋蘭無結穗者以力大過氣皆流注幹與葉中不吐華揚實矣始知耕當問奴織當問婢千古不易之談聊附書以發一劇　粗鄙近利乃朱子臆度之言古賢不可輕詆庚午粤中以此命題凡詆樊遲粗鄙近利者皆不錄不可不知之

子曰誦詩三百章

詩只有三百十一篇太史公孔子列傳云古詩三千篇孔子去其重取其可施禮義者三百五篇皆諷誦而弦歌之歐陽公言孔子未嘗刪詩或章刪其句句刪其字耳今徧

考諸書古之逸詩不過二三十首且多雅正非在可刪之列可見原詩之底本不過如此古人以竹簡大篆寫書至三百篇可謂多矣漢人以縑素寫書不免以三百為多今以竹紙刷刻板則更少矣此古今之別也詩三百既多則誦之必達於政且能專對方是讀書得力不則如陸澄兩脚書廚濟得甚事其義如此所以然之故註中已明專對者如子產叔向之流不待介而對客子貢不待使而對客皆專對也

其身正章

陸稼書先生曰此章之意夫子蓋屢言之門弟子亦不憚煩而屢記之總見得既為人上則此身無可寬假處古語

云以身教者從以言教者訟訟者退有後言也

魯衛之政章

東坡先生論語解言是時魯哀公君不君臣不臣衛出公父不父子不子故夫子歎之陸稼書則云魯秉周禮衛多君子儘有好處可惜無人振起有望之之意有惜之之意陸說爲長　此章重政字言國固兄弟之國即其政亦兄弟之政　左傳云大姒之子九人周公康叔爲相睦也夫子此語本有來歷伯禽報最尊尊親親康叔就封明德愼罰當日之競爽本屬伯仲之間今雖積衰故府所存官司之守尚有前人之遺猶然兄弟也略向好邊說夫子仕魯之外居衛最久惓惓於此二國東坡之語非是

子謂衛公子荆章

此章精神在子謂二字春秋時世卿之家只是患貧患寡不顧名分公子荆却能安分知足特舉之以風世始有是利用安身有所取資如祭器衣服不假之類少有是積而漸多資祭之需不至缺乏之廡庫之供亦漸饒裕富有則大備數車以對有十乘之堅且宜稼於田有千箱之廩積皆須切卿大夫身分三苟字非苟且之謂是語氣含蓄之詞言人不可不知足吾今已苟合可以已矣下二句倣此三有字有層次乃祿入所積非分外營求三矣字有神情寧淡自安無意外奢望也當時如季文子晏平仲耐苦勝公子荆夫子不舉以廉儉隨性之所近不必盡以律人若

公子荆之安分正恬後義對症針砭也　左傳季札來聘在衛悅公子荆家語載其攝荆相視其朝清淨少事齊豹作亂爲衛靈公驂乘齊豹射公中公子荆之肩子荆字南楚平日亦廉靜而忠於國者不獨善居室一事也

子適衛章

此章聖賢教思無窮容保民無疆全副深心只在數虛字上庶矣哉要見得此是可聚可散可安可危的機會富之教之須緊跟既字又字層次分明蓋庶而不富則此熙熙穰穰無安頓處富而不教則此飽暖逸居其弊百出一是現在實事一是日後預籌須一一傳出聖賢眼中心上萬目斯民之至意至夫子之時文武之政布在方策如周官

太宰以九職任萬民自三農生九穀以至閒民轉移執事皆是富之實大司徒以鄉三物教萬民一曰六德二曰六行三曰六藝皆是教之實井田學校此時一一俱在與孟子對滕文公所說諸侯去籍之後事大不相同　陸稼書先生云衛爲狄所滅文公遷楚邱其舊國之地入於晉漢書地理志可考作文時勿用邶鄘字面

苟有用我章

聖人作用固非後人可測然古今只此世界當務之急亦可想而知明人制藝竟作正名分振綱紀杜僭竊之萌芽修教養之實政便是期月已可之事課其成效至於家給人足化行俗美則須三年却甚明白世人動云窮年不能

殫其學累世不能究其蘊夫子救世心切言此以破其愚非抑囊底餘智沾沾自喜也

善人爲邦百年章

此章難體會爲政只怕無實心不則子欲善而民善矣縱不能旋至立效亦何作百年迂疏之談蓋此是古語如魯兩生所云禮樂百年而後可興之類上行下效自是定理至於一世之內移風易俗比戶可封亦非遲久不能周自文武開基成康之時乃致刑措漢高帝平定海內至文景之世乃網漏于吞舟之魚吏治蒸蒸不至于奸去殺若斯之難也春秋時君大夫自已雖不好却於民之不善有犯必誅季康子欲殺無道即指此殘暴者推此晉鑄刑鼎鄭

作刑書齊屨賤踴貴亦不是一味淫刑以逞只爲勝此殘暴之人不得不得已出於苛急夫子欲其耐心施仁義漸摩之政無如此見淺欲速者之難與言也激而歎曰以國家之大人民之衆欲勝此殘暴不爲惡豈易易哉無正德利用厚生之實而欲以威脅民遷善雖曰殺一人其勢不止始知古人所云善人爲邦百年之語誠哉是言也亦字不是輕詞善人亦不是降一格只是言以殺止殺勢必不能必也善人爲邦百年乃可耳從來作制藝者皆與書之口氣不對惟啓禎有章君曠一作口脗宛如

如有王者章

王者自是與善人不同必世後仁此仁字卽勝殘去殺也

一世界皆善人如人一身血脈流通一般此豈易事如有禹湯文武在上亦必世而後能之王道無近功然較之善人則速矣

苟正其身章

此章有從政二字指卿大夫言陸稼書先生云申屠嘉不受私謁可以折幸臣董仲舒正身率下可以事驕主膠西王魏相廉正霍氏不能誣是其事也

冉子退朝章

仕於君曰臣仕於家曰僕凡家臣稱其大夫曰主君左傳曰吾君何在曰在窟室又曰叔孫朝其家衆禮記曰揖私朝煇如也冉子退朝是記者常詞不是特筆冉子曰有政

魯政逮於大夫久矣亦不是冉子僭妄口頭滑熟耳夫子藉以儆季氏故曰聽其言也厲

定公問一言章

定公亦有爲之主所問亦得體要可惜用聖人不終坐爲季氏所立受制於彼然魯自是粗有綱紀厥後三桓之子孫微而魯後亡亦由此中興撑持之力　爲君難二句顧麟士謂是兩平後乃側重爲君句耳然爲臣如何比得爲君郎使諸葛丞相楊遵彦亦無濟於蜀漢高齊之存亡也爲臣不易正以代君宣力之故則君可知矣重爲君難句

一言興邦煞是難事只是守此一言兢兢業業做去此邦亦必興一言喪邦快得狠秦二世倡優在前婦女在後

丞相李斯請奏事二世曰丞相豈不足於我哉正用此時奏事耶隋煬帝云我性不喜人諫有諫者始雖容忍後必殺之所謂予無樂乎爲君惟其言而莫之違者也其亡也忽然譬如補藥數十劑尚無效砒霜一服即死　如其善而莫之違亦無此理舜豈有未善之言必曰予違汝弼汝無面從退有後言若信其面諛以爲眞則誤矣

葉公問政章

此章只言效驗不言設施似是楚有苛政不說於民故以此告之言近者說則遠者自來矣略側卸乃得　明人徐纘高作此題竟以楚疲其民蠶食上國大子因葉公之問以止之爭鄭縣陳意在來遠不知方城漢水之內已有不

說者以子胥覆楚白公作亂之事証之僟此說爲長蓋各君其國各子其民之時不應道以招攜懷遠之術來者推之爲盟主玉帛幣聘届於國中也

子夏爲莒父宰章

莒父魯西鄙小邑定公十四年城莒父及霄杜預註將叛晉以助范氏是也邑雖小夫子所言却是王道大局面蓋聖賢只此一副本領一副心腸如獅子王只此力量搏象如此搏兎亦如此有分别便非獅王矣以實心行實政不息則久久則徵徵則悠遠博厚高明舍此則雜伯小安非新民之止至善也政如農功朝夕而思之何嘗要緩却不是欲速若心地廹促急於見功則淩節而施輕重先後皆

失其宜苟且告成鹵莽滅裂不滿其量此之謂不達田里之政修則民生厚學校之政舉則風俗醇何嘗不利郤不可專見目前小利若心地淺窄便以此沾沾自喜自然始勤終怠中道廢弛求如古人家給人足比戶可封斷不能矣此之謂大事不成正意只是如此困勉錄所云漢景帝欲速平諸王卽召七國之反唐文宗欲朋黨之速去反致甘露之禍此速以激變也唐太宗行仁義而貞觀之盛斗米三錢遂逞志於遼左卒不成功宋真宗與契丹和海內又安遂有天書封禪之舉此志得意滿廢盛業於末路也此泛論天下事聖言雖無所不包郤非其正解

吾黨有直躬章

以大不孝爲直葉公愚何至此此是楚國風氣剛而無禮如鬻拳兵諫而自刖申無宇執人於王宮之事皆以爲美談釀爲矯激之習葉公心上自有此過不去所以有此問莫太說壞他　父爲子隱子爲父隱這不是直却正是直處故曰直在其中直者初心也不直者轉念也人之生也直此時只有慈愛孝敬兩端何嘗有好名二字父子相隱發於天性周遮回護都是天民此不謂直更以何爲直以許爲直此不義耳非直也幾諫義方皆是第二義不在此處講謝氏曰愛親之心勝於其直亦不是此人既不愛親矣尙何羞惡是非之有臯陶以執之爲直舜以竊父而逃爲直易地則皆然　左傳曰盜所隱器與盜同非漢宣帝

地節四年詔曰父子之恩天性也雖有禍患猶蒙死而存之誠愛結於心豈能違之哉自今子匿父母妻匿夫孫匿大父母皆勿坐其父母匿子夫匿妻大父母匿子孫罪殊死皆上請李安溪先生云祖父有失教之罪故仍上請。今律令大功以上親有罪得相容隱出首者本犯以自首論得免罪惟反叛不用此律所以廣孝愛厚人倫也故曰明刑所以弼教

樊遲問仁章

此章徹上徹下誠如程子之說樊遲問仁凡三答亦不同必其問時措詞各別因其來意而語之　張子云天體物而不遺猶仁體事而無不在居處不恭執事不敬心不在卽不仁矣反之則心存心存則理得人非居處卽執事卽

與人。無空曠無着之時。此節道理至大。不可先埋粗鄙近利四字在心作粗鄙看。　古人夷狄即今之河南山西地界內。左傳所謂赤狄白狄姜戎是也。萊州即東夷。江南浙江湖廣謂之荆蠻南蠻。當時聲教不能遍敷。人至彼地不免戒心。故曰雖之夷狄不可棄。只是守定此理便是。

子貢問曰何如斯可謂之士章

子貢得聞性道。又長於言語。夫子以第一流人物期望之。首節地位甚高。所謂體立用行者也。下因子夏又問。隨意答之。勿預先以行已貫串。　行已有恥。須說得清。言所行之事皆光明俊偉。居仁由義。不愧不怍。凡可恥之事。一點沾染不着。其行已也如是。是其有恥也。勿說成羞惡之心人皆有之則小矣使於四方二句兼平日有德望臨時善應對說文氣一連直下言此行已有恥者修之家則爲賢士揚於明廷則爲國華不特分猷宣力之事其所優爲即使於四方亦不辱君命如子產有辭諸侯賴之此等人才纔稱得士字若將行已句頓斷又起波瀾言有志矣又須有才則有恥二字與孝弟信果不甚懸隔孝弟分量大此處列在第二等以其僅見稱於宗族鄉黨耳毛西河云重事功也眞是淺見顏子簞瓢陋巷有何事功　必信必果是期必之必言不能吐詞爲經只是以信爲主行不能動爲法則只是必求於果而已此比誕謾無行止者不啻薰蕕之別以聖賢明體達用之學較之則不過爲堅確之流

今之從政內則季孫肥外則吳宰嚭等與子貢周旋者是也此等汚下之輩何足齒數　斗筲正與瑚璉反面此等市井之態駔儈之心只可列之闤闠乃羅置朝廷之上國事所以日非也噫一字爲普天下山林獨往淹屈下僚二種賢才發聲浩歎至今餘音未寂

不得中行而與章

朱子之註已十分周匝無再可發明者但孟子明指鄉愿朱子又添謹厚一層謹厚是好人得見有恒亦謹厚也必也二字專對鄉愿說居之似忠信行之似廉潔外面謹厚內實陰險不謹厚所以爲德之賊參透此層融孟子朱子之意出之則必也之義明矣　進取是欲爲聖賢志大言

大指此。激厲裁抑狂狷兩項都用得着不可以激厲屬狷裁抑屬狂

南人有言曰章

醫道甚大其言本於神農黃帝岐伯伊尹周官醫師乃上士食醫疾醫皆中士也屬於冢宰巫師爲中士想如今僧綱道紀之類又云男巫無數卽令師巫屬於宗伯　自進德修業以至一枝之長皆要專心致志日積月累乃可見功不恒其德悠悠忽忽或作或止斷不成就凡事至無成則可羞矣或承之言不知其所自來故或之不占卽是不讀易但讀指一卦言所樂而玩者爻之辭則占之而後知其切已故曰動則觀其變而玩其占

君子和而不同章

小人無朋君子不黨外面觀之不特寅恭協力之迹相似。即特立獨行之迹亦相似只是心裏不同君子之心都是公道在朝則師師濟濟寅亮天工在野則切切偲偲共商道術若是其和也至於是非可否之界所見合則相得益彰不合決不肯隨聲附和是其和而不同也小人則惟利是視趨焰附勢何嘗同心斷金及其勢焰稍衰或自已有利可圖立刻背之不惟釁終隙末謂之不和當其脅肩諂笑執手出肺肝相示之時已不和矣蕭何曹參素不相下何死所薦惟參參代蕭何作相守其成法若畫一民以寧謚視王安石呂惠卿喜則摩足以相歡怒則側目以相噬。

何止一黨一籍任天下國家之重者謂滿朝都是朋黨不可謂都無朋黨更不可只要認得君子小人淸故曰知人則哲能官人和是好字面和則自不同左傳晏子言梁邱據亦同耳安得謂和即此章註鄉

鄉人皆好之章

古者舉士於鄉自以鄉人皆好之爲重但當日必有同流合汚以取悅與附和雷同以相賞者子貢有些看不上故問何如夫子答以未可因而轉問皆惡其根自皆好中伏來不則自相矛盾豁非情理矣夫子答以就鄉人觀人先要就鄉人觀鄉人果是仁里皆好必是端人果是互鄉皆惡豈非良士若不過好醜雜出之鄉則以鄉人之善者爲準的以不善者參証之則其人之眞品出矣其不善二字

圓足上句不並重

君子易事而難說章

此章須合併寫出公而恕私而刻六字紐結在而字轉關在及其二字須着眼世界有一種性情寬大之人易事而易說君子樂與其功名小人亦易以投罅隙惟君子之心公而恕故易事而又難說也亦有一種孤高介特之人難事亦難說不賢者不能與之融水乳賢者亦不能與之同臭味惟小人之心私而刻故難事而又易說也君子無欲不以道之說如何投得進及其使人則人之有技若已有之惟恐用違其長其愛護之也若此小人惟利是視不以道之說如魚吞餌甘之如飴至平易近人矣及其使人多

方責備自逞才能其意總欲人悅之而後止以賂投之又易事矣從來廉介之士往往和平貪污之輩必以酷濟之聖言不啻照妖鏡

君子泰而不驕章

此章理易曉一循理則心廣體胖仍復小心翼翼也故泰而不驕一逞欲則志得意滿仍復長戚戚也故驕而不泰須說得外面極相似內裏天懸地隔

剛毅木訥章

四者不即是仁有此氣質求仁最近耳將巧言令色一翻轉看道理便透亮剛是清正有守毅是奮發有為木是舉動無華彩訥是言語不便佞剛毅則不屈於物欲木訥則

不至於外馳於近仁說得極切當由此用功可以爲仁人
非以四者爲仁也

切切偲偲怡怡章

此六字疊下只是救正那行行兩字剛毅木訥固是近仁
至於成德之士須內有道德仁義之實外涵詩書禮樂之
華一味粗鹵不得曰氣與仁者其言也訒一般非粧點得
來先有一層克治涵養工夫故有此氣象流露　感人以
心恐未有孚則忠告以動之敎告懇惻如是其切切也諭
人以言恐其未悟則善道以引之勸勉詳盡如是其偲偲
也怡怡字義本明不必更下轉語　此六字或云折不開
或云三平薛應旂歸熙甫作文俱三平近日時文家多作

一串直下正如温良恭儉讓五字前明文都是合發　國朝文往往分開俱不關緊要各隨筆性所之耳　朋友句只直下言有此氣象又施之得其宜眞可謂天下士矣註中混於所施勿入講子路至孝兄弟安有賊恩之禍於夫子之言尚要爭執於朋友安有善柔之損

善人教民章

以不教民戰章

此兩章只是一章春秋列國兵爭只是驅民以逞不知培養民命訓練軍實小國併於大國大國併於秦其兆見矣夫子示以保民保國之方善人二字着眼言有此忠信之長慈惠之師平日教民於農衣食既足而又春蒐夏苗秋

獮冬狩。三年而治兵。以數軍實。辨等威。教民於學。孝弟既修。而又以射觀德於澤宮。分齒出而受成。歸而獻馘。則上之士大夫皆可爲將帥。下之小民皆可執干戈以衛社稷。雖善人之心不肯輕用其民。至有急使之。亦可以即戎矣。若今之用不教之民以戰。是以卒予敵。棄之而已。痛之之詞也。　不教不是力弱。民不知忠義。與上不相親。雖有堅甲利兵。委而去之。十萬之衆。頃刻而散。爲君必須使民知禮義。爲將必須與卒同甘苦。聖人不忍言戰。故問陣不對。此教之保民以衛國也。　七年句。有來歷。三載考績。已倍其期。七年小成。適符其數。亦可以有成效矣。

四書翼註論文卷之十八

論語憲問第十四

邦有道穀章

洪範官人之法有猷有爲有守並稱原憲介節有守自不待言夫子欲其有猷有爲以成全才也故以是進之意全重首句有道之時朝廷無闕事自覺謙書稀中材以下儘可藏拙不知其一籌莫展旣無危明憂盛之先識又無明聽翼爲之實事素餐伴食正與俯仰衰亂之朝容頭過身以求一飽者其可恥初無以異因其所能勗以所未能此聖門達材之教也　穀字不是好字共天位亮天工食天祿非穀也食粟而已醜之之詞

克伐怨欲不行章

當理而無私心謂之仁此須克己功深由勉強漸至自然方可承當此一字原子以有守自負卽以制私爲無私未免賴其末而未識其本然其刻苦自勵亦正不可輕故以難字予之言此四者藏于窈冥之中而發于倉猝之頃能一一制之使不得行其自知之明自治之勇亦可謂難矣然卽以此爲仁吾不知此四者之私一經檢點遂不復萌歟抑省察少疎將潛滋暗長而不可止也一經遏制遂永屏息歟抑克治少懈將奔潰而出而不自知也仁者私欲淨盡天理流行自無克伐怨欲之病今但以不行爲仁吾又安能知之詳味夫子此言則仁字全量已隱然言下而

原子之所以自力於仁亦可由此進之不可說得太壞註中借原憲不能再問與未能拔去病根俱勿入文字中試思原子若再問夫子答之亦不過曰無克伐怨欲則仁矣如何便能無之仍是從不行始原子未嘗錯也若開口便昣然曰予已無克伐怨欲矣則此人方在夢中去仁纔遠耳　此題成文惟陳論作最佳唐荆川劉大山皆依傍朱註過詆前賢予弗敢附和　不行是大難事大全有未能拔去病根之說因而將原子身分看低此大不是克伐怨欲不是樹木拔根不拔根誰見他來只是知我此念是好勝就處以下人知此念是夸功便勞而不德知此念是忿恨就矯以和平知此念是貪欲就甘于淡泊由此漸漸純

熟亦不難到仁者廓然大公地位若方其理欲交戰用功隄防即曰此是仁者是以用功爲成功下學爲上達也故不之許若云原憲不行不是仁仁則自無克伐怨欲矣此人不上陣便思不戰屈人與趙括談兵何以異哉

士而懷居章

此章眼目在士字旣是士人當知道義之樂若所懷仍是在口體所便安處與不學之人何異居字所包甚廣宮室之華口體之奉聲色貨利之陷溺皆是

邦有道危言章

此危字說作高峻言行君子之樞機一毫無有苟就旁人觀之則高峻在君子𨚫是平易然此在邦有道之時則然

耳若遇無道之時行不可貶言則其默足以容避禍亦學者一大事易三陳九卦皆言處憂患之道危行并以辨義言孫巽以行權此正反身修德之正理不用曲折廻護

有德者必有言章

此章四者字兩必有不必有字俱是局外料量不是當躬鞭策講章家必粘定修己以爲細心密理者非也此自指觀人用人者說求德仁于言勇在可信不可信之間不若單就德仁求之而言勇自在但須將有言有勇一層抬高些纔語氣一串　此言字是發言中理所以類于德此勇字是見義敢爲所以疑于仁若先說成口給便佞血氣粗鹵當下便黑白昭然何用鰓鰓辨析乎註有當圓活看者

此類是也言觀人用人者當尚德不尚言既是德真則和順積中英華發外無論德音秩秩是有言郎吉人詞寡亦是有言若單以言求之則能言而行不逮者世不乏人可盡信其有德乎當尚仁不尚勇既是仁熟則心無私累見義必爲無論發强剛毅是有勇郎小心謹慎益見其有勇若單以勇求之則激于血氣一時壯往者世不乏人可盡信其有仁乎如此則必有不必有語氣融洽若將言勇說得太低則似有言者必不有德有勇者必不有仁聖門言語之科果敢之才皆墮落矣

南宮适問章

修德者㕥恃力者亡此是一定之理本不消問亦無可答

南宮适是因魯君失政季氏專魯其氣欲與羿之距太康寒浞之愚羿于田不差多少有激而發此言爲三桓之子孫儆矣先下一公案禹稷句却是帶說旣說那一邊不得不說此一邊非眞以刪定贊修比躬稼爲夫子預操左劵也以今日觀之天子夫子報功崇德豈不于禹稷有光南宮适當日何能逆料如此只是泛說夫子不答却于其出贊之聖言嚴重氣象亦從容將樊遲宰我之出一比勘便知別無深意善射盪舟强梁跋扈不守臣節陳恒趙鞅一輩人皆在內

君子而不仁章

此章語氣專重小人句指色取仁而行違者堵截後路言

仁道至大非全體不息不足以當之以君子之兢兢業業一念之疎倘入于不仁則有之矣彼小人者無論致飾于聲音笑貌不可爲其所愚即有一隙之明如乍見孺子將入于井亦有怵惕惻隱之心石火電光隨見隨滅旦晝之所爲有牿亡之矣何足道哉只是論仁之難盡不重在君子小人上亦不是將君子小人對照說

愛之能勿章

精神在能勿二字禽犢之愛所以害其子婦寺之忠所以賊其君非愛與忠也眞知慈愛忠敬者所爲亦必有道矣大概是提醒姑息佞媚一流人　白文無君父臣子字面行文不可將君與子一例相連尊卑失體渾說則得之

爲命裨諶章

此與左傳北宮文子所云鄭有禮其數世之福乎一段大槩相同但彼是歸重子產之爲政也擇賢而用之此則四人平列按聘禮將聘君與卿圖事遂命使者將命百名字卽也以上書于策不及百名者書于簡此卽爲命之命通聘之大旨也又云行人受命不受詞辭多則史少則不達此行人臨時應對所謂不辱君命者也考鄭簡公初年鄭屢被兵匪有寧字至簡之十五年晉人徵朝鄭使公孫僑對客是後鄭稍能自强次年子產又致書范宣子輕諸侯之幣然則鄭之命孰爲之子產爲之也歸重子產自是正理討論修飾是四件討是搜求典故展禽所云恃先王之命

范獻子云吾歸視諸故府是也論是論其事理之是非修是片言扼要削其繁冗飾是文其簡朴明辨可聽草創是立個大意潤色是歸于典則要細細分別此是交鄰國講信修睦之文勿講作四人作一篇時文之陋　子產有詞諸侯賴之然不自專推長于衆如此武侯治蜀以開誠心布公道集衆思廣忠益爲先韓魏公作相吏人詢故典云問東廳曾公亮文章云問西廳歐陽修惟大事則自決之右各臣風度如此張江陵秉國于僚宋無所詢問每出一語亦中綮要然而其效可覩矣

或問子產章

子產之心純是惠所以行其惠處純是義評以惠人推見

至隱也子西之在楚不可貶其在天下卻不可褒答以德哉稱物平施也管仲于天下有大功其正躬率物尚不如子產故舉奪伯氏一事以蔽其餘註中召白公以致亂事在夫子旣沒後勿入口氣

貧而無怨難章

此只就世情上淺淺說若周公之富何知有驕顏子之貧不改其樂又不必作此韓白優劣論矣此必有爲之言

孟公綽爲趙魏老章

講章謂魯失官人之道非也孟公綽非一味無能人齊師伐魯將求救于晉公綽曰崔杼將歸弒君必不縱暴于我齊師果歸雖謂之智士可矣區區魯大夫何至不勝其任

夫子之言別有所指魯至定哀間晉卿將篡小國甚蔡亡趙魏之家不可以董安于尹鐸之徒附益其勢滕薛之國非得管仲子產亦不能救其衰非爲公綽言也　陸稼書先生云廉靜自廉靜短于才自短于才非是廉靜之人便短于才也世人之所謂才只是不廉不靜耳其所謂短于才只是廉靜耳可歎　按人品不同廉靜而長于才諸葛丞相高令公允范文正公耶律文正楚材劉忠宣大夏也此眞景星慶雲世所罕見不廉靜而有才崔浩姚崇李德裕張居正與廉靜而短于才如盧懷愼可以坐鎮雅俗者均不可多得惟不廉不靜而又無才者車載斗量耳陸先生之言尚引而不發也

子路問成人章

成人二字自是切問夫子欲因仲氏資性之近陶冶之以至于純粹以精之域下節亦是就其所能激厲之使及于古勿以今之成人自足耳卞莊子之勇自是仲子本色以片言折獄宰蒲三善衆觀之知廉藝皆子路所能非從今方去兼他也所少者文之以禮樂耳只重此句文之是用心去講求三百三千之經禮曲禮服行之使莊敬日强玩味于盡美盡善之樂音樂容涵泳之使矜躁俱釋則此知廉勇藝粹然精詣非復一善成名如此則可以爲人矣子路才德俱優只是性氣不好夫子扶進其所長即以針砭其所短非是方令其下學于臧武仲冉求也此四人比子

路皆不如學者試平心揣之　次節亦是獎誘之詞言吾所望于汝欲其才全德備而又大而化之如古人耳若不過如今之成人則汝已能之見利思義三句亦不是容易只是子路則不當以此自足耳李陵事親孝交友信臨財廉司馬遷以爲有國士之風可惜見危授命四字缺一着況利義死生關頭皆勘得破豈可作尋常人輕看或疑子路高于此四人何必又歷歷稱引之曰此正夫子善于啓發處如但曰就汝之所能文之以禮樂亦可以爲成人矣子路仍茫然不知所能何在故不說本人反說旁人使知料事之能寡欲之守赴敵之勇綜理之才原是好處只是學問不深沉涵養不周密則物而不化仍不可以爲成人

則必退思深念矍然知所得力胡氏以下節爲子路之言不是豈有說冉求之藝子路反曰今之成人者何必然此亦不待知者而後知之夫子與子貢言不辱君命與原思言邦有道穀俱是因其所能引他再進一步此章亦然

子問公叔文子章

聖人論人只是欲探其實耳不過疑亦不輕信文子爲人夫子嘗稱其可以爲文以左傳檀弓所言觀之睦魯衛之交食衛國之餓忠以衛上富而不驕謂非史魚蘧伯玉一流不可特人既被以孤介不近情之目公明賈又過于奉承反埋沒文子盧山眞面目矣其然豈其然乎二然字神氣虛婉是疑公明賈之言不足以得文子之眞非料量文

子必不能得時措之宜也措詞須得體

臧武仲以防章

此章責備武仲要君正是責他不智武仲爲魯司寇面斥季武子召外盜而大禮焉亦傭中佼佼魯之名卿無故自隳所守諂季武子爲之廢長立少以此見惡于孟氏爲孟氏所陷卒之逐臧紇者季孫宿也郭崇韜亦一時名臣無故勸唐莊宗立劉氏以自固寵劉氏卽殺崇韜李勣贊成立武曌赤李勣之族者卽曌也自私而用智卽是大愚武仲出奔以大蔡請立後落臧爲臧賈度內亦可已矣胡爲又自邾如防作此畫蛇添足之舉作不順而施不恕之外又添一要君之罪而不自知也臧僖伯派出惠公公族營

臣魯君豈不樂其有後但不據防以請季孫宿必阻撓之今據防則季氏恐其生亂魯君亦可以有詞於季氏武仲之智恰用得着只是以道眼觀之則天下本無事庸人自擾之猶可以爲智乎故曰雖曰不要君吾不信也自他人觀之明是要季氏魯安得有君聖人明微以立臣道之防故云然

晉文公譎而不正章

此不是論二霸優劣爲春秋之末楚吳越構兵俱由詭道覆軍殺將盈野盈城比齊桓兵車之會大相逕庭實自晉文爲之濫觴蒿矢故不覺慨然曰晉文之霸譎而不正遠不如齊桓之正而不譎矣語氣從晉文起則得之矣

桓公殺公子糾子路子貢二章

齊桓子糾誰當立誰不當立管仲召忽當死不當死乃古今一大疑案須明辨到底聖言方有着落今以春秋爲準的取諸儒之言參証則可決其是非按春秋魯莊公九年夏公伐齊納糾齊小白入于齊程子曰桓公兄子糾弟春秋書齊小白言當有齊國也子糾不稱子言非公之嗣子也程泰之曰糾不稱齊蒙上文公伐齊省文非不當有齊也小白稱齊春秋書某國某名本書法如此非小白當有齊也二說殊不易決誰兄誰弟三傳無明文漢書薄昭與淮南厲王書云周公誅管蔡以安周齊桓殺其弟以返國以小白爲兄僅見於此莊周荀卿以子糾爲兄司馬遷趙

嘩韋昭皆同之近日西河毛氏尤左袒此言謂聖門只重事功不談節義更可駭怪今以春秋証春秋魯桓十一年夏五月鄭伯寤生卒七月宋人執鄭祭仲突歸于鄭突鄭莊之庶子不宜爲君者也蒙上文不書鄭仍不宜爲君也正與納糾文同下云鄭忽出奔衛上有鄭又稱鄭忽鄭之世子宜爲君者也蒙上文仍宜爲君者也正與齊小白文同桓十五年鄭伯突出奔蔡下文又書云鄭世子忽復歸于鄭又與納糾小白入同則小白之宜立明矣淮南王漢文帝之兄也擅殺大臣于闕下于法應死漢文帝曲赦之使薄昭予之書果子糾兄正宜直說何用迴護況春秋之學由子夏五傳至董仲舒語必有所受荀況莊周戰國橫

議之流語不足信彼云堯幽囚舜野死太甲殺伊尹衛武齊桓殺兄而篡其國舉不仁不義之事加之大聖大賢以逞其不平之鳴不過云竊鉤者誅竊國者爲諸侯而已豈可信之以較是非哉再以左傳証之齊襄公立無常鮑叔牙曰公使民慢亂將作矣遂奉公子小白奔莒既亂管仲召忽奉公子糾來奔是小白于未亂之先大臣奉之以出晉叔向亦云高國援之于內于倫序宜立可知公子糾乃既亂之後恐爲無知所殺逃死而出春齊人殺無知魯莊公與齊大夫盟于蔇夏伐齊納糾至秋猶不能入七月齊桓立葬齊襄公國有君矣猶不知退八月乃與齊桓戰于乾時敗績魯莊公喪其戎路乘傳而歸九月齊人取子糾

殺之是非曲直本末昭然是子糾不宜與齊桓爭者也糾旣不宜與桓爭則管仲召忽均不宜爲公子糾死管仲不死義也故夫子大其功召忽死之迷復也故夫子輕其死不然夫子嘗云志士仁人無求生以害仁獨于召忽爲醜詆之詞聖言豈相矛盾哉　王珪魏徵之事又與管召不同唐高祖在上太子建成秦王世民與珪徵皆臣子也世民與建成勢不兩立惟高祖所命王珪不在側固無可議魏徵亦無爲太子致死于秦王之理若曰爲其師傅則應死之然則吾人可責備狐突曰爾盍不殺驪姬與奚齊乃視太子申生自縊于新城耶是此論雖出于程子亦不必曲爲附和　或問齊桓伐楚僅問包茅夫子乃云民到于

今受其賜又曰微管仲吾其被髮左衽何也曰春秋始于
魯隱公元年齊桓立于魯莊九年此三十九年中周室之
衰諸侯之横已極鄭伯寤生射王中肩齊侯諸兒率四國
之師與王師戰王師敗績齊納朔于衛取其賂此卽新臺
有泚之詩所謂朔與宣姜愬伋于君者也戎伐凡伯於楚
邱周桓王之崩諸侯皆不赴緩葬七年以徵諸侯乃克舉
此豈非亂臣賊子乎幸而周室微弱不敢與較一較之
則賈充成濟之禍立至天下必大亂楚僭王已久乘隙而
起反掌可以代周白戎赤狄處秦亦必恃其兵力以與楚
抗生民糜爛何但被髮左衽幸而齊桓能用管仲率諸侯
以尊周晉文繼之于周室有再造之功中原小諸侯亦得

保其社稷後儒不揆事理但見孟子薄桓文便云功之首罪之魁此不通之論

公叔文子之臣章

春秋之時世胄躡高位英俊沉下僚習以爲俗季康子豈不知子貢子路冉有優于從政只是貴倨不肯相下且恐妨其子弟爲卿也子聞之曰四字無限低徊不是單論謚法

古無謚法堯舜禹湯桀紂皆名也周公始定謚法天子崩羣臣議于南郊稱天以誄之諸侯以下請易名于君史記有謚法一卷每謚各兼數義經天緯地曰文道德博聞曰文勤學好問曰文他倣此

衛靈公之無道也章

衛靈治國無法盜可以殺其兄治家不檢妻可以逐其子衛多君子此三人皆不在列特以片長足錄猶可以救危扶傾魯國多賢苟能旁求俊乂何所不濟夫子言此警康子非贊衛侯也衛靈公之爲靈也久矣縱知用人奚足道哉　謚法不勤成名曰靈乃惡謚也

其言之不怍章

言是嘉言壞在不怍二字當其高自期許已全無實心意在誦人則字節時判斷不在異日言行不相符始知其難也此正與仁者得毋訒乎針鋒懸對

陳恒弒其君章

世言孔子作春秋絕筆獲麟非也魯哀公十四年四月陳

恒執其君壬置于舒州六月弑之孔子沐浴以朝告于君君既不能討則魯史不敢書齊大夫陳恒弑其君史不敢書孔子亦無可筆削故春秋但至十四年春西狩獲麟而止事理之不得不然古者史官書事必于太廟與衆同之故董狐書趙盾弑其君夷臯趙盾目覩之歎曰我之懷矣自貽伊戚崔杼弑其君光齊太史直書其事死者三人其弟又書乃舍之南史執簡以往聞既書矣乃止往者徒其太廟書之也若如後人閉門隨筆趙盾崔杼安得而見之今之春秋止于哀十六年乃門人欲書孔子卒因續其書非古本也　獲麟之說起于公羊傳公羊齊之老儒不知國史道聽而塗說紕謬極多何休註以纖緯遂成妖妄

子路問事君章

此章欺字須看得細于事理有一毫不透徹慕直諫之名而強陳之即是欺非詐誕之欺犯只是諫諍事君有犯無隱事親有隱無犯古語如此非干犯也或問如此曷不曰勿欺也而諫之曰諫有五術譎居其一犯者不窺探揣摩據理直陳隨問即答即是據理直陳隨問即答已到魏徵宋璟地位莫輕看他

君子上達章

聖希天賢希聖士希賢此是上達層次此小人是狼狽不堪小人下達乃辱名敗身違禽獸不遠矣不與爲己爲人章相同

古之學者章

學只一樣爲字兩關古人惟求成德今人多是好名此亦氣運使然不全係學術上事

蘧伯玉使人章

公明賈言過其實子曰其然豈其然乎伯玉之使善言德行子曰使乎使乎鑑空衡平之心於此可見　無心失理爲過寡過自是難事伊尹仲虺贊成湯之聖不過曰改過不吝又曰檢身若不及夫子言五十以學易可以無大過伯玉之使並非謙辭實見伯玉夙夜憂勤之心如此世有名人鉅卿泰然以爲萬舉萬當試之盤錯鮮不敗者只爲一能字誤事　伯玉潔身去亂在魯襄公十五年史魚以尸諫欲退彌子瑕進蘧伯玉彌子瑕見魯定公五年相隔

五十六年矣以古人四十強仕之禮計之年殆百歲以外

曾子曰君子思不出其位章

麗澤兌君子以朋友講習水相貫注者也學問可以相長兼山艮君子以思不出其位山不相往來者也職業則各思其居此位字兼時與地言之隨地隨時求止于至善方可謂思不出其位非但不管閒事便謂之不出行無越思正是思之關鍵如水有隄防方能直達到海田有塍畔方可耕耘收穫苟界防不立則位以外泛而無歸位之中茫然失據兩失之矣　易象辭有以字以者君子以易之理爲崇德廣業之用也六十四象皆然此但云君子思素脈本承上章不在其位來勿說得太似易經經藝此章上有不在其位

不謀其政朱註以爲重出當日編論語則繫承上章耳

君子恥其言章

放言易力行難聖人矯輕警惰之辭不一而足學者須認眞各章地界體貼語氣方不孤負隨時策勵婆心　行無可過先行其言而後從之言不及而行却已及之則過矣過者過於言也認眞此字便不是通用之辭

君子道者三章

聖人有謙德無謙辭凡所歉然不自足皆心見其實然非姑爲遜謝也在旁人觀之自是謙語譬如大海量餘于水故能受水若曰吾已能是姑謙不敢居則僞矣天生德於予文不在茲二章又是一種道理學者涵泳聖涯到卓然

有見地位則自知之

子貢方人章

此方人物亦不是全不切己事只是自知之明不難于自屈得力在方人臨深以爲高加少以爲多自足亦在此夫子不十分阻抑他只以不暇二字點醒正須說得虛婉賢是自治有餘不暇是自治不足夫子終日乾乾不知老之將至自是不足子貢豈眞有餘乎哉可以憬然悟矣純是褒純是抑須兩面都到

不患人之不已知章

此章與恥其言章皆重見疊出之辭立言則各有所爲此須認淸能字劃界全體大用有一分不圓滿皆不能也何

暇以人不已知爲患哉

不逆詐章

此章語氣直下言世人察察之明殊不足貴亦有坦懷待物往往入小人度內吾亦無取焉惟有人虛公接物毫無成心却于人情無不坐照此其人必天資明睿而又加以居敬窮理之功者也是豈不謂賢乎抑亦不是直承亦不是轉灣蒙引作却能二字甚好

微生畝謂孔子章

佞不是利口只作求合于人看聖人行道濟時汲汲之本心必如隱士以退爲高固則固矣生民何賴焉故疾之也微生畝不是無知人只趣向不同佞字與仁而不佞同言

意在展才也

驥不稱其力章

驥者德力並著之名但其所以稱却在德不在力耳調者馴習而易控御良者柔順而不狡憤于任重致遠之中又兼此二美故稱驥焉君子儘有才人之稱君子却不在才上世俗薄劣但說此人有德便是無才以使詐使貪爲上策千里馬常有伯樂不常有雖有彈雄姿以奉引婉柔心而侍御者固孰視若無覩矣　驥卽是稱此外別無稱詳味語氣體註云欲學者絀才尚德最是驥卽是稱則稱不稱與驥不相干借驥作樣子與人看耳正意須明白

或曰以德報怨章

或人所謂怨只淺看乃睚眦小忿之不能平者故可抑而行之因以市德若君父兄弟朋友之仇亦斷無倒行逆施之理或人矯情從厚無奈不公夫子只以至公行之其實未嘗不厚於有怨之人當可報之會一以至公而無私是並不報怨也厚莫大焉以德報德天地間自然之理不須贅說　以仁存心有德者不敢忘以禮處人先施者不可背謂之以德報德非徇私骫法也

莫我知也夫章

此章機括與女以予爲多學而識章相同以下學切近工夫指示子貢非較量知我不知我　大意是言人之相知貴相知心今世之人非不譽我以仁聖贊我以多能而于

我生平所以用工得力甘苦自知之蘊竟素解人而不得莫我知也夫是喚醒馳騖高遠人莫認作慨歎語　不怨天不尤人只知食無求飽居無求安一般言人之汲汲皇皇若有邀求於天之心一有參差勢必怨天若有求合於人之念一有齟齬勢必尤人我只素位而行不願乎外何怨尤之念足擾于中惟是俛然日有孜孜道問學以致吾知仁義禮智之理切近焉爾無有立異矜奇也尊德性以力吾行子臣弟友之倫卑近焉爾無敢譁聞動衆也下學如此迨至致知久而知日精豁然其貫通力行久而行漸熟廓然其順應日積月累之功能希聖希天之層次上達之詣我自喻之不特庸愚狃于淺近而莫我知即聰穎之

士亦索之高遠而莫我知惟有蒼蒼之表昭昭之天一誠無妄不雜以人爲之虛僞惟德是輔不繇以氣數之變遷庶幾與我下學之心默默相契乎若非天也人又何能知我哉夫子此言示子貢下學之功甚切如此子貢可由是而知夫子得聞性道之傳矣　不怨不尤移出一層說自與知我其天句有融洽之妙天知即頂其說天知勿以理字代之毛西河指知我者其理并以爲笑柄不可不知

公伯寮愬子路章

一陰一陽之謂道命在其中天不變道亦不變行與廢命爲之也不關道事世之逢泰小人無如君子命何世之逢否君子亦無如小人命何君子樂得爲君子以身殉道以

道殉身無不可者小人之命匪常徼倖一時遺臭終古者亦不多觀不旋踵身敗名裂肆諸市朝爲世炯戒者車載斗量不可勝數也故易于未定之命則分君子道長小人道長于既定之命則曰君子道長小人道憂而已子路由此一愬去而之衛死于孔悝之難轟轟烈烈百代所瞻勝沒于季氏家臣遠矣命亦何負于子路哉　世有以子路死孔悝之難爲非者非見理不明則奴隸小夫以成敗論人者子路死于衛子哭之慟比于顏淵無一語惜其不合義者後儒可妄置喙耶

賢者辟世章

聖賢之心惟期濟世反轉而與世相避天爲之也其次指

事連及之辭非有優劣

作者七人章

此與上章相連傷天地閉賢人隱也

子路宿於石門章

聖賢者時人之耳目時人者聖賢之心一體而已一體豈有不相救護者是知其不可而爲之者與最說得着故夫子無辨論之辭石門是鄭伯與齊侯盟之地齊地也閻百詩以爲魯城門非是

子擊磬於衛章

不仁之人決性命之情以饕富貴隱士得以其難傲之聖賢以天下爲己任一民饑曰我饑之一民寒曰我寒之一民有罪曰我陷之一旦謝去如棄敝屩獲琛玉也果哉末

之難貞如釋重負何止浮雲富貴

書云高宗章

諒陰禮記作諒闇鄭康成注讀作梁闇居倚廬也儀禮初喪居倚廬寢苫枕塊鄭康成注倚木爲廬在門外之東旣虞（葬畢之祭）剪屏柱楣賈公彦疏三虞之後改舊廬開戶剪去戶旁與兩廂之餘草（想先只以草覆之）寢有席旣練（十三月小祥祥而練）舍外寢鄭注在中門之外屋下不塗塈謂之堊室三年喪畢復內寢　世言短喪始漢文帝非也杜預言秦燔書籍率意妄行漢因而不革乃至率天下皆終重服旦夕哀臨經罹寒暑禁塞嫁娶制不稱情是以漢文除秦苛制以便臣民非躬自短喪也然詔書云臨以下（哭以下棺）服大紅（即大功）十

五日小紅十四日即小功纖七日即禫服漢文崩七日而葬未葬服重服既葬服大小功禫三十六日蓋四十三日矣此于義無所取孝文自以意爲之後人略去臨以下句但以三十六日爲斷終兩漢之世皆如此東晉乃有以日易月之語見于陳逵王彪之所議其時用王肅禮記註以二十五月爲三年以日易之則更促矣宋武帝始用鄭康成註以二十七月爲三年是後相沿至唐代宗始定三日聽政十三日小祥二十五日大祥二十七日而釋服後世能追古禮行三年喪者晉武帝魏孝文帝周武帝宋孝宗皆盛德之事　百官聽於冢宰自是古禮然時有不同周公位冢宰羣叔流言避而居東從蔡傳已不能終其事成王之喪

康王初即位太保芮伯陳戒於王即云敬之哉張皇六師毋壞我高祖寡命王亦曰聽予一人釗報誥上下皆喋喋有辭矣三年不言固非後世所可行外朝墨縗以决萬幾内宮重服以終喪制乃達孝之並行不相悖者歟

上好禮則民易使章

民何敢不爲上所使只是不知禮則驕惰必强之而後赴頗不容易小人學道則易使也即是此理上好禮則有實心實政敬天尊祖以倡其忠敬之心盛服齊明以動其恪共之念宗伯之所須學校之所教始和月吉之所講讀鄉射鄉飲之所服行皆有眞意流通上行下效捷于影響既個個是知禮之民君父之命趨而赴之何難之有使之于

常事于貉獻豜以表忠愛之隆使之于變事同澤同袍共篤尊親之戴有不期然而然者矣　四書講義云好禮民自易使蓋天高地下萬物散殊凡一名一物一動一靜莫非禮也上能好之則事事辨其數制物物辨其等分犂然當心樂此不疲而禮制自然達於上下民之易使固其宜也語頗透切　古人無一不用民力修宮室築城郭農隙講武越境從朝聘會盟征伐皆民力也周官大司徒之制上地家可任者三人中地可任者二家五人下地家二人料民以出兵也司馬法八家爲井四井爲邑四邑爲邱四邱爲甸甸出長轂一乘馬四疋甲士三人步卒七十二人又大車一乘牛十二頭炊爨掌衣裝之士二十五人是料

民出兵。即就民家出甲冑器械衣糧牛馬。太宰以七家供給一兵。故孫子云興師十萬。日費千金。奔走于道路者七十萬家。漢晉以來皆然。至唐天寶年間。張說爲相。廢府兵。用彍騎。乃招募民爲兵。是後兵農遂分。民但輸賦稅。不復爲兵。兵衣租食稅。任戰陣之事。不復累民。實爲善政。至于力役興造。未有不用民力者。明永樂間。在北京建五門三殿。皆各省布政司堂上官率民數萬。齎路費往赴匠作。載在明史。至

國朝始實力行損上益下之政。凡朝廷官府軍旅一切事宜。皆平價僱值。甚有優渥于民間者。乃振古所無之曠典。不可不知。

子路問君子章

堯之德曰欽明舜之德曰溫恭敬字徹上徹下人心惟危道心惟微惟精惟一允執厥中即敬之全體大用也此外更有何事子路勇于行凡語以至德要道只是見少此自躁性使然然視畏葸淺狹者則凌虛下視矣夫子不加訶斥但告以修已之事無窮無盡即至四海之民舉安不過完此修已以敬四字分量又以堯舜猶病句鞭策之使知吃緊用修已之功則由戒懼慎獨而精之致中和而位天地育萬物不外是矣　修是克治之名已中有大體小體既敬則天君泰然百體從令內而喜怒哀樂得其當外而視聽言動無不宜君子之所以爲君子如是而已安人安

百姓自有政教之施不是我無欲而民自治但人之所以不能安人安百姓爲是見理不明處事不當若修之工夫一層進一層則已之分量亦一層大一層昇以安人之責可以安人昇以安百姓之責可以安百姓矣非修已外都無工夫亦非修已外另有工夫將中庸其次致曲章互相參証便明白　堯舜猶病是實事不是虛辭皐陶作歌至言叢脞禹亦云毋若丹朱傲若非堯舜刻刻不自滿假皐陶禹亦不敢如此說

原壤夷俟章

凡壞國喪家亡人必先去其禮春秋將變爲戰國所以出此怪物登木之歌付之不聞所以全交夷俟則指斥之所

以挽俗也　此賊字卽賊夫人之子後生小子見老成人帶三分畏惡却是好消息今此老者故作曠達圓通求合乎流俗由此後生小子凡蕩檢滅裂之事皆於老成人面前爲之不愧不畏是賊之也子桑伯子原壤列禦寇莊周何足道宇宙却漸漸糜爛直待蕭何定律叔孫通制禮乃胥匡以生禮義國之四維決非細故

闕黨童子將命章

欲速成亦有志向上非十分壞症故使將命若稚而且狂則斥之矣古人將賓主之命觀儀禮士相見篇與禮記少儀其儀文謙謹繁重日習于此自知折節爲恭讓非復前日之無知矣此正聖人善于造就非一邊將命一邊還敢

三

居位並行也　昔馬超爲曹操所敗歸于先主侍能不遜時或字呼先主關張欲殺之先主不可關張曰然則當示之以禮明日大會馬超爲客卽席不見關張心甚疑之既乃見關張佩刀屹立侍側馬超恍然自失曰吾乃今知所以亡安祿山見李林甫甚倨林甫患之乃命御史大夫王鉷與之同見鉷見林甫磬折拜跪祿山不得已亦隨之君子小人作用不同均之叩此章囊底餘智也

四書翼註論文卷之十九

論語

衛靈公問陳二章

諸理齋云問陳見聖人見機之決在陳章見聖人處困之亨　春秋之末晉定公失政世卿擅權黷貨諸侯皆欲叛晉而衛靈爲甚自魯定公七年與齊景公會于沙遂叛晉而事齊趙鞅怒之魯定八年趙鞅伐衛衛與之盟于鄟澤趙鞅使涉佗成何辱之衛靈自是與晉搆兵魯定九年衛與齊伐晉克夷儀是年趙鞅亦帥師圍衛十三年衛又與齊伐晉河內哀公元年衛靈又與齊具伐晉圍五鹿以小伐大至於再三幸而晉國范中行氏方與趙氏內訌未暇

致討於衛猶不知止復問陳於孔子使援以六步七步止
齊之法九天九地秘密之謀逞其忿兵不戢自焚遠則宋
襄見執於楚近即曹伯陽見滅於宋王孫賈即衛靈之公
孫彌也夫子既不答即明日遂行以絕之使衛靈知佳兵（句本）
（老子）不祥見絕於君子怵然知戒庶衛有瘳非但諱言兵也未
幾而衛靈卒趙鞅納蒯聵實攻衛也衛人立輒非以拒蒯
聵欲蒯聵知衛侯即其子則不為趙鞅致死衛可以免也
故蒯聵在戚與輒相安者十二年此中有不言之隱　俎
豆之對不是謙詞禮有五經莫重於祭宗廟之祭父拜前
而子拜後登獻受爵以上嗣尊祖之義是時衛靈有國逾
四十年已老矣世子奔宋承祧主鬯無所繫屬夫子蓋諷

之也　俎木几與鼎並列凡牲烹於鑊旣熟實於鼎又以七升之於俎正鼎九則俎亦九陪鼎三則俎亦三牛羊豕魚腥皆在俎脊脅臂臑肩髀皆羅列焉太牢九箇少牢七箇豕五箇卽指此也豆木器與籩分行羞籩八羞豆亦八加籩八加豆亦八籩實麷蕡形鹽膴修魚鱐菱栗之屬豆實醓醢昌本麋臡菁菹兎醢魚醢之屬　明日遂行在陳絕糧是都不爲宿舂聚糧之計倉卒卽行遂至乏絕此必哀公元年之事陳有吳師自顧不暇不復問客若云楚昭王用孔子陳蔡與師圍之陳蔡之爲楚役也久矣昭王迎孔子陳蔡正應結納之何敢反與師相迫此理甚明哀公二年衛侯元卒蓋孔子去後衛靈薨而衛亂矣　固窮固

字是虛字。體註作君子固有窮時。能以義命自安。語氣甚合時文多作固守之義於語氣不甚順固字與亦字相對耳。

賜也女以予章

此與曾子忠恕章兩一字止是心一心渾然常變經權應萬事而曲當吾道一以貫之也、一心湛然遠近幽深燭萬理而畢照予一以貫之也聖人生知安行遇着萬事萬物自是處當知明一了百了然此間却不是如此說七十從心所欲不踰矩行之一貫六十而耳順五十而知天命知之一貫未至此地位聖人亦不輕易說此一字曰吾曰予皆是言自己現在造詣如此非是教曾子曰爾、不必盡已推己只一以貫之而已矣又非是教子貢曰爾不必多學而識只一以貫之而已矣然不告他人但以告二子者何也凡事精察而力行之多學而識之此是正理雖聖人亦是如此不然何必曰五十以學易可以無大過何必曰好古敏以求之特是人一生下學竟不知上達境界之妙此人算不得脫胎換骨二子功力已至夫子特地點化他正與一日克己復禮天下歸仁焉相似特此是現身說法言吾之應事接物知言窮理皆不是向外面苦思力索只是此心應付無盡解悟有餘俾二子聞言領會反求諸內在心上用工夫純粹以葆眞實無妄之體則泛應非難靜正以養虛靈不昧之天則通達無滯然後二子平日遇事精

察即物窮理之功乃有歸宿由是漸臻於融洽透徹則曾子之勉而中者可以不免而中端木子之思而得者可以不思而得賢之希聖一間未達此所以達之也不然何取此一字作指頭禪秘密心印哉　人之處事不當都是心上偏私即心公矣見識不明亦是偏私若無私心又當理何處行不去曾子之一貫易明也至於窮理之事赤子之時毫無知識成童之後半明半昧全憑詩書之所啓牖師友之所講明哲人前獻之所傳聞國典朝儀之所考証今曰多學而識之非也予一以貫之實是難解於是隨口謾誕支吾以不解解之曰易簡而天下之理得虛靈而萬物之故通曰成性爲道義之門知天握太極之體若不過作

時文何嘗不可敷衍試思吾生也有涯而知也無涯以有涯隨無涯果是括此易繫通書數語遂可囊括一切否蓋此二章總是直指本心之妙曾子章欲其以心去主宰此忠恕此章欲其以心去會通此多學而識之者也蓋人於天地參爲三才會萬理於一心總萬物爲一體者惟在此心苟不能先立乎其大以爲致知力行之主而徒於事物酬應口耳接涉上求之雖所行無不當總是拘苦執滯所知日有得不過博雜浮夸非能經綸天下之大經立天下之大本知天地之化育者也欲其隨事應付得因物付物之妙就吾心化裁之而已欲其即物窮理得觸處同然之解在吾心領會之而已大聖人絕頂造詣不過是平日常

操存此心。涵養此心。不使有一毫私意自蔽。一毫私欲自累。及其應物。察理毫不費力。惟心所安排。無一不當。惟心所擬議。無一不通。中庸言肫肫其仁。淵淵其淵。浩浩其天。皆指心體之廣大高深也。曰夫焉有所倚。卽一以貫之。焉有所倚哉。夫子所以告子貢。只是欲其涵養此心。以德性之知爲主。則聞見之知入焉。而自化蓄之。而不窮。如河海不擇細流。洪鑪鼓鑄五金。無畔岸。亦無渣滓。則大而化之矣。後儒諱却心字。以理代之。一理可以貫萬事。於曾子章猶可勉强附會。此章亦曰一理可以貫萬理。以船撑船。不行。以鼓打鼓。鼓不鳴。一理如何以貫萬理哉　此題制藝至多。自羅洪先。薛應旂。諸燮。遠沈德潛。諸君皆是腐爛時文不窺聖人分際惟王守溪作畧見大意李安溪先正評云古人之學皆是以心地爲本聖人固是以一心涵萬理學者亦當涵養其心以爲窮理之源一言破的無復疑義　孔孟皆言心不知何故有種人專攻陸王之學以心爲諱然則舜之命禹必改曰人欲惟危天理惟微惟精惟一允執厥中不改即是禪學豈學耶

由知德者鮮章

仲氏有不平之氣歎其不能如顏子簞瓢自樂深領箇中之妙也

無爲而治章

果是天下之民舉安即有爲何妨此章虛字甚多皆摹擬

贊歎之詞贊其德又羨其遇也古今自有此遭逢極盛之聖人舜自無爲文王自無憂他人不必一例若云行所無事便是無爲前聖皆然不獨一舜矣　舜之有爲如治水教稼明倫恤刑典禮審樂俱在攝政二十八年內堯之巍巍成功煥乎文章舜之爲也及恭已南面之後不過明目達聰申戒九官十二牧而已眞是無爲而治夫何爲句一難一解正形容其無所作爲也舜典云僉曰伯禹作司空禹已爲司空也舜曰俞汝往哉往任舊職也若二十有八載放勳徂落之後始命禹民其魚矣

子張問行章

至誠而不動者未之有也只怕存之不熟行之不透立則

見二句正與出門如見大賓二句同就此立與在輿証明前後際無適不然耳立是靜在輿是動　曰如其心是忠事如其言是信篤是忠厚不刻薄敬是謹愼不放肆分明四件　默而成之不言而信存乎德行自是第一義書紳爲第二着矣然亦可見聖門高弟如此認眞　其字指忠信篤敬須默淸楚俞長城評時文云時文所說參前倚衡乃肝虛妄見手舞足蹈指孝弟說乃醉後發顚譏其不能顧毋也可以一噱

直哉史魚章

家語載史魚以尸諫靈公爲之進蘧伯玉退彌子瑕想此言必有爲而發陳大士時文作史書合傳格恪合語氣竊

武子及仕衛文有道是實事二子與衛獻公靈公相終始皆無道之君也有道只是虛寫以國無道推之若有道所爲必如此耳伯玉卷懷只說進退合宜不必指近關出奔一事若强臣逐君卿大夫置身局外便算君子亂臣賊子何所忌憚夫子之贊伯玉決不指此事也襄公十四年遽伯玉從近關出十六年孔子始生何取此事而追贊之

可與言而不與之言章

可與是中人以上虛而能受聞而即悟者不可與語即中人以下人不失人當其可之謂特也此只是指朋友問答及援引後學言講章有兼君友說者大誤君前有懷必告有問即對安有可語不可語之別道合則服從不可則去

豈有明知不可與言姑爲面謾者

志士仁人章

志士知明守固仁人義精仁熟字面不同夫子却先言志士總以成仁爲重不在安仁利仁上說王陽明先生此章文破題云聖人於心之有主者決其心德之能全焉不分優絀甚得其解

工欲善其事章

程子曰子貢問爲仁非問仁也告以爲仁之資而已程子此言最得旨趣仁者獨照之鑒獨任之力須是克己復禮主敬行恕與事賢友仁不相干只是此心有所嚴憚切磋則日勸勉而力於仁此非是仁乃所以爲仁也仁是事賢

大夫仁士是利器執此器去治事者心也時文有作事賢友仁即是仁者漏邦爲字子貢交道廣子以居是邦三字點醒他言隨地可以得爲仁之助也

顏淵問爲邦章

顏子無治天下之責又不屑屑於一官一職此問乃爲萬世有天下者問求一至當不易之大法夫子即以斟酌古今法戒大備者語之克己復禮不外視聽言動而天德全所因所革必綜虞夏商周而王道備故曰發聖人之藴教萬世無窮者顏子也敬授人時則民間作訛成易不爽其候此最大事堯典先言歷象授時舜典先言在璇璣玉衡以齊七政次輅次冕制度儀禮一世所率由也移風易俗

莫善於樂故次韶舞否泰之運若循環然必君心兢兢業業無怠無荒足以持之然後聖帝明王之法可垂永久以放鄭聲遠佞人終之聖言之次第如此　三正並重見於甘誓豳風七月之詩言月者皆夏正言日者皆周正也春秋所書皆周正左傳所用皆夏正也秦始皇用亥正呂不韋月令所載皆用夏時鄭康成云此周公之書不韋纂述附益之耳註中時之正春夏秋冬得其正令之善耕耘種植以及國家一切政事以夏令布之皆合天道也司馬承貞史記索隱云古有太初歷上元曆皆以建寅爲正其說本大戴禮又孔穎達禮記疏云三正記舜以十一月爲正堯以十二月爲正黄帝以十三月爲正十三月卽建寅也

然則用夏時固不易之理　古但名車史記堯彤車白馬
禮記鸞車有虞氏之輅始有鸞鈴鉤車夏后氏之輅始有
鉤衡輗軏也殷車制漸備始有路車之名路者大也左傳
大路越席蒲席也禮記大路繁纓一就先路繁纓三就次
路繁纓五就以少爲貴殷尚質也今時文所用玉路金路
九就七就十二就皆周禮誤甚此路字指殷三路非周五
路　何晏論語註據世本云黃帝作冕冕元上朱下五采
繅玉笄朱紘周禮弁師掌王五冕鄭康成註云天子之袞
冕十二旒十二玉上公袞冕九旒九玉侯伯鷩冕七旒七
玉子男毳冕五旒五玉王國之孤卿絺冕三旒三玉侯之
大夫元冕二旒二玉一命之大夫冕而無旒士以弁庶人

以冠周禮春官司服王祀昊天上帝則大裘而冕〈此冕十二旒或云無旒〉享先王衮冕〈九旒〉享先公鷩冕〈七旒〉祀四望山川毳冕〈五旒〉祭社稷五祀絺冕〈三旒〉祭羣小祀元冕〈一旒〉大裘之服十二章衮冕之服自龍以下一升一降九章〈上公之龍無升龍〉鷩冕之服自華蟲以下毳冕之服自宗彝以下〈虎彝蜼彝皆有毳象〉絺冕自粉米以下玄冕衣無文刺黼於裳所以者何冕服視所禮之神不以卑臨尊也王以下上公衮冕侯伯鷩冕子男毳冕孤卿絺冕大夫元冕上得兼下下不敢僭上然則服周之冕不但取其華美亦以其制度詳密古冠制有三惟冕最尊弁次之周弁夏收殷冔是也冠又次之委貌章甫毋追是也冕祭祀之外即位服之尚書王麻冕黼裳是也納后

服之禮冕而親迎是也養老服之冕而總于是也耕耤服之冕而朱紘躬秉耒是也朝日聽朔則元冕日視朝只皮弁玉藻元端以朝日於東門之外聽朔於南門之外皮弁以日視朝遂以食又尚書王與大夫盡弁是也戎事赤弁韎韐有奭以作六師是也諸侯元端以祭裨冕以朝天子皮弁以聽朔於太廟朝服註元冠素裳以日視朝於內朝卿大夫冕而祭於公弁而祭於已士弁而祭於公冠而祭於已冕之嚴重如此　樂則韶舞兼音容二義言作樂則用簫韶九成之音節誕敷文德之舞容也　古者舞有文武二舞舞干羽於兩階干盾為武舞陳之賓階羽籥為文舞陳之阼階抑武與文之意也通志言古者雖有六舞焉雲門大

咸大韶大夏大濩大武其所用惟韶武二舞而已漢書禮樂志高廟奏文始五行之舞註文始者本韶舞也其舞人執羽籥五行者本武舞也其人執干戚樂則韶舞取其聲之優柔平中容之雍容揖遜歟　今郊廟之樂皆兼文武之舞成均與直省學校春秋上丁之祭皆用文舞即是韶舞　惡鄭聲之亂雅樂詩惟二南豳風正小大雅入樂餘只備諷誦爲法戒而已鄭詩既不入樂無可放放者鄭聲也河洛虢檜之間密邇紂都自商之末季紂溺於色爲靡靡之聲以悅婦人民間化之樂記以鄭衛爲亂世之音桑間濮上爲亡國之音皆指近紂都之聲如今俗樂中亦有一種淫聲如所謂大門腔玀玀曲大理曲者淫厲而哀不

可嚮邇樂記又言鄭音好濫淫志宋音燕女溺志衛音趨數煩志齊音敖辟喬志此四者皆淫於色而害於德是以祭祀弗用也若言詩宋詩乃商頌豈可放乎緇衣見好賢之至羔裘有正直之臣鄭詩何嘗都是淫亂　佞人有二種一種如封德彝許敬宗公行諂媚無復羞愧一種如谷永對策專攻上身不及王氏張禹遇漢成帝有小恙則齋戒卜筮得吉則喜動顏色胡廣詳練典故稱爲天下中庸其心惟以固寵取容爲事釁敗人國如買豈行徑不同一言可以喪邦則一而已矣故曰佞人殆　爲邦有治術先之勞之是也有治法富之教之是也告顏子都不及此何也一者顏子亞聖王佐之資治術不消說得一者文武之

政布在方策如井田學校之制一一俱在不須重複敷陳上四句與治同道罔不興下四句與亂同事罔不亡乃治天下之大法大戒顏子爲萬世問夫子爲萬世治天下者告也

人無遠慮章

冉有爲季氏謀令不取後世必爲子孫憂可謂遠慮矣夫子言季孫之憂不在顓臾而在蕭牆之內抑此乃可言遠慮所慮者天理上用心不至如燕雀處堂即是若以陰謀秘計爲憂深慮遠弭憂者即所以召憂方正學深慮論言秦剪除列國亡於匹夫漢用封建反者如蝟毛而起東漢以王莽之篡輕宰輔之權亂由閹宦西晉懲魏之孤立子

弟擁重兵覦其反而迭爲戎首甚言深慮之無益也眉山蘇氏言晉武帝不立愚癡之嗣劉元海何能亂苻堅不伐晉慕容垂何敢叛唐明皇不用李林甫楊國忠雖有安祿山何能爲上失其道舟中之人皆敵國也其言至深切著明一身一家之計亦然服食以延齡毒卽發於藥石積財以裕後禍卽起於多金修身齊家節嗜慾以安身廸德義以翼子君子之所爲如是而已矣　或問正學旣有此論何以躬犯晁錯之轍齊黃方練同爲世詬病者何也曰此正學先生之所不得已也洪武末年以正學輔導蜀王高帝崩太孫立慮諸王過甚齊泰黃子澄首建削奪七國之謀正學不與聞也逆自蜀召之歸燕兵已起欲中止已無

及矣此正學之所深痛而不忍言者深慮論正言此事耳高帝之藩封十有四建文即位數月削除大半齊王栢闔室自焚而後燕王棣反勢不兩立正學之所以自處取義成仁更無他策不可與齊黃誤國等類而齊觀也　憂盛危明愼微謹小有國有家者只在天理上熟思審處如武王不泄邇不忘遠便是着一點私心作用非徒無益而又害之

吾未見好德章

德字南軒張氏指在己之德顧麟士云有德之人可兼用

臧文仲其竊位章

誅心在一知字不知而不舉吾無責焉明知之而不與立

其意可知不是輕坐文仲竊字　禮記祭法一篇本國語之文柳下惠爲文仲祀爰居發也文仲不薦柳下於朝徒書其言以爲三筴魯僖公二十六年齊孝公伐魯魯使展喜犒師受命於展禽室如懸磬野無青草之時齊師遽爲返旆厥功偉矣文仲不能如鮑叔之讓管仲子皮之推子產以强魯國次年乃與東門遂如楚導之伐齊以圖逞志若非晉文嗣霸楚爲封豕長蛇薦食上國矣臧孫辰乃斗筲無足算之人後人狃于三不朽之說爲之回護非也文仲何足當立言之選哉

躬自厚章

吳諸葛恪與陸遜書云自漢末以來士大夫如許子將輩

更相謗訕非有大仇怨只是克己不能盡禮而責人尚以正義相持己不如禮則人不服責人以正則人不堪正合此章意責己重以周責人輕以約自是士君子持身接物正理不爲避怨始然就人情論亦可以遠怨矣責己責人實際韓子原毀章言之詳此自爲人之交道不終如人之無良相怨一方者言若有轉移風教之責成就後學之任者又不是一味怕他怨字草率從事范忠宣以責人之心責己以恕己之心恕人朱子嘗力辨其非

不曰如之何章

兩個如之何中有熟思審處層次不曰者一是自以爲是一是昏而無知也此二種人開導不得亦救正不得

羣居終日章

此是以文會友章反面言損友相聚無益有害也羣居終日是無所事事言不及義是既非考道論德又非賞奇析疑也好行小慧註無確解若說作奸犯科之事非羣居終日時所行若說是任情放誕如嵇康之鍛鑪阮孚之蠟屐和嶠之倚囊王戎之鑽李亦與章旨不合此慧字自項上義字來方靈皐時文只作一氣說云其言本理道所不載而一縱一横機之所觸亦若有意味之可尋其趣爲他人所不及知而此倡彼和論之所通亦自有聰明之獨擅蓋不言先王之法言自撰一副議論如淸言横議之類即好行小慧也似有着落知言者要參一解

君子義以爲質章

此章以君子立處事之準不但見理不明不可冒昧徑情直行卽察理已精尤必愼重斟酌不可一毫不協於天則必如學養兼優之君子平日旣有居敬窮理之功臨事復善措正施行之妙凡事之是非可否其行其止一以義爲根柢則因心作則因時制宜已得天理人情之正矣猶恐徑情直遂也凡遲速緩急輕重必節之文之以禮使無有太過不及則此以義制事者能動而得其中然使詞氣之閒酬酢之際未能謙謹遜順躁率未除則處事之條理猶未爲詳審精密也必遜以出之有所敷陳必遜詞有所興革必遜志君子處事旣知明處當又恂恂不敢爲天下先

也如此　文氣到此一住信字另一轉言此義禮孫皆實心貫注徹始徹終所謂信以成之故能德行立於己無擬議而非天德政事施於外無損益而非王道人可不法君子哉　禮孫兩之字指義成字總承義禮遜義質之先已有信在至成事方露出此立言之敘義字只說胚胎方加得禮遜信三層君子哉言此乃君子處事盡美盡善之道非贊詞俗說分生安學利二種君子不是

君子病無能章

君子篤志於學理有所未明德有所未就慭然負疚如疾痛之在躬人之知不知何暇計及四書中此等語甚多只一直說下若找一尾結云到得已無不能則人自知之矣

即爲人之學非君子也

君子疾沒世章

歐陽文忠詩云後世苟不公至今無聖賢現前之毀譽何足憑沒世不稱乃可疾耳君子進德修業欲及時也本不爲身後名實至名自在其中若碌碌偷安只以同乎流俗合乎汙世爲事一旦溘然與草木同朽豈不可疾　此兩章一是爲已一是論人齊景公有馬千駟死之日民無得而稱焉疾字指此輩耳若都說在君子身上爲名爲利何以別乎哉識者再參一解

君子求諸已章

此章大全各家說俱不切實體註云君子看得已重道德

固根於心卽功名亦非外鶩凡立德立功立言皆盡其性分之所固有職分之所當為無一不求之已小人看得人重爵位要人汲引名譽要人吹噓一舉一動無不求知於人外間行徑相似心術不同如此其說明確

君子矜而不爭章

此章言君子持已接物純以德性用事不涉意氣之私汪武曹前輩言此章與和同驕泰各章不同和泰是好字面不字直下此矜羣字面不甚好古民三疾矜居其一易云渙其羣元吉是羣乃聖人所欲渙也凡人嚴以持已必有峭厲之形則爭伏焉和以待人易涉阿比之私則黨成焉惟君子之矜莊敬日強矜以理不是高自位置矜已凌

人也何爭之有君子之羣樂易近人羣以德不是有心結納背公向私也何黨之有最分辨得細

君子不以言舉人章

此是為用人聽言者立至公之法以言舉人則辨佞之徒可以倖進君子舉人必觀其行不徒以言卽舉之以人廢言則芻蕘一得不得上聞君子聽言必核其實不以其人繫廢之如是則用人聽言兩得之矣

有一言可以終身行之章

此章眼目在一言二字先儒謂無忠做恕不出以一貫萬如何不終身可行但不從人情物理上實力推勘一番亦不知此一字分量可推施無盡耳只重一恕字恕字卽一

言也已所不欲勿施於人此八字只是恕字註腳所以足此一言不用鋪排他一言一字也

吾之於人也章

此章爲毀譽不公者言孟子言邪說誣民毀譽不公即誣民也特爲斯民洗刷一番言世雖非禹湯文武之世民仍是禹湯文武之民我何敢不以公好公惡之天彝與斯民由蕩蕩平平之王道王路哉不然夫子無毀譽何待表白

如有所譽二句淺說云或見天資之美而知異日之有成或見其立志之篤而知所就之不可量　三代二字是指禹湯文武賞善罰惡旌別淑慝即所以行於民者上施之爲善政下化之爲風俗匪今斯今矣吾何敢爲違臆之

豈不以古道與天下人相質對耶　三代之君好惡與人

望趨者多矣三代之民爲不善之習所化者亦多矣此斯

字指當時陶化染學之民流風餘澤相沿至今者纔見夫

子維持風化苦心不則人之生直夫子之無毀譽乃事理

當然何用此語長心鄭重耶

吾猶及史之闕文章

二事亦甚微然可見人心由謹而肆由公而私之漸故嘆

之　史闕文自應指史官紀事於聞見未真則闕而不書

信以傳信疑以傳疑爲有關係今陸氏汪氏大全首引宋

人葉少蘊之說曰古者六書皆掌於史班孟堅言古制書

必同文不知則闕問諸故老至於衰世是非無正人用其

私故子曰吾猶及史之闕文也今亡矣夫是以文作書同文之文也此句朱註本無明文存葉氏說以備一解　前漢書藝文志小學十家四十五篇後題詞云（爲小學）古人以字上古結繩而治後世聖人易之以書契百官以治萬民以察古者八歲入小學周官保氏掌養國子教之六書謂象形指事會意諧聲轉注假借造字之本也漢興蕭何草律亦著其法曰太史試學童能諷書九千字以上（書郎字）乃得爲吏又以六體試之不正者輒舉劾六體者古文（即蝌蚪書）奇字（古文變體）篆書隸書（楷書之始）繆篆（印文之始）蟲書也古制書必同文故曰吾猶及史之闕文也班氏之言如此蓋古人以考文與議禮制度並重周官外史掌達書名於四方書字形爲字

音也大行人九歲屬瞽史諭書名聽聲音蓋其慎也秦人廢學古書散失漢興訪求遺書劉向父子校中秘書集字學之書自史籀以下凡十家謂之小學次於六藝之後六藝卽六經也卽班孟堅藝文志所敘述也後漢許慎收古文篆籀諸家以隸書注之謂之說文此字彙之始魏李登又取字書聲音相近者以宮商角徵羽編次爲聲類一書此字音之始卽韻書之權輿也但古書無刻本竹帛縑楮互相傳寫往往差訛故蔡邕親書五經字體刻石立於太學謂之石經唐太宗貞觀中又命國子監儒官勘校五經本送尚書省參定唐德宗大歷中又命國子監司業張參重加校勘立石太學自宋仁宗始命儒臣孫奭等校定十三經刊

刻須布。是後刻本流傳。有所遵守。誦習。非如前人易於舛訛。無如安於固陋者多。如詩韻僅九千字。平仄不分。點畫差謬。尚不一而足。别能窺字書之全豹耶。因詳著之。以見前人之重字學如此。　儲同人云。禮經可解。何有闕文。李核可鑽。何有借人。此二事在後世更看輕不得矣。　孫叶飛云。玩猶及二字。見不必稽之上世。考之往古。即數十年間而風俗變遷。無論不能如三代之化行俗美。即一二事之稍留古意者。今並無之。其可傷悼。爲何如。

巧言亂德章

亂德。亂己之心德也。邪正是非本有定理。今爲巧言所亂。中心茫然。喪其德矣。註引婦人之仁。不忍其愛。匹夫之勇

不忍其忿乃韓信對漢王策項羽必敗之詞此章大旨言
立德者須知言立功者須養氣

衆惡之章

兩衆字原不可抹煞只是自己也要用心核實方不至隨聲附和察之精可以同衆可以異衆俱不差錯　居敬窮理又察字前一層工夫不則雖欲察之何從而得是非之實乎

人能宏道章

此道字乃天下之達道人有知仁勇三德能知道能行道即是宏字實際兼全體大用說道與德爲虛位非道宏人自不待言大全指兼費隱包小大之道不知此是天地間

元氣人如何能宏之人之參天地贊化育不外五達道欲爲君盡君道欲爲臣盡臣道卽天地位萬物育矣何用說一陰一陽無極太極耶

過而不改章

無心失理爲過不改則有心矣此過卽是惡字迷復凶指此

吾嘗終日不食章

思而不學則殆本有一定註脚此章精神都在吾嘗二字聖人亦費十分辛苦不專是逆獲以此閱歷與學人共質証耳此只是窮理之事罄澄心以凝思不如讀書稽古所得力確有實據此爲專靠心思探幽索隱者言不是說[illegible]

可廢也。博學審問愼思明辨皆學也。大全有講習討論字樣。

君子謀道章

此與子張學干祿章不同。彼是着眼祿字。夫子言須愼言行。卽不求祿。祿在其中。因其外慕。針砭使之向裏。此節祿字只是帶說賢人君子。何嘗不見用於世。正其誼明其道者。决不爲此分心也。不謀食不憂貧。緊相照應。中間二句只輕遞作過文。

道字。仁義禮知之性。視聽言動之則。君子之所以爲君子。爲道存也。安得不謀。此食字是俸祿一謀。及此則小人矣。雖天下事不可執一。謀食偏不得食。不謀祿反得祿。往往有之。以俗眼觀之。似謀道中本有謀祿之緣。不知君子憂道之心。决不參一憂貧之念也。語氣如

此陸平湖先生云擇善固執所以謀之也擇焉惟恐不精執焉惟恐不固所以憂之也謀在事憂在心說得分明

此章語氣似爲謀道之人以憂貧分心者發

知及之章

此章是爲治民者示以內聖外王之全學有全學乃有全功未善善字即至善對照字眼勿淺淺看治民者必求到盡善地位卻先從自治始先須有定識次須有定力而後身範克端措施悉當則所治之民無不鼓舞奮興同歸於善若平日曾於學問思辨上用功凡明德新民之理知及之矣卻爲紛華所奪欲惡所牽或臨境而遷或中道而廢是仁不能守之則所知不爲我有矣若既知及之矣而

又加以克治涵養之功去惡必力爲善必果無私之心足與至善之理相守則內蘊已具本諸身徵諸庶民亦不過由此措之但細行不矜終累大德倘臨蒞之間威儀疎畧則內之詣力雖深外之德輝未著不足以式觀瞻爲儀表而民不敬若知及之理益精仁守之功益熟出入起居已能恭以作肅民亦下觀而化矣然天德王道之全功該本末徹始終不可纖微有缺者也必其正已率物動容皆中禮庶能化民成俗鼓舞以盡神倘政教號令間剛柔之偏勝張弛之失中緩急非時措之宜輕重踰自然之節皆謂動之不以禮雖曰氣質之小疵仍是學問之未大醇耳豈得爲修已治人盡善之道乎有修齊治平之任者德愈全

而責愈備可不勉哉　知仁重莊禮輕然聖學之全却係毫欠缺不得朱子亦有重仁守之語吳因之文以此得元亦有重知及者其實此題自然次序不過一層進一層別無他義莊蒞即從知仁勘出講章謂精明之度溢爲儼若之容坦白之懷著爲修整之度艮是　動字是驅民於善或要好太過緩急失宜即不合天理之節文矣故曰未善言斯民尚不能速於興起也講章以蒐苗獮狩言使字已淺陋大全又添出殷築九成之臺而民叛楚築章華之宫而民散更不是矣知及仁守莊蒞之君安有此事哉

君子不可小知章

此是爲用人者說不可顛倒耳君子不器有何可不可之

分小人只是一材一藝非人品壞之小人宅揆秉鈞謂之大受簿書錢穀謂之小知講章又有一條說此君子乃周勃重厚少文問刑名錢穀不知然安劉者必勃也呂端大事不糊塗此小人如周官虎賁綴衣之屬於理亦可通然三代以上之人材與今不同畢公懋德克勤小物夫子亦不辭委吏乘田此君子自較絳侯呂丞相輩高一層仍以用人者不可小知君子以褻天降大任之心乃是正意

民之於仁章

旣言志士仁人有殺身以成仁又云未見蹈仁而死者此言其常彼言其變故曰夫言豈一端而已哉夫各有當也

當仁不讓章

此章註疏大全皆不得其解古禮弟子於師前言必遜讓非曰能之願學焉異乎三子者之撰皆讓也故曰長者問不辭讓而對非禮也惟及爲仁之事直任不辭顏子仲弓皆毅然曰請事斯語所謂不讓於師也不然爲仁之道各在本人之身居處恭執事敬與人忠卽仁矣曰吾方遜之於師本無此事聖人何故設此語哉朱子語類以當作擔當字亦是如此解若曰仁者人心之全德人之所以爲人全在此一件認眞當爲則爲不可於先生長者之前作辭讓謙遜之態則得之

君子貞而不諒章

貞者事之幹又曰貞固足以幹事中藏知明守固四字易

於元亨利下必加貞字不貞者不可爲也諒字半好半不
好友諒之諒好匹夫之諒不好只爭格物窮理一層

事君敬其事章

後字非先後之後只作置之度外四字

有教無類章

作君者陶冶人材洪範之德有三平康剛克柔克是也作
師者成就後學君子之教有五雨化成德達財答問私淑
是也因其類而裁成之則歸於無類矣註中惡字只是愚
柔臣之直之輔之翼之亦可以必明必強若云自暴自棄
之人另有廣大法門可以化惡類爲善類則於理滯碍
此主立教者用心寬恕説

道不同不相爲謀章

是非邪正皆謂之道韓子所云道與德爲虛位也薰蕕不同器曲直不相入君子與小人相爲謀小人未必革面洗心君子反受其累正學與異端謀異端未必棄邪歸正正學反爲所汚不如劃定界限邪正不淆易曰君子以類族辨物意蓋如此

辭達而已矣章

政貴有恒辭尙體要理本如此春秋時辭太繁矣而已矣兼未達則行乎其所不得不行既達則止乎其所不得不止　辭兼明道經世二種達有達理達義二意　辭不定是尙簡尙質當其可方爲有用陳壽上諸葛相文集云皋

陶之詞簡周公之詞繁皐陶與羣聖其言周公與羣下矢誓故也亮所與語盡衆人凡士指不得及遠然公誠之心溢於翰墨足以知其人之意理而有補於當世兩漢詔誥訓詞深厚有三代之風陸宣公爲唐德宗草奉天詔書只是排偶武夫健卒無不揮涕感奮史臣云克復之功非惟武臣宣力文臣亦有助焉真切可以感人心故耳韓琦自序諫垣存稾云理勝爲主以至誠將之蘄至於古之立言者從其本求之則可矣

師冕見章

周官凡太師樂師笙師磬師皆曰師師者樂官之總名春官之屬太師下大夫二人少師上士四人瞽矇眡瞭三

百人鄉飲酒之禮工入相者二人鄉射禮云弟子相工古
禮瞽必有相皆其徒爲之相師之道夫子之謙詞也　●禮
主人迎客於門外與客入每門讓於客及寢門請入爲席
然後出迎客客辭主人肅客而入客入門而右主人入門
而左主人就東階客就西階客若降等則就主人之階主
人辭然後客復就西階毋踧席毋躐席席南鄉北鄉以東
方爲上東鄉西鄉以南方爲上其儀節如此之繁師冕貿
貿然來夫子自無一言不發之理本不打算道字子張之
問二三子之嗜學也夫子就事答之固字淡淡說不用張
皇因物付物浮詞　凡鄉黨題只說本位自見聖人動容
周旋中禮之妙先橫小中見大四字下筆即是膚詞此章

亦然。

四書翼註論文卷之二十

論語　季氏第十六

季氏將伐顓臾章

此一冊宋儒洪興祖胡宏皆云或以爲卽齊論以其皆稱孔子曰且三友三樂九思體例與上下篇不同　按論語本一書據漢書藝文志之目却有三種其實一也志云古論語二十一篇註云出孔子壁中有兩子張篇以子張所問五美四惡以下另爲一篇是以有二十一篇齊論二十二篇註云多問玉知道二篇又有魯論二十篇卽今書也隋書經籍志云張禹本授魯論晩講齊論遂合而考之刪其繁惑除去問玉知道二篇從魯論二十篇爲定今考論

語二十篇其末乃堯曰篇子張問從政乃此篇殿後之章是孔壁之魯論即張禹之魯論其問玉知道二篇孔壁所無僞託可知張禹授孔壁之古論語刪其繁惑晁以道謂此二篇必內聖外王之道張禹妄加刪除者非也王應麟又據逸論語此書見許慎說文所引孔子曰美哉璠璵遠而望之奐若也近而眎之瑟若也一則理勝一則孚勝據此數語以爲問玉亦未必是蓋聘義篇本有答子貢問貴玉而賤珉之語自氣如白虹天也至天下莫不貴者道也其詞可成一篇此即問玉知道之文張禹時戴記已行於世自不應復入論語中矣此於書理無關輕重特是論語孝經二書學者童而習之有問以論語齊論魯論之分孝經今文古

文之別多茫然不知所以對者是以附錄之　傳論語者漢興以來分爲兩派中尉王吉少府宋畸御史大夫貢禹皆齊人謂之齊論都尉龔奮少府夏侯勝丞相韋賢皆魯人謂之魯論　孝經當秦人焚書河間人顔芝藏之漢興顔芝子貞獻於朝凡十八章卽今本也又有孔壁所出謂之古文孝經多閨門一章又有衍出者三章凡今文古文互異四百餘字劉向典校經籍以顔本比古文除其繁惑以十八章爲定然古文孝經亦竝行於時唐明皇自註孝經删去古文閨門一章悉依今文本其實今文古文大旨皆同雖多四章內三章衍出卽重複耳惟閨門一章唐人以爲鄙俗自是竹簡錯出非原書也今學校所立十三經

內孝經惟用今文所謂古文者已不復見故爲敘其源流如此　四子侍坐子路先於曾晳此列於冉有之後春秋之法征伐之事主兵者雖小國居前隱五年邾人鄭人伐宋此其例也必冉有主兵謀故夫子先專責之　左傳僖二十一年任宿句須顓臾風姓也實司太皞與有濟（即濟瀆）之祀邾人滅句須成風言於公曰（僖公之母風姓之女）崇明祀保小寡周禮也僖公伐邾取句須反其君任宿句須皆子男顓臾爲附庸其爲太皞之後一也句須滅于邾先君尚爲之反其疆土季氏乃欲伐顓臾以自肥無君甚矣夫子責求即所以責季氏責季氏所以扶魯也　民功曰庸地小不能自達於天子以治民之功附近地之諸侯以達故曰附

庸天子巡狩附庸亦在朝覲之列虞書五玉三帛註五玉公侯伯子男所執三帛諸侯之世子執纁公之孤執玄附庸執黄春秋註附庸卑於子男尊於蠻夷之國其禮視天子之元士　聖言簡而該獨此章反覆數百言道理已說盡今重向如來行處行敷衍一番真可不必惟有國有家節文勢錯綜金嘉魚先輩將均安和寡等字互相嵌鑲未免纖巧陳大士錢吉士渾說大旨亦疎畧只須逐句如題說下自然文義了然不患寡二句是古語侯國較之王畿自是寡大夫之采地較之侯封又自是寡安有以此爲患若不顧尊卑侯之民欲多於王卿大夫之民欲多於侯大小厚薄皆失其宜謂之不均乃可患耳侯之君十卿祿

比天子百里之內以供官千里之內以爲御自是貧卿祿四大夫比諸侯錫之山川土田附庸又自是貧然無有以此爲患者若一味封殖自肥王室懸磬求金求車之使時至强藩龍山海之入以營私公廪虧之不供朝聘會盟之用柄臣擅聚斂之饒以濫費冠履倒置嫌釁必生謂之不安乃可患耳至蓋均無貧三句又是夫子爲古語下註脚言若果能各安本分曉得君尊臣卑國大家小則不均處正是均以四境之入供侯國之用守宗廟之典籍供覲聘之筐篚有餘矣以私邑之田供私家之費束修之遺不出境喪祭之禮有定式更有餘矣何貧之有如是則下不上僭上自然不下侵君君臣臣懽若一體則和矣和則有國

者恪居侯服魯賦八百乘邾賦六百乘非比天子寡也宜也有家者敬居官次管氏之書社三百韓起之長轂四十非比齊侯晉侯寡也宜也如此則上下各得其所名分足以定志恩誼可以聯情上以誠愛下下以忠事上相安於當然之理自然之勢國長有其國無下凌上僭之虞家長有其家無奪彼與此之患保社稷而長子孫有國有家惟傾覆是慮若能無傾樂莫大焉又何患寡與貧之有哉

此節書理須如此說道理既透自然脉絡貫通精神照應不須作互啟側頂之陋　必須認真有國二字乃可直接遠人不服則修文德以來之句不然季氏大夫耳進思盡忠退思補過足矣何文德之有遠人不服而不能來非季

氏不能來顓臾責其不能輔相魯君招攜懷遠也顓臾若果忠於公室季氏亦不敢伐之必有起釁之由今不可考耳

文德有與遠人相干涉者有不相干涉者道德齊禮近者悅則遠者來此不與遠人干涉者恤小睦隣來者薄而往必厚此與遠人相干涉者也兼二意

季氏自定公五年以前政由陽虎與二子無涉夫子仕魯季路方隳費季氏安敢伐顓臾此哀公末年季康子所為季氏屢問仲由冉求可使從政可為大臣正此時也

夫顓臾昔者先王一節季氏不是已說盡有國有家以下俱推開言之

天下有道章

禮樂征伐自天子出古今一定之理此章皆為大夫專政

庶人私議有感而言若天下有道即諸侯且不敢專擅何有大夫陪臣之紛紛上僭乎　僭禮樂征伐自魯始春秋之前魯惠公請郊禘之禮於周是僭禮樂隱二年無駭率師入極是僭征伐也齊桓拜下晉文請隧尙不敢公然僭妄別國亦無陪臣執國命之事只有魯陽虎耳　庶人是直道而行之庶人見大夫不是故議之政不在大夫則不議矣非毀謗朝政也有作孔子春秋說者大不是春秋有筆削而無褒貶何議之有　大夫陪臣之橫肆皆由諸侯不遵王命而起子家羈曰諸侯僭天子大夫僭諸侯久矣唐書載李光弼懼程元振之譖不敢入朝部下大將如田承功等遂不相稟承光弼愧憾而薨即其事也　十世五

世三世皆約擬之詞此陽虎未敗之前所說其實陽虎南蒯公山弗狃皆數年卽敗安有三世

祿之去公室章

此與前章不相連前章定公初年之言故云陪臣執國命若陽虎既奔齊無國命可執矣仲梁懷南蒯等皆私家之臣權不及國此章乃哀公末年君臣交惡之時夫子有所逆睹而言三家皆起於僖公之世成公時季孫行父仲孫蔑皆民譽也何可遽被以竊國柄之名宣公不宜立而立東門遂始得政厥子公孫歸父繼之魯之失政自是始宣襄昭定哀則五世矣宣公薨公孫歸父出奔季孫行父始當國廉謹如故亦無擅國之事襄公五年季孫行父卒六

年季孫宿如晉卽季武子政逮於大夫自是始城費入鄆作三軍皆宿之爲也歷季平子意如季桓子斯季康子肥則四世矣季悼子未嘗執政左傳有季武子愛悼子欲立之之語據春秋昭公七年十二月季孫宿卒十年七月季孫意如帥師伐莒無季悼子爲卿之事此皆有年月可攷

祿字大全無確解講章云賦稅不入公家非也宣公尚欲去季孟二氏彼安敢賦稅不入公室襄公十一年作三軍始四分公邑各據爲已有祿去者班祿之柄言爵賞不自公出也　哀公欲去季氏雖無成事然自此三家遂不振孟子戰國策史記載魯君臣事俱無三家子孫此其徵也明八管登之言禮記云大夫強而君殺之義也自三桓

始也不是如陳氏所註昭公之事必三桓後來受誅於魯公但古書失攷耳閻百詩四書釋地云費惠君乃季氏子孫蓋費乃季氏之私邑季氏式微之後或旁支尚在費如楚葉公之例僭稱君或另有人據費如小諸侯皆不可攷矣　定公八年冬陽虎欲殺季桓子不克出奔據左傳只壬辰癸巳兩日而敗春秋但書盜竊寶玉大弓而已以季孫斯不忠陽虎不義兩下相殘不足書也三桓之微是指未然不指陽虎執季孫斯此行險無成瞬息間之事何足津津齒頰　政柄下移積重不已主上昏稚則篡其國王莽是也主上力足制之則滅其家霍顯霍禹是也春秋之末魯君臣不相安已極若魯嘗周公之德不至先亡則三

桓必灰飛煙滅一定之理　按史記載魯哀公二十七年卯越乞師討三桓不克卒于有山氏子悼公立三十七年卒檀弓尚載子服景伯答孟昭子居君喪之語言吾二臣之不能於公室也天下莫不聞是魯與三桓世爲仇也悼公卒元公立元公卒穆公立作繆孟子相去九十年矣孟子載公儀子爲政史記亦載公儀休相魯之事穆公卒共公立共公卒康公立康公卒景公立景公卒平公立又六十年孟子載欲使樂正子爲政是後又有文公頃公約七十年乃爲楚所滅蓋自哀公後猶有國二百六十年而三桓子孫杳無聞焉則子孫之微自是實事

益者三友章

人無論賢愚貴賤必有友或損或益所關甚大只平平敘去勸戒之意自在直諒相近直是言語不欺此人纔肯勸善規過諒是心地可信此人纔可講德輔仁多聞則博雅之人可以析疑問難也　便辟是便於辟衣裳楚楚儀文嫻熟全不實心也善柔是善於柔察言觀色善瞰人意毫無齟齬也便佞是便於佞意無是非贊之如流言無可否應之如響此和蜜之鴆毒人喉必無倖矣司馬溫公與王介甫書言今日與閣下爭論是非若不合異日不負心者必是人也今日贊成閣下同心一口牢不可破異日害閣下者必是人也既而王介甫爲呂惠卿所傾一如司馬公之言　巧言令色足恭此三種小人尚顧體面若近日純

袴子弟不樂近賢人君子惟閭巷下流相慕悅蒱博吹彈諺誕鄙褻習之既久伐性短年敗其行止覆其先業則書所謂朋淫於家用殄厥世易所謂比之匪人不亦傷乎并此章之損友也須知之

益者三樂章

性之所近習之成癖謂之樂五教反 與好字樂字不同劉伶嗜酒王戎和嶠鑽李持籌謝靈運遊山杜元凱好左傳雅俗不同癖則一也既成是癖必有得力損益不待言矣

禮樂是公共物天下人所訓行何以此人獨加樂字何也瞻前輩云精神在一節字蓋先王之制禮樂其制度聲容本有無過不及盡善盡美之天則惟精心好之能條分縷

析辨別其所以然三千三百之理大物博能於其中之貴文貴質貴多貴少一一領會其殊事合敬之微九成八佾之情深文明能於其中之象天象地象四時象風雨一一洞徹其昭德移風之妙造次不離於禮和樂以養其心則可謂之樂節禮樂矣不然冠昏喪祭朝聘之儀金石絲竹之器樂之何以便有益乎道善上加一人字賢友上加一多字皆須如節字認眞一層　驕樂是志得意滿以爲樂縱奢無度與節相反佚遊是惰其四肢玩日愒時與善字相反宴樂則酒食徵逐一般徒餔啜之流羣居終日與賢字相反　三樂樂字性之所近習之所成有力量三友友字人却看得鬆多是將直諒多聞字面鋪排倒裝入之字

不過是切摩箴規等說不出友字眞際益字道理亦不透亮須是虛懷善下所勸則易所戒則從方是友直見賢思齊去我浮澆追其淳樸方是友諒平日有好學之功有以就正方是友多聞不則君子之交淡如水徒慕名安有濟哉

侍於君子章

此是爲後生小子侍於尊長每有失言失色之過一是放肆因而昌昧一是拘謹因而跼蹐放肆之害尤大摘此三愆使之自省則檢身入細將來時然後言之妙亦由此基之程子云非欲字好卽此是學亦此意也

君子有三戒章

小人下達利字是生死圈牢何以反放在後此是言人若不能志以帥氣道以制情則自少而壯而老無非爲血氣所使氣盈爲流蕩爲剛狠氣歉則乾沒不休失人道矣守身寡過之君子須隨時加謹以道心爲主人心聽命則不爲血氣所使　人欲之私何一不當戒但當是時則有此一物當令正須全力治之立言之意如此

君子有三畏章

此畏字卽是敬字言君子小人之分在敬肆二字　天命之謂性人之所以爲人在此君子知天有各正之命無物不有不已之命無時不然是以刻刻用靜存動察工夫恭敬奉持於出王游衍之際戰兢惕厲於暗室屋漏之中如

是其畏天命也至於大人者奉若天命以治世者也君子畏之見有爵則敬見有德則敬聖言者闡發天命以覺世者也君子畏之聖言所是則遵之聖言所非則改之此三者包括道理極大君子之所以成德全在此若說此外尚有可畏便不是　小人不知天命只是言其不學無術耳不必拘定知字與之說格物窮理叨叨絮絮不畏者以形色爲假合不肯盡性踐形以禍福爲適然不信惠吉逆凶也　狎大人有二種一是幼不肯事長賤不肯事貴不肖不肯事賢荀卿所謂三不祥一種是極會奉承正是玩弄之於股掌之上公孫衍張儀與夫世俗鑽刺之輩皆是也吕新吾先生云喜奉承是個愚障過情隆禮甘言卑詞求

得其所欲而已其目中胸中妄有此大人然此大人則曰彼善事我旣墮入愚障如麗然狂象一聽蠻奴之所指揮侮聖言亦有二種一是離經畔道不可化誨是個明侮一種竊之以爲名毫不實心是個暗侮學術不純正却不得謂之侮聖人之言人心之不同如其面然亦不必專攻陸王傍詆韓蘇就算孔門正派也　或問孔子言畏大人孟子言藐之何也曰孔孟之言一也孔子所言居上不驕爲下不倍之正理孟子言天下溺援之以道若先以王順長息自處則爲所輕侮雖有禁攻寢兵弭亂安民之志必不能行矣故正告此說大人者如宋牼之輩言勿以其堂高數仞食前方丈後車千乘便舌撟不得下徒負來意須是

正言以臣時孟子自言 都言齊人莫如我敬王何嘗藐大人哉

生而知之者章

此章語氣與中庸不同彼是告君之言所知卽是五達道人君能盡君臣父子夫婦兄弟朋友之道則九經舉三重立參贊位育不外是矣功力雖有難易人品無差等三或字領起一也字結住無差等也此章喚醒普天下不學人上三等是一路下一等又是一路知字境界甚濶人倫物則其綱領也又次不是次學知是言又次於生知也一面是崇奬他一面是激勸他語氣如蘇老泉家中木假山中峰聳立其傍兩峰亦屹然無阿附意 無掞而徑造是生

知由見聞而入亦是生知舜明於庶物察於人倫周公監於二代皆生知也無因而起悟是生知有感觸而知亦是生知伏羲畫卦神農別藥性與夫制器尙象取諸十三卦反身修德取諸九卦皆生知也學字兼學問思辨四件困卽勉強煞實十分辛苦謂之困大全謂困於心衡於慮然後轉頭向學此說不是中庸明是言或困而知之困是用力字面改作不通字面配生知不上何以激勸下學　湯武身之也卽是學知太甲成王便是困知顏子聞一以知十不過學知曾子一日三省賜也聞一知二皆困知也困知是聖賢路上人不可以蠢昧一流人當之世界半明半昧秀才如恒河沙都是困而不學四字包括盡特彼不肯

緼緦耳困而不學與上困而學之兩困字是一是二上是若有所不知卽勉以求知此是限於所不知卽甘於所不知氣質是一樣性情卻兩樣也有些才能記性只是坐井觀天自以爲是悠悠忽忽度日這便是困而不學若十分蠢物記着忘帶記帶忘着之輩聖人何用說他

君子有九思章

孟子言思誠者人之道程子言涵養用敬進學在致知皆此章嫡傳修身進德之條目也　聰明吾所自有也要思則得之奸聲亂色雜進固是不聰明善惡並列於前不能審其類是非互進其說不能斷於心誰實使之不思故也思者平日洗濯其心先立其大體以爲主臨事又逆而距

之平心而察之謂之思明思聰平日有學有養其成也懌恭敬而溫文至正顏色動容貌時又檢點一番謂之思溫思恭修詞立其誠無一毫浮夸言思忠也出門如見大賓使民如承大祭事思敬也多聞闕疑畜德之基懲忿窒欲修身之要辨義利之界尤君子小人上達下達分路處詞有先後思無重輕各專其一隨時隨事加之意耳何義門云三樂三友九思三畏皆是聖人派定規條或總做或側重或合併皆愚昧人也

見善如不及章

此章意在言外全是激勵顏曾閔冉之流使大加展拓到得伊傅周召地位方算個人物吾見未見有所指也王道

本於誠意認得好善惡惡真其儀不忒正是四國即是八
矣非是劃然兩路只是就目前而論却未見其人耳上節
正是世道人心中流砥柱不可輕看求志是格物致知誠
意正心修身也使是君為堯舜之君使是民為堯舜之民
是其所志然不可以空言從事須是知此求之達道者齊
家治國平天下即以所求達之耳　俗儒眼孔小看得伊
尹太公高不可攀不知孟子却言管仲曾西之所不為則
上焉者可想而知但孔子不得位立動綏和不過憑空摹
擬何況曾顏以下其實伊尹不過認得道義真太公與武
王言敬勝則吉欲勝則凶兵符秘策皆偽書也以至仁伐
至不仁此自湯武應天順人伊尹太公耕莘釣渭時志不

在此即如三代以下諸葛相高令公允范文正公仲淹耶律文正王楚材劉文成基王文成守仁俱是行義達道人使隱居不求志此經濟何從而來董江都韓昌黎周程張朱薛文清達道一邊雖未大用大效所求之志都昭昭揭日月而行周子易通云志伊尹之所志學顏子之所學過則聖及則賢不及則不失於令名眞徹上徹下之言學者於此處能反身體認可謂士矣　隱居不是巖棲谷飲只未仕耳行義不過體面字樣所以別於庸衆之居高位言此行君臣之義非爲富貴也重在達道二字

齊景公有馬千駟章

夷齊自是絕頂人物但此章意不重夷齊全是爲齊景公

生前則榮沒則已焉發此感喟甚言人之不可不異耳然異非矯情立異太上有立德其次有立功其次有立言循循不敢自異也乃其所以異歟　此章只是貧富照映生情景公不爲兄討賊夷齊讓國雖有關會不是正意武王非聖人論更節外生枝矣　王介甫立論偏僻惟說夷齊無諫武王伐商事却近情理蓋夷齊疾惡旣避紂居北海之濱矣後來又爲之死自相乖謬無此理也明人王直因介甫之說爲夷齊十辨非書理關鍵所在不悉錄　世言晏子以其君顯其實景公無一善狀欲代晉爲霸而不能欲納魯昭公而不果繁刑重歛爲陳氏歐民愛孺子荼爲之牛而折其齒身死之後陽生殺孺子荼不旋踵陽生又

爲陳恒所栽千駟消歸何有矣夫子此言殆爲鑽李核算牙籌者予一帖清涼散　千駟是廄牧之馬非千乘之國也周禮天子之馬十二閑諸侯六閑每閑二百十六匹景公富故三倍之

陳亢問於伯魚章

聖人以人治人所以教是人之道即在其人之身未嘗有私亦並不得謂之無私微特伯魚無異聞顏子終日曾子一貫皆非異聞也陳亢以私意窺聖人謂之非愚不可特遠其子一轉矯枉過正猶有一隙之明不可說作吳下賣癡唉聾有傷雅道史記言夫子之徒三千身通六藝者七十有二人六藝六經皆異能之士今見論語不過二十八不可

作矮人觀劇信口輕詆

邦君之妻章

此章本古語記於衛靈公問陳之册末蔡氏覺軒以爲爲南子發也似得其旨蓋子見南子四字本是輕賤之詞然南子使人於夫子云凡四方賓客辱與寡君爲兄弟者皆見寡小君寡小君願見是稱之異邦曰寡小君也公子郢對衛靈公言君夫人在堂三揖在下君命祗辱是邦人稱之曰君夫人也衛人却只稱南子只爲此邦君之妻四字來歷不明耳禮天子諸侯不再娶天子一娶十二女諸侯一娶九女正室死則以媵之貴者攝理內政不下漁色娶於國中如取魚於池沼曰漁色所以敬宗廟重繼嗣杜亂萌也以妾爲妻

非妻也由左右媵以色而升非妻也正室沒而娶繼室如魯惠之仲子晉平之少姜非妻也齊桓內嬖如夫人者六人魯娶於吳爲同姓益非妻也非邪君之妻而用其名則不稱故鄭重言之不然此稱謂常詞何足附載但此祇說理不爲作時文計若逐句渲染生發取李安溪與王守溪文閱之則瀾翻舌本矣

論語 陽貨第十七

陽貨欲見孔子章

陽貨乃孟氏之族仕於季氏定公五年季孫意如卒虎欲以璵璠歛仲梁懷弗與曰改玉改步陽虎怒欲逐之此明與季氏同惡曷嘗知有公室迨意如既卒職季孫斯稍懦遂萌以已代孟氏之念遂囚季桓子逐仲梁懷殺公何藐與桓子盟於稷門之內而釋之六年又盟公及三桓於周社盟國人於亳社七年齊人歸鄆及陽關陽虎居之以爲政八年欲去三桓順祀先公而祈焉殺季桓子弗克取寶玉大弓入於讙陽關以叛九年出奔齊請以師伐魯曰三

加必取之。齊景公將許之，鮑文子不可而止。彼豈肯欲張公室之人哉。無論陪臣執國命事不可行，即使倖而有成，不過去一季氏又添一季氏。故定公五年以前夫子不仕，以季孫意如未討，義不可仕。五年以後不仕，爲陽貨專政不可仕也。八年陽貨敗，夫子始仕。十年相公會齊侯於夾谷。夫子出處本末如此。　貨雖小人，但以禮來不可却。懷寶迷邦數語，亦是正經話。夫子因物付物，不墮其術中，亦不激其怒，即所爲不惡而嚴也。

性相近也二章

此二章只是一章。唯字分明緊對針二相字。言人性皆即氣質有清濁厚薄，亦所差不遠。惟有上知之生知安行與下愚之自暴自棄相去天懸地隔此則斷非習之所移耳言中之旨不過欲人慎所習以復其性耳　性只是天命之謂性一句說定更無他意習字却不同五方有風氣四民有世業嗜好有損益之分交游有邪正之異此習也教也者導民以復於善學也者由教而入端所習以底於善不可認教與學爲習上事　夫子言性相近孟子言性善不是孟子之言比夫子更進一層善者遠近之註脚也有個邦畿千里惟民所止之定準在而後言或近或不近不然近是近何處大抵人性皆善人所同曉不用十分大聲疾呼之事舜只言人心道心不言性道心即性也理不可見由心而見故只謂之道心湯誥惟皇上帝降衷於下

民若有恒性此言性之始衷者中也中即善也性者常也尹吉甫言民之秉彝彝亦常也好是懿德即好善也可見善是常理既是常理又何用十分出力指點孟子之時七國强諸侯與其戰將謀臣皆不仁不義窮凶極惡一時處士皆信口荒唐孟子不得不指出子平定盤針與他做箇準的非孟子之說有加於夫子之外也後人論性荀卿性惡有激之談楊雄善惡混見理不明不足與議董仲舒言命者天之令也性者生之質也情者人之欲也韓子言性有三品上之性就學而愈明中下之性畏威而寡罪其品則不移周子言人得其秀而最靈形生神發五性感動而善惡分詞不必盡同意皆與孔孟之言相合程子謂論氣

不論理不明論理不論氣不明卽朱註此所謂性兼氣質而言所從出也性本於天理然天非氣不能生人氣明明有清濁厚薄只可曰相近必如後儒咬文嚼字之說曰性皆善也則聖人賢人凡人惡人皆無以別而聖人修道立教反屬多此一舉眞由外鑠我矣謂氣質卽是性固不可謂氣質非性亦不可非氣質不惟性無所附麗而且無能作爲空懸無據之物安所用之人只知甘食悅色塊然與萬物同者是此氣質不知致中和天地位萬物育者亦是此氣質使舜但言道心不言人心請問道心安頓在何處能擇能執能用中皆人心也舜但言人心惟危防之而已未嘗人心惟惡當剗而去之也夫子言性相近乃不易之

定理朱子言此所謂性兼氣質而言之又解孔子之言不易之定理孟子言四端擴而充之足以保四海不能充之不足以保妻子何嘗不曰性相近習相遠哉　不移有兩種一是昏愚之極不辨菽麥之人一是强暴之極桀紂是也皆是氣質不可移非性不可移也譬如如意寶珠盛以金盤是無價寶埋在十丈土中便無有此寶珠矣教化學問所以變化氣質非變化性性先天之物不加不損孟子曰大人者不失其赤子之心者也赤子之心卽性也

子之武城章

弦歌弦而且歌書所謂搏拊琴瑟以詠也古人讀詩必彈琴古時書籍鮮少讀詩便要達於政而能言又與觀羣怨

事父事君多識皆得力於此不爲周南召南比之面牆而立弦歌是絶大題目學道之教即此便是　古人化民成俗不過春秋教以禮樂冬夏教以詩書成德之方不過是興於詩立於禮成於樂聞弦歌之聲上之所以教下之所以學皆得其道矣故夫子喜之　割鷄句是戲言子游不得大用乃僅試之武城言有此牛刀何不用之屠牛乃用之割鷄乎非戲言武城不當以禮樂教之也天下一邑之積耳教一邑正與教天下同此時武城分別不出君子小人君子小人異用之事今但教之耳在上位之人心平氣和則當官涖事不敢草菅其民在下位之人心平氣和則知禮安分惟上所使　武城雖小將爲君子焉將爲野人

焉皆在其中舍學道之外無他教法此是夫子之言却云假之言他認得真即算他之言真讀書人古人之前言往行皆有諸已亦猶是矣

公山弗擾以費畔章

公山弗擾與陽虎皆不得志於季氏以費畔必陽虎欲殺季桓子之時孔子未仕故召孔子助己是後費遂爲弗擾所據定十二年季孫斯叔孫何忌率師墮費即圍弗擾也故左傳載弗擾襲魯公入於季氏弗擾從公公登臺仲尼使樂祁申句須下伐之弗擾敗遂與叔孫輒奔齊後入吳

弗擾之召豈特孔子不往凡人皆不往也魯論兩載子欲往者以無拒絕之詞耳何以無拒絕之詞以存魯也亦

以存晉也曷以存魯魯昭公逐季氏意如不克出奔齊身不復又廢其二子公衍公為而立弟公子宋此人倫之大變陽虎與公山弗擾欲叛之殺之以張公室意未必良事則大快人心今必嚴詞厲色以斥之是卿大夫可以脅君廢君家臣不可以叛大夫適以張季氏之氣助之陵公室也故不為拒絕之詞使知無禮於君人皆可以鷹鸇逐鳥雀庶彼有所顧忌所以存魯也趙鞅自定公十四年與范中行氏構兵春秋載趙鞅入於晉陽以叛至哀公五年左傳載晉趙鞅伐范氏圍中牟想佛肸必以中牟畔助范氏故圍之耳以世卿稱兵於國五六年而不已強橫極矣趙若不敗勢必代晉晉主夏盟以尊周為職業晉滅則周亦

從之佛肸之召夫子不斥其非徹趙鞅也夫子意至深遠蓋非欲往子路但見一面東周之與匏瓜之繫皆託詞也鴻鵠已翔乎寥廓羅者猶視乎藪澤必一一爲之詞則贅矣　匏瓜註外尚有二說王充論衡云匏瓜星也在須女之側此經星不動繫於一處不能飲食者黄東發日抄引之一說苦匏也國語叔向賦匏有苦葉云苦匏不材於人待濟而已言只可繫腰渡水不可食也於繫而不食尤切此等於書理不關輕重聊擴異聞　蔡京薦楊龜山先生龜山入朝人不敢議其非以君父危難不可不赴然龜山首建議撤王安石配享毀三經義正與蔡氏劃斷鴻溝明已不爲蔡京出也唐荆川爲趙文華出則非也倭寇自有

人乎之何必我聞當日亦曾商之羅洪先羅勸之出果爾則羅亦當分其過安有公山佛肸之召而可往者不加以詆斥之詞所以爲魯爲晉也精義入神以致用豈有陪臣干紀曰聖人無可無不可故欲往此癡人之言也

子張問仁章

問仁之答甚多此章繁而不殺正爲堂堂乎張不甚切實極力鞭策他一番曰能行責其實曰五者正其名曰於天下窮其分量總是欲隨時隨地實用其力勿以空言從事耳凡人所行不恭不寬自是不仁則能恭寬信敏惠爲仁矣能字大不容易林亨大先生云擴充涵養方能行此五者於因感而動之際體驗推廣方能行此五者於觸發而

應之時此能行實際也恭則不侮五句不是言其效驗是言到此地位方算得能行明其道者不計功若果然無功者道未明也此五句須切學者分量此天下只是人已二字替身因子張好高亦用高的字面語之不可說似堯曰册天地帝王氣象語不中倫類　字字緊貼心存心存理自得心存理得自是仁

由也女聞六言章

仲子是極有至性勇往力行人却不能細心窮理每有所蔽此是對症開方大加針砭關目在一言字曰六美六德則自無所蔽今曰六言是但知其名也言即是名目徒慕其名不去博學審問慎思明辨以窮其理則好處即是壞

處仁本無蔽不學之仁或不辨親疎雜施無等或不揆事理從井救人或以縱奸長惡爲行慈或以沽名市恩爲施惠非仁之蔽不學蔽之也知本無蔽不學之智或窮高極遠爲無益之思或索隱行怪闢奇衺之路或坐談六合外是非無可質證或馳心十世下損益不可預知豈不是蕩信本無蔽不學之信言不近義求其必復苟息白公之信則危其國尾生宗魯之信則陷其身非賊而何直本無蔽不學之直惟知好名直而無禮尊親有當諱之過急不能容同儕有應隱之惡迫不及待非絞而何勇於有爲何嘗不好不學則不能以義制事惟知勇往欲速以爲政則紀綱亂不遜以爲直則名分亂剛而有守何嘗不好不學則

不能以理自勝惟務勝人以必信必果爲不奪之節其狂也肆猶可言也以輕舉妄動爲浩然之氣其狂也蕩不可言矣此皆不學害之也學則居敬以淸其本又窮理以致其知有其德而無其蔽庶幾成德之君子矣講章云子路有何必讀書之語故以不好學儆之亦是　禮君子問更端則起而對孝經曾子避席子曰復坐吾語女是也居吾語女本無深意困勉錄有欲子路靜坐潛思聞所未聞此時文生活非正解

小子何莫學夫詩章

古時書籍不多誦詩三百即是絶大學問章中四可以字二之字一於字俱指詩之有益勉小子不可不學小子豈

眞不學詩口耳記誦之學非學也李安溪云諷詠之以養其性情體會之以求其氣類此學詩眞解

好賢如緇衣惡惡如巷伯豈不可以興十五國貞淫邪正千百六年興衰善敗鄭康成詩箋以詩起生民元鳥在稷契時訖於株林陳靈公之五年共約一千五六百年豈不可以觀承筐鼓瑟以樂嘉賓釃酒肥羜以速族黨兄弟有孔懷之愛朋友有靖共之雅學之豈不可以羣凱風有難言之隱載好其音有隱無犯之詞也小弁有不諱之詞我躬不閱三諫號泣以隨之義也北門室人交謫只云天實爲之簡兮淹屈伶官猶思西方美人豈不可以怨無私恩非孝子也詩則王事靡盬不忘將父將母之意陟岵作歌彌深予子予季之慕黍稷之藝盡孝養於承顏蓼莪之哀

懷罔極於身後豈不可邇之事父無公義非忠臣也詩則天保以上治內對揚以協泰交采薇以下治外禦侮以遏亂畧夙夜匪懈仲山甫尹吉甫當其盛則補袞職於承平作誦究訩家父凡伯之徒處其衰冀悟爾心於迷復豈不可遠之事君乎學非而博君子不以教人一物不知賢者亦以為耻惟詩之道性情敦倫紀者往往託物以詠有感而言飛潛動植之物色情態詩無不備學之又可以資博聞廣見出言有章登高能賦由此其選也詩之益人如此可徒以咿唔佔俾了事蹈雖多亦奚以為之誚哉語意切實指點不可作通套浮詞又添一個不學詩者矣　老學庵筆記載王介甫每退食輒手一卷紙墨已漶漫未嘗暫

釋亦不輕示人所親廸近視之孔穎達毛詩正義也所親
謂公詎復事此介甫曰是書博雅可資多識歐陽文忠言
予於毛鄭之學盡心焉耳矣世傳鄭康成詩譜求之不可
得乃自考春秋史記爲詩圖十四篇後奉使河東在絳州
得之首尾殊闕爲補其譜十有五補其文字二百七增損
塗乙改正者八百八十三而鄭氏之譜復完上之於朝古
人之治經如此予親見一學使者詢一書生關關雎鳩是
何鳥亦不知所對蓋不特毛傳鄭箋孔疏不曾寓目卽朱
註亦不讀矣此亦小子所深戒也

子謂伯魚章

此是鯉退而學詩之後丁寧切屬之詞精神在一爲字詩

三百有正有邪有美有刺不可爲也學之而已周南召南文王雍雍在宫肅肅在廟刑妻子至於兄弟以御於家邦民俗化之兎罝之野人江漢之游女皆秉禮度義有士君子之行此修身齊家之軌範不可不爲也爲之如何易曰風自火出家人君子以言有物而行有恆楊龜山先生謂言忠信則有物行篤敬則有恆此爲之之實也能如是爲之其身正不令而行坦然無有窒礙在家必達在邦必達不然身不行道不行於妻子樂焉而淫哀焉而傷用情不當理卽一物無所見也好而不知其惡惡而不知其美行事不合宜卽一步不可行也此卽正牆面而立矣不學面牆本古語耳 鄭康成云文王作都於豐乃分岐邦之地

為周召二公采邑使施政教公羊傳云陝以東周公左之陝以西召公右之武王有天下以二南得二公政教獨純須其詩於天下使用之鄉黨用之閨門以示人修身齊家之式以其自岐西南及江漢汝墳故曰南

禮云禮云章

困勉錄云朱子以忘本務末言是正意程子以僭竊者言是餘意當兼用其實不然僭竊禮樂者已於人而不仁章斷定不必重說此只是指務名不察實者提醒他使之深思而自悟乎哉二字詞氣稍緩須說得渾雅　和敬二字自是宗旨正文卻意在言外或直說出或暗藏二字俱不必拘　玉帛鐘鼓亦不可十分抹倒但必有物立於玉帛

鐘鼓之先而後禮樂作有物以實於玉帛鐘鼓之內而後禮樂行非然則玉帛鐘鼓直塊然一物耳禮樂云乎哉

色厲而內荏章

此爲在位之士大夫言之故曰譬諸小人外爲正言厲色內實趨避利害其盜名也與盜物同故曰穿窬之盜

鄉原德之賊　道聽而塗說二章

此是一時之言自賊其德曰德之賊倒文也　君子求諸已到人不知而不慍地位然後可以成德此二種祇是致飾於外務以悅人鄉原同流合污欲人稱之爲忠信廉潔道聽塗說入耳出口只頃刻間欲人稱之爲明敏博洽徒騖虛名失其本心後生小子尤而效之則道德學問真種

子絕矣大聲疾呼以斥責之惟仁人能愛人能惡人也易大畜卦象云君子以多識前言往行以畜其德又曰默而成之不言而信存乎德行今此人毫無深藏若虛之概只刼刼以口耳稗販度日雖有存焉者寡矣故曰德之棄

鄙夫可與事君也章

鄙夫何足道此章戒有薦士任官之責者切勿與鄙夫事君耳人亦何樂與鄙夫事君或喜其有才或樂其同己或有好諛之癖爲其所中或無知人之哲爲其所欺則自然與之事君矣如之何而後不與鄙夫事君蘇子瞻云道可以講習而知德可以勉强而能惟知人之明爲不可學必不得已無欲爲近之 欲非必貨利一念有偏卽是欲司

馬文正薦蔡京胡安國薦秦檜劉大夏喜張綵劉宗周譽吳昌時此豈有欲哉有爲所中處即欲也　未得之鄙夫無尺寸之柄不過鑽刺二字包括得盡旣得之則鄙夫事權在手遇英明之主逢迎固寵而已昏亂之世則甘心爲亂臣賊子或爲之爪牙皆爲此患失二字故曰無所不至

古者民有三疾章

今之德不如古亦已矣疾何至亦不如古故曰傷俗之益衰也　此狂字不是狂狷之狂曾晳琴牢說不得肆字肆是大言不慚如莊周列禦寇蕩則無行檢原壤是也原思近於矜陳仲子謂之忿戾皆相似惟直與詐判然不同言今無愚人惟有詐人也愚者天真未漓今則七竅鑿混沌

死久矣安有愚人惟此無知而行詐者滔滔皆是耳語氣上下各不同　季武子死曾點倚其門而歌豈不是肆以史記家語諸書証之魯昭公七年季孫宿卒曾晳少孔子十一歲方八九歲耳倚門之歌無此事也

惡紫之奪朱章

邪能亂正均之可惡事有大小上二句只言奪朱亂雅下一句直言覆邦家爲有邦家者呼寐而使之寤言此入耳不煩與吾意相合乃覆邦家之美疢也　不曰佞人而曰利口佞人騁辨逞才有入耳處亦有取憎處利口者迎刃而解要言不繁符堅欲伐晉舉朝皆諫慕容垂曰陛下神武斷自聖心足矣何必問外人唐高宗欲立武昬許敬宗

曰田舍翁多收十斛麥便欲易婦況萬乘乎頃刻間覆其邦家伊尹謂有言順於汝志必求諸非道蓋以此也

予欲無言章

此章語氣極平實只爲二三子以我爲隱一章二三子尙不能十分領會又聞發一番言二三子相從於此我所啓廸於二三子者何嘗不以言然言非徒言欲諸子言中能體會其至理言後能實踐之於躬行若我諄諄言之二三子默默聽之終日以空言從事則予欲無言矣此是提醒諸子使之身體力行非是言我另有不言之妙也子貢學聖從言入手一聞此言不免有疑言道非言不著夫子有言然後小子有述子若不言則道不傳矣子不傳則小子

將何述夫子引子貢向上一層切實指示以爲道之大原出於天天何嘗有言然仰觀於天四時則旣已行矣百物旣已生矣春夏秋冬迭相往來飛潛動植靡不發育天理發見流行燦然可見天何嘗有言述天亦何嘗以言哉語氣到此便住不可添出觀天則知我矣一派旁詞註中聖人一動一靜莫非妙道精義之發朱子論道理不如此說不明制藝代夫子措詞亦如此說則謬矣 古人之學與今不同今人作文字詩賦論策日日以言從事猶恐不給古人鄉舉里選不考文字二三子學於夫子學其爲人也故曰夫子之道忠恕而已矣夫子泛應曲當從心所欲不踰矩小子旣有模範在前目擊道存亦不可以容聲矣苟

於躬行實踐不知亦步亦趨惟蘄性與天道之聞好高而鶩遠眞有言不如無言諸子經此一番提撕之後始知於日用切近處學聖人鄉黨一篇於聖人一舉一動無不詳書天道至教聖人至德之妙均有所得矣　語氣上虛下實精神却上緊下鬆只一欲字有無限意思非不言欲無言也何以欲無言道不在多言也此章只在樸實處體會若云夫子別有不言之秘或云夫子以天自比皆未見顏色之論　謝上蔡嘗謂一友云兄明日來待與兄講一部論語其人疑一部論語如何一日即講畢次日赴之上蔡却只是尋常茶話良久其人乃請上蔡講論語上蔡朗誦云師冕見及階子曰階也及席子曰席也皆坐子告之曰

某在斯某在斯子張曰與師言之道與子曰然固相師之道也誦畢上蔡起立云某講一部論語畢夫子無行不與之妙現在指點不過如此

宰我問三年之喪章

此章記於孺悲欲見之後自有意義雜記言恤由之喪魯哀公使孺悲學士喪禮於孔子士喪禮於是乎書孺悲奉命而來孔子不見必其聞名於將命者之時有挾貴挾賢之概故不見而又取瑟而歌以儆之孺悲必他日又求見則告之矣宰我見夫子與孺悲言喪禮因發此問有爲而言非宰我眞欲自短喪也　宰我之親已死則居喪如禮不如禮已行之事何必再問未死歟夫子曰於女安乎宰

我曰安且勿論是四科高弟但彼亦人耳何必公然於大衆之前不耻不仁不畏不義一至於此決無是理蓋魯雖秉周禮不過典章文物燦然明備衰戚之事有名而無情檀弓載魯莊公之喪既葬而絰不入庫門士大夫既卒哭麻不入是五月而葬魯閔公與諸臣皆除凶服也春秋魯莊公三十一年十二月薨閔公二年八月吉禘於莊公僅二十一月已祔廟是並不以二十五月祥練也僖公三十三年十二月薨文公二年冬公子遂如齊納幣是未終喪而圖婚也魯昭公自初喪比葬三易衰在戚而有嘉容是以喪禮為戲也上行下效風俗可知滕文公欲行三年喪父兄百官謂吾宗國魯先君莫之行孟獻子禫懸而不樂

比御而不入夫子以爲獻子加人一等是一時士大夫居
喪皆不如禮矣宰我之問正與子貢冉有問伯夷叔齊同
曰安正與曰怨乎同隱其詞而反言之決是非於夫子此
所以爲言語之材也不然彼不孝其親何用喋喋有詞於
夫子哉　鑽燧改火註中四句乃周官司爟掌行火之政
令四時變國火以救時疾鄭康成註也饒雙峯云榆柳木
青春取之棗杏木赤桑柘木黃柞楢木白檀槐木黑各按
其時之色取之蓋五行之中又各有五行如金亦有五金
王次點云火之爲物燭燎以爲明烹飪以爲養逆而用之
則强弱相勝而氣不均順而變之則休廢相治而疾可救
故四時各取所宜之木以變國火使陰陽之正氣不滯於

偏節今醫書火鬱發之之說古人有水官以四時治溝洫則旱潦有備有火官以四時改火則疾疫可弭調燮之事即在日用之常不可不知　三年之喪古今通義亦有不同者古禮父在爲母期心喪三年喪服四制曰資於事父以事母而愛同天無二日國無二君家無二尊父在爲母期見無二尊也唐高宗上元十年武曌爲皇后上表請爲母服三年喪高宗從之自是父在亦爲母服齊衰三年明洪武七年改爲斬衰三年古禮庶子爲所生母父在諸侯之子練冠麻衣縓緣既葬則除之父沒服大功大夫之子父在服大功父沒齊衰三年士之子父在服期父沒齊衰三年明洪武七年孫貴妃薨高帝令儒臣另議喪制爲孝

慈錄領行之皇太子應服齊衰杖期懿文太子執古禮惟士爲父妾服緦大夫以上皆無服不肯持重服高帝怒手劍欲擊之太子倉皇服齊衰入謝自是庶子爲所生母服斬衰三年嫡子衆子皆齊衰杖期古禮婦人不貳斬惟爲夫斬衰三年爲舅姑期檀弓南宮縚之妻姑之喪夫子誨之髽曰爾毋從從爾爾毋扈扈爾榛以爲笄長尺而總八寸期之服也期外以靑衣終喪後唐長興中太常卿劉岳修禮書始改同子服宋乾德中詔羣臣集議右僕射魏仁溥等以夫婦同體夫服未除婦已終制於理不順宜依後唐之制自是婦爲舅姑服三年喪又古禮喪服惟夫厭妻無嫡厭庶之說孟子註厭於嫡母不得終喪此條亦誤

飽食終日章

心爲動物不能一息不行不用之此則用之彼是以君子乾乾終日不使其昏昧放逸也飽食終日無所用心斷無反虚入冥之理必有非所用而用者博奕雖駁雜無實之事却有得有失有勝有負心猶有所拴繫不至四出奔馳非教人博奕甚言不可無所用心耳　智者創物義亦有爲張茂先博物志言堯作圍棋教丹朱蓋爲此飽食煖衣逸居之輩既不可化誨設一無所用心之用心以磨耗其桀驁不馴使之陶陶然永朝永夕不至他溢爲非若英雋之士有執業之人君子進德修業欲及時也安有用心於此者哉陶侃鎮武昌見參佐有蒱博者收其具投之江中

曰大禹聖人乃惜寸陰吾人乃惜分陰此爲不易之論難矣哉鄭曉云惜之也危之也

君子尚勇乎章

此是子路初見夫子鷄冠佩劍豪氣未除時語知仁勇三者天下之達德何嘗不好壞在尚字一尚勇剛而無禮必爲戎首鋭於作非即是亂民蓋深摧抑之君子小人以位言

君子亦有惡章

困勉錄君子亦有惡此惡字從愛字生言君子博愛亦有惡人之時惡其悖德也賜也亦有惡此惡字從上節惡字生惡其亂德也聖賢無私惡總爲世道人心起見上四種

人直是不好無轉灣下三種人以非爲是故下以爲二字

惟女子與小人章

畜臣妾是小事却是大事除却莊以涖之慈以畜之八字別無善處之方女子小人自宫闈之奄宦嬪妾以及士大夫家之僕婢皆在其中夫子此言倘是爲中等人說用情不得中非近即遠已有不遜與怨之害若晉侯詭諸以驪姬亂國叔孫穆子以豎牛敗家倒提太阿授之以柄不在近遠二字界內只推廣作餘意可也　漢唐受女子小人之禍宋明則女子之禍少小人之禍烈此則敬之愛之信之非近之遠之也作文可以毋庸撥演俞長城云清心寡慾遠邪之道也知人窮理致治之幾也開誠布公服物之

方也端莊儼恪臨下之儀也能如是何人不服何畏女子小人哉說得甚好

年四十而見惡章

見惡比無聞更不好所以至此者四十以前所爲誤之也未四十者可以鑒矣　晚蓋暮成是好事顏氏家訓言荀卿五十始學禮卒爲大儒漢書言公孫弘四十始讀書六十而牧豕大澤中鄉人强之使舉賢良遂爲漢名相朱雲四十始學易兼通論語卒爲直臣與五鹿充宗談易人言五鹿嶽嶽朱雲折其角晉書言周處少年游俠爲鄉里大害後悔之二陸勸以折節讀書爲晉忠臣三國志載向偉五十更留心典籍手自校訂後進咸敬愛之唐書載高適

五十始學詩卽工。每作一篇。卽時傳播。此亦緣乎日有善根。雖時過然後學。不患勤苦而難成。若一向無志氣。又無學力。正諸葛相戒子書所謂慆慢則不能檢身。險躁則不能理性。年與時馳。意與歲去。窮年頽落。悲歎窮廬者也。卽欲痛自憤發。比於秉燭之光。亦已晚矣。其終也已。蓋傷之也。

四書翼註論文卷之二十二

論語　微子第十八

微子去之章

按呂氏春秋帝乙之妻生微子啓及微仲衍尚爲妾及立爲后始生紂帝乙欲立啓太史爭之曰有妻之子不可以立妾之子書微子篇父師曰王子我舊云刻子孔安國註云箕子以啓賢請於帝乙欲立之是微子於紂地相廹且有舊嫌於義不應諫去之以存宗祀乃正理也箕子比干同姓之卿與國同休戚於義爲應諫諫之不聽或被囚或見殺臣之於君義也無所逃於天地之間非箕子比干之本意也比干心迹易見微子箕子心迹難知夫子均謂之

仁出於天理之正卽乎人心之安是則同左傳史記皆言
微子面縛見武王無此事書明言吾家耄遜於荒是遜於
荒野未嘗見武王也武庚旣誅成王乃求微子封之宋左
傳所載乃許男入楚用此禮逢伯引武庚之事移之微子
以媚楚子司馬遷則因左傳之誤又爲已甚之詞旣面縛
矣是兩手向後也又云左手把茅右手牽羊故蘇子由謂
司馬遷不學而輕信孔頴達尙書疏謂武王封箕子於朝
鮮亦非也閻百詩四書釋地云遼州榆社縣東三十里有
箕城箕子所封地是遼本箕子故國箕子告武王以洪範
仍反於箕朝鮮尙隔大江武王安能裂土封之箕子自遷
於朝鮮耳書於秦誓稱十有三年洪範稱十有三祀武王

不屈箕子以成其志史臣之詞甚明楊升庵丹鉛錄云楚人誣微子以媚楚聊城傅以漸云書不稱宋公之命稱微子從舊爵成王不屈微子也傅公順治丙戌科一甲第一名進士官大學士

柳下惠爲士師章

此章重父母之邦四字大夫士去國人咭之曰奈何去墳墓也歷九州而相君何必懷此都屈平豈不知之正以同姓不可去耳柳下展氏無駭之後派出魯惠公魯之同姓君子之道樂則行之憂則違之無所不可何必去之以求合　枉道以事人何必不三公惠自不爲耳所爲不以三公易其介也楊升庵云古同姓去國不踰境

齊景公待孔子章

以季氏待孔子齊桓之於管仲景公固不能以季孟之閒待之事權恩禮亦在晏子之上皆虛詞耳惟有我老不能用是實話夫子之去知其僞也

齊人歸女樂章

不曰魯定公受之曰季桓子受之政由季氏出也陽貨未敗之先夫子但爲中都宰貨既奔齊請於齊以兵伐魯雖爲鮑文子所阻貨又奔晉趙鞅寵之季桓子恐陽貨挾齊晉之勢已不能抗用孔子以張國勢所以爲己也萊夷郤鄆讙龜陰之田反季桓子便志得意滿公然受齊女樂至於三日不朝彼豈不知齊强於魯何故爲此但其志已不

在用孔子甘受其餌而不辭蘇氏論范增以陳平雖智安能間無疑之主即此類也

楚狂接輿章

莊周亦楚人今載此歌必有所本非如他之漫誕內有云天下有道聖人生焉天下無道聖人成焉方今之時僅免刑焉山木自寇也膏火自煎也桂可食故伐之漆可用故割之人皆知有用之爲用不知無用之爲用其意專重今之從政者殆而恐夫子棲棲不已入於禍機其意良厚歷觀前世忘身以狥國國不可爲徒受其害者不可勝數知進而不知退知存而不知亡往往然也若聖人知進退存亡而不失其正則非接輿之所知也然諸隱士中獨知敬

愛聖人氣象自別。安溪批何屺瞻文云。接輿賓夫子知己。味其歌詞。可以當哭。

長沮桀溺章　子路從而後章

雙峯饒氏曰、天下有道不與易聖人救世之仁君子之仕行其義聖人出仕之義二章大旨已盡於此　長沮桀溺以無道不可易徒自苦耳夫子言我正欲易無道爲有道既有道矣安用易之聖人隱士所見不同如此　既云君子之仕行其義也又云道之不行已知之是明知無益事還作有情癡也何故如此蓋聖人之心與天同體天生民而立之君承以大夫師長不惟逸豫惟以亂民苟見世之不可爲而遽止則赤子匍匐將入井終無一拯救之人上天好生之心於是乎息矣聖人不隱居所以行君臣之義以體天也至若道之行不行亦天爲之柰則君子道長伊尹耕於有莘之野說築傅巖不必棲棲皇皇以求之道自行也否則君子道消夫子則棲棲皇皇以求之道固不行也道雖知其不行而義終不可廢聖人欲以天之心囘天使否之天復反而爲泰之天雖定衰數十年閒之天不可囘而天下萬世之天聖人則固已囘之矣此惟子貢之知足以及之故曰固天縱之將聖又曰自生民以來未有夫子

耦而耕三字有來歷考工記匠人爲溝洫耜廣五寸一耜爲耦一耦之伐廣尺深尺謂之畎田首倍之廣二尺深二尺謂之遂註古者耜一金兩人並發之謂二人共執一耜蓋耕貴及時兩人合作則易以竣事一夫所佃百畝

耕時並力發此土以下種遠近皆同故曰駿發爾私十千維耦後人牛耕一夫扶犂終朝可畢四五畝不復知有耦耕之事班固食貨志載漢武時趙過始教民用牛耕封富民侯或曰不耕何以冉伯牛名耕曰古以牛服箱載耕之所獲也顧寧人日知錄詳言之

逸民伯夷章

逸民之心有可有不可故逸聖人無可無不可故異於逸馬融註論語云亦不必進亦不必退惟義所在最得其解伯夷叔齊不降不辱自不消說得柳下惠少連亦何嘗降志辱身不似夷齊超然高舉仍油油與之偕而不自失視夷齊固已降矣辱矣明人作制藝云惠連有志而自降

之有身而自辱之也詞雖涉巧却中於理　逸民與隱士不同達而行之則天民窮而違之卽逸民孟子以三聖並稱乃所願則學孔子本於此章非沮溺丈人可比　史記有兩虞仲一卽仲雍本左傳所云泰伯虞仲太王之昭也此章之逸民一卽仲雍曾孫史記云泰伯奔荊蠻自號勾吳荊蠻義而歸之者千餘家立爲吳太伯太伯無子仲雍繼之此虞仲也傳子季簡孫叔達曾孫周章武王有天下求泰伯之後得周章已君吳遂以封之又封周章之弟虞仲於周北夏墟爲虞公此另一虞仲也逸民之虞仲本指仲雍與兄同心讓位遠竄荊蠻故云身中淸泰伯端委而治仲雍始從吳俗斷髮文身裸以爲飾故云廢中權吳人

汪編修琬作吳逸民列傳序累數百字皆言逸民之虞仲未必是仲雍他不置一詞人之好奇如此不知泰伯至德與文王同自不當在逸民之列仲雍與叔齊同宜稱逸者也又云句吳之君不當爲逸民不知吳之歸仲雍正與舜之二年成邑三年成都同舜之爲舜自若也舜未登庸仍有鰥在下耳仲雍至曾孫始封吳則仲雍仍逸民耳彼周章之弟虞國之始祖周室既興自無逸理上公之爵豈復稱民此說汪武曹大全引之恐末學罔所折衷詳錄而辨之於左

太師摯適齊章

賢者不得志而仕於伶官日之方中在前上處此其時也

相率去國胡爲者此必女樂既入奸聲亂色雜然並進以古樂爲無所用樂官失其職因率屬而去張子以爲三桓僭妄之故非也三家擅權耳君臣之分未嘗敢廢季平子卒以璠璵斂仲梁懷尚不肯八佾歌雍祭桓公於私家非祭季友也彼安敢使伶官侑食哉　史記周本紀有商紂無道太師疵一作太師中少師彊抱樂器歸周之語殷本紀又云太師少師抱樂器祭器歸周不書名班固漢書禮樂志云紂作淫樂以說婦人樂官抱其器而奔散或適諸侯或入河海則合史記與此章爲一事志郤太師摯之名不同其妹班昭即曹大家著古今人表遂以大師摯七人並列第三等在伯夷叔齊之下顔師古註云此皆紂時奔散之

人鄭康成又以爲周平王時人毛西河檢討左祖史記以爲齊楚秦蔡皆後人從其後封之國名而名之引樂記商者五帝之遺音商人志之文謂之商齊者三代之遺音齊人志之故謂之齊爲左証不知司馬遷本因微子篇有父師少師及行遯不顧附會爲抱器歸周忘郤師摯之始明明有人現在惟何晏論語古註云魯哀時禮壞樂崩樂人皆去與今人時文之說正同　白虎通云天子四飯諸侯三飯大夫再飯今魯無初飯郤有四飯李安溪則云或太師領之　安溪先生此題文自記云侑食在堂上以琴瑟爲主据周官王大食則奏鐘鼓明常食則不奏鐘鼓也禮記玉藻進禨進羞工乃升歌疏云進羞之後樂工乃升堂

倚琴瑟而歌何此瞻跋文後云先儒以不言一飯疑夫子正樂而去其官其實魯嘗日用天子禮樂如歌雍舞佾皆是不言初飯爲尊者諱數終於四不没其實先言太師樂官之長次記亞飯三飯四飯侑食之官歌者在上敬君也鼓鼗皆堂下之樂少師佐太師者也故次之磬聲清諸音來依之特總記之於後　余有丁云歷聘記載夫子年二十九適衛從師襄學琴後孔子用魯舉爲樂官夫子以女樂去魯師襄入於海　從來作時文自王守溪鏊至李安溪光地皆云夫子正樂之後樂官皆知魯之僭樂紛紛而去此言非也伶官無行道之責夫子正樂之後雅頌各得其所則伶官之官守得矣何必去且魯之僭樂僭禮自魯

惠公始雖孔子不以為非也歌雍八佾魯君所為子家羈語甚明諸伶官必待夫子正樂始知之何若此之愚也正樂之後夫子不去魯何以反速諸伶官之去更非理矣按史記定公十四年夫子道大行於魯齊人歸女樂以間之遂適衛據歷聘記太師摯適齊即是時去國十三年而反則魯哀公之十二年相隔十四年然後修春秋正雅樂師摯之始即此適齊之師摯必先與夫子同去後因夫子返國彼亦返國與夫子共成正樂之功乃合事理

周公謂魯公章　周有八士章

此册多載天地閉賢人隱之事末忽記此二章猶之國風之末言四國有王郇伯勞之大雅之終言召公日闢國百

是皆亂極思治之意否終則傾大人之事故以雅訓之善賢才之多殷之言人存則政舉也公羊傳云周公不之魯欲天下之一乎周左傳言命以伯禽封於少皡之墟伯禽之命古書無之周公之誠非魯論亦不傳蓋古書之闕逸者多矣　八士之實無所攷一母四乳春秋繁露之詞古註賈逵以八士皆南宮氏以逸周書有南宮适振鹿臺之財南宮伯達遷九鼎尚書君奭篇亦有南宮适較註中引鄭康成劉向之言尚爲有據

四書翼註論文卷之二十三

論語子張第十九

子張曰士見危致命章

士字提起被儒衣服道先王之法言人皆能之亦觀其大節何如四者皆立身之大節果能如此何必深求子張之意爲責人無已者言之非說止此便足也朱子恐人以今之成人自安補出一有不至則餘無足觀以足子張言外之旨　思敬思哀非臨喪臨祭方思也七日戒三日齋有如見之心附於身附於棺盡誠信之實勿之有悔心注於此謂之思

執德不宏章

或問朱子如何是執德不宏曰如子貢若執無驕諂不知樂與好禮子路若止知不忮不求不求所以臧卽謂之不宏由此言推之冉有非不說子之道公孫丑視若登天乃所謂信道不篤也既云執德信道亦有所得矣乃見識不開廣操守不堅定其心亦欲以三不朽自任爲有無於世間但既不宏不篤德孤而道廢矣雖欲爲有無又焉能哉須畧得體非一例抹煞之詞

子夏之門人章

此章兩邊都有是處都有不是處但夫子明言無友不如巳又云損益之友三則子夏之言自不錯拒字廹狹在所不免但云勿交之則可矣子張一派大話自是好聽但世

界有小人匪類並不在賢善衆不能之內又何以處之此破綻不小下學立身之始交必擇友乃可以成德知類通達强立不返之後如太邱道廣亦未嘗不可也　異乎吾所聞單頂不可者拒之句可者與之師商所同

雖小道章

農圃之事自神農后稷醫之事自軒轅岐伯湯伊尹卜之事自伏羲以至百工衆技創始皆自聖賢智者創物巧者述之原不可輕視故曰必有可觀者焉但當日爲此教蚩蚩之民以利用安身今已利矣已安矣士君子有修巳治民之任當爲其遠者大者若惟細民之業一技之長專心畢力於其中以之修巳不能希聖軼賢以之治人何以化

民成俗故曰致遠恐泥可小用不可大用也莫將小道說得太壞

日知其所亡章

邢昺古疏云勸學也舊無聞者當學之使日知其所未聞舊已能者當溫習之使月無忘其所已能如是者可謂之好學其言較現在之講章爲切實蓋學貴有心得又當與時俱進故曰日就月將學有緝熙於光明

博學而篤志章

爲仁之功須知行並進然先知而後行自然之序真知亦必能行必然之理也人能博學篤志切問近思則致知之事已舉其全不以一毫私意自蔽矣不以一毫私欲自累

亦由此基之故曰仁在其中　心不外馳操則存也講章以心不馳貼人欲不淆所存自熟貼天理來復作時文如此易於涉筆頂眞說理不淆如此　東坡先生論語解博學而志不篤則大而無成此一語於而字一折最分曉就所學之理潛心深造以求必得謂之篤志就所問之理再實心體認思索一番謂之近思此思字有明辨在內中庸說擇善之事學問在先思辨在後此章之序亦如此

百工居肆章

此學字是用力字面邢昺云君子勤於學則能至於道也以勤字比照居肆字則一線融洽專心致志以尊所聞則高明矣以行所知則光大矣此君子學以致其道也困勉

錄謂致字有二義道之廣大有不能自致者用勇往精專之學以致之道之精微有不可强致者用涵泳從容之學以致之說得周匝　陳星齋前輩云古人挑戰謂之致師我但專力於此道之妙自來謂之致其言與尚書惟學遜志務時敏厥修乃來相合附志之　百工居肆管子之言子夏引之言為學不專心與工之言龎事雜者等耳尹氏之說節外生枝不必曲為兼顧

小人之過也章

必字有意趣但凡小人再無肯引過者不說而合也改過只須有真心文過却有一番口辨才幹無如小人偏會文不會改子路人告以過則喜所以令名無窮也

君子有三變章

淑人君子其儀一兮安有三變從望之卽之聽之之人眼中心中則見有三變初若可畏卽之可親聽之則聳然可敬斯之謂三變矣黄勉齋先生云儼然手恭而足重温者心平而氣和厲者義精而詞確

君子信而後勞章

事上使下必誠意交孚而後可以有爲然誠字從何處說起必平日有不欺暗室之德行不取一介之操守而又先天下爲憂樂與社稷同休戚卽不求信信自在其中不然有倉卒之役不得不勞民有危急存亡所繫不可不諫而曰我未信誤天下事矣賈太傅洛陽少年論天下事至深

切矣文帝未嘗不信之所言除不可行者其餘行之殆盡漢王國太傅下丞相一等傳長沙非貶竄也蘇文忠以爲安有立談之間而遂爲人痛哭者此帶戰國習氣不足以知賈長沙

大德不踰閑章

子夏篤信好學年高而益進克勤小物卽其人也豈肯脫畧小節者此章爲觀人者言忠孝廉節之大磊落可觀則其他小小節目不必苛求註中吳氏之言未得其解

子游曰子夏之門人章

子游高明南方之學得其精華看洒掃應對進退自是小事然此語自大錯回護不得按大戴禮尚書大傳白虎通

皆言八歲以上入小學學小藝焉履小節焉今禮記中曲禮少儀內則多言洒掃應對進退之事此非先傳教法然也十五以外入大學學大藝焉履大節焉禮記中大學一篇綱領條目具在學記一篇即大學之傳義如儀禮冠禮昏禮有冠義昏義此非後倦教法然也立教者皆生知安行之聖人豈不欲即始以見終但人之才分不同即一人之身其血氣心知亦有待而進不但草與木不同即此草此木初萌芽與長成時亦自不同栽植灌溉各按時候不可一概施也大學之教不凌節而施妄施之則誣矣此君子之道即是夫子教人之道闕黨童子將命即是洒掃應對進退非子夏乃有此規條子游北學於中國稍長矣門

人小子之事未之習也故其言如此蒙以養正聖功也言閑其邪心導之於正爲後來作聖之基耳若云洒掃應對進退即可精義入神又矯子游之言失之太過古今風俗不同今之門人小子皆不學洒掃應對進退者也亦自有精義入神處平心而思則得之　內則云六年敎之數與方名八年敎之讓十年學書儀請肄讀書也簡書之篇簡諒應對以信十有三年學樂誦詩舞勺成童十五歲也舞象學射御此皆小學之事學記云一年視離經能分別章句也辨志三年視敬業樂羣五年視博習親師七年視論學取友謂之小成九年知類通達強立不返謂之大成皆大學之事本自井井有條妄可比而同之程子曰明道先生君子敎人有序先傳以小者

近者而後教以大者遠者非先傳以近小而後不教以遠大也眞說得透

仕而優則學章

此是劃開兩項人仕而不學左傳閔馬父所云不說學者世祿紈絝之徒是也學未優而仕子皮使尹何從政是也上優字輕仕有餘閒即可爲學下優字重未之能信勿易言仕也　朱子云某少時看不出後爲同安主簿下鄉宿僧寺中衾薄不能寐時正思量此章聞子規聲甚切至今聞子規聲便記得此出門人胡泳所記錄之見大賢人仕而且學如此

子游曰喪致乎哀章

子游習於喪禮檀弓所載甚多故曰汰哉叔氏專以禮許人此郤言致哀而止惡乎節文習熟無哀痛迫切之實者也

子游曰吾友張也章　曾子堂堂乎張也章

責善朋友之道也非如世俗反脣相稽者子游先贊之而後惜之未仁未能信其必合於仁非全然不仁也曾子堂堂二字亦是贊詞難與並爲畧帶自謙言彼容儀固自佳但無與吾以友輔仁之事畧含着則得之

曾子曰吾聞諸夫子二章

此皆一時所聞前章統論衆人隱情惜已物之大凡惟親喪固所自盡則天良所發特爲眞切耳　後章言卿大夫

之孝與士庶人不同當承家而有益於國如莊子不易父之賢臣不改父之善政乃爲肖子耳重在孟獻子之臣之政本不應改上不然哲宗蔡京之紹述曾是以爲孝乎季文子孟獻子在宣成襄之際並稱賢大夫季文子以襄公六年卒季武子以十一年作三軍四分公室奄有其二乃父相三公而無私積之風蕩無復存孟獻子以襄公十九年卒孟莊子於十六年邀齊侯之師於郕齊侯去之莊子塞海陘而還十八年又會晉師伐齊伐雍門之荻斬其楢以爲公琴已能宣力於國二十年春會莒人盟於向秋伐邾蓋曾之藎臣視季武子直萬萬猶不同器夫子此言愧季氏也

季氏使陽膚爲士師章
即上得其道民陷於罪亦無可喜之理禹下車泣罪人豈爲民散哉春秋之末世卿如季孟之家類皆剝民以肥巳民之陷於罪其情有不可言不忍言者士師之力甚微無能挽回惟姑存此哀矜勿喜之心冀勿如酷吏之所爲而巳曾子此言痛之深也　道教養之實政也上得其道則民之從善輕而陷於刑者少如以九職任萬民自三農生九穀以至閒民轉移職事皆得以食其力以九兩繫邦國之民則自牧以地得民至藪以富得民皆有以繫屬民情使有所依附以保息養萬民恤貧賑窮養老慈幼寬疾安富以厚其生以本俗六安萬民媺宮室族墳墓聯兄弟朋

友以安其志而又五家爲比使之相保五比爲閭使之相受四閭爲族使之相葬五族爲黨使之相救五黨爲州使之相賙而又以鄉三物與其良秀鄉八刑儆其不率斯時之民衣食足而禮義生自愛而重犯法尚有冥頑悍戾之極卽於罪戾者亦其自取矣今也上刻剝其民而不恤其身家民亦疾怨其上而不從其教訓愚賤鮮尊親之戴閭閻無親睦之風有無不相通饑寒無可告如是謂之民散民散則匪所不爲此纍纍罹於法者皆上失其道以至於此也魯之君臣倘聞曾子之言惕然知道之不可失也民庶有瘳乎

子貢曰紂之不善章

此章只是戒人不可居下流不是爲紂雪冤獨夫播虐擢髮不足以數其罪何甚不甚之有

君子之過章

子貢之言正與子夏小人之過章對針似同堂辨論之詞言日月未嘗不有食時不害其明以其食時不自遮藏人皆見之也既食即更本體朗然如故人皆仰之喜其重光君子之心光明正大亦如是所以有過不足以累之彼小人者惡足語此

衛公孫朝章

此學字即是師字公孫朝所見不高只疑夫子何所從師博學如此子貢亦就低處一層答之道字指謨訓功烈禮

樂文章此則必須問人答所問者即師若所謂聞而知之者前聖後聖心源相接何用問人正與天縱多能同一機括　賢不賢只是德成而上藝成而下處分別老聃之於禮萇叔之於樂是識其大者入太廟每事問祝史皆能直答即是識小舜與孔子皆是合衆人之小智成一人之大智正所謂德無常師主善爲師也

叔孫武叔二章

春秋之末子貢頗展其才吳欲召季康子賴子貢免之欲等盟子貢止之欲執衛侯亦以子貢之言而釋陳恒亦以子貢之言歸成邑於魯至所云一出霸越亡吳存魯亂齊之事家語吳越春秋俱有之蘇子由以爲不然古事久遠

莫能詳也。叔孫武叔心服子貢。蓋指此等事。宮牆二字不相聯。牆者所以衛宮也。宮大則牆自高。百官宗廟美富在宮中。不關牆事。以牆之高卑分優絀者。非也。　得其門以入之人地位儘高。顏曾冉閔方算得入門。子貢亦自揣一般。此贊詞方是真知確見。盲者無以與乎日月之明。聾者無以與乎鐘鼓之聲。宗廟百官只就淺顯處譬之。不必正喻夾寫。但須將美富二字抬高。士二廟。卿大夫三廟。器皿取具。安足稱美。諸侯五廟。都宮環之。蒼楹斲桷。尚承當美字不起。天子有七廟九廟。山節藻梲。複廟重檐。黝楹達嚮。崇坫康圭。九鼎六彝。朱干玉戚。美矣。不入廟何由知之。此百官即宗廟中之百官。士無大射。惟子弟助祭。卿大夫則有司馬刲羊司士繫豕雍正掄膚皆家臣也諸侯太牢以祭百官皆備倘承當富字不起天子具內官外臣太宰贊玉幣司徒奉牛牲宗伯涖玉鬯司寇奉明水火畿內之臣率六聯將事畿外諸侯五服助祭此方是富不入廟何由見之此宗廟百官皆是牆以內之物故云譬之宮牆乃講章時文皆作魯之左昭右穆三卿五大夫此叔孫武叔所孰覩者上譬之宮牆賜之牆也接不上下夫子之云不亦宜乎說不去矣　日月喻高不喻明與邱陵對他人不是平常人即伯夷伊尹柳下惠也

陳子禽謂子貢章

武叔如牛羊之眼但見方隅本不足怪子禽何故亦出此

只爲夫子未得邦家耳特地指出夫子之得邦家者七字桓溫謂孟嘉云人不可無勢我乃能駕馭卿想子貢於陳子禽語氣正復如此　所謂四句止重斯字其效甚速所過者化所存者神上下與天地同流即此語註脚　不可階而升指顏子一間未達三聖未極時中之妙皆不可階而升也不與庸常人比較

四書翼註論文卷之二十四

論語 堯曰第二十

堯曰咨章

史記引騶衍推天地剖判以來五德轉移之語家語已有之夫子答季康子伏羲配木神農配火黃帝配金顓頊配水此即註中所謂如歲時節氣之先後也以德信之非後世讖緯之說　允執其中即用中也政合中道則四海乂安於受禪之初即發困窮之戒聖人以位爲憂不以位爲樂如此　堯之命舜一言而已舜以命禹益以三語道由微而愈顯語亦由簡而漸繁自然之理非禹有所不知也

曰予小子履節

凡言性言仁言義言學皆始商書此獨引告天之語見征誅非湯之得已湯之心卽天之心也　簡與檢同謂選擇也言命德討罪皆本天心帝臣不是伊尹指天下之賢人桀時簡賢附勢賢才失所故命德與討罪並重伊尹相湯以伐桀者咸有一德堯應天心何用復舉之以告於天下

周有大賚節

大賚散鹿臺鉅橋之積以振畿內窮民善人是富中有善者又加厚焉如後世錫老人粟帛百年者有加卽此意

百姓有過由君師失其職故云在予一人與湯同詞故註不重釋　謹權量則吏不得多取於民審法度五禮五刑八政皆法度也審之則官得其職修廢官則人存而政舉

廢官非冗員也有職業之官闕其人而不補則官廢矣前明萬歷時大僚落落如晨星外吏例限已滿代者不來往往候一二年不得去亦不得回任與亂同事亦竟有之

按漢書律歷志云黃鍾爲萬事根本律度量衡由是以生黃鍾之龠以秬黍千二百實之爲一龠十龠爲合十合爲升十升爲斗十斗爲斛而五量嘉矣一龠之黍稱之重十二銖兩之爲兩十六兩爲斤三十斤爲鈞四鈞爲石而五權謹矣李牧堂先生獨謂不然蓋生民之初有粟米布帛之用卽須權量尺度矣作樂在後作樂以黃鍾爲準尤在後黃鍾所以測天地之元聲也元聲既得則由此立之以爲樂準大不過宮細不過羽因而由此以準權量尺度

輕重大小長短皆得其正耳非律度量衡待黃鍾其言有理然謹者有一定成法不使以意輕重大小是仍以黃鍾爲準也不可不知　權量古今不同孟子言舉百鈞則爲有力人若今之權四五百斤人已不能舉況三千斤後漢書南蠻西南夷列傳載李固諫征日南言去日南九千里三百日乃到計稟人日五升四萬人用米六十萬斛驢馬之食不計今兵行每日用米八合三勺相去五倍有奇徐光啓農政全書言古人百畝當今田二十六畝論之農家亦云一夫之力只能耕二十五六畝鄭世子厚烷樂書顧炎武日知錄考古今權量制度甚詳以非舉業所急不悉錄　與滅國即樂記所云未下車既下車所封皆已滅之

國惟宋不然故云投殷之後於宋孔頴達云投者舉徙之詞後武庚滅周公更封而大之　繼絕世何屺瞻云賢者之世卿大夫世祿已絕者舉其後人繼之重民五教五倫之教不外養生送死故云惟食喪祭孟子所云養生喪死無憾王道之始也

寬則得衆節

朱子云此是帝王現成實錄夫子列敘前事斷以己意只是約畧指點之詞

明道程子曰堯曰咨已下夫子所常言弟子敘而列之夫子之得邦家亦猶是也

子張問於孔子曰章

五美四惡法戒昭昭尊字屏字極有力量樹德務滋去疾
務盡也　五美之條目惠與勞字一樣看不是美所以美
全在而字一折惟不費乃美耳餘句皆同　世俗不肯以
財賙恤人但以口惠因人成事輒曰惠而不費此言非
也費非美字謂耗也散也糜也惠而出於費則出之有限
而施之易窮惟不費之惠乃無窮無盡耳此是論爲政常
理若救災恤患君子曷嘗靳府庫之財不可以此藉口
欲仁得仁此仁是仁心仁政博愛之仁欲而得之我快於
心民得其所何貪之有　臨政之君子戰戰慄慄日愼一
日安知所謂泰但人有衆寡事有大小庸人如此生分別
相小者寡者則侮之大者衆者則懼之是以小人驕而不

泰君子一例敬慎行事則謹小慎微居心則不愧不怍終身坦蕩蕩豈不泰而不驕乎　困勉錄云正衣冠尊瞻視先有一層恂慄之敬在甚是不教而殺殺卽當罪亦謂之虐以平日無恤民之心也不戒視成成興工動衆不先董勸惟務速成故謂暴慢令則故慢其令使人不經意忽又致期似有意害之故謂之賊　有司筦庫之吏非賊與暴虐何以爲之四惡對爲政者言之彼權非自主不得不吝爲政者伸縮由己何至恐不能舍下同有司乎是以謂之四惡　出之吝軍旅之費遲之五日則庚癸呼而敗徵見災賑之需延之十日則餓莩衆而轉徙多惡不待言卻有一納字在內人多忽畧民間有布縷之征粟米之征有司牟

持管鑰不爲之迅速收入守候有旅食之艱吏胥縱需索之慾貽害實亦不淺爲政者亦不可不知也

不知命章

孔安國曰命謂窮達之分雲峰胡氏曰一定不可易者命也人不知命常求其所不可得避其所不可免所以徒喪所守而爲小人也　知命如何便可以爲君子知得窮通得喪非人之所能爲則浩然之氣常伸不爲勢利所屈見義必爲斯君子也已　古今言命多矣人能宏道無如命何此雅人之言天下之至言也一飲一啄莫非前定此俗人之言亦天下之至言也古人所紀載可與此語相証明者甚多不悉錄繙宋景濂先生文集有前定三事皆言科

名事錄之以貧一覽其畧云永嘉林伯恭（名溫）為濂言溫生丁巳年八月八日至三歲父名之曰欒祖十二歲改名溫又十歲至正戊寅（元順帝年號）以春秋試鄉闈第一董彝第四董朝宗第五朱公遷二十八殿榜也中間孔賜王王孔文高祿卿潘如珪四人皆再薦溫上南宮以恩例置奉化州學正丁亥始之官董彝亦為慶元路學正交談之頃慨然曰吾父嘗出一書云吾大父得奇夢記諸籍云丁巳年九月七日夜夢林溫作魁朱姓人鎖榜第四第五連姓董內四名用朱筆點云是舊講舉（宋元舉人會試不錄不入官再試於鄉）者稽於今無一不驗尤奇者溫生甫一月未名溫也奉新王博（名載）又與濂言夢與劉鑄到南昌經江西省見放鄉貢進士榜

諦視之高懸朱牌十枚金字熖耀日光不可讀忽一隸前曰第一名南昌熊誼汝居第六遙呼鑄曰爾有名在後須臾有紅英佩刀者十餘人自省中讙而出似相廹逐驚寤時大都督朱文正鎮南昌與陳友諒搆兵無貢舉事逾八年洪武庚戌始設科江西額四十名南昌占其十熊誼爲榜首正符朱牌之數載在通榜第六及試大廷載又在二甲第六一一皆驗濂聞此二事頗異之他日言於金谿吳伯宗伯宗曰豈惟是哉庚戌夏五月二十二日臨川通判王䆄夢城中作樂迎狀元二十五日始頒科舉之詔是秋鄉試伯宗濫充第一衆謂夢驗矣及廷對伯宗復擢榜首鄉里至今以爲美談濂觀傳記所載前定事甚衆未敢信

也今親聞三君子之言其有不信乎書之以見人囿氣化中誠有一定之命不可以智求不可以計免也自修之外一聽之天而已景濂先生名濂金華人與劉青田基同爲明文臣之冠　禮指節文度數上說人不知此則進退周旋皆失所據故無以立徐徵宏云禮釋回增美質其在人如竹箭之有筠松栢之有心註竹箭有筠致飾於外可以捍外誘也松栢有心堅固於內可以固內心也註中耳目無所加手足無所措十字甚好如左傳所載孟僖子從公如楚過鄭不能答郊勞至楚病不能相禮韓起聘於鄭孔張後至立於客間執政禦之立於客後又禦之立於懸間之類是只就外面威儀揖讓之節言　人心之動因言以

宜吉人之辭寡躁人之辭多誣善之人其辭游心中疑者其辭枝失其守者其辭屈人如是則言從之因源之達流也詖詞知其所蔽淫詞知其所陷邪詞知其所離遁詞知其所窮言如是則人可知溯流而窮源也能知人之邪正則可以取友輔仁亦爲學之先務

前章於治人之事最詳此章於修己之事最切以之殿論語二十篇大有深意

四書翼註論文卷之二十五

福清張甄陶惕菴氏敬述
房師仁和錢嶼沙夫子鑒定
五華 貴山書院同學諸子校訂

孟子

一句故作

孟子見梁惠王

王曰叟不遠千里而來亦將有以利吾國乎

質○淨

孟子對曰王何必曰利亦有仁義而已矣

嚴○緊

王曰何以利吾國大夫曰何以利吾家士庶人曰何以利吾身上下交征利而國危矣萬乘之國弒其君者必千乘之家千乘之國弒其君者必百乘之家萬取千焉千取百

焉不爲不多矣苟爲後義而先利不奪不饜

未有仁而遺其親者也未有義而後其君者也

却正説一句分開仁義婉切

再用前語激上句却用在下亦一法

王亦曰仁義而已矣何必曰利

按史記魏世家晉獻公十六年滅耿滅滑滅魏封畢萬於魏爲大夫畢公高之後也遂以魏爲氏魏犨從晉文公出亡魏絳佐晉悼公九合諸侯魏桓子駒與韓康子虎趙襄子無恤共滅智伯分其地駒之孫曰斯實爲魏文侯周威烈王二十三年命趙籍韓虔魏斯爲諸侯即魏文侯元年文侯師卜子夏友段干木田子方用吳起西門豹李悝盡力耕戰因以富饒以禮信交諸侯民不被兵戰國之賢君也文侯立五十年子武侯擊立稍侵

暴隣國武侯立二十六年卒子罃立即梁惠王也恃其先業敗韓于馬陵敗趙于懷亦爲齊敗于觀至三十年齊虜魏太子申殺龐涓三十一年敗于秦棄安邑故都徙大梁（即今汴梁）國憊矣始卑禮厚幣以招賢者孟子始至梁　孟子守先王之道不往見諸侯至是以報禮至魏年高矣王尊稱之曰叟亦將二字胸中已有成見是時鄒衍淳于髡輩皆在梁所言皆以利爲說意孟子亦必然也　仁義註中以心之德愛之理言此朱子註四書之通例所以開示後學非孟子與梁惠王所言也孟子所言乃治國之仁義專對利字言吾之所挾持非富國強兵之術博愛之謂仁使天下之民皆得所行而宜之

之謂義使天下之事皆合宜此古帝之心傳前王之治法利之一言吾未之學也後章王道正仁義之實從前講章所說皆誤　何以利吾國節三曰字前者唱于後者唱喝如響應聲以不學俱欲之物居高而呼衆皆趨之欲專其利實導之使分其利也透切之極　萬取千爲二句蒙引以爲難解其實此二句易解言人君不以利唱之則下皆安分知足君不過十卿祿彼于萬中巳取千矣千中巳取百矣又何求若以利唱之熙熙穰穰皆爲利來不可禁止欲之甚則昏蔽而忘分義求之極則爭奪而爲怨仇先只肥家後遂耦國又後則無君爲上者求一日之安不可得矣三家分晉即其前事王敬

則謂宋末帝曰官先取之司馬家亦如此孟子之言切中事理故梁惠王降心願安承教不敢以儒術爲迂未有仁節諸儒之說俱不切趙岐古註云仁者親親義者尊尊人無有行仁而遺棄其親行義而忽後其君者最簡當　末節王亦曰曰字不是空言欲王便于此躬行仁義以爲民表則民相率而忠君親上利之一字亡國之言再勿置議也　萬乘千乘百乘據趙順孫孟子纂疏引漢書刑法志云方里而井四井爲邑四邑爲邱四邱爲甸甸六十四井五百十二家出車一乘天子畿方千里提封百萬井除山川溝壑城池邑居園囿術道之屬三分去一定出賦之地六十四萬井兵車萬乘天

子之公卿采地在畿內所謂都鄙之地也上公食采不過百里出賦之地六萬四千井兵車千乘故云千乘之家畿外諸侯大國亦不過百里故云千乘之國其大夫采地得十之一亦出賦六千四百井故云百乘之家又按蔡模孟子纂箋云凡出車一乘則有兩車一乘用馬四疋甲士三人在車上左主射右主擊刺中主御車步卒七十二人二十四人爲前距左角二十四右角二十四隨車進戰此兵車也一曰重車又名革車牛十二頭炊家子十人固守衣裝五人廐養五人樵汲五人共二十五人以佐兵車謂之輜重此本尙書孔頴達疏

孟子見梁惠王王立於沼上顧鴻雁麋鹿曰賢者亦樂此

乎

孟子對曰、賢者而後樂此不賢者雖有此不樂也兩句先截住一正一反下文分兩段

詩云、經始靈臺經之營之庶民攻之不日成之經始勿亟庶民子來王在靈囿麀鹿攸伏麀鹿濯濯白鳥鶴鶴王在靈沼於牣魚躍文王以民力爲臺爲沼而民歡樂之謂其臺曰靈臺謂其沼曰靈沼樂其有麋鹿魚鼈古之人與民偕樂故能樂也

湯誓曰、時日害喪予及汝偕亡民欲與之偕亡雖有臺池鳥獸豈能獨樂哉

臺池遊觀節勞佚而寧心志亦有國所不廢梁惠王喪敗之後悔心漸萌疑賢君不以遊觀害政故有此問賢

者二句趙岐以爲賢者之君能行堯舜之道民得其所故能有此樂不賢之君此如傳舍忽則易人豈能有之不樂不能有其樂將爲人所奪也　天子之臺曰靈臺諸侯曰觀臺望氛祲察災祥候日占星國之典制其下有囿囿中有沼兼及遊觀詩之首章卽經始靈臺四句經者相度基址營者立表以定東西南北也經始勿亟文王恤下之詞庶民子來周民趨事之樂次章卽王在靈囿六句鹿善驚攸伏則得所可知通章俱言文王之德上及飛鳥下至潛魚其三章曰虡業維樅賁鼓維鏞於論鼓鐘於樂辟廱其四章曰於論鼓鐘於樂辟廱鼉鼓逢逢矇瞍奏公東萊呂氏曰前兩章樂文王有臺池

鳥獸之樂後二章樂文王有鐘鼓之樂按史記文王都岐四十六年遷郢又三年遷豐始作靈臺益前此規制未備至是國都地大始作靈臺設辟廱具鐘鼓以興學校廣教化漢儒以靈臺辟廱明堂三者異名而同處本此　註中衆言吾有天下二句乃孫奭疏引尚書大傳語伏生口授尚書又自博引羣言申證其旨謂之尚書大傳即伏生尚書註也宋秘閣崇文總目有其名書逸今十三經古註中尚存數條書凡三卷陸清獻公困勉錄引湖南講云（未詳何人所著）孟子說君之法前章是逆而折之此章是順而導之晉國莫强及襄王章是據理而直言之牽牛章是觸機括而曲引之以類而推全書總不

出此按坎卦六四有納約自牖之文程傳以爲人臣以忠告善道自結於君必自君心之所明者入之故訐直多取忤溫厚明辨者其說多行漢高祖愛戚姬將易太子其所蔽也四皓之賢不易致其所明也張良招四皓爲太子羽翼則不廢矣趙威后愛少子不肯使爲質於齊所蔽也左師觸龍以丈夫之愛少子勝於婦人如欲其久富貴莫如使出質威后聽之如嚮皆就所明通之

孟子引君當道其迎機導竅處數語已說盡特識於此

與民同樂非芻蕘雉兎之說治岐之政與民之實事也

梁惠王曰寡人之於國也盡心焉耳矣河內凶則移其民

於河東移其粟於河內河東凶亦然察鄰國之政無如寡人之用心者鄰國之民不加少寡人之民不加多何也

孟子對曰王好戰請以戰喻塡然鼓之兵刃旣接棄甲曳兵而走或百步而後止或五十步而後止以五十步笑百步則何如曰不可直不百步耳是亦走也曰王如知此則無望民之多於鄰國也

引○喻○答○　先○用○二○句○截　住○起○下○節○

不違農時穀不可勝食也數罟不入洿池魚鼈不可勝食也斧斤以時入山林材木不可勝用也穀與魚鼈不可勝食材木不可勝用是使民養生喪死無憾也養生喪死無憾王道之始也

又總○二○句　承○上○句○結○一段　又翻一○段波瀾進○一步

五畝之宅樹之以桑五十者可以衣帛矣雞豚狗彘之畜

無失其時七十者可以食肉矣百畝之田勿奪其時數口之家可以無饑矣謹庠序之教申之以孝弟之義頒白者不負戴於道路矣七十者衣帛食肉黎民不饑不寒然而不王者未之有也總上四段

狗彘食人食而不知檢塗有餓莩而不知發人死則曰非我也歲也是何異於刺人而殺之曰非我也兵也王無罪歲斯天下之民至焉

此章以盡心二字爲主梁惠王以罪歲爲盡心顛倒甚矣孟子不遽責之姑就所明通之以平其氣然後以王道之始王道之成示以盡心正面彼旣心服然後下塗有餓莩而不知發八字明定爰書淑問如皐陶雖嚚訟

頑讒莫不畏志矣下章願安承教梁王自盡供招也易曰艮其輔言有序於孟子之書見之
按春秋魯莊公二十九年魯饑臧文仲告糴於齊穀梁傳云國無九年之蓄曰不足無六年之蓄曰急無三年之蓄曰國非其國也古者什一稅豐年補敗不外求一年不艾而百姓饑君子非之盡心於平日者如此周官大司徒以荒政十有二聚萬民一曰散利二曰薄征三曰緩刑四曰弛力五曰舍禁六曰去幾七曰眚禮八曰殺哀九曰蕃樂十曰多昏十有一曰索鬼神十有二曰除盜賊盡心於臨事者如此大荒大札令邦國移民通財（即移粟）亦王政所不廢乃萬不得已而後以此濟一時

之急非恃此以爲本計也今梁惠王狗彘食人食而不知檢是暴殄天物貴賤不分平日無蓄儲也塗有餓莩而不知發是臨事無賑恤也以移民移粟爲奇計不知丁壯轉徙出鄉既散即不能復聚老弱張口待哺後不能繼亦終於饑而死以此沾沾自喜與晉惠帝天下饑何不食肉糜未達一間耳孟子不斥其非以高言不止於衆人之心且置之不論耳　王道之始非創業草昧締造經營之謂指大亂之後扶持整頓處說春秋之時古制猶在其人存則政舉矣戰國戰爭吞併刻無甯晷小國日以滅亡大國日以開拓尺籍不定田畝難分不過各據現有之田收其大半之賦富者連阡陌貧者無

立錐之地老弱丁壯皆失業養生送死之具皆無所措故始但總其大綱用心樽節愛養使民可背匡以生民氣既蘇乃有定志然後可以行分田宅設學校之善政此先後次第之規模　狗彘食人食是梁惠王所畜田獵之狗待烹之彘餵以稻粱芻豢與人之食無異也古凡事有限制詩云乘馬在廄摧之秣之言王者以節儉治國馬無事委之以芻莝之而已有事田獵征伐而後秣之以穀也禮檀弓篇歲凶君膳不祭肺馬不食穀梁於歲凶狗彘食人食平日可知正與註中樽節愛養制度品節八字相反此八字即書心之實非徒臚列其失而已

梁惠王曰寡人願安承教

孟子對曰殺人以梃與刃有以異乎曰無以異也

以刃與政有以異乎曰無以異也

曰庖有肥肉廐有肥馬民有饑色野有餓莩此率獸而食人也

獸相食且人惡之爲民父母行政不免於率獸而食人惡在其爲民父母也

仲尼曰始作俑者其無後乎爲其象人而用之也如之何其使斯民饑而死也

此與上章一時之言因梁惠王更端請教分爲二章人君卽至愚如何肯使斯民饑而死惟知自奉不恤民瘼行政如此民饑而死卽已使之也實忘政上已說盡此

再警動其天良惠王庶幾悟矣　移民移粟權宜之計孟子比之以政殺人又比以率獸食人何也蓋天災流行何國蔑有所恃人君有恤民之政先發倉廩不足乃移民移粟以濟之則爲善政不發倉廩徒擾其民在凶荒之地則饑饉之後加以流離在豐裕之地則虛耗之累同於凶歲兩受其害至虐政也漢書載漢文帝六年大旱蝗發倉廩以賑貧民漢武帝四年山東水災民乏食天子遣使虛郡國倉廩以賑貧民猶不足又募豪富相假貸又不能救乃徙貧民於關以西及充朔方以南新秦中七十餘萬口皆仰給縣官使者分部護之冠蓋相望漢之所以興舊唐書載唐太宗謂王珪曰開皇時

大旱隋文帝不許賑給而令百姓就食山東比至末年天下儲積可供五十年煬帝恃其富饒侈心無厭遂亡天下但是倉庾之積足備災荒其餘何用哉合而觀之可以鑒矣　檀弓孔子曰爲明器者知喪道矣備物而不可用也哀哉死者而用生者之器也不殆於用殉乎哉塗車芻靈自古有之明器之道也　孔子謂爲芻靈者善謂爲俑者不仁不殆於用人乎哉按春秋左氏傳成公二年宋文公卒始厚葬用蜃炭以人殉君子謂華元樂舉於是乎不臣臣治煩去惑者也史記秦武公死殉者六十六人秦繆之殉三良與焉作俑之禍流毒如此　此兩章講章有謂王道指爲治之初法制未備不

必鋪張周禮林衡澤虞典制及點染豐亨蕃殖詞頭文有謂王道之始尚是第二着須是先發倉廩以救目前之急然後王道可次第舉行皆似是而非史記魏世家惠王三十五年孟子至梁三十六年惠王卒子襄王立此是垂暮之期談已往之事故曰河東凶亦然蓋已司空見慣只欲剖露自己盡心耳若現在鳩形鵠面流亡在目彼亦覥然人面何敢云寡人之民不加多孟子答之亦指盡心二字言王之所爲非歲耳安得盡心必欲算得盡心須是如此如此正須說出古先王裁成天地之道輔相天地之宜以左右民至纖至悉故民樂其樂利其利久而不忘此謂盡心非梁王詢目下救災之策

告之以前王迂緩之圖也又有謂孟子不尊周時勢之不得不然亦不是戰國諸侯雖無道仍復尊周魯仲連不帝秦爲周存也豈有孟子之不如魯仲連哉

按史記周威烈王二十三年王命魏斯韓虔趙籍爲諸侯次年崩子安王立安王十三年田和會魏侯楚人衛人於濁澤求爲諸侯十六年王命田和爲諸侯二十六年王崩子烈王立烈王六年齊侯來朝卽齊威王也烈王六年崩子顯王立顯王二十四年諸侯會於京師二十六年王致伯於秦諸侯賀之秦使公子少官率師會諸侯朝周王卽魏侯罃之二十六年也是時諸侯本未嘗不尊周孟子又何從謂之曰爾必尊周又何曾語之

曰爾能行王道卽自王不必尊周然而謂孟子必尊周者何也孔子見諸侯爲尊周也孟子不見諸侯亦爲尊周也易地則皆然孔子之時周室勢重諸侯權尙輕可以求仕如魯定公能終用孔子相之入周行共和之事纘周召之功可也孟子之時周衰極矣語之曰爾必尊周一强國挾其勁旅擁天子以令諸侯數强國共起而攻之一交鋒而周滅矣孟子之所謂王道分田制產家給人足王者之心非改正朔易服色之道也然使孟子輕身往見諸侯則見役於彼加之以卿相之位使之率師下三川遷九鼎不得不奉令承敎惟屹然以道自重不見諸侯以禮幣下交則答之導以拯民水火之中使

有休息寧宇焉幸而聽從生民之福不然亦存吾言於天下後世使必來取法孟子之心如是而已何嘗計尊周不尊周哉果其天心悔禍齊梁之君舉國以聽孟子遂王天下如反手此時六强國皆帖帖相服則於講信修睦之中申尊主庇民之約禁攻寢兵入職貢於周如鎬京洛邑之已事可也如六强國不相下則以至仁伐至不仁悉戡定之以歸於一如漢高之創業垂統定萬世太平裂名都以奉周後修其禮物作賓於王家如二賓三恪焉其亦可也今皆無其事也聖心時措之宜非後儒之可淺窺遽曰孟子不尊周王充李覯愚夫之說也

正文但言五畝之宅注中分二畝半在田云云西

河毛氏據陳祥道禮書力言其無據非也按漢書食貨志云六尺爲步步百爲畝畝百爲夫夫三爲屋屋三爲井是爲九夫八家共之各受私田百畝公田十畝是爲八百八十畝餘二十畝爲廬王介甫詩經義云古有田中之廬故詩云中田有廬疆場有瓜又有國中之廬故詩又云上入執宮功古人度地居民原有兩處有中田八家之廬井開四道而分八宅故公羊傳註云無洩地氣無費一家同風俗齊巧拙通財貨存亡相守出入相司嫁娶相媒有無相貸疾病相扶持（此何休公羊傳注）有國中邑居之廬故周官司徒職云五家爲比使之相保五比爲閭使之相受四閭爲族使之相葬五閭爲黨使之相

救五黨爲州使之相賙五州爲鄉使之相賓卽賓興之典田
中之宅所以便耕耘邑居之宅所以壯形勢扞寇盜與
教化特井之濶狹不一邑之大小亦不一故有十室之
邑千室之邑又有邑人三百戶書社六百之殊陳氏只
以國都爲邑所以與朱註牴牾百畝之田亦不是方方
整整一塊周官不易之田百畝一易之田二百畝再易
之田三百畝又有士商工匠之家受田五乃當農夫之
一又有山林藪澤淳鹵之地各以肥饒多少爲差　古
田邑之居桑麻之外兼植菜果公羊傳云公田爲居井
竈葱韭盡取焉食貨志云環廬樹桑菜茹有畦瓜瓠果
蓏殖於疆易　庠序只說鄉學所以親小民敦教化厚

風俗下只接頒白不負戴不必涉國學興賢育才之話

孟子正意只在途有餓莩而不知發人死則曰非我也歲也此數句是正論餘皆說盡心樣式反照罪歲二字至下章省刑罰二句方是正經教梁惠王切實下手行仁政也

梁惠王曰晉國天下莫強焉叟之所知也及寡人之身東敗於齊長子死焉西喪地於秦七百里南辱於楚寡人恥之願比死者一洒之如之何則可

上○句○起

孟子對曰地方百里而可以王

分○兩○段

王如施仁政於民省刑罰薄稅斂深耕易耨壯者以暇日修其孝弟忠信入以事其父兄出以事其長上可使制梃

以撻秦楚之堅甲利兵矣

彼奪其民時使不得耕耨以養其父母父母凍餓兄弟妻子離散

彼陷溺其民王往而征之夫誰與王敵

承上二段引證結

故曰仁者無敵王請勿疑

漢書載魏相上書漢宣帝云救亂誅暴謂之義兵兵義者王敵加於已不得已而應謂之應兵兵應者勝爭小故不忍忿怒者謂之忿兵兵忿者敗利人之土地貨寶者謂之貪兵兵貪者破恃國家之大矜人民之衆欲見威於諸侯謂之驕兵兵驕者滅此五者非但人事乃天道也梁惠王糜爛其民及其所愛尚不知悔欲儌倖一

勝以雪恥是以驕兵始以憤兵終也其亡可立而待孟子不與言好戰樂禍之不可但與之言行仁政則可以王恥不待雪而自雪矣揚湯止沸不如抽薪善於立言如此　梁地起山西之安邑至河南之彰德開封延袤一千里蘇秦云南有鴻溝陳汝北有河外酸棗東有淮潁沂黃西有長城之界武力二十萬蒼頭二十萬奮擊十萬誠天下莫强焉惠王倚其先業搆兵强鄰爲秦所廹遂徙大梁棄安邑自失地利日就削弱自取之也稅斂有三說王罕皆曹憒云斂指農野九一而助國中什一自賦斂也稅指末園廛漆林二十而一絲枲疏材之稅稅也方椉如據漢書食貨志稅謂公田什一斂計

口發財工商衡虞之入古稅以足食供郊祀宗廟百官祿入賦以足兵供車馬甲士充府庫賜予谷應泰據周禮什一爲稅收稅之時司稼以年之上下出斂法旅師用稼春頒而秋斂之爲斂三說之中谷說最長此專指農民故下直接深耕易耨蓋驅之戰者皆農也朱子云鄉遂雖用貢法然巡野觀稼以年之上下出斂則亦未嘗拘也（謂不拘定額）蓋鄉遂貢法都鄙助法皆什一通謂之稅都鄙隨年豐歉計畝均收薄稅自不待言其鄉遂有定數者必令司稼視年之上下而斂之勿一例取盈此薄歛也猶之刑必當罪其可矜疑末減者則罰之亦量其財力勿竭其所有勿淫刑勿濫罰卽是省遵先王之

制節是薄此是告梁惠王切實下手頃刻可行行之立
效之事所以爲名世亞聖之大才趙岐孟子注序惜乎梁惠王
未幾而沒卒不能行

孟子見梁襄王
出語人曰望之不似人君就之而不見所畏焉卒然問曰
天下惡乎定吾對曰定于一一句開
孰能一之
對曰不嗜殺人者能一之一句闔
孰能與之
對曰天下莫不與也一句轉王知夫苗乎七八月之閒旱則苗槁
矣天油然作雲沛然下雨則苗浡然興之矣其如是孰能

禦之今夫天下之人牧未有不嗜殺人者也如有不嗜殺人者則天下之民皆引領而望之矣誠如是也民歸之由水之就下沛然誰能禦之結句

亂離瘼矣奚其適歸梁襄王之問蓋切問也特以其容貌辭氣可鄙耳　按史記梁惠王三十五年孟子至梁三十六年梁惠王卒子襄王立孟子適齊是孟子在梁首尾未三年也梁惠王雖虐用其民未敢叛周襄王元年與諸侯會徐州相王也據史記、是先秦楚而叛周者梁襄王也孟子惡而去之非猝然一問便可不俟終日定於一朱子文集語類俱言必合爲一統而後定七國互爭莫能相下必有天之所命盡剗羣雄歸然獨存然後亂有所止一定之理也陸稼書先生獨以廢封建爲定于一者爲大繆又云周之盛時千七百七十三國何嘗不定于一此說不是惟其千七百餘國咸聽命于天子故可定于一今七國並峙何能定于一耶且封建廢已久矣封豕長蛇橫行宇宙閔生民塗炭無休息率獸食人尚可謂之封建乎孟子蓋言域中有共主宇內有常尊以九州聽命於一人而後可定必如趙岐古註所云行仁政以一之則梁襄王不消問孰能一之不嗜殺一對亦爲贅矣　秦始皇二十六年滅齊王建是年天下始定于一至三十六年崩二世立三年爲趙高所殺是年沛公入關秦滅矣十餘年皆爲天下驅除難非定

于一也又後五年天下定于漢孟子之言乃驗

齊宣王問曰齊桓晉文之事可得聞乎

孟子對曰仲尼之徒無道桓文之事者是以後世無傳焉引小歸大截住上意臣未之聞也無以則王乎

仲尼之徒四字來歷極大祖述堯舜憲章文武者仲尼也其事則仲尼之徒固言之矣桓文之事譎者固不足道正者亦慚德多矣無道無傳鄙之不論非有所不知與諱之而不言也　不曰齊桓晉文之功而曰事指陰謀秘計官山府海以富其國軌里連鄉以强其兵大蒐以示禮伐原以示信有所作爲皆在好處一邊此齊宣王之所以欲聞不知有所爲而爲之即聖賢之所深耻

行王道而王欲仁仁至至易之事何消問此乎

曰德何如則可以王矣曰保民而王莫之能禦也（將王字一轉）

曰若寡人者可以保民乎哉曰可曰何由知吾可也曰臣（就保民字又一轉）（三轉）

聞之胡齕曰王坐於堂上有牽牛而過堂下者王見之曰（引輕歸重入保民意）

牛何之對曰將以釁鐘王曰舍之吾不忍其觳觫若無罪

而就死地對曰然則廢釁鐘與曰何可廢也以羊易之不

識有諸

曰有之曰是心足以王矣百姓皆以王爲愛也臣固知王（就應上後都分兩段）

之不忍也

一章精神樞紐只在此節心字人者天地之心陰陽之

端五行之秀其心即天地之心也如其心以及所不愛

可以保四海快其心以求所大欲不足以保妻子只在善推不善推而已認得不忍眞保民而王卽在是矣故詳述其事以詢之欲王自察識察識而後能擴充也百姓皆以王爲愛句不是無端漫引正以賓形主託出臣固知三字齊王有此心自不能識又被百姓埋沒今得孟子爲知巳自然把臂入林君子引君當道正不是一味粗疎

王曰然誠有百姓者齊國雖褊小吾何愛一牛卽不忍其觳觫若無罪而就死地故以羊易之也

此段又合

曰王無異於百姓之以王爲愛也以小易大彼惡知之王若隱其無罪而就死地則牛羊何擇焉王笑曰是誠何心

哉我非愛其財而易之以羊也宜乎百姓之謂我愛也

此段又翻文勢至此已折而不振故必揚之

曰無傷也是乃仁術也見牛未見羊也君子之於禽獸也見其生不忍見其死聞其聲不忍食其肉是以君子遠庖廚也

牛羊一而已矣以羊易牛何以卽可保民而王只為此旣不違心又不廢禮齊王處置此事甚屬得理故曰仁術所以謂之仁術只爭見不見之分不則必如梁武帝以麵為犧牲然後可行王道於天下矣孟子欲王自察識故用以小易大四字難之令本心自行流露無如齊王亦好大喜功一輩人安能剖析到此隣虛一塵地位隣虛之塵同太岳之峻出法苑珠林又楞嚴經更析隣虛卽實空相轉啞然無以應孟子

只得自難自解以見牛未見羊句點清眉目隨即痛切言之齊王乃如寐初覺亟亟問此心之所以合於王者何也豁然心開矣　凡人忍不忍只爭見與不見見其宛轉箠楚之下號呼刀鋸之側則必不忍繁刑矣見其稱貸無門賣妻鬻子則不必忍重斂矣見其鳩形鵠面食草根樹皮僵仆溝壑闔門併命則必不忍莫以告立視其死矣蘇文忠公代張方平諫用兵書云戰勝之後陛下可得而知者凱旋捷奏拜表稱賀赫然耳目之觀耳至於遠方之民肝腦塗於白刃筋骨絕於餽餉流離破產鬻賣男女薰眼折臂自經之狀陛下必不得而見也慈父孝子孤兒寡婦之哭聲陛下必不得而聞也譬

如屠牛羊刲魚鱉以爲饍羞食者甚美死者甚苦使陛下見其呼號梃刃宛轉刀几雖八珍之美必投箸而不忍食況用人之命以爲耳目之觀蘇氏家學得力孟子遂爲萬世之格言君子遠庖廚仁之至義之盡也　安溪李文貞此句文云天地之心無息不流以日月所至爲榮枯人心之量無所不周以耳目所及爲先後王罕皆先輩云此文於兩未字義味最道得透徹

王說曰詩云他人有心予忖度之夫子之謂也夫我乃行之反而求之不得吾心夫子言之於我心有戚戚焉此心問前足以王之語之所以合於王者何也至此文勢方縱而遠舍之引入保民故引喻起

曰有復於王者曰吾力足以舉百鈞而不足以舉一羽明

足以察秋毫之末而不見輿薪則王許之乎曰否今恩足以及禽獸而功不至於百姓者獨何與然則一羽之不舉爲不用力焉輿薪之不見爲不用明焉百姓之不見保爲不用恩焉故王之不王不爲也非不能也

粘上文用二句生下文

曰不爲者與不能者之形何以異曰挾太山以超北海語人曰我不能是誠不能也爲長者折枝語人曰我不能是不爲也非不能也故王之不王非挾太山以超北海之類也王之不王是折枝之類也

老吾老以及人之老幼吾幼以及人之幼天下可運於掌詩云刑于寡妻至于兄弟以御于家邦言舉斯心加諸彼而已故推恩足以保四海不推恩無以保妻子古之人所

以大過人者無他焉善推其所爲而已矣今恩足以及禽
獸而功不至於百姓者獨何與　承上文微心字
權然後知輕重度然後知長短物皆然心爲甚王請度之
抑王興甲兵危士臣構怨於諸侯然後快於心與王曰否
吾何快於是將以求吾所大欲也
是心足王只在善推所以善推全要權度然後知輕重
長短王非不能知輕重長短只爲大欲蔽之所以恩及
禽獸而功不至於百姓百鈞反輕一羽反重如折枝之
易而不爲說至此如長桑君飲上池之水能洞見垣一
方人癥結齊王安得不心悅誠服耶　講章分泒不用
恩兩節爲察識老吾老一節爲擴充其實一反一正亦

難大段分別引文王爲善推恩作楷式耳

曰、王之所大欲可得聞與王笑而不言曰爲肥甘不足於口與輕煖不足於體與抑爲采色不足視於目與聲音不足聽於耳與便嬖不足使令於前與王之諸臣皆足以供之而王豈爲是哉曰否吾不爲是也曰然則王之所大欲可知已欲辟土地朝秦楚莅中國而撫四夷也以若所爲求若所欲猶緣木而求魚也

王曰若是其甚與曰殆有甚焉緣木求魚雖不得魚無後災以若所爲求若所欲盡心力而爲之後必有災曰可得聞與曰鄒人與楚人戰則王以爲孰勝曰楚人勝曰然則小固不可以敵大寡固不可以敵衆弱固不可以敵彊海

呼吸操縱若捕龍蛇

內之地方千里者九齊集有其一以一服八何以異於鄒敵楚哉蓋亦反其本矣（過脉精上生下）

今王發政施仁使天下仕者皆欲立於王之朝耕者皆欲耕於王之野商賈皆欲藏於王之市行旅皆欲出於王之塗天下之欲疾其君者皆欲赴愬於王其若是孰能禦之（北一轉方到保民處作大波瀾）（應章首禦字）

王曰吾惛不能進於是矣願夫子輔吾志明以教我我雖不敏請嘗試之（轉從頭說去）

以一服八以上是開其所蔽反其本以下是導以所明夫子輔吾志明以教我請嘗試之王亦不肯徒託空言此孟子之善於鼓舞也下文制產嘗試之事也

曰無恒產而有恒心者惟士爲能若民則無恒產因無恒

心苟無恒心放辟邪侈無不爲已及陷於罪然後從而刑

就反處翻下　臨結却又繳上來

之是罔民也焉有仁人在位罔民而可爲也

是故明君制民之産必使仰足以事父母俯足以畜妻子

樂歲終身飽凶年免於死亡然後驅而之善故民之從之

也輕

今也制民之産仰不足以事父母俯不足以畜妻子樂歲

終身苦凶年不免於死亡此惟救死而恐不贍奚暇治禮

義哉

過豚繳前語作關鍵

王欲行之則盍反其本矣

五畝之宅樹之以桑五十者可以衣帛矣雞豚狗彘之畜

此是保民處

無失其時七十者可以食肉矣百畝之田勿奪其時八口

之家可以無饑矣謹庠序之教申之以孝悌之義頒白者（承上文）不負戴於道路矣老者衣帛食肉黎民不饑不寒然而不王者未之有也（繳不王二字）

五畝之宅百畝之田制產也乃先曰今也制民之產盍當時諸侯皆有一番作爲闢草萊任土地亦各爲民經畫但不能如先王之法可大可久耳通章大旨只是保民而王至此節乃保民而王之大結穴保其衰老使之安飽保其丁壯使不饑寒保其兄弟妻子不至流離保其孝弟忠信使不陷溺孟子之所謂王道如是而已若鄰國之民仰之若父母歸之若流水此時意中言下尚計不及此後儒見王字便謂勸齊梁代周將使孟子易

其詞曰齊桓晉文之事臣嘗聞之矣尊周室攘夷狄云云可不發一大噱乎　何義門云小事用大牲非禮也周官寶器有釁邦器有釁釁廟以羊釁夾室以雞宗廟之器釁以豭豚是時奢僭越禮故以牛釁鐘亦可備一解所重不在此　海內之地方千里者九約指九州也陳新安以爲七國暨宋中山按宋中山二國安得當二千里況中山在齊威王時已爲魏文侯所滅故翟璜謂李克曰中山未滅臣進樂羊中山既拔無人守之臣進先生是此時無中山矣又一說以王制海內九州方三千里三索之得九千里益無據只渾說齊集有其一集字亦有意義合聊攝以東姑尤以西南自泰山北至清

河方有千里也中山史記索隱云古鮮虞國姬姓

四書翼註論文卷之二十六

孟子　梁惠王下

莊暴見孟子曰暴見於王王語暴以好樂暴未有以對也曰好樂何如孟子曰王之好樂甚則齊國其庶幾乎

他日見於王曰王嘗語莊子以好樂有諸王變乎色曰寡人非能好先王之樂也直好世俗之樂耳

再應前語

曰王之好樂甚則齊其庶幾乎今之樂由古之樂也（甚）

曰可得聞與曰獨樂樂與人樂樂孰樂曰不若與人曰與少樂樂與衆樂樂孰樂曰不若與衆

字波瀾全在此節

臣請爲王言樂

此下分兩節反正作四段

今王鼓樂於此百姓聞王鐘鼓之聲管籥之音舉疾首蹙

額而相告曰吾王之好鼓樂夫何使我至於此極也父子不相見兄弟妻子離散今王田獵於此百姓聞王車馬之音見羽旄之美舉疾首蹙額而相告曰吾王之好田獵夫何使我至於此極也父子不相見兄弟妻子離散此無他不與民同樂也

今王鼓樂於此百姓聞王鐘鼓之聲管籥之音變調舉欣欣然有喜色而相告曰吾王庶幾無疾病與何以能鼓樂也今王田獵於此百姓聞王車馬之音見羽旄之美舉欣欣然有喜色而相告曰吾王庶幾無疾病與何以能田獵也此無他與民同樂也一句結盡

今王與百姓同樂則王矣

此章正意在與百姓同樂其關鍵在王之好樂甚句甚者達樂之理識樂之情知之深而好之切則所以與民同樂者在是矣故曰齊國其庶幾乎古者天地順而四時當民有德而五穀昌疾疢不作而無妖祥此之謂大當紀綱既正天下大定然後正六律和五聲弦歌詩頌此之謂德音德音之謂樂作樂之本如此能達此樂理識此樂情不特先王之樂可以養德移風即世俗之樂何嘗不可以宣鬱導和不達乎此浮慕其名則其好樂不甚矣徒於器數節奏之間講求古今之異饑者弗食勞者弗息日取先王之樂盡美又盡善者奏之能移風易俗乎此理之最易曉者魏徵對唐太宗言樂在人和

不在音此天下之至言孟子之言理本如此非骹骸其詞以順適時君之意也　孟子所謂與百姓同樂不是奏此世俗之樂淫哇繁會之響溺而不止及優侏儒獶雜子女與百姓同聽之曹憒云王能推好樂之心以行仁政王有鐘鼓管籥民亦有兄弟之壎箎夫婦之琴瑟王有車馬羽旄民亦有桑麻之雞犬蠶織之元黃則民心和樂王道在是矣　鼓樂即是作樂下文鐘鼓方是樂器羽旄即旌旗也古者車上建旗王以太常日月之旗諸侯以旂交龍之旗凡旌旗上皆有羽旄詩孑孑干旄疏九旗皆以旄牛尾注於干首又以五采羽注旄上其下亦有旒縿干旄干旌其制皆然

齊宣王問曰文王之囿方七十里有諸孟子對曰於傳有之

曰若是其大乎曰民猶以爲小也曰寡人之囿方四十里民猶以爲大何也曰文王之囿方七十里芻蕘者往焉雉兎者往焉與民同之民以爲小不亦宜乎臣始至於境問國之大禁然後敢入臣聞郊關之內有囿方四十里殺其麋鹿者如殺人之罪則是方四十里爲阱於國中民以爲大不亦宜乎

文王之囿方七十里非眞有此囿亦非無其事而虛言之閻百詩四書釋地云三輔黄圖云靈囿在長安縣西三十里王伯厚注其下云文王之囿方七十里在是即

今鄠縣東漢書地理志所云文王作邑於豐之地也有鄠杜竹林南山檀柘號爲陸海司馬相如上林賦所云終始灞滻出入涇渭九嵕巀嶭南山峩峩東方朔所謂天下陸海有秔稻粟栗桑麻竹箭之饒者也文王即位四十九年自岐遷豐得此南山之下肥饒之地經其界址與民爲樵採漁獵之藪時亦往遊觀焉高高下下因自然之勢靈臺靈囿靈沼頃刻而成人民樂之以爲異事美談後漢武帝直規之以爲上林苑以屬縣草田償鄠杜之民則東方朔力爭之以爲不可郊有遠近白虎通云國門之外五十里爲近郊百里爲遠郊此云郊關指遠郊爲附國中而斥之詞

齊宣王問曰交鄰國有道乎孟子對曰有惟仁者爲能以大事小是故湯事葛文王事昆夷惟智者爲能以小事大是故太王事獯鬻勾踐事吳

以大事小者樂天者也以小事大者畏天者也（沉鬱頓挫）樂天者保天下畏天者保其國

詩云畏天之威于時保之

王曰大哉言矣（截住）寡人有疾寡人好勇

對曰王請無好小勇夫撫劍疾視曰彼惡敢當我哉此匹夫之勇敵一人者也王請大之

詩云王赫斯怒爰整其旅以遏徂莒以篤周祜以對于天下此文王之勇也文王一怒而安天下之民

書曰天降下民作之君作之師惟曰其助上帝寵之四方有罪無罪惟我在天下曷敢有越厥志一人衡行於天下武王耻之此武王之勇也而武王亦一怒而安天下之民

就○轉○上○何○結

今王亦一怒而安天下之民民惟恐王之不好勇也

此章本問交鄰國之道仁智是正意因齊王自諉好勇又以大勇終之隮文起義非仁智勇並提王士驕時文中幅云天威不僭賢聖不能違時仁智兼資霸王用之長世則鄰國不難交也而奈何以好勇爲疾也落下最渾融困勉錄引徐儆弦云仁智與勇理無二致交鄰除暴事不相妨苟仁專恤小不顧養亂以殘民則仁反貽害於人智專事大不思自强以立國則智必受辱於巳

反不仁不智矣湯事葛又復征葛勾踐事吳仍復滅吳勇固所以濟仁智之不及也聯絡亦好　密人不是侵周文王爲方伯密人敢侵阮徂共卽不共矣諸侯效尤民受其害文王征之所以爲篤周祜對天下孟子引書與今書詞甚不相類古無刻板刷印之書惟憑口相傳授往往錯誤知此則知闕疑之說又知漢儒如劉向之校對鄭康成之訓釋有大功於聖學後世學者得書旣易反置之不觀遊談無根深可耻也

齊宣王見孟子於雪宮王曰賢者亦有此樂乎孟子對曰

前立編后引證

有人不得則非其上矣

按四書釋地雪宮在臨淄縣東北離齊國故都六里是

城外離宮館孟子於此而就見之亦所賢之盛節特語近於夸須說得雅相當於賢者二字一頓言賢者平日燕處超然不屑於臺榭苑囿耳目起居之樂也今惠顧寡人假館於此乃亦有此樂乎如此說纔是口氣孟子答得平淡言此樂本王有之既以居臣則臣亦於此攸芋攸寧公然有之矣抑臣願王推所以待臣者待四境之民使之皆有閭廬以避燥濕寒暑有室家筦簟之安無風雨飄搖之恐則民氣樂而頌聲作不則恐有反唇相稽以爲吾君有九重之居夫何使我乃無一廛之蔽者矣

不得而非其上者非也爲民上而不與民同樂者亦非也

四句轉

不得而非其上者非也此句輕激起下句暑雨祁寒小民惟曰怨咨其過小獨樂不恤民過則大矣下文皆言與民同樂之事蔡虛齋以爲用上句以陰助下句

四句整

樂民之樂者民亦樂其樂憂民之憂者民亦憂其憂樂以天下憂以天下然而不王者未之有也

句承上一句結

通章正面止此一節天有十日人有十等貴賤不同所樂亦思與君之於民也所欲與聚而樂其樂則民之於君扶杖觀化稱觥介壽願吾君庶幾無疾病以享此安富尊榮是民亦樂其樂也君之於民也所惡勿施而憂其憂則民之於君也力役之征鼛鼓不煩督促戰爭之事執殳而樂前驅是民亦憂其憂也如此則君以民爲心

民以君為體上下一氣也四境一家也時而豫大豐亨欣然而有所樂其樂非獨樂乃天下之禱頌不違以冀其有此樂則其樂以天下矣有時宵衣旰食惄然其有所憂其憂非獨憂乃天下之咨嗟戒勉以欲分此憂也則其憂以天下矣其力量所包舉機括所感通如此天下同心歸之如水就下猶不能成王業未之有也只重以字能左右之曰以與民同樂者以之也

昔者齊景公問於晏子曰吾欲觀於轉附朝儛遵海而南放於琅邪吾何修而可以比於先王觀也

晏子對曰善哉問也天子適諸侯曰巡狩巡狩者巡所守也諸侯朝於天子曰述職述職者述所職也無非事者春

省耕而補不足秋省歛而助不給夏諺曰吾王不遊吾何以休吾王不豫吾何以助一遊一豫爲諸侯度（又引証）（一句結）

今也不然師行而糧食飢者弗食勞者弗息睊睊胥讒民乃作慝方命虐民飲食若流流連荒亡爲諸侯憂（一句轉）

從流下而忘反謂之流從流上而忘反謂之連從獸無厭謂之荒樂酒無厭謂之亡（就解上四字）

先王無流連之樂荒亡之行（一句承）

惟君所行也（一句結）

景公說大戒於國出舍於郊於是始興發補不足召太師曰爲我作君臣相說之樂蓋徵招角招是也其詩曰畜君何尤畜君者好君也

孟子不道桓文之事於晏子陳善納誨則津津然成誦於口樂善無厭也語氣到畜君者好君也劃然而止欲王深思而自得之言巳之諄諄爲民請命齊人莫如我敬王非故以苦言相强也歸有光太僕此題文云人主乘其崇高凡可以恣其欲者無所不至不知悅耳目娛心志之爲禍階也人臣戀其豢養凡可以順其欲者無所不至不知導淫佚固恩寵之爲亂萌也於好君反面說得透切正面自見　王罕皆先輩四書滙參云轉附即武陵齊太公墓所在朝儛即穆陵齊桓公墓所在也

齊景公是好名人故能用晏子以顯名於諸侯言下云吾何修可以比先王觀胸中本自明白故晏子得行

其說若如楚靈吳夫差雄心既騁老夫灌灌亦何益哉

齊國都在今青州郡轉附朝儛即今萊州界遵海至琅琊即登州也此地泱泱表東海自有形勝可以娛目騁懷吳越春秋云越勾踐二十五年徙都琅邪立觀臺以望東海遂號令齊晉秦楚尊輔周室歃血盟括地志云此臺在密州即今高密諸城縣東南百四十里又按史記漢書秦始皇巡渤海以東過黃腄窮成山登之罘置琅邪臺者三刻石頌功者再漢武亦行幸琅邪禮日成山登之罘浮海祀八神祈延年者再景公能以晏子一言廻車易慮心爲善政可謂賢矣古凡事皆用民力君行師從五百人爲師其車乘牛馬糗糧衣履皆自民供之

行役者固勞家居者爲之傳送奔走亦困憊甚矣故云饑者弗食勞者弗息胥讒作慝皆供此糧食之人也若扈從之人則有司供帳漿酒藿肉狼籍載路故云飲食若流講章家指人君飲食淺見之甚　古者小諸侯附庸皆有供賦於大國左傳可徵即唐時傍郡刺史觀察皆有齎送於大府節使謂之送使文王不敢盤於遊田以庶邦惟正之供言文王爲方伯不敢以盤樂田獵遊豫累西方小諸侯也註中附庸之國即萊子中牟子之國郡邑之長乃阿大夫即墨大夫之類　失時爲荒廢事爲亡　徵招角招之招即韶字樂章之名如唐人皇夏昭夏之曲宋人靖安大安之章是也齊有韶樂此又

以徵聲角聲起調故云徵招角招是也二字孟子逸憶指點之詞故友林篤堂廣有此題文引公羊傳云聽遠音者聞其疾不聞其徐視遠人者得其形不得其神今去景公之時遠矣逸擬之葢徵招角招是也每絡誦爲之歎絕　黄鐘爲宮此是樂本一定不易如金之鐘斤兩有輕重石之磬體質有大小絲之琴瑟絃有麤細一定是黄鐘爲宮林鐘爲徵太簇爲商南呂爲羽姑洗爲角應鐘爲變宮㽔賓爲變徵無可移易易之則奪倫矣樂章之詩則不然凡是五聲之字皆可起調起調即爲宮餘字叶應之故曰五聲十二律旋相爲宮也如正月至十二月皆可各自當令行事不必定受成於十一月

也關關雎鳩關字在今韻十五刪古商音也卽商聲太簇爲宮下生南呂爲徵上生姑洗爲商下生應鐘爲羽上生蕤賓爲角矣呦呦鹿鳴呦字在今韻十一尤古角音也卽角聲姑洗爲宮下生應鐘爲徵上生蕤賓爲商下生太簇爲羽上生夷則爲角矣徵招角招不是專用此二音言起調也今律呂新書中有旋宮圖說言之最詳　大戒於國凡是勞民傷財之事悉皆停免有益民瘼之事盡許敷陳出舍於郊正值春秋之時稅於農郊薄耕薄歛一宿再宿不遑寧處也

齊宣王問曰人皆謂我毁明堂毁諸巳乎

孟子對曰夫明堂者王者之堂也王欲行王政則勿毁之

矣。

王曰。王政可得聞與。對曰、昔者文王之治岐也。耕者九一。仕者世祿。關市譏而不征。澤梁無禁。罪人不孥。老而無妻曰鰥。老而無夫曰寡。老而無子曰獨。幼而無父曰孤。此四者天下之窮民而無告者。文王發政施仁。必先斯四者。詩云、哿矣富人。哀此煢獨。

王曰、善哉言乎。曰、王如善之。則何爲不行。王曰、寡人有疾。寡人好貨。對曰、昔者公劉好貨。詩云、乃積乃倉。乃裹餱糧于橐于囊。思戢用光。弓矢斯張。干戈戚揚。爰方啓行。故居者有積倉。行者有裹糧也。然後可以爰方啓行。王如好貨與百姓同之。於王何有。

王曰寡人有疾寡人好色對曰昔者太王好色愛厥妃詩云古公亶父來朝走馬率西水滸至于岐下爰及姜女聿來胥宇當是時也內無怨女外無曠夫王如好色與百姓同之於王何有

齊宣王於孟子實知敬信孟子迎機開導於此章尤切實詳盡無如貨色二病煞是難醫卒至左右言他而後已故九經尊賢必以賤貨遠色爲先內多慾而外施仁義終無成也　明堂在泰山下齊國都在臨淄相去四百里何與齊王事不過有司厭此歸然獨存者有典守之繁有葺治掃除堊黝之費耳齊王之意重在巳乎有其舉之莫敢廢也宣王乃威王之子未敢顯言代周孟

子所引文王亦諸侯之事伊川程子謂周不可栽培誤也。古巡狩爲至大典諸侯各朝於方岳之下審禮樂制度詢民瘼察諸侯功罪訪賢才禮高年陳詩納貢加地進律討其不率者皆於此行之故曰王者之堂也責難鄭重下乃引入文王治岐之事　什一而稅夏商所同此言九一治岐之政特爲詳備以九百畝之田劃其中百畝爲公田於公田又劃出二十畝爲民廬舍是民得百畝之入君只得八畝之入也葢又輕於什一矣謂之九一據形勢言之一井九區君得一區也　古者世官本屬常事凡公卿大夫之子弟唐虞謂之胄子成周謂之國子師氏大樂正司成教導之所首及鮮有不成材者受祿量能非以世也亦有材器不能成就不忍其降於陪隸給以世祿周官大司徒職載師以近郊之地任士田以士之祿祿之或曰士田圭田之誤也未詳據周官疏參衛湜禮記集說　司關以幾出入司傳送司市以禁詐僞虣暴皆有征凶札則否此關市譏而不征文王初興躬節儉而國用省無所需乎此也　周官有山虞澤虞川衡林衡凡非時妄取與殘暴者皆有禁禮云獺祭魚然後漁人入澤梁是也文王之時國運初興物産充牣並此之不設故曰澤梁無禁　聖人之心善善長故賞延於世惡惡短故罰弗及嗣任德不任刑甘誓孥戮用之誓師所以齊衆後人或有踵其事而施之常刑者誤矣

文王罪人不孥漢文帝除父母妻子同産緣坐之法感
中有慶培國運祚惟有歷年必由之公劉並非好貨大
王何嘗好色莊周言衛靈公之使蘧伯玉傅太子也無
町畦亦與之爲無町畦無崖岸亦與之爲無崖岸孟子
於此時亦然因之曼衍聊冀匡扶葢進言之術殫矣下
章言四境之内不治只直斥之不復婉言巽語　四書
考云囊大而難舉槖小而易負干以自衛戈以攻人戚
以禦近揚以敵遠明堂之說不一此是泰山下覲諸侯
祀神祇之明堂古禮簡質王至方岳之下掌舍設幕施
以梐枑土方氏衛以藩籬而已王省風俗施黜陟之事
既畢乃大覲諸侯設壇方三百步四門堂三成設方明

以木安置圭璧璋琥以禮四方公侯伯子男入門皆就其旂而立天子率諸侯朝日禮月祭天燔柴望祭川瀆訖升壇以天揖時揖土揖之禮進諸侯各升壇奠玉行拜下禮訖朝王乃退相與盟於王宮之外即此章之明堂據文獻志王炎之語另有在國之明堂孝經宗祀文王於明堂以配上帝淳于登以爲在國外南方三里之外七里之內周官司儀所掌王將合諸侯則令爲壇三成宮旁一門其制亦與巡狩方岳之明堂相同明堂位所云周公朝諸侯於明堂之位三公中階之前諸侯阼階之東諸伯西階之西諸子門東諸男門西九夷八蠻在門外皆北面者是也玉藻謂聽朔於南門之外即明堂之南門也鄭康成謂與

大廟路寢異實同制蔡邕謂與辟雝靈臺同處異名古制難考不知其實大戴禮封禪書所云九室二十六戶七十二牖複道層樓茅茨蒿柱則附會之詞若禮記月令之明堂只是夏季聽政之所其制乃呂不韋所創九室一區形如井田隨時易處繁瑣難通春三月居東朝曦眩暈已非聽政之宜冬三月居北寒風栗冽勢不能久與草廬陳用之曲爲之說以爲即天子大寢一小寢五而異其名理雖可通事實未行不足置辨　周人享國千年基由后稷王業之盛特起文王故周人以后稷爲始祖文王爲太祖郊后稷以配天尊無二上不敢以文王與稷並於季秋舉明堂之祀以伸嚴父之敬故曰

祀於明堂然後諸侯知所以孝共制有壇可以祀天堂可以朝諸侯向明而行禮如是而已漢儒因孟子此章之明堂在泰山下漢武方升中封禪金泥玉檢侈耀成功因而迎合之謂明堂起于黃帝多爲詭異規制以爲迎氣求仙左證書之不可盡信如此

孟子謂齊宣王曰王之臣有託其妻子於其友而之楚遊者比其反也則凍餒其妻子則如之何王曰棄之

曰士師不能治士則如之何王曰已之

曰四境之內不治則如之何王顧左右而言他

士師掌邦之五禁八成鄉士遂士縣士其屬吏也鄉士之獄一旬而職聽于朝遂士之獄再旬而職聽于朝縣

士之獄三旬而職聽于朝士師不能治士則鄉遂之刑皆舛謬矣　五禁一曰宮禁二曰官禁三曰國禁四曰野禁五曰軍禁八成一曰邦汋（倡亂之民）二曰邦賊（謀逆之人）三曰邦諜（覘伺姦人）四曰犯邦令五曰撟邦令六曰爲邦盜七曰爲邦朋（結黨）八曰爲邦誣（造誣）秋官之職大司寇卿一人小司寇中大夫二人下大夫一人卽士師也於刑無所不統鄉於國最近獄訟旬卽上於士師以達於司寇遂縣稍遠故以再旬三旬爲差　四境之內不治凍餒不止一家失刑不止一官一事矣王顧左右而言他責人斯無難惟受責俾如流茲惟艱哉

孟子見齊宣王曰所謂故國者非謂有喬木之謂也有世

臣之謂也王〔感慨〕無親臣矣昔者所進今日不知其亡也

王曰吾何以〔婉轉〕識其不才而舍之

曰國君進賢如不得已將使卑踰尊疏踰戚可不慎與

左右皆曰賢〔三級頓挫〕未可也諸大夫皆曰賢未可也國人皆曰賢

然後察之見賢焉然後用之左右皆曰不可勿聽諸大夫

皆曰不可勿聽國人皆曰不可然後察之見不可焉然後

去之

左右皆曰可殺勿聽諸大夫皆曰可殺勿聽國人皆曰可

殺然後察之見可殺焉然後殺之故曰國人殺之也

如此然後〔一句結住〕可以爲民父母

通章精神在如不得已不是其難其慎正是至公至明

公旦明則賢才久於其職澤加於民如此然後可以爲民父母矣用刑只帶說　喬木是國之喬木左三槐右九棘東社惟松西社惟柏之類久之鬱然成林亦故國之一徵臣有兩種一是年高德邵召公畢公弼亮累朝一是繼起象賢伊陟巫賢後先趾美

齊宣王問曰湯放桀武王伐紂有諸孟子對曰於傳有之曰臣弑其君可乎

曰賊仁者謂之賊賊義者謂之殘殘賊之人謂之一夫聞誅一夫紂矣未聞弑君也

明太祖疑此言已甚嘗舉此問諸臣學士陶安對曰此武王誓師之詞也曰撫我則后虐我則仇太祖爲之霽

顏

孟子見齊宣王曰爲巨室則必使工師求大木工師得大木則王喜以爲能勝其任矣匠人斲而小之則王怒以爲不勝其任矣夫人幼而學之壯而欲行之王曰姑舍汝所學而從我則何如

今有璞玉於此雖萬鎰必使玉人雕琢之至於治國家則曰姑舍汝所學而從我則何以異於教玉人雕琢玉哉

此章文義易曉惟雖萬鎰句講章以爲鄭重之詞以萬鎰價多也其實雖字明是輕詞如何可敢戰國風氣好瑰奇之寶萬鎰雖多視連城之地以償趙璧五都之市以購干將莫邪則輕矣故曰雖萬鎰必使玉人雕琢之

齊人伐燕勝之宣王問曰或謂寡人勿取或謂寡人取之以萬乘之國伐萬乘之國五旬而舉之人力不至於此不取必有天殃取之何如

孟子對曰取之而燕民悅則取之古之人有行之者武王是也取之而燕民不悅則勿取古之人有行之者文王是也

文王無取之而民不悅之事明言燕不可取姑爲之詞

以萬乘之國伐萬乘之國簞食壺漿以迎王師豈有他哉避水火也如水益深如火益熱亦運而已矣

齊人伐燕取之諸侯將謀救燕宣王曰諸侯多謀伐寡人者何以待之孟子對曰臣聞七十里爲政於天下者湯是

也未聞以千里畏人者也

書曰湯一征自葛始天下信之東面而征西夷怨南面而征北狄怨曰奚爲後我民望之若大旱之望雲霓也歸市者不止耕者不變誅其君而弔其民若時雨降民大悅書曰徯我后后來其蘇　仲虺之誥

今燕虐其民王往而征之民以爲將拯已於水火之中也簞食壺漿以迎王師若殺其父兄係累其子弟毀其宗廟遷其重器如之何其可也天下固畏齊之彊也今又倍地而不行仁政是動天下之兵也

王速出令反其旄倪止其重器謀於燕衆置君而後去之則猶可及止也

此章事蹟史記作湣王與孟子牴牾金仁山云當從孟子葢伐燕自是宣王厥子湣王乘取燕餘威伐宋取楚淮西侵三晉諸侯共攻之樂毅爲燕昭王復仇盡取臨淄之地湣王出亡死於莒乃數十年後之事司馬遷因諸侯多謀伐寡人一句便移作湣王耳

鄒與魯鬨穆公問曰吾有司死者三十三人而民莫之死也誅之則不可勝誅不誅則疾視其長上之死而不救如之何則可也

孟子對曰凶年饑歲君之民老弱轉乎溝壑壯者散而之四方者幾千人矣而君之倉廩實府庫充有司莫以告是上慢而殘下也曾子曰戒之戒之出乎爾者反乎爾者也

夫民今而後得反之也君無尤焉
君行仁政斯民親其上死其長矣
此章孟子有激之詞以警鄒公其實只是有司莫以告一句斷定世無有司死者三十三人而民不死之理民前驅與魯戰者也有司死則民可知乃云莫之死仍是有司莫以告也人君一有所蔽堂下遠於千里往往如此 諱災第一誤事饑而生亂用兵之費百倍於賑恤事已無及矣明太祖起于側微深知其故凡諱水旱之有司置之大辟唐宋所無也明代之君賢否不一國祚晏如至熹宗末年陝甘飢祟[sic]禎元年羣盗起吝于賑恤乃致于亡

滕文公問曰滕小國也間於齊楚事齊乎事楚乎

孟子對曰是謀非吾所能及也無已則有一焉鑿斯池也築斯城也與民守之效死而民弗去則是可爲也

感慨

孟子之答楊龜山先生嘗云以淺見寡聞者論之可謂無謀矣此語不然當日事楚則齊師至事齊則楚師至交事之則齊楚怒其不專又交至此外尚有何策但齊楚於滕不過兼并蠶食之計獲則取之不獲則已非有不共戴天之讐必剪滅此而後朝食果能鑿池築城以固其國務農薄斂以足其民講武示信以鼓其氣齊楚越千里而來兵頓於堅城之下勝之不武不勝爲笑亦不來矣然後修其詞令豐其玉帛交往來於兩大以庇

民雖不能久存亦可以暫安故曰能戰而後能守能守
而後能和滕於齊楚蓋和局也先以戰始若以儀秦之
術行之促其亡而已厥後亡滕者宋卒非齊楚也

滕文公問曰齊人將築薛吾甚恐如之何則可

孟子對曰昔者太王居邠狄人侵之去之岐山之下居焉
非擇而取之不得已也

承上

苟為善後世子孫必有王者矣君子創業垂統為可繼也
若夫成功則天也君如彼何哉彊為善而已矣

前章告之守此又導之遷諸儒以為滕無可遷姑漫言
之亦非也滕北與齊界兗青豫之地列國星羅棋布實
無可遷南與楚接者江淮之間泥塗篠簜一望榛莽荒

墟楚亦不能盡有之甌脫之地甚多史記載越勾踐之後爲楚所滅其子孫散處或爲王或爲君濱於南海上後七世至閩君搖佐漢高帝平秦復爲越王東越閩君皆其後也徐偃王不敢與周穆王戰走彭城武原山下民從之尙有萬家偃王死民戴其子爲君如初見於韓昌黎廟碑即其事也不則創業垂統津津言之豈以誑滕文公哉薛乃夏車正奚仲國後仲虺爲湯左相傳世一千九百年戰國時滅於齊以封孟嘗君使馮讙收責債字即其地也至是築城將宿重兵於薛即左傳晉城虎牢以逼鄭晏弱城東陽以服萊子之意故滕甚恐

滕文公問曰滕小國也竭力以事大國則不得免焉如之

何則可孟子對曰昔者大王居邠狄人侵之事之以皮幣不得免焉事之以犬馬不得免焉事之以珠玉不得免焉乃屬其耆老而告之曰狄人之所欲者吾土地也吾聞之（頓挫）也君子不以其所以養人者害人二三子何患乎無君我將去之去邠踰梁山邑於岐山之下居焉邠人曰仁人也不可失也從之者如歸市

（頓挫）或曰世守也非身之所能爲也效死勿去

（結上二段）君請擇於斯二者

生民有初自相雄長聖人不過因而經畫之使各守疆界以輯寧其人民自軒轅氏建萬國親諸侯越三千年僅存者七不併於一不止滕雖賢君能久存乎哉舍遷

與守無第三策故曰聖人不能爲時　邠岐相去二百五十里皆在今陝西鳳翔府梁山在邠岐中間即奉天縣地渭水漆沮皆在梁山下太王遷此改國號爲周詩奕奕梁山左傳梁山崩在陝西西安府韓城郃陽界非此梁山詳在程大昌雍錄

魯平公將出嬖人臧倉者請曰他日君出則必命有司所之今乘輿已駕矣有司未知所之敢請公曰將見孟子曰何哉君所爲輕身以先於匹夫者以爲賢乎禮義由賢者出而孟子之後喪踰前喪君無見焉公曰諾

樂正子入見曰君奚爲不見孟軻也曰或告寡人曰孟子之後喪踰前喪是以不往見也曰何哉君所謂踰者前以

士後以大夫前以三鼎而後以五鼎與曰否謂棺槨衣衾之美也曰非所謂踰也貧富不同也三鼎豕魚腊五鼎羊豕魚腊膚

樂正子見孟子曰克告於君君為來見也嬖人有臧倉者沮君君是以不果來也曰行或使之止或尼之行止非人所能也吾之不遇魯侯天也臧氏之子焉能使予不遇哉

史記魯平公之時六國皆已稱王魯削滋甚即使見孟子何濟於事臧倉猶多方阻之此天之所使正所以成就孟子也孟子不遇魯侯天也魯侯之不得見孟子亦天也天生孔孟以治萬世之天下不為一時戰國必併於秦然後生民之禍息天心已定孟子將如之何　嬖人口中忽說出禮義兩字亦復有條有理此洪範五行

志所謂言妖也　前以士後以大夫所該甚廣士始死君賜冰則有夷槃不賜則否大夫淩人供冰士賜帟大夫幕人供帟士踰月葬大夫三月士三虞祭大夫虞祭五棺槨衣衾亦有別士棺六寸大夫七寸士槨一重大夫再重士衣二十襲大夫五十襲士緇布衾大夫縞衾

前以三鼎後以五鼎又於喪禮指其一節詳見儀禮士三鼎正鼎一特豚配以魚腊升豕於上鼎升魚於中鼎升腊於下鼎（豕脅肉謂之腊）皆設扃鼏陳之有四豆四籩兩敦一登凡鼎之實皆以匕升之於俎　大夫五鼎謂之少牢雍人陳鼎五三鼎在羊鑊之西二鼎在羊鑊之東司馬升羊司士升豕雍人倫膚（倫擇也）實於一鼎皆正鼎

配以魚腊司士升魚腊魚十有五而鼎腊一純而鼎是
也（兩胖曰純大夫有家臣司馬司士以下皆家臣）凡祭物皆先烹於鑊鑊在廟
門外爨室熟乃升之於鼎鼎列階前又由鼎以匕升之
於俎俎在尸前　士喪祭之禮詳見儀禮士喪禮士虞
禮二篇又見特牲饋食篇大夫祭禮見少牢饋食篇上
大夫祭禮見有司徹篇

四書翼註論文卷二十七

孟子 公孫丑上

公孫丑問曰、夫子當路於齊、管仲晏子之功可復許乎。

孟子曰子誠齊人也知管仲晏子而已矣

或問乎曾西曰吾子與子路孰賢曾西蹵然曰、吾先子之所畏也曰然則吾子與管仲孰賢曾西艴然不悅曰爾何曾比予於管仲管仲得君如彼其專也行乎國政如彼其久也功烈如彼其卑也爾何曾比予於是

蔡虛齋有云子路勇於義不可以勢利拘又負大有爲之才若達便是堯舜氣象結纓一節有行一不義而得天下弗爲之心所立如此曾子服之非謙詞按虛齋此

說視註中所引龜山先生之論爲優宰相倘來之物時至則爲之世有用子路如齊桓公之於管仲者其事業有何難事今屈於家臣死於非命時爲之也責伯夷曰此人僅可爲餓夫不如周公之才之美亦不然矣　管仲功烈之卑不指召陵葵邱封建之世相安爲大使周公爲之亦不肯糜爛其民血戰滅楚國盡反其地於漢陽諸姬也王臣不下盟諸侯修職貢王室亦復振矣又何求功業之卑在桓公末年溺於女寵頽然自放楚滅江黄而不能討世子不立邪佞在側身死不葬禍難紛紜皆由管仲寵利居功不肯諫諍所以孔子論大臣只曰以道事君不可則止枉尺而直尋此關難透其他功

業福命爲之不足道也　周程張朱諸子皆無功業王陽明先生却有奇功冬烘諸君盛推之不知曾日救皷銚謫龍場驛丞爲石槨寢處其中若死於瘴癘亦一鄒智李文祥耳誰知新建伯王文成公乎每事論事功如兒童之見只重衣冠者何異　齊景公最不濟欲代晉霸而不能欲納胥昭而不克嫡庶混淆祚移陳氏晏子殊不足論故孟子只言管仲曾西之所不爲司馬遷於管仲列傳云天下不多管仲之賢而多鮑叔之能知人也於晏子只欣慕其贖越石父薦御車之人二事他無所稱其見過後儒遠矣

繳上生下倒翻一語

曰管仲曾西之所不爲也而子爲我願之乎

曰管仲以其君霸晏子以其君顯管仲晏子猶不足爲與
曰以齊王由反手也
曰若是則弟子之惑滋甚且以文王之德百年而後崩猶
未洽於天下武王周公繼之然後大行今言王若易然則
文王不足法與

文氣雍容似答非答

曰文王何可當也由湯至於武丁賢聖之君六七作天下
歸殷久矣久則難變也武丁朝諸侯有天下猶運之掌也
紂之去武丁未久也其故家遺俗流風善政猶有存者又
有微子微仲王子比干箕子膠鬲皆賢人也相與輔相之
故久而後失之也尺地莫非其有也一民莫非其臣也然
而文王猶方百里起是以難也

按通鑑前編自成湯至紂二十有八主享國六百四十有四年無逸篇言殷之賢君三中宗太戊高宗武丁與祖甲也祖甲據史記卽武丁子享國三十有三年君奭篇言殷賢君五湯太甲太戊祖乙武丁朱子加以盤庚爲六太甲旣復辟處仁遷義五傳至太戊修德而祥桑死嚴恭寅畏天命自度不敢荒寧嘉靖殷邦三傳至祖乙君奭所云在祖乙時則有若巫賢者也皇王大紀言其國都圮於水遷於耿諸侯賓服盤庚所謂恪謹天命指此六世至盤庚自言朕不肩好貨敢共生生鞠人謀人之保居三世至武丁正文言六七註只五王與湯爲六也無逸篇所言其在祖甲不義惟王爰暨小人作其

即位乃知小人之依能保惠於庶民不敢侮鰥寡者不在六七作之數鄭康成解書經孔傳云高宗欲廢祖庚立祖甲祖甲以為不義逃之民間史記無此事以祖甲為帝甲云帝甲立而殷道衰眞德秀林之奇陳櫟三君子皆以祖甲即太甲按皇極經世前有太甲後有祖甲皆享國三十有三年古事難考如此但無逸周公之書聖言有序祖甲即太甲必不列於武丁之後矣武丁崩後傳八世至紂近百年紂元年去祖甲僅七十年耳故云未久　膠鬲據孟子書是文王舉而薦之於紂周與後踪跡無所考蓋不臣周也呂氏春秋云武王使周公盟膠鬲云加爵三等就官一列又云紂使膠鬲觀兵鬨

西伯以何日至殷曰甲子膠鬲去後天大雨武王命師疾行勿使膠鬲失期爲紂所殺皆傳會之詞　微仲名衍檀弓所謂舍其孫腯而立衍者也商人兄終弟及微子長子早卒立弟不立孫　文王並不圖殷何關難易高言不止於衆人之心聊以此答之備同人云是言武丁朝諸侯之易不是正言文王得天下之難也故家指勳舊遺俗指好尚流風指敎化善政指紀綱

齊人有言曰雖有智慧不如乘勢雖有鎡基不如待時今時則易然也

夏后殷周之盛地未有過千里者也而齊有其地矣雞鳴狗吠相聞而達乎四境而齊有其民矣地不改辟矣民不

政聚矣行仁政而王莫之能禦也

且王者之不作未有疏於此時者也民之憔悴於虐政未有甚於此時者也飢者易爲食渴者易爲飲

孔子曰德之流行速於置郵而傳命

孔子只言德化感通之速仁言仁聲不崇朝可以遍天下善政善教不下堂可以撫萬方眞是速於置郵而傳命也指大槩說劉克猷先生文却直指文王之德不是講章亦言德字從文王之德來麻者與是以難也句反相矛盾俱不必從

古者乘車傳命之車謂之傳車傳車之舍謂之傳舍不乘車惟騎其馬謂之驛亦謂之馹左傳楚子乘驛會師於臨品祁奚乘驛而見范宣子又

云楚子以馹至於羅汭又云子木使馹謁諸王皆單馬以取速註中驛馹二字不必大段分别東陽許氏謂用人曰置用馬曰郵人遞不能及遠漢書五里一置置馬非置人也

當今之時萬乘之國行仁政民之悅之猶解倒懸也故事半古之人功必倍之惟此時爲然

時上結

此章以齊王由反手句爲主所以反手惟此時爲然一句盡之戰國之時生民之禍極矣孟子目擊心傷因公孫丑管仲晏子之問過於汚下激出反手之論志在救民言以巳之德天欲平治天下齊王由反手何管晏之足云德之流行孔子是言德速不關時勢孟子引之言

以此時之時之勢有德者起而乘之解四海倒懸可傳檄而定所以爲事半功倍也文勢直趕至惟此時爲然王道無近功言家給人足化行俗美非一朝一夕之事也若救民於水火之中王道功最近秦自穆公後講富强習攻戰殆四百年天下乃定於一十六年而天下並起亡秦沛公乘之五年天下大定傳祚四百暴之難仁之易天命也孟子只欲拯救生民何嘗細較時勢講章乃云管晏有時勢而無德文王有德而無時勢其實齊景公民無德而稱焉何嘗顯管仲之時勢只可一匡九合孔子所謂器小謂內政不修覇踞數世非責其不王也文王三分有二以服事殷使紂不斮朝涉之脛行

炮烙之刑剖比干之心武王周公亦不伐商也講章膚
淺不達聖賢之意此章特甚
公孫丑問曰夫子加齊之卿相得行道焉雖由此霸王不
異矣如此則動心否乎孟子曰否我四十不動心（○哉○獨○聚○流○之○[illegible]○）
通章不動心是大綱領知言養氣是兩大端條目願學
孔子是結束關鍵在吾嘗聞大勇於夫子句蓋加卿相
得行道知周萬物者智也道濟天下者仁也知之必能
見於行行之必能踐其量者勇也有知仁而無勇則恐
懼疑惑生焉孟子私淑諸人於曾子爲嫡傳後幅推尊
孔子其詞雖繁乃因夫子既聖一問連類及之精神只
在自反而縮句此曾子所聞於夫子所謂大勇也　公

孫丑雖淺夫所謂動心亦非患得患失疑惑恐懼跟任
大責重四字來入囿有敦品茹有經術加以卿相一籌
莫展甚且曲學阿世枉道徇人者皆爲此任大責重所
動也四十不動心是回思已往之詞言我此心不動已
久不待今日也　道明對疑惑包下知言德立對恐懼
包下養氣四十以前致知力行極有工夫四十以來知
明處當沛然如意矣
曰若是則夫子過孟賁遠矣曰是不難告子先我不動心
曰不動心有道乎曰有　一開
孟子不動心何待與告子比較高下只因公孫丑不問
所以不動心之故但震驚以爲過孟賁所以孟子說不

動心難在所以能不動處若但論堅守靜鎮之不動則告子亦能之且先於我也　此處不可即言告子强制碍下又犯下必有主包下北宮必勝孟舍無懼曾子理直告子冥頑孟子則由於知言養氣也　孟賁是借來作擔荷字面言孟賁雖有神力不如夫子任天下之重恢恢有餘也　北宮孟施舍本清濁異流不入此座因孟賁一贊不倫不類孟子亦隨機接引蘇氏之文皆得力此等處如萬斛源泉隨地而湧又如天花亂墜變現無根

北宮黝之養勇也不膚撓不目逃思以一毫挫於人若撻之於市朝不受於褐寬博亦不受於萬乘之君視刺萬乘

之君若刺褐夫無嚴諸侯惡聲至必反之

孟施舍之所養勇也曰視不勝猶勝也量敵而後進慮勝而後會是畏三軍者也舍豈能爲必勝哉能無懼而已矣

孟施舍似曾子北宮黝似子夏夫二子之勇未知其孰賢然而孟施舍守約也

北宮黝似荆軻聶政孟施舍似毛遂藺相如戰國人物不過如此與曾子子夏毫不相涉作取必於人取必於己小照耳　不膚撓挺身決鬬不目逃怒目疾視非旣刺而不撓不逃也以下一步緊一步總以敵人爲主市朝是市中之行列有定如朝班然古有司市治之所以整齊如此史記孟嘗君列傳云日暮過市朝者掉臂不

顧是也　覩不勝猶勝曹憒云不是既不勝矣覩爲猶勝乃言雖有不可勝之勁敵我覩之猶小敵之可勝者易所謂小人用壯君子用罔義亦如此篤信聖人只借用一人字反求諸己只借用一己字曾子子夏只借來作介紹引到曾子自反而縮入不動心正位孟子正文是鴻印雪泥朱註亦是江涵秋影俱不必認眞

昔者曾子謂子襄曰子好勇乎吾嘗聞大勇於夫子矣自反而不縮雖褐寛博吾不惴焉自反而縮雖千萬人吾往矣

孟施舍之守氣又不如曾子之守約也

自章首至此爲第一節一路借容形主引至此節不動

心正旨已透下文因公孫丑更端起問故復隨問隨答其實自反而縮句已包舉不盡下文塞天地配道義即此大勇之事非言之不足又長言之也　自反二字極重戰戰兢兢惟恐一念一事違理謂之自反如此則理直理直則氣自壯無所爲而不成縮不縮不是並列教子襄反不縮者以歸於縮故曰自勝之謂强　千萬人吾往不是隻身赴鬭蘇文忠爲韓文公廟碑所謂文起百代之衰道濟天下之溺忠犯人主之怒而勇奪三軍之帥此是千萬人吾往之標的也　困勉錄據王觀濤之說云由此決大疑斷大事以一是矯衆非以一正抗衆邪　前明熊魚山開元時文云吾人羞惡之心最明

不直之際有人辱我詈我猶自可堪惟有人敬我甚我反不覺泚然汗下無地可以自容吾人方正之心獨德理直之際有人附我和我猶自氣平惟有人摧我折我反不禁奮然欲前無刻可以少緩說惴褐博與千萬人吾往兩面極其透切　兩約字不同上節約字是人己之分此節約字是理氣之分理常伸於氣無盛衰無久暫也　王罕皆前輩云上文明說孟施舍守約此又目之以守氣須將守字微逗言孟施舍之所守豈真能約哉氣而已矣此句點得淸下文之義自出　此氣字是血氣小勇也勿混入大勇界內下文兩其爲氣乃大勇也

曰敢問夫子之不動心與告子之不動心可得聞與告子
曰不得於言勿求於心不得於心勿求於氣不得於心勿
求於氣可不得於言勿求於心不可夫志氣之帥也氣體
之充也夫志至焉氣次焉故曰持其志無暴其氣

告子半明半昧亦知應天下事皆以心爲本雖聖賢之
學不過治心却不知有格物致知誠意先一層工夫只
欲強制此心使之寘然不爲物所紛擾悍然不爲物所
牽制便以爲不動心矣不得於言於古人之言有所不
明於今人之言有所未達正應審思明辨以求明於心
告子以爲如此則心動矣任其不知而勿求於心事至
前或酬酢失宜人至前而接應不當即宜悔過省愆告

子以爲如此則心又動矣即聽其自然勿求於氣告子不動心之道如此孟子既述其言因從而斷之以爲不得於心勿求於氣是以因循爲固守也雖非過勿憚改之義倘知心重而氣輕就其説而論之尚有本末之分若不得於言勿求於心則以愚昧爲堅定不知人之應事知明然後處當不得勿求則於理不明自以爲是豈復有一可哉蓋五官百骸以心爲主心有知而氣無知天地之帥吾其性是爲氣之將帥也知覺運動由氣以行心主內而氣衛外天地之塞吾其體充滿於心是即爲志之卒徒也夫志既爲帥以尊役卑固爲至極氣即爲充以衆衛寡亦次於志焉故不動心之正理必以治

心為本敬以直之持其志使之常明常强固也氣却不可輕手容恭足容重以順四體之常勿輕喜勿妄怒以中七情之節是謂無暴其氣也告子以言為外而勿求自昏其有覺之靈固不可矣以氣為末而勿求之行有不得並不自反强自支持不足以為志之弼輔又豈可哉　不得於言有二說一是在己之言朱子云告子論性杞柳湍水隨口說出屢變其說以求勝硬要把得心定蔡氏存疑云論性不達性之理論事不達事之理今講章皆從此說一說是他人之言亦朱子之說或問不得於言自己之言抑他人之言朱子曰若要與下面知言處相貫則是他人之言王罕皆四書本義滙參主此

說云與集註合按集註惟云於言有所不達無在人在己之分不知所謂合者何在前明人時文亦皆作在己之言惟　本朝陸稼書先生時文作他人之言云天下之是非不可勝窮也吾守吾心而自有以通天下之故是明云他人之言也以理揣之此是告子自言豈肯云我於自己之言有所不達則勿求於心任其糊塗如强盜自投首豈有此理必是他人之言猶佛家之說不立語言文字只完養此心即是得佛心即告子之學本禪學之濫觴（濫音泛岷山之源可濫觴出淮南子）禪學只寂守此心後來亦能通曉文理明了世情但只可自了施之於用則疎以氣不足以充之也況下文兩善字正對此可不可字

孟子之所善者知他人之言告子之所不可者乃自己之言自相矛盾矣告子杞柳湍水義外皆自以爲是得之於言也若不得於言則不可出諸其口矣我知言我善養吾浩然之氣加一吾字明於言上暗藏人字告子不知言孟子知言總屬他人孟子之所知詖淫邪遁之言告子所不知說理論事之言也不動心之得失於此劃涇渭之分

旣曰志至焉氣次焉又曰特其志無暴其氣者何也曰志壹則動氣氣壹則動志也今夫蹶者趨者是氣也而反動其心

此兩節本章爲第二節專言告子不動心之道關鍵在

持其志無暴其氣告子之持志非其所持勿求於氣畧不檢束乃眞暴矣孟子之意重在氣與上文兩養勇一大勇關照公孫丑錯會氣次句以氣爲輕重發此問孟子因示以志氣互相爲用至次不可偏廢語氣側重氣邊專爲發明無暴其氣破告子勿求於氣之說見告子之不動心無一而可　志壹二句有三說一說專就惡邊與下文蹶趨相應此現在講章如四書體註四書詳說皆然一說兼善惡旣持之志動而之善未持之志動而之惡豪引存疑淺說皆然一說志壹就常講重善邊氣壹就變講重惡邊前明葉永溪修沈青霞鍊二君時文如此徐山琢力主之此說最是蓋志動於聲色貨利

耳目手足往從之作淫佚鄙倍之事此與行道不動心何與孟子乃津津道之必不然矣次說近是其實志之當持公孫丑已知之所疑者氣不當並重也未持之志既持之志既非正針所在未養之氣既養之氣又犯下文惟第三說志之動氣本是正理申言之以伴下句言志壹動氣是以君子於居敬窮理之功毫不敢忽氣壹亦能動志是以君子謹之坐如尸立如齋不苟訾不苟笑衣服有度瞻視不苟行步則有環佩之音升車則有和鸞之聲誠恐氣之動志如用兵者卒徒潰散則主帥亦不能獨存是以貴本末內外交相養也葉永溪文云天君雖常固挾其弛張之權以役乎氣而客感無定亦

嘗乘其盛衰之勢以搖吾中　沈青霞云主宰既定一時之所操物莫能攖思慮內專一念之所注意自不亂此志壹而運動之氣不言而自喻天機之默成者然也志壹則誠動氣矣至若吾身之習用已熟而客感外馳則血氣在所用事四體之起居無定而物交或奪則形氣有所偏倚智有所不及或失其所據神有所不守或變其所長氣壹則無不動其志者也艾千子評云志壹動氣儒者皆能言之氣壹動志惟見於孟子須合君子不重則不威齊明盛服非禮不動等語一例推看惟此文無志氣軒輊之疑徐山琢加評云志壹動氣自道德功名以至人一己百人十己千皆是到氣壹動志則全

是私欲上用事無論忠孝節義怯弱不前凡進退行止無不苟且孟夫子此何兼說世情天下不爲趨蹶動心者幾人哉困勉錄亦云氣動志有顯抗者有陰違者有志隨氣而委靡者有志隨氣而躁率者亦與山琢之語相發明醉人不識親疎是顯抗也疾病倒其神識是陰移也血氣衰而貪得是委靡也血氣未定好色方剛好鬬是躁率也俱是實事趨蹶氣爲之也反動其心則氣不可輕矣

敢問夫子惡乎長曰我知言我善養吾浩然之氣

敢問何謂浩然之氣曰難言也

此節是不動心正面最要緊人心之所以動只是疑懼

兩端知言則理明養氣則氣壯四十不動心以此我字有工夫存心以導有覺之靈致知以盡窮理之實我之進退伯王之畧析衷仁義之歸非若不得於言勿求於心也堅其志於任重道遠正其趣於閑邪存誠我之處則任大道絶續之寄出則樹生民駿偉之烈非若不得於心勿求於氣也緊項不動心不動心又緊靠住任大責重上說方是正旨　難言也不是推開正領起下文言浩然之氣全體大用非一日之充積一事之發皇非但舉之莫能勝行之莫能至即悉數之亦莫能終也下文兩其爲氣也皆難言之言也

其爲氣也至大至剛以直養而無害則塞於天地之間

其爲氣也配義與道無是餒也
是集義所生者非義襲而取之也行有不慊於心則餒矣
我故曰告子未嘗知義以其外之也

兩其爲氣也俱須難言句而摹擬之第一個其爲氣是人之生也直之氣本然之體段涵於性萬物一源故至大根於理自強不息故至剛以直養卽是集義而無害卽勿助長此二句只好囫圇說勿撓以邪曲勿害以他端還他一自然之體則可以範圍兩大曲成萬物此氣從天地來者仍浩然與太虛同體而塞乎天地之間第二個其爲氣也是養成之後之氣人能直養則此氣實體於是人之身暢於四支而發於事業凡事物當然

之理散殊者爲義一本者爲道義與道之所當爲氣能有以配之其奮迅足以赴幾不惑而無不利其貞固足以幹事有初而必有終古聖賢所以立天下之大功決天下之大疑植古今之大節皆由此氣合道義而有助之故若不能直養則道義不能以自行卽之雖强力不足以舉之疲薾而餒矣　道義不是兩樣氣只是能義義之所從出則道也故下文但言集義各家時文或分或串亦無一定韓慕廬先生評文云與空最宜認徐山塚云須覷下集義從義生出道語過鈎藻朱子云道是體義是用已該括韓徐二說人身之氣卻何能塞天地卽配義與道爲之也但地位須劃清塞天地重之間二

字天地之間許多事物皆聖賢之氣爲之轉運充周使之發育峻極小往而大來扶陽而抑陰皆氣之爲也且勿涉功用配義與道方說到事功　是集義所生即直養之註脚必有事節又無害二字之註脚有氣而後配道義亦必有道義然後能生氣此生字只是培植滋長非至是始生也人之生也直未集義時剛大已具行有不慊不要說得十分狼狽註中一字當玩味一事自信不過便覺自反慊然即餒也上餒字是臨事而餒此餒字低一層自反不直則此人奄奄無氣世說謂李志曾蜍如孤猶所嘅是也　告子非一味胡說人平日亦曾聞聖門議論卻從必所欲之説是以專事必有事焉必方外之説是以謂義

外總是認根不眞稂莠不鋤則嘉禾不植是以孟子力辨之義能生氣氣在內則義非外可知告子未能知義宜乎勿求於氣也專重闢勿求於氣句我故曰是連類指點之詞

必有事焉而勿正心勿忘勿助長也無若宋人然宋人有閔其苗之不長而揠之者芒芒然歸謂其人曰今日病矣予助苗長矣其子趨而往視之苗則槁矣天下之不助苗長者寡矣以爲無益而舍之者不耘苗者也助之長者揠苗者也非徒無益而又害之（透切）

告子勿求於氣之說上二節辨之已明此又爲求於氣者辨勿以客氣害正氣語意重勿助長一邊宋人之喻

為助長也言氣既非義不生則直養者必須有事於集義刻刻檢點非仁無為非禮無行敬以直內以立集義之本義以方外以累集義之功如是則必有效有事者切勿預期其效惟定慮專心以從之天地可塞勿計其何時而塞道義可配勿計其何時而配綿綿翼翼念茲在茲心勿忘其事而已勿忘於內而瞬有養息有存勿忘於外而言思忠事思敬如是則剛大之氣必漸充長然只可聽其自長切勿助長助長之狀宋人之事盡之所學未就强不知以為知强不能以為能好名不由中發而不中節皆助長也助長之害甚於忘忘者不耘苗耘之尚可復生助長者揠苗其根既離苗則槁矣故曰

非徒無益而又害之　曾南豐作顏魯公祠堂記言公歷忤大奸逆如楊國忠安祿山李輔國元載盧杞李希烈顛跌震撼至於七八而始終不以死生禍福爲秋毫顧慮非篤於道者不能此足以觀公之大南豐可謂知人且知言矣此眞配道義塞天地者世有所學未成輕易驟發一經挫跌則懲於羹而吹虀終身闒媚不辭此以客氣害正氣者也蘇文忠勸神宗勿妄作言有好騎馬者一經失跌則終身徒行此亦揠苗之說足以爲戒

何謂知言曰詖辭知其所蔽淫辭知其所陷邪辭知其所離遁辭知其所窮生於其心害於其政發於其政害於其事聖人復起必從吾言矣

困勉錄據張彦陵云四言皆談道之言四言之病皆見道之病持之有故而言之成理使人不知而誤信以施之政事之間則流毒匪窮蘇文忠謂李斯禍秦由於荀卿卿其証也王莽使劉歆改竄周官以濟其私王安石不知其邪詞也以之禍宋後豈不知勢不能止加卿相而不動心固必自知言始果是見理透然後氣不害事詖淫邪遁須劃清四項詖者倚於一偏蔽者東面而望不見西牆墨翟詖於仁而忘其父楊朱詖於義不見其君也淫者大言不慚陷者本心沉溺如水益深列子汪洋自適己意莊周曼衍所以窮年邪者不遵王軌離者自外名教無所忌憚荀卿矯激詆堯舜以爲僞韓非好

刻覩親戚皆可誅遁者辭屈屢遷窮者伎倆已窮側身無所湍水之喻因杞柳移其說赤子之保爲二本聊文其慚戰國之時處士横議人人欲以其術施之國政秦政焚書只及經典諸子不廢學術紛如董仲舒對漢武帝云春秋大一統者天下之常經古今之通義非仲尼之說皆絀之勿使並進武帝從其言凡百家縱横之說皆屏棄表章六經學術始定於一後學不可不知　講章以詖淫邪遁只就一人言非也如此是知一人之言非知羣言也能知羣言然後謂之知言否則抱其咫尺之見坐井觀天與告子不相上下矣養氣就好邊說知言就不好邊說聖言易知無可疑也不關不動心事

聖人復起承吾言。夫子句來指孔子。願學孔子此是不動心來歷此於本章爲第三節

宰我子貢善爲說辭冉牛閔子顏淵善言德行孔子兼之曰我於辭命則不能也然則夫子既聖矣乎

曰惡是何言也昔者子貢問於孔子曰夫子聖矣乎孔子曰聖則吾不能我學不厭而教不倦也子貢曰學不厭智也教不倦仁也仁且智夫子既聖矣夫聖孔子不居是何言也

昔者竊聞之子夏子游子張皆有聖人之一體冉牛閔子顏淵則具體而微敢問所安

曰姑舍是

曰伯夷伊尹何如曰不同道非其君不事非其民不使治則進亂則退伯夷也何事非君何使非民治亦進亂亦進伊尹也可以仕則仕可以止則止可以久則久可以速則速孔子也皆古聖人也吾未能有行焉乃所願則學孔子也

不動心義蘊上文已徹此只因公孫丑聖矣一問復申言之然則二字講章以爲翻局非也公孫丑此時所謂聞先生講論如客得歸自驚得聖人以爲之師非疑孟子未聖也看下諄諄屢問知是驚喜之詞說辭指知言德行指養氣此節之義與若聖與仁章同公西華從下仰觀但云弟子不能學子貢尋源及流言有旁燭無疆

之大智。故學能不厭。不則心有所未通而厭矣。有萬物一體之至仁。故誨不倦。否則力有不給而倦矣。且字關緊轉到聖字。不可輕。　子游子夏得聖人之文學。子張得聖人之威儀。是爲一體。氣質不偏。義理完具。故云具體。微者。役於思勉。滯於形迹。未能化也。　顏子地位高矣。尙云姑舍是者。瓜山潘氏云。讓第一等事與別人。便是無志。然志高又須有實力。否則牆高基下。何益之有。

古德云。智過於師。與師同德。智與師齊。減師一半。姑舍是者。猶云目前之造詣。吾方謙讓未遑。平日之素心。尙欲取法乎上也。語氣要說得好。　不同道中有孔子在。即姑舍是。畧渾之言。意趣尙有各別也。孔子時中之聖始見此章實理須透發可以者識在事先圓而神則者當機順應方以智願學伯夷是志在名節也願學尹是志在事功也必願學孔子之時中乃得聖智之全而合中庸之道須收到不動心上言己之不動心本有淵源今日言此中心躍如欲向往之也伯夷伊尹亦須重加贊語方起得下若是班乎不可即露抑揚此於本章爲第四節

伯夷（又開）伊尹於孔子若是班乎曰否自有生民以來未有夫子也

曰然則有同與曰有得百里之地而君之皆能以朝諸侯有天下行一不義殺一不辜而得天下皆不爲也是則同

曰敢問其所以異曰宰我子貢有若智足以知聖人汙不至阿其所好

宰我曰以予觀於夫子賢於堯舜遠矣

子貢曰見其禮而知其政聞其樂而知其德由百世之後等百世之王莫之能違也自生民以來未有夫子也

有若曰豈惟民哉麒麟之於走獸鳳凰之於飛鳥泰山之於邱垤河海之於行潦類也聖人之於民亦類也出於其類拔乎其萃自生民以來未有盛於孔子也

又二問

此下至末是本章第五節專頌揚孔子以公孫丑之問反復寫照高山景行之思與上文不相牽涉詞旣極隆則不可攙入自己言之體也

得百里之地而君之

皆能以朝諸侯有天下衆人眼熱孟子却在所謂[illegible]行一不義四句若此處見不透則周程張朱不如蕭曹丙魏矣古聖賢立定脚跟專在此處所以爲天地立心爲生人立命爲前聖繼絕學爲萬世開泰平皆在此也至誠惻怛以萬物爲一體仰不愧於天俯不怍於人故匹夫可爲百世師一言可爲天下法　康熙年間有大獄於法則應死者甚衆於情則可矜方望溪先生致書安溪李文貞公曰閣下平日嘗言吾人之心即聖賢之心假使行一不義殺一不辜而可以擢一官晉一秩亦弗爲也然則閣下宜行此言於今日矣雖以去就爭之可也文貞公矍然從之免死者甚衆附記之以見非獨

三聖有是心也人皆有之勿梏亡之則得矣　堯舜不可幾及賢字只說有功於堯舜若云堯舜之道賴孔子以傳則夫子賢於堯舜遠矣　見其禮二句泛指百王孔子無禮樂可見可聞也先知百王之有乃知夫子爲生民之未有聞樂知德季札請觀周樂有現成註脚見禮知政頗難講若云見夏禮之尚忠則知其政之慘怛忠利見商禮之尚質則知其政之駿厲嚴肅見周禮之尚文則知其政之太和翔洽化行俗美亦可通　出乎其類同是形獨能踐形同是性獨能盡性也拔乎其萃在一鄉則高一鄉在一國則高一國也與見禮二句同皆指羣聖未生民未有方指孔子後說云自古聖人有

行造其極不足以兼全乎衆理有德極其全事功僅止於一時惟孔子極道德之全事功之盛所以未有盛於孔子此說得之吳因之云由孔子之道而後天下後世皆得以踐其形盡其性非如羣聖完一身之分治一時之事而已所以獨極其盛　豈惟民哉語氣如登高而呼言我夫子之聖豈惟與其之民不能及即羣聖人亦如麟鳳泰山河海於同類中出類拔萃而已夫子集前聖之大成立萬世之人極自有生民以來是言伏羲神農氏以來比堯舜百王又進一重言則前賢之言孟子述之却至此乃登峯凌絕頂矣　通章詞繁意不繁只是不動心由於大勇大勇自曾子聞於夫子得來古今

之聖至孔子集大成我之所以願學也○脈絡最清亦最緊○

孟子曰以力假仁者霸霸必有大國以德行仁者王王不待大湯以七十里文王以百里（結上）

（跌下）以力服人者非心服也力不贍也以德服人者中心悅而誠服也如七十子之服孔子也詩云自西自東自南自北無思不服此之謂也

此章單重王不待大一句七國日相爭戰生民塗炭孟子欲其以德行仁為民弭此大禍以湯文王作楷式猶階七十里百里又引孔子則無尺土一民矣七十子之歸服如此果能修德苦戰無所用之鎬京辟雍之詩言

武王建學以施敎化東西南北無不心服証七十子之服孔子皆由敎化所感詩詞指武王此之謂總上中心悅而誠服之謂也賓主界限須分明　力字兼權謀術數堅甲利兵兩層德者正心修身行仁者發政施仁也一串事　此章不是較量湯武桓文優劣桓文之時只宜爲桓文之事糜爛其民以滅楚又張大其說以輔周郎項籍曹操矣孔子激贊齊桓管仲非故爲降格之詞理本如此此章只是要當時諸侯休兵恤民俟天休命不是重新貶駁桓文看霸必有大國句可見　文王有聲之詩八章前四章言文王求寧觀成伐崇作豐以基王業後四章言武王既得天下朝覲者衆豐邑不足以

容之又遷鎬京講學行禮而天下服此詩第六章也第七章言武王卜宅定都曰考卜惟王八章言武王創業垂統曰詒厥孫謀以燕翼子按通鑑前篇紂十六祀文王始遷都于程（程即郢字卒於畢郢指此）十九祀又遷豐武王伐紂之年既克商始遷都鎬建學養老樂記養三老五更於太學諸侯知悌指此辟雝也左傳周景王謂晉我自夏以后稷魏駘芮岐吾西土也及武王克商蒲姑商奄吾東土也巴濮楚鄧吾南土也肅慎燕亳吾北土也其序與此同自字指鎬京自鎬而東西南北也周自西興後乃漸及於東化行南國最後乃及北肅慎貢楛矢燕貊貢赤豹黃羆則聲教訖四海矣　此章八字指各國諸

侯非小民也無思不服重思字　霸伯音相近義不同古亦有通用者齊桓晉文天子皆命之爲方伯所爲方伯之事也晉悼繼伯卽繼此方伯之事秦穆與晉文爭伯而不能宋襄欲代齊桓之伯而不克楚莊亦欲與晉爭伯此伯須天子命之葵邱之會城濮之役左傳皆有策命之詞史記秦孝公時天子致伯於秦諸侯皆往賀之是也此伯乃周官所云八命作牧九命作伯左傳楚滅陳萇宏歎諸侯之無伯也殆哉此是小國所倚賴何可貶惟其詭譎自雄謂之霸此章以力假仁者霸是也項籍識字僅能記姓名自稱西楚霸王宜矣後儒竟以齊桓晉文爲無能僅行霸者之事管仲以不王故器小

孟子黜霸尊王乃說齊行仁政取周而代之此人亦與虞姬之婿不大分別

孟子曰仁則榮不仁則辱今惡辱而居不仁是猶惡濕而居下也

如惡之（頓○挫）莫如貴德而尊士賢者在位能者在職國家閒暇及是時明其政刑雖大國必畏之矣

詩云迨天之未陰雨徹彼桑土綢繆牖戶今此下民或敢侮予孔子曰爲此詩者其知道乎能治其國家誰敢侮之

今國家閒暇及是時般樂怠敖是自求禍也

禍福無不自己求之者

詩云永言配命自求多福太甲曰天作孽猶可違自作孽

不可活此之謂也

此章專爲般樂怠敖者說法重惡辱而居不仁句取敗致已般樂怠敖四字已足不必剖心斮脛酒池肉林也貴德貴大德小德二種之士下賢能分頂坐而論道賢者在位作而行之能者在職也明儒章楓山懋言羅一峯氣魄大可以正君善俗我輩只可修政立事此言可爲註腳知道知能治國之道即未雨綢繆也勿泛說宋徽宗崇尙道教欽宗在儲貳時金國之釁已萌密言老子云其安易持其未兆易謀此之謂知道非符籙齋醮徽宗戄然有覺方士林靈素由是放歸事已無及矣兢兢業業一日二日萬幾無曠庶官天工人代知道之

實也　鴟鴞喻武庚取子喻管蔡雚已爲所愚無毀我室冀成王勿誤信之釀成大亂也此黄樗實夫之說　朱子註豳風主孔安國說我之弗辟言不誅管蔡以賊遺嗣王則無以見先王也居東卽東征罪人斯得管蔡旣致辟成王疑之周公不敢歸乃作此詩以貽王後與蔡九峯及董安國書深悔此說蔡氏註金縢與豳風與從師之後說也葢流言初起本不知所自來周公辟地居東以待成王之察罪人斯得知此造言之罪人由管蔡也彼時周公之意欲誅武庚而赦管蔡諄諄歸罪於鴟鴞王亦未敢誚公未敢謂周公之言昧於大義也東征之役民獻有十夫大公召公皆在行非周公自往管叔自經於

郕蔡叔霍叔正其罪不及於死。周公作棠棣之詩。餘恫未忘。故曰死喪之威。兄弟孔懷。原隰裒矣。兄弟求矣。言已爲兄弟求管叔於積尸之中。他人則罔聞知矣。鴟鴞之詩。朱子悔之。未及改正。特附論之。陰雨即流言初起。禍難未萌。非既誅武庚之後又有陰雨也。孔子非歎周公知道。乃指春秋之末。昭公童心未除。自貽伊戚。晉平好色。政柄下移。爲不知道也。　詩是周公教成王念爾祖文王。聿修即康功田功之德。勿敢盤於遊畋。則所行合天理。盛大之福。自我致之。天作水火盗賊之孽。小心修德之人。未嘗不可以免。若自作不靖。陷于刑辟。眞無所逃於天地之間。此是蔡虛齋蒙引之說。極爲切當。

仁是憂勤不仁即盤樂閒暇是內患未萌外敵無侮非天下安如磐石之謂

孟子曰、尊賢使能俊傑在位則天下之士皆悅而願立於其朝矣

市廛而不征法而不廛則天下之商皆悅而願藏於其市矣

關譏而不征則天下之旅皆悅而願出於其路矣

耕者助而不稅則天下之農皆悅而願耕於其野矣

廛無夫里之布則天下之民皆悅而願爲之氓矣

信能行此五者則鄰國之民仰之若父母矣率其子弟攻其父母自生民以來未有能濟者 一如此則無敵於天下

無敵於天下者天吏也然而不王者未之有也

戰國不仁攻伐不仁生民肝腦塗地孟子憫之言用賢恤民則爲天吏無敵於天下矣何多苦父老子弟爲意在止殺非從悤使圖王也俊傑在位卽尊賢使能之實天下之士皆悅韓昌黎所謂巖穴之士聞而慕之束帶結髮願進於闕下致吾君於堯舜熙鴻號於無窮非于澤邀榮也　市廛而不征廛指地租屋租征指物稅也古建國之制前朝後市左祖右社謂之辨方正位市是公家頓貯貨物之所例應輸租謂之廛貿遷有無化居是國家一大政商賈最當體恤如逐末人多則收其屋租地租勿收物稅如逐末人少則並地屋租皆不取令

司市以法察其奸僞禁其侈靡戢虣而去盜所謂法也

周官大司徒之屬司市爲下大夫其屬有賈人廛人皆下士賈人平物價廛人掌斂市絘布列肆之稅即地租總布守斗斛權衡之稅質布故昂其價之罰罰布市中有犯法度者罰之廛布邸舍之稅即屋租入於泉府泉即今之錢周官原有廛有征孟子所言乃文王治岐之政蓋戰國時民困極矣非行文王之政不足以拯之

闗譏而不征耕者助而不稅說已見前助而不稅即是九一

廛無夫里之布此廛字朱子既云市宅之民已賦其廛又令出此夫里之布明是市廛蔡虛齋疑其重複欲指鄉農居貨之屋爲廛不明白林次崖陸文清辨其誤亦不明白此即上文市廛一事而兩說也

國中有二廛一是市廛一是左右兩邊民居許行願受一廛以爲氓指民居也此廛本無租周官載師職云凡國宅無征葢國中之氓非庶人在官即農夫二畝半在邑與肇牽車牛遠服賈者若家家徵其夫布里布民將去汝適彼樂土戰國之諸侯亦愚不至此惟市廛居貨獲利稍厚其地租物稅本是正額又因其不塗體沾足曰此閒師所云民無職者令出夫布不知貿遷有無非不事常業也又見其不種桑麻曰此載師所云宅不毛者令出里布不知藏貯貨物之地固不可以樹藝也總是見其利厚多爲條目以科斂之本可併入前文但有廛有征有法又有夫布里布五者混雜劃出另言文勢

使然非朱註誤也地租物稅出自商賈時去時來此不毛與游手之罰則出於常住此壥之居民故曰天下之民少變其詞亦非上指商下指國中蚩蚩之氓士商旅農四項民字已包括此外止有工匠與失業窮民豈可責以夫征里布耶　先王欲民勤於本業游隋有罰以激厲之周官原文尚有田不耕者出屋粟又有庶民不畜者祭無牲不樹者無槨不蠶者無帛不績者無衰皆以勵勤非以圖利朱子云周禮宅不毛謂士大夫有力者以宅之餘地爲亭臺田不耕以爲池沼也民無職事指士大夫家所養浮浪之人也是則不惟懲游惰兼以裁抑豪奢今悉舉以責之居貨之市人苛虐極矣　或

問廛與征及夫布里布其額若何曰此不可攷但據戴師園廛二十稅一之文園卽萊田種菜蔬者廛卽市宅二十稅一是二十畝稅一畝也亦甚輕物稅有現行則例古今所差不遠夫布卽力役之征朱子云閭師之罰輕游惰失業戴師之罰重私門浮浪不詳其數但漢書踐更之役輸錢三百此乃僱人應役之數民閒生子口率出錢六十此卽丁口之數想夫布不過準此里布鄭康成云以共吉凶二服及喪器古人五家爲比五比爲閭此一閭凡喪服祭服及帷幕俎豆鉶爵之類安能家家皆有此二十五家公鳩錢置之有事則公用此不毛者亦酌令出錢以庀公器非以一人併令出二十五家之布也註

中又有一夫百畝之稅一家之征乃鄭康成以王莽苛政解周禮朱子隨筆引之未及辨正張子横渠痛言其謬見王與之周禮訂義作文不可牽涉前輩任啓運時文只說夫布里布二項便住於一夫百畝二句竟不提及以其不可行也最通　布字有二義一即布帛所謂布參印書廣二尺長二丈通工易事只是此布所謂抱布貿絲也周官泉府即今之錢局錢流通如泉故謂之泉其形削者如刀謂之錢刀長方者如布謂之錢布夏商鑄錢只以救災周人費繁不肯多取於民設泉府專以供王后世子之服御饍饈用意良厚民間貨物不售者則以泉府之貲收之待民之乏又以恤商王安石文

飾其詞以爲均輸與商賈爭利所以謬也　此章五悅字五願字緊相對王道以得人心爲本何用苦戰而後能朝秦楚而撫四方耶

孟子曰人皆有不忍人之心（陡起）先王有不忍人之心斯有不忍人之政矣以不忍人之心行不忍人之政治天下可運之掌上（就起語二大轉）所以謂人皆有不忍人之心者今人乍見孺子將入於井（三句承）皆有怵惕惻隱之心非所以內交於孺子之父母也非所以要譽於鄉黨朋友也非惡其聲而然也（又一轉作波）由是觀之無惻隱之心非人也無羞惡之心非人也無辭讓之心非人也無是非之心非人也

惻隱之心仁之端也羞惡之心義之端也辭讓之心禮之端也是非之心智之端也

人之有是四端也猶其有四體也有是四端而自謂不能者自賊者也謂其君不能者賊其君者也

凡有四端於我者知皆擴而充之矣若火之始然泉之始達苟能充之足以保四海苟不充之不足以事父母（轉）（頓挫）

此章爲人君言專重先王有不忍人之心斯有不忍人之政善充之也後人良心雖在陷溺已深石火電光隨見隨滅齊宣王不忍一牛之死伐燕殺其父兄係累其子弟則爲之利令智昏並無納交邀譽之轉念矣不足以事父母對上保四海言不能行不忍人之政則民生

日困將不能承守先業非謂凡人之事父母也六國滅於秦秦之子孫滅於羣雄無炊火焉此之謂不足以事父母　非人也不是詆之爲禽獸只言是個人得天地之氣以成形理以成性則必有此四端與下四體對照禽獸不能全四端却有一端但不能變通耳東坡先生阿羅漢贊有虎過尊者前者贊云是與我同不噬其処一念之差墮此髮鬅是禽獸尚有一端解春雨爲明成祖題虎顧彪圖云是爲百獸尊誰敢觸其怒惟有父子情一步一迴顧他如畜狗護主義也雁行有序禮也鵲避孤虛燕知戊巳知也鹿得食相呼雞司晨不爽信也人則有失其本心無所不至者矣

孟子曰矢人豈不仁於函人哉矢人惟恐不傷人函人惟恐傷人巫匠亦然故術不可不慎也（陡起）

孔子曰里仁爲美擇不處仁焉得智夫仁天之尊爵也人之安宅也莫之禦而不仁是不智也（證仁）

不仁不智無禮無義人役也人役而恥爲役由弓人而恥爲弓矢人而恥爲矢也（活潑不可端倪若游龍閃電）

如恥之莫如爲仁

仁者如射射者正已而後發發而不中不怨勝已者反求諸已而已矣

此章專爲人役而恥爲役者言六國之强不如秦欲仗縱橫闔抑之流爲螳臂當車之拒是不智也其所以不

知只為不肯反求諸己塗有餓莩反謂寡人之民不加多故以擇術擇里引起最重莫之禦而不仁何有方千里之地儘可發政施仁誰抑阻之而甘心出此殺人盈野盈城之下策下文仁者如射俱指行仁政之事正心修身齊家而後治國即正己而後發也發而不中思議有所不周未能合人情宜土俗也反求諸己咨諏善道察納雅言益盡其修德行仁之實其身正而天下歸之何人役之有

孟子曰子路人告之以有過則喜

禹聞善言則拜

大舜有大焉善與人同舍己從人樂取於人以為善

自耕稼陶漁以至爲帝無非取於人者。取諸人以爲善是與人爲善者也故君子莫大乎與人爲善。

此章自是以舜立聽言取善之準却不可將子路禹二層說低須極力推揚則大舜有大焉大字精神愈顯先是取人之善後乃與人爲善另轉一特地乾坤非復塵凡所測矣。　不告以前須是克去驕吝二字然後人來告旣告之後須是實有補過遷善之實然後能喜恐有聞喜聞過二句見仲子全量曾子之所畏在此　拜者中心悅而誠服較虛巳以聽和顏以受又進一層　贊舜到與人爲善句便住故君子句畧推開舜本取人之

善乃天下之人皆爲大聖人樂善之誠所鼓舞踴躍遷
善而不自知是與之也故君子不是舜是言後之君子
嗜善無厭求言若渴當學舜學舜從子路大禹起　歷
山有五以山東濟南有舜田舜井爲的河濱有三以定
陶縣爲的雷澤在山東濮州澤底怪石巉巖有竅冬至
前吸水有聲如雷入地底故云蔡註禹貢誤
孟子曰伯夷非其君不事非其友不友不立於惡人之朝
不與惡人言立於惡人之朝與惡人言如以朝衣朝冠坐
於塗炭推惡惡之心思與鄉人立其冠不正望望然去之
若將浼焉是故諸侯雖有善其辭命而至者不受也不受
也者是亦不屑就已

蔡虛齋云不但非其君不事並不立於朝非但非其友不友並不與之言　既云不與惡人言又云與惡人言推其心也思與鄉人立鄉人非惡矣在伯夷思之猶不肯稍有遷就諸侯又高於鄉人矣辭命善非冠不正矣亦不屑就逐一繪一臨字一層緊一層講章家謂諸侯善其辭命是孟子懸空摹擬非也伯夷聞文王作然後歸周則他不屑就可知是故二字明有所指

柳下惠不羞汙君不卑小官進不隱賢必以其道遺佚而不怨阨窮而不憫故曰爾為爾我為我雖袒裼裸裎於我側爾焉能浼我哉故油油然與之偕而不自失焉援而止之而止援而止之而止者是亦不屑去已

進不隱賢直道以事人介也何以謂之不恭頂上句不卑小官凡卑官末職只好隨俗以仕易農非以行道柳下惠却小題大做是以謂之不恭東方生避世金馬門割肉歸遺細君可謂自汚矣忽而辟董偃斥其死罪三忽而陳泰階六符諫漢武帝勿以民間膏腴地爲遊獵之塲太史公謂其滑稽之雄即此意也　不怨不憫樂天知命却有七分輕世肆志只有三分遇臧孫辰之蔽賢只合如此措置　油油與之偕只偕之也援而止之而止則近於同乎流俗矣其實非不能去不屑去也仍是不恭到底柳下惠最難寫照和介不恭須三面都到

孟子曰伯夷隘柳下惠不恭隘與不恭君子不由也

此章是爲願學孔子作一反面註脚伯夷節是一層進一層淸到盡處則隘矣柳下惠節一層低一層和到極處則不恭矣不是淸和之外另指他隘與不恭也隘不恭是好字面不可說壞不念舊惡何嘗不有容但人之惡與我何干此一念耿耿不忘便是隘與天覆地載不相似也不以三公易其介分明是有執却有獨行其志輕藐世俗之心便是不恭與戒懼執中不相侔也

君子卽孟子自謂但不可太露渾說爲妥

四書翼註論文卷之二十八

孟子 公孫丑下

孟子曰天時不如地利地利不如人和（立兩句作柱下文分兩邊自解之）三里之城七里之郭環而攻之而不勝夫環而攻之必有得天時者矣然而不勝者是天時不如地利也城非不高也池非不深也兵革非不堅利也米粟非不多也委而去之是地利不如人和也

故曰域民不以封疆之界固國不以山谿之險威天下不以兵革之利得道者多助失道者寡助寡助之至親戚畔之多助之至天下順之以天下之所順攻親戚之所畔故君子有不戰戰必勝矣

班固漢書藝文志兵家者流五十三家書二百二十七篇中有孟子一篇卽此章也戰國之君以暴伐暴好勝而不求必勝徒虐其民孟子欲其發政施仁則得道得道則民必踴躍所向無前敵人之師不戰自屈天下定於一生民之禍息矣非授之秘策云爾所談天時地利尙不知人和也　天時地利人和是兵家常語不知乃孟子評斷之語且虛說勿犯下　天時照下夫環而攻之必有得天時者矣是日時中有旺相利於我可以克敵者　此說最鄙淺實指則不可入文前人只云日月可乘天時作而人從之一切孤虛建除字面俱不沾染

太公兵法云背孤擊孤萬人無餘其法在于時虛孤

西虛一可敵七丑時南孤北虛以一敵三餘皆倣此指方向說甚荒唐又有以主將之生命配時日旺相者又有遁甲之說貴人登天門之日可以決勝三奇入墓不利出師又有與今時憲書上就建除等字選擇執日利擒賊破日宜攻城亦本淮南子後二說稍近之　非不二字從委而去之後回想之詞　王城十二里公侯以次降殺子男之城亦有五里此五里七里乃下邑之險固者如虎牢偪陽之類所云勝之不武不勝爲笑者也

按文獻通考兵家書分權謀形勢陰陽技巧四種其書有九十三家一百七部無旺相孤虛之說旺相孤虛屬五行家託名黃帝力牧班固藝文志序謂之小數擇

時日談祿命者所用非將畧兵機也後世淺夫好談兵者以為奇秘每開卷則遁甲羡門演禽風角之說爛然滿紙不知天干地支以六甲五子衍為六十專以迎日推策使一歲十二月三百六旬不至混淆於兵事何與然以之一衆心壯士氣道非明民將以愚之亦無不可昧者惟此之信鮮不悞事曾問之老將知兵者云其說皆無驗存之所以廢之　孔子删書斷自唐虞兵家輙託之黃帝皆偽書也惟孫武吳起書與穰苴司馬法今用以試武科戚南塘少保紀効新書行伍訓練皆遵之握奇經雖非風后本書諸葛相八陣馬隆偏廂李靖六花諸陣法皆本此今營伍陣圖稍變通之以從簡易不

過四正四隅俱有兵大將居中前後左右各相聯絡互爲照應勿爲人所邀截衝陷而已龍蛇鳥虎景死驚開皆妄誕之詞

孟子將朝王王使人來曰寡人如就見者也有寒疾不可以風朝將視朝不識可使寡人得見乎對曰不幸而有疾不能造朝

敘事

明日出弔於東郭氏公孫丑曰昔者辭以疾今日弔或者不可乎曰昔者疾今日愈如之何不弔

王使人問疾醫來孟仲子對曰昔者有王命有采薪之憂不能造朝今病小愈趨造於朝我不識能至否乎使數人要於路曰請必無歸而造於朝

不得已而之景丑氏宿焉景子曰內則父子外則君臣人之大倫也父子主恩君臣主敬丑見王之敬子也未見所以敬王也曰惡是何言也齊人無以仁義與王言者豈以仁義為不美也其心曰是何足與言仁義也云爾則不敬莫大乎是我非堯舜之道不敢以陳於王前故齊人莫如我敬王也

景子曰否非此之謂也禮曰父召無諾君命召不俟駕固將朝也聞王命而遂不果宜與夫禮若不相似然

曰豈謂是與曾子曰晉楚之富不可及也彼以其富我以吾仁彼以其爵我以吾義吾何慊乎哉夫豈不義而曾子言之是或一道也天下有達尊三爵一齒一德一朝廷莫

如爵鄉黨莫如齒輔世長民莫如德惡得有其一以慢其
二哉
故將大有爲之君必有所不召之臣欲有謀焉則就之其
尊德樂道不如是不足與有爲也
故湯之於伊尹學焉而後臣之故不勞而王桓公之於管
仲學焉而後臣之故不勞而霸
今天下地醜德齊莫能相尚無他好臣其所教而不好臣
其所受教
湯之於伊尹桓公之於管仲則不敢召管仲且猶不可召
而況不爲管仲者乎
君臣之分無所逃於天地之間孔子於定哀事君盡禮

臣道也孟子鄒人於齊爲外臣無所統屬仕而不受祿賓師也自往朝則可聞召而往是以臣禮自待彼曰姑舍女所學君令而臣不共則自相矛盾矣所以不往於道宜然　非堯舜之道不敢以陳於王前是言已所學之正欲以此拜獻於王以大有爲之君待王以不可召之臣自待責難陳善所謂敬也非都俞颺拜之說　爵之尊不待知者而後知之專重齒德齒字兼德在內三老五更方可與爵抗鄉里之耆年貴於鄉黨而已禮王巡狩問百年就見之亦指有德之人　管仲請囚安能自重桓公知敬賢所以重國也且猶不可召重在桓公蔡虛齋云君治世臣則輔之卽名世也君爲民主公

卿以下民之長也錢吉士云輔世兼開創守成長民兼富之教之

陳臻問曰前日於齊王餽兼金一百而不受於宋餽七十鎰而受於薛餽五十鎰而受前日之不受是則今日之受非也今日之受是則前日之不受非也夫子必居一於此矣

孟子截任方開曰皆是也當在宋也予將有遠行行者必以贐辭曰餽贐予何爲不受當在薛也予有戒心辭曰聞戒故爲兵餽之予何爲不受若於齊則未有處也無處而餽之是貨之也焉有君子而

可以貨取乎。

辭受無常惟義之歸本不難曉陳臻拘滯疑不受齊餽爲矯廉非疑宋薛之受也當在宋也皆追憶之詞不重他人有辭重自己有處無處則貨取矣

孟子之平陸謂其大夫曰子之持戟之士一日而三失伍則去之否乎曰不待三

閻百詩四書釋地云持戟之士執戟守衛備不虞之人非荷戈也失伍是私離其次非退縮逃奔也去之責遂非殺之也按漢書東方朔揚雄皆執戟爲郎謂侍衛也戰國危亂之世大夫有地治以執戟者自防孟子即所見詢之此說甚是王漢階先生採入四書本義滙參

然則子之失伍也亦多矣凶年饑歲子之民老羸轉於溝壑壯者散而之四方者幾千人矣曰此非距心之所得爲也

直入

曰今有受人之牛羊而爲之牧之者則必爲之求牧與芻矣求牧與芻而不得則反諸其人乎抑亦立而視其死與曰此則距心之罪也

事已在前只用喻折

他日見於王曰王之爲都者臣知五人焉知其罪者惟孔距心爲王誦之曰此則寡人之罪也

比喻切當不待詳說人自悟其失

救荒無奇策只一速字速非倉卒之謂先事有預備將事有籌畫臨事有規條井井不亂否則與立而視其死者相去不遠　距心與齊王皆非不明白人故曰知之

非艱

孟子謂蚳鼃曰子之辭靈邱而請士師似也爲其可以言也今既數月矣未可以言與

蚳鼃諫於王而不用致爲臣而去

齊人曰所以爲蚳鼃則善矣所以自爲則吾不知也公都子以告

曰吾聞之也有官守者不得其職則去有言責者不得其言則去我無官守我無言責也則吾進退豈不綽綽然有餘裕哉

蚳鼃爲士師守官即其道孟子在賓師之位守道即其官守官者不得其職則去守道者綽綽有餘裕孟子何

嘗不去齊君子之所爲衆人固不識也

孟子爲卿於齊出弔於滕王使蓋大夫王驩爲輔行王驩朝暮見反齊滕之路未嘗與之言行事也

公孫丑曰齊卿之位不爲小矣齊滕之路不爲近矣反之而未嘗與言行事何也曰夫旣或治之予何言哉

不與之言行事出弔有賵襚之物祭奠之儀皆有司治之矣又與王驩商之是與之言行事也非並不交談之說

夫旣或治之眞是答得好

孟子自齊葬於魯反於齊止於嬴充虞請曰前日不知虞之不肖使虞敦匠事嚴虞不敢請今願竊有請也木若以美然

曰古者棺椁無度中古棺七寸椁稱之自天子達於庶人
非直爲觀美也然後盡於人心
不得不可以爲悅無財不可以爲悅得之爲有財古之人
皆用之吾何爲獨不然
且比化者無使土親膚於人心獨無恔乎
吾聞之也君子不以天下儉其親
顧氏炎武曰孟子自齊葬於魯言葬而不言喪此改葬
也禮改葬服緦事畢而除故反於齊止於嬴充虞乃得
乘閒而問若曰奔喪而還營葬方畢即出赴齊卿之位
而門人未得發言可謂三月無君則皇皇如也身且不
行三年之喪何以教滕之世子哉

沈同以其私問曰燕可伐與孟子曰可子噲不得與人燕子之不得受燕於子噲（引喻）有仕於此而子悦之不告於王而私與之吾子之祿爵夫士也亦無王命而私受之於子則可乎何以異於是

齊人伐燕或問曰勸齊伐燕有諸曰未也沈同問燕可伐（解勸齊伐燕之說）與吾應之曰可彼然而伐之也彼如曰孰可以伐之則將應之曰爲天吏則可以伐之今有殺人者或問之曰人可殺與則將應之曰可彼如曰孰可以殺之則將應之曰爲士師則可以殺之（分明要緊兩句）今以燕伐燕何爲勸之哉

燕人畔王曰吾甚慙於孟子

陳賈曰王無患焉王自以爲與周公孰仁且智王曰惡是

何言也曰周公使管叔監殷管叔以殷畔知而使之是不仁也不知而使之是不智也仁智周公未之盡也而況於王乎賈請見而解之

見孟子問曰周公何人也曰古聖人也曰使管叔監殷管叔以殷畔也有諸曰然曰周公知其將畔而使之與曰不知也然則聖人且有過與曰周公弟也管叔兄也周公之過不亦宜乎

且古之君子過則改之今之君子過則順之古之君子其過也如日月之食民皆見之及其更也民皆仰之今之君子豈徒順之又從爲之辭

周公之過不得不過也猶日月之食不得不食今夫齊王

之過可比陳賈引古聖以文其斬從益齊王之過耳故曰豈徒順之又從爲之辭　紂以昏棄王父母弟不用亡周公有兄不使與國政是與亂同事矣周公之過不得不過無過則非周公矣天有九道日行黃道只此一路月行青赤白黑四道每十三日前出入於黃道四道各有表裏分爲二故曰日有中道月有九行日一日一周天月亦一日一周天少不及每二十九日則與日同會一宮子月在元枵之次虛危也丑月在星紀之次牛斗也謂之辰是爲合朔此合朔之日日在上月在日下月魄掩日則日當食然而不食者月行有偏斜則從邊而過兩不相當積至一百七十二日有奇月或六入七出或七入六出於黃道則正當

日下謂之交交則必食去交十度以外食不可見十度食三分乃入占去交五六度則食既矣非月能掩日也人在月下此時見月不見日謂之食少頃月移度則復圓矣故日食必在朔日月相去各一百八十二度半地體隔之相隱避爲光明每月之望日正當地下子位月在天上午位爲地體所蔽則月不能受日光月必應食而月反明者以行度不相當則正受日光反明於平日也亦以六入七出之數積至一百七十二日有奇則日行度正當地心與月相直如一線月爲地所蔽不能受日光矣但日體大於地本不能盡蔽其光緣日輪屬火其氣上衝謂之闇虛月值闇虛則食故日食惟有黑處

月食之處如烟如火此闇虛蔽之也亦以度之相去定
食之分數每一百七十二日則必交交則必食唐書傳
仁均傳於武德初修歷上推經書日蝕至周幽王六年
辛卯朔日食魯僖公五年壬子朔日食皆相符合千載
上下可坐而致是日月之食皆不得不食不食則不行
黃道矣君子遇事循天理由本心順其自然行其所當
然往往有得過之時其過可以共見非如小人之側媚
窺瞰以入於邪者可比故曰過也人皆見之更也人皆
仰之左蘿石先生云明有所不必生察有所不及用入
過之端可共見於天下恩細於所必斷義窮於所必割
其任過之故又可共白於天下說得極透月食之時日

在地下為地所蔽為闇虛所衝無所迴避故月食不為灾日食之時日月俱在天上月光離日甚遙若陽盛陰衰則月變行可以迴避此歐陽文忠之說而不然者陰勝也故春秋以日食為灾其實皆數之不得不然救護之儀孔頴達云人主居至尊恐移其志聖人以神道助教使嚮達之士識先聖之深情中下之人因災祥而知警叅用周髀經詩春秋註疏及西歷

孟子致為臣而歸

王就見孟子曰前日願見而不可得得侍同朝甚喜今又棄寡人而歸不識可以繼此而得見乎對曰不敢請耳固所願也

他日王謂時子曰我欲中國而授孟子室養弟子以萬鍾使諸大夫國人皆有所矜式子盍爲我言之　時子因陳子而以告孟子陳子以時子之言告孟子孟子曰然夫時子惡知其不可也如使予欲富辭十萬而受萬是爲欲富乎

與前段不相續文情藹然

季孫曰異哉子叔疑使己爲政不用則亦已矣又使其子弟爲卿人亦孰不欲富貴而獨於富貴之中有私龍斷焉古之爲市者以其所有易其所無者有司者治之耳有賤丈夫焉必求龍斷而登之以左右望而罔市利人皆以爲賤故從而征之征商自此賤丈夫始矣

但解龍斷二字正意已醒

齊宣王不能用孟子又以隆禮謙詞羈縻之欲以博好

賢之名孟子言是以利留也季孫龍斷之喻只言已決不爲利所動講章謂齊王欲以利籠絡孟子故專以利言之若是則孟子遲遲眞于澤矣王由足用爲善挽留亦出眞心但旣不能大行其道則久留無益所以不卽去而卒不可留也　古治市之官最多司市質人廛人賈人司虣肆師所以察詐僞息爭競也國君過市則刑人赦夫人過市則罰一幕世子過市則罰一帟命夫過市罰一蓋命婦過市罰一帷杜征利遠貪鄙也賤丈夫登高漁利往從而征之初但以戳其居奇行詐將以分其利於衆不知征商之法已貽害後人曉示時子陳子言已遲遲去齊固心跡雙淸非若此輩

孟子去齊宿於晝

有欲爲王留行者坐而言不應隱几而卧

客不悅曰弟子齊宿而後敢言夫子卧而不聽請勿復敢見矣曰坐我明語子昔者魯繆公無人乎子思之側則不能安子思泄柳申詳無人乎繆公之側則不能安其身

魯繆公有人在子思之側道達殷勤泄柳申詳有人在繆公之側推賢揚善故魯卒能用此三賢齊王天資稍高無如在庭之臣皆與孟子異趣漢文知賈傅之賢而不能用由絳灌也孟子不忍卽去以此卒於必去亦以此兩無人指齊廷無人

子爲長者慮而不及子思子絕長者乎長者絕子乎

留行之人意亦不惡何必待之甚倨此人不達大體稍隆辭色齊人必謂孟子可輕矣教惰非美德施之亦有得當之時此類是也

孟子去齊尹士語人曰不識王之不可以爲湯武則是不明也識其不可然且至則是干澤也千里而見王不遇故去三宿而後出晝是何濡滯也士則茲不悅

高子以告

曰夫尹士惡知予哉千里而見王是予所欲也不遇故去豈予所欲哉予不得已也予三宿而後出晝於予心猶以爲速王庶幾改之王如改諸則必反予　夫出晝而王不予追也予然後浩然有歸志予雖然豈舍王哉王由足用

爲善王如用予則豈徒齊民安天下之民舉安王庶幾改之予日望之

予豈若是小丈夫然哉（又轉）諫於其君而不受則怒悻悻然見於其面去則窮日之力而後宿哉（應上三宿）

尹士聞之曰士誠小人也

通章重天下之民舉安句關係極大安得不再四留連蘇老泉評此章云所懷形于詞意之表整而不整纏綿幽潔離騷似之按離騷屈子宗臣無去國之義惓惓不舍宜也孟子客卿報禮而來於齊何有而亦惓惓蓋是時生民之禍極矣一時謀臣戰將皆志在田宅金帛無可以庇民者生民之憔灼糜爛將無所底止孟子自度

已之德可以撥亂世反之正齊王天資坦直磊落尚可有爲且以一時形勢論之秦暴楚昏不足語燕敗亡之後韓趙魏廹近秦境勢不久存惟齊依泰山表東海形勝得十二上援冀雍下連荆揚旁聯徐豫中天下而立若輔之修德行仁義聲載路四方之民必襁負其子而至以之招八州而朝同列各申畫其疆界而妥輯其人民有不遵約先倡亂者天下共誅之生民之禍可弭也所關係如此安可以輕於去就之說處之齊王本敬信孟子此時必有過誤孟子言而不聽是以决去猶冀其一改尚可以復留所以再言改之有所指也齊王此過有所便於已忍而不能改是以欲留孟子而不敢明言

時子陳子與留行之客皆有所受而來仁山金氏曰孟子致爲臣而歸編次在燕人畔之後似以此事去齊鄒敬九經解亦云孟子去齊在宣王伐燕後湣王之禍實兆於此湣王走莒齊遂不振然則王速出令一節即孟子之諫書也

孟子去齊充虞路問曰夫子若有不豫色然前日虞聞諸夫子曰君子不怨天不尤人

曰彼一時此一時也

五百年必有王者興其間必有名世者

由周而來七百有餘歲矣以其數則過矣以其時考之則可矣

夫天未欲平治天下也如欲平治天下當今之世舍我其誰也吾何為不豫哉（應不豫）

孟子不豫非為己憂亢慮以不怨尤寬解所見殊淺然須說得有體方是大賢之徒彼一時隱居求志悠然自得此一時憫生民之困欲行義以拯之而不得有惻於中也　周自武王元年至赧王五十九年凡三十六王八百六十七年所云周仁故過其歷秦暴故不及期也齊宣王當周慎靚王之初周歷將八百歲（資治通鑑作慎靚王二年）孟子適齊去周亡僅六十餘年　自武王至平王約四百年入春秋首末二百四十二年實周敬王之四十年也敬王四十一年起又歷二百餘年入於秦　周自慎靚王元年以前各

國猶以虛名相奉二年以後梁襄王會韓於徐自相王
天下自是不復宗周張儀勸秦滅周司馬錯以爲不如
滅蜀秦從錯言既不敢滅周諸侯相視亦莫敢先動以
地既無幾徒被惡名以爲天下質的至秦昭王十九年
自稱西帝齊爲東帝已而復去之是時周已自降號爲
君秦昭襄王二十九年史記稱周君來朝已服於秦矣
昭襄五十一年西周君卽周赧王自歸於秦秦受其地
仍歸周君於周五十二年周民東亡自是七國自爲王
天下無天子者三十五年秦王政之二十六年始滅齊
天下定於一自稱始皇帝約計其年慎靚王之時秦已
爲西帝周已降稱君役屬於秦孟子年譜言孟子卒於

周赧王之二年年一百二歲或云八十二歲均未必確但此以名世自任之時已無周矣尹氏言不識王之不可以爲湯武非言伐周如湯放桀武王伐紂指劉削羣雄耳此是孟子書大關鍵不可不知

孟子去齊居休公孫丑問曰、仕而不受祿古之道乎曰、非也於崇吾得見王退而有去志不欲變故不受也繼而有師命不可以請久於齊非我志也

仕而不受祿故可以進退綽綽而不爲矯遲遲出晝而不爲嫌其素所不屑足以取信於人故也鳳凰翔於千仞覽德輝而下之見細德之險徵遙擊而去之孟子氣象如此　閻百詩云、孟子去齊歸於鄒也休在今兗

一十五里。距鄒一百五十里。有故休城遺

四書翼註論文卷之二十九

孟子　滕文公上

滕文公爲世子將之楚過宋而見孟子孟子道性善言必稱堯舜　世子自楚反復見孟子孟子曰世子疑吾言乎夫道一而已矣　成覸謂齊景公曰彼丈夫也我丈夫也吾何畏彼哉顏淵曰舜何人也予何人也有爲者亦若是公明儀曰文王我師也周公豈欺我哉　今滕絕長補短將五十里也猶可以爲善國書曰若藥不瞑眩厥疾不瘳

就用書語結

孔子言性相近習相遠孟子言性善正善學孔子蓋戰國習於不善爲君者惟求所大欲不顧盈城盈野爲臣者務投以所好惟知長君逢君惻隱羞惡之良漸滅盡

矣孟子欲於其至遠者挽之使近則不得不直指全體以渡迷津非孟子之言不如孔子渾融也唐虞言心心統性情不消又下註腳湯始言性曰惟皇上帝降衷於下民若有恒性衷者中也不偏之謂中天下之大本恒者常也不易之謂庸天下之達道孟子道性善言必稱堯舜即天命之謂性致中和天地位萬物育之說上截是世子初見指善字定其希聖之志見天下無性外之學術下截是恐其有疑指一字堅其學聖之志言天下無性外之事功須說得莊重方是教世子之言勿似學究講理題咬文嚼字之態　孔子亦言性善易繫詞上傳曰一陰一陽之謂道繼之者善也成之者性也大意

是言天地間只此陰陽二氣對待流行其主宰乎一陰一陽之中使迭運而不窮並行而不悖者卽謂之道道卽理理卽氣之精神鄭康成謂木神曰仁金神曰義火神曰禮水神曰智土神曰信卽性也性本仁義禮智信合成何得不善繼者自天而之人言賦予也成者自人而承天言凝聚也是孔子明明言性善也特此善字專主理說氣以載理非二亦非一理旣爲氣所載氣則有明昏清濁厚薄之不同然總相去不遠不離乎善故相近迨形生神發各動於所之則君子上達小人下達相判不可以道里計故曰相遠孔孟之言一也諸儒或以孟子言性善有功於孔子又或疑孟子之言有異於孔

子皆非眞知性者　仁山金氏言自滕過宋迂道三百五十里四書釋地言楚境地是時直至泗上滕若之楚出境即是折而之宋慕賢之至故特書之　又云夫道道字即性字猶可以爲善國慰藉世子勿以國小自餒也井田學校爲王者師即猶可之説湯以七十里文王以百里戰國之時即湯文亦莫之能故曰雖有智慧不如乘勢

滕定公薨世子謂然友曰昔者孟子嘗與我言於宋於心終不忘今也不幸至於大故吾欲使子問於孟子然後行事　然友之鄒問於孟子孟子曰不亦善乎親喪固所自盡也曾子曰引証生事之以禮死葬之以禮祭之以禮可謂孝

矣諸侯之禮吾未之學也雖然吾嘗聞之矣三年之喪齊疏之服飦粥之食自天子達於庶人三代共之　然友反命定爲三年之喪父兄百官皆不欲曰吾宗國魯先君莫之行吾先君亦莫之行也至於子之身而反之不可且志曰喪祭從先祖曰吾有所受之也　謂然友曰吾他日未嘗學問好馳馬試劒今也父兄百官不我足也恐其不能盡於大事子爲我問孟子然友復之鄒問孟子孟子曰然不可以他求者也孔子曰君薨聽於冢宰歠粥面深墨卽位而哭百官有司莫敢不哀先之也上有好者下必有甚焉者矣君子之德風也小人之德草也草上之風必偃是在世子　然友反命世子曰然是誠在我五月居廬未有

命戒百官族人可謂曰知及至葬四方來觀之顏色之戚哭泣之哀弔者大說

按此章本無疑義惟蕭山毛檢討奇齡力言吾先君莫之行是滕自叔繡以來不行三年喪也宗國魯先公莫之行是周公伯禽亦不行三年喪也其意似言三年者夏商時皆以三十六月至周始減爲二十五月古書只言二十五月不數禫月此言殊不是按舊唐書直學士王元感著論言三年喪合三十六月鳳閣舍人張柬之駁之云尚書伊訓言成湯旣沒太甲元年惟元祀十有二月伊尹祠於先王奉嗣王祗見厥祖孔安國註云湯以元年十一月崩據此則二年十一月小祥三年十一月大祥故太甲

中篇云惟三祀十有二月朔商以十二月為正月伊尹以冕服奉
嗣王歸於亳明大祥訖加王冕服吉而歸亳也周書顧
命四月哉生魄翼日乙丑王崩中間隔十五日王麻冕
黼裳見諸侯正與伊訓侯甸羣后咸在之禮相同儀禮
云期而小祥又期而大祥中月而禫此禮周公所制是
三年之喪皆二十五月惟鄭康成註儀禮中月間一月
也自始死至禫凡二十七月與王肅異說今三年喪皆
以二十七月復常從鄭說子於父母終身之痛豈限歲
月先王立之中制以成文理節之以禮無可奈何顧且
以時消息時人皆以東之所駁合於典禮按夏禮無徵
久無可考殷人之禮則東之考據甚明惟元祀蔡傳據

史記服仲壬之喪也太甲以兄子嗣統君服與父同是三年況禮記喪服四制篇言高宗諒陰三年不言商衰而復興禮廢而復振武丁之前商人已不能行三年喪安有殷人三十六月之服周公改之為二十七月毛氏之說實未深考　吾先君莫之行百官有司附會之詞不足深議吾宗國魯先君莫之行則有之閔公之喪二十二月而吉禘不三年也文公二年公子遂如齊納幣未二十五月而圖昏又不三年也昭公居喪五易衰衰衽如故衰以喪服為嬉戲又無論矣是所云魯先公本指此等何嘗指周公伯禽況尚書儀禮左傳公穀諸書皆先於孟子所言三年並是二十五月豈有周監二代

先去短喪是孟子所云三年之喪必與尙書儀禮相同下文直云齊疏之服飦粥之食上下同之未嘗云遲速之別再期三期異制也毛西河之言誤甚廬在中門外牆東以木倚牆覆以草旁亦以草障之初喪處其中寢苫枕塊既葬剪其草以泥塗之柱楣寢有席既練舍於外寢終喪復常居內寢

滕文公問爲國

此章只重行助法以仁不仁爲眼目恭儉爲關鍵戰國之君皆不仁在位虐取罔民不恭不儉非此不足以快其欲孟子欲滕文公倡以恭儉修古制以與新國使民間衣食足而禮義生雖不能如文王之百里可王亦可

以爲王者師利賴無窮大意如此世祿只帶說言世祿可行助法何爲又不行哉

孟子曰民事不可緩也詩云晝爾于茅宵爾索綯亟其乘屋其始播百穀　提起民之爲道也有恒產者有恒心無恒產者無恒心苟無恒心放僻邪侈無不爲已及陷乎罪然後就翻下去從而刑之是罔民也焉有仁人在位罔民而可爲也振一句　是故賢君必恭儉禮下取于民有制　陽虎曰爲富不仁矣兩平放下爲仁不富矣　夏后氏五十而貢殷人七十而助周人百畝而徹其實皆什一也徹者徹也助者藉也

引詩有兩層一層是豳民不敢自緩其事一層是言周公所以輔導成王亦只此民間田事心摹手追諄諄告

誠況後人可不以民事為亟亟哉尤重後一層　亟其乘屋即尚入執宮功也不稼既納將入邑室居亟須葺治揣出不可緩三字　恭儉並重禮下承恭字含下世祿圭田有制承儉字含下九一什一就通章論只重助法取民有制在此節則詞氣兩平一側注便非體矣

徐自牧云晝爾于茅須寫巘原流泉宵爾索綯須寫燈光月影此亦可濬發巧心附錄之

龍子曰治地莫善於助莫不善於貢貢者較數歲之中以為常樂歲粒米狼戾多取之而不為虐則寡取之凶年糞其田而不足則必取盈焉為民父母使民盻盻然將終歲勤動不得以養其父母又稱貸而益之使老稚轉乎溝壑

惡在其爲民父母也

三代之君皆仁人在位爲仁不爲富取民之制名雖不同實則如一貢法字義易曉助徹字義難曉特申明之

龍子所謂莫不善乃春秋時所用之貢非禹之貢夏后氏之制省耕斂補不足助不給何嘗有取盈之事（此本意二句）

夫世祿滕固行之矣　詩云雨我公田遂及我私惟助爲有公田由此觀之雖周亦助也

貢助徹三代通行公田私田亦三代一樣何消作此引證只爲戰國之時阡陌盡廢只就現在之田收其大半之賦語以古制竟莫能知所以娓娓言之　陳祥道禮書云先王之時上以仁愛下下以忠事上以仁愛下先

民而後君故云駿發爾私終三十里以忠事上先君而後已故云雨我公田遂及我私朱子云行助法處有公田行貢法處無公田而有其稅　文獻通考云井田起于黃帝八家爲井井開四道而分八宅鑿井于中一無洩地氣二無費一家（井在公田）三同風俗四齊巧拙五通貨財（交易在井上故曰市井）六存亡更守七出入相同八嫁娶相媒九有無相貸十疾病相救此据通典通典據公羊傳疏又易云改邑不改井謂四井爲邑可改伯氏之邑可與管仲周蘇忿生之邑入于晉是邑可改也八家之井不可改改則蕩析離居矣五十貢七十助百畝徹只賦稅增減井田畝增減一定不易之理

設為庠序學校以教之。庠者養也。校者教也。序者射也。
夏曰校。殷曰序。周曰庠。學則三代共之。皆所以明人倫
也。人倫明于上。小民親于下。
能行助法則養民之政立。化民成俗之教可次第而施。
于黨設庠。凡二十五家為閭。閭左有家塾。塾中所教秀
者。升之于庠。于州設序。庠所教無成者。使歸農。可造者。
升于序。于鄉設校。凡州序中所教。又拔其尤者升之校。
此鄉學也。國中則立大學。凡鄉校所教有德行道藝者。
命鄉論秀士。升之司徒。曰選士。司徒論選士之秀者。升
之于學。曰俊士。由此其選也。夫鄉學之設。其規模節目
雖詳。而意則各有所重。夘五家為比。五比為閭。四閭為

族五族爲黨僅五百家于民近矣黨正主之先教之以養老之事使之近父知愛近兄知敬凡所爲五十里膳六十宿肉七十常珍與夫一命齒于鄉黨再命齒于宗族三命不齒（鄉之爵尊自爲班次非厭諸父諸兄）之儀不可不講也積至五黨爲州五州爲鄉萬有二千五百家其地大矣學于此者將升于國揚于朝以備任使必合德行道藝兼舉以教之禮樂射御書數其事不可不習也孝友睦婣任恤其行不可不敦也智仁聖義中和其德不可不明也此皆司徒所須之教典鄉大夫賓主之至于州則大于黨而小于鄉州序之設引年尚齒離經辨志未嘗不並行而州長春秋以禮會民習射爲重蓋欲其習于禮容

樂節遠于田間朴野之習異日觀于學而知習射尚功選于澤宮可以中多與祭也夫教學之設匪今斯今五帝謂之成均有虞謂之上庠亦曰米廩皆國學也鄉學之制始見于夏后氏每鄉設之學其名曰校商人又加詳焉州皆設學其名曰序周修而兼用之每黨皆設學名曰庠教民之事愈詳教民之制益備至于國中之學三代共之異名而同實天子曰辟雍諸侯曰頖宮崇四術立四教順先王詩書禮樂以造士其董教之官司則大樂正大司成師氏保氏其承教之人則自天子諸侯之元子衆子卿大夫元士之適子國之俊士選士皆在焉以均德行則曰成均養老更則曰大學以祀樂祖則

曰瞽宗豫教必於是斂材必于是以德進以行舉必於是即受成獻馘囚亦必在是三代無異學也蓋人之人倫根于天性爲人欲所陷溺非有所提撕警覺則不明三代之設學皆所以明人倫滕爲周後宜遵周制無地無人不教之學人倫既明于上如夏商成周之隆小民自親于下有忠孝敦睦之風矣　孟子爲齊梁言但謹庠序之教申之以孝弟之義而已于滕獨言之最詳望滕爲王者師也厥後漢高祖始尊孔子祀以太牢漢武帝因董仲舒之言始立大學東漢遂並舉靈臺辟雍明堂之典臨雍拜老令郡縣皆行鄉飲酒禮于學祀周公孔子爲聖師累代相沿彌益崇重有王者起必來取法

豈虛言哉　賦法亦然孟子與梁惠言薄稅斂而已獨為滕文公言三代皆什一什一之中惟助法為無弊蓋貢為定額歉歲猶必取盈徹均民田貪夫可以多取惟助則以公田之粟輸公家之廩一目瞭然雖有暴君汚吏無所措手公田稼不善則非民私田稼不善則非吏亦一目瞭然小民有所勸懲亦樂于從事厥後漢高祖甫定天下即詔田畝十五而稅一文帝景帝二十而稅一皆孟子有以發之也聖賢為百世師其以此哉

引詩結

有王者起必來取法是為王者師也〇詩云周雖舊邦其命維新文王之謂也子力行之亦以新子之國

春秋疏未葬王曰小童公侯曰子繼父之辭不忘親也

顧氏炎武曰夏后氏五十而貢殷人七十而助周人百畝而徹其實皆什一也古來田賦之制實始于禹水土旣平咸則三壤後之王者不過因其成蹟而已故詩曰信彼南山維禹甸之畇畇原隰曾孫田之我疆我理南東其畝然則周之疆理猶禹之遺法也周禮小司徒注昔夏少康在虞思有田一成有衆一旅一旅之衆而田一成則井牧之法先古然矣孔氏信南山正義引此云邸甸之法禹之所爲孟子乃曰夏后氏五十而貢殷人七十而助周人百畝而徹夫井田之制一井之地畫爲九區故蘇洵謂萬夫之地蓋三十二里有半其間爲川爲路者一爲澮爲道者九爲洫爲涂者百爲溝爲畛者千爲遂爲徑者萬使夏必五十殷必七十周必百則是一王之興必將

改畛涂變溝洫移道路以就之爲此煩擾而無益於民之事也豈其然乎蓋三代取民之異在乎貢助徹而不在乎五十七十百畝其五十七十百畝特丈尺之不同而田未嘗易也故曰其實皆什一也古之王者必改正朔易服色異度數故史記秦始皇本紀於改年十月朔尚黑之下即曰數以六爲紀符法冠皆六寸而輿六尺六尺爲步乘六馬三代之王其更制改物亦大抵如此故王制曰古者以周尺八尺爲步今以周尺六尺四寸爲步而當日因時制宜之法亦有可言夏時土曠人稀故其畝特大殷周土易人多故其畝漸小以夏之一畝爲二畝其名殊其實一也國佐之對晉人曰先王疆理

天下物土之宜而布其利豈有三代之王而爲是紛紛無益於民之事哉按此節書朱子屢言不可曉今註中云云乃依本文闡繹以示後學朱子意中蓋疑案也亭林先生此說本於章潢圖書編亦殊不然圖書編之說曰夏以大簇起度尺最長商以大呂起度尺次之周以黃鐘起度尺最短因無增減由尺度不同按黃鐘九寸以起度宜長大呂八寸三分大簇八寸起度固宜短矣即云大簇以十三月起度黃鐘十一月亦不過相隔兩月無便長一培之理鄭世子樂書考訂古尺長短有十四條亦無加倍者此外諸儒臆揣之說尤多賈公彥云五十而貢據一易之地家二百畝稅其百畝殷七十畝

據六遂上地百畝萊五十畝而稅七十五畝周人百畝據不易之地全稅之不易一易再易周官乃未行之書本有疑義今上地百畝田不易矣萊五十畝葉永嘉以爲衍文如其說則一井皆再易之田須二千七百畝乃成一井矣古之天下即今之天下安有如許閒田更替代耕之理殷王立法先行周禮又用其附會不可通者謬說也王肅云夏之民多家五十畝殷之民稀增給之周之民益稀又增益之民數只有漸多安有漸少此語愚騃人皆知之況文獻通考戶口門載禹平水土人口一千三百五十五萬周武王定天下列五等之封人口一千三百七十萬四千有零不知何所本名臣奏議中

有李琪疏云周人薄賦入口蕃衍多於夏時二十萬正與王肅之言相反陳祥道禮書盡錄前說自出已意云夏田未盡墾故給民少殷墾田多周墾闢益多此說可通而實未是夏之國即今山西周之國即今陝西也相隔只一黃河耳謂此一片土夏荒蕪一倍周墾闢一倍其可信乎惟北齊熊安生之說云夏政寬簡一夫之地稅五十畝而止商政稍急稅七十畝周政繁盡稅之確當不易然其義未易明也楊子雲謂井田始於伏羲而成於堯舜昭云黃帝八家爲井井開四道而分八宅杜佑通典據此二說謂井田始於黃帝今按夏小正於仲春月云農服於公田左傳云夏少康有田一成有衆一

旅非助法安得有公田又安得恰好一成之田起一旅之卒乎禹盡力溝洫卽此井田之溝洫禹貢云濬畝澮距川其名與匠人遂人所說相同是前人創制後人襲之其事甚明朱子亦云先王疆理天下物土之宜而布其利無屢更改之理明言諸儒之說皆不可通也蓋井田自古已有貢助徹之法三代通行公劉夏之諸侯詩徹田爲糧已有徹法周官閭師任農以耕事貢九穀亦用貢法也旅師掌聚野之耡粟而用之許愼說文以耡爲助穀梁傳什一藉而不稅又云穀出不過藉是貢助徹之法三代通行惟其取民之額可以伸縮自由所費儉則取民少此理昭然易見堯舜茅茨不剪土階甩鍘

夏禹因之畢宮菲食儉之甚矣墨子之學本於禹白圭
之學文本於墨子二十而取一即五十而貢之說也郎
此公田中百畝令民耕之收其五十畝之入以爲貢除
廬舍外尚有五十畝置之不問不尺寸與民計較也商
人尚質視夏則文即如一車夏只墨車商乃稱輅堅緻
過之又有等威他可知矣所用稍加則賦亦加此百畝
中稅七十畝尚有三十畝之餘亦置不問至於周則文
繁矣唐虞官百周三倍之即此制籍一項已不得不全
收此公田八十畝之入然總未出於公田之外故曰其
實皆什一也世積而愈後則賦增而益多春秋所載魯
初稅畝又用田賦晉作爰田齊收鹽鐵之利齊景公則

併萑蒲蜃蛤薪蒸而稅之至秦收大半之賦而極欲知千歲則審今日夏商周之政可知矣　此節題時文無一佳者原委不甚明白實亦難於措筆惟嶺雲編朱雯作以前人議論作渲染仍以虛步還之以或曰起以是未可知結後比乃言三代盛王皆以恤民薄斂為心所取總不出什一之外又有邵銳祝翼樓二作只用陳祥道之說墾田漸多則給田漸多於理不甚礙可以成文蓋制藝須摹口氣不比經解經義可盡述前說而衷以已意不得不如此也

使畢戰問井地孟子曰子之君將行仁政選擇而使子子必勉之夫仁政必自經界始經界不正井地不均穀祿不

提起一句分兩下說文法不齊亦法

平是故暴君汙吏必慢其經界經界既正分田制祿可坐而定也

夫滕壤地褊小將爲君子焉將爲野人焉無君子莫治野人無野人莫養君子

俗說以此章連上爲一章非也上章有三項曰助法曰世祿曰學校此只單論井地上章三項却只重助法此却分田制祿並重精神全在必自經界始一句清界址通往來杜侵奪備旱潦限戎馬皆此經界月令王命布農事命田相居東郊乃修封疆（立土曰封畫溝曰疆）審端徑遂（田間）之路八蜡之祭及郵表畷爲經界也暴君汙吏止一慢字使使民不聊生巡行之時漫不省視爭訟之下不即處

分日久無形可據貧弱者田少而賦多豪強者巧偷而豪奪暴君於民何厚薄參爲汙吏所愚爾　溝者水溝塗者陸路封者土堠植者樹木無此四者作界則井田不可行也

請野九一而助國中什一使自賦

自此之下井井有條即所云仁政自經界始也爾雅云邑外爲郊（三十里）郊外爲牧（六十里）牧外爲野（一百里即爲野）白虎通云王畿千里近郊五十里遠郊五十里義亦相同是諸侯之國六十里以內謂之國中六十里以外即謂之野野之地寬可以畫井授之九夫爲井井十爲通通十爲成成十爲同同方百里有溝有洫有澮以環之其法

在匠人以地爲主以人合之是之謂九一而助卿大夫之祿入於是乎取之國中之地狹又有城郭溝洫市廛園圃之類不能寬平周正行九一之法但以人授地有一夫則給以百畝使自賦其十之一五家爲比五比爲閭四閭爲族五族爲黨皆以是推之亦有遂溝徑涂經緯其間其法在周官之遂人此卽什一使自賦君家之用於是取之本云助法之中兼有貢法詞則兩平或謂國中地近耳目易周用貢法以便輸將無歉歲取盈之患野外地遠又多卿大夫之采邑故行助以杜侵漁此說甚通可以兼採　考工記匠人爲溝洫耜廣五寸二耜爲耦一耦之伐卽發字廣尺深尺謂之畎田首倍之廣

二尺深二尺謂之遂即溝小九夫爲井井間廣四尺深四尺謂之溝方十里爲成成間廣八尺深八尺謂之洫方百里爲同同間廣二尋深二尋謂之澮專達於川鄭康成云此孟子九一而助之法以九起數　又周官遂人之職凡治野夫間有遂遂上有徑十夫有溝溝上有畛百夫有洫洫上有涂千夫有澮澮上有道萬夫有川川上有路以達於畿鄭康成云此孟子什一自賦之法以十起數　按孟子所言是井田鄭氏證以溝洫蓋中原之地一望坦平非若東南澤國若溝洫不深通則旱潦無備十畝不及二三畝之收戎馬縱橫如入無人之境仁政必自經界始亦不專以杜兼併也但考工是商書

遂人乃周制朱子、林光朝馬貴與皆言二說不相合陳用之陳君舉云遂人言積數匠人言方法理本相通鄭樵劉彝二家言匠人以九夫起數若併其溝地而計之即十夫遂人以十起數去其空積亦只九夫助法有公私內外非九則不成井字之形貢法遂人受田非十不能與其數匠人遂人各不相蒙亦兩無窒礙此與本章之書旨無與但諸儒以此爲大疑竇所徵引轇轕不易曉特淺言之以析其疑鄭劉二說通人之見

卿以下必有圭田圭田五十畝

餘夫二十五畝

公卿大夫士之祿皆出於田九一什一分田定則制祿

亦定矣此又以祿外之田夫外之田另分析言之見禮下恤民有加無已也有田祿卽可供祭圭田特以感發其孝思耳時文有作必待圭田然後祭不則莫敖氏之鬼餒矣大謬說也　王制圭田無征本於孟子之說非孟子本於王制周官載師之職有士田鄭康成趙德皆以爲卽圭田圭田三說趙岐古註云自卿以下至於士皆有圭田圭潔也趙德云德行潔白以田予之此殷法注本此陳祥道禮書云儀禮士虞禮篇云圭爲哀薦之祭又詩吉蠲爲饎亦作吉圭圭田無征所以厚賢此一說也大全辨云卿祿厚祭何必圭田必卿以下其人旣沒祿邑已移另以圭田與之此又一說也艾千子時文

直云小臣祿薄以圭田助之朱註本無明文以理決之卿以下下士已上其員甚多安得有如許田外之田以附益之周官載師職士田下註云卽圭田卿大夫之子孫不能世其業必以圭田與之使無廢祭厚之至也据此則大全辨之說最是

死徙無出鄉鄉田同井出入相友守望相助疾病相扶持則百姓親睦（一句煞住）（又解井字）

方里而井井九百畝其中爲公田八家皆私百畝同養公田公事畢然後敢治私事所以別野人也

此其大略也若夫潤澤之則在君與子矣

同井八家鄉共幾井註無明訓困勉錄云謂一方也甚

是又云不可指作萬二千五百家之鄉則非矣鄉遂授田是直連都鄙授田用四方田之相聯民之相親一也孟子明言國中野二法豈九一之民乃親睦什一之民即不相親睦耶守望須數十百家共爲之若一井八家寇盜之來俱受其害何相助之有　此是極善法封建之國可以久存特民自爲守即以守其國方望溪時文謂耳目旣聽則其情不得不親彼我常通則其施不得不厚忠信果毅之教立出車編伍皆緩急可恃之人孝弟仁讓之俗成講藝執經皆野處不匿之士鰥寡孤獨有恃而不匱仆盜竊奸慝自懼無所覆藏三代之季上之政教雖失下之風俗猶存列國兵爭民有辛苦墊隘

而至死不畔者居處生養之樂足以繫其心父兄親戚之歡足以定其志也實說得道理出　漢書食貨云古者建步立畝今丈量之弓猶謂之步　六尺爲步步百爲畝畝百爲夫夫三爲屋屋三爲井井方一里　此卽文王治岐之政漢書謂之司馬法　公事私事指公田私田治溝治稼之事周官稻人掌稼下地以豬畜水以防止水以溝蕩水以遂均水以澮寫水此治溝也草人掌土化之法相其宜而爲之種騂剛用牛赤緹用羊墳壤用麋渴澤用鹿埴壚用豕彊㯺用蕡麻子輕爂用犬皆用其骨汁　此治稼也凡此治田皆先公後私不特民食可足而亦國體常尊養字去聲供養之養伺候料理此公田不曰同耕公田所以别野人名義凜

然至於犬馬皆能有養言犬馬伺候人也檀弓事親有隱無犯左右就養無方卽此養字不然君不食於臣何就養有方之有大略指上文所云古法潤澤謂通變以宜民使家有恒產國無游民不必一一拘執前人成迹在君與子有治人無治法也　滕地絕長補短將五十里金仁山以開方計之云僅得二千五百井容二萬五千夫弱小之至勢不久存特爲三代聖王留此遺制耳今徐兗間道旁尚有穹碑大刻滕文公行井田處雖好事者爲之較之阿房宮室驪山陵墓召亂速亡供人唾罵者尚爲勝之韓昌黎云秦鬼久餒徐有廟存亦後世強爲善者之圭臬也　馬貴與文獻通考田賦門序

文云古帝王未嘗以天下自私天子之地方千里公侯伯方百里七十里子男五十里其間又各有公卿大夫采邑祿地各私其土子其人子孫世守之其土地之肥磽生齒之登耗視之如其家不煩考覈自無姦僞故其時天下之田悉屬於官民受田於官食力而輸其賦仰事俯畜一視同仁無甚貧甚富此三代之制也秦以海內自私一人獨運於上更易促數情僞難以周知蓋守宰之遷除其歲月有限田土之還受其姦弊無窮故秦漢以來官不復授田遂爲庶人之私有亦其勢然也雖其間如元魏之太和李唐之貞觀稍欲復三代之規（魏孝文帝唐太宗皆有分田世業。）然不久其制遂隳者以不分建則井田不可復行故也。三代以上，天下非天子所得私也；秦廢封建，而始以天下奉一人矣。三代以上，田產非庶人所得私也；秦廢井田，始指田產以予百姓矣。所襲既久，反古實難。欲復封建，是自割裂其土宇以啓紛爭；欲復井田，是强奪民之田產以召怨讟。書生之論所以不可復行也。隨田之在民者稅之，不復問其多寡，始於商鞅；隨民之有田者稅之，不復問其丁口，始於楊炎。三代井田之良法壞於鞅，唐租庸調之良法壞於炎。二人之事，君子所羞稱，而後之爲國者莫不一遵其法，一或改之，則反至於煩擾無稽，而國與民俱受其病者，則以古今異宜故也。作田賦考云云。 按：封建井田相表裏，孟子時封建尚未盡滅故屢言井田迨封建既廢則井田不可復行自然之理厥後董仲舒貢禹師丹皆欲限田卒不能行有宋程張朱三賢皆惓惓於井田用意良厚其實大國不可以小道理馬氏此論聖人復起不能易也然治民者一任其自然歟亦非也國以民爲本國依於民猶山依於地地震則山不能自安易於山出地上之卦曰剝上以厚下安宅言撫恤窮民使之有以樂其生謂之安宅於地中有山之卦曰謙君子以裒多益寡稱物平施言當損有餘補不足調劑之使貧富不相耀以和其心民以食爲天此事不可不加之意今之田賦與文景之時同額重者二十而取一額輕者三十而取一施惠

視三代盛時尤加隆焉若察有司之巧取横征則有田者沾實惠常平社倉義倉皆善政所以通井田之窮貧困乏之平市糴則無田者得飽食其權只在長民者一操縱間罔已我無爲而民自治方岳節使有察吏安民之責者得吾說而存之亦不必發思古之幽情而可收現前之實效歟

有爲神農之言者許行自楚之滕踵門而告文公曰遠方之人聞君行仁政願受一廛而爲氓文公與之處其徒數十人皆衣褐捆屨織席以爲食

陳良之徒陳相與其弟辛負耒耜而自宋之滕曰聞君行聖人之政是亦聖人也願爲聖人氓

陳相見許行而大悅盡棄其學而學焉陳相見孟子道許行之言曰滕君則誠賢君也雖然未聞道也賢者與民並耕而食饔飧而治今也滕有倉廩府庫則是厲民而以自養也惡得賢

解未聞道

漢書藝文志農家者流書九家共百十四篇首即神農二十篇顏師古注云戰國時有疾時人怠於耕者爲之蓋李悝商鞅之說又有野老十八篇注云戰國時齊楚間書即此有爲神農之言也沈慶之以耕當問奴織當問婢此事正不易曉管子書言農事最詳呂不韋春秋亦多言農事許行此來專爲阻井田使不能行妄託古言並非其說　凡宅皆名廛國中左右各三區謂之民

廛後市一區謂之市廛鄉遂郊野之宅皆名廛周官遂人職辨上中下地以頒田里上地夫一廛田百畝萊五十畝中地夫一廛萊百畝下地夫一廛萊二百畝此許行所請之一廛文公與之處國中左右三區之廛也未有田可給且居之國中捆屨織席未得田且以餬其口

凡異端如莊列申韓之類皆持之有故言之成理其說可以惑人獨許行之言絕不可解以塗體沾足汗濟乘下士之事責之馳馬試劍之世子不必孟子闢之自不可行又不欲滕有倉廩府庫無倉廩則荒歉無賑貸之需無府庫則戰守無賞恤之費是以國子敵也滕國褊小之極所謂并地不過溝其溝塍界址令豪強不得

侵佔貧民復業有所依而已非五十里盡屬曠土閒田
也今許行一人即有徒數十陳相辛接踵而至若遠方
又復聞風慕義則盡滕民之田不足以處之滕君好虛
名滕民受實害井田斷不可行不待其詞之畢矣明人
時文有云楚欲滅滕恐滕行仁政民心固結不可解則
環而攻之難以取勝特使許行爲奸人以阻之陳相兄
弟爲其所愚也此說得之

文氣緩中急

孟子曰許子必種粟而後食乎曰然許子必織布而後衣
乎曰否許子衣褐許子冠乎曰冠曰奚冠曰冠素曰自織
之與曰否以粟易之曰許子奚爲不自織曰害於耕曰許
子以釜甑爨以鐵耕乎曰然自爲之與曰否以粟易之

以（急中緩）粟易械器者不爲厲陶冶陶冶亦以其械器易粟者豈爲厲農夫哉且許子何不爲陶冶舍皆取諸其宮中而用之何爲紛紛然與百工交易何許子之不憚煩曰百工之事固不可耕且爲也

耕則不能治天下治天下勢不能耕本可一言而決孟子故作詰問令其詞窮然後闢之如決獄者罪人甫露情實勿遽折之令其詳悉吐露然後勘訊使無可展辨乃折獄之良也　褐亦須織但不必如寒女之工冠無論華素已不能自織害於耕言既耕矣則不能並織也技已窮矣又故縱之　有足曰錡無足曰釜所以熟物鬴實二鬴無底甑實二鬴有底而七穿所以蒸物　神

農民教民揉木爲耒剡木爲耜用以墾土後世耜以金考工匠人耜廣五寸鄭康成註云古者耜一金兩人並發之管子云耕者必一耜一鎌一鎒一椎一銍然後其事立此即以鐵耕也

然則治天下獨可耕且爲與有大人之事有小人之事且一人之身而百工之所爲備如必自爲而後用之是率天下而路也故曰或勞心或勞力勞心者治人勞力者治於人治於人者食人治人者食於人天下之通義也

通章正面只此一節說盡後只說不暇耕不憂耕爲大人之事何渲染耳　固不可耕且爲陳相已爲許行畫輸服供狀即就其言反勘到底

當堯之時天下猶未平洪水橫流氾濫於天下草木暢茂禽獸繁殖五穀不登禽獸偪人獸蹄鳥跡之道交於中國堯獨憂之舉舜而敷治焉舜使益掌火益烈山澤而焚之禽獸逃匿禹疏九河瀹濟漯而注諸海決汝漢排淮泗而注之江然後中國可得而食也當是時也禹八年於外三過其門而不入雖欲耕得乎（以下反覆考証大人之事）

有大人之事是大綱領此下四節由堯舜說到益禹稷皐陶又歸到堯舜總見大人之事要節節繪出勞心之實神農勞力荒遠無稽列聖勞心實蹟俱在治天下固不可耕且為也許行陳相均啞然無以應矣　命官之序益為後治水之事益為先孟子真是見得治水之規

模次第龍蛇虎豹雜處此土即禹亦不能施功此是第一着也禹疏九河以下不在爲孟子回護水道錯誤要說出禹之勞心江淮河濟謂之四瀆四瀆治則天下之水無不治北條之水總滙於河濟漯皆出入於河亦北方水之大者禹之導河自積石龍門至於華陰東至於底柱又東至於孟津凡雍冀二州之水悉滙於河又東過洛汭則豫州之水亦滙於河由豫入兗地勢最卑河流至是易於決溢疏爲九道分其勢以殺其怒不與水爭地使之遊波寛緩則近河之民可以降邱宅土得安其居至將入海仍合併爲一故曰同爲逆河俾入海迅利不至爲泥沙壅塞則海口常通此禹治水第一大事

曰九河既道又云作十有三載乃同皆指河患始平與他州同也九河既疏河安流入海矣於是瀹濟自王屋會於汶以入海瀹漯自東郡千乘以入海則北條之水治冀豫兗三州之水患平矣南條之水總會於江淮次之漢又次之使汝泗不入淮則徐州之水未平漢不入江則荆之水未平禹則決汝自天息至蔡州潁州間入於淮決漢自嶓冢至大别入於江排淮自桐柏至淮浦入於海於是汝漢淮泗之水皆與江同入於海徐荆揚之水患又平迄今千有七百餘歲憶明德以思禹功猶可歷歷指之曰禹疏九河瀹濟漯而注之海決汝漢排淮泗而注之江禹之勞心爲何如哉　明人萬恭治水

筌蹄云水聚爲患則疏之使散水散爲患則瀹之使深水旁侵則排之用堵築水迂廻則決之用濬浚四者皆勞心之實　禹貢孟子各自爲書不可改禹貢水道以就孟子亦不可改孟子語氣以合禹貢作文照禹貢水道點題依孟子本文卽得之　兗州之野作十有三載乃同禹治水何止八年此云八年乃指陸則乘車水則乘舟泥行乘毳山行則梮木屐着雖奔走覩指授董率如此者八年三過門不入只繪出一忙字想不暇耕與斡盤忠君浮詞無涉九河徒駭最北鬲津最南其間相去二百餘里在今山東德州直隷滄洲河間之間入於渤海卽天津也　蔡仲默先生註禹貢以簡潔爲一本爾雅

邢昺疏徒駭是河之本道東出分八枝之語其實爾雅正文簡字下郭璞註云水道簡易潔字下郭璞註云水道約潔明是兩河此下又云自釋山以下皆禹所自名也是九河之名本禹所命黃河自不在內蔡說誤也宜以朱註爲定禹跡迄今近四千年弱水附於流沙不入中土黑水淪於黃河不可復尋濟水枯於王莽之時非枯也伏也濟性勁而沉能冒黃河而過唐人有以清濟貫濁河命題作賦者其力大可知濟之本道由青州入海是後黃河屢徙濟入海之路爲河所奪遂伏而下沉溢爲濟東諸泉今濟寧汶上漕河所資仰給泉水皆濟水也東阿之井濟脈所經者膠可以墮痰正以濟源勁

而達下耳。泗沂入淮。江漢朝宗一一如故。惟黃河自禹至今九易其道。周已前河由河間天津入海。即禹貢之道。周定王五年河徙砱礫。未詳其處。或云在滎陽。即今河南滎澤縣。王莽時徙行漯川至山東利津縣入海。東漢又決自千乘入。今樂安縣。宋初河徙濱州由山東海豐縣入海。復決分二流。東流仍由海豐北流。回故道自天津入海。宋哲宗時東流絕。惟行北流。東坡先生詩。吾君神聖如帝堯。百神受職河神驕。帝遣風師下約束。北流夜復澶州橋是也。南宋復決潰於梁山濼。分為二。一支由利津入海。一支南徙合泗水入於淮。此黃河入淮之始。至明孝宗時河復決盡南徙。全入淮水。今淮安府清河縣有黃淮交滙處。由此二瀆併流滔滔東下至海州之安東縣入海據潘季馴河防一覽或問禹貢云又北播爲九河孟子云禹疏九河宋人蘇子由乃有河不兩行之議迄今治水者以爲名言何也曰凡水皆不兩行不獨黃河朱子云凡山本同而末異水本異而末同不易之論故水非惟不兩行且合衆小水以行而後勢大力勁足以刷滌淤泥積沙不至淺阻域中諸水皆然不獨河也但水之經流固不可兩行水之異派必有所宣洩禹於河之上流全是收束河之散漫者以歸於一故鑿龍門闢伊闕析底柱破碣石本漢書溝洫志全是約其全力使奔迅以趨下流至於冀兗北河將入海千七百渠所并注本爾雅若上流又有積雨異

漲則如排山倒海而至非大爲餘地勢不能容兗州之九河既道猶楊州之九江孔殷只是洞庭一湖水涸則汊港多岐沅江辰江酉陽溆陽江一一可指水漲並無九江也九河只是窪下之地河本由此渟滙禹分之爲九錫以嘉名俾司水者以時濬導勿使湮塞以受異漲俾不旁出爲害非導河使之散行也蘇子由之說明司空潘季馴昌言之謂之以堤束水以水刷沙其實治河不專一說河性直爾雅謂之千里一大曲百里一小曲曲則淤宜逢灣取直河流濁濁則壅遇冬水涸時必須挑淺河流長逢塞外及雍冀豫多雨之歲漲溢異常必須謹視隄防使兩岸堅若金城則滔滔東注水不旁決

海口自深通即以水刷沙之說也。須合前取直挑淺二說用之。然後禹功可復覩也。

漯水今無可攷。惟東昌府志清平縣下有漯川二字。又古蹟下有一條云漯水故道。注云出高唐東至千乘入海。考青州府志則並無漯水入海之說。按禹貢兖州貢道浮於濟漯達於河。林之奇尚書解云。濟漯不相入。必有中間陸行之事。周謂希聖云由濟入漯。由漯入河。先儒以周說爲長。是漯水源出東武陽者。至濟陰則濟水入之也。漢書溝洫志云禹導河自積石及盟津雒內即孟津洛洒。至於大伾今真定府界。以河湍悍數爲敗。釃爲二渠。注云其一出貝丘。一即漯川也同在今東昌府。是此漯水至貝丘

河又入之也王莽時貝邱河身空專行漯川後河徙則漯水絶矣河流所決今會通河經由東昌即漯水之昔伏而今見者

汝水不見於禹貢據桑欽水經出汝州天息山經箕山舞陽上蔡至潁州入淮僅七百里爾雅水從河出曰灉濟爲濋漢爲潛淮爲滸江爲沱汝爲濆亦大水也詩遵彼汝墳其字從土毛箋以爲大防漢水出隴西嶓冢山今漢中府寧羌州源分東西其西漢水由寧羌州直下經保寧府順慶府全行蜀地至重慶府合於岷山不名漢水矣此指東漢禹貢導漾東流爲漢又東爲滄浪之水在今襄陽均州過三澨今安陸府至於大別即今漢陽府南入於江東滙

澤爲彭蠡東爲北江入於海既入江矣猶歷記所由漢水源遠流長力敵於江不没其實也　沔陽州志書云水性勁莫如濟曲莫如漢十里九灣瀦爲藪澤小民利其墳淤從而隄防之名曰垸田往者垸必有長統丁夫葺治今法久弊滋修不以時荆沔漢陽遂多水患

淮水發源豫州桐柏山在南陽府折入兗州會汝水即今汝寧府入江北鳳陽府會於泗沂在泗之上在下邳入泗沂東入於海今海州也淮由豫入揚幾二千里中合七十二道山泉注之汝潁淝濠池五水尤大盡滙於洪澤湖由湖出水之處謂之淸口別於黃流之濁也淸口之外卽黃淮交滙處洪澤湖南有高家堰漢廣陵太守陳元龍所築以障淮

水今並障黄水之異漲分減入湖者淮安揚州二郡恃此爲百雉之金城矣　淮水自入海實有三道入江一則邗溝吳夫差所開即今清口出淮安揚州二郡之運河一由儀眞入江一由瓜州入江一支由盱眙六合天長入江其道久塞李翺南來錄沈括筆談與天長縣志書尙載之蓋淮水經流本不入江泗沂二水所會之淮水則明明自邗溝入江矣孟子固不錯也

禹貢岷山導江東别爲沱又東至於澧指禹跡所踐近處言之猶河水自積石亦指近處可見者其實江水源出崑崙山之陽黄河源出崑崙山之陰各自分行如黻文兩已相背之狀江水經由西蕃之地入雲南之麗江

姚安武定東川昭通至四川之瀘州下重慶府之合江縣謂之南金沙江至此乃合於岷江另有北金沙江則由雲南大理永昌二郡入於南海在緬甸界內故江之大十倍於黃河黃河自海州以下極寬廣處兩岍不過五六里江出黃天蕩四顧淼茫不啻百里矣故河患多江患少由畜之者大也漢水濁而易潰江水湍而善齧楚北地卑繕培隄岍楚南地濶守護圍田尤民事之最不可緩者

昌黎韓子云士不通經不足於用故以春秋決獄以禹貢行河前史以為美談自八股盛行學術日趨苟簡邵司徒寶宏治間名臣也自云少時受經於業師俞蒿庵

以禹貢撮要進蒿庵斥去之曰此邨學究事也吾子出羣才何不自廣若此因詳述徐有貞治河事以示之後二十年司徒以右都御史巡視山東河漕閱徐有貞治水碑作詩云艤棹來看治水碑沙灣堤上早涼時漢防古蹟憑誰記禹貢全書愧我師葢感之也邵無錫人字國賢官戶部尚書孝友忠信李西涯所得士於師門恩誼最篤謚文莊此節河道水性已詳言之並志此事士有厚自期待者可以興矣

后稷教民稼穡樹藝五穀五穀熟而民人育人之有道也飽食煖衣逸居而無教則近於禽獸聖人有憂之使契爲司徒教以人倫父子有親君臣有義夫婦有別長幼有序

朋友有信放勳曰勞之來之匡之直之輔之翼之使自得之又從而振德之聖人之憂民如此而暇耕乎（二節）堯以不得舜爲己憂舜以不得禹臯陶爲己憂（二句正對）夫以百畝之不易爲己憂者農夫也（句反合）

分人以財謂之惠敎人以善謂之忠爲天下得人者謂之仁是故以天下與人易爲天下得人難

孔子曰大哉堯之爲君惟天爲大惟堯則之蕩蕩乎民無能名焉君哉舜也巍巍乎有天下而不與焉（繳堯舜字）堯舜之治天下豈無所用其心哉亦不用於耕耳

地平天成六府三事允治由禹之功故曰大禹又稱神禹言施功之奇疑於鬼神也禹拜颺於舜先言益之功

曰予乘四載曁益奏庶鮮食道路甫通人方就役先食鳥獸魚鼈之肉孟子先禹言益掌火之說也水既歸其壑乃得平土而耕之於是推稷之功曁稷播奏庶艱食鮮食稼穡艱難故曰艱食孟子繼禹稱后稷之功之說也有養而後教可施故稱契明刑所以弼教乃稱皐陶皐以禹配者見知之統皐陶與禹共之皐陶邁種禹之所心服也然許行之意是言人君宜並耕禹益稷契皐陶皆臣道也故以堯舜之治天下豈無所用其心哉結言人君之治天下不用於耕　穀類甚多幽詩言其始播百穀楊泉物理論云稻梁菽各二十種爲六十蔬果之屬四十爲百種周官太宰以九職任萬民一曰三農生九穀鄭

司農註云黍稷秫稻麻大小麥大小豆也漢書食貨志、凡教民耕。必備五種。以備旱潦。避災害。高原下隰。各有所宜。視所宜兼種之。四時相繼。可不乏絕。卽偶遇旱潦。此種不熟。他種復生。不至洊饑也。重教字。對針並耕。教以人倫。重五有字。天性之良。民自有之。我但教之。使復其固有而已。放勳曰。以下教之之方也。達說云、人之用力於人倫而爲勞者。則獎勸以勞之。歸向於人倫而爲來者。則誘掖以來之。人之立心悖於人倫而爲邪者。則約其情以正之。民之制行戾於人倫而爲枉者。則矯其偏以直之。凡此勞來匡直。皆所以輔以立之。翼以行之。使之自得其性。旣自得矣。則又從而提撕警覺以加

惠惠即教民焉不使其昏怠放逸而復失之說得字字
之德意
明白　聖人之憂民如此總頂上文治水教穡明倫諸
項聖人指堯舜　爲天下得人句緊頂堯以不得舜二
句言人君之德莫大於知人必若堯之得舜舜之得禹
皐陶成萬世永賴之功然後可以謂之仁非忠與惠之
所及若煦煦之仁一手一足自矜其勞所用不當貽害
於人雖謂之不仁可也
引孔子言只取巍巍蕩蕩見治功之盛皆由有所用其
心不可將論語成文移堂就樹離題千里
吾聞用夏變夷者未聞變於夷者也陳良楚產也悅周公
仲尼之道北學於中國北方之學者未能或之先也彼所

謂豪傑之士也子之兄弟事之數十年師死而遂倍之

昔者孔子沒三年之外門人治任將歸入揖於子貢相嚮而哭皆失聲然後歸子貢反築室於場獨居三年然後歸（二段通作一段）

他日子夏子張子游以有若似聖人欲以所事孔子事之彊曾子曾子曰不可江漢以濯之秋陽以暴之皜皜乎不可尚已

今也南蠻鴂舌之人非先王之道子倍子之師而學之亦異於曾子矣（上曾子語）（徼）

吾聞出於幽谷遷於喬木者未聞下喬木而入於幽谷者

魯頌曰戎狄是膺荊舒是懲周公方且膺之子是之學亦爲不善變矣

並耕之謬陳相已無可辨此下只責其倍師引孔子門人之事所以愧之也江漢以濯二句非正非比只說一疵不雜萬理明淨言聖心光明潔淨高不可攀也　舒有舒庸舒蓼舒鳩諸國楚之所屬春秋成公十二年滅於楚　魯頌之詞是史克贊魯僖公言同齊桓伐戎伐楚有此大功須先還正面僖公一層言僖公贊襄齊桓詩人即盛稱之如此然後云今許行以荆舒之人倡其邪說蠱惑人心阻撓善政使周公而在必用滅奄征淮夷徐戎之典置之刑辟乃尤而效之愚之甚矣乃合語氣不可即認魯頌爲周公之事　歐陽永叔極言魯僖公只有即位之四年從齊桓伐楚盟於召陵其餘並

無其事然古事無可考者甚矣豈季孫行父請於周專作此說謊之詩仍照本詩鋪張揚厲可也

孔子墓在曲阜城北泗水之上冢塋百畝弟子持其地之樹植冢上無能指其名者魯世世以歲時奉孔子冢諸儒講禮習射於冢旁自子貢廬墓側之後魯人及弟子往從而居者百家因名孔里以故所居堂藏車服禮器琴書至于漢二百年不絕高祖過沛以太牢祠焉是後諸侯卿相至常先謁然後從政

從許子之道則市賈不貳國中無偽雖使五尺之童適市莫之或欺布帛長短同則賈相若麻縷絲絮輕重同則賈相若五穀多寡同則賈相若屨大小同則賈相若

曰夫物之不齊物之情也或相倍蓰或相什伯或相千萬子比而同之是亂天下也巨屨小屨同賈人豈爲之哉從許子之道相率而爲僞者也惡能治國家

耜耨之利取諸益交易之市取諸噬嗑皆本神農故陳相詞窮又引此說不知人有小大勞心勞力之分猶物有美惡精粗之別決不能齊從爲僞而已惡能治國家句縮結通章　縷即麻之分析者絮即絲之冗而爲絲者長短是丈尺輕重是權衡多寡是斗斛不是布帛同賈言布不論美惡但布之丈尺相同則賈相同他皆倣此屨大小同是言大屨與大屨爲一類價相若小屨與小屨爲一類價相若不甚背謬孟子却言人豈爲之哉

屨有絲屨革屨葛屨之分最下則草屨矣用工有單下複下青纏黃纏之殊若但以大小論價則人但以草屨鬻於市豈復為其精緻者哉今講章所說正與孟子之言相反屨大小同猶五穀多寡同陳相是言五穀多與多同價少與少同價不論粳稻之精粺粗之劣也若云一斗之多與一升之寡同價許行愚不至此謂屨大與小同價則人但為其小朱子一時趁筆未詳思耳　市價不貳是反樸還醇之說蓋到君民並耕而食自然所用不是美好華麗之物竟可定價如今釋氏用壞色衣瓦鉢黃菜葉下粥飯鬻諸市實不用爭競價值宋武帝言使我治天下十年黃金與土同價亦此意但移在他

人身上郄行不去　滕地極小許行率其徒數十人明是强奪滕民之田滕民必內譁又倡不貳價之說則商販聚足滕事去矣張南軒先生言滕文君後來無所聞想此井田之事不曾行於理或然困勉錄言孟子歿後三十五年滕爲楚所滅則許行明是楚使之來

墨者夷之因徐辟而求見孟子孟子曰吾固願見今吾尚病病愈我且往見夷子不來

他日又求見孟子孟子曰吾今則可以見矣不直則道不見我且直之吾聞夷子墨者墨之治喪也以薄爲其道也夷子思以易天下豈以爲非是而不貴也然而夷子葬其親厚則是以所賤事親也

徐子以告夷子。夷子曰：儒者之道，古之人若保赤子，此言何謂也？之則以爲愛無差等，施由親始。徐子以告孟子。孟子曰：夫夷子信以爲人之親其兄之子爲若親其鄰之赤子乎？彼有取爾也。赤子匍匐將入井，非赤子之罪也。且天之生物也，使之一本，而夷子二本故也。斷定

蓋上世嘗有不葬其親者，其親死，則舉而委之於壑。他日過之，狐狸食之，蠅蚋姑嘬之。其顙有泚，睨而不視。夫泚也，非爲人泚，中心達於面目。蓋歸反虆梩而掩之。掩之誠是也，則孝子仁人之掩其親，亦必有道矣。

徐子以告夷子。夷子憮然爲間曰：命之矣。

夷之墨名而儒行，尚有一隙之明，孟子即就所明以道

之以所賤事親是詰語使夷之憮然悟曰吾非以所賤事親也則天良動矣此最孟子善於開導人處　朱子言天之生物有血氣者本於父母無血氣者本於根荄本既一則愛不得不一蓋由一體所分血氣連屬眷戀之情自不能已自是之外則因其分之親疏遠近而分差等此儒者之道所以親親仁民愛物以漸而推無一不得其所也今夷之乃謂愛無差等是不知其身之所從出視其父母無異於路人是非二本而何哉　二本者謂他人父謂他人母倒行而逆施之曾禽鳥之不若矣夷之猛然有省也宜矣

四書翼註論文卷之三十

孟子 滕文公下

陳代曰不見諸侯宜若小然今一見之大則以王小則以霸且志曰枉尺而直尋宜若可爲也

孟子曰昔齊景公田招虞人以旌不至將殺之志士不忘在溝壑勇士不忘喪其元孔子奚取焉取非其招不往也如不待其招而往何哉

左傳齊景公田於沛召虞人不至將殺之辭曰臣不見皮冠故不敢進乃舍之孔子曰守道不如守官

粘上結利字二十六字只一句讀

且夫枉尺而直尋者以利言也如以利則枉尋直尺而利亦可爲與

昔者趙簡子使王良與嬖奚乘終日而不獲一禽嬖奚反（再引事）命曰天下之賤工也或以告王良良曰請復之彊而後可一朝而獲十禽嬖奚反命曰天下之良工也簡子曰我使掌與女乘謂王良良不可曰吾為之範我馳驅終日不獲一為之詭遇一朝而獲十詩云不失其馳舍矢如破我不貫與小人乘請辭

御者且羞與射者比比而得禽獸雖若丘陵弗為也如枉（只一句轉）道而從彼何也且子過矣枉己者未有能直人者也

不見諸侯不是閉門不納以禮聘至則答之虛懷來問則告之不似策士之流抵掌上書叩關求見也　虞人守官君子守道官者道之器也（柳宗元語）官尚不可枉道可

枉乎哉枉已者未有能直人一句斷定聖賢之仕非以利已欲使是君爲堯舜之君民爲堯舜之民爲直人也已旣枉矣人必輕之卽欲直人勢不可得方望溪云那僻之事見君子而洒然色動者以其不枉也苟少襍於功利非惟顯示之且强以相從矣使佞宵小見君子知所懼者亦知其不枉也若少爲其身謀非惟挾持之且鄙夷不屑矣說得最切當　諸侯若果以社稷人民爲念自有尊德樂義之忱吾迎其機以導之同心共濟躋斯民於仁壽之域豈非聖賢之所甚願若彼無其志吾投閒抵隙以取其歡心冀少得當焉堆金衣紫持粱刺齒肥則可矣豈有能直人者哉王艮左傳謂之郵無恤

御趙鞅與鄭人戰於鐵，兩靷將絕，能止之，戰訖駕而乘材，兩靷皆絕。誠天下之良工也。御之良，齊輯乎轡銜，急緩乎脣吻，度量乎胸臆，執節乎掌握，得於中心，外合於馬志，迴旋進退，莫不中節，馬體安於車，人心調於馬，履險如夷，御之能事。本列子、韓非子。至田獵之際，御者只有逐禽左一法，射之中否，御不與焉。田獵者，刈蘭以為防，置旃以為門，禽獸過防者不逐，不追奔也；面傷者不獻，踐毛者不獻；迎面而來，不射之。不殺降之義也。視其背而去者，從左側射之，自左膘達於右腢為上殺，奉宗廟；達右耳本者次之，奉賓客；射左髀達於右䯚為下殺，以充君庖。公羊傳。今雙奚不能左右射，須王良視禽之來，驅車往迎之，此

詭遇也王良一技之良尚不肯與小人乘況守先王之道可枉之而從彼哉

景春曰公孫衍張儀豈不誠大丈夫哉一怒而諸侯懼安居而天下熄

抑彼

孟子曰是焉得爲大丈夫乎子未學禮乎丈夫之冠也父命之女子之嫁也母命之往送之門戒之曰往之女家必敬必戒無違夫子以順爲正者妾婦之道也

揚此

居天下之廣居立天下之正位行天下之大道得志與民由之不得志獨行其道富貴不能淫貧賤不能移威武不能屈此之謂大丈夫

繳上文丈夫字

蘇穎濱言六國之滅非兵不利戰不善弊在賂秦而力

窮自亡之道也蘇秦說六國合從拒秦為六國制秦尚屬艮策儀為秦所使入秦得相位當蘇秦在儀不敢動及秦死乃振暴其短首說齊攻趙以敗合從之約自是秦先滅韓滅魏諸國不相救坐視以至於偕亡儀之為也公孫衍與張儀不相能迨儀既死乃入秦相之又佩五國相印為約長註云或從或橫常為約長二子皆挾秦之勢狐假虎威諸侯懼秦非懼張儀公孫衍儀衍媚於秦以挾諸侯如豔妻之煽得潑與畀諂兼行妾婦之所不為也戰國策載張儀之事詳犀首僅有激義渠戎王敗秦於李伯地名之下他無所見王鶴舒時文只以義渠敗秦商於誑楚見屈平傳二事指為諸侯懼之實亦足該二人傾危之

態　民胞物與自是廣居天秩天敘自是正位措正施行自是達道須以浩然之氣作貞幹方覩得大丈夫三字起　冠禮不重只重嫁邊精神在以順爲正句左傳叔向云欒王鮒從君者也何能行卽以順爲正之說

冠禮三加初加緇布冠坐以於朝之服祝之曰令辰吉日始加元服棄爾幼志順爾成德壽考維祺介爾景福再加皮弁與於君朝覲朔之服祝之曰吉日令辰再加爾服敬爾威儀淑愼爾德三加爵弁助祭於君之服祝之曰以歲之正以月之令咸加爾服兄弟具在以成厥德黃耇無疆受天之慶士冠禮爲儀禮首篇冠義云冠禮筵曰筮賓所以敬冠事敬冠事所以重禮重禮所以

爲國本也　女子之嫁在儀禮士昏禮篇父送女命之曰戒之敬之夙夜無違命母施衿結帨命之曰夙夜無違宮事庶母及門內施鞶申之以父母之命命之曰敬恭聽宗爾父母之言夙夜無愆視諸衿鞶按冠禮父不親命戒賓曰某有子某將加布於首願吾子之教之也賓對曰某敢不從是賓承父之戒卽父命之女子之嫁父先命之內事以母爲主故云母命之

周霄問曰古之君子仕乎孟子曰仕傳曰孔子三月無君則皇皇如也出疆必載質公明儀曰古之人三月無君則弔

三月無君則弔不以急乎

曰士之失位也猶諸侯之失國家也禮曰諸侯耕助以供粢盛夫人蠶繅以爲衣服犧牲不成粢盛不潔衣服不備不敢以祭惟士無田則亦不祭牲殺器皿衣服不備不敢以祭則不敢以宴亦不足弔乎

出疆必載質何也

曰士之仕也猶農夫之耕也農夫豈爲出疆舍其耒耜哉

曰晉國亦仕國也未嘗聞仕如此其急仕如此其急也君子之難仕何也曰丈夫生而願爲之有室女子生而願爲之有家父母之心人皆有之不待父母之命媒妁之言鑽穴隙相窺踰牆相從則父母國人皆賤之三段後方折入古之人未嘗不欲仕也本意又惡不由其道不由其道而往者與鑽穴隙之類用上字結

也

通章只重古之人未嘗不欲仕也又惡不由其道二句由道而仕如婚姻以禮可以慰父母之心苟不由其道如捐廉恥而得室家匪惟父母賤之卽國人皆賤之矣不義之祿卽有田則祭豈足以榮其先哉首尾總是一意　三月皇皇之孔子卽不脫冕而行之孔子去就之義失祭之思並行不相悖不失其身而後能事其親周霄惡足以知之　諸侯耕助以下全不重借作士無田不祭比例耳　少牢以祭謂之牲殺祭器衣服不假謂之器皿祭事嚴重如此一旦失位至三月之久禴祠烝嘗四時缺一矣惡得不惻然於心而卒不肯枉道求合

者未仕之日無用則薦未嘗不可以展孝思君子之難仕寧廢祭不可廢道猶之有室家固正理不可以父母之心人皆有之乃至穴隙踰牆也　周官天官下甸師率屬耕王藉以時入以供粢盛陳祥道禮書云天子爲藉千畝在南郊冕而朱紘諸侯百畝在東郊冕而青紘啓蟄而郊郊而後耕親載耒耜措之參乘保介之御間親耕既竣事王飮太牢班嘗之庶人終食反執爵於大寢卿士大夫皆御名曰勞酒夏耨秋穫亦皆至焉王后夫人蠶於北郊近川築蠶室仞有三尺以棘圍之王先薦鞠衣與菊同黃衣於上帝告將蠶內宰詔后夫人率內外命婦趨蠶事后服編首飾鞠衣屨黃屨於郊享先蠶乃東

向躬桑三宮夫人及世婦入蠶室繭成夫人副褘受之
獻於后　禮記疏副編髮爲之飾首之服褘字與翬同
文雉也王后六服皆繪文雉褘衣以下有揄狄闕狄即翟
字謂之三翟鞠衣展衣緣衣此六衣褘最尊二王後之
夫人與魯夫人皆服之侯伯夫人自揄狄以下詳見天
官司服註疏

彭更問曰後車數十乘從者數百人以傳食於諸侯不以
泰乎孟子曰非其道則一簞食不可受於人如其道則舜
受堯之天下不以爲泰子以爲泰乎
曰否士無事而食不可也
曰子不通工易事以羡補不足則農有餘粟女有餘布子

如通之則梓匠輪輿皆得食於子於此有人焉入則孝出（就一邊翻下）則悌守先王之道以待後之學者而不得食於子子何尊梓匠輪輿而輕爲仁義者哉

（峰迴路轉）曰梓匠輪輿其志將以求食也君子之爲道也其志亦將以求食與曰子何以其志爲哉其有功於子可食而食之矣且子食志乎食功乎曰食志

（三段只兩句結）曰有人於此毀瓦畫墁其志將以求食也則子食之乎曰否曰然則子非食志也食功也

戰國雖亂世士氣郝昌燕昭築臺請自隗始齊威擁彗蠋曰王前其餘立談抵掌取金玉錦繡不勝數孟子不見諸侯惟以禮報聘之時率其徒經列國皆見敬禮亦

常事耳彭更不是眞以爲泰蓋欲激孟子使見諸侯言既不事王侯志在事外則不應受此無勞之奉不知天生民而立之君承以大夫師長共天位治天職食天祿只是食功守先待後之人與行道濟世同功功在斯道在何泰之有若曰食志志得食者多矣蠅營狗苟逐臭慕羶皆求食者也其盡奉以大烹之養乎哉　守先王之道以待後之學者有功於世道人心人亦知之只是入則孝出則弟家庭內行何以敘功此中有大關鍵凡先王之道從孝弟起堯親九族舜底豫二親而後治六府三事之政禹湯文武立愛自親始立敬自長始而後修明封建井田學校正禮定樂爲萬世規戰國之時縱

横闘狎之徒皆不孝不弟棄父母宗黨朝秦暮楚惟利是圖先王之道爲之掃地於此有人敦愛敬之天倫謹修齊之身範取先王惟精惟一之心法盡美盡善之治法日與其徒講明而切究之俾後之學者可紹述以明之發揮以行之是爲前聖繼絶學爲萬世開太平者也於後車傳食何有哉孝弟分量說得大纔承當得功字起

梓人爲筍虡匠人營國即宮室道涂明堂之制又治溝洫輪人爲車蓋輿人爲車即車身此外尚有輪人輈人故云一器而工備者車爲多詳在考工記

萬章問曰宋小國也今將行王政齊楚惡而伐之則如之何

孟子曰湯居亳與葛爲鄰葛伯放而不祀湯使人問之曰引事証何爲不祀曰無以供犧牲也湯使遺之牛羊葛伯食之又不以祀湯又使人問之曰何爲不祀曰無以供粢盛也湯使亳衆往爲之耕老弱饋食葛伯率其民要其有酒食黍稻者奪之不授者殺之有童子以黍肉餉殺而奪之書曰葛伯仇餉此之謂也

爲其殺是童子而征之四海之內皆曰非富天下也爲匹夫匹婦復讎也

湯始征自葛載十一征而無敵於天下東面而征西夷怨南面而征北狄怨曰奚爲後我民之望之若大旱之望雨也歸市者弗止芸者不變誅其君弔其民如時雨降民大

悅書曰徯我后后來其無罰

有攸不爲臣東征綏厥士女篚厥元黃紹我周王見休惟（又引書）

臣附於大邑周其君子實玄黃於篚以迎其君子其小人

簞食壺漿以迎其小人救民於水火之中取其殘而已矣

太誓曰我武惟揚侵于之疆則取於殘殺伐用張于湯有

光

一折有萬鈞之力

不行王政云爾苟行王政四海之內皆舉首而望之欲以

爲君齊楚雖大何畏焉

按史記所載王偃乃武乙桀紂之流何行仁政之有萬

章蓋以虛聲所誤以其欲削平宇內爲王政故孟子只

一句云不行王政云爾掃盡葛藤　湯十一征韋豕顧

昆吾三國於桀黨惡又書序有伐三朡得寶玉作典寶
之文可考者併葛而六

孟子謂戴不勝曰子欲子之王之善與我明告子有楚大
夫於此欲其子之齊語也則使齊人傅諸使楚人傅諸曰
使齊人傅之曰一齊人傅之衆楚人咻之雖日撻而求其
齊也不可得矣引而置之莊嶽之閒數年雖日撻而求其
楚亦不可得矣

子謂薛居州善士也使之居於王所在於王所者長幼卑
尊皆薛居州也王誰與爲不善在王所者長幼卑尊皆非
薛居州也王誰與爲善一薛居州獨如宋王何

何代無賢君心爲本衛靈公衆正盈朝一彌子瑕猶可

煬竈以蔽明宋王偃不善之資不可與言即左右前後皆薛居州亦無益也孟子亦姑言其理明熹宗昏愚出於天性即位之初趙南星爲冢宰盡起正人用之九列一籌莫展徒以供魏忠賢之戮辱殘害而已一薛居州如宋王何即皆薛居州亦如宋王何　莊嶽皆齊國中人烟繁輻處左傳陳無宇得慶氏之木百車於莊慶封反陳於嶽請戰弗許是也　楚語齊語爾雅公羊傳註疏俱有之在滇時當路以欲其子之齊語句命題試書院有楊萬錢三生皆能援据羅列大被賞鑒後皆拔萃去今楊萬皆爲郡守錢以進士入詞館有文名讀書如陶士行竹頭木屑處處留心若一味游談無根非策之

得附識之

公孫丑問曰、不見諸侯何義孟子曰、古者不爲臣不見段干木踰垣而辟之泄柳閉門而不内是皆已甚迫斯可以見矣（引事對）

陽貨欲見孔子而惡無禮大夫有賜於士不得受於其家則往拜其門陽貨瞰孔子之亡也而饋孔子蒸豚孔子亦瞰其亡也而往拜之當是時陽貨先豈得不見

曾子曰、脅肩諂笑病於夏畦（用語對）子路曰、未同而言觀其色赧赧然非由之所知也（用五八字其六兩句結）由是觀之則君子之所養可知已矣

不爲臣不見是古禮蓋仕而受職以其官召之君命召不俟駕更無他說若不爲臣則以道自重輕身干進非

其義也但此只是君不下交則士亦不上賓若段干木泄柳託病却聘高不仕之節未免已甚又引孔子之事蓋孟子不見諸侯即孔子之待價時中之道非高隱也不待其招而往則與脅肩諂笑之輩無殊君子之所養指曾子子路二子得嫡傳於聖門慎出處重名節尼山之家法也

戴盈之曰什一去關市之征今茲未能請輕之以待來年然後已何如

孟子曰今有人日攘其鄰之雞者或告之曰是非君子之道曰請損之月攘一雞以待來年然後已

如知其非義斯速已矣何待來年

什一去關市之征文王治岐之政也宋王偃昏虐之甚如何能行戴盈之故作此嬉戲之言孟子亦以戲詞答之不足細論

公都子曰外人皆稱夫子好辯敢問何也孟子曰予豈好辯哉予不得已也天下之生久矣一治一亂　當堯之時水逆行氾濫於中國蛇龍居之民無所定下者爲巢上者爲營窟書曰洚水警余洚水者洪水也使禹治之禹掘地而注之海驅蛇龍而放之菹水由地中行江淮河漢是也險阻既遠鳥獸之害人者消然後人得平土而居之　一治

治水從下流起下者注江注海暑露崕岈然後上流可

以遂漸施功禹掘地而注之海即子決九川距四海也
西北兗最下掘地而注之東南揚最下掘地而注之然
後滔滔東注有源委分合可尋於是濬畎澮距川則大
水小水無不治江淮河漢四水大可以包括一部水經
是也是按圖指掌遙遙禹功之詞

堯舜既沒聖人之道衰暴君代作壞宮室以爲汙池民無
所安息棄田以爲園囿使民不得衣食邪說暴行又作園
囿汙池沛澤多而禽獸至及紂之身天下又大亂 一亂

此節不言桀與湯伊尹意不在此全章精神只在楊墨
之道不息孔子之道不著二句他皆從畧

周公相武王誅紂伐奄三年討其君驅飛廉於海隅而戮

之滅國者五十驅虎豹犀象而遠之天下大悅書曰丕顯
哉文王謨丕承哉武王烈佑啓我後人咸以正無缺　一治
周公爲民除害又創制立法以垂永久故書經君牙曰
丕顯哉文王創業之謨丕承哉武王戡亂之烈所以佑
啓後人禮樂刑政四達不悖利用厚生無一之不備禁
暴止僞無一之或缺即指一部周官專重周公兼補成
王方周匝
世衰道微邪說暴行有作臣弑其君者有之子弑其父者
有之　一亂
孔子懼作春秋春秋天子之事也是故孔子曰知我者其
惟春秋乎罪我者其惟春秋乎　一治

春秋天子之事此句最難解註中惇典庸禮命德討罪只是刑賞二字盡之蓋禮樂征伐自天子出天子之事也東遷以後王綱解紐無此事矣於是强諸侯與大國强族之卿大夫皆變禮易樂擅相征伐甚者乃臣弑其君子弑其父皆公然自號爲王侯名卿無敢問其罪者孔子作春秋始一一書之曰若者若者變禮如四卜郊己卯烝乙亥嘗之類若者易樂如初獻六羽是羣廟皆八佾也若者擅征伐若者臣弑君若者子弑父筆而存之以待明天子作按籍可以考實釐正而誅討焉故曰春秋天子之事也言爲天子存此賞罰之柄也知我言良臣順子以我宜作春秋也罪我言亂賊之黨弑逆之裔以我不宜作春秋欲以是罪我也

春秋乃魯史伯禽以來即有之至魯哀公近六百年竹簡蠹蝕乃請孔子重修之惠公以前朽蠹無可編次隱公元年以後文猶可辨遏繁冗錄其可存者謂之筆删其不必存謂之削一因魯史之舊文無所加增亦無襃貶然前此臣弑君子弑父之事經此一番修明暴露於衆知王法可逃於一時淸議猶存於後世有亂賊之心而未萌者亦怵然知戒故曰春秋成而亂臣賊子懼若春秋所書之亂臣賊子州吁以下崔杼以前死已久矣又何知懼當孔子之世惟一陳恒春秋所不載也俗儒不知罪字之解謂孔子僭妄筆削自認罪過又造爲怪異之說以張之甚至謂孔子以天自處周王不稱天魯

侯不書卽位皆孔子之所貶也愚蔽之甚矣　韓求仲時文云以赫濯之聲靈懸於上孰爲令共孰爲扞抗吾一一受簡筆之天子之大柄伸孰可誅意孰可原情吾一一徵實載之而天子之公法著錢肅凱則云天子失其事而天下竊其事春秋亟正之代紀二百四十二年文成萬有六千六百而大旨卒歸諸周禮司馬隳而後相侵伐宗伯廢而後孰人君貢禮失而後求金典命荒而後來錫揚其大典無事徵文學者涉其源流知叛亂所由興由天子之偶替後王絜其興廢知紀綱所由振由天子之修明春秋之所予奪卽周禮之所賞罰有周禮而天子之事行有春秋而天子之事明故曰春秋天

子之事也劉克猷殿撰則以春秋削吳楚之僭號爲天子存封建之舊紀田賦之變制爲天子復井田之政胡氏無位而託南面之權此語人皆知其非無以之作文者

聖王不作諸侯放恣處士橫議楊朱墨翟之言盈天下天下之言不歸楊則歸墨楊氏爲我是無君也墨氏兼愛是無父也無父無君是禽獸也公明儀曰（引証）庖有肥肉廐有肥馬民有饑色野有餓莩此率獸而食人也（繳上之意）楊墨之道不息孔子之道不著是邪說誣民充塞仁義也仁義充塞則率獸食人人將相食

吾爲此懼閑先聖之道距楊墨放淫辭邪說者不得作作

於其心害於其事作於其事害於其政聖人復起不易吾言矣

再收拾作二段結

昔者禹抑洪水而天下平周公兼夷狄驅猛獸而百姓寧孔子成春秋而亂臣賊子懼

引詩起下

詩云戎狄是膺荆舒是懲則莫我敢承無父無君是周公所膺也

我亦欲正人心息邪說距詖行放淫辭以承三聖者豈好辯哉予不得已也

能言距楊墨者聖人之徒也

自聖王不作以下反覆申言不得已之情諸侯放恣處士橫議兩平楊朱墨翟之言盈天下就處士橫議中抽

出兩項尤蠱惑人心者列莊荀卿鬼谷申不害韓非無非橫議其說偏頗詭異不能盈天下惟楊墨近理而大亂眞楊氏爲我不拔一毛不以民物爲念明是無君墨氏兼愛忘其一本不知父母之親明是無父君親無將將則必誅既倡爲無父無君之說卽禽獸矣古聖王之道傳於孔子孔子之道仁義而已仁而後知有親義而後知有君今楊墨之說盛行則仁義爲之充塞爲子不子爲臣不臣若坐視而不問是率獸食人禍亂相尋人且將相食矣　吾爲此懼緊項孔子懼作春秋來孔子懼有形之逆弑莫之討是以作春秋吾爲此懼懼無形之亂臣賊子莫之討是以好與楊墨辯豈得已哉邪說

即爲我兼愛二說行之爲詖行言之爲淫詞旣自闢之又曰能言距楊墨者聖人之徒也欲天下士皆以闢異端崇正學爲心而後天下之大亂可得而弭也　楊墨並是異端墨翟之言頗有端緒漢書藝文志墨家者流九家十七篇有尹佚二篇註云成康時人是其說不從墨翟起也班固小序謂其出於淸廟茆屋淸廟即朝堂上覆以茅采椽即木椽是以貴儉見養三老五更是以兼愛及蔽者爲之見儉之利因以非義推兼愛之意而不知別親疏荀卿云墨子蔽於用而不知文註謂上下勤力股無胈脛無毛不知有貴賤等級之文飾有書三卷宋景濂尙見之愛其聖王作爲宮室便於生不爲觀樂衣服適體

非崇耳目而觀愚民飲食以增氣充虛之語以爲墨翟蓋甚儉者本於大禹菲飲食卑宮室之遺楊朱本老子之徒莊列二家時引之列子有楊朱力命二篇宋景濂云即楊朱書之末亡者列禦寇勦其說爲己書其言汪洋恣肆以信命者無夭壽信理者無是非信心者無順逆立說又言人於聲色耳目之欲當順適而勿過之堯舜周孔生無一日之歡死有萬世之名不如桀紂及時爲樂又言人當不羨壽不貪富制命在內謂之順民故曰人不婚宦情欲失半人不衣食君臣道息蓋大不得志於時激而爲適己自足之說非由中也墨子之說近於釋氏其所謂兼愛正如釋氏所云慈悲普度誑惑愚

昧以為名若必解衣推食墨翟一人耳能愛幾何有綱紀法度之施則定是由親及疏由近及遠雖施而倒行立窮之說也視至親無異於途人冤親平等尚不如禽鳥之有知者非禽獸而何楊朱之學絶無道家養生之旨率意妄言愚昧者從之賊性命而傷風俗直不待教而誅者　以常情論之楊墨乃處士空言何至亂天下甚於洪水猛獸亂臣賊子不知匡維世宙只在人心人心一迷惑則其禍亦不知其所以然而然老子之學流為申韓李斯之罪由於荀卿且不具論即如魏正始之末公卿尚清言耽逸樂以不事事為高似楊朱國政廢弛不可收拾馴至八王五戰五胡迭起王衍在排牆之

下乃歎曰嗚呼吾儕向若不祖尙元虛戮力中原天下事尙不至此范甯以何晏之罪浮於桀紂蓋確論也梁武帝麤衣蔬食過中不食以水漱口冬月執筆作字手至皸裂有罪不忍加刑對之垂涕摩頂放踵利天下此其人也諸子姪皆人面獸心視君父之危難不惟不救反欲其死以爲身利一門之内自極兵威則禽獸所不爲也豈梁武酷好佛法冤親平等之説有以蠱其心乎日視至親無異於途人以利爲利之時則又途人之不如歟庾子山哀江南賦序所云梁武之末江南之人或盡室投河闔門併命滿目邱墟路無人跡率獸食人不至是也生心害政其禍之烈如此眉山蘇氏言仲尼之

教其徒循循莫不有規矩不敢放言高論言必稱先王可謂善於稱聖人者矣

匡章曰陳仲子豈（婉切）不誠廉士哉居於陵三日不食耳無聞目無見也井上有李螬食實者過半矣匍匐往將食之三咽然後耳有聞目有見

孟子曰（先揚後抑）於齊國之士吾必以仲子為巨擘焉雖然仲子惡能廉充仲子之操則蚓而後可者也（拈出蚓字）

夫蚓（提起蚓字）上食槁壤下飲黃泉仲子所居之室伯夷之所築與抑亦盜跖之所築與所食之粟伯夷之所樹與抑亦盜跖之所樹與是未可知也

曰是何傷哉彼身織屨妻辟纑以易之也

曰仲子齊之世家也兄戴蓋祿萬鍾以兄之祿爲不義之祿而不食也以兄之室爲不義之室而不居也避兄離母處於於陵他日歸則有饋其兄生鵝者已頻顣曰惡用是鶂鶂者爲哉他日其母殺是鵝也與之食之其兄自外至曰是鶂鶂之肉也出而哇之　以母則不食以妻則食之以兄之室則弗居以於陵則居之是尚爲能充其類也乎

繳○充○字○

若仲子者蚓而後充其操者也

○又○引○蚓○字○操○字○結○

不貪爲寶廉字何嘗不佳只是陳仲子之廉以死易名心則可鄙孟子不深言其非但言充其操必蚓而後可見非人之所爲也　人莫大焉無親戚君臣上下乃以正義責之與此章語氣各不相涉　仲子惡能廉句最

重有分辨之謂廉母之食妻之食兄之室於陵之居尚分辨不出矯廉非廉也故曰惡能廉　陳田同祖齊之公族也陳仲子亦有所見不知即以田和弒其君於海上而竊國分其餘潤得世祿爲不義歟抑不知兄戴別有不義之事以得此蓋祿萬鍾歟有激而逃不得不出此以聖賢中正之理衡之非所以自處亦非所以處其母與兄之道也困勉錄引少原余氏之說曰仲子之事以春秋叔肸之事斷之其罪定矣春秋魯宣十七年公弟叔肸卒穀梁傳曰稱弟得弟道也稱字賢也何賢乎爾宣弒而非之也非之則何爲不去兄弟無絕道雖非之而不去與之財則曰我足矣終身不食祿君子以是

爲通恩也取貴乎春秋此說得之王阮亭居易錄云今濟南府茌平縣有陳仲子祠堂每春秋祀　文廟徹饌後取太羹一碗詣祠奠之茌平今東昌府屬　閻百詩四書釋地云齊城有長白山即陳仲子所居唐張說過之有詩云昔聞陳仲子守義辭三公身織妻辟纑樂亦在其中豈無窮賤苦恥與傾巧同長白臨江上繡江於陵入濟東我行弔遺跡感歎石泉空誠不以富亦祗以異亦不專爲伯夷詠矣

八閩文庫

文獻集成
228

福建文獻集成

續編 經部 二八

吴格 主编

海峡出版發行集團
THE STRAITS PUBLISHING & DISTRIBUTING GROUP
福建人民出版社

本册目次

四書翼註論文三十八卷（卷三一至卷三八）

［清］福清張甄陶撰

中國國家圖書館藏清乾隆五十二年刻本

四書翼註論文卷之三十一

孟子 離婁上

孟子曰離婁之明公輸子之巧不以規矩不能成方員師曠之聰不以六律不能正五音堯舜之道不以仁政不能平治天下今有仁心仁聞而民不被其澤不可法於後世者不行先王之道也故曰徒善不足以爲政徒法不能以自行詩云不愆不忘率由舊章遵先王之法而過者未之有也聖人既竭目力焉繼之以規矩準繩以爲方員平直不可勝用也既竭耳力焉繼之以六律正五音不可勝用也既竭心思焉繼之以不忍人之政而仁覆天下矣故曰爲高必因邱陵爲下必因川澤爲政不因先王之道可謂

智乎是以惟仁者宜在高位不仁而在高位是播其惡於衆也上無道揆也下無法守也朝不信道工不信度君子犯義小人犯刑國之所存者幸也故曰城郭不完兵甲不多非國之災也田野不辟貨財不聚非國之害也上無禮下無學賊民興喪無日矣詩曰天之方蹶無然泄泄泄泄猶沓沓也事君無義進退無禮言則非先王之道者猶沓沓也故曰責難於君謂之恭陳善閉邪謂之敬吾君不能謂之賊

通章專爲有仁心仁聞民不被澤者說法重爲政不因先王之道二句戰國之時如魏文侯齊威王燕昭王之資皆可以有爲只爲此周官周禮之法度廢籍已久各

以私意行之得此而遺彼有初而鮮終民終不被其澤故曰徒善不足以爲政無法也規矩六律是法度比例

先王之法何能害已而皆去其籍不仁之君樂於自恣不仁之臣藉以逢君故兩責之通章只言治天下不可無法度借離婁公輸子引到堯舜堯舜之道卽仁政矣又云不以仁政活動說言卽上聖之姿亦須考典立法然後可以平治天下看堯典舜典二篇大經大法井井有條道揆法守豈能舍此而出其外者哉　按漢書律歷志黃鐘爲萬事根本一曰備數（一十百千萬此律歷之源）二曰和聲（宮商角徵羽）三曰審度（分寸尺丈引）四曰嘉量（龠合升斗斛）五曰權衡（銖兩斤鈞石）又云衡以任權稱物輕重其平如砥以見

準之正繩之直左旋見規右旋見矩衡運生規規圜生矩矩方主繩繩直生準準木器注水望繩知地高下謂之水平規者所以規圜器械令得其類矩者所以矩方器械令不失其形準者所以揆平取正繩者上下端直經緯四通規矩相須準繩聯體百工繇焉以定法式　最重三繼字上聖生知觀天知圜察地知方觀坎水知平因巽風知直聽牛鳴窌中而知宮離羣羊而知商雞登木鳴而知角豕負而駭而知徵鳴鳥在樹而知羽純任自然足矣猶必繼之以規矩準繩六律者何也非是則不可大無以放諸四海非是則不可久無以垂萬世是以聖人既竭心思猶必繼之以不忍人之政先王之法其可忽哉叅用周易

正義與管子

六律正五音諸圖

三分損益隔八相生之圖

陳祥道禮書云。五聲起於黃鐘。管九寸。九九之則數八十一。三分去一而下生徵。徵數五十四。徵益一而上生商。商數七十二。商去一而下生羽。羽數四十八。羽三分益一而上生角。角數六十四。以上生下。皆三生二。以下生上。皆三生四。數多者濁。數少者清。聲濁者大。聲清者小。大不踰宮。小不踰羽。長短有度。輕重有權。始於黃鐘。終於仲呂。自黃鐘左旋至姑洗。皆隔八位而下生。自仲呂右轉至應鐘。皆隔八位而上生。

十二律長短之圖

黃鐘九寸
大呂八寸三分
太簇八寸
夾鐘七寸四分
姑洗七寸一分
仲呂六寸五分
蕤賓六寸二分
林鐘六寸
夷則五寸五分
南呂五寸三分
無射四寸八分
應鐘四寸六分

五音本位

宮	商	角	徵	羽
土	金	木	火	水
君	臣	民	事	物
最下最濁	次下次濁	高下清濁之間	次高次清	最高最清

五宮本位以宮商角徵羽君臣民事物爲序尊卑之等黄鐘屬土爲君謂之律本

黄鐘爲律本正五音

黄鐘八寸一分下生徵　林鐘五寸四分上生商　太簇七寸二分下生羽

南呂四寸八分上生角　姑洗六寸四分下生變宮　應鐘四寸二分上生變徵

蕤賓五寸六分七音止此。孟子但言五音。七音本國語伶州鳩之說。以十二律配七音。共爲八十四調。製樂者皆用之。蓋無此二音。則喉間齶齒間舌之音無所取裁。七音即五音。猶周官言六律六同。孟子只言六律也。

十二律旋相爲宮正五音

第一宮 黃鐘爲宮 圖已在前

第二宮 林鐘爲宮 太簇爲徵 南呂爲商 姑洗爲羽 應鐘爲角 蕤賓爲變宮 大呂爲變徵

第三宮 太簇爲宮 南呂爲徵 姑洗爲商 應鐘爲羽 蕤賓爲角 大呂爲變宮 夷則爲變徵

餘十宮皆倣此。其序皆以三分損益隔八相生得之。

樂從人聲生。六律正五音。亦從人聲。始人之歌詩。有喉音宮 齶音商 齒音徵 齶閒喉爲變宮 齒閒舌爲變徵。凡詩之起調。其字不必定是黃鐘。五音之字。皆可起調。即以起調者爲宮。故曰旋相爲宮。此六律正五音之變法。凡音之起。由人心生。宮商角徵羽。高下清濁。即人聲喉舌齒脣清濁之序也古聖人聲爲律而身爲度作樂以宣天地之和其制器審音自有一定不易之節度可以感人心使天下和平非是先去斫竹爲律呂然後以之作樂故通典載伏羲樂名立本神農樂曰下謀未有律呂先有五音矣黃帝之時法制大備故禮曰黃帝正名百物以明民供財爲其咸池之樂分寸節度必較前聖尤精其制爲金石絲竹匏土革木諸器必有一定之制可垂後世惟聲音之妙不可言傳於是傳之律呂以爲成法故孟子曰既竭耳力焉是審音在先也又曰繼之以六律正五音是制律在後所以存樂非所以起樂也猶之春夏秋冬晦朔弦望從來如此黃帝作天干地支

以紀之非由干支乃有晦朔也司馬遷律書亦云微若氣細若息聖人因神以留之即此意若云留其聲之節度以傳無窮也蓋宮音本高過高則不成聲節之至黃鐘之調而止羽聲本低過低又不成聲節之至南呂之調而止推之商角徵無不皆然然後其音之節度有器可考樂聲因之益諧大不過宮細不過羽大者不槬細者不窕故曰律和聲八音克諧無相奪倫此六律正五音之定說也律不止竹有鐘律呂覽云黃帝使伶倫與榮援鑄十二鐘以和五音以施英韶是也有銅律漢書律歷志云自黃鐘而左旋八八為伍其法皆用銅職在大樂太常掌之是也有玉律隋書樂志云黃帝作律以

王爲管是也總是聖人以器留音多爲之制令後世有所考據之意至於審音以知樂仍以耳力爲主猶之治天下必以仁心爲主徒法不能以自行也後儒不知此秘以黃鐘之聲不可得則古樂不可復作苦心竭力於器數之末辨累黍之縱橫窮尺度錢刀圭臬之長短聲管仲呂覽淮南司馬遷班固諸書之同異不知孟子只以律呂與規矩準繩並稱則作樂之本聽樂之妙尙有進於此者矣

責難於君三句似迂矯之語其實說透世情陳兆崙星齋有駢文云至敬不可見吾見之於面諍之日至慢不可聞吾聞之於面諛之日每三復而嘆賞其能言以二

事徵之海剛峰瑞明隆萬時名臣也當嘉靖末直諫忤旨下獄幾死者屢矣世宗以其直緩之一日刑部司獄者海同官也攜酒肴就餉之海留同官共飲啖健於平日同官者曰今日君何歡之甚海曰吾聞刑部舊例每决囚必先以酒肴犒之今欲死爲飽鬼耳同官曰君誤矣聞宮車已晏駕君且夕出此門進用故餞君耳海曰信矣乎曰信矣海失聲長慟吐滿地狼籍觀者皆掩泣尤西堂侗明樂府紀其事末云此日方看臣哭主當年乃擬子罵父蓋海罪無正條比子罵父律絞也此一也三國志載劉子揚爲侍中事魏明帝大見賞異言事能應變持兩端嘗謂中領軍楊暨曰釣者中大魚縱而隨

之須可制而後牽則無不得也人主之威豈直大魚而已吾子誠直臣然計不足採不可不精思也楊曁謝之他日或有問之於帝者曰劉曄不盡忠善伺上意趨而合之陛下試與之言反意而問之若皆相反是與聖意合也復每問皆同則彼之情無所逃矣帝如言驗之果得其情遂發狂以憂死此一事也不獨此也朋友之間亦然王安石當國與異己者多不合司馬文正公遺之書曰今閣下方得志能持是非相諍者皆端人也今日雖不諧後終得其力若惟閣下所言應之如響此奸人也異日必敗閣下家事指呂惠卿也後安石失勢為呂惠卿發其私書僅而得免司馬氏之言可謂奇驗不但

此也責人斯無難異時司馬文正當國盡反安石之政惟免役一事衆論有異同蔡京爲京兆尹迎司馬文正之指即革之五日反命文正大喜揚薦之已而京當國又盡反司馬之爲至欲發其墓賴許將力持不可而止孟子此三言誦之可以知人可以擇友　四書備考所載離婁公輸子典故不可輕用乾隆巳卯科雲南鄉試次題鳶飛戾天用木鳶能飛臨塡榜黜落者二人不可不知

孟子曰規矩方員之至也聖人人倫之至也

欲爲君盡君道欲爲臣盡臣道二者皆法堯舜而已矣（一何承上生下）不以舜之所以事堯事君不敬其君者也不以堯之所以治

民治民賊其民者也

孔子曰道二仁與不仁而已矣

凜凜動人

暴其民甚則身弑國亡不甚則身危國削名之曰幽厲雖

孝子慈孫百世不能改也

詩云殷鑒不遠在夏后之世此之謂也

此章是就上章為政不因先王之道者再切實指點先王即堯舜也道何在堯所以治民舜所以事君載在二典三謨者是也能法之則如制器者受範於規矩可以利用於無窮不法之則暴其民甚桀放於南巢紂衣寶玉自焚不必言矣即不甚者如厲王流於彘共和攝政幽王死於犬戎平王東遷惡謚昭然垂戒千古人亦何

樂不處仁而甘遵此不仁之覆轍哉君臣並舉其實只專重爲人君邊　大意是爲惡死亡而樂不仁失其本心不知所取法者言之人之爲物方不成方圓不成圓或不方圓而自以爲方圓或畧近方圓矣而不能恰得其至當之則皆不受裁於規矩以規矩範圍之則方圓之成形成器莫不在是蓋規矩雖亦萬物中之一物其爲物也上體天而下法地乃方圓之至而莫能外者也人之於人倫也亦然有不能盡人倫者由堯舜步趨之則人倫之方智圓神行權守經各得其分以聖人雖亦宇宙之一人其爲人也凡事無私心而當於理乃人倫之至無以復加者也至只是至當不易所謂止於至善

非高不可攀之謂敬以勑典誠能動物至庸也而至奇存焉和豫積於庭闈橫塞達乎四海至約也而至博者寓焉所以爲至　堯之治民舜之事君有實事可則效如規矩有物在前不是徒法其心而已　殷鑒不遠是託詞以諷厲王當以桀爲鑒孟子引之言後人又當以幽厲爲鑒孝子慈孫四字鄭重言之桀紂無子孫其亡也忽然厲有宣王幽有平桓尙能保守先業幽厲之名蒙垢萬世已無及矣甚言不仁之禍烈也　欲爲君二句語氣須活動說今之爲君者除是不欲盡君道甘心妄作妄爲貽禍家國則已矣若欲爲君而盡君道則堯之外別無可法不可說欲去爲君則笨滯不成說話陳

大士時交有不能及堯舜尚可爲太甲太戊等語各家講章又有重惡謚遺臭者皆支節之談　大旨只是取法乎上四字滅亡之禍重於惡謚無愚智皆知之不足多辨　今史記中有謚法解一卷乃唐臣張守節所上宋時附刊入者周公旦大公望開嗣王業建功於牧野將終葬乃制謚遂敘謚法大行受大名細行受細名行出於已名生於人其惡謚以殺戮無辜曰厲壅遏不通曰幽

孟子曰三代之得天下也以仁其失天下也以不仁國之所以廢興存亡者亦然

一步下一步

天子不仁不保四海諸侯不仁不保社稷卿大夫不仁不

保宗廟士庶人不仁不保四體

今惡死亡而樂不仁是猶惡醉而強酒飫

孟子曰愛人不親反其仁治人不治反其智禮人不答反其敬

行有不得者皆反求諸已其身正而天下歸之

詩云永言配命自求多福

此爲畧知反身修德卽急於成效計功者說法言今之諸侯王苟不思正身修政內綏輯其臣民外招攜柔懷乎友邦鄰國則已若知所務矣則當堅其心彌修者遇小挫而其進益堅尙德者嘗物議而其操彌厲如愛人則人必親常也今反不親則必反其仁或小惠未孚實

意不至也治人則人必治今反不治則必反其智或知之有未明或處之不得當也禮人則人必答今反不答則必反其敬或國內馭臣民之禮不過聲音笑貌無謙牧莊蒞之內心國外修邦交之禮惟以燕饗幣帛無厚往薄來之實惠也篤其所已能勉其所未至如此則自反之至而身正矣人主莫難身正苟身正矣則天下歸之豈但人親人治人答而已哉　永言訓作常思念配命訓作求合天理多福人之所羨其機在自求人之不可不反求諸已也如此

孟子曰人有恒言皆曰天下國家天下之本在國國之本在家家之本在身

此章不重恒言重孟子推廣以畢恒言未盡之解本字是眼目身字是歸宿人之恒言但及其外君子之學必求其本而責實於身

孟子曰為政不難不得罪於巨室巨室之所慕一國慕之一國之所慕天下慕之故沛然德教溢乎四海

結斬截

此章書孟子有微意諸儒都未窺見惟陸稼書先生云春秋之時巨室之權太重戰國巨室之權太輕孟子此言蓋亦鑒於策士之弊思鎮之以巨室歟最得其解蓋自三卿分晉田氏篡齊之後各以巨室尾大不掉恐其厲已策士乘以投其說立談而取卿相諸侯亦以其易於駕馭而信之不知此皆傾危之士朝秦暮楚蘇秦張

儀正與長樂老人一般行徑以入國爲傳舍者也巨室世受國恩豈皆天民盡喪不與國同休戚視吾有以服其心與否耳孟子之意的是如此不然喬木世臣之論是時巨室已寥寥何用反覆言之　當時諸國惟楚尚有世家故云楚雖三户亡秦必楚有巨室故也屈原惓惓死不忘君昭奚恤昭陽屈匄皆世臣項梁世世爲楚將卒以滅秦巨室何負於諸侯若已德之不修惟以剗除巨室爲事魏明帝猜忌宗支以政柄授之孫資劉放致國移司馬氏亦何益哉

孟子曰天下有道小德役大德小賢役大賢天下無道小（一句承上生下）役大弱役強斯二者天也順天者存逆天者亡

（引證）齊景公曰既不能令又不受命是絕物也涕出而女於吳今也小國師大國而恥受命焉是猶弟子而恥受命於先師也（入小大字）

如恥之莫若師文王師文王大國五年小國七年必為政於天下矣（又○粘一恥字）

詩云商之孫子其麗不億上帝既命侯於周服侯服于周天命靡常殷士膚敏祼將于京孔子曰仁不可為衆也夫國君好仁天下無敵（再○引證）

今也欲無敵於天下而不以仁是猶執熱而不以濯也詩云誰能執熱逝不以濯

此章專重小國師大國節激其恥心使之修德以回天

講章有以大小德力兼天子諸侯言者大謬君臣之分同於父子即曹操劉裕不敢云小役大弱役強也通章語氣俱指諸侯　困勉錄引高新鄭拱之語云堯舜之世九官相讓師師濟濟六德為諸侯三德為大夫當時而稱詐力是愚人也故三苗竄防風戮春秋戰國之時齊楚爭長秦霸西戎虎視鴟張弱肉強食此時而不量力是妄人也故江黃滅燕丹亡此言得之　天心無私豈有尚力之世界只為此世界內長民之君並無德可脅則不得不聽其以力相役人定勝天一時亦不能驟制其命久之久之仍歸於有德漢高寬仁大度天下歸心即其事也章大力時文則云此小役大弱役強亦畧

帶德字在蓋秦猶能强本力耕激厲其民使樂於公戰恥於私鬭列國則徒虐其民猶不如秦亦確論也古小國皆役使於大國歲輸幣帛貢賦以事之朝會侵伐徵調惟命是聽左傳宋仲幾云滕薛郳吾役也若諸侯之於天子朝貢分所當然何役之有

孟子曰不仁者可與言哉安其危而利其菑樂其所以亡者不仁而可與言則何亡國敗家之有

有孺子歌曰滄浪之水清兮可以濯我纓滄浪之水濁兮可以濯我足（引證）

孔子曰小子聽之清斯濯纓濁斯濯足矣自取之也（承上）夫人必自侮然後人侮之家必自毀而後人毀之國必自伐而

後人伐之

太甲曰天作孽猶可違自作孽不可活此之謂也 鈌

孟子曰桀紂之失天下也失其民也失其民者失其心也得天下有道得其民斯得天下矣得其民有道得其心斯得民矣得其心有道所欲與之聚之所惡勿施爾也

民之歸仁也猶水之就下獸之走壙也

之閒二喻

故為淵敺魚者獺也為叢敺爵者鸇也為湯武敺民者桀與紂也

今天下之君有好仁者則諸侯皆為之敺矣雖欲無王不可得已

今之欲王者猶七年之病求三年之艾也苟為不畜終身

不得苟不志於仁終身憂辱以陷於死亡
詩云其何能淑載胥及溺此之謂也
今之欲王是乘大願力展大幹濟何以反以久病難醫譬之須看得明白行王道而王此是定理今之欲王所行顚背欲以富國王則虐取於民欲以强兵王則殘民以逞其所欲王適以趣亡若不及早迴頭省刑薄歛發政施仁以求三年之艾其亡可立而待何王之有六國終身不得以併於秦秦又不求三年之艾以定於一之天下十有八年（始皇十六年二世二年）官闕陵墓盡焚燒子孫無遺種孟子道眼旁燭無疆豈直如長桑君扁鵲飲上池之水洞見垣一方人哉

孟子曰自暴者不可與有言也自棄者不可與有爲也言非禮義謂之自暴也吾身不能居仁由義謂之自棄也

仁人之安宅也義人之正路也

曠安宅而弗居舍正路而不由哀哉缺

孟子曰道在邇而求諸遠事在易而求諸難人人親其親長其長而天下平

此章不是說百姓能人人孝弟天下自平戰國之爲亂世皆其君爲之其臣逢長之伏尸流血井山林田野之民爲之也與百姓孝弟何涉此是指王治者欲以其權力平天下論治者欲以其學術平天下却只往遠處難處求之不知只就此現在之百姓能使露其愛親敬長

之良習爲孝子悌弟之行自然太和翔洽民物阜安天下平矣何討不出此乎當日亂離已久非無願治之人只是所由非其道齊宣王但問桓文宋王偃便仗兵力荀卿申不害韓非各自著書欲以刻覈名法之術治天下不知天下所以不平不由謀畫之未當法令之不修皆由此不孝不弟之徒薄於天性厚於勢利以秘策陰謀構鬬列國朝從暮橫兵連禍結若能罷兵息民行井田興學校使人人得遂其愛親敬長之願仰足以事俯足以畜徐行後長在醜不爭一家如此家家效之一國如此他國慕之兵不禁而自止亂不戢而自寧豈非至邇至易者哉大學言平天下只是人人孝弟慈所以人

人能遂其孝弟慈須是人君絜矩此章亦重責成一時
之君臣修政教移風俗不然堯舜之世未必比戸可封
於戰國之時而欲人人親其親長其長談何容易

孟子曰居下位而不獲於上民不可得而治也獲於上有
道不信於友弗獲於上矣信於友有道事親弗悅弗信於
友矣悅親有道反身不誠不悅於親矣誠身有道不明乎
善不誠乎身矣

是故誠者天之道也思誠者人之道也（到極處却提起）（痛快）

至誠而不動者未之有也不誠未有能動者也

此章與中庸俱是直書孔子之言意則各別子思口中
重一豫字歸到擇善固執孟子意重誠字為治人不治

者下一針砭言四境之內不治必須反而求諸已若果能設誠於內而致行之豚魚可感況於人乎　李文貞云中庸之言是爲哀公說不敢正言君須立誠以在下位明之使之自悟納約自牖之說也此章前後俱是爲人君說實心愛民四方從欲以治僕志丕應謂之誠能動物不是說尹伯奇居大夫誠尚未至不能格親悟主也　中庸誠者人之道兼擇執此處思字只是聚精會神掃淸詐念雜念露出天良使誠字發現至誠者由一念一端而推極之使無時無事不誠則體信達順天人交應

孟子曰伯夷辟紂居北海之濱聞文王作興曰盍歸乎來

吾聞西伯善養老者太公辟紂居東海之濱聞文王作興曰盍歸乎來吾聞西伯善養老者

二老者天下之大老也（一句說明）而歸之是天下之父歸之也（一句）天下之父歸之其子焉往（轉）

諸侯有行文王之政者七年之內必爲政於天下矣（結就繳王天下）

此章單說當時諸侯不能養老尊賢以收天下之望徒以兵力迫人欲其歸已遺老失賢捁克在位爲淵敺魚則可矣欲爲政於天下是郤行求前也伯夷太公之老惟孟子可以當之然當時有道德之黄耇實不乏人圯上一老商山四皓伏生申公之徒皆可以爲大老諸侯只樂年少巧猥甘言媚詞者孟子特發此論以警醒之

惜乎終不悟也

孟子曰求也爲季氏宰無能改於其德而賦粟倍他日孔子曰求非我徒也小子鳴鼓而攻之可也

由此觀之君不行仁政而富之皆棄於孔子者也况於爲之强戰爭地以戰殺人盈野爭城以戰殺人盈城此所謂率土地而食人肉罪不容於死

故善戰者服上刑連諸侯者次之辟草萊任土地者次之

厚斂以養禽獸率禽獸以食人所食尚有窮糜爛其民而戰之率土地以食人其食無窮盡此人之罪眞不容於死然無連諸侯者不能速其禍無闢草萊者無以濟其虐其不容於死則一也猶之强盜已行殺人又得財

畧分首從均在不赦當戰國時只此三種人得志孟子亦是渾言註中所指或先或後不必同時勿實指某某姓名　註中李悝盡地力商鞅開阡陌二句本漢書食貨志並舉二人之事故連及之其實商鞅之罪不容于死李悝却有功於當時併有功於後世不可一例詆譏按漢書食貨志云周室既衰暴君污吏慢其經界陵夷至於戰國貴詐力而賤仁義先富强而後禮讓是時李悝爲魏文侯作盡地力之敎以爲地方百里提封九萬頃除山澤邑居三分去一爲田六百萬畝治田勤則畝益三升註升當作斗李安溪云古升斗字畫相近不勤損如之地方百里之增減輒爲粟百八十萬石矣又曰糶大貴傷民太賤傷

農民傷則離散農傷則國貧故甚貴與甚賤其傷一也善爲國者使民無傷而農益勸今一夫挾五口父母妻子之數治田百畝歲畮收一石半爲粟百五十石除十一之稅十五石餘百三十五石食人月一石半五人終歲爲粟九十石餘有四十五石石三十爲錢千三百五十除社閭嘗新春秋之祠用錢三百餘千五十衣人率用錢三百五人終歲用千五百不足四百五十不幸疾病死喪之費及上賦斂又未與此賦斂出兵之費什一廩祿之稅此農夫所以常困是故善平糴者必謹觀歲有上中下收上熟其收自四餘四百石百畝收六百石中熟自三餘三百石下熟自倍餘百石小飢則收百石中飢七十石大飢三十石故大

熟則上糴三而舍一。六百石中糴三百石餘二百五十石中熟糴二。官糴二百石。下熟則糴一。皆昂其價買之使農民不困小飢則發小熟之所斂。中飢則發中熟之所斂。大飢則發大熟之所斂。皆低其價使逐末者不能雖遇飢饉水旱。糴不貴而民不困。行之魏國以富強。及秦孝公用商鞅。壞井田。開阡陌。急耕戰之賞。力耕力戰皆亟賞之雖非古道。猶以務本之故。傾鄰國而雄諸侯。然王制遂滅。僭差無度。庶人之富者累鉅萬。而貧者食糟糠。有國強者兼州域。弱者喪社稷。至於始皇。遂并天下。以上皆漢書原文今以二人之事論之。勤治田。卽上農夫九人之說。當時自有條約。雖不可考。漢武帝時。下詔勸民力農。其時搜粟都尉趙過爲代田法。一晦三甽。歲代處。根深耐風與旱共耕耘下種田器皆有便巧用耦犂牛耕二牛三人之數歲晦常多一斛以上北魏高允最純臣也時多封禁良田亦言臣少也賤所知惟田請言田事方一里爲田三頃七十畝勤之畝益三升方百里損益之率爲粟二百二十二萬斛況天下之廣乎若公私有儲雖遇凶年民不艱厄是後名臣多述其言李悝平糴之法漢宣帝時耿壽昌增損之爲常平倉穀賤則增其價糴之以利農穀貴減價糶之以利末至今民間賴之宋蘇文忠最精於治術者也力言常平之利言歉歲時有千斛之粟在市則一市之價自平一市之價既平四境之民自定行之可以永久無弊此李悝盡地力之說有

功無罪者也至商鞅之開阡陌則不同矣朱子云阡陌占田頗多先王非盡棄之正經界杜侵佔時蓄洩修水旱爲經久計商鞅急目前近利行苟且之政盡開阡陌悉除禁限聽民兼并買賣有田即爲永業以杜煩擾奸欺之弊一時之害雖除先王之良法於此盡矣李悝商鞅功罪各別不可比而同之孟子於齊梁滕皆與言百畝之田是時各國田制皆已非古開阡陌亦非商鞅一人也　草是塲草芻牧之所萊下田也不易之地萊五十畝一易之地田百畝萊一百畝所以休息地力取給蔬菜今皆一例墾耕令之輸稅地力窮而民力亦窮矣藉是以供黷武忿戰之需助惡濟虐莫此爲甚不然地

廣大荒而不治爲士之辱何至與殺人盈野者一律科罪

孟子曰存乎人者莫良於眸子〔一句起〕眸子不能掩其惡〔一句承〕胸中正則眸子瞭焉胸中不正則眸子眊焉聽其言也觀其眸子人焉廋哉〔一句結言可在上〕

視其所以觀其所由察其所安此是相深沉叵測之僞君子不可草草孟子此章只是相輕浮淺露之眞小人立談可決遊說之士目動而言肆異端之說詞窮而氣奪一望即知何乃竟爲所愚而不能辨哉大旨不過如此人之神靜則宅於心動則棲於目自然而然不可爲僞故曰莫良　單重眸子不能掩其惡一句

孟子曰恭者不侮人儉者不奪人侮奪人之君惟恐不順焉惡得為恭儉恭儉豈可以聲音笑貌為哉

接　轉

恭儉是美名雖戰國昏亂之時亦有慕而為之者但內無眞心徒飾以聲音笑貌擁篲以迎說士敝袴以待有功似此之流往往有之孟子以不侮人不奪人黜淸眉目敬賢睦隣稅什一而勿重斂保四境而勿外侵此恭儉之實也行之卽有成效可覩何以僞為

淳于髡曰男女授受不親禮與孟子曰禮也曰嫂溺則援之以手乎曰嫂溺不援是豺狼也男女授受不親禮也嫂溺援之以手者權也

截住

曰今天下溺矣夫子之不援何也

三轉見本意

曰天下溺援之以道嫂溺援之以手子欲手援天下乎（三句結）

援天下是大難事諸葛相之於先主魏徵之於唐太宗可謂見敬信矣猶不能盡用其言若輕身干進以不自貴重爲行權柳子厚之負詬徒失已耳何曾濟得一事孟子不見諸侯正所以援天下也蘇文忠云有千金之璧不之於市而願觀者塞於其門今也不幸立於五都之衢過者不顧執人裾而强觀之則所鬻者可知矣彼有國有民不知存恤吾舍所學以狥之有此救世之法哉

事到窒碍處變而通之使行得去又恰好至當不易此之謂權孔子見諸侯孟子不見諸侯此卽權也公羊傳祭仲出君爲行權大謬於理至程子朱子極力剖

析權字乃有眞面

公孫丑曰君子之不教子何也

孟子曰勢不行也教者必以正（二句聯一句）以正不行繼之以怒繼之以怒則反夷矣夫子教我以正夫子未出於正也則是父子相夷也父子相夷則惡矣

古者易子而教之

父子之間不責善責善則離離則不祥莫大焉

勢不行也不是好口氣文王教周公孔子教伯魚何至勢不行此指其子之不可教者言勢旣不行不如變而通之使不至賊恩傷愛耳

孟子曰事孰爲大事親爲大守孰爲大守身爲大（交互說）不失其

身而能事其親者吾聞之矣失其身而能事其親者吾未之聞也

孰不爲事事親事之本也孰不爲守守身守之本也

曾子養曾皙必有酒肉將徹必請所與問有餘必曰有曾皙死曾元養曾子必有酒肉將徹不請所與問有餘曰亡矣將以復進也此所謂養口體者也若曾子則可謂養志也

事親若曾子者可也

此是以曾子作事親養親之標準曾子戰戰兢兢以守其身可謂得事親之本矣養親又全是一片至誠體貼孝之至也人子舍此他何所學故曰事親若曾子者可

也若單須養親則宜曰養親何以曰事親明與上文三事親緊相照應　身體髮膚受之父母不敢毀傷孝之始也立身行道揚名於後世孝之終也曲禮以事君不忠涖官不敬戰陣無勇皆非孝此即不失其身而能事其親須真義諦曾子每日三省已備之矣至養親則家庭瑣事須如此逐細描摹方繪得養志兩字出　養志守身自兩事曾子只是一人前雙起後單收道理排在面前講章或分或串皆知二五而不知十者也　養志亦不在酒肉一節舉一以例其餘親志未形逆以探之親志既形曲以體之省得老年之人用心此即視於無形聽於無聲之說也曾元亦不是粗俗人憶雲託月之

法須說得得體古有餕餘之禮或子婦餕或甘旨膏滑孺子餕必請者恐親欲另與他人也指現在已食之物問有餘乃庖中未進之物恐親欲以未食之物與人故必曰有以適其志　可也即是贊歎之詞指示人須如此過分不過分程子過爲裁量之說非所重也

孟子曰人不足與適也政不足與閒也惟大人爲能格君心之非君仁莫不仁君義莫不義君正莫不正一正君而國定矣

此是以伊尹周公之所以事君者爲大臣立個楷式言大人之事君能於根本之地先事而預防之使吾君居仁由義自不陷於有過天下並受其福而已無面折廷

譔之名是為大人不是拋却用人行政不論專去攻其邪心請問從何處攻起　太甲三篇無逸豳風兩圖此格君心之實事但他人行之只是陳善納誨出於伊尹周公則謂之格心言平日之德望足以生君心之敬信臨事之誠懇足以得君心之聽從比件件以口舌爭者天懸地隔是謂大人也格不是專作正字乃至誠感格如格於皇天格於文祖精神黙契不言而喻所以為難第一是有德望蘇文忠伊尹論言一介不取千駟弗視素所弗屑足以取信於人諸葛丞相田十五頃桑八百株不別治生以長尺寸庸主不疑隣國咸服亦由於此次則勿近名張安世沉密不洩高允獨對面陳言無不

盡衆中只似不能言亦取信之一法。次則先事轉移。欲不廢太子。但招四皓。欲保全諸將。先封雍齒。次則思患預防。李沆好陳水旱及惡逆不祥之事。使宋真宗惕然不樂。不留意於聲色土木禱祠。明尚書周經不肯進戶部羨餘。恐人主萌侈心。陸賈新書切指秦皇之暴。魏徵直諫每及隋室之弊。此皆格心之實。註中至誠以感動之句。包括多少實事。若曰潛移默奪。昔正德時大臣謀彈劾內閣焦芳。訑訑然曰。我大臣也。知格君心之非而已。此笑柄也。

孟子曰、有不虞之譽。有求全之毀。缺

孟子曰、人之易其言也。無責耳矣。缺

孟子曰人之患在好爲人師缺

樂正子從於子敖之齊

樂正子見孟子孟子曰子亦來見我乎曰先生何爲出此四往反一句斷斷
言也曰子來幾日矣曰昔者曰昔者則我出此言也不亦
宜乎曰舍館未定曰子聞之也舍館定然後求見長者乎簡簽
曰克有罪缺

孟子謂樂正子曰子之從於子敖來徒餔啜也我不意子
學古之道而以餔啜也缺

孟子曰不孝有三無後爲大

舜不告而娶爲無後也君子以爲猶告也

此是有爲之言當時必有不請命於親率意自行引舜

事以藉口故孟子釋之言君子以爲猶告非不告也其實觀型爲汭在克諧烝乂之後瞽瞍方以子連姻天室爲榮歡忭之不旣何用蔽蒙之而不以告此孟子之權詞也

孟子曰仁之實事親是也義之實從兄是也智之實知斯二者弗去是也禮之實節文斯二者是也樂之實樂斯二者樂則生矣生則惡可已也惡可已則不知足之蹈之手之舞之

孟子對時君只言仁義兩字對時人只言孝弟兩字此章合仁義禮智樂總歸併孝弟內爲在上在下統言之爲政認眞孝弟可以移風易俗爲學認眞孝弟可以希

聖希賢不必復無實之言而鶩難行之道也　實字最重碩果不食種之則生此根本之根本凡草木有核實然後有萌芽有萌芽然後有根本有根本則枝葉華萼生焉故曰根本之根本也仁民愛物推恩可以保四海仁之華也其實則孩提知愛始貴貴尊賢因心可宜萬事義之華也其實則少長知敬始人於孝弟上克盡其分無所虧欠堯舜之道由此基之　行此孝弟自然能知明處當卽智之實自然有制度品節卽禮之實因而能歡暢和樂卽樂之實此是良知良能本天而出稱心而行天下之道悉包於此是以君子慎內行之修聖人爲人倫之至也　知不算知知而弗去乃算眞知易貞

固足以幹事是也節文不是太過不及之說孝悌之心無窮不得不止於有限之分孝弟之念甚朴不得不行以委曲之文此禮之實也樂斯二者是行此孝弟和順從容無所勉强便是樂樂則生矣樂字一頓言既以事親從兄爲樂矣則此孝弟之心油油自生時刻流露惡可已是以一念之孝敬暢茂條達爲念念之孝敬許子遜云贍依怙恃觸乎親而孝生而孝之中又復生孝克念天顯觸乎兄而弟生弟之中又復生弟一團天性周流洋溢是無可已足之蹈之二句緊跟孝弟自居不主奧坐不當席行不中道立不中門以至周旋杖履有齊遨之儀出入寢門著婉愉之色與夫徐行後長長者異

席皆自然而然是足之蹈之無非孝弟也請席何向請衽何趾授几以安執爵以酳以至疴癢抑搔無非根心之孝愛扶持先後猶然赤子之嘻啼與夫端拱以迎長者袒割以養老更皆樂此不疲是手之舞之無非此孝弟也人於孝弟能知明而守固以至節之密而樂之深在上德化洽於四海在下豫順積於庭闈則仁育義正之事爲之門內而有餘人可不知所重又知所勉哉

仁義智禮與孝弟是一連事不消說樂却有金石絲竹羽旄干戚之器數節奏孝弟如何是樂之實其實樂莫盛於韶舞非舜之至孝武周之繼述何以得之是孝弟眞樂之實也生則惡可已以下只是孝弟到純熟處自

然神動天隨觸處無非孝弟則不知者不知其所以然而自恰合莊子說庖丁解牛肩之所踦足之所履合乎桑林之舞中乎經首之會即是此意俞寧世先正云參前倚衡時文離却忠信篤敬便是肝虛妄見手舞足蹈時文離却孝弟便是醉後發風說盡脫毋流弊令人失笑

孟子曰天下大悅而將歸己視天下悅而歸己猶草芥也振起一句帶下兩句惟舜爲然不得乎親不可以爲人不順乎親不可以爲子提起一句收分開作兩句舜盡事親之道而瞽瞍厎豫瞽瞍厎豫而天下化瞽瞍厎豫而天下之爲父子者定此之謂大孝又以一句結缺

四書翼註論文卷之三十二

孟子 離婁下

孟子曰舜生於諸馮遷於負夏卒於鳴條東夷之人也文王生於岐周卒於畢郢西夷之人也地之相去也千有餘里世之相後也千有餘歲得志行乎中國若合符節

一句平結

先聖後聖其揆一也

古聖人籍貫何消複述專重得志行乎中國一句言時地大相遠其習周萬物而道濟天下處彼此相同所以者何以聖人之居心只是允執厥中處事只是止於至善彼此無二理安得不同若合符節是言其事之同其

揆一也句言聖人行事之同由其心之以義理揆度事物者無不同也不然則此兩節重複矣王漢階灑叅於先聖後聖推開將全部孟子論列羣聖一一理融神會此說不是堯舜禹湯文武行乎中國仁民愛物其事相同故若合符節伯夷伊尹柳下惠心迹各別所謂東西南北相反不可相無各成其是何符節可合之有　史記云舜冀州人耕於歷山古註在河東據一統志山東濟南府有舜祠又有舜田舜井足証漁於雷澤在今山東濮州作什器於頓丘即陶於河濱亦在濮州就時於負夏鄭康成云在衛地鳴條湯與桀戰之地在今山西解州舜之生卒流寓多在山西河南山東乃中原之地不是東夷對文王西夷互文耳岐山在今陝西鳳翔府岐山之下

有周原因以爲國號故曰岐周畢郢文王墓所在括地志云在雍州萬年縣正西方也　符節有三說一說符節是一物以竹爲之長六寸左右分剖之周官掌節門關用符節又史記漢高祖入關秦王子嬰素車白馬以組係頸封皇帝璽符節降軹道旁註符節如今宮中詔符也即今所謂勘合內府精徵文書之類一說兩物困勉錄引器物叢談云符以竹爲之長短有度用以徵召節出使操持之物亦以竹爲之或以金玉爲之按戰國策信陵君使如姬盜兵符於臥內是孟子時已有符不始於漢書所云漢文九年與郡國守相爲銅虎符竹使符也節即六節之旌節長二尺二寸亦竹爲之飾以羽旄周官道路

用旌節又鄉大夫職以旌節輔令則達之布憲掌憲邦之刑禁執旌節以宣布於四方是也又有以金玉爲之者周官守邦用玉節公羊傳陳乞與公子陽生以玉節而走之此玉節也周官小行人達六節於四方山國用虎節土國用人節澤國用龍節註皆以金爲之此金節也此外都鄙用角注以犀角爲之貨賄用璽節註如今之印章蓋貨賄出納非甚大事但以印章加之縑素之上足以爲驗不必左右合同也此則符節明是兩件一說符節節玉圭也周官掌節之職掌守邦國之節以辨其用以輔王命注珍圭以徵守以恤凶荒牙璋以起軍旅穀圭以和難以聘女琬圭以治德以結好琰圭以易行以除慝此皆大事以玉節彼此符

合爲驗註中所云是也朱子語類又云古人符節多以玉爲之如牙璋以起軍旅云云三説皆通當從註　其揆一也亦有二說一云揆是實字書使宅百揆納於百揆此官名也唐史宰輔謂之端揆刑罰謂之法揆若從此說則當云前後聖雖時地不同其所行之軌轍模範則一也於正文相合於註不合一說揆是虛字詩揆之以日孟子首章上無道揆趙岐古註云上無道術不能揆度天意所在朱子改爲不能以義理揆度事物是也從此說合註意於正文其字費周折當云前聖後聖其揆度事物之心一也方成文理必泥註云度之而其道無不同其字無着落陸稼書先生又謂此說不是當云

以時勢度聖人有遠近先後之不同以道度聖人必無不同是以後學之道度先聖之心正文並無此意安可附會王漢階先輩云一處在聖所以一處在知聖者之能揆孟子只說舜與文王何嘗說自已能揆度舜與文王大不是矣其揆二字粘連讀言先聖後聖相隔已久其所以揆度事物之心莫非大公至正彼此一如故行乎中國一時莫不悅服後世可以率從則一也如此方合正文亦不背註講章家惟恐不得附朱子門下諱郤心字連大學之正心孟子之盡心存心皆不承認朱子安賴此末代徒孫護持初祖哉　此章是言後人當學舜與文王之存心方可揆度事宜不至偏陂乖舛解此

則書理瞭然

子產聽鄭國之政以其乘輿濟人於溱洧

孟子曰惠而不知為政

歲十一月徒杠成十二月輿梁成民未病涉也

君子平其政行辟人可也焉得人人而濟之

故為政者每人而悅之日亦不足矣

此是借箇題目指示政體不是貶駁子產乘輿之濟不過偶然仁心流露如禹下車泣罪想亦只是一次若日與罪人對泣梁武帝之不如矣子產若不修橋梁待人病涉下車以濟之非子產矣脫驂於舊館人於門人之喪未嘗有所脫驂天下無千篇一律印板之聖賢此不

足議子產也孟子言爲政當使遠近莫不周到久暫皆可通行耳目之所不及請謁之所不通皆受其賜此之謂乎若違道以干譽非君子之所尚也不恤民瘼妄自尊重者不得以此藉口

孟子告齊宣王曰君之視臣如手足則臣視君如腹心君之視臣如犬馬則臣視君如國人君之視臣如土芥則臣視君如寇讐

句句開合一節深一節

王曰禮爲舊君有服何如斯可爲服矣

曰諫行言聽膏澤下於民有故而去則君使人導之出疆又先於其所往去三年不反然後收其田里此之謂三有禮焉如此則爲之服矣

今也為臣諫則不行言則不聽膏澤不下於民有故而去則君搏執之又極之於其所往去之日遂收其田里此之謂寇讐寇讐何服之有

潛室陳氏曰此是說報應大都如此若忠臣孝子不當以此自處當知天下無不是底父母　有故而去是以禮進退朱子云樂毅之去燕近之趙岐古註云華元奔晉士會奔秦是也

孟子曰無罪而殺士則大夫可以去無罪而戮民則士可以徙

孟子曰君仁莫不仁君義莫不義

孟子曰非禮之禮非義之義大人弗為

認得察理不精四字便了自以爲禮義不知其非也大人全是知明處當何至如此差之毫釐謬以千里非字界限極難別識若粗淺則人人知之不待大人

孟子曰中也養不中才也養不才故人樂有賢父兄也如中也棄不中才也棄不才則賢不肖之相去其間不能以寸

此是爲父兄賢而子弟不類先則操之已甚後乃計無所施置之不問是棄之也養字正義張南軒先生云寬裕以容之義理以漸之忠信以成之開其明以袪其蔽引之以方使之自喻　涵育如化王之育物歲月有漸薰陶如良工之制器操縱自如此之謂賢父兄也

孟子曰人有不爲也而後可以有爲

人字一頓有不爲知之明也而後可以行之力也一氣直下不爲不仁不義去了此一層障蔽自然能爲仁爲義眼明手快二事相連一兎橫身當古路蒼鷹纔見便生擒後來獵犬無靈性枉向枯椿舊處尋古者此言可作註脚說作養精蓄鋭以退爲進者離題千里

孟子曰言人之不善當如後患何

孟子曰仲尼不爲已甚者

註中本分二字須認眞爲人臣止於敬爲人子止於孝此本分也不是降下一格我則異於是無可無不可此本分也不是差了一針大中至正惟義之歸即本分之

外不加毫末此爲賢智之士知自愛而行事近於矯激者奉孔子爲之圭臬

孟子曰大人者言不必信行不必果惟義所在

大人者精義入神以致用也何嘗不信果都只見有義不見信果二字不是虛誕無實優游不斷自云我惟義所在也　此爲刻舟求劍膠柱鼓瑟一輩人示個標準言事當以義爲歸不要胸中只橫着信果兩字致不合於義非是不必果不必信便算大人也和靖先生說得最好

孟子曰大人者不失其赤子之心者也

此章前儒論辨皆不甚明白此是孟子敎人思誠立誠

勿以後起之私牿亡其最初之天性非是言人只守此呱呱以啼嬉嬉以笑之心便可以爲大人然失去此本來眞面目卽不可以爲大人矣人之初生誕彌厥月五官百骸宛然已具到得湯九尺文王十尺只是此一副官骸非忽加一肢一指也然使廢其乳哺飲膳則此赤子立地餓殺何大人之有赤子之生撲地一聲天命之謂性四端萬善一一完全到得後來希聖希天通權達變只此一付天良非又加一物一理也然使廢其學問思辨則此赤子蠢然一物何大人之有大人之存養只是存養此赤子之心之眞機大人之擴充只是擴充此赤子之心之全量非有加也無所減而已此之謂大人

不失其赤子之心者也二字指點親切言此不失初心不是易事也紛紜異說可以不論　純一無僞四字莫輕看人皆可以爲堯舜只靠此四字一輕看便說不明白矣

孟子曰養生者不足以當大事惟送死可以當大事

養生不是小事但暇豫之時可以從容展布有失不難改圖送死只此一關誤則悔之無及檀弓載子思云喪三日而殯凡附於身者必誠必信勿之有悔焉耳矣三月而葬凡附於棺者必誠必信勿之有悔焉耳矣朱子全書一條王德修親聞和靖先生云親之生也好惡取舍得以言焉及其死也不能言矣此時人子之心即親

之心故惟送死可以當大事說得好

孟子曰君子深造之以道欲其自得之也自得之則居之安居之安則資之深資之深則取之左右逢其原故君子欲其自得之也

此言爲學之方須求眞得深造是立志求遠大知至知終望道未見以道是用工勿凌節日就月將漸進無窮自然到得融會貫通泛應曲當地位否則一知半解得於此而遺於彼立窮之說非自得之方也　人心之全體大用所以具衆理而應萬事者謂之原此原不易逢多識前言往行以畜其德而又勿務於速成勿誘於勢利游之乎仁義之途循循焉不有規矩晝有爲宵有得

瞬有養息有存此其道也惟學遜志務時敏卽此之謂厥修乃來謂之自得自得者此理自然來會於心向見其凌雜今見爲貫通向見其萬殊今知其一本由是心與理相涵知善之可欲不惑於似是之非理與心爲一見仁之可依不紛於外誘之奪則居之安矣夫居之不安則心有存亡理隨之出入忽明忽昧不足以應事也居安矣則根心之理堅固而不搖載理之心淵靜而有本豈不資之深乎窮理之功最忌淺植拔其知之有涯以應事之無涯必無倖矣若既資深而取之無禁自然逢原而用之不竭左宜右有知經知權任事至物來而皆有以應之至賾而不可亂隨時而處其中此則大成

之候德崇業廣莫以加矣自得之妙至於如此所以君子乾乾終日惟以居敬窮理爲事不敢忝一毫躁心浮氣以此之故耳　末句須點淸故字方與上欲其自得有別深造者學必博問必審勿狃於淺近廢於半途以道者條目有程進爲有序勿正勿忘勿助長兩層並重語氣又須一串說中間三則字逐層脫卸資深即溥博淵泉指平時逢原指臨事而時出之也

孟子曰博學而詳說之將以反說約也

上章是言爲學須有個眞得力然後知無不明處無不當此章是言爲學須有個眞見解然後能悅諸心研諸慮精義可以入神多聞闕疑多見闕殆謂之博學審問

愼思明辨謂之詳說得力全在此二字鹵莽滅裂得粗遺精與孤陋寡聞者相去不遠又須講習討論到參伍盡變毫髮不差日積月累此心坎中自能豁然貫通謋然開解得其簡要洞其本原信口拈來一言以蔽此則反說約也不疑則不悟無萬亦無一反說約只在詳說中得來約者精微之極也是當之極也萬理皆可反說約一理亦可反說約吾道一以貫之此萬理之反說約詩三百曰思無邪一理之反說約若曰天下之理吾知其無極而太極而已矣天下之事吾知其止於至善而已矣十室之邑一卷之師久已知之何用博學而詳說乎　博約兩頭對待中間關紐在詳說反說四字古鏗

文字决科緜章繪句莫殫莫窮之事明善所以復初文章通於性道此理本是約但不知其詳則不能融會貫通故必詳細詳審說之使此理之表裏精粗了然於心口之間卓立於耳目之表然後從分得合溯流得源可以反而說之或衆說雜陳一言可該其體要或羣言淆亂單詞可決其是非此之謂反說約非是初則泛涉載籍瀝液漱芳後乃舉要刋繁守一二語以爲宗旨由圓通二十五証入不二法門也　李安溪先正言人必兼通六藝乃能通一藝戚价人時文乃併諸子百家釋道二氏該括之言必一一究極羣言之似是而非與全然不是者乃可以得吾說之真是此是參証過來人語特

淺學人聞之茫然河漢耳　將以二字緊照註中非欲以誇多而鬬靡句

孟子曰以善服人者未有能服人者也以善養人然後能服天下天下不心服而王者未之有也

南軒張氏云先王樂與人為善欲天下皆在吾化育之中如春風被物物被其養無不應者天下自然心服若齊桓會首止定王世子晉文盟踐土率諸侯朝王何嘗不好其心不過欲將此好題目壓服他人耳　此八字乃小國諸侯非百姓

孟子曰言無實不祥不祥之實蔽賢者當之

蕘言自口尤悔隨之豈不是不祥然咎在厥身於國與

民無害也惟有妨賢病國乃不祥之實唐李林甫宋蔡京明溫體仁皆能人也其效可覩矣

徐子曰仲尼亟稱於水曰水哉水哉何取於水也孟子曰原泉混混不舍晝夜盈科而後進放乎四海有本者如是是之取爾苟爲無本七八月之閒雨集溝澮皆盈其涸也可立而待也故聲聞過情君子恥之

此言人當爲有本之學不可有沽名之心名者造物所愛不輕以畀人即名實相符亦須韜晦况無實哉蘇東坡先生云達賢者有後張湯是也張湯宜無後者也無其實而竊其名者無後楊雄是也楊雄宜有後者也蘇

氏家學深於孟子其論似由上蔽賢章連此得來但楊子雲亦不至無實盜名其筆性艱深與東坡之暢達圓鑿方枘因童烏之夭被以竊鉄之名此亦東坡先生之過言也　聲聞過情即是不虞之譽他人惟恐求之不得深以爲喜者君子獨引以爲愧爲此不情之愛何自而來必我有炫鬻沽名之處而後有以致之此可恥也恥之不是逃名須是務實　有本者三字一頓指有實學有實行之人也如是是指原泉如其混混不舍以放四海也　苟爲無本亦指人七八月之間雨集指水無本末一結言人當務本

孟子曰人之所以異於禽獸者幾希庶民去之君子存之

舜明於庶物察於人倫由仁義行非行仁義也
孟子曰禹惡旨酒而好善言
湯執中立賢無方
文王視民如傷望道而未之見
武王不泄邇不忘遠
周公思兼三王以施四事其有不合者仰而思之夜以繼
日幸而得之坐以待旦
孟子曰王者之迹熄而詩亡詩亡然後春秋作
晉之乘楚之檮杌魯之春秋一也
其事則齊桓晉文其文是史孔子曰其義則丘竊取之矣
孟子曰君子之澤五世而斬小人之澤五世而斬

予未得爲孔子徒也予私淑諸人也

自人之所以異於禽獸章起氣脉相接直至此章結束甚大來路却从人何至與禽獸止爭此些子陳大士云幾者危詞也希者少詞也須以人心惟危四句標清眉目作定盤針天地之性人爲貴所以貴處全在此道心惟微四字人物之所以分全在於此若形氣之人心甘食悅色避利趨害與夫一切知覺運動人之所能皆非禽獸之所不能也是人之所以異於禽獸豈不只爭此幾希乎人禽之分隔判如霄壤而其所剖判之界止在毫釐若是乎其可危可懼也無如蚩蚩之氓貿然罔覺或暴棄自甘或困循虛度或稍自振拔中道而廢於天命之性所謂道心

者皆昧沒以雜之牿亡以失之惟此盡人道而立人極之君子能存此一點道心於理欲邪正之界精以擇之於嗜慾攻取之途一以守之性之之君子不敢弛乾惕之功反之之君子彌以勵憂勤之志在上則參贊兩大在下則覺悟後學人之所以參三才持世宙正賴此耳蚩蚩之輩吾何責哉　陋劣講章時文竟有將幾希作實字云存此幾希之統者大謬去之存之二之字註中指性性卽道心也此是古今相傳道統拈出此字行當凌絕頂一覽衆山小何用咬定幾希二字與禽獸爭路舜至孔子皆君子皆有所以存之盛德大業掀揭於天地之間逐件指出皆以憂勤惕厲四字作骨舜生知安

行看此四字不出其實明察行三者皆從兢兢業業中來與禹湯文武周公無異　明於庶物從大處說撫辰齊政封山濬川制禮作樂以至若上下草木鳥獸皆是

察於人倫先在舜自身說察之由之經權常變無纖悉之不盡明人淩敷五批吳鑄時文尾云從君臣懸絕處推原精一相通之昭格從父子遭變處推原至誠無息之孺慕透出察字根原方見存心眞種子甚是仍須說到敬敷五教使天下人皆明於人倫則得之由仁義行二句孟子抬高舜身分之詞舜戒羣臣曰汝無面從退有後言曷嘗不步步檢點哉　惡旨酒是遏人欲好善言是存天理舉一以例其餘　執中繪一敬字立賢

繪一公字　曹憤云以禮制心立中之體以義制事大
中之用仲虺奚仲之後立其賢非以其貴之類伊尹有
莘之農立其賢非以其賤之類總是一片公心搜索
不泄邇牖戶劍帶皆勒箴銘贄御虎賁罔非吉士不忘
遠樹侯建德先及薊祝焦陳燕冀詳謀丞亟親賢樂利
也　武王心思最周到有天下已耄年矣受丹書訪洪
範武成樂記備載其惇信明義偃武修文之事史記又
云武王南望三塗北望嶽鄙顧詹有河伊洛營周居於
洛邑而後去是東都亦武王所建周公成之耳
周監於二代周官儀禮皆周公思力所結撰兼三王施
四事要說得不脫不粘蔡虛齋先生前後二說皆刻舟

求劍之解只重仰思待旦一副精神事迹不可更僕數也朱註於首章云戰兢惕厲至此章又云各舉一事以見憂勤惕厲之意緊相照應李兆恒云禹之憂勤在謹好惡湯之憂勤在去私文王之憂勤在不自滿足武王之憂勤在慎重周詳周公之憂勤在監法前王因時當理反是則爲盤樂怠傲雖號爲君相卽去之之庶民矣孔子集羣聖之成贊易述書刪詩正樂其事甚多獨舉作春秋者以此乃尊周之大事所以扶文武周公之道於未墜監照定天下之邪正爲百王之大法二句不用又牽纏憂勤惕厲四字禮樂征伐自天子出謂之王迹平王東遷政教號令不行於天下諸侯不述職則鹿鳴

以惠下天保以敬上之詩亡矣天子不巡狩則太師所陳以觀民風行人所採以詢國俗之詩亦亡矣詩亡風雅俱亡非指雅詩詩本不亡其用之以昭王迹者亡也諸侯放恣弒逆迭出孔子懼王綱之不振作春秋以昭大法凡變禮易樂立征伐躬篡弒者皆載之使有王者作按籍而稽之修五禮正六樂明五刑伸七征九伐之天討一一可次第舉行故曰王者之迹熄而詩亡詩亡而後春秋作春秋之作所以繼詩繼詩所以存王迹也晉乘楚之檮杌梼出魯之春秋齊桓晉文之事魯史之文梼出義字言春秋未修之前不過列國之史載一時諸侯行事一經修定大義炳如可以扶天綱立人紀也

其義上加孔子曰述孔子所自言言此春秋之作或筆或削皆有義例乃我所竊取非從前魯史徒紀事蹟之比竊取只似云竊有志焉之意不用深求其解　黍離降爲國風而雅亡據何休公羊傳序又降小雅爲黍離齊王德於邦君註中引之其實不然風雅頌詩之三體猶今之排律五七言律五七言截句也各自成體本無升降就風之一體又有周南召南豳風王風皆風也王風是孔子所降三者之風又誰降之況詩本不亡小雅所云褒姒豔妻曰蹙國百里皆東遷以後之詩召南平王之子齊侯之孫又顯然易見國風株林之詩終於陳靈公之五年此後仍有詩猶之西狩獲麟之後魯仍有

春秋也上不採詩下不陳詩謂之詩亡非黍離降爲國風而雅亡李安溪先正有此章文自記言之甚詳本於鄭夾漈六經奧論今酌用其說禮樂征伐自天子出謂之王者之迹朝覲則歌文王大明緜燕饗賦蓼蕭湛露征伐採薇六月彤弓杕杜此詩存也禮樂征伐自諸侯出則諸詩無所用之故曰王者之迹熄而詩亡　春秋只是據事直書有筆錄舊文存之例不必記者刪之無褒貶其義二字包括甚廣本周公之史例杜預之說記列國之事蹟正父子君臣之分著簒弒叛亂之罪有亂臣賊子之心者怵然知戒不敢蹈其前轍人之所以異於禽獸者幾希春秋其界限隄防也若據後儒之說筆舌嘵嘵豈足上承

列聖。左邱失明。厥有國語。國語即左傳之外書。據其言、云申叔時告楚子。使士亹傅太子。教之春秋。使聳善抑惡。司馬侯告晉悼公。羊舌肸習於春秋。是晉楚皆有春秋。按孔頴達云、上之天子。皆名春秋。在本國各從其號。按春秋感精符云、孔子使門弟子子夏等十四人。適周求周史記。得百二十國寶書。九月經立。是列國史書皆上之周。晉乘楚檮杌。本國之名也。韓宣子來聘。見易象春秋。曰周禮盡在魯。吾乃今知周公之德。與周之所以王也。杜預云。春秋備載伯禽以後之事。其史例乃周公所手定。是春秋之作。用周公之舊例。參周室之寶書。據事直書。用垂法戒。公羊老儒。妄生異議。以爲春秋有褒貶年月名字豈足以褒貶人其彼此如一室礙難通則曰春秋之例美惡不嫌同辭贊人罵人都是惡語陷人扶人皆用手推有此理乎　往見常熟嚴鏖隆春秋說言春秋是個刑書專記諸侯之罪過初甚駭然今思其言甚有理魯僖公修泮宮閟宮皆不載作南門新延廄則書爲非時也每歲大祭時祭皆不書不郊免牲不郊猶三望吉禘於莊公乙卯烝已亥嘗則書之譏失禮也四時講武皆不書蒐紅蒐比蒲作三軍則書之爲踰制也他皆倣此惟有齊桓晉文之事舉方伯之職匡輔王室此是正理郯鄭重詳言爲荆楚叛周僭王猾夏也周室專仗桓文厥後晉襄晉悼晉平迭主夏盟皆扶王

室趙鞅竊權晉失其職越勾踐繼伯又號令齊楚秦晉使共尊周見史記周室之不亡桓文之力也後儒不知事體一味詆毀桓文不知無此齊桓晉文之事楚子問鼎秦師超乘周何以自存無此其文則史之事孔子亦無從筆削矣齊桓晉文約言之包一切諸侯之事在內此二節一抑一揚言此未修之春秋不過與晉楚史書一樣耳然却有好處曾爲望國赴告最詳凡齊桓晉文之事炳炳烺烺可觀者皆在其文雖非史佚史籍之比秉禮之邦史官闕文傳信猶有法度可與晉之董狐楚之左史倚相頡頏故孔子因而筆削之如此方接得孔子曰句　春秋之功在詳載亂臣賊子不沒其實蓋春秋

之末已是無父無君世界魯則季孫意如出其君世執國政晉則趙盾弑其君世爲上卿趙鞅與季氏互相交結田恒厚施以傾其君民說而頌之云於乎采芑歸乎田成子楚子圍楚子棄疾相繼篡弑與晉互主夏盟闔廬弑吳王僚夫差方以宗盟之長稱吳王執諸侯牛耳想此特亂臣賊子得志之甚人皆諱而不言孔子修春秋一一書之使其罪狀昭然不可掩一時無君父者覩此見名在諸侯之策百世不能改亦心爲悚然故曰孔子成春秋而亂臣賊子懼由此一懼乃知有父之親有君之尊孟子指此一事上比禹抑洪水周公兼夷狄驅猛獸又述此事上接舜禹湯文武周公有旨哉　君

子之澤舊說皆不可通趙岐古註云大德大凶其氣相延至元孫而後絕伊川程子云善惡之澤從趙說也註中以澤爲流風餘韻凶惡之人安得流風餘韻却不明言何者爲君子小人困勉錄云君子小人皆指有德只以有位無位別之按孔子云君子學道則愛人小人學道則易使君子有勇無義爲亂小人有勇無義爲盜君子之德風小人之德草孟子言君子犯義小人犯刑所謂君子不過卿大夫士小人是農工商賈與無籍之民惟大學言君子有大道不與小人對此章君子存之對庶民去之若以位言之此小人卽庶民也謬矣四書中無以君子指帝王以小人指有道德之師儒者孟子方

推尊孔子自附於私淑反曰予未得爲小人之徒也可乎前說皆不可通大旨是言君子如公卿大夫之世澤琴瑟書策桮棬世祿遺言之類雖甚綿遠不過五世而斬小人力田服賈之世澤如土物心臧之訓田廬樹畜之貽雖甚保愛亦不過五世而斬惟孔子道德之教固將垂萬世之後而無窮而留貽之澤又方在五世之內而未斬予幸生其時雖未得親受業於門而博文約禮之方成德達材之訓嘗聞之於其徒內得以善其心外得以善其身繼往開來吾肯以之自諉哉上四句只是引起之詞如詩之興方於理無礙願與天下士真讀書者商之此亦兼用橫渠張子與唐荊川先生之說註中所引禮記大傳之文

親兄弟期同父一世從兄弟大功同祖二世再從兄弟小功同曾祖三
世三從兄弟緦同高祖四世同高祖同高祖之父四從兄弟爲五世
無正服爲之袒免音問厚祖也同高祖之祖六世親屬竭
不袒免惟合族綴食　袒不是裸露左臂去襲衣掀捲
衣袖示欲助其斂襲之事免白布從頂上前交於額又
向後繞於髻古衣寬大凡執作從事皆須起掀捲割牲
袒射袒皆免左外衣謂之左袒受刑則袒右謂之肉袒

孟子曰可以取可以無取取傷廉可以與可以無與與傷
惠可以死可以無死死傷勇

此章詞氣略帶抑揚言臨財貴廉若介在兩可輕有所
取謂之傷廉人皆知之不知過與亦傷惠過死亦傷勇

揆以精義之學過猶不及均未爲得也戰國習氣孟嘗平原翩翩豪舉荆軻聶政以死許人孟子專指此輩人林氏引孔門三子非也衛輒父子未嘗交戰惟孔悝爲蒯聵所刼此孔氏之家難仲子旣爲孔氏家臣自應赴之欲出孔悝也子羔仕衛未必卽是孔氏家臣儘可不與故孔子聞變曰柴也其來由也其死矣以義揆之非言子羔以怯逃死子路恃勇捐軀也

逢蒙學射於羿盡羿之道思天下惟羿爲愈已於是殺羿孟子曰是亦羿有罪焉公明儀曰宜若無罪焉曰薄乎云爾惡得無罪

鄭人使子濯孺子侵衛衛使庾公之斯追之子濯孺子曰

今日我疾作不可以執弓吾死矣夫問其僕曰追我者誰也其僕曰庾公之斯也曰吾生矣其僕曰庾公之斯衛之善射者也夫子曰吾生何謂也曰庾公之斯學射於尹公之他尹公之他學射於我夫尹公之他端人也其取友必端矣庾公之斯至曰夫子何為不執弓曰今日我疾作不可以執弓曰小人學射於尹公之他尹公之他學射於夫子我不忍以夫子之道反害夫子雖然今日之事君事也我不敢廢抽矢扣輪去其金發乘矢而後反

此章有為而言當時必有負心之輩如歐陽子所云未乾薦禰之墨已彎射羿之弓者故云是亦羿有罪焉嬉笑之談甚於怒罵人之成就後學薦舉人才惟有至公

不言施報亦有預爲已地惟取年少財多以爲異日之計後來落陷穽不引手援者即是此人無有拔寒士薦賢人致衛生相負者不可不知　二事皆見左傳大相逕庭古人無印板書一文字所傳聞異詞只就孟子正文作文不可據左傳故作悵悟之態逢蒙即寒浞事見襄公四年子濯孺子即公孫丁事見襄公十四年

孟子曰西子蒙不潔則人皆掩鼻而過之

雖有惡人齋戒沐浴則可以祀上帝

惟聖罔念作狂惟狂克念作聖特地出相描摹纔說得正意透

孟子曰天下之言性也則故而已矣故者以利爲本所惡

於智者爲其鑿也如智者若禹之行水也則無惡於智矣禹之行水也行其所無事也如智者亦行其所無事則智亦大矣

天之高也星辰之遠也苟求其故千歲之日至可坐而致也

此章首句即云天下之言性也自是爲言性者說法次節却兩提智字程子因云專爲智者而發似乎兩岐須以言性作主蓋當時之言性者自私而用智杞柳湍水無善無不善食色義外好善好暴有象有舜皆所謂鑿也愈鑿愈晦謂之不智孟子言何必如此言性只觀其自然之流露則性之本善可知惻隱之心人皆有之雖

至殘暴必動心於赤子之入井羞惡之心人皆有之雖至飢餓必不屑就於嘑蹴之豆羹此所謂以利爲本也何用以私智穿鑿爲哉天下事皆有自然之迹能順其自然而求其所以然行其所當然斯爲大智禹之治水至難事也禹但順其就下之勢決九川距四海濬畎澮距川則水患可平有事一如無事矣治歷又至難事也司歷者但尋其已然之度由今歲之日至遡往歲之日至又上之推數十百歲之日至天行在子日躔在子金水之隨日者在子既一一不爽矣再上而推之此四千六百十七年上古造歷之元歲年月日時皆在甲子日月五星皆聚星紀之次（斗牛之分又屬建星月令旦建星中指此星在斗宿）所謂

日月如合璧（在斗牛之中）五星如聯珠（在斗牛初）千歲之日至亦可因其自然逆推而得之也既得此歷元矣則有所依據考驗乃下推之履端於始（即今年日至）舉正於中（即每月二節謂之中氣）歸餘於終（即三年一閏五年再閏）七閏爲一章二十七章爲一會三會一千五百三十九年爲一統初統甲子再統甲辰三統甲申三統既週歲月日時復歸於甲子後四千六百十七歲之歷元亦可順其自然推而得之也欽若昊天敬授人時不過順其已然之故以利爲本可坐而致矣言智者又何必以鑿爲哉　郭守敬云（元太史令）治歷之法下推未來必上推已往推已往者長一算以爲消（慮前人疎略）推未來者短一算以爲長（爲後歲差）有尋至上古

歷元冬至在仲冬朔日子時分杪皆齊而後順衍之則歷成矣　草木子云（明人葉子奇所著）七閏爲一章至朔同日但非甲子月二十七章爲會五百一十三歲至朔月皆甲子非甲子日三會爲統一千五百三十九歲至朔月日皆在甲子非甲子時三統爲元四千六百十七歲則至朔同日又均在甲子月甲子日甲子時此即上古之歷元　歷元難考自崇禎癸未上溯帝嚳甲子纔四千二十年尚未及一元之數游藝云（邵武人字傳六最精歷學著有天經或問行於世）伏羲已作歷（見梁武帝通史）時未有干支安知爲甲子至帝嚳四十年始知冬至爲甲子從此上推二千八百少一年冬至則乙酉歲也再上八十一年是甲子年甲子

月日時皆同卽歷元矣開闢之歲荒渺難知漢武帝作太初歷命倪寬司馬遷與治歷者鄧平强算之上距太古四千六百一十七歲至元封七年甲寅之歲甲子朔旦冬至日月在建星日月合璧五星聯珠一如上古是爲歷元後皆因此起算班固天文志言七曜錯綜而行至四千六百一十七歲必會齊范蔚宗後漢書亦同此說然歷元皆不正得甲子歲但月日時同耳顓頊爲歷宗以乙卯歲爲歷元漢武太初歷最精密以丁丑歲爲歷元黄帝用辛卯虞用戊午周用丙寅但逢日月五星合貫卽是歷元必年月日時皆在甲子邵康節先生皇極經世以爲二萬四千年甲子一周乃合上古歷元還

於故歷理或然也
天之高也二句非虛引之詞天之高是言圜則九重孰
營度之一日一周行三百六十五度又進其一孰推步
之星辰之遠是言五星謂之五緯行有遲速又有進退
盈縮伏見十二次爲辰日月所會合朔之宮可攷歲差
之運難推也廹起苟求其故故者推步之成法也禹之
治水鬬龍門鑿伊闕疏九河九山刊旅九川滌源亦不
是無事但有自然之形可以利導即是無事黄帝迎日
推筴亦須定東西立晷儀下刻漏追二十八宿相距以
定晦朔弦望何嘗不繁難但有一定之法可考便是可
坐而致孟子之言性亦云凡有四端於我知皆擴而充

之若火之始然泉之始達非無學問工夫但一因天理之自然便不是自私而用智也　歷法自黃帝迎日推算使羲和占日常儀占月臾區占星大撓作干支隸首作算容成受之作調歷已大備矣唐虞以後益加精密周室東遷實政不修歷法難明尤廢弛即如魯文公十一年至襄二十六年凡七十二年應有二十六閏春秋只有二十四閏左傳云司歷過也再失閏矣又如日食魯定公五年至漢高帝三年二百九十三年以常數推之不下三十多次史書可考者只七次疎慢如此只因師心自用不肯反求其故猶之言性者隨口謾誕不肯就天良發見人人共見者求之則空虛無形可見惟所

言說何所不可故者已然之成迹也井田學校禮樂刑政皆有成迹令一一不稽考只是隨意設施一時亦似可行日久不勝其弊即如造歷隨手積算五日一候三候一氣二氣一月二十四氣一年未嘗不可但於古人三年一閏五年再閏之成法不去考究一章失閏僅差七日再章失閏則孟春之朔乃季冬之望四章失閏則夏月之朔日乃仲春之晦也作訛成易無不乖錯矣古今善治歷者必先推已往傅仁均於唐高祖武德元年戊寅造歷上推至魯僖公五年壬子朔冬至至朔符合然後定算造歷此其証也蓋天道高遠又有運數奇零即三百六十五日又零四分度之一積數十年必須整齊一次整齊之法只

以七閏一章冬至朔月日爲驗如本年乙未十一月朔日甲戌卯時冬至上距乾隆二十一年丙子十一月朔甲辰申時冬至則無差舛由丙子上推乾隆二年丁巳十一月朔日甲子子時冬至乃合今乃在初二日子時落後一日司歷失之也故乾隆十七八年間欽天監會改正重修歷法一次今七政萬年書可攷

公行子有子之喪右師往弔入門有進而與右師言者有就右師之位而與右師言者

孟子不與右師言右師不悅曰諸君子皆與驩言孟子獨不與驩言是簡驩也

寀然

孟子聞之曰禮朝廷不歷位而相與言不踰階而相揖也

○關○鎖○

我欲行禮子敎以我爲簡不亦異乎

袁了凡云有子之喪不是喪子其家有子職之喪卽其父母喪也來赴於王王使有司治其喪紀周官小祝掌王弔卿大夫之喪先巫桃茢喪祝治喪祭祝號卿大夫之喪掌事而飾棺斂卽其事想行列位次皆有儀式故孟子引朝廷之禮者之不惡而嚴令王驩無可發怒最好

孟子曰君子所以異於人者以其存心也君子以仁存心以禮存心

仁者愛人有禮者敬人

愛人者人恒愛之敬人者人恒敬之

（另起）有人於此其待我以横逆則君子必自反也我必不仁也必無禮也此物奚宜至哉其自反而仁矣自反而有禮矣其横逆由是也君子必自反也我必不忠自反而忠矣其横逆由是也君子曰此亦妄人也已矣如此則與禽獸奚擇哉於禽獸又何難焉（又分憂患）是故君子有終身之憂無一朝之患也乃若所憂則有之舜人也我亦人也舜爲法於天下可傳於後世我由未免爲鄉人也是則可憂也憂之如何如舜而已矣（略收即放下）若夫君子所患則亡矣非仁無爲也非禮無行也如有一朝之患則（結）君子不患矣

此章體註云以存心作主淺學者往往認作存心養性之存大謬只是言君子之用心與人不同不肯責人惟知反已故終日皆戰戰兢兢實終身皆坦坦蕩蕩故有終身之憂無一朝之患以仁禮存心對小人說小人不知惻隱君子以仁存心小人不知謙退君子則以禮存心上三節只是過文愛人者二句是言正理道其常有人有妄人也此章爲遭橫逆不自反者言　於禽獸一頓言彼亦人也只以存心不良遂至墮落吾方欲轉移之感化之又何難焉難計較也　天下有妄人有鄉人有聖人三自反不與妄人較則無一朝之患矣猶恐未免爲鄉人也故有終身之憂憂之如何仍是以仁存心

以禮存心無他道也先道其常乃言其變非單側一邊

禹稷當平世三過其門而不入孔子賢之

顏子當亂世居於陋巷一簞食一瓢飲人不堪其憂顏子不改其樂孔子賢之

孟子曰禹稷顏回同道一章

凡八說禹稷顏子已明

禹思天下有溺者由己溺之也稷思天下有飢者由己飢之也是以如是其急也

禹稷顏子易地則皆然

今有同室之人鬬者救之雖被髮纓冠而救之可也

鄉鄰有鬬者被髮纓冠而往救之則惑也雖閉戶可也

此章言聖賢出處事異道同總以合於時中為準馮具

匯參顧云出仕堯舜之主顏子豈不能憂人聞孔子之道禹稷豈不能樂說易地二字甚透徹禹思天下四句只說一邊對面已無剩義任其職則急不任其職則閉戶所謂道也　禹思一節只重兩已字思字不重顏子豈無憫惻無如之何

公都子曰匡章通國皆稱不孝焉夫子與之遊又從而禮貌之敢問何也

孟子曰世俗所謂不孝者五惰其四肢不顧父母之養一不孝也博奕好飲酒不顧父母之養二不孝也好貨財私妻子不顧父母之養三不孝也從耳目之欲以為父母戮四不孝也好勇鬬狠以危父母五不孝也章子有一於是

乎。

夫章子子父責善而不相遇也。

責善朋友之道也。父子責善賊恩之大者。

夫章子豈不欲有夫妻子母之屬哉。為得罪於父不得近。出妻屏子終身不養焉。其設心以為不若是是則罪之大者。是則章子而已矣。

按國策章子之母得罪於父。其父殺而埋之馬棧之下。齊宣王使章子為將。曰先生行矣。反而有功寡人必改葬先生之母。章子以不敢欺死父却之。使其母沉淪幽壤。實亦迂濶。通國喧然謂之不孝。亦非無故。然其心可哀。出妻屏子冀以感動其父。父未命而沒。終身不養以謝其母人倫之痛無可如何此非通國俗流之所知也孟子於此說不得章子是亦說不得他不是只好曰是則章子而已矣詞氣斟酌得極妙　明漳浦鄭漫有異才與黃石齋先生友善漫繼母有狂癡之症其父惑於箕仙之說使漫朝衣南面坐令奴僕執其母杖之欲以宮刑歷邪魘而已溫體仁欲傾石齋購漫之母舅吳宗達愬諸朝鄭此事實愚昧無所逃罪比照誤殺祖父母父母未死減一等聽從父命又減一等城旦髡足矣懷宗剛暴置之極刑石齋三上章救之不得述職自陳又云臣文學不如陳繼儒鄭漫大爲楊嗣昌所揶揄坐是貶江西布政司經歷然嶠陽此事實非匡章比君子一

言以爲不知。不可不愼也。

曾子居武城。有越寇。或曰。寇至盍去諸。曰、無寓人於我室。毀傷其薪木。寇退則曰。修我牆屋。我將反。寇退。曾子反。左右曰。待先生如此其忠且敬也。寇至則先去以爲民望。寇退則反。殆於不可。沈猶行曰。是非汝所知也。昔沈猶有負芻之禍。從先生者七十人。未有與焉。

子思居於衛。有齊寇。或曰。寇至盍去諸。子思曰、如伋去。君誰與守。

孟子曰、曾子子思同道。曾子師也。父兄也。子思臣也。微也。曾子子思易地則皆然。

儲子曰、王使人瞯夫子。果有以異於人乎。孟子曰、何以異

於人哉堯舜與人同耳

堯舜與人同此形同此性只是能踐形盡性耳語氣到此便住不必再添蛇足齊王實敬孟子故使人瞯之謂必有以異於人也孟子之答正與言必稱堯舜同一啓牖之常勿渉夸張口氣

齊人有一妻一妾而處室者其良人出則必饜酒肉而後反其妻問所與飲食者則盡富貴也其妻告其妾曰良人出則必饜酒肉而後反問其與飲食者盡富貴也而未嘗有顯者來吾將瞯良人之所之也蚤起施從良人之所之徧國中無與立談者卒之東郭墦間之祭者乞其餘不足又顧而之他此其爲饜足之道也其妻歸告其妾曰良人

者所仰望而終身也今若此與其妾訕其良人而相泣於中庭而良人未之知也施施從外來驕其妻妾

由君子觀之則人之所以求富貴利達者其妻妾不羞也而不相泣者幾希矣

章惇子厚作相壽日有人作詩投之極其贊諛惇甚得意誇示鄉人鄉人偃然曰也只是海行猶云通套言語謂尚不甚切也其人大不平突然曰若說果然像了是甚模樣滿座爲之哄然孟子此章眞是說得像矣

四書翼註論文卷之三十三

孟子萬章上

萬章問曰舜往于田號泣于旻天何爲其號泣也孟子曰怨慕也

萬章曰父母愛之喜而不忘父母惡之勞而不怨然則舜怨乎曰長息問於公明高曰舜往于田則吾既得聞命矣號泣于旻天于父母則吾不知也公明高曰是非爾所知也夫公明高以孝子之心爲不若是恝我竭力耕田共爲子職而已矣父母之不我愛於我何哉

重轉

又斷所引從容不迫

帝使其子九男二女百官牛羊倉廩備以事舜於畎畝之中天下之士多就之者帝將胥天下而遷之焉爲不順於

父母如窮人無所歸

天下之士悅之人之所欲也而不足以解憂好色人之所
文洗出
欲妻帝之二女而不足以解憂富人之所欲富有天下而
不足以解憂貴人之所欲貴爲天子而不足以解憂人悅
之好色富貴無足以解憂者惟順於父母可以解憂

人少則慕父母知好色則慕少艾有妻子則慕妻子仕則
慕君不得於君則熱中大孝終身慕父母五十而慕者予復
於大舜見之矣○折○歸○去○見○收○拾

戰國全是異端世界士生其間不爲邪說所陷溺亦必
爲俗說所蔽蒙此下數章非所問而問皆俗說所蔽蒙
也孟子不與言俗說之不足信卽就此俗說之中闡發

出一番至性至情使頑石可以點頭所以善於接引人材且可以扶天綱而立人紀所以爲聖人之言舜往於田號泣於旻天父母是益贊於禹之言乃帝舜初年遭家不造之事其實天下無不可感動之人心豈有不可挽回之父母四岳薦舜之詞曰瞽子父頑母嚚象傲克諧以孝諧者和也言舜能以孝和之頑者不頑嚚者不嚚傲者不傲也烝烝乂不格姦言瞽瞍匪惟不頑且知向善舜至孝之效如此故四岳薦之堯以二女降之百官牛羊倉廩備之時瞽瞍與其悍妻傲子已並遊於堯天丕冒太和翔洽之中矣安有不順於父母如窮人無所歸孟子爲俗士破迷始就其說而爲之詞

天下之士悅之節層層遞援如山外青山一重一掩所以啓發爲人子之至性無如世俗之慕僅在少時後則隨物變遷也　大孝終身慕父母此亦一定之理不惟大舜始然禮經言人子之事親非終父母之身終其身也故父母之所愛亦愛之所敬亦敬之至於沒身不衰舜年百有十歲與孝相終始獨言五十而慕者攝政受終之時得伸以天下養之志事居極尊養之隆追往抱罔極之痛悲喜交集正在此時故特言之何義門評劉黃岡前輩文云唐文皇創業之後追念太穆太宗生母之不及見每爲泣下以賢準聖此理相同

萬章問曰詩云娶妻如之何必告父母信斯言也宜莫如

舜舜之不告而娶何也孟子曰告則不得娶男女居室人之大倫也如告則廢人之大倫以懟父母是以不告也萬章曰舜之不告而娶則吾既得聞命矣帝之妻舜而不告何也曰帝亦知告焉則不得妻也

本無此事問之又問彼時人心迷而難曉如此按儷皮行聘通傳媒妁此禮始於伏羲六十四卦即伏羲所作也婚姻之禮自公卿以逮士庶皆男先於女於卦爲漸始納采次問名次納吉次請期而後行親迎合巹之禮故曰漸女歸待男行也至帝王之家則不然人臣不敢求婚於帝室天子自選臣庶中年德容貌可以相配者以女歸之謂之歸妹故曰帝乙歸妹其君之袂不如其

娣之袂良言服御之間取具而已非如臣庶之家幣必誠詞無不腆也歸妹天地之大義妾有天子選賢尚主忽有瞽目之匹夫掀其捍妻跳踉阻止曰吾方欲殺此子爾何敢妻之帝堯亦預知瞽瞍不識君臣之分先廻避以就其事言之可以噴飯孟子不與之正言者戰國不孝不弟之世姑藉此以伸爲人父之尊於風俗有益今日講書者必以癡夢証癡夢則真癡矣

萬章曰父母使舜完廩捐階瞽瞍焚廩使浚井出從而揜之象曰謨蓋都君咸我績牛羊父母倉廩父母干戈朕琴朕弤朕二嫂使治朕棲象往入舜宮舜在牀琴象曰鬱陶思君爾忸怩舜曰惟茲臣庶汝其于予治不識舜不知象

之將殺已與曰奚而不知也象憂亦憂象喜亦喜

曰然則舜僞喜者與曰否昔者有饋生魚於鄭子產子產使校人畜之池校人烹之反命曰始舍之圉圉焉少則洋洋焉攸然而逝子產曰得其所哉得其所哉校人出曰孰謂子產智予既烹而食之曰得其所哉得其所哉故君子承得可欺以其方難罔以非其道彼以愛兄之道來故誠信而喜之奚僞焉

不經　徼僞字

萬章問曰象日以殺舜爲事立爲天子則放之何也

孟子曰封之也或曰放焉

萬章曰舜流共工于幽州放驩兜于崇山殺三苗于三危殛鯀于羽山四罪而天下咸服誅不仁也象至不仁封之

有庳有庳之人奚罪焉仁人固如是乎在他人則誅之在弟則封之曰仁人之於弟也不藏怒焉不宿怨焉親愛之而已矣親之欲其貴也愛之欲其富也封之有庳富貴之也身爲天子弟爲匹夫可謂親愛之乎敢問或曰放者何謂也曰象不得有爲於其國天子使吏治其國而納其貢稅焉故謂之放豈得暴彼民哉雖然欲常常而見之故源源而來不及貢以政接于有庳此之謂也

此二章有實事可攷不可以其漫誕一槩置之據史記帝王世系圖舜禹同出黃帝舜派自少昊至瞽瞍凡七世禹派自昌意至鯀凡四世古者天子有田以處其子孫皆有爵邑鯀爲崇伯則瞽瞍不爲陪隸明矣孔穎達

云左傳云自黃帝至於瞽瞍無違命者是言自敬康蟜牛以下至於瞽瞍皆有爵邑蓋據古世本之說也爵邑何在即虞國也史記索隱云虞國名在河東酈道元水經注亦云幹橋東北有虞城乃堯以二女嬪於虞之地按四岳稱舜曰有鰥在下曰虞舜虞者邑也舜者名也非堯以女妻舜而後封之於虞明矣必瞽瞍承先世之爵邑忽遭盲廢上不能奉祭祀下不能治百官臣庶應傳重於舜瞍之後妻欲殺舜以象代之舜初亦不敢成父之過負罪引慝以冀挽回既而知其不可以已也於是有託而逃以此爵邑諉之於象舜宅蒲坂忽耕於歷山在今濟南相距千里而遥又陶雷澤在今濮州又隔

遠矣又陶河濱作什器於負邱就時於負夏則今河南之衛輝府屢徙其地俾父母無復疑心而象得安享此干戈琴弤之樂瞽瞍與後妻飽於牛羊倉廩之奉此時以舜爲愛子爲孝子皇皇求之而惜其不在側也耕稼陶漁之衆庶亦知舜有克讓之實慕而化之故曰歷山之人皆讓畔雷澤之人皆讓居河濱之器不苦窳有所感也此一層不明白豈有終日號泣即可格頑化傲且既棄親遠遊雜作以食其力孝不孝亦無可見民又何取而歸之　有庳在今永州府零陵縣有有庳亭即封象之處王陽明先生有象祠記言苗民世奉象葺其祠而新之蓋象爲舜所化不肆惡於民故人懷之黃魯直

謫粤西路經道州聞鷓鴣聲書一絕云至人夢出大槐宮萬里蒼梧一掃空終日憂哥行不得鷓鴣應是鼻亭公鬱陶思君殆非戲說書之為論古者發一大噱幽州在今保定府密雲縣有共工城故蹟崇山今澧州湖南之屬邑路史云有驩兜墓三危在玉門關外西域之地即燉煌縣今沙州也其地有三危山三苗戰國策云左洞庭右彭蠡岳州以上衡州以下其地甚大三苗之君作五虐之刑其民弗即工治水不肯從故竄三苗於極邊而撫其民謂之分北三苗如今土司之民善惡可賞罰也三苗之酋長死於三危謂之殺宋太祖云四凶之誅止於貶竄羽山即今江南贛榆縣近海邊下有羽潭即黃

能入羽淵處皆據四書釋地

咸丘蒙問曰語云盛德之士君不得而臣父不得而子舜南面而立堯帥諸侯北面而朝之瞽瞍亦北面而朝之舜見瞽瞍其容有蹙孔子曰於斯時也天下殆哉岌岌乎不識此語誠然乎哉孟子曰否此非君子之言齊東野人之語也堯老而舜攝也堯典曰二十有八載放勳乃徂落百姓如喪考妣三年四海遏密八音孔子曰天無二日民無二王舜既爲天子矣又帥天下諸侯以爲堯三年喪是二天子矣

引語以明事

引經以辨疑

咸丘蒙曰舜之不臣堯則吾既得聞命矣詩云普天之下莫非王土率土之濱莫非王臣而舜既爲天子矣敢問瞽

瞍之非臣如何曰是詩也（釋經所以決疑）非是之謂也勞於王事而不得養父母也曰此莫非王事我獨賢勞也故說詩者不以文害辭不以辭害志以意逆志是爲得之如以辭而已矣雲漢之詩曰（舉證）周餘黎民靡有孑遺信斯言也是周無遺民也

孝子之至（方答大意）莫大乎尊親尊親之至莫大乎以天下養爲天子父尊之至也以天下養養之至也詩云（引詩以明之）永言孝思孝思維則此之謂也

書曰祗載見瞽瞍夔夔齊栗瞽瞍亦允若是爲父不得而子也

既是晉東野人之言自不必復述惟以意逆志此逆字作迎字解春秋魯桓三年公子翬如齊逆女桓八年祭

公來遂逆王后于紀凡逆字皆作迎古人立言意思深遠必以我之意前往迎之探其言中之奧究其言外之徵此讀書之成法按史記言齊宣王喜文學游說之士如騶衍淳于髡之徒凡七十六人皆賜列第為上大夫不治而議論是時齊稷下學士且數千百人時人為之語曰談天衍（騶衍）雕龍奭（騶奭）炙轂髡（淳于髡）又曰天口駢（田駢）荀卿最為老師三為祭酒此輩競倡為新奇異說上誣其主下愚其民俗語不實流為丹青齊地西接魯衛猶有見聞齊東近海道聽塗說訛以傳訛蓋有不可道者矣公羊最多謬說亦齊人也想其風氣如此

萬章曰堯以天下與舜有諸孟子曰否天子不能以天下

與人

然則舜有天下也孰與之曰天與之（再轉）

天與之者諄諄然命之乎（三轉）

曰否天不言以行與事示之而已矣（問肯隨答）

曰以行與事示之者如之何曰天子能薦人於天不能使天與之天下諸侯能薦人於天子不能使天子與之諸侯大夫能薦人於諸侯不能使諸侯與之大夫昔者堯薦舜於天而天受之暴之於民而民受之故曰天不言以行與事示之而已矣（提起）（口谷明第三轉）

曰敢問薦之於天而天受之暴之於民而民受之如何曰使之主祭而百神享之是天受之使之主事而事治百姓

安之是民受之也天與之人與之故曰天子不能以天下與人

舜相堯二十有八載非人之所能為也天也堯崩三年之喪畢舜避堯之子於南河之南天下諸侯朝覲者不之堯之子而之舜訟獄者不之堯之子而之舜謳歌者不謳歌堯之子而謳歌舜故曰天也夫然後之中國踐天子位焉而居堯之宮逼堯之子是篡也非天與也泰誓曰天視自我民視天聽自我民聽此之謂也

又側明第二轉語　應天字　反繳　引書証

各章之問惟此是實事孟子却不曰有之而云天子不能以天下與人反覆辨論歸其事於天所以杜奸雄篡奪之萌邪媢擁戴之漸也聖賢立言不為一時必預為

天下萬世計如此使之主祭即類於上帝禋於六宗望於山川徧於羣神百神享之風雨節陰陽和也主事而事治即納於百揆百揆時敘賓於四門四門穆穆　堯都平陽舜都蒲阪禹都安邑皆冀州今山西　相去各二百里而遙俱在河北南河之南即豫州今河南　陽城即今登封縣在嵩山下箕山之陰亦在嵩山即史記所云上有許由家者越南河以避之所謂越境乃免乎　据四書釋地

萬章問曰人有言至於禹而德衰不傳於賢而傳於子有諸孟子曰否不然也天與賢則與賢天與子則與子昔者舜薦禹於天十有七年舜崩三年之喪畢禹避舜之子於陽城天下之民從之若堯崩之後不從堯之子而從舜也

禹薦益於天七年禹崩三年之喪畢益避禹之子於箕山之陰朝覲訟獄者不之益而之啓曰吾君之子也謳歌者不謳歌益而謳歌啓曰吾君之子也

就君之子又開說

丹朱之不肖舜之子亦不肖舜之相堯禹之相舜也歷年多施澤於民久啓賢能敬承繼禹之道益之相禹也歷年少施澤於民未久舜禹益相去久遠其子之賢不肖皆天也非人之所能爲也莫之爲而爲者天也莫之致而至者命也

分二段 繳上言

二句合前二段

明言天不與益

匹夫而有天下者德必若舜禹而又有天子薦之者故仲尼不有天下

明言天不廢啓

繼世以有天下天之所廢必若桀紂者也故益伊尹周公

不有天下

伊尹相湯以王於天下湯崩太丁未立外丙二年仲壬四年太甲顛覆湯之典刑伊尹放之於桐三年太甲悔過自怨自艾於桐處仁遷義三年以聽伊尹之訓已也復歸于亳

外丙二年註中前說本趙岐古註史記之言程子後說據邵子經世無外丙仲壬年數也其實湯崩壽已百歲此皇甫謐之說安有二孤一方二歲一方四歲之理又以二歲加於四歲之上益不通矣當從趙岐古註

周公之不有天下猶益之於夏伊尹之於殷也只以孔子語結更高

孔子曰唐虞禪夏后殷周繼其義一也

此章若論天下萬世之通義韓昌黎對禹問自是正理彼明云孟子求其說而不得則舉而歸之於天實是信得定孟子此言只是就文分解但天與賢則與賢天與子則與子二句都說得堯舜禹三聖人胸次青天白日堯舜當天地之未平成已之子又不肖不與賢則天下無以安不得不與賢也天也禹當九州既畫六府孔修已之子又可以勝神器之重不與子則天下從此亂不得不與子也亦天也聖人豈有私意於其間哉　據司馬遷五帝本紀軒轅氏代神農之後有天下生二子一曰青陽一曰昌意皆有天下昌意之子曰顓頊青陽之孫曰帝嚳又皆有天下帝嚳傳于摯摯不善崩弟放勳

立是黃帝以後皆繼世也又按唐司馬貞補三皇本紀太皞庖犧之世衰神農氏立神農之後傳八代五百三十年軒轅氏興是庖犧以後亦皆繼世也蓋天生民而立之君必繼世而後可以久安長治天之眷佑繼世所以安民至繼世而若桀紂則咈乎天所以安民之意不得不別有所屬苟非大無道之世盡欲維持而安全之非私一姓以爲民也禹之傳子率由舊章以弭禍亂其心即堯舜之心故曰其義一也　益伊尹周公仲尼意中何嘗有天下二字孟子筆下波瀾不用認眞作時文時自以意消息之

附韓文對禹問

或問堯舜傳賢禹傳子信乎曰然曰然則禹之賢不及堯與舜與曰不然堯舜之傳賢欲天下之得其所也禹之傳子憂後世爭之亂也堯舜之利民也大禹之慮民也深曰然則堯舜何以不慮後世曰舜如堯堯傳之禹如舜舜傳之得其人則傳之者堯舜也無其人慮患而不傳者禹也堯以傳舜爲利後世禹以傳子爲憂後世曰禹之慮則深矣傳之子而不淑則奈何曰傳之人則爭未前定也傳之子則不爭前定也前定雖不當賢猶可以守法不前定而不遇賢則爭且亂天之生大聖也不數生大惡也亦不數傳諸人得大聖然後人莫敢爭傳諸子得大惡然後人受其亂禹之後四百年然後得

桀亦四百年然後得湯與伊尹湯與伊尹不可待而傳也與其傳諸人不得聖人則爭且亂孰若傳諸子雖不得賢猶可守法曰孟子之所謂天與賢則與賢天與子則與子者何也曰孟子之心以聖人不苟私於其子求其故而不得則從而爲之辭

萬章問曰人有言伊尹以割烹要湯有諸

前起下分兩意承

孟子曰否不然伊尹耕於有莘之野而樂堯舜之道焉非其義也非其道也祿之以天下弗顧也繫馬千駟弗視也非其義也非其道也一介不以與人一介不以取諸人

翻轉

湯使人以幣聘之囂囂然曰我何以湯之聘幣爲哉我豈若處畎畝之中由是以樂堯舜之道哉

湯三使往聘之既而幡然改曰〈疊○上○一○句○〉與我處畎畝之中由是以樂堯舜之道吾豈若使是君爲堯舜之君哉吾豈若使是民爲堯舜之民哉吾豈若於吾身親見之哉天之生此民也使先知覺後知使先覺覺後覺也予天民之先覺者也予將以斯道覺斯民也非予覺之而誰也思天下之民匹夫匹婦有不被堯舜之澤者若已推而內之溝中其自任以天下之重如此故就湯而說之以伐夏救民〈一句結湯使人以幣聘〉

吾未聞枉己而正人者也況辱己以正天下者乎聖人之行不同也或遠或近或去或不去歸潔其身而已矣吾聞其以堯舜之道要湯未聞以割烹也〈○堯○舜○之○道○及○要○湯○字○一○齊○繳○〉

伊訓曰天誅造攻自牧宮朕載自亳

戰國之士無行干進不顧廉恥如范睢因王稽以入秦商鞅藉景監以求見比比皆是因而造作無稽之談謂古聖賢皆然此等事無可攷証何從置辨孟子只以理斷之　伊尹自是有莘耕夫夏桀之時不求聞達亦是常事湯幣聘至三得大有爲之君禮意極誠起而應聘亦是常事不特割烹之說誣卽孟子所云五就湯五就桀亦前世傳聞之說不足深信湯云聿求元聖與之戮力敬信之至曷嘗進伊尹於桀五往不疲如此屑屑哉

首節但是虛擬之詞言伊尹方鳳凰翔於千仞羣鳴之腐鼠吞羶啄臭安得而嚇之畎畝中安有天下安有

千駟亦安有一介皆虛擬也東坡先生言伊尹放太甲而不疑太甲受放而不怨其素所不屑者足以取信於人故也意亦如此　堯舜之道若湯則聞而知之伊尹之樂亦必有實據故註中下頌其詩讀其書二句以徵實金仁山云詩如大章咸池大韶之樂章賡歌九歌之歌南風之詩康衢之謠書則二典三謨與凡逸書皆在道字中有全體大用心法治法在內　既是獅子王搏象此全力搏兎亦此全力既是聖人只認得道義淸天下千駟一介總是此道義二字精明强固到底有分別心便不是義精仁熟人物却做不是兩截先是不欲以好爵之縻易其堯舜之樂後則欲以堯舜之樂公之

於君與民總是一副樂堯舜之道心腸達可行於天下而後行之出處之定理也　有夏昏德民墜塗炭此時之民自然是冥頑無知伊尹既應湯聘拯民於水火之中即使之各遂其生各復其性覩會朝之清明教化行於上人倫明於下所謂覺也勿說成一派格物致知迂晦之談不合語氣　先輩有云天生貴者以爲賤者也使安全之天生富者以爲貧者也使周恤之天生賢者以爲愚者也使教導之蓋此林林總總之儔不啻恒河沙數莫非天之赤子天不能自扶持而安全之必置一首出庶物之一人以爲宗子俾之安頓保全此衆赤子又必生一咸有一德之人與宗子共襄其事又必生此聰明才識富貴

福澤稍異於衆之人以共襄此宗子家相之事而後此林林總總如恒河沙數者乃得胥匡以生此天之心也若此人自顧得天稍厚有異於衆即宜惕然有以體天之意否則有負於天之甚亦不可不知　思天下之民以下到底只是說伊尹心事如青天白日毫無障翳泰山喬嶽不可動搖此割烹要湯無稽俗說何足以渣滓大清哉

萬章問曰或謂孔子於衛主癰疽於齊主侍人瘠環有諸乎孟子曰否不然也好事者爲之也

於衛主顔讐由彌子之妻與子路之妻兄弟也彌子謂子路曰孔子主我衛卿可得也子路以告孔子曰有命孔子

進以禮退以義得之不得曰有命而主癰疽與侍人瘠環是無義無命也

一折命字

孔子不悅於魯衛遭宋桓司馬將要而殺之微服而過宋是時孔子當阨主司城貞子為陳侯周臣

吾聞觀近臣以其所為主觀遠臣以其所主若孔子主癰疽與侍人瘠環何以為孔子

孔子之事世近易知故詳言之孔子在衛前後八年所主匪一獨指顏讐由司城貞子者一則有姻婭之緣有他途可進一則當患難之際難擇木而棲尚必擇其人之賢者而主之則平日可知矣　子路於南子之見公山弗擾佛肸之召皆不悅獨為彌子傳道此言百鍊鋼

忽作繞指柔亦咄咄怪事蓋彌子本是卿大夫見嬖衛靈暱昧之事其實有列於朝非醫閹之比意在趨承夫子欲使得行其道故子路爲傳達此言聖人進退即是禮義非謚定禮義方爲進退也何待言命只因平常之人非命不足以喻之既淡其攀附之心且免拒絶之峻所謂不惡而嚴也司城宋官何以爲陳臣蓋先曾仕宋爲司城夫子知其賢後此人於宋不合往陳爲陳侯周臣夫子微服倉卒之際往依之貞子陳人所謚凡左傳所載謚法皆追記之詞於平采邑爲歸乎田成子是也考之史記家語夫子無臣陳之事只流寓之時依司城貞子耳

萬章問曰或曰百里奚自鬻於秦養牲者五羊之皮食牛以要秦穆公信乎孟子曰否不然好事者爲之也

百里奚虞人也晉人以垂棘之璧與屈產之乘假道於虞以伐虢宮之奇諫百里奚不諫

知虞公之不可諫而去之秦年已七十矣曾不知以食牛

反覆攻擊憑虛立論若捕蛇龍而博虎豹

干秦穆公之爲汙也可謂智乎不可諫而不諫可謂不智乎知虞公之將亡而先去之不可謂不智也時舉於秦知穆公之可與有行也而相之可謂不智乎相秦而顯其君

先提賢字折到本位

於天下可傳於後世不賢而能之乎自鬻以成其君鄉黨自好者不爲而謂賢者爲之乎

百里奚秦之賢臣亦秦之勞臣趙良稱其勞不坐乘暑

不張蓋行於國中不從車乘其人蓋節儉之極國人謂之五羖大夫言只以五羖羊之皮合縫一裘如詩所稱羔羊之皮素絲五紽者耳然當晉獻謀虞之時只料到宮之奇不料及百里奚以暮齒而厠下僚朝不坐燕不與本無百里奚開口處只是知虞之將亡而先去之便是潔身之智爲人食牛事或有之流離顛沛匪所不爲非以是干秦穆公也秦穆自有知人之明舉之牛口之下加之百姓之上三置晉君惠懷文一救荆禍巴人致貢八戎來服死之日秦國男女流涕童子不歌謠舂者不相可謂古之遺愛矣此事距孟子殆三百年無可辨証只以賢智二字反覆辨論言使奚非智非賢則可其智

且賢彰彰如此。肯自鬻以成其君。出鄉黨自好者之下哉。宮之奇諫自是忠。卻藏不智二字。百里奚不諫不是不忠。暗中藏一智字。荀息云。玩好在耳目之前。禍患在數年以後。此惟中智以上乃能知之。臣料虞君中智以下也。然則虞公之不可諫。奚已籌之熟矣。而去之秦避難全身耳。媵秦走宛。荒唐之說。

四書翼註論文卷之三十四

孟子 萬章下

孟子曰伯夷目不視惡色耳不聽惡聲非其君不事非其民不使治則進亂則退橫政之所出橫民之所止不忍居也思與鄉人處如以朝衣朝冠坐於塗炭也當紂之時居北海之濱以待天下之淸也故聞伯夷之風者頑夫廉懦夫有立志

此章之敘三聖與他章不同全是贊詞以襯出孔子聖知兼至其聖處又由智處不同以自表其平日高山景行之思大學明德新民必止於至善是終條理也却不說格物致知云云先說知止而後有定卽始條理也孟

子得洙泗嫡傳此章字字黙符心印伯夷節全說他品格高超不與塵凡爲伍其流風被於後世頑者亦有分辨懦弱者亦有操守伯夷只是惡紂孟子明云居北海之濱以待天下之清則會朝清明伯夷不及見也王介甫言伯夷無叩馬不食周粟之事司馬遷輕信傳訛此言定復不錯

伊尹曰何事非君何使非民治亦進亂亦進曰天之生斯民也使先知覺後知使先覺覺後覺予天民之先覺者也予將以此道覺此民也思天下之民匹夫匹婦有不與被堯舜之澤者若己推而內之溝中其自任以天下之重也

伊尹曰三字是孟子代字訣寫伊尹意中所欲語言堯

舜之道在我所事即堯舜之君所使即堯舜之民非言
桀亦是君湯亦是君治亦進與之持盈保泰不以已治
而苟安亂亦進與之撥亂振迷不以昏墊而縮手下曰
字方是伊尹平日之言伊尹功業被於天下故不言風
柳下惠不羞汙君不辭小官進不隱賢必以其道遺佚而
不怨阨窮而不憫與鄉人處由由然不忍去也爾爲爾我
爲我雖袒裼裸裎於我側爾焉能浼我哉故聞柳下惠之
風者鄙夫寬薄夫敦

柳下惠只是寫他量大如河海不擇細流故鄙夫無量
者聞之亦化爲寬容薄夫無情者聞之亦化爲敦厚

孔子之去齊接淅而行去魯曰遲遲吾行也去父母國之

道也可以速而速可以久而久可以處而處可以仕而仕孔子也

三聖皆極力鋪揚孔子却只是輕描淡寫蓋乾坤之容日月之光本難繪畫與一二事以肖之足矣四可以含智字四而字含聖字廓然大公物來順應神動天隨義精仁熟此則吾孔子也另找一句極其鄭重與三聖不同歸震川時文云大行固所甚欲窮約亦將終身忠愛固爲有餘明決亦非不足亦寫得時字身分出

孟子曰伯夷聖之清者也伊尹聖之任者也柳下惠聖之和者也孔子聖之時者也

此節是孔子盛贊三聖歸重孔子言伯夷品高天下伊

尹道濟天下柳下惠量蓋天下率性而行造於不思而得不勉而中之妙所謂聖也惟孔子則與天合德隨時處中用則行而舍則藏神無方而易無體如一元之氣運爲四時聖之至蔑以加矣

孔子之謂集大成集大成也者金聲而玉振之也金聲也者始條理也玉振之也者終條理也始條理者智之事也終條理者聖之事也

罕譬而喻

智譬則巧也聖譬則力也由射於百步之外也其至爾力也其中非爾力也

此兩節先譬之樂激贊聖德之盛後譬之射窮其所以致此之由言之不足又長言之所謂中心悅而誠服也

孔子之謂集大成繄從時字脫卻言孔子時中之聖與羣聖不同祖述憲章帝王居其分孔子處其合上律下襲天地兩以化孔子一以神其集羣聖之長而爲一至聖也不猶樂之集衆小成而爲一大成乎蓋樂有八音五聲十二律以爲歌舞之節其器數聲容雖一而節奏不同彼夫小成之奏如升歌三終間樂三終合樂三終一音自爲終始燕饗鄉射之樂不過柷以起樂敔以止樂自爲起訖而已若奏之郊壇宗廟六變而天神降八變而地祇格九變而人鬼享此集大成也則作不遽作必以鎛鐘之金以聲之金聲鏗鏗以立號由是而衆樂器鏘然以鳴堂上則依永堂下則克諧而樂中翕如純

如皦如繹如之條理無不由之以始矣其終不遽終必擊特磬而玉以振之蓋玉聲磬聲以立辨由是而衆樂紬然以止五色成文而不亂八風從律而不姦而樂中始作從之以成之條理無不於此而終矣今以孔子時中之德擬之金聲之始條理於八音之繁會無不條分而縷析非即孔子博學好古析衆理於毫釐之事乎九成之損益無不兼綜而條貫非即孔子知命知天備萬理於一貫之事乎玉振之終條理隨衆響之洪纖高下莫不包舉而靡遺非即孔子渾然無欲泛應曲當之事乎舉衆音之清濁疾徐莫不著往而飭歸非即孔子粹然至善範圍靡遺之事乎彼三子之聖正猶樂之一小

成以雅以南自爲條貫何足以擬孔子大成之盛哉夫孔子之聖所謂固天縱之將聖可知而不可言者也吾今必欲強言之則智之事立於聖之先先定其規模而後知所從事譬則藝事之巧器數之精微拙者莫能喻而巧者喻之而時中之巧則又能於巧中洞悉其奧蘊曲折以盡規矩之神明非僅如人之所謂巧也聖之事從乎智之後能肩乎重遠而後可以成能譬則藝事之力神聖之極功弱者莫能赴有力者赴之而時中之力則又能於力中一本其從容整暇以任節度之自然非僅如人之所謂力也譬猶之射者立於百步之外挽強命中發必破的則其力爲之至若神而明之終日射侯

而不出正四矢相連惟在此正鵠之中則出於省括之精赴的之審其巧處與人不同非但以力而已孔子之聖首出庶物旁燭無疆自天而定之矣惟其精義入神巧不可階故能知之至行之盡以至先天而天弗違後天而奉天時之妙吾雖不能至心切向往之其他弗與易矣　全章精神注在智字即中庸言至聖仁義禮智之德先之以聰明睿知足以有臨非此生知之質俯視一切則人可以攀附而至何以爲萬世師哉孟子可謂精於知聖善於言聖矣孔子之謂集大成句可以說樂智譬則巧二句不可即說射以由字即猶字先只虛譬後乃指實一開口即說出未免犯下楊江陰徐利民諸

先正文皆如此　此章無疑義但不可說三子分量低須抬得三子到聖處乃見孔子爲聖格至聖願學之意益鄭重貢切與君子不由章語同神氣不同

北宮錡問曰周室班爵祿也如之何

北宮錡之問大有意義不比萬章累牘問難如磨甎作鏡處處糊塗關鍵在周室二字周室分封之時只有秦伯楚子北燕伯齊侯魯侯耳今七國各自爲王又齊稱東帝秦稱西帝已而自去之其臣如春申平原信陵孟嘗皆號爲君穰侯應侯皆稱侯僭妄極矣慨然問周室班爵如武成所云列爵惟五分土惟三班祿如周官司士所掌以德詔爵以祿詔功以能詔事以久奠食其制

若何○

孟子曰、其詳不可得聞也○諸侯惡其害己也○而皆去其籍○然而軻○也嘗聞其畧也○

孟子所答○只是畧字○然正惟其略也○故確不可易○欲考古制○即以孟子之言爲據○周禮雖周公所作○書實未成○正如今國史○領銜皆上相○其實合衆手爲之○王制乃漢儒轉因孟子之言○附會其說○明堂位○公羊傳○皆夸誕之詞○不足憑也○何以言之○按杜佑通典○言黃帝會諸侯於塗山○執玉帛者萬國○逮及商湯○僅存三千○周武王克商○諸侯來朝○會助祭有千七百七十三國○至春秋之世○見於經傳僅一百六十五國○蠻夷戎狄皆在其中○今按地

彤周之所謂中國不過今直隸陜西山西山東河南之地吳楚即謂之荆蠻徐州即爲戎狄此五六省之地不過二萬里無論三千國即一千七百國亦每國不過百里七十里五十里再多則無所容之譬如一棋局此方方整整三十六行只能容黑白棋子如銅錢大者三百六十枚若棋子大至徑寸則無安放處若棋子每奩三四百枚更無安放處無知愚皆知之封建之說惟孟子之言可信他書皆以臆爲之詞

天子一位公一位侯一位伯一位子男同一位凡五等也

君一位卿一位大夫一位上士一位中士一位下士一位凡六等

爵定自天始於天子祿出自民起於農夫先王大公無我之心非孟子不能言之天生民而立之君承以大夫師長不惟逸豫惟以治民爵班自天子其實天子即爵也天佑下民作之君四海會同其惟王位在德元萬邦承式此一位也以貴治賤以賢治不肖統臨天下者也然一人不能獨理則分寄之公侯伯子男此班之天下者王畿天子爲之君分封於外則公侯伯子男皆君也君出令必有臣受君之令而致之民然後治化成焉則卿大夫上中下士各爲一位此班之國中者　公爵最尊王之王公不過八命其卿六命出封加一等爲七命惟上公九命其國家宮室車旗衣服禮儀皆以九爲節桓

圭九寸○冕服九章○建常九斿○樊纓九就○貳車九乘○介九人○禮九牢○分封之始○杞宋稱公○謂之二賓○尊先代也○虞太王之昭○虢王季之穆○崇尊屬也○此外○即周公太公皆封侯○侯七命○其國家宮室車旗服物○以七為節○伯之命同於侯○子男五命○以五為節○攷春秋傳○伯子之國至多○男惟許男○太岳之後○姜姓○宿男○太皡之後○風姓○此外無可攷○許遷於楚○宿遷於宋○

君一位以下每句○皆分王畿侯國兩項○王畿有三公○班爵自卿始○三公三孤皆兼官○官不必備○綜天下事○自冢宰始○謂之六卿○六卿之下○有中大夫○即少宰至少司空也○次為下大夫○天官之宰夫○大府是也○膳夫為上士○內府外府為中士○甸師為下士○他官倣

此侯國大國三卿次國二卿小國一卿無中大夫其大夫皆下大夫諸侯之卿司徒司馬司空無宗伯非天子不議禮避尊也下大夫五人有小宰小司徒小司馬小司寇小司空天子之上士三命中士再命下士一命諸侯公侯伯之上士一命子男之士不命

趙德孟子疏公者無私侯者斥堠於外以安民伯者足以長人子者足以養人男任也足以安人出命足以正衆者君知進退其道上達者卿知足以帥人者大夫才足以事人爲士皆本白虎通　蔡氏蒙引或問方伯在何列曰公列三公率諸侯於內方伯率諸侯於外春秋書齊侯晉侯在宋之上以方伯也

天子之制地方千里公侯皆方百里伯七十里子男五十里凡四等不能五十里不達於天子附於諸侯曰附庸

天子之地方千里方字一頓謂整整方方一千里可以耕種出貢賦者山林川澤城郭溝池不與焉積之爲方百里者百九百萬夫之地百倍於諸侯之國然後可以爲都鄙撫天下卿大夫士釆地有所容公侯皆方百里伯七十里子男五十里皆以其田言之以開方計公侯之地積千里伯之地積四百九十里子男之地積二百五十里其不能五十里者賦稅有限不能從朝覲會同之役但附所近之大國以姓名通於天子曰附庸周官民功曰庸蓋諸侯述職必自陳其治民之事此附之也

春秋傳公及邾儀父盟於蔑儀父字也註疏中國附庸例稱字（即本條）夷狄附庸例稱名又云附庸凡四等方三十里者稱字二十里者稱名十五里者稱人稱氏氏不若人（如春秋傳荚氏甲氏）人不若名（牟人葛人）名不若字（介葛盧來黎來）以字稱即邾儀父及蕭叔朝公是也尚書傳五玉三帛註諸侯之世子執元帛大國之孤卿執纁帛附庸執黃帛其儀優於孤卿次於諸侯之世子此班祿之制（顓臾魯附庸蕭宋附庸郳亦宋附庸萊齊附庸）

天子之卿受地視侯大夫受地視伯元士受地視子男

困勉錄云天子之卿受地視侯以田論侯之祿爲田三萬二千畝卿如之伯之田二萬四千畝大夫如之子男

之田一萬六千畝元士如之據此則中士下士視附庸亦可例推　王制云天子之縣內諸侯祿也外諸侯嗣也言畿內之卿大夫任職則給祿有故則撤之以與現居其職之人非如外諸侯世世相傳者按周畿內亦有世世相傳者以周畿內亦有世爵周公周公長子封於魯次子封畿內世世爲周公周公黑肩是也召伯毛伯凡伯單子劉子蘇子蘇忿生之後無侯與男周初諸侯有功者入相王室召太保芮伯彤伯畢公毛公皆外諸侯也呂伋亦以齊侯入領虎賁氏後如衛武公鄭武公亦爲卿士後鄭伯虢公爭政遂無外藩入輔之事惟周召劉單世掌王畿之政左傳可攷

天子之元士三命受地視五命之子男王人雖微位在

諸侯之上優之也春秋之書法亦如此周官載師以士田任近郊之地注此士視子男者以祿薄以最近者給之注二百里內以家邑之田任稍地注二十五里此大夫視伯者在三百里內以小都之田任縣地注此五十里卿之采地在四百里內以大都之田任疆地注三公之采地百里在五百里內大抵外諸臣崇其爵命以鎮撫人民仍限其祿以示節制內諸臣減其命數以避至尊仍厚其祿入以養廉潔

大國地方百里君十卿祿卿祿四大夫大夫倍上士上士倍中士中士倍下士下士與庶人在官者同祿祿足以代其耕也

次國地方七十里。君十卿祿。卿祿三大夫。大夫倍上士。上士倍中士。中士倍下士。下士與庶人在官者同祿。祿足以代其耕也。

小國地方五十里。君十卿祿。卿祿二大夫。大夫倍上士。上士倍中士。中士倍下士。下士與庶人在官者同祿。祿足以代其耕也。

詹道傳云。君十卿祿。只是供服御飲膳之私費。大國之田當九百萬畝。除三分之一爲山林川澤溝涂邑居。尚有六百萬畝。又除去每井以二十畝爲民廬舍之外。尚應有公田五十三萬畝有零。君田三萬二千畝。三卿九千六百畝。五大夫四千畝。上士九八三千六百畝。中士九人一千八百畝下士九人九百畝只賦公田五萬一千九百畝尙餘公田之入四十八萬一千四百畝有零足供國家制度賓客喪祭凶荒賑恤之用庶人在官之祿亦在其中　李安溪先生云大國三卿皆命於天子其祿皆三大夫次國三卿二卿命於天子其祿三大夫一卿命於其君者祿與大夫同小國三卿一卿命於天子祿三大夫二卿命於其君祿與大夫同據左傳次國之上卿位當大國之中卿中當其下下當其上大夫小國之上卿位當大國之下卿中當其上大夫下當其下大夫凡秩節當大國之大夫者皆非命卿也與大夫職既相當祿亦相等矣甚有理附祿之何屺瞻又爲推波

助斠增大國之君祿至九萬六千畝三倍朱註之數既無經傳確據又非先王制節謹度不敢縱逸之道阿其所好徒詞費耳　趙氏德曰由卿而上三等之國異由大夫以下三等之國同蓋卿之祿厚不從殺則國不足以供大夫以下其祿薄薄而遞減之則不足於用耕者之所獲一夫百畝百畝之糞上農夫食九人上次食八人中食七人中次食六人下食五人庶人在官者其祿以是爲差

周官三農生九穀其說不同鄭司農云山農澤農平地之農鄭康成云不易一易再易也惟孟子直以勤惰分爲三等最是直截蓋土性原有肥磽不同人居其地則

耕其地安得盡擇其肥者惟不惜力不惜費則所收自倍此理顯然地力久亦竭惟加之以糞則不竭王廣心云糞有出於卉物者月令所云燒薙行水利以殺草可以糞田疇美土疆是也糞有出於獸物者地官稻人土化之灋騂剛用牛墳壤用麋渴澤用鹿鹹潟用貆註謂以其獸之骨汁注其種助其生氣可以變易地氣按今之農民亦然即以其骨燒灰漬其田則地力厚所收穫多於他田呂覽云鹵莽而耕之亦鹵莽而報之滅裂而耕之亦滅裂而報之愛費而又惜力僅堪得半而已

庶人在官者其祿以是爲差朱註但言受祿不同未有指實講章皆以勞逸繁簡爲差非也按周官府史胥徒

其人本多寡不同出身亦不同天官冢宰職府六人史十二人胥十二人徒一百二十人鄭康成註云府治藏如今庫吏史掌書如今掌稿書吏皆官長所自辟除胥讀如諝謂有才智為什長者按此即今之差頭徒即今之小差也此庶民給徭役者府史少胥徒多徒又十倍於胥賈公彥周禮疏云下士之祿比於上農不復降等在官之人府食八人史食七人胥食六人徒食五人以任事之人多寡為增減甚得立法之意若以繁簡為說事簡則宜少其人安有與繁者同役而令終歲不足供數口之食者若以勞逸為說益非矣均此聽役之人指之曰某也勤多子之食某也惰少予之食以一時之力偶為之可也著為法則高下其

手誰肯從之不勝其窒碍矣　黃東發日鈔云制祿必本於上農夫見等而上之皆代耕也顧寧人云天生民而立之君知天子一位之義則不敢肆於民以自尊知祿以代耕之義則不敢厚取諸民以自奉蓋天生民而爲五穀以食之桑麻以衣之六畜以養之意只在一夫百畝惟其無君子莫治野人則不得不有治之者所治愈大則事愈勞愈難其食宜愈厚惟天子體天育物玉食萬方而不爲過自諸侯公卿以下皆代耕也范文正公嘗言吾每日入必計一日之作爲可以償一日之俸而後即安嗚呼此所以君子人歟唐太宗貞觀二年以蕭瑀之言欲復封建李百藥著論駁之曰臣聞自古帝

王君臨宇內莫不受命上元飛名帝籙締搆遇興王之運殷憂屬啓聖之期雖魏武攜眷之資漢高徒役之賤非止意有覬覦推之不能去也若其訟獄不歸菁華已竭雖帝堯之光被四表大舜之上齊七政非止情存揖讓守之亦不可固焉以放勛重華之德尚不能克昌厥後是知祚之長短必在天時政或盛衰有關人事宗周卜世三十卜年七百雖淪胥之道斯強而文武之器猶在斯則龜鼎運祚已懸之於杳冥也至使南征不近東遷避逼陵夷之甚封建爲之暴秦運距閏餘數鍾百六受命之主德異禹湯繼世之君才非啓誦借使李斯王琯之輩咸開四履將閭子嬰之徒俱啓千乘豈能逆帝

王之勃興抗龍顏之祚命者也然而著述之家多守當轍莫不忘情今古理蔽澆淳欲以百王之季行三代之法天下五服之内盡封諸侯王畿千里之間俱爲采地是則以結繩之化行虞夏之朝用象刑之典理劉曹之末鍥船求劍未見其可膠柱成文彌多所惑徒知問鼎請隧有懼霸王之師白馬素車無復藩籬之援不悟望夷之釁未甚羿浞之災復思高貴之殃寧異申繒之酷此乃欽明昏亂自鬻安危固非守宰公侯以成興廢且數代之後王室浸微始自屏藩化爲仇敵疆埸彼此干戈侵伐狐駘之役女子盡髽崤陵之師隻輪不返斯蓋略舉一隅其餘不可勝數陸士衡方規規然云嗣王委

其九鼎凶族據其大邑天下晏然以理待亂斯言之謬也設官分職任賢使能以循良之才膺共理之寄剌舉分竹何代無人至使地或呈祥天不愛寶人稱父母政比神明曹元首方區區然稱與人共其樂者人必憂其憂與人同其安者人必拯其危豈容委以侯伯則同其安危任之牧宰則殊其憂樂何斯言之妄也封君列國藉慶門資忘先業之艱難輕自然之崇貴莫不代增淫虐時益驕侈離宫別館切漢凌雲或刑人力而將盡或召諸侯而共樂陳靈則君臣悖禮共侮徵舒衛宣則父子聚麀終誅壽朔爲已思理豈若是乎內外羣臣選自朝廷擢士庶以用之澄水鏡以鑒之年勞優其階品考

績明其黜陟爵非代及用賢之路斯廣人無定主附下之情不固此乃智愚所辨安可惑哉至如滅國殺君亂常干紀春秋二百年間畧無寧歲次睢咸秩遂用玉帛之君魯道有蕩每等衣裳之會縱使西漢哀平東漢桓靈之時下吏淫暴必不至此爲政之理可以一言蔽焉陛下獨照宸衷永懷前古將五等建萬國而親諸侯請待琢琱成朴以質代文刑措之致一行登封之禮云畢然後定疆理之制議山河之賞未爲晚焉事遂不行後唐德宗時柳子厚又著封建論云天地果無初乎吾不得而知之也生人果有初乎吾不得而知之也然則孰爲近曰有初爲近孰明之由封建而明之也彼封建者

叓古聖王堯舜禹湯文武而莫能去之蓋非不欲去之也勢不可也勢之來其生人之初乎不初無以有封建封建非聖人意也彼其初與萬物皆生草木榛榛鹿豕狉狉人不能搏噬而且無毛羽莫克自奉自衛荀卿有言必將假物以爲用者也夫假物者必爭爭而不已必就其能斷曲直者而聽命焉其智而明者所伏必衆告之以直而不改必痛之而後畏由是君長刑政生焉故近者聚而爲羣羣之分其爭必大大而後有兵德有大者衆羣之長又就而聽命焉於是有諸侯其爭又有大者德又有大者諸侯之列又就而聽命焉於是有方伯連帥則其爭又有大者焉德又大者方伯連帥之類又

就而聽命然後天下會於一是故有里胥而後有縣大夫有縣大夫而後有諸侯有諸侯而後有方伯連帥有方伯連帥而後有天子自天子至於里胥其德在人者死必求其嗣而奉之故封建非聖人意也勢也夫堯舜禹湯之事遠矣及有周而甚詳裂土田而瓜分之設五等邦羣后輪運而輻集合爲朝覲會同離爲守臣扞城然而降於夷王害禮傷尊下堂而迎覲歷於宣王挾中興復古之德雄南征北伐之威卒不能定魯侯之嗣陵夷迄於幽厲王室東徙而自列爲諸侯厥後問鼎之輕重者有之射王中肩者有之伐凡伯誅萇宏者有之天下乖盭無君君之心周之喪久矣徒建空名於公侯之

上耳遂判爲十二合爲七國威分於陪臣之班國殄於後封之秦則周之敗端其在乎此矣秦有天下裂都會而爲之郡邑廢侯衛而爲之守宰據天下之雄圖都六合之上游攝制四海運於掌握之内此其所以爲得也不數載而天下大壞其有由矣亟役萬人暴其威刑竭其貨賄負鉏梃謫戍之徒圜視而合從大呼而成羣時則有叛人而無叛吏人怨於下而吏畏於上天下相合殺守劫令而並起咎在人怨非郡邑之制失也漢有天下矯秦之枉狥周之制剖海内而立宗子封功臣數年之間奔命扶傷而不暇困平城病流矢陵遲不救者三代後乃謀臣獻畫而離削自守矣然而封建之始郡國

居半時則有叛國而無叛郡秦制之得亦以明矣繼漢而帝者雖百代可知也唐興制州邑立守宰此其所以爲宜也然猶桀猾時起虐害方域者失不在於州而在於兵時則有叛將而無叛州州縣之設固不可革也或者曰封建者必私其土子其民適其俗修其理施化易也守宰者苟其心思遷其秩而已何能理乎余又非之周之事跡斷可見矣列侯驕盈黷貨事戎亂國多理國寡侯伯不能變其政天子不能變其君失在於制不在於政周事然也秦之事跡亦斷可見矣郡邑不得正其制守宰不得行其理酷刑苦役而萬人側目失在於政不在於制秦事然也漢興天子之制行於郡不行於國

制其守宰不制其侯王侯王雖亂不可變也國人雖病不可除也及至大逆不道然後掩捕而遷之勒兵而夷之耳大逆未彰姦利浚財怙勢作威大刻於民者無如之何及夫郡邑可謂理且安矣知孟舒於田叔得魏尚於馮唐聞黃霸之明審覩汲黯之簡靖拜之可也復其位可也臥而委之以轄一方可也有罪得以黜有能得以賞設使漢室盡城邑而侯王之縱令其亂大戚之而已孟舒魏尚之術莫得而施黃霸汲黯之化莫得而行明謹而導之拜受而退已違矣下令而飭之締交合從相顧裂眦勃然而起民猶疾矣漢事然也今國家盡制郡邑連置守宰其不可變也固矣善制兵謹擇守則理

乎矣或者又曰夏商周漢封建而延秦郡邑而促尤非所謂知理者也魏之承漢也封爵猶建晉之承魏也因循不革而二姓陵替不聞延祚或者又以爲殷周聖王也而不革其制固不當復議也是大不然夫殷周之不革者是不得已也蓋以諸侯歸殷者三千焉資以黜夏湯不得而廢歸周者八百焉資以勝殷武王不得而易徇之以爲安仍之以爲俗湯武之所不得已也夫不得已非公之大者也其情私也私其一已之威也私其盡臣畜於我也然而公天下之端自秦始吾固曰封建非聖人之意也勢也按此章只是因七雄僭妄北宮錡不平於中問周室班爵祿並不是言封建孟子所荅亦只

是班爵祿之略並不言封建爭地爭城殺人遍野獸相食因而食人成何封建孟子言定於一是明言此輩若不盡數剗平則生民無出於塗炭之日切齒封建者孟子也無知迂儒是古而非今凡講章時文只是封建夸語動即云先王公天下而不爲私盡制而不曲防云云此等人非惟不達書理亦不知古今治亂源委因附錄李百藥柳子厚二論於後俾讀書覽古者可以攷鏡古今制度得失之所由

萬章問曰敢問友孟子曰不挾長不挾貴不挾兄弟而友友也者友其德也不可以有挾也一層

孟獻子百乘之家也有友五人焉樂正裘牧仲其三人則脫洒

予忘之矣獻子之與此五人者友也無獻子之家者也此五人者亦有獻子之家則不與之友矣

二層

非惟百乘之家爲然也雖小國之君亦有之費惠公曰吾於子思則師之矣吾於顏般則友之矣王順長息則事我者也

三層

非惟小國之君爲然也雖大國之君亦有之晉平公之於亥唐也入云則入坐云則坐食云則食雖疏食菜羹未嘗不飽蓋不敢不飽也然終於此而已矣弗與共天位也弗與治天職也弗與食天祿也士之尊賢者也非王公之尊賢也

文勢相變

四層

舜尚見帝帝館甥於貳室亦饗舜迭爲賓主是天子而友

匹夫也（四句止）

用下敬上謂之貴貴用上敬下謂之尊賢貴貴尊賢其義一也

戰國時生民之困極矣孟子欲天下之民舉安必得湯之於伊尹桓公之於管仲學焉而後臣之庶可有濟若貪其爵祿屈伏而爲之臣一籌莫展矣故只以賓師自處不爲臣諸侯亦以友道下交萬章眼孔淺故有此問孟子言古尚有天子而友匹夫者貴貴尊賢其義一也賓師自處不亦宜乎　王錫爵時文云事得其宜之謂義下宜於尊君上宜於好士其當理一也能行吾敬之謂義尊有德則敬貴有爵則敬其稱情一也說得明白

透切。　顧氏寧人云春秋時有兩費其一見左傳成公十一年晉呂相絕秦所云殄滅我費滑又襄公十八年楚蔿子馮公子格率鋭師侵費滑蓋本一地秦滅之後屬於晉其一僖公元年公賜季友汶陽之田及費季氏私邑也在子思時滑國之費滑國都於費亡已久此疑季氏之後僭稱公也金仁山亦云費季氏之邑孟子稱小國之君曾子書亦有費君費子之稱蓋季氏專魯計春秋之後必自據其地如附庸之國按此說恐不是魯自哀公後尚傳世二百六十年而後滅於楚中間執政之臣尚有公儀休樂正子之類顯名於世三桓之後泯然無聞未必據有費邑矣蘇子由古史云三桓既微散不復

見曾公室雖微不絕遂與戰國終始蓋此費乃曾之費費惠公亦非季孫之後此如傳舍忽則易人何必爲刻舟求劍之說

萬章問曰敢問交際何心也孟子曰恭也

曰卻之卻之爲不恭何哉曰尊者賜之曰其所取之者義乎不義乎而後受之以是爲不恭故弗卻也

曰請無以辭卻之以心卻之曰其取諸民之不義也而以他辭無受不可乎曰其交也以道其接也以禮斯孔子受之矣

萬章曰今有禦人於國門之外者其交也以道其餽也以禮斯可受禦與曰不可康誥曰殺越人于貨閔不畏死凡

民罔不譈是不待教而誅者也殷受夏周受殷所不辭也於今爲烈如之何其受之

曰今之諸侯取之於民也猶禦也苟善其禮際矣斯君子受之敢問何說也曰子以爲有王者作將比今之諸侯而誅之乎其教之不改而後誅之乎夫謂非其有而取之者盜也充類至義之盡也孔子之仕於魯也魯人獵較孔子亦獵較獵較猶可而況受其賜乎

曰然則孔子之仕也非事道與曰事道也事道奚獵較也

曰孔子先簿正祭器不以四方之食供簿正曰奚不去也

曰爲之兆也兆足以行矣而不行而後去是以未嘗有所終三年淹也

孔子有見行可之仕有際可之仕有公養之仕於季桓子見行可之仕也於衛靈公際可之仕也於衛孝公公養之仕也

此章汪武曹先輩評隆萬人張京元作云題中問答雖有八層以孔子受交際爲主萬章以諸侯之交際比之禦人之盜而不可受孟子以諸侯交際等於魯人獵較而可受末節乃不卻交際之一驗也只此可了題義最說得簡當　殷受夏二句受字是夫有所受之受言劫人之盜不教而誅之夏商相傳如此有另作一轉知其義則殷受夏之天下可以不辭不通之極　王罕皆先輩云此章只是論交際孔子仕道另是一層若爲行道

計而受不義之物則與枉尺直尋無異矣甚是盡既與
諸侯相接則投贈不可卻亦一定之理天下本無事萬
章庸人自生枝節　定公用孔子卻云季桓子粱儲時
文云是時桓子專政定公之用由桓子薦之
孟子曰仕非為貧也而有時乎為貧取妻非為養也而有
時乎為養
為貧者辭尊居卑辭富居貧
辭尊居卑辭富居貧惡乎宜乎抱關擊柝
孔子嘗為委吏矣曰會計當而已矣嘗為乘田矣曰牛羊
茁壯長而已矣
倅起下句　歸宿
位卑而言高罪也立乎人之本朝而道不行恥也

此章指立乎人之本朝容頭過身持粱肉刺齒肥曰我爲貧非爲道也孟子言仕非爲貧也有時爲貧則宜就抱關擊柝一流如乘田委吏其職易稱今爾之所居非其地也尸位素餐必有位卑言高者起而議之以國體論之彼固有罪矣爾捫心自問不可恥乎大意只是如此若眞是本色爲貧祿足代耕僅餬八口何用苦苦攙求　陸稼書先生引眞氏西山文集云四事未施周公坐以待旦一夫不獲伊尹視若納溝想其胸中慨然以此章爲立乎人之本朝而自比於抱關擊柝者說法也

何屺瞻云古註柝行夜所擊木也今皆作夜行雖監本亦如此

萬章曰士之不託諸侯何也孟子曰不敢也諸侯失國而後託於諸侯禮也士之託於諸侯非禮也

萬章曰君餽之粟則受之乎曰受之受之何義也曰君之於氓也固周之

曰周之則受賜之則不受何也曰不敢也曰敢問其不敢何也曰抱關擊柝者皆有常職以食於上無常職而賜於上者以爲不恭也

曰君餽之則受之不識可常繼乎曰繆公之於子思也亟問亟餽鼎肉子思不悅於卒也摽使者出諸大門之外北面而稽首再拜而不受曰今而後知君之犬馬畜伋蓋自是臺無餽也悅賢不能舉又不能養也可謂悅賢乎

曰敢問國君欲養君子如何斯可謂養矣曰以君命將之再拜稽首而受其後廩人繼粟庖人繼肉不以君命將之子思以爲鼎肉使己僕僕爾亟拜也非養君子之道也堯之於舜也使其子九男事之二女女焉百官牛羊倉廩備以養舜於畎畝之中後舉而加諸上位故曰王公之尊賢者也

託者依附於他惟所豢養孟子不託諸侯交際則受瑣屑問遺時有拒絕以道自尊也萬章不知故引王公尊賢之說以曉之　王罕皆先輩引楊氏說燕禮公不爲主以膳宰爲主人非君不敵臣蓋君自獻酬則臣應拜下往返趨蹌非所以安之也故以膳宰爲主則可以如

尊常賓主矣又按公食大夫禮亦以膳宰爲主君退俟於東序以飲食之故僕僕亟拜非養君子之道子思之言據古禮也繆公好賢而不知禮故子思欲其改此瑣屑以從正禮非徒以拜跪爲煩左傳申叔時語楚子云王臣公公臣大夫大夫臣士士臣皁皁臣輿輿臣隷隷臣僚僚臣僕僕臣臺天有十日自甲至癸人有十等古非罪人不爲奴故臺仍曰賤官

萬章曰敢問不見諸侯何義也孟子曰在國曰市井之臣在野曰草莽之臣皆謂庶人庶人不傳質爲臣不敢見於諸侯禮也

萬章曰庶人召之役則往役君欲見之召之則不往見之

何也曰往役義也往見不義也

且君之欲見之也何爲也哉曰爲其多聞也爲其賢也曰（自難自解）

爲其多聞也則天子不召師而况諸侯乎爲其賢也則吾

未聞欲見賢而召之也

繆公亟見於子思曰古千乘之國以友士何如子思不悦

曰古之人有言曰事之云乎豈曰友之云乎子思之不悦（一句一意如珠走盤）

也豈不曰以位則子君也我臣也何敢與君友也以德則

子事我者也奚可以與我友千乘之君求與之友而不可

得也而况可召與

齊景公田招虞人以旌不至將殺之志士不忘在溝壑勇

士不忘喪其元孔子奚取焉取非其招不往也曰敢問招

虞人何以曰以皮冠庶人以旃士以旂大夫以旌以大夫之招招虞人虞人死不敢往以士之招招庶人庶人豈敢往哉況乎以不賢人之招招賢人乎欲見賢人而不以其道猶欲其入而閉之門也夫義路也禮門也惟君子能由是路出入是門也詩云周道如底其直如矢君子所履小人所視

萬章曰孔子君命召不俟駕而行然則孔子非與曰孔子當仕有官職而以其官召之也

屹○如○山○立

孟子不見諸侯不往見也萬章所問乃本國百姓不登仕版則市井草莽之臣不敢見其君孟子鄒人遊歷梁齊與此毫不相干萬章非所問而問孟子姑隨事荅之

且君之欲見節揭入隱微爲賢才未遇者存身分亦不爲已也此章總是泛說　旃是通帛周人尚赤純赤之色庶人質朴交龍爲旂取其變化言士將仕道能變化也析羽爲旌則有文章大夫似之此是田獵時召之之物若平日召其臣一節以走再節以趨招士則左傳云招我以弓不用此也　周官司常掌九旗之等各有尊卑日月爲常王建之交龍爲旂諸侯建之通帛爲旜即旃字孤卿載之雜帛爲物大夫士建之熊虎爲旗師都建之鳥隼爲旟州里建之龜蛇爲旐縣鄙建之全羽爲旞道車載之析羽爲旌旌車載之斿車王之游車也最尊故以招大夫旂諸侯所建以招士孤卿建旃以招庶人亦寓尊卑以大夫之旌招庶人固宜其不敢

往也

孟子謂萬章曰一鄉之善士斯友一鄉之善士一國之善士斯友一國之善士天下之善士斯友天下之善士以友天下之善士爲未足又尚論古之人頌其詩讀其書不知其人可乎是以論其世也是尚友也

此章講章之說皆不明白李安溪先正云萬章好論古博觀雜取未能質之於理以得古人之用心故孟子告之以爲須此等人方識此等人故惟古人能知古人亦如前章論友之云云也作尋常論友便不是王罕皆先輩力主此說截之本義滙參中拔安溪此說極是但於以友天下之善士爲未足又尚論古之人一層究未融

貫此是告萬章欲結友今人須是修身踐言有善行可見於一鄉一國然後能友一鄉一國天下之善士否則獻縞贈紵雖遍海內賢士徒騖聲華不得謂其有親賢取善之實也如使果能躬行實踐卓然有所表見言坊行表天下之善士皆樂引我爲知心尚未可遽自足也必進而尚友古人以大吾心取善之量精吾心擇善之識夫尚友古人不惟是頌其詩讀其書剽其文義以供口說而已必以吾之心推見古人之心究其人之曲折隱微而論其世之經權常變禹稷當平世故三過不入顏子當亂世故閉戶伊尹處表正萬邦之世故以天下爲已任伯夷處商紂昏亂之世故居北海以待清柳下

惠處宗國不可去之世故油油與之偕而不自失此之謂以心知心古人可作欣然樂有此知己是尚友也如此則於古今之理無不明古今之善無不收庶幾可以謂天下士矣今子於天下士浮慕而已至於論古則不能推見至隱徒爲道聽塗說者所愚徇名而不察實何益之有哉此章之理如此講章皆不得其解時文除施愚山外亦無一佳者

齊宣王問卿孟子曰王何卿之問也王曰卿不同乎曰不同有貴戚之卿有異姓之卿王曰請問貴戚之卿曰君有大過則諫反覆之而不聽則易位

王勃然變乎色

曰王勿異也王問臣臣不敢不以正對

王色定然後請問異姓之卿曰君有過則諫反覆之而不聽則去

人臣之義三諫不聽則逃之反覆不聽則廢其君事豈可行縱能行之亦無全地孟子何故忽發此言蓋此本古禮齊宣王末路想是驕蹇愎諫孟子引古誼以風切之耳古宗臣無去國之義叔肸季札只是退耕於野自無可去想是國之存亡所關當時或有留下易位一說如親王起兵以清君側明太祖祖訓竟有此一條司馬溫公力詆孟子此言不是不知固言之而不可行者如後漢昭烈帝謂諸葛丞相嗣子可輔則輔之如其不可

君自取之此言與此正同然謂其不可行便刪抹此語亦復不必幾欲犯嚴出諫諍氣象崪硉未可攀此惟孟子能言之非後儒之所可議也　小過必諫反覆不聽則去似操之已蹙亦是古人留下以道事君成法如此小過尙不聽大過安得有開口處此而不去雖抱至忠亦與誤國之人同罪晉惠帝以賈后之譖廢太子張華上表三諫使於此時能留百官切直廷諍窮賈后藥酒昏迷廹書小人依樣傳會添寫之由廢賈后而殺小黃門晉安得有後來之禍惟此去字勘不破隱忍中止厥後賈后既廢張林宣詔責張華不諫華曰乾式殿之疏現存可覆按也張林曰諫而不聽何不去位華無以對

遂斬之。壯武可謂至寃。然止此寵利二字未忘。遂至於此。今由與求也可謂具臣矣。大臣之道固不可輕以許人也。

四書翼註論文卷之三十五

孟子　告子上

告子曰、性猶杞柳也。義、猶桮棬也。以人性爲仁義。猶以杞柳爲桮棬。

摘，縱，抑，揚

孟子曰子能順杞柳之性而以爲桮棬乎將戕賊杞柳而後以爲桮棬也如將戕賊杞柳而以爲桮棬則亦將戕賊人以爲仁義與率天下之人而禍仁義者必子之言夫

告子平日若果將性字入思識即所見不是亦有個主意孟子駁之亦必有辨難今並不然詞到窮處便絀然而止隨口又變一說是平日原不識性總緣彼時人心殘忍刻薄詭詐絕不肯信天之生人賦以純粹至善闡

孟子道性善大以爲不然言今儒者之言性必言仁義以我觀之性與仁義明明彼此各别先後不同性者天稟之本然猶杞柳然植幹垂枝暢其自然而已義者人力使之然猶桮棬然待人而成不能無所作爲者也以人性爲仁義猶以杞柳爲桮棬當其爲杞柳也原無桮棬及其爲桮棬也人亦不復知其即從前之杞柳因之以爲利用飾之以美觀爲之有功於性固如此哉 先云義後又爲仁義不過隨口説存疑云以義該仁或又云脱漏仁字俱不必計較 告子只是以氣爲性不知理字註中性者人所稟之天理釋性字正解不是釋告子之性字 朱子文集言告子之學大抵似荀卿荀卿

旣以人性爲惡忽又重禮忽又勸學非不知禮與學只是不知性言人性不善藉此禮與學以挽回之耳其實告子不及荀卿彼以人不過知覺運動中之一物斷得先王爲之仁義以扶持之匡正之使之超然獨異於物也性無善無不善楊雄司馬光蘇軾之議論皆如此但此三人是言性體本空言善則與惡對反低看了性矣告子又墮落一層只見情欲之動於中便以爲性即在是

孟子見告子不曉事又執拗不與言天命之大原只就現在之言分析之使無可展辨待不得於言勿求於心之人只消如此言子以性比杞柳仁義比桮棬似也但杞柳樹上原無桮棬子但將杞柳宛轉以扶之栽

培以暢之便成一桮棬乎將斧以斯之離其本根而後矯揉之斲削之而以爲桮棬乎如能順杞柳之性便成桮棬豈不甚善如必矯揉斲削之是戕賊杞柳而後以爲桮棬也性不可見即仁義而見性性無可名以仁義爲定名順其性之自然固已居仁矣固已由義矣孩提之童無不知愛其親者便是仁及其長也無不知敬其兄便是義無所勉強而天下之人爭趨之今子忽以戕賊杞柳之說施之於人恐聽者信以爲眞以爲人亦必矯揉其五官斲削其百骸而後可以爲仁爲義則勢必視仁義爲斧斤爲桎梏去之惟恐不速是子欲以爲之說表仁義之能而不知實以戕賊之說爲仁義之禍也

言不可不慎有如此矣　講章以孟子從爲字生出戕賊二字非也告子之所謂爲卽所謂戕賊理本顯然一說卽破　蔡虛齋云孟子於性善其辨甚力蓋此字一差則天下之事皆廢矣堯舜之精一執中湯言上帝降衷於民皆是天命之謂性之說此說旣定然後君師之道可舉賞善而罰惡扶正而抑邪天下之事可從而理若說性惡或云善惡混則無父無君之事何所不可爲

告子曰性猶湍水也決諸東方則東流決諸西方則西流人性之無分於善不善也猶水之無分於東西也

孟子曰水性無分於東西無分於上下乎人性之善也猶水之就下也人無有不善水無有不下　入正意

振起

今夫水搏而躍之可使過顙激而行之可使在山是豈水之性哉其勢則然也人之可使爲不善其性亦猶是也

又振起

杞柳之喻是將善字劃出性外湍水却是將善不善併入性中告子亦已自知理短漸漸收縮孟子只將上下二字一點淸再無可躱蓋平地則可兩决若東方爲上則决諸東偏不東流西方爲上决諸西方偏不西流一定之理人亦有渾沌無知游移寡斷習於善則善習於惡則惡者但見孺子將入井必有惻隱之心見嘑爾蹴爾而與之必有不屑之色此卽人無有不善也夫人性旣無不善世何以偏有不善之人此亦如水因壅激亦可逆流人爲勢利所刼人欲所誘失其本心有無所不

至者無定之中仍然有定固確乎其不可移也水可使過顙在山水之性不可過顙在山其勢則然也人可使之爲不善至於無所不至人之性不是如此故曰人之可使爲不善其性亦由是也非性也勢也眞是字字分明

告子曰生之謂性就一句問

孟子曰生之謂性也猶白之謂白與曰然白羽之白也猶白雪之白白雪之白猶白玉之白與曰然反覆如層巖叠嶂然則犬之性猶牛之性牛之性猶人之性與

告子見識粗鹵孟子因告子先我不動心一語擡舉他起來諸儒反爲之回護有謂象山陸氏之學似告子文

說佛氏似告子實是寃誣陸子竝誣佛氏佛氏七處徵心剖析到鄰虛一塵陸子認眞義利關頭何嘗有此不學無術之說告子知氣而不知理知人心不知道心不以仁義理智粹然者爲性而以知覺運動之同然者爲性先二章猶就人言性此章竟以人性下同於物迷謬之甚總是戰國人心不善不肯好是懿德甘心墮落一至於此孟子懲其又變其說則難於捕捉猶白之謂白一詰知法師捉妖怪先鎖定他琵琶骨使他逃走不得然後一詰之再詰之一一供招明白牛犬二句霹靂手定此爰書再獲辨翻異不得矣故下章不復言性反言仁義蓋此時亦已漸知仁義兩字矣　安溪李氏云生

非性其所以得生者性然苐曰生之謂性則或指其所以得生者未可知也詰之曰猶白之謂白而應曰然則卽生卽性矣生與性不別矣然雖曰卽生卽性而或別之於其生未可知也又詰之曰白羽白雪白玉之白皆同歟孔曰然則凡生皆性矣生與生不分矣於是告子論性之指旣當衆自供孟子牛犬之喻乃應啞而倒圓首方足横目之謂民不特惻隱羞惡辭讓是非與物不同卽喜怒哀懼愛惡欲亦何嘗與物同人受命於天超然異於羣生不待智者而後知也告子心粗一味胡説趙邠卿古註白羽之白輕白雪之白淸白玉之白貞性不同也孫奭古疏云牛土畜其性順犬金畜其性守

此不甚緊要語附志之見一本散爲萬殊不惟人與物不同卽物與物亦不同也今比而同之亦不攻自敗矣

告子曰食色性也仁內也非外也義外也非內也

孟子曰何以謂仁內義外也（反覆致詳）曰彼長而我長之非有長於我也猶彼白而我白之從其白於外也故謂之外也

曰異於白馬之白也無以異於白人之白也不識長馬之長也無以異於長人之長與且謂長者義乎長之者義乎

曰吾弟則愛之秦人之弟則不愛也是以我爲悅者也故謂之內長楚人之長亦長吾之長是以長爲悅者也故謂之外也

曰耆秦人之炙無以異於耆吾炙夫物則亦有然者也然

則耆炙亦有外與

生之謂性被孟子指破同牛犬一樣告子心下亦知仁義十分推得乾淨便是禽獸沒奈何承認個仁字劃出義字非眞知仁之從內求以自別於牛犬耳但其見識實在粗淺所謂仁義並非仁以博愛義以方外仍只是就食色上說言今之言性何其紛紛據吾論之人之甘食悅色與生俱生是即其性之自然不由外假其餘皆屬添設故仁愛之心如人見食之美而甘之見色之美而好之此欣慕愛樂不知其所以然而然者也豈非內乎若其旁稽典制曲引儀節曰如此則宜食如此則不宜食如此則色可近如此則色不可近裁制事宜之義

乃迫於事之不得不然者也豈非外乎人若果能知性稱心而動足矣何必拘牽顧慮曰吾欲精義吾欲徙義也　告子陋劣此章和盤託出葢徒知得食得妻人情所不能已由己作主則謂之內不知紾兄之不可爲踰牆穴隙之深可恥羞惡之心人皆有之亦由己作主也此等尚不明白何足與之言仁義孟子姑就其說先詰其胸中到底是何主意告子言卽如儒者家言親親仁也慈愛出於天性自然不消說得至云敬長義也明明是外他年紀老大與我何干猶物之白者我亦稱之謂白不過由物作主豈非外乎　孟子言彼白我白亦有分別譬如馬之白雜毛曰駰黑鬣曰駱蒼白曰騅黃白

曰駁腹白曰騵膝上皆白曰驔爾雅白馬之白其說如此人之中紺表素縞衣綦巾亦復以白馬之白謂之乎彼長我長更大不倖馬一歲爲馵二歲爲駒三歲爲駣八歲爲馭從此以上馬齒加長謂之老馬何承天纂文此長馬之長之說也人有五年以長十年以長年長以倍者亦復無以異於長馬之長乎子之說自言之而自謬之全不可通且試問謂敬長爲義外是此蒼顏華髮之長者挾義而來乎抑子之心有所不敢僭不敢先由義而出乎若子敬長之心仍由中而出也則義之非外明矣告子既知義外之非無可置辨乃欲於仁內二字曲護其短言愛吾弟不愛秦人之弟是以我爲主長吾之長

亦不得不長楚人之長則其權爲長者所制非由我心自怡悅者也內外之辨不較然乎　孟子於是即所明通之言事皆在外制事之心則在內子不知食色則已既知食色則仁義均屬之內不待辨而明者秦人之炙無以異於耆吾炙膾炙有兩耆者之祇一心以義爲外甘食之心亦在外歟　困勉錄云章末須繳義既非外則仁益非外仁義既非外則性固善而食色之不可爲性也明矣李安溪先生云得力在何以謂仁內義外也一問幸其已知仁之在內令其再思義之何以在外庶幾知非二物告子乃以長長言義又以白白喻長長鑄漏百出乃可逐一駁正

孟季子問公都子曰何以謂義內也
曰行吾敬故謂之內也
孟季子之言單頂長楚人之長亦長吾之長事不由衷何以謂之義內公都子此答極透徹言長固在外知其爲長而敬之者吾也卑不可凌尊少不可踰長小不可加大吾心行之井井有條豈非內乎
鄉人長於伯兄一歲則誰敬曰敬兄酌則誰先曰先酌鄉人所敬在此所長在彼果在外非由內也
此是孟季子巧詞眼目在一歲二字葢鄉人長於伯兄多歲卽伯兄亦敬之爲弟者自不消說惟其只長一歲則伯兄胸中殊不鄭重此鄉人而季弟乃以之稍易其

敬兄之心是敬長之義全不由己也所敬在此所長在彼已明明書一因時制宜四字反云果在外非由內不識廬山真面目只緣身在此山中可為一哂

公都子不能答以告孟子孟子曰敬叔父乎敬弟乎彼將曰敬叔父曰弟為尸則誰敬彼將曰敬弟子曰惡在其敬叔父也彼將曰在位故也子亦曰在位故也庸敬在兄斯須之敬在鄉人（宛轉關合）

季子聞之曰敬叔父則敬敬弟則敬果在外非由內也公都子曰冬日則飲湯夏日則飲水然則飲食亦在外也（又結住）

公都子不能答不是詞窮乃辨才有礙孟子教之以矛陷盾使之自露以敬叔父喻敬兄以敬為尸之弟喻先

酌鄉人至易曉矣孟季子習染已深仍以庸敬斯須之敬算作都是由人作主仍是義外公都以冬日飲湯二句通之冬則就溫夏則逐涼斟酌時宜不是飲之者作主乃由湯與水作主耶於是孟季子啞然無以應也

公都子曰告子曰性無善無不善也

或曰性可以爲善可以爲不善是故文武興則民好善幽厲興則民好暴

或曰有性善有性不善是故以堯爲君而有象以瞽瞍爲父而有舜以紂爲兄之子且以爲君而有微子啓王子比干

今曰性善然則彼皆非與

孟子曰乃若其情則可以爲善矣乃所謂善也
若夫爲不善非才之罪也
惻隱之心人皆有之羞惡之心人皆有之恭敬之心人皆
有之是非之心人皆有之惻隱之心仁也羞惡之心義也
恭敬之心禮也是非之心智也仁義禮智非由外鑠我也
我固有之也弗思耳矣故曰求則得之舍則失之或相倍
蓰而無算者不能盡其才者也
李衷一云此章只性情才三字仁義禮智是性惻隱羞
惡恭敬是非是情情之能運乎性曰思曰求是才孔頴
達以爲合而言之只是一物　公都子問是性孟子情
才之答都落後一層馮少墟曰性無聲臭不可名言觀

其情則性自見叩鐘得聲擊石得火情之說也因而知鐘必有聲聲必洪亮石必有火火必熱性之說也　才是情運性之機關何至却去爲不善一是爲人之邪說所惑一是爲巳之人欲所蔽如一疋千里駒騎入谷中跌下豈馬之罪　以火燒金燒一番好看一番金之分數却亦銷減一番故謂之鑠作僞心勞此外鑠也仁義禮智由中而出沛然四達豈外鑠之比

詩曰天生蒸民有物有則民之秉夷好是懿德孔子曰爲此詩者其知道乎故有物必有則民之秉夷也故好是懿德

道之大原出於天言之淆亂衷諸聖此章以孔子之言

斷定羣言前五章到此作一總結公都子知行吾敬之爲義內引三說不是詰駁孟子正是推勘孟子之說所以獨精於衆說其奥旨云何彼皆非與正欲窮三說之非也孟子言天命之性未發之初涵天下之大本冲漠無朕本不可以迹象求之惟就性之流露爲情情之作用爲才言之則由其流之清可以知其源之清由其動之正可以知其靜之正乃若其情則可以爲善矣若夫爲不善之事皆由引誘陷溺而使之然非其人本然之才便是如此也試觀人情之所流露必有惻隱羞惡恭敬是非此即是情善由此情善即知其根於仁義禮智豈不是性善此性之善與生俱生率性之謂道本天而

來不是由外陶鑄如以火銷金有所造作而後成就只要人反己思之能思則不爲人欲所引誘陷溺實力求此仁義禮智之本來面目則得之矣　迷而不悟淪胥而不返獨爲小人之歸至於倍蓰而無算者有火然泉達之才而誤用之而倒用之不能盡其才者也以之罪才因而罪情罪性奚可哉　乃若其情節正面俱在下只可渾說可以爲善前人成文云因端可以充其量致曲可以會其全亦渾融透徹　烝民之詩仲山甫城齊尹吉甫作詩送之彼時周道中興邪說未作故投贈之什所言無非道妙物者氣質也則者天理也有氣質之性而天理即宅其中爲之主宰民旣秉此以爲常性則

其動而之於惻隱羞惡恭敬是非之一途必汲汲而不自知津津而不可已誠好之也夫物之與則幾已判於精粗夷之爲好心已分於寂感詩顧合而言之是必有深旨矣孔子刪詩至此讀而歎之曰爲此詩者其知性情之道乎惟無物則天命已前之事不可說不容說既有五官必有宰制乎是官者既有五倫必有貫徹乎是倫者人既秉此以爲常性矣性發爲情自有此仁義禮智之懿德孜孜好之又何疑焉此作詩之所以爲知性情之道也告子不知性詖詞惑衆折衷以孔子之言性賦於天天命善不命惡可一言以蔽之矣故好是懿德故字有力惟其自有故自好之惟其必有故必好之如

驪龍自愛寶珠象自愛牙孔翠自愛羽毛皆情之所不能已可以想其故矣　性善之說其來久矣堯舜不言性言人心道心道心即性人心即情也湯始正言性惟皇上帝降衷於下民天命之謂性也若有恒性即民之秉彝也尹吉甫之言與舜湯若合符節可見性之本善三代盛時人皆知之孔子言繼之者善成之者性此指天命不雜於氣質者又言性相近則指其附麗於氣質之中者蓋世無以性爲惡之人則善之一字本無庸大聲而疾呼之戰國之時神徂聖伏人心習於不善故孟子直指天命之性不復兼氣質而言之所以挽回世道人心非孟子不知有氣質之性也荀卿性惡有激之談

未必出自本心楊雄則爲告子所懸拾其牙後韓子性有三品之説以天命之性旣承載於氣質之中氣質不同性亦隨之以異張子程子以論理不論氣不備論氣不論理不明又云形而後有氣質之性善反之則天地之性全焉此皆論性之通詞孟子單提善字直指迷津正與詩書易之言性淵源脉絡一一貫通日月之光可以不煩爝火矣

巽因之曰此篇言性多端亦可一言以蔽曰性卽仁義有善無惡固緣情可驗聖凡一致者也然性本善亦不可無察識擴充之功故繼之以人心得養失養之分一暴十寒之喻究竟於舍生取義之眞反覆乎宮室妻妾

外誘之惑辨析乎養其大體小體之孰重孰輕以歸之實踐以全其在我而已孟子一生學問莫大之功全在性善之論蓋性既善則父可使之慈子可使之孝爲君者可使法堯爲臣者可使法舜天地以位人極以立不然則相靡相刃弒父弒君曰性本惡也奈之何哉

附韓子原性

性也者與生俱生者也情也者接於物而生者也性之品有三其所以爲性者五情之品有三其所以爲情者七性之品三上焉者善而已中者可導而上下也下焉者惡焉而已其所以爲性者曰仁曰禮曰信曰義曰智上焉者主於一而行於四中焉者之於五也一不少有

焉則少反焉其於四也混下焉者反於一而悖於四情之於性視其品情之品有三所以為情者七曰喜怒哀懼愛惡欲上焉者之於七也動而處其中中焉者之於七也有所甚有所亡然而求合於中者也下焉者之於七也亡與甚直情而行者也孟子曰性善荀卿曰性惡楊雄曰善惡混皆舉其中而遺其上下得其一而失其二者也叔魚之生其毋視之知其必以賄死楊食我之生叔向之毋聞其聲知必滅其宗越椒之生子文以為大慼知若敖氏之鬼餒人之性果善乎后稷之生毋無災始匍匐也岐岐然嶷嶷然文王在毋也毋不憂既生傅不勤既學師不煩人之性果惡乎堯之朱舜之均文

王之管蔡習非不善而卒爲姦瞽瞍之舜鯀之禹習非不惡而卒爲聖人之性果善惡混乎故曰舉其中而遺上下得其一而失其二者也曰然則性之上下者終不可移乎曰上之性就學而愈明下之性畏威而寡罪是故上焉者可教而下焉者可制也其品則孔子所謂不移也　韓子言性與孔子不移之說合又與程子兼氣質之說合朱子亦謂其言過荀楊遠甚錄之以增長學人識力

孟子曰富歲子弟多賴凶歲子弟多暴非天之降才爾殊也其所以陷溺其心者然也

子弟與麰麥同是譬喻字面子弟見識未定習染猶輕

偏是遇富歲則多賴遇凶歲則多暴只借作不同樣子富歲正面可以說衣食足禮義生凶歲只好虛講一涉飢寒所迫便犯陷溺其心非口氣兩歧作時文不得不如此　非天之降才爾殊通章綱領下文十餘個同不同字只証明此殊字在本節只說非天降富歲子弟之才優於凶歲陷溺使之然也說不同正要見其同

今夫麰麥播種而耰之其地同樹之時又同浡然而生至於日至之時皆熟矣雖有不同則地有肥磽雨露之養人事之不齊也

麥爲金穀金旺而生火旺而死以仲冬種初夏熟孟夏之月靡艸死麥秋至此日至也播種而耰喻人性皆善

皆熟喻人皆有才不同收穫多寡喻人有陷溺不能盡其才猶麥之在磽地又乏雨露人事非天之降才爾殊自取之也布種後以耰摩田使土之開處復合曰覆種故凡同類者舉相似也何獨至於人而疑之聖人與我同類者

凡同類句緊頂麰麥即物引到人即人引到聖人以下六節言小體既同豈大體反有不同只是不能盡其才則不能使理義之悅心如芻豢之悅口人自負性耳

故龍子曰不知足而為屨我知其不為蕢也屨之相似天下之足同也

口之於味有同耆也易牙先得我口之所耆者也如使口

之於味也其性與人殊若犬馬之與我不同類也則天下何耆皆從易牙之於味也至於味天下期於易牙是天下之口相似也惟耳亦然至於聲天下期於師曠是天下之耳相似也惟目亦然至於子都天下莫不知其姣也不知子都之姣者無目者也

故曰口之於味也有同耆焉耳之於聲也有同聽焉目之於色也有同美焉至於心獨無所同然乎心之所同然者何也謂理也義也聖人先得我心之所同然耳故理義之悅我心猶芻豢之悅我口

七層反覆如高屋建瓴水駿馬下危阪勢不可過至

於心獨無所同然乎一句幹補筆力萬鈞

以口字結應前

在物為理有物有則處物為義因物付物也人心有所

同然一定之理人能以禮義爲悅則與上聖無殊只是有知有能不用之正路則無如之何　此章似爲甘食悅色而又自暴自棄者說法故由是之屢引到口之所耆耳目之所好於易牙之於味尤反覆詳言之以易牙先得我口之所同然我於芻豢則知好之聖人先得我心之所同然偏於義理獨不知好曰我無此作聖之才有是理乎文勢緊相貫注如金波雙激射璧彩兩參差眞是奇特　安溪先生於此題有文二篇其一以聖人凡人形性皆一小體之類皆同豈有大體不同人心之所然既同於聖人則性善可知其二却以其性與人殊若犬馬之與我不同類也兩句爲大關鍵言犬馬不特

性與人殊氣質亦與人殊沐猴被以衣冠則裂而去之西施王嬙人見之屬目魚見之深入鳥見之高飛饗海鳥以太牢則瞑眩悲憂不食而死如是而曰心之然否不與人同宜也氣質限之也人則不特性與聖人同即氣質亦與聖人同易牙聖於味師曠聖於音我得而食之聽之聖人聖於理義我獨趨而避之不過自暴自棄豈真其性與人殊哉議論透闢之極節錄之見看書超其象外乃得環中勿但株守一說安溪原文與此不同意則倣於莊子今即用莊子之詞疏通之（感慨有味）

孟子曰牛山之木嘗美矣以其郊於大國也斧斤伐之可以爲美乎是其日夜之所息雨露之所潤非無萌蘖之生

焉牛羊又從而牧之是以若彼濯濯也人見其濯濯也以爲未嘗有材焉此豈山之性也哉

此章連下二章俱爲不能盡其才者指點個道路此章是爲昬昧其良心者教以培養清明之氣次章是爲畧知趨向工夫間斷者教以勿一暴十寒又次章是爲知有禮義而爲宫室妻妾諸事所刼奪者教以勿失其本心如此則能盡其才不至違禽獸不遠矣　山木人心緊相比照俱是從後追憶之詞山到濯濯無材不是容易要費許多氣力以比人到十分良心斲喪亦不是容易首節全是梏之反覆影子　郊則近人大國則人多伐之者衆斧斤須兩層

雖存乎人者豈無仁義之心哉其所以放其良心者亦猶（証第一節）斧斤之於木也旦旦而伐之可以為美乎其日夜之所息（証第二節）平旦之氣其好惡與人相近也者幾希則其旦晝之所為（証第三節）有梏亡之矣梏之反覆則其夜氣不足以存夜氣不足以存則其違禽獸不遠矣人見其禽獸也而以為未嘗有才焉者是豈人之情也哉

雖存乎人人字是個惡人當初亦有仁義之心只是私欲蔽錮劫劫忙忙終日將勢利二字渾身撲入夜以繼日無時休息此時不特良心已昧即夜氣亦無以自存人見其禽獸也而指摘之曰此無作聖之才者也有此理否　日夜二字不平由日至夜又由夜至嚮晨此時

動極而靜必有清明之氣必知仁義可好不仁不義之可惡使其能於是時提醒良心懲忿窒慾遷善改過接續上去則此氣常存仁義之心亦常存矣無如慾障已深復理舊業旦晝所爲無非不善則昨夜所息今日梏亡今夜之所息明日又梏亡輾轉相連不但良心全然昏昧並此平旦清明之氣亦且衆鑠交攻不絕如縷夫氣所以載理夜氣既十分昏濁則不足以存其仁義之良心此時爲不善之機關葢加透露爲不善之技倆葢加嫺熟眞違禽獸不遠切實指點欲其清夜捫心欲覺聞鐘發一深省也

四句總

故苟得其養無物不長苟失其養無物不消

孔子曰操則存舍則亡出入無時莫知其鄉惟心之謂與苟得其養節以人心爲主山木帶說彼之違禽獸不遠由梏亡反覆失養故也由是觀之人於天下之物若能保任以固其眞養之於先天充拓以達其倪養之於後天不特山木之萌芽可以發生即以無朕之心梏亡可反於幾希幾希可復其全體無有不長者若失其所養山則濯如人則陷溺無有不消者矣一消一長判若兩岐非長即消只爭頭刻可不懼哉

性存於心心資乎氣氣在乎得養其得失之易保守之難如此是以孔子嘗有言曰人心之爲物至虛至靈亦至危至微苟能敬以直內而操之則道心爲主而人心

聽命天君泰然而存矣若稍不加察則知誘物化馳逐於外而亡其存其亡只在此心收斂與不收斂省察與不省察出入無時一敬一肆即其時莫知其鄉或存或亡即其鄉孔子之謂心如此人之於心顧可頃刻失其養哉

孟子曰無提一句或乎王之不智也

雖有天下易生之物也一日暴之十日寒之未有能生者也吾見亦罕矣吾退而寒之者至矣吾如有萌焉何哉

今夫奕之為數小數也不專心致志則不得也奕秋通國之善奕者也使奕秋誨二人奕其一人專心致志惟奕秋之為聽一人雖聽之一心以為有鴻鵠將至思援弓繳而

射之雖與之俱學弗若之矣為是其智弗若與曰非然也（似問似答）

蔡虛齋云告子一篇全是發明性善之言此云為是其智弗若與曰非然也即云非天之降才爾殊由不肯專心致志也蔡氏此說透切之極此非與齊王言亦非背地竊議齊王是引齊王作一不知樣子言其不知由其不肯親近賢人樂與小人處耳　一暴是陽氣發生喻君子開陳善道十寒是陰氣凝沍喻小人蔽錮君心註中程子范子之語乃講筵之格言大訓輔導儲君幼主者所宜書紳三復也

孟子曰魚我所欲也（二段對起）熊掌亦我所欲也二者不可得兼舍魚而取熊掌者也生亦我所欲也義亦我所欲也二者不

可得兼舍生而取義者也

生亦我所欲所欲有甚於生者故不爲苟得也死亦我所（分析上意）

惡所惡有甚於死者故患有所不辟也

如使人之所欲莫甚於生則凡可以得生者何不用也使

人之所惡莫甚於死者則凡可以辟患者何不爲也

由是則生而有不用也由是則可以辟患而有不爲也（又轉正意）

是故所欲有甚於生者所惡有甚於死者非獨賢者有是

心也人皆有之賢者能勿喪耳

一簞食一豆羹得之則生弗得則死嘑爾而與之行道之

人弗受蹴爾而與之乞人不屑也

萬鍾則不辨禮義而受之萬鍾於我何加焉爲宮室之美

妻妾之奉所識窮乏者得我與（頓挫）鄉（波瀾重疊）為身死而不受今為宮室之美為之鄉為身死而不受今為妻妾之奉為之鄉為身死而不受今為所識窮乏者得我而為之是亦不可以已乎（一句承住）此之謂失其本心

此章詞旨反覆言之不足又長言之全為失其本心者提醒使之勿喪勿喪則能盡其才矣人之秉彝好是懿德非外假也天命不可解於心故古今來忠臣孝子與婦人之節烈者蹈九死而如歸楚毒備嘗見聞流涕若非所欲有甚於生孰能強之乃人情履危險則易於捐生處優游又甘於喪志以有所顧戀與無所顧戀時地不同甘心改操易轍其實萬鍾於我何加焉弗思甚也

以瓦注者巧以黃金注者昏古今人情大槩如此但起孟子於今日則所識窮乏之得我句可以删除矣親見一學使者其業師不遠千里欲分餘潤竟上疏劾其師

皇上惡其詐也命巡撫於學政養廉內扣五百金資遣其師歸浙水人皆快之其人亦由此不振移他省郎以事削籍歸又親見一總兵有人平日出之困厄又教以武事彼遂由武科洊至永昌鎮總兵其人落魄來依之拒不見牒督府欲僉解回原籍督府勿肯也託邑令以五十金給之其人踉蹌去矣意其貧也不一年此邑令丁艱彼以千金貸之矣始駭然又一年以貪汚被劾服毒死尋車笠之盟戀綈袍之故者十不得一蓋古之所謂

下駟乃今之上駟亦不可不知也

孟子曰仁人心也義人路也

此章與上章劃清界限上章是不學無術之流劫於外誘之私天良盡喪失其本心此章是指有志向學之人認理不真知有學問而不知學問之道在求放心或以口耳爲學問非所以擇善成身或以虛寂爲學問而不可以主靜立極因提出仁義二字使之認清然後其學問爲有主宰有得力言仁之名美人皆知之不知仁卽人心也義之名正人亦好之不知義卽人路也　就仁而統言之爲心之德德不離心卽心之虛靈不昧者是也就仁而析言之爲愛之理愛不離心卽心之惻隱者

是也由仁而行之爲義義非他義之經常卽人處常所行之路義之應變卽人處變所行之路仁義之切於人如此　合性與知覺有心之名孟子道性善專言仁義其知覺謂之小體不以屬心

舍其路而弗由放其心而不知求哀哉

其路卽人路舍之則偏陂詰曲入於歧途其心卽人心放之則知覺運動血肉之軀違禽獸不遠在內皆邪心在外皆邪氣豈不可哀

人有雞犬放則知求之有放心而不知求

學問之道無他求其放心而已矣

舍正路而弗由一節提唱已極警悚何用又加雞犬一

譬以知不知引起無他句言外物有形求之則得自心罔覺從事彌艱是以聖人詳爲學問之道詩書以啟其靈明使心有所藉以開禮樂以導之和敬使心有所依以立致知力行其事固非一端其要則在使人將已放之心求其收束檢點靜不至於昏昧動不至於放逸其始也學焉問焉而心之氣日以清明心之力日以強固此下學之本也迨遲之又久心之氣有清明之用可以窮神心之力有強固之能可以希聖此上達之階也如是則心存理得依于仁而義在其中矣赤子之心至一而急資蒙養之功聖賢之心至純而不廢修來之力人誠知求其放心則所以從事於學問者當皇然匪懈矣

孟子曰今有無名之指屈而不信非疾痛害事也如有能信之者則不遠秦楚之路爲指之不若人也指不若人則知惡之心不若人則不知惡此之謂不知類也

此是以不知類激發不能振拔有爲者人心在靈臺之之上方寸之中何以見其不若人爲私欲所屈卑污苟賤從俗浮沉與時俯仰即不若人也知惡之即陸子所謂一洗其志乃求涵養磨礪之方人欲與聖賢爲徒則不至汩沒於流俗矣

孟子曰拱把之桐梓人苟欲生之皆知所以養之者至於身而不知所以養之者豈愛身不若桐梓哉弗思甚也

此章爲不自愛其身者說法精神全在弗思甚也句一木之美人皆知愛以其身汨沒於勢利之途蠅營狗苟失其本心何思至此木之思也苟其思之則知吾有身而五常俱足萬物皆備由可欲之善以至美大聖神皆吾身之積累由致知格物以達於修齊治平皆吾身之展布如是乎其可愛也又豈肯逐逐於勢利之途也耶所以養兼內外詩書理義以陶冶其內禮樂節文以範圍其外

孟子曰人之於身也兼所愛兼所愛則兼所養也無尺寸之膚不愛焉則無尺寸之膚不養也所以考其善不善者豈有他哉於己取之而已矣

此章意義本以圓足上章言人若知愛身則當于兼所愛兼所養中認得一個善字而後不至顛倒錯亂流爲小人之歸非禮勿視聽言動使耳目口鼻心知百體皆由順正以行其義謂之善五色令目盲五音令人耳聾五味令人口爽謂之不善此亦不必他求只方寸自省便知分曉　他字有不必問他人不必有他術之意

體有貴賤有小大無以小害大無以賤害貴養其小者爲小人養其大者爲大人

今有場師舍其梧檟養其貳棘則爲賤場師焉

養其一指而失其肩背而不知也則爲狼疾人也

飲食之人則人賤之矣爲其養小以失大也

一○翻○二○揚○結

飲食之人無有失也則口腹豈適爲尺寸之膚哉

貴賤大小虛說勿拈耳目心志此與下章只是一章坐實則犯下意思仍須坐實方有着落以神得名爲身之主則貴且大以形得名效身之職則賤且小方寸未接物之時葆虛明以淸志慮形骸旣應事之後薄嗜慾以謹幾微此之謂無以小害大賤害貴　末節照應兼愛兼養作輕鬆之詞其實正鞭策飲食之人則人賤之言當以道心爲主人心聽命勿至爲人所賤惡耳

公都子曰鈞是人也或爲大人或爲小人何也

孟子曰從其大體爲大人從其小體爲小人

曰鈞是人也或從其大體或從其小體何也曰耳目之官

不思而蔽於物物交物則引之而已矣心之官則思思則
得之不思則不得也此天之所以與我者先立乎其大者
則其小者不能奪也此爲大人而已矣
從前論性諸章至此爲大結束孟子教人學聖人爲堯
舜直截了義只是從其大體爲大人一句大體道心也
先立乎其大者惟精惟一也若孔子則聞而知之見知
端屬孟子此章即其確據蔡虛齋云上鈞是人也言其
趨向宜同何以有大人小人之別下鈞是人也言其趨
向宜同何以有大體小體之分　養是用功從是成功
從其大體爲大人金嘉魚文分在上在下在上之大人
宵旰以爲勤人以爲自奉之薄而精一危微已判人禽

於方寸之地在下之大人安飽無所求人以爲不堪之憂而動心忍性已決生死於憂樂之關語極警悚　耳目之於聲色招之而即入呼之而即出鈎是形下之器衆物物也耳目亦物也故云物交物　心之官則思只是論心之職守思則得之二句方分不失職失職兩層艾千子云以理治氣行乎感應之途而無差以性馭情握乎明聰之宰而不亂此心之官則思正面語　先立乎其大者分存養省察物欲未交以靜存爲主淸明以澄其本物欲方至以動察爲主强固以審其幾

孟子曰有天爵者有人爵者仁義忠信樂善不倦此天爵也公卿大夫此人爵也

古之人修其天爵而人爵從之

今之人修其天爵以要人爵既得人爵而棄其天爵則惑之甚者也終亦必亡而已矣

此章單爲既得人爵而棄其天爵者說言此人無良之甚此人爵終亦必亡天命有德五服五章人爵原從天爵生來兩平說不必作低昂古人今人乃涇以渭濁耳仁義忠信卽是性善樂善不倦卽是好是懿德來脉仍在前數章

孟子曰欲貴者人之同心也人人有貴於已者弗思耳

人之所貴者非良貴也趙孟之所貴趙孟能賤之

詩云既醉以酒既飽以德言飽乎仁義也所以不願人之

膏粱之味也令聞廣譽施於身所以不願人之文繡也

此是爲僕僕趙孟之門者說言自巳亦有良貴何故捨衣領寶珠沿門託鉢　內重則外輕不願人之膏粱文繡自是常事精神在所以二字言彼挾持有具所以燕處超然

孟子曰仁之勝不仁也猶水勝火今之爲仁者猶以一杯水救一車薪之火也不熄則謂之水不勝火此又與於不仁之甚者也

亦終必亡而已矣

此與下章相連相照一杯水不勝車薪之火只是不熟若以此自誘則一番勞壞徒爲不仁之人立一赤幟耳

將來同爲下流之歸倘得自覓曰我曾爲仁哉

孟子曰五穀者種之美者也苟爲不熟不如荑稗夫仁亦在乎熟之而已矣

此章專重熟字不如荑稗只是帶說不可認眞仁之外皆小道耳註中不可以仁之難熟甘心爲他道之有成此一層竟可不說只說要仁者熟利仁者熟即强仁亦可熟有名無實何益之有　馬君常文云一暴十寒以間斷而不熟銳進退速以急遽而不熟優游度日以怠緩而不熟守氣助長以强制而不熟

孟子曰羿之教人射必志於彀學者亦必志於彀

大匠誨人必以規矩學者亦必以規矩

告子上一冊俱是言性善聖人與我同類卽人皆可爲堯舜也但說是如此說進爲之方必循循有序若畧觀大意便云滿街皆聖人則妄誕矣此章是切實指示下學上達之奧言羿雖善射其敎人無他奇秘必志於彀志用心也有實心實力開得弓滿然後此箭到得正鵠由是而言參連剡矢井儀襄尺則庶幾矣如學射於羿倘不志於彀則此箭未及侯先墜地更說甚射大匠自是巧然敎人亦無他秘必以規矩學大匠者能用此規矩然後引繩運斧方者成方圓者成圓由此而精之不疾不徐得之於心應之於手入巧天工之技可以幾矣否則心手茫然偭規矩而改錯更說甚制器尙象以爲

天下利大學有綱領有條目學記有考校考校有小成有大成皆有定法與穀同與規矩同有志者知行並進夙夜努力勿正勿忘勿助長則日就月將有不知其然而然者聖人可學而至亦非難事此章大意如此

四書翼註論文卷之三十六

孟子　告子下

任人有問屋廬子曰禮與食孰重曰禮重微意

色與禮孰重

曰禮重曰以禮食則饑而死不以禮食則得食必以禮乎正意

親迎則不得妻不親迎則得妻必親迎乎

任人似是告子之徒不是論禮借此做個題目攻性善

二字耳孟子即就食色二字中切實指出性善亘古亘

今只此禮字扶天綱而立人紀無有一物可與之較輕

重者則其說窮矣　任人口中全是機械引屋廬子到

没得開口處言人非食則無以養口體非色則無匹偶

儒者動輒言禮云禮云不知此朝饔夕飧較禮中烹飪之節饋食之文秩膳有尊卑殺羞有增減孰爲重乎此夫唱婦隨較禮中行媒擇吉儷皮純帛結褵合巹之多儀孰爲重乎屋廬子自是據理以對任人乃將食色二字擡高倒其詞以詰之云譬如有人必待鼎烹盛饌祖劄執爵而後食則此人終身無此遭遇必餓而死必待通名納幣納徵御輪而後得妻則此人終身無此財力必廢人倫則何以處之此禮字即食色中之禮

屋廬子不能對明日之鄒以告孟子孟子曰於答是也何有

引喻

不揣其本而齊其末方寸之木可使高於岑樓

〇再〇引〇喻金重與羽者豈謂一鉤金與一輿羽之謂哉
取食之重者與禮之輕者而比之奚翅食重取色之重者
與禮之輕者而比之奚翅色重
任人故爲偏宕之詞是明明本心難昧屋廬子見他不
透孟子先以寸木譬之次以鉤金譬之所以開通屋廬
子之見識任人之說一攻卽破
往應之曰紾兄之臂而奪之食則得食不紾則不得食則
將紾之乎踰東家牆而摟其處子則得妻不摟則不得妻
則將摟之乎
人一日不再食則飢累日不食則死不得妻則無後此
亦易曉之事然世未嘗無飢而死之人紾兄而奪之食

不少概見世不乏失偶無妻之人踰牆摟處子亦罕其人者何也人性皆善故所欲有甚於生所惡有甚於死者非獨賢者有是心也禽獸則不然呦呦之鹿得草則相呼此外如虎狼犬豕投之以食則爭至有屠腸穴胸者關關雎鳩人未嘗見其乘居而匹處此外雉鳴求牡狐綏在梁公行淫佚則性惡之教也一經說破不直一文然後知性善之說不可磨滅也荀卿力言性惡明攻孟子屢言孟軻言性善偽也却知重禮其言外之意似憤己之失職言古帝王得位有權力雖人性之惡可以轉移而使之循理循理則無惡矣手無斧柯奈龜山何只得坐視其長惡而已其言在此意在彼不可全然埋

没也告子則惟知甘食悅色不復顧禮義廉耻以義爲外卽以禮爲外此人愚無知不及荀卿什一孟子言告子先我不動心因公孫丑孟賁之贊太粗鹵亦舉粗鹵譬之告子不動心蠢物耳奚足道哉　道理只是一定人若有心立異顛之倒之無所不可列禦寇莊周荀卿告子韓非皆矢口漫誕以意爲之人往往爲其所愚任人惑於邪說屋廬子亦不知言陳臨川大士時文云金雖重以一鉤而屈又以輿羽而更屈羽雖輕以一輿伸又形以鉤金而更伸然則稱輕者在金而金仍然不輕也稱重者在羽而羽仍然不重也曉人當如此矣

曹交問曰人皆可以爲堯舜有諸孟子曰然

交聞文王十尺湯九尺今交九尺四寸以長食粟而已如何則可

曰奚有於是亦爲之而已矣有人於此力不能勝一匹雛則爲無力人矣今曰舉百鈞則爲有力人矣然則舉烏獲之任是亦爲烏獲而已矣夫人豈以不勝爲患哉弗爲耳

應爲字

徐行後長者謂之弟疾行先長者謂之不弟夫徐行者豈人所不能哉所不爲也堯舜之道孝弟而已矣

應爲字生下

應有力

子服堯之服誦堯之言行堯之行是堯而已矣子服桀之服誦桀之言行桀之行是桀而已矣

曰交得見於鄒君可以假館願留而受業於門

曰夫道若大路然豈難知哉人病不求耳子歸而求之有

餘師

孟子道性善言必稱堯舜曹交此問原屬問道之殷奚有於是亦爲之而已矣純是鼓勵之詞食粟而已是曹交謙詞不可認眞作尖薄相輕之語　堯舜之道二句徹上徹下不易之理並非將堯舜降一格俯就曹交堯舜之道德行則生知安行勳業則平天成地殊不易幾然堯之所以爲堯由於克明峻德以親九族舜之所以爲舜由於克諧以孝實只孝弟而已葢孝卽性中之仁弟卽性中之義性善旣同則人皆可以爲堯舜明矣言只就孝弟認眞做去不必畏難自餒　堯桀一節並非粗淺人性旣善學聖亦易爲力乃直截指點之詞非曹

交鄙陋姑爲塞責也　曹滅於宋見哀公八年至是孟子居鄒距一百七八十年此曹公之弟非前日曹伯也

公孫丑問曰高子曰小弁小人之詩也孟子曰何以言之

曰怨

曰固哉高叟之爲詩也有人於此越人關弓而射之則已談笑而道之無他疏之也其兄關弓而射之則已垂涕泣而道之無他戚之也小弁之怨親親也親親仁也固矣夫高叟之爲詩也

曰凱風何以不怨

曰凱風親之過小者也小弁親之過大者也親之過大而不怨是愈疏也親之過小而怨是不可磯也愈疏不孝也

不可幾亦不孝也

孔子曰舜其至孝矣五十而慕

按平王所遭實周室之不幸人倫之大變舍怨字亦別無以自處豈反談笑而道之高叟之固自不待言但平王並非孝子與舜天淵之隔此詩乃宜臼之傳所爲非自出胸臆也前明黃蘊生時文云平王之孝可議小弁之詩不可議聖人復起不易斯言

凱風親之過小毛傳云美孝子能慰母心以成其志也魯曾煜前輩云七子以言語觸犯其母欲棄之歸父母家七子惶恐作詩自責其母復安其室本詩睍睆黃鳥載好其音指言語逆耳也明人徐時進時文亦云寒泉依其在浚黃鳥懷

以好音安知不悔於厥心亦主此說故云過小此毋有其意後實未曾改適也程子云餓死事小失節事大若凱風改嫁爲小過則變寵褒姒亦非大過矣　顧氏炎武曰竹書紀年載幽王三年嬖褒姒五年王世子宜臼出奔申八年幽王立褒姒之子爲太子十年王師伐申十一年申侯與犬戎入周弑王及王子伯盤虜褒姒申侯魯侯鄭男秦子立宜臼於申虢公立王子余臣於攜按史記即伯服左傳所謂攜王奸命是也平王元年王東徙洛邑晉文侯會諸侯以師從王入於成周二十一年晉文侯殺王子余臣於攜其事蹟如此　按此是宜臼逃於申幽王以師索宜臼申侯卽率犬戎入周是宜臼卽不

與謀亦不孝之至若能如舜之於象委而去之逃於荊蠻甌越之鄉卽此怨詩亦可不作惟其戀戀與伯服爭此儲貳以致赫赫宗周褒姒滅之此後王綱不振禮樂征伐自諸侯出以視大舜一薰一蕕十年尚猶有臭也

宋牼將之楚孟子遇於石邱

曰先生將何之

曰吾聞秦楚搆兵我將見楚王說而罷之楚王不悅我將見秦王說而罷之二王我將有所遇焉

曰軻也請無問其詳願聞其指說之將何如曰我將言其不利也曰先生之志則大矣先生之號則不可

字○眼　峻○折　鋪○開

先生以利說秦楚之王秦楚之王悅於利以罷三軍之師

是三軍之士樂罷而說於利也爲人臣者懷利以事其君爲人子者懷利以事其父爲人弟者懷利以事其兄是君臣父子兄弟終去仁義懷利以相接然而不亡者未之有也

先生以仁義說秦楚之王秦楚之王說於仁義以罷三軍之師是三軍之士樂罷而悅於仁義也爲人臣者懷仁義以事其君爲人子者懷仁義以事其父爲人弟者懷仁義以事其兄是君臣父子兄弟去利懷仁義以相接也然而不王者未之有也何必曰利（一句就結）

宋牼先言見楚意在楚也是時楚懷王爲張儀所紿許以商於之地六百里令與齊絕交楚信之遣使詈齊秦

伐楚而齊不救秦大敗楚遂取漢中楚懷王大興師欲深入擊秦此其事也曲固在秦釁由楚起故欲先說楚而罷之楚不聽乃說秦耳　君臣上下父子兄弟懷利相接未或不亡人聽之必不肯信但以前事觀之周一戎衣大定卜年七百又過其期殆二百年秦血戰數十年盡剗列國立爲天子十六年而亡子孫殄絕可以豎矣　懷利亦何至便亡害在終去仁義四字此亡之左劵也

孟子居鄒季任爲任處守以幣交受之而不報處於平陸儲子爲相以幣交受之而不報

他日由鄒之任見季子由平陸之齊不見儲子屋廬子喜

曰連得閒矣

問曰夫子之任見季子之齊不見儲子爲其爲相與

曰非也書曰享多儀儀不及物曰不享惟不役志于享

爲其不成享也

屋廬子悅或問之屋廬子曰季子不得之鄒儲子得之平

陸

此章敘事句中有眼史記似此　連得閒是喜詞知孟子必有義理孟子引召誥之文亦不甚執著遂能自下註腳屋廬子煞是高明　明人汪應軫時文以季任爲任處守主君不在正四鄰窺伺之秋恩信未孚（暫時守國）乃纂伏蕭牆之日此時禮賢之意雖勤亦不可越國儲子

位非處守本不甚關輕重又居梱國正宜屈巳下賢况平陸乃在境內非越境私交之比艾千子云先輩於此題亦從經濟揣摩按經書作文俱宜實有見解不可一味道聽遂說卽此可以類推

淳于髡曰先名實者爲人也後名實者自爲也夫子在三卿之中名實未加於上下而去之仁者固如此乎

孟子曰居下位不以賢事不肖者伯夷也五就湯五就桀者伊尹也不惡汙君不辭小官者柳下惠也三子者不同道其趨一也一者何也曰仁也君子亦仁而已矣何必同

曰魯繆公之時公儀子爲政子柳子思爲臣魯之削也滋甚若是乎賢者之無益於國也

曰虞不用百里奚而亡秦穆公用之而霸不用賢則亡削峻厲何可得與

曰昔者王豹處於淇而河西善謳緜駒處於高唐而齊右善歌華周杞梁之妻善哭其夫而變國俗有諸內必形諸外為其事而無其功者髡未嘗覩之也是故無賢者也有則髡必識之

吳蓀右云史記稱公儀休相魯奉法循理無所變更百官自正使食祿者不得與民爭利受大者不得取小子柳言君子道行則樂其志子思請結恩百姓修禮隣國魯非昔日之魯反日削也滋甚蓋譏之也按此言極是哀公之後為魯悼公史記言公室卑於三家歷百餘年

晉仍不衰三家反澌滅卽以孟子之時尙有地五百里欲勝齊以取南陽非削弱可知則公儀子柳子思之力也董仲舒諄諄舉公儀子之事以告漢武亦服其賢並非無益人國孟子不與辨只以百里奚之用不用答之鴻鵠已翔乎寥廓不必復視藪澤也　左傳有華周郤莒賂事檀弓有杞梁妻辭路傍行弔事善哭只是杞梁妻說苑有之文選古詩亦有之兼舉華周亦淳于髡口滑　趙岐註云儀休爲執政之卿子柳子思爲師傅之臣孫奭疏云子柳卽泄柳檀弓所云不以賻布之餘具祭器君子不家於喪班於族戚之貧者亦賢士也淇卽衛水詩河水洋洋北流活活此云河西在齊地之西也

高唐大邑陳恒得此始大於齊皆據四書釋地

曰孔子爲魯司寇不用從而祭燔肉不至不稅冕而行不知者以爲爲肉也其知者以爲爲無禮也乃孔子則欲以微罪行不欲爲苟去君子之所爲衆人固不識也

此章意在言表孟子總不說明齊宣王大聘名士一時淳于髡騶衍田駢荀卿等與孟子俱至齊事見史記孟子以道自重淳于髡輩骫骳俯仰取媚齊王司馬遷於孟子列傳盡附若輩正以表孟子也齊王實敬孟子却不能用孟子亦以齊王足用爲善不欲遽去後必有事大不合理孟子以去就爭之王不能聽孟子遂決去猶望齊王庶幾改之是以將行未行淳于髡見孟子素高

自位置與己異趣因其去國即以孟子所言仁字反唇相稽言夫子平日所言仁人既知之矣達則兼善展布廟廊窮則獨善石隱巖壑今夫子在齊不爲不尊榮上未正君下未澤民往來屑屑不憚煩仁人固如此乎使孟子此時將正意說破有以自處無以處齊王非忠厚之道只就仁論仁還他一個囫圇吞棗言此仁字乃我平生造次不離幼而學壯而行者此仁仰不愧俯不怍者亦此仁只是我用我法不必求同於人正如伯夷伊尹柳下惠心迹亦是不相同皆不失爲仁者我今日去齊進退以禮心跡雙清亦何必求同於先名實後名實者哉　魯定公受女樂之事孔子去之本是正理燔肉

不至小事耳孔子却以此去引褊心之咎於已所以爲微罪也齊王之事已如匣劍帷燈淳于髡亦不敢復置喙所以爲命世亞聖之大才

附伊尹五就桀贊

伊尹五就桀或疑曰湯之仁聞且見矣桀之不仁聞且見矣夫胡去就之亟也柳子曰惡是吾所以見伊尹之大者也聖人於天下不夏商其心心乎生民而已湯誠仁其功遲桀誠不仁朝吾從而暮及於天下可也於是就桀桀不可得反而從湯既而又往就桀桀不可而又從湯卒不可乃相湯伐桀俾湯爲堯舜而民爲堯舜之民是吾所以見伊尹之大者也仁至於湯矣四去之不

仁至於桀矣五就之大人之欲速其功如此吾觀聖人之急生人莫若伊尹伊尹之大莫若於五就桀作伊尹五就桀贊曰聖有伊尹思德於民往歸湯之仁曰仁則仁矣非久不親退思其速之道宜夏是因就焉不可復反亳殷猶不忍其遲亟往以觀庶狂作聖一日勝殘至千萬冀一卒無其端五往不疲其心乃安遂升自陑黜桀尊湯遺民以完大人無形與道爲偶道之爲大爲人父母大矣伊尹唯聖之首既得其仁猶病其久恒人所疑我之所大嗚呼遠哉志以爲誨　按五就湯五就桀於事未必有文王出於羑里之後紂使爲西伯故進膠鬲於商而用之厥後膠鬲不臣周也湯之於桀若苗之

有莘曰懼其莠薙安敢進伊尹以嘗之伊尹於湯三聘而後起桀之昏暴五就之尚不如割烹負鼎爲知所擇矣明屬附會書序伊尹自夏反作汝鳩汝方皆附會也柳州銳意功名順宗初立已瘖不能言王伾王叔文皆順宗講官急於立功乘機竊柄柳州不自貴重入其彀中罷宦市收宦官兵柄追回陽城陸贄鄭餘慶皆善政也順宗疾不能瘳宦官擁立憲宗即其善事反爲罪案柳州以是不振受千古之至冤雖良友如昌黎不敢爲之辨以其非憲宗所欲聞此五就桀贊乃其不自貴重技癢自喜處雖非正論但作時文者就題敷衍求有話說不必十分認眞故曰文章一小技於道未爲尊也因

附錄之

孟子曰（提下三段）五霸者三王之罪人也今之諸侯五霸之罪人也今之大夫今之諸侯之罪人也

天子適諸侯曰巡狩諸侯朝於天子曰述職春省耕而補不足秋省斂而助不給入其疆土地辟田野治養老尊賢俊傑在位則有慶慶以地入其疆土地荒蕪遺老失賢掊克在位則有讓一不朝則貶其爵再不朝則削其地三不朝則六師移之是故天子討而不伐諸侯伐而不討五霸者摟諸侯以伐諸侯者也故曰五霸者三王之罪人也

五霸桓公為盛葵丘之會諸侯束牲載書而不歃血初命曰誅不孝無易樹子無以妾為妻再命曰尊賢育才以彰

有德三命曰敬老慈幼無忘賓旅四命曰士無世官官事無攝取士必得無專殺大夫五命曰無曲防無遏糴無有封而不告曰凡我同盟之人既盟之後言歸於好今之諸侯皆犯此五禁故曰今之諸侯五霸之罪人也

長君之惡其罪小逢君之惡其罪大今之大夫皆逢君之惡故曰今之大夫今之諸侯之罪人也

此章來歷甚大結束甚小只重今之大夫今之諸侯之罪人二句五霸有罪三王不得而誅之今之諸侯有罪五伯亦不得而討之不同時也今之大夫與諸侯同時長君逢君陷之不善賊其民而敗其國反從而優禮之信用之抑何心歟孟子力詆桓文以戰國諸侯志在桓

文不過摟伐之事殺人盈城盈野無日休息欲其行王道使天下之民舉安也故力詆桓文意有所謂卲子因此指桓文爲功之首罪之魁其實周室非桓文則不能存立若以爲罪魁彼射王中肩伐凡伯誅萇宏楚子問鼎秦穆超乘反功臣歟卽使其每事必請命天子正如曹操下漢獻帝之詔劉裕作宣德太后之令徒爲僞耳惟其率作諸侯戮力王室其實意可以感人故桓公之後晉文繼霸晉襄晉悼晉平相承均能匡扶王室不至顚墜厥後晉衰越王句踐繼之號召齊晉尊崇周室齊威王猶入朝周秦人如虎狼亦不敢加兵於周秦併天下殆盡東周君自以地入秦周民東徙卒不臣秦周赧

王亦自考終天下無共主者三十年秦乃稱帝周雖削弱君臣之大分不泯桓文之力也後儒不知事體尋聲逐響語不由衷豈可與之道古　天子適諸侯節與齊景公晏子之語不同尊重天子　慶以地節禮記所云名山大澤不以封其餘以爲附庸閒田諸侯之有功者取諸閒田以祿之其有削地者歸之閒田　古天子之師不出境討而不伐命方伯連帥率諸侯以討有罪諸侯伐而不討節奉此討之之命也五霸不請命於天子自帥諸侯以伐諸侯　陳大士云若云五霸桓公爲賢則掩其過桓公爲强則掩其功今曰爲盛則功過兩不相掩按周禮司盟書辭於策殺牲取血坎其書於牲上

而埋之謂之載書。趙岐註孟子云、束縛其牲、但加載書、不復歃血。孔穎達云、凡盟禮、殺牲歃血、告誓神明、有背盟者、神加殃焉、有如此牲。今諸侯諭乎桓公之志、不用殺牲、但束縛之、加載書而已。鄭康成周禮註云、合諸侯者、必割牛耳、取其血歃之以盟、玉敦以盛血、珠盤以盛耳。將歃、則戎右執其器、爲衆陳其載書、使心皆開闢、司盟之官乃北面讀載書、以告日月山川之神、旣告、尊卑以次歃、乃坎其牲、加書於牲上而埋之。　按春秋僖公元年夏、公會宰周公、齊侯、宋子、衛侯、鄭伯、許男、曹伯于葵邱。九月戊辰、諸侯盟于葵邱。嚴氏啓隆曰、國初常熟人。葵邱之會、夏之會而秋之盟、以大叔帶欲間王位、故

於宰孔既歸復會諸侯盟之宣五禁以風示於帶初命
曰誅不孝指叔帶也再命曰無易樹子即指襄王也由
是叔帶終桓公之世不敢爲亂此說得之　五禁皆王
命藏之盟府太師職之者也左傳但云凡我同盟之人
既盟之後言歸於好穀梁傳但云毋雍泉毋訖糴毋易
樹子毋以妾爲妻毋以婦人與國事公羊傳不能舉其
詞惟孟子能舉其全賢者識其大豈不信哉　葵邱之
會周語載齊桓升拜受大輅龍旂九旒彤弓大路命以
牧伯之事諸侯稱順焉甚盛節也世儒狃宰孔不務德
而勤遠畧之言亦信口毀之不知宰孔乃前知晉獻公
將死國且大亂權詞以阻之考之春秋九月盟葵邱下

即書九月甲戌晉侯詭諸卒相距七日耳若不以宰孔之言遂回則必没於路國內無主三公子之徒內外交訌民受其殃幸而晉獻急歸殁於牖下里克殺奚齊卓子曾殺驪姬於市禍不及民宰孔之爲也春秋時王室多奇才如王子晉劉康公萇宏皆非列國之臣所及周不復興封建之世大局已定各守疆域以名義推崇不敢背叛即是清平之世必欲生殺予奪任意諸侯莫之敢違勢必不能論古者須有全古於胸中勿但如隙中之觀鬥牖下之窺龍則得之

魯欲使慎子爲將軍

孟子曰不教民而用之謂之殃民殃民者不容於堯舜之

也。

一戰勝齊，遂有南陽，然且不可。

慎子勃然不悅曰：此則滑釐所不識也。（分析）

曰：吾明告子。天子之地方千里，不千里不足以待諸侯。諸侯之地方百里，不百里不足以守宗廟之典籍。周公之封於魯，爲方百里也，地非不足，而儉於百里。太公之封於齊也，亦爲方百里也，地非不足也，而儉於百里。今魯方百里者五，子以爲有王者作，則魯在所損乎，在所益乎？

徒取諸彼以與此，然且仁者不爲，況於殺人以求之乎？（正意）（開示二路）（前引三段結）

君子之事君也，務引其君以當道，志於仁而已。

戰國之時齊稱東帝與秦頡頏魯爲弱國無故挑釁使齊折入於魯則難魯折入於齊易易耳不知是何小人以人國僥倖一戰勝齊遂有南陽魯自是無寧日矣但此意若正言之則不可使聞於鄰國惟折以正理古制魯知之則不敢以小加大即齊聞之亦不復以衆暴寡立言之善如此周公太公於親賢無匹封國只百里人多不信其實周初千七百國星羅碁布豈能強奪人地以大其式廓滅國五十封同姓四十數畧相當不能多也況伯禽之魯淮夷徐戎並興魯東郊之門不啓太公封齊感逆旅人之言夜起披衣至營邱萊人已與之爭地矣是始封之時幅幀只是如此魯於淮徐既却之後

事無可考。入春秋，隱公四年即取防取郜，厥後僖公取濟西，成公取汶陽，百里者五，皆蠶食兼併爲之，故在所損之數。齊地濱海，後屬萊夷，遂爲臣僕。入春秋，齊襄滅紀，齊桓滅譚滅項，故地數倍於魯。周禮、王制所云諸公五百里、諸侯四百里，於事無所徵，不足信也。明人曹石霞，名士也，於此章云：魯爲齊弱久矣，本不敢覬覦齊地，時值燕昭王復仇，樂毅下齊七十餘城，惟即墨、聊城未下，魯於此時欲乘釁而動，取南陽之地。其說恰中情理。蓋慎子亦非愚無知，齊若無釁，豈敢妄動。不知後來樂毅奔趙，齊地盡復，若田單破燕之後，率強兵責取南陽，魯將何以待之。小人謀國，但見目前，往往如此。趙岐云

山南曰陽南陽岱山之陽

孟子曰今之事君者曰我能爲君辟土地充府庫今之所謂良臣古之所謂民賊也君不鄉道不志於仁而求富之是富桀也

我能爲君約與國戰必克今之所謂良臣古之所謂民賊也君不鄉道不志於仁而求爲之强戰是輔桀也

由今之道無變今之俗雖與之天下不能一朝居也

此即責備愼子之詞不用再分析愼子即愼到史記正義云學黃老之術著書十二篇

白圭曰吾欲二十而取一何如

截上生下

孟子曰子之道貉道也

萬室之國一人陶則可乎曰不可器不足用也
曰夫貉五穀不生惟黍生之無城郭宮室宗廟祭祀之禮
無諸侯幣帛饔飧無百官有司故二十取一而足也
今居中國去人倫無君子如之何其可也
陶以寡且不可以爲國況無君子乎

對說欲輕之於堯舜之道者大貉小貉也欲重之於堯舜之道
者大桀小桀也

戰國用兵無休息日取民極重忽有戴盈之欲什一去
關市之征白圭欲二十取一皆妄言之孟子亦妄聽之
非眞能見之施行也但旣有此說亦不得不與之辨什
一天下之中正以三十年之通制國用國有九年之蓄

非惟爲國正以爲民去人倫無君子固不可有水旱凶荒倉廩府庫蕩然無以爲周恤之計亦必亡而已矣孟子之時人極愚頑難以開導但說至彼詞窮而止不與更言向上一層高言不止於衆人之心言之無益也

黍五月登之薦廟最先熟莖粗葉大中國種之比於稻粱麥稷貉種之雜於藜莠蓬蒿故云五穀不生又曰惟黍生之淮南子有貉地至寒不生五穀鄒衍吹律寒谷回春黍乃生之亦妄言也

白圭曰丹之治水也愈於禹

孟子曰子過矣禹之治水水之道也

是故禹以四海爲壑今吾子以鄰國爲壑

水逆行謂之洚水洚水者洪水也仁人之所惡也吾子過矣

此白圭必有巧思自誇能治水前章自誇能生財以節財也註中以貨殖傳之白圭當之閻百詩四書釋地力辨以爲不是但貨殖傳既云吾治生如孫吳之用兵商鞅行法是此人明是魏文侯以後親見吳起戰功商鞅富强羨慕之者正與孟子同時矣魏文侯自有戰將亦名白圭戰國策所云爲魏取中山中山人惡之於魏文侯文侯擲以千金之璧此另一人不則既爲將又貨殖無此理矣司馬遷合兩人爲一人閻百詩即據此一人以爲與孟子相差七十餘年其說非是　白圭之術蓋

欲龍牢百貨如桑羊之平準王安石之市易巧奪商賈之財以寬農民不知農末相資均是赤子因末以紓農農末必卽受其利末之害巳不可言王道惟均平爲主

白圭築隄障水以鄰國爲壑不知鄰國效尤亦築堤障之則此水倒灌逆流吾國反爲壑眞愚人也

孟子曰君子不亮惡乎執

此章趙岐古註云亮信也易曰履信思順君子之道捨信安所執之耶孫奭疏云言亮不言信亮之義其體在信其用在明云云朱子因說文無亮字不立別解卽用

舊註其實說文許愼一家言耳亮字三見尚書皆作明字亮采亮天工寅亮皆言明亮庶事也明然後有執不

明執拗耳困勉錄引張江陵四書直解云亮是明理兼
採孫宣公疏補朱子所未足之義當從之

魯欲使樂正子（三反覆）爲政孟子曰吾聞之喜而不寐
公孫丑曰樂正子强乎曰否有知慮乎曰否多聞識乎曰
否
（又一反）然則奚爲喜而不寐
曰其爲人也好善
好善足乎
曰好善（又進一步）優於天下而況魯國乎
夫苟好善則四海之內皆將輕千里而來告之以善
夫苟不好善則人將曰訑訑予既已知之矣訑訑之聲音

顔色。距人於千里之外。士止於千里之外。則讒諂面諛之人至矣。與讒諂面諛之人居。國欲治可得乎。

任政。謂强能決斷。因革行止。謀政。謂智慮能籌度是非利害。達政。謂聞識能博綜朝章國典。三者亦爲政之要務。曰否。非樂正子短於此。言所長却不在此也。　三代以後名相。首推諸葛丞相。只云開誠心。布公道。集衆思。廣忠益而已。自下教云。昔事元直。多見啓誨。後交幼宰。攻得失。每事十反。來相啓告。不曰予既已知之也。司馬遷於蕭何世家。只錄四事。首一條。即薦韓信。房元齡杜如晦。唐史亦只極推其在幕府。能延攬人才。舍此。即第二義。

陳子曰。古之君子何如則仕。孟子曰。所就三。所去三。迎之致敬以有禮。言將行其言也。則就之。禮貌未衰。言弗行也。則去之。

其次雖未行其言也。迎之致敬以有禮。則就之。禮貌衰。則去之。

其下朝不食。夕不食。飢餓不能出門戶。君聞之曰。吾大者不能行其道。又不能從其言也。使飢餓於我土地。吾恥之。周之。亦可受也。免死而已矣。

此仕字只是周旋往來列國就取予上說。孟子言君子之在人國。交際有此三等。末等遭遇最窮。出於不得已矣。然亦受之有節。不肯以身為溝壑。苟取於人也。以行

道必重道不肯以道殉乎人立說則得之

孟子曰舜發於畎畝之中傅說舉於版築之間膠鬲舉於魚鹽之中管夷吾舉於士孫叔敖舉於海百里奚舉於市故天將降大任於是人也必先苦其心志勞其筋骨餓其體膚空乏其身行拂亂其所爲所以動心忍性增益其所不能

人恒過然後能改困於心衡於慮而後作徵於色發於聲而後喻（三段收）

入則無法家拂士出則無敵國外患者國恒亡（又進一步）

然後知生於憂患而死於安樂也

此章專爲士人處貧困頹靡不能自振者說法言此正

天之成就人處自古聖君賢相以及列國伯佐莫不從此中鍛煉出來卽中人亦然卽國家亦然必待安樂然後得生則誌錯路矣　孫叔敖履歷認不清楚金仁山云卽蔿艾獵也講章從之今按蔿艾獵蔿賈之子蔿賈尚幼卽知子玉剛而無禮必僨事楚之賢臣其子不舉於海矣荀卿呂覽只言孫叔爲期思之鄉人期思四書釋地云在固始今河南光州地不近海金仁山又云在弋陽今江西也吳頭楚尾卽此地戰國時吳越皆爲楚所滅海正楚之界內從荀卿呂覽之說爲長左傳史記說苑載孫叔敖事甚詳不悉錄凡人處境極順於世事人情必有不能周知之處旣非目所覩耳所聞亦非知

慮所及也楚子謂晉重耳在外十九年艱難險阻備嘗之矣此不易之理　勞苦困餓不足道所爲何至拂亂此亦時命爲之尸子言呂望賣漿則天凉鼓刀而屠則國下令禁殺管仲自言爲鮑叔謀事而更窮困鮑叔不以爲我不知知我不遭時也造物顛倒英雄往往如此然由此所得不少事後乃知之聖賢仁義禮智之心何待貧困而後動然窮則反本良心發於歷試之餘勞則思善天理存於憂勤之後必有倍警切於人者聖賢氣禀食色之性亦不待貧困而後忍然求焉不得樽節以成寡過之功欲之不果澹泊以成養心之助必有倍枯淡於人者聖賢之所能何待貧困而後增益然嗜慾日

淺天機日深人情之微曖世途之曲折必有增益於平日見聞智慮之所不及者　安溪先生云天命之性墮於氣質之中雖上智亦必變動而光明其言警切當理不滅程朱人恒過此人字比上降一層却是中人以上中人以下知過亦不能改矣驗字重是由此懲創一番認得理眞行得義熟從前昏昧放逸之失一切掃除亦天之所造就也　法家拂士國賴以存固也敵國外患何以並舉蓋人心無所畏則放肆漸萌其流有非意計所及者黃帝巾機銘云戰戰慄慄日慎一日人莫蹪於山而蹪於垤左傳鄢陵之戰范文子言惟聖人能內外無患自非聖人外寧必有內憂曷釋楚以為外懼晉武

帝欲平吳羊祜張華力贊之山濤不欲亦引此言言吳豈患不平正恐平吳之後方煩聖慮耳武帝不喻其意鄢陵勝楚而歸厲公殺三郤欒書弑厲公晉國以亂晉武帝平吳之後縱恣逸樂入後宮多經月不出立一昏愚之太子天下由此分裂生民塗炭所謂國恒亡也

安樂憂患只論心不在事堯文王周公何嘗憂患孔子顏曾何嘗安樂均之大聖大賢栢蘊高前輩有此題文云處安樂而不忘憂患即安樂未必不生處憂患猶思安樂則憂患亦斷無不死也梵志翻着襪極為爽快若云忠臣孝子生氣凛凛雖死亦生淫昏之輩行尸視肉雖生亦死此又歇後一層

孟子曰教亦多術矣予不屑之教誨也者是亦教誨之而已矣

此章專重教亦多術句言教人祗此不倦之心人品不齊或語或默不妨多術即如吾之於人亦有不屑教誨之時却不是棄絶此人正是感悟此人教之見於言者易見教之寓於默者難知亦惟人之自爲領會而已欲其人知之自修省也　此章須看得畧高如曹交之有餘師滕更挾貴挾賢不答墨者夷之辭以疾之類皆非不可教誨之人不屑之教是亦教也若如三苗侮慢自賢不屑之誨安能誨之講章謂予字不指孟子非也

四書翼註論文卷之三十七

孟子　盡心上

孟子曰盡其心者知其性也知其性則知天矣

存其心養其性所以事天也

殀壽不貳修身以俟之所以立命也

此章仍是爲性善之說探原是宿示人以天人合一之理知得此理則窮理盡性至命一以貫之可以達天德矣大旨不過如此　首節是言天命之謂性言性之大原出於天而具於人心故曰人者天地之心陰陽之和五行之秀氣也人或內牿於形氣之私外限於見聞之狹則於心之分量不能盡此皆不窮理之故若此人能

於心之全體無不貫徹必其平日於仁義禮智渾然在中者知其萬殊一本反觀而得其本原人能於心之大用無不洞達必其平日於仁義禮智燦然有序者知其一本萬殊研究而得其會通凡盡其心者皆由於知其性也夫天之所性通極於命至難知者也既知得性即知性之所從出性之渾然在中即天命之粹精超於形氣之表大本之所以立也性之燦然有序即天道之各正貫於品類之繁達道之所以行也知其性則知天矣學必先於窮理者此也　林次崖存疑云盡心在知性之後知天即在知性之中蓋吾心之理皆出於天未到豁然貫通以前有强探力索之勞未足言知天也惟窮

之又窮至心胸了悟洞然一貫則上天之載無聲無臭可得之不言之表即知天矣　此章專重性字性者萬物一源心量大本由此性分大安溪云離性無心心非虛而無所主也即所具之定理而含不測之神離性亦無天天非渺而不可求也即在我之皆備以通生物之始說得透徹之至　次節言人能宏道性無爲而心有爲人於心之全量既盡之矣須知其出入無時而用靜存動察之功以存之使氣不逐物而常守其至正於性之定理既知之矣則當直養無害而用直內方外之學以養之使事必循理而不害其本然夫此心也性也乃天之所以與我而我之所以爲德者也不存不養即是

慢天違天褻天能存能養卽所以事天對越莫嚴於屋漏夜濯尤切於旦明能事天則由有物有則之恒以通無聲無臭之妙天人幾於合一矣學必要於盡性者此也　胡雲峯謂存心無工夫養性有工夫亦不是存心工夫無迹可見耳蘇紫溪云求諸有生之初收之已放之後操持者見其入不見其出求其自然之故戒其人爲之私培植之無所助亦無所忘於存字說得明白責際飛云養性者順乎仁而測隱不以殘刻害之順乎義而羞惡不以無恥害之順乎辭讓是非不以慳鄙昏昧害之所謂涵養也眞字字如文犀分水　三節是言能知天則知之至能事天則行之力也是智精仁熟卓然

以天命自度不特富貴貧賤窮通得失不足以攖其心即氣數不齊堯舜之壽考佑德固然有徵顏冉之不年天道胡然不測此人所最易惶惑者絕不以貳其心惟此存心養性之功與吾身相終始玩索愈密性不雜以一私踐履愈純心無間於一息存順沒寧修身以俟則順帝之則無忝所生天之所命通極於道遇之吉凶不足以戕之者至是乃自我立焉學至於是則由窮理盡性以至於命聖人所以盡己性而立人極皆由於此學者既知吾性之本善可不勉哉

心是靈活之物無限量亦無畦畛如何可盡盡心即在知性內知得性之德十分透徹便是盡心知天與知性只是一層性外無天

則字極輕快　有以知性之仁義禮智即天之元亨利貞作註腳者膚淺之甚元亨利貞是虛字眼文王示人占得乾卦固大吉利作正事不可行邪所謂作易者其有憂患指此也孔子繫易言此大吉利正只是憑着仁義禮智信行之而已故曰君子行此四德者乃人事非天道也前明顧憲成文端近日李文貞只以窮神知化爲知天得正解顧又云心之所以爲心不以郛廓言以其中之包涵言故知性而心由此盡天之所以爲天不以形氣言以其中之主宰言故知性而天由此知存心養性非二亦非一存心須造次克念戰兢自持不則莫知其鄉矣養性是心既存後順其自然無爲其所不爲

無欲其所不欲即是　此章命字與下章之命非一亦非二天命之謂性非氣安所附麗數者氣之分限節度也雖聖賢亦在氣數中故非二然天命至尊流行於氣數之中却不爲氣數所轉故非一試觀佛氏不過虛靜之極老氏不過收斂之極竟能外形骸而獨立物表況聖賢立人極參贊天地有功萬物東坡先生所謂不恃生而存不隨死而亡即立命也安溪先生以全受全歸天命不僭立說最得之

孟子曰莫非命也順受其正

翻出去

是故知命者不立乎巖牆之下

詳說

盡其道而死者正命也

桎梏死者非正命也

此章語氣與上章不相蒙朱子却言發末句未盡之意蓋前章立命乃天命之性自我而全謂之立孟子恐人認作氣數之命以不受命爲命自我立故另將氣數之命闡明一番言天理之命人皆可以爲堯舜不可不勉若氣數之命吉凶禍福君子聽其自然順以受之一心惟就正道上行事居必廣居立必正位行必大道若行險僥倖如立巖牆之下者君子弗爲也如是則盡其道而身名俱泰正命也卽不幸如龍比之忠伯夷之仁顏冉之修德皆不獲報是亦正命也若小人之流干犯禮義爲所不當爲至於桎梏而死則非正命矣此只言氣

數之命權不由己君子惟以修德爲事順命卽是立命
世有不修德一任其自然者非也自作孽亦諉之命命
不任受其責矣　安溪云知天命之性雖行乎氣數之
中而其理自在卽所謂正命良然

孟子曰求則得之舍則失之是求有益於得也求在我者
也

求之有道得之有命是求無益於得也求在外者也

此章以有益無益喚醒昏迷欲人求之內移求利之心
向義義無不精以徇道之身徇欲欲未必得徒陷於小
人由不知命故也兩列其說令人深思而自得之　仁
義禮智求則得之此一層好曉求富貴如何有道蓋人

卽至愚未有平旦衣冠攫金於市肆者名節不可棄分義不可越求之亦甚費力及其得之又有命焉是求之無益也穴垣袪篋之輩屈膝鑽賁之流聖賢亦不掛齒

孟子曰萬物皆備於我矣反身而誠樂莫大焉彊恕而行求仁莫近焉

此章首節總冒一安一勉意似兩平其實緊承求在我句側重彊恕一邊　萬物皆備正對求字言性分之內蟠天際地卽器卽道一物一則仁敬孝慈之定理經權常變之事宜探之不窮體之不盡何暇外慕成德之人心無私累靜而存主皆發已自盡之實心動而推行皆

循物無違之實事此反身而誠者其人於皆備之理體驗之切觸處而皆眞踐履之醇不習無不利順理而行不愧不怍固樂莫大焉即下學之士不能反身而誠省察未精不免物欲之累克治未力難免人我之分則須反其道而行之謂之彊恕人心惟危所便安之處必求諸非道道心惟微所黽勉之處必求之道如是雖不能即廓然大公亦漸遠不公雖未即物來順應而所應亦不失理以是求仁斯亦近之夫中心安仁天下一人而已其餘通德類情大抵從勉強始人彊恕而行則此皆備之理亦可察之由之以臻於反身而誠之詣矣道豈遠乎哉術豈多乎哉　恕行到熟處盡處即是仁只怕

作轂彊字是十成鄭重之詞　聖門論仁只一日克已復禮天下歸仁是反身而誠之事己所不欲勿施於人即是行恕敬義立而德不孤由賢希聖只此便是　反身而誠誠字須與樂字交關唐荆川云靜涵萬物之情無不眞切動應萬物之宜無不順適所謂誠也

孟子曰行之而不著焉習矣而不察焉終身由之而不知其道者衆也

此亦緊承上章言性者萬物一源盡人同具乃有一種人非安非勉只是日用不知或浮慕其名行之而不知其準的或偶涉其藩習之而不審其指歸或但識淺近不能精義入神或誤於岐途甚至以非爲是以致終身

由之不知其道者衆也聞吾强恕之說或者曠若發矇
可以著之察之乎　由道而不知道亦非甚庸下之流
須看得畧有個身分
孟子曰人不可以無恥無恥之恥無恥矣
孟子曰恥之於人大矣
爲機變之巧者無所用恥焉
不恥不若人何若人有
孟子以先立乎其大者爲作聖之標準直就心體指出
仁義兩字操之有要切而易行前章强恕是丁寧剖露
惻隱之心此兩章是激發人羞惡之心也明於天性知
自責於物而後知所恥此一念即作聖之基人若能守

此有恥之心以無恥爲大戒則進而彌上何至復有恥辱之事恥之於人關係甚大惟有一種小人良心已壞天理澌滅專以機械制服人變詐誑誘人揚揚得意自以爲巧不可階即語之曰爾之所爲可恥之甚彼且駭而不信以爲此一字安所用之嗚呼此等羞惡之良已滅永遠墮落尚何望其若人之有　此機變之巧即朝秦暮楚抵掌而談一時人主前席傾聽以爲秘計密畫者不知此乃無恥之機械變詐也可以一嘆

孟子曰古之賢王好善而忘勢古之賢士何獨不然〈結〉樂其道而忘人之勢故王公不致敬盡禮則不得亟見之見且〈語藏頭〉猶不得亟而況得而臣之乎

勾踐在說士之中必是有學行者故孟子二章皆以古人之事告之此章言古之賢王尚且好善忘勢何況賢士今之諸侯固不能貴德下賢今之士亦大不自重不思古之士必王公內致其敬外盡其禮果是志同道合然後亟見之與之講道論德納誨陳謨否則不得亟見之也今之士求爲臣惟恐不得亦獨何哉

孟子謂宋勾踐曰子好遊乎吾語子遊人知之亦囂囂人不知亦囂囂

曰何如斯可以囂囂矣曰尊德樂義則可以囂囂矣故士窮不失義達不離道

窮不失義故士得己焉達不離道故民不失望焉

古之人得志澤加於民不得志修身見於世窮則獨善其身達則兼善天下

又提窮達字

此亦以古人之事望之言今之遊說惟欲其說之行也人知之則得意若人不知則無以自處豈知古之賢人知之亦囂囂吾言用而天下受其福所甚願也即人不知彼自不能聽吾言耳於吾何損君民可以爲堯舜憂在其中轍環不能已於行樂在其中遨遊人國知此道則可矣　尊德指天之尊爵人之良貴以之持已則人爵不得屈之而常尊義指辭受取予一以正理裁之則人不能擾之而自樂惟其能如此也則已大而物小內重而外輕窮而在下知有德義而已雖有定守豈以貧

賤能移而至失義達而在上亦惟知有德義而已沛然
有實用豈以富貴能淫而至離道不失己則讀書樂道
充然有以自足進禮退義確乎其不可拔故士如是乎
其得已也不離道故措之則正施之則行民望之如雲
霓能解倒懸之急民望之爲舟楫不負道濟之心如是
乎其不失望也是以古之人身有顯晦道無隆汚得志
則澤加於民以德義公之於人不得志則以德義卷而
懷之内修其身而名實仍自著見於世抱樂行憂違之
雅志何必不窮窮則獨善其身蓬蘽而處必不枉尺以
直尋儀羽可懷猶可立廉而起懦遇好善忘勢之君何
必不達達則兼善天下以正心誠意之學弼直吾君而

民皆飲和食德以正德厚生之政潤澤吾民而君益安富尊榮尊德樂義無所往而不善如此古之賢士豈今之遊說者比哉通章文勢一氣相承一句須一句一層進一層想見孟子當日泰山巖巖壁立千仞

孟子曰待文王而後興者凡民也若夫豪傑之士雖無文王猶興

此是孟子激發門徒共肩聖道非尋常勸善之詞言人性皆善仁義禮智我固有之苟能認得眞做得透希賢希聖猶自已門庭升堂入室何用他人接引扶持惟有一種凡民心知向善力不自强則必待聖人之善於培養人才如文王自家而國化行江漢而又壽考作人此

時蓬生麻中不扶自直興起為善固其所耳若夫豪傑
之士自知既明自待尤厚雖無文王不有見文王之道
而知之者乎我可讀其遺書而繹其奧蘊不有聞文王
之道而傳之者乎我可尋道脉而得所依歸緝熙敬止
之心傳猶旦暮遇之何必自比於罝兎之野人草蟲之
士女延頸企足以俟盛時哉　文王之後更無文王人
不當以孔子孟子而與乎江陰楊文定公名時時文豪
傑即指中行狂狷與即指聞知私淑有自記與安溪先
生商榷語與不可猝曉用其意疏通之

孟子曰附之以韓魏之家如其自視欿然則過人遠矣

此與衣敝緼袍章道理一　如過人遠兼目前之定力將

來之成就○二層○

孟子曰以佚道使民雖勞不怨以生道殺民雖死不怨殺者○

此爲虐用其民賊殺無辜以致怨聲載道者說蘇文忠公曰使民爲農民曰是食我之道使民爲兵民曰是衛我之道使民爲城郭溝池民曰是域我之道若夫田獵之娛臺池宮室之奉君子蓋不以勞民也　生道殺民只是此人有罪應死我求其生而不得則死者與我俱無憾便是蒙引有救焚拯溺一說所見甚狹又以除暴安民說戰國之君糜爛其民而戰之皆曰吾以除暴安民也豈肯承認爭城爭地此說亦不足置議

孟子曰霸者之民驩虞如也王者之民皡皡如也殺之而不怨利之而不庸民日遷善而不知爲之者夫君子所過者化所存者神上下與天地同流豈曰小補之哉

戰國之君只慕桓文孟子以大小公私之辨示之殺之不怨用刑當也利之不庸爲利溥而不言所利也遷善不知因其性之自然無所矯强也舜典敬敷五教在寬放勲云勞來匡直輔翼使自得之聖人久於其道而天下化成無形跡可見齊桓亦鄉舉里選晉文亦示信示禮與王者正天懸地隔過化存神自難說得明白註中以舜與孔子分貼無可議矣但存發互相表裏過化由

於存神此一層亦須知道　帝王通歷云堯時有老人歌於道曰云云　註中語本此風土記云壤以木爲之長三四寸形如履屐兒童嬉戲先側一壤於地從三四十步外以手中壤遥擊之

孟子曰仁言不如仁聲之入人深也

二分折三節

善政不如善教之得民也

善政民畏之善教民愛之善政得民財善教得民心

此章言治道當取法乎上俱就好一邊說仁言即詔令漢文帝下詔父老扶杖樂觀德化之成漢光武皇帝詔書第五倫爲市令讀之曰此聖主也唐德宗奉天之圍下詔罪已武夫悍卒皆揮涕用命仁言何嘗不入人但

較之已有實事頌聲洋溢者則彼之入人尤深矣　善政善教二者俱有仁聲但善政不如善教之得民善政卽井田學校凡紀綱法度皆是省刑薄斂民可使富如何不得民財善教卽就此善政中有大學問大精神道德齊禮以作之先董休誡威以持其後卽君民一體會極歸極得民心矣若將善教劃出在善政之外世無只以道人木鐸狥於路卽可以得民心者政旣曰善亦不可抑之使下管商之政孟子不謂善也

孟子曰人之所不學而能者其良能也所不慮而知者其良知也

孩提之童無不知愛其親也及其長也無不知敬其兄也

親親仁也敬長義也無他達之天下也

此章只是欲人知仁義非由外鑠乃人自然而然之良知良能孩提墮地時卽有之卽此便是仁義無他言仁義之道卽此便是更無他說達之天下言卽此一人達之人人放之東海而準放之西海而準卽人心之所同六字至於由仁而達之育萬物由義而達之正萬民又是推廣一層話此達字乃達道達德之達 西山眞先生曰善出於性故有本然之能不由學習思慮乃本體自然呈露也

孟子曰舜之居深山之中與木石居與鹿豕遊其所以異於深山之野人者幾希及其聞一善言見一善行若決江

河沛然莫之能禦也

此章正文頗難理會講章所說盡是匠詞無思無爲寂然不動感而遂通天下之故此是言周易卦爻之靈何與舜事蒙引云見一善言便暢然悟其所以言之理見一善行便曉然解其所以行之善於若決江河四字解得明白但聖人皆知此不消孟子喝采贊歎惟前明徐文定光啓文云大舜之不可及不在用中之時而在執中之日不從有爲者窺其明目達聰之妙而從無爲處察其虛瑩洞朗之天能得其解蓋舜自耕稼陶虞以至爲帝無非取諸人者爲帝取諸人施之政事人知之矣耕稼陶虞之取諸人人不知也特地闡明一番韓文懿

茨則云舜在位時闢門達聰求善之意甚至不知其心泊然無爲窅然以處曾不異曩者居深山時是故吾即以舜之居深山者觀之於此章正文字字有着落蓋大任既降虛公博採人亦能之與木石居與鹿豕遊之時人疑此事定復不急不知聖心無論窮達總是此明通公溥此善言善行他人聞之見之漠然無所動於中舜聞之見之早已聲入心通謋然開解也言好善深故悟善速舜之心量自昔已然

孟子曰無爲其所不爲無欲其所不欲如此而已矣

此章詞淺理深言人之本心若匪所不爲無復羞愧望他爲聖爲賢實是難事今人心不論賢愚羞惡之良炯

炯不昧只是氣拘物誘不能擴而充之此事不為不欲他事則為之欲之者多矣若能從此認眞旣有所不為卽自今以起以義制事無為其所不為卽志士之厲行以禮制心無欲其所不欲卽哲人之知幾如是則所為所欲無所往而不為義君子之道如此而已矣此是直截指點人之本心大有可用所以人皆可以為堯舜也兩無字極有力十分堅恐始能無之

孟子曰人之有德慧術知者恒存乎疢疾

獨孤臣孽子其操心也危其慮患也深故達

此章與天降大任章一樣遭遇不同達者達事君父之理也中生在內而危重耳在外而安箕子以明夷養晦

屈原以哀怨自沈德慧術知難言之矣　文王非孤臣而似孤臣舜非孽子而似孽子能以知慧挽回君父再歎不出第三人此章令人閣筆歎息

孟子曰有事君人者事是君則爲容悅者也

有安社稷臣者以安社稷爲悅者也

有天民者達可行於天下而後行之者也

有大人者正己而物正者也

容悅佞臣若是彌子瑕祝鮀許敬宗封德彝之輩孟子不屑言之亦是有位望的人只是全不實心忠君愛國專在容貌上裝飾個忠敬之容以取悅於主上如張禹孔光胡廣非不通曉經術詳練典故正經處全不出頭

史言張禹見漢成寢疾。心輒不安以周易親自卜筮得
吉則喜動顏色自獻其兆只是阿諂王鳳孔光深沉恭
默問以溫室殿前何樹亦以禁中事不宣洩只是奉承
董賢胡廣恭遜明練朝章及與李固定策阿狥梁冀大
義不全此其人也刪去臣字只稱事君人亦孟子之微
詞安社稷爲悅亘以字以此爲事樂之不疲鄭國僑衛
甯俞忠貞蹇蹇泰則保邦艱能捍患可以當之　伊尹
傅說扶持既大若非湯與高宗之相信他便不出以此
道不可小用也孟子不爲臣不往見諸侯意亦如此
大人亦是人臣周公在周刑措四十年孔子在魯三月
大治路不拾遺大小雖殊正已而物正則一正已二字

最重德博而化我無爲而民自治我無欲而民自正王
罕皆先輩滙叅中一條云譬之尺度權衡已正於此物
不能違甚說得着

孟子曰君子有三樂而王天下不與存焉

父母俱存兄弟無故一樂也

仰不愧於天俯不怍於人二樂也

得天下英才而敎育之三樂也

君子有三樂而王天下不與存焉

首節末節同詞上虛下實首言人之所樂多在名位富
貴上講究豈知君子有眞樂雖王天下不在此數張南
軒先生謂視之如浮雲之過太虛竊以爲不然君子不

是以王天下爲輕此件不是樂事兢兢業業一日二日萬幾祗有憂耳云何得樂此三者固眞樂也　父母俱存可以盡其孝兄弟無故可以致其友恭須於君子身上有關係　此樂文王可以當之二樂三樂孔子可以當之末節緊跟上三樂比較一樂屬天倫王則人事二樂屬道德王則勢位三樂在萬世王則一時至樂在身心而功名無羨性中有眞趣而富貴可輕故曰君子有三樂而王天下不與存焉天之所賦毫無欠缺故仰不愧於天人所同具獨能實踐故俯不怍於人畏天卽所以合天盡人卽所以同人心廣體胖其樂可知

孟子曰廣土衆民君子欲之所樂不存焉

中天下而立定四海之民君子樂之所性不存焉

君子所性雖大行不加焉雖窮居不損焉分定故也

君子所性仁義禮智根於心其生色也睟然見於面盎於背施於四體四體不言而喻

七篇孟子所手定脈絡相承此即申言王天下不與存之奥蘊言性分之樂酣暢於勢位道德之樂崇重於事功即如廣土衆民君子得之可以行道濟時矣未足以滿民胞物與之量也故君子欲之而心之所樂不存至於王天下則非此比矣邦畿千里風雨之所會陰陽之所和朝貢適均號令響應所謂中天下而立也由是施其政教以定四海之民使之家給人足興仁興讓豪寄

譯鞮嗜慾通於萬國剛柔遲速調劑及於五方君子自應樂之但此乃性分中所發揮展布所性之內心眞宰尙不存乎此也君子之眞樂總在此所性之中蓋人之初生天予以氣以成形卽予之理以成性惟此與生俱生其他皆自外至是以此性分無所不備雖大行而垂裳恭己爵位有加而所性不加焉窮居而飯疏飲水奉養有損而所性不損焉誠以天之與我而我之所以爲德者受生之時天地之帥吾其性其分已定故也是以君子明於天性知自貴於物於其分定之性知之明守之固息之深深有以立天下之大本仁義禮智如木之有根蟠結於心湛然至虛統天德之全而無所歉粹然

無欲備衆善之美而粹有餘由是而和順積中英華發外其生色也純粹之氣見於面焉清和潤澤一元氣之會下觀自化盎於背焉豐厚盈溢一艮止之象恭而能安又施於四體焉足容自重手容自恭肅乂哲謀守其官動容周旋中乎禮從心所欲不待勉强謂之不言而喻根於心美在其中自歉而無自欺暢於四肢不習而無不利大行施於時存神即以過化窮居修之已繼往可以開來此君子之眞樂也於王天下何有哉　分定不是如世俗所云萬事分已定之說是言仁義禮智之理自繼善成性之時即安排已定非天下至亨之境可增一分非天下至困之境可損一分　見於面好說盎

於背不好說背於四體用不着不覩不聞之中和可儀可象之神彩郤於此可以徵驗周易所以有艮背之學焉咸其脢而志未止其所而道光孟子固善於形容道妙歟

孟子曰伯夷辟紂居北海之濱聞文王作興曰盍歸乎來吾聞西伯善養老者太公避紂居東海之濱聞文王作興曰盍歸乎來吾聞西伯善養老者天下有善養老則仁人以爲巳歸矣

五畝之宅樹牆下以桑匹婦蠶之則老者足以衣帛矣五母雞二母彘無失其時老者足以無失肉矣百畝之田匹夫耕之八口之家可以無飢矣

所謂西伯善養老者制其田里敎之樹畜導其妻子使養其老五十非帛不煖七十非肉不飽不煖不飽謂之凍餒文王之民無凍餒之老者此之謂也

此章單重導其妻子使養其老二句欲當世諸侯修文王治岐之實政則家給人足子弟之力自足以贍其父兄何用我推食而食之解衣而衣之乎　有經畫之實事有董率勸課之實力乃謂之導五母二母比上孟纖瑣些正是善字實際將民間家事實心人思議計算自有恰好章程也　此章裝頭甚大說伯夷大公結束甚小只是無凍餒三字蓋戰爭之時貴壯賤老壯丁力能自贍尚不十分失所老者既不能耕又不能戰視爲無

用任其凍餒轉於溝壑孟子惻然傷之言三代之盛王未有遺年者也文王之興尤善養老但伯夷太公皆古之仁人以天下爲憂樂其就養也豈但以文王養國老於東膠養庶老於虞庠兼燕禮饗禮食禮之文舉執爵執酳之儀修養氣體而又乞言之典遂褰裳就之亦以文王仁心仁政無不週遍四境之內凡是皓首蒼顏無不飽食煖衣人人得所故天下欣然歸之今天下有能如文王者何患仁人不來歸哉　次節言養老即在愛民之內不是另作典章即如分田制產之制三代通行其實養老實政即此而在　三節言伯夷太公謂文王善養老只是導其妻子使養其老非人人贈之粟帛饋

以珍羞也今之播棄黎老受害不自老者起先是陷溺其民使不得耕耨老者自然失所反其道而行之豈止老人之願哉戰國之民憔悴於虐政飢寒交廹孟子只說無凍餒三字非豳風嘉蔬春酒內則滫髓滑甘也

孟子曰易其田疇薄其稅斂民可使富也食之以時用之以禮財不可勝用也民非水火不生活昏暮叩人之門戶求水火無弗與者至足矣聖人治天下使有菽粟如水火菽粟如水火而民焉有不仁者乎

引喻　點綴語

衣食不足奚暇治禮義此言赤子皆知聖人不易此章精神注仁字機關在使字　昏暮句是寫一極不曉事

所求必不獲之樣迫起至足　首節須入君愛養民力次節須入君躬行節儉不是空言從事仁字淺看睦婣任恤有無相通即是　孕字之時犧牲無用牝長成之時魚不滿尺果蔬未熟市不得鬻不以口腹戕物類使之蕃盛也用禮指冠昏喪祭一依定式

孟子曰孔子登東山而小魯登泰山而小天下故觀於海者難為水遊於聖人之門者難為言

觀水有術必觀其瀾日月有明容光必照焉

流水之為物也不盈科不行君子之志於道也不成章不達

朱子云此章雜取衆說錯比成文以明難明之理猶詩

有比興登山觀海流水盈科興也觀瀾容光比也學者反覆而詳玩之可以嘿識於意言之表矣　此章顧學者本是孔子開頭却以孔子譬喻講書行文往往棘手須是將孔子二字頓消言孔子之德述帝憲王上律下襲全體大用無不具舉在賢哲則高於賢哲如登東山而小魯魯地七百一覽無遺在羣聖即高於羣聖如登太山而小天下禹甸六服極目可竟聖德之大如此故人之觀聖如觀海然浩乎不知津涯望洋興歎而已若幸生聖人之世而得遊聖人之門者聞仁義禮智之緒言觀易書詩春秋删贊筆削之微者愜心當理聞所未聞不特非異學曲說之所能搖即賢士大夫力能著書

立說以自見於後世者以孔子之言律之非語上而遺下卽得粗而失眞窮大失居致遠恐泥皆難乎其爲言矣　此節不是山海聖門三排並列乃逐一遞下歸重遊於聖門起下觀水有術句　聖域無涯旣不可遍觀而盡識學聖者將如何從事亦惟於其本求之而已蓋聖心之泛應曲當大也一以貫之有本也學者欲求聖人於知周萬物道濟天下則戞戞乎其難之若求之仁義禮智之根心喜怒哀樂之中節亦庶幾不昧於其途故觀水必觀瀾觀日月必在容光反其本求之此所謂術也安溪李氏云斷港絶潢之水必無波瀾電光石火安能照入隙罅屋漏無本故也聖心之本至誠無息純

一不已學者能從是而求之絕私去僞閑邪存誠百川學海而可至於海亦由此基之末節是正意言聖人之道旣大而有本學聖必循序而漸進如流水之爲物也原泉混混不舍晝夜可謂有本矣然必此一坎旣足乃行於彼坎故曰坎不盈祗旣平言盈而後進也君子志於聖道固不可無堅決之志亦不可有速化之心致知必始於博文力行必由約禮日就月將勿忘勿助而至於成章則可由此而達天德矣由致曲有誠而至形明著變因可欲爲善以至於美大聖神卽成章而達也

此章言山者再言水者三日月者一皆勿粘滯只是聖人之道大而有本學者必以其漸乃能至之細心體會

則神氣道理自分明

孟子曰鷄鳴而起孳孳爲善者舜之徒也

鷄鳴而起孳孳爲利者蹠之徒也

欲知舜與蹠之分無他利與善之閒也

人品相懸至舜蹠而極所爭只在鷄鳴而起之時故學

莫先於辨志認眞在閒字一字

孟子曰楊子取爲我拔一毛而利天下不爲也

墨子兼愛摩頂放踵利天下爲之

子莫執中執中爲近之執中無權猶執一也

所惡執一者爲其賊道也舉一而廢百也

楊墨之言孟子已痛闢之不用再贅子莫賊道人尚不

知此章語氣專重子莫上　執中是好字樣子莫所執楊墨之中非吾道之中也執楊子之爲我而不至於拔一毛而利天下弗爲執墨子之兼愛而不至於摩頂放踵以爲萬舉萬當矣不知跡非楊墨之跡心仍楊墨之心兩利俱存即兩害並受執中無權心旣有偏無所施而不誤故曰舉一廢百

孟子曰飢者甘食渴者甘飲是未得飲食之正也飢渴害之也豈惟口腹有飢渴之害人心亦皆有害人能無以飢渴之害爲心害則不及人不爲憂矣

自來講章說皆粗淺甘澹泊易忍飢渴難世有壯年盛氣束身立品必則古昔稱先王及至末路難持窮途易

操或枉尺而直尋倒行而逆施借是以息肩者有之由是以償所欲者有之所謂飢渴害之也始終一節確乎其不可拔則不及入不爲憂矣老益壯窮益堅此章註脚也

孟子曰柳下惠不以三公易其介

柳下既窮安得三公不知此正不以三公易其介也臧文仲固蔽賢但犒師之對國不被兵爰居之祀書爲三筴舉國皆知之稍稍詭隨何必不三公不則去之他國亦何必不三公古無稱柳下爲聖人者孟子稱之信之以此

孟子曰有爲者辟若掘井掘井九軔而不及泉猶爲棄井

也

此章正意在先譬喻在後不用含蓄與苗而不秀爲山九仞各章不同蔡虛齋云兼德學事功照註堯舜孔子說

孟子曰堯舜性之也湯武身之也五霸假之也久假而不歸烏知其非有也

孟子道性善只是仁義兩字章內三之字皆指此堯舜由仁義行所性而有湯武非仁無爲非義無行以身體之五霸則凡事托名仁義而實假之但假之既久不特人爲所愚連自己亦不知居仁由義之真面目甚言其不可也　此章性身皆兼德行事功蓋五霸之假全在

事功也堯舜精一執中時雍風動皆自然而然無所勉強湯武知己德之當明則存理遏欲知民德之當新則立綱陳紀皆有實心實事五霸但以美名濟貪欲之私而已

公孫丑曰伊尹曰予不狎于不順放太甲于桐民大悅太甲賢又反之民大悅賢者之爲人臣也其君不賢則固可放與

孟子曰有伊尹之志則可無伊尹之志則篡也

此章書經正文但云營於桐宮密邇先王其訓非放之也伊尹放太甲而相之卒無怨色管蔡爲戮周公右王此左傳祁奚救叔向之言大約古人讀書亦有錯悞管

蔡正欲害周公何反取以証兄弟不相及一時遷就之詞也又如泰伯不從本是泰伯欲以儲貳讓王季大王不從宮之奇說作大王欲翦商大伯不從遂成千古疑案亦此類太甲天資非大昏謬特以居深宮之中與宦官宮妾相親狎爲所蒙蔽瀆惑伊尹奉之居於桐宮桐宮別宮也湯廟在焉故曰密邇先王其訓下文又云王徂桐宮居憂卽以桐宮爲倚廬喪次伊尹舉冢宰之職百官總已治事之外朝夕納誨太甲敬而聽之卽克終允德喪服旣畢奉之而歸矣書詞甚明無放太甲之事也元人孫季昭著示兒編言伊尹教太甲於桐古字放與教相近故人誤以爲放張天雨錄其說書於伊尹古

像之後

公孫丑曰、詩云、不素餐兮君子之不耕而食何也孟子曰、君子居是國也其君用之則安富尊榮其子弟從之則孝弟忠信不素餐兮孰大於是

此章淺看君子雖不在位亦有益人國德輝所被如珠藏澤潤玉韞山輝養賢之禮於古有之奚足爲異乎

此詩毛序本刺貪夫不事事而受祿如不稼穡而取禾三百廛三百億非令君子負耒入田也公孫丑之問不過欲孟子見諸侯耳

王子墊問曰、士何事

孟子曰、尚志

曰何謂尚志曰仁義而已矣殺一無罪非仁也非其有而取之非義也居惡在仁是也路惡在義是也居仁由義大人之事備矣

上二句起　二段詳說　三句結

公卿大夫皆出於士今日戴仁而行抱義以處卽異日仁育萬物義正萬民事之備不外是矣王子墊亦公孫丑不素餐之意　殺一無罪八句一正一反士胸中自籌度之詞所謂做秀才時便以天下爲己任也兩惡在兩是也士人自己體認追起居仁由義　備字兼全體大用

孟子曰仲子不義與之齊國而弗受人皆信之是舍簞食豆羹之義也人莫大焉亡親戚君臣上下以其小者信其

大者奚可哉

伯夷叔齊之清在人倫之內陳仲子之廉在人倫之外

儆人勿以好異而亂大倫

桃應問曰舜爲天子皋陶爲士瞽瞍殺人則如之何

孟子曰執之而已矣

然則舜不禁與

曰夫舜惡得而禁之夫有所受之也

然則舜如之何

曰舜視棄天下猶棄敝蹝也竊負而逃遵海濱而處終身

訢然樂而忘天下

此章是設詞以觀聖賢用心之所極爲臣惟有執法雖

天下之威不可以屈爲子惟知愛親雖天下之富不可以易此纔是爲人臣爲人子之極則說議親議貴又說舜能防閑瞽瞍必不至於殺人皆癡人說夢此是寓言當日必有以貴勢詖骸枉法者故發此問

孟子自范之齊望見齊王之子喟然歎曰居移氣養移體泛言大哉居乎夫非盡人之子與

孟子曰王子宮室車馬衣服多與人同而王子若彼者其切指言之居使之然也況居天下之廣居者乎緻有力

魯君之宋呼於垤澤之門守者曰此非吾君也何其聲之似我君也此無他居相似也居字結

此孟子自寫照廣居不是於途次羨齊王之子武夫前

呵從者塞途也王子宮室車馬衣服亦與人同只是身分不同便覺有富貴崇高氣象由於平日頤指氣使聖賢之五官百體亦與人同只是性分不同便有道德仁義之華由於心廣體胖　垤澤之門即左傳所云澤門之晳實與我役者諸侯之出必有警蹕所云行辟人於道者周官條狼氏詩候人荷戈與殳皆職傳呼者也講章作傳呼命令者非　乾隆戊辰會試第三篇以魯公之宋二句命題凡記得左傳中宋城門名如桐門盧門魚門點染好看者皆列高選讀書人如陶士行修官廨竹頭木屑亦有用處纔可入面受敵千里不留行附識之

孟子曰食而弗愛豕交之也愛而不敬獸畜之也恭敬者幣之未將者也

恭敬而無實君子不可虛拘

此章重君子二字即孟子自謂也戰國之君豈能下賢郤亦不敢慢士七雄分裂之時游士能操人國輕重之柄皆以術羈縻之所謂虛拘也若輩亦如駑馬戀棧豆帖耳就之孟子志在濟世安民何所利於臨卭令之謬為恭敬歟故曰君子不可虛拘

孟子曰形色天性也惟聖人然後可以踐形

此章是學聖之功實下手處言人性之善即在人形非外鑠也但目不能自思明耳不能自思聰手不能自恭

足不能自重要先立乎其大者然後能一一踐之此不
容易惟聖人全盡天理無一毫人欲之私視履考詳動
容中禮而後可以踐形非易事也人皆有形可不勉之
　生安復執皆聖人踐者踐實地不落空之謂言外有
不能踐形卽是五官有缺四體不全之意

齊宣王欲短喪公孫丑曰為期之喪猶愈於已乎孟子曰
是猶或紾其兄之臂子謂之姑徐徐云爾亦教之孝弟而
已矣

王子有其母死者其傅為之請數月之喪公孫丑曰若此
者何如也
曰是欲終之而不可得也雖加一日愈於已謂夫莫之禁

而弗爲者也

不孝不弟之人世不能無只是此道理長在人心目之間縱此不孝不弟者終不悔悟他人亦不敢效尤一開方便法門無識者便以爲天下之達道矣痛責公孫丑以此　厭於嫡母陳氏錯悞趙岐但云道於正夫人古禮喪服夫厭妻無嫡妻厭妾子之說不可不知

孟子曰君子之所以教者五

有如時雨化之者

有成德者有達財者

有答問者

有私淑艾者

此五者君子之所以教也
此君子即指孔子私淑即孟子自謂言君子教思無窮教澤亦無窮我雖去之稍久仍在所以教之中也精神注在末節　講章於雨化兼天資學力成德達財只重天資非也三節皆兼天資學力　當其可之謂時終日與言不違如愚以漸為時所謂隨風潛入夜潤物細無聲也曾子曰唯以驟為時所謂雷聲忽送千峰雨花氣渾如百和香也　仁義禮智之謂德閔子孝友冉子敬恕就所長獎勸以成之沈潛柔克也子貢樂與好禮子路不忮不求就未能激厲而進之高明剛克也　兵農禮樂之謂財子貢能言以使不辱命告之疏通以為達

也。子路率爾。以禮樂文之。陶鑄以爲達也。　錢吉士云。質之純者。必有小疵。上觀以古人之成法。各有以自完。進窺於古人之大全。愈有以自廣。才之敏者。或有所窘。實試諸有事之經營。各知其所未足。細驗諸當躬之應變。愈引其所未能。成達之義。說得切實。　答問不可輕。樊遲問知仁。並不粗淺。子夏問素絢。可以起予。剖疑釋惑。乃教人一大事。講章云此人無德可成。無財可達。大謬語。　淑是遷善。艾是去惡。亦是君子留下此規條。故聞風者得私而有之。　爾所以上是言君子教人不倦。但才質不同。時候亦有先後。所以就此分出五者。下所以乃總結之詞。一堂面命。隨人皆有會心。五世之澤。聞

風可以興起此皆君子之諄諄垂教也　通章皆指孔
子說顏曾冉閔豈是無財游夏有若亦皆有德不可作
夏蟲不可語冰之見註中諸賢姓名俱暗用勿指出
公孫丑曰道則高矣美矣宜若登天然似不可及也何不
使彼爲可幾及而日孳孳也
孟子曰大匠不爲拙工改廢繩墨羿不爲拙射變其彀率
君子引而不發躍如也中道而立能者從之
學莫先於立志孔子之門人好高夫子却裁抑之故曰
性與天道不可得而聞也孟子之門人不過欲孟子枉
尺直尋又欲貶道孟子爲之技窮只曰中道而立能者
從之　道兼修己治人修己不學堯舜曰生斯世也爲

斯世也善斯可矣治人不行文王之政曰管仲以其君覇晏子以其君顯亦足矣人人知之世安頼有聖賢師道立而善人多不是盡不能者而束縛之馳驟之只是立個模範與他引而不發語是明說射意則說教頗難體會只單頂彀率二字直下言羿非不欲變無可變也變之則拙射者更無所依憑矣是以君子之教人也引而不發告之博文使之致知不能預告知之之妙也告之約禮使之力行不能預洩行之之秘也然由博文可以見道於萬殊由約禮可以會道於一本躍如之妙即此而在正如羿但教人持滿而已舍矢如破須此人自爲之若內不志正外不體直又力不能勝一匹雛徒恐

請於羿曰何不使我爲可幾及羿將如之何是以君子之教人有一定之成法不抗之使高以阻人之志亦不抑之使下以怠人之氣只是此得中之道一定不移綱領有三箇而不紊條目惟八進而有序中行美質日就月將可以優入於聖域即狂狷一偏矯輕警惰不難以底於大醇無貶之以教不能之理　性理中有先生微開其端無竟其說一條講章以爲秘奥引以証躍如二字非也後人溺於詞章有理障故有微妙之解孔孟教人只是實地顏子第一等人物不過非禮勿視四句無端可開亦無說可竟也大學中庸所說徹始徹終亦無開端勿竟之語名醫開方引而不發服之有効即躍如

也。安有對醫云且勿開方，待我自思一藥治之。安溪先生爲公孫丑回護，云欲孟子貶教，不是欲孟子貶道。本文明云道則高矣美矣，何嘗說教？孟子教人淺近之至，子服堯之服，言堯之言，行堯之行，是堯而已，並不高妙。再貶一層，則飢來吃飯，飽來眠而已。

孟子曰：天下有道，以道殉身；天下無道，以身殉道。未聞以道殉乎人者也。缺

公都子曰：滕更之在門也，若在所禮，而不答，何也？孟子曰：挾貴而問，挾賢而問，挾長而問，挾有勳勞而問，挾故而問，皆所不答也。滕更有二焉。缺

孟子曰：於不可已而已者，無所不已；於所厚者薄，無所不

薄也

其進銳者其退速

此章指爲治者說一是清淨無爲曹參飲醇酒是也一是刻薄商鞅刑師傅是也一是急躁無漸質則賈長沙不則王安石也

孟子曰君子之於物也愛之而弗仁一反於民也仁之而弗親親親而仁民一正仁民而愛物

仇滄柱先輩云只重君子所施各當不重推恩有序甚是有德之人心常近厚只恐雜施無紀反窒礙不通君子二字一頓智周萬物道濟天下胸中權度又精切不差理一而分殊見無不明篤近而舉遠施無不暨也

孟子曰知者無不知也當務之爲急仁者無不愛也急親賢之爲務堯舜之知而不徧物急先務也堯舜之仁不徧愛人急親賢也（引證）（應）（二句喻反說）

不能三年之喪而緦小功之察放飯流歠而問無齒決是之謂不知務（一句結）

此章不是贊揚堯舜專對不知務者示以本末先後之序挈要提綱之理不則浮慕知仁之名反至不能舉一事不能愛一民一物矣急先務而後能遍物親賢而後能愛人一定之理宋神宗不知先務梁武帝不知親賢知仁何所濟耶　古人五服皆有規制至緦小功最輕矣尚有當察之處如儀禮喪服傳斬衰三升布齊衰四

升大功九升小功用十一升布稍精矣緦用十五升布
繰冠左縫用於常服葛絰葛帶大功以上有哭踊小功
緦哭不踴斬衰三日不食降至小功緦一不食再不食
三年之喪枕苫塊小功緦寢於牀三年之喪唯而不對
降至小功緦言議如常但不及樂此亦所當察也古人
飲食有儀文曲禮載毋摶飯毋放飯毋流歠毋咤食毋
齧骨毋反魚肉毋投與狗骨毋固獲毋揚飯毋嚃羹毋
絮羹毋歠醢客絮羹主人辭不能亨客歠醢主人辭以
窶濡肉齒決殽胾之類乾肉不齒決肉脯之類毋齒決謂以手擘
之不至失容此亦小禮所在問之亦不錯但大者不知
惟小之議則全不知輕重令人於禮但舉大綱此等處

頗不解爲何語

四書翼註論文卷之三十八

孟子盡心下

孟子曰不仁哉梁惠王也仁者以其所愛及其所不愛不仁者以其所不愛及其所愛

公孫丑問曰何謂也梁惠王以土地之故糜爛其民而戰之大敗將復之恐不能勝故驅其所愛子弟以殉之是之謂以其所不愛及其所愛也

一轉妙　結周密

按史記商鞅衛之庶孽仕魏相公叔痤為家臣痤病篤惠王往問疾曰如有不諱將奈社稷何痤曰臣之家臣鞅年雖少有奇才願舉國任之惠王默然痤又屏人謂王曰即不用殺之勿令出境王許諾而去公叔痤召鞅

謝曰今者王問可以為相我薦若王色不允我又言即不用殺之勿令出境王許我汝可疾去矣且見擒鞅曰彼不能用君之言任臣又安能用君之言而殺臣乎不去後聞秦孝公下令求賢乃入秦因景監以求見孝公用鞅修力田尚武之政以嚴酷行之國以富强惠王方搆怨於諸侯伐韓伐趙互攻戰無寧歲至梁惠王三十年伐趙齊救趙擊魏惠王大興師使龐涓將而令太子申為上將軍敗於馬陵太子申被虜此其事也三十一年商鞅自將兵伐魏魏使公子卬將兵軍既相距鞅詐卬請盟伏甲士襲虜公子卬大破魏魏盡獻河西之地於秦以求和遂去安邑徙都大梁魏自此削弱三十五

年乃卑禮招賢孟子至梁三十六年惠王卒立公子赫即襄王也梁惠王棄才以資敵國又與韓趙交惡自撤其藩籬孟子痛切言之以爲鑒戒子弟太子申公子卬連年被虜蓋兼言之

孟子曰春秋無義戰彼善於此則有之矣

征者上伐下也敵國不相征也

戰國諸侯日相爭戰皆不義之甚所謂今之諸侯五霸之罪人也故舉春秋以正之春秋首尾訖二百四十二年書戰三十二書侵伐二百十有三平王東遷政柄下移敵國擅相征莒人入向無駭率師入極皆隱三年此戰之始哀公十二年宋向巢率師伐鄭十三年楚公子申率

師伐陳於越入吳此戰之終據事直書皆不義也中閒齊桓帥諸侯侵蔡蔡潰遂伐楚晉文敗楚師於城濮是時楚已僭王覬覦中夏桓文攘楚所以匡周召陵以義勝城濮以謀勝校之他戰彼善於此言大司馬九伐之法以上伐下非諸侯所得藉以虐用其民也

孟子曰盡信書則不如無書

吾於武成取二三策而已矣

仁者無敵於天下以至仁伐至不仁而何其血之流杵也

此章接連上下數章觀之不重疑書意在止殺此所謂書指兵書也易書詩禮何至盡信不如無惟有兵書妄言黃帝風后力牧伊尹太公所著皆僞書也司馬穰苴

爲齊景公郄燕晉之兵遂著司馬法孫武爲闔廬入楚著孫子吳起與魏文侯談兵作吳子三書今行於世其餘若范蠡大夫種公孫鞅即商鞅孫臏之徒皆著有兵書孟子言匪特此等書不可信即以武成之告武功猶有夸誕之詞何况其他　書言甲子昧爽紂率其旅若林會於牧野罔有敵於我師前徒倒戈攻於後以北血流漂杵逸周書言紂以七十五萬人迎戰空國而來望風崩潰自相踐踏商人自殺非周人殺之也程子以爲孟子欲堵塞殘民以逞之後路併此不之信得立言之本意　易詩二經無僞書經有僞僞書不傳書序百篇眞贗互出自古莫能明又有僞泰誓周秦間盛行於世董

仲舒所引白魚入舟赤烏流屋及復哉復哉之語司馬遷所記太公呼蒼兕以誓師斬紂與妲己之頭懸太白少白兩旗是也　國初吳偉業秦松齡二人時文皆指談兵之書今人時文泛指羣書此亦無大關係但前人讀書尙知前後貫串後人則限段分章只圖有話說朱子語類云只緣當時憑地戰鬭殺戮恐指書言爲口實故說此是朱子明言兵書不可信若古書不可信與止殺何涉

孟子曰有人曰我善爲陳我善爲戰大罪也

國君好仁天下無敵焉

南面而征北狄怨東面而征西夷怨曰奚爲後我

武王之伐殷也革車三百兩虎賁三千人
王曰無畏寧爾也非敵百姓也若崩厥角稽首
征之爲言正也各欲正巳也焉用戰
周官虎賁氏下大夫二人中士十有二人府二人史八人胥八十人虎士八百人虎賁氏掌先後王而趍適四方從卿大夫若道路不通有徵事則奉書以使於四方
顧命呂伋以二干戈虎賁百人迎子釗於南門之外立政以虎賁綴衣與常伯常任準人並稱即今之侍衛親軍也此章緊承上章見仁人無敵不用兵多之意
孟子曰梓匠輪輿能與人規矩不能使人巧
考工記梓人爲飲器獻以爵酬以觚又爲射侯匠人建

國爲城郭宮室重屋世室明堂倉窌堂涂周人尚車一器而工聚者車爲多輪人輿人分掌之輪人爲輪爲蓋輿人爲車棧車欲弇飭車欲侈　下學可以言傳上達必由心悟下學而上達巧即在規矩之中欲學者知自勉也

孟子曰舜之飯糗茹草也若將終身焉及其爲天子也被袗衣鼓琴二女果若固有之

貧賤富貴人而兩忘此聖人之化境惟舜與孔子可以當之

孟子曰吾今而後知殺人親之重也殺人之父人亦殺其父殺人之兄人亦殺其兄然則非自殺之也一閒耳缺

孟子曰古之爲關也將以禦暴今之爲關也將以爲暴

孟子曰身不行道不行於妻子使人不以道不能行於妻子 缺

孟子曰周於利者凶年不能殺周于德者邪世不能亂 缺

孟子曰好名之人能讓千乘之國苟非其人簞食豆羹見於色

東坡先生云人能碎千金之壁不能無失聲於破釜能搏猛虎不能無變色於蜂蠆誠與不誠故也大處可强勉小者不覺眞情流露則非眞矣大約爲當時有好名者說

孟子曰不信仁賢則國空虛

無禮義則上下亂

無政事則財用不足

伊尹云與治同道罔不興與亂同事罔不亡與治同事未必興也兢兢業業上暘天命下顧畏於民嵒同道則與矣與亂不必同道只與同事罔不亡明懷宗憂勤親政暘天罪已非與亂同道者也只與亂同事立見其敗無仁賢尙可旁求有而不信則立窮矣懷宗所信只一溫體仁與周延儒天下爲之土崩瓦解此不信仁賢也以刑餘內監壓制百官拜表迎降三闕盡啓無禮義上下亂也兵部之兵額戶部不知戶部之餉額兵部不知加派預徵貪官貪吏中飽之戶兵二部皆不知無政事

也孟子之言至明末造盡驗亦一奇也

孟子曰不仁而得國者有之矣不仁而得天下未之有也

不仁得國田齊三晉篡其君而有之不仁得天下則弗能也秦自穆公覇西戎强本節用務農習戰五百年乃得天下十六年而亡猶弗得也聖謨洋洋昭於耆蔡

孟子曰民爲貴社稷次之君爲輕

是故得乎邱民而爲天子得乎天子爲諸侯得乎諸侯爲大夫

諸侯危社稷則變置

犧牲既成粢盛既潔祭祀以時然而旱乾水溢則變置社稷盛音成

此章專警虐視其民不如草菅者孟子言予視天下愚夫愚婦一能勝予不見是圖則可以託於其上矣諸侯不能保其社稷則易位人知之社稷不能庇民亦易位人不知也故申言之　民惟邦本本固邦寧可上不可下人皆知之孟子特警以危悚之詞不仁之人非此不足以開其蒙昧也詞不及天子周衰極矣復責備之是教强藩操戈相向也投鼠忌器立言之體如此

孟子曰聖人百世之師也伯夷柳下惠是也故聞伯夷之風者頑夫廉懦夫有立志聞柳下惠之風者薄夫敦鄙夫寛奮乎百世之上百世之下聞者莫不興起也非聖人而能若是乎而况於親炙之者乎

此章純是贊揚夷惠與他處徵帶願學孔子不同首句聖人二字一頓三以百世字証明之言其操行清之極和之極惟至誠而動物故歷久而彌光精神注到非聖人而能若是乎便住况於親炙下是找足之詞不必求其着落

孟子曰仁也者人也合而言之道也

此章爲求道於身外者指示親切欲其自力於仁程子言仁乃生之理即仁即人不難知也惟中閒有私意閒隔則其理雖存人不能合之道幾於息矣惟以克已爲務已私既克無所蔽障天理粹然仁與心合而爲人之道矣　此仁字指本心之全德四端萬善俱備　仁者

人也天命之謂性人之所同合而言之卽率性之謂道却不能人人由道盡道以合字有工夫非克己復禮則人自人道自道惟君子卽天下之道卽身而具以其仁之肅乂哲謀合其人之視聽言動則敬用五事之道行以其仁之慈孝令共合其人之君臣父子則克惇五典之道彰以其氣之至靈運其理之至正理與氣合道與器貫所以謂合而言之道也

孟子曰孔子之去魯曰遲遲吾行也去父母國之道也去齊接淅而行去他國之道也

孟子曰君子之戹於陳蔡之閒無上下之交也缺

貉稽曰稽大不理於口

孟子曰無傷也士憎茲多口
詩云憂心悄悄慍于羣小孔子也肆不殄厥慍亦不隕厥問文王也

貉稽所患口衆而我寡孟子言士患不爲孔子文王耳能自修卽多口庸何傷　栢舟是衛婦人事昆夷是太王事斷章取義只說孔子文王勿又顧本詩則掣肘口氣

孟子曰賢者以其昭昭使人昭昭今以其昏昏使人昭昭歟

孟子謂高子曰山徑之蹊閒介然用之而成路爲閒不用則茅塞之矣今茅塞子之心矣

張敬夫先生云人之爲學先勤而復怠則其心亦忽開而旋蔽如山徑之路既闢寥寥無行人旋復閉塞矣高子之學駁雜不類作輟不純今茅塞子之心指此觀其論樂粗淺亦心地蔽塞之一驗也故次於此章之後

高子曰禹之聲尚文王之聲

孟子曰何以言之曰以追蠡

曰是奚足哉城門之軌兩馬之力與

考工記匠人營國方九里旁三門國中九經九緯經涂九軌注八尺爲軌九軌七十二尺按此借日久車多譬日久擊鐘多設又逾數百年文王之鐘亦蠡矣甚矣高子之蔽也

齊饑陳臻曰國人皆以夫子將復爲發棠殆不可復

孟子曰是爲馮婦也晉人有馮婦者善搏虎卒爲善士則之野有衆逐虎虎負嵎莫之敢攖望見馮婦趨而迎之馮婦攘臂下車衆皆悅之其爲士者笑之

進言有體爲善無近名馮婦之喻爲不知止也

孟子曰口之於味也目之於色也耳之於聲也鼻之於臭也四肢之於安佚也性也有命焉君子不謂性也

此章爲錯會性命二字者示以性命之正謂欲人以道心檢制人心蓋戰國學術不明以食色爲性縱其嗜慾以氣質爲命怠於仁義特地丁寧反覆警勿使陷於迷途言今人之所謂性吾知之矣口之於味有同嗜目之於

色有同美耳之於聲有同聽鼻之於臭有同喜悅四肢之於安逸有同好此與生俱生有此形體卽有自然之知覺運動然其中有能得不能得之殊卽得之矣亦不能盡如其意性也有命以制之命制之以數貧賤固不得越分命制之以理富貴亦不敢徇欲君子於此思養心之要自甘於澹泊勵克己之勇無卽於慆淫所謂性乃仁義禮智秉彝之性此嗜欲之性君子不謂性也

仁之於父子也義之於君臣也禮之於賓主也智之於賢者也聖人之於天道也命也有性焉君子不謂命也

此節詞略變調不是兩排言天命之謂性世俗却不謂之性如惻怛懇摯之仁施於父子正名定分之義施之

於君臣致恭主敬之禮施於賓主之周旋鑒別是非之智施於賢者之品詣聖人之有性反由於天道之偏全此天之所賦貫於倫物各自有至善之標準然其中有能盡不能盡之分即盡之矣又有常變盛衰之異也人之所謂命有性以宰之成性在乾道變化之初聖凡本無二理盡性在品物流形之後安勉亦可以同歸君子於此務致曲之學以會衆理之全致反身之誠以踐躬行之實所謂命乃陰隲相協福極之命此氣質之命君子不謂命也　此節較上節稍異五之於有不齊二字在內文王是父子舜亦是父子皐夔稷契是君臣龍逢比干亦是君臣孔子於蘧伯玉顏讐由是賓主於陽貨

陳蔡大夫亦是賓主知人之明不可學惟帝其難天道神妙不可幾時中乃盡每句有參差包孕但說得盡則侵佔命也說不明白空腔遊衍又無着落須於實中留虛步乃得之　此章性命乃衆人所云之性命非孟子自言情欲謂之性氣稟謂之命也有命有性乃眞性命欲人認淸本來面目希賢希聖不外是矣　掌引云聖之於天道有至不至堯舜純而不已湯武反之禹入聖域而未優孔子聖之時三子各得一偏是有至不至按此意須在命也之內上五句且渾說太露則犯下瞿昆湖一章時文云思養心之要自甘於淡泊勵克巳之學無卽於慆淫人心易危故君子不謂性也務致曲之學

而因以會其全致反身之誠而因以踐其實道心易微
故君子不謂命也最切當戰國時將性命錯認孟子即
就其說倒言之使歸於正

浩生不害問曰樂正子何人也孟子曰善人也信人也

何謂善何謂信

曰可欲之謂善

有諸己之謂信

充實之謂美

充實而有光輝之謂大

大而化之之謂聖

聖而不可知之之謂神

樂正子二之中四之下也

浩生不害之問就好處一邊問其分量品詣非泛問何如人也孟子所答於善字透一分於信字減一分兩句相聯中有拖逗藏二之中句在內　可欲者為善去惡愜乎人心人以為可欲也　有諸已者在已之擇善固執皆有實心實力自信得過所謂信人也充是廣博實是深厚道積於厥躬內力深固凡五常之性在我無一瑕尤無所虧欠清和醇粹所謂美也充實而有光輝光輝即在充實中非兩截充實譬珠玉光輝即山輝川媚睟面盎背瑟僴赫喧心廣體胖所謂大也此是大賢地位講章家有天下文明四字太過侵下乾卦九二之大

人屬臣道禹臯稷契皆聖人也大賢以下尚未及此大而能化兼性反二層自堯舜孔子與湯武夷惠皆不思而得不勉而中體無不具廓然其大公用無不周泛應而曲當所謂化也聖不可知單指堯舜過化存神之妙所謂神也此二節有只作一人看就已說則大而化自人觀之則聖不可知本文明云二之中四之下是六層人物不可作一人解　末節將善信地位変界再加剖析正以激勵樂正子使之進而彌止勿以中下自域善人也最重爲學自擇善起至止於至善止至善即聖神矣陸稼書先生深取注中尹氏之說

孟子曰逃墨必歸於楊逃楊必歸於儒歸斯受之而已矣

今之與楊墨辯者如追放豚既入其笠又從而招之

此章爲能言距楊墨者酌一中道言人既棄邪歸正宜誘掖獎勸以堅其向善之心不可操之已蹙也既入其笠又從而招之勢必觸藩決籬復逃而去無可踪跡矣

孟子曰有布縷之征粟米之征力役之征君子用其一緩其二用其二而民有殍用其三而父子離

此章是就司國計者切實丁寧言横征暴斂固不可卽額內惟正之供亦須以時體恤急遽無序害民不淺也

布縷之征五畝之宅所出粟米之征百畝之田所出力役之征一身所出也唐人租庸調之法亦如此租卽粟米庸卽力役調卽布縷歷代皆然今但有租庸調有

不知其名目者矣

孟子曰諸侯之寶三土地人民政事寶珠玉者殃必及身

土地人民政事須說得於寶字有關方見精神寶珠玉何至殃必及身志不在民百事弛廢乖謬勢必至此

盆成括仕於齊孟子曰死矣盆成括盆成括見殺門人問曰夫子何以知其將見殺曰其爲人也小有才未聞君子之大道也則足以殺其軀而已矣缺

孟子之滕館於上宮有業屨於牖上館人求之弗得或問之曰若是乎從者之廋也曰子以是爲竊屨來與曰殆非也夫子之設科也往者不追來者不拒苟以是心至斯受之而已矣

館人之言前倨而後恭以其能說出君子有教無類之公溥故特存之

孟子曰人皆有所不忍達之於其所忍仁也人皆有所不爲達之於其所爲義也

此章示人以行仁義下手處言仁義人所自有只要不昧初心知初心不忍害人此心人人有之只要由此念而達他念念念皆然即全心皆惻隱之仁矣於義亦然達字緊照註中氣質物欲四字用力察識擴充然後能達曹儐云由孝弟以行仁順而達之由不忍一牛推恩四海逆而達之由千駟弗視推之一介大者達之小由簞食豆羮推之萬鍾小者達之大皆要用力仁心易見

義之條件難知下二節詳言義隨意舉似非有他也後節充字卽此節達字達是用功充乃成功申說上文並非另起

人能充無欲害人之心而仁不可勝用也人能充無穿窬之心而義不可勝用也

人能充無受爾汝之實無所往而不爲義也

穿窬字樣太粗又指細處言之爾汝輕賤有名有實陳大士云惡已有致此之實而充之卽弗視帶顧之操自此生也惡人之以此名相加而充之卽取義成仁之志所自立也　言只是凡爲人所輕賤之事皆莫作不是從外揑人稱呼

士未可以言而言是以言餂之也可以言而不言是以不言餂之也是皆穿窬之類也○又○用○之○類○字○結

以言不言餂人視爾汝輕賤又細一層並此亦無之則達之所爲到極精密處義不勝用仁在其中矣　呂原明侍講云蔡澤未見范雎先揚言欲代其相位以激其怒是以言餂之商鞅知秦孝公志在富強却先說帝說王使之倦聽是以不言餂之以舌鈎物謂之餂戰士說士之秘策孟子以爲是皆穿窬之類利心同也

孟子曰言近而指遠者善言也守約而施博者善道也君子之言也不下帶而道存焉

君子之守修其身而天下平

人病舍其田而芸人之田所求於人者重而所以自任者輕。

此章專重修身而天下平見自任之重謂之守約善言只是引起細按正文一賓一主語氣甚明　四而字皆廻向上截與他處另轉者不同指遠即在言近之中不下帶借用作現前二字凡視上於帶則傲下於帶則憂不下帶乃中正之譬言不必玄意渺旨妙道自存如言鳶飛魚躍飲食可悟費隱是也天下平是言由此可以平天下廻顧施博二字不是甾言感化　舍巳芸人喻不修其身欲强治人如宋襄公楚靈王之類只圖其力之所不能不自反巳也

孟子曰堯舜性者也湯武反之也

動容周旋中禮者盛德之至也哭死而哀非爲生者也經德不回非以干祿也言語必信非以正行也

君子行法以俟命而已矣

此章側重君子節欲人守道以爲希聖之階非專贊揚前聖　性者也指人言乃生知安行者也反之之字指道有工夫動容周旋四句指高一層總是自然而然從心所欲不踰矩盛德之至也遇於一哀而出涕非以爲生也大德必受命非以干祿聲爲律而言世則非以正行也如此則近性者地位　行法俟命是正其誼不謀其利明其道不計其功更不用粘着吉凶禍福　上節

勿粘堯舜下節勿粘湯武只說性反有二種人品

孟子曰說大人則藐之勿視其巍巍然

堂高數仞榱題數尺我得志弗爲也食前方丈侍妾數百人我得志弗爲也般樂飲酒驅騁田獵後車千乘我得志弗爲也在彼者皆我所不爲也在我者皆古之制也吾何畏彼哉

天下達尊爵居其一豈有故爲輕忽之理章旨在說大人三字當日說客中亦有正人如宋牼欲寢兵之類只一見便視其巍巍口將言而囁嚅詞不達意仍無益於人國故教以勿視則神不爲所奪庶幾得暢吾說此與他人言之孟子不見諸侯虛懷請問則答之用不着說

字　古之制只是正理二字又云聖賢一定之準則

孟子曰養心莫善於寡欲其爲人也寡欲雖有不存焉者寡矣其爲人也多欲雖有存焉者寡矣

此章須看得細是爲已知養心者言之欲字指耳目口鼻之欲聲色香臭安佚亦人所不能無非淫奢貨利之比但欲養道心須制人心淡泊足以明志寧靜足以致遠雖有不存者寡之説也是閒閒指點之詞必云由此可以存誠主敬未嘗不是但畫蛇添足不是斷不可已之筆

曾晳嗜羊棗而曾子不忍食羊棗

公孫丑問曰膾炙與羊棗孰美孟子曰膾炙哉公孫丑曰

然則曾子何爲食膾炙而不食羊棗曰膾炙所同也羊棗所獨也諱名不諱姓姓所同也名所獨也

孝子之於親思其所樂思其所嗜自是常事公孫丑之問近於太癡愚人難與正言以同獨二字破其心之癥結前人口體所安必有專注孝子終身之慕亦有獨鍾必如徐仲車之父名石終身不踐石遇則使人背負之而趨亦不勝迴避矣　鄭夾漈氏族畧據左傳天子建德因生而賜姓諸侯以謚與地因以爲族如任宿須勾顓臾皆風姓自太皥伏羲氏齊申呂許紀州向皆姜姓自炎帝神農氏管蔡霍魯衛曹滕晉鄭皆姬姓自黃帝軒轅氏秦趙江黃皆嬴姓自少皥金天氏由古帝分封

所謂建樹有德因而賜姓由姓而支分之則為氏魯則展氏臧氏季氏孟氏叔孫氏齊則國氏高氏鄭則國氏駟氏罕氏各國卿大夫由公子公孫立氏者極多所謂以謚與地桓公之子為三桓鄭穆之子為七穆以謚東門南宮以地因以為族也氏亦姓但各以派分姓則總統極繫所以不諱又按左傳禮記子生三月見於父執手左咳命之以名不以國不以日月不以隱疾不以山川先立一當諱之式及其終也有司以木鐸徇於庫門之內舍故而諱新故曰周人以諱事神名終將諱之雖卿大夫士皆有諱大夫之所有公諱公所無私諱是私所有私諱也姓同名獨是泛論後一層方挽到曾子不忍食羊棗猶之孝子聞名心

體耳可得聞曰不可得言也

萬章曰孔子在陳曰盍歸乎來吾黨之士狂簡進取不忘其初孔子在陳何思魯之狂士

萬章不知中行之士乃知行並進中和合德之大人物以舉世所悅之鄉愿爲中行看狂士太低非載道之器何思者疑不足係思也進取是志大不忘其初言不能頓改其舊一揚一抑狂者必簡只作一字看

孟子曰孔子不得中道（一步進一步）而與之必也狂獧乎狂者進取獧者有所不爲也孔子豈不欲中道哉不可必得故思其次也

敢問何如斯可謂狂矣

曰外琴張曾皙牧皮者孔子之所謂狂矣
此節有疑團衆說都未及聖門多才若按圖求肖顏子自是中行閔子誾誾仲弓寬簡抑亦其次子貢侃侃便屬狂邊子路原思便屬狷邊故曰不得中行而與之必也狂狷乎蓋中行之難也又有德行如曾子有若都不之及孟子所指曾點之外琴張稍見莊子又有牢曰一言附記牧皮竟無所表見殊非絕異人物若云顏曾冉閔由賜求赤俱屬中行此言行不掩數人乃爲狂士則轉而思狷其品詣愈低何足以承當此任重而道遠乎蓋此在陳是哀公五年孔子由蔡適陳忽遭困阨此時賢才極盛一一在側四科分紀絃歌足慰無可繫思惟

此琴張曾晳牧皮不在側因而結念歸來欲加陶鑄耳
此一層不明徹則中行狂狷分辨不清亦無以見聖教
雨化成德達財之成效矣　此節狂字虛說一指實便
犯下

何以謂之狂也

曰其志嘐嘐然曰古之人古之人夷考其行而不掩焉者
也

慕古希高時會必黃農虞夏人物必皋夔稷契一一言
行相符此亦談何容易須是貶褒雙到王陽明先生云
狂者短處正其光明正大處不自家掩護此說得之
狂者又不可得欲得不屑不潔之士而與之是獧也是又

其次也。

狂者明有其人，何云又不可得。此是孟子自已疏通必也狂狷來歷。言人才實難，此志大言大可以有爲之人，三人外又不可多得，是以思狷。又次亦次中行，非次於狂。

孔子曰：過我門而不入我室，我不憾焉者，其惟鄉原乎。鄉原，德之賊也。曰：何如斯可謂之鄉原矣。曰：何以是嘐嘐也，言不顧行，行不顧言，則曰古之人，古之人。行何爲踽踽涼涼，生斯世也，爲斯世也，善斯可矣。閹然媚於世也者，是鄉原也。

此節繪出媚字情態，爲鄉原寫眞。彼知狂狷爲世俗所不喜先出力詆之何以嘐嘐五句詆狂者行何爲何詆狷者生斯世爲斯世鄉愿自負得計如長樂老人自敘遭逢榮幸歐陽公以爲無廉耻者也罵人媚人之心即可殺人媚人矣孔子絕惡之以此

萬章曰一鄉皆稱原人焉無所往而不爲原人孔子以爲德之賊何哉

上文說得如許明白萬章猶不之省蓋當時不以闇然媚於世爲非也故下文極言之

曰非之無舉也刺之無刺也同乎流俗合乎汙世居之似忠信行之似廉潔衆皆悅之自以爲是而不可與入堯舜之道故曰德之賊也

孔子曰惡似而非者惡莠恐其亂苗也惡佞恐其亂義也
鋪張引入鄉原
惡利口恐其亂信也惡鄭聲恐其亂樂也惡紫恐其亂朱
也惡鄉原恐其亂德也

君子小人分界如黑白曲直之不相掌聖人往往不極
言之惟彌近理而大亂眞所爭只在誠僞義利一針乃
反覆明辨如藥物參苓益壽砒霜殺人亦不消說太陽
之草名黃精可以延年太陰之草名鉤吻形極相似誤
食則殺人則不得不大聲疾呼告人且欲拔其根本勿
使能植此大醫王之用心也　佞是口才無理說得有
理故亂義利口甚淺如韓文所謂指天日出肺肝似可
信臨小利害即背之故曰亂信

君子反經而已矣經正則庶民興庶民興斯無邪慝矣

末節道理關係至大入聖域到絕頂不過至誠無息入手須從不欺二字中行不欺狂狷亦不欺人反惡之鄉原內欺己外欺人衆皆悅之此非庶民之咎也由教化不修風俗頹敗耳是以持世覺民之君子在上則導以德齊以禮而又明五刑以弼之左道疑衆者必誅在下則稱堯舜距楊墨而又述六經以覺之邪說誣民者必黜使此父子君臣之道孝弟忠信之良昭著於天壤則經正矣經正則人人知有眞天性眞人倫自力於義不爲異論邪說所惑不特鄉原閹媚之術不行即楊朱墨翟與夫一切權謀功利恣肆慘刻之說皆不足以簧鼓

其心蕩蕩平平遵王之路於邪慝夫何有　似可以亂眞只以見識不明君子反經包政教筆舌在內總以切實開導復其天性彼知有眞聖賢道路以爲趨此亂德者安所容哉　君子亦有單就明道覺世造就人才說以章首本因孔子在陳思狂狷起惡鄉原即是反經去莠即以培植嘉穀惡邪佞即以辨義也福建壬申鄉試以此意作文亦有列高選者以於正文一氣貫注題旨緊切其實兼在上在下爲妥蓋末節是另起言流俗本不好鄉原同之汚世本不好鄉原合之庶民愚無知安得不爲所惑是以有持世之責之君子在上則修政教在下則辨學術總要將此陷溺於似是而非之庶民反

到是處所謂反經經正者五倫五性之定理昭然揭日月而行則此庶民自然遵王路崇正學是非邪正家喻戶曉斯時卽有鄉原之邪慝先則跼蹐而無所容後乃革面革心同棄邪歸正矣倘何邪慝之有韓子云人其人火其書明先王之道以道之意正如此歐陽文忠本論謂不如修其本以勝之氣象狹小畢不往此庶民中道卽中行顏曾冉閔德行粹然無偏倚駁雜之失故能任重致遠可以繼往聖而開來學不可必得故思狂狷耳講章以中字作線索皆小家數夫子得中行而與之矣倘曰吾聞其語未見其人豈令此琴張曾皙牧皮學顏曾冉閔遂畢乃事哉

孟子曰由堯舜至於湯五百有餘歲若禹皐陶則見而知之若湯則聞而知之

此章歷敘羣聖之傳終以自任之重乃七篇總結繼往開來包孕閎濶須先將正文逐句詮釋透徹再體會言外之意則得之　言道之大原出於天而開於聖其顯晦之數人事與氣運相關大率五百餘年則乾元坤貞之運凝聚而發祥故前聖後聖之心源亦五百餘年遞衍而相契雖伏羲則圖畫卦已啓文明而刪書斷自唐虞言道統者必自堯舜堯舜以欽明濬哲之資闡精一危微之秘傳授心法一脉相承以至於湯五百有餘歲時則有禹親承帝命紹允執之傳皐陶拜手陳謨邁種

德之實則見而知之湯則直承堯舜之統降衷本於執中由用而遡體恒性本於道心因人以見天則能聞而知之者也堯舜之道固五百年而傳於湯矣　若字是分明鄭重之詞亦現前指點之詞五臣九官並列敬敷五教寅清三禮皆體道之事豈不能見知舉其最者耳湯之臣惟伊尹萊朱爲著文王之時周公召公分陝而治先於尙父之陳書畢公弼亮四世久於散宜生之敷迪彝教須畧放活筆或補筆非不許旁人見知也啓敬承以繼禹亦堯舜之餘徽甘盤傅說亦伊萊之别派俱活看

由湯至於文王五百有餘歲若伊尹萊朱則見而知之若

文王則聞而知之

由湯遞嬗亦五百有餘歲時則有伊尹暨湯一德萊朱左右厥辟則能見而知之文王則代湯而興無然畔援無然歆羨卽湯之不殖不邇也不顯亦臨無射亦保卽湯之制事制心也湯之道不又五百年傳於文王乎太甲三篇言湯體道之精神昧爽待旦顧諟天命歷歷如繪萊朱卽仲虺仲虺之誥言湯勇知寛仁建中于民亦盡發湯之奥蘊矣　凡言性言仁言禮言學皆出商書斅敎自契闡性自湯集大成自孔子一姓相承亦宇宙之大奇

由文王至於孔子五百有餘歲若大公望散宜生則見而

知之若孔子則聞而知之

由文王而遞嬗至於孔子亦五百餘歲時則如太公望一老歸周散宜生四臣廸哲皆能見而知之若孔子則道全德備祖述堯舜尋道脉於文王之前猶之承提命於岐豐也憲章昭代綜道體於文王之後猶之共武周爲繼述也是文王之道又傳之孔子矣　太公乃文王師保丹書之訓陳之武王黃帝之言也非見文王乃知此道君奭立政之篇言虢叔閎夭太顛散宜生南宮适以周召畢公皆考壽自身見在不互相稱譽擧已往者言之聖人作而萬物覩見知豈止此一二人不可過於粘滯孔子自云文王旣沒文不在茲乎不須更下註脚

爲作時文計假年贊易執禮從周都一對偶必如金居敬以贊周易修春秋並舉春秋史例彷自周公與文王殊不相涉

由孔子而來至於今百有餘歲去聖人之世若此其未遠也近聖人之居若此其甚也然而無有乎爾則亦無有乎爾

此節語氣不善體會卽有語病言孔子至今僅百餘歲去聖人之世若此其未遠也堯都平陽舜都蒲坂文王遷豐又遷郢地皆不相近今則魯擊柝聞於邾闕里之車服可瞻洙泗之源流可接近聖人之居若此其甚也然而或拘於時之未至或諉爲力之不能曰古所謂禹

臯陶萊朱伊尹望散之見湯文孔子之聞今尚無有其人也則當此異學爭鳴仁義充塞之時莫爲之前以紹絶續之界然而無有乎爾孰爲之後以得統緒之歸乎則亦無有乎爾矣天心難測人[illegible][illegible]善吾敢不聞風興起以肩此守先待後之任哉　立言得體昌黎韓子云堯以是傳之舜舜以是傳之禹湯文武周公文武周公以是傳之孔子孔子傳之孟子孟子之死不得其傳焉必曰孟子傳之我則爲桑悅矣孟子自言我亦欲正人心息邪說放淫詞以承三聖者並不自謙然必易其詞曰若顏曾子思則見而知之若某則聞而知之可乎哉然而二句意在言外從趙岐註孟即不得其解宋元明

諸儒之說與近日講章皆不善體會惟王罕皆前輩本義涯參能虛婉處體貼不拘字句其說可從今一一辨之於左　趙岐註云言已足以識孔子之道不偭聖人若伊尹呂望之爲輔佐猶可備名世如高宗之傳說而世謂之無有孫奭作疏扶同其說朱註未作唐宋人讀孟子皆遵之此註之陋人所共知　次則朱註所引林氏乃三山林氏之奇宋名臣字少穎朱子全書云此惟林少穎向某說得好若非前面見而知得後之人如何聞得孟子去聖人之世若此其未遠近聖人之居若此其甚然而已無有見而知之者則五百歲之後豈復有聞而知之者乎朱子之謂最好者以其反言以決之較趙岐孫

頑古註爲近理若正言之則顏曾子思一齊掃地即孟子亦無以自處故朱子自註則云雖不敢謂已得其傳然正所以自見其有不得而辭者此二句已將正意說出後人不察朱子言外之意拘守林氏之說則失之矣

第三說則張敬夫先生孟子說云則亦無有乎爾非遂無也疑之也孟子於孔子實聞而知之然其言如此不敢自居其傳其待來學之意深矣此說最得語氣後人以非朱子所引不肯從之

第四說是林次崖存疑謂孟子力以見知自任言五百年後必有聞而知之者壯往之氣足破拘攣然與私淑諸人自相矛盾李東陽少師程文見知聞知平還不分輕重湯不受業於禹臯

陶之門徒孔子亦非得道於散宜生之弟子見知起閎知拘墟之見亦不待知者而後知之　第五說張羽臣云堯舜以來見知皆在同時聞知皆在五百年之外孟子於孔子見知則已晚聞知則太早然而云此者以孔子以上道統在上其道行故可俟五百歲孔子以後道統在下其道明明者久昧則有失墜之憂此說甚是但稍費周折不能漸近自然　王罕皆先輩於側重見知之說概加刪削但用虛還云細味本文世近居近兩也三字停頓處明明打着自已來二句忽然掉開無限深情正在兩邊夾拱處善體本文者當以吾言為然　按此章關係重大不可孟浪附和惟王氏此說最得其解孟

子只言及今若不負荷修明則將來必至晦沒失墜自任者十之七責望門徒共立志仔肩者亦十之三非無故作此歟後虛詞也七篇之書闢異黜邪專言願學孔子厥後董子仲舒距孟子亦不過百有餘歲以正誼明道自任昌言非孔子之道皆黜之勿使並進漢武帝從之始表章六經尊崇孔氏聖道大明然而有之則亦竟有之矣堯舜之道即天之道日月之所以明江河之所以流不實心理會故作半明半昧之詞疑誤後學曰吾以遵朱也朱子安賴此遵之者哉　此章引伊川為伯子墓銘乃一時愛兄敬兄之至不去贍前顧後其實守先王之道以待後之學者江都董子龍門文中子昌黎

韓子濂溪周子皆其人也歸太僕有光著論謂見知不及周公顏子聖賢有遺言而無遺意誠通人之見或以隋書無王通傳疑無其人而贗託之然此人何難即以其學自見於世而必造一虛名安溪先生天下人共推爲得朱子嫡傳者也手錄中說編次次於韓子周子所著書之前以教子姪閱榕邨講授則知之

四書翼註論文三十八卷終

四書攷略七卷存二卷

［清］侯官鄭兆元撰

重慶圖書館藏稿本

四書攷略七卷存二卷，清鄭兆元撰。兆元字國仁，號春泉，侯官人。乾隆三十六年（一七七一）舉人。撰有四書攷略、韻語偶存等。

是書卷首有鄭氏自敘，據其言「余齠齡從雲石黄夫子遊」，又言「自丙子受業」云云，則其生年當在乾隆十四年（一七四九）前後。其師黄守彜，字奮如，號雲石，閩縣人，乾隆七年進士，曾官餘杭知縣，未幾告歸鄉里，講學著書以終。自敘述撰作緣起，略謂朱子四書章句集注，重在闡發聖賢立言之奥藴，至於人物典制則概從略焉，且所引多仍舊注疏之説，其間亦不無舛譌，後人若參核精詳，足爲朱子之功臣。又謂黄守彜教授弟子，既纂四書講略以發明義理，又輯鄉黨考以稽考典制，其於受業之時聆聽講論，又讀其師所著諸書，乃擇取有裨舉業者，撮其大要筆之於書，而於質疑辨難每有所得，又隨問隨誌之，積漸成帙，十餘年間遞有增删，至乾隆三十七年重加釐定，三十九年撰著成書云。

書前有例言十五則，略述師授淵源及編撰體例。其大旨在於稽考人物典制，以備科舉制藝之取資，蓋依仿黄氏鄉黨考之例，凡所論辨，亦以師説爲宗。全書依大學、中庸、論語、孟子之次第，取經注所涉人物典制分條考證。取材宏富，大體以經傳爲主，並酌採子史之文，所引皆標注本書篇目，而稗官野史概不録入。其中尤要者，如孔孟事蹟及地理名稱，則多本於閻若璩四書釋地、孟子生卒年月考及汪份增訂四書大全諸書。徵引之後多附議論，或採儒先之説，或録師友之論，間亦參以己見，剖其異同，定其是非。又於援引各書之文，悉以朱筆句讀圈點，緊要處則加密點，真切處則加密圜，用期指示要歸，便於初學。考證精密之處，如卷一孟獻子條，附辨劉向新序所載獻子聘於晉，對宣子之問，而曰「吾甚貧，惟有二士，曰顔回、茲無靈者」云云，謂「獻子卒于襄十九年，二十二年孔子始生，顔子少孔子三十七歲，安得與之爲友」，所辨可謂精確不易。又馬乘條云：「書傳『士飾車駢馬』，是士止駕兩馬。詩云『四牡翼翼』、『四牡騑騑』，是大夫以上乃得乘四馬。若士初試爲大夫，則君賜之車，得駕四馬，故云畜馬乘。」此則本於孔疏之説，申述章句可謂詳備。然亦頗見繁瑣之弊，如大學雞、豚、牛、羊諸條，徵引極盡廣博，實則汗漫支離，以其無關本旨也。

書成迄未刊行，僅稿本存世，民國間入藏國立羅斯福圖書館，今藏重慶圖書館。書衣題「侯官鄭氏注韓居珍藏本」，卷端題「晉安春泉鄭兆元纂」，「男廷芝世奇、受業侄孫人杰昌英仝校」，版心題「書帶艸堂」。全書惟存卷一大學三十八條、卷二中庸上三十四條，論語、孟子闕佚。據目録標注互見之文，則原本當釐爲七卷，而有中庸下、論語上下、孟子上下諸篇也。（張　文）

四書攷畧

侯官鄭氏注
韓屋珍藏本

（一）

敘

讀四子書大學以明理為要　子朱子于章句集註或問語錄語類文集等皆闡發聖賢立言之奧蘊至於人物典制槩從略焉意以書理不明汲〻於攷

實抑末矣故其嘗與人言讀書
玩理而於考證則是一種工夫某
向來不甚做近今觀諸評劄多
仍舊注疏之說間亦不無辯論
是考證之不能無望於後人而
後人之參核精詳必為子朱子

功亞者蓋亦鮮矣余館齡汀
雲石黄丈子游丈子質學並優
著述極富自擬巍科登仕籍以
來學門經濟海內推重四方負笈
者以千百計其提命及門也發明
書理則薈萃儒先論說裒以定

見而纂四書講略一書復於典制
假閱諸家裒訟博採旁搜斟酌
盡善輯成鄉黨考等若干卷
於是一時共沐春陽之教莫不義
理精粹根柢宏深而先後成名者
踵相接也余幸廁講席之末私

心獨嘗曰子朱子之語于玩理考證為兩種工夫者今我夫子固有以直之氣塞如性極駑鈍自向子受業後過讀所著諸書勉強成誦掩卷多忘愛撮其大要而誌之哉有時進問大叩大鳴小

仰小鳴無不宗原意要反覆指
陳又懇親手詮釋退復筆之庚
辰夏盡余丁　母親因於昔次讀
禮之餘取前所日記者彙成一帙
以便案頭繙閱付是逾歲增删
至壬辰杜旋重加釐訂越甲午

小春而告成竊謂我夫子之所以
誘余者獨厚余之不忘師說閱十
數寒暑而勒為是編者庶免傳
不習之憂耳夫讀書不克明理
徒見古人之糟粕既明理矣而人
物之出處典制之源流茫然莫辨

序四

文以足為通經之士無載籍充棟必欲竭一己精神悉取經書子史之文而參稽之辨論之斯又朱子之所未遑而語後人能之乎則我夫子之所著作以曲成後學者識有功於朱子余謹敬述所聞

而廣為傳之不亦少慰我友子誨
人不倦之婆心也歟　皆
乾隆三十有九年歲次甲午長至
日晉安鄭兆元書于書帶草堂

例言

一余賦性椎魯聞見輙忘幼遊　雲石夫子門不能盡讀其所著書竊取有裨舉業者撮其大概而於質疑辨難每有所得又隨問隨誌之日積月累箱篋之中所登記紙片紛若散錢因取而鱗次之併為一帙庶便於披覽亦以寓書紳之意爾

一余　母泝出東林為　西仲先生姪孫女幼侍几席以故備稔讀書法于歸余　父克盡婦道余　父庭訓極嚴緣家貧謀食常以不獲教余為念每從容囑余　母曰吾為薪米計不暇課子爾當以慈母兼義方之訓余　母篝燈課讀寒暑不輟庚辰捐館舍余哀毀不欲生後勉承　父命復理舊業纂輯所聞迄今十有四載而成竊幸余　父暮齡康强未知少慰其志否而余　母啓迪徒勞已不及見矣追思　慈訓抱痛何如

一從來四書聚考備考人物考等書學者久奉為圭臬其實考據未精或割裂掛漏

或支離厖雜或傅會重複或濫汲詩賦之詞或旁涉後世之事魚目混珠閲者生厭余是偏專為舉業而作総以經傳為主至經傳所無或散見於子史之中亦必細心決擇量採其一二極雅馴者斷不敢誇多鬭靡以紛目力

一四書自鄉黨而外若井田封建學校軍制律呂水道之類為大典制所關漢唐宋以来議論錯出迄無有定惟余　雲石夫子所著鄉黨考等博引經史及儒先論説然後斷以己意别白而定一尊折衷盡善直補注疏所未及余生平恪守弗諼故於是編竊取朱子熹聞之師之例一皆以師説為宗云

一是編所引必標出本書篇目以便稽攷庶免數典忘祖之譏然于人名多綜其生平而條貫之如司馬公紀傳之體故不獲一一詳列書名中亦有非時文所要用者因欲存其人之梗槩姑備載之至若行事無所表見而僅載于稗官野史者概不敢録

一宋元諸儒註四書肯詳及地理者僅見金仁山一人後惟閻百詩四書釋地孟子生卒年月考諸書攷據詳覈汪武曹大全多載其議論余於地名宗之者什有七八至於孔孟事蹟諸家所載先後不倫紛紛聚訟余竊倣年譜例細為辨正務使聖賢行徑較若列眉要其所折衷者亦多本於閻汪二氏焉

一人名地名之類有已見於前而復見於後者使必逐處徵引則簡牘繁而且贅余則不論其為再見屢見總唯於初見一條盡數搜羅凡後所散見者皆於是考校焉蓋期於簡便亦易於記憶也

一鳥獸蟲魚自葩經外雜出于五雅說文等書討論不備仍莫知其情狀故釋其雅切可用者略摘大概神而明之存乎其人固不可膠柱而調瑟亦不可買櫝而還珠

一聚考等書凡學庸論孟所引詩書皆備列其辭余謂士以通經為貴且　國家試

士必兼經藝學人童而習之區區四書中所載尚不能識其出處所學果何事耶
故一概從略焉

一是編本為制藝取資故援引必期于適用凡集註中所引故實多係發明大意與
本文無涉聚考等皆詳載之固足以廣見聞余苦其過冗徒紛學人之神智因忍
割愛以歸簡要若好學之士必欲稽其顛末則有四書大全在

一博採旁徵與書理不合強砌無益是編取材極富然必衷于書理緊切各章之意
義者而繫之縱或有非本文之所切亦必為後篇之所資非講章之所宜亦必為
制義之所用斟酌去取煞費苦心

一彙書只臚列其事是編則於徵引之後多附議論或採儒先之成說或錄師友之
指迷間亦參以鄙見剖其同異定其指歸務使千百年之制度文物瞭如指掌

一遍採各書如周官之類音義多有難通因于本句下略加音釋至於人所易曉者

則不復贅庶詳略得宜而披覽之時不患無人作鄭箋矣

一搜羅既富別風淮雨舛誤恒多余每有所採輯必博考羣書參互校正唯恐魯魚亥豕貽悞後人

一援引各書多者數千言少者亦有數十言若不標明要歸猶恐沙中金屑難以披揀故于緊要處則加密點真切處則加密圈庶幾展卷了然驪珠獨探

春泉再識

四書攷略目錄卷之一

大學全

書帶艸堂

桃　南山

師尹　財用互見上論節用條

楚書　舅犯

秦誓　四夷

中國　府庫

孟獻子　馬乘

雞　豚

伐冰　牛

羊　百乘之家

聚斂　菑

四書攷略卷之一

晉安春泉鄭兆元纂

男　廷芝世奇

受業侄孫人杰昌英　仝校

大學

曾子

闕里志曾子名參字子輿魯南武城人（今山東費縣）少孔子四十六歲鄫國之後也（今山東嶧縣東有鄫城）夏少康封其次子曲烈於鄫魯襄公六年莒人滅之（今山東莒州）世子巫公奔魯去邑而爲曾氏巫公生夭夭生阜阜生點點生參年十六孔子在楚點命往受學焉又曾子性至孝嘗出薪於野客至其家母以手搤臂參即馳至問母曰臂何恙乎母曰今者客至搤臂以呼汝耳史記孔子以參能通孝道授之業因作孝經說苑曾子家貧躬耕日不舉火而歌聲若出金石魯君聞而致邑固辭不受曰吾聞受人施者

常畏人與人者常驕人縱君有賜不吾驕也吾豈能勿畏乎韓詩外傳曾子曰往而不可還者親也至而不可加者年也子欲養而親不待是故椎牛而祭墓不如雞豚之逮親存也初吾嘗仕為吏祿不過鍾釜尚欣欣而喜者非以為多也樂其逮親也親沒之後吾嘗南遊於楚得尊官堂高九仞榱題三尺轉轂百乘然猶北向而泣者非為賤也悲不逮吾親也家語曾參志存孝道齊嘗聘以為卿而不就曰吾父母老食人祿則憂人事故不忍遠親而為人役又子貢對衛將軍文子曰滿而不盈實而如虛過之如不及先王難之博無不學其貌恭其德敦其言於人也無所不信其驕大人也常以浩浩是以眉壽是曾參之行也孔子曰孝德之始也悌德之序也信德之厚也忠德之正也參脩夫四德者也以此稱之又孔子閒居曾子侍因語以明王之道內脩七教外行三至七教脩然後可以守三至行然後可以征曾子曰敢問何謂七教子曰上敬老則下益孝上尊齒則下益悌上親賢則下擇友上好德則下不

隱上惡貪則下耻争上廉讓則下耻節上樂施則下益寛此之謂七教七教者治民之本也七者脩則四海無刑民矣又問何謂三至子曰至禮不讓而天下治至賞不費而天下悦至樂無聲而天下和篤行三至則天下之君可得而知天下之士可得而臣天下之民可得而用矣自是每侍孔子輙有所問九王朝家國之禮經常權變之宜靡不反覆窮詰焉故禮記中篇名亦有曾子問又曾子後母遇參無恩供養不衰其妻蒸梨不熟因出之人曰非七出也參曰蒸梨小物耳而不用命况大事乎遂出之其子元請再娶曾子曰高宗以後妻殺孝己尹吉甫以後妻放伯奇吾上不及高宗中不及吉甫庸能免于非乎終身不娶通考曾子往鄭至勝母里旋車而回惡其名也禮記祭義曾子曰孝有三大孝尊親其次弗辱其下能養公明儀曰夫子可以為孝乎曾子曰是何言與君子之所謂孝者先意承志諭父母于道參直養者也安能為孝乎又曾子曰身也者父母之遺體也行父母之遺體敢不敬乎居處不莊

事君不忠涖官不敬朋友不信戰陣無勇皆非孝也五者不遂烖及于親敢不敬乎檀弓曾子曰吾執親之喪水漿不入口者七日又曾子寢疾病樂正子春坐于牀下曾元曾申坐于足童子隅坐而執燭童子曰華而睆大夫之簀歟曾子聞之瞿然曰斯季孫之賜也我未能易元起易簀曾元曰夫子之病革矣不可以變幸而至旦請敬易之曾子曰爾之愛我也不如彼君子愛人以德細人愛人以姑息吾何求哉吾得正而斃焉斯已矣舉扶而易之反席未安而歿按檀弓所載多誣曾子失禮處不足深信故不多採

康誥

康叔名封文王子武王弟也武王封之于衛作誥以告之故篇名康誥左定四年傳所謂命以康誥而封于殷墟是也按孔安國謂康畿內國名世本宋忠注云封從畿內之康徙封衛括地志云故康城在許州陽翟縣西北三十五里陽翟今禹州正周

畿內地若鄭康成以爲謚號則史記衛世家康叔卒子康伯代立豈有兩代同一易名之典乎

太甲

太甲湯之嫡孫太丁之子初即位顛覆湯之典刑書太甲篇云惟嗣王不惠于阿衡伊尹作書告戒欲其率乃祖攸行王未克變伊尹曰茲乃不義習與性成予弗狎于弗順營于桐宮密邇先王其訓無俾世迷王徂桐宮居憂克終允德惟三祀十有二月朔伊尹以冕服奉嗣王歸于亳史錄其往復告戒之辭故以太甲名篇在位二十三年

帝典

帝典即今尚書堯典虞史臣記帝堯之典故亦稱帝典典法也又訓爲常言堯舜可爲萬世常法也

湯

綱鑑湯姓子氏名履一名天乙黃帝苗裔契之後也契佐禹治水有功封于商傳至主癸娶扶都氏而生湯以武功成故號成湯而商頌亦稱為武王為夏方伯得專征伐使人以幣聘迎伊尹五反然後肯往從湯言素王及九主之常（素王者太素上皇其道質素也九主者三皇五帝及夏禹也）湯舉任以國政書仲虺之誥天乃錫王勇智表正萬邦纘禹舊服茲率厥典奉若天命又惟王不邇聲色不殖貨利德懋懋官功懋懋賞用人惟己改過不吝克寬克仁彰信兆民又佑賢輔德顯忠遂良兼弱攻昧取亂侮亡推亡固存邦乃其昌又德日新萬邦惟懷志自滿九族乃離王懋昭大德建中于民以義制事以禮制心垂裕後昆湯誥惟皇上帝降衷于下民若有恒性克綏厥猷惟后又肆台小子將天命明威不敢赦敢用玄牡敢昭告于上天神后請罪有夏聿求元聖與之戮力以與有衆請命伊訓惟我商王布昭聖武代虐以寬兆民允懷又先王肇脩人紀從

諫弗咈先民時若居上克明為下克忠與人不求備檢身若不及以至于有萬邦茲惟艱哉敷求哲人俾輔于爾後嗣制官刑儆于有位曰敢有恒舞于宮酣歌于室時謂巫風敢有狥于貨色恒于遊畋時謂淫風敢有侮聖言逆忠直遠耆德比頑童時謂亂風惟茲三風十愆卿士有一于身家必喪邦君有一于身國必亡臣下不匡其刑墨具訓于蒙士太甲上先王昧爽丕顯坐以待旦旁求俊彥啓迪後人無越厥命以自覆太甲中先王子惠困窮民服厥命罔有不悅太甲下先王惟時懋敬厥德克配上帝咸有一德惟尹躬暨湯咸有一德克享天心受天明命以有九有之師爰革夏正詩商頌長發帝命不違至于湯齊湯降不遲聖敬日躋昭假遲遲上帝是祗帝命式于九圍又武王載旆有虔秉鉞如火烈烈則莫我敢曷苞有三蘖莫遂莫達九有有截韋顧既伐昆吾夏桀（韋今河南滑縣顧今山東范縣昆吾今山東濮州）殷武昔有成湯自彼氐羌（西夷國即所謂昳夷也）莫敢不來享莫敢不來王曰商是常路史桀殺直臣關龍逢群臣莫敢言

湯使人哭之桀怒因之夏臺已而得釋桀賢臣費昌歸湯為御史記湯出見野結網四面祝曰自天下四方皆入吾網湯曰嘻盡之矣乃去其三面祝曰欲左左欲右右不用命者乃入吾網諸侯聞之曰湯德至矣及禽獸況于人乎歸之者四十餘國書後序自契至于成湯八遷湯始居亳今商邱縣穀熟鎮從先王居作帝告釐沃湯征諸侯葛伯不祀葛今河南寧陵縣湯始征之作湯征伊尹相湯湯伐桀升自陑河曲之地今山西安邑縣遂與桀戰于鳴條之野今安邑縣地作湯誓湯既勝夏欲遷其社不可作夏社疑至臣扈夏師敗績湯從之遂伐三朡俘厥寶玉誼伯仲伯作典寶湯歸自夏至于大坰仲虺作誥湯既黜夏命復歸于亳作湯誥咎單作明居世史伐戍四祀伊尹言于王發莊山之金鑄幣救旱通有無于四方以賑救民之無食賣子者民始不困辛丑七祀時八年七旱太史占之曰當以人禱湯曰吾所請雨者為民也若必以人禱吾自請當遂齋戒剪髮斷爪素車白馬身嬰白茅自為犧牲禱于桑林之野以六事自責曰政不節歟

民失職歟宮室崇歟女謁盛歟苞苴行歟讒夫昌歟言未已大雨方數千里歲大熟天下驩洽遂作桑林之樂名曰大濩左傳襄二十九年吴季札聘魯請觀周樂見舞韶濩者曰聖人之宏也而猶有慙德聖人之難也帝王世紀湯以立天之道先陰後陽立地之道先柔後剛作歸藏之易以坤為首在位十三祀壽一百歲太子太丁先卒乃立嫡孫太甲

盤銘 附沐浴

正義謂湯沐浴之盤而刻銘為戒必于沐浴云者蓋取其澡身浴德之意也金仁山謂盤沐浴之器也頭曰沐身曰浴禮沐用盤盥潄亦以槃則盤木器也浴器亦曰盤古有盤盂之戒盂即杅亦浴器也張叔輿謂沐浴之盤本鄭氏注沐謂滌髮浴謂盥手盤即內則少者所奉之盤語云浴乎沂亦謂盥濯而已古者浴有二義浴而盥手則與沐同此是也浴而澡身則更用杅玉藻所謂浴出杅履蒯席是也新定卲氏謂

日日盥頮人所同也日日沐浴恐未必然内則篇記子事父母不過五日燂湯請浴三日具沐而已斯銘也其殆刻之盥頮之盤歟按荀子云君者盤也民者水也盤圓則水圓湯盤因其器之常用故銘以自警歟後周武王聞丹書之言退而為十七銘其亦聞湯之風而起者歟

附沐浴玉藻日五盥沐稷而靧粱櫛用樿櫛髮晞用象櫛進禨進羞工乃升歌浴用二巾上絺下綌出杅履蒯席連用湯連讀作湅洗足也履蒲席衣布晞身乃屨進飲又將適公所宿齊戒居外寢沐浴聘禮館人為客三日俱沐五日具浴楚辭新沐者必彈冠新浴者必振衣此因本句多引用故附載之

周

四書釋地謂周雖舊邦鄭箋云太王聿来胥宇而國於周周字貼太王不若詩集傳以周受封始自后稷為真舊左傳我自夏以后稷魏駘芮岐畢吾西土也言受此五

國世為西土之長釋例土地名曰魏今山西芮城縣河東河北縣也芮今陝西朝邑縣馮翊臨晉縣芮鄉是畢在京兆長安縣西北駘在武功今陝西武功縣岐在美陽今陝西岐山縣孔穎達曰今案其地芮在魏之西南百餘里耳岐在駘之西北無百里也詩稱后稷封邰與岐畢相近為之長可矣計魏在邰東六百餘里而令邰國與魏為長道路太遠公劉居豳又在岐西北四百餘里此傳極言遠境而辭不及豳並不解其故余謂穎達每好依阿康成元凱莫敢是正茲獨上攻及傳之正文殊可喜也但云豳距岐四百餘里四當作二

邦畿

詩傳云畿疆也疏云為之畿限疆畔也周禮惟王建國辨方正位體國經野設官分職以為民極大司徒以土圭之法測土深正日景以求地中日至之景尺有五寸謂之地中天地之所合也四時之所交也風雨之所會也陰陽之所和也然後百物阜

安乃建王國焉制其畿方千里而封樹之書說命明王奉若天道建邦設都禮書春秋傳曰天子一圻周語曰規方千里以為甸王制曰千里之內曰甸則天子面五百里為王城百里為郊郊置六鄉二百里為甸甸置六遂三百里為邦削四百里為邦縣五百里為邦都四書釋地謂貨殖列傳稱唐人都河東殷人都河內周人都河南三河在天下之中若鼎足王者所更居余嘗攷其地大柢不出殷家邦畿之內蓋自湯居南亳以後紂居朝歌以前凡六百四十五年都河南者三焉都河北者四焉三者何一括地志云南亳故城在宋州穀熟縣西南三十五里即湯所都是一滎陽故城在鄭州滎澤縣西南十七里殷時敖地也即仲丁所遷是一亳邑故城在洛州偃師縣西十四里即盤庚所遷是四者何一故殷城在相州內黃縣東南十三里即河亶甲所築而都者是一耿城故耿國在絳州龍門縣東南十二里祖乙時圯是自祖乙前已為都矣一邢國故城在邢州外城內西南角即祖乙所遷是一朝歌故城在衛

州東北七十三里本妹邑或曰武乙遷焉或曰武丁始都者是計南亳在極東耿城在極西相距雖未二千里要實不止千餘里則殷家之邦畿若是其寥廓乎余曰周家鎬京方八百里顔師古云八八六十四為方百里者六十四也雒邑方六百里顔師古云六六三十六為方百里者三十六也二都共得方百里者百故詩云邦畿千里然則周所謂千里乃指國言豈如今路程之里數乎竊以為周既然殷何獨不爾按此邦畿須切商之時勢言若商頌玄鳥所云景員維河註謂景山四周皆大河也與殷武所云商邑翼翼四方之極總合

黄鳥

詩周南葛覃黄鳥于飛集于灌木其鳴喈喈邶風睍睆黄鳥載好其音秦風交交黄鳥止于棘次章止于桑三章止于楚小雅黄鳥黄鳥無集于穀無啄我粟次章無集于桑無啄我粱三章無集于栩無啄我黍豳風春日載陽有鳴倉庚又倉庚于飛熠

燿其羽按詩傳訓黄鳥爲鶬倉庚爲黄鸝則黄鳥即倉庚也方言云自關而東謂之鶬鶊自關而西謂之驪黄或謂之黄鳥或謂之楚雀

文王

文王姬姓名昌稷之後古公亶父少子季歷之子也史記季歷娶太任生昌有聖瑞（聖瑞即尚書帝命驗所云季秋之月甲子赤爵啣丹書入于豐止于昌戶其書曰敬勝怠者吉怠勝敬者凶義勝欲者從欲勝義者滅凡事不强則不枉不敬則不正枉者廢滅敬者萬世以仁得之以仁守之其量百世以不仁得之以仁守之其量十世以不仁得之以不仁守之不及其世此蓋聖瑞然係出讖緯之書恐不足信也）泰伯虞仲知古公欲立季歷以及昌乃逃之荆蠻以讓之古公卒季歷立季歷卒子昌立是爲西伯遵后稷公劉之業則古公季歷之法篤仁敬老慈少禮賢日中不暇食以待士士以此多歸之于是伯夷鬻熊之徒咸至及紂醢九侯脯鄂侯西伯聞之竊嘆崇侯虎知之以告紂紂乃囚西伯於羑里（今河南湯陰縣）西伯乃演易之八卦爲六十四卦（按六十四卦伏羲畫卦時已有之文王所作乃彖詞耳此說似非）閎夭之徒患之乃求有莘氏美女驪戎之文馬有

熊九駟他奇怪物因殷嬖臣費仲而獻之紂紂大悅曰此一物足以釋西伯指姜女也況其多乎乃赦西伯賜之弓矢斧鉞使得專征伐曰譖西伯者崇侯虎也西伯乃獻洛西之地今陝西同州府地請除炮烙之刑紂許之西伯陰行善諸侯皆來決平于是虞芮之人虞今山西平陸縣芮今山西芮城縣有獄不能決乃如周入界耕者皆讓畔民俗皆讓長虞芮之人未見西伯皆慙相謂曰吾所爭周人所恥何往為祇取辱耳遂還俱讓而去明年伐犬戎即混夷今甘肅甘州諸郡地明年伐密須即密人今甘肅寧靜州地明年敗耆國今山西黎城縣明年伐邘今河南河內縣明年伐崇作豐邑崇豐俱今陝西鄠縣徙都之詩周南魴魚赬尾王室如燬雖則如燬父母孔邇大雅亹亹文王令聞不已又世之不顯厥猶翼翼思皇多士生此王國又維此文王小心翼翼昭事上帝聿懷多福厥德不回以受方國又太姒嗣徽音則百斯男又雝雝在宮肅肅在廟不顯亦臨無射亦保又肆戎疾不殄烈假不瑕不聞亦式不諫亦入又肆成人有德小子有造古之人無斁譽髦斯士又比于文王其德靡悔既

受帝祉施于孫子又帝謂文王無然畔援無然歆羡誕先登于岸又不識不知順帝
之則又文王有聲遹駿有聲遹求厥寧遹觀厥成又文王受命有此武功既伐于崇
作邑于豐周頌維清緝熙文王之典又允文文王克開厥後書泰誓上皇天震怒命
我文考肅將天威大勳未集泰誓下惟我文考若日月之照臨光于四方顯于西土
惟我有周誕受多方武成我文考文王克成厥勳誕膺天命以撫方夏大邦畏其力
小邦懷其德惟九年大統未集康誥惟乃丕顯考文王克明德慎罰不敢侮鰥寡庸
庸祗祗威威顯民用肇造我區夏越我一二邦以脩我西土惟時怙冒聞于上帝帝
休天乃大命文王殪戎殷誕受厥命越厥邦厥民惟時敘無逸文王卑服即康功田
功徽柔懿恭懷保小民惠鮮鰥寡自朝至于日中昃不遑暇食用咸和萬民文王不
敢盤于遊田以庶邦惟正之供文王受命惟中身厥享國五十年君奭惟文王尚克
脩和我有夏又亦惟純佑秉德迪知天威乃惟時昭文王迪見冒聞于上帝惟時受

有殷命哉立政文王惟克厥宅心乃克立兹常事司牧人以克俊有德文王罔攸兼于庶言庶獄庶慎惟有司之牧夫是訓是違庶獄庶慎文王罔敢知于兹商書西伯戡黎傳西伯受命專征黎為不道于是伐而勝之禮記文王世子文王之為世子也朝于王季日三雞初鳴而衣服至于寢門外問内竪之御者曰今日安否何如内竪曰安文王乃喜及日中又至亦如之及莫又至亦如之其有不安節則内竪以告文王文王色憂行不能正履王季復膳然後亦復初食上必在視寒暖之節食下問所膳命膳宰曰末有原應曰諾然後退又文王謂武王曰汝何夢矣對曰夢帝與我九齡文王曰古者謂年齡齒亦齡也我百爾九十吾與爾三焉文王九十七乃終武王九十三而終祭義文王之祭也事死如事生思死者如不欲生忌日必哀稱諱如見親祀之忠也如見親之所愛如欲色然祭之日樂與哀半饗之必樂已至必哀易明夷卦内文明而外柔順以蒙大難文王以之左傳僖十九年文王聞崇亂而伐之軍三旬

而不降退脩教而復伐之因壘而降襄三十一年傳謂再駕而降再駕謂兵再舉也襄二十九年季札觀樂見舞象箾南籥者曰美哉猶有憾定四年武王之母弟八人周公為太宰康叔為司寇聃季為司空五叔無官豈尚年哉五叔管叔鮮蔡叔度成叔武霍叔處毛叔聃也國語周語周之興也鸑鷟鳴于岐山晉語文王在母不憂在傅不勤處師弗煩事王不怒及其即位也詢于八虞而諮于二虢度于閎夭而謀于南宮諏于蔡原蔡公原公而訪于辛尹辛甲尹佚重之以周召畢榮億寧百神而柔和萬民呂氏春秋西伯作靈臺掘地得死人骨令更葬之吏曰此無主矣西伯曰有天下者天下之主也有一國者一國之主也寡人固其主又安所求主乎遂葬之天下皆曰西伯澤及枯骨況于人乎于是三分天下奄有其二史西伯出獵卜之曰非龍非彲非熊非羆非虎非貔所獲霸王之輔果遇呂尚于渭水之陽載與俱歸琴操拘幽操相傳文王拘羑里時所作以寫懷者舊詞蕪陋係偽撰唐韓愈擬之末云嗚呼臣罪當誅兮天王聖明伊川程子謂能道文王意中事他人道

不到此在位五十年九十七歲而崩子發立伐商而有天下乃追尊為文王按文王娶太姒生十男長伯邑考早卒檀弓所謂文王舍伯邑考而立武王也

淇

淇水名今河南淇縣詩邶風毖彼泉水亦流于淇鄘風送我乎淇之上矣衛風送子涉淇又籊籊竹竿以釣于淇又泉源在左淇水在右又淇水滺滺檜楫松舟皆言是地四書釋地謂詩集傳淇上多竹漢世猶然此自謂漢武帝下淇園之竹以塞決河寇恂伐淇園之竹為矢以給軍耳酈道元云今通望淇川無復此物又可證朱子止及漢之故然未遡其所由始惟晉戴凱之言淇園衛地殷紂竹箭園也見班彪志為足以知其地之所以多竹也

菉竹

此章猗猗言其美盛也次章青青言其堅剛茂盛也末章如簀言其茂密也小雅如

竹笆矣言其叢生而固也易說卦震為蒼筤竹稚竹也書禹貢荊州貢箘簬二竹堅勁可為矢也揚州貢篠簜篠箭竹簜大竹也禮記禮器如竹箭之有筠也左傳襄十八年晉伐齊焚申池之竹木（申池齊南城西門）文十八年殺懿公納諸竹中（其地多竹木也）家語南山有竹不揉自直斬而用之達于犀革史記渭川千畝竹其人與千戶侯等通鑑黃帝使伶倫取嶰谷之竹爾雅東南之美者有會稽之竹箭焉

聽訟（互見下論折獄條）

易訟卦天與水違行訟序卦飲食必有訟故受之以訟蓋訟乾上坎下險健相攻為訟之象故彖辭云上剛下險險而健訟詩召南誰謂鼠無牙何以穿我墉誰謂汝無家何以速我訟周禮大司寇以兩造禁民訟入束矢于朝然後聽之小司寇以五聲聽獄訟求民情一曰辭聽二曰色聽三曰氣聽四曰耳聽五曰目聽以三刺斷庶民獄訟之中一曰訊群臣二曰訊群吏三曰訊萬民聽民之所刺宥以施上服下服之

刑士師察獄訟之辭以詔司寇斷獄弊訟致邦令凡以財獄訟者正之以傳(地保)別(判書)
約(期約)劑(契券)鄉士掌國中各掌其鄉之民數而糾戒之聽其獄訟察其辭辨其獄訟異
其死刑之罪而要之旬而職聽于朝司寇聽之斷其獄弊其訟于朝群士司刑皆在
各麗其法以議獄訟獄訟成士師受中協日刑殺肆之三日若欲免之則王會其期
(親至外朝公議)遂士掌四郊各掌其遂之民數而糾其戒令聽其獄訟二旬而職聽于朝縣
士掌野各掌其縣之民數糾其戒令而聽其獄訟三旬而職聽于朝朝士凡士之治
有期日國中一旬郊二旬野三旬都三月邦國期期內之治聽期外不聽凡有責者(負也)
有判書以治則聽(判書書其數而中分之)凡屬責者以其地傳(地相比近也)而聽其辭方士掌都
家聽其獄訟之辭三月而上獄訟于國訝士掌四方之獄訟諭罪刑于邦國禮記王
制司寇正刑明辟以聽獄訟必三刺有旨無簡不聽附從輕赦從重凡聽五刑之訟
必原父子之親立君臣之義以權之意論輕重之序慎測淺深之量以別之悉其聰

明致其忠愛以盡之疑獄汎與衆共之衆疑赦之必察大小之比以成之成獄辭史以獄成告于正正聽之正以獄成告于大司寇大司寇聽之棘木之下大司寇以獄之成告於王王命三公參聽之三公以獄之成告于王王三又三又即周禮所謂三宥不識過失遺忘也然後制刑左傳襄十年王叔陳生與伯輿訟王叔之宰伯輿之大夫坐獄于王庭士匄使合要要口供也王叔不能舉其契遂奔晉

嫁 互見上孟母命條

易屯卦女子貞不字十年乃字漸卦女歸吉咸卦取女吉歸妹卦歸妹愆期遲歸有時又帝乙歸妹月幾望吉又女承筐无實士刲羊无血无攸利女嫁承筐而行士娶刲羊以宴无實无血約婚而不終者也書堯典釐降二女于嬀汭今山西蒲州府嬪于虞詩周南關雎窈窕淑女君子好逑桃夭之子于歸宜其室家召南鵲巢百兩御之百兩將之百兩成之摽梅迨其吉兮迨其今兮迨其謂之何彼襛矣曷不肅雝王姬之車邶風匏有苦葉雝雝鳴雁旭

日始旦士如歸妻迨冰未泮衛風碩人碩人敖敖說于農郊四牡有驕朱幩鑣鑣翟茀以朝大夫夙退無使君勞齊風著俟我于著乎而著者門屏之間俟我于庭乎而俟我于堂乎而豳風倉庚于飛熠燿其羽之子于歸皇駁其馬親結其縭九十其儀小雅車舝間關車之舝兮思孌季女逝兮匪饑匪渴德音來括大雅大明文王初載天作之合在洽之陽在渭之涘文王嘉止大邦有子大邦有子俔天之妹文定厥祥親迎于渭造舟為梁不顯其光韓奕諸娣從之祁祁如雲韓侯顧之爛其盈門又為韓姞相攸莫如韓樂禮記曲禮男女非有行媒不相知名非受幣不交不親故日月以告君齊戒以告鬼神為酒食以召鄉黨僚友以厚其別也內則女子十有五年而笄二十而嫁有故二十五而嫁聘則為妻奔則為妾大傳繫之以姓而弗別綴之以食而弗殊雖百世而昏姻不通者周道然也坊記取妻不取同姓故買妾不知其姓則卜之郊特牲夫昏禮萬世之始也幣必誠辭無不腆告之以直信信事人也信婦德也厥

明婦盥饋舅姑卒食婦餕餘私之也又昏禮不用樂幽陰之義也昏禮不賀人之序也昏義昏禮納采問名納吉納徵請期皆主人筵几于廟而拜迎于門外入揖讓而升聽命于廟所以敬慎重正昏禮也父親醮子而命之迎（以清酒醮之）男先於女也子承命以迎主人筵几于廟而拜迎于門外壻執鴈入揖讓升堂再拜奠鴈親受之於父母也降出御婦車壻授綏御輪三周先俟於門外婦至壻揖婦入共牢而食合卺而飲所以合體同尊卑也夙興婦沐浴俟見質明贊見婦于舅姑婦執笲棗栗段脩以見（笲音煩竹器所以盛棗栗腶脩者）贊醴婦婦祭脯醢祭醴成婦禮也舅姑入室婦以特豚饋明婦順也厥明舅姑共饗婦以一獻之禮奠酬舅姑先降自西階婦降自阼階以著代也古者婦人先嫁三月祖廟未毀教於公宮祖廟既毀教于宗室教以婦德婦言婦容婦功教成祭之牲用魚芼之以蘋藻所以成婦順也周禮地官媒氏掌萬民之判令男三十而娶女二十而嫁仲春之月令會男女凡嫁子娶妻入幣純帛無過五兩（純康）

成以為同緇納幣用緇象婦人陰說之義兩二端也五兩為一束雜記所謂納幣一束束五兩兩八尋是也 左傳莊二十五年懿氏卜妻敬仲其妻占之曰是謂鳳凰于飛和鳴鏘鏘哀三年鄭公子蘭奔晉石癸曰吾聞姬姞耦其子孫必蕃公子蘭燕姞所生故云 胡傳桓九年紀季姜歸于京師不稱王后而稱季姜化天下以婦道也莊十一年王姬歸于齊與列國之女同辭雖王姬之貴其當執婦道則一也

堯

尚書大傳卿雲見于時俊乂聖扣扣而歌帝乃倡之曰倡字写作倡言相错／墨

綱鑑帝堯黃帝玄孫少昊曾孫蟜極之孫帝嚳之子摯之弟也母陳鋒氏女名慶都孕十有四月而生堯于丹陵後徙耆左傳作祁今山西清源縣以祁為姓故曰伊祁氏摯立堯年十三佐摯封植受封于陶今山西平遙縣年十五改國于唐今山西太原府故又號陶唐氏摯在位九年以荒淫而廢諸侯尊堯為天子年十六而立都平陽今山西平陽府書堯典曰若稽古帝堯曰放勳欽明文思安安允恭克讓光被四表格于上下克明俊德以親九族九

族既睦平章百姓百姓昭明協和萬邦黎民於變時雍乃命羲和曆象日月星辰敬
授人時分命羲仲宅嵎夷曰暘谷以殷仲春羲叔宅南交以正仲夏和仲宅西曰昧
谷以殷仲秋和叔宅朔方曰幽都以正仲冬以閏月定四時成歲允釐百工庶績咸
熙大禹謨帝德廣運乃聖乃神乃武乃文皇天眷命奄有四海為天下君魯語堯能
單均刑法以儀民（儀養也）路史十有二載巡狩諸侯西夏懷城守好貪求乃伐而亡之
有苗不享征而克之于丹水之浦命閼伯長火居商丘命毋句氏作離聲（一云作磬）制五
絃繖鼓大唐之歌命夔放山川谿谷之音以歌八風（西北立冬曰不周風正北冬至曰廣莫風東北立春曰條風正
東春分曰明庶風東南立夏曰清明風正南夏至曰景風西南立秋曰涼風正西秋分曰閶闔風）作大章之樂作五廟立五府以享
先祖而祝五帝莊子帝觀于華（西嶽華山也今陝西華州）華封人曰請祝聖人願聖人福壽多男
子列子帝遊于康衢兒童謠曰立我蒸民莫匪爾極不識不知順帝之則文中子時
有老人擊壤而歌曰吾日出而作日入而息鑿井而飲耕田而食帝力何有于我哉

符子堯曰余坐華殿之上森焉而松生于棟余立櫺扉之内霏焉而雲生于牖說苑堯存心于天下加志于窮民一民饑曰我饑之一民寒曰我寒之一民有罪曰我陷之百姓戴之如日月親之如父母仁昭而義立德溥而化光故不賞而民勸不罰而民治通鑑堯之為君也其仁如天其智如神就之如日望之如雲富而不驕貴而不舒黃收純衣（收冕名純讀作緇）彤車白馬茅茨不剪（茨覆也以茅覆屋而不剪也）土階不石樸桷不斲素題不枅（題桷頭也枅音雞雕刻象雞也）大輅不畫越席不緣太羹不和（太羹以肉汁為羹也）粢食不鑿飯于土簋飲于土鉶金銀珠玉不飾錦繡文綺不展奇怪異物不視玩好之器不寶淫泆之樂不聽宮垣室屋不堊色布衣掩形鹿裘禦寒衣履不敝盡不更為也又有草生庭十五日以前日生一葉以後日落一葉月小則一葉痿而不落名曰蓂莢觀之以知旬朔說文蓂莆瑞草也生于庖廚扇暑而涼尚書中候堯在位七十載德政清平比隆伏羲鳳凰巢阿閣景星出翼軫朱草生郊嘉禾滋連甘露潤液醴泉出山脩壇河

洛榮光出河休氣四塞皇甫謐謂堯以甲申歲生甲辰即帝位甲午徵舜甲寅舜代行天子事辛巳崩年百一十八歲在位九十八年（世史謂堯在位一百年孔安國云壽百一十六歲）

舜

綱鑑帝舜黃帝八代孫也其先國于虞始為虞氏父瞽瞍姓嬀娶握登生舜于姚墟（今山西平陽府）故又為姚氏路史母早喪瞽瞍再娶而生象象得親乃咸惡舜御不以道舜乎是往于田泣昊天號父母負罪引慝大杖避小杖受事親撫弟日以篤謹年二十孝友聞于四海執玄德而化馳若神歷陽之耕者侵畔乃往耕焉田夫推畔雷澤之漁者爭坻乃往漁焉鮫人遜長東夷之陶者苦窳乃陶于河濱期年而器以利（歷山雷澤河濱俱今山西蒲州府地）牧羊于潢陽而獲玉曆于河巖所至嚮合遷于負夏販于頓邱倩于傅虛編蒲結罟每徙而民歸之（即所謂所居成聚二年成邑三年成都也）至鄧之墟小大悅之秀士胥從雄陶方回續牙伯陽東不訾秦不虛靈甫為之七友迨既禪七人始逃之書堯典帝曰

咨四岳朕在位七十載汝能庸命巽朕位岳曰否德忝帝位曰明明揚側陋（謂有德者已在顯位固明顯之倘或在側陋微賤則亦宣揚之矣）師錫帝曰（師衆錫與也）有鰥在下曰虞舜帝曰俞予聞如何岳曰瞽子父頑母嚚象傲克諧以孝烝烝乂不格姦帝曰我其試哉釐降二女于嬀汭嬪于虞舜典曰若稽古帝舜曰重華協于帝濬哲文明溫恭允塞玄德升聞乃命以位愼徽五典（徽美也五典即五常父子有親君臣有義夫婦有別長幼有序朋友有信是也）五典克從納于百揆百揆時叙賓于四門四門穆穆納于大麓烈風雷雨弗迷帝曰格汝舜詢事考言乃言底可績三載汝陟帝位舜讓于德弗嗣正月上日受終于文祖（堯始祖之廟也）在璿璣玉衡以齊七政（在察也璿璣以美珠飾璣所以象天體之轉運玉衡以玉爲管橫而設之所以窺璣而齊七政之運行猶今之渾天儀也）肆類于上帝禋于六宗（四時寒暑日月星辰水旱也）望于山川徧于羣神輯五瑞（桓信躬穀蒲也）既月乃日覲四岳羣牧班瑞于羣后五載一巡狩羣后四朝敷奏以言明試以功車服以庸肇十有二州（冀兗青徐荊揚豫梁雍幽幷營也）封十有二山濬川月正元日舜格于文祖詢于四岳闢四門明四目達四聰咨十有二牧命禹作司空棄爲后稷契作司徒皐陶作士

垂為共工益作虞伯夷作秩宗夔典樂龍作納言三載考績三考黜陟幽明庶績咸熙分北三苗三苗今湖廣之苗北猶背也三苗負固不服乍臣乍叛于是別其善惡善者留而惡者竄使分背而去也大禹謨帝曰格汝禹朕宅帝位三十有三載耄期倦于勤汝惟不怠總朕師帝曰咨禹惟時有苗弗率汝徂征三旬苗民逆命班師振旅帝乃誕敷文德舞干羽于兩階七旬有苗格益稷夔曰戛擊鳴球搏拊琴瑟以詠祖考來格虞賓在位虞賓丹朱也羣后德讓下管鼗鼓合止柷敔笙鏞以間鳥獸蹌蹌簫韶九成鳳凰來儀夔曰於予擊石拊石百獸率舞庶尹允諧帝庸作歌曰勑天之命惟時惟幾乃歌曰股肱喜哉元首起哉百工熙哉禮記祭法有虞氏禘黄帝而郊嚳祖顓頊而宗堯祭義有虞氏貴德而尚齒王制有虞氏皇而祭深衣而養老左傳文十八年昔高陽氏有才子八愷蒼舒隤敳檮戭大臨尨降庭堅仲容叔達高辛氏有才子八元伯奮仲堪叔獻季仲伯虎仲熊叔豹季貍舜皆舉之帝鴻氏有不才子渾沌帝鴻氏黄帝也渾沌即驩兜也少皞氏有不才子窮奇即共工也顓頊氏有不才子檮杌即鯀也縉雲氏有不才子饕餮縉雲氏炎帝之苗裔

饕（餮即三苗也）舜乃流四凶族投諸四裔以禦螭魅家語舜彈五絃之琴歌南風之詩曰南風之薰兮可以鮮吾民之慍兮南風之時兮可以阜吾民之財兮尚書大傳于時俊乂百工相和而歌卿雲帝乃倡之曰（倡和也）卿雲爛兮糺縵縵兮日月光華旦復旦兮八伯咸稽首而和曰明明上天爛然星陳日月光華弘于一人帝乃載歌曰日月有常星辰有行四時從經萬姓允誠於予論樂配天之靈還於聖賢莫不咸聽鼚乎鼓之（鼚鼓聲也）軒乎舞之（軒舉也）菁華已竭褰裳去之通鑑舜之為君也上循堯道下任衆賢師紀后拜蒲衣親善卷學于務成軺立誹謗木設旌諫鼓訪不逮於総章養國老於上庠養庶老於下庠藏金嶢巖之山捐珠五湖之淵作米廩以藏帝籍立兩學以教國士史記舜都于蒲坂（今山西蒲州府）後漢書堯殂落之後舜仰慕三年坐則見堯于墻食則見堯於羹書舜典舜生三十徵庸三十在位五十載陟方乃死

桀

通鑑桀名履癸帝發之子孔甲曾孫也自孔甲以来諸侯多叛桀尤為無道暴厲頑狠貪虐荒淫有力能伸鐵鈎索天下患之曰伐蒙山有施氏（今山東蒙陰縣）乃得妹喜遂嬖之所言皆從為傾宮瑶臺瓊室玉門肉山脯林酒池可以運舡糟隄可以望十里男女雜處一鼓而牛飲者三千日與妹喜行淫縱樂政事怠廢左師曾觸龍諂諛不止關龍逄諫曰人心以去天命不祐盍少悛諸桀曰吾有天下猶天之有日日亡吾乃亡耳因而殺之湯聞之歎息使人哭之桀怒因湯于夏臺已而得釋桀大會諸侯于有仍氏有緡氏見桀汰侈（有緡氏今山東金鄉縣）引師先歸桀率諸侯攻克之愈自矜肆韋氏（即韋豕彭姓國在今河南滑縣）顧氏（己姓今山東范縣）昆吾氏（己姓今山東濮州）黨桀之惡恣行亂政鑿池為夜宮三旬不朝太史終古執其圖法泣諫不聽遂奔商桀之世星隕地震泰山崩伊洛竭災異迭見殷湯脩德諸侯畏服湯伐昆吾桀起九夷之師不至伊尹佐湯伐桀桀曰吾悔不遂殺湯于夏臺及戰不勝走鳴條入于三朡之國湯又從而伐之放于南巢

今安徽無為州三年死於亭山湯封夏後至周而封之杞書湯誓夏王率遏衆力率割夏邑有衆率怠弗協仲虺之誥有夏昏德民墜塗炭又夏王有罪矯誣上天以布命于下又簡賢附勢實繁有徒湯誥夏王滅德作威以敷虐于爾萬方百姓萬方百姓罹其凶害弗忍荼毒並告無辜于上下神祇天道福善禍淫降災于夏以彰厥罪泰誓有夏桀弗克若天流毒下國多士我聞曰上帝引逸有夏不適逸則惟帝降格嚮于時夏弗克庸帝大淫泆有辭惟時天罔念聞厥惟廢元命降致罰多方惟天降格于夏有夏誕厥逸不肯慼言于民乃大淫昏不克終日勸于帝之迪乃爾攸聞厥圖帝之命不克開于民之麗乃大降罰崇亂有夏因甲于內亂不克靈承于旅罔丕惟進之恭洪舒于民亦惟有夏之民叨懫日欽劓割夏邑

紂

紂名辛又名受帝乙之少子也呂氏春秋紂同母三人長微子次中衍次為紂微子

四書攷略　卷一　七　書業堂

與衍之生也其母尚為妾（按衍實微子之次子非帝乙次子也詳辨于上孟微仲一條）及立為妻而後生紂帝乙欲置微子為太子太史爭之曰有妻之子不可立妾之子乃立紂書微子天毒降災荒殷邦方興沉酗于酒乃罔畏之咈其耇長舊有位人西伯戡黎西伯既戡黎（今山西潞城縣）祖伊恐奔告于王王曰嗚呼我生不有命在天泰誓上今商王受弗敬上天降災下民沈湎冒色罪人以族官人以世惟宮室臺榭陂池侈服以殘害萬姓焚炙忠良刳剔孕婦泰誓中今商王受力行無度播棄黎老昵比罪人淫酗肆虐臣下化之朋家作仇脅權相滅無辜籲天穢德彰聞又惟受罪浮于桀剝喪元良賊虐諫輔謂已有天命謂敬不足行謂祭無益謂暴無傷泰誓下今商王受狎侮五常荒怠弗敬自絕于天結怨于民斮朝涉之脛剖賢人之心作威殺戮毒痛四海崇信姦回放黜師保屏棄典刑囚奴正士郊社不脩宗廟不享作奇技淫巧以悅婦人上帝弗順祝降時喪牧誓今商王受惟婦言是用昏棄厥肆祀弗答昏棄厥遺王父母弟不迪乃

惟四方之多罪逋逃是崇是長是信是使是以為大夫卿士俾暴虐于百姓以姦宄于商邑武成今商王受無道暴殄天物害虐烝民為天下逋逃主萃淵藪酒誥在今後嗣王酣身厥命罔顯于民祗保越怨不易誕惟厥縱淫泆于非彝用燕喪威儀民罔不盡傷心多士在今後嗣王誕罔顯于天矧曰其有聽念于先王勤家誕淫厥泆罔顧于天顯民祗多方今至于爾辟弗克以爾多方享天之命又乃惟爾辟以爾多方大淫圖天之命屑有辭又乃惟爾商後王逸厥逸圖厥政不蠲烝天惟降時喪立政其在受德暋惟羞刑暴德之人同于厥邦乃惟庶習逸德之人同于厥政帝欽罰之史記紂資辨捷疾聞見甚敏材力過人手格猛獸帝王世紀紂倒曳九牛撫梁易柱智足以拒諫言足以飾非矜已誇人謂天下皆出已下伐有蘇氏已姓今河南輝縣獲妲己嬖之使師涓作新聲為北里之舞靡靡之樂厚賦斂以實鹿臺之財鹿臺臺名今河南淇縣盈鉅橋之粟鉅橋倉名今直隸曲周縣益收狗馬奇物充仞宮室廣沙邱苑臺沙邱今直隸平鄉縣多取野獸蜚鳥置其中

慢于鬼神大聚樂戲于沙丘以酒為池懸肉為林男女裸相逐于其間為長夜之飲太公六韜云紂為酒池迴船糟丘而牛飲者三千餘人帝王世紀云紂宮九市車行酒馬行炙百姓怨望諸侯有畔者于是紂乃重辟刑有炮烙之法膏銅柱熾炭其下令有罪者行焉輒墮炭中以西伯昌九侯鄂侯為三公九侯進女于紂女不喜淫紂殺之而醢九侯鄂侯爭之并脯鄂侯西伯聞之竊嘆崇侯虎知之以告紂紂囚之于羑里帝王世紀紂囚西伯于羑里西伯子伯邑考質于殷為紂御紂烹為羹賜之曰聖人當不食其子羹文王食之紂曰誰謂西伯聖者食其子羹尚不知也費仲善諛好利用之為政殷人弗親又用惡來惡來善毀讒諸侯以此益疏王子比干諫弗聽剖視其心商容賢者紂廢之周武王伐之紂距于牧野甲子兵敗奔登鹿臺衣寶玉自焚而死按史載武王以黃鉞斬紂頭懸于太白之旗先儒駁之決無是事及觀楊升菴所記賈子之言謂紂焚死軍士曳其屍于玉門之外觀者皆進蹴之周使人帷而守之猶不能止竊歎甚為合理武王封其子武庚祿父以奉殷祀管叔蔡叔因之作亂成王命周公誅之而封微子于宋以續殷後焉

桃

此所引詩周南桃夭之三章也故咏其葉之美盛首章灼灼其華言其木少而華盛次章有蕡其實則言其實之盛也召南何彼穠矣華如桃李衛風投我以木桃報之以瓊瑤魏風園有桃其實之殽大雅投我以桃報之以李禮記月令仲春桃始華内則桃曰膽之玉藻食棗栗桃李弗致于核韓非子彌子與靈公遊于果園食桃而甘以餘桃奉君呂覽子產相鄭十八年桃李之垂于街者莫之援也史記桃李不言其下成蹊家語哀公賜孔子桃與黍孔子先食黍公曰以黍雪桃何也對曰黍五穀之長六果而桃為下君子不以貴雪賤也

南山

四書釋地謂詩詠南山不必盡有指實而可指實者二焉一曹南之山都縣志在曹州濟陰府東二十里南山朝隮是也今曹縣一終南之南之山都縣志在京兆府萬年縣南五十里如南山之壽幽幽南山節彼南山信彼南山是也今長安咸寧藍田

盩厔四縣然同一南山也天保則以保君節南山則以刺師尹山亦有幸有不幸哉

師尹

四書釋地又續謂師尹周太師尹氏也不知于吉甫為何人而其姓實曰姞故都人士之詩彼君子女謂之尹吉鄭箋云吉讀為姞周室婚姻之舊也余謂上為氏下為姓猶之齊姜宋子云爾非同晉之王謝唐之崔盧卑以氏稱者也

財用　互見上論節用條

禮記王制冢宰制國用必于歲之杪（末也）五穀皆入然後制國用用地小大視年之豐耗以三十年之通制國用量入以為出祭用數之仂（仂十一也統計一年經用之數析為十分而用其一分者也）喪用三年之仂喪祭用不足曰暴有餘曰浩祭豐年不奢凶年不儉國無九年之蓄曰不足無六年之蓄曰急無三年之蓄曰國非其國也三年耕必有一年之食九年耕必有三年之食以三十年之通雖有凶旱水溢民無菜色周禮天官太宰以九職

任萬民曰三農生九穀三農山澤平地也黍稷稻粱秫苽麻麥豆謂之九穀是也園圃毓草木虞衡作山澤之財藪牧養蕃鳥獸百工飭化八材珠象玉石金木羽草也商賈阜通貨賄嬪婦化治絲枲臣妾聚斂疏財臣妾男女為人役者疏財如蕉葛可為布草根木實可為食之類閒民無常職轉移執事謂傭僱為工作也按此俱言生財有道以九賦斂財賄曰邦中之賦四郊之賦邦甸之賦家削之賦削作稍大夫采地也邦縣之賦邦都之賦關市之賦山澤之賦幣餘之賦用度之餘復歸職幣者也此國之雜賦大抵言取財有制也以九式均節財用曰祭祀之式賓客之式喪荒之式羞服之式工事之式幣帛之式芻秣之式匪頒之式按此言用之有禮也以九貢致邦國之用曰祀貢嬪貢器貢幣貢材貢貨貢服貢斿貢物貢此侯國之貢亦言取之有制地官閭師九任民任農以耕事貢九穀任圃以樹事貢草木任功以飭材事貢器物任商以市事貢貨賄任牧以畜事貢鳥獸任嬪以女事貢布帛任衡以山事貢其物任虞以澤事貢其物此亦國之經賦亦言取有制也鄭語王者居九畡之田取經入以食兆民九畡九州之極數也五經類編周公設官理財居半在大臣則有太宰以制

其出有司徒以制其入太宰之屬若内府外府司會司書職歲職幣其所以檢校而鉤稽者莫不各有條理司徒之屬則又有所謂泉府廩人舍人倉人者或以典其藏或以司其用古昔聖君賢相何若是屑屑然不憚煩哉蓋以財者國之資富民之休戚繫焉固治世之急務也原其經理之要則有三不過曰生之有道取之有義用之有禮而已觀夫繫之九兩以安其居任之九職以厚其生雖無常職者猶使之轉移職事以食其力此皆生其財者也財生矣然後制九賦之法以取之輕重多寡内外遠近皆酌其中而不使一毫之或過而又制為九式之法以用之自祭祀賓客以至匪頒好用又從而均節之焉安民裕國之道具在乎此矣

楚書

楚書古栝鄭氏謂楚昭王時書善人謂左史倚相昭奚恤也孔疏引國語王孫圉聘于晉定公饗之趙簡子鳴玉以相問曰楚之白珩猶在乎其為寶也幾何矣曰楚之

所寶者曰觀射父能作訓辭以行事于諸侯使無以寡君為口實又有左史倚相能通訓典以叙百物以朝夕獻善敗于寡君使無忘先王之業若諸侯之好幣具而道之以訓辭寡君其可以免罪于諸侯而國民保焉此楚國之寶也若夫白珩先王之玩也何寶焉劉向新序秦欲伐楚使使觀楚之寶器楚王召奚恤而問對曰寶器在賢臣乃為壇于西門內東面者一南面者四西面者一秦使者至昭奚恤曰君客也請坐上位東面令尹子西南面太宗子敖次之葉公子高次之司馬子反次之昭奚恤自居西面之壇稱曰客欲觀楚之寶器乎楚之所寶者即賢人也惟大國之所觀秦使無以對反而言于秦君曰楚多賢臣未可謀也以證之按章句楚書楚語未嘗鑒定其事而大全以專屬王孫圉似不若註疏兼此二事之為備也若左傳昭七年申無宇謂文公為僕區之法則治隱匿逃人之法也戰國策柏舉之戰今湖廣麻城縣吳師入郢蒙穀入太宮負雞次之典以浮于江則典法之書也俱可作襯杙用雞次之典姚本一作

離次

舅犯

舅犯晉文公舅狐偃字子犯狐突之子狐毛之弟也公子重耳出亡子犯從之禮記檀弓晉獻公之喪秦穆公使人弔公子重耳且曰寡人聞之亡國恆于斯得國恆于斯雖吾子儼然在憂服之中喪亦不可久也時亦不可失也孺子其圖之以告舅犯舅犯曰孺子其辭焉喪人無寶仁親以爲寶父死之謂何又因以爲利天下其孰能說之孺子其辭焉公子重耳對客曰君惠弔亡臣重耳身喪父死不得與哭泣之哀以爲君憂父死之謂何或敢有他志以辱君義稽顙而不拜哭而起起而不私子顯以致命于穆公穆公曰仁夫公子重耳按文公時避驪姬之讒亡在翟而獻公薨秦穆公使子顯弔之勸之復國舅犯教之對此辭弟文公對客無仁親爲寶句故傳引作舅犯曰須分明晉語中亦載此事子顯作公子縶左傳僖二十三年重耳過衛乞食于野人與之

塊子犯曰天賜也及齊桓公妻重耳公子安之姜氏與子犯謀醉而遣之醒以戈逐子犯及楚楚子享之子犯曰吾不如衰之文也請使衰從二十四年秦納重耳及河子犯以璧授公子曰臣負羈紲從君巡于天下臣罪甚多臣猶知之而況君乎請由此亡公子曰所不與舅氏同心者有如白水投其璧于河二十五年周襄王有太叔帯之難狐偃言于晋侯曰求諸侯莫如勤王諸侯信之且大義也繼文之業而（文謂文侯）信宣于諸侯今為可矣二十七年楚圍宋宋告急狐偃曰楚始得曹而新昏于衛若伐曹衛楚必救之則齊宋免矣于是蒐于被廬作三軍使狐偃將上軍讓于狐毛而佐之晋侯始入而教其民二年欲用之子犯曰民未知義未安其居于是出定襄王民未知信未宣其用于是伐原以示之信民未知禮未生其共于是大蒐以示之禮出穀戍釋宋圍一戰而霸文之教也二十八年子玉請復衛侯而封曹臣亦釋宋之圍子犯曰子玉無禮哉君取一臣取二不可失矣及子玉從晋師子犯曰師直為壯

曲為老豈在久乎徼楚之惠不及此退三舍避之所以報也背惠食言以亢其讐我曲楚直其衆素飽不可謂老我退而楚還我將何求若其不還君退臣犯曲在彼矣晉侯疑輿人之誦子犯曰戰也戰而捷必得諸侯若其不捷表裏山河必無害也晉侯夢楚子伏已盬腦而懼子犯曰吉我得天楚伏其罪吾且柔之矣及戰偃以上軍夾攻子西三十年晉侯秦伯圍鄭穆公聽燭之武出言而先還子犯請追之晉侯曰不可微夫人之力不及此後其子狐射姑于文六年出奔狄晉語狐氏出自唐叔又狐偃其舅也而惠以有謀又重耳出亡及柏谷卜適齊楚狐偃曰無卜若以偃之慮其翟乎乃遂之翟處翟十二年偃又勸之適齊又里克及丕鄭使屠岸夷告公子重耳于翟曰國亂民擾得國在亂治民在擾子盍入乎吾請為子鉥音述道也重耳告舅犯舅犯曰不可夫堅樹在始始不固本終必槁落夫長國者惟知哀樂喜怒之節是以導民不哀喪而求國難因亂以入殆重耳曰非喪誰代非亂誰納我舅犯曰偃聞喪

亂有小大大喪大亂之剡(鋒也)不可犯也父母死為大喪讒在兄弟為大亂今適當之是故難重耳出見使者曰子惠顧亡人重耳父生不得供備洒掃之臣死又不敢莅喪以重其罪且辱大夫敢辭夫固國者在親衆而善鄰在因民而順之苟衆所利鄰國之所立大夫其從之重耳不敢違

秦誓

左傳僖三十年秦穆公與晋圍鄭因鄭燭之武夜縋出言復與鄭和留杞子逢孫揚孫戍鄭以備晋師晋亦舍鄭而還三十二年杞子自鄭使人告穆公子曰鄭人使我掌其北門之管若潛師以來國可得也穆公訪諸蹇叔蹇叔曰勞師襲遠非所聞也師勞力竭遠主備之且行千里其誰不知公辭焉名孟明視西乞術白乙丙使出師于東門之外蹇叔哭之曰孟子吾見師之出而不見其入也公使謂之曰爾何知中壽爾墓之木拱矣蹇叔之子與師哭而送之曰晋人禦師必於殽(今河南永寧縣西)殽有二

陵焉其南陵夏后臯之墓也其北陵文王之所避風雨也必死是間余收爾骨焉秦師遂東三十三年師至于滑鄭商人弦高將市于周遇之以乘韋先之牛十二犒師且使遽告于鄭孟明知其有備也遂滅滑而還滑附晉小國時晉文公初喪襄公墨經興戎先軫等敗秦師于殽擒孟明西乞白乙三帥公羊傳謂隻輪匹馬無得還者文公夫人文嬴秦女也請三帥而歸之穆公素服郊次嚮師而哭曰孤違蹇叔以辱二三子孤之罪也不替孟明孤之過也大夫何罪且吾不以一眚掩大德遂悔過而作秦誓一篇中有番番黃髮指蹇叔也截截諞言指杞子也傳特引其大概耳文元年晉人既歸秦師大夫及左右請殺孟明秦伯曰孤實貪以禍夫子夫子何罪復使為政二年孟明帥師伐晉以報殽之役戰于彭衙秦師敗績晉人謂秦拜賜之師以殽之役孟明有三年將拜君賜之言也穆公猶用孟明孟明增脩國政重施于民三年秦伯伐晉濟河焚舟取王官及郊晉人不出遂自茅津濟封殽尸而還遂霸西戎

四夷

周禮夏官職方氏辨其邦國都鄙四夷八蠻七閩九貉五戎六狄之人民閩蠻之別貉狄之分

禮記王制東方曰夷被髮文身有不火食者矣南方曰蠻雕題交趾刻其額以丹青涅之而足拇指相向也有不火食者矣西方曰戎被髮衣皮有不粒食者矣北方曰狄衣羽毛穴居有不粒食者矣又東方曰寄言能寫風俗之異于此也南方曰象言能倣其風俗之異于彼也西方曰狄鞮別其服飾之異也北方曰譯辨其言語之殊也四者皆四方傳事之官也疏夷有九種玄菟樂浪高驪滿節鳧臾索家東屠倭人天鄙蠻有八種天竺咳首僬僥跂踵穿胸儋耳狗軹旁脊戎有六種僥夷戎夷老白耆羌鼻息天剛狄有五種月支穢貊匈奴單于白屋

中國

戰國策中國者聰明叡智之所居也萬物財貨之所聚也聖賢之所教也仁義之所施也詩書禮樂之所用也異敏技藝之所試也遠方之所觀赴也蠻夷之所義行也

府庫

周禮天官大府掌九貢九賦九功之貳以受其貨賄之入頒其貨于受藏之府頒其賄于受用之府玉府掌王之金玉玩好兵器凡良貨賄之藏內府掌受九貢九賦九功之貨賄良兵良器以待邦之大用凡四方幣獻之金玉齒革兵器凡良貨賄入焉外府掌邦布泉也之出入以共百物而待邦之用地官泉府掌市之征布春官天府掌宗廟之守藏凡國之玉鎮大寶器藏焉此周制也禮記曲禮天子之六府曰司土司木司水司草司器司貨此殷制也月令季春命有司開府庫出幣帛周天下又令百工審五庫之量金鐵皮革筋角齒羽箭幹脂膠丹漆毋或不良左傳昭十八年魯有大庭氏之庫二十五年公居于長府前漢書食貨志太公為周立九府圜法周官大府玉府內府外府泉府天府職內職金職幣皆掌財幣之官故云九府圜謂均而通之也　按府庫之義藏貨曰府藏器曰庫曲禮在府言府在庫言庫註謂府庫者貨器藏貯之異號也然武庫亦稱軍府左藏亦稱內庫曲禮六府無司貨司器此言府庫財則庫亦藏貨財未可截然兩分也玉海云周官有掌府

而無掌庫蓄府庫通稱耳

孟獻子

孟獻子魯大夫仲孫蔑慶父曾孫穆伯之孫文伯之子也左傳文十五年他年穆伯在莒所生之二子來獻子愛之聞于國或譖其將殺獻子獻子以告季文子（非本年事而附載于此故云他年也）宣九年王使來徵聘夏獻子聘于周王以為有禮厚賄之十四年冬獻子言于公曰臣聞小國之免于大國也聘而獻物于是有庭實旅百朝而獻物于是有容貌采章嘉淑而有加貨謀其不免也誅而薦賄則無及矣今楚在宋君其圖之公說十五年春使公孫歸父會楚子于宋秋仲孫蔑會齊高固于無婁（本杞邑公羊作年婁隱四年為莒所取今屬山東諸城縣）成二年楚侵魯及陽橋（今山東泰安府西北）獻子請往賂之以執斲執鍼織紝皆百人公衡為質以請盟楚人許平五年獻子如宋報前年華元之聘六年晉命伐宋獻子與叔孫宣伯帥師侵之十三年春晉侯使郤錡來乞師將事不敬獻子曰禮身之幹

也敬身之基也郤子無基不亡何為三月公如京師獻子從王以為介而重賄之遂
從公會諸侯伐秦謂公曰晉師乘和師必有大功晉師以諸侯之師及秦師戰于麻
隧（今陝西涇陽縣西南）秦師敗績十六年鄢陵之戰（今河南鄢陵縣）晉侯使欒黶來乞師獻子曰有勝
矣戰之日公出于壞隤（魯邑）使獻子守于公宮宣伯使郤犨執季文子而已斃蔑公使
子叔聲伯請于晉郤犨曰此二人者魯國社稷之臣也若朝亡之魯必夕亡十八年
獻子會諸侯盟于虛朾（杜注地闕或云即宋之虛在今河南睢州）謀救宋也宋人辭諸侯而請師以圍彭
城（今江南徐州府）獻子請先歸會葬襄元年獻子會諸侯之大夫圍宋彭城夏復會諸侯之
大夫次于鄫二年復會于戚以謀鄭（今直隸開州）獻子曰請城虎牢以偪鄭（今河南汜水縣）冬復
會于戚遂城虎牢鄭人乃成三年公如晉盟于長樗（今山西平陽縣）獻子相君稽首知武子
以天子在不當稽首獻子曰以敝邑介在東表密邇仇讎寡君將君是望敢不稽首
四年公如晉聽政晉侯享公公請屬鄫（今山東嶧縣）晉侯不許獻子謂鄫無賦于司馬為

執事朝夕之命敝邑敝邑褊小闕而為罪寡君是以願借助焉遂許之五年晉使獻子與衛孫文子會吴于善道（盱眙本吴善道地今屬江南泗州）七年夏四月三卜郊不從乃免牲獻子曰吾乃今而後知有卜筮夫郊祀后稷以祈農事也是故啓蟄而郊郊而後耕今既耕而卜郊宜其不從也十年晉圍偪陽（今山東嶧縣南有偪陽故城）孟氏之臣秦堇父輦重如役偪陽人啓門諸侯之士門焉縣門發郰人紇抉之以出門者狄虒彌建大車之輪而蒙之以甲以為櫓左執之右拔戟以成一隊獻子曰詩所謂有力如虎者也師歸獻子以秦堇父為右秋楚子囊鄭子耳侵我西鄙還圍蕭（宋邑）克之子耳復侵宋北鄙獻子曰鄭其有災乎師競已甚周猶不堪競況鄭乎有災其執政之三士乎是年也盜殺子駟子國子耳十三年春公至自晉獻子書勞于廟禮也十五年宋向戌来聘且尋盟見獻子尤其室對曰我在晉我兄為之毁之重勞且不敢閒十九年獻子卒子莊子速立國語獻子之子仲孫它諫季文子妾不衣帛馬不食粟以為不華國

獻子囚之七日禮記檀弓獻子禫懸而不樂比御而不入孔子曰獻子加于人一等矣

按劉向新序載獻子聘于晉宣子觴之三徙鐘石之懸不移而具獻子曰富哉家宣子問子之家與我孰富獻子曰吾甚貧惟有二士曰顏回茲無靈者使吾邦家安平百姓協和耳宣子曰彼君子也以養賢為富我鄙人也以鐘石金玉為富但獻子卒于襄十九年二十二年孔子始生顏子少孔子三十七歲安得與之為友相沿誤用故附録而辨之　又禮記雜記下孤獻子曰七月日至可以有事于祖七月而禘獻子為之按春秋僖八年書七月禘于大廟至宣九年書仲孫蔑如京師于是獻子始見經則失禮非始于獻子明矣

馬乘

按四馬曰乘書傳士飾車駢馬是士止駕兩馬詩云四牡翼翼四牡騑騑是大夫以

上乃得乘四馬若士初試為大夫則君賜之車得駕四馬故云畜馬乘

雞

易中孚卦翰音登于天雞非登天之物而欲登天必不可得之勢也說卦傳巽為雞雞屬木也書牧誓牝雞無晨牝雞司晨惟家之索詩王風雞棲于塒鑿墻而棲也雞棲于桀杙也鄭風風雨凄凄雞鳴喈喈風雨瀟瀟雞鳴膠膠又女曰雞鳴士曰昧旦齊風雞既鳴矣朝既盈矣匪雞則鳴蒼蠅之聲禮記曲禮祭宗廟之禮雞曰翰音翰長也雞肥則毅長月令孟夏食菽與雞季冬雞始乳內則麥食雞羹又濡雞醢醬實蓼烹雞則調和以醢醬而實之以蓼也左傳昭二十二年賓孟適郊見雄雞自斷其尾問之侍者曰自憚其犧也言畏為犧牲也二十五年季郈之雞鬭季氏介其雞郈氏為之金距介者擣芥子播其羽使羽如甲金距施金芒于爪也秦策秦惠王謂寒泉子曰諸侯不可一猶連雞之不能俱止于棲齊策蘇秦說齊宣王曰臨淄甚富而實其民無不鬭雞走狗說韓昭侯曰寧為雞口無為牛後楚辭寧與黃鵠比翼乎將與雞鶩同食

乎。又鶤雞啁哳而悲。鳴。爾雅雞之大者曰蜀。蜀子曰雓（音余）未成雞曰僆（音連）高三尺曰
鶤（音昆）莊子見卵而求時夜（雞能應時叫更，故曰時夜。見卵而求早計之喻也）又越雞不能伏鵠卵。魯雞固能
之矣。又羊滴之雞。三歲為株。以狸膏塗其首也。（株謂渠帥）列子紀渻子為周宣王養鬬雞。
十日而問可鬬乎。曰未也。方虛憍而恃氣。十日又問之。曰猶疾視而盛氣。十日又問
之。曰幾矣。望之似木雞。其德全矣。異雞無敢應者。皆反走矣。呂氏春秋善學者。如齊
王之食雞。食其蹠數千而後足。韓詩外傳田饒謂魯哀公曰。夫雞平頭戴冠。文也。足
傅距者。武也。遇敵敢鬬。勇也。見食相呼。仁也。守夜不失時。信也。雞有五德。猶淪而食
之。以其所從來者近也。

附通鑑漢元帝時。有雌雞化為雄。冠距鳴將。將者。率領群雞。言有冠有距能鳴能
將也。

豚

正韻豚小豕也易大畜卦豶豕之牙吉（牡豕去其勢曰豶豕之剛在牙去其勢則牙不能害物）姤卦羸豕孚蹢躅（言豕雖微蒻後必跳躅也）睽卦見豕負塗中孚卦豚魚吉信及豚魚也說卦傳坎為豕（豕屬水也）詩召南壹發五豝（牡豕也）壹發五豵（小豕也）豳風言私其豵獻豜于公（豵一歲豕豜三歲豕）小雅有豕白蹢烝涉波矣大雅乃造其曹執豕于牢禮記曲禮祭宗廟之禮豕曰剛鬣豚曰腯肥王制士無故不殺犬豕又庶人秋薦黍黍以豚禮運燔黍捭豚猶可致其敬于鬼神雜記晏平仲其先人豚肩不掩豆樂記豢豕為酒內則濡豚包苦實蓼（言烹豚之時以苦菜包裹豚肉殺其惡氣又實之以蓼也）又豚春用韭秋用蓼又豕望視而交睫腥周禮天官庖人春行羔豚膳膏香左傳定十四年蒯聵過宋野人歌之曰既定爾婁豬盍歸吾艾豭（婁豭求子豬也艾豭牡豕也）家語孔子相魯鬻羔豚者不飾價爾雅豕豬也（江東呼為豨）䝐豶（音偉焚）幺豚（賈疏么音邀最後生者）奏者豱（音溫奏皮理腠蹙也）豕生三豵二師一特牝豝彘五尺為豟（音厄豕高五尺者）

伐冰

易坤卦履霜堅冰至詩豳風二之日鑿冰沖沖三之日納于凌陰四之日其蚤獻羔祭韭言二陽之月取冰于山三陽之月藏之冰室至四陽之月乃祭司寒之神而開冰也禮記月令仲春天子乃獻羔開冰先薦寢廟季冬冰方盛水澤腹堅命取冰冰以入喪大記士不用冰若恩賜則亦得用之故士喪禮賜冰則夷槃可也夷槃尸之槃也廣八尺長丈二尺實冰槃中置尸之牀下以寒尸也周禮天官凌人掌冰正歲十有二月令斬冰三其凌冰室也春始治鑑藏冰之器九外內饔之膳羞鑑焉祭禮共冰鑑賓客共冰大喪共夷槃冰夏頒冰掌事秋刷刷除冰室當更納新冰也春秋桓十四年春無冰恒燠也成十六年春雨木冰冰封著樹寒過節也左傳昭四年正月大雨雹季武子問于申豐對曰古者日在北陸而藏冰丑月也西陸朝覿而出之卯月也其藏冰也深山窮谷固陰冱寒于是乎取之其出之也朝之祿位賓食喪祭于是乎用之其藏之也黑牡秬黍以享司寒祭玄冥也其出之也桃弧棘矢以除其災其出入也時食肉之祿冰皆與焉大夫命婦喪浴用冰祭寒而藏之獻羔而啓之公始用之火出而畢賦火星昏見東方謂三月四

月之中也自命夫命婦至于老疾無不受氷山人取之縣人傳之輿人納之隷人藏之夫氷以風壯而以風出其藏之也周其用之也徧則冬無愆陽夏無伏陰春無凄風秋無苦雨雷出不震無菑霜雹厲疾不降民不夭札今藏川池之氷棄而不用風不越而殺雷不發而震雹之為災誰能禦之七月之卒章藏氷之道也觀左傳所言可知伐氷之為典甚鉅得伐之為恩甚渥不但借氷之潔白以寓箴規也

牛

易无妄卦无妄之災或繫之牛行人之得邑人之災繫辭傳服牛乘馬引重致遠蓋取諸隨說卦傳坤為牛書酒誥肇牽車牛遠服賈詩王風日之夕矣羊牛下来又牛羊下括小雅誰謂爾無羊三百維群誰謂爾無牛九十其犉黄牛黑唇曰犉爾羊来思其角濈濈和而不相觸也爾牛来思其耳濕濕潤澤而無病也或降于阿或飲于池或寢或訛動也爾牧来思何蓑何笠或負其餱三十維物爾牲則具言别其毛色凡三十種也禮記曲禮凡祭宗廟之禮

牛曰一元大武又天子祭以犧牛諸侯以肥牛大夫以索牛士以羊豕王制祭天地之牛角繭栗宗廟之牛角握賓客之牛角尺月令季春合累牛騰馬遊牝于牧中央土食稷與牛郊特牲帝牛不吉以為稷牛帝牛必在滌三月稷牛惟具內則牛夜鳴則庮臭也周禮天官食醫牛宜稌地官牛人掌養國之公牛以待政令凡祭祀共其享牛求牛（享牛獻神之牛求牛繹祭之牛）賓客共其膳牛軍事共其犒牛喪事共其奠牛凡會同軍旅共其兵車之牛夏官職方氏冀州宜牛羊左傳僖二十九年介葛盧（今山東膠州西南）聞牛鳴曰是生三犧皆用之矣其音云問之而信宣十一年申叔時云人亦有言牽牛以蹊人之田而奪之牛襄二年齊侯伐萊萊人賂以索馬牛（謂簡擇佳者）公羊傳文十三年周公用白牡魯公用騂犅莊子庖丁為文惠君鮮牛手之所觸奏刀騞然（騞音麥刀聲也）史記令僕伏法受誅若九牛之亡一毛治安策屠牛坦一朝解十二牛而芒刃不頓

羊

易大壯卦羝羊觸藩羸其角又喪羊于易又羝羊觸藩不能退不能遂夬卦牽羊悔亡歸妹卦士刲羊无血說卦傳兌為羊詩小雅既有肥羜以速諸父（羜未成羊也）既有肥牡以速諸舅又爾羊來思矜矜兢兢（言堅強也）不騫不崩（無耗散也）麾之以肱畢來既升（言馴擾也）又牂羊墳首（羊瘠則首大）大雅由醉之言俾出童羖（無角之羖羊也）禮記曲禮祭宗廟之禮羊曰柔毛雜記成廟則釁之雍人拭羊升屋南面刲羊周禮天官內饔羊冷毛而毳羶食醫羊宜黍夏官羊人掌羊凡祈珥共其羊牲賓客共其法羊（禮法所用之羊也）左傳宣二年宋鄭將戰華元殺羊食士其御羊斟不與及戰曰疇昔之羊爾為政今日之事我為政與入鄭師故敗而華元被獲楚策莊辛對楚王曰亡羊而補牢未為遲也中山策中山君饗都士大夫羊羹不遍司馬子期說楚伐之中山君亡曰吾以一杯羊羹亡國家語魯有販羊者沈猶氏常欲飲其羊以詐市人孔子為政不敢飯其羊

百乘之家

四書釋地續謂問大夫之富曰有宰有宰則有采地矣是再命之大夫皆然何況大國之孤四命卿三命者其有采地不待言何以集註百乘之家有采地者也若獨以采地震而歸之雖本鄭註未允當云百乘之家采地之至大者也且出漢書刑法志一同百里提封萬井定出賦六千四百井戎馬四百疋兵車百乘此卿大夫采地之大者也是為百乘之家

聚斂

詩大雅曾是掊克謂聚斂之臣也周語厲王悅榮夷公芮良夫曰王室其將卑乎榮公好專利而不知大難以是教王王能久乎晉語趙簡子使尹鐸為晉陽請曰以為繭絲乎抑為保障乎繭絲謂治其賦稅也史記張耳傳秦為虐政頭會箕斂言計口而斂如箕之掊物也

附左傳子產作丘賦國人謗之渾罕曰國氏其先亡乎君子作法于涼其敝猶貪作法于貪敝將若之何晉語叔魚生其母視之曰谿壑可盈是不可饜也

菑

洪範傳云凡有所害謂之菑無所害而異于常謂之異左傳宣十五年伯宗云天反時為災地反物為妖民反德為亂亂則妖災生毛詩中如正月繁霜（正陽之月夏令四月也）十月之交朔日辛卯日有食之爗爗震電不寧不令百川沸騰山冢崒崩高岸為谷深谷為陵及春秋中所記災異一百二十有二之類皆菑也

四書[illegible]

卷一

[illegible]

[illegible]

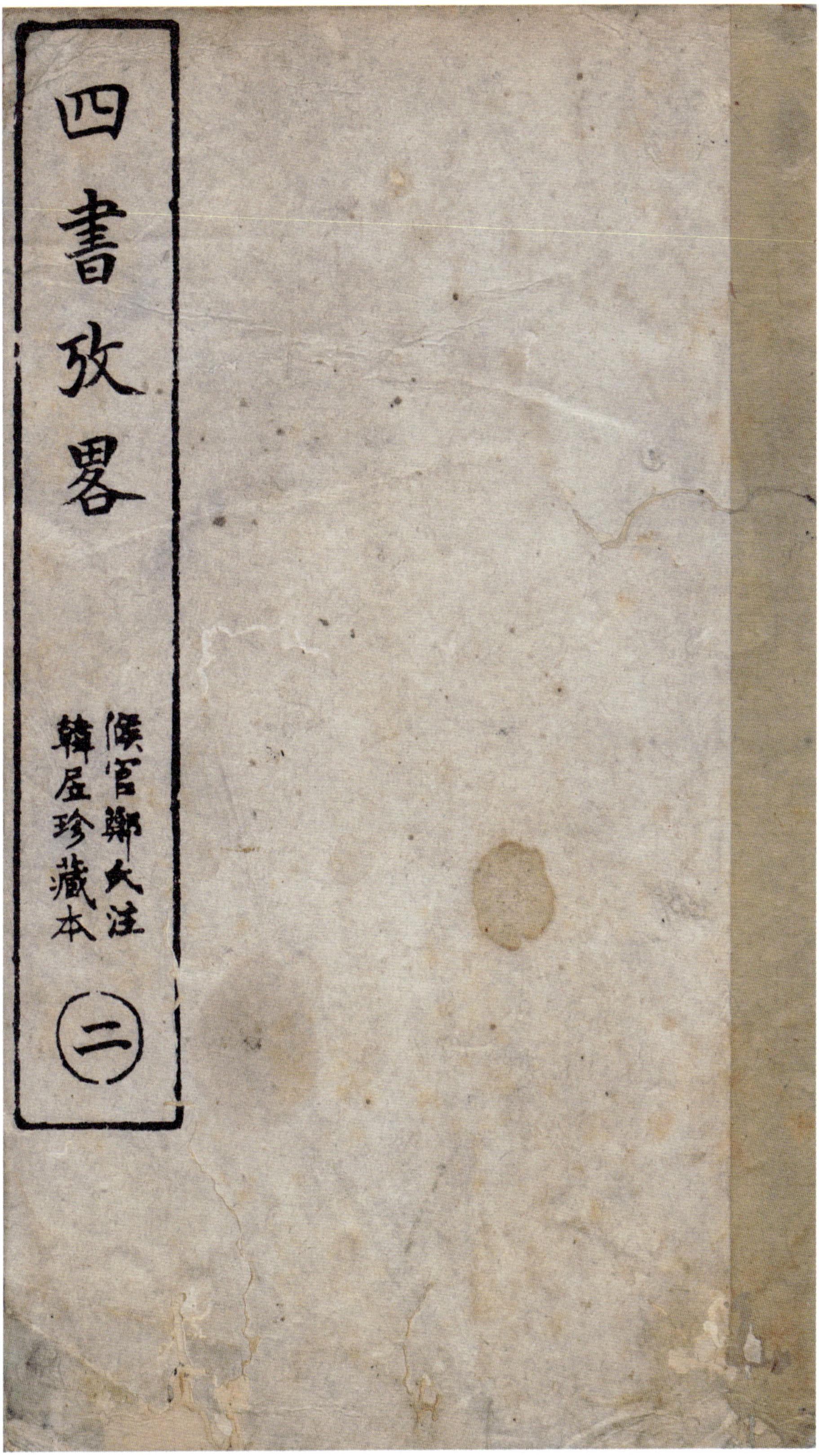
四書攷畧
侯官鄭氏注
韓屋珍藏本
(二)

四書攷略卷之二

書帶艸堂

中庸上

子思　罟擭陷阱

飲食　回

子路　鳶

射（互見上論主皮執射兩條）　正鵠

瑟　琴

祭祀　宗廟

子孫　王季

武王　太王

周公　追王

上祀
期喪互見下孟緦小功條
春秋
宗器
時食
序爵
旅酬
郊社

葬
三年喪互見下孟緦小功條
祖廟
裳衣
昭穆
序事
燕毛
禘嘗

四書攷略卷之二

晉安春泉鄭兆元纂

男 廷芝世奇

受業侄孫人杰昌英 仝校

書帶艸堂

中庸上

子思

孔叢子子思名伋孔子之孫伯魚之子也逮事孔子而受業曾子嘗著書四十九篇年十六適宋（今河南商邱縣）宋大夫樂朔曰尚書虞夏數四篇善也下此殊不如矣子思曰事變有極正自當耳假令周公堯舜更時易處其書同矣昔魯委巷亦有似君之言者伋曰道為知者傳苟非其人道不貴矣今君何似之甚也樂朔不悅而退曰孺子辱吾遂圍子思宋君聞而救之子思既免曰文王囚于羑里作周易尼父屈于陳蔡作春秋吾困于宋可無作乎于是述父師之意而作中庸又子思自齊反衛衛君館

而問焉曰願有賜于寡人子思曰臣可以報君者惟進賢耳君將以名取士耶以實取士耶君曰必以實子思曰衛之東境有李音者賢而有實者也君曰其祖父何也對曰世農夫也君笑曰寡人非好農農之子何用子思曰臣稱李音稱其才也祖父之農何預焉且周公大聖康叔大賢挨厥伊始不以農事開國乎臣固疑君之取士不以實也衛君默然又子思言苟變于衛侯曰其材可將五百乘君曰吾知其材可將然變嘗為吏賦于民而食人二雞子故弗用也子思曰夫聖人之官人猶匠人之用木也取其所長棄其所短故杞梓連抱而有數尺之朽良工不棄今君處戰國之世選爪牙之士而以二卵棄干城之將此不可使聞于隣國也禮記檀弓魯穆公問於子思曰為舊君反服古歟子思曰古之君子進人以禮退人以禮故有反服之禮今之君子進人若將加諸膝退人若將墜諸淵毋為戎首不亦善乎又何反服之有又子思之母死於衛赴于子思子思哭于廟門人至曰庶氏之母死何為哭於孔氏

之廟乎。子思曰：吾過矣，吾過矣。遂哭于他室。又子思之母死於衛，柳若謂子思曰：子聖人之後也，四方於子乎觀禮，子盍慎諸。子思曰：吾聞之，有其禮無其財，君子弗行也；有其禮有其材無其時，君子弗行也。吾何慎哉。又曾子與子思曰：吾執親之喪，水漿不入口者七日。子思曰：先王制禮，過之者俯而就，不及焉跂而及。故君子執親之喪也，水漿不入口者三日，杖而後能起。又子上之母死而不喪（子上，子思子，名白）。門人問曰：昔子之先君子喪出母乎？子何不使白喪之？子思曰：昔吾先君子無所失道，道隆則從而隆，道污則從而污，伋則安能。為伋也妻者，是為白也母；不為伋也妻者，不為白也母。故孔氏不喪出母，自子思始也。（按檀弓曾子曰子思之哭嫂也為位，孔穎達曰或其兄早死，故得有嫂。然則子思蓋伯魚之次子也。然不可考矣。）說苑：子思居於衛，縕袍無表，二旬而九食。田子方使人遺以狐白之裘，子思辭而不受，曰：伋聞之，妄與不如遺棄物於溝壑。伋雖貧也，不忍以身為溝壑，是以不敢受也。闕里譜系：子思對孔子曰：其父析薪，其子弗克負荷，是謂不肖。孔子忻然曰

其克昌乎又子思年六十二殁于衛

罟擭陷阱

書費誓杜乃擭敜乃穽（敜斂同）周禮天官獸人掌罟田獸秋官冥氏掌設弧張為阱擭以攻猛獸以靈鼓敺之雍氏掌溝瀆澮池之禁凡害于國稼者春令為阱擭溝瀆之利於民者秋令塞阱杜擭魯語鳥獸成水蟲孕水虞于是乎禁罝麗（小網所以取魚者）設穽鄂（所以取獸者即所謂擭也）以實廟庖

飲食

易需卦君子以飲食宴樂頤卦頤貞吉觀頤自求口實又觀我朶頤（欲食之貌）鼎卦大亨以養聖賢書說命若作酒醴爾惟麴糵若作和羹爾惟鹽梅詩小雅爾酒既旨爾殽既嘉（次章爾酒既多三章爾殽既阜）又雖無旨酒式飲庶幾雖無嘉殽式食庶幾大雅爾酒既清爾殽既馨爾酒既多爾殽既嘉爾酒既湑（酒之泲者也）爾殽伊脯又肆筵設席授几有緝御

或獻或酢洗爵奠斝醯醢以薦或燔或炙嘉殽脾臄或歌或咢禮記曲禮凡進食之禮左殽右胾食居人之左羹居人之右膾炙處外醯醬處內葱渫處末酒漿處右以脯脩置者左朐右末郊特牲凡飲養陽氣也凡食養陰氣也內則凡食齊視春時羹齊視夏時醬齊視秋時飲齊視冬時又春宜羔豚膳膏薌夏宜腒鱐膳膏臊秋宜犢麛膳膏腥冬宜鮮羽膳膏羶坊記觴酒豆肉讓而受惡民猶犯齒聘義酒清人渴而不敢飲也肉乾人饑而不敢食也周禮天官膳夫凡王之饋食用六穀（黍稷稻粱苽麥）膳用六牲（馬牛羊豕犬雞）飲用六清（水漿醴䣼醫酏）珍用八物（淳熬淳母炮豚炮牂擣珍漬熬肝膋）左傳昭十二年晉侯與齊侯投壺中行穆子曰有酒如淮有肉如坻寡君中此為諸侯師齊侯曰有酒如澠有肉如陵寡人中此與君代興莊子適莽蒼者三餐而反腹猶果然史記蔡澤傳持粱齒肥按本章飲食是舉以例道不宜塡實此特為凡說飲食題而摘其概耳

回

闕里志顏回字子淵魯人郳國之後也武王封陸終之裔曹挾于郳今山東鄒縣其後裔父字伯顏有功於周封其子友於郳今山東滕縣東有郳城為附庸齊桓創霸郳君附從進爵為子始列諸侯謂之小郳子子孫因以父字為氏世為魯卿士傳至無繇娶齊姜氏生回天資明睿甫成童即從學聖門易繫辭子曰顏氏之子其殆庶幾乎有不善未嘗不知知之未嘗復行也易曰不遠復无祇悔元吉家語孔子曰自吾有回門人日益親又子曰回有君子之道四焉强于行義弱于受諫怵于待祿慎于治身又孔子北遊于農山子路子貢顏淵侍孔子曰二三子各言爾志吾將擇焉子路進而言之子曰勇哉子貢復進而言之子曰辯哉顏回退而不對子曰回汝獨無願乎對曰回聞薰蕕不同器而藏堯桀不共國而治以其類異也回願得明王聖主輔相之敷其五教導之以禮樂使民城郭不脩溝池不越鑄劍戟以為農器放牛馬于原藪室家無離曠之思千歲無戰鬭之患則由無所施其勇而賜無所用其辯矣夫子凜然曰

美哉德也子路抗手而對曰夫子何選焉孔子曰不傷財不害民不繁詞則顔氏之子有之矣又子貢對衛將軍文子曰夫能夙興夜寐諷誦崇禮行不貳過稱言不苟是顔回之行也若逢有德之君世受顯命不失厥名以御于天子則王者之相也又魯定公問回曰子識東野畢之善御乎曰善則善矣其馬將佚三日畢之馬果佚公問何以知之對曰臣以政知之昔舜巧于使民造父巧于使馬舜不窮其民力造父不窮其馬力是以舜無佚民造父無佚馬今東野畢之馭升車執轡御體正矣步驟馳驅朝禮畢矣歷險致遠馬力盡矣然猶求馬不已是以知之又顔回問曰成人之行若何子曰達於情性之理通于物類之變知幽明之故覩游氣之原若此可謂成人矣而又加之以仁義禮樂成人之行也若乃窮神知化德之盛也又顔淵將西遊于宋問于夫子曰何以為身子曰恭敬忠信而已矣恭則遠于患敬則人愛之忠則和于衆信則人任之勤斯四者可以臨國豈特一身者哉禮記檀弓子路去魯謂顔

淵曰何以贈我曰吾聞之也去國則哭于墓而後行反其國不哭展墓而入韓詩外
傳孔子嘗謂回曰家貧居卑胡不仕乎對曰回有郭外之田五十畝足以給饘粥郭
內之田四十畝足以為絲麻鼓琴足以自娛所學于夫子者足以自樂回不願仕也
回願貧如富賤如貴無勇而威與士交通終身無患難亦且可乎莊子顏淵問于夫
子曰夫子步亦步趨亦趨馳亦馳夫子奔逸絕塵而回瞠乎後矣按莊子中有心齋坐忘之說皆近釋
氏明心見性之旨向来時文習用以為顏子見道之証今斷不可用故不録四書釋地又續云仲尼弟子列傳顏回少孔
子三十歲余謂三十脫七字蓋生於魯昭公二十八年丁亥卒于哀公十二年戊午
方合三十二歲之數是年伯魚亦卒在前不然則王肅注鯉也死有棺而無槨為設
事之辭豈不笑滚了人按家語載顏子年二十九歲髮盡白三十二而卒而世乃傳孔子與回上泰山望吳閶門外有繫白馬引顏子指之曰若
見閶門外乎曰有繫白練之狀孔子撫其目而止之因與俱下顏子髮白齒落遂以疾死此乃無稽之談宜論衡辨其無是事也顏子娶宋戴氏生子歆

子路

家語仲由字子路魯之卞人也（今山東泗水縣）少孔子九歲初見孔子冠雄雞冠佩猳豚拔劍而舞之曰古之君子固以劍自衛乎孔子曰古之君子忠以為質仁以為衛不出環堵之室而知千里之外有不善則以忠化之侵暴則以仁固之何待劍乎子路聞此言請攝齊以受教遂儒服委質請為弟子孔子曰汝何好樂對曰好長劔子曰吾非此之問也徒謂以子之所能而加之以學問豈可及乎子路曰學豈益哉子曰君無諫臣則失正士無諫友則失聽御狂馬不失策操弓不反檠木受繩則直人受諫則聖受學重問孰不順哉毀人惡士必近于刑君子不可不學子路曰南山有竹不揉自直斬而用之達于犀革以此言之何學之有孔子曰括而羽之鏃而礪之其入之不亦深乎子路再拜敬而受教又子路問于孔子曰有人于此被褐而懷玉若何子曰國無道隱之可也國有道袞冕而執玉又子貢對衛將軍文子曰不畏強禦不侮矜寡其言循性其都以富材任治戎是仲由之行也孔子和之以文說之以詩曰

受小共大共為下國駿厖荷天之寵不難不悚敷奏其勇强乎武哉文不勝其質又子路從孔子北遊農山其言志曰由願得白羽若月赤羽若日鐘鼓之音上震於天旍旗繽紛下蟠于地由當一隊而敵之必也攘地千里搴旗執馘惟由能之夫子曰勇哉又孔子遭阨于陳蔡絃歌不輟子路問夫子之歌禮乎孔子弗應曲終而曰由來吾語汝君子好樂為無驕也小人好樂為無懾也其誰之子不我知而從我乎子路悅援戚而舞三終而出明日免於厄又子路治蒲三年孔子過之入其境曰善哉由也恭敬以信矣入其邑曰善哉由也忠信而寬矣至其庭曰善哉由也明察以斷矣子貢問曰夫子未見由之政而三稱其善可得聞歟子曰吾見其政矣入其境田疇盡易草萊俱闢溝洫深治此其恭敬以信故其民盡力也入其邑墻屋完固樹木甚茂此其忠信以寬故其民不偷也至其庭庭甚清閑諸下用命此其明察以斷故其政不擾也以此觀之雖三稱其善庸盡其美乎又子路為蒲宰備水災與民脩溝

瀆人與之簞食壺漿孔子使子貢止之子路不悅謂夫子禁其行仁孔子曰爾以民
餓何不白于君發倉廩以賑之而私以爾食饋之是汝明君之無惠而見己之德美
矣汝速已則可不已則汝之見罪必矣子路心服而退又子路見孔子曰負重涉遠
不擇地而休家貧親老不擇祿而仕昔者由也事二親之時嘗食藜藿之食為親負
米百里之外親沒之後南遊于楚從車百乘積粟萬鍾累裀而坐列鼎而食願欲食
藜藿為親負米不可復得也枯魚銜索幾何不蠹二親之壽忽若過隙子曰田也事親
可謂生事盡力死事盡思者也又子路將行辭于孔子孔子贈之以言曰不強不達
不勞無功不忠無親不信無復不恭失禮慎此五者而已子路曰由請終身奉之敢問
親交取親言寡可行長為善士而無犯若何子曰汝所問包在五者中矣親交取親
其忠也言寡可行其信也長為善士而無犯其禮也禮記禮器子路為季氏宰季氏
氏祭子路與焉室事交乎戶堂事交乎階質明而始行事晏朝而退孔子曰孰謂由

也而不知禮乎檀弓子路有姊之喪可除而弗除以為吾寡兄弟而弗忍也子曰先王制禮行道之人皆弗忍也遂除之又魯人有朝祥而暮歌者子路笑之又子路曰傷哉貧也生無以為養死無以為禮也孔子曰啜菽飲水盡其歡斯謂之孝斂首足形還葬而無槨稱其財斯之謂禮又子路曰吾聞諸夫子喪禮與其哀不足而禮有餘不若禮不足而哀有餘也祭禮與敬不足而禮有餘不若禮不足而敬有餘也史記孔子曰自吾得由惡言不聞于耳周子通書仲由喜聞過令名無窮焉左傳哀十四年小邾射以句繹來奔（今山東滕縣）曰使季路要我吾無盟矣使子路子路辭季康子使冉有謂之曰千乘之國不信其盟而信子之一言子何辱焉對曰魯有事于小邾不敢問故死其城下可也彼不臣而濟其言是義之也由弗能十五年春成叛于齊（今山東平陽縣）秋齊陳瓘如楚過衛仲由見之曰天或者以陳氏為斧斤既斲喪公室而他人有之不可知也其使終饗之也（饗受）亦不可知也若善魯以待時不亦可乎何必惡焉

子王曰然吾受命矣受命使楚也子使告我弟陳恒冬及齊平衛太子蒯聵自戚入今直隸開州與其姊孔伯姬迫孔悝於廁強盟之遂劫以登臺欒寧聞亂使告季子子路也時為孔氏邑宰子路入曰太子焉用孔悝雖殺之必或繼之且曰太子無勇若燔臺半必舍孔叔太子聞之懼下石乞盂黶敵子路以戈擊之斷纓子路曰君子死冠不免結纓而死

鳶

埤雅鳶鴟也摩風迴翔故其飛也翔曲禮曰前有塵埃則載鳴鳶鳶鳴則風生風生則塵埃起故也

射 互見上論主皮執射兩條

按射禮有三天子將祭擇士先習射于澤而後射于射宮謂之大射諸侯朝天子天子與之射于朝或諸侯自相朝而射謂之賓射天子諸侯無事而燕賓客或燕聘問之使臣與之射于寢謂之燕射三射之外又有鄉射士大夫與鄉之人歲時習禮之

事也天子諸侯無鄉射士無大射大夫則四射俱有之其射之地天子諸侯有在學在朝在寢之别大夫士不得射于國中或射于庠序或射于郊外曠地其禮則禮記射義所謂諸侯之射先行燕禮卿大夫士之射先行鄉飲酒之禮天子之射其禮無文所奏之樂則射義所謂天子以騶虞為節諸侯以貍首為節卿大夫以采蘋為節士以采蘩為節所用之中（盛算之器）則儀禮鄉射記謂君大射用閭中（閭獸名）賓射用虎中燕射用皮樹中（皮樹又作繁豎亦獸名）大夫用兕中士用鹿中所射之侯大射則周禮儀禮所謂天子虎侯熊侯豹侯畿內諸侯熊侯豹侯畿外諸侯熊侯糝侯（糝雜也豹鵠而麋飾）豻侯（豻野犬也）大夫麋侯皆棲其皮以為鵠侯之側亦即飾以此皮考工梓人謂之皮侯是也賓射則周禮射人所謂天子畫五采雲氣于其中以為正（五采中朱次白次蒼次黃次黑也）諸侯畫三采（朱白蒼也）大夫士畫二采（朱綠也）侯之側仍各以皮為飾焉梓人謂之采侯是也燕射則儀禮鄉射記所謂天子畫熊於其中諸侯畫麋大夫畫虎豹士畫鹿豕侯側俱飾雲

氣梓人謂之獸侯是也鄉射亦采侯二正凡大射賓射周禮射人謂天子六耦三侯畿內諸侯四耦二侯畿外諸侯三耦三侯燕射則天子諸侯皆三耦一侯大夫士之射志三耦一侯也樹侯之道則聶崇義三禮圖謂虎侯九十弓助祭諸侯所射之熊侯七十弓卿大夫士所射之豹侯五十弓（弓長六尺六尺為一步九十七十五十皆言步也）王朝卿大夫畿內有采地者行大射所張之麋侯亦五十弓畿外諸侯（外諸侯之熊侯亦九十弓）卿大夫助祭所射之糝侯亦七十弓外諸侯之士助祭所射之豻侯亦五十弓（九燕射鄉射侯道一概五十步）至侯之制則鄉射記所云上个五尋（上邊橫幅八尺曰尋）中十尺（中侯心也）倍中以為躬（躬侯身也倍中上下各二丈也）倍射以為左右舌（舌即个也東西各長一丈）下舌半上舌（下舌下邊橫幅半者半其出于射者也用布三丈）與陳祥道所云侯中丈八尺者鵠方六尺侯中丈四尺者鵠方四尺四寸大半寸（大零也）侯中一丈者鵠方三尺三寸少半寸也

正鵠

章句謂畫布曰正棲皮曰鵠皆侯之中射之的也趙氏悳謂賓射之的謂之正正者正也欲明射者内志須正也大射之的謂之鵠鵠者直也欲使射者外體之直大射則張皮侯而設鵠此乃天子將有郊廟之事以射擇諸侯及群臣貢士可以與祭者賓射張布侯而設正諸侯朝會正以賓客之禮以親邦國諸侯者也觀此正鵠當貼賓射大射說許東陽謂射有三天子至大夫皆有之士則無大射而有賓射燕射但許氏雖合燕射言而燕射之侯曰獸侯儀禮鄉射記所謂天子熊侯白質諸侯麋侯赤質大夫布侯畫以虎豹士布侯畫以鹿豕凡畫者丹質蓋用布而畫獸頭于正鵠之處不得用正鵠也大射之禮周禮司裘謂王共虎侯熊侯豹侯諸侯共熊侯豹侯此畿内諸侯也若畿外諸侯則有熊侯糝侯豻侯見儀禮大射篇卿大夫共麋侯皆設其鵠考工記所謂張皮而棲鵠者此也賓射之禮周禮射人謂王五正諸侯三正卿大夫二正攷工記所謂張五采之侯者此也正與鵠皆鳥之黠捷者侯皆以布為之皮侯乃取革綴其中故曰棲

皮在夫子特錯舉而言而制度則不可不知耳

瑟

書益稷搏拊琴瑟以詠詩周南琴瑟友之鄘風椅桐梓漆爰伐琴瑟鄭風琴瑟在御莫不靜好小雅鼓瑟鼓琴禮記曲禮士無故不撤琴瑟樂記清廟之瑟朱絃而疏越一倡而三嘆有遺音者矣又絲聲哀哀以立廉廉以立志君子聽琴瑟之聲則思志義之臣少儀侍坐弗使不執琴瑟儀禮鄉飲酒與燕禮皆有人左何瑟周禮春官大司樂雲和之琴瑟冬日至于地上之圜丘奏之空桑之琴瑟夏日至于澤中之方丘奏之龍門之琴瑟于宗廟之中奏之左傳昭二十年若琴瑟之專壹誰能聽之周語琴瑟尚宮爾雅大瑟謂之灑山海經帝俊子晏龍始為瑟外紀太昊絙桑為三十六絃之瑟以脩身理性反其天真而樂音自是興焉世本庖犧作瑟五十絃黃帝使素女歌之哀不自勝乃破為二十五絃具二均聲又云瑟潔也使人精潔於心淳一於

行也白虎通瑟者嗇也閑也所以懲忿窒慾正人之德也三禮圖雅瑟長八尺一寸廣一尺八寸二十三絃其常用者十九絃其餘四絃謂之番番贏也頌瑟則長七尺二寸廣一尺八寸二十五絃盡用之

琴

禮記明堂位大琴大瑟中琴小瑟四代之樂器也樂記舜作五絃之琴以歌南風廣雅琴三尺六寸六分象三百六十有六日廣六尺象六合五絃象五行文王武王加二絃風俗通七絃象七星白虎通琴者禁也禁止淫邪以正人心也外紀太昊斵桐為琴繩絲為絃絃二十有七命之曰離徽以通神明之眖以合天人之和世本神農作琴三禮圖舜作五絃文王武王加二絃曰少宮少商又有九絃者蔡邕所加也蓋絃大者為君而居中央商居右旁其餘大小相次不失其序則君臣之位正矣

祭祀

禮記曲禮天子祭天地祭四方祭山川祭五祀歲徧諸侯方祀（隨國所居之方而祀之）祭山川祭五祀歲徧大夫祭五祀歲徧士祭其先凡祭有其廢之莫敢舉也有其舉之莫敢廢也非其所祭而祭之名曰淫祀淫祀無福王制天子犆礿祫禘祫嘗祫烝諸侯犆礿禘一犆一祫嘗祫烝祫祭法燔柴於泰壇祭天也瘞埋于泰折祭地也埋少牢于泰昭祭時也相近于坎壇祭寒暑也（相近讀作祖迎往者祖送之來者迎迓之）王宮祭日也夜明祭月也幽宗祭星也雩宗祭水旱也四坎壇祭四方也山林川谷邱陵能出雲為風雨見怪物皆曰神有天下者祭百神諸侯在其地則祭之夫聖王之制祭祀也法施於民則祀之以死勤事則祀之以勞定國則祀之能禦大菑則祀之能捍大患則祀之祭義祭不欲數數則煩煩則不敬祭不欲疏疏則怠怠則忘是故君子合諸天道春禘秋嘗祭統祭者所以追養繼孝也又夫祭有三重焉獻之屬莫重于祼聲莫重于升歌舞莫重于武宿夜此周道也又夫祭有十倫焉見事鬼神之道焉見君臣之義焉見

父子之倫焉。見貴賤之等焉。見親疏之殺焉。見爵賞之施焉。見夫婦之別焉。見政事之均焉。見長幼之序焉。見上下之際焉。周禮春官大宗伯以吉禮事邦國之鬼神示。以禋祀祀昊天上帝。以實柴祀日月星辰。以槱燎祀司中司命。文昌第四第五星飌師雨師。飌音風風師箕星也雨師畢星也以血祭祭社稷五祀五嶽。以貍沈祭山林川澤。貍埋牲于土祭山林用之沈沉牲于水祭川澤用之以疈辜祭四方百物。疈同劈辜同刳披解其牲體也百物百物類之神也以肆獻祼享先王。肆薦熟獻薦血腥祼灌鬯以饋食享先王。饋食薦黍稷以祠春禴夏嘗秋烝冬享先王。

宗廟

釋名宗尊也廟貌也先祖形貌所在也。按唐虞立五廟夏后因之商則有七世之廟。周公制禮之時天子亦惟七廟。迨懿王以後始立文武二世室而為九廟。本章宗廟是舜祖考之五廟。自窮蟬以下至瞽瞍也。但有為宗堯置瞍之說者。謂堯雖非父而德載後世不可不宗。瞽瞍雖甚親而無功於人不可私享。且三代前皆從天位統序。

與夏殷來為人後禮制不同故人多主祭法禘黃帝而郊嚳祖顓頊而宗堯之語第
舍本生而祀他族釋教則然況舜只受終時告文祖耳無奉堯之先之事也以理斷
之當主饗瞽瞍以上說而以宗堯作襯蓋宗堯者天下之義以義為主而報瞍者一
家之親以仁為主特郊禘之行瞽瞍不必為配若春秋之享虞幕亦得為宗大廟主
堯家廟主瞍確不可易則謂當貼饗堯者非即以為是舜饗子孫之祭者更非又按
左傳史趙謂自幕至于瞽瞍無違命是舜當祖幕又曰陳顓頊之族國語云幕能率
顓頊者也故有虞氏報焉是幕又祖顓頊舜為顓頊之後諸書皆同惟中間世次互異
先儒以左國為是仁山金氏謂史稱黃帝生昌意昌意生顓頊顓頊歷窮蟬敬康句望蟜
牛至瞽瞍而生舜則舜黃帝八世孫也至國語史伯之言曰成天地之大功者其子
孫未嘗不章虞夏商周是也虞幕能聽協風以成樂物生者也夏禹能平水土以虞
庶類者也商契能和合五教以保於百姓者也周棄能播殖穀蔬以衣食民人者也

其後皆為王公侯伯夫以虞幕並契稷而言則幕為有功始封之君可知更考之於
書曰虞舜曰殯于虞是虞為有國之號而舜所自出以王天下也明矣故朱子謂世
本出于傳會假託不可憑據而談迁作史因之其不可信審矣至於舜廟祭之禮則
禮記王制所云有虞氏皇而祭與郊特牲所云有虞氏之祭也尚用氣血腥爛祭之
類皆是也

子孫

子孫章句謂虞思陳胡公之屬按虞思是舜子商均之後夏禹受舜天下乃別封思
於虞（今河南虞城縣）左傳所謂夏少康嘗逃奔其國虞思妻以二姚而邑諸綸有田一成有
衆一旅是也路史亦謂女罃生義均及季釐均封商（今河南商邱縣）禹封其子於虞季釐封
於緡（今山東金鄉縣）陳胡公名滿武王克商封嬀滿于陳以備三恪左傳子產所言昔虞幕
裔孫虞閼父為周陶正武王以元女大姬妻其子滿而封諸陳使奉虞帝祀是也又

昭三年晏子語叔向有云箕伯直柄虞遂伯戲其相胡公大姬已在齊矣註謂箕伯四人皆舜後胡公之先可見舜之子孫不止虞思陳胡公故朱子以之屬諸之歟後陳滅於楚而公子敬仲復興於齊鳳凰之卜五世其昌至威烈王時田和列為諸侯秦滅六國王建降之二世元年齊王族田儋及從弟榮橫略定齊地皆自立為王漢高祖召横自剄而死舜祀始絶其子孫之保遠矣

王季

史記季歷古公少子生昌有聖德古公曰我世當有興者其在昌乎因欲立季歷以傳昌太伯仲雍聞之逃之荆蠻古公卒季歷即位是為公季事殷為西方諸侯遵后稷公劉之業脩古公遺道篤行仁義諸侯順之書武成王季其勤王家詩大雅維此王季因心則友則友其兄則篤其慶載錫之光受祿無喪奄有四方又維此王季帝度其心貊其德音其德克明克明克類克長克君王此大邦克順克比竹書紀年殷

武乙三十四年周公季歷來朝王賜之地三十里玉十瑴馬十匹三十五年周公季歷伐西落鬼戎獻捷王嘉其功賜之圭瓚秬鬯九命為伯既而執諸塞庫季歷困而死（按世史類編太丁即位命周公季伐燕京之戎帝乙時命周侯季歷為牧師伐始呼之戎又伐翳徒之戎獲其三大夫王嘉其功擄此則紀年訛帝乙為武乙耳武乙止四年無三十四五年事）

武王

武王名發文王次子也史記發即位以太公望為師周公旦為輔召公奭畢公高之徒左右王師九年東觀兵孟津（今河南孟縣）載文王木主自稱太子發亦不敢專也遂與師渡河白魚躍入舟中既渡有火自上伏於下至於王屋流為烏其色赤其聲魄是時諸侯不期而會者八百皆謂紂可伐武王曰汝未知天命未可也乃復歸居二年聞紂昏暴滋甚乃東伐之十二月戊午師畢渡盟津（即孟津）乃作泰誓二月甲子昧爽陳師牧野（今河南汲縣）乃誓使師尚父致師紂師皆倒戈以迎武王商百姓咸待于郊武

王馳之紂兵潰紂走登鹿臺之上自焚武王封紂子祿父殷之餘民使管叔蔡叔監之已而命召公釋箕子之囚命畢公釋百姓之囚表商容之閭命南宮括散鹿臺之財發鉅橋之粟以賑貧民命南宮括史佚展九鼎寶玉命閎夭封比干之墓命宗祝享祠於軍乃罷兵西歸縱馬華山之陽放牛桃林之野車甲衅而藏之府庫倒載干戈包以虎皮示不復用諸侯咸尊武王為天子始改正朔以建子月為歲首色尚赤都於鎬（今陝西長安縣）柴望大告武成作樂曰大武追思先聖乃褒封神農之後於焦黃帝之後于祝帝堯之後于薊帝舜之後于陳禹之後于杞于是封功臣謀士而師尚父為首封之于齊弟旦于魯召公于燕康叔于衛叔鮮于管叔度于蔡餘各以次受封而姬姓之國五十有三詩大雅大明篤生武王保右命爾燮伐大商又維師尚父時維鷹揚涼彼武王肆伐大商會朝清明下武王配于京世德作求永言配命成王之孚又媚茲一人應侯順德永言孝思昭哉嗣服又昭茲來許繩其祖武于萬斯年受

天之祜有聲考卜維王宅是鎬京惟龜正之武王成之又豐水有芑武王豈不仕詒厥孫謀以燕翼子周頌執競執競武王無競維烈武勝殷遏劉耆定爾功酌於鑠王師遵養時晦時純熙矣是用大介我龍受之蹻蹻王之造載用有嗣實維爾公允師泰誓爾尚弼予一人永清四海時哉弗可失牧誓時甲子昧爽王朝至于商郊牧野乃誓王左杖黃鉞右秉白旄以麾曰逖矣西土之人又及庸蜀羌髳微盧彭濮人武成列爵惟五分土惟三建官惟賢位事惟能重民五教惟食喪祭惇信明義崇德報功垂拱而天下治洪範惟十有三祀王訪于箕子曰嗚呼箕子惟天陰騭下民相協厥居我不知其彝倫攸敘箕子為陳洪範九疇旅獒惟克商遂通道于九夷八蠻西旅底貢厥獒大保乃作旅獒用訓于王君奭武王惟茲四人閎夭散宜生泰顛南宮括尚迪有祿後暨武王誕將天威咸劉厥敵惟茲四人昭武王惟冒丕單稱德立政亦越武王率惟敉功不敢替厥義德率惟謀從容德以並受此丕丕基禮記文王世子文王有疾武王不脫冠帶

而養文王一飯亦一飯文王再飯亦再飯旬有二日乃間按此篇内又載與齡之事已録于大學文王一條但此事本不可信金仁山辨之至詳謂文王十五而生武王前此已生伯邑考矣武王八十一而生成王後此又生唐叔虞人情事理所必不然者陳澔亦云聖人雖愛其子豈能減己之齡而益之哉考史記周本紀載武王初得天下告周公旦曰惟天不饗殷自發未生于今六十年是武王生于帝乙十一年庚辰迨受命有天下年已五十有八矣故曰未受命又七年而始崩是于書義理事而得之樂記散軍而郊射左射貍首右射騶虞而貫革之射息也魯語昔武王克商肅慎氏貢楛矢石砮其長尺有咫大戴禮武王踐阼三日師尚父陳丹書之言曰敬勝怠者吉怠勝敬者滅義勝欲者從欲勝義者凶王聞丹書之言惕若恐懼退而為戒書於席之四端及几鑑盥盤楹杖帶履觴豆戶牖劍弓矛各為銘焉其席前左端銘曰安樂必敬前右端銘曰無行可悔後左端銘曰一反一側亦不可以忘後右端銘曰所監不遠視邇所代几銘曰皇皇惟敬口生咶詈也口戕口鑑銘曰見爾前慮爾後盥盤銘曰與其溺於人也寧溺於淵溺於淵猶可游也溺於人不可救也楹銘曰毋曰胡殘其禍將然毋曰胡害其禍將大毋曰胡傷其禍將

長杖銘曰惡乎危於忿疐惡乎相忘於富貴帶銘曰火滅脩容慎戒必恭恭則壽屨銘曰慎之勞勞則富觴豆銘曰食自杖食自杖戒之憍憍則逃戶銘曰夫名難得而易失無懃弗志而曰我知之乎無懃弗及而曰我杖之乎擾阻以泥之若風將至必先搖搖雖有聖人不能為謀也牖銘曰隨天之時以地之財敬祀皇天敬以先時劔銘曰帶之以為服動必行德行德則興倍德則崩弓銘曰屈伸之義廢興之行無忘自過矛銘曰造矛造矛少間弗忍終身之羞予一人所聞以戒後世子孫在位七年而崩子成王誦立

附書後序蔡傳謂觀兵之事以臣脅君武王蓋未始有是事司馬遷周本紀蓋因偽泰誓之訛謬豈有觀兵二年而後伐之哉

太王

史記古公亶父公叔祖類子繼父而立脩后稷公劉之業積德行義國人皆戴之穜

鬻戎狄攻之不已民欲與戰古公曰有民立君將以利之民之在我與彼何異民以我故欲戰殺人父子而君之予不忍爲遂去豳渡漆沮踰梁山止于岐下豳人舉國扶老携幼歸焉其他旁國聞古公仁亦多歸之於是古公乃貶戎狄之俗營築城郭宮室而居作五官有司曰司徒司馬司空司士司寇民皆歌頌其德故吴越春秋云古公去邠處岐周三月成城郭一年成邑二年成都而民五倍其初書武成太王肇基王迹無逸厥亦惟我周太王王季克自抑畏詩大雅緜緜瓜瓞民之初生自土沮漆古公亶父陶復陶穴（陶窰竈也復重窰也穴土室也）未有家室又周原膴膴堇荼如飴爰始爰謀爰契我龜（契所以然火灼龜者即儀禮所謂楚焞也）曰止曰時築室于茲又乃召司空乃召司徒俾立室家其繩則直縮版以載作廟翼翼又迺立皐門皐門有伉迺立應門應門將將迺立冢土戎醜攸行（此言遷岐之後建立宮室特行皐應二門及武王有天下遂尊以爲天子之門而諸侯不得立焉冢土大社也亦太王所立而後因以爲天子之制也）周頌天作高山太王荒之魯頌后稷之孫實惟太王居岐之陽實始翦商（詩傳）

太王自豳徙居岐陽四方之民咸往歸之于是而王迹始著蓋有翦商之漸矣蔡九峯書傳亦云太王雖未始有翦商之志然始得民心王業之成實基于此按太王脩德行仁本無工窺神器之意而天眷西顧國勢日興至武王而有天下後人追遡功業所自始則以為太王實始翦商云爾非實有翦商之事也

周公

史記周公名旦文王子武王弟也文王在時旦為子孝篤仁異於羣子及武王即位旦常輔翼武王用事居多及有天下封公於少昊之墟曲阜（今山東曲阜縣）公不就封留佐王室書金縢既克商二年王有疾弗豫公乃自以為功為三壇同墠為壇于南方北面周公立焉植璧秉珪乃告太王王季文王願以旦之能多材多藝能事鬼神代某之身乃卜三龜一習吉（卜筮必立三人以相參考三龜者三人所卜之龜也習重也三龜之兆皆重告吉者也）啓籥見書（籥鑰適）乃并是吉公歸乃納冊于金縢之匱中王翼日乃瘳武王既崩管叔及其羣弟乃流言于國曰公將不利于孺子周公乃告二公曰（太公召公）我之弗辟（音避）我無以告我先王周公居東二年則罪人斯得（成王始知流言之為管蔡）于後公乃為詩以貽王名之曰鴟鴞王亦

未敢誚公（誚責讓也）秋大熟未獲天大雷電以風禾盡偃大木斯拔邦人大恐王與大夫盡弁以啓金縢之書乃得周公所自為功代武王之説王執書以泣曰其勿穆卜昔公勤勞王家惟予沖人弗及知今天動威以彰周公之德惟朕小子其新逆（新當作親）我國家禮亦宜之王出郊天乃雨反風禾則盡起二公命邦人凡大木所偃盡起而築之歲則大熟（按秋大熟繫于二年之後則成王迎周公之歸蓋二年秋也東山之詩言自我不見于今三年則居東之非東征明矣蓋周公居東二年成王曰風雷之變既親迎以歸三叔懷流言之罪遂挾武庚以叛王命周公征之東征往反首尾又自三年也）

名誥若翼日乙卯周公朝至于洛（今河南府）則達觀于新邑營（徧觀新邑所經營之位）越三日丁巳用牲于郊牛二越翼日戊午乃社于新邑牛一羊一豕一越七日甲子周公乃朝用書（役書也）命庶殷侯甸男邦伯厥既命庶殷庶殷丕作又旦日其作大邑其自時配皇天毖祀于上下其自時中乂（此名公引周公之言言作此大邑自是可以事天祀神治民者也）

洛誥惟三月哉生魄（十六日也）周公初基作新大邑于東國洛四方民大和會侯甸男邦采衛百工播民和見士于周周公咸勤乃洪大誥

治周公拜手稽首曰朕復子明辟復，復命也。稱之曰子，親之也；曰明君，尊之也。王如弗敢及天基命定命基命、定命，俱指作洛說。作洛以永周命，其創始也天啓之基，其既成也天定之業。予乃胤保胤，繼也。保，太保召公也。大相東土其基作民明辟予惟乙卯即名誥之乙卯也。朝至于洛師師，猶言京師也。我卜河朔黎水我乃卜澗水東瀍水西惟洛食澗水東、瀍水西，王城也，在澗瀍之間，為朝會之地。食者，以墨書龜而灼之，兆正食其墨也。我又卜瀍水東亦惟洛食瀍水東，下都也，在瀍水之外，處商民之地。伻來以圖及獻卜伻音烹，使者也。圖，洛之地圖也。獻卜，獻其卜之兆辭也。王拜手稽首曰公不敢不敬天之休來相宅其作周匹休為周家配荅上天休命之地。公既定宅伻來來視予卜休恒吉視與示同。言示我以卜之休美而常吉者。我二人共貞二人，成王、周公也。貞，猶當也。公其以予萬億年敬天之休拜手稽首誨言又王若曰公明保予沖子明，顯明之也。保，保佑之也。公稱丕顯德以予小子揚文武烈奉荅天命和恒四方民居師和者，使不乖也；恒者，使可久也。居師者，宅其眾也。一民搖動，不可云居，以和恒之道居之，則眾心定矣。惇宗將禮稱秩元祀咸秩無文言使我惇厚功宗之大禮，而稱舉秩序其功之尊顯者為祀之冠，至于祀典所不載者，皆秩序而祭焉。惟公德明光于上下勤施于四方旁作穆穆迓衡旁，無方所也。曰上下四方，為言穆穆，和敬也。迓，迎也。言穆

穆以迎太平之治也

不迷文武勤教予沖子夙夜毖祀此成王因上文周公有茲予其明農之言而叙其德教之盛以寓留之之意也

王曰公功棐迪篤罔不若時此言既述其教誥之勤德化之盛乃因而留之言公之功所以輔弼啓牖我者厚矣當常如是未可言去也

又王曰公予小子其退即辟于周命公後留後以鎮撫之也四方迪亂未定于宗禮亦未克敉公功言四方開治公之功也今未定功宗之禮故未能倫秬鬯之典以安定公之大功也迪將其後監我士師工誕保文武受民亂為四輔言公居洛邑啓大其後世使我士師工有所監視大保文武所受于天之民而治為宗周之四輔也

王曰公定予往已公功肅將祗歡言公之功人皆肅然承奉于外且祗敬歡悅于内也公無困哉我惟無斁其康事公勿替刑四方其世享成王欲周公止洛而自歸往宗周言周公之功人皆肅而將之欽而悅之宜鎮撫洛邑以慰懌人心毋求去以用我也我惟無斁其安民之事公勿替所以監我士師工者四方得以世世享公之德也

又予旦以多子越御事篤前人成烈荅其師作周孚先考朕昭子刑乃單文祖德周公言我以衆卿大夫及治事之臣篤厚文武成功以荅天下之衆其奉命以誕保之誠信有以倡率後之事君者而使之各盡其道其成就我明子端新辟之儀刑俾萬邦皆以為法則文祖之德乃賴吾王而益溥博周徧矣

又惟周公誕保文武受命惟七年此史臣總記公留洛之始終也

君奭在今予小子旦非克有正迪惟前人光施于我冲子又曰天

不可信我道惟寧王德延天不庸釋于文王受命又言天固不可信然在我之道惟以延長武王之德使天不容捨文王所受之命也君陳昔周公師保萬民民懷其德往慎乃司茲率厥常懋昭周公之訓惟民其乂乂治也畢命惟周公左右先王綏定厥家毖殷頑民遷于洛邑密邇王室式化厥訓詩豳風既破我斧又缺我斨周公東征四國是皇哀我人斯亦孔之將又九罭之魚鱒魴我覯之子袞衣繡裳又是以有袞衣兮無以我公歸兮無使我心悲兮又狼跋其胡載疐其尾公孫碩膚赤舄几几又公孫碩膚德音不瑕禮記文王世子成王幼不能涖阼周公相踐阼而治抗世子法于伯禽抗舉也與分庭抗禮之抗同大欲君之前以法繩其子是謂抗也令成王知父子君臣長幼之道也成王有過則撻伯禽所以示成王世子之道也明堂位成王以周公為有勳勞于天下是以封周公于曲阜地方七百里革車千乘命魯公世世祀周公以天子之禮樂按公侯之地皆方百里孟子言周公之封于魯也為方百里而此云七百里說者雖謂兼附庸言之然明堂位一篇主于誇大魯國其辭多失實恐不足信也祭統周公既沒成王康王追念周公之所勳勞者而欲

尊魯故賜之以重祭外祭則郊社是也内祭則大嘗禘是也夫大嘗禘升歌清廟下
而管象朱干玉戚以舞大武八佾以舞大夏此天子之樂也康周公故以賜魯也左
傳僖二十四年凡蔣邢茅胙祭周公之胤也孝經昔者周公郊祀后稷以配天宗祀
文王于明堂以配上帝家語周公居冢宰之尊制天下之政而猶下白屋之士日見
百七十人韓詩外傳公相成王使伯禽代就封于魯公誡之曰往矣子無以魯國驕
士吾文王之子武王之弟今王之叔父吾于天下亦不賤矣然我一沐三握髮一飯
三吐哺起以待士猶恐失天下之賢人吾聞德行寬裕守之以恭者榮土地廣大守
之以儉者安祿位尊盛守之以卑者貴人衆兵強守之以畏者勝聰明睿智守之以
愚者善博聞強記守之以淺者貴夫此六者皆謙德也又太公問何以治魯周公曰
尊尊親親綱鑑交趾南有越裳氏成王時重三譯來獻白雉使者還迷其歸路周公
錫以軿車五乘皆為南向之制使者載之朞年而至其國按周公著作極多武王有

疾。周公請命三王。欲以身代武王之死。作金縢。武王崩。三監及淮夷叛。今江南淮安府。周公奉王命東征。作大誥。唐叔得禾。異畝同穎。獻諸天子。王命唐叔歸周公于東。作歸禾。周公既得命禾。旅天子之命。作嘉禾。名公既相宅。周公往營成周。使來告卜。作洛誥。商民遷洛者。亦有有位之士。故周公洛邑初政。以王命總呼多士而告之。作多士。成王初政。周公懼其知逸而不知無逸。故作無逸以訓之。召公告老而去。周公留之。作君奭。成王既踐奄。將遷其君于蒲姑。周公告召公。作將蒲姑。成王滅奄。歸在宗周。周公傳王命以誥庶邦。作多方。周公戒成王以任用賢才之道。專擇百官有司之長。作立政。周公以成王未知稼穡之艱難。故陳后稷公劉風化之所由。作豳風七月之詩以教之。周公因流言之謗。避居東都。成王猶未知周公之意。乃作鴟鴞之詩以貽王。周公奉命東征。既歸。作東山之詩以勞歸士。周公追述文王之德。明周家所以受命而代商者。皆由于此。作大雅文王之詩以戒成王。而大明與緜二篇。亦皆周公戒成王之所作也周公既成洛邑今河南河南府而朝諸侯因率之以祀文王則作周頌清廟之樂歌焉易自伏羲始畫卦有畫無辭文王始作彖辭統論全卦至周公乃繫之以爻辭細論各爻之吉凶周禮本名周官朱子謂周禮編布周密乃周公運用天理爛熟之書爾雅亦傳為周公所作謚法亦云定自周公則周公之稱為元聖良不誣矣史謂公病將沒曰必葬我成周以明我不敢離成王公卒成王葬公于畢從文王以明予小子不敢臣周公也

追王

朱子語類問武成言太王肇基王迹王季其勤王家我文考文王金縢冊乃告太王王季大傳言牧野之奠追王太王王季歷文王昌疑武王時已追王曰武王時只是呼喚作王至周公制禮樂方行其事如今奉上冊寶之類然無可證闕之可也廣平游氏謂武王為泰誓三篇稱文王為文考至武成而柴望然後稱文考為文王仍稱

其祖為太王王季然則周公追王太王王季者乃文王之德武王之志也不言文王者武王在時已追王矣武王既追王而不及太王王季而其序有未暇也世之說者因中庸無追王之文遂謂文王自稱王豈未嘗考泰誓武成之書乎君臣之分猶天尊地卑紂未可去而文王稱王是二天子也服事殷之道固如是耶書所謂九年大統未集者後世以虞芮質成為文王受命之始故也且武王觀政于商而須假之五年非偽為也使紂一日有悛心則武王當與天下共尊之必無牧野之事然則文王已稱之名將安所歸乎此天下之大戒故不得不辨廬陵歐陽氏泰誓論云泰誓稱十有一年說者謂自文王受命九年及武王居喪三年數之是以聽虞芮之訟謂之受命以為元年古者人君即位必稱元年西伯即位已改元矣中間不宜改元而又改元至武王即位宜改元而反不改元乃上冒先公之元年并其居喪稱十一年及其滅商而得天下其事大於聽訟遠矣又不改元由是言之謂西伯以受命之年為

元年者妄說也東坡周公論云武王伐商會于牧野蓋猶曰文考而已至武成柴望而後稱曰我文考文王由是觀之則是武王不敢一日妄尊其先君而況于文王之自王乎詩曰虞芮質厥成文王蹶厥生是亦追稱而已矣按書傳謂歐陽氏之辨極為明著但其曰十一年者亦惑于書序十一年之誤也蓋泰誓經文本係十有三年謂武王即位之十三年也

上祀

按上祀有四時分祭三年祫祭五年禘祭不及太王王季者追王則上祀不待言矣註以先公為祖紺以上至后稷是據史記高圉後亞圉亞圉後公叔祖類祖類後古公亶父祖紺即公叔祖類仁山金氏通鑑前編云堯封棄于邰世后稷以服事虞夏及夏之衰不窋失其官自竄戎翟之間不窋生鞠鞠生公劉始遷于豳路史謂稷生斄璽斄璽生叔均自后稷至公劉十餘世按世本自公劉歷慶節皇僕差弗毀隃公非辟方高圉侯牟亞圉雲都太公祖紺諸盩祖紺號太公史記作叔祖類十有二世而生古

公亶父自稷至亶父葢二十餘世史記以不窋為稷子而又缺辟方侯牟雲都諸盩四世遂謂后稷至文王為十五世且稷契同時受封契至湯四百餘年而十四世稷至文王僅十五世雖國語太子晋亦謂自后稷之始基靖民十五王而文始平之十八王而康克安之然亦不能無誤矣

葬

禮記檀弓子思曰喪三日而殯凡附於身者必誠必信勿之有悔焉耳矣三月而葬凡附于棺者必誠必信勿之有悔焉耳矣喪三年以為極亡則弗之忘矣（既葬曰亡）又孔子在衛有送葬者（送其親就葬）而夫子觀之曰善哉為喪乎足以為法矣其往也如慕其反也如疑又易墓非古也（易治也古者墓而不墳不芟治草木）又及葬毀宗躐行出于大門殷道也（殷人殯于廟至葬則毀廟門西牆而出）又子游問喪具夫子曰稱家之有亡子游曰有無惡乎齊夫子曰有毋過禮苟亡矣斂首足形還葬（斂畢即葬不殯而待日月之期）縣棺而封（以手懸繩而下之不設碑繂）人豈有

非之者哉又國子高曰葬也者藏也藏也者欲人之弗得見也是故衣足以飾身棺周於衣槨周於棺土周于椁反壤樹之哉謂今乃更封壤為墳種樹以標之哉又孔子之喪有自燕来觀者子夏曰昔者夫子言之曰吾見封之若堂者矣築土為墳如堂之高見若坊者矣坊隄也上平旁殺而南北長見若覆夏屋者矣旁廣而卑見若斧者矣上狹如刃從若斧者焉馬鬣封之謂也上三者功力多而難成此則儉而易就故俗謂之馬鬣封馬鬃鬣之上肉薄封形似之今一日而三斬板而已封尚行夫子之志乎哉又弔於葬者必執引引柩車之索也若從柩及壙皆執紼引棺索又葬于北方北首三代之達禮也之幽之故也左傳襄十三年楚子疾告大夫曰不穀不德惟是春秋窀穸之事窀穸猶言長夜春秋謂祭祀之事窀穸謂葬埋之事所以從先君於禰廟者請為靈若厲大夫擇焉此皆大概言葬之禮者若禮器天子崩七月而葬五重八翣五重者謂抗木與茵也茵用緇布夾之以茅香草著其中抗下棺之後置木于椁上縮二橫三如是者五則為五重翣棺飾也諸侯五月而葬三重六翣大夫三月而葬再重四翣喪大記飾棺君龍帷三池帷柳車邊障白布為之王侯皆畫為龍池織竹為籠衣以青布挂于荒下也振容振動容飾也以青黃繒為

之黼荒火三列黻三列荒蒙也柳車上覆畫為黼文荒之中央又畫火黻各三行素錦褚加僞荒僞音帷是邊墻荒是上蓋荒下用白錦為屋而加帷荒于褚外也纁紐六齊五采五貝連以纁帛紐齊當中央也以五采繒衣之行列相次又列貝為五行交絡齊下黼翣二黻翣二畫翣二皆戴圭魚躍拂池以銅魚懸于池之下車行則魚跳躍上拂于池君纁戴六戴猶值也用纁帛繫棺細著柳骨纁披音庇六披引車者大夫畫帷二池畫為雲氣也不振容畫荒亦畫雲氣火三列黻三列素錦褚纁紐二玄紐二齊三采三貝三采絳黃黑也黻翣二畫翣二皆戴綏用五采羽作翣之兩角也魚躍拂池大夫戴前纁後玄披亦如之士布帷布荒一池皆白布不畫也揄絞音搖文揄搖翟也雉類青黃繒而畫翟于上也纁紐二緇紐二齊三采一貝畫翣二皆戴綏士戴前纁後緇二披用纁君葬用輴音春柩車四綍二碑綍引棺紼御棺用羽葆葆形如蓋以羽為之大夫葬用輴二綍二碑御棺用茅士葬用國車國讀為輇音船二綍無碑比出宮御棺用功布大功之布也九封音窆用綍去碑負引下棺時將綍一頭繫棺緘一頭遶碑間鹿盧人在碑外負引者應鍾鼓而下君封以衡貫穿棺束平持而下大夫士以咸以綍直繫棺緘君命毋譁以鼓封戒止諠譁擊鼓為負引者之節大夫命毋哭士哭者相止也士則衆哭者自相止而已雜記士三月而葬是

月也卒哭大夫三月而葬五月而卒哭諸侯五月而葬七月而卒哭士三虞大夫五諸侯七左傳隱元年天子七月而葬同軌畢至諸侯五月同盟至大夫三月同位至士踰月外姻至則葬禮尊卑之定制也至禮弓所云夫魯有初公室視豐碑三家視桓楹則諸侯僭天子之禮大夫僭諸侯之禮矣

期喪五見下缌小功條

禮記雜記縣子曰三年之喪如斬期之喪如剡剡也此言哀痛深淺之殊又期之喪十一月而練小祥十三月而祥大祥十五月而禫又三年之喪祥而從政謂庶人供力役之征也期之喪卒哭而從政九月之喪既葬而從政王制云齊衰大功三月不從政庶人依士禮卒哭與葬同三月也小功緦之喪既殯而從政呂正叔云期之喪有二有正統之朞為祖父母者也有旁親之朞為世父母叔父母衆子昆弟之子也世者伯也父之兄則小宗繼世世尊之故曰世衆子庶子也正統之期雖天子諸侯莫能降旁親之期天子諸侯絶服而大夫降謂不服期年而服大功故云降也若期服之貴

同雖大夫亦不降所謂尊同則服其親之服也故曰達乎大夫（按儀禮喪服正統之期疏衰裳齊牡麻經冠布纓削杖布帶疏屨旁親之期不杖麻屨餘與杖期同）

三年喪（互見下孟緦小功條）

禮記檀弓事親有隱而無犯左右就養無方服勤至死致喪三年又哭泣之哀齊斬之情饘粥之食自天子達又始死充充如有窮（心形充屈如急行道極無所復去）既殯瞿瞿如有求而弗得（瞿瞿眼目速瞻之貌）既葬皇皇如有望而弗至練而慨然（慨嘆日月之速）祥而廓然（情意寥廓不樂而已）又君子之執親之喪也水漿不入口者三日杖而後能起又飯于牖下小斂于戶內大斂于阼殯于客位祖于庭葬于墓所以即遠也又父母之喪哭無時（無五哭三哭之節）練練衣黃裏縓緣（小祥以練為中衣以黃為裏縓淺絳色緣謂中衣領及褎之緣）葛要經（小祥後男子去首麻經惟餘要葛經）繩屨無絇（無屨頭飾也）角瑱（瑱充耳吉時君大夫士皆用之掩耳初喪無瑱小祥後微飾以角為之）鹿裘衡長袪袪裼之可也（袪以袘物為袖口之緣喪時冬衣裏用鹿皮小祥後易橫廣者又謂袪漸向吉故加以裼焉）又喪禮哀戚之至也節哀順變也君子念始

之者也念父母生已不敢以死傷生又辟踊哀之至也有算為之節文也撫心為辟跳躍為踊每一踊三跳三踊九跳為一節士三日有三次踊大夫四日五踊諸侯六日七踊天子八日九踊故云為之節文也袒括髮變也子孝小斂主人袒括髮形貌之變也愠哀之變也悲哀愠恚哀情之變也喪服小記再期之喪三年也期之喪二年也九月七月之喪三時也五月之喪二時也三月之喪一時也故期而祭禮也再期之喪致小祥之祭乃孝子因時以伸其思親之禮期而除喪道也除哀經易練服乃生者隨時降殺之道祭不為除喪也祭與練雖同時並舉然祭非為練設又練笠日笠尸視濯皆要經杖繩屨有司告具而後去杖笠日笠尸有司告事畢而后杖拜送賓大祥吉服而笠尸雜記子貢問喪子曰敬為上哀次之瘠為下顏色稱其情戚容稱其服又三年之喪言而不語言自言己事語為人論說對而不問廬堊室之中堊音惡不與人坐焉在堊室之中非時見乎母也不入門非有事行禮之時而見母則不入中門疏衰皆居堊室疏衰齊衰也不廬廬嚴者也倚廬乃哀敬嚴肅之所服輕者不得居又免喪之外行於道路見似目瞿見人貌有類其親者目瞿然驚變聞名心瞿聞人名與親同者心瞿然驚變喪大記始卒主人啼兄弟哭婦人哭踊啼者哀痛之甚嗌咽不能成聲

（踊者似雀之跳足不離地）又小斂主人即位于户內主婦東面乃斂卒斂主人馮之踊（馮尸而踊）主婦亦如之主人袒說髦（髦幼時剪髮為之親沒則脫之）括髮以麻婦人髽（髽亦用麻）帶麻于房中（帶麻麻帶也）徹帷（小斂畢徹去所設帷）又父母之喪居倚廬不塗（倚木于墻為廬但以草夾障不以泥塗飾）寢苫枕凷（音塊臥于草苫枕于土塊）既葬柱楣塗廬不於顯者（葬後舉起其木柱之于楣以見日光又于內用泥塗之以免風寒不塗廬外顯處）非喪事不言君為廬宮之（廬外以帷障之如宮墻然）大夫士襢之（襢音但袒也其廬袒露不以帷障也）君大夫士皆宮之（不襢也）問喪親始死雞斯徒跣（雞期讀為笄纚笄骨笄纚韜髮之繒孝子先去冠惟留笄纚徒跣者無屨而空跣以號踊）扱上衽（履踐為妨故扱深衣前襟于帶）交手哭（兩手交以拊心而哭）惻怛之心痛疾之意傷腎乾肝焦肺水漿不入口三日不舉火故鄰里為之糜粥以飲食之又三日而斂在牀曰尸在棺曰柩動尸舉柩哭踊無數又故為父苴杖苴杖竹也為母削杖削杖桐也（苴杖圓以象天削杖方以象地父母之別也）間傳父母之喪既虞卒哭柱楣翦屏（翦去戶旁兩廂之餘草）芐翦不納（芐蒲之可為席者但翦之使齊不偏納其頭而藏于內）期而小祥居堊室寢有席又期而大祥居復寢中月而禫禫而牀三年問三年之喪何也曰

稱情而立文因以飾羣別親疏貴賤之節而弗可損益也故曰無易之道也創鉅者其日久痛甚者其愈遲三年者稱情而立文所以為至痛極也斬衰苴杖居倚廬食粥寢苫枕塊所以為至痛飾也三年之喪二十五月而畢哀痛未盡思慕未忘然而服以是斷之者豈不送死有已復生有節也哉喪服四制父母之喪衰冠繩纓菅屨三日而食粥三月而沐期十三月而練冠三年而祥此三年喪禮之大概也若詩檜風之所云庶見素冠兮棘人欒欒兮勞心慱慱兮則又刺不行三年之喪者矣

春秋

詩魯頌春秋匪懈享祀不忒禮記祭義秋霜露既降君子履之必有悽愴之心非其寒之謂也春雨露既濡君子履之必有怵惕之心如將見之按祭備四時獨舉春秋者祭祀之禮多端即春秋時祭一事以概其餘也此與下節俱貼時祫之祭或疑時祭無群昭穆咸在之事不知天子春祠夏禴秋嘗冬烝惟春祠時品物未備其禮少

藺故分祭于各廟其餘三時皆合祭於太廟王制所謂天子犆礿祫禘祫嘗祫烝禘即禴之誤或云殷制也諸侯礿犆禘一犆一祫嘗祫烝祫夏祭獨一年犆一年祫者降於天子也然則時祭何嘗無合祭太廟乎

祖廟

按祖廟即宗廟可稱祖亦可稱宗有謂祖廟與宗廟有別祖廟是概指七廟該得宗廟在內宗廟是单指太祖之廟不兼三昭三穆各祭於羣廟則近而稱祖合祭于太廟則遠而稱宗不知廟本無祖宗之別時祭亦主七廟則兼有宗大祫雖合毁廟而太廟東向則亦有祖觀祭法謂周人祖文王而宗武王孝經又謂宗祀文王于明堂劉歆云苟有功德則宗之則祖宗通言可知章句謂天子七諸侯五大夫三適士二官師一官師者諸侯之中士下士也諸侯之上士曰適士若天子之元士則廟制當視子男矣七廟之制在商已然書云七世之廟可以觀德是也周初天子亦只七廟

家語孔子荅子羔云天子七廟自虞至周之所不變周官守祧八人以奠姜嫄之宮是也九廟是到懿王時共王祔文王親盡當祧孝王時懿王祔武王親盡當祧因文武有功德當宗乃別立文王世室于西北武王世室于東北皆百世不遷故獨有九廟其廟不在三昭三穆之數先是祧廟之主藏于太廟之西夾室自後穆祧者藏文世室昭祧者藏武世室有于此章即貼九廟說者非若鄭氏之徒又以喪服小記言王者立四廟遂謂周制七廟文武為二祧親廟四而巳王肅謂禮自上以下降殺以兩使天子諸侯皆親廟四則是君臣同等尊卑不別也則以文武不遷之廟在七廟內是康成等之臆說也即所云四親廟亦除五世六世之二祧而言非除文武之二世室而言也王制天子七廟三昭三穆與太祖之廟而七諸侯二昭二穆與太祖之廟而五大夫一昭一穆與太祖之廟而三士一廟止及禰却于禰廟併祭祖庶人祭于寢祭法王立七廟曰考廟王考廟皇考廟顯考廟祖考廟皆月祭之遠廟有二祧享嘗乃止蓋祧者兆也天子以五世六世之祖為祧所

謂二祧是也諸侯以始祖為祧所謂先君之祧是也諸侯無二祧廟故即指始祖為遠廟若鄭康成以祧為超去之超并有以其藏遷主之故而名為祧皆與遠廟為祧之義相背矣觀此是先王先公有廟有祧故周官守祧謂廟則有司脩除之祧則守祧黝堊之也而祭法于廟祧之外又有去祧為壇去壇為墠去墠為鬼者蓋起土曰壇除地曰墠乃因有所禱而後為之平時不預立經傳皆不言其所禮記圖說謂在太廟之西稍祧廟之北墠又在壇西北于經無據然其地當亦去廟不遠耳觀金縢三壇同墠可見禱始立之非于宗廟之外預為壇墠以待他日之有禱也孝經謂為之宗廟以鬼饗之亦非去墠而後謂之鬼也晉張融亦謂祭法此言難信則去墠為鬼之說不可從明矣又須知自天子以下廟數降而廟制亦降朱子或問云天子之山節藻梲複廟重檐諸侯固不得為諸侯之黝堊斲礱大夫亦不得為大夫之斲楹斲桷士又不得為莒為而不隆哉獨門堂寢室之合然後可名為宮則其制有不得而殺矣

宗器

章句謂宗器先世所藏之重器書顧命有陳之西序者赤刀（寶刀其刀必有赤處）大訓（三皇五帝文武之訓）弘璧（大璧也）琬琰（琬圭琰圭也）有陳之東序者大玉夷玉（或以為東夷美玉）天球（雍州所貢玉磬）河圖（伏羲時龍馬負圖出于河）有陳于西房者亂之舞衣（亂古國名舞衣舞者之衣也）大貝（如車渠）鼖鼓（長八尺）有陳于東房者兌之戈和之弓（兌和皆古巧人）垂之竹矢（垂舜時共工）章句之屬則包書所陳者皆在其中蓋宗器歷世所寶以傳後嗣於祭陳之示能守也於顧命陳之示能傳也周禮春官天府掌宗廟之守藏凡國之玉鎮大寶器藏焉若有大祭則出而陳之既事藏之典庸器掌藏庸器及祭祀陳庸器總以示能守之意（庸功也征伐所得之兵鑄器以銘其功者也）

裳衣

此先祖遺衣服藏之廟祧者周禮春官守祧掌守先王先公之廟祧其遺衣服藏焉若將祭祀則各以其服授尸既祭則藏其服鄭註謂尸當服卒者之上服以象生時

孔疏謂按士喪禮云小斂十九稱（衣裳具曰稱）不必盡服則小斂亦有餘衣必知據大斂之餘者小斂之餘至大斂更用之大斂餘乃留之又謂既言卒者上服則先王之尸服衮冕先公之尸服鷩冕也必授尸使服者亦以裳衣所在則神有所依之意

時食

按章句所引見周禮天官庖人凡用禽獸春行羔豚膳膏香（羔羊子豚小豕香牛脂）夏行腒鱐膳膏臊（腒乾雉鱐乾魚臊犬膏）秋行犢麛膳膏腥（犢牛子麛鹿子腥雞膏）冬行鱻羽膳膏羶（鱻魚羽雁也羶羊脂）古人多因時飲食如內則凡和春多酸夏多苦秋多辛冬多鹹之類是也宗廟之薦無物不備而尤以時為主郊特牲鼎俎奇而籩豆偶陰陽之義也（自一鼎自九鼎其數皆奇而俎亦如之自六豆至十六豆其數皆偶而籩亦如之）籩豆之實水土之品也（籩之實菱芡為水之品棗栗為土之品豆之實芹蒲為水之品菁韭為土之品）不敢用褻味而貴多品所以交於旦（作）神明之義也祭統水草之菹（芹茆之類）陸產之醢（蚳雁之類）小物備矣三牲之俎八簋之實美物備矣昆蟲之異（蜩范之類）草木之實陰陽之物備矣

凡天之所生地之所長苟可薦者莫不咸在示盡物也（如周禮天官甸師祭祀共野果蓏之薦獸人凡祭祀共其死獸生禽地官川衡祭祀共川奠澤虞凡祭祀共澤物之奠之類）此則不因乎時者也至于月令所載仲春則獻羔開氷先薦寢廟季春則薦鮪于寢廟孟夏農乃登麥天子以彘嘗麥先薦寢廟仲夏登黍天子以雛嘗黍羞以含桃先薦寢廟孟秋登穀天子嘗新先薦寢廟仲秋以犬嘗麻先薦寢廟季秋以犬嘗稻先薦寢廟季冬天子嘗魚先薦寢廟則皆薦新之禮而非關于祭祀者也且王制言庶人春薦韭夏薦麥秋薦黍冬薦稻韭以卵麥以魚黍以豚稻以鴈庶人尚因時而薦況天子乎月令春祭先脾夏祭先肺中央祭先心秋祭先肝冬祭先腎五祀且各視乎時況天子之宗廟乎

昭穆

按本文昭穆以子孫世次言全主生者章向左昭右穆而子孫亦以爲序是以祖宗之昭穆定子孫之昭穆也朱子或問昭穆之昭世讀爲韶今從本字何也曰昭之爲言明也以其南面而向明也其讀爲韶先儒以爲晉避諱而改之然禮亦有作佋字

者則假借而通用耳曰其為內明何也曰此不可以空言曉也今且假設諸侯之廟以明之蓋周禮建國之神位左宗廟則五廟皆在公宮之東南矣其制則孫毓以為外為都宮太祖在北二昭二穆以次而南是也蓋太祖之廟始封之君居之昭之北廟二世之君居之穆之北廟三世之君居之昭之南廟四世之君居之穆之南廟五世之君居之廟皆南向各有門堂寢室而牆宇四周焉太祖之廟百世不遷自餘四廟則六世之後每一易世而一遷其遷之也新主祔于其班之南廟南廟之主遷于北廟北廟親盡則遷其主于太廟之西夾室而謂之祧凡廟主在本廟之室中皆東向及其祫于太廟之室中則惟太祖東向自如而為最尊之位羣昭之入乎此者皆列于北牖下而南向羣穆之入乎此者皆列于南牖下而北向南向者取其向明故謂之昭北向者取其深遠故謂之穆蓋羣廟之列則左為昭而右為穆祫祭之位則北為昭而南為穆也曰六世之後二世之主先祧則三世為昭而四世為穆五世為

昭而六世為穆乎。曰不然也。昭常為昭，穆常為穆。二世祧則四世遷昭之北廟，六世祔昭之南廟矣。三世祧則五世遷穆之北廟，七世祔穆之南廟矣。昭者祔則穆者不遷，穆者祔則昭者不遷。此所以祔必以班，尸必以孫，而子孫之列亦以為序。若武王謂文王為穆考，成王稱武王為昭考，則自其始祔而已然。而春秋傳以管蔡郕霍為文之昭，邘晉應韓為武之穆左傳僖二十四年富辰諫周襄王有云管蔡郕霍魯衛毛聃郜雍曹滕畢原酆郇文之昭也邘晉應韓武之穆也凡蔣邢茅胙祭周公之亂也又傳五年宮之奇諫虞公曰太伯虞仲太王之昭也虢仲虢叔王季之穆也僖二十八年曹伯之豎侯獳使筮史告晉文公曰曹叔振鐸文之昭也先君唐叔武之穆也，則雖其既遠而猶不易也，豈其彼此交錯若是之紛紛哉。曰廟之始立也，二世昭而三世穆，四世昭而五世穆，則固當以左為尊而右為卑矣。今乃三世穆而四世昭，五世穆而六世昭，是則右反為尊而左反為卑矣，而可乎。曰不然也。宗廟之制，但以左右為昭穆，而不以昭穆為尊卑。故五廟同為都宮，則昭常在左，穆常在右，而外有以不失其序；一世自為一廟，則昭不見穆，穆不見昭，而內有以各全其

尊必大祫而會于一室然後序其尊卑之次則凡已毁未毁之主又畢陳而無所易
惟四時之祫不陳毁廟之主則高祖有時而在穆其禮未有考焉意或如此則高之
上無昭而特設位于祖之西禰之下無穆而特設位于曾之東也歟曰然則毁廟云
者何也曰春秋傳曰壞廟之道易檐可也改塗可也說者以為將納新主示有所加
耳非盡徹而悉去之也曰然則天子之廟其制若何曰唐之文祖虞之神宗商之七
世三宗其詳今不可攷獨周制猶有可言然而漢儒之說又已有不同矣謂后稷始
封文武受命而王故三廟不毁與禰祖曾高四親廟而七者諸儒之說也謂三昭三
穆與太祖之廟而七文武為宗不在此數中者劉歆之說也如劉歆之說則周自武
王克商即增立二廟于二昭二穆之上以祀高圉亞圉至懿王而始立文世室于三
穆之上至孝王而始立武世室於三昭之上前代說者多是劉歆愚亦意其或然也
陳氏禮書謂廟有迭毁昭穆則一成而不可易春秋傳云太王之昭王季之穆又言

文之昭武之穆此世序之昭穆不可易也周禮冢人掌公墓之地先王之塟居中以昭穆為左右此塟位之昭穆不可易也儀禮曰卒哭明日以其班祔男祔於皇祖考女祔於皇祖妣婦祔于皇祖姑喪服小記士大夫不得祔于諸侯祔于諸祖父之為士大夫者其妻祔于諸祖姑妾祔于妾祖姑亡則中一以上而祔若祖無妾又間曾祖一位而祔高祖之妾祔必以其昭穆此祔位之昭穆不可易也司士凡祭祀賜爵呼昭穆而進之祭統凡賜爵昭為一穆為一昭與昭齒穆與穆齒此賜爵之昭穆不可易也大傳曰合族以食序以昭穆此合食之昭穆不可易也生而賜爵合食死而塟祔皆以世序而不可易則廟之昭穆可知矣按周禮小宗伯辨廟祧之昭穆小史奠繫世辨昭穆其制以書叙昭穆之俎簋益知昭穆宜別而不可紊也蓋祖廟居中而父昭在左子穆在右始死者昭耶則毀昭廟始死者穆耶則毀穆廟昭與昭為列而無嫌乎子加于父穆與穆為列而無嫌乎父屈於子猶之賜爵也子與祖齒而無嫌乎卑者先父與孫齒而無嫌乎尊者後猶之立尸者子無嫌乎南面

而生之父無嫌乎北面而事之昭穆之不互易不足怪也此與朱子或問可相發明蔡虛齋謂子孫亦以為序此非指當祭之時言子孫亦以名其行派也下文有事太廟方是祭時序昭穆又謂群昭群穆不是昭一行之群穆一行之群而已如周公一行文之昭也成王諸子成之昭也武王諸子又為武之穆也康王諸子又為康王之穆也然則羣昭羣穆不失其倫者其詳奈何昭穆固由祖考而得名而序昭穆則由子孫而起義其在祖考六廟分列左為昭而右為穆太廟合祭南向昭而北向穆此祖考序立之位也而在子孫則其序立又不以左右南北而以前後蓋時祭子孫咸集其有德行之優威儀之美趨事之純熟家世之職掌者既與異姓並分以職事而餘則概列於東之阼階下一行昭一行穆又一行昭又一行穆準此相間而立序其昭之位則昭與昭並列而穆不得間之並昭之在孫者亦不得進而列於祖序其穆之位則穆與穆並列而昭不得間之並穆之在祖者亦不得退而列於孫世序所

以不紊也至于昭穆既定而每行中爵尊者居前爵卑者居後有爵者在前無爵者在後爵同則論齒是則于序昭穆中而亦序爵且序齒也但序爵序齒在本段只作餘意若其前後有不同統各行而言是以上下行分前後也即一行而言是以內外面分前後也又當祭時子孫與賓客分東西階對立有司群執事皆北面而立有以子孫亦北面者未有定據闕而勿用可也

序爵

按序爵是異姓事兼王朝卿大夫士外服公侯伯子男章句第約舉以該之也其助祭之位則序列于西階下焉禮記文王世子所云其在宗廟之中則如外朝之位宗人授事以爵以官雖就公族同姓者言而異姓之位亦必序其尊卑之等從可推矣至于說者多引祭統尸飲五君洗玉爵獻卿尸飲七以瑤爵獻大夫尸飲九以散爵獻士及群有司來證不知此所謂爵以飲酒之爵言與本文指爵位之爵無涉也雖尊卑有等似與辨貴賤之義頗合然彼係賜助祭者酒乃祭後之禮亦與當

祭之時序助祭諸侯卿大夫士之爵位固大不侔矣

序事

按章句以事為宗祝有司之執事宗是掌廟之人如宗伯宗人是也祝是大祝小祝有司是廟中有所司者如未祭之前卜人卜牲卜日筮人筮尸筮賓將祭之時司徒奉牛宗伯奉雞司馬奉羊司寇奉犬司空奉豕甸師共粢盛及蕭茅果蓏籩人掌四籩之實醢人掌四豆之實酒正共五齊三酒醯人共五齏七菹鬯人秬鬯以共秬鬯庖人共好羞遂人共野牲澤虞共野蔬川衡共川物太史辨職事之位次小史叙昭穆之俎簋太宰視滌濯小宗伯省牲大司樂懸樂器正祭之日雞人夜呼旦以叫百官巾車鳴鈴以應雞人司烜共明水明燭天府陳寶器守祧以服授尸太宰贊玉幣贊玉几玉爵大宗伯涖玉鬯奉玉齍小宰贊祼將太僕贊牲事御僕相盥而登俎肆師表粢盛告潔展器陳告備舍人共簠簋亨人共太羹鉶羹司尊彝詔酌獻太

祝掌祝及號小祝賛奠及徹司士掌賜爵王后之職事内宰賛后灌獻九嬪賛后薦

籩豆内宗賛后薦加籩加豆外宗賛后薦羞齍世婦詔后之禮節内小臣徹后之俎

之類不可枚舉章句但概言之言辨賢而不及否者蓋諸侯歲必貢士于天子天子

將祭祀先試之射宮非容體比于禮節奏比于樂而中多者不得與于祭則與祭之

士皆賢可知此辨賢是欲用人不違其能非辨其賢不肖也本句以貢士言即子姓

中有才堪執事者亦各序其事而辨其賢之大小焉

旅酬

按旅酬之禮始于飲福酒天子主祭至于將畢之時尸傳神意以嘏天子天子既飲

福酒因徧傳神恵于與祭之人也章句以賓弟子兄弟之子各舉觶爲觶是統無算爵

言也無算爵在旅酬後層次須分明東陽許氏謂天子諸侯之祭禮已亡雖間有散見

于禮内者今不可知其詳儀禮所存有特牲饋食禮諸侯之士之祭禮也少牢饋食

禮諸侯大夫之祭禮也大抵祭必立尸必擇賓賓一人衆賓無數衆賓者賓之黨也其位在堂下西階之西祭則子姓兄弟皆會小宗祭則兄弟皆來大宗祭則一族皆至長兄弟及衆兄弟者主人之黨也其位在堂下阼階之東有司群執事皆北面而立迎尸既入主人初獻主婦亞獻賓三獻及主兄弟各相獻酢畢然後行旅酬凡主人酌酒奉尸賓者謂之獻尸賓酌以荅主人者謂之酢主人酌酒先自飲再酌以獻賓者謂之酬先自飲謂引導之也主人舉觶酌酒自西階酬賓主先自飲再酌以進賓受之奠而未飲兄弟之子舉觶於長兄弟於阼階弟子者兄弟之後生者也長兄弟者兄弟之最尊者也弟子亦先自飲以進長兄弟亦奠而未飲賓取所奠觶于阼階酬長兄弟長兄弟西階前酢賓衆賓及衆兄弟交錯以徧以及執事者無不徧卒飲者實爵于篚此旅酬之大略也又賓弟子及衆賓弟子各舉觶于其長亦先自飲如旅酬所謂下為上也賓取觶酬兄弟之黨長兄弟取觶酬賓之黨亦交錯以徧無次第之

數謂之無算爵所以逮賤者如此汪武曹謂特牲饋食禮迎尸正祭之後主人之初獻也則有尸酢主人主人獻祝獻佐食之事主婦之亞獻也則有尸酢主婦主婦獻祝獻佐食之事及賓之獻於尸也是為三獻禮成其時則主婦致爵於主人也主人酢主婦也主人致爵於主婦也主婦酢主人也尸舉奠爵酢賓長也賓獻祝也賓獻佐食也賓致爵于主人也賓致爵於主婦也賓獻主人酢也蓋此一科之内並賓獻尸之爵乃有十一爵也於是主人乃獻賓及衆賓遂於堂下設尊酬賓西階賓奠觶不舉又於阼階獻長兄弟衆兄弟又獻內賓宗婦於房中然後長兄弟為加爵衆賓長為加爵嗣子飲奠酧獻自此之後則兄弟弟子於阼階舉觶獻長兄弟而旅酬之禮行矣自致爵以下至此乃許氏所謂尸主兄弟各相獻酢畢是也堂下設尊云云則許氏所謂主先自飲再酌以進賓者是也疏謂弟子舉觶將行旅酬此即鄉飲酒鄉射一人舉觶為旅酬始少牢儐尸二人舉觶為旅酬始之義也旅酬云者賓取主人

所酬之觶酬長兄弟於阼階也長兄弟酬衆賓於西階也衆賓及衆兄弟交錯以徧也長兄弟取弟子所舉之觶酬賓也旅酬既畢賓弟子及兄弟之子各於階前中庭舉觶於其長賓取觶酬兄弟之黨兄弟取觶酬賓之黨惟己所欲亦交錯以徧則所謂無算爵也由是佐食獻散於尸祝告利成而事畢矣許氏所云頗不失儀禮本旨故因其說而證明之焉又謂蒙引曰許氏謂兄弟之少者先導飲云云可見賓弟子於賓長亦然然後賓與長兄弟各取所奠觶相酬今按特牲禮止云兄弟之子舉觶將行旅酬而無賓弟子舉觶之事許氏非省文也蓋兄弟之子舉觶爲旅酬始賓弟子兄弟之子各舉觶爲無算爵始兄弟之子舉觶凡二次而賓弟子止一次蒙引誤看矣旅酬時長兄弟酬賓之觶是其弟子之觶而賓酬長兄弟之觶則主人酬賓之觶之奠而未舉者非其弟子之觶也至無算爵時賓及兄弟相酬之觶乃各是其弟子所舉之觶耳蒙引亦誤看也據此則旅酬與無算爵皆所以盡歡心而無算爵爲

尤浹對舉則各為一事專言旅酬則自該無算爵在內故朱註合而言之但當以旅酬為主而推及於無算爵觀下大夫之禮闕旅酬而止行無算爵大祥之祭但行旅酬而不行無算爵更足見二事之不容混看然亦不可對列也須還他先後禮節分明方好陸稼書謂旅酬下為上按儀禮是弟子先自卒觶以勸其長飲非為其長代斟酒也此觧舉觶甚明但卒觶勸飲固與儀禮相合而下為上以重在舉觶上不重卒觶勸飲惟舉觶是獻爵於長之謂以為代斟酒則非矣斟酒意必有有司在不盡弟子自斟也又祭器云周旅酬六尸六尸者三昭三穆之尸太祖尸尊毀主無尸故惟六尸相次序以酬也此當補在旅酬之前又儀禮旅酬時內賓宗婦等行旅酬於房中亦如外庭交錯以徧末後亦當補出為備此雖許氏所未及言所當據禮而補完其義也

燕毛

按燕毛時異姓者已出獨同姓者燕于寢而序齒也但祭畢而燕有在堂在寢兩說以詩樂具入奏句玩之則在寢為是詩楚茨孔疏云以上章備言燕私故此即陳燕私之事以祭時在廟燕當在寢故言祭時之樂皆復来入于寢而奏之燕與祭不得同樂而云皆入者歌咏雖異樂器則同故皆入也儀禮特牲饋食禮徹庶羞於西序下鄭註云尚書傳曰宗室有事族人皆侍終日大宗已侍於賓奠然後燕私燕私者何也已而與族人飲也此徹庶羞置西序下者為將以燕飲歟賈疏云必知祭有燕者按楚茨詩鼓鐘送尸下云備言燕私鄭註云祭祀畢歸賓客之俎同姓則留與之燕所以尊賓客親骨肉也觀此則賓客有歸胙故不與燕同姓無歸胙之禮故留燕於後寢但周禮大宗伯有以脤膰之禮親兄弟之國註謂脤膰社稷宗廟之肉以賜同姓之國同福祿也春秋定十四年天王使石尚来歸脤同姓得肉者彼謂不助祭者不得與燕故歸之也是同姓不與祭亦有歸脤矣朱子語類燕時擇一人為上賓

不與衆齒餘者皆與衆齒有謂燕毛只是敬老遺却幼一邊不知章句明言别長幼為坐次則毛髮之辨自合老少在内但須知燕毛時仍以昭穆為辨倘不分昭穆恐卑行年齒時有過于尊行者以昭穆分則同是兄弟之列而長者在前少者在後是昭與昭齒穆與穆齒畫然不紊也所異序昭穆是祭時此燕時耳觀文王世子所云公與族燕則以齒同姓合食尚敦孝弟之道秋官司儀王燕則諸侯毛燕邦朝覲且講少長之分矧天子祭畢而燕有不尚年者哉王于天子諸侯有燕私而上大夫獨無之故有司徹上大夫云主人退註云反于寢也上大夫當日儐尸故無燕若下大夫與士皆不儐尸故皆有燕意者上大夫勢逼于君嫌與君同而下大夫與士位卑則無所嫌歟

郊社

禮記禮運祭天于郊所以定天位也祀社于國所以列地財也故禮行于郊而百神受職焉禮行于社而百貨可極焉又命降于社之謂殽地疏云社即地也指其神謂

之社指其形謂之地禮器祭天特牲又至敬不壇掃地而祭又至敬無文大圭不琢大羹不和大路素而越席犧尊疏布鼏（鼏覆尊者）樿杓（樿白木也杓斟也）仲尼燕居郊社之義所以仁鬼神也郊特牲郊之祭也迎長日之至也大報天而主日也兆于南郊就陽位也掃地而祭于其質也器用陶匏以象天地之性也牲用騂尚赤也用犢貴誠也郊之用辛也周之始郊日以至（言周始郊其冬至偶值辛日也）卜郊受命于祖廟作龜于禰宮尊祖親考之義也卜之日王立于澤（澤宮也）親聽誓命受教諫之義也獻命庫門之內戒百官也（異姓者）大廟之命戒百姓也（即百官同姓者）祭之日王皮弁以聽祭報示民嚴上也祭之日王被袞以象天戴冕璪十有二旒則天數也乘素車貴其質也旂十有二旒龍章而設日月以象天也帝牛不吉以為稷牛帝牛必在滌三月稷牛惟具所以別事天神與人鬼也又酒醴之美玄酒明水之尚貴五味之本也黼黻文繡之美疏布之尚反女功之始也莞簟之安而蒲越稾鞂之尚明之也大羹不和貴其質也大圭不琢美

其質也丹漆雕幾之美素車之乘尊其樸也又社祭土而主陰氣也君南向於北墉下荅陰之義也日用甲用日之始也天子大社必受霜露風雨以達天地之氣也是故喪國之社屋之不受天陽也薄社北墉使陰明也（薄作亳殷社也）社所以神地之道也地載萬物天垂象取財于地取法于天是以尊天而親地也故教民美報焉家主中霤而國主社示本也按郊之禮周人一歲九祭孟春祈穀龍見而雩季秋享帝冬至報本此外又有五時迎氣之祭立春祭青帝立夏祭赤帝季夏祭黃帝立秋祭白帝立冬祭黑帝其他因事祭告重者亦稱郊輕者則曰類社之禮一歲四舉仲春祈穀夏至方澤秋而報賽孟冬割祠其他因事祭告重者亦稱社輕者則曰宜凡郊用騂犢社用大牢郊之日用辛社之日用甲郊以蒼璧社以黃琮郊以后稷配社以句龍配郊則神南面而君北面社則祇北面而君南面此祭天地之大概也朱子謂周禮只八說祀昊天上帝不言祀后土先儒說祭社便是如郊特牲而社稷大牢又如召誥三

月丁巳用牲于郊牛二越翼日戊午乃社于新邑牛一羊一豕一此乃明驗五峰言無北郊只社便是祭地此說却好五峰胡氏曰古者祭地於社猶祀天于郊也泰誓曰郊社不脩周公祀于新邑先用二牛于郊後用太牢于社記曰天子將出類於上帝宜於社又曰郊所以明天道社所以神地道周禮以禋祀祀昊天上帝以血祭祭社稷而別無地示之位蒼璧禮天黃琮禮地四圭有邸奏黃鍾歌大呂舞雲門以祀天神兩圭有邸奏太蔟歌應鍾舞咸池以祀地示而別無祭社之說則以郊對社可知矣後世既立社又立北郊失之矣五峰此說甚精人所疑者以周禮大司樂有圜鍾為宮（即夾鍾）黃鍾為角太蔟為徵姑洗為羽靁鼓靁鼗孤竹之管雲和之琴瑟雲門之舞冬日至于地上之圜丘奏之樂六變而天神皆降函鍾為宮（即林鍾）太蔟為角姑洗為徵南呂為羽靈鼓靈鼗孫竹之管空桑之琴瑟咸池之舞夏日至於澤中之方丘奏之樂八變而地示皆出之文因謂祀天南郊祀地應在北郊不知周禮只言方

澤未有北郊明文安見方澤非即社地乎天子有天下其社曰王社則所祭者天下之地極其地之所至無界限也故曰王社亦曰后土必以方澤為北郊之禮實後代臆說耳馬氏通考亦謂北郊之名出於緯書禮經所不載也或又疑王制天子祭天地諸侯祭社稷地與社明有不同吳徵云祭地之禮夏至方澤為至重惟天子得行之其次則祭地於社天子而下皆得行之立論最確觀此則天子所祭者蓋通四海九州之地而諸侯之祭社則亦祭其封內之地特其禮有大小之殊而已然則謂社即祭地而以大司樂圜丘方澤為郊社之禮正文亦何不可奚必添出北郊哉要之祭天地之禮不一春之祈穀夏之大雩秋之明堂亦皆祭天而總以冬至圜丘之祭為最大位用陽位禮用陽禮樂用陽樂凡日星風雨等皆附之祭法所謂燔柴于泰壇者此也里社只祭一里之地州社只祭一州之地侯社只祭一國之地而總以夏至方澤之祭為特隆位用陰位禮用陰禮樂用陰樂凡山川百物等悉附之祭法所

謂瘞埋于泰圻者此也詩序昊天有成命郊祀天地也載芟春籍田而祈社稷也良耜秋報社稷也觀章句以后土對上帝言益信郊社之即圜丘方澤矣若鄭康成不知冬至之郊為大報本正月之郊為祈穀而皆配以后稷遂分圜丘之祀祭昊天上帝以嚳配之夏正之郊祭感生帝以稷配之且不知天帝一也復因四時有迎氣之祭更分為六天又以季秋明堂孟夏大雩為合祭五帝又云地神有二夏至祭崑崙之神於方澤夏正祭神州之神於北郊皆惑于緯書之說而不可信者也

禘嘗

按禘嘗之制朱子謂禘只祭始祖及所自出之帝二者而已是周人之禘當祭后稷而推及所自出之帝嚳也中庸舉一禘嘗實包諸廟祭在內蓋宗廟之中有時祭春犆祭分祀各主於本廟而不及群廟之主是也有時祫則四時間行之夏秋冬皆祫祭遷三昭三穆之主合祭於太祖廟中不陳毀廟之主是也有大祫三年一行九已

毀廟未毀廟之主畢陳于太廟而祭之並先代功臣亦與焉是也觀商頌長發之詩歷言商之先公又及卿士伊尹朱子不從詩序大禘之說斷其為祫祭之詩可見然據司勳祭于大烝恐不惟大祫為然即時祫與烝亦或有功臣從祀也有禘祭五年一行追祭太祖之父而以太祖配義取專一不合群廟之主是也此諸祭雖以禘嘗該之須剖析分明斷不可混禘為大祫也然禘祫所以與時祭混者則以大禘時禘大祫時祫之辨未明也馬氏貴與謂大傳所謂禮不王不禘王者禘其祖之所自出而以祖配之禮運所謂魯之郊禘非禮也是大禘之禘也祭義所謂春禘秋嘗王制所謂天子祫禘諸侯禘一犆一祫是時禘之禘也信齋楊氏謂公羊傳所謂毀廟之主陳于太祖未毀廟之主皆升合食于太祖是大祫之祫也曾子問所謂祫祭于祖則祝迎四廟之主王制所謂天子祫嘗祫烝諸侯嘗祫烝祫是時祫之祫也于此辨明自可無疑雜矣即其命名取義亦微有不同大祫則合已毀未毀之主時祫亦合

六廟四廟之主義同取爲合故名不從異而冠之以大則名亦未始㮣同也大禘則義取審諦而時禘又以依時次第爲義亦何可相混乎但王制所云天子犆礿祫禘祫嘗祫烝諸侯礿犆禘一犆一祫嘗祫烝祫係夏殷時祭之名周禮太宗伯以祠春禴夏嘗秋烝冬享先王詩亦曰禴祠烝嘗于公先王可知周之時祭秋冬名同而春夏不同未有名爲夏禘者故凡春秋所書魯禘皆僭大禘爲之而非時禘之謂矣乃或謂春礿即夏禴之誤以禴爲春因錯夏禴爲夏禘然如祭統禴禘陽義嘗烝陰義及郊特牲祭義所記春禘秋嘗之類未必皆錯想是夏殷以前時祭有此名至周創行五年禘祭遂改時祭春礿夏禘爲春祠夏禴云爾但以春礿夏禘爲夏殷此康成鄭氏之說陳氏禮書馬氏通考皆從之獨趙氏伯循謂此蓋漢儒見春秋惟兩書禘一春一夏而誤也（閔二年五月禘夏正三月也僖八年七月禘夏正五月也）以礿爲春祭亦誤爾汪氏武曹稱其說是也細考春礿夏禘傳之已久鄭氏以爲夏殷時禮不爲無見惟于

郊特牲祭義之春禘又改讀為礿則近於附會趙氏讀漢儒約春秋為之不相符會信矣至於郊特牲所云周人尚臭灌用鬯臭鬱合鬯臭陰達於淵泉灌以圭璋用玉氣也既灌然後迎牲致陰氣也蕭合黍稷臭陽達於墻屋故既奠然後焫蕭合羶薌其祭貴肺用朝及闇則周時廟祭所尚如此若冬至圜丘祀天以后稷配秋祀上帝於明堂以文王配則事天地事祖宗合而為一張子西銘所謂窮神則善繼其志知化則善述其事固不但繼述祖宗之志事已也又按鄭氏康成謂禘祫皆為殷祭三年一祫五年一禘二禮相因並行韋合春秋以證其說但考之經文惟公羊文二年大事于太廟傳云大事者何大祫也五年而再殷祭信齋楊氏謂未殷祭乃大祫之祭也言五年而再殷祭謂三年一祫五年再祫猶天道三歲一閏五歲再閏也于禘祭乎何與此說確當至于禘無年數可考劉歆謂每王一世一禘趙氏謂或每年或三年皆無實據即時亦無定學記言未卜禘則禘時在卜而祫亦卜可知也鄭氏又謂祫大禘小此尤不足信蓋禮不王不禘而為報本追遠之極專祭始祖所自出之帝以始祖配不合群廟是禮之最重者祫雖兼毀廟未毀廟合祭之禮文詳備而義止及于始祖則祫之降于禘易知矣

四書

卷二

圖書在版編目（CIP）數據

福建文獻集成續編. 經部. 第三輯：9册/吴格主編. --福州：福建人民出版社，2024.12. --（八閩文庫）. --ISBN978-7-211-09686-2

Ⅰ. K295.7

中國國家版本館CIP數據核字第20252KA876號

福建文獻集成續編・經部（第三輯）

主　　編：吴　格
責任編輯：莫清洋
裝幀設計：張志偉
美術編輯：陳培亮
出版發行：福建人民出版社
電　　話：0591-87533169（發行部）
網　　址：http://www.fjpph.com
電子郵箱：fjpph7221@126.com
地　　址：福建省福州市東水路76號
郵政編碼：350001
經　　銷：福建新華發行（集團）有限責任公司
印刷裝訂：雅昌文化（集團）有限公司
地　　址：深圳市南山區深雲路19號
開　　本：787毫米×1092毫米　1/16
印　　張：331.75
版　　次：2024年12月第1版第1次印刷
書　　號：ISBN978-7-211-09686-2
定　　價：4500.00元（全9册）